죽기 전에 꼭 봐야 할 한국영화

1001

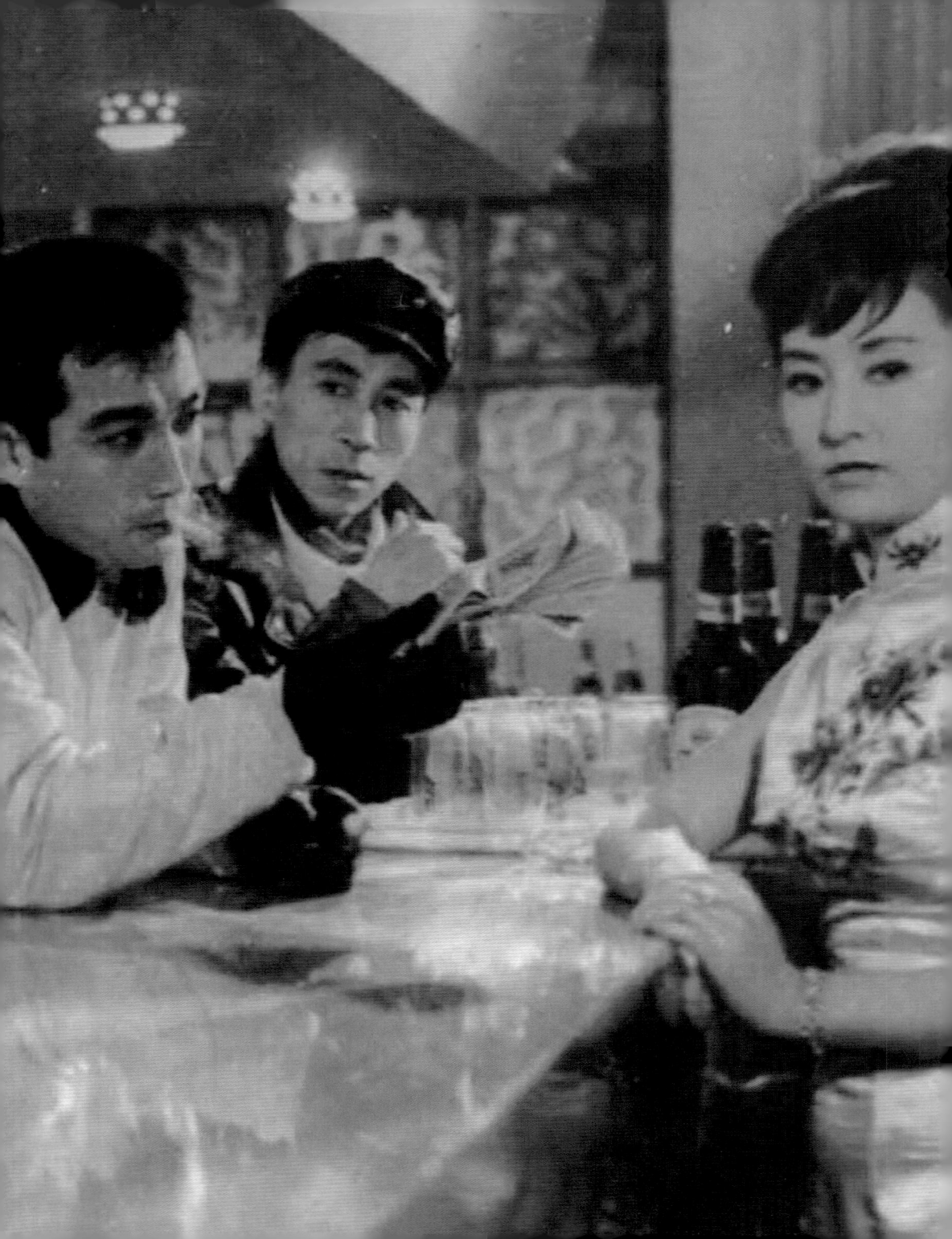

죽기 전에 꼭 봐야 할 한국영화

1001

이세기 지음

마로니에북스

죽기 전에 꼭 봐야 할 한국영화 **1001**

초판 인쇄일 | 2011년 4월 15일
초판 발행일 | 2011년 4월 20일

펴낸이 | 이상만
펴낸곳 | 마로니에북스
지은이 | 이세기
등록 | 2003년 4월 14일 제2003-71호
주소 | 413-756 경기도 파주시 교하읍 문발리 파주출판도시 521-2
전화 | 02-741-9191(대)
편집부 | 031-955-4919
팩스 | 031-955-4921
홈페이지 | www.maroniebooks.com

* 책값은 뒤표지에 있습니다.

ISBN 978-89-6053-184-0
ISBN 978-89-91449-83-1(set)

Contents

대학 시절 나는 한국영화, 외국영화를 막론하고 열심히 영화를 보러 다녔다. 본 것을 보고 또 보고 간판이 바뀌기도 전에 영화관에 드나들면서 같은 영화를 두세 번씩 보는 일이 예사였다. 그중에서 가장 기억에 남는 한국영화는 김기영의 '하녀', 이만희의 '만추', 유현목의 '김약국집 딸들', 김수용의 '안개' 등이고 이은심, 남양일이 나오는 '조춘'은 다섯 번인가 여섯 번쯤 보았다. 다른 이유는 없고 주인공들의 깨끗한 용모와 슬픈 사랑이야기가 좋았다. 1950년대 말에서 1960년대 중반에 만들어진 이 흑백영화들은 지금 생각해도 손에 잡힐 듯 반짝거리는 명편들이다.

영화와의 인연은 1970년대 문화방송 박근숙 상무의 소개로 TV영화 번역 일을 했고 서울신문 논설위원 시절에는 UIP 직배영화 반대, 스크린쿼터 사수, '쉬리'의 한국형 블록버스터와 관련하여 많은 칼럼과 사설을 썼다. 이후 영상물등급위 영화심의에 참여하면서 일주일에 8편에서 10편 가량 새로운 영화들을 만나고 있다.

박경리 선생님을 뵈러 원주에 다니던 2006년 겨울, 『죽기 전에 꼭 봐야 할 한국영화 1001』을 기획한 마로니에북스가 나에게 이를 써보라고 권했다. 한국영화 1001편을 뽑아서 시놉시스와 영화에 얽힌 일화를 정리하는 일이었다. 내가 서슴없이 나설 수 있었던 것은 지금까지 크고 작게 영화와 관련된 다양한 인맥이 있었고 영상물등급위 위원으로서 한국영화 1001편을 고르는 일이 그리 어렵지만은 않으리라는 판단에서였다. 더구나 출판사측은 영화평론가 등 전문가보다 소설가·언론인의 시각에서 이를 부드럽게 다뤄주기를 원했다.

집필이 결정되자 먼저 초기에 만들어진 한국영화가 얼마나 되는지를 살펴보았다. 인터넷 검색결과 하이텔(paran) 영화데이터베이스에 등록된 한국영화는 1923년 서선(西鮮)키네마의 '국경(國境)'을 필두로 2002년 말까지 6,402편이었다.(《과학동아》, 2003년, 4월호, p.123) 이 6,402편에다 2003년부터 2006년까지 제작된 360여 편을 더해서 약 6,800편 중 '1001편'을 골라야 한다는 답이 나왔다.

그렇다면 이 방대한 물량을 어떤 기준에 의해 어떻게 선정할 것인가, 고심 끝에 우선 해마다 국내에서 열리는 영화제 수상작을 위주로 목록을 짜나갔다. 즉 문교부 선정 '우수영화', 영진공의 '좋은 영화', 대종상·청룡상·백상예술대상과 한국영화평론가협회상 등 상이 제정된 연도에 따라 수상작들을 모으고 각종 해외영화제 수상작과 영화사전에 나와 있는 감독과 배우의 데뷔작, 대표작을 골랐다. 또 『어떤 영화를 옹호할 것인가』(강한섭), 『한국 영화작가 연구』(김수남), 『한국영화사』(정종화), 『한국영화 100년』(호현찬), 『우리 영화 100년』(김종원·정중헌) 등 평론가들의 저서에서 비중 있게 거론된 작품들과 영화진흥공사가 펴낸 『한국영화 70년 대표작 200선』, 한국영상자료원 선정 '한국영화 100선', 연도별 흥행순위, 역대 흥행순위 안에 든 작품들을 망라했다.

어떻게 쓸 것인가. 1950년대 이후 1980년대 중반까지는 일간지 영화담당 기자들이 새 영화 소개와 리뷰를 써왔고 기자출신인 나로서도 당연히 영화리뷰에 관심이 갔다. 그러나 본격적인 비평서는 평론가들에게 맡기기로 하고 주로 신문기사를 근거로 나의 안목과 지식의 범위 안에서 영화를 소개하는 수준으로 평이하게 글의 균형을 잡아갔다. 즉 이는 영화에 대한 개인 의견이나 주장을 개진하거나 영화계 당면과제와 발전방향을 제시한 글이 아니라 소설을 쓰는 일반관객의 입장에서 기존의 글에 공감하고 동의하는 식으로 이를 소화했다는 편이 옳다. 따라서 각 저서에서 비슷하게 표현된 평이나 글은 굳이 출처를 밝히지 않았다.

그럼에도 개인의 취향에 치우칠 수 있는 우려를 배제하기 위해 영화에 관심이 있는 문화예술인 100인을 선정, '잊을 수 없는 추억의 영화', '일반적으로 잘 만들어졌다고 생각되는 영화'를 취재했다. 예를 들어 흘러간 영화를 기억하지 못하는 분들에게는 미리 작성해둔 영화 리스트를 동봉해서 우송한 후 여기에 체크해서 다시 보내주면 영화선정에 동의하는 방식으로 과정을 거쳤다.

100인 추천인은 필자의 직업상 '문학의 집 서울' (이사장 김후란), 토지문화관(이사장 김영주), 영등위에서 함께 영화를 심의한 심의위원, 문화예술인 친목모임인 허행초(회장 김수용)와 평균회(회장 임영웅), 이화모임, 서울신문 논설위원 모임인 초월회 멤버 중 30, 40년 이상 영화를 관람한 층으로 이를 구성했다. 영화의 경우엔 영화평론가와 대학교수, 단체장들은 우선적으로 참여시키되 영화제작에 직접 관계가 있는 제작자, 감독, 배우, 시나리오 작가, 스태프진(기술진)은 제외했다. 그러니까『죽기 전에 꼭 봐야 할 한국영화 1001』은 문화예술계의 원로들이 추천한 영화라고 이해하면 된다.

여기에 수록된 영화는 1919년 '의리적 구토'에서 2006년 말까지(87년간) 제작된 영화에 한한다. 단 이를 집필하는 동안 2007년, 제60회 칸국제영화제에서 여우주연상(전도연)을 수상한 이창동의 '밀양(密陽)', 미국시장에 진출한 '디워(D-War)', 국내외적으로 각종 상을 수상한 나홍균의 감독데뷔작인 '추격자'를 추가시켰다.

영화 줄거리는 동양극장의 영화시놉시스,『한국영화 80년』, 옛날 영화잡지들, KMDb(한국영화데이터베이스) 자료를 근거로 했다. 포스터 및 스틸은 한국영상자료원과 영등위가 소장한 자료, 개인적으로 감독과 연기자에게 의뢰해서 도움을 받은 총 1,432장 중 '선정된 영화 1001편'에 맞추었다.

영화선정과 자료준비가 끝나자 곧바로 집필에 들어갔고 기사마감시간에 쫓기던 습관대로 1차로 1400여 편(A4용지 1,700장)을 썼다. 추천인 100인에게 표를 얻지 못한 순으로 다시 400여 편을 덜어낸 후 2008년 10월, 최종 1001편을 결정하고 A4용지 1,320장(200자 원고지 1만 560장 분량)으로 탈고, 2009년 8월에 1차 교정을 끝냈다.

추천인 의뢰와 자료우송, 책 구입과 도서관에서 책을 대여해오는 일 등 자료 돕기가 있었지만 천성적으로 공동집필을 꺼려하는 탓에 모든 일은 혼자서 해냈다. 내용을 보고 다시 빼고 넣고 빠진 것을 보충하다보니 어깨와 목뼈, 열 손가락이 퉁퉁 붓고 마비되어 정형외과에서 물리치료를 받으면서 작업을 끝냈다. 피치 못하게 목록에서 빠지거나 잘못된 부분은 재판에서 수정, 보완하기로 한다.

일은 쉽지 않았다. 영화를 좋아하는 마음만으로는 할 수 없는 일이었다. 그러나 영화 한 편 한 편을 다룰 때마다 관련 저서와 관련기사를 꼼꼼히 읽고 거듭 확인하는 등 책의 본래 의도와 취지에 어긋나지 않도록 끝까지 최선을 다했다. 이처럼 이 책은 순전히 박경리 선생님 덕분에 쓰게 된 것이다.

책이 나오기까지 영화감독과 영화관계자들을 소개해준 지명혁 영상물등급위원회 위원장과 이종덕 성남아트센터사장, 포스터 등 자료구입을 적극 도와준 정홍택 전 한국영상자료원 원장(현 한국저작권단체연합 이사장), 가장 먼저 책에 대해 의논해준 문단의 선배이자 영화평론가인 김종원 형과 시놉시스 작업에 전적으로 도움을 준 작가 최해린, 그리고 마로니에북스 이상만 사장님과 편집부, 영화계 여러분에게 감사드린다. 이 책이 미약하나마 영화를 좋아하는 사람들에게 기초적인 도움이 되기를 바란다.

이세기

차례

● 「죽기 전에 꼭 봐야 할 한국영화 1001」에서 다룬 작품들.

1. 일제강점기에서 1950, 1960년대, 2006년 12월까지 개봉된 영화.

2. 대종상 · 청룡상 · 백상예술대상 등 각종 영화제 수상작, 감독. 배우 데뷔작, 대표작, 독립영화, 영화진흥공사 『한국영화 70년 대표작 200선』(영화진흥공사, 편집부지음, 1989)과 '한국영화 역대 흥행순위', 한국영상자료원 선정 '한국영화 100선', 평론가들의 평문에서 제기된 문제작(호평, 혹평) 혹은 일화가 담긴 영화 등.

3. 2007년도는 《씨네21》이 선정한 '2007 올해의 영화 베스트 5' 중 1, 2위와 임권택 감독의 100번째 영화 '천년학', 이창동 감독, 전도연 칸국제영화제 여우주연상 수상작 '밀양(密陽)', 미국시장에 본격 진출한 심형래 감독의 SF대작 '디 워((D-War)'를 추가함.

4. 영화에 관심 있는 문화예술인 100명이 추천한 영화 – 영화평론가와 각 대학 영화과 교수, 문학 · 연극 · 음악 · 무용 · 미술 · 국악 · 건축 · 언론(신문 방송)분야에서 종사하는 전문가들이 추천에 동의해준 영화(영화제작자, 영화를 연출한 감독, 연기자, 시나리오작가, 기술진은 제외)

5. 흥행성적과 개봉관은 KMDb(한국영화데이터베이스)와 영화진흥공사(현 영진위)가 조사한 '한국영화 역대흥행순위'에 의존함.

6. 영화순서는 개봉과 상관없이 제작년도를 중심으로 영화를 만든 감독의 이름을 내세운 가나다 순에 따르고 있음.

7. 영어표기, 일본이름 상(賞)이름 등은 당시 발표된 자료(신문 혹은 잡지, 각 저서에서 다룬 대로 옮김)에 의한 것임.

8. 사진: 한국영상자료원에서 도움받은 포스터와 스틸 1,227장, 영등위 자료 110건, 그 외 감독, 시나리오 작가, 연기자, 사진작가로부터 협조받은 총 1,432건 중에서 선택.

9. '아시아 태평양 영화제'는 '아태영화제'로 표기함.

의리적 구토 義理的仇討, Fight for Justice (1919)

(단성사) 3막 22경 35mm 극영화/활극(무성영화)

감독 : 김도산(金陶山)
제작 : 박승필
각본 : 김도산
개봉 : 1919년 10월 27일 단성사(서울)
관람인원 : 10만 명
출연 : 김도산, 이경환, 윤혁, 강원형, 최일, 양성현, 김영덕 외
기획 : 박승필
촬영 · 편집 : 미야가와 소우노스케(宮川早之助)

송산(김도산)은 계모(김영덕) 밑에서 불우한 어린 시절을 보낸다. 그러나 선친의 유산을 탐내는 계모에게 온갖 설움과 구박을 당하는 등 하루도 마음 편한 날이 없었다. 계모의 흉계는 날이 갈수록 흉포해지고 눈엣가시 같은 송산을 없애려는 음모가 치밀하게 진행되고 있었다.

생명에 위협을 느낀 송산은 가문과 선친의 명예를 위해 집에서 잠시 떠나 의형제인 죽산(이경환), 매초(윤혁)와 함께 계모 일파와 맞서 싸울 것을 결의한다. 계모와 그 일당의 발악이 극에 달했을 때 송산은 정의의 칼을 뽑아 그들을 물리치고 가문의 평화를 되찾는다.

● 김도산의 본격적 활극. 일명 '의리적 구투(義理的仇鬪)'. 전 3막 22경으로 구성된 신극좌의 연쇄극으로 가문의 명예와 선친의 유산을 지키려는 전실 아들과 악랄한 계모간의 암투를 그린 내용. 단성사 사장이던 박승필이 제작 · 기획하고 신극좌를 창설하여 이끌던 김도산(金陶山 1891~1921)이 각본 · 연출 · 출연했다. 운동이 일어난 그해 10월 27일, 단성사에서 개봉되어 기차와 한강 다리를 찍은 김도산 최초의 기록영화인 '경성전시(京城全市)의 경(景)'과 함께 동시 상영됐다. 제작비 5000원. 우리나라 최초의 활동사진으로 우리의 자본과 인력이 주축이 되었다는 점에서 한국영화의 기점이 되고 있다(한국영화 75년사 CDROM, 조선 95. 1. 1). 당시 광고에 보면 입장료는 특등 1원 50전, 1등 1원, 2등 60전, 3등 40전 등 4등급이 있고 촬영 장소는 한강철교, 장충단, 청량리, 남대문 정차장 등으로 밝히고 있다.

운영전 雲英傳, The Story of Woon–young (1925)

(조선키네마사) 극영화/멜로(무성영화)

감독 : 윤백남(尹白南)
제작 : 왕필렬(王必烈)
각본 : 윤백남
개봉 : 1925년 1월 17일 단성사(서울)
출연 : 김우연, 안종화, 이채전, 유수준, 이주경, 나운규 외
기획 : 명출음일
촬영 · 편집 : 니시카와 히데오(西川秀洋)

안평대군(유수준)을 모시던 운영(김우연)은 용모가 수려하고 시재에도 뛰어난 궁녀다. 어느 날 그녀는 백일장에서 장원을 차지한 젊은 김 진사(안종화)를 보고 남몰래 사모하게 된다. 안평대군의 벗이기도 한 김 진사도 그녀를 사랑하지만 궁중에서의 밀회가 어려워지자 두 사람은 사랑의 도피 행각을 벌인다. 안평대군의 끈질긴 추적에 못이긴 그들은 더 이상 도망치지 못하고 한 암자에서 동반 자살한다.

● 왕필렬의 '해(海)의 비곡(悲曲)'(1924)에 이은 조선키네마 두 번째 작품. 같은 해 '10년 전', '홍엽문', '송죽', '10년 후'를 연이어 연출한 윤백남의 대표작. 연대 미상의 고전소설인 『수성궁몽유록(水聖宮夢遊錄)』을 원작으로 하고 있다. 내용의 출처는 선조 34년(1601년) 봄, 청파 사인(靑坡士人) 유영(柳泳)이 세종대왕의 셋째 아들 안평대군의 옛집 수성궁에서 놀다가 안평대군이 술에 취해 잠든 사이 궁녀 운영과 그녀의 애인 김 진사를 만나 그들의 비련담(悲戀談)을 들으며 세 사람이 술을 마셨는데 유영이 깨어보니 운영과 김 진사는 간데없고 김 진사가 기록한 두루마리만 있었다는데 유래하고 있다. 이를 영화화한 것으로 일명 '총희(寵姬)의 연(戀)'으로 부르기도 한다. '총희'는 왕의 사랑을 받는 여자라는 뜻. 후에 감독이 된 안종화가 주인공인 김 진사 역을 맡았고 나운규가 여주인공을 가마에 태워가는 교군(較軍)으로 나온다.

장한몽 長恨夢, Eternal Love of Su-il and Sun-ae(1926)

(계림영화협회) 극영화/멜로(무성영화)

감독 : 이경손(李慶孫)
제작 : 조일재
각본 : 이경손(원작 오자키 고요)
각색 : 조일제
개봉 : 1926년 3월 18일 단성사(서울)
관람인원 : 10만 명
출연 : 김정숙, 주삼손, 심훈, 강홍식,
　　　정기탁, 나운규, 남궁운, 이규
　　　설, 김명순 외
기획 : 조일제
촬영 · 편집 · 현상 : 니시카와 히데오

휘영청 달밝은 대동강가, 이수일과 심순애는 백년해로를 맹세했으나 순애는 가난한 수일을 배신하고 돈 많은 김중배의 품에 안긴다. 이에 타격을 받은 수일은 복수를 맹세하고 일본인 고리대금업자 밑에서 돈 버는 일에 혈안이 된다.

금력에 팔린 순애는 후회와 번민의 나날을 보내다가 어느 날 수일을 찾아와 용서를 빈다. 수일의 얼어붙었던 마음은 마침내 풀리고 순애를 용서하며 새출발을 기약한다.

● 계림영화협회 제1회 작품, '심청전'(1925)으로 감독데뷔한 이경손의 '개척자'에 이은 세 번째 연출작. 소설 『상록수』의 작가 심훈의 배우 데뷔작이기도 하다. 원작은 일본의 오자키 고요(尾崎紅葉)의 『곤지키야샤(金色夜叉)』(1897~1899). 조중환(趙重桓)이 번안하여 매일신보에 1913년 5월과 1915년 5월, 상하 편으로 분재하여 크게 인기를 끌었던 소설이다. 영화에서는 이수일과 심순애의 비극적 사랑을 그리면서 물질적 가치보다 더 소중한 것은 사랑임을 역설하고 있다. '곤지키야샤'는 '돈에 환장한 귀신'이란 뜻으로 사랑보다 돈을 선택한 순애에 대한 수일의 저주에 찬 명대사를 제목으로 내세운 것이다.

"순애야, 김중배의 다이아 반지가 그렇게도 탐이 나더란 말이냐? 놔라! 놓지 않으면 이 찌까다비로 네 가슴팍을 콱 차버릴 것이다. 만일 내년 이 밤, 내 명년 이 밤, 저 달이 오늘같이 흐리거든 이 수일이가 어디에선가 순애 너를 원망하고 오늘같이 우는 줄이나 아러라."

당시 동아일보는 이와 관련하여 다음과 같은 기사를 보도하고 있다.

"계림영화사는 조일재의 주재로 지금 영화계에서 저명한 배우들을 망라하여 조선영화제작에 노력 중 제1회 작품으로 일본의 원작 『금색야차』를 번안하여 각색과 감독은 사계의 일인자로 칭찬받는 이경손 씨가 하였으며 주삼손, 김정숙 양이 주연했고 정기탁, 강홍식, 나운규, 남궁운, 이규설 군 등과 김명순 양 등이 조연, 니시카와 히데오 군이 촬영하였다…"(동아 26. 2. 28)

'장한몽'을 감독한 이경손의 글 '무성영화시대의 자전'에 보면 "주인공 이수일 역에는 부산에서 올라온 주삼손이었으나 촬영 도중 주삼손이 행방을 감추고 중도하차하는 바람에 대타로 기용된 것이 작가 심훈"이며 나운규 출연설은 근거 없는 것으로 밝히고 있다.(동아 28. 8. 1) 이수일 역으로 데뷔한 심훈은 당시 22세의 조선일보 기자로 광고에는 '심대섭'으로 나와 있다.

심훈은 '장한몽'을 개봉하던 해인 1926년 12월, 일본에 건너가 닛가쯔(日活) 촬영소에서 무라다 노미루(村田實) 감독에게 연출법을 배우고 이 영화 출연 후 자신이 직접 각본을 쓴 '먼동이 틀 때'(1927)로 감독 데뷔했다. 심순애 역의 김정숙은 이 영화에 출연했던 정기탁의 동거녀로 알려져 있다.

이수일과 심순애 스토리는 이기세의 '장한몽'(1920)이 있었고 이경손의 '장한몽' 이후 이구영의 '수일과 순애'(1931)가 있다. 등장인물을 제목으로 내세운 이 작품에는 윤봉춘이 김중배 역을 맡았고 김연실, 이경선, 주삼손, 박제행 등이 출연, 광고에 보면 배역 맞추기 현상투표를 실시하여 선착순 500명에게 사은품인 조미료를 증정한다는 내용과 촬영기사 이명우가 현장에 레일을 깔아 이동차를 전진후퇴 시키면서 촬영한 우리 영화 최초로 이동 촬영을 시도한 작품으로 되어 있다.(매일 31. 3. 5) 1965년 김달웅이 '이수일과 심순애'라는 제목으로 이를 리메이크했다.

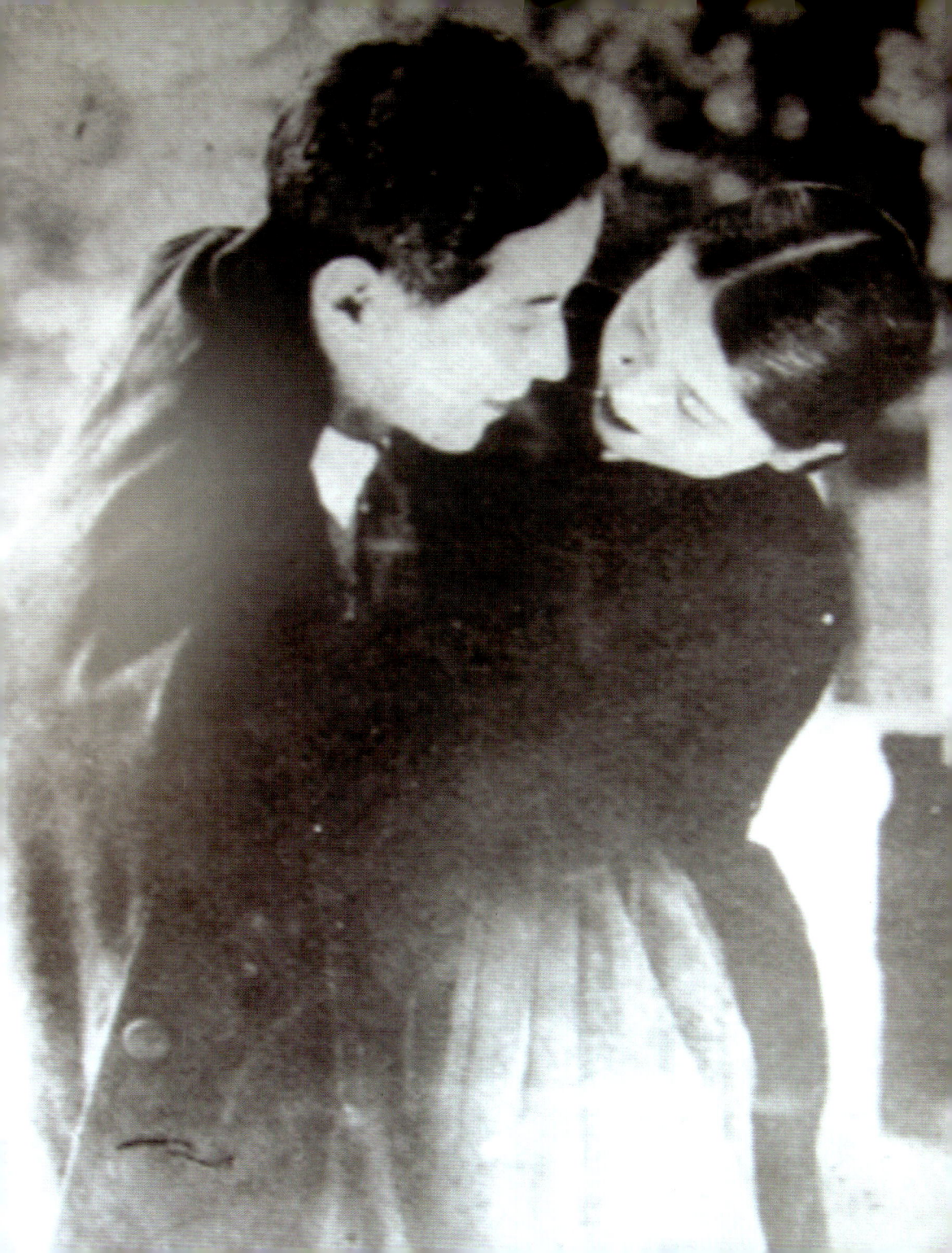

아리랑 Arirang(1926)

(조선키네마사) 60분 극영화 / 사회물
(무성영화)

감독 : 나운규(羅雲奎)
제작 : 쓰모리 히데카츠(津守秀一,
　　　 한국명 김창선)
각본 : 나운규(원작 나운규)
개봉 : 1926년 10월 1일 단성사(서울)
관람인원 : 15만 명
수출현황 : 일본(1927)
출연 : 나운규, 신일선, 남궁운, 홍명
　　　 선, 주인규, 이규설 외
기획 : 쓰모리 히데카츠
촬영 · 편집 · 현상 : 가토 고헤이
　　　　　　　　　 (加藤恭平)

서울에서 전문학교에 다니던 영진(나운규)은 3·1운동 때 독립만세를 부르다가 왜경에게 끌려가 심한 고문을 당한 끝에 정신이상자가 되었다. 정신이상자가 되기 전까지는 친구인 현구(남궁운)의 기타 반주에 맞춰 하모니카를 불기도 했던 건강한 청년이었다. 영진의 동생 영희(신일선)는 오빠의 친구인 현구를 사랑하고 있다. 한편 악덕 지주의 머슴 오기호(주인규)는 영진네 빚을 빌미로 영희에게 흑심을 품는다. 그해 추수가 끝나고 마을에서 농악제가 열리던 날, 오기호는 혼자서 집을 보는 영희를 범하려 든다. 마침 영진을 찾아 왔던 현구가 영희를 구하기 위해 오기호에게 달려들고 정신이상자인 영진은 아무것도 모른 채 두 남자의 격투를 구경할 뿐이다.

그러다가 영진은 사막에 쓰러진 한 쌍의 연인이 지나가는 대상(隊商)에게 물을 달라고 애원하는 환상을 본다. 상인이 물 한 모금 대신 여자를 끌어안으려 하자 영진은 순간적으로 낫을 들어 상대방을 후려친다. 영진의 낫에 찔려 쓰러진 것은 고약한 오기호였다. 영진은 비로소 제정신을 되찾는다.

그 자리에 영진의 아버지, 교장선생, 악덕지주, 일본 순사와 마을 사람들이 모여든다. 영진의 손에 포승이 묶여지자 사람들은 영진을 에워싸고 오열한다.

그때 영진이 다음과 같이 말한다.

"여러분, 울지 마십시오. 이 몸이 삼천리 강산에 태어났기에 미쳤고 사람을 죽였습니다. 지금 이곳을 떠나는, 떠나려는 이 영진은 죽음의 길을 가는 것이 아니라 갱생의 길을 가는 것이오니 여러분 부디 눈물을 거두어주십시오…"

일본 순사에게 잡혀 아리랑 고개를 넘어가는 영진의 뒤로 청년회 깃발을 든 청년들이 말없이 따른다. 민요 '아리랑'이 울려 퍼진다.

● 나운규가 직접 각본·각색하고 출연한 첫 번째 연출 작품. 이 작품은 당국의 검열을 피하기 위해 감독·각본을 김창선(金昌善)이라는 한국명을 갖고 있던 일본인 쓰모리 히데카츠를 내세웠다 (안종화, 『한국영화측면비사』, 현대미학사, 1998년, p.104).

첫 장면에 앙숙을 상징하는 개와 고양이가 등장하고 자막이 사라지면 주인공 영진과 오기호가 서로 노려보며 클로즈업 된다. 영진은 정신이상자로 나온다. 또한 영진의 환상을 통해 톨스토이의 '부활'에서 네플류도프 백작과 카츄샤가 이별하는 장면, 사막에서 두 청춘 남녀가 목말라 애타는 장면, 진시황의 죽음에 관한 대사 등을 적용하여 억압받는 조선과 억압하는 일본, 즉 침략자의 패망과 독립에의 열망을 암시하고 있다. 개와 고양이는 일제의 억압을 상징적으로 드러낸 컷이며 네플류도프와 카츄샤, 사막에서 물병의 물을 쏟아버리는 장면 등 몽타주 기법 삽입은 당시로서는 기발한 발상으로 평가되고 있다. 여동생 역으로 출연한 신일선은 당시 16세의 어린 소녀로 나운규가 발탁했다. 본명은 신삼순이며 아리랑 출연 때는 신홍련(申紅蓮)이라는 예명을 썼다.

조국을 잃은 백성의 울분과 설음을 보여준 이 영화는 우리 전래민요의 가사 내용을 모티브 삼아 일제시대 시달림을 받던 민족의 비애를 비탄의 극치로 이끌고 있다. 영화 상영 중 관객은 단성사 관현악단이 편곡한 "청천 하늘에 별도 많고 이내 가슴에 수심도 많다"라는 아리랑 4절을 합창하여 객석을 눈물바다로 만들어 놓았고 개봉 첫날 단성사 앞은 경찰 기마대까지 동원되는 등 표를 못산 사람들이 표를 사기 위해 아수라장을 이루었다. 그러다가 영화를 보고 나온 사람들이 눈물을 흘리며 아리랑을 합창하면 기다리던 사람들도 함께 노래를 부르며 조선독립 만세를 외쳤다고 한다(조희문, 『나운규』, 한길사, 2005년).

당시 관객은 15만 명선, 1980년대 후반과 1990년대 초반에 만 명 단위 관객 동원이 흥행으로 기록된 것을 감안하면 그 숫자가 얼마나 대단한가를 짐작할 수 있다. '아리랑'은 2년 이상 관객을 끌어 모았고 그로써 얻은 수입은 개봉 흥행 때의 몇 배를 능가하는 액수다. 이 영화는 1927년 일본에서도 상영되었다.

춘사(春史) 나운규(1902~1937)는 함북 회령 출신으로 중국 간도 명동(明東)중학 재학 중 3·1운동에 참가, 1923년 신극단 예림회(藝林會)의 배우가 되어 북간도 일대를 순회공연했고, 부산 조선키네마에 입사하면서 1925년 '운영전'으로 단역 데뷔했다. 그가 출연하거나 각본을 쓰고 감독한 작품은 총 27편, 그중 각본·출연·편집을 겸하면서 연출한 작품은 '오몽녀'(1937)까지 16편이다.

그동안 국내에서 제작된 '아리랑' 연보는 1926년 나운규의 '아리랑'을 필두로 1930년, 이구영의 '아리랑 그 후 이야기', 1935년, 홍개명의 '아리랑 고개(문예봉, 노재신, 문수일, 이춘하, 출연)', 1936년 발성영화 시대를 맞아 나운규의 '아리랑 3편'은 1937년 제1회 조선일보 영화제에서 최우수작(총 4947표)으로 선정되었다. 그 외 1954년 이강천의 '아리랑(허장강 데뷔)', 1957년 김소동의 '아리랑', 1968년 유현목의 '아리랑(박노식, 남궁원, 홍세미)', 1974년 임원식의 '아리랑(신성일, 박지영, 허장강)', 1977년 정인엽의 '아리랑아', 1997년 안태근의 '아리랑', 2002년 이두용의 '아리랑' 등이 있다.

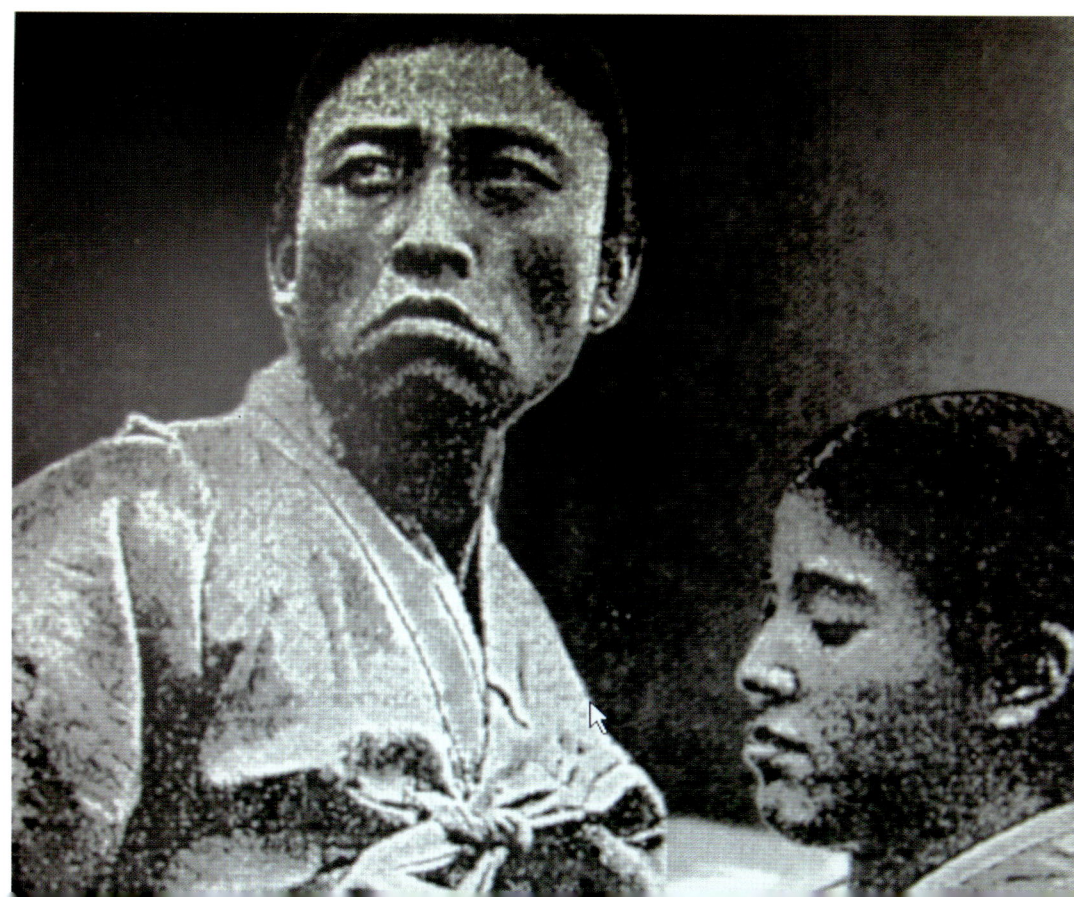

유랑 流浪, Vagabond(1928)

(조선영화예술협회) 극영화/통속

감독 : 김유영(金幽影)
제작 : 이우
각본 : 김영팔(원작 이종명)
개봉 : 1928년 4월 10일 단성사(서울)
출연 : 임화, 서광제, 강경희, 차남곤,
　　　 조경희, 장연숙 외
기획 : 강호
촬영·편집 : 민우양

때는 어스름한 황혼, 평화로운 산촌 방아다리 마을로 한 낯선 젊은이가 찾아든다. 영진(임화)이 오랜 방랑을 끝내고 고향에 돌아온 것이다. 그러나 그립던 옛집은 사라지고 친지들은 모두 북간도로 떠난 뒤였다. 아무도 반기는 이 없는 곳에서 더 이상 머물 필요가 없어진 영진이 발길을 돌리려는데, 지나가던 순이 아버지(차남곤)가 영진을 알아보고 그의 집으로 데려온다. 순이네 집에 온 그는 아름답게 성장한 순이(조경희)를 사랑하게 된다. 순이를 사랑하게 된 그는 그곳을 떠나지 못하고 농부들을 모아 야학을 시작한다. 그때 뜻하지 않은 변고가 생긴다.

마을의 부자인 서병조(강경희)가 순이네 집에 준 빚 대신 그의 백치 아들과 순이를 강제 결혼시키려 하는 것이다. 영진과 순이, 순이 아버지는 큰 충격을 받는다.

혼인 하루 전 날 밤, 순이는 서병조의 집을 탈출하여 새벽녘 산성에 오른다. 그리고 가파른 절벽에 몸을 던져 죽으려는 순간, 영진이 순이의 손을 잡아 자살을 막는다. 결국 순이 아버지는 딸과 영진의 사랑을 지켜주기 위해 고향을 떠나기로 한다.

한편 혼인식 날 아침, 신부가 없어진 것을 안 서병조는 하수들을 시켜 영진 일행을 잡아올 것을 명한다. 영진 일행이 숫자에 밀려 위기에 빠졌을 때 서병조의 백치 아들이 나타나 아버지의 하수들을 돌로 때려 기절시킨다. 폭풍은 지나갔다. 세 사람은 정처 없는 유랑의 길을 떠난다.
(김수남, 『해방 전 조선 사실주의 시나리오』, 새미, 2001년, pp.166~167, 265~315)

● 김유영 감독 데뷔작. 조선 프로 예술가동맹(KAPF) 영화인들의 모임인 조선영화예술인협회 첫 작품. 김유영은 1925년 월간 《여명》에 소설 「꽃다운 청춘」을 발표하면서 이름을 알리기 시작한 인물로 식민지 조선의 현실과 사회주의 투쟁노선을 견지한 영화평론을 발표하기도 했다. 원작자 이종명은 김유영과 함께 1933년 순수창작만을 표명하는 문학친목 단체인 '구인회(九人會)'(이종명, 김유영, 조용만, 정지용, 이태준, 이무영, 김기림, 이효석, 유치진)를 결성한 인물이다. '유랑'은 지주와 가난한 소작인의 갈등(안미영, 「이상과 그의 시대」, 소명출판, 2003년 p.249)을 그리면서 식민지의 비참한 현실을 묘사해 목적의식이 강한 경향영화(傾向映畵)의 하나로 평가받고 있다. 제작은 조선영화예술협회의 이우가 담당했고 시인 임화와 후에 영화감독이 된 서광제가 출연했다. 김유영은 이후 '혼가(昏街)'(1929), '화륜(火輪)'(1931)을 잇달아 내놓았다.

먼동이 틀 때 When the Sun Rises(1927)

감옥에서 10년 만에 출소한 김광진(강홍식)은 아내 은숙을 찾아 헤맨다. 허기진 그는 어느 식당에 들어가 밥을 먹고 돈을 내려다 지갑이 없어진 사실을 알게 된다. 광진이 떨어뜨린 지갑은 그 식당에서 일하는 순이 (신일선)의 오빠가 주워가버렸다. 하는 수 없이 순이는 광진의 식비를 대신 물어주고 광진은 순이에게 신세를 지게 된다. 순이는 식당으로 팔려온 후 아편쟁이 오빠에게 돈을 뜯기곤 하지만 그녀에겐 앞날이 창창한 시인 애인(한병룡)이 있다. 광진은 순이가 애인과 함께 멀리 떠날 수 있도록 도와준다.

한편 남편이 감옥에 있는 동안 책장사로 살아가던 광진의 아내 은숙은 그녀 주변에서 맴돌던 불량배 박철(주인규)에게 겁탈당하려는 순간 광진이 나타나서 그녀를 구하고 박철은 죽는다. 혼절한 은숙을 안아 일으키던 광진은 그녀가 자신이 찾아 헤매던 아내 은숙임을 알고 놀란다. 형사가 들이닥치면서 광진은 또다시 잡혀가고 은숙은 감옥으로 끌려가는 남편을 붙잡고 하염없이 울부짖는다. 광진의 도움으로 서울을 떠나게 된 순이와 애인은 동터 오는 언덕에 올라 새로운 미래를 다진다.

● 심훈 감독 데뷔작이자 마지막 연출작. 본명 심대섭. 1926년 동아일보에 우리나라 최초의 영화 소설 『탈춤』을 연재한 것을 계기로 이경손이 연출한 「장한몽」(1926)의 주역으로 발탁되었다. 영화 「먼동이 틀 때」는 당시 신문에 실렸던 「어둠에서 어둠으로」 제하의 전과자의 로맨스 기사에서 힌트를 얻은 것(영화평론가 조혜정의 「심훈의 영화적 지향성과 현실인식 연구」에서)으로 "주인공 김광진은 자신의 존재를 파악하지 못하고 주변의 불우한 자들의 구원자로서 행세하는 영웅적인 인물로 그려진다."(김수남, 『해방 전 조선 사실주의 시나리오』, 새미, 2001년, p.145)

(계림영화협회) 극영화/문예(무성영화)

감독 : 심훈(沈熏)
제작 : 최건식
각색 : 심훈
개봉 : 1927년 10월 26일
출연 : 심훈, 신일선, 한병룡, 강홍식, 주인규, 김정숙, 이시이 외
기획 : 최건식
촬영 : 하마다 슈자부로우이 (浜田秀三郞)
편집 : 하마다 슈자부로우이
미술 : 안석영, 이승만
총지휘 : 조일제, 안석영, 이승만

들쥐 野鼠, The Field Mouse(1927)

청춘남녀가 서로 사랑하여 백년해로를 맹세한다. 그러나 청년(주삼손)의 여인(신일선)을 탐낸 시골부자(윤봉춘)가 돈과 폭력으로 여인을 빼앗는다. 여인과 강제로 결혼식을 올리려할 때 '들쥐(나운규)'라고 불리는 정의의 사도가 식장에 나타나 결혼식을 중단시키고 청년에게 사랑하는 여인을 찾아준다. 청춘남녀는 극적으로 재회하고 '들쥐'는 이들의 행복을 빌며 또 다른 정의를 지키기 위해 떠난다.

● 조선키네마 제4회 작품. 나운규 원작 · 각색 · 주연 · 연출작. 나운규와 같은 함북 회령 출신이던 당시 27세의 윤봉춘이 악역인 시골부자 역으로 데뷔했다. 이 영화는 나운규 자신이 회령 시절 이루지 못했던 사랑을 앞세워 일본 제국주의자들의 침략성을 상징적으로 드러내고 있다. 예상대로 "민족적 색깔이 너무 짙은 불온한 내용"(「민족영화 선각자 나운규」 세계 93. 3. 14)이란 이유를 들어 상영금지 처분(검열불허 판정)을 받았고 이를 개작, 편집하여 상영했으나 흥행에 실패했다.

(조선키네마사) 극영화/멜로액션(무성 영화)

감독 : 나운규
제작 : 쓰모리 히데카츠
각색 : 나운규
개봉 : 1927년 4월 14일 단성사(서울)
출연 : 나운규, 신일선, 주삼손, 윤봉춘, 이창룡 외
기획 : 쓰모리 히데카츠
촬영 : 이창룡
편집 : 나운규

벙어리 삼룡 A Deaf, Sam-ryong(1929)

(나운규프로덕션) 극영화/문예
(무성영화)

감독 : 나운규
제작 : 나운규
각본 : 나운규(원작 나도향)
개봉 : 1929년 1월 19일 조선극장(서
　　　울 인사동)
출연 : 나운규, 유신방, 주삼손, 윤봉춘
　　　외
기획 : 나운규
촬영 : 손용진

오 생원집 벙어리 삼룡은 마음씨 착하고 충성스러운 하인이다. 성질이 고약한 주인 아들이 아무리 괴롭히고 골탕을 먹여도 죽은 듯이 참아낸다. 주인 아들이 장가가던 날, 용모 반듯한 색시를 보고 동네사람들이 신랑에 비해 새색시가 아깝다, 불쌍하다고 동정하자 주인 아들은 그런 색시를 싫어하게 된다. 그러더니 하루가 멀다 하고 새아씨를 구박하고 매질을 해댄다.

하루는 주인 아들이 술에 취해 길바닥에 쓰러져 있는 것을 보고 삼룡이가 업어오고 이를 기특하게 여긴 새아씨가 삼룡에게 부시쌈지 하나를 만들어 준다. 이것이 화근이 되어 비단쌈지를 본 주인 아들은 삼룡과 새아씨의 관계가 수상하다면서 아씨를 마당에 내동댕이치고 쌈지를 갈가리 찢어버린다.

그날 밤 그 집에 불이 난다. 불길이 활활 타오르는 속에서 삼룡은 새아씨를 구하려 하지만 새아씨는 남편을 구해달라고 부탁한다. 남편의 매질과 구박을 견디다 못한 새아씨는 불속에서 타죽으려고 결심한 것이다. 주인 아들을 먼저 구하고 삼룡은 다시 불속에 누워 있는 새아씨를 찾아 안고 지붕 위로 올라간다. 새아씨를 가슴에 안은 삼룡은 타오르는 화염 속에서 평화롭고 행복한 미소를 짓는다.

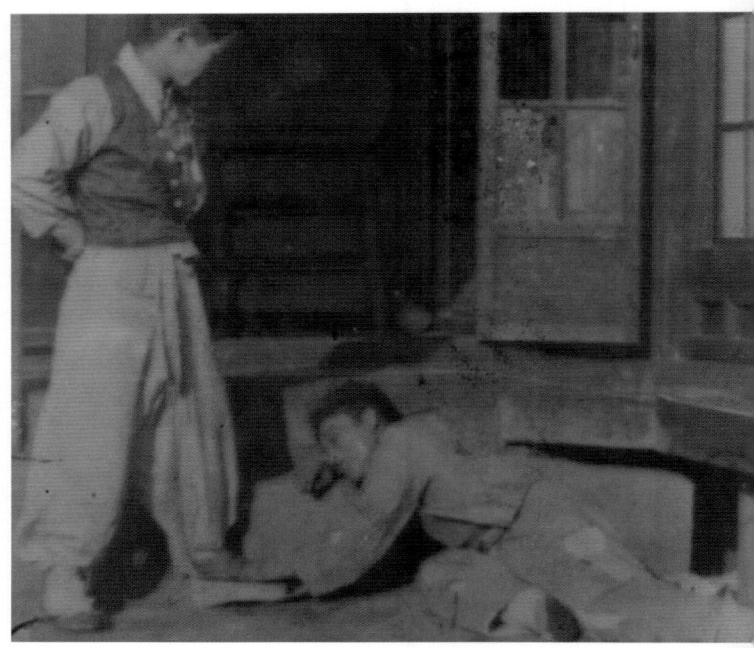

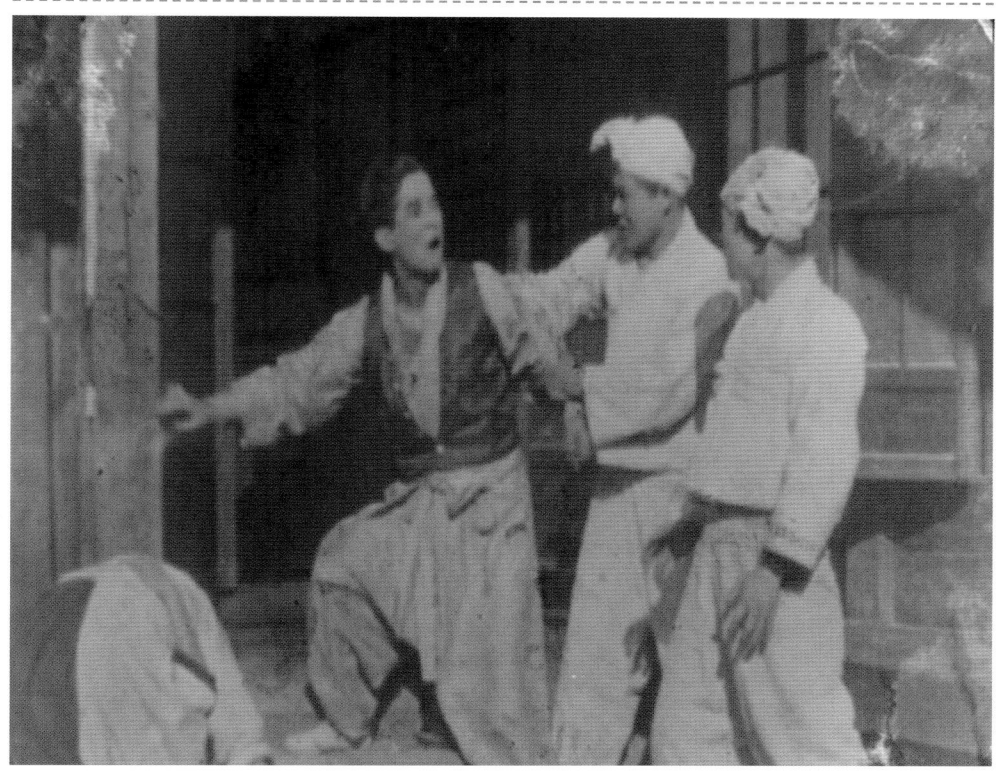

● 나운규 제작 · 기획 · 각본 · 출연 · 연출작. 1926년 《여명》 7월호에 발표되었던 나도향(羅稻香)
의 단편소설을 원작으로 하고 있다.

　마을의 대지주 밑에서 머슴살이를 하는 벙어리 삼룡이 주인댁 며느리를 남몰래 짝사랑하는
내용으로 초반부터 신분의 상하차이, 미와 추를 전제로 삼룡의 무조건적인 사랑의 진실과 주종
관계에서의 복종과 희생이 제시되고 있다. 결국 삼룡이 불속에 뛰어들어 새아씨와 함께 죽게
되면서 그는 헌신적 사랑, 상하 신분차이라는 이중적 사슬로부터 벗어나게 된다. 특히 집에다
불을 지르는 라스트 신은 당시로서는 대담한 시도로 평가되었다. 이 영화는 낭만적인 문예영화
지만 흥행에서는 실패했다.

　'벙어리 삼룡'은 이후 1964년 신상옥의 '벙어리 삼룡'(김진규, 최은희, 박노식), 1973년 변장
호의 '비련의 벙어리 삼룡'(김희라, 윤연경, 신영일, 최인숙)이 새롭게 선보였다. 두 작품 모두
불합리한 사회적 신분을 넘어선 순수사랑을 그려냈다.

임자 없는 나룻배 A Ferry Boat that Has No Owner(1932)

(유신키네마사) 극영화/통속(무성영화)

감독 : 이규환(李圭煥)
제작 : 강정원
각본 : 이규환(원작 박효린)
개봉 : 1932년 9월 14일 단성사(서울)
출연 : 나운규, 문예봉, 김연실, 임운학
       외
기획 : 강정원
촬영 : 이명우
편집 : 이규환
현상 : 손용진
수상 : 제1회 조선일보 영화제 무성영
       화 부문 2위

농촌에서 먹고살기가 힘들어진 춘삼(나운규)은 아내(김연실)와 함께 서울로 올라온다. 인력거꾼으로 어렵게 생계를 이어가던 춘삼은 아내의 출산비 마련을 위해 남의 돈을 훔치다 감옥에 가게 된다. 그러나 출옥 후 아내가 다른 남자와 살고 있는 것을 보고 그는 딸(문예봉)만 데리고 고향으로 내려간다. 뱃사공이 된 춘삼은 이제는 장성해가는 딸을 바라보는 것만이 인생의 낙이자 보람이다.

어느 날 강나루에 철교가 건설되면서 그는 또 한 번 시련에 부딪친다. 철교공사를 하던 토목기사(임운학)가 그의 딸을 강간하려 든 것이다. 춘삼이 도끼를 휘두르는 바람에 기사는 도망치다 철교 아래로 떨어져 죽고 춘삼은 철교를 때려부수다 달려오는 기차에 치어 죽는다.

한편 집에서는 춘삼이 기사를 덮칠 때 넘어진 등잔불이 방안에 번지면서 딸도 불에 타서 죽는다. 강나루에는 임자 없는 나룻배만이 강물에 흔들린다.

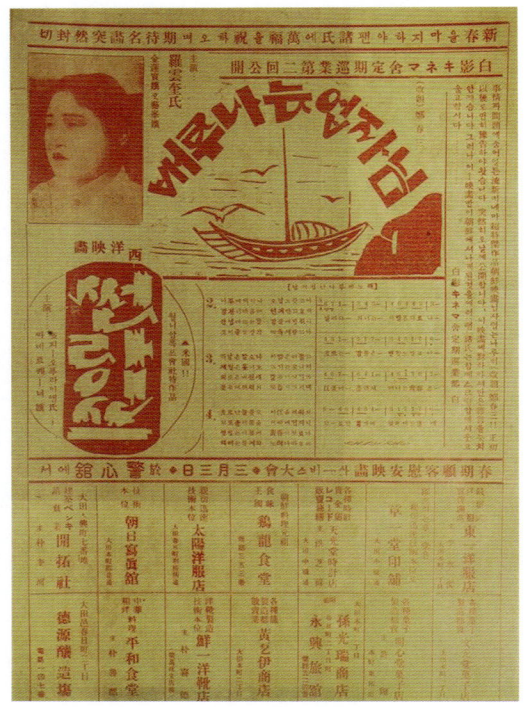

● 이규환 감독 데뷔작. 박효린 원작을 바탕으로 이규환이 시나리오를 썼다. 1932년 유신 키네마사의 강정원이 제작했으며 나운규는 머리를 깎고 주연으로 출연했다. 문예봉은 당시 16세. 단성사에서 개봉되어 대성공을 거둔 이 영화는 일제치하에서 핍박받는 조선 민족의 울분을 뱃사공과 일본인 토목기사를 내세워 우회적으로 암시하고 있다. 영화의 마지막 장면은 검열에서 거의 잘려 나갔지만 주인공이 도끼로 철교를 부수는 장면과 그의 강렬한 절규는 일제침략에 대한 우리의 민족의식과 저항정신을 대변한 것으로 해석되고 있다.

당시 동아일보 학예부장 주요섭은 "조선 민족의 혼이 죽지 않고 빛나고 있음을 암시해준 영화"라고 표현했고 일본의 호찌(報知)신문은 "사실주의적 기법이 두드러진 가작"으로 호평했다. 무엇보다 이 영화의 성공은 나운규의 천부적 연기에 힘입은 것으로 이규환은 이에 대해 "참았던 격정이 일시에 폭발하는 순간의 명연기는 정말 대단한 것이었다"고 술회한 바 있다(저항과 형극의 길/한국영화 40년-조선 61. 2. 19). 이 영화는 1938년 11월 26일, 우리나라에서 최초로 열린 조선일보 영화제 무성영화 부문에서 '아리랑'(4947표)에 이어 2위(3783표)를 차지했다.

| 참고 | 무성영화 부문-1위 '아리랑'(4947표), 2위 '임자 없는 나룻배'(3783표), 3위 '인생항로'(3075표), 4위 '춘풍'(2921표), 5위 '먼동이 틀 때'(2810표), 6위 '청춘의 십자로'(2175표), 7위 '세 동무'(1608표), 8위 '사랑을 찾아서'(1230표), 9위 '풍운아'(1143표), 10위 '낙화유수'(1015표).

발성영화 부문-1위 '심청전'(5031표), 2위 '오몽녀'(4596표), 3위 '나그네'(4366표), 4위 '어화'(3907표), 5위 '도생록'(3597표), 6위 '홍길동전'(2946표), 7위 '장화홍련전'(2456표), 8위 '미몽'(2111표), 9위 '아리랑고개'(2069표), 10위 '한강'(2061표) 등.

청춘의 십자로 Turning point of the youngsters(1934)

늙은 어머니와 누이동생 영옥(신일선)을 두고 고향을 떠나는 영복(이원용)의 가슴은 찢어질 듯 아프다. 성품이 우직한 영복은 일찍이 봉선네 집의 데릴사위가 되기 위해 7년 동안 몸을 사리지 않고 일해 왔으나 결국 주명구(양철)에게 봉선을 빼앗기고 고향을 등지게 된 것이다. 모든 것을 운명으로 돌리고 그는 서울에 와서 수하물 운반 일을 하고 있다. 그러다가 근처 주유소에서 일하던 영희(김연실)를 만난다.

한편 고향에 있던 영복의 동생 영옥은 어머니가 돌아가시자 오빠를 찾아 서울에 오지만 오빠는 만나지 못하고 카페 여급이 되어 개철(박연)에게 이용당한다. 주유소의 영희 역시 주명구에게 모든 것을 잃는다. 영복은 개철과 주명구 일당을 때려눕힌 후 영옥과 영희를 데리고 고향으로 내려간다.

● 안종화의 '고향' '꽃장사'(1930)에 이은 세 번째 연출작, 배우지망생이던 배재고보 출신 박창수가 사재 6000원을 투자하여 제작하고 박연이란 예명으로 출연하고 있다. 금강키네마사 제1회 작품. 무성영화 '청춘의 십자로'는 농촌 출신의 청춘 남녀들이 상경해서 험한 노동과 성적인 착취를 당한 끝에 자각하는 과정을 도시와 농촌을 넘나들며 보여주다가 끝내 농촌에 귀착하게 된다는 공식을 지킨다.

이 영화는 당대 흥행영화였다는 기록이 증명하듯 영화 형식상으로는 신파이지만 시각적으로는 모던한 영화의 틀을 갖추고 있다.

처음 카메라는 터널을 지나 기찻길을 보여준다. 영화에서 등장하는 도시 속 서울역 정경과 기차의 움직임, 군중의 그림자가 실제로 사라지면서 부각되며, 역사의 계단과 기둥은 그래픽 조형을 만들어낸다. 이런 식민지 경성의 근대 풍경 속으로 주인공(이원용)의 얼굴이 클로즈업 되고 주인공의 회상을 통해 농촌의 연자방아와 그 자신의 농촌 생활을 트래킹과 패닝 숏, 클로즈업을 활용한 화면으로 보여준다(조선 34. 9. 28 이규환). 남자들은 모여 앉아 담배를 피우고, 여자들은 우물가에서 물을 긷고 빨래를 한다. 다시 도시로 오면 남자는 거울 앞에서 면도를 하고 여자는 바에서 담배 연기를 뿜는다. 그 남자들은 서양풍의 멋진 바에서 맥주를 마시거나 골프를 치기도 한다. 차가 주유소에 도착하면 벌써 그 시절에 가솔린 걸이 등장하여 차에 기름을 넣기도 한다.

안종화는 왕필렬의 '해의 비곡'(1924), 윤백남의 '운영전'(1925), 왕필렬의 '암광'(1925) 출연을 끝으로 1930년 '꽃장사'로 감독 전환했다. 이 영화의 흥행 성공으로 '은하에 흐르는 정열(비상)'(1935)을 연출, 모두 13편의 연출 작품을 남겼다.

(금강키네마사) 71분 극영화/통속
(무성영화)

감독 : 안종화(安鍾和)
제작 : 이형원, 박창수
각본 : 안종화
개봉 : 1934년 9월 21일 조선극장
(서울)
출연 : 이원용, 신일선, 박연, 김연실,
문경심, 양철 외
기획 : 이원용
촬영 : 이명우
편집 : 안종화
현상 : 이명우
수상 : 제1회 조선일보 영화제 무성영
화 부문 우수작 6위

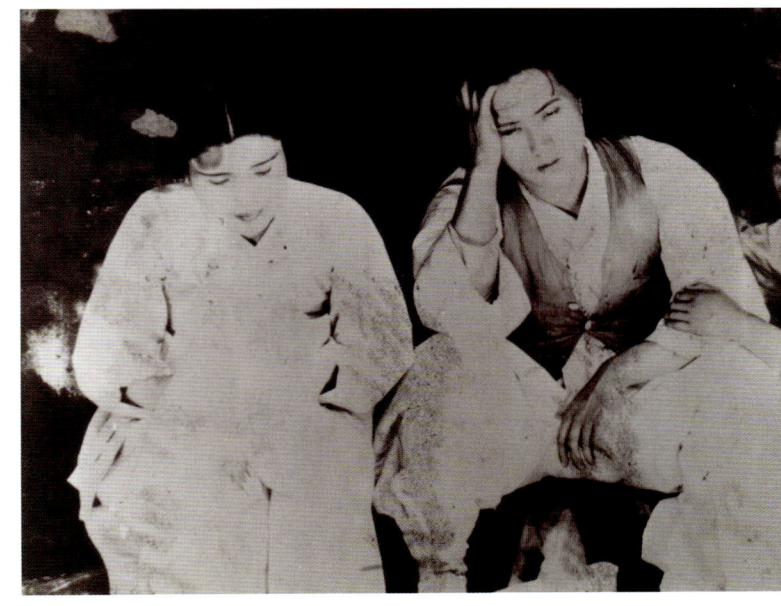

미몽 – 죽음의 자장가 迷夢,

Sweet Dream–Lullaby of Death (1936)

(경성촬영소) 47분 35mm 흑백스탠다드 극영화 / 멜로신파

감독 : 양주남(梁柱南)
제작 : 와케시마 슈지로(分島周次郎)
각본 : 최독봉
개봉 : 1936년 10월 25일 동양극장 단성사(서울)
출연 : 문예봉, 유선옥, 이금룡, 조택원, 김인규 외
촬영 : 황운조
편집 : 양주남
미술 : 김운선
음향·현상 : 이필우
수상 : 제1회 조선일보 영화제 발성영화 부문 8위

애순(문예봉)은 주부이면서도 집안일에는 관심이 없다. 그러자 남편(이금룡)은 밖으로만 떠도는 애순을 더 이상 참지 못하고 집에서 쫓아낸다. 남편과 딸 정희(유선옥)를 버리고 집을 나온 애순은 정부와 함께 호텔에서 지내다가 정부가 돈많은 사회 명사가 아니라 강도를 계획하는 범죄자임을 알고 경찰에 신고한다. 그리고 이번에는 젊고 화려한 무용수를 따라 부산으로 쫓아나선다. 그때 기차를 놓치지 않으려고 과속으로 달리던 그의 차에 딸 정희가 치인다. 정희는 병원에서 무사히 깨어나지만 애순은 죄책감에 못 이겨 약을 먹고 자살한다.

● 양주남의 감독 데뷔작이자 경성 촬영소의 여섯 번째 발성영화. 1930년대 신여성이 얼마나 대담하고 자유분방한가를 단적으로 보여준다. 애순은 돈과 육체적인 욕망을 쫓아 가정을 버리고 호텔에서의 안락한 생활을 제공하는 애인을 선택한다. 그리고 그 애인이 무일푼의 사기꾼임을 깨닫자 가차 없이 경찰에 신고해버리고 화려한 무용수를 따라 다시 떠난다. 극중 인물의 캐릭터나 갑작스러운 극의 전개, 카메라 앵글과 편집 등이 어딘지 허술하다 해도 생장의 인서트 숏, 애순이 남편에게 화가 나서 남편이 비친 화장대 거울을 흔들어 버리는 커트 등의 몇몇 장치들은 "영화 문법적으로 충실하며 영화적 기술을 바탕으로 한 투철한 장인 정신을 엿볼 수 있는 대목"(평론가 박평식)으로 지적되고 있다.

이 영화에서는 30년대 중반의 서울풍경과 식민지 시대 최고의 인기배우였던 문예봉의 데뷔시절 모습, 우리나라 최고의 남성무용수였던 조택원의 춤을 볼 수 있다. 조택원은 애순이 새로 만나 쫓아다니던 무용수로 나온다. 1938년 제1회 조선일보 영화제 발성영화 부문 8위(2111표), 2006년 7월, 한국영상자료원이 주관하여 정리한 '한국영화 100선'에 선정되고 문화재로 등록되었다.

한국영상자료원은 영화 연구자 및 대중이 한국영화에 쉽게 접근할 수 있는 가이드라인을 제시하기 위해 '한국영화 100편'을 선정, 선정 기준은 '미몽'(1936)에서 '축제'(1996)까지 60년간에 걸쳐 제작된 한국영화 중 추천위원 13인의 추천을 받아 목록을 확정 정리한 것이다.

참고로 선정 대상 및 기준은 다음과 같다. 첫째, 한국영상자료원이 영상자료를 보존하고 있는 영화일 것. 둘째, 1996년 이전 영화일 것. 셋째, 기존 국내의 활용도가 높고 후대에 반복적으로 거론되는 객관적으로 검증된 영화일 것. 넷째, 한국의 사회문화를 이해하는 데 중요한 영화일 것. 다섯째, 영화사적으로 의미 있거나 미학적으로 독특한 영화일 것(〈영화세상〉, 06. 8. 1) 등이다.

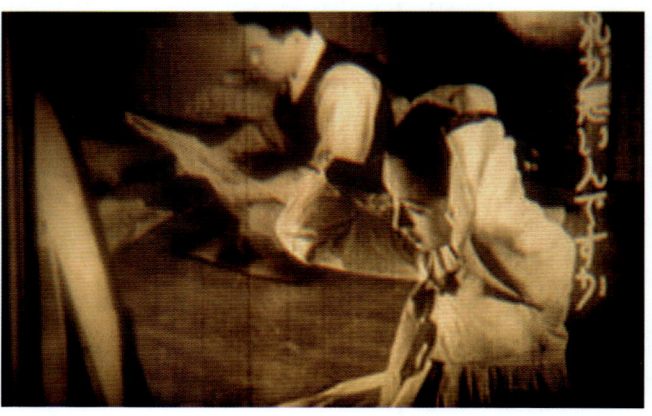

성황당 城隍堂, Alter for a Tutelary Deity(1939)

숯을 구워 생계를 꾸려가는 현보(최운봉)는 서른 살이 다 된 나이에 열네 살짜리 순이(현순영)와 결혼해서 행복하게 살고 있다.

 순이는 백고무신을 신어보는 게 평생소원이어서 남편이 숯을 팔러 장에 갈 때마다 백고무신을 사오게 해달라고 성황당에 빌곤 한다. 그러던 어느 날 현보가 숯을 팔러 나간 사이 개울에서 목욕을 하고 있던 순이 앞에 산림간수(전택이)가 나타나 자신의 말을 듣지 않으면 현보를 잡아넣겠다고 협박한다. 산림간수가 그녀를 겁탈하려 할 때 고무신을 사가지고 돌아오던 현보가 이를 보고 격분한 나머지 간수를 살해한다. 남편은 순사에게 잡혀가고 아내는 백고무신을 안고 울부짖는다.

● '살수차'(1935), '한강'(1938)을 감독한 방한준의 문예영화. 1937년 조선일보 신춘문예에 당선한 정비석의 문단 데뷔소설을 원작으로 삼고 있다. 후미진 평안도의 천마령 산골에서 숯을 구워 파는 순이 부부와 그녀 주변에 있던 사내들에 관한 이야기다. 원시림 속에서의 건강하고도 관능적인 삶을 소재로 한 이 소설은 당대의 주류이던 심리소설이나 사회주의 계열의 소설과는 달리 순수 목가풍이라는 점에서 주목받았다.

 문명에 물들지 않은 인물들이 벌이는 본능적 애정은 주변 배경과 조화되어 자연스러운 화면을 조성한다. 순이는 흰 고무신과 향라 적삼에 끌리긴 하지만 삶의 터전은 여전히 숯가마와 성황당이며 그 속에서 사는 순박한 인간상이 이 작품의 중심이 된다. '성황당'은 1980년 정진우가 '뻐꾸기는 밤에 우는가'란 제목으로 다시 영화화됐다.

(반도영화사) 극영화 / 문예	
감독 :	방한준(方漢駿)
제작 :	이구영
각본 :	이익(원작 정비석)
개봉 :	1939년 9월 25일 약초극장 (현 스카라 서울)
출연 :	전택이, 최운봉, 현순영, 이백영 외
기획 :	이구영
촬영 :	김학성
조명 :	유장산
편집 :	방한준
미술 :	유장산
현상 :	신흥키네마

어화 漁火, Fisherman's Fire(1939)

수전노 장 주사의 빚 독촉에 못 이긴 춘삼이 고기잡이를 나갔다가 숨지자 장 주사는 빚 대신 춘삼의 딸 인순을 첩으로 삼고자 한다. 서울에서 내려온 장 주사의 아들 철수도 인순에게 흑심을 품고 있다. 인순은 동네 청년 천석과 사랑하는 사이다. 하지만 빚을 갚기 위해 직장을 구해준다는 철수의 말을 믿고 철수를 따라 서울로 올라간다.

 그리고 철수에게 순결을 잃고 자신의 처지를 괴로워하다가 기생이 된다. 인순을 찾아 서울에 온 천석은 철수와 인순의 관계를 알고 크게 상심하지만 약을 먹고 자살하려는 인순을 구해 고향으로 데려온다.

● 안철영 감독 데뷔작. "안철영은 독일 유학을 마치고 돌아와 극광영화사를 창설하고 처음으로 '어화'를 제작, 감독으로서 뿐만 아니라 카메라에 있어서도 상당한 식견"(조선 40. 1. 31)을 지닌 인물이다. 이 영화는 당시 한국영화의 기술, 형식, 내용의 수준을 가늠할 수 있는 중요한 작품의 하나로 한국영상자료원 '한국영화 100선'에 선정되었다. '어화' 후속작으로는 하와이 교포들의 생활상을 현지 촬영으로 소개한 '무궁화 동산'(1948)이 있다. 안철영은 6·25때 납북되었다.

(극광영화제작소) 52분 16mm 흑백 극영화 / 통속	
감독 :	안철영(安哲永)
제작 :	안철영
각본 :	서병옥
개봉 :	1939년 1월 7일 약초극장 (현 스카라 서울)
출연 :	박학, 나웅, 윤비양, 전효봉, 박진경, 이현 외
촬영 :	이병목
음악 :	김관
조명 :	최진
편집 :	호리 케이조우(堀内敬三)
미술 :	원우전
현상 :	수중

사랑에 속고 돈에 울고
Fooled by Love, Hurt by Money (1939)

(고려영화협회 · 동양극장) 극영화/신파

감독 : 이명우(李明雨)
제작 : 최상덕(최독견), 이창용
각본 : 임선규
개봉 : 1939년 3월 17일 부민관(서울)
관람인원 : 1만 명
출연 : 황철, 차홍녀, 변기종, 심영 외
기획 : 홍순언
촬영 : 최순흥
조명 : 유장산
편집 : 이명우
미술 · 현상 : 유장산

오빠(황철)의 학비 마련을 위해 기생이 된 홍도(차홍녀)는 오빠 친구인 광호(심영)와 사랑하는 사이다. 광호 주변에는 동경 유학을 한 부호의 딸이 있었지만 광호는 그녀는 거들떠보지 않은 채 홍도만을 사랑한다. 부모의 완강한 반대에도 불구하고 홍도와 결혼한 후 광호는 외국 유학을 떠나고 혼자 남겨진 홍도는 시어머니의 모진 학대에 못이겨 시집에서 쫓겨난다.

한편 유학을 마치고 돌아온 광호는 홍도를 버리고 부호의 딸과 약혼식을 올리기로 한다. 남편이 유학에서 돌아왔다는 소식을 듣고 시댁으로 달려간 홍도는 남편의 배신에 놀라 이성을 잃고 충동적으로 부호의 딸을 과도로 찔러 죽이고 만다. 그때 살인현장으로 범인을 잡으러온 순사가 바로 홍도의 오빠다. 오빠는 사랑하는 여동생의 손목에 쇠고랑을 채운다.

● 우리나라 최초의 발성영화인 '춘향전' (1935)으로 감독 데뷔한 이명우의 세 번째 연출작. 오빠의 학비를 마련하기 위해 기생이 된 홍도의 기구한 운명을 다룬 이 영화는 1936년 7월 동양극장의 전속극단인 청춘좌(靑春座)가 공연해 대성공을 거둔 후 무대에서 장기 공연되다가 1939년, 봉건적인 도덕성에 희생당하는 여인의 운명을 주제로 내세워 영화화되었다. 30년대 최고의 흥행작.

시나리오를 쓴 임선규는 서울에서 작가와 배우로 활동하다가 여배우 문예봉을 만나 결혼, 그후 부인을 따라 월북했으나 해방 후 지병인 폐병으로 타계했다. 임선규 원작을 바탕으로 1958년 배우 전택이가 '애정무정', 1965년 '홍도야 울지마라' 로 제목을 바꾸어 두 차례나 리메이크했다.

국경 國境, Frontier(1939)

(천일영화사) 극영화/신파

감독 : 최인규(崔寅奎)
제작 : 최병규
각본 : 최인규
개봉 : 1939년 5월 20일 명치좌(국제극장-서울)
출연 : 이금룡, 김소영, 전택이, 최운봉 외
기획 : 이종완
촬영 : 황운조
음악 : 김관
조명 : 유장산
편집 : 최인규
미술 : 유장산
녹음 : 최인규
현상 : 황운조

국경 지대의 밀수단 두목(이금룡)과 그의 애첩(김소영), 두목의 애첩을 사랑하는 부하(전택이) 사이에 벌어지는 삼각관계를 다루고 있다. 두목의 부하를 사랑하게 된 애첩은 두목으로부터 벗어나려 들고 두목은 그녀를 놓아주지 않는다. 애첩과 부하 결국 탈출하고 밀수단 무리들은 이들을 추격하지만 두 남녀는 추격을 뿌리치고 피투성이가 된 채 국경을 넘는 데 성공한다.

● 최인규 감독 데뷔작. 최인규가 감독 · 각본 · 편집 · 녹음 등 1인 4역을 담당했고 제작은 그의 친형인 최병규가 맡았다. 압록강변 국경지대를 무대로 전개되는 밀수단 두목과 그의 애첩, 부하 사이에서 벌어지는 사랑의 쟁취를 그린 내용. 영화평론가 성광제는 "영화적 기술은 사줄만 하나 영화적 플롯이 서 있지 못한 것"(《조광》 1939년 12월호)을 지적하고 있다. 1930년 이금룡의 '어사 박문수전' (청구키네마사)으로 데뷔한 이금룡과 1937년 안석영의 '심청전' 의 주역으로 인기가 치솟았던 김소영이 출연, 특히 이금룡의 뛰어난 연기력은 해방 후 그가 작고하자 '이금룡상' 이 제정될 정도였다.

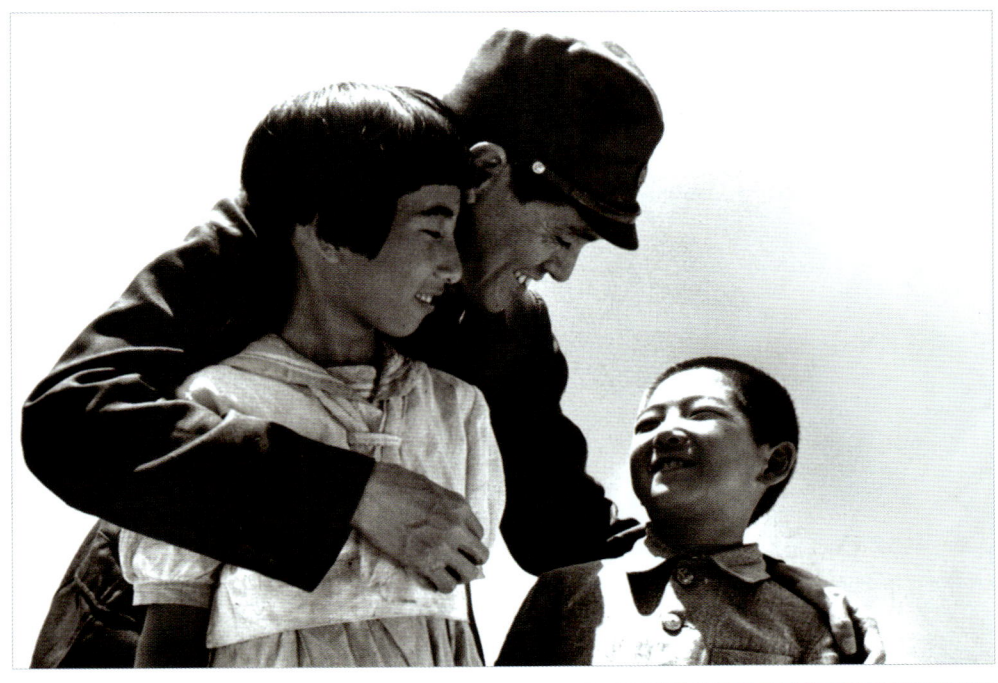

수업료 授業料, Tuition(1940)

소년은 부모가 놋수저 행상을 떠나고 할머니마저 병들어 눕자 수업료 때문에 걱정이 태산 같다. 반 친구들과 선생님에게 미안해진 소년은 행상을 떠난 부모가 하루속히 돌아오기만을 손꼽아 기다린다. 다행히 고모가 수업료를 대신 내주겠다고 하고 학급에서도 우정함 모금을 준비하고 있다. 며칠 후 집에 돌아온 부모는 다음부터는 미리 수업료를 준비해 두겠다고 약속한다.

● '국경'에 이은 최인규의 두 번째 작품. 가난해서 수업료를 내지 못한 소학생과 교사의 미담을 서정과 동심으로 수놓고 있다. 원작은 경성일보의 경일소학생신문사가 모집한 전국아동작문 공모에서 조선총독상을 받은 광주 북정공립보통학교 4학년 우수영 어린이의 수기. 일본의 시나리오작가 야스미 도시오가 각색하고 극작가 유치진이 대사를 고쳤으며, 이를 다시 최인규가 정리했다. 주연은 원작자인 우수영 어린이와 동갑인 정찬조, 할머니 역은 당시 36세의 복혜숙, 어머니 역은 김신재, 일본인 교사 역에는 일본인 우스다가 출연했다. 최인규는 '수업료'(1940)에 이어 '집 없는 천사'(1941) 등 가작을 잇달아 내놓으면서 감독으로서의 입지를 굳혔다.

(고려영화협회) 드라마 / 계몽

감독 : 최인규
제작 : 이창용
각본 : 유치진(원작 우수영)
각색 : 유치진, 야스미 도시오
　　　　(八住利雄)
개봉 : 1940년 8월 6일 명치좌
　　　　(국제극장–서울)
출연 : 우스다(薄田研二), 정찬조, 복혜숙, 김신재, 문예봉, 김영옥 외
기획 : 이창용
촬영 : 이명우
음악 : 이등선
조명 : 최진
편집 : 양주남
현상 : 경성현상소

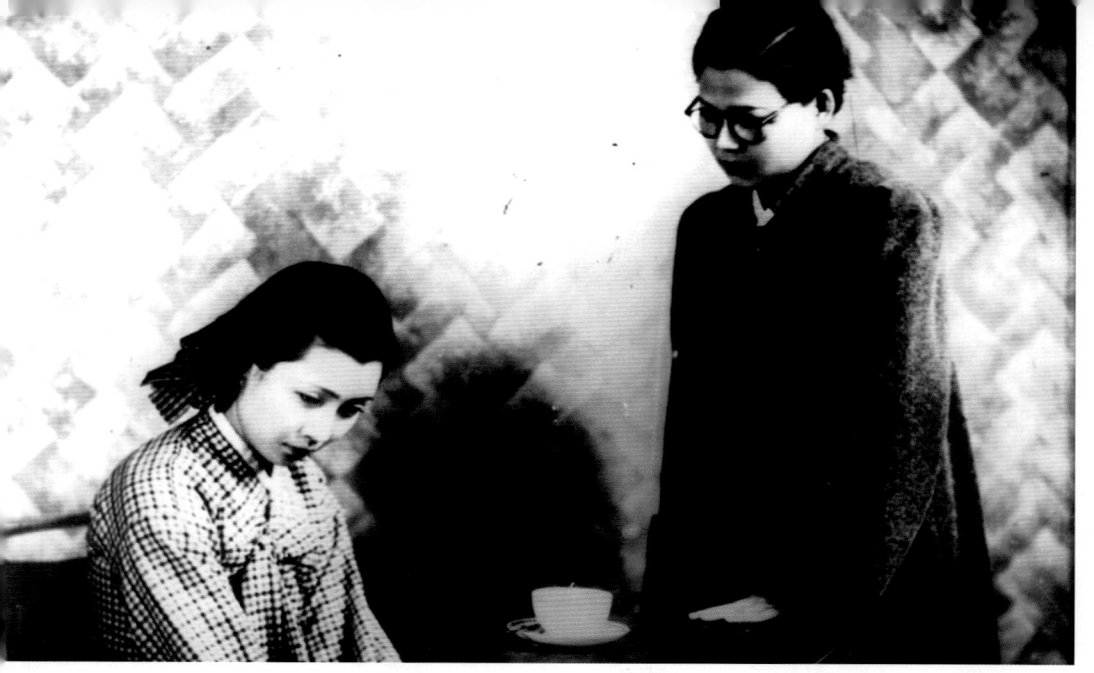

반도의 봄 Spring in the Korean Peninsula(1941)

(명보영화사) 84분 극영화/멜로

감독 · 제작 : 이병일(李丙逸)
각본 · 각색 : 함경호, 이병일
개봉 : 1941년 1월 1일 성보극장
 (현 국도극장-서울)
출연 : 김소영, 김일해, 서월영, 윤정
 란, 김소영, 복혜숙, 백란 외
기획 : 이기진
촬영 : 양세웅
조명 : 김성춘
편집 : 양세웅
미술 : 윤상렬
현상 : 조선영화사

영화제작자 이영일(김일해)에게 친구의 여동생이자 영화배우 지망생인 정희(김소영)가 찾아온다. 그리고 때마침 '춘향전'에서 '춘향'을 맡고 있던 안나(백란)가 열악한 제작환경을 핑계로 연기를 포기하자 감독 허훈(서월영)은 정희를 춘향으로 발탁한다. 정희의 투입으로 촬영이 순조롭게 진행되는 과정에서 영일과 허훈은 제작비 부족으로 곤란을 겪게 되고 영화사 공금에 손댄 혐의로 영일은 감옥에 간다. 그러나 바의 마담이 된 안나가 영일이 횡령한 1000원을 대신 갚아주고 영일이 풀려나면서 '춘향전' 촬영은 다시 활기차게 진행된다. 드디어 '춘향전' 개봉 날, 영일을 도와준 안나가 찾아오자 평소 영일을 흠모해 왔던 정희가 크게 실망한다. 그러나 안나가 정희에게 자신과 영일은 친구 이상의 아무것도 아닌 사이라는 오해를 풀어주면서 모든 갈등은 끝난다. 얼마 후, 영일과 정희는 일본의 선진기술을 배우기 위한 영화 유학을 떠난다.

● 이병일 감독 데뷔작. 일본 닛가쯔(日活) 촬영소에서 영화수업을 끝내고 돌아온 이병일은 명보영화사를 설립, 첫 작품으로 1940년 주간아사히 대중문예 현상모집 당선작인 「반도의 예술가」를 각색해 이 영화로 만들었다. 영화 제작을 둘러싸고 벌어지는 제작자와 신인 여배우의 사랑 이야기. 열악한 영화제작 현장 속에서 '춘향전'을 만들고 영화제작 주식회사를 설립하게 되는 과정을 담았다. 영화감독 안종화는 이 영화를 보고 "이제까지 구태에 젖어 있던 작품들에 비해 월등한 것이었다"(안종화, 「한국영화측면비사」, 춘추각, 1962년)고 호평한다. 이 영화는 흥행에도 성공했다.

집 없는 천사 An Angel without a House(1941)

명자(김신재)와 용길(이욱하) 남매는 어릴 때 부모를 잃고 부랑아로 떠돌다가 부랑아 소굴을 탈출할 때 엇갈려 헤어진다. 용길은 다행히 구제사업을 하는 방성빈(김일해)의 도움으로 향린원의 가족이 되고 누나인 명자는 성빈의 처남인 의사 안인규(강홍식)의 병원에서 간호사로 일하고 있다. 이때 향린원에 있던 용길이 물에 빠져죽을 고비에 처하게 되고 응급조치를 위해 안 의사를 따라왔던 누나와 감격적인 해후를 하게 된다. 부랑아의 두목 권 서방(윤봉춘)은 고아들을 괴롭힌 것을 뉘우치며 일장기 아래서 황국신민으로서 충성을 다짐한다.

● '국경'(1939), '수업료'(1940)에 이은 최인규 연출작, 당시 경성 밖 홍제리에서 부랑아 구제사업이 이루어지던 향린원을 무대로 한 실화에 근거를 두고 있다. 암담한 현실을 어린이의 시각을 통해 리얼리즘 기법으로 그려낸 이 영화는 일제 말기 영화 중 "서사나 기술적인 측면에서 최고의 완성도를 보이는 계몽적 사실주의 작품"으로 호평을 받았으며 흥행에서도 성공했다.

영화 전반의 흐름은 고아 출신의 젊은이들이 사회로부터 소외된 부랑아의 현실과 선도를 부각시키고 있으나 영화 후반부 일장기 게양식에서의 훈시와 황국신민서사를 일본어로 읊는 장면이 있다고 해서 후에 친일영화 논란에 휘말리기도 했다. 그러나 최인규는 해방 후 한 회고의 글에서 "이 영화는 조선의 비참한 상황을 일본의 위정자들에게 항의하려는 의도를 가지고 있었다"(한국예술연구소 편, 한국예술 아카이브 총서 03 「이영일의 한국영화사를 위한 증언록」, 소도, 2003년, p.86, pp.115~118, p.196)고 밝힌 바 있다. 촬영 김학성, 미술 한형모, 양주남이 편집을 담당, 이들은 이후 한국영화의 일익을 담당하게 될 스태프들이다. 한국영상자료원 '한국영화 100선' 선정.

(고려영화협회) 73분 극영화 35mm 흑백 스탠다드 / 계몽

감독 : 최인규(崔寅奎)
제작 : 이창용
각본 : 니시가메 모토사다(西龜元貞)
개봉 : 1941년 2월 19일 성보극장 (현 국도극장–서울)
출연 : 김신재, 이욱하, 김일해, 강홍식, 문예봉 외
기획 : 최완규
촬영 : 김학성
조명 : 최진
편집 : 양주남
미술 : 한형모
현상 : 경성현상소

복지만리 福祉萬里, Miles Away from Happiness(1941)

(고려영화협회) 극영화/신파

감독 : 전창근(全昌根)
제작 : 이창용
각본 : 전창근
개봉 : 1941년 3월 22일 성보극장
　　　　(현 국도극장–서울)
출연 : 전창근, 유계선, 전옥, 전택이,
　　　　주인규 외
기획 : 이창용
촬영 : 이명우
조명 : 최진
편집 : 전창근
미술 : 원의정
현상 : 경성현상소

만주로 이주한 조선인들은 벌목작업 등 집단생활로 서로 협동하며 고국에 대한 그리움을 달랜다. 그러나 국경 주변의 조선인 마을과 만주인 마을에는 불화, 분열이 그치지 않는다. 이를 해결하기 위해 마을의 한 청년(전창근)이 조선인 마을에 불을 질러 조선인과 만주인이 함께 힘을 모아 불을 끄게 한다. 그 결과로 그들은 협동하고 화해에 성공하지만 청년은 불에 타서 죽고 만다.

● 전창근 감독 데뷔작. 고려영화협회와 만주영화협회의 제휴 작품. 1926년 상하이로 갔던 전창근은 12년 만인 1937년에 고국에 돌아와 이 영화의 각본·편집·출연·감독 등 4역을 맡았다. 그의 아내 유계선을 비롯, 전옥, 전택이 등이 출연. 영화 내용이 일제 치하에서 벗어나 만주로 이주하는 등의 배일사상을 담고 있다는 이유로 전창근은 100일간의 옥고를 치르고(호현찬, 『한국영화 100년』, 문학사상, 2007년, p.421) 일제가 패망하기까지 5년간 영화 활동을 중단하기도 했다.
　해방 후 최인규의 '자유만세'(1946) 출연을 필두로 '해방된 내 고향'(1947) 등 많은 영화에서 감독과 주연을 맡았다.
　영화의 흥행저조와는 달리 "달 실은 마차다 해 실은 마차다/ 청대콩 벌판 위에 휘파람을 불며 불며"로 시작되는 주제곡 '복지만리'(김영수 작사, 이재호 작곡, 백년설 노래)는 1941년 3월 태평레코드에서 발표되어 음반 판매량 5만 장을 돌파하는 대성공을 거두었다.

거경전 巨鯨傳, Story of Big Whales(1944)

(조선영화) 극영화 / 계몽

감독 : 방한준(方漢駿)
제작 : 다나카 사부로우(田中三郎, 제
　　　　작담당 李載明)
각본 : 쓰쿠다 쓰나오(원작 關川周)
각색 : 佃順
개봉 : 1944년 2월 24일 약초극장
　　　　(현 스카라극장–서울)
출연 : 독은기, 김일해, 서월영, 김신
　　　　재, 복혜숙, 김소영, 주인규 외
촬영 : 김학성, 황운상
음악 : 윤상열
조명 : 김성춘
편집 : 양주남
현상 : 최규순

바다에서 고래를 잡다가 목숨을 잃은 명포수 아버지와는 달리 그 아들 정명은 바다에 대한 애착이 별로 없다. 아버지의 친구인 선장과 선원들이 정명을 훌륭한 포수를 만들기 위해 협력하고 선장의 외동딸 광자도 이에 가세한다. 정명은 아버지의 뒤를 이어 포경선을 타게 된다.

거친 파도와 싸우는 혹독한 시련 끝에 바다에 대한 두려움을 극복하고 고래를 잡아 올리는 바다의 사나이로 다시 태어난다. 귀항을 서두르는 포경선 북양호 뱃전에는 수많은 선원들이 노리던 큰긴수염 고래 세 마리가 석양빛을 받아 반짝거린다.

● '풍년가'(1942), '병정님'(1944)에 이은 방한준의 여섯 번째 영화. 일종의 국책영화로 당시 대동아전쟁의 승부처를 바다로 여긴 조선영화제작주식회사가 해군지원병 제도 실시를 앞두고 바다로의 관심과 해양자원의 중요성을 강조하기 위해 만들었다. 포경선 선원들과 선장, 회사 임원들 간의 관계가 우애와 의리, 바다에 대한 각별한 애정으로 그려진다.
　'성황당'(1939)에서 콤비를 이루었던 김학성(金井成)이 장생포 방어진 구룡포 해안선 등에서 40여 일의 해상촬영 끝에 완성했다. 숫자의 표기 없이 105개의 신으로 구성된 시나리오는 '스탈린처럼 턱수염을 기른 사람', '바다의 풍신수길' 등으로 등장인물의 캐릭터를 묘사하고 있는 것이 특징이다.

똘똘이의 모험 The Adventure of Ttolttori(1946)

어느 날 밤, 국민학교 같은 반 친구인 똘똘이와 복남이는 트럭을 대고 쌀을 훔치는 도둑들을 발견하고 그 트럭에 매달려 도둑의 소굴에 잠입한다. 똘똘이가 도둑들의 행동을 감시하는 동안 복남이는 이 사실을 경찰에 알린다. 복남이가 경찰서로 달려간 사이 똘똘이는 도둑들에게 들켜 생명이 위태로울 정도로 모진 매질을 당한다. 그때 복남이의 신고로 출동한 경찰이 도둑들을 일망타진하고 똘똘이는 무사히 구출된다. 똘똘이와 복남이는 착하고 용감한 어린이로 표창받는다.

(남일영화) 극영화 / 아동

감독 : 이규환(李圭煥)
제작 : 박창원
각본 : 김영수
각색 : 안석주
개봉 : 1946년 9월 7일 국제극장
　　　　(구 명치좌~서울)
출연 : 한은진, 복혜숙, 손전, 최성관, 이금룡, 독은기, 최운봉, 남승민, 강정애 외
촬영 : 양세웅
음악 : 김대현
조명 : 김성춘
편집 : 이규환
미술 : 강성범
현상 : 김봉수

● '임자 없는 나룻배'(1932)를 필두로 해방 전 여덟 편의 영화를 만든 이규환의 해방 후 첫 작품. 김영수 원작의 KBS 라디오 어린이 연속극을 영화화한 것이다. 이규환 감독과 명콤비로 알려진 양세웅이 촬영을 맡고 있다.

서울 국제극장에서 개봉된 '똘똘이의 모험'은 영화에 굶주렸던 해방 신세대들의 박수갈채를 받으며 전국 극장에서 연일 장사진을 이룰 정도로 공전의 대히트를 쳤다. 어려운 현실적 핸디캡을 극복하고 오로지 조선영화의 건재를 주장하면서 조선영화 건설에 던지는 제일성인 만큼 영화부흥의 기폭제로 평가할 만한 영화. 더구나 영화의 기획 의도는 건국의 걸림돌인 모리배를 축출하는 데 내일의 조국의 주인공인 용감한 어린이들을 내세우고 있다는 데서 의의를 찾을 수 있다. 어린 소년을 장정 일곱 명이 달려들어 무차별 가격하는 장면에 대해 "이러한 것은 세계 영화사상 유례가 없는 몰상식하고도 민족적 수치인 장면으로 이 부분은 커트해 버리는 것이 좋을 것"이라는 조선영화동맹의 경고가 있었다.(자유 46. 9. 11) 방산공립초등학교 어린이들이 찬조 출연했다.

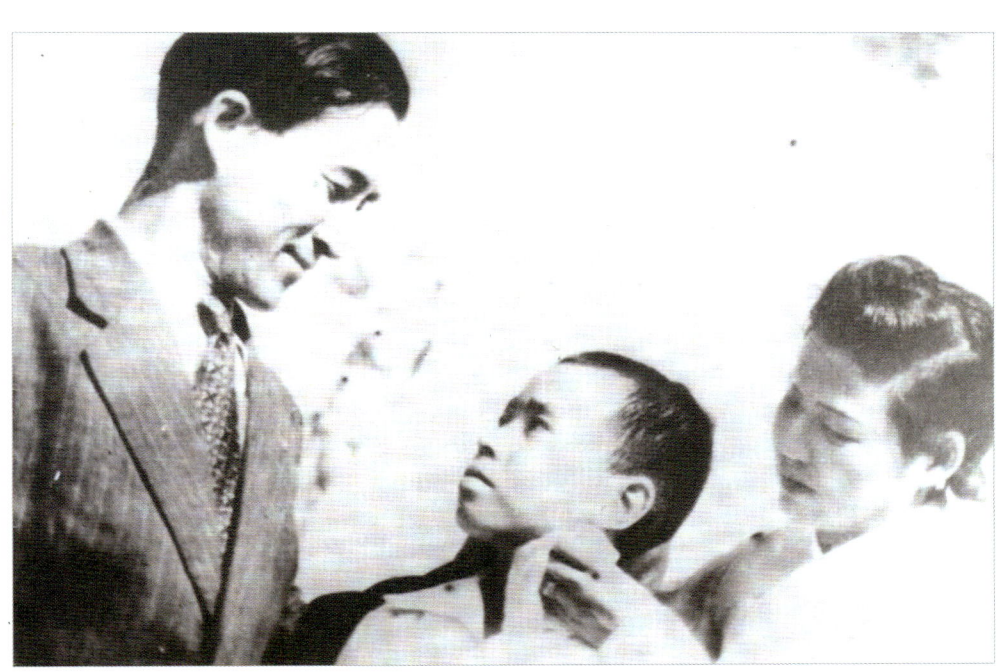

자유만세 自由万歲, Hurrah for Freedom (1946)

(고려영화사) 60분 35mm 흑백 극영화 / 멜로 액션

감독 : 최인규
제작 : 최완규
각본 : 전창근
개봉 : 1946년 10월 21일 국제극장 (서울)
관람인원 : 15만 명
출연 : 전창근, 유계선, 황려희, 김승호, 복혜숙, 차근수, 한은진, 하연남, 윤봉춘, 강계식, 전택이, 송억, 독우영, 김복자 외
기획 : 최완규
촬영 : 한형모(촬영대본 최인규)
음악 : 조백봉
조명 : 김성춘
편집 : 양주남
미술 : 정경준
녹음 : 조종국
음향 : 심재훈
현상 : 한국영화문화협회

독립운동을 하던 혁명투사 한중(전창근)은 동창생이자 일제의 앞잡이인 남부(독은기)에게 체포된다. 그러나 한중은 감옥에서 탈출한 후 무장봉기를 일으키려다 다이너마이트를 옮기던 동료(김승호)가 잡히자 그를 구출하고 남부의 애인 미향(유계선)의 아파트로 피신한다. 한중에게 매료된 미향은 한중을 숨겨 주고 한중의 지하조직에 찾아가서 정보와 자금을 전달한다. 그 뒤를 밟던 남부와 헌병들에게 미향은 총에 맞아 죽고 한중은 총상을 입고 대학병원으로 옮겨진다. 여기서 간호부 혜자(황려희)의 도움으로 병원을 탈출한 후 산으로 도망치지만 남부 일행은 한중을 사살한다. 남부도 결국 총에 맞아 쓰러진다. 그날 밤이 밝으면 광명 해방이 되는 줄 죽은 이들은 모르고 있었다.

● 정예감독으로 알려진 최인규가 해방 후 1년의 상념을 다듬어 완성한 극영화, 고려영화사 제1회 작품. 일제시대 한국영화계를 대표했던 전창근의 배우데뷔작으로 전창근이 시나리오를 쓰고 직접 출연했으며 일본 동보영화사에서 촬영을 배우고 돌아온 한형모, 한국영화 조명기사 1세대인 김성춘, 한국영화 최초의 편집기사인 양주남 등이 제작에 참여하고 있다. 이때 '자유만세' 스태프로 최인규 문하에서 연출 수업을 쌓은 홍성기, 정창화, 신상옥 등이 등장한다. 당시 신상옥은 고려영화협회 미술부에서 영화 포스터를 그리거나 세트를 만드는 일을 했다. 또한 영화 '국경'을 제작한 최병규에 이어 이 영화를 제작한 최완규 역시 최인규의 친형이자 영화배우 김신재의 남편이기도 하다.

당시 평단은 이 한 편을 통해 우리 영화의 나아갈 길이 명시되고 있다고 평한다. 주제가 기술보다 앞선다는 명제는 조선영화에 국한하는 것은 아니지만 조선영화의 생명은 주제에서 찾아볼 수밖에 없으며 이런 의미에서 '자유만세'는 조선 최초로 혁명투사를 묘사했다는 점에서 중요한 의미를 갖는다.(자유 46. 10. 25) 제작비가 17만 원이었는데, 당시 평균 제작비가 10만 원 안팎이었던 데 비하면 대작에 속한다. 개봉 당시 해방의 감격에 들떠 있던 관객들의 호응으로 흥행에도 크게 성공했다. 서울 상영 때 10일간 '78만 5000환'(중외 46. 12. 14), 당시 중화민국 장제스(蔣介石, 1887~1975) 총통으로부터 '자유만세 한국만세' 휘호를 받았다. 한국영상자료원의 '한국영화 100선'으로 선정.

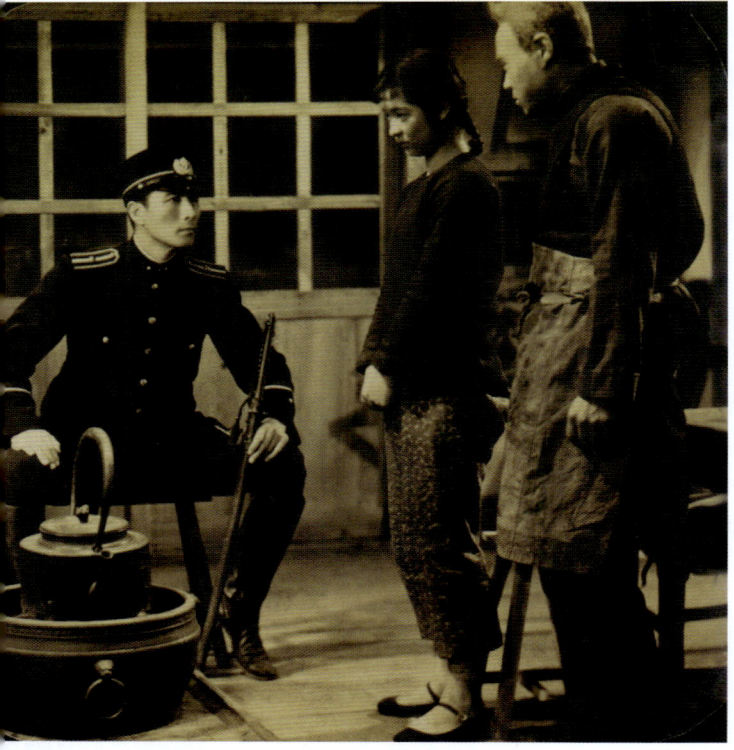

목단등기 牧丹燈記, Mok-Dan ghost story(1947)

한을 남기고 죽은 처녀 귀신이 성불하기 위해 한 선비와 동침한다는 내용을 담은 공포물이다.

● 김소동 감독 데뷔작. 한국영화데이터베이스(KMDb)에 보면 '목단등기'는 '괴기물'로 분류된다. 김소동은 1933년 일본대 법문학부에 입학하면서 영화 클럽을 만들고 상급반 때인 1935년에는 촬영소(닛가쯔) 조감독이었던 친구 이병일과 함께 코리아 레코드사를 설립, 1939년 귀국 후 조선영화과학연구소를 창설하면서 첫 작품인 '목단등기'(모란등기)를 내놨다. 김소동 제작·각본·기획·연출작. 감독은 중국 명나라의 구우(瞿佑-宗吉)가 지은 괴기소설 『전등신화(剪燈神話)』에 나오는 '목단등기'에는 선비와 여인이 관 뚜껑을 여는 순간 그 속으로 빨려 들어갔다는 내용에서 소재를 얻어 조선 최초의 공포영화이자 최초의 16mm 발성영화(예술통신 46. 11. 29)를 만들었다. 음악에는 동요 '봄이 오면'(1931), 이은상의 '가고파'(1933)를 작곡한 김동진이 참여했다. 서울 국제극장에서 개봉된 이 영화는 10만 관객을 동원. 김소동은 이후 6·25 전쟁 등으로 인한 긴 공백기를 지나 1956년에야 두 번째 연출 작품인 '왕자 호동과 낙랑공주'를 선보이게 된다.
  '목단등기'는 1964년 백호빈이 '목단등'이란 제목으로 영화화했다. 각본을 김소동이 담당한 것으로 보아 '목단등기'의 리메이크 작으로 여겨진다.

(조선영화과학연구소) 16mm 극영화/
괴기물(발성영화)

감독 : 김소동(金蘇東)
제작 : 김소동
각본 : 김소동
개봉 : 1947년 6월 8일 국제극장
　　　　(서울)
관람인원 : 10만 명
출연 : 한림, 이정순, 임옥, 서대봉, 윤
　　　국섭, 정봉현, 최완 외
기획 : 김소동
촬영 : 김정환
음악 : 김동진
조명 : 고해진
편집 : 김정환
미술 : 강성범
현상 : 영과연

새로운 맹서 A New Oath(1947)

일제의 강제 징용에 끌려 나갔던 세 청년이 해방과 함께 고향인 어촌에 돌아와 마을 처녀들과 함께 부정과 폐습을 타파하고 황폐한 어촌을 재건해 나간다는 내용의 계몽물.

● 신경균의 해방 후 작품. 최은희 스크린 데뷔작. 최금동 각본의 '새로운 맹서'는 해방의 여운이 채 가시지 않은 당시 해방의 감격과 민족주의 성향을 띠는 애국적인 소재들이 쏟아져 나올 때 나온 작품이다. 조연급 배우들은 내정되어 있었으나 마땅한 주연급 배우가 없어 제작진이 걱정하고 있을 때 최은희가 스스로 영화사에 나타났다고 한다. 최은희는 이 영화로 연기력을 인정받아 1952년 '악야'에서부터 신상옥과 파트너를 이루게 된다 .
  당시 조선일보(47. 5. 8)에 난 영화 광고에 보면 "해방 후 조선영화의 첫 봉화!, '남해의 순정에 꽃핀 영화 정신의 극치!'"라는 선전문구 아래 "최금동 시나리오 '노도(怒濤)' 개제"로 보아 작품의 원제가 '노도'였음을 알 수 있다. "감독은 '순정해협'의 서정시인 신경균 감독, '성황당' '집 없는 천사'의 김학성 촬영, 제작은 최세용으로 되어 있고 '보국문화흥업주식회사 제1회 작품'"이라고 명시되어 있다. 동아일보도 "…모리만을 일삼고 더구나 구탈을 벗지 못해 세도만을 부리려 하는, 해방을 좀먹는 사람들 중에 대지를 힘차게 밟고 진실을 찾아 새로운 마을을 건설하려는 청년과 처녀의 투쟁기"(동아 47. 5. 18)를 보도했다.

(보국문화흥업주식회사) 16mm
계몽영화

감독 : 신경균
제작 : 최세용
각본 : 최금동
개봉 : 1947년 6월 28일 국도극장
　　　　(서울)
관람인원 : 10만 명
출연 : 이금룡, 최은희, 독은기, 김연
　　　실, 최운봉, 남흥일 외
기획 : 신경균
촬영 : 김학성
음악 : 김순남
조명 : 김성춘
편집 : 양주남
현상 : 최규순

유관순 柳寬順, Yoo Kwan-Sun(1948)

(계몽영화협회) 16mm 극영화/전기물
감독 : 윤봉춘(尹逢春)
제작 : 방의석
각본·각색 : 이구영
개봉 : 1948년 4월 8일 중앙, 동양극
　　　장(서울)
관람인원 : 15만 명
출연 : 고춘희, 이선경, 이일선, 박순봉
　　　외
기획 : 조중헌
촬영 : 손용진
조명 : 김성춘
편집 : 윤봉춘
현상 : 손용진

1919년, 나이 16세의 유관순은 고등과 1년생이었다. 당시 일제의 수탈과 탄압에 반대하는 독립만세운동이 전국적으로 일어나기 시작했고 이에 당황한 일제는 모든 학교에 휴교령을 내린다. 일제의 휴교조치로 이화학당이 문을 닫자 유관순은 거리로 뛰쳐나와 3·1 만세운동에 가담하고 고향인 천안으로 내려가 공주, 청주, 진천, 연기 등 40여 부락을 돌며 학생과 주민들과 함께 만세운동을 일으킬 것을 계획한다. 그리고 그 해 음력 3월 1일, 천안 아오내 장터에 모인 3000여 군중에게 태극기를 일일이 나누어주고 대열에 앞장서 가두시위를 주도하기에 이른다. 그때 뒤늦게 출동한 일본 경찰의 무차별 사격으로 수많은 사람이 희생되고 관순의 부모도 학살당한다.

하루아침에 부모를 잃고 걸식 고아가 된 어린 동생들을 남겨둔 채 관순은 '아오내 장터 사건'의 주모자로 체포되었고 투옥된 후에는 법정에서 재판을 거부하며 검사에게 걸상을 내던지는 바람에 법정모독죄가 가산되어 7년형을 선고받는다. 서대문 형무소 복역 중에도 형무관에게 모진 고문을 받으면서 독립만세를 외치는 등 추위와 굶주림에 시달리다 1920년 17세의 꽃다운 나이에 형장의 이슬로 사라진다. 토막 난 관순의 시체는 형무소 지하실에 방치되어 있다가 이화학당 교장인 월터에게 인계되고 관순의 시신을 거둔 월터는 정동교회에서 학생들과 함께 관순을 위한 진혼예배를 드린다. 미국 선교사의 도움으로 이화학당에 다니게 된 유관순은 믿음과 사랑을 실천하는 성실한 학생으로 기억된다.

● 윤봉춘의 여섯 번째 작품. 16세 소녀 유관순이 독립만세 대열의 선봉에 섰다가 일본경찰에게 잡혀 투옥되고 사망하기까지의 짧은 생애를 영화화한 전기물. 조국을 위해 기꺼이 한목숨 내던진다는 유관순의 순교정신과 신념이 대중에게 어필되어 15만 명 관객을 동원했다. 당시엔 3·1운동을 소재로 한 애국선열들의 수난사를 그린 항일 영화들이 대중의 인기를 끌었고 흥행에도 성공했다. 이 작품은 전체적으로 빠른 장면전환을 통해 극적인 사건을 유기적으로 연결함으로써 긴장감과 위기감을 극대화시키고 있다. 특히 도입부의 3·1 운동 묘사는 민족의 공분(共憤)을 유도해내면서 서사시적인 감동을 전해준다.

윤봉춘은 1920년대 나운규와 같이 활동한 연기자 겸 감독으로 영화 '유관순'을 만들기 전해인 1947년, '윤봉길 의사'(계몽영화협회)를 그린 영화를 연출하여 흥행에 성공했고 영화 '유관순'은 시나리오를 개작해서 1959년과 1966년에도 각각 같은 제목으로 영화를 만든 바 있다. 1948년 작 유관순 역은 고춘희, 1959년 작 유관순 역은 도금봉, 1966년에는 엄앵란이 유관순 역을 맡는 등 윤봉춘은 유관순 전문 감독으로 명성을 떨쳤다. 그 외 1974년 김기덕(金基惠)의 '유관순'(합동영화)은 문지현이 유관순 역을 맡고 '겨레의 꽃 유관순'이라는 제목의 비디오로 출시되었다.

검사와 여선생 A public prosecutor and a teacher(1948)

"억울하게 남편을 죽인 살인자로 몰렸으니… 아, 이게 무슨 운명의 장난이란 말이더냐."

탈옥수(이업동)를 집안에 숨겨준 일을 오해한 남편이 칼부림 끝에 아내를 찌르려다 실수로 자신이 죽게 되자 그 부인(이영애)은 살인 누명을 쓰고 검찰에 송치된다. 마침 사건을 담당한 검사는 그녀가 소학교 교사로 있을 때 극진히 돌봐주었던 제자였다. 스승의 은혜를 잊지 못한 검사는 법정에서 그녀에게 죄가 없음을 밝혀내어 무죄로 석방시킨다.

● 윤대룡 감독 데뷔작. 이 영화는 영화의 예술성이나 완성도보다는 "16mm 변사 연행방식을 가늠해볼 수 있는 유일하게 남아 있는 무성영화"(정종화)라는 점에서 역사적 가치를 인정받고 있다. 역사적, 사회적 맥락에서 선정된 작품으로 문교부 추천영화이자 우미관 개관 35주년 기념작이기도 하다. 사건의 발단에서 결론에 이르기까지 그 시대 마지막 변사이던 신출의 열변으로 객석은 눈물바다가 되었고 흥행에서도 대성공을 거두었다. 윤대룡은 그로부터 10년 후인 1958년 삼화영화사에서 윤대룡 각본 · 감독 · 제작으로 이를 다시 리메이크했다. 이 영화는 문화재로 등록되었고 한국영상자료원 '한국영화 100선'에 선정되었다.

(김영순프로덕션) 40분 16mm 흑백
스탠다드/법정드라마 신파

감독 : 윤대룡(尹大龍)
제작 : 김영순
각색 : 윤대룡(원작 김춘광)
개봉 : 1948년 6월 5일 우미관(서울)
관람인원 : 10만 명
출연 : 이영애, 이업동, 정웅, 최한영, 김영호, 남가설, 오일승, 이종철, 박상옥, 박영태, 나정옥, 이은영, 김동민, 강파, 김영환 외
기획 : 김영순
촬영 : 박희영
현상 : 윤국섭
수상 : 문교부 추천영화

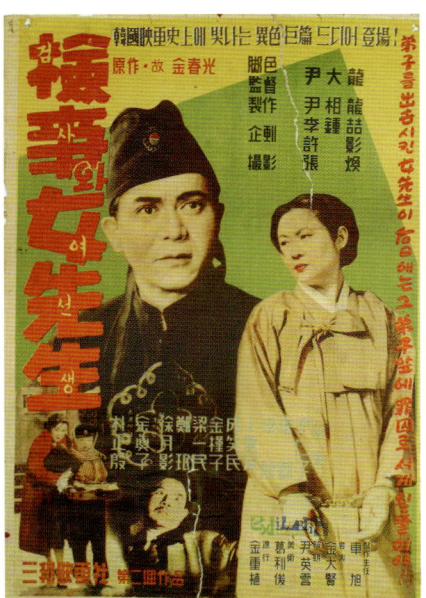

해연 海燕 갈매기 A Sea Gull(1948)

(예술영화사) 35mm 극영화/통속계몽
(발성영화)

감독: 이규환
제작: 이철혁
각본: 이운용
개봉: 1948년 11월 15일 21일 중앙극
장(서울)
관람인원: 5만 명(서울)
출연: 남해림, 조미령, 박학, 김동규,
이재현 외
기획: 이철혁
촬영: 양세웅
음악: 정종길
녹음: 최칠복
미술: 김만형

대학을 졸업하던 해 정애(남해림)는 동해안에 있는 소년감화원의 보모로 자원해온다. 그러나 바람 잘 날 없는 아이들의 행패 때문에 하루하루가 고달프기만 하다. 성격이 거친 아이들은 서로 때리고 다치고 걸핏하면 감화원을 탈출하기도 한다. 소동을 피울 때마다 정애는 원만하게 수습하려고 애쓰지만 망아지처럼 날뛰는 아이들의 말썽은 여자 혼자의 몸으로 감당하기엔 벅찰 뿐이다. 그러나 감화원 일이 힘에 부칠수록 그녀는 외로운 아이들의 편이 되어주고자 한다.

하루는 정애를 만나러 왔던 애인 병철이 이를 보다 못해 서울로 돌아가자고 권한다. 하지만 정애는 그들을 두고 떠날 수가 없다. 그녀마저 그들을 버리면 그들은 더 이상 갈 데가 없기 때문이다. 가족이 없는 그들에겐 마음 부칠 곳이 필요하다. 정애를 설득하지 못한 병철은 혼자서 서울로 올라가고 정애는 감화원에 남아 아이들에게 헌신적인 봉사를 베푼다.

그 무렵, 감화원 소년 중 한 명이 탈출하는 사고가 일어나고 정애의 노력이 수포로 돌아갈 위기에 처한다. 그러나 정애의 한결같은 정성에 소년들은 올바른 아이들로 다시 태어나고 정애와 아이들의 얼굴에는 따사로운 웃음이 번진다.

● 일명 '갈매기'. 이규환의 해방 후 세 번째 작품이자 부산 광복동에 설립한 예술영화사 제1회 작품. 조미령 스크린 데뷔작(당시 19세). 조미령은 22세 때 제작자이자 프로듀서인 이철혁과 결혼한 후 스타덤에 오르기 시작했다.
감화원 소년들을 애정으로 보살피는 헌신적인 보모의 이야기로 부산에 있는 수영소년학교를 중심으로 촬영되었다. 영화는 "극적 전개에 있어 대사와 행동에서 현실적으로 수긍할 수 없는 장면이 있고 어린이들의 세계가 너무나도 비심리적이어서 오히려 눈물만을 강요케 하는 결과를 가져왔다"(동아 48. 11. 16)는 평을 들었다. 신문광고에는 이 영화가 순수 문예영화임을 거듭 강조하고 있다. 예를 들어 제목도 "문예영화 해연"(일명 갈매기), "해방 후 최초의 문예영화", "저속한 영화를 구축하고 외국영화에 대항하겠다는 투지로 제작한 작품"(조선 48. 1. 02), "문교부 추천 학생입장환영", "4개국 해외로 수출키로 결정된 조선영화 최고의 걸작"(경향 48. 10. 22, 서울 48. 10. 23, 조선 48. 10. 23)으로 선전되었다. 정종길은 이 영화 음악을 만들 때 서울관현악단과 100여 명의 합창단을 동원시켜 "조선 최초의 오리지널 음악에다 음악이 영화를 살린 최초의 작품"(박구구, 동아 48. 12. 24)이라는 호평을 동시에 받았다.
그러나 그해 12월 20일부터 인천 동방극장 상영을 앞두고 먼저 부산에서 상영 중이던 이 영화는 무슨 이유인지 밝히지 않은 채 "관계당국에 압수당했다"(조선 48. 12. 24, 자유 48. 12. 25)는 보도와 함께 상영이 취소되었다. 상영중단 이유는 일반에 공개되지 않았고 예술영화사도 후속 작품 없이 사라져버렸다. (「저항과 형극의 길 – 한국영화 40년」 조선 61. 2. 19)

마음의 고향 A Hometown in Heart(1949)

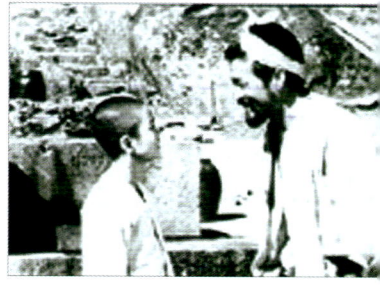

도념(유민)은 산사에서 주지 스님(변기종)과 생활하며 불도를 배우는 사미승이다. 어릴 때 자신을 절에 맡긴 어머니를 애타게 그리워 하는 도념은 서울에서 죽은 아들의 재를 지내기 위해 내려온 미망인(최은희)에게 모정을 느낀다. 미망인도 도념에게 애틋한 정을 느끼면서 주지 스님에게 도념을 수양아들로 삼아 서울로 데려가게 해달라고 간청한다. 그 무렵 동승의 친어머니(김선영)는 아들을 멀리서 지켜보기 위해 절에 왔다가 도념이 좋은 가정의 수양아들로 가게 된 것을 알고 아이의 장래를 위해 발길을 돌린다. 미망인이 도념을 데리고 하산하기로 한 날, 도념이 새를 덫으로 잡아 죽인 것이 알려지면서 주지스님은 그를 세상에 내보내는 것을 원하지 않게 된다. 결국 이 일로 주지 스님은 미망인이 도념을 수양아들로 삼겠다는 요청을 거절하고 미망인은 자주 찾아오겠다는 말만 남긴 채 절을 떠난다. 친어머니가 산사에 다녀간 것을 뒤늦게 알게 된 도념은 그토록 그립던 어머니를 찾아 산사를 나선다.

(동서영화사) 80분 35mm 흑백 스탠다드 극영화/문예물

감독 : 윤용규(尹龍奎)
제작 : 이강수
각본 : 곽일병(원작 함세덕)
개봉 : 1949년 2월 9일 수도극장(서울)
관람인원 : 10만 명
출연 : 변기종, 유민, 오헌용, 최은희, 김선영, 남승민, 석금성, 최운봉, 차근수 외
기획 : 이강수
촬영 : 한형모
음악 : 박혜일
조명 : 고해진
편집 : 양주남
스틸 : 임인식
현상 : 최규순
사운드 : 양주남, 이상민
조감독 : 임연수
수상 : 제1회 서울시문화상 영화 부문상

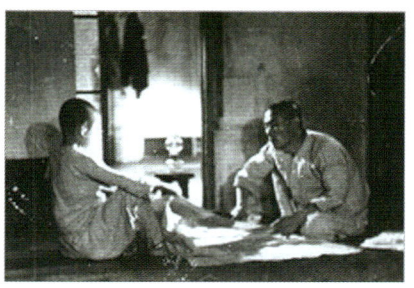

● 윤용규 감독 데뷔작. 원작은 연극으로 공연된 함세덕의 「동승(童僧)」을 제작자 이강수가 곽일병이란 익명으로 각색하고 연출자 윤용규가 윤색을 했다.

'동승'은 원작과는 달리 현대적 감각을 많이 가미하고 있다. 원작자의 의도는 동승과 주지스님의 관계를 일제하의 억압과 자유와 해방을 암시하고 있으나 영화에서는 산촌 고찰에 아들을 맡기고 돌아서는 어머니의 비통한 마음과 이를 돌보게 된 주지승과 소년과의 인연을 그리고 있다. 어머니와 어린 아들의 생이별이라는 설정은 언제라도 관객을 울릴 수 있는 선행조건으로 어머니에 대한 도념의 그리움과 강한 애정이 애잔하게 표현된다. 모두 열 장면의 시퀀스로 짜인 이 영화는 경북 금천에 있는 충암사에서 절의 외곽을, 서울 고려대 뒷산에 있는 개운사에서 내부 장면을 각각 촬영한 것으로 전해진다.

연출자 윤용규는 클로즈업의 남용 없이 아들을 맡기고 울면서 다리를 건너는 어머니와 이를 바라보는 소년을 롱 숏으로 잡아냈다. 제작비 520만 원. "전편을 통해 청순한 극적 구성과 섬세한 영화적 처리가 돋보이는 이 영화는 산사의 아름다운 풍광을 잡은 한형모의 촬영기술, 그리고 해방 후 조선영화 최고봉의 신기록을 세운 수작"(이태우, 경향 49. 2. 6)으로 평가되어 제1회 서울시 문화상과 1950년 한불 문화 첫 교류로 문교부 추천을 받아 프랑스에 수출되었다. 한국영상자료원 '한국영화 100선' 선정.

여성일기 女性日記, A Diary of Woman(1949)

(전위영화사) 16mm 컬러 극영화/계몽

감독 : 홍성기(洪性麒)
제작 : 황온순
각본 : 황온순
개봉 : 1949년 4월 9일 수도극장
　　　　(서울)
관람인원 : 5만 명(서울)
출연 : 주증녀, 송재로, 지운, 황남, 황
　　　정순, 이길재, 이광영 외
기획 : 홍성기
촬영 : 김영순
음악 : 조백봉
조명 : 함완섭
편집 : 홍성기
미술 : 신상옥
녹음 : 양주남
현상 : 미국 코닥 사

온순(주증녀)은 친구의 오빠(송재로)를 사랑하지만 그에게는 처자식이 있었다. 이에 실망한 그녀는 그때부터 세상사와 단절하고 사회사업에 전념하게 된다. 처음에는 전북 이리에서 보화원이란 탁아소를 연 것을 필두로 해방 직후에는 서울역에서 구호소를 열어 일제 징용에서 돌아온 젊은이들을 돕는다. 여자의 손으로 보화원, 또는 구호소를 경영하는 것은 쉬운 일이 아니지만 그녀는 굽힐 줄 모르는 의지로 육영사업을 성공으로 이끈다.

● 홍성기(당시 25세) 감독 데뷔작이자 국내 최초의 16mm 총천연색 영화. 영화전문가 정종화의 글에 따르면 "본처가 있는 남자를 사랑하다가 실의에 빠진 여성이 보육원 사업에 손대면서 새로운 인생을 개척하게 된다"는 내용으로 한국 고아들을 위해 헌신해온 황온순(1901~2004)의 실화를 바탕으로 하고 있다. 이 영화는 6·25 이전의 내용이고 황온순은 6·25 이후 전쟁고아들을 제주농고에 수용하면서 한국보육원을 설립, 1957년, 전쟁고아의 아버지 헤스대령의 참전기를 영화화한 '전송가(Battle Hymn)' 촬영을 위해 고아 25명을 할리우드에 보내는 등 이때부터 전쟁고아의 어머니로 세계에 알려졌다.(정종화, 「전쟁고아의 어머니 황온순(김정택의 글)」, 『영화에 미친 남자』, 맑은 소리, 2006년, p.377)
　황정순 스크린 데뷔작. 수도극장(현 스카라-서울)에서 휴일을 기해 상영된 이 작품은 특히 여성관객의 마음을 사로잡아 연일 입추의 여지가 없었다. 홍성기는 1960년대 초까지 신상옥과 함께 당대 영화계의 양대 산맥이라는 라이벌 관계를 이루며 1961년 '춘향전'과 '성춘향'으로 자존심을 내건 한판 대결을 펼치기도 했다. 공교롭게도 '여성일기'에서 미술을 담당했던 이가 바로 신상옥이다. (정종화, 『자료로 본 한국 영화사 1 1905-1945』, 열화당, 1997년, p.135)

성벽을 뚫고 Breaking the Wall(1949)

(김보철 프로덕션) 극영화 / 반공

감독 : 한형모(韓瀅模)
제작 : 김보철
각본 : 김영수
개봉 : 1949년 10월 4일 국제극장
　　　　(서울)
관람인원 : 10만 명
출연 : 이집길, 서월영, 복혜숙, 박경
　　　석, 황해, 현인 외
기획 : 이만흥
촬영 : 박경원
음악 : 조백봉
조명 : 고해진
편집 : 양주남
미술 : 김정항
현상 : 대한
사운드 : 양주남

집길과 영팔은 대학 동창생이자 처남 매부 사이다. 그러나 매부 영팔은 공산주의자이고 처남 집길은 육군 소위이다. 매부는 처남을 매수하려 들고 처남은 매부를 설득하려 한다. 그런 가운데 여순 반란사건이 일어나면서 그들은 총격전에서 숙명적으로 맞서게 된다. 이때 처남은 매부와 화해하려 하지만 매부는 처남의 가슴에 총을 겨눈다. 자신을 지키기 위해 처남도 공산주의자인 매부를 향해 방아쇠를 당긴다.

● 한형모 감독 데뷔작. '항구의 일야'(1943)를 시발점으로 최인규의 '태양의 아이들'(1944), '자유만세'(1946), 윤용규의 '마음의 고향'을 촬영하고 첫 메가폰을 잡은 작품. 황해의 영화 데뷔작. 여순반란 사건을 배경으로 처남과 매부 간의 이데올로기 갈등을 리얼하게 그린 영화로 반공영화의 시발이 되고 있다. 당시 '성벽을 뚫고' 신문광고(조선 49. 9. 3)에 보면 "먼저 마음의 성벽을 뚫자. 그러면 철의 장막은 무너진다!!", "기대하시라!! 세계수준을 육박하는 영화 성벽을 뚫고를!!"이라는 절박한 구호문이 눈길을 끈다.
　가수 현인이 특별 출연하고 흥행에서도 대성공을 거두었다. 전반에 나오는 남녀 주인공의 러브신은 "우리 영화에서는 처음 보는 대담하고 자연스러운 장면으로 적어도 일상적인 자연성에 필적한 리얼리티를 보여주고 있다"(조선 49. 12. 29)는 평을 받았다.

악야 惡夜, The Evil Night(1952)

술에 취한 황남은 그날 발길이 닿는 데로 양공주 민자의 방으로 찾아들어간다. 하룻밤 즐기려던 그는 오히려 민자의 딱한 사정을 듣고 가지고 있던 돈을 몽땅 내어준다. 하숙집으로 돌아온 그는 전후의 부산물인 양공주들의 삶과 애환에 대해 깊이 생각해 본다.

● 신상옥 감독 데뷔작. 김광주 소설을 원작으로 하고 있다. 6·25전에 제작에 착수해, 피난지 부산에서 완성한 작품이다. 미군의 한국 주둔과 함께 파생된 양공주의 생태와 애환을 그린 '악야'는 "코리안 리얼리즘을 시사하는 선구적 시금석"(민주신보 52. 3. 20), "연출수법이나 작품 구성에 있어 데시카적이고 롯시니적인 것을 찾아볼 수 있는 흥미로운 작품"(경향 52. 3. 20)이라는 찬사를 받았다. (대중서사장르연구회, 『대중서사장르의 모든 것 2-역사허구물』, 2009년, 이론과 실천, p.179) 당시 26세의 신상옥은 이 영화에서 촬영과 편집에 관여하는 등 영화에 대한 남다른 의욕을 보였고 이후 동흥공사 영화부를 통해 뉴욕 네픽사의 위촉으로 미국에 진출하는 등 "달러벌기에 한몫"(동아 52. 3. 21)을 거들었다. 신상옥의 첫 작품부터 최은희가 출연하고 있다.

(영상예술협회) 극영화/문예	
감독 : 신상옥(申相玉)	
제작 : 신상옥	
각색 : 이광래(원작 김광주)	
개봉 : 1952년 7월 15일 부민관(부산)	
출연 : 황남, 이민자, 김웅, 문정숙, 최은희 외	
촬영 : 이성휘	
음악 : 조백봉	
조명 : 함완섭	
편집 : 신상옥	
사운드 : 이경순	
현상 : 최규순	

최후의 유혹 最後의 誘惑, The Final Temptation(1953)

염석주 등 밀수업자들은 이민자의 바를 근거지로 삼아 향락과 폭력을 일삼는다. 민자는 자기를 좋아하는 마도로스 조항을 이용해서 염석주 일당을 돕는다. 그러나 조항의 진실한 사랑에 감동한 민자가 석주 일당을 경찰에 고발함으로써 밀수업자들은 소탕되고 그녀와 마도로스 조항은 행복한 장래를 기약한다.

● 정창화 감독 데뷔작. 1953년 부산 피난지에서 16mm로 제작, 흥행에 참패했다. 그러나 이를 계기로 본격적으로 영화 제작에 참여하기 시작한 정창화는 '유혹의 거리', '제2의 출발'(1954), '풍운의 궁전'(1957)을 잇달아 발표하고 '햇빛 쏟아지는 벌판'(1960)이 흥행에 성공하면서 1960년대를 대표하는 흥행감독의 반열에 올랐다. 1960년 중반부터는 주로 액션영화를 연출하여 한국 액션영화의 선구자로 불리운다.

또한 1930~1940년대 한국영화의 거목이었던 최인규 감독의 제자로 철저한 콘티에 의해 영화를 만드는 것으로 유명하다. 연출부들이 콘티대로 소품을 해놓지 않으면 레디 고를 하지 않을 만큼 완벽주의자로 소문나 있다.

(국제영화사) 16mm 극영화/액션	
감독 : 정창화(鄭昌和)	
제작 : 이준호	
각본 : 유현목	
개봉 : 1953년 11월 15일 부민관(부산)	
출연 : 이민자, 서난희, 조항, 염석주, 서월영, 구종석, 윤일봉, 독우영 외	
기획 : 함완섭	
촬영 : 김명제	
음악 : 조백봉	
조명 : 함완섭	
미술 : 서옥두	
편집 : 양주남	
사운드 : 이경순	
현상 : 김봉수	

코리아 Korea(1954)

(영화예술협회) 다큐멘터리

감독 · 제작: 신상옥
각본: 유두연
개봉: 1954년 5월 1일 시공관(서울)
출연: 최은희, 김동원, 윤인자, 황남,
     이해랑, 김신재 외
기획: 황남
촬영: 변인집
음악: 조백봉
조명: 김성춘
편집: 신상옥
미술: 김정항
현상: 조우기

한국 명승지의 특수한 풍물을 소개하면서 '아사달', '충무공', '춘향전', '처용의 노래' 등 명승지와 관련된 고사를 극화해 삽입한 장편 문화영화. 한국의 미와 사랑의 전모를 환상적으로 표현한 옴니버스 형식과 극영화가 혼합된 세미다큐멘터리이다.

산 높고 수려한 이 땅의 대자연의 모습을 클로즈업하면서 6 · 25 와 함께 수많은 젊은이들이 피를 쏟으며 죽어 간다는 전쟁의 비극이라는 메시지를 전한다.

● '악야'(1952)에 이은 신상옥 제작 · 연출작. 1952년 10월 25일 경주에서 출발해 서울, 부여, 해인사, 금강산, 제주도 등지에서 촬영되었다. 초기에는 기획 각색 이재춘, 촬영감독 이용민으로 되어 있다가 1954년 제작발표에서는 제작에 정화세, 각본에 유두연, 촬영에 변인집과 김동진이 "음악과 미술을 담당한 것"(서울 54. 5. 2)으로 되어 있다. 이 영화는 한국의 역사를 소개한 문화영화임에도 "각 쇼트에 리듬을 살린 편집 기술이 돋보였다"(동아 54. 4. 25)는 평가를 받았다.

출격명령 出擊命令, Assail Order(1954)

(동남영화사) 전9권 35mm 극영화/반공

감독: 홍성기
제작: 동남영화사
각본: 김영수
개봉: 1954년 9월 16일 시공관(후에
     국제극장)
출연: 염매리, 이집길, 김일해(특별
     출연), 전택이, 노경희 외
기획: 김승호
촬영: 정인엽
음악: 안병소
조명: 함완섭
편집: 홍성기
현상: 이학순

공군 파일럿인 이집길과 전택이는 염매리를 사랑한다. 출격했던 집길은 부상을 당해 입원하고, 병원에서 간호장교가 된 매리를 만난다. 집길과 매리는 사랑에 빠지고, 사랑을 빼앗긴 택이의 질투는 날이 갈수록 심화된다. 집길은 퇴원 후 다시 택이와 함께 출격한다. 그때 택이의 헬기가 적탄에 맞아떨어지자 집길은 위험을 무릅쓴 채 택이를 구출해낸다.

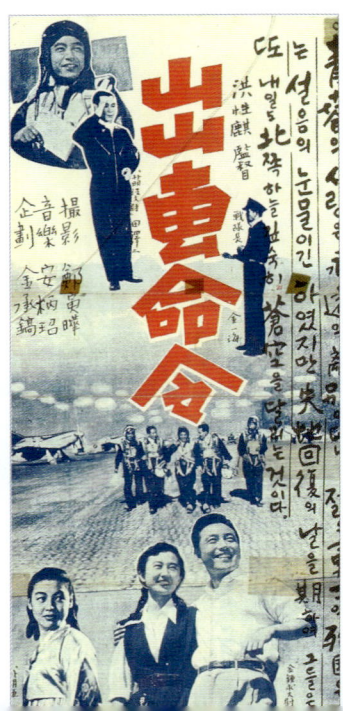

● '여성일기'(1949)에 이은 홍성기의 두 번째 작품, 공군 파일럿의 사랑과 전우애를 그린 대작으로 1954년 11월, 홍콩의 스타필름과 4000달러 매매 계약이 성립되어 12월부터 동남아시아지역 시장에 진출했다.

공군 지원으로 제작된 군 홍보영화임에도 삼각관계에 얽힌 사랑이야기를 대입시킨 홍성기만의 멜로영화 분위기 탓에 흥행에서도 성공했다. 라디오 방송작가 김영수가 시나리오를 쓰고 공중 신을 담기 위해 감독이 직접 카메라를 메고 비행기에 올랐다가 구사일생으로 귀환했다는 뒷얘기를 남기고 있다.

운명의 손 The Hand of Destiny(1954)

영철(이향)이 도둑으로 몰릴 뻔한 것을 구해준 일이 인연이 되어 술집 댄서 마가렛(윤인자)과 영철은 서로 사랑하게 된다. 그러나 남자는 고학생을 가장한 방첩대 특무장교였고 여자는 댄서를 가장한 북한 공작원이었다. 마가렛은 간첩으로서의 정체성과 영철과의 사랑 사이에서 번민하고 영철은 간첩접선 신고를 받고 간첩을 미행하는 과정에서 마가렛의 정체를 알게 된다. 간첩 두목(주선태)은 마가렛에게 영철을 유인해서 권총을 겨누고 방아쇠를 당길 것을 명령한다. 그녀는 차마 영철을 쏘지 못하고 오히려 두목의 총에 맞아 쓰러진다.

● 한형모 제작·연출작. 이 영화가 흥미로운 것은 여간첩이라는 소재를 한국영화사상 최초로 다루었을 뿐 아니라, 사랑과 이념 사이에서 갈등하는 여간첩 자신의 실존적 고뇌를 순도 높게 다루어 멜로드라마와 스파이 반공영화, 액션을 혼합하고 있다는 점이다. 전편을 통해 남녀 두 사람의 등장인물이 남북으로 갈라진 민족의 비원을 상징적으로 담아내면서 여주인공은 처음 만나는 남성을 자신의 방으로 끌어들여 적극적으로 구애하는 등 대담하고 요염한 러브신을 벌인다.

특히 한국영화사상 윤인자와 이향의 최초의 키스신(약 5초간)이 화제를 모았다. 이 영화는 "한형모의 획기적인 야심작으로 한국영화라면 거들떠보지 않던 모든 영화팬들이 반드시 한 번 보아야 할 영화"(동아 54. 12. 26)로 추천되었으나 같은 시기에 개봉된 이규환의 '춘향전'(1955년)에 밀려 상업적으로 참패하고 말았다. 이에 대해 한형모는 "이것이야말로 운명의 손(손해)이었으나 예술적으로 나는 조금도 패배감을 느끼지 않는다. 동원된 관객의 질과 그 감상의 분위기로 보아 많은 안위를 얻을 수 있었다. 그것은 결코 작품 자체의 실패가 아니라는 결론에서 내 용기는 사그라들지 않는다"(경향 55. 1. 23)고 소감을 편 바 있다. 한국영상자료원 '한국영화 100선'으로 선정.

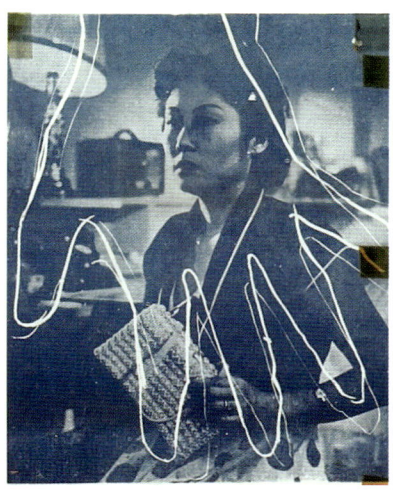

(한형모 프로덕션) 85분 35mm 극영화/통속

감독·제작 : 한형모
각본 : 김성민
개봉 : 1954년 12월 14일 수도극장 (서울)
출연 : 이향, 윤인자, 주선태 외
촬영 : 이성휘
음악 : 박시춘
조명 : 이한찬
편집 : 한형모
미술 : 이봉선
사운드 : 최칠복
현상 : 대한

춘향전 春香傳, Chun-Hyang Story(1955)

(동명영화사) 극영화 / 멜로

감독 : 이규환
제작 : 김재중
각본·각색 : 이규환
개봉 : 1955년 1월 6일 국도(서울),
　　　　동아극장(부산)
관람인원 : 15만 명(서울)
출연 : 이민, 조미령, 노경희, 전택이,
　　　　이금룡, 석금성, 한은진, 변기
　　　　종, 민혜련, 서월영, 이월파, 구
　　　　종석, 윤일봉, 이택균, 양일민,
　　　　추석양, 염석주 외
기획 : 김재중
촬영 : 유장산
음악 : 성경린
조명 : 고해진
편집 : 이성파
미술 : 강성범
소품 : 정응삼
사운드 : 이경순
현상 : 김창수, 노회삼
조감독 : 유현목, 하한수, 정일택, 최훈
수상 : 제1회 금룡상 녹음 부문상(이경
　　　　순)

남원 기생 월매의 딸 춘향(조미령)과 이 도령(이민)의 사랑 이야기. 춘향과 백년가약을 언약한 이 도령이 부친을 따라 한양으로 올라가자 새로 부임한 변학도(이금룡)는 절세의 미녀 춘향을 탐하지만 춘향이 끝내 수청을 거절하자 옥에 가둔다. 한편 암행어사가 된 이 도령은 남원으로 출두하여 변학도를 처단하고 춘향을 구한다.

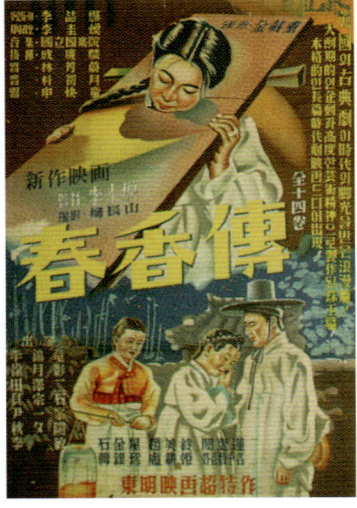

● 이규환의 '춘향전'은 한국전쟁 이후 침체를 면치 못하던 영화계에 새로운 활력소를 불어넣었다. 춘향 역에는 이규환의 '해연(갈매기)'에서 발탁된 후 한국 여인의 이미지를 간직하게 된 톱스타 조미령, 이 도령에는 미남 배우로 한창 주가를 높이고 있던 이민, 향단에 노경희, 방자에 전택이가 각각 맡고 있다. 후시녹음 때 노경희와 조미령은 자신의 목소리를 직접 녹음했지만 이민의 목소리는 성우 박영민과 이춘사가 대신했다. 서울 국도극장에서 개봉된 '춘향전'은 일주일 상영 예정이었으나 "종영 예정이던 13일에서 17일로 연기되었고 공연을 마감한 22일까지 관객 10만을 넘어서면서 서울에서 나타난 관객 수는 18만 명을 헤아렸다"(한국 55. 1. 26)는 기록이 있다. 당시 서울 인구 200만 명.

한국영화의 역사는 바로 춘향전의 변천사로서 역대 '춘향전' 영화는 다음과 같다.

1923년　무카와고슈孤舟(일본)의 '춘향전'(동아문화협회) 김조성, 한룡(춘향), 최영완
1935년　이명우의 '춘향전'(경성촬영소)−최초의 발성영화 문예봉(춘향), 한일송(변사또)
1941년　이병일의 '반도의 봄'(명보영화사) 김소영, 김일해, 서월영
1955년　이규환의 '춘향전'(동명영화사) 이민, 조미령, 노경희, 전택이
1957년　김향의 '대춘향전'(삼성영화사) 박옥진, 박옥란, 조양금, 조양녀, 박노식
1958년　안종화의 '춘향전'(서울칼라라보) 최현, 고유미, 전옥
1960년　이경춘의 '탈선 춘향전'(우주영화사) 박복남, 복원규, 김해연
1961년　홍성기의 '춘향전'(홍성기프로덕션) 김지미, 신귀식, 김동원
　　　　신상옥의 '성춘향'(신필름) 최은희, 김진규, 도금봉
1963년　이동훈의 '한양에서 온 성춘향'(동성영화사) 신영균, 서양희, 조미령
1968년　김수용의 '춘향'(세기상사) 홍세미(춘향)
1971년　이성구의 '춘향전'(태창흥업) 문희, 신성일 최초의 70mm 영화
1972년　이형표의 '방자와 향단이'(㈜합동영화) 박지영, 신성일, 박노식
1976년　박태원의 '성춘향'(우성사) 장미희, 이덕화, 장욱재
1987년　한상훈의 '성춘향'(화풍흥업)
1999년　앤디김의 '성춘향전'(TOON-US-IN ANIM) 홍시호, 강희선, 강구한
2000년　임권택의 '춘향뎐'(태흥영화) 이효정, 조승우, 이정헌 등

꿈 Dream(1955)

태수의 딸 달례(최은희)를 짝사랑하게 된 조신(황남)은 달례와 부부가 되게 해달라고 관세음보살에게 빌고 그들은 마침내 태백산 기슭에 살면서 아들딸을 낳게 된다. 조신을 질투한 평목 스님이 그들을 방해해 둘째 딸을 빼앗으려 하자 자신의 행복을 파괴하려는 평목을 죽이게 되고 그곳에 사냥을 왔던 달례의 약혼자 모례 화랑은 스님을 죽인 조신을 쫓는다. 온 가족이 도주 중 아들과 아내가 죽고 조신은 관헌에게 잡힌다. 형장으로 끌려가면서 조신은 속세의 생활이 고통스럽고 허무함을 깨닫는다. 그것은 조신의 꿈이었다.

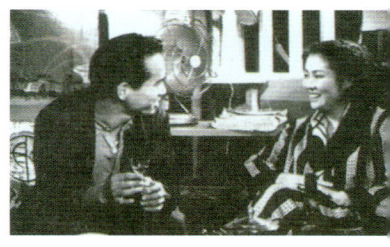

(서라벌영화공사) 35mm 시대극/문예

감독 : 신상옥
제작 : 변순제
각색 : 신상옥(원작 이광수)
개봉 : 1955년 1월 16일 시공관(서울)
출연 : 황남, 최은희, 장일, 최용 외
기획 : 이상도   촬영 : 박희영
음악 : 김성태   조명 : 최진
편집 : 신상옥   조감독 : 박상호

● '코리아'(1954)에 이은 신상옥의 세 번째 작품. 조신 설화를 모티브로 한 이광수의 동명 단편소설을 원작으로 하고 있다. 낙산사 도승 조신이 속세의 여인 달례와의 파멸적인 삶을 살다가 꿈에서 깨어나는 순간 대오각성 한다는 내용의 종교물. 한 순간의 애욕으로 평생을 고통과 회한 속에 살던 인간의 욕망을 허무한 꿈에 비유하여 해탈의 아픔을 일깨우고 있다. '코리아'의 최은희가 신라시대의 여인 달례, '흥부와 놀부'(1950)의 황남이 승려 조신으로 출연하고 있다. '또순이'의 감독 박상호가 영화의 해설을 맡고 있다.
　이 영화는 1967년 신상옥이 다시 영화로 만들었고 1990년 배창호가 새로운 '꿈'을 보여주고 있다.

구원의 애정 久遠의 愛情, The Everlasting Love(1955)

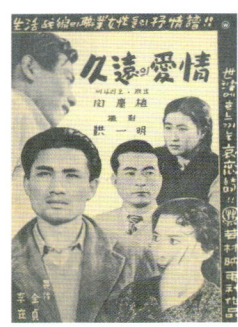

이철(윤일봉)과 경애(나애심)는 사랑하는 사이이다. 한국전쟁과 함께 이철이 군에 입대하면서 그들 사이엔 한동안 소식이 끊긴다. 경애는 그가 전사한 줄 알고 매일 같이 그와 사랑을 속삭이던, 물새 우는 강변에 앉아 이철을 생각한다. 그러던 어느 날, 죽은 줄 알았던 이철이 부상당한 몸으로 강변에 나타나고 둘은 눈물겨운 재회를 하게 된다. 그러나 경애의 품에 안긴 아기를 보고 경애가 다른 사람과 결혼한 줄로 오해한 이철은 행복을 빌며 이들을 떠난다. 경애는 아이를 이철의 앞에 내밀며 "아가 네 아빠다, 아빠"라고 소리친다.

(예림영화사) 85분 극영화/멜로

감독 : 민경식(閔慶植)
제작 : 전정득, 이재규
각색 : 민경식
개봉 : 1955년 5월 12일 시공관(서울)
출연 : 윤일봉, 나애심, 성소민, 추석양, 정영숙, 양일민, 이남순, 함국절, 고선애, 김일해 외
기획 : 민경식
촬영 : 홍일명
음악 : 박시춘
조명 : 고해진
편집 : 홍일명
미술 : 민영식
현상 : 김흥만
조감독 : 정일택

● '태양의 거리'(1952)로 감독 데뷔한 민경식이 각색·기획·연출한 작품. 원제는 '반처녀'. 빠른 템포와 적당한 리듬으로 사건 전개의 모티브를 풀어나간 이 작품은 "극적 구성이 없어도 그 자체만으로 감동이 너무 컸기 때문에 영화를 값지게 만들었다"(한국 55. 5. 15)는 평을 들었다.
　그 대신 제목 때문에 물의를 빚었다. 1955년 2월 10일, 독립영화사는 박계주의 소설 『구원의 정화』(경향신문 연재소설)의 영화 촬영을 반쯤 완성했을 때 예림영화사가 서울신문에 '구원의 애정' 영화 예고 광고를 실은 것이 말썽이 되었다. 문학평론가 백철은 "먼저 예고를 냈을 뿐더러 널리 선전된 소설 『구원의 정화』와 동일한 뜻의 제목으로 개제해 혼란을 주는 것은 도의적으로 용서하지 못할 비양심적인 처사"(위 같은 신문임)을 천명, 문교부는 '구원의 정화'가 영화 제작 중에 있음을 모르고 있었다면서 허가해준 '구원의 애정'을 다시 개명 조정할 것을 권하고 있다. (경향 55. 5. 10) 그러나 이 영화는 지금도 한국 영화사(史)에 '구원의 애정'으로 등재돼 있다.

주검의 상자 The Box of Death (1955)

(리버티프로덕션) 극영화/반공 분단

감독 : 김기영(金綺泳)
제작 : 이지의
각본 : 김창식
개봉 : 1955년 6월 11일 수도극장
　　　　　(서울)
출연 : 최무룡, 강효실, 노능걸, 최남
　　　　　현, 김명순, 신동훈, 강명, 주인
　　　　　선, 김실 외
촬영 : 김형근
음악 : 정윤주
편집 : 유재원
녹음 : 양승룡
현상 : U.S.I.S

공산당이 민심을 교란하고 있다는 데 분노한 열혈청년(최무룡)이 공산당 타도를 목적으로 그들의 아지트에 침투해 시한폭탄인 주검의 상자를 설치한다. 그러나 청년은 아지트에서 탈출하기 직전 공산당들에게 잡히고 위태로운 고비를 넘긴 끝에야 간신히 그곳을 빠져나온다. 청년이 탈출한 다음 시한폭탄이 폭발하면서 공산당 일당은 전멸한다.

● 김기영(1919년생) 감독 데뷔작. 리버티프로덕션 첫 작품이자 최무룡의 스크린 데뷔작. 종래의 영화들이 화면에서 인물의 움직임과 녹음된 대사가 잘 맞지 않았다면 이 영화는 우리나라에서는 처음으로 미첼 촬영기를 사용해 동시녹음 및 촬영에 성공한 예이다. 그러나 당시 빨치산의 천인공노할 악독한 생활을 테마로 하면서도 그들의 피비린내나는 싸움을 충분히 전개하지 못했고 전쟁을 관중의 취미에 영합하는 상업적 수준으로 소화했다는 논란에 휘말렸다. 특히 "시한폭탄인 죽음의 상자의 행과 이를 둘러싸고 있는 인간의 운명에 관중의 심리를 집중시키지 못한 것은 서스펜스를 양성하는 역량이 부족한 탓이며 기교적인 장면 역시 단지 기교적인 데 지나지 않아 이야기가 요구하는 날카로움이 그로 말미암아 소실된 감이 적지 않다"(허백년, 한국 55. 7. 1)는 지적이 있었다.

말하자면 제작자와 감독과 연기자가 각각 제멋대로 움직이고 있는 듯한 작품으로 옥외 옥내를 막론하고 협소한 장소에서 행해지는 움직임은 각본 구성의 단조로움을 극복하지 못했다는 평을 받았다. 시인 김종문도 당시 한국일보에 「국산 반공영화의 맹점−'피아골'과 '죽음의 상자'에 대하여」란 글에서 "적의 공작원 내지 빨치산을 영웅화하는 반면 우리 군경에 대한 불신을 가져오게 하고 민족적인 반공 투쟁의 모습을 제3자적인 방관 행위로 흥행화하는 데만 열중하고 있다"(한국 55. 7. 24)고 꼬집었다.

첫째 사회에 잘 알려지지 않은 적색 빨치산을 영화화함으로써 관중의 호기심을 자극하고 둘째 공비들의 모습 복장 생활상을 그로테스크하게 그려냄으로써 관중의 센세이셔널리즘 구미에 맞추려는 의도가 숨어 있다고 했다.

이에 대해 극작가 오영진은 "죽음의 상자는 적의 침투와 공작에 대비해 선량하고 순박한 국민의 주의를 환기시키려는 의도에서 제작된 작품이며 영화가 의도한 계몽성은 선명히 작품에 표현되어 있다"고 전제, "이 영화는 반공영화의 또 하나의 타입의 가능성을 제시했을 뿐만 아니라 우리가 어떻게 반공을 하고 반공해야 하느냐에 대한 유효한 테스트가 되었다"고 반박했다.(한국 55. 8. 4) 이 영화는 각 국어로 자막이 번역되어 "미 국무성을 통해 미국 등 국제시장으로 진출"(경향 55. 5. 6)한 것으로 알려졌다. 서울, 부산, 대구 세 곳에서 동시에 상영되었다.

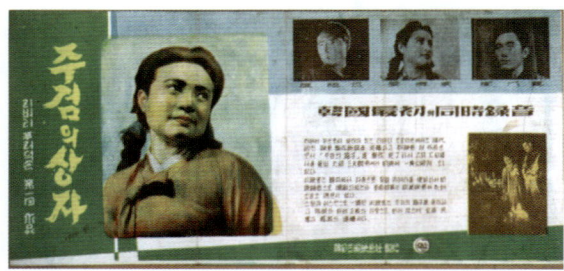

열애 熱愛, Passionate Love(1955)

혁(이집길)은 여옥(염매리)과 장래를 약속한 사이다. 그러나 예기치 않게 혁이 나병에 걸리면서 그는 모든 일상을 버리고 소록도로 향한다.

어느 날 애인 여옥이 그를 찾아 섬에 오지만 혁의 두 눈은 이미 신경성 나환으로 맹목이 된 후였다. 여옥에게 자신의 병든 모습을 보이고 싶지 않은 혁은 문을 잠근 채 만나기를 거부하고 여옥은 혁과 운명을 함께 할 수 없음을 비관하여 서해 바다에 몸을 던진다. 혁은 물에 젖은 시체를 앞에 놓고 이루지 못할 사랑에 목놓아 통곡한다.

● '출격명령'(1954)에 이은 홍성기 연출작으로 해방 10주년을 기념하기 위한 작품이기도 하다. 홍성기 원작. 이 영화는 "한국영화의 새로운 낭만주의를 지향하는 대야심작"으로 나병(癩患)을 앓고 있던 화가 박혁의 불우한 생애를 그린 문예물이다. 작곡가 김동진이 음악을 맡고 화가 박고석이 미술을 담당했다. 이 작품은 박혁의 아버지 박 목사로 출연했던 이금룡의 유작이며 배우 이집길도 같은 해 11월 카메라 앞에서 생애를 마쳤다.

'열애'(1955)는 1000만 원이라는 당시로서는 경이적인 제작비와 화려한 스타들의 등장에도 불구하고 흥행에서 실패하고 말았다.

이금룡의 죽음과 '열애'의 부진으로 받은 충격이 채 가시기도 전에 홍성기는 갑자기 터진 '국제 커뮤니티'(공산당) 사건에 간접적으로 관련되었다는 이유로 일시적이지만 감방 신세를 지기도 했다. 그 사건은 홍성기의 내성적인 성격에 상처를 입히고, 훗날 자신의 작품에서 이념이 드러나는 것을 극도로 배제하게 만드는 계기가 되었다고 한다. 힘든 시기를 거친 홍성기에게 다시 재기의 기회가 다가오고 있었다. 그것은 소설 '애인'과의 만남이다.

(신영화프로덕션) 85분 극영화/멜로

감독: 홍성기
제작: 김경준, 이학식
각색: 황촌인(원작 홍성기)
개봉: 1955년 8월 12일 국도극장 (서울)
출연: 이집길, 염매리, 이금룡, 전택이, 민혜련, 서월영, 복혜숙, 이택균, 연영 외
촬영: 김영순
음악: 김동진
조명: 함완섭
편집: 홍성기
미술: 박고석
녹음: 이경순
현상: 최규순
조감독: 이동훈

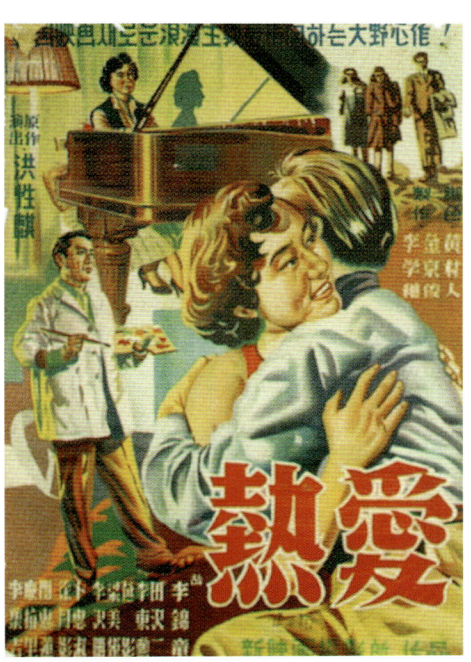

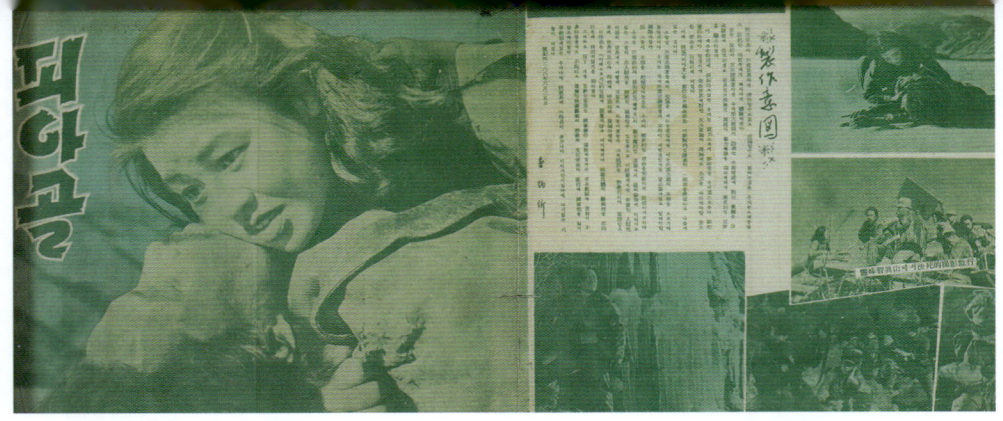

피아골 Piagol (1955)

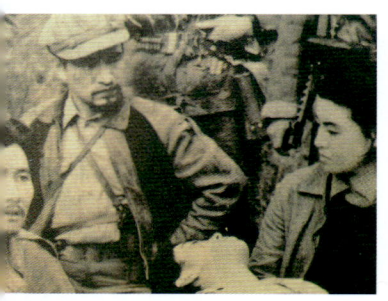

(백호영화사) 106분 극영화/반공

감독 : 이강천(李康天)
제작 : 김병기
각본 : 김종환
각색 : 이강천
개봉 : 1955년 9월 23일 국도극장 (서울)
출연 : 노경희, 이예춘, 김진규, 허장강, 윤왕국, 송곽상, 이원철, 김영희, 조남석, 곽건, 김익환 외
기획 : 김병기
촬영 : 강영화
음악 : 정희갑
조명 : 곽건
편집 : 양주남
현상 : 최계순
진행 : 이익재
조감독 : 곽건
사운드 : 이경순, 이상만
수상 : 제1회 금룡상 감독상(이강천)·연기상(노경희)

휴전 후, 지리산에 잔재해 있던 빨치산 부대 대장 '아가리' (이예춘)는 보급투쟁을 벌이는 과정에서 온갖 만행을 서슴지 않는다. 국군토벌대의 추격이 계속되자 대원들은 서로 믿지 못한 채 남자 대원들 간에는 반목이 싹트는가 하면 한 여자 대원은 아가리에게 강제로 몸을 빼앗긴다.

그런 와중에서 악에 바칠 대로 바친 만수(허장강)는 다른 부대로 차출됐다가 돌아온 여자 대원을 겁탈하고, 그 여자 대원이 죽자 모든 죄를 동료에게 덮어씌운 후 그마저 죽인다. 빨치산들이 서로 죽고 죽이는 가운데 철수(김진규)는 공산주의 이념에 회의를 느끼게 되고 아가리의 비서인 애란(노경희)도 인간적인 면을 지닌 철수를 사랑하게 된다.

불안한 나날이 계속되는 가운데, 지리산 공비 토벌이 시작되고 철수는 폭격을 피해 들어간 동굴에서 애란을 만난다. 그러나 애란과 귀순에 대해 의논하다가 아가리에게 발각되자 아가리가 그들을 죽이려는 순간 철수가 먼저 개머리판으로 아가리의 머리를 때린다. 아가리는 철수의 등에 칼을 꽂고 애란은 아가리를 사살한다. 애란은 황량한 모래 벌판을 혼자서 걸어간다.

● '아리랑' (1954)으로 감독 데뷔한 이강천의 두 번째 연출작이자 김진규 스크린 데뷔작. 평론가 이영일은 "사실적인 반공휴머니즘 영화로서 예술적인 성취도가 높은 영화" (한국 55. 7. 24)로 호평한 데 비해 당시 국방부 정훈감실에 있던 시인 김종문이 이 영화가 반공영화가 될 수 없다는 신랄한 반론을 제기하여 영화계를 긴장시켰다. 1955년 8월 24일 국도극장에서 상영 예정이던 이 영화는 문교부 검열에서 요청하자 "대한민국에는 군대도 경찰도 없는 나라인 것 같이 묘사한 피아골은 반공사상을 고취하는 영화라기보다 일반에게 좋지 않은 현혹감만 주게 되는 영화가 될 것" (조선 55. 8. 25) 이라는 치안당국의 견해 표명과 내무부의 권유로 '상영중지' 조치되었다. (한국 55. 8. 25) 그러나 제작자 측은 당일 오후, 대사와 불온 구절 등이 포함된 여섯 장면에 삭제 및 수정을 가해서 문교당국의 최종 재검열을 받아 재상영 허가를 받았다.

양산도 陽山道, Yang san Province (1955)

수동(조용수)과 옥랑(김삼화)은 태중 약혼한 사이다. 같은 마을에 사는 김 진사댁 아들 무령(박암)의 방해 때문에 둘이 몰래 혼인식을 치르고 도망치지만 김 진사댁 하인들에게 붙잡혀 옥랑은 무령과 혼인하게 된다. 실의에 빠진 수동은 결국 목을 매어 자살하고 수동 어머니는 아들의 시체를 옥랑의 혼인 행차 길섶에 묻는다. 옥랑의 혼인행렬이 무덤 옆을 지날 때 수동 어머니는 가마 안에서 밖을 내다보던 옥랑을 칼로 찌르고 옥랑은 수동의 무덤으로 기어가서 무덤을 얼싸안고 죽는다.

● '주검의 상자'에 이은 김기영의 두 번째 작품. 민요 '양산도'에 깃든 애달픈 사연을 이태환과 김기영이 각본으로 만들었다. 조선 아악의 대가인 성경린이 음악을 담당하고 화가 장운상이 미술, 명창 박초월이 창을 불렀다. 김삼화의 스크린 데뷔작.
  대단한 명사들이 뒷 스태프로 포진한 데 비해 당시 영화평들은 매우 인색하다. 예컨대 유두연은 이 영화를 보고 비극성을 살리려는 감독의 시도가 실패로 돌아가 "악취미의 영화"(경향 55. 10. 25)라고 했고 평론가 허백년은 "국산영화의 품위를 타락시킨 불성실한 작품"(조선 55. 11. 6)으로 비판했다. '양산도'가 내세운 하층민과 상류층 간의 삼각관계라는 설정은 그동안 식상하게 다루어져 왔던 소재였다. 특히 마지막 장면은 하늘에서 한줄기 빛과 함께 수동이 내려와 옥랑을 데리고 하늘로 올라간다는 치기어린 난센스로 식자들에게 비웃음을 면치 못했다. 허나 영화는 15만 관객을 동원하며 흥행에 성공했다. 한국영상자료원이 선정한 '한국영화 100선' 작품.
  김기영은 이후 60년대 이후 한국사회의 근대화를 반영한 염세적이고 파괴적인 '하녀'(1960) 시리즈에 집착하게 된다.

(서라벌영화공사) 90분 35mm 흑백
스탠다드 극영화/멜로사극

감독 : 김기영
제작 : 변순제
각본 : 이태환, 김기영
각색 : 이운방
개봉 : 1955년 10월 13일 국도극장
　　　　(서울)
관람인원 : 15만 명
출연 : 김삼화, 조용수, 김승호, 박암,
　　　　고선애, 고설봉, 이기홍 외
기획 : 변순제
촬영 : 신현호
음악 : 성경린
조명 : 최진
편집 : 김기영
미술 : 장운상
현상 : 최규순
창 : 박초월

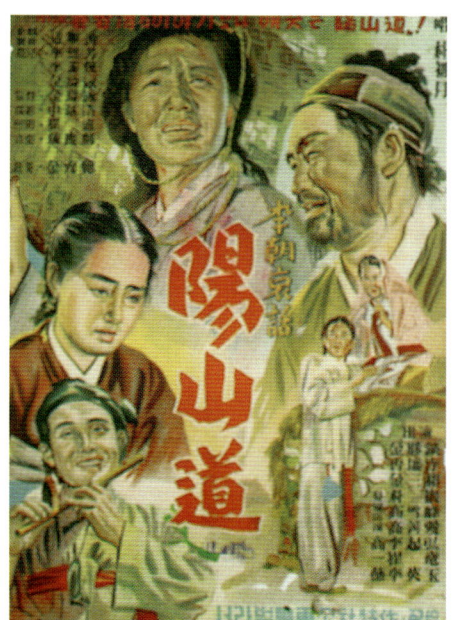

막난이 비사 悲史, Sad Story of a Head Cutter (1955)

(고려영화사) 81분 극영화 / 멜로사극
감독 : 김성민(金聖珉)
제작 : 김보철
각본 : 유두연
개봉 : 1955년 11월 25일 국도극장
(서울)
관람인원 : 5만 명
출연 : 전택이, 노경희, 이민, 이경희,
복혜숙, 허영, 강영수, 함국절,
추석양, 진영상, 이영, 이인수,
강호 외
촬영 : 유장산
음악 : 조백봉
조명 : 이한찬
편집 : 유장산
사운드 : 최칠복, 이상만
현상 : 김창수
조감독 : 정일택
수상 : 제1회 금룡상 여우주연상(노경
희)

조선 중기 연산조를 배경으로 당시 진사의 외동딸인 채(이경희)와 작부 달(노경희), 백정인 망나니 먹(전택이) 사이에서 벌어지는 애정비화를 엮고 있다. 아전 오가(이민)는 채를 첩으로 들이기 위해 망나니 먹에게 그녀의 아버지 정 진사의 목을 치게 한다. 이를 알게 된 채는 유모의 집으로 피신하지만 아버지를 죽인 사람이 바로 유모의 아들인 먹임을 알고 충격을 받는다. 한편 먹을 사랑하는 달은 채가 먹의 집에 숨어 있기 때문에 먹이 위기에 처할 것을 염려해 채의 행방을 관가에 알린다. 채를 잡기 위해 포졸들이 몰려들자 채를 보호하려던 먹의 어머니가 오히려 포졸의 손에 죽고 만다. 달이 관가에 알렸기 때문에 어머니가 죽었다고 생각한 먹은 달을 죽여 버린다. 달을 죽인 망나니는 단두대에 올라 참수당하고 혼자서 살아남은 채는 마을을 떠난다.

● '사랑의 교실'(1948)로 감독 데뷔한 후 김성민의 다섯 번째 작품. 유두연 오리지널 시나리오, 남의 목을 치던 사형집행인이 단두대에서 동료에게 목을 잘리우는 내용으로 사형집행자가 오히려 사형을 당한다는 숙명적인 주제를 내세우고 있다. 작부 달을 연기한 노경희는 자신의 욕망에 충실한 여성을 연기하여 제1회 금룡상 여우주연상을 수상, 이경희는 나약하고 순수한 여성의 이미지를 보여주었으며 전택이, 추석양의 연기도 인상적이라는 평(이철혁, 조선 55. 11. 25)을 받았다. 전택이와 노경희는 실제 부부 사이다.

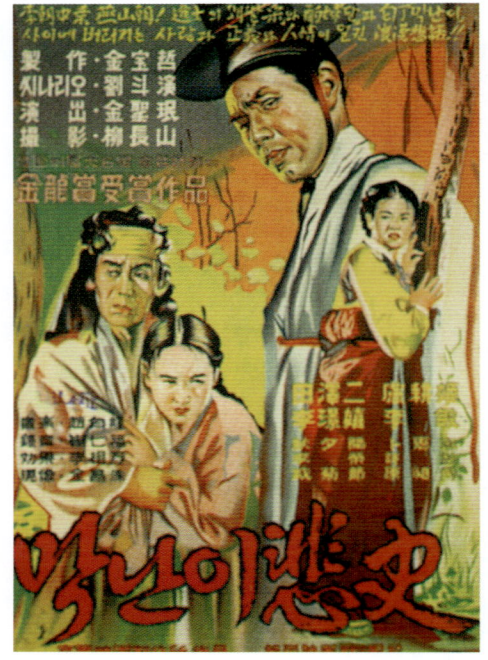

젊은 그들 The Youth(1955)

광무 19년(고종 1882년), 민씨 일족에게 부모를 잃은 젊은이들은 선비 활민(活民)의 지도 아래 선친의 복수를 맹세하고 무술을 연마한다.

남장 처녀 인화(최은희)와 재영(최무룡)은 간신 민겸호(최남현)를 끝까지 쫓아가 살해하고 자신도 민겸호의 총에 맞아 죽는다.

실은 인화와 재영은 어릴 때 부모가 정해준 정혼자 사이다. 활민숙에서 함께 수학할 때는 모르고 있다가 재영이 민겸호를 죽이는 과정에서 인화는 비로소 재영의 존재를 알아본다. 천추의 원수를 갚고 군란의 아우성이 잦아지는 가운데 재영은 인화의 품에 안겨 숨지고 님을 잃은 인화의 통곡은 그칠 줄 모른다.

(서울영화사) 89분 흑백 극영화/사극

감독 : 신상옥
제작 : 신상옥
각본 · 각색 : 이형표(원작 김동인)
개봉 : 1955년 11월 30일 단성사(서울)
출연 : 최은희, 최무룡, 강계식, 최남
　　　현, 장일, 강창수, 곽건, 문정
　　　숙, 나옥주, 김현숙 외
기획 : 박인규
촬영 : 양보환
음악 : 김동진
조명 : 윤영운
편집 : 김덕진
미술 : 최경순
사운드 : 이경순, 이상만
현상 : 최규순
인화 : 우갑순
고증 : 석진수

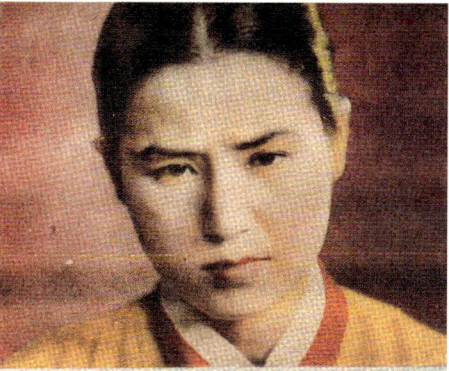

● '꿈'에 이은 신상옥의 연출작. 1930년 9월부터 동아일보에 연재되었던 김동인의 동명 역사소설을 영화화한 작품. 풍운의 조선말엽 임오군란을 배경으로 민씨 일족에게 부모를 잃은 자손들의 사랑과 복수애화를 그리고 있다. 신상옥이 제작 · 감독하고 후에 '해정'을 연출한 박상호가 조감독, 명창 김소희가 가야금을 맡고 있다.

최은희는 정혼자인 안재영을 품안에서 떠나보내는 남장 여인으로 열연했다. 1962년 최경옥이 '원한의 일월도'(신필름 작품)라는 제목으로 다시 영화화했다.

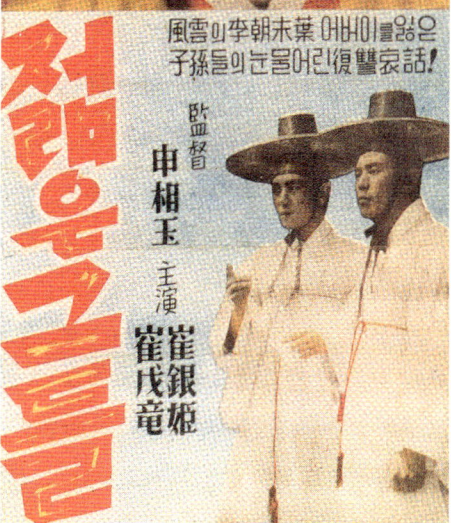

風雪의 李朝末葉 어버이를잃은
子孫들의 눈물어린 復讐哀話!

監督
申相玉
主演
崔銀姬
崔茂竜

미망인 未亡人, The Widow(1955)

(자매영화사) 75분 흑백 16mm 극영화/멜로

감독 : 박남옥(朴南玉)
제작 : 전창근
각본 : 이보라(원작 이보라)
개봉 : 1955년 12월 10일 중앙극장
(서울)
출연 : 이민자, 이택균, 나애심, 최남
현, 유계선, 박영숙, 신동훈, 이
성주, 노강, 이성주 외
촬영 : 김영순
음악 : 조백봉
조명 : 서영헌
편집 : 박남옥
현상 : 김창수

한국전쟁 때 남편을 잃고 딸(이성주)과 둘이 살고 있는 신(이민자)은 남편 친구인 이사장(신동훈)의 도움으로 생계를 유지하고 있다. 친구의 아내를 도와줘야 한다는 이사장의 도의심은 차츰 신에 대한 애정으로 변한다. 이를 눈치챈 이사장의 부인(박영숙)은 질투와 히스테리로 남편을 추궁한다.

한편 신은 딸을 데리고 뚝섬에 갔다가 익사할 뻔한 딸의 목숨을 구해준 청년 택(이택균)을 만나면서 이사장에 대한 마음이 변한다. 급속도로 친해진 택과 신은 동거생활에 들어가지만 젊은 택의 가슴에는 옛 애인 진(나애심)에 대한 그리움이 남아 있다. 그는 떠난 줄 알았던 진이 나타나자 신에게 이별을 고한다. 택과의 애정 생활에서 삶의 진실과 보람을 찾으려던 신은 너무나 충격을 받은 나머지 택을 향해 칼을 휘두른다.

● 한국 최초의 여성 감독 박남옥의 감독 데뷔작. 전후 미망인들의 고충과 처지를 여성의 관점에서 그리고 있다. 주인공 신은 남편이 죽고 살길이 막막해지자 남편 친구에게 매달려 그의 도움을 받고 또 새로운 남자가 나타나자 다시 쉽게 사랑에 빠진다. 그녀는 남자 때문에 하나밖에 없는 딸을 남에게 맡기고 그와 동거에 들어갈 만큼 자신의 욕망에 충실한 여성이다. 이른바 모성 이전에 전쟁미망인의 고독과 삶의 욕구를 적나라하게 드러낸다.

박남옥은 조선영화사 편집실에서 영화 수업을 받고 '자매프로덕션'을 설립한 후 '미망인' 제작에 들어갔다. 이보라가 각본을 쓰고 이민자가 여주인공, 이택균이 남자 주인공을 맡았다. 청초하면서 어딘지 수심에 잠긴 듯한 이민자의 모습 때문에 그녀는 이 영화에 출연한 후 영화계에서 '과부형 배우'로 인식되기 시작했다.

포스터에 보면 "한국이 낳은 단 한 사람의 묘령의 여류 감독 박남옥. 그가 짜낸 예술성 높은 최루 선정 낭만의 야심작", "다정다한 순결과 욕정과 희망을 끌어안고 몸부림치는 인간 미망인의 생태를 보시라"는 선전문구만으로 이 영화의 도발성을 짐작할 수 있다. '미망인'은 1997년 제1회 서울여성영화제에서 상영됐고, 한국영상자료원 '한국영화 100선'에 선정되었다.

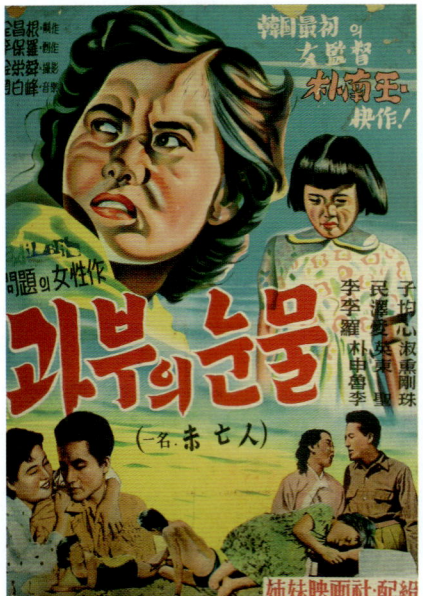

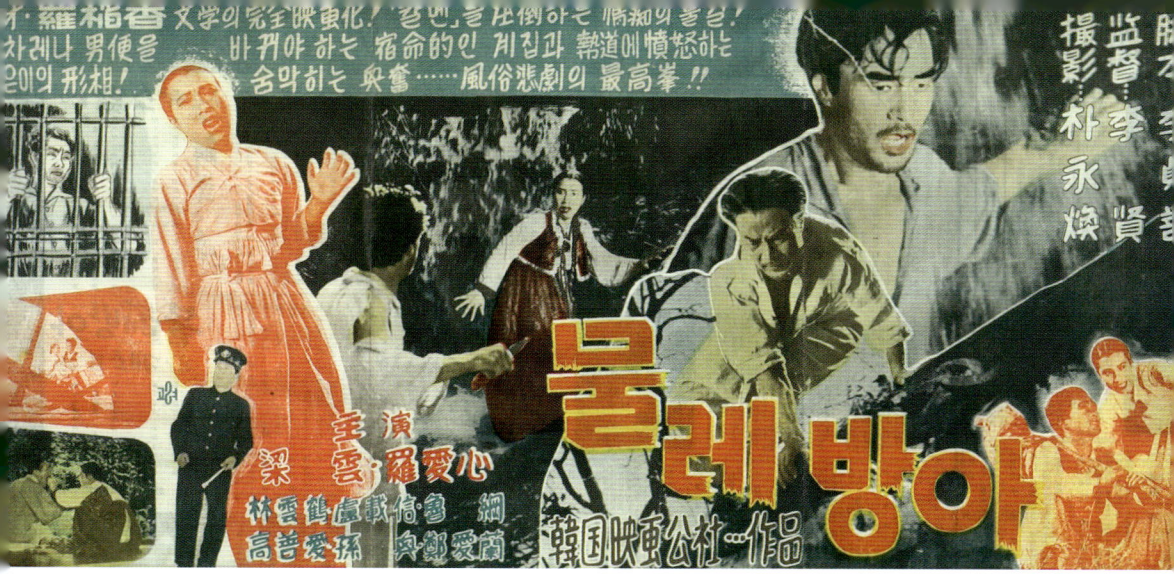

물레방아 Water Mill (1955)

방원(양운)은 계집(나애심)과 도망을 쳐 다른 동네 세도가이자 호색한인 첨지(임운학)댁의 머슴이 되고 천성이 요부인 계집은 방원을 배신하고 첨지와 내연의 관계를 맺는다. 어느 날 저녁 방앗간에서 첨지와 함께 나오는 계집을 보고 눈이 뒤집힌 방원은 첨지를 구타한 후 형무소로 끌려가 감방 신세를 지게 된다. 감방에서 회상하는 것이 전반부의 전개이고 후반부에서는 추운 겨울날 집행유예로 출감한 방원이 첨지네 집 담장을 뛰어 넘어가 계집을 들쳐 업고 물레방아로 와서 같이 도망칠 것을 종용하지만 계집이 완강하게 거절하자 계집을 죽이고 자신도 스스로 목숨을 끊는다.

● 이현 감독 데뷔작. 1926년 《조선문단》 3월호에 발표했다가 1955년 《사상계》 11월호와 『현대문학전집』 제3권(창인사 편)에 수록된 나도향의 단편소설을 원작으로 하고 있다. 아름다운 산촌을 배경으로 한 풍속화와도 같은 영화. 나도향은 20세 전후의 짧은 문단생활을 통해 장편 『환희』(동아일보 연재), 『뽕』, 『벙어리 삼룡』 등 뛰어난 작품을 남긴 신문학사의 귀재의 열에 속하는 작가로 소설 『물레방아』는 그의 후기 대표작이다. 그러나 막상 개봉되자 평단은 호감을 보이지 않았다. 전반부 회상 장면은 자칫 비약이 따를 수 있는 데다 스토리 진행이 너무 지루하게 전개되고 후반부도 점차 최후로 치닫는 운동감이나 긴장감이 결여되어 "영화가 활동사진이라는 인식에 그쳐 있다"(한국 56. 8. 23)는 평을 받았다. 그대신 성적으로 방종한 하층계집으로 분한 나애심의 혼신을 기울인 연기는 이제까지 볼 수 없었던 분방한 매력을 보여주었다는 호평이 있었다.(경향 56. 8. 28) 나도향 원작의 물레방아는 1966년 이만희가 리메이크했으며 제28회 베니스국제영화제에 출품되었다.

(한국영화사) 극영화/시대극문예

감독: 이현
제작: 윤병수, 이정선
각색: 이정선(원작 나도향)
개봉: 1956년 8월 17일 중앙극장 (서울)
출연: 나애심, 양운, 노재신, 임운학, 노강, 정애란, 손흥, 고선애 외
기획: 양철호
촬영: 박영환
음악: 박시춘, 김종삼
조명: 이한찬
편집: 이현
미술: 박석인
현상: 최규순
사운드: 이경순
조감독: 손흥운

교차로 交叉路, The Crossroad (1956)

(금성영화사) 85분 극영화 / 멜로

감독 : 유현목(兪賢穆)
제작 : 김인걸   각본 : 이청기
개봉 : 1956년 1월 15일 국도극장
　　　(서울)
출연 : 조미령, 이택균, 강명, 서월영,
　　　박경주, 노재신, 권일청, 염석
　　　주, 고선애, 송미남, 정애란 외
촬영 : 김덕진   음악 : 김성태
조명 : 함완섭   편집 : 김덕진
미술 : 임명선   현상 : 최규순
수상 : 문교부 선정 우수 국산영화 개
　　　인 부문 음악상(김성태)

쌍둥이인 옥희와 현숙은 집안이 가난해서 어릴 때 다른 집으로 각각 입양된다. 옥희는 형편이 어려운 집으로 가게 되고 현숙은 부자집에서 호강하며 자라난다. 그러던 어느 날 악극단 단장집에 하녀로 있던 옥희가 도둑 누명을 쓴다. 한데 엉뚱하게도 경찰은 서울역에서 친구를 기다리던 여대생 현숙을 옥희로 잘못 알고 연행한다. 이 과정에서 둘은 친자매임이 밝혀지고 혈육의 정을 나누며 친부모도 찾게 된다.

● 유현목 감독 데뷔작이자 금성영화사 제1회 작품. 부제는 '청춘가'로 조미령이 여대생 현숙과 허영에 젖은 하녀 옥희 등 1인 2역을 맡아 쌍둥이들의 교차되는 운명의 명암을 그리고 있다.
　유현목은 신문기사적인 소재를 과장 없이 경쾌한 터치로 재치 있게 처리하면서 안정된 커팅과 영상감각을 보여주었다.(한국영상자료원 엮음, 『한국영화를 말한다-1950년대 한국영화』, 이채, 2004년, p.288)
　연극연출가 이원경은 "새로운 수법도 치밀한 화면구성도 아니지만 그가 새로운 세대의 사람이기 때문에 자신이 가지고 있는 젊은 감각으로 솔직하게 표현한 것이 이 영화가 성공한 유일한 요인이 된다"(조선 56. 1. 17)고 말했다.

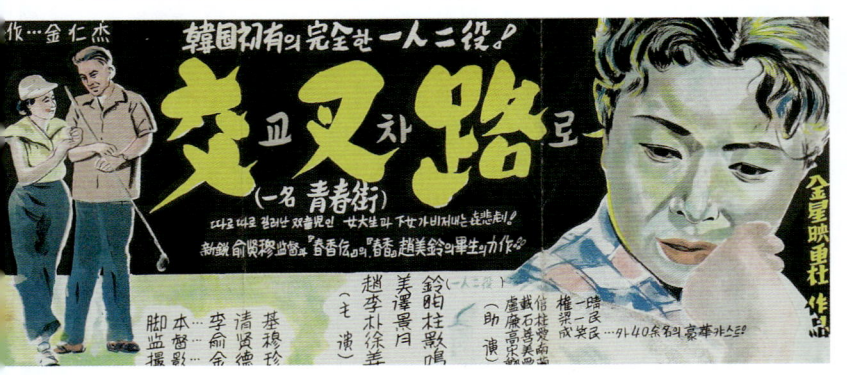

해정 海情, The Sea (1956)

(금강영화사) 극영화 / 멜로

감독 : 박상호(朴商昊)
제작 : 정경화
각본 : 주동운
개봉 : 1956년 1월 25일 국도극장
　　　(서울)
출연 : 김근자, 박인봉, 김영식, 고설
　　　봉, 강대식 외
촬영 : 서병헌
음악 : 김용환
조명 : 윤형운
편집 : 박상호
미술 : 윤강모
스틸 : 강범구
현상 : 최규순

한 마을에 살던 두 친구가 한 여자를 사랑하다가 그중 한 사람이 그 여자와 결혼을 하게 되고 부부는 행복하게 살아간다. 그러던 중 고기잡이를 떠난 남편이 풍랑을 만나 돌아오지 않게 되자 남아 있던 친구가 외로운 그녀를 동정해 결혼한다. 그 후 죽은 줄 알았던 남편이 살아 돌아오고 부인과 남편은 다시 만난다. 두 사람이 재회해 행복해하는 모습을 본 친구는 정처없이 떠난다.

● 박상호 감독 데뷔작. 강범구(스틸맨), 주동운(시나리오), 정경화(제작), 윤형운(조명) 등이 모여 만든 한국 최초의 동인제 영화, 바다에 사랑을 잃고 해심(海心)을 원망하는 여인의 애련을 그린 비극. 이 영화는 영국의 시인 A. 테니슨의 장편 서사시 「이녹 아든(Enoch Arden)」을 주동진이 '해당화 피는 마을'이라는 시나리오로 새롭게 재구성한 것이다. 동해안 해금강 일대와 낙산사에서 촬영된 이 영화는 이탈리아 네오리얼리즘 계열에 비유되는 등 호평을 받았다. 박상호은 연극배우 박정자의 친오빠다.

단종애사 端宗哀史, The Tragedy of King Dan Jong(1956)

나이 어린 단종이 세조에게 사약을 받는 과정을 그린 궁중비화. 세종대왕이 돌아가시고 병약한 문종이 왕위에 올랐으나 재위 2년 만에 여러 신하들에게 어린 단종(황해남)을 부탁하고 순명한다. 문종의 아우이며 단종의 숙부인 수양대군(전창근)은 문종의 간곡한 명령을 받은 정인지, 신숙주, 최항 등과 내통해 정부 중신들을 일거에 처치하고 어린 단종을 협박해 왕위에 오른다. 이에 분개한 성삼문을 비롯한 집현전 학자들은 수양을 없애고 단종을 복위시키려는 음모를 계획하지만 사전에 발각되어 형장의 이슬로 사라진다. 수양은 어린 단종을 노산군으로 강등시켜 영월에 유배하고 단종 비인 송씨(엄앵란)의 애끓는 사랑과 이별의 아픔이 긴 통곡으로 이어진다. 단종은 처소에서 수양이 내린 사약을 받고 죽는다.

(삼일영화사) 111분 극영화/사극문예물

감독 : 전창근
제작 : 유동준
각색 : 유치진 (원작 이광수)
개봉 : 1956년 2월 12일 국도극장 (서울)
관람인원 : 7만 명
출연 : 황해남, 엄앵란, 전창근, 조미령, 이민, 석금성, 서월영, 독우영, 이택균, 전택이, 주선태, 김신재, 노강, 추석양, 유계선, 이룡, 최남현, 조항, 양일민, 나애심, 윤일봉 외
기획 : 유두연
촬영 : 한형모
음악 : 조백봉
편집 : 한형모
조명 : 고해진
미술 : 이태선
스틸 : 양기주
현상 : 최규순
수상 : 문교부 선정 우수 국산영화

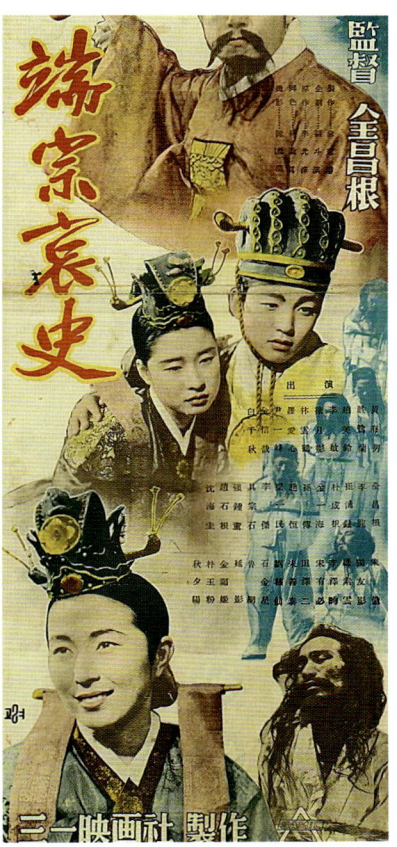

● '불사조의 언덕'(1955)에 이은 전창근의 신작. 이광수 원작소설을 극작가 유치진이 각색하고 '성벽을 뚫고'(1949)를 감독한 한형모가 직접 촬영, 감독이자 시나리오작가인 유두연이 기획을 맡은 대작 사극이다. 엄앵란과 황해남 스크린 데뷔작.

조선왕조 500년 사상 최대의 비극인 단종의 이야기를 영화화한 이 작품은 연출자 전창근이 수양대군 역을 맡고 황해남이 비운의 어린 왕을 리얼하게 연기해 관객의 심금을 울렸다.

1956년도 문교부 우수 국산영화 심사에서 "역사에 기록된 단종대왕의 비극을 소재로 충군의 정신을 고취하고 작품 전체의 격조도 수준에 달했을 뿐더러 제작 각 분야에 성실한 노력이 경주되어 있고 출연자들의 성격도 잘 표현되어 있다"(조선 57. 10. 17)는 심사소감과 함께 그해 우수 국산영화에 선정되었다. 제작비 3700만 환, 7만 명 관객을 동원.

구원의 정화 久遠의 情火, The Flower of Relief (1956)

(독립영화사) 85분 극영화/종교 사극

감독 : 이만흥(李萬興)
제작 : 지해성
각본 : 김성민(원작 박계주)
각색 : 박신출
개봉 : 1956년 2월 21일 국도극장
　　　 (서울)
출연 : 윤인자, 이룡, 한은진, 서춘광,
　　　 이선경, 장훈, 고설봉, 변기종,
　　　 장일, 나소운, 박경주, 장일 외
기획 : 지해성
촬영 : 홍일명
음악 : 김동진
편집 : 홍일명
조명 : 고해진
미술 : 강성범
효과 : 이상만
조감독 : 안현철

미모의 처녀 아심(윤인자)은 예조판서 김응겸(변기종)의 외동딸이며 재하(이룡)는 대사간의 아들이다. 어느 여름날 밤 재하는 남장한 아심을 보고 한눈에 반해 추격한다. 아심은 재하에게 쫓겨 달아나다 낙마로 의식을 잃게 되고 때마침 그곳을 지나던 한 미소년(한은진)의 도움을 받는다. 그것이 인연이 되어 아심은 소년을 열렬히 사랑하게 되었다. 그러나 미소년 시메온은 기독교 신봉자로서 당국의 눈을 피해 다니는 신분이다. 아심은 시메온이 그녀의 사랑을 거절하자 앙심을 품고 그를 고발해 형을 받게 한다.

시메온이 십자가에 처형당하는 순간 시메온의 볼록한 가슴을 보고 아심은 비로소 그가 여자임을 알게 된다. 시메온은 그리스도의 품으로 돌아갈 것을 선택했고 이것을 본 아심도 형장으로 뛰어든다.

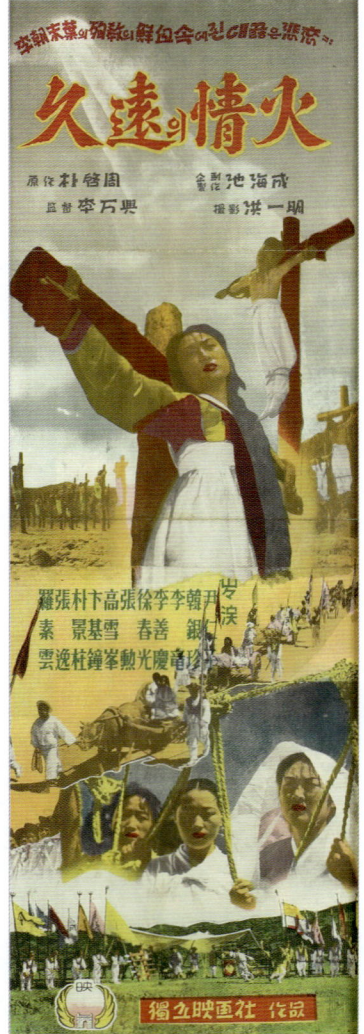

● '탁류'(1954), '원한의 성'(1955)에 이은 이만흥의 일곱 번째 작품. 1954년부터 8개월에 걸쳐 경향신문에 연재되었던 박계주 소설이 원작이다. 이 영화는 조선 말 대원군 섭정 시대 천주학자와 천주교인들에 대한 박해와 순교, 동성애를 주제로 삼고 있다. 일류 영화인으로 구성된 제작진을 비롯해 연기진도 영화 연극계의 중진급을 총동원하고 막대한 제작비를 들였다. 연 인원 5천 여명 동원. 화면은 비교적 선명하고 스토리는 스피디하게 전개되어 당시 우리 영화의 기술 수준에 비추어볼 때 "그만하면 무난하다"는 평(한국영상자료원 엮음, 『한국영화를 말한다-한국영화의 르네상스 1』, 이채, 2004년, p.163)을 받았다. 개봉 첫날 관객은 약 5360명으로 흥행에서도 성공했다. 안현철 조감독의 데뷔작.

처녀별 The Virgin Star(1956)

조선 말기 당파싸움에서 억울하게 희생당한 아버지의 원수를 갚으려는 별아기와 정의를 추구하는 원수의 아들 정 도령 사이에 벌어지는 원한과 애정의 갈등을 그린 시대극.

어린 시절 배필로 짝지어진 정 도령의 아버지 정 판서에게 아버지가 희생당하자 별아기는 복수를 위해 정 도령 집에 잠입한다. 사랑이냐 복수냐의 갈림길에서 그녀는 복수를 체념하고 사랑하는 정 도령과 행복을 찾아 떠난다.

● 항일투쟁을 그린 '윤봉길 의사'(1947) '유관순'(1948)을 연출한 윤봉춘의 사극 멜로드라마. 유치진의 희곡 「별」을 각색한 작품이다. 연극적인 형태에서 영화적인 표현의 가능성을 시도한 최초의 예로써 감독은 이 영화에서 박력과 스릴과 유머를 경쾌한 템포로 조화시켰으며 대담한 러브신과 조선 시대의 검술을 검증받아 재현시키는 등 다이내믹한 움직임을 보여준다. 그러나 "정 도령이 별아기와 마상에 올라 달릴 때의 산경은 외국인에게 보이려는 의도가 역력하고 별아기의 정판서 집 침입 장면은 관객의 긴장감을 풀어놓았으며 검풍의 불연속성 전개는 일본 사무라이극을 방불케 했다"(동아 56. 5. 4 박승걸)는 반론이 있었다.

(중앙영화문화사) 극영화/멜로 시대극

감독 : 윤봉춘
제작 : 오의겸
각본 : 유치진(원작 유치진)
개봉 : 1956년 3월 27일 국도극장 (서울)
관람인원 : 10만 명
수출현황 : 대만(58)
출연 : 김진규, 하연남, 김승호, 한은진, 서월영, 송해천, 노강, 김웅, 윤상희, 박순봉, 성소민, 양일민, 이현, 김민우, 채훈, 이일선, 한복자 외
기획 : 서기영   **촬영** : 김명제
음악 : 김대현   **조명** : 김성춘
편집 : 양주남   **미술** : 이봉선
소품 : 김도준   **조감독** : 강원주

청춘쌍곡선 靑春雙曲線, Hyperbolae of Youth(1956)

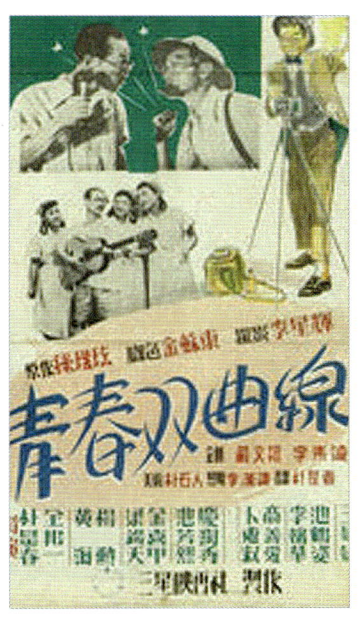

중학교 교사 명호(황해)와 무역회사 사장의 큰아들 부남(양훈)은 대학동창이다. 의사는 너무 잘 먹어서 위에 탈이 난 부남과 너무 못 먹어서 위에 탈이 난 명호에게 2주 동안 생활방식을 바꿔볼 것을 제안한다. 각자 집을 바꿔서 생활한 두 청년은 각자의 여동생을 사랑하게 되고 두 커플은 합동 결혼식을 올린다.

● '운명의 손'에 이은 한형모 연출작. 양훈, 양석천, 김희갑 등 희극배우들을 내세운 한국 최초의 코미디 영화를 표방한 작품이다. 부잣집 남매가 가난한 집안의 남매와 사랑하게 되면서 바람직한 인간으로 성장하고 행복한 결혼에 이른다는 내용.

이 영화는 신분의 근본적인 차이나 가난하고 부유하다는 신분적 차이 이전에 코미디와 뮤지컬의 장르적 요소를 활용하여 영화의 재미를 높이는 데 목적을 두고 있다. 50년대 최고의 희극영화로서 1957년도 한국영화 흥행 순위에서 5위를 차지했다. 한국영상자료원 '한국영화 100선'으로 선정.

(한형모프로덕션) 94분 35mm 흑백 극영화/코미디

감독 : 한형모
제작 : 한형모
각본·각색 : 김소동(원작 손기현)
개봉 : 1956년 4월 10일 중앙극장 (서울)
관람인원 : 3만 6600명
출연 : 황해, 지학자, 이빈화, 양훈, 양석천, 김희갑, 복혜숙, 지방열, 고선애, 경윤수, 김진희, 김숙자, 김민자, 김애자, 김오헌 외
특별 출연 : 박시춘, 김방일
기획 : 엄무근, 이래원
촬영 : 이성휘
음악 : 박시춘
조명 : 이한찬
편집 : 한형모
미술 : 박석인
스틸 : 김영수
사운드 : 최칠복, 심재훈
조감독 : 박성호, 김계향
수상 : 제5회 아시아영화제 출품

자유부인 自由夫人, Madame Freedom (1956)

(삼성영화사) 124분 극영화/멜로

감독 : 한형모
제작 : 방대훈
각색 : 김성민, 이청기(원작 정비석)
개봉 : 1956년 6월 9일 수도극장
　　　(서울)
관람인원 : 15만 명
출연 : 박암, 김정림, 노경희, 주선태,
　　　양미희, 이민, 김동원, 고향미,
　　　안나영, 고선애, 최남현 외
특별 출연 : 백설희(노래), 나복희
　　　　　 (무용), 박정근(악단)
기획 : 엄문근, 이래원
촬영 : 이성휘
음악 : 김용환
조명 : 이한찬
편집 : 한형모
미술 : 이봉선
사운드 : 이경순, 심재훈
현상 : 최규순, 김봉수
조감독 : 박성호
수상 : 문교부 선정 우수 국산영화 작
　　　품상

대학교수 부인 오선영(김정림)은 양품점에서 일하게 되면서 최윤주(노경희)와 댄스파티에도 가고 옆집 청년 신춘호(이민)에게 춤을 배우기도 한다. 어느 날 오선영은 한태석 사장(김동원)을 만나 댄스홀에 가서 춤을 추고, 그날 밤 호텔에 들어갔다가 미행해온 한 사장의 부인에게 봉변을 당한다. 오선영의 남편 장태윤 교수(박암)는 제자인 타이피스트(양미희)에게 끌리지만 가정을 지키기 위해 부인이 집으로 돌아오기만을 기다린다. 영화 종결부에서 오선영은 잘못을 뉘우치고 가정으로 돌아온다.

● '청춘 쌍곡선'(1956)에 이은 한형모의 네 번째 연출작. 정비석의 『자유부인』은 휴전 직후인 1954년 1월 1일부터 8월 6일까지 215회에 걸쳐 서울신문에 연재되었던 소설이다. 연재하는 동안 서울신문의 부수가 기하급수적으로 불어나다가 연재가 종결되면서 5만 2000부 이상이 일시에 격감했다는 일화는 당시 『자유부인』이 누린 관심과 인기가 어느 정도인가를 짐작케 한다. 이는 단행본으로 출간되자 14만 부가 팔려나가 우리나라 출판사상 처음으로 10만 부 이상의 판매기록을 올린 베스트셀러가 되었다. 신문에 연재되는 동안에도 '계바람', '댄스바람'과 여권 신장을 암시하는 '치맛바람', 물욕에 대비되는 '최고급 사치바람'으로 사치풍조를 조장시키고 실제로 각 지방 대도시에서 주부들 사이에 춤바람이 성행하고 세칭 박인수 사건이 사회적인 경종을 울리기도 했다.

한형모의 연출은 현대 풍속도를 묘사하는 데 있어 사건설정이나 인물의 성격분석에서 정확한 터치와 율동적인 수법을 능란하게 구사하고 있다. 촬영 때 크레인을 동원하거나 창문을 뚫고 들어가는 촬영법도 이 영화에서 처음 시도되었다고 한다. 대학교수 부인으로 나오는 김정림은 실제 다방마담 출신으로 일약 영화 여주인공에 스카우트되어 큰 화제를 모았다.

영화평론가 김수남은 '자유부인'은 "그 시대 관객들의 공감대에 잘 부합된 영화로 이후 한국 멜로드라마영화 붐을 이루는 원천이 되었다"고 정의했다. 소설가 김광주도 "모든 문제를 젖혀놓고 우리 한국영화도 이제는 영화다운 길을 걸어갈 수 있다는 새로운 시사를 보여주는 데 성공한 작품"(조선 56. 6. 20)이라고 피력한 바 있다. 원작자 정비석은 "자유부인을 보고나서 한형모 씨의 솜씨에 놀랐을 뿐만 아니라 원작자로서도 어느 정도 만족스러웠다"고 밝히고 있다.

영화 속에서의 키스나 러브신 등의 표현수위 문제와 대학교수 부인이 젊은 남자와 춤바람이 난다는 내용을 두고 논란을 불러일으킬 소지가 있다고 해서 개봉일인 6월 9일을 하루 앞둔 8일 정오까지 상영 허가가 나지 않았었다. 수도극장 개봉 후 서울에서만 관객 14만 명(한국영상자료원, 『신문기사로 본 한국영화 1948-1957』, 공간과 사람들, 2004년, p.685) 동원, 관객 14만 명이면 외화 28만 명 동원과 맞먹는 숫자로 1956년도 한국영화 흥행 순위 1위를 차지했다.(연감에는 15만 명으로 기록) 1950년대를 대표하는 작품이자 한국영화사상 가장 격렬한 논쟁을 촉발시킨 이 영화는 제작비 2300만 원으로 약 7000만 원의 수익을 거두었다. 이 영화는 현대 영화 연구가들이 1950년대 한국사회 분위기 속에서 여성의 성적 욕망을 적극적으로 표현한 작품으로 재평가하면서 문화재로 등록되었고, 한국영상자료원 '한국영화 100선'에 선정되었다.

한형모의 '자유부인'(1956) 이후 1957년 김화랑의 '자유부인(속)', 1969년 강대진의 '자유부인'(극동필림 – 김진규, 김지미, 오영일), 1981년 박호태의 '자유부인'(동아흥행㈜ – 윤정희, 최무룡, 남궁원), 1986년 박호태의 '자유부인 2'(신한영화㈜ – 최무룡, 이수진, 김원섭), 1990년 박재호의 '1990 자유부인'(㈜반도영상 – 고두심, 강석우, 김흥기) 등이 제작되었다.

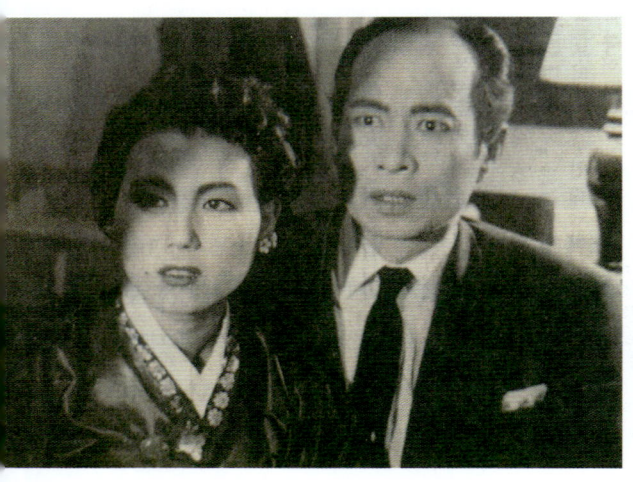

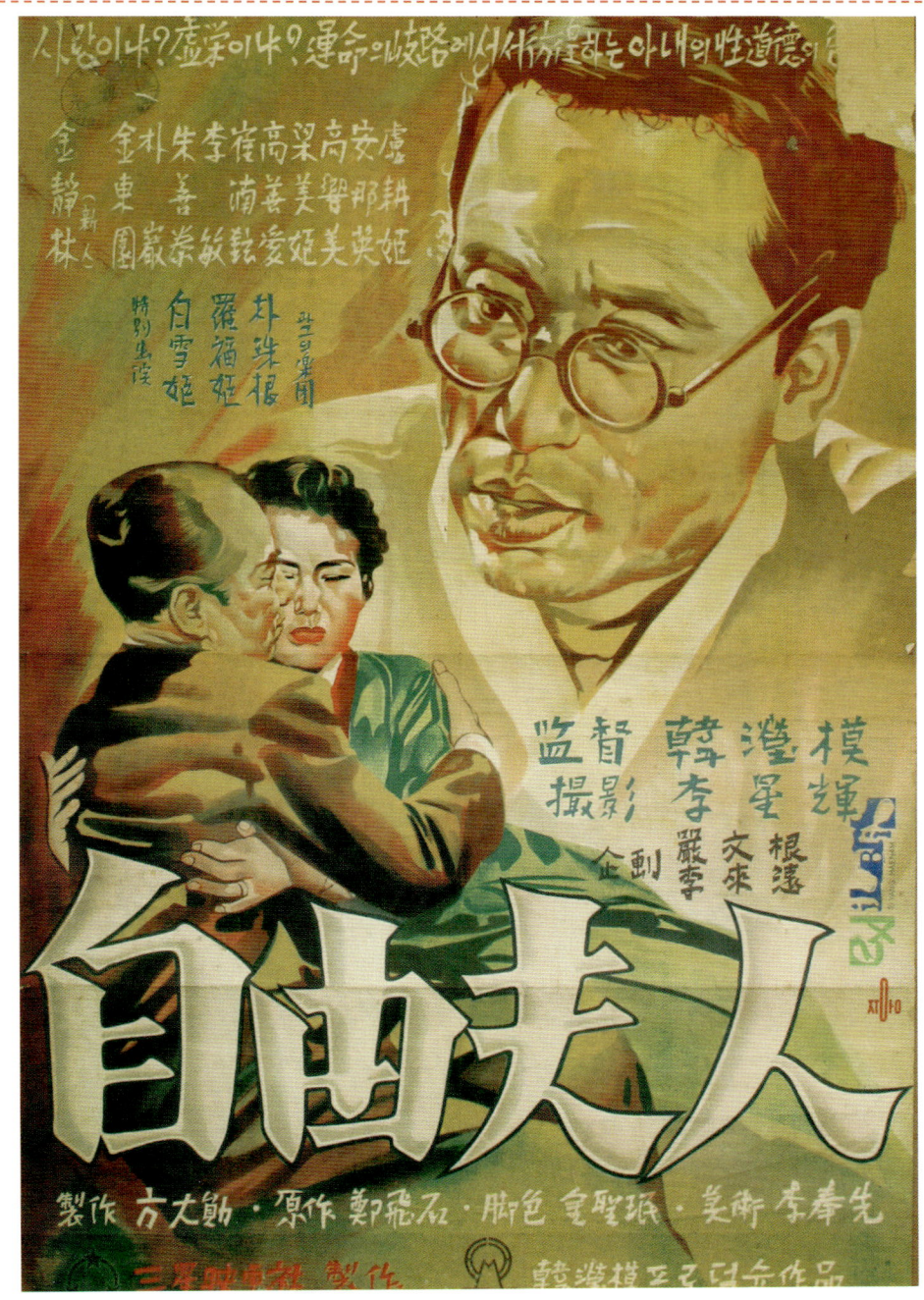

61

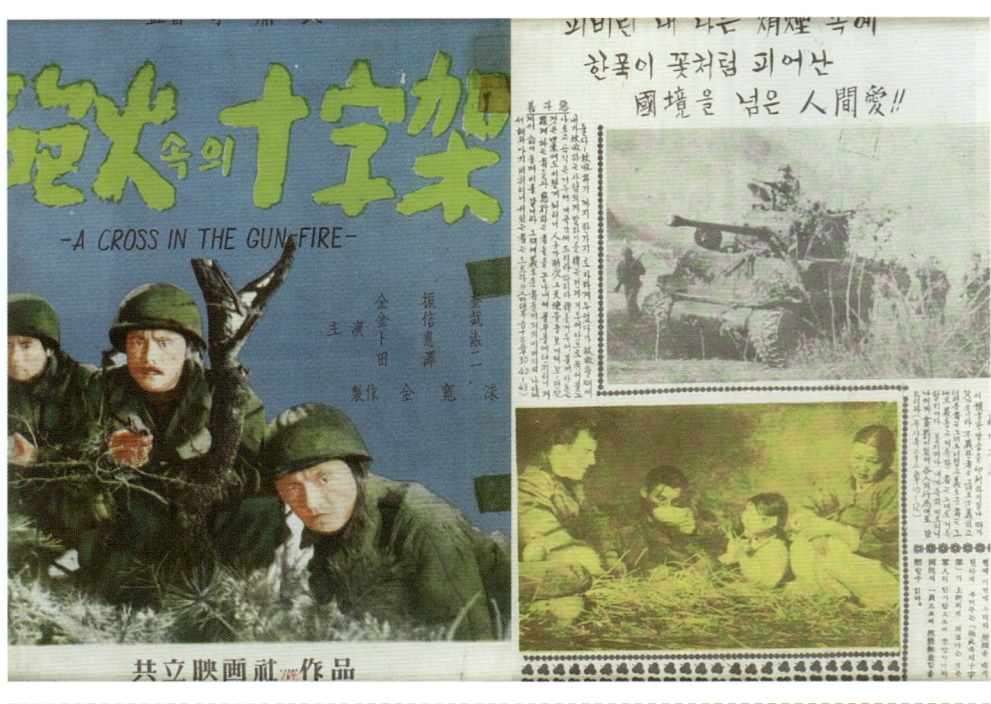

포화 속의 십자가 砲火속의 十字架, A Cross in Gunfire (1956)

(공립영화사) 극영화/액션 전쟁

감독 : 이용민(李庸民)
제작 : 김관수
각본 : 김성민(원작 박계주)
개봉 : 1956년 5월 15일 단성사(서울)
출연 : 김진규, 김신재, 복혜숙, 전택
이, 추석양 외
촬영 : 임병호
음악 : 조백봉
조명 : 김성춘
편집 : 이용민
미술 : 박석인
현상 : 최규순
수상 : 문교부 선정 우수 국산영화

적진에 침투한 김 소령(김진규) 일행은 중공군의 인해전술로 본부로부터 고립된다. 천신만고 끝에 포위망을 뚫고 나온 그들은 산중의 한 노파의 집으로 피신하고 그곳에 숨어 있던 부상당한 미군 병사들을 구출하려다 중공군에게 잡힌다. 통역장교(김신재)의 도움으로 위기를 모면한 그들은 다시 노파 집으로 숨어들고 중공군과 일대 접전이 벌어지면서 그들을 구해준 노파는 포탄에 맞아 절명한다.

● 이용민의 '백만의 별'(1954)에 이은 네 번째 작품. 원작 박계주. 각본 김성민. 피비린내 나는 초연 속에서 한 포기 꽃처럼 피어나는 국경을 초월한 인간애에 초점을 맞추고 있다.
  전쟁영화라고 해서 지루하거나 건조한 장면이 없이 처음부터 끝까지 보는 이의 호흡을 긴장시키는 것은 원작이 갖는 힘도 크지만 이를 절묘하게 화면에 구성한 감독의 솜씨 탓으로 평가된다.(송지영, 경향 56. 5. 21) 특히 마지막 장면에서 비문 앞에 십자가를 세워놓고 미군 병사를 위해 죽은 노파의 명복을 비는 대목은 숭고한 휴머니즘이 풍겨난다. "하나님 여기 한국전쟁에 희생된 한 무명군사가 누워 있습니다. 그는 훌륭한 정의의 사도요, 자유의 수호자였습니다. 그의 혼을 받아주소서."

왕자호동과 낙랑공주 王子好童과 樂浪公主(1956)

외적이 침입하면 저절로 울리는 낙랑의 자명고로 인해 고구려의 공격이 번번이 실패로 돌아가자 고구려의 왕자 호동은 자명고를 없애기 위해 낙랑에 잠입한다. 그리고 미모의 낙랑공주와 사랑에 빠진다. 고구려가 낙랑을 침공할 때 낙랑공주는 사랑을 위해 자명고를 찢고 이 때문에 낙랑은 멸망하며 공주는 죽는다. 왕자 호동은 낙랑공주의 시체를 부여안고 자신을 위해 희생한 공주의 넋을 달랜다.

● 1947년 '목단등기(牧丹燈記)'로 감독 데뷔한 후 9년의 공백기를 끝내고 내놓은 김소동의 두 번째 연출작. 영화 속에서의 고구려 측은 극단 신협, 낙랑 측은 극단 민극 단원들이 출연했고 햇님국극단이 특별 출연하여 극계의 노장, 중진이 총동원된 '무대인 중심의 영화'가 되었다. 원작은 유치진의 희곡 「자명고」로 극단 신협을 통해 무대에서 공연된 바 있다. '왕자호동과 낙랑공주'는 사극물의 일전을 보여준 주목할 만한 영화로 "널리 알려진 사화를 그만큼 압축해서 끝까지 관중을 이끌어간 저력과 특히 라스트신은 외국의 비극영화를 연상시키면서 대담한 스펙터클로 자연스러운 긴박감을 이끌어냈다"(한국영상자료원 엮음, 「한국영화를 말한다 – 한국영화의 르네상스 1」, 이채, 2005년, p.18)는 평을 들었다.
   이는 지금까지 관객이 보아온 다른 사극영화와는 달리 한국 역사영화의 신경지를 개척하려고 애쓴 가작으로서 국산영화에 새로운 시사를 던지고 있다. 제작비 3500만 환.

(동광영화사) 극영화/멜로사극

감독 : 김소동
제작 : 이철혁
각본 : 이정선, 이현(원작 유치진)
각색 : 김소동
개봉 : 1956년 6월 13일 단성사(서울)
관람인원 : 8만 명
출연 : 김동원, 조미령, 김승호, 황정순, 이해랑, 백성희, 박상익, 최남현, 박암, 오사랑 외
촬영 : 김학성
음악 : 김대현
조명 : 고해진
편집 : 양주남
미술 : 강성범
소품 : 이상필
의상 : 이해윤
현상 : 김창수
사운드팀 : 햇님창극단
조감독 : 김한백

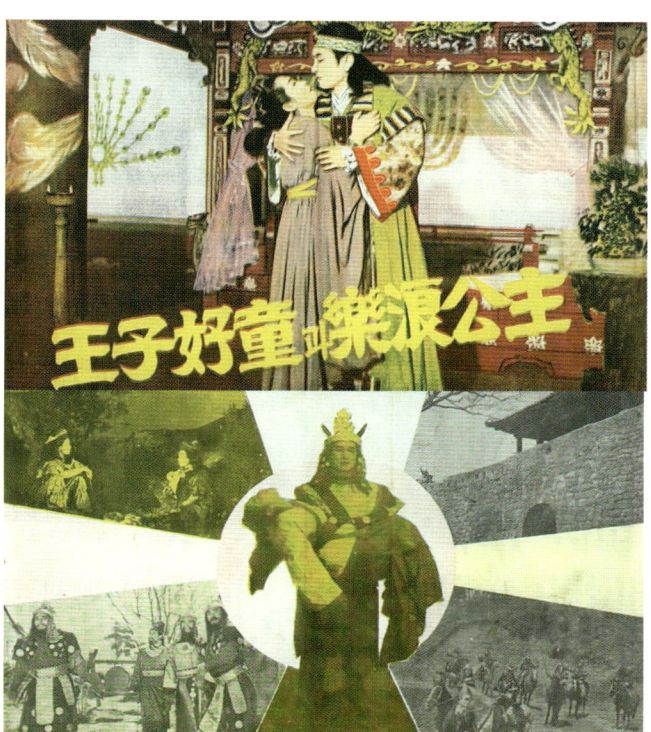

옥단춘 玉丹春, Ok Danchun(1956)

(동방영화제작사) 극영화/시대극

감독 : 권영순(權寧純)
제작 : 박복만
각본 : 이정선, 이현
개봉 : 1956년 7월 13일 단성사(서울)
출연 : 윤인자, 김진규, 최봉, 김익환,
　　　 송돈상, 독우영, 구종석, 양일
　　　 민, 성소민, 김세라 외
기획 : 최흥렬
촬영 : 강영화
음악 : 박시춘
조명 : 이종선
편집 : 권영순
미술 : 정우택
현상 : 김봉수

조선 숙종 때 서울에 살던 이혈룡(김진규)이 평안감사 김진희(최봉)를 찾아가면서 이야기는 시작된다.

두 사람은 동갑에다 어릴 때부터 누구든지 먼저 출세하면 서로 천거해 주기로 약속한 사이다. 그러나 김진희는 거지꼴로 찾아온 이혈룡을 도와주기는커녕 뱃사람을 시켜 대동강으로 데려가서 죽이라고 명한다. 이때 평양기생 옥단춘(윤인자)이 혈룡의 사람됨을 알고 그를 구출하고, 둘은 가연을 맺는다. 혈룡은 옥단춘의 권고로 과거에 응시해 장원급제한 뒤 평안도 암행어사가 된다. 걸인 모습으로 나타난 혈룡을 옥단춘은 따뜻하게 맞이하고 두 사람은 평안감사가 베푸는 연회에 참석했다가 체포되는데, 혈룡은 '암행어사 출두'를 알리고 죄과를 다스려 김진희를 파직시킨다. 평양 감사 이혈룡이 옥단춘을 첩으로 맞자 왕이 이러한 사실을 알고 옥단춘을 정덕부인으로 봉한다.

● 권영순 감독 데뷔작. 본명 권녕향. 작자미상의 고대소설 『옥단춘전(玉丹春傳)』을 영화화한 작품. 춘향전의 아류작으로 온갖 유혹과 협박에도 굴하지 않고 의연히 절개를 지켜간 조선시대의 평양 기생 옥단춘의 이야기다. 신예 권영순이 연출한 '옥단춘'은 참신하고 침착한 연출로 진부할 수 있는 스토리를 정적으로 관조하면서 독특한 양식미를 형성하고자 시도한 흔적을 드러내어 관객의 눈길을 끌었다. 즉 구성 면에서 두 개의 회상 장면 삽입과 창의 삽입을 강행한 점이 무리로 지적되고 있으나 거의 전부를 세트 속에 몰아넣어 새로운 방면 개척에 도전했다는 점에서 연출자의 창의력이 높이 평가되었다.(조선 56. 7. 21) 또한 박시춘 음악은 고전과 현대의 조화를 시도하고 있으며 메인타이틀과 라스트 클라이맥스에서 영화음악적인 진전을 보여주고 있다.

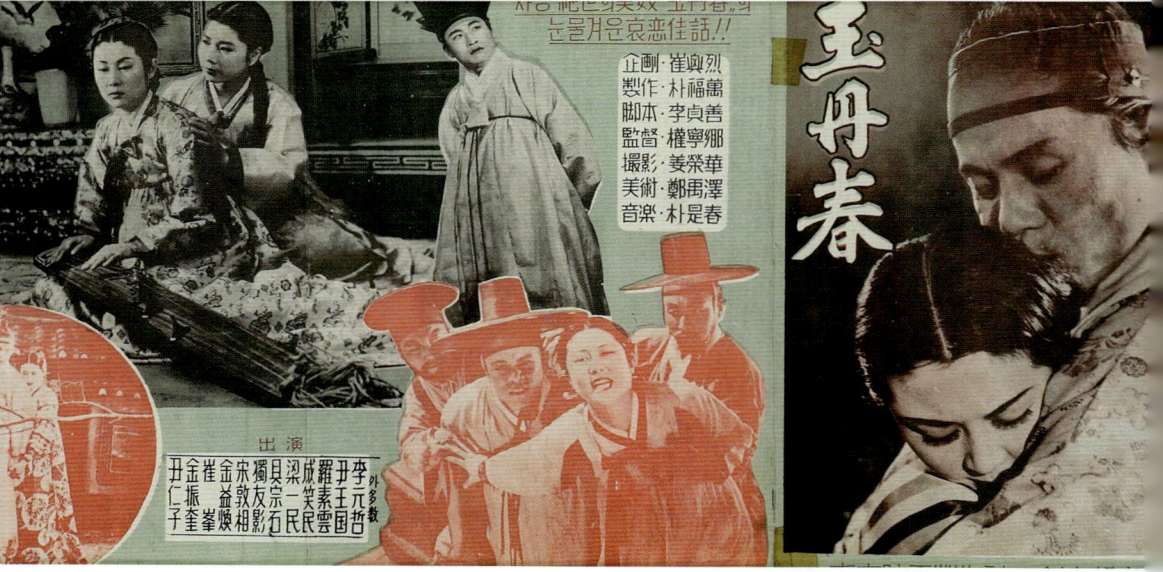

유전의 애수 流轉의 哀愁 Sadness of Heredity (1956)

창녀 선희(문정숙)는 부잣집 외아들인 용수(최무룡)를 사랑하고 강도 주모자인 인구는 선희를 사랑한다. 용수의 부모는 가문의 체통을 이유로 선희와 용수의 관계를 적극 반대하고 나선다. 그런 가운데 인구는 자신과 선희와의 관계를 용수 부모에게 폭로하겠다며 악마의 그림자처럼 끈질기게 쫓아다닌다. 한편 인구를 짝사랑하는 경숙(백성희)은 선희만 바라보는 인구를 증오한 나머지 끝내 인구를 살해하고야 만다. 용수는 사랑과 오해가 뒤섞인 복잡한 사건 앞에서 정처 없이 떠나는 선희를 차마 붙잡지 못하고 뒷모습만 묵묵히 지켜볼 따름이다. 며칠 후 선희의 시체가 강변에 표류한다.

● '교차로'에 이은 유현목의 두 번째 작품. 거미줄에 얽매인 인간의 사지, 아무리 발버둥 쳐도 인간은 주어진 환경에서 벗어나지 못한다는 숙명적인 고뇌를 그리고 있다.
  이 영화는 조남사의 '어느 운명의 별 아래'를 개제한 작품으로 "치밀한 화면구성과 다이내믹한 연기자들의 움직임은 연출과 연기가 호흡의 일치를 보여주는 쾌작"(이진섭, 한국 56. 7. 25)이라는 평을 받았다. 특히 성당 미사 장면과 용수, 선희의 러브신을 커버한 음악효과는 압권이었으며 한국영화의 고질적 폐단이었던 느린 템포가 시정되는 등 이동 촬영기를 사용한 화면이 안정감을 주고 있다.(경향 56. 7. 30) 제작비 2000만 환에 관객 2만 명 동원.

(한성영화사) 극영화 / 멜로
감독 : 유현목
제작 : 유성재
각본 : 조남사
개봉 : 1956년 7월 25일 단성사(서울)
관람인원 : 2만 명
출연 : 최무룡, 백성희, 문정숙, 최남현, 강계식, 장민호, 박암, 조해원, 이성일, 이룡 외
기획 : 장일(강명)
촬영 : 김명제
음악 : 김용환
조명 : 고해진
편집 : 양주남
미술 : 박석인
현상 : 김창수

인생역마차 人生驛馬車, Stagecoach of Life (1956)

주정녀는 암흑가를 취재하던 신문기자를 사랑하게 된다. 암흑가의 두목은 주정녀를 독점하기 위해 기자의 두 눈을 멀게 한다. 주정녀는 기자가 눈을 다치자 충격을 받고 정신이상자가 된다. 기자는 두 눈이 먼 채로 두목을 찾아가서 두목을 살해하고 주정녀와의 사랑을 되찾는다.

● '막난이 비사'(1955)를 연출한 김성민의 작품. 이향이 1인 2역으로 신문기자 역과 암흑가의 두목 역을 맡고 있다. 제작자 측은 오락물임을 주장했으나 오락물로서는 일반적인 건전성이 결여되었다는 지적이 있었다. 즉 사랑 때문에 남의 눈을 멀게 하고 사랑과 복수 때문에 사람을 살해하며 여자는 미치광이가 되어 공동묘지를 방황하게 된다는 등의 무분별한 악의 묘사는 그것이 인간성을 상실한 것이기 때문에 불필요한 악의 강조에 그치고 있다는 것이 영화계의 반응이었다.(한국 56. 9. 16) 또한 영화가 개봉되던 9월 11일 문교부 출입 기자단에서는 영화 '인생역마차' 스토리가 취재기자의 활동을 의식적으로 모독한 것이라고 단정하고 불건전한 영화를 상영허가한 문교부 당국의 처사에 엄중 항의하는 동시에 즉시 상영허가를 철회할 것을 요구하기도 했다.(조선 56. 9. 12) 이에 제작자 측은 신문기자 생활을 모독한다고 지적된 장면들을 자진 삭제했다는 일화를 남기고 있다.

(신세기 영화사) 극영화 / 멜로활극
감독 : 김성민
제작 : 허영
각색 : 김성민
개봉 : 1956년 9월 11일 중앙극장 (서울)
출연 : 이향, 주정녀, 노경희, 허영, 양미희, 김웅, 양일민, 곽건, 강진, 김혜란 외
기획 : 이향
촬영 : 임진환
음악 : 김동진
조명 : 이한찬
편집 : 김성민
미술 : 이봉선
현상 : 김창수

애인 愛人, Lover (1956)

(신신영화사) 120분 극영화 / 멜로

감독: 홍성기
제작: 서춘광
각색: 홍성기(원작 김내성)
개봉: 1956년 9월 25일 국도극장
(서울)
관람인원: 10만 명
출연: 주증녀, 서춘광, 이예춘, 전택
이, 노경희, 이민, 서월영, 안나
영, 복혜숙, 석금성 외
기획: 이완순
촬영: 홍성기
음악: 김동진
편집: 홍성기
조명: 고해진
미술: 임명선
현상: 김봉수

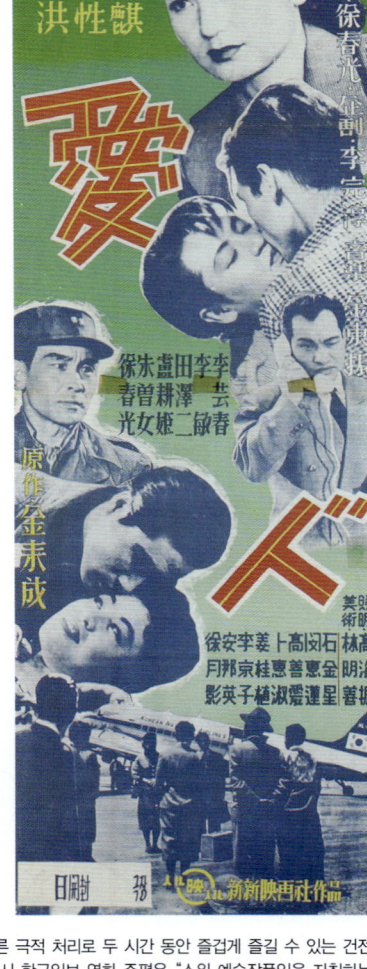

창경원 춘당지 옆에는 한 그루의 낡은 벚나무가 서 있다. 이 나무에는 비와 바람에 씻겨내려도 지워지지 않는 '애인성(愛人誠)'이란 세 글자가 또렷이 새겨져 있다. 이 글씨는 지금으로부터 10년 전 일요일마다 이 나무 아래서 만나던 중학생(임지운)과 여학생(주증녀)이 서로 사랑을 다짐하기 위해 새겨놓은 것이다. 그러나 소녀는 그후 그 벚나무 아래로 다시는 나타나지 않았다. 성도 이름도 모른 채 헤어진 이들이 다시 만난 것은 10년 후 그 소녀가 다른 남자와 결혼하게 된 결혼식장에서다. 이를 계기로 이들은 새롭게 사랑의 불꽃을 태우게 된다.

● '열애'(1955)에 이은 홍성기 연출작. 경향신문에 연재되어 독자들에게 절찬을 받은 김내성 소설을 영화화한 것이다. 서춘광이 운영하던 신신영화사가 2000만 원(당시 돈 5000만 환)의 제작비를 들여 만든 이 영화는 당대 여배우인 주증녀를 앞세우고 100여 명이나 되는 오케스트라를 동원해 영화음악을 제작하는 등 다른 영화사의 영화들과는 경쟁이 안 될 정도의 물량공세를 투입했다.
　감독들이 직접 각본·각색에 손대는 일이 잦아지면서 감독이 직접 각색·연출·촬영·편집을 담당, 홍성기의

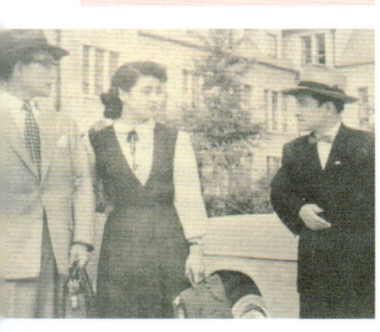

견고한 연출 솜씨는 격조 있고 템포 빠른 극적 처리로 두 시간 동안 즐겁게 즐길 수 있는 건전 오락영화로 만들었다는 평을 들었다. 당시 한국일보 영화 주평은 "소위 예술작품임을 자칭하는 얼빠진 영화들보다 훨씬 볼품 있다"(한국 56. 10. 5)고 쓰고 있다. 이때 가곡 '가고파'로 알려진 김동진 음악에 대해서는 "조제에 의한 다작으로 화면과는 거리가 먼 불협화음을 이루고 있다"(조선 56. 10. 31)는 작곡가 최영한의 혹평과 김동진의 반박론(한국 56. 11. 10)이 화제가 되기도 했다. 국도극장에서 개봉되어 10만 명 관객 동원.

심청전 沈淸傳, The Life of Sim−Cheong (1956)

심청은 어려서 어머니를 여의고, 눈 먼 아버지 심 봉사 밑에서 자란다. 어릴 때부터 효성이 지극한 심청은 공양미 삼백 석을 시주하면 아버지가 눈을 뜰 수 있다는 이야기를 듣고, 남경 상인에게 공양미 삼백 석을 받고 자신의 몸을 팔아 인당수에 몸을 던진다. 물에 빠진 심청은 용궁에서 전생의 일과 앞으로의 운명을 전해 듣고 어머니를 만난 뒤 연꽃에 둘러싸인 채 인당수 수면 위로 떠오른다. 이때 남경 상인들이 돌아오다가 인당수에 떠 있는 연꽃을 발견하고 이를 왕에게 바치고 왕은 연꽃에서 나온 심청을 왕비로 맞아들인다. 심청은 아버지를 찾기 위해 왕에게 맹인 잔치를 열어달라고 청한다. 맹인 잔치에서 심청과 심 봉사가 만나고 딸을 만난 기쁨에 심 봉사는 두 눈을 번쩍 뜬다.

● '춘향전'(1955)에 이은 이규환의 14번째 작품이자 해동영화제작소 창립 작품. 고전 「심청전」을 영화화한 내용으로 효를 강조하는 유교사상과 인과응보의 불교사상이 작품 속에 담겨 있다. 서민층의 희로애락이 깃들어 있는 이 고전을 감독은 원본에 없는 새로운 이야기를 첨가해 이른바 '심청전'의 결정판으로 만들어냈다. 가장 특이한 것은 지금까지 볼 수 없었던 용궁 장면을 몽환적인 세트로 재구성한 것이다. 즉 임명선의 해저 용궁신에는 금붕어가 헤엄치는 등 영화세트의 가능성을 보여주었고 종국에는 부귀영화를 바라는 서민의 꿈이 이루어진다는 점에서 만인의 공감을 샀다.(한국 56. 10. 21) 명창 박헌희와 박초월이 창을 불렀다.

최초로 영화화된 '심청전'은 무성영화 시대인 1925년 나운규의 '심청전'이 기록되어 있고 같은 해인 1925년 이경손의 '심청전'(윤백남프로덕션)에는 최덕선, 김우연과 나운규가 심 봉사, 감독 이경손도 직접 출연했다. 1937년 안석영의 '심청전'은 석금성, 김소영, 김신재, 조석원 출연. 이후 1962년 이형표의 '심청전'(신필름 제작)은 허장강이 심 봉사 역, 최은희가 심청, 도금봉이 뺑덕어멈을 맡았다.

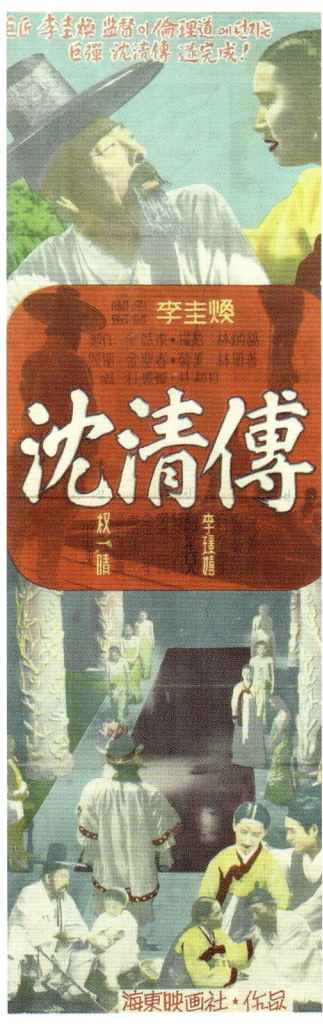

(해동영화제작소) 92분 극영화 / 사극

감독 : 이규환
제작 : 김성춘
각본 : 이규환
개봉 : 1956년 10월 16일 단성사(서울)
출연 : 이경희, 권일청, 김정옥, 임성숙, 하지만, 남홍일, 김칠성, 양일민, 구종석, 성소민
촬영 : 임병호
음악 : 김대현
조명 : 김성춘
편집 : 이규환
미술 : 임명선
사운드 : 최칠복
현상 : 최규순

백치 아다다 An Idiot Adada(1956)

(경양영화사) 극영화/사극 문예물

감독 : 이강천
제작 : 조희찬, 한순화
각본·각색 : 한순화(원작 계용묵)
개봉 : 1956년 11월 23일
출연 : 나애심, 한림, 장민호, 김정옥,
　　　주선태, 강계식, 고선애, 안나
　　　영, 지계순, 황정순 외
기획 : 박승걸
촬영 : 심재흥
음악 : 김동진
조명 : 서영훈
편집 : 김영희
미술 : 박석인
수상 : 제4회 아시아영화제 출품, 문
　　　교부 선정 우수 국산영화

벙어리 처녀 아다다는 지참금을 가지고 가난한 득구에게 시집을 간다. 돈이 생기자 남편은 새 여자를 데려오고 아다다는 친정으로 쫓겨난다. 아다다는 동네에서 수룡이라는 총각을 만나 사랑하게 되고 두 사람은 멀리 섬으로 가서 살기로 한다. 아다다는 난생처음 행복을 느낀다. 그러던 어느 날 수룡이 땅 살 돈을 아다다에게 보여주자 아다다는 불행의 씨앗인 돈을 바다에 모두 던져 버린다. 아다다를 뒤쫓아 온 수룡은 바다로 떠내려가는 돈을 건지려고 발버둥치고 아다다는 언덕에서 굴러 물속에 잠겨 죽는다.

● 영화 '피아골'(1955)로 제1회 금룡상 감독상을 수상한 이강천의 세 번째 작품. 계용묵의 원작 소설을 영화화한 작품. 사회로부터 천시되던 벙어리 처녀가 겪는 설움을 돈을 매개로 하여 '인간의 행복은 반드시 물질에 있는 것이 아니다'는 주제로 내면의식을 통해 그 예술성을 형상화하고 있다.

촬영은 '자유전선'(1955)에서 착실한 수법을 보여준 심재흥이 세련된 영상미를 구사하고 배경음악은 한편의 애달픈 향토시를 연상케 했으며 우리영화에서 보여주던 느린 템포를 극복한 점 등이 획기적이라는 평이 있었다. 또한 아다다로 분한 나애심의 연기는 백치다운 이상심리를 경이적으로 표출하며 지금까지 어떤 여배우도 달성하지 못한 연기의 경지를 성취해 연기파 배우로서의 성가를 높였다.

'백치 아다다'가 영화화되기까지는 수많은 곡절이 있었다. 일제 말기부터 이규환이 영화화를 시도했으나 그때는 일제검열이라는 난관이 있었고 해방 후에는 6·25로 계획이 좌절되고 1·4후퇴로 다시 수포로 돌아갔으며 실천 단계에서 좌절과 보류를 거듭한 끝에 1955년, 해외진출을 목표로 성립영화사가 기획해 착수해 크랭크인하게 됐다. 그러나 촬영 도중 형편이 어려워지자 새로 발족한 경양영화사가 이를 인계 받아 스태프와 출연진을 모두 교체한 후 어렵게 완성을 보게 된 것이다.

영화화가 시간을 끈 데는 많은 원인이 있겠지만 가장 중요한 것은 이 작품이 순수 문학작품이라는 데 있다. 영화로 만들었을 때 관객 동원에서 성공할 수 있느냐는 문제는 영화사의 흥망을 좌우하는 만큼 영화제작자들이 이를 선택하는 데 망설이지 않을 수 없었던 것이다. 이에 대한 것은 원작자 계용묵도 이를 우려하여 「문예작품의 영화화 문제-그 시금석의 백치 아다다」라는 글을 발표하기도 했다.(계용묵, 동아 56. 8. 11)

어쨌든 어렵게 만들어진 이 영화는 개봉에 앞서 11월 20일 하오 7시 서울 시립극장에서 열린 시사회에서 뭇 찬사에 둘러싸여 한국영화의 앞날을 밝게 전망했다. 이 자리에 왔던 미 공보원 데일. E. 하스는 "극적 신 희비극 교차 및 인간생활을 파고들어간 현실주의적 감각이 가득 찬 최우수작품의 하나로 외국에 소개해도 손색이 없다"(경향 56. 11. 21)고 평했다. 즉 '피아골' 이래 이강천은 "나태와 만심이 없는 표정으로 성심껏 작품에 진수를 살리려고 노력한 흔적을 보여주었고 그것은 경이적이었다."(동아 56. 11. 22)고 표현했다. 문학평론가 조연현도 "감독은 과거의 문예영화가 숙명적으로 가지지 않으면 안 됐던 그 어려운 조건 밑에서 이 영화의 새로운 시도는 한국영화의 예술성을 타계하는 데 좋은 계기가 될 것이 분명하고도 확실하다"(경향 56. 11. 26)고 찬사해 마지않았다. 각본의 우수한 처리, 놀랄 만한 화면구성과 훌륭한 연기 등은 원작에 비해 문학성은 떨어진다 해도 영화적인 표현에서 리얼리티를 살려냄으로써 이는 계용묵의 대표작일 뿐 아니라 이강천의 대표작이라 할 만큼 성공한 작품이라는 평가를 받았다.

한국 농촌생활은 물론 전통 의식과 경축 행사, 시골의 혼례식 시골주막 등 풍물과 인물들이 성실하게 묘사되어 외국인들에게 한국의 독특한 문화와 풍습을 소개한다는 점에서 다음해 5월 일본 도쿄에서 열린 제4회 아시아 영화제에 출품되었고, 문교부 우수 국산영화로 선정되었다. "별 아래 울며 새는 검은 눈의 아다다여, 간곳이 어데메뇨 대답없는 아다다여" 주제가도 나애심이 직접 불러 히트시켰다. 제작비 2000만 환.

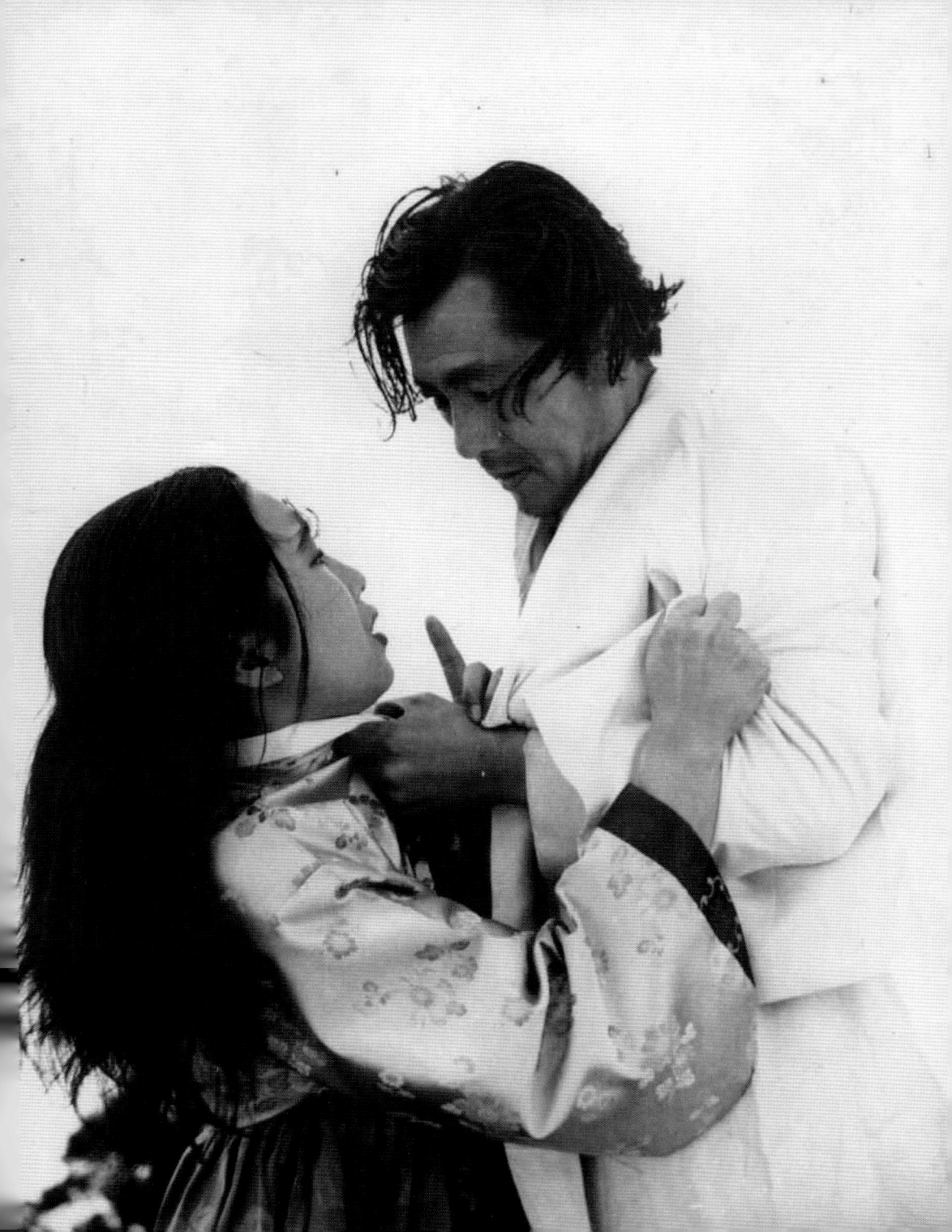

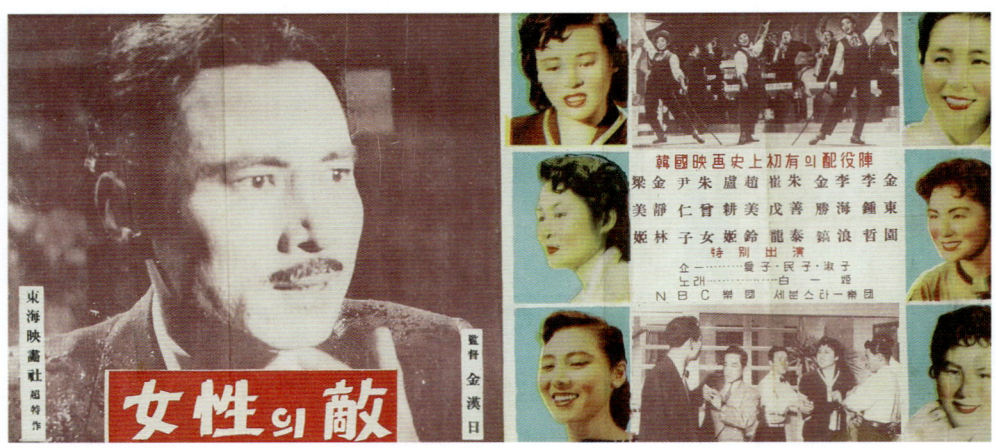

여성의 적 The Enemy of Woman (1956)

(동해영화사) 극영화 / 멜로

감독 : 김한일(金漢日)
제작 : 신용균
각본 · 각색 : 이청기(원작 정비석)
개봉 : 1956년 11월 15일 국도극장
      (서울)
출연 : 조미령, 김동원, 이종철, 양미
      희, 노경희, 주증녀, 이해랑, 윤
      인자, 김승호, 김정림 외
촬영 : 임병호
음악 : 김종삼
조명 : 고해진
편집 : 김한일
미술 : 임명선
소품 : 이상필
의상 : 이상필
현상 : 김창수

바람둥이 권 사장(김동원)과 여비서(조미령)의 로맨스, 여기에 남자 비서
(이종철)가 끼어드는 등 엎치락뒤치락하는 동안 여비서는 여성의 적은
뭇 남성들임을 깨달으면서도 그녀는 권 사장을 사랑할 수밖에 없게 된
다. 그러나 지성 있고 지각이 있는 백설희(양미희)는 모든 것을 떨쳐버
리고 여성으로서의 길을 당당하게 걸어간다.

● 김한일 감독 데뷔작. 부산국제신보에 연재되었던 정비석 소설 「나비야 청산가자」를 이청기가
각색해 개제한 것이다. 시인이면서 방송국 음악담당 PD였던 김종삼이 음악을 담당하고 감독
자신이 직접 편집했다. 남녀 윤리문제를 취급한 영화는 적지 않게 있어왔으나 우리영화가 부도
덕한 사회를 남녀 관계에 비유하여 풍자한 내용은 드문 예이다. 그러나 이 영화는 당시 5월 개
봉을 앞두고 '선정성'을 이유로 검열을 통과하지 못했다가 몇몇 장면이 수정된 후 6개월 만에
상영됐다.
　현대 여성의 생리와 성도덕을 해부해 그들의 앞길에 등불을 비쳐주는 여성영화로 작가 정비
석은 "원작의 의도라든가 사상성이 예상보다 훨씬 잘 묘사되었으며 특히 주제를 형성하기 위한
시대적 분위기가 함축성 있게 표현되었다"(정비석, 동아 57. 3. 3)고 말했다.
　김한일은 1921년 12월 경북 상주 출생으로 만주에서 미술을 공부했으며 초창기 한국영화계
를 대표하는 김소동 감독의 친동생이다. 연출자보다는 대한극장 산하 세기상사의 전성기 시절
에 기획실장을 맡아 여러 영화를 기획한 기획자로 더 알려져 있다.

사도세자 思悼世子, The Tragic Prince (1956)

조선왕조 21대 왕인 영조(38년)의 제2왕자인 장헌세자(莊獻世子)의 비극적 삶을 다룬 영화다. 영조의 다음 대를 승계할 세자를 둘러싸고 벌어지는 왕위 쟁탈전을 묘사했다. 영조는 장헌세자로 하여금 대리섭정을 하게 하지만 세자가 당쟁에 이용되자 세자를 폐한 후 뒤주 속에 가두어 굶어 죽게 한다. 그러나 영조는 훗날 세자가 당쟁에 희생되었음을 알고 자신의 가혹했던 처사를 후회해 왕자를 애도하는 뜻이 담긴 사도(思悼)라는 시호를 내린다.

● 안종화의 열 번째 연출작. 거문고 명인 지영희가 국악으로 음악을 담당하고 있다. 서라벌영화공사 3주년 기념작. 비사 속에 구색으로 등장하는 자객, 투사, 약사발, 간신, 모사 등이 나열되면서 안종화는 영화 속에 노장다운 역량감과 안정된 통일성을 보여주었다. 지금까지의 시대극이 모두 남녀 애정을 그린 비극인데 비해 이 영화는 역사를 정면에 내세우면서 사회적인 시각에서 역사 속 인물을 비극적 인간상으로 부각시켰다. "역사의 인물도 현실의 인물이며 역사적 사실은 반드시 작가적 시각으로 재해석되어야 한다"(조선 56. 12. 20)는 영화계 반응과 함께 이 영화는 호평을 얻지 못했다.

(서라벌 영화공사) 97분 극영화/사극 전기

감독 : 안종화
제작 : 변순제
각본 : 이운방
개봉 : 1956년 11월 25일 국도극장 (서울)
출연 : 황해남, 변일영, 윤인자, 이민자, 서월영, 노재신, 정민, 엄앵란, 구종석, 고설봉, 강창수 외
기획 : 변순제
촬영 : 최호진
음악 : 지영희
조명 : 최진, 서영헌
편집 : 김영희
미술 : 서민
소품 · 의상 : 석도철
현상 : 이규순, 김봉수
조감독 : 이재수

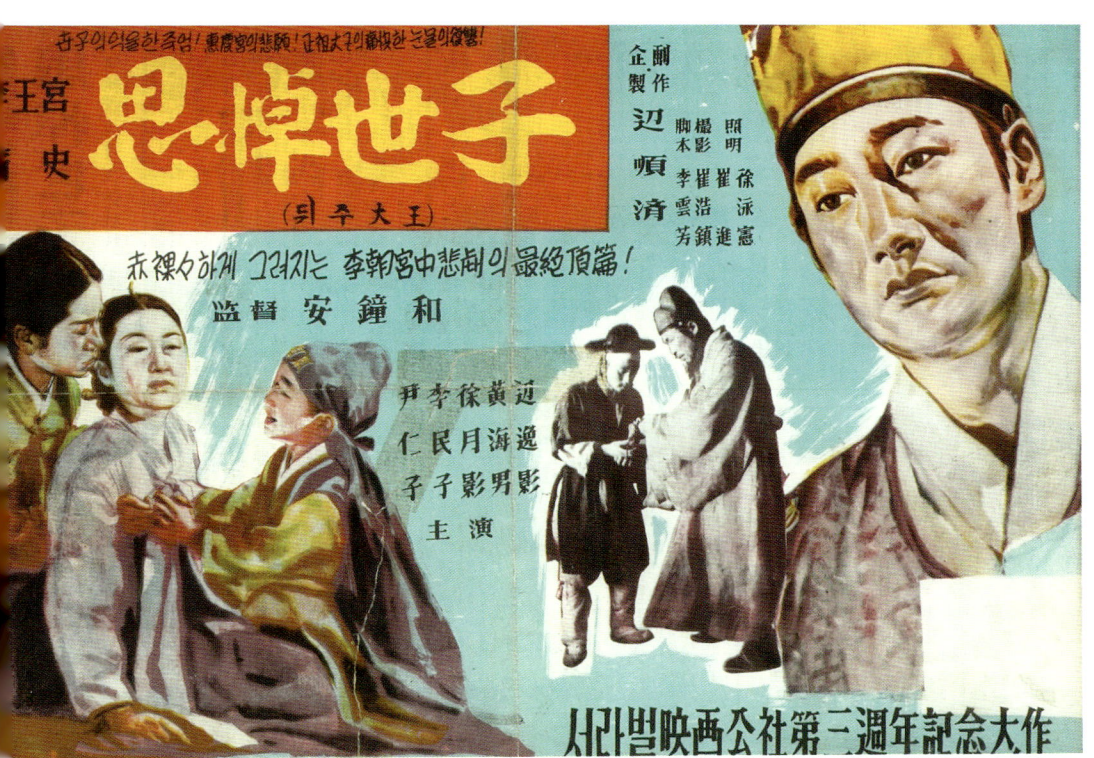

시집가는 날 The Wedding Day(1956)

(동아영화사) 70분 극영화/사극 코미디

감독 · 제작: 이병일
각본: 오영진
개봉: 1956년 11월 27일 수도극장
　　　(서울)
수출현황: 태국(64)
출연: 조미령, 김승호, 최현, 김유희,
　　　송해천, 서월영, 석금성, 황남,
　　　정민, 주선태, 김칠성, 변기종,
　　　임운학, 나옥주, 김문숙무용연
　　　구소(특별 출연) 외
기획: 김은우
촬영: 임병호
음악: 임원식
조명: 김성춘
미술: 임명선
소품: 정응삼
사운드: 이경순, 이상만
현상: 김봉수, 한국영화문화협회
연주: KBS 교향악단
조감독: 이병영, 임한림
수상: 부산일보사 제정 제1회 부일영
　　　화상 남우주연상(김승호) · 각본
　　　상(오영진) · 미술상(임명선), 제
　　　1회 영화 평론가협회상 각본상
　　　(오영진) · 남우주연상(김승호),
　　　제4회 아시아영화제 특별 희극
　　　상, 제8회 베를린영화제, 제7회
　　　시드니영화제 출품, 문교부 선
　　　정 우수국산영화 작품상 · 시나
　　　리오상(오영진) · 감독상(이병
　　　일) · 연기상(김승호)

욕심 많은 시골부자 맹 진사(김승호)는 김 판서 댁 자제 미언(최현)을 사위로 맞아 가명을 높이고 권세를 누리게 되리라는 기대에 부풀어 있다. 그러나 매사에 실수를 잘하는 맹 진사는 권세가라는 가문에만 현혹되어 신랑은 한 번도 만나보지 않은 채 약혼을 결정한다. 맹 진사의 숙부가 맹 진사의 경거망동을 꾸짖지만 맹 진사는 그런 충고에는 아랑곳하지 않는다. 그의 딸 갑분이(김유희)도 시댁 쪽의 권세와 금력에만 관심을 갖고 화려한 약혼에만 들떠 있을 뿐이다. 더구나 김 판서 댁에서 은금보화가 넘친 예물상자를 보내오자 갑분의 신세를 부러워하지 않는 사람이 없었다.

그런데 마침 김 판서 댁과 같은 마을에 산다는 한 유생이 맹 진사네로 와서 갑분의 신랑이 될 청년이 절름발이라는 사실을 은근히 알려준다. 병신에게 딸을 줄 수 없다고 판단한 맹 진사는 갑분의 몸종인 입분이(조미령)를 대신 시집보내기로 작정한다. 의리가 두텁고 진실한 입분이는 일단 맺어진 약혼을 신랑이 병신이라고 해서 배반하는 것은 옳지 않다고 충언하지만 아무도 이 말에 귀기울이지 않고 입분이를 가장시켜 시집보내기에만 급급하다. 그런데 혼인날 혼례청에 나타난 신랑은 절름발이는커녕 늠름하고 당당한 미청년이었다. 당황할 새도 없이 마음씨 고운 입분이가 판서 댁 며느리로 시집을 가게 된 것이다.

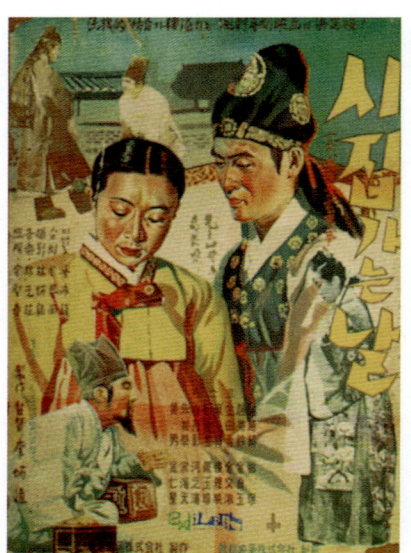

● 이병일이 1954년 동아영화사를 설립하고 만든 작품 오영진의 희곡 「맹 진사댁 경사」를 원작으로 하고 있다. 세도가의 가문과 결혼하려다 벌어지는 웃지 못할 난센스를 연출하게 되는 시대풍자극으로 그동안 수차례 걸쳐 무대에서 상연되어 객석을 웃음바다로 만들었다. 향토색 강한 민속극 스타일을 지킨 이 영화는 관객들에게 유쾌한 웃음을 선사하면서 한국영화에서의 새로운 스타일인 희극영화의 가능성을 열어주었다는 평을 받았다.(조선 57. 2. 19) 특히 지나친 욕심으로 자가당착에 빠지는 맹 진사 역을 맡은 김승호 연기가 압권이다.

제4회 아시아영화제에서 최우수 희극상 수상. 영어와 중국어 자막으로 동남아에 수출되고 한국영상자료원 '한국영화 100선'에 선정되었다.

황진이 黃眞伊, Hwang Jin-I(1957)

서화담, 박연폭포와 더불어 송도삼절로 일컬어지던 조선의 여류시인 황진이는 당대 시서화(詩書畵)와 음률에서 돋보이는 존재였다. 송도의 명기로서 자부심이 강했던 그녀는 학문이 높은 선비들과 교류하며 그들을 매혹시켰고 마침내 10년 수도를 한 지족선사를 파계시키는가 하면 한량 벽계수를 시조 한 수로 도취시킨다. 흔히 낭송되는 "청산리 벽계수야 수이 감을 자랑마라"는 그의 대표작 중 하나다. 17세에서 43세에 이르기까지의 황진이의 파란만장한 생애가 파노라마로 펼쳐진다.

(극동영화사) 시간극영화 / 전기 멜로시대극

감독 : 조긍하(趙肯夏)
제작 : 김덕룡
각본 : 조긍하
개봉 : 1957년 1월 31일 단성사(서울)
관람인원 : 3만 8000명
수출현황 : 대만(57)
출연 : 도금봉, 김웅, 양일민, 추석양, 송억, 김호연, 김세라, 이용운, 한국절 외
기획 : 변종근, 서상만
촬영 : 양보환
음악 : 박시춘
조명 : 이종면
편집 : 김영희
미술 : 김세라
현상 : 김봉수

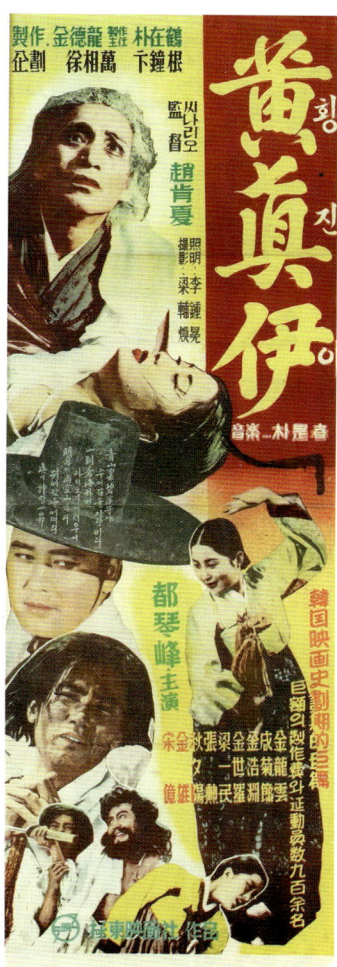

● 조긍하 감독 데뷔작이자 도금봉 스크린 데뷔작. 1936년에 발표된 상허(尙虛) 이태준의 소설을 영화화한 작품. 이 소설은 황진이를 "여성으로서 자신의 감정을 적극적으로 실현해가는 인물"로 그린 데 비해 박종화, 안수길, 유주현, 정비석은 명기(名妓) 중의 명기, 뭇 남자를 홀리는 절세의 요부(妖婦)로 표현했으며 최인호는 예인(藝人)이자 자유인, 북한의 작가 홍석중은 자유로운 예인의 풍모로 그리고 있다.

조긍하는 두 가지 각도로 황진이를 조명했다. 하나는 시조시인으로서의 예술가적 풍모이며 다른 하나는 절세 명기로서의 면모다. 전체적으로 황진이의 방랑성을 남녀 관계에 치중하는 등 진정한 황진이의 역사적 위치를 부각시키지 못했으나 황진이 역의 도금봉과 지족선사 역의 송억이 개성 있는 창작 연기로 영화를 살리고 있다.(조선 57. 2. 1) 영화에서 제1대 황진이 역을 맡은 도금봉은 육감적인 몸매와 요염한 자태로 관객들을 사로잡으며 치마끈에 눌린 젖무덤을 드러낸 일이 선정성으로 화제가 되기도 했다.

제2대는 1961년 윤봉춘의 '황진이의 일생'에서의 강숙희, 3대는 1969년 정진우의 '황진이의 첫사랑'에서 김지미가 단아하면서도 성적 매력을 발산하는 사랑에 빠진 황진이, 4대는 1986년 배창호의 '황진이'에서 안성기와 함께 출연한 장미희가 시서화에 능한 예술인으로서의 새로운 황진이를 창조해냈다. 영화는 아니지만 2006년 KBS 드라마 '황진이'에서 하지원이 보여준 도도하면서도 기품이 넘치는 황진이는 시청자의 시선을 한순간에 사로잡을 만큼 황홀한 인상을 남겼다.

처와 애인 妻와 愛人, Wife and Mistress(1957)

(중앙영화사) 흑백 극영화/멜로

감독 : 김성민
제작 : 오의겸
각본 : 김성민, 이태환
개봉 : 1957년 2월 20일 국도극장
　　　 (서울)
출연 : 주증녀, 이택균, 강숙희, 김승
　　　 호, 최명수, 성소민, 양일민, 박
　　　 순봉, 김유희, 임양 외
촬영 : 임진환
음악 : 김동진
조명 : 김영달
편집 : 김성민
미술 : 이봉선
녹음 : 최칠복
현상 : 김창수

이북에 처자(주증녀)를 두고 1·4 후퇴 때 월남한 남자(이택균)가 남한에서 다른 여자(강숙희)와 애정관계에 들어가고 이북에 두고온 처자가 남편을 찾아 남한에 오면서 비극을 연출하게 된다.(경향 57. 01. 15)

● '막난이 비사'(1955), '인생역마차'(1956)에 이은 김성민의 일곱 번째 연출작. 각본 김성민, 이태환, 이 영화는 표절시비에 휘말려 곤욕을 치렀다.(한국영상자료원 엮음, 『한국영화를 말한다-1950년대 한국영화』, 이채, 2004년, p.203) 소설(원작)의 영화화 문제가 활발히 논의되던 시점에서 한국문학가권익옹호협회는 김동리의 소설 『실존무』를 원작자와 아무런 상의 없이 중앙영화사(대표 오의겸)가 '처와 애인'이라는 제목으로 개명, 각색해서 영화로 제작했다면서 강력히 항의하는 물의를 빚었다.(「김동리씨 저작권침해주장/제작사측선 내용이 다르다고 항변/문제화된 영화 '처와 애인'」 한국 57. 1. 16) 김동리의 『실존무』 역시 이북에 처자를 두고 1·4 후퇴 때 월남한 남자가 이념에서 다른 여자와 애정관계를 맺고 있는 가운데 이북에 두고 온 처자가 남편을 찾아오면서 비극이 초래된다는 내용이다. 우선 스토리 핵심과 상황이 똑같고 그밖에 주변인물의 조건과 성격적인 면 등이 우연의 일치로 보기엔 너무도 흡사한 점이 많다는 이유로 저작권 침해 소송이 제기된 것이다. 그러나 영화사는 이는 시나리오 작가의 오리지널 시나리오로 월남한 음악가 김동진을 모델로 삼고 있다고 맞섰다.(「표절 각색한 것 아니다/'처와 애인'의 영화사 측 성명」 경향 57 1. 19, 11. 5, 「영화 '처와 애인' 분규문제/문학가권익옹호협회」 동아 57. 1. 26)
　이 영화는 6·25로 인해 강요된 기형적인 현실 속에서 참된 애정의 논리를 추구한 좋은 작품으로 평가되고 있다. 남편이 본처에게 돌아간다는 결말 때문에 특히 이북에서 월남한 관객들에게 인기가 있었다. 강숙희는 이 영화 출연을 계기로 이택균과 결혼했다.

산유화 山有花, A Wild Chrysanthemum(1957)

(아시아영화사) 94분 극영화/멜로

감독 : 이용민
제작 : 이재명
각본 : 최금동(원작 정비석)
각색 : 유두연
개봉 : 1957년 4월 20일 중앙극장
　　　 (서울)
수출현황 : 대만(57)
출연 : 신귀환, 이영미, 장혜경, 강계
　　　 식, 주선태, 이택균, 석금성, 김
　　　 신재, 노능걸, 최봉 외
촬영 : 이용민
음악 : 김성태
편집 : 이용민
조명 : 고해진
미술 : 정우택
현상 : 김형근
수상 : 제1회 영평상 기술상(이용민),
　　　 문교부 선정 우수 국산영화 개
　　　 인상 부문 촬영상(이용민)

독신인 프랑스어 교수 양명환(신귀환)을 가운데 두고 여대생 여옥(이영미)과 명숙(장혜경)은 그를 사랑하고 있다. 그러나 양명환이 여옥을 사랑하는 것을 알게 된 명숙은 그들 사이를 이간질하고 여옥과 양명환은 멀어지지만 양명환은 변함 없이 여옥만을 사랑한다. 훗날 여옥은 둘 사이에 생긴 오해가 명숙의 농간에 의한 것임을 알고 그를 찾지만 양명환은 이미 이 세상 사람이 아니었다.

● '서울의 휴일', '포화속의 십자가'(1956)에 이은 이용민 연출작. 아시아영화주식회사 제1회 작품. 여성 잡지 《여원(女苑)》 창간호(10월)부터 16회까지 정비석이 연재했던 동명의 소설을 영화화한 것이다. 주연을 맡은 신귀환과 이영미의 스크린 데뷔작으로 이후 이들은 두각을 나타내지 못하고 사라져버렸다.
　'산유화'는 소월의 시제로서 작가는 소월의 시에서 영감을 얻어 이 소설을 썼다고 한다. 당시 많은 여성들의 사랑을 받은 영화로서 주제곡 '여옥의 노래'는 가수 송민도가 불렀다.
　영화평론가나 신문 평은 미온적이다. 대학교수가 너무 풋내기 같은 문학청년처럼 그려지고 또 갖은 거짓편지로 이들을 이간하려는 여대생에 대해서도 그럴 만한 동기부여가 보이지 않는다는 것과 사제 간의 연애는 비도덕적이라고 해서 검열에서 말썽이 있었다.(한국 57. 4. 7)

나는 너를 싫어한다 I Don't Like You (1957)

순진하던 한 여대생이 자신의 미모를 앞세워 여러 남성을 전전하던 끝에 돈 많은 유부남의 첩이 된다. 그러다가 미국 유학에서 돌아온 옛 애인을 다시 유혹하려 하지만 고학으로 성공한 애인은 그녀의 유혹을 외면한다.

● '옥단춘'(1956)으로 감독 데뷔한 권영순의 두 번째 작품. 1950년대 초 월간지 《자유세계》에 게재되어 화제를 일으킨 김광주 원작의 동명 소설을 영화화한 것이다. 모진 역경을 뚫고 음악가로 성공한 주인공이 권력과 금력과 향락제일주의로 사회를 몰아가는 유한 마담층을 상대로 세속적인 유혹을 물리치고 예술가로서의 자존심을 지켜낸다는 내용.
　영화를 개봉하던 날, 원작자와 각색자에게 협박장이 날아들어 주위를 긴장시켰다. 1957년 5월 22일 오전, '용산 문'이라는 이름으로 서울 명동 동방문화살롱과 휘가로 다방으로 날아든 협박장의 내용은 다음과 같다.
－김광주 씨에게: 양심껏 살아주기 바란다. 3일 이내로 제목을 갈아라. 부인의 권력은 과거에 못지않으니 그리 알고 글이나 써먹고 사는 너의 장래를 위하여 충고한다.
－김소동 씨에게: 너는 광주보다 더 나쁘다. 소설에 없는 것까지도 포함했다. 너의 부인의 학생 당시를 모르느냐, 3일 이내 제목을 취소해라. 이행치 않으면 영화 상영을 못하게 하겠다.
　원작소설은 부산 피난 당시 잡지에 게재되었을 때 작품의 소재가 모 고관 부인을 모델로 한 것이라고 해서 소설이 실린 잡지가 당국으로부터 삭제당하는 수난을 겪은 일이 있다고 한다. 그러나 이 협박장과 당시의 사건이 관계가 있는 것인지는 밝혀지지 않고 있다.(조선·한국 57. 5. 23,「사흘 안으로 제목 갈아라」/영화 '나는 너를 싫어한다' 김광주·김소동 양씨에 협박장 내용 전모)

(삼보영화사) 극영화/멜로 신파
감독 : 권영순
제작 : 정홍거
각색 : 김소동(원작 김광주)
개봉 : 1957년 5월 22일 수도극장
　　　(서울)
출연 : 최명수, 나애심, 박노식, 김삼화, 안나영, 성소민, 조항, 강계식, 이해랑, 서월영 외
기획 : 박석원
촬영 : 최호진
음악 : 김용환
조명 : 김성춘
편집 : 권영순
미술 : 갈이준
현상 : 최규순

사랑 Love (1957)

의사이며 작가인 안빈(김진규)은 돈 없는 사람들을 무료 치료해 주는 등 석가의 사상을 몸소 실천하는 박애주의자다. 간호사 순옥(김현주)은 그를 사랑하지만 순수하게 그를 도울 뿐 어떤 사심도 품지 않고 있다. 그런 어느 날 안빈의 부인(주증녀)이 불치병에 걸리고 이를 안타깝게 여기는 안빈을 순옥은 말없이 지켜본다. 부인이 죽은 후에도 안빈은 부인만을 그리워해 순옥의 사랑은 끝내 외면한다. 순옥은 눈물을 흘리며 안빈의 병원을 떠난다.

한편 순옥은 그녀를 사랑하고 있는 허영과 결혼하지만 그에게는 다른 여자와 아들이 있었다. 허영은 병들어 죽고 순옥은 그 아들을 맡아 키우다가 헌신봉사 정신을 실천하기 위해 다시 안빈의 병원으로 돌아온다.

● '백치 아다다'에 이은 이강천의 신파 멜로물. 춘원의 원작을 허백년이 각본을 쓰고 각색했다. 감독이 새로운 야심을 가지고 만들어낸 작품으로 주인공인 안빈으로 출연했던 김진규는 "의사 역을 맡게 됐을 때 스크린에 나타난 나의 자태를 보고 영화예술의 매력과 진미를 다소곳이 체험해 받아들일 수 있었다"(월간 《국제영화》, 1959년 12월호, p.52)고 말했다. 영화는 느린 템포로 진행되면서 정희갑의 음악이 영화 전반에 걸쳐 스토리를 커버하고 있다. 토미와 그 악단, 임성남, 김자영 발레단이 특별출연했다.

(신광영화사) 극영화/멜로 문예
감독 : 이강천
제작 : 김옥돈
각본 : 허백년(원작 이광수)
각색 : 허백년
개봉 : 1957년 6월 1일 국도극장
　　　(서울)
관람인원 : 5만 명
출연 : 김진규, 김현주, 허장강, 주증녀, 황정순, 안나영, 황해, 전경미, 고선애, 유계선, 나애심 외
촬영 : 원용일
음악 : 정희갑
조명 : 이한찬
편집 : 김순이, 이강천
미술 : 강성범
녹음 : 이경순
현상 : 최규순
조감독 : 이원초, 노진섭, 유동일
수상 : 제1회 영평상 여자연기상(황정순), 문교부 선정 우수 국산영화 작품상

다정도 병이런가 Love Caused Pain(1957)

(윤봉춘 프로덕션) 92분 흑백 극영화/멜로

감독 : 윤봉춘
제작 : 윤봉춘
각색 : 이봉래(원작 장덕조)
개봉 : 1957년 7월 2일 단성사(서울)
관람인원 : 4만 3611명
출연 : 최은희, 김웅, 이예춘, 양유록,
　　　 한은진, 윤상희, 정성숙 외
기획 : 양유록
촬영 : 안경호
음악 : 김대현
조명 : 함완섭
편집 : 윤봉춘
녹음 : 최칠복
현상 : 김창수

정원(최은희)과 영훈(김웅)은 사랑에 빠지지만 미리(양유록)의 훼방으로 정원은 안일해(이예춘)라는 돈 많은 속물과 마음에도 없는 결혼을 하게 된다. 이 사실을 모르고 정원을 찾아간 영훈은 정원이 남의 아내가 된 사실을 알고 두 사람의 행복을 빌며 쓸쓸히 돌아선다.

● 윤봉춘이 제작·연출·편집한 멜로물. 월간 《신태양》에 연재되어 많은 독자의 사랑을 받았던 장덕조의 동명 소설을 바탕으로 청춘 남녀의 애정과 윤리, 심리갈등 등 현대여성의 풍속도를 그리고 있다. 장덕조는 당대 가장 인기 있던 작가 중 한 사람으로 한민족 5000년사를 50권으로 완성한다는 목표 아래 『조선왕조 500년』 10권, 『고려왕조 500년』 14권, 『해동삼국지』 20권, 『상고사』 6권을 출간한 실력파다.

　미모와 건실한 연기로 정평이 나있는 최은희를 비롯해 김웅, 이예춘, 양유록, 한은진 등이 연기의 경연장을 방불케 할 정도로 열연을 보였다. 영화평론가 황영빈은 특히 "이예춘은 이 영화에서 움직일 줄 아는 단 하나의 연기자"(조선 57. 7. 8)라는 극찬을 보내기도 했다. 또한 "이예춘과 최은희의 부부싸움 처리, 자선병원에서 노래를 부르는 장면과 정원이 일하고 있는 시골보육원으로 회개한 미리가 찾아오는 장면에서 산이 멀리 보이는 배경은 참으로 아름다운 숏으로서 자연의 그림 같은 컷들은 기억할만한 것"으로 호평했다.(한국 57. 7. 2)

　이 영화는 당시 단성사 상영 중 반도호텔 내에 있는 미국상사와의 흥행계약으로 1차적으로 홍콩 및 동남아 각국에 수출하여 한국영화의 외국 수출이라는 낭보를 던져주었다. 1957년 한국영화 흥행 순위 2위.

찔레꽃 A Brier Flower(1957)

(혜성영화사) 120분 흑백 극영화/멜로

감독 : 신경균
제작 : 방의석
각본 : 방의석(원작 김말봉)
개봉 : 1957년 7월 16일 수도극장
　　　 (서울)
출연 : 이경희, 주선태, 석금성, 양미
　　　 희, 이민, 김을백, 성소민 외
촬영 : 김덕진
음악 : 김대현
조명 : 이한찬
편집 : 김덕진
미술 : 이봉선
녹음 : 이경순
현상 : 최규순

대학생 이민수(김을백)와 안정순(이경희)은 서로 사랑하는 사이다. 그러나 집안이 어려운 정순이 은행장 조만호(주선태)의 집에 가정교사로 들어가면서 둘 사이에는 예기치 못했던 우여곡절이 생긴다. 민수는 행장의 딸 경애(양미희)의 유혹에 넘어가고 행장은 부인이 죽자 정순을 후처로 맞아들이고자 한다. 그런 와중에서 미국에서 돌아온 행장의 아들 경구(이민)도 정순에게 눈길을 보낸다. 부자와의 삼각관계, 정순, 경애, 민수와의 삼각관계 등 이중의 복선이 깔리면서 수많은 인물이 등장하여 울고 웃고 하다가 정순은 모든 것을 버리고 고향으로 돌아간다.

● 신경균의 멜로물. 1937년 조선일보에 연재되어 독자의 인기를 끌었던 김말봉의 동명 소설을 원작으로 하고 있다. 마치 찔레꽃처럼 순박하고 청순한 여주인공이 여자이기 때문에 겪는 운명적인 곡절이 실타래처럼 얽혀 있다.

　"누구를 위하여 흘린 눈물인가, 누구를 위하여 맺은 사랑인가, 가시덤불 엉클어진 언덕길 위에 한 떨기 외로운 찔레꽃만 피었네. 아름답게 아름답게 홀로 피었네."

　주제가 정순의 노래는 여주인공인 이경희가 직접 부르고 취입했다. 제작비 약 3500만 환. 감독의 산뜻한 영상감각이 관객들에게 마음의 휴식을 준 영화이다.

김삿갓 The Wanderer(1957)

선천부사 김익순의 손자 병연(박경주)은 장원급제하지만, 할아버지가 홍경래의 난 때 반란군에 항복한 전력 때문에 벼슬에 오르지 못한다. 이에 좌절한 그는 가족을 버리고 방랑길에 오른다. 그리고 가는 곳마다 타락한 세태를 개탄하는 기발한 싯귀를 남긴다. 그는 방랑생활 중 가련(박옥란)과 사랑하는 사이가 되지만 그녀가 바로 홍경래(김승호)의 딸임을 알고 크게 번민한다. 가련은 김삿갓을 향한 사랑 때문에 여승이 되고 김삿갓은 어느 날 길 위에서 생을 마친다.

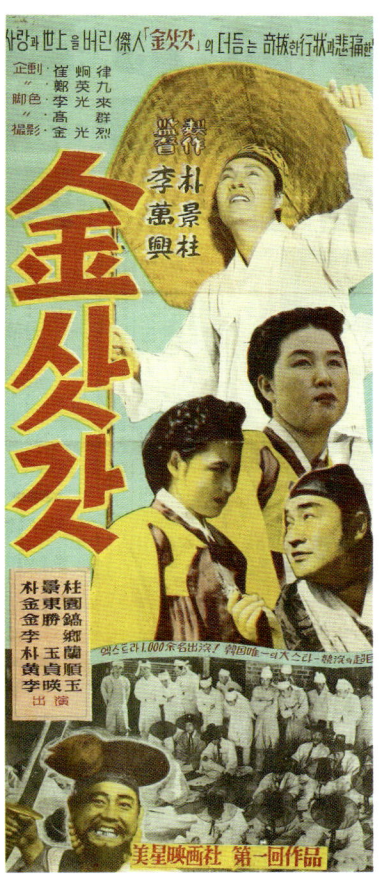

● '구원의 정화'(1956)에 이은 이만흥의 여덟 번째 작품. 조선 왕조 철종 때의 방랑시인 김병연(金炳淵 1807~1863)의 일종의 전기 영화로 이운방 원작을 이광래가 각색한 작품이다. 후일 시성, 혹은 시선으로 추앙받았던 인물로 영화는 인간 김삿갓이 56세를 일기로 유명을 달리하기까지 그의 일생 중 가장 외로웠던 시기를 추출해 한편의 멜로드라마로 엮고 있다. 김삿갓으로 분한 박경주가 직접 제작했다.

영화 초반부에 김삿갓이 방랑하는 시퀀스는 맑고 깨끗한 자연의 이미지와 음악이 그의 시구절과 어우러져 한 폭의 동양화 같은 인상을 던져준다. 중·후반부로 넘어가면서 가련과 김삿갓이 사랑을 나눌 때와 홍경래의 난에서 백성들과 관군이 싸우는 전쟁 장면에서는 클래식 음악의 사용이 두드러진다. 김삿갓의 시의 경지를 충분히 섭렵하지 못했다 해도 김삿갓이라는 한 시대를 풍미한 시니컬한 시인의 풍모와 허무적이며 개성이 강한 보헤미안적 기질은 누구나 한 번 볼만한 흥미를 준다.(조선 57. 7. 24)

김문응 작사, 전오승 작곡, 가수 명국환이 부른 "죽장에 삿갓 쓰고 방랑 삼천리/ 흰구름 뜬 고개 넘어 가는 객이 누구냐"로 시작되는 영화 주제가 '방랑시인 김삿갓'은 크게 히트하여 약 45만 장이 판매(서울 58. 10. 25)되었다.

(대양영화사 · 미성영화사) 96분 극영화/시대극

감독 : 이만흥
제작 : 박경주
각색 : 이광래, 고군(원작 이운방)
개봉 : 1957년 7월 18일 씨네마코리아(서울)
출연 : 김동원, 김승호, 황정순, 박경주, 박옥란, 이영옥, 이향, 고설봉, 강계식 외
기획 : 최형룡, 정영구
촬영 : 김광열
음악 : 전오승
조명 : 서명훈
편집 : 김영희
미술 : 박석인
사운드 : 최칠복, 이상만
조감독 : 박명흥, 임한림, 박국원

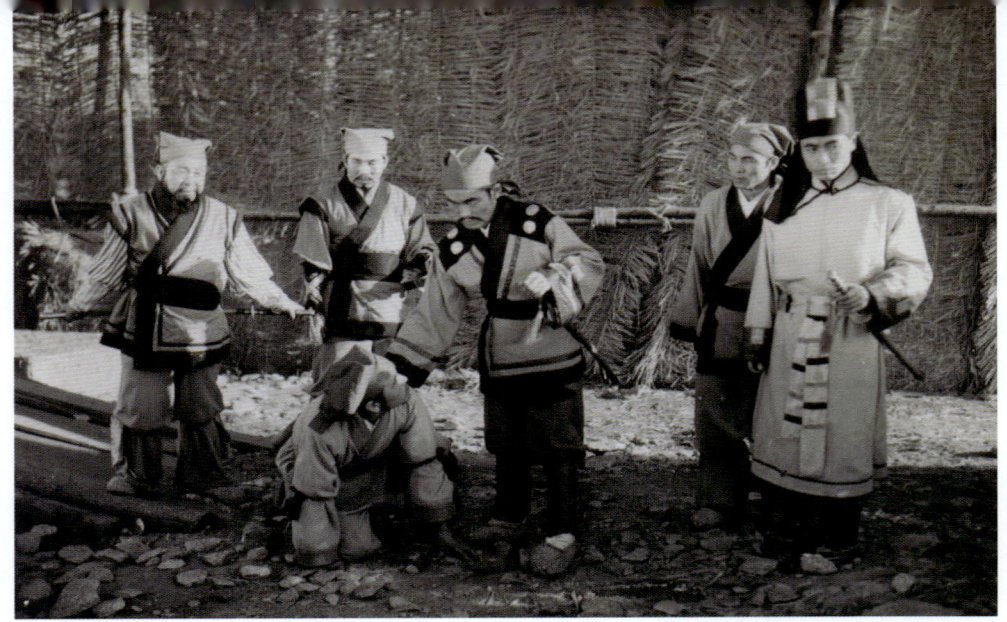

무영탑 無影塔, The Shadowless Pagoda(1957)

(서울영화사) 117분 흑백 극영화/시대극 문예

감독 : 신상옥
제작 : 신상옥
각색 : 이형표(원작 현진건)
개봉 : 1957년 8월 1일 국립극장
　　　(서울 명동)
출연 : 최은희, 한은진, 곽건, 황남, 김승호, 송억, 강계식, 장일호, 장훈, 노능걸, 고설봉, 양미희, 김칠성, 정남홍, 노재신 외
기획 : 박인규
촬영 : 최경옥, 서연휘
음악 : 나운영
조명 : 김성춘
편집 : 김영희
미술 : 김정항
소품 : 홍종인
사운드 : 심재훈, 이경순
조감독 : 강대진

신라 경덕왕 10년 사월 초파일, 다보탑을 2년 만에 완성하고 이제 석가탑을 세우고 있는 불국사에 왕이 행차한다. 일행은 다보탑을 보고 경탄을 금치 못한다. 특히 유종의 딸 구슬아기(최은희)는 경덕왕의 불국사 행차에 따라갔다가 부여의 석공 아사달(곽건)을 보고 한눈에 마음을 빼앗긴다. 아사달을 사랑하는 구슬아기의 마음은 점점 깊어 가지만 아사달은 결혼한 지 1년 만에 헤어진 부여의 아내 아사녀(한은진)만을 그리워한다.

한편 아사녀는 아사달을 찾아 불국사로 오지만 삼층석탑이 완성되기 전에는 만나지 못한다는 전갈을 받고 석탑이 비치는 그림자 연못 앞에 앉아 아사달을 기다린다. 드디어 삼층 석탑이 완성되던 날 아사녀는 연못에 비친 석탑을 보고 기뻐하던 나머지 연못 속에 빠져죽고 이 소식을 전해들은 아사달은 아내를 찾아 연못을 헤매다 연못에 몸을 던진다. 아사달을 사랑하던 구슬아기 역시 평민을 사랑한 죄로 화형에 처해진다.

● '꿈', '젊은 그들'(1955)에 이은 신상옥의 다섯 번째 작품. 원작은 1938년 7월부터 1939년 2월까지 동아일보에 연재되었던 현진건의 장편 역사소설이다. 신라 시대 불국사의 삼층석탑을 세우는 데 몰두하던 아사달이 사랑하는 아사녀의 죽음을 맞게 되는 비극적 스토리.

소설은 아사달의 예술가 정신과 아내와의 사랑에 초점을 맞춘 데 비해 영화는 구슬아기의 신분을 넘어선 사랑의 비극에 중점을 두고 있다. 아내가 있는 유부남을 좋아하는 귀족 아가씨라는 설정은 당시 파격적인 것으로 서구영화에 물들지 않은 한국 고유의 영화 스타일을 창출해 보인다. 특히 고풍스런 신라복장으로 말을 타고 벌판을 누비는 구슬아기의 모습을 통해 신상옥은 최은희의 활기차고 자유로운 매력을 한껏 발산시켜준다. 또한 아사녀 역을 맡은 한은진의 연기는 깊고 그윽한 느낌으로 한 화면에서 두 여배우의 서로 다른 캐릭터를 대조해볼 수 있다.

잃어버린 청춘 The Lost Youth (1957)

선량한 젊은이(최무룡)가 월세 치를 돈 때문에 살인을 하고 막다른 골목으로 쫓기다가 또 살인을 하게 된다. 빠져나오려고 발버둥 치면 칠수록 그는 더욱 절망 속에 빠져들어 경찰에 쫓기고 깡패들에게도 쫓긴다.

미래에 대한 희망이 단절된 그는 신앙심 깊은 애인 정애(이경희)에게 의지하며 구원을 찾고자 하지만 결국 자수함으로써 자신의 방황을 마감한다.

● '교차로', '유전의 애수'(1956)에 이은 유현목 연출작. 유현목의 초기 작품 중 현대사회의 일면을 사회적인 문제로 이끌어낸 가작으로 기교주의에서 탈피해 내용에 상응하는 표현의 조화에 비중을 두고 있다.(경향 57. 9. 25)

또 작품 구성에 있어서도 젊은이들의 번민을 인간 본질적인 문제와 인생에서 지향할 바를 연계하고 있다는 점에서 유두연의 창작력도 높이 평가되었다.(방대훈, 조선 57. 10. 8.) 카메라 앵글은 다양한 컷을 구사하고 장면마다 새로운 수법과 전반적인 서스펜스의 처리로 영상의 섬세함과 리얼리티 연출에 성공하고 있다. 감독은 이때부터 '영상파'로 불리기 시작했다.

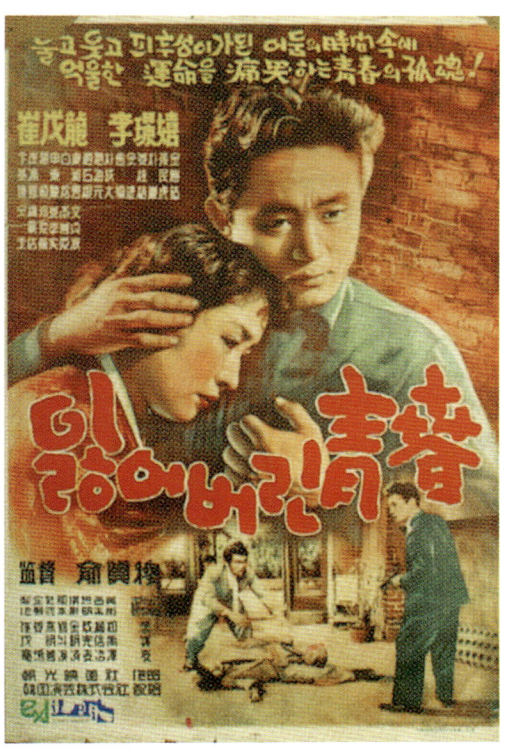

(조광영화사) 35mm 흑백 극영화/청춘멜로

감독 : 유현목
제작 : 임화수
각본 : 유두연
개봉 : 1957년 9월 18일 중앙극장 (서울)
출연 : 최무룡, 이경희, 조석근, 변기종, 최남현, 조항, 박암, 장민호, 김승호, 전옥, 문정숙 외
기획 : 강명
촬영 : 김명제
음악 : 유신호
조명 : 함완섭
편집 : 유현목
미술 : 정우택
녹음 : 이경순
현상 : 김창수
수상 : 제1회 부일영화상 작품상 · 감독상(유현목), 제1회 영평상 연출상(유현목)

실락원의 별 The Star of Lost Paradise (1957)

(동도공사) 극영화 / 멜로

감독 : 홍성기
제작 : 강치성
각본 : 유두연(원작 김래성)
각색 : 유두연
개봉 : 1957년 9월 28일 국도극장
　　　　(서울)
관람인원 : 10만 명
출연 : 김동원, 주증녀, 노경희, 한은
　　　　진, 문정숙, 전택이, 변기종, 김
　　　　승호, 주선태, 이민, 유춘, 복혜
　　　　숙, 석금성, 고선애, 양미희, 민
　　　　혜련 외
기획 : 유두연
촬영 : 홍성기
음악 : 임원식
조명 : 함완섭
편집 : 홍성기
미술 : 임명선
현상 : 최규순
수상 : 제1회 부일영화상 여우주연상
　　　　(주증녀), 문교부 선정 우수 국
　　　　산영화상 작품상 · 개인상 부문
　　　　미술상(임명선)

소설가 강석운(김동원)은 문학소녀 고영림(노경희)을 만나기 전까지는 아내 옥영(주증녀)과의 사이에 4남매를 거느린 화목한 가정의 가장이었다. 어느 날 자신이 쓴 소설의 애독자라는 영림의 열렬한 구애를 받은 석운은 끝내 그녀를 뿌리치지 못한다. 급기야 석운은 영림과 함께 경주로 사랑의 도피행을 벌인다.

이에 실망한 옥영은 남편에 대한 반발심에 집을 뛰쳐나가고 어린 아들은 가출한 엄마를 찾아 헤매다 폐렴에 걸린다. 이 사실을 신문에서 읽은 강석운은 죄책감에 시달리다 영림에게 잠시 서울에 다녀오겠다면서 영림의 곁을 떠난다. 역사에서 떠나가는 석운을 바라보며 영림은 한동안 움직이지 못한다.

사랑의 파탄을 예감한 영림은 "더 이상 정열이 식기 전에 제가 먼저 떠난다"는 편지를 남기고 어디론가 떠난다. 석운도 어차피 올 것이 왔다고 생각하며 결국 가정으로 돌아온다.

● 홍성기 촬영 · 편집 · 연출작. 애인과 함께 불륜의 도피행각을 벌이다 결국 가정으로 돌아오지만 아내의 죽음으로 사랑과 인생이 모두 파탄을 맞는 내용. 1956년부터 9개월간 경향신문에 연재되었던 김내성의 동명 소설을 영화화한 것이다.

연재 도중 작가가 뇌일혈로 쓰러진 후 타계했다. 원작자가 영화의 개봉을 보지 못했다는 애석함을 지닌 채 일반에 공개된 이 영화는 감독이 문학에서 이룬 테마의 모랄을 정확하게 포착해 이를 순수한 예술미의 감동으로 이끌었다는 평(경향 57. 9. 28)을 들었다.

즉 주인공 강석운의 애정의 고민을 인간적 고뇌로 풀어가는 과정을 시종 탁월한 수법으로 전개하여 한국영화의 수준을 한 단계 높였다는 것이다. 강석운이 경주에서 영림과 헤어지는 것으로 끝을 맺는 해변가의 컷백도 일품으로 정평이 나 있다. 가정의 소중함을 일깨웠다는 사실만으로 관객의 호응을 얻어 10만 명의 관객을 동원, 후에 한국영상자료원의 '한국영화 100선'에 선정되었다.

후속편인 '실락원의 별(후)'(1958)도 홍성기 연출, 김동원과 주증녀가 출연, 가정 낙원을 주장해오던 40대 작가가 인간 시련의 가혹한 숙명 앞에 고뇌와 회의를 되풀이한 끝에 역시 안이한 전철을 그대로 답습하게 된다는 결론을 내리고 있다. 포스터의 "또다시 전 국민에게 남편과 아내와 애인의 입장에서 말해주다"는 선전문구가 눈에 띈다. 후속편은 관객의 호응을 얻지 못했다.

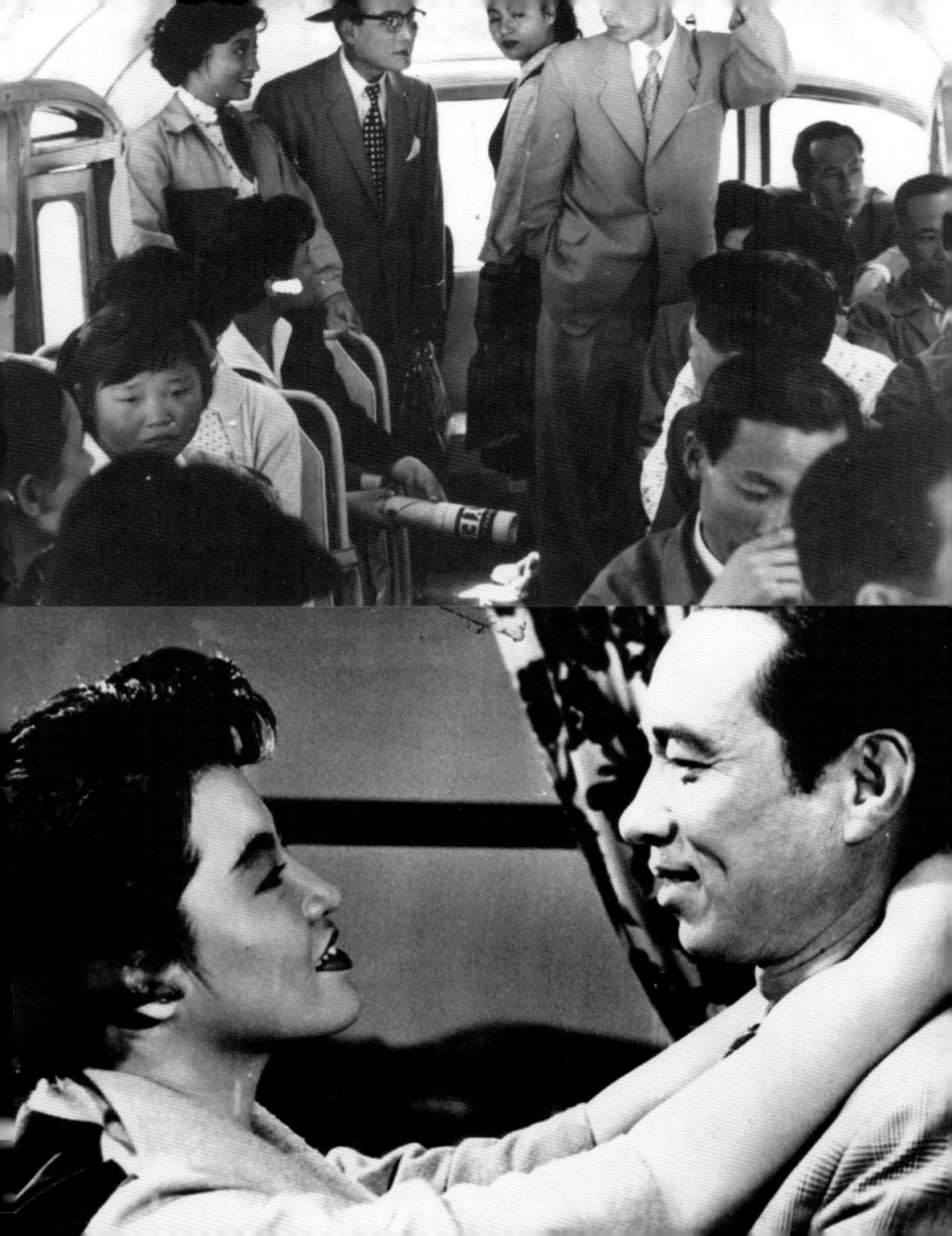

청실홍실 The Red and Blue Thread(1957)

(서라벌영화공사) 극영화 / 멜로 신파

감독 : 정일택(鄭一宅)
제작 : 변순제
각본 : 김익순(원작 조남사)
각색 : 김익순
개봉 : 1957년 10월 15일 명보극장
　　　(서울)
관람인원 : 10만 명
출연 : 이민, 엄앵란, 주증녀, 변일영,
　　　김희갑, 이예춘, 이해랑, 김신
　　　재, 서영영, 고선애 외
기획 : 변순제
촬영 : 서은석
음악 : 손석우
조명 : 김성춘
편집 : 정일택
미술 : 갈이준
현상 : 최규순

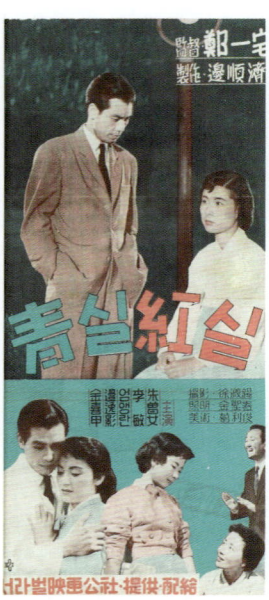

전쟁미망인 애자(주증녀)는 화학 회사에 취직 시험을 보러갔다가 옛 애인 나기사(이민)를 만난다. 여기에 사장의 딸 한동숙(엄앵란)이 나기사를 사랑하며 끼어들고 나기사는 동숙과 애자 사이에서 갈등하다가 옛 애인 애자와의 사랑을 선택한다. 회사가 파산하고 나기사에 대한 사랑의 꿈도 산산이 부서지자 동숙은 자살을 기도하고, 그 동숙을 애자가 구출해서 나기사의 품에 안겨준다.

● 정일택의 감독 데뷔작. 라디오 연속극으로 인기가 높았던 조남사의 극본을 영화화한 것으로, 라디오 연속극을 영화화한 것은 이 영화가 처음이다. 이규환의 '춘향전'(1955)에서 이 도령으로 나온 이민이 나기사 역, 전창근의 '단종애사'(1956)로 스크린 데뷔한 엄앵란이 동숙 역을 맡아 청순하고 발랄한 풍모를 보여준다. 특히 안다성과 송민도가 부른 주제가 '청실홍실'은 선풍적인 인기를 끌었고 영화도 흥행에 성공했다.

항구의 일야 港口의 一夜, A Night of Harbor(1957)

(한국연예주식회사) 흑백 극영화 / 멜로

감독 : 김화랑
제작 : 임화수
각색 : 황영빈
개봉 : 1957년 10월 16일 국도극장
　　　(서울)
출연 : 최무룡, 전옥, 정민, 윤인자, 이
　　　영미, 문정숙, 정애란, 박고송
　　　외
기획 : 최일
촬영 : 강영화
음악 : 한상기
조명 : 최상동
편집 : 양주남
미술 : 이봉선
현상 : 김창수

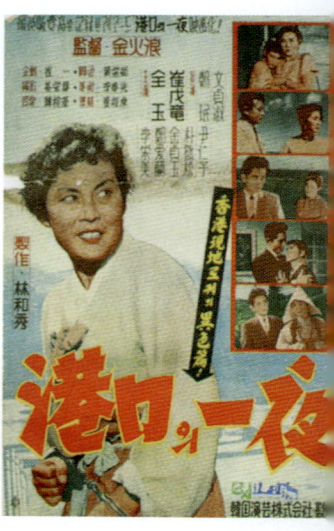

항구에 머물게 된 마도로스 박(최무룡)은 카바레에서 만난 여급(전옥)과 하룻밤 사랑을 나누며 장래를 약속한다. 약속을 믿은 그녀는 그가 돌아오기만을 기다린다. 마도로스는 그날 이후 소식이 끊어지고 그리움에 사무친 그녀는 그를 찾아나선다. 그러나 그는 이미 다른 곳에서 다른 여자와 행복하게 살고 있었다. 하룻밤 풋사랑의 허무함을 느낀 그녀는 쓰라린 상처를 달래며 다시 항구로 발길을 돌린다.

● 김화랑 감독 데뷔작. 1954년 백조가극단 대표 최일이 창설한 백조영화사 제1회 작품. 당시 눈물의 여왕으로 일컬어지던 전옥이 주연을 맡았다. 최무룡은 후에 전옥의 딸이자 연극배우인 강효실과 결혼, 그러니까 최무룡은 전옥의 사위로서 장래 장모와 공연한 셈이다.

황혼열차 黃昏列車, The Twilight Train(1957)

고아원 원장 최삼과 최삼의 고아원을 대리 경영하는 박암은 각각 젊은 무희 금봉을 사랑하고 있다. 여기에 최삼의 딸 지미는 박암을 사랑한다. 최삼은 자신의 모든 것을 포기하면서 금봉의 사랑을 얻고자 하지만 금봉에 대한 박암의 사랑은 식을 줄 모른다. 마침내 최삼과 박암 사이에는 송사까지 벌어지는 등 복잡하게 얽히고설키다가 박암이 최삼의 딸 지미와 결혼하게 되자 최삼은 두 사람의 앞날을 축복해준다.

● '봉선화', '여성전선' (1956)에 이은 김기영의 다섯 번째 작품. 이광수 소설 『애욕의 피안』을 임희재와 유호가 각색했다. 김지미의 스크린 데뷔작.

감독은 탁월한 수법을 구사하여 다양한 군상의 서로 다른 삶을 통해 구원을 보여주면서 원작이 가진 복잡다단한 플롯을 스피디한 전개와 장면전환으로 지루함이 없이 두 시간을 끌고 나간다.

선량함을 풍기는 박암, 노추의 무참함을 드러내는 최삼. 눈부신 미모를 자랑하는 김지미의 청순함, 도발적인 도금봉, 고선애의 메마른 연기가 조화를 이루며 탄탄하게 스토리를 이끈다. 오늘의 국민배우로 일컬어지는 안성기가 여섯 살에 첫 출연해 관객의 사랑을 받았고 안성기의 아버지가 안석진이란 예명으로 출연해 부자출연(정종화, 『자료로 본 한국영화사 2』, 열화당, 1997년, p.30)의 기록을 남기기도 했다.

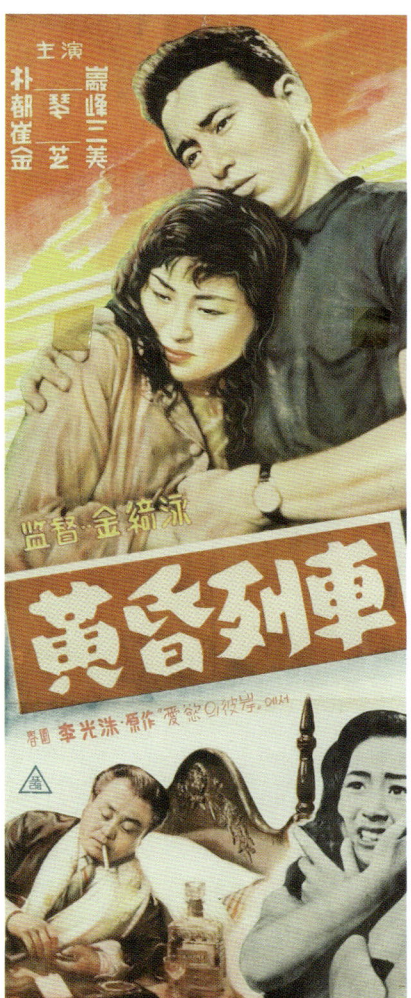

(대영실업영화부) 120분 흑백 극영화/ 멜로

감독 : 김기영
제작 : 최재익
각색 : 임희재, 유호(원작 이광수)
개봉 : 1957년 10월 31일 국도극장 (서울)
출연 : 박암, 도금봉, 최삼, 김지미, 현기섭, 안화영, 고선애, 안성기, 이영옥, 김동원 외
기획 : 유호, 정병모
촬영 : 심재흥
음악 : 한상기
조명 : 고해진
편집 : 김기영
미술 : 이봉선
녹음 : 최칠복
현상 : 김창수

순애보 殉愛譜, The Pure Love(1957)

(한형모 프로덕션), 105분, 극영화/멜로

감독 : 한형모
제작 : 엄문근
각색 : 유두연(원작 박계주)
개봉 : 1957년 11월 15일 국제극장
       (서울)
출연 : 성소민, 이빈화, 김의향, 최봉,
       김신재, 최삼, 정민, 현상섭, 이
       룡, 김미선 외
기획 : 이래원
촬영 : 이성휘

바닷가에서 그림을 그리던 문선(성소민)은 우연히 물에 빠진 인순(김의향)을 구해주고 이를 계기로 인순은 문선을 사랑하게 된다. 그러나 문선에겐 장래를 약속한 명희(이빈화)가 있었다. 한편 인순을 짝사랑하고 있던 황가(최봉)는 문선을 질투한 나머지 인순에게 급한 일이 생겼다면서 문선을 불러낸다. 황가는 문선이 도착하기 전 자신을 거부하고 문선을 선택한 인순을 칼로 찔러 죽인다. 또 문선에게도 흉기를 휘둘러 그의 눈을 찌르고 인순을 죽인 누명을 씌운다.

결국 황가의 자수로 문선은 풀려나지만 그 와중에서 명희가 다른 남자와 약혼한 사실을 알게 된다. 그는 명희의 행복을 빌면서 다시 바닷가로 돌아온다. 명희는 바닷가에서 그를 기다리고 있었다.

● '자유부인'(1956)에 이은 한형모 연출작. 박계주의 첫 번째 장편이자 대표작. 금강산 여행 중 구상했다는 소설 『순애보』는 1938년 매일신보 장편소설 현상모집에서 당선되어 1939년 1월 1일부터 6월 17일까지 연재되었고, 같은 해 단행본으로 출간되었다. 부산 피난 시절, 윤봉춘의 '성불사'(1952)에서 승무를 추는 여주인공으로 스크린 데뷔한 이빈화는 한형모의 '청춘 쌍곡선'(1957)에 출연하면서 이름을 알리기 시작했으며 이 영화로 스타덤에 올랐다.

이국정원 異國情鴛, An Exotic Garden(1957)

(홍콩 쇼브라더스 · 한국연예주식회사)
극영화/멜로

감독 : 전창근, 도광계(홍콩), 와카츠키
       미츠오(일본)
제작 : 임화수
각본 : 유두연, 김석민
개봉 : 1958년 2월 15일
관람인원 : 5만 명
출연 : 김진규, 윤일봉, 김삼화, 최무
       룡, 노경희, 양지경, 우민, 강남
       진예 외
기획 : 김석민
촬영 : 강영화
음악 : 황문평

홍콩에 들린 한국 작곡가(김진규)는 현지의 미녀 가수 방음(김삼화)을 사랑하게 된다. 하지만 그들의 사랑은 해서는 안 될 사랑이다. 부모가 해방을 맞으면서 각기 아들과 딸을 데리고 헤어진 사연이 있었고 방음은 바로 작곡가의 여동생이었기 때문이다.

● '단종애사'(1956)에 이은 전창근의 아홉 번째 작품. 당시 한국 최대의 영화사였던 한국연예주식회사(대표 임화수)가 홍콩 쇼브라더스(소씨부자)와 처음으로 손잡고 만든 한국 · 홍콩 합작영화. 김석민의 시나리오를 유두연이 각색한 작품으로 '아시아의 여명'으로 제목을 붙였다가 각색 과정에서 '이국정원'으로 개제되었다. 감독은 한국에서는 전창근, 홍콩에서는 도광계, 일본에서는 와카츠키 미츠오 3인이다. 그러나 당시 한국에서는 일본인의 참여를 엄격하게 규제하고 있었기 때문에 영화가 소개될 때 일본인 감독의 이름은 삭제되었다.

중국 측의 요청으로 원작과는 달리 해피엔딩으로 결말을 수정(조선 58. 2. 21)해 한국에서는 크게 성공했지만 홍콩과 다른 나라에서는 흥행성적이 저조했다.

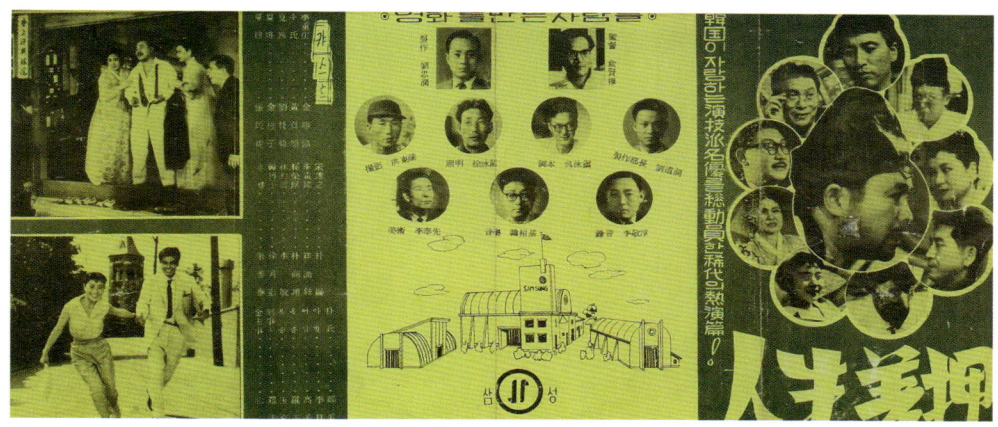

인생차압 人生差押, The Seizure of Life(1958)

수단방법을 가리지 않고 거부가 된 이중생은 권력과 금력으로 해결하지 못할 일은 없다고 생각하는 배금주의자다. 그는 사기, 횡령, 탈세 등으로 재산을 축적하는 과정에서 결국 법망에 걸려들어 피해나갈 수 없는 위기에 빠진다. 그러자 재산 몰수를 모면하기 위해 위장 자살극을 꾸미기로 한다. 죽기 직전에 모든 재산을 사위에게 물려준다는 유서를 쓰고 면도칼로 자결하는 거짓 방법으로 위장하지만 사위 이름으로 해놓은 재산은 국가에 몰수되고 사회사업에 희사하는 식으로 사태가 반전된다.

징병에서 돌아온 아들과 딸, 사위를 비롯한 가족들도 이중생의 안위에는 관심 없이 유산이 누구에게 돌아갈 것인지에만 신경을 곤두세우고 있다. 그리하여 위장 자살 쇼는 무의미해지고 재산도 가족도 잃은 주인공 이중생은 몰락의 내리막길에서 자살로 생을 마감한다.

● 유현목의 시추에이션 코믹물. 1949년에 발표된 오영진의 희곡 「살아있는 이중생 각하」를 영화화한 것이다. 천민자본주의의 속성을 한국적 연희 양식으로 풍자한 이 작품은 권선징악적인 주제와 희극적 재미가 압권이다. 1957년 10월, 「인생차압」으로 제목을 바꿔 국립극단에 의해 시공관에서 공연된 후 사회문제극으로 끊임없이 주목을 받아왔다. 다음해 유현목이 이를 영화로 만들었고 풍자와 재치, 어느 시대에나 있을 법한 캐릭터 등 매력적인 극적 요소들로 인해 한 시대를 풍미한 작품으로 기록되고 있다. 이중생이라는 주인공을 통해 해방 후 식민지의 잔재가 어떤 방식으로 나타나고 있는가와 신구세대의 대립이 냉소적으로 묘사되고 있다. 관객 동원에서도 성공했다.

(삼성영화사) 극영화/코미디

감독 : 유현목
제작 : 방대훈
각본 : 오영진
개봉 : 1958년 1월 1일 국제극장 (서울)
관람인원 : 3만 4000명
출연 : 김승호, 유계선, 황정순, 최남현, 박암, 박상익, 이민, 김근자 외
기획 : 윤도윤
촬영 : 홍동혁
음악 : 한상기
조명 : 서영훈
미술 : 이봉선
현상 : 김창수
수상 : 제2회 부일영화상 작품상·감독상(유현목)·남우주연상(김승호)·남우조연상(최남현)·여우조연상(황정순)·시나리오상(오영진)·음악상(한상기), 동업산업경제신문사 제정 한국영화상 작품상 남우주연상(김승호)·남우조연상(최남현)·음악상(한상기), 제2회 영평상 남우조연상(최남현), 제6회 아시아영화제 출품

공처가 恐妻家, A Henpecked Husband(1958)

(고려영화사) 극영화/코미디
감독 : 김수용(金洙容)
제작 : 김보철
각본 : 이태환
개봉 : 1958년 2월 6일 국도극장
       (서울)
관람인원 : 5만 명
출연 : 김영미, 박응수, 구봉서, 박옥
       초, 장소팔, 이은관, 백금녀, 정
       애란, 고춘자, 고백화 외
촬영 : 김강위
음악 : 김동진
조명 : 김영달
편집 : 유재원
미술 : 박남진
현상 : 김창수
조감독 : 전조명

대성관 주인(장소팔)은 공처가로 소문나 있다. 마누라 말이라면 꼼짝도 못한다. 그런 그가 요즘 들어 더 기가 죽어 있다. 길 건너편에 서울 곰탕집이 새로 생긴 후 대성관에는 손님이 뚝 떨어졌기 때문이다. 게다가 딸의 혼사를 앞두고 부부가 의견이 맞지 않아 마누라의 잔소리가 부쩍 심해졌다. 대성관 주인은 이리저리 궁리 끝에 기발한 해결책을 생각을 해낸다. 그때부터 장사도 잘되고 딸의 혼사문제도 무난히 성사되는가 하면 그는 지긋지긋한 공처가 신세도 면하게 된다.

● 김수용 감독 데뷔작. 낡은 인습의 데릴사위 제도와 전래 두 곰탕집의 영업경쟁을 바탕으로 신구세대의 사랑과 갈등을 그리고 있다. 김수용은 국방부 정훈국 영화과에 근무하면서 '잊지 말자 6·25'(1955), '10분간 휴식'(1956) 등 단편영화를 만든 경험이 인정되어 영화계에 데뷔했다. 첫 영화부터 5만 관객을 동원하여 흥행에 성공했고 '공처가' 이후 '3인의 신부', '청춘배달', '구혼결사대'(1959) 등 일련의 희극물을 연출해 히트하면서 흥행감독의 입지를 굳혔다.
　김수용은 영화계에서 책을 가장 많이 읽는 감독으로 소문나 있으며 후에 50여 편의 문예영화 연출로 문단으로부터 '가장 문학적인 영화감독'이라는 호칭을 받기도 했다. 특히 이 영화를 시작할 때부터 하루도 빼놓지 않고 일기를 써온 것으로 유명하다.

아름다운 악녀 惡女, A Beautiful Wicked Woman(1958)

(동방영화사) 극영화/멜로
감독 : 이강천
제작 : 박복만
각본 : 박종호
개봉 : 1958년 3월 1일 수도극장
       (서울)
출연 : 조항, 최지희, 최남현, 허장강,
       노경희 외
촬영 : 원유일
음악 : 박시춘
조명 : 김성춘
편집 : 이강천
미술 : 임명선
현상 : 최규순

화신백화점에서 고아 소녀(최지희)의 소매치기를 목격한 화가(조항)가 그녀를 자기 집으로 데려온다. 그리고 그 소녀를 모델로 그림을 그리기 시작한다. 시간이 흐르고 그림이 완성되어 가면서 두 사람 사이에는 어느덧 사랑이 싹트게 된다. 화가는 그녀를 창녀 소굴에서 구출해 내려고 노력하지만 자유분방하게 살아온 그녀는 화가를 사랑할 자격이 없다고 생각하고 오히려 빗나가기만 한다. 두 사람의 사랑은 끝내 이루어지지 못한 채 어느 날 갑자기 달려든 트럭에 치어 그녀는 목숨을 잃고 만다.

● '백치 아다다'(1956)를 내논 이강천 연출작. 시나리오를 쓴 박종호가 추천한 최지희의 스크린 데뷔작. 여배우를 육체 사이즈로 재단하던 1950년대, 최지희는 '한국의 브리지트 바르도'로 불리면서 한국영화에서는 보기 드물게 도시적 이미지와 관능미, 도발적이고 반항적인 감수성으로 청소년층의 욕망을 대변하는 스타로 떠올랐다. 다른 여배우들이 발랄한 여대생이나 악녀 역할을 하다가도 청순가련형의 여인으로 변신하는 것과는 달리 그는 능동성과 불량한 끼로 그만의 개성미를 과시했다.
　이 영화는 우리가 사는 세상에는 생존이라는 전쟁이 계속되고 있으며 전쟁고아가 어떻게 그런 사회를 헤쳐 나가는지에 초점을 두고 있다. 그러나 "주제는 동화적이지만 줄거리의 굴곡은 몹시 비도덕적이고 인물 성격이나 극중 대사도 세련되지 못했다"(한국 58. 3. 2)는 평과 함께 흥행에서 실패했다. 성격파 배우 조항은 그림 그리는 일밖에 모르던 무뚝뚝한 화가가 야생마처럼 날뛰는 악녀를 사랑하게 되는 도정을 고뇌어린 연기로 표현해 호평을 받았다.(한국영상자료원, 「한국영화를 말한다 – 1950년대 한국영화」, 이채, p.123, p.298) 촬영은 주로 명동거리와 복개하기 전 청계천에서 찍었다.

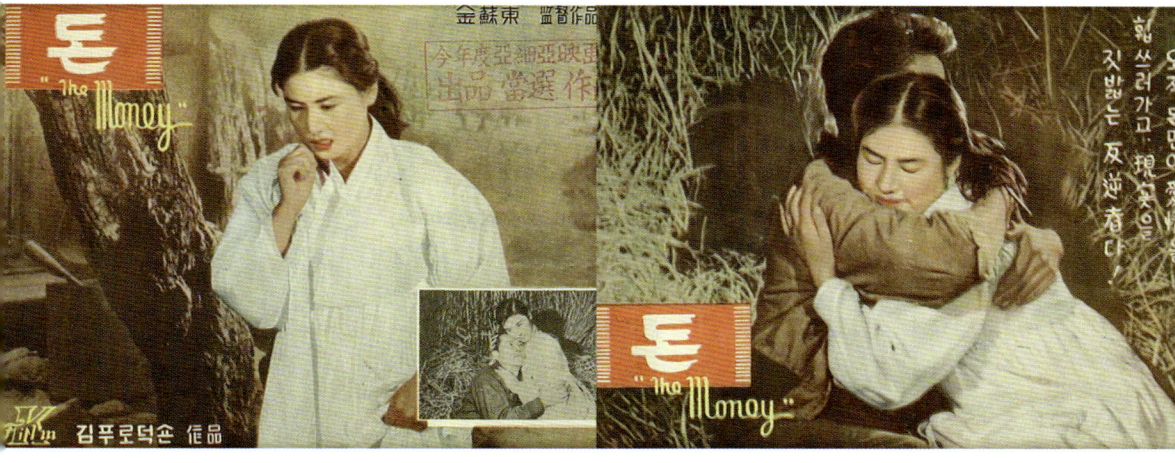

돈 The Money (1958)

순박한 봉수(김승호)는 송아지를 사다가 큰 소로 키워 팔면서 돈 모으는 재미에 빠져 있다. 그러던 그가 서울에 가면 많은 돈을 벌 수 있다는 억조(최남현)의 꼬임에 빠져 사기꾼(노경희)이 끼어든 노름판에서 그동안 모은 돈을 몽땅 잃게 된다.

한편 봉수의 아들 영호(김진규)는 옥경(최은희)을 사랑하지만 옥경은 형편이 여의치 않아 술집에서 일하고 있다. 그러던 어느 날 옥경을 겁탈하려던 억조가 실수로 돈을 잃어버리고 이를 줍게 된 봉수는 억조와 싸우다 그를 죽인다. 억조 살해사건을 조사하던 경찰은 옥경이 연루되었다는 사실에 영호가 살인범임을 확신하고 영호를 잡아 본서로 압송한다. 봉수는 아들을 태우고 떠나는 기차를 쫓아가며 자신을 잡아가라고 외친다.

● '왕자호동과 낙랑공주'(1956), '아리랑'(1957)에 이은 김소동 연출작. 극장에서 연극으로 공연되었던 손기현 원작의 동명 희곡을 영화화한 것이다. 배금주의를 비판한 내용으로 50년대 농촌에서 가난 때문에 벌어지는 노름과 치정, 살인 사건 등을 통해 현실을 고발하고 있다. 특히 아들 영호가 압송된 기차를 뒤쫓아 가는 봉수의 정지된 클로즈업 장면은 그 자체로 절망적인 출구가 없는 현실을 드러낸다. 리얼리즘을 추구한 이 작품은 한국 농촌을 어둡게 표현했다는 이유로 호평과 비판이 엇갈리기도 했으나 김승호의 중후한 내면연기 덕분에 수작 평가와 함께 김소동은 한국영화평론가협회가 주는 감독상을 받았다. 이 영화는 당시 시공관에서 개봉되어 5만 관객을 동원. "산업사회로 넘어가는 시기, 자본을 얻는 데 실패하는 농촌의 현실을 사실적이면서도 비극적으로 그린 수작"(한국 58. 3. 9)이라는 평과 함께 제5회 아시아영화제 출품작으로 결정됐다가 영화가 너무 어둡다는 이유로 출품이 취소되기도 했다. 한국영상자료원 '한국영화 100선'에 선정.

(김프로덕션) 123분 극영화 / 사회물

감독: 김소동
제작: 김소동, 김승호
각본: 손기현
개봉: 1958년 3월 9일 시공관(서울)
관람인원: 5만 명
출연: 김승호, 최남현, 최은희, 김진규, 황정순, 정애란, 전택이, 노경희, 임양, 정민, 김칠성 외
촬영: 심재흥
음악: 한상기
조명: 고해진
미술: 강성범
소품: 이영민
의상: 이해윤
사운드: 이경순, 이상만
조감독: 김만현, 변성환
수상: 문교부 선정 우수 국산영화, 제2회 영평상 감독상(김소동)

지옥화 地獄花, The Flower in Hell(1958)

(서울영화사) 86분 35mm 흑백 극영화/액션멜로

감독 : 신상옥
제작 : 신상옥
각본 : 이정선
개봉 : 1958년 4월 20일 시공관
　　　 (서울)
출연 : 최은희, 김학, 조해원, 강선희
　　　 외
기획 : 황남
현상 : 최규순
촬영 : 강범구
음악 : 손목인
조명 : 이규창
편집 : 김영희
미술 : 송백규
사운드 : 이경순
수상 : 제2회 부일영화상 여우주연상
　　　 (최은희)

영식(김학)은 미군 부대의 창고를 털어 시장에 내다 판다. 동생 동식(조해원)은 어머니가 있는 고향으로 내려가자고 하지만 영식은 좀 더 큰 건을 한 후 쏘냐(최은희)와 결혼할 생각이다.

반면 쏘냐는 영식 일당이 물건을 훔치던 날, 영식의 동생 동식을 유혹해서 밀회를 즐긴다. 영식은 예정대로 미군 수송 열차를 털기 위해 떠나고 쏘냐는 동식과 도망치기 위해 영식의 범행을 헌병대에 신고한다.

헌병대의 추격을 받은 영식은 총격전 끝에 가까스로 피신한 뒤 쏘냐를 칼로 찔러 죽이고 자신도 총상을 입고 비참한 최후를 맞는다. 혼자 남은 동식은 자신을 따르던 양공주 주디(강선희)를 데리고 시골로 내려간다.

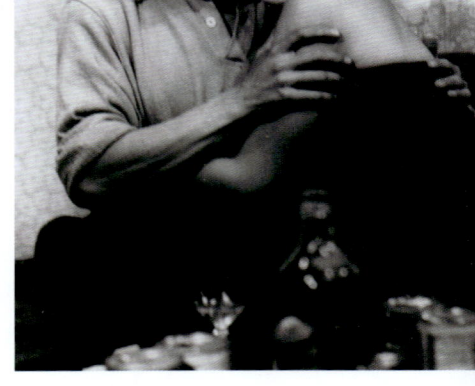

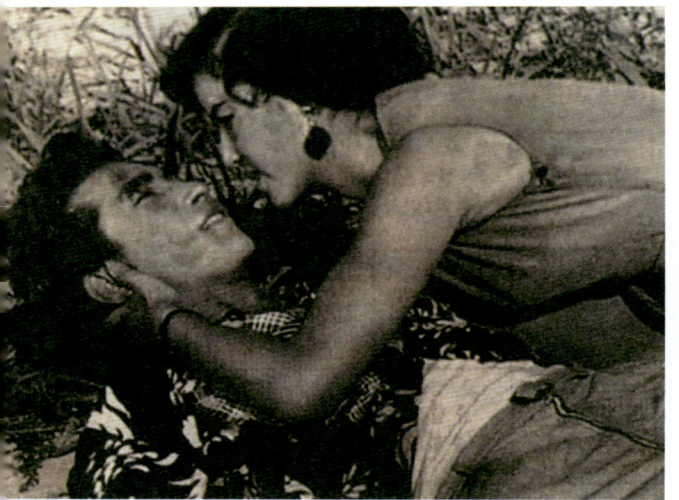

● '무영탑'(1957)에 이은 신상옥의 여섯 번째 작품. 미군부대 주변에 사는 여자들과 그 여자들 틈에서 공생하는 남자들의 이야기를 그린 멜로드라마. 한국전쟁 후의 어수선한 풍경들이 영화 속에 삭막하게 펼쳐진다.

밀수범들과의 기차 추격 장면과 미군들을 위한 댄스홀 장면에서 감독은 오락영화에 대한 남다른 감각을 발휘한다. 영화 도입부에서는 갓 상경한 시골사람을 농락하는 날치기, 부랑자의 하모니카 연주와 라틴 음악 연주 등을 효율적으로 이용하고 카바레 공연에서는 여자들의 대담한 옷차림과 몸짓 등 지금 보아도 선정성이 뒤떨어지지 않는 파격적인 쇼와 노골적인 러브신을 연출하기도 한다. 범죄자들과 그 공범들의 최후의 칼부림 장면은 범죄영화답게 숨막히게 펼쳐져 할리우드 액션영화를 방불케 한다.

다소곳하고 참한 역할만 하던 최은희는 형제 간에 끼어든 부도덕한 여자의 도발적인 이미지를 부각시킨다.

제작비가 넉넉지 못해 서울의 풍경도 거의 다큐멘터리 식으로 촬영하고 미군 부대 파티 장면은 영내에 들어가 실제 파티를 몰래 찍은 것이라고 한다. 한국영상자료원 '한국영화 100선'에 선정.

흐르는 별 The Flowing Star (1958)

1·4 후퇴 때 한 가족이 북에서 월남하다 헤어진다. 아내(문정숙)는 갖은 고생을 하며 남편(이민)과 딸(이세재)을 찾아 헤맨다. 부산의 부자(김승호) 집에서 식모살이를 하던 아내는 남편의 친구(최봉)에게 남편이 어린 딸을 데리고 서울에 가 있다는 소식을 듣는다. 당장 서울로 올라와서 애타게 찾아 헤매이던 가족을 만나지만 남편은 앞못보는 장님이 되어 있었다. 아내는 그리운 남편 품에 안겨 한없이 통곡한다.

● 김묵의 감독 데뷔작. 계림영화사 제1회 작품. 6·25 때 월남해서 제주도 제주신문 편집국장을 지내다 상경한 감독이 자신이 쓴 시나리오를 직접 연출한 것이다. 1·4 후퇴 때 월남한 일가족의 비극을 그린 영화로 빈민촌의 오픈세트, 대관령에서의 키스신 등은 한국영화에서는 보기 드문 장면이자 대담한 촬영으로 화제가 됐다. 이민과 문정숙이 부부로 출연. 그외 최봉의 연기와 당시 500여 명 중에서 선발된 7세의 이세재 어린이가 깜찍한 연기를 선보였다. 또한 애상적이거나 포악한 인물의 등장으로 스토리의 반전을 꾀하던 종래의 한국영화와는 달리 최봉이 분한 남편의 친구 역할은 현대 청년의 보편적인 인간형을 구현해 호평을 받았고 흥행에서도 성공했다.

(계림영화사) 극영화 / 멜로

감독 : 김묵(金默)
제작 : 이준섭
각본 : 김묵
개봉 : 1958년 5월 3일 단성사(서울)
출연 : 이민, 문정숙, 이세재, 최남현, 최봉, 김승호, 허장강, 김칠성, 정민, 이룡, 추석양 외
촬영 : 임진환
음악 : 이인권
조명 : 김영달
편집 : 유재원
미술 : 박석인
현상 : 김창수

초설 初雪, The First Snow (1958)

1953년 서울, 수복 직후 용산역 주변의 빈민들은 밤이면 하치장에 야적해 놓은 석탄을 훔쳐내 생계를 이어간다. 이 과정에서 원주민인 박암과 최남현, 피난민인 김승호, 최삼의 팽팽한 대립과 최삼의 자살, 박암의 투옥사건이 발생한다. 더구나 역 구내 확장공사로 삶의 터전이 불도저로 밀린다. 모든 비극의 소용돌이가 지난 후 처음에는 거세게 저항하던 주민들도 그동안 무법으로 살아온 자신들의 태도를 뉘우치며 새로운 삶의 개척지를 찾아 뿔뿔이 흩어진다.

● '황혼열차'(1956)에 이은 김기영의 여섯 번째 영화. 자유문학상을 받은 오영진의 오리지널 시나리오 「초설」을 원작으로 하고 있다. 기차역 구내에 쌓아놓은 석탄을 몰래 훔쳐 팔아서 살아가는 빈민들의 생활상을 그린 사회물. '황혼열차'로 데뷔한 김지미는 이 영화 출연을 계기로 일약 스타덤에 오른다. 타고난 미모와 육체적 조건으로 한국영화사에 흔들림 없는 스타의 자리를 구축하게 되는 김지미의 화려한 출발인 셈이다.
　빈민들의 집단 절도행위를 그리고 있지만 거기에는 그들에게만 돌팔매질할 수 없는 생존의 절박함이 알알이 배어 있다. 촬영과 현상을 맡았던 김형근이 문교부 선정 우수 국산영화상에서 촬영상, 박석인이 미술상을 수상, 1958년 6월, 베를린영화제에 출품예정이었으나 문교부 심사에서 불량배를 내세워 한국의 현실을 너무 각박하게 그렸다는 이유로 출품을 허락하지 않았다고 한다.
　한국적 리얼리즘을 추구하고자 심혈을 기울인 이 영화는 예술적으로나 흥행적으로 실패의 고배를 마셨으나 김기영은 자신의 작품에 노력을 기울이는 성실한 감독으로 주목받으면서 1959년 협이영화사가 제작한 '10대의 반항'으로 공전의 히트를 기록한다.

(한국예술영화사) 극영화 / 사회물

감독 : 김기영
제작 : 박원석
각본 : 임희재
개봉 : 1958년 5월 30일 명보극장(서울)
출연 : 김지미, 김승호, 박암, 최삼, 최남현, 나애심 외
촬영 : 김형근
음악 : 한상기
조명 : 고해진
편집 : 김기영
미술 : 박석인
현상 : 김형근
수상 : 문교부 선정 우수 국산영화상 촬영상(김형근)·미술상(박석인)

별아 내 가슴에 The Star in My Heart (1958)

(한국영화배급주식회사) 110분 극영화
/멜로

감독 : 홍성기
제작 : 박운삼
각본 : 이봉래(원작 박계주)
각색 : 이봉래
개봉 : 1958년 5월 31일 국제극장
        (서울)
관람인원 : 13만 7000명
수출현황 : 일본 호주 미국(69년)
출연 : 김지미, 김동원, 이민, 주증녀,
        양미희, 황정순, 민혜련, 주선태
        외
기획 : 임월빈
촬영 : 정인엽
음악 : 김동진
조명 : 함완섭
편집 : 김흥만
미술 : 임명선
사운드 : 이경순(음향)
현상 : 최규순
수상 : 제1회 문교부 선정 우수 국산
        영화상 작품상

대학 교수 김동원의 보호를 받고 있는 여대생 김지미는 교수를 찾아왔던 출판사의 젊은 직원 이민을 알게 되면서 교수와 이민 사이에서 감정적으로 갈등한다. 여기에 또 다른 여대생 양미희, 어머니 황정순, 경제적인 파트너인 주선태가 약간의 복선을 가지고 등장한다. 하지만 이야기의 핵심은 20년 전 기생 주증녀가 대학교수 김동원과 하룻밤의 인연으로 아들 이민을 낳고 서로가 순정을 간직한 채 헤어졌으며, 그 아들이 바로 김지미가 사랑하게 된 젊은이라는 것이다. 그러니까 한 여자를 아버지와 아들이 사랑하게 되자 교수는 이를 고민하다 병으로 숨을 거두게 된다.

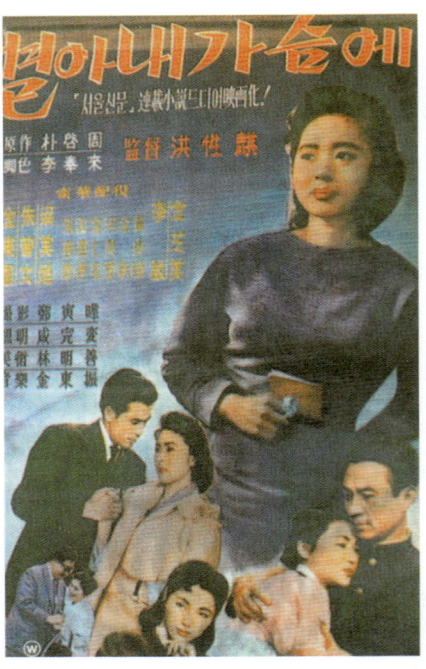

● '실락원의 별' (1957), '산 넘어 바다건너' (1958)에 이은 홍성기의 연출작. 1954년 1월부터 서울신문에 연재되어 절찬을 받은 박계주의 동명 장편소설을 문학평론가이자 시인인 이봉래가 각색했다. 한국영화배급주식회사 제1회 작품. 연극무대에서 닦은 중후한 연기로 각광받고 있던 김동원과 '춘향전' (1958 안종화)의 이 도령의 후광을 가진 이민, 한국적인 주부상을 이룬 주증녀와 '황혼열차' (1957 김기영)의 미녀 스타 김지미의 4인 4색 연기 대결을 볼 수 있다.

"김동원의 호연을 비롯 출연자들이 전부 움직이고 대화하는 등 국산영화가 지닌 슬로모션을 극복하여 속 시원한 터치로 깨끗한 화면에 노련미를 과시하고 있다"(한국 58. 6. 2)는 평과 함께 흥행에 성공, '춘향전' (12만 명), '자유부인' (11만 5000명)의 기록을 깨뜨리고 15만 명(유료 관객 13만 8000명)이라는 새로운 기록을 세웠다. 이 같은 성공을 거둔 것은 홍성기의 멜로드라마 취미가 이 작품에서 꽃을 피웠다는 점과 김지미에 대한 인기가 한몫을 하고 있다. 이를 계기로 그해 9월 9일 홍성기 감독과 김지미는 서울 종로 동원예식장에서 성대한 결혼식을 올렸다.

어느 여대생의 고백 A College Woman's Confess(1958)

법과대학에 다니던 소영은 그녀를 돌봐주던 조모의 갑작스러운 죽음으로 학업과 생계가 막막해진다. 소영은 거친 세파를 헤치며 혼자 힘으로 살아가기 위해 매춘의 유혹 앞에 노출될 수밖에 없음을 깨닫는다.

그때 소설가 지망생이면서 가구점을 경영하는 친구 희숙(김숙일)이 낡은 가구에서 입수한 일기 내용을 보여주면서 소영으로 하여금 국회의원 최림(김승호)의 딸로 위장해서 그 집에 들어가도록 주선해준다. 그 딸은 어릴 때 교통사고로 사망했으나 사고 직후 죽지 않고 다른 환경에서 살다가 부모를 찾은 것처럼 행세하자는 것이다. 죽은 딸의 일기와 사진을 통해 모든 필요한 지식을 알게 된 소영을 최림은 조금도 의심치 않고 자신의 딸로 받아들인다.

최림의 가족이 된 소영은 열심히 공부해 사법고시와 변호사 시험에 합격한 후 여류 변호사가 된다. 첫 변론으로 어느 여죄수(황정순)의 변호를 맡게 된 소영은 공교롭게도 그 여죄수의 과거가 자신의 처지와 너무나 비슷한 것에 놀란다. 그녀는 마치 자신의 입장인 듯이 연약한 여성이 자본주의 사회에서 살아가기 위해선 얼마나 많은 유혹과 위협을 뿌리치고 이겨야 하는지를 강변하고 여인의 무죄를 주장한다. 재판에 승소한 소영은 집에 돌아오자 자신이 저지른 거짓에 대해 말할 수 없음에 자책감을 느낀다. 소영은 자신의 잘못을 뉘우치며 최림과 그 부인에게 자신이 위장된 딸임을 고백하지만 부모는 오히려 진실한 딸로 받아들인다.

(서울영화사 · 신상옥 프로덕션) 100분
극영화/법정

감독 : 신상옥
제작 : 이원식
각색 : 신상옥, 조남사(원작 조남사)
개봉 : 1958년 7월 12일 단성사
관람인원 : 10만 명
출연 : 최은희, 김승호, 유계선, 최현, 김숙일, 황정순, 최남현, 최승이, 황남, 박암, 김용덕, 고미향, 주선태, 윤왕국, 최성호, 이기호, 임동훈, 남춘역, 문일봉 외
촬영 : 강범구
음악 : 김용환
조명 : 이한찬
편집 : 김영희
사운드 : 이경순, 이상만
조감독 : 김용덕, 윤철상
수상 : 제2회 문교부 선정 우수 국산 영화상 여우주연상(최은희) · 여우조연상(황정순)

● 같은 해 연출한 '지옥화'(1958)에 이은 신상옥의 신작. 프랑스 영화 '배신'과 일본 영화 '여검사의 고백'에서 힌트(조선 58. 7. 17)을 얻은 작품이다. 최은희가 연기한 여성 변호사 역은 당시의 사회 환경에서는 보기 드문 캐릭터로서 여성 관객들에게 커다란 자부심을 갖게 해주었다.

주인공 소영이 「심경」이라는 제목의 일기를 보고 가공의 인물을 만들어나가는 과정은 영화의 긴장감과 관객의 흥미를 유발시키는 중요한 요소로 작용한다. 즉 영화 전반에서 그 일기를 통해 한국전쟁 직후의 혼란과 가난이 여성에게 어떤 영향을 미치는가를 냉정하게 제시해준다.

영화의 백미는 살인죄로 기소된 여인을 위해 소영이 최후 변론을 하는 법정 장면이다. 즉 여성이 부모나 남편 없이 혼자서 가족을 부양하기 위해 자립할 수 있는 길은 무엇이며 경제적으로 자립할 길을 마련해주지 않고 이를 범죄로 몰아 부치는 사회적 모순을 신랄하게 비판한다.

이 영화는 단성사에서 개봉된 후 대대적인 흥행 성공으로 9만 8000명의 관객을 동원(58. 12. 24)하는 개가를 올렸다. 상영 당시 강원도내 신문(강원일보 58. 8. 1)에 실린 이색 광고문의 내용만 보아도 이 영화의 인기를 실감할 수 있다.

"사과의 말씀: 8월 1일부터 상영 예정이던 '어느 여대생의 고백'은 서울 개봉지에서 연일 초만원으로 인한 상영 연기로 말미암아 부득불 지방 개봉이 연기되어 8월 7일, 서울 개봉 완료 직후 당 극장에서 상영이 확정되었아오니 양해하시기 바랍니다. -소양극장-"

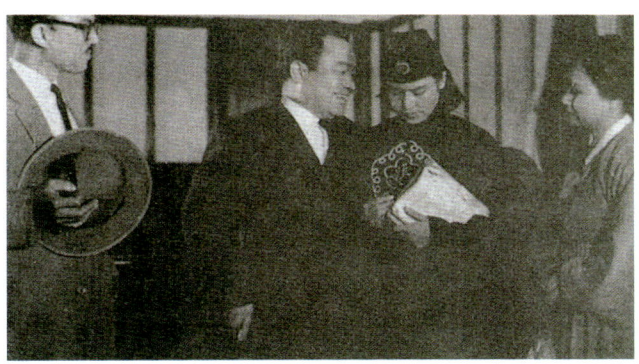

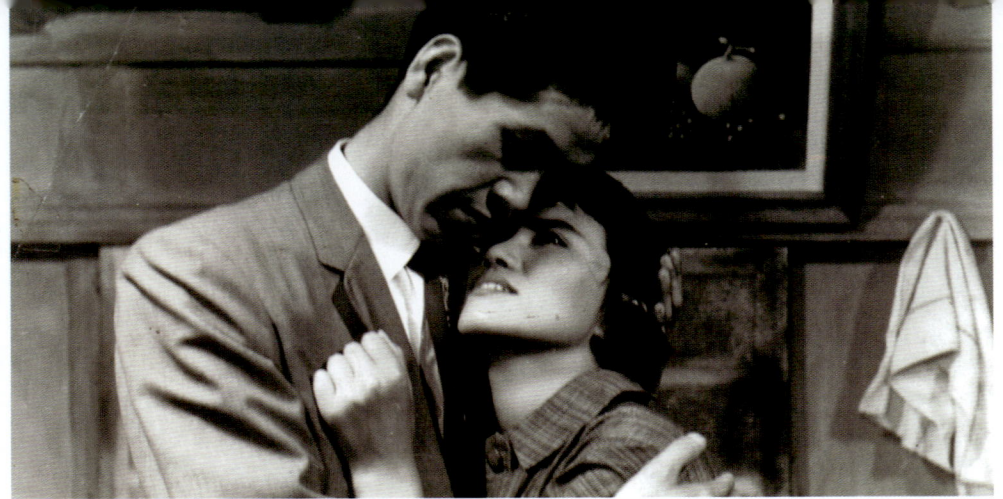

생명 生命, Life (1958)

(수도영화사) 극영화/멜로

감독 : 이강천 제작 : 김정환
각본 : 허백년(원작 김말봉)
각색 : 허백년, 이진섭
개봉 : 1958년 7월 16일 수도, 세기극
장(서울)
출연 : 최성진, 문정숙, 장민호, 이민
자, 김승호, 김신재, 정애란, 정
성숙 외
기획 : 김정환 촬영 : 김학성
음악 : 정회갑 조명 : 고해진
편집 : 이강천 미술 : 김정항
수상 : 제2회 영평상 촬영상(김학성)

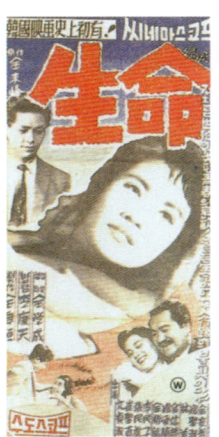

동생 창수의 등록금을 위해 여대생 창님(문정숙)은 혈액은행에 가서 피를 팔아 돈을 마련한다. 그러나 동생 창수는 가난을 견디다 못해 유서를 남긴 채 자살하고 창님은 피를 너무 많이 뽑은 탓에 병석에 눕는다. 이 소식을 듣고 동생의 담임 설병국(최성진)이 찾아오고 두 사람은 사랑하는 사이가 된다. 창님을 돕고 싶은 병국은 여름 화가 유화주(이민자)의 누드모델이 되어 그 모델료로 창님을 구하려 하지만 오히려 화주의 유혹에 빠지고 만다. 그 후 병국은 부호의 딸 정미와 약혼을 하고 뒤늦게 이 사실을 알게 된 창님은 눈물을 흘리며 선교사의 도움으로 미국 유학을 떠난다. 한편 정미와의 결혼준비를 위해 미국에 온 병국은 공교롭게도 그곳에서 창님과 만나고 창님이 자신의 아이를 임신한 것을 알게 된다. 정미는 어린 생명을 위해 병국을 단념하고 병국은 다시 창님에게 돌아온다.

● 이강천의 일곱 번째 연출작. 우리나라 최초의 시네마스코프 영화. 김말봉의 조선일보 연재소설 『생명』(1957)은 "현실적인 고난을 극복한 여성상"을 그리고 있다. 이에 대해 문학평론가 신동욱은 "김말봉의 소설은 흥미 중심의 오락적 이야기로서보다는 한 시대의 사회적 풍조를 파헤치고 그 속에 내재한 비리와 모순을 발견하고 이를 다시 극복해 내는 의지의 인간상을 형상화한 데 그 문학의 주요한 의미가 있다"고 평한다. 이강천은 동경미술학교 출신으로 와이드 스크린에 대한 화면 구도를 누구보다 잘 처리할 수 있는 실력파(정종화, 『영화에 미친 남자』, 맑은소리, 2006년, pp.284~285)로 알려져 있다.

수도극장 사장 홍찬이 당시 안양에 건설한 동양 최대의 촬영소인 수도영화사에서 1년에 걸친 제작기간과 3800만 환의 제작비를 투입해 완성했다. 이 영화는 "시네마스코프 화면을 여백이 없이 꽉찬 화도로 다루어낸 것만으로도 하나의 성공으로 볼수가 있다"(경향 58. 7. 26)는 평을 받았다. 최우수 촬영기로 알려진 미첼 등 최신 영화기재를 갖추어 기술적인 혁신을 보였고 오픈 세트의 화재장면에서는 소방차와 소방복장을 한 소방대원, 그리고 수백여 명의 안양시민이 엑스트라로 참가하기도 했다.(조선 58. 2. 20) 포스터의 "거치른 세속에 꽃핀 청춘의 애환! 움트는 생명만이 여인행로의 불빛이다!"라는 광고 카피가 이 영화가 내건 주제이다.

어머니의 길 The Way of Mother(1958)

가정교사 문철과 주인집 딸 인숙은 장래를 약속한 사이다. 하지만 두 사람은 부모의 반대로 어쩔 수 없이 헤어진다. 이후 인숙은 혼자서 문철의 아들을 낳아 기르면서 8년이란 세월을 참고 견딘다. 어렵게 재회한 그들은 행복한 내일을 설계한다.

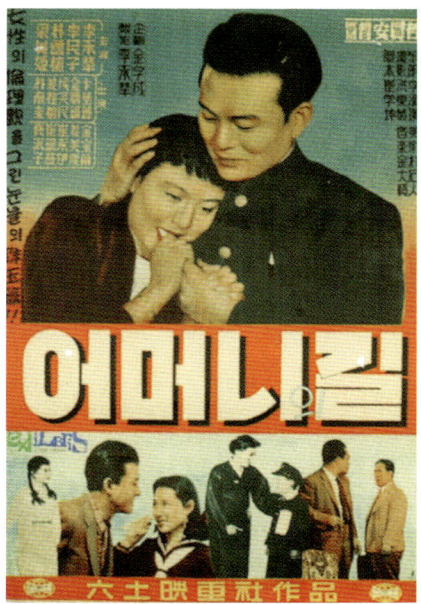

● 안현철 감독 데뷔작. 감독 자신이 평양에서 월남할 때의 어머니와의 이별을 떠올리면서 각본에 이를 반영했다고 한다. "여자 혼자서 한 남자를 기다리며 살아온 고난의 길에 대한 묘사는 없으나 이야기 전체가 매끈하게 그려져 있다" (경향 58. 7. 27)는 평을 받았다. 여기에 관객을 어리둥절하게 만드는 몽타주 기법 등 파격적인 테크닉을 선보이면서 흥행 면에서도 좋은 결과를 얻었다. 카메라는 당시 처음 나온 아이 플렉스 원 아이를 사용했다고 해서 화제가 되었다.
제작자 이승화가 남주인공 역할을 맡았고 아역에는 박남수(당시 9세) 군이 출연했다. 박남수는 박노식의 조카다.

(육토영화사) 극영화 / 멜로가족

감독 : 안현철(安賢哲)
제작 : 이승화
각본 : 김학곤
각색 : 최학곤
개봉 : 1958년 7월 19일 국도극장 (서울)
출연 : 이민자, 이승화, 박노식, 강미애, 박남수 외
기획 : 김학성
촬영 : 홍동혁
음악 : 김대현
조명 : 이한찬
편집 : 유재원
미술 : 박석인
현상 : 김형근

모녀 母女, The Mother and Daughter(1958)

행복한 가정주부였던 여자는 뜻하지 않은 실수로 사랑하는 남편, 딸과 생이별을 하게 된다. 딸과 어머니는 서로를 그리워한다. 모녀 사이에는 기구한 비운이 가로막지만 마침내 모녀는 눈물로 재회한다.

● 최훈 감독 데뷔작. 홍성기 감독의 '출격명령' (1954)에서 조감독으로 활동하면서 본격적인 연출 경력을 쌓고 1958년 '모녀'와 같은 해 최요안 원작의 '느티나무 있는 언덕'을 발표하여 "개성이 엿보이는 작품"(동아 59. 1. 7)이라는 평을 받았다. 최훈은 고향인 평양에서 학업을 마치고 신의주에서 오랜 교편생활을 했던 경험 때문인지 '느티나무 있는 언덕' 이후 '장마루촌의 이발사' (1959), '어느 여교사의 수기' (1960)에서 교사로서의 체험을 살리고 있다.

(한성영화사) 극영화 / 멜로

감독 : 최훈(崔薰)
제작 : 정진모
각본 : 김동오 (원작 김성민)
각색 : 김동오
개봉 : 1958년 9월 30일 국도극장 (서울)
출연 : 박노식, 주증녀, 김지미, 이민 외
촬영 : 심우섭   음악 : 이인권
조명 : 함완섭   편집 : 김희수
미술 : 임명선   현상 : 김형근

종각 – 또 하나의 새벽을 그리며 The Bell Tower (1958)

(팔월프로덕션) 96분 35mm 흑백스탠
다드 극영화 / 문예물

감독 : 양주남(梁柱南)
제작 : 청남
각본 : 청남(원작 강노향)
각색 : 청남
개봉 : 1958년 8월 30일 수도극장
(서울)
관람인원 : 3만 명
출연 : 문정숙, 허장강, 맹만식, 장민
호, 이기홍, 하지만, 박영태, 정
철, 임동훈 외
기획 : 이현수, 김창규
촬영 : 유장산
음악 : 김대현
조명 : 고해진
편집 : 김희수
미술 : 강성범
사운드 : 최칠복, 심재훈
현상 : 김창수
수상 : 제1회 문교부 선정 우수 국산
영화상 작품상(강노향) · 음악상
(김대현), 제9회 베를린영화제
출품

고령사에서 노년을 보내고 있는 석숭(허장강)이 이웃에 사는 영실(문정
숙)이라는 처녀에게 자신의 과거를 들려준다.

이름난 종장의 손자인 석숭은 연인 옥분에게 세상에서 가장 아름다
운 소리를 내는 종을 만들 것을 약속하고 옥분이 죽자 약속을 지키기
위해 종을 만들기 시작한다. 그는 혼자서 떠돌아다니다 한 과부를 만나
함께 살다가 명종을 만들기 위해 다시 길을 떠난다. 그리고 마침내 종
장이던 조부와 조부의 경쟁자가 만든 종의 쇳물을 녹여 세상에서 가장
아름다운 소리를 내는 종을 완성하기에 이른다. 한편 영실은 석숭의 이
야기를 듣는 동안 그가 자신의 아버지임을 알게 된다.

제2차 세계대전 중 일제가 조선에 있는 모든 쇠를 강탈하던 시기여서
고령사의 종 역시 공출될 운명에 처하자 석숭은 종을 숨기려다 낭떠러
지에서 떨어져 죽는다. 조부 종장이 종 만들기 경쟁에서 패배 후 자살
했듯이 그도 그 종과 함께 죽지 않으면 안 될 운명이었던 것이다.

● 1936년 발성영화 '미몽'으로 감독 데뷔한 양주남 연출작. 양주남은 '미몽' 이후 주로 영화의
편집과 녹음을 맡고 있다가 20년 만인 1957년 조미령 이은관 주연의 '배뱅이굿'을 내놓았고
이는 그 세 번째 작품이다.

1940년대 말 월간 《백민》에 발표한 강노향의 소설 『종장(鍾匠)』을 원작으로 하고 있다. 청남
은 강노향의 필명. 작가는 팔월프로덕션을 설립하고 직접 작품을 각색 · 제작했다. 명장이 되겠
다는 일념으로 오로지 한 길로 정진해 자신을 발견하게 되는 종장의 생애를 그리기 위해 종장
의 머리 모습, 옷매무새, 환경과 분위기에 이르기까지 40년간에 걸친 시대변천사가 세밀하게
묘사되어 있는 점이 특기할만 하다. 플래시백으로 구성되어 작은 단칸방에서 처음 만나는 늙고
병든 종장과 부모 없는 젊은 처녀 사이의 대화가 교직관계를 이루며 전개되는 수법도 이색적이
다. 이들은 마지막 순간까지 둘 사이가 아버지와 딸일지도 모른다는 암시만을 던지면서 영화가
끝날 때까지 아무런 대답도 들려주지 않는다.

샌프란시스코국제영화제 출품을 목적으로 제작한 이 영화는 신낭만주의와 한국적 휴머니즘
을 보여줄 뿐 아니라 기존 한국영화 분위기에서 탈피해 눈물을 남용하지 않으면서도 비극으로
이끌어가는 인생 관조를 보여준다. 시인 김광섭은 이에 대해 "한국영화가 아니면 느낄 수 없는
음영 같은 것이 이 영화에서 묻어난다"(서울 58. 9. 4)고 했다.

영화평론가 정성일은 "양주남 감독의 '종각'을 보면서 가장 놀라게 되는 것은 기술적 차이나
또는 그에 의지한 영화 수사학의 변화가 아니라, 영화 안에서 그 이미지와 소리의 조합들이 세
상과 관계를 맺으려는 방식의 특성"이라고 지적한 바 있다. "즉 이 영화에서 그 중심에 놓여 있
는 것은 종의 의미변화이며 늙고 병든 종 만드는 장인과 부모 없는 소녀 사이의 연결은 이 영
화의 아름다운 미학적 장치"로 보고 있다. 이른바 종의 의미를 알 수 있는 것은 그것이 울릴 때
이며, 두 사람 사이의 기억이 서로 교차할 수 있는 방법은 서로 이야기를 듣고 말하는 내용으로
만 이루어지기 때문이다.

부제 '또 하나의 새벽을 그리며'는 아름다운 것은 소멸되고 모든 인간상이 슬픔 속에 흘러가
지만 인생 부조리를 탄식하기보다 다시 한 번 빛과 희망을 추구한다는 것이 이 영화의 특징이
다. 영리 목적이 아닌 문예작품으로서 일반관객에게는 크게 어필하지 못했으나 언론과 평자들
로부터 "그해 12월 22일까지 개봉된 80편의 한국영화 중 한국영화가 지향해야 할 하나의 길을
제시한 의욕적인 작품"으로 호평받았다. 문정숙이 종장의 세 여인인 연인 옥분, 방랑 시기에 만
난 과부, 그 과부의 딸인 영실 등 1인 3역을 맡았고 주인공 종장으로 분한 허장강은 청년 중년
노년의 변화하는 과정을 탁월하게 연기해내 1959년도 연기상 유력 후보에 오르기도 했다.

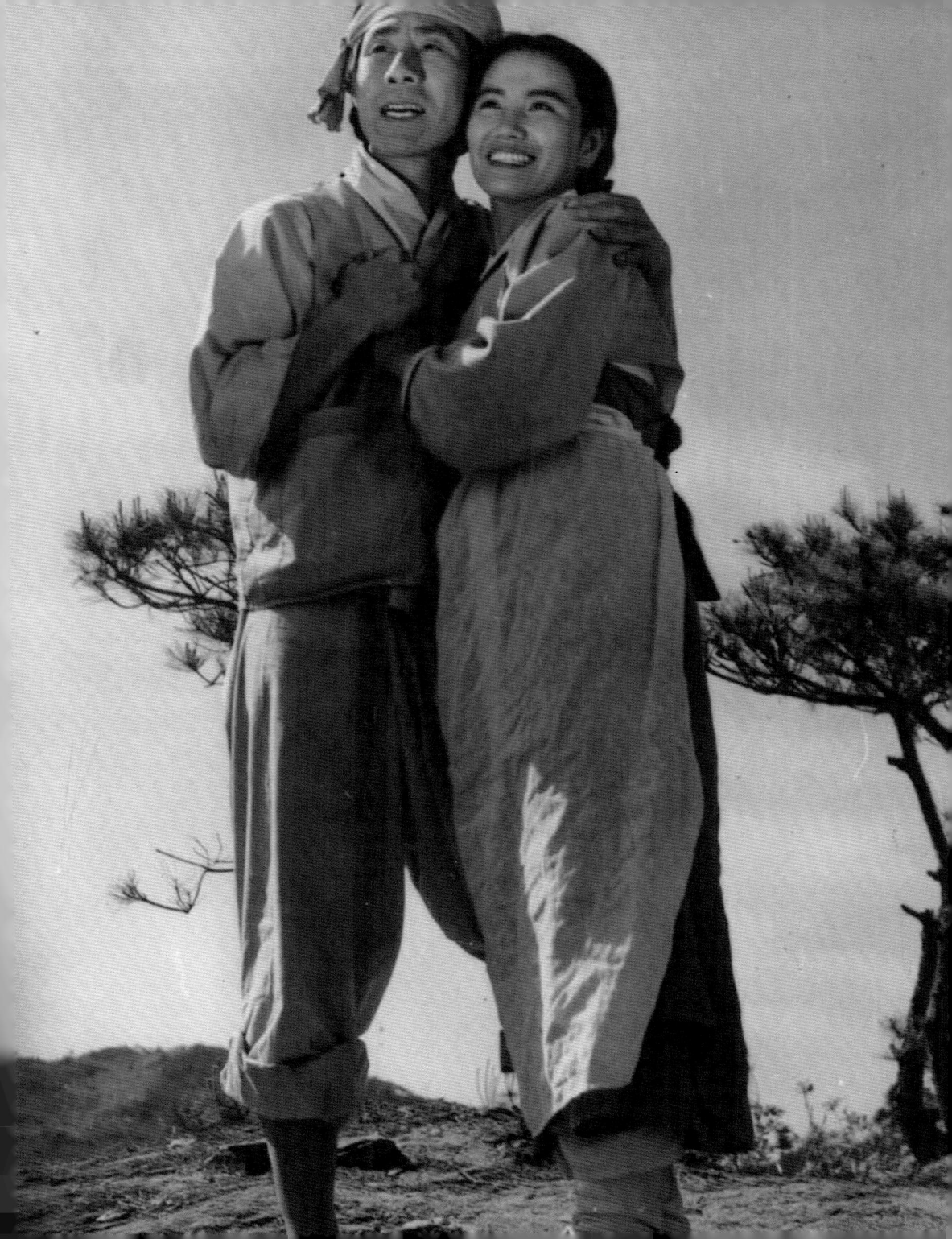

자유결혼 自由結婚, The Love Marriage (1958)

(동아영화사) 93분 극영화 연소자관람
불가/코믹홈드라마

감독·제작 : 이병일
각본 : 김지헌(원작 하유상)
각색 : 김지헌
개봉 : 1958년 10월 14일 국제극장
(서울)
관람인원 : 4만 2000명
수출현황 : 태국(64)
출연 : 최은희, 이민자, 조미령, 김승
호, 최남현, 고선애, 석금성, 이
룡, 박광수, 성소민, 최현 외
기획 : 강치성
촬영 : 이용민
음악 : 김성태
조명 : 함완섭
편집 : 김영희
미술 : 임명선
소품 : 대진상회
스틸 : 김찬
사운드 : 손인호, 이상만
조감독 : 김종선, 김영두, 이병영
수상 : 제1회 문교부 선정 우수 국산영
화 작품상·남우조연상(최남현),
국제영화뉴스 제정 제3회 국제
영화상 최우수 한국영화작품
상, 제2회 영평상 촬영상(김학
성), 제6회 아시아영화제 소년
특별연기상(박광수), 베를린 영
화제, 스코틀랜드 에든버러
제영화제 출품

의과대학 교수인 고 박사(최남현)네는 혼기 찬 세 자매가 있다. 고 박사의 아내 안 여사(석금성)는 딸들이 중매결혼할 것을 원하고 있다. 그러나 맏딸 숙희(최은희)는 외교관과 연애 결혼해서 신혼 첫날밤 남편에게 과거가 있었음을 고백했다가 외면당한다. 둘째 딸 문희(이민자)는 막내동생 광식(박광수)의 가정교사 준철(최현)과 사랑에 빠지지만 집안의 반대에 부딪치자 가출해서 결혼한다. 셋째 딸 명희(조미령)는 전도유망한 사업가보다 아버지의 똑똑한 조수 영수(이룡)를 남편감으로 선택한다. 숙희의 남편도 자신의 옹졸함을 반성하고 돌아와 재회하는 등 딸들이 연애결혼에 성공하면서 고 박사네는 활기를 되찾는다.

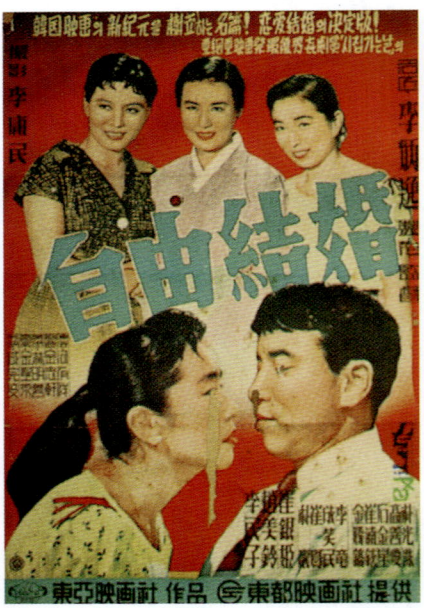

● '시집가는 날'(1956)에 이은 이병일 연출작. 하유상 원작. 1957년 국립극장 제1회 창작희곡 공모 당선작. 사랑이란 이름으로 모든 것을 극복할 수 있다는 평범한 진리를 희극적으로 묘사한 이 작품은 "극적 아이러니와 위트, 그리고 희극적 장치들로 인해 밝고 건강한 웃음을 유발하는 고급희극을 지향하고 있다"(서연호·이상우, 『우리연극 100년』, 현암사, 2000년)는 평을 들었다. 1957년 11월 28일부터 서울 시공관 무대에서 올려진 연극에는 장민호, 황정순, 백성희, 정애란, 나옥주, 박암, 강계식, 조항 등이 출연. 연극에서는 '딸들은 자유연애를 구가(謳歌)하다'(원제 딸들의 연인)라는 제목을 사용했으나 영화는 '자유결혼'으로 개제했다.

당시 신문들은 '신선하고 맛있는 대사, 부드럽고 명쾌한 화조를 특징으로 하면서 메스꺼운 눈물 없이 건전한 웃음을 어색하지 않게 웃을 수 있는 홈드라마'(한국 58. 10. 18)라는 찬사를 보내고 있다.

당시 서라벌중 1학년에 재학 중이던 박광수(만 14세)가 국제영화제에서 사상 최초로 소년 연기상을 수상했다. 박광수는 '자유부인'(속편)과 '아리랑'(1957), '가거라 슬픔이여'(1957), '10대의 반항'(1958) 등에 출연한 바 있다.

유혹의 강 誘惑의 江 The River of Temptation (1958)

남편이 6·25 때 납북된 후 선애(이민자)는 어린 아들과 둘이서 살고 있다. 그런 그녀에게 댄디(최삼)로 불리는 남자와 어울리고 있는 미망인 그룹(노경희, 나애심, 김미선, 김의향)이 그녀를 유혹하지만 선애는 이에 휩쓸리지 않는다. 단지 의사인 윤만호(김동원)와는 어느 정도 감정적으로 통하는 사이다. 그러나 윤만호마저 해외로 떠나자 선애는 주변의 모든 유혹을 물리치고 남편이 돌아올 때까지 꿋꿋이 버틴다.

● 유두연 감독 데뷔작. 서울신문에 연재되었던 정비석의 동명 소설을 원작으로 한 내용. 유두연은 50년대 중반부터 60년대 초반에 이르는 10년 동안 신상옥의 '코리아'(1954) 등 30편의 시나리오를 집필해 영화화했으며 이는 전후 멜로드라마와 한국영화 부흥의 초석이 되었다. 이는 당시 수십만 명을 헤아리던 전쟁미망인들의 애달픈 삶을 사회적인 각도에서 해석한 작품으로 여성 관객의 공감을 샀다.
장편소설이 영화화되는 경우 그 방대한 스토리를 어떻게 처리하느냐가 문제인데 유두연은 성급할 정도의 쾌속 템포로 놀라우리만치 대담한 생략법과 대사의 해학미를 살려 이를 오락물로서도 성공시키고 있다.(한국 58. 11. 8)

(태백영화사) 극영화 / 멜로

감독 : 유두연(劉斗演)
제작 : 박정수, 성동호
각색 : 유두연(원작 정비석)
개봉 : 1958년 10월 30일 국도극장 (서울)
출연 : 김동원, 이민자, 노경희, 정애란, 엄앵란, 나애심, 최삼, 유계선, 김석훈, 김의향 외
기획 : 이정선
촬영 : 장환
음악 : 김용환
조명 : 윤영선
편집 : 이종기
미술 : 임명선
수상 : 제2회 영평상 여자연기상(이민자)

홀쭉이 뚱뚱이 논산훈련소에 가다 (1959)

홀쭉이와 뚱뚱이가 논산 훈련소에 입소한다. 훈련병 생활은 두 사람의 적성에 맞지 않는다. 그로 인한 갖가지 사건들이 슬랩스틱 코미디로 이어진다.

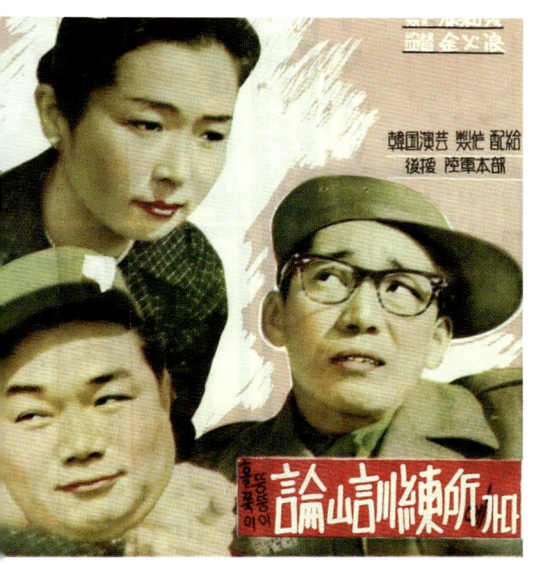

● 김화랑의 코믹물. 육군본부 후원으로 한국연예주식회사가 제작했으나 논산 훈련소의 백모 소장이 직접 출연했다고 해서 말썽을 빚었다. 문제 장면은 홀쭉이와 뚱뚱이가 훈련 소장으로부터 표창장을 받는 장면과 사열 장면, 축하식장 등에 백소장이 등장한 일이다. 국방부는 백소장이 사실상 엑스트라 역할을 수행한 것은 "군의 위신을 추락시킨 일"이라며 영화 검열사무를 담당하고 있는 문교부에 이들 장면들을 삭제할 것을 요청했다. 그러나 제작사 측은 이미 개봉을 공고한 단계에서 도저히 있을 수 없는 일이라고 거부(동아 59. 1. 31, 2. 1)한 것으로 알려졌다. 관객 약 9만 여 명 동원.

(한국연예주식회사) 극영화 / 코미디

감독 : 김화랑
제작 : 임화수
각본 : 박성호
개봉 : 1959년 1월 31일 수도극장 (서울)
관람인원 : 9만
출연 : 양훈, 양석천, 조미령, 윤일봉 외
기획 : 차태진
촬영 : 임병호
음악 : 박춘석
조명 : 김성춘
편집 : 김기덕
미술 : 이봉선
현상 : 김형근

오! 내 고향 Oh! My hometown (1959)

(김프로덕션) 극영화 / 멜로

감독 : 김소동
제작 : 김소동
각본 : 최금동
개봉 : 1959년 2월 18일 을지극장
(서울)
관람인원 : 8000명
출연 : 강효실, 김종열, 조미령, 최남
현, 주선태, 김진규, 장동휘, 조
항랑, 박광수 외
촬영 : 이성춘
음악 : 김성태
조명 : 황동춘
편집 : 김소동
미술 : 정우택
현상 : 김봉수

강을 가운데 두고 앙숙으로 지내던 동촌의 최고집(최남현)과 서촌의 김
부돌 영감(주선태)은 마을에 콘크리트 다리가 놓이면서 차츰 화해하게
된다. 그리고 이를 계기로 서울에 갔던 최고집의 아들(김진규)이 다시
고향으로 돌아오면서 "오! 내 고향"을 외치는 소리로 고향의 소중함을
일깨운다.

● '돈'(1958)에 이은 김소동의 다섯 번째 작품. 최금동의 오리지널 시나리오. 당시 농촌 청년들
이 고향을 버리고 도시로 나오는 이농현상과 관련해 피폐한 농촌현실에 대한 경각심을 불러일
으키고 있다. 감독은 푸른 들판과 산과 소박한 농촌 풍경을 목가적인 릴리시즘의 화면으로 보
여준다. 특히 강효실과 서울로 갔던 김진규가 "오! 내 고향"으로 컴백하는 해피엔딩은 품위 있
게 처리되었다. 한때 일본의 키노시타 케이스케(木下惠介) 각본의 영화 '카르멘 고향에 돌아오
다(カルメン故郷に歸る)'(1951)와 유사하다(동아 59. 3. 18)는 잡음에 이 영화는 아시아영화제
출품이 좌절되었고 문교부는 제작자협회 심사에서 낙선한 '종각'(1958)을 대신 추천했다.
김소동은 영화 '돈'으로 크게 주목받았으나 '오! 내 고향'을 마지막으로 감독 생활을 그만두
고 한양대학교 영화학과 설립에 참여한 것으로 알려져 있다.

곰 Gom (1959)

(아카데미영화사) 극영화 / 홈드라마

감독 : 조긍하
제작 : 최도선
각본 : 조긍하
개봉 : 1959년 2월 20일 단성사
(서울)
출연 : 김승호, 김정림, 김영옥, 윤복
희, 양일민 외
기획 : 변종근
촬영 : 심재흥
음악 : 한상기
조명 : 이병준
편집 : 조긍하
미술 : 이봉선
현상 : 김봉수
수상 : 제2회 문교부 선정 우수 국산
영화상 감독상(조긍하) · 연기상
(김승호), 제2회 영평상 남자연
기상(김승호)

무식한 곰(김승호)은 초등학생인 딸(김영옥)의 담임선생을 마음속으로
사모한다. 매일같이 술로 세월을 보내며 딸을 학대하던 곰은 여선생의
설득과 충고로 착실한 인간이 될 것을 결심하고 딸을 선생에게 맡긴 채
멀리 돈벌이를 떠난다. 곰은 돈을 벌어 돌아오지만 폐결핵 환자인 여선
생은 이미 유명을 달리한 뒤였다. 곰은 눈물을 흘리며 여선생을 양지바
른 곳에 묻어주고 그 무덤 앞에서 참되게 살아갈 것을 맹세한다.

● 감독 데뷔작 '황진이'(1957)에 이은 조긍하의 멜로물. 이 작품에서 감독은 휴머니즘을 추구하
기 위한 진지한 노력을 보여주었으나 "너무 김승호 연기에만 의존해서 만든 영화가 아니냐"(한
국 59. 2. 22)는 지적이 있었다.
더구나 영화 '곰'은 서울에서 기획되어 부산으로 내려가 로케이션한 영화가 아니라 부산에서
기획되고 부산에서 촬영한, 말하자면 지방에서 만들어진 영화. 이 영화가 중앙에 와서 문교부
우수영화에 선정되고 조긍하는 감독상까지 타게 된 것이다. 이에 대해 평론가 임영은 "과장 없
이 아연할 수밖에 없으며 그들(문교부 측)의 영화 감식력이 어떠한 수준의 것이라는 것을 웅변
으로 말해준다"(《국제영화》, 1959년 12월호, p.39)고 꼬집고 있다. 당시 문교부 우수영화에 선
정될 경우 영화 제작자에게는 외국영화 한 편을 수입할 수 있는 보너스가 주어지기 때문에 '문
교부 우수영화 선정'을 둘러싼 관계자들의 관심은 민감할 수밖에 없었다고 한다.

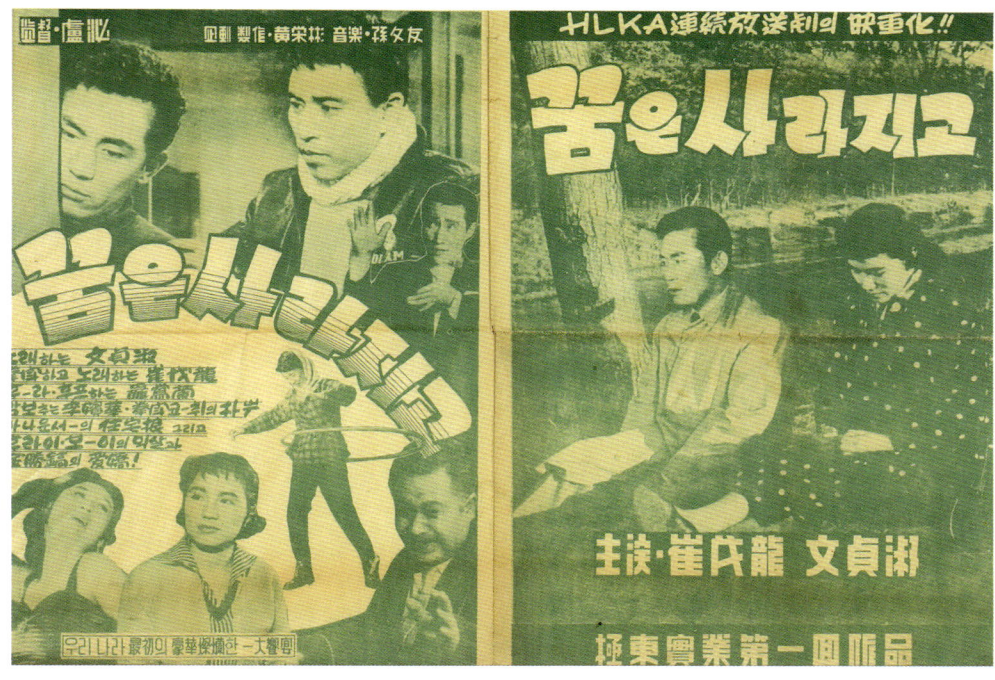

꿈은 사라지고 A vanished dream (1959)

국가대표 권투선수 최무룡은 세계 올림픽 출전을 앞두고 애인(문정숙)이 카바레 여급인 사실을 알게 된다. 그 사실에 놀란 무룡은 실의에 빠진 채 술로 세월을 보내고 있다. 그러나 코치의 설득과 격려로 마침내 재기한 그는 올림픽에 출전해 금메달리스트가 된다.

● 노필은 1949년 '안창남 비행사'로 감독 데뷔한 후 10년 만에 '그 밤이 다시 오면'(1958)을 연출, 이는 세 번째 작품이다. 김석야의 라디오(KBS) 연속방송극을 영화화한 작품으로 한국 최초의 권투영화이기도 하다. 권투, 노래, 사랑 등 밝고 쾌활한 오락성과 애잔한 감상을 병행한 수작. 라디오에서는 안다성과 KBS 합창단의 목소리에 실려 주제가 방송되었지만 영화에서는 최무룡이 김석야 작사, 손석우 작곡의 "꿈은 사라지고", 문정숙이 "나는 가야지"를 불렀다. 영화에서 배우들이 직접 노래를 부른 것도 이 영화가 처음이며 주제곡들은 오아시스 레코드에서 출반되어 음반 판매에서도 좋은 성과를 거두었다. 10만 명 관객 동원.

(극동실업) 91분 극영화/스포츠 멜로

감독 : 노필(盧泌)
제작 : 황영빈
각본 : 김강윤
각색 : 김강윤(원작 김석야)
개봉 : 1959년 2월 20일 명보극장 (서울)
관람인원 : 10만 명
출연 : 최무룡, 문정숙, 엄앵란, 도금봉 외
기획 : 장일
음악 : 손석우
촬영 : 임진환
조명 : 고해진
편집 : 노필
미술 : 임명선
현상 : 한국문화협회

청춘극장 青春劇場, A youth theater (1959)

(자유영화사) 120분 극영화/멜로

감독: 홍성기
제작: 조용진
각본: 최금동(원작 김내성)
개봉: 1959년 3월 5일 국제극장 (서울)
관람인원: 11만 9849명
출연: 김진규, 김지미, 황정순, 김칠성, 이민자, 김동원, 변기종, 석금성, 최남현 외
기획: 임왈빈
촬영: 김학성
음악: 김동진
조명: 방영원
편집: 홍성기
미술: 임명선
현상: 김형근
수상: 월간 《영화예술》 제정 제1회 한국영화예술상 여자조연상(황정순)

아버지가 독립 투쟁 중에 전사하자 운옥(황정순)은 고향으로 돌아온다. 아버지의 친구 백초시(변기종)는 운옥과 아들 영민(김진규)을 결혼시키려 하지만 영민은 이를 피해 일본으로 유학을 떠난다. 그곳에서 유경(김지미)을 만나 그녀를 사랑하게 되고 유경은 영민의 아이를 임신한다. 전쟁에서 수세에 몰리던 일본은 강제로 학도병을 동원하고 영민도 군대에 입대한다. 그러나 전투 중 눈에 부상을 당해 입원해 있을 때 그 병원의 간호사로 있던 운옥을 만난다. 영민은 운옥을 유경으로 착각하고, 운옥은 그가 탈출할 수 있도록 도와준 후 만주로 피신한다. 해방되던 날, 고향에 온 운옥은 영민을 기다리는 유경을 보고 그의 행복을 빌며 다시 발길을 돌린다.

● 홍성기 대표작 중 하나. 김내성이 8년 동안 집필한 대작 소설로 신문 연재와 연속 방송극을 통해 열광적인 찬사를 받았던 작품이다. 책으로 전 6권. 복잡다단한 이야기를 극작술의 권위자인 최금동이 각색, '2시간의 스크린에 압축 다이제스트 했다는 것은 대단한 모험'이다.(동아 59. 3. 13)

시대는 일제 강점기에서 해방까지, 무대는 일본 한국 만주와 북지를 뒤덮은 것으로 한국인이

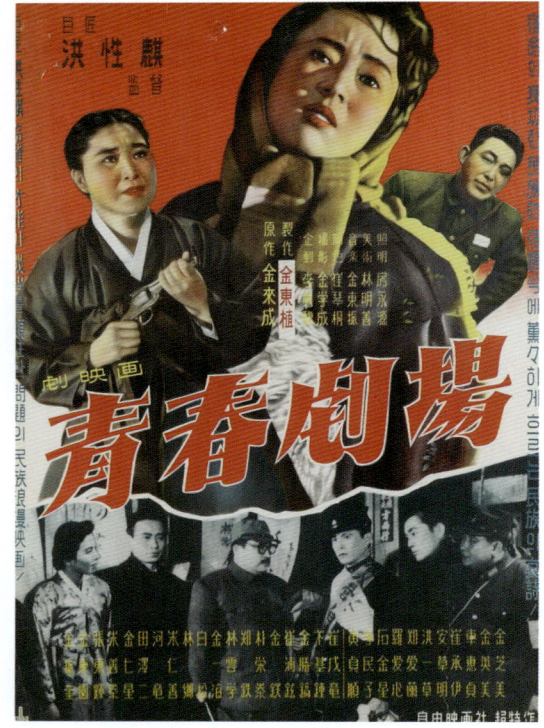

라면 누구나 감회를 갖고 회상할 수 있는 독립운동이 주축이 되고 있다. 더구나 일제의 가혹한 탄압 아래서 한국 청년들이 조국의 독립을 위해 싸우는 동안 그들 사이에 싹텄던 미묘한 사랑의 감정이 각각의 사연과 곡절을 담아 특징 있게 다뤄진 만큼 재미와 볼거리에서도 손색이 없다. 제작비 6000만 환, 상영 20일 만에 11만 9849명 동원. 흥행에 크게 성공하여 그 해 한국영화 흥행순위 1위를 차지했다. 이사라 작사 김동진 작곡의 주제가 "은옥의 노래"를 나애심이 불렀다.

"사랑의 혼이 남아 도라지되니 / 보라빛 도라지꽃 전설이 피는 / 고갯길 그곳에 외로이 울던 / 운옥이의 가슴속은 아무도 몰라 / 나는야 산골짝에 홀로 피는 꽃/ 남몰래 스러지는 도라지의 혼/ 아 인생은 아 인생은 가시밭길 파란 많은 청춘극장."

1966년과 1975년에도 다시 영화화되어 인기를 누렸다.

조춘 早春, The early spring(1959)

부유한 가정에서 반듯하게 자라난 고교생(남양일)은 창 너머로 건너편의 서민아파트를 바라보곤 한다. 그러던 어느 날 소년의 시야 속으로 그 아파트에 살고 있는 소녀의 모습이 한 폭의 그림처럼 잡힌다. 새하얀 얼굴에 눈이 검고 큰 소녀였다. 소년은 그때부터 소녀를 마음속 깊이 사랑하게 되었다.

소녀는 폐결핵을 앓는지 자주 기침을 하곤 했다. 가슴을 쥐어짜듯이 기침하는 그녀를 보면 소년도 가슴이 미어진다. 날이 갈수록 소녀를 사랑하게 된 그는 하루라도 소녀가 보이지 않으면 불안해서 어쩔 줄 모른다. 창 너머 저쪽의 소녀를 지켜보는 소년의 마음에는 그녀를 사랑하는 감정과 안쓰러움, 안타까움이 교차된다.

그러던 어느 날, 소녀가 심하게 기침을 하더니 그 자리에서 쓰러지는 광경을 목격하게 된다. 소년은 당장 아파트로 달려가서 소녀를 들쳐 업고 병원으로 달려간다. 그리고 소녀를 구하기 위해 자신이 할 수 있는 최선을 다한다. 하지만 그의 정성에도 불구하고 소녀는 다시는 돌아오지 못할 먼 길을 떠난다. 소년은 상심한다. 그러나 육신은 사라졌어도 그의 머릿속에서 소녀는 지워지지 않는 상처가 된다. 오늘도 소년은 소녀에 대한 아름다운 환상에서 깨어나지 못한 채 길 건너 편 아파트 창을 바라본다.

감독 데뷔작인 '유혹의 강'(1958)에 이은 유두연의 두 번째 작품. 남양일, 이은심 주연. '조춘'은 세파에 물들지 않은 남녀 주인공의 깨끗한 동심과 수려한 이미지가 젊은 관객층의 호응을 샀다. 특히 남자 주인공 남양일은 안소니 파킨스와 같은 분위기를 풍기는 나이브한 인상에다 사랑을 떠나보내는 애절하고 고독한 분위기 연기로 매력을 어필시켰다. 그러나 이 영화는 상영을 앞두고 일본영화 '마고꼬로(眞心)' 표절이라는 거센 논란에 휩싸였다. 조남사 원작 유두연 각색으로 되어 있었으나 일본영화 각본이라는 여론에 따라 확인해본 결과 일본영화잡지(키네마순보)(1953년 1월 하순호)에 실렸던 키노시타 케이스케(木下惠介)의 각본이라는 사실이 드러났다.(한국 59. 3. 8) 키노시타 케이스케는 일본 영화 '카르멘 고향에 돌아오다'(1951)의 각본을 쓴 작가로 김소동의 '오! 내 고향'도 이 작가 작품이라는 표절 시비에 휘말린 일이 있다.

문교부는 제작자협회, 시나리오작가협회 대표들과 만나 대책을 논의한 결과 '조춘'의 상영을 허락했다. 문교부에 따르면 "문교부는 영화 내용 검열만의 책임이 있을 뿐이며 영화 내용이 영화 검열 기준에 저촉된 곳이 하나도 없고 시나리오작가 협회가 앞으로 이런 일이 없도록 노력할 것과 이미 제작된 것이니 허가해 달라는 의견이 있어 이를 허락한 것"(조선 59. 3. 12)이라고 밝혔다. 당시 포스터는 "신화같이 슬기롭고 전설같이 아름다운 감루의 순정 명편"이라는 카피 아래 신인 남양일 이은심, 그리고 제작 임왈빈, 기획 전홍식, 원작 조남사, 각색 유두연, 감독 유두연, 영화사는 선민영화사가 아닌 동국영화사, 극장은 국도가 아닌 국제로 나와 있다. 이 영화를 계기로 프랑스의 누벨바그, 이탈리아의 네오리얼리즘 등 새로운 영화를 시도하기 위해 유두연, 이병일, 이성구와 언론인 호현찬, 정영일 등이 '시네펜'을 결성하기에 이른다.

감독 : 유두연
제작 : 임왈빈
각색 : 유두연(원작 조남사)
개봉 : 1959년 3월 10일 국도극장 (서울)
출연 : 남양일, 이은심, 노능걸, 복혜숙, 윤일봉, 엄앵란, 최무룡, 장민호, 황정순, 강효실 외
기획 : 전홍식
촬영 : 김인용
음악 : 김용환
조명 : 방영원
편집 : 이종기, 이강원
미술 : 박석인
녹음 : 손인호
현상 : 김형근

고종황제와 의사 안중근 (1959)

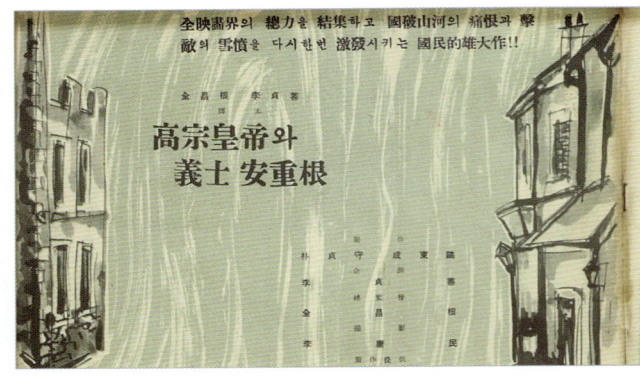

(태백영화사) 극영화 / 전기사극

감독 : 전창근
제작 : 박정수, 성동호
각본 : 이정선, 전창근
개봉 : 1959년 4월 10일 국도극장
　　　(서울)
관람인원 : 10만 5142명
출연 : 김승호, 전창근, 최남현 외
기획 : 이정선
촬영 : 이용민
음악 : 김희조
조명 : 윤영선
편집 : 이종기
미술 : 박석인
소품 : 배정완
의상 : 석철
조감독 : 이종기, 최현민, 이인영
수상 : 제2회 문교부 우수 국산영화상
　　　우수작품 장려상 · 미술상(박석
　　　인), 월간 《영화예술》 주최 제1
　　　회 한국영화예술상 여우조연상
　　　(황정순)

망국의 기운이 감도는 구한말 광무 9년. 이토 히로부미(최남현)와 친일 매국노의 압력에 의해 을사조약이 체결된 지 얼마 지나지 않아 헤이그 밀사 사건을 빌미로 일제는 고종황제(김승호)의 퇴위를 강요한다. 안창호의 연설을 듣고 감명 받은 안중근(전창근)은 연해주로 가서 한국 의병과 만주원정군 사령관이 되어 하얼빈 역두에서 이토 히로부미를 저격, 거사는 성공하지만 안중근과 그의 동지들은 투옥된다. 그는 법정에서도 조선의 독립운동의 정당성을 주장하며 일제에 항거하다 사형당한다.

● '단종애사'(1956), '이국정원'(1957)에 이은 전창근의 열 번째 작품. 감독이 직접 주역(안중근)을 겸했고 대작주의를 표방하고 있다. 국내 최고의 제작비와 큰 스케일로 영화는 촬영에 들어가기 전부터 화제가 됐었다.
　1958년 10월에 기획되어 1959년 1월 15일부터 크랭크인 했고 안양 스튜디오에는 안중근이 이토 히로부미를 저격한 장소인 하얼빈 역은 300여 평 규모의 세트로 세워졌다. 출연진과 스태프는 총 300여 명, 연 인원 2만 명이 동원되었다. 출연진 가운데는 러시아인으로 분장한 80명의 미국인과 중국인이 포함되었고, 이들의 출연료는 오후 1시까지는 5달러, 시간이 초과할 경우 10달러가 지불되었다.(한국 59. 3. 1) 제작비는 한국영화 3편을 제작할 수 있는 7200만 환 규모. 촬영 장소는 서울, 신천(信川), 소련 연해주 남부의 도시 블라디보스토크, 하얼빈, 회령, 뤼순 등 10여 군데가 넘는다. 1959년 서울시 교육위원의 집계에 따르면 한국영화 흥행 순위 5위로 27일간 상영에 관객 10만 명 이상을 동원, 흥행에서도 성공했다.

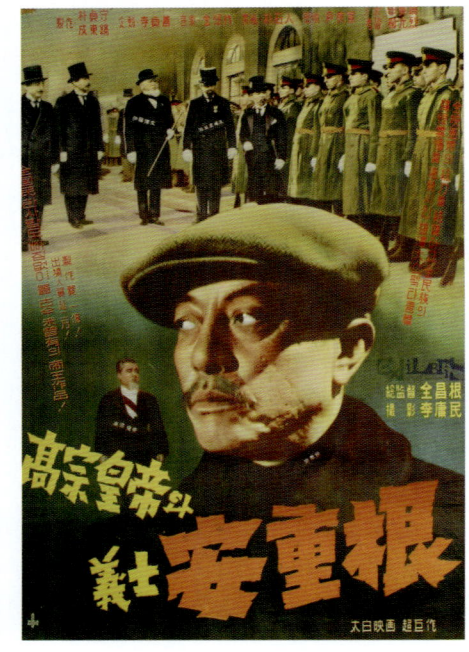

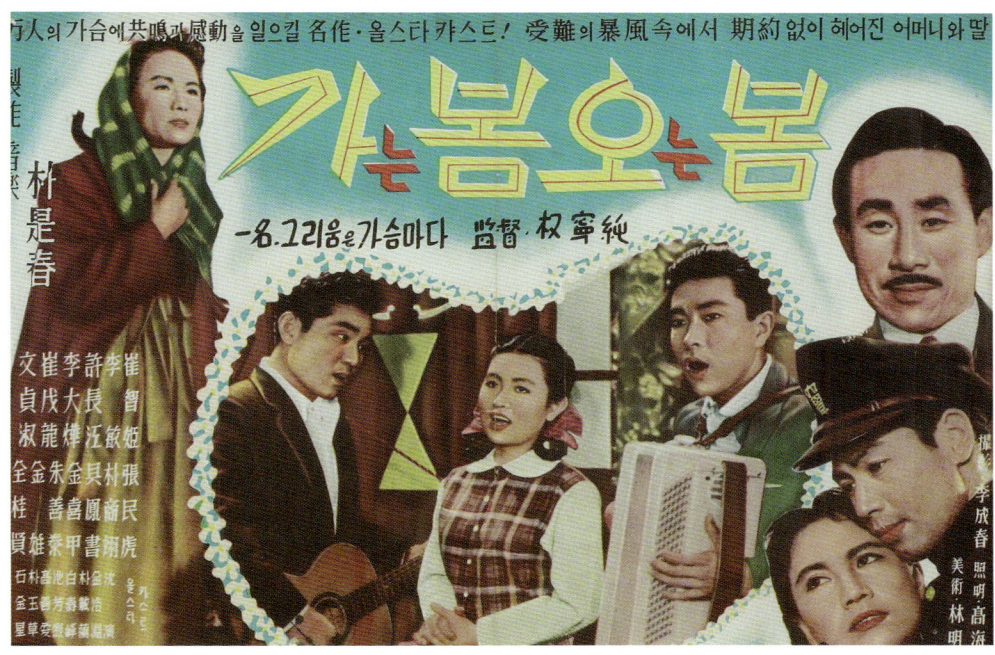

가는 봄 오는 봄 Going spring and coming spring(1959)

태평양 전쟁에 학도병으로 끌려간 애인(이민)을 잃고 6·25때 그 딸(전계현)과도 헤어진 한 기구한 여인(문정숙)의 이야기.

헤어진 딸은 장성해 가수가 되고 여인은 남의 아내가 된다. 그녀는 인기가 급상승하는 딸의 노래를 들으면서도 그 노래가 딸의 노래인 줄 모른다. 딸이 라디오 공개방송에 출연하던 날, 라디오를 듣던 그녀는 딸과 아나운서의 대화에서 가수가 자신의 딸임을 알고 방송국으로 달려간다.

● '한 많은 청춘'(1958)에 이은 권영순 연출작. 전반은 코미디와 쇼, 후반은 신파로 엮은 혼합 오락물. 당시 우리 영화계에서는 가요물은 성공을 거두지 못한다는 것이 정평이었으나(동아 59. 5. 11) 감독은 이를 타개하기 위해 문정숙과 신인 전계현을 전면에 내세워 볼거리가 될 만한 쇼와 감동과 웃음을 주고 있다. 똑같은 운명에 놓인 모녀 가수가 헤어진 지 수년 만에 상봉한다는 극적 장면을 연출하면서 어떤 난관에도 불구하고 희망을 잃지 말고 살자는 메시지를 전한다. 허장강이 문정숙을 돕는 레코드 회사 사장으로 출연해 열연하는 등 온정의 풍속도를 그려보려고 애쓴 감독의 독특한 터치가 돋보인다.

"비둘기가 울던 그 밤에 눈보라가 치던 그 밤에/ 어린 몸 갈 곳 없어 낯선 거리 헤매이네 꽃집마다 찾아봐도 목 메이게 불러 봐도/ 차가운 별빛만이 홀로 새우네 울면서 새우네"로 시작되는 반야월 작사, 박시춘 작곡의 주제가 "가는 봄 오는 봄"은 가수 백설희가 불렀다.

(오향영화) 163분 극영화/멜로 코미디

감독 : 권영순
제작 : 박시춘
각본 : 최금동
개봉 : 1959년 5월 7일 국도극장
　　　(서울)
관람인원 : 5만 명
출연 : 최무룡, 문정숙, 이민, 전계현,
　　　허장강, 이대엽 외
기획 : 변종근
촬영 : 이성춘
음악 : 박시춘
조명 : 고해진
편집 : 권영순
미술 : 박석인
현상 : 김창수
사운드팀 : 백설희(노래)

10대의 반항 A defiance of teenager (1959)

(협이영화사) 극영화 / 멜로사회물

감독: 김기영
제작: 이봉영
각본: 오영진
개봉: 1959년 7월 16일 명보극장
　　　(서울)
수출현황: 미국(64)
출연: 황해남, 엄앵란, 조미령, 안성
　　　기, 황정순, 유춘수, 박광수 외
기획: 김기영
촬영: 김덕진
음악: 한상기
조명: 고해진
편집: 오영근
미술: 박석인
현상: 김창수
수상: 제2회 문교부 최우수 국산영화
　　　상 남우주연상(황해남) · 조연상
　　　(조미령) · 시나리오상(오영진)
　　　· 소년연기상(안성기), 제3회
　　　부일영화상 작품상 · 감독상(김
　　　기영) · 여우주연상(조미령) · 여
　　　우조연상(엄앵란) · 1959년도 베스트 원 선정,
　　　월간《영화예술》제정 제1회 한
　　　국영화예술상 작품상(협이영화
　　　사) · 여우연상(엄앵란) · 미술
　　　상(박석인), 제4회 샌프란시스
　　　코국제영화제 소년특별연기상
　　　(안성기)

사회의 손길이 닿지 않는 도시 뒷골목, 개울가에 버려져 혼자 자라난 부랑아 소두목(황해남)은 소년원을 탈출할 때 똘만이(안성기)와 목노주점의 딸(엄앵란)을 데리고 나온다. 그때부터 이들 불량소년들은 악질 두목(박노식) 밑에서 소매치기와 절도행각을 일삼으며 생활하게 된다. 그런 와중에서도 그들의 세계에는 동심과 청순한 우정, 순박한 사랑의 꽃이 피어난다. 그러나 악질 두목은 이 사랑을 용납하지 않는다.

한편 끈질긴 수사 끝에 이들 10대의 소굴을 찾아낸 민완 형사는 억새(유춘수)와 불량소녀(조미령)의 도움으로 두목을 체포하고 악의 소굴에서 풀려난 소년소녀들은 새로운 삶을 찾아간다.

● '초설'(1958)에 이은 김기영의 일곱 번째 작품. 6·25 동란 때 고아가 된 어린이들이 악의 세계에 물들어가는 모습을 그린 10대 영화. 출연자는 황해남을 비롯 이병일의 '자유결혼'(1958)에 출연 후 제6회 아시아영화제에서 소년 연기상을 수상한 박광수, 6세의 나이로 김기영의 '황혼열차'(1956)에 출연했던 아역 안성기 등 10대 미만과 10대 청소년들이 출연하고 있다.

전후 사회 병폐의 하나인 부랑아 문제는 당시 시대상황에서는 이를 소설화 혹은 영화화하기가 어려운 소재였다. 그러나 감독은 빵보다 사랑에 굶주린 그들이 척박한 삶 속에서도 서로의 체온을 감싸 안으며 자신의 힘으로 악을 극복하고 선의 세계로 옮겨가는 과정을 음영 짙은 화면에 감동적으로 그리고 있다. 영화전문 월간지《영화세계》는 "김 감독은 원래 도착적인 잔혹취미와 고통과 악에서 노스탈지어를 가진 작가로서 이를 잘 살리면 독특한 영토 하나가 이루어질 수 있었으나 이 작품에서는 고귀한 인간애의 세계가 스크린 이미지로 전화되어 한 컷 한 씬 속에 인간애의 정신을 살리고 있다"(《영화세계》, 1959년 12월호, pp.45~46)고 쓰고 있다.

특히 우남회관 공사장과 터널 내부의 열차통과 장면은 지금까지 우리 영화에서는 볼 수 없었던 오픈세트의 효과를 십분 살리면서 마약 중독이 된 날치기 유춘수의 연기와 함께 "꼬마 스타 안성기군에게 박수를 보낸다"는 찬사가 있었다.

이 영화는《영화세계》가 주관한 영화계 일선 평론가들과 사회 저명인사의 채점으로 이루어지는 '1959년도 베스트 1'에 선정되었고 제4회 샌프란시스코국제영화제에 출품되어 안성기가 소년특별연기상을 받았다. 개봉에 앞서 영화평론가들의 모임인 시네마 펜클럽은 1959년 6월 30일, 이 영화를 우수영화로 선택해 100인 초대 시사회를 갖기도 했다. 이 영화는 흥행에 성공했다.

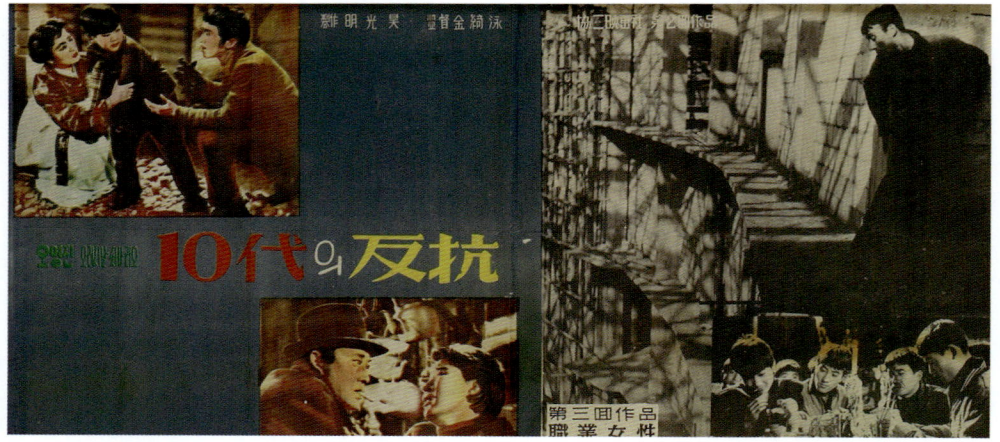

비극은 없다 There is no tragedy (1959)

서울에서 유학하고 있던 대학생 서강욱은 해방 후 38선이 가로막히자 고향에 돌아가지 못한다. 피를 팔아서 학업을 계속하던 그는 매혈소 간호사와 사랑하는 사이가 된다. 그때 북에서 내려온 고향 친구 때문에 그는 예상치 못했던 좌익 운동에 가담한다. 그로 인해 반공 관련 혐의로 구속되고 위기에 몰린 그는 그를 아끼던 대학교수의 도움으로 풀려난다. 6·25전쟁이 일어나자 이번에는 의용군으로 입대한다.

● 홍성기 촬영·연출작. 1957년 한국일보 창간 3주년 기념 현상 장편소설 모집에 당선된 홍성유의 동명소설을 원작으로 한다. 배경은 6·25 전후. 남한의 한 청년을 주인공으로 설정해 그 주변 인물들과의 줄기찬 대결의식을 그리고 있다. 주인공인 대학생 강욱(김진규)은 대학 교수(최남현)에게 본의 아닌 해를 끼치게 되고 그가 사랑하는 령(김지미)을 동창생(최무룡)에게 양보하는가 하면 따뜻한 인간미를 지닌 윤애(양미희)를 고향친구인 적색분자(장동휘)의 정부로 넘긴다. 특히 강욱이 의용군으로 나가는 신과 강욱의 임종 장면이 감동적으로 그려진다. 이 영화는 "6·25를 배경으로 하면서도 보이지 않는 조직의 비인간성을 고발하고 있다는 점에서 통쾌감과 공감을 준다"(한국 59. 8. 16)는 평을 받았다.

탄탄한 원작과 호화 출연진, 연기자들의 호연으로 2시간 30분이나 되는 상영 시간이 지루하지 않았던 것으로 전해진다. 관객 11만 3000명 이상, 그해 한국영화 흥행 순위 5위에 올랐다. "사랑의 운명 속에 외로운 그대와 나/ 어두운 밤하늘에 날아가는 낙엽처럼 맺지 못할 인연속에 흩어지는 청춘/ 아아 우리에겐 그래도 비극은 없다"로 시작되는 주제곡은 가수 안다성이 불러 히트했다.

(선민영화사) 150분 극영화/멜로 전쟁

감독 : 홍성기
제작 : 임진빈
각본 : 최금동 (원작 홍성유)
각색 : 최금동
개봉 : 1959년 8월 16일 국제극장 (서울)
관람인원 : 11만 3149명
출연 : 김진규, 김지미, 최무룡, 양미희, 최남현, 장동휘 외
촬영 : 홍성기
음악 : 박춘석
조명 : 방영원
편집 : 강성희
미술 : 임명선
현상 : 김봉수
수상 : 제2회 문교부 우수 국산영화상 우수작품 장려상(임진빈), 국제영화·국제영화뉴스 제정 제4회 독자인기상·작품상·감독상(홍성기), 월간 《영화예술》 제정 제1회 한국영화예술상 남우주연상(김진규)·남우조연상(최남현), 제3회 부일영화상 남우주연상(김진규), 제7회 아시아영화제 출품

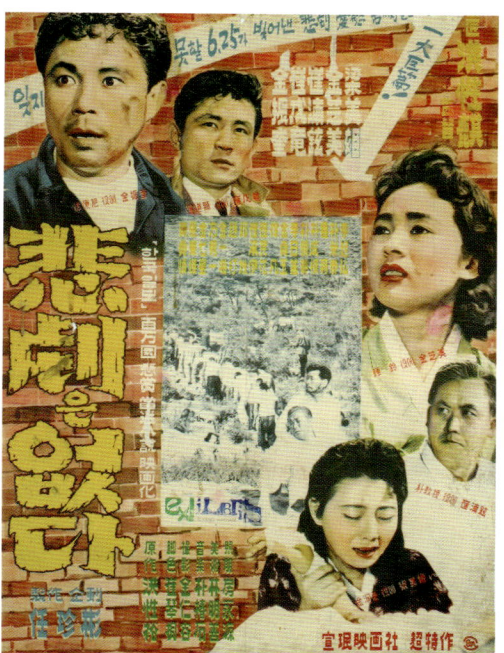

육체의 길 A way of a body (1959)

(오향영화사) 35mm 극영화/멜로

감독 : 조긍하
제작 : 박시춘
각본 : 조긍하(원작 라요스 비로)
개봉 : 1959년 8월 19일 국도극장
　　　(서울)
관람인원 : 11만 4453명
출연 : 김승호, 김지미, 이경희, 최무룡
　　　외
기획 : 변종근
현상 : 김봉수
촬영 : 김덕진
음악 : 박시춘
조명 : 고해진
편집 : 김영희
미술 : 임명선
녹음 : 이경순

한 가정의 가장이 지방 출장에 갔다가 깡패의 앞잡이가 된 불쌍한 여인을 동정한 나머지 그녀를 사랑하게 되고, 그녀와 함께 유랑 서커스단의 일원이 된다. 평생을 이리저리 떠돌며 전전하다 마침내 여인은 죽자 자신도 폐인이 된다. 그는 옛집을 찾아가 창가에 기대서서 사랑하는 아내와 성장한 자녀들의 행복한 모습을 바라본다. 거기엔 더 이상 그가 끼어들 자리는 없었다. 그는 참회의 눈물을 흘리며 병든 몸을 이끌고 정처 없이 방랑의 길을 떠난다.

● 조긍하 감독·각본의 '육체의 길'은 한국영화사에 길이 빛날 걸작으로 평가된다. 가정을 깼다는 죄책감으로 인한 남자의 고행은 가정의 소중함을 일깨워 주면서 다양한 관객층의 고른 호응을 받았다. 상업성과 예술성을 동시에 인정받은 작품으로 짜임새 있는 각본과 중후한 연출, 그리고 김승호의 명연기로 인해 영화는 빛을 발한다. 같은 해 만든 '꿈'에 대한 영화계의 실망과 불신을 딛고 당대의 명작을 탄생시킨 감독은 특유의 동양적인 감성과 정열을 발휘해 이후 많은 영화를 남겼으며 한국영화사는 그를 "동양적 인생파의 기질을 가진 작가"로 평가하고 있다.
　　1959년 8월 19일 국도극장에 개봉해 2개월의 롱런 끝에 무려 20만 명의 관객을 동원, 당시 서울시 교육위원회의 집계에 보면 관객 수 11만 4453명(『신문 기사로 본 한국영화-1959』, p.364)으로 한국영화 흥행 순위 3위로 나타나 있으나 한국영화 연감에는 15만 명을 상회한 것으로 기록되는 등 전국 관객 20만 명을 넘고 있다.
　　조긍하의 '육체의 길' 필름은 현재 남아 있지 않으며, 그가 컬러로 리메이크한 1967년작 필름(대양영화사 제작-The Body's Destination)만이 남아 있다. 이 컬러영화는 94분 길이로 김승호, 남궁원, 신성일, 허장강, 김희갑, 김지미, 고은아, 황정순, 전양자 등이 출연, 기획(황영빈), 촬영(김덕진), 음악(정윤주), 조명(김연), 편집(김희수), 미술(이명수) 등 배우와 촬영진이 1959년도 스텝들이 그대로 참여했다.

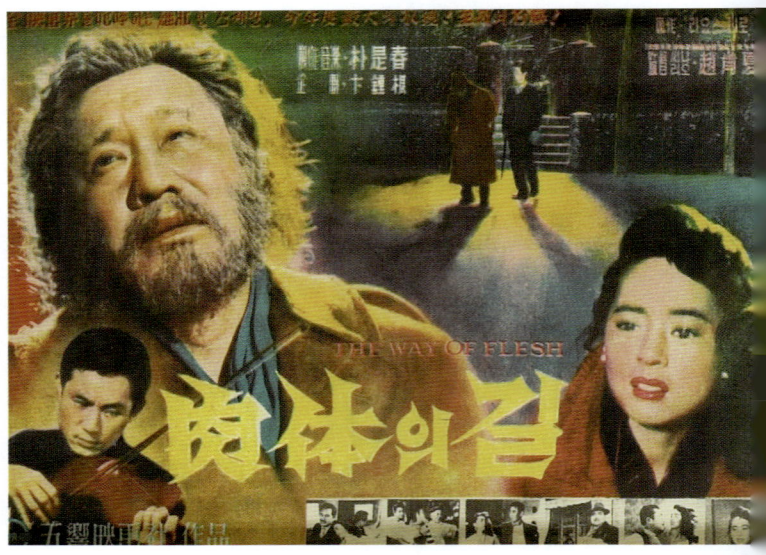

장마루촌의 이발사 A barber of village Jangmaru (1959)

6·25 전쟁 때 죽은 줄 알았던 동순(최무룡)이 성불구자가 되어 고향인 장마루촌으로 귀향한다. 그는 애인 순영(조미령)을 사랑하지만 자신의 불구를 숨긴 채 순영을 피하려고만 든다. 비밀을 알게 된 순영은 모든 것을 초월하고 동순의 품에 안긴다. 두 사람은 장마루촌 재건에 나선다.

● 최훈 대표작의 하나. KBS 라디오 방송극 현상모집에 당선된 박서림 원작의 동명 방송소설(최요안 각색)을 영화화한 작품. 유능한 신인 감독인 최훈은 '느티나무 있는 언덕'(1958)의 실패를 이 영화로 만회하려는 의지를 보여준다. 전쟁의 상처에도 불구하고 젊은이들의 참된 사랑으로 비극을 극복해낸다는 주제는 클라이맥스와 라스트 신 처리에서 명쾌하게 제시된다.

또한 기성윤리만을 무조건적으로 지키자는 것이 아니라 남녀를 진지한 인간의 문제로 승화시킨 것《영화세계》, 1959년 12월호, p.47)이 돋보인다.

서울시 교육위원회 집계는 관객 동원 9만 5082명으로 1959년도 흥행 7위. 전국 관객 15만 명. 1969년 김강윤, 문명관 각본으로 김기에 의해 연방영화사에서(98분) 다시 만들어진 후 그해 3월 국도 극장에서 개봉되었다. 리메이크 작품의 출연진은 김지미, 신성일, 남정임, 이대엽, 최남현, 허장강, 한은진, 이낙훈, 백일섭, 김칠성 등이다.

(한성영화사) 극영화/멜로 전쟁

감독 : 최훈
제작 : 정진모
각색 : 최요안(원작 박서림)
개봉 : 1959년 10월 7일 국제극장
　　　　(서울)
관람인원 : 15만 명

유정무정 有情無情, Affection and apathy (1959)

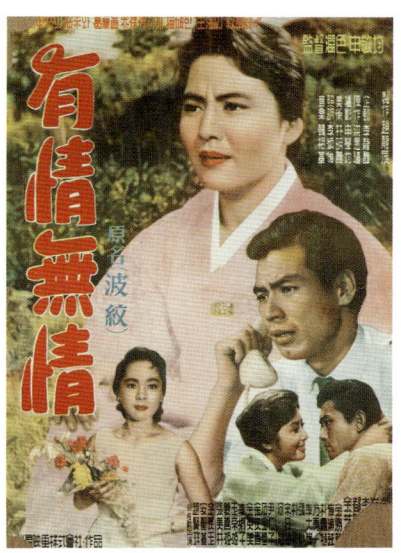

아내 주실(이민자)은 몸이 약해서 아이를 낳지 못하는 것 외엔 나무랄 데가 없기 때문에 종훈(이민)은 아내를 사랑한다. 그러면서도 남몰래 살림을 차린 선녀(도금봉)와의 사이에는 두 아이가 있다. 10년 이상 숨겨온 이 사실을 주실이 알게 되자, 부부는 두 아이를 데려다 키우기로 한다. 한편 다른 남자를 따라갔던 선녀는 그 남자에게도 버림받고 자살해버린다.

(광성영화사) 극영화/멜로

감독 : 신경균
제작 : 조용진
각본 : 홍은원
각색 : 신경균
개봉 : 1959년 11월 11일 국제극장
　　　　(서울)
출연 : 이민, 이민자, 도금봉, 최무룡,
　　　　김지미, 윤인자 외
기획 : 이용복
촬영 : 신학균
음악 : 한상기
조명 : 이병준
미술 : 임명선
현상 : 김봉수

● 같은 해 연출한 '애모'(1959)에 이은 신경균의 열 번째 작품. 원제는 '파문(波紋)', 후에 박남옥에 이어 제2호 여류감독이 된 홍은원의 시나리오작가 데뷔작. 세련된 대사와 구성이 탄탄한 대본을 바탕으로 감독은 한 남자를 둘러싼 두 여인의 이야기를 차분한 솜씨로 그려낸다. 도금봉은 여자이기 때문에 갖는 일종의 비극적 숙명을 적극적으로 표현해 관객의 심금을 울렸다. 국제극장 상영 중에 보도된 영화평에 따르면 "처리하기 어려운 극적 대목들을 성실하게 다루고 있다는 데 호감이 가는 가작"(조선 59. 11. 13)이다.

구름은 흘러도 Even the clouds are drifting (1959)

(유한영화사) 100분 흑백 극영화/가족

감독 : 유현목
제작 : 유희대
각색 : 김지헌(원작 야스모도 스에코
(安本末子)
개봉 : 1959년 11월 5일 단성사(서울)
관람인원 : 10만 명
출연 : 김영옥, 박성대, 엄앵란, 최남
현, 박광수, 이해랑, 황정순, 조
미령, 변기종, 김승호, 허장강,
정애란, 김칠성, 황해, 최무룡,
도금봉, 주선태, 김아미, 최인
봉, 노강 외
기획 : 고재원
촬영 : 김형근
음악 : 한상기
조명 : 고해진
편집 : 이경자
미술 : 박석인
소품 : 유천윤
의상 : 양광남
사운드 : 손인호, 이상만
수상 : 제2회 문교부 우수 국산영화상
작품상 · 감독상(유현목) · 소녀
연기상(김영옥), 제10회 베를린
영화제, 제8회 시드니국제영화
제 출품

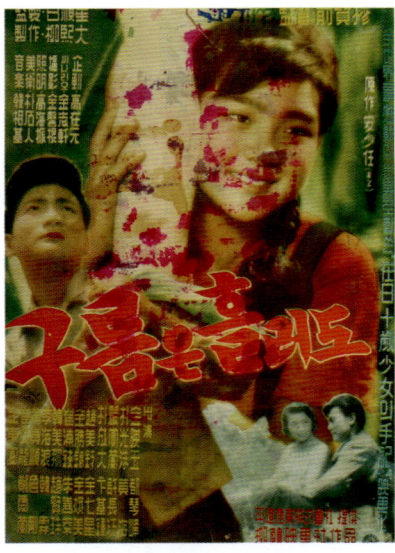

일본 북구, 부모를 잃은 4남매는 오빠(박성대)마저 탄광에서 실직하자 한층 생계가 막막해진다. 그러나 말숙(김영옥)은 궁핍한 생활 속에서도 오빠와 언니를 위로하며 가정을 화목하게 하기 위해 언제나 노력한다. 그리고 재치 있는 글솜씨로 가난에서 오는 괴롭고 아쉬운 마음을 일기장에 채워나간다. 「구름은 흘러도」는 말숙이 쓴 일기의 한 대목이다. "우리 가정도 검은 구름이 흐르고 나서 맑게 개이게 되면 매일같이 감자로 끼니를 때우게 되는 것은 면하게 되겠지요?" 이렇게 말숙은 빨리 먹구름이 흘러가고 파란 유리알 같은 하늘이 오기를 기대한다.

그러나 큰 오빠는 도시 탄광으로 떠나고 언니와 작은 오빠도 돈벌이에 나서면서 4남매는 뿔뿔이 헤어진다. 그 후 큰 오빠를 남몰래 사랑해 오던 동네 언니(조미령)가 자기가 근무하는 출판사에 의뢰해 말숙의 일기를 세상에 발표한다. 이로 인해 기쁨을 맞게 된 말숙이네 가족. 하루 아침에 먹구름이 개이고 세상의 각광을 받게 된다.

● 유현목의 일곱 번째 작품. 일본에서 베스트셀러가 된 야마모도 스에코의 『니안짱의 일기』를 원작으로 하고 있다. 재일 한국소녀가 엮은 일기로 일본에서 선풍적인 인기를 불러일으키면서 출판 당시 60여 만 부가 팔려나갔다. 한국에서도 『구름은 흘러도』, 『재일 한국소녀의 일기』로 출판되었다. 감동 받은 독자들로부터 축복과 격려의 편지를 받고 영화 판권을 얻기 위한 쟁탈전이 벌어지기도 했다. 일본에서는 닛가쯔(日活) 영화사에서 이마무라 쇼헤이(今村昌平) 감독이 영화화했다.

한국의 '구름은 흘러도'는 원작을 한국적으로 개작하고 무대를 삼척 탄광으로 옮겼다. 또 주인공 일가의 물질적 빈곤이라는 외적 조건을 정신적 내용으로 바꾸고 4남매가 기도한 소원이 이루어질 때의 해피엔딩에서는 원작자가 꿈꾼 평화롭고 불행하지 않은 생활에 대한 판타지를 서정적으로 그려냈다.

주인공 말숙 역을 맡은 김영옥을 비롯 출연진들이 모두 좋은 연기를 보여주는 등 이 영화는 "잡다한 비속 영화들 중에서 단연 향기높고 뛰어난 금년도 수작"이자 근래에 드문 문제작으로 "영화적 개화를 가져왔다"(동아 59. 11. 7)는 평을 받았다. 흥행 성공.

독립협회와 청년 리승만

Independence associalion and young rhee sueng man(1959)

1894년, 망국의 기운이 감돌기 시작한 구(舊) 한국. 한학을 배우던 우남 이승만(김진규)은 겨레의 앞날을 위해 신학문을 배워야 한다고 자각하고 배재학당에서 학문에 전념한다. 그 무렵 친일 내각에서 친러(親露)정권이 수립되어 나라가 어지럽게 되자 우남은 젊은 동지들을 모아 민중을 계몽하고 신문을 발간한다. 또한 정치개혁을 위한 중추원 개설의 중요성을 역설해 고종은 중추원을 개설하지만 친러파인 황국협회의 모함으로 우남과 독립협회 회원들은 투옥된다. 우남의 주장이 옳았음을 뒤늦게 알게된 고종의 특명으로 우남은 석방되고 곧 도미 길에 오른다.

● 이승만 박사의 20~30세에 이르는 독립협회 시절의 실화를 토대로 한 전기물. 풍운이 감도는 한말, 수구·개화 당쟁의 틈을 타서 외세가 넘나드는 시대를 배경으로 청년 이승만이 독립협회를 중심으로 활동하다 미국으로 파견되기까지의 과정을 다루고 있다. 본래 전기영화는 여러 가지 제약 때문에 성공하기 힘든 작업이지만 감독은 중후한 터치와 부드러운 진행으로 젊은 이들의 선봉에 선 우남의 우국지사적 모습을 투철하게 묘사한다. 특히 "우남이 옥중에서 실신했다가 신의 계시로 회생하는 대목은 관객의 감동을 자아냈으며 군중신 처리도 압권"(조선 59. 12. 5)이라는 평을 받았다. 이 촬영을 위해 안양 스튜디오에 한말 궁전과 장안 오픈세트를 세웠다. 김진규, 최은희, 김승호, 엄앵란, 황정순 등 국내 연기진 170여 명 외에도 외국인 출연자 등 연 인원 수만 명이 동원되었다. 공식 제작비 1억 환.

이 영화는 3·15 부정선거 이전인 1960년 3월 7일, 목포역전 광장에서 상영 도중 "중학생으로 보이는 무리들이 줄을 끊어 스크린을 넘어뜨리고 군중들에게 돌을 던져 상영이 중단"(한국 60. 3. 8)되는 사태를 빚기도 했다.

(한국연예주식회사) 133분 극영화/전기

감독 : 신상옥
제작 : 임화수
각본 : 임희재, 이정선(원작 최태웅)
각색 : 이형표
개봉 : 1959년 12월 5일 국도, 국제극장(서울)
출연 : 김진규, 김승호, 황정순, 최남현, 최은희, 엄앵란, 이민, 김석훈, 최무룡, 윤일봉 외
기획 : 반공예술인단
촬영 : 배성학, 임병호
음악 : 김대현, 윤용하, 김희조
편집 : 양주남
조명 : 고해진, 김성춘
미술 : 김정항
소품 : 전대준
의상 : 김정수
분장 : 재훈, 이준

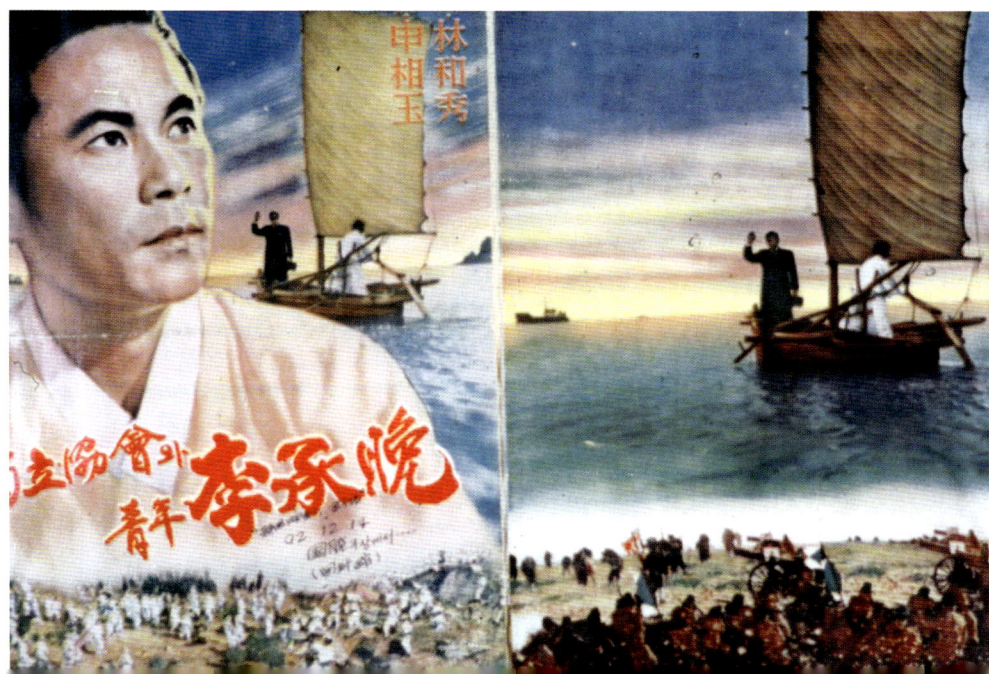

동심초 同心草, Dongsimcho(1959)

(한국영배사) 125분 극영화/멜로

감독 : 신상옥
제작 : 박운삼
각색 : 이봉래, 조남사(원작 조남사)
개봉 : 1959년 12월 21일 국제극장
　　　(서울)
관람인원 : 11만 8448명
출연 : 최은희, 김진규, 엄앵란, 주증
　　　녀, 김석훈, 도금봉, 김승호, 이
　　　민, 김동원, 한은진, 주선태, 서
　　　월영, 임양, 정연자, 최은연, 남
　　　양일 외
기획 : 이상철
촬영 : 이형표
음악 : 김성태
조명 : 이계창
편집 : 김영희
미술 : 임명선
사운드 : 손인호, 이상만
현상 : 최규순
조감독 : 최영민, 최훈식
수상 : 제2회 문교부 우수 국산영화상
　　　여자주연상(최은희), 월간 《영
　　　화예술》제정 제1회 한국영화
　　　예술상 음악상(김성태), 제7회
　　　아시아영화제 출품

6·25 때 남편을 잃은 전쟁 미망인(최은희)이 사기꾼에게 걸려 운영하던 양장점의 문을 닫게 된다. 그때 출판사 전무(김진규)가 빚 청산을 도와주면서 그들은 차츰 사랑에 빠진다. 미망인의 장성한 딸(엄앵란)은 처음에는 어머니의 이성교제를 못마땅하게 여기면서 반대하지만 그들의 사랑이 진실한 것을 확인하자 "엄마도 행복할 권리가 있다"면서 엄마를 이해해준다.

전무는 출판사 사장 딸(도금봉)과 약혼한 사이이며 그의 누나(주증녀)는 동생의 출세를 위해 결혼을 서두르고 있다. 여기서 미망인은 애인을 포기하기로 마음먹는다. 그녀는 결혼했던 몸이고 남자는 아직 독신이기 때문이다. 미망인이 통일호에 몸을 싣자 멀리 차창 밖으로 남자가 헐레벌떡 뛰어온다. 그리고 둘의 시선이 마주친다.

● 같은 해 발표한 '춘희'에 이은 신상옥의 멜로물. 조남사의 KBS 인기드라마를 영화화한 것이다. 전쟁미망인의 문제는 우리 사회뿐만 아니라 제2차 세계대전 이후 전 세계가 부딪쳤던 중요한 문제의 하나로 사회적 이슈인 미망인을 내세웠다는 점에서 일반의 관심을 끌었다.

화면 곳곳에 나오는 한문 족자가 상징하듯이 드라마가 내세운 미망인의 모럴은 "왜 그래야 하나?" 이전에 사랑의 양보나 포기, 단념만이 미망인의 절개나 미덕이양 몰아붙인다. 이는 자칫 미망인들로 하여금 그들의 적막감과 허무감을 '운명'으로 받아들일 수밖에 없다는 우려를 줄 수 있었으나 감독의 노련

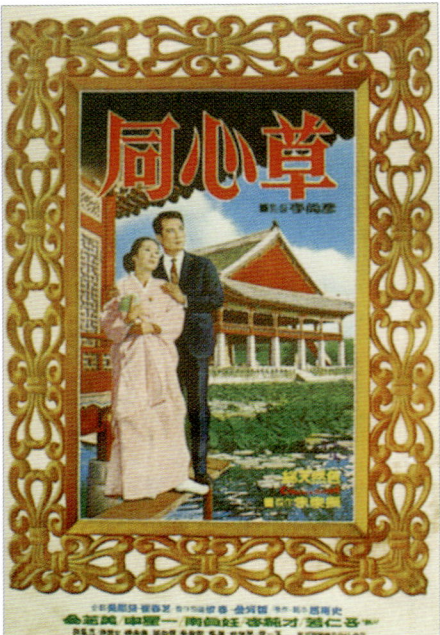

한 솜씨는 단조로운 플롯을 서정적인 감각으로 승화시켜 멜로드라마의 진수를 보여주고 있다. 여기에다 최은희가 발산하는 고절한 미망인의 갈등 연기는 한국사회에서의 전쟁미망인의 사회적 위치를 가늠할 수 있게 해준다. 이와 관련하여 한 신문은 "정적인 영화 감각과 함께 화조가 선려하다. 뿐만 아니라 화면을 통해 전달되어 오는 최은희의 청결한 비애의 정조가 좋았다"(한국 59. 10. 2)는 극찬사를 쓰고 있다. 이룰 수 없는 사랑의 노래는 가수 권혜경이 불렀다. 서울 개봉관 기준으로 21일간 상영에 관객 수 11만 8448명(동아 59. 12. 23). 1959년 제작된 국산영화 110편 중 한국영화 흥행 순위 2위를 기록했다.

흙 Soil (1960)

살여울 마을이 온통 농악 소리로 뒤덮여 있을 때 허숭(김진규)은 대열에서 빠져나와 달래강으로 나간다.

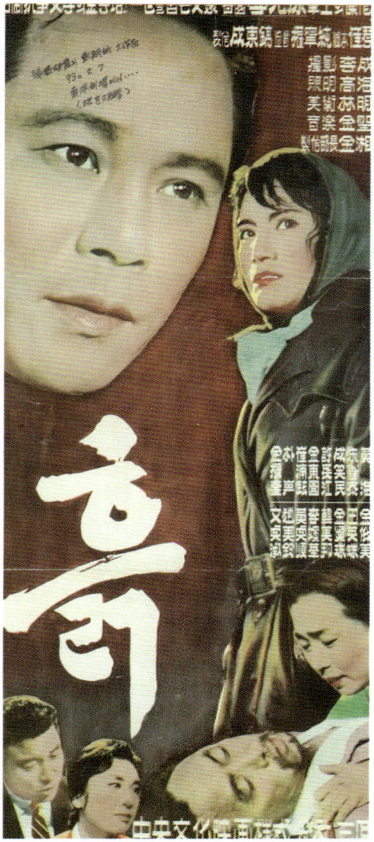

여름방학을 끝내고 내일이면 서울로 올라가야 하는 그는 마지막으로 유순(조미령)과 조용한 시간을 보낸다. 유순은 내년 봄 학교를 졸업하면 바로 돌아오겠다는 숭의 이야기를 들으며 하염없이 눈물을 흘린다.

다음날 유순은 우물가에 서서 시루봉 산모롱이를 돌아가는 남행차를 바라보고 있다.

그러나 숭은 졸업 후 농촌운동을 하겠다는 본래의 목표와는 달리 고등문관 시험에 합격하면서 도시 여성인 정선(문정숙)과 결혼한다. 하지만 그의 마음은 언제나 고향인 살여울의 농민들에게 있었고 아내의 일탈을 계기로 고향에 돌아와 농촌계몽사업에 전념한다. 남편의 뜻을 이해한 그의 아내도 뒤늦게 남편이 있는 살여울로 찾아든다.

(중앙문화영화사) 140분 극영화 / 계몽 문예물

감독 : 권영순
제작 : 성동호
각색 : 최금동(원작 이광수)
개봉 : 1960년 1월 28일 국도극장 (서울)
출연 : 김진규, 문정숙, 조미령, 박암, 이빈화, 김승호, 김동원, 최남현, 황정문, 도금봉, 한미나, 허장강, 김영옥, 황해, 성소민, 주선태, 김칠성 외
촬영 : 이성춘
음악 : 김성태
조명 : 고해진
편집 : 이원도
미술 : 임명선
음향 : 손인호, 이상만
수상 : 제7회 아시아영화제 동상(음악 김성태)

● 권영순의 문예물. 이광수 동명의 장편소설을 원작으로 하고 있다. 작가는 이 작품을 통해 일제하에서 신음하던 당시의 민족적 분노를 역력히 그려냈으며 주인공 허숭과 한민교(김동원)를 흙으로 돌려보냄으로써 시들어가는 민족의식을 선양하고 있다.

특히 살여울의 유순(조미령)이 이른 새벽 우물가에 서서 시루봉 산모롱이를 돌아가는 남행차를 서글프게 바라보면서 물동이를 이려할 때 우물 속에 비친 흔들리는 숭의 그림자는 관객의 가슴을 울리는 명장면이 되었다. 원작보다 애정 갈등에 비중을 둔 감이 있으나 감독은 "민족적 공감은 역사적으로 길이 남는다"는 춘원의 이상주의를 밑바닥에 깔면서 값싼 감상에 전도되지 않고 영화의 품격을 높여주었다(동아 60. 1. 28)는 평을 받았다.

이 소설이 영화화된다고 했을 때 의식 있는 지식인들 사이에서는 춘원이 납북된 것과 관련해 좀더 숙고해야 한다는 의견이 개진되기도 했다. 건실한 테마를 갖춘 영화로서 당시 제작된 국산영화 중 가장 주목할 만한 수작으로 꼽혔고 아시아영화제에도 출품되었다.

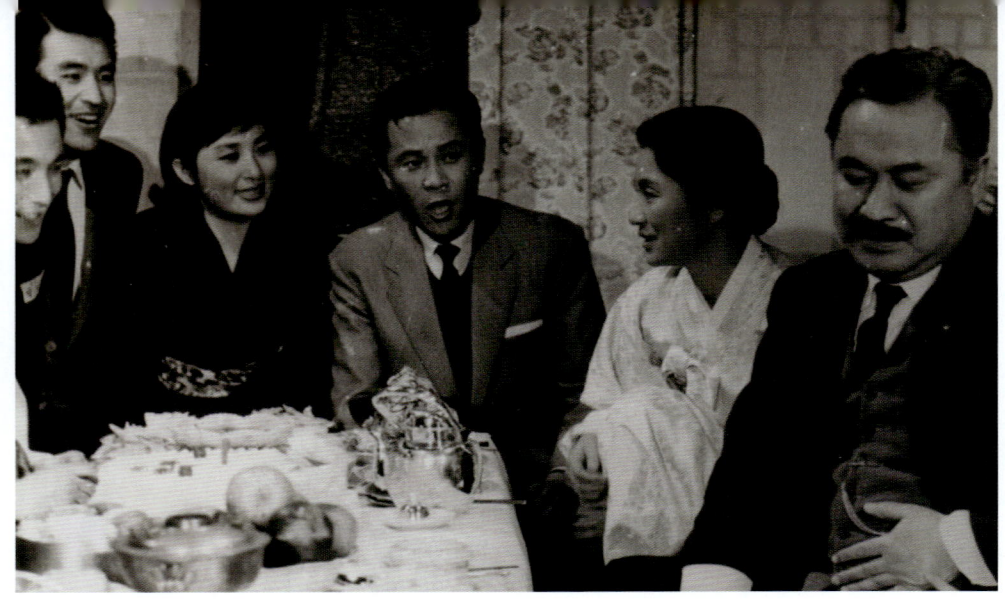

로맨스 빠빠 A romantic papa(1960)

(신필름) 131분 극영화/가족 드라마

감독·제작 : 신상옥
각색 : 김희창(원작 김희창)
개봉 : 1960년 1월 28일 명보극장
　　　(서울)
관람인원 : 10만 명
수출현황 : 태국(64), 북미TV
출연 : 김승호, 주증녀, 최은희, 김진
　　　규, 남궁원, 도금봉, 신성일, 엄
　　　앵란, 김석훈, 이빈화 외
기획 : 황남
촬영 : 정해준
음악 : 김성대
조명 : 이계창
편집 : 김영희
미술 : 정우택
사운드 : 손인호, 이상만
현상 : 최규순
조감독 : 김용덕, 최춘식, 손익동
수상 : 제2회 문교부 최우수 국산영화
　　　상 남우주연상(김승호), 제4회
　　　부일영화제 작품상, 제7회 아시
　　　아영화제 남우주연상(김승호),
　　　프랑크푸르트 암마인 아시아영
　　　화주간(4월 17～29일) 상영

보험회사의 건실한 사원인 그(김승호)는 아내(주증녀)와 자녀들에게 '로맨스 빠빠'라고 불리우는 모범가장이다. 장녀 음전(최은희)은 대학 졸업 후 관상대에 다니는 우택(김진규)과 결혼하고 장남 어진(남궁원)은 영화감독이 되기 위해 촬영 현장에서 일한다. 차녀 곱단(도금봉)은 여대생이고, 차남 바른이(신성일)와 막내 이쁜이(엄앵란)는 고교생들이다. 대식구의 생활을 꾸리기에는 월급이 빠듯하지만 낙천적인 그는 항상 넉넉한 웃음으로 가족들을 감싸 안는다. 그러나 감원대상이 되어 회사를 그만두었지만 가족들에게 차마 털어놓지 못하고 밖으로 나돌게 된다. 아들딸들은 이 사실을 알면서도 모르는 체하고 있다가 아버지의 생일날 온 가족이 모여 아버지를 위로하며 행복한 시간을 갖는다.

● 신상옥의 코믹 홈드라마. 김희창의 인기 라디오 드라마를 영화화한 작품. 이 영화는 당시 유행하던 가족희극 형태로 서민 가정의 소소한 일상을 유머와 위트를 곁들여 꾸몄다. 등장인물이 나와서 관객들에게 자기소개를 하는 오프닝 시퀀스, 어진의 시나리오를 온 가족이 읽으면서 각자 자기 방식대로 영화 내용을 상상하는 장면 등에서 관객의 웃음을 자아낸다. 그러나 아버지와 씨름에서 이긴 막내 아들 바른이가 "아! 기분 좋다. 아버지쯤 문제없다. 우리 집안의 최고 권력과 싸워서 이겼다!"고 한 대사가 경무대의 최고 권력자를 빈정댄 대목이라고 해서 삭제되었다.(동아 60. 5. 13)

　　신성일 스크린 데뷔작. 1959년 7월 서울 영화사가 실시한 신인 배우 모집에서 5815명 중에서 단 한 명으로 뽑힌 신성일은 '로맨스 빠빠'의 바른이 역으로 출연하여 영화계의 주목을 받았고 한 해 50여 편의 영화에서 주역을 맡는 대형 배우로 성장하게 된다.

　　이 영화는 1960년 제7회 아시아영화제에서 김승호가 남우주연상을 수상, 4월 6일 도쿄 야마하 홀에서 상영되어 관객의 열렬한 기립 박수갈채를 받았다. 한국영상자료원 '한국영화 100선' 선정.

햇빛 쏟아지는 벌판 A sunny field (1960)

방직공장 생산계장인 철규(김석훈)는 그를 짝사랑하는 사장의 딸 홍순 (조미령)을 외면한 채 회사 일에만 몰두한다. 그런 어느 날 밤 철규는 길에서 악당들에게 쫓기고 있는 점례(김지미)를 구해준다. 점례가 쫓기고 있는 것은 6·25 때 점례네 집으로 피난왔던 서울 사람이 마당에 묻고 간 보물 때문이며 이 사실을 안 동네 깡패들이 서로 보물을 강탈해 가려고 아귀 다툼을 벌인다는 것이다.

그 보물의 주인이 바로 철규가 다니는 공장의 사장(김승호)이라는 사실이 밝혀지면서 보물도 찾고 기울어져가는 회사도 살린다. 사장의 지시로 또하나의 생산공장 건설을 위해 철규가 먼 섬으로 떠나던 날, 철규를 사모해온 홍순을 뒤로한 채 철규가 배에 오르는데 점례가 트렁크 하나를 들고 배를 향해 달려온다. 점례와 철규의 행복한 출범이다.

(한흥영화) 극영화/액션 스릴러

감독 : 정창화
제작 : 최관두
각색 : 임희재(원작 이서구)
개봉 : 1960년 3월 31일 국제극장
　　　 (서울)
관람인원 : 10만명
출연 : 김지미, 조미령, 김석훈, 김승
　　　 호, 황해, 박노식, 장동휘, 허장
　　　 강, 이민, 최남현 외
기획 : 최관두　　촬영 : 이성휘
음악 : 박춘석　　조명 : 이범근
편집 : 정창화　　미술 : 원제래
현상 : 김형근　　조감독 : 임권택

● '사랑이 가기 전에'(1959)에 이은 정창화의 신작.

이 서구의 KBS 연속방송극을 임희재가 각색한 작품. 지금까지 영화화된 방송극 중에서도 그 수준이 월등하다고 해서 당시 영화계는 이를 "금년도 한국영화를 찬란하게 장식할 금자탑"(《시네마펜》 1960년 4월호, p.40)으로 소개한 바 있다.

액션의 긴장과 멜로의 부드러운 흐름이 적절하게 어울려 볼만하다는 평가와 함께 흥행에서도 성공했다. 이 영화를 필두로 액션영화가 만들어지기 시작했으며 정창화는 불모지였던 한국영화계에 액션장르를 개척하고 성숙시킨 인물로 부상되었다. 정창화는 1930년대와 40년대 한국영화의 거목이었던 최인규 감독의 제자이며 현재 한국영화를 대표하는 임권택의 스승이기도하다. 임권택은 이 영화에서 조감독을 맡고 있다.

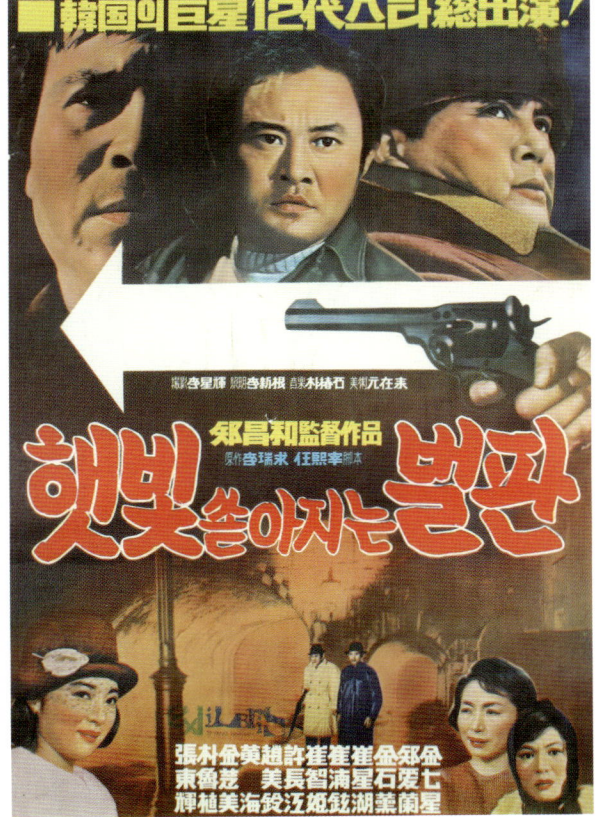

이 생명 다하도록 To The Last Day (1960)

(신필름) 109분 극영화 / 멜로

감독 : 신상옥
제작 : 신상옥
각본 : 임희재
각색 : 이형표
개봉 : 1960년 7월 1일 명보극장
       (서울)
수출현황 : 태국, 대만(64)
출연 : 최은희, 김진규, 남궁원, 신성
       일, 김혜정, 고선애, 전영선, 정
       성숙, 박경주, 김진 외
촬영 : 정해준
음악 : 김성태
조명 : 이계창
편집 : 김영희
미술 : 홍성칠
조감독 : 장일호
사운드 : 손인호, 이상만
수상 : 제12회 베를린영화제 아동특별
       연기상(전영선), 제1회 공보부
       주최 우수 국산영화상 여우주
       연상(최은희) · 녹음상(손인호)
       · 조명상(이계창)

패주하는 공산군을 맹렬히 추격하던 김기인 대위(김진규)는 척추에 파편을 맞고 육군병원에 입원한다. 하반신 불구가 된 그는 자신의 병세를 비관하지만 아내 혜경(최은희)의 격려로 살아갈 용기를 얻는다. 중공군의 개입으로 전쟁이 또다시 역전되자 부부는 피난길에 오른다. 혜경은 남편을 대구 육군병원에 입원시키고 자유시장에 나가 구호물자 옷가게를 연다. 이때 누이를 찾고 있는 조병선(남궁원)이라는 청년을 만나 혜경은 외로운 그에게 다소 동정을 느끼지만 그가 돌봐야 할 남편에게 돌아온다.

서울로 환도한 후 남편은 자신의 저금을 털어 전쟁미망인 구제 사업을 시작하고 혜경도 편물기 미싱 등으로 미망인들과 행복한 일과를 보낸다. 그러나 또 다른 불행이 부부 앞에 부닥친다. 초등학교에 다니던 딸(전영선)이 교통사고로 죽은 것이다. 부부의 생명을 연장해 주던 딸이 죽자 혜경은 또다시 절망에 빠지고 미망인들도 더 이상 그곳에 머물 수 없게 된다. 그러나 그들이 모자원을 떠나려는 순간 식음을 전폐하고 누워 있던 혜경이 일어서면서 "그날까지 살아야 한다. 이 생명 다하도록 …" 이렇게 감연히 외친다.

● '로맨스 빠빠'에 이은 신상옥의 11번째 작품. 1957년 12월부터 1958년 4월 말까지 120회에 걸쳐 HLKY(기독교방송) 방송에서 낭독된 한운사의 일기체 전쟁소설을 영화화한 것이다.

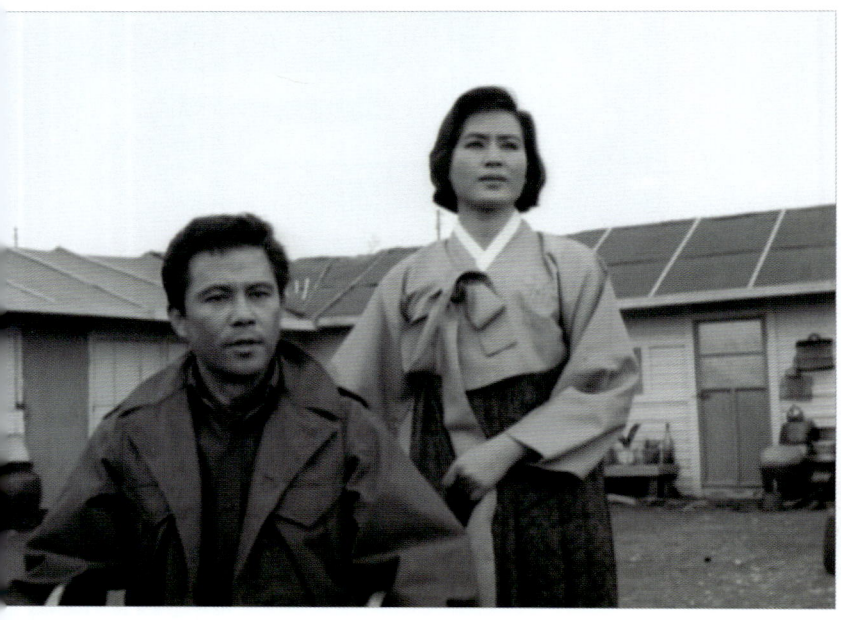

실제의 인물이자 당시 천호동에서 전쟁미망인들의 수산장을 경영하고 있던 상이용사 김기인 대령(당시 대위)과 그 부인 정혜경 여사의 실화를 직접 취재한 내용이다. 원작은 8·15 직후에서 6·25 전후에 걸친 방대한 시대 배경을 이루고 있으나 다큐멘터리식의 폐단을 방지하기 위해 6·25 직후만으로 이야기를 압축하고 있다. 감독은 현존인물을 모델로 하는 부담감 때문인지 극적인 다양성을 배제한 대신 사랑과 의지로 인생을 재건하는 순수한 감동을 작품에 부여하고 있다. 이에 대해 영화계는 "비교적 리얼한 터치와 일관된 연출로 출연자들의 열연을 끌어내는가 하면 자신에게 주어진 비극을 감수하며 살아가는 한 부부상을 감동적으로 그린 가작"(조선 60. 7. 6)으로 호평하고 있다. 일본에서도 '나의 사랑의 기록'으로 영화화되었다.

철조망 鐵條網, Entanglements(1960)

북한군의 만행으로 UN군의 진격이 좌절되었을 때 낙동강 어느 고지에서 간호장교 김혜련은 적의 포위망을 뚫고 구사일생으로 탈출한다. 같은 시각, 강제로 의용군에 끌려갔다가 인민군이 된 이혁은 자유를 찾아 괴뢰 진영을 빠져나오다가 한 민가에서 혜련과 마주친다. 공산주의를 증오하는 이혁을 이해하게 된 혜련은 그를 곧바로 국군에게 인도하고 이혁은 포로수용소로 이송된다. 포로수용소에는 대한의 품에 안기고자 하는 반공포로와 공산포로가 팽팽하게 대립해 있는 상황이다.

이혁은 자유를 찾아 사선을 넘어왔노라고 유엔 측 행정관 앞에서 무릎을 꿇고 애원하지만 그들은 판문점 회담이 해결될 때까지 보호할 뿐이라며 냉혹하게 외면한다. 그리고 그날 밤, 제8포로수용소 내 먹장 같은 광장에서 반공포로와 공산포로들 간에 목숨을 건 싸움이 벌어진다. 철조망을 사이에 둔 인간과 야수의 대결에서 수백 명의 반공포로들이 공산포로들에게 학살당한 사건이다. 이 무렵 혜련은 수많은 수용소의 철조망을 기웃거리며 마음의 애인인 이혁을 찾아 헤맨다. 1953년 6월 19일, 반공포로 석방과 함께 이혁은 비로소 자유의 품에 안기고 꿈에 그리던 혜련과도 다시 만난다.

(흥기영화사) 비스타비존 극영화/액션 반공

감독 : 조긍하
제작 : 정병준(이봉근)
각본 : 김상봉 (원작 유치진)
개봉 : 1960년 7월 21일 명보극장 (서울)
출연 : 김혜정, 이대엽, 방수일, 이용, 주선태, 조항, 김웅, 추석양, 조석근 외
기획 : 이병일, 차병권
촬영 : 김덕진
음악 : 한상기
조명 : 이병준
편집 : 김덕진
미술 : 임명선
현상 : 김봉수

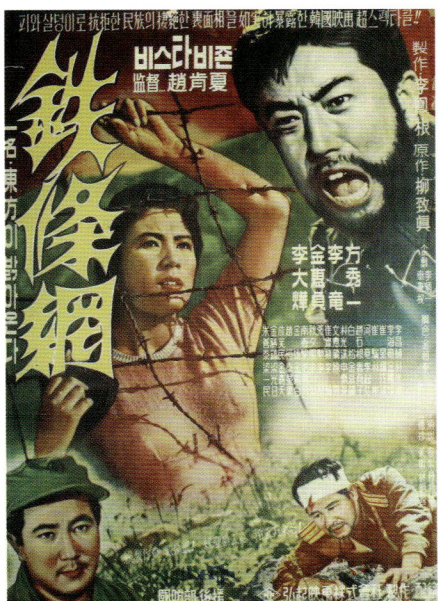

● 조긍하의 전쟁영화. 유치진 원작을 김상봉이 각색, 국방부가 후원하고 있다. 실제 한국전쟁 중 거제도에 설치한 포로수용소에는 13만 2000여 명의 인민군과 중공군 포로를 수용, 여기에서 북한 또는 중국으로 돌아가려는 공산포로와 돌아가지 않으려는 반공포로가 둘로 나뉘어 대립하면서 폭동이 계속되었다. 1953년 6월 18일 이승만 대통령이 비밀리에 반공포로 2만 7389명을 일방적으로 석방시킨 사건은 국제적으로 물의를 일으킨 바 있다.

'철조망'은 당시 6월 18일을 전후해 거제도 포로수용소 내에서 일어난 사실을 기록한 실화 영화로 수백 명의 반공포로들이 공산포로들에게 대항해서 싸우는 가운데 억울하게 학살당한 전투사를 다루고 있다. 이 영화는 1996년 영진공의 '한국영화 70년 대표작 200선'(1919년 '의리적 구토'에서 1989년 '아제아제 바라아제'까지)에 선정되었다.

푸른 하늘 은하수 The Milky Way in the blue sky(1960)

(동보영화사) 극영화 / 멜로

감독 : 안현철
제작 : 송유천
각색 : 유한철(원작 윤극영)
개봉 : 1960년 9월 21일 명보극장
      (서울)
기획 : 방예정
출연 : 최무룡, 김지미, 주증녀, 이예춘,
      박금희, 황정순, 허장강 외
촬영 : 임진환   음악 : 황문평
조명 : 방한기   편집 : 김희수
미술 : 임명선   녹음 : 손인호
사운드 : 이상만   현상 : 김창수

가난에 못이긴 부부(최무룡, 주증녀)가 어린 딸 옥(박금희)을 이웃에 맡기고 북만주로 떠난다. 그 후 딸은 뱃사공 만석(이예춘)이 아버지인 줄만 알고 곱게 자라난다. 수년 후 재산을 모은 친부모가 돌아와 내버린 딸을 찾아 나서지만 만석은 기른 정도 낳은 정 못지않다며 귀하게 키운 딸을 보내려 하지 않는다. 그래서 친부모와 만석은 딸이 누구와 살 것인가를 딸에게 묻기로 한다. 딸은 서슴치 않고 길러준 아버지인 만석을 선택하고 친부모는 지난날을 뉘우치며 발길을 돌린다.

● '어머니의 힘', '아들의 심판'을 연출한 안현철의 1960년도 작품. 가난 때문에 어린 딸과 생이별한 부부의 애절한 사연을 다루고 있다.
　"푸른 하늘 은하수 하얀 쪽배에 계수나무 한 나무 토끼 한 마리…"로 시작되는 윤극영의 동요를 모티브로 한 순정영화.
　자식을 버리고 돈을 벌러 간 부모 역은 최무룡과 주증녀가 맡았고 옥이를 기른 양부 만석 역에는 이예춘, 옥이를 가르친 학교 담임선생 역에는 김지미, 만석을 좋아하는 동네 과부 역으로는 황정순이 나온다.
　빚에 쫓겨 어쩔 수 없이 자식을 버린 부모가 자식을 다시 찾아오지만 딸은 친아버지로 알고 자란 만석의 품을 떠나려 들지 않는다. 그러나 맨 끝 장면, 외진 바닷가 섬에서 딸아이가 가난하게 살게 될 것을 걱정한 만석이 친부모에게 딸을 내어주는 장면과 딸아이가 부르는 "푸른 하늘 은하수" 노래가 객석을 눈물바다로 만든 것으로 전해진다.
　명보극장 개봉 후 관객몰이에 성공하면서 안현철은 히트 감독으로 부상했다.
　제작비는 쪽배 하나와 팔당댐 근처에 하꼬방 같은 사공의 집을 지은 것이 전부다. (한국영상자료원, 『한국영화를 말한다 — 한국영화의 르네상스 2』(안현철 편), 이채, 2005년, pp.178~188, pp.190~191)
　해질 무렵 뱃사공 아버지 이예춘과 어린 딸 박금희가 뱃전에 앉아 대화를 나누는 장면 등이 명장면으로 손꼽힌다.

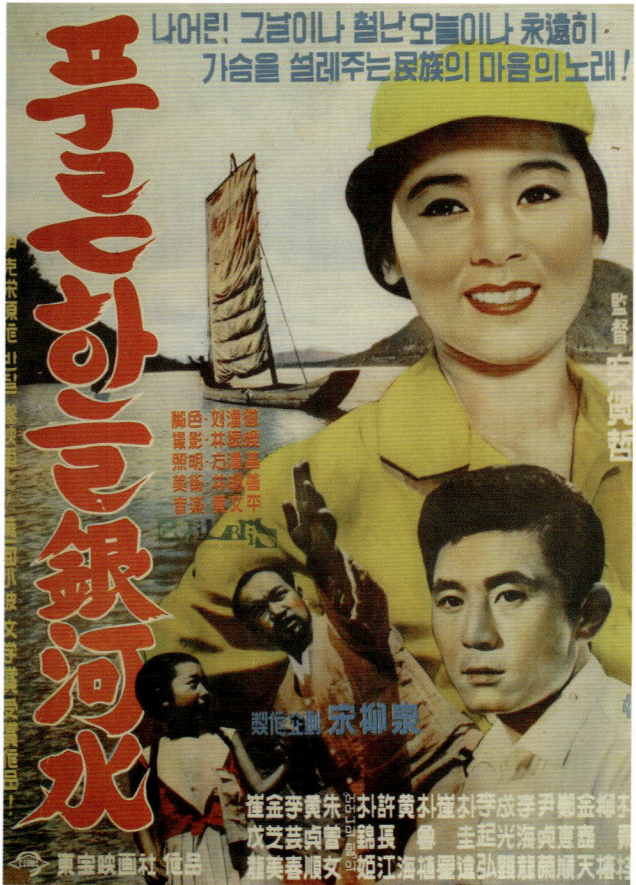

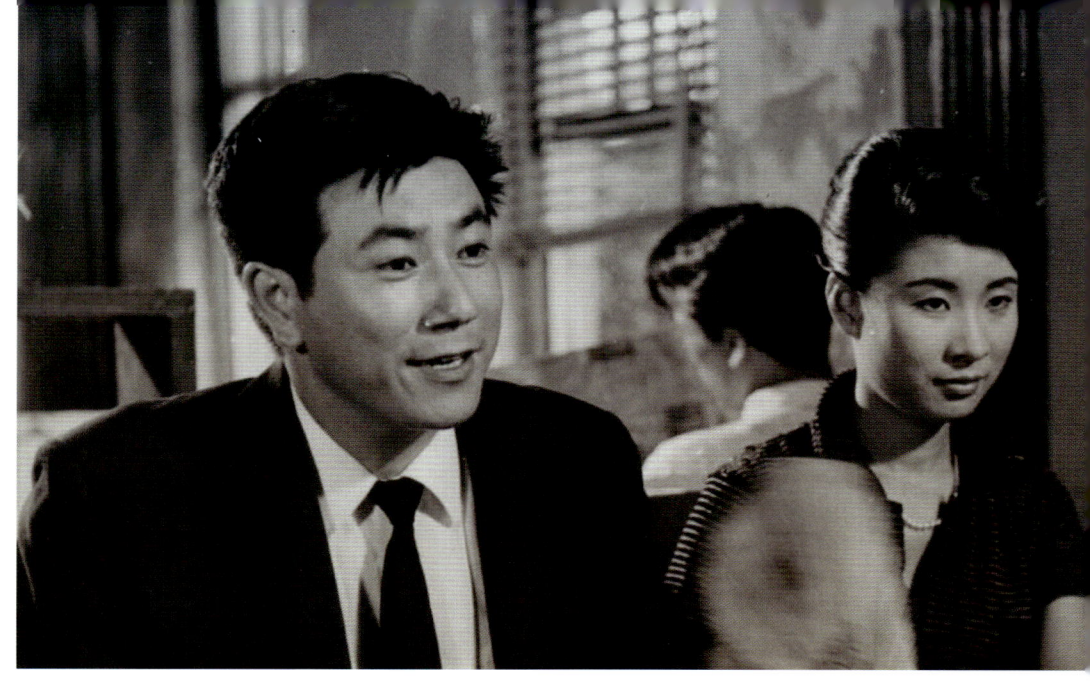

박서방 Mr. Park (1960)

미장이 박 서방은 무식하고 고집이 세지만 선량한 가장이다. 갖은 고생을 하며 혼자서 3남매를 키운 그는 항공회사에 다니는 작은딸 명순(엄앵란)이 회사 동료인 주식(방수일)과 결혼하겠다는 것도 찬성하고 큰아들 용범(김진규)과 점례(김혜정)의 결혼도 허락한다. 그러나 큰딸 용순(조미령)이 건달 재천(황해)과 가까운 것은 못마땅하기만 하다. 용순은 아버지의 반대가 심해지자 집을 나가 재천과 살림을 차리고 큰아들 용범은 결혼 후 태국 지사로 나갈 계획을 세운다. 어느 날 박 서방은 작은딸 명순의 남편인 주식의 고모에게 불려가서 두 집안의 차이가 너무 심하게 난다는 등의 수모를 겪는다. 집에 돌아온 그는 큰아들에게 꼭 성공하라며 태국 행을 허락하고 큰딸의 남편 재천도 사위로 받아들인다. 온 가족이 한데 모여 행복한 결혼 잔치를 벌이는 것으로 영화가 끝난다.

● 같은 해 연출한 '해떨어지기 전에'에 이은 강대진의 세 번째 영화. 김영수의 라디오 연속방송극을 원작으로 하고 있다. 근대화의 물결 속에서 하층민이 겪어야 했던 가치관의 혼동을 주인공 박 서방과 그 자식들과의 대립을 통해 드러내고 있다. 즉 자유의지에 따라 결혼하려는 큰딸을 몰아세우지만 큰딸은 아버지의 뜻을 거스르게 되고, 그는 결국 자식들의 요구와 근대적 가치관을 수용하게 된다. 세대 간의 화해를 통한 근대와 전근대의 갈등 극복이라는 주제는 문예적 성향의 다음 작품인 '마부'(1961)에서 좀더 확연히 드러난다. 영화 '박서방'은 필리핀 마닐라에서 열린 제8회 아시아 영화제에 출품되어 김승호가 최우수주연상을 받았다. 한국영상자료원 '한국영화 100선'에 선정됐다.

(화성영화) 138분 35mm 극영화 연소자불가/멜로(가족)

감독 : 강대진(姜大振)
제작 : 이화룡
각색 : 조남사(원작 김영수)
개봉 : 1960년 10월 5일 국제극장 (서울)
관람인원 : 10만 명
출연 : 김승호, 황정순, 김진규, 조미령, 엄앵란, 김혜정, 황해, 방수일, 김희갑, 유계선, 윤정란, 라정옥, 장미, 장훈, 추석양, 양일민, 장혁, 이영, 정철, 방연실, 황인규 외
기획 : 박희백
촬영 : 이문백
음악 : 이인권
조명 : 윤영선
편집 : 김희수
미술 : 원제래
사운드 : 손인호, 이상만
스틸 : 임계근
현상 : 김봉수
조감독 : 윤철상, 정운, 황도석
수상 : 제8회 아시아영화제 최우수 남우주연상(김승호)

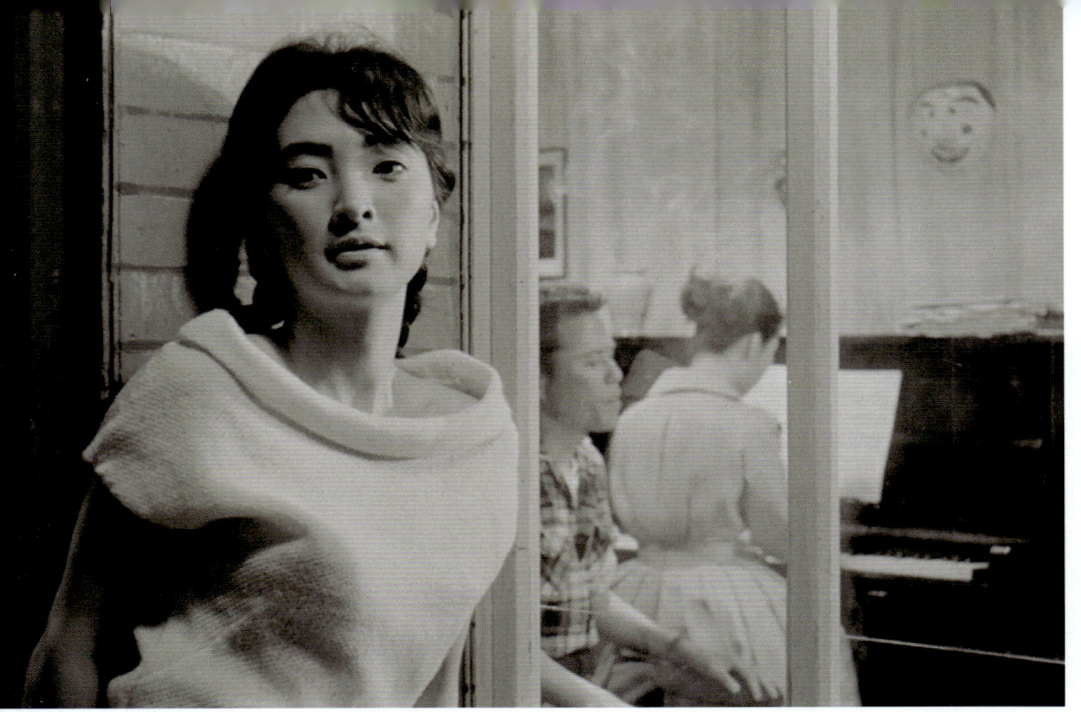

하녀 下女, The housemaid(1960)

(한국문예영화사 · 김기영프로덕션)
108분 극영화 연소자불가/멜로

감독 · 제작 · 각본: 김기영
개봉: 1960년 11월 3일 명보극장
(서울)
관람인원: 10만 명
수출현황: 미국(1962)
출연: 김진규, 주증녀, 이은심, 엄앵
란, 고선애, 안성기, 나옥주, 최
남현, 조석근, 남방춘, 김만 외
기획: 김영철   **촬영:** 김덕진
음악: 한상기   **조명:** 고해진
편집: 김기영   **미술:** 박석인
사운드: 이상만, 손인호
조감독: 전응주, 김대희, 정효섭
수상: 공보부주최 제1회 최우수 국산
영화상 · 최우수 감독상(김기
영) · 최우수 연기상(이은심) ·
최우수 촬영상(김덕진) · 최우수
미술상(박석인) · 최우수 편집상
(오영근), 제4회 부일영화상 감
독상(김기영) · 촬영상(김덕진)
· 미술상(박석인) · 음악상(한상
기), 제8회 아시아영화제 출품

방직공장 음악 교사인 동식(김진규)은 아내 정심(주증녀)이 집을 비운 사
이 하녀(이은심)를 범해 임신을 시키고 그로 인해 가정은 걷잡을 수 없
는 파탄에 빠져든다. 그때부터 한 지붕 아래서 남편과 아내, 하녀 간의
기묘한 동거가 시작된다. 임신을 핑계로 날로 포악해지던 하녀는 주객
이 전도되어 그의 아내 정심에게 노골적인 적개심을 드러낸다. 그런 과
정에서 하녀는 낙태를 하게 되고 그 보복심으로 동식의 아들(안성기)을
계단에서 떠밀어 죽인다. 비가 세차게 내리던 날 밤, 머리를 풀어헤친
채 한 가정의 가장인 동식을 위협하는 하녀의 모습은 음울한 조명효과
와 함께 공포감을 극대화한다. 더 이상 어쩔 도리 없이 궁지에 몰린 동
식은 마침내 쥐약을 먹고 하녀와 동반 자살을 기도한다.

● 김기영의 아홉 번째 작품이자 한국문예영화사 제1회 작품. 경기도 금천에서 실제 있었던 사
건을 토대로 감독이 직접 시나리오를 썼다. 그리고 이 영화를 계기로 본격적인 김기영 작품 만
들기에 돌입하여 제작 · 각본 · 연출 · 편집을 감독이 직접 맡고 있다.
　어느 날 하녀가 집에 들어오면서 단란했던 가정이 파국을 맞게 되는 이 영화는 1층에선 아
내, 2층에선 하녀의 위협적인 지시를 받아야 한다는 해괴한 설정과 함께 한순간의 실수로 소중
한 모든 것을 잃게 되는 경각심을 불러일으킨다. 특히 하녀가 그 아들을 계단에서 떠밀어 죽
이는 잔혹한 살인과 인간의 원초적 본능, 애욕의 갈등을 집요하게 파고들어 당시 많은 논란을
불러일으켰다.
　김기영은 처음부터 동식의 아내 정심 역은 주증녀를 염두에 두고 썼다고 한다. 그 이유는

"주증녀는 타고난 연기자로서 카메라를 어떤 측면으로 가져가든지 완전히 흡수해버리는 입체적 호조건을 갖추고 있으며 빈틈없이 정리된 감정을 완전하게 느낄 수 있도록 나타내기 때문"(국제영화), 1960년 8월호, p.123)이라고 했다. 따라서 감독은 저주와 분노를 분출하기에 앞서 감정을 억제하면서 부부 생활의 불안감, 하녀와 남편 사이에서의 미묘한 입장을 독특한 내면 연기로 나타낼 수 있도록 길을 터주었다. 또한 하녀를 연기한 이은심은 여성의 성적 욕망을 괴기스러운 여성성을 통해 보여주었으며 영화 속의 악녀 이미지가 굳어지면서 이후 다른 영화에는 출연하지 못한 것으로 알려지고 있다.

이 영화는 공보부 주최 한국 최우수영화상에서 김기영 감독상, 이은심 최우수연기상을 비롯 촬영상(김덕진) · 미술상(박석인) · 편집상(오영근) 등을 석권했다. 한국영상자료원 '한국영화 100선' 선정.

이를 계기로 김기영은 당대 신상옥, 유현목과 함께 한국영화를 주도하는 트리오를 형성하면서 도시와 농촌, 과잉된 섹슈얼리티와 계급상승을 꿈꾸는 젊은 여자들, 계급 혼란에 불안해 하는 부르주아족, 경제권을 지닌 여성에 대한 남성의 불안감을 표출한 '화녀(火女)'(1971), '충녀(蟲女)'(1972), '화녀82'(1982), '육식동물'(1984)을 잇달아 내놓으면서 1990년대 후반에 이르러 그의 작품 세계는 세계적으로 재평가되고 재조명되었다.

이 작품은 '오래된 정원'(2006)의 감독 임상수가 리메이크하여 제63회 칸국제영화제 경쟁부문에 참가하고 극중 집사로 나온 윤여정이 18회 이천춘사대상영화제, 19회 부일영화상, 47회 대종상에 이어 대한민국 영화대상에서 여우조연상을 수상했다.

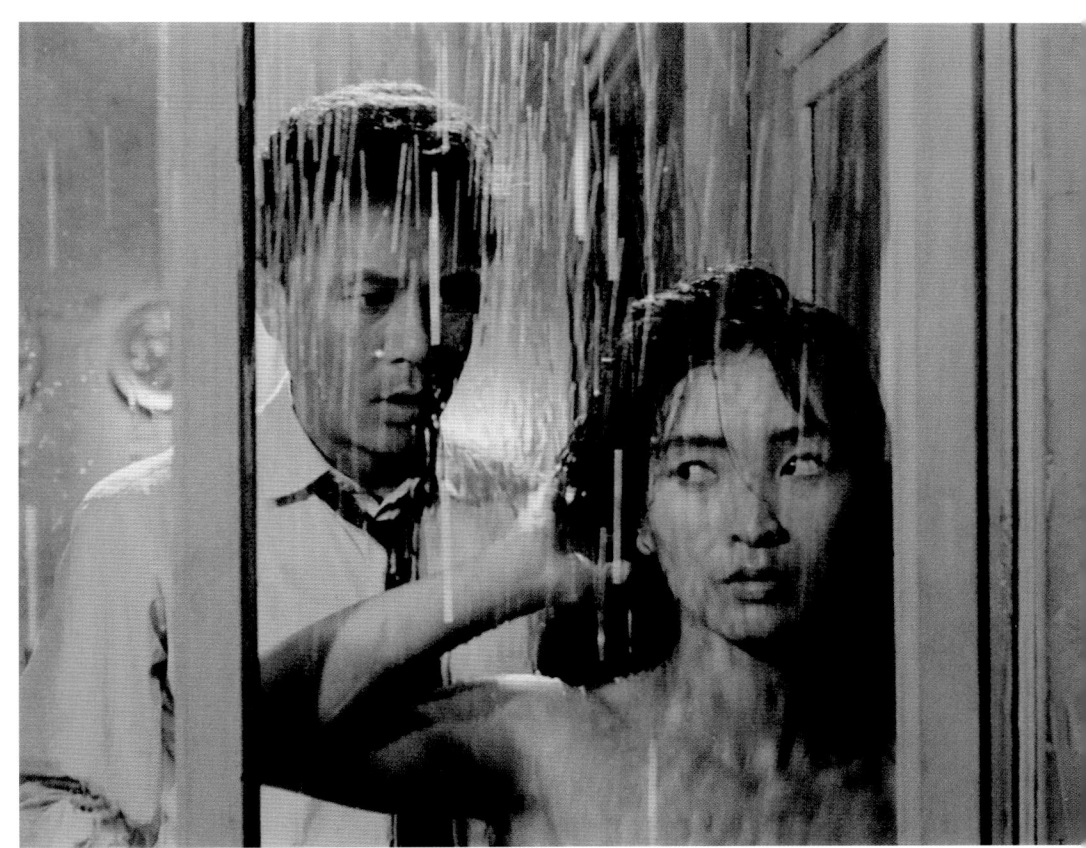

과부 寡婦, A widow (1960)

(동양영화사) 극영화/멜로 문예

감독 : 조긍하
제작 : 정화세
각색 : 조긍하, 김강윤(원작 황순원)
개봉 : 1960년 11월 5일 국제극장
　　　　(서울)
출연 : 이민자, 신영균, 최남현, 박성
　　　　대, 신일천 외
기획 : 박진식
촬영 : 원용일
음악 : 한상기
조명 : 이병준
편집 : 김희수
미술 : 박석인
현상 : 김창수
수상 : 제8회 아시아영화제 출품, 제2
　　　　회 한국영화예술상 여자연기상
　　　　(이민자)

한씨(최은희)는 김 진사(최남현)댁의 며느리다. 그러나 시집 온 지 얼마 되지 않아 어린 신랑이 세상을 등진다. 신랑을 잃고 청상과부가 된 한씨는 집안의 건장한 머슴인 칠성(신영균)과 사랑을 나누게 되고 머슴의 아이를 출산한다. 이 사실을 안 김 진사는 대노하여 머슴을 쫓아낸다.

머슴과 정을 통해 아이를 낳은 한씨는 핏덩이 아들을 칠성의 품에 안겨주어 멀리 떠나보낸다. 그리고 한씨는 김 진사댁에 남아 과부로 살아 간다.

그로부터 20여 년이 지나 한씨는 초로의 나이에 접어든다. 한 평생 수절과부로서 열녀 칭송을 받으며 살아왔지만 한씨의 마음속에는 남에겐 말 못할 허전함이 짓누른다. 그것은 먼 옛날 머슴의 품에 안겨 떠나보낸 아들에 대한 그리움과 죄책감이다.

그런 어느 날, 노쇠해진 한씨 앞에 머슴의 손에서 키워진 아들 용길(박성대)이 찾아온다. 한씨는 오랜 세월 끝에 평생 그리던 아들을 만났으나 그리운 감정을 드러내지 못한다. 한씨에겐 과부는 수절하며 살아야 한다는 도덕관념이 더 중요했던 것이다. 용길도 꿈에 그리던 어머니에게 말 한마디 건네보지 못하고 그대로 발길을 돌린다. 전통의 굴레를 벗어던지지 못한 두 모자는 또 다시 기약 없는 긴 이별을 하게 된다.

● '곰', '육체의 길'(1959)과 함께 조긍하의 대표작 중 하나다. 1953년에 발표한 황순원의 동명 단편소설을 김강윤이 각색한 작품. 가족제도의 낡은 인습 속에 묻혀 희생되어 가는 한 여인의 반생을 사실적으로 그리면서 향토의 흙냄새와 희석되어 가는 한국적 정서를 스크린 속에 재현시키고 있다. 농촌을 배경으로 갖가지 민속적 행사를 보여주면서 극이 전개해 나가는 동안 행복을 체념하고 살았던 지난날 어머니들의 모습이 화면에 부조되어 관객에게 공감을 준다.

신영균 스크린 데뷔작. 이 영화로 처음 스크린에 나온 신영균은 과부를 짝사랑하면서 연정으로 속앓이를 하는 시골 머슴 역을 능숙하게 해냈다. 우직스럽고 토속적인 이미지에 지적인 요소가 보완되어 때마침 한국영화계에 불어닥친 문예물에 맞는 "한국적 남성상을 창출했다"(동아 60. 8. 17)는 평을 들었다. 5만 명의 관객 동원. 이 작품은 1962년 신상옥의 '열녀문'(최은희, 신영균), 1978년 조문진의 '과부'(고은아, 김희라)로 리메이크되었다.

표류도 漂流島, A drifting story(1960)

마돈나 다방의 강현희(문정숙)는 딸(전영선)과 어머니(황정순)를 부양하며 살고 있다. 현희는 생활고에 시달리지만 자존심만은 잃지 않으려고 애쓴다. 그러나 그녀가 사생아를 낳고 다방을 경영한다는 사실로 사람들은 그녀를 무시한다. 그녀는 친구의 남편인 이상현(김진규)과 사랑에 빠진다. 부인이 있는, 더구나 친구 남편과의 사랑과 윤리 사이에서 고민하지만 그녀는 쉽게 상현을 포기하지 못한다. 한편 마돈나의 단골손님인 젊은 시인 민우(최무룡)를 좋아하던 종업원 광희(엄앵란)는 민우가 자신의 사랑을 받아주지 않자 거리에 나가 몸을 팔다가 자살한다.

그런 어느 날 상현이 미국 출장에 가고 없는 사이 손님 중의 하나인 최영철(허장강)이 그녀를 외국인에게 소개하려는 식의 대화를 듣고 너무나 분한 나머지 화병을 던지게 되고 최영철은 그 자리에서 화병을 맞고 죽는다. 감옥에 수감되어 병을 앓던 현희는 상현의 도움으로 병보석으로 풀려나고 그들은 외딴 섬으로 떠난다. 행복한 시간도 잠시, 그녀는 병으로 죽음을 맞이한다.

- '흙'(1960)의 성공에 이은 권영순의 문예영화. 박경리 소설로는 처음으로 영화화된 것이다. 1959년 《현대문학》에 연재되어 호평을 받은 『표류도』는 제3회 내성문학상을 수상. 원작이 고독한 여성에 초점을 맞췄다면 영화는 인간의 숙명적 외로움을 사랑과 경제적 자립의 문제를 통해 풀어내고 있다.

'더 가까워질 수도 멀어질 수도 없는' 이른바 표류도 같은 사랑을 가슴에 담고 살아가는 주인공의 복잡한 심리를 담담하게 묘파한 이 영화는 원작이 지닌 중량을 비교적 무난하게 살리려고 노력한 점과 회상 장면을 첼로의 저음처럼 처리한 것이 인상적이다.

재판장의 "지금부터 피고 강현희의 최영철 살해사건에 관한 심리 공판을 시작하겠습니다"로 시작된 영화는 현희의 내적 갈등을 표현하기 위해 외부풍경이 흔들리는 장면, 다방 마돈나의 실내 장면에서 이후 살해의 도구가 되는 청동화병이 클로즈업되는 등 카메라가 둥근 원을 그리면서 유려하게 움직인다. 문학적인 대사와 당시로서는 파격적인 키스신, 베드신도 볼거리다. 그러나 대중에의 영합을 염두에 두어선지 "원작이 지닌 감명의 여운을 주지 못했다"(서울 60. 12. 23)는 평이 있었다.

(중앙문화영화사 · 권프로덕션) 124분
극영화/멜로 문예

감독 : 권영순
제작 : 성동호
각색 : 최금동(원작 박경리)
개봉 : 1960년 12월 17일 국도극장
　　　(서울)
관람인원 : 5만 명
출연 : 문정숙, 김진규, 최무룡, 엄앵란, 박암, 황정순, 허장강, 도금봉, 김동원, 이빈화 외
기획 : 장일
촬영 : 이성춘
음악 : 정수
조명 : 고해진
편집 : 이원도
미술 : 박석인
사운드 : 손인호, 이상만
현상 : 김형근

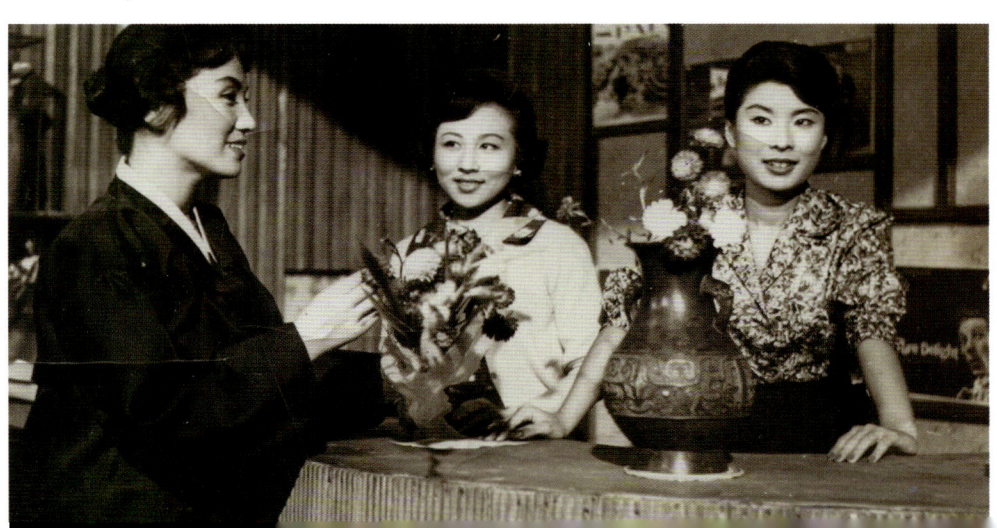

연산군 燕山君, Prince Yeonsan(1961)

(신필름) 133분 극영화 연소자불가/
궁중 사극

감독 : 신상옥
제작 : 신상옥
각본 : 임희재(원작 박종화)
개봉 : 1962년 1월 1일 명보, 반도극
장(서울)
관람인원 : 17만 명
출연 : 신영균, 김진규, 도금봉, 신성
일, 김동원, 주증녀, 한은진, 허
장강, 전옥, 최남현, 김희갑, 이
예춘, 남궁원, 황정순, 이민자,
윤인자, 유계선, 이경희, 김혜
정, 이빈화, 김삼화 외
기획 : 황남
촬영 : 배성학, 정해준
음악 : 정윤주
조명 : 이계창
편집 : 김영희
미술 : 정우택
소품 : 우종삼
의상 : 이해윤
사운드 : 유창국, 이상만
현상 : 한국천연색영화현상소
수상 : 제1회 대종상영화제 우수작품
상(신필름) · 감독상(신상옥) ·
남우주연상(신영균) · 여우조연
상(한은진) · 촬영상(배성학) ·
음악상(정윤주) · 조명상(이계
창) · 녹음상(이경순) · 미술상
(정우택), 제6회 부일영화상 남
우주연상(신영균), 제9회 아시
아영화제 미술상(정우택)

성종(김동원)의 아들 연산군(신영균)은 어느 날 외조모(한은진)로부터 피 묻은 적삼을 받고 자신이 폐비 윤씨(주증녀)의 아들임을 알게 된다.

임금으로 즉위한 후 그는 폐비 윤씨의 신원을 복원하고자 하나 인수대비(전옥)를 비롯한 신하들의 반대에 부딪치면서 그의 횡포는 더욱 거칠어지고 패악해진다. 꿈에서 억울하게 죽은 생모 윤씨의 모습을 본 그는 당시 폐비와 관련된 모든 사람들에게 피의 복수를 감행하기에 이른다.

● 연산군의 파란만장한 일대기를 그린 사극거작. 1936년 매일신보에 연재되었던 박종화의 『금삼(錦衫)의 피』를 영화화한 것으로 흥행에서도 대성공을 거두었다. 화려한 의상과 세트, 연산군의 뒤틀린 심리 묘사를 위한 유려한 카메라 앵글, 신영균의 과장된 연기가 컬러 시네마스코프에 맞는 장대한 스펙터클을 조성하고 있다. 이 영화는 전편(장한 사모편)에 이어 1962년 3시간 5분 분량의 후편 '폭군 연산' (복수 쾌거편)이 만들어지면서 시대물 대작의 기록을 세웠다.

'연산군' 의 관객수 17만 명(상영 일수 81일), 1962년에 발표한 후편 '폭군연산' 도 1962년 상반기 한국영화 상영 일수 1위(상영 일수 36일)에 올랐다. 신상옥 감독이 남긴 『난 영화였다』(랜덤하우스 코리아에 보면 '연산군' 은 신정 프로에 맞추기 위해 두 달 만에 만든 작품이고 속편 '폭군 연산' 은 지방 흥행업자들의 독촉이 쇄도하여 번개처럼 만들었다고 밝히고 있다. 같은 해(1961년) 신상옥의 '사랑방 손님과 어머니', '상록수', '연산군' 이 모두 아시아영화제에 출품되어 각 분야에서 수상의 영광을 안았다.

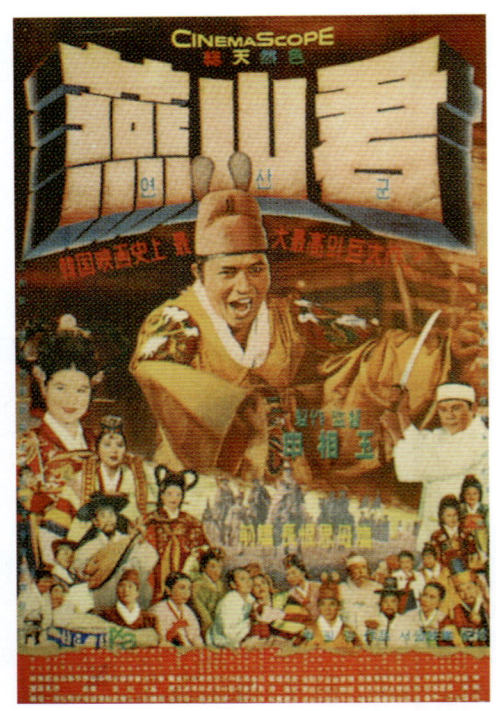

춘향전 春香傳, The Love Story of Chun-hyang (1961)

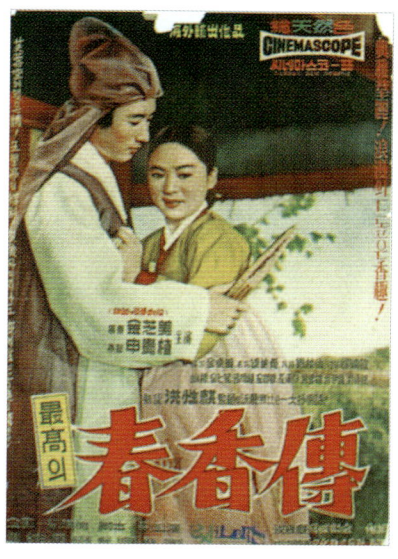

남원 광한루에서 기생 월매의 딸 춘향(김지미)의 그네 타는 모습을 본 사또의 자제 이몽룡(신귀식)은 춘향을 잊지 못해 그녀 집으로 찾아간다.

그날 밤, 춘향과 백년가약을 맺은 이몽룡은 꼭 돌아오겠다는 약속을 남기고 아버지를 따라 한양으로 올라간다. 새로 부임한 사또 변학도(최남현)는 유난히 여색을 밝히는 자로, 춘향의 미모에 대한 소문을 듣고 수청 들기를 명령한다. 그러나 춘향은 지아비가 있는 몸이라면서 사또의 수청 요구를 거절한다. 한편 한양으로 간 이몽룡은 과거에 급제한 후 암행어사가 되어 남원으로 내려온다. 사또의 실정을 지켜본 이몽룡은 암행어사 출두로 변학도를 벌주고 사랑하는 춘향과 재회한다.

(홍성기 프로덕션) 110분 극영화 연소자관람가/사극멜로

감독 : 홍성기
제작 : 홍성기
각본 : 유두연
개봉 : 1961년 1월 18일 국제, 국도극장(서울)
출연 : 김지미, 신귀식, 김동원, 양미희, 최남현, 유계선, 김현주, 유춘, 최승미, 김칠성, 임운학, 맹만식, 송억, 이영, 이창식, 최걸, 박세용, 최찬식, 임생출, 박성근, 이업동, 김세라 외
기획 : 유한철
촬영 : 전한익
음악 : 이혜구
조명 : 방기찬
편집 : 홍성기
미술 : 임명선
사운드 : 이경순, 이상만
조감독 : 성낙홍, 이경식

● 홍성기 제작·편집·연출작 "우리나라 영화의 획기적인 천연색 시네마스코프의 호화거편!" 당시 멜로물의 1인자로 평가받고 있던 감독이 한국 최초의 컬러 시네마스코프 영화를 만든다고 하자 지방 흥행업자들의 사전 투자가 잇달았고 누구나 성공을 점쳤다. 이때 이보다 먼저 영화를 기획한 신상옥 측은 "내용의 3분의 1이 같을 경우 제작을 허용치 않는다"는 한국영화제작자협회(제협)의 규약을 근거로 진정서를 제출했다. 그러나 제협은 "우리의 고전인 춘향전은 누구의 소유가 될 수 없기 때문에 법으로 가릴 수 없다"는 이유로 홍성기의 '춘향전' 제작을 묵과했다. 이로 인해 한때 제협은 '성춘향'을 지지하는 파와 '춘향전'을 지지하는 파로 양분되기도 했다.(『한국영화를 말한다─1950년대 한국영화』, pp.144~145)

홍성기의 '춘향전'은 신상옥의 '성춘향'과 마찬가지로 제작비 8000만 환에 신상옥이 그의 부인 최은희를 주인공으로 내세운 것처럼 홍성기도 아내인 김지미를 내세우고 있다. 그러나 홍성기의 '춘향전'은 이 도령 역에 신인 신귀식, 방자 역에 김동원, 향단 역에 양미희 등으로 어딘지 미약한 감이 있었다. 특히 방자 역의 김동원은 미스 캐스팅이었고 이 도령의 신귀식은 위태로운 인상을 주었다. 더구나 "이 도령과 춘향의 신분을 넘어선 사랑에 긴장감이 없고 색채도 평면적인 데다 관객이 잘 알고 있는 스토리를 너무 안이하게 다루어 새롭게 해석한 내용이나 볼거리가 없었다"(조선 61. 1. 30)는 지적이 있었다.

한편 '춘향전'보다 열흘 후인 1월 28일 명보극장에서 개봉된 신상옥의 '성춘향'은 4월 13일 박성복의 '해바라기 가족'이 개봉될 때까지 롱런하는 판정승을 거두었다.

'춘향전' 참패 이후 홍성기는 김지미와도 서서히 파경을 맞는 등 더 이상 영화계에서 이렇다 할 성공을 거두지 못한 채 1970년 '너와 내가 아픔을 같이 했을 때'를 만들고 또다시 10년 만인 1980년 '내가 버린 여자 2'를 마지막으로 영화계를 떠났다.

성춘향 成春香, Seong Chun-hyang (1961)

(신필름) 107분 극영화 연소자관람가/
사극 멜로

감독 : 신상옥
제작 : 신상옥
각본 : 임희재
개봉 : 1961년 1월 28일 명보, 수도극
　　　장(서울)
관람인원 : 38만 명
수출현황 : 일본(61), 태국(62), 홍콩
　　　(62), 미국(63)
출연 : 최은희, 김진규, 도금봉, 허장
　　　강, 이예춘, 한은진, 서월영, 임
　　　예심, 최삼, 박암, 양석천, 양
　　　훈, 구봉서, 김희갑, 최걸, 석운
　　　아, 조항, 이업동, 고선애, 정득
　　　순, 박옥초 외
기획 : 황남
촬영 : 이형표
음악 : 정윤주
조명 : 이계창
편집 : 김영희
미술 : 강성범
소품 : 전대준
의상 : 이정수
분장 : 채훈
사운드 : 손인호, 이상만
특수효과 : 손인호
현상 : 일본 동양현상소
조감독 : 장일호
수상 : 제5회 부일영화상 남우주연상
　　　(김진규) · 음악상(정윤주), 제3
　　　회 《영화세계》 인기상 작품상,
　　　제8회 아시아영화제 남우주연
　　　상(김진규), 제22회 베니스국제
　　　영화제 출품

남원 기생 월매의 딸 춘향과 이도령, 변학도를 가운데 둔 춘향의 절개를 그린 이야기.

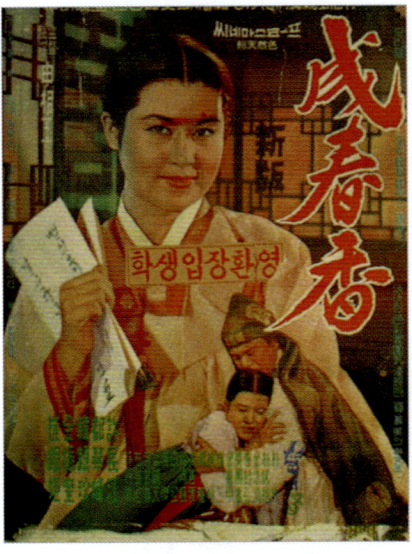

● 신상옥과 홍성기는 라이벌 관계로 유명하다. 이들의 관계는 1961년 신상옥의 '성춘향' 과 홍성기의 '춘향전' 이 구정을 앞두고 개봉되면서 본격적인 대결구도를 드러낸다. '성춘향' 과 '춘향전' 은 둘 다 컬러 시네마스코프 시도, 제작비도 똑같이 8000만 환에다 '춘향전' 의 춘향 역에는 홍성기의 부인 김지미, '성춘향' 의 춘향은 신상옥의 부인 최은희를 내세워 세인의 관심을 끌었다.

이 대결은 홍성기보다 먼저 '성춘향' 을 기획했다고 주장한 신상옥이 한국영화제작자협회(제협)에 진정서를 내면서 더욱 가속화됐다. 그러니까 1960년 3월부터 컬러 시네마스코프 '성춘향' 을 준비 중이던 신필름을 새치기해서 홍성기 측이 '춘향전' 을 찍기 시작했다는 것이다. 그러나 홍성기 측은 '제작의 자유' 를 주장했고 제협도 신필름 측의 우선권을 인정하면서도 딱 부러지게 안 될 이유를 내세우지 못했다. '춘향전' 은 창작품이 아닌, 만인이 다 알고 우리의 고전이기 때문에 법으로 가릴 수 없었던 것이다. 이 싸움은 감독과 감독의 작품을 위한 선의의 경쟁이 아니라 '칼과 총을 들지 않은 피문어 대결' 에 비유되었고 "추악한 이전투구(泥田鬪狗)의 양상을 띠고 있다"(서울 60. 8. 12)는 비난을 면치 못했다.

반년 이상 지속된 '성춘향' 과 '춘향전' 싸움은 이제 개봉과 함께 작품적인 대결을 할 수밖에 없었다. 더구나 홍성기의 '춘향전' 이 열흘 이상 먼저 개봉되어 기선을 잡는 듯했다. 하지만 뒤늦게 개봉한 '성춘향' 에 관객이 몰려들었다. '성춘향' 은 코닥필름을 사용하고 일본 동양현상소에서 현상되어 현란하고 화려한 화면을 살려내고 있었다. 출연진도 이 도령 역의 김진규를 비롯 방자 역의 허장강, 향단의 도금봉, 변학도의 이예춘, 월매의 한은진 외에 구봉서, 김희갑, 양훈 등이 신바람나는 한판 신명으로 열연을 끌어냈다. 볼거리도 많았다. 춘향이 내일이면 목이 잘리는 전날 밤 춘향과 이 도령의 옥중 상봉 장면, 춘향의 수절 장면에서 최은희는 가을 찬서리 같은 서슬 퍼런 연기를 보여주었고 여기에 만정 김소희의 간장을 녹여내는 창이 장면의 비장감을 고조시켰다. 춘향과 이 도령이 이별 장면에서 거문고 줄을 칼로 끊는 장면, 춘향의 목을 베기 위한 망나니의 칼춤, 양주 별산대놀이와 대취타 연주에 이르기까지 관객의 눈을 즐겁게 하는 스펙터클 연희들이 상업영화만의 경지를 마음껏 과시했다.(동아 61. 2. 8) 춘향전이라는 고전을 새롭게 해석한 것은 아니지만 한국인들에게 익숙한 이야기를 대중영화의 화법으로 풀어낸 감독의 역량이 재확인된 영화였다.

영화 '성춘향' 은 서울 개봉 74일 만에 서울 관객 38만 명(당시 서울 인구 250만 명)이라는 국내영화 흥행사상 전례 없는 관객을 동원, 이는 1968년 '미워도 다시 한번' 이 등장하기 전까지 약 7년에 걸쳐 흥행기록을 유지했다. 같은 해 마닐라에서 열린 아시아영화제에 출품. 태국에 3300달러 수출, 5월에는 일본극장들과 계약하여 도쿄, 오사카, 교토 등 일본 6대 도시에서 개봉되어 상영권리금(로열티) 5000달러를 받았다. 한국영상자료원 '한국영화 100선' 선정.

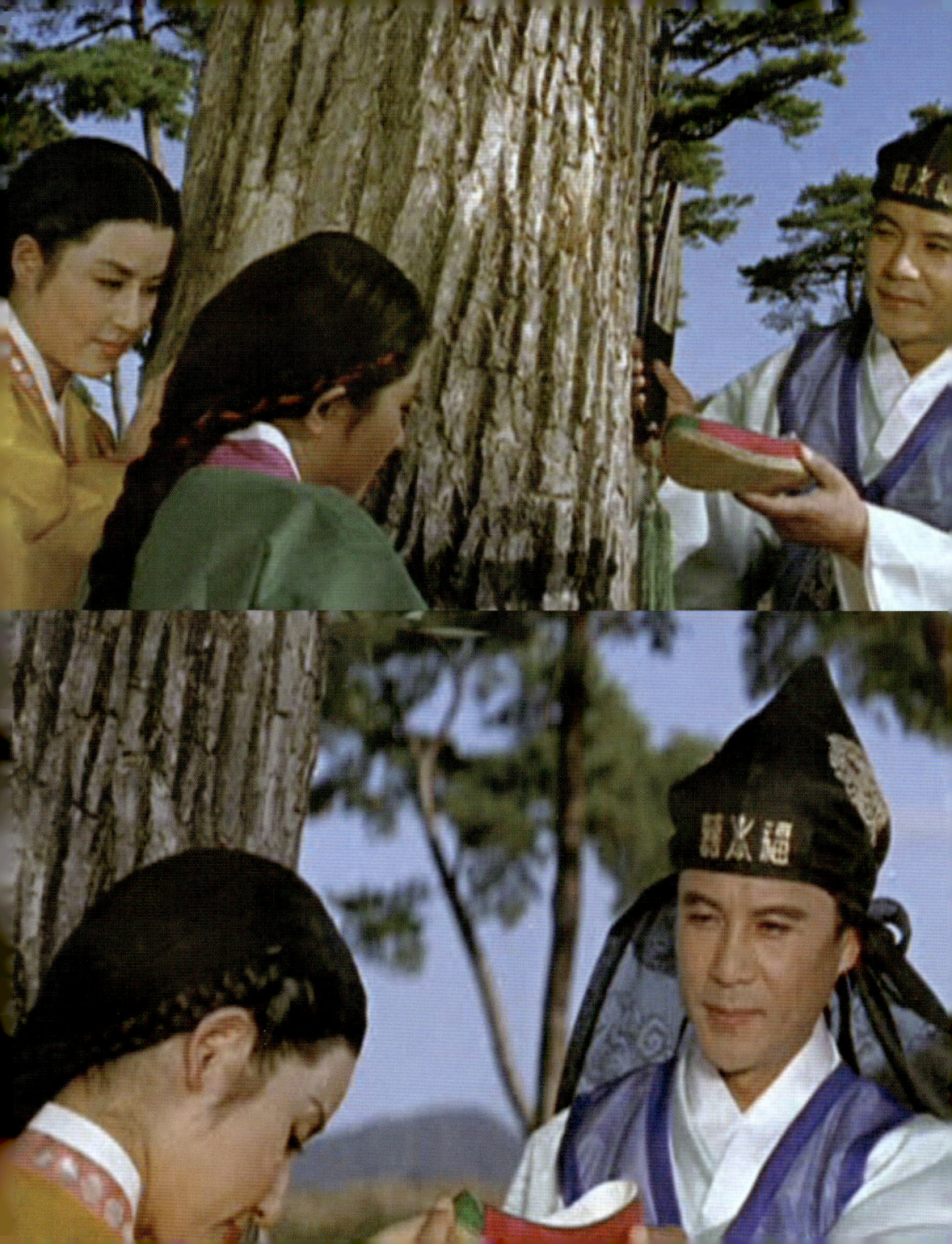

마부 馬夫, A Coachman (1961)

(화성영화) 97분 극영화 연소자불가/가족

감독 : 강대진
제작 : 이화룡
각본 : 임희재
개봉 : 1961년 2월 15일 국제극장 (서울)
관람인원 : 15만 명
출연 : 김승호, 신영균, 황정순, 조미령, 황해, 엄앵란, 김희갑, 주선태, 최지희, 장혁 외
기획 : 박희백
촬영 : 이문백
음악 : 이인권
조명 : 윤영선
편집 : 김희수
미술 : 서판수
사운드 : 손인호, 이상만
현상 : 김봉수
조감독 : 황학봉
수상 : 제11회 베를린영화제 특별은곰상·심사위원특별상, 제3회 대종상영화제 여우주연상(황정순), 청룡영화상 여우주연상(황정순)

홀아비 춘삼(김승호)은 마부로 고생하지만 자식들만은 건강하게 성장할 수 있도록 노력한다. 벙어리인 큰딸(조미령)은 걸핏하면 시집에서 쫓겨오고 작은딸(엄앵란)은 허영에 들떠 신분상승을 꿈꾸며 막내아들(김진)은 불량학생으로 말썽만 일으킨다.

그런 속에서도 춘삼이 사는 보람을 느끼는 것은 고시공부를 하는 큰아들 수업(신영균)과 마주(주선태)의 집안 일을 도와주면서 그에게도 틈틈이 따뜻한 웃음을 보여주는 수원댁(황정순)이 있기 때문이다. 그러나 남편의 학대에 못이긴 큰딸이 한강에서 투신자살을 기도하고 춘삼도 마주에게 말을 빼앗겨 실직하게 된다. 그러나 마주가 마부의 분신과도 같은 말을 내다 팔려고 하자 수원댁은 자신이 모은 돈으로 말을 되찾아오고 장남은 드디어 고시에 합격한다. 춘삼네 가족은 새로운 희망에 부푼다.

● '박서방'(1960)에 이은 강대진의 가족영화. 임희재의 오리지널 시나리오. '박서방'에서 진일보한 솜씨를 보인 이 작품은 마부라는 직업상의 특성을 내세워 당시 교통수단의 변화와 서울의 공간묘사 등으로 전근대와 근대가 혼재하는 사회상을 펼쳐 보인다. 또한 아버지 세대와 자식 세대 간의 평면적 대립을 그리는 것이 아니라 아들을 통해 아버지가 고통을 극복하고 아버지의 권위를 재확립시킨다는 주제를 내세운다. 이른바 네 자식을 혼자서 키우며 힘겹게 살아가는 마부에게 세상은 냉혹하고 냉정하기만 하다. 그에게는 아들의 고시합격만이 유일한 돌파구다. 작은 아들은 말썽만 부리고 큰딸은 자살을 기도하는 등 억울하고 속터지는 일을 당해도 호소할 길 없는 춘삼의 친구가 춘삼의 아들에게 던지는 한마디가 이 영화의 진정한 골자다. "우리 가난뱅이를 위해서 빨리 판검사가 되어야지."

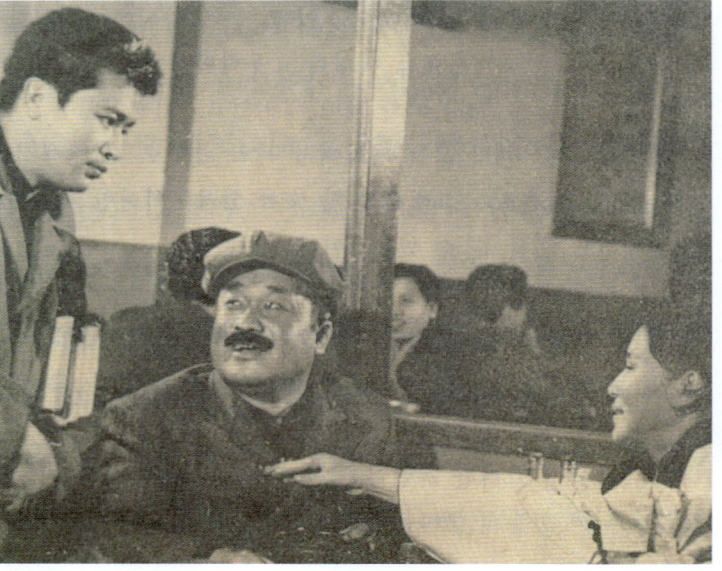

여기서 신영균은 아버지의 기대를 모으는 장남 역할을 맡고 있다. 그가 연기한 믿음직한 장남 캐릭터는 전후 세대가 낳은 이상적인 인간상으로 그려지고 고시에 패스함으로써 모든 갈등구조가 해결된다. 즉 "판검사는 한 개인뿐 아니라 가족의 신분상승과 함께 밑바닥 인생까지도 비약의 가능성을 준다. 마부 아들의 고시합격은 편입되기 힘든 근대의 질서 속에서 자신들을 지켜주는 보증서 같은 것이기 때문이다."(평론가 이효인)

아버지를 다룬 많은 작품이 있지만 이 영화는 우리나라의 60년대 초입의 마부 생활을 세밀하게 다루면서 김승호는 자기희생적인 아버지상을 대중속에 강렬하게 각인시켰다. 김승호와 순박한 서민의 사랑의 키우는 황정순도 지금은 사라진 식모의 애환과 안타까운 사랑의 감정 묘사를 절제있는 열연으로 펼치고 있다.(조선 61. 2. 22)

이 영화는 베를린영화제 특별은곰상을 받아 한국영화로서는 해외 영화제 첫 수상작으로 기록되었다. 수원댁을 연기한 황정순은 대종상과 청룡영화상 여우주연상을 받았다.

15만 명의 관객 동원으로 흥행 성공, 한국영상자료원 '한국영화 100선' 선정.

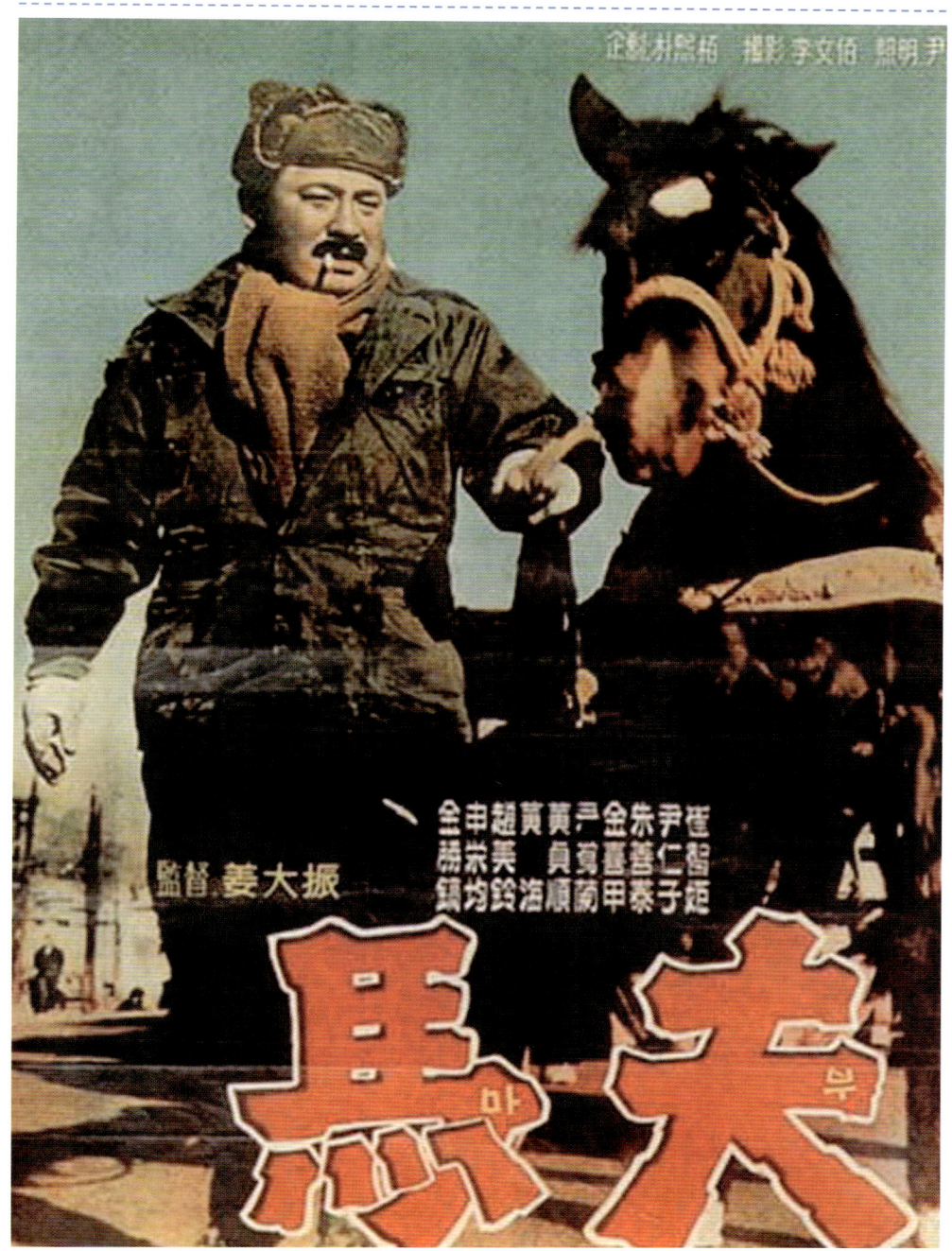

오발탄 誤發彈, Aimless Bullet(1961)

(대한영화사) 106분 35mm. 스탠다드
극영화/문예물

감독: 유현목
제작: 김성춘
각색: 이종기, 이이령(원작 이범선)
개봉: 1961년 4월 13일 국제극장
(서울)
출연: 김진규, 최무룡, 서애자, 노재신, 문정숙, 김혜정, 윤일봉, 박경희, 성소민, 양일민, 고설봉, 지방열, 최명수, 이룡, 이경천, 박춘, 서경희, 이지나, 최길호 외
기획: 박경식
촬영: 김학성
음악: 김성태
조명: 김성춘
편집: 김희수
미술: 임명선, 이수진
소품: 김영호
사운드: 이경순, 이상만
현상: 김창수
조감독: 문상헌, 최진, 이재헌, 허승년
수상: 제13회 베를린영화제, 제7회 샌프란시스코영화제 출품

후암동 막바지 피난민 판잣촌. 박봉의 계리사 영호(김진규)는 자신의 곪은 이처럼 달린 식구가 많아서 늘 어깨가 무겁다. 아버지로서, 아들로서, 또는 남편으로서, 형과 오빠로서 구실을 하지 못한 채 잇따른 불행에 지치고 좌절한 상태. 실성한 어머니(노재신)는 앓아누운 채 "가자! 가자! 갈 곳이 있으면 가자"고 외치지만 어디에도 갈 곳이 없고 어디로 가야 할지도 모른다. 영양실조에 걸린 아내(문정숙)는 아이를 낳다 죽고 동생(최무룡)은 강도질을 하다 연행되고 여동생(서애자)은 양갈보가 되어 거리를 헤맨다. 신호등의 고스톱은 수없이 점멸되고 딱딱한 철각을 흐르는 물결처럼 고뇌와 사랑도 흘러가지만 정신의 황폐가 가시지 않는다.

영호는 쥐꼬리만 한 월급으로 무엇부터 어떻게 할지를 몰라서 우선 급한 대로 치과에 가서 이를 뽑는다. 벌써 오래전부터 치통을 앓으면서도 돈이 없어서 뽑지 못했다. 이를 뽑고 나서 300환짜리 딸아이의 고무신을 사고 남은 돈으로 술을 마시고 코를 풀기도 한다. 몸을 제대로 가누지 못한 채 택시에 오르며 그는 "가자"고 공허하게 외친다.

● 유현목의 여덟 번째 작품. 이 시기의 유현목은 물이 오른 듯한 경지에서 마음껏 연출 의욕을 불태우고 있었다. 1959년 《현대문학》에 발표한 이범선의 단편소설을 원작으로 한 이 영화는 한 가족 구성원들을 통해 전쟁이 남긴 상처와 전후의 궁핍한 사회상을 도려내듯이 그리고 있다.

거대한 현대라는 그늘 밑에서 어둡고 답답하게 살고 있는 주인공은 부딪치고 부딪쳐보아도 헤어날 길 없는 궁극에서 "어디든지 가긴 가야겠다"면서 러시아워의 눈부신 불빛 속에 자신의 영혼이 용해되어가는 것을 느낀다. 어쩌면 두발을 딛고 일어설 한줌의 흙조차 갖지 못한 그는 분노에 휩쓸려 갈 곳을 모르는 오발탄 같은 존재인지도 모른다.

제작비는 저예산인 800만 환. '춘향전' 제작비 8000만 환에 비하면 그 10분의 1에 해당하는 금액이다. 한국영화에서는 드물게 유현목을 필두로 조명계의 노장 김성춘, 카메라 김학성 등 3인이 동인제로 제작했으며 작품의 의도에 찬동한 전 스태프와 등장인물이 무보수로 출연한 것도 특이할 만하다. 촬영 기간은 13개월이 걸렸다.

첫 개봉에서는 호응을 얻지 못하다가 사회의 어두운 면을 부각시켰다는 점과 주인공의 노모가 '가자'라고 외치는 대사가 '월북'을 암시하는 "반사회적인 방향으로 해석된다"(정종화, 『자료로 본 한국 영화사』, 열화당, 1997년, p.52)는 이유로 1961년 7월 17일 두 번째 상영되었을 때는 5·16 군사정권이 상영중지 처분을 내리기도 했다.

관객의 관심을 받게 된 것은 제7회 샌프란시스코영화제에 출품되어 본선에 진출하고 김진규가 남우주연상 후보에 오르던 1963년 3차 개봉 때부터다. 이때부터 "흑백 영상미가 '아리랑' 이후 최대 수확"이라는 평가와 함께 여러 차례 한국영화 최고 걸작에 선정되는 등 수많은 행사에서 주목을 받았다.

예를 들면 광복 30주년 한국영화감상회 선정 작품, 1984년 영진공의 '광복 40년 베스트 10' 1위, 1998년 조선일보 선정 '대한민국 50년 영화·영화인 50선'에 1위, 1999년 한국일보 선정 '21세기에 남을 한국의 명작(영화)' 1위, 1999년 월간 《스크린》 창간 15주년 기념 '한국영화 베스트20' 1위, 1999년 KBS TV선정 '20세기 한국 톱 영화' 1위, 1999년 MBC TV선정 '20세기를 빛낸 한국영화 및 영화인 조사' 1위, 한국영상자료원 '한국영화 100선'에 선정 등이다.

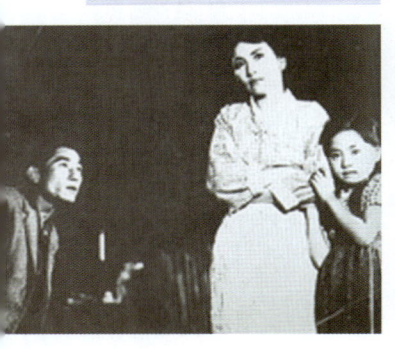

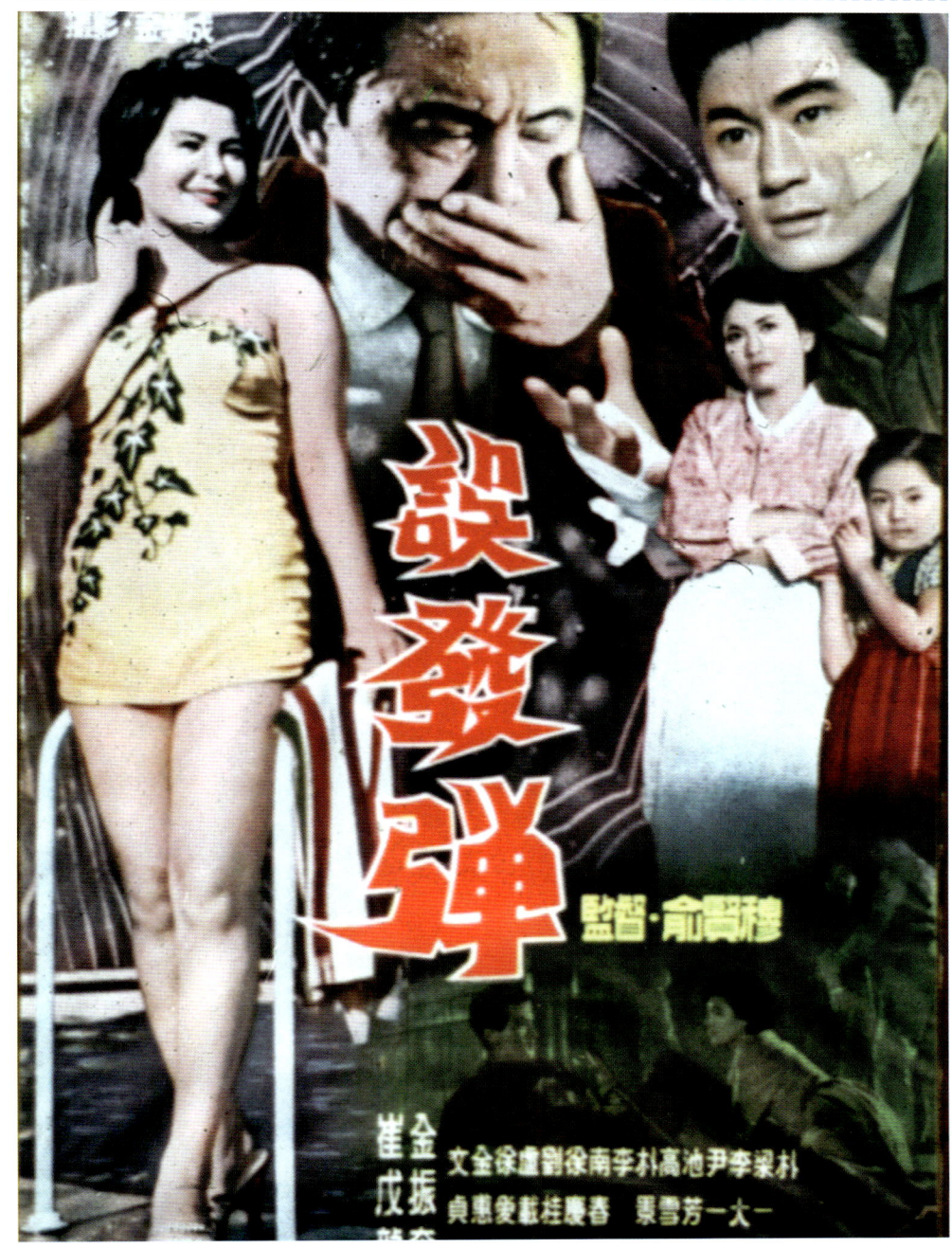

誤發彈

監督·俞賢穆

崔金 文金徐盧劉徐南李朴高池尹李梁朴
戊振 貞惠愛薰桂慶春 雪芳一大一
    票

삼등과장 A Petty Middle Manager (1961)

(후반기프로덕션) 105분 35mm 흑백
스탠다드 극영화/사회풍자

감독: 이봉래(李奉來)
제작: 이봉래
각본: 전범성
개봉: 1961년 5월 4일 국도극장
(서울)
출연: 김승호, 도금봉, 황정순, 김희
갑, 방수일, 박성대, 윤인자, 복
혜숙, 석금성 외
촬영: 이병삼
음악: 김용환
조명: 박창호
편집: 김희수
사운드: 손인호, 이상만
미술: 서원
조감독: 강석환, 이기영, 이만근

운수회사 동부 영업소의 구 소장(김승호)은 딸과 같은 회사에서 일하고 있다. 한데 걸핏하면 송 전무(김희갑)에게 야단을 맞는 등 딸 앞에서 망신을 당하기 일쑤다. 그래도 송 전무에게 잘 보이기 위해 그는 송 전무의 내연의 처인 명옥(윤인자)을 도와주곤 한다. 전무의 첩 시중을 든 대가로 후생과장 자리에 앉게 되었지만 엉뚱하게도 이로 인해 가정풍파가 일어난다. 구 소장의 부인(황정순)이 명옥을 구 소장의 애인으로 오해한 것이다. 그러나 송 전무가 명옥의 집에서 목욕하는 장면을 목격하고 겨우 오해를 풀게 된다. 구 소장 부부는 단란한 가정을 꾸리기에 정성을 다한다.

● '행복의 조건'(1959)으로 감독 데뷔한 이봉래의 두 번째 영화. 등급 사회조직이 빚어내는 서민의 한과 애환을 그리고 있다. 이 작품은 "희극이면서도 소시민의 일상적 가정생활을 스피디한 템포로 리얼하게 묘사한 수작"(한국 61. 5. 4)으로 꼽히는 등 4·19부터 5·16까지의 혼란상과 당시 대중들의 급변하는 의식을 곳곳에 노출하고 있다.
　영화 전반은 코믹한 요소와 가족에 대한 따뜻한 시선이 병행하면서 회사 상사의 부정과 부패

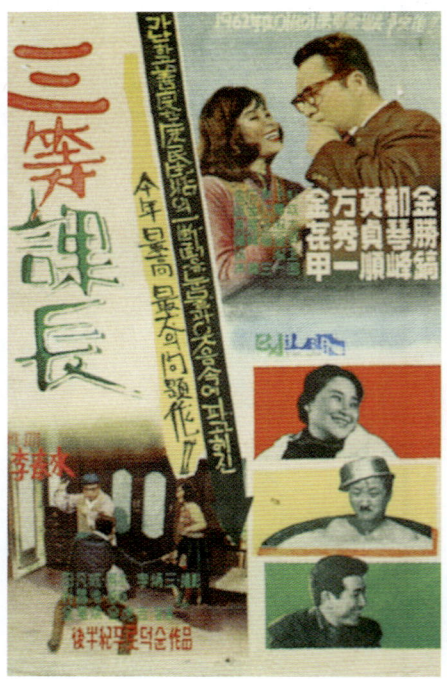

를 전면에 언급해 사회적 모순을 비판하고 있다. 따라서 김승호가 연기한 구 소장 역은 전통적인 아버지 상과는 거리가 먼 무기력하고 비열한 소시민의 모습이다. 같은 회사에 첫 출근한 딸에게도 위신을 세우지 못하고 아내에게는 타박만 당한다. 그는 자신의 승진 권한을 쥐고 있는 송 전무의 말에 복종할 수밖에 없는 입장이다.
　즉 영화에서 그려내고 있는 한국사회는 아부와 부패, 비리가 만연한 사회다. 소시민들은 살아남기 위해 권력에 기대어 비위를 맞추고 싫은 것도 참고 옳지 못한 것을 바로 말하지 못한다. 따라서 남편의 승진을 위해 상사에게 잉어를 사다 바치고 공무원들에게 담뱃값을 쥐어주는 등 한 시대상을 반영하고 있다. 한국영상자료원 '한국영화 100선'에 선정되었다.

사랑방 손님과 어머니 Mother and a Guest(1961)

어른들의 세계를 어린 소녀의 눈을 통해 바라본 작품. 할머니(한은진), 어머니(최은희), 가정부(도금봉)가 모두 과부라서 '과부집'이라고 불리는 옥희(전영선)네 집에 외삼촌 친구인 미술 선생(김진규)이 하숙생으로 들어온다. 아빠를 한 번도 본 적이 없는 여섯 살짜리 옥희는 이 미술선생을 아빠처럼 따른다. 옥희 엄마와 미술 선생은 남몰래 서로에게 연정을 품고 옥희는 그런 두 사람 사이를 오가며 사랑의 메신저 노릇을 한다.

　　미술선생은 옥희를 통해 옥희 엄마에 대한 사랑을 고백하는 편지를 보낸다. 그러나 남의 이목을 두려워한 나머지 두 사람은 손 한번 잡아보지 못한 채 헤어진다.

● 신상옥의 문예영화. 일부종사(一夫從事)의 봉건적인 도덕관념과 인습을 미덕으로 알던 당시의 여인상을 그리고 있다. 1930년대 주요섭의 단편소설 「사랑 손님과 어머니」를 임희재가 제목을 '사랑방'으로 고쳐서 각색한 작품. 간결한 이야기는 그대로 둔 채 이미지와 정서의 확장을 통해 단편소설 같은 장편영화를 만들었다. 방계 줄거리로 삽입되는 가정부 도금봉과 달걀장수 김희갑 사이의 건강한 유머도 이 드라마를 조화시키는 데 한 축을 이룬다. 여기서 옥희 역을 맡은 아역 배우 전영선의 천연덕스러운 연기가 화제가 됐고 '여성 취향의 치분한 문예물로서 품격을 갖추고 있다'(경향 61. 8. 29)는 평을 들었다.

두 남녀의 사랑의 감정이 한 화면에 잡히거나 대사를 주고받기 이전에 옥희 엄마의 들끓는 연정이 쇼팽의 '야상곡'과 '즉흥환상곡'의 격렬한 연주로 표현되는 것이 인상적이다.

이 영화는 1962년 서울에서 개최된 제9회 아시아영화제에서 최우수작품상과 감독상, 여우주연상을 받았다. 일본 측 심사위원(草壁九四郞)은 이 작품에 대해 "신상옥 감독의 아르티장(장인)적 솜씨의 격조 있는 작품"(한국영상자료원, 『한국영화를 말한다-한국영화의 르네상스 2』, 이채, 2006년, pp.26, 116)으로 찬사를 보냈다. 한국영상자료원 '한국영화100선' 선정.

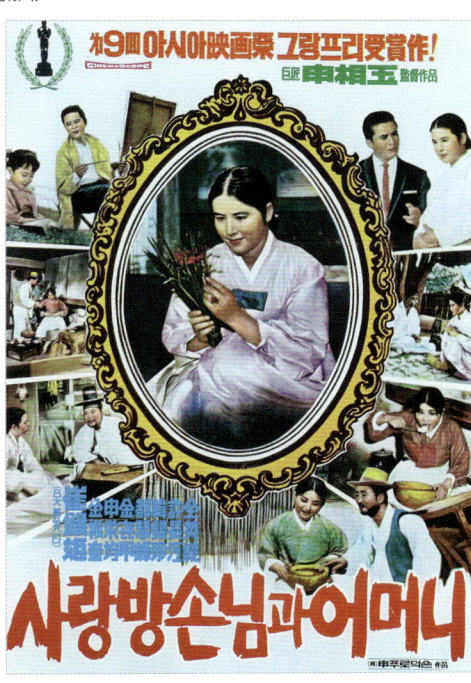

(신필름) 108분 35mm 흑백 시네마스코프 극영화/문예물

감독 : 신상옥
제작 : 신상옥
각색 : 임희재
심의 : 1961년 8월 26일 명보극장 (서울)
출연 : 최은희, 전영선, 김진규, 한은진, 도금봉, 김희갑, 신영균, 허장강 외
기획 : 황남
촬영 : 최수영
음악 : 정윤주
조명 : 이계창
편집 : 양성란
미술 : 강성범
현상 : 대영
수상 : 제1회 대종상영화제 감독상(신상옥)·각본상(임희재)·특별장려상(전영선), 제5회 부일영화상 작품상·감독상(신상옥)·주연상(최은희)·각본상(임희재), 제6회 국제영화인기상(국제영화뉴스제정) 방화작품상, 제9회 아시아영화제 최우수작품상, 제23회 베니스국제영화제 출품, 제35회 아카데미영화제 출품

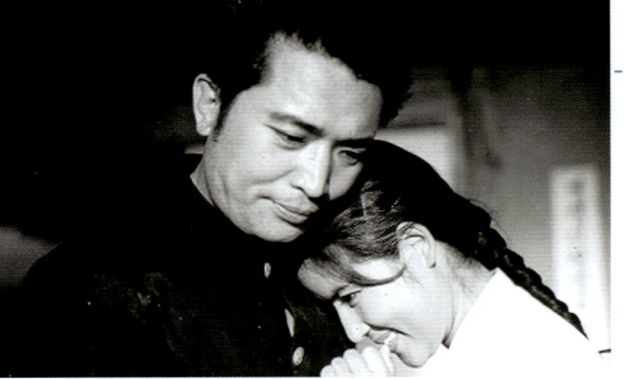

상록수 常綠樹, Evergreen Tree(1961)

전문학교 출신의 동혁(신영균)과 채영신(최은희)은 농촌계몽에 뜻을 두고 각기 고향으로 내려간다. 동혁은 마을회관을 세워 농촌 청년들을 선도하고 영신은 학당을 세워 문맹퇴치를 위해 노력한다. 일제의 간악한 탄압의 손길이 그들에게 뻗히면서 동혁은 일본 경찰에게 잡히는 몸이 되고 영신은 과로 끝에 몸져눕는다. 동혁이 풀려 나오던 날 영신은 농촌에 대한 정열을 꽃피우지 못한 채 숨을 거둔다.

(신필름) 110분 흑백 시네마스코프 극영화/계몽

감독·제작 : 신상옥
각본 : 김강윤(원작 심훈)
개봉 : 1961년 9월 23일 명보극장(서울), 제일극장(부산), 광주, 인천, 전주, 대구, 대전, 동시개봉
관람인원 : 5만 명(서울)
수출현황 : 동남아(69)
출연 : 최은희, 신영균, 허장강, 도금봉, 신성일, 윤일봉, 박성대, 한은진, 고선애, 변기종 외
기획 : 황남
촬영 : 배성학
음악 : 정윤주
조명 : 이규창
편집 : 김영희
미술 : 정우택
현상 : 대영
수상 : 제1회 대종상영화제 여우주연상(최은희)·공로상(신필름), 제5회 부일영화상 여우조연상(도금봉), 제9회 아시아영화제 각본상(김강윤)·남우주연상(신영균)·남우조연상(허장강)·음악상(정윤주), 제9회 샌프란시스코영화제 출품

● '사랑방 손님과 어머니'에 이은 신상옥의 문예영화. 1935년 동아일보 창간 15주년 기념 장편소설 현상모집에서 당선된 심훈의 소설을 영화화한 작품. 심훈은 1926년 이경손의 '장한몽'에 출연하고 나서 신문에 난 전과자의 로맨스를 그린 '먼동이 틀 때'(1927)로 감독 데뷔, 자신의 소설인 『상록수』를 영화화하기 위해 백방으로 노력하다가 1936년 35세의 나이로 타계했다. 이 작품은 그가 죽은 지 25년 만에 영화화된 것이다.

농촌 계몽운동을 통해 일제하의 민족의식과 일제억압에 대한 저항, 배우지 못한 사람들의 배우고자하는 열망, 나라 잃은 청년들의 애국심, 농촌 계몽운동에 헌신하는 대학생들과 그들 사이의 순애를 그리고 있다. 경기도 화성군 샘골의 실제인물인 최용신의 일대기로 영화에서는 이름을 채영신으로 바꿨다. 특히 최은희의 채영신 역은 교과서에 실린 모습 그대로 청석예배당에서 어린이를 열성적으로 가르치는 모습이 인상적이다. 이 영화는 두 남녀 주인공이 그 당시 농촌에서 민족의 비운을 어떻게 타개해 나갔는가에 초점을 두고 한 여성의 신념이 힘 없는 농민들에게 얼마나 큰 희망을 불어넣고 있는가를 보여준다. (경향 61. 9. 26)

추석을 기해 대구, 대전과 광주(중앙), 인천(시민), 전주(오스카), 마산(강남극장) 등 각 도시에서 동시 개봉되어 흥행에서도 성공했다. 최은희가 제1회 대종상 여우주연상을 받았고 제6회 아시아영화제에서 신영균이 남우주연상, 허장강이 남우조연상을 받았다.

이 영화는 2003년 5월 14일 프랑스에서 개막된 제56회 칸국제영화제에서도 소개되었다. 칸국제영화제가 우리나라 감독의 영화를 회고전에 초대한 것은 그때가 처음이다. 1978년 임권택이 김희라, 한혜숙 주연으로 이를 리메이크했다.

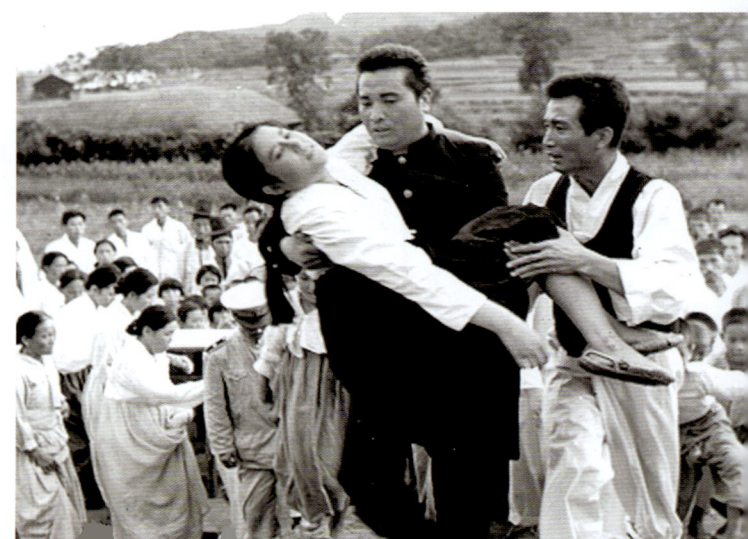

현해탄은 알고 있다 The Sea Knows (1961)

태평양 전쟁 막바지, 아로운(김운하)과 이노우에(이상사)가 학도병으로 소집되어 끌려간 최종 종착지는 나고야 제13부대다. 상관인 모리(이예춘)는 이들을 개처럼 끌고 다니며 군화 밑창을 핥게 하는 등 인간 이하로 취급한다. 그런 와중에서 아로운은 우연히 일본 여인 히데코(공미도리)를 알게 되어 사랑에 빠지고 히데코의 어머니(주증녀)는 극구 반대하지만 둘은 남몰래 결혼식을 올린다. 미군의 대공습 직전에 탈영한 아로운은 공습과 폭격 속에 파묻히고 히데코는 미친 듯이 아로운을 찾아 헤맨다. 그때 불붙은 한 시체 더미 속에서 아로운이 걸어 나오고 사랑하는 히데코와 다시 만난다.

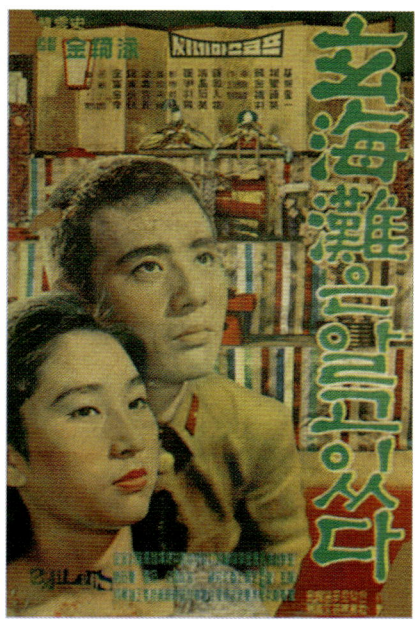

● '하녀' (1960)에 이은 김기영의 열 번째 작품. 1960년 5월, KBS 라디오 일요연속극으로 방송되어 선풍적인 인기를 모았던 한운사 원작을 바탕으로 하고 있다. 영화의 배경은 주로 군대의 내무반과 히데코의 집안으로 제한되어 인물들 간의 갈등과 긴장을 중심으로 드라마가 진행된다. 아로운은 거대한 권력의 그물망에 던져진 한 사람의 개인으로서 아로운을 괴롭히는 일본군의 모습은 제2차 세계대전 당시 일본 군국주의의 광기의 상징으로 부각 된다. 김기영의 독특한 작가 정신이 잘 드러나는 영화로 "우리 영화의 새로운 영토를 개척한 이색적 작품"(한국 61. 11. 12)으로 평가되었다. 한국영화 최초의 일본 현지 로케, 김운하와 재일교포 배우인 공미도리의 스크린 데뷔작.

한 · 일 국교 정상화 이전에 한 · 일 관계를 소재로 한 영화라고 해서 개봉 당시 화제가 되었으며 흥행에서도 크게 성공했다. 특히 일본군에 징용된 아로운이라는 한국 청년이 겪는 새디즘적인 폭력, 죽은 줄만 알았던 아로운이 시체더미를 들추고 히데코에게 다가오는 영화의 마지막 장면에서 인간의 생명력에 대한 끈질긴 집착을 읽을 수 있다. 한국영상자료원 '한국영화 100선'에 선정.

(한국문예영화주식회사 · 김기영프로덕션) 117분 흑백 시네마스코프 극영화/전쟁멜로

감독 : 김기영
제작 : 김기영
각색 : 김기영(원작 한운사)
개봉 : 1961년 11월 10일 명보극장 (서울)
관람인원 : 10만 명
출연 : 김운하, 공미도리, 이예춘, 이상사, 김진규, 주증녀, 김석훈, 김승호, 박암, 박노식, 김지미, 양훈, 종문각, 조석근, 유춘수, 추석양, 최삼, 주상현, 고설봉, 임운학 외
기획 : 김영철, 최동권
촬영 : 최호진
음악 : 한상기
조명 : 윤창화
편집 : 오영근
미술 : 박석인
사운드 : 이상만, 이경순
현상 : 최규순
조감독 : 오영근, 조한민, 김대희, 박준호
수상 : 제1회 대종상영화제 남우조연상(이예춘), 제5회 부일영화상 남우조연상(이예춘) · 신인상(공미도리) · 촬영상(최호진)

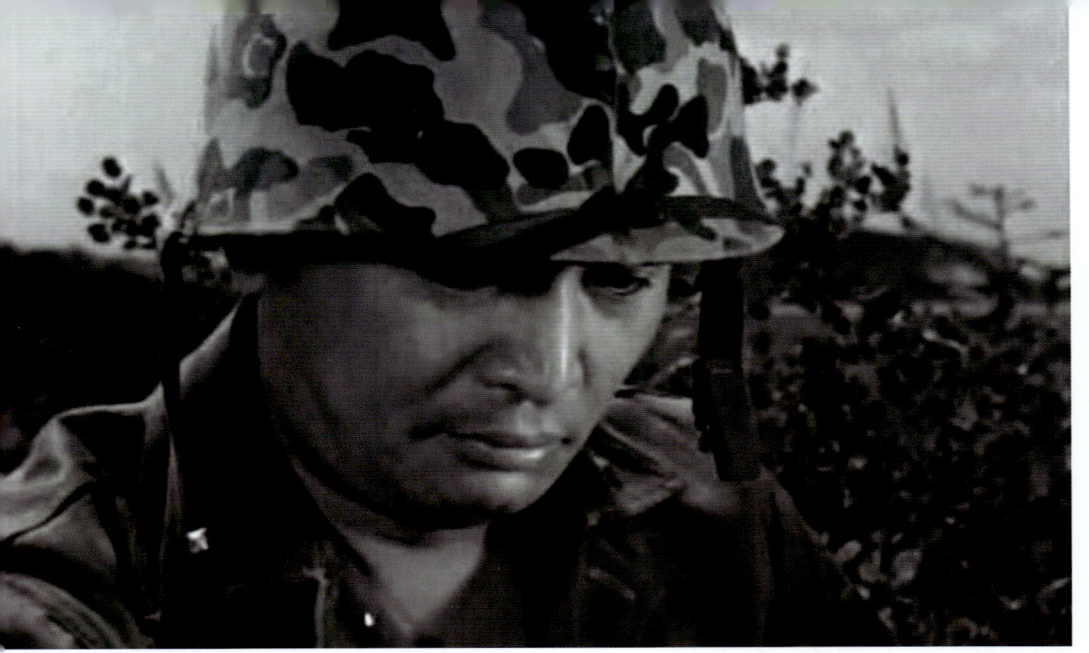

5인의 해병 Five Marines (1961)

(극동흥업) 118분 극영화/반공 군사

감독 : 김기덕(金基悳)
제작 : 차태진
각색 : 유한철(원작 박계주)
개봉 : 1961년 11월 27일 국제극장
　　　(서울)
관람인원 : 5만 명
수출현황 : 대만(62)
출연 : 신영균, 최무룡, 황해, 곽규석,
　　　박노식, 김승호, 독고성, 남양
　　　일, 윤일봉, 황정순 외
기획 : 박채호
촬영 : 이성춘
음악 : 김용환
조명 : 박진수
편집 : 김기덕(A)
미술 : 박석인
현상 : 국일
수상 : 제1회 대종상영화제 신인감독
　　　상(김기덕)

오덕수 소위(신영균)는 아버지 오석만 중령(김승호)이 대대장인 부대에 소대장으로 부임한다. 오 중령은 아들 오 소위를 반갑게 맞아주지만 오 소위는 어릴 때부터 항상 형을 더 사랑했던 아버지에 대한 원망과 서운함이 가슴속에 남아 있다. 한편 개성 강한 해병대원들은 오 소위를 중심으로 전우애를 쌓아간다.

　그런 어느 날 소대원들의 사랑을 독차지하던 막내 하용규 해병(남양일)이 정찰 중 사망하는 사건이 발생한다. 이에 분노한 분대장(독고성)이 홀로 북한군 진영에 숨어들어 갔다가 북한군 측에서 방대한 탄약고를 증설 중임을 알리고 사망한다. 이에 오 소위는 우종국(최무룡), 장영선(박노식), 김홍구(황해), 마주한(곽규석) 등 동료들과 함께 북한군의 탄약고를 폭파시키기 위해 생사를 함께 하기로 마음먹는다.

　출발에 앞서 오 소위는 아버지와의 오해를 풀고 이들 다섯 명과 함께 적진에 진입하여 임무를 완수한다. 그러나 이 과정에서 우종국을 제외한 네 명은 장렬히 전사한다. 오 소위의 시신을 안고 귀환한 우종국은 그의 아버지 오 중령에게 오 소위가 탈취한 기밀문서를 유품으로 전한다.

● 김기덕 감독 데뷔작. 원작 박계주. 김포 해병 제1여단에서 촬영되었다. 이데올로기로 무장한 국책영화 또는 계몽영화라는 한계를 안고 있었으나 전쟁영웅으로서의 해병대 대원들의 캐릭터와 인간성을 섬세하게 살리고 있다.

서울의 지붕 밑 Under the Sky of Seoul (1961)

한의원 김학규(김승호)는 요즘 심기가 불편하다. 건너편에 새로 생긴 산부인과에 손님을 많이 빼앗기고 있기 때문이다. 게다가 미장원을 경영하는 딸 현옥(최은희)과 산부인과 의사 최두열(김진규)은 서로 좋아하는 사이다. 여기에다 대학을 나온 아들 현구(신영균)는 술집 주인(황정순) 딸인 점례와 결혼하겠다고 보챈다. 어쨌거나 술집 주인도, 최두열도 미워진 김학규는 그때부터 그들의 일이라면 본격적으로 방해할 궁리만 하게 된다.

하루는 동네에 나갔다가 복덕방 영감(김희갑)과 관상쟁이(허장강)에게 최두열이 시위원 선거에 나간다는 소식을 듣는다. 이에 질세라 김학규도 시위원에 입후보한다. 그러나 보기 좋게 낙선하고 나서야 쓸데없는 고집으로 전 재산을 날렸음을 깨닫는다. 그는 비로소 현구와 점례, 현옥과 최두열의 관계를 받아들인다.

● 이형표 감독 데뷔작. 이형표는 신상옥의 '동심초'(1959) 촬영감독으로 영화계에 입문, '성춘향'(1961)의 촬영감독으로 영화를 성공시킨 후 연출로 전환했다. 원작은 조흔파의 소설 「골목안 사람들」. 이형표는 서민적인 해학과 풍자를 담은 코미디에서 뛰어난 재능을 발휘했던 감독으로 이 작품 역시 1960년대 서민들의 골목 안 풍경을 풋풋하게 그리고 있다. 구세대로 대표되는 한의원 김승호와 신세대로 대표되는 양의 김진규의 대립에서 구세대의 가치관은 쓸데없는 고집과 아집으로 일관되며 결국 합리적인 신세대의 뜻에 따르게 된다는 것이 영화의 주제. 처음 장면부터 카메라가 좁은 골목을 유려하게 움직이며 인물에서 인물을 소개하고 넘어간다. 특히 김

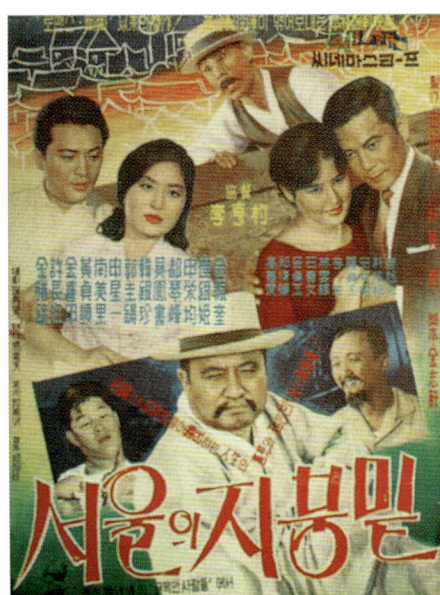

승호, 허장강, 김희갑 세 노인이 대포 집에서 술을 마시다 복덕방 영감인 김희갑만 남겨두고 줄행랑치는 장면이 재미있다. 김희갑은 술값 대신 옷을 전부 벗어주고 구멍 난 러닝샤쓰 바람으로 비를 맞으며 돌아간다. 제작비 3800만원.

이형표는 미 공보원 영화과와 미 8군 등에서 뉴스 및 기록영화 제작에 참여하고 1953년 미 파라마운트 영화사가 제작한 입체영화 'Cease Fire'의 조감독으로 활동한 경력이 있다. 주로 멜로드라마와 코미디영화를 만들고 이후 젊은이들에게 인기를 끈 '말띠 여대생'(1964)을 선보이면서 흥행감독의 대열에 올라선다. 한국영상자료원 '한국영화 100선' 선정.

(신필름) 123분 35mm 흑백 시네마스코프 극영화/풍자

감독 : 이형표(李亨杓)
제작 : 신상옥
각색 : 김지헌(원작 조흔파)
개봉 : 1961년 12월 15일 명보극장 (서울)
관람인원 : 5만 명(서울)
수출현황 : 홍콩, 태국(62)
출연 : 김승호, 허장강, 김희갑, 최은희, 김진규, 신영균, 도금봉, 한은진, 황정순 외
기획 : 황남
촬영 : 최수영
음악 : 정윤주
조명 : 마용천
편집 : 김영희
미술 : 정우택
현상 : 대영
수상 : 제6회 아시아영화제, 제3회 프랑크푸르트영화제 출품

임꺽정 林巪正, Lim Kkeok-jeong (1961)

(전국영배사) 155분 극영화/전기시대극

감독 : 유현목
제작 : 안병하
각본 : 김강윤, 이정선, 나소운
개봉 : 1961년 12월 30일 국도극장
       (서울)
출연 : 신영균, 문정숙, 최무룡, 엄앵
       란, 박노식, 최남현, 황해, 이빈
       화, 허장강, 주란지, 석금성, 성
       소민, 유계선, 김동원, 주선태
       외
기획 : 안병하   촬영 : 김학성
음악 : 김성태   조명 : 고해진
편집 : 유현목   미술 : 홍성칠
현상 : 대영

조선중엽의 양주 고을, 탐관오리의 갖은 악행과 부정부패가 날로 심해지자 의적 임꺽정(신영균)은 무도한 양주 목사 이흡례(이예춘) 일당과 맞서 싸우기로 한다. 처음에는 닥치는 대로 약탈하는 도적으로 출발하지만 점차 세력이 커지자 황해도 경기도 일대를 중심으로 관아를 습격하고 백성들에게 곡식을 나눠주는 의적으로 변모한다. 피비린내 나는 칼싸움과 육박전 사이에 탄실(문정숙)과 용(최무룡), 꺽정과 수련(엄앵란), 차바우(박노식)와 복실(주란지)의 로맨스도 겹쳐진다.

● '오발탄'과 함께 같은 해 연출한 유현목의 액션 사극. 각본은 이정선, 김강윤, 나소운이 공동으로 맡아 조선왕조실록 중 명종실록 제2권의 「임거질정(林巨叱正) 난」을 간추려 소재로 삼고 있다. 제작비 1억 1000만 환, 200여 명의 연기자와 1만여 명의 엑스트라, 1000여 필의 말이 동원되었다.(동아 61. 11. 21).

조선왕조 명종 때의 대도 임꺽정은 경기도 양주의 백정으로 정치의 혼란과 관리의 부패로 민심이 혼란에 빠지자 불평분자들을 규합, 경기도와 황해도 산악지대를 중심으로 도적활동을 하게 된다. 그러다가 차츰 강원도 평안도까지 활동영역을 넓혀 이 지역의 관청이나 양반·토호의 집을 습격하고 이들이 서울·평양 간의 주요교통로를 장악해 정부가 농민들로부터 거두어들인 토지세·공물·진상물 등을 탈취한다.

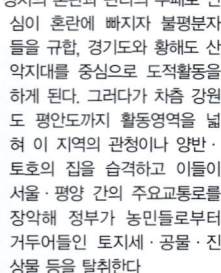

임꺽정 집단의 활동은 지배층에게는 불안과 공포의 위기의식을 심어주었으나 피지배층인 일반에게는 희망을 주었다.

그러나 명종 17년 토포사 남치근의 끈질긴 추격 끝에 재령에서 체포되어 피살되었다. 영화는 백정의 자식으로 태어난 임꺽정을 단순한 의적으로 다루기 이전에 부패한 사회와 부당한 신분제도에 항거하는 민중의 영웅으로 인물을 설정, 대중적인 흥미 분위에 초점을 두고 있다.

이후 이규웅의 '천하장사 임꺽정'(1968), 은희수의 '오 내 사랑 임꺽정'(1991) 등으로 내용이 조금씩 바뀌어 영화화되었다.

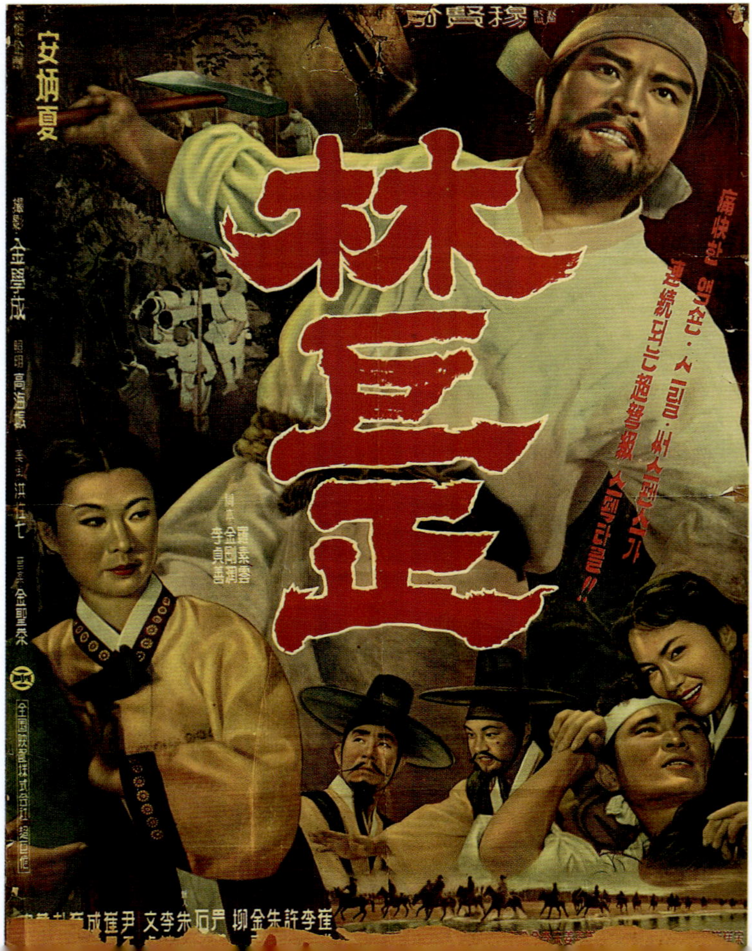

천하일색 양귀비 Yang Kuei-Fei, a Destructive Beauty(1962)

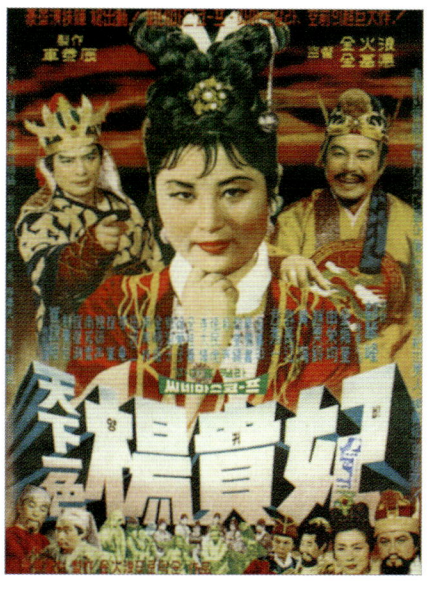

양옥환(도금봉)은 천하일색 미모뿐 아니라 시와 노래에도 뛰어나 당장 현종(김진규)의 눈에 든다. 양옥환이 '귀비'가 되자 일개 군졸이던 안록산(신영균)도 세 개의 군을 다스리는 절도사가 된다.

그때까지 현종은 안록산과 양귀비의 관계를 조금도 의심하지 않았다. 오히려 양귀비가 안록산을 총애하는 것을 보고 안록산을 높은 지위로 등용하곤 했다. 현종은 초기에는 어진 정치를 했으나 양귀비가 등장하면서 정치는 돌보지 않고 양귀비에게만 빠지게 된다. 양귀비 일가의 전횡이 시작되면서 안록산에게 난(안사의 난)을 일으킬 명분을 주는 등 환란의 길을 걷게 된다.

(극동흥업) 극영화/사극멜로

감독 : 김화랑, 김기덕
제작 : 차태진
각본 : 유한철
개봉 : 1962년 1월 24일 국도극장 (서울)
관람인원 : 5만 명
출연 : 김진규, 신영균, 도금봉, 조미령, 황해, 허장강 외
기획 : 김화랑
촬영 : 임병호
음악 : 박춘석
조명 : 박진수
편집 : 김기덕
미술 : 이봉선
현상 : 성림

● '경국지색'으로 지칭되는 당의 양귀비를 소재로 한 영화. 중국의 대시인 백낙천(白樂天)은 「장한가(長恨歌)」에서 양귀비의 아름다움과 파란 많은 일생을 장시로 노래했다. 양귀비는 '안사의 난' 때 피난길에서 병사들이 양귀비 일족을 몰살시킬 것을 요구하자 사태의 심각성을 짐작한 양귀비가 근처의 배나무에 목을 매어 자결한 것으로 되어 있다. 그때 양귀비 나이 38세, 현종은 72세였다.

이 '천하일색 양귀비'와 최훈이 연출한 '양귀비'는 1962년 구정대목에 맞춰 개봉할 예정으로 1961년 11월, 거의 동시에 촬영을 시작했다. 두 작품이 경합하자 "가능한 빨리 완성하기 위해 김화랑은 김기덕의 도움을 필요로 하게 되어 공동감독"(한국영상자료원 엮음, 「한국영화를 말한다 - 한국영화의 르네상스 1」, 김기덕 감독 구술, 이채, 2005년, p.23)을 하게 된 것이다.

'천하일색 양귀비'에는 양귀비에 도금봉, 안록산에 신영균, 현종에 김진규가 캐스팅되었고 최훈의 '양귀비'는 양귀비에 김지미, 안록산에 이예춘, 현종에 김승호가 캐스팅되었다.(조선 61. 12. 27) 이는 바로 1년 전 홍성기의 '춘향전'과 신상옥의 '성춘향'을 연상케 하는 경쟁(조선 61. 12. 10) 양상으로, 서울 국제극장에서 개봉된 '양귀비'는 흥행 저조로 막을 내린 데 비해 국도극장에서 개봉된 '천하일색 양귀비'는 관객의 호응을 받아 흥행에 성공했다.

두만강아 잘 있거라 Farewell Tumen River (1962)

(한흥영화사) 96분 극영화 연소자불가
/액션멜로

감독 : 임권택(林權澤)
제작 : 최관두
각본 : 유한철
각색 : 정진우
개봉 : 1962년 2월 4일 국도극장
      (서울)
관람인원 : 1만 명
수출현황 : 대만(63)
출연 : 김석훈, 황해, 엄앵란, 문정숙,
      허장강, 장동휘, 박노식, 장혁,
      이대엽, 김혜정, 황정순, 김동
      원, 이향, 최남현, 황남, 남석훈
      외
기획 : 최관두
촬영 : 최호진
음악 : 박춘석
조명 : 윤창화
편집 : 김희수
미술 : 원제래
현상 : 성림

영우(김석훈)와 친구들은 학생독립단을 조직하여 일본의 주요 시설들을 파괴한다. 그리고 일본군의 추격을 피하기 위해 사랑하는 가족과 애인을 남겨둔 채 두만강을 건너 만주로 향한다. 영우는 애인 경애(엄앵란)가 임신했다는 사실을 알고도 떠날 수밖에 없었다. 한편 경애의 외삼촌 민태영(허장강)은 경애가 가지고 있던 학생독립단 명단을 일본군에게 넘겨주고 그 대가로 광산의 이권을 얻고자 한다. 이로 인해 영우 어머니는 일본군의 모진 고문 끝에 죽고 영우는 경애의 배신에 분노한다.

경애는 영우의 오해를 풀기 위해 도망치다 뒤쫓아온 외삼촌을 쏘아 죽이고 두만강 기슭에서 영우일행과 만난다. 두 사람의 오해는 풀리지만 두만강을 건너기 위해 일본군과 벌인 혈전 끝에 모두가 눈밭에 쓰러진다.

● 임권택 감독 데뷔작. 유한철 각본, 정진우가 각색을 맡았다. 조국과 가정을 등지고 일제에 항거하여 싸우는 애국학생들의 활약상을 그린 스펙터클 액션물. 조국에 발붙일 길 없이 만주로 망명하는 학생 독립단들이 서울을 탈출하여 산줄기를 타고 두만강을 건너기까지 이들을 쫓는 일본헌병대와 혈전이 영화를 피로 물들인다. 시시각각 좁혀오는 일본군의 포위망을 뚫고 두만강 기슭에서 설원에 스키를 타고 내려오며 총격전을 벌이는 몹신은 액션물로서의 수준을 지켰다(조선 62. 2. 6)는 평을 들었다. 스키를 타고 일본군과 싸우는 독립군의 모습을 그리기 위해

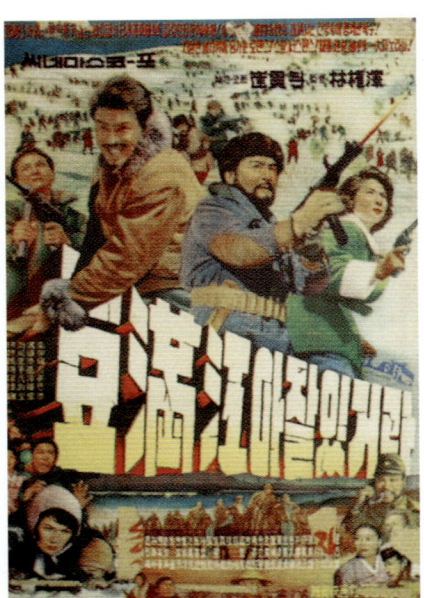

500여 명의 스키어를 동원했다. (조선 62. 1. 18) 임권택은 소도구 조수, 조명 조수 등을 거쳐 충무로의 전통적인 도제 시스템 속에서 이규환, 정창화의 조감독을 거쳐 감독으로 성장, 이 영화로 신인감독으로서 발전할 소지를 이미 예고하고 있다.

폭군연산 暴君燕山, 복수쾌거편, Tyrant Yeonsan(1962)

한삼에 뿌린 핏자국을 보고 장한 사모에 몸부림치던 연산군이 무시무시한 복수극을 끝내고 스스로 자멸에 이르는 완결편.

어머니 폐비 윤씨의 무덤 앞에서 피묻은 금삼을 불태우며 통곡하는 연산(신영균)의 얼굴이 클로즈업되면서 그의 파란만장한 삶이 서서히 전개된다. 생모의 슬픈 원한의 사연을 안고 제위에 오른 연산은 수양제도 무색할 만큼 음탕하고 사치스러운 놀이로 서러운 심정을 달랜다.

요화 장녹수(도금봉)와 간신 임사홍(이예춘)의 아첨에 놀아나 충신을 참하고 무고한 양민을 학살하는가 하면 끝없는 포악을 자행하여 날이 갈수록 민심이 흉흉해진다. 마침내 연산군의 만행으로 누이와 아버지를 잃은 박원종(김진규)이 정변을 일으키고 반정 궐기 당일 연산군은 장녹수를 죽이면서 지옥도와 같은 폭정에 종지부를 찍는다. 뒤늦게 자신의 과거를 뉘우치지만 그는 왕의 자리를 잃고 귀양길에 오른다.

(신필름) 192분 극영화 컬러 시네마스코프 연소자불가/사극

감독 : 신상옥
제작 : 신상옥
각색 : 임희재(원작 박종화)
개봉 : 1962년 2월 10일 명보극장 (서울)
출연 : 신영균, 도금봉, 김진규, 이예춘, 김혜정, 최은희, 허장강, 최남현, 황정순, 남궁원 외
기획 : 황남
촬영 : 정해준
음악 : 정윤주
조명 : 이규창
편집 : 김영희
미술 : 정우택
현상 : 동양

● 신상옥의 '연산군'(1961, 장한사모편)에 이은 속편. 박종화의 『금삼의 피』를 원작으로 한 연산군 연작은 컬러 시네마스코프로 제작되었으며 화려한 볼거리가 많아선지 상영 시간이 3시

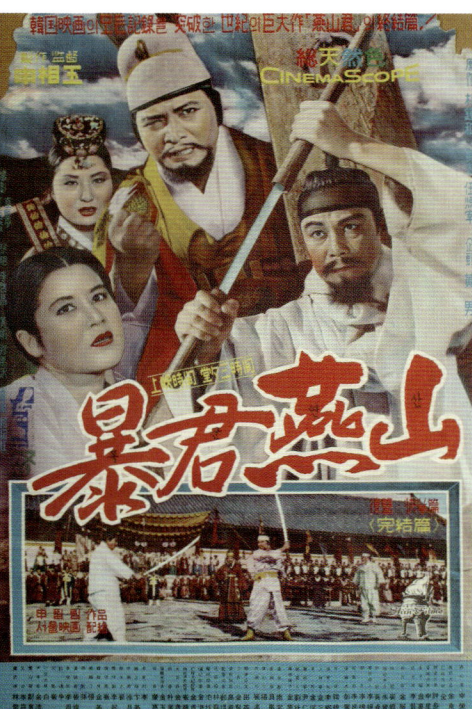

간 이상임에도 불구하고 지루하지 않았던 것으로 전해진다.

모든 것을 아낌없이 불사르고 난 뒤의 허무감과 고독한 군주의 내면심리가 밀도 있게 연출되는 등 특히 복수에 미쳐가다 죄를 뉘우치는 연산군의 심리묘사가 뛰어나다.(서울 62. 2. 10) 또한 영화롭던 꿈은 사라지고 절망의 나락에서 비로소 인생의 진실을 깨닫게 되는 연산의 모습에서 그 어머니를 억울하게 잃은 아들의 얼굴이 배여나온다. 거창한 규모로 다듬어진 이 영화는 사극영화의 집대성을 이룬 작품으로 평가되고 있다.

성웅 이순신 聖雄 李舜臣, Great Hero, Lee Sun-sin (1962)

(세연영화사) 140분 극영화/전기사극

감독 : 유현목
제작 : 김영선
각색 : 나소운(원작 이은상)
개봉 : 1962년 4월 18일 국도극장
       (서울)
출연 : 김승길, 윤일봉, 조미령, 김승호
       외
기획 : 정봉규
촬영 : 김학성
음악 : 김동진
조명 : 최의정
편집 : 김영희
미술 : 이봉선
현상 : 국일

때는 선조 25년(1592). 전라 좌도 수군절도사 이순신은 왜적의 침입을 예상하고 풍전등화처럼 위태로운 국운을 바로잡기 위해 여수 좌수영에서 거북선을 건조하는 등 임전 태세를 갖춘다. 임진년 6월, 왜란을 겪으며 해전에서 큰 공을 세우지만 한때 경상우도 수군절도사인 원균의 모함으로 옥살이를 하게 된다. 출옥 후 이순신은 구국일념으로 백의종군의 길을 자청하고 다시 전라수사를 제수 받아 동래성의 패전을 거쳐 역사적인 옥포해전에 이르기까지 남해 곳곳에서 왜선을 격파한다. 그러다 11월 18일, 노량진 앞바다에서 왜적들을 섬멸하던 중 적탄을 맞고 장렬한 최후를 맞는다.

● '임꺽정'(1961)에 이은 유현목의 사극. 이은상 원작을 각색한 작품이다. 세연영화사 제2회 작품으로 홍일점 제작자인 김영선에 의해 3년에 걸쳐 완성되었다. 일명 '성웅 이순신과 임진왜란', 1960년대 말 영화계는 70mm 영화 기획에 대한 관심과 군부정권이 이순신을 민족 영웅으로 우상화하면서 충무공 영화를 둘러싼 논란이 분분했다. 이 영화는 공보부 영화금고의 첫 지원 케이스로 3000만 환을 대부받았다. 당시 이순신 역에는 44세의 신인 김승길이 발탁되어 화제가 되었다. 기성 배우보다 참신한 이미지가 걸맞는다는 여론에 따라 주역 선발 콘테스트에서 500명을 선발된 인물이다.
인상적인 것은 덕수궁 함령전 앞뜰에서 칼을 비껴 찬 무관들이 좌우로 늘어선 가운데 이순신 장군이 정중하고 품위 있게 부복하고 있는 장면이다. 조정에서 동인 서인의 모략과 계책이 책동할 때 서인이 우세하게 되자 예조판서 유근(박암)은 조정으로 이순신을 불러 호통을 치게 된다. 여기서 감독은 '이순신의 무언의 항거와 예조판서의 위선과 호통의 노기'를 면밀하게 구사해 살린다. 유근은 치를 떨며 뜰아래 부복한 이순신을 뚫어지게 내려다보고 묵묵히 머리를 수그린 이순신은 온몸이 떨리도록 어깨를 들먹인다. 그리고 머리를 드는 그의 두 눈 속에 충혼의 기백이 불꽃처럼 빛나는 것을 보고 부근에서 카메라로 사진을 찍던 외국인들도 놀라서 셔터를 멈췄다는 일화가 있다.(《국제영화》, 1960년 신년 특대호, p.120) 원균의 모함과 당쟁에 희생되어 파직·투옥, 다시 풀려 백의종군하는 과정은 이순신의 인간상을 짙게 아로새긴 대목으로 신격화시킨 점도 없지 않지만 "한국영화에서는 일찍이 보지 못했던 몹신 등의 화면구성은 과연 감독의 연륜과 관록이 묻어난다"(동아 62. 4. 18)는 평을 들었다. 김학성의 카메라 역시 노장다운 솜씨를 보여주었다.
해전 특수촬영은 우리나라에서는 처음이었으며 해전을 위한 특수미술은 천재 조각가로 알려진 권진규가 맡았다. 해전을 위해 50여 평의 풀에다 2만 8000갤론의 물을 채우고 모형 배를 띄운 후 물 밖에서 줄을 당겨 운전을 하면 거북선이 노를 저으며 적선 사이를 유유히 누비도록 했다. 이 본격적인 미니어처로 연출된 한국 최초 대규모의 해상해전은 가히 장관이었다고 한다. 이 장면은 모함당한 이순신 장군의 뒤를 이어 해군사령관에 오른 원균이 절영도 앞바다에서 일선군과 접선, 패주하기 직전의 광경으로 선풍기로 물결을 만들고 소형 군선 127척을 띄워 고속으로 촬영되었다.
그 외 기성 연기자만 200여 명, 공보·국방·문교부와 충무공기념사업회가 영화 제작을 후원하고 미 공군 헤스 대령이 미국 상영을 위해 노력했다. 엑스트라가 연 인원 30만 명이 동원되고 말 2만 필, 해전에서 쓰인 선박은 옛 조선 전선 900여 척에 왜선, 명선 등 해군본부의 기동력 후원으로 함선 500척이 참가하여 남해 일대에 해전 실전을 방불케 하는 장관을 낳았으나 엄청난 제작비 등에 비해 영화는 기대에 미치지 못했던 것으로 전해진다.(경향 62. 3. 19)
해전을 완벽하게 구현시킨 조각가 권진규는 일본 무사시노 미술학교 출신으로 일본 동보 스튜디오에서 일한 경력이 있다. 귀국 후 서울대에 출강하면서 영화 '현해탄은 알고 있다'에 이어 '성웅 이순신'에서 그 탁월한 솜씨를 발휘했으나 1973년 5월, 알 수 없는 이유로 자신의 작업실에서 자살했다.

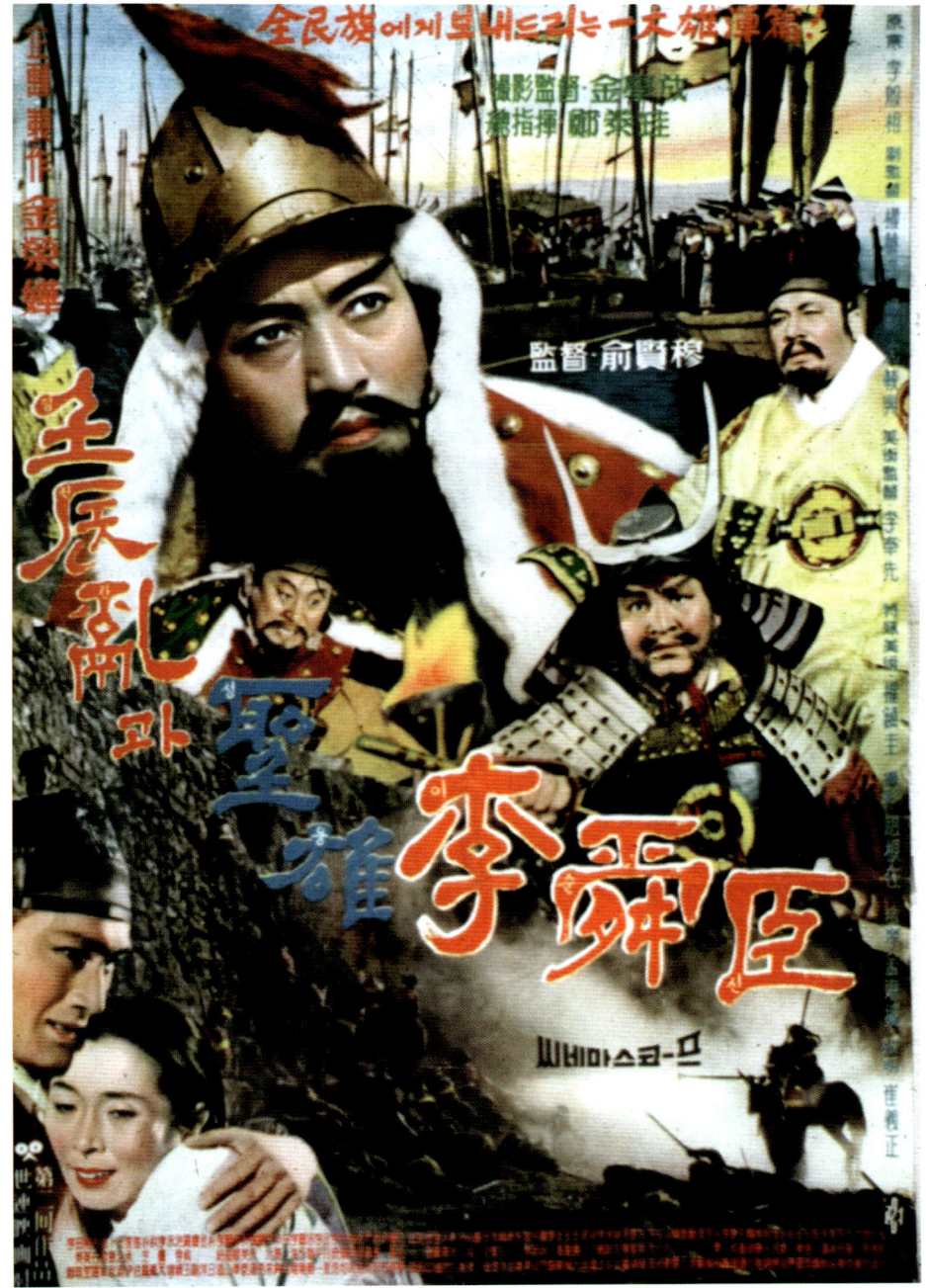

141

산색시 A Wife from a Mountain Village(1962)

(신필름) 115분 극영화 / 멜로

감독 : 박상호
제작 : 신상옥
각본 : 전범성
개봉 : 1962년 3월 22일 명보극장
　　　(서울)
출연 : 신영균, 최은희, 석금성, 박광
　　　수, 김영옥 외
기획 : 황남
촬영 : 배성학
음악 : 정윤주
조명 : 이종명
편집 : 김영희
미술 : 정우택
현상 : 국일

동네 씨름꾼(신영균)과 눈이 맞아 보따리 하나만 들고 따라나선 산색시(최은희)는 신혼 초부터 드센 시집살이에 시달린다. 시어머니는 쉴 새 없이 달달 볶아대고 씨름판에 나가 소를 몰고 오겠다고 허풍 치던 남편은 어머니 앞에서 끽소리도 하지 못한다. 엎친 데 덮친 격으로 남편마저 징용으로 끌려나간다. 고약한 시어머니의 구박과 학대는 날이 갈수록 심해지지만 그럴수록 산색시는 정성을 다해 시어머니를 모신다. 그리고 젖먹이를 업고 고된 품팔이를 하면서 아들의 성장만을 희망으로 알고 지낸다. 결국 며느리의 효성에 감동한 시어머니는 참회하고 징용 갔던 남편이 금의환향하는 해피엔딩으로 마무리된다.

● '해정'(1956)을 연출한 박상호의 세 번째 작품. 전범성 오리지널 시나리오. 남자들의 온갖 유혹을 물리치고 수절하는 산색시의 살을 깎는 듯한 이야기가 최은희의 열연으로 화면에 전개된다. 고루한 소재이지만 야생화처럼 아름답고 순박한 산색시가 겪는 우여곡절이 관객의 공감을 사면서 애틋한 모성애를 뿜어내는 후반부가 특히 감동적이라는 평을 들었다.(경향 62. 3. 24)

암행어사 박문수 朴文秀, Undercover Agent Park(1962)

(동보영화사) 135분 흑백 시네마스코프 극영화 / 연소자불가 시대극

감독 : 이규웅(李圭雄)
제작 : 송유천
각본 : 유일수, 한장봉
개봉 : 1962년 4월 14일 반도극장
　　　(현 피카디리 극장, 서울)
출연 : 김진규, 김지미, 조미령, 김희
　　　갑, 구봉서, 이예춘, 황해, 김승
　　　호, 양훈, 최남현 외
기획 : 안종강, 김인기
촬영 : 최호진
음악 : 황문평
조명 : 이영수
편집 : 김희수
미술 : 박석인
소품 : 정신종
의상 : 이해윤
분장 : 정철
사운드 : 양후보
현상 : 김창수
조감독 : 하영재

당파 싸움에서 역적으로 몰린 소론파 박문수(김진규)는 졸지에 몰락하여 윤영노 대감(최남현) 집에서 하인으로 살게 된다. 윤 대감의 딸 소향(조미령)과는 서로 사랑하는 사이지만 노론파의 간신배 권동춘(황해)의 시기로 윤 대감과 소향이 잡혀가고 박문수는 기생 설영(김지미)의 도움을 받는다. 영조의 탕평책 실시로 소론파는 다시 명예를 회복하게 되고 문수는 과거에 급제하여 암행어사를 제수받는다. 사또로 부임한

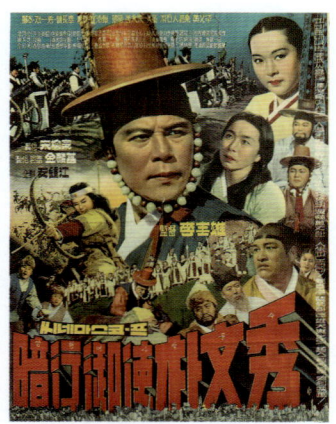

동춘이 소향을 참수하기 직전에 박문수가 출두하여 소향을 구해낸다.

● 이규웅의 세 번째 작품. 각본 유일수, 한장봉. 조선 영조 때의 암행어사로 숱한 일화를 남긴 박문수를 주인공으로 한 야담조의 입지전. "군데군데 산뜻한 커트가 눈에 띄고 통속 오락영화로선 어느 정도 틀이 잡히긴 했으나 줄거리를 앞질러 상상해버릴수 있다"(조선 62. 4. 18)는 점이 약점으로 지적되었다. 특히 후반부는 춘향전에서 이몽룡의 암행어사 출두 장면을 연상케 하는 등 역사에 충실하기보다 극적인 재미에 비중을 두고 있다. 1962년 상반기 흥행 4위였다.(서울 62. 7. 8)

사랑도 슬픔도 세월이 가면 (1962)

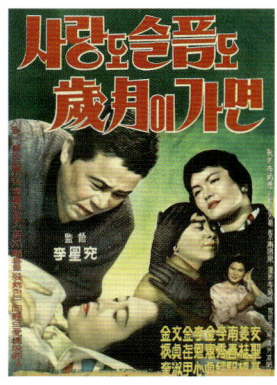

불륜을 저지른 아내(이은심)가 아이를 낳고 행방불명되자 그(김진규)는 아이를 키우기 위해 유모(문정숙)를 들인다.
　유모는 친자식처럼 아이를 돌보고 그를 보살피는 데도 정성을 다한다. 그들 사이에는 어느덧 애정이 싹트지만 유모의 못된 남편 때문에 두 사람의 사랑은 이루어지지 못한다. 아이가 자신의 친자식인지 아닌지 10년 동안 고민하던 그는 결국 아이를 자기의 자식으로 받아들이고 새로운 삶을 시작한다.

(연아영화공사) 극영화 연소자불가/멜로

감독 : 이성구(李星究)
제작 : 이병일
각본 : 남궁천
개봉 : 1962년 7월 5일 을지극장 (서울)
출연 : 김진규, 문정숙, 이은심, 김혜정, 안성기(아역) 외
기획 : 김천룡
촬영 : 이병수
음악 : 엄토미
조명 : 김연
편집 : 유재원
미술 : 임명선
현상 : 성림

● '젊은 표정'(1960)으로 감독 데뷔한 이성구의 멜로드라마. 여주인공 이은심은 감독의 부인으로 유두연의 '조춘'(1959)에서 폐결핵을 앓는 소녀, 김기영의 '하녀'(1960)에서 하녀로 출연하여 공보부 주최 제1회 한국영화 최우수 신인상을 수상했던 배우다. 이은심은 작품 선택에 까다로워서 1959년에서 62년까지 3년간 총 다섯 편의 영화에 출연했다. 희극보다 비극을 선호하는 그는 작품에서 현실주의적인 일면을 투철하게 나타내는 연기자"로 소문나 있다. 이 작품은 일본에서 인기 있던 영화의 표절이라는 잡음(동아 62. 4. 6)에 휘말리기도 했다.

진시황제와 만리장성

Qin Shu Huangdi and the Great Wall of China(1962)

중국을 천하 통일하고 함양으로 개선하던 진시황(김승호)은 제나라 족장의 딸 용녀(김지미)를 만나 하룻밤을 보낸다. 진시황은 제나라의 진승(김진규)을 용녀의 노예로 주고 궁궐로 돌아와 북방의 침공을 막기 위한 만리장성을 쌓는다. 한편 용녀가 사는 방자산 부근에 흑사병이 창궐하자 제나라 족장은 이 지역을 고립시키기 위해 불을 지른다. 진승은 용녀를 데리고 산으로 피신하고 둘 사이엔 사랑이 싹튼다. 그 무렵 마적 두목이 된 제나라 장수(신영균)가 진승을 찾아와 백성들의 원성이 날로 높아간다면서 "성 쌓는 일에 지친 백성들을 구해내자"고 제의한다. 처음엔 망설였으나 더 이상 시황제의 가혹한 정사를 외면할 수 없었던 진승은 궁궐로 잠입한다. 이로써 진시황의 천하통일은 15년 만에 제나라 장수들에 의해 패망하고 만다.

(한양영화사) 163분 극영화/액션시대극

감독 : 권영순
제작 : 백완
각본 : 장사공
각색 : 권영순
개봉 : 1962년 9월 13일 국도극장 (서울)
관람인원 : 10만 명(서울)
출연 : 김진규, 김지미, 김승호, 신영균, 박노식, 허장강, 이수련, 이빈화, 강계식, 정민, 박경주, 이룡, 성소민, 김희갑, 윤인자, 김성미, 김신재, 정애란, 김정옥, 전영주 외
기획 : 주동진　**촬영** : 이용민
음악 : 김희조　**조명** : 방기찬
편집 : 유재원　**미술** : 임명선
소품 : 우종삼, 배정원
의상 : 명동 뉴스타일
사운드 : 이상만, 이경순, 한양
수상 : 제2회 대종상영화제 남우조연상(박노식), 제6회 부일영화상 특별상(한양영화)

● '흙', '표류도'(1960)등 문예물을 발표해온 권영순의 사극 대작. 진나라 시황제의 생애를 담아낸 컬러 시네마스코프. 총제작비 2천만 원. 한국영화사상 초유의 매머드 영화로 경기도 시흥군 동면 남양산에 1800평의 아방궁 오픈 세트를 세우고 연기자 48명, 1500명의 엑스트라와 군마 250필을 동원(동아 62. 8. 20)하여 촬영했다. 또 다른 신문은 총 제작비 2800만 원에 연인원 15만 명의 엑스트라가 동원(조선 62. 8. 21)된 것으로 보도했다.

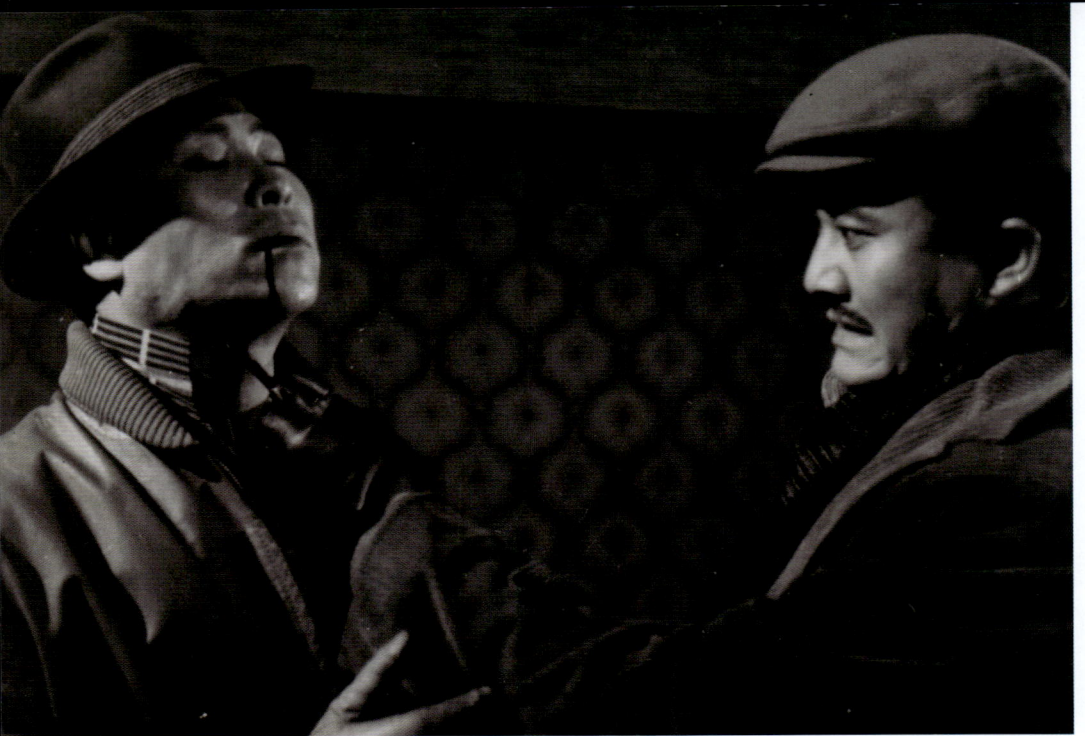

다이알 112를 돌려라 Call 112 (1962)

(한홍영화사) 흑백 극영화/추리 스릴러

감독 : 이만희(李晩熙)
제작 : 원선
각본 : 편거영, 유한철
개봉 : 1962년 8월 14일 국제극장
        (서울)
관람인원 : 6만 명
출연 : 최무룡, 문정숙, 박노식, 장동휘
        외
기획 : 전석진
촬영 : 서정민
음악 : 전정근
조명 : 장기종
편집 : 김희수
미술 : 박석인
현상 : 대영
수상 : 제2회 대종상영화제 남우조연
        상(박노식, 장동휘), 국제뉴스
        제정 국제영화 인기상 조연남
        우상(박노식), 산업경제신문사
        제정 제2회 한국영화상 작품산
        업상 · 주연여우상(문정숙) · 조
        연남우상(박노식, 장동휘) · 신
        인감독상(이만희)

거액의 유산을 탐낸 일당이 그녀(문정숙)에게 계획적으로 접근한다. 그 일당의 두목(박노식)은 바로 그녀의 전 남편이다. 유산을 손에 넣기도 전에 내부 갈등을 일으키자 두목은 그의 부하들을 잔인하게 살해한다.

한편 그녀는 밤거리에서 그녀를 구해준 청년(최무룡)과의 사랑을 위해 달리는 열차에서 전 남편인 두목을 밀어낸다. 그러나 죽은 줄 알았던 두목은 그녀의 유산을 포기하지 않고 집요하게 접근하며 복수극을 펼친다. 여자는 다이알 112를 돌려 일촉즉발의 위기에서 구출되고 두목은 뜻을 이루지 못한 채 경찰에 체포된다.

● '살아있는 그날까지'(1962)에 이은 이만희의 네 번째 작품. 이만희는 안종화의 '천추의 한'(1956)에서 조감독, '사도세자'(1956)에서 자객으로 출연한 후 1961년 '주마등'으로 감독 데뷔했다. 여자의 유산을 탐낸 전 남편 일당의 음모와 위기에서 벗어나는 여주인공의 모습을 흑백 화면 속에 담은 스릴러물. 애정과 범죄를 한꺼번에 다룬 암흑영화로 전반은 주인공의 불안과 공포를 기조로 한 서스펜스로, 후반은 악인들의 액션을 추구한 활극조로 진행된다. 탈곡기로 광풍기를 만들어 바람을 일으키는 등 촬영과정에서 많은 어려움을 겪었으나 공포영화임에도 흥행에 성공했다.(한국 62. 8. 14)

박력이 넘치는 깔끔한 연출력을 인정받은 그는 촬영의 서정민을 만나면서 더욱 정교하고 짜임새 있는 자신만의 영상 세계를 펼치는 데 성공했다. 이후 그는 '천재감독'이라는 호칭과 함께 곤궁했던 당시의 시대 분위기를 다양한 영화적 장르와 모드로 바꿔낸 감독으로 자리잡아갔다.

인목대비 仁穆大妃, Queen Dowager Inmok (1962)

선조(최남현)의 후궁 공빈 김씨의 소생인 광해군(허장강)은 형인 임해군 (김승호) 대신 세자로 책봉되지만, 중전 인목대비(조미령)가 영창대군을 낳으면서 세자의 자리에서 밀려날 위기에 처한다. 이에 광해군은 김 상궁(이민자)과 계략을 꾸며 선조를 독살하고 왕위에 오른다. 그러나 왕이 된 광해군은 정사는 돌보지 않고 주색잡기에만 골몰한다. 그무렵 명나라에서 온 사신이 "왜 형인 임해군이 왕이 되지 않고 아우가 왕이 되었느냐?"고 묻자 광해군은 임해군을 정신이상자로 몰아세우고 명나라 사신이 돌아간 후 임해군을 죽여버린다. 또한 어린 영창대군과 인목대비가 있는 한 왕의 자리가 불안하다고 느낀 그는 어린 영창대군을 역모죄로 몰아 강화도로 귀양 보내고 인목대비를 폐비시킨다. 어느 날 광해군이 보낸 자객이 영창대군을 방에 가둔 후 집에 불을 질러 영창대군마저 살해한다. 이를 보다 못한 서인파(西人派)들은 능양군(신영균)을 앞세운 인조반정(仁祖反正)으로 광해군을 몰아낸 후 인목대비를 복위시킨다.

● '푸른 하늘 은하수'(1960), '양산도'(1961)을 연출한 안현철의 궁중사극. 이서구 원작으로 동아흥업이 추석을 겨냥해서 제작한 영화다.

1962년 당시 국내에서 촬영한 컬러와이드 필름은 일본에서 현상을 해오는 실정이었고 현상

(동아흥업) 122분 컬러 시네마스코프
극영화/전기사극

감독 : 안현철
제작 : 이성근
각색 : 유한철
개봉 : 1962년 9월 13일 국제극장 (서울)
관람인원 : 8만 명
출연 : 조미령, 이민자, 허장강, 신영균, 김승호, 최남현, 김동원, 김희갑, 장동회, 유계선 외
기획 : 임병호
촬영 : 김재영
음악 : 황문평
조명 : 김연
편집 : 김희수
미술 : 박석인
의상 : 이해윤
분장 : 정철
사운드 : 이상만, 이경순
현상 : 한국천연색현상소

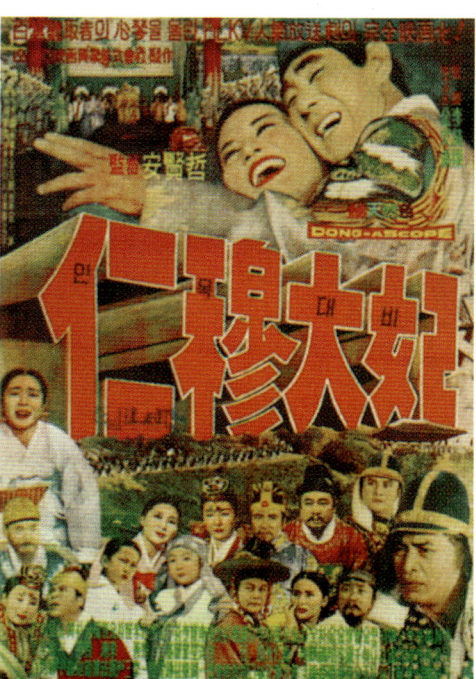

에 드는 비용만 1만 달러 정도로 영화 제작비의 약 25퍼센트를 차지했다고 한다. 이런 상황에서 본격적으로 국내 컬러현상을 시작한 이종상은 독일 아그파 사에서 3년간 기술 습득을 하고 돌아온 후 독일기재를 도입하여 한국 천연색현상소를 개소, 이 영화는 아그파 필름으로 촬영해서 우리나라에서 처음으로 컬러현상을 한 것이다.(『한국영화를 말한다—한국영화의 르네상스 2』, 안현철 구술, pp.185~187) 서울시 교육위원회 통계에 보면 9월 15, 16 양일간 관객 동원 수는 6000 명대로 서울 관객 8만 명대(동아 62. 11. 21)를 넘어섰다.

와룡선생 상경기 Teacher Waryong's Trip to Seoul (1962)

(신필름) 121분 흑백 시네마스코프 극
영화 연소자가/코미디

감독 : 김용덕(金容德)
제작 : 신상옥
각색 : 임희재(원작 조흔파)
개봉 : 1962년 10월 8일 명보, 명보극
장(서울)
출연 : 김희갑, 허장강, 윤인자, 엄앵
란, 이대엽, 이창식, 조향, 김수
천, 박철민, 장훈 외
촬영 : 정해준
음악 : 손석우
조명 : 정경희
편집 : 김영희
미술 : 정우택
동시녹음 : 손인호
사운드 : 한양, 이상만
조감독 : 나봉한

37년간의 교직 생활을 끝
내고 정년퇴직한 와룡선생
(김희갑)은 서울에 있는 제
자들을 찾아 나선다. 그리
고 제자들을 만나는 동안
자신이 길러낸 제자들이 도
시생활에서 많이 황폐해졌
음을 깨닫는다. 출세한 제
자들에게는 푸대접을 받고
가난하지만 성실하게 살아
가는 제자들에게는 환대를
받았다. 세태를 꼬집는 풍
자희극으로 와룡선생은 제
자들의 따뜻한 환송을 받으
며 기차를 타고 떠난다.

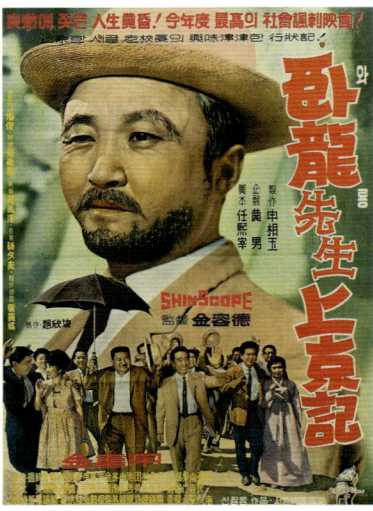

● 영화 '마음대로 사랑하고'(1962)로 감독 데뷔한 김용덕의 두 번째 작품. 조흔파 원작의 동명
소설을 영화화한 풍자극이지만 코믹하면서도 진지하게 그렸다는 평가를 받았다. 와룡선생의 실
재인물은 "나리나리 개나리"를 작곡한 권태호로 알려져 있다.
  감독은 신상옥의 제자로 영화계의 기대를 한 몸에 받고 있었으나 다음해 '나는 비밀이 있다'
(1963)를 만들고 28세의 나이로 요절했다.

아름다운 수의 Beautiful Shroud, 스틸 (1962)

(신필름), 극영화/청춘 멜로

감독 : 이형표   제작 : 신상옥
각본 : 김지헌(원작 신희수)
각색 : 김강윤
개봉 : 1962년 11월 15일 명보극장
(서울)
관람인원 : 5만 명
수출현황 : 홍콩(64)
출연 : 태현실, 최난경, 윤일봉, 이수
련, 이상사, 김은미, 트위스트
김, 한미자, 김동원, 한은진, 주
증녀, 이상사, 최삼, 고선애, 윤
길자, 윤인자 외
촬영 : 권재홍   음악 : 정윤주
조명 : 마용천   편집 : 이형표
미술 : 정우택   현상 : 대영
수상 : 국제뉴스 제정 국제영화 인기
상 우수신인상(태현실)

여대생 여옥(태현실)은 자신의 약혼자를 두고 친구의 약혼자(이상사)와
빗나간 관계를 갖는다. 이른바 남녀의 사랑은 '사랑'이 아니라 '성적
우정'이라는 메시지를 담아 청춘풍속도로 그려내고 있다. 여기에 사생
아를 숨기고 결혼한 아버지, 그런 아버지에 대한 어머니의 질투, 아버
지를 저주하는 배다른 오빠 등이 등장하여 가정불화와 가정비극을 펼
친다.

● '서울의 지붕 밑'(1961)에 이은 이형표의 청춘물. 서울신문 500만 환 장편소설현상 모집에서
당선한 신희수의 동명 장편소설을 영화화한 작품이다. 당시 한양대 영화과 2학년에 재학 중이
던 태현실의 스크린 데뷔작. 친구로 나오는 최난경, 김은미, 한미자, 윤길자도 모두 신인이다.
여대생들이 성숙해 가는 과정을 구세대와 신세대 간의 갈등으로 펼치면서 당시 대학생의 성 모
럴을 긍정적으로 반영하고 있다. 태현실은 "진보적이면서도 지성적인 연기를 싱싱하게 펼쳤다"
(정비석, 서울 62. 11. 15)는 평을 받았다. 흥행 부진.

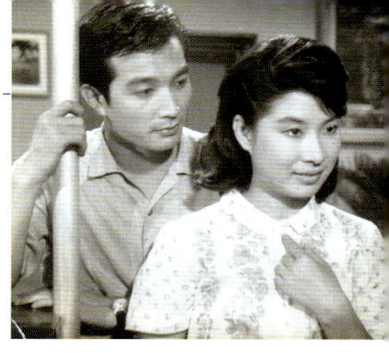

아낌없이 주련다 Only for You (1962)

1·4 후퇴 당시의 항도 부산, 외로움에 지친 30대 미망인(이민자)과 세상 물정을 모르는 순진한 청년(신성일)의 애절한 사랑 이야기. 인습적인 윤리 앞에 좌절된 짧고 아름다운 사랑의 애환을 정감 있게 펼치고 있다. 미망인과 청년은 서로 진실하게 사랑하지만 미망인의 악당 정부의 방해로 미망인과 청년은 오열 속에 숨을 거둔다.

● 유현목의 멜로 영화. '현해탄은 알고 있다'(1961)로 센세이셔널한 화제를 불러일으켰던 한운사의 연속방송극(HLKA)을 영화화한 작품. 유한철이 각색했다. 부산 피난 시절을 무대로 30대의 교양 있는 여인과 연하의 청년이 '아낌없이 주고 아낌없이 받는 사랑을 나눈다'는 주제로 현대인의 애정관과 새로운 모럴을 제시하고 있다. 100여 명의 엑스트라와 직업 댄서, 미국인 10여 명이 출연.

'아낌없이 주련다'는 유행가의 한 대목이 아니라 한 외로운 남녀의 이루어질 수 없는 슬픈 사랑의 메시지. 특히 그때까지 자신의 기량을 마음껏 드러내지 못했던 신성일의 열연과 이민자의 호연이 눈길을 끌다. 1962년 10월 13일, 단성사 시사실에서 열린 시네펜클럽 주최 제5회 100인 초대 영화감상회에서 '하이클래스의 멜로물'이라는 예고와 함께 이 영화는 영화팬들의 기대를 모았다. 실제로 부산 다대포에서 신성일과 이민자가 키스신을 촬영할 때는 이를 구경하고자 모인 수천 군중들로 인해 부산 시내버스들이 대 혼잡을 이루었다는 보도가 있었다.(동아 62. 8. 27)

라디오 연속방송 때부터 인기를 모았던 이 영화는 개봉되자 매스컴들이 찬사와 호평을 다투어 내보냈다. "유현목(연출), 변인집(촬영) 콤비의 유려한 카메라 워크에 의한 릴리시즘의 화면이 인상적이다"(경향 62. 11. 10), "미망인이 손 아래 애인과 헤어진 후 길거리로 뛰쳐나오자 도로공사 중에 굵은 로프가 가로막은 부둣가의 이별 장면 등 인서트 화면처리도 절묘한 상징 묘사로 평가된다"(조선 62. 11. 12), "단조롭고 기복 없는 이야기를 흐뭇한 서정과 밀도 있는 영상으로 정감의 볼륨을 높여간 유현목 감독의 섬세한 연출구도가 돋보이는 작품"(서울 62. 11. 15) 등이다. 이 영화는 당시 부진했던 한국영화 상영 현실에서 단연 호조를 보이면서 관객 7만 명대(서울 개봉관 기준)를 넘기는 흥행을 기록했고 제2회 대종상 영화제에서 유현목이 감독상을 비롯 부산일보가 주최한 부일영화상과 산업경제 신문이 제정한 한국영화상에서도 감독상을 거머쥐는 영예를 누렸다.

유현목은 '교차로'(1956) 이후 새로운 작품을 발표할 때마다 하나의 뚜렷한 이슈와 새로운 영상언어를 구사하면서 화제의 초점이 되었고 이후 영화작가, 영상미학으로서의 자기 언어를 화면에서 시도하여 실천한 선두 주자가 되었다.

(극동흥업), 114분, 흑백 시네마스코프, 극영화/멜로

감독: 유현목
제작: 차태진
각색: 유한철(원작 한운사)
개봉: 1962년 11월 9일 국제극장 (서울)
출연: 이민자, 신성일, 허장강, 엄앵란, 방성자, 이상사, 안성기, 곽규석, 김년수 외
관람인원: 7만 명
기획: 마원일
촬영: 변인집
음악: 한상기
조명: 박진수
편집: 이경자
미술: 이봉선
수상: 제2회 대종상영화제 감독상(유현목)·조명상(박진수)·미술상(이봉선), 제6회 부일영화상 작품상(극동영화)·감독상(유현목)·주연여우상(이민자)·촬영상(변인집), 국제뉴스 제정 국제영화인기상 각본상(유한철)·신인남우상(신성일), 산업경제 신문사제정 제2회 한국영화상 감독상(유현목)·작품상·아리랑상작품상·감독상(유현목)

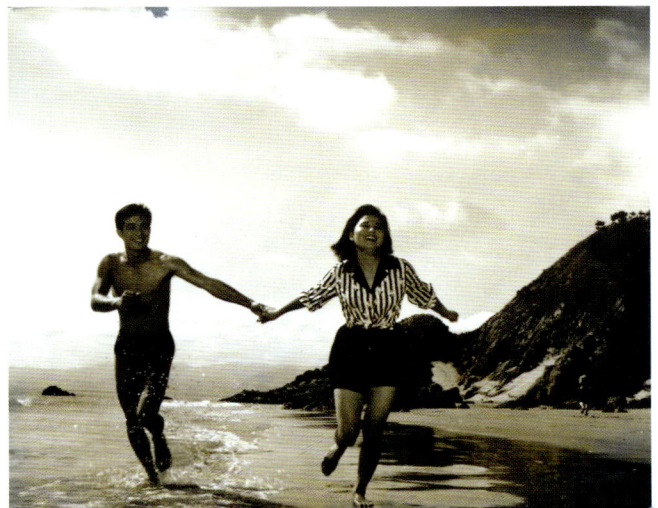

빼앗긴 일요일 Lost Sunday, (1962)

(동성영화) 110분 흑백 시네마스코프
극영화/반공 전쟁

감독: 정일몽
제작: 김재순
각본: 정우영(원작 정우영)
개봉: 1962년 12월 1일 국도극장
     (서울)
수출현황: 대만, 홍콩, 일본(64)
출연: 황정순, 장동휘, 김석훈, 문정
     숙, 정애란, 최지희, 장민호, 정
     훈(아역) 외
기획: 김시성
촬영: 이성우
음악: 전정근
조명: 임영창
편집: 유재원
미술: 홍성칠
현상: 대영
수상: 제2회 대종상영화제 신인상(시
     나리오 정우영)

월남 간첩 한동호(장동휘)에게 사형 구형을 한 다음날, 홍 검사(장민호)와 그의 아내(문정숙)는 어린 아들(정훈)을 데리고 평화로운 일요일을 즐긴다. 그러나 홍 검사에게 사형을 구형받은 한동호의 동료첩자들에게 잔혹한 고문을 당한 끝에 부부는 죽고 어린 아들만 남겨진다.

● 정일몽 감독 데뷔작. 정우영의 1961년도 조선일보 신춘문예 시나리오 당선작을 바탕으로 하고 있다. 처음부터 끝까지 일관되게 흐르는 테마는 인간의 존엄성이다. 6·25전쟁의 비극을 한 가정에 압축시켜 담담한 민족의 수난사로 엮고 있는 이 영화는 괴뢰의 무참한 만행이 리얼하게 펼쳐지는 등 보는 이의 가슴을 짓이길 정도의 충격적인 고문장면을 보여준다.
문정숙, 장동휘, 장민호 열연, 감독의 아들인 꼬마 스타 정훈도 아버지를 따라 무난하게 데뷔했다. 영화의 특징은 대사에 치중하던 종래의 방식에서 벗어나 사운드가 갖는 이차원적 표현을 시도한 점이다.(조선 62. 12. 4) 제2회 대종상영화제에서 영화를 연출한 정일몽과 시나리오를 쓴 정우영이 신인상 부문을 놓고 어깨를 겨룬 정우영이 신인상을 받는 영예를 누렸다.

열녀문 烈女門, Bound by Chastity Rule (1962)

(신필름) 150분 흑백 시네마스코프 극
영화/멜로 문예

감독: 신상옥
제작: 신상옥
각색: 김강윤(원작 황순원)
개봉: 1962년 12월 14일 명보극장
     (서울)
출연: 최은희, 신영균, 김동원, 한은진
     외
기획: 황남
촬영: 정해준   음악: 정윤주
조명: 이규창   편집: 김영희
미술: 정우택   녹음: 이경순
현상: 대영
수상: 제2회 대종상영화제 작품상·
     남우주연상(신영균)·각본상(김
     강윤)·편집상(김영희)·녹음상
     (이경순), 산업경제신문사 제정
     제2회 한국영화상 작품상(열녀
     문), 제6회 부일영화상 조연여
     우상(한은진), 제13회 베를린국
     제영화제, 아시아영화제 출품

청상과부로 수절하며 살던 양반집 며느리(최은희)가 머슴(신영균)과 신분을 넘어선 사랑을 나눈다. 며느리는 머슴의 아들을 낳고 머슴은 갓난 핏덩이를 안고 쫓겨난다. 먼 훗날 어머니를 찾아온 장성한 아들을 보고 며느리가 돌려보내려 하자 이를 지켜보던 시어머니(한은진)가 손자를 불러주고 쓰러진다.

● 신상옥의 4대 문예영화 중 하나. '사랑방 손님과 어머니', '상록수'(1961)에 이은 세 번째 작품. 1953년에 발표한 황순원의 단편소설 '과부'를 원작으로 하고 있다. 같은 원작인데도 1960년 조긍하의 '과부'는 어머니를 찾아온 아들을 끝내 자식이라 불러보지 못하고 돌려보내지만 이 영화는 시어머니 송씨가 손자를 불러주는 것으로 길고 질긴 질곡을 상징적으로 끝내고 있다. 해외영화제 출품을 겨냥하여 토속적인 로컬컬러를 사용하면서도 척박한 가뭄의 농촌풍경을 하이키톤으로 처리하는 등 비교적 밝은 화면을 구사했다. 그 외 시네마스코프 화면에서 연기자들의 조용히 흐느끼는 연기가 우울한 농촌 풍경과 어우러져 한폭의 동양화를 보는 듯한 감흥을 자아낸다.(동아 62. 12. 14) 또한 기우제와 추석 성묘, 씨름판과 장례행렬 등 향토색 짙은 행사들이 흙냄새나는 서정적 분위기를 조성하여 문예영화다운 향취를 뿜어낸다. 이 영화는 베를린국제영화제에 출품되어 상영되었고 동양의 아름다움에 대한 찬사를 보냈다. 문예영화 네번째 작품은 '벙어리 삼룡'(1964)이다.

새댁 New Wife (1962)

할아버지에서 손자에 걸친 3대가 살고 있는 서울의 한 가정에 순박한 시골 처녀 섭섭이(도금봉)가 며느리로 들어온다. 늘 먹자 타령만 하는 시할아버지(김희갑), 엄처시하의 시아버지(최남현), 그리고 시어머니(황정순)와 시아주버니(박암), 친정의 위세만 믿고 거들먹거리는 손위 동서(이빈화), 젊은 시누이(엄앵란) 등 열한 식구나 되는 대가족이어서 매일같이 크고 작은 사건이 그칠 날이 없다. 배운 것은 없지만 순진하고 알뜰한 새댁은 신식 동서들의 등쌀을 구수한 충청도 사투리로 받아넘기며 드디어 부덕을 인정받게 된다.

● 김영수의 연속방송극을 영화화한 작품. 시골 출신의 새 며느리를 중심으로 벌어지는 서민가정의 애환을 그리고 있다. 어른을 모시고 사는 가족제도에 에 대한 장단점을 염두에 두고 영화를 만들었다고 한다. 아세아극장에서 신정에 개봉되어 "마음 놓고 웃을 수 있는 영화", "정초놀이 오락영화로는 최고"(경향 62. 12. 24)라는 평을 받았다.

(후반기 프로덕션) 112분 극영화 연소자불가 / 멜로

감독 · 제작: 이봉래
각색: 임영웅(원작 김영수)
개봉: 1962년 12월 24일 아세아극장 (서울)
출연: 도금봉, 이대엽, 김희갑, 황정순, 최남현, 이빈화, 방성자, 엄앵란, 박암, 이수련 외
기획: 노현조   **촬영**: 정광석
음악: 김용환   **조명**: 임호
편집: 김영희   **미술**: 박석인
현상: 대영
수상: 제2회 대종상영화제 여우주연상(도금봉) · 여우조연상(황정순)

무정 無情, Cool and Cold (1962)

1·4후퇴 때 부산으로 피난온 문옥(최은희)은 가족과 먹고 살기 위해 길 사장(이예춘)이 마련해준 다방을 운영하고 있다. 그러던 어느 날 그녀는 다방에 온 작곡가 강상규(이상규)를 보고 첫눈에 반한다. 상규는 병든 아내와 어린 딸이 있는 유부남이다. 두 사람이 연인관계로 발전하자 길 사장은 문옥에게 맡겼던 다방을 빼앗는다. 문옥은 상규의 도움으로 레코드가게를 열게 되지만 상규는 아내가 죽자 아내를 속

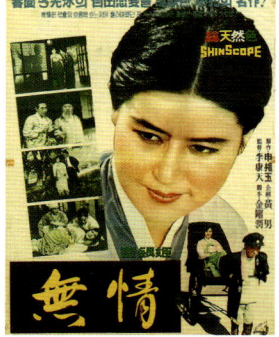

이고 다른 여자를 사랑한 데 대한 죄책감 때문에 문옥을 떠난다. 문옥은 지금까지 남자의 도움으로 살아온 자신을 반성하며 스스로 살아갈 길을 모색한다.

● 이강천 연출작. 1917년 매일신보에 연재했던 이광수의 첫 장편 소설 「무정」을 원작으로 하고 있다. 한은진 스크린 데뷔작. 소설은 일제시대를 배경으로 한 데 비해 영화는 1960년대로 시대배경을 바꾸고 여주인공도 기생에서 다방 마담으로 설정했다. 원작에서는 돈을 위해 기생이 된 여성과 전근대적 여성 사이에서 갈등하는 남성, 신학문에 대한 향학열과 자유연애, 민족주의적 이상과 계몽주의적 열정을 주제 속에 드러낸다. 반면 영화는 병든 부인이 있으면서 다른 여자를 사랑하게 된 남성이 결국 후회하고 가정으로 돌아오지만 모든 것은 이미 끝난 것으로 결론 짓는다. 이 영화는 이제까지 남성에게 의존하던 여성이 자신의 입지와 자존심을 내세워 신여성으로서의 독립심을 갖게 된다는 데 초점을 맞추고 있다. 아시아영화제에 출품되었다.

(신필름) 120분 35mm 극영화 연소자불가 / 멜로

감독: 이강천
제작: 신상옥
각색: 김강윤(원작 이광수)
개봉: 1963년 12월 26일 명보극장 (서울)
출연: 최은희, 이상규, 이예춘, 한은진, 남궁원, 전영선, 박암, 유계선 외
기획: 황남
촬영: 정해준
음악: 정희갑
조명: 마용천
편집: 김영희
미술: 정우택
현상: 대영
수상: 제2회 대종상영화제 촬영상(정해준), 제10회 아시아영화제 출품

지옥문 地獄門, The Gate to Hell (1962)

(세종영화) 129분 컬러 시네마스코프
연소자가 / 활극

감독 : 이용민
제작 : 지우성
각본 · 각색 : 김성민
개봉 : 1962년 12월 29일 국도극장
(서울)
관람인원 : 11만 5000명
출연 : 이민자, 이예춘, 이향, 김지미,
김석훈, 박노식, 김운하, 이빈화
외
촬영 : 김종한
음악 : 정윤주
조명 : 김석진
편집 : 이용민
미술 : 홍성칠
녹음 : 이경자
현상 : 동양
수상 : 제2회 대종상영화제 특별장려상
(세종영화) · 음악상(정윤주) · 녹
음상(이경자), 국제뉴스 제작 국
제영화인기상 작품상

목련존자(김운하)의 효성에 크게 감동한 세존이 지아비를 배반하고 간음 살인죄로 지옥에 떨어진 청체 부인(이민자)을 극락으로 구원한다. 한편 도색과 사기 행각을 벌인 바라문 교주(이예춘)는 갖가지 괴로움을 받는다.

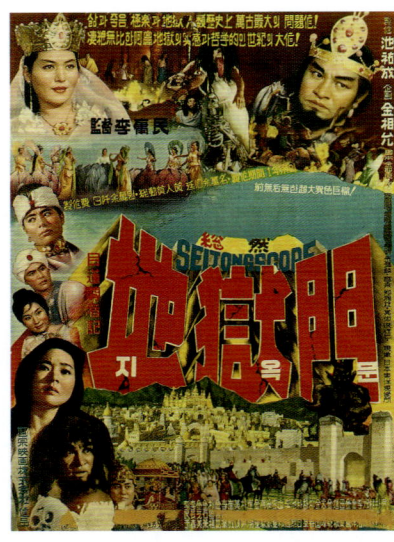

● '악의 꽃'(1961)에 이은 이용민의 공포영화. 석가의 10대 제자 중 한 사람으로 알려진 목련존자의 일대기를 그린 불교영화. 대자대비의 교리를 깊이 있게 다루면서 지옥의 번뇌와 고통을 극색채로 표현하고 있다. 이국정취를 풍기는 인도 시가지와 그로테스크하고 화려한 지옥을 재현하기 위해 창동 성균관대 종합체육관에 4000여 평의 오픈세트를 세우고 미니어처 촬영과 특수미술 촬영을 시도했다. 뱀의 공격을 받는 장면은 실제로 우글거리는 뱀을 잡아넣고 찍었다고 한다. 화형식 장면에는 인도 복장을 한 700여 명의 엑스트라가 동원되었다.
　제작비 2100만 원, 당시엔 관객 3만 명 이상이면 흥행에 성공한 편으로 11만 5000명 이상을 동원했다.

말띠 여대생 Women of Spirit (1963)

(한양영화사) 극영화 / 코미디 풍자

감독 : 이형표
제작 : 백완
각본 : 신봉승
개봉 : 1964년 1월 1일 아카데미극장
(서울)
관람인원 : 5만 명 이상
수출현황 : 대만(65)
출연 : 신성일, 엄앵란, 최지희, 남미리
외
기획 : 박민
촬영 : 권재홍
음악 : 정윤주
조명 : 박응선
편집 : 이형표
미술 : 박석인
현상 : 대영

여대 기숙사에 머물고 있는 엄앵란, 최지희, 남미리, 방성자 등 네 명의 말띠 여대생과 말띠 사감 황정순과의 대결을 그리고 있다. 경상도 사투리의 묘미를 살린 최지희의 연기와 신성일, 남석훈 등 미남 스타들이 출연한 이 영화는 크리스마스 파티, 청춘남녀의 사랑 등 젊은이들의 풍속도를 경쾌하게 쫓는다.

● 신정을 겨냥해 제작된 신봉승 시나리오의 청춘 찬가. 그동안 멜로드라마와 코미디영화를 만들어 온 감독은 청춘관객을 위한 청춘영화에 손대고 있다. 이형표는 "제작자의 호주머니 사정에 따라 영화를 만들 만큼 영화에 대한 감각과 재능이 뛰어난 감독"(곽정환)으로 인정을 받았다.
　당시 서울의 말띠 여대생은 5200명이라는 조사결과를 토대로 그 가족과 연인 등을 겨냥한 이른바 기획영화라고 할 수 있다. 따라서 현실에 대한 관심이나 관념적 압박 없이 "청춘을 구가(謳歌)한 경쾌하고 산뜻한 연출 감각"(서울 64. 1. 8)으로 관객에게 건강한 웃음을 안겨주었다. 이 영화를 계기로 영화계에 청춘물이 쏟아져나오기 시작했고 30, 40대 여성들이 주류를 이루던 관객 구성에도 변화가 일기 시작한다. 관객의 연령층이 좀더 젊어진 것이다. 11만 명 관객 동원으로 흥행 성공.

쌀 Rice(Ssal) (1963)

차용(신영균)의 고향 무주구천동은 일 년 내내 가뭄과 황무지로 쌀을 구하기가 어렵다. 밭농사로 근근이 살아가면서 가난과 굶주림을 면치 못하는 고향사람들을 위해 용은 바위산을 뚫고 금강의 물줄기를 끌어들인다는 계획을 세운다. 계모(한은진)와 동네 친구(허장강, 김희갑)들이 발 벗고 나서주고 용은 지방관청에 찾아가 보조금을 요청하는 등 처음에는 일이 쉽게 돌아가는 듯했다. 그러나 공무원들이 선거를 핑계로 지원을 미루고 굴 파기에 지친 사람들은 영양실조로 쓰러지는 등 용의 계획은 난항을 맞게 된다. 여기에 마을의 부자인 송 의원(최삼)의 훼방도 만만치가 않다. 더구나 용과 결혼을 약속한 송 의원의 딸 정희(최은희)는 아버지가 다른 데로 정략결혼을 시키려 하자 서울로 도망쳐버린다. 보조금을 기다리던 친구들도 하나둘씩 등을 돌리고 갈데없이 실의에 빠져 있을 때 4·19가 일어난다. 그리고 다음해 박정희 정부가 들어서면서 용의 사업을 전폭적으로 지원해주게 된다. 서울로 갔던 정희도 돌아오고 친구들이 용을 돕는 등 마침내 굴이 뚫리고 물줄기가 쏟아진다. 이제 메마른 황무지에 풍요가 넘치게 된 것이다.

● 신상옥의 국책영화. 오지 마을인 무주구천동의 실화를 바탕으로 난관을 극복하는 인간의 의지를 주제로 내세웠다. 감독은 이에 대해 "일본의 오시마나기사 감독은 이 영화를 보고 세상에 이렇게 주제가 강하게 드러나 있는 영화는 처음보았다고 했다. 결론 부분에서 군사정권의 도움으로 난관을 극복하는 것으로 그렸는데 그것은 당시 나의 의도였지 누가 강요해서 한 것은 아니었다"(신상옥, 『나는 영화였다』, 랜덤하우스코리아, 2007년, pp.78~79)고 밝힌 바 있다. 이른바 이 무렵의 영화들이 주로 4·19에 얽힌 시대의 기운을 드러낸 데 비해 신상옥의 '쌀'은 5·16 근대화 노선에 대한 호감과 지지를 표시하고 있다. 이는 잘 살아보겠다는 농민들의 간절한 소망에 공감하고 이를 지원해주려는 당시 정부에 대한 격려를 피력한 것일 수도 있다.

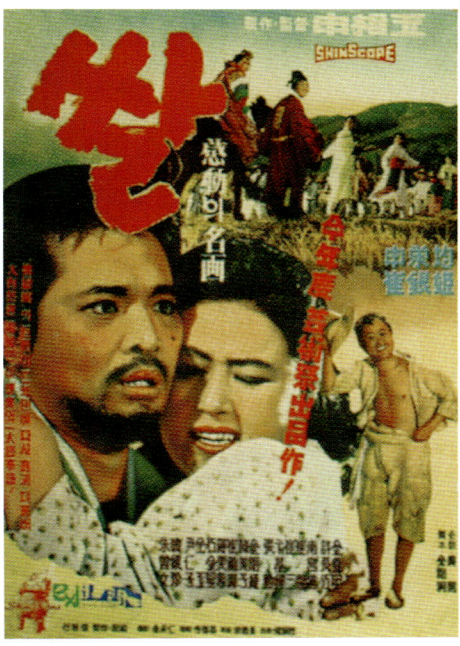

(신필름) 124분 극영화/계몽 농촌

감독 · 제작 : 신상옥
각본 : 김강윤
개봉 : 1963년 1월 1일 명보극장(서울)
관람인원 : 5만 명
출연 : 신영균, 최은희, 남궁원, 최걸, 이기홍, 송일근, 임동훈, 박상준, 한은진, 고선애 외
기획 : 황남
촬영 : 김영인
음악 : 정윤주
조명 : 이계창
편집 : 양성난
미술 : 송백규
사운드 : 이은덕, 이상만
스틸 : 이형진
조감독 : 임원식
수상 : 제3회 대종상영화제 남우조연상(김희갑) · 특별장려상(신필름), 제7회 부일영화상 남우조연상(김희갑) · 각본상(김강윤) · 신인상(최난경), 제12회 아시아영화제 감독상(신상옥)

대지의 지배자 Rulers of the Land(1963)

(극동흥업) 135분 컬러 시네마스코프
극영화/멜로 액션

감독 : 정창화
제작 : 차태진
각본 : 장사공
각색 : 임희재
개봉 : 1963년 1월 25일 국도극장
(서울)
관람인원 : 6만 5446명
출연 : 김석훈, 엄앵란, 문정숙, 주증녀
외
기획 : 유환춘
촬영 : 이문백
음악 : 박춘석
조명 : 윤영선
편집 : 김희수
미술 : 홍성칠
현상 : 한국천연색

제2차 세계대전 종결 직후의 만주 대륙. 패전한 일본군 포로들에 대한 중국 팔로군의 학대는 가혹하고 처참했다. 이를 목격한 한중지사들은 인도주의로 단결하여 팔로군을 격퇴하고 포로들을 석방시키는 데 성공한다. 팔로군(장동휘)에게 가족이 피살당하고 애인(문정숙)마저 빼앗긴 청년(김석훈)이 총살 직전에 간신히 탈출한 후 복수를 위해 다시 팔로군의 소굴로 뛰어들었다가 팔로군 대장 딸(엄앵란)과 사랑하게 된다.

● '대지여 말해다오'(1962)에 이은 정창화의 액션 멜로물. 만주벌판을 배경을 펼쳐지는 파란만장한 복수 대활극 편으로 장사공의 각본을 임희재 최금동이 각색했다. 액션 스릴러로서는 최초의 컬러 시네마스코프임을 자랑하는 오락물로 다양하고 재미있게 꾸며졌다. 독립투사의 이야기지만 흔히 일본군을 상대로 싸우던 재래물과는 달리 해방직후 팔로군과 싸우는 청년을 주인공으로 삼고 있다. 눈보라가 휘날리는 황막한 설원을 달리는 썰매가 등장하는 롱 숏이 도입부인데 이는 한강에서 촬영되었다. 2시간 15분이 지루하지 않다. 관객 6만 5000명을 동원했으며, 1963년도 한국영화 흥행 5위를 기록, 자유중국(대만), 일본, 홍콩, 월남, 캄보디아, 필리핀 등지에 수출되었다.

로맨스그레이 Love Affair(1963)

(신필름) 150분 극영화/멜로 코미디

감독 · 제작 : 신상옥
각본 : 임희재
개봉 : 1963년 1월 26일 명보극장
(서울)
관람인원 : 12만 780명
수출현황 : 미국(70)
출연 : 김승호, 최은희, 신영균, 한은
진, 김희갑, 조미령, 황정순, 고
선애 외
기획 : 황남
촬영 : 정해준
음악 : 정윤주
조명 : 이규창
편집 : 김영희
미술 : 정우택
사운드 : 이재웅
현상 : 대영
수상 : 제3회 대종상영화제 편집상(양
성란), 제10회 아시아영화제 남
우주연상(김승호), 제3회 프랑
크푸르트영화제 출품

불혹을 넘긴 대학교수(김승호)와 대영산업의 김 사장(김희갑)은 둘 다 겉으로는 가정에 충실한 모범가장들이다. 하지만 두 남자는 젊은 바걸 만자(최은희)와 보영(조미령)을 각각 소실로 두고 집과 그들의 아파트를 오가면서 저물어가는 인생의 아쉬움을 달래고 있다. 이 사실을 알게 된 본처(한은진, 황정순)들의 모임인 '꿀벌회'는 대책회의를 가진 후 소실들의 집으로 쳐들어온다. 만자와 보영은 자신들은 피해자며 "첩에게도 인권이 있다"고 대들어보지만 항변은 공허할 뿐이다. 오히려 남의 가정을 망친 것에 대한 죄책감으로 그들은 스스로 물러나기로 마음먹고 본처들도 자신들의 지나친 행동을 반성한다. 남자들도 잘못을 뉘우치고 예전보다 더욱 가정에 충실하게 된다. 쓰라린 인생 공부를 치른 바걸들은 새로운 출발을 다짐하며 부산행 기차에 몸을 싣는다.(조선 63. 01. 31, 동아 63. 02. 02 「새영화 − 코메디조의 홈드라마/로맨스그레이」 발췌)

● 주로 엄숙한 전통극만을 고집해온 신상옥의 본격적인 사회통속극. 임희재의 라디오 연속극을 영화화한 작품으로 남자들의 늦바람을 내세워 갖가지 세태를 풍자하고 있다. 가장 하이라이트는 소실인 조미령이 본처에게 "첩에게도 인권이 있다"고 항변하는 장면과 유한마담 족속들인 꿀벌회 회원들이 소실의 아파트를 습격하는 시퀀스다. 이는 관객의 폭소를 자아내게 하면서도 각자 자신들의 가정을 한번쯤 돌아보게 하는 경고를 준다.

또순이－행복의 탄생 A Happy Businesswoman(1963)

또순이(도금봉)는 함경도 출신인 아버지(최남현)를 닮아 생활력이 강하다. 어느 날 그녀는 아버지가 운영하고 있는 운수회사에 취직하러온 재구(이대엽)에게 돈을 꾸어준 일로 그와 가까워진다. 그 때문에 아버지에게 혼이 난 또순이는 독하게 살아야 독립심을 키울 수 있다고 생각하고 집을 나간다. 어수룩하고 정직한 재구와는 달리 수완이 좋고 생활력이 강한 또순이는 떡장수에서 연탄 배달에 이르기까지 돈이 되는 일은 마다하지 않으면서 억척스럽게 돈을 모은다. 그리고 재구에게 자동차를 마련해주고 운수업을 해볼 것을 권한다. 재구는 매사 바지런하고 적극적인 또순이를 좋아한다. 또순이의 부모는 둘의 결혼을 반대하지만 두 사람이 새나라 자동차를 타고 집에 오던 날 결혼을 허락한다.

(해성영화사) 91분 35mm 흑백 시네마스코프 극영화/코미디

감독 : 박상호
제작 : 지우성
각본 : 유일수(원작 김희창)
개봉 : 1963년 2월 8일 아세아극장 (서울)
관람인원 : 11만 2105명
출연 : 도금봉, 이대엽, 최남현, 장민호, 양훈, 정애란, 이빈화, 주선태 외
기획 : 한규복   촬영 : 유재형
음악 : 김용환   조명 : 윤영선
편집 : 유재원   미술 : 홍성칠
소품 : 이현우
사운드 : 최형래, 이경순
조감독 : 오기정, 신민수, 민태영
수상 : 제10회 아시아영화제 여우주연상(도금봉)

● '해정'(1956)으로 감독 데뷔한 박상호의 코믹 홈드라마. 생활력이 강한 함경도 또순이가 악착같이 돈을 모아 사업에도 성공하고 좋은 남자를 만나 행복하게 살게 된다는 내용. 김희창의 KBS 라디오 연속극 '행복의 탄생'을 영화화한 작품. 도금봉이 캐스팅되었고 도금봉은 '부산댁'(1962)에서 경상도 사투리, '새댁'에서의 충청도 사투리에 이어 이 작품에서는 함경도 사투리의 여인으로 나온다.

'또순'은 주인공 최도순의 센 발음으로 그는 완고한 아버지의 지배에서 벗어나 집을 뛰쳐나온 뒤 닥치는 대로 일하면서 강한 생활력을 보여준다. 또순이의 성격은 자신의 움직임이 자신의 생활을 창조한다는 신념이 강하다. 따라서 이 영화의 주인공은 운명을 과신하거나 혹은 생을 체념해버리는 값싼 눈물의 주인공이 아니다. 또 고급 주택과 자가용이 등장하는 도시 드라마와는 달리 버스 종점 부근의 어수선한 생활을 배경으로 깔고 있다. 약장수들의 쇼, 재래시장, 판자촌 등 서민들의 삶의 풍경을 담으면서 열악한 환경을 극복하기 위한 생업이 현실적으로 그려진다. 억척스럽게 생활을 개척해나가는 꿋꿋한 여인상을 연기한 도금봉을 보고 시인 황금찬은 "또순이 역을 맡아 살아 있는 여인상을 보여준 여우 도금봉양에게 찬사를 드린다"(경향 63. 3. 11)는 글을 발표하기도 했다.

이후 '먹고 살기 위해' 어떻게 살아야 할 것인가를 생각할 줄 아는 여성 캐릭터들이 등장하기 시작한다. 도금봉이 영화에서 구사한 함경도 사투리는 생활력이 강한 여성의 언어가 되었으며 '또순이'라는 이름은 어떤 난관에도 굴하지 않고 오뚝이처럼 일어서는 불굴의 의지를 지닌 여성의 상징이자 대명사처럼 되었다.

각색자 유일수가 도떼기시장 안의 번데기 장수로 출연, 감독이 화면에 나타나는 경우는 더러 있어도 시나리오 작가가 영화에 출연한 것은 이 영화가 처음이다.(조선 62. 12. 6) 관객 11만 2000명 동원으로 같은 해 흥행 순위 3위를 기록했다. 한국영상자료원 '한국영화 100선' 선정.

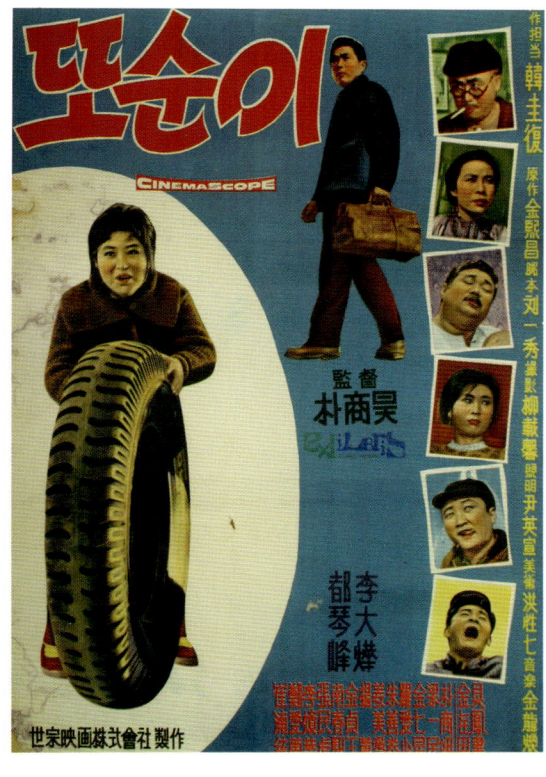

가정교사 Private Tutor(1963)

(극동흥업) 100분 극영화/멜로

감독 : 김기덕(A)
제작 : 차태진
각색 : 유한철(원작 이시자카 요지로)
개봉 : 1963년 3월 8일 국제극장
　　　　(서울)
관람인원 : 5만 명
수출현황 : 대만(63)
출연 : 신성일, 엄앵란, 방성자, 남석
　　　　훈, 김승호, 이민자, 황정순 외
기획 : 마원일
촬영 : 변인집
음악 : 이봉조
조명 : 박진수
편집 : 김기덕(A)
미술 : 이봉선
현상 : 국일

이복형제인 주인집 아들들은 가정교사 혜란(엄앵란)을 좋아한다. 혜란은 비굴하고 내성적인 형(윤일봉)보다 쾌활하고 정직한 동생 영길(신성일)에게 더 호감을 느낀다. 그러나 가뜩이나 우애가 좋지 않은 형제 사이에 지워질 수 없는 벽이 생길 것을 우려하여 혜란은 선뜻 누구 하나를 선택하지 못한다. 마침내 그녀는 많은 노력 끝에 형제간의 우애와 가정의 화목을 일깨워주고 처음부터 좋아했던 영길과 맺어진다.

● '5인의 해병'으로 화려하게 등장한 김기덕의 멜로물. 일본작가 이시자카 요지로(石坂羊次郎)의 소설 『태양이 비치는 언덕(陽のあたる坂道)』을 유한철이 한국에 맞게 번안·각색했다. 부모들이 저지른 한순간의 애욕은 다음 세대들에게 이복형제라는 미묘한 혈연관계를 만들어준다. 아버지 쪽에는 배다른 형제들이 있고, 어머니 쪽에는 아버지가 다른 형제가 있다. 처음엔 서로가 형제이기를 거부하지만 끈끈한 핏줄의 정은 어쩔 수가 없다. 이들은 부모들의 과오를 어루만지면서 밝고 건강하게 자신들의 문제를 처리해 나간다. 신예 김기덕은 산뜻한 감각으로 이들의 갈등을 부각시키면서 재미와 격조를 갖춘 연출력으로 영화를 살리고 있다.

성난 코스모스 Angry Cosmos(1963)

(후반기프로덕션) 극영화/아동

감독 : 이봉래
제작 : 이봉래
각색 : 전범성(원작 김경옥)
개봉 : 1963년 6월 5일 을지극장
　　　　(서울)
출연 : 김진규, 엄앵란, 박종화, 박암,
　　　　석금성, 김희갑 외
아역 : 안성기, 이종훈, 유만선
기획 : 노현조
촬영 : 정광석
음악 : 김용환
조명 : 임호
편집 : 김영희
미술 : 임명선
현상 : 대영

시골 초등학교 교사로 부임한 그녀는 학부형들의 몰이해와 맞서 싸우면서도 교육자적 양심을 굽히지 않고 아동들의 교육에만 전념한다. 그러나 여교사는 학부형들과 작당한 교감의 모함으로 학교를 떠나게 된다. 교사가 떠나던 날 그동안 정든 제자들은 '훌륭한 선생님'이 가지 못하도록 붙잡고 목 놓아 운다.

● '견습부부', '월급장이'(1962)에 이은 이봉래의 교육을 소재로 한 작품. 김경옥의 라디오 방송드라마를 원작으로 한 이 작품은 밝고 건강한 소재로 인해 때 묻지 않은 서정이 전편에 흐른다. 무지와 빈곤의 농촌 어린이들을 주인공으로 그들의 순수 소박한 동심을 화면에 담고 있다. 이 영화는 멜로드라마적인 요소를 탈피해 "감독이 시인 출신답게 그의 작품세계에 서정성을 이식하면서 예술영화의 영역을 개척했다"(경향 63. 6. 8)는 평을 들었다.
　고루한 인습과 가난과 싸우며 이를 깨우쳐주려고 애쓰는 이상적인 교사 역의 엄앵란을 비롯 결식아동 역에 전영선, 무당 아들에 유만선, 안성기와 이종훈 등 아역들이 어른 뺨칠 정도의 빼어난 연기를 선보인다. 마지막 장면에서 "나의 살던 고향은 꽃피는 산골"이 울려 퍼지는 가운데 친구를 전송하는 두 소년이 일직선으로 뻗은 길을 달려가는 롱 숏이 찡한 감동을 던져준다.

굴비 | Dried Yellow Croaker Fish(1963)

농촌에 살던 노부부(김승호, 황정순)가 성공한 아들딸을 찾아 서울로 온다. 그러나 그들은 큰아들집 안마당에 널어놓은 굴비 한 마리를 먹었다고 해서 며느리에게 앙칼진 수모를 당하는가 하면 큰사위는 회사로 찾아간 장인 장모를 직원들에게 시골에 있는 묘지기라고 소개한다. 여관을 경영하는 작은딸은 투숙객이 넘친다면서 보일러실에 재우는 바람에 늙은 부부는 밤새도록 한증막에 갇힌 것처럼 비오듯 땀을 흘려야 했다. 장남 부부(김석훈, 조미령), 큰딸 부부(이빈화, 양훈), 작은딸 부부(최지희, 허장강)에게 갖은 박대와 괄시를 받고 집으로 돌아가는 길에 이번엔 남편을 잃고 손주와 둘이서 삯바느질로 살아가는 작은 며느리를 보러 영천 달동네에 들린다. 그리고 작은 며느리(엄앵란)의 대접을 받으며 웃음을 되찾지만 다음날 아들이 묻힌 국군묘지에 가서 이제까지의 설움이 북받쳐 울음을 터트린다.

그러나 다시 농촌으로 돌아가는 기차 속에서 한 젊은이가 건네는 소주잔을 받아들며 노인은 자랑을 늘어놓는다. "당신들 우리 애들처럼 효성스러운 애들 못 봤을걸. 어찌나 서로 효도를 하겠다고 덤비는지 귀찮아서 이렇게 시골로 도망치는 거라우." 노인의 두 눈에선 주루룩 눈물이 흘러내린다.

● '공처가'(1958)로 감독 데뷔한 김수용의 다섯번째 연출작. '굴비'를 전환점으로 하여 감독은 자신의 작품 세계에 변화를 꾀한다. 이는 자녀들에게 품었던 기대가 배반당하는 경우를 희극적 터치로 풍자한 작품으로 "짜임새 있는 구도는 눈물과 웃음을 알맞게 담고 있어 이제까지의 그의 영화 중 가장 알찬 작품"(조선 63.5.24)이라는 평을 받았다. 김승호, 황정순 콤비의 관록 있는 호연과 안경 쓴 조미령과 소복 차림의 엄앵란도 적역을 얻어 생기를 띠었다.

볼거리들도 신선했다. 수없이 많은 굴비가 줄에 매달린 영상이나 게딱지처럼 달라붙은 빈민촌의 지붕들, 끝없이 줄지어 늘어선 묘지의 비석 등 영화가 보여줄 수 있는 다양한 형식미를 화면에 담고 있다. 또한 물질만능의 도시인과 세속에 물들지 않은 한 소박한 농촌 부부의 모습을 대비시키면서 프롤로그와 에필로그를 설정하여 영화가 동일한 장소에서 시작되고 끝나게 만들었다. 당시 대구에서 은퇴한 노법관(김용식 변호사)이 이 영화를 보고 자신의 처지와 비교하여 자살했다고 해서 화제가 되었고 한양영화사는 조위의 뜻으로 금일봉을 보내기도 했다(한국 63. 7. 26)는 내용의 기사가 남아 있다.

김영수 원작·각본으로 라디오 연속방송극으로 나갔던 내용이 일본 감독 오즈 야스지로(小津安二郎)의 '도쿄이야기(東京物語)'와 비슷하다(한국 63. 5. 22)는 소문에 휩싸이기도 했다. 하지만 상반기에 공개된 69편의 영화 중 8편의 수출 영화에 선정되었고, 5만 명 이상의 관객을 동원하여 흥행에서 성공했다.

(한양영화사) 110분 극영화/코믹멜로

감독 : 김수용
제작 : 백완
각본 : 김영수
개봉 : 1963년 5월 18일 아세아극장 (서울)
관람인원 : 5만 명
수출현황 : 대만(63)
출연 : 김승호, 황정순, 엄앵란, 이빈화, 양훈, 최지희, 허장강, 김석훈, 조미령 외
기획 : 박민
촬영 : 전조명
음악 : 김성태
조명 : 손영철
편집 : 유재원
미술 : 박석인
현상 : 한양
수상 : 제8회 샌프란시스코국제영화제 출품

고려장 高麗葬, Goryeojang(1963)

(한국예술영화) 110분 35mm 흑백 시
네마스코프 극영화/시대극

감독 · 제작 · 각본 : 김기영
개봉 : 1963년 3월 15일 명보극장
(서울)
출연 : 김진규, 주증녀, 김보애, 김동
원, 이예춘, 박암, 전옥, 석금성,
고선애, 유춘수, 김진규, 주증
녀, 김보애, 김동원, 이예춘, 박
암, 전옥, 석금성, 고선애, 왕숙
랑, 최삼, 독고성, 조석근 외
기획 : 김영철, 송선근
촬영 : 김덕진
음악 : 한상기
조명 : 서병수
편집 : 김기영
미술 : 박석인, 김현균
사운드 : 이상만, 정기창
조감독 : 박준활
수상 : 제7회 부일영화상 작품상 · 감
독상(김기영) · 미술상(박석인),
제10회 아시아영화제 출품

가난한 화전민 마을에는 노인이 나이 70세가 되면 산채로 산에 업어다 버리는 '고려장' 이라는 관습이 있다. 어느 날 이 마을로 한 과부(주증녀)가 어린 아들 구룡(유춘수)을 데리고 시집을 온다. 과부가 재가해온 집에는 전처소생인 자식 열 명이 있었다. 한데 마을의 무당은 이들 열 형제가 언젠가 구룡의 손에 죽게 되리라고 점치고 이 점괘를 믿은 이복형제들은 구룡을 먼저 죽일 기회를 노린다. 그로부터 10년 후, 가뜩이나 황폐한 마을에 극심한 가뭄이 깃들자 마을의 지배자인 무당은 청년 구룡(김진규)에게 그 어머니를 산에다 버리라고 명령한다. 구룡의 옛 애인인 간난이(김보애)가 구룡과 함께 그의 남편을 죽였다는 살인누명을 씌우면서 어머니를 산에 갖다버리면 살려주겠다는 것이다. 구룡 어머니는 아들의 누명을 벗기기 위해 산으로 가겠다면서 무당에게 구룡과 간난이만을 살려달라고 애원한다. 구룡은 어머니를 업고 산으로 올라갔다가 차마 어머니를 버리지 못하고 다시 업고 내려온다. 그러자 이복형제들은 간난이를 죽인다. 구룡은 모든 것이 무당 때문이라고 울부짖으며 신성시하던 고목나무를 베어버리고 그 나무에 깔려 무당이 죽는다. 구룡은 어머니와 간난이의 아이들을 데리고 마을을 빠져나온다.

● '하녀' (1960)와 '현해탄은 알고 있다' (1961)에 이은 김기영의 11번째 연출작. 감독이 제작 · 각본 · 편집 · 감독 등 1인 4역을 맡았다. 고려 시대 나이 든 노인을 산채로 업어다 산에 버리는 고려장이라는 옛 설화에서 모티브를 딴 것이다. "김기영 특유의 그로테스크한 묘사들이 인상 깊었던 이 영화는 일본에서도 '나라야마 부시코(楢山節考)' 라는 제목으로 두 번이나 영화화된 바 있다. '나라야마 부시코' 에서는 결국 노인을 버리는 것으로 끝나지만 '고려장' 에서는 부모를 버리지 못하고 돌아오는 것으로 끝난다.(호현찬, 『한국영화 100년』, 문학사상사, 2007년, p.138, 「사극 '고려장' 촬영개시」 동아 61. 10. 17) 그만큼 먹고살기가 힘든 비참한 시대를 배경으로 하면서도 탄탄한 작품성과 예술성, 유머와 재치, 코믹이 배합된 대사로 관객들에게 웃음을 선사한다. 특히 어린 구룡(유춘수)이 중년(김진규)이 되기까지의 긴 시간을 빠른 극적 전개로 압축시켰으며, 주증녀는 당시 자신의 이혼파동의 악몽을 씻고 화전민 과부로 나와 33세에서 45세, 68세 등 3기에 걸친 난역을 창조해냈다.

영화 '고려장' 에서 가장 특징적인 것은 한두 컷을 제외하고는 영화 전체를 세트에서 촬영했다는 점이다. 현실적 시공간에 얽매이지 않는 이 영화에서는 인간이 무당에게 지배당하고 살아있는 아이들을 굿의 제물로 바치며 고려장이 당연하게 행해지고 살인 따위는 공동체의 문제가 되지 않는다. 이는 낡은 것과 새 것, 전근대적인 것과 근대적인 것을 상징적으로 드러내면서 이에 대한 갈등은 주인공이 마을의 고목나무를 베어버리는 것으로 끝난다. 감독은 이 영화의 라스트신에 쓰일 해골 500개를 직접 석고로 만들었다고 한다.

그러나 영화가 완성단계에 이르던 1962년 11월, 공들여 만든 영화에 찬물을 끼얹는 뜻밖의 사건이 발생한다. 먼저 개봉일자를 잡아 놓은 신상옥의 '열녀문' 예고편에서 부모를 지게에 지고 가는 장면이 삽입된 것이다. 이는 "남의 음식으로 제사를 지내는 식"(김기영의 표현)으로 영화를 선전했다고 해서 말썽이 되었고 김기영은 이러한 사실을 들어 공보부에 진정서를 내기도 했다. (영화계에 '고려장' 시비/예고편 등 소재도용이라고 진정-(경향 62. 11. 29), 「'고려장' 장면에 시비/김기영 감독 색다른 진정」 동아 62. 11. 30) 그러나 이에 대해 '열녀문' 의 신상옥은 "근거 없는 사실이며 신성해야 할 우리 영화인들의 인격과 신망을 타락케 한 행동은 적이 유감"(경향 62. 12. 4)이라는 반박을 해보였다.

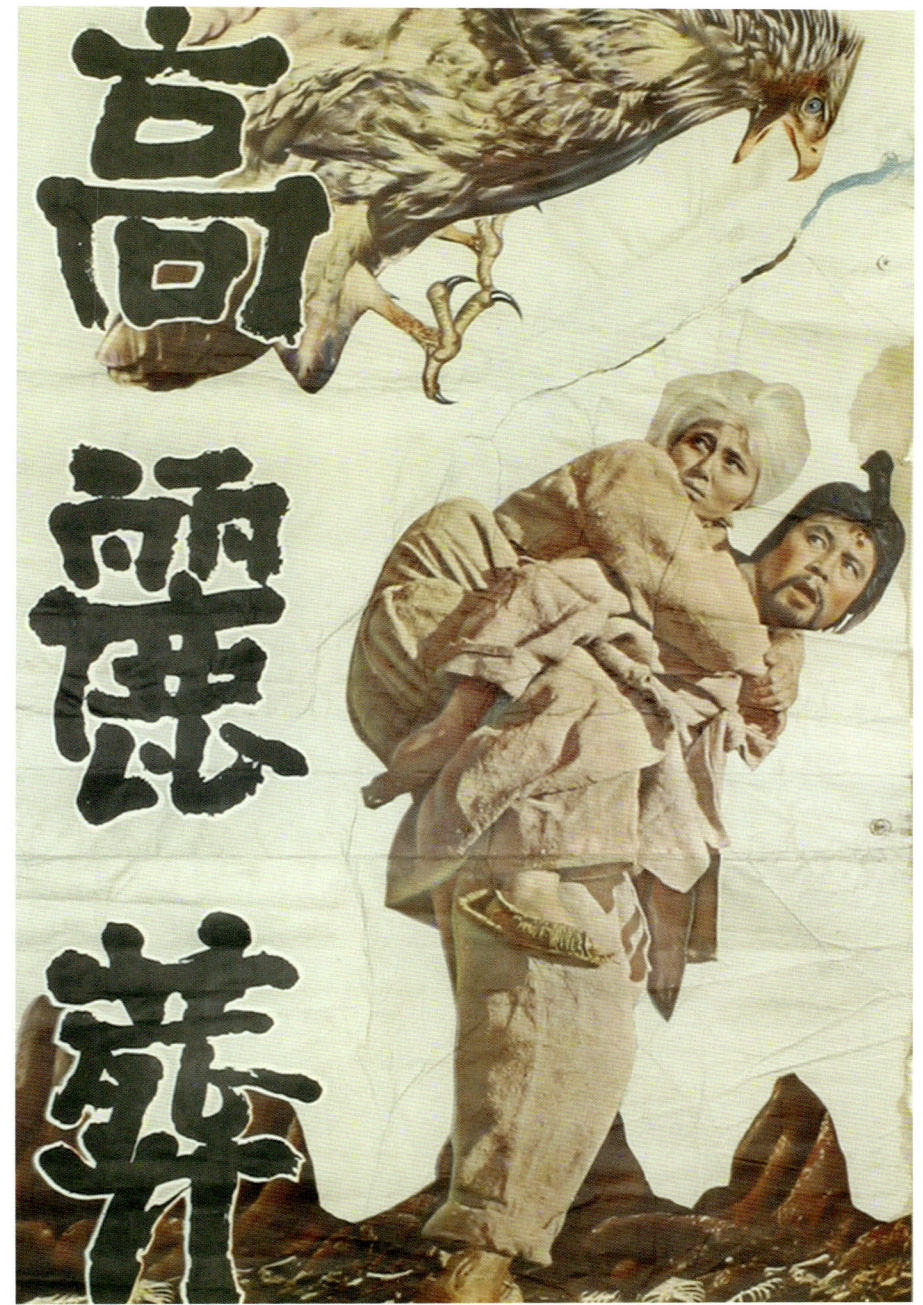

돌아오지 않는 해병 Marines Are Gone(1963)

(대원영화사) 109분 극영화/액션 전쟁

감독 : 이만희
제작 : 원선
각본 : 장국진
각색 : 한우정, 유한철
개봉 : 1963년 4월 11일 국도극장
　　　(서울)
관람인원 : 22만 7800(63년도 1위)
수출현황 : 말레이시아, 대만, 미국
　　　(64)
출연 : 장동휘, 최무룡, 구봉서, 이대
　　　엽, 전계현, 강미애, 전영선, 김
　　　운하, 독고성, 김웅, 정민, 나애
　　　심, 김아미, 차유미, 한미나, 채
　　　랑, 최성, 이해룡, 장혁, 조항,
　　　김왕국, 손인호 외
기획 : 전석진, 강용근
촬영 : 서정민
음악 : 전정근
조명 : 장기종
편집 : 김희수
미술 : 홍성칠
현상 : 국일
수상 : 제3회 대종상영화제 감독상(이
　　　만희) · 녹음상(이경순) · 촬영상
　　　(서정민) · 신인상(손인호), 조선
　　　일보 제정 제1회 청룡영화상
　　　감독상(이만희) · 특별집단연기
　　　상(장동휘, 최무룡, 구봉서, 이
　　　대엽, 김운하), 제7회 부일영화
　　　상 촬영상(서정민) · 국제영화
　　　예술상(전정근)

인천상륙작전을 감행한 강대식(장동휘) 분대의 대원들은 북진하면서 자신들의 고향을 거쳐가게 된다. 고향에는 전쟁이 남기고 간 아픈 사연들이 여기저기 뒹굴러 있었다. 인민군에 붙잡혀 자신의 전 가족을 죽이기도 하고 이념 대립으로 형제끼리 적군이 되기도 한 것이다. 각각의 사연을 가진 분대원들은 시시각각 포위망을 좁혀오는 중공군과 맞서 싸우는 동안 돌아가지 못하는 해병이 된다.

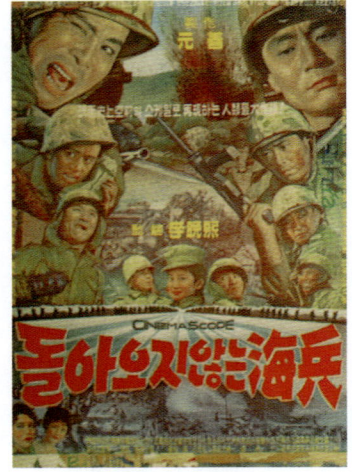

● 이만희의 전쟁영화. 인천상륙작전에 참가한 용감무쌍한 해병 분대원들의 악전고투를 통해 전쟁의 참혹상과 죽음에 직면한 인간의 본능, 눈물겨운 전우애 등 전사에 남은 에피소드를 엮고 있다. 장국진 각본을 유한철이 각색. 한국 영화가 전장신을 대규모로 벌여 박진감 있게 묘사한 것은 이 영화가 처음이다.

　제목 '돌아오지 않는 해병'은 살기 위해 싸울 수밖에 없고 싸우다 전사해 싸움터에서 돌아오지 않는 것이 해병의 정신임을 뜻하고 있다. 전쟁과 분단을 다룬 영화이지만 영웅적인 주인공을 내세우기보다 죽음에 대한 두려움과 전우애를 부각시킴으로써 휴머니즘을 지향하고 있다. 즉 전쟁신에만 비중을 두기보다 생명을 부둥켜안고 몸부림치는 인간의 모습에 앵글을 대는 감독의 묘사가 돋보인다.

　영화 촬영에서 해병대와 국방부의 적극적인 지원이 있었다. 용산에 있던 한국전력 소유의 2만여 평 대지에 오픈 세트를 세우고 라스트신인 최후의 전선 장면은 김포군 월곡면 휴전선 남방 2리 지점에서 촬영했다. 물밀 듯 밀어닥치는 중공군 2개 사단을 맞는 우리 해병대대가 전략적인 후퇴를 하다가 맹 반격을 가하는 도솔산 작전을 재연하는 장면에서는 탱크 10대, 제트기 12대, 3000여 명의 해병대들이 동원되어 실전을 방불케 한 모의전을 전개하는 등 최대 규모의 몹신을 창출하기도 했다.(동아 63. 2. 4) 특수효과 팀이 따로 없어 TNT를 직접 싣고 다니며 폭파 장면을 찍었고, 중공군에 기관단총을 쏘는 장면에서는 실탄을 사용했다고 한다.

　해병들이 적을 섬멸시키는 장면을 보고 당시 한국을 방문했던 미국영화 칼럼니스트 리처드 맥캔(남가주대 영화과 주임교수)은 "인천상륙작전 등 몇몇 전쟁신은 미국영화에서 본 어떤 영화보다 훌륭한 연출"(『신문으로 본 한국영화 1962-1964』, p.862, p.871)임을 호평한 바 있다. 국가와 이데올로기 때문이 아니라 "살아서 가족에게 돌아가기 위해서는 승리해야"하고 "생존을 위해 우리는 얼마나 인간이기를 포기해야 하는가"라는 군인들의 질문은 이후 이만희의 전쟁영화에서 지속적으로 다루는 핵심 주제가 된다.

　영화가 완성된 후 국도극장 시사실에서 열린 특별 시사회에는 당시 해병대 사령관이 참석하고 해병대 군악대가 연주를 했다고 한다. 제작자로 나와 있는 원선(元鮮)은 명동의 주먹 보스였던 이화룡의 참모 역할을 했던 사람이다.

　관객은 19만 4000명으로 공식집계 되었으나(위 책 p.856) 실제 관객 수는 서울 개봉에서만 22만 8000명으로 1963년도 흥행 순위 1위를 기록하고 있다. 《국제영화》 3월호, p.112) '돌아오지 않는 해병'이 이뤄낸 관객의 호응과 작품성은 당장 다음 영화의 연출료 인상으로 반영되어 보통 감독료가 20~30만 원일 때 이만희는 '열 두냥 짜리 인생'(1963)을 맡으면서 한국 최고의 감독료인 50만 원을 받는 A급 감독으로 부상했다.

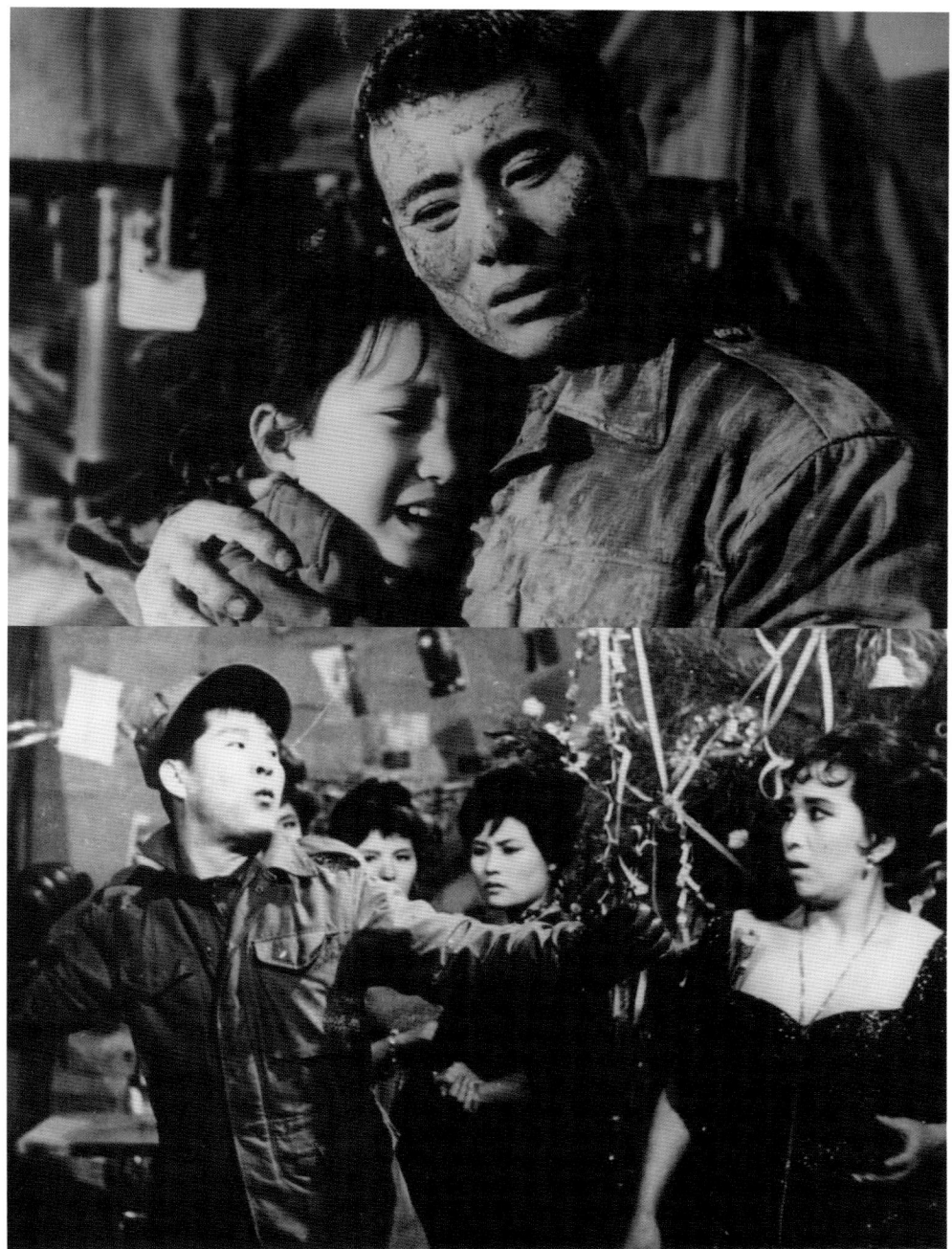

김약국의 딸들 Kim's Daughters(1963)

(극동흥업) 108분 35mm 흑백 시네마
스코프 극영화/멜로 가족드라마

감독 : 유현목
제작 : 차태진
각본 : 유한철(원작 박경리)
개봉 : 1963년 5월 3일 국제극장
(서울)
수출현황 : 태국(64)
출연 : 김동원, 황정순, 최지희, 엄앵
란, 이민자, 강미애, 황해, 박노
식, 허장강, 신성일, 주선태, 최
승이, 백송, 김석강, 석금성, 복
혜숙, 박은애, 유민, 심상우, 최
장호 외
기획 : 정영교
촬영 : 변인집
음악 : 김성태
조명 : 박진수
편집 : 유현목
미술 : 이봉선
소품 : 최영길
조감독 : 이재헌
수상 : 제3회 대종상영화제 여자조연
상(최지희)·촬영상(변인집)·
음악상(김성태)·미술상(이봉
선), 제1회 청룡영화상 여우조
연상(최지희)·미술상(이봉선),
제7회 부일영화상 조연여우상
(최지희), 제11회 아시아영화제
최우수비극상

통영에서 약방을 경영하는 김성수(김동원)에게는 성격이 서로 다른 네 딸이 있다. 과부가 된 이기적인 첫째 딸(이민자), 서울에서 공부하고 돌아온 똑똑한 둘째 딸(엄앵란), 남자관계가 복잡한 미모의 셋째 딸(최지희), 얌전하고 성실한 넷째 딸(강미애)로 네 명이다. 현실에 적응하지 못하는 성수 대신 부인 한실댁(황정순)이 네 딸들을 거두며 집안 살림을 알뜰하게 꾸려나간다. 그러던 어느 날, 시집 간 셋째가 옛날 애인(황해)을 몰래 만나다가 남편에게 들키고 분노한 사위를 말리던 한실댁은 비참한 죽음을 맞는다. 이 충격으로 셋째는 미쳐버린다.

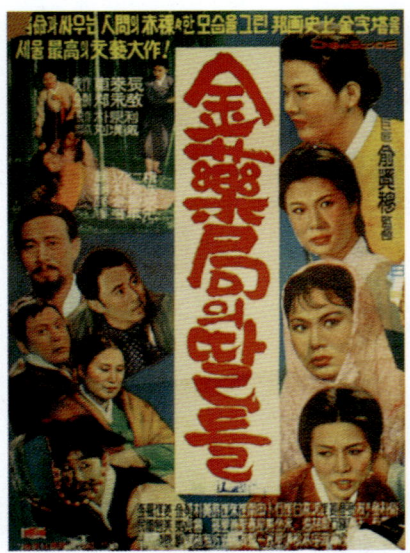

● 유현목의 문예영화. 1962년 을유문화사에서 간행된 박경리의 동명 장편소설을 유한철이 각색한 작품. 남해안의 작은 도시 통영을 배경으로 한약방을 경영하는 김성수와 그의 아내 한실댁, 그리고 딸들의 운명을 다루고 있다. 이 작품에는 욕망의 엇갈림과 부(富)가 신흥세대로 옮겨가는 사회 변동과 여기에 수반하는 여성의 운명을 형상화하면서 한 집안의 비극적 몰락을 사실적으로 조명한다. 즉 눈에 보이지는 않지만 운명은 인간과 삶의 궤도를 결정하는 힘이며, 작품에서는 이를 한 집안의 내력과 관련지음으로써 그것의 불가항력성을 강조하고 있다. 원작에서는 딸이 다섯이지만 영화는 네 자매가 등장한다. 결말도 원작은 주인공이 비극의 땅을 떠나는 것으로 해방감과 새 희망을 암시하는 데 비해 영

화는 비극을 딛고 저주받은 땅에 눌러앉는 것으로 끝난다.

당대 최고의 여배우들이 연기 경합을 벌인 가운데 여주인공 최지희(셋째)는 개성이 돋보이는 광기어린 연기와 투박한 경상도 사투리 구사로 관객의 시선을 한몸에 받았다. 그외 연출자의 세심한 구도와 신선한 화면처리, 연기진의 두드러진 호연으로 이 영화는 당시 "가장 볼만한 영화"(조선 63. 5. 3)로 평가되었고 대종상, 청룡상 등 각종 상과 아시아영화제에 출품되어 최우수 비극상을 받았다. 원작자의 고향이기도한 통영(충무시)에서 남해 어촌을 배경으로 촬영되었다. 한국영상자료원 '한국영화 100선' 선정.

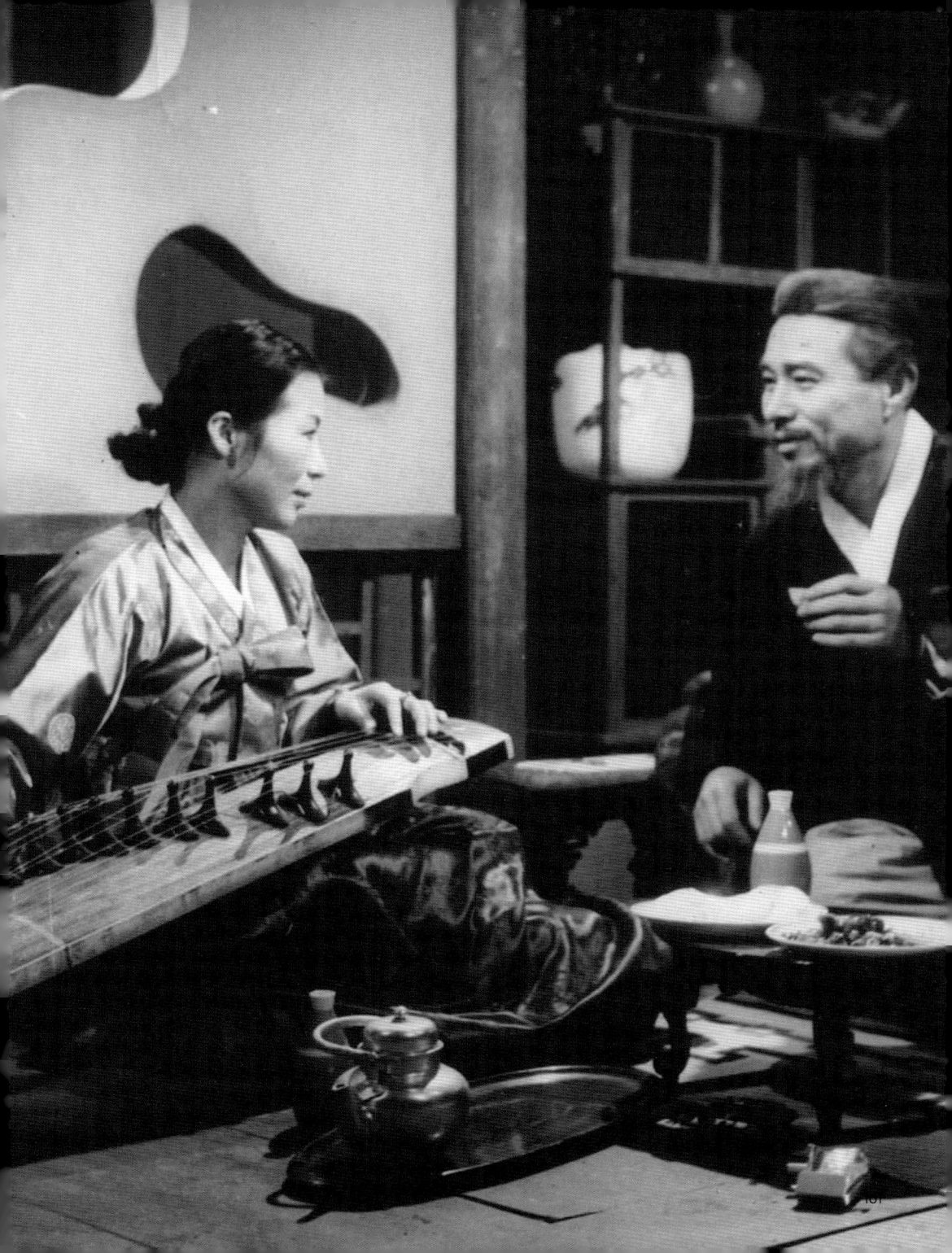

정복자 征服者, The Conqueror(1963)

(동아영화사) 35mm 컬러 시네마스코
프 극영화/액션

감독 : 권영순
제작 : 이성근
각본 : 최금동
개봉 : 1963년 10월 2일 국제극장
(서울)
관람인원 : 21만 6810명
수출현황 : 대만(64)
출연 : 신영균, 문정숙, 박노식, 최남현
외
기획 : 임병호
촬영 : 이용민
음악 : 김희조
조명 : 고해진
편집 : 권영순
미술 : 이봉선
현상 : 동양
수상 : 제1회 청룡영화상 촬영상(이용
민)·음악상(김희조)

1937년 중국 침략전쟁에 혈안이 된 일본 북지 파견군과 광복을 위해 싸우는 독립군 사이의 싸움을 그린 액션물이다. 만주를 점령하고 그 여세로 전 중국 대륙을 홍수처럼 밀고 들어가는 일본 제국주의 군대와 대결해 싸우는 한국 독립군의 강건한 모습을 그렸다. 영화 전편을 통해 백절불굴의 민족정신을 면면히 살리고 있다.

● 권영순의 사극 액션. 본래 1963년 구정 설날을 겨냥해서 개봉하려던 이 영화는 문정숙이 독립투사의 부인 미경 역을 맡아 독립군 20여 명을 산속본부로 끌고 가는 장면에서 낙마하여 골절상을 입는 바람에 구정 개봉에서 3·1절, 광복절에서 다시 추석(10월 2일) 개봉에 맞추었다. 막상 메디컬센터에서 물리치료를 받던 문정숙은 조바심이 나서 제대로 치료를 받지 못할 정도였고 허리를 펴지 못하면서도 촬영을 강행하기도 했다.(경향 63. 5. 10)

감독은 문정숙이 입원해 있는 동안 녹지대가 없는 개골산을 찾아 산에다 눈 대신 횟가루와 소금을 뿌리고 배우들에게 겨울옷을 입힌 채 겨울 장면을 찍기도 했다. 또한 까마득한 절벽과 절벽 사이를 쇠사슬로 건너질러 매단 조교(弔橋)에서 격투를 벌이는 장면도 있다. 제작비 1200만 원. 이처럼 많은 시간과 공과 돈을 들였으나 "영화에서 나타난 영웅들은 서부극적인 영웅의 유형을 벗어나지 못하고 있으며 액션과 몹신에만 신경을 지나치게 쓴 듯 인간묘사에는 소홀하다"(동아 63. 10. 23)는 평을 들었다. 그 대신 그해 조선일보가 제정한 제1회 청룡영화상에서 이용민이 촬영상을 수상, 같은 해 아시아영화제에서 색채촬영상을 받은 홍콩의 촬영기사 서본정(西本正)은 "이용민의 촬영은 세계적"이라고 격찬해 마지않았다.(동아 63. 11. 6) 모든 악조건에도 불구하고 서울에서만 관객 20만 명 이상을 동원하는 홈런을 날렸다.

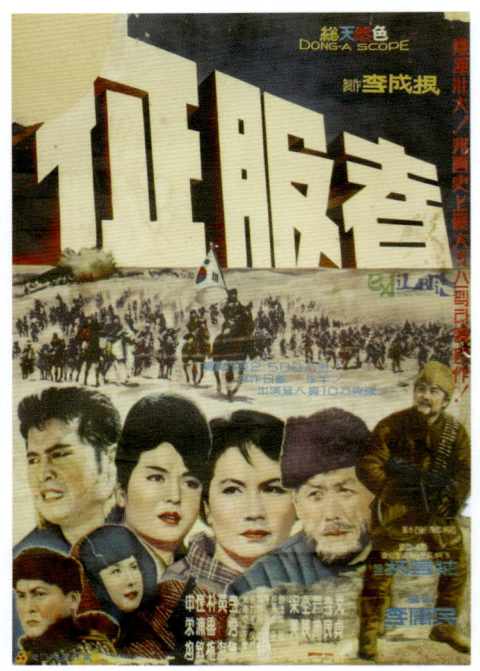

혈맥 血脈, Kinship(1963)

해방촌 산비탈. 이곳에는 이북에서 월남해온 가족들이 저마다의 삶을 꾸리고 있다. 신영균은 담배꽁초를 모아 다시 밀조해서 노모와 병상에 누운 아내, 불구의 어린 딸을 부양한다. 그의 동생(최무룡)은 일본 유학까지 한 소설가 지망생이지만 집안 형편이 어려워지자 건설 현장에서 막노동을 한다. 홀아비 김덕삼(김승호)은 아들 거북(신성일)에게 미군 부대에 들어가라고 강권하고, 길가에 앉아 술을 파는 황정순은 딸 복순(엄앵란)에게 신고산 타령을 가르치면서 기생이 되기를 바란다. 이들은 삶에 허덕이면서도 '핏줄이 멈출 때까지 살아남아야만 한다'는 가족의 혈맥을 잇기 위해 끈질긴 집념과 생에 대한 애착으로 어려움을 이겨나간다. 그러나 하루하루를 근근이 살아가는 그들 가정에는 부모와 자식 간 갈등의 골이 깊어만 간다.

결국 자신들의 발전 없는 생활 방식을 자식 세대까지 전수하려는 부모들에게 반발한 복순과 거북은 판자촌에서 뛰쳐나온다. 영등포에 있는 방직 공장에 취직한 아들딸을 보고 두 아버지(김승호, 최남현)는 "애비들은 못나서 그렇지만 너희들은 쭉쭉 뻗어가야지"하며 두 젊은이의 독립을 자랑스럽게 여긴다.

● '청춘교실'(1963) 이은 김수용의 20번째 영화. 1947년 김영수의 대표 희곡으로 무대 공연에서 히트했던 작품이다. 오로지 생존을 위해 가난과의 처절한 싸움을 벌여야 했던 월남 피난민들, 그 가족들이 모여 사는 남산 기슭의 해방촌을 주 무대로 하면서 다양한 구성원들에게 개별적인 캐릭터를 부여하여 당대 하층민들의 삶을 사실적으로 그리고 있다. 어두운 이야기지만 유머와 위트, 평안도 함경도 사투리를 섞어 비교적 밝고 치밀한 터치로 생활의 밑바닥을 살고 있는 사람들의 애환을 보여준다.

여기서 김승호와 황정순은 땅바닥에 몸을 구르며 싸우는 장면에서 "다시 한 번 찍자"고 번갈아 고집을 부리는 바람에 몸싸움 장면만 스무 번이나 찍은 일이 있다고 한다.(서울 63. 10. 3) 흑인 병사로는 조지 프리맨이 캐스팅되어 김지미와 러브신을 선보였고 대사 한 마디 없는 조미령의 호연을 비롯해 황정순은 신고산 타령을 직접 녹음했다. 특히 부모와 자식 세대 간의 갈등이 해소되는 결말부에서는 자식들이 다니는 방직공장에 초대된 아버지들이 하얀 유니폼을 입고 성실하게 일하는 자녀들의 모습을 바라보며 이제 아버지의 세대는 끝나고 다음 세대가 오고 있으며 그 세대의 삶은 그들의 삶과는 다를 것을 예고하고 있다.

톱스타급 출연진들의 열연으로 연기의 경연장을 방불케 한 이 영화는 1963년도에 제작된 148편의 영화 중 5편 안에 들면서 그해 대종상과 청룡영화상을 휩쓸었다. 이는 "김수용 감독의 그해 수훈갑"(경향 63. 12. 11)으로 점쳐졌고 "본격적인 드라마에 뛰어든 감독의 열의와 의욕은 대단하며 그것이 열매를 거두었다. 거리낌 없는 박수를 보낸다"(조선 63. 10. 3)는 평을 받았다.

대종상 시상식에서 작품상, 각본상, 남녀주연상을 석권하면서도 감독상은 빠져 있었고 조선일보가 제정한 제1회 청룡영화상에서도 다섯 개 부문 수상에서 감독상은 없었다. 이에 대해 훗날 김수용은 "여름 내내 비지땀을 흘리며 목이 쉬도록 현장 지휘를 한 보람도 없이 좋은 각본에 연기력 있는 배우들이 출연해서 좋은 작품을 만들었는데 감독은 무엇을 하고 있었을까. 영화감독을 교통순경쯤으로 간주하는 심사위원들이 미웠다"(김수용, 『나의 사랑 시네마』, 씨네21, 2005년, p.49)고 돌아본 글을 남겼다.

(한양영화사) 140분 흑백 시네마스코프 극영화/문예 반공

감독 : 김수용
제작 : 백완
각색 : 임희재(원작 김영수)
개봉 : 1963년 10월 3일 아카데미극장(서울)
출연 : 김승호, 황정순, 신성일, 엄앵란, 김지미, 최남현, 신영균, 최무룡, 조미령, 주선태 외
기획 : 박민
촬영 : 전조명
음악 : 정윤주
조명 : 손영철
편집 : 유재원
미술 : 박석인
현상 : 국일
수상 : 제3회 대종상영화제 최우수작품상(한양영화) · 남자주연상(김승호) · 여자조연상(황정순) · 각본상(임희재), 제1회 청룡영화상 작품상(한양영화) · 남우주연상(김승호) · 여우주연상(황정순) · 남우조연상(최남현) · 각본상(임희재) · 기술상(녹음: 이경순), 제7회 부일영화상 주연여우상(황정순), 제11회 아시아영화제 출품

163

청춘교실 靑春敎室, The Classroom of Youth(1963)

(한양영화사) 110분 극영화/멜로 청춘

감독 : 김수용
제작 : 백완
각본 : 신봉승, 이시철(원작 이시자카 요지로)
개봉 : 1963년 8월 22일 아카데미극장(서울)
관람인원 : 8만 8026명
출연 : 신성일, 엄앵란, 방성자, 남미리, 손미희자, 이상사, 방수일, 장During숙, 주진희, 황정순, 주증녀, 복혜숙, 김혜미, 양춘, 허장강, 주선태, 박암 외
기획 : 박민
촬영 : 전조명
음악 : 김호영
조명 : 손영철
편집 : 유재원
미술 : 박석인
사운드 : 손인호, 이상만
현상 : 김향근
조감독 : 황용하, 조문진

덕자(엄앵란)의 부모는 보수적인 편이지만 저녁 식사 후에는 레코드 감상과 티타임을 즐기기도 한다. 유명 헤어디자이너 윤사라(황정순)의 아들 찬식(신성일)은 한 달에 용돈 만 원을 쓰고 오픈카로 댄스홀과 파티장에 드나든다. 그는 덕자(엄앵란)와 사랑하는 사이다.

어느 날 찬식은 자신을 낳아준 아버지가 따로 있다는 출생의 비밀을 알고 방황하지만 덕자의 사랑으로 이를 극복한다. 그들은 부모를 이해하게 되고 부모의 이해와 축복을 받으며 행복한 날을 맞는다.

● 오픈카와 파티장과 해변의 별장 등 서구적인 생활방식을 드러낸 60년대식 청춘영화. 신성일, 엄앵란 커플이 출연했다. 일본 이시자카 요지로의 인기소설『그 녀석과 나』를 각색한 작품. 그러나 당시 "대학 졸업 후 악전고투 끝에 일자리를 얻은 월급쟁이 가운데 1개월 봉급이 만 원을 넘는 사람이 별로 없었고 국립대학 시간 강사료가 백 원이던 시절이어서 나라형편과 돈 귀한 줄 모르는 청년"(조선 64. 8. 28)에 대한 비난이 만만치 않았다.

당시 청춘영화들은 서구적 의상과 장신구, 음악 감상실이나 댄스홀, 오토바이, 자동차, 트위스트, 록큰롤 등을 젊은이들의 문화 취향으로 받아들였고 이러한 이미지나 장면들이 영화 속에서 중요한 요소로 자리 잡았다. 한 시대상을 반영한 일종의 유행 영화의 일환으로 방종한 젊은이들이 더 이상 빗나가지 않고 결국 자기 베이스를 찾게 된다는 교과서적인 경종으로 끝나고 있다. 전국 관람객 12만 명 동원으로 흥행 성공.(조선 63. 8. 18)

바람난 고양이들 The Wanton Cats(1964)

(한국예술영화사) 극영화/청춘

감독 : 김용언(金容彦)
제작 : 박원석, 안종강
각본 : 최희숙
개봉 : 1964년 1월 1일 아카데미극장(서울)
출연 : 신성일, 최지희, 방성자, 남석훈, 남미리, 강미애 외
기획 : 이덕봉
촬영 : 이성휘
음악 : 전정근
조명 : 이병수
편집 : 김용언
미술 : 박석인
현상 : 국일

한 아파트에 동거하는 바람난 고양이들, 여대생 네 명(최지희, 방성자, 남미리, 강미애)이 사는 아파트에 남학생 형민이 이사 온다. 가난에 지친 형민은 부잣집 딸과 결혼하는 게 꿈이다. 그는 이들 여대생 중 가장 부잣집 딸처럼 보이는 미정에게 접근하지만 미정을 좋아하는 아파트 사장의 아들 왕진은 미정이 기생의 사생아임을 알려준다. 이에 실망한 형민은 미정과 헤어지지만 사람에겐 돈보다 인간성이 더 중요하다는 것을 깨닫고 다시 그녀와 결합한다. (경향 64. 03. 28, 서울 64. 04. 29)

● 김용언 감독 데뷔작. 원작·각본 최희숙. '말띠 여대생'(1963) 자매편이기도 하다. 작가 최희숙은 이화여대 재학시절 소설『슬픔은 강물처럼』을 출판하여 베스트셀러를 기록했고 이 소설을 1960년 정창화가 영화화한 바 있다. 영화 '바람난 고양이들'은 "경쾌한 템포와 시원한 화면 처리, 청춘스타의 대거출연이 눈길을 끈다"(새 영화─「말띠 여대생 자매편/ 김용언 감독 '바람난 고양이들'」 서울 64. 4. 29)는 레뷰가 있다. 감독의 데뷔작이자 은퇴작으로 김용언과 최희숙은 영화 개봉 후 결혼해서 뉴욕으로 갔다.

석가모니 釋迦牟尼, Sakyamuni Buddha(1964)

인도 카비라 성에서 태자가 태어나자 대왕(박암)은 그의 이름을 싯달타라고 짓는다. 같은 날 태어난 그의 아우도 아들을 낳았는데 그의 이름은 사비라 성의 타이바이다. 싯달타(신영균)는 학문이 높고 선하고 지혜로운 청년으로 성장한 반면 타이바(박노식)는 잔인하고 욕심 많은 폭군이 된다. 그들은 야수타라공주(김지미)에게 동시에 청혼하여 결투한 끝에, 싯달타가 이겨 그녀와 결혼한다. 싯달타는 진리를 찾기 위해 고행하는 사람과 신에게 제물로 바쳐져 고통 받는 사람들을 보면서, 중생을 구원할 길을 찾는다. 그리고 아내 야수타라가 아기를 낳은 지 얼마 되지 않아 고행의 머나먼 길을 떠난다. 대왕은 싯달타가 태어나던 날 아수다 선인(최남현)이 했던 예언을 생각하면서, 야수타라에게 이 모든 일이 그의 예언대로 된 것이라고 말해준다.

싯달타의 수도가 계속되는 동안 점점 더 포악해진 타이바는 파라문을 세우고 파라문 신에게 노예와 천민을 제물로 바치는 악행을 일삼는다. 부처가 된 싯달타의 설법을 듣기 위해 사람들이 모여들자, 타이바는 부처의 타도를 외치고 파라문 신전이 무너지면서 죽을 고비에 처한다. 부처의 도움으로 살아난 타이바는 비로소 중생을 위한 설법을 하게 되고 수많은 사람들이 그를 따른다.

● '의적 일지매'(1961)로 감독 데뷔한 장일호의 사극 대작. 그동안 '원술랑'(1961), '원효대사', '화랑도'(1962) 등 기존의 사극 이미지를 벗어난 새로운 경향의 작품을 선보인 그는 이 영화가 성공하면서 사극 전문 감독으로 통하기 시작했다.

'석가모니'의 경우는 싯달타와 타이바가 싸우는 원형경기장의 결투 장면을 찍기 위해 한양대학교 운동장에 3000명의 엑스트라를 동원하기도 했다.(동아 63. 10. 23) 3000명의 엑스트라가 의상을 착용하고 나니 벌써 오후 2시가 넘었고, 당시 오후 4시까지만 촬영이 가능했으므로 서둘러 군중신만 촬영하고 다음날 200명 가량의 엑스트라를 모아서 따로 대결신을 찍었다고 한다. 거대한 스케일을 자랑하는 이번 종교사극은 대개 철저한 고증을 거친 전통 불교영화라기보다 화려한 볼거리 위주의 스펙터클에 그쳤다는 평가를 받았다.(조선 63. 10. 24)

(한국영화) 극영화/시대극 종교

감독 : 장일호(張一湖)
제작 : 안태식, 김인기, 송유천
각색 : 최금동
개봉 : 1964년 1월 1일 국도극장 (서울)
관람인원 : 5만 명
출연 : 신영균, 박노식, 김지미, 조미령, 박암, 이대엽, 최지희, 이민자, 황정순, 이예춘 외
촬영 : 김재영
음악 : 황문평
조명 : 방한기
편집 : 김희수
미술 : 이봉선
소품 : 전대준, 이월호
분장 : 정철
의상 : 이정수, 임청자
사운드 : 손인호, 최형래

아편전쟁 阿片戰爭, The Opium War(1964)

(한양영화사) 70mm 흑백 시네마스코프 극영화/시대극

감독 : 김수용
제작 : 백완
각색 : 임희재, 신봉승(원작 화춘)
개봉 : 1964년 2월 19일 아카데미극장(서울)
출연 : 김지미, 신영균, 신성일, 이대엽, 김승호, 박암, 방성자 외
기획 : 박민
촬영 : 전조명
음악 : 황문평
조명 : 손영철
편집 : 유재원
미술 : 박석인
현상 : 국일

대영제국의 상인 찰스 엘리엇(박암)의 아편 공세에 4억 청인이 목불인견의 지경에 이르자 1839년 청의 선종황제(도광제)는 광동성 총독으로 부임한 임칙서(신영균)에게 아편 소탕을 명한다. 이에 임칙서는 영국 상가를 습격, 그들이 가지고 있던 아편을 몰수하여 불살라버리고 수입을 금지한다. 아편상 엘리엇은 크게 분노하여 영국 함대를 이끌고 쳐들어와 전쟁을 일으킨다.

● 김수용의 시대극. 화교 작가 화춘(華春)의 원작을 임희재, 신봉승이 각색했다. 1841년 9월 영국과 중국과의 아편전쟁을 다룬 내용으로 신영균이 광동 총독 임칙서 역을 맡고 있다. 광동 총독이 아편의 뿌리를 뽑으려는 과정에서 아편 환자의 시체로 뒤덮인 광동 시가지는 일시에 초토화된다. 엑스트라 연 10만 명, 군마 2000필, 총 제작비 3000만 원이 투입되었다.
　이 광동 시가지는 화양리 광나루 촬영소에 세운 600여 평 규모의 세트로 길이 200m의 거리에 200여 동의 중국식 건물을 세우는 등 거금 200만 원을 들였다. 그러나 이것만으로는 미흡해서 인천 차이나타운으로 로케이션을 확대했다고 한다.(조선 64. 2. 7) 그러나 아편 환자가 들끓는 광동 시가지를 불태워 없애는 장면을 촬영하기 위해 이 거대 구조물들은 하룻밤 사이에 불태워졌다.

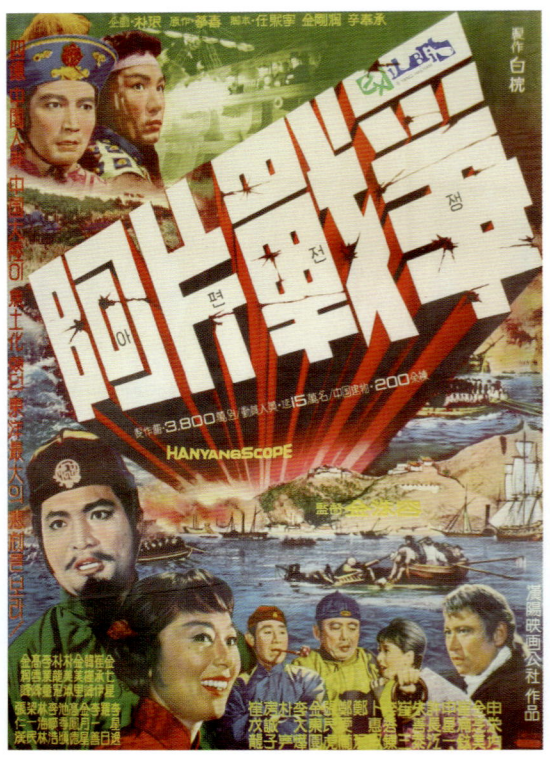

빨간 마후라 The Red Muffler(1964)

교관 나관중 소령(신영균)에게 전투기 조종을 배우던 배대봉 중위(최무룡)는 나 소령에게 지선(최은희)을 소개받고 사랑을 느낀다. 지선은 나 소령의 죽은 전우(남궁원)의 아내다. 나 소령은 동료가 죽은 후 그녀를 돌봐왔으나 지선과 배 중위의 새로운 사랑을 진심으로 축하해준다. 마침내 나 소령은 전투 과정에서 장렬하게 전사하고 남은 사람들은 조국을 위해 헌신할 것을 다짐한다.

● 신상옥의 전쟁영화. 원작 한운사. 한국전쟁을 배경으로 전투기 조종사들의 전우애와 사랑을 그린 작품으로 제목은 열정과 의리를 지닌 사나이들만이 목에 두를 수 있는 붉은 머플러, 즉 공군 조종사를 상징한다.

대형 색채화면에 시원스럽게 항적을 긋는 제트편대와 공중전 묘사 등 공중 특수촬영의 효과가 실감 있게 전개되어 한국영화사상 초유의 항공드라마라는 신기원을 이룩했다. 또한 "카메라의 각도, 전개의 템포, 장면 전환의 호흡 등 시시한 외국영화 뺨칠 정도의 시원한 연출 솜씨로 인해 거장 신상옥 개인의 등록상표를 믿어도 좋다"는 평을 받았다.

제11회 아시아영화제에서 신상옥은 감독상, 신영균은 남우주연상을 받았다. 서울에서만 22만 5000명을 동원, 흥행에 성공했고 세계 여러 나라에 수출됐다.

신상옥은 이 작품의 성공으로 한국영화사에서 확고한 위치를 위한 초석을 마련했고 영화가 거둔 흥행 성과를 경제적 기반으로 삼아 1966년 종합 촬영소를 갖춘 대형 독립프로덕션인 신필름을 설립했다.

(신필름) 130분 극영화/액션전쟁

감독 : 신상옥
제작 : 신태선
각색 : 김강윤(원작 한운사)
개봉 : 1964년 3월 27일 명보극장 (서울)
관람인원 : 22만 5000명 이상
수출현황 : 전 세계(64)
출연 : 최은희, 신영균, 최무룡, 한은진, 윤인자, 남궁원, 김희갑, 이대엽, 박암, 최걸, 임동훈, 이기홍, 송일근, 이성섭, 정운간, 박상준, 신찬익, 오경주, 류진숙, 박고봉, 최명주 외
기획 : 황남
촬영 : 김종래, 정해준(공중촬영)
음악 : 황문평
조명 : 이규창
편집 : 양성란
미술 : 송백규
사운드 : 손인호, 이상만
조감독 : 임원식, 최문일
수상 : 제4회 대종상영화제 여우조연상(윤인자) · 촬영상(김종래), 제2회 청룡영화상 남우조연상(최무룡) · 각본상(김강윤) · 색채촬영상(김종래) · 기술상(편집: 양성란), 제11회 아시아영화제 감독상(신상옥) · 남우주연상(신영균) · 최우수편집상

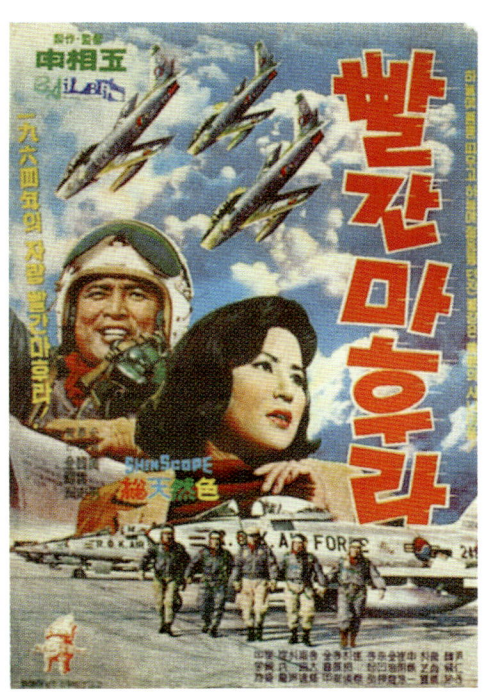

맨발의 청춘 The Barefooted Young(1964)

(극동흥업) 116분 흑백 시네마스코프
극영화 연소자불가/멜로 청춘

감독 : 김기덕(A)
제작 : 차태진
각본 : 서윤성
개봉 : 1964년 2월 29일 아카데미극
       장(서울)
관람인원 : 10만 명
출연 : 신성일, 엄앵란, 이예춘, 윤일
       봉, 이민자, 주증녀, 전계현, 장
       민호, 트위스트 김, 변영 외
기획 : 마원일
촬영 : 변인집
음악 : 이봉조
조명 : 박진수
편집 : 고영남
미술 : 노인택
소품 : 최영길
사운드 : 손인호, 최형래
조감독 : 고영남
수상 : 제2회 조선일보 청룡영화상 음
       악상(이봉조)

조두수(신성일)는 그저 건들거리며 세상을 살아가는 거리 깡패일 뿐이다. 그런 그가 외교관의 딸이자 상류사회에서 자란 요안나(엄앵란)를 만나자 운명적인 사랑을 느낀다. 그들은 처음부터 어울릴 수 없는 신분의 격차에도 불구하고 급속도로 가까워진다. 이제 두수는 청순하고 사랑스러운 요안나 없이는, 요안나는 단순하면서도 열정적인 두수 없이는 살 수가 없다. 이들의 사랑을 눈치챈 요안나의 어머니(이민자)는 딸을 설득하려 하지만 사랑에 빠진 요안나는 그 누구의 말도 듣지 않는다. 오히려 요안나는 두수의 신분을 정상으로 되돌리기 위해 어머니에게 두수의 일자리를 부탁한다. 그러자 어머니는 그들을 떼어놓기 위해 요안나를 아버지가 있는 미국으로 보내려든다. 하는 수 없이 집을 뛰쳐나온 요안나는 두수와 함께 여행길에 오른다. 그리고 이 세상에서는 두 사람이 맺어질 수 없다고 판단하고 시골의 한 허름한 창고에서 약을 먹고 동반 자살한다. 그날따라 함박눈이 하얗게 내리는데 두수의 시체는 두 발을 드러낸 채 리어카에 실려 나가고 요안나의 시체는 꽃으로 장식된 승용차에 실려 묘지로 향한다.

● 김기덕 연출작. 젊은 남녀의 신분을 초월한 운명적인 사랑이 현실에서 외면당한 채 결국 자살로 마감된다는 이야기.(새 영화-「진흙 속에 핀 순애/맨발의 청춘」 경향 64. 3. 7) "맨발로 왔다가 맨발로 가는 청춘"을 내세운 주제에 청춘영화의 대명사로 알려진 신성일 · 엄앵란 출연. 두 남녀를 둘러싼 인물처리에서 서로 다른 신분을 표현하기 위해 아가리 역의 트위스트 김이 두수의 시체를 거적때기로 덮은 채 리어카에 싣고 가는 장면과 요안나의 시체가 중형 승용차에 실려 가는 영화의 마지막 장면은 그러한 비극성을 단적으로 드러낸 명장면이다. 원작은 일본의 나카히라 코우의 '진창투성이의 순정(泥だらけの純情)'(1963)을 서윤성이 각색한 것. 일부에서 일본영화 표절 논란이 있었지만 당시 보도에 따르면 "원작자 승인을 받은 것"(새 영화-「신 · 엄 콤비의 순애보/김기덕 감독 '맨발의 청춘'」 서울 64. 3. 4, 영화평-「정사로 끝맺은 애련비극/맨발의 청춘」 조선 64. 3. 10)으로 되어 있다. 그러나 일본영화 '진창투성이의 순정'에서 남자 주인공의 다친 손가락을 여주인공이 붕대로 감아주는 장면, 남녀 주인공이 종이학을 접어 비교하며 웃는 장면 등이 거의 똑같이 등장했다는 지적이 있었다.(「통속 신파가 판친 상반기영화계/국적 없는 모방」 조선 64. 6. 7) 유호 작사, 이봉조 작곡, 최희준이 부른 "눈물도 한숨도 나 혼자 씹어 삼키며"로 시작되는 주제는 청룡영화상 음악상을 거머쥐며 전국적으로 히트했다. 트위스트 김(김한섭)의 스크린 데뷔작.

개봉 첫날부터 광화문 조선일보사 옆 아카데미 극장에는 아침부터 입장권을 사려는 관객들의 행렬이 덕수궁 앞까지 줄을 이었고 이 영화를 보지 않은 사람이 없을 정도로 지금까지 영화에 대한 에피소드가 회자되고 있다. 서울 인구 350만 명에 관람인원 21만 명(서울). 한국영상자료원 '한국영화 100선' 선정.

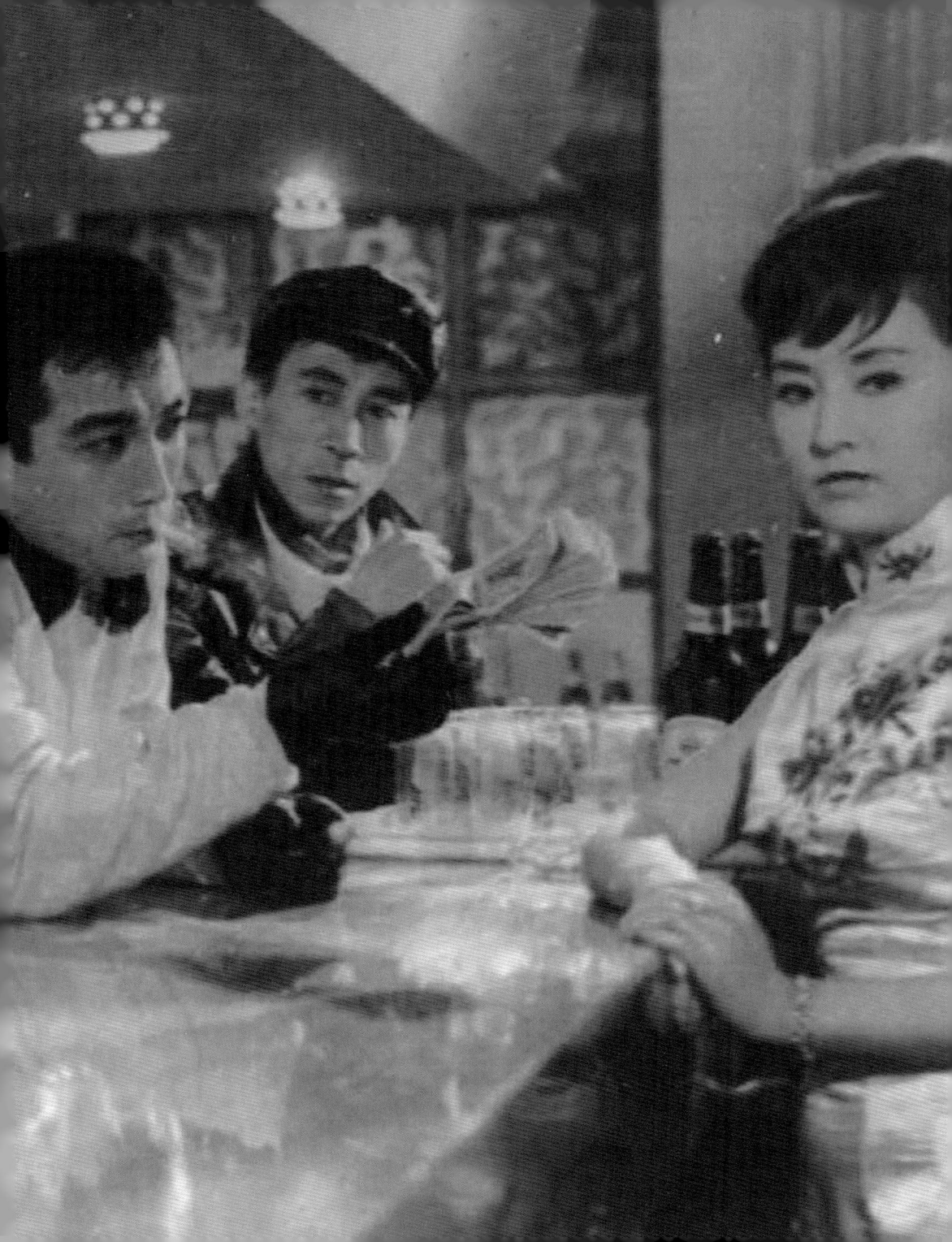

잉여인간 剩餘人間, The Extra Mortals(1964)

(한양영화사) 100분 극영화/문예

감독 : 유현목
제작 : 백완
각색 : 임희재, 신봉승(원작 손창섭)
개봉 : 1964년 4월 11일 아카데미극
장(서울)
관람인원 : 5만 명
출연 : 김진규, 신영균, 도금봉, 김석
강, 태현실, 박암 외
기획 : 박민
촬영 : 홍동혁
음악 : 정윤주
조명 : 손영철
편집 : 유재원
미술 : 박석인
사운드 : 한양
현상 : 국일
수상 : 제4회 대종상영화제 편집상(유
재원) · 신인상(김석강), 제2회
청룡영화상 작품상 · 여우주연
상(도금봉) · 남우주연상(김진
규) · 여우조연상(황정순) · 흑백
촬영(홍동혁) · 미술상(박석인),
제8회 부일영화상 작품상 · 감
독상(유현목) · 남우조연상(신영
균) · 여우조연상(태현실) · 촬영
상(홍동혁)

가족들의 생계도 꾸리지 못하면서 입만 열면 애국애족을 부르짖는 비분강개파 채익준(신영균), 전쟁에서 입은 상처로 실의에 찬 나날을 보내고 있는 시인 천봉우(박암), 그리고 생활에 쫓기는 치과의사 서만기(김진규) 등의 인간 군상과 그 주변에 있는 여인들과의 연정을 엮고 있다. 할 일도 갈 곳도 없는 그들은 매일같이 친구 서만기의 병원 대기실에 모여 앉아 불평과 불만을 늘어놓지만 서만기는 그런 그들을 바라보며 자신의 모든 고민을 마음속으로 삭인다.

● '김 약국의 딸들'(1963)에 이은 유현목의 문예영화. 손창섭이 1958년에 발표한 동명 소설로 동인문학상 수상작품. 신봉승, 임희재 각색. 유현목이 한양영화사와 손잡고 내놓은 첫 작품으로 1963년 9월에 창단된 극단 산하가 창립 작품으로 연극무대에 올린 바 있다. '잉여인간'이라는 제목 그대로 '남아도는 인간들'을 그리고 있다. 천봉우, 채익준 등은 전쟁이 남긴 잉여인간이며 서만기는 자신의 문제와 이들의 문제를 함께 풀어가면서 어떤 상황에도 굴하지 않고 냉정하게 현실을 헤쳐 나간다.

가족과 친구를 잘 돌봐주는 그를 미화시킴으로써 감독은 한국전쟁이 가져다 준 불구성과 황폐함으로부터 벗어날 수 있다는 가능성을 보여주고 있다. 그러나 다양한 에피소드를 한꺼번에 소화하다보니 극적 박력이 감퇴된 감이 있고 관념적인 '잉여인간의 의미'를 실직자의 문제로

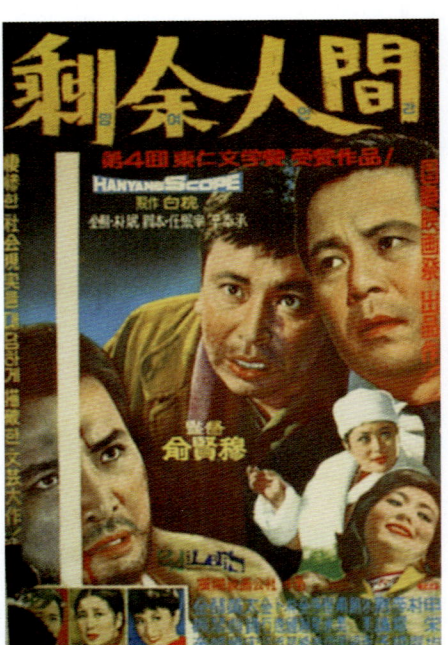

비하하는 우를 범하기도 한다. 그럼에도 이 영화는 "한국영화계의 문제작의 하나로 다른 한국영화와 비교할 때 월등하게 우수한 양심작"(경향 64. 4. 18)으로 떠올랐다.

한편 영화가 만들어지는 과정에서 원작자 손창섭은 1964년 3월 31일, 한양영화사 대표 백완을 저작권 침해, 사문서 위조, 사인 위조 및 동 행사 혐의로 서울지검에 고소했다. 소장에 의하면 한양영화사는 손창섭의 작품 「잉여인간」을 작가의 승인 없이 영화화한 후 원작자의 승인을 얻은 것처럼 계약서를 위조(한국 64. 4. 1)했다는 것이다. 이 사건은 이후 사무 착오를 인정한 영화사측의 솔직한 사과가 있었고 작가는 이를 받아들여 고소를 취하한 것으로 알려지고 있다. 제작비 500만 원 관람 인원 5만 명 이상.

육체의 고백 肉體의 告白, The Body Confession(1964)

양공주 대모(황정순)는 부산 환락가에서 매춘, 밀수 등 수단 방법을 가리지 않고 돈을 벌어 서울의 세 딸들을 뒷바라지하고 있다. 그녀는 세 딸의 성공만이 유일한 희망이며 대학생인 세 딸은 그 어머니가 양공주인 줄은 꿈에도 모른다. 그러나 그들도 어머니의 기대를 저버린다. 큰 딸 성희(이경희)는 트럭 운전사(김진규)와 결혼하고 둘째딸 동희(김혜정)는 재벌의 아들(이상사)을 사랑하다가 버림받는다. 좌절한 동희가 어머니를 찾아 부산에 왔을 때는 어머니가 밀수 혐의로 구속된 후다. 출소한 어머니는 동희가 술집 양공주로 전락했다는 사실에 놀라면서도 끝내 자신의 신분을 드러내지 못한다. 바이올리니스트인 막내딸 양희(태현실)는 결혼 후 독일로 유학가기 전 부산 연주회에 참가했다가 어머니의 정체를 알고 분노하여 비난하고 무시해버린다. 어머니는 스스로 목숨을 끊고 생을 마감한다.

(동성영화공사) 131분 흑백 시네마스코프 극영화/멜로

감독 : 조긍하
제작 : 정병준
각본 : 조긍하(원작 김문엽)
개봉 : 1964년 6월 20일 국도극장 (서울)
관람인원 : 5만 명
출연 : 황정순, 김진규, 이경희, 김혜정, 이상사, 태현실, 남석훈, 김희갑, 이빈화, 나애심 외
기획 : 안승준
촬영 : 김인용
음악 : 한상기
조명 : 이병준
편집 : 지희환
미술 : 홍성칠
사운드 : 양후보, 손효신

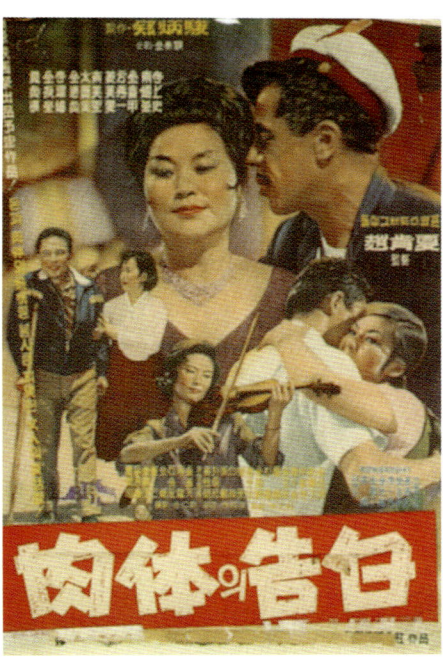

● 1959년에 연출한 조긍하의 '육체의 길'(오향영화사)이 가장的 빗나간 삶에 초점을 맞추었다면 '육체의 고백'은 혼자서 세 딸을 위해 직업전선에 뛰어든 어머니가 수단방법을 가리지 않고 돈을 벌어 딸들에게 그들이 바라는 삶을 안겨주려고 발버둥 치는 이야기다.

어머니의 원래 직업은 양공주 대모로서, 딸들을 만날 때 입는 한복과 나이트클럽 마담일 때 입는 야한 드레스의 대조가 이를 단적으로 드러낸다.

어머니는 끝내 자신의 정체성의 모순을 해결하지 못하고 둘째딸은 어머니와 똑같은 양공주의 길을 걷게 되며 막내딸은 어머니의 삶을 비난하고 외면한다. 그 어머니는 배신감과 모멸감에 못이겨 죽음을 택한다. 한국영상자료원 '한국영화 100선' 선정.

마의 계단 魔의 階段, The Devil's Stairway(1964)

(세기상사) 108분 흑백 시네마스코프
연소자불가 극영화/미스터리스릴러

감독 : 이만희
제작 : 우기동
각본 : 이종택
개봉 : 1964년 7월 10일 명보극장
       (서울)
출연 : 김진규, 문정숙, 방성자, 정애
       란, 최남현, 유계선, 조항, 김웅,
       정철, 지방열 외
기획 : 김한
촬영 : 서정민
음악 : 한상기
조명 : 김연
편집 : 김희수
미술 : 홍성칠
소품 : 김성순
사운드 : 최형래, 손인호

의사 광호(김진규)는 원장(최남현)의 딸과 결혼하기 위해 자기 아이를 임신한 간호사 진숙(문정숙)을 병원 계단에서 밀어버린다. 며칠 후 그녀의 시체가 연못에서 떠오르고 자살로 판결이 나자 광호는 무사히 원장의 딸과 결혼한다. 그러나 죽은 줄 알았던 진숙에게서 온 쪽지를 보고 불안에 떨기 시작한다. 그런 남편에게서 위협을 느낀 그의 아내는 정신과 의사에게 남편의 정신상태를 상담하러 온다. 하지만 그녀 역시 간호사 진숙이 추락사한 바로 그 계단에서 떨어진다.

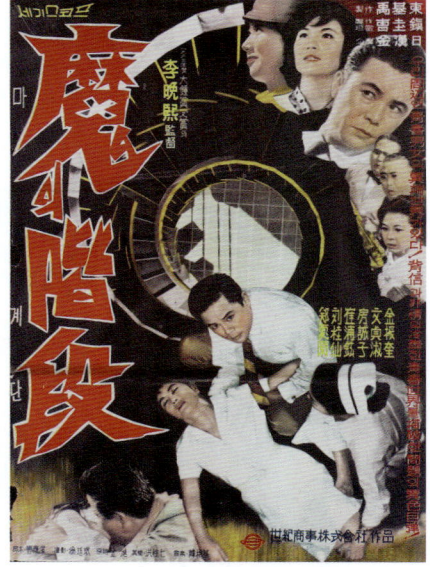

● 이만희는 1964년 한 해 동안 '묘향비곡', '내가 설 땅은 어디냐', '추격자', '마의 계단', '검은 머리', '협박자' 등 여섯 편의 영화를 연출했다. 이 영화는 외화수입회사였던 세기상사가 제작한 첫 번째 한국영화로 줄거리 구성이 몽고메리 클리프트와 엘리자베스 테일러가 주연한 미국영화 '젊은이의 양지(A Place in the Sun)'(1951)를 연상케 한다.

신분상승의 욕망과 복수극의 플롯을 스릴러와 공포영화의 틀 속에 넣어 녹여낸 작품. 애인을 살해한 의사가 범인으로 잡히기까지의 과정에서 관객에게 범행을 미리 알리고 그 범행이 어떻게 폭로되는가를 보여준다. 영화에서의 마의 계단은 첫째, 임신한 광호의 애인인 간호사가 떨어진 병원의 낡은 계단으로 이야기가 전개되는 곳이고 둘째, 광호의 신경쇠약과 폭력에 시달린 그 아내가 추락하면서 이야기가 파국으로 치닫는 곳이며 셋째, 주인공인 광호가 떨어짐으로써 결말을 맺는 곳이기도 하다. 즉 하나의 장소에서 이야기의 시작과 전개, 결말이 다 이루어진다.

그외 비 내리는 밤 연못의 흔들리는 수면, 바람이 부는 대로 열렸다 닫혔다 하는 문, 박제독수리와 인형, 금속성의 현악기를 사용한 독특한 음악 등 극적인 화면구성을 통해 스릴의 극치를 최대로 끌어올리고 있다. 특히 촬영감독 서정민은 병원이라는 밀폐된 공간에서의 서스펜스를 창출하기 위해 마치 카메라가 주인공을 바라보는 제3자인 듯이 카메라에 캐릭터를 부여하고 있다.(한국영상자료원, 『한국영화를 말한다-한국영화의 르네상스 1』, 이채, 2005년, p.102, p.131) 이 영화는 "추리영화의 격을 올린 대담한 작품"(동아 64. 7. 9)으로 고뇌하는 지식인의 상징이었던 김진규가 뒤틀린 엘리트로 나오고 자기희생적인 문정숙이 피해자의 모습으로 변신하여 극적 설득력을 강화시킨다. 주무대인 병원과 그 앞뜰은 한남동에 세트로 만든 것이다. 흥행 성공. 한국영상자료원 '한국영화 100선' 선정.

달기 Princess Dalgi(Last Woman of Shang)(1964)

중국 은나라 시절 37대 주왕(신영균)은 조공을 바치지 않는다는 이유로 익주성의 성주 소호를 죽인다. 소호의 딸 달기(린다이)는 서백후의 아들 희발과 결혼을 약속한 사이지만 아버지의 원수를 갚기 위해 주왕의 후비가 된다. 주왕의 총애를 받게 된 달기는 왕후가 되어 주왕을 손아귀에 넣는다. 희발의 아버지는 그런 달기를 그대로 두어서는 안 된다는 생각에 희발에게 달기를 암살할 것을 명한다. 조공 상납을 위해 궁에 온 희발은 달기의 처소에 잠입했다가 체포되지만 달기의 도움으로 탈출한다. 희발은 다시 다른 제후들과 함께 군사를 모아 주왕을 치러 궁으로 몰려온다. 달기는 주왕에게 비로소 자신이 주왕이 죽인 소호의 딸임을 밝힌다. 이 싸움에서 희발은 왕권을 되찾고 달기와 주왕은 궁전에서 불타죽는다.

● 한국의 신필름과 홍콩 쇼브라더스가 합작한 스펙터클 사극. 최인현과 공동 연출한 악풍(岳楓)은 '철낭자(娘子)', '기팔염부(畸八艶婦)'를 만든 홍콩 감독. 일명 '비련의 황후 달기'는 2000여 년 전 중국의 악명 높은 왕후 달기의 이야기를 그린 비극이다.
　제작비 50만 달러. 수원 근교 대지 6만 평에 세워진 오픈 세트에는 부근 유적과 잇대어 60

(신필름) 113분 컬러 시네마스코프 극영화/시대극

감독 : 최인현(崔寅炫), 악풍(岳)(중국)
제작 : 신상옥
각색 : 곽일로(원작 악풍)
개봉 : 1964년 9월 21일 국제극장 (서울)
관람인원 : 21만 명
출연 : 신영균, 린다이, 김승호, 최은희, 이예춘, 남궁원 외
촬영 : 서본정(西本正 중국)
음악 : 정윤주
편집 : 오성환
현상 : 동양
수상 : 제4회 대종상영화제 남우주연상(신영균), 제2회 청룡영화상 특별상(신필름)

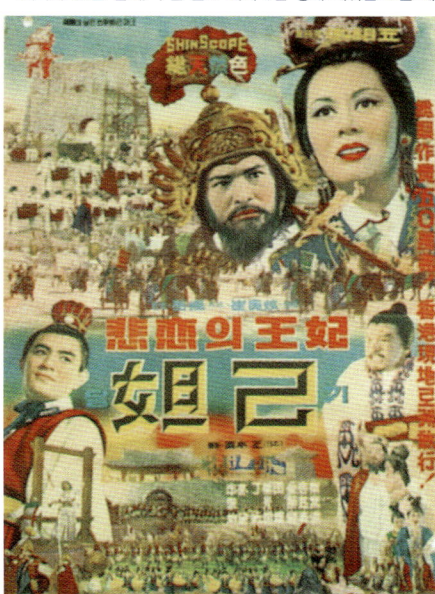

척 높이의 누각과 성벽(건평 1400평) 등을 구축, 마필 연 600필, 엑스트라 연 8만 명, 기원전의 전차 70여 대를 만들었다. 영화는 웅장한 음악과 함께 카메라가 날아갈 듯이 움직이면서 장대하고 격렬한 전투의 서막이 열린다.(조선 64. 12. 29) 달기 역엔 제4회, 7회, 9회 아시아영화제에서 주연여우상을 수상한 홍콩의 린다이가 출연했으나 그해 의문의 자살로 생을 마감했다. 주왕 역을 맡았던 신영균은 제4회 대종상 남우주연상을 차지했다. 서울에서만 21만 명의 관객을 동원했다.

내가 설 땅은 어디냐 Where Can I Stand(1964)

(범아영화사) 120분 흑백 시네마스코프 극화/반공 전기

감독 : 이만희
제작 : 이봉영
각색 : 편거영(원작 허근욱)
개봉 : 1964년 4월 8일 을지극장 (서울)
출연 : 문정숙, 최무룡, 박노식, 최남현, 유계선, 장동휘, 한은진, 김동원, 조항, 정애란, 김영옥 외
기획 : 진낙준
촬영 : 서정민
음악 : 전정근
조명 : 장기종
편집 : 김희수
미술 : 홍성칠
현상 : 대영

남로당 위원장 허헌의 딸이자 북한 선전상 허정숙의 동생인 근욱(문정숙)은 서울에서 대학에 다니다가 만난 신문기자 노문(최무룡)과 사랑하는 사이다. 가족을 따라 월북하게 된 그녀는 노문과 헤어지게 되고 근욱을 잊지 못하는 노문이 북으로 찾아오면서 두 사람은 결혼하게 된다. 그러나 북한의 공산주의 체제에 회의를 느낀 노문은 근욱에게 다시 서울로 갈 것을 제안한다. 두 사람은 6·25전쟁의 혼란한 틈을 타서 남하하기로 한다. 수차례의 죽을 고비를 넘기고 어렵게 서울에 왔지만 근욱은 아버지가 북한의 정치거물이라는 신분이 밝혀질까봐 가슴조이는 나날을 보낸다. 노문도 마찬가지다. 그는 아내 때문에 숨어살아야 했고 술로 괴로움을 달래야 했다. 두 사람은 헤어지기로 하고 근욱은 어린 아들과 홀로 서기를 결심한다.

● 이만희의 여덟 번째 연출작. 북한 최고인민회의의장 허헌의 딸인 작가 허근욱이 쓴 눈물의 수기를 스크린에 재생한 작품이다. 작가는 그의 동명소설에서 "남북 분단 경계선을 넘나들며 6·25전쟁의 전화 속을 헤치고 서울로 월남하여, 가문으로 인한 두려움으로 인해 9년 동안 숨어 살다가 급기야는 사상적인 오해로 독감방에 투옥되어 옥살이를 했다. 북한에서는 자유가 그리웠고 남한에선 거물의 딸이라는 낙인 때문에 '내가 설 땅은 어디냐?'고 묻는다. 여인의 비명이 가슴에 와 닿는 이 소설로 작가는 유명해졌다.

검은 머리 Black Hair(1964)

(한국영화사) 105분 35mm 흑백 시네마스코프 극화/액션느와르

감독 : 이만희
제작 : 안태식
각본 : 추남, 한우정
개봉 : 1964년 7월 31일 국도극장 (서울)
출연 : 문정숙, 장동휘, 이대엽, 김운하, 채랑, 정애란, 강문, 최성호, 장혁, 독고성, 추석양 외
기획 : 김진모
촬영 : 서정민
음악 : 전정근
조명 : 장기종
편집 : 김창순
미술 : 홍성칠
사운드 : 손인호, 최형래
조감독 : 김순식, 김주열

검은 머리의 주인공인 연실(문정숙)은 악당 성태(장동휘)를 배신하고 그의 부하였던 아편중독자와 사랑에 빠진다. 그러나 연실은 다시 성태에게 납치되어 얼굴에 큰 상처를 입고 창녀로 전락한다. 그 후 연실은 한 진실한 남자(이대엽)를 만나 참된 사랑을 하게 되지만 성태는 그 남자의 여동생을 납치해서 연실과 교환할 것을 제의한다. 하지만 남자는 끝내 이를 거부한다. 그리고 그는 성태의 칼에, 성태는 그의 칼에 찔려 숨진다. 라스트신에서 성태가 "내 죽음을 동정하는 눈으로 보지 마라. 나는 무서운 고독을 느끼고 있다"고 하자 연실은 "당신은 고독하지 않아요. 당신의 죽음을 서러워하고 있어요"라고 대답한다. 결국 그녀는 성태를 선택한 것이다. 정상적인 사회생활을 할 수 없는 그녀는 다시 창녀촌으로 돌아간다.

● 도시의 뒷골목 갱들의 세계를 그린 이만희의 느와르 영화. 서울역 양동 창녀촌에서 한 여인이 얼굴의 흉터를 검은 머리로 가린 채 호객행위를 하는 것을 보고 시나리오 작가 한우정이 이를 취재해서 쓴 것이다. 내용과 형식면에서 어떤 한국영화와도 닮지 않은 특이한 영화(한국영상자료원, 『한국영화를 말한다』-한국영화의 르네상스 1』, 이채, 2005년, pp.421~426)로 흥행에서는 성공하지 못했으나 영화계에서는 평이 좋았다. 공동 시나리오 작가로 올라 있는 '추남'은 이만희의 필명. 한쪽 얼굴을 머리로 가린 문정숙의 헤어스타일이 한동안 여성들 사이에서 유행했다.

아내는 고백한다 My Wife Is Confessing(1964)

대학교수 부부(박암, 김혜정)와 제약회사의 젊은 사원은 등산을 갔다가 대학교수가 추락하는 일이 생긴다. 하나의 자일에 세 사람이 동시에 매달리게 된 것이다. 선두에 있는 젊은 사원이 혼자서 두 사람의 체중을 지탱해 주기에는 너무나 힘겨워 손에서 흐른 피가 자일을 물들일 정도였다. 세 사람 사이에는 팽팽한 긴장감이 흐르고 이때 부인은 나이프로 남편을 연결한 자일을 끊어버린다. 비명소리와 함께 남편이 골짜기로 추락한다. 이 사건으로 부인은 법정에 서고 검사는 남편의 생명보험금을 타내기 위해 살해했다면서 유죄를 주장한다. 반면 부인의 변호인은 긴박한 상태에서 어쩔 수 없이 취해진 행위라는 점을 들어 무죄를 요구한다. 결국 정당방위가 인정되어 부인은 기소유예로 풀려난다. 그러던 어느 날, 교수 부인은 함께 등산길에 나섰던 제약회사 젊은이에게 "당신을 사랑하기 때문에 남편을 죽였다"는 고백한다. 그녀가 교수를 죽인 것이다. 그 말에 놀란 젊은이는 부인의 사랑 고백을 냉정하게 거절하고 떠난다.

(세기상사) 100분 극영화 연소자불가 /멜로

감독 : 유현목
제작 : 우기동
각본 : 이종택
개봉 : 1964년 10월 29일 명보극장 (서울)
출연 : 김지미, 김혜정, 박암, 태현실, 김승호, 김동원, 김옥, 이업동, 이성일, 지방열 외
기획 : 김한
촬영 : 심재흥
음악 : 김용환
조명 : 강용신
편집 : 이경자
미술 : 정우택
현상 : 성림
수상 : 제8회 부일영화상 여우주연상 (김혜정) · 미술상(정우택)

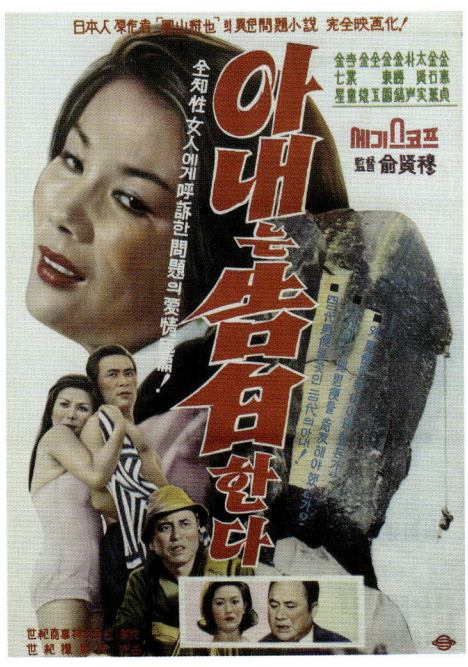

● 유현목의 멜로물. 1959년에 일본에서 실제 있었던 사건을 다룬 심리 드라마. 생사의 갈림길에서 남편을 죽이고 사랑하는 사람을 살린 여인의 비화가 추리형식으로 그려진다. 1962년 서울에서 열린 제9회 아시아영화제에서 감독상을 수상한 작품으로 일본의 마스무라 야스조(增村保造)의 '아내는 고백한다'(圓山雅也 作)를 그대로 영화화한 작품, 일본 원작자의 승인을 얻어 이종택이 각색했다. 그러나 일본 작품과는 다른 시각으로 연출했기 때문에 일본 작품과 비교해 볼 수 있는 재미가 따른다.(경향 64. 11. 4) 일본영화에서는 와카오 분시(若尾文子)가 여주인공을 맡았다.

벙어리 삼룡 Deaf Samryongi(1964)

(신필름) 86분 극영화 연소자가/문예

감독 · 제작 : 신상옥
각본 : 김강윤(원작 나도향)
개봉 : 1964년 11월 13일 명보극장
(서울)
출연 : 김진규, 최은희, 박노식, 도금
봉, 최남현, 한은진, 최성호, 서
월영, 박지현, 정득순 외
관람인원 : 21만 명
기획 : 황남
촬영 : 김종래
음악 : 정윤주
조명 : 마용천
편집 : 오성환
미술 : 송백규
사운드 : 강신규, 이상만
조감독 : 임원식
수상 : 제4회 대종상영화제 작품상·
감독상(신상옥)·음악상(정윤
주)·편집상(유재원)·공로상
(신필름), 제1회 백상예술대상
대상(김진규)·작품상·감독상
(신상옥)·시나리오상(김강
윤)·음악상(정윤주)·신인상
(김석강), 제8회 부일영화상 각
본상(김강윤)·남우주연상(김진
규), 제12회 아시아영화제 남우
주연상(김진규), 제25회 베니
스, 제9회 샌프란시스코, 제13
회 시드니멜버른, 아카데미영
화제(외국영화상) 출품

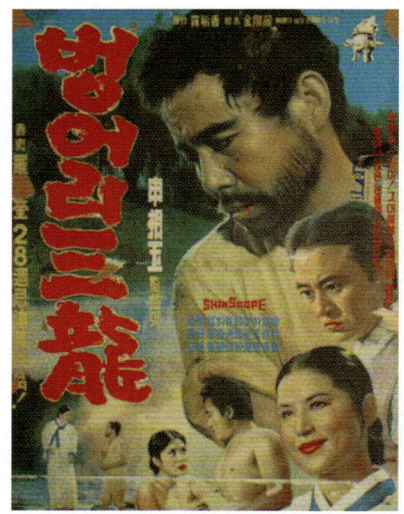

오 생원댁 머슴 벙어리 삼룡(김진규)은 자신을 거두어준 주인의 은혜를 잊지 않고 성심껏 일한다. 한편 오 생원의 삼대독자인 광식(박노식)은 버릇없고 난폭하기로 소문나 있다. 특히 삼룡을 사람 취급하지 않고 오다가다 주먹으로 치거나 발길질을 해대기 일쑤다. 그런 광식이 어느 날 꽃다운 순덕아씨(최은희)에게 장가를 들게 된다. 그러나 광식은 식모 추월(도금봉)에게 빠져서 새아씨를 구박할 뿐 색시 방에는 얼씬도 하지 않는다. 삼룡은 언젠가부터 학대받는 새아씨에게 동정을 느끼며 연민의 정을 키우게 된다. 그러던 어느 날 광식과 추월이 물레방간에서 정사를 나누는 것을 보고 이 사실을 추월의 남편에게 일러바친다. 가뜩이나 아씨를 두둔한다고 해서 눈 밖에 나 있던 삼룡은 이 일로 광식에게 죽도록 두들겨 맞고 집에서 쫓겨난다. 삼룡이 쫓겨나던 날 밤, 오 생원 집에는 원인 모를 불이 나고 삼룡은 불난 집이 쓰러지기 직전에 불속에 뛰어들어 아씨를 구해낸다. 그러나 아씨가 남편 광식이 아직 나오지 못했다고 안타깝게 소리치자 집안에 뛰어 들어가 광식을 구한다. 그리고 다시는 집 밖으로 나오지 못한다.

● 신상옥의 '사랑방 손님과 어머니', '상록수'(1961), '열녀문'(1962)에 이은 4대 문예영화 중 한 편. 나도향의 원작을 김강윤이 각색한 작품. 지주 밑에서 머슴살이를 하는 벙어리 삼룡이 주인댁 며느리를 사랑하는 내용으로 낡은 인습에 대한 항거와 사랑의 진실을 그리고 있다. 춘사 나운규 28주기 추모작품인 이 영화는 '1964년 최우수영화'에 꼽혔다.
벙어리로 분한 김진규의 열연은 "탐구적인 열의로 연기자로서의 금자탑을 쌓았고" 그만큼 관객에게 감격을 주었다. 즉 영화가 구비해야 할 소프트한 화면의 서정미, 차분한 카메라워크, 배우들의 열연과 정윤주 음악이 효과적이었고 향토색을 바탕으로 남사당의 줄타기, 결혼 초야의 신랑 달아매기 등 한국 농촌의 풍속을 섬세하게 묘사하여 한국적인 냄새와 색깔을 살렸다. 그러나 정병욱(서울대 국문과 교수)은 "삼룡이 지닌 아름다운 마음씨에 대립되는 악을 과장되게 표현하기 위해 삼룡을 학대하고 박해하는 신이 지나치게 지루하고 참혹하다"(동아 64. 12. 17)는 반론을 펴기도 했다.

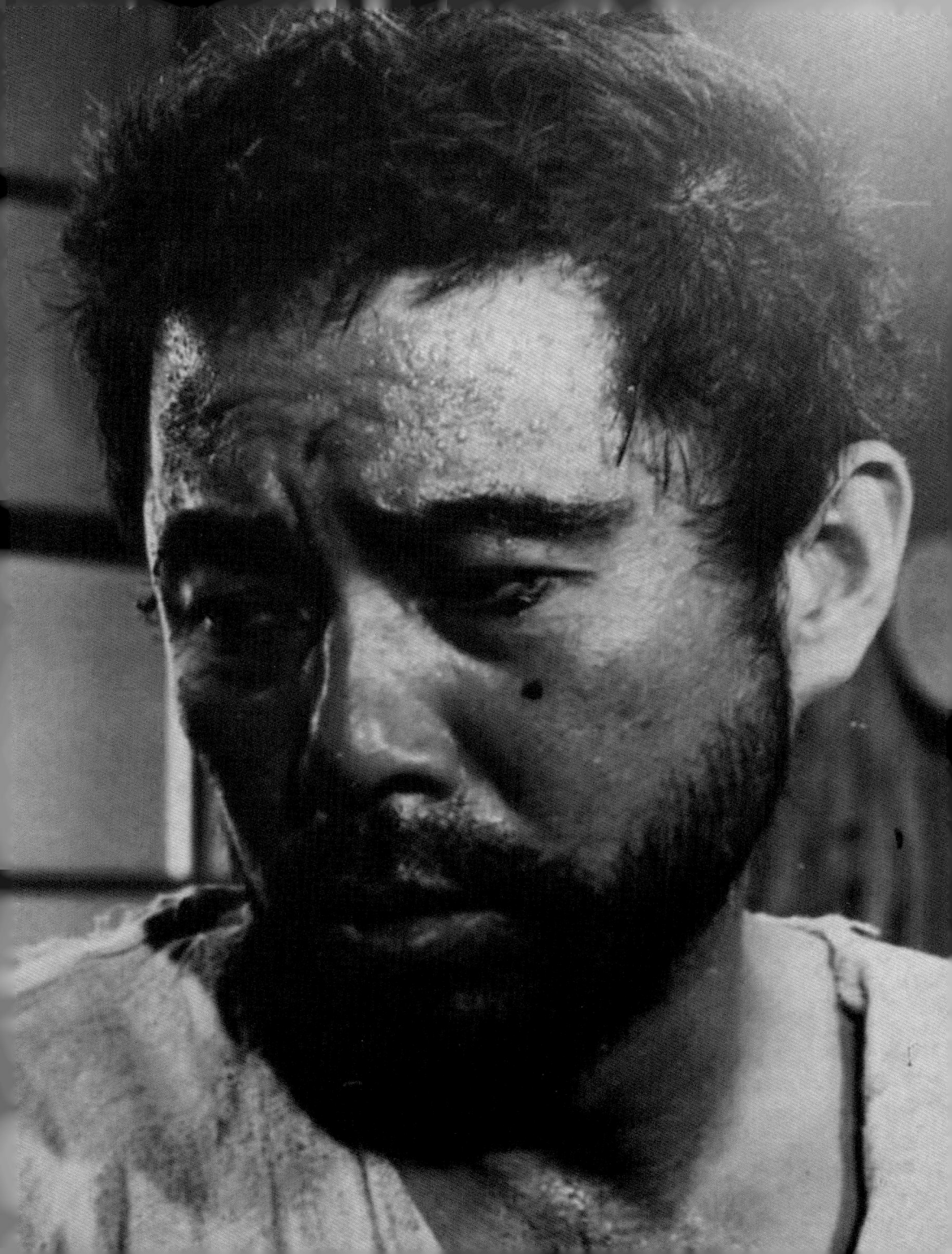

국경 아닌 국경선 國境線, The Invisible Border Line(1964)

(연합영화) 극영화/분단 가족드라마

감독 : 정진우(鄭進宇)
제작 : 주동진, 강신영
각본 : 유일수(원안 정진우)
개봉 : 1964년 9월 19일 아세아극장
　　　(서울)
관람인원 : 5만 명
출연 : 최무룡, 김지미, 황정순, 전창
　　　근, 최지희 외
기획 : 유훈환, 임은두
촬영 : 유재형
음악 : 박춘석
조명 : 고해진
편집 : 김희수
미술 : 원제래
현상 : 국일
조감독 : 김영걸

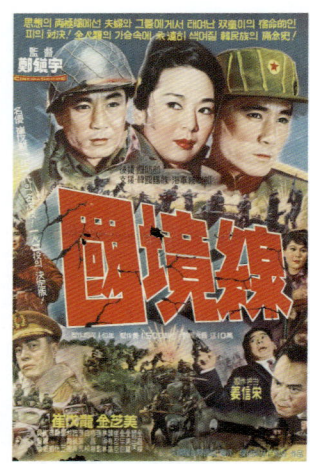

항일투사인 부부(전창근, 황정순)는 쌍둥이(최무룡 1인 2역) 아들을 하나씩 나누어 안고 남북으로 헤어진다. 그들 부부는 각각의 정보기관의 요직에 앉게 되고 쌍둥이 형제도 자라서 국군과 인민군이 된다.

그들은 숙명적인 사상전에서 아들이 아버지를 죽이고 어머니가 아들을 죽이는 골육상쟁을 벌인다.

● 추석 개봉작. 1962년 극영화 '외아들'로 감독 데뷔한 정진우가 26세의 나이로 국토양단, 동족상잔의 뼈아픈 이야기를 그렸다는 데 관심을 모았다. 감독 자신의 원안을 유일수가 각본을 쓴 일명 '국경선'. 이 영화는 국경 아닌 국경선으로 인해 같은 민족이 겪어야 하는 비극을 냉정하게 그리면서 6·25전쟁의 포연이 가신 지 10여 년이 지난 시점에서도 붉은 마수가 민족을 배반하고 있음을 일깨워준다.(경향 64. 9. 21) 감독이자 연기자로 활동해온 전창근이 쌍둥이 아버지 역, 최무룡이 쌍둥이로 1인 2역을 맡았다.

김지미와 최무룡의 러브신과 쌍둥이 형제가 만나는 해후 장면 등에서 젊은 감독다운 참신한 연출이 돋보인다. 남북의 숙명적 상황을 쌍둥이로 대비한 설정도 기발하다.

월급봉투 The Pay Envelope(1964)

(한국예술영화사) 100분 극영화/가족
드라마

감독 : 김수용
제작 : 이종병, 박원석
각본 : 신봉승
개봉 : 1964년 10월 22일 아세아극장
　　　(서울)
출연 : 신영균, 김승호, 황정순, 주연,
　　　남미리, 방수일, 주증녀 외
기획 : 이병익
촬영 : 전조명
음악 : 정윤주
조명 : 손영철
편집 : 유재원
미술 : 박석인
현상 : 국일
수상 : 제2회 청룡영화상 신인상(주연)

여고에서 30년째 서예를 가르치고 있는 주인공(김승호)은 월급봉투 명세표에 가짜 부의금조로 300원을 적어 넣고 아내(주증녀)의 눈을 속여가며 대포 값을 뜯어내는 평범한 소시민이다. 미국에서 교육학을 전공하고 귀국한 아들(신영균)이 그 학교의 교감으로 부임하면서 부자 간에는 전에 없이 의견충돌이 잦아진다. 그러나 아버지는 아들이 자기의 상급자인 것이 자랑스럽기만 하고 아들은 아버지의 체면을 세워주기 위해 월급봉투를 바꿔주기도 한다. 여기에 겹쳐 아들딸 결혼 걱정, 직장에서의 갖가지 사건을 겪는 등 모든 월급봉투 인생의 공감을 살 만한 풍경들이 소박하게 엮어진다.

● 라디오 연속드라마로 방송됐던 신봉승의 원작을 작가가 직접 각색한 작품. 김수용의 25번째 연출작. "월급쟁이로 평생을 바친 보람이 서민가정 하나 행복하게 지키지 못한다니 서글픈 일이 아니냐"는 메시지와 함께 홈드라마 터치로 샐러리맨의 애환을 그리고 있다. "감독의 따뜻한 입김이 느껴지는 수준작"(조선 64. 10. 22)으로 광기의 연기를 펼친 김승호의 열연이 호평을 받았고 김승호의 딸로 출연하여 발랄한 신선미를 보인 신인 여배우 주연이 청룡영화상 신인상을 받았다. 김수용은 1964년 한 해 동안 '월급봉투' 외에 '아편전쟁', '니가 잘나 일색이냐', '위험한 육체', '학생부부', '여자 19세' 등 여섯 편을 잇달아 내냈다.

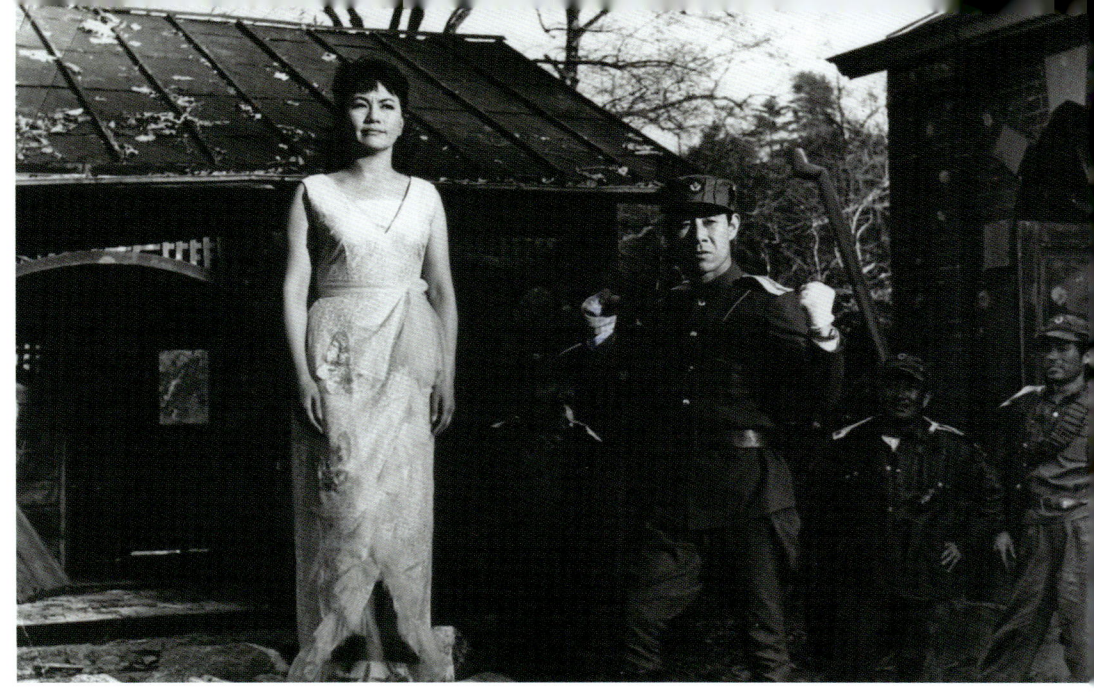

7인의 여포로 女捕虜, The Seven Female POW's(1965)

한국전쟁 중 북한군의 포로가 된 일곱 명의 간호장교를 호송하는 과정에서 중공군이 이들을 겁탈하러 들자 분개한 북한 장교가 그들을 사살하고 간호장교들을 구해준다. 그리고 간호장교들을 따라 그의 부하들과 함께 자유 대한의 품으로 귀순한다.

● 이만희의 17번째 작품. 이 영화로 감독은 반공법 위반 혐의로 구속되었다. 북한군이 국군으로 귀순한다는 내용은 반공영화가 틀림없었으나 북한군을 너무 멋지게 그린 것이 화근이 되었다.
한국영상자료원이 펴낸 『한국영화를 말한다』에 보면 감독은 이 영화에서 포로가 된 간호장교(문정숙)와 북한 장교(장동휘)의 인간적인 만남에 초점을 맞추면서 "북한 장교를 늠름한 미남으로 묘사하고 간호장교가 그에게 정신을 빼앗길 정도로 반하는 것으로 설정, 여자 포로들을 겁탈하려던 중공군을 사살해버리는 북한 장교에게 간호장교가 고마움의 표시로 '멋진 남자여, 안녕'이라고 한 대사가 북한군을 찬양한 것으로 지적되었다는 기록이 있다. 감상적인 민족주의를 내세워 국군을 무기력한 군대로 그린 반면, 북괴의 인민군을 찬양하고 미군에게 학대받는 양공주들의 참상을 과장해 묘사하고 있으며 미군 철수 등 외세 배격 풍조를 고취했다(서정민, 『한국영화를 말한다 – 한국영화의 르네상스 1』, 2005년, p.132)는 것이다.
시나리오 작가 한우정도 "북한군 장교의 복장이 너무 근사하고 그 인품이 훌륭하게 묘사되었다는 이유로 반공법 위반에 걸려들었다."(위 같은 책 pp.428~429)고 비슷한 내용으로 구술하고 있다. 또 간호장교를 싣고 가던 앰뷸런스 운전병(구봉서)이 북한 장교에게 경례를 안 하자 "상관에 대한 예의를 소홀히 한 것을 아느냐?"는 질문에 운전병이 "예"라고 대답한 것은 "이북을 국가로 인정하려는 것과 마찬가지"라고 해서 대학교수 평가단도 '용공영화'('반공법에 갇힌 7인의 여포로/ 이만희 감독에 구속영장 신청' 조선 64. 12. 19, 12. 20)로 도장을 찍었다고 한다. 어쨌든 이런 이유로 인해 이만희는 중앙정보부에서 며칠 동안 조사를 받았으나 거듭되는 강요와 회유에도 불구하고 끝내 개작에 동의하지 않았다.

(합동영화) 극영화/반공 분단
감독 : 이만희
제작 : 곽정환
각본 : 한우정
각색 : 이만희
개봉 : 1965년 1월 1일 명보극장 (서울)
출연 : 문정숙, 이민자, 구봉서, 유계선, 허장강, 장동휘, 전향이, 최지희, 이대엽 외
기획 : 최동권
촬영 : 서정민
음악 : 전정근
조명 : 서병수
편집 : 김희수
미술 : 홍성칠
현상 : 대영

남과 북 南과 北, The North and South(1965)

(극동흥업) 114분 극영화/반공

감독 : 김기덕
제작 : 차태진
각본 : 한운사(원작 한운사)
개봉 : 1965년 1월 1일 아카데미극장
　　　　　(서울)
관람인원 : 10만 명
출연 : 최무룡, 신영균, 엄앵란, 남궁
　　　　원, 최남현, 조항, 이수련, 황정
　　　　순, 최성호, 김석호, 박성대, 김
　　　　웅, 유춘, 김무용, 최장호, 조덕
　　　　성, 변일영, 임성모, 조성준, 김
　　　　진영(아역) 외
기획 : 서윤성
촬영 : 변인집
음악 : 박춘석
조명 : 박진수
편집 : 권혁규
미술 : 노인택
소품 : 이청환
사운드 : 손인호, 최형래
제작지휘 : 마원일
조감독 : 강희원
수상 : 제4회 대종상영화제 각본상(한
　　　　운사), 제3회 청룡영화상 남우
　　　　주연상(최무룡)·각본상(한운
　　　　사), 제1회 대일영화상 작품상,
　　　　제1회 백마영화상 각본상, 제12회
　　　　아시아영화제 비극상, 제26회
　　　　베니스국제영화제, 제9회 샌프
　　　　란시스코영화제 출품

한국전쟁이 한창이던 때, 이 대위(최무룡)가 중대장으로 있는 남한 부대에 인민군 장일구 소좌(신영균)가 귀순해온다. 그가 귀순한 이유는 전쟁 전에 헤어진 애인 고은아(엄앵란)를 찾기 위해서다. 그러나 그가 내민 사진을 본 이 대위는 장 소좌가 찾는 애인이 바로 자기 아내임을 알고 경악한다. 이 대위는 정보참모(남궁원)에게 장 소좌를 넘기고 장 소좌는 인민군 배치에 대한 주요 정보를 제공한 대가로 꿈에도 그리던 고은아를 만난다. 이때 그녀가 이 대위의 아내라는 사실을 알게 된 그는 두 사람의 행복을 위해 그녀를 단념하기로 결심한다. 이 대위는 일선근무를 지원했다가 전사하고 장 소좌도 이 대위를 죽인 인민군을 저주하다가 벼랑에서 떨어져 죽는다.

● '맨발의 청춘'(1964)에 이은 김기덕의 전쟁영화. 원작은 한운사의 라디오 드라마를 영화화한 것으로 철원에 있는 군 시설의 협조를 받았다. 전쟁을 소재로 한 반공영화지만 전쟁이나 이데올로기적 갈등 이전에 전쟁으로 인해 기구하게 엇갈린 세 남녀의 사랑을 내세워 분단의 아픔을 묘사하고 있다.

대부분의 반공영화가 북한과 남한의 대립으로 그려지는 데 비해 이 영화는 북한군 장교와 국군 장교 사이에 싹튼 인간적인 면을 그린 것이 다르다. 엄앵란, 최무룡, 신영균의 뜨거운 연기 대결도 볼만하지만 세상에서 가장 강한 것은 사랑이라는 메시지를 통해 조석으로 변하는 현대의 애정관을 돌이켜보고 있다.

1965년 청룡영화상 남우주연상과 각본상, 그리고 같은 해 대종상 각본상을 수상한 완성도 높은 작품으로 극장에서도 흥행에 성공했다. 가수 곽순옥이 부른 주제가 "누가 이 사람을 모르시나요"가 크게 히트하고 이 노래는 20년 후인 1984년 리메이크된 '남과 북'(감독 김기)에서는 패티 김이 노래를 불렀다. 당시에는 전국적으로 '남북 이산가족 찾기 운동'이 한창이었고 TV를 통해 재회한 이산가족들의 사연으로 온 나라가 눈물바다를 이루던 때였다. 이산가족 찾기를 소재로 한 임권택의 '길소뜸'(1985)도 비슷한 시기에 제작되었고 여기서는 1965년작 '남과 북'에서 부른 곽순옥의 노래를 주제가로 쓰고 있다. 같은 해 김기덕은 또 하나의 액션영화 '용사는 살아 있다'를 연출, 이 영화는 전장에서 포로가 되어 괴뢰군 야전 병원에 수용된 연대장을 구출해내는 내용으로 박노식이 청룡영화상 남우주연상을 수상했다.

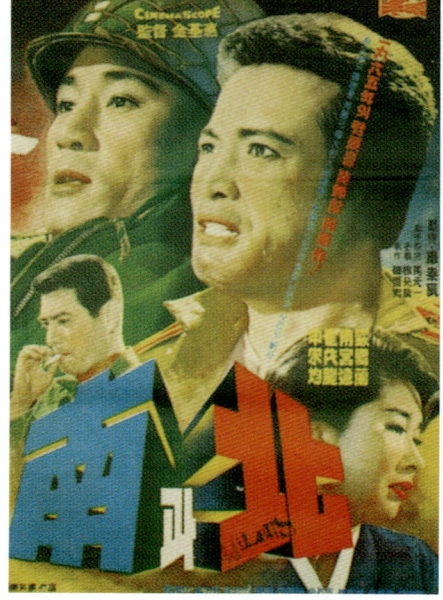

청일전쟁과 여걸 민비 淸日戰爭과 女傑 閔妃

The Sino-Japanese War and Queen Min the Heroine(1965)

고종을 대신해 섭정하던 대원군(김승호)은 조중구(김진규)와 정혼했던 민씨(최은희)를 중전으로 맞아들인다. 이미 후궁(이민자)이 있었던 고종(남궁원)은 민비에게 정을 주지 않고, 민비는 죽은 조중구를 그리워하며 외로워한다. 쇄국정책을 펼친 대원군이 경복궁 재건을 위해 국민들의 혈세를 모으고 재원이 모자란다며 종묘에 있는 은궤를 파내려들자 민비는 이 일을 계기로 섭정을 끝내도록 고종을 조종한다. 권력을 장악한 민비와 민승호 세력은 신식군대(別技軍)교육을 실시하고 신식무기를 제조하는 등 국력 강화에 힘쓴다. 또한 청국을 끌어들여 소위 개방주의를 표방하고 수호조약을 체결한다. 그러나 민비의 정책과 신식군대에 불만을 품은 구군영 소속 군인들이 난을 일으키는 임오군란이 일어난다.

이때 민비는 죽은 조중구의 동생 조승구(박노식)의 도움으로 생명을 구하고 피신한다. 청나라에 요청하여 대원군이 조선을 떠나도록 하고 다시 실권을 장악하지만, 동학 농민운동, 청일전쟁 등으로 조선의 국운은 점점 쇠해진다. 일본은 민비 시해를 계획하고 일본으로 유학을 갔던 조승구가 그녀를 구출하는 데 실패하면서 결국 민비는 일본 낭인들에게 처참하게 살해된다.

● 임원식 · 나봉한 공동연출의 컬러 대작. 원작 이서구. 제작 총지휘 신상옥. 나봉한은 나운규의 아들로 1960년 신필름에 입사, 신상옥의 '상록수', '연산군'(1961)과 '폭군연산'(1962)에서 조감독을 거친 후 이 작품을 임원식과 공동 연출하면서 감독 데뷔했다.

러닝타임 2시간 40분을 쟁쟁한 배우들이 대거 출연한다. 민비 역에는 신상옥 부인인 최은희, 민비의 양숙인 흥선대원군 역에는 김승호, 대원군의 아들이자 민비의 남편이며 조선의 왕인 고종 역에 남궁원, 가상의 인물로서 민비의 수호천사인 조승구 역에 박노식이 출연하고 있다. 일본군 역에는 황해와 허장강, 청나라 장군에 이예춘, 민비와 정혼했다가 고종에게 빼앗기고 흥선대원군에게 사약을 받는 비운의 조중구 역에 김진규 등이다. 민비 역의 최은희가 영화의 대부분을 주도하는 주인공으로서 대종상 여우주연상, 위급할 때마다 민비를 경호하고 구해주는 조승구 역의 박노식이 남우조연상을 받았다. 제목은 '청일전쟁과 여걸 민비'이지만, 주 내용은 흥선대원군과 민비의 불꽃 튀는 대결 구도를 선보인다.('파란 많은 민비의 궁정사/ '청일 전쟁과 여걸민비'' 동아 65. 1. 12)

(신필름) 160분 극영화/전기 사극

감독 : 임원식, 나봉한
제작 : 신상옥
각색 : 임희재, 김강윤(원작 이서구)
개봉 : 1965년 1월 1일 명보극장
(서울)
관람인원 : 10만 명
수출현황 : 대만(65)
출연 : 최은희, 김승호, 박노식, 남궁원, 전계현, 이민자, 한은진, 김진규, 황해, 이예춘, 허장강, 이상사, 최남현, 최성호, 주선태, 김칠성, 조항, 서월영, 전옥, 고선애, 나애심 외
특별 출연 : 김문수, 김연재
촬영 : 김종래
음악 : 정윤주
조명 : 이계창, 마용천
편집 : 오성환
미술 : 송백규
소품 : 양재환
의상 : 이영학
분장 : 이기홍
사운드 : 정기창, 황구현
제작총지휘 : 신상옥
수상 : 제4회 대종상영화제 여우주연상(최은희) · 남우조연상(박노식) · 녹음상(이경순) · 미술상(송백규, 김정항)

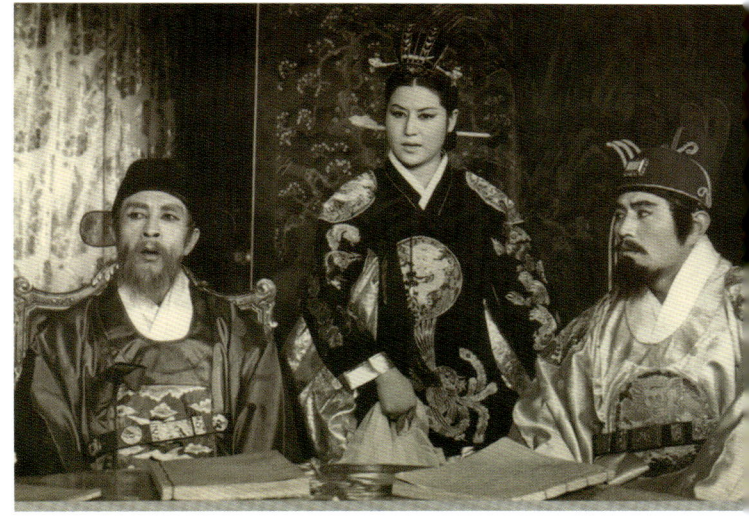

저 하늘에도 슬픔이 Sorrow Even Up in Heaven(1965)

(신필름) 극영화/가족드라마(실화)

감독 : 김수용
제작 : 신상옥
각색 : 신봉승(원작 이윤복)
개봉 : 1965년 5월 5일 국제극장
(서울)
관람인원 : 29만 명
출연 : 신영균, 김천만, 주증녀, 김용
연, 최난경, 황정순, 김신재, 조
미령, 장민호, 강계식, 박상익,
김정옥, 박경희, 정해조, 이지
연 외
기획 : 최현민, 장민호
촬영 : 전조명
음악 : 정윤주
조명 : 손영철
편집 : 유재원
음악 : 정윤주
미술 : 박석인
현상 : 국일
수상 : 제3회 청룡영화상 작품상(신필
름), 제5회 대종상영화제 특별
장려상(김용연), 제1회 백상예
술대상 (한국 연극영화예술상)
·특별상(이지연), 제1회 대일
영화상 감독상, 제9회 부일영
화상 특별상(김천만), 제26회
베니스국제영화제 출품

윤복(김천만)은 설날, 집세를 내지 못해 어린 세 동생들과 폐인이 된 아버지를 모시고 시외에 있는 움막집으로 이사한다. 새 옷을 입고 즐겨야 할 나이에 윤복은 여동생 순나(정해조)와 다방을 돌며 껌을 팔다가 희망원 직원에게 들켜 끌려가게 된다. 그날 밤 저녁을 굶고 있을 아버지와 어린 동생들을 걱정하며 철조망을 뚫고 도망쳐 나온다. 이러한 비참한 생활 속에서도 윤복은 아버지의 학대에 못 이겨 집을 나간 어머니(주증녀)를 그리워하며 일기를 써나간다. 그러던 어느 날 가난한 학생들에게 머리를 깎아주던 교사(신영균)가 윤복의 일기를 보고 일기를 정리해서 출판사에 넘기고 책이 출판되자 윤복의 일기는 날개 돋친 듯 팔려나간다. 아버지는 아들의 일기를 읽고 크게 뉘우치고 집을 나갔던 어머니도 돌아와서 아이들과 가정을 돌보게 된다.

● 당시 대구 명덕초등학교 5학년 이윤복 어린이가 쓴 수기를 바탕으로 생활전선에 뛰어든 소년가장의 고달픈 삶을 그리고 있다. 기획 최현민, 각본 신봉승, 연출 김수용이 트로이카를 형성하여 작업한 작품. 감독은 담담한 일상을 살아가는 남루한 가족을 좀더 사실적으로 묘사하기 위해 새 얼굴을 찾기로 하고 응모자 400여 명 중 네 명을 뽑아 맹훈련을 시켰다고 한다. 이들이 주인공 윤복(김천만)과 그의 세 동생(김용연, 이지연, 정해조)들이다.

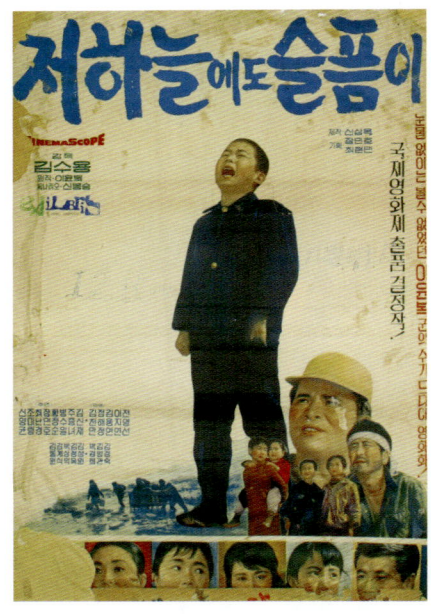

이 책은 장기 베스트셀러가 되었고 영화도 국제극장에서 개봉되어 흑백영화의 흥행 기록(29만 명)을 세우는 등 1965년도 관객동원 1위에 올랐다. 당시 서울 인구는 500만 명. 그러나 영화검열 과정에서 비참한 산동네를 부각시켰다는 이유로 영화가 보류되는 곤욕을 치러야 했다.(한국 64. 12. 27) 이후 무허가 판자촌을 원경에 담은 '어둠의 자식들' 등에서 비슷한 장면이 수난을 당하기도 했다. 당시 경화 프로덕션은 이윤복 어린이에게 원작료 10만 원과 시나리오료 15만 원 등 총 25만 원을 지불, 대구에서의 개봉 첫날 수입도 이윤복 어린이에게 보내졌다.

1970년 이상언의 '저 하늘에도 슬픔이(속)'이 제작되었으나 성공을 거두지 못하고 20년 만인 1984년 김수용이 이를 리메이크했으나 역시 흥행에 실패했다. 그 외 한명구의 '저 하늘에도 슬픔이'(2007, 인정시네마)가 있다.

아름다운 눈동자 The Beautiful Eyes(1965)

큰아들과 작은아들을 차별대우해서 생긴 에피소드를 바탕으로 한 홈드라마. 시골에서 상경한 말순(엄앵란)은 김치호(박암)의 집에 식모로 들어온다. 말순은 김치호의 부인(황정순)이 공부 잘하는 큰아들만 편애하는 바람에 소외감을 느끼고 있는 작은 아들 기철(김용연)을 감싸준다. 그리고 부인이 말썽꾸러기 아들이 창피해서 학교에 가기를 꺼려하자 기철의 학부모 노릇까지 대신 해준다. 기철은 말순을 엄마처럼 따른다. 그러나 말순은 기철 아버지가 다니는 회사의 사장 아들과 싸우던 기철의 편을 들다가 쫓겨나고 만다. 말순은 시골로 돌아가고 기철은 말순을 찾아 나선다. 기철 부모 역시 집 나간 아들을 찾으러 말순의 고향집에 갔다가 모두가 함께 집으로 돌아온다.

● 이형표의 가족드라마. 엄앵란이 영화 데뷔 11년 만에 직접 육성으로 녹음한 최초의 영화. 영화는 시골에서 올라온 순박하고 착한 식모와 초등학교 1학년생인 주인집 아들의 우정을 중심으로 펼쳐진다. 당시 영화평은 "건강한 여운을 남겨주는 수준작"(대한 65. 10. 21), "건강한 명랑 홈드라마"(조선 65. 10. 19)로 평하고 있다. 엄앵란의 열연과 치맛바람을 날리는 사모님인 황정순, 윤인자의 연기가 일품이다. 이 영화로 엄앵란은 제3회 청룡영화상 여우주연상과 대종상 여우주연상을 수상했다.

(대영영화) 100분 극영화/멜로 가족

감독 : 이형표
제작 : 윤병구
각본 : 강근식
각색 : 임희재, 신봉승
개봉 : 1965년 1월 1일 아카데미극장
　　　(서울)
출연 : 엄앵란, 박암, 황정순, 윤소정,
　　　주선태, 안인숙, 윤인자, 서영
　　　춘, 김용연, 주연 외
기획 : 박민
촬영 : 홍동혁
음악 : 엄토미
조명 : 박진수
편집 : 박희영
미술 : 박석인
사운드 : 한양
현상 : 성림
수상 : 제3회 청룡영화상 여우주연상
　　　(엄앵란) · 특별아역상(김용연),
　　　제5회 대종상영화제 여우주연
　　　상(엄앵란)

태조 이성계 太祖 李成桂, Lee Seong-gye King Taejo(1965)

고려 말, 이자춘의 둘째 아들인 이성계는 타고난 군사적 재능과 가문의 후광을 바탕으로 일찍이 벼슬길에 오른다. 무과에 급제한 그는 홍건적(紅巾賊)을 쳐부수고 북방에 침노하는 반란군, 여진족, 원나라, 왜구 등 수많은 외세의 침공을 막아내 능력을 인정받고 1388년 문하시중의 자리에 오른다. 그 후 삼군도 통사가 되어 대군을 이끌고 요동정벌을 하기 위해 북진하던 도중 위화도에서 회군을 결정하고 8도의 병권을 장악한다. 그리고 2년 만에 마지막 반대 세력인 정몽주를 제거하고 공양왕을 폐위시킨 다음 왕위에 오른다. 그는 국호를 '조선'이라 정하고 도읍을 한양으로 옮긴다.

● 홍콩과의 합작품인 '달기'(1964)로 세상을 떠들썩하게 했던 최인현의 사극 대작. 최인현의 '태조 이성계'는 이성계가 무과에 급제하고, 병권을 잡아 위화도회군을 결행하여 왕위에 오르는 역사의 흐름을 착실히 따라가고 있다. 최인현은 '태조 이성계'에 이어 '태조 왕건'(1970), '관세음보살', '세종대왕'(1978) 등의 대작 행진을 계속한다.

(합동영화) 100분 극영화/전기사극

감독 : 최인현
제작 : 곽정환
각본 : 최금동, 이정선, 나소윤, 유일
　　　수, 장천호(원작 조흔파)
개봉 : 1965년 6월 24일 국제극장
　　　(서울)
출연 : 신영균, 김지미, 박노식, 이경
　　　희, 이예춘, 김운하, 양훈, 도금
　　　봉, 박암, 김동원, 허장강 외
기획 : 강대창
촬영 : 유재형
음악 : 정윤주
조명 : 고해진
편집 : 김희수
미술 : 홍성칠
소품 : 우종삼, 홍성호
의상 : 이해윤, 김경숙
분장 : 송일근, 임동훈
사운드 : 이지혁, 심재훈
스틸 : 박희재
조감독 : 진천, 박춘배, 안일영, 이은
　　　　수, 윤영안

성난 영웅들 The Angry Heroes(1965)

(연합영화사) 극영화/액션

감독 : 정인엽(鄭仁燁)
제작 : 홍의선
각본 : 이중헌
개봉 : 1965년 8월 5일 국제극장
　　　(서울)
출연 : 신성일, 김혜정, 이대엽, 박암,
　　　최난경, 김정철, 박기택, 트위
　　　스트 김, 최남현, 한은진 외
기획 : 오석조
촬영 : 이병삼
음악 : 전정근
조명 : 오인환
편집 : 김희수
미술 : 홍성칠
사운드 : 이경순
현상 : 대영

한국에도 석유가 있다고 믿고 포항 근처의 황무지를 열심히 탐사해온
청년 유전광 민(신성일)은 그가 파헤친 흙에서 기름 냄새를 맡고 흥분한
다. 더구나 상공부 지질 감정소에 흙을 의뢰해 분석해본 결과 유전 확
률이 50퍼센트나 된다는 것이다. 이 사실에 힘을 얻은 민은 국회의원
의 아들 기원을 찾아가 사업 자금을 대달라고 부탁하지만 기원은 비웃
을 뿐이다. 그러자 민의 애인 현이가 기원을 찾아가 민과 헤어질 테니
민에게 사업자금을 대달라고 애원한다. 현을 좋아하는 기원은 그녀의
제안을 받아들여 자금을 대주고 민과 함께 포항으로 내려간다. 민은 기
원의 패거리들과 땅을 파지만 석유는 나올 기미를 보이지 않는다. 기원
패거리는 서울로 떠나고 민이 혼자 남아 석유를 파는데 땅주인인 박 사
장이와서 땅을 내놓으라고 요구한다. 민이 굴복하지 않자 박 사장은 사
람을 시켜 유전 탑을 부숴버린다. 그즈음 기원에게 버림받은 현이가 찾
아 오고 두 사람은 석유가 나올 때까지 땅을 파기로 약속한다.

● 정인엽 감독 데뷔작. 유전 개발에 파고드는 한 사나이의 끈질긴 집념을 그린 영화로 "피상적
인 젊은 풍속도"(동아 65. 8. 7)라는 평을 들었다.

얄개전 A Legend of Urchins(1965)

(제일영화) 극영화/하이틴

감독 : 정승문
제작 : 홍성칠
각본 : 임희재
개봉 : 1965년 8월 26일 아카데믹극
　　　장(서울)
관람인원 : 5만 명
출연 : 김승호, 주연, 안성기, 안인숙,
　　　정현철, 조미령, 이경희, 허장
　　　강, 최정훈, 한은진 외
기획 : 최훈
촬영 : 김인용
음악 : 파피
조명 : 이영수
편집 : 김희수
미술 : 홍성칠
현상 : 성림
수상 : 제3회 청룡영화상 신인감독상
　　　(정승문)

대학교수의 아들 나두수(안성기)는 장난꾸러기 낙제생으로 항상 문제를
일으킨다고 해서 얄개라는 별명을 얻었다. 집에서나 밖에서나 항상 일
을 저지르기 때문에 가족들은 두수만 보면 골치가 아프다. 예배시간에
'아리랑'을 부르고 백지동맹에 앞장서며 여학생(안인숙)의 뒤를 좇아다
니다 망신을 당하기도 한다. 그러나 두수가 저지르는 일이란 대개가 악
의 없이 시작한 장난이기 때문에 부모도 이해해주고 언제나 따뜻하게
선도해 나간다. 그것이 자극이 되어 두수는 열심히 공부하지만 장난과
말썽은 여전히 계속된다. 그 무렵 두수가 학교에 든 도둑을 잡자 그가
좋아하던 여학생은 비로소 얄개에게 호감을 갖는다.

● 정승문의 코믹물. 조흔파의 명랑 소년소설 『얄개전』은 한국전쟁의 전운이 채 가시지 않은
1954년 5월, 당시 유일한 학생 잡지였던 《학원(學園)》에 처음 선보인 후 학생들 사이에서 폭발
적인 인기를 끌었다. '얄개'는 『얄개전』의 주인공인 나두수의 별명이다. "말이나 하는 짓이 얄
망궂고 되바라진 태도가 있다"는 뜻으로 짓궂은 개구장이를 가리키는 말이다. 이 소설은 단행
본으로 출간된 후 당시 30만 부나 팔려나가는 등 베스트셀러가 되었다.(「수준급의 건강오락물」
조선 65. 8. 31) 이는 해학과 기지가 살아 있는 오리지널 얄개 영화로 이후에도 여러 감독이
'얄개' 시리즈를 꾸준히 만들었다.

춘몽 春夢, The Empty Dream(1965)

두 남녀가 치과에서 치료를 받기 위해 마취 주사를 맞고 누워 있다. 그런데 마취주사를 맞아 몽롱한 상태에서 남자(신성일)는 치과의사가 여자를 치료하는 장면을 우연히 훔쳐보게 된다. 남자가 보기에 치과의사(박암)는 새디즘적인 악인으로서 여자(박수정)를 육체적·정신적으로 학대하는 것처럼 보인다. 남자는 여자를 구출해 함께 도망치려 하지만 남자의 시도는 번번이 실패한다. 꿈에서 깨어난 남자는 병원 밖으로 나오자 아까의 그 여자와 악수를 하고 헤어진다.

(세기상사) 100분 흑백 시네마스코프
극영화/멜로 실험

감독 : 유현목
제작 : 우기동
각본 : 김한일
개봉 : 1965년 7월 3일 명보극장
　　　(서울)
출연 : 신성일, 박수정, 박암 외
기획 : 조규진
촬영 : 심재흥
음악 : 김용환
조명 : 강용신
편집 : 유현목
미술 : 정우택
현상 : 성림

● 유현목의 실험영화. 일본영화 '백일몽(白日夢)'이 원작이다. '백일몽'은 거의 포르노 같은 영화로 한국에서 상영이 불가능한 것을 형식을 대폭 바꾸어 몽환적인 형태로 만든 것이다. 즉 치과에서 치료를 받던 남녀가 꿈속에서 기묘한 사랑의 행각을 벌이는 모습을 환상적인 화면으로 표현하여 관객으로 하여금 비약적 상상을 할 수 있도록 유도한 성애 판타지. 꿈속의 공간들은 1930년대 독일에서 유행했던 표현주의 영향을 받아 당시의 영화 세트를 거의 그대로 재현했다고 한다.(대한 65. 7. 13)

　　예를 들어 사선으로 누운 삼각형의 건물들, 바닥에 그어진 사선과 격자, 수직과 수평선이 엇갈리는 화면, 거꾸로 걸린 우산과 인형, 기묘한 가구 세트 등을 그대로 따르고 있다. 또한 주인공 신성일이 치과에서 드릴로 이를 빼는 장면을 공사장에서 드릴로 작업하는 장면과 병치시키고 음악은 에로틱한 느낌을 주기 위해 색소폰으로 연주된다. 명보극장에서 개봉되던 당시 포스터에 보면 "완전 이색의 예술 명작", "방화사상 초유의 예술영화"라는 문구로 영화가 선전되고 유현목의 실험 정신은 높이 살만한 것으로 평가되었으나 여배우 박수정이 변태성욕자에게 쫓기는 장면에서 6초 동안 전라의 뒷모습을 보인 것이 문제가 되기도 했다.(「음란과 예술 사이(한국영화회고록)」, 《씨네21》, 01. 1. 9) 영화 내용이 보여주는 외설성이 아닌 촬영과정이 문제가 된 것이다. 검찰의 주장은 고유의 미풍양속을 존중하는 우리나라에서 일률적이 하나 걸치지 않은 여자를 20여 명의 촬영 기사들 앞에서 보인 것은 분명히 음화제조라고 했다. "서양문화의 침투로 성적 개방 풍조가 크게 높아졌다 해도 여자의 나신을 함부로 노출시키는 풍속은 사회 일반의 이익을 위해 통제되어야 한다"(「음란과 예술 사이」, 《씨네21》, 01. 1. 9, 동아 04. 2. 5)는 뜻에서 '춘몽'은 '음화'로서 유죄 판결을 받았다. 한국영상자료원 '한국영화 100선'에 선정됐다.

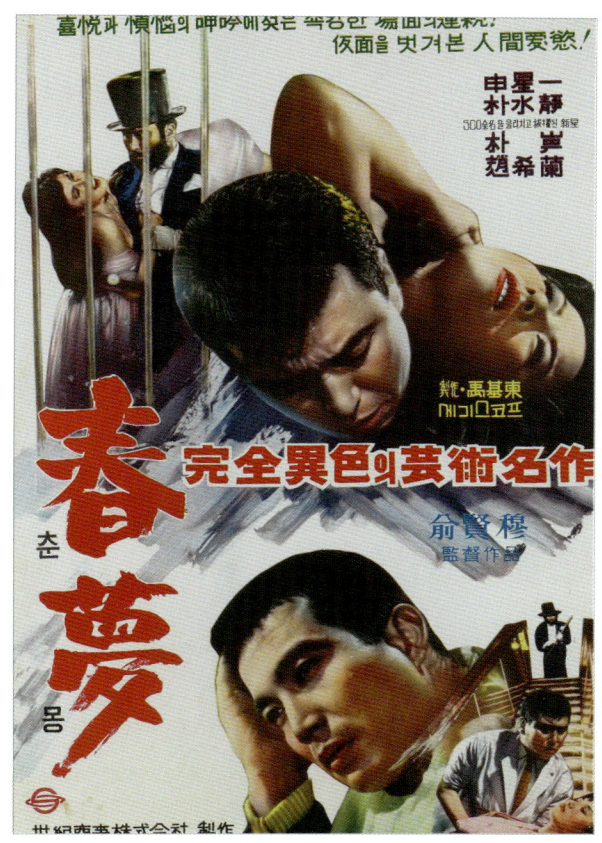

순교자 殉教者, The Martyrs(1965)

(합동영화) 131분 극영화/문예

감독 : 유현목
제작 : 곽정환
각색 : 이진섭, 김강윤(원작 김은국)
개봉 : 1965년 6월 17일 아카데미극장(서울)
출연 : 김진규, 남궁원, 장동휘, 박암, 윤일봉, 황정순, 김창근, 박수정, 김광영, 장훈, 최명수 외
기획 : 강유정, 유현목
촬영 : 심재흥   음악 : 한상기
조명 : 고해진   편집 : 이경자
미술 : 이봉선   소품 : 이종철
의상 : 이해윤
사운드 : 김병수, 최형래
조감독 : 김사겸, 이상수, 이재천
수상 : 제5회 대종상영화제 감독상(유현목) · 음악상(한상기) · 녹음상(김병수) · 미술상(이봉선), 제3회 청룡영화상 기술영화상(고해진), 제9회 부일영화상 남우조연상(남궁원) · 미술상(이봉선), 제2회 백상예술대상 촬영상(심재흥), 제1회 백마상 남우주연상(김진규) · 남우조연상(장동휘), 제26회 베니스국제영화제, 제9회 샌프란시스코영화제 출품

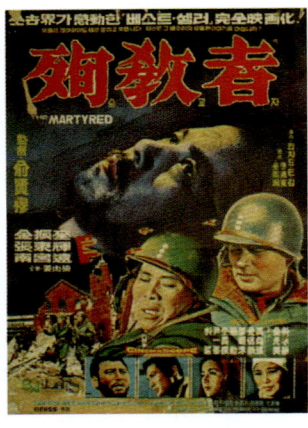

6·25 전쟁 당시 평양을 함락한 국군은 인민군에게 피살당한 열 명의 목사들을 위한 위령제를 준비한다. 구사일생으로 살아남은 신 목사(김진규)에게 피살 당시의 참상을 듣고자 하지만 신 목사는 함구한 채 입을 열지 않는다. 신도들은 그런 신 목사를 배신자인 유다로 몰아붙이고 규탄 시위를 벌이게 된다. 그때 국군에게 포로가 된 한 인민군이 "당시 사살당한 열 명의 목사들은 죽음 앞에서 목숨을 구걸했으나 신 목사는 신앙심을 꼿꼿하게 지킨 채 자존심을 굽히지 않아 죽일 수 없었다"고 증언해준다. 이 자백에 따라 오해가 풀리고 신 목사는 끝까지 평양에 남아 의지할 곳 없는 신도들을 돌본다.

● 유현목의 16번째 영화. 재미 작가 김은국(리처드. E. 김)의 장편소설을 원작으로 하고 있다. 한국전쟁 당시 평양에서 공산주의자들에게 체포되어 순교한 목사와 살아남은 목사에 대한 진상을 파헤치는 과정에서 신앙심을 버리고 목숨을 구걸했던 목사들은 순교자가 되고 자신은 배교자로 낙인찍혔던 한 목사의 신앙심을 그린 작품이다. 세트를 배경으로 배우들이 사변적인 대사들을 길게 늘어놓는 장면들이 연극적인 인상을 풍긴다.

흑맥 黑麥, Heukmaek(1965)

(아성영화사) 극영화/범죄 멜로

감독 : 이만희   제작 : 김태현
각본 : 김강윤(원작 이문희)
개봉 : 1965년 10월 23일 국제극장(서울)
수출현황 : 싱가포르, 미국(67)
출연 : 신성일, 문희, 유춘수, 김정철, 강민호, 쟈니 리, 서우림, 유하나 외
기획 : 김봉옥   촬영 : 서정민
음악 : 전정근   조명 : 김연
편집 : 김희수   미술 : 정우택
현상 : 대영
수상 : 제5회 대종상영화제 신인상(문희), 제3회 청룡영화상 촬영상(서정민) · 음악상(전정근) · 미술상(정우택) · 특별상(문희)

서울역 부근에서 깡패 짓을 일삼던 독수리(신성일)는 아름답고 순결한 소녀(문희)를 만나 사랑하게 된다. 소녀의 노력으로 독수리는 깡패 짓을 청산하고 새로운 삶을 시작하기로 한다. 그러나 독수리의 동료들은 자신들을 배신한 독수리에게 복수를 하게 되고 결국 독수리는 새로운 세계로 날아가지 못한 채 죽음을 맞는다.

● 문희의 스크린 데뷔작. 원작 이문희. 흑맥은 티 없이 맑은 소녀의 이미지가 필요했던 영화다. 기성 배우 중에는 그런 배우를 찾을 수가 없어 아성영화사가 배우를 공개모집하는 과정에서 배우 양택조가 문희를 데려왔다고 한다. 본명은 이순임, 가무잡잡하면서도 부리부리한 두 눈이 인상적이어서 이만희는 즉석에서 그녀를 발탁했다. 문희는 이후 '한국의 나탈리 우드'로 불리면서 70년대 초반까지 최고의 스타로 각광 받았다.(「주목할 신인들의 연기 '흑맥'」, 동아 65. 10. 9) 제작자는 김태현으로 되어 있으나 "명동의 주먹 보스이던 이화룡(李華龍)이 제작자"(한국영상자료원, 『한국영화를 말한다 - 한국영화의 르네상스 1』, 이채, 2005년, p.130)인 것으로 밝혀졌다. '흑맥'은 작품성은 높게 평가되었으나 흥행은 부진했다. 가수 이미자가 주제가 "미순의 노래"를 불렀다.

언제나 그날이면 When the Day Comes(1965)

평양 오케스트라 지휘자이자 바이올리니스트 일송(신영균)은 여대생 민혜(김혜정)와 전화통화로만 사귀던 사이다. 민혜는 북한 중앙당 조직부장의 딸이고 일송의 집안은 봉건 지주계급으로 신분이 너무 달랐기 때문에 그들은 남의 눈을 의식할 수밖에 없었다. 그러나 두 사람은 집안 간의 미묘한 앙금에는 상관없이 전화로 남몰래 사랑을 키워나갔다. 그러다가 일송의 연주회 날 연주회장에서 만나기로 약속하고 민혜는 설레는 마음으로 연주회장으로 향한다. 그러나 그날 6·25 전쟁이 터지는 바람에 연주회장이 폭격을 당하는 일이 생긴다. 일송을 만나지 못한 민혜는 그 길로 일송의 집으로 달려가 본다. 일송의 집은 벌써 피난을 갔는지 텅 비어 있었고 그 대신 대문 앞에 "크리스마스 날 서울 덕수궁 앞에서 흰 국화를 달고 만나자"는 메모가 남겨져 있었다. 그렇게 그들은 다시는 만날 기약 없이 영영 헤어지게 된다.

일송을 만나지 못한 채 피난길에 오른 민혜는 공습으로 가족을 다 잃고 한쪽 다리에 부상을 당하고 국군병원에 입원하게 된다. 그녀는 여기서 의무관 정대위(박암)를 만난다. 그 후 크리스마스가 되어 민혜는 약속장소로 나가보지만 여전히 일송은 보이지 않는다. 1·4 후퇴와 함께 부산으로 피난 온 민혜는 그동안 자신을 돌봐준 정대위와 결혼한다.

가수가 된 민혜는 육군장병 위문공연에서 군악대 지휘관이 일송임을 알게 된다. 하지만 이미 결혼한 그녀는 자신의 신분을 드러내지 못한다. 그러나 서울로 환도한 뒤 그 해 크리스마스에 민혜는 다시 한 번 덕수궁으로 가본다. 그리고 그곳에서 그녀를 기다리는 일송을 보게 된다. 민혜는 숨어서 일송이 덕수궁을 떠날 때까지 말없이 지켜본다.

● '육체의 고백' (1964)에 이은 조긍하의 로맨스 영화. HLKA (KBS의 전신) 동명 연속방송극을 영화화한 작품으로 영화는 한국전쟁 직전인 1949년 이른 봄, 평양에서부터 시작된다. 엇갈린 두 남녀의 애절한 사랑을 그린 이 영화는 전쟁이라는 거대한 사건이 남녀의 아름다운 사랑에 장애가 되고 두 사람의 운명을 갈라놓게 한다는 것에 초점을 맞추고 있다. 전쟁은 두 남녀의 사랑을 엇갈리게 만들었을 뿐 아니라 주인공 민혜와 그 남편 정대위는 의족을 달게 된 전쟁 장애인이 되었고 그로 인해 민혜는 주어진 운명처럼 정대위와 결혼하게 된 것이다.(전형적 멜로드라마 '언제나 그날이오면' 한국 65. 11. 2)

영화 속에서 두 사람은 만날 듯 말 듯하다가 결국 만나지 못하고 각자의 삶을 살게 되는 것으로 끝난다. 국방부가 후원하고 해병대 사령부가 지원했다. 주제가는 이종택 작사에 이봉조 작곡, 가수 현미가 노래를 불렀다.

(세기상사) 100분 극영화/멜로

감독 : 조긍하
제작 : 우기동
각본 : 조긍하(원작 정진건)
개봉 : 1965년 10월 28일 명보극장 (서울)
출연 : 김혜정, 신영균, 박암, 구봉서, 이빈화, 김아미, 김웅, 한은진, 김정옥, 김영옥 외
기획 : 김한, 조규환
촬영 : 김종한
음악 : 김용환
조명 : 최상동
편집 : 조긍하
미술 : 정우택
소품 : 김완규
사운드 : 손인호, 최형래
현상 : 성림
조감독 : 정희철

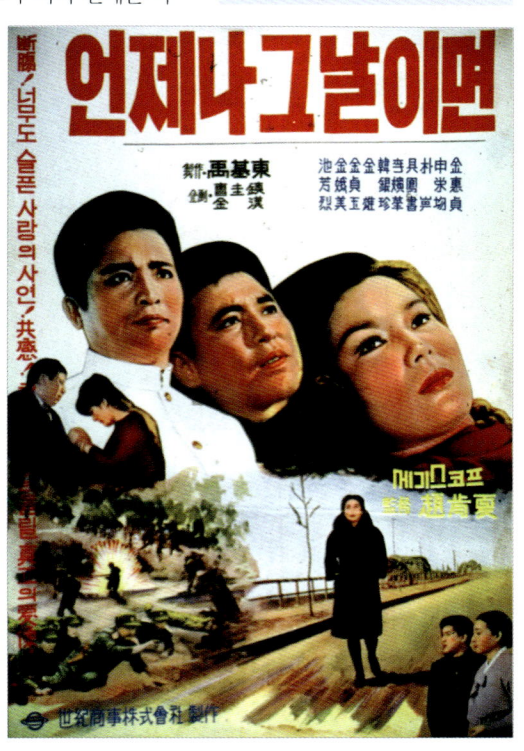

민며느리 The Girl Raised as a Future Daughter-in-law(1965)

(신필름) 113분 · 35mm · 극영화/멜로 가족

감독 : 최은희(崔銀姬)
제작 : 신상옥
각본 : 임희재(원작 이서구)
개봉 : 1965년 9월 10일 명보극장 (서울)
관람인원 : 5만 명
출연 : 최은희, 김희갑, 황정순, 박노식, 한은진, 서영춘, 장원배, 박옥초 외
촬영 : 김종래
음악 : 정윤주
조명 : 김대진
편집 : 오성환
미술 : 송백규
소품 : 양재환
의상 : 최인영
사운드 : 정기창, 박용기
조감독 : 이유섭
수상 : 제5회 대종상영화제 여우주연상(최은희)

과부(한은진)의 딸 점순(최은희)이 김 좌수(김희갑)네 집 민며느리로 들어온다. 그러나 시어머니(황정순)는 점순을 하녀처럼 부리며 모질게 학대한다. 나이 어린 신랑 복만은 철이 없어 말썽을 부리면서도 시어머니의 횡포에 맞서 점순을 보호해 주곤 한다. 점순이 시집에서 쫓겨나 늑막염으로 죽을 고비에 이르자 복만은 집에서 돈을 훔쳐다 점순의 약값을 대준다. 이를 알게 된 시어머니는 당장 돈을 갚으라고 호통치고 점순 모녀는 돈을 마련하기 위해 살던 집을 팔기로 한다. 점순 모녀가 짐을 싸던 날, 잘못을 뉘우친 시어머니는 며느리를 찾아와서 사과하고 함께 집으로 데려온다.

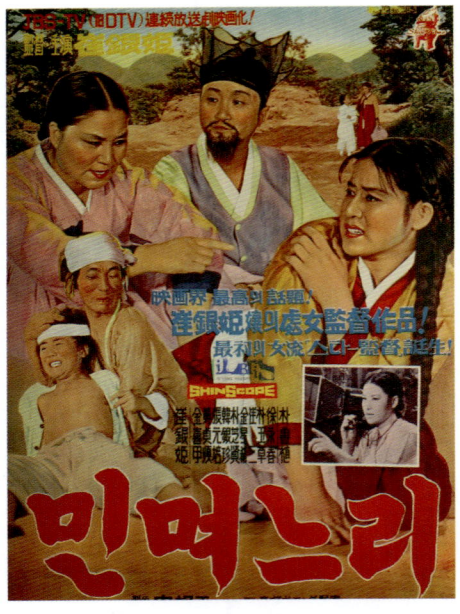

● 최은희 감독 데뷔작. 최은희는 극단 신협 등에서 연극배우로 활동하면서 1947년 신경균의 '새로운 맹서'를 통해 스크린 데뷔, 박기채의 '밤의 태양'(1948)과 윤용규의 '마음의 고향'(1949) 등에서 주연으로 출연하여 한국의 근대 여성사를 직접 체험했다.

1950년 신상옥과 만나면서 "한국을 대표하는 여성상"으로 자리잡은 그는 이 영화 연출로 박남옥, 홍은원을 잇는 세 번째 여성감독이 되었다.

영화 '민며느리'는 한 여성의 힘든 시집살이, 시어머니와 며느리, 딸과 친정어머니의 입장차이를 섬세하게 구별해 보인다.(대한 65. 9. 9) 며느리에 대한 시어머니의 구박은 고추당초보다 맵고 고부간의 갈등은 풀리지 않는 숙제이지만 어떤 어려움도 참고 이겨내야 한다는 봉건적 윤리관을 담고 있다. 그러나 의젓한 아내와 개구쟁이 신랑이 만들어가는 아기자기한 이야기 속에 김희갑과 서영춘의 코믹연기가 끼어 있어 영화를 지루하지 않게 이끈다. 최은희 대종상 여우주연상 작품. 관객 동원 5만 명 이상으로 흥행도 나쁘지 않았다.

비무장지대 比武裝地帶, The DMZ(1965)

한국전쟁의 휴전이 성립되기 전인 1953년 초여름, 전선을 따라 이리저리 헤매던 어린 두 남매가 비무장지대에 남게 된다. 비무장지대는 버려진 탱크와 시체, 지뢰와 불발탄 등이 즐비해 아이들이 머물기엔 너무나 위험한 곳이다. 머리에는 MP헬멧을 쓰고 인민군 복장에 권총과 훈장까지 찬 아이들은 문자 그대로 갈 데 없는 전쟁 기형아의 모습이다. 아이들은 시체더미를 뒤적이며 미군이 버리고 간 레이션 박스의 비상식품을 주워 먹고 한계선 남북방을 넘나들며 녹슨 야포와 탱크에 올라앉아 노래를 부르기도 한다. 그러다가 사내아이는 부상하는 남파 간첩에게 죽임을 당하고 계집애는 홀로 남아 남쪽으로 엄마를 찾으러 간다. 아이가 가야 할 길에는 무수한 지뢰가 깔려 있다.

● 박상호의 대표작 중 하나. 우리의 분단 현실을 전 세계에 알리기 위해 기획된 영화로 중동부 서부전선에서 한 고아가 넘어온 실화(『한국영화를 말한다-1950년대의 한국영화』, 2005년, pp.162~163)에 바탕을 두고 있다. 이 전쟁고아는 비무장 지대를 돌아다니다가 국군의 도움으로 엄마를 찾게 된다. 한국전쟁 전후 비무장지대에 남겨진 두 아이의 눈에 비친 전쟁의 참상을 고발한 영화에는 헐벗고 남루한 한 소녀상이 흑백영상 속에 애절하게 수놓아진다.(「민족의 비극 다룬 문제작」, 조선 65. 12. 10)
　휴전 12년 만에 비무장 지대에서 로케이션한 반(半)기록영화로 미8군과 군사정전위원회의 허락을 받아 촬영되었다. 이 영화는 필름이 유실된 것으로 알려져 있었으나 국가기록원에 필름이 있는 것이 발견되어 한국영상자료원이 이를 영화계에 소개했다. 한국영상자료원 '한국영화 100선' 선정.

(제일영화) 세미다큐멘터리/분단 반공
감독 : 박상호
제작 : 홍성칠
각본 : 변하영(원작 주동운)
개봉 : 1965년 12월 9일 아카데미극장(서울)
수출현황 : 홍콩, 인도, 미국(70)
출연 : 조미령, 남궁원, 주빈아, 이영관 외
기획 : 김용환
촬영 : 안윤혁
음악 : 김용환
조명 : 김용모
편집 : 유재원
미술 : 박석인
현상 : 국일
수상 : 제4회 청룡영화상 흑백촬영상(안윤혁)·특별상(아역 주빈아), 제13회 아시아영화제 비극 부문 최우수작품상

시장 市場, The Market Place(1965)

백치에 가까운 복녀(문정숙)는 시장 한복판에서 사과를 팔면서 집에서 빈둥거리는 남편 성칠(신영균)을 뒷바라지 하고 있다. 그러나 남편은 다른 여자와 눈이 맞아 복녀를 버린다. 그러자 복녀를 동정하고 아끼던 영구(허장강)가 이에 분개하여 성칠을 살해하고 경찰에 잡혀간다.

● '7인의 여포로', '흑맥' 과 함께 1965년에 연출한 이만희의 작품. 시장이라는 공간에서의 서민의 삶의 애착을 드러내는 내용. 시장과 술집을 배경으로 한 불우한 여인의 애욕 등 인간의 근원적 감정과 삶의 치열함을 묘사하고 있다. 영화평론가 김수남은 "이만희 리얼리즘의 새로운 출발을 '시장' 으로 본다"(김수남, 『한국 영화작가 연구』, 1998년, p.268)고 정의한 바 있고, 당시 신문평들은 "중량감 넘치는 수작"(조선 65. 12. 19)으로 평했다. 제4회 청룡영화상에서 이만희는 감독상 수상. 이 영화를 기획한 최현민은 '시장' 의 비평적 성공으로 기획의 우수성을 인정받아 1966년 최현민프로라는 독립프로덕션을 설립하게 된다.

(동양영화사) 극영화/드라마
감독 : 이만희　　제작 : 이종벽
각본 : 이두형
개봉 : 1965년 12월 16일 국제극장(서울)
출연 : 신영균, 문정숙, 김승호, 허장강 외
기획 : 최현민　　촬영 : 이병삼
음악 : 전정근　　조명 : 윤창화
편집 : 김희수　　미술 : 박석인
현상 : 성림
수상 : 제4회 청룡영화상 작품상(동양영화사)·감독상(이만희)·남우주연상(신영균)·여우주연상(문정숙)

갯마을 The Seashore Village(1965)

(대양영화) 100분 35mm 흑백 시네마
스코프 극영화/문예

감독 : 김수용
제작 : 김형근
각본 : 신봉승(원작 오영수)
개봉 : 1965년 11월 19일 명보극장
　　　(서울)
관람인원 : 10만 명
수출현황 : 미국(69)
출연 : 신영균, 고은아, 이민자, 황정
　　　순, 전계현, 이낙훈, 조용수, 김
　　　정옥, 김옥, 정득순, 문미봉, 추
　　　봉, 박철, 노강, 윤양일, 석운
　　　아, 윤식옥, 신상근, 이영식, 김
　　　귀화, 이군자 외
기획 : 호현찬
촬영 : 전조명
조명 : 손영철
편집 : 유재원
미술 : 박석인
소품 : 추교환
분장 : 김용학
음악 : 정윤주, 김소희
사운드 : 강신규, 최형래
조감독 : 조문진, 이원세, 윤병덕
수상 : 제5회 대종상영화제 작품상(대
　　　양영화) · 여우조연상(황정순) ·
　　　촬영상(전조명) · 편집상(유재
　　　원), 제3회 청룡영화상 감독상
　　　(김수용), 제2회 백상예술대상
　　　작품상 · 감독상(김수용) · 남녀
　　　주연상(문정숙, 신영균) · 기술
　　　상(심재홍) · 미술상(박석인), 제
　　　9회 부일영화상 작품상 · 감독
　　　상(김수용) · 여우조연상(황정
　　　순) · 촬영상(전조명) · 음악상
　　　(정윤주) · 신인상(고은아, 이낙
　　　훈), 제1회 백마상 작품상 · 감
　　　독상(김수용) · 여우조연상(황정
　　　순) · 촬영상(전조명) · 음악상
　　　(정윤주), 제13회 아시아 태평
　　　양영화제 흑백촬영상(전조명),
　　　제1회 스페인 카르타헤나 국제
　　　해양영화제 금상

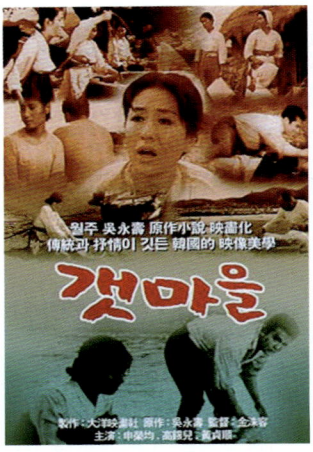

바닷가 작은 갯마을. 고기잡이 나간 배가 돌아오지 않는 일이 잦아지면서 언제부턴가 이 마을엔 유달리 과부들이 많아졌다. 시집온 지 석 달밖에 안 된 해순(고은아)도 만선의 꿈을 안고 고기잡이를 나갔던 남편이 풍랑을 만나 죽는 바람에 청상과부가 되었다. 해순은 그때부터 개펄에 나가 조개며 소라, 미역을 따서 시어머니(황정순)와 시동생(이낙훈)을 부양하며 남편 없는 나날을 쓸쓸하게 보내고 있다. 과부들은 모이기만 하면 사내 이야기뿐이다. 스물세 살의 해순은 얼굴이 반반해서 뭇 사내들의 관심을 끌고 있지만 그녀는 오로지 생업에만 매달린 채 남편이 돌아오기만을 기다리고 있다.

그날도 온종일 미역 바리를 하고 피곤에 지쳐서 잠이 들었는데 잠결에 압박감에 못 이겨 잠이 깬 해순은 한 사내의 옷자락을 힘껏 부여잡고 있는 자신을 발견한다. 그러나 그 사내는 남편이 아니라 그녀를 끈질기게 쫓아다니던 떠돌이 상수(신영균)였다. 상수와의 관계가 파다하게 소문이 나자 시어머니와 시동생은 해순을 마을에서 멀리 떠나보내기로 한다. 해순은 무거운 발걸음으로 상수를 따라 나선다.

그렇게 새 삶을 시작하게 된 해순은 상수와 함께 채석장과 산중을 떠돌며 살게 된다. 그러나 떠돌이 생활에 지친 해순은 해만 지면 바닷가 갯마을을 그리워하며 눈물짓곤 한다. 그러던 어느 날 상수가 심마니 친구를 따라 산으로 갔다가 심마니의 술책에 말려 산삼을 빼앗기자 그를 찔러 죽이고 상수도 낭떠러지에서 떨어져 죽는 일이 생긴다.

기구한 운명을 거쳐 또다시 혼자가 된 해순은 남편의 두 번째 제삿날, 그립던 갯마을로 시어머니를 찾아간다. 마을 아낙들과 시어머니는 그녀를 반갑게 맞아들이지만 실성한 해순은 바다가 보이는 언덕에 올라 수평선을 바라보며 돌아올 줄 모르는 남편을 하염없이 기다린다.

● 김수용의 33번째 작품. 1953년 《문예》지에 실렸던 오영수의 동명의 단편을 원작으로 한 영화. 신봉승이 시나리오에 많은 부분을 창작, 첨가하여 단편소설이 지닌 내용의 단조로움을 커버하고 있다. 제작자는 동아일보 기자출신으로 영화평론가인 호현찬이 맡았다. 호현찬은 유현목의 '아낌없이 주련다'(1962)를 제작하여 한국영화에 신선한 충격을 주었고 '갯마을' 외에도 김수용의 '날개부인'(1965), '사격장의 아이들'(1967), 이만희의 '만추'(1966)와 '창공에 산다'(1968) 등 일련의 작품성 있는 영화를 제작했다.

'갯마을'은 때 묻지 않은 자연 속에서 살아가는 여인네들의 삶을 서정적인 영상미로 그려내어 "한국 영화의 미적 수준을 높여주었다"는 평을 받았다. 또한 남자들이 바다로 사라진 뒤 여성들이 그들의 성적 욕망을 어떻게 풀어나가는가를 자연스럽게 보여주면서 여인들이 일을 마친 뒤 바닷가에 모여 앉아 서로의 무릎을 베거나 젊은 아낙의 다리를 어루만지며 창을 하는 장면 등은 동성애적인 코드로 해석되기도 했다.

'갯마을'의 밤 신은 주로 낮에 찍었으며 "마지막 바닷가로 나가는 시동생을 해순과 시어머니가 배웅하는 장면은 작품의 주제를 함축하는 명장면이며 바다와 산 등 자연을 담아내는 시선은 시와 그림을 담아낸 것같이 아름답다"는 소리를 들었다고 한다.(전조명 구술) 한편 김수용은 "인간도 자연의 일부에 지나지 않기에 변화하는 자연의 거대한 톱니바퀴에 이끌려가는 사람들의 운명을 그리고 싶었다"(김수용, 「나의 사랑 시네마」, 씨네21, 2005년, p.76)고 말한다. 촬영 장소는 부산 일광과 광릉에서 찍었다.

당시 메이저 제작사들 대부분이 희극과 멜로드라마를 습관적으로 제작하던 것에서 벗어나 영상의 이미지를 중심으로 하는 영화를 시도하여 성공했다는 점에서 이 영화는 문예영화의 진로에 중요한 영향을 끼치게 된다. 따라서 그 해 굵직한 상들을 모조리 휩쓸었다. 그때까지 감독상에서 외면당해온 김수용은 제5회 대종상영화제, 제3회 청룡영화상, 제2회 백상예술대상, 제9회 부일영화상, 제1회 백마상에서 작품상과 감독상, 제13회 아태영화제 흑백촬영상, 제1회 스페인 카르타헤나국제해양영화제 금상을 수상. 이후 수많은 문예영화에 손대면서 "그는 투철한 영상예술가이자 한국 문예영화의 거장"(김수남, 「한국영화작가 연구」, 예니, 1998년, p.284)으로 떠오르게 된다.

이 영화는 1997년 가을 도쿄 국제교류회관에서 열린 특별시사회에서 800여 명이 초청된 가운데 상영되었고 여인들의 인종적인 삶을 그린 연출력에 대해 관객은 아낌없는 박수를 보냈다고 한다. 지금도 이 영화는 감각적인 면, 기술, 연기, 연출, 구도 등 모든 내용에서 어디 내놔도 손색이 없다는 명작이라는 평가를 받아 한국영상자료원 '한국 영화 100선'에 선정되었다.

"조각배 오고가는 동해바닷가/ 가신님 그리움에 한숨을 짓는…"으로 시작되는 갯마을 주제가는 한산도 작사 백영호 작곡으로 이미자가 불렀다.

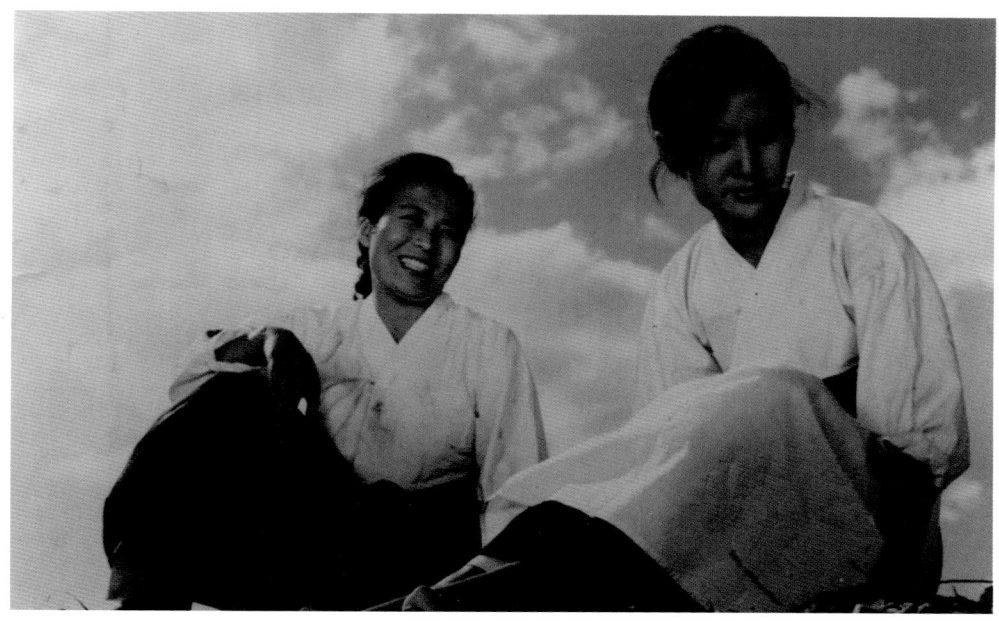

유정 有情, Affection(1966)

(연방영화) 극영화/문예 멜로

감독 : 김수용
제작 : 주동진
각색 : 김용진, 한유림(원작 이광수)
개봉 : 1966년 1월 1일, 국도극장
　　　(서울)
관람인원 : 33만 명(서울)
수출현황 : 동남아(66)
출연 : 김진규, 남정임, 김동원, 조미
　　　령, 주연 외
기획 : 양봉식
촬영 : 전조명
음악 : 정윤주
조명 : 손영철
편집 : 유재원
수상 : 제5회 대종상영화제 제작상(연
　　　방영화), 제4회 청룡영화상 특
　　　별상(남정임), 제13회 아시아영
　　　화제 신인여우 장려상(남정임)

최석(김진규)은 독립운동을 하다 감옥에서 죽은 친구의 유언으로 그의 딸 정임(남정임)을 맡아 키우고 있다. 아내(조미령)와 친딸(주연)이 정임을 구박할수록 최석은 정임을 더욱 동정하게 되고 이로 인해 가정불화까지 일어난다. 정임은 최석이 교장으로 있는 여학교를 수석 졸업한 후 일본에 유학하지만 폐병을 얻어 병원에 입원한다. 문병갔던 최석은 정임의 일기장을 보고 아버지와 딸, 또는 사제지간 이상의 아름다운 사랑에 눈뜬다. 그러나 가족의 오해와 학생들로부터 비웃음을 받고 교장 직에서 물러난 그는 유적 발굴을 핑계삼아 멀리 시베리아로 떠난다. 이루지 못할 사랑인 줄 알면서 정임을 사랑하게 된 죄로 눈 내리는 벌판을 헤매던 그는 마침내 큰 병을 얻어 몸져눕는다. 이 소식을 듣고 정임이 달려오지만 최석은 낯설고 추운 바이칼 호수 주변을 배회하다 동사하고 만다. 이후 그가 정임에게 띄운 편지를 통해 두 사람 사이는 결백했으며 그것은 지순한 인간적인 사랑이었음이 밝혀진다. 정임은 그곳에 머물러 최석이 남긴 영혼의 자취를 정신적으로 감싸 안는다.

● 김수용이 연출한 첫 컬러작품이자 남정임 스크린 데뷔작. 이광수의 소설 「유정」을 원작으로 하고 있다.
　시베리아 설경을 헤매는 주인공 최석(김진규)의 몸부림 장면은 일본 북해도 현지에서 촬영되었다. 그러나 한일국교 수립 이전이어서 통과 비자를 이용해 72시간 내에 촬영을 끝내고 출국해야 하는 등 우여곡절이 따랐다고 한다.

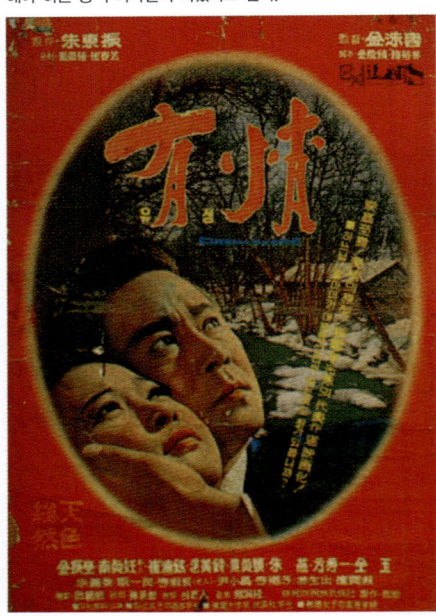

　평론가 김종원은 이에 대해 "인간적인 내부로 좀더 깊이 파고들지 못한 데 이광수의 모럴의 경계가 있고 김수용 감독의 고민이 있었을 것이다. 그러나 김수용은 봉건사상과 근대문명의 틈바구니에서 번민하는 한국적 부상(父像)을 형상화하는 데 조금도 주저하지 않았다"(김종원, 映畵藝術, 1966년)고 쓰고 있다.
　남정임은 '유정' 여주인공 선발 오디션에서 2300여 명 중 발탁된 신인으로 감독으로부터 극중 주인공 이름을 예명으로 받았다. 이 영화는 대성공을 거두었다. 서울 개봉관 입장만 33만 명, 당시 서울 인구는 370만 명이었다. 이 작품은 1976년 강대진이 남궁원, 한유정을 내세워 리메이크했고 1987년 김기가 세 번째로 연출했다.

물레방아 A Water Mill(1966)

이리저리 떠돌아다니던 방원(신영균)은 우연히 들른 한 마을에서 병든 남편을 수발하는 금분(고은아)을 만난다. 그녀에게 첫눈에 반한 방원은 이 마을에 정착하기로 하고 강 첨지(허장강)네 집 머슴으로 들어간다. 그 후 금분의 남편이 죽고 금분은 과부가 됐으나 강 첨지네서 진 빚, 벼 열 섬 대신 강 첨지에게 갈 수밖에 없는 처지가 된다. 금분의 딱한 사정을 알고 방원은 이웃 마을 신 첨지(최남현) 집에서 평생 머슴을 살기로 약속하고 벼 열 섬을 구해다 갚은 후 금분과 둘만의 결혼식을 올린다. 신 첨지네 집 머슴살이를 하면서 이번엔 신 첨지가 금분을 탐내어 방원을 먼 산속 독 짓는 작업장으로 보낸다. 방원이 없는 사이 신 첨지는 금분을 탐하고 방원은 둘 사이를 의심한다. 그날 밤, 방원은 금분에게 주려던 고무신을 숨겨둔 물레방앗간으로 갔다가 신 첨지와 함께 있는 금분을 발견하고 신첨지를 때려눕힌 후 금분에게 함께 떠나자고 하지만 겁에 질린 금분은 이를 거부한다. 격분한 방원은 금분을 목 졸라 죽인다.

● 1925년 나도향이 《조선문단》에 발표한 소설 「물레방아」에서 모티브를 따서 재구성한 작품. 백결의 시나리오 작가 데뷔작이기도 하다.
　이 영화는 처음부터 탈춤이며 씨름대회 등 토속적 분위기가 물씬 풍기는 동네 축제 장면으로 시작된다. 배경음악도 판소리와 국악기를 사용하고 있다. 원작에서는 금분의 부도덕성에 분노

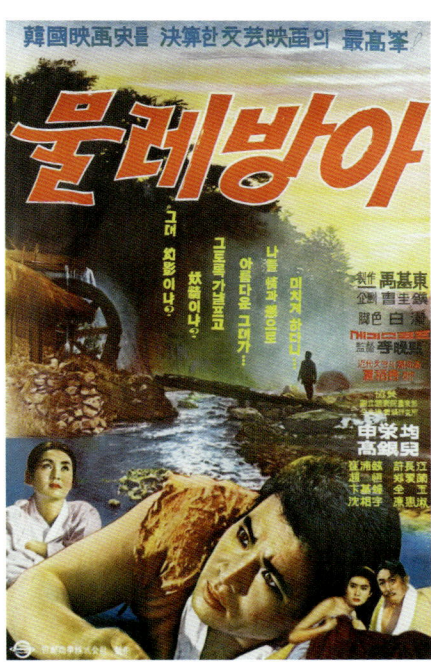

한 방원이 금분을 죽이고 자신도 자결한 데 비해 영화에서는 방원이 금분을 낫으로 찔러 죽이고 자신은 일경에게 잡혀가는 것으로 끝난다. 이른바 전근대적인 모순에 대한 비판과 욕망에 지배당하는 인물들의 자기 파괴적인 모습을 비판적으로 반영하고 있다. 특히 광릉수목원에서 촬영된 고은아의 숲속 목욕 장면은 자연광을 이용하는 등 당시로서는 파격적인 에로티시즘이 시도되기도 한다. 이에 대해 영화평론가 김영진은 "이만희 영화의 또 다른 경지", 정성일은 "이만희의 가장 아름다운 영화"로 평하고 허문영은 "한 국영화사상 가장 신비로운 영화라고 할 만큼 아름다우면서도 복잡한 구조로 구성되어 있다"(「격조 높은 문예영화」, 경향 66. 11. 12)고 쓴 바 있다. 국립국악원농악단, 김문숙 무용단 단원들이 특별 출연하고 있다.

(세기상사) 92분 극영화/문예

감독 : 이만희
제작 : 우기동
각색 : 백결(원작 나도향)
개봉 : 1966년 11월 10일 명보극장
　　　　(서울)
관람인원 : 4만 6798명
수출현황 : 일본, 미국(67)
출연 : 신영균, 고은아, 최남현, 허장강, 조항, 변기종, 정애란, 전옥, 송미남, 정철, 양일민, 김기범, 백송, 정인한, 박일, 이엽동, 지방열, 임해림, 심상우, 염혜숙, 이정애, 석귀녀 외
기획 : 조규진
촬영 : 서정민
음악 : 전정근
조명 : 강용신
편집 : 김희수
미술 : 정우택
소품 : 김성순
의상 : 이해윤
분장 : 정철
사운드 : 손인호, 최형래
조감독 : 김순식, 양택조, 김흥수, 박영식
수상 : 제28회 베니스국제영화제 출품

하숙생 下宿生, A Student Boarder(1966)

(세기상사) 104분 극영화/멜로

감독 : 정진우
제작 : 우기동
각색 : 신봉승(원작 김석야)
개봉 : 1966년 6월 30일 아카데미극
장(서울)
관람인원 : 73만 9420명
수출현황 : 미국(66)
출연 : 신성일, 김지미, 최남현, 전계
현, 김희갑, 전양자, 오현경, 김
정옥, 윤일봉 외
기획 : 조규진
촬영 : 유재형, 안상일
음악 : 김용환　　**조명** : 고해진
편집 : 김희수　　**미술** : 정우택
사운드 : 이경순, 최형래
조감독 : 이상구
수상 : 제27회 베니스국제영화제 출
품, 제16회 자카르타 아태영화
제 여우주연상(김지미) 수상

대학에서 만나 사랑하게 된 그(신성일)와 재숙(김지미). 재숙이 미스코리아에 출전하겠다고 하자 그는 "네가 발가벗고 대중 앞에 설 수 있으면 나가도 좋다"고 윽박지른다. 결국 재숙은 미스코리아에 출전해서 입상한다. 그리고 트로피를 들고 그의 화학 연구실로 찾아왔다가 불을 낸다.

그가 전신에 화상을 입고 병원에 입원해 있는 동안 재숙은 그를 배신하고 돈 많은 갑부(최남현)의 후처로 들어간다. 오랜 병고 끝에 성형수술을 하고 퇴원한 그는 재숙에게 복수하기 위해 바로 그 옆집에 하숙을 한다. 그리고 재숙과의 추억이 깃든 아코디언 연주로 자신의 존재를 재숙에게 전한다. 날마다 반복되는 아코디언 연주에 재숙은 서서히 미쳐가고 평온했던 가정은 파탄에 이른다. 재숙은 그에게 용서를 빌고 그는 옹졸했던 자신을 뉘우치며 하숙집을 떠난다. 배경음악으로 '하숙생' 노래가 깔린다.

● 정진우 연출작. 김석야 원작의 KBS 라디오 드라마를 영화화한 작품. '정신적인 살인', '멜로드라마적 복수'(「잔인한 사랑의 복수 '하숙생'」, 조선 66. 7. 5) 라는 모티브가 극중 등장인물인 하숙집의 소설가(오현경)가 쓰는 소설 내용과 겹치면서 정교한 플롯을 만들어낸다. 한때 미칠 듯이 사랑했던 여자에게 집요한 복수를 하고 나서 쓸쓸히 떠나가는 하숙생의 허탈한 모습이 시적인 여운을 남긴다.(동아 66. 7. 9) 최희준이 부른 주제가가 히트했다.

요화 배정자 妖花 裵貞子, Enchantress Bae Jeong-ja(1966)

(동남아영화사) 컬러 시네마스코프 극
영화/전기 시대극

감독 : 이규웅
제작 : 서종호
각본 : 임희재(원작 김기팔)
개봉 : 1966년 1월 1일 국도극장
(서울)
관람인원 : 14만 명
출연 : 김지미, 김진규, 최남현, 김승호
외
기획 : 김태수
촬영 : 양영길
음악 : 전정근
조명 : 오인환
편집 : 장현수
미술 : 이문현
사운드 : 이재웅
스틸 : 양기주

풍운이 감돌던 구한말. 일·청·러 삼대 세력의 틈바구니에서 국운은 풍전등화처럼 흔들리고 있었다. 그즈음 사교계에 혜성같이 등장한 이토 히로부미의 양녀 배정자는 한국인이면서도 한국을 일본에 팔아넘기는 한일합병 조약 체결에 적극적으로 나선다. 그리고 그녀는 의병대장 박범진과 사랑하는 사이가 된다. 그러나 민족적인 양심을 되찾은 그녀는 박범진을 사지에서 구출해 낸 뒤 비극적인 일생을 마친다.

● 사극전문 감독인 이규웅 연출작. 배정자(裵貞子, 1870년~1952년)는 일제 강점기에 밀정으로 활동한 친일인물이다. 경남 김해 출생으로 아명은 분남(粉男). 일명 마타하리로 불리는 그는 구한말 일제의 을사조약 강제체결에 협조했고, 한일병합 후에는 만주로 건너가 조선인 항일세력 탄압에 앞장서기도 했다. 해방 후 반민법 위반으로 반민특위에 잡혀온 여성 피의자는 총 여섯 명. 그중 첫 번째로 잡혀온 사람이 배정자다. 극중 이토 히로부미(伊藤博文, 1841~1909)의 양녀로 나오는 배정자(김지미)는 당시 샐러리맨 월급의 100배에 달하는 금액인 80만 원 상당의 기모노를 입어 화제가 되기도 했다.(「적역 얻은 김지미양」, 경향 66. 8. 22)

역대 배정자 역으로는 이규웅의 배정자(1966)에서 김지미를 비롯, 정진우의 '마지막 황태자 영친왕' (1970)에서 방성자, 이규웅의 '경복궁의 여인들' (1971)에서 문희, 정인엽의 '요화 배정자 (속)' (1973)에서 윤정희, TV 드라마 '독립문' (1983)에서 정윤희가 등이다.

군번 없는 용사 A Hero without Serial Number(1966)

영호(신영균)와 영훈(신성일)은 형제다. 그러나 한국전쟁에서 형 영호는 마식령산맥 일대에서 유격대 대장으로 활동하고 동생 영훈은 인민군 보위부 소좌로 있다. 그 아버지(최남현)는 영호의 활동을 지원해주고 있다. 그러던 어느 날 동생 영훈이 훈장까지 달고 고향으로 돌아온다. 가족들은 그의 귀향을 반가워하면서도 그들의 활동에 걸림돌이 될 것을 우려한다. 걱정했던 대로 보위부 마 부장(허장강)은 영호와 그 아버지를 반동분자로 몰아붙이고 아들인 영훈에게 아버지를 처단할 것을 명령한다. 결국 영훈은 아버지를 죽이고 형이 지휘하는 유격대로 자수하러 갔다가 유격대와 인민군 전투에서 형이 쏜 총탄에 맞아 쓰러진다. 그는 형의 품에 안겨 숨지면서 북한의 보급창 기밀을 알려 준다. 그리고 아버지를 죽인 자식은 자식일 수 없다면서 자신을 용서하지 말라고 유언한다. 영호와 어머니(황정순), 동생 영옥(전영선)은 그의 죽음을 말없이 지켜본다.

(합동영화) 121분 극영화/액션 반공

감독: 이만희
제작: 곽정환
각본: 한우정
개봉: 1969년 1월 1일 국제극장 (서울)
수출현황: 일본(67)
출연: 신성일, 신영균, 문정숙, 허장강, 최남현, 황정순, 전영선, 추석양 외
기획: 신민수
촬영: 이병삼
음악: 전정근
조명: 윤창화
편집: 김희수
미술: 정우택
현상: 성림
수상: 제5회 대종상영화제 반공영화 각본상(한우정), 제4회 청룡영화상 남우조연상(허장강)·각본상(한우정), 제13회 아시아영화제 자유상 부문 특별상

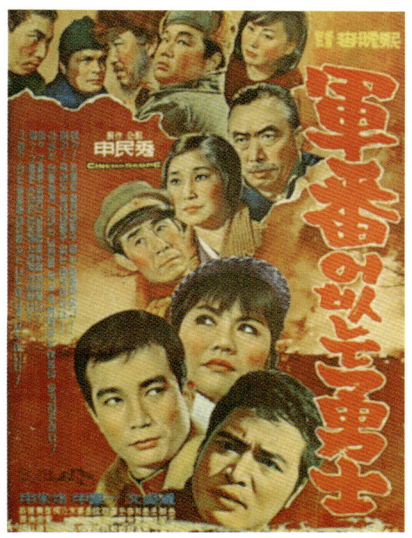

● '7인의 여포로'에 대한 보상으로 만든 이만희의 반공액션물. 민주주의를 신봉하는 게릴라 부대 대장인 형과 북한군 장교인 동생 사이에 낀 아버지가 작은 아들에게 반동분자로 몰려 처형되는 가족 붕괴의 절대 비극을 그리고 있다. 여기서도 북한군 장교로 나온 신성일이 너무 잘 생겼다는 것이 문제가 되었으나 영화 속에서 그가 자신의 친아버지를 반동이라고 처단하는 천인공노할 모습을 보였다(「차원 높은 반공영화 '군번 없는 용사'」, 중앙 66. 3. 29)고 해서 심의에서 통과되었다. 니콜라이 고골리의 '타라스 불바(Taras Bulba)'에서 모티브를 딴 한우정의 시나리오. 미국 영화 '타라스 불바'(1962, 한국명: 대장 불바)에서는 아버지가 아들을 죽이는데 비해 '군번 없는 용사'에서는 아들이 아버지를 죽인다.

북한군 소좌인 아들(신성일)은 사형집행 전 다시 한 번 아버지의 형틀로 걸어가서 형(신영균)의 소재를 묻는다. "아버지는 저로 하여금 제 부친을 살해하는 아들을 만드시렵니까? 저는 아들이 아닙니까?" 그러자 아버지는 "나는 네 번민을 잘 알고 있다. 하지만 아들을 죽이는 아비가 될 수는 없지 않겠느냐?"고 대답한다.(변인식, 「감상없는 혈맥의 증언」, 《영화예술》, 1996년 5월호, p.83) 그리고 아들이 아버지를 진짜 쏴죽이자 뒤늦게 나타난 형이 동생을 쏜다. 충무로에서는 배우들이 이 작품을 두고 "최고의 작품이 나왔다"고 하면서도 "다루기 어려운 작품"(「신영화」, 서울 66. 3. 26,「이색적인 반공영화 '군번 없는 용사'」, 신아 66. 3. 26)이라는 등의 논란이 있었다.

초우 草雨, Early Rain(1966)

(극동흥업) 100분 극영화/멜로 청춘

감독 : 정진우
제작 : 차태진
각본 : 나한봉(원작 정진우, 송장배)
개봉 : 1966년 1월 1일 아카데미극장
      (서울)
관람인원 : 5만 명
출연 : 신성일, 문희, 트위스트 김, 전
      계현, 김정옥, 양훈, 김칠성, 이
      해룡, 천선녀, 추봉, 한유정, 염
      혜숙, 유란, 전영숙 외
기획 : 조면호
촬영 : 유재형
음악 : 박춘석
조명 : 박진수
편집 : 김희수
미술 : 노인택
소품 : 윤명호
사운드 : 이경순, 최형래
조감독 : 장석일
수상 : 제3회 백상예술대상 신인상(문
      희), 제10회 샌프란시스코 영화
      제 출품

영희(문희)는 프랑스 대사 집에서 식모로 일하고 있다. 어느 비오는 날, 주인에게 얻은 레인코트를 입고 외출했다가 우연히 만난 자동차 수리 공 철수(신성일)로부터 프랑스 대사의 딸로 오해를 받는다. 영희가 프랑스 대사의 딸인 줄 아는 된 철수는 자신도 그에 걸맞게 부잣집 아들처럼 행세한다. 부잣집 아들 행세를 하기 위해 그는 남이 맡겨논 고급세단을 끌고 나오는가 하면 여기저기서 돈을 융통해 영희와의 데이트를 계속한다. 변변한 옷이라고는 레인코트밖에 없는 영희는 주로 비오는 날에만 철수를 만나고 있다. 그러는 동안 두 사람의 사랑은 깊어가고 철수는 영희에게 프러포즈를 하기에 이른다. 이제는 더 이상 숨길 필요가 없어진 철수는 영희에게 자신의 신분을 알리고 영희도 철수에게 자신은 식모임을 밝힌다. 그러자 실망한 철수는 그녀의 뺨을 세차게 때린 후 미련 없이 돌아선다. 영희는 거짓으로 점철된 첫사랑의 상처를 안고 다시 일상생활로 돌아온다.

● 영화 '외아들'(1963)로 감독 데뷔한 정진우가 감독으로서의 입지를 굳힌 작품. 당대 최고의 스타였던 신성일과 떠오르는 신예 문희를 내세워 신분상승을 꾀하는 남주인공과 대사의 딸을 사칭한 여주인공의 위선, 배신과 좌절을 그리고 있다. 여주인공의 고급 레인코트, 남주인공의

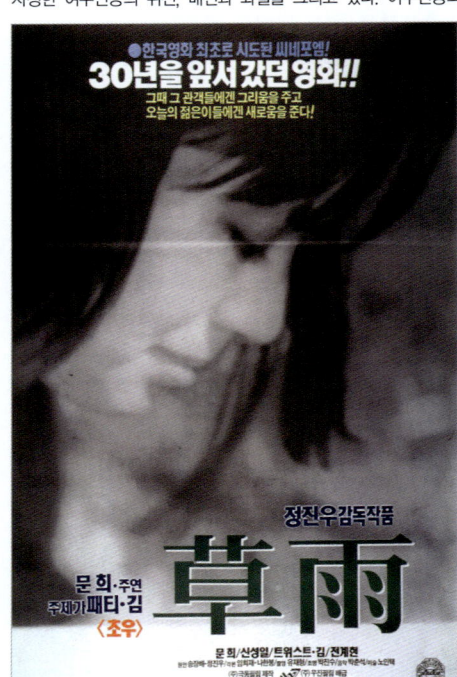

외제차, 프랑스 대사의 공관 저택과 정원은 그들의 꿈꾸며 그래서 부잣집 아들과 프랑스 대사의 딸은 그들의 영원한 선망의 대상이다. 그러나 "남자에게 버림받고 레인코트를 입은 채 햇빛속으로 걸어나오는 장면묘사는 서구의 모더니즘을 떠올린다"(조선 66. 6. 12)는 평에는 묘한 애조가 깃든다.

문희는 이 영화로 연기력을 인정받았다. 1960년대 청춘영화의 걸작으로 평가받는 이 영화는 샌프란시스코국제영화제에 출품되었고 흥행에서도 크게 성공했다. 가수 패티김이 부른 주제가도 많은 사람들의 사랑을 받았다. 한국영상자료원 '한국 영화 100선' 선정.

광야의 결사대 Fighters on a Wide Plain(1966)

만주 벌판에 밤이 깃들자 형제는 한 외딴집에서 하룻밤을 묵기로 한다. 그들은 그동안 북간도에서 광복군으로 활약하다가 조국광복과 함께 고향으로 돌아가는 길이다. 그러나 형이 동상에 걸린 동생을 위해 신발을 사러 마을로 간 사이 정체불명의 괴한들이 나타나 동생을 죽인다. 총소리를 듣고 달려온 형은 죽은 동생을 보고 오열하며 동생을 죽인 원수들이 중국 공산당 팔로군임을 알아낸다. 그는 동생의 복수를 위해 국부군에 가담한 후 마침내 동생을 죽인 팔로군 부대를 섬멸한다. 그리고 동생의 무덤 앞에 꽃다발을 바친 후 혼자서 귀국길에 오른다.

● 한국 액션영화의 대부로 알려진 정창화 연출작. 정창화는 1930~1940년대 한국영화의 거목이던 최인규의 제자이며 현재 한국영화를 대표하는 임권택, 정진우는 모두 그의 조감독 출신이다.
정창화는 한국영화계에 액션 장르를 개척하고 성숙시킨 인물로 그가 만든 51편 중 30편이 액션영화다. 또한 액션이라는 장르를 통해 영화의 상업적인 면을 부각시키면서 사극과 멜로드라마, 그리고 1960년대 인기 장르였던 청춘영화에도 액션을 접목시킨 새로운 스타일을 시도하기도 했다.

(세기상사) 82분 35mm 극영화/액션
감독 : 정창화
제작 : 우기동
각본 : 편거영(원작 편거영)
개봉 : 1966년 8월 8일 아세아극장 (서울)
관람인원 : 1만 9379명
출연 : 신영균, 김혜정, 박노식, 최성호, 양일민, 백송, 장혁, 구봉서, 최준, 최남현, 이충범, 주선태, 이예성, 지방열 외
기획 : 조규진
촬영 : 배성학
음악 : 김용환
조명 : 강용신
편집 : 김희수
미술 : 정우택
현상 : 대영

초연 初戀, Love In The Rain(1966)

진우(신성일)는 동생의 가정교사인 그녀(남정임)를 사랑하고 있다. 결혼을 결심하지만 진우의 부모(정민, 유계선)는 이를 완강하게 반대한다. 그러자 그녀는 진우에게 아버지의 사업을 이어받기 위해서는 공부를 해야 한다면서 미국 유학을 서두르라고 한다. 그녀를 놓치고 싶지 않은 진우는 택시기사(김순철)를 주례 삼아 둘만의 결혼식을 올린다. 그런데 그녀는 진우가 유학 가 있는 동안 진우의 친구인 성훈(이순재)과 사랑에 빠진다. 이 소문을 듣고 진우가 귀국하지만 그녀는 누구를 선택할지 몰라 망설일 뿐이다. 두 남자는 하는 수 없이 목숨을 건 한판 승부를 벌인다. 진우와 성훈은 결투의 후유증으로 병원에 입원한다. 그때도 그녀는 그들이 입원한 병실 사이를 방황한다. 누구를 선택할지 갈팡질팡하다가 결국 두 남자를 모두 잃게 된다.

● 정진우의 '초우'에 이은 멜로드라마. 손소희의 소설을 영화화 한 것이다. 이순재의 스크린 데뷔작. 이순재는 대학시절인 1956년 연극 「지평선 넘어」로 배우가 되었고 '초연'에 출연하면서 영화배우의 길을 걷게 되었다. 이순재와 함께 연극배우로 활동했던 김순철이 진우와 가정교사의 결혼식에서 주례를 서는 택시기사로 출연하고 가수 리마 김이 박춘석 작곡의 주제가를 부른다. 이 영화는 "청춘의 열병 뿜는 올해의 수작"(조선 66. 12. 1), "인간본능 추구한 감각적인 애정표현으로 신선한 영상의 가능성을 보여주었다"(동아 66. 12. 15)는 평을 들었다.

(대양영화사) 100분 극영화/멜로 청춘물
감독 : 정진우
제작 : 김형근
각색 : 나한봉(원작 손소희)
개봉 : 1966년 12월 8일 아카데미극장(서울)
관람인원 : 11만 3024명
출연 : 신성일, 남정임, 이순재, 정민, 김순철, 유계선, 한유정, 박지현, 추봉, 최성 외
기획 : 정진우
촬영 : 최호진
음악 : 박춘석
조명 : 고해진
편집 : 김희수
미술 : 노인택
사운드 : 이경순, 최형래
조감독 : 이상구

만추 晩秋, Full Autumn(1966)

(대양영화사) 극영화/멜로

감독 : 이만희
제작 : 호현찬
각본 : 김지헌
개봉 : 1966년 12월 11일 명보극장
(서울)
관람인원 : 10만 명(서울)
수출현황 : 스페인(67)
출연 : 신성일, 문정숙, 김정철 외
기획 : 호현찬
촬영 : 서정민
음악 : 전정근
조명 : 윤창화
편집 : 현동춘
미술 : 정우택
현상 : 국일
수상 : 제5회 청룡영화상 촬영상(서정
민), 제3회 백상예술대상 작품
상(대양영화사) · 감독상(이만
희) · 연기상(문정숙, 김진규) ·
시나리오상(김지헌) · 기술상(촬
영 : 서정민, 조명 : 박진수) · 신
인상(문희, 남정임), 제10회 부
일영화상 작품상 · 여우주연상
(문정숙) · 음악상(전정근), 제2
회 백마상 감독상 · 여우주연상
(문정숙), 제10회 부일영화상
작품상 · 여우주연상(문정숙)

남편을 살해한 죄로 10년형을 언도받은 혜림(문정숙)은 사흘간의 휴가를 받아 교도관과 함께 어머니 산소를 찾는다. 그날 포항 가는 기차 안에서 그녀는 누군가에게 쫓기는 듯한 한 청년(신성일)을 만난다. 교도관은 중간에서 돌아가고 혼자 남은 혜림에게 청년이 다가오지만 혜림은 냉정하게 대한다. 그러나 혜림의 슬픈 표정이 못내 마음에 걸린 청년은 포항까지 따라온다. 어머니 산소 앞에서 흐느껴 우는 혜림을 위로하는 동안 그들은 누가 먼저랄 것도 없이 상대방에게 사랑을 느낀다. 청년은 혜림에게 어디론가 도망치자고 말하지만, 혜림은 이를 거절한 채 교도관을 기다린다. 그리고 자신은 살인죄로 복역 중인 죄수라고 말한다.

혜림과 청년, 교도관은 다시 기차에 오르고 잠시 기차가 멈춰선 사이 혜림과 청년은 격정적인 정사를 나누며 서로의 사랑을 확인한다. 안타까운 이별의 순간이 다가오자 그들은 1년 후 창경원에서 다시 만나기로 약속한다. 그러나 청년은 경찰의 수배를 받고 있던 위조지폐범으로 그 사이 체포되어 감옥으로 끌려가고 혜림은 모범수로 가석방된다. 약속한 날, 혜림은 창경원 벤치에 앉아 청년이 오기를 기다린다. 혜림의 발밑엔 낙엽만이 쌓여간다.(영화도서관 청춘극장, 씨네서울, KMDb 자료참고)

● 이만희의 23번째 연출작. 호현찬 프로덕션이 제작한 이 영화는 한 여죄수와 떠돌이 위조지폐범 간의 3일간의 덧없는 사랑을 그리고 있다. 김지헌의 오리지널 시나리오. 이 시나리오는 영화대본으로서가 아니라 "문학성을 지닌 문학작품"이라는 평가를 받았다.(연예화제「쫓기는 애정의 대화/ 새로운 기획의 '만추'」, 한국 66. 11. 29) 작품의 모티브를 제공한 사람은 연출자인 이만희다. 그는 '7인의 여포로'(1965)로 옥고를 치르는 과정에서 휴가차 나왔다가 작가 김지헌을 만나 "여자가 죄를 짓고 형무소에 갔다가 나오면 제일 먼저 어디를 갈까? 형무소에서 오래 있던 여자가 세상에 나오면 무엇이 가장 하고 싶을까?"라고 질문했다고 한다. 이렇게 시작된 화두를 쫓아 김지헌은 3개월 만에 시나리오를 완성했고 이만희가 전체 분위기를 다시 한 번 바로 잡았다.(촬영 서정민 증언) 그리고 그해 크리스마스를 겨냥해서 영화촬영에 들어갔다. 촬영 장소는 동물원과 식물원이 있는 창경원을 비롯해 서대문형무소를 세트로 세워 20일 만에 촬영을 끝냈다.

서정민의 카메라는 흑백의 절묘한 톤으로 두 사람의 심리와 성격의 미묘함에 초점을 맞추었다. 특히 라스트신에서 동물원 우리에 갇힌 낙타의 목마른 표정, 벤치 아래 우수수 지는 낙엽 등 고도로 짜인 영상은 객석을 무거운 침묵으로 몰아넣었다(한국영상자료원 엮음, 「한국영화를 말한다 – 한국영화의 르네상스 1」, 이채, 2004년, pp.135~136)고 한다.

문정숙의 노래 "겨울이 가고 따뜻한 해가 웃으며 떠오르면…" 주제가와 바바리코트 깃을 올리고 벤치에 앉아 누군가를 기다리는 우수에 찬 주인공의 모습은 몹시 인상적이다.

수려하고 짜임새 있는 영상미학 속에 담겨진 남녀의 애틋한 사랑은 개봉 당시 관객들을 감동시켰고(「시적 감흥 북돋는 영상/ '만추'」, 경향 66. 12. 3) 이만희 자신도 "작가의 리얼리즘의 성숙은 '흑맥'으로 시작되어 '시장'을 거쳐 '만추'에 이르러 확고한 한국영화의 리얼리즘의 획을 긋는다"(김수남, 「한국영화작가연구」, 예니, 1998년, p.263)고 자평한 바 있다.

이 영화는 제5회 청룡영화상 촬영상, 백상예술대상 작품상 · 감독상 · 남녀연기상 · 시나리오상을 받았으며 지금까지도 '추억의 명화 중 대표작의 하나'로 기록되고 있다. 1975년 김기영이 '육체의 약속'으로 리메이크했고 1981년 김수용이 다시 영화로 만들었다. 또한 일본의 신인감독인 사이토 고이치가 '약속'이란 제목으로 번안하여 일본영화 베스트 5위에 오르기도 했다.

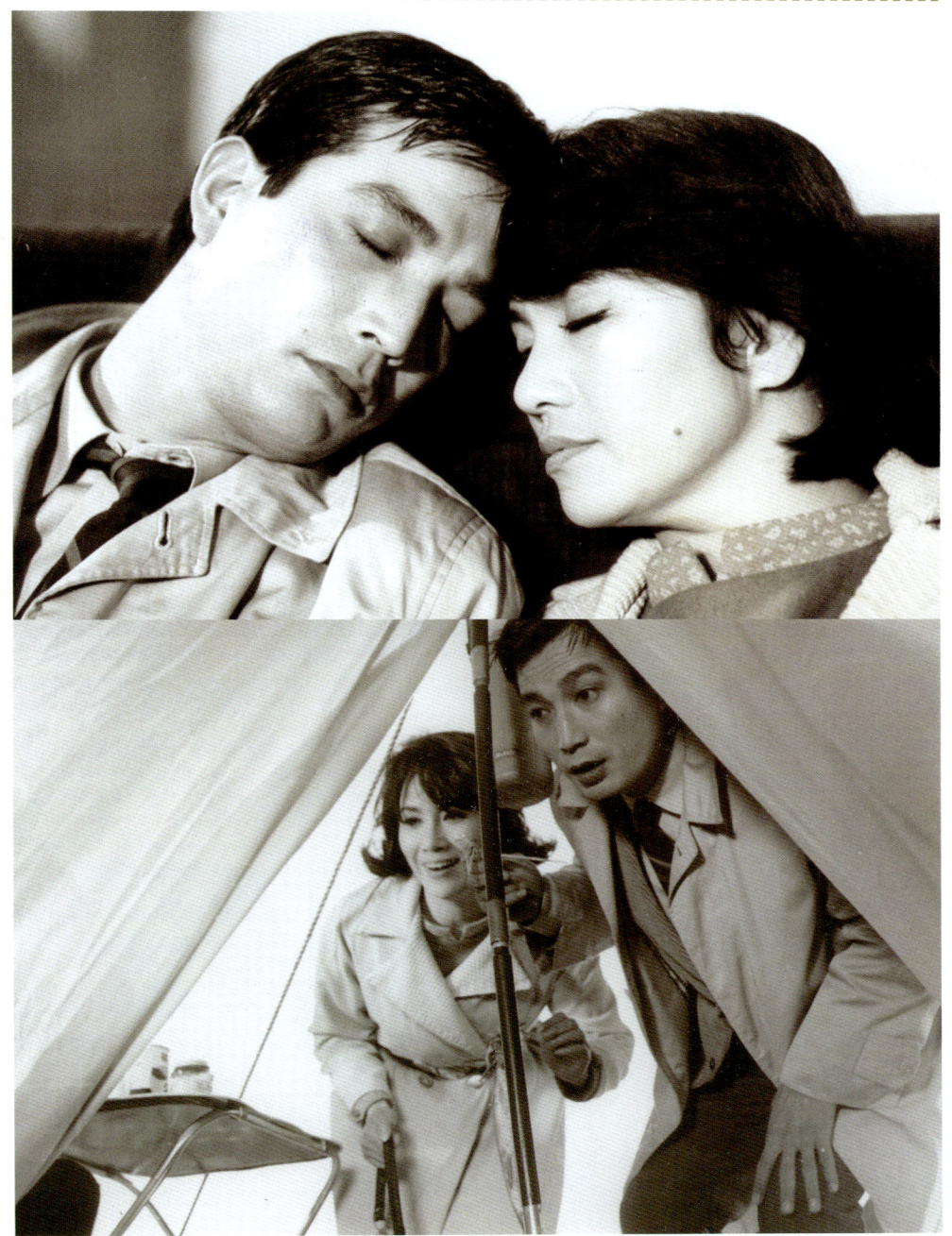

청춘극장 靑春劇場, Sorrowful Youth(1967)

(합동영화) 100분 극영화/멜로

감독 : 강대진
제작 : 곽정환
각색 : 임희재(원작 김래성)
개봉 : 1967년 1월 1일 국제극장(서울)
관람인원 : 20만 6000명(서울)
수출현황 : 동남아(67)
출연 : 신성일, 윤정희, 고은아, 이낙
　　　 훈, 김동원 외
기획 : 강인옥
촬영 : 이문백
음악 : 이봉조
조명 : 고해진
편집 : 김희수
미술 : 홍성칠
현상 : 한국천연색
수상 : 제6회 대종상영화제 신인상(윤
　　　 정희)

운옥(고은아)은 독립 운동가의 딸로 그의 아버지가 전사한 후 민족주의자인 백봉학의 집에 맡겨지고 그 집 아들 영민(신성일)과 약혼한다. 그러나 영민은 운옥을 누나처럼 생각할 뿐 일본 유학에서 만난 유경(윤정희)과 연인사이가 된다. 도쿄에서 유경은 영민의 아이를 임신하고 영민은 학병으로 끌려 만주에 갔다가 전선에서 포탄파편에 맞아 눈에 부상을 입는다. 한편 간호원이 된 운옥은 그녀가 일하는 병원에서 영민의 친구 장일수를 만나 영민이 만주에 있다는 소식을 듣는다. 운옥은 종군간호원을 지망해 만주로 찾아 가지만 영민은 눈 부상 때문에 운옥을 알아보지 못한다. 영민은 운옥을 유경으로 잘못 알게 되고 운옥도 어쩔 수 없이 자신이 유경인 것처럼 행동한다. 붕대를 풀 무렵에야 운옥의 헌신적인 간호가 있었음을 알게 된 영민은 운옥의 사랑에 감동한다. 집에 돌아온 영민은 유경이 혼자서 자신의 아이를 낳아 키우면서 꿋꿋하게 집안을 꾸려나가고 있음을 알게 된다. 영민은 생명의 은인이자 옛 약혼인 운옥을 택할 것인지 자신의 아이를 낳아 기르고 있는 유경을 택할 것인지 한동안 고민에 빠진다. 마음속으로 끝없이 영민을 사랑했던 운옥은 유경과 영민의 행복을 빌며 장일수와 함께 서울을 떠난다.

● '박서방'(1960), '마부'(1961)를 연출한 강대진의 멜로물. 1952년 한국일보에 연재됐던 김내성의 장편소설 『청춘극장』을 원작으로 하고 있다. 강대진의 '청춘극장' 은 주인공들의 복잡한 애정 문제와 젊은 청년들의 애국운동을 미화시킴으로써 계층을 망라하여 폭발적인 인기를 끌었다.(동아 67. 1. 17) 윤정희 스크린 데뷔작. 영화 '청춘극장' 제작을 앞두고 합동영화사가 여주인공 오유경 배역을 공개 모집했을 때 당시 1200여 명 중 뽑힌 사람이 22세의 윤정희다.(동아 66. 6. 25) 백영민 역에 신성일, 허운옥 역에는 고은아로, 이 영화가 인연이 되어 고은아는 제작자 곽정환과 결혼했다.

　서울 국제극장에서 개봉되어 서울에서만 20만 명이상으로, 당시로서는 경이로운 전국 관객 30만 명을 동원하는 공전의 히트를 기록했다. 1967년도 관객동원 1위(1960년대 한국영화 흥행 톱 10 중 9위). 김내성의 『청춘극장』은 세 번에 걸쳐 영화화되었다. 1950년대 수많은 영화 제작자가 기획을 시도하였으나 방대한 소설의 무대와 제작비로 인해 초기 단계에서 번번이 좌초되고 말았다. 그러다가 홍성기가 1959년 '청춘극장'의 영화화에 착수, 오유경 역에 김지미(당시 부인), 허운옥 역에 황정순, 백영민 역에 김진규를 기용하여 전국의 극장가가 흥행의 물결로 넘쳐나는 개가를 올렸다. 당시엔 관객 12만 명 동원. 강대진의 '청춘극장'에 이어 1975년 변장호의 작품에는 신영일, 김창숙, 김희라 등이 출연했다.

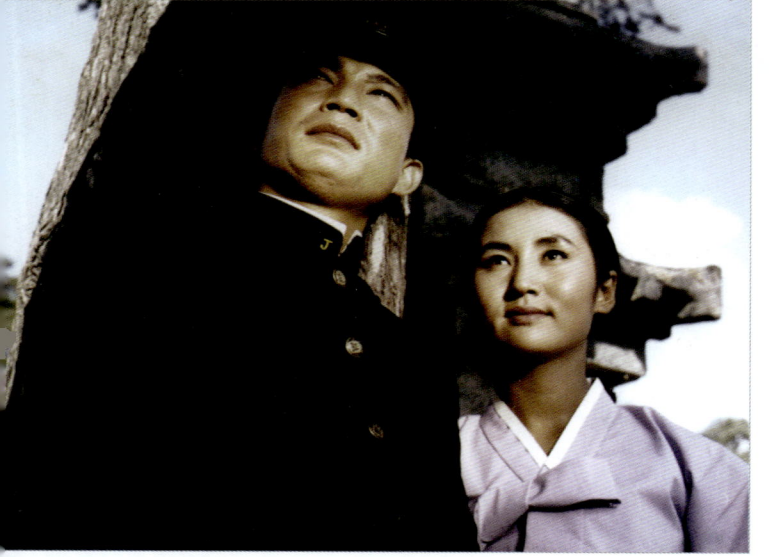

태양은 내 것이다 The Sun Is Mine(1967)

오진도(김희갑)는 그의 사업체인 한남목재를 그의 부인 최옥선(황정순)에게 맡기고 한동안 망중한을 즐기기로 한다. 남편의 사업체를 운영하게 된 최옥선은 사업 확장을 위해 사업자금 조달에 나선다. 그러던 중 돈 많은 재일교포 2세인 마대웅과 외동딸 수정(태현실)을 정략결혼시키는 조건으로 사업자금을 지원받는다. 그러나 어머니의 뜻과는 달리 수정은 마대웅에게 어떤 호감도 느끼지 못한다. 두 모녀는 결혼문제를 놓고 사사건건 대립하게 된다.

한편 오진도는 딸의 신랑감으로 동네에서 구멍가게를 하고 있는 청년 도사권(이대엽)을 마음에 두고 있다. 자신의 딸과 맺어주고 싶을 정도로 도사권은 착하고 성실하고 정직한 청년이다. 수정은 아버지의 중재로 도사권과 가까워지고 두 사람은 사랑하는 사이가 된다. 그러나 도사권이 수정과 가깝게 지내는 것을 못마땅하게 여긴 최옥선은 그를 동네에서 쫓아내기 위한 계략을 세운다. 즉 그의 구멍가게를 사들이기로 한 것이다. 구멍가게를 팔면 값을 후하게 쳐주고 자기 회사에 취직도 시켜주겠다고 제안한다. 하지만 도사권은 대대로 살아온 남산골 집을 팔 수 없다고 거절한다.

그러는 동안 공장신축 중도금 문제와 마대웅에게 진 빚 때문에 최옥선은 곤경에 처한다. 이 과정에서 최옥선은 구멍가게 주인인 줄만 알던 도사권이 교외의 드넓은 목장에서 고아들을 위한 자선사업을 해왔음을 알게 된다. 도사권의 훌륭한 일면을 본 최옥선은 자신의 잘못을 뉘우치고 딸과 도사권의 사랑을 허락한다. 도사권은 한남목재에 막대한 자본을 투자하고 최옥선은 사장자리에서 물러난다.

오진도가 다시 사장으로 취임하면서 청년 도사권은 한남목재 이사로 임명된다. 도사권의 남 모르는 선행이 신문 기사를 통해 세상에 알려지고 최옥선의 집안은 오랜만에 평안을 되찾는다.

● 변장호 감독 데뷔작. 추식 원작의 MBC 인기 연속극을 영화화한 작품. 이 영화는 사업확장을 위해 돈 많은 재일교포와 딸을 정략결혼시키려던 여류사업가가 남편과 딸의 반대에 부딪치자 자신의 잘못을 뉘우치게 되는 내용이다. 흥행에 성공하지 못했으나 두 번째 작품인 '정과 애', '창'(1969) 등이 흥행에 성공했고 이후 '눈물의 웨딩드레스'(1973)가 서울 개봉관에서 22만 명 관객을 동원하면서 감독은 흥행 감독으로서의 면모를 과시하게 된다.

(대지영화사) 극영화/멜로

감독 : 변장호(卞張鎬)
제작 : 김길룡
각본 : 김하림(원작 추식)
개봉 : 1967년 1월 1일 명보극장(서울)
관람인원 : 2만 3075명(서울)
출연 : 태현실, 이대엽, 황정순, 김희갑, 최남현, 김석강 외
기획 : 김철희
촬영 : 유영조
음악 : 정윤주
조명 : 마용천
편집 : 이경자
미술 : 김응주
사운드 : 이재웅
현상 : 대영

이조잔영 李朝殘影, Traces(1967)

(신필름) 80분 극영화/문예
감독 : 신상옥
제작 : 신상옥
각본 : 마쓰야마 젠조(松山善三)
개봉 : 1967년 1월 1일 아카데미극장
(서울)
관람인원 : 3만 1283명
출연 : 오영일, 문희, 이대엽, 이순재, 황해, 김동훈, 한유정, 변기종, 전창근, 이용남 외
기획 : 호현찬
촬영 : 최승우
음악 : 정윤주
조명 : 마용천
편집 : 오성환
미술 : 정우택
현상 : 한국천연색

조선의 여학교 미술 교사였던 노구치(오영일)는 일본 경찰에게 쫓기는 독립투사를 구해준 인연으로 궁중무용을 계승한 김영순(문희)를 소개받는다. 영순의 춤을 보고 감동받은 노구치는 그녀의 춤추는 모습을 화폭에 담아 「이조잔영」이란 제목을 붙여 국전에 출품한다. 영순도 노구치를 사랑하게 되지만 우연한 기회에 노구치의 아버지가 바로 3·1 독립운동 당시 자신의 아버지를 죽인 일본군이라는 사실을 알고 노구치를 멀리한다. 영순이 자신을 떠난 이유를 알게 된 노구치는 용서를 빌기 위해 영순의 집을 찾아가고 일본 제국주의에 대한 분노가 가시지 않은 영순은 끝내 문을 열어주지 않는다. 좌절한 노구치는 머리에 총을 겨눠 스스로 목숨을 끊는다.

● 신상옥의 33번째 작품. 1964년에 발간된 일본작가 카지야마 도시유키(梶山季之)의 소설 『李朝殘影』을 영화화한 작품. 일본의 저명한 시나리오 작가 마쓰야마 젠조(松山善三)가 처음으로 한국영화 각본을 쓴 것이다. 문단에서 최고의 지식인으로 알려진 도시유키의 소설이 한국에 수용된 방식은 1965년 한일 협정과 함께 첫 한일 합작영화로 제작이 추진되면서 시작된다. 남자 주인공 노구치는 조선 궁중무의 고운 율동과 조선 여인의 아름다운 자태, 그 시대의 지조와 정조를 민족성의 징표로 내세우고 있다. 당대를 대표하는 미남스타 오영일이 순애보에 빠진 미술 교사 노구치, 남정임, 윤정희와 함께 60년대 여배우 트로이카의 한 사람이던 문희가 조선 기생 영순으로 출연했다.

싸리골의 신화 神話, Legend of Ssarigol(1967)

(합동영화) 98분 흑백 시네마스코프
극영화/반공 전쟁
감독 : 이만희
제작 : 곽정환
각본 : 서윤성, 백결(원작 선우휘)
개봉 : 1967년 1월 1일 아카데미극장
(서울)
관람인원 : 1만 6641명
출연 : 최남현, 김석훈, 문정숙, 박노식, 윤정희, 양훈, 김정철, 박기택, 최봉, 신찬일, 송재호 외
기획 : 이병무, 나영주
촬영 : 이석기
음악 : 전정근
조명 : 윤창화
편집 : 장현수
미술 : 김유준
사운드 : 손인호, 최형래
제작총지휘 : 이지룡
조감독 : 양택조, 김흥수
수상 : 제4회 백상예술대상 감독상(이만희)·남우주연상(최남현)

인민군의 기세에 쫓겨 낙오된 김 소위(김석훈)는 국군들을 데리고 가까운 마을로 가서 마을 지도자인 강 노인(최남현)에게 숨겨줄 것을 부탁한다. 강 노인은 소대원들을 승려, 야학교사, 머슴 등으로 위장시켜 마을에서 지낼 수 있도록 도와준다. 그러나 며칠 후 싸리골에 인민군들이 들이닥치고 과거 마을의 머슴으로 천대받던 자가 인민군 군관(박노식)이 되어 돌아오면서 위기가 고조된다. 인민군 군관이 마을 사람들을 괴롭히는 등 갖은 악행을 자행하자 숨어 있던 국군들은 더 이상 참지 못하고 마을사람들을 보호하기 위해 그들 일당과 격전을 벌인다. 그때 김 소위가 인솔하는 아군 구원부대가 당도함으로써 싸리골에는 평화가 찾아든다.

● 선우휘의 동명 소설을 원작으로 한 문예영화. '싸리골'이라는 사회의 축소판을 통해 전통적인 질서와 새로운 질서 사이의 충돌을 그리고 있다. 상투적인 반공영화의 틀을 벗어난 이 영화는 영화 속에서 전쟁과 이념의 대립이 빚어낸 인간의 갈등을 파헤쳐 휴먼드라마로 전환시킨 점이 특징이다. 마을의 정신적 리더인 강 노인 역을 맡은 최남현은 어딘지 신비감이 느껴지는 카리스마 있는 연기로 영화 전체를 의연하게 주도한다. 문정숙과 윤정희가 비중 있는 역으로 출연하고 박노식, 김석훈 등 연기파 배우들의 호연도 영화의 완성도에 한몫하고 있다. 이만희가 만든 전쟁영화 중에서 특히 '싸리골의 신화'는 "군인이 아닌 일반 주민들이 겪어야 하는 전쟁의 공포와 위기"(주간한국 67. 11. 26)를 군민 화합이라는 영화적 재미로 풀어나가고 있다.

만선 滿船, Full Ship(1967)

주민들의 대부분이 고기잡이로 연명하는 서해안의 작은 섬 용초도. 마을 사람들은 대부분 선주 임씨(변기종)의 배에서 일하고 있다. 주인공 곰치(김승호)는 만선으로 빚도 갚고 자신의 배도 장만하리라는 꿈에 부풀어 있지만 그가 가진 것이라곤 빚과 가난뿐이다. 출어 때마다 빈 그물만 건져 올리기 때문이다. 곰치의 아들 도삼(남궁원)은 아버지처럼 어부이고 딸 슬슬이(남정임)는 이웃 청년 연철(신영균)과 사랑하는 사이다.

곰치의 아내 구포댁(주증녀)은 아들까지 어부가 된 것이 못마땅하지만 어부를 천직으로 여기는 남편 때문에 내색하지 못한다. 그날따라 배가 만선으로 돌아왔지만 선주 임씨는 그동안의 적자를 들어 몫을 나누어 주지 않는다. 화가 난 곰치는 불평을 하지만 선주가 밀린 빚이나 갚으라고 핀잔하자 배 타는 일을 그만두게 된다. 한편 도시로 나갔던 범쇠(박노식)는 많은 돈을 벌어서 섬으로 돌아온다. 슬슬이를 마음에 두고 있는 범쇠는 곰치에게 빚을 대신 갚아줄 테니 슬슬이를 자기에게 달라고 압박한다. 곰치는 하는 수 없이 범쇠에게 돈을 빌려 선주의 빚을 갚고 다음날 아들 도삼과 슬슬의 애인 연철을 데리고 바다로 나간다.

그러나 비바람에 고깃배는 파선되고 아들은 실종된다. 어부들의 도움으로 곰치는 겨우 목숨을 건졌지만 아들은 끝내 돌아오지 못한다. 구포댁은 미쳐서 집을 뛰쳐나가고 범쇠에게 시집을 가게 된 딸은 목을 매어 죽는다.

● 김수용은 1967년 한 해 동안 '만선', '어느 여배우의 고백', '길 잃은 철새', '애인', '산불', '빙점', '고발', '안개', '사격장의 아이들', '까치소리' 등 열 편의 영화를 연출, 이 작품들은 대부분 흥행에서도 성공했다.

(동양영화) 극영화 18세관람가/문예물

감독 : 김수용
제작 : 이종벽
각본 : 나소운(원작 천승세)
각색 : 이상현
개봉 : 1967년 1월 20일 명보극장 (서울)
관람인원 : 7만 1000명
출연 : 김승호, 주증녀, 남정임, 남궁원, 신영균, 박노식, 허장강, 변기종 외
기획 : 김승업
촬영 : 장석준
음악 : 정윤주
조명 : 차정남
편집 : 유재원
미술 : 박석인
현상 : 한양
수상 : 제6회 대종상영화제 여우조연상(주증녀) · 조명상(윤창하), 제5회 청룡영화상 남우주연상(김승호) · 색채촬영상(장석준) · 음악상(정윤주), 제11회 부일영화상 음악상(정윤주), 제12회 샌프란시스코국제영화제 출품

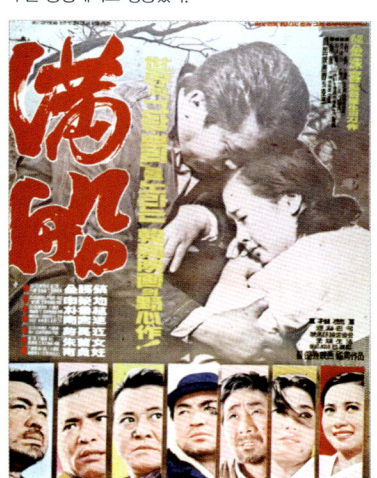

1964년 국립극장 현상문예 희곡 당선 작품인 천승세의 「만선」은 당시 명동 국립극장에서 최현민 연출로 초연되었다. 갯 비린내가 물씬 풍기는 연극을 보고 김수용은 신인 이상현에게 당장 시나리오를 의뢰했고 이 영화는 "바다에 매여 사는 어민들의 생활상을 리얼하게 포착한 수준 높은 해양영화"(동아 67. 1. 21)라는 평을 들었다. 영화 속에서 아들을 잃고 바다로 뛰쳐나가는 주증녀와 이를 알고 절규하는 김승호의 영화라고 할 만큼 두 배우의 연륜 있는 연기가 돋보였다.(주간한국 67. 1. 22) 검열 당국은 어촌이 너무 암울하게 그려지고 어부들의 노사분쟁을 부추길 우려가 있다고 해서 국외 수출은 물론 해외영화제 출품을 불허했다. 그러나 제12회 샌프란시스코국제영화제에 출품되어 호평을 받았다.

팔도강산 八道江山, Six Daughters(The Land of Korea)(1967)

서울에 살고 있는 노부부가 전국 각지에 흩어져 있는 자식들의 초대를 받아 유람 길에 오른다는 내용이다. 한국전쟁의 비극을 딛고, 가는 곳마다 눈부시게 발전한 대한민국의 발전상과 명승고적 등 관광지를 소개하고 있다. 현인, 최숙자, 은방울 자매 등 당대의 인기가수들이 나와 "신라의 달밤", "삼다도 소식", "목포의 눈물" 등 명곡들을 들려준다.

● 배석인의 감독 데뷔작. 1967년 국립영화제작소가 제작한 국책홍보 계몽영화. 설날 프로로 개봉된 이 작품은 서울 국도극장에서만 33만 명이라는 관객을 동원하며 60년대 '미워도 다시 한 번'(1968), '성춘향'(1961)에 이어 세 번째 흥행작으로 부상했다. 이 영화에서 김희갑은 한의원을 경영하는 딸 부잣집 아버지로 등장하여 평생 콤비인 여배우 황정순과 실제 부부로 착각하리만치 리얼한 연기를 선보였다.
  "팔도강산 좋을씨구 딸 찾아 백 리 길/ 팔도강산 얼싸안고 아들 찾아 천 리 길/ 에헤야 데헤에야 우리 강산 얼씨구/ 에헤야 데헤에야 우리 살림 절씨구/ 잘 살고 못 사는 게 팔자만은 아니더라/ 잘 살고 못 사는 게 마음먹기 달렸더라."
  신봉승 작사 이봉조 작곡의 이 주제가는 최희준이 불러 크게 히트했다.
  배석인의 '팔도강산'을 필두로 이후 '속 팔도강산'(1968, 양종해), '내일의 팔도강산'(1971, 강대철), '우리의 팔도강산'(1972, 장일호), '아름다운 팔도강산'(1972, 강혁) 등 시리즈가 쏟아졌고 이는 '팔도사나이', '팔도식모', '팔도며느리', '팔도검객', '팔도여군', '팔도사위' 등 팔도시리즈의 원조가 되었다.

(연방영화) 110분 극영화/계몽
- **감독** : 배석인
- **제작** : 주동진
- **각본** : 서근배
- **개봉** : 1967년 2월 8일(구정) 국도극장(서울)
- **관람인원** : 32만 5904명
- **수출현황** : 미국(68)
- **출연** : 김희갑, 황정순, 김승호, 최은희, 김진규, 이민자, 박노식, 김혜정, 이수련, 고은아, 허장강, 조항, 윤인자, 강미애, 신영균, 강문, 이대엽, 최성, 현인, 이은관 외
- **기획** : 국립영화제작소
- **촬영** : 배성룡
- **음악** : 정윤주
- **조명** : 이규창
- **편집** : 박희영
- **미술** : 송백규
- **사운드** : 정기창, 손인호, 최형래
- **스틸** : 김문자
- **현상** : 국립영화제작소
- **수상** : 공보부장관 감사장

소복 素服, Her White Mourning Dress(1967)

노총각 표구사인 양 서방(김진규)은 미모의 젊은 용녀(고은아)를 재취로 맞아들인다. 남편은 새댁을 끔찍이 사랑하지만 새댁의 행동은 어딘지 수상쩍다. 그녀는 밤이면 공공연히 밖으로 나가서 방앗간 집 공 서방(박노식)과 놀아났던 것이다. 눈치를 챈 양 서방이 그들의 밀회장소인 방앗간으로 찾아가지만 항의 한 번 못해보고 오히려 공 서방에게 맞아 죽는다.

용녀는 공 서방과 함께 죽은 남편을 밀매장하고 여전히 공 서방과의 통정을 계속한다. 그러던 어느 날 그 방앗간에서 공 서방이 다른 여자와 정을 통하는 것을 목격한다. 그제야 용녀는 자신의 잘못을 뉘우치고 소복한 채 남편의 무덤에 찾아가 회한의 눈물을 흘린다.

● 촬영감독 출신인 전조명의 감독 데뷔작. 1939년 김영수의 조선일보 신춘문예 당선작을 영화화한 것이다. 이 영화에 대해 신문들은 "새로운 재능의 등장 – 침착한 연출"(동아 67. 4. 4), "향토색 짙은 수작 비극"(조선 67. 4. 11) 등으로 호평을 했다.

(연방영화) 극영화/문예 멜로
- **감독** : 전조명
- **제작** : 주동진
- **각색** : 김지헌(원작 김영수)
- **개봉** : 1967년 4월 1일 국도극장(서울)
- **관람인원** : 5만 6788명
- **출연** : 김진규, 고은아, 박노식
- **기획** : 양봉식, 최춘지
- **촬영** : 정운교
- **음악** : 정윤주
- **조명** : 손영철
- **편집** : 유재원
- **미술** : 박석인
- **현상** : 대영
- **수상** : 제14회 아시아영화제 흑백촬영상, 영화예술 신인감독상(전조명)

하얀 까마귀 The White Crow(1967)

1951년 1월, 안상한(신성일)과 주동인(남궁원)은 밀수입을 하는 노상출(최삼)의 돈 2000만 원을 부산까지 운반하는 과정에서 노상출의 돈을 가로채기로 공모한다. 그러나 동인은 어디론가 사라지고 혼자 남은 상한은 동인의 가족을 돌보며 그 돈으로 가구 사업을 벌인다. 그러는 동안 동인의 아내 은경(김지미)과 사이에 사랑이 싹튼다. 상한은 아버지(최남현)와 동생(이순재)의 반대에도 불구하고 은경과 부부의 연을 맺는다.

시간이 흘러 동인의 아들딸이 성장하고 상한과 은경 사이에도 새로운 아들이 생긴다. 그때 아무도 모르게 납북되었던 동인이 13년 만에 귀순해서 은경과 상한 앞에 나타난다. 그러나 그것은 너무나 뒤늦은 귀가였다. 결국 동인은 모든 것을 포기하고 물러난다.

● 관객 6만 7000명(서울)을 동원해 비평과 흥행에서 모두 성공했다. 작곡가 김동진이 대종상 영화제에서 음악상 수상.

(세기상사) 100분 극영화/멜로
감독 : 정진우
제작 : 우기동
각색 : 한운사(원작 한운사)
개봉 : 1967년 1월 1일 아카데미극장 (서울)
관람인원 : 6만 5000명
수출현황 : 아시아(67)
출연 : 김지미, 신성일, 남궁원, 이순재, 전계현, 최삼, 한은진, 김성옥, 안성기, 홍성우, 국효, 한미자, 안성진, 심상우, 김주오, 고일남, 최남현(우정출연) 외
기획 : 조규진   조감독 : 장석일
촬영 : 최호진   음악 : 김동진
조명 : 고해진   편집 : 김희수
미술 : 정우택   소품 : 김경수
사운드 : 이경순, 최형래
수상 : 제6회 대종상영화제 음악상(김동진), 제2회 백마상 남우주연상(신성일)

원점 原点, The Starting Point(1967)

조직의 산업스파이 석구(신성일)가 기밀서류를 빼돌려 도망치자 그를 추격해오던 남자가 셔터에 깔려 죽는 것으로부터 영화는 시작한다. 본의 아니게 사람을 죽이게 된 석구는 조직에서 탈퇴하기를 원하지만 조직에서는 석구에게 도피를 요구한다. 그를 감시하기 위해 창녀 선(문희)을 붙여준다. 신혼부부 행세를 하며 설악산에 도착한 그들은 사랑에 빠진다. 마침내 석구를 제거할 목적으로 최상무 일행이 도착하고 사투 끝에 석구는 킬러(이해룡)의 총에 맞아 죽는다. 마지막 장면은 다시 원점이다. 거지에게 동전을 던져주고 덕수궁 앞을 서성이며 남자들을 기다리는 선, 한 남자가 그녀를 따라오고 그녀는 카메라를 향해 걸어나온다.

● 이만희의 범죄 스릴러 영화. 산업스파이와 거리 여자의 3일간의 사랑, 그리고 조직의 안전을 지키려는 악당들과 그들에게 처형당할 위기에 놓인 주인공의 대결을 그리고 있다. 이만희는 영화 '추격자'(1964)에서 도입부 20분 동안 대사를 사용하지 않아 평단을 놀라게 했듯이 '원점'에서도 대사와 음악없이 10분 동안 서류 탈취 시퀀스와 추격전으로 긴장을 극대화하는 등 인물의 정서와 외부세계를 팽팽하게 대비시킨다. 즉 이는 '이미지로 말하는 이만희만의 수법'으로 영화 전체에 걸쳐 간결하게 정제된 대사만을 짧게 사용한다. 또 계단 추격신으로부터 시작해서 설악산 계단 추격신으로 끝나는 담담한 결말은 영화가 표현할 수 있는 쓸쓸함의 극치로 보여진다.(「소재가 특이한 오락영화 '원점」 경향 67. 6. 3) 영화 '원점'은 2004년 2월 19일, 한국영상자료원 시사실과 2007년 중앙극장 2관에서 상영되어 젊은 관객들의 호응을 받는 등 시간이 오래 지난 지금까지도 미학적 시각이 돋보이는 작품으로 녹슬지 않는 거장의 솜씨를 과시해 보인다.

(세기상사) 97분 32mm 흑백 극영화/액션 스릴
감독 : 이만희
제작 : 우기동
각본 : 김지헌
개봉 : 1967년 6월 1일 명보극장 (서울)
관람인원 : 3만 982명
출연 : 신성일, 문희, 최봉, 이해룡, 나애심, 이향, 박민재, 박기택, 송재호, 임해림 외
기획 : 조규진
촬영 : 서정민
음악 : 전정근
조명 : 윤창화
편집 : 김희수
미술 : 송백규
현상 : 대영

산불 Flame in the Valley(1967)

(태창흥업) 80분 부분컬러 흑백 극영화/문예

감독 : 김수용
제작 : 김태수
각본 : 신봉승(원작 차범석)
개봉 : 1967년 4월 22일 명보극장
      (서울)
관람인원 : 7만 명
출연 : 신영균, 주증녀, 도금봉, 황정순, 한은진, 김정옥, 김영옥, 전영주, 김효진, 안인숙, 송미남, 이일선, 윤산, 정득순, 전숙, 윤신옥 외
기획 : 안승준, 김인기
촬영 : 홍동혁
음악 : 정윤주
조명 : 손영철
편집 : 유재원
미술 : 이봉선
소품 : 추교환
분장 : 장인한
사운드 : 이경순, 최형래
현상 : 대영, 한국천연색현상소
조감독 : 조문진, 이원세
수상 : 제5회 청룡영화상 작품상(태창흥업) · 여우주연상(주증녀) · 각본상(신봉승), 제11회 부일영화상 여우주연상(주증녀) · 여우조연상(황정순), 제2회 대일영화상 작품상, 제17회 베를린국제영화제 출품

한국전쟁 중인 1950년대 여름, 산골짜기 대밭 마을에는 남자들이 빨치산에게 끌려간 후 남자라고는 찾아볼 수 없다. 점례(주증녀)는 전쟁터에 나간 남편을 기다리며 시어머니(한은진)와 노망든 시할아버지, 폭격으로 머리가 돈 시누이 귀덕(김영옥)과 살고 있다. 옆집의 사월(도금봉)은 친정 어머니(황정순)와 둘이서 살고 있다. 점례의 남편은 국군, 사월의 남편은 인민군이어서 두 집안은 서로 앙숙으로 지낸다. 인민군과 국군이 번갈아 드나들며 양식을 징수하는 바람에 쌀독은 바닥나고 아낙네들은 허리를 졸라맨 채 전쟁이 끝나기만을 기다린다.

그런 어느 날 인민군에서 탈영한 규복(신영균)이 산골마을로 숨어들어오고 점례는 규복을 뒷산 대나무밭 토굴에 숨겨준다. 둘은 어느덧 정을 통하고 이를 훔쳐본 사월도 대밭에 드나든다. 규복이 잡혀갈 것을 두려워하는 점례는 이를 묵인하고 두 여자가 한 남자를 공유하면서 사월은 임신까지 하게 된다. 그러던 중 토벌대가 산속 깊이 숨어 있을지도 모르는 인민군 패잔병 소탕작전을 벌이고 대나무 밭에도 불을 지른다. 이 작전이 수행될 무렵 사월의 임신이 그 어머니에게 알려지자 사월은 잿물을 마시고 자살한다. 대밭이 불타는 아수라장에서 마을 사람들은 자신들의 생명줄인 대밭이 사라지는 모습을 바라보면서 목이 쉬도록 절규한다. 불길과 연기 속에서 규복은 짐승처럼 울부짖고 점례는 그를 구하러 대밭에 뛰어들었다가 그와 함께 죽는다.

● 김수용의 대표작 중 하나. 1962년 차범석이 《현대문학》에 게재했던 동명 희곡을 이진순 연출로 명동 국립극장에서 공연하여 공전의 히트를 기록한 작품이다. 신봉승이 각본을 쓴 영화는 지리산에 좌익 게릴라들이 준동하던 시절, 대밭에 은신한 한 게릴라를 둘러싸고 두 여인이 원색적인 애정갈등을 벌이는 내용이다. "한계 상황 속에 놓인 인간들의 본능적 욕망과 비극적 파국을 밀도 있게 그린 작품"(조선 67. 4. 25)으로 겉으로 보기에는 한 남자를 둘러싼 두 여인의 기이한 공조 관계를 그리고 있지만 다른 시각에서 보면 전쟁과 치정이라는 모순된 상황을 대비시킨 참상이 아닐 수 없다. 특히 공비토벌을 빙자해서 선량한 서민들의 삶의 터전인 대밭에 불을 지르는 장면은 당대 무소불위 권력에 대한 은유적 비판으로서 당국이 검열의 가위를 들이댈 만한 대목인데도 산촌 가난한 촌부들의 생활상과 인간본능을 그린 예술영화(동아 67. 4. 27)라고 해서 화를 면했다고 한다.

이 작품은 남자라고는 찾아볼 수 없는 산골마을 여자들의 욕망을 그리고 있다는 점에서 영화 '갯마을'과 같은 분위기와 관점을 유지한다. 특히 푸른 대나무 숲이 우거진 산간 마을을 배경으로 게릴라 규복의 무력하고 결단력 없는 모습에 비해 점례와 사월의 욕망은 적극적이고 공격적이다.

자신의 성적 욕망을 채우기 위해 규복을 협박하는 사월역의 도금봉의 농염한 연기와 살기 위해 여인들의 욕망을 채워주면서 "내가 짐승이요?"하고 비통하게 부르짖는 규복역의 신영균의 연기는 본능적이면서도 비극적인 정서를 드러낸다. 이미 '갯마을'(1965)이라는 걸출한 작품을 연출한 바 있는 김수용은 '만선', '산불'로 전성기를 맞으면서 "1960년대 한국영화 형식에 새로운 지평을 도입했다"(동아 67. 11. 4)는 평을 들었다.

촬영 장소는 전남 담양군 용면 쌍태리. 대밭이 폭죽 소리를 내며 무섭게 타고 있는 장면에서 정신지체아 귀덕으로 분한 김영옥의 옷섶에 불이 붙는 바람에 소동을 빚기도 했다. 제15회 청룡영화상과 부일영화상에서 주증녀 여우주연상, 신봉승이 각본상을 수상, 제17회 베를린국제영화제에 출품된 바 있다.

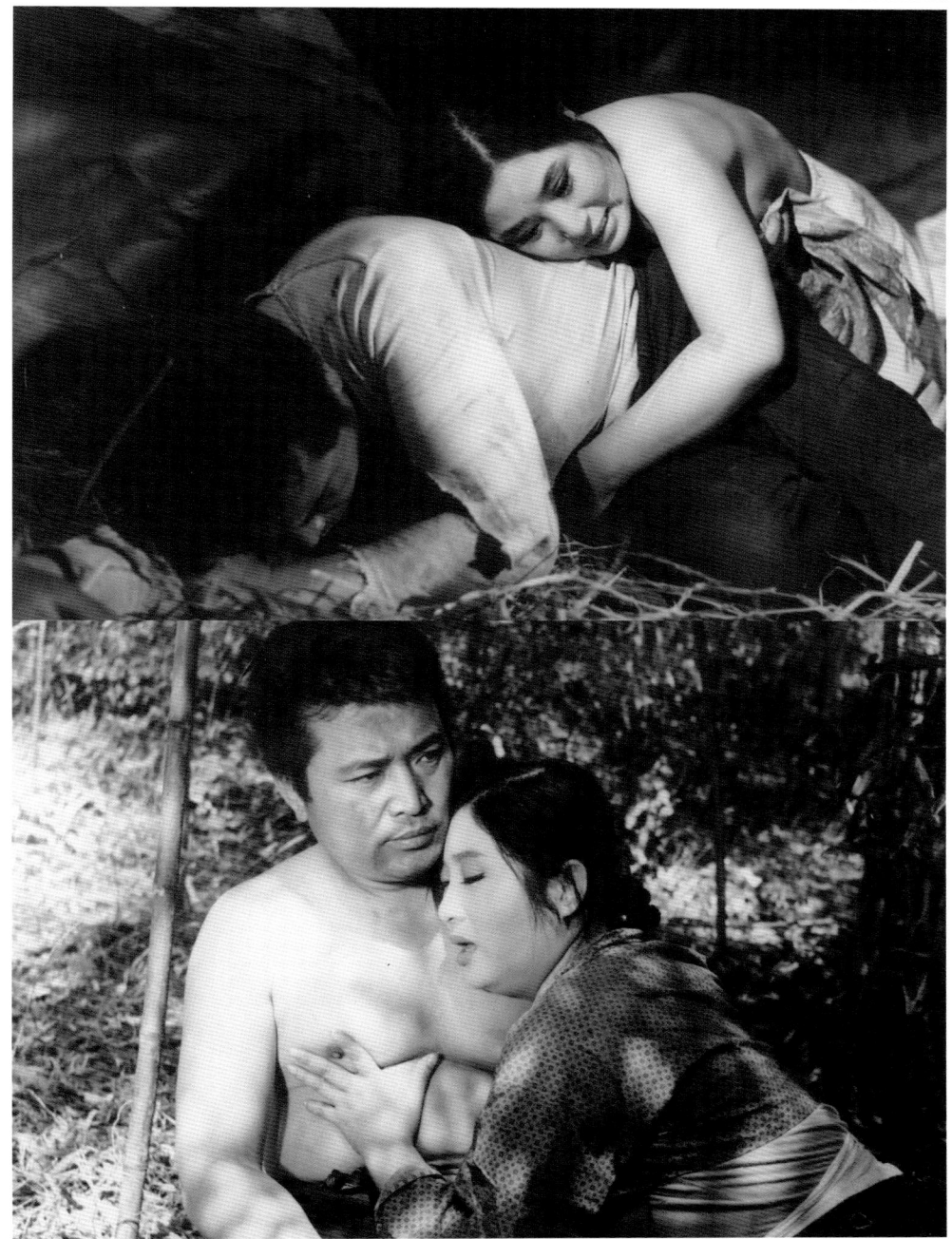

귀로 歸路, Homebound(1967)

(세기상사) 90분 극영화/멜로

감독: 이만희
제작: 우기동
각본: 백결
개봉: 1967년 7월 1일 명보극장
      (서울)
관람인원: 5만 5000명(6만 2122명)
수출현황: 일본(67)
출연: 김진규, 문정숙, 전계현 외
기획: 조규진
촬영: 이석기
음악: 전정근
조명: 윤창화
편집: 김희수
미술: 김유준
현상: 한양
수상: 대종상영화제 작품상(세기상사)
     · 여우주연상(문정숙) · 조명상
     (윤창화)

전쟁에 참전해서 부상을 당한 뒤 성불구가 된 작가 최동우(김진규)는 신문에 연재소설을 쓰고 있다. 매일 아침 약사발을 들고 계단을 올라오는 아내(문정숙)의 발자국 소리를 들으면서 그는 결혼생활 14년 동안 남편 구실을 하지 못했다는 자괴감에 빠져 있다. 아내는 자신의 선택이었음을 강조하지만 무심한 체하는 그녀의 모습에서 그는 더욱 절망을 느낀다.

아내는 남편의 원고를 전달하기 위해 서울의 신문사에 다녀오는 것이 유일한 낙이다. 인천의 답답한 이층집을 벗어나 탁 트인 서울에 들어서면 해방감과 자유를 느낀다. 그러는 과정에서 신문사의 강 기자(김정철)가 그녀에게 접근해오고 기차 시간을 놓친 그녀는 강 기자와 데이트를 즐기게 된다. 이 광경을 목격한 동우의 여동생(전계현)이 동우에게 이 사실을 전해 주지만 그는 아내와 헤어질 용기가 없다. 그는 내색하지 못한 채 소설 속 여주인공의 행동을 변화시켜 나간다. 부부 사이가 멀어져 가는 상황 속에서 강 기자는 그녀에게 남편과 헤어질 것을 제안하지만 그녀는 남편을 떠날 수 없다고 생각한다.

● 이만희, 문정숙, 백결 트리오가 만든 이만희 프로덕션 창립 제1호 작품. 한국전쟁으로 하반신 불구가 된 한 소설가가 아내의 불륜을 알고도 아내의 행복을 빌지 못하고 아내는 끝내 남편을

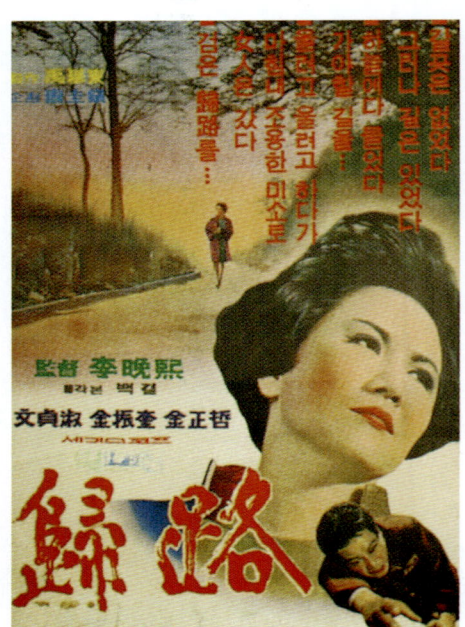

떠나지 못하는 등 남편은 그의 소설 속에서 남녀의 삼각관계를 필연과 악연으로 풀어나간다. 그리고 그곳에서 과거와 단절된 자신의 불구를 도시의 황량함으로 투사하고 있다. 멜로드라마적 소재이지만 감독 특유의 음영 깊은 영상과 몽타주, 격조 있는 심리묘사로 "또 하나의 높은 예술적 수준"(이영일, 동아 67. 8. 5)이라는 평을 받았다. 이 영화가 단순한 멜로드라마로 남지 않았던 것은 인물 내면의 욕망과 풍경을 특유의 공간 구성과 미장센으로 담아냈기 때문이다. 한국영상자료원 '한국영화 100선'에 선정됐다.

다정불심 多情佛心, Tender Heart(1967)

고려 제31대 공민왕(김진규)과 노국공주(최은희)의 이야기. 공민왕은 보위 전 원나라에 볼모로 가 있을 때 노국공주와 정략결혼을 했지만 두 사람은 진심으로 사랑하는 사이다. 그런 공주가 출산 도중 사망하자 왕은 정사를 고승 신돈에게 맡기고 공주를 추모하는 불사에만 전념하게 된다. 호색가인 신돈은 엽색 행각만 일삼을 뿐 조정의 기강이 극도로 문란해지면서 나라가 망하고 공민왕도 비참한 최후를 맞는다.

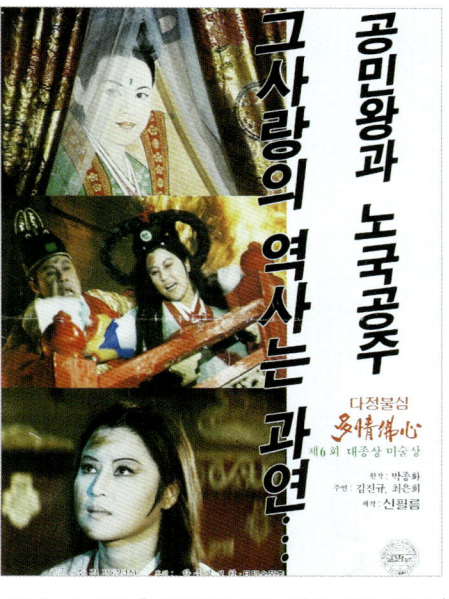

(신필름) 98분 극영화/사극 문예

감독 : 신상옥
제작 : 신상옥
각본 : 최금동(원작 박종화)
개봉 : 1967년 4월 28일 국도극장 (서울)
관람인원 : 10만 9719명
수출현황 : 동남아(69)
출연 : 최은희, 김진규, 박노식, 최성호, 한은진, 최삼, 성소민, 고선애, 이기홍, 서월영, 지방열, 임운학, 황수연, 조덕성, 임성국, 윤일주, 주일몽 외
촬영 : 김종래
음악 : 김희조
조명 : 김대진
편집 : 오성환
미술 : 정우택
소품 : 양재환
의상 : 전경숙
사운드 : 유창주, 심재훈
스틸 : 이형진
현상 : 한국천연색
수상 : 제6회 대종상영화제 미술상(정우택)

● 신상옥은 1967년 한 해 동안 '다정불심', '꿈', '마적', '이조잔영', '산'을 연출, 이중 '꿈'은 1955년 작 '꿈'의 리메이크 작품이고 '다정불심'은 신상옥의 30번째 연출작이다. 1940년 매일신보에 연재되어 독자들의 열렬한 호응을 받았던 박종화의 동명 소설을 원작으로 하고 있다.

우선 볼거리가 많다. 화려한 색채가 돋보이는 원나라와 복색과 건축, 정원 등을 훌륭하게 재현해 놓았다. 공민왕과 노국공주의 결혼식 피로연에서 벌어지는 공연, 요동 정벌 장면, 전투 장면과 군중신 등이 스펙터클하다. 공민왕이 죽은 노국공주의 옷을 벗기고 시체 구석구석에 입을 맞추거나 신돈이 불러낸 노국공주의 혼령과 정사를 벌이는 장면도 있다. 이른바 '시체애호증(necrophile)'으로 표현되는 이 상태는 변태성욕의 일종으로 감독은 사랑하는 공주의 죽음을 받아들이지 못하는 왕의 정신 착란을 특이하게 표현한 것이다.

후반부에서 왕은 신돈의 고백으로 정사를 나눈 상대가 노국공주의 혼령이 아니라 공주와 닮은 반야라는 여자이며 그녀에게서 아들을 얻었다는 사실을 듣고는 아이만 데려오게 한 후 공주를 위한 영전 공사에 들어간다. 이때 신돈은 왕에게 "공주를 위한다면 백성을 괴롭히는 영전 공사를 하는 것은 옳지 않다"고 직언했다가 왕의 노여움을 사서 처형된다. 신돈은 역사에서는 제 멋대로 정사를 휘두르다 혁명세력에게 제거당하지만 영화에서는 왕에게 직언과 충언을 아끼지 않는 면도 가지고 있는 것으로 표현된다. 이 영화는 서울 11만 명 관객 동원으로 흥행에서 성공했다.

애하 愛河, River of Love(1967)

(아시아필름) 92분 극영화/멜로

감독 : 이형표
제작 : 이지룡
각본 : 이형우(원작 박수복)
개봉 : 1967년 7월 7일 아카데미극장
      (서울)
관람인원 : 4만 8000명
출연 : 신영균, 윤일봉, 고은아, 한미
      자, 정민, 최삼, 유계선, 권창
      선, 임성한 외
기획 : 이병무, 나영주
촬영 : 배성학
음악 : 정윤주
조명 : 오영권
편집 : 현동춘
미술 : 노인택
사운드 : 김병수, 최형래
조감독 : 박태원
수상 : 제6회 대종상영화제 남우조연
      상(윤일봉) · 각본상(이형우), 제
      4회 백상예술대상 시나리오상
      (이형표), 제6회 파나마 국제영
      화제 출품작

아이를 낳지 못하던 부부가 산부인과에서 인공수정 시술을 받은 후 아이를 낳는다. 그러나 인공수정을 담당했던 산부인과 의사(윤일봉)가 정자의 주인은 자신이며 그 아이는 자신의 아이라고 주장한다.

영화는 여기서부터 진짜 아버지는 누구일까 하는 식으로 역전을 거듭하는 미스터리식 전개로 진행된다. 결국 남편(신영균)은 자신도 모르게 다른 남성의 정액으로 임신한 아내(고은아)에게 분노하지만 인공수정으로 얻은 아들에 대해 애증이 교차한다. 의사와 남편은 각각 자기의 자식인 줄 알고 착각하지만 실은 남편은 남성불임증을 극복하고 있었고 인공수정 직전에 의사의 수작을 알아낸 간호사가 의사의 정자를 남편의 것으로 바꾸어놓았던 것이다.

● 이형표의 멜로물. KBS-TV에 소개된 바 있는 박수복의「어떤 죽음」을 원작으로 하고 있다. 신문광고는 '완전 성인영화'임을 부각하여 "흥미 있는 이색소재"(주간한국 67. 7. 16), "대담한 소재 전개"(한국 67. 7. 18) 등으로 이를 소개하고 있다.

남남북녀

南男北女, Man from the South, Woman from the North(1967)

(합동영화) 81분 극영화 /멜로

감독 : 박상호
제작 : 곽정환
각본 : 이형우(원작 이영신)
개봉 : 1967년 7월 20일 동아극장(아
      세아극장)서울
관람인원 : 2만 307명
출연 : 신성일, 고은아, 황정순, 한은
      진, 김희갑, 방수일, 이낙훈, 이
      수련, 박지현, 한유정 외
기획 : 강인옥, 곽회근
촬영 : 안윤혁
음악 : 김용환
조명 : 고해진
편집 : 김희수
미술 : 홍성칠
소품 : 강대실
현상 : 대영
사운드 : 이재웅, 심재훈
조감독 : 김여연, 이종훈

경상도 총각 이형기(신성일)와 평안도 처녀 강순녀(고은아)는 같은 회사에 다니고 있다. 그런데 순녀는 퇴근 후엔 여학사 주점에서 호스티스로 일하고 있다. 그것은 미제물건을 불법으로 팔러 다니던 어머니(황정순)가 불법으로 구속되자 그 벌금을 마련하기 위한 것이다. 형기는 그 사실을 알고 돈을 가불해서 순녀 어머니가 나올 수 있도록 도와준다. 실은 형기 어머니(한은진)도 순녀 어머니에게 불량 다리미를 샀다가 대판 싸운 사이다. 한편 형기는 부산에 살고 있는 민 사장(김희갑)집 딸 경희(박지현)와 혼담이 진행 중이다. 형기는 결혼을 피하기 위해 순녀에게 애인 역할을 부탁하고 그러는 사이 두 사람은 진짜 애인 사이가 된다. 처음에는 양가 어머니들이 둘의 결혼을 반대하지만 순녀 어머니의 사과로 화해하고 둘은 사랑의 결실을 맺는다.

● 전쟁영화 '비무장지대'(1965)를 연출한 박상호의 멜로물. 이영신의 KBS 인기 연속극을 영화화한 것이다. 박상호는 '또순이'(1963)에 이어 '우리 엄마 최고', '계동아씨'(1964), '해방둥이'(1967) 등 주로 한국 서민사회의 소탈한 인간상을 묘사해 왔다.

일월 日月, The Sun And the Moon(1967)

자수성가한 사장(정민)의 아들이자 전도 유망한 건축학도 인철(신성일)은 아무것도 부러울 것이 없다. 그는 은행장(최남현)의 딸 나미(남정임)와 사랑하는 사이다. 나미 아버지가 인철에게 별장 설계를 의뢰하면서 두 사람은 더욱 가까워진다. 그러나 어느 날 인철의 아버지가 백정 출신이었다는 사실이 밝혀지면서 나미 아버지는 인철 아버지 회사의 자금 대출을 중단하고 집안은 파산선고를 하기에 이른다. 갑자기 불어닥친 불행에 혼란스러워진 인철은 아직도 지방에서 백정 일을 하고 있는 삼촌을 만난다. 그리고 아버지가 냉대받는 신분에서 벗어나기 위해 얼마나 노력해 왔는가를 듣고 신분에 대한 열등감을 극복해 나간다. 그러한 인철을 지켜보며 나미는 다시 마음을 열지만 인철은 안일하게 살아온 지난날을 반성하며 새로운 생활을 시작하기로 한다.

● '젊은 표정'(1960)으로 감독 데뷔한 이성구의 문예물. 1962년부터 1964년까지 《현대문학》에 연재되었던 황순원의 동명 소설을 영화화한 작품. 『일월(日月)』은 황순원 문학의 특질을 잘 보여주는 소설로 영화는 직업에 대한 고질적인 편견과 부조리를 이성적으로 풀어나간다. 즉 백정이라는 직업은 전시대엔 억압을 받아왔으나 산업화로 발전된 현대에선 직업의 한 종류로 인식돼야 함을 강조하고 있다. 따라서 안정된 삶 속에서 출세와 부귀를 꿈꾸던 주인공은 삶의 중심을 잃은 채 사회로부터 스스로 소외되지만 그의 방황은 혼자만의 것이 아니라 근대화에 중독된 사회적 병리현상으로 결론짓는다. 이 영화는 "소외된 자의 고독을 그렸다"(한국 67. 7. 2)는 평

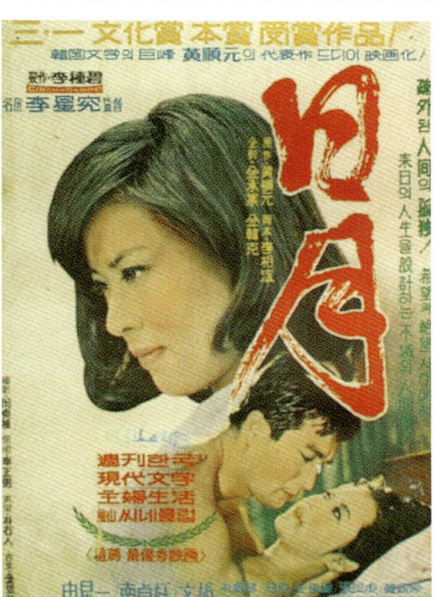

을 들었다. 이성구는 봉건적 계급의식을 부각시킨 '일월'을 비롯해 떠돌이 장사꾼들의 애환을 그린 '메밀꽃 필 무렵'(1967, 원작 이효석), '장군의 수염'(1968, 원작 이어령) 등 문예영화를 잇달아 내놓았다.

(동양영화흥업) 100분 극영화/문예 멜로

감독: 이성구
제작: 이종벽
각색: 이상현(원작 황순원)
개봉: 1967년 7월 1일 명보극장 (서울)
관람인원: 7만 785명
출연: 신성일, 남정임, 문희, 박노식, 정민, 전창근, 한은진, 주선태, 김동원, 장민호 외
기획: 김한극, 김승업
촬영: 민정식
음악: 김희조
조명: 차정남
편집: 현동춘
미술: 박석인
현상: 한양
조감독: 최하원, 임충희, 김태진, 김용인

역마 驛馬, Stroller(1967)

(합동영화) 극영화/문예

감독 : 김강윤
제작 : 곽정환
각색 : 김강윤, 최금동(원작 김동리)
개봉일 : 1967년 7월 20일 중앙극장
          (서울)
관람인원 : 2만 6000명
출연 : 김승호, 신성일, 남정임, 조미
        령, 한은진, 최남현, 박병호 외
촬영 : 이병삼
음악 : 김동진
조명 : 고해진
편집 : 김희수
미술 : 박석인
현상 : 대영
수상 : 제2회 대일영상상 감독상(김강
        윤), 제14회 아시아영화제 남우
        조연상(김승호)

섬진강 화겟골에 있는 수많은 주막 중 옥화(조미령)네 집은 값싸고 술맛 좋기로 소문나 있다. 어느 날 예순쯤 돼 보이는 책장수 영감(김승호)이 열여덟 살짜리 딸 계연(남정임)을 데리고 옥화네 주막으로 찾아온다. 책장수는 30여 년 전 이 화계 장터에서 친구들과 사당패를 꾸며 하룻밤을 놀다가 갔다고 추억담을 늘어놓는다. 책장수가 딸 계연을 주막에 맡기고 화겟골로 들어가던 날 옥화의 외아들 성기(신성일)는 계연을 보는 순간 이상한 긴장과 흥분을 느낀다. 옥화는 이를 보고 왠지 걱정이 앞선다. 그 집안 남자들은 여자와 얽히기만 하면 집을 떠나기 때문이다.

옥화의 죽은 어미 소향(한은진)도 남사당의 진양조 가락에 반해 옥화를 임신했고 그 남사당을 서른여섯 해 동안 기다리다가 죽어간 것이다. 옥화는 성기와 계연의 사이를 떼어놓기 위해 성기를 절로 보내려들고 성기는 어머니의 돌변한 태도에 야속해 한다.

그때 책장수가 돌아와 계연을 데리고 다시 길을 떠난다. 그리고 떠나기 직전, 자신이 바로 남사당패 사내로 옥화는 자신의 딸이며 성기는 외손주임을 밝힌다. 계연은 보따리를 들고 영감을 따라나서고 사랑을 잃은 성기는 아픈 상처를 달래며 엿목판을 지고 집안의 다른 남자들처럼 어디론가 정처 없이 길을 떠난다.

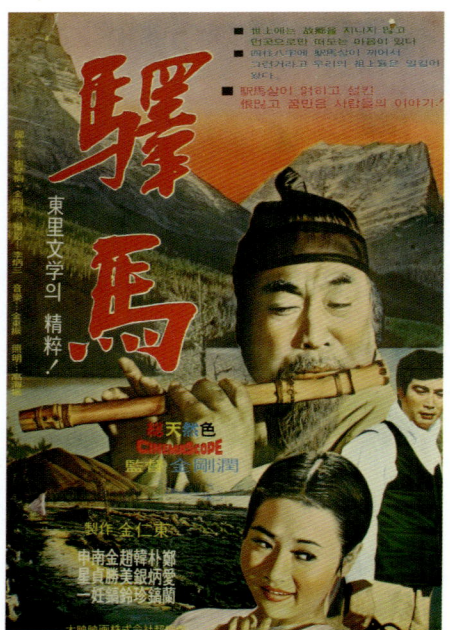

● 시나리오 작가 김강윤은 영화 '이름 없는 별들'(1959)로 감독 데뷔. 이는 두 번째 작품이자 대표작이다. 김동리 원작의 역마 살 낀 인간 군상들의 운명을 담담히 그린 문예영화로 "짙은 향토색을 바탕으로 한 서린 민중의 애환을 밀도 있게 그렸다"(동아 67. 7. 27)는 평을 들었다. '유정'(1966)으로 스크린 데뷔한 남정임이 출연하고 있다.

대괴수 용가리 大怪獣, Monster Yonggari(1967)

서울 인왕산에서 강력한 파괴력을 지닌 괴물 용가리가 나타나 시민들을 공포의 도가니로 몰아넣는다. 입에서 불을 뿜어대는 괴수는 광화문을 지나 도심으로 나와 반도호텔, 뉴코리아호텔 등 고층 건물들을 닥치는 대로 부숴버린다. 정부는 긴급 비상 선포를 내리고 전차, 원자포, 미사일, 제트기 등 현대무기를 총동원해 용가리 격퇴 작전을 벌인다.

군경을 비롯한 많은 과학자들이 이에 대한 대책을 논의하지만 별 신통한 방법이 나오지 않는다. 그 즈음에 용감한 한 젊은 과학도(오영일)와 한 소년(이광호)이 등장하여 죽음을 무릅쓴 모험 끝에 용가리를 쓰러뜨린다.

(극동흥업) 80분 극영화/호러 SF
감독 : 김기덕
제작 : 차태진
각본 : 서윤성
개봉 : 1967년 8월 13일 아카데미극장(서울)
관람인원 : 30만 명
수출현황 : 전 세계(67)
출연 : 오영일, 남정임, 이순재, 김동원, 강문, 주증녀, 이광호(아역) 외
기획 : 이병우
촬영 : 변인집
음악 : 전정근
조명 : 박진수
편집 : 김기덕
미술 : 노인택
현상 : 동양

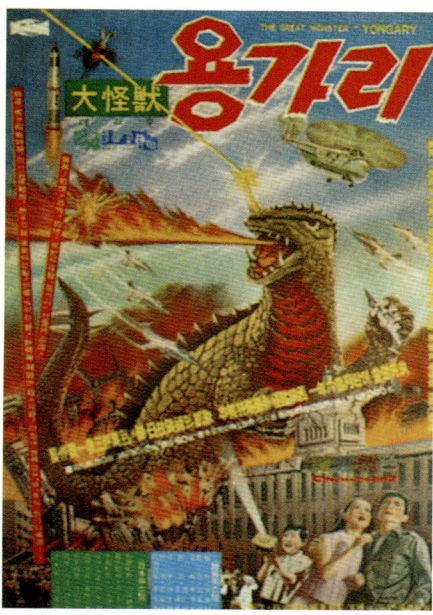

● '맨발의 청춘'(1964)을 연출한 김기덕의 공상과학 영화. '용가리'란 단어는 고려 말과 조선 초를 배경으로 전설에 나오는 쇠를 먹고산다는 환상의 괴물 불가사리와 동양을 상징하는 '용(龍)'을 합친 합성어다.

1933년 미국에서 '킹콩'이 등장한 후 괴물이 등장하는 판타지 영화가 새로운 장르로 호응을 얻자 1950년대 일본 메이저 영화사들은 다투어 '고지라' 시리즈를 내놓게 된다. 극동흥업도 이에 발맞춰 용가리 시리즈를 기획했으나 국내에는 화면합성 같은 기초 기술이 전무한 때여서 이 영화는 일본 기술진의 도움을 받았다고 한다. 특히 용가리는 일본으로 귀화한 특수촬영기사 이병우와 일본의 특수촬영의 대가인 야기 마사오(八木正雄)를 초빙해 만들었다. 미술을 담당했던 노인택에 따르면 미술은 미카미 무츠오(三上陸男), 미니어처 세팅 기술은 노인택이 전수받아 화양리에 있는 삼성스튜디오에다 시청, 인왕산, 한강, 판문점, 중앙청 등 특수촬영 세트를 세워서 찍었다.(김기덕 구술, 『한국영화를 말한다 - 한국영화의 르네상스 1』, 2005년, pp.34~42)

'대괴수 용가리'는 당시로서는 파격적인 제작비인 1억 3000만 원을 투입, 30만 명의 관객을 모으는 대 흥행을 거두었다.

한 恨, A Regret(1967)

(동양영화) 극영화/공포멜로

감독 : 유현목
제작 : 이종벽   각본 : 이상현
개봉 : 1967년 8월 12일 명보극장
     (서울)
관람인원 : 15만 7530(서울)
출연 : 문희, 이순재, 전계현, 윤일봉,
      차유미, 조미령, 남궁원 외
기획 : 김승업   촬영 : 장석준
음악 : 김동진   조명 : 차정남
편집 : 이경자   미술 : 박석인
현상 : 한국천연색
수상 : 제6회 대종상영화제 촬영상(장
      석준), 제5회 청룡영화상 음악
      상(박석인) · 미술상(박석인) ·
      기술상(조명 : 차정남), 제4회 백
      상예술대상 영화 부문 기술상
      (촬영 : 장석준), 제11회 부일영
      화상 미술상(박석인), 제1회 남
      도영화제 감독상(유현목)

1화 緣의 장: 백일 치성을 올려 맺어진 남편(이순재)과 사별한 것이 한이 된 아내(문희)가 이승에서 못다 한 인연을 저승에서 남편과 다시 만나 한을 푼다.

2화 情의 장: 가난하지만 행복하게 살아가던 광대 부부(전계현, 윤일봉). 그러나 남편이 작부와 바람이 나자 억울하게 죽은 아내의 혼령이 그들을 불태워 죽인다.

3화 願의 장: 불치병에 걸린 남편(남궁원)을 돌보는 아내(조미령)의 정성에 감복한 부처님이 남편을 살려주어 가정의 행복을 되찾는다.

● 유현목의 21번째 연출작. 한을 소재로 한 한국 최초의 옴니버스영화. 영화평론가 호현찬은 "한은 한국영화의 한 특징이라고 말하지만 여기에 나타나는 한은 원령들의 한 맺힌 슬픔과 분노를 그린 것으로 샤머니즘과 유현(幽玄)한 색채미의 영상이 아름답다"(호현찬, 『한국영화 100년』, 2007년, 문학사상사, p.168)고 정의한다. 이 영화의 성공으로 1968년, 유현목은 전편에 이은 '속(續) 한(恨)'(각본 이상현)을 연출, "진사댁 낭자와 한 화공 사이에 얽힌 애달픈 사랑", "퉁소의 명수인 한 총각의 구슬픈 사랑", "어명을 받고 명나라에 조공할 명품 도자기를 만든 도공과 그 아내의 애끓는 사랑"(「뜨겁고 깊은 사랑들 '속 한'」, 조선 68. 2. 1)을 만들었다.

호피와 차돌바위 Hopi and Chadol Bawi(1967)

(대영동화촬영소) 70분 애니메이션/아동

감독 : 신동헌
제작 : 박성근
각본 : 신동헌(원작 신동우)
개봉 : 1967년 8월 15일 동아극장
     (서울)
관람인원 : 1만 3000명
성우 : 구민, 김순원, 김계원, 고은정,
      이혜경, 김수일, 최응찬, 안영
      주, 이광자 외
수출현황 : 대만(69)
음악 : 전정근
현상 : 대영
수상 : 제3회 테헤란국제아동영화제
      출품

차돌바위(김순원)는 검술의 달인을 만나기 위해 유랑길에 오른다. 한데 그날 밤 산에서 잠을 자다가 늑대의 습격을 받은 차돌바위를 누군가가 나타나서 구해준다. 차돌바위는 늑대를 해치운 솜씨를 보고 그가 번개검법으로 유명한 호피(구민)임을 알게 된다. 차돌바위는 산에서 만난 곰쇠와 함께 자신을 구해준 호피를 찾아 나선다.

한편 호피는 탐관오리 최진달 대감이 오랑캐 마술사 '도마술'(최응찬)에게 보내는 선물 보따리를 빼앗아 마을사람들에게 나누어준다. 최진달은 호피를 잡는 데 혈안이 되어 호피의 스승이었던 골반 대사(김수일)까지 불러들인다. 스승과 제자의 대결은 무승부로 끝나고 호피와 차돌바위는 삭풍선생을 만나 비장의 검술을 전수받게 된다. 그때 삭풍선생은 북방 6진을 개척한 이세진 장군이 호피의 아버지이며 장군이 최진달의 모함으로 죽었다는 사실을 알려준다. 호피와 차돌바위는 최진달의 하녀 고은이(고은정)의 도움으로 최진달과 도마술에게 복수한다. 고은이는 바로 호피가 어릴 적 헤어진 여동생이었다.

● 총천연색 장편 만화영화. 같은 해 1월, '홍길동'을 만든 만화가 신동우의 작품으로 '홍길동'의 속편 격이다. 전작 '홍길동'에서 조연이었던 호피와 차돌바위를 주인공으로 내세워 차돌바위가 호피를 만나면서 벌어지는 모험담을 담았다. '홍길동'처럼 풀 애니메이션 기법으로 제작됐고, 대사와 인물의 입놀림이 일치하며 움직임이 자연스럽다. 한국 최초의 극장용 애니메이션 '홍길동'은 제6회 대종상 문화영화작품을 수상, 개봉 나흘 만에 10만 관객을 동원하는 성공을 거두었다.

돌무지 Dolmuji(1967)

한국전쟁 당시 황해도 돌무지마을 주민들은 인민군의 학정에 시달리다 못해 일제히 항거에 나선다. 그러자 총기로 무장된 인민군과 농기구를 든 주민들 간에 혈전이 벌어진다. 혈전의 결과, 피의 회오리바람이 스쳐간 돌무지마을에는 영감(김시중) 한 사람과 그의 어린 손주만이 살아남는다. 이들은 후에 공산도배들의 잔학상을 증언한다.

● KBS '실화극장'에서 방송됐던 김동현 원작의 인기 드라마를 영화화한 작품. 마을의 유지이자 회색분자로 낙인찍힌 주인공 김시중 역에 김승호, 북한군을 살해한 후 도망치던 남한 청년 역에 신성일, 김시중의 딸로서 청년을 간호하다 사랑에 빠지는 김시중의 딸 영애 역에 남정임, 김시중의 며느리로서 열성 공산당원인 달분 역에 태현실, 김시중의 옛 연인으로 공산당 여성위원장 역에 황정순, 그 아들 상달 역에 오지명 등이 출연하고 있다. 각본을 쓴 김동현은 중앙정보부 출신으로 여러 편의 반공 드라마를 써서 극작가로 입문한 케이스이다. 이 영화는 "안티휴머니즘을 고발한 내용으로 북괴학정을 치밀하게 묘파"(동아 67. 9. 19)하고 있다.

(대양영화) 85분 극영화/반공 분단

감독 : 정창화
제작 : 김형근
각색 : 최금동
개봉 : 1967년 9월 19일 단성사(서울)
관람인원 : 9만 4000명
출연 : 김승호, 남궁원, 남정임, 신성일, 허장강, 오지명, 황정순, 백일섭, 태현실, 김성옥 외
기획 : 김승호   촬영 : 배성학
음악 : 전정근   조명 : 오영권
편집 : 현동춘   미술 : 이명수
스틸 : 김동희   조감독 : 김순식
수상 : 제6회 대종상영화제 우수반공영화상, 제2회 남도영화제 남우조연상(허장강)

잃어버린 사람들 Lost People(1967)

선비의 아들 석(오영일)과 순이(문희)는 서로 사랑하는 사이다. 그러나 석의 부모는 아들이 가난한 소작인의 딸을 좋아하는 것을 마땅치 않게 여긴다. 한편 마을에는 글방 훈장이던 박 참봉(최남현)이 알 수 없는 병으로 몸져누워 있다. 한데 참봉을 진맥하러 온 한의사가 참봉의 병은 젊은 처녀의 따뜻한 체온으로 식어가는 아랫도리를 녹여줘야만 낫는다고 했다는 것이다. 그러자 평소 아들 석과 순이 사이를 걱정하던 석의 아버지가 순이를 참봉의 소실로 들여보낼 것을 강력하게 주장한다. 석이 멀리 심부름 간 사이 순이는 박 참봉 댁으로 팔려가게 된다. 심부름에서 돌아온 석은 몸부림치며 울다가 어머니에게 여비를 얻어 순이를 데리고 마을을 빠져나간다. 그들은 그때부터 낯선 어촌마을에 숨어살면서 고기잡이로 생계를 꾸려나간다. 가난하지만 행복한 생활이다. 그러나 참봉이 죽자 참봉의 아들 인달(이대엽)이 도망친 석이와 순이를 찾아 나선다. 그날 고기잡이를 나갔던 석이가 밤중이 되도록 돌아오지 않는다. 석을 기다리던 순이는 석이 빈 배에 실려 파도에 밀려갔다는 소리를 듣고 낭떠러지에서 몸을 던져 석의 뒤를 따른다.(황순원 전집 3, 『鶴/잃어버린 사람들』, 문학과 지성사, 1980년)

● 전조명의 두 번째 연출작. 1956년 《현대문학》에 발표된 황순원의 동명 단편소설을 원작으로 하고 있다. 각색 이태환. "오영일과 문희의 연기는 새로운 진전이 있었고 이들을 추격하는 이대엽의 연기도 박력이 있었다"(「애절한 사랑의 송가 – 전조명 감독 '잃어버린 사람들'」, 주간한국 67. 11. 19)라는 평이 있었다. 설악산에서 촬영되었다.

(연방영화) 극영화/문예 사극

감독 : 전조명
제작 : 주동진
각색 : 이태환(원작 황순원)
개봉 : 1967년 11월 17일 아카데미극장(서울)
관람인원 : 2만 1092명
출연 : 오영일, 문희, 이대엽, 김동원 외
기획 : 최춘지
촬영 : 정운교
음악 : 김동진
조명 : 손영철
편집 : 유재원
미술 : 김기호
현상 : 대영
수상 : 제6회 대종상영화제 특별장려상(연방영화), 제4회 백상예술대상 여우주연상(문희) · 신인상(오영일)

안개 Mist(1967)

(태창흥업) 95분 흑백 시네마스코프
극영화/문예

감독 : 김수용
제작 : 김태수
각본 · 각색 : 김승옥(원작 김승옥)
개봉 : 1967년 10월 19일 아카데미극
장(서울)
관람인원 : 13만 6000명
출연 : 신성일, 윤정희, 김정철, 이낙
훈, 주증녀, 이빈화, 김신재, 이
룡, 추봉, 임해림, 박일 외
기획 : 황혜미
촬영 : 장석준
음악 : 정윤주
조명 : 손영철
편집 : 유재원
미술 : 박석인
소품 : 추교환
사운드 : 이경순, 최형래
조감독 : 조문진, 이원세
수상 : 제6회 대종상영화제 감독상(김
수용) · 편집상(유재원) · 신인상
(윤정희), 제4회 백상예술대상
신인상(윤정희), 제11회 부일영
화상 감독상(김수용) · 신인상
(윤정희), 제14회 아시아영화제
감독상(김수용)

부잣집 딸(이빈화)과 결혼해서 제약회사의 상무가 된 윤기준(신성일)은 이만하면 자신은 성공한 편이라고 자부하고 있다. 처가식구들의 눈치를 보는 일이 탐탁지 않긴 하지만 정상적인 방법으로는 도저히 다다를 수 없는 출세의 길이기 때문이다. 며칠 후 그는 장인이 회장으로 있는 이 회사의 전무로 승진하게 된다. 그는 그 틈을 타서 잠시 자신이 자라난 고향에 내려가 휴식을 취하기로 한다.

4년 만에 고향에 온 그는 무진은 안개만이 가득할 뿐 사람들의 세속적인 욕망을 충족시켜 줄 수 있는 것이 아무것도 없는 곳임을 다시 한번 확인한다. 그는 어느 날, 중학교 음악교사로 있는 하인숙(윤정희)과 만나 어울린다. 대학 시절 오페라 가수를 꿈꾸던 인숙은 과거에 기준이 그랬듯이 그녀도 무진을 벗어나 서울로 가고 싶은 욕망을 버리지 못한다. 시골 학교 음악교사로 근무하면서 동료들과 술자리에서 유행가나 부르며 시간을 죽이는 생활을 더 이상 견딜 수 없었던 것이다. 서울에서 출세한 기준을 만난 인숙은 기준이야말로 자신을 무진에서 구해줄 유일한 탈출구라고 여긴다. 그래서 기준에게 서울로 자리를 옮길 수 있도록 도와달라고 부탁하고 기준도 기꺼이 도움을 주겠다고 약속한다. 어쨌든 인숙은 답답한 일상으로부터 벗어날 수 있는 수단으로 윤기준이란 남자를 받아들이고 윤기준은 자신이 무엇인가 도움을 줄 수 있으며, 그러한 감정을 사랑이라고 느낀다.

그러나 아내로부터 전무 취임식에 참석하라는 전보를 받은 그는 아무런 사연도 남기지 않은 채 서울로 올라온다. 우연히 만난 여성에게 사랑의 감정을 느끼는 듯하다가 뒤도 돌아보지 않고 가차없이 떠나는 인연의 일회성은 전날 밤 안갯속에서의 노랫말처럼 눈물 속에 감춰야 하는 사랑의 결말이 된다.

● 김수용의 대표작 중 하나. "감수성의 혁명"으로 불리는 김승옥의 소설 「무진기행(霧津紀行)」을 원작으로 한 영화. 한마디로 소설 같은 영화. 소설 속의 안개 이미지가 영화에서도 그대로 살아나면서 이야기의 기본축이 가감 없이 옮겨진다. 이 영화는 우선 국산영화를 외면하던 지식층 관객들에게 우리 영화도 프랑스나 이탈리아 영화 못지않다는 자부심을 심어주었다. 근대화과정에서의 한국남성이 야기한 피로와 정신적 분열을 영화 속에 반영하여 유럽 모더니즘 영화의 어법을 한국적으로 실험하는 데 성공한 작품이다.

이는 서울대 문리대 출신들이 한국영화의 혁신을 부르짖고 만든 영화이기도 하다. 즉 시나리오 작업과정에서 문학평론가 이어령(국문과) 감수, 미국과 유럽에서 각각 영화 공부를 하고 돌아온 김동수(정치과)와 황혜미(불문과) 부부가 기획, 원작자 김승옥(불문과)이 직접 시나리오를 썼다. 소설에서는 순천이 무대지만 영화는 김포와 파주에서 촬영되고 영화의 배경이 된 무진의 소나무 숲은 서평택 항구 부근에서 찍었다고 한다.

'안개'의 화면에는 과장된 장면이나 진부한 오버액션이 보이지 않는다. 감독은 인간의 진실이 표백되어 가는 과정을 일정한 시적 정취로 이끌어가면서 영상표현에서 도시인의 위선과 모순을 안개처럼 모호하게 지워나가는 수채화 화법을 쓰고 있다.(동아 67. 11. 4)

영화는 주인공 기준의 여행을 통해 서울과 무진이라는 두 개의 공간을 대조시킨다. 그것은 도시와 시골, 개발과 저개발, 근대화와 전근대화, 현재와 과거로의 대립이기도 하다. 이러한 이항 대립은 주인공인 기준에게 출세의 기회를 준 재벌의 딸인 아내와 무진에서 만난 가난한 음악선생인 하인숙을 통해서도 형상화되고 있다. 따라서 안개를 통해 밝혀지는 한국인의 심성 속에 드리운 냉엄성은 오늘은 사랑하지만 내일은 잊어버리는 섬뜩함 그 자체로 표현된다. 이를 위해 모더니즘 영화의 기법들을 적절하게 활용하여 서사를 벗어난 내러티브, 현재 속에 과거의 시간을 끊임없이 불러들이는 플래시백 구조, 등장인물보다 공간을 부각시키는 화면, 그리고 사운드와 이미지의 충돌, 몽타주 기법 등이 시도되고 있다.(이세기, 『예술을 뚫고 들어간 사람들』, 푸른사상, 2004년, p.132)

이 영화를 본 아시아영화제 심사위원장이던 호세 키리노는 김수용을 잉그마르 베르히만에 비견하고 영화평론가 이효인은 "안개는 한국영화의 근대화를 70년 앞당겼다"고 밝힌 바 있다. 당시 한국외국어대 교수 앙드레 파브르(불어과)는 "미켈란젤로 안토니오니의 '일식(L'clipse)' (1960), '정사(L'Avventura)' (1960)의 무드와 알랭 르네의 '지난해 마리엔바드에서(Last year at Marienbad)' (1960)에서 창조한 미지의 시간을 김수용의 안개에서 느낄 수 있었음"(동아 67. 11. 4)을 피력한 바 있다.

당시 대학생들에게 인기가 많았던 앙드레 파브르는 서울 시내 개봉관에서의 계속되는 '안개'의 초만원 흥행성적을 보고 "한국 도시인의 감각 수준과 내용이 서구의 그것들에서 조금도 떨어지지 않는다는 것을 재인식했다"(조선 67. 12. 24)고 쓴 글도 있다. 파브르의 이 발언을 계기로 김수용은 '한국의 미켈란젤로 안토니오니'란 별명을 갖게 되었다.

이 영화는 제6회 대종상 감독상, 부일영화상 감독상, 제14회 아시아영화제 감독상 등의 굵직한 상을 감독에게 안겨주었다.

영화 도입부에서 윤정희가 '목포의 눈물'을 열창하고 주제가인 '안개'는 이봉조 작곡, 정훈희 노래로 히트했다. 서울관객 13만 명 동원.

1974년 김수용의 조감독이던 조문진이 '황홀'(주연 윤정희 남궁원)이란 제목으로 이를 리메이크했으나 오리지널 '안개'를 능가하진 못했다.

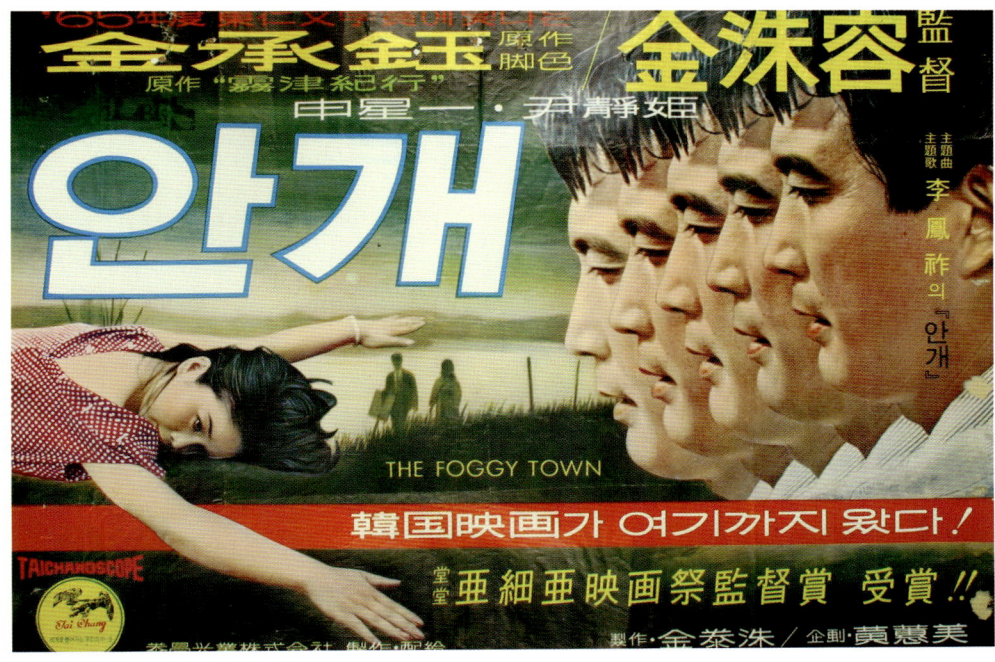

217

사격장의 아이들 Children in the Firing Range(1967)

(한국영화사) 95분 극영화/계몽

감독 : 김수용
제작 : 성동호
각본 : 장재화
각색 : 임희재
개봉 : 1967년 11월 25일 동아극장
(서울)
관람인원 : 2만 8061명
수출현황 : 대만, 일본(68)
출연 : 김지미, 허장강, 방수일, 주증
녀, 황정순, 김동원, 정애란, 백
금녀, 이종철, 임해림, 송규현,
이광호, 이지현, 전상철, 최선,
정도령, 허영란, 정현수, 이재
호, 정일원, 김선민 외
기획 : 호현찬
촬영 : 홍동혁
음악 : 정윤주
조명 : 손영철
편집 : 유재원
미술 : 노인택
소품 : 추주호
사운드 : 정기창, 심재훈
프로듀서 : 호현찬
조감독 : 조문진, 이원세, 김정원
수상 : 제6회 대종상영화제 제작상(대
창영화), 제5회 청룡영화상 감
독상(김수용) · 촬영상(홍동혁),
제4회 백상예술대상 작품상 ·
촬영상(홍동혁) · 특별상(집단아
동연기 부문), 제11회 부일영화
상 남우조연상(허장강), 제3회
대일영화상 작품상, 제3회 테
헤란국제영화제 출품

한국전쟁이 끝난 지 얼마 되지 않은 동부 휴전선의 한 작은 마을. 마을 주민은 대부분 북한에 고향을 둔 실향민들이고 아이들은 가난한 집안 살림을 돕고자 군부대 사격 훈련장에서 탄피를 주워 팔고 있다. 탄피를 주우려면 포탄이 떨어지는 지점에서 기다려야 한다. 그만큼 위험한 일인데도 아이들은 산비탈에 엎드려서 대포알이 날아오기를 기다린다. 이 마을 초등학교에 젊은 여교사 오지영(김지미)이 부임해온다. 마을은 너무나 삭막했으나 그녀는 아이들에게 꿈과 희망을 주기 위해 사명감을 갖고 가르친다. 부모들은 아이들에게 무관심해서 실향민인 영규 아버지(허장강)는 아들이 탄피를 주워 번 돈을 술과 노름으로 날리며, 전쟁미망인인 동호 어머니(주증녀)는 아들 몰래 읍내 술집에 나가고 있다. 암흑 같은 환경 속에서도 아이들은 탄피를 팔아 모은 돈으로 병든 용순 어머니를 돕기도 하지만 영규 아버지는 먹고살기도 힘든데 쓸데없는 짓을 한다며 오히려 아들을 나무란다. 더 이상 이 마을에서 희망을 가질 수 없다고 생각한 동호와 영규는 학교를 그만두고 서울로 도망칠 계획을 세운다. 그러나 여비 마련을 위해 탄피를 주우러 갔던 영규 일행은 불발탄이 터지는 바람에 동호는 죽고 영규도 머리에 부상을 입는다.

졸업을 앞둔 마지막 수업 시간, 오늘도 사격장에서는 포탄이 작렬한다. 전투기가 운동장을 저공비행하자 아이들은 놀라서 창밖으로 고개를 내밀지만 고막이 찢어진 영규는 아무것도 듣지 못한다. 어른들은 무지몽매했던 자신들의 지난날을 후회하며 새로운 마을을 만들어 나갈 것을 약속한다.

● 1967년 조선일보 일선교사 수기 공모 당선작을 임희재가 각색한 작품. 분단의 비극과 근대화의 물결이 공존하던 시대 상황 속에서 천진무구한 아이들의 생활을 통해 전쟁의 잔학성과 상흔을 확인해 나가는 내용이다. "사회의 구조적 모순을 비판한 리얼리즘영화로 미래의 희망인 어린이에 대한 관심과 애정을 환기시키고 있다"(한국 67. 11. 28)는 평이 있었다.

교사로 나오는 김지미와 허장강이 겹치기 출연으로 함께 카메라 앞에 설 시간이 없어서 김수용은 고심 끝에 한 사람씩 따로 촬영한 것을 후에 편집과정에서 서로 대화하는 것으로 만들어 놓았다(김수용, 『나의 사랑 시네마』, 씨네 21, 2005년, p.115)고 한다. 가평군 상색 초등학교에서 촬영되었다. 선명회 어린이 합창단이 협연. 대종상 제작상, 청룡영화상 감독상, 백상예술대상 작품상과 대일영화상 작품상을 수상하고 제3회 테헤란국제영화제에 출품되었다.

포스터에 보면 "포성(砲聲)과 초연(哨煙)이 자욱한 메마른 산야(山野)에 파편(破片)처럼 버려진 어린 목숨들! 그들이 바로 우리들의 子息(자식)이다! 그들이 바로 우리들의 歷史(역사)다! 그들이 바로 우리들의 來日(내일)이다! 그들에게 希望(희망)을, 그들에게 꿈을" 그리고 따뜻한 보금자리를 '저 하늘에도 슬픔이'에 이어 명장(名匠) 김수용 감독이 내놓는 또 하나의 문제작! 전국 700만 어린이와 청소년들, 그리고 삼천만 국민에게 호소하는 사랑과 인간애의 감동드라마!" 등의 문구가 절절하다.

까치소리 Sound of Magpies(1967)

한국전쟁 이후 소식이 끊겼던 봉수(신성일)가 살아 돌아온다. 사망통지서까지 날아온 데다 전쟁이 끝난 뒤에도 오랫동안 돌아오지 않아서 마을 사람들은 모두 그가 죽은 줄만 알고 있었다. 봉수의 약혼녀 정순(고은아)도 그가 죽은 줄 알고 봉수의 친구 상호(이대엽)와 결혼한 처지다. 그러나 실은 마을의 면서기였던 상호가 정순을 차지하기 위해 친구인 봉수의 사망통지서를 허위로 작성했던 것이다. 전쟁터의 공포에서 벗어나 고향에 돌아온 봉수는 정순의 배신에 몸부림친다. 봉수는 정순을 찾아와서 자신의 목숨은 국가와 민족을 위해 싸우던 전우들로부터 "도둑질한 목숨"이라면서 상호를 버리고 자기와 새출발 하자고 호소한다. 이미 가정이 있는 몸인 정순은 봉수의 제의에 심적 갈등을 겪다가 결국 자살하게 되고 정신착란이 된 봉수는 상호의 누이동생 영숙(남정임)을 상호로 잘못 알고 목 졸라 죽인다. 정순의 상여가 나가는데, 멀리 갈대밭에서 그 행렬을 바라보는 봉수의 머리 위로 까치가 높이 날아오른다.

(태창흥업) 80분 35mm 극영화/문예

감독 : 김수용
제작 : 김태수
각본 : 조문진(원작 김동리)
개봉 : 1967년 11월 26일 명보극장 (서울)
관람인원 : 7만 1000명
수출현황 : 월남(70)
출연 : 신성일, 남정임, 고은아, 윤정희, 한은진, 이대엽, 윤양하, 김정옥, 강계식, 양일민 외
기획 : 안순준, 권영식
촬영 : 홍동혁
음악 : 정윤주
조명 : 손영철
편집 : 유재원
미술 : 이봉선
소품 : 추교환
현상 : 대영
조감독 : 조문진, 이원세, 서진성, 김종경, 김정원
수상 : 제6회 대종상영화제 제작상(태창흥업), 제5회 청룡영화상 여우조연상(한은진), 제11회 부일영화상 각본상(조문진)

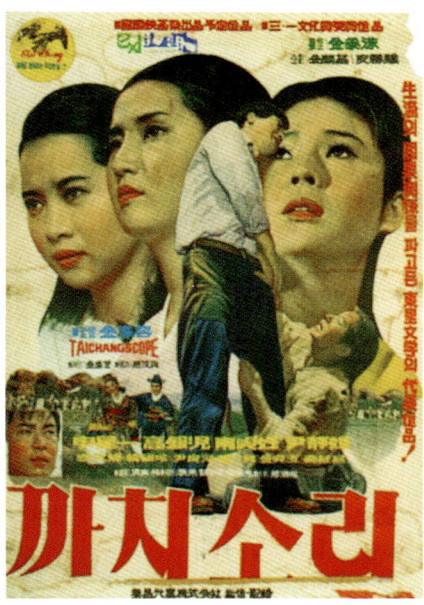

● 1967년 3·1문학상을 받은 김동리의 소설 『까치소리』를 영화화한 작품. 영화를 연출한 김수용은 영화 내용에 예술성과 흥행성을 양립시킴으로써 감수성의 혁명을 불러일으켰고 불교의 인과응보 사상을 바탕으로 인간의 합리성만으로는 해결할 수 없는 다른 차원의 삶과 죽음, 전쟁으로 빚어진 왜곡된 운명을 비극적으로 묘사했다. 영화계는 영상미 넘치는 수작으로 평가하고 있으나 김수용은 "구체적인 영상의 특질 때문에 문학의 관념성을 완벽하게 용해하기 힘들었다"고 말한 바 있다.(김수남, 『한국영화작가 연구』, 예니, 1998년, p.302) 이 영화는 청룡영화상에서 한은진이 여우조연상, 제11회 부일영화상 시나리오를 만든 조문진이 각본상을 수상했다.

막차로 온 손님들 The Guests of the Last Train(1967)

(한국영화 · 동양영화흥업) 104분 극영화/문예

감독 : 유현목
제작 : 성동호
각본 : 이상현, 이은성(원작 홍성원)
개봉 : 1967년 12월 14일 명보극장 (서울)
관람인원 : 6만 9000명
출연 : 이순재, 문희, 성훈, 남정임, 김성옥, 안인숙, 한찬주, 정민, 김웅, 성소민 외
기획 : 김승업
촬영 : 민정식
음악 : 한상기
조명 : 차정남
편집 : 현동춘
미술 : 박석인
사운드 : 이경순, 최형래
스틸 : 김현문
총지휘 : 이종벽
조감독 : 박승관, 이재춘, 이명식, 구연갑
수상 : 제4회 백상예술대상 연기상(문희) · 음악상(한상기), 제3회 백마상 신인남우상(김성옥), 제11회 부일영화상 촬영상, 제6회 파나마 국제영화제 출품

동민(이순재), 경석(성훈), 충현(김성옥) 등 세 친구와 동민과 보영(문희), 경석과 세정(남정임)의 사랑을 그리고 있다.

시한부 삶을 선고받은 동민은 밤늦게 집으로 돌아오다 길에서 만난 보영을 집으로 데려온다. 부유한 집안의 딸인 보영은 친구가 자기 아버지와 결혼하자 환멸을 느끼고 가출한 것이다. 동민과 보영은 동거에 들어가고 병 때문에 자학에 빠져 있는 동민을 보영은 헌신적으로 위로해준다. 한편 세정(남정임)은 남편이 죽자 엄청난 재산을 상속받은 후 이를 시기하는 주위 사람들의 협박을 피해 동민의 친구 경석(성훈)의 정신병원에 입원한다. 이런 인연으로 경석과 결혼하게 된 세정은 전 남편의 유산을 포기하기로 한다.

경석의 청첩장을 본 보영은 경석의 결혼 상대가 하필이면 자기 아버지와 결혼했던 세정임을 알고 놀란다. 경석과 세정의 결혼식 날, 세정의 재산상속 문제 때문에 어수선했던 결혼식장은 실질적인 재산상속자인 보영이 나타나자 아수라장이 된다. 이를 지켜보던 동민과 경석, 충현은 결혼식장을 빠져나와 함께 술을 마신다. 그날 밤 동민이 집으로 돌아오자 보영은 동민을 기다리고 있다. 동민은 진실한 보영의 사랑을 확인하며 삶의 의미를 되찾게 된다.

● 주간한국에 연재됐던 홍성원의 동명 소설을 영화화한 작품. 소품과 미술을 통해 등장인물의 심리 상태를 세밀하게 표현하고 있다. 60년대의 트로이카 중 문희와 남정임이 출연하여 연기 대결을 펼치는 등 주연인 이순재와 같은 연극배우 출신인 김성옥의 독특한 캐릭터가 볼거리다.
　각본을 쓴 작가 이상현은 "영화 '막차로 온 손님들'은 적어도 한국영화의 미래를 점칠 수 있는 획기적인 작품. 우리가 흔히 절찬해 마지않던 이만희의 '만추'나 김수용의 '안개'가 받았던 가작 또는 수작이라는 일반적인 개념을 뛰어넘는 올바른 의미의 문제작, 그것도 아주 뛰어난 문제작의 하나"(동아 67. 12. 28)라고 찬사를 아끼지 않았다.

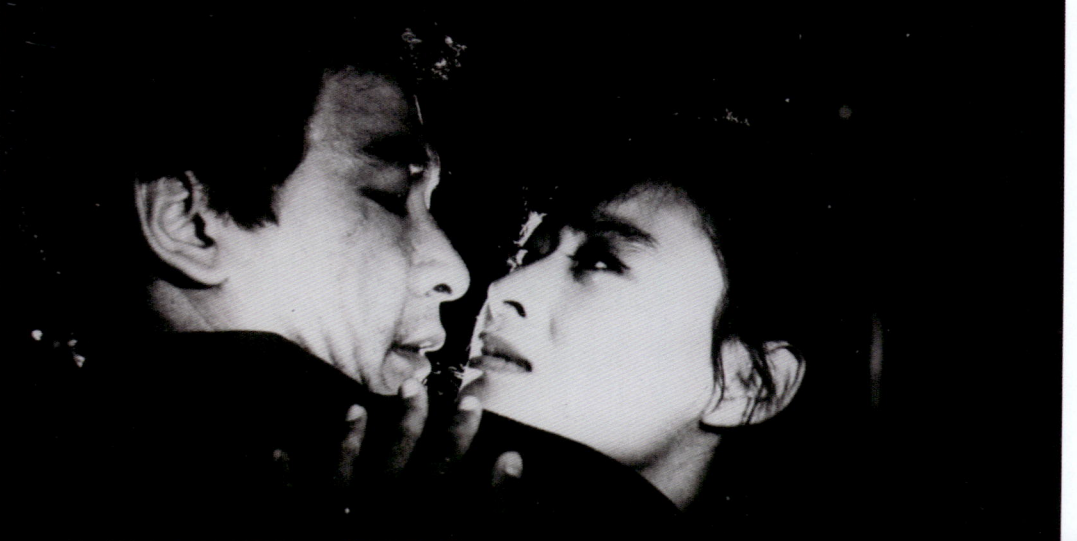

메밀꽃 필 무렵 When Bucketwheet Flowers Blossom(1967)

장돌뱅이 허 생원(박노식)은 떠돌이 생활 중에도 봉평 장에는 빠지지 않고 들른다. 장에서 장으로 가는 아름다운 풍광 중에서도 봉평은 그에게 고향이나 다름없는 곳이다.

봉평의 여름장은 아직 해가 중천인데 파장이 가까워선지 장판이 썰렁하기만 하다. 허 생원과 조 선달(김희갑), 윤봉운(허장강)은 대화 장으로 가기 위해 갈 길을 서두른다. 하루 벌어 하루 먹고살기도 힘든 떠돌이의 삶은 어제가 오늘 같고 오늘이 어제와 다르지 않다.

그날 밤, 세 사람은 봉평에서 대화에 이르는 밤길을 가게 된다. 산허리는 온통 메밀밭이어서 막 피기 시작한 꽃이 소금을 뿌린 듯 눈이 부시다. 그들은 가는 길에 아까 주막에서 만났던, 허 생원처럼 왼손을 쓰는 젊은 장돌뱅이 동이(이순재)를 만난다. 자신을 닮은 듯한 동이를 보자 허 생원은 젊은 시절이 생각나는지 일행들에게 지난날 자신이 겪은 사랑 이야기를 들려준다.

젊은 시절 허 생원은 봉평 포목전에서 아름다운 처녀 분이(김지미)를 만나 첫눈에 반한다. 그리고 그날, 메밀꽃이 활짝 핀 여름밤, 멱을 감으러 냇가로 갔다가 분이와 하룻밤을 보낸 후 그는 그녀와 평생을 함께하기로 마음먹는다. 그래서 분이 아버지가 진 빚 삼백 냥을 갚아주기 위해 씨름판에도 나가고 아끼던 나귀도 판다. 그날도 돈을 마련해서 봉평에 왔으나 분이는 아버지의 빚 대신 어디론가 팔려간 뒤였다. 그 뒤로 여기저기 수소문해 봐도 분이를 찾을 길이 없었다. 그로부터 20년이 지났지만 허 생원은 아직도 홀몸이다.

동이도 자신의 이야기를 들려준다. 어머니가 달도 차기 전에 자신을 낳고 집에서 쫓겨나는 바람에 그는 아버지의 얼굴도 모르고 자라났다고 했다. 그리고 동이 어머니의 고향이 바로 봉평이며 지금은 제천에 있다는 말도 듣는다.

허 생원이 개울을 건너다 물에 빠지자 동이가 업어서 건네준다. 동이의 등 위에서 허 생원은 어머니가 아비를 찾지 않느냐고 묻는다. 동이는 항상 그랬듯이 어머니는 아버지를 그리워한다고 대답한다. 허 생원은 동이가 바로 분이와 자신의 아들임을 확신하고 조 선달 일행과 작별인사를 나눈다. 그는 대화 장을 포기하고 동이를 따라 제천으로 향한다.

● 이성구의 문예영화. 1936년 《조광》지에 발표된 이효석의 동명 단편소설을 원작으로 한 영화. 정부의 우수영화 보상정책에 따라 원작소설의 영화화 붐이 한창이던 1960년대 후반에 이성구는 향토적 서정성이 짙게 묻어나는 원작의 느낌을 시원한 와이드 화면에 담아냈다. 먹고살기 위해 이 장, 저 장을 떠돌아다니는 장돌뱅이 세 사람, 옷감장수 허 생원(박노식), 만물장수 조 선달(김희갑), 약장수 윤봉운(허장강) 등 대배우들의 걸출한 연기와 흑백영화지만 강원도 평창, 봉평의 아름다운 풍광이 정겹게 펼쳐진다.

(세기상사) 98분 극영화/문예

감독 : 이성구
제작 : 우기동
각색 : 나한봉(원작 이효석)
개봉 : 1967년 12월 15일 대한극장 (서울)
관람인원 : 3만 9000명
수출현황 : 일본(69)
출연 : 박노식, 김지미, 김희갑, 허장강, 도금봉, 이순재 외
기획 : 조규진
촬영 : 태길성
음악 : 김희조
조명 : 강용신
편집 : 유재원
미술 : 송백규
현상 : 한양
수상 : 제5회 청룡영화상 여우주연상(김지미), 제11회 부일영화상 남우주연상(박노식), 제2회 남도영화제 작품상·남우주연상(박노식)·여우주연상(김지미), 제29회 베니스국제영화제(29회) 출품

춘향 春香, Chunhyang(1968)

(세기상사) 120분 컬러 극영화 연소자 가/시대극

감독 : 김수용
제작 : 우기동, 국채완
각본 : 임희재
개봉 : 1968년 1월 30일 대한극장 (서울)
관람인원 : 11만 6000명
수출현황 : 미국(68), 일본(69)
출연 : 홍세미, 신성일, 박노식, 윤인자, 허장강, 태현실, 김승호, 김혜경, 최남현, 한은진, 김희갑, 김동원, 주증녀, 김정옥, 백금녀, 곽규석, 양훈, 서영춘, 박상익, 송해, 변기종 외
기획 : 조규진
촬영 : 홍동혁
음악 : 정윤주
조명 : 손영철
편집 : 유재원
미술 : 송백규
소품 : 김완규
의상 : 이정수
분장 : 안건호
사운드 : 최형래, 한양
안무 : 구자운
조감독 : 이원세, 서진성, 김정원
수상 : 제4회 시카고국제영화제 출품

남원 현감(최남현)의 아들 이몽룡(신성일)은 단옷날 그네를 타던 춘향(홍세미)에게 반해 두 사람은 부모 몰래 혼례를 올린다. 그러나 동부승지가 된 아버지를 따라 몽룡이 서울로 가는 바람에 그들은 이별하게 된다. 신임 현감으로 부임해온 변학도(박노식)는 춘향에게 끈질기게 수청을 요구하고 춘향이 이를 완강하게 거부하자 옥에 가둔다. 변학도의 생일 잔칫날, 과거에 장원급제하여 전라어사로 임명된 몽룡이 나타나 변학도를 벌하고 사랑하는 춘향과 재회의 기쁨을 나눈다.

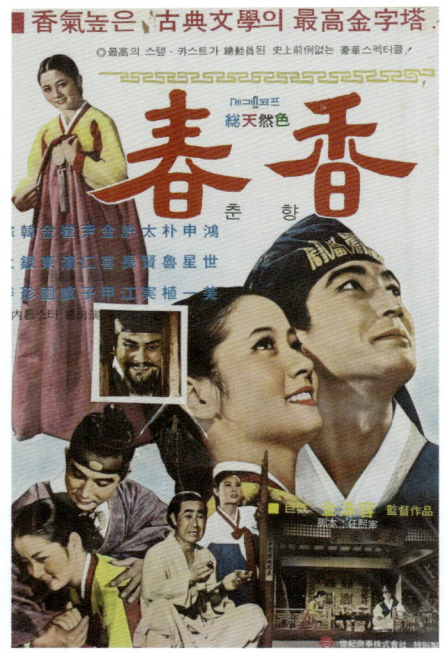

● 김수용의 50번째 연출작품. 홍세미의 스크린 데뷔작으로 당시 동덕여대 국문과에 재학 중이던 홍세미는 세기상사가 주최한 '춘향' 공모에서 1800명의 경쟁자를 물리치고 당당히 선발되었다. 그때 심사를 맡았던 김수용은 "연령에 비해 성숙한 여성으로서의 인상이 육감적이었고 균형 잡힌 체구와 윤기 있는 음색이 더욱 개성미를 뚜렷하게 하고 있다"고 했다. 예명 홍세미는 김수용이 지어준 이름이다.

60년대 말 제작된 영화 '춘향'은 일정한 유형에 빠진 변학도의 이미지를 쇄신하기 위해 박노식을 미남으로 분장시키고 촐랑대는 향단 역에는 점잖은 인상의 태현실을 캐스팅했다. 월매 역을 맡은 윤인자가 이 도령이 담을 넘어 들어오자 속옷 바람에 방망이를 들고 나가는 장면이 볼만하다. 안무에 구자운, 당대 춤꾼이던 장홍심이 춤추었다.

이 영화는 "희극적인 오락사극"(조선 68. 1. 30)으로 평가되면서 흥행에 성공, 공식적인 관람인원 집계는 11만 6000명으로 나와 있으나 실제로는 20만 명(김수용, 『내 사랑 시네마』, 씨네21, 2005년, p.122)의 관객을 모은 것으로 기록되고 있다.

나무들 비탈에 서다 Trees Stand on Slope(1968)

현태(이순재), 윤구(김순철), 동호(김동훈)는 전쟁터에서 살아남은 전우들이다. 현태는 제대 후 하는 일 없이 세월을 보내면서 어쩌면 동호의 자살은 자기 때문일지도 모른다는 죄책감에 시달린다. 그때 동호의 유서를 현태가 가지고 있다는 소리를 듣고 동호의 애인 숙(문희)이 찾아와서 동호가 자살한 이유를 묻는다. 현태는 끝내 입을 열지 않는다. 그리고 혼자서 동호가 죽게 된 과거를 떠올린다.

군 복무 당시 동호는 애인 숙만을 생각하며 지나치게 순결을 고집하려 들었다. 현태는 짓궂은 생각에 술집 작부 옥주(전영주)를 시켜 동호를 유혹하게 한다. 이 일로 옥주를 사랑하게 된 동호는 옥주가 다른 남자와 있는 것을 보고 격분한 나머지 두 남녀를 총으로 쏘고 자살한 것이다. 더 이상 숨길 이유가 없다고 생각한 현태는 숙에게 동호의 유서를 건네주지만 유서에는 별다른 내용이 없었다. 그러자 숙은 현태에게 당신이 동호를 죽였다고 비난하고 현태도 지지 않고 "오히려 당신이 너무 결백을 강요해서 동호를 죽게 했다"고 맞선다. 그 후 현태와 숙은 가까워지고 숙은 현태의 아이를 임신한다. 현태가 술집 난동 사건으로 구속되자 숙은 아기를 낳을 때까지 이번에는 윤구에게 의지하려 든다. 윤구가 이를 냉정하게 거절하자 숙은 혼자서 아이를 낳기로 한다.

(한국영화사) 극영화 연소자불가/문예

감독 : 최하원
제작 : 성동호, 이종벽
각색 : 이은성(원작 황순원)
개봉 : 1968년 2월 18일 명보극장
　　　 (서울)
관람인원 : 2만 6000명
출연 : 이순재, 문희, 김순철, 김성옥,
　　　 김동훈, 방인자, 전영주, 한은
　　　 진, 김정옥, 정민 외
기획 : 김승업
촬영 : 민정식
음악 : 최창권
조명 : 차정남
편집 : 현동춘
미술 : 박석인
소품 : 추교환
사운드 : 이경순, 최형래
수상 : 제5회 백상예술대상 신인감독
　　　 상(최하원)

● 최하원 감독 데뷔작. 1960년 9월 《사상계》에 발표된 황순원 원작의 동명 소설을 영화화한 것이다. 전쟁이라는 극한 상황을 겪은 젊은이들이 비탈에 선 나무처럼 몸부림치면서 끝까지 구원을 갈망하는 삶의 욕망과 수난을 기록하고 있다. 작중 인물들의 관계는 가해자와 피해자의 관계로 전개된다. 남자 주인공들은 전우이면서 전쟁에 상처받은 피해자들이며 이는 인간의 근원적 고독의 문제를 확산시킬 수 있는 실마리를 던져준다. 이성에 대한 감정이나 우정도 마찬가지다. 감독은 이러한 원작이 갖는 문학적 특징을 영화 속에서 잘 살리고 있다.

최하원은 이 작품을 선택한 이유에 대해 "거기엔 전쟁을 겪고 난 젊은이들의 방황, 소외가 짙게 깔려 있었고 그런 관점에서 이 작품의 소재가 세계적인 것이 될 수 있다고 생각했기 때문"(이순진, 『영화의 고향을 찾아서』, 한국영상자료원, 2003년, p.272)이라고 밝히고 있다. 젊은이들의 방황과 흔들림, 이기심과 피해망상을 섬세하게 묘사한 이 작품은 관객들에게 새로운 활력을 불어 넣었다는 점에서 최하원은 한국 문예영화의 지평을 확장시킨 감독의 한 사람으로 평가되기도 했다.

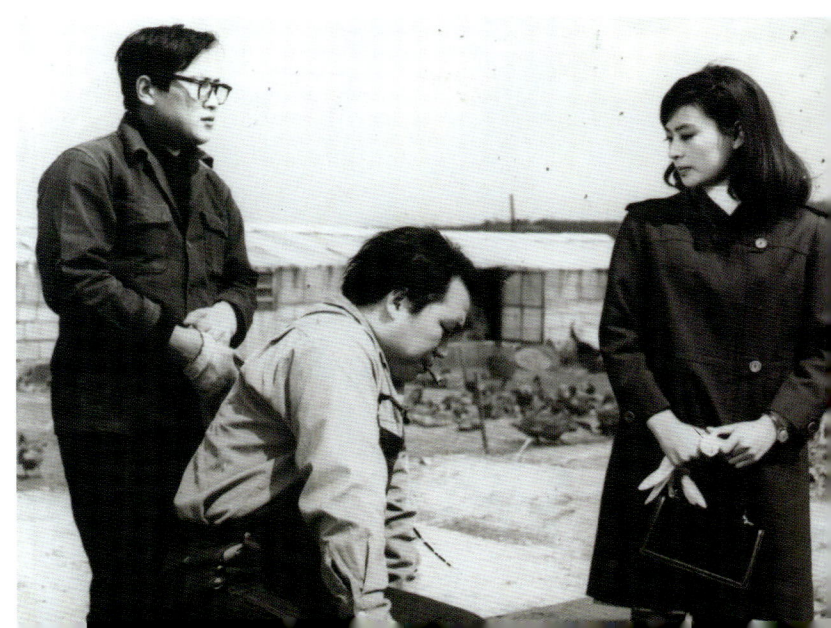

철부지 아씨 A Young Bride(1968)

(한국예술영화) 100분 극영화 연소자
불가/통속

감독 : 김기풍
제작 : 박차옥
각본 : 임희재
개봉 : 1968년 3월 14일 동아극장
        (서울)
관람인원 : 4만 8000명
수출현황 : 베트남(69)
출연 : 문희, 신영균, 김희갑, 황정순,
        한은진, 김성옥, 김정훈, 김기
        범, 김영옥, 명미정 외
기획 : 박찬일, 장일
촬영 : 김재영
음악 : 전정근
조명 : 김강일
편집 : 김창순
미술 : 박석인
사운드 : 김병수, 최형래
조감독 : 김원규, 고병인

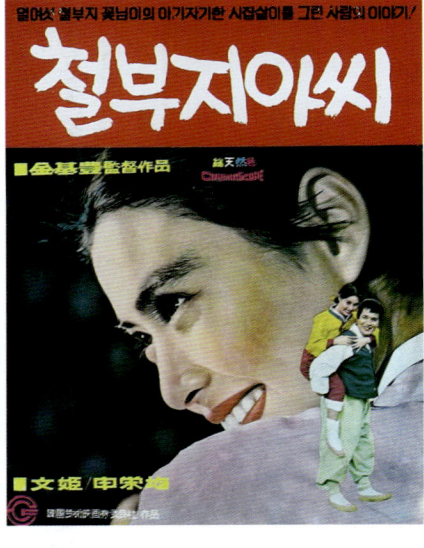

마을 청년 석순(신영균)에게 시집온 열 여섯살 꽃님(문희)은 아직 철이 없어선지 시부모를 종종 실망시킨다. 친정집에서 보내는 첫날밤에 엄마(한은진) 방으로 도망치는가 하면 시댁에서 빨래, 바느질 같은 가사를 배우는 동안에도 사사건건 사고를 치곤 한다. 꽃님은 늘 자신의 편이 돼주는 남편과 시아버지(김희갑)와는 잘 통하지만 철부지 며느리를 가르치기 위해 일부러 엄하게 구는 시어머니(황정순)가 무섭기만 하다. 호랑이 시어머니가 볼일로 외박하던 날, 꽃님은 시아버지와 떡을 해서 동네 친구들을 불러 밤새도록 놀다가 예정보다 일찍 돌아온 시어머니에게 야단을 맞고 친정으로 쫓겨난다.

꽃님이 철들 무렵 남편이 징용을 나가고 그 사이 꽃님은 아들 영문(김정훈)을 낳는다. 그 후 해방이 되어 마을 청년들이 다 돌아오지만 꽃님의 남편에게선 소식이 없다. 영문이 어느덧 다섯 살이 되고 가세가 차츰 기울자 시아버지는 앞날이 창창한 며느리를 개가시키기로 마음 먹는다. 그리고 같은 동네에 살면서 꽃님에게 관심을 갖고 있던 청년 장수(김성옥)에게 꽃님을 시집보내기로 한다. 그때 죽은 줄 알았던 석순이 돌아와 꽃님이 자신을 배신한 줄 알고 크게 분노한다. 그러나 장수가 꽃님을 일방적으로 사랑했을 뿐 둘 사이에는 아무 일도 없었다면서 오해를 풀어준다. 시집온 지 수년 만에 어엿한 여인이 된 꽃님은 진짜 첫날밤 같은 분위기로 남편의 품에 안긴다. 문밖에서 이를 훔쳐보는 시부모는 흐뭇하기만 하다.

● 김기풍의 코믹물. 이 영화는 예그린악단의 뮤지컬 「꽃님이 꽃님이 꽃님이」 중 후반부 스토리를 화면에 담고 있다. 화사하게 차려입은 동네 처녀들의 '강강수월래', '디딜방아', '물레' 등 로 컬컬러 무드를 물씬 풍기는 장면들이 눈길을 끌면서 "과장 없는 웃음을 보여주었다"(한국 68. 3. 24)는 평을 들었다.

대원군 大院君, Prince Daewon(1968)

조선말기에 국운이 쇠퇴하자 안동 김씨 김문근의 세도정치가 국정을 좌우하게 된다. 왕가의 종친인 흥선대원군 이하응까지도 김씨 일파에 의한 탄압의 대상이 되자 흥선군은 탄압과 음모를 피하기 위해 방종과 폭주로 바보짓을 가장하며 때가 오기를 기다린다.

1863년 철종이 승하한 후 흥선군은 자신의 둘째 아들 명복으로 하여금 왕통을 잇게 하는 데에 성공한다. 명복을 왕위에 영봉한다는 전지를 들고 온 자는 흥선군 앞에 꿇어 엎드려 말한다. "이제 이 나라를 실질적으로 다스리실 분은 국태공이신 대원위대감이십니다."

고종이 등극하지만 아직 나이가 어린 탓에 그의 생부인 대원군이 고종을 대신해서 섭정하게 되고 이를 못마땅하게 여긴 왕후 민비는 대원군과 팽팽하게 대립하게 된다. 영화는 고종과 흥선군이 대궐로 봉영되어 가는 장면에서 대미를 장식한다.

● 신상옥의 36번째 영화. 1960년대 만들어진 "해방 후 최초의 동시녹음 영화"(조선 67. 11. 26)로 우리나라 사극영화의 대표적 작품이자 감독 자신이 아꼈던 영화 중 하나다. 이 작품에서

감독은 흥선대원군이란 역사적 인물에 대해 객관적으로 접근하는 대신 야사와 정사를 자유롭게 넘나들며 몇 가지 일화만으로 한 인물의 캐릭터를 강렬하게 부각시킨다. 예를 들어 대원군은 양반의 체통을 지키기보다 기생과 어울리기를 좋아해서 한밤중에 담을 넘다 망신을 당하거나 멸시와 모욕을 받으면서도 울분과 야망을 숨긴 채 "목숨을 부지하려면 수모를 참을 줄 알고", "기필코 도래할 때를 기다리는" 등 아들이 왕의 대통을 잇기까지 겪는 갖가지 수모와 한말 이면의 정치사를 영웅의 비장함을 보여준다.

김지미와 신상옥이 최초로 콤비를 맞춘 영화이자 김지미의 실제 목소리를 들을 수 있는 영화이다. 신상옥이 대종상 감독상, 신영균과 김지미가 백상예술대상 연기상을 받았다. 관객 9만 8000명(서울) 동원했고, 그해 일본에 수출됐다.

(안양필름) 120분 극영화 연소자불가/ 전기 사극

감독 : 신상옥
제작 : 이수길
각본 : 이상현(원작 유주현)
개봉 : 1968년 4월 11일 국제극장 (서울)
관람인원 : 9만 8000명
출연 : 신영균, 김지미, 최남현, 허장강, 박암, 김동훈, 윤인자, 송미남, 김동훈, 강문, 방수일, 한유정, 양훈, 박상익, 강계식, 조항, 양일민, 이용남, 이풍구, 성소민 외
기획 : 신상옥
촬영 : 최승우
음악 : 정윤주
조명 : 김대진
편집 : 오성환
미술 : 정우택
소품 : 김효섭
의상 : 김효섭
분장 : 채훈
사운드 : 유창극, 심재훈
스틸 : 이형진
조감독 : 성낙홍
수상 : 제7회 대종상영화제 작품상 · 감독상(신상옥) · 녹음상(유창극) · 미술상(정우택), 제6회 청룡영화상 남우주연상(신영균), 제5회 백상예술대상 남녀 연기상(신영균, 김지미)

제3지대 The Third Zone(1968)

(최무룡 프로덕션) 90분 극영화 연소
자가/반공

감독 : 최무룡
제작 : 주동진
각본 : 김동현
개봉 : 1968년 3월 8일 국제극장
　　　(서울)
관람인원 : 9만 6000명
출연 : 최무룡, 박노식, 김지미, 김동
　　　원, 김희갑, 황정순, 한은진, 최
　　　봉, 장혁, 오지명, 최성, 이해
　　　룡, 정혜선, 변기종, 성소민, 지
　　　방열, 조덕성, 권오상, 최병철,
　　　나일, 이충열, 이예성 외
기획 : 최무룡, 양봉식
촬영 : 서정민
음악 : 전정근
조명 : 서병수
편집 : 김희수
미술 : 박석인
현상 : 한국천연색
사운드 : 김병수, 최형래
조감독 : 진천
수상 : 제7회 대종상영화제 반공영화
　　　각본상, 제5회 백마상 남우조
　　　연상(오지명)

형 주석(박노식)은 어머니(황정순)의 뜻을 어기고 조총련 세력하에 있는 야쿠자 조직에 들어간다. 동생 의석(최무룡)은 도쿄 대학에 재학 중이고 의석의 애인 정자(김지미)는 한식당을 경영하는 부모(김희갑, 한은진)와 살고 있다. 그런데 정자의 어머니는 북송을 주장하고 아버지는 이를 반대한다. 한편 주석에게 내려진 조직의 첫 명령은 거류민단 고문인 김동춘(김동원)을 살해하라는 것이다. 그러나 우연히 현장에서 만난 동생 의석이 누명을 쓰고 형 대신 살인 미수죄로 복역하게 된다. 복역을 끝내고 나온 의석의 눈앞에는 많은 것이 변해 있었다. 주석은 북한에서 지도부장이라는 높은 지위에 앉아 있었고 의석의 애인 정자는 형이 살해하려던 김동춘의 아내가 되어 있었다. 그러나 정자는 김동춘이 조총련의 하수인임을 알고 집을 뛰쳐나온다. 이 사실이 세상에 폭로되자 김동춘은 스스로 목숨을 끊고 지령을 따르지 않는 형을 색출하기 위해 야쿠자들은 어머니를 납치한다. 야쿠자들이 어머니를 살해하자 조총련 소굴에 뛰어든 의석에게 그들은 '20대 1의 결투'와 '입당' 중 하나를 선택하라고 한다. 의석은 그를 암암리에 돕고 있던 미카미 형사(오지명)의 도움으로 그들을 제압한다. 어머니의 묘 앞에서 마주친 주석과 의석은 싸늘하게 지나친다.

● '피어린 구월산'으로 감독 데뷔한 영화배우 최무룡의 연출작. KBS「실화극장」에서 방송된 김동현 각본을 원작으로 하고 있다. '제3지대'란 반공법이 없는 지역인 일본을 지칭하며 이곳에서 공산주의자와 맞서 싸우는 자유주의자의 이야기다. 형제인 박노식과 최무룡의 불꽃 튀기는 연기가 호평을 받았다. 최무룡은 1969년 제3지대 속편인 '속 제3지대 흑점'을 연출, 이 영화에도 최무룡, 박노식, 김지미가 출연하고 있다.

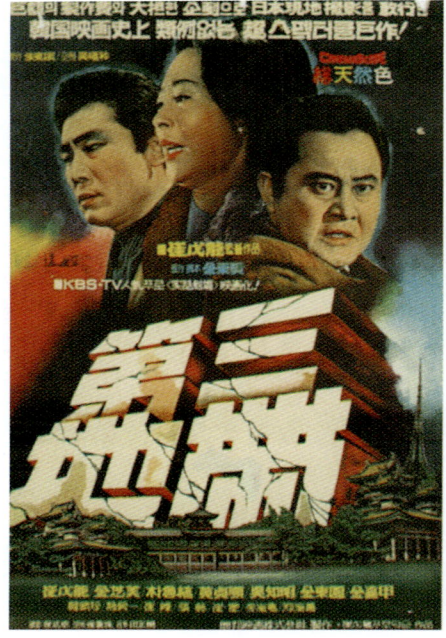

별아 내 가슴에 Stars in My Heart(1968)

이북에서 혼자 월남해온 미혜(문희)는 아버지의 친구인 작가 현암(김진규)의 보호를 받고 있다. 그녀는 어느 날 현암에게 원고를 받으러온 출판사 직원 성일(남진)을 보고 한눈에 반한다.

한편 현암은 20여 년 전 평양에서 독립운동을 할 때 만난 초월(김지미)이라는 기생을 잊지 못하고 있다. 그들 사이에 태어난 아들이 바로 성일이다. 그러나 현암은 늘 초월의 사진을 지니고 있으면서도 성일이 자신의 아들인 줄은 꿈에도 모른다.

하루는 미혜가 성일의 집에 놀러갔다가 성일 어머니의 젊은 시절의 사진을 보고 현암이 소중하게 간직하고 있는 사진의 주인공이 성일 어머니였음을 알게 된다.

현암이 하루가 다르게 몸이 쇠약해지자 미혜는 성일 어머니를 현암 앞에 모시고 온다. 평생 서로를 그리워하며 독신으로 지냈던 현암과 성일 어머니는 극적으로 재회한다. 그러나 현암은 성일과 미혜의 손을 모아 잡으며 초월에게 두 사람을 부탁한다는 말을 남기고 눈을 감는다.

● '폭로', '하얀까마귀'(1967)를 연출한 정진우의 멜로물. 1954년 1월부터 1955년 5월까지 서울신문에 연재되었던 박계주의 동명 장편소설 원작. 1958년 홍성기의 '별아 내가슴에' 이후 10년 만에 컬러로 리메이크한 '별아 내 가슴에'에는 김지미와 김진규, 그 아들과 양녀 역에 남진, 문희가 출연했다. 김진규의 노련한 연기와 문희의 청순한 이미지가 앙상블을 이뤘고 인기가수의 후광을 업고 스크린에 데뷔한 남진이 연기력을 인정받아 이후 많은 영화에 출연했다.

(세기상사) 극영화 연소자가/멜로통속
감독 : 정진우
제작 : 우기동
각본 : 김강윤(원작 박계주)
개봉 : 1968년 6월 1일 대한 · 코리아 극장(서울)
관람인원 : 7만 3000(대한 4만 7000 /코리아 2만 6000)명
수출현황 : 아시아(69)
출연 : 김진규, 김지미, 남진, 문희, 양훈, 도금봉, 김희준, 변의선, 문미봉 외
기획 : 김한일, 이종택
촬영 : 최호진
음악 : 박춘석
조명 : 강용신
편집 : 김희수
미술 : 송백규
소품 : 이월호
사운드 : 최형래
조감독 : 장석일, 이문영, 최동준
수상 : 제12회 부일영화상 신인상(남진)

몽녀 夢女, Lady in Dream(1968)

조련계 간첩인 노식은 여간첩 지미로 하여금 국내 실업계의 거두인 양사장을 죽이게 하고, 녹음된 양 사장의 유언에 따라 막대한 유산을 인수한다. 그리고 양 사장의 외동딸 정임을 독살한다. 노식을 의심한 양사장의 고문변호사와 경찰이 수사를 진행시키는 동안 밤마다 정임의 원귀가 나타나서 그를 괴롭힌다. 결국 변호사의 설득으로 지미가 모든 사실을 고백함으로써 사건의 전모가 드러나고 노식은 살인간첩죄로 당국에 체포된다.

● 임권택 연출의 추리극. 한국 최초 입체녹음기 제작 및 4트랙 입체 녹음 영화로 개봉 당시 동아극장에 입체음향을 설치해 상영했다. 포스터에도 '입체음향'을 선전문구로 써넣었다. 당시 언론은 이 영화에 대해 "한국 기술진에 의해 개발된 팬스코프 3D 입체 촬영기로 찍은 두 번째의 튀어나오는 영화로서 첫 번째 작품 이규웅의 '천하장사' 임꺽정보다 개량된 메커니즘으로 만들어졌다"(조선 68. 7. 28)고 소개하고 있다. 한 프레임에 두 장의 이미지를 넣는 당시로선 획기적인 방식으로 찍은 것이다. 새로움에 대한 호기심 때문인지 10만 관객 동원으로 흥행에서도 성공했다.

(제일영화사) 85분 극영화 연소자불가 /미스터리
감독 : 임권택
제작 : 황의식
각본 : 신봉승
개봉 : 1968년 8월 1일 동아극장(서울)
관람인원 : 11만 1000명
출연 : 김지미, 박노식, 남정임, 이순재, 박암, 양훈, 조항, 김동원 외
기획 : 조천석 **촬영** : 장석준
음악 : 전정근 **조명** : 김진도
편집 : 김희수 **미술** : 조경환
사운드 : 이재웅
현상 : 한국천연색

화산댁 Madam Hwasan(1968)

(연방영화) 110분 극영화 연소자가/멜로

감독 : 장일호
제작 : 주동진
각본 : 김기팔, 최인수, 라한봉(원작 오영수)
개봉 : 1968년 5월 17일 국도극장 (서울)
관람인원 : 4만 528명(서울)
출연 : 황정순, 김진규, 신성일, 남정임, 최남현, 김신재, 남미리, 전영주, 김웅, 지방열 외
기획 : 양봉식, 최춘지
촬영 : 정운교
음악 : 김동진
조명 : 손영철
편집 : 장현수
미술 : 조경환
소품 : 이상구
사운드 : 이경순, 최형래
스틸 : 김병옥
조감독 : 임학, 김인수, 남기남
수상 : 제7회 대종상 특별장려상(연방영화)

시골에서 큰아들(김진규) 가족과 소박하게 살던 화산댁(황정순)이 서울에 살고 있는 작은아들(신성일)을 찾아간다. 아들이 보고 싶은 마음에 밤새 꿀밤떡까지 만들어왔건만 작은아들은 별로 반가워하지 않는다. 며느리(남정임)와 손녀도 매몰차게 대한다. 작은아들은 처가에 자신을 고아라고 속이고 데릴사위로 들어가 장인의 공장에서 공장장으로 일하고 있었던 것이다. 그런 사정을 모르는 화산댁은 꿀밤떡을 내놓지만 다음날 떡보따리는 쓰레기통에 내버려진다. 더구나 자기 때문에 아들 부부가 싸우는 것을 보고 화산댁은 서둘러 시골로 내려간다. 그러자 큰아들은 어머니를 홀대한 동생을 찾아가 야단을 치고 화산댁은 오히려 동생의 잘못을 감싸주지 않는 큰아들을 나무란다.

그 뒤 부도수표 남발로 쫓기는 신세가 된 작은아들이 어머니와 형을 찾아 시골에 온다. 그러나 화산댁은 부당한 성공을 꿈꾸는 아들의 모습을 보고 경찰에 신고한다. 어머니의 정성과 형의 노력으로 출옥한 작은아들은 비로소 가족의 소중함을 깨닫고 어머니 앞에 사죄한다. 화산댁의 회갑날, 두 아들 내외, 손자, 손녀와 함께 화산댁은 남편의 성묘 길에 나선다.(윤홍로 외, 『20세기 한국소설연구』, 국학자료원, 2006, p.315)

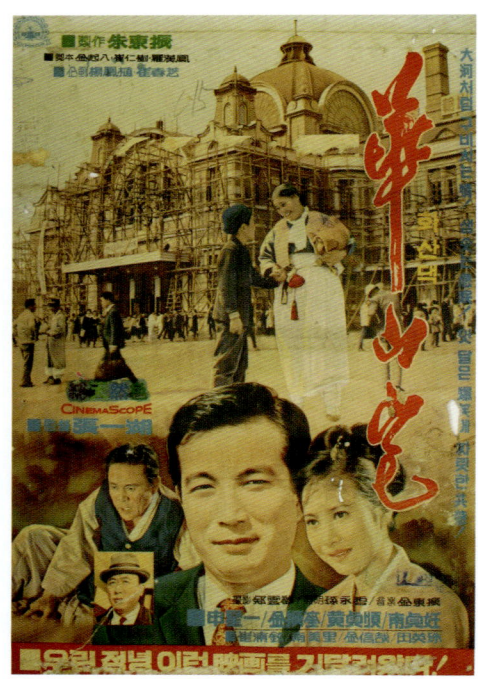

● 사극 전문 감독인 장일호의 문예물. 1952년 1월 《문예》지에 발표한 오영수의 단편소설을 영화화한 작품. 두메 시골에 사는 화산댁이 도시에 살고 있는 아들집에 왔다가 겪는 어려움을 그리고 있다. 대종상 특별장려상을 수상, 흥행에서는 크게 성공하지 못했다.

카인의 후예 後裔, Descendants of Cain(1968)

해방이 되자 소련군이 진주한 북한에는 공산주의 정권이 들어서고 새로운 질서가 구축된다. 조부에게 땅을 물려받아 지주가 된 박훈(김진규)은 야학을 통해 젊은이들에게 학문을 가르치다가 인민군에 의해 야학을 금지당한다. 마을에 불기 시작한 이념의 바람은 계급간 대립을 부추기고 공산당 정권은 지주들의 재산을 몰수하는가 하면 몽매한 농민들을 선동하여 토지개혁에 착수한다. 박훈의 집에서 마름 노릇을 하던 도섭 영감(박노식)은 노동당원이 되어 상전이던 박훈을 고발하는 등 숙청사업의 선봉에 선다. 토지개혁과 함께 토지를 근간으로 한 사회구조가 무너지자 이를 지켜보던 박훈은 비정한 공산사회를 뒤로하고 애인 오작녀와 함께 삼팔선을 넘는다.

(한국영화) 108분 극영화 연소자가/문예

감독 : 유현목
제작 : 성동호
각본 : 이상현(원작 황순원)
개봉 : 1968년 6월 1일 명보극장 (서울)
관람인원 : 5만 명
출연 : 김진규, 문희, 박노식, 장동휘, 정민, 최봉, 양훈, 장훈, 김칠성, 성소민, 이동민, 양일민 외
기획 : 김승업
촬영 : 이석출
음악 : 김동진
조명 : 차정남
편집 : 이경자
미술 : 박석인
소품 : 이상구
의상 : 이해윤
사운드 : 이경순, 최형래
제작총지휘 : 이종벽
조감독 : 박승관, 이명식, 오곡도
수상 : 제7회 대종상영화제 우수반공영화상(한국영화주식회사)·여우주연상(문희)·남우조연상(박노식), 제6회 청룡영화상 작품상(한국영화)·감독상(유현목)·남우조연상(박노식)·미술상(이민순), 제3회 대일영화상 감독상·제작상·핑크리본상·작품상, 제12회 부일영화상 작품상·각본상·남우주연상(김진규)·여우주연상(문희)·남우조연상(최봉), 제2회 서울신문 문화대상 감독상·대구일보사상 작품상·감독상·부산일보상 작품상·감독상·국제영화상(블루리본) 작품상, 제4회 시카고영화제, 제41회 아카데미 영화제 출품

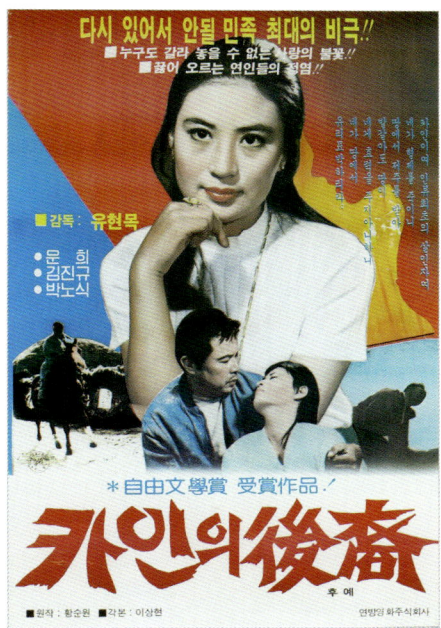

● 유현목의 25번째 작품. 황순원의 소설 「카인의 후예」는 1953년 9월 《문예》지에 연재되면서 "해방 전후의 시대적 상황을 객관적으로 그려낸 수작 중의 수작"이라는 평가와 함께 1955년 아시아문학상을 수상했다. 이 영화는 "분단과 이념 갈등을 역사의식의 시각으로 파헤친 작품"(김종원, 『한국영화사와 비평의 접점』, 현대미학사, 2007년, p.193)이라는 평을 받았다. 1946년 3월 북한에서 실시된 토지개혁을 배경으로 젊은 지주와 늙은 마름 사이의 생사를 건 갈등과 대립을 기둥 줄거리로 하면서 지주계급의 탄압과 몰락, 새로운 이념의 도래로 야기된 사회변혁 과정과 그 변화에 대응하는 얄팍한 민심을 그리고 있다. 그러나 도섭 영감이 토지개혁의 행동 대원으로 앞장서게 된 것은 사회주의 세력에 대한 동조 이전에 생존 본능으로 인한 불안과 공포다. 이 황폐한 상황 속에서 오작녀는 박훈에게 구원의 여성상이자 모성까지 부여받은 존재로 그려진다. 대종상 우수반공영화상과 청룡영화상 작품상, 감독상을 받았다.

미워도 다시 한번 Love Me Once Again(1968)

대양영화(주) 93분 컬러 극영화 연소 자불가/멜로

감독 : 정소영
제작 : 한갑진
각본 : 이성재(원작 이성재)
개봉 : 1968년 7월 16일 국도극장 (서울)
관람인원 : 37만 5명
수출현황 : 대만(68), 일본(68)
출연 : 신영균, 문희, 전계현, 박암, 이충범, 김정옥, 김정훈, 김신명 외
기획 : 정소영
촬영 : 안창복
음악 : 김용환
조명 : 이기섭
편집 : 현동춘
미술 : 이문현
현상 : 한국천연색
수상 : 제12회 부일영화상 감독상(정소영)·여우조연상(전계현), 제3회 남도영화제 여우주연상(문희)·특별상(아역: 김정훈), 제3회 백마상 여우주연상(문희)·여우조연상(전계현)

혜영(문희)과 신호(신영균)는 서로 사랑하는 사이다. 혜영은 하숙하는 신호를 여러 가지로 돌봐주며 행복한 미래를 꿈꾼다. 그러던 어느 날 시골에서 신호의 처자식이 상경하고 나서야 혜영은 그가 가정이 있는 남자임을 알게 된다. 충격에 빠진 혜영은 신호 곁을 떠나 종적을 감추고 8년의 세월이 흐른 뒤 신호는 사업가로 성공하여 남부럽지 않은 가정을 꾸린다. 그런데 그동안 혼자서 아들 영신(김정훈)을 낳아 기르던 혜영이 신호를 찾아와 아이를 길러줄 것을 부탁한다. 학교에 갈 나이가 되자 영신이 아버지를 그리워하는 것을 보고 영신의 장래를 위해 아버지에게 보내기로 결심한 것이다. 영신은 아버지 집에서 새로운 생활을 시작하게 된다. 그러나 이복형제들과의 갈등과 어머니에 대한 그리움 때문에 환경에 적응하지 못하고 엄마를 그리워한다. 결국 엄마를 찾아 나선 영신. 집에서는 영신을 찾아 헤매고, 그날따라 혜영 또한 영신을 그리워하며 신호의 집 근처를 배회하게 된다. 밤이 깊어 다시 집으로 돌아온 영신은 화가 난 아버지에게 매를 맞고 이를 먼발치에서 바라보던 혜영은 자기가 낳은 자식은 자기가 키워야 한다며 영신을 데리고 시골로 내려간다.

● '내 몫까지 살아주'(1967)로 감독 데뷔한 정소영의 출세작으로 60년대 영화 중 가장 많은 사람들이 기억하고 있는 영화다. 이 영화는 당시 '고무신 관객'으로 불리던 주부 관객들의 열렬한 지지를 받으며 최고 흥행을 불러일으켰고 이후 여성 신파 멜로드라마의 전형이 되었다. 부성애가 없는 신호(신영균)에 비해 가련하면서도 꿋꿋한 혜영(문희)의 모성성이 여성 관객의 눈물샘을 자극하게 했다. 아역 김정훈의 호연도 만만치 않아 이 영화를 통해 김정훈은 아역 스타로 발돋움했다.

당시 서울 국도극장에서 개봉되어 당시 서울 인구 450만 명이던 시절에 서울에서만 "37만 명"(주간한국 68. 9. 22) 이상의 관객이 이 영화를 보았으며 1961년 '성춘향'의 서울 관객 기록과 맞선 작품으로 알려져 있다.

이후 속편 행진이 계속되어 정소영은 1969년 '미워도 다시 한번(속)'에 이어 '미워도 다시 한번 3편'(1970), '미워도 다시 한번 대완결편'(1971), 이승연 주연의 '미워도 다시 한번 2002'(2001)을 만들었고, 80년대 변장호가 '미워도 다시 한번 80'(1980), '미워도 다시 한번 제2부'(1981)가 있다. 영화평론가 강한섭은 이러한 가정 멜로드라마에 대해 "영화의 근본성격은 대중을 위해 존재"하는 것임을 전제, "보통 사람들의 공통적인 꿈과 욕망, 그리고 그들의 좌절을 어떻게 감추고 드러내는지를 표현하는 영화들은 마치 대중들의 집단적인 무의식을 선명하게 반사하는 거울과 같다"(강한섭, 『어떤 영화를 옹호할 것인가』, 부키, 1997년, pp.66~67)고 부연했다. 그만큼 멜로드라마의 설득력은 다른 예술영화와는 다른 힘을 지녔다는 의미다. 대만(1968)과 일본(1968)에 수출하여 역시 인기를 끌었다. 한국영상자료원 '한국영화 100선'으로 선정되기도 했다.

이듬해 '미워도 다시 한번(속)'(1969)은 유례없는 무더위 속에 개봉되어 관객 25만 4000명 동원. '미워도 다시 한번 제3편'(1970)은 관객 19만 8000명, 김수현 각본의 '미워도 다시 한번-대완결편'(1971)은 기록적인 강추위 속에 개봉되어 관객 14만 5270명을 동원하여 흥행에는 영향을 미치지 않았다. 정소영은 '미워도 다시 한번'의 대장정을 여기서 끝내지 않고 이후 '미워도 다시 한번 2000'을 연출하여 이 시리즈에 대한 강한 집념을 보여주었다.

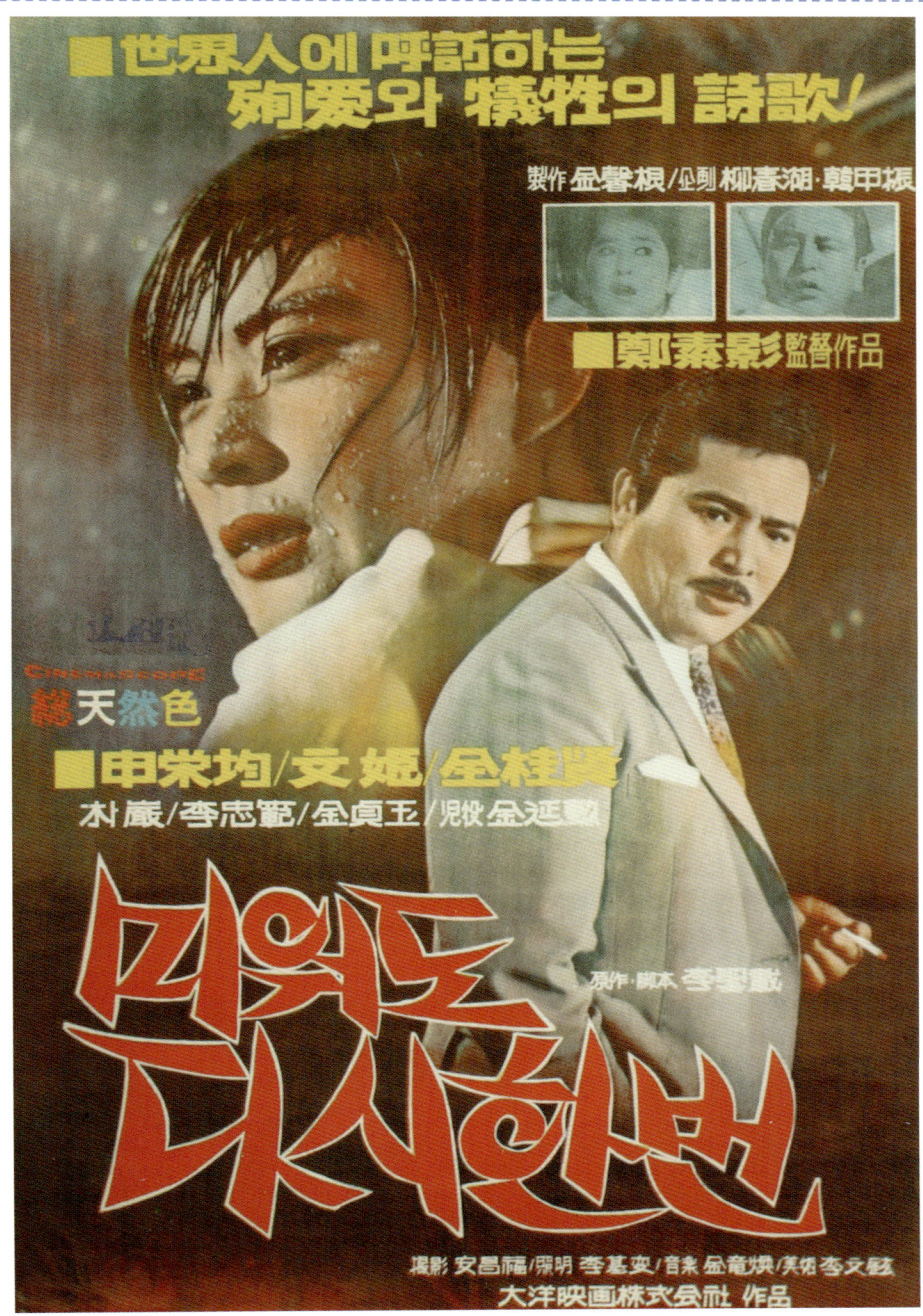

장군의 수염 The General's Mustache(1968)

(태창흥업) 103분 극영화 연소자불가/
문예

감독 : 이성구
제작 : 김태수
각본 : 김승옥(원작 이어령)
각색 : 김승옥
개봉 : 1968년 9월 14일 명보극장
　　　 (서울)
관람인원 : 10만 2000명
출연 : 신성일, 윤정희, 김승호, 김성
　　　 옥, 김동원, 김신재, 곽규석, 박
　　　 옥초, 전창근, 한은진, 정민, 정
　　　 애란, 문오장, 여운계, 박기택,
　　　 조덕성, 백일섭, 이일웅 외
기획 : 안승준, 김갑의
촬영 : 장석준　음악 : 김희조
조명 : 차정남　편집 : 유재원
미술 : 이문현, 변종하
소품 : 추교환
사운드 : 손인호, 최형래
조감독 : 권혁규
수상 : 제7회 대종상영화제 제작상(태
　　　 창흥업) · 각본상(김승옥), 제5
　　　 회 백상예술대상 작품상(태창
　　　 흥업) · 감독상(이성구) · 음악상
　　　 (김희조), 제3회 부마상 감독상
　　　 (이성구), 제12회 부일영화상
　　　 미술상(이문현) · 촬영상(장석
　　　 준), 제2회 서울신문문화대상
　　　 특별상(촬영 : 장석준), 제14회
　　　 시카고국제영화제 출품

사진기자 김철훈이 의문의 죽음을 당한다. 이 사건을 담당한 박 형사 (김승호)는 그의 사인을 규명하기 위해 주변 인물들을 조사하는 과정에서 철훈의 애인 신혜(윤정희)를 만난다. 그리고 철훈은 사진기자이면서 『장군의 수염』이라는 소설을 쓰고 있는 소설가 지망생임을 알아낸다.

형사는 이 소설을 통해 그의 특이한 고독감은 유년시절부터 형성된 것이며 그는 획일화된 근대사회를 조망하기 위해 세상과 일정한 거리를 두고 살아왔음을 알게 된다. 그러나 그 과정에서 너무나 깊이 소설에 빠져든 나머지 망집과 환상에 사로잡혀 소설과 현실을 혼동하고 있었던 것이다. 김철훈이 소설에서 획일화되는 사회적 억압을 거부했듯이 박형사는 "현실적응 능력이 없는 그는 자살할 수밖에 없었다"는 결론을 내리고 수사를 종결한다.

●'일월', '메밀꽃 필 무렵'(1967)에 이은 이성구의 문예물. 당대 지성의 대표로 일컬어지던 문학평론가이자 시인, 소설가이면서 논객이던 이어령이 1966년에 발표한 동명 장편소설을 원작으로 하고 있다. 각색 김승옥. "한국 모더니즘 영화의 대작으로 평가되는 대담한 양화풍의 영화"(동아 68. 9. 17)로 미스터리적 구성을 통해 현대인의 고독과 소외라는 관념적인 주제를 다루고 있다. 감독은 영화 속에서 사회에 적응하지 못한 한 지식인의 죽음과 그의 사인을 밝히는 형사로 하여금 주인공의 죽음을 먼저 제시하고 주변 인물들의 증언을 통해 그 원인을 재구성하는 방식으로 내러티브를 구조화하고 있다.

즉 주인공 김철훈은 "삶의 현장에 있으면서도 그것으로부터 소외되어 있는" 제3자적 존재로 설정한 후 신동헌의 애니메이션을 영화 속 영화로 삽입해 실험영화적인 특징을 살리고 있다.

소설 제목 『장군의 수염』은 쿠데타에 성공한 장군이 기르고 있던 수염을 전 국민이 따라 기르는 와중에서 유일하게 수염을 기르지 않고 있던 한 사람만이 사회로부터 따돌림과 냉대, 압력을 받게 되는 것을 상징한다. 이 작품은 일단 형식면에서 추리소설적인 스토리라인을 따르면서도 분명한 해결을 보여주지 않는다. '60년대 한국 누벨바그의 기수'로 지칭되는 이성구는 이 영화로 대종상, 백상예술대상 부마상에서 감독상을 수상, 관객 10만 명 이상 동원으로 흥행에도 성공했다. 한국영상자료원 '한국영화 100선' 선정.

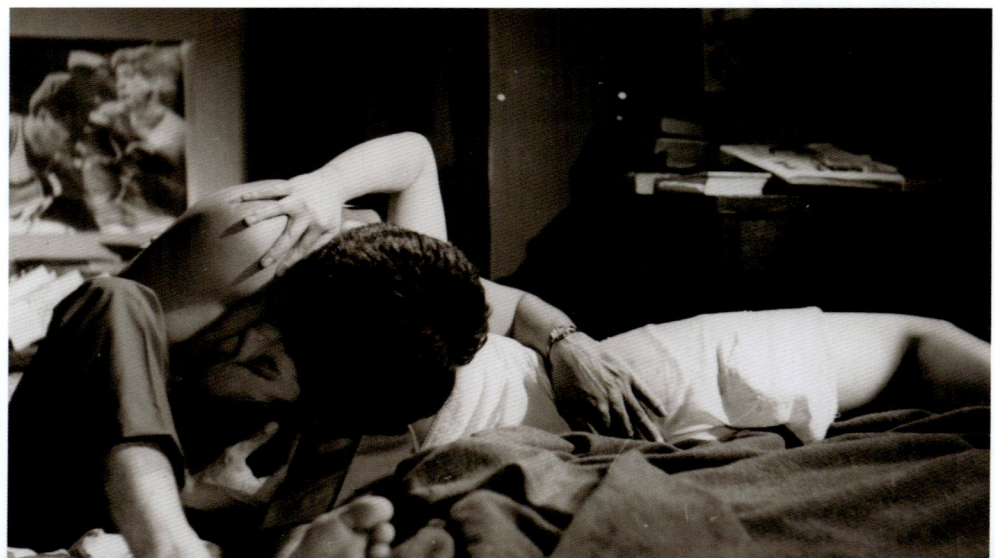

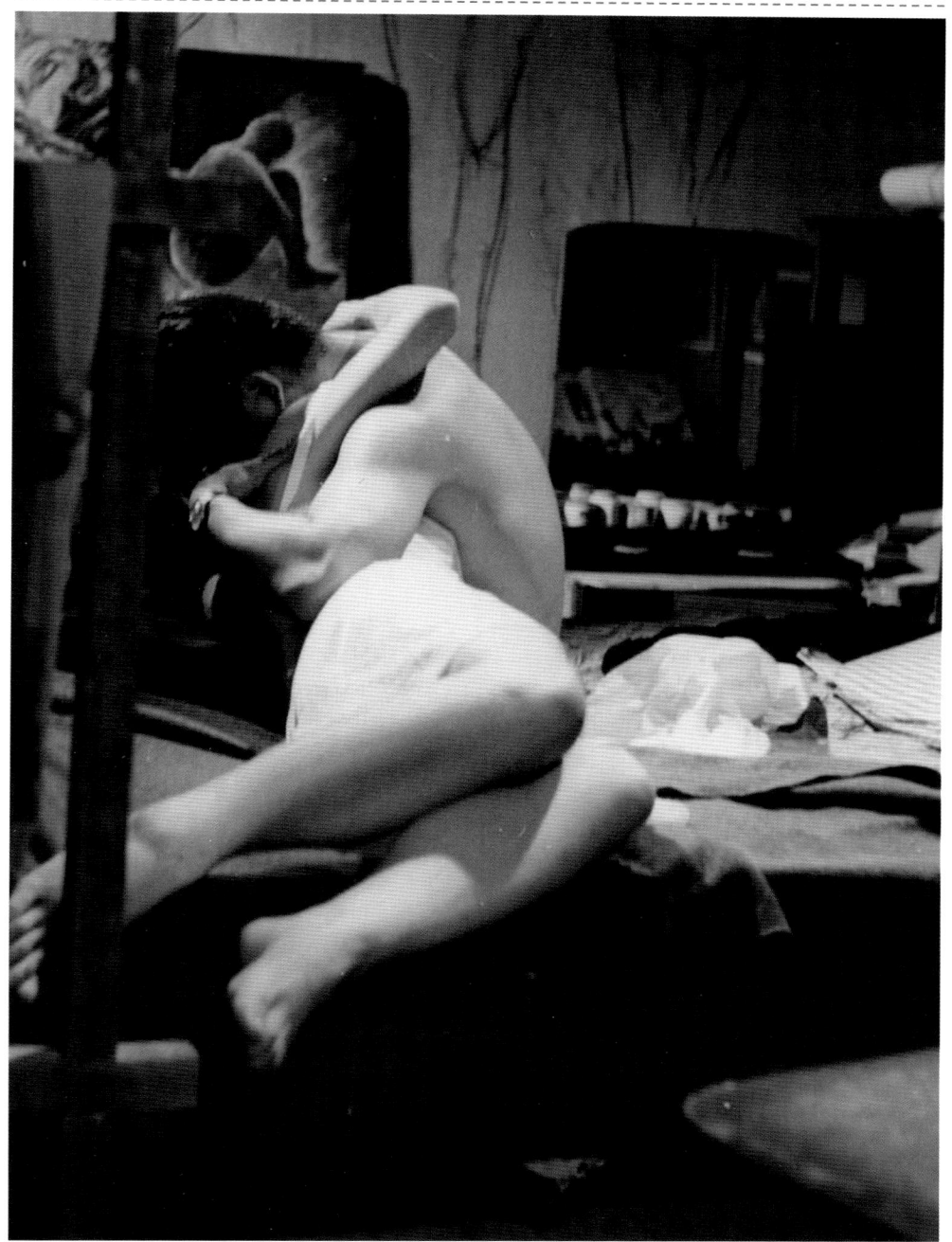

잘 돼갑니다 Going Well(1968)

(합동영화) 112분 컬러 시네마스코프
극영화 고등학생가/사회풍자

감독 : 조긍하
제작 : 곽정환
각본 : 한운사(원작 한운사)
심의 : 1968년 11월 21일
개봉 : 1989년 9월 9일 명보극장
      (서울)
관람인원 : 3557명
출연 : 최용한, 후에니 데이비스, 김지
      미, 장민호, 박노식, 주증녀, 한
      성, 남정임, 조동진, 허장강, 김
      희갑, 정민, 장훈, 이향, 이수련,
      조향, 최성호, 최삼, 박상익, 박
      미영, 정애란, 최인숙, 나애심,
      문미봉, 이빈화, 김웅, 조덕성,
      박경주, 김칠성, 성소민, 이예
      성, 최창호, 강계식 외
기획 : 이지룡, 김상윤
촬영 : 김덕진
음악 : 전정근
조명 : 김연
편집 : 이경자
미술 : 이봉선
소품 : 박태식
사운드 : 이경순, 최형래
스틸 : 김동희
조감독 : 김연파, 윤정호, 김종성

이승만 대통령의 생일을 계기로 국방부 장관을 지낸 이기붕의 아들 이강석을 이승만의 양자로 삼는다는 결정이 내려진다. 선거를 앞두고 여야 간 신경전이 첨예한 가운데 민주당 총재 조병옥은 지병 치료차 미국으로 떠났지만 바로 운명한다. 이에 자유당은 이기붕의 부통령 당선을 꾀하지만 3·15 부정선거 비리가 만천하에 드러나면서 이를 규탄하는 시위 등으로 정국은 혼란에 빠진다. 이기붕 일가의 자결 참극에 이어 하야한 이승만 대통령은 하와이로 망명한다.

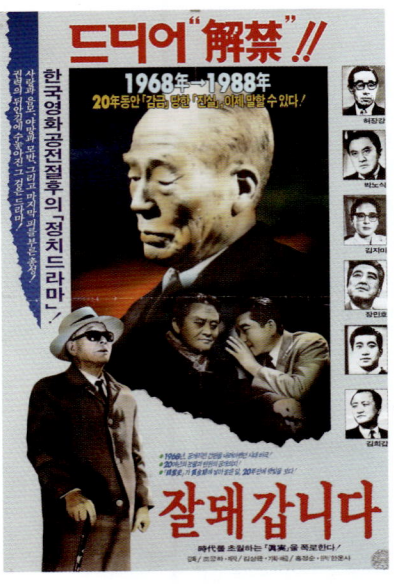

● 조긍하의 정치영화. 1964년 한운사 원작의 동아방송 라디오(DBS) 드라마를 영화화한 작품. 이승만 대통령의 전속 이발사(김희갑)가 경무대(청와대의 옛 명칭) 시절을 회고하는 형식으로 꾸며져 있다. 3·15 부정선거, 이 대통령의 하야와 망명, 이기붕 일가의 집단자살 등을 다룬 정치 풍자물로 촬영 시작 전부터 화제를 모았다. 그러나 어수선한 정국에서 이발사가 대통령에게 "잘 돼갑니다"와 "모릅니다"라는 두 마디밖에 할 수 없었던 현실과 대통령을 둘러싼 '인의 장막'에 대한 묘사는 권력 집단의 행태를 조롱한 것으로 해석되었다.

이 작품은 1968년 1월에 영화로 만들어졌으나(조선 68. 2. 1) 극장 개봉 전날 국도극장의 영화 간판이 내려졌고 영화 제작자의 집안은 풍비박산이 나고 말았다. 김지미(박 마리아), 장민호(이기붕), 박노식(조병옥), 허장강(최인기 내무장관), 김희갑(이발사) 등 당대 일류배우들이 주연을 맡고, 이화장(이승만 생가), 조병옥 생가 등 역사의 현장에서 촬영이 이루어졌으며 이승만 대통령과 닮은 배우를 찾기 위한 공개 오디션을 거쳐 100여 명의 응모자 중 당시 72세의 최용한 옹을 캐스팅하기도 했다.('잘 돼갑니다'의 이 박사 역-조선 67. 11. 5)

처음에는 별다른 문제없이 시나리오가 검열에 통과됐다. 정부는 청와대를 촬영장소로 제공하는가 하면 이기붕 가족의 자살 장면도 생가(일명 서대문 경무대, 현 4·19 도서관 자리)에서 촬영할 수 있도록 배려하는 등 협조를 아끼지 않았다.

그러나 1968년 1월 30일 촬영이 끝난 후 이 영화는 정치 세태를 풍자했다고 해서 오랫동안 상영이 보류됐고 20년 후인 1988년에 와서야 상영금지가 풀렸다. 그리고 조긍하가 타계한 뒤인 1989년 9월 9일, 명보극장에서 재개봉됐으나 20년간의 시간적 차이와 시대상황의 급변으로 관객으로부터 호응을 받지 못했다.

내시 內侍, Eunuch(1968)

김 참판(최남현)의 딸 자옥(윤정희)은 하급관리의 아들인 정호(신성일)를 사랑하고 있다. 둘 사이를 못마땅하게 여긴 김 참판은 정호를 거세(去勢)시키고 자옥은 명종(남궁원)의 후궁으로 간택되기 위해 상궁이 되어 입궐한다. 자옥을 잊지 못하는 정호도 내사복시가 된다. 명종은 김 참판이 출세를 위해 그의 딸을 입궐시키고 그 딸을 사랑하는 정호도 내시가 되어 들어왔음을 알고 있다. 임금이 자옥과 잠자리를 함께 하는 날, 임금은 정호를 옆방에 입실케 한다. 그러나 자옥은 상감과 잠자리를 거부한 죄로 별궁에 갇힌다. 한편 내시감(박노식)은 정호가 자옥을 진심으로 사랑하는 것을 보고 너무나 감격하여 그들을 풀어준다. 두 사람은 산속으로 달아나다 정호는 죽고 자옥은 다시 궁으로 잡혀온다. 이후 상감의 아기를 임신한 자옥은 어느 날 잠자리에서 온갖 교태를 부리다 왕이 황홀해하는 순간 입속에 감추었던 송곳으로 상감의 목을 찌르고 자신도 죽는다. 자옥의 시체는 궁밖에 버려지고 왕은 환후로 돌아가신 것으로 마무리된다.

(신필름) 90분 극영화 연소자불가/궁중

감독: 신상옥
제작: 강신명
각본: 곽일로
개봉: 1968년 12월 8일 국도극장 (서울)
관람인원: 32만 400명(서울)
출연: 신성일, 윤정희, 박노식, 남궁원, 도금봉, 허장강, 김혜정, 박상익, 최남현, 한은진 외
기획: 박행철
촬영: 최승우
음악: 정윤주
조명: 함완섭
편집: 오성환
미술: 정우택
의상: 최경수
분장: 채훈
사운드: 심재훈, 유창극
현상: 한국천연색

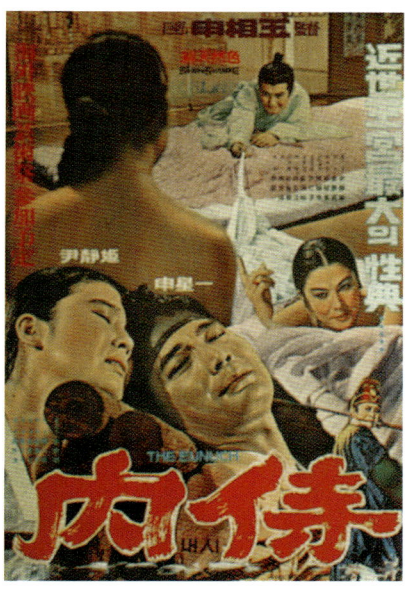

● 신상옥의 궁중 사극. 각본 곽일로. 한 궁녀와 내시 사이의 비극적인 사랑이야기를 그리면서 각 인물들 간의 도착적 성애가 자극적으로 표현되어 이는 "음란영화 시비"(신동아 1969년 9월호)를 불러 일으켰다. 예를 들어 임금과 자옥의 시녀(김혜정)와의 정사 장면, 상궁(도금봉)과 자옥(윤정희)의 동성애적 긴장이 넘치는 침실 장면, 임금과 자옥의 잠자리 장면에서 임금이 정호(신성일)를 불러들여 정사소리를 엿듣게 하는 장면, 자옥과 정호의 사랑을 지켜주고 싶어하는 내시감(박노식)의 대리충족에 대한 심리적, 시각적 묘사 등이 그 예다. 이에 대해 신상옥 자신도 "나의 작품 '내시'는 음란외설죄에 걸려서 곤혹을 치렀다"(신상옥, 「나는 영화였다」, 랜덤하우스, 2007년, p.81)고 고백한 바 있다. 문제가 된 정사 장면에서 여배우 윤정희는 분명히 속옷을 입고 촬영했지만 "여러 사람 앞에서 음란행위는 안 된다"는 조항에 걸렸다고 덧붙였다.(같은 책) 에로티시즘으로 일관된 이 영화는 "화려하게 펼쳐진 탐미의 세계"(주간경향 68. 12. 8)라는 평과 함께 32만 명이 넘는 관객을 동원하면서 흥행에서 성공했다. '내시'의 흥행에 힘입어 신상옥은 다음 해 '내시(속)'(1969)을 만들었다. '내시(속)'은 조선조 중종 때, 중전 신씨가 폐위되자 천대받던 내시들이 권력을 잡기 위해 내시총감의 여동생이 후궁에 오르지만 반정공신들에게 몰살당하는 내용이다.

이상의 날개 李箱, The Wings of Lee Sang(1968)

(한국예술영화) 극영화 연소자불가/문예

감독 : 최인현　　**제작** : 박규옥
각본 : 신봉승(원작 이상)
개봉 : 1968년 11월 13일 국도극장
　　　　(서울)
관람인원 : 4만 7000명
출연 : 신성일, 남정임, 문희, 최불암,
　　　　박기택, 한성, 이예성, 김순철,
　　　　김성옥 외
기획 : 도동환　　**촬영** : 유재형
음악 : 정윤주　　**조명** : 고해진
편집 : 김희수　　**미술** : 노인택
소품 : 추교환　　**의상** : 임정수
스틸 : 박희재　　**현상** : 칠광현상소
특수분장 : 송일근
사운드 : 손인호, 최형래
조감독 : 박춘배, 이은수, 고응호,
　　　　　이길성
수상 : 제7회 대종상영화제 남우주연
　　　　상(신성일)·조명상(고해진)

이상(신성일)이 자기 방으로 가기 위해서는 아내 금홍(남정임)의 방을 거쳐야 한다. 아내 금홍은 기생이기 때문에 다른 남자와 함께 있기 일쑤다. 한편 이상의 곁에는 정희(문희)가 있다. 같은 집에 세 들어사는 정희는 이상을 사모하면서 외로운 그에게 위로와 안식을 주고 있다. 그는 시를 쓰지만 독자의 이해를 받지 못해 괴로워한다. 이상은 금홍과 정희 사이, 현실과 환상 사이에서 번뇌를 겪는다.

● '나그네 임금', '두 나그네'(1967) 등 주로 사극을 연출해온 최인현의 문예물. 신봉승 각색. 한국 현대문학사에서 특별한 인물로 평가되는 이상(李箱)의 단편소설 「날개」를 영화화한 작품이다. 이상의 삶을 소재로 한 영화이면서 통상의 전기영화처럼 이상의 생애를 따라가기보다 그의 실존적 고뇌에 초점을 맞추고 있다. 영화는 그의 내면을 드러내는 데 있어 내러티브의 해체, 연극 무대 혹은 설치미술과 같은 초현실적인 세트, 컬러와 흑백화면의 교체 등 과감한 형식적 실험을 도입하고 있다.(한국 68. 11. 17) 당대의 톱스타 신성일이 이 영화에서의 열연으로 데뷔 이후 처음으로 대중상 남우주연상을 받았다.

이 영화는 1960년대 후반, 문예영화의 전성시대에 만들어진 문예작품으로 평가되었고 국도극장에서 상영된 영화 포스터에 "연일 지성인의 대열로 초만원", "미성년자 관람불가"가 당당하게 표기되어 흥행에도 호조를 보였음을 짐작하게 한다. 주제가는 영화 '안개'의 주제가로 인기를 모았던 정훈희가 불렀다.

창공에 산다 Living in the Sky(1968)

(동남아영화공사) 110분 컬러 극영화
연소자가/군사

감독 : 이만희
제작 : 호현찬
각본 : 신봉승
개봉 : 1967년 10월 1일 국제극장
　　　　(서울)
출연 : 신성일, 장동휘, 남정임, 황정
　　　　순, 김성옥, 정민, 백영민 외
기획 : 호현찬
촬영 : 이석기
음악 : 전정근
조명 : 윤창화
편집 : 김희수
미술 : 노인택
사운드 : 이경순
현상 : 칠광
수상 : 제7회 대종상영화제 촬영상(이
　　　　석기)

공군사관학교를 졸업한 하 소위(신성일)는 박창수(장동휘) 중령의 파일럿 훈련 부대에 배치된 후 그곳에서 만난 강선영(남정임)을 보고 한눈에 반한다. 파일럿 훈련이 끝나는 날, 그는 선영에게 초대장을 보내지만 그녀는 끝내 나타나지 않는다. 중위가 된 그는 대령으로 진급한 박창수 부대로 오게 되고 때마침 그곳에 와 있는 선영을 보고 박 대령의 연인으로 오해하게 된다. 박 대령이 자신의 여동생임을 밝히자 그는 선영에게 사랑을 고백한다. 간첩선의 출현으로 출동했던 하중위가 귀환하는데 비행장의 활주로가 그와 선영의 결혼식장으로 변해 있었다.

● 이만희의 군사 영화. 각본 신봉승. 공군사관학교 생도들의 출격과 전우애를 그린 내용. 언론인 출신 영화평론가 호현찬이 제작·기획했다. 홍성기의 '출격명령'(1954)과 신상옥의 '빨간 마후라'(1964)와 함께 한국영화사에서 몇 편 안 되는 공군 소재의 영화로 오래전부터 기획돼 있었으나 신상옥의 '빨간 마후라'에 밀려 제작이 미뤄졌다고 한다.

다른 공군 소재의 영화들이 한국전쟁을 배경으로 조종사들의 전투와 극한 상황에 처한 인간의 생존에 중점을 두었다면 이 영화는 주로 예비 조종사들의 로맨스와 우정에 초점을 맞추고 있다. 제작을 맡았던 호현찬의 증언에 따르면 당시 공군본부의 전폭적인 지원으로 영화를 만들게 되었고 젊은이들의 사랑과 우정을 파일럿이라는 소재를 빌어 속도감 있게 보여주고자 한 것이 제작의도라고 한다. 이석기 촬영감독이 전투기에 탑승하여 목숨을 건 촬영을 감행해 재현된 공중전 장면은 새로운 영화기법을 실험하고자 한 이만희의 열정을 확인할 수 있는 부분이다.

휴일 休日(1968)

일요일이 되자 지연(전지연)은 공원으로 허욱(신성일)을 만나러 나간다. 그리고 허욱에게 임신 사실을 알린다. 그러나 가정을 꾸릴 처지가 못 되는 허욱은 난감하기만 하다. 둘이서 머리를 맞대고 궁리를 해봐도 뾰족한 수가 없다. 더구나 의사는 지연이 몸이 약한데다 병이 있어 출산 도중 생명을 잃을 우려가 있다며 지금으로선 낙태하는 것이 최선이라고 했다. 결국 지연은 낙태를 결심하고 허욱은 수술비를 구하기로 말한다. 그는 친구에게 돈을 빌리러 갔다가 일언지하에 거절당한다. 하는 수 없이 그는 친구의 돈을 훔친다.

어렵게 수술비를 마련해서 병원에 왔으나 산모들의 비명소리에 놀라 허욱은 병실을 뛰쳐나간다. 그리고 살롱에서 만난 여자와 포장마차를 전전하며 닥치는 대로 술을 마신다. 만취한 채 공사장에 쓰러져 하룻밤을 보낸 그는 다음날 교회 종소리에 놀라 잠이 깬다. 허겁지겁 병원으로 달려가보지만 지연은 이미 수술 도중 숨을 거둔 뒤였다. 괴로움에 몸부림치던 그는 지연의 아버지에게 이 사실을 알리러 갔다가 문전박대 당한다. 또 그가 돈을 훔친 친구에게 잡혀 흠씬 두들겨 맞는다.

피투성이가 된 그의 머릿속에는 지연과의 행복했던 나날이 파노라마처럼 흘러간다. 그는 다시 오지 않을 과거의 기억을 뿌리치기 위해 마구잡이로 거리를 내달린다. 다음날 그는 시체로 발견된다.

● '휴일'은 일요일 하루 동안 일어난 이야기다. 한국사회의 답답하고 부조리한 현실을 삭막한 늦겨울 공원과 청춘남녀의 가난한 휴일로 설정하여 흑백 필름 속에 담아내고 있다. 각본을 쓴 작가 백결에 따르면 "프롤로그에서는 주인공 허욱이 익사체로 발견되고, 시체의 입을 통해 이야기가 전개되는 데 비해 에필로그에서는 허욱의 시체가 부패되어 그 신원을 알아내지 못해 신원미상으로 경찰 조서에 기록"된다는 것이다.

촬영감독 이기석은 "이만희 감독은 익스트림 롱숏(화면의 전경에서부터 후경에 이르기까지 초점이 또렷한 숏)과 클로즈업을 과감하게 아우르는 편집, 하이앵글과 로우앵글을 오가는 카메라의 앵글을 즐겼으며" 특히 영화 속 로우앵글은 "주인공의 외로운 감정을 묻어나게 하는 느낌을 주기 위한 것"이라고 설명한다. 영화평론가 허문영은 이를 "시대를 초월한 모던 시네마의 진경", 변재란은 "60년대 한국 모더니즘 영화의 결정판"(KMDb)이라고 평한다. 그러나 이 영화는 당시 검열단계에서 "암울하고 퇴폐적인 정서"를 이유로 상영이 금지되었고 문공부는 주인공 허욱(신성일)이 머리를 깎고 군대에 가는 것으로 결말을 바꾸면 상영을 허락하겠다고 했으나 감독, 시나리오 작가, 제작자 등이 이를 모두 반대하여 결국 상영이 좌절되었다.(조진영, 코리아 필름 05. 10. 11)

이후 2005년 한국영상자료원이 발굴되어 같은 해 부산국제영화제 '이만희 회고전'에서 소개되었고 "37년이란 긴 세월이 무색할 정도로 예술적 감각과 미래적인 시각으로 당시 청춘들의 암울한 현실을 밀도 있게 그려냈다"는 평을 받았다. 영화 마지막 부분에 등장하는 전차는 촬영 당일이 마지막 운행이었다고 한다. 한국영상자료원 '한국영화 100선'에 선정.

(대한연합영화) 73분 극영화/멜로

감독: 이만희
제작: 홍의선
각본: 백결
개봉: 1968년 미개봉
출연: 신성일, 전지연, 김성옥, 김순철, 안은숙, 김경란, 김기범, 김광일, 조향민, 손전 외
기획: 전옥숙
촬영: 이석기
음악: 전정근
조명: 윤창화
편집: 현동춘
미술: 정수판
사운드: 손인호
조감독: 김순식, 서유석

엄마의 일기 The Mother's Diary(1968)

(합동영화) 91분 극영화 연소자가/멜로

감독 : 이형표
제작 : 곽정환
각본 : 임희재
개봉 : 1968년 1월 1일 명보극장
　　　(서울)
관람인원 : 2만 8000명
출연 : 김진규, 김지미, 고은아, 이지
　　　연, 황정순, 정민, 이수련, 전양
　　　자, 김대연, 조사묵 외
기획 : 강인옥
촬영 : 용석진
음악 : 이봉조
조명 : 김동학
편집 : 현동춘
소품 : 최동철
사운드 : 이재웅, 심재훈
스틸 : 박희재
조감독 : 박태원
수상 : 제7회 대종상영화제 여우조연
　　　상(황정순)

숙이(이지연)는 대기업의 부장인 아버지(김진규)와 살고 있다. 아직 초등학생이지만 가정부(황정순) 아주머니를 도와 집안일을 돌보기도 한다. 10년 전 아내 경희(김지미)와 이혼한 이 부장은 꽃집을 경영하고 있는 기옥(고은아)와 데이트를 즐기곤 한다. 그러던 어느 날 미국에 갔던 경희가 돌아와서 숙이와 함께 노는 것을 보고 오래 망설이던 기옥과의 결혼을 결심한다. 한편 경희는 기옥을 만나 이 부장과 결혼하는 것은 좋지만 숙이만은 자신이 키우겠다고 말한다. 기옥도 찬성한다. 그러나 이 부장은 숙이를 보내면 재혼할 의미가 없다면서 숙이를 보낼 수 없다고 고집을 부린다.

그런 와중에서 이 부장네 회사가 부도를 내고 위기에 몰린다. 경희의 오빠인 윤 사장(성소민)은 이 부장에게 스카우트를 제의하고 경희와 재결합할 것을 권한다. 이 부장은 이를 거절하고 경희도 숙이를 미국으로 데려가기로 한다. 폐렴을 앓고 있는 숙이를 간호하던 이 부장은 숙이의 일기장을 보고 엄마를 간절히 원하는 숙이의 마음을 알게 된다. 그는 아이에겐 역시 엄마가 있어야 한다면서 숙이를 엄마에게 보내기로 한다. 혼자 남은 그는 귓전을 맴도는 숙이의 웃음소리에 눈물짓는다.

● 이형표의 멜로물. 이 부장과 경희 사이를 오가며 숙이를 돌보는 가정부 역할의 황정순이 대종상 여우조연상을 받았다. 이봉조가 작곡한 주제가는 정훈희가 불렀다.

팔도 사나이 Gallant Man(1969)

(태창흥업) 95분 극영화/활극

감독·각색 : 김효천
제작 : 김태수, 윤창원
각본 : 편거영
개봉 : 1969년 1월 1일 국제극장
　　　(서울)
관람인원 : 10만 6496명
출연 : 장동휘, 윤정희, 박노식, 태현
　　　실, 황해, 독고성, 허장강, 최남
　　　현, 최봉, 최창호, 이빈화 외
기획 : 이인식　　촬영 : 김강혁
음악 : 한상기　　조명 : 고해진
편집 : 장현수　　미술 : 노인택
소품 : 이태우　　의상 : 이해윤
스틸 : 박희재　　분장 : 정철
조감독 : 이영우
사운드 : 한양, 최형래

의리의 사나이 호(장동휘)는 익살스러운 광주의 용팔이(박노식), 성미 급한 경상도 사나이(이대엽), 박치기가 특기인 평양의 박달이(최창호) 등 각 지역을 대표하는 팔도 장사들을 굴복시킨 뒤 이들과 함께 한국인을 못살게 구는 일본인 건달들과 헌병을 혼내준다.

● 편거영 각본을 김효천이 직접 각색했다. 국립영화제작소가 제작한 '팔도강산'(1967)이 흥행에 성공하자 '팔도강산' 속편과 함께 '팔도'를 앞세운 아류 영화들이 봇물처럼 쏟아져 나왔다. 이 영화는 '팔도' 시리즈 중에서도 성공한 편에 속한다. 관객 10만 명 이상 동원. 영화가 흥행에 성공하면 속편을 내놓는 것처럼 '팔도 사나이'도 여러 편의 아류작을 낳았다. 김효천은 '팔도기생'(1968), '팔도 사나이'(1969), '팔도 검객'(1970)에 이어 명동의 건달을 내세운 '명동' 시리즈를 연출, 영화 '명동 출신'(1969)은 서울 관객 87만 770명을 동원, '명동출신'이 흥행에서 성공하자 '명동백작', '명동노신사'(1970), '명동사나이와 남포동 사나이', '명동에 흐르는 세월'(1971), '명동을 떠나면서'(1973) 등을 잇달아 내놓았다.

238

암살자 暗殺者, Assassin(1969)

8·15 해방 직후 신탁통치를 반대하는 남호천 장군(박암)을 암살하기 위해 공산당은 암살자(장동휘)를 고용한다. 9년 전 자신이 죽인 자의 딸(전영선)을 수양딸 삼아 키우고 있는 암살자는 남 장군을 죽이기 위해 당원 1호(남궁원)와 함께 춘천으로 향한다. 암살자는 남 장군을 죽이는 데 성공하지만 결국 1호에게 살해되고 1호 역시 공산당에게 살해된다.

● 이만희의 반공영화. 1966년 《사상계》에 발표됐던 이어령 소설을 원작으로 하고 있다. 해방 직후의 정치 테러를 그린 작품으로 이 영화는 서사가 없는 것이 특징이다. 즉 사건의 인과율을 쫓는 일반영화와는 달리 암살자인 장동휘의 내면심리변화를 추적하면서 박진감 넘치는 실험적 편집 방식으로 이를 구성했다.
　　내용에서도 암살자가 자기가 죽인 남자의 딸을 데리다 키우거나 죽음 앞에 선 인물들의 욕망과 입장을 압축적으로 다루는 등 모순에 찬 상황을 교차로 보여준다.(「하드보일드한 묘사－구도자적인 생리」, 주간경향 69. 1. 19) 탄탄한 연출력과 뛰어난 연기, 인상적인 촬영, 그리고 삶의 아이러니와 운명에 대한 깊은 성찰을 통해 이만희다운 깊이와 특징을 살렸다. 주인공이 소녀(수양딸)에게 사과를 따주려다가 사과밭에 떨어져 죽는 장면이 희화적이다. 반공영화의 틀을 갖췄지만 한국판 사무라이 영화를 연상케 한다.

(태창흥업) 78분 35mm 컬러 극영화 /반공 분단

감독 : 이만희
제작 : 김태수
각본 : 이은성(원작 이어령)
개봉 : 1969년 1월 1일 명보극장 (서울)
관람인원 : 1만 7092명
출연 : 장동휘, 남궁원, 박암, 김혜경, 오지명, 전영선, 최봉, 이해룡, 박기택, 김기범, 최문, 최무웅, 한명환, 권오상, 한경택 외
기획 : 김태수
촬영 : 이석기　　　음악 : 전정근
조명 : 윤창화　　　편집 : 유재원
미술 : 이문현　　　소품 : 추교환
사운드 : 최형래　　스틸 : 양기주
조감독 : 김흥수, 박영식, 권충성

머무르고 싶었던 순간들
Moments to Remember(1969)

북한 장교 최달수(김성옥)는 성호(신성일)의 아내 윤희(고은아)를 체포한다. 윤희는 최달수가 과거에 짝사랑했던 여인이다. 그는 이 기회에 그녀를 차지하려 하지만 윤희가 완강하게 거부하자 그녀를 폭행하고 윤희는 후유증으로 불임이 된다. 참담한 일을 겪은 윤희는 남편과 아들의

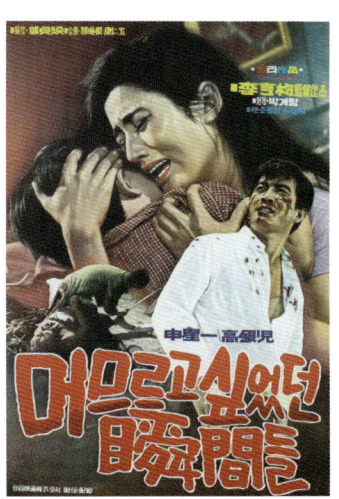

행복을 빌며 멀리 시골로 내려가서 초등학교 교사가 된다. 자궁암으로 시한부 인생을 살던 그녀가 교단에서 쓰러지자 동료 교사가 이 소식을 남편에게 전하고 달려온 남편은 죽어가는 아내 앞에서 절규한다.

● '애하'(1967)를 연출한 이형표의 멜로물. 박계형의 동명 소설을 김하림과 조흥정이 각색했다. 이형표는 "영화는 오락이며 영화를 재미있다고 해야 하는 사람은 감독이 아니라 관객"이라고 주장해왔듯이 그의 작품은 대부분 대중에게 인기 있는 멜로드라마와 코미디가 주류를 이룬다. 흥행에 성공했다.

(합동영화) 극영화 /멜로

감독 : 이형표
제작 : 곽정환
각본 : 김하림, 조흥정(원작 박계형)
개봉 : 1969년 1월 1일 아카데미극장 (서울)
출연 : 신성일, 고은아 외
기획 : 강인옥, 곽회근
촬영 : 용우일
음악 : 정윤주
조명 : 김동포
편집 : 현동춘
미술 : 조경환
현상 : 한국천연색

시발점 始發點, Starting Point(1969)

(연방영화) 99분 흑백 극영화/문예

감독 : 김수용
제작 : 주동진
각본 · 각색 : 조문진(원작 이청준)
개봉 : 1969년 2월 2일 명보극장
　　　(서울)
출연 : 신성일, 남정임, 이순재, 허장
　　　강, 한성, 윤양하, 박장섭, 전인
　　　수, 전영주, 한세훈 외
기획 : 양봉식, 최춘지
촬영 : 홍동혁
음악 : 정윤주
조명 : 손병진
편집 : 유재원
미술 : 김유준
소품 : 추교환
사운드 : 한양, 최형래
스틸 : 김병옥
조감독 : 이원세, 김정원, 서진성
수상 : 제2회 서울신문 문화대상 각본
　　　상(조문진), 제5회 청룡영화상
　　　음악상(정윤주), 제19회 베를린
　　　영화제 출품

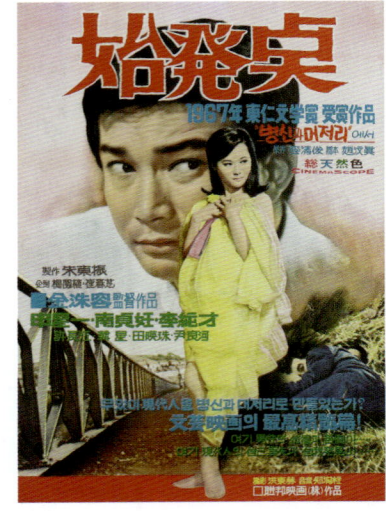

의사 영훈(신성일)과 화가 상훈(이순재)은 형제간이다. 여자친구 혜인(남정임)을 다른 남자에게 빼앗긴 동생 상훈은 매일 캔버스에 그녀의 모습을 그리고 형 영훈은 자신의 의료 실수로 목숨을 잃은 어린아이에 대한 죄책감 때문에 청진기를 놓고 소설 쓰는 일에 매달린다. 형은 자신의 삶을 소설 쓰기를 통해 성찰하려 하지만 동생의 개입으로 소설이 소심한 결론을 내리게 된다. 그날 밤 술 취해 돌아온 형은 자신의 소설을 불태워 버린다. 그리고 오늘 혜인의 결혼식장에 다녀왔다면서 동생 상훈에게 도망간 애인의 얼굴이나 그리는 병신, 머저리라고 비난한다. 그제야 동생은 자기 아픔의 정체를 알지 못한 채 그 아픔을 바탕으로 새로운 삶을 시작할 것을 결심한다.

● 1966년 《창작과 비평》 9월호에 발표된 이청준의 단편 「병신과 머저리」를 영화화한 작품. 한국전쟁의 체험을 생생한 아픔으로 간직한 형과 절실한 체험 없이 무기력하게 살고 있는 동생을 통해 생의 좌절과 그 해결 방법을 형상화하고 있다. 형은 소설을 쓰는 것으로 이를 극복하지만 동생은 애인과의 사랑도, 그림 그리기에도 실패한 채 스스로를 머저리로 비하한다. 여기서의 '병신'은 정신적 상처가 무엇인지 알고 있는 형을 지칭한 것이고 '머저리'는 그 원인조차 모르는 동생을 가리킨다. 이 두 형제의 모습은 당시 우리 사회의 행동하는 지식인의 상이기도 했다.

또한 영화 '시발점'은 우리 영화 최초로 동성애를 다루고 있다고 해서 화제가 되었다. "동성애의 기준을 어디에 둘 것이냐"에 따라 결과가 달라질 수 있지만 이 영화의 경우 표현 수위와 노출 수위에서 허장강, 신성일, 한성이 추위를 이기지 못해 서로 부둥켜안고 있는 장면이 "동성애적 묘사"로 지적됐고 검열당국은 이를 곤혹스럽게 여긴 것으로 알려지고 있다.

제목 '병신과 머저리'가 '시발점'으로 바뀐 것도 마찬가지다. 당시 공보부는 개봉을 일주일 앞두고 '병신과 머저리'라는 제목은 관객을 모독한다면서 "즉각 변경하지 않으면 검열 필증을 내줄 수 없다고 으름장을 놓았다"고 김수용 자신이 쓴 책(김수용, 「나의 사랑 시네마」, 씨네21, 2005년, p.129)에서 밝히고 있다. "갑자기 뾰족한 아이디어가 떠오르지 않아 차기작 제목을 대타로 내놓게 되었고 그래서 제목이 '시발점'이 됐다"고 한다. 이 영화는 소재가 지나치게 관념적이어서 애니메이션을 삽입하는 등 표현 방법에서 고심했으나 역시 난해하다(주간한국 69. 2. 2)는 평에서 벗어나지 못했다. 각본을 쓴 조문진이 서울신문 문화대상 각본상을 받았다.

당신 Darling(1969)

영재(신영균)는 아내(문정숙)보다 연인 수진(윤정희)을 사랑한다. 아니, 그가 마음을 다해 사랑하는 사람은 수진뿐이다. 그러나 영재에겐 가정이 있었고 남들의 눈을 피해서 만나야 하기 때문에 그들은 서로 마음 놓고 '당신'이라고 불러본 적이 없다. 마침내 둘 사이가 영재의 아내에게 알려지자 수진은 그들의 행복을 빌며 말없이 '당신' 곁을 떠난다.

● '장군의 수염', '젊은 느티나무'(1968)를 내놓은 이성구의 멜로물. 조선일보에 연재되었던 전병순의 소설 '또 하나의 고독'을 영화화한 작품. 남자에게는 아내만으로는 채울 수 없는 또 하나의 고독이 있음을 내세워 아내와 애인 사이에서 방황하는 남자와 가정이 있는 남자를 사랑하는 여인, 남편을 다른 여자에게 빼앗긴 아내의 고통을 통해 '진정한 사랑'의 의미를 되묻고 있다.(조선 69. 2. 16,「사랑의 본질을 파헤쳐─차분하고 섬세한 묘사」, 주간경향 69. 2. 16) 멜로드라마로는 드물게 제15회 아시아영화제에서 각본상을 받았고 제13회 샌프란시스코영화제에도 출품되어 호평을 받았다. 이 영화에서 가장 뛰어난 것은 아내 역의 문정숙과 애인 역의 윤정희의 연기대결이다. 이들의 불꽃 튀는 연기는 장안의 화제가 되었고 설날 프로로 국도극장에서 개봉되자 10만 명이 넘는 관객을 동원했다. 배호가 부른 주제가 "당신"은 지금까지도 대중의 폭넓은 사랑을 받는 명가요로 남아 있다.

(연방영화) 극영화/멜로

감독 : 이성구
제작 : 주동진
각색 : 이은성(원작 전병순)
개봉 : 1969년 2월 16일 국도극장(서울)
관람인원 : 10만 명(서울)
수출현황 : 홍콩, 일본, 말레이시아(69)
출연 : 신영균, 윤정희, 문정숙 외
기획 : 양봉식 최춘지
촬영 : 정운교   음악 : 김희조
조명 : 손영철   편집 : 유재원
미술 : 이명수   현상 : 대영
수상 : 제6회 청룡영화상 흑백촬영상(정운교)·주제가상(이명수), 제6회 백상예술대상 각본상(이은성), 제15회 아시아영화제 각본상, 제13회 샌프란시스코영화제 출품

5인의 사형수 Condemned Criminals(1969)

첩보장교는 적진에 파견할 특수첩보원을 규합하기 위해 부대원 강호(장동휘)를 형무소로 들여보낸다. 강호는 형무소에서 북의 사단장과 용모가 비슷한 억수를 비롯한 세 명의 사형수를 포섭한다. 형무소를 탈옥한 그들은 혹독한 첩보훈련을 받고 적진에 잠입한다. 억수를 닮은 북의

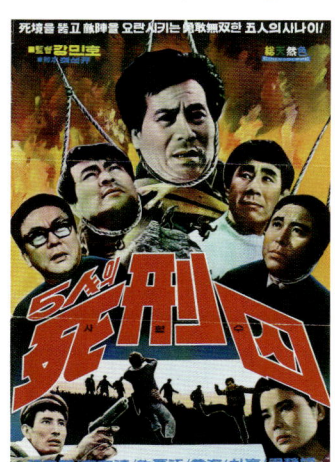

사단장을 가장 먼저 살해하고 억수가 그 사단장으로 위장해서 작전회의에 들어간다. 하지만 북의 작전계획을 알아낸 후 이들은 탄약고를 폭파하고 탈출하다가 감시병에게 발각된다. 억수를 비롯한 그의 감방 동료들은 적의 총탄에 맞아 숨지고 강호 혼자만 살아서 돌아온다.

● 영화 '해병특공대'(1965)로 감독 데뷔한 강민호의 다섯 번째 연출작. 이후 강민호는 호국극영화와 군교육영화 등 특수 장르의 영화제작에 손대왔다.

(세기상사) 105분 극영화/활극

감독 : 강민호(姜民鎬)
제작 : 국채완
각본 : 최석규
개봉 : 1969년 2월 16일 세기극장(서울)
관람인원 : 3만 956명(서울)
수출현황 : 아시아(69)
출연 : 장동휘, 남궁원, 윤정희, 허장강, 황해, 최성, 박암, 방성자, 김석훈, 전창근, 김정옥, 유하나, 염혜숙, 나일, 추봉, 지방열, 김기범, 김경란, 정영만 외
기획 : 김한일
촬영 : 김완기
음악 : 전정근
조명 : 강용신
편집 : 김창순
미술 : 송백규
사운드 : 한양, 최형래
특수효과 : 이문걸
조감독 : 문치우
수상 : 제3회 남도영화제 남우조연상(허장강)

독짓는 늙은이 An Old Potter(1969)

(동양영화사) 95분 극영화/문예

감독 : 최하원
제작 : 이종벽
각본 : 신봉승, 여수종(원작 황순원)
개봉 : 1969년 3월 4일 국제극장
　　　(서울)
관람인원 : 13만 6627명
수출현황 : 동남아(70)
출연 : 황해, 윤정희, 남궁원, 허장강,
　　　김정훈, 김희라, 김정옥, 최봉,
　　　김소조, 전숙, 나정옥, 추석양,
　　　손전, 김칠성, 송해, 박시명 외
기획 : 김승업
촬영 : 유영길
음악 : 최창권
조명 : 박응선
편집 : 현동춘
미술 : 김호균
소품 : 박명수
분장 : 이동섭
스틸 : 박철
사운드 : 손인호, 최형래
조감독 : 문치우
수상 : 제7회 청룡영화상 최우수작품
　　　상·감독상(최하원)·미술상(김
　　　호균)·주제가상, 제6회 백상예
　　　술대상 여자최우수연기상(윤정
　　　희)·남자최우수연기상(황해),
　　　제13회 부일영화상 최우수촬영
　　　상(유영길), 제4회 인도 국제영
　　　화제 작품 대상·인기상(윤정
　　　희), 제42회 아카데미영화제 출
　　　품

독을 구워 파는 송 영감(황해)은 눈밭에 쓰러져 있던 옥수(윤정희)를 구해준다. 이후 그들은 부부가 되는데, 아들 당손(김정훈)이 일곱 살 되던 해 그동안 옥수를 찾아 헤매던 옛 애인 석현(남궁원)이 찾아온다. 석현은 다시는 옥수와 헤어지지 않기 위해 송 영감 밑에서 독짓는 일을 거든다. 그러나 석현과 옥수는 끝내 야반도주를 하고 그때부터 송 영감의 삶은 걷잡을 수 없이 부서지기 시작한다. 독은 깨져버리고 어린 아들은 양자로 떠나간다. 옥수로 인해 송 영감은 불행의 늪에 빠지고 결국 비탄 속에 자살한다. 세월이 흐른 뒤 장성한 아들 당손(김희라)이 송 영감의 가마를 찾아오고, 참회하기 위해 그곳에 온 어머니와 극적으로 상봉한다.

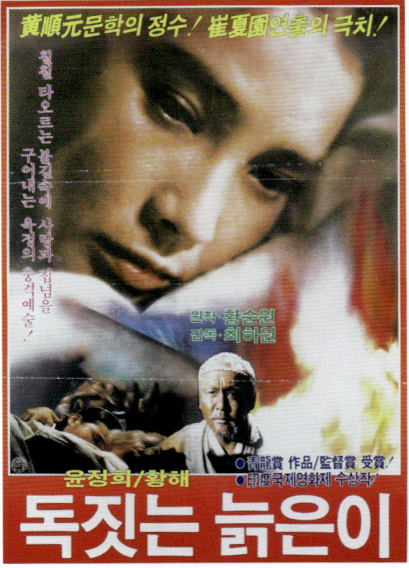

● 1950년 《문예》지에 발표했던 황순원의 단편소설을 원작으로 하고 있다. 일생을 독 굽는 일에 바쳐 온 한 노인이 젊은 아내의 배신과 독 굽는 일이 실패하자 자신의 전 생애를 바친 가마 속에서 비장한 최후를 마치는 내용. 영화는 허장강이 송 영감의 친구로 출연해 부모의 비극적인 과거사를 그 아들에게 들려주는 식으로 진행된다.
　"한국적인 소재를 토속적인 화면과 색감으로 가장 한국적으로 표현해낸 문예영화의 하나"(영화평론가 이승훈)라는 평을 들었다. 줄거리는 원작에서 크게 벗어나지 않지만 감독은 단편소설을 장편영화로 옮기는 과정에서 원작과는 달리 섹슈얼리티의 문제를 중요한 소재로 끌어내고 있다. 여주인공 옥수가 떠나기 전까지 영화의 전반부는 옥수를 향한 송 영감과 석현의 애정과 질투, 성적 욕망이 빚어내는 심리적 갈등이 전개되고 자신의 욕망을 쫓는 옥수의 선택은 송 영감의 시선을 통해 도덕적으로 단죄된다. 이 과정을 좀더 구체적으로 파고든 후반부는 사실상 남성 멜로드라마적 성격을 강조하기 위해 과장된 음악과 눈물 등이 "빈번하게 표현"(조선 69. 12. 7)되기도 했다. 제7회 청룡영화상에서 최우수 작품상, 감독상, 미술상, 주제가상을 받았고 제6회 백상예술대상에서 황해와 윤정희가 각각 남녀 최우수연기상, 제4회 인도 국제영화제 작품 대상과 윤정희가 인기상을 받았다. 한국영상자료원 '한국영화 100선' 선정.

천년호 千年弧, Thousand Years Old Fox(1969)

삼국시대 신라. 도적떼를 물리치고 돌아온 김원랑(신영균)이 진성여왕 (김혜정)의 유혹을 받게 되면서 원랑의 부인 여화(김지수)는 도성 밖으로 쫓겨난다. 아이를 안고 산속을 헤매던 여화는 산적을 만나 아이는 산적 의 손에 죽고 도망치던 여화는 천년 묵은 여우의 혼이 있다는 호수에 빠진다. 천 명의 사람을 잡아먹어야만 하늘로 올라갈 수 있다는 여우의 혼은 여화의 몸을 빌린 대가로 여화의 목숨을 살려준다. 그러자 여화는 한밤중에 일어나 귀신에 홀린 듯 산속으로 들어가 아이를 죽인 산적들 을 차례로 해치운다. 또 밤마다 진성여왕의 처소에 침입해서 여왕을 죽 이려고 틈을 노린다.

여화에게 천년호의 혼이 씌웠다는 것을 알게 된 원랑은 백운대사(지 방열)를 찾아가 여화에게 붙은 천년호의 혼을 없애 달라고 간청한다. 한 편 밤마다 자신을 죽이려는 천년호가 여화임을 알게 된 진성여왕은 여 화가 머물고 있는 절에 불을 지를 것을 명한다. 새벽닭이 울 무렵 여화 는 원랑의 칼에 죽고 원랑은 관아로 잡혀간다. 풀려나온 원랑은 여왕 자리에서 쫓겨난 진성여왕의 구애를 뿌리치고 눈이 오나 비가 오나 여 화의 무덤을 지킨다. 세월이 지나 원랑을 찾아온 백운대사는 앉은 채로 해골이 된 원랑을 발견한다.

(신필름) 89분 극영화/공포 호러

감독 : 신상옥
제작 : 신상옥
각본 : 곽일로
개봉 : 1969년 3월 8일 명보극장 (서울)
관람인원 : 5만 2245명
수출현황 : 홍콩, 미국(70)
출연 : 신영균, 김지수, 김혜정, 강계식, 지방열, 이예성, 김란영, 김신명, 조덕성, 장인한 외
촬영 : 최승우
음악 : 정윤주
조명 : 함완섭
편집 : 오성환
미술 : 정우택
소품 : 최경만
사운드 : 심재훈, 유창극
조감독 : 이경태, 이장호
수상 : 제3회 시체스환상공포영화제 황금감독상

● 신상옥의 사극 호러물. '천년호'는 이전에 있던 공 포영화의 틀에서 벗어나 판 타지와 멜로, 액션의 절묘 한 결합을 실험적으로 시도 했다. 특히 해골로 변해버 린 원랑의 마지막 모습이 섬뜩하면서도 슬픈 판타지 의 느낌을 준다.

이 영화는 변방에 머물던 한국 호러 영화를 주류영화 로 끌어올렸다는 평과 함께 1960년대 공포영화의 최고 봉으로 꼽히고 있다. 한국 영상자료원 '한국영화 100 선' 선정.

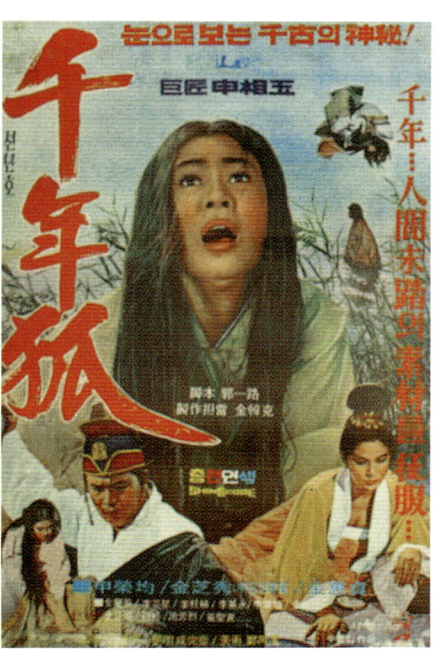

이조여인 잔혹사 李朝女人殘酷史, Women of Yi-Dynasty(1969)

(신필름) 84분 극영화/통속 시대극

감독 · 제작 : 신상옥
각본 : 이상현(원작 안대성)
개봉 : 1969년 5월 1일 명보극장
　　　(서울)
관람인원 : 10만 5608명(서울)
출연 : 최은희, 김지미, 윤정희, 남정
　　　임, 황정순, 주증녀, 한은진, 김
　　　지수, 도금봉, 사미자 외
촬영 : 최승우
음악 : 정윤주
조명 : 마용천
편집 : 오성환
미술 : 정우택
소품 : 이용기
의상 : 김경숙
분장 : 채훈, 소숙자
사운드 : 유창극, 심재훈
조감독 : 이장호, 이경태, 박건태랑
수상 : 제15회 아태영화제 감독상(신
　　　상옥), 제4회 대일영화제 감독
　　　상(신상옥), 제3회 남도영화제
　　　여우조연상(황정순)

1부 여필종부(女必從夫) : 대감댁으로 시집갔던 딸(남정임)이 어린 신랑이 죽자 친정에 다니러 온다. 친정 아버지 강 진사(박암)는 딸이 남들의 결혼생활을 부러워하는 것을 보고 딸을 죽인 후 죽은 남편의 뒤를 따라 자결한 것으로 꾸민다. 나라에서는 정절을 기리는 열녀문을 세워주고 강 진사는 벼슬길에 오른다.

2부 출가외인(出嫁外人) : 외아들(오영일)을 며느리(윤정희)에게 빼앗긴 시어머니(도금봉)는 며느리를 모질게 구박한다. 시어머니 학대에 못이긴 며느리는 누명을 쓰고 죽는다.

3부 칠거지악(七去之惡) : 시집온 지 10년이 넘도록 아들을 낳지 못한 부인(최은희)이 머슴(신영균)을 유혹해서 아들을 낳는다. 그러나 자신의 불임증을 알고 있는 남편(남궁원)이 "누구의 아이냐?"고 추궁하자 부인은 결백을 주장하며 은장도를 물고 자결한다.

4부 궁중비색(宮中秘色) : 상궁 이씨가 왕이 아닌 무관에게 강간당해 임신을 하게 된다. 상궁들은 이 사실을 극비에 부치고 이씨가 아이를 낳을 때까지 협동해서 돕는다. 아이 아버지인 무관은 죽어서 궁중 연못에 버리고 이씨와 아기는 시체로 위장해서 궁궐 밖으로 내보낸다.

● 신상옥의 사극 옴니버스. 각본 이상현. "봉건주의 인습에 얽매어 희생되어간 조선의 여상"(동아 69. 5. 8)을 감독 혼자서 다각도로 연출한 것이 특징이다. 이와 관련하여 신상옥은 다음과 같은 글을 남겼다. "그 시대 여자들을 일방적으로 지배하던 일부종사(一夫從事)니 삼종지도(三從之道) 따위의 억압구조는 바로 오늘날 우리를 옥죄는 정치적, 사회적 억압구조나 다를 게 없다고 보았다. 즉 여자가 주인공이라고 해서 모두 여성 드라마는 아니며 문제는 여성을 어떤 시각에서 그렸느냐 하는 점이다. 내 영화에 그려진 여인들은 특히 사극의 경우 표피적으로 보면 '운명의 지배를 받는 한 많은 여인상' 같지만 조금만 심층적으로 보면 외면적인 반항보다 더 강인한 내면의 저항의지가 파악될 것이다."(신상옥, 「나는 영화였다」, 랜덤하우스 코리아, 2007년, p.88) 이 영화는 "철저하게 비인간화된 조선시대 여인들의 잔혹한 운명을 그린 역작"(호현찬, 「한국영화 100년」, 문학사상사, 2007년, p.180)이라는 평과 함께 흥행에서 성공했으며 아태영화제와 대일영화제에서 감독상을 수상했다.

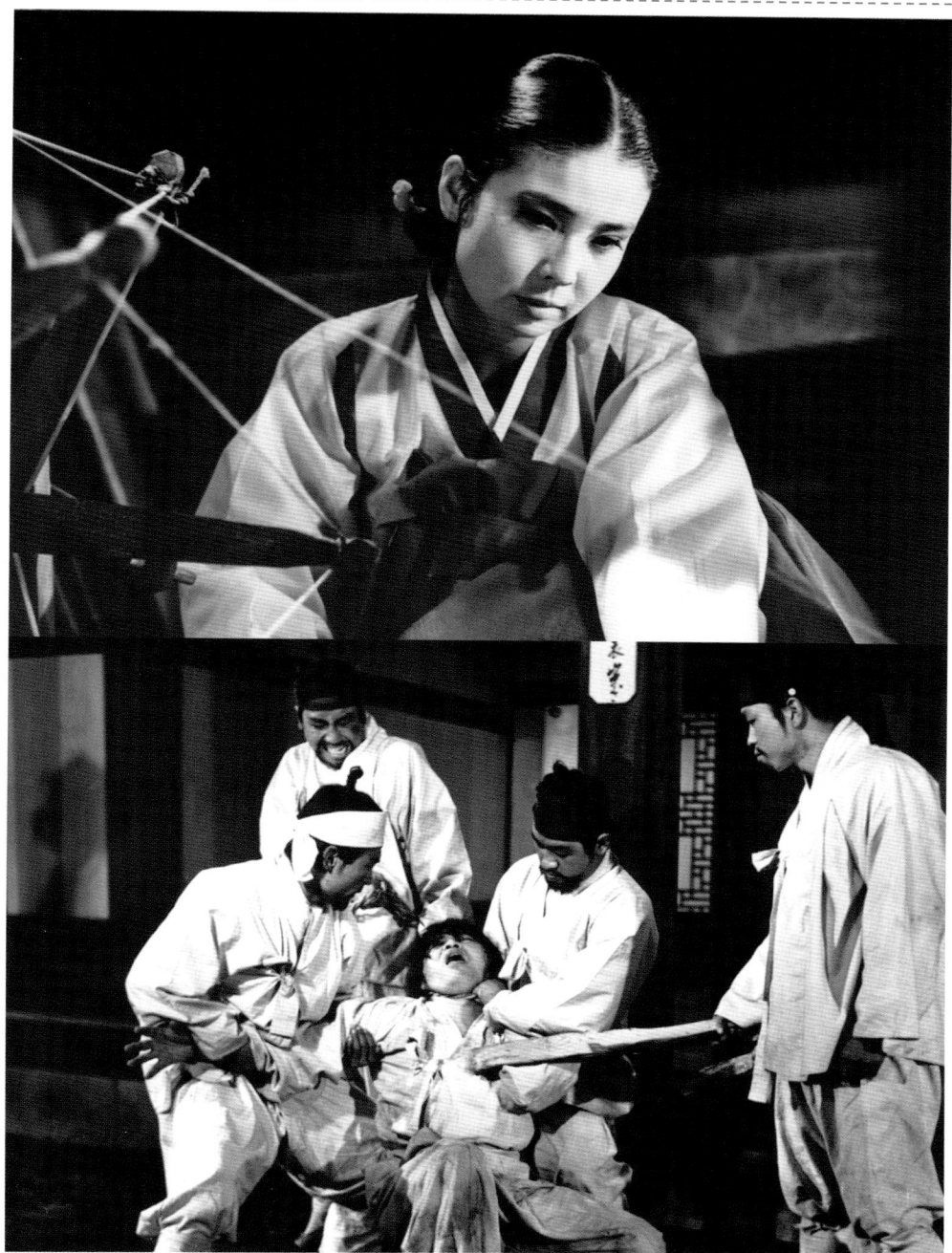

벽속의 여자 A Woman on the Wall(1969)

(세기상사) 100분 컬러 시네마스코프
극영화/멜로

감독 : 박종호(朴宗浩)
제작 : 우기동
각본 : 박병우
개봉 : 1969년 5월 1일 국제극장
　　　(서울)
관람인원 : 19만 130명
출연 : 남진, 문희, 남궁원, 전계현, 한
　　　은진, 김신재 외
기획 : 임병호
촬영 : 임진환
음악 : 이봉조
조명 : 장기종
편집 : 장현수
음악 : 이봉조
미술 : 송백규
현상 : 대영
수상 : 제6회 백상예술대상 편집상(장
　　　현수), 제19회 영국 에든버러
　　　영화제 출품

미지(문희)와 성민(남진)은 부부 사이지만 미지는 성민에게 알 수 없는 불만을 느낀다. 그녀는 흡사 벽속에 갇혀 살고 있다는 느낌을 떨쳐버리지 못한다. 그 느낌은 애매하고 모호해서 그녀로서도 불만의 원인을 규명할 수가 없다. 그러던 어느 날 미지는 중년의 허 선생(남궁원)을 만나 사랑을 나누게 된다. 그의 남성미에 빠져 육체의 즐거움을 만끽하게 되면서 그녀는 비로소 자신의 불만이 무엇인지를 알게 된다. 미지는 본능이 시키는 대로 한껏 육욕을 불태운다. 그러나 어느 시기에 다다르자 이런 해방감에 회의를 느끼며 자신의 본래 모습으로 되돌아온다.

● 리얼리즘 계열 영화인 '지상의 비극'(1960), '학사주점'(1964)을 연출한 박종호의 멜로물. 최의선의 소설을 바탕으로 하여 1960년대 후반 새롭게 등장한 멜로드라마의 한 경향을 보여준다. 당시로서는 매우 파격적 소재인 여자의 욕망을 문제삼고 있다는 점에서 주목을 받았다.
　주인공은 자기 남편이 아닌 다른 남자와 정사를 나누면서 자신을 "여관방의 네 벽 안에서만 만나는 여자"라고 정의를 내린다. 또 사랑에 대해 연연해 하지 않는다. 섹스와 사랑은 별개이며 허 선생을 좋아하지만 사랑하지는 않는다고 말한다. 이처럼 정사를 중심으로 이야기를 진행시키면서 노출과 강도 높은 정사신을 연출하여 논란을 불러일으켰다. 주인공 성민과 미지가 벌이는 5분 동안의 애무가 지나쳤다는 것이다. "판치는 섹스영화, 검열 방향 변질, 예술과 외설을 착각"(동아 69. 5. 15) 등의 외설 시비에 휘말린 이 영화는 음란죄(음화제조)가 적용돼 필름이 무더기로 잘려나갔고 감독은 불구속 기소되었다. 그러나 관객 동원 19만 명으로 흥행에 성공했다.

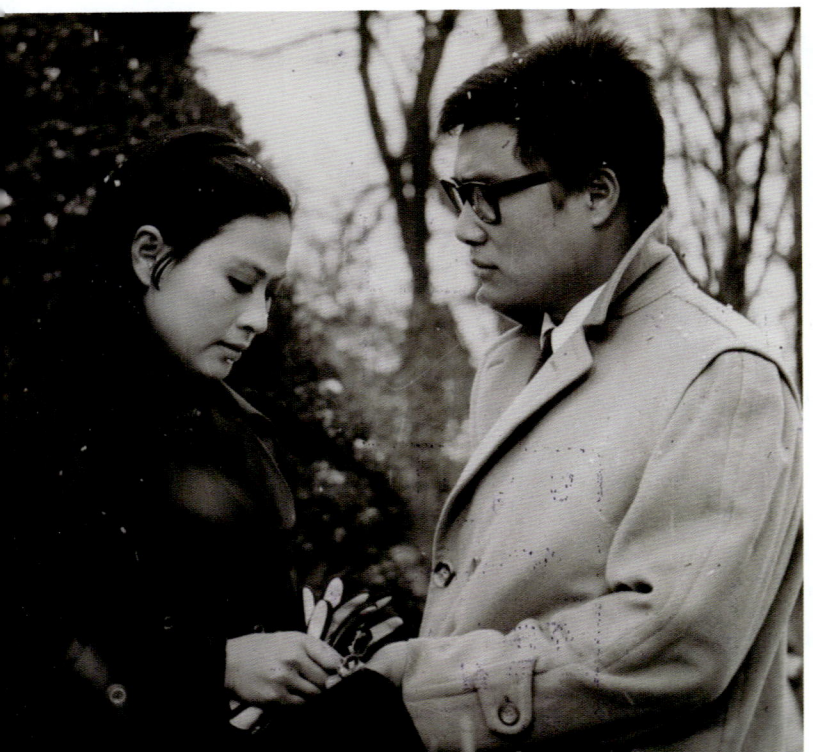

당시 신문광고는 "외설이냐? 예술이냐? 대담한 성 장면 묘사로 2년째 톱 베스트셀러인 충격의 성 소설 영화화"라는 카피를 통해 영화의 에로틱한 측면을 전면에 내세웠다. 변장호는 '벽속의 여자'의 성공에 힘입어 계속해서 1970년 '벽속의 여자(속)', 1972년에는 '벽속의 남자'를 만들었다.
　'벽속의 여자(속)'는 의사 남편의 극진한 사랑 속에서 행복한 나날을 보내지만 남편이 일에만 몰두하자 여자는 고독감에 빠져 다른 남자를 만난다. 그러나 결국 그녀는 가정으로 돌아가고 아내에게 무관심했던 남편도 아내를 따뜻하게 감싸는 것으로 끝난다. 속편은 관객 3만 1099명으로 흥행 저조.

푸른 사과 Blue Apple(1969)

똑같은 일상에 싫증을 느낀 그녀는 우연히 보컬 팀의 대학생들과 사귀게 된다. 그녀는 발랄한 그들과 어울려 시간가는 줄 모른다. 가족의 염려에는 아랑곳없이 자신을 천사처럼 떠 받드는 보컬 팀과 어울려 신나는 나날을 보낸다. 그러다가 문득 집 생각을 해낸 그녀는 귀가를 서두르고 보컬 팀 멤버들은 돌아가는 그녀를 위해 노래와 춤으로 환송한다.

● '영광의 침실'(1959)로 감독 데뷔한 김응천은 이 영화 이후 청춘물 전문가로 떠오른다. 임하와 송장배가 각본을 맡았다.
　　우리나라에서는 처음 시도된 본격 음악영화로 신중현이 음악감독을 맡았다. 톱 가수 남진과 조영남, 젊은 층에게 인기 있는 최영희가 여주인공으로 등장하고 트윈 폴리오로 활동한 송창식, 윤형주, 라이더스 보컬팀, 펄 씨스터즈가 특별 출연했다. 조영남은 이 영화에서 신중현 작곡의 '푸른 사과', '왔어요', '거리를 헤매도', '빗속의 여인', '고향길', 최영희는 '파랑새의 꿈'과 '작별', 조영남과 최영희의 '저 하늘 끝까지', 트윈 폴리오는 '떠나야 할 그 사람'을 불렀다.
　　이는 당시 각 가정에 널리 보급되기 시작한 TV의 영향으로 극장의 관객 수(특히 중년여성)가 줄어들자 영화관객의 세대교체를 위해 시도한 작전용 영화였으나 흥행에 실패했다.

(연방영화) 극영화/음악
감독 : 김응천
제작 : 주동진
각본 : 임하, 송장배
개봉 : 1969년 5월 10일 국도극장 (서울)
관람인원 : 1만 9485명
수출현황 : 대만(70)
출연 : 남진, 최영희, 조영남, 트윈스 트 김, 박암 외
기획 : 양봉식, 최춘지
촬영 : 정운교
음악 : 신중현
조명 : 손영철
편집 : 현동춘
미술 : 이문현
현상 : 대영

노래하는 박람회 Singing Fair(1969)

1968년 9월 9일부터 42일 동안 열린 제1회 한국무역박람회. 시골에서 올라온 노인(장동휘), 세련된 도시의 중년 여성(김혜정), 순박한 할머니(한은진)와 그 며느리(이경희), 자동차에 관심 많은 이북 출신의 중년 남성(김희갑), 구두쇠 신사(서영춘), 피아니스트(이낙훈), 근엄한 신부(구봉서), 선글라스가 매력적인 화가(황해) 등 특히 파월 해병대원들이 박람회에 찾아온다. 이들은 정부관을 필두로 한국요업주식회사의 도자기 공예에서 신진 자동차에 이르기까지 한국의 다양한 공산품을 한눈에 살핀다. 장죽을 고집하던 갓 쓴 노인이 궐련에 라이터로 불을 붙여 보기도 하고, 햄버거 스테이크를 맛보기도 한다. 저마다 새로운 경험을 해보면서 남녀노소 누구나 놀이기구를 비롯한 각종 오락시설을 즐긴다. 참여한 11개국 중에는 제약회사를 앞세운 독일, 공기를 불어넣어 만든 전시관을 선보인 미국, 또 산업박람회를 보러 직접 내한한 뉴질랜드 수상과 대만에서도 많은 볼거리를 보내주었다.

● '잊을 수 없는 애정'(1962)으로 영화계와 인연을 맺은 박찬이 산업박람회의 이모저모를 수록한 장편 기록물. 여러 등장인물들의 경험을 나열식으로 스케치하고 위키리, 김상희, 이시스터즈, 펄시스터즈, 봉봉사중창단 등 인기가수들의 화려한 공연이 선보였다.

(동양영화) 극영화/음악 기록
감독 : 박찬(朴燦)
제작 : 이종벽
각색 : 윤삼육(원안 김완율, 박복남)
개봉 : 1969년 5월 27일 코리아, 용산, 동일, 동대문, 뉴서울극장 (서울)
출연 : 장동휘, 김혜정, 오영일, 구봉서, 허장강, 김희갑, 황해, 양훈, 서영춘, 송해, 최봉, 정민, 이빈화, 추석양, 안인숙, 김영옥, 임성빈, 김청자, 최인숙 외
촬영 : 김승업, 민정식
음악 : 전정근
조명 : 차정남
편집 : 현동춘
미술 : 김효근
의상 : 뉴스타일 양장점

봄봄 Spring, Spring(1969)

(태창흥업) 흑백/문예

감독 : 김수용
제작 : 김태수
각색 : 신봉승, 나소원(원작 김유정)
개봉 : 1969년 5월 24일 명보극장
　　　 (서울)
관람인원 : 4만 3672명
출연 : 신영균, 남정임, 허장강, 김동
　　　 원, 이낙훈, 전계현, 최성호, 송
　　　 미남, 나일, 윤신옥, 노강, 김지
　　　 영, 임운학, 김신명, 송일근, 권
　　　 일정, 태일 외
기획 : 김갑의, 김인기
촬영 : 장석준
음악 : 정윤주
조명 : 차정남
편집 : 유재원
미술 : 이문현
소품 : 추교환
스틸 : 양기주
현상 : 한국천연색
조감독 : 이원세, 김정원
수상 : 제7회 청룡영화상 남우조연상
　　　 (허장강) · 각본상(신봉승) · 흑
　　　 백촬영상(장석준), 제2회 서울
　　　 신문문화대상 작품상 · 남자연
　　　 기상(신영균) · 여자연기상(남정
　　　 임), 제6회 백상예술대상 작품
　　　 상(태창흥업), 제15회 아시아영
　　　 화제 편집상(유재원), 제5회 프
　　　 랑크프루트영화제 출품

춘삼(신영균)은 봉필 영감(허장강)의 데릴사위가 되기 위해 벌써 3년째 머슴살이를 하고 있다. 영감의 딸 점순(남정임)은 어느덧 어른스럽게 성장했지만 딸이 아직 어리다는 이유로 영감은 춘삼을 몇 년 더 부려먹을 요량이다. 영감은 이미 마을의 몽태(이낙훈)를 비롯해 여러 장정을 그런 식으로 써먹다가 그들 자신이 제풀에 지쳐 나가떨어지게 한 전력이 있다. 춘삼은 점순이가 무거운 물동이를 이면 키가 자라지 않을까봐 걱정하지만 점순은 키만 크면 어른이 되느냐면서 우직한 춘삼을 오히려 나무란다. 답답해진 춘삼은 구장 어른(김동원)을 찾아가 자신이 성례를 치를 수 있게 도와달라고 부탁하고, 춘삼이 딱해 보인 구장은 봉필 영감이 젊은 시절에 그의 장인에게 써먹었던 방법을 넌지시 일러준다.

그러던 어느 날, 집에서 도망쳤던 점순의 언니 부부(전계현, 최성호)가 트럭을 타고 돌아오자 봉필 영감은 그들이 크게 성공했다면서 마을 사람들에게 자랑을 늘어놓는다. 봉필 영감은 자신의 보약까지 지어온 옛 머슴을 드디어 큰 사위로 인정하고, 사위가 부탁한 쌀 스무 가마니를 선뜻 내어준다. 그러나 그것은 사위가 장인을 상대로 사기를 친 것이다. 봉필 영감은 너무 분해서 춘삼을 읍내 장으로 보낸 후 점순을 좋아하는 몽태에게 쌀 스무 가마니를 찾아오면 점순을 주겠다고 공약한다. 이 소리를 듣고 점순이가 울면서 춘삼에게 일러바치자 춘삼은 구장이 일러준대로 봉필 영감의 그것을 움켜잡고 협박을 해서 결혼 승낙을 받아낸다.

● 김유정 원작의 동명 소설을 신봉승, 나소원이 각색한 작품. 농촌을 무대로 우직하고 순박한 주인공들의 생활을 그리고 있다. 이 영화는 배우보다 '봄'이라는 계절을 주인공으로 내세우고 있다. 영화 속에서 눈이 녹아 산골짜기에 실개천이 흐르고 버들강아지가 싹을 틔우며 산과 들에 꽃이 피고 잎이 우거지는 대자연의 흐름이 도저하게 진행된다. 그러나 옹졸하고 이기적인 인간들은 넓은 세상을 보지 못한 채 숨막히는 인습에 얽매어 이리저리 휘둘린다. 감독은 촬영기사와 함께 경기도 가평의 산골짜기 마을에 카메라를 세워놓고 얼음장 밑으로 흐르는 물과 버들강아지가 부풀어 오르기를 기다리면서 계절따라 순서대로 자연의 메시지를 화면에 반영했다고 한다.

이 시기에는 정부의 우수영화에 대한 외국영화 수입권을 제공하는 프리미엄 조건 때문에 문학소설을 영화화한 문예영화가 쏟아져 나왔으며, 그중 김수용이 만든 문예영화는 무려 50여 편에 이른다. 이 영화는 "토착적 유머의 문예물"(동아 69. 5. 24), "인간관계의 희화화"(조선 69. 6. 1) 호평과 함께 서울신문 문화대상 작품상, 백상예술대상 작품상, 남녀 주연상 등 수많은 상을 수상하고 제5회 프랑크프루트영화제, 아시아영화제에 출품되었다.

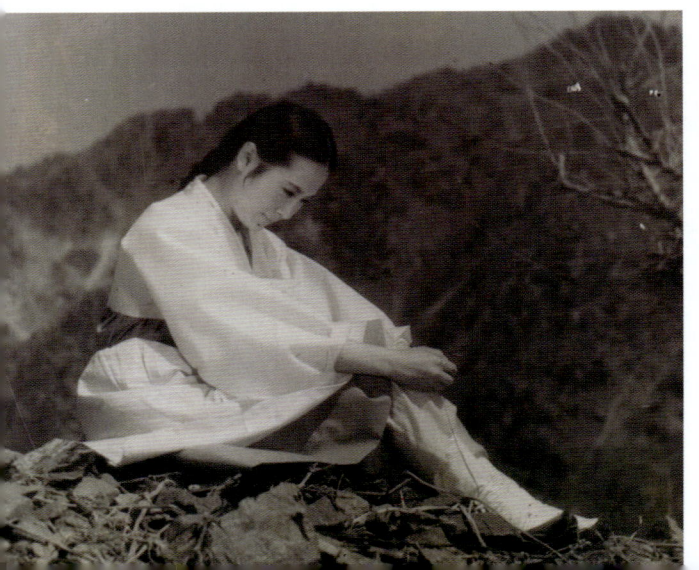

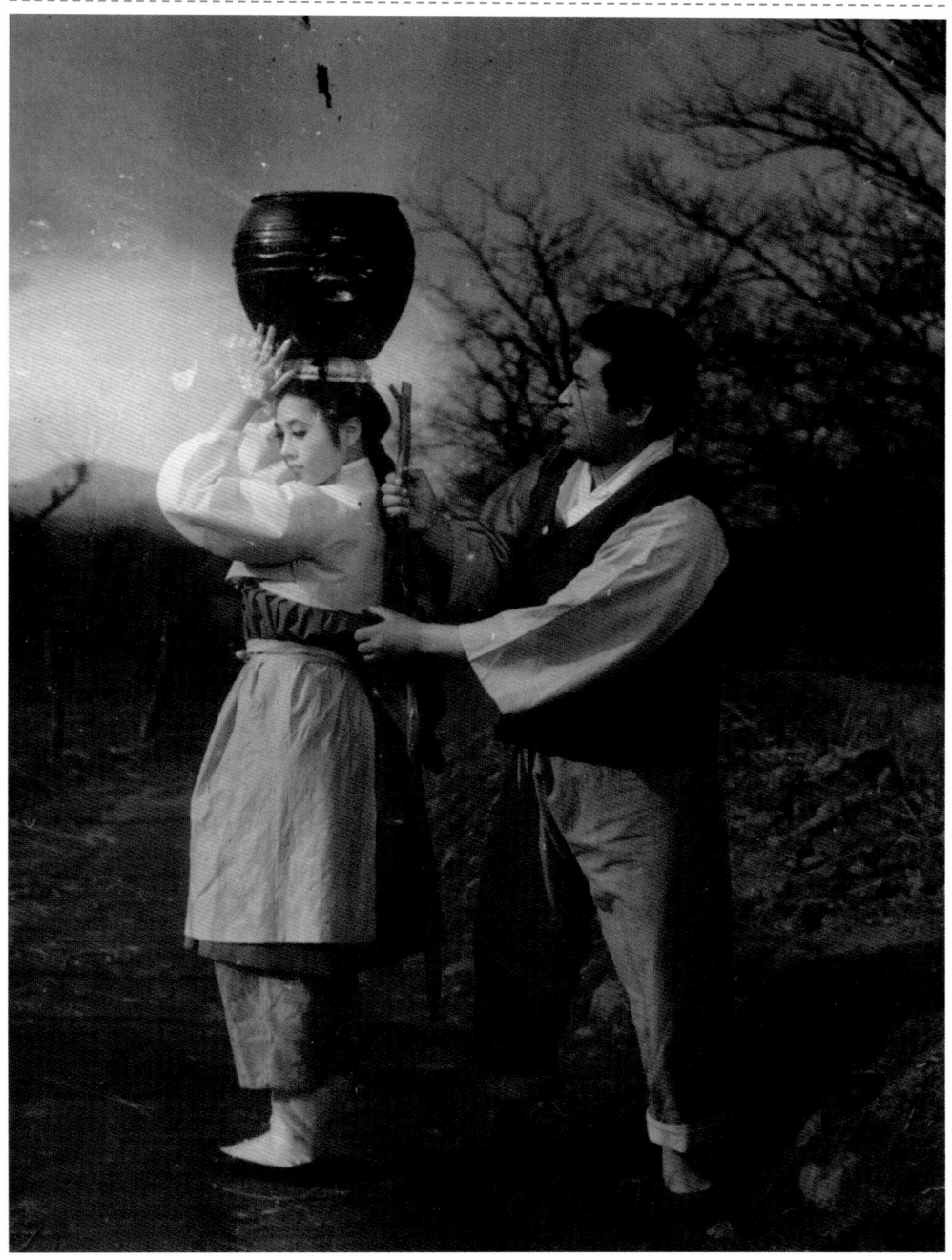

나도 인간이 되련다 I Want to Be Human(1969)

(도양영화흥업) 96분 극영화/반공 분단

감독 : 유현목
제작 : 이종벽
각본 : 여수중(원작 유치진)
개봉 : 1969년 9월 16일 국제극장
(서울)
관람인원 : 3만 2902명
출연 : 김진규, 고은아, 김혜정 외
기획 : 김승업
촬영 : 유영길
음악 : 한상기
조명 : 차정남
편집 : 이경자
미술 : 김호균
현상 : 한국천연색
수상 : 제7회 청룡영화상 조명상(차정
남), 제2회 서울신문 문화대상
감독상, 제3회 남도영화제 남
우주연상

소련군이 북한에 진주해 있을 때 그곳에서 벌어지는 사회적 변화를 보면서도 작곡가 석봉(김진규)의 소신은 흔들리지 않았다. 그러나 소련 대사관에 근무하는 나타샤(김혜정)가 그를 사랑한다고 했을 때부터 그의 주변이 혼란에 빠져드는 것을 인식한다. 그와 결혼을 약속했던 복희(고은아)가 어디론가 사라지는가 하면 복희의 오빠 태영(이예춘)이 반공유격에 가담했다는 이유로 무참하게 처형당하고 반체제적인 소설가 친구가 살해되는 것을 목격한다. 자신을 옥죄는 체제의 굴레에 점점 더 불안해진 석봉은 이를 모면하기 위해 나타샤의 요구를 받아들인다. 그러나 어느 날 그는 복희가 정신이상자가 되어 수감된 것을 보고 공산주의 사회의 비정한 현실과 이념에 회의를 느끼고 자유를 그리워하다가 처형된다.

● 1949년 월북작곡가 백석봉의 이념과 사랑이야기를 바탕으로 한 유치진 원작의 동명희곡. 연극은 1960년대 극단 동랑레파토리에 의해 서울 남산 드라마센터에서 초연됐다. 이데올로기의 노예가 된 공산주의자들의 잔학성과 이에 희생된 젊은이의 비극을 빌어 공산주의를 고발하고 있다.

상해 임시정부와 김구선생
Temporary Government in Shanghai(1969)

(대양영화사) 100분 극영화/전기

감독 : 조긍하
제작 : 한갑진
각본 : 최금동
개봉 : 1969년 9월 26일 국제극장
(서울)
관람인원 : 5만 6799명
출연 : 정민, 신성일, 김지미, 장미화,
박노식, 오지명, 이대엽, 이순
재, 이예춘, 한은진, 주증녀, 사
미자, 김동원, 김무생, 이해룡,
최준, 박상익, 김성옥, 방수일
외
기획 : 도동환   촬영 : 정광석
음악 : 전정근   조명 : 고해진
편집 : 장현수   미술 : 이봉선
소품 : 박태식   의상 : 이해윤
사운드 : 이경순, 최형래
조감독 : 김봉환, 김연파, 남기남,
문종보

조선의 마지막 황제인 고종이 죽자 뜻이 맞는 의인들은 상해에 대한민국 임시정부를 세운다. 일본에서는 임시정부를 무너트리기 위해 백범 김구의 암살을 계획하지만 암살은 실패로 돌아가고 대신 김구의 아내가 희생된다. 임시정부는 상해에서 남경, 다시 장사(長沙)로 옮겨지고 김구는 여러 차례 죽음의 위험을 겪으면서도 계속해서 독립운동 활동을 펴나간다. 수많은 순국열사들의 희생을 치르고 임시정부는 일본의 패망과 함께 마침내 대한민국의 독립을 맞이한다.

● 조긍하는 김구를 소재로 한 '상해 임시정부와 김구선생'(1969), '광복 20년과 백범 김구'(1973)를 연출함으로써 백범에 대한 남다른 존경과 애국심을 표현하고 있다. 칠십 평생을 오직 조국과 민족을 위해 바친 김구의 파란만장한 일대기 중 상해 임시정부 시절에 초점을 맞추고 있다.(조선 69. 8. 17) 신성일, 김지미, 박노식, 이순재, 김무생, 방수일이 출연. 당시 시대적인 긴박감과 백범 김구의 강인한 정신력을 강렬한 색채대비로 화면에 담았다. 광복회와 백범김구선생 기념사업협회가 이 영화를 후원했다.

지하실의 7인 7 People in the Cellar(1969)

1950년 7월, 격전이 지난 후 낙오된 북한군 패잔병들이 안 신부(허장강) 일행을 인질 삼아 성당 지하실을 점령한다. 지하실에는 부상당한 북한의 박 상위(박근형)와 김 전사(김혜정) 등이 숨어 있었다. 젊고 저돌적인 듀마 수사(이순재)는 국군의 힘을 빌려 그들을 내쫓고 서둘지만 안 신부는 여유롭게 대응책을 마련하자며 듀마를 저지한다. 안 신부는 이들에게 자수를 권유하고 박 상위와 김 전사는 귀순의 뜻을 밝힌다. 그러자 북한군 부사령관(이예춘)이 박을 총으로 쏘아 죽이고 안 신부 일행을 앞세워 지하실 탈출을 꾀한다. 성당 지하실에 북한군이 숨어 있다는 것을 알고 있는 국군토벌대는 북한군 일당을 사살, 체포하고 신부들을 구출해낸다. 그때 휴전 소식이 전해진다.

● 이성구의 반공영화. 정비석의 소설 『고원(故苑)』을 윤조병이 희곡으로 각색한 「이끼 낀 고향에 돌아오다」를 원작으로 하고 있다. 1967년 국립극장 현상공모 당선작. 허장강은 극한상황에서 고독한 결정을 내려야하는 신부 역을 맡아 열연했다. 박근형 스크린 데뷔작.

(태창흥업) 100분 35mm 극영화/반공
감독 : 이성구
제작 : 김태수
각색 : 이영일(원작 윤조병)
개봉 : 1969년 10월 31일 명보극장
　　　　(서울)
관람인원 : 1만 8316명(서울)
출연 : 허장강, 윤정희, 김혜정, 이예춘, 이순재, 안인숙, 윤소라, 김석훈, 윤양하, 박근형 외
기획 : 김인기, 김감의
촬영 : 정일성　　**음악** : 김희조
조명 : 차정남　　**편집** : 유재원
미술 : 이문현　　**소품** : 추교환
수상 : 제6회 백상예술대상 감독상(이성구) · 기술상(촬영: 정일성), 제4회 백마상 작품상 · 여우주연상(윤정희) · 남우조연상(이순재) · 여우조연상(안인숙), 제30회 베니스국제영화제 출품

생명 生命, Life(1969)

구봉광산 갱도에서 작업하던 광부 양창선(장민호)은 붕괴사고로 지하 250m 아래 고립된다. 양창선의 끈질긴 생명력이 전화선을 타고 지상에 알려지면서 전국의 매스컴과 여론은 이 사건에 집중된다. 신문사에 근무하는 서 기자(허장강)와 홍 기자(남궁원) 역시 현지에 파견되어 취재에 돌입한다. 죽어가는 한 남자의 삶에 대한 집착으로 비롯된 이 사건은 쇠퇴하던 광산촌에 활기를 준다. 주민들은 광부의 생사문제 이전에 이 상태가 유지되어 광산 일대가 전국적인 관심을 받게 되기를 바란다. 기자들은 기사 거리에만 혈안이 되고 주민들은 지역발전의 계기로 삼으려는 등 갱도 안팎은 서로 다른 사정으로 움직인다.

● 이만희의 40번째 연출작. 각본 백결 이은성. 1967년 8월 22일, 충남 청양군 사영면 구봉 광산에서 낙반 사고로 16일간 갱도에 갇혔던 광부 양창선(楊昌善)의 실제사건을 재구성한 내용이다. 컬러영화가 유행하던 시절임에도 영화 소재의 성격상 흑백으로 촬영한 점이 특징이다. 73분 동안 탄광 매몰과 광부 구출 사건을 다루고 있음에도 영화 첫머리 화면에 "삼천만 한 몸 되어 분쇄하자 북괴만행"이란 구호가 뜨기도 한다. 이는 이만희라는 인물이 당대의 정치 상황을 은근히 풍자하고 대립한 증거, 혹은 그로 인한 상처의 흔적으로 읽힌다. 감독은 무너진 갱도라는 폐쇄된 공간에 갇힌 광부의 의식 흐름과 한 남자의 생존을 둘러싸고 지상에서 벌어지는 인간 군상의 다양한 반응을 냉소적으로 추적한다. 첫 장면에서 갱도 아래로부터 지상으로 올라가던 카메라는 광부가 구출된 뒤 지상에서 갱도 아래로 수직 낙하한다. 그리고 영화는 끝난다. 영화는 실제 사고가 난 갱도에서 촬영되었다. 이강천의 '생명'(1958)과는 제목만 같을 뿐 내용은 다르다.

(대한연합영화) 73분 35mm 세미다큐/논픽션(실화)

감독 : 이만희
제작 : 홍의선
각본 : 백결, 이은성
개봉 : 1969년 11월 30일
출연 : 장민호, 남궁원, 허장강, 김칠성, 정민, 김웅, 임해림, 이해룡, 박병기 외
기획 : 전옥숙
촬영 : 이석기
음악 : 김동진
조명 : 윤창화
편집 : 김희수
미술 : 김승배
조감독 : 김흥수

언제나 타인 Always Stranger(1969)

(태창흥업) 극영화/멜로

감독 : 조문진(趙文眞)
제작 : 김태수   각본 : 조문진
개봉 : 1969년 12월 1일 명보극장
      (서울)
관람인원 : 6만 4461명
출연 : 신성일, 문희, 김지수 외
기획 : 안승준, 김민기
촬영 : 장석준   음악 : 박춘석
조명 : 차정남   편집 : 유재원
미술 : 이문현   스틸 : 양기주
현상 : 한국천연색
수상 : 제6회 백상예술대상 감독상(조
      문진), 제1회 일본 국제영화제,
      제20회 에든버러영화제 출품

정일과 원희는 장래를 약속한 사이다. 원희는 방직공장에 다니며 정일을 대학까지 마치게 한다. 그러나 대학졸업 후 재벌 회사에 입사한 정일이 사장 딸과 가까워지자 원희는 편지 한 장만 남긴 채 종적을 감춘다. 그 후 정일은 낚시를 갔다가 갈대밭에서 일하고 있는 원희를 만난다. 원희는 그동안 정일과의 사이에서 태어난 아들을 혼자 키우면서 한 달 후 다른 남자와의 결혼을 앞두고 있었다. 그들은 서로 사랑하면서도 남남으로 헤어진다.

● 조문진이 연출하고 직접 각본을 썼다. 1967년 중앙일보 신춘문예 소설 『회귀』로 당선된 작가 출신으로 이성구 · 김수용 감독 밑에서 10년 동안 조감독으로 있다가 영화 '포옹'(1969)으로 감독 데뷔했다. 이 영화는 제1회 일본 국제영화제 비경쟁 부문에 초청됐고 같은 해 백상예술대상 감독상을 받았다. 감독은 이후 '남편'(1969), '두 아들', '두 딸의 어머니'(1971)로 이어지는 가족드라마를 연출했다.

수학여행 修學旅行, School Excursion(1969)

(한국영화 · 동양영화흥업) 115분 극영화 연소자가/아동

감독 : 유현목
제작 : 성동호, 이종벽
각본 : 이상현
개봉 : 1969년 1월 23일 명보극장
      (서울)
관람인원 : 3만 5560명(서울)
출연 : 구봉서, 문희, 황해, 장동휘, 정
      민, 이수련, 최봉, 양훈, 김동
      원, 박복남 외
기획 : 김승업
촬영 : 민정식
음악 : 김동진
조명 : 차정남
편집 : 이경자
미술 : 김호근
소품 : 추교환
스틸 : 박철
사운드 : 이경순, 최형래
조감독 : 박승관, 이철환, 이명식
수상 : 제6회 청룡영화상 각본상(이상
      현) · 특별상(아역 집단연기), 제
      4회 백마상 감독상(유현목) · 여
      우인기상(문희), 제4회 테헤란
      국제아동영화제 작품상, 제5회
      시카고영화제 출품

낙도 교사 김 선생(구봉서)은 아이들이 섬 밖으로 나가본 사실이 없음을 알고 안타까움을 금치 못한다. 자동차나 기차는 물론이고 자전거도 구경해 본 적이 없다는 것이다. 김 선생은 아이들에게 이 세상이 얼마나 넓은지를 보여주기 위해 서울 수학여행을 계획한다. 그러나 가난한 부모들은 하루라도 아이들이 없으면 일손이 달릴 것을 먼저 걱정한다. 선생은 수업이 끝난 후 갯지렁이를 잡아서 판 돈으로 여비를 마련하고 부모들의 허락을 받아낸다. 이들은 난생처음 배와 기차를 타고 서울로 간다.

사방이 바다인 낙도에서 자란 아이들에게 서울은 별천지였다. 창경궁과 방송국, 남산과 남대문을 구경하면서 아이들의 탄성은 그칠 줄 모른다. 마지막 날 밤엔 김 선생의 사범학교 동창(황해)이 교사로 있는 서울의 초등학교 아이들 집에서 민박하게 된다. 그들은 양옥집에서 세탁기며 냉장고 같은 신기한 물건을 보면서 도시생활은 섬과 다르다는 것을 느낀다. 섬으로 떠나는 날, 리어카를 선물로 받은 아이들은 그들도 열심히 노력해서 낙도를 서울처럼 잘 사는 곳으로 만들겠다는 포부를 밝힌다.

● 유현목의 아동계몽 영화. 한국일보에 소개된 「낙도 어린이의 소라의 꿈」 제하의 선유도 어린이들의 실화를 바탕으로 하고 있다. 문명의 사각지대인 낙도 어린이들에게 도시문명을 체험케 하는 인정극으로 섬 어린이들이 서울로 수학여행을 떠나는 과정, 서울에 도착한 후 겪게 되는 갖가지 문화 충격 에피소드들을 담았다. 아역 배우들은 신문 지상에 모집 공고를 내어 선발했다. "격조 높은 인간찬가─동심의 단면 그린 실화"(한국 69. 1. 26), "현실고발 담은 감루의 인정극"(주간한국 69. 1. 26)이라는 평과 함께 제4회 테헤란국제아동영화제에서 작품상을 수상했다.

특공대와 돌아오지 않는 해병
Special Marine Corps of No Return(1970)

분대병력으로 대대병력의 적군을 섬멸한 장 분대장은 휴가를 반납한다. 그 대신 특공대를 조직하여 아군의 진격을 막고 있는 적진의 지하 기갑부대를 폭파할 계획을 세운다. 그리고 그가 이끄는 해병 특공대는 적진 속에 침투해 사경을 돌파한 끝에 적의 지하 기갑부대를 폭파시킨다. 그 무렵 해상에서는 해병사단이 적진 상륙작전을 성공리에 수행하고 있었다.

● 실향민의 고통을 그린 반공영화 '살아야 할 땅은 어디냐'(1963)로 감독 데뷔한 설태호의 전쟁영화. 해병대 복무 중에 겪은 경험과 지식을 바탕으로 '신화를 남긴 해병'(1965), '영호작전(제로작전)'(1967) 등 전쟁영화와 군사영화의 대가로 알려져 있다. 또한 '남대문 출신 용팔이', '역전출신 용팔이'(1970), '운전수 용팔이 71', '신입사원 용팔이'(1971), 'LA 용팔이'(1972) 등을 연출, 박노식과 콤비를 이루어 대중들의 열렬한 호응을 받아 "코믹액션영화"라는 특별한 장르를 개척했다.
　이후 오제도 검사의 실화를 바탕으로 한 '특별수사본부와 기생 김소산'(1973) 등의 여간첩 영화 시대를 열었고 첩보물, 범죄영화에 손대는 등 꾸준한 활동을 보였다. 이 영화는 제15회 대종상과 제2회 한라문화제 감독상, 제7회 백상예술대상에서 서윤성 오리지널 시나리오가 각본상을 받았다.

(대양영화) 극영화/전쟁
감독 : 설태호(본명 薛峰)
제작 : 한갑진
각본 : 서윤성
개봉 : 1970년 1월 1일 명보극장
　　　(서울)
출연 : 장동휘, 황해, 하명중, 장혁, 최지희, 최성, 조석근, 천장수, 강철, 도해수 외
기획 : 한창훈　　촬영 : 서정민
음악 : 한상기　　조명 : 김연
편집 : 김창순
미술 : 이명수
소품 : 수남
사운드 : 한양, 최형래
특수효과 : 이문걸
스틸 : 김동희
조감독 : 임학, 오일수, 송영근
수상 : 제15회 대종상영화제 설태호 감독상, 제2회 한라문화제 감독상(설태호), 제7회 백상예술대상 시나리오(서윤성)

필녀 弼女, Pil-nyeo(1970)

필녀는 남편과 사별하고 개가하지만 두 번째 남편도 불의의 사고로 죽는다. 이에 필녀는 다시는 개가하지 않고 혼자 살기로 결심한다. 그러나 탄광 저탄장에서 막노동을 하다가 현장감독을 만나 그와 다시 살림을 차린다. 과거에 아내에게 배신 당한 경험이 있는 세 번째 남편은 여성들을 증오하며 필녀에게도 모진 학대와 구박을 멈추지 않는다. 필녀는 이를 참아내면서 남편이 옛일을 잊고 좋은 일만 생각하는 남편이 되기를 기다린다. 그러던 어느 날 탄광에서 남편이 탄 더미에 깔리자 필녀는 그를 살려낸 후 대신 죽는다. 비로소 남편은 자신의 잘못을 뉘우치고 죽어가는 필녀를 부둥켜안고 통곡한다.

● '미워도 다시 한번'(1968)으로 멜로영화의 거장이 된 정소영의 멜로영화. 각본 김수현. 운명론적인 시각에서 한국 여인상을 그려낸 작품으로 흥행성과 관계없이 "작품성을 인정받고 있는 영화"(영화평론가 김종원)라는 평을 받았다. 흥행에서는 실패했으나 제7회 백상예술대상에서 정소영이 감독상, 김윤정이 신인상을 받았다.
　정소영은 같은 해 '미워도 다시 한번' 3편(김수현 각본)을 연출, 관객 20만 명(19만 8768명)을 동원했다.

(삼영필름) 극영화/멜로
감독 : 정소영(鄭素影)
제작 : 강대진
각색 : 김수현
개봉 : 1970년 1월 1일 국도극장
　　　(서울)
관람인원 : 2만 4543명
출연 : 남궁타, 김윤정, 도금봉 외
기획 : 정소영
촬영 : 이성춘
음악 : 최창권
조명 : 권수용
편집 : 이경자
미술 : 이문현
현상 : 한국천연색
수상 : 제8회 청룡영화상 각본상(김수현), 제7회 백상예술대상 감독상(정소영) · 녹음상(손인호) · 신인상(연기: 김윤정)

해변의 정사 海邊의 情事, Affair on the Beach(1970)

(동양영화사) 극영화/문예

감독 : 신봉승(辛奉承)
제작 : 이종벽
각색 : 신봉승(원작 송병수)
개봉 : 1970년 1월 1일 아카데미극장
　　　(서울)
관람인원 : 1만 8114명
출연 : 남성우, 윤정희, 남궁원 외
기획 : 최인현
촬영 : 홍동혁
음악 : 최창권
조명 : 고해진
편집 : 김희수
미술 : 노인택
스틸 : 양기주
현상 : 한국천연색
수상 : 제7회 백상예술대상 연기상(윤
　　　정희)

나 교수는 20세 연하의 젊은 부인과 살고 있다. 나이 차 때문인지 그는 젊은 아내에게 묘한 열등감을 느낀다. 의처증이 심해지면서 변태 성욕자가 된 늙은 남편 때문에 젊은 아내의 삶은 곤혹스럽기만 하다. 남편을 피해 해변을 거닐던 그녀 앞에 젊은 청년이 나타난다. 그 역시 그의 아버지의 방탕한 생활에 환멸을 느끼고 바닷가로 피신해왔다고 한다.

두 사람은 나 교수의 눈을 피해 뜨거운 사이가 된다. 남편의 감시와 속박에서 벗어난 그녀는 예전에는 미처 몰랐던 삶에 대한 보람과 행복을 느낀다. 이제야 비로소 사랑이 무엇인지, 행복이 무엇인지를 알게 된 것이다. 그러나 행복은 오래 가지 못한다. 두 사람의 불륜 사실을 눈치 챈 나 교수는 부인을 집요하게 심문하고 가혹하게 학대한다. 이에 견디다 못한 부인은 자살로 생을 마감한다. 졸지에 사랑하는 여인을 잃게 된 젊은 청년은 그녀와의 사랑이 한낱 봄날의 짧은 꿈이었음을 자각한다. 그에게 남은 것은 허망함뿐이다.

● 한국문예영화의 발판을 만든 시나리오작가 신봉승이 메가폰을 든 작품. 송병수의 단편소설 「한여름의 권태」를 원작으로 하고 있다. 신봉승은 1960년 국방부현상 시나리오공모에서 「두고 온 산하」가 당선되면서 영화계와 인연을 맺었고 그동안 청춘영화를 비롯해 '갯마을'(1965), '산불'(1967), '독짓는 늙은이'(1969) 등 소설을 시나리오로 만드는 등 그가 쓴 각본만 170여 편에 이른다.

그가 감독으로 데뷔한 것은 "시나리오를 쓰다 보면 감독이 자기 취향대로 뜯어고치는 바람에 작품이 제대로 살지 못할 때가 많았고" 또 다른 하나는 "한국영화를 지금 상태로 방치할 수 없는 일종의 사명감 때문"이었다고 한다.

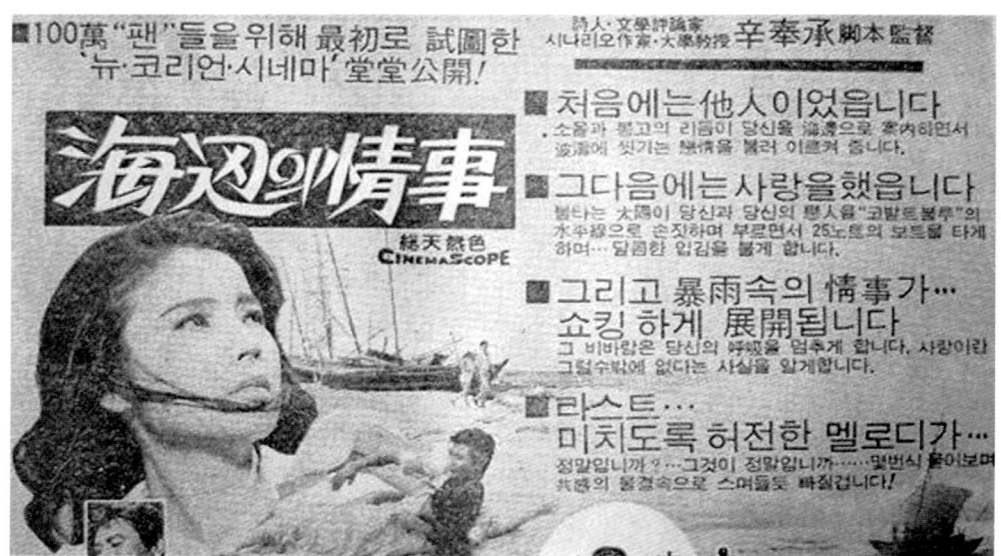

잃어버린 면사포 The Lost Wedding Veil(1970)

정숙(문희)은 두 동생의 학비와 생활을 위해 나이트클럽에 나간다. 그녀는 동생이 다니는 대학의 강사인 영식(신성일)과 결혼을 약속한 사이다. 그러나 문제는 그녀의 직업이다. 시어머니(한은진)에게는 초등학교 교사라고 속이기로 하지만 결국 그녀가 나이트클럽댄서였다는 사실이 알려진다. 그날부터 시어머니의 학대가 시작되고 그녀는 시집에서 쫓겨난다. 그럼에도 정숙은 여전히 남편을 사랑하고 시어머니를 극진히 공경한다. 이에 감동한 시어머니는 그녀를 진정한 며느리로 받아들인다.

● 이두용 감독 데뷔작. 감독이 직접 각본을 썼다. 이두용은 초기에 '아낌없이 바치리'(1972) 등 멜로 성향이 강한 영화에 손대다가 이후 다양한 장르를 넘나들며 '돌아온 외다리'(1974) 같은 태권액션물을 만든다. 이어서 '피막'(1980), '여인잔혹사 물레야물레야'(1983), '내시'(1985) 등의 문예사극, 1980년대 후반에는 젊은이들을 상대로 한 코믹액션 '돌아이' 시리즈를 내놓았다. 그는 "액션영화의 창조적 선구자로서 한국영화의 초석을 다진 감독의 한 사람"(김종원 외, 『한국영화감독사전』, 국학자료원, 2004년, p.438)으로 평가되고 있다.

(신창흥업) 86분 극영화/멜로

감독 : 이두용(李斗鏞)
제작 : 전석진
각본 : 이두용
개봉 : 1970년 1월 1일 국제극장 (서울)
관람인원 : 5만 명(서울)
출연 : 문희, 신성일, 한은진, 주증녀, 양훈, 사미자, 김창숙, 송재호, 권오상, 최재호 외
기획 : 김문식
촬영 : 이문백
음악 : 전정근
조명 : 정경희
편집 : 이경자
미술 : 노인택
소품 : 라정흠
사운드 : 손인호, 최형래
조감독 : 김학천, 오길주, 이명우, 김대수
수상 : 제6회 백상예술대상 신인감독상(이두용)

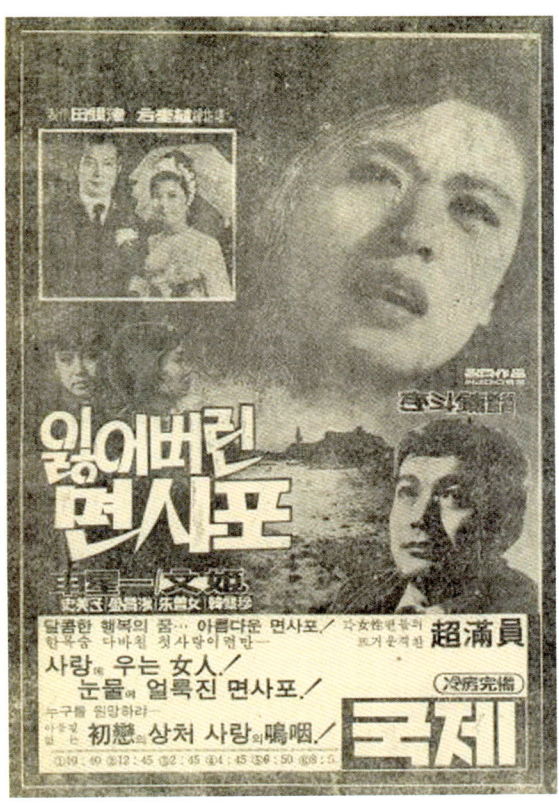

결혼교실 結婚教室 Marriage Classroom(1970)

(한국영화사) 35mm 극영화/멜로
감독 : 정인엽(鄭仁燁)
제작 : 성동호
각본 : 이중헌
개봉 : 1970년 1월 1일 국도극장
　　　 (서울)
관람인원 : 10만 명(서울)
출연 : 신성일, 문희, 윤정희, 남정임,
　　　 트위스트 김, 한은진
기획 : 조면호
촬영 : 이석기
음악 : 이봉조
조명 : 김동포
편집 : 유재원
미술 : 노인택
사운드 : 이재웅
현상 : 한국천연색

젊고 아름다운 세 여자(문희, 윤정희, 남정임)가 독신녀 클럽을 만든다. 독신녀로서 자유롭게 산다는 계획을 세운 그들은 재벌 2세인 부사장(신성일)이 여자를 무시하는 것을 보고 그의 콧대를 꺾어주기로 모의한다. 그리고 각자 다른 속셈을 가지고 그에게 접근한다. 그들의 속셈을 알고 있는 부사장은 그녀들을 각각 사랑하는 체하며 따로 만나준다. 그의 거만한 콧대를 꺾으려다 오히려 골탕을 먹은 그녀들은 그를 납치해서 보복하기로 한다. 그때 나타난 그의 약혼녀(엄앵란)가 그를 무스탕에 태운 채 바람같이 사라진다.

● '성난 영웅들'(1965)로 감독 데뷔한 정인엽의 코믹멜로물. 각본 이중헌. 문희가 '흑맥'(1965), 남정임이 '유정'(1966), 윤정희가 '청춘극장'(1967)으로 스크린 데뷔한 후 트로이카를 형성하면서 처음으로 함께 출연한 영화. 당시 지방 흥행사들은 세 명의 여배우가 다 출연하면 보통 제작비의 세 배 이상을 내겠다는 파격적인 제의를 해왔고 작가 이중헌은 이들 여배우 3인방을 섭외하기 위해 세 권의 시나리오를 각각 따로 써서 출연약속을 받아냈다고 한다.(정종화, 『영화에 미친 남자』, 맑은 소리, 2005년, pp.181~183) 신성일의 부인이 된 엄앵란이 특별출연하고 있다. 서울 국도극장에서 개봉된 영화는 관객의 호응을 샀다.

마님 Mistress(1970)

(연방영화사) 100분 극영화/시대극
감독 : 주동진(朱東振)
제작 : 주동진
각본 : 나소원, 김일안
개봉 : 1970년 9월 25일 국도극장
　　　 (서울)
관람인원 : 10만 명(서울)
수출현황 : 미국(87), 대만(89)
출연 : 남정임, 신성일, 김성옥, 김정
　　　 훈, 김창숙, 김신재, 김정옥, 최
　　　 인숙, 김미영 외
기획 : 양봉식, 최춘지
촬영 : 전조명
음악 : 김희조
조명 : 최원근
편집 : 이강원
미술 : 조경환
소품 : 우종삼
스틸 : 김병옥
사운드 : 김병수, 최형래
조감독 : 민철홍

천석(신성일)은 대대로 열녀를 배출해 온 영남 황씨 문중의 수절과부 마님(남정임)을 남몰래 사모하고 있다. 그런 어느 날 고을 사또가 황씨 댁에 왔다가 아름다운 마님을 보고 겁탈하려다 망신당하는 일이 생긴다. 그날 마님과 천석은 하룻밤을 함께 보낸다. 이 소문이 퍼지면서 천석은 관가로 끌려가 모진 고문을 당한다. 사나운 매질과 추궁에도 불구하고 천석은 마님을 지키기 위해 끝까지 함구한다. 이 광경을 바라보던 마님은 이루지 못할 천석과의 사랑을 비관하여 자결하고 만다.

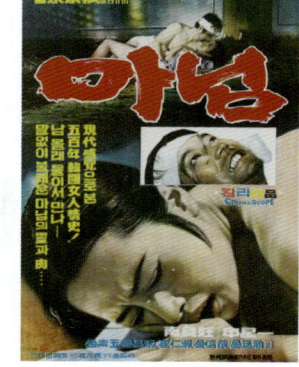

● 주동진은 1961년 연방영화사를 설립한 제작자 출신이다. 그동안 '유정'(1966), '화산댁'(1968) 등을 제작, 이 영화는 '사랑하는 마리아'(1970)로 감독 데뷔한 후 같은 해 발표한 두 번째 연출작이다. 각본 나소원, 김일안. 국도극장에서 개봉되어 10만 명의 관객을 동원, 흥행에서 성공하자 주동진은 '떡국'(1971), '의사 안중근'(1972) '광화사'(1974) 등을 연달아 내놓게 된다. 영화 '마님'은 1987년 김인수에 의해 백일섭, 김문희를 주연으로 리메이크되었으나 흥행 저조(서울 관객 6976명)를 면치 못했다.

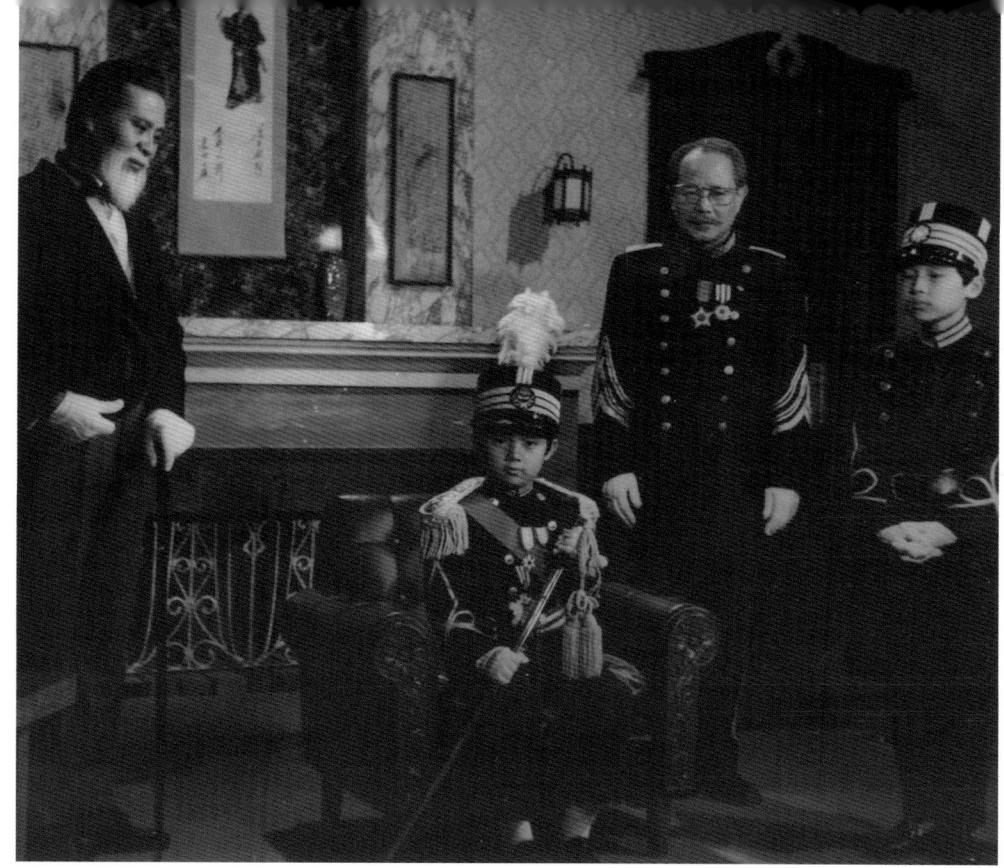

마지막 황태자 영친왕
King Yeong-chin the Last Crown Prince(1970)

고종황제와 엄 상궁 사이에서 태어난 영친왕은 남달리 총명하여 황제의 사랑을 독차지한다. 그러나 국운이 기울면서 유학이라는 미명하에 일본에 인질로 끌려간다. 효성이 지극한 영친왕은 일본에 가 있는 동안에도 매일같이 문안 엽서를 띄우는 것을 잊지 않는다. 하지만 엄비가 세상을 떠나고 나라가 일본에 합방되는 등 마지막 황태자인 영친왕은 쓰라린 망국의 한에 몸부림친다.

● 정진우의 사극. 이서구 원작을 김강윤이 각색한 작품. 영화평론가 김수남은 정진우의 영화 활동 시기를 세 시기로 나누고 있다. 제1기는 '외아들'로 감독 데뷔한 후 '초우', '초연'(1966)을 연출하고 1969년 우진 필름을 설립하여 제작자로 활동한 시기, 제2기는 대종상 우수작품상을 받은 '마지막 황태자 영친왕'(1970)과 백상예술대상 작품상과 감독상을 받은 '동춘'(1970), '석화촌', '섬개구리 만세'(1972)를 발표해 중견 감독으로 입지를 굳혀가던 시기, 제3기는 1980년 이후 문학작품을 원작으로 한 서정적인 문예영화와 동시녹음을 영화제작에 도입한 시기 등이다. 이 작품은 대종상 5개 부문을 수상, 중견 감독으로 입지를 굳혀가던 제2기 작품에 속한다.

(우진필름) 극영화/사극

감독 · 제작 : 정진우
각본 : 김강윤(원작 이서구)
개봉 : 1970년 1월 1일 국제극장(서울)
관람인원 : 5만 명
출연 : 최무룡, 장동휘, 김정훈 외
기획 : 박용우, 정광웅
촬영 : 김덕진   **음악** : 한상기
조명 : 박태수   **편집** : 김희수
미술 : 박석인
현상 : 한국천연색
수상 : 제10회 대종상영화제 우수작품상(우진필름) · 각본상(김강윤) · 남우조연상(최무룡) · 계몽영화 상영상(국제극장) · 미술상(박석인), 제17회 아시아영화제 특별아동상(김정훈)

아씨 (1970)

(새한필름) 113분 35mm 극영화

감독 : 최인현
제작 : 황의식
각본 : 임희재
개봉 : 1970년 1월 1일
출연 : 김희준, 김창세, 주선태, 여운
계, 송해, 사미자, 노운영, 복혜
숙, 유계선, 김신재 외
기획 : 강석찬
촬영 : 유재형
음악 : 정윤주
조명 : 고해진
편집 : 김희수
미술 : 송백규
소품 : 홍일랑
분장 : 송일근
스틸 : 이형진
사운드 : 김병수, 최형래
조감독 : 박상현

순덕아씨(김희준)는 이 참봉의 아들 긍재(김창세)에게 시집을 갔지만 긍
재는 은심이라는 여학생을 사랑하고 있다. 남편은 은심이 아들을 출산
하자 순덕아씨를 친정으로 쫓아낸다. 순덕아씨도 딸을 낳고 다시 시댁
으로 와서 은심이와 한집 살림을 하게 된다. 그러나 긍재는 순덕아씨를
학대하며 이혼을 강요한다. 또 기생들과 어울려 가산을 탕진하고 유치
장 신세까지 진다. 순덕아씨는 모든 노력을 기울여 긍재를 석방시키고
긍재도 비로소 아내에게 용서를 빈다.

● 임희재 원작의 '아씨'는 1970년 3월부터 1971년 1월까지 253회에 걸쳐 TBC-TV 연속방송
극으로 방영되어 당시 TV 단일 프로그램 중에서 최고의 시청률을 기록했다. 영화는 드라마가
방영되는 동안 1부가 만들어졌으며 이 작품의 성공을 계기로 각 방송사는 일일연속극 전성시대
를 열기에 이른다.
　이 영화는 1910~1970년대에 이르는 역사의 격동기를 시대적 배경으로 하면서 자기 희생을
미덕으로 알고 살아가던 전형적인 한국 여인상을 그리고 있다. 예쁜 족두리에 연지 곤지 찍고
꽃가마 타고 시집가는 시골 풍경 등 명장면이 담겨 있다. 영화 '로맨스 빠빠'(1960), '빨간 마
후라'(1964), '두 나그네'(1967) 등에서 단역으로 출연했던 김희준이 '아씨'로 출연했고 TV 드
라마에서 시청자의 미움을 받았던 김창세(김세윤으로 개명)가 영화에서도 바람둥이 남편, 아들
봉구 역으로 후에 스타가 된 노운영(현재 노주현) 등이 출연했다.

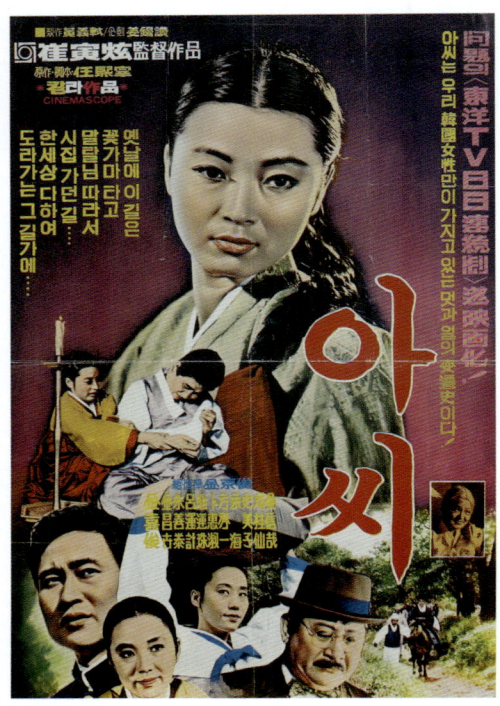

첫경험 First Experience(1970)

중년신사 기준과 대학을 중퇴한 인애는 부산행 비행기에 동승한 것을 계기로 자주 만나게 된다. 밀회가 잦아지면서 두 사람은 뜨거운 사이로 발전한다. 이 사실을 알게 된 기준의 아내 지숙은 참을 수 없는 모욕감을 느끼고 자신도 탈선을 시도한다. 그러나 인애가 기준과의 만남을 소중한 추억으로 간직한 채 떠남으로써 그들의 가정은 파탄 직전에서 구출된다.

● 황혜미 감독 데뷔작. 각본·감독·기획 등 황혜미가 1인 3역을 한 이 영화는 개봉 당시 선풍적인 화제를 모았다. 우선 김지미와 윤정희가 한 작품에 출연했다는 자체가 뉴스거리였고 스토리텔링에 충실했던 다른 애정영화에 비해 "영상 위주의 화면과 두 여인의 심리묘사"에 치중한, 이른바 전위영화로 평가되고 있었기 때문이다. 1970년 12월, 서울 국도극장과 부산 보림극장에서 개봉된 이 작품은 연말까지 롱런하며 흥행에서도 성공했다. 그해 황혜미는 백상예술대상 신인감독상을 수상, 보한산업은 남편 김동수가 설립한 영화사로 남편이 제작에 참여했다.

(보한산업) 극영화/ 멜로

감독	황혜미(黃惠美)
제작	김동수
각본	황혜미
개봉	1970년 12월 1일 국도극장 (서울), 보림(부산)
관람인원	5만 명(국도)
출연	남궁원, 윤정희, 김지미 외
기획	황혜미
촬영	전조명
음악	윤용남
조명	오인환
편집	유재원
미술	이문현
사운드	이재웅
현상	대영
수상	제7회 백상예술대상 신인 감독상(황혜미)

월남에서 돌아온 김상사
Sergeant Kim's return from Vietnam(1971)

월남에서 돌아온 맹호부대 출신 김 상사(신영균)와 그의 부하 진영(박노식), 용길(이대엽), 근태(김희라) 등 네 사람 중 김 상사는 호텔을 경영하는 아버지에게 기대했으나 아버지는 그에게 호텔 수위 자리를 내준다. 진영은 피아니스트가 꿈이었으나 전쟁에서 한쪽 팔을 잃었고 용길은 계모와의 불화로 편할 날이 없으며 근태는 집안에서 강제로 혼인시키려

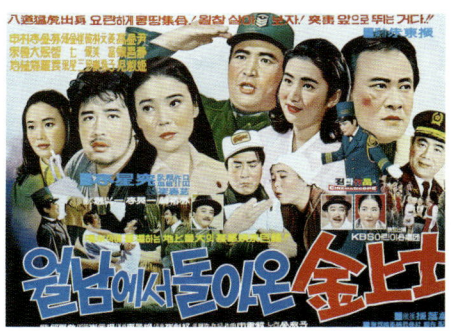

들자 무작정 상경한다. 이렇게 해서 호텔 지하실에 모인 옛 전우들은 무위도식으로 시간을 낭비하다가 삶의 기반을 다진 후 다시 모이기로 약속한다.

● 이성구의 계몽영화. 가수 김추자가 히트시킨 "월남에서 돌아온 새까만 김 상사" 가요를 바탕으로 제대 군인들이 사회에 적응하며 생활하는 과정을 코믹하게 그렸다. 국도극장에서 개봉된 이 영화는 김추자의 주제가만큼 크게 히트하지는 못했지만 양호한 흥행 성적을 보였으며 지방에서는 학생들의 단체 관람이 줄을 이었다.

(연방영화) 100분 극영화 연소자가/ 계몽

감독	이성구
제작	주동진
각본	조흥일, 이영일, 한유림
개봉	1971년 4월 17일 국도극장 (서울)
관람인원	5만 8626명
출연	신영균, 윤정희, 박노식, 문주, 이대엽, 강부자, 김희라, 김창숙, 고은아, 임지운, 배수일, 정민, 한은진, 김칠성, 최삼, 박미영, 손전, 김지영, 지계순 외
촬영	정운교
음악	최창권
조명	최원근
편집	김창순
미술	조경환
소품	김호길
사운드	손인호, 최형래
스틸	김병옥
조감독	민철홍
수상	제24회 스위스 로카르노영화제 출품

화녀 火女, Woman of Fire(1971)

(우진필름) 98분 극영화 연소자불가/
미스터리호러

감독·각본 : 김기영
제작 : 정진우
개봉 : 1971년 4월 1일 국제극장
　　　(서울), 부산극장(부산)
관람인원 : 22만 3341명
출연 : 남궁원, 전계현, 윤여정, 최무
　　　룡, 김주미혜, 오영아, 황백, 추
　　　석양, 이훈, 이지연 외
기획 : 박용우　　촬영 : 정일성
음악 : 한상기　　조명 : 양찬종
편집 : 김희수　　미술 : 박석인
사운드 : 황구현, 이재웅
수상 : 제10회 대종상영화제 촬영상
　　　(정일성)·편집상(김희수)·조
　　　명상(양찬종)·신인상(윤여정),
　　　제8회 청룡영화상 감독상(김기
　　　영)·여우주연상(윤여정)·여우
　　　조연상(전계현)·주제가상(박석
　　　인), 제8회 백상예술예술대상
　　　기술상(촬영 : 정일성), 제4회 스
　　　페인 시체스영화제 여우주연상
　　　(윤여정), 제24회 칸국제영화제
　　　출품, 제24회 스위스 로카르노
　　　영화제 출품

양계장을 하는 집에 하녀(윤여정)가 들어온다. 어느 날 안주인(전계현)이 집을 비운 사이, 대중음악 작곡가인 남편 동식(남궁원)은 하녀와 관계를 갖고 하녀는 임신을 한다. 이 사실을 알게 된 아내가 하녀를 설득해 아이를 낙태시킨다. 그러자 하녀는 분풀이로 동식의 갓난아이를 2층에서 던져버리거나 자기에게 일을 소개 시켜준 직업소개소 소장을 살해한 뒤 동식에게 뒤집어씌운다. 거듭되는 하녀의 이상한 행동과 협박에 주인 부부는 두려움에 떤다. 모든 것을 체념한 동식은 아내에게 강도 살인 사건으로 위장해줄 것을 부탁하고 하녀를 죽인 뒤 자신도 독약을 마신다.

● 김기영의 '여(女)' 시리즈. 1960년작 '하녀(下女)'의 시놉시스를 그대로 옮겨놓았다. 그러나 이야기의 틀은 비슷하지만 10년 전의 '하녀'보다 기괴하고 잔인하게 심리적 파국이 강조된다.
　　첫 번째 시리즈인 영화 '하녀'는 주인공이 신문을 읽으면서 사건을 상상하는 것으로 끝나는데 비해 두 번째 시리즈인 '화녀(火女)'(1971)는 수사진이 사건 해결에 집중하는 구조를 보인다. 이 영화는 근대화된 중산층 가정과 시골 처녀의 계급적 대립, 성적 억압, 성격 파탄 등 보통 사람들의 무의식 속에 감춰진 욕망의 어두운 모습을 보여준다. 또한 탁월한 심리묘사와 예리한 영상 구성으로 심리극적 요소가 가미된 공포영화의 가능성을 타진해 보인다.(「한국 컬트 영화 최고의 스타일리스트 김기영 감독」, 한겨레 98. 2. 6) 서울 관객 22만 3000명 동원, 이는 1971년부터 2000년까지 30년에 걸친 기간에 개봉된 역대 한국영화 흥행 순위 74위를 기록하는 숫자다.
　　김기영은 청룡영화상 감독상, 윤여정은 스크린 데뷔작으로 청룡영화상 여우주연상과 스페인 시체스영화제 여우주연상 수상. 이후 김기영의 '충녀'(1972), '화녀 82'(1982), '육식동물'(1984) 등에 연이어 출연하게 된다. 한국영상자료원 '한국영화 100선' 선정.

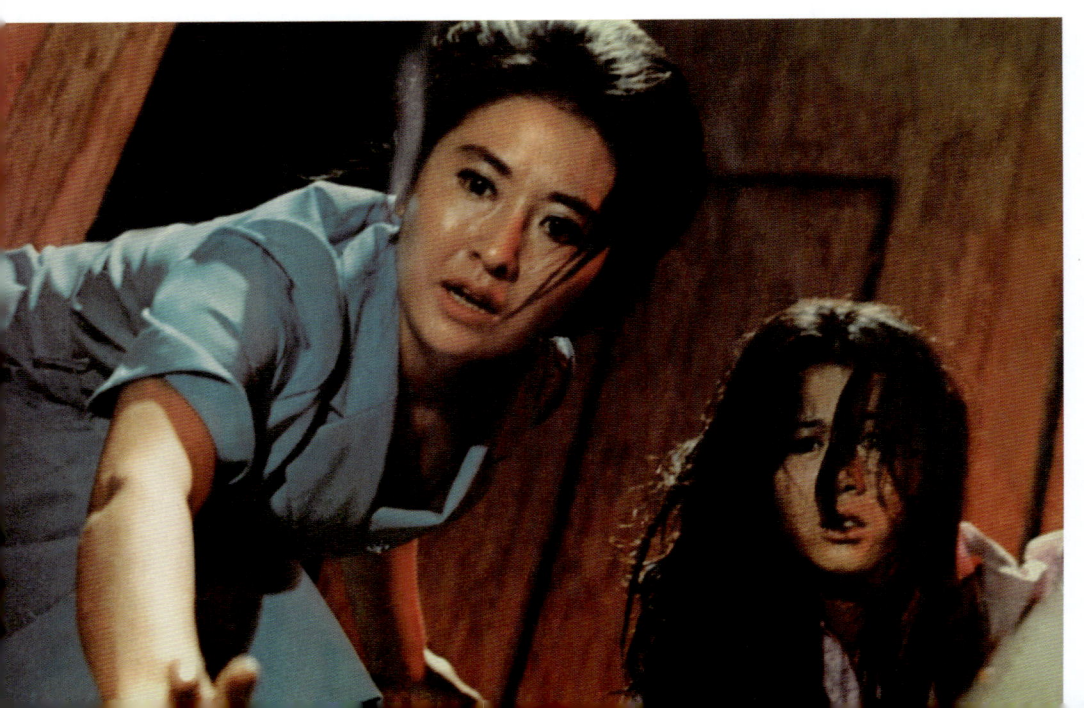

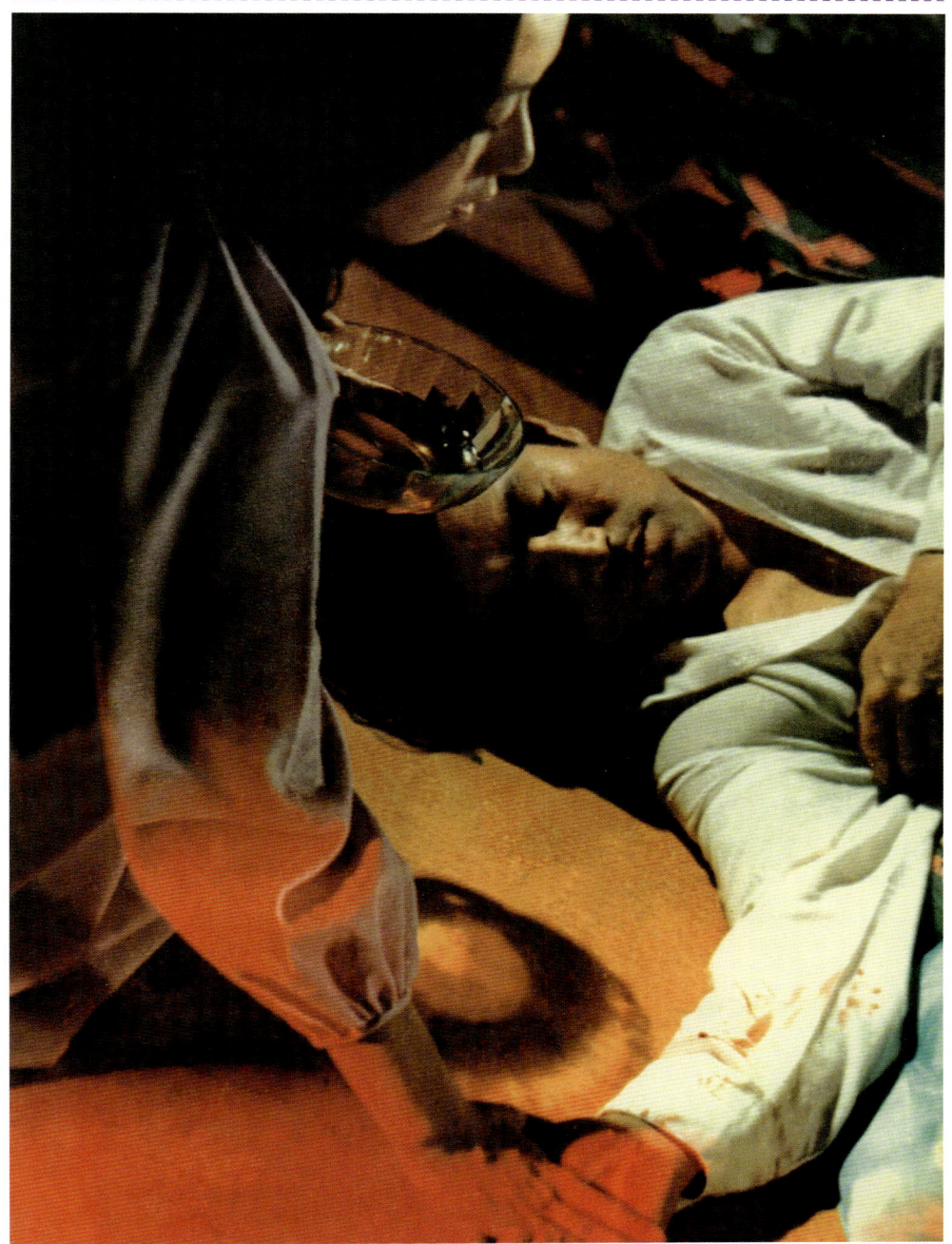

분례기 糞禮記, Bun-Rye's story(1971)

<table>
<tr><td>

(태창흥업) 102분 16mm 흑백 극영화
연소자불가/ 문예

감독: 유현목
제작: 김태수
각색: 방영웅(원작 방영웅)
개봉: 1971년 5월 6일 국도극장
       (서울)
관람인원: 9만 6281명
출연: 윤정희, 이순재, 허장강, 안인
      숙, 최남현, 주증녀, 사미자, 이
      길억 외
촬영: 유영길
음악: 김희조
조명: 차정남
편집: 김창순
미술: 이문현
스틸: 양기주
수상: 제10회 대종상영화제 감독상
      (유현목)·여우주연상(윤정희)
      ·여우조연상(사미자)·음악상
      (김희조)·녹음상(이경순), 제8
      회 백상예술대상 연기상(허장
      강), 서울신문 문화대상 감독상
      (유현목), 제15회 부산일보영화
      상 작품상·감독상(유현목), 제
      17회 아시아영화제 출품

</td></tr>
</table>

가난한 집안에서 태어난 분례(윤정희)는 산으로 나무를 하러 갔다가 먼 친척뻘인 용팔이(허장강)에게 순결을 잃는다. 순결을 잃었으니 죽어 마땅하다고 생각하고 있었지만 아버지 석 서방의 주선으로 분례는 노름꾼인 영철(이순재)의 재취로 들어간다. 그러나 분례의 결혼생활이 행복할 리 없다. 시집을 와서도 용팔에 대한 미련과 그리움을 떨쳐 버리지 못한데다 남편 영철은 노름에 빠져 집에 잘 들어오지 않기 때문이다. 분례는 참고 견디는 것이 여자의 도리라 여기고 매일 밤 남편이 돌아오기만을 기다린다.

어느 날 영철은 노름판에서 딴 돈을 분례에게 맡기면서 이제는 한밑천 잡았으니 노름에서 손을 떼겠다고 다짐한다. 그러나 노름에서 손을 떼겠다고 말한 지 불과 이틀이 못되어 영철은 다시 노름방을 찾아나간다. 그리고는 돈을 잃고 들어와서 분례가 보관하고 있던 돈을 다 내놓으라고 강요한다. 분례가 말을 듣지 않자 폭행을 가하고 화냥질을 했다는 누명까지 씌우며 소동을 벌인다. 그때 늘 그녀를 지켜보던 장터의 콩조지(이길억)가 나타나서 영철을 죽여버리고 콩조지도 스스로 목숨을 끊는다. 분례는 순간적으로 미쳐버린다. 분례는 실성한 채 어디론가 떠나고, 언제나 분례에 대한 그리움을 간직해온 용팔은 분례를 잡지 못한 채 멀어져가는 분례를 바라보며 잘 가라고 손짓한다.

● 유현목의 대표작 중 하나. 1967년 계간 《창작과 비평》에 신인 장편 발굴 형식으로 연재된 방영웅의 동명 소설을 영화화한 작품. 표현 방법의 토착화, 간결한 문장, 원색적인 성 묘사 등 많은 문제성을 내포한 이 작품은 당시 문단의 화제로 떠올랐을 뿐 아니라 장기간 베스트셀러가 되었다. 시대 배경은 1940년대, 충청도 예산 지방을 무대로 한국 농촌의 전근대적인 풍속, 생활양식, 그리고 전설, 속담 등이 활용되고 있으며 용팔, 콩조지, 호랑 할매 등 시골 어디서나 볼 수 있는 등장인물의 전형이 뚜렷하게 부각된다.

유현목의 '분례기'는 자연과 더불어 살아가는 한 여인을 둘러싼 인습의 굴레와 삶의 허무의식, 원초적 본능과 생에 대한 애착을 생생한 언어로 드러내고 여자라는 이유로 겪는 수모와 학대, 빈곤과 무지, 욕정이 빚어내는 모진 운명을 여성의 입장에서 대응하여 전개해나간다. 등장인물은 천한 운명을 안고 태어나 비천하게 살다가 남편에게 버림받는 분례, 분례의 먼 친척뻘로 분례를 겁탈한 용팔, 노름에 빠져 분례를 내쫓은 남편 영철, 극장 선전원 콩조지, 남자에게 버림을 받고 미쳐서 시내를 돌아다니던 옥화 등으로 구성되어 있다. 특히 남자로부터 버림받고 자신의 뱃속에서 자라던 아이가 어떻게 됐는지도 모른 채 '해 뜨는 나라'로 찾아가는 옥화에 대한 설정이 문학적이다. 영화 속에 등장하는 해 뜨는 나라의 상징성은 굴종과 수모가 없는 여인들의 천국으로 용팔이의 배웅을 받으며 떠나간 분례도 해 뜨는 나라로 찾아간다는 암시를 주고 있다.

이 작품은 대종상영화제에서 유현목 감독상을 비롯해 윤정희 여우주연상 등 5개 부문에서 수상하고 허장강이 백상예술대상 연기상, 서울신문 문화대상을 받았다. 흥행에서도 비교적 순탄했다.

연애교실 Lovers' Classroom(1971)

아버지가 사준 빨간 스포츠카를 몰고 학교에 가던 현선은 모터카를 탄 웅서를 만나 자연스럽게 사랑하게 된다. 한편 웅서의 어머니 인실은 술집을 경영하는 미망인으로 남편의 친구인 현선아버지를 만나 하룻밤을 같이 보낸다. 현선과 웅서가 결혼을 약속한 순간 아버지와 웅서 어머니의 관계를 알게 된 현선은 웅서와 헤어진다.

(한국영화) 93분 극영화 고등학생가/멜로

감독 : 신성일
제작 : 성동호   각본 : 정하연
개봉 : 1971년 5월 27일 국도극장
       (서울)
관람인원 : 10만 3390명
출연 : 신영일, 나오미 외
촬영 : 홍동혁   음악 : 이봉조

● 신성일 감독 데뷔작. 전우 작사 이봉조 작곡으로 필시스터즈가 부른 주제가 "연애교실", 일명 "사랑의 교실"은 국내에서 크게 히트했으며 일본에서 열린 국제가요제에서도 입상했다. 또한 신인 신영일과 나오미의 스크린 데뷔작으로 서울에서 10만 관객을 동원하여 흥행에서 성공했다.

신성일은 '로맨스 빠빠'(1960)로 스크린 데뷔한 후 1960년대 중반에서 1970년대 초반까지 그가 출연하지 않은 영화가 없을 정도로 배우로서의 성가를 높였다. 그는 영화 연출에 손대면서 같은 해 '어느 사랑 이야기', '봄 여름 가을 그리고 겨울' 등 세 편을 한꺼번에 내놓았다.

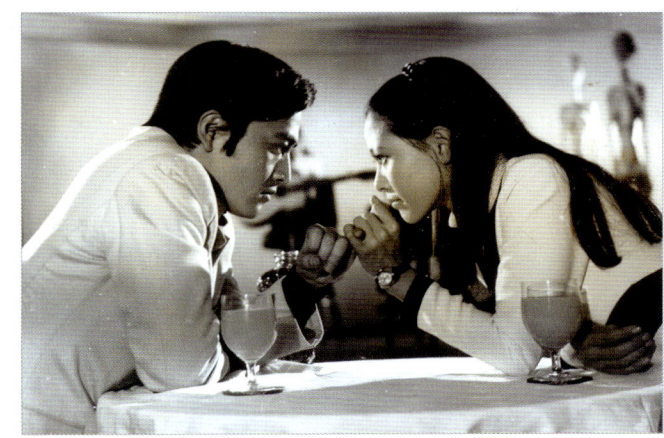

두 아들(속) Two sons(sequel)(1971)

어머니(조미령)는 두 아들을 혼자서 키울 수가 없어 큰아들을 양자로 보내고 작은아들만 데리고 산다. 형은 장성해서 오민규(최무룡) 검사가 되고 동생 철호(신성일)는 폭력조직배가 되어 걸핏하면 철창신세를 지고 있다. 철호가 죗값을 치르고 나오던 날, 어머니와 오 검사 가족은 그를 환영하지만 철호는 아내(문희)의 입원비를 마련해주지 않았다고 해서 형수(윤정희)를 구타하는 등 철없는 행동을 하다 쫓겨난다. 철호는 잘난 체하는 형을 질투한 나머지 처치하기로 결심하지만 차마 해치지 못하고 혈육의 정으로 다시 뭉친다. 형은 동생을 위해 생활터전을 마련해준다.

(삼영필름) 84분 극영화 중학생가/홈드라마

감독 · 각본 : 조문진
제작 : 강대진
개봉 : 1971년 7월 1일 아카데미극장
       (서울)
관람인원 : 6만 5396명(서울)
출연 : 황정순, 조미령, 신성일, 문희,
       최무룡, 윤정희, 임해림, 임생
       출, 추봉, 최재호, 김기범 외
기획 : 강대진   촬영 : 이문백
음악 : 최창권   조명 : 정경희
편집 : 이경자   미술 : 노인택
소품 : 박광남   스틸 : 이형진
조감독 : 박남수

● 조문진 각본 · 연출작. 조미령이 하와이에서 잠시 귀국해서 찍은 영화로 최무룡과 신성일의 어머니로 나온다. 문희, 윤정희 각각 신성일과 최무룡의 부인으로 출연, 주제가는 가수 김하정이 불렀다. 관객 6만 5000명 이상 동원(손익분기점이 5만 명 정도)으로 흥행에서 실패하진 않았다.

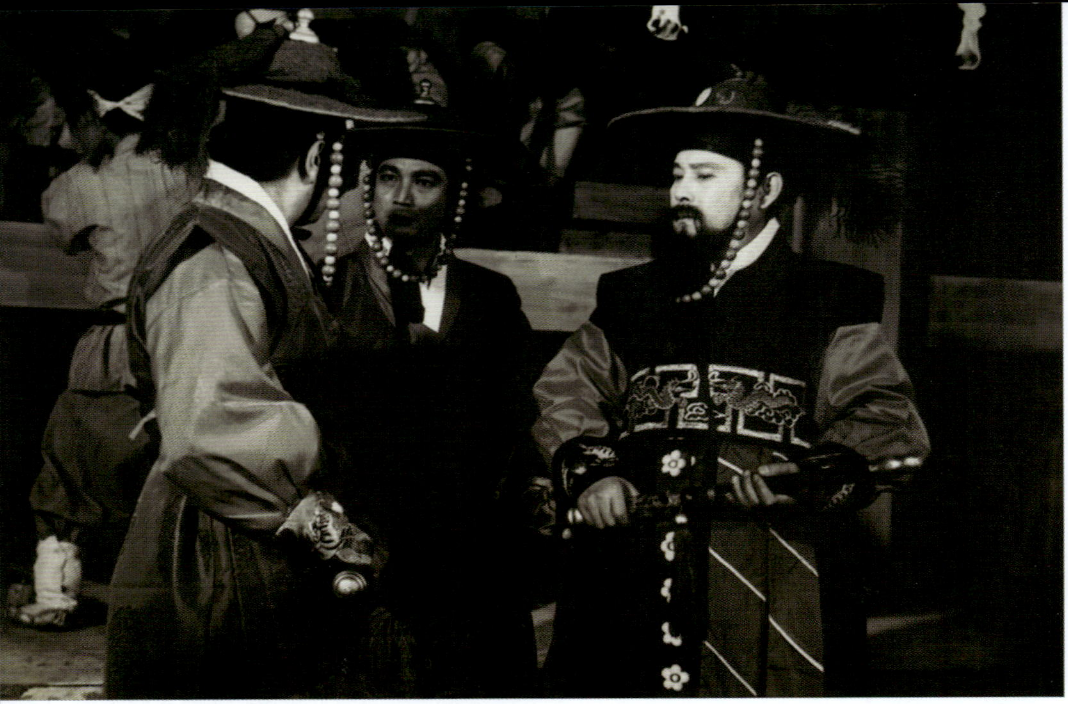

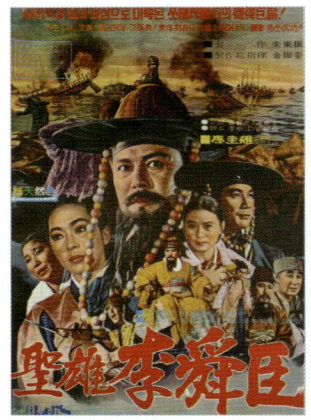

성웅 이순신 _{聖雄 李舜臣}, Lee Sun-Sin, the Great general(1971)

(연방영화) 162분 70mm대형 극영화
연소자가/시대극

감독 : 이규웅
제작 : 주동진
각본 : 이상현, 최금동
개봉 : 1971년 10월 3일 국도극장
(서울)
관람인원 : 14만 7654명
출연 : 김진규, 김지미 외
촬영 : 김종성

임진왜란으로 나라의 운명이 풍전등화가 되었을 때 이순신 장군(김진규)은 철갑선인 거북선을 만들어 왜적을 무찌른다. 옳지 못한 자들의 모함으로 억울하게 형벌을 받고 나서도 그는 나라에 대한 걱정으로 의연히 백의종군한다. 백성들은 그를 엄격하면서도 부하들을 따뜻하게 포용하는 장군의 풍모를 지닌 맹장으로 믿고 따랐다.

● 이규웅의 시대극이자 흥행작. 이순신이 진중에서 쓴 일기장 「난중일기」를 바탕으로 이순신 장군의 일대기를 그려냈다.

군사정권이 이순신을 민족영웅으로 우상화하면서 당시 영화계는 충무공 영화를 둘러싼 논란이 분분했다. 이 영화는 본래 태창흥업주식회사가 최금동, 김강윤, 신봉승, 이영일 공동 시나리오로 촬영기사 장석준에게 의뢰해 기획되었으나 제작비가 부족해 결국 연방영화사가 이를 만들었다. 이 영화는 1962년 유현목의 '성웅 이순신'(세연영화사) 이후 김진규가 제작과 출연을 겸해서 두 번째로 만들어졌다.(한국영상자료원, 「한국영화를 말한다－한국영화의 르네상스 2」, 이채, 2006년, p.141) 관객 15만 명 동원.

잃어버린 계절 The lost season(1971)

소라는 결혼 후 시댁인 목장에서 살고 있다. 그러나 남편이 항해로 집을 비우면 그녀는 긴 밤을 외롭게 지새운다. 그때마다 이 목장 하인의 아들인 정신병자가 소라의 침실을 엿보곤 한다. 소라는 섬뜩함을 느끼지만 든든한 시아버지가 그녀를 지켜준다. 어느 날 양봉을 하는 청년이 꿀을 채집하기 위해 이 목장으로 찾아온다. 그는 소라에게 붙임성 있게 접근해오고 둘은 어느덧 사랑에 빠진다. 그들의 야릇한 사랑의 순간들을 정신병자가 지켜보고 있다. 시아버지 또한 며느리의 불륜을 알면서도 모르는 체 넘긴다. 그 무렵 항해 길에 올랐던 남편이 풍랑을 만나 행방불명된 소식이 날아든다. 그러자 시아버지는 양봉 청년에게 며느리와 잘 살아달라고 부탁한다. 이에 질투를 느낀 정신병자가 청년을 살해하고 소라는 혼자서 목장을 떠난다.

● 이원세 감독 데뷔작. 각본 이두형. 치정살인을 소재로 하고 있다. 포스터에 "탐미적인 에로티시즘을 영상화한 이원세 감독의 의욕작", "꿀맛처럼 강렬한 사랑의 감각", "황홀한 여체의 신비" 등의 카피가 눈에 띤다. 원제는 '꿀맛'. 그러나 공보부 영화 검열에서 제명 '꿀맛'이 너무 자극적이라는 지적과 함께 '잃어버린 계절'로 개제했다. 8 · 15특선프로로 국도극장에서 개봉되어 서울 관객 9만여 명을 동원(한국연예연감), 한국영상자료원 자료에는 58만 4100명으로 나와 있다. 이 영화 이후 감독은 주로 에로티즘 영화를 연출했다.

(보한산업) 87분 극영화 연소자불가/멜로

감독 : 이원세
제작 : 한진섭
각본 : 이두형
개봉 : 1971년 8월 11일 국도극장
　　　(서울)
관람인원 : 9만 명(서울)
출연 : 신성일, 문희, 허장강 외
촬영 : 유영길
스틸 : 양기주

평양폭격대 The last flight to Pyongyang(1972)

공군 소령 조진형은 100회 출격을 앞두고 비행교관이 되어 후방기지에 있는 부하들을 맹훈련시킨다. 한편 기지에서 문관으로 근무하고 있는 조 소령의 여동생과 그가 훈련시킨 배 소위는 서로 사랑하는 사이다. 훈련이 끝나자 배 소위 일행은 전방으로 배치된 후 유엔군 공군 부대와 합동으로 평양 폭격을 감행한다. 평양 폭격에 출격한 조 소령 편대 역시 치열한 대공 포화를 뚫고 빛나는 전공을 세운다. 이 과정에서 조 소령은 배 소위가 적의 포화에 추락해 포위당하는 것을 보고 공중엄호를 하다가 전사하고 만다. 배 소위는 무사히 헬기로 탈출한다.

● 신상옥의 전쟁영화. 오빠가 여동생의 애인을 구하고 장렬하게 전사한다는 우애와 전우애, 사나이들의 의리를 담고 있다. 제11회 대종상 작품상과 신상옥 감독상, 황해가 남우주연상을 받았다. 같은 해 연출한 '전쟁과 인간'에서 스크린 데뷔한 신일룡이 윤정희의 상대역으로 나온다. 서울 허리우드 극장에서 개봉되어 관객 3만 8000여 명을 동원, 겨우 손익분기점을 넘겼다.

(안양영화) 130분 극영화 연소자가/군사

감독 : 신상옥
제작 : 신상옥
각본 : 곽일로
개봉일 : 1972년 1월 1일 허리우드
　　　　극장(서울)
관람인원 : 3만 8384명
수출현황 : 대만
출연 : 황해, 윤정희, 신일룡 외
수상 : 제11회 대종상영화제 우수반공
　　　영화작품상(안양영화) · 감독상
　　　(신상옥) · 남우주연상(황해), 제
　　　1회 테헤란국제영화제 출품

봄 여름 가을 그리고 겨울
Spring summer fall and winter(1972)

<table>
<tr><td colspan="2">(한국영화) 104분 극영화 연소자가/멜로</td></tr>
<tr><td>감독 :</td><td>신성일</td></tr>
<tr><td>제작 :</td><td>성동호</td></tr>
<tr><td>각본 :</td><td>이희우</td></tr>
<tr><td>개봉 :</td><td>1972년 1월 12일 국도극장
(서울)</td></tr>
<tr><td>관람인원 :</td><td>13만 5987명(서울)</td></tr>
<tr><td>출연 :</td><td>신성균, 신영일, 나오미 외</td></tr>
<tr><td>촬영 :</td><td>홍동혁</td></tr>
<tr><td>음악 :</td><td>이봉조</td></tr>
<tr><td>수상 :</td><td>제8회 백상예술대상 신인감독
상(신성일) · 미술상(노인택) ·
신인상(신영일, 나오미) · 주제
가상(이봉조)</td></tr>
</table>

송 장군(신영일)은 복잡한 도시를 떠나 조용한 시골목장에서 여생을 보내기로 한다. 가족은 모두 서울에 있고 옛 부하의 딸이자 고아가 된 현아(나오미)만이 장군의 곁을 지키고 있다. 장군은 자기가 죽으면 현아가 또다시 고아가 될 것이 안타깝다. 방학이 되어 서울에서 손주들이 내려오고, 장군은 큰 손자 형진(신영일)과 현아가 결혼하기를 바란다. 방학이 끝난 후 손주들은 모두 서울로 가고 현아 혼자서 장군의 임종을 지킨다. 형진은 비로소 조부의 뜻을 받들어 조부의 임종을 지킨 현아와 결혼한다. 현아는 진정한 가족이었다.

● 신성일의 세 번째 연출작. 각본 이희우. 1970년대에 접어들면서 TV수상기의 보급 확산과 한국영화의 생산 과잉으로 1971년에 제작된 한국영화는 총 202편, 서울 개봉관에서 10만 이상의 관객을 동원한 영화는 7편에 불과했다. 10만 이상 관객을 동원한 영화는 김기영의 '화녀'(22만 3000명), 정소영의 '미워도 다시 한번—대완결편'(14만 5000명), 신성일의 '연애교실'(10만 3000명), '봄 여름 가을 그리고 겨울'(13만 6000명), 유현목의 '분례기'(9만 6000명), 이원세의 '잃어버린 계절' 등이다. 이중 연출한 감독한 영화가 두 편이나 된다는 것은 대단한 일이다. 당시엔 서울 개봉관에서 5만 명을 동원하면 제작자가 만족할 때인 만큼 13만 관객 동원은 흥행 대성공인 셈이다.

미워도 안녕 Until next time(1972)

<table>
<tr><td colspan="2">(연방영화) 92분 극영화 연소자가/멜로</td></tr>
<tr><td>감독 :</td><td>석래명</td></tr>
<tr><td>제작 :</td><td>주동진</td></tr>
<tr><td>각본 :</td><td>한유림, 김시현</td></tr>
<tr><td>개봉 :</td><td>1972년 4월 1일 아카데미극장
(서울)</td></tr>
<tr><td>관람인원 :</td><td>1만 5787명</td></tr>
<tr><td>출연 :</td><td>최무룡, 문희 외</td></tr>
<tr><td>촬영 :</td><td>홍동혁</td></tr>
</table>

문학소녀 연희는 문학청년과 동거하다 아이까지 낳지만 남자는 병사한다. 혼자서 아이를 키우며 고생하다가 술집에 나가게 된 연희는 생각지도 못했던 살인을 저지르고 감옥에 가게 된다. 엄마가 미국에 간 줄 아는 아이는 그동안 시골에서 가정부와 함께 살고 있다. 연희는 아이가 너무 보고 싶어서 특별 휴가를 얻어 아이를 만나 시간을 보낸다. 그리고 남은 형기를 마치기 위해 감옥으로 돌아간다.

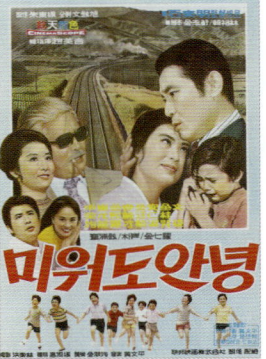

● 석래명 감독 데뷔작. 한 여자의 불행과 모정으로 관객의 감성을 자극하려 했으나 흥행에 성공하지 못했다. 이후 1976년, 조흔파의 명랑소설 『얄개전』을 영화화한 '고교얄개'로 감독은 5년 만에 하이틴 영화 붐을 일으켰다. '고교얄개'(1976), '여고얄개', '얄개 행진곡'(1977), '우리들의 고교시대'(1978) 등 얄개 시리즈를 잇달아 히트시키면서 흥행감독이 되었고 이승연, 김정훈, 진유영, 김보연 등 청춘스타를 배출했다.

나와 나 Me, myself and I(1972)

일본의 외삼촌 밑에서 대학에 다니던 유진은 그곳 생활에 회의를 느끼고 부산으로 돌아온다. 외삼촌은 실의에 빠진 조카에게 위로의 뜻으로 자가용 한 대를 사준다. 그러나 이 자가용 때문에 그는 엉뚱하게 돈 많은 재일동포 취급을 받는 분위기에 휘말린다. 여자들은 저마다 유진을 유혹하려 들고 그는 자신도 모르게 재일동포 행세를 일삼게 된다. 그런 사기행각으로 돈을 번 그는 돈에만 혈안이 된 사람들에게 혐오감을 느낀다. 대학 은사마저 돈과 타협하는 것을 본 유진은 더 이상 참지 못하고 자신의 일본 이름인 히라오카 유지로를 자멸시켜버린다.

● '잃어버린 계절'(1971)로 감독 데뷔한 이원세의 연출작. 각본 윤삼육(윤삼육, 『윤삼육 시나리오 선집』, 책이 있는 마을, 1999년, p.279) 이 영화는 일본에서 외삼촌이 사준 자가용 때문에 성공한 재일동포 청년이 자기도취를 극복하지 못하고 결국 죽게 되는 내용이다. 이원세는 청룡영화상 신인감독상, 우연정은 신인연기상을 차지했다. 특히 우연정은 신세대 여성의 상징으로 70년대를 풍미하다가 1980년 골수암 진단을 받고 임신 6개월의 몸으로 한쪽 다리를 절단하는 참담한 사건을 겪었다. 그러나 1981년 자신의 투병기를 영화화한 이원세의 '그대 앞에 다시 서리라'에서 불구를 딛고 다시 섰다. 각본을 쓴 윤삼육은 1930년대의 거장 감독인 윤봉춘의 장남이다.

(새한필름) 90분 극영화 연소자불가/멜로 미스터리

감독 : 이원세
제작 : 황의식
각본 : 윤삼육
개봉 : 1973년 1월 13일 국도극장 (서울)
관람인원 : 2만 1255명(서울)
출연 : 최무룡, 하명중, 우연정, 오수비, 유하영 외
촬영 : 박승배
스틸 : 양기주
수상 : 제10회 청룡영화상 신인감독상 (이원세)·각본상(윤삼육)·신인연기상(우연정), 제8회 백상예술대상 남우주연상(하명중)

새남터의 북소리 Drum Sound of Sae Nam Teo(1972)

민서는 길에서 본 다련에게 한눈에 반해 그녀를 뒤쫓는다. 그녀는 천주교 신자였고 미사를 드리다 발각되어 포도청으로 끌려가고 있었다. 민서는 고문과 고초를 당하는 다련을 어렵게 구해내지만 두 사람은 다시 포졸에게 잡힌다.

한편 다련을 짝사랑하던 여상은 다련을 구하기 위해 천주교도들의 모임장소를 밀고하게 되고 천주교 신자들이 희생당하자 양심의 가책을 느끼고 자살한다. 언제부턴가 사랑하게 된 민서와 다련은 형장에서 서로의 이름을 부르며 담담하게 죽음을 받아들인다.

● 최하원의 종교영화. 그가 만든 종교영화들은 주인공들의 삶을 통해 교회와 신앙의 의미를 자연스럽게 추구하는 휴먼드라마의 성격을 띠고 있다. 즉 "선교적(宣敎的) 차원을 앞세우기보다 신자들의 삶을 통해 빚어지는 역사의 흐름을 서술하는 데 집중하는 편이다. 이 영화에서도 그러한 경향이 반영되고 있다."(한신대 교수 신광철) 감독은 이후 '초대받은 사람들'(1981), '초대받은 성웅들'(1984) 등 굵직한 가톨릭 영화를 연출했다. 그 외 고려시대 도공 이야기를 그린 '다정다한(多情多恨)'(1973)은 종교영화는 아니지만 아내와 자식이 살해당한 뒤에도 예술에 쏟는 도공의 집념을 종교적으로 승화시키는 내용이다.

(새한필름) 102분 극영화 연소자가/시대극

감독 : 최하원
제작 : 황의식
각색 : 유열
개봉 : 1972년 1월 14일 국도극장 (서울)
관람인원 : 1만 9324명(서울)
출연 : 남궁원, 윤정희, 김성옥, 이낙훈, 최삼, 김칠성, 성소민, 강계식, 최성관, 지방열 외
촬영 : 유영길
음악 : 전정근
조명 : 최의정
편집 : 현동춘
미술 : 김유진
사운드 : 유창국, 심재현
조감독 : 김홍명
수상 : 제9회 청룡영화상 미술상(김유진)

의사 안중근 義士 安重根, An Jung-Geun, the Patriot(1972)

(연방영화) 126분 극영화 연소자가/
전기 시대극

감독·제작: 주동진
각본: 이정선, 최금동
개봉: 1972년 2월 16일 국도극장
(서울)
관람인원: 3만 70명
출연: 김진규, 박노식, 문정숙, 한문
정, 최남현, 최불암, 이대엽, 하
명중, 최성호, 박암, 최성, 추석
양, 이향, 김동원, 김신재, 손창
민, 김은진, 정민 외
기획: 최춘지, 반중석
촬영: 전조명　　**음악**: 김희조
조명: 최원근　　**편집**: 김창순
미술: 박석인　　**소품**: 우종삼
의상: 권오균
수상: 제11회 대종상영화제 최우수작
품상(연방영화)·미술상(박석
기), 제9회 청룡영화상 음악상
(김희조)·기획상(최춘지, 반중
석), 제9회 백상예술대상 미술
상(박석인)

안창호 선생의 연설을 듣고 독립운동을 결심한 안중근(김진규)은 블라디보스토크로 망명하여 우덕순 등과 함께 대한 의군을 조직, 북만주 일대에서 구국활동을 편다. 그러는 동안 동지 수십 명이 죽고 일진회 도당들에게 피랍돼 구타당하는 등 어려운 상황을 맞게 된다. 그때 그는 이토 히로부미(박노식)가 하얼빈에 온다는 소식을 듣고 침략의 원흉을 제거하기 위해 치밀한 사전 계획을 세운다. 1909년 10월 26일, 하얼빈에 도착

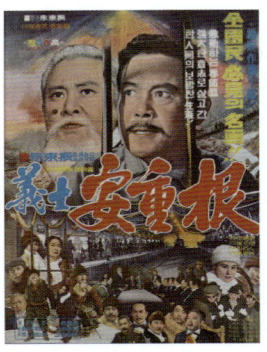

한 이토 히로부미를 사살한 안중근은 체포된 후 초연히 순국한다.

● 제작자 출신 감독인 주동진의 다섯 번째 연출작. 영화 첫머리에서 을사조약(1905)이 체결되는 과정을 묘사하는 한편, 뜻있는 선비들과 민중의 저항을 영상화함으로써 안중근의 독립투쟁의 시대적 배경을 설명하고 있다. 이토 히로부미가 이 날을 두고 "두 나라를 위해 영원히 기념할 날"이라고 한 것과 이완용이 자신의 행동을 "나라와 동포를 위한 길"로 미화하는 등의 발언을 통해 당시 한국사회에 처한 상황을 압축적으로 보여준다.(「뒤늦게 알려진 최금동 옹의 나라사랑」, 한겨레 98. 6. 19) 제11회 대종상영화제와 백상예술대상 미술상(박석기), 청룡영화상 음악상을 받았다.

소장수 A Cattle Seller(1972)

(삼영필름) 100분 극영화 연소자불가/
멜로

감독: 김효천(金曉天)
제작: 강대진
각본: 윤삼육(원작 윤삼육)
개봉: 1972년 3월 3일 아세아극장
(서울)
관람인원: 2만 4423명
출연: 박노식, 임지성, 허장강, 최재
호, 추석양, 최준, 장훈, 라정
옥, 김문주, 황인철 외
기획: 황태수　　**촬영**: 팽정문
음악: 전정근　　**조명**: 고해진
편집: 장현수　　**미술**: 노인택
소품: 차순하　　**의상**: 이해윤
스틸: 박희재　　**조감독**: 오영석
사운드: 한양, 최형래, 이재웅
수상: 제9회 청룡영화상 감독상(김효
천)·남우주연상(박노식)·신인
연기상(임지성), 제18회 아시아
영화제 비극상

소장수 만석은 소 값 대신 옥순이라는 처녀를 얻는다. 그러나 소 값을 흥정하는 과정에서 살인을 하게 된 만석은 임신 중인 옥순을 버려둔 채 경성으로 도망친다. 혼자서 소를 몰고 다니는 옥순을 보고 순사 보조원이 겁탈하려 들자 어디선가 나타난 만석이 옥순을 구해준다. 이후 만석은 옥순을 투전판에 잡히고 노름을 하다가 옥순마저 잃는다. 세월이 흘러 만석은 옥순의 행방을 찾지만 옥순은 아이를 낳고 죽은 후였다. 아들을 찾은 만석은 엉덩이가 보이는 속옷을 입고 천둥벌거숭이처럼 달려가는 아이의 뒤를 따라가며 쓸쓸하게 미소짓는다.

● 활극을 연출하던 김효천의 멜로물. 일제 시대를 배경으로 소를 끌고 시골 장을 돌아다니는 소장수의 이야기를 로컬 컬러로 묘사한 서정 드라마다. 일제시대 풍속도의 한 단면을 보는 재미와 소박한 서민의 애환이 담긴 가작으로 소장수 역을 맡은 박노식의 투박한 연기가 돋보인다. 감독은 이 영화에서 "한과 정을 주제로 하여 예술작품으로 승화시키는 데 성공했다"는 평을 받았다.(김종원, 『한국영화감독사전』, 국학자료원, 2004년, p.177) 충청도 음성에서 촬영되고 영화는 청룡영화상 감독상, 아시아영화제에서 비극상 수상.

석화촌 石花村, Oyster Village(1972)

서해의 외딴섬. 굴(석화)을 따서 생계를 잇는 이곳 주민들은 사람이 바다에 빠져 죽으면 다음 사람이 죽을 때까지 저승에 오르지 못한다는 미신을 믿고 있다. 무녀 별례의 아버지가 바다에서 죽은 후 어머니는 아버지를 뒤따라 투신자살한다. 이번에는 어머니의 혼백을 승천시켜달라는 조건을 내걸고 별례가 강 주사의 병든 외아들 이식에게 시집가기로 한다. 별례를 사랑하는 거무는 이를 알고 분노한다. 그러나 강 주사가 수장시킨 것은 산 사람이 아니라 죽은 사람이었음이 밝혀진다. 그러자 거무는 별례를 빼앗아 전마선에 태우고 육지로 도망친다. 풍랑이 일기 시작할 때 별례는 거무 몰래 배 밑창에 구멍을 뚫는다. 거무와 별례의 시체가 석화 밭 갯벌에 떠오르던 날 그 곁에는 강 주사의 아들 이식의 시체도 물에 떠 있었다.

● '동춘', '마지막 황태자 영친왕'(1970)을 연출한 정진우의 문예물. 이청준 소설 『석화촌』을 원작으로 하고 있다. 죽음이 때로는 진실한 사랑으로의 귀환임을 생각케 하는 소설로 사랑을 완성하는 죽음의 현상학을 감동적으로 묘사하고 있다. 섬마을 사람들 간에 벌어지는 애환과 원초적 소망을 그린 영화로 감독은 호평과 함께 중견감독으로서의 입지를 굳혔다. 무녀 별례 역을 연기한 윤정희가 주목받았다. 윤정희는 청룡영화상과 백상예술대상 여우주연상, 정진우는 부일영화상 감독상을 받았다. 관객 6만 명 동원. 홍도에서 로케이션됐다.

(우진필름) 96분 극영화 연소자불가/문예

감독·제작 : 정진우
각본 : 문상훈, 나연숙, 나봉한(원작 이청준)
개봉 : 1972년 3월 22일 국도극장(서울)
관람인원 : 5만 9094명
출연 : 윤정희, 김희라, 윤일봉 외
촬영 : 박승배   음악 : 한상기
조명 : 박태수   편집 : 김희수
미술 : 박승배   녹음 : 김병수
수상 : 제11회 대종상영화제 음악상(한상기)·녹음상(김병수), 제9회 청룡영화상 작품상(우진필름)·여우주연상(윤정희)·남우주연상(윤일봉)·신인기술상(미술: 박승배), 제6회 백상예술대상 여우주연상(윤정희), 제12회 부일영화상 작품상·감독상(정진우), 제22회 베를린국제영화제 출품

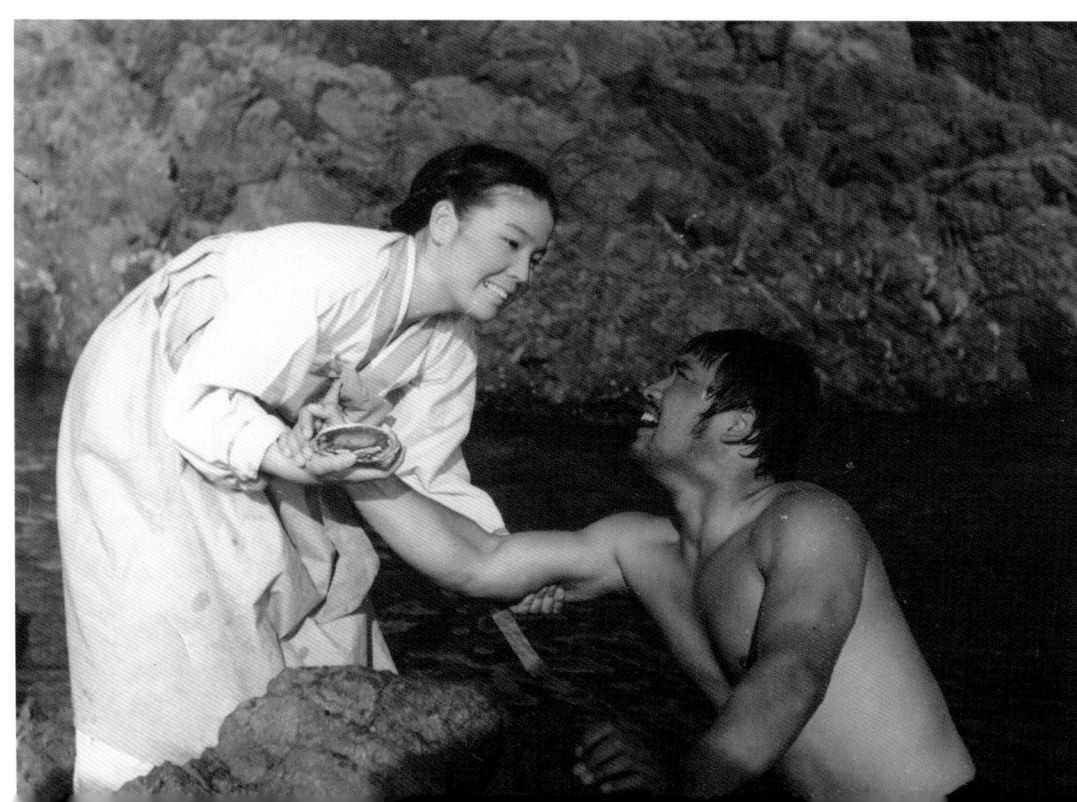

무녀도 巫女圖, A Shaman's Story(1972)

(태창영화) 110분 극영화 연소자불가/
문예

감독 : 최하원
제작 : 김태수
각본 : 이영일(원작 김동리)
개봉 : 1972년 5월 13일 국도극장
      (서울)
관람인원 : 8만 4349명
출연 : 윤정희, 신영일, 김창숙, 허장
      강, 사미자, 조용수, 임생출, 임
      성포, 최삼, 손전 외
촬영 : 장석준
음악 : 최창권
조명 : 차정남
편집 : 유재원
미술 : 이문현
소품 : 배종원
의상 : 권오균
사운드 : 이경순, 최형래
스틸 : 양기주
조감독 : 김수형, 김흥명
수상 : 제18회 아태영화제 작품상·인
      기여우상(윤정희), 제8회 시카
      고영화제 출품

모화(윤정희)는 아름다운 자태와 영험함으로 소문난 무당이다. 동네에서 웬만큼 큰 굿은 모두 그녀가 해낸다. 그러나 모화의 지난날은 한으로 점철돼 있다. 줄광대의 딸이었던 모화는 어린 시절 아버지의 사당패를 따라 다니다가 최 진사 댁 마당놀이판에서 최 진사의 아들 최 도령(신영일)과 눈이 맞는다. 모화와 최 도령의 사랑은 당시로서는 금기시되던 것으로 그들의 사랑은 신분의 벽을 넘어서지 못한 채 불행의 씨앗을 싹틔운다. 모화는 최 도령의 아이를 임신하게 되고 최 진사는 가문의 불명예를 두려워한 나머지 두 사람 사이를 갈라놓는다.

모화의 임신 때문에 노심초사하던 사당패 아버지는 죽고 목숨을 겨우 보전한 모화는 어린 아들 욱이를 데리고 모진 고생 끝에 강신하여 무당이 된 것이다. 아들 욱은 공부를 위해 절에 맡겨지고 모화는 낭(김창숙)이라는 반벙어리 처녀를 자신의 뒤를 이을 수양딸로 삼는다. 그러던 어느 날 아들 욱(신영일)이 어머니 모화를 찾아 돌아온다. 건장한 청년으로 자란 욱의 모습에서 모화는 언뜻 그 옛날 최 도령의 체취를 느낀다. 절에서 공부하는 줄로만 알았던 욱은 실은 선교사의 도움으로 기독교 신자가 되어 있었다.

한편 낭은 욱에게 야릇한 연정을 품게 되고 욱 역시 낭에게 마음이 끌린다. 모화는 욱이에게 든 예수 귀신을 쫓기 위해 굿을 하고 성경책을 찢는다. 두 모자의 보이지 않는 대립으로 모화의 가정은 차츰 파국으로 치닫는다. 영험한 신통력도, 자식도 모두 잃어버린 모화는 물에 빠져 죽은 시체를 찾는 굿판에 나가 과연 영험한 신통력이 어떤 것인가를 보여

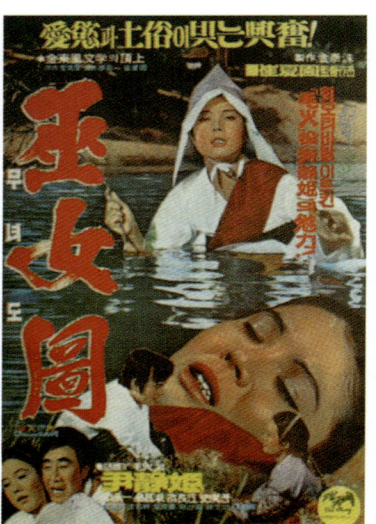

주겠다고 결심한다. 그러나 아무리 굿을 해도 시체는 떠오르지 않고 모화는 물속으로 빨려들어 가면서 끝내 나타나지 않는다.

● 1936년 월간 《중앙》 5월호에 실렸던 김동리의 단편소설 「무녀도」를 영화화한 작품. 이 영화를 연출한 최하원은 '나무들 비탈에 서다'(1968), '독 짓는 늙은이'(1969) 등을 통해 한국 문예영화의 지평을 확장시킨 감독 중 한 사람이다. 영화 '무녀도'는 원작과 상당히 다른 내용으로 이루어져 있다. 감독은 원작의 줄거리를 변형시켜 불륜의 업을 계승한 가족사의 비운, 특히 근친상간이라는 치명적인 비극성에 초점을 두면서 한층 승화된 내용의 영상미를 재현했다.

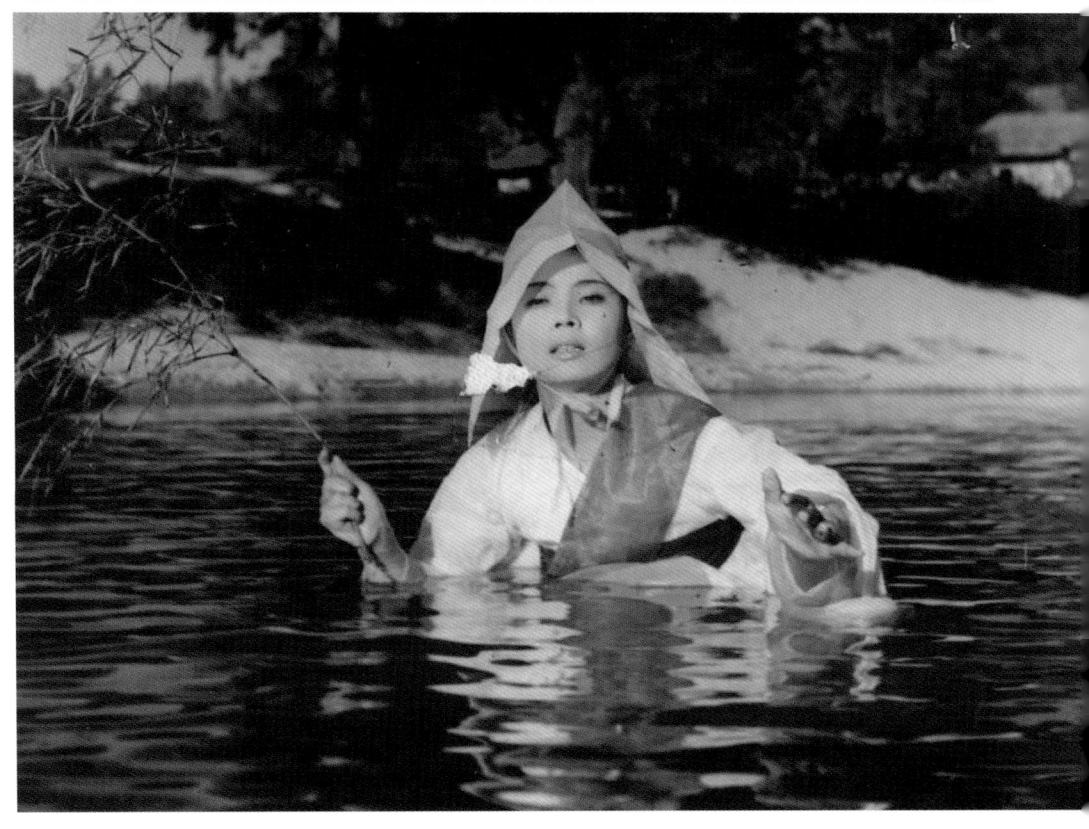

즉 원작은 샤머니즘과 기독교의 첨예한 갈등으로 인한 가족의 파멸로 끝을 맺는 데 비해 영화에서는 무속(전통)과 기독교(근대)를 설정하면서도 종교 대립이 아닌, 갈등 관계를 넘어선 인간의 삶을 추구한다. 이는 신영일이 욱의 아버지인 최 도령과 욱으로 1인 2역을 해냄으로써 과거와 현재를 연관시키는 명분을 가능하게 한다. 즉 모화가 욱을 임신했을 때 모화는 자신이 임신한 사실을 자연과의 영적 교류로 승화시키면서 "여자의 몸엔, 손끝까지 그 희고 싸늘한 달빛이 흘려내려, 마침내 달 속에 흥건히 잠기고 말았다"(『短篇選集 金東里 著』, 상성출판사, 1968년, 『무녀도』, 소담, 1995년)는 절묘한 표현으로 자신의 임신을 묘사하고 있다.

소설에서는 후에 기독교 신자가 되어 돌아온 아들 욱과 아버지가 다른 낭이 서로 몸을 섞는 근친상간을 유도하는 데 비해 영화에서의 낭은 모화의 무업을 잇는 수양딸로 나온다. 여기서 아들을 보자 옛 연인인 최 도령을 떠올리게 되는 모화의 성(性) 심리와 낭이와 욱, 남매 아닌 남매간의 열정적 성애가 폐쇄된 공간인 방안과 풍광이 수려한 자연을 배경삼아 섬세하게 묘사된다. 후미지고 어두운 구석과 활짝 개방된 자연의 풍광이 지니는 대비적 이미지는 장차 근친살해와 근친상간으로 치닫는 가파른 구도의 삼각관계를 형성하는 시각적 조건이 된다. 욱과 낭이 옷을 벗은 채 맑은 물속에서 마치 미끄러지듯 유영하면서 사랑의 기쁨을 확인하는 장면은 이 영화의 하이라이트를 이룬다.

막바지의 굿판을 벌이면서 모화가 죽어갈 때도 영화에서는 신의 딸로서가 아니라 물 위에 비친 옛 연인의 모습을 그리면서 인간의 딸로 죽어간다. 이 영화를 보고 당시 관객들은 좋은 반응을 보였고 아태영화제에서 작품상을 수상, 관객 8만 5000명 동원이 증명하듯 성공적인 결과를 빚어냈다.

화분 花粉(꽃가루), The Pollen of Flowers(1972)

(대양영화) 85분 극영화 연소자불가/
미스터리 동성애

감독 : 하길종(河吉鐘)
제작 : 김형근
각본 : 하길종(원작 이효석)
개봉 : 1972년 4월 7일 국도극장
(서울)
출연 : 하명중, 남궁원, 최지희, 윤소
라, 여운계, 유판웅, 이영호, 박
정해, 임해림, 김기범 외
촬영 : 유영길
음악 : 신중현
조명 : 김연
편집 : 이경자
미술 : 박노달
소품 : 이원우
사운드 : 이재웅, 황구현
스틸 : 김동희
조감독 : 김호선
수상 : 제16회 부일영화상 최우수촬영
상(유영길), 제9회 청룡영화상
장려상(윤소라), 제18회 아시아
영화제 출품

서울 근교의 푸른 집에서 현마(남궁원)의 애첩 세란(최지희)은 동생 미란(윤소라)과 살고 있다. 어느 날 그 집 주인 현마가 비서 단주(하명중)를 데리고 나타나자 미란은 한눈에 단주에게 반한다. 이를 보고 단주와 동성애 관계에 있는 현마는 질투에 못 이겨 단주를 골방에 가둔다.

단주는 미란과 함께 도피 여행을 떠나지만 현마는 끈질긴 추적 끝에 단주를 찾아낸다. 그 후 사업실패로 부도를 낸 현마는 일본으로 떠나고 푸른 집은 빚쟁이들이 몰려들어 풍비박산이 된다. 그 와중에 현마에게 성폭행을 당한 세란은 정신이상으로 죽고 미란도 그곳을 떠난다. 유령처럼 떠돌며 이 모든 것을 지켜보던 단주는 어둠에 뒤덮인 푸른 집을 나선다.

● 하길종 감독 데뷔작. 이효석이 1939년 《조광》지에 연재했던 장편소설 「화분」, 일명 '꽃가루'를 원작으로 한 영화. 영화에서의 문제는 등장인물들의 관계가 언니와 동생, 처제와 형부가 아니라 현마와 단주의 동성애 관계이며 실제로 두 사람의 정사장면이 화면에 스치듯이 비쳐진 것이 충격적인 화제가 되었다. 원작은 애정 소설의 전형으로서 인간의 심층에 깔려 있는 관능적인 애정에 대한 탐미 의식과 윤리를 다루고 있다. 이런 면에서 소설 「화분」은 우리에게 가장 원초적인 사랑의 아름다움이 무엇인지를 보여 주지만 영화 「화분」은 원작과는 상관없이 기존사회의 허상과 가식의 껍질을 벗기면서 한 가정의 몰락을 냉혹하게 그려낸다.

하길종은 표현주의 영화를 만들고 싶다는 그의 목적대로 스토리텔링보다는 극단적인 감정의 표출과 그로테스크한 자극적 이미지들로 일관하면서 파국을 향해 치닫는 부르주아 가족의 타락을 충격적인 영상으로 표현해낸다. 특히 남궁원의 카리스마 넘치는 악역 연기가 압권이다.

질투심에 눈이 먼 주인공 현마 역의 남궁원은 금붕어를 손아귀로 터트려 죽이고, 바닷가로 도피한 단주와 미란을 추적하기 위해 광기 번뜩이는 눈으로 거칠게 자동차를 몰기도 한다. 권력을 상징하는 위압적인 푸른 집과 동성애라는 소재를 내세워 이를 다시 권력과 계급, 성적 본능의 문제와 엮어 짠 이 영화는 작가적인 실험정신과 은유적인 사회비판 의식이 녹아 있다(「20주기 맞은 하길종 감독」, 중앙 99. 2. 4)는 평을 받았다. 매력적인 한 남자가 남의 가정에 들어가 가족을 차례로 유혹하는 피에르 파올로 파졸리니의 영화 '테오레마(Teorema)'를 표절했다는 논란이 있었고 흥행에서도 실패했다. 한국영상자료원 '한국영화 100선'에 선정됐다.

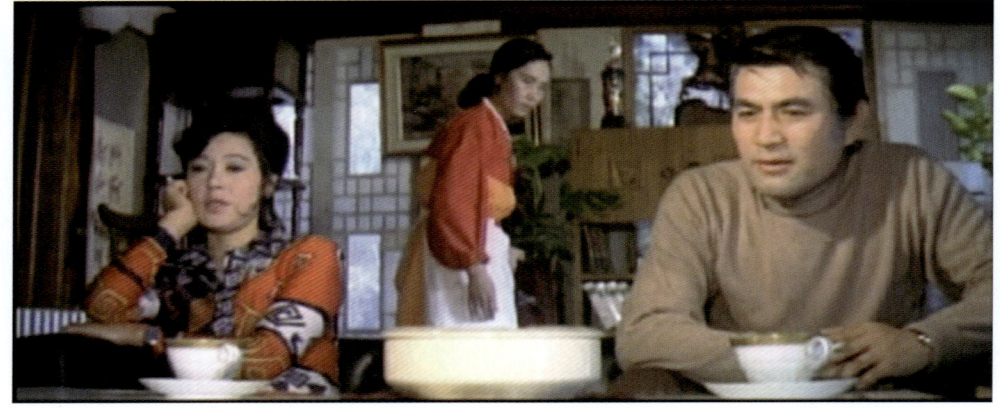

명동 잔혹사 明洞殘酷史, Cruel history of Myeong Dong(1972)

제1화(시끄러울 것잉께−변장호 연출): 감옥에서 나온 박민은 옛 명동을 찾기 위해 황두식이 지배하는 술집에서 싸움을 벌인다. 여기서 결투 끝에 황두식을 죽이지만 애인 우희도 죽고 박민도 그가 살려준 꼬마에게 목숨을 잃는다.

제2화(갖고 싶은 여자−최인현 연출): 현은 숙과 결혼하려다가 보스의 배반으로 감옥에 가게 된다. 감옥에서 나온 그는 숙의 남편이 된 영배를 찾아가지만 그가 숙을 진심으로 사랑하는 것을 보고 그곳을 떠난다.

제3화(대결−임권택 연출): 상은 어머니를 버린 아버지를 공격하려다 오히려 큰 상처를 입고 아버지의 딸 희의 도움으로 치료를 받는다. 또다시 벌인 대결에서 아버지가 상 대신 죽음을 맞게 되고 부자는 마지막 정을 나눈다.

● 도시화가 한창이던 당시 명동과 종로를 내걸고 선보인 옴니버스 액션활극. "일제 당시에는 명동을 명치정이라고 불렀다"는 허장강의 해설과 함께 옴니버스 영화가 시작된다. 변장호 편은 명동의 1940년대를 배경으로 명동 주먹판의 주변에 살아가는 허장강을 매우 소시민적인 모습으로 그린다. 최인현 편은 부자 간의 얽히고 설킨 관계를 신파 멜로로 엮고 임권택 편에서는 강인한 모습의 젊은 김희라가 출연한다. 관객 3만 7000명 동원. 나한봉, 유열, 신봉승이 각본을, 황문평이 음악감독을 맡았다.

(새한필름) 93분 극영화 연소자불가/액션

감독: 변장호, 최인현, 임권택
제작: 황의식
각본: 나한봉, 유열, 신봉승
개봉: 1972년 6월 4일 아세아극장 (서울)
관람인원: 3만 7200명
출연: 허장강, 박노식, 황해, 김지수, 송재호, 이강조, 김문주, 권오상, 최무룡, 윤정희, 장동휘, 김희라, 이대엽, 독고성 외
기획: 김석준
촬영: 안창복, 정광석, 서정민
음악: 황문평, 전정근
편집: 김희수
소품: 김태욱
분장: 송일근
사운드: 손인호, 최형래
특수효과: 이문걸
조감독: 이은수, 고응호

0시(영시) 0 o'cloc(1972)

330부대 대장 장중한은 오토바이로 강도질을 하던 한 쌍의 남녀를 수배하던 중 그의 아들 규식이 납치당하는 일이 생긴다. 거슬러 올라가면 7년 전, 돈을 훔친 범인 김민수는 병든 아들의 병원비 때문이라면서 제발 체포하지 말아달라고 부탁한 일이 있다. 그러나 장중한은 그를 체포해서 교도소로 보냈다. 그 김민수가 출감해보니 아내는 개가하고 아들은 치료를 받지 못해 죽은 것을 보고 이를 복수하기 위해 장중한의 아들 규식을 납치한 것이다. 그는 규식의 천진한 모습에 감동해 보복을 포기한다.

● 이만희의 수사물. 늘 범죄자를 중심으로 이야기를 전개하는 이만희의 작품에서 예외적으로 경찰이 주인공으로 등장한 영화가 '0시'이다. 답답하리만치 자기 임무에 충실한 주인공은 자기 아들이 유괴된 순간에도 사사로이 행동하지 못한다. 형사와 가장으로서의 의무가 충돌하는 와중에서 유괴범과 아들 사이에 전개되는 기묘한 우정은 영화를 단순한 수사극의 전형에서 벗어나 인정극으로 전환시킨다. 장 형사의 집 옥상에서 내려다보이는 남대문 시장과 서울역 광장의 풍광이 새롭다.

(태창영화) 100분 컬러 극영화 연소자가/수사

감독: 이만희
제작: 김태수
각본: 이희우
개봉: 1972년 7월 1일 아세아극장 (서울)
관람인원: 2만 6817명
출연: 허장강, 신성일, 윤정희, 김창숙, 문오장, 나오미, 고강일, 이승현, 김영일, 박시명 외
촬영: 김덕진
음악: 전정근
조명: 차정남
편집: 유재원
미술: 이문현
소품: 배종원
사운드: 손인호, 최형래
스틸: 양기주
수상: 제11회 대종상영화제 장려상(태창영화)·편집상(유재원), 제10회 청룡영화상 장려상(이승현)

궁녀 宮女, A court lady(1972)

(안양영화) 98분 극영화 고등학생가/
사극액션

감독 : 신상옥
제작 : 신상옥
각본 : 곽일로
개봉 : 1972년 7월 13일 국도극장
　　　(서울)
관람인원 : 4만 5522명
출연 : 윤정희, 신영균, 박노식, 전양
　　　자, 도금봉, 윤인자, 김동원, 최
　　　남현, 김웅, 전숙, 송미남, 석금
　　　성, 전영주 외
촬영 : 최승우
음악 : 정윤주
조명 : 김태성
편집 : 김현
미술 : 박석인
현상 : 대한천연색
수상 : 제19회 아시아영화제 여자연기
　　　상(윤정희)·인도주의앙양상

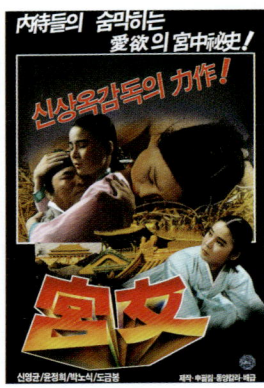

조선 13대 왕 명종이 세상을 떠나자 그의 세 후궁들도 궁궐에서 쫓겨나게 된다. 그중 하나가 복녀(윤정희)다. 가난에서 벗어나기 위해 명종의 시녀로 들어온 그녀는 궁궐에 들어오기 전 이미 임신한 몸이었다. 왕이 죽자 새로운 왕이 탐탁지 않은 대비는 자신의 권력을 유지하기 위해 복녀의 새 아기를 세자의 자리에 올린다. 그러나 복녀가 다시 궁궐로 돌아와서 아기에 대한 진상을 대비의 심복 시중들에게 고백한다. 간신들의 모함으로 복녀가 위기에 처하자 복녀의 남편이며 아기 아버지인 병철이 복녀를 구해낸다.

● 신상옥 제작·연출의 사극 드라마. 복녀 역을 해낸 윤정희가 아시아영화제에서 여자연기상을 받았다. 관객 4만 6000명을 동원. 같은 해 신상옥은 '효녀 심청'을 연출, 같은 해 11월 국도극장에서 개봉되었으나 관객 1만 5000명대에 그쳤다.

며느리 Daughters In Law(1972)

(합동영화) 80분 극영화 연소자불가/
문예

감독 : 이성구
제작 : 곽정환
각색 : 강근식, 한유림(원작 이무영)
개봉 : 1972년 8월 5일 국도극장
　　　(서울)
관람인원 : 1만 9113명
출연 : 고은아, 윤정희, 박노식, 김희
　　　라, 김창숙, 한은진, 김성옥, 최
　　　삼, 김칠성, 박상익 외
기획 : 곽해근, 강인옥
촬영 : 유영길
음악 : 정윤주
조명 : 김동포
편집 : 현동춘
스틸 : 박희재
조감독 : 김수형, 이성민, 김차곤
수상 : 제11회 대종상영화제 여우주연
　　　상(고은아)·촬영상(유영길)

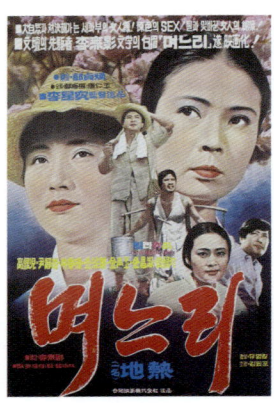

가뭄에 시달린 과부 네는 비가 내리기만을 기다린다. 비를 기다리는 동안 신혼 몇 달 만에 과부가 된 둘째 며느리는 구장 아들의 은반지 공세에 못 이겨 몸을 허락하고 큰 며느리는 한밤중에 물을 훔치러 갔다가 구장네 머슴에게 들켜 몸을 맡긴다. 결국 구장 아들의 배신으로 둘째는 읍내의 술집 색시가 되고 머슴의 아이를 임신한 큰며느리도 마을을 등지고 떠나려 한다. 그때 고대하던 비가 쏟아지면서 며느리들은 다시 농군의 자리로 복귀한다.

● '장군의 수염'(1968), '지하실의 7인'(1969)를 연출한 이성구의 문예 사극. 원작 이무영. 고은아, 윤정희가 출연하여 고은아가 대종상 여우주연상을 받았으나, 흥행에서는 성공하지 못했다.

쥐띠부인 A lady born in the year of rat(1972)

피눈물 나는 노력 끝에 집을 마련한 점례(고은아)는 남편(최무룡)의 직장이 있는 부산에서 3년을 살다가 서울로 올라온다. 그러나 점례는 나태하기만 한 서울 시집 식구들의 생활 태도가 마음에 맞지 않는다. 그때부터 이들을 설득하여 솔선수범을 보이는 등 시집식구들의 정신 구조를 개조시켜 즐거운 새 가정을 이루는 데 성공한다.

● 배우 고은아의 남편이자 영화 제작자인 곽정환이 메가폰을 잡은 영화. '애(愛)' (1971)로 감독 데뷔한 곽정환은 '쥐띠부인'을 연출하던 해 '악한자여'를 함께 내놨다.
　'쥐띠부인'은 원래 라디오 인기드라마로 라디오에서는 성우 고은정이 쥐띠부인을 맡아 자기주장이 강한 캐릭터를 성공시켰다. 당시 영화사에서는 고은아의 목소리나 체구 등 이미지가 너무 연약해 보인다는 이유로 고은아에게 이 역할을 맡기는 것에 대해 반대가 많았다. 그러나 고은아는 자기에게 내재된 강하고 모진 성격을 영화 속에서 다부지게 발휘했다. 이른바 가정의 질서를 바로 세우기 위해 웃는 낯으로 또박또박 따지고 드는 묘한 카리스마는 불같이 화를 내는 사람보다 더 무섭다는 소리를 들었다. 속편(100분)도 같은 해 제작되었다. 이 역시 쥐띠부인의 지혜와 노력으로 가정을 일으켜 세우는 내용이다.

(합동영화) 95분 극영화 중학생가/계몽
감독·제작 : 곽정환
각본 : 김하림(원작 이재우)
개봉 : 1972년 9월 7일 국도극장 (서울)
출연 : 고은아, 최무룡, 나훈아, 허장강, 도금봉, 박지영, 한문정, 이대엽, 김수옥, 이승현 외
기획 : 이재훈　　**촬영** : 유영길
음악 : 황문평　　**조명** : 김동포
편집 : 현동춘　　**미술** : 박석인
사운드 : 이재웅, 김경임
조감독 : 박태원
수상 : 제11회 대종상영화제 건전작품상(합동영화)·각본상(김하림)·조명상(김동포), 제9회 백상예술대상 신인상(박지영)

홍살문 Gate of woman(1972)

1900년대, 어느 마을에 두 과부인 서 부인(황정순)과 며느리 옥례(최정민)가 살고 있다. 그 당시 새로운 직업이었던 물장수들은 거만한 서 부인이 마음에 들지 않아 물을 배달해 주지 않기로 한다. 옥례는 밤에 몰래 물을 구하러 나갔다가 물장수 효철(신성일)과 사랑에 빠진다. 서 부인은 처음에는 크게 분노하지만 이들을 멀리 떠나서 보내고 며느리가 죽은 양 거짓 장례를 치른 후 스스로 자결한다. 그리하여 그 과부 집에는 수절과부를 칭송하는 겹 홍살문이 세워진다.

● '태양은 내 것이다' (1965)로 감독 데뷔한 변장호의 문예영화. 원작 곽일로 일명 '청상과부'로 조긍하의 '과부' (1960), 신상옥의 '열녀문' (1962)과 같이 수절하며 살아가는 과부 2대의 이야기다.
　조선시대 유교체제는 남존여비 관습과 함께 아내에게 절대적 정절을 강요했고 그것은 사별한 남편에 대한 수절로 연결됐다. 수절한 과부 중에서 모진 세월을 겪으며 수절을 잘 지켜내면 집 앞에 홍살문을 세워 수절 행위를 칭송, 추모하는 동시에 다른 사람들의 귀감으로 삼았다. 젊은 과부 역으로 출연한 최정민은 동양방송(TBC) 8기생으로 1971년 김희준이 주연했던 '아씨'로 데뷔하여 연기력을 인정받았고 이 영화로 청룡영화상 여우조연상과 백상예술대상에서 신인상을 받았다.
　변장호는 곽일로 원작, 신봉승 각본의 '비련의 홍살문'을 다시 리메이크했다. '비련의 홍살문' (1978)에는 김자옥, 김영애 출연. 1972년 작과 1978년 작은 둘 다 비평 면에서 호평을 받았다.

(보한산업) 90분 극영화 고등학생가/문예
감독 : 변장호
제작 : 김영완
각본 : 신봉승(원작 곽일로)
개봉 : 1972년 12월 15일 국도극장 (서울)
관람인원 : 3만 9844명
출연 : 황정순, 최정민, 신성일, 나오미, 최봉, 장혁, 최남현, 주증녀, 강계식, 이예민, 김기범, 지방열, 최광, 장정국, 이난희, 석귀녀, 권일정, 박부양, 최형근, 최민규 외
촬영 : 서정민　　**음악** : 정윤주
조명 : 이현우　　**편집** : 박정자
미술 : 박석인　　**소품** : 전명복
의상 : 최봉식　　**분장** : 채훈
사운드 : 이재웅　　**스틸** : 노기흘
조감독 : 김선중, 박경원
수상 : 제10회 청룡영화상 여우조연상(최정민)·음악상(정윤주), 제9회 백상예술대상(보한산업)·최우수작품상·문공부 장관 특별상·신인상(최정민), 제19회 베를린국제영화제 감독상

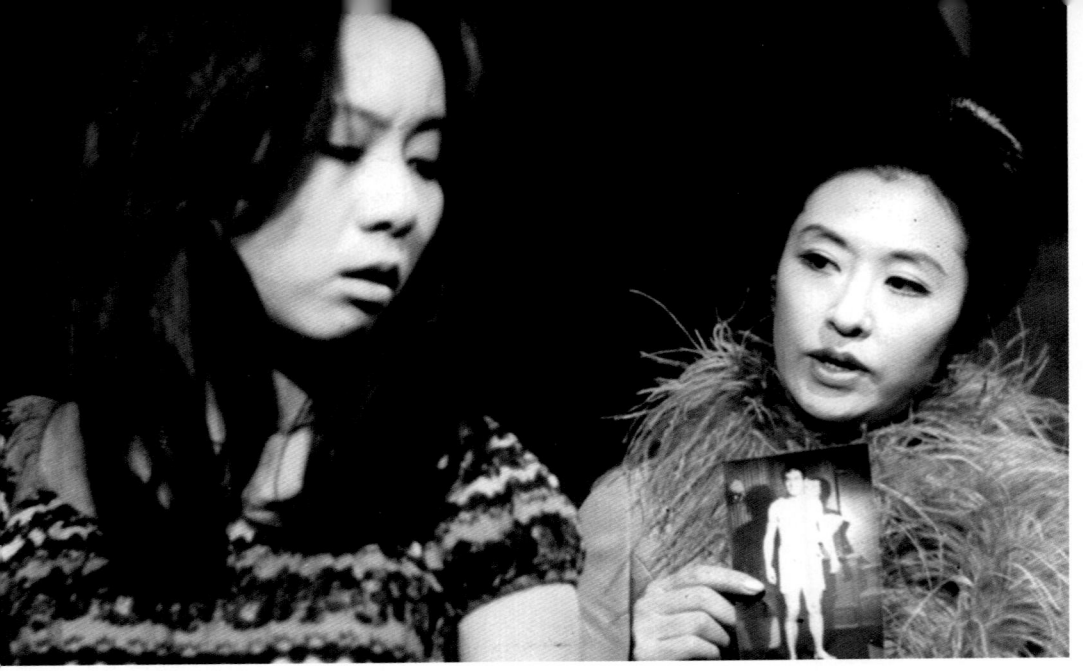

충녀 蟲女, Chungnyeo(1972)

(한림물산) 120분 35mm 컬러 극영화
연소자불가/멜로

감독 : 김기영
제작 : 한진섭
각본 : 김기영, 김승옥(원작 김승옥)
개봉 : 1972년 10월 6일 국도극장
(서울)
관람인원 : 16만 2024명
출연 : 윤여정, 전계현, 남궁원, 김주미, 박인찬, 이대근, 김호정, 신종섭, 황백, 박암 외
촬영 : 정일성
음악 : 한상기
조명 : 차정남
편집 : 현동춘
미술 : 박석인
수상 : 제9회 백상예술대상 감독상(김기영)·연기상(남궁원), 제5회 스페인 시체스영화제 작품 장려상·남우연기상(남궁원)

오빠의 학비와 생활비를 벌기 위해 술집에 나가게 된 여고생 명자(윤여정)는 그곳에서 만난 중년남자 동식(남궁원)에게 악착같이 매달린다. 동식은 능력 있는 그의 아내 앞에서는 성불능이 되지만 명자를 만나면서 예전의 활기를 되찾는다. 가끔씩 찾아오는 동식에게 만족할 수 없었던 명자는 동식의 아내(전계현)를 찾아가 아예 그 집으로 들어오겠다고 말한다.

결국 명자는 첩으로 받아들여지고 아내와 명자 사이에서 불편한 관계를 유지해 오던 동식은 아내와의 애정을 회복하지 못한 채 끝내 명자와 함께 음독자살한다.

● '하녀'(1960), '화녀'(1971)에 이은 김기영의 '여' 시리즈. '하녀'와 '화녀'는 남편과 아내가 가정을 지키기 위해 노력하는 과정을 보이는 데 비해 '충녀'는 경제적 수완과 리더십을 지닌 아내의 능력이 남편의 성기능을 무력하게 만든다는 메시지를 앞세우고 있다. 이 영화에서도 계단이 등장한다. 두 층으로 나뉘어진 공간을 안주인과 하녀가 차지한 뒤 영역 싸움의 양상을 보이던 '하녀'와는 달리 두 개로 완전히 분리된 공간에서 남편과 아내, 첩과 본처, 아들딸과 첩의 대결로 싸움의 구도가 서로 얽힌다. 지하실에서는 쥐떼가 우글거리고 아기 시체가 냉장고 속에서 나오는가 하면 오색영롱한 사탕이 쏟아지는 유리탁자 위에서의 섹스 등 충격적인 장면이 연출되었다. (「우리에게 김기영 감독 있었네/작가주의 40년 재조명 활발」, 국민 97. 9. 26)

영화 속에 등장하는 쥐들은 감독이 직접 사육했다고 한다. 남궁원은 이 작품에서 스페인 시체스영화제에서 남우주연상을 받았다. 서울 관객 16만 명 동원으로 1972년 한국영화 흥행 순위 1위 기록.

철인(죽음의 다섯손가락)

An iron man/King Boxer/Five Fingers of Death(1972)

송무량은 무림 최고수를 가리는 무술대회를 앞두고 그의 문하에서 무술을 배우던 지호를 손금배에게 보낸다. 손금배는 지호에게 철사장을 가르치고 후계자로 삼는다. 한편 송무량의 라이벌이자 악당인 맹삼부는 무술 대회에서 우승하기 위해 고수들을 미리 제거하고 비열한 방법을 동원해 지호의 손가락을 자른다. 손가락을 잃고 시름에 빠져 있던 지호는 무술 대회에 나가 우승하고 맹삼부 일당에게 복수한다.

● 한국 액션영화의 전설로 알려진 정창화의 대표작 중 하나. 당시 홍콩 최고의 영화사였던 쇼브라더스와 전속 계약을 맺고 제작한 무술영화다. 1973년 미국 개봉 당시 박스오피스 1위를 차지했다고 한다. (「한국감독 세계화 이끈 열정」, 한국 08. 3. 22)세월이 지난 지금도 자신의 핸디캡을 딛고 복수하는 주인공의 모습에서 에너지가 넘치는 필살의 일격을 실감할 수 있다. 2005년 칸국제영화제 클래식 부문에 초청 상영되었고 찬사를 받았으며 국내에서는 '철인(鐵人)', 홍콩에서는 '천하제일권(天下第一拳)' 이라는 제목으로 개봉했다.

(안양영화) 85분 극영화 중학생가/액션

감독 : 정창화
제작 : 신상옥
각본 : 강일문(원작 웨이펑)
개봉 : 1972년 12월 2일 스카라극장 (서울)
관람인원 : 6만 263명
출연 : 로레, 남석훈, 웡핑, 긴위, 김기주, 진봉진, 홍성중, 뗀풍, 구운중, 방렌, 죠흥 외
촬영 : 최승우
편집 : 김현
미술 : 박석인
사운드 : 유창극, 심재훈

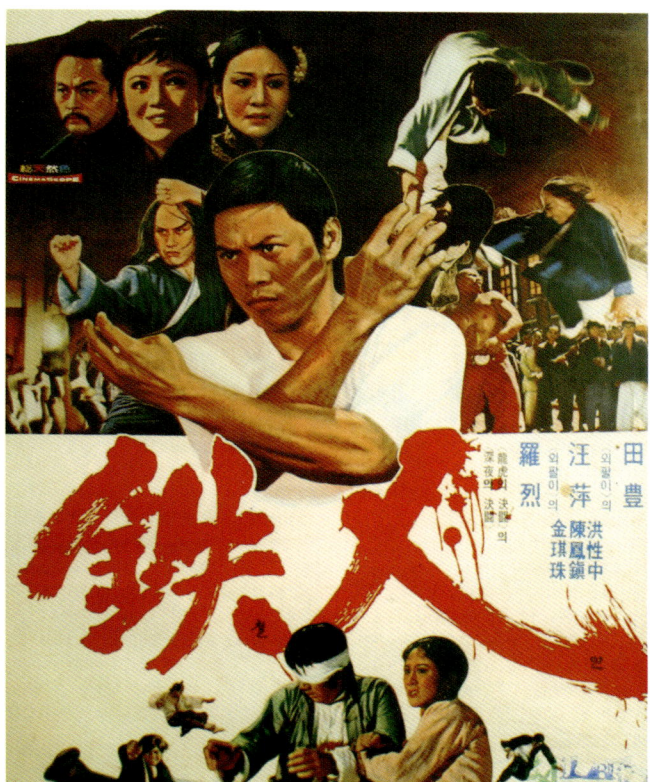

섬개구리 만세 Viva the island frog(1972) never

(우징필름) 98분 극영화 연소자가/
아동 스포츠

감독·제작: 정진우
각본: 서인경(원작 서인경)
각색: 유동훈
개봉: 1973년 4월 18일 국도극장
(서울)
관람인원: 6187명
출연: 신일용, 김영애, 주선태, 이경
희, 유신희, 정창성, 이경희, 박
암, 주선태, 김칠성, 장혁, 강계
식, 성소민, 홍종현, 민수홍, 이
정렬 외
기획: 박용우, 정광웅
촬영: 유재형   **음악:** 한상기
조명: 박태수   **편집:** 김희수
사운드: 한양스튜디오, 최형래
스틸: 이태직   **조감독:** 송영수
수상: 제10회 청룡영화상 감독상(정
진우)·남우조연상(장혁수)·촬
영상(유재형)·신인연기상(신일
룡), 제23회 베를린국제영화제
출품

전남 신안 앞바다 사치 섬 사치분교에 젊은 부부 교사인 권갑윤과 김선희가 부임한다. 그들은 섬에 오자 우선 아이들을 학교로 끌어들이기 위해 노력한다. 그리고 섬사람들에게 희망을 심어주기 위해 협동정신이 요구되는 스포츠 교육을 실시하지만 그때마다 주민들의 반대에 부딪쳐 좌절하곤 한다. 그러나 부부는 아이들에게 농구를 가르치고 맹훈련시킨 후 마침내 제1회 전국 소년체육대회 전남 예선에서 우승하고 서울 대회에 출전해 준우승을 차지한다. 섬아이들은 이제 좌절감을 딛고 힘차게 일어선다.

● 정진우 연출의 아동영화. 낙도 어린이 농구부가 전국소년체전에서 준우승한 실화를 바탕으로 문명을 등진 낙도 소년들의 용기와 기백을 그리고 있다. 작가 유동훈과 감독 정진우는 상당기간 사치 섬에 머무르며 영화의 리얼리티를 부여하기 위해 다양한 취재에 임했다고 한다. 이야기의 주인공인 아동들이 직접 출연해 현실감을 살리고 다큐멘터리 형식을 응용한 것이 특징이다.
1971년 MBC TV 탤런트로 출발하여 조선의 왕비 명성왕후 역으로 강한 카리스마를 발휘한 김영애가 스크린 배우로서 본격적인 활동을 시작한 영화. 문교부와 문화공보부 주관, 한국영화진흥조합과 전남교육위원회가 협찬, 전남 사치분교생들과 서울 계성초등학교 농구팀이 직접 출연했다. 제10회 청룡영화상 감독상 수상.

여로 旅路, Way of woman(1973)

(대영흥행) 98분 극영화 연소자가/멜로

감독: 김기(金起)
제작: 김인동
각본: 고성의, 이남섭(원작 이남섭)
개봉: 1973년 1월 1일
출연: 장욱제, 태현실, 정민, 박주아,
이대엽, 김달중 외
촬영: 정광석

최 주사네로 팔려온 분이(태현실)는 모자라는 남편 영구(장욱제)를 정성껏 돌본다. 그런데 시아버지 최 주사는 일본군 앞잡이 달중의 밀고로 고문을 받던 중 정신이상자가 되고 영구의 동생 영숙의 데릴사위로 들어온 태식은 재산을 빼돌리고 분이는 집에서 쫓겨난다. 광복이 되자 영구는 돈을 벌어 집안 살림을 이끌어 가고 분이는 커다란 식당을 경영하던 중 가족과 다시 상봉하게 된다. 태식과 달중도 과거의 잘못을 뉘우친다. 최 주사의 환갑날 온 가족이 모여앉아 즐거운 잔치를 벌인다.

● '동백아가씨'(1964)로 감독 데뷔한 김기의 20번째 영화. 감독은 당시 TV가 일반화되면서 1973년 일일 연속극으로 폭발적인 인기를 구가하던 '여로'를 제작·연출하면서 새로운 전기를 맞는다. 스토리는 TV드라마 내용과 비슷하다. TV드라마에서 주가를 올린 인기 스타 태현실과 장욱제가 영화에서도 그대로 출연하고 있다. 여기서 끝나지 않고 전국의 흥행업자들의 요구에 따라 같은 해 '여로' 속편을 제작, 그 해 11월 20일에 개봉된 이 영화는 연소자불가등급이었으나 전편 못지않게 대박을 터뜨렸다. 속편은 한국전쟁이 끝나고 서울로 돌아온 영구와 그의 가족들이 음식점을 성공적으로 운영하면서 외아들 훈은 고시에 합격해서 검사가 된다는 내용이다. 이런 신데렐라 같은 내용이 대리만족 열풍을 유도하면서 서민의 애환과 근심을 풀어주는 촉진제 역할을 한 것이 성공요인으로 꼽힌다. 이후 1986년 김주희의 '여로'는 이남섭 원작을 바탕으로 하고 있으나 흥행에 실패했다.

바람아 구름아 Young ones(1973)

불치병으로 시한부 인생이 된 한 여대생이 동양 챔피언인 권투선수의 수혈로 잠시나마 회복된다. 그 권투선수는 다음날 챔피언 방어 경기에서 패배하여 타이틀을 상실하고 비탄에 빠진다. 여대생은 그에게 다시 타이틀 매치를 갖도록 용기를 북돋아준다.

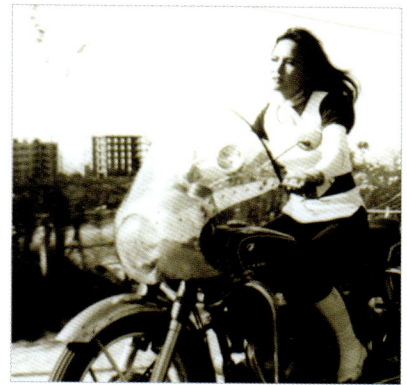

● 김수형 감독 데뷔작. 최초로 오토바이가 등장한 작품. 포스터에 "젊음아! 연인아! 시간이 없다. 스피드에 청춘을 걸고 가자! 지구의 끝까지 달려라 싸이카 미스 김"이라는 광고문이 눈에 띈다. 여자 주인공의 애마는 혼다 CB250. 한국에서는 현재 대림의 이전 이름인 'KIA 혼다'로 가스탱크에 기아 혼다가 새겨져 있는데 이 상표는 1970년부터 한국에서 판매됐다. 감독은 이 영화로 무등영화제 작품상을 차지했다.

(삼영필름) 92분 극영화 중학생가/멜로
감독 : 김수형(金秀瀅)
제작 : 강대진
각본 : 한기전
개봉 : 1973년 1월 1일
출연 : 김옥진, 한소룡, 허장강, 최불암, 문오장, 박성재, 윤진서, 한은진, 문미봉, 김추련 외
촬영 : 김남진
수상 : 무등영화제 작품상

삼일천하 三日天下, Three days of their reign(1973)

조선말기, 왕궁에는 청나라에 등을 기대고 있던 수구파 민씨 일가와 김옥균, 박영효 등 친일 개화파가 왕권을 둘러싸고 대립하고 있었다. 고종 21년(1884), 개화파의 일원인 김옥균(신영균)은 민씨 일가를 몰아내고 청으로부터의 완전한 독립을 선언할 것을 왕(신성일)에게 간언하고 왕도 이를 수락한다. 1884년 12월 4일, 우정국(郵政局) 개국 축하연이 있던 날, 김옥균을 비롯한 개화파는 갑신정변(甲申政變)을 일으켜 수구파를 제거하고 실권을 잡는 데 성공한다. 그러나 명성황후가 청의 위안스카이(袁世凱 원세개)에게 원병을 요청하면서 김옥균의 독립을 향한 꿈은 3일 만에 물거품이 되고 개화파는 인천을 거쳐 일본으로 망명한다.

● 신상옥의 사극. 원작·각색 곽일로. 감독은 이 영화에서 근대 조선에서 혁명사상의 시조를 갑신정변을 일으킨 김옥균으로 보고 있다. 그러나 정변 이후 모든 인습을 타파하는 과정 속에서 개화파와 수구파의 치열한 고뇌와 역사적 상황들을 좀 더 밀도 있게 다루기보다 "고증에 충실한 영화작가적 의식이 있었을 뿐"(평론가 김수남)이라는 평이 있었다. 김옥균 역의 신영균, 고종 역의 신성일, 민비 역의 도금봉 등이 열연했으며 제10회 청룡영화상 작품상과 신영균이 남우주연상을 수상했다. 영화 '별들의 고향'(1974)으로 감독 데뷔하게 되는 이장호가 조감독을 맡고 있다.

(안양영화사) 132분 극영화 연소자가/전기 사극
감독·제작 : 신상옥
각본 : 곽일로
개봉 : 1973년 2월 15일 국도극장 (서울)
관람인원 : 1만 4707명(서울)
출연 : 신영균, 신성일, 윤정희, 박노식, 남궁원, 한문정, 신일용, 도금봉, 황해, 오천평, 이향, 최성호, 이예성, 오사량, 장훈, 전영주, 윤일봉, 김석훈, 방수일, 최남현, 한은진, 김신재 외
촬영 : 최승우   음악 : 황문평
조명 : 함완섭   편집 : 김현
미술 : 박석인   소품 : 김효섭
의상 : 김문자   분장 : 채훈
사운드 : 유창극, 심재훈
스틸 : 박승호
조감독 : 이장호
수상 : 제10회 청룡영화상 작품상(안양영화사)·남우주연상(신영균)

특별수사본부 기생 김소산
Special Investigation Bureau(1973)

(한진흥업) 95분 35mm 극영화 연소
자불가/반공

감독 : 설태호
제작 : 한갑진
각본 : 신봉승, 유일수(원작 오재호)
개봉 : 1973년 3월 15일 국도극장
(서울)
관람인원 : 6만 4456명(서울)
출연 : 최무룡, 윤정희, 문오장, 안인
숙, 황해, 장혁, 추석양, 이향,
이룡, 최준 외
촬영 : 안창복
음악 : 전정근
조명 : 김연
편집 : 김창순
사운드 : 최형래, 한양
스틸 : 김동희
조감독 : 오일수
수상 : 제12회 대종상영화제 우수반공
영화상(한진흥업)

서울 종로 국일관 기생 김소산(윤정희)은 남로당 행동대원 임충식의 사주를 받는 프락치였다. 김소산의 동향을 수상하게 여긴 특별수사본부 오제도 검사(최무룡)는 김소산을 앞세워 남로당원들을 소탕할 계획을 세운다. 임충식과 오제도 검사 사이에서 고민하던 김소산은 결국 자살을 기도하지만 권총 불발로 미수에 그친다. 한데 이번엔 임충식이 오제도를 암살하라는 지령을 내린다. 김소산이 이를 실천에 옮기기 직전 이들의 암살 계획은 발각되고 김소산은 오히려 남로당의 비밀을 폭로하게 된다. 이를 계기로 특별수사본부는 그들을 일망타진한다.

● 설태호 연출의 첩보물. 원작 오재호. 보도연맹 결성, 국회프락치 사건, 진보당 조봉암 사건, 여간첩 김수임 사건 등 현대사를 장식하는 굵직한 공안사건을 담당했던 오제도(吳制道, 1917 ~2001) 검사가 맡았던 사건의 실화를 바탕으로 하고 있다. 한국의 마타하리로 불리던 기생간첩 김소산의 일대기를 다룬 이 영화는 '특별수사본부' 시리즈 중 흥행에도 성공하고 작품성도 뛰어난 것으로 평가되었다. 서울 관객 6만 5000명 동원, 첩보영화가 극장가를 강타하면서 같은 해 '특별수사본부(제2탄) 여대생 이난희 사건'(주연 안인숙) 등 여간첩 영화들이 줄을 잇게 된다. '특별수사본부 기생 김소산'은 10년 후인 1983년 9월 10일 서울 스카라극장에서 재개봉되었다.

집행유예 執行猶豫, suspended sentence(1973)

(삼영필름) 90분 극영화 연소자불가/
액션

감독 : 박노식(朴魯植)
제작 : 강대진
각본 : 서윤성
개봉 : 1973년 6월 23일 을지극장
(서울)
관람인원 : 6만 2098명(서울)
출연 : 박노식, 우연정, 황정순, 김진
규, 성소민, 최성호, 도금봉, 독
고성, 황백, 김기범 외
기획 : 방영실
촬영 : 변인집

1950년대 재일동포 순우(박노식)는 고베에 있는 지방신문 광고부 직원으로 입사한다. 그는 열심히 일해서 능력을 인정받고 있었으나 한국인이라는 이유로 부당하게 해고당한다. 이 와중에 일본 애인 히데코도 그의 곁을 떠난다. 오갈 데 없이 혼자가 된 그는 사랑하는 히데코를 다시 찾기 위해 은행 강도가 되어 은행을 털기로 한다. 그는 체포되지만 일본법정은 그의 범죄행위가 일본사회의 비인간적인 편견 때문이라는 변론이 받아들여지면서 무사히 석방된다. 히데코는 일본의 편견과 맞서 싸운 용기에 감복해서 그에게 다시 돌아온다. 순우와 히데코는 새 출발을 다짐한다.

● '인간사표를 써라'(1971)로 감독 데뷔한 영화배우 박노식의 감독 · 주연 작품. 각본 서윤성. 일본 여인과의 사랑과 일본사회의 비인간적 편견, 일본법정의 정의로움을 그린 이 영화는 일본 현지에서 촬영되어 흥행에서도 비교적 성공했다. 박노식은 이후 '하얀수염', '왜'(1974), '악인이여, 지옥행 급행열차를 타라'(1976)에 이르기까지 3년 연속 흥행 순위 10위를 기록, 배우로서는 이강선의 '격퇴'(1956)로 스크린 데뷔해서 김효천의 '소장수'(1972)에 이르기까지 900여 편에 출연, 주연급 액션스타로 활약했다.

눈물의 웨딩드레스 Wedding Dress in Tears(1973)

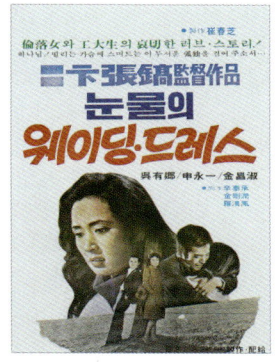

영(신영일)은 고3 때 어머니를 잃고 가장 외로울 때 호스티스 경희(오유경)를 만난다. 경희는 영에게 헌신적이다. 모든 것을 희생해 영이 대학에 진학하게 도와주는 등 두 사람의 사랑은 진실하다. 그러나 어느 날 경희는 자신이 영의 장래에 방해가 된다고 생각하고 그의 곁을 떠난다. 영은 그녀를 찾기 위해 갖은 노력을 다하고 둘은 마침내 눈물젖은 결혼식을 올린다.

● '비 내리는 명동거리'(1970), '명동사나이 따로 있더냐'(1971) 등 일련의 명동 시리즈를 내놓은 변장호의 멜로물. 대학생과 호스티스의 사랑을 다룬 이 영화는 실화를 바탕으로 했다는 사실이 알려지면서 관객을 사로잡았다. 국도극장 단관 집계로 관객 12만 3000명, 서울에서만 관객 22만 명(김종원, 『한국영화감독 사전』, 2004년, p.283) 명을 동원하여 변장호는 흥행 감각이 뛰어난 감독의 반열에 올랐다.
  1974년 8월 31일 국도극장(서울)에서 개봉된 '눈물의 웨딩드레스'(속편)은 관객 3만 3000여 명 동원으로 전편보다 저조한 편이었다.

(연방영화) 89분 극영화 연소자불가/멜로
감독 : 변장호
제작 : 최춘지
각본 : 신봉승, 나한용
개봉 : 1973년 7월 21일 국도극장 (서울)
관람인원 : 12만 2965명
출연 : 오유경, 신영일, 송재호, 김창숙, 사미자, 황정순 외
기획 : 임은두
촬영 : 서정민
음악 : 전정근
편집 : 이경자
미술 : 노인택
사운드 : 이재웅, 손효신
현상 : 한국천연색

처녀사공 A she-sailor(1973)

황숙이네 집은 할머니와 부모, 6남매 등 아홉식구가 아버지(박암)의 고깃배에 의지하여 살고 있다. 아버지가 관절염 때문에 배를 탈 수 없게 되자 맏딸인 황숙은 어머니의 품팔이를 돕거나 남의 고깃배에서 잔일을 거들기도 한다. 열한 살 때부터 배를 타기 시작해서 처녀사공(윤미라)이 된 황숙은 아버지가 일자리를 찾아 제주도로 떠난 후 동생 민수를 데리고 아버지의 배를 타기로 한다. 그러나 가뜩이나 낡은 배는 폐기처분된다. 배가 없으면 가족은 모두 굶어죽게 된다. 실의에 빠진 황숙을 보고 아버지의 친구 정순경(남궁원)이 거룻배 하나를 사준다. 황숙은 용기를 내어 고기잡이에 나서지만 기관고장으로 바다 한가운데서 사투를 벌인다. 갖은 고생 끝에 만선으로 돌아온 황숙은 먼저 정순경의 빚부터 갚는다. 황숙의 자립자조의 새마을 정신은 서울신문이 주최한 제3회 산업대상을 받고 2톤짜리 동력선도 갖게 된다.

● '아빠라 부르는 여인'(1972)으로 감독 데뷔한 최현민의 계몽영화. 각본 신봉승. 서울신문 산업대상 수상 수기를 바탕으로 한 일종의 국책영화다. 최현민은 소극장 운동에 앞장섰던 연극인으로 그는 처녀사공이라는 새로운 국민상을 내세워 가족의 생계를 책임지는 소녀가장의 삶을 그려냈다. 처녀사공을 연기한 윤미라는 대종상 신인상 수상.

(동아흥행) 105분 극영화 연소자가/계몽
감독 : 최현민(崔玄民)
제작 : 김진관
각본 : 신봉승
개봉 : 1973년 8월 19일 국제극장 (서울)
관람인원 : 1만 169명(서울)
출연 : 윤미라, 남궁원, 박암, 이기홍, 김태연, 송미남, 김영애, 유장현, 이승현, 최영후 외
기획 : 박인재, 최현민
촬영 : 유영길
음악 : 김희조
조명 : 김강일
편집 : 유재원
사운드 : 손인호, 최형래
스틸 : 이태성
조감독 : 천성육
수상 : 제12회 대종상영화제 신인상 (윤미라) · 특별상(동아흥행)

씻김불 Fire for cleaning hatred(1973)

(뉴코리아필림) 75분 극영화 연소자불
가/멜로

감독 : 김기덕
제작 : 강인욱
각본 : 김지헌
개봉 : 1973년 8월 29일
출연 : 신성일, 문희, 최남현 외
촬영 : 홍동혁
수상 : 문공부 장관 영화인 공로상 ·
　　　각본(김지헌)

민속학을 전공하는 김승일은 방학 동안 민간에서 전승되는 풍속과 신앙을 수집하기 위해 지방의 한 포구로 내려간다. 안개 자욱한 날 아침, 오토바이를 타고 해변을 달리던 그는 서울에서 온 재벌가의 외동딸 민현아를 만나게 된다. 해안 마을에 씻김불이라는 제사를 지내는데 거기서 승일과 현아는 다시 만나 사랑을 느낀다. 그러나 시한부 인생을 사는 현아는 자신의 삶이 얼마 남지 않은 것을 알고 서울로 올라온다. 승일도 서울에 와서 그녀를 찾는다. 그러나 현아는 승일에게 상처주게 될 것이 두려워 자신의 상태를 알리지 못한다. 현아의 아버지 민 회장이 승일을 만나 딸의 고민을 전한다. 놀란 승일은 오토바이 경기 도중 중상을 입게 되고 현아의 정성스러운 간호로 건강을 회복한다. 그러나 현아는 눈을 감는다.

● '열아홉 순정' (1970), '별이 빛나는 밤에' (1972)에 이은 김기덕의 멜로물. 청순가련한 여인의 이미지로 '미워도 다시 한번' (1970~1971) 연작에서 높은 인기도와 함께 최고의 전성기를 구가했던 문희의 마지막 출연 작품. 이 작품을 끝으로 문희는 한국일보 부사장이었던 장강재와 결혼 후 은퇴를 선언했다.

홍의장군 紅衣將軍, General in red(1973)

(합동영화) 88분 극영화 중학생가/
전기 사극

감독 : 이두용
제작 : 곽정환
각본 : 문상훈, 이두용(원작 백철)
개봉 : 1973년 10월 13일 명보극장
　　　(서울)
관람인원 : 8636명(서울)
출연 : 황해, 고은아, 도금봉, 이강조,
　　　김영인, 안길원, 태일, 유일수,
　　　김무영, 천봉학, 신구 외
기획 : 강인옥, 이재훈
촬영 : 손현채　　음악 : 황문평
조명 : 김동포　　편집 : 이경자
미술 : 이봉선　　소품 : 우종삼
의상 : 권오균　　분장 : 정준호
사운드 : 김성찬, 손효신
특수효과 : 이문걸
조감독 : 이현진, 엄종선, 나영균
수상 : 제12회 대종상영화제 최우수작
　　　품상(합동영화)

곽재우(郭再祐)는 1585년, 정시문과에 뽑혔으나 글의 내용이 선조의 미움을 사게 되면서 벼슬길이 막힌다. 그러다가 임진왜란이 일어나자 초야에 묻혀 있던 그는 "나라가 위기에 처했을 때 구하는 것이 마땅하다"며 개인 재산을 털어 의령에서 의병을 일으켜 왜군과 맞선다. 이때 붉은 옷을 해 입고 선봉에 선 것이 '천강(天降) 홍의장군' 으로 불리게 된다. 지혜로운 그는 큰 함성으로 군사가 많은 것처럼 꾸미기도 하고 날쌘 장수들을 뽑아 자신과 똑같은 붉은 옷을 입혀 적을 혼란케 하는 등 정암과 함안나루에 침입한 왜군을 기습하여 승리를 거둔다. 그의 위세에 눌린 왜군 총대장 가토 기요사마도 어쩔 수 없이 후퇴한다. 이러한 공으로 경상좌도병마절도사 등의 벼슬이 내려졌으나 그는 모두 고사하고 비슬산에 들어가 여생을 보낸다.

● 이두용의 첫 번째 사극. 원작 백철. 임진왜란 때 활약한 의병장 곽재우(1552~1617)의 무용담을 그린 시대극. 제12회 대종상 최우수 작품상수상. 한국배우전문학원생들이 총출연했다.

비련의 벙어리 삼룡

A deaf mute SamYong in sad love(1973)

오 생원댁 하인 벙어리 삼룡은 자신을 길러준 은혜를 갚기 위해 주인집에 충성을 다한다. 그러다가 오 생원의 아들 광식이 순덕과 혼인한 첫날밤부터 순덕을 학대하자 삼룡은 순덕을 가엾게 생각하며 연민을 느낀다. 그러나 순덕과 삼룡의 사이를 오해한 오 생원은 삼룡을 쫓아낸다. 한편 광식이는 유부녀 범실과 부정을 저지르고 이를 본 범실의 남편은 오 생원 집에 불을 지른다. 아우성 소리에 놀란 삼룡이 오 생원 집으로 달려갔을 때 순덕은 이미 숨진 뒤였다. 삼룡은 순덕의 시체를 안고 바다로 발걸음을 옮긴다.

● 나도향 원작을 리메이크한 변장호 연출작. 나운규의 '벙어리 삼룡'(1929)에서는 영화를 연출한 나운규가 신상옥의 '벙어리 삼룡'(1964)에선 김진규, 변장호의 '비련의 벙어리 삼룡'에는 배우 김승호의 아들 김희라가 출연했다.

(우성사) 110분 극영화 중학생가/문예

감독 : 변장호
제작 : 김용덕
각본 : 김강윤(원작 나도향)
개봉 : 1973년 11월 17일 국도극장
(서울)
관람인원 : 8만 3116명
출연 : 김희라, 윤연경, 신영일, 최인숙
외
촬영 : 안창복   음악 : 전정근
조명 : 이현우   미술 : 이봉선
사운드 : 이재웅
수상 : 제12회 대종상영화제 최우수작
품상 · 여우주연상(윤연경) · 여
우조연상(최인숙) · 촬영상(안창
복) · 음악상(전정근) · 미술상(이
봉선) · 조명상(이현우), 제46회
아카데미영화제 출품

증언 證言, Testimony(1973)

1950년 6월 25일, 장 소위(신일룡)는 애인 순아(김창숙)와 함께 일요일의 휴식을 즐기고 있었다. 그때 수많은 북괴 야크전투기가 서울 상공에 나타나면서 한국전쟁이 시작된다. 장 소위는 전방으로 복귀하고 북괴 야크기는 여의도 비행장을 폭격하고 한강을 넘어 후퇴하던 국군을 기총소사한다. 국군의 방어전에도 불구하고 신예병기로 무장한 북괴군은 결국 이 땅을 붉게 물들인다. 그러나 전쟁 발발 이틀 뒤 맹위를 떨치던 야크기는 안양 상공에서 격추당하고 이들은 미공군기들에 맥을 못 추게 된다. 특히 7월 중순 낙동강 전선에서는 미 공군의 B-29 융단폭격으로 더욱 움츠러든다. 장 소위가 전선에 나간 뒤 혼자 남겨진 순아의 개인 체험을 바탕으로 천인공노할 북괴의 잔악상이 고발된다.

● 임권택 연출의 전쟁물. 원작 · 각본 김강윤. 1973년 4월 '한국영화의 육성과 발전'을 내걸고 출범한 영진공은 국책영화로 제작한 한국전쟁영화. '전쟁과 노인'(1962), '전쟁과 여교사'(1966) 등 이미 전쟁 영화를 연출한 바 있는 임권택은 6·25전쟁을 기록으로 남기고 싶다는 생각에서 '증언'의 연출 제의를 받아들였다고 한다.(「영화감독 임권택-기인열전 내 멋에 산다:29」, 세계 98. 3. 17) 1950년 6월 25일 적의 남침으로부터 서울 수복에 이르는 과정을 순아의 증언을 통해 생생하게 묘사하고 있다. 전쟁 발발 이틀 후인 6월 28일 한강 인도교를 폭파한 공병감 최창식 대령 역은 최불암이 맡았다. 한강철교가 끊기는 장면 외에도 전투기 공중전, 낙동강 전선 B-29 융단폭격 장면 등은 미니어처로 촬영되었다. 기획은 당시 영진공 제작담당 이사이던 정진우, 미니어처를 이용한 특수촬영에는 전조명, 조경환이 전조물을 만들고 이문길, 박광남, 신형일 등이 특수효과를 해냈다.(한국영상자료원 프로그램팀 최소원) 연말에 개봉되어 대대적인 홍보와 함께 중고생 의무 관람으로 서울 관객 23만 2000명을 동원, 흥행에도 성공했다. 김진규, 엄앵란 특별 출연.

(영진공)125분 극영화 연소자가/전쟁

감독 : 임권택
제작 : 김재연
각본 : 김강윤(김강윤 원작)
개봉 : 1973년 12월 30일 국도극장
(서울)
관람인원 : 23만 2762명(서울)
수출현황 : 홍콩(87)
출연 : 김창숙, 신일용, 박지훈, 김요
훈, 윤영주, 박암, 주증녀, 황
해, 주선태, 황정순 외
촬영 : 전조명, 서정민
음악 : 한상기
조명 : 최의정
편집 : 김희수
미술 : 이봉선
소품 : 이월호
의상 : 이해윤
수상 : 제13회 대종상영화제 특별상
(연출: 임권택, 연기: 김창숙,
기술: 서정민), 아시아필름페스
티발 특수촬영상(전조명), 제20
회 아시아영화제 여우주연상
(김창숙), 제20회 아태영화제
여우주연상(김창숙), 대만영화
제 출품

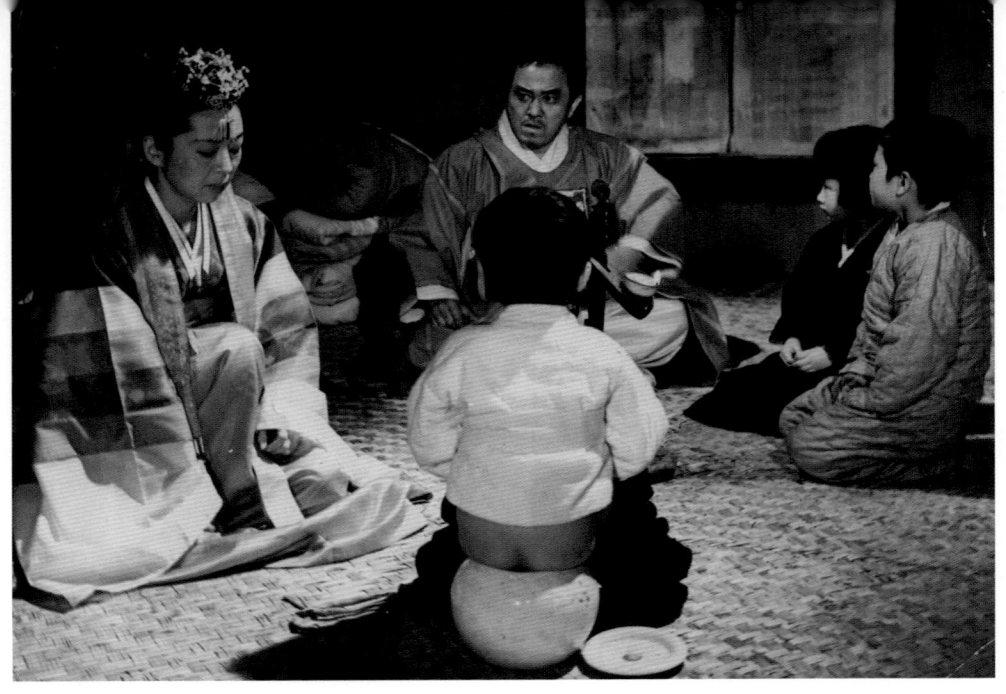

잡초 雜草, Weeds(1973)

(삼영필름) 110분 극영화 연소자불가/
멜로 문예

감독 : 임권택
제작 : 이상희
각본 : 나한봉
개봉 : 1973년 11월 21일 대한극장
     (서울)
관람인원 : 8574명(서울)
출연 : 장동휘, 박노식, 최무룡, 신영
     균 외
촬영 : 서정민
수상 : 제10회 백상예술대상 연기상
     (김지미) · 시나리오상(나한봉)

남자들에게 번번이 버림받던 분례는 난생처음 한 대장장이에게 인간적인 대접을 받고 그의 재취가 된다. 그러나 부부로 지낸 즐거운 시간이 얼마 되지 않아 남자는 두 아이만 남긴 채 세상을 떠난다. 분녀는 고달픈 인생살이에도 전처소생인 두 아이를 친자식처럼 따뜻한 모성애로 감싸 키운다.

● 임권택의 51번째 연출작. 각본 라한봉. 그동안 왕성하게 작품생활을 해온 감독은 이 영화에서 예술미 탐색을 시도하면서 이후 자신의 진정한 데뷔작은 '잡초'라고 천명한 바 있다.

"나 자신이 일제치하와 해방, 한국전쟁, 5·16 쿠데타와 유신, 10·26 정변과 5·18 광주민주항쟁 등 수난과 격변의 시대를 관통하며 살아왔다. 그 안에서 생존하면서 수많은 삶의 질곡을 겪었고 바로 그런 세월에서 영화 소재를 찾고자 했다. 그러면서 영화의 주제는 끊임없이 인간 본연의 문제, 즉 휴머니즘에 초점을 맞추었다."

영화평론가 정성일과의 대담을 묶은 『임권택이 임권택을 말한다』에서 그는 자신의 초기작품 50편에 대해서도 "저급한 영화" 또는 "단연코 습작"이라는 자평을 서슴지 않는다. 따라서 영화 '잡초'에서부터 작품생활에서의 새로운 전기의 기회를 만들었으며, 이 영화를 통해 "그는 고달픈 영화작가로서의 삶에 애정을 갖기 시작했고 영화작가 의식이 싹트기 시작했다"(김수남, 「한국영화의 쟁점과 사유」, 문예마당, 2007년, p.67)고 밝히고 있다.

일본의 영화평론가이며 후쿠오카국제영화제 디렉터인 사토 다다오(佐藤忠男)는 "나는 임권택의 영화가 종종 그 자신의 인생경험과 깊이 연결되어 있는 듯한 느낌을 받는다. 그는 자신의 작품을 통해 자신이 경험한 진실을 담아내려고 애쓰는 사람"(사토 다다오 지음, 고재운 옮김, 「한국영화와 임권택」, 한국학술정보, 2000년)이라고 한 말은 정성일과의 대담에서 밝힌 임권택의 영화관 내지 작가관과도 무관하지 않다.

수선화 水仙花, A narcissus(1973)

6·25 때 북한에서 단신 월남하다 아기를 사산한 선희(고은아)는 죽은 아기를 대신해서 전쟁고아들을 보살피는 일에 전념한다. 고아들을 교육시키는 과정에서 수많은 어려움을 겪지만 그때마다 참고 견디며 희망으로 그들을 돌본다. 그녀의 희생정신에 감동한 박 소령(장동휘)은 그녀를 사랑하면서도 아이들을 위해 평생을 바치겠다는 그녀의 결심을 막지 못한다. 대학생이 된 광호가 학생혁명에 참가했다가 시력을 잃자 선희는 광호에게 자신의 눈을 선뜻 내어준다. 또 자신의 딸로 입적된 숙이가 범행을 저질렀을 때도 딸을 대신해서 형무소에 수감된다.

훌륭한 어른으로 성장한 아이들은 그들의 어머니인 선희의 무죄를 탄원하여 석방시키고 장군이 된 박 소령은 선희의 이름을 딴 고아원을 설립한다. 그러나 쇠약해진 선희는 아이들 곁에서 숨을 거둔다. 고아들을 위해 청춘을 바친 윤선희의 묘비 앞에서 박 장군과 그의 아이들은 깊이 머리를 숙인다.

(우성사) 95분 극영화 연소자가/계몽

감독 : 최훈
제작 : 김용덕
각본 : 신봉승
개봉 : 1974년 2월 2일 국제극장
      (서울)
관람인원 : 6268명(서울)
출연 : 고은아, 장동휘, 신영일, 최정
      훈, 박지영, 김경수, 김웅, 장
      훈, 윤초희, 최영주 외
기획 : 변장호
촬영 : 안창복
음악 : 황문평
조명 : 박창호
편집 : 이경자
미술 : 이봉선
소품 : 박태직
스틸 : 노기홀
사운드 : 유창극, 심재훈
수상 : 제12회 대종상영화제 감독상
      (최훈)·각본상(신봉승)·편집
      상(이경자)·조명상(이현우)·
      녹음상(유창극), 제20회 아시아
      영화제 출품

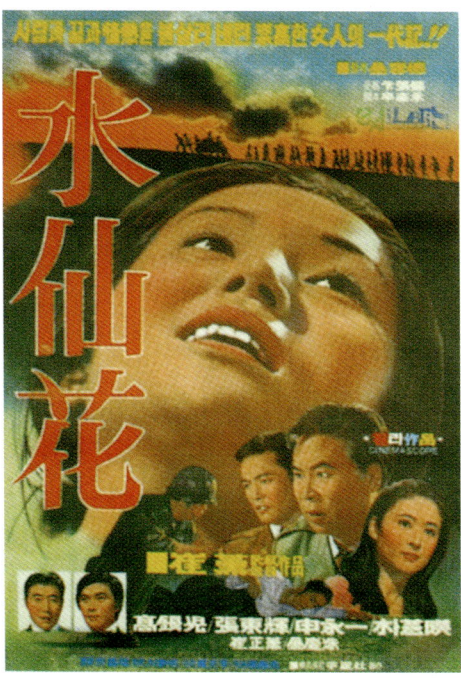

● 최훈의 계몽영화. 각본 신봉승. 해방 후 평양에서 교사생활을 체험한 최훈은 '느티나무 있는 언덕'(1958), '어느 여교사의 수기'(1960) 등 교사를 주인공으로 한 영화에서 교육적이고 계몽적인 주제를 내세워 밝고 건강한 사회 기풍을 진작시키는 영화를 만들어왔다. 이 영화는 현대판 상록수 같은 내용으로 고아를 위해 평생을 헌신해온 사회운동가 윤선희의 일대기를 그린 것이다. 전후 한국사회 분위기와 전쟁고아 문제를 언급하면서 한 여성의 순수한 휴머니티를 부각시키고 있다. 최훈은 대종상 감독상, 시나리오를 쓴 신봉승은 각본상을 수상. 감독의 친동생인 최정훈이 출연했다.

수절 守節, Fidelity(1973)

(화천공사) 96분 극영화 연소자불가/
괴기 공포

감독 : 하길종
제작 : 박종찬
각본 : 한유림, 하길종
개봉 : 1974년 3월 23일 국도극장
(서울)
관람인원 : 2만 9790명
출연 : 하명중, 박지영, 이영옥, 윤일
봉, 오지명, 이향, 백송, 박일,
김문주, 태일 외
기획 : 이은봉, 김재웅
촬영 : 유영길
음악 : 황병기
조명 : 차정남
편집 : 유재원
미술 : 박석인
소품 : 우종삼
의상 : 권오균
스틸 : 양기주
분장 : 홍동의
사운드 : 이재웅, 한양스튜디오
조감독 : 최우형
수상 : 제9회 백상예술대상 음악상(황
병기)

유신은 아내와 딸 용분을 남겨두고 전쟁에 참가했다가 10년 동안 적의 포로가 된다. 이러한 사실을 알지 못하는 유신의 아내와 딸은 유신이 전쟁에서 무사히 돌아오기만을 기다린다. 그런 과정에서 중국의 무사들이 마을을 습격해서 사람들을 살해하고 온갖 만행을 저지른다. 구사일생으로 목숨을 건진 아내와 딸은 빈곤과 전염병, 가뭄을 이겨내면서 가까스로 연명해나간다. 그러던 어느 날 무사들에게 유린당한 후 죽어서 귀신이 된다. 10년 만에 돌아온 유신은 이 사실을 모른 채 그날 밤 집에서 행복한 하룻밤을 보낸다. 다음 날 일어나보니 그것은 한바탕 꿈이었고 집은 흉가였으며 그를 환대해준 아내와 딸은 귀신이었음이 밝혀진다. 유신이 복수를 결행하는 과정에서 그 또한 무사들에게 목숨을 잃는다.

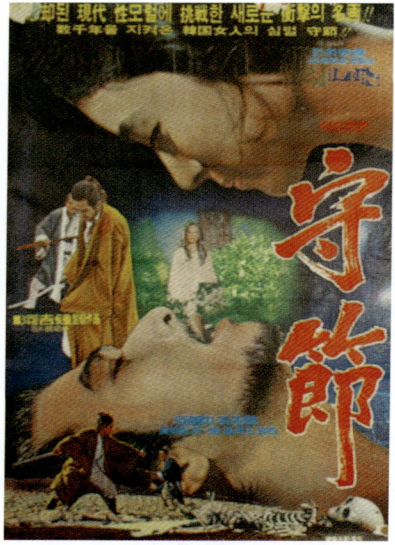

● '화분'(1972)에 이은 하길종의 두 번째 연출작. 한사군(漢四君) 시대 전쟁의 상처를 다룬 이 영화는 배경을 담아내는 감독의 눈과 힘없는 백성들의 모습, 환각상태에 취해버린 여자의 정신상태 등 화면 곳곳에 나타나는 독특한 표현이 눈에 띤다. 전장에서 포로가 되어 10년 만에 고향에 돌아온 주인공에게 주위 사람들은 "10년이 지났는데 부인이 설마 수절할 수 있었겠느냐?"고 묻자 그는 "내 부인만은 절대 그럴 사람이 아니라"고 믿었기에 부인과 보낸 하룻밤이 가장 행복한 밤이었을 것이다. 그러나 그가 머문 곳은 흉가였고, 그를 맞이했던 아내와 딸은 귀신이었다. 배가 고파서 산으로 기어 다니며 벌레를 잡아먹거나 관리에게 몸을 대주고 떡을 얻어 오다가 마을 사람들에게 들켜 두들겨 맞아죽는 장면은 차마 눈뜨고 보기 힘든 참혹한 장면들이다.

시대배경을 중국의 고대로 설정하고 귀신 장면과 무협장면들을 추가하면서 영화 피날레를 무사들의 결투신으로 마무리 지은 것은 당시 독재정권의 검열을 피하기 위한 일종의 위장술로 보인다. 그러나 전쟁에서 돌아온 남편을 방안에 모셔놓고 소복에 머리를 풀어헤친 모녀가 부엌에서 식칼을 가는 장면은 공포영화의 재현이면서 "귀신영화가 아닌 호러물로 위장한 박정희 비판극"이라는 평과 함께 검열에서 20여 분이나 잘려나가는 아픔을 겪었다. 그리고 작품에 담긴 강한 메시지에 비해 당시로선 기대에 미치지 못했다는 평(김종원, 『한국영화감독 사전』, 2004년 p.645)과 함께 이를 계기로 하길종은 새로운 전환을 모색하게 된다.

하길종의 친동생인 하명중이 주연을 맡았고, 시트콤 '순풍산부인과'로 유명한 오지명의 젊은 시절을 볼 수 있다. 이 영화가 만들어진 지 25년이 지난 1998년 제3회 부산국제영화제에서는 '주목할 만한 작품(중앙 98. 9. 11)'으로서 영화팬들을 사로잡았다.

특별수사본부 배태옥 사건
Special Investigation Bureau Bae Case(1973)

북경에서 독립운동을 하던 배태옥은 해방 후 남로당원인 남편 황룡과 함께 대한민국에 밀입국한다. 이혁기 밑에서 서울총책으로 암약하다가 대한민국 정보기관의 추적으로 체포되자 배태옥은 공산주의에 회의를 느낀다. 그러나 얼마 후 6·25가 터지자 북한의 여성동맹위원장에 임명된다. 9·28 수복과 함께 수사기관에 다시 잡힌 배태옥은 사형선고를 받지만 감형으로 20년의 형기를 마치고 자유의 몸이 된다. 그녀는 이미 50대의 여인이었다.

(한진흥업) 100분 극영화 연소자가/
전기 반공
감독: 이원세
제작: 한갑진
각본: 오재호(원작 오재호)
개봉: 1974년 3월 1일 국도극장
　　　　(서울)
관람인원: 1만 6844명
출연: 윤소라, 신일용, 하명중, 오지
　　　　명, 이대엽, 이순재, 사미자, 김
　　　　애경, 박나영, 이강조, 박동용,
　　　　최무웅, 김영인, 김홍규, 김웅,
　　　　조덕성, 이예성, 지방열 외
기획: 강대수　　**촬영:** 정광석
음악: 한상기　　**조명:** 김연
편집: 유재원　　**소품:** 박명수
사운드: 한양스튜디오, 최형래
스틸: 김동희
조감독: 한영열, 이석주, 조금환
수상: 제12회 대종상영화제 우수반공
　　　　영화상(한진흥업), 제10회 백상
　　　　예술대상 작품상(한진흥업)·감
　　　　독상(이원세)·기술(촬영: 정광
　　　　석), 제20회 아시아영화제 여우
　　　　주연상(윤소라)

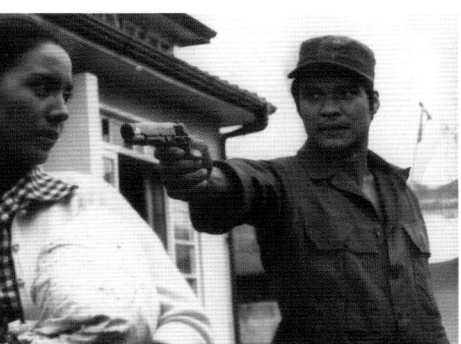

● 이원세의 특별수사본부 시리즈. 각본 오재호, 이 작품 외에 '특별수사본부 김수임의 일생'(1974), '특별수사본부 외팔이 김종원'(1975) 등이 있다. 1974년 작 '특별수사본부 배태옥 사건'은 여주인공 윤소라에게 아시아영화제 여우주연상을 안겨주었다.
　　같은 해 연출한 이원세의 '빨간에 산다'(관객 2만 4865명)는 김추련 스크린 데뷔작으로 김추련이 휴가 나온 모범수를 연기했고 우연정이 소매치기로 나왔다.

아내들의 행진 Parade of Wives(1974)

삼밭골 마을로 지순(윤미라)이 시집을 온다. 새마을정신으로 무장된 그녀는 그곳의 게으르고 가난한 환경을 보고 이를 개선하기 위해 발벗고 나선다. 그녀는 우선 남편의 집안에서 재래식 혼례를 치르는 것을 보고 그런 허례허식은 없애기로 한다. 그녀에게 동조한 부인들과 함께 시대에 맞지 않는 낙후된 관습들을 하나하나 개혁한 결과 마을에는 변화의 바람이 불고 아내들은 보다 밝은 미래를 향해 행진해나간다.

(영진공) 111분 극영화 연소자가/계몽
감독: 임권택
제작: 김재연
각본: 신봉승, 윤삼육
개봉: 1974년 5월 16일 국제극장
　　　　(서울)
관람인원: 5만 5730명
출연: 김희라, 윤미라, 윤양하, 최남
　　　　현, 윤인자, 주증녀, 이경희, 박
　　　　옥초, 한은진, 김신재 외
기획: 정진우
촬영: 변인집
음악: 한상기
미술: 이봉선
편집: 이경자
스틸: 조광소
현상: 국립영화제작소
조감독: 노세한, 임정수, 한덕규

● 임권택의 계몽영화. 각본 신봉승, 윤삼육. 1973년 전국 새마을 지도자 성공사례를 바탕으로 민족사관 정립, 반공사상 고취, 건전사회 형성 등 사치와 낭비를 몰아내고 미풍양속을 순화시키며 근면정신을 일깨우자는 정부시책을 홍보하기 위한 영화다. 그러나 정부가 새마을운동을 강요하는 것이 아니라 국민자발성에 기초한 것임을 강조하고 있다. 따라서 낙후된 농촌마을, 자발적인 협동사상, 삼밭골의 변화 등 노동을 통해 여성이 민족국가의 구성원으로 한몫을 해내려는 내용이 담겨 있다. 이 영화는 전북 임실군 삼밭골과 익산군 화초마을에서 촬영되었다.
　　1975년 이후 영화계의 불황으로 문예영화와 청춘영화가 한풀 꺾이자 영진공이 각 영화사에 제작비를 투자하게 되면서 이만희의 '들국화는 피었는데'(1974), 권영순의 '태백산맥', 김시현의 '잔류첩자'(1975), 장일호의 '난중일기'(1976) 같은 영화들이 줄을 잇게 된다.

별들의 고향 Heavenly homecoming to stars(1974)

(화천공사) 105분 극영화 연소자불가/
문예

감독 : 이장호(李長鎬)
제작 : 박종찬
각본 : 이희우(원작 최인호)
각색 : 이희우
개봉 : 1974년 4월 26일 국도극장
　　　 (서울), 부영극장(부산)
관람인원 : 46만 4308명
수출현황 : 서독(79)
출연 : 안인숙, 신성일, 윤일봉, 하용
　　　 수, 백일섭, 전원주, 김미영, 정
　　　 규영 외
기획 : 이은봉, 김재웅
촬영 : 장석준
음악 : 강근식, 이장희
조명 : 김진도
편집 : 현동춘
미술 : 이봉선
소품 : 김호길
스틸 : 김병옥
현상 : 한국천연색
수상 : 제13회 대종상영화제 신인상
　　　 (이장호), 제11회 백상예술대상
　　　 기술상(촬영 : 장석준)·신인상
　　　 (이장호), 제24회 베를린국제영
　　　 화제 출품

첫사랑에 버림받은 경아(안인숙)는 실연을 딛고 중년 남자 이안준(윤일봉)의 후처로 들어간다. 결혼해서 안락한 가정을 꾸미고자 하지만 이전의 낙태수술 후유증 때문에 아이를 낳지 못한다. 이 사실이 밝혀지면서 경아는 이안준에게도 버림을 받는다. 경아는 진실한 사랑을 찾아 여러 남자를 전전한다. 매일같이 술에 취해 사는 동안 동혁(백일섭)이라는 남자를 만나고 또 한 번의 절망을 맛본 후 호스티스로 전락한다. 그 무렵에 만난 화가 문호(신성일)와 동거생활에 들어가지만 문호는 심한 알콜중독과 자학에 빠진 그녀를 더 이상 감당하지 못하고 어느 날 말없이 그녀 곁을 떠난다.

도시의 비정함과 동물적인 탐욕스러움에 지칠 대로 지친 경아는 1년이 지난 눈 내리는 겨울밤, 거리에서 시체로 발견된다. 그것은 티 없이 해맑은 한 천진한 여자의 생을 무참하게 짓밟은 도시의 절규이자 단면이었다. 문호는 죽은 경아의 재를 강물에 뿌리며 그녀의 힘겨웠던 삶을 되돌아본다.

● 이장호 감독 데뷔작, 1972년 9월부터 조선일보에 연재된 최인호의 소설 『별들의 고향』은 당시 100만 부 이상 팔리는 선풍적인 인기를 누리며 호스티스 문학을 선도했다. 당시 한국영화계는 새로운 조류로 등장한 호스티스 영화와 청년들의 막연한 패배감과 좌절감을 굴절적으로 표현한 청년영화를 탄생시키면서 이장호의 '별들의 고향'은 이런 영화들의 신호탄이 됐다.

영화는 경아가 만난 네 번째 남자인 문호(신성일)를 중심으로 하면서 그동안 만난 세 남자를 회상하는 형식으로 전개된다. 첫 번째 남자는 하용수, 두 번째는 중후한 매력의 윤일봉, 세 번째는 탤런트 백일섭 등이며 이를 영상화하는 과정에서 감독은 경아에 대한 플래시백과 적절한 몽타주 기법 등으로 영상미학의 가능성을 펼쳐 보인다. "가난하지만 꿋꿋하게 살고 싶어했던 여주인공이 사회적 편견에 짓밟히고 마는 냉혹한 현실을 반영했다"고 해서 특히 젊은 층의 호응을 샀다. 경아 역을 맡은 안인숙은 아역배우 출신으로 20대 초반에 찍은 이 영화 한 편으로 최고의 스타자리에 올랐고 그와 동시에 대농그룹(당시 미도파백화점 사장) 박영일 회장과 결혼해서 영화계를 떠났다.

영화음악은 작은별 가족의 강근식과 가수 이장희가 맡고 있다. 영화 속에서 부른 이장희의 "나 그대에게 모두 드리리", "한잔의 추억", "한 소녀가 울고있네", "촛불을 켜세요"와 당시 17세였던 윤시내의 "나는 열아홉 살이예요"가 모두 히트했다. 서울 국도극장에서 개봉되어 46만 4000명 동원으로 흥행에 대성공하면서 이 영화는 한국영화에 새로운 활력을 불어넣었다. 이장호는 그해 대종상과 백상예술대상에서 신인 감독상을 받는 등 스타 이상의 인기를 누렸다. 한국영상자료원 '한국영화 100선' 선정.

1978년 하길종이 속편과, 1981년 이경태가 '별들의 고향 3'을 만들었으며 일련의 영화들이 크게 성공하면서 이장호는 하길종, 김호선 등과 함께 영화 제작 그룹인 '영상시대'를 결성, 동시대의 억압과 모순, 가난과 풍요가 혼재된 사회상을 영화로 옮기며 '청년작가 시대'를 열어나갔다. 하길종의 '별들의 고향(속)'은 1978년 11월, 명보(서울) 동명(부산)에서 개봉되어 관객 약 29만 명을 동원. 신성일, 장미희가 출연했고 음악은 송창식이 맡았다.

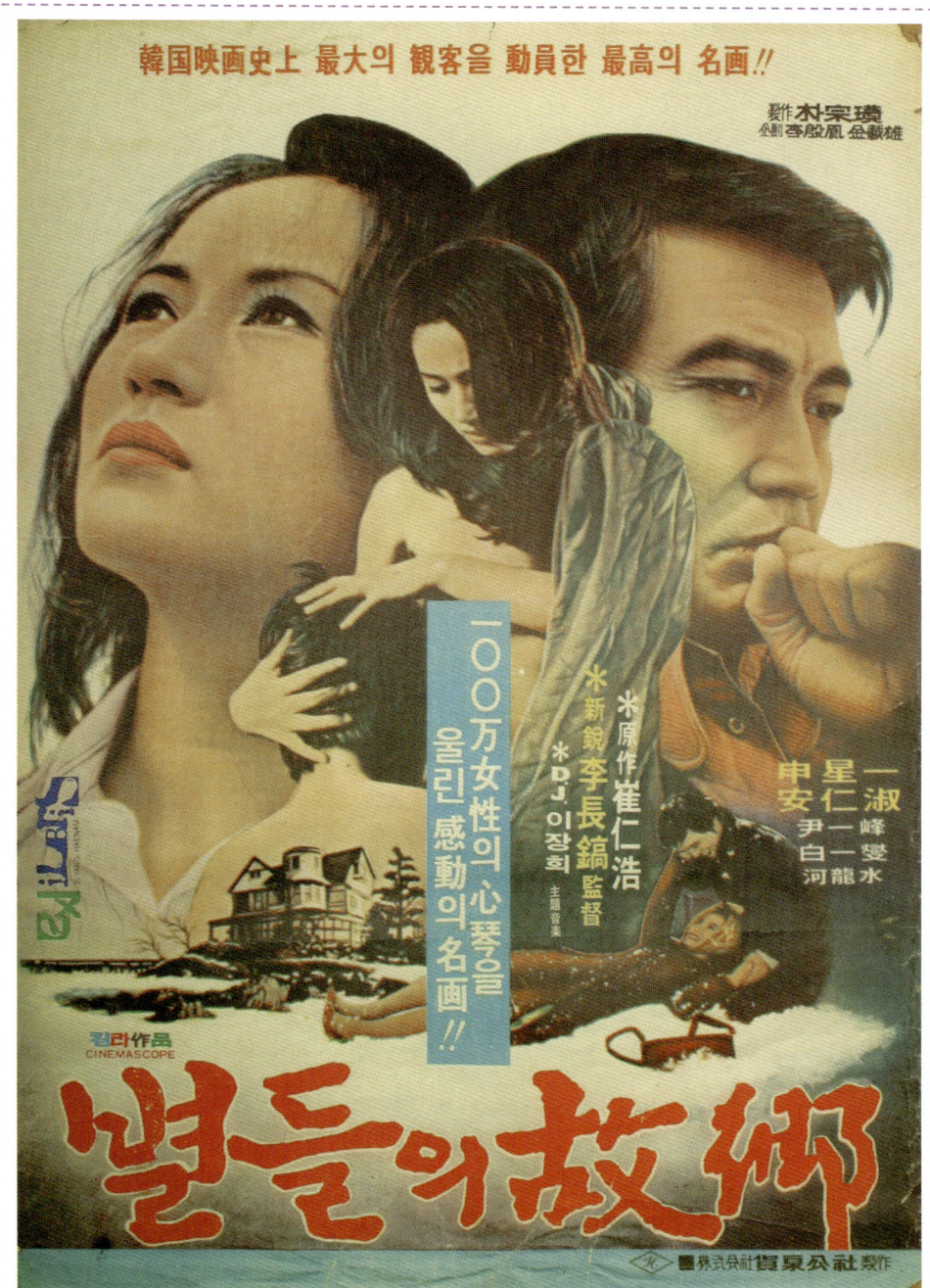

韓国映画史上 最大의 観客을 動員한 最高의 名画!!

製作 村宗璜
企劃 李殷凰 金載雄

一○○万女性의 心琴을
울린 感動의 名画!!

＊原作 崔仁浩
＊新鋭 李長鎬 監督
＊DJ 이장희 主題音楽

申 星 一
安 仁 淑
峰 一 燮
尹 白 一 水
河 龍

컬라作品
CINEMASCOPE

별들의 故郷

株式会社 賀泉公社 製作

돌아온 외다리 Returned single-legged man(1974)

(합동영화) 88분 극영화 고등학생가/
액션

감독 : 이두용
제작 : 곽정환
각본 : 유동훈
개봉 : 1974년 7월 20일 명보극장
　　 (서울)
관람인원 : 2만 6751명(서울)
출연 : 한용철, 권영문, 정애정, 배수
　　 천, 이소영, 김문주, 김왕국, 박
　　 동룡, 조춘, 황태수 외
기획 : 강인옥, 박은태
촬영 : 최종걸
음악 : 김희갑
조명 : 김동포
편집 : 현동춘
미술 : 이봉선
소품 : 우종삼
의상 : 권오균
사운드 : 유창극, 심재훈
특수효과 : 윤덕영
분장 : 정준호
조감독 : 이현진, 나영균

하얼빈 암흑가에서 현란한 발기술로 이름을 떨치던 용철은 애인 향숙의 간청으로 어두운 생활을 청산한다. 그러나 보스가 마지막으로 황금을 실은 마차를 털어줄 것을 부탁하자 차마 거절하지 못하고 보스의 심복인 야마모토와 함께 이를 실행하기로 한다. 그러나 마차에 실렸던 황금은 독립자금이었고 마차에 탄 사람은 향숙의 아버지였다. 애인을 배신했다는 죄책감에 못이긴 그는 스스로 자신의 다리를 못 쓰게 만든 다음 향숙과도 헤어져 술로 세월을 보내게 된다. 한편 황금을 독식하게 된 야마모토는 보스를 없애고 향숙마저 차지한 후 하얼빈 암흑가를 평정한다. 이 사실을 듣고 분노한 용철은 야마모토 일당을 일거에 타진하고 그들에게 빼앗겼던 황금을 되찾아 조선독립군 본부에 전한다.

● 이두용의 태권시리즈. 각본 유동훈. 같은 해 이두용의 '용호대련(龍虎對鍊)'(1974)에서 스크린 데뷔한 주인공 한용철(찰리 셀)이 주인공으로 출연하고 있다. 당시 갓 20세로 미국에서 온 이 신인은 풋풋한 소년티를 감추기 위해 콧수염을 달고 빠른 발차기로 박력 있는 액션을 보였다. 이 영화로 두각을 나타내면서 그는 '죽엄의 다리', '분노의 왼발', '배신자', '돌아온 외다리(속)' 등 같은 해에 총 여섯 편을 찍었다. '돌아온 외다리'는 주인공이 쇠다리를 만들어 착용하고 애인의 아버지를 죽인 일본인에게 복수하는 내용으로 같은 해 10월, 서울 대한극장과 세기극장에서 개봉되었으나 관객 1만 5000명을 동원하는 흥행 저조를 보였다.

국회 프락치 Spies in the National Assembly(1974)

(한진흥업) 108분 극영화 중학생가/
반공분단

감독 : 권영순
제작 : 한갑진
각본 : 권영순, 안준오
개봉 : 1974년 10월 26일 대한, 세기
　　 극장(서울)
관람인원 : 6835명(서울)
출연 : 박근형, 박암, 정욱, 문오장, 민
　　 지환, 이일웅, 이종만, 김무영,
　　 이강조, 최무웅 외
기획 : 서림, 강대수
촬영 : 정일성
음악 : 황문평
조명 : 김연
편집 : 현동춘
미술 : 조경환
스틸 : 김동희
사운드 : 최형래, 이제웅
조감독 : 유진성
수상 : 제13회 대종상영화제 우수반공
　　 영화상 · 촬영상(정일성)

1948년 11월, 국회에서 국가보안법이 통과될 무렵, 제헌국회 내의 몇몇 소장파 의원(노일환, 이문원, 김옥주, 서용길 등)들은 친남로당적인 돌출 발언과 행동으로 특별수사본부를 긴장시킨다. 이들은 남로당에 가입한 후 미군철수, 남북평화통일안 등을 국회에 상정하여 국정과 민심을 혼란케 하고 있었다. 이에 오제도 검사는 이들을 검거하려 하지만 확실한 물증이 없어 망설이는 사이 여론의 공격에 휩싸인다. 남로당 측과 소통한 암호문을 가지고 있던 정제된 의원을 체포하면서 국회 프락치의 충격적 사건은 막을 내린다.

● 권영순 연출의 반공드라마. 감독이 각본작업에 참여했다. 1974년 개봉 때는 '중학생가' 였으나 1983년 9월 7일, 단성사에서 재개봉되었을 때는 '연소자관람불가' 로 되어 있다. 당시 신문에 실린 영화포스터에 보면 "범세계적 물결을 탄 논픽션 드라마, 실록 다큐멘터리의 엄청난 감동의 재현, 잊혀져가는 건국 신화의 재조명" 등으로 특필되었다. 대대적인 선전에도 불구하고 흥행에서는 성공하지 못했다.

진아의 편지 Jin-A's letter(1974)

진아는 대학생이 되면서 기숙사 생활을 시작한다. 그리고 2학년이 되자 남자친구 세환과 첫키스를 나눈다. 이에 진아는 순결을 잃은 것인가 고민하다가 엄마에게 편지로 자기 행동을 고백한다. 엄마는 카운슬러 입장이 되어 순결에 대한 자상한 상식을 일러준다. 진아의 친구들도 진아 엄마에게 각자 고민하고 있던 이성문제를 편지로 상담하고 진아 엄마는 밝고 명랑하게 대학생활을 즐길 것을 권한다. 한편 세환은 진아와 첫키스 이후 진아와 헤어져 아버지 회사에서 일하게 되고 이에 상처받은 진아는 당분간 휴학하기로 한다. 그러나 그들은 다시 친구로 만나면서 차츰 성숙하게 된다.

● 김응천의 청춘영화. 각본 이희우. 1974년에 출간(창원사)된 구혜영의 동명소설을 영화화한 작품. 영화 '진아의 편지'를 계기로 감독은 하이틴 영화의 전문가가 되어 '여고졸업반'(1975), '청춘을 이야기합시다'(1976), '고교 우량아'(1977), '우리들의 고교시대'(1978), '모모는 철부지'(1979) 등을 꾸준히 내놓아 당시 청소년들을 열광시켰다.

(동아흥행) 96분 극영화 고등학생가/청춘

감독 : 김응천
제작 : 김진관
각본 : 이희우(원작 구혜영)
개봉 : 1974년 11월 15일 허리우드극장(서울)
관람인원 : 2만 1128명(서울)
출연 : 신영일, 이숙명, 최은희, 최남현, 장제훈, 박남옥, 김옥진, 이경실, 이승일, 이영우 외
기획 : 박인재, 최현민
촬영 : 정광석   음악 : 정민섭
조명 : 김강일   편집 : 현동춘
미술 : 이봉선   소품 : 이원우
스틸 : 이태성
사운드 : 최형래, 김성찬
조감독 : 김정현, 서정식
수상 : 제13회 대종상영화제 편집상(현동춘), 제11회 백상예술대상 시나리오상(이희우), 제3회 테헤란국제영화제 출품

어제 내린 비 It rained yesterday(1974)

이복형제인 형 영후(김희라)와 동생 영욱(이영호)은 유난히 우애가 깊다. 어머니(도금봉)와 둘이서 살아온 형은 남자다운 성격인 데 비해 아버지와 함께 산 동생은 부유한 환경에서 자랐으나 상처받기 쉬운 유약한 성격이다.

이 두 형제 사이에 동생 영욱의 애인 민정(안인숙)이 끼어든다. 영후는 민정을 처음 본 순간 사랑하게 되고 자신의 생모가 재혼하던 날, 허전한 기분에서 민정을 만나 밤을 함께 보낸다.

그 후 영후는 영욱에 대한 죄책감에 시달리고 민정이 자기를 사랑한다고 고백하자 더욱 깊은 고민에 빠진다. 더구나 민정이 자기 아이를 임신한 사실을 알게 된 영후는 떳떳하지 못한 새 생명을 미워하며 자신을 자책한다. 그러나 착하고 순수한 동생 영욱은 이 모든 것을 끝까지 모른 체하다가 형을 위해 죽는다.

● '별들의 고향'으로 대히트를 친 이장호·최인호 콤비의 두 번째 작품. 최인호의 단편소설 세 개를 엮어 만든 애절한 사랑이야기. 동생 영욱으로 출연한 이영호는 이장호의 친동생으로 종종 형의 영화에 출연했다. 최인호 카메오 출연, 최인호 작사, 정성조 작곡, 윤형주가 노래한 주제가 '어제 내린 비'에 의미를 부여해서 영화에 삽입한 형식은 이 영화가 최초이며 관객 15만 명을 동원했다.

(국제영화흥업) 102분 극영화 고등학생가/문예

감독 : 이장호
제작 : 황영실
각본 : 최인호(원작 최인호)
개봉 : 1975년 1월 1일 국도극장(서울)
관람인원 : 14만 7823명
출연 : 김희라, 이영호, 안인숙, 도금봉 외
촬영 : 장석준
음악 : 정성조
수상 : 제14회 대종상영화제 특별상(신인 장려 : 김영광)

토지 土地, The Earth(1974)

(우성사) 130분 극영화 고등학생가/문예

감독 : 김수용
제작 : 김용덕
각색 : 이형우(원작 박경리)
개봉 : 1974년 11월 23일 국도극장
　　　(서울)
관람인원 : 12만 830명(서울)
출연 : 김지미, 이순재, 허장강, 김희
　　　라, 황해, 최남현, 최정민, 우연
　　　정, 여수진, 도금봉, 주증녀, 이
　　　자영, 이영옥, 최봉, 방수일, 문
　　　미봉, 최성호, 김남일, 양일민,
　　　고설봉 외
촬영 : 장석준
음악 : 정윤주
조명 : 김진도
편집 : 이경자
미술 : 조경환
소품 : 우종삼
의상 : 이해윤
분장 : 안건호
특수효과 : 박광남
스틸 : 양기주
수상 : 제13회 대종상영화제 최우수작
　　　품상(우성사) · 감독상(김수용)
　　　· 여우주연상(김지미) · 여우조
　　　연상(도금봉) · 녹음상(한양녹음
　　　실), 제12회 파나마 국제영화제
　　　여우주연상(김지미) · 의상상(이
　　　해윤)

1890년 경남 하동 평사리. 최 참판 댁 안주인 윤씨부인은 절에 불공을 드리러 갔다가 동학군 대장 김개주에게 겁탈당해 아들 구천(일명 김환)을 낳는다. 구천은 이후 최씨 가문에 잠입하여 하인이 되지만, 최치수(최 참판과 윤씨부인의 아들)의 아내인 별당아씨와 눈이 맞아 지리산으로 도망친다. 무남독녀인 어린 서희는 할머니 윤씨부인과 아버지 최치수 밑에서 하인 봉순이, 길상이를 동무삼아 수려하게 자라난다. 그 외에도 마을에는 최 참판 댁과 얽혀 있는 많은 인물들이 자리 잡고 있다. 그중 몰락한 양반 김평산은 최 참판 댁 재산을 탐낸 나머지 최치수를 교살한 것이 발각되어 처형되고 이에 연루된 임이네도 마을을 떠난다.

한편 고종 등극 40년이 되던 해 전국을 휩쓴 호열자(콜레라)로 윤씨부인이 죽자 최치수의 외척 형인 조준구가 최씨 댁에 들이닥쳐 최치수의 외동딸 서희를 몰아내고 최씨 집안의 재산을 모조리 강탈한다. 여기에다 서희와 자신의 아들을 결혼시킬 음모를 꾸미자 서희는 길상과 마을 사람들과 함께 간도로 향한다.

● 김수용 연출의 문예영화. 박경리의 동명소설을 원작으로 하고 있다. 소설 「토지」는 1969년 《현대문학》 9월호에 연재하기 시작하여 1994년 8월에 완결되기까지 25년에 걸쳐 전체 5부 16권, 원고지 26만 장 분량으로 대단원의 막을 내린 대하소설이다. 토지 1부는 1897년부터 한일합방 직전까지의 10여 년 동안 경남 하동 평사리를 무대로 대지주 최 참판 댁과 마을농민들의 생활을 연대기적으로 다루면서 한국사회의 변화를 밑그림으로 그려낸다.

김수용의 「토지」는 1부(전 6권)로서 윤씨부인을 중심으로 최 참판 댁의 1대에 해당하는 이야기를 담고 있다. 당시까지 나온 소설에서는 최서희 역할이 크지 않아 서희의 할머니인 윤씨부인이 주인공이다. 감독은 이 영화와 관련하여 당시 "속리산 기슭에 있던 선비댁 99칸 기와집 안마당에서 푸짐한 고사를 지내는 것으로 시작하여 윤씨부인이 동학군 대장 김개주에게 겁탈당하는 장면은 수원 용주사 소나무 숲에서 촬영되었고, 동구 밖에 버려진 시체가 푹푹 썩어 가는 장면을 찍을 때는 배우의 눈과 입에 꿀을 발라 파리 떼와 구더기가 우글거리게 하고 하화마을 촬영은 삼복더위에 맞물려 전 스태프가 벌거벗다시피 팬티바람으로 촬영했다"(김수용, 「나의 사랑 시네마」, 씨네21, 2005년, pp.163~165)는 회상의 글을 책으로 썼다.

김수용은 이 영화로 제13회 대종상 감독상을, 윤씨부인 역의 김지미는 대종상 여우주연상과 제13회 파나마 국제영화제 여우주연상을 받았다. 12만의 관객 동원으로 흥행성공. 영화가 만들어진 지 10년 후인 1984년 김수용은 이 영화를 들고 이탈리아 페사로영화제에 참가, 한일 양국의 특별 이벤트 행사에서 영화 상영 후 기립박수를 받은 것으로 전한 바 있다.

'토지'는 이후 세 번에 걸쳐 TV 드라마화되었다. 1979년 KBS가 제작한 첫 번째 드라마에서는 최서희 역에 한혜숙, 1987년 두 번째는 최수지, SBS가 2004년 11월에 방영한 '토지'는 2002년 나남출판사에서 출간된 「토지」가 전 21권으로 완간된 후 만들어진 드라마로 중반 30%를 웃도는 높은 시청률을 기록했으며 여기서는 탤런트 김현주가 서희 역을 맡았다.

광복 이후 한국소설사를 대표하는 소설로 공인된 이 작품은 EBS와 교보문고가 실시한 인터넷 설문조사에서 "한국인이 가장 좋아하는 소설", "노벨상수상 가능성이 가장 높은 소설 1위"(국민 02. 2. 19, 파이낸셜뉴스 02. 2. 19)에 올랐고 단일한 한 종목의 전집소설이 출간된 지 10여 년이 넘는 지금까지도 독자의 사랑과 담론의 대상이 되는 대작 소설로 기록되고 있다.

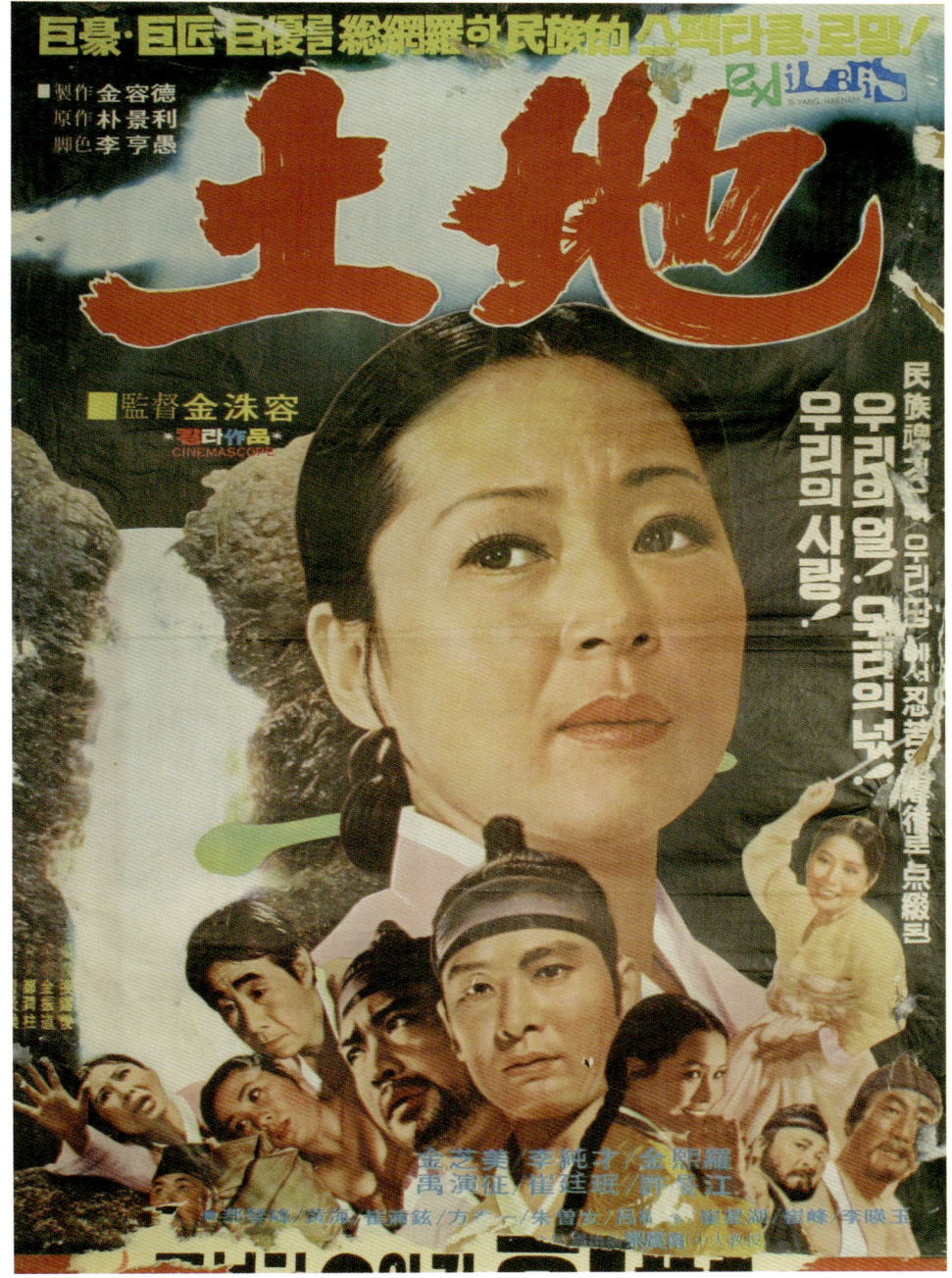

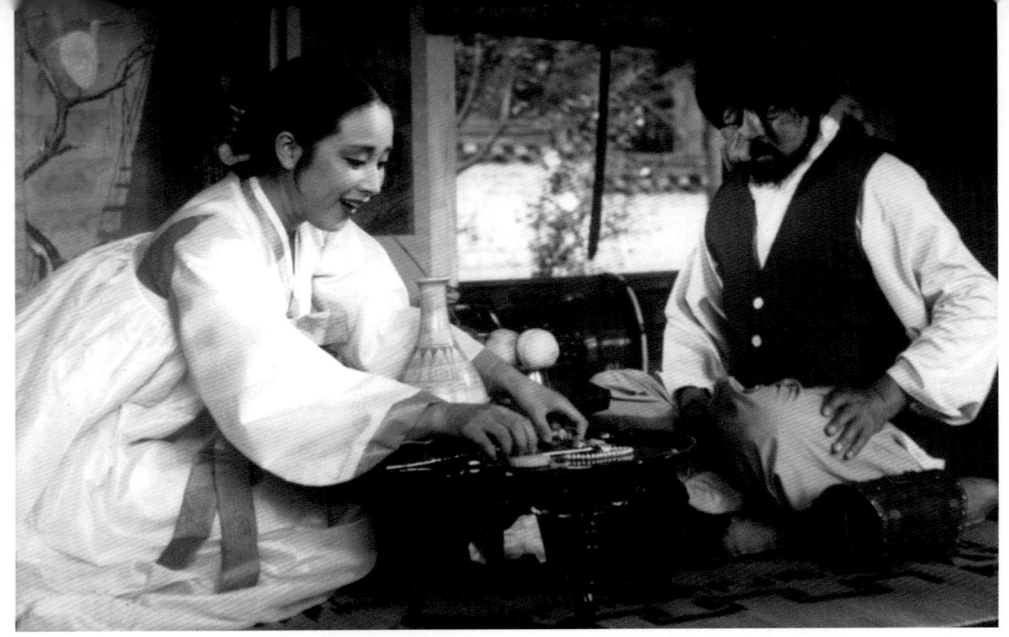

광화사 狂畵師, A story of crazy painter : Gwanghwasa(1974)

(연방영화) 89분 극영화 고등학생가/
문예

감독 : 주동진
제작 : 주동진
각본 : 이영일(원작 김동인)
개봉 : 1974년 11월 28일 명보극장
(서울)
관람인원 : 7095명
출연 : 김진규, 우연정, 유지인, 최인
숙, 최성호, 박기택, 송미남, 방
희정, 민복기, 박달 외
기획 : 최춘지
촬영 : 서정민
음악 : 정민섭
조명 : 손영철
미술 : 조경환
의상 : 이해윤
사운드 : 이재웅, 최형래
스틸 : 김병옥
특수효과 : 김광남
조감독 : 서정현
수상 : 제10회 백상예술대상 연기상
(김진규, 백일섭)

솔거는 천재 화가다. 태어날 때부터 추남인 그는 세상을 등지고 산속에 들어와 그림만 그린다. 그는 처음에는 절세미인이었던 어머니를 그리려다가 마음을 바꾸어 아내로서의 미인도를 그릴 계획을 세운다. 그러나 마음에 드는 미인의 모습을 찾을 수가 없었다. 그러던 어느 날, 우연히 산 속에서 소경 처녀(유지인)를 만나 그 소경의 신비로운 눈빛에서 자기가 찾던 미인의 모습을 보게 된다. 솔거는 처녀를 집으로 데려와 그림을 그리면서 눈동자 부분만 남겨 놓고 그날 밤 두 사람은 부부의 연을 맺는다. 다음날 그림의 눈동자를 완성하려 하지만 소경의 눈은 전날의 황홀한 아름다움을 드러내지 못한다. 격분한 솔거는 소경의 멱을 잡고 흔들다가 죽이게 된다. 그때 그녀가 넘어지는 바람에 엎어진 먹물이 튀어 미인도의 눈동자가 완성된다. 그러나 그 눈동자에는 원망의 빛이 서려 있었다. 솔거는 반 미치광이가 되어 미인도를 품고 다니다가 쓸쓸히 죽는다.

● 주동진 연출작. 신라 진흥왕 때 황룡사 벽에 〈노송도〉를 그려서 신화로 불리던 솔거(率居)가 미인도를 그리기까지의 예술가의 집념을 그리고 있다. 원작은 1935년 〈야담〉지에 발표한 김동인의 유미주의적 경향이 잘 나타난 단편소설. 1960년대 이후 지속적으로 영화화가 거론되어 오다가 1974년에야 주동진 제작·연출로 햇빛을 보았다. 흥행 참패. 솔거 역에 김진규, 소녀 소경 역에는 당시 19세였던 유지인이 맡아 열연했다.

주동진은 1961년 연방영화사를 설립, 김수용의 '유정'(1966), 현상열의 '하와이 연정'(1967) 등을 제작, 1970년 '사랑하는 마리아'로 감독 데뷔했으며 이 영화를 끝으로 도미한 후 뉴욕에서 거주하다 2003년에 타계한 것으로 알려진다.

들국화는 피었는데
The wild flowers in the battle field(1974)

열 살짜리 돌이는 전방에 살 때부터 군인들의 마스코트로 귀여움을 독차지하고 있었다. 언덕 저쪽에는 국군, 이쪽에는 인민군이 주둔하고 있었지만 돌이에게 그런 것은 아무래도 상관이 없다. 돌이는 국군들과 그런 것처럼 인민군들과도 친하다. 함께 장난을 치고 이야기를 나누며 사과를 얻어 먹기도 한다. 그러나 전쟁이 일어나자 국군이 인민군들을 모두 잡아간다. 돌이는 말이 없다. 초롱초롱한 눈동자로 전쟁이 쓸고 간 자취를 냉랭히 바라볼 뿐이다. 전쟁의 아픔과 민족분단의 비극 앞에서 돌이는 적도, 자기의 편도 모른 채 천진난만하기만 하다. 그가 본 것, 느낀 것은 많아도 어린이는 아무것도 말하지 못한다.

● 이만희의 전쟁영화. 선우휘의 동명 원작을 영화화한 작품. 1974년 영진공은 거액 1억 원을 투입하여 제작한 국책영화로 인제와 양양 인근의 주민들을 엑스트라로 동원하는 등 국방부의 전폭적인 지원을 받았다. 이 영화가 만들어진 취지는 반공영화를 겨냥한 것이었으나 이는 참혹한 전쟁영화가 아니라 6·25의 허무함과 전쟁의 무의미함을 고발하는 일종의 반전영화가 되고 말았다.

예를 들어 인민군이 아이와 장난을 치고 이야기를 나누는 등 인간적으로 묘사하고 국군은 인민군을 생포하지만 마치 친구처럼 대한다. 그러나 이는 감독의 투철한 전쟁관을 드러내는 시각이라 할지라도 당시로서는 용납이 안되는 부분으로 영진공은 이만희의 선배인 신상옥을 불러

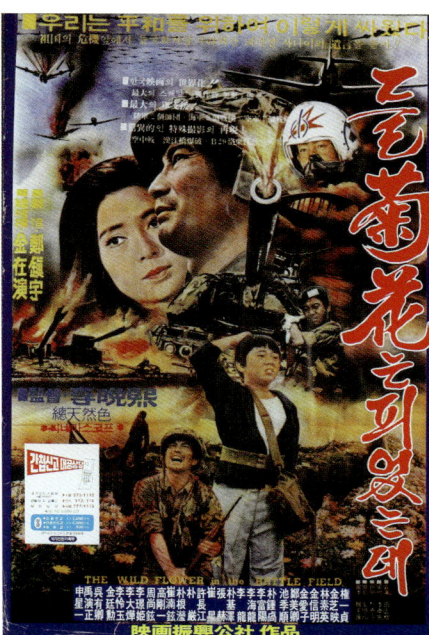

재편집을 의뢰하였으나 "한 군데도 손댈 곳이 없다"며 거절당했다는 일화가 있다.(이효인 외, 「한국영화사 공부 1960~1979」, 이채, 2004년, pp.168~170) 이 영화는 결국 1974년 12월에 뒤늦게 개봉되었다가 슬그머니 사라졌다. 그러나 한국전쟁의 뼈아픈 동족상잔의 비극을 한 어린이의 시각으로 가슴 저리도록 슬프게 펼친 "최고의 전쟁영화"라는 평을 받았다.(위책)

참고로 같은 국책영화인 임권택의 '증언'은 1973년 말 개봉되어 대대적인 홍보와 함께 전국적으로 중고생이 의무적으로 관람했다.

(영진공) 102분 극영화 연소자가/군사
감독 : 이만희
제작 : 김재연
각본 : 선우휘(원작 선우휘)
각색 : 유동훈
개봉 : 1974년 12월 7일 단성사(서울)
관람인원 : 2만 7065명
출연 : 신성일, 우연정, 오유경, 이경희, 김정훈, 이영옥, 허장강, 이대엽, 주상현, 최남현, 박암, 장혁, 박근형, 문오장, 고강일, 이해룡, 최성, 박기택, 이룡, 김웅 외
촬영 : 김덕진
음악 : 전정근
조명 : 박태수
편집 : 김창순
미술 : 이봉선
소품 : 이월호
의상 : 이해윤
분장 : 정철
사운드 : 손인호, 최형래
특수효과 : 박광남
조감독 : 최동준

태양 닮은 소녀 A girl who looks like the sun(1974)

(화천공사) 78분 컬러 극영화 연소자
가/멜로

감독 : 이만희
제작 : 박종찬   각본 : 김원두
개봉 : 1975년 1월 24일 피카디리극장
        (서울)
관람인원 : 1만 366명
출연 : 문숙, 신성일, 고영수, 문오장,
        지현, 박기택, 이자영, 양석천,
        성명순, 최재호 외
기획 : 이은봉, 김재웅
촬영 : 김덕진   음악 : 신중현
조명 : 장기종   편집 : 김희수
미술 : 김유준   소품 : 김호길
스틸 : 김병옥
사운드 : 한양녹음실, 최형래
조감독 : 이경수
수상 : 제10회 백상예술대상 신인상
        (문숙)

인영(문숙)은 바다로 가는 길에 살인혐의를 받고 있는 동수(신성일)를 만난다. 인영은 쫓기는 동수를 격려하기 위해 동수의 이웃들을 초청해서 생일 파티를 열어주고, 동수는 그런 인영에게 끌리는 감정을 느낀다.

친구들을 먼저 바다로 보내고 인영은 동수를 만나러 공원으로 가지만 동수는 경찰에게 쫓기다 총을 맞는다.

● 이만희 연출작. 영화 '태양 닮은 소녀'는 제목처럼 밝고 순수한 소녀로 인해 깊은 죄의식으로부터 구원받는 중년남성의 이야기다. TBC-TV에서 오경숙이라는 이름으로 활동했던 문숙의 스크린 데뷔작, 신중현이 작사 작곡한 '미인'이 영화 주제가로 노래는 신중현 사단의 무명가수 김명희가 불렀다. 영화는 당시 젊은 층을 겨냥해서 만든 일종의 '청바지 청춘물' 이었으나 흥행에는 실패했다.

1970년대 이후 미국 하와이에 체류 중이던 문숙은 2007년, 30년 만에 일시 귀국해서 1970년대 한국영화계의 거장으로 불리던 이만희 감독과의 로맨스를 『마지막 한해』(창비, 2007)라는 책으로 펴내 화제가 되기도 했다.

이중섭 李仲燮, Lee Jung-Seob, a painter(1974)

(합동영화) 83분 극영화 고등학생가/
전기 문예

감독 · 제작 : 곽정환
각본 : 유동훈(원작 고은)
개봉 : 1975년 3월 29일 명보극장
        (서울)
관람인원 : 9787명
출연 : 박근형, 이효춘, 이순재, 최정
        훈, 송재호, 김애경, 문오장, 김
        무영, 한은진, 이일웅, 유판웅,
        박미영, 김남일, 장춘원, 외
촬영 : 정일성
음악 : 정민섭
조명 : 김동포
편집 : 현동춘
미술 : 이봉선
소품 : 이태우
분장 : 정준호
스틸 : 홍기영
조감독 : 박태영, 김송원
수상 : 제13회 대종상영화제 우수작품
        상(합동영화) · 남우주연상(박근
        형) · 음악상(정민섭), 제28회
        칸국제영화제 출품

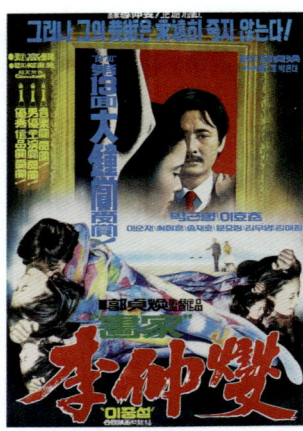

1916년 평남 평원에서 부농의 아들로 태어난 이중섭은 오산학교 졸업 후 미술을 전공하기 위해 일본유학을 떠난다. 그는 동경제대 재학 중 '태양상'을 받아 천재성을 인정받고 후배인 야마모토와 결혼하여 귀국한다. 해방 후 공산당의 압제 속에서도 어용적인 그림을 그리지 않아 어려움을 겪다가 6·25가 발발하자 국군과 함께 월남, 그의 예술과 인생은 고난의 연속이었다. 1955년 임종 무렵에는 예술에 대한 회의와 좌절로 거식, 거언 증세를 보였고 정신질환 증세를 보이기도 했다. 그것은 예술가의 특성과 개성이라기보다 한 시대를 풍미한 순수한 인간의 몸짓이었다.

● '쥐띠부인'과 '쥐띠부인 (속)'(1972)을 연출한 곽정환이 제작·연출했다. 시인 고은이 쓴 동명 소설을 유동훈 각색, 이중섭(1916~1954)은 담배갑 은종이에 소와 게, 가족의 그림을 그리던 가난한 천재 화가로 그의 일대기를 조명한 것이다. 대종상 우수작품상과 이중섭 역을 맡은 박근형이 남우주연상을 수상, 이효춘이 스크린에 데뷔했다.

망나니 An executioner(1974)

양반을 처형하게 된 망나니 만석은 시체를 매장하는 과정에서 그 양반의 딸 수경을 만난다. 수경을 흠모하게 된 만석은 그녀가 악한들에게 납치당한 사실을 알고 상인으로 변장해 수경을 구출한다. 그 후 두 사람은 부부가 되었으나 어느 날 수경의 숙부가 찾아와서 권력을 되찾기 위해 반대파 몇 명을 제거해 달라고 부탁한다. 만석은 이 청을 들어주지만 숙부는 증거인멸을 위해 거사 후 만석을 제거할 계획을 세운다. 만석은 수경과 아들을 도피시키고 죽음을 맞는다.

● 윤삼육 각본. 이 영화를 연출한 변장호는 통속액션물과 멜로물로 흥행감독으로서의 역량을 지닌 반면, 일련의 완성도 있는 문예물로 예술감독으로서의 입지도 굳혔다. 이는 한국적인 소재를 토속적 스타일로 풀어낸 작품으로 사극으로서의 능란한 구성을 갖추고 있다는 평을 받았다. 백상예술대상에서 감독상을 받았다.

(삼영필름) 95분 극영화 고등학생가/시대극
감독 : 변장호
제작 : 강대진   각본 : 윤삼육
개봉 : 1975년 4월 12일 피카디리극장
　　　(서울)
관람인원 : 6411명
출연 : 백일섭, 박지영, 허장강, 김무
　　　영, 김난영, 강민호, 한문정, 이
　　　낙훈, 양훈, 추석양 외
기획 : 강대진   촬영 : 이성춘
음악 : 정윤주   조명 : 조기남
편집 : 이경자
미술 : 조경환, 김성배
소품 : 우종삼
스틸 : 박석재
의상 : 이해윤
조감독 : 엄종선, 석도원
수상 : 제11회 백상예술대상 작품상(삼
　　　영필름), 감독상(변장호)

태백산맥 太白山脈, The Tae-Baeks(1975)

일제치하에서 벗어난 조선은 남북으로 분단된다. 그로부터 30년 동안 한반도는 극심한 정치·사회적 격동의 파고를 겪는다. 6·25와 휴전, 4·19와 5·16 등 정치적 혼란과 전쟁의 소용돌이 속에서 남과 북을 잇는 태백산맥 부근의 한 작은 마을에 사는 사람들의 삶에 이는 어떤 영향을 주는가를 보여준다.

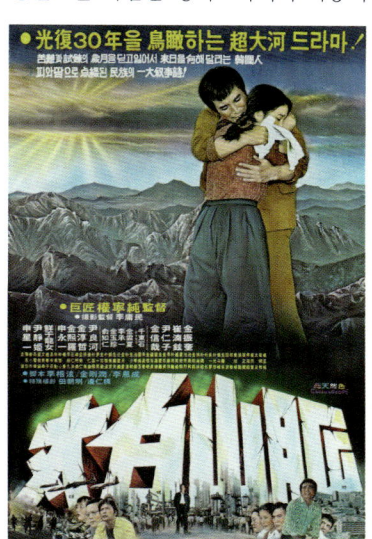

● 권영순의 반공영화. 영진공이 지원한 국책영화로 8·15 해방 이후와 격동기를 겪는 동안 태백산맥을 배경으로 한 작은 마을의 변화와 비극을 엮어 반공사상을 고취시키고 있다.
　촬영이 끝난 후 영화에 출연했던 윤인자가 머리를 깎고 출가하여 화제가 되기도 했다.
　1994년 임권택의 '태백산맥' (태흥영화)은 조정래의 소설을 영화화한 작품으로 이 영화와는 다른 내용이다.

(영진공) 150분 극영화 고등학생가/반공
감독 : 권영순
제작 : 노영서
각본 : 이상현, 김강윤, 이은성
개봉 : 1975년 8월 27일 국도극장
　　　(서울)
관람인원 : 3만 8319명
출연 : 신성일, 윤정희, 선우용녀, 김희
　　　라, 신영일, 김진규, 양양하, 김
　　　순철, 김운하, 김옥진, 유지인,
　　　최남현, 윤인자, 김신재, 강계식
　　　천동석, 천은아, 김종호, 한경춘
　　　외
촬영 : 이용민, 박승배
특수촬영 : 전조명
음악 : 김희조
조명 : 고해진, 이기준
편집 : 김창순
미술 : 이봉선
소품 : 이월호
의상 : 정영순
분장 : 김용학
사운드 : 한양녹음실, 최형래
조감독 : 서정연, 유진선, 최성호

영자의 전성시대 Yeong-Ja's Heydays(1975)

(태창흥업) 103분 극영화 연소자불가/
멜로 사회물

감독 : 김호선(金鎬善)
제작 : 김태수
각본 : 김호선(원작 조선작)
각색 : 김승옥
개봉 : 1975년 2월 11일 국도극장
　　　(서울)
관람인원 : 36만 1213명
출연 : 염복순, 송재호, 최불암, 이순
　　　재, 도금봉, 박주아, 윤영, 김기
　　　종, 김승남, 김기범, 백송 외
기획 : 황기성
촬영 : 장석준
음악 : 정성조
조명 : 차정남
편집 : 유재원
미술 : 김유준
소품 : 나정흠
스틸 : 양기주
사운드 : 이재웅
조감독 : 주영중, 백종구
수상 : 제21회 아시아영화제 출품

목욕탕 때밀이 창수(송재호)는 경찰서 보호실에서 영자(염복순)를 만난
다. 그가 영자를 알게 된 것은 월남전에 참전하기 전 철공소에서 일하고
있을 때다. 영자는 철공소 사장집 가정부였다. 한눈에 그녀에게 반한 창
수는 3년 후 월남에서 돌아오면 결혼하자고 했다. 그러나 돌아와 보니
영자에겐 많은 변화가 있었다. 사장 아들에게 욕을 당하고 그 집에서 쫓
겨난 후 술집을 전전하고 있었다. 정당한 노동을 통해 성실하게 살고 싶
은 영자는 버스 안내양이 되었으나 만원버스에서 한쪽 팔을 잃었다. 그
녀는 결국 매춘부로 전락하고 말았다.

오랜만에 만난 영자가 자포자기하는 것을 보고 창수는 그녀를 돕기 위
해 온갖 정성을 다한다. 그러나 영자는 창수에게 짐이 되기 싫다면서 그
의 곁을 떠난다. 몇 년이 지나 영자의 거처를 수소문해서 찾아간 창수는
그곳에서 장애인 남편(이순재)과 아이와 함께 행복하게 살고 있는 영자를
본다. 창수는 영자의 전성시대를 떠올리며 그녀의 행복을 빌어준다.

● '환녀(幻女)'(1974)로 감독 데뷔한
김호선의 두 번째 작품. 1973년 민
음사가 출간한 조선작의 동명 소설
을 원작으로 하고 있다. 순박한 시골
처녀 영자가 무작정 상경한 끝에 결
국은 창녀로 전락하지만 자신을 이
해주는 청년 창수와의 사랑을 통
해 삶의 의지를 불태운다는 내용의
멜로물. 한쪽 팔을 잃은 불구의 창녀
를 주인공으로 내세워 우리 사회에
서 불우하게 살아가는 일군의 여성
들의 삶을 고발하고 있다. 자칫 눈요
깃거리로 빠질 수 있었으나 월남 파
병이라는 굵직한 사회문제를 저변에
깔면서 "사회 드라마로 작품의 격을
높이고 있다"(평론가 김종원)는 평을
받았다. 따라서 영자의 불구가 상징
하는 것은 당시의 빈부격차 등 시대
의 불구성이며 이런 맥락에서 제목
'영자의 전성시대'는 그 시대상황을
반영하는 강한 비판의 의미를 띠고
있다. 또한 주인공 영자는 당시 농촌

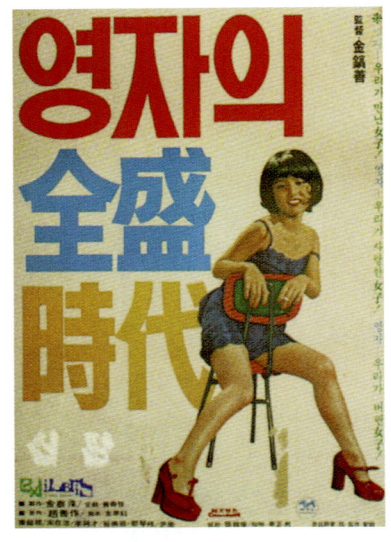

에서 도시로 무작정 상경했던 소녀들이 식모, 버스 차장을 거쳐 유곽으로 흘러들어가는 공식을
그대로 거친다. 포스터에 새겨진 "영자, 우리가 만난 여자, 우리가 사랑한 여자, 우리가 버린 여
자"라는 광고 카피에서 느껴지듯 이는 1977년부터 등장한 호스티스 멜로드라마의 전형이 됐
다.(「1970년대 한국영화(이호걸)」,「한국영화사 공부 1960 - 1979」, pp.102~103)

영자 역을 맡은 염복순의 몸을 사리지 않는 저돌적인 연기가 주목을 받았다. 한쪽 팔을 잃고
자포자기의 삶을 살아가는 사연을 펼치면서도 한국영화의 고질적인 병폐였던 울면서 시간끌기
나 삶에 대한 억지, 염세, 비관이 없는 것이 특징이다. 한국영상자료원 '한국영화 100선' 선정.

개봉 87일 만에 36만 1000명 관객을 돌파하는 대흥행을 기록. 이는 당시 외화 흥행 1위 작
품인 '스팅'의 33만 명을 능가하는 숫자다.

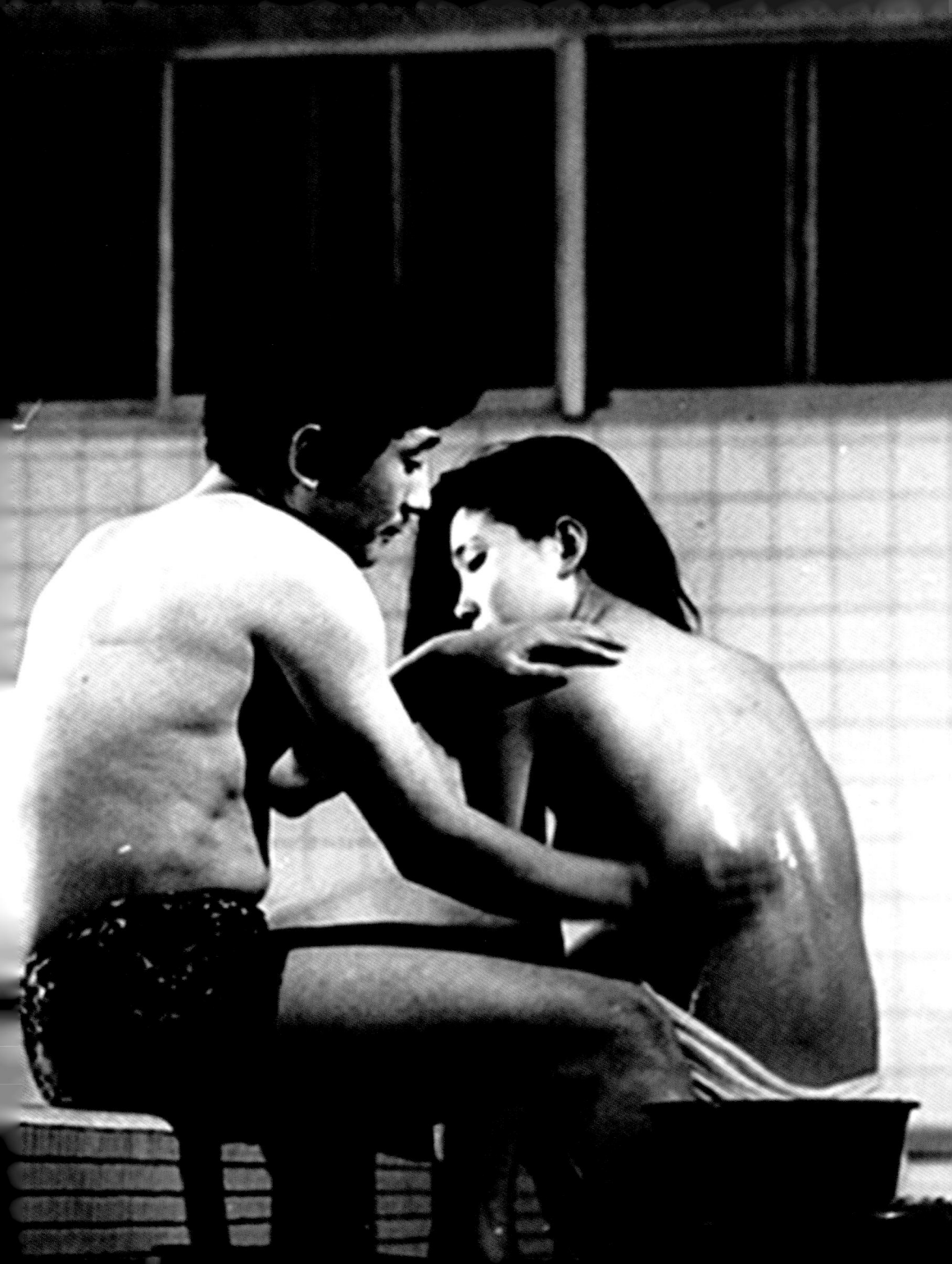

삼포가는 길 A Road to Sampo(1975)

(연방영화) 95분 35mm컬러 극영화
연소자불가/문예

감독: 이만희
제작: 주동진
각본: 유동훈(원작 황석영)
개봉: 1975년 5월 23일 국도극장
    (서울)
관람인원: 1만 3418명
출연: 김진규, 백일섭, 문숙, 김기범,
    김용학, 석인수, 석명순, 장인
    환, 최재호 외
기획: 최춘지
촬영: 김덕진
음악: 최창권
조명: 손영철
편집: 장현수
미술: 조경환
소품: 라정옥
사운드: 이재웅
스틸: 김병옥
조감독: 서유신
수상: 제14회 대종상영화제 우수작품
    상(연방영화) · 감독상(이만희)
    · 남우조연상(김진규) · 촬영상
    (김덕진) · 음악상(최창권) · 편
    집상(장현수) · 신인상(문숙), 제
    25회 베를린국제영화제 출품

젊은 노동자 영달(백일섭)은 그동안 몸담고 있던 공사판의 공사가 중단되자 다른 일거리를 찾아가다가 정씨(김진규)를 만나 동행하게 된다. 정씨는 교도소에서 배운 목공과 용접 기술로 공사판을 떠돌아다니는 노동자다. 그는 닥치는 대로 일을 구하려는 영달과는 달리 이제는 정착하기 위해 고향 삼포로 간다고 했다. 그들은 가는 길에 찬샘이라는 마을에 들러 국밥을 먹는다. 국밥집 아주머니는 술 팔던 색시가 돈을 떼어 먹고 달아났다고 투덜거린다. 그들은 바로 국밥집에서 도망친 백화(문숙)를 만난다. 백화는 스물두 살이라는데 산전수전을 다 겪어선지 삼십이 훨씬 넘어 보였다. 그들은 셋이서 동행하게 된다.

눈이 쌓인 산골길을 가다가 폐가에서 잠시 몸을 녹이는 동안 백화는 영달에게 호감을 보이지만 영달은 받아주지 않는다. 그들은 다시 길을 나서고 눈길을 걷는다. 감천역에 도착하자 백화는 영달에게 마땅히 갈 곳이 없으면 자기 고향에 가서 일자리를 잡아 주겠다며 갈 곳을 묻는다. 영달은 들은 체도 하지 않는다. 삼포행 기차를 기다리는 동안 정씨는 삼포가 개발에 편승하여 호텔 공사장으로 변했다는 소문을 듣는다. 영달은 일이 생겼다고 반가워하지만 마음의 정처를 잃은 정씨는 실망한 빛이 역력하다. 영달과 정씨는 삼포로 향하고 백화는 영달이 사준 차표를 가지고 어디론가 떠난다.

● 이만희의 49번째 작품이자 유작이다. 1973년 《신동아》 9월호에 발표한 황석영의 단편소설을 원작으로 하고 있다. 모든 사람의 고향인 가상의 삼포를 향해가는 세 사람의 관계 맺기와 여정을 그린 로드 무비. 부랑 노무자로 떠도는 영달과 교도소에서 나와 고향을 찾아 나선 정씨, 그리고 인정 많은 작부 백화 등 세 사람이 길에서 우연히 만나 알게 되면서 각자의 처지를 이해하는 내용이다.

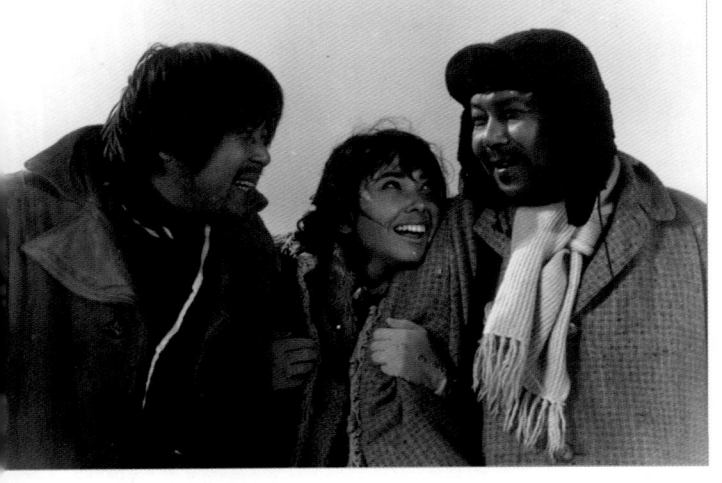

영화는 원작소설에서 크게 벗어나지 않는 구성과 줄거리를 좇고 있다. 다만 소설과는 달리 영달은 과거에 결혼까지 하고 약장사 등 여러 가지 일을 해본 경험이 많은 사람으로 설정되고 정씨는 소설에서는 30대 중반으로 나오지만 영화에서는 열여덟 살짜리 딸을 둔 40대로 나온다. 딸을 위해 고무신을 사는 장면, 백화를 술집에서 구해 낼 때 진짜 자기 딸인 것처럼 연기하는 장면에서 고향에 대한 집착과 딸에 대한 그리움을 보여준다. 소설에서는 고향으로 가는 기차를 탔는지 타지 않았는지 애매모호한 여운을 남기는 데 비해 영화에서는 고향을 생활 터전으로 정하고 있다.

70년대 산업화, 도시화 과정에서 고향을 떠나 살게 된 떠돌이의 아픔을 강하게 반영했다는 점에서 이 영화는 성공했다고 볼 수 있다. 그러나 소설과는 달리 떠돌이의 아픔과 더불어 변해버린 고향에 대한 상실감을 나타내지 못했다는 점에서 문예물로서의 강점을 약화시킨다. 그 대신 황량하

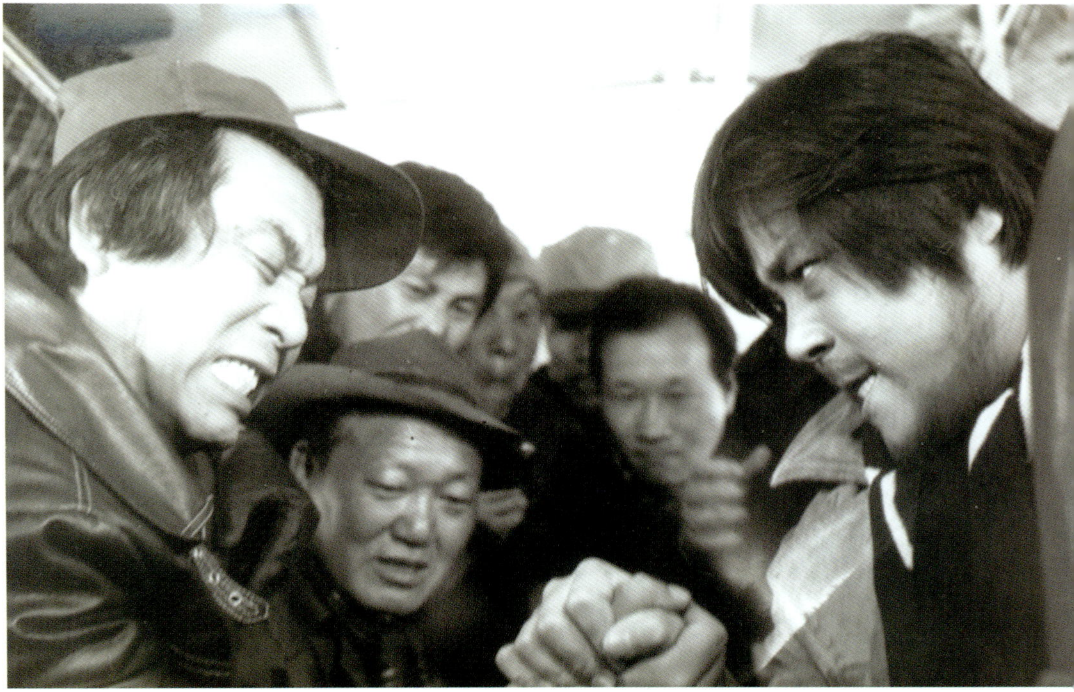

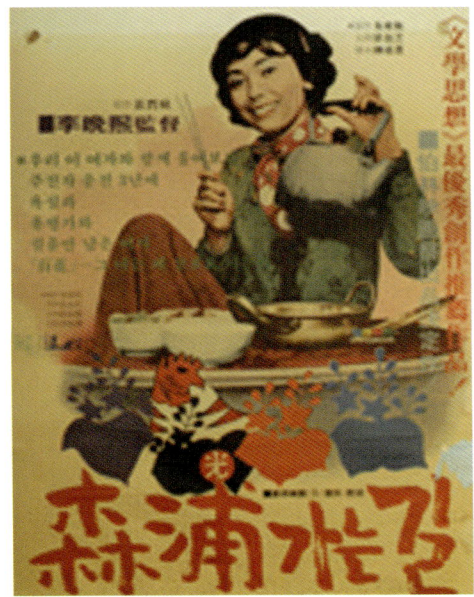

면서 아름다운 설경과 실험적인 사운드가 인상적이다. 김진규와 백일섭을
가운데 두고 설원이 된 들판을 거닐고 뛰는 '태양 닮은 소녀' 문숙이 아
름답다.

하길종은 그의 평문에서 이 영화를 "반쪽자리 걸작에 머물러 있다"고
했으나 평론가 김수남은 "우연한 만남과 동행, 그리고 고향을 찾아간다는
것으로 구성된 이 영화는 서정적이며 심리적인, 고차원적으로 승화된 리
얼리즘의 완숙한 모습을 보여주고 있다"(김수남, 『한국 영화작가 연구』,
예니, 1995년, p.269)고 평했다.

감독 이만희는 이 작품을 편집하던 중 쓰러져 병원에 입원한 후 개봉을
보지 못하고 그해 4월 15일에 타계했다. 향년 45세. 개봉 일주일 만에 간
판을 내릴 만큼 흥행에서는 성공하지 못했으나 제14회 대종상 우수작품
상, 이만희 감독상, 김진규 남우조연상과 문숙이 신인상을 받는 등 작품
성을 인정받았다. 한국영상자료원 '한국영화 100선' 선정.

바보들의 행진 行進, The March of Fools(1975)

(화천공사) 117분 극영화 연소자불가/
모험 로맨스

감독 : 하길종
제작 : 박종찬
각본 : 최인호(원작 최인호)
개봉 : 1975년 5월 31일 국도극장
　　　(서울)
관람인원 : 15만 3780명
출연 : 윤문섭, 하재영, 이영옥, 김영
　　　숙, 김상배, 정세근, 박규현, 김
　　　일영, 조병근, 박노랑, 하명중,
　　　김희라, 이기동, 문오장, 이일
　　　웅, 윤일봉, 박암, 최남현, 이
　　　철, 이승현 외
기획 : 이은봉, 김재웅
촬영 : 정일성
음악 : 강근식
조명 : 손영철
편집 : 현동춘
미술 : 김유준
소품 : 김호길
스틸 : 김병옥
사운드 : 이재웅, 최형래
조감독 : 박태영, 김송원

Y대 철학과에 다니는 병태(윤문섭)는 그룹미팅을 통해 H대 불문과의 영자(이영옥)를 알게 된다. 서구문명의 영향을 받고 성장한 이들은 학교와 가족, 내일이 보이지 않는 진로 문제에 부딪혀 고민하고 있다. 병태와 영자는 서로 사귀고 있지만 장래에 대한 약속 같은 것은 없다. 그들은 그저 만나고 대화할 뿐이다.

한편 병태의 친구 영철(하재영)은 순자(김영숙)를 좋아하고 있다. 순자는 군 입대 신체검사에서 탈락한 영철을 거부한다. 절망한 영철은 병태와 함께 바다로 간다. 예쁜 고래를 잡으러 동해로 가겠다던 영철은 자살하고 병태는 입대한다. 병태가 입대하던 날, 역으로 마중 나온 영자는 입영열차 차창에 매달려 병태와 입을 맞춘다.

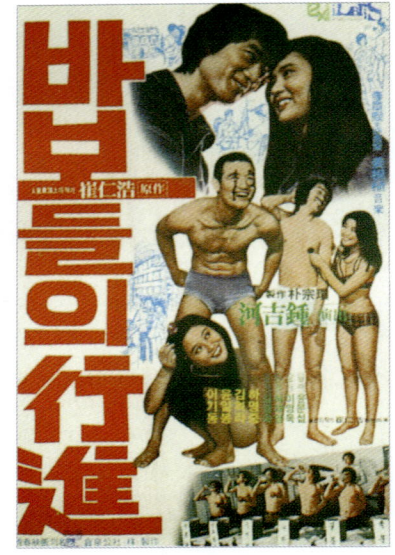

● '수절'(1974)에 이은 하길종 연출작. 원작은 일간 스포츠에 연재했던 최인호의 동명소설. 70년대 젊은이들의 좌절과 불안한 삶 등 상실감과 비애를 풍자적으로 묘사하고 있다. 출연자들은 오디션을 통과한 실제 대학생들로 이들의 때 묻지 않은 싱싱한 연기가 관객의 호응을 샀다. 감독 자신은 현실과 타협한 영화라고 자조했지만 카메라를 직접 들고 찍는 핸드헬드(hand-held)기법과 경사앵글이 수시로 사용된 경쾌한 카메라워크, 메시지가 강한 음악 등으로 인해 이 영화는 70년대를 대표하는 베스트무비 목록에 올라있다.(「조선일보추천 걸작영화 100선」 조선 05. 3. 15, 한국영상자료원 추천「한국영화 30선」, 2007년, 4월)

가수 송창식이 부른 "고래사냥", "왜 불러", 김상배의 "날이 갈수록"이 영화전편에 흐르면서 당시 젊은이들 사이에서 걸림돌이었던 장발단속, 음주문화, 미팅, 무기한 휴강, 입대 등 젊은이들의 풍속도를 리얼하게 보여주면서 젊은이들의 우울한 자화상을 유연하게 그려나간다.

송창식의 "왜 불러"와 영철의 테마곡인 "고래사냥"이 대학가 시위현장에서 자주 불리자 이 곡들은 당시 공윤(공연예술윤리위원회)에 의해 금지곡 판정을 받기도 했다. 무려 다섯 차례의 검열을 통해 술집에서 병태가 일본인과 싸우는 장면, 경찰서에서 여자의 옷을 벗기는 장면, 데모 장면 등 30분 분량이 잘려나갔다.(「한국영화 감독사전」, 국학자료원, 2004년, p.646)

병태 역은 '바보들의 행진'에서 윤문섭을 비롯 하길종의 '병태와 영자'(1979)에서는 손정환, 이강윤의 '병태와 영자(속)'에서는 '바보들의 행진'에서 영철로 나왔던 하재영이 맡고 있다. 이 영화는 서울 15만 관객동원으로 흥행 성공. 하길종은 다음 해 김주영 소설을 원작으로 한 '여자를 찾습니다'(1976)을 연출했으나 비평과 흥행에서 모두 실패했다.

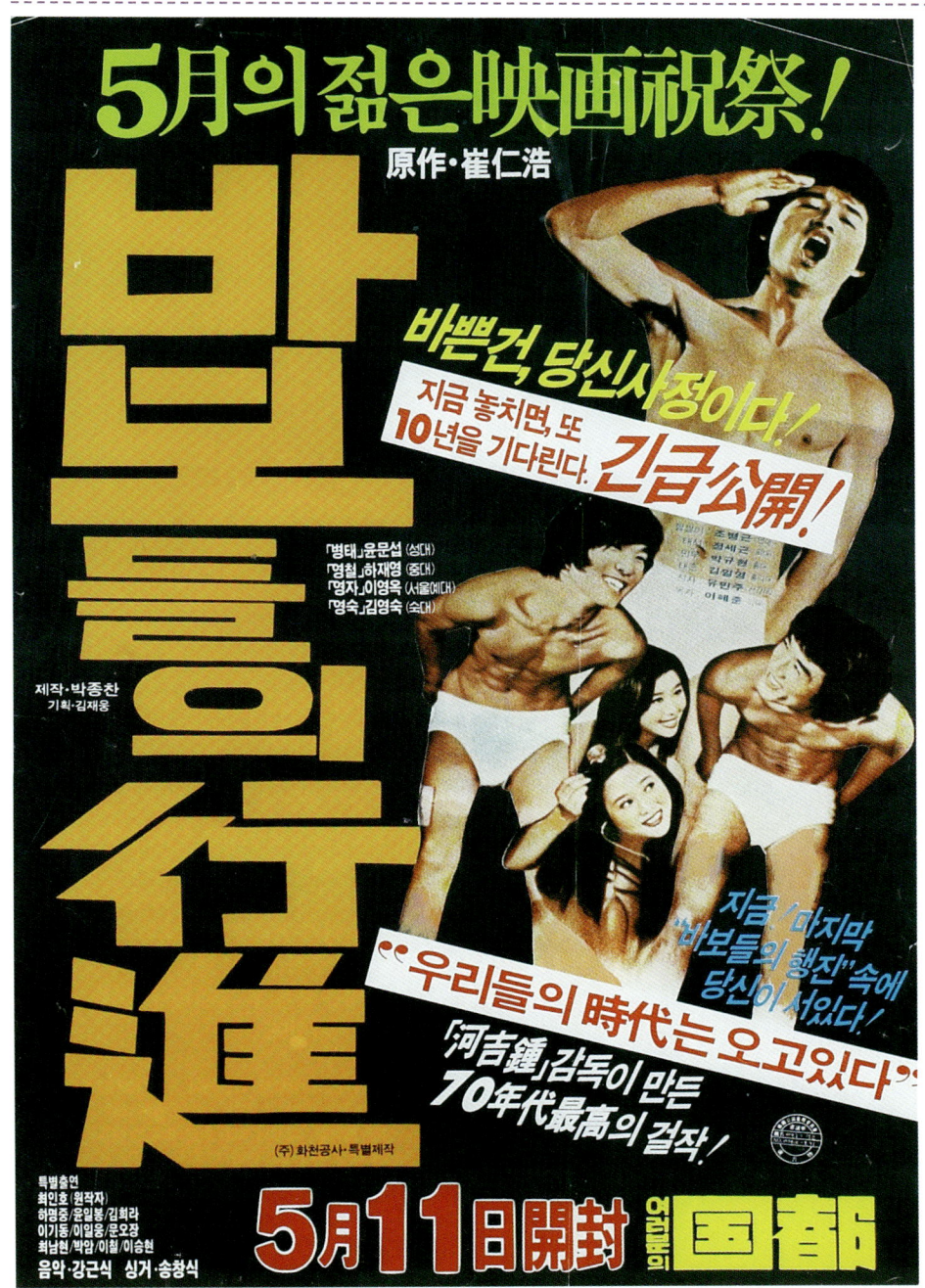

303

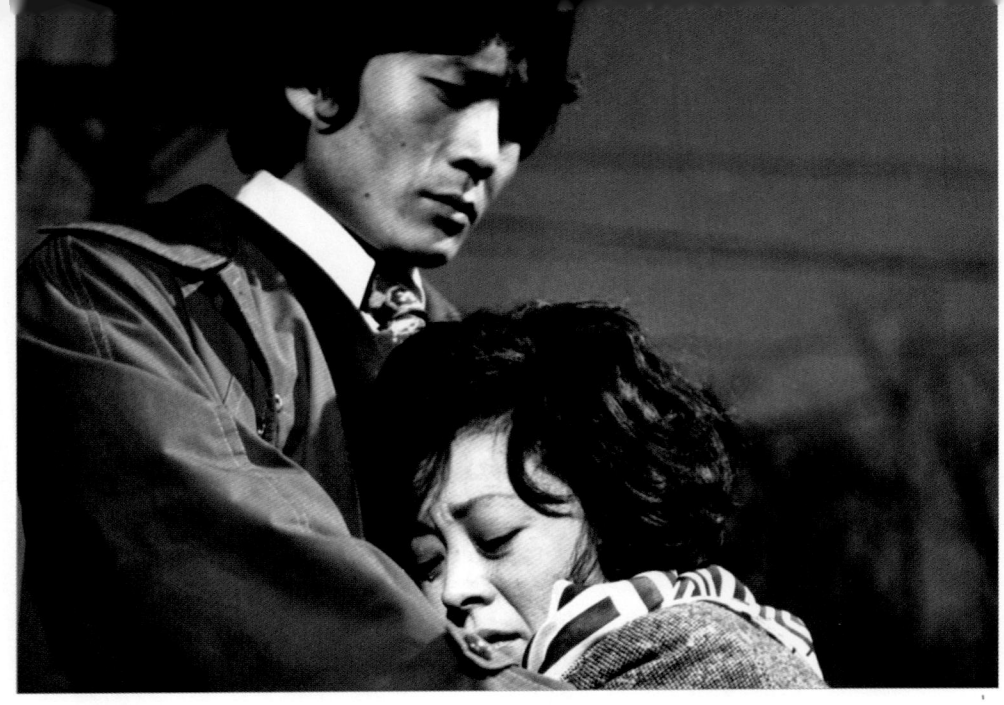

육체의 약속 Promises(1975)

(동아수출공사) 95분 극영화 연소자불
가/멜로

감독 : 김기영
제작 : 이우석
각본 : 김지헌
개봉 : 1975년 7월 26일 국도극장
(서울)
관람인원 : 6만 9522명
출연 : 김지미, 이정길, 박정자, 박암,
조재성, 한세훈, 유춘수, 여한
동, 김정철, 이용호 외
기획 : 조천석, 강범구
촬영 : 정일성
음악 : 한상기
조명 : 서병수
편집 : 현동춘
사운드 : 이재웅, 손효신
스틸 : 황태성
조감독 : 김여연, 신동우, 김유용, 오광
택
수상 : 제14회 대종상영화제 여우조연
상(박정자)·녹음상(이재웅)

남자들에게 순정을 짓밟힌 숙영(김지미)은 그들에게 복수를 하려다 교
도소에 수감된다. 형기 2년을 남긴 숙영은 특사로 어머니에게 성묘할
기회를 갖는다. 여간수와 함께 고향으로 가는 열차 안에서 숙영은 옆자
리에 앉은 훈(이정길)을 만나는 순간 멈출 수 없는 사랑을 느낀다. 그 열
정을 알아본 여간수가 훈과 숙영의 인연을 주선한다. 남자에게 받은 상
처의 기억 때문에 훈을 외면하던 숙영도 차츰 마음을 연다.

열차가 잠시 멈춘 사이 그들은 그동안 억눌러왔던 욕정을 불태운다.
그리고 숙영의 형기가 끝나는 날 다시 만날 것을 약속한다. 그러나 훈
은 친구의 죄를 뒤집어쓰고 형사의 추적을 받던 몸으로 즉시 경찰에 체
포된다. 이런 사정을 모르는 숙영은 출옥 후 그와 만나기로한 공원 벤
치에서 오지 않는 그를 하염없이 기다린다.

● 괴기호러물인 '여' 시리즈에 집착하던 김기영의 멜로물. 이만희의 '만추'(1966)를 9년 만에
리메이크한 영화다. 큰 줄거리는 원작을 그대로 답습하고 있다. 그러나 짧은 사랑의 추억을 안
타깝게 그려낸 이만희의 '만추'와는 달리 제목을 '육체의 약속'으로 바꾸고 움츠리고 참았던
욕정을 폭발시키는 남녀의 성애에 초점을 두고 있다. 이만희의 '만추'는 신성일, 문정숙을 내세
워 1966년 당시 10만 명의 관객을 동원한 데 비해 김기영의 '육체의 약속'은 김지미와 이정길
을 내세워 약 7만 명의 관객을 동원하는 데 그쳤다.

이 영화는 1981년 김수용의 '만추'로 다시 한 번 태어났다. 김수용의 '만추'(컬러영화)는 김
혜자, 정동환을 내세워 인물들의 삶과 계절의 연관성을 사실성이 돋보이는 정치한 화면 구도로
구현해냈다.

미인 美人, A Beauty(1975)

'신중현과 엽전들'의 신중현, 꽁치, 동호는 가난한 음악인이다. 실력은 있지만 돈도 없고 일자리도 없다. 미인은 그들을 따뜻하게 대하면서 방값과 술값을 주고 정신적인 위안도 돼준다. 그러던 어느 날 갑자기 인기가 상승하여 신중현과 엽전들은 스타가 된다. 그러나 그때부터 미인은 종적을 감춰 버린다. 여대생인 줄 알았던 그녀는 사실 콜걸이었다. 이를 안 신중현은 그녀를 그리워하는 마음을 노래로 부른다.

● 이형표는 이만희의 '태양닮은 소녀'(1974)의 주제곡이었던 "미인"을 영화로 만들면서 이 노래를 작곡한 '신중현과 엽전들' 멤버를 직접 영화에 출연시켰다. 신중현은 록 가수를 꿈꾸는 젊은이로 나온다. 가요 "미인"은 한국의 전통가락에 록을 접목시킨 음악으로 노랫말 중 "모두 사랑하네 나도 사랑하네"의 창법은 판소리를 응용한 것이라고 한다. 또 가야금을 연상케 하는 신중현의 기타는 매우 새로운 연주 기법으로 평가되었으며 이후 "미인"은 모든 연령층에서 애창되었다.
  1975년 우리 사회는 "미인"의 흥겨운 노래가 어디서든 흘러넘쳤으나 "미인"의 인기는 오래가지 못했다. 같은 해 12월 대마초 사건으로 대중음악계는 된서리를 맞았고 신중현은 징역 1년에 집행유예 3년을 선고받았다. 당연히 그의 노래 "미인"은 금지곡이 되었다.

(신프로덕션) 80분 극영화 연소자불가/멜로

감독: 이형표
제작: 신태선
각본: 김하림
개봉: 1975년 8월 30일 스카라극장 (서울)
관람인원: 4108명
출연: 김미영, 신중현, 이남이, 권용남, 이일웅, 소연, 유화춘, 최우경, 김영인, 최무웅, 전영주, 고옥화, 김윤숙, 홍나영, 조덕성, 임성포, 김기범, 추석양, 지방열 외
기획: 김갑의　　**촬영**: 최석주
음악: 신중현　　**조명**: 마용천
편집: 김현　　　**스틸**: 박성호
현상: 한참현상소
조감독: 황동주

마지막 포옹 The Last Embrace(1975)

농아학교 교사 수하(나하영)는 동료들의 부정적인 시선에도 불구하고 농아들에게 음악을 가르친다. 작곡가인 아버지(김진규)에게 음악에서 불가능은 없다고 배운 그녀는 자신의 경험을 살려 어떤 난관도 극복할 수 있다는 자신감에 차 있다. 한편 그녀는 같은 청각장애인 권투선수 학수(김희라)의 아이를 임신한다. 그녀는 아이가 농아일까봐 걱정하면서도 고 박사(이낙훈)의 격려로 만약 농아를 낳더라도 훌륭하게 키우겠다고 마음을 다진다. 이 사실을 알게 된 양가의 부모는 수하와 학수를 헤어지게 한다.

어느 날 수하는 벙어리 합주단을 연습시키다가 병원에 실려가고 아이를 낳다가 아이가 사산된다. 절망에 빠진 그녀는 텔레비전에서 아버지가 작곡한 "탄생"이란 곡을 농아들이 연주하는 것을 보고 탄생의 축복과 생명의 소중함을 다시 한 번 깨닫는다. 그때 학수가 나타나 그녀의 어깨를 감싸 안는다.

● 모스크바국제영화제 출품을 겨냥하여 농학교 학생들을 직접 출연시켜 사실감을 높이고 멜로적 요소를 가미하여 보편성을 갖추었다. 그러나 모스크바영화제엔 출품하지 못하고 파나마 국제영화제에서 김희라가 남우주연상, 김진규가 남우조연상을 받았다. 원제 '포옹'에서 국내 개봉 때는 관객이 쉽게 이해할 수 있도록 '마지막 포옹'으로 제목을 바꾸었으나 흥행에 실패했다.

(연방영화) 100분 극영화 고등학생가/문예

감독: 최하원
제작: 주동진
각본: 유동훈
개봉: 1975년 12월 13일 국제극장 (서울)
관람인원: 6210명(서울)
출연: 김희라, 나하영, 이낙훈, 김진규, 박암, 양광남, 이룡, 김웅, 송미남, 김지영, 조학자, 강대하, 장진권, 최경원, 김영민, 신영선, 정희섭, 조혜자, 김동훈 외
기획: 최춘득　　**촬영**: 김덕진
음악: 최창권　　**조명**: 손영철
편집: 장현수　　**소품**: 라정음
사운드: 김병수, 최형래
수상: 제14회 대종상영화제 각본상(유동훈), 제12회 백상예술대상 최우수남우상(김희라), 제13회 파나마 국제영화제 남우주연상(김희라)·남우조연상(김진규)·특별상

불꽃 Flame(1975)

(남아진흥) 95분 극영화 중학생가/반공

감독 : 유현목
제작 : 서종호
각색 : 이은성, 윤삼육(원작 선우휘)
개봉 : 1975년 12월 15일 단성사
관람인원 : 2만 609명
출연 : 하명중, 김진규, 고은아, 강민
호, 윤소라 외
촬영 : 정일성
조명 : 손영철
편집 : 이경자
음악 : 한상기
수상 : 제14회 대종상영화제 최우수작
품상(남아진흥) · 남우주연상(하
명중) · 미술상(김유준) · 조명상
(손영철), 핑크리본상 작품상 ·
감독상(유현목), 제22회 아시아
영화제 출품

현(하명중)의 아버지는 3·1 만세사건에 앞장섰다가 일경의 총에 맞아 죽은 독립운동가였다. 할아버지(김진규)는 철저한 봉건적 사상으로 무장된 이기주의자이고 어머니(고은아)는 남편이 죽은 지 9개월 만에 현을 낳고 참을성과 끈기로 일관한 삶을 살아온 전형적인 한국 여성이다. 아버지의 저항정신과 할아버지의 숙명론적인 사고방식 사이에서 방황하던 현은 일제 말 학병으로 끌려갔다가 고향에 돌아오자 교사가 되어 아이들 지도에만 전념했다. 그러나 6·25와 함께 좌우익대립이라는 냉혹한 현실을 목도하게 되고 사상적 부조리와 혼란을 경험하면서 여수, 순천 사건도 듣게 된다.

어느 날 전쟁에 나갔다가 돌아온 친구 연호(강민호)와 공산주의 혁명에 대한 열띤 토론을 벌이던 그는 인민재판이 있던 날, 동료 여교사의 부친이 처형당하는 것을 보고 드디어 분노가 폭발한다. 그는 연호를 뿌리치고 보안서원의 총을 빼앗아 아버지가 죽은 동굴로 피신한다. 현의 은신처를 찾아낸 연호는 현의 할아버지를 인질 삼아 투항을 종용한다. 처음에는 투항하라던 할아버지가 너는 살아야 한다고 용기를 주지만 연호가 할아버지를 사살한다. 현은 할아버지를 죽인 공산주의자 연호에게 방아쇠를 당기면서 솟아오르는 분노 속에서 새로운 미래의 '불꽃'을 느낀다.

● 유현목의 연출작품. 선우휘의 소설 「불꽃」은 1957년 7월, 《문학예술》지에 당선된 작품으로 제2회 동인문학상을 받았다. 선우휘는 1949년 육군소위로 임관, 한국전쟁 중 정훈장교로서 특수유격대를 지원, 1·4후퇴 때는 대동강 철교가 끊어지자 가교를 설치하여 피난 행렬을 돕는 등 이 소설은 선우휘 자신의 체험이 담긴 야심작이자 대표작이다.

영화는 주인공이 인민군 친구에게 쫓겨 동굴에 피신한 후 동굴에서 자신의 과거와 아버지를 회상하는 구성으로 진행된다. 감독은 이를 정석의 연출로 3·1운동에서 일제 말, 해방과 6·25로 이어지는 한국 근현대사의 격동기를 한 가문의 3대에 걸친 가족사로 집약하여 정리하고 있다. 영화는 모든 사람이 저마다 생명의 불꽃을 안고 있지만 그 사실을 망각한 채 자신의 주관적인 감정이나 의지를 자신 안에 가두고 있다는 경고를 함축하고 있다. 유현목 특유의 플래시백 구성과 편집기술 감각이 돋보이는 영화로 정일성의 뛰어난 영상미를 확인할 수 있는 영화이기도 하다.

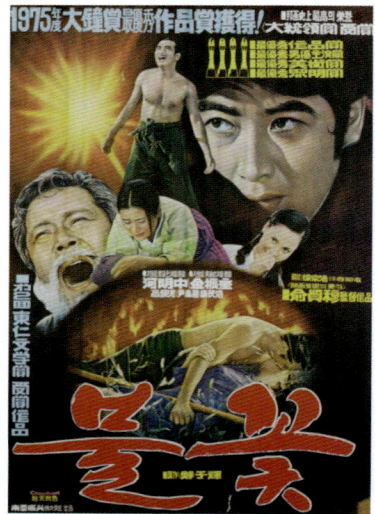

김두한 4 金斗漢, Kim Du-Han IV(1975)

일본군과 맞서 싸운 죄로 오키나와 형무소에 수감 중이던 두한은 대한 민국 정부 수립과 함께 출감되어 고국으로 돌아온다. 그는 그동안의 공로로 내심 관직을 기대해 보지만 대통령은 돈 봉투를 건네주며 주먹세계에서 손을 털고 새 출발할 것을 권한다. 이후 두한은 부하들과 헤어져 부인이 하는 한식집에서 책이나 읽으며 소일하고 있다. 그런데 어느 날 보석상에서 강도짓을 하다 붙잡힌 덕균을 만나 강도짓을 하게 된 사연을 듣게 된다. 덕균은 그동안 제지공장에 다니며 열심히 일했지만 공장장이 임금을 번번이 착취하는 바람에 어머니의 환갑상을 차려드릴 돈이 없어 보석상을 털었다는 것이다. 사정을 알게 된 두한은 옛 부하들을 모아 공장장 일당을 일망타진하고 덕균을 대신해서 덕균 어머니의 환갑상을 차려드린다.

(합동영화) 100분 극영화 중학생가/
전기 액션

감독: 고영남
제작: 곽정환
각본: 이일목
개봉: 1975년 12월 31일
출연: 이대근, 서미경, 김상순 외
촬영: 이성춘

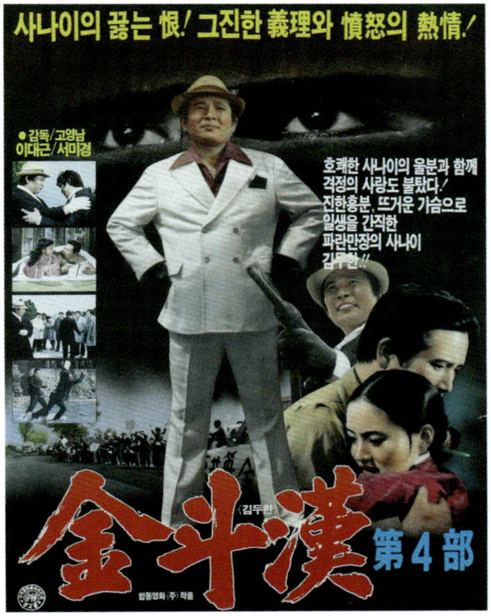

사나이의 끓는 恨! 그진한 義理와 憤怒의 熱情!

金斗漢 第4部

● 액션·멜로의 대표주자인 고영남 연출작. 김두한의 일대기중 일부를 다루고 있다. 김두한은 당대 세도가인 안동 김씨 가문에서 백야 김좌진 장군의 아들로 태어났으나 불우한 유년시절을 보내고 20세의 나이에 주먹계를 평정하면서 종로의 '오야붕'이 된 사나이다. 범상치 않은 출생, 불우한 성장기, 그리고 영웅적인 활약상 등 김두한의 생애엔 드라마의 기본 요건을 다양하게 갖추고 있다. 그래서인지 그의 이야기는 끊임없이 영화와 드라마로 만들어졌다.

김두한을 소재로 한 영화는 김효천의 '실록 김두한' (1974), '협객 김두한' (1975) 이 1, 2편으로 제작되고 고영남의 '김두한 3' (1975)과 '김두한 4', 이혁수의 '김두한과 서대문 1번지'(1981), 김효천의 '김두한형, 시라소니형, 이후 1990년대 임권택의 유명한 '장군의 아들' 시리즈로 이어진다. 1980년대 이전까지 김두한 역으로 인기를 끌었던 배우는 이대근이다. 이 영화는 제4편에 해당하는 내용으로 김두한이 오키나와 형무소를 출감한 후의 한 시기를 그리고 있다.

고영남은 같은 해 윤삼육 각본의 반공영화 '탈출'을 연출, 제14회 대종상 우수반공상을 수상했으나 11월, 대한극장에서 개봉되어 흥행에 참패했다. 관객 7160명.

장미와 들개 Rose and Wild Dog(1975)

(합동영화) 극영화 연소자불가/멜로

감독 : 신상옥
제작 : 곽정환
각본 : 신상옥(원작 첸코타이)
개봉 : 1976년 3월 19일 스카라극장
　　　(서울)
관람인원 : 1만 4446명
출연 : 오수미, 등량영, 금비, 첸코타이
　　　외

홍콩 교외에서 장미원 일꾼으로 위장해 있던 준은 자살 직전의 행자를 구해준다. 행자는 냉정한 편이지만 자신을 구해준 준에게 은은한 연정을 느낀다. 한편 일본인 대화전은 준의 옛 친구인 삼빈을 홍콩에 파견하여 자신을 배신한 준을 찾고 있다. 쫓기는 준을 행자가 지켜주지만 그들은 결국 삼빈의 손에 잡히고 만다. 그러나 옛 친구 삼빈이 두 사람을 놓아주자 대화전 일당과 삼빈 사이에 총격전이 벌어지고 그 틈을 타서 보트에 오른 준과 행자는 대화전의 부하가 쏜 총탄에 맞아 숨진다.

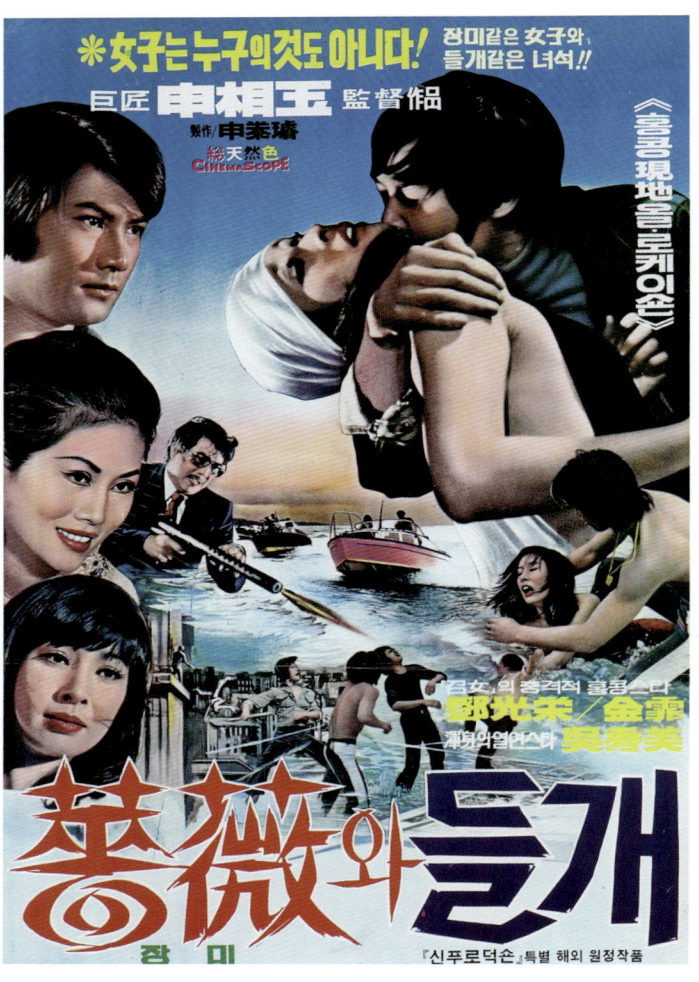

● '13세 소년'(1974), '아이러브마마'(1975)에 이은 신상옥의 62번째 연출작. 홍콩과의 합작영화. 주인공으로 오수미가 캐스팅되면서 부인 최은희의 역할이 줄어들게 된다. 그런데 1975년 11월, 검열과정에서 삭제한 '2초'간의 키스장면이 이 영화의 예고편에 나가면서 신필름은 영화사 등록이 말소되는 사태를 빚었다.

1952년 '악야'로 감독 데뷔한 후 최고의 감독 겸 제작자로 군림해왔던 신상옥은 정권과의 관계가 소원해지면서 영화제작의 터전인 신필름을 잃게 된 것이다. '여수 407'과 '여수 407(속)'(1976)을 마지막으로 영화연출 및 제작을 중단하게 된 그는 홍콩과 미국으로 진출한 후 해외에서 만든 영화를 역으로 수입하려고 시도했으나 영화제작 행진은 더 이상 계속되지 못했다.

1978년 1월 홍콩을 방문 중이던 부인 최은희 실종 사건이 일어나고 실종 사건의 전말을 알기 위해 홍콩으로 갔던 신상옥 마저 같은 해 7월 19일 홍콩에서 사라졌다. 1984년 당시 안기부는 두 사람이 북한 공작원에게 강제로 납치됐음을 밝혔다.(김수남, 『한국 영화작가 연구』, 예니, p.197) 이들 부부는 1986년 오스트리아에서 탈출하여 미국에서 머물다가 1990년 KAL기 폭파사건을 다룬 영화 '마유미'로 다시 컴백하게 된다.

간난이 Kan-Nan(1976)

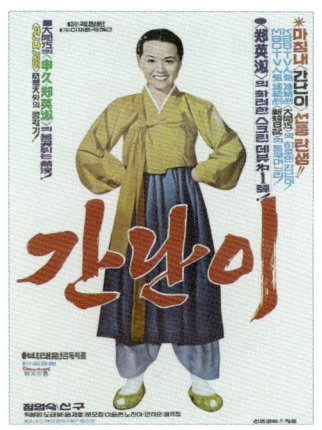

간난이는 도라지를 캐다가 우연히 산삼을 발견한다. 산삼을 캔 간난이는 복씨와 함께 산삼도 팔고 서울로 간 돌쇠도 만날 겸해서 서울로 올라온다. 간난이와 복씨에게는 도시의 모든 것이 생소하기만 하다. 그러나 돌쇠나 기차에서 만난 동인까지도 모두 산삼 판돈에만 눈독을 들인다. 순박한 간난이는 산삼 판 돈을 여관 종업원 구식에게 모두 주고 도로 시골로 내려간다.

● '마음은 푸른 하늘'(1973)로 감독 데뷔한 박태원 연출작. '간난이'를 연출하던 해 '선생님 안녕', '성춘향전' 등 세 편의 영화를 만들고 다음해 '소문난 고교생'(1977) 연출 후 감독은 영화계를 떠났다. 그의 작품 중 '성춘향전'(1976)은 역대 '춘향'을 소재로 한 영화 중 가장 젊은 배우인 장미희를 기용했다고 해서 화제를 모았다. 하지만 흥행에서는 실패했다.

(합동영화) 90분 극영화 중학생가/멜로
- **감독**: 박태원
- **제작**: 곽정환
- **각본**: 김동현
- **개봉**: 1976년 1월 12일 피카디리 극장
- **출연**: 정영숙, 신구, 최불암, 도금봉, 송재호, 문오장, 노진아, 이승현, 홍유정, 김웅, 임혜림 외
- **기획**: 이재훈, 곽해근
- **촬영**: 이석기
- **음악**: 정민섭
- **조명**: 정덕구
- **편집**: 현동춘
- **분장**: 정준호
- **사운드**: 김성찬, 손효신
- **스틸**: 박희재
- **조감독**: 양병간

왕십리 往十里, Wang Sib Ri, My Hometown(1976)

왕십리 토박이 준태(신성일)와 당구장 종업원 정희(김영애)는 사랑하는 사이다. 준태 부모의 완강한 반대로 정희와의 사랑은 무산되고 준태는 해병대에 입대한다. 제대 후 성공한 준태는 14년 만에 정희를 찾아 왕십리로 돌아온다. 정희는 그의 친구(백일섭)와 동거하고 있었고 그에게는 호스티스 윤애(전영선)가 접근해온다. 준태는 정희를 잊기로 하고 자신만을 바라보는 윤애와 결혼을 약속하지만 윤애는 그와의 신분 격차를 인식하고 어디론가 떠나버린다. 준태는 윤애와 정희 등 수많은 추억이 담긴 고향 왕십리에 정착한다.

● 조해일 원작을 이희우가 각색한 작품. 설날 프로로 국도극장에서 개봉되었으나 흥행에 참패했다. 지방 개봉을 못하고 있다가 같은 해 여름(7월 29일) 부산 제일극장에서 개봉했으나 역시 8일 만에 막을 내렸다.

서민들의 삶의 의지와 정이 넘치는 왕십리를 배경으로 한 이 영화는 특히 성동교에서 역광으로 처리된 신성일, 최불암의 포옹 장면이 일품이다. 영화평론가 조희문은 "한국영화에서 현대적 사상성을 가진 인물이 처음 등장하는 영화"로 평했고 임권택은 스스로 "대사보다 심상을 프레임 속에 옮기려고 시도한 최초의 영화"임을 밝힌 바 있다. 작품의 특성상 플래시백 구조로 이루어지고 대사가 오가는 중간에도 플래시백이 중간에 들어가 진행된다. 임권택의 영화 역정에 분기점이 되었다고 말할 수 있는 작품으로 그의 영화들은 1970년대 이후부터 중후해지기 시작한다. 주제가는 최병걸이 불렀다. 제12회 백상예술대상에서 작품상과 감독상 수상.

(우성사) 105분 극영화 연소자불가/멜로
- **감독**: 임권택
- **제작**: 김용덕
- **각색**: 이희우(원작 조해일)
- **개봉**: 1976년 1월 31일 국도극장 (서울)
- **관람인원**: 3만 1694명
- **출연**: 신성일, 김영애, 전영선, 윤양하, 최불암, 백일섭, 이해룡, 김운하, 이강조 외
- **촬영**: 이석기
- **음악**: 정성조
- **조명**: 정덕규
- **편집**: 김희수
- **미술**: 노인택
- **소품**: 심의승
- **스틸**: 최승화
- **사운드**: 김성찬
- **녹음**: 손효신
- **조감독**: 노세한, 원정수, 정만섭
- **수상**: 제12회 백상예술대상 작품상 (우성사) · 감독상(임권택)

진짜진짜 잊지마 Never Never Forget Me(1976)

(동아수출공사) 93분 극영화 중학생가
/하이틴 멜로

감독 : 문여송
제작 : 이우석
각본 : 서인경
개봉 : 1976년 2월 14일 허리우드극
　　　장(서울)
관람인원 : 6만 6372명
출연 : 임예진, 이덕화, 신구, 문오장,
　　　김윤경, 윤희, 이창원, 김복순,
　　　김웅, 태일, 김명섭 외
기획 : 조천석, 강범구
촬영 : 홍동혁
음악 : 윤채현
조명 : 최의정
편집 : 현동춘
사운드 : 이재웅, 손효신
스틸 : 서흥익

영수와 정아는 열차 통학을 하는 고교생들이다. 이성교제를 엄격히 규제하는 학교에 다니면서도 그들의 사랑은 티 없이 영글어 장래까지 약속한 사이다. 그러나 학군단 훈련을 마치고 정아를 찾아온 영수는 바로 하루 전날, 악성폐렴으로 정아가 죽었다는 소식들 듣는다. 정아와 함께 걷던 철길을 걸으며 영수는 소중한 사연들을 가슴 깊은 곳에 간직하리라 마음먹는다.

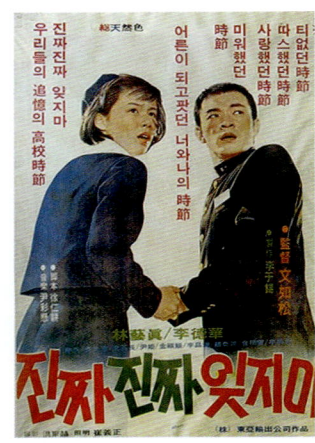

● '간첩작전'(1966)과 '부인행차'(1968) 연출 후 8년 만에 내놓은 문여송의 세 번째 작품. 1970년대 중반 폭발적인 인기를 모은 하이틴 영화의 대표작으로 이덕화, 임예진이 출연해 스타덤에 올랐다. 개봉 첫날부터 중고생이 대거 몰려들어 대박을 터뜨리면서 영화는 하이틴 영화라는 색다른 장르의 대명사가 되었고 당시 최고의 여고생 스타로 떠오른 임예진은 '진짜진짜 잊지마', '진짜진짜 미안해'(1976), '진짜진짜 좋아해'(1977)로 이어지는 '진짜진짜' 시리즈의 초석을 놓았다. 특히 '진짜진짜 잊지마'는 그 해 제작된 100여 편 중 흥행 성적 2위. 목포 혜인여고, 덕인고, 문태고에서 촬영됐다.

걷지 말고 뛰어라 Don't Walk But Run!(1976)

(동아수출공사) 103분 극영화 연소자
불가/멜로

감독 : 최인호
제작 : 이우석
각본 : 최인호
개봉 : 1976년 2월 14일 국도극장
　　　(서울)
관람인원 : 4만 7985명
출연 : 하재영, 박은수, 최윤희, 홍유
　　　정, 황건, 이석구, 박영규, 황상
　　　철, 지계순, 이영호, 권일정, 임
　　　해림, 박일 외
기획 : 조천석, 강범구
촬영 : 서정민　　음악 : 강근식
조명 : 김진도　　편집 : 현동춘
미술 : 이명수　　소품 : 김호길
분장 : 송일근　　사운드 : 이재웅
녹음 : 황구현　　스틸 : 박승택
조감독 : 송영수, 심재석

오랜 노력 끝에 성공한 상민은 7년 전 거리에서 우연히 만났던 길용을 찾아나선다. 그들은 그때 각자의 인생을 살기로 하고 헤어졌고 상민은 성공했으나 길용은 실직과 사업 실패로 파멸의 길을 걷고 있었다. 상민은 길용에게 "미래를 위해 현재를 저당잡히고 열심히 살아가자"고 다짐한다.

● 최인호 감독 데뷔작. 1970년대 중반부터 1980년대 중반에 이르기까지 충무로에서 최고의 시나리오작가로 활약한 최인호의 유일한 연출작. 『별들의 고향』, 『바보들의 행진』 등 자신의 소설을 각색한 영화로 젊은 층의 호응을 받으며 극장가를 휩쓸다가 청춘영화의 붐을 타고 이 영화를 연출, 성공한 청년이 옛 친구를 찾아나서는 내용으로 작가주의적 성향을 드러내고 있다는 평을 받았으나 흥행에서는 성공하지 못했다. 하재영과 함께 TV 연속드라마 '전원일기'에서 일용이로 낯이 익은 박은수가 주연으로 출연했다.

캘리포니아 90006 California 90006(1976)

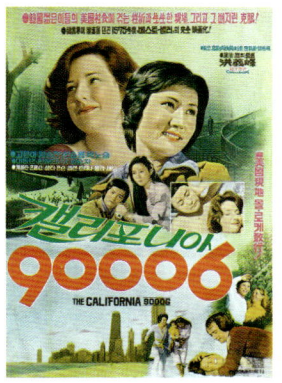

경식, 태인, 진영은 미국의 불법체류자들이다. 태인은 공부와 아르바이트로 서서히 지쳐가고 경식은 불법체류의 불안을 떨쳐버리기 위해 위장 결혼을 한다. 진영은 술집에서 피아니스트로 일하면서 술집 주인인 캐런과 동거하고 있다. 이때 진영의 약혼녀인 연희가 미국에 오지만 진영에게 다른 여자가 있음을 알고 떠나 버린다. 고립감에 시달리던 태인은 결국 정신이상자가 되고 진영은 캐런과의 동거를 청산한 후 연희를 따라 서울로 돌아온다. 경식은 불법체류자로 체포 직전, 자신의 처지를 돌아보며 쓸쓸히 웃는다.

● 홍의봉 감독 데뷔작. 감독이 직접 시나리오를 썼다. 홍의봉의 작품 세계는 미국을 배경으로 한 교포사회의 갈등이 주류를 이룬다. 두 번째 영화 역시 한국인의 미국 이민 사회를 다룬 '코메리칸의 낮과 밤'(1977)이다. 이 영화는 미국에 이민 간 부부가 남편은 주유소를 운영하고 아내는 청소를 하며 자녀들을 교육시키다가 강도에게 아내가 죽자 보복하려던 동생마저 죽게 된다는 내용이다.

(합동영화) 88분 극영화 중학생관람가/멜로

감독 : 홍의봉
제작 : 곽정환
각본 : 홍의봉(원작 홍의봉)
개봉 : 1976년 3월 12일 명보극장 (서울)
관람인원 : 7898명
출연 : 고은아, 황승진, 한소룡, 박노승, 이동민, 현애리, 김순자, 캐롤린 프롱스, 셀리 존스, 헬렌 트리나 폴라새드 외
기획 : 이재훈, 곽해근
촬영 : 안창복
음악 : 정민섭
조명 : 김동포
편집 : 현동춘
사운드 : 김병수, 황구현
스틸 : 박희재

보통여자 – 김수현의 보통여자 Common Woman(1976)

돈 많은 재일동포 최 사장의 현지처인 은희는 최사장의 사랑을 독차지하고 있다. 그러나 최 사장에 대한 사랑이 깊어질수록 그녀는 자신이 원하는 것은 정작 돈이 아니라 정신적 사랑임을 깨닫는다. 결국 은희는 한 젊은이를 만나 여자로서의 행복과 사랑을 느끼며 자신을 드러낸 채 떳떳하게 살고 싶어한다. 그러나 그 젊은이 역시 그녀를 떠나 다른 여자와 결혼해버린다. 은희는 보통 여자처럼 살고 싶어도 그럴 수 없다는 절망감에 사로잡힌다.

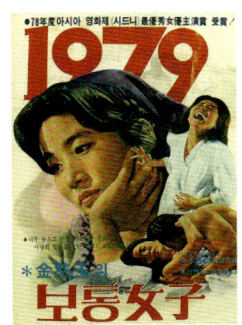

● 김수현 원작으로 '김수현의 보통여자'가 부제로 붙는다. 김자옥 스크린 데뷔작. 남녀 주인공 두 명의 대화만으로 전체극을 이끌어가는 독특한 실험극. 첫 출연한 김자옥이 부르주아 남성의 첩으로 살아가는 여성 심리를 절망적으로 묘사하고 있다. 김수현 작품에서는 여성을 배반한 남성이 아무런 미련 없이 등을 돌리는 냉정함을 지킨다. 이 영화는 부산에서 열린 제22회 아태영화제에서 변장호 감독상, 최무룡 남우주연상, 제12회 백상예술대상에서 김자옥이 최우수연기상을 받는 등 각종 영화제에서 호평을 받았다. 흥행은 저조했다.

(합동영화) 90분 35mm 극영화 연소자불가/멜로

감독 : 변장호
제작 : 곽정환   **각본** : 김수현
개봉 : 1976년 3월 20일 명보극장 (서울)
관람인원 : 1만 6461명
출연 : 김자옥, 최무룡, 신영일(특별출연), 선우용녀, 사미자, 이재호, 김혜인 외
기획 : 곽해근   **촬영** : 정광석
음악 : 정성조   **조명** : 정경희
편집 : 현동춘
사운드 : 이재웅, 황구현
조감독 : 방충식, 선우완
수상 : 제15회 대종상영화제 촬영상(정광석), 제12회 백상예술대상 최우수연기상(김자옥) · 촬영상(정광석), 제22회 아태영화제 감독상(변장호) · 남우주연상(최무룡), 제5회 테헤란국제영화제 출품

여자들만 사는 거리 Manless Street(1976)

(한진흥업) 100분 극영화 연소자불가/
멜로

감독 : 김호선
제작 : 한갑진
각본 : 조선작, 김승옥
개봉 : 1976년 5월 15일 국도극장
　　　(서울)
관람인원 : 7만 8921명
출연 : 송재호, 유미나, 박병호, 김수
　　　미, 도금봉 외
촬영 : 장석준
수상 : 제13회 백상예술대상 신인상
　　　(연기: 유미나)

술집 아가씨 근옥은 부모를 일찍 잃고 고아원에서 자랐다. 그녀는 가정
방문해온 주인집 아들의 담임선생인 조용준을 보고 그에게 호감을 느
낀다. 용준도 근옥이 싫지는 않지만 교육자로서의 자신의 입장을 고려
하여 근옥을 멀리한다. 그러나 끈질긴 근옥의 구애 작전에 용준은 학교
를 사직하고 그녀를 올바른 여인으로 만들기 위해 갖은 노력을 다한다.
어느 날 그는 호텔로 향하는 근옥을 보고 실망한다. 그러나 그녀가 호
텔 청소부인 것을 알게 된 용준은 그녀를 포옹하며 청혼한다.

● '영자의 전성시대'(1975)로 36만 명의 관객을 동원하여 충무로 최고의 감독으로 떠오른 김호
선의 연출작. 이 영화는 1970년대 중반 유행했던 이른바 호스티스 영화에 속하는 작품이다. 순
진하고 건실한 인텔리 남자가 온갖 인생유전을 다 겪은 술집 여자를 수렁에서 건져내며 마침내
새 사람으로 인도한다는 초기 호스티스 영화의 교과서적인 설정을 세우고 있다.
　'영자의 전성시대'에서 '겨울여자'(1977)로 넘어가는 길목에서 만들어진 이 영화는 각본 김승
욱, 촬영 장석준 등 호흡이 잘 맞는 스태프로 구성됐음에도 "1970년대 당시 남자들의 나약한
모습만을 보여준 어중간한 호스티스 영화가 되고 말았다"(EBS PD 이승훈)는 평을 받았다. 관
객 약 8만 명 동원.

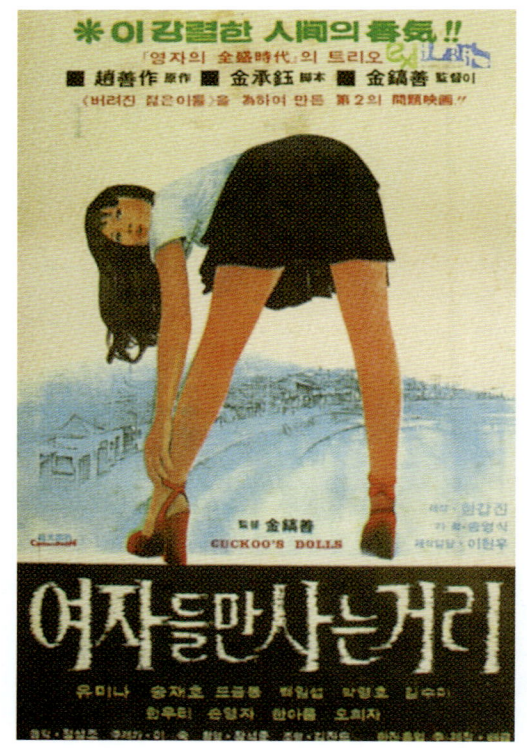

아메리카 방문객 Visitors In America(1976)

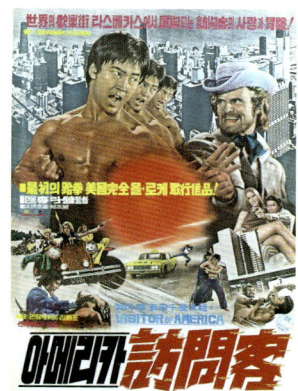

특종기사를 찾아 라스베이거스에 온 신문기자 한지혁이 의문의 죽음을 당한다. 경찰이 단순사고로 처리하자 워싱턴에서 태권도 도장을 경영하는 동생 한욱이 형의 죽음에 의혹을 품고 라스베이거스로 온다. 한욱은 마크의 술집에서 일하는 스코트를 수상히 여기고 그를 추궁한다. 결국 스코트로부터 아편밀매단의 짓임을 밝혀낸 후 한욱이 밀매단 본거지로 뛰어 들어가 그들을 소탕하여 경찰에 넘긴다.

(합동영화) 95분 극영화 연소자불가/액션
감독 : 이두용
제작 : 곽정환
각본 : 홍지운
각색 : 이두용
개봉 : 1976년 6월 12일 명보극장 (서울)
관람인원 : 1만 8348명
수출현황 : 인도네시아
출연 : 정준, 데비 데보라, 배수천, 김기주, 빅짐, 가하나왕 외
기획 : 곽해근, 이신명
촬영 : 안창복
음악 : 김희갑
조명 : 김동포
편집 : 현동춘
사운드 : 유창극, 윤덕영
조감독 : 이현진, 유응렬
수상 : 제5회 테헤란국제영화제 출품

● 이두용 연출작. 1970년대 한용철을 내세운 쿵푸영화로 호평을 받았던 이두용이 1976년에 발표한 액션영화. 라스베이거스의 거대한 범죄조직에 대항하는 한국 젊은이의 용기를 그린 작품으로 재미교포 유단자인 정준(케리 정)을 주연으로 캐스팅했다. 서울에서는 흥행에 실패했지만 지방에서는 좋은 반응을 보였다. 최초의 미국 올 로케이션 영화. 액션오락물로서는 비교적 완성도 높은 작품으로 평가되어 테헤란국제영화제에 출품되기도 했다.

원산공작 元山工作, Wonsan Secret Operation(1976)

1950년 11월, 원산에서 후퇴작전이 진행되는 동안 연합군 사령부에 비밀정보가 접수된다. 원산 병원에서 페스트로 보이는 질병으로 하루에 수십 명씩 죽어나간다는 것이다. 참모실은 충격을 받고 당황한다. 만일 이것이 사실이라면 공산군과 싸우고 있는 외국군에도 틀림없이 전염될 것이기 때문이다. 이를 확인하기 위해 한국 해군, 미국 작전참모실, 특수전문교육을 받은 특수공작대가 조직된다. 그들은 그 지역의 반공유격대의 도움을 받아 성공리에 작전을 수행하고 병원체가 페스트가 아님을 밝혀낸다. 이 일로 인해 연합사령부는 한반도에서 전력을 후퇴시키지 않게 된다.

(세경흥업) 115분 극영화 중학생가/반공분단
감독 : 설태호
제작 : 김화식
각본 : 서윤성
개봉 : 1976년 8월 20일
출연 : 남궁원, 프레드릭 휠스, 박암, 김희라, 최정훈, 장혁, 강민호, 진봉진, 태현실 외
기획 : 윤상희, 박희천
촬영 : 서정민   음악 : 전정근
조명 : 고해진   편집 : 김창순
미술 : 이봉선   소품 : 이월호
의상 : а어윤   분장 : 임동훈
사운드 : 손인호, 손효신
특수효과 : 이문걸
조감독 : 박철수
수상 : 제15회 대종상영화제 우수작품상(세경흥업) · 감독상(설태호) · 여우조연상(태현실) · 각본상(서윤성) · 편집상(김창순), 제21회 아시아영화제 국제우호증진상 · 남우조연상(장혁)

● 설태호의 대표작 중 하나. 간첩 잡는 귀신 오제도 검사의 실화를 바탕으로 한 '특별수사본부 기생 김소산', 제2탄인 '특별수사본부와 여대생 이난희 사건'(1973) 등 여간첩 시리즈로 화제를 모았던 설태호는 '원산공작'을 계기로 군사영화에 손대게 된다. 이 작품은 흥행과 예술적 감각을 두루 갖춘 작품으로 제15회 대종상 최우수작품상과 감독상을 수상했다.

낙동강은 흐르는가 Does the Nak-Dong River Flow?(1976)

(우진필름) 95분 극영화 연소자가/반공
감독 : 임권택
제작 : 정진우
각본 : 나한봉 한성(원작 한성)
개봉 : 1976년 10월 23일 대한극장
　　　 (서울)
관람인원 : 493명
출연 : 진유영, 유영국, 김지혜, 장혁,
　　　 김희라, 박암, 황백 외
기획 : 정광웅
촬영 : 서정민
음악 : 김희갑
조명 : 박태수
편집 : 김창순
미술 : 이봉선
소품 : 이월호
의상 : 이해윤
사운드 : 김성찬, 손효신
특수효과 : 이문걸, 박광남
제작총지휘 : 김진문
조감독 : 노세한
후원 : 국방부 · 문화공보부
수상 : 제13회 백상예술대상 감독상
　　　 (임권택) · 최우수조연상(장혁)
　　　 · 신인상(진유영)

낙동강까지 몰린 국군은 최후 방어선인 대구를 목전에 두고 치열한 공방전을 시작한다. 차 중위는 교량폭파를 위해 성격과 생활방식이 서로 다른 박 상사 등 특공대원들을 선발한다. 그중에서 천 이병(진유영)은 17세의 나이로 자진 출전한다. 그는 징집당한 학도병이 아닌 고교생이다. 피난길에서 결핵을 앓고 있던 여자친구의 약을 가지러 피난 행렬을 거슬러 올라가다가 전쟁터의 한가운데 휩쓸리게 된 것이다.

그날 최후의 교량폭파 임무에서 폭파 스위치가 불발되자 박 상사는 매몰지로 가서 TNT선을 교정하고 다시 한 번 폭발명령을 내린다. 주춤하던 대원들이 스위치를 누르자 박 상사는 장렬하게 산화하면서 적의 탱크가 부서진다. 하지만 결국 탱크의 저지에 실패한 특공대는 최후의 수단으로 육탄으로 탱크를 폭파하게 되고 특공대원들은 전멸한다. 이 광경을 지켜보던 어린 천 이병은 애국충정에 못 이겨 폭탄을 가슴에 안고 탱크를 향해 돌진한다.

● 아군과 적군의 혈전으로 강물이 온통 피로 물들었다는 낙동강의 전투를 스펙터클하게 펼쳐 보인다. 6·25를 증언한 전쟁영화 반공영화로 제작되었으나 임권택은 전쟁 속에서 어느 편에도 설 수 없는 방황하는 젊은 영혼에 초점을 맞추고 있다.

여기서 제2차 세계대전 때 소련의 주력탱크로서 연합군을 공포로 몰아넣었던 소련제 T-34탱크가 등장한다. 탱크를 저지하기 위해 국군은 트럭을 바리케이드로 쌓아올리지만 탱크는 이를 깔아뭉개면서 서서히 전진한다. 특히 주인공이 썼던 철모가 하늘로 날려 솟구치다가 갈가리 찢긴 채 땅바닥에 나뒹구는 마지막 장면이 인상적이다. 이 영화는 북한군 탱크대를 격파하는 특공대의 활약상과 탱크 내부 등의 고증이 잘되어 있어 한국 전쟁영화의 정수라는 말을 듣는다. 당시로서는 상당한 물량을 투입하여 만든 대작으로 지금 감상해도 진한 울림이 느껴진다. 백상예술대상 감독상을 받았으나 흥행에서는 참패했다.

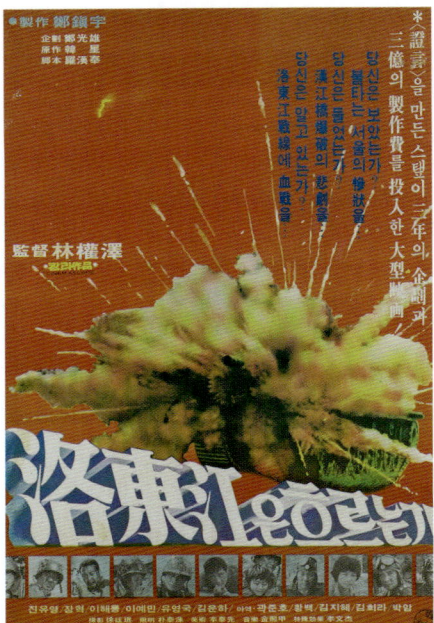

악인이여 지옥행 급행열차를 타라

Devil! Take The Train To Hell(1976)

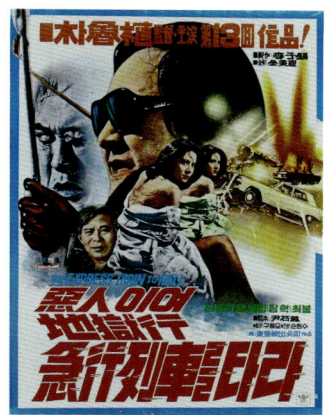

해방이 되자 퇴각하던 일본 패잔병들이 광산촌으로 찾아든다. 그들은 박홍근과 한철호를 사살하고 사금을 빼앗은 뒤 박홍근의 어린 아들 동혁을 절벽에서 떨어뜨리고 한철호의 딸 예지는 도망친다. 절벽에서 떨어질 때 장님이 된 동혁은 중국 노인을 만나 무술을 연마한다. 그로부터 18년 후, 이제 바람소리만 듣고도 화살을 잡을 수 있게 된 동혁(박노식)은 부모의 원수를 찾아 일본으로 가고 예지(안보영)도 복수를 위해 일본에 온다. 한편 일본의 후지와라, 아라게, 하야시는 옛 전우들이 하나씩 죽어가자 의문을 품는다. 부모의 원수를 갚는 과정에서 예지는 장님인 동혁에게 그녀의 두 눈을 주어 광명을 되찾게 한다. 복수는 아직 끝나지 않았다.

● 영화배우 박노식의 10번째 연출작. 각본 윤석훈. 일제말기 일본군 패잔병들이 사금을 찾아 광산에 들어오면서 벌어지는 살인과 복수를 그리고 있다. 박노식은 그의 연출작들이 거듭 흥행에서 실패하자 14번째 작품인 '돌아온 용팔이'(1983)를 끝으로 연출에는 손대지 않았다.
2008년 류승완의 '다찌마와리: 악인이여 지옥행 급행열차를 타라'는 이 영화에서 제목을 딴 것이다.

(동아수출공사) 90분 극영화 연소자불가/액션

감독 : 박노식
제작 : 이우석
각본 : 윤석훈
개봉 : 1977년 1월 28일 스카라극장 (서울)
관람인원 : 1만 321명(서울)
출연 : 장동휘, 안보영, 장혁, 최봉, 노진아, 박민, 김정훈, 조남주, 이향, 박용팔, 김기범 외
촬영 : 구중모
음악 : 이철혁, 구중모
조명 : 손한수
편집 : 현동춘
현상 : 한국천연색현상소
조감독 : 김영락

어머니 Mother(1976)

스물세 살 홍영애(윤연경)는 만신창이나 다름없는 상이군인 박경수(장동휘)와 결혼, 전처소생의 5남매를 맡아 양육한다. 그녀는 헌신적인 사랑과 애정으로 가정을 일으켜 세우고 마을도 차츰 변모시킨다. 둑을 쌓아 호수의 물을 끌어들이는 전천후 사업에 성공하고, 전기를 개설할 계획을 세운다. 그러나 그들의 재정 상태로는 엄두도 못낼 일이다. 이때 죽음을 앞둔 허 영감(이순재)이 전 재산을 영애의 사업에 희사하자 마을사람들은 단결하여 마을 발전에 힘을 모은다.

● 임원식의 17번째 연출 작품. 생활 대책이 없는 상이군인을 만나 전처의 5남매를 친자식처럼 돌보며 가정을 일으켜 세우고 자기가 사는 마을도 새롭게 변모시켜나가는 억척스러운 여인상을 그려냈다. 상이군인 역의 장동휘가 대종상 남우조연상 수상.

(합동영화) 110분 극영화/드라마

감독 : 임원식
제작 : 곽정환
각본 : 김하림
개봉 : 1977년 3월 18일
출연 : 윤연경, 이순재, 최불암, 장동휘, 도금봉, 강부자, 김상순, 사미자 외
촬영 : 정광석   음악 : 최창권
미술 : 이봉선   조명 : 마용천
수상 : 제15회 대종상영화제 최우수작품상(합동영화) · 남우조연상(장동휘)

고교얄개 Yalkae, A Joker In High School(1976)

(연방영화) 90분 극영화 중학생가/하이틴 코미디

감독 : 석래명
제작 : 최춘지
각색 : 윤삼육(원작 조흔파)
개봉 : 1977년 1월 29일 국도극장(서울), 동일극장(부산)
관람인원 : 25만 8978명
출연 : 이승현, 정윤희, 하명중, 김정훈, 강주희, 진유영, 한은진 외
촬영 : 정일성
음악 : 최창권
조명 : 손영철
편집 : 이경자
수상 : 제3회 현대영화비평가그룹상 특별상(석래명)

고교 2년생 나두수(이승현)의 별명은 얄개다. 낙제생에다 온갖 사건을 일으키는 말썽꾸러기라는 뜻이다.

과외를 받기 위해 국어교사 백상도(하명중)의 집에 간 두수는 거기서 슈퍼마켓 주인 딸 인숙(강주희)을 보고 한눈에 반한다.

한편 그는 자신의 장난 때문에 사고를 당한 호철(김정훈)의 병원비를 마련해주기 위해 동분서주한다. 노트 필기를 대신해주고 안경을 맞춰주기 위해 우유배달을 하기도 한다. 그러던 어느 날 우유배달을 하다가 교통사고로 팔을 다친다.

이 사고로 두수의 선행이 전교에 알려지고 두수의 선행을 통해 가족과 교사들은 두수를 다시 보게 된다. 그동안 두수에게 냉정하게 굴었던 인숙도 꽃다발을 들고 찾아온다.

● 감독 데뷔작인 '미워도 안녕'(1971) 실패 후 5년 만에 재기한 석래명의 두 번째 연출작품. 조흔파의 소설이 원작이다. 1970년대 얄개 시리즈의 선풍을 몰고 온 원조격 하이틴 영화.

10대들의 내면적 고민이나 갈등에 초점을 맞추기보다 고교 시절, 누구나 한번쯤 겪을 수 있는 일상적인 에피소드들을 코믹하고 경쾌하게 그려냈다. 또한 세대 차이의 갈등관계를 세대간 화해로 합의점을 찾는다. 생기 있는 대사, 장난기 넘치는 행동묘사로 학창시절만의 특별한 재미를 생생하게 살려낸다. 주연을 맡은 이승현, 김정훈, 강주희 등은 당시 청소년들의 우상이었다. 서울 국도극장에서만 관객 26만 명 동원으로 흥행 성공.

석래명은 '고교얄개' 이후 '고교꺼꾸리군 장다리군'(1977), '얄개행진곡'(1977), '여고얄개'(1977) 등 얄개와 고교를 앞세운 하이틴 영화의 붐을 조성하고 이들 작품을 필두로 김응천의 '대학얄개'(1982), 선우완의 '신입사원 얄개'(1983) 등 얄개 아류작들이 탄생했다.

이장호의 '별들의 고향'(1974)이 청년층 관객의 호응을 받아 성공했다면 '고교얄개'는 고교생들의 호응을 받아 큰 성공을 거두었다. 한국영상자료원 '한국영화 100선'에 선정.

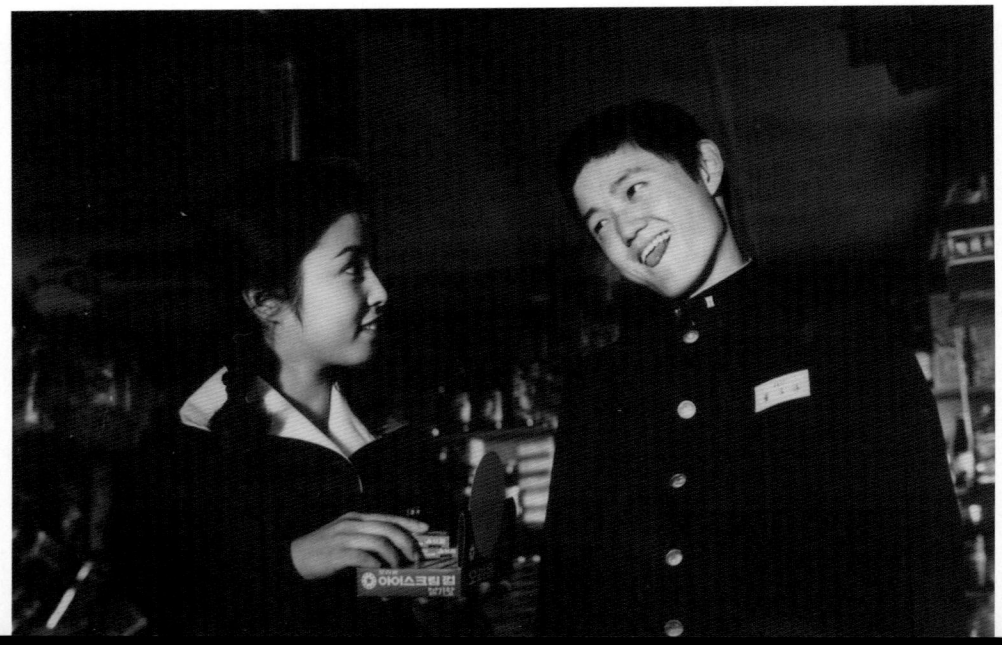

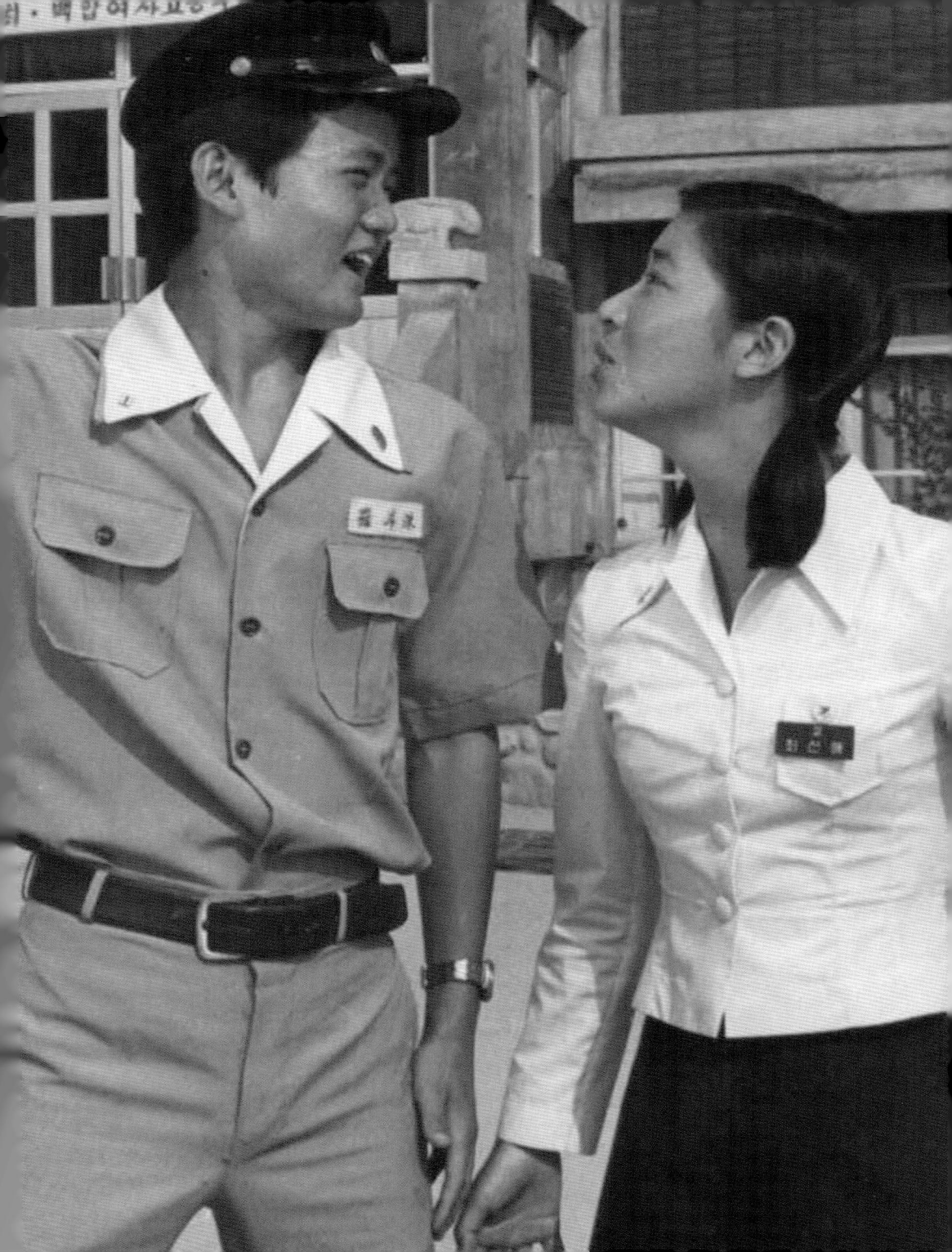

집념 執念, Concentration Of Attention(1976)

(우성사) 145분 극영화 연소자가/시대극

감독 : 최인현
제작 : 김용덕
각본 : 이은성
개봉 : 1977년 6월 25일 국제극장
　　　 (서울)
관람인원 : 3286명
출연 : 이순재, 한우리, 김신재, 김창
　　　 숙, 최남현, 박병호, 김인태, 양
　　　 광남, 유춘수, 박경주 외
기획 : 서림, 박용빈
촬영 : 장석준
음악 : 최창권
조명 : 이현우
편집 : 김희수
미술 : 조경환
소품 : 이효섭
의상 : 이해윤
분장 : 송일근
사운드 : 한양스튜디오, 손효신
조감독 : 임필형, 송병헌
수상 : 제16회 대종상영화제 우수작품
　　　 상(우성사) · 감독상(최인현) ·
　　　 촬영상(장석준) · 편집상(김희
　　　 수), 제13회 백상예술대상 작품
　　　 상(우성사) · 최우수남우상(이순
　　　 재) · 각본상(이은성)

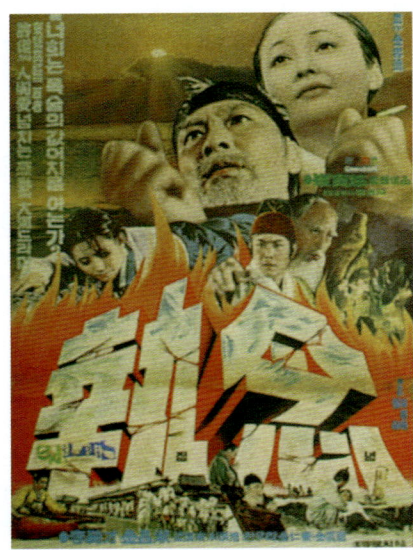

조선 중기, 용천부사를 지낸 아버지 허륜과 종의 신분인 어머니 손씨 사이에 태어난 허준(이순재)은 서자 신분으로 인해 입신양명의 뜻을 펼칠 수 없음을 알게 된다. 새로운 인생을 찾기 위해 집을 떠난 허준은 경상도 산청에서 삼적 대사의 권고로 유의태를 만나게 된다. 각고의 노력 끝에 의술을 익힌 그는 스승을 능가하는 신진 기예의 명의로 성장한다. 그에게 쏟아지는 온갖 시기와 질시에도 불구하고, 허준은 성실과 노력으로 오로지 의술에만 전념하고 그에 대한 소문이 임금인 선조의 귀에 들어가 마침내 어의로 임명된다. 임진 왜란의 변란 속에서도 허준은 목숨을 걸고 선조를 지키며 의서를 안전한 장소로 옮긴다. 또한 그 와중에 『동의보감』이라는 훌륭한 의서를 집필한다.

평안도 일대에 흑사병이 번진다는 소식을 들은 허준은 자신의 몸을 돌보지 않은 채 환자들을 위해 평안도로 향한다. 결국 허준은 흑사병의 전염을 막으려다 생명을 잃는다. 그의 숭고한 죽음을 알게 된 조정은 이후 그의 뜻을 기려 그에게 보국승록대부와 양평군의 작호를 내려 애도한다.

● '태조 이성계'(1965), '태조 왕건'(1970)과 '이조 상노비사'(1974), '홍길동'(1976) 등 걸출한 작품을 연출한 최인현의 의학 사극. 조선시대의 명의이자 한의학의 기초라는 『동의보감』의 저자 허준의 일대기를 그리고 있다. 서자로 태어난 허준의 집념, 그의 인간적인 행적을 그린 이 영화는 사극에서는 드물게 의학을 소재로 한 점이 주목을 받았다.

이은성의 원작을 작가가 직접 시나리오로 만들고 사극에 일가견이 있는 최인현이 메가폰을 잡았으나 흥행에서는 성공하지 못했다. 이순재와 김창숙이 열연한 이 영화는 "새로운 해석과 분방한 상상력을 동원해 역사 속의 인물들을 스크린 안으로 옮겨놓은 정통사극의 진수를 보여준다"(심산, 《씨네21》, 2001년, 3월 22일)는 평을 들었다. 대종상 우수작품상, 감독상, 각본상, 편집상을 비롯하여 백상예술대상, 작품상, 시나리오상, 최우수 남우상을 휩쓸었다. 이후 이 작품은 TV 드라마 등을 통해 리메이크되었다.

고교꺼꾸리군 장다리군

K&J(Gogyo Kkeokkurigun Jangdarigun)(1977)

꺼꾸리군(이승현)과 장다리군(김정훈)은 이름난 장난꾸러기들이다. 악명 높은 고바우 선생(전운)이 생활지도 주임 교사가 되자 그들은 몇 차례나 혼쭐이 난다. 그래서 그들은 학교수업이 끝난 후 선생님 댁으로 가서 어려운 문제를 질문해 그를 골탕을 먹이기로 한다. 그러나 여고생 경옥이가 선생님의 딸이라는 사실을 알게 된 그들은 오히려 선생님에게 서로 잘 보이려고 노력한다. 그런 과정에서 고바우 선생이 학생들을 도와주는 진정한 교육자임을 알게 된 그들은 선생님을 적극 돕기로 하지만 선생님은 과로로 쓰러진다. 제자들의 쾌유 기원으로 선생님이 퇴원하던 날, 꺼꾸리 군과 장다리 군은 훌륭한 학생이 될 것을 다시 한 번 다짐한다.

● '고교얄개'(1976)로 유명해진 석래명의 코믹 영화. 1953년 당시 학생들에게 가장 인기 있었던 학생 잡지 《학원》에 연재됐던 김성환의 만화 「꺼꾸리군과 장다리군」이 원작이다. 이 작품도 청소년 시기의 문제점보다 고교 시절의 낭만과 유머, 우정을 다뤘다. 감독 석래명, 고바우 김성환, 얄개 이승현, 꼬마신랑 김정훈 등은 모두 경복고 동문이기도 하다.

(삼영필름) 93분 극영화 중학생가/멜로

감독 : 석래명
제작 : 강대진
각본 : 윤삼육 (원작 원안 김성환)
개봉 : 1977년 5월 14일 중앙극장 (서울)
관람인원 : 4만 2779명
출연 : 이승현, 김정훈, 전운, 강남길, 조영숙, 이철, 한주열, 김숙경, 김웅, 김기종 외
촬영 : 정일성
음악 : 김기웅
조명 : 최의정
편집 : 김진태
소품 : 이태우
사운드 : 한양녹음실, 손효신
조감독 : 박문수, 권혁주

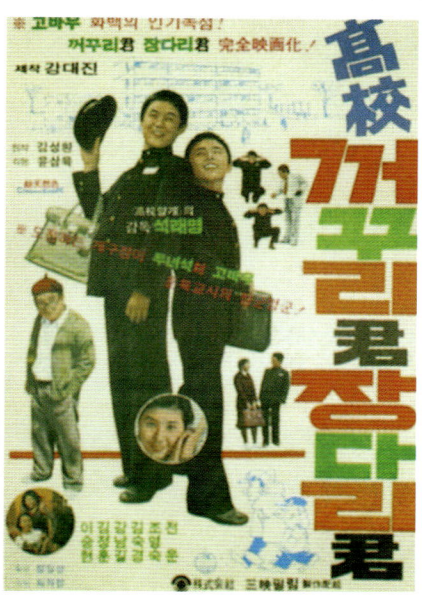

석래명은 '고교 꺼꾸리군 장다리군'을 내놓은 같은 해 '고교얄개'의 속편인 '얄개행진곡'(1977)을 연출, 1977년 8월 19일 피카디리극장에서 개봉되어 14만 7567명을 동원했다. 이 영화에는 얄개시리즈의 단골 배우인 이승현, 김정훈, 진유영이 출연했다. 이승현은 까까머리와 특유의 또랑또랑한 목소리, 그리고 장난기 가득한 웃음으로 큰 인기를 끌었다. 한국영화사상 최초의 아역 스타인 김정훈은 '미워도 다시 한번'(1968)의 아들인 '영신'으로 출연한 후 이미 1970년 한 해에만 '꼬마신랑', '꼬마신랑2', '돌아온 아기신랑', '꼬마검객', '꼬마아씨' 등을 통해 스타로 발돋움했고 그때부터 그가 출연했던 영화 '꼬마신랑'이라는 별명으로 불렸다.

야행 夜行, Night Journey(1977)

(태창흥업) 76분 극영화 연소자불가/
멜로

감독: 김수용
제작: 김태수
각본: 김기팔(원작 김승옥)
각색: 홍파
개봉: 1977년 4월 23일 명보극장
　　　(서울)
관람인원: 13만 5047명
출연: 윤정희, 신성일, 주증녀, 최회
　　　영, 최길호, 양일민, 이일웅, 이
　　　자영, 주현, 김홍713 외
기획: 황기성　　촬영: 김덕진
음악: 정윤주　　조명: 차정남
편집: 이경자　　소품: 이상구
사운드: 한양스튜디오, 최형래
스틸: 양기주
조감독: 김호선, 주영중
수상: 제3회 현대영화평론가그룹상
　　　각본상(홍파)·특별상(윤정희)

같은 은행에 근무하는 현주와 박 대리는 같은 아파트에서 동거 생활을 하는 관계이다. 하지만 직장에서는 타인처럼 행동한다. 두 사람이 벌어야 생활이 유지되기 때문이기도 하지만 둘 사이가 동료들에게 발각되지 않는 짜릿한 즐거움이 있기 때문이다. 그러나 두 사람의 정사는 겉돌기만 한다. 그때마다 현주는 여고 졸업반 때의 담임교사를 떠올린다. 당시 27세의 젊은 담임은 월남으로 가기 전 왠지 전쟁터에 나가면 전사할 것 같다면서 평소 그를 좋아해온 현주와 하룻밤을 보낸 일이 있다. 현주는 이 최초의 경험을 잊을 수가 없다.

합리적인 것만 따지는 박 대리의 사고방식에 짜증이 난 현주는 결혼식을 올리기 위해 고향으로 가는 기차에서 탈출한다. 그리고 날로 건조해지는 일상에서 벗어나 여고 시절의 담임교사 같은 남자를 찾기 위해 밤거리를 헤맨다. 그러나 현주가 방황과 일탈을 통해 얻은 결론은 다시 현재의 일상으로 돌아가는 일뿐 그녀가 정착할 곳은 아무 데도 없었다는 것이었다.

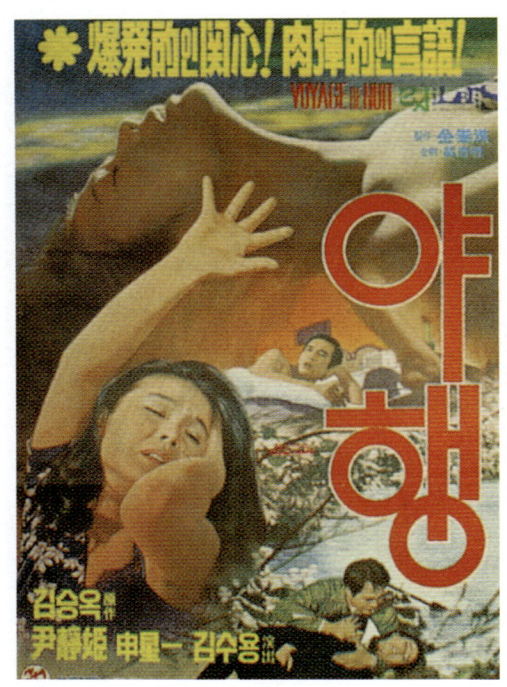

● 1969년 《월간중앙》에 발표한 김승옥의 원작소설을 모티브로 하여 감독이 직접 시나리오작업에 참여했다고 한다. 영화의 중심을 관통하는 큰 줄기는 주변사람들에 의해 결정되는 사회적 모순을 집중적으로 조명하면서 권태로운 일상에서 탈피하려는 현대여성의 변신 시도를 의식의 흐름으로 포착하고 있다. 그러기 위해서는 실험영화풍의 거친 편집과 화면 구도로 비윤리적 일탈의 기운을 화면에 대입시키는 기법이 원용되고 있다. 그러나 개발도상과 산업화를 향해 달려가는 것을 요구하던 시대에 여성의 일탈심리를 추적하는 내용은 당시 정치 상황에서는 맞지 않는 소재일 수도 있었다.

1973년에 제작된 이 영화는 태창영화사(대표 김태수)가 재정난에 휘말려 일시적으로 모든 작업이 취소됐을 때 제작 고시 없이 만들어졌다고 해서 사전제작 심의에서 걸렸고 겨우 심의에서 풀려난 후에는 검열과정에서 무모한 가위질로 53군데나 잘려나가는 수모를 겪었다. 그런 우여곡절 끝에 창고에 파묻혀 있다가 4년 만인 1977년에야 뒤늦게 개봉된 것이다. 김수용은 이에 대해 "한 영화에서 53군데가 잘려나갔다면 그것은 만신창이나 다름없다"고 회고했다. 117분 길이가 75분으로 줄어들었음에도 개봉과 함께 여성관객이 대거 몰려들었고 영화는 생생한 감동으로 관객을 사로잡았다. 특히 윤정희 신성일의 열연이 "스타부재의 요즘 진짜 스타가 무엇인지 '야행'에서 신성일 윤정희 콤비가 밝혀준다"(조선 77.5.15 영화평론가 정영일)는 극찬이 있었다. 그것은 스토리 구성 이전에 주인공의 의식의 흐름을 영상화했기 때문에 아무리 가위질을 해도 영화의 생명력이 손상되지 않은 덕분이었다.

근대화를 배경으로 한 어둡고 혼란스러운 사회적 갈등을 묘사하기 위해 감독은 진부한 감각에서 탈피하여 새로움을 추구하는 화려한 영상감각으로 이를 펼쳐보였다. 그러나 당시 이장호가 낸 《영상시대》 창간호 합평 좌담회에서 이 작품이 혹평되자 김수용은 이를 반박하는 「몽타주론과 가위의 사슬에 대한 고찰」(김수용, 「나의 사랑 시네마」, 2005년, 씨네21, p.191)이라는 글을 같은 잡지에 실렸고 이 글은 후에 그가 청주대 교수가 되는 대학교수자격 심의에 도움이 되기도 했다고 한다. 서울 명보극장 개봉에서만 15만 명 관객을 동원, 현대영화평론가그룹 각본상과 윤정희가 특별상을 받았다.

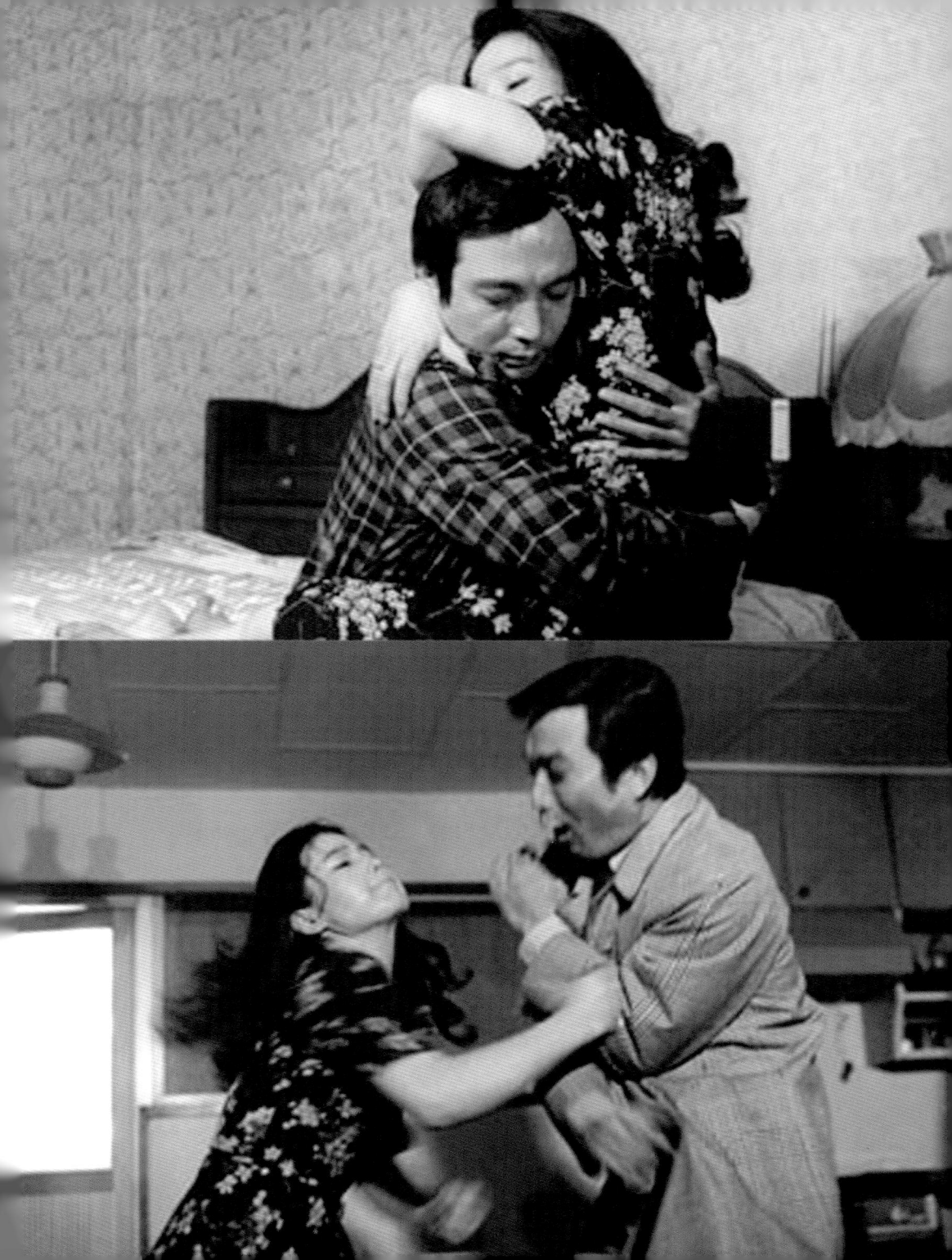

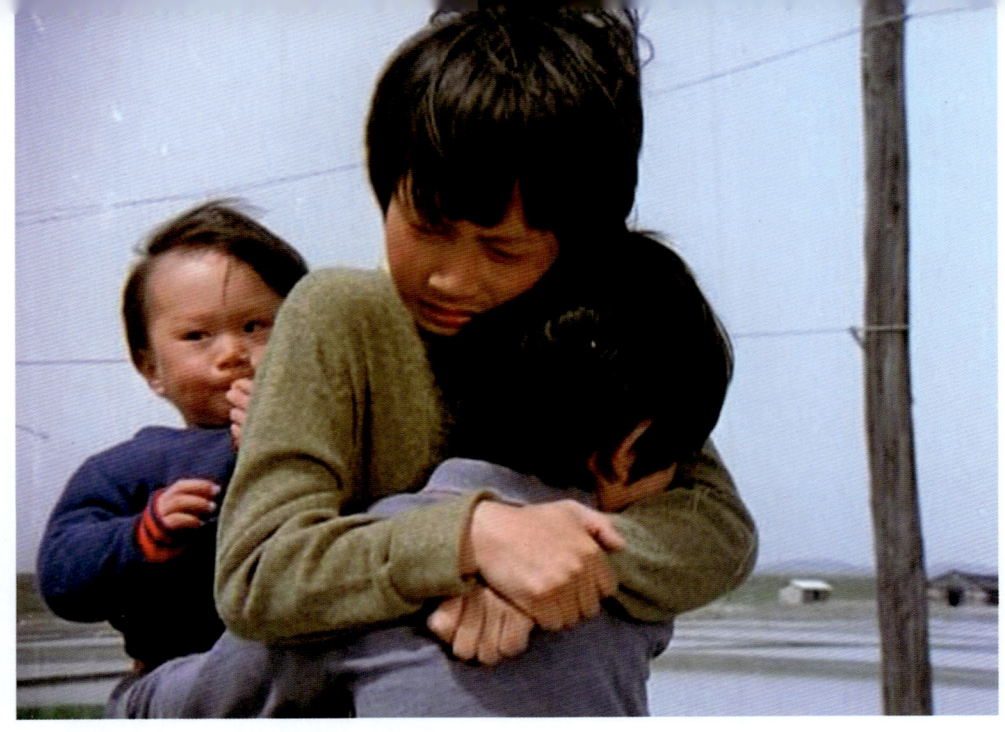

엄마 없는 하늘 아래 The World without Mom(1977)

(한진흥업) 120분 극영화 연소자가/멜로

감독: 이원세
제작: 한갑진
각본: 김문엽(원작 염재만)
개봉: 1977년 6월 23일 대한극장
　　　(서울)
관람인원: 10만 8154명
출연: 김재성, 이경태, 김현성, 박근
　　　형, 정영숙, 고영갑, 박주희, 김
　　　윤희, 전현, 어형일 외
기획: 송영식
촬영: 박승배
음악: 최창권
조명: 이억만
편집: 김창순
미술: 조경환
소품: 박정남
스틸: 황영석
조감독: 송경식, 한영열

영출은 13세의 소년이다. 어머니는 막내 동생 철호를 낳자마자 돌아가시고 아버지는 교통사고로 뇌를 다친 것이 재발되어 집안은 엉망이 된다. 혼자서 집안 살림을 떠맡게 된 영출은 동생을 업고 학교에 다니고 동생들도 각자 자신의 힘으로 살아야 했다. 동네 사람들은 동생들을 고아원에 보내라고 하지만 아버지, 어린 동생과 떨어져 살 수 없다고 느낀 영출은 집안살림은 물론 다시 동생들을 돌보기로 한다.

● 이원세의 새로운 시리즈물. 염재만 원작. 대한극장에서 개봉된 이 영화는 엄마 없는 소년 가장이 집안을 이끌어가는 내용으로 객석을 눈물바다로 만들면서 약 11만 명의 관객을 동원했다. 개봉 당시 박정희 대통령이 이를 보고 감동해 전국 초등학교에 단체 관람을 시켰다는 일화가 있다. 이 작품의 흥행 성공으로 이원세는 '엄마 없는 하늘 아래(속)'에 이어 '엄마 없는 하늘 아래(병아리들의 잔칫날)'(1978) 등 3편을 연출했다.
　같은 해 제작된 '엄마 없는 하늘 아래' 속편은 1978년 2월 7일 아세아극장에서 개봉되어 관객 11만 3740명을 동원해 역시 흥행에 성공했다. 13세 소년 가장이 생활 능력이 없는 병든 아버지와 어린 두 동생을 거느리며 굳세게 살아가다가 새엄마가 들어오면서 가정에 웃음꽃이 피고 행복이 찾아드는 해피엔딩으로 끝난다. 새엄마로 나오는 윤미라가 제14회 백상예술대상 최우수 연기상을 받았다.
　'엄마 없는 하늘 아래(병아리들의 잔칫날)'은 1978년 9월 16일 단성사에서 개봉됐으나 3만 6311명 관객 동원으로 흥행 저조. 새엄마와의 갈등이 풀린 영출은 동생들에게 야구를 연습시키고 마침내 선발선수로 뽑힌 막내 영문이 면 대항 야구대회에서 팀을 승리로 이끄는 내용이다.

고교결전 자! 지금부터야

Standoff! This is the Beginning of Games(1977)

전 국가대표 선수인 감독이 K고교 야구 감독으로 부임하면서 오합지졸 같은 선수들을 피나는 노력으로 지도하여 전국을 제패한다. 이 과정에서 감독의 애환과 신체 장애를 극복한 후 승리투수가 되는 피처의 가시밭길이 그려진다. 또한 선수 하나하나가 피눈물나는 역경을 이겨낸 끝에 '황금사자기 대회'에서 P고교와의 경기 9회 말에 전력질주로 홈에 들어서면서 끝내는 영광을 차지한다. 관중의 열렬한 환호와 승부에 승복할 줄 아는 관중, 선수가 혼연일체가 된 경기를 통해 감동의 물결이 메아리친다.

● 정인엽 연출의 스포츠영화. 프로 야구가 생기면서 고교 야구는 크게 주목받지 못했지만 1970년대 초반부터 1980년대 중반까지 시청자들은 TV 앞에서 눈물과 감동과 격정을 맛보았다. 그 중심에 역전의 명수라 칭해지는 군산상고가 있었다. 이 영화는 1972년 고교 야구 전성기때의 기록을 영화화한 것이다.

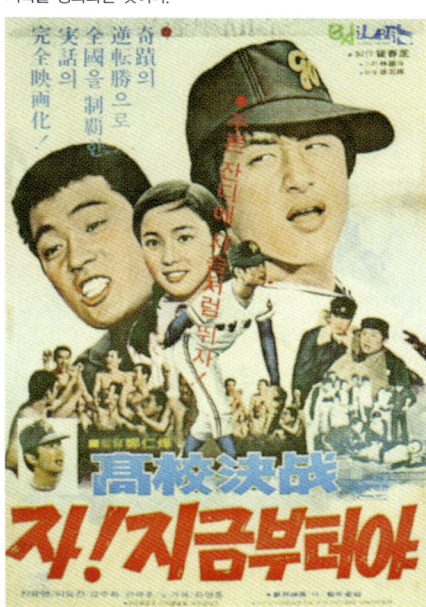

(연방영화) 102분 극영화 중학생가/멜로
감독 : 정인엽
제작 : 최춘지
각본 : 서윤성(원작 최관수)
각색 : 박남주
개봉 : 1977년 7월 16일 명보극장 (서울)
관람인원 : 1만 9942명
출연 : 하명중, 진유영, 이동진, 한세훈, 강주희, 도금봉, 석효식, 송인혁, 이경호, 박기수 외
기획 : 임은두
촬영 : 팽정문
음악 : 정성조
조명 : 손영철
편집 : 장길상
미술 : 조경환
소품 : 한광선
분장 : 주일몽
스틸 : 김병옥
사운드 : 김석찬, 손효신
조감독 : 김정일
수상 : 제23회 아시아영화제 남우조연상(하명중)

무명의 고교 팀이 국가대표 선수 출신을 코치로 만나면서 지옥 훈련을 하는 내용과 훈련과정 자체를 그대로 살려 감동과 드라마틱한 재미를 더한다. 특히 군산상고가 부산고와의 경기 9회 말 투아웃에서 전력질주하면서 홈에 들어온 선수와 관중과의 혼연일체를 이루는 장면은 그야말로 감동의 물결이다. 영화 전체가 실전을 방불케 하여 야구 시합 장면의 몽타주와 치밀한 연출 계산으로 신선한 화면을 만드는 데 성공했다. 무명 고교 감독으로 출연했던 하명중이 아시아영화제에서 남우조연상을 받았다. 하길종은 이 영화에 대해 "한국영화 역사에 대표가 될 만한 야구영화로 기록된다"(「더 숨통이 트였으면 좋았을 1977년의 한국영화」, 《뿌리 깊은 나무》, 1978년 2월호)고 호평했다.

저 높은 곳을 향하여 Towards The High Place(1977)

(합동영화) 101분 극영화 연소자불가/
전기

감독 : 임원식
제작 : 곽정환
각본 : 윤삼육, 김지헌
개봉 : 1977년 8월 18일
관람인원 : 20만 1000명
출연 : 신영균, 고은아, 이순재, 김성
원, 이정길, 강효실, 구봉서, 곽
규석, 남진, 박용식, 한상혁, 이
영일, 전숙, 문미봉 윤복희, 문
숙, 도토리 자매, 허림, 유준 외
기획 : 이지룡
촬영 : 유재형
음악 : 최창권
조명 : 고해진
편집 : 현동춘
미술 : 이봉선
소품 : 우종삼
의상 : 이해윤
스틸 : 박희재
사운드 : 조문영, 유창국

조선 독립운동에 참여한 주기철은 안갑수와 결혼 후 초량교회에 부임해서 열정적으로 목회에 임했다. 그때 일본이 모든 조선인에게 신사참배를 강요하자 기독교는 큰 충격을 받는다. 주기철은 평양 산정현 교회에서 일제의 신사참배 요구를 듣게 되고, 그와 그의 동료 목사들은 일제에 맞서 싸우기로 한다. 그러나 예배당 신축과 함께 헌당식을 앞두고 구속되며 신사참배의 안건은 가결되고 만다. 마침내 주기철은 파면당하고 그는 이 때문에 1938년부터 5년 4개월간 투옥되었고 모진 고문끝에 심한 안질에 걸려 고생하면서도 언제나 감사하고 평안한 마음을 지켰다. 1944년 4월 20일 밤, 49세의 나이로 순교하면서 그는 "내 여호와 하나님이여 나를 붙잡으소서" 하며 웃었다.

● 한국교회와 기독교인들의 참여로 제작된 이 영화는 일제 시대 신사참배를 끝까지 거부하다 체포되어 교도소에서 순교한 주기철 목사(1897~1944)의 실화를 옮긴 작품이다. 한일합방 이후 식민지 백성의 비애를 한 종교인의 삶과 신앙의 체험을 빌어 절제된 대사와 영상으로 그려내고 있다. 관객 20만 1000명을 동원, 그러나 당시 유신헌법 철폐운동을 벌이다 투옥된 문익환 목사 등의 일을 상기시켜 일반에게 종교 탄압의 인상을 심어줄 것을 우려한 관계당국의 압력으로 개봉 첫날 상영이 중단되는 사태를 빚었다. 주연배우 신영균은 주기철 목사의 신앙적 결단을 절제된 연기로 소화하여 영화의 격을 높였고 윤복희와 문숙이 특별 출연했다.

쌍무지개 뜨는 언덕 The Double Rainbow Hill(1977)

(합동영화) 100분 극영화 중학생가/문예

감독 : 정회철
제작 : 곽정환
각본 : 윤삼육(원작 김내성)
개봉 : 1977년 8월 25일 중앙극장
(서울)
관람인원 : 3만 4896명
출연 : 임예진, 진유영, 나시찬, 정혜
선 외
촬영 : 홍동혁
음악 : 이철혁
조명 : 권수용
편집 : 이경자
미술 : 이봉선

은주는 여고에 입학하던 날 자기와 꼭 닮은 영란을 만난다. 실은 영란과 은주는 일란성 쌍둥이지만 가난한 집안사정 때문에 은주가 남의 집으로 보내졌던 것이다. 은주는 어려운 생활 속에서도 양모와 오빠의 극진한 사랑을 받아왔다. 영란에게 은주의 이야기를 들은 은주의 친부모는 그동안 버렸던 자식을 찾기 위해 은주의 양모를 만난다. 은주의 양모는 은주의 행복과 장래를 위해 친부모에게 은주를 보내려 하지만 은주는 길러준 엄마의 따뜻한 정을 잊지 못해 양모를 찾아온다. 그러나 은주를 반기던 양모는 계단에서 떨어져 끝내 숨진다. 공원묘지에 둘러선 은주네 가족들 머리위로 쌍무지개가 떠오른다.

● 정회철 감독 데뷔작. 1950년대 초 출간된 김내성의 소년 소설을 원작으로 한 영화. 각본 윤삼육. 임예진이 1인 2역의 주역을 맡았다.
　1965년에 제작된 손전의 '쌍무지개 뜨는 언덕'은 김내성 원작, 하유상 각본으로 되어 있지만 시대상황과 쌍둥이가 친부모와 헤어지게 되는 모티브가 다르다.(서울 65. 1. 28) 즉 일제시대 독립운동을 위해 부모는 쌍둥이들을 남의 집에 맡기게 되고 해방 후 딸들을 찾아 상봉하지만 딸들은 지금까지 키워준 부모의 정을 잊지 못하며 친부모는 쌍둥이 딸의 행복을 빌며 발길을 돌리는 것으로 끝난다.

초분 草墳, The Early Years(1977)

남해 초도의 어부 소돌은 살인죄로 복역 중 모친상을 당해 간수와 함께 잠시 고향에 다니러 온다. 소돌의 귀향과 함께 미역밭에서 시체가 떠오르고 미역이 폐수로 썩어가자 어민들은 모든 것을 소돌의 탓으로 돌리며 그를 원망한다. 흉흉해진 민심을 안타깝게 지켜보던 간수는 5년 전 소돌이 연루된 살인사건을 다시 조사하기로 한다.

이곳에서도 젊은이들은 뭍으로 나가려고 노인들은 섬과 초분을 지키려 애쓰면서 갈등을 빚고 있었다. 그리고 혼란한 틈을 타서 마을의 정신적 지주임을 자처하는 당무당이 청년들을 부추겨 섬의 관광지 개발을 추진하고 있었다. 그 과정에서 사람을 죽이고 소돌에게 살인누명을 씌운 것이다. 간수가 당무당의 부정을 당국에 알리자 당무당은 벼랑에서 떨어져 죽고 소돌은 살인혐의를 벗게 된다. 소돌이 섬으로 돌아올 때까지 소돌의 조카가 섬을 지킨다.

(합동영화) 95분 극영화 연소자불가/문예

감독 : 이두용
제작 : 곽정환
각본 : 여수중(원작 오태석)
개봉 : 1977년 11월 24일 명보극장 (서울)
관람인원 : 8만 3264명
출연 : 김희라, 정혜경, 윤일봉, 나시찬, 엄유신, 김정하, 강효실, 김경란, 정미경, 최정미 외
기획 : 이지룡, 임원식
촬영 : 손현채
음악 : 최창권
조명 : 고해진
편집 : 이경자
미술 : 이봉선
소품 : 우종삼
의상 : 이해윤
스틸 : 박희재
사운드 : 유창국, 윤덕영
조감독 : 고응호, 임승수
수상 : 제16회 대종상영화제 남우조연상(윤일봉), 제23회 아시아영화제 인기상(정혜경), 제31회 칸 국제영화제, 제3세계영화제 출품

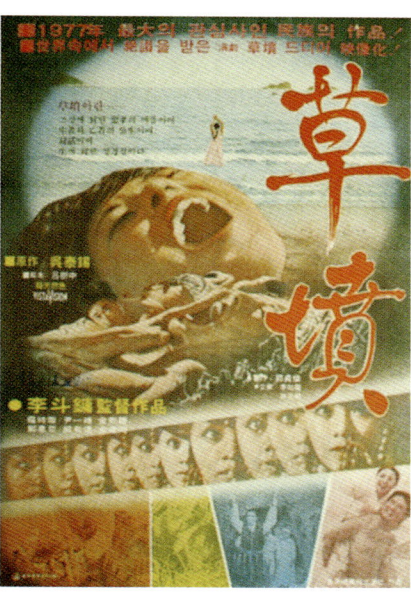

● 1970년대 중반까지 액션영화에 몰두하던 이두용의 문예물. 오태석의 희곡을 영화화한 작품으로 연극 「초분」은 1973년 서울 드라마센터에서 초연된 후 1974년 1월, 뉴욕 라마마 극단의 초청을 받아 뉴욕에서 한국어로 공연되었다.

연극은 초분을 지키는 섬사람들에게 초점을 맞춘 데 비해 영화는 외딴 섬을 배경으로 사악한 무당이 초분을 이용해 섬을 지배한다는 시각으로 영화적 예술성을 캐내고 있다. 즉 토속문예물에 추리영화의 박진감을 입힌 품격 있는 사극연출로 "이두용은 초분에서부터 한국영화다움이 무엇인가를 찾고 인간의 본질을 탐구하기 시작했다"(영화평론가 김수남)는 평을 들었다. 윤일봉이 박수무당 역을 맡아 대종상 남우조연상, 소돌의 조카 역을 맡은 정혜경이 아시아영화제에서 인기상을 받았다.

겨울여자 Winter Woman(1977)

(화천공사) 116분 극영화 연소자불가/
멜로

감독: 김호선
제작: 박종찬
각본: 김승옥(원작 조해일)
개봉: 1977년 9월 27일 단성사(서울)
　　　동명극장(부산)
관람인원: 58만 5775명
수출현황: 동남아(77)
출연: 장미희, 신성일, 김추련, 신광
　　　일, 송재호, 박원숙, 한상미, 이
　　　종만, 선우용녀, 진봉진 외
기획: 김재웅
촬영: 장석준
음악: 정성조
조명: 정덕규
편집: 현동춘
미술: 김유준
소품: 김호길
스틸: 김병옥
사운드: 이재웅, 손효신
조감독: 이광섭
수상: 제14회 백상예술대상 감독상
　　　(김호선)·최우수연기상(신성
　　　일), 제24회 아시아영화제 기술
　　　상

대학에 입학하던 날 이화(장미희)는 부유한 가정에서 자란 요섭(신광일)을 만나면서 그에게 자신이 필요한 존재임을 알게 된다. 그러나 청평 별장에서 요섭이 그녀를 포옹하려들자 이를 뿌리치고 나온다. 요섭은 자신을 무시한 이화의 행동에 깊은 수치심을 느끼며 비관 자살한다. 요섭의 죽음에 충격을 받은 이화는 앞으로는 자신을 필요로 하는 사람들에게 헌신하는 삶을 살기로 결심한다. 이후 교내 신문 기자로서 학생운동에 가담한 우석기(김추련)를 만나 사랑하게 되지만 그는 입대 후 교통사고로 죽는다. 이화는 고교 때의 은사이던 허민(신성일)을 우연히 만나지만 그는 이혼 후 실의에 빠져 있었고 이화는 그런 허민을 위해 자신의 한 몸을 바치기로 한다. 그러나 허민이 청혼하자 이를 거절하는 대신 허민과 그의 전 부인(박원숙)이 재회할 기회를 만들어주고 떠난다. 고교 은사에게 안정을 찾아준 그녀는 저능아 학교 교사가 되어 불우한 아동들을 위해 봉사한다.

● '영자의 전성시대'(1975)로 흥행 감독이 된 김호선의 네 번째 작품. 중앙일보에 연재했던 조해일의 동명 소설을 영화화한 것이다. 1976년 2월 문학과지성사에서 단행본으로 출간된 후 10만 부나 팔려나간 인기 소설로 이미 흥행을 예상했지만 결과는 그 이상이었다. 이 영화는 이장호의 '별들의 고향'(1974)이 세운 46만 명 관객 동원의 기록을 깨고 60만 명에 가까운 관객을 동원하면서 소위 블록버스터 영화 시대를 예고했다.

　당시 한국영화 속의 여성은 하이틴 영화에서의 순수 소녀와 호스티스 영화에서의 성적 개방성을 지닌 여자들이 주로 등장했고 영화 '겨울여자'의 이화는 바로 이 두 가지 모습을 동시에 지닌 주인공으로서 새롭고도 도발적인 인물 유형을 창출해낸 예이다.

　이 영화를 연출한 김호선은 "성장 과정에 있는 이화의 세계를 그리기 위해 이화가 처음 부딪치는 이성, 기성 윤리관 등을 통해 육체보다 마음의 순결을 부르짖는 여대생. 즉 육체의 속박으로부터의 해방과 마음의 순결을 내세우는 의미를 형상화시키는 데 노력했다"(대한매일 93. 6. 9)고 말했다. 과연 감독은 이화라는 여성을 통해 오늘날 남성에 대한 문제, 더 나아가 현대인들의 그릇된 도덕관에 대한 저항을 그려냈다.

　예를 들어 순진하기만 한 이화는 요섭의 죽음 이후 보시하듯이 남자들에게 자신의 육체를 기꺼이 허락하며 이는 여러 남자를 거칠수록 그녀의 성적 개방성은 더욱 심화한다. 두 번째 남자 우석기와는 어느 정도 연애 감정을 가지고 정사를 나누지만, 고교 은사 허민에게는 자신의 감정을 고려하지 않고 순전히 허민을 위로하기 위해 육체를 내맡긴다. 이러한 이화의 행동 묘사는 기존의 도덕관과 성 모럴에 위배돼 논란의 소지가 되었고 "이화의 당돌하리만큼 깜찍한 행실은 지탄받아야 하느냐? 아니면 용납되어야 하느냐?"라는 신문광고 카피가 영화의 문제점을 부추기기도 했다. 그러나 여대생의 육체적 속박에서의 해방은 젊은 관객층에 크게 어필하여 한국영화 흥행 신기록을 수립했고 "한국영화로도 돈을 벌 수 있다"는 표본을 제시했다.

　당시 종로 3가 단성사 앞에서 비원 앞까지 장장 2000m나 되는 장사진은 1970년대 들어 정부의 감시와 통제 정책으로, 또 TV 브라운관에 밀려 관객을 뺏기고 수모를 당해왔던 영화계의 자존심 회복 선언이기도 했다.(「시네마변천사 '산증인' 단성사」동아 95. 3. 30) 서울 단성사 개봉에서만 58만 5775명이라는 대기록을 세웠으며, 이 기록은 그로부터 13년 후인 1990년 임권택의 '장군의 아들'(67만 9000명)에 가서야 깨졌다.

　또한 '성춘향'(1976)으로 데뷔한 장미희는 '겨울여자'에 이어 다음해 출연한 '별들의 고향(속)'(1978)이 연달아 흥행에 성공하면서 흥행 퀸의 자리에 올랐다. 제14회 백상예술대상에서 김호선이 감독상, 신성일이 최우수연기상 수상. 김호선의 '겨울여자 2'(1982)는 1983년 3월, 명보극장(서울)에서 개봉되었으나 관객 5만 명(4만 7151명)을 동원하는 데 그쳤다.

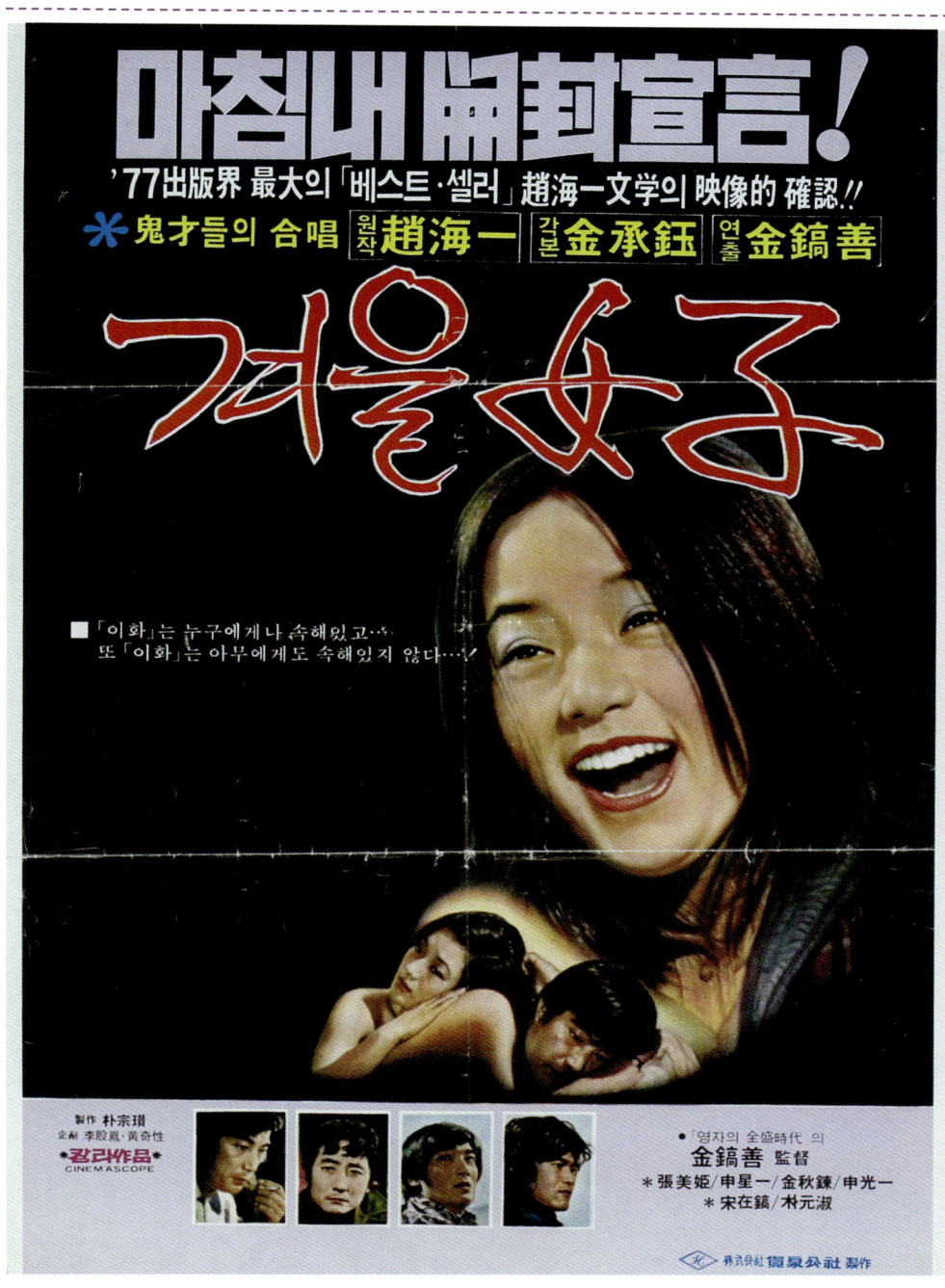

이어도 異魚島 I-eoh Island(1977)

(동아수출공사) 110분 극영화 연소자
불가/문예 미스터리

감독 : 김기영
제작 : 이우석
각본 : 하유상(원작 이청준)
개봉 : 1977년 10월 4일
출연 : 이화시, 김정철, 박정자, 박암,
　　　 권미혜, 최윤석, 여포, 고상미,
　　　 이정애, 손영순, 유순철 외
기획 : 김병하
촬영 : 정일성
음악 : 한상기
조명 : 서병수
편집 : 현동춘
미술 : 이명수
사운드 : 김석호, 이재웅
수상 : 제20회 국제영화예술상 신인
　　　 여우상(이화시), 제28회 베를린
　　　 국제영화제, 제7회 인도 국제
　　　 영화제 출품

관광회사 기획부장 선우현(김정철)은 제주도 관광호텔 홍보를 위해 신비의 섬 이어도 탐사에 나선다. 그러나 이어도에 도착한 후 동행했던 천남석(최윤석) 기자가 실종되면서 예상치 못한 상황에 휘말린다. 그가 자살했을 거라는 주변의 추측에 따라 선우현은 천 기자의 집이 있는 파랑도 찾아가고 술집 작부 손민자(이화시)로부터 뜻밖의 사실을 알아낸다.

사연인즉 뱃사람이었던 천 기자의 아버지는 늘 바다에 나가 며칠씩 돌아오지 않았고 어머니는 이어도 노래를 부르며 그 아버지를 하염없이 기다리다 죽었다는 것이다. 천 기자는 어릴 때 겪은 이런 상처로 인해 이어도의 존재를 부정하면서도 막상 탐사에서 그 섬이 없는 것으로 드러나자 섬의 존재를 증명하기 위해 자살한 것이다. 손민자의 제안으로 탐사대들은 이어도에서 사라진 사람들을 모시는 사당에 모여 천 기자의 명복을 빌기로 한다.

● '육체의 약속'(1975)에 이은 김기영의 문예물. 1974년 9월에 발표한 이청준의 중편소설 『이어도』를 영화화한 작품. 이어도는 제주도 뱃사람에게 이상향인 동시에 죽음의 섬이자 피안의 섬이다. 그 이어도에서 제주 출신 기자 천남석이 파랑도 탐사 도중 실종되자 함께 동승했던 선우현이 그에 대한 의문을 풀어가는 동안 이어도가 제주 사람들에게 얼마나 소중한 안식과 구원을 주는가를 관객들에게 인식시킨다.

영화는 천남석의 죽음을 초반에 제시하고, 선우현이 천남석의 죽은 원인을 밝혀내는 과정으로 이루어진다. 즉 천 기자의 죽음을 탐문하는 동안 탐문 주체의 경계는 사라지고 전설, 귀신, 주술 같은 원시적이면서도 전근대적인 영역과 초현실적인 이미지들이 미스터리 구조로 화면에 반영된다. 영화가 복잡하고 난해해 보이는 것은 이처럼 이중적이면서 대립적인 수법을 곳곳에 적용하고 있기 때문이다.

하길종은 "김기영 감독이 아니라면 이러한 소재를 이처럼 승화된 차원의 영화로 완성시킬 수 없었을 것"(하길종, 「1977년 한국영화」, 《뿌리깊은 나무》 2월호, 1978년) 이라고 평한다. 여기서 배우들은 상투적인 연기 스타일에서 벗어나 각 인물은 작용과 반작용을 통해 연기의 진정성을 획득한다.(김기영 감독 회고전, 중앙 97. 1. 30) 제주도 북제주군 애월읍 하귀리, 제주에서 가장 큰 무인도인 차귀도에서 세트장을 지어놓고 촬영했다.

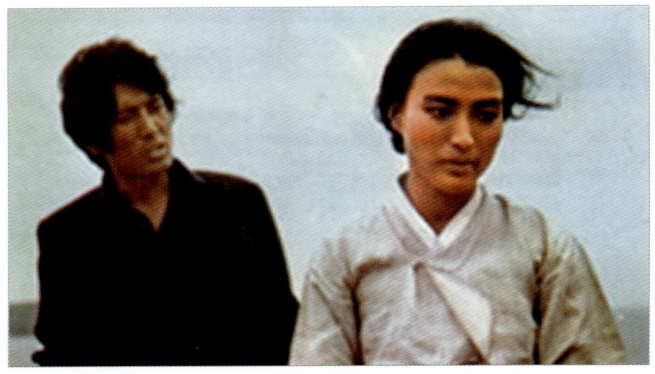

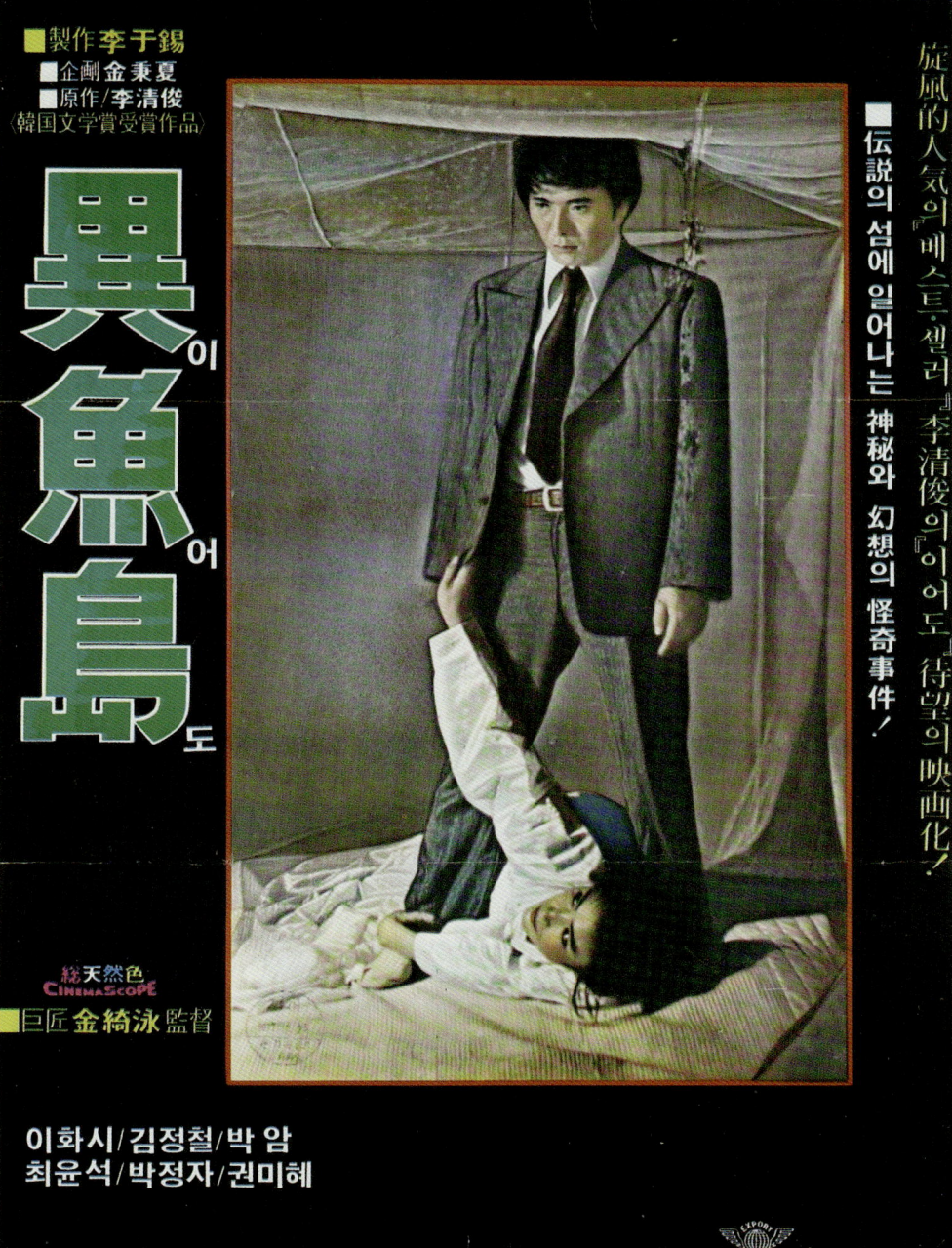

異魚島
이어도

■製作 李于錫
■企劃 金秉夏
■原作/李淸俊
（韓国文学賞受賞作品）

旋風的人気의『베스트·셀러』李淸俊의『이어도』待望의 映画化！
■伝説의 섬에 일어나는 神秘와 幻想의 怪奇事件！

天然色
CinemaScope
■巨匠 金綺泳 監督

이화시/김정철/박 암
최윤석/박정자/권미혜

설국 雪國, The Land of Snow(1977)

(대영흥행) 100분 극영화 연소자불가/
문예

감독 : 고영남
제작 : 김인동
각본 : 이형우(원작 가와바타
       야스나리)
개봉 : 1977년 11월 23일 중앙극장
       (서울)
관람인원 : 3만 8408명
출연 : 김영애, 박근형, 김민경 외
기획 : 강인옥
촬영 : 이성춘
음악 : 김기웅
조명 : 최입춘
편집 : 현동춘
미술 : 조경환
소품 : 김태욱
스틸 : 노기홀
조감독 : 이완재

민속학을 연구하는 상민(박근형)은 이른 봄, 온천마을에 갔다가 은자(김영애)라는 기생을 알게 되고 두 사람은 잠자리를 함께한다. 다음해 겨울, 상민은 다시 온천으로 열차 안에서 강은하 여사에게 춤과 가야금을 배우는 옥엽(김민경)을 만난다. 다음해 가을, 상민이 다시 갔을 때 강은하 여사는 이미 세상을 떠나고 은자와 옥엽이 그곳에 살고 있었다. 어느 날 누에창고에 불이 나자 은자는 상민의 손을 뿌리치고 옥엽을 구하러 달려 나간다. 상민은 마을을 떠난다.

● 고영남의 첫 문예물이자 74번째 연출작. 1968년 노벨문학상을 수상한 일본작가 가와바타 야스나리(川端成)의 장편소설을 영화화한 작품이다. 이 소설은 1935~1947년 사이에 《분게이주(文藝春秋)》 등에 분재되었고 1948년 소겐사(創元社)에서 단행본으로 출간된 후 문예간담회상을 받았다. "접경의 긴 터널을 빠져 나오니 눈이 많이 내리는 고장이었다"로 시작되는 원작 내용은 부모의 유산으로 무위도식하는 도쿄 출생의 무용연구가 시마무라가 기생 고마코에게 끌려 설국의 온천장을 찾아가던 중 요오코를 만나면서 미묘한 삼각관계의 심리가 추구된다.
　　고영남은 감독 데뷔작인 '잃어버린 태양'(1964)의 흥행에 힘입어 주로 액션물과 멜로물에 치중하다가 1977년 소설 『설국』을 영상으로 옮기면서 영상에서의 문학성과 서정성 표현에 매료되어 이후 문학 작품을 소재로 한 '소나기', '꽃신'(1978), '빙점 81' 등을 내놨다.

나비소녀 Butterfly Maiden(1977)

(삼영필름) 100분 극영화 중학생가/멜로

감독 : 송영수
제작 : 강대진
각본 : 송길한(원작 이장호)
개봉 : 1978년 4월 15일 아세아극장
       (서울)
관람인원 : 1만 1352명
출연 : 강태기, 명현숙, 이계인, 차현
       재, 박원숙, 전운, 지미옥, 지계
       순, 강현주, 이승현, 김정훈, 손
       창호, 나영진, 신성일, 조영주,
       이영옥, 한우리 외
촬영 : 김영대
음악 : 이필원
조명 : 서병수
편집 : 김진태
소품 : 김호길
스틸 : 박석재
사운드 : 이영길, 손효신
조감독 : 김병렬
수상 : 제24회 아태영화제 특별상(강
       대진)

육교 위에 쓰러진 선희를 구해준 일이 인연이 되어 창수는 선희네 집 가정교사로 일하게 된다. 바흐를 듣고 피카소 그림을 보면서 행복한 학창시절을 보낸 창수와 선희는 대학생이 되자 장래에 대한 꿈에 부푼다. 그러나 창수가 낙도 대민봉사활동을 나간 후 선희는 생명이 서서히 잦아드는 원인 모를 병마에 시달린다. 쇠약한 몸을 이끌고 창수를 찾아간 선희는 창수의 두 손을 잡은 채 사루비아 꽃밭을 날아다니는 나비를 바라보며 숨을 거둔다.

● 송영수 감독 데뷔작. 이장호의 원안을 송길한이 각본으로 구성한 작품. 그룹사운드 '뚜아에무아' 멤버였던 이필원의 영화음악 데뷔작으로 메인 주제곡인 "소녀"가 영화 배경음악으로 삽입됐다. 헤드 카피에 "생맥주를 알고 커피를 마시던 시절에 우리는 사랑을 알았지"처럼 청춘 남녀의 애틋한 사랑을 그렸다. 당시 하이틴영화 붐에 편승해 제작됐으나 상업적 목적만을 앞세운 다른 영화들과는 달리 그해 아태영화제 특별상을 수상할 정도로 작품성을 갖추었다. 송영수의 "세련되고 아름답고 비극적인 연출력"은 크게 인정받았으나 흥행에는 실패했다. 당시 미스 롯데에 뽑힌 명혜숙과 연극배우 강태기 주연, 이승현, 김정훈이 우정출연했고 유현목(영화감독), 변인식(영화평론가), 석래명(영화감독), 김진태(영화감독), 송길한(시나리오작가), 이경수(시나리오작가), 김유광(국립정신병원특치과장) 등이 특별 출연하고 있다.

난중일기 亂中日記, A War Diary(1977)

전라좌도 수군절도사 이순신이 왜침에 대비해 거북선 제작에 열중하던 중 임진년 4월, 부산진, 동래, 양산, 울진이 함락되자 출전하여 목포대전과 한산대전에서 승리를 거둔다. 임진년 다음해 이순신이 49세가 되던 해, 삼도 수군통제사가 되어 진을 한산도로 옮기고 군비확장에 혼신의 힘을 기울이지만 당파 분쟁과 원균의 모략으로 투옥된다. 정유년 7월, 왜적이 재침하자 백의종군하고 석방된 그는 같은 해 9월, 열두 척의 전선을 이끌고 나가 다시 대승리를 거둔다. 그러나 임진왜란을 일으킨 도요토미 히데요시가 죽은 후 노량해전에서 최후의 일전이 그를 기다리고 있다.

● 충무공 이순신의 파란 많은 생애, 조국과 민족을 위해 일생을 바친 장군의 일대기를 그린 사극 전기 드라마. 한갑진 제작, 성웅 이순신 역의 김진규를 비롯한 장동휘, 황해, 이대엽, 최봉, 하명중, 이낙훈, 박암, 정애란 등 당대 스타들이 총 출연하고 있다.

촬영기간 1년 6개월, 엑스트라 동원만도 연 인원 10만 명, 크고 작은 선박 건조가 수백 척, 의정부 한진흥업 세트장에 거대한 풀을 만들어 일본 기술자를 초청해 미니어처로 해전을 촬영.

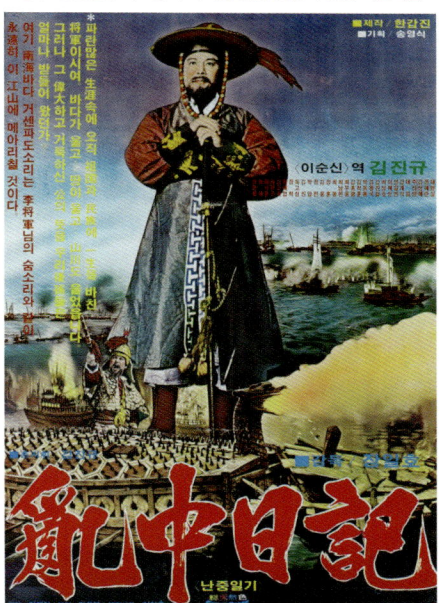

전남 여천군 쌍봉면 사소에서 울돌목, 벽화진, 한산섬에 이르는 로케지의 실사(實寫)는 폭풍과 풍랑과 싸우는 혈투였다. 영진공과 해군본부가 후원하고 이해윤이 3000명의 갑옷을 전부 만들었다. 제16회 대종상 작품상, 김진규 남우주연상 등 네 개 부문에서 수상했으나 흥행에서는 성공하지 못했다.

이순신 영화는 유현목의 '성웅 이순신'(1962), 이규웅의 '성웅 이순신'(1971), 1977년에 만들어진 장일호의 '난중일기'가 있고 그 외 김용환의 '성웅 이순신'(1958)과 변강문의 '난중일기'(1997)는 애니메이션이다.

(한진흥업) 125분 전기 연소자가/전쟁 사극

감독 : 장일호
제작 : 한갑진
각본 : 나한봉(원작 이재현)
개봉 : 1978년 1월 21일 국제극장 (서울)
관람인원 : 3만 5277명
수출현황 : 대만(79)
출연 : 김진규, 장동휘, 황해, 정애란, 태현실, 하명중, 이대엽, 김석훈, 최봉, 김운하, 이낙훈, 정민, 박암, 강계식, 독고성, 장훈, 최성호, 추석양, 양일민, 장혁, 최남현, 박일 외
기획 : 송영식
촬영 : 서정민
음악 : 정민섭
조명 : 손영철
편집 : 이경자
미술 : 조경환
소품 : 우종삼
의상 : 이해윤
분장 : 홍동은
사운드 : 김성찬, 손효신
특수효과 : 이문걸
스틸 : 김규홍
특수음향효과 : 공보남
제작총지휘 : 김광일, 김진규
조감독 : 최우형, 박용
수상 : 제16회 대종상영화제 최우수작품상(한진흥업) · 남우주연상(김진규) · 미술상(조경환) · 녹음상(김성찬), 제20회 국제영화예술상 훌륭한 영화인 상

고가 古家, The Old Manor(1977)

(태창흥업) 90분 극영화 중학생가/문예

감독 : 조문진
제작 : 김태수
각본 : 김소동(원작 정한숙)
각색 : 조문진
개봉 : 1978년 2월 4일 천호극장
　　　(서울)
출연 : 한인수, 윤미라, 최남현, 한은
　　　진, 문정숙, 이순재, 박남옥, 김
　　　기만, 오경아, 고설봉 외
기획 : 안승준, 김경수
촬영 : 양영길
음악 : 최창권
조명 : 차정남
편집 : 유재원
미술 : 노인택
소품 : 우종삼
의상 : 이해윤
분장 : 정준호
사운드 : 유창국, 윤덕영
특수효과 : 이문걸
조감독 : 차성호
수상 : 제16회 대종상영화제 여우주연
　　　상(윤미라)·신인상(김기만)

1920년대. 필재는 세칭 김씨 마을이라고 전해지는 장동 김씨 종갓집 종손이다. 300년째 가문을 이어온 김씨 집안에 개화의 물결이 밀어닥친다. 필재의 집안은 전통을 중시하는 할아버지 김 노인과는 달리 삼촌 도식은 시대를 앞장선 선각자로 새로운 문명만이 조선을 일으킬 수 있다고 믿는다. 일제 침략의 상황 속에서도 필재의 집안사람들은 상투 머리와 종갓집의 위신을 고집해 왔으나 도식이 조카인 필재의 상투 머리를 자르면서 집안이 붕괴할 조짐이 일어난다. 도식은 조카인 필재에게 신학문을 전하다가 집안에서 쫓겨나고 작은 삼촌 태식은 신분의 격차를 배격하여 종의 딸인 길녀와 결혼을 약속한다.

일본이 패망하고 독립이 되자, 근로 동원에 나갔던 태식이 돌아온다. 태식은 첩의 자식이라는 천대 속에 자란 탓인지 비뚤어져 있다.

6·25를 맞게 된 태식과 길녀는 시대 변화에 따라 신분 차별의 해소를 위한 투쟁에 가담하다가 태식은 고가에 불을 지른 후 불 속으로 뛰어든다.

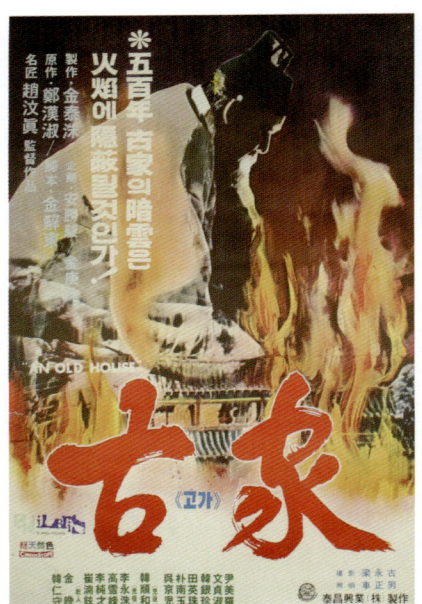

● 1956년 7월 《문학예술》에 발표된 정한숙의 단편소설을 영화화한 작품으로 개화기에서의 전통적 인습과 이데올로기의 갈등을 그리고 있다. 일제와 일제의 패망, 해방과 6·25에 걸쳐 신분과 계급구조의 변화가 일어나는 과정에서 한 집안의 몰락과 새 시대로의 전환을 보여준다.

주인공 필재는 종가집의 종손으로 어린 시절부터 봉건적인 환경 속에서 할아버지에서 삼촌, 작은삼촌, 할머니, 어머니, 그리고 길녀의 죽음까지 지켜보는 동안, 종가와 종손이라는 틀을 벗어버리고자 몸부림치는 근대사의 전환기적 인물이다. 소설에서는 조부모와 길녀를 모두 잃고 주인공은 종파와 문중을 따지는 것이 비극의 원천이라 얘기하면서 문중 어른들에게 모든 것을 맡기고 고가를 떠나는 것으로 끝난다. 영화에서는 공산당이 된 태식이 길녀가 다름 아닌 김 노인의 태생임을 알고 고가에 불을 지른 후 자살해버리자 필재와 길녀가 마을을 떠나는 것으로 끝난다. 하길종은 "이 영화는 근래에 없던 노작"(하길종)으로 평가했다.

화려한 외출 A Splendid Outing(1977)

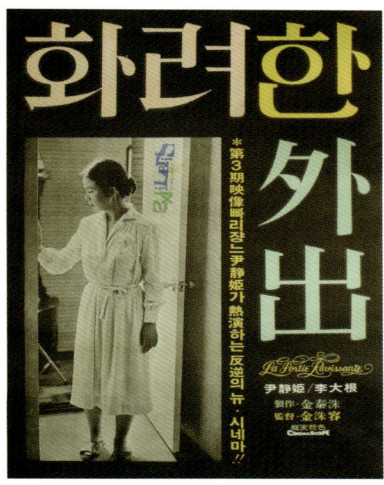

바쁜 스케줄에 쫓기던 여류 명사 공도희(윤정희)는 어느 날 점술가로부터 전생에 관한 이야기를 듣는다. 전생에 노예나 다름없는 생활을 했다는 소리를 듣고 충격을 받은 그녀는 고속도로를 달리다 낯선 섬으로 흘러든다.

어촌에 도착하자 어디선가 어부들이 나타나 그녀의 고급 승용차를 박살내더니 옷을 찢으며 달려든다. 벌거숭이가 된 채 도망치다가 그녀는 어망에 걸려 붙잡힌다. 그리고 자신의 남편이라고 일컫는 용달호(이대근)라는 남자와 일곱 살 된 딸과 함께 노예 같은 생활을 한다. 그녀는 남편의 모진 매질을 견디다 못해 한밤중에 섬을 탈출한다.

죽을힘을 다해 서울로 돌아왔으나 그녀를 알아보는 사람은 아무도 없었다. 절망 끝에 그녀는 자신의 빌딩 옥상으로 올라가 투신자살을 기도한다. 자살하는 순간 깨어보니 그것은 차안에서 꾼 한 바탕 꿈이었다. 적막해진 주위를 둘러보며 공도희는 눈을 뜬다. 언제 어느 때 생길지 모르는 낯설고 모진 외출에서 그녀는 돌아온 것이다.

● 김수용의 88번째 연출작. 김용성의 소설 『유적지』를 '화려한 외출'로 개제하여 영화화한 작품. 조문진이 각색한 이 작품은 오리지널 시나리오라고 해도 과언이 아닐 만큼 개작됐으며 1970년대 당시 사회의 치부를 들춘 수작으로 꼽는다. 김수용은 엄혹한 군사정권 체제에서의 검열을 피하기 위해 무거워 보이는 제목 '유적지' 보다 어딘지 멜로드라마틱한 '화려한 외출'로 영화 제목을 고쳐 달았다. 그리고 영화 속에 실험성 강한 몽환적 분위기를 조성하고 지식인들이 군사정권에 항거한 내용을 절해고도(絶海孤島)의 납치로 패러디하는 기지를 보였다.

주인공 공도희 역은 윤정희가 맡았다. 윤정희는 파리에서 피아니스트 백건우와 결혼식을 올린 지 2주밖에 안된 신혼으로 촬영 기간 동안 내내 백건우가 동행했다고 한다. '안개'(1967)로 시작한 윤정희와 김수용의 동반 행진은 '화려한 외출'에 이르러 절정을 이루었으며 평론가 호현찬은 "의식의 흐름과 표현주의적인 수법이 동원되어 실험성을 지닌 재미있는 영화로 관심을 끌었다"고 평했다. 이에 비해 이대근의 폭발적이고 본능적인 허기진 연기는 끈적한 적대자의 모습을 부족함 없이 과시했다. 이 영화는 제31회 칸국제영화제에 출품되었고 국내에서는 백상예술대상 작품상과 음악상을 받았다. 15만 5000명 관객 동원으로 흥행에도 성공했다. 윤정희는 이 영화를 끝으로 스크린을 떠났다.

촬영은 통영에서 뱃길로 네 시간이나 걸리는 욕지도에서 찍었다. 욕지도는 주인공의 환상 여행이 이루어지는 곳이며 그 외 공도희의 서울 생활은 주로 서울에서 찍었다.

(태창흥업) 95분 극영화 연소자불가/멜로

감독: 김수용
제작: 김태수
각본: 조문진(원작 김용성)
개봉: 1978년 3월 10일 명보극장 (서울)
관람인원: 15만 4668명
출연: 윤정희, 이대근, 이영하, 김정란, 송미남, 백정자, 김혜성, 노용원, 양일민, 최성관 외
기획: 황기성, 김경수
촬영: 정일성
음악: 강석희
조명: 차정남
편집: 이경자
미술: 노인택
소품: 박명수
의상: 트르와 조
사운드: 손인호, 손효신
조감독: 정지영, 차현재, 천지월
수상: 제14회 백상예술대상 대상(태창흥업) · 최우수작품상(김태수) · 기술상(음악: 강석희), 영화기자상 기술상(정일성), 제31회 칸국제영화제, 제3세계영화제 출품

문 門, The Door(1977)

(삼영필름) 110분 극영화 중학생가/문예

감독 : 유현목
제작 : 강대진
각본 : 김지헌
개봉 : 1978년 5월 13일 동부극장
       (서울)
출연 : 최불암, 박근형, 방희, 이영하,
       추송웅, 조영숙, 최남현, 노강,
       최삼, 추석양 외
촬영 : 정일성
음악 : 최창권
조명 : 서병수
편집 : 김진태
미술 : 김성배
소품 : 이태우
스틸 : 박석재
사운드 : 이영길, 손효신
조감독 : 이광주
수상 : 제16회 대종상영화제 음악상
       (최창권) · 조명상(서병수), 제14
       회 백상예술대상 시나리오상
       (김지헌), 제23회 아시아영화제
       촬영상(정일성)

야쯔바시 쥼(이영하)은 한국에서 불가사의하게 타계한 부친 야쯔바시 세이징(박근형)의 사인을 조사하기 위해 한국에 온다. 야쯔바시는 일본 아악계의 독보적인 쟁의 명연주자이자 작곡가로서 독보적인 존재다. 그러나 쥼은 자기 인생을 아버지와는 다르게 개척하기 위해 공학을 전공했다. 쥼은 부친의 시체가 발견된 한라산 산정에 올라 한국의 가야금 명인 우단 선생(최불암)과 그의 딸 가실(방희)을 만난다. 그리고 우단에게 가야금을 배운 가실이 일본에 와서 연주할 때 그 소리를 듣고 쥼의 부친이 온몸을 떨며 식은땀을 흘렸다는 소리를 듣는다. 이후 한국에 와서 손가락에서 피가 흐르도록 연주하는 우단 선생의 '낙이불류 애이불비(樂而不流 哀而不悲)'한 가락을 듣고 충격을 받아 세상을 떠났음을 알게 된다.

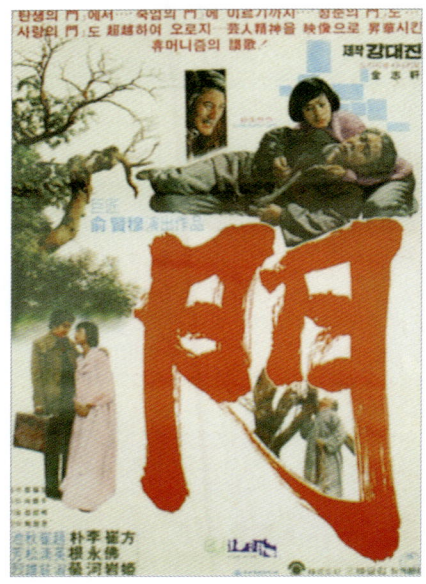

● 일본 아악계의 거장이 자기의 음악 세계에 회의를 느끼고 제주도의 가야금 명인을 찾아와 연주를 들은 뒤 감동에 벅차서 비명횡사하는 내용. 김지헌의 오리지널 시나리오. 영화 '문'은 파상풍에 걸린 가야금 명인 우단과 그에게 가야금을 배운 그의 딸 가실, 그리고 그 가락을 알고 싶어한 일본인의 이야기를 다루고 있다. '낙이불류 애이불비'는 가야금 명인 우륵이 남긴 말로 '즐기되 지나치게 휩쓸리지 말고 슬퍼하되 비탄에 빠지지 말라"는 음악 최고의 경지를 뜻한다.

이 영화는 국적이 다른 두 예술가들의 예술에 임하는 길을 차원 높게 다룬 뛰어난 수작으로 호평되고 있으나 "일본과 한국 예술가를 평가하는 데 객관성을 상실한 감이 없지 않다"(「더 트였으면 좋았을 숨통 1977년의 한국영화」, 《뿌리 깊은 나무》)는 지적이 있었다. "그럼에도 '문'에는 우리 영화계를 지켜온 한 원로의 집요한 작가 정신이 끈질기게 살아 있어 보는 이로 하여금 고개를 숙이게 한다"(위 책)는 찬사가 따르고 있다.

당시 37세의 최불암이 황혼기에 접어든 노인으로 등장한 것이 화제가 됐으며 최불암 자신은 "이 영화는 나를 예술가의 덕목에 눈뜨게 했던 작품"(최불암, 『인생은 연극이고 인간은 배우라는 오래된 대사에 관하여』, 샘터사, 2007년, p.169)이라고 회상했다. 최불암은 가야금 명인 우단, 일본 아악계의 독보적 위치에 있던 일본인 작곡가이자 명연주자는 박근형, 우단의 딸 가실은 방희가 맡았다.

미스 양의 모험 Miss Yang's Adventure(1977)

시골에서 여고를 나온 양은자(정희)는 펜팔을 즐기는 꿈 많은 아가씨다. 은자는 동네 청년 나기수와 장래를 약속한 사이지만 펜팔로 사귄 서울 남자 문대선의 구애를 받고 서울로 올라온다. 문대선과는 허탈하게 끝나고 식당 종업원이며 갖은 거짓 사랑을 겪다가 친구 명희의 도움으로 일본인의 현지처 생활을 하게 된다. 그러나 이를 이겨내지 못하고 비탄에 빠져 있을 때 같은 처지에 있던 명희마저 현지처로서의 수모를 견디다 못해 자살해버린다. 은자는 모든 남자를 저주하며 고향을 그리워하지만 그녀가 갈 곳은 없다. 그때 은자를 찾아온 나기수가 은자의 슬픈 과거를 달래주며 함께 고향으로 가자고 한다.

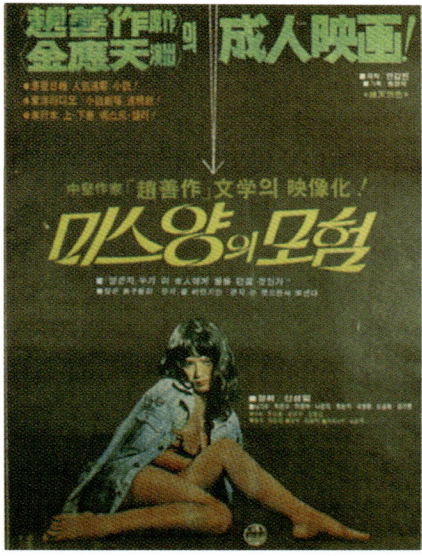

(한진흥업) 103분 극영화 연소자불가/멜로

감독: 김응천
제작: 한갑진
각본: 문상훈, 이희우(원작 조선작)
개봉: 1978년 6월 3일 국도극장 (서울)
관람인원: 12만 8962명
출연: 정희, 신성일, 나기수, 나연이, 이영하, 박은수, 국정환, 도금봉, 김신명, 오창용 외
기획: 송영식
촬영: 팽정문
음악: 이철혁
조명: 김연
편집: 현동춘
사운드: 김성찬, 손효신
스틸: 황형식
조감독: 선우완, 류재무, 박남선

● '진아의 편지'(1974), '여고졸업반'(1975) 등 청춘영화로 여고생들을 열광시킨 김응천의 멜로물. 1975년 소설 『영자의 전성시대』 영화화로 36만 명 이상의 관객을 동원하면서 스타가 된 소설가 조선작의 동명 소설을 영화화한 작품. 1975년 동아일보에 연재되어 인기를 끌었고 동양방송(TBC) 소설극장에서도 연속방송됐다.

산업화 시대인 1970년대 물질적 성장 이면에 숨겨진 소외 계층의 문제를 다룬 이 영화는 피폐해진 농촌에서 더 이상 기대할 것이 없어진 여성들이 무작정 상경, 성공해서 고생하는 가족을 돌보겠다고 결심하지만 현지처라는 사슬에 묶여 비정한 도시에서 유린될 뿐이다. 당시 신문 광고에 실린 주인공 양은자의 프로필은 다음과 같다. "나이: 방년 19세, 고향: 첩첩산골, 취미: 돈 모으기, 주소: 호화맨션 아파트, 특징: 남성 불신 사상, 성격: 정에 약함" 등이다.

이 영화는 1978년 3월 30일 부산 동명극장에서 국내 최초로 개봉되어 관객 8만여 명을 동원, 이후 6월 3일 서울 국도극장에서 개봉돼 13만 이상을 동원하는 등 그해 흥행작 베스트 10에 올랐다. 양희은이 부른 "한 사람 여기 또 그 곁에/ 둘이 서로 바라보며 웃네"로 시작되는 "한사람"이란 영화 주제가가 히트했다.

내가 버린 여자 The Woman I Betrayed(1977)

(우성사) 107분 극영화 연소자불가/
멜로드라마

감독 : 정소영
제작 : 김용덕
각본 : 이문웅, 김수현(원작 정소영)
개봉 : 1978년 7월 7일 명보(서울), 제
일극장(부산)
관람인원 : 37만 5913명(서울)
출연 : 윤일봉, 이영옥, 이계인, 박암,
전영주, 이자영, 김민정, 김경
애, 윤일주, 김신명 외
기획 : 박용빈
촬영 : 정광석
음악 : 안건마
조명 : 김강일
편집 : 현동춘
사운드 : 손인호, 손효신
스틸 : 정기성
조감독 : 김현명
수상 : 영화기자상 음악상(안건마)

가난한 정애(이영옥)는 권투선수 민철(이계인)과 사랑하는 사이다. 그녀
는 민철의 권투시합에 가기 위해 꽃집에서 꽃을 사다가 그곳에서 부자
인 수형(윤일봉)을 만난다. 그때부터 두 사람은 서로 호감을 느끼지만
정애에겐 민철이, 수형에겐 사귀고 있는 여의사가 있었다. 그러나 정애
와 수형은 상대방에 대한 감정을 받아들여 결혼하기에 이른다. 정애가
임신을 하면서 부부는 더욱 행복해진다. 그러던 어느 날 민철이 나타나
자 수형은 정애를 오해하는 등 부부 사이에 위기가 닥치지만 수형은 오
해를 풀고 그가 진심으로 사랑하는 정애를 찾아 나선다.

● '미워도 다시 한번'(1968)의 정소영과 작가 김수현이 파트너를 이룬 작품. 이 영화는 고급 주
택가와 달동네 빈민촌, 명동의 음악다방을 오가면서 계급 이동의 욕망과 충돌이 빚어내는 비극
을 그려내고 있다. 38만 명에 달하는 관객이 든, 당시로서는 엄청난 흥행 성적을 거둔 작품으
로 그해 한국영화 흥행 순위 1위에 올라 있다. 정소영은 이후에도 김수현 작 '저 눈밭에 사슴
이', '잊혀진 여인'(1969), '미워도 다시 한번 3편'(1970)을 연출하여 여러 흥행작을 양산했다.
'내가 버린 여자'에 이어 후속작인 영화 '내가 버린 남자'(1979), '겨울로 가는 마차'(1981)도
김수현과 함께 한 작품이다.
　　홍성기의 '내가 버린 여자 2'(1980)는 정윤희, 장미희, 이영하가 출연, 1980년 3월 28일 대
한극장에서 개봉되었으나 서울 관객 3만 6713명 동원으로 흥행에 실패했다. 이는 정소영의 '내
가 버린 여자'와는 다른 작품이다.

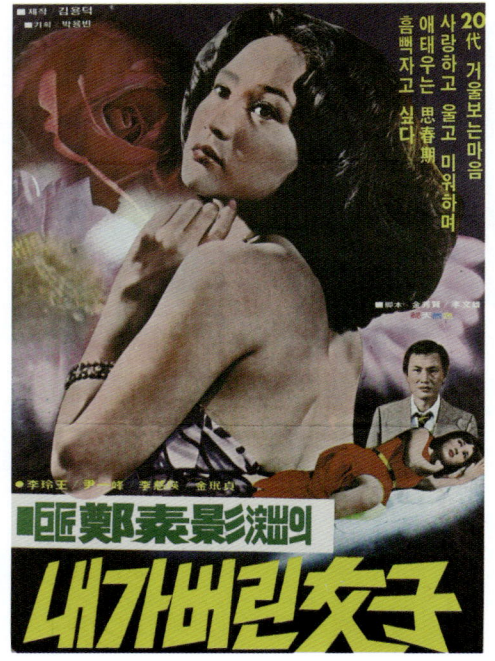

336

망명(亡命)의 늪 The Swamp of Exile(1978)

외국 상사와의 잘못된 계약으로 이풍은 전 재산을 날리게 된다. 하루아침에 몰락한 그는 가족과 함께 동반자살을 기도하지만 운명의 장난으로 혼자만 살아남는다. 가족을 모두 죽게 했다는 죄책감 때문에 그는 더욱 절망에 빠진다. 그러던 어느 날 신문에서 은인이던 하인립 씨가 자신처럼 사기사건에 연루된 사연을 읽고 그의 억울함을 씻어주기 위해 구명운동에 나서기로 한다. 하씨와 절친했던 그의 동료들을 만나 협조를 부탁하지만 그들은 냉랭하게 외면할 뿐이다. 그러다가 변호사의 주선으로 하씨가 석방되자 언제 그랬느냐는 듯이 하씨 주변에 모여들어 아부를 서슴지 않는다. 이풍은 인간의 야비한 속성에 환멸을 느끼면서 새 출발을 결심한다.

● 김수용의 100번째 연출작. 각본 김지헌. 1977년 한국창작문학상을 수상한 이병주의 중편소설을 영화화한 작품. "태양에 바래지면 역사가 되고 월광(月光)에 물들면 신화가 된다"는 말을 남긴 이병주는 햇빛에 바래진 역사를 새로 쓰는 복원자, 준엄한 사관(史官)이라는 신념에 충실한 소설가다. 영화는 부당하게 돈과 가족을 잃은 한 양심 있는 주인공을 내세워 얄팍한 인간속성을 풍자하고 있다. 작곡가 강석희가 제17회 대종상 음악상, 차정남이 조명상, 이풍을 연기한 박근형이 제15회 백상예술대상 연기상을 받았다.

(태창흥업) 90분 극영화 연소자불가/문예

감독 : 김수용
제작 : 김태수
각본 : 김지헌(원작 이병주)
개봉 : 1978년 1월 1일
출연 : 박근형, 박원숙, 허진, 서희, 박암, 주선태, 김길호, 한재수, 최성호, 이룡 외
촬영 : 정일성
음악 : 강석희
조명 : 차정남
편집 : 이경자
미술 : 노인택
소품 : 김호길
스틸 : 양기주
사운드 : 손효신, 손인호
조감독 : 박경일, 정지영, 천지월
수상 : 제17회 대종상영화제 음악상(강석희) · 조명상(차정남), 제15회 백상예술대상 연기상(박근형)

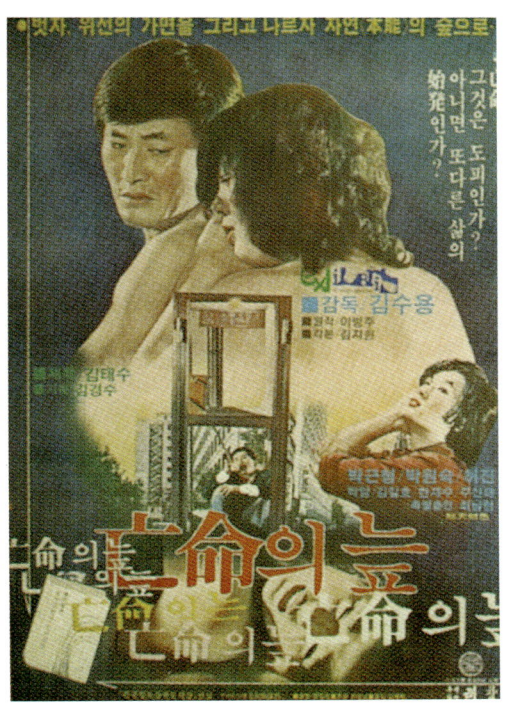

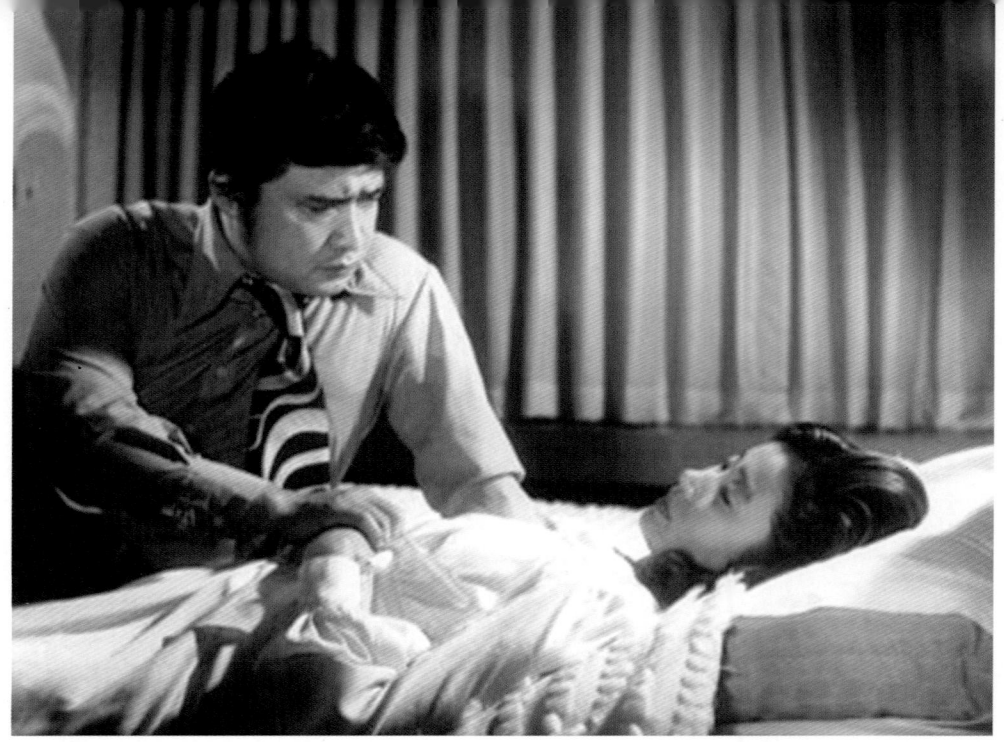

O양의 아파트 Miss O's Apartment(1978)

(연방영화사) 90분 극영화 연소자불가
/멜로

감독 : 변장호
제작 : 최춘지
각본 : 김지헌, 김강윤
각색 : 지상학(원작 오미영)
개봉 : 1978년 3월 31일 국도극장
       (서울)
관람인원 : 28만 1726명(서울)
출연 : 김자옥, 한진희, 박지훈, 김희
       라, 이순재, 노향금, 김상순, 용
       일화, 이인옥, 현주 외
기획 : 임은두   촬영 : 전조명
음악 : 이정선   조명 : 손영철
편집 : 이경자   미술 : 조경환
소품 : 김태욱   스틸 : 김병옥
사운드 : 이재웅, 손효신
조감독 : 김병렬
수상 : 제24회 아시아영화제 우수배우
       상(김자옥)

집안의 생계를 책임지고 있는 미영(김자옥)은 애인 진수(한진희)와 헤어진 후 호스티스가 되고 유부남인 대선(박지훈)과 동거에 들어간다. 그러나 그의 부인이 자신의 동창생임을 알게 되자 대선과도 헤어져 기생이 된다. 여기서 그녀는 진실한 권용수(김희라)를 만나지만 용수는 미영에게 많은 돈을 맡긴 채 구속된다. 미영은 용수의 부탁대로 그 돈을 가지고 용수가 자라난 고아원으로 간다. 가는 길에 옛 애인 진수를 만나고 진수는 모든 과거를 잊고 함께 하자고 말한다. 미영은 자신은 옛날의 미영이 아니라며 고아원으로 발길을 돌린다.

● 변장호의 호스티스 영화. 각본 김지헌, 김강윤. 원작 오미영. 불우한 가정형편으로 호스티스가 된 여주인공의 인생유전을 그린 이 영화는 28만 명(서울) 관객 동원으로 1978년도 흥행순위 3위에 올라 있다. 산장의 페치카 앞에서 젊은 남녀가 벌이는 육체의 향연이 당시로선 가장 자극적인 성의 장면으로 꼽힌다. 주인공 미영 역은 변장호의 '보통여자'(1976)에서 뛰어난 연기를 보인 김자옥이 맡아 제24회 아시아영화제 우수배우상을 받았다.
속편인 'O양의 아파트(속)'(원작 오미영)는 김자옥, 김희라, 이순재, 백일섭 출연. 1979년 5월 12일 서울 국도극장에서 개봉되었으나 7만 3138명 관객 동원에 그쳤다.

휘청거리는 오후 Unsettling Afternoon(1978)

전기제품 공장을 운영하는 허성에게는 세 딸이 있다. 장녀 초희는 초라한 아버지를 보고 자라면서 반드시 부자와 결혼하겠다고 결심한다. 그녀의 남편이 된 사람은 건실한 사업가로 장성한 자녀를 둔 50대의 공회장이다. 초희와는 달리 차녀 우희는 아버지의 반대에도 불구하고 가난한 집의 장남과 결혼한다. 우희는 고생하지만 귀부인이 된 초희는 남부러울 것이 없었다. 그러나 상류사회에 적응할수록 텅 빈 가슴을 채울 길이 없었고 약물복용으로 허전함을 달래고 있다. 결국 그 빈도가 늘어나면서 옛 애인을 만나 부정을 저지른다. 초희가 임신을 하자 이미 불임수술을 받은 공 회장은 아내의 부정을 눈치챘다. 초희는 중절수술을 받은 후 약물중독자가 되어 요양소로 보내진다.

초희 아버지 허성은 딸들이 '향기롭고 정결한 연애결혼'을 하길 원하면서도 실은 딸들을 통해 그의 욕망을 실현시키고 있었다. 그는 막내 말희의 결혼 비용을 마련하기 위해 부실공사를 하다가 능력의 한계와 양심의 가책을 느끼고 초희가 먹던 약을 술에 타서 마시고 앰뷸런스에 실려간다. (박완서, 『박완서소설전집 I – 휘청거리는 오후』, 세계사, 1993년)

● 주영중 감독 데뷔작. 1976년 동아일보에 연재되었다가 단행본(창작과 비평사, 1977)으로 출간된 박완서의 동명 소설을 영화화한 작품. 세 딸을 둔 선량한 가장이 평탄치 못한 딸들의 삶과 잘 풀리지 않는 자신의 삶을 비관하는 내용이다. 영화는 원작에 충실하여 1970년대의 사회상과 주인공 초희의 주변인물들을 통해 인간이 지닌 욕망의 실체를 파헤치고 있다.

영화 개봉날짜는 기록마다 다르다. 당시 신문광고에는 1980년 7월 12일(토요일) 계림, 금성, 우미관, 서대문, 오스카극장(서울)으로 되어 있고 한국영상자료원(KMDb) 자료에는 1979년 1월 17일 제일극장(광주)으로 나와 있다.

(우성사) 110분 극영화 연소자불가/문예

감독 : 주영중
제작 : 김용덕
각본 : 임충(원작 박완서)
개봉 : 1978년 7월 12일 계림, 금성, 서대문, 우미관, 오스카극장(서울)
출연 : 최불암, 사미자, 김추련, 김형자, 유미나, 하명중, 임정하, 신광일, 한미영 외
기획 : 박용빈, 김묵
촬영 : 장석준
음악 : 이정선
조명 : 장기종
편집 : 현동춘
사운드 : 한양스튜디오, 손효신
스틸 : 정기성
조감독 : 석도원

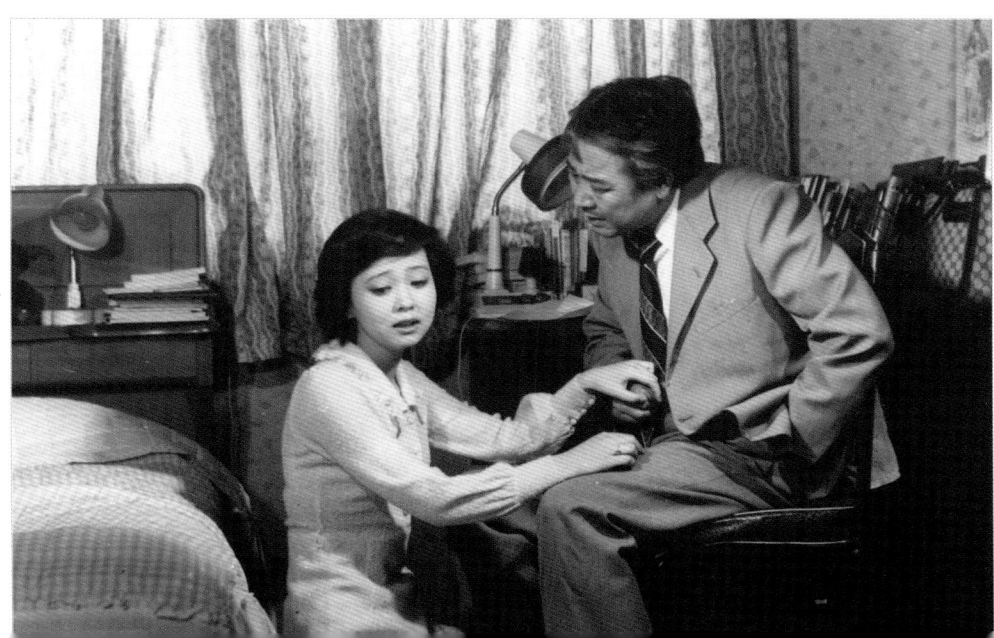

마지막 겨울 The Last Winter(1978)

(대영흥행) 101분 극영화 중학생가/
멜로드라마

감독 : 정소영
제작 : 김인동
각본 : 김수현
개봉 : 1978년 9월 17일 서울(서울),
　　　부산(부산), 한일극장(대구)
관람인원 : 12만 2459명
출연 : 이영하, 유지인, 김동현, 윤유
　　　선, 최성관, 문미봉, 양일민, 임
　　　성포, 김훈, 박혜란 외
기획 : 김태찬
촬영 : 양영길
음악 : 정민섭
조명 : 최입춘
편집 : 현동춘
미술 : 조경환
소품 : 박명수
스틸 : 조광소
사운드 : 손효신, 손인호
조감독 : 김현명, 이진

대학시절부터 민우(이영하), 소희(유지인), 시형(김동현)은 다정한 친구 사이이다. 민우와 소희가 결혼을 약속하자 마음속으로 소희를 사랑하던 시형은 실연의 아픔 속에서도 겉으로는 그들을 축복한다. 그러나 결혼을 앞둔 민우가 중립국 친선사절단을 따라 외국 취재를 떠났다가 사망했다는 비보가 날아든다. 시형은 친구의 불행을 비통해 하면서도 임신 중인 소희를 위해 결혼을 결심한다. 민우에 대한 기억이 어느 정도 지워질 무렵 시형은 신문을 통해 적에게 납치되었던 민우가 15개월의 악몽 끝에 극적으로 탈출했다는 소식을 접한다. 민우는 절망을 느끼면서도 소희와 시형의 행복을 빌며 뉴욕주재 특파원으로 떠난다.

● 정소영 연출, 김수현 각본이 콤비를 이룬 작품 중 하나. 1970년 김수현 원작을 정소영이 연출한 '아빠와 함께 춤을'을 리메이크한 영화로 당시에는 최무룡, 남궁원, 전계현이 출연, 서울 국도극장에서 개봉되어 선풍적인 인기를 모았다.

　　남편이 죽은 줄 알고 남편의 친구와 재혼했으나 남편이 살아서 돌아온다는 내용으로 이번에도 예외 없이 극장 안을 눈물바다로 만들어 놓았다. 특히 소희(유지인)의 딸로 나오는 아역배우 윤유선의 깜찍한 연기와 재혼을 결심한 유지인이 결혼반지를 강물에 던지는 장면에서 박경애가 부르는 주제가 '마지막 겨울'이 애절하게 흐른다.

　　당시 이 영화는 합동영화사가 서울 종로 3가에 있던 세기극장을 인수해 서울극장으로 이름을 바꾸어 개관, 개관 기념영화이자 추석 특선 프로로 개봉하여 12만 명이 넘는 관객을 모았다. 부산의 부산극장에서 8만 6000명, 대구 한일극장에서 7만 7000명 등 전국적으로 흥행에 성공했다.

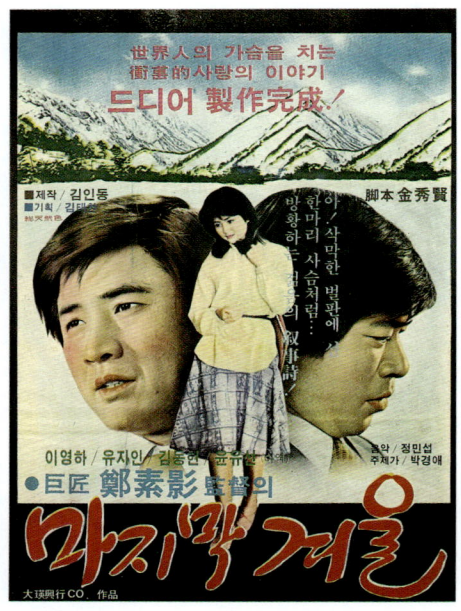

세종대왕 世宗大王, King Sejong the Great(1978)

세종은 왕위에 오른 후 조선의 발전을 꾀하고자 집현전을 확대, 강화하여 젊은 학사들을 집결시킨다. 또 과감하게 인재를 등용하여 악·의·공·농 등 여러 분야에 대한 대대적인 개혁에 착수한다. 왕은 모든 일을 신료들과 협의하고 백성들에게 정신적 유산을 물려주기 위해 노력한다. 그 결과 농사직설, 향약집성방, 삼강행실도 등 수많은 서적이 간행되었고 출판술의 개량, 국토확장, 국경확정이 이루어졌으며 훈민정음이 창달되기에 이른다.

● 최인현의 사극드라마. 각본 신봉승. 세종대왕기념사업회가 자료를 제공하는 등 협찬에 나섰고 감수에 이병도, 고증 신석호, 전상운 흥경각, 손보기(갑인자), 김기수(아악), 유희경(복식), 등 석학들이 참여했다. 송시 이은상. 신문광고에 보면 기획 3년, 제작 1년, 고증회의 10회, 고증 시사회 3회 등 치밀한 고증을 거쳤음을 재차 확인하고 있다. 남녀 스타 1천여 명, 엑스트라 1만 6000명이 동원된 대작으로 최남현이 제17회 대종상 남우조연상, 미술상, 영화기자상 특별상, 제15회 한국연극영화예술상에서 유재형이 촬영상을 받았다.

(우성사) 140분 극영화 연소자가/사극
- **감독** : 최인현
- **제작** : 김용덕 　**각본** : 신봉승
- **개봉** : 1978년 10월 5일 대한극장 (서울)
- **출연** : 신성일, 선우용녀, 박암, 이순재, 최불암, 윤일봉, 김남일, 유영국, 박지훈, 김석훈, 박경주 외
- **기획** : 박용빈, 김묵
- **촬영** : 유재형　**음악** : 황병기
- **조명** : 함완섭　**편집** : 김희수
- **미술** : 조경환　**소품** : 우종삼
- **의상** : 이해윤　**분장** : 채훈
- **사운드** : 손인호, 손효신
- **특수효과** : 이문걸
- **스틸** : 정기성
- **조감독** : 임필형, 이중노
- **수상** : 제17회 대종상영화제 남우주연상(최불암) · 미술상(조경환), 제15회 백상예술대상 기술상(촬영: 유재형), 영화기자상 특별상

길 Road(1978)

남사당패의 얼음살이(줄타기) 도섭은 이 참판 생일잔치에서 줄을 타다가 참판의 딸 향아와 눈이 마주치는 순간 줄에서 떨어져 부상을 입고 그 집 헛간에 남겨진다. 두 사람의 사랑이 무르익어가자 참판은 도섭을 죽여 뒷산에 버린다. 죽은 줄 알았던 도섭이 살아 있다는 소식을 듣고 향아는 도섭이 있는 남사당패를 찾아가고 이 참판은 가문의 명예를 위해 향아의 몸종 유월을 죽여 향아가 죽은 것처럼 장사를 지낸다. 남사당패가 된 향아는 유랑생활 속에서 아들을 낳고 송 노인으로부터 탈춤을 전수받는다. 아버지 참판의 죽음을 듣고 묘지를 찾아간 향아를 오빠 병준이 쪽머리만 자른 채 남사당패들에게 돌려보낸다.

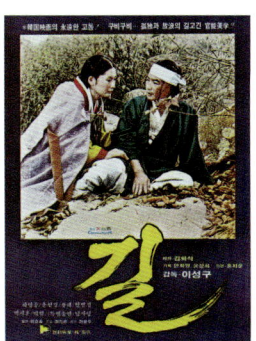

● '젊은 표정'(1960)으로 감독 데뷔한 후 '메밀꽃 필 무렵', '일월'(1967), '장군의 수염', '며느리'(1972) 등을 연출하면서 한국영화의 부흥기를 이끌었던 이성구의 마지막 연출작. 이성구는 1978년 '무상'과 '길'을 연출한 후 작품 활동을 중단하고 1980년대 초 미국으로 이민갔다.

(세경흥업) 100분 극영화 중학생가/멜로드라마
- **감독** : 이성구
- **제작** : 김화식
- **각본** : 홍지운
- **개봉** : 1978년 11월 1일 대한극장 (서울)
- **출연** : 하명중, 윤연경, 황해, 박암, 장훈, 박지훈, 안병경, 최용지, 손전, 양일민, 방수일, 권일정 외
- **기획** : 윤상희
- **촬영** : 이승언
- **음악** : 정윤주
- **조명** : 장기종
- **편집** : 이경자
- **미술** : 김유준
- **소품** : 김호길
- **의상** : 이해윤
- **분장** : 김용학
- **스틸** : 전창준
- **현상** : 우성현상
- **감독** : 김양득

웃음소리 Sound of Laughter(1978)

(동아수출공사) 85분 극영화 연소자불
가/멜로드라마

감독 : 김수용
제작 : 이우석
각본 : 홍파(원작 최인훈)
개봉 : 1978년 10월 5일 코리아극장
(서울)
관람인원 : 3만 328명
출연 : 남정임, 이영하, 김만, 도금봉,
한은진, 이종만, 이승현, 남수
정, 이연희, 홍윤정, 백정자, 장
혁, 최성, 박봉서 외
기획 : 김병하
촬영 : 정운교
음악 : 박경신
조명 : 손한수
편집 : 김희수
미술 : 이명수
사운드 : 이영길, 손효신
스틸 : 서홍익
조감독 : 정지영, 차현재, 천지월

하바나의 호스티스 오학자는 인간의 진실한 사랑을 믿지 못한다. 그녀는 지석우라는 청년을 사랑했지만 그 역시 다른 남자들과 다를 것이 없다. 미국에 간 석우를 기다리던 학자는 석우와의 추억이 깃든 그 장소로 가서 자살할 것을 결심한다.

온천장에서 묵은 다음날, 산속으로 들어가다가 그녀는 길목의 빈터에 한 쌍의 남녀가 누워 있는 것을 본다. 여자는 짧은 웃음소리를 내는 듯했다. 다음날 같은 시간에도 그들은 그곳에 와 있었다. 그때도 여자의 나지막한 웃음소리가 들려왔다. 이들로 인해 이틀이나 시간을 허비한 학자는 빈터의 남녀가 자신과 석우처럼 언젠가는 헤어지게 될 것을 상상하며 저 여자도 저 남자와 추억이 깃든 이 장소에 혼자 찾아오게 될 것이라고 생각한다.

사흘째 되던 날, 학자가 다시 산으로 올라갔을 때 사람들이 그곳에 모여 있었고 두 남녀의 주검이 거적때기에 덮여 있었다. 이미 일주일 전에 죽은 시체라고 했다.

서울로 돌아오는 기차 안에서 학자는 여자의 짤막한 웃음소리를 듣는다. 귀에 익고 사무치는 목소리, 그것은 바로 그녀 자신의 웃음소리였다.

● 1966년 1월 《신동아》에 발표하여 제11회 동인 문학상을 받은 최인훈의 단편소설을 영화화한 작품. '웃음소리'는 삶과 죽음의 경계선에서 끊임없이 고민하고 번뇌하는 인간의 보편적이고 내면적인 체험의 세계를 의미한다. 이 작품은 서두와 결말 부분을 제외한 나머지 대부분이 환상과 꿈으로 이어져 있다. 이러한 환상기법을 사용해 인간을 둘러싸고 있는 실제 현실과 환상은 이원적 세계가 아닌 동일한 세계임을 보여준다.

영화는 많은 약병들로 가득한 약국을 배경으로 시작된다. 두 약씩 약국에서 수면제를 처방받아 유리병에 모으는 오학자는 받을 돈과 갚을 돈을 다 청산한 후 모아둔 수면제를 가지고 추억의 여행길에 오른다. 그녀는 자신의 불안감, 그리움, 망각, 추억을 손톱을 다듬는 것으로 표현한다. 그리고 과도로 남자를 찌르는 상상은 실제에선 사과를 깎다가 손을 베어 피가 나는 것으로 처리한다. 석우와 함께 갔던 숲 속, 둘만의 장소였던 곳에 오렌지색 텐트와 그 안에서의 은밀한 추억, 그때 들려오는 웃음소리는 계속 같은 톤으로 일정하게 들려오기 때문에 어찌 보면 진짜 웃음소리가 아닌, 불길한 운명의 예고인 듯이 들리기도 한다.

이 영화는 "한 호스티스의 간절한 사랑의 희구와 배신을 환각적인 의식표출의 방식으로 실험적인 신감각의 세계를 열어보였다"(평론가 김종원)는 평을 받았다. 주인공 오학자로 출연한 남정임의 마지막 작품. 1966년, 김수용의 '유정'으로 데뷔했던 그녀는 마지막 작품도 김수용 작품에 출연하는 기이한 인연을 갖고 있다. 남정임은 유방암으로 영화계를 떠난 후 1993년 사망했다. 이 영화는 도고호텔에서 촬영됐다.

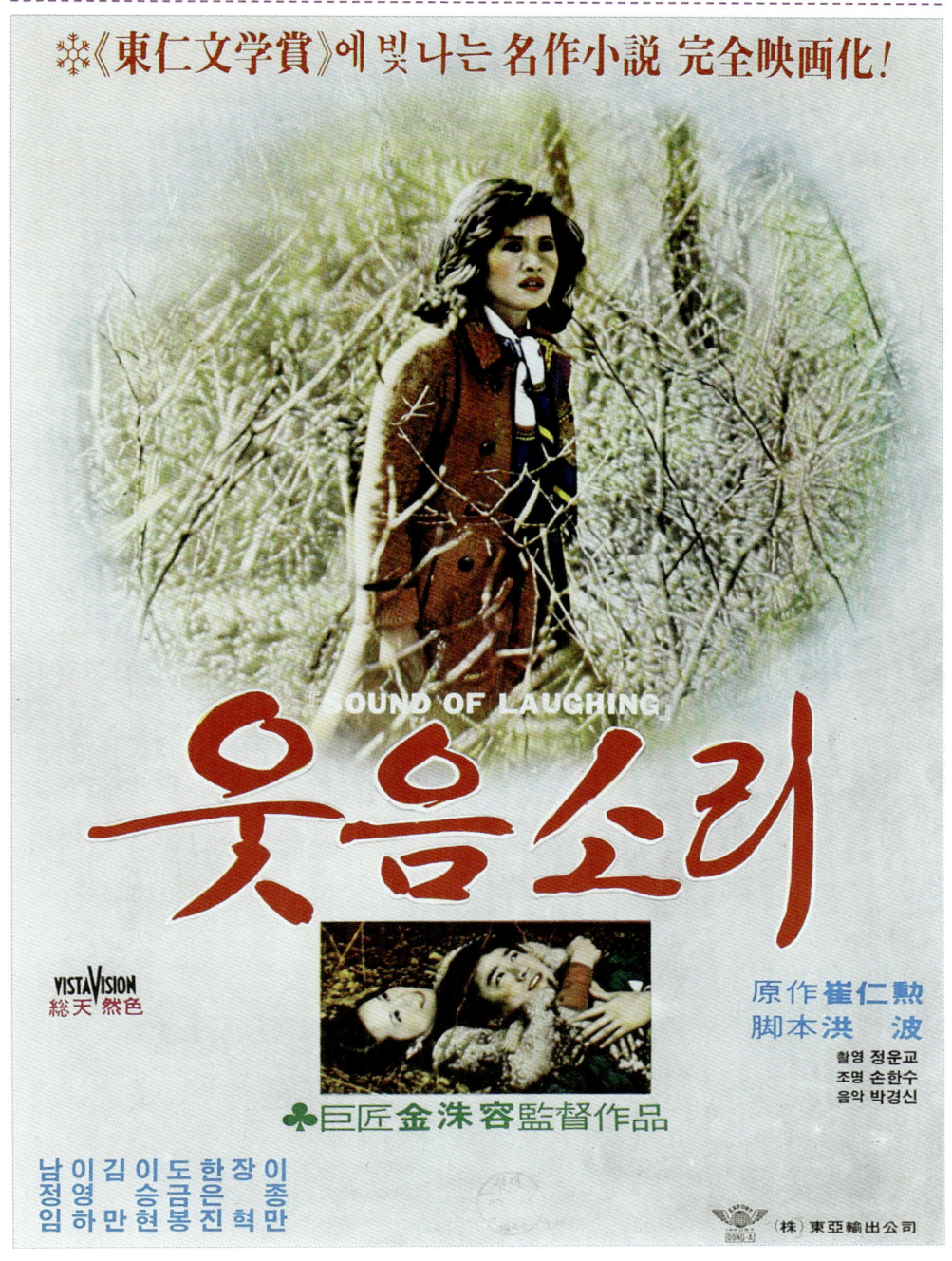

옛날 옛적에 훠어이 훠이

Once Upon A Long Time Ago(1978)

(삼영필름) 95분 극영화 중학생가/문예

감독 : 유현목
제작 : 강대진
각본 : 김지헌(원작 최인훈)
개봉 : 1978년 10월 19일 중앙극장(현
　　　서울 중앙시네마)
출연 : 백일섭, 정희, 전원주, 박정자,
　　　최남현, 김민규, 조재성, 양일
　　　민, 최재호, 오세장 외
촬영 : 정일성
음악 : 최창권
조명 : 조기남
편집 : 김진태
미술 : 김성배
소품 : 이태우
의상 : 이해윤
분장 : 채훈
사운드 : 이송길, 손효신
스틸 : 박석재
조감독 : 박문수, 이강조, 오영수
수상 : 제14회 백상예술대상 신인상
　　　(정희)

눈 내리는 저녁, 아사달은 해산한 세오녀를 위해 마을에서 좁쌀을 얻어 가지고 돌아오는 길이다. 그는 세오녀에게 지금 마을에는 장수가 태어나서 밤마다 용마가 운다는 소문이 들린다고 전한다. 옛날부터 장수가 태어나면 용마도 따라 태어난다는 전설이 있었다. 아기장수의 탄생을 두려워하는 오랑캐들은 포졸을 앞세워 아기와 용마를 잡기 위해 혈안이 되어 있었다.

다음날 세오녀는 밭으로 나가다가 방안에서 들리는 이상한 기척에 방안을 들여다본다. 그리고 열린 문틈으로 갓 태어난 아기가 걸어 다니는 것을 보고 입을 다물지 못한다. 자기가 낳은 아기가 바로 그 장수였던 것이다. 세오녀는 두려움에 떨고 아사달은 오랑캐에게 들킬 것을 염려해서 아기를 죽이려고 한다. 그러나 세오녀는 목숨을 걸고 이를 말리다 세 식구가 모두 혼절한다. 그때 용마 탄 장수가 나타나서 부모를 데리고 승천한다.

● 유현목 연출작. 소설 『광장』의 작가 최인훈의 원작 희곡을 영화화한 작품. 각본 김지헌. 평안 북도에 내려오는 전설인 아기장수 설화를 재구성한 희곡 「옛날 옛적에 훠어이 훠이」는 전체가 모두 네 마당으로 짜여져 있다. 원래의 설화에서는 아기를 눌러 죽이고 세오녀가 대들보에 목을 매달고 아사달도 아기와 아내를 따라 죽는 것으로 되어 있다. 연극으로는 1976년 극단 산하

가 초연했고 당시의 정치적 상황과 맞물려 많은 사람들의 공감을 샀다.

영화에서는 마지막 장면에서 사건의 경위와 관계없이 지상의 사람들이 흥겹게 춤추며 그들 세 가족에게 다시는 이 세상에 내려오지 말라고 기원하는 것으로 끝을 맺는다. 이는 "가난하고 소박한 가족의 행복을 앗아가려는 관료들의 횡포, 자신들의 운명과 나약함을 바꿀 힘도, 그럴 생각조차 못하는 순진무구한 민초들, 그들의 슬픔과 절망을 대변해준 작품"으로서 "유현목은 현실을 응시하기보다 현실을 어떻게 형식에 반영할 것인가를 고민하는 모더니즘 취향의 재능이 강한 감독"(평론가 김영진)이라는 평을 받았다.

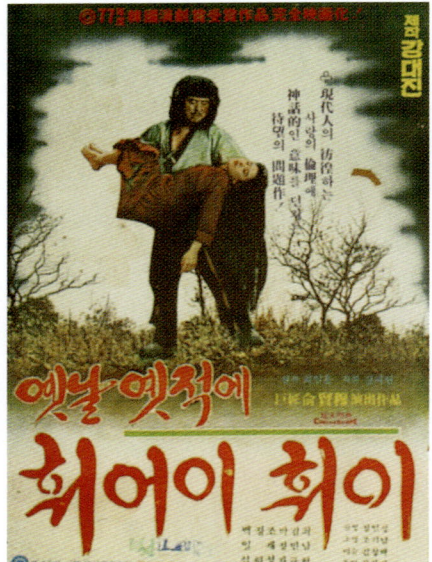

344

상처 傷處, Wound(1978)

하영(김자옥)과 재민(이영하)은 친구 사이다. 윤 사장 집 가정교사로 들어간 하영은 그 집의 둘째 아들 기훈(유장현)을 만나게 되고 기훈과 재민이 고교 동창이라는 사실도 알게 된다. 재민의 만류에도 불구하고 기훈과 가까워진 하영은 그와의 짧은 동거생활에서 딸 수진을 낳지만 기훈은 다른 여자와 결혼한다. 재민의 헌신적인 사랑에도 불구하고 하영은 상처받은 아픔을 달래지 못해 수면제 과다복용으로 목숨을 잃는다.

(세경흥업) 115분 극영화 연소자불가/문예

감독 : 김기
제작 : 김화식
각본 : 윤삼육(원작 김수현)
개봉 : 1978년 11월 4일 국도극장 (서울)
관람인원 : 20만 8000명
출연 : 김자옥, 이영하, 유장현, 이일웅, 이자영, 방희정, 이인옥, 강주희, 서진옥 외
기획 : 안화영, 윤상희
촬영 : 정광석
음악 : 정민섭
조명 : 김강일
편집 : 김창순
미술 : 김유진
사운드 : 손인호, 손효신
조감독 : 김창일
수상 : 영화기자상 신인상(유장현)

● 김수현의 동명 장편소설을 원작으로 하고 있다. 1973년 '여로'를 제작·연출하여 폭발적인 흥행 성공을 거둔 김기가 '형사 배삼룡', '병사와 아가씨들'(1977)에 이어 내놓은 작품. 여자를 헌신짝처럼 버린 남자, 자신을 버린 남자를 잊지 못하는 여자, 남자에게 버림받고 자신을 자학하는 여자에게 애틋한 사랑을 바치는 구조로 스토리가 짜여 있다. 이 영화는 국도극장에서 개봉되어 서울에서만 약 21만 명, 부산 제일극장에서 12만 명 관객 동원으로 흥행에 성공했다. 이는 같은 해 개봉하여 흥행 1위를 기록한 정소영의 '내가 버린 여자'(1977) 38만 명 관객 동원과 함께 전국 극장가를 강타하면서 원작자인 김수현 열풍을 불러일으키기도 했다.
당시 인기 절정에 있던 김자옥이 주인공으로 열연했고 상대역으로 이영하와 유장현, 하이틴 스타 강주희가 이영하의 여동생으로 출연해 반항적인 10대 소녀를 연기했다. 주제가는 1970년대 초 그룹 산이슬의 멤버로 활동하다가 솔로로 전향해서 '곡예사의 첫사랑' 등 많은 히트곡을 낸 박경애가 불렀다. 박경애는 1978년 MBC 국제가요제 금상을 수상, 그즈음 "마지막 겨울", "상처"(1978), "청춘의 덫"(1979) 등 김수현 영화들의 주제가는 거의 다 불렀다.

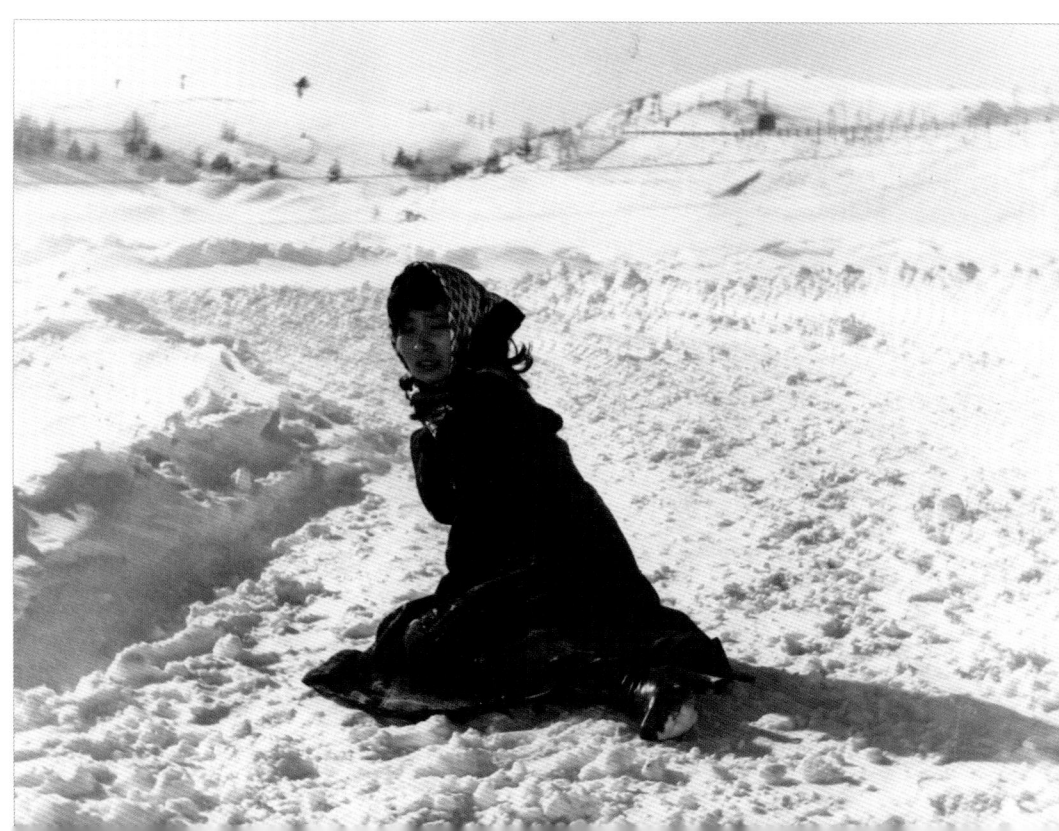

나는 77번 아가씨 | I Am Lady Number 77(1978)

(합동영화) 110분 극영화 연소자불가
/멜로드라마

감독 : 박호태
제작 : 곽정환
각본 : 김하림(원작 윤고나)
개봉 : 1978년 11월 16일 중앙(서울),
부영극장(부산)
관람인원 : 21만 7249명(서울)
출연 : 정윤희, 하명중, 김희라, 김경
애, 조용수, 김혜인, 김기종, 최
무웅, 민희 외
기획 : 이지룡
영 : 홍동혁
음악 : 정민섭
조명 : 권수용
편집 : 현동춘
사운드 : 유창국, 윤덕영
스틸 : 박희재
현상 : 우성칼라라보
조감독 : 이운철

윤고나(정윤희)는 송계남(김희라)과 결혼해서 딸 민희를 낳는다. 오산 근처에서 세 식구가 단란하게 살다가 계남이 점점 방종한 생활에 빠져들자 고나는 더 이상 참지 못하고 딸 민희를 데리고 서울로 올라온다. 그리고 딸과 둘이서 살기 위해 호스티스로 생활전선에 나선다. 그러다가 만난 건실한 청년 문병길(하명중)이 고나에게 청혼해 온다.

고나는 결혼 같은 건 생각하고 싶지 않았지만 병길의 진심에 감동해서 결혼하게 된다. 세 식구가 행복한 나날을 보낼 때 어느 날 계남이 나타나 딸 민희를 데려가겠다고 한다. 계남의 완강한 요구를 뿌리칠 수 없었던 그녀는 어쩔 수 없이 딸을 보내야 하는 상황에 이른다. 그러나 계남은 딸이 진정으로 원하는 것은 엄마라는 것을 깨닫고 눈물을 흘리며 발길을 돌린다.

● 박호태의 호스티스 영화. 원작자 윤고나의 실화를 바탕으로 하고 있다. 각본 김하림. 정윤희는 이경태의 '욕망'(1975)으로 데뷔했으나 이 영화에서 주인공 윤고나 역으로 각광 받으면서 장미희, 유지인과 더불어 새로운 트로이카를 형성하게 된다. 돈을 벌기 위해 무작정 상경한 직업여성들의 갈등과 좌절을 그린 이 영화는 서울에서만 관객 22만 명 이상을 동원하여 흥행에 성공했다. 그러나 '나는 77번 아가씨'의 후속작인 '사랑이 깊어질 때'(1979)는 남성들에게 버림받고 딸과 함께 외롭게 살아가는 내용으로 1979년 6월 15일 코리아 극장(서울)에서 개봉되었으나 관객동원 부진(1만 7498명)을 면치 못했다. 이후 박호태는 '자유부인 81'(1981)으로 흥행 대성공을 한다.

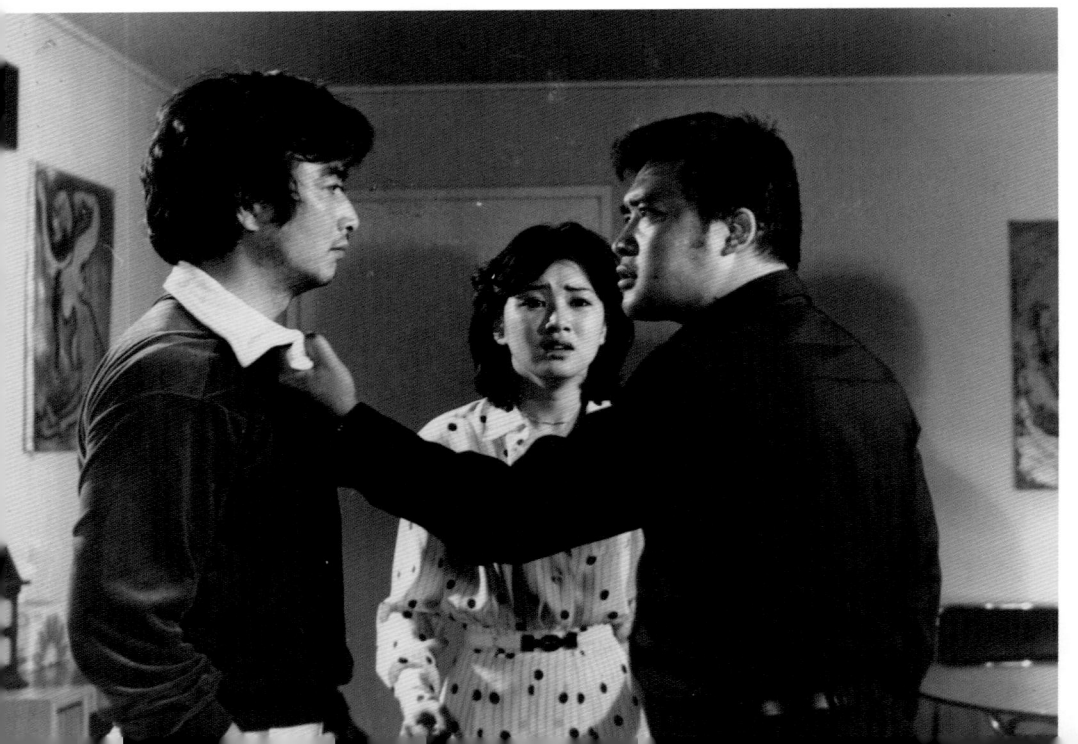

과부 寡婦, Widow(1978)

늙은 열녀 한씨(황정순)는 시집온 지 3년 만에 과부가 된 손자며느리 점순(고은아)과 양자 김 초시(윤일봉)와 함께 살고 있다. 그러나 힘 좋은 떠돌이 머슴 두칠(김희라)이 등장하면서 가정의 평온함이 서서히 깨지기 시작한다. 점순이 두칠과 은밀히 만나면서 두칠의 아이까지 낳았기 때문이다. 김 초시의 명에 따라 아기를 데리고 떠난 두칠은 아기를 대학생이 될 때까지 키워놓고 세상을 떠난다. 그 아들이 장성하여 어머니 점순을 찾아오지만 그녀는 끝내 아들을 모른 체하며 그냥 돌려보낸다.

● 원작 황순원. 영화 '과부'는 일부종사해야 하는 폐쇄적인 유교 사회를 배경으로 하여 수절 과부와 머슴의 연정, 가문을 지켜야 한다는 시댁의 입장이 대립되면서 갈등이 생성되는 영화다.
　조긍하의 '과부'(1960)를 리메이크한 작품. 조긍하의 '과부'는 신영균, 이민자가 출연해 당시 서울 국제극장에서 개봉되어 5만 명의 관객을 동원하면서 흥행에 성공했다. 조문진의 과부는 김희라, 고은아 출연, 광주 무등극장에서 개봉됐으나 흥행에서 실패했다.(관객 1341명) 그러나 제17회 대종상에서 고은아 여우주연상을 비롯해 촬영의 정일성, 녹음의 손인호가 수상하여 작품성을 인정받았다.

(태창흥업) 105분 극영화 연소자불가/멜로	
감독 : 조문진	
제작 : 김태수	
각본 : 조문진(원작 황순원)	
개봉 : 1978년 11월 18일 무등극장(광주)	
출연 : 고은아, 김희라, 황정순, 윤일봉, 손창호, 이연희, 소희, 김만, 박원호, 임해림 외	
기획 : 김경	
촬영 : 정일성	
음악 : 정윤주	
조명 : 차정남	
편집 : 현동춘	
미술 : 노인택	
스틸 : 양기주	
조감독 : 김대진, 하수태	
수상 : 제17회 대종상영화제 여우주연상(고은아)·촬영상(정일성)·녹음상(손인호)	

사랑의 뿌리 The Root of Love(1978)

조총련계 오사카 지국 조직 부장 박용호는 재일교포 성묘단의 일원으로 모국을 방문한다. 혈육을 찾기 위해 고향인 통영에 갔으나 그의 가족에 대해 아는 사람이 없었다. 어렵게 아버지의 행방을 찾아낸 용호는 국립나병원인 소록도로 간다. 거기서 그는 아버지가 남긴 일기장을 보고 아버지 박학구가 나병환자였음을 알게 된다.
　나병에 걸린 학구는 아들 하나씩을 데리고 아내와 헤어진다. 아내는 큰아들 용호, 학구는 둘째 용준을 데리고 걸식 행각으로 전전하다가 한 목사의 도움으로 소록도에 오게 된 것이다. 그곳 생활은 일본인의 박해와 강제 노동으로 인한 참혹함의 연속이었다. 그러나 학구의 나병은 완치되었고 그는 너무나 기쁜 나머지 기쁨에 넘쳐 외치다가 실족사한 것이다. 이런 경위를 알게 된 용호는 일선 부대의 군목으로 있는 동생 용준을 찾아내고 어머니에게 데려가서 혈육의 진실을 확인한다.

● '마부'(1961)로 한국 최초로 베를린국제영화제 은곰상을 차지한 강대진의 종교영화. 강대진의 초기 작품은 삶의 무게가 힘겹게 느껴지는 서민 생활의 애환을 그렸으며, '청춘극장'(1967)으로 서울 개봉관에서만 30만여 관객을 동원해 흥행 감독으로 성가를 높였다. 1970년대 말 이후 감독은 종교영화에 심취해 '사랑의 원자탄'(1977), '석양의 10번가'(1979) 등 "신앙의 깊이와 계몽성 짙은 작품"을 내놓고 있다.(평론가 양강) 이 영화도 동생 용준이 군목으로 나오는 일종의 종교성 짙은 영화로 작품성은 평가받지 못했으나 종교인들의 호응을 받았다.

(연방영화) 95분 극영화 연소자가/종교	
감독 : 강대진	
제작 : 최춘지	
각본 : 김용진(원작 천대성)	
개봉 : 1978년 11월 18일 국도극장(부산)	
관람인원 : 8458명	
출연 : 윤일봉, 장동휘, 도금봉, 정선영, 강신조 외	
기획 : 임은두	
촬영 : 김남진	
음악 : 전정근	
조명 : 손영철	
편집 : 김희수	
조감독 : 엄종선	
수상 : 제17회 대종상영화제 각본상(김용진)	

347

소리치는 깃발 The Shouting Flag(1978)

(연방영화) 95분 극영화 중학생가/멜로드라마

감독 : 이성민
제작 : 최춘지
각색 : 임하(원작 정연희)
개봉 : 1978년 11월 24일 허리우드극장(서울)
관람인원 : 3만 3394명(서울)
출연 : 이승현, 강주희, 김성복, 김정훈, 배기정, 이성호, 김남일, 전숙, 윤인하, 이재학 외
기획 : 임은두   촬영 : 전조명
음악 : 정민섭   조명 : 장기종
편집 : 유재원   미술 : 조경환
소품 : 김태욱   스틸 : 김병옥
사운드 : 손인호, 손효신
조감독 : 백민, 박경일

영진의 별명은 깃대다. 자기 주장을 굽힐 줄 모르는 고집에 가족들은 모두 외면하지만 형수만은 언제나 영진의 편이다. 실은 영진에게는 형수 못지않게 그에게 용기를 주던 정이라는 여학생이 있었다. 하지만 그녀가 가족을 따라 미국으로 이민간 후 그는 의욕을 잃게 된다. 외로움과 소외감에 사로잡힌 영진은 어느 날 아버지가 일하고 있는 공사장을 찾는다. 그리고 때마침 공사장에 불이 나자 위험에 처한 아버지를 구한다. 그때 영진은 아버지 품 속에서 저금 통장을 발견한다. 아버지는 아들의 등록금을 모으기 위해 공사장에서 막일을 마다하지 않고 있었다. 영진은 너무나 감격해서 방황을 훌훌 털고 학업에 매진한다.

● '야성의 숲'(1976)으로 감독 데뷔한 이성민의 가족영화. 소설가 정연희의 동명 소설(1977년 대운당)을 임하가 각색한 작품으로 어떤 어려움도 가족의 따뜻한 사랑으로 극복할 수 있다는 메시지를 담고 있다. 이성민은 같은 해 MBC방송국 수기 당선작인「여고 3년생」을 원작으로 한 '사랑의 계절'을 발표하는 등 주로 건전하고 밝은 영화를 내놓았다. 서울 동도공고에서 촬영되었다.

꽃순이를 아시나요 Do You Know Kotsuni?(1978)

(태창흥업) 110분 극영화 연소자불가/멜로드라마

감독 : 정인엽
제작 : 김태수
각본 : 박남주(원작 유동훈)
개봉 : 1979년 5월 25일 스카라극장(서울)
관람인원 : 21만 6628명
출연 : 정윤희, 하명중, 김추련, 김길호, 박일우, 도금봉, 박원숙, 현주, 이인철, 조인아 외
기획 : 김경수
촬영 : 이석기
음악 : 정성조
조명 : 차정남
편집 : 이경자
미술 : 노인택
소품 : 우종삼
스틸 : 양기주
사운드 : 김성진, 손효신
조감독 : 황태현, 최병규, 정일수

산골 처녀 은하(정윤희)는 서울에 올라와 다방레지가 된다. 바람둥이 사진작가 남준에게 유린당한 은하는 아마추어 레슬링 선수인 성구와 동거를 하다가 환락가의 꽃순이로 전락한다. 여기서 외롭고 부유한 윤 노인을 만난 은하는 행복한 생활을 누리는 가운데 윤 노인이 임종하자 또다시 자포자기의 생활로 빠져든다. 은하 앞에 첫사랑 봉수가 나타나지만 은하는 홀로 있기를 원한다.

● 스포츠 영화 '고교결전 자! 지금부터야'(1977)를 연출했던 정인엽의 호스티스 영화. 유동훈 원작의 라디오 드라마를 영화화한 작품. 영화 '꽃순이를 아시나요'는 당시로서는 대흥행작이었다. 1979년 1월 12일 전국에서 최초로 부산 국도극장에서 개봉하여 16일간 상영에 11만 관객을 동원, 서울에서는 같은 해 5월 스카라극장에서 개봉되어 21만 6000명의 관객을 동원, 다른 기록은 25만 또는 27만 명으로 되어 있다. 이는 당시로서는 흥행 대기록으로 극장 앞에서 충무로 5가까지 표를 사려는 관객이 줄을 지었다고 한다. 1979년도 한국영화 흥행순위 3위(정인엽 감독)
음악은 정성조, 김중순 작사, 김희갑 작곡의 주제가 '꽃순이'는 김국환이 불렀고 그 외 윤세원의 "환상", 최병걸의 "왜 뛰어"가 삽입됐다.

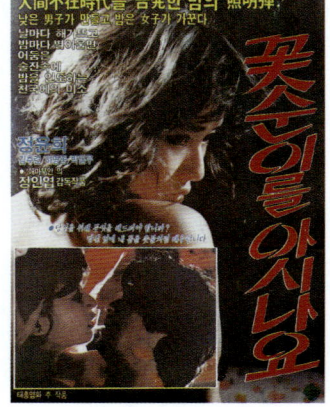

호국팔만대장경 護國八萬大藏經, The Tripitaka Koreana(1978)

몽고의 장군 살리타이는 30만 대군을 이끌고 고려를 침공한다. 이때 부인사 사찰 경비를 맡고 있던 이준은 자신의 실수로 소실된 대장경, 순교한 스님, 죽은 동지들을 생각하며 자책하다가 자살을 기도한다. 그러자 그의 부인이 백성들이 새로운 빛을 볼 수 있도록 팔만대장경을 조각하는 대 불사를 일으키라고 호소하면서 그의 자살을 막는다. 한편 몽고의 살리타이는 공녀와 종을 나포하여 몽고 태종을 상봉하러 가는 길에 고려의 청공 스님에게 살해되고 본토에서는 불사에 시주하는 백성들이 몽고군에게 잡혀 화형 당하는 일이 생긴다. 어려운 시련과 고비 끝에 16년 만에 대장경이 완성되고 이준은 백성들의 도움을 받아 이를 강화도로 무사히 이송한다.

● 백성들이 도탄에 빠질 때 대장경 불사를 일으킨다는 내용을 담고 있다. '난중일기'(1977) 촬영을 위해 일본에서 데려온 특수촬영 팀을 그대로 수용해서 당시로서는 엄청난 액수인 2억 원의 제작비를 들여 완성했다고 한다. 호국사상 고취를 위한 불교 영화로 장일호의 사극은 고증이나 시대 배경 대신 거대한 세트와 수천 명의 엑스트라, 일급스타들의 출연과 기념비적인 영웅 이야기를 내세우고 있다.

영화가 만들어진 1978년은 박정희 정권 말기에 해당하는 시기로 당시에는 충효, 호국, 멸사봉공 등의 단어가 사적 공적 생활에서 은근히 강조되어 있었고, 그런 사회적 분위기에서 나라를 지키기 위한 영웅이야기는 공식 담론으로 등장했다. 영화 '호국팔만대장경'도 당시 국가 이데올로기로부터 자유롭지 못했다고 할 수 있다. 이 영화는 국회정각회, 대한불교전국신도회, 대한불교총연합회, 대한불교청년회, 불교신문사가 협찬했다. 장일호의 사극은 그가 연출한 60편 중 3분의 1에 해당하는 18편이나 된다. 제17회 대종상 미술상과 편집상을 받았고, 김희라, 김진규, 박암, 주선태, 최남현 등 굵직한 연기자들이 포진했다.

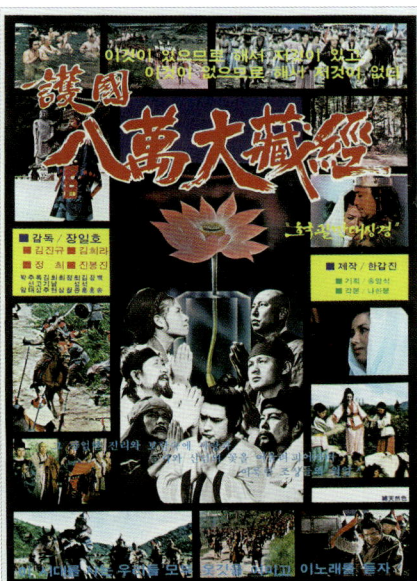

(한진흥업) 128분 극영화 중학생가/사극

감독 : 장일호
제작 : 한갑진
각본 : 나한봉(원작 장일호)
개봉 : 1979년 5월 3일 대한극장
　　　　(서울)
관람인원 : 7만 2465명
출연 : 김희라, 정희, 진봉진, 김진규,
　　　　박암, 주선태, 최남현, 최삼, 독
　　　　고성, 김기주 외
기획 : 송영식
촬영 : 서정민
음악 : 전정근
조명 : 이억만
편집 : 이경자
미술 : 조경환
소품 : 우종삼
스틸 : 김규홍
사운드 : 한양녹음실, 손효신
제작지휘 : 김영일, 주종호, 안정무
수상 : 제17회 대종상영화제 미술상
　　　　(조경환) · 편집상(이경자)

살인나비를 쫓는 여자

A Woman After a Killer Butterfly(1978)

(우진필름)110분 극영화 연소자불가/
스릴러 컬트무비

감독 : 김기영
제작 : 정진우
각본 : 이문웅(원작 김성일)
개봉 : 1978년 12월 2일 스카라극장
　　　 (서울)
관람인원 : 1만 4275명
출연 : 남궁원, 김자옥, 김정철, 김만,
　　　 박암, 이향, 여포, 유순철, 이강
　　　 배, 김소조, 정재희, 이화시 외
기획 : 유영무, 정광웅
촬영 : 이성춘
음악 : 한상기
조명 : 서병수
편집 : 김희수
미술 : 이봉선
소품 : 차순하
스틸 : 황태성
사운드 : 윤덕영, 유창국
조감독 : 김영준

사학을 전공하는 대학생 석용빈(김정철)은 MT에 나갔다가 나비를 쫓게 되고 그곳에서 이상한 여인을 만난다. 그 여인은 느닷없이 동반자살을 제의하며 용빈을 속여 독극물을 마시게 한다. 여자는 독이 퍼져 죽지만 용빈은 살아난다. 이 사건 이후 용빈은 삶의 의지를 잃고 피해망상증에 시달린다. 허무주의에 빠진 그는 점점 더 자살을 꿈꾼다. 그러나 그때마다 괴상한 월부 책장수(김만)가 나타나서 그의 자살을 집요하게 방해한다. 결국 마음대로 죽지도 못하게 된 그는 짜증이 나서 그 책장수를 죽여 버린다. 그러나 책장수는 해골이 되어서도 그를 찾아와 그에게 삶의 의지를 일깨워준다. 그 덕분에 용기를 얻은 그는 친구와 함께 종유굴 답사에 나선다. 신라 시대 때의 유골을 발견한 그는 그날 밤 집에 가져온 유골을 짜 맞추자 유골이 여인(이화시)으로 환생하는 환상을 경험한다. 그 여인은 24시간 이내에 산사람의 피를 마시면 자신이 완전한 사람이 될 수 있다면서 용빈을 설득한다. 그녀를 살리기 위해 갖은 방법을 강구해보지만, 뾰족한 수를 찾아내지 못하자 여인은 다시 유골로 돌아간다.

장면이 바뀌어 용빈은 유명한 고고학자 장임두 박사(남궁원)의 조수가 되어 그의 일을 돕고 있다. 그는 장 박사의 집에서 우연히 본 그 딸 혜원(김자옥)를 사모하게 되는데 그녀는 집안 곳곳에 나비 그림을 걸어두고 있다. 매주 장 박사의 집으로 배달되어 오는 괴상한 소포도 수상하기 짝이 없다. 박사는 고고학적 유골이라고 주장하지만 용빈은 차츰 장 박사의 음모와 혜원의 비밀을 파헤쳐 나간다.

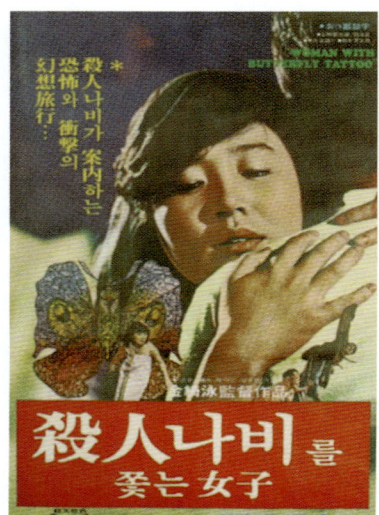

● 멜로, 호러, 공포, 사극 등 여러 장르를 연출해온 김기영의 컬트영화. 이 영화는 주인공이 꿈에서 깨어나는 것으로 끝난다. 그러나 영화가 전하는 메시지는 선명하고 강렬하다. 즉 영화의 모티프가 되는 두 가지 상징, 해골과 나비 중에서 삶의 의지를 상징하는 해골과 죽음을 상징하는 나비를 내세워 삶이 얼마나 죽음과 밀접해 있는가를 보여준다. 특히 죽음과 맞부딪쳤을 때 해골은 살겠다는 의지를 나타낸다. 이 영화가 만들어진 때는 정치, 사회적으로 암울했던 시기로 감독의 독특한 상상력이 표현의 제약과 사회적 한계를 벗어나려고 애쓴 흔적이 곳곳에 나타나 있다. 따라서 당시 젊은 세대들이 죽음에 대해 가지는 환상과 삶에 대한

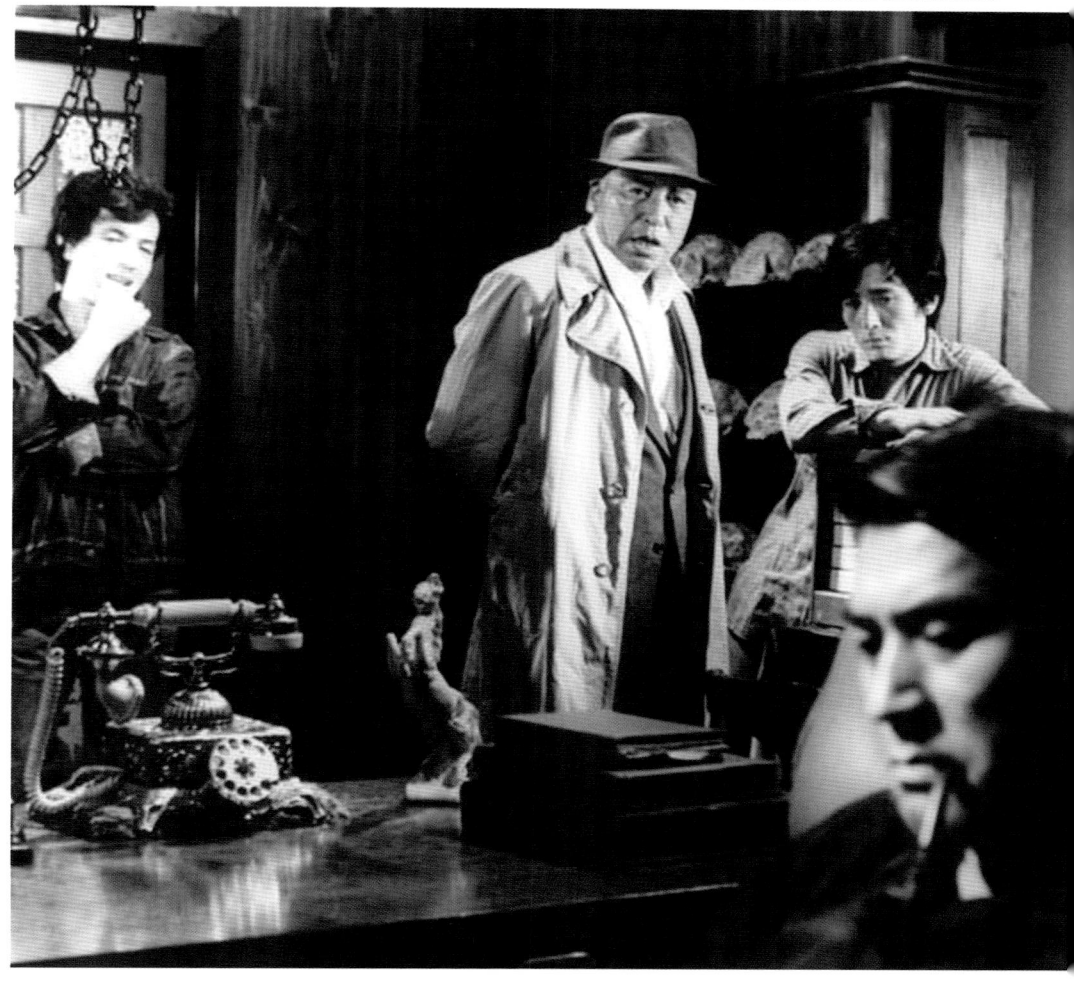

의지의 부재를 꼬집듯 그려내고 있다. 한 여자에게 음료수를 얻어마셨다가 졸지에 그녀의 동반 자살 파트너가 된 주인공은 죽음에서 살아난 이후 죽음에 대한 묘한 동경을 갖게 되며 자살을 막는 책장수를 죽이지만 그는 죽여도 죽지 않는 불사신이다. 죽은 시체의 잘려진 머리가 "난 안 죽어. 의지가 있으면 살 수 있다"를 외치며 칼을 입으로 물고 자신을 죽인 자에게 대항하는가 하면 뻥튀기 기계 앞에서 귀신과 정사를 나누기도 한다. 특히나 박사가 경미와 함께 거대한 나비가 되어 날아가는 장면은 상상을 초월하는 압권을 이룬다.(「전대미문의 김기영식 '뻥튀기 정사' 영화」, 《FIRM2.0》 07. 7. 22)

　김기영은 이 작품에 대해 "나는 예술을 하려는 게 아니라 내 취미대로 영화를 가지고 놀았다"(신현림 외, 「내 인생의 한사람」, 한길사, 2004년)라는 말을 남겼다. 이 영화는 극장 기획에서 개봉까지 불과 23일밖에 걸리지 않았던 저예산 영화임에도 김기영의 취향과 색채, 작가주의 코드가 흠뻑 배어 있기 때문인지 "김기영의 특이한 상상력에 눈을 빼앗기게 만드는 놀라운 작품"(평론가 김영진)으로 평가된다. 김기영의 페르소나인 이화시가 특별 출연했다. 세 가지 에피소드가 뒤섞인 이 영화에 대해 혹자들은 '옴니버스 영화'라고 표현하기도 한다.

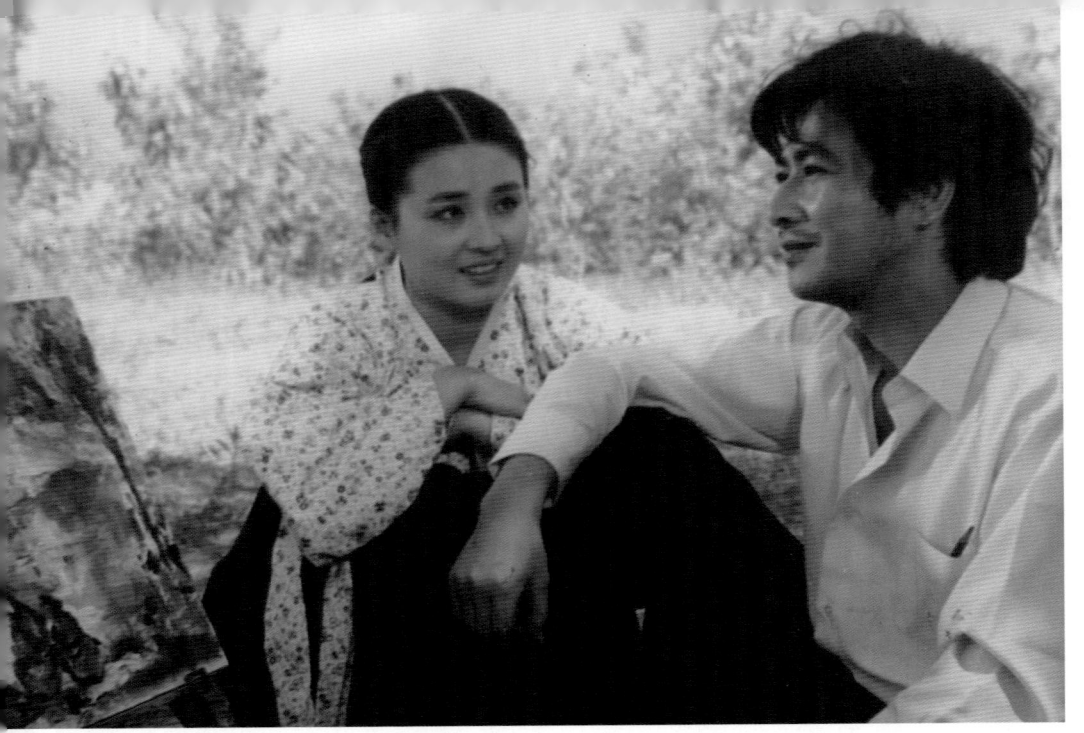

족보 族譜, The Family Pedigree(1978)

(화천공사) 110분 극영화 연소자불가/
가족 드라마

감독 : 임권택
제작 : 박종찬
각본 : 한운사
개봉 : 1979년 5월 1일 대전극장
　　　　(대전)
출연 : 주선태, 하명중, 한혜숙, 최남
　　　　현, 김신재, 윤양하, 이향 외
기획 : 이은봉, 황기성
촬영 : 이석기　　음악 : 정만섭
조명 : 정덕규　　편집 : 김희수
미술 : 김유진　　소품 : 이월호
의상 : 이해윤　　분장 : 홍동은
사운드 : 손인호, 손효신
조감독 : 안명기, 노세한
수상 : 제17회 대종상영화제 우수작품
　　　　상(화천공사) · 감독상(임권
　　　　택) · 남우주연상(하명중) · 특별
　　　　상(독고성), 영화기자상 작품
　　　　상 · 감독상(임권택) · 남우주연
　　　　상(하명중), 제8회 뮌헨영화제,
　　　　제11회 제3대륙영화제(낭트영
　　　　화제) 출품

때는 일제 강점기. 경기도청 총력1과에 근무하는 일본인 직원 다니(하명중)는 조선총독부의 명령에 따라 조선인의 성과 이름을 일본식으로 개명하도록 하는 창씨개명 작업을 수행한다. 다니가 찾은 곳은 수원 교외 순창(淳昌) 설씨(薛氏) 집안이 모여 사는 곳으로 문중의 설진영(주선태)은 완강하고 강직한 종손이다. 다니는 설진영의 인간성과 그 집의 딸 옥순(한혜숙)의 아름다움에 끌리게 되고 설진영의 고집과 한국인의 족보정신에 감동한다.

설진영의 창씨개명에 대한 한결같은 거부는 자기 딸의 약혼자를 징용에 끌려가게 하여 파혼하게 하는가 하면 아들 며느리와 귀여운 손자 손녀들의 질시와 배척을 받는다. 이제 더 이상 피할 수 없는 상황이 되자 그는 면사무소에 가서 가족 모두의 창씨개명에 서명하는 대신 자신만은 끝내 '설진영'으로 둔 채 족보 마지막 장에 사유를 쓰고 자결을 결행한다.

● '왕십리', '낙동강은 흐르는가' (1976), '옥례기' (1977)에 이은 임권택의 가족드라마. 일제 때 서울에서 학교를 다녔던 일본 작가 가지야마 도시유키(加治屋俊行)의 동명 단편을 영화화한 작품. 각본 한운사. 임권택은 1960년대에 많은 사극과 액션영화를 만들었고, 1970년대에는 새마을 영화와 전쟁영화를 만들었다. 이 작품은 제17회 대종상 심사과정에서 유력한 최우수작품상 후보로 거론되었으나 원작자가 일본인이라는 이유로 때문에 우수작품상으로 밀려났다. 그 대신

감독상과 남우주연상을 받고 제8회 뮌헨영화제와 제11회 제3대륙영화제에 출품되었다. 일본인 다니 역에 하명중, 강직한 설진영 역에 주선태, 홍난파 작곡 '봉선화'를 성악가 김봉임이 불렀다.
　감독은 '족보' 이전까지는 기회가 주어지는 대로 영화를 찍었으나 '족보'를 촬영하면서 "심오한 인간성 추구에 심혈을 기울이게 되었다"(영화감독 임권택, 『기인열전 내 멋에 산다 29』)고 말했다.

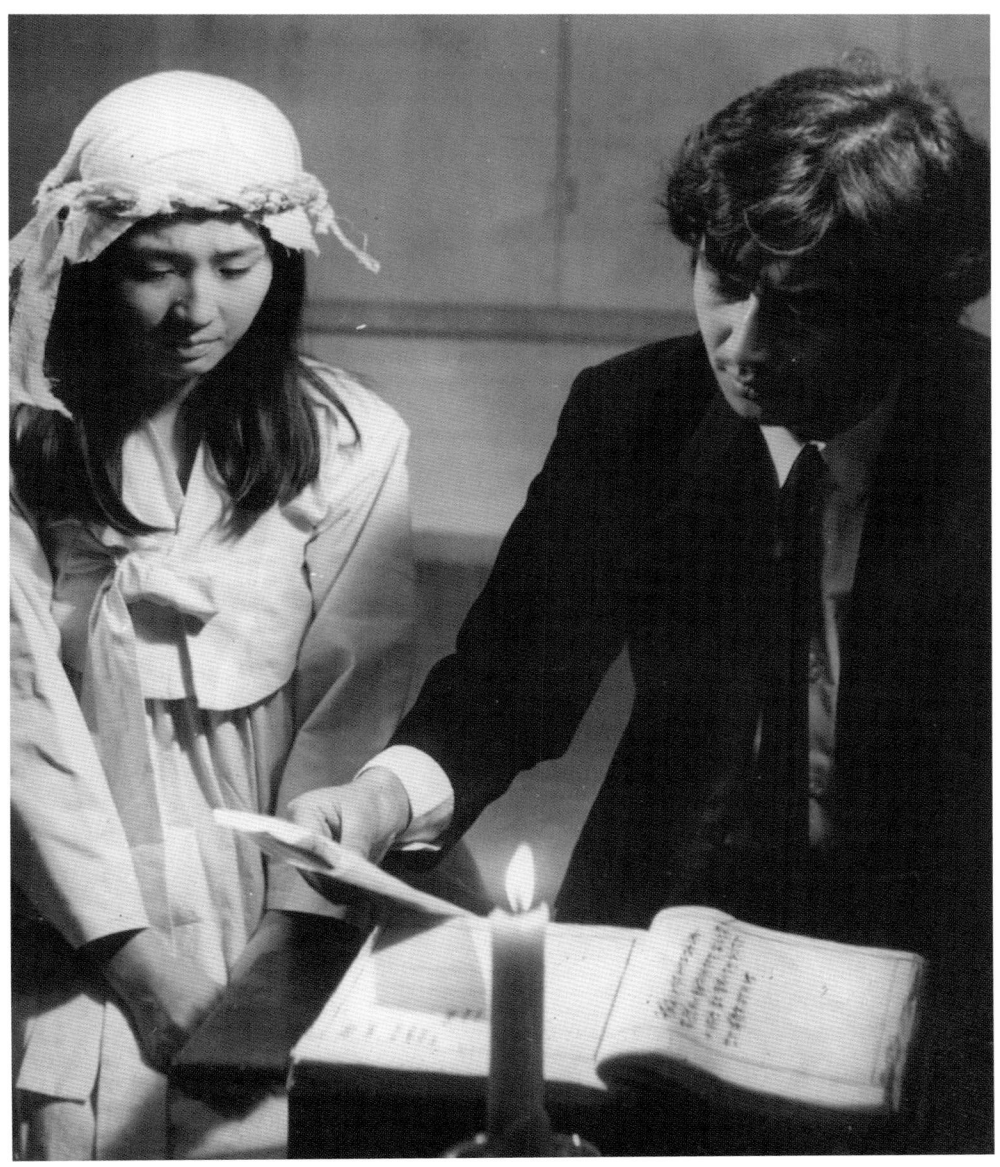

소나기 The Shower(1978)

(남아진흥) 100분 극영화 연소자가/
문예 아동

감독 : 고영남
제작 : 서병직
각본 : 이진모(원작 황순원)
각색 : 윤삼육
개봉 : 1979년 9월 13일 소양극장
　　　(춘천)
배급사 : (주)남아진흥
관람인원 : 957명
출연 : 이영수, 조윤숙, 김지환, 박원
　　　호, 주영훈, 김동율, 김희선, 노
　　　미정, 강계식, 김신재, 노진 외
기획 : 김승
촬영 : 이성춘
음악 : 정성조
조명 : 손한수
편집 : 김희수
미술 : 조경환
소품 : 차순하
스틸 : 최승화
사운드 : 김병수, 김경일
수상 : 제29회 베를린국제영화제
　　　출품

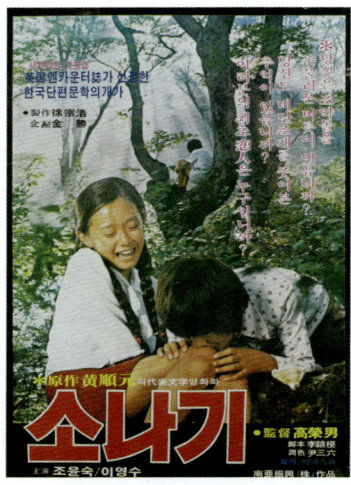

소년(이영수)은 징검다리에 앉아 물장난을 하는 소녀(조윤숙)를 바라본다. 소녀는 세수를 하다 말고 물속에서 조약돌 하나를 집어 소년에게 던지고는 가을 햇살이 내비치는 갈밭 속으로 사라진다. 다음날 개울가로 가보았으나 소녀는 보이지 않는다. 그날부터 소년은 애틋한 그리움에 사로잡힌다.

그러던 어느 날 소년과 소녀는 황금빛으로 물든 가을 들판에서 가을꽃을 꺾으며 놀다가 소나기를 만난다. 원두막에서 비를 피하고 돌아오는 길에 도랑에 물이 불어난 것을 보고 소년은 소녀를 업고 건넌다. 그 후 소녀는 한동안 보이지 않는다. 그러다가 다시 만났을 때 그날 소나기를 맞아 많이 앓았다는 사실과 아직도 앓고 있음을 알게 된다. 그날 소녀는 아침에 땄다는 대추를 한 줌 주면서 곧 이사를 가게 된다고 말한다. 소녀가 이사 가기 전날 소년은 소녀에게 주려고 호두를 따가지고 개울가로 달려간다. 그러나 소녀는 또 보이지 않는다. 소년은 그날 밤, 자리에 누워 소녀에게 전해 주지 못한 호두를 만지작거리고 있는데 마을에서 돌아온 아버지가 어머니에게 윤 초시네 손녀가 죽었다고 전하는 말을 듣게 된다. 소년은 소리 없이 울음을 삼킨다.

● 1959년에 발표한 황순원의 단편소설을 영화화한 작품. 한국을 대표하는 소설가 황순원의 「소나기」는 중학교 교과서에 실릴 정도로 유명한 작품이다. 이 소설은 유의상 번역으로 같은 해 영국 《인카운터(Encounter)》지의 단편 콩쿠르에 입상해 게재됐다. 작가는 이 소설에서 사랑의 순수함을 강조하거나 비극적인 결말에 애석함을 드러내지 않는다.

영화는 아름다운 시골을 배경으로 천진무구한 소년소녀의 연정과 이성에 눈뜨는 과정을 서정적 분위기로 수준 높게 그리고 있다. 기본적인 스토리 전개는 원작과 거의 같으나 원작과 결정적으로 달라지는 지점은 감독이 소녀에게 부여한 에로틱한 이미지를 들 수 있다. 그리고 가장 경탄을 자아내는 것은 영화 속에 재현된 자연의 아름다움이다. 따라서 이 영화는 "걸작 단편의 후광을 뛰어넘어 한국적 영상미학을 서정적으로 담아냈다"(평론가 김종원)는 평을 들었다. 개봉 당시 흥행 성적은 저조했으나 평단의 평가는 좋았고 이 영화를 관람한 당시 독일문화원장이 추천하여 제29회 베를린국제영화제에 출품됐다.

이후 '소나기'는 EBS 한국영화 걸작선을 통해 수차례 소개되면서 최근에는 온라인상에서 동호회까지 결성되는 등 젊은 층에게 선풍적인 인기를 모았고 한국 고전영화의 재발견을 이끌어내는 견인차 역할을 했다. 충북 영동군 양산면 가곡리에서 촬영됐다. 이후 고영남은 '꽃신'(1978), '빙점 81' 등 종전과는 다른 문학 성향의 장르를 개척했다.

경찰관 警察官, The Police Officer(1978)

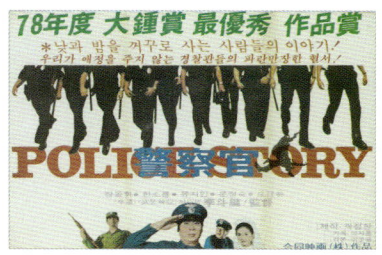

조건이 좋은 대기업 입사를 마다하고 경찰관 생활을 선택하는 바람에 최문오는 애인 영주와의 사이가 소원해진다. 경찰관을 경시하는 사회 편견으로 소외감을 느끼고 있는 최 순경에게 정년퇴임을 앞둔 엄 소장은 그가 긍지를 잃지 않도록 언제나 정신적인 힘이 되어준다. 어려운 환경 속에서도 최 순경은 시민의 생명과 재산을 보호한다는 멸사봉공의 정신으로 자신의 직업을 천직으로 여기게 된다. 그러나 어느 날 흉악범에 의해 중태에 빠진 최 순경이 애인 영주를 찾자 엄 소장은 다른 남자와 결혼을 앞둔 영주를 수소문해서 찾아온다. 최문오를 잊지 못하던 영주는 회복한 최순경과 파출소에서 결혼식을 올린다.

● 이두용의 30번째 연출작. 제17회 대종상 최우수 작품상과 백상예술대상 최우수 감독상을 받았다

(합동영화) 100분 극영화 중학생가/멜로
감독 : 이두용
제작 : 곽정환
각본 : 이문웅
개봉 : 1979년 10월 5일 서울극장 (서울)
출연 : 장동휘, 한소룡, 유지인, 문정숙, 도금봉, 방수일, 신무일, 김영인, 한국남, 최재호 외
관람인원 : 1만 319명
기획 : 이지룡
촬영 : 손현채
음악 : 김희갑
조명 : 고해진
편집 : 이경자
미술 : 이봉선
사운드 : 유창국, 윤덕영
조감독 : 이길섭
수상 : 제17회 대종상영화제 최우수작품상(합동영화) · 여우조연상(문정숙) · 신인상(한소룡), 제14회 백상예술대상 최우수감독상(이두용), 제2회 황금촬영상 촬영상(동상: 손현채)

율곡과 신사임당

Scholar Yul-gok and His Mother Shin Sa-im-dang(1978)

사임당의 훈도 속에서 자라난 율곡은 어머니가 돌아가신 후 16세가 되던 해에 아홉 째 장원한다. 벼슬아치의 박봉으로 살아가면서도 언제나 청빈하고 우애가 깊었으며 동서당쟁의 와중에서 그는 망국적인 풍조를 중재하고 조정하고자 애썼다. 율곡은 48세에 병조판서가 되어 10만양병설을 주장하지만 눈앞의 안일을 탐하는 자들에게 위험인물로 지목되어 탄핵을 받고 밀려난다. 그러나 율곡이 타계한 후 8년이 지나 임진왜란이 발발하자 율곡을 몰아내는 데 앞장섰던 유성룡이 울면서 참회한다.

● 영화 기술 분야에도 비상한 관심을 갖고 있던 정진우는 영국과 일본에서 동시녹음과 편집 기술을 연수하고 돌아와서 '율곡과 신사임당'을 제작, 국내 처음으로 완전 동시녹음을 시도했다.
감독이 동시녹음에 남다른 열의를 보이게 된 것은 1972년 제23회 베를린국제영화제에 자신이 연출한 '섬개구리 만세'를 출품했을 때 대사와 입이 맞지 않아 현지의 언론으로부터 망신을 당한 일이 있었기 때문이다. 동시녹음은 극중 인물들의 심리적인 변화를 미세하게 전달하는 데 비해 후시녹음은 대사와 배우의 입 모양이 맞지 않아 리얼리티를 떨어뜨리는 것은 물론 세계시장 진출에도 큰 장애로 작용했다. 영화 내용의 역사적 근거에 대해서는 이서구, 의상은 고전의상 연구가이며 당시 단국대 교수이던 석주선이 고증 조언을 보탰다.

(우진필름) 110분 극영화 연소자가/전기 시대극
감독 : 정진우
제작 : 정진우
각본 : 이은성
개봉 : 1979년 11월 17일 미림, 인형극장(인천)
출연 : 김흥기, 고은아, 박근형, 최남현, 도금봉, 한은진, 최정훈, 이일웅, 이종만, 이치우 외
기획 : 정광웅, 유영무
촬영 : 배성학   음악 : 황문평
조명 : 이민부   편집 : 김희수
미술 : 이봉선   소품 : 우종삼
의상 : 이해윤   분장 : 홍동은
스틸 : 이태직
현상 : 한국천연색
수상 : 제17회 대종상영화제 특별상(우진필름), 제14회 백상예술대상 신인상(연기: 김흥기)

병태와 영자 Byung-tae and Young-ja(1979)

(화천공사) 115분 극영화 중학생가/문예

감독 : 하길종
제작 : 박종찬
각본·각색 : 최인호
개봉 : 1979년 2월 9일 스카라극장
　　　(서울)
관람인원 : 18만 889명
출연 : 손정환, 이영옥, 한진희, 백일
　　　섭, 박남옥, 김희라, 홍유정, 최
　　　남현, 김신재, 양광남, 이승현,
　　　이해룡, 이철, 김웅, 백송, 전
　　　숙, 박예숙, 양춘, 조춘, 나갑
　　　성, 이석구, 이종철 외
기획 : 이은봉, 김재웅
촬영 : 장석준
음악 : 최종혁
조명 : 강광호
편집 : 현동춘
미술 : 김유준
스틸 : 백영호
사운드 : 이재웅
조감독 : 김송원

영자에게 실연당한 병태는 좌절을 딛고 입대한다. 제대 두 달을 앞둔 병태는 뜻하지 않게도 영자의 면회를 받고 특별 외출을 하게 된다. 영자는 지난 3년 동안 한 번도 병태를 잊어본 적이 없다고 했다. 그러나 며칠 후 병태는 영자가 전도유망한 의사 주혁과 결혼하게 된다는 소식을 듣는다.

주혁에게 결혼 독촉을 받고 있다는 말을 듣고 병태도 영자에게 청혼하면서 영자를 가운데 두고 주혁과 내기를 벌인다.

영자와 주혁의 약혼식 날, 그 약혼식장에 먼저 도착하는 것으로 승부를 내자는 것이다. 승용차로 달리는 주혁에 비해 맨발로 뛴 병태가 먼저 와서 땀에 흠뻑 젖은 채 먼저 도착해 영자를 기다린다. 당황하는 주혁을 뒤로하고 영자와 병태는 함께 약혼식장을 빠져 나온다.

● 하길종의 마지막 작품. 하길종의 대표작 중 하나인 '바보들의 행진'(1975)의 속편으로 이들 작품은 모두 최인호 원작이다. 이 영화가 개봉되어 한창 흥행 가도를 달리며 상영 중일 때 하길종은 갑자기 뇌졸중으로 쓰러져 1979년 2월 28일, 38세의 나이로 세상을 떠났다. 그는 영화 연출 외에 많은 평론을 발표했으며 1975년 이장호, 김호선, 이원세, 홍파 변인식 등과 함께 영상 시대를 결성해 침체에 빠진 한국영화계에 새로운 바람을 불러일으키는 운동을 전개했다. 이 영화는 18만 명 관객 동원으로 흥행에 성공했다.

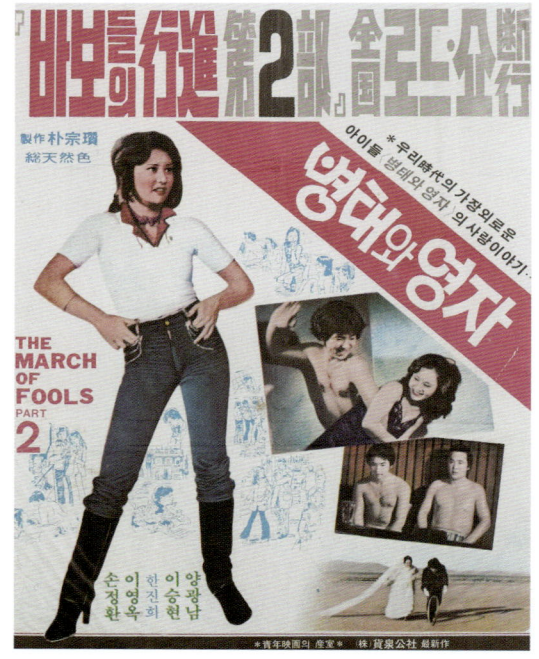

26×365=0 26×365=0(1979)

부유한 집안의 대학생이던 최수희(유지인)는 캠핑에서 남자친구(김진)에게 순결을 잃고 그 때문에 충격을 받은 오빠(이일웅)는 차사고로 죽는다. 올케(고상미)마저 집과 전 재산을 처분하고 도주해버리자 어머니(전숙)는 정신질환자가 되어 정신병원에 입원하는 등 집안이 풍비박산난다. 그러나 남동생만은 학업을 계속시켜야한다는 일념에 수희는 다니던 대학을 때려치우고 모회사 사원으로 입사한다. 거기서 회사간부(김추련)와 사랑에 빠져 동거하지만 그의 배신으로 버림을 받고 투신하려다 룸살롱마담(김애경)의 도움으로 살아난다.

호스티스가 된 그녀는 젊은이(하명중)의 구애로 술집생활을 그만두고 동거하지만 정신병원에 있던 어머니는 사망하고 남편은 공금횡령죄로 구속되는 등 세 번째 사랑까지 실패하고 남동생마저 학교를 그만두고 행방불명된다. 수희는 동생을 찾아 나서지만 동생은 거지와 다름없는 생활을 하다가 병에 걸려 병원 호송도중 죽는다. 산다는 것에 의미가 없음을 느낀 그녀는, 26세가 끝나가는 그해 마지막 날에 어느 호텔에서 케이크에다 촛불을 켜놓고 한 많은 생을 마감한다.

● 최수희라는 여자가 남기고간 일기장이 베스트셀러가 되면서 제작된 영화. 26세의 여자가 365일 동안 아무리 살기 위해 발버둥 쳐보았자 남는 건 제로라는 뜻. 한국의 비극영화음악의 대가였던 정민섭이 음악을 맡고 한때 영화주제가를 도맡아 부르던 박경애가 주제가를 부른다. 이 영화의 흥행성공에 힘입어 1982년도에 신인여배우를 내세운 속편이 나왔지만 흥행실패.

(연방영화) 100분 극영화 연소자불가/
멜로

감독 : 노세한
제작 : 최춘지
각본 : 이문웅
각색 : 이무원
개봉 : 1979년 2월 17일
관람인원 : 17만 8239명
출연 : 유지인, 하명중, 김추련, 선우용녀 외
촬영 : 전조명   **음악** : 정민섭
조명 : 손영철   **편집** : 김희수
미술 : 조경환   **현상** : 한국천연색

야시 夜市, Night Markets(1979)

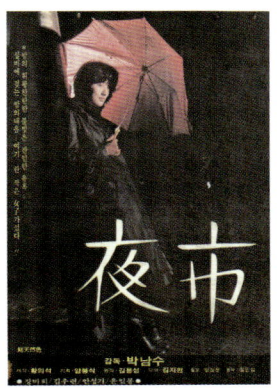

대학 입시에 실패하던 날 승아는 거리를 방황하다가 진태에게 순결을 잃는다. 정신적 방황을 하던 승아는 그후 아이스하키 선수인 석호와 진실한 사랑을 하게 되지만 그는 시합 도중 목숨을 잃는다. 야시를 누비며 방황하던 승아는 정신과 의사이며 교수인 민정기를 만나 의지하다가 그의 위선과 가식에 환멸을 느끼며 돌아선다. 결국 그녀는 순수한 내면을 지닌 진태에게 돌아가 삶의 활력을 되찾는다.

(국제영화흥업) 100분 극영화 연소자
불가/멜로 통속

감독 : 박남수
제작 : 황의석
각본 : 김지헌(원작 김용성)
각색 : 김지헌, 지상학, 송길환
개봉 : 1979년 2월 23일 단성사(서울)
관람인원 : 10만 1083명
출연 : 장미희, 김추련, 윤일봉, 안성기, 노승희, 이주연, 손전, 윤일주, 박광진, 김달호 외
기획 : 양봉식, 황명석
촬영 : 팽정문   **음악** : 정민섭
조명 : 김강일   **편집** : 현동춘
미술 : 이봉선   **소품** : 김태욱
스틸 : 홍기영   **사운드** : 손효신
조감독 : 전태식, 박수동, 박수일

● 김용성의 동명 소설을 영화화한 작품. 여러 남자를 전전하는 긴 방황 끝에 진실한 사랑을 확인하게 되는 한 여인의 구원을 그렸다. 서울에서 10만 관객 동원으로 1970년대 한국영화 흥행 순위 베스트 10 안에 들었다.

내일(來日) 또 내일 Tomorrow After Tomorrow(1979)

(주식회사 현진) 120분 극영화 연소자
불가/문예

감독: 임권택
제작: 김원두
각본: 홍파(원작 김용성)
각색: 홍파
개봉: 1979년 3월 10일 허리우드(서
울), 동명(부산), 아카데미(대
구), 현대극장(광주) 등
관람인원: 3만 7459명
출연: 이덕화, 박은수, 정희, 안소영,
주선태, 양소자, 최성관, 박광,
김웅, 임성포, 오희찬, 박부양,
나갑성, 노사강, 박예숙, 석인
수, 신경익, 서정아, 최나연, 미
례, 구선영 외
기획: 김원래
촬영: 이석기
음악: 산울림
조명: 장기종
편집: 김희수
미술: 이명수
소품: 김호길
사운드: 손인호, 손효신
스틸: 양기주
조감독: 안명기, 곽지균, 이천우
수상: 제25회 아시아영화제 출품

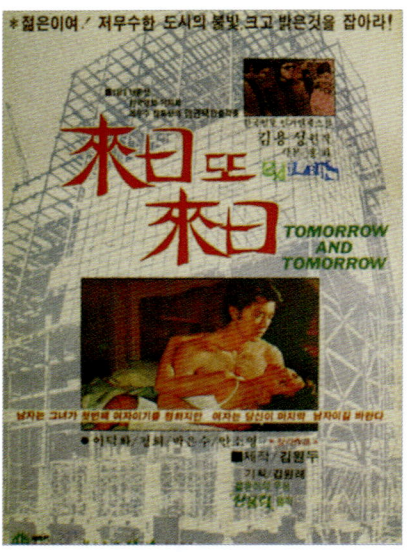

규화(이덕화)와 진우(박은수)는 같은 동네에서 자란 소꿉친구지만 성격상 차이가 많다.

미연(정희)은 어릴 때부터 진우와 단짝이면서도 규화의 적극적인 행동에 끌린다. 출세에 눈이 먼 규화는 여기에 그치지 않고 진우의 여자친구 가희(안소영)가 부잣집 딸임을 알고 그녀마저 가로챈다. 또 그로 인해 출세 가도를 달리게 된다. 그러나 이번에는 연상의 미망인 경애(양소자)와 과감하게 사랑을 나누고, 자신의 딸을 낳은 미연을 학대하기에 이른다. 규화는 아내 가희가 자살하고 나서야 자신의 방종과 자만을 깨닫고 새 출발을 다짐한다.

● 김용성의 동명 소설을 원작으로 하고 있다. 당시 신문광고에 난 주인공들의 성격을 보면 영화내용의 전말을 알 수 있다.

규화 : 도시라는 숲속을 달리고 있는 한 마리의 외로운 맹수
진우 : 나는 피동적으로 빼앗기는 것이 아니라 능동적으로 줄 뿐이다.
미연 : 배신의 상처를 숙명처럼 짊어진 채 한발한발 악의 꽃으로 변신해 가는…
가희 : 영혼의 안식처를 찾지 못해 방황하는 현대의 전형적인 고독한 여인
경애 : 공허한 마음을 연하의 젊은이와 절망적인 사랑으로 불태우는 미모의 미망인

이 영화는 "1978년도 한국영화 감독상을 휩쓴 임권택 연출! 젊은이의 우상 산울림의 첫 영화음악! 처음으로 성인 역을 맡아 불사조처럼 재기한 이덕화! 진짜 소프라노 가수 양소자가 보여주는 노래 아닌, 관능연기! 이 시대의 영화사에 새로운 장을 열기 위해 현역작가 김원두가 창립한 현진영화사의 야심에 찬 첫 작품! 후지필름 콘테스트 입상작, 신춘방화 제1탄" 등으로 화려한 기록을 남기고 있다.

후에 정인엽의 '애마부인'(1982)으로 유명해지는 안소영이 데뷔한 것으로 되어 있으나 실제로는 김선경의 '무림대협'(1978)으로 데뷔하고 이 영화는 두 번째이다. 영화 '내일 또 내일'에는 산울림의 4집 수록곡이 거의 삽입됐다.

전우가 남긴 한마디
The Last Words from a Comrade in Arms(1979)

598 고지는 국군과 북한군이 서로 **빼앗고** 빼앗기는 전술상의 요지이다. 북한군은 오랫동안 버티기 위해 이곳에 땅굴을 파서 탄약과 식량을 저장해두는 요새를 만들었다. 이 천연 요새를 폭파하지 않고는 고지를 완전히 탈환할 수 없었기 때문에 정예특공대가 조직되어 적진에 파고들게 된다. 삼엄한 경계 속에 특공대는 적과의 격투 끝에 화약고의 60도 경사진 지하 터널까지 침투해 들어간다. 그러나 시한폭탄을 장치하고 탈출하는 과정에서 노병인 장 상사가 화약고 폭발과 함께 전사한다. 이 폭파 사실을 본대에 알리기 위해 대원들은 비 오듯 쏟아지는 총탄을 뚫고 달린다. 그러다가 아군 진지에 이르러 트럭이 고목을 받는 바람에 남은 대원들도 모두 희생된다. 겨우 목숨을 건진 의무병 차 일병만이 본대로 향하는 광야를 건너지른다.

● 한국전쟁 때 가장 치열한 공방전을 벌였던 598 고지의 실전 상황을 스크린으로 옮겼다. 죽음을 뚫는 병사들의 내면세계와 박진감 넘치는 전투 장면 등 사실주의적인 묘사가 압도적이다. 제15회 백상예술대상 작품상과 감독상 수상.

(한진흥업) 105분 극영화 중학생가/군사
감독 : 이원세
제작 : 한갑진
각본 : 백결(원작 황길용)
개봉 : 1979년 4월 20일 허리우드극장(서울)
관람인원 : 1만 6937명
출연 : 진봉진, 장혁, 전영선, 김만 외
촬영 : 정광석
음악 : 이철혁
조명 : 이억만
편집 : 현동춘
미술 : 조경환
사운드 : 이재웅
수상 : 제15회 백상예술대상 작품상(한진흥업) · 감독상(이원세) · 시나리오상(백결)

수녀 水女, Woman of Water(1979)

월남전에서 부상을 입고 돌아온 진석은 말더듬이 순옥과 결혼한다. 결혼 후 경제적인 문제로 부부가 자주 다투게 되자 순옥은 죽세공업회사를 세운다. 아들을 낳았으나 아들이 엄마의 말더듬이 흉내를 내는 바람에 결국 특수학교에 보내진다. 한편 남편 진석은 추월이라는 여자에게 빠져 순옥을 구박하고 추월은 진석의 가정을 파괴시키기 위해 온갖 음모를 꾸민다. 그러나 진석은 추월의 음모에서 벗어나고, 순옥은 죽부인을 개발하여 사업은 날로 번창한다. 아들은 언어교정이 되어 정상으로 돌아온다.

● 김기영의 '여' 시리즈의 하나. 그러나 호러 계열과는 달리 평범한 가족 드라마를 표방했다. 감독 자신이 쓴 시나리오를 직접 제작 · 연출한 작품.
  평론가 이효인이 "어떤 계보에도 속하지 않는 독자적인 자기 세계를 가지고 있다"고 했듯이 이와 관련하여 영화감독 하길종은 "김기영의 영화에는 인습적인 줄거리 틀이 없고 인간의 의식을 적나라하게 보여주는 상황만이 있다. 그는 다분히 실험적이고 편집광적인 태도로 인간의 의식구조에 집착한다"고 말한 바 있다.
  그는 '화녀'와 '충녀'로 활짝 피어나서 '파계'(1974)로 새로운 전환점을 모색한 후 그 날개를 펼치고 공포스러운 영화 문법이라는 자신만의 독특한 작품 세계를 세운다. '수녀'도 그 계열에 속하는 작품 중 하나다. 그러나 여기에선 김기영 특유의 기괴성이나 의외성, 파격이 보이지 않는다.
  오히려 국책영화의 일환처럼 일탈했던 가장이 아내의 정성으로 다시 가정으로 돌아오는 평범한 일상을 보여줄 뿐이다. 김기영답지 않은 이 영화는 흥행에서 실패했다.

(신한문예영화) 96분 극영화 연소자불가/문예
감독 : 김기영
제작 : 김기영
각본 : 김기영(원작 김기영)
각색 : 김용진
개봉 : 1979년 4월 21일 전주극장(전주)
관람인원 : 952명
출연 : 김자옥, 이화시, 김정철, 이일웅, 박암, 이영호, 송억, 유순철, 주일몽, 최재호 외
기획 : 김용진, 김정조, 김재명
촬영 : 김덕진
음악 : 한상기
조명 : 서병수
편집 : 현동춘
미술 : 이명수
소품 : 신풍균
스틸 : 황태성
사운드 : 이재웅
조감독 : 도재현, 강철, 송명근
수상 : 제18회 대종상영화제 녹음상(이재웅)

내가 버린 남자 The Man I Left(1979)

(한림영화) 105분 극영화 연소자불가/
멜로

감독 : 정소영
제작 : 정웅기
각본 : 이문웅, 김수현
개봉 : 1979년 5월 3일 명보(서울),
　　　 부영극장(부산)
관람인원 : 23만 9718명
출연 : 윤일봉, 유지인, 김만, 남능미,
　　　 이경보, 이해룡, 전영주, 최성
　　　 관, 김승남 외
기획 : 서림
촬영 : 양영길
음악 : 안건마
조명 : 김연
편집 : 현동춘
스틸 : 양기주
사운드 : 손인호, 손효신
조감독 : 하휘룡, 박경일

민하(윤일봉)는 상처 후 혼자 사는 중년 실업가다. 그는 드라이브 길에서 앞차에서 뛰어내린 명숙(유지인)을 구출한다. 그리고 기억상실이 된 그녀를 보살펴 주기로 한다. 기억을 되찾아주려는 과정에서 민하의 노력은 차츰 애정으로 변한다. 어느 날 옛 기억을 되살린 명숙은 민하의 집을 떠나지만 그들은 다시 만나 결혼을 약속한다. 그러나 명숙의 친구들이 찾아와 명숙을 괴롭히고 금품을 요구하자 민하는 명숙의 친구들을 고발하게 되고 명숙은 민하에게 더 이상 짐이 되지 않기 위해 민하 곁을 떠난다.

● '내가 버린 여자'(1977)로 약 38만 관객을 동원하면서 영화계에 흥행돌풍을 몰고 왔던 정소영·김수현 콤비의 멜로물. '내가 버린 여자'에 이은 연작 시리즈로 유지인, 윤일봉이 출연하여 1979년 흥행순위로는 2위, 1970년대 한국영화 흥행 순위로는 7위의 성적을 거뒀다. 당시 영화 상영 구조는 지역별로 상영관을 잡아서 필름을 오래 걸어 놓는 식으로 당시 서울에서만 24만 관객을 동원. 20, 30만이면 요즘 300만 관객동원과 맞먹는 숫자. '내가 버린 여자'는 신분 상승의 욕망과 충돌이 빚어내는 비극을 그린 데 비해 '내가 버린 남자'는 남자에게 폐를 끼치기 싫은 여자의 희생과 굴욕을 그리고 있다.

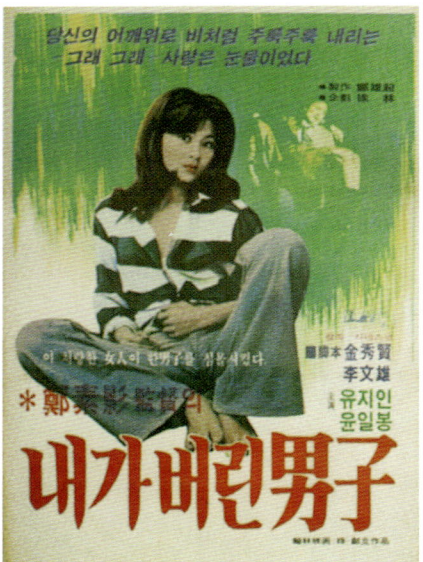

마지막 찻잔 The Last Tea Cup(1979)

하림(정영숙)은 요양 중인 남편(윤일봉)을 헌신적으로 돌보는데도 남편의 까닭 없는 냉대와 학대에 못 이겨 이혼장에 도장을 찍는다. 남편에 대한 사랑으로 방황하던 하림은 열차에서 만난 윤구(이영하)라는 청년에게서 위로와 삶에 대한 의욕을 얻는다. 윤구는 윤구대로 하림에게 진실한 사랑을 갈구한다. 그러나 하림은 남편의 행동이 미움이 아닌 깊은 사랑 때문이었으며 그녀에게 새 인생을 열어주기 위한 방편이었음을 알게 된다. 하림과 윤구는 그동안의 감정을 정리하고 지방 도시의 플랫폼에서 아픈 이별을 나눈다.

● 한수산의 동명 소설을 영화화한 작품. 전성시대를 구가하며 수많은 멜로드라마를 만든 정소영의 대표작 중 하나. '내가 버린 여자'(1978), '마지막 겨울', '내가 버린 남자'(1979)와 함께 "한국 멜로드라마의 고전"으로 평가받는다. 정영숙이 한국영화기자상 여자배우상, 제26회 아시아영화제에서 감독은 이색적인 애정심리묘사상을 받았다. 관객 20만 명으로 흥행 성공.

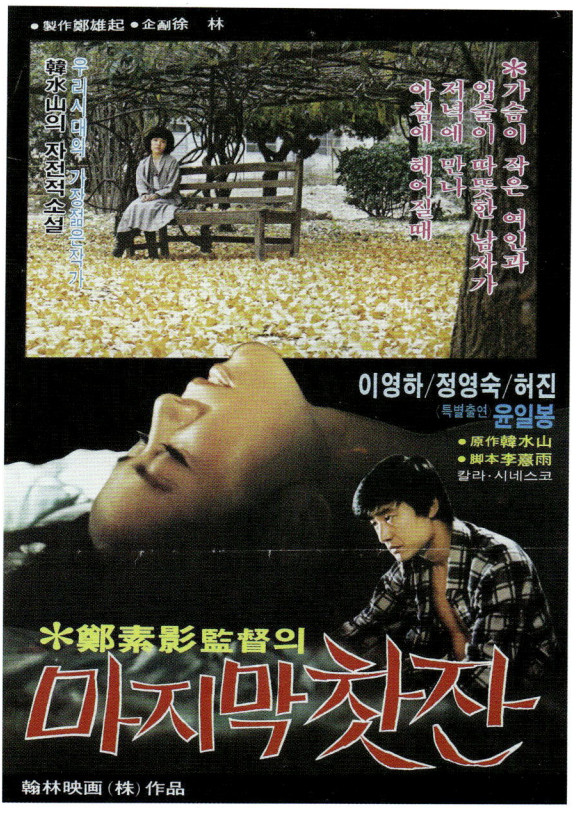

(한림영화) 90분 극영화 연소자불가/멜로

감독 : 정소영
제작 : 정웅기
각본 : 이희우(원작 한수산)
개봉 : 1979년 7월 6일 중앙(서울), 부영극장(부산)
관람인원 : 19만 9773명
출연 : 이영하, 정영숙, 윤일봉, 허진, 김지연, 정미경, 김신명, 이현미, 이경태, 박혜원 외
기획 : 서림
촬영 : 양영길
음악 : 정민섭
조명 : 김연
편집 : 현동춘
미술 : 조경환
사운드 : 손인호, 손효신
스틸 : 박승택
의상 : 오리지날리
조감독 : 하휘룡, 박경일, 이상철
수상 : 제15회 백상예술대상 예술상 신인상(이경태), 한국영화기자상 여자배우상(정영숙), 제26회 아시아영화제 애정심리묘사상

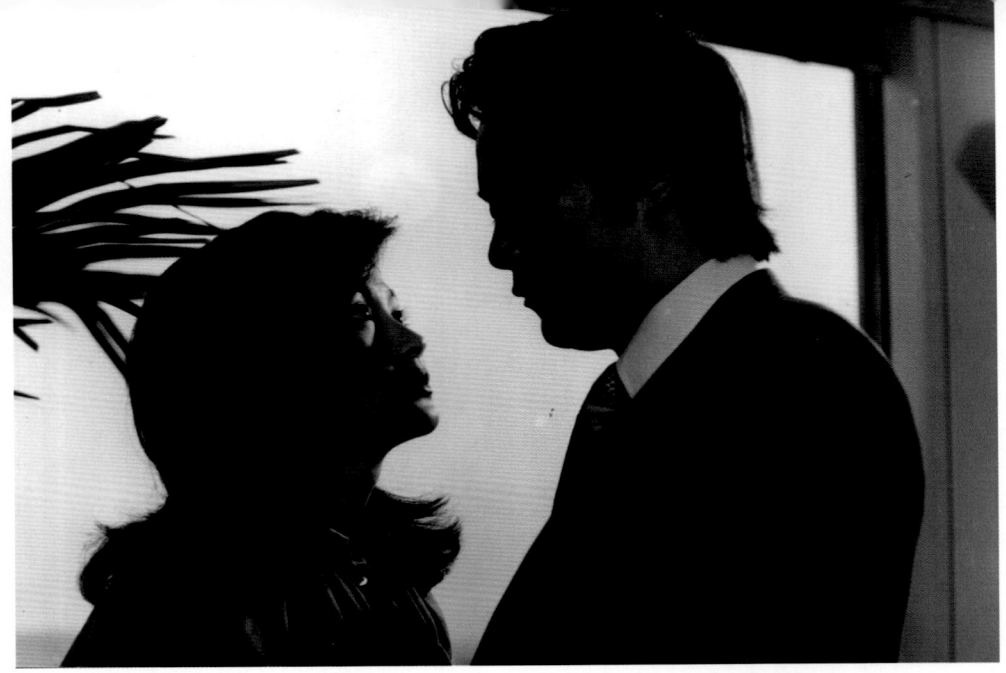

청춘의 덫 The Trappings of Youth(1979)

(세경흥업) 110분 극영화 연소자불가/
멜로드라마

감독 : 김기
제작 : 김화식
각본 : 김수현, 김지헌(원작 김수현)
각색 : 문상훈
개봉 : 1979년 8월 18일 국도극장
      (서울)
관람인원 : 17만 6744명
출연 : 유지인, 한진희, 박근형, 원미
      경, 김무생, 정혜선, 방희정, 이
      완형, 차이선, 김지연 외
기획 : 안화영, 윤상희
촬영 : 서정민
음악 : 정민섭
조명 : 김강일
편집 : 현동춘
미술 : 김유준
소품 : 김호길
스틸 : 전창준
사운드 : 손인호, 손효신
조감독 : 김창일, 이윤구
수상 : 제18회 대종상영화제 신인상
      (원미경), 한국영화기자상 신인
      상(원미경)

윤희는 장래를 약속한 동우와의 사이에 딸 혜림을 낳는다. 출세욕이 강한 동우는 윤희를 버리고 사장 딸 영주와 약혼한다. 뜻밖의 사고로 혜림을 잃게 된 윤희는 버림받고 배신당했다는 증오심 때문에 복수를 결심한다. 바로 그 회사의 후계자이자 영주의 오빠인 영국이 윤희에게 접근하고 그로 인해 모든 꿈이 무너져버린 동우는 윤희에게 극구 사과하며 멀리 떠나살자고 애원한다. 윤희는 물론 이를 야멸치게 거절한다. 영주 역시 이 모든 사실을 알게 되고 영국은 그런 윤희를 더욱 사랑하게 된다. 그러나 동우가 죽자 윤희는 영국의 곁을 떠나 동우의 묘지 앞에서 그의 명복을 빈다.

● TV 인기연속극 '여로'(1973)를 영화화했던 김기의 멜로물. 이 역시 김수현 원작으로 1978년 MBC-TV 주말 드라마(이정길, 이효춘, 박근형)로 방영되어 인기를 끌었던 작품이다. 그러나 작품의 내용이 '반인륜적이며, 우리의 정서와 맞지 않는다'는 이유로 당국에 의해 도중하차당했다. 이후 김수현은 이 이야기를 소설로 발표하고 김기와 함께 이를 영화화하여 18만 관객을 동원했다.
  당시 톱스타였던 유지인, 한진희, 박근형과 신인 원미경이 출연. 스피디한 스토리 전개, 서구적인 분위기의 연출 감각이 돋보이고 특히 정민섭 작곡, 가수 박경애의 OST가 인상적인 영화다. '청춘의 덫'은 1998년 SBS-TV 드라마로 리바이벌 되어 다시 한 번 선풍적인 인기를 모았다. 심은하, 이종원, 전광렬, 유호정 출연.

362

물도리동 Muldori Village(1979)

고려 말엽 지금의 경북 안동군 풍천면, 물이 돌아 흐르는 물도리동의 총각 혼령에게 열다섯 살 각시가 시집온다. 그녀는 비관 끝에 자살하려고 강물에 뛰어들지만 때마침 이 마을에 사는 허 도령이 그녀를 구해주면서 둘은 사랑에 빠진다. 이즈음 괴질이 돌면서 온 마을은 지옥 같은 형국으로 변하고 마을사람들은 이런 현상을 각시와 허 도령의 불륜 때문에 일어난 흉조라고 믿는다. 허 도령은 별신 굿탈을 만들기 위해 장막 속에 갇히고 혼신의 힘으로 탈을 완성한 후 영원한 평화와 자유를 찾아 저승으로 떠난다.

● 연극 연출가 허규 작·연출로 극단 민예극장이 1977년 10월 13일부터 서울시민회관 별관에서 초연한 후 제1회 대한민국연극제 대통령상을 받았다. 1978년 5월에 국립극장에서 리바이벌 공연된 연극계의 문제작 중 하나다. '물도리동'은 국보 제121호인 경북 안동 하회동의 별신굿탈 제작자로 전해진 허 도령 설화를 한 것으로 "인간의 의지로 이룩하는 의식의 세계, 그 세계를 시각화하는 것은 예술성의 본질에 해당하는 것이기 때문에 더욱 감동이 크다"(주간조선 77. 12. 18)는 평과 함께 지금도 끊임없이 무대에 올려지고 있다.

(합동영화) 105분 극영화 연소자불가/문예

감독: 이두용　　**제작**: 곽정환
각본: 여수중(원작 허규)
각색: 이문웅
개봉: 1979년 4월 28일 서울극장(서울)
관람인원: 2만 8631명
출연: 한소룡, 김영란, 현길수, 신우철, 최성관, 김애라, 태일 외
기획: 이지룡　　**촬영**: 손현채
음악: 김희갑　　**조명**: 고해진
편집: 이경자　　**미술**: 이봉선
소품: 우종삼　　**의상**: 이해윤
스틸: 박희재　　**분장**: 장인한
사운드: 유창국, 윤덕영
특수효과: 이문걸
조감독: 임성수
수상: 제25회 아시아영화제 시대극 배우상(김영란)

가을비 우산 속에 Under an Umbrella(1979)

화가 동원(신성일)은 설악산 스케치 여행에서 만족한 작품을 얻지 못하자 자살을 시도한다. 그때 산장 주인의 딸 선희(정윤희)와의 숙명적인 만남으로 자살은 실패로 끝나고 그녀를 통해 작품의 영감을 얻게 된다. 동원과 선희는 짧지만 환희에 찬 사랑에 빠진다. 그러나 선희 어머니의 방해로 두 사람은 이별하게 되고 동원은 생계를 위해 포클레인 운전수가 된다. 어느 날 설악산에 간 동원은 선희와 아들을 만나고 나서 국전에 작품을 출품하지만 낙선하자 자신의 무능을 저주하며 포클레인을 몰다가 죽는다.

● 1970년대 하이틴 영화 신드롬을 불러일으킨 석래명의 연출의 멜로물. 김지헌 오리지널 시나리오. 무더운 8월 서울 단성사와 부산 제일극장에서 개봉된 이 영화는 입장권이 매진되어 매회 극장 앞에 '전회 매진 사례' 표지판을 세워놓을 만큼 인기를 끌었다. 서울에서만 16만 관객 동원. 최헌이 부른 주제가 '가을비 우산 속에'도 크게 히트하여 최헌은 그해 방송사가 주관한 가수상에서 가수왕이 됐다.

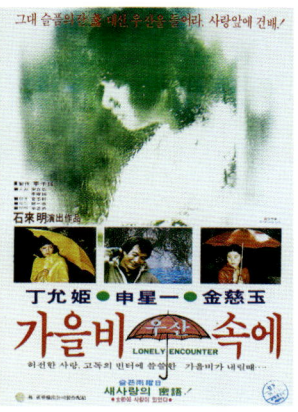

(동아수출공사) 100분 극영화 연소자불가/멜로

감독: 석래명
제작: 이우석
각본: 김지헌
개봉: 1979년 8월 23일 단성사(서울), 제일극장(부산)
관람인원: 15만 9335명
출연: 정윤희, 김자옥, 신성일, 문정숙, 문미봉, 고아라, 이재진(아역), 배승현(아역), 김민규 외
기획: 송재홍, 이권석
촬영: 정일성
음악: 이철혁
조명: 차정남
편집: 김진태
미술: 임명수
소품: 이태우
스틸: 서흥익
사운드: 손인호, 손효신
조감독: 이광주

장마 Rainy Days(1979)

(남아진흥) 114분 극영화 중학생가/반공

감독 : 유현목
제작 : 서종호
각본 : 윤삼육(원작 윤흥길)
개봉 : 1979년 8월 29일
수출현황 : 일본(91)
출연 : 황정순, 이대근, 김신재, 김석
훈, 선우용녀, 박정자, 주혜경,
강석우, 최용원, 김도희, 김달
호, 김광일, 박기수, 강희, 사원
배, 박병기, 최연수, 이정애, 나
정옥, 오세장, 추봉, 강철 외
기획 : 김승
촬영 : 유영길
음악 : 한상기
조명 : 김태성
편집 : 이경자
미술 : 조경환
소품 : 이월호
분장 : 장인한
사운드 : 손인호, 손효신
특수효과 : 한국몬도가네원, 정명호
스틸 : 김규흥
현상 : 한국천연색
조감독 : 석도원, 박호진, 임제복
수상 : 제18회 대종상영화제 우수작품
상(남아진흥) · 촬영상(유영길),
제4회 한국영화인협회 촬영기
술상 · 우수상, 제4회 상파울로
국제영화제 출품

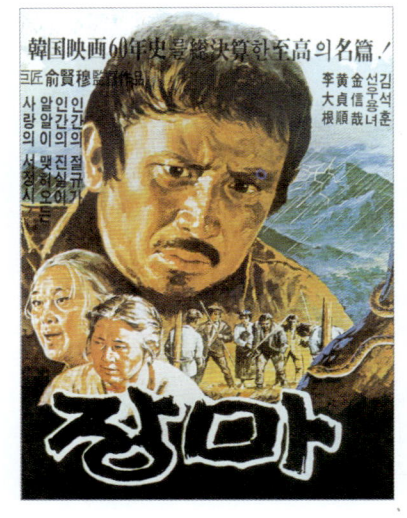

6 · 25 전쟁 중 남도의 어느 마을, 동만(최용원)의 집에는 서울서 피난 온 외갓집 가족들이 함께 살고 있다. 동만의 친삼촌(이대근)은 빨치산이고 외삼촌(강석우)은 국군으로 외갓집과 친가는 서로 다른 이데올로기로 나뉘어져 있다. 그래서 친할머니(김신재)와 외할머니(황정순)도 사이가 좋지 않다. 장맛비가 쏟아지던 날, 동만이 낯선 남자에게 친삼촌이 집에 다녀갔다는 사실을 발설하는 바람에 동만 아버지(김석훈)가 형사에게 잡혀간다.

이 무렵에 빨치산이 읍내를 습격하고 마을 사람들이 전원 사살당하는 사건이 발생하자 동만 아버지는 삼촌도 이 와중에서 죽었을 것이라 단정한다. 하지만 점쟁이를 찾아간 할머니는 아들이 생존해 있다는 것과 언제 집으로 돌아올 것이라는 점괘를 듣는다. 점쟁이가 일러준 날, 할머니는 음식을 장만해서 삼촌을 기다리지만 삼촌 대신 구렁이 한 마리가 집으로 기어 들어온다. 할머니는 이 구렁이를 삼촌의 넋이라 생각하여 넋을 달랜다. 그러자 구렁이는 집안을 맴돌다 대문 밖으로 사라진다. 이 일을 겪은 후 친할머니와 외할머니는 오랜 감정을 풀고 화해한다. 장맛비가 그친 듯 마음이 활짝 개었지만 삼촌들은 끝내 돌아오지 않는다.

● 유현목의 후기 대표작으로 40번째 연출작. 1973년 《문학과 지성》에 발표한 윤흥길의 동명 단편소설을 원작으로 한 영화. 소설 「장마」는 6 · 25 전쟁을 다루고 있으나 단순한 비극에 그치지 않고 감동적인 화해의 모습을 형상화하면서 분단과 이념 갈등의 극한점을 역사의식의 시각으로 파헤치고 있다. 좌익의 이념 대립 속에 이름 없이 희생당해야 했던 민중들의 삶을 그린 수작으로 한 집안에서 일어나는 대립과 화해를 어린 아이의 시각에서 영상화하여 민족의 비애로 승화시키는 데 성공했다.

특히 영화는 원작에서 큰 비중이 없었던 무속 세계와 인간의 화해를 전면에 부각시키면서 이데올로기에 희생당하는 인물을 통해 민족의 비극을 극복하려는 의지를 보인다. 멸공과 반공을 노골적으로 주장하는 반공영화들이 쏟아지던 시기에 유현목은 이 영화에서 민족 고유의 정서인 무속성을 통해 민족 화해의 가능성을 제기했으며, 그러한 맥락에서 '장마'는 시대적 진보성을 갖는다는 평을 들었다.

그동안 '카인의 후예'(1968), '불꽃'(1975) 등 반공영화를 만든 유현목이 마지막으로 만든 이념영화로서 두 집안의 갈등을 지혜롭게 풀어간 종반부는 아픔과 비극을 겪지만 따뜻한 화해와 갈등의 해소로 마무리 된다. '장마'는 흥행에서는 실패했으나 '주제의식도 뚜렷하고 장맛비 내리는 영상들이 아름다움을 넘어서 처절하게 느껴지는 작품으로 지금도 가장 가치 있는 고전'(신강호 한국영화평론가협회 회장)으로 손꼽히고 있다.

영화에는 외할머니 황정순, 친할머니 김신재를 비롯하여 외삼촌 강석우, 삼촌 이대근, 동만 아버지 김석훈, 동만 어머니 선우용녀 등 베테랑급 배우들이 출연했다. 1970년대 중반 이후 한국영화는 1960년대 황금기가 무색해질 만큼 '침체기'를 걸었던 시기로 서울 관객 5만 명이 넘는 영화가 드물 정도였다. 개봉되는 모든 영화는 '미성년자 관람불가'의 호스티스물이 위주였고 청소년이 볼 수 있는 영화는 '얄개' 시리즈 같은 학생 코믹물에 그치고 있었다. 이 영화는 어느 연령층이 봐도 무관하게 역사의식과 이념, 가족애까지도 보여주고 있다.

제18회 대종상 작품상과 유영길이 촬영상 수상, 제4회 상파울로국제영화제에 출품됐다. 경상북도 안동 근방 마을에서 촬영했다.

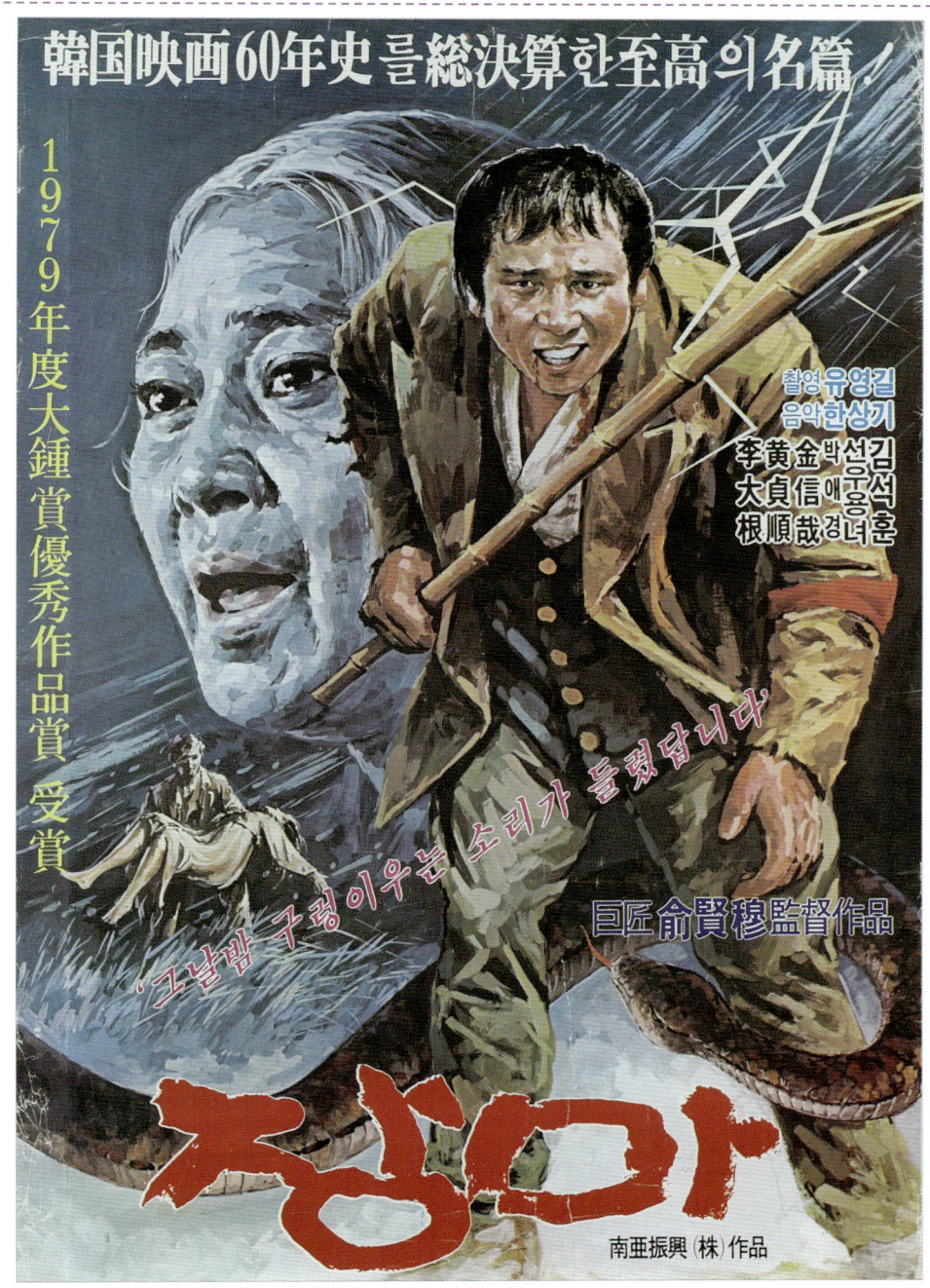

가시를 삼킨 장미 The Rose That Swallowed Thorn(1979)

(우진필름) 100분 극영화 연소자불가/
멜로

감독 · 제작: 정진우
각본: 이희우(원작 김문형)
개봉: 1979년 9월 28일 스카라극장
(서울)
관람인원: 7만 5757명
출연: 유지인, 신성일, 한진희, 송승
환, 김보미, 오영화, 선우용녀,
이계인, 도금봉, 김민규, 이해
룡, 심상천, 문미봉, 최봉 외
기획: 한상호, 유영무
촬영: 이성춘
음악: 정민섭
조명: 최입춘
편집: 김희수
미술: 도용우
소품: 심상현
동시녹음: 양후보
사운드: 김병수, 김경일
특수효과: 김경일
스틸: 박영진
조감독: 장성환
수상: 제26회 아시아영화제 특별여자
연기상(유지인)

여대생 장미(유지인)는 애인 규식(신성일)과 결별한 후 부산으로 여행을 떠난다.

그곳에서 그녀는 한 중년 남자(한진희)를 만나 애정을 느끼지만 그에게 처자가 있음을 알고 마음을 돌이킨다. 방황하던 장미는 호스티스가 되고 규식은 그런 장미를 비겁하다고 몰아세운다. 장미는 수치심 때문에 수면제 과다복용으로 정신병원에 입원하고 그곳에서 세호(송승환)라는 청년을 만나 다시 사랑을 시작한다.

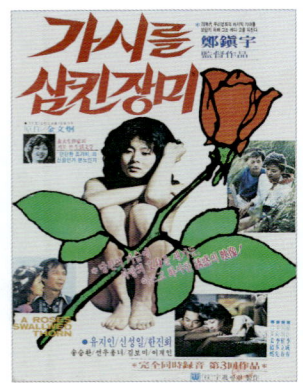

장미는 그와 결혼하고 싶어하지만 그녀가 호스티스였다는 과거 때문에 그 꿈은 무산되고 만다.

● 잡지 광고에 '여대생 작가의 피로 쓴 생활 문학'이라는 카피로 보아 원작재(김문형)가 당시 여대생임을 암시하고 있다. 동시 녹음 영화로 서울 스카라극장 개관 17주년 기념 작품이기도 하다. 유지인이 호스티스로 출연하여 제26회 아시아영화제에서 특별여자연기자상을 받았다. 주제가는 가수 김수희가 불렀다. 관객 7만 6000명 동원.

달려라 만석아 Man-suk, Run!(1979)

(태창흥업) 96분 극영화 연소자가/아동

감독: 김수용   **제작:** 김태수
각본: 임하(원작 이준연)
개봉: 1980년 1월 10일 대흥극장
(서울신촌)
출연: 정용식, 최불암, 방희, 현석, 여
운계, 김영옥, 김호정, 양일민,
최삼, 백정자 외
기획: 김종원   **촬영:** 전조명
음악: 이수인   **조명:** 손달호
편집: 이경자   **미술:** 노인택
소품: 이태우   **분장:** 홍동은
사운드: 손인호, 손효신
스틸: 양기주
조감독: 박경일, 신승수, 이명세
수상: 제18회 대종상영화제 우수아동
영화상 · 남우주연상(최불암) ·
특별상(아역부문 정용식), 제16
회 백상예술대상 작품상(태창
흥업)

서울의 달동네에서 가난하게 살던 만석(정용식)은 부모와 헤어져 할아버지(최불암)가 계신 갈매마을로 내려온다. 할아버지는 만석에게 옛것의 중요성, 충효 정신의 의미 등에 대해 틈틈이 가르친다. 만석은 할아버지의 대장간 일을 거들면서 일손이 모자란 시골로 가족들을 불러모으기 위해 고향을 찾는 편지 쓰기 운동을 전개하기도 한다. 추석이 되어 만석의 부모가 고향에 오지만 그때는 할아버지가 돌아가신 후였다. 갈매마을로 내려온 만석의 아버지는 할아버지의 대장간 일을 물려받게 되고 마을은 활기를 되찾는다.

● 문공부가 주최한 광복 30주년 기념 아동문예작품 당선작인 이준연의 『철새들의 고향』을 원작으로 한 영화. 영화 제목 '달려라 만석아'는 감독이 붙인 타이틀이다. 할아버지와 둘이 사는 만석을 통해 이농현상을 해부한 이 작품은 시골로 가는 길에 동작동국립묘지, 삼국시대 접전지였던 제천 덕주산성을 보여주는 등 옛것의 중요성을 가르치는 일종의 계몽영화 형식을 띠고 있다.

만석 아버지 역을 맡은 최불암은 대종상 주연상, 만석 역을 맡은 정용식은 최우수 아동연기상 수상, 충북 월악산 기슭에서 올 로케이션으로 촬영되었다. 신승수, 이명세 등이 조감독으로 참여했다.

심봤다 Wild Ginseng(1979)

심마니 온보의 유일한 희망은 오래된 산삼을 캐는 일이다. 산삼 캐는 계절이 돌아오자 온보는 동료들과 함께 산속으로 들어간다. 남보다 앞장서 험한 바위와 덤불을 헤치던 온보는 두눈에 광채를 띠며 "심봤다"고 외친다. 그는 50년이 족히 넘었을 산삼을 캐낸 것이다. 이제 마을에서 부자가 된 온보는 더 바랄 것이 없다. 그러나 산삼을 부러워하는 눈길 때문에 오히려 불안과 위협을 느낀다. 소문이 퍼지자 이를 싸게 사들이려는 건재약국 강 주사를 비롯해 건달패, 땅꾼 패거리들이 너도 나도 모여든다. 온보는 산삼을 잃을 것이 두려워 가족을 데리고 산속으로 숨는다. 끼니를 굶으면서도 산삼만은 굳세게 움켜쥐고 있다. 그러나 돈으로 바꾸지 않은 산삼은 아무런 쓸모가 없다.

그런 어느 날 아들이 앓아눕자 아들을 업고 한약방을 찾지만 강 주사는 산삼만이 아들을 살릴 수 있다며 산삼만 노린다. 그 바람에 아들이 죽게 되고 아내는 산삼이 행복하기는커녕 불행과 재앙만을 몰고 왔다며 온보를 저주한다. 한편 온보는 평소 절친하던 천 서방을 만나 도움을 청하고 산삼을 탐내던 천 서방은 온보를 때려눕히고 산삼을 훔쳐 달아난다. 천 서방이 산삼을 훔쳤다는 소문을 들은 건달패들이 천 서방을 뒤쫓고 쫓기던 천 서방은 발이 미끄러지면서 그가 거머쥔 산삼은 아득한 낭떠러지로 떨어진다.

● '가시를 삼킨 장미'에 이은 정진우의 연출작품. 이은성 각본. 오대산 자연경관을 배경으로 심마니들의 산삼을 둘러싼 인간의 물욕과 이로 인한 인간성 상실의 추악한 갈등을 토속적 리얼리즘으로 그리고 있다. 산삼을 에워싼 시정잡배들의 쟁탈전이 토속영화만의 로컬컬러를 훼손하고 있으나 그것이 바로 현실이라는 관점에서 공감을 불러일으킨다.

서정민의 유동감 있는 카메라가 향토적 서정성을 살리고 전위음악 작곡가인 강석희가 영화음악을 맡는 등 한국영화계에 새로운 지향성을 제시하고 있다. 이보다 앞서 '가시를 삼킨 장미' 등에서 부분적인 불완전한 동시녹음 시스템이 실현되긴 했으나 본격적인 싱크로나이즈 레코딩은 이 영화가 처음이다. 이에 자극 받아 몇몇 영화사들이 동시녹음을 시도하기 시작했다.

이 영화는 각종 상을 휩쓸었다. 제18회 대종상, 한국영화기자상에서 정진우 감독상, 주연을 맡은 이대근과 유지인이 백상예술대상과 한국영화기자상 남녀 연기상을 수상했고 제30회 베를린국제영화제에 출품됐다. 명보(서울), 동명(부산), 무등(광주), 중앙(전주), 대구(대구), 중앙(대전) 등 전국에 일제히 개봉되어 서울에서만 5만 7000명 관객을 동원했다.

(우진필림) 115분 극영화 중학생가/멜로

감독…제작 : 정진우
각본 : 이은성
개봉 : 1979년 11월 30일 명보(서울), 동명(부산), 무등(광주), 중앙(전주), 대구극장(대구)
관람인원 : 5만 6503명
출연 : 이대근, 유지인, 황해, 최봉, 국정환, 김운하, 장혁, 오영화, 송미남, 최남현, 김왕국, 김기범, 최성, 오세장, 최무웅, 심상천, 백송, 이재학 외
기획 : 유영무, 한상호
촬영 : 서정민
음악 : 강석희
조명 : 최입춘
편집 : 김희수
미술 : 도용우
분장 : 홍동은
스틸 : 박영진
사운드 : 김병수, 양후보
조감독 : 장성환
수상 : 제18회 대종상영화제 감독(정진우) · 여우주연상(유지인) · 남우조연상(황해) · 녹음상(김병수, 양후보) · 조명상(최입춘), 제16회 백상예술대상 남녀연기상(이대근, 유지인) · 기술상(동시녹음: 양후보), 한국영화기자상 작품상 · 감독상(정진우) · 남자배우상(이대근) · 기술상(녹음: 양후보), 제30회 베를린국제영화제 출품

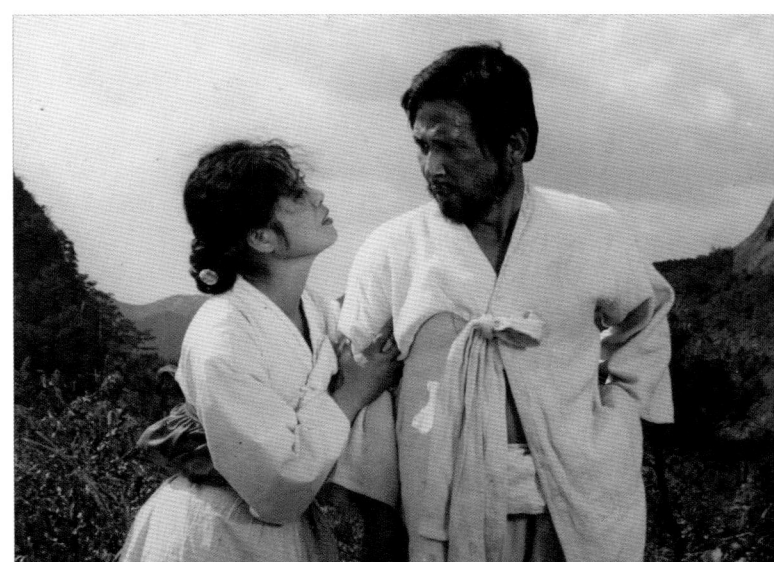

을화 乙火, Eul-hwa(1979)

(동아수출공사) 100분 극영화 연소자
불가/문예

감독 : 변장호
제작 : 이우석
각본 : 신봉승(원작 김동리)
개봉 : 1979년 9월 28일 명보극장
　　　(서울)
관람인원 : 11만 1572명
출연 : 김지미, 정애란, 백일섭, 이순
　　　재, 이대엽, 주혜경, 유장현, 김
　　　석옥, 김나나 외
기획 : 김병하
촬영 : 정일성
음악 : 김희조
조명 : 정경희
편집 : 유재원
미술 : 이명수
소품 : 이태우
의상 : 이해운
사운드 : 이재원, 김경일
스틸 : 서홍익
조감독 : 이진, 김형식
수상 : 제18회 대종상영화제 여우조연
　　　상(정애란)

옥선(김지미)은 처녀의 몸으로 임신하여 마을에서 쫓겨난다. 혼자서 아들 영술을 낳아 기르던 그녀는 아들의 병을 고치러 마을무당 박지(정애란)를 찾아갔다가 신이 지펴 무당이 된다.

이 때 신어머니가 내려준 이름이 을화다. 을화의 굿이 효험이 있다는 소문과 함께 그녀는 곧 큰무당이 되어 마을무당 자리를 차지한다. 이 때문에 배신을 느낀 박지는 양반집 아이를 유괴하여 을화를 모함하려다 유괴와 살인혐의로 구속된다.

그 후 을화는 박수 방돌이(백일섭)와 정을 통해 딸 분이(김나나)를 낳는다. 을화는 어린 아들 영술에게 불도를 가르치기 위해 기림사로 보내고 방돌마저 집을 나가자 말을 잘 못하는 분이와 살고 있다. 그때 어릴 적, 절에 맡겼던 아들 영술(이대엽)이 10년 만에 집에 돌아온다. 모자는 감격적으로 해후하지만 그날 저녁, 기도드리는 영술을 보고 을화는 충격을 받는다. 영술은 불자가 아닌, 기독교 신자가 되어 있었다.

한편 오구굿 때 정 부잣집 아들이 분이의 미모를 보고 첩으로 들이려 하자 을화는 이를 환영하고 영술은 반대한다. 그러다가 아들 영술이 생부를 찾아낸 사실을 알고, 아들을 빼앗길까봐 두려워하면서 기독교에 대한 강한 반발을 드러낸다.

을화는 영술의 성경책을 빼앗아 불태우고 영술은 성경을 빼앗으려 을화의 칼에 찔린다. 결국 영술은 죽고 방돌이가 나타나서 분이를 데리고 떠난다.

● 김동리 원작. 1936년 월간 《중앙》 5월호에 실렸던 단편 「무녀도」를 1978년 장편으로 개작해 《문학사상》에 발표한 작품이다. 작가는 "샤머니즘의 세계를 더욱 깊이 있게 문학적으로 형상화시키는 일과 샤머니즘에서의 죽음과 삶에 대한 문제점을 세계문학에 제시하고자 장편 「을화」를 쓰게 됐다"(이상우, 「현대소설의 기법탐구」, 한국문학도서관, 2005년, p.472)고 밝혔다. 이 소설도 단편 「무녀도」처럼 어머니(을화)와 아들(영술)의 종교 대립이 첨예하게 대두된다.

그러나 최하원의 '무녀도'(1972)와는 이야기 설정이 다소 다르다. '무녀도'는 무속(전통)과 기독교(근대)를 설정하면서도 종교 대립이나 갈등 관계를 넘어선 인간의 삶을 추구하는데 비해 변장호의 '을화'는 일제시대를 배경으로 신내림을 받아 무당이 된 을화(김지미)의 인생역정을 그린 시대극으로 개화기 시대의 토착 신앙의 모습과 서양 기독교와 충돌 등 당시의 시대상을 반영하고 있다.

이 두 작품은 허무주의적 성향의 샤머니즘을 그리면서 이에 대한 반대 이미지로 진취적이고 계몽적인 종교로 기독교를 드러낸다. 이 영화는 일명 '김지미의 을화(乙火)'라고도 불린다. 그만큼 김지미의 비중이 부각됐다.

제18회 대종상에서 박지 역의 정애란이 여우조연상을 수상. 11만 관객 동원으로 1970년대 한국영화 흥행 순위 '베스트 10' 안에 들었다.

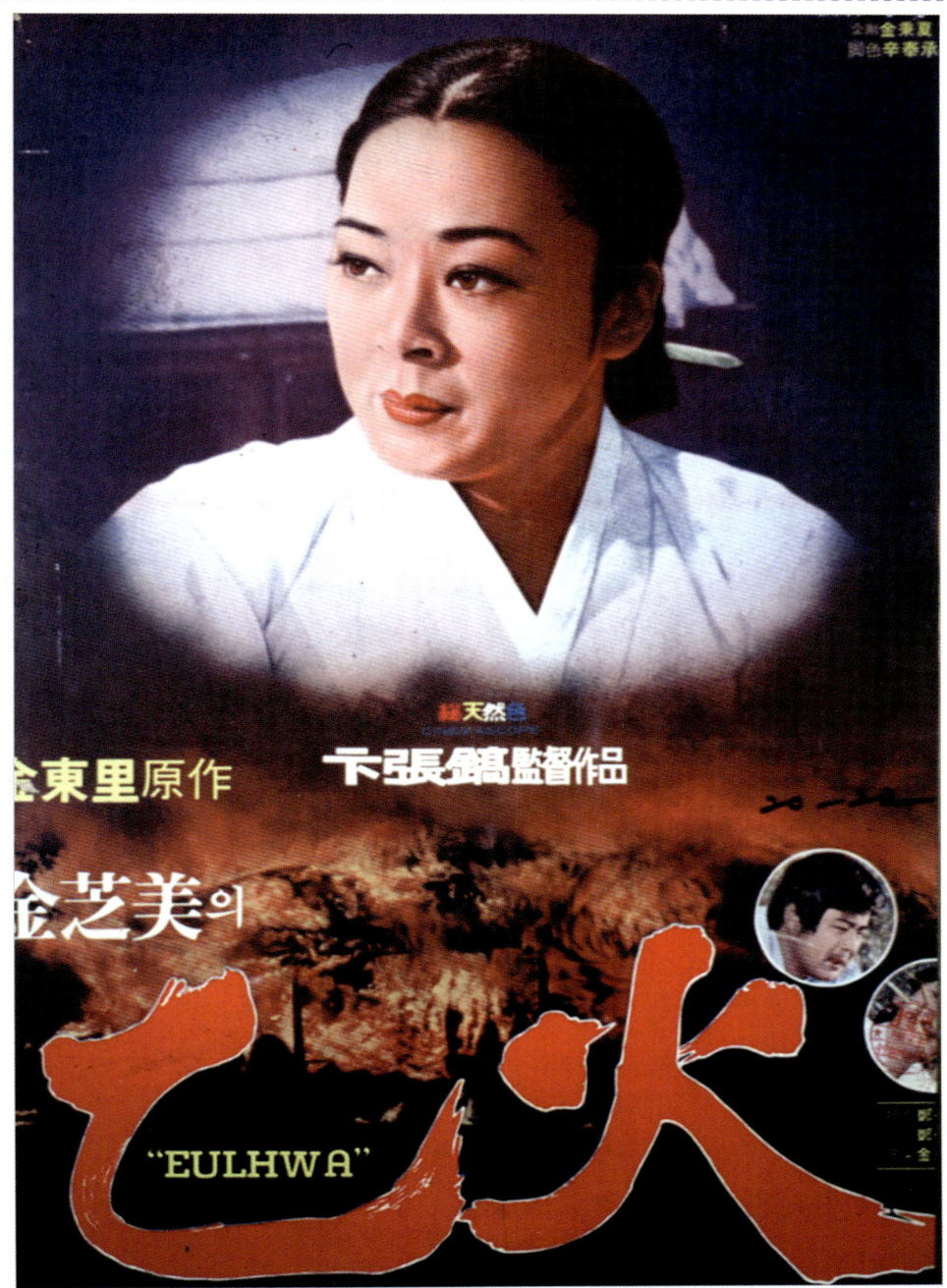

"EULHWA"

죽음보다 깊은 잠 The Sleep Deeper Than Death(1979)

(동아수출공사) 120분 극영화 연소자
불가/멜로드라마

감독 : 김호선
제작 : 이우석
각본 : 지상학(원작 박범신)
개봉 : 1979년 12월 7일 단성사(서울)
관람인원 : 14만 6905명
출연 : 정윤희, 이영옥, 신광일, 박병
호, 김용림, 유은경, 김희라, 오
수미, 김추련, 김길호 외
기획 : 송재홍, 이권석
촬영 : 장석준
음악 : 정성조
조명 : 강광희
편집 : 현동춘
미술 : 이명수
소품 : 이태우
의상 : 오리지날 리
사운드 : 김경일, 이재웅
스틸 : 서흥익
조감독 : 이광섭, 안병선

돼지 족발 집을 하는 어머니와 술주정뱅이 아버지, 야간학교에 다니는 여동생과 소아마비인 남동생과 살고 있는 다희는 화려한 세계에 대한 동경과 선망으로 집을 나간다. 가출한 후 그녀는 가난한 음악도 영훈을 만나 소꿉장난 같은 사랑을 하게 되지만 호화로운 아파트를 가진 경민의 부를 좇아 그에게로 가버린다. 그러나 경민도 그녀의 구원이 되지 못한다. 경민이 사고로 죽은 후 그의 아이를 가졌음을 알게 된 다희는 막다른 길 앞에서 더 이상 갈 곳이 없다는 것을 깨닫는다.

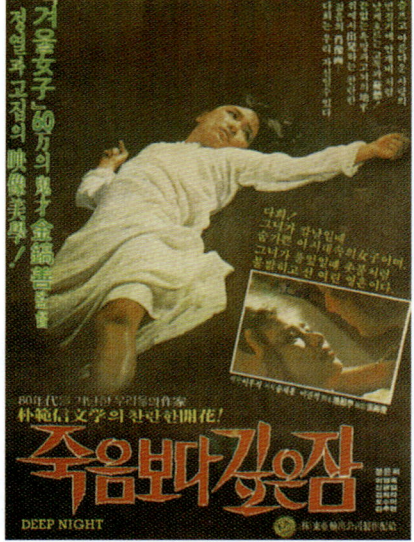

● 김호선 연출작. 1978년 30만 부의 판매 부수를 올린 박범신의 동명 베스트셀러 소설을 원작으로 하고 있다. 신문광고 하단에 "방화 사상 가장 비싼 관람료로 관객을 모실 작정입니다"라는 문구로 보아 1980년대까지만 해도 영화 관람료가 일률적이지 않고 저마다 달랐음을 짐작할 수 있다. 비싼 관람료의 의미는 그만큼 책임지고 좋은 영화를 자신있게 내놓는다는 뜻이 담겨져 있다. '겨울여자'(1977) 이후 2년 만에 선보인 김호선의 이 영화는 서울 단성사에서 개봉되어 15만에서 20만 명에 가까운 관객을 모았다.

정윤희 주연. 이 시기는 그동안 한국영화를 이끌던 문희, 남정임, 윤정희 시대가 지나고 장미희, 정윤희, 유지인이 새로운 트로이카를 형성하고 있을 때였다. 이들 새로운 미녀삼총사는 모두 호스티스 영화를 발판으로 스타덤에 올랐다. 정윤희는 이경태의 '욕망'(1975)으로 데뷔했지만 1977년 박호태의 '나는 77번 아가씨'에서 남편에게 버림받고 서울에 올라와서 호스티스 생활을 하는 윤고나 역으로 각광받기 시작했다. 이 영화에서는 술주정이 심한 아버지의 폭행을 피해 가출한 후 가난한 음악도와 동거하는 여대생 다희로 나온다. 우연히 만난 재벌 2세 경민(신광일)의 부에 기대해보지만 다희는 결국 어머니가 겪었던 고통을 그대로 답습하면서 마네킹 같은 삶을 살게 된다는 메세지를 담고 있다. 당시 1000만 원 상당의 차를 벼랑에서 불사르는 등 멜로영화에서는 드물게 제작비 1억 원을 들였다.

모모는 철부지 Thoughtless Mo-mo(1979)

모모(전영록)는 엉뚱하고 귀엽고 덤벙대는 식품공학과 3학년생이다. 강변가요제에서 만난 기악과 3학년 말자(이미숙)와 급속도로 가까워지지만 그녀에게는 이미 약혼자가 있었다. 모모는 말자의 약혼자가 모든 면에서 자신보다 나은 조건을 갖추고 있으며 그를 이길 수 없다는 것을 알고 말자와 헤어진다. 사랑의 상처를 달래기 위해 방랑길에 오른 모모는 설악에서 떠오르는 태양을 보는 순간 악상이 떠올라 말자가 쓴 가사에 곡을 붙여 대학가요제에 출전한다. TV중계를 본 말자는 모모의 진실한 사랑을 마음속으로 느끼며 약혼자와 함께 외국으로 떠난다.

● 대학가요제를 배경으로 청춘남녀의 풋풋하고 싱그러운 사랑을 그린 이 영화는 1960, 1970년대 한국영화에 나타나는 청춘영화의 계보를 잇고 있다. 당시 20세 안팎의 청소년들은 대부분 공장이나 회사에서 산업일꾼으로서의 고단한 삶을 살고 있었고 대학가요제는 그들에게 꿈을 성취시킬 수 있는 관문이었다. 이처럼 간접적으로나마 그들의 삶을 대리 체험하게 해주는 영화들이 다투어 제작되었고 이 영화도 그런 류의 하나다. 전영록의 군 제대 후 첫 영화 출연이자 이미숙의 스크린 데뷔작. 제11회 대학가요제에서 대상을 수상한 가수 김만준이 부른 "모모는 철부지, 모모는 무지개"로 시작되는 주제가가 크게 히트했다.

(세경흥업) 95분 극영화 중학생가/멜로
감독 : 김응천
제작 : 김화식
각본 : 윤삼육
각색 : 문상훈
개봉 : 1980년 1월 19일 단성사(서울)
관람인원 : 7만 7807명
출연 : 전영록, 이미숙, 유장현, 최불암, 정혜선, 이종만, 장순자, 김만, 김병관, 오창룡, 문미봉 외
기획 : 안화영, 윤상희
촬영 : 팽정문
음악 : 이철혁
조명 : 김진도
편집 : 현동춘
미술 : 김유준
소품 : 최훈
사운드 : 김성찬, 손효신
스틸 : 전창준
조감독 : 선우완, 차성민, 천동욱

순악질 여사 Vicious Woman(1979)

공희는 결혼 후 시부모와 함께 살기를 원하지만 시어머니는 이를 거부하고 따로 살림을 내준다. 그러나 공희는 맏며느리로서 하루라도 빨리 시부모를 모시기 위해 온갖 작전을 쓰고 결국 시어머니의 고집을 꺾는다. 그녀는 부지런하고 살림도 잘한다. 부업으로 보험설계일로 실적을 올리고 남편을 도와서 성공시키는 그야말로 울트라 슈퍼우먼이다. 삼수생인 시동생의 좋은 조언자가 되기도 하고 회사에서 위기를 맞는 남편을 구해주기도 한다. 심지어는 부도가 나서 파산이 될 뻔한 집을 자신이 모은 돈으로 일으켜 세우고, 자살하려는 아버지를 설득해서 살려낸다. 공희가 좌충우돌하는 가운데 수많은 허례와 허식이 무너진다.

● 길창덕의 인기 만화를 원작으로 하고 있다. '겨울여자'(1977)로 명성을 떨친 장미희가 출연한 코미디이면서 의식 개혁을 위한 일종의 국책영화다. 이영하가 장미희의 무능한 남편, 그 외 하이틴 스타 이승현과 여운계, 김인문, 홍성민 등 중견배우와 코미디언 김병조와 한주열이 출연했다.
  1970년대 후반에 제작된 작품 중에서 모처럼 중고생들이 관람할 수 있는 건강한 코미디로 제목에서 풍기듯이 여권신장이나 여성 상위 시대를 상징하는 억척스러운 내용은 없다. '순악질 여사'는 오히려 철저한 현모양처 상을 보여준다. 관객 약 7만 명 동원으로 평작 수준.

(연방영화) 98분 극영화 중학생가/희극
감독 : 김수형
제작 : 최춘지
각본 : 지상학(원작 길창덕)
개봉 : 1980년 3월 29일 국도극장 (서울)
관람인원 : 6만 8925명
출연 : 장미희, 이영하, 이승현, 김인문, 여운계, 홍성민, 안소영, 김일란, 한주열, 국정환, 조서희, 장혁, 김병조, 제임스 브시, 김병만, 양성원, 홍승일 외
기획 : 임은두
촬영 : 전조명
음악 : 정민섭
조명 : 마용천
편집 : 이경자
미술 : 조경환
소품 : 박창영
사운드 : 이재웅, 김경일, 최경상

느미 Neu-mi(1979)

(신한문화영화) 110분 극영화 연소자 불가/멜로

감독 : 김기영
제작 : 김기영
각본 : 김기영(원작 염재만)
각색 : 김기영, 김용진
개봉 : 1980년 6월 13일 코리아극장 (서울)
관람인원 : 46만 7823명
수출현황 : 홍콩(82)
출연 : 장미희, 하명중, 백일섭, 권미혜, 박암, 이영호, 주선태, 이화시, 김정철 외
기획 : 김정조, 김용진
촬영 : 이승언
음악 : 한상기
조명 : 서병수
편집 : 현동춘
미술 : 이명수
사운드 : 손인호
조감독 : 강철, 송명근
수상 : 제1회 영평상 여자연기상(장미희)

일류회사 엘리트 사원인 윤준태(하명중)는 벽돌 공장 옆집에 하숙을 하게 된다. 그는 벽돌공장 신 영감의 아내이자 미모의 벙어리 느미(장미희)를 보고 첫눈에 반한다.

그녀는 신 영감과 그의 딸을 돌보며 살고 있다. 그 무렵 교통사고로 신영감이 죽자 준태는 외롭고 슬픈 느미를 돕다가 주위의 반대를 무릅쓰고 그녀와 결혼한다. 그러나 그들의 결혼생활은 곧 파국으로 치닫고 주변의 시선이 냉담해진다.

애 딸린 벙어리 과부와 결혼했다는 이유로 집에서는 불효자로 낙인찍히고 회사에서도 쫓겨나 밑바닥 인생으로 추락한다. 게다가 벽돌공장 시절부터 느미를 짝사랑해온 운전수(백일섭)가 그들의 신혼집에 나타나 느미를 납치하는 사건이 벌어진다.

사람들의 비난에도 불구하고 준태는 변함없이 진실한 사랑을 느미에게 바친다. 그러나 비참하게 몰락하는 준태의 모습을 본 느미는 헤어지기를 고집하고 그들은 끝내 슬픈 이별을 하게 된다.

● 염재만 원작을 김기영이 각본·각색·제작·연출한 작품. '느미'는 원래 대종상을 목표로 제작되었으나 '포르노영화'라는 비판을 받아 대종상 예비심사에 출품조차 못한 것으로 알려져 있다.(일간스포츠 79. 2. 9) 그러나 서울 명동 코리아극장에서 개봉되어 47만 관객을 동원하면서 같은 해 만들어졌던 '수녀(水女)'의 흥행실패를 만회했다. '느미'는 비현실적인 환상의 세계를 그리면서도 리얼리즘에 충실한 영화이며 김기영 영화다운 매력적인 미장센이 가득히 장식된다. 또한 미친 사랑의 연대기에 관한 영화인 '느미'에서는 "처음부터 끝까지 관습적인 앵글과 줄거리, 대사는 한 토막도 없다. 어디로 튈지도 모른다. 등장인물들은 대다수가 적의를 품은 것처럼 행동하고 그들의 주변에는 늘 죽음의 그림자가 어른거린다."(김영진, 「평론가 매혈기」, 마음산책, 2007년, p.157)는 지적이 이를 가장 정확하게 대변해준다.

영화의 배경이 되는 1970년대 말에는 여성이나 장애인에 대한 차별이 심했다고 해도 남편이 죽자마자 재혼했다는 이유로 아침부터 동네사람들이 몰려와서 느미의 집을 산산이 부수는 장면은 과격하다 못해 섬뜩한 느낌을 준다. 모든 것을 다 빼앗기고 밥통을 든 채 느미가 울부짖는 장면, 탐욕에 눈먼 택시운전수가 느미를 넘보다가 남자의 중요한 곳을 물어뜯는 장면도 모질고 끔찍하다. 이때 영화는 계속해서 강렬한 사운드 트랙과 함께 백열등을 껐다 켰다 하는 조명 변화로 무슨 일이 벌어질 듯 위기감을 조성한다. 어쨌든 이 영화는 농아자의 인격을 모독하고 「농아자를 섹스도구로 부각」(일간스포츠 80. 2. 9) 시켰다는 점으로 인해 공윤 영화검열에서 반려되기도 했다.

주인공 느미 역에는 당시 최고의 연기파배우였던 장미희가 캐스팅되어 침묵 속에서 말하는 경지의 연기를 보여주었고 제1회 영평상에서 여우주연상을 받았다. 영화평론가상은 1957년부터 시상되다가 중단된 후 1980년 영평상으로 재출범했다.

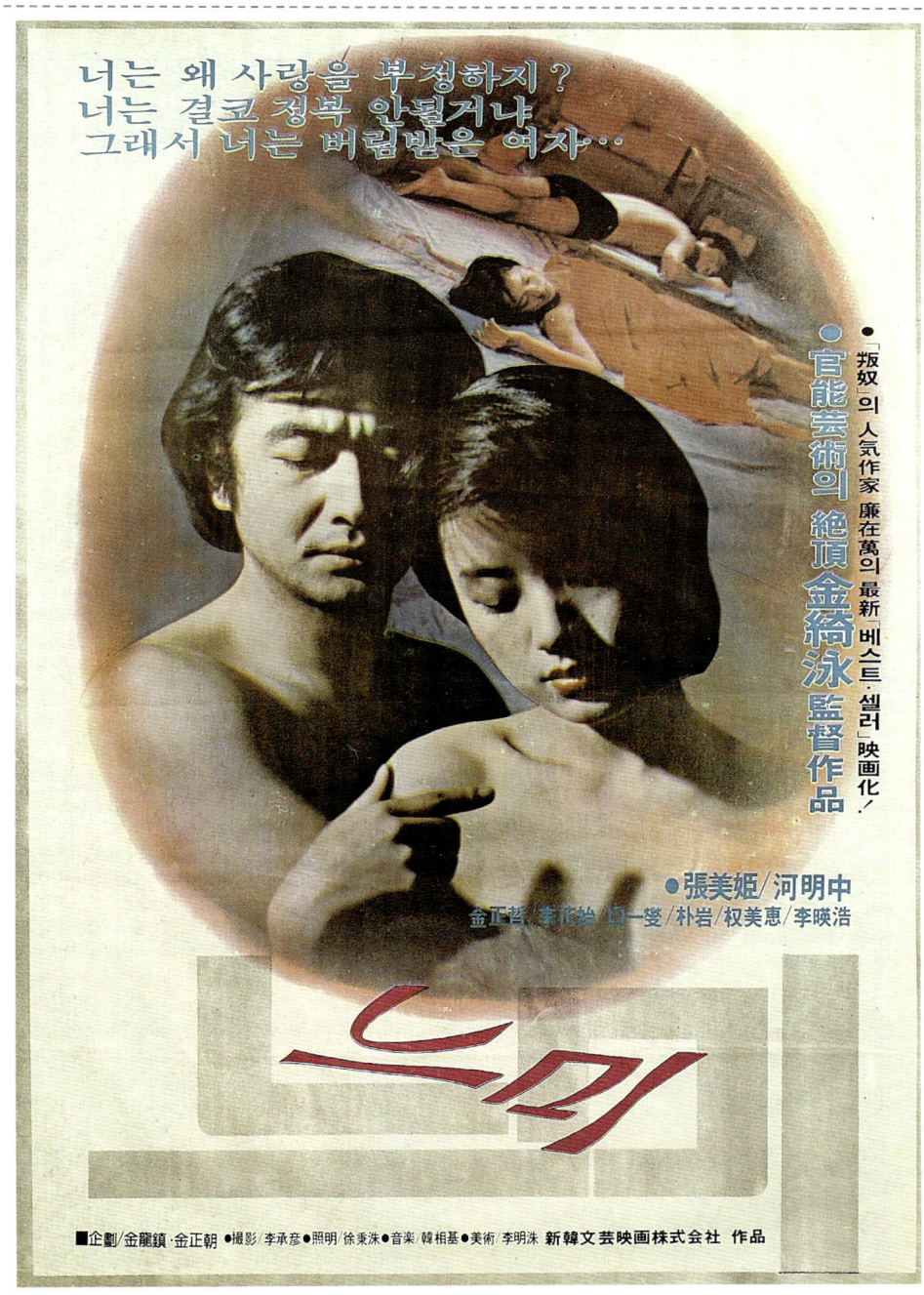

너는 왜 사랑을 부정하지?
너는 결코 정복 안될거냐
그래서 너는 버림받은 여자‥

●官能芸術의 絶頂 金綺泳 監督 作品

「叛奴」의 人気作家 廉在萬의 最新「베스트·셀러」映画化!

●張美姫/河明中

金正哲/李花始/崔一燮/朴岩/权美恵/李暎浩

느미

■企劃/金龍鎮·金正朝 ●撮影/李承彦 ●照明/徐秉洙 ●音楽/韓相基 ●美術/李明洙 新韓文芸映画株式会社 作品

깃발 없는 기수 旗手, No Glory(1979)

(화천공사) 96분 극영화 중학생가/반공

감독 : 임권택
제작 : 박종찬
각색 : 나한봉(원작 선우휘)
개봉 : 1980년 9월 4일 국도극장
　　　(서울)
출연 : 하명중, 김영애, 고두심, 송재
　　　호, 주현, 윤양하, 김희라, 이일
　　　웅, 이종만, 박암, 홍종현 외
기획 : 이은봉, 김재웅
촬영 : 이석기
음악 : 강석희
조명 : 정경희
편집 : 김희수
미술 : 김유준
소품 : 이태우
의상 : 이해윤
분장 : 최훈
사운드 : 손인호, 이재웅, 김철석
조감독 : 곽지균
수상 : 제18회 대종상영화제 최우수작
　　　품상(화천공사) · 미술상(김유
　　　준) · 편집상(김희수)

해방과 함께 건국을 준비하는 움직임 속에서 좌우익의 이념 대립은 한층 첨예해진다. 신문기자 허윤(하명중)은 미 군정하에 살게 된 새로운 세상에 대해 막연한 기대감을 갖고 있다. 술집에 들러 대학 친구들과 시국토론을 벌이고 좌우익 세력의 성향을 면밀히 분석해 보기도 한다. 그러나 친구들은 서로 오해하고 불신하며 주위환경은 갈수록 혼탁해진다. 미 군정 정책에 반대한 좌익계 청년들은 데모를 벌이고, 주동자인 이철(주현)은 더욱 모험주의를 지향한다. 좌우익의 극한 대립 속에서 친구들은 마침내 변절하고, 사람들이 이유없이 죽어가는 일이 생긴다. 그럼에도 우상으로 여겼던 선배들은 무능을 가장한 채 후배들에게 절망의 깊이만을 심어줄 뿐이다. 허윤은 뭔가를 해야겠다고 생각한다. 정치적 허무주의에 빠진 그는 결국 자신을 위하고 조국을 위해 자신의 깃발을 흔들 것을 결심하고 좌익계열의 우상이었던 이철을 저격한다.

● '내일 또 내일'에 이은 임권택의 반공영화. 1958년 《새벽》지에 발표한 선우휘의 동명 중편소설을 영화화한 작품. 1960년대에 다양한 장르의 영화에 손대면서 흥행감독으로서의 기반을 다진 임권택은 1970년대 접어들어 국책영화, 6 · 25 전쟁을 소재로 한 전쟁영화 등에 손대기 시작했다.
　'깃발 없는 기수' 역시 임권택의 변신이 시작되는 작품 중 하나로 8 · 15 해방 후 격동하는 시대를 배경으로 젊은 지식인들이 겪었던 이데올로기의 갈등과 격정 등이 사실주의 수법으로 그려진다. 소설 내용을 충실히 반영한 이 영화는 해방직후 분열된 좌우익을 싸잡아서 비판하는 등 상당히 비관적이고 자조적인 분위기로 민족의 아픔을 묘사하고 있다. 그러나 영화는 좌익 요인을 살해하는 주인공의 행적을 쫓는 것이 아니라 주인공들이 술집 해방옥에서의 좌우익 관련 대사를 패러디하는 것으로 울분을 달래는 장면이 연출된다.
　즉 길을 가던 한 시골노인이 우익이라고 대답하자 구타당하고 다시 좌익이라고 해도 늙은이가 좌익이 뭐냐고 구타당하며 우익좌익 어느 쪽도 택하지 못하고 망설이면 기회주의라고 구타당한다는 식의 대사가 그것이다. 특히 첫 장면과 마지막 장면에 구성된 리얼한 총격 신이 충격적이다. 첫 장면은 요인 암살 장면으로 앞으로 전개될 스토리의 긴장감을 예고하는가 하면 마지막 장면은 주인공 얼굴이 클로즈업되면서 정지 화면에 삽입된 자막과 '울밑에선 봉선화' 노래가 슬픈 현실을 반영한다.
　자막에는 "그에게는 깃발이 없었다/ 그러나 값싸게 높이 매우 흔들어진/ 어떤 깃발보다도/ 그에게는 보다 훌륭한 보이지 않는 깃발이 있었던 것이 아닌가?"가 써 있다. 이 카피는 신문광고에도 인용되고 있다. 감독은 이 영화를 통해 "해방정국의 혼란기를 충실하게 관찰하고 있으나 정치적 이념 자체에 혼도되어 현재의 역사적 평가를 선명하게 제시하지 못했다"는 평을 받았다.(영화감독 임권택, 「기인열전 내 멋에 산다 29」, 세계 98. 3. 17)
　젊은이들의 우상인 부패한 좌익 인사로는 주현, 미군과 살면서 그에게 정보를 흘려주는 주현의 정부로는 고두심, 술친구로 김희라, 송재호가 등장하고 하명중은 우유부단한 고뇌하는 지식인의 모습을 연기한다. 제18회 대종상 최우수작품상 수상. 국도에서 개봉되었으나 흥행은 되지 않았다. 관객 3628명.

이주일의 뭔가 보여드리겠읍니다

Let Me Show You Something(1980)

꿈 많은 주일은 뭔가를 보여주기 위해 사랑하는 아내와 함께 상경한다. 극장쇼단의 일원이 된 그는 예기치 않은 실수로 첫 출연에서 쫓겨난 후 극심한 생활고에 시달린다. 아내는 만삭의 몸으로 제왕절개 수술을 해야 하는데 입원비를 마련할 길은 막막하기만 하다. 힘겹게 지방공연의 보조사회자 자리를 구하지만 그마저도 못생겼다는 이유로 탈락한다. 그러나 한 의욕적인 프로듀서의 눈에 띄어 그는 일약 쇼무대의 기린아가 된다. 그리고 지난날 그를 무시했던 사람들이 그를 캐스팅하려고 몰려들자 이주일은 빌딩 옥상에서 애드벌룬을 타고 하늘 높이 날아오른다.

● 이주일의 일대기를 영화화한 작품. 김수형 연출. 1965년 샛별악극단 사회자로 출발해 1979년 텔레비전 방송에 뛰어들면서 희극배우로 이름을 얻기 시작한 이주일을 쇼무대의 스타로 발탁한 것은 영화감독 남기남이다. 이주일은 "못생겨서 죄송합니다", "뭔가 보여드리겠습니다" 등의 유행어로 인기를 끌면서 '코메디 황제'로 등극한 후 자신과 절친한 남기남의 '평양맨발'(1980)에 제일 먼저 출연하고 이 작품이 두 번째 출연. 그러나 남기남의 '평양맨발'은 30만 명 이상의 관객동원으로 흥행에 대성공한 데 비해 이 영화는 7만 993명 관객을 동원하는 데 그쳤다.

(화천공사) 95분 극영화 연소자가/코미디

감독 : 김수형
제작 : 박종찬
각본 : 어윤청(원작)
개봉 : 1980년 6월 6일 국도극장
　　　(서울)
관람인원 : 7만 993명(서울)
출연 : 이주일, 김병조, 이상해, 이승현, 김희갑 외
촬영 : 장석준
음악 : 정민섭
조명 : 강광희
편집 : 이경자
미술 : 조경환
사운드 : 김병수(녹음)

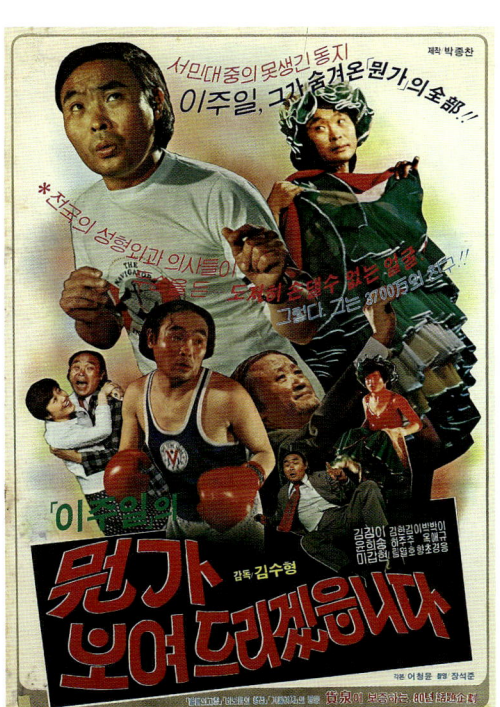

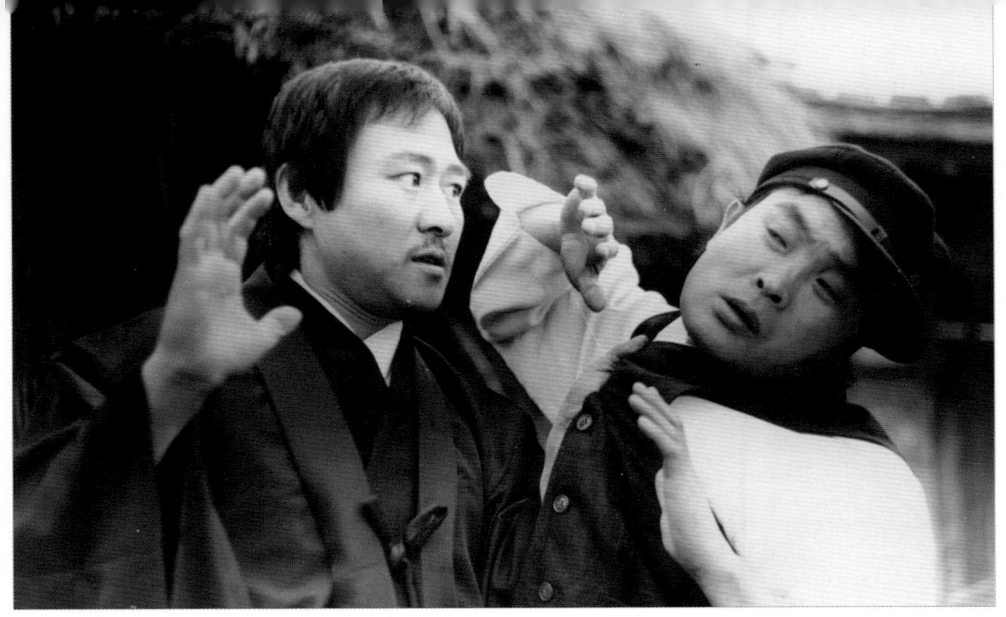

평양맨발 The Barefoot in Pyongyang(1980)

(대양필름) 84분 극영화 중학생가/코미디 액션

감독 : 남기남
제작 : 한상훈
각본 : 이일목
개봉 : 1980년 5월 17일 피카디리극장(서울)
관람인원 : 31만 4538명
출연 : 이주일, 마영달, 곽은경, 방희정, 장혁, 심상현, 박동룡, 남포동, 길달호, 최석 외
기획 : 김일환
촬영 : 임진환
음악 : 이철혁
조명 : 김윤덕
편집 : 현동춘
미술 : 김유준
소품 : 차순하
스틸 : 조광소
사운드 : 김성찬
사운드 : 손효신
조감독 : 김현우

일본은 우리나라 포목상들의 중국 거래를 막기 위해 새 무역법을 제정, 평양 굴지의 포목상 김만호는 큰 타격을 입는다. 김만호는 고민 끝에 맨발로 달리기를 잘하는 황석두(이주일)를 만나 사정을 토로하고 포목 운반을 부탁한다. 맨발 황석두는 왜경들의 눈을 피해 포목을 운반해준다. 그리고 고등소학교에 입학했다가 유도부장 마사요시로 인해 중도에서 퇴학당한다. 그 뒤에도 끝없이 괴롭히는 마사요시를 때려눕힌 후 만주로 피한다. 맨발은 그곳에서 곤경에 처해 있던 여옥을 구해준다. 하지만 여옥은 아기를 두고 달아난다. 맨발은 아기 엄마 여옥을 찾기 위해 상해와 만주로 다니다가 탄광촌에서 노무자들을 괴롭히는 일인 조합의 횡포를 몰아내기도 한다. 다시 아기 엄마를 찾던 맨발은 일본 거부의 애첩이 되어 마차에서 내리는 여옥을 발견한다.

● '뒤돌아 보지마라' (1979), '열번 찍어도 안 넘어진 사나이' (1980)에 이은 남기남의 14번째 연출작. 1980년 1월 19일 방송된 TBC-TV '토요일이다, 전원출발'에 단역으로 출연한 이주일을 보고 남기남은 그를 영화 '평양맨발'의 주역으로 발탁했다. 서울 피카디리극장에서 개봉된 영화는 관객 31만 명을 동원하면서 불황의 충무로에 대박을 터뜨렸고 이주일의 주가는 하늘 높은 줄 모르고 치솟았다. 서사 구성과 촬영, 편집 면에서 모든 것이 엉성했으나 흥행에서 성공한 것은 순전히 당대 최고의 상종가를 올리던 이주일의 인기에 힘입은 탓이다.
　'평양맨발'에 이어 이주일은 김수형의 '이주일의 뭔가 보여드리겠습니다' (1980), 이형표의 '얼굴이 아니고 마음입니다' (1983) 등에 출연했고 당시 영화사들은 저마다 거금을 들고 그를 쫓아다녔을 정도다. 그러나 1980년 8월, 때마침 불어 닥친 연예인 숙정 작업과 함께 그는 '저질' 연예인으로 낙인 찍혀 TV에서 쫓겨났다. 이후 "밤무대의 황제"가 되어 유흥업소를 전전하던 그는 1992년, 경기도 구리시에서 제14대 국회의원에 당선되었고 4년 만에 다시 방송에 복귀했다가 2002년 8월 27일 폐암으로 타계했다.

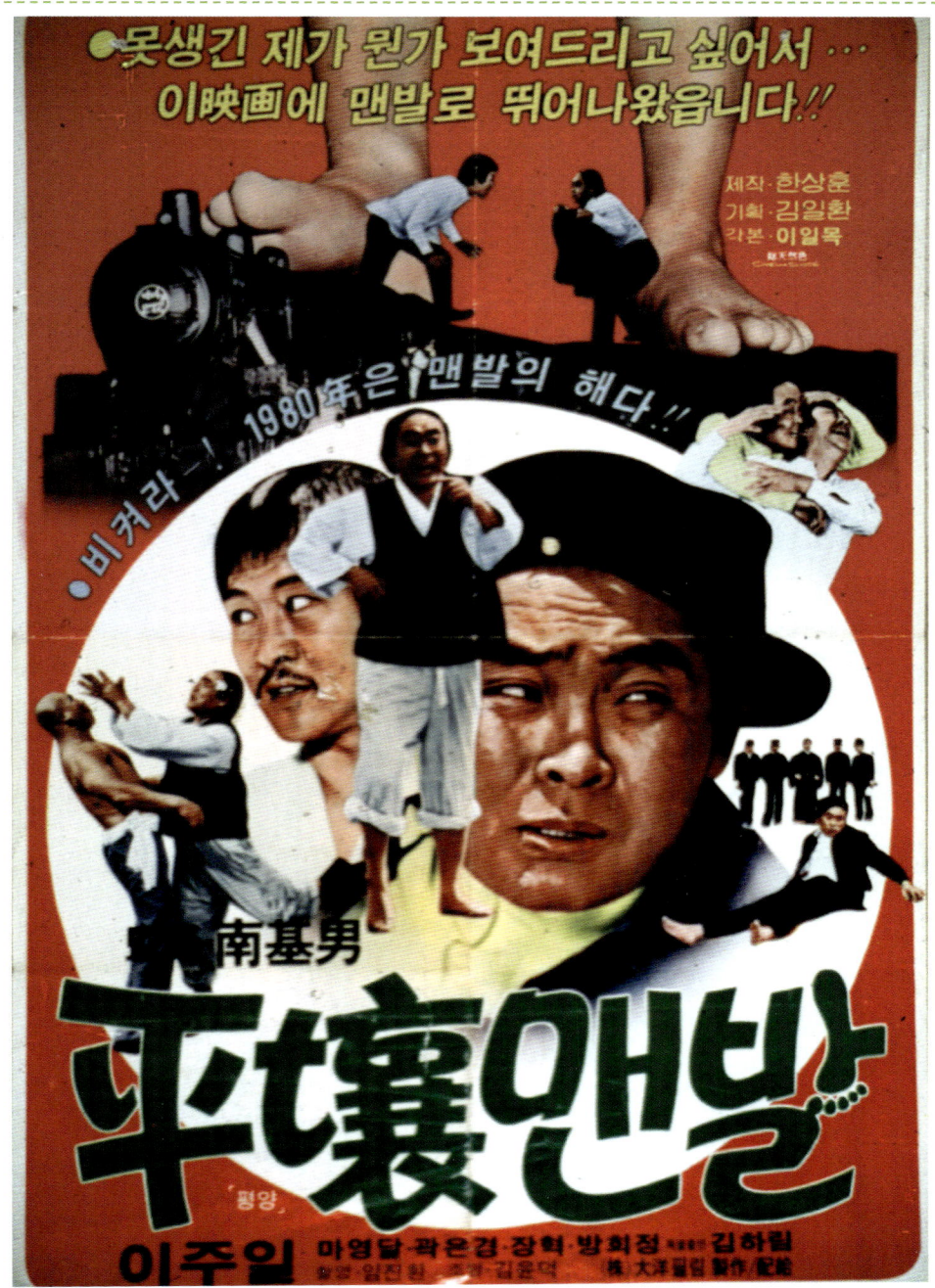

미워도 다시 한번 80

Love Me Once Again Despite Hatred 80(1980)

(한림영화) 90분 극영화 중학생가/멜로

감독 : 변장호
제작 : 정소영
각본 : 신봉승(원작 이성재)
개봉 : 1980년 6월 21일 명보극장 (서울)
관람인원 : 36만 4538명(서울)
출연 : 김영란, 윤일봉, 김윤경, 김희라, 이순재, 김민희, 김신재, 송미남, 이정애, 장정국 외
기획 : 서림
촬영 : 정광석
음악 : 전정근
조명 : 정경희
편집 : 이경자
미술 : 조경환
스틸 : 박승택
사운드 : 손인호, 손효신
조감독 : 이진, 오인환

강신호는 유치원 보모인 혜영과 사랑에 빠지지만 끝내 맺어지지 못한다. 신호는 가정이 있는 유부남이었다. 그 후 8년이 지나 혜영은 일곱 살이 된 영신을 데리고 나타난다. 혜영이 신호를 만나고자 한 목적은 바로 영신 때문이다. 영신이 학교에 입학하기 위해서는 아버지가 필요하다는 혜영의 말에 신호는 아내의 반대를 무릅쓰고 영신을 받아들인다. 그러나 그때부터 신호의 가정에는 불화가 그치지 않는다. 이 무렵 자신의 제약회사가 파산하자 신호는 충격으로 쓰러진다. 혜영은 꽃가게를 정리한 돈을 신호의 아내에게 건네주고 일본으로 떠난다. 아버지와 살게 된 영신은 일본에 간 엄마를 한시도 잊지 못한다. 사업에 실패한 신호가 여전히 재기하지 못하고 있을 때 일본에 갔던 혜영이 다시 한국으로 나온다. 그리고 엄마가 그리워서 혜영을 찾아 나섰다가 신호에게 매를 맞는 영신을 보고 너무나 가슴이 아픈 나머지 영신을 데리고 다시 떠난다.

● '미워도 다시 한번'(1968)의 감독인 정소영 제작, 변장호 연출작. 이성재 원작을 신봉승이 각본으로 만든 작품으로 '미워도 다시 한번' 제4편에 속한다. 서울 명보극장에서 개봉되어 관객 36만 5000명을 동원하여 1981년도 한국영화 흥행 순위 1위를 기록했다.

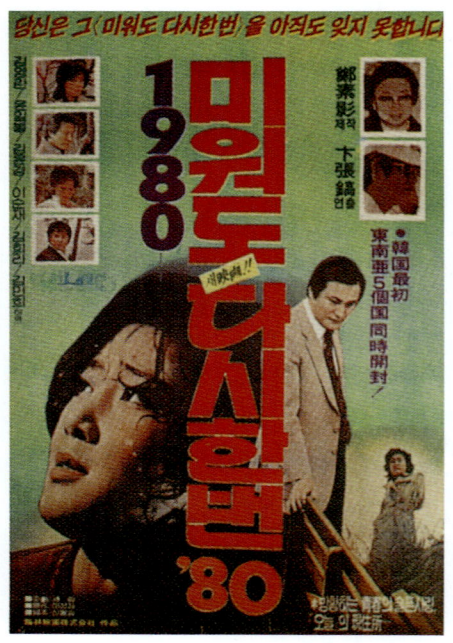

불새 The Bird of Fire(1980)

김영후(신일룡)는 정신이상자의 어머니에게 태어나 김 신부 손에서 자라났다. 자신의 부끄러운 과거를 감추기 위해 영후는 도시의 부랑아가 되어 불같은 욕망을 키워나간다. 우연히 재벌 2세인 영섭(이영하)을 만나게 되고 영섭의 교통사고를 대신 뒤집어쓰고 일 년간 복역해준 대가로 둘 사이에는 긴밀한 우정이 싹튼다. 그리고 상류사회에 대한 욕망을 실현시키고 싶어하는 영후에게 결혼에 실패한 영섭의 누이동생 미란(오수미)이 다가온다. 그러나 영후는 불행하게도 영섭의 약혼녀 현주(장미희)에게 사랑을 느낀다. 이 사실을 눈치 챈 영섭은 영후의 치명적인 과거를 들춰내며 현주와 헤어질 것을 강요하지만 영후는 현주와의 사랑을 포기하지 않는다. 한 번도 남을 사랑해본 적이 없는 영후는 처음으로 진실한 사랑을 깨닫고 그 사랑을 찾아 달려가다가 교통사고로 죽는다.

● '포상금'(1971)으로 감독 데뷔한 이경태 연출작. 1970년대 조선일보에 연재되었던 최인호의 원작으로 두 남자의 우정과 사랑, 배신과 파멸을 그렸다. TV 드라마로도 두 번이나 방영되었을 정도로 대중의 관심을 집중시켰던 이 작품은 3류 건달로 살아가던 주인공이 재벌 2세를 만나면서 신분 상승의 기회를 노리게 되고, 바로 그 재벌 2세의 약혼녀에게 진실한 사랑을 느낀다는 것이 기본 줄거리다. 조역인 이미숙이 제17회 백상예술대상 신인상을 받았다.

(연방영화) 100분 극영화 연소자불가/멜로

감독: 이경태
제작: 최춘지
각본: 최인호(원작 최인호)
개봉: 1980년 9월 19일 서울극장 (서울)
관람인원: 8만 7209명(서울)
출연: 신일룡, 이영하, 장미희, 오수미, 이미숙, 황정순, 최남현, 문태선, 차이선 외
기획: 임은두
촬영: 전조명
음악: 김도향
조명: 최의정
편집: 김희수
미술: 조경환
소품: 권박
스틸: 김병옥
사운드: 김병수, 김경
조감독: 장춘태, 안병선
수상: 제17회 백상예술대상 신인연기상(이미숙)

매일 죽는 남자 The Man Who Dies Every Day(1980)

유진은 영화계의 엑스트라로 주로 죽는 역할만을 해왔다. 그래서 그의 별명은 '매일 죽는 남자'다. 그는 영화계에서 온갖 수모를 당하다가 사랑하는 여자에게 배신당한 후 일본으로 건너간다. 그 후 소박한 꿈을 안고 다시 고국으로 돌아왔으나 한 사기꾼의 협박에 못 이겨 본의 아니게도 돈 많고 배경이 든든한 재일교포 행세를 하게 된다. 유진은 타인에게 조종되는 자기 삶에 혐오감을 느낀다. 그는 그가 그리던 여자를 다시 만났으나 그녀도 물질의 노예가 되어 있음을 보고 죽기로 결심한다.

● 1970년 조해일의 중앙일보 신춘문예 당선작을 원작으로 하고 있다.
"일요일인데도 그는 죽으러 나가려고 구두끈을 매고 있었다"로 시작하는 소설 속 주인공은 영화에서 죽는 역할을 하는 엑스트라 배우다. 그는 삶을 즐기고자 하지도 않으며, 세상의 모든 편리한 방식, 세상 사람들이 추구하고 있는 규범에 지칠 대로 지쳐버린 인물이다. 그의 인생이지만 그의 의지대로 할 수 있는 것은 아무것도 없다. 영화 촬영장에서도 언제나 주인공의 들러리에 불과하다. 자신이 한낱 돈이 노예임을 자각한 그는 삶에 회의를 느끼다가 힘없이 사고라진다. 박근형이 형사주임, 신영일이 주인공 유진, 영화감독 한형모가 특별 출연했다. 제17회 백상예술대상에서 신영일이 신인연기상을 수상.

(동아수출공사) 110분 극영화 연소자불가/미스터리

감독: 이원세
제작: 이우석
각본: 윤삼육(원작 조해일)
각색: 지상학
개봉: 1981년 2월 14일 스카라극장 (서울)
관람인원: 2만 1670명(서울)
출연: 신성일, 신영일, 유지인, 김추련, 박근형, 방희, 도금봉, 허진, 박원숙, 엄주현, 박암 외
기획: 송재홍, 이권석
촬영: 정광석
음악: 최창권
조명: 정덕규
편집: 현동춘
미술: 이명수
소품: 이태우
스틸: 서흥익
사운드: 손효신, 손인호
특수효과: 이문걸, 박광남
조감독: 한영열, 권기홍
수상: 제17회 백상예술대상 남우연기상(신영일)

물보라 Water Flake(1980)

(대양필름) 92분 극영화 연소자불가/
멜로

감독 : 김수용
제작 : 한상훈
각색 : 조문진(원작 오태석)
개봉 : 1980년 10월 17일 코리아극장
(서울)
관람인원 : 1만 4323명
출연 : 금보라, 하용수, 김만, 이대로,
김인문, 최남현, 김천만, 황민,
최형인, 최영주 외
기획 : 김일환
촬영 : 안창복
음악 : 정윤주
조명 : 박창호
편집 : 김희수
미술 : 김유준
소품 : 김태욱
스틸 : 양기주
사운드 : 손인호, 손효신
조감독 : 박경일
수상 : 제19회 대종상영화제 신인상
(금보라)

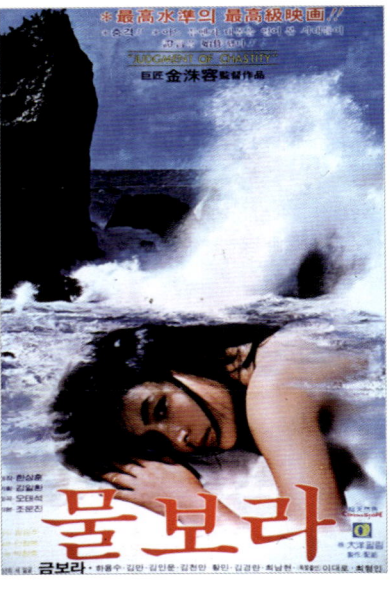

어촌 마을. 일렬과 그의 어린 각시 순녀는 섬의 카리스마적 존재인 지 초시네 행랑방에 살고 있다. 그 순녀가 덕중과의 부정한 소문에 휘말리면서 동네 아낙들은 극도로 흥분하지만 막상 순녀는 한마디 변명 없이 지난해 익사한 덕중의 제사에 제주로 지명된다. 그리고 선상의 초혼 굿에서 순녀는 눈물로 절규하며 자신의 결백을 주장한다. 그러나 지 초시는 순녀를 바다에 던져버리도록 은밀한 지령을 내린다. 그제야 비로소 지 초시의 흑심을 알게 된 일렬은 초시를 목 졸라 죽인 후 바다에 던진다. 순녀는 끝내 진실을 털어놓지 못한 채 모든 의식의 너울을 벗듯이 옷을 훌훌 벗어 던진 채 알몸이 되어 파도 속으로 뛰어든다. 마을 사람들은 풍물패와 고풀이로 순녀의 넋을 달랜다.

● 1978년에 발표한 오태석의 희곡. 오태석 연출로 국립극장 무대에서 공연된 연극 「물보라」는 한 시골 어촌 마을을 배경으로 인간의 원초적인 욕구와 본능을 질펀하게 그려낸다. 더구나 무대 위에서 풍물이 돌고, 고풀이와 굿이 벌어지는 장면은 관객들에게 마치 어촌 마을로 굿 구경을 간 듯한 착각을 불러일으키게 한다. 이 연극을 김수용은 그 자리에서 당장 영화화를 결정했다고 한다.

영화는 절해고도에서 권력과 금력을 휘두르던 늙은 지 초시의 죽음을 전제로 권력의 무상함을 통렬하게 고발한다. 마지막 장면에서의 고풀이는 얽히고 설킨 천들이 서서히 풀리듯이 꼬일 대로 꼬인 사람들의 은원 관계가 풀어진다는 뜻의 함축적인 의미와 함께 관객에게 뭉클한 감동을 던져준다. 최남현의 마지막 출연작품이다. 30년 동안 157편의 영화에 출연하면서 주로 비중 있는 조역으로 자리를 굳혀온 최남현은 혼자서 투병 생활을 하던 중 이 영화에 캐스팅되자 "마지막 작품으로 알고 열심히 하겠다"면서 감독에게 고마움을 표시했다.

1978년 영진공이 처음이자 마지막으로 실시한 남녀 주연 배우모집에서 강석우와 함께 나란히 뽑힌 금보라의 스크린 데뷔작이기도 하다. 금보라는 질투심에 사로잡힌 남편의 의심을 견디다 못해 바다로 뛰어드는 어부의 어린 아내 역을 도발적인 연기로 소화하여 대종상 신인상을 받았다. '금보라'라는 이름은 '물보라'와 관련하여 감독이 지어준 예명이다.

최후의 증인 證人, The Last Witness(1980)

오병호 형사(하명중)는 양조장 주인 양달수 살인사건을 수사하는 과정에서 양달수(이대근)와 그의 첩이었던 손지혜(정윤희), 현재 손지혜의 남편인 황바우(최불암) 사이에 비극적인 사건이 연루되어 있음을 알게 된다. 한국전쟁 당시 지혜는 지리산 빨치산 사령관의 딸로 그녀 아버지는 많은 보물이 감춰진 보물지도를 딸에게 맡기고 죽는다. 그러자 빨치산들은 보물지도를 빼앗으려고 각축전을 벌이고 지혜는 우익 청년 단장이던 양달수의 첩이 되는 기구한 삶을 살게 된다. 그런 지혜를 황바우는 말없이 지켜준다. 이때 양달수는 보물지도와 지혜를 다시 빼앗기 위해 한동주라는 인물을 황바우가 죽인 것처럼 꾸민다. 황바우는 수감되지만 오형사가 이를 추적하면서 황바우가 살인혐의로 복역하게 된 사건의 피해자인 한동주가 살아있음 밝혀낸다. 이로 인해 억울하게 누명을 쓰고 20년간 복역한 황바우가 출감한다. 그러나 막상 한동주를 죽인 것은 지혜의 아들 태영이었으며 황바우는 정신병원에 입원해 있는 태영을 지키기 위해 모든 것을 뒤집어쓰고 자살하기에 이른다. 지혜도 이를 따른다.

● 원작 김성종. 1974년 한국일보 창간 20주년 기념 장편소설 공모 수상작. 액션영화에서 일가를 이룬 이두용의 연출 호흡은 한 치의 여유도 두지 않고 6·25 전쟁 당시부터 1970년대 말까지의 상황을 숨가쁘게 달려가는 대범한 진행으로 관객들에게 추리극의 묘미를 맛보게 해준다. 살인 혐의로 억울하게 20여 년을 옥살이한 노인의 출옥과 함께 의문의 살인 사건이 연달아 일어나고 이 사건을 뒤쫓는 형사의 집념이 사건의 전모를 파헤쳐가지만 그 배후에는 한국전쟁의 비극이 탁류처럼 흐르고 있다는 전제가 깔린다.

1978년에 크랭크인하여 1979년에 완성된 이 영화는 수사를 맡은 형사가 길을 떠나는 로드무비 형식과 형사물 특유의 긴박감, 각 등장인물들의 음모와 난투극 등, 분단 이후 한국현대사에서 수난당해온 힘 없는 개인의 삶을 묵묵히 증언하고 있다. 특히 황바우가 수감된 후 검사가 손지혜를 강간하는 장면 때문에 공안부 검사들에게 집단 심의를 받아야 했다. 형사 오병호도 엘리트 형사이긴 하지만 한편으로는 영장도 없이 증거물을 압수하고 수사 과정에서 폭력을 마구 휘두른다는 점에서 군사정권의 그늘을 은근히 노출시킨다. 박정희, 전두환으로 이어지는 서슬 퍼런 시절에 이처럼 이념과 권력에서 비롯된 악을 서슴없이 묘사한 것은 무모한 용기로서 이로 인해 군부 독재하의 악명 높은 검열 속에서 154분짜리 영화가 40분간이나 난도질을 당하는 혹독한 수난을 겪었다.

1980년 1월 상영 예정이었으나 다른 영화사들의 모함으로 청와대에 투서가 들어가는 바람에 '빨갱이 영화'라는 딱지를 단 채 또 한차례 검찰조사를 받았고 이 과정에서 "어째서 여주인공이 죽는 부분이 원작 소설과 다르냐"는 검열관의 황당한 질문이 있었다고 한다. 이 영화는 한국영상자료원이 다시 복원했고 한국영상자료원 '한국영화 100선'에 선정되었다. 2001년 배창호가 '흑수선'이라는 제목으로 리메이크했다.

(세경영화) 154분 극영화 연소자불가/범죄드라마

감독: 이두용
제작: 김화식
각본: 윤삼육(원작 김성종)
개봉: 1980년 11월 15일 명보극장 (서울)
관람인원: 7424명(서울)
출연: 하명중, 정윤희, 최불암, 현길수, 한혜숙, 이대근, 한소룡, 신우철, 신동욱, 태일 외
기획: 윤상희, 김명식
촬영: 정일성
음악: 김희갑
조명: 차정남
편집: 이경자
미술: 김유준
소품: 김호길, 배영춘
의상: 이해윤
분장: 홍동운
사운드: 손인호, 손효신
특수효과: 이문걸
수상: 제1회 영평상 남자주연상(최불암), 제35회 칸국제영화제 출품

바람 불어 좋은 날 Good Windy Day(1980)

(동아수출공사) 113분 극영화 연소자
불가/블랙코미디

감독 : 이장호
제작 : 이우석
각본 : 이장호(원작 최일남)
개봉 : 1980년 11월 27일 명보극장
(서울)
관람인원 : 10만 228명(서울)
수출현황 : 일본(84)
출연 : 이영호, 안성기, 김성찬, 임예
진, 김보연, 유지인, 최불암, 김
희라, 이향, 조주미, 김인문, 김
영애, 박육숙, 추석양, 문태선
외
기획 : 이권석, 송재홍
촬영 : 서정민
음악 : 김도향
조명 : 마용처
편집 : 김희수
사운드 : 이재웅
조감독 : 배창호
수상 : 제19회 대종상영화제 감독상
(이장호) · 편집상(김희수) · 신
인상(안성기), 제17회 백상예술
대상 대상(이우석) · 작품상(동
아수출공사) · 신인연기상(김성
찬)

덕배(안성기), 춘식(이영호), 길남(김성찬)은 서울 변두리 개발 지역에서 중국집, 이발소, 여관에서 일하는 젊은이들이다. 셋은 자신의 미래에 대한 어떤 전망도 없이 그날그날 만나 술 한 잔 나누는 일로 소일할 뿐이다. 길남은 미용사 진옥(조주미)을, 춘식은 면도사 미스 유(김보연)를 좋아한다. 순박한 덕배도 구로공단의 여직공 춘순(임예진)과 상류사회의 명희(유지인)를 사이에 두고 고민하고 있다. 덕배는 자신을 좋아한다고 믿었던 명희가 자신을 가지고 놀았다는 사실을 알게 되고 미용사 진옥은 길남에게 빌린 돈을 떼어먹고 달아난다. 미스 유는 춘식을 좋아하지만 아버지의 병 치례와 동생들의 학비를 마련하기 위해 이발소에 드나들던 돈 많은 김 회장(최불암)의 첩이 된다. 이로 인해 춘식은 김 회장을 칼로 찌르고 형무소에 가고 진옥에게 배신당한 길남은 입대한다. 친구들과 헤어져 혼자 남은 덕배는 권투를 배워서 험한 세상을 굳세게 버텨나가리라 결심한다. 바람이 세차게 부는 세상에서 그는 끝까지 꿈을 버리지 않고 오뚝이처럼 일어서고 싶은 것이다.

● 이장호의 다섯 번째 작품. '별들의 고향'(1974)으로 화려하게 등장했던 이장호가 '어제 내린 비'(1975), '너 또한 별이 되어'(1975), '그래그래 오늘은 안녕'(1976) 이후 1976년 대마초 사건에 연루되어 묶여 있다가 4년 만에 재기한 작품이다. 최일남의 소설 『우리들의 넝쿨』을 원작으로 하고 있다. 시인이자 소설가인 송기원 각색. 당시 수사기관을 피해 다니던 송기원은 자신의 이름 대신 엔딩 자막에 "이장호 각본"으로 써넣었다. 조감독은 배창호.

1980년대 고도성장 속에서 발생한 억압과 빈곤, 사회적 모순을 블랙코미디로 처리한 이 영화는 사회의 외곽에서 독버섯처럼 살면서도 끈끈한 우정과 인정을 잃지 않는 가난한 민초들의 모습을 긍정적으로 그려낸다. 1957년 김기영의 '황혼열차'에서 아역으로 데뷔한 후 학업과 군복무로 영화 활동을 중단했던 안성기는 이 작품으로 복귀해 1959년 이후 21년 만에 대종상 신인상을 수상, 길남 역의 김성찬은 1999년 오지 탐험 방송 프로그램 촬영 중 말라리아에 걸려 죽었고 춘식 역의 이영호는 감독의 친동생으로 이 영화로 스크린 데뷔한 후 미국 유학을 떠났다가 거의 시력을 잃은 것으로 알려졌다.

10만 관객 동원으로 흥행 성공. 제19회 대종상에서 이장호 감독상, 제17회 백상예술대상에서 대상(이우석)과 작품상(동아수출공사), 김성찬이 신인연기상을 받았다.

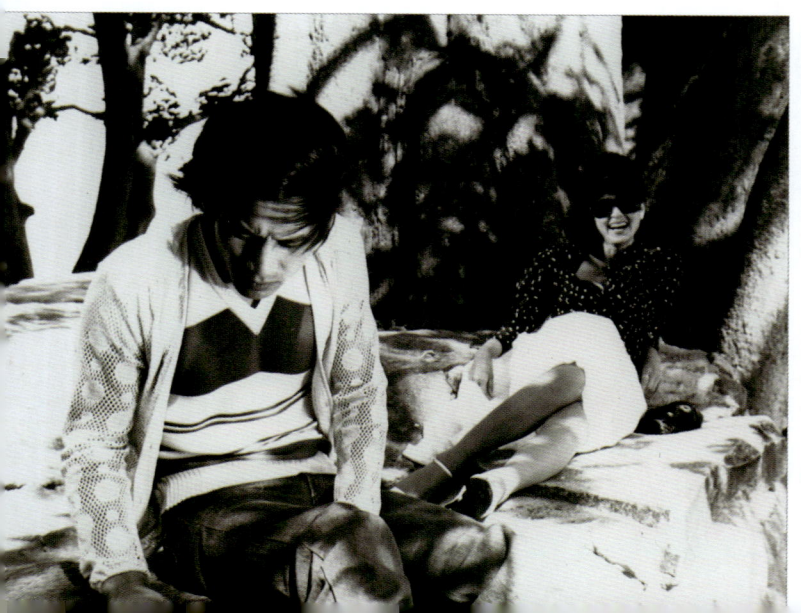

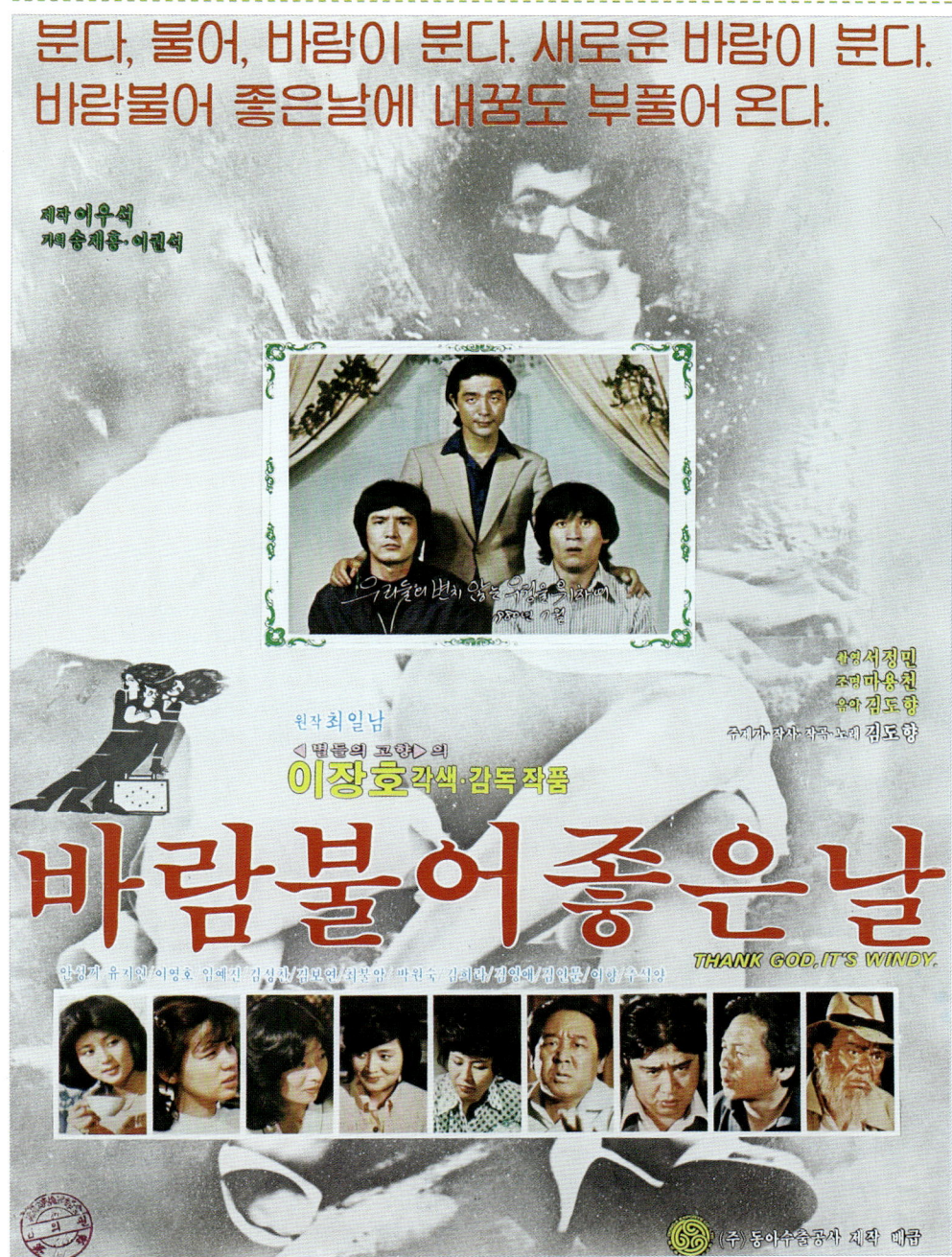

분다, 불어, 바람이 분다. 새로운 바람이 분다.
바람불어 좋은날에 내꿈도 부풀어 온다.

바람불어좋은날

THANK GOD, IT'S WINDY.

사람의 아들 Son of a Man(1980)

(합동영화) 110분 극영화 연소자불가/
종교

감독 : 유현목
제작 : 곽정환
각본 : 홍파(원작 이문열)
개봉 : 1981년 1월 1일 서울극장(서울)
관람인원 : 6686명(서울)
출연 : 하명중, 이순재, 주선태, 오수
미, 오미연, 김윤미, 황정순, 도
금봉, 박암, 김석훈, 최불암 외
기획 : 이지룡
촬영 : 정일성
음악 : 한상기
조명 : 고해진
편집 : 이경자
미술 : 도용우
소품 : 배영춘
분장 : 장인한
사운드 : 이재웅, 김경일
스틸 : 박희재
수상 : 제19회 대종상영화제 최우수작
품상(합동영화), 제17회 백상예
술대상 기술상(음악 : 한상기),
제1회 영평상 작품상(곽정환) ·
감독상(유현목) · 촬영상(정일
성) · 기술상(조명 : 고해진)

대구 근교의 경찰서 형사계, 요란한 전화벨 소리와 함께 누군가가 전날 일어난 살인 사건에 대해 제보한다. 사건 현장인 영지면 기도원 부근에서 민요섭의 시체가 발견되고 이 사건을 담당한 남경호 경사는 요섭의 친구 황 전도사를 만나 사건의 실마리를 풀어나간다.

신학교를 중퇴한 요섭은 실천신학과 해방신학에 심취한 종교인으로 평소 고통스럽게 살아가는 민중들에게 구원을 베풀지 못하고 침묵하는 신에게 회의를 갖고 있었다. 그는 노동판에서 알게 된 조동팔을 자신의 제자로 삼고 현세의 문제를 해결하기 위해 불구자, 고아, 걸인, 창녀들을 모아 천막 학교를 세우고 교리를 가르치는 등 본격적으로 종교 운동을 벌인다.

여기서 요섭의 죽음과 관련해 남 경사는 요섭을 추종했던 조동팔이라는 사내를 찾아나선다. 또 동팔의 아버지를 만나 동팔이가 요섭을 신봉하게 된 과정과 요섭이 전통적인 기독교 신을 부정하고 그들만의 합리적인 새로운 신을 찾으려 했던 사실도 알아낸다.

긴 방황 끝에 요섭은 그가 부정하고 떠났던 유일신 여호와에게로 돌아오면서 동팔에게도 그들이 창조한 신은 허상이며 진정한 영적 충족감을 주는 기독교로 귀의하고 권유하자 배신과 분노를 느낀 동팔이 요섭을 유인하여 그를 찔러 죽인 것이다. 엄청난 범죄의 윤곽을 파악한 형사 일행이 동팔의 천막으로 달려갔을 때 동팔은 이미 농약을 마신 후였다. 동팔은 자기의 죽음은 결코 패배가 아니며 민요섭이 세운 이런 천막보다 더 거대하고 새로운 신전을 세우겠노라고 절규하며 숨을 거둔다.

● 원작 이문열. 소설 『사람의 아들』은 1970년대 초반에 쓰기 시작해서 1973년에 중편으로 완성됐고 이후 장편으로 개작해 출간됐다. 작가의 첫 번째 저서로 출간 당시부터 화제를 일으키며 초판(1979), 2판(1987), 3판(1993)을 거쳐 4판 개정판을 거치는 등 작가의 문학적 궤적을 함께 하고 있다. 1979년 오늘의 작가상을 수상했다.

영화 '사람의 아들'은 정통적인 기독교 신을 부정하고 구도자의 길을 찾아 나선 해방 신학 추종자의 고행과 파국을 그리고 있다. 이 영화는 안개 낀 호숫가에서 칼에 찔린 시체가 발견되자 살인 사건을 추적하는 경찰의 관점에서 진행된다. 그리고 고통을 안고 살아가는 민중들에게 어떤 구원도 베풀지 않는 신에 대한 회의와 원망, 타락한 세상에서 방황하다 신앙의 길로 귀의하는 순간 주인공이 살해되는 것으로 끝난다.

이는 감독이 지닌 종교관과 구도의 문제로서 유현목은 순수한 리얼리즘적 성향에 경도되기 전에 영상적 표현을 위한 좀더 다양한 심리적 묘사를 영화에서 시도하고 있다.(경향 98. 11. 2)

연극 「사람의 아들」은 윤호진 연출로 1980년 극단 실험극장 창단 20주년 기념 공연으로 무대에 올려졌다. 연극은 고통 받는 민중들에 대해 여호와 하나님은 아무런 구원의 손길도 주지 않는다는 회의에 빠진 신앙인이 스스로 몸을 던져 고난을 선택함으로써 행동신앙을 실천한다는 내용이다. 구원과 용서의 신 앞에 다소곳이 무릎 꿇기보다 빈곤과 고통이 넘치는 세상 이야기를 한번쯤 외쳐보는 젊은 몸부림이 무대에서 펼쳐진다. 표면적으로는 신흥종교 교주와 신도 사이의 대립을 그리고 있지만 반성적서 서사극 형식으로 전개된 이 연극은 "이런 주제와 연극 형태들은 한국연극의 세계성으로 내세워도 손색이 없다"(이상일, 동아 80. 4)는 평을 받았다.

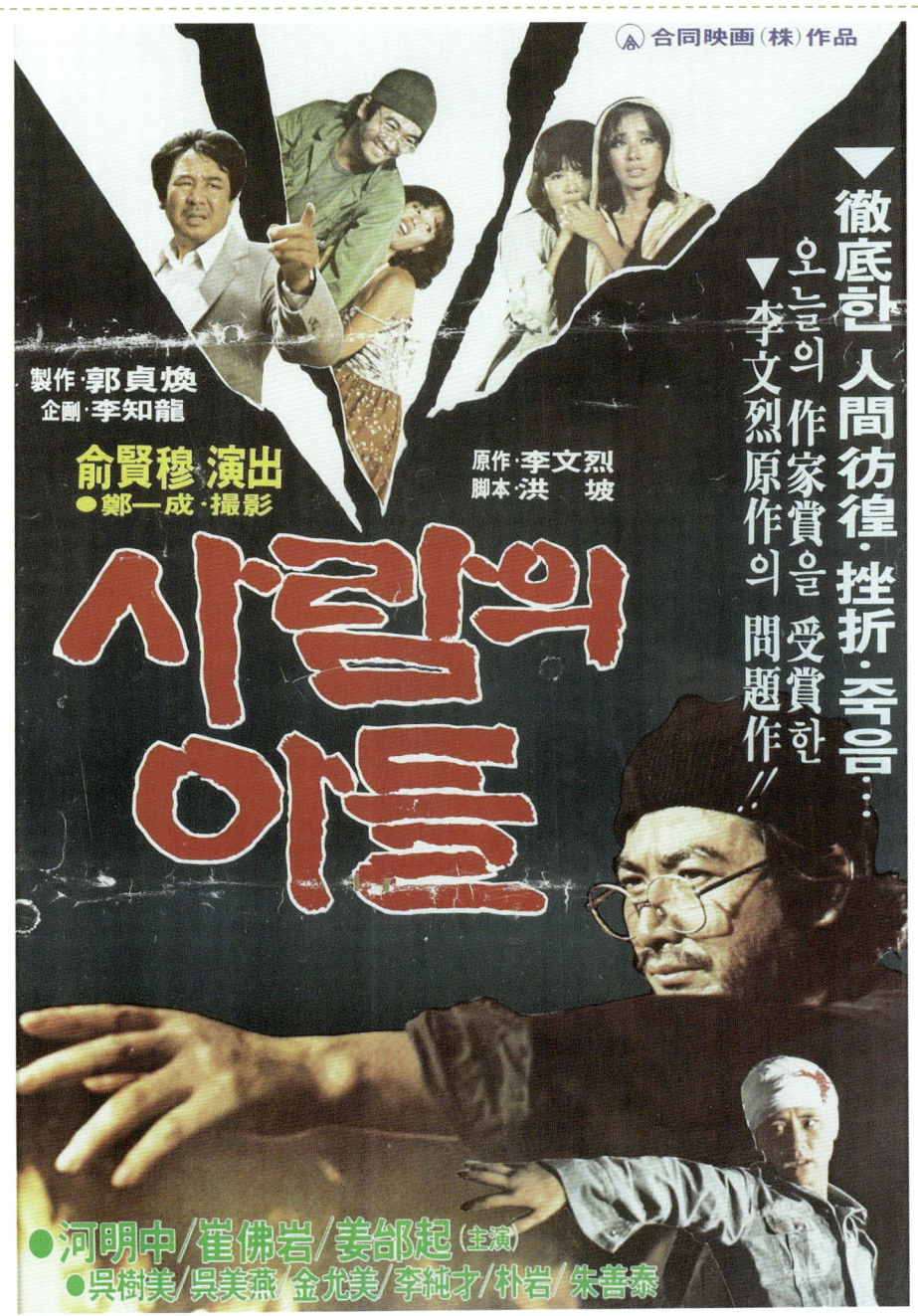

그 사랑 한(恨)이 되어 Love Becomes Bitterness(1980)

(태창필름) 97분 극영화 중학생가/멜로

감독 : 이형표
제작 : 김태수
각본 : 김강윤
개봉 : 1981년 2월 5일 중앙(서울), 부
　　　영극장(부산)
관람인원 : 7만 1209명(서울)
출연 : 조용필, 유지인, 이한나, 서정
　　　일 외
기획 : 임원식
촬영 : 전조명
음악 : 조용필
조명 : 손달호
편집 : 현동춘
미술 : 노인택
사운드 : 이재웅, 영진공
스틸 : 양기주
수상 : 제17회 백상예술대상 '그 사랑
　　　한이 되어' 주제가상(촛불 조용
　　　필 노래)

용필은 친구 동협과 함께 악단 화니킷트를 구성하고 우연히 만난 혜련이 화니킷트의 스폰서가 된다. 혜련과 용필은 서로 사랑하는 사이다. 갖은 시련과 고난 끝에 용필은 음악성을 인정받아 다른 가수의 레코드에 노래 한 곡을 취입한다. 한편 혜련의 심장병은 날로 악화된다. 그럼에도 혜련은 용필의 노래가 취입된 레코드판을 다량으로 구입해서 다방 DJ들에게 나누어주며 음악을 들려달라고 부탁한다. 용필은 가수로서 정상에 오르고 혜련은 자취를 감춘다. 그러나 용필의 리사이틀이 열리던 날 혜련은 병든 몸을 끌고 극장으로 달려온다.

● 국민 가수 조용필의 유일한 영화 출연작. 1968년 가수 데뷔한 이래 록과 트로트, 발라드와 민요에 이르기까지 다양한 장르의 음악을 자신의 스타일로 승화시켜온 조용필은 '위대한 작은 거인', '민족혼을 부르는 가수', '80년대의 가수왕', '국민 가수' 등의 수식어와 함께 한국 대중음악을 주도하는 대표 가수의 한 사람이다.

1976년 '돌아와요 부산항'이 국민가요로 떠오른 후 그는 대마초 사건에 연루되어 구속되었고 1979년 해금되면서 '창밖의 여자'로 다시 정상을 향해 내닫기 시작했다. 공연마다 대성황을 이루며 가요계의 슈퍼스타로 떠오른 그에게 영화계가 영화 출연교섭을 해온 것은 너무나 당연한 일이다. 태창영화사가 제시한 개런티는 당시 최고액인 2000만 원 선. 스타급 인기 여배우들이 그 해 기록을 경신한 액수가 1000만 원 대였고 코미디언 이주일이 1300만 원으로 화제가 된 직후였다.

노래 외에는 한눈 팔지 않기로 유명한 '가수왕' 조용필은 이 같은 유혹을 뿌리치지 못하고 이형표 연출, 김강윤 각본의 '그 사랑 한이 되어' 영화에 주인공으로 출연, 영화출연을 둘러싼 수많은 에피소드에서 음악인으로서 자존심을 지킨 조용필의 면모를 읽을 수 있다.

개런티 2000만 원으로 영화계에 놀라움을 안겨주었던 조용필은 1980년 11월 5일 경기도 동두천에서 크랭크인 된 촬영장에서 유지인과의 키스신을 거부하여 또 한차례 화제를 불러일으켰다. 시나리오에는 한 번의 베드신과 두 번의 키스신이 나오는데 조용필은 자신의 팬들이 여고생 층임을 감안하여 러브신 촬영을 거부했다. 영화에 처음 출연한 조용필의 분장은 MBC 탤런트 박근형이 맡았고 경기도 벽제에서 유지인과 함께 촬영 도중 그 전날의 밤샘 탓으로 졸도한 사건과 영화의 전 과정을 18일 만에 끝낸 것도 기록으로 남아 있다.

한편 조용필은 키스신 거부와는 별도로 영화 데뷔에 대한 각별한 집념과 애착을 보였다. 우선 출연료 2000만 원 중 4분의 1에 해당하는 500만 원을 의상비에 지출하고 매일 거울 앞에서 웃고 화내고 우는 연기 연습을 게을리 하지 않았다. 영화를 통해 발표할 신곡을 다섯 곡이나 쓰고 이미 히트한 '창밖의 여자', '단발머리', '돌아와요 부산항에'를 새로운 스타일로 편곡해서 그해 백상예술대상에서 주제가상을 받았다.

이 영화는 1981년 2월 5일 구정 특선 기념으로 서울 중앙극장에서 개봉됐으나 시사회에서 미리 영화를 본 조용필은 "다시는 영화를 하지 않겠다"면서 이후 영화와 인연을 끊었다. 그럼에도 영화 시사회 평은 의외로 좋았다. 키스신 거부로 화를 냈던 감독도 "그의 연기능력은 천부적"이라는 찬사를 보냈고 태창영화사 임원식 대표 역시 "조용필의 연기는 노래 실력 못지않다. 그런데다가 열의가 대단해 연기자로서도 대성할 수 있다. 다음 영화는 가수 역이 아닌 본격 청춘 애정물에 출연시키고 싶다"고 했다.

영화는 어느 정도 흥행에 성공했다. 흥행과 비평에서 성공하자 각 영화사들이 다투어 출연제의를 해왔다. 김응천은 그가 부른 '촛불'을 주제로 한 영화를 만들자고 했고 다른 영화사에서는 '단발머리'를 교섭해왔다. 그러나 조용필은 모든 것을 거절했다.

그 대신 그는 1981년 KBS 방송가요대상 최우수 남자가수상, 골든 디스크상, 전국 PD 선정 최우수 가수상, 주제가 작곡상(촛불), MBC 10대 가수 가요제 가수왕상ㆍ최고 인기가요상ㆍ작곡상(고추잠자리) 등 3관왕을 휩쓸고 당시 TBC TV방송 가요대상에서도 최우수 남자가수상ㆍ최우수가수상ㆍ주제가 작곡상 등 3관왕과 서울국제가요제에서 '창밖의 여자'로 금상 수상 등 '가수왕'의 자리를 지키면서 가수의 프라이드를 지켰다.

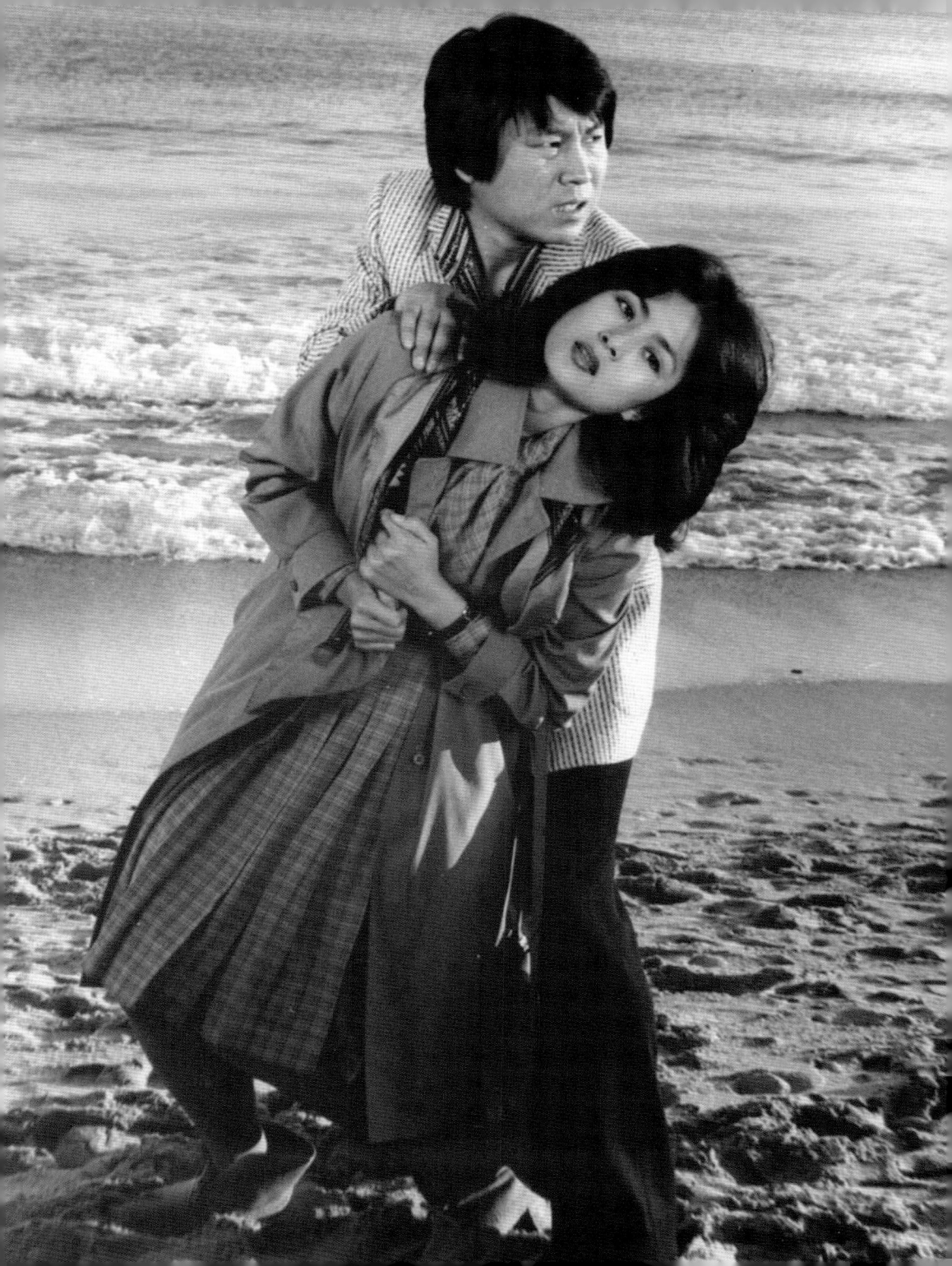

뻐꾸기도 밤에 우는가 Does Cuckoo Cry at Night(1980)

(우진필름) 120분 극영화 연소자불가/
드라마

감독 : 정진우
제작 : 정진우
각색 : 김강윤(원작 정비석)
개봉 : 1981년 3월 1일 스카라극장
　　　 (서울)
관람인원 : 11만 2241명(서울)
수출현황 : 일본, 대만(83)
출연 : 이대근, 정윤희, 윤양하, 최봉,
　　　 김신재, 최준, 이일웅, 이예성,
　　　 박예숙, 김혜인 외
기획 : 한상호, 유영무
촬영 : 정운교
음악 : 한상기
조명 : 이민부
편집 : 김현
미술 : 도용우
소품 : 이태우
의상 : 이혜윤
분장 : 홍동은
동시녹음 : 양후보
사운드 : 김병수, 김병길
조감독 : 장성환
수상 : 제19회 대종상영화제 우수작품
　　　 상(우진필름)·남우주연상(이대
　　　 근)·여우주연상(정윤희)·여우
　　　 조연상(김신재)·촬영상(정운
　　　 교)·음악상(한상기), 미술상(도
　　　 용우)·녹음상(김병수)·조명상
　　　 (이민부), 제1회 영평상 음악상
　　　 (한상기)·심사위원특별상

남사당패의 딸 순이(정윤희)는 숯을 구워 파는 현보(이대근)와 그 어머니 한씨(김신재)의 손에 키워진 후 현보와 결혼한 몸이다. 순이에게 흑심을 품고 있는 산림 감독원 김 주사(최봉)는 현보를 산림법 위반으로 잡아가두고 순이를 겁탈하려 든다. 때마침 찾아온 현보의 친구 칠성(윤양하)의 도움으로 위기를 모면한 순이는 숯막으로 돌아와 남편 현보가 출감하기를 기다린다. 그러나 순이를 찾아낸 김 주사가 그녀 몸에 손을 대자 순이는 자신의 행복을 짓밟으려는 김 주사를 끌어안고 타오르는 숯막의 불길로 뛰어든다. 석방되어 돌아온 현보는 숯막의 잿더미 속에서 그가 순이에게 사다준 옥가락지를 찾아낸다.

● 정비석 소설 『성황당』을 원작으로 한 영화. 전작 '심봤다'(1979)가 자연에 대비하여 인간의 물욕을 그렸다면 이 영화는 자연을 오염시키는 추악한 인간 욕정을 강조하고 있다. 원작에서는 순이가 다시 숯막으로 돌아오는 것으로 결말짓지만 영화는 좀더 반전을 거듭하여 죽음으로 대항하는 비극적 결말을 보인다. 1980년에 제작되어 1981년에 개봉, 11만 2241명을 동원하여, 그해 한국영화 흥행 순위 7위를 기록했다.
　　이 소설은 예전에 1939년 방한준이 원제 그대로 '성황당'이란 제목으로 당시 서울 약초극장 (현 스카라)에서 개봉, 방한준의 영화에서는 주인공 순이가 '백고무신을 신는 것이 소원'으로 나오고 이 영화에서는 옥가락지가 등장한다.

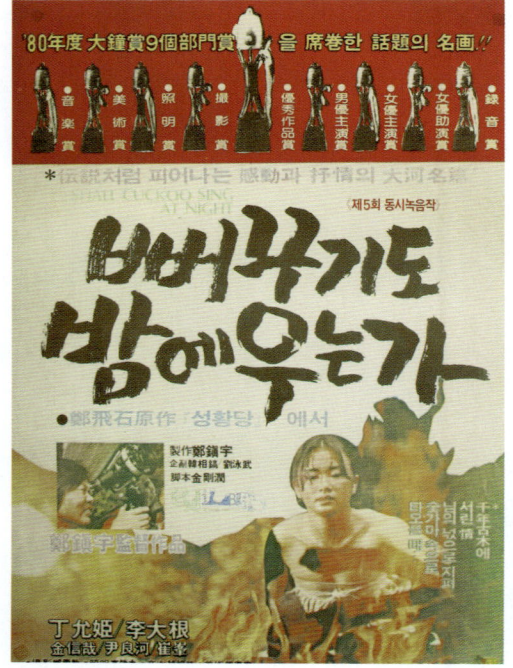

짝코 Mismatched Nose(1980)

전투경찰 송기열(최윤석)은 짝코로 악명이 높은 잔류 공비 백공산(김희라)을 압송하다가 자칫 한순간의 실수로 백공산을 놓쳐버린다. 이 일로 송기열은 경찰에서 쫓겨나고 그때부터 짝코를 체포해서 자신의 무죄를 인정받아야 한다는 강박관념에 쫓긴다. 긴 세월을 쫓고 쫓기던 추적 끝에 두 사람은 30년 만에 행려병자가 되어 서울 근교의 갱생원에서 만난다. 질병으로 죽음이 눈앞에 닥치자 송기열은 짝코를 고향에 데려가서 자신의 오명을 벗고 싶어한다. 갱생원을 탈출한 둘은 거리에서도 옥신각신 싸움을 벌이지만 폐물처럼 삭아버린 두 늙은이의 괴상한 언쟁을 젊은 순경들은 알아차리지 못한다. 허탈해진 송기열은 어쨌든 짝코를 데리고 고향으로 가는 열차에 올라탄다. 열차 속에서 짝코는 송기열에 어깨에 기대어 숨을 거둔다.

● 임권택의 72번째 연출작. 소설가 김중희의 불과 두 쪽자리 장편(掌篇) 소설을 영화화한 것이다. 현대사를 정면으로 다룬 작품이자 임권택의 야심작으로 이념의 대결이 아닌, 화해를 모색하는 인본주의를 지향하고 있다. 호송 중 달아난 빨치산 짝코와 그를 놓쳐 낭패를 본 전투경찰의 쫓고 쫓기는 30년 세월이 플래시백 기법으로 제시된다. 열 개에 가까운 플래시백 시퀀스를 두 사람의 기억과 두 사람의 세월이 하나의 서사로 어우러지도록 조율한 연출 역량이 돋보이며 더욱 재미있는 것은 당대 빨치산을 온정적으로 그리고 있음에도 이 영화가 우수 반공영화상을 받았다는 사실이다.

원수처럼 서로 쫓고 쫓기던 두 인물이 인생의 만년에서 서로 이해하고 마침내 자신을 쫓던 송기열의 어깨에 기대어 죽는 짝코의 마지막 장면은 민족의 이름으로 서로에게 화해를 권하는 감독의 메시지이기도 하다. 그러나 상영판에서는 짝코와 송기열이 갱생원에서 탈출 직전 텔레비전 6·25 특집 기념방송에서 전쟁 평론가들이 좌담하는 프로를 보고 있는 장면, 결국은 6·25가 열강들의 대리전쟁 격이었다는 내용 등 감독의 주제의식이 담긴 장면들은 모두 잘린 채 개봉되었다. 한국영상자료원 '한국영화 100선' 선정.

(삼영필름) 110분 극영화 연소자불가/드라마

감독: 임권택
제작: 강대진
각본: 송길한
개봉: 1983년 10월 23일 피카디리극장(서울)
관람인원: 3177(서울)
출연: 김희라, 최윤석, 방희, 김정란, 박애나, 이수한, 이해룡, 조재성, 최남현, 이예민 외
기획: 문현욱, 송길한
촬영: 구중모
음악: 김영동
조명: 조기남
편집: 김희수
미술: 김성배
소품: 이태우
의상: 이해윤
분장: 김용학
스틸: 박석재
사운드: 이영길, 손효신
특수효과: 이문걸
수상: 제19회 대종상영화제 우수 반공영화상(삼영필름)·각색상(송길한)

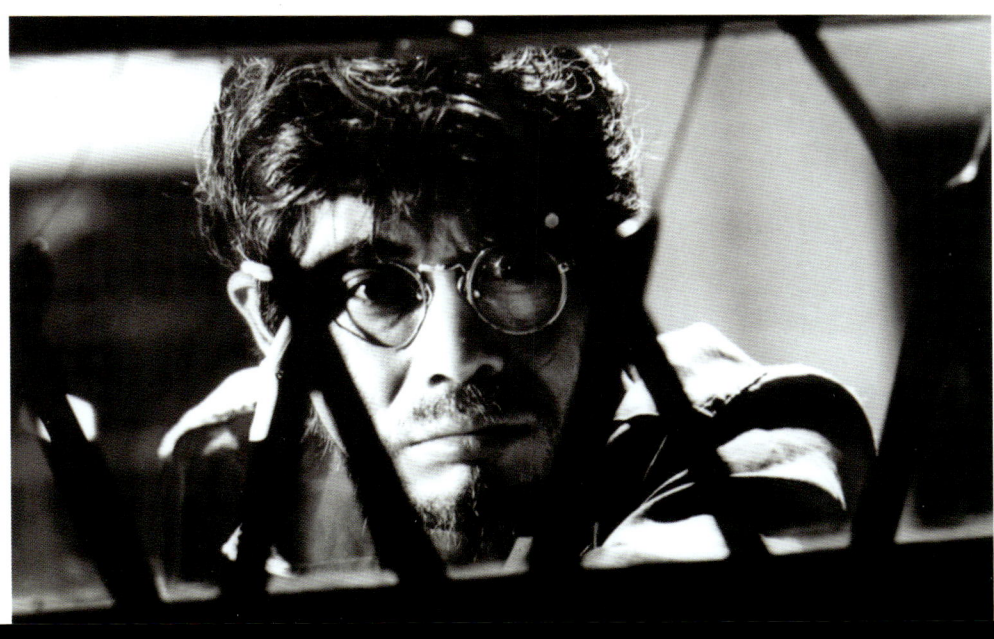

피막 避幕, The Hut(1980)

(세경영화) 93분 극영화 연소자불가/
공포

감독 : 이두용
제작 : 김화식
각본 : 윤삼육
개봉 : 1981년 6월 13일 단성사(서울)
관람인원 : 3만 5940명(서울)
출연 : 유지인, 남궁원, 황정순, 최성
호, 김윤경, 현길수, 태일, 전
숙, 방희정, 서정아, 최성관, 나
정옥, 주일몽, 나소운, 양춘, 국
정숙, 김기범, 박광진, 신동욱,
이백, 김경란, 정미경 외
기획 : 김명식, 윤상희
촬영 : 손현채
음악 : 김희갑
조명 : 차정남
편집 : 이경자
미술 : 김유준
소품 : 우종삼
의상 : 이해윤
분장 : 홍동운
사운드 : 김성찬, 손효신
스틸 : 전창준
조감독 : 조명화
수상 : 제20회 대종상영화제 남우주
연상(남궁원), 제17회 백상예술
대상 감독상(이두용), 제2회 영
평상 기술상(편집: 이경자) · 각
본상(윤삼육), 제38회 베니스국
제영화제 특별상, 제43회 베니
스국제영화제 본선 진출 특별
상(ISDAP), 3대륙 국제영화제
초청자격(각본 윤삼육), 제3회
시나리오 대상(윤삼육)

황해도 수리골의 명문 강 진사(최성호) 댁의 장손이 원인 모를 병으로 사경을 헤매자 노마님(황정순)은 영험하기로 유명한 무당 옥화(유지인)를 불러들여 장손의 쾌유를 비는 굿판을 벌인다. 신들린 옥화는 사방을 헤매며 병의 원인을 캐내다가 피막지기 삼돌의 원혼이 깃든 호리병 하나를 찾아낸다.

20여 년 전 이 집안에는 청상과부인 며느리 이씨(김윤경)가 허벅지에 화농이 생기고 환부가 악화되자 피막으로 보내진 사연이 있다. '피막'은 사람이 죽기 전에 잠시 쉬어가는 집으로 노마님은 며느리의 마지막 한이라도 풀어주고자 피막지기 삼돌이(남궁원)를 피막에 합방시킨다. 삼돌의 정성으로 이씨는 기사회생하고 두 사람 사이에는 정분이 생겨 임신까지 하게 된다. 그러나 강 진사는 주변에 이 사실이 알려질 것을 우려하여 삼돌과 며느리를 남몰래 죽이고 삼돌의 원혼을 호리병 속에 넣어 가둔 후 피막 소나무 아래 묻어버린 것이다. 이 사실을 알고 있는 삼돌의 딸 옥화가 무당이 되어 아버지의 복수하기 위해 강 진사를 죽이려다 실패하자 피막에 불을 지르고 자살한다.

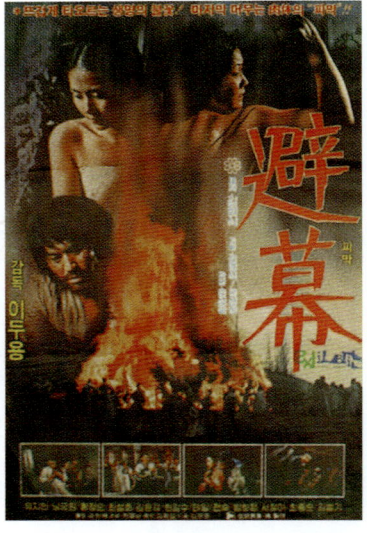

● 이두용 연출작. 피막이라는 독특한 소재를 토속적 샤머니즘으로 풀어낸 대표작 중 하나. 영화 내용에 청상과부가 잠 못 이루는 밤에 욕망을 억제하기 위해 은장도로 허벅지를 찌른다던가, 옥화가 자신을 탐하는 남자들을 거부하지 않고 받아들이는 장면, 죽은 지 20년이 넘는 삼돌의 원혼을 호리병 속에서 불러내거나 진사의 아들을 살리기 위한 굿판, 구렁이와 집안에 있는 원귀를 쫓아내는 장면 등으로 한국적 샤머니즘과 에로티시즘을 표현하고 있다.

'굿'과 '무당'이라는 토속적 소재와 복수심에 불타는 여인의 한을 사극 미스터리에 적용한 예로 한국영화가 베니스국제영화제에서 평가받은 최초의 작품이기도 하다. 감독 6인에게 수여되는 특별상인 ISDAP(Intergrated Social Development Assistance Program)를 수상, 외국 언론은 다음과 같이 보도했다.

"죽음에의 예식: 사회적 종교적 인습에 순응치 않은 한 청상과부와 그녀의 정부(피막지기)의 이야기로 그 가문에 악귀가 찾아들자 죽은 피막지기의 딸이 나타나 아버지의 원수를 갚는다. 주술적 예식, 색채에 대한 예민한 감각으로 훌륭한 영상들을 구성하는데 성공하고 있으며 연기자들의 이동과 모든 구성이 세밀하고 엄격하다"(《카이에 뒤 시네마》, 1981년 11월, 《게스트-프랑스》, 1981년 12월 8일)

유지인, 황정순, 김윤경, 남궁원 등 훌륭한 배우들을 적절히 배치했으며 특히 유지인이 빛나는 외모를 보여준다. 남궁원이 돌쇠형 연기를 보인 것도 특이하다.

KOREAN MOTION PICTURE
PROMOTION CORPORATION
영화진흥공사

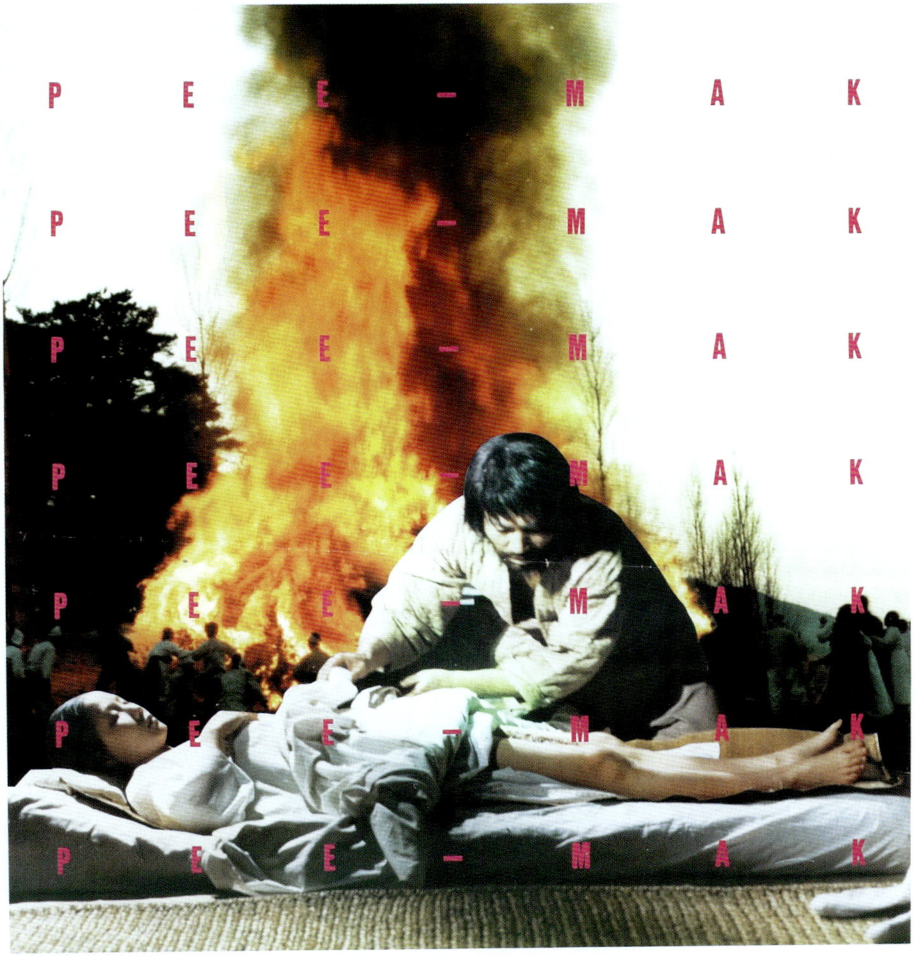

P E E - M A K
P E E - M A K
P E E - M A K
P E E - M A K
P E E - M A K
P E E - M A K
P E E - M A K

PEE-MAK
피막

**Director: Lee Doo-yong Photographer: Sohn Hyun-chae Cast: Yoo Ji-in, Namkoong Won
Production Co.: Se Kyeong Enterprise**

색깔 있는 여자 Colorful Woman(1980)

(화풍흥업) 95분 극영화 연소자불가/
멜로 신파

감독 : 김성수(金性琇)
제작 : 정창화
각본 : 이문웅, 강대하(원작 이광용)
개봉 : 1981년 6월 27일 스카라극장
　　　　(서울)
관람인원 : 9만 388명(서울)
수출현황 : 중국(82)
출연 : 장미희, 이영하, 원미경, 송승
　　　　환, 박원숙, 박기수, 홍윤정, 정
　　　　희정, 김승밤 외
기획 : 임원식　　**촬영** : 전조명
음악 : 정민섭　　**조명** : 손한수
편집 : 김희수　　**소품** : 이원우
사운드 : 손인호, 손효신
스틸 : 이태성
현상 : 한국천연색
조감독 : 유지형

고아원 푸른 언덕의 원장 윤시내(장미희)는 주말이면 고급 콜걸인 소희
로 변신하는 이중생활을 하고 있다. 어느 날 고아원에 영농 교사 한백
민(이영하)이라는 청년이 채용된다. 백민은 첫눈에 시내에게 애정을 품
지만 시내는 그를 받아들이지 않는다. 그때 아이들을 지도하던 정순녀
(원미경)가 불량배들에게 위기에 처하자 백민은 그녀를 구하려다가 칼
에 찔려 입원한다. 경제적으로 어려운 시내는 백민의 사랑 앞에서 동요
하기 시작하고 순녀는 흥신소에 의뢰하여 시내의 이중생활의 결점을
알아낸 후 백민에게 이 사실을 폭로한다. 백민은 아이들을 위한 행위였
음을 알고 시내를 포용한다.

● 영화 '돌아와요 부산항' (1977)으로 감독 데뷔한 김성수(1938년생)의 두 번째 영화. 장미희와
원미경의 연기 대결이 볼만하다. 1980년에 제작되어 1981년 6월에 개봉된 후 관객 약 9만 명
동원으로 1981년 한국영화 흥행 순위 8위를 기록했다. 김성수는 이후 성에 대한 인간의 탐닉을
다룬 영화들을 주로 연출했다.

사랑하는 사람아 The One I Love(1981)

(한진흥업) 103분 극영화 중학생가/멜로

감독 : 장일호
제작 : 한갑진
각본 : 곽인행
개봉 : 1981년 2월 27일 국제극장
　　　　(서울)
관람인원 : 3만 9399명(서울)
수출현황 : 중국(82)
출연 : 정윤희, 한진희, 김민희, 김진
　　　　규, 사미자, 문정숙, 박암, 조재
　　　　성, 이인옥 외
기획 : 장일호, 이현우
촬영 : 정광석
음악 : 정민섭
조명 : 김강일
편집 : 이경자
소품 : 권박
사운드 : 이재웅, 김경일
스틸 : 김규홍
조감독 : 조금환, 장영일
수상 : 제17회 백상예술대상 연기상
　　　　(정윤희) · 신인연기상(아역:김
　　　　민희)

간호사 서영주(정윤희)는 강세
준과 사랑하는 사이다. 그러나
과거 영주 어머니가 기지촌 양
공주였던 사실이 밝혀지자 세
준은 결혼을 취소한다. 이에
충격을 받은 영주 어머니는 자
신의 목숨을 끊는 것으로 딸에
대한 용서를 빈다. 파혼과 어
머니의 죽음을 동시에 겪은 영
주는 고통 속에서 세준의 아이
를 낳는다. 한편 새로 결혼한
세준은 아내의 거듭되는 자연
유산으로 아이를 가질 수 없게
되자 세준의 부모는 영주를 찾

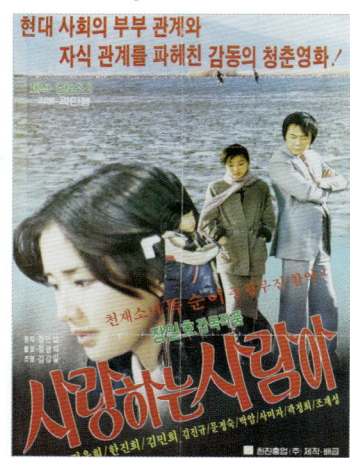

아 아이를 요구한다. 영주는 당당히 거절하지만 아들의 장래를 위해 세
준에게 보내기로 결심한다.

● 정윤희가 주연을 맡아 열연한 이 영화는 시사회 때부터 관객들의 눈물이 홍수를 이루었으나
기대와는 달리 평작에 머물렀다. 장일호는 이후 '사랑하는 사람아 (속)' (1983), '사랑하는 사람
아 제3부' (1984)를 연출했으나 계속 흥행에서 실패한 후 이 시리즈는 막을 내렸다.

반금련 潘金蓮, Ban Geum-ryun(1981)

서문경은 호색한이다. 본처를 비롯해 열 명이나 되는 소실을 두고도 마음에 드는 여자는 반드시 자신의 것으로 만들어버리는 전형적인 바람둥이다. 그러나 뛰어난 용모와 넘치는 재산, 건강과 재주 등 모든 것을 갖춘 그는 아무 여자에게나 개념 없이 달려들진 않는다. 예를 들어 현감의 도움으로 남의 집안을 박살내고 그 아내를 첩으로 삼는 식이다. 그중에는 병아도 있고 반금련도 있다. 서문경의 소실이 된 반금련은 질투에 눈이 어두워 소실 춘매와 교아의 눈을 멀게 하고 숨어 있던 병아를 찾아내어 서문경에게 데려온다. 그러나 막상 병아가 서문경의 총애로 아기를 낳게 되자 반금련은 병아의 일족을 유황으로 타죽게 한다. 과다한 사랑의 미약 투여로 서문경이 사경을 헤매는 것을 본 반금련은 서문경과 하나가 되기 위해 죽음으로 사랑을 불태운다. 묘당은 벽돌로 봉쇄된다.

(동아수출공사) 90분 극영화 연소자불가/에로 스릴러

감독 : 김기영
제작 : 이우석
각본 : 여수종
개봉 : 1981년 3월 13일 국도극장 (서울)
관람인원 : 6만 6828명(서울)
출연 : 이화시, 신성일, 박춘덕, 박정자, 남능미, 장미자, 김영애, 염복순, 조재성, 이치우 외
기획 : 송재홍, 이권석
촬영 : 정일성
음악 : 한진욱
조명 : 서병수
편집 : 현동춘
미술 : 이명수
소품 : 우종삼
사운드 : 손효신

● 중국 최고의 음서(淫書)인 「금병매(金瓶梅)」를 재해석한 통속사극. 1970년대 중반 일간스포츠에 연재되던 고우영의 만화 「수호지」가 화제가 되면서 만화 초반에 등장하는 서문경과 반금련의 사연 부분을 영화화한 것이다. 본래 제목은 '금병매'였으나 중국 소설 제목을 그대로 가져오기보다 '반금련'으로 고친 것이다.

내용은 일부다처제의 중국을 배경 삼아 방탕아 서문경과 그 가정의 음탕하고 문란한 축첩제도, 여인들의 극단적인 반목과 질시, 당시의 부패한 생활상과 진한 성애 표현 등 인간의 감춰진 본능을 대담하게 묘사하고 있다. 영화가 시작되면 "한(漢)족이 지배하던 송나라가 망하고 몽고 오랑캐의 원나라가 들어선다. 그리고 그 원나라가 축첩제를 허용했다"는 내레이션이 나온다. 또한 영화의 결말에서 서문경은 한족 남자와 마작에서 지자 모든 재산과 처첩을 그에게 넘겨준다. 서문경의 관이 지하묘당에 안치되자 반금련이 그와 함께 묻힐 열녀로 선택되고 묘당은 벽돌로 봉쇄된다. 그리고 시간(屍姦) 장면이 등장한다. 붉은 강물이 용암처럼 화면을 뒤덮거나 남성의 상징으로 촛불을 보여주면서 영화는 꿈의 한 장면처럼 몽환적으로 끝난다. 특히 마지막 장면의 유체이탈을 보여주는 연출력은 김기영만의 상상력이 마음껏 확대되는 순간이기도 하다. 이른바 김기영 특유의 미장센과 컬러의 색감, 독특한 영상미가 빛난다.

당시 동아수출공사가 거액을 들여 준비해온 이 작품은 1974년, 김포 오정리에 지은 세트에서 촬영하는 동안 검열당국과 오랜 씨름을 해야 했다. 4년간에 걸쳐 진행된 방대한 프로젝트는 사전검열에서 상영불가 판정을 받고 필름은 30분 길이가 잘려나간 채 90분으로 줄어들었다. 영화는 무려 6년간이나 창고에 보관돼 있다가 1981년에야 겨우 극장에 내걸릴 수 있었다.

주인공은 김기영의 페르소나그라타인 이화시. '반금련'의 개봉이 지연되는 동안 이화시는 먼저 개봉한 김기영의 '파계'(1974), '이어도'(1977), '흙'(1978) 등에 출연했으나 그의 실질적인 스크린 데뷔작은 이 '반금련'이다. 이화시(본명 이경덕)는 감독이 지어준 예명이다. 한량 서문경 역은 당대의 스타 신성일, 본처 역에는 김기영의 '이어도'에서 신들린 무당 역을 했던 박정자, 반금련의 계략에 눈이 멀게 되는 소실에는 김영애, 염복순이 나온다.

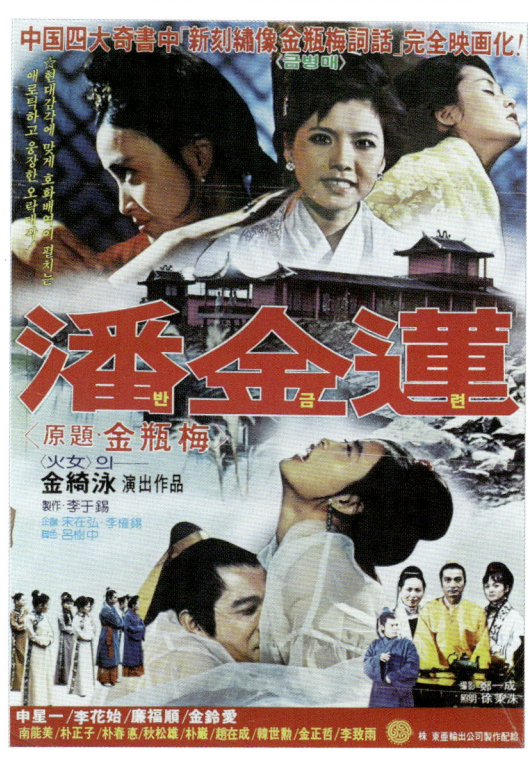

中国四大奇書中 新刻繍像金瓶梅詞話 完全映画化!

潘金蓮

〈原題·金瓶梅〉

〈火女〉의

金綺泳 演出作品

製作·李于錫

企劃·宋在弘·李權錫

聯色·呂樹中

申星一·李花始·廉福順·金鈴愛
南能美·朴正子·朴春惠·秋松雄·朴巖·趙在成·韓世勳·金正哲·李致雨

撮影監督一成
劇本·徐寀洙

㈱ 東亞輸出公司製作配給

빙점 81 (전후 완결편) Subzero Point '81(1981)

(남아진흥) 135분 극영화 중학생가/
멜로신파

감독: 고영남
제작: 서현
각본: 윤삼육(일본 미우라 아야코)
개봉: 1981년 4월 18일 명보극장
(서울)
관람인원: 17만 6624명(서울)
수출현황: 홍콩(81)
출연: 남궁원, 김영애, 원미경, 이영
하, 정한용, 한진희, 박원숙, 선
우용녀, 진유영, 오미연 외
기획: 서현
촬영: 정필시
음악: 최종혁
조명: 손한수
편집: 현동춘
소품: 차순하
사운드: 김병수, 김경일, 최경상

의학박사 신성민(남궁원)은 아내 화자(김영애)와 안과 의사 박동원(한진희)이 함께 있던 그 시각에 딸 진숙이 정신이상자에게 살해된 것을 알고 분노한다. 범인 허달은 진숙을 죽인 죄책감에 자살하고 성민은 딸을 잃은 복수심에 영아원에 맡겨진 허달의 딸 수진을 데려다 키우기로 한다. 뒤늦게 이 사실을 안 화자는 수진(원미경)을 학대하지만 성민의 아들 진영은 수진을 사랑한다. 진영은 이 때문에 고민하고 화자는 진영과 수진의 사랑을 방해하려 든다. 성민은 뒤늦게 수진을 딸로서 받아들이게 되고 진영도 부모의 싸움으로 수진이 친동생을 죽인 범인의 딸임을 알게 된다.

● 일본의 여류 작가 미우라 아야코(三浦綾子)의 대표적인 장편소설을 영화화한 작품. 기독교 사상에 입각한 인간의 원죄를 다룬 내용으로 1965년 이 소설이 첫 출판되자 독서계는 이른바 '빙점 신드롬'을 불러일으킬 정도로 인기를 끌었다. 남궁원, 김영애가 이기적인 부부로 등장했고 원미경이 청순가련한 수진 역을 맡았다. 관객 18만 명 동원으로 1982년 흥행 성적 3위.

초대받은 사람들 The Invited Ones(1981)

(동아흥행) 110분 극영화 연소자가/종교

감독: 최하원
제작: 이재훈
각본: 최하원
개봉: 1981년 10월 24일 국제극장
(서울)
관람인원: 15만 5222명(서울)
출연: 오지영, 이영하, 원미경, 박암,
남성훈, 김지영, 윤양하, 박근
형, 한소룡(우정출연) 외
촬영: 서정민　　**음악**: 최창권
조명: 김강일　　**편집**: 김창순
미술: 송백규
소품: 이원유, 윤도승
의상: 이해윤
분장: 안건호, 이동섭
스틸: 이태성
조감독: 선우완
수상: 제20회 대종상영화제 최우수
작품상(동아흥행) · 음악상(최창
권) · 미술상(송백규) · 특별상
(연기: 김지영)

1784년 천주교가 조선에 도입되자 이승훈, 정약종, 정약용 등 초기 천주교인들은 정부의 탄압을 피해 전교에 노력한다. 신유박해(辛酉迫害)로 많은 천주교인이 희생됐으나 정하상 등은 박해 중에 흩어진 교우들을 모아 교세를 계속 확장해 나간다. 이런 와중에서 항주와 정은의 사랑이 무르익는다. 둘은 부친들 사이에 정혼이 이루어진 관계지만 한 사람의 부친은 재상이 되고 다른 한 사람의 부친은 천주교도로 처형당한 탓에 결혼이 이루어지기 어려운 상황이다. 정은은 자신의 종교적 신념을 지키기 위해 사랑을 거부하지만 항주는 그들의 사랑을 포기하지 않는다. 대박해가 시작되고 수많은 신도들이 형장의 이슬로 사라지는 절박한 순간에 마침내 항주는 천주교에 귀의하여 성령을 받는다.

● 최하원 각본 · 연출의 종교물. 천주교가 이 땅에 들어온 지 150주년을 기념하는 종교영화로 조선 말엽, 천주교 신부들과 천주교를 신봉한 조선인들이 겪은 고난과 박해, 교세의 확장과 순교정신을 사실에 근거해 감동 깊게 엮고 있다. 중국에서 세례를 받고 돌아와 전교하려던 이승훈을 비롯해 남인에 속하는 권철신, 홍낙민, 이가환, 정약종 및 중국인 신부 주문모 등을 사형에 처하고 이 사실을 북경에 와 있던 주교에게 보고하려던 황사영을 참살한 사건을 다루고 있다. 한소령, 이주실, 김길호 등 배우들의 우정출연과 특별 출연이 많다. 15만 5222명 동원으로 1982년도 한국영화 흥행 순위 5위.

자유부인 自由夫人 81', Liberal Wife '81(1981)

결혼 생활 10년 차인 태연(최무룡)과 선영(윤정희) 부부는 고생 끝에 상당한 재산을 모은다. 태연은 식품회사 사장이 되어 불철주야 사업 확장에 전념하는 데 비해 선영은 그동안의 찌든 생활에서 벗어나 차츰 바깥 세상으로 눈을 돌린다. 그러다 보니 자연 동창생들과 만나게 되고 패션 디자이너인 피에르 강(한소령)과 교분을 갖는 등 외출이 잦아진다. 특히 피에르 강과 가까워지면서 그의 사업 자금을 지원하는가 하면 은밀한 정사도 나눈다. 이 사실을 알게 된 태연은 선영에게 이혼을 선언한다.

선영은 비로소 자신의 실수로 돌이킬 수 없는 과오를 저지른 죄책감에 괴로워한다. 남편이 끝내 용서하지 않고 외면하자 선영은 회한에 몸부림치다가 자살함으로써 모든 죄를 책임진다.

● 박호태의 11번째 연출작. 한형모의 '자유부인'(1956), 김화랑의 '자유부인(속)'(1957), 강대진의 '자유부인'(1969)에 이은 네 번째 리메이크 작품. 1950년대 당시 성 개방에 대한 사회적 여론을 들끓게 했던 정비석의 원작소설을 영화화한 것으로 가정의 울타리를 벗어나 새로운 생활

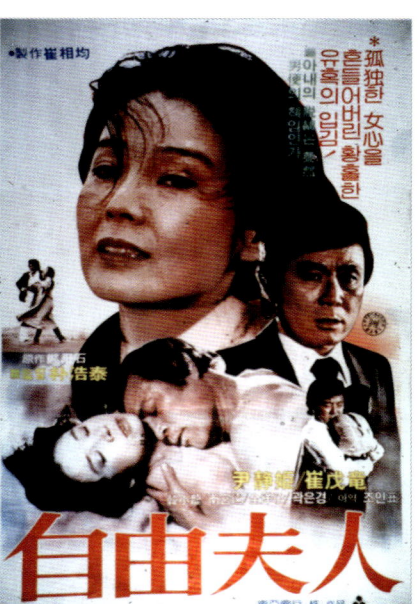

을 찾던 아내의 불륜과 이를 용서하지 못하는 남편의 이야기를 그리고 있다. 단지 남편의 직업인 대학 교수를 식품회사 사장, 자유부인과 바람나는 대학생을 패션디자이너라는 캐릭터로 바꿨다.

관객 약 30만 명 동원으로 1982년도 한국영화 흥행 순위 1위를 기록. 박호태는 '자유부인'에 이어 '자유부인 2'(1986)를 연출, 1986년 3월 8일 코리아극장(서울)에서 개봉된 '자유부인 2'는 자유부인이었던 부인이 사망 후 남편 장태연이 20대 여성과 재혼, 남편과의 세대차로 갈등을 느낀 젊은 부인이 밖으로 나돌다가 남편이 아내의 부정을 알고 충격 사망하자 뒤늦게 가정주부의 위치를 깨닫게 된다는 이야기다. 최무룡, 이수진 출연. 흥행은 실패였다.

(동아흥행) 110분 극영화 연소자불가/멜로

감독 : 박호태
제작 : 이재훈
각본 : 김문엽(원작 정비석)
개봉 : 1981년 6월 13일 국제극장(서울)
관람인원 : 28만 7929명(서울)
출연 : 윤정희, 최무룡, 남궁원, 한소룡, 조인표, 조재성, 전양자, 오경아, 김하림 외
기획 : 최상균
촬영 : 김남진
음악 : 이철혁
조명 : 김강일
편집 : 현동춘
소품 : 이원우
스틸 : 이태성
사운드 : 손인호, 손효신
조감독 : 이운철

어둠의 자식들

Children of Darkness Part 1, Young-ae the Songstress(1981)

(화천공사) 100분 극영화 미성년자관
람불가/사회물

감독 : 이장호
제작 : 박종찬
각본 : 이장호(원작 황석영)
개봉 : 1981년 8월 7일 명보극장
　　　(서울)
관람인원 : 25만 5817명(서울)
출연 : 나영희, 안성기, 김희라, 이대
　　　근, 박원숙, 기주봉 외
기획 : 황기성
촬영 : 서정민
음악 : 김영동
조명 : 김진도
편집 : 현동춘
미술 : 김유준
소품 : 박채섭
분장 : 이동섭
동시녹음 : 최원
사운드 : 최경상, 이재웅
스틸 : 노기홀
조감독 : 배창호, 신승수
수상 : 제18회 백상예술대상 신인상
　　　(나영희), 제2회 영평상 신인상
　　　(나영희)

윤락녀들이 모여 사는 뒷골목. 영애(나영희)는 가수가 되기 위해 무작정 상경을 했지만 학원장에 의해 무명 작곡가에게 떠넘겨진 후 그와 함께 살면서 딸까지 낳게 된다. 그러나 두 사람의 행복은 오래가지 못한다. 남자는 동네 불량배들과 시비 끝에 파출소로 끌려가고 아이마저 앓다가 죽자 영애는 윤락촌을 전전하게 된다. 가난 때문에 아이를 죽게 한 것이 뼛속까지 사무친 그녀는 늙은 창녀 화숙(박원숙)이 남겨놓고 간 어린 아영을 돌보며 죽은 딸에 대한 한과 그리움을 달랜다.

그러나 윤락촌에서 아이를 키우는 일은 허용되지 않는다. 아동 위원이 나타나 창녀는 아이를 양육할 수 없음을 통보한다. 아동 위원의 말에서 엄청난 편견과 오만을 느낀 영애는 아영을 훌륭하게 키우기 위해 창녀촌을 떠난다.

그때부터 생존과 사랑하는 아이의 교육을 위한 그녀의 치열한 투쟁이 시작된다. 그녀는 구멍가게를 하면서 열심히 아영을 돌보지만, 또다시 아동 위원이 나타나 "나라가 보호해야 할 아이를 밑바닥 인생인 창녀에게 맡길 수 없다"면서 아이를 빼앗고, 이웃도 "몸 파는 여자를 받아들일 수 없다"며 동네를 떠나달라고 다그친다. 아영은 시립아동보호소를 거쳐서 크리스천 가정에 입양된다. 아이를 포기하고 돌아서는 영애가 가야 할 곳은 옛날의 그곳, 불행도 행복도 아닌 삶의 현장이자 터전인 윤락촌 외에는 다른 길이 없다.

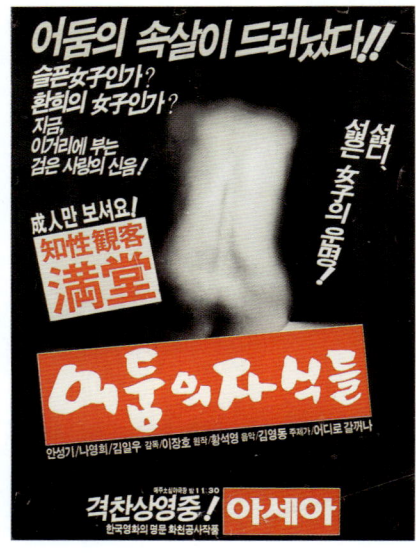

● 이장호 연출작. 이동철(본명 이철룡)의 동명 소설을 원작으로 하고 있다. 이장호 연출의 '어둠의 자식들'은 한국교회에 대한 비판적 성찰을 시도한 작품(신광철 한신대 교수)으로 영화에서 교회는 창녀들을 포용하지 못하고, 오히려 그녀들을 적대시하는 것으로 묘사되어 있다. 특히 늙은 창녀 화숙과 전도사의 다툼, 그 결과 야기된 교회의 진정성 등의 에피소드를 통해 한국교회의 비(非)민중성을 고발하고 있다.

영화에는 '제1부 카수 영애'라는 부제가 붙어 있다. '가수(카수)'로 불리는 창녀 영애의 시점에 포착된 인물 중 하나가 바로 늙은 창녀 화숙이다. 나이가 들어 더 이상 손님을 받지 못하는 창녀에게는 먹여 살려야 할 딸이 있었고 이제 그만

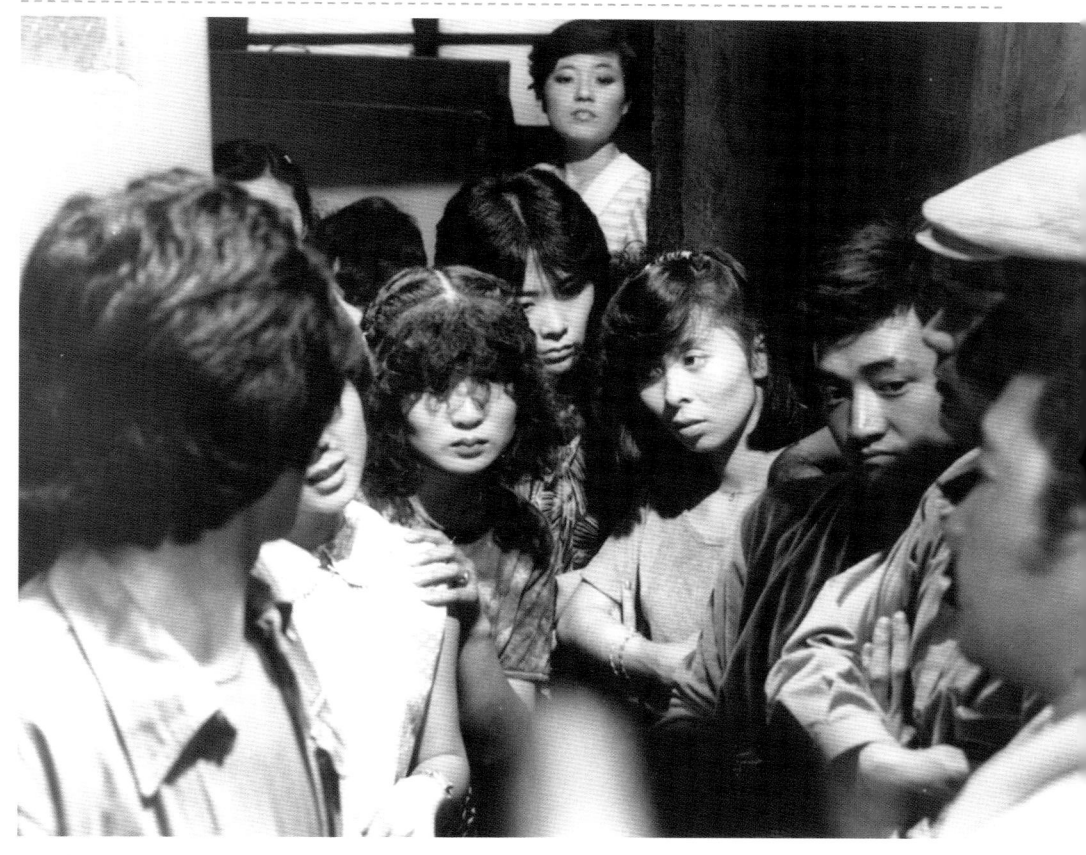

나가달라는 포주의 압박에 화숙은 "한 번만 더 기회를 달라"라고 호소한다. 그리고 삶의 터전에서 쫓겨나지 않으려고 교회 전도사에게 "예수님은 우리같이 불쌍한 여자들을 사랑하셨다죠?"라고 구원을 청해보지만 전도사는 "예수님을 그런데다 비유하지 말라. 그래서 이 골목사람들이 비난받는 것이 아니냐"고 야멸치게 외면한다. 화숙은 교회당을 찾아가서 속옷 차림으로 시위를 벌이고 경찰에 잡힌 후 수용소에 수용돼 결국 자살하기에 이른다.

음악은 김영동의 국악가요를 사용했다. 아영을 양부모에게 보내는 장면에서 깔리는 영롱한 국악기의 '어디로 갈꺼나' 연주가 신선하다. 나영희, 기주봉 스크린 데뷔작. 감독은 주인공 '영애'를 캐스팅하는 과정에서도 많은 어려움을 겪었다고 한다. 수없는 오디션을 거쳐 생김새와 연기력은 물론 '카수 영애' 답게 가창력을 갖춘 신인 방숙희를 발탁, 옛 거장인 나운규의 성을 따서 나영희라는 예명을 지어 주었다.

관객 26만 명 동원으로 1982년도 한국영화 흥행 순위 2위, 1971에서 2000년까지 베스트 100 중 67위. 이장호는 이 작품을 통해 사회의 그늘지고 소외된 사람들에게 더 가까이 다가서는 문예 감독으로서의 위치를 확고히 했다. 그러나 당시 문공부는 검열을 통해 이 영화의 해외 반출을 막았고 제2부 제작 신고를 받아주지 않았으며 '어둠의 자식들'이라는 제목과 원작자 이동철의 이름을 일체 사용할 수 없음을 통고하기도 했다.

만다라 曼陀羅, Mandara(1981)

(화천공사) 105분 극영화 연소자불가/
종교

감독: 임권택
제작: 박종찬
각본: 이상현, 송길한(원작 김성동)
개봉: 1981년 9월 12일 단성사(서울)
관람인원: 12만 8932명(서울)
수출현황: 서독(82), 일본(88)
출연: 전무송, 안성기, 방희, 기정수,
　　　윤양하, 임옥경, 박정자, 박암,
　　　최성관, 김우빈 외
기획: 황기성
촬영: 정일성
음악: 김정길
조명: 차정남
편집: 이도원
미술: 김유준
소품: 김호길
분장: 이동섭
사운드: 이재웅, 영진공, 김경일
스틸: 백영호
조감독: 곽지균, 윤정식, 김태형
수상: 제20회 대종상영화제 우수작
　　　품상(화천공사)·감독상(임권
　　　택)·남우조연상(전무송)·각색
　　　상(이상현, 송길한)·편집상(이
　　　도원)·조명상(차정남)·신인상
　　　(전무송), 제18회 백상예술대상
　　　남자연기상(안성기)·시나리오
　　　상(이상현, 송길한)·촬영상(정
　　　일성), 제2회 영평상 남자연기
　　　상(전무송)·촬영상(정일성), 제
　　　11회 베를린국제영화제 출품

출가한 지 6년이나 되는 젊은 스님 법운(안성기)은 연인 영주(방희)의 환상을 안은 채 구도의 길을 걷고 있다. 그즈음 그는 승적도 없는 땡추중 지산(전무송)을 만나면서 자신의 번뇌를 주체하지 못하게 된다. 소주병이 떨어질 날이 없고 심지어 자살 약까지 가지고 다니면서도 헛웃음 치는 지산. 그는 어쩌면 달관한 부처 같기도 하고 또 세속의 병든 잡인 같기도 하다. 법운과 지산, 두 영혼이 벌이는 싸움이 시작된 지 얼마 후 지산은 눈 속에서 죽어갔다. 지산의 시신을 화장하고 나서 법운은 영주를 찾아본다. 그리고 세속의 모든 인연이 덧없음을 재확인하고 다시 고행의 길을 떠난다.

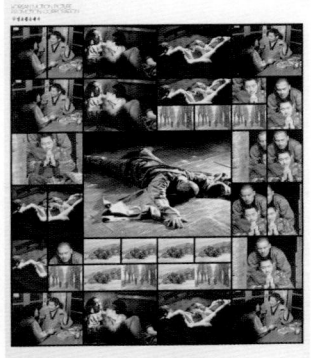

● 1979년 한국문학 신인상을 받은 김성동의 동명 소설을 영화화한 작품. 1975년 《주간종교》에 단편 「목탁조」가 당선돼 문단에 등단한 김성동은 조계종단과의 마찰로 승적을 박탈당한 후 불교에 대한 모순과 '본질을 소유한다'는 불교에서의 진정한 깨달음의 경지를 소설로 써냈다. 제작사 화천공사의 소개로 소설을 읽은 임권택은 원작에 매료되어 영화를 찍는 동안 "내 영화 일생에서 가장 적극성을 보였던 작품"(대한매일 93. 11. 6)이라고 돌아본 바 있다. 이 영화는 한국 종교영화의 걸작이자 임권택의 본령을 보여준 영화 중 하나로 감독은 "자기완성을 향해 치열하게 살 수 있다는 것이 얼마나 아름다운지를 보여주고 싶었다"고 말했다.

1979년 태창흥업이 제작한 천승세 원작의 '신궁'에서 호흡을 맞춘 후 줄곧 파트너십을 이뤄왔던 정일성이 '만다라'에서 카메라에 담아낸 것은 시정이 넘쳐나는 한국의 사계절이다. 화면의 대부분은 한겨울 하얀 눈이 온 세상을 뒤덮고 있는 수묵화 같은 풍경과 끝없이 펼쳐진 길들이 반복적으로 잡힌다. 진흙과 눈길의 경계는 번뇌와 깨달음, 삶과 죽음, 윤회와 해탈의 상징이며 그 가로수 길을 걷는 지산과 법운의 롱 숏은 한국영화사에서 가장 아름다운 동행의 이미지이자 공간의 여백을 추구해 보인다.(정일성 촬영감독, 「나의 인생·나의 영화」, 국민 93. 7. 24) 겨울 아침을 맞는 사찰과 첫 새벽 수좌들의 참선, 어깨를 난타하는 죽비소리도 영화를 이루는 새로운 음향으로 신선미와 생동감을 더한다.

영화 초반에서 지산의 이미지는 법운의 말처럼 "옛 고승의 기행을 흉내내는 땡중"에 불과했으나 영화가 진행되는 동안 지산의 캐릭터에 생명력과 감흥을 더하면서 지산의 이미지에는 승화된 종교의 진정성이 부여된다. 이 영화는 베를린국제영화제에 출품되어 국제적인 관심을 모았다. 특히 인간 구원의 의미를 묻는 구도자의 파계와 죽음을 통해 관객들로 하여금 종교 완성의 의미를 성찰하게 해주었다.

서울에서만 12만 8932명 관객 동원으로 한국영화 흥행 순위 6위. 대종상에서 안성기 남우주연상, 임권택 감독상, 백상예술대상에서 전무송이 남우조연상, 정일성이 촬영상을 받았다. 임권택은 1980년 이후 한국영화에서의 영화적 작품성과 예술성의 이미지 변화를 구성하면서 작가의 반열에 들어서게 되었고 거장으로 추앙받으면서 국제영화계에서도 한국영화를 대표하는 감독이 되기에 이른다.

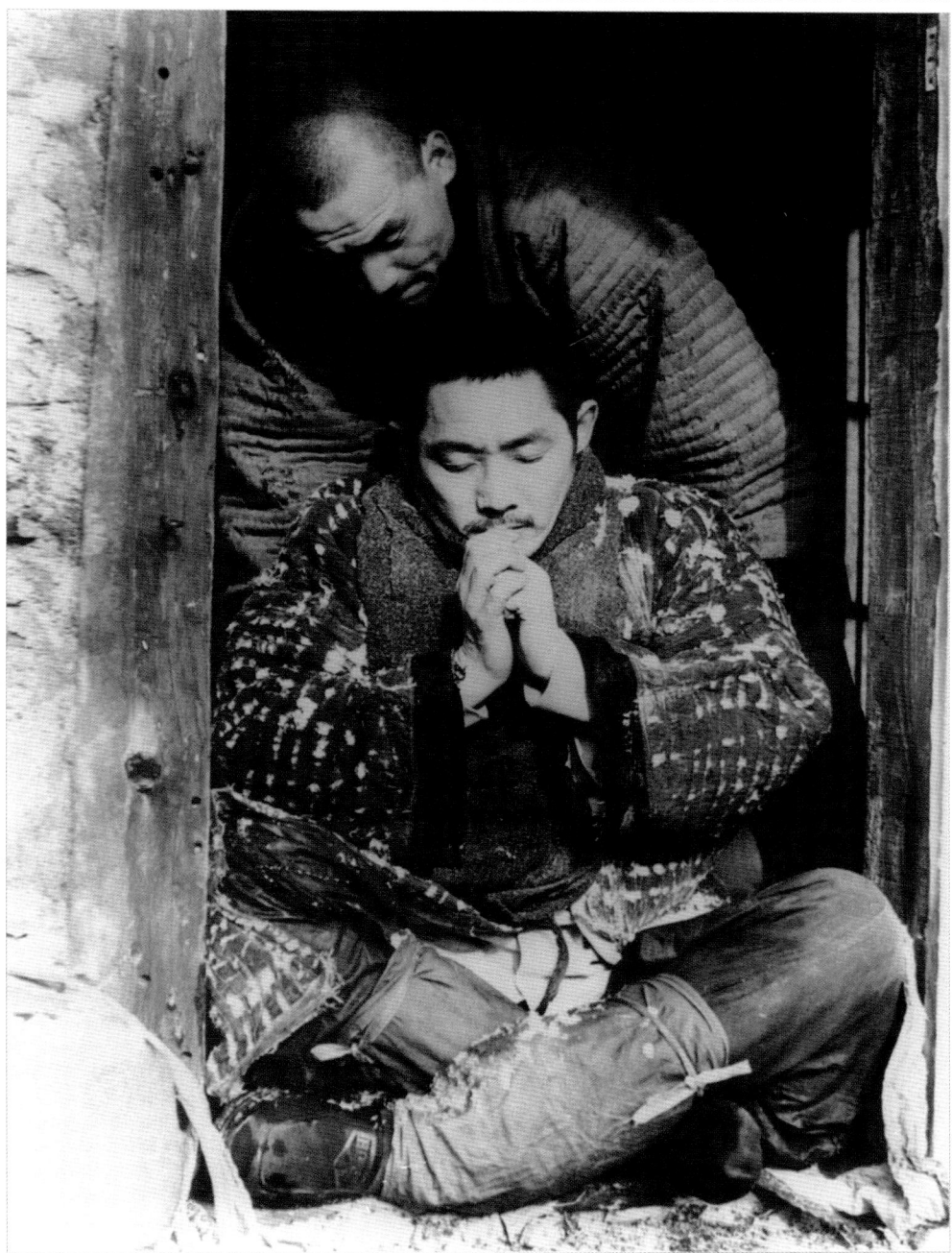

난장이가 쏘아올린 작은 공
The Ball Shot by a Midget(1981)

(한진흥업) 100분 극영화 연소자불가/
사회물

감독 : 이원세
제작 : 한갑진
각본 : 홍파(원작 조세희)
개봉 : 1981년 10월 17일 대한극장
　　　(서울)
관람인원 : 13575명(서울)
출연 : 전양자, 안성기, 김추련, 금보
　　　라, 전영선, 이효정, 김불이, 추
　　　석양, 성명순, 최석, 김민규, 오
　　　세장, 주상호, 이백, 박일, 박용
　　　팔, 문미봉, 권일정 외
기획 : 한상윤, 이현우
촬영 : 박승배
음악 : 정민섭
조명 : 이억만
미술 : 조경환
소품 : 우종삼
사운드 : 김병수, 영진공
스틸 : 김규홍
현상 : 영진공
조감독 : 한영일
수상 : 제18회 백상예술대상 감독상
　　　(이원세)

난장이 김불이(김불이)는 아내(전양자)와 염전 일을 하는 큰아들 영수(안성기), 권투도장에 다니는 둘째 아들 영호(이효정), 제과점에서 일하는 딸 영희(금보라) 등 다섯 식구가 행복동에 위치한 허름한 집에 살고 있다. 가난하지만 서로에게 의지하며 힘겹게 살던 이들 가족에게 어느 날 집을 비워달라는 정부의 통첩이 날아든다. 김불이 가족은 바다의 오염으로 다른 곳으로 이주하게 되면서 보상책으로 아파트 입주권을 받게 되지만 사실상 아파트 입주는 불가능한 일이다. 눈물을 머금고 입주권을 팔 수밖에 없었고 부동산 투기업자 박우철(김추련)은 시세보다 비싼 값이라며 김불이네 입주권을 사들인다. 그러나 어떻게 해서든지 입주권을 되찾고 싶은 영희는 박우철을 따라가 그에게 몸을 바친 후 그 집 금고 속에 있던 입주권을 가지고 집으로 돌아온다. 그러나 아버지 김불이는 이미 자살한 뒤다.

● '엄마 없는 하늘 아래'(1977) 시리즈로 전국을 눈물바다로 만들었던 이원세의 본격적인 문예물. 소설가 조세희가 1976년 《문학과 지성》 겨울호에 처음 연재를 시작해 「뫼비우스의 띠」, 「칼날」 등 12편으로 완성한 연작소설 중 「난장이가 쏘아올린 작은 공」을 원작으로 한 것이다. 1970년대 자본주의의 모순과 구조 속에서 당시 도시 빈민의 현실을 고발한 내용으로 지금까지도 스테디셀러로 자리잡고 있다. 동인문학상 수상 작품.

　이 소설은 영화화 이전에 먼저 연극으로 공연되어 화제를 불러일으켰다. 1979년 서울 쎄실극장(5월 3~9일)에서 채윤일 연출로 초연된 연극은 평단과 관객들의 열띤 호응을 받았고 이듬해까지 재공연을 거듭했다. 그러나 당시 신군부의 등장과 함께 '좌파 공연'으로

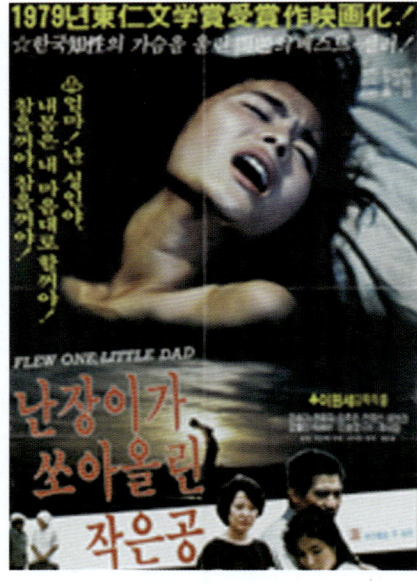

낙인찍힌 후 1980년 7월 16일 국립극장 소극장 공연을 끝으로 한동안 무대에 오르지 못했다. 연극에서는 배우 김동수가 단신의 김불이 역을 열연해 관객의 눈길을 끌었다.

　영화 역시 많은 사람들의 관심을 끌었다. 원래는 원작자 조세희가 직접 각색한 시나리오에 김민기가 음악을 맡아 공장 지대의 삶을 그릴 예정이었으나 김민기의 음악은 사용 불가 판정을 받았고 영화는 이중 검열로 공중 분해됐다. 박승배 촬영감독의 증언에 따르면 "이 영화가 만들어질 당시에는 시나리오 심의가 있었는데 소설 내용 때문에 촬영이 끝날 때까지 심의가 나오지 않아서 제작진과 출연자들이 영화 제작에 어려움을 겪었고 매번 조금씩 수정을 하면서 영화를

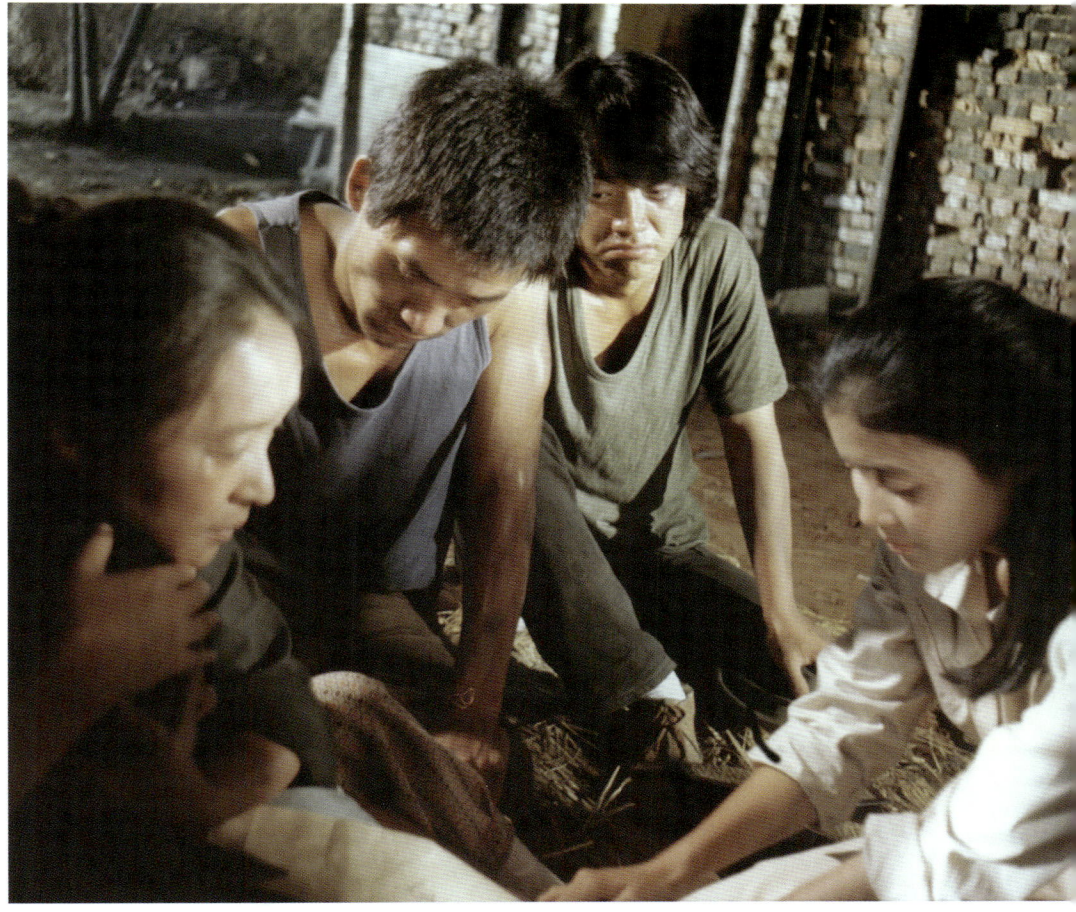

만들었다. 처음에는 시나리오로 1차 검열을 거쳤고 영화가 완성된 후 실제 검열에서 무작위로
잘려나가 만신창이가 되는가 하면 후시녹음 과정에서 대사가 다시 고쳐지는 등 사지절단의 수
난을 겪었다"(대한 93. 6. 9)고 한다.

그래선지 영화는 원작에 충실하면서도 부분적으로는 원작소설과 다른 차이를 보이고 있다.
소설은 공업 도시를 배경으로 하고 있는데 비해 개작에 개작을 거듭하는 과정에서 영화의 주
무대는 염전 지대로 바뀌었다. 이 염전마을은 후에 시화공단이 된다.

영화 내용은 난장이의 신체적 불구성을 통해 시대적 불구성을 드러낸다. 빈민촌의 암울한 생
활, 부동산 투기와 철거, 정치적 불안을 고발하면서 정교한 구성과 무채색 화면 위에 힘없는 서
민의 삶을 담담하게 담고 있다. 특히 아버지 김불이가 화면 왼쪽 끝에 있는 높다란 굴뚝 위에
앉아 화면 오른쪽으로 펼쳐진 드넓은 하늘을 향해 종이비행기를 날리는 장면은 강한 메시지가
집약된 명장면으로 꼽히고 있다. 그해 대종상에서 이원세는 백상예술대상 감독상을 수상.

'난장이가 쏘아올린 작은 공'은 이후 한국영화 리얼리즘의 흐름을 논하는 데 있어 반드시 필
요하다는 시각에서 한국영상자료원에서 원본이 복원되는 등 재평가 작업이 이뤄졌다. 한국영상
자료원 '한국영화 100선' 선정. 연극은 2007년 봄, 초연을 연출했던 채윤일에 의해 27년 만에
다시 서울 혜화동 게릴라극장에서 공연됐다.

앵무새 몸으로 울었다 Parrot Cries with Its Body(1981)

(우진필름) 120분 극영화 연소자불가/
멜로

감독 : 정진우
제작 : 정진우
각본 : 김성화, 김강윤
개봉 : 1981년 10월 24일 피카디리극
　　　장(서울)
관람인원 : 16만 9381명(서울)
수출현황 : 홍콩(83), 일본(84)
출연 : 황해, 최윤석, 정윤희, 김형자,
　　　마영달, 라애심, 윤영애, 김기
　　　범, 임해림, 박종설 외
기획 : 한상호, 유영무
촬영 : 손현채
음악 : 한상기
조명 : 이민부
편집 : 김창순, 박덕열
미술 : 도용우
소품 : 우종삼
스틸 : 박영진
동시녹음 : 이재웅
사운드 : 이재웅, 김경일
특수효과 : 이문걸
수상 : 제20회 대종상영화제 여우주
　　　연상(정윤희)·여우조연상(김형
　　　자)·각본상(김강윤, 김성화)·
　　　촬영상(손현채)·녹음상(이재
　　　웅), 제18회 백상예술대상 연기
　　　상(정윤희)

홀아비 최 영감(황해)은 갓 태어난 사내아이와 여자아이를 데려다 기른다. 문(최윤석)과 수련(정윤희)은 성장하면서 친 혈육이 아니라는 사실을 알고 사랑에 빠지고 최 영감은 이들을 갈라놓기 위해 문을 서울로 보낸다. 문이 댄서 출신인 숙(김형자)이라는 여자를 데리고 집으로 돌아오자 최 영감은 이번엔 수련을 타지로 내보낸다. 수련은 발길이 떨어지지 않아 다시 집으로 돌아오다가 철교 밑에서 누군가에게 성폭행당한 후 죽는다. 한편 문은 숙과 함께 집을 나섰다가 철교 밑에서 수련의 시체를 안고 우는 최 영감을 보고 수련의 시신을 빼앗아 안고 어디론가 가버린다.

● 원제 '내일은 침묵', 정진우의 전작인 '뻐꾸기도 밤에 우는가'(1980)와 비슷한 배경 구조에 부당하게 희생당하는 여성이라는 주제도 유사하다. '뻐꾸기도 밤에 우는가' 연출 후 김성종 원작의 '여명의 눈동자'를 촬영할 때 정진우는 정부 고위층이 원하는 여배우를 기용하지 않았다는 이유로 안기부에 끌려간 일이 있었다고 한다.(동아 80. 10. 18, 경향 81. 1. 28, 4. 6) 감독은 서대문 형무소에서 한 달 동안 붙잡혀 있다가 '여명의 눈동자' 제작을 중단하겠다는 각서를 쓰고 나서야 풀려났다. '앵무새 몸으로 울었다'는 그때 감옥에서 구상한 영화다.

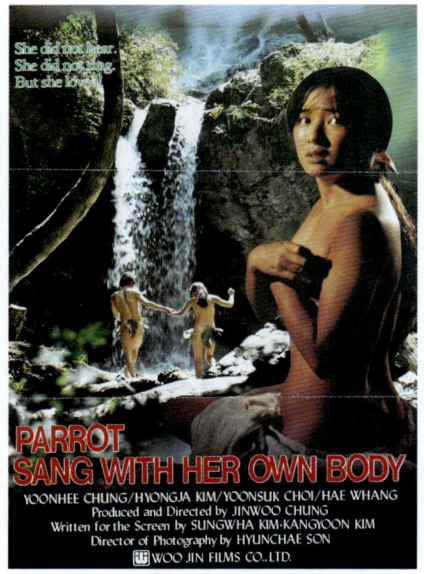

남매 사이이면서 연인 사이이기도 한 남녀 주인공. 아버지가 털어놓지 못하는 비밀 때문에 그들은 남매로만 지내야 했다. 신문광고에 "사랑 앞에 무엇을 감추랴. 대자연도 침묵을 지킨 강렬한 사랑 표현"이란 문구가 두 남자와 한 여자의 뒤틀린 욕망을 반영하고 있다.

강촌 구곡폭포, 오대산 월정사 연못, 영월 고수동굴 등에서 번갈아 찍은 남녀의 애정 행각중 8m 수심 아래서 수중 정사장면이 들어 있다. 이 장면을 촬영할 때 손현채는 15회의 NG 끝에 익사할 뻔했다는 에피소드가 있다. 동시녹음 영화로 관객 약 17만 명 동원, 1982년도 한국영화 흥행 순위 20위. '뻐꾸기도 밤에 우는가'에 이어 정윤희에게 2년 연속 대종상 여우주연상을 안겨준 작품이다.

세 번은 짧게 세 번은 길게

Three Times Each for Short and Long Ways(1981)

음향효과 전문가인 김종실은 콜라 회사인 아라콜라의 광고 영화에 병
따개 소리를 만들어 주고 백지수표를 받는다. 이를 축하하는 동료들과
의 술자리에서 거나하게 취한 종실은 고급 콜걸인 미아의 아파트로 잘
못 찾아 들고 문이 고장 나는 바람에 그곳에서 창녀와 하룻밤을 보낸
다. 한편 종실의 아내는 남편이 행방불명되자 경찰에 실종신고를 낸다.

수사는 백지수표를 둘러싼 의문과 억측이 꼬리를 물면서 전국적으로
확산된다. 매스컴과 경찰의 추적을 받게 된 종실은 오도 가도 못한 채
급기야는 자신이 죽었다는 뉴스를 듣게 된다. 종실은 마음을 굳게 먹고
자신의 장례식이 치러지고 있는 교회로 가본다.

● 김호선의 일곱 번째 연출작. 문학평론가 이어령의 창작 희곡을 원작으로 한 영화. 펩시콜라
음향효과를 만들어낸 효과맨 김벌레의 일화를 영화로 옮긴 것이다. 연극은 1979년 김효경 연출
로 극단 실험극장이 초연한 지속적으로 여러 극단에서 무대에 올렸다.

사나이의 평범한 실수로 일어난 해프닝과 유머가 서스펜스를 동반하면서 현대인의 위기의식
과 소외감을 세태 풍자로 그리고 있다. 이 영화로 김호선은 제18회 백상예술대상 감독상, 제1회
영평상 작품상을 수상. '금지된 사랑'의 감독 송영수가 카메오 출연.

(동아수출공사) 140분 극영화 연소자
불가/드라마

감독 : 김호선
제작 : 이우석
각본 : 지상학, 홍파, 김호선
　　　　(원작 이어령)
개봉 : 1981년 11월 20일 단성사
　　　　(서울)
관람인원 : 6만 972명(서울)
출연 : 송재호, 장미희, 최불암, 정영
　　　숙, 김인문, 문태선, 최윤석, 정
　　　규영, 조영권, 김기종, 백희수,
　　　김미영, 윤지희, 조인표, 이상
　　　벽, 이동식, 송영수 외
기획 : 송재홍, 이권석
촬영 : 유영길
음악 : 신병하
조명 : 정덕규
편집 : 현동춘
미술 : 이명수
소품 : 이태우
스틸 : 서흥익
사운드 : 김경일
조감독 : 김대진
수상 : 제18회 백상예술대상 감독상
　　　(김호선), 제2회 영평상 작품상

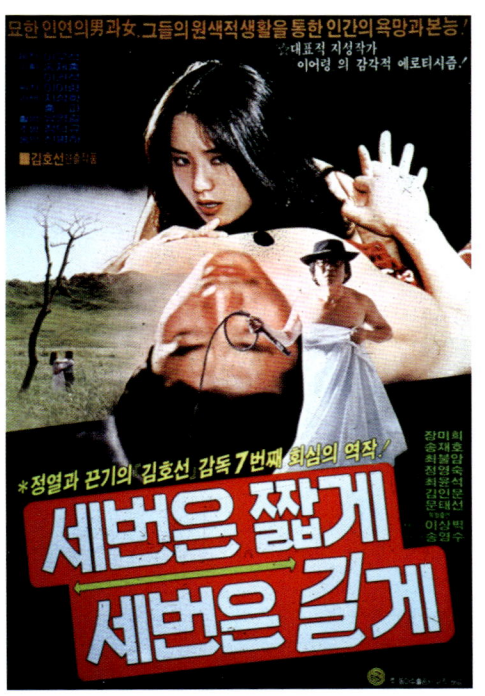

403

도시로 간 처녀 The Maiden Who Went to the City(1981)

(태창필름) 105분 극영화 중학생가/사
회물

감독 : 김수용
제작 : 임원식
각본 : 김승옥
개봉 : 1981년 12월 3일 중앙극장
(서울)
출연 : 유지인, 이영옥, 금보라, 김만,
한소룡, 김한섭, 홍성민, 홍승
일, 이기영, 김정란 외
기획 : 정준교
촬영 : 전조명
음악 : 강근식
조명 : 손달호
편집 : 이도원
소품 : 우종삼
동시녹음 : 이영길
스틸 : 양기주
사운드 : 이재웅, 최경상
조감독 : 박경일

시골 처녀 문희는 서울에 올라와 버스 안내양이 된다. 문희는 정직하게 근무하면서 어려운 처지에 있는 동료들을 사랑으로 감싼다. 그녀는 차 내 행상을 하다가 선원이 된 광석과 내일을 약속한 사이다.

그러던 어느 날 회사 측이 안내양들의 숙소를 뒤지고 남자 감시인 앞에서 알몸 수색을 하는 일이 벌어진다. 하루 종일 만원 버스에서 시달리다 돌아와서 휴식을 취하는 시간에 걸핏하면 게릴라식으로 몸수색을 하는, 비인간적인 대접에 문희는 심한 굴욕감과 수치심을 느낀다. 문희는 이에 항의하다가 옥상에서 투신하여 심한 부상을 입는다. 기절한 문희는 애인 광석의 품에 안긴다.

● 버스 안내양들의 현실을 고발한 김수용의 사회 드라마. 각본 김승옥. 소설가 김승옥이 시내버스 종점을 돌며 취재한 실화를 다큐멘터리식으로 만들었다고 한다. 비정한 산업사회의 그늘에 살면서도 순수함을 지키려는 인간적인 진실과 갈등이 사실적인 묘사로 표현되어 있다. 당시 지방에서 무작정 상경한 시골소녀들이 가장 손쉽게 구할 수 있는 직업은 버스 안내양이었고 버스 안내양은 버스를 타려는 사람들을 몸으로 밀어 넣고 문을 열어주고 닫으며 버스 요금을 받는 일을 했다. 이 과정에서 돈이 나돌고 삥돌린다는 소문이 나돌고 버스 회사는 몸에 숨긴 돈을 찾아내기 위해 알몸 수색을 강행했으며 수치심을 느낀 안내양이 투신자살하는 사건이 발생했다. 영화 피날레는 알몸 수색을 당한 버스 안내양 문희(유지인)가 사옥 옥상에 올라 웅변으로 항변하고 투신하는 장면이다. 이런 경우 다른 감독들은 흔히 인형을 사용하는 데 비해 김수용은 카메라를 로프에 매달아 사람들의 머리 위로 낙하시키는 충격적인 영상을 연출해냈다.

개봉 첫날, 영화에서 버스 안내양의 자살기도 장면을 본 300여 명의 운수 노조원들은 서울 중앙극장으로 몰려와 시위를 하고 극장 간판을 뜯어 내리는 등 과격 시위로 상영을 중단시켰다. 이는 버스 안내양 당사자들의 의지가 아니라 자신들의 횡포 사실을 은폐·축소하려는 사측의 사주를 받은 운수 노조의 짓이었다.(한국영상자료원 편, 「한국영화사공부」, 이채, 2005년, p.17)

영화 상영 중단 조치 후 영화는 창고에서 3개월간 묵혀 있다가 네 군데 장면 삭제와 대사 삭제, 장면 한 군데를 변경하여 재상영에 들어갔으나 "무슨 이유인지 33일로 상영 일수가 제한" 되어 있었고 감독은 호소할 길이 없는 군사정권하임을 깨닫고 "그래 영화에 무슨 사회성이냐? 폭로 항변 메시지는 잠시 접어두고 좋은 세상 만날 때까지 사랑하고 정사하고 눈물 짜는 이야기나 찍자"(김수용, 「내 사랑 시네마」, 씨네 21, 2005년, p.221)고 자조하는 글을 남겼다.

극중의 허구 장면을 사실로 혼동하여 항의하는 예는 더러 있었으나 이처럼 일부 직업인들의 폭력적인 저항 때문에 영화 상영이 중단되는 불상사는 드문 일이다. 그러나 이 같은 특정 이익집단의 부당한 항의로 영화 제작사 상영이 제작이 중단되거나 그들이 검열관 노릇을 하는 일은 이후 지속적으로 일어나게 된다.

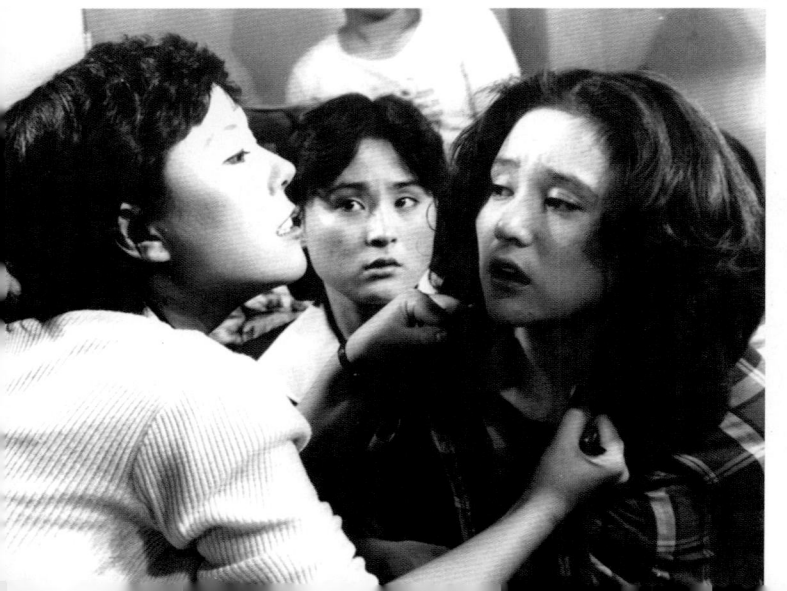

애마부인 愛麻婦人, The Ae-ma Woman(1982)

오수비(안소영)는 과실치사로 복역 중인 남편 신현우(임동진)에게 매주 면회를 간다. 남편의 면회를 다니다가 수비는 미술학도 김동엽(하명중)을 만나 진실한 사랑을 느낀다. 그날 밤 같은 아파트에 사는 옛 애인 김문오(하재영)를 만나 불륜의 정사를 갖지만 변태적인 김문오보다 수비는 동엽의 순수한 사랑을 그리워하게 된다. 젊은 남자에게 관심을 갖게 된 수비에게 남편 현우는 이혼을 제기하고 동엽은 프랑스에 함께 가자고 제의한다. 그러나 동엽과 파리로 가기로 한 날, 남편 현우가 특사로 출감하자 수비는 현우를 마중한다.

● 정인엽의 대표작으로 에로물의 상징이 되었다. 1980년대 당시 영화는 대중순치를 위한 3S (Screen, Sports, Sex)의 일환으로 프로야구 신설, 통금해제(유흥소 심야영업금지 해제)와 함께 영화 검열이 완화되고 심야극장 상영이 허가되었다. 에로영화는 이 같은 사회 분위기를 바탕으로 쏟아져 나왔고 '애마부인'은 개인의 자유가 확대되는 인상을 주면서 한국 에로티시즘 미학을 추구하는 첫 영화로 등장했다. 이는 지금까지 성 표현에서 미온적이었던 한국영화에 불을 당기면서 성 개방, 성의 남녀공유, 성 모럴의 마비현상을 초래하는 하나의 전환점이 되었다. '애마부인'이 개봉되던 1982년 2월 6일, 종로 3가에 위치한 서울극장에는 극장 유리창이 깨질 정도의 인파가 몰려들었고 장장 4개월간 31만 5000명의 관객을 동원했다. 1983년도 한국영화 흥행 순위 1위.

제목 '애마부인'은 프랑스의 성애영화 '엠마뉴엘 부인'에서 유래한 것으로 본래 '愛馬婦人'의 한문 제목이 공윤 검열에서 그 뜻이 야한 뉘앙스를 풍긴다고 해서 '말 마(馬)' 대신 '삼 마(麻)'를 사용하기로 해 '애마부인(愛麻婦人)'이 되었다. 주제가는 가수 이미배가 불렀다. 이 영

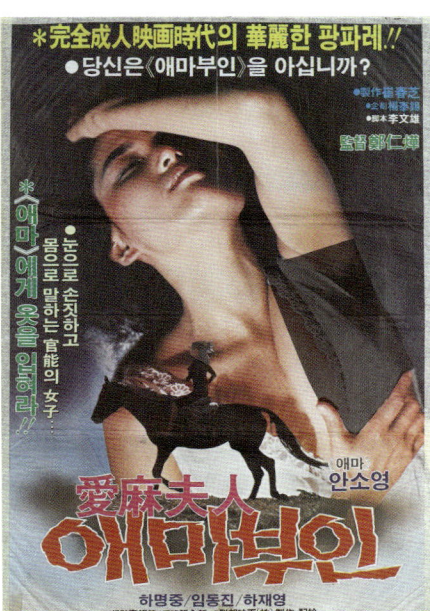

화에서 큰 가슴과 하반신의 곡선까지 대담하게 드러낸 안소영은 1982년 한 해 동안 김수형의 '산딸기' 노세한의 '탄야' 등 일곱 편의 성애영화에 출연, 당시 한해 수입이 5000만 원에 이르는 고소득자가 되었으나 여배우로서의 생명은 길지 못했다.

최초로 심야상영을 한 이 영화는 당시의 사회 분위기와 맞아떨어져 기록적인 흥행 성적을 수립, 이후 무려 12편의 시리즈를 내 놨다.

(연방영화) 102분 극영화 연소자불가/멜로

감독 : 정인엽
제작 : 최춘지
각본 : 이문웅
개봉 : 1982년 2월 6일 서울극장 (서울)
관람인원 : 31만 5738명(서울)
수출현황 : 대만(82)
출연 : 안소영, 임동진, 하명중, 하재영, 김진규, 전숙, 김애경, 김선희, 문태선 외
기획 : 양봉석
촬영 : 이석기
음악 : 신병하
조명 : 손병진
편집 : 김희수
소품 : 박창영
사운드 : 이재웅, 김경일
수상 : 제18회 백상예술대상 신인상 (안소영)

갈채 喝采, Applause(1982)

(동협상사) 100분 극영화 중학생가/청춘

감독 : 김응천
제작 : 김치한
각본 : 문상훈, 김문엽
개봉 : 1982년 4월 3일 허리우드극장
　　　(서울)
관람인원 : 2만 7894명(서울)
출연 : 송승환, 원미경, 배철수, 구창
　　　모, 손창호, 신구, 김애경, 문미
　　　봉, U.C.D.C(특별 출연) 외
기획 : 최현민
촬영 : 팽정문
음악 : 이철혁
조명 : 정덕규
편집 : 김창순
미술 : 김유준
소품 : 이태우
스틸 : 정기성
사운드 : 김병수, 영진공
현상 : 영진공
조감독 : 선우완, 차석민

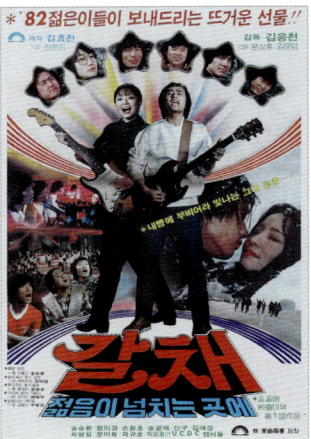

재미동포 여대생 나영(원미경)은 고국 방문길에 삼촌 집에 머물면서 고모에게 한국무용과 창, 바느질을 배운다. 또 음악 살롱에서 만난 대학생 가수 형록(송승환)과 보컬 팀과 어울려 사랑과 우정을 쌓게 된다. 경영난으로 음악 살롱이 폐업하자 이를 재건하기 위해 그들은 대학가요제에 출전, 낡은 악기와 배고픔 속에서도 나영의 도움으로 입상하게 된다. 형록과 보컬팀에게 고국의 소중함을 배운 나영은 삼촌에게 부탁하여 이들에게 화려한 음악살롱을 열어준다. 우정과 사랑을 남기고 나영은 미국으로 떠난다.

● 김응천의 뮤지컬 영화. 송승환, 원미경과 당시 최고의 인기그룹이던 송골매가 출연, 음악은 이철혁이 담당했다. 송승환은 대학가요제에 참여하는 대학생 가수 역이고 노래는 대부분 송골매의 배철수와 구창모가 불렀다. 송승환은 연극배우 출신으로 후에 난타 공연 제작의 일인자가 된다.

산딸기 Mountain Strawberries(1982)

(남아진흥) 97분 극영화 연소자불가/
멜로

감독 : 김수형
제작 : 서병직
각본 : 유지형
개봉 : 1982년 9월 4일 단성사(서울)
관람인원 : 5만 374명(서울)
출연 : 안소영, 남궁원, 조동진, 김인
　　　문, 진유영, 양형호, 김민, 김애
　　　경, 문미봉, 조정수, 최삼 외
촬영 : 전조명
음악 : 정민섭
조명 : 손한수
편집 : 이경자
미술 : 조경환

팔월 한가윗날 화전민 마을. 산대놀이가 흥겨운 가운데 분녀는 취발이 탈을 쓴 명준에게 순결을 잃는다. 떠돌이 명준은 분녀에게 기다려줄 것을 다짐하고 금광으로 떠난다. 주위의 모든 유혹을 뿌리치던 분녀는 차츰 성에 눈뜨면서 화전민 마을을 떠나 읍내로 가서 작부 노릇을 하게 된다. 그러던 어느 날 명준이 나타나 다시 마을로 돌아가자고 조른다. 그러나 명준은 살인죄로 잡혀가고 산딸기가 무르익은 마을로 돌아온 분녀는 명준이 돌아오기를 기다린다.

● '산딸기'는 김수형에게 1980년대를 대표하는 에로영화 전문 감독이라는 타이틀을 안겨주었다. 당대 최고의 육체파 여배우 안소영을 주연으로 내세운 이 영화는 토속적인 산골 마을을 배경으로 여주인공의 육체를 훔쳐보는 듯한 발작적인 카메라워크와 질펀한 육담의 분위기를 느끼게 하는 노골적인 유머로 '김수형 영화의 특색'을 살리고 있다.
　서울 개봉에 앞서 6월 26일, 부산 동명극장에서 전국 최초로 개봉해 7만여 명의 관객을 동원하는 성과를 올렸으며, 서울에서는 9월, 단성사에서 개봉하여 흥행에 성공했다. '산딸기'의 흥행 성공으로 '산딸기' 시리즈는 이후 계속 제작되었다. 1편에 이어 '산딸기 2'(1984), '산딸기 3'(1987), '산딸기 4'(1991), '산딸기 5'(1991)와 종결편인 '산딸기 6'(1993) 등 6편의 연작을 선보였다.

화녀82 火女 82, Hwa-nyuh of '82(1982)

서울근교 양계장 근처에서 동식(전무송)과 명자(나영희)의 시체가 발견
되면서 수사진은 수사에 착수한다. 작곡가 동식이 그 집에서 식모살이
를 하던 명자에게 접근해서 명자가 임신을 하게 된다. 동식의 부인(김지
미)은 명자 아이를 낙태시키고 명자는 보복심으로 동식의 아들을 독살
한다. 이 과정에서 명자의 애인 형철과 동식이 싸우다가 형철이 죽자
명자는 형철의 죽음을 동식에게 덮어씌운다. 동식은 가족을 위해 이 사
건을 강도 살인으로 위장한 후 명자와 함께 쥐약을 먹고 동반자살한다.

● 김기영은 '하녀'에서 차용한 소재를 '화녀'(1971)와 '화녀 82'로 내놓았다. 이 작품은 인간의
악을 폭로하는 '여' 시리즈의 일환으로 '화녀'에 이은 '하녀'의 세 번째 리메이크작이다. 이는
전작들과는 달리 주인집 남자와 하녀와의 관계에서, 주인집 남자와 관계를 갖고 있는 하녀와
주인집 여자에게 포커스가 맞춰진다.
　　중년에 접어든 주인 여자의 성적 욕망은 '화녀 82'에서 "미장센이 더욱 강화되고 남편을 노
골적인 자태로 유혹하는 모습"(이효인, 『영화로 읽는 한국 사회문화사』, 개마고원, 2003년,
p.259)으로 발전한다. 또한 욕망 추구에서 적극적인 여성들과는 달리 김기영의 남성들은 대체
로 무능하고 무기력하다. 그들은 여성들의 부르주아적 욕망 실현의 매개물이자 성적 욕망의 대
상이 될 뿐 문제해결에서 자발적인 선택을 하지 못한다. 김기영은 이처럼 부부와 하녀라는 제3
자, 또는 개입자를 설정하여 자신과 하녀와의 관계에서의 부인의 질투, 그런 부부를 바라보는
하녀의 냉소, 부인과 하녀의 불화와 알력에서 해결사로서 남편의 입장을 정리해 보인다. '화녀'
는 10년 전인 1971년 관객 21만 4000명을 동원해 히트작으로 떠올랐으나 '화녀 82'는 그때의
4분의 1에 해당하는 관객 4만 7000명 선 동원에 그쳤다.

(신한영화) 115분 극영화 연소자불가/
범죄
감독: 김기영
제작: 정도환
각본: 김기영
개봉: 1982년 6월 26일 국도극장
　　　(서울)
관람인원: 4만 7316명(서울)
수출현황: 싱가포르, 말레이시아(82)
출연: 김지미, 나영희, 전무송, 김해
　　　숙, 여재하, 김성겸, 김원섭, 조
　　　주미, 이영호, 박예숙 외
기획: 김용진, 김정조
촬영: 정일성
음악: 한상기
조명: 차정남
편집: 현동춘
미술: 이명수
사운드: 이재웅, 김경일
스틸: 황태성
조감독: 임정수
수상: 제27회 아시아영화제 미술상
　　　(이명수)

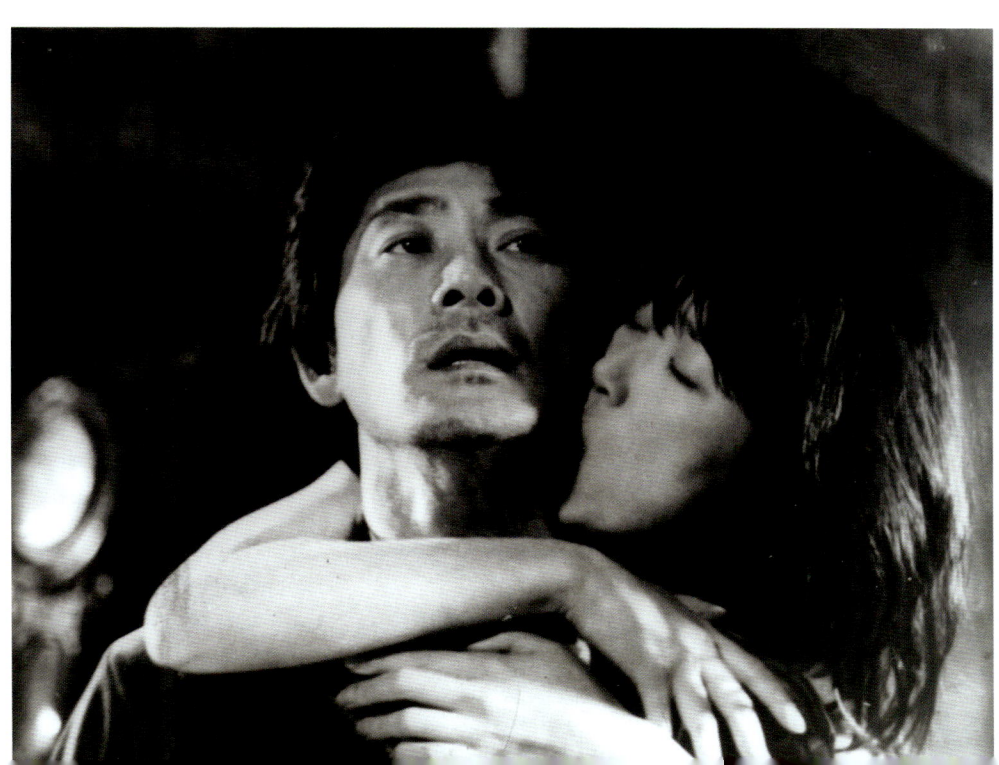

아벤고 공수군단 Abenko Green Berets(1982)

(우진필름) 136분 극영화 중학생가/전쟁

감독 : 임권택
제작 : 정진우
각본 : 김강윤(원작 유양우)
개봉 : 1982년 5월 1일 대한극장
  (서울)
관람인원 : 5만 1359명
출연 : 정윤희, 신일룡, 김희라, 윤양
  하, 유영국, 이영하, 남포동, 남
  궁원, 이대근, 빅 머로우 외
기획 : 한상호, 유영무
촬영 : 손현채
음악 : 황문평, 별셋중창단
조명 : 이민부
편집 : 김희수
미술 : 도용우
소품 : 우종삼
의상 : 이해უ
분장 : 홍동은
동시녹음 : 양후보
사운드 : 이재웅, 김경일
수상 : 제21회 대종상영화제 안보 부
  문 작품상(우진필름)·특별음향
  효과(김경일)

주한 유엔사령부는 북한의 침공으로 인한 낙동강 전선의 위기를 극복하고자 특수부대 아벤고 사령부를 창설, 특공대를 결성하여 원산지역의 탄약기지를 폭파시키라는 임무를 내린다. 아벤고의 멤버는 고 중령(남궁원)을 비롯 성 중위(이대근), 오일규(신일룡), 장필규(김희라), 백상수(윤양하) 등 장교급들이다. 대원들은 임무를 앞두고 특별휴가를 떠나고 그중 오일규는 부산으로 피난 온 배수나(정윤희)를 만나 뜨겁고 애절한 사랑의 하룻밤을 보낸다. 대원들은 적지로 향한 후 명령대로 임무를 수행한다. 천신만고 끝에 살아난 오일규는 귀환선을 목전에 두고 북한 소년병이 쏜 총탄에 쓰러진다.

한편 고 중령은 맥아더 사령부의 암호문을 받고 대원들의 침투가 인천상륙작전을 위한 양동작전임을 깨닫고 분함과 원통함에 경악한다. 다시 말해 인천 상륙이라는 큰 작전을 위해 특공대원들을 소모시킨 것이다.

이 특공대가 전멸하자 다음 타순으로 파견될 사람이 성 중위임을 알게 된 고 중령은 중간에 자기가 가는 것으로 바꿔치기 해서 성 중위를 살리고 자신이 죽는다. 오일규와의 하룻밤으로 아들 승지(이영하)를 갖게 된 수나는 돌아오지 않는 남편을 찾아 헤맨다. 성 중위는 이들 모자를 돌봐주게 된다.

● '안개마을', '오염된 자식들'과 함께 임권택의 1982년 연출작. 한국전쟁 당시 인천상륙작전을 은폐하기 위해 양동작전으로 원산에 투입된 아벤고 공수부대 대원들의 활약상을 그린 전쟁영화.
　미국에서 온 청년 승지(이영하)가 자신의 아버지 오일규(신일룡)에 대한 흔적을 찾는 스토리로 전개된다. 당시로서는 파격적인 제작비 7억 원을 들인 대작. 특공대 부하들을 위해 대신해서 목숨을 바친 장교로 남궁원이 열연했으며 미국 TV 시리즈 '전투'에 나오는 빅머로우가 특별출연했다. 빅머로우는 훈련 장면 서너 신과 고 중령이 성 중위 대신 전선으로 간 것을 알고 화를 내는 장면에서 잠시 비친다. 정윤희는 첫날밤을 치르고 남편을 전쟁터로 보낸 후 평생을 혼자서 남편을 기다리다 죽는 비련의 여주인공으로 나온다.
　전형적인 군사물이지만 화려한 구성과 밀도 있게 표출된 휴머니즘으로 인해 비교적 잘 만들어진 영화로 분류된다.((씨네21) 00. 9. 26) 공중 낙하 장면도 특공대 영화에서 잘 나오는 평범한 낙하산 그림이 아니라 낙하 직전 불 켜는 장면에서부터 구호, 낙하 장면을 롱테이크로 잡고있다. 이 작품은 일본에서도 호평받았다. 주제가 '전선을 간다'는 영화 내내 배경음악으로 깔리고 마지막에 정윤희가 '돌아오지 않는 남편'을 부르며 군중 속을 헤매는 장면은 관객의 눈시울을 붉히게 했다. 감독이 '개인적으로 걸작으로 생각하는 작품'이라고 스스로 꼽는 영화다. 관객 5만 1359명.
　같은 해 만든 '오염된 자식들'은 유익서 원작인 『비를 타고 망둥이』라는 소설을 영화화한 작품으로 '안개마을', '아벤고 공수군단'과 함께 대종상에서 특별상을 받았다.

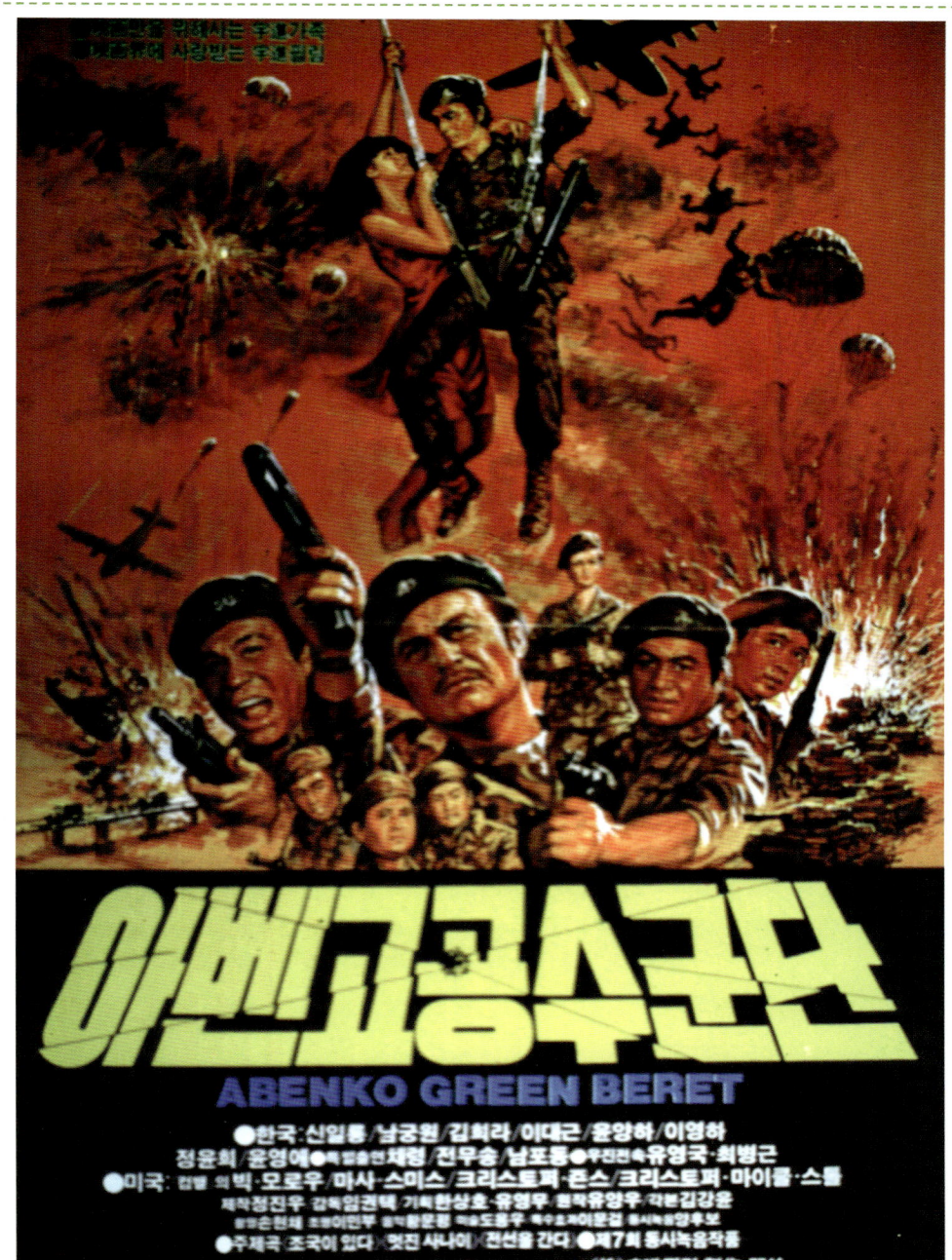

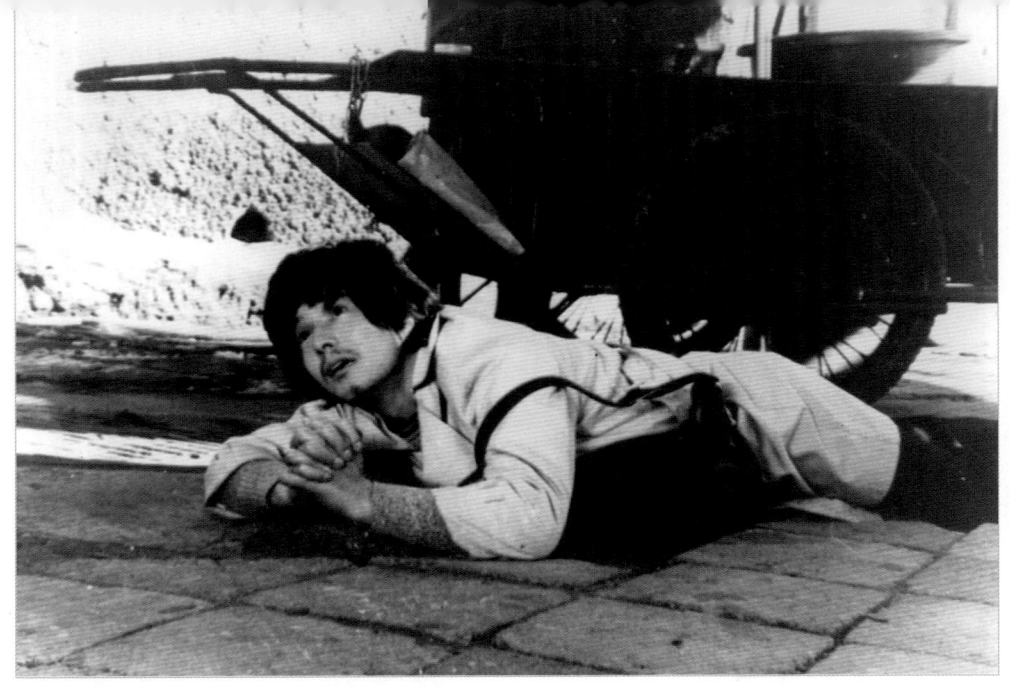

낮은 데로 임하소서 Come Down to a Lower Place(1982)

(화천공사) 102분 극영화 연소자불가/
종교

감독 : 이장호　　**제작** : 박종찬
각본 : 이장호, 윤재섭, 임진택
　　　(원작 이청준)
개봉 : 1982년 6월 26일 명보극장
　　　(서울)
관람인원 : 11만 564명(서울)
출연 : 이영호, 신성일, 나영희, 안성
　　기, 박정자, 박재호, 천동석, 복
　　혜숙, 김지영, 문태선 외
기획 : 황기성　　**촬영** : 서정민
음악 : 김도향　　**조명** : 김강일
편집 : 김희수　　**미술** : 김유준
소품 : 김호길　　**분장** : 김용학
사운드 : 김병수, 이재웅, 김경일, 영진
　　공
스틸 : 백영호　　**조감독** : 홍석화
수상 : 제21회 대종상영화제 감독상
　　(이장호) · 문예 부문 작품상(화
　　천공사) · 미술상(김유준) · 특별
　　주제가창 부문(윤복희), 제18회
　　백상예술대상(화천공사) · 작품
　　상(박종찬) · 신인연기상(이영
　　호) · 주제가상(윤복희)

아버지가 목사인 요한은 신학 대학에 입학했다가 적성에 맞지 않아 휴학하고 군대에 입대한다. 카투사로 군 복무를 마친 그는 미국 본토 군사학교 교원으로 선발되자 미국에 가기 위해 서둘러 결혼하지만 불의의 사고로 갑자기 실명한다. 그는 너무나 절망한 나머지 자살을 결심하지만 그때 찬란한 광채와 함께 하늘의 목소리를 듣는 경이로운 체험을 하게 된다. 새로운 각성과 용기를 얻은 그는 서울역에서 구두닦이를 하는 진용과 친하게 되고 비로소 자신의 소명을 깨닫고 신학 공부의 길을 다시 찾는다. 그는 뉴욕 헬렌켈러 재단의 도움을 받아 고통 받는 이들의 빛이 되고자 맹인교회를 창설한다.

● 이장호 연출작. 맹인 안요한 목사의 생애를 그린 전기영화로 종교적인 색채를 강하게 띠고 있다. 원작 이청준. 1980년 출판된 이래 100쇄를 찍는 동안 통산 30만 권 이상이나 팔려나갔다. '바람 불어 좋은 날'(1980), '어둠의 자식들'(1981)에서 소외 계층의 삶을 다루었던 이장호는 기독교에 귀의해 가는 청년의 정신적 갈등과 번민을 계몽적인 시각으로 다루고 있다. 이 영화로 이장호는 대종상 감독상, '바람 불어 좋은 날'에 출연했던 이장호의 동생 이영호가 백상예술대상 신인상을 수상. 11만 564명 관객 동원으로 1983년도 한국영화 흥행 순위 2위. 안요한은 당시 새빛교회 목사였다.

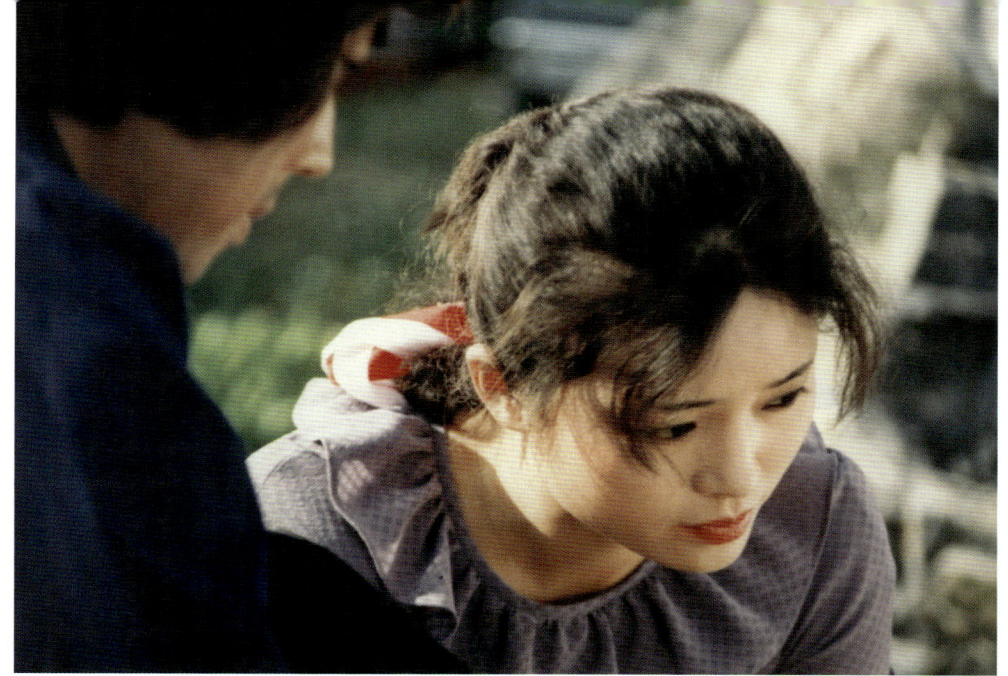

반노 叛奴, Rebellion(1982)

진두(마흥식)는 어선을 사고 색시를 얻어 고향 섬에 가서 사는 것이 꿈이다. 어선 살 돈을 번 진두는 홍아(원미경)를 만나 신혼살림을 차리지만 그들의 생활은 오래가지 못한다. 홍아는 다른 정상적인 여자들과는 달리 성욕이 강하고 정복욕이 대단했기 때문이다. 홍아가 바라는 것은 진두를 노예처럼 부리는 것이다.

진두는 홍아와 사는 1년 동안 배 살 돈을 모두 날려버리고 도둑질을 하다가 구류 생활까지 하게 된다. 홍아의 성적 욕망은 끝을 모르고 더 이상 홍아를 감당할 수 없게 된 진두는 홍아를 뿌리치고 고향으로 내려간다.

● 이영실 감독데뷔작. 1969년에 발표한 염재만의 소설을 원작으로 한 영화. 이 소설은 공안당국으로부터 외설소설로 지목되어 작가를 죄인으로 만들었으며 그 무거운 굴레를 벗어나기까지 무려 7년이란 세월이 걸렸다.(『법정시비 7년 만에 빛을 본 문제소설 叛奴』 동아 82. 6. 4) '반노'는 제목이 말해주듯 복종의 사슬을 끊고 인간의 고차원적인 세계, 즉 제2의 자아 발견을 구하는 인간 본능을 그린 작품이다. 흔히 말하는 원초적 에로물이라는 것과는 개념이 다르다. 무죄판결 이후 책은 날개 돋친 듯 팔려나갔고 소설은 영화화되었다. 이영실의 친형인 영화평론가 이영일이 각본을 쓰고 원미경, 마흥식이 출연했다. "정치적으로 어두웠던 시절에 자유의 문제를 영상에 담아 그 메시지를 전달"한 이 영화는 "외설이냐 예술이냐의 법정 시비 7년 만에 빛을 본 문제 소설"이라는 선전 문구와 함께 외설시비가 나올 때마다 거론되기도 했다. 관객 7만 6981명 동원.

(한진흥업) 97분 극영화 연소자불가/멜로

감독 : 이영실
제작 : 한갑진
각본 : 이영일(원작 염재만)
개봉 : 1982년 10월 17일 단성사(서울)
관람인원 : 7만 6918명(서울)
출연 : 원미경, 마흥식, 지계순, 남수정, 양일민, 나소윤, 최삼, 문태선, 나갑성, 신찬일 외
촬영 : 최수영
음악 : 신병하
조명 : 이억만
편집 : 현동춘
미술 : 조경환
사운드 : 김성찬, 손효신
스틸 : 김규홍
조감독 : 강택중, 김행수
수상 : 제27회 아시아영화제 출품, 제2회 마닐라국제영화제 출품

꼬방동네 사람들 People of Ko-bang Neighborhood(1982)

(현진필름) 108분 극영화 연소자불가/
사회물

감독 : 배창호　　제작 : 김원두
각본 : 배창호(원작 이동철)
개봉 : 1982년 7월 17일 푸른극장
　　　(서울)
관람인원 : 10만 1419명(서울)
출연 : 김보연, 안성기, 김희라, 공옥
　　　진, 송재호, 김형자, 이인옥, 홍
　　　성민, 조주미, 추석양, 천동석,
　　　김성찬, 이재진, 김경란, 김지
　　　영, 권일정, 양일민, 박종설, 박
　　　용팔 외
기획 : 이장호　　촬영 : 정광석
음악 : 김영동　　조명 : 송문섭
편집 : 김희수　　스틸 : 이태직
사운드 : 김성찬, 손효신
현상 : 영진공, 현상실
조감독 : 신승수, 양재성
수상 : 제21회 대중상영화제 여우주연
　　　상(김보연) · 남우조연상(김희
　　　라) · 신인감독상(배창호), 제19
　　　회 백상예술대상 신인상(감독:
　　　배창호), 제3회 영평상 감독상
　　　(배창호) · 촬영상(정광석) · 우
　　　수작품상(김원두)

서울의 빈촌. 어린 아들 준일(천동석)을 데리고 혼자 살기가 힘들어진 명숙(김보연)은 생계를 해결하기 위해 건달 태섭(김희라)과 결혼한다. 열심히 돈을 모아 작은 구멍가게 하나를 차렸을 때 아들 준일의 친부인 주석(안성기)이 나타난다. 주석은 택시 운전사지만 실은 소매치기 출신이다. 그 때문에 갓 결혼한 명숙을 두고 걸핏하면 감옥에 드나들었고 주석의 감옥행이 잦아지자 명숙은 주석을 떠났던 것이다. 주석은 자신이 준일의 친부임을 주장하면서 명숙에게 다시 돌아오라고 하고 태섭은 명숙을 사랑한다면서 주석에게 떠날 것을 요구한다. 죽은 줄 알았던 친부의 출연으로 혼란스러워진 아들을 위해 명숙은 가게를 정리해서 어디론가 떠나기로 결심한다. 그때 태섭이 건달 시절에 자신이 사람을 죽인 사실을 자수했다면서 주석에게 명숙을 데려가라고 권한다. 리어카에 짐을 싣고 길을 떠나려는 명숙과 준일 앞에 주석의 택시가 선다.

● 배창호 감독 데뷔작. 원작 이동철, 각본 배창호, 기획 이장호, 조감독 신승수, 병신춤의 명인 공옥진이 특별 출연하여 병신춤을 선보인다. 서민들의 삶에 대한 끈질긴 애착과 생명력을 현실감 있게 그려낸 수작으로 감독은 이 작품 하나로 일찌감치 '배창호 시대'를 열게 된다. 1980년대 초반 도시의 개발현장과 소외된 빈민촌을 롱 숏으로 잡으면서 홀로 아이를 키우며 고군분투하는 여주인공의 캐릭터를 깔끔하고도 감동적으로 살린다. 특히 마지막 장면에서 가난하지만 정겨웠던 달동네를 떠나면서 김보연이 깨진 거울로 자신의 모습을 비쳐보는 장면은 힘든 상황을 이겨내가려는 여인의 고달픔이 밀도 있게 표현된다. 이 영화가 실패할 경우 영화계를 떠나기로 했던 배창호는 죽기 살기로 최선을 다했다고 한다. 그러나 제5공화국 시절인 당시에는 사전 시나리오 심의와 완성된 프린트의 검열이라는 이중검열 제도가 있었고 이 작품의 영화화를 바라지 않았던 심의관들은 신청한 시나리오를 다섯 차례나 반려하는가 하면 수정 지시 사항은 60군데나 되었다. 수정 지시 사항들을 살펴보면 대부분 황당한 내용이다.

우선 '꼬방동네'를 제목으로 내건 것을 못마땅하게 여겼다. 따라서 영화 속 여주인공이 검은 장갑을 낀 대목이 있다고 해서 제목을 '검은 장갑'으로 바꿀 것을 요구하기도 했다. (최소원, 《씨네21》08. 8. 25)외에도 방에다 요강을 두지 말 것, 순경이 시민들에게 반말하지 말 것, 부부싸움을 할 때 부인의 머리채를 끌지 말 것 등이 있다. 담당자에게 "영화를 찍지 말라는 말이냐?"고 항의하자 담당자 역시 우리로선 어쩔 수 없으니까 알아서 찍으라고 했다는 것이다. 그래서 멜로드라마 틀로 살짝 피해서 몰래 찍었고 막상 완성된 프린트 필름을 본 검열관들조차 눈물을 흘리며 감동했다는 후일담이 있다.(배창호, 「나의 감독 데뷔기」, '꼬방동네 사람들', 조선 02. 6. 28) 그 덕분에 "잘리지 않고" 극장에 걸릴 수 있었으며 감독은 대종상 신인감독상을 수상. 롱테이크와 서정적이고 감각적인 미학 추구로 평가받은 배창호는 1980년대 코리안 뉴웨이브 감독이자 흥행 감독으로서의 입지를 다지게 되었다.

당시 10만 관객은 지금의 50만 명 정도와 맞먹는 숫자로 영화는 그해 흥행 베스트 4위를 기록했으나 1987년 민주화 투쟁 이전까지 해외수출은 금지되었다. 첫 작품의 성공으로 고무된 배창호는 '철인들'(1982)에 이어 '적도의 꽃'(1983), '고래사냥', '그해 겨울은 따뜻했네', '깊고 푸른 밤'(1984) 등 수많은 걸작을 연달아 내놓게 된다.

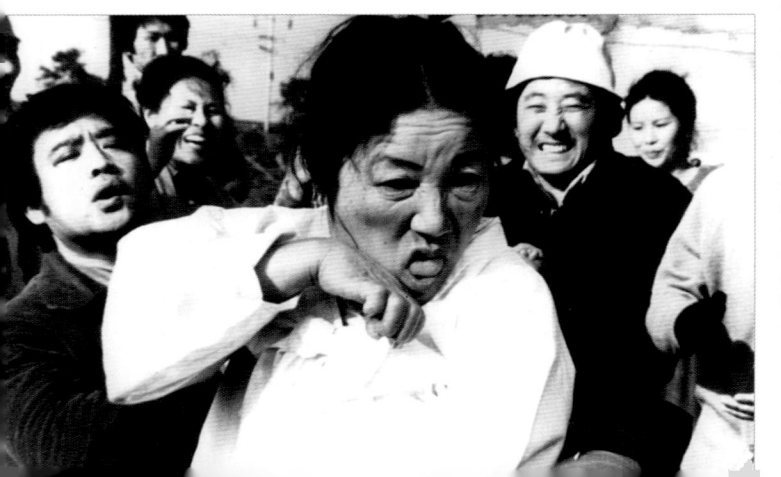

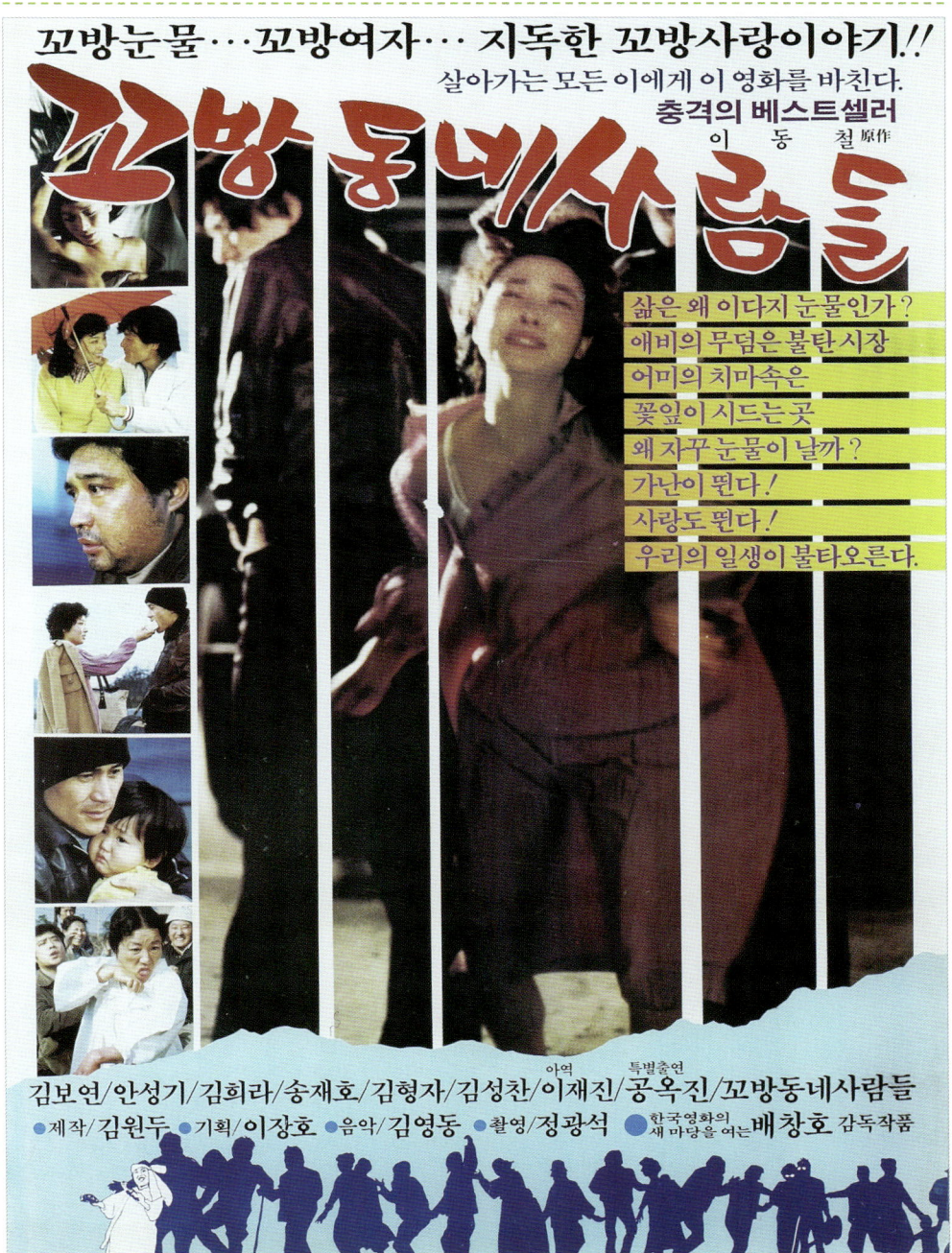

꼬방눈물···꼬방여자··· 지독한 꼬방사랑이야기!!
살아가는 모든 이에게 이 영화를 바친다.

꼬방동네사람들

충격의 베스트셀러
이 동 철 原作

삶은 왜 이다지 눈물인가?
애비의 무덤은 불탄 시장
어미의 치마속은
꽃잎이 시드는 곳
왜 자꾸 눈물이 날까?
가난이 띈다!
사랑도 띈다!
우리의 일생이 불타오른다.

김보연/안성기/김희라/송재호/김형자/김성찬/이재진/ 아역 공옥진/ 특별출연 꼬방동네사람들
●제작/김원두 ●기획/이장호 ●음악/김영동 ●촬영/정광석 한국영화의 새 마당을 여는 배창호 감독작품

탄야 Tanya(1982)

(연방영화) 100분 극영화 연소자불가/
멜로

감독 : 노세한
제작 : 최춘지
각색 : 곽지균(원작 박영애)
개봉 : 1982년 11월 6일 서울극장
(서울)
관람인원 : 6만 3167명(서울)
출연 : 안소영, 하명중, 임혁, 강석우,
박지영, 문정숙, 안세희, 김종
구, 박암, 이석구, 전숙 외
기획 : 양봉석
촬영 : 전조명
음악 : 신병하
조명 : 손영철
편집 : 김희수
미술 : 조경환
소품 : 박창녕
스틸 : 김병옥
사운드 : 김성찬, 손효신
조감독 : 윤정식

탄야는 미술 전람회에서 만난 유성민과 약혼 후 그가 간질병임을 알게 된다. 이 일로 성민은 목숨을 끊고 탄야는 마음에 큰 상처를 입는다. 의사의 권유로 등산을 다니던 탄야는 젊은 비구 오효를 만나지만 오효는 탄야에 대한 이성의 감정 때문인지 행방을 감춰버린다. 탄야는 대학 졸업 후 재미 대학교수 최혁과 결혼, 그러나 뉴욕에서의 최혁의 생활방식에 이질감을 느끼고 다시 한국으로 돌아온다. 심신을 달래기 위해 혜광사에서 지내던 탄야는 여기서 예전의 오효와 재회하고 둘은 각자 혜광사를 떠난다. 그로부터 5년 후 종단과의 문제로 환속한 오효가 하지훈이란 소설가로 변신하여 탄야 앞에 나타난다. 두 사람은 다시 만났지만 더 이상 가까워지지 못한 채 탄야는 첫사랑인 유성민의 환영에 사로잡힌다.

● '26×365=0'(1979)로 감독 데뷔한 노세한의 네 번째 연출작. 당시 미국에서 돌아온 박영애가 1981년에 발표하여 독자들의 호응을 받았던 동명 소설을 원작으로 하고 있다. 미모와 육체로 계급상승을 꿈꾸던 여자가 신데렐라가 되는 순간 자아를 찾게 되는 내용.
'애마부인'으로 널리 알려진 안소영이 주연한 영화로 수도승과 한 여인의 숙명적 사랑이 지리산과 뉴욕을 배경으로 펼쳐진다. 관객 6만 3167명 동원. 각색자 곽지균은 이후 '겨울 나그네'(1986)로 감독 데뷔를 하게 된다.

빨간 앵두 Red Cherry(1982)

(신한영화) 95분 극영화 연소자불가/
멜로

감독 : 박호태
제작 : 정도환
각본 : 김문엽, 김용진(원작 최희숙)
개봉 : 1982년 11월 6일 국도극장
(서울)
관람인원 : 1만 2751명(서울)
출연 : 방희, 신영일, 최윤석, 곽은경,
문태선, 서정아, 오영화, 김선
자, 이영호, 최석, 박용철 외
기획 : 김정조
촬영 : 김남진
음악 : 이철혁
조명 : 정경희
편집 : 현동춘
소품 : 신풍균
사운드 : 손인호, 손효신
스틸 : 황태성
현상 : 세방천연색
조감독 : 이운철

성불구인 남편 석우가 인간미마저 상실하자 인영은 미지의 세계를 동경하게 된다. 어느 날 민병구를 만난 인영은 병구와의 관계를 위해 가출도 불사하지만 병구와의 관계는 불장난처럼 끝난다. 남편 석우는 떠나간 아내를 저주하고 어린 딸 하미는 엄마를 찾아 헤매고 시아버지 강회장만이 며느리의 가출을 이해한다. 석우는 아버지와 딸이 괴로워하는 것을 보고 자신의 잘못을 돌아본다. 그러는 동안 지난 수년간 잃어버렸던 성의 본능이 되살아나면서 인영을 용서하고 받아들이게 된다.

● 성인 호스티스물을 주로 연출해온 박호태의 '앵두' 시리즈 제1탄. 제1편에 이어 2편(1985), 3편(1986), 4편(1988), 5편(1990)에서 8편(1994)까지 내놨다. 2편은 이수진, 한지일, 문태선, 곽은경이 출연, 1985년 11월 24일 대한극장(서울)에서 개봉하여 관객 8680명을 동원했다. 4편은 김정아, 김용만 출연, 1988년 11월 19일 금성극장(서울)에서 개봉하여 관객 1만 1988명. 5편은 김정아, 김국현, 마영달 출연, 1990년 9월 21일 연흥, 동아, 코리아, 신영, 장충극장(서울)에서 개봉되어 관객 6031명. 8편의 경우, 이유라, 신성하, 김국현, 남수정이 출연, 1994년 6월 2일 시네마극장(서울)에서 개봉하여 관객 5253명을 동원하는 등 출연진과 흥행이 부진한데도 이 시리즈는 계속 만들어졌다.

신서유기

손오공대전비인 孫悟空大戰飛人 The New Travelog to India(1982)

640년 당나라 고승 삼장법사가 손오공과 저팔계, 사오정을 데리고 천축국으로 경문을 가지러 떠난다. 3만 8000리의 먼 거리를 걸어서 여행하는 수난과 고행의 장도다. 당나라를 떠나 열 네 나라를 거쳐 1만 1000리를 강행군한 끝에 자치국에 당도한 삼장법사 일행은 수천 명의 스님들이 삼천관이라는 사교의 궁전을 짓는 데 동원된 것을 목격한다. 삼장 법사 일행은 도술사들과 비 내리기 시합을 벌이고 손오공이 승리하자 왕에게 탄원하여 혹사당하던 스님들을 구한다. 도술사들은 복수하기 위해 백골정이라는 마귀에게 도움을 받아 여러 가지 변신술로 이들을 해하려 하지만 손오공의 심안술에 들켜 실패로 끝난다. 삼장법사 일행은 무사히 천축에 들어가 불경을 가지고 돌아온다.

● 김종성 각본 · 감독 작품. 중국 감독 조사룡이 공동으로 연출한 무협영화로 손오공이 갖은 난관을 극복하고 천축국(인도)의 경문을 얻게 되는 내용. '신서유기(손오공대전비인)'가 히트를 한 것은 '손오공' 자체가 널리 알려진 명작에다 SF 기술력이 어린이들의 입소문을 탄 것으로 알려지고 있다. 관람 인원 17만 6000명으로 1983년도 한국영화 흥행 순위 1위.

(한진흥업, 뢰문전영기업) 95분 극영화 연소자가/액션 어드벤처
감독 : 김종성(한국), 조사룡(중국)
제작 : 한갑진, 이창만
각본 : 김종성
개봉 : 1983년 1월 1일 아세아극장 (서울)
관람인원 : 17만 5729명
출연 : 김용만, 이재영, 주은섭, 김유행, 이숙정(한국 출연진), 양수진, 우상겸(중국 출연진)
촬영 : 안창복
음악 : 정민섭, 료중상(중국)
조명 : 이억만
편집 : 현동춘
소품 : 이상구
의상 : 장익추
분장 : 안건호
사운드 : 유창국
조감독 : 라금희

마음은 외로운 사냥꾼

The Heart Is a Lonely Hunter(1982)

가수 훈(나훈아)은 공항에서 우연히 만난 강 회장(김진규)의 숨겨진 여인 오수미(정윤희)에게 연정을 느낀다. 바닷가 별장으로 수미를 찾아가는 훈을 보고 친구들은 극구 만류하지만 수미는 오히려 권태로운 자신의 생활을 호소하며 훈에게 접근한다. 인기와 노래마저 저버린 채 수미에게 몰두하는 훈을 보고 강 회장도 결국 수미를 놓아준다. 그러나 훈은 다시 노래를 부르고 싶어 하고 수미는 훈을 독점하고 싶어 한다. 공항에서 만나기로 약속한 날, 훈은 끝내 나타나지 않고 수미는 혼자서 미국으로 떠난다.

● 미국 남부 문학을 대표하는 여류작가 카슨 매컬러스의 소설 『마음은 외로운 사냥꾼(The Heart Is a Lonely Hunter)』의 제목을 빌려 썼다. 1940년에 발표해 메리트상을 받은 매컬러스의 작품은 외로운 섬처럼 살아가는 다섯 사람의 모습을 섬세한 필치로 그린 문제 소설로 이 영화는 가수가 등장한다는 것 외에는 원작과는 다른 내용이다. 가수 나훈아가 직접 출연, 나훈아는 1975년 가요계 은퇴를 선언한 후 이 영화 출연과 함께 다시 컴백하여 제19회 백상예술대상 주제가상을 받았다.

(합동영화) 108분 극영화 연소자불가/멜로 신파
감독 : 이원세
제작 : 곽정환
각본 : 이희우
개봉 : 1983년 4월 2일 서울극장 (서울)
관람인원 : 2만 7568명(서울)
출연 : 나훈아, 정윤희, 김진규, 김희라, 최희정, 백송, 김기종, 박동룡, 신찬일, 최무웅 외
기획 : 이지룡
촬영 : 박승배
음악 : 최종혁
조명 : 김기수
편집 : 현동춘
소품 : 김승의
사운드 : 김병수
스틸 : 박희재
현상 : 세방현상소
조감독 : 한영열
수상 : 제19회 백상예술대상 주제가상 (나훈아)

백구야 훨훨 날지마라 Sea Gull, Don't Fly Away(1982)

(우진필름) 123분 극영화 연소자불가/
멜로

감독·제작 : 정진우
각본 : 송길한
개봉 : 1983년 1월 29일 단성사(서울)
관람인원 : 4만 7368명(서울)
수출현황 : 일본(84)
출연 : 나영희, 하재영, 신성일, 장혁,
이성웅, 심상천, 김을동, 임옥
경, 이정애, 임해림 외
기획 : 한상호, 유영무
촬영 : 손현채
음악 : 한상기
조명 : 이민부
편집 : 현동춘
미술 : 도용우
동시녹음 : 양후보
사운드 : 김경일
조감독 : 선우완, 송재호
수상 : 제21회 대종상영화제 특별상
(신인 부문: 나영희), 제3회 영
평상 각본상(송길한)·여자연기
상(나영희)·특별공로상(석금
성)

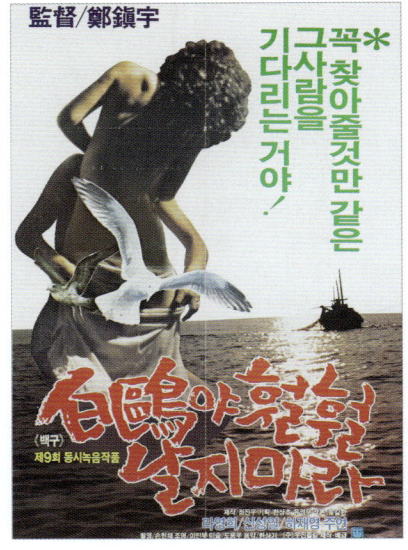

뱃사람 두진은 흑산도 술집에서 파시 아가씨 은주를 큰 가방에 넣어 훔쳐가지고 나온다. 그리고 선원들의 축복을 받으며 첫사랑 은주와 갑판 결혼식을 올린다. 그러나 목포선착장에 도착하자 흑산도 술집에서 보낸 사내들에게 붙잡혀 은주는 다른 섬으로 팔려간다. 지칠대로 지친 은주는 연평도에 머물게 되고 두진은 은주의 행방을 찾아 여러 섬을 떠돌아다닌다. 연평도 파시에서 고등어 한 마리 값으로 몸값을 흥정한 은주가 방에 들어섰을 때 그곳에 놀랍게도 두진이 와 있었다. 갯벌로 달아난 은주를 뒤쫓아 온 두진은 은주의 모든 상처와 아픔을 온몸으로 감싸준다. 두진은 은주가 진 빚을 모두 청산해주고 사랑을 약속하며 출어의 배에 오른다.

● '심봤다'(1979), '뻐꾸기도 밤에 우는가'(1980)를 연출한 정진우가 낙도로 팔려간 여인의 생존을 추적한 작품. 뱃사람을 상대로 생선 한 마리 값에 몸을 흥정하는 대목은 그 당시 각박한 사회상을 반영하면서 인간 말살과 생존 앞에 몸부림치는 여인의 처참함이 고발된다.
　이 영화에서 가장 인상적인 것은 배 위에서 결혼식을 올릴 때 두 남녀가 하늘에 뜬 무지개를 배경으로 키스신을 연출한 장면이다. 이 무지개는 합성이 아닌 유리판에 그린 것으로 당시의 열악한 작업 환경을 짐작게 한다. 이 유리판 무지개는 마지막 장면에서 다시 한 번 등장했으나 검열 측이 "흑산도, 연평도는 북한과 인접한 곳으로 북쪽 하늘에 뜬 무지개는 북한이 낙원이라는 의미가 되기 때문에(김송호, 《씨네21》 05. 12. 9)" 난도질을 당했다는 웃지 못할 에피소드를 남겼다. 남해 낙도에서 로케이션 촬영됐다. 나영희는 이 영화로 대종상영화제 특별상인 신인연기상을 받았다.

안개마을 Village of Haze(1982)

수옥(정윤희)은 두메산골의 한 초등학교 교사로 발령받아 서울에서 내려온다. 그날 동네 어귀 버스 정류장에 내린 수옥에게 깨철(안성기)이 섬뜩한 시선을 보낸다.

마을의 이방인인 깨철에게 동네 여자들은 밥도 주고 잠잘 곳도 제공해준다. 한데 어느 날 깨철이 동네 남자에게 두들겨 맞는 사건이 일어난다. 깨철이 자신의 처와 간통을 했다는 것이다. 동네 사람들은 아무도 이를 믿지 않았다. 오히려 깨철은 고자라서 그럴 리 없다고 그를 감싸주었다.

그런 일이 있은 지 얼마 후 수옥은 우연히 깨철과 동네 아낙이 옥수수밭에서 정사를 벌이는 장면을 목격하게 된다. 깨철은 고자라는 소문으로 자신을 은폐하면서 동네 여자들의 억압된 성적 욕망을 풀어주고 있었다. 그 무렵 서울에서 약혼자 영훈이 내려온다는 소식에 역으로 나갔다가 헛걸음질치고 돌아오는 길에 수옥은 벌판의 기름 창고로 끌려가 깨철과 정사를 나누게 된다.

그후 수옥은 영훈과의 결혼을 위해 서울로 가게 되고 그때도 동네 어귀에서 새로 부임해오는 여교사를 향한 깨철의 섬뜩한 눈길을 보게 된다. 수옥은 여교사에게 깨철의 존재를 일러주려다 말고 그 앞을 지나쳐버린다.

● 임권택의 76번째 연출작. 이문열의 단편소설 「익명의 섬」을 영화화한 작품. 영화가 내세운 주제는 성(性)이며 깨철이라는 인물의 역할을 통해 억압된 성을 해결하는 과정을 한 여교사가 관찰하여 파헤쳐간다는 설정이다. 소설의 기본 구조를 골격으로 삼으면서 단편소설을 1시간 이상의 러닝타임으로 유지하기 위해 안개를 배경으로 "친족으로 얽힌 한과 폐쇄된 마을의 은밀한 이면성을 성(性)의 모티브"(한국영상자료원 편, 『한국영화사공부』, 이채, 2005년, p.19)로 풀어내고 있다. 이 영화는 20일간의 짧은 제작기간에도 불구하고 "상당히 완성도 높은 작품으로 만들어졌다"(세계 98. 3. 17)는 평을 들었다.

"안개 속에 감추어진 무서운 인간 본능, 간밤에도 갈대숲엔 남자와 여자가 있었다"라는 광고 카피에서 보듯이 영화는 처음부터 음란한 분위기를 의도적으로 노출하여 도시와 농촌이라는 서로 다른 윤리가 대립구도를 보이면서 극중에서 벌어지는 성행위와 사건은 더욱 에로틱하게 연출된다. 그러나 문제의 초점인 성의 탐구보다 당시 한국영화에서 시도 때도 없이 노출되곤 하는 에로티시즘에 초점을 맞추고 있다는 인상을 강하게 던져준다. 특히 마지막 장면에서 수옥이 새로 부임하는 여교사에게 깨철에 대한 아무런 정보도 흘리지 않는 것은 수옥이 그런 것처럼 새 교사도 깨철이를 필요로 할 때가 있을지도 모른다는 은밀한 공범의식을 조장한다. 이때 뒷동산에서 마을을 내려 보는 깨철의 실루엣은 마치 마을을 지켜주는 수호신처럼 그려진다.

임권택을 필두로 촬영감독 정일성, 배우와 스태프진의 팀워크가 돋보이는 작품으로 대종상과 백상예술대상, 영평상에서 안성기가 남우주연상, 임권택은 백상예술대상 작품상과 감독상을 받았다. 당시 임권택은 국내뿐만 아니라 국제적으로 작품성을 인정받아 이 영화는 런던영화제에 초대되었고 1987년에 인도에 수출됐다. 한국영상자료원 '한국영화 100선'에 선정.

(화천공사) 91분 극영화 연소자불가/미스터리

감독: 임권택
제작: 박종찬
각본: 송길한(원작 이문열)
개봉: 1983년 2월 12일 허리우드 극장(서울)
관람인원: 2만 3455명(서울)
수출현황: 인도(87)
출연: 정윤희, 안성기, 박지훈, 진봉진, 오영화, 이예민, 김지영, 조남경, 최동준, 조인선, 주상호, 조학자, 곽은경, 김기범, 양일민, 나정옥, 홍동은, 권일정, 고설봉, 오중근 외
기획: 김재웅, 조명화
촬영: 정일성
음악: 김정길
조명: 차정남
편집: 김창순
소품: 이태우
사운드: 김병수, 김경일
스틸: 백영호
현상: 영진공
조감독: 유영진, 이철호, 김상범, 최대용
수상: 제22회 대종상영화제 남우주연상(안성기)·촬영상(정일성), 제19회 백상예술대상 작품상(화천공사)·감독상(임권택)·연기상(안성기)·기술상(조명: 차정남), 제4회 영평상 남우주연상(안성기)

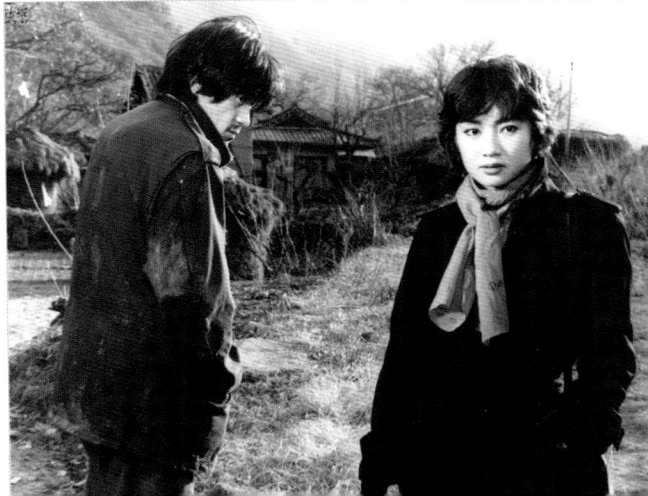

안개는 여자처럼 속삭인다
Mist Whispers Like Women(1982)

(합동영화) 97분 극영화 연소자불가/
공포

감독 · 각본 : 정지영
제작 : 곽정환
개봉 : 1983년 4월 23일 서울극장
　　　(서울)
관람인원 : 6만 9059명(서울)
출연 : 신일룡, 오수미, 윤영실, 차현
　　　재, 김수경, 최경선, 김만, 송영
　　　수, 김석훈(특별 출연) 외
기획 : 이지룡, 이황림
촬영 : 박승배
음악 : 신병하
조명 : 김기수
편집 : 김희수
소품 : 김승의
사운드 : 한양녹음실, 손효신
특수효과 : 김철석
스틸 : 박희재
조감독 : 장길수, 이동진

성민(신일룡)과 도희(오수미)는 성민의 아내 혜련(윤영실)을 유인해서 물에 빠뜨려 죽게 한 후 집의 정원에서 실족사한 것처럼 꾸민다. 그러나 아내의 시신은 어디론가 사라지고 아내가 살아난 흔적이 나타나면서 성민은 공포에 질린다. 그때마다 아내의 환영을 미친 듯이 뒤쫓지만 언제나 헛수고로 끝난다. 신경불안증과 죄의식에 시달린 성민은 점점 더 광증이 심화되고 마침내 아내가 나타나겠다고 예고한 날, 발광을 견디다 못해 연못에 빠져 죽는다. 성민의 흉계를 눈치 챈 아내 혜련이 도희를 이용해서 복수한 것이다.

외국으로 떠나려는 혜련의 앞에 사건을 끈질기게 추적하던 형사가 가로막는다. 도희가 모든 것을 밝힘으로서 끝없는 탐욕이 저지른 죄의 결말은 파국을 맞는다.

● 정지영 감독 데뷔작. 앙칼진 매력의 소유자들인 오수미(본명 윤영희)와 윤영실 자매의 주연 작품이다. "한국영화에서는 드물게 두 여주인공을 팜므파탈로 등장시켜 반전에 반전을 거듭하는 느와르풍 영화"(「한국 영화사 공부 1980~1997」, 2005년, p.19)라는 평을 받았다. 감독이 직접 각본을 썼다. 관객 7만 동원. 후에 '남부군'(1990), '하얀전쟁'(1992)등 대작 영화를 선보이게 된다.

엑스 X(1983)

(합동영화) 104분 극영화 연소자불가/
사회물

감독 : 하명중
제작 : 곽정환
각본 : 하명중(원작 조해일)
각색 : 이호
개봉 : 1983년 10월 22일 서울극장
　　　(서울)
관람인원 : 3만 5868명(서울)
출연 : 이미숙, 하재영, 이구순, 문정
　　　숙, 전무송, 김애경, 박지훈, 남
　　　수정, 박기수, 하준원 외
기획 : 이지룡　　촬영 : 유영길
음악 : 신병하　　조명 : 강광희
편집 : 김희수　　미술 : 도용우
소품 : 이원우　　스틸 : 박희재
사운드 : 이영길, 이재희
현상 : 영진공
조감독 : 이광주
수상 : 제22회 대종상영화제 특별상신
　　　인 부문(감독: 하명중)

간밤에 해괴한 꿈을 꾼 수옥은 수영장에서 우연히 동식을 만난다. 고아인 동식은 강사 생활을 하면서 더 이상 버틸 수 없는 가난한 현실을 개탄한다. 한편 수옥은 양공주인 엄마 품에서 어린 시절을 보내고 대학까지 나왔으나 애인 덕기는 수옥의 엄마가 양공주인 사실을 알게 되자 그녀를 버린다. 실연당한 수옥이 자학하고 있을 때 동식을 만났고 그들은 서로의 처지를 이해하여 사랑하게 된다. 두 사람이 무난하면서도 건강한 삶을 살고 있을 때 갑자기 덕기가 나타나 수옥을 모욕하고 자존심이 상한 수옥은 덕기를 살해한다. 그리고 수옥과 동식은 푸른 바다로 달려가 멀리 낙원을 찾아 헤엄쳐 간다.

● 하명중 감독 데뷔작. 1972년 친형인 하길종의 '화분', '수절'(1973)에 출연했던 하명중은 1979년 하길종이 뇌졸중으로 사망한 후 영화배우를 겸한 감독으로 데뷔, 이 작품으로 제22회 대종상영화제에서 신인 감독상을 받았다.

인간시장 – 작은 악마 22살의 자서전
Human Market, Small Devil An Autobiography of a 22 year old(1983)

총찬(진유영)은 고시공부를 위해 휴학중이다. 고향에서 소꿉친구인 다혜를 만나 서울로 올라온 그는 의남매를 맺은 은주누나가 남편에게 버림 받고 교도소까지 갔다는 소식을 듣고 크게 분노한다. 총찬의 끈질긴 추적으로 은주의 남편은 자신의 잘못을 뉘우치고 경찰에 자수한다. 총찬의 활약은 계속된다. 사이비 종교에 빠진 친구의 누이동생을 구하고 가난한 여인의 가방에서 돈을 훔친 소매치기들을 혼내주기도 한다. 통금시간에 경찰과 방범대원의 눈을 피해 명동을 활보하며 시체 안치실에서 도박으로 돈을 따서 학용품을 사거나 썩어빠진 의사와 악덕 이발사를 골탕 먹이기도 한다. 총찬은 국내를 뛰어넘어 일본에 가서 야쿠자와 대결하는 등 종횡무진 활동무대를 넓히면서 꽉 막힌 사회에서 청량제 같은 역할을 해낸다.

(동협상사) 95분 극영화 중학생가/사회물

감독 · 제작 : 김효천
각본 : 김문엽, 지상학(원작 김홍신)
개봉 : 1983년 7월 9일 명보극장 (서울)
관람인원 : 6만 1724명(서울)
출연 : 진유영, 원미경, 정한용, 김형자, 유동근, 유리, 김길호, 이해룡, 한세훈, 기주봉 외
기획 : 박재규, 이영우
촬영 : 정광석
음악 : 이철혁
조명 : 정덕규
편집 : 이경자
소품 : 차순하
사운드 : 김병수, 김경일
스틸 : 정기성
현상 : 영진공

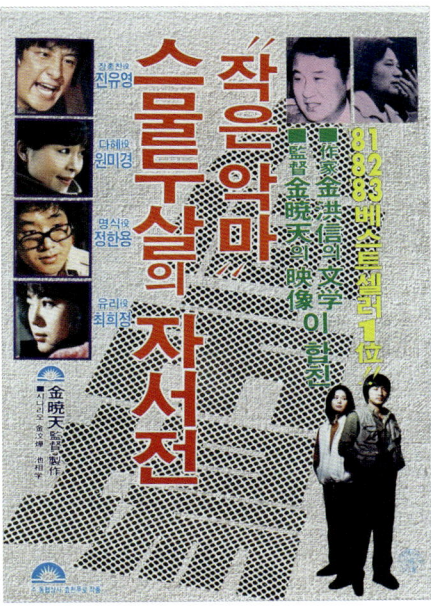

● 김홍신의 동명 베스트셀러 소설을 원작으로 하고 있다. 본래 주인공의 이름은 '권총찬'이지만 검열 때문에 '장총찬'으로 바꿨다고 한다.(작가의 말)

단편적인 사건들로 이루어진 연작소설로 삼류대학 법대생인 장총찬은 계룡산에 들어가 온갖 호신술과 도박, 소매치기 등의 경지를 터득한 후, 사회악을 철저하게 응징해 가는 주인공이 된다.

그러나 이 영화는 어둡다는 이유만으로 망원렌즈로 잡은 난지도 쓰레기장 장면이 잘려나가는가 하면 교회당 십자가를 향해 주인공이 "하나님 뭘 하십니까? 이 쓰레기 같은 놈들을 싹 쓸어버리지 않고?"라고 하는 자조적인 대사가 종교 모독의 인상을 줄 우려가 있다고 해서 잘려나가는 수모를 겪었다. 사회성 있는 작품에 대한 엄격한 규제로 이런 상황 묘사나 표현뿐 아니라 제목에서도 민감한 반응을 보였다.(유지나, 『멜로드라마란 무엇인가』, 민음사, 1999년 p.148) 소설에서는 엄연히 『인간시장』으로 발표된 것을 영화에서는 '작은 악마 스물 두 살의 자서전'으로 둔갑한 것도 그런 맥락에서다. 배우 진유영이 원조 장총찬으로 출연. 두 번째 작품인 김효천의 '인간시장 2 : 불타는 욕망'(1985)에서도 진유영과 원미경이 출연했다. 이후 주인공 장총찬 역을 맡았던 배우 진유영이 '지금은 양지'(1988), '89 인간시장 오! 하나님'(1989)과 '인간시장 3'(1991) 등 '인간시장' 시리즈의 연출을 맡게 된다.

일송정 푸른 솔은 The Green Pine Tree(1983)

(주식회사현진) 130분 극영화 연소자 가/전쟁

감독 : 이장호
제작 : 김원두, 강대수, 노동인
각본 : 백결
개봉 : 1983년 8월 27일 대한극장 (서울)
관람인원 : 7만 2620명(서울)
출연 : 신일용, 김기주, 박암부, 김기종, 김석훈, 진유영, 윤양하, 김운하, 이보희, 김명곤, 김국현, 강재일, 이완형, 김천만, 박재호, 이수형, 임광식(유경애 사물놀이) 외
기획 : 백결, 장선우
촬영 : 서정민
음악 : 정민섭
조명 : 김강일
편집 : 김희수, 이도원
미술 : 조경환, 조용삼
소품 : 우종삼
의상 : 이해윤
분장 : 채훈, 안건호
사운드 : 김병수, 김경일
특수효과 : 김철석
스틸 : 이태직
조감독 : 장영일, 최원, 조민희, 김대경, 유석주
수상 : 제22회 대종상영화제 최우수작품상·계몽 부문 작품상(현진)·미술상(조경환)·특별상 신인(연기: 이보희), 제20회 백상예술대상 시나리오상 (백결)

1910년 한일합방 이후 나라 잃은 백성들은 북간도로 이주한다 그곳의 열혈 애국청년들은 북로군정서(北路軍政署)라는 독립단체를 결성, 김좌진 장군(김기주)을 비롯한 투사들은 조국의 광복을 기다리며 민족혼을 불태우고 있었다. 1920년 10월, 만주를 삼킨 일제는 만주의 비적 장작림을 포섭하여 호시탐탐 독립군을 섬멸하려는 계략을 세운다. 김좌진 장군은 총사령(總司令)이 되어 군대를 양성, 이들 독립군 두 개 중대는 이를 피하지 않고 일본군에 대적하여 정면 대결한다. 이때 일본군은 5만여 명의 대병력으로 독립군을 포위하지만 김좌진 장군과 죽음을 각오한 독립군은 대혈전을 벌인 끝에 대승을 거둔다. 일본군 사상자는 3300여 명, 독립군의 피해는 100여 명에 불과했다. 이는 백의민족의 혼과 불타는 애국심의 발로로서 "김좌진 장군의 청산리 싸움은 투쟁이라기보다는 신화"라는 말을 남긴다.

● 이장호 연출의 전쟁영화. 시나리오 백결. 1920년 만주 청산리 전투에서 김좌진이 이끄는 독립군은 7일 밤낮 동안 일본군과 대적한 결과 세계전쟁 사상 보기 드문 전과를 남겼다. 이는 한국독립군이 해외에서 거둔 최대의 승리로 기록된다. 김좌진 역에 김기주, 이범석 역에 신일용이 열연했다. 후에 '서편제'(1993)로 알려진 김명곤의 스크린 데뷔작으로 여기서는 단역 '병사'로 나온다. 그 외 영화 마지막에는 실제로 청산리전투에 참전했던 유일한 생존자 이우석 옹(당시 나이 87세)이 나와서 그 시절을 회상하는 장면이 있다.

제목은 만주 통정을 무대로 활약한 독립투사를 노래한 '선구자'에서 따온 것이며 이에 대한 고증은 건국대학교 박영석 교수가 맡았다. 1983년 당시로서는 막대한 제작비를 들여 만든 영화였으나 제작비 투입에 비해 관객 동원은 저조했다.

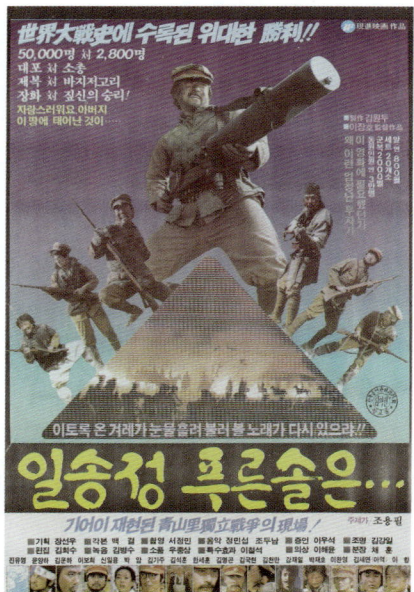

적도(赤道)의 꽃 The Flower at the Equator(1983)

아파트에서 혼자 살고 있는 미스터 M(안성기)은 망원경으로 다른 집을 훔쳐보는 것이 취미다. M은 어느 날 건너편 아파트에 이사 온 여자(장미희)를 보고 첫눈에 그녀에게 빠져든다. 슈퍼마켓이나 길거리에서 또는 콘서트장에서 M은 그녀가 눈치채지 못하도록 따라다닌다. 그러다가 그녀가 돈 많은 중년 남자의 정부라는 사실을 알게 된다. 분노한 M은 그 중년남자의 집 전화번호를 알아낸 후 부인에게 남편과 그녀와의 정사 현장을 일러바친다. 그렇게 시작된 M의 집착은 여자로 하여금 주변의 모든 사람들과의 관계를 단절시키게 만든다. 여자는 조금씩 자신의 운명을 뒤트는 사람의 정체에 대해 궁금해지게 되고 그가 자신의 구원이라고 착각하게 된다. 꿈에도 그리던 구원의 남자와 처음 만난 날, M은 그녀를 죽이고 싶은 살의에 휩싸인다. 빗속에서 그녀의 목을 조르는 순간 경비원이 나타나자 M은 그녀를 빗속에 남겨둔 채 혼자 도망친다. 결국 세상 모두가 자신을 버렸다고 단정한 여자는 아파트로 돌아와서 가스를 틀어놓고 자살한다.

(동아수출공사) 100분 극영화 연소자 불가/멜로

감독 : 배창호
제작 : 이우석
각본 : 최인호(원작 최인호)
개봉 : 1983년 10월 29일 단성사 (서울)
관람인원 : 15만 5042명(서울)
출연 : 안성기, 장미희, 신일용, 나영희, 남궁원 외
기획 : 이권석
촬영 : 정광석
음악 : 이범희
조명 : 강상용
편집 : 김희수
소품 : 김태욱
사운드 : 김병수, 김경일
스틸 : 서흥익
조감독 : 신승수, 오덕재
수상 : 제22회 대종상영화제 여우주연상(장미희), 제20회 백상예술대상 연기상(안성기), 방콕 제29회 아태영화제 최우수감독상(배창호), 한국영화인협회 촬영분과위원회 우수촬영상(정광석)

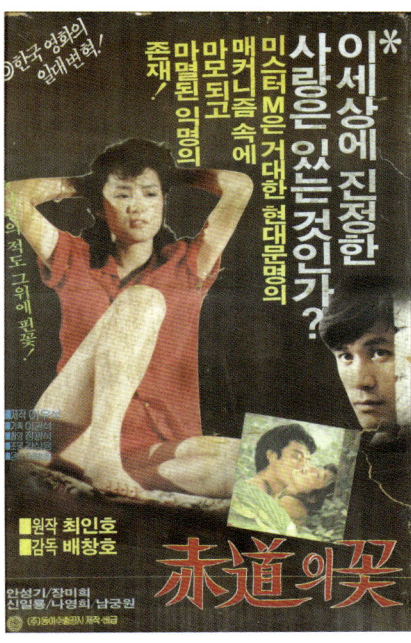

● 첫 영화 '꼬방동네 사람들' (1982)의 10만 관객 동원으로 흥행에 성공한 배창호는 같은 해 최인호 원작소설인 「적도의 꽃」을 연출. 영화 '적도의 꽃'은 아파트라는 고독한 공간과 현대문명에 가려진 인간의 소외감이 관음증과 스토커로 돌변하다가 살인과 자멸로 이어지는 과정을 묘사했다. 장미희는 이 영화로 제22회 대종상 여우주연상, 배창호는 29회 아태영화제에서 감독상을 받았다. 관객 16만 명으로 1983년 한국영화 흥행 순위 2위를 기록, 첫 작품에 이어 두 번째 작품이 연이어 성공한 케이스다.

불의 딸 Daughter of Fire(1983)

(동아흥행) 108분 극영화 연소자불가/
드라마

감독 : 임권택
제작 : 이재훈
각본 : 송길한(원작 한승원)
개봉 : 1983년 11월 5일 국제극장
　　　　(서울)
관람인원 : 6252명(서울)
출연 : 박근형, 방희, 김희라, 윤양하,
　　　　최동준, 윤영애, 이경빈, 김운
　　　　하, 김화영, 주상호, 전무송, 양
　　　　택조 외
기획 : 최상균　　촬영 : 정일성
음악 : 김정길　　조명 : 송문섭
편집 : 김희수　　미술 : 송백규
소품 : 이원우　　의상 : 이해윤
분장 : 홍동의　　동시녹음 : 이성근
사운드 : 이재웅, 김경일
스틸 : 이태성
조감독 : 유영진
수상 : 제22회 대종상영화제 남우조연
　　　　상(김희라) · 특별상 각색 부문
　　　　(송길한)

신문기자 해준은 불의 여인에 대한 환각과 시나위 가락의 환청에 시달린다. 병의 원인이 어머니와 관련된 것임을 깨달은 해준은 어머니 용녀의 행적을 찾아 나선다. 그의 부모는 무당이었다. 아버지는 정신대로 끌려갔거나 독립운동을 하다가 비명에 간 사람들의 집을 찾아다니며 굿을 해주다가 신사(神社)에 불을 지르고 죽었다. 어머니 용녀는 남편이 죽은 후 미신 타파가 조성되던 당시 사회 분위기 때문에 굿판을 잃어버린 무녀다. 어머니는 정신이상이 되어 이곳저곳 떠돌다가 불 속에 뛰어들어 자신의 한과 육신을 불사른다. 해준은 무병(巫病)으로 신문사를 그만두고 내림굿을 받으면서 자신의 병을 치유하게 된다.

● 한승원의 동명 소설을 임권택이 영화화한 작품. 1981년에 발표한 「불배」, 「불곰」, 「신의 딸」, 「불의 아들」과 1982년 「불의 문(門)」에 이은 연작 소설로 인간의 근원적인 뿌리를 찾아 몸부림치는 한 인간의 고뇌와 구원을 그리고 있다. 영화는 원작에서 제시한 남도의 섬마을이라는 토속적인 배경 속에서 인간의 심층적인 의식 세계를 통한 신화적 의미를 밝혀내고 있다. 주인공 '나'는 어머니와 아버지의 행적을 찾아 나서면서 자신의 과거와 만나 아버지와 어머니의 존재를 확인하게 된다. 즉 묻혀 있던 혈연의 연관성과 가족사의 내막을 알게 됨으로써 자신의 잃어버린 삶을 회복하게 된다는 일종의 문예영화. 김희라가 제22회 대종상 남우조연상을 수상했다.

얼굴이 아니고 마음입니다
Not Looks But The Heart(1983)

(동아수출공사) 105분 극영화 중학생
가/코미디

감독 : 이형표
제작 : 이우석　　각본 : 이희우
개봉 : 1983년 11월 19일 스카라극장
　　　　(서울)
관람인원 : 1만 6963명(서울)
출연 : 이주일, 원미경, 김동현, 지영
　　　　경, 박원숙, 박병호, 강계식, 문
　　　　정숙, 배영정, 박지훈 외
기획 : 이권숙
촬영 : 양영길
음악 : 정민섭
조명 : 최입춘
편집 : 현동춘
소품 : 김태욱
사운드 : 손인호, 손효신
스틸 : 서흥익
조감독 : 주영식, 최병규, 정일수,
　　　　박석규

경일(이주일)은 누이동생 경아(원미경)와 자동차에 생활용품을 싣고 다니며 파는 이동백화점 사장이다. 어느 날 경쟁관계인 장사꾼들과 싸움을 벌이다 병원에 입원하게 된 경일은 그곳에서 간호원 숙희를 만난다. 숙희를 짝사랑하게 된 경일은 퇴원 후에도 숙희를 만나기 위해 갖은 방법을 다 동원하지만 그때마다 번번이 실패로 끝난다. 경일의 마음은 답답하기만 하다. 한편 경일은 경아만은 좋은 상대를 만나 결혼하기를 바란다. 그러나 경아는 평범한 건축기사 민호와 사귀고 있다. 그러나 두 사람의 결혼식을 앞두고 나서야 민호가 큰 회사의 사장 아들임이 밝혀진다. 경아와 민호가 결혼하던 날, 그날 경일은 우연히 숙희도 다른 사람과 결혼하게 된 사실을 알게 된다. 경일은 마음을 훌훌 털고 그녀에게 결혼선물과 함께 축하편지를 보낸다.

● 코미디언 이주일의 희극 연기를 볼 수 있는 멜로드라마. 이형표는 1980년대 이후 한국적 풍자와 해학이 강조된 밝고 건강한 코미디를 선보이기 시작한다. 이 영화는 서민적 코미디로 감독은 '먼 여행 긴 터널'(1986)을 마지막으로 현역에서 물러난 후 2004년 신상옥의 마지막 영화 '겨울 이야기'의 시나리오를 썼다.

과부춤 Widow Dance(1983)

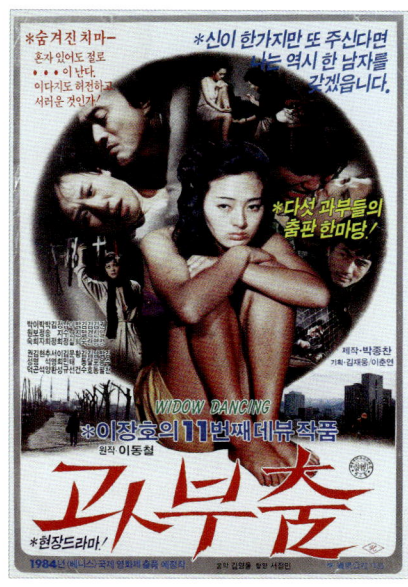

홍말숙(이보희)은 사내에게 속아 아이만 낳고 생과부가 된다. 그녀는 아이를 오빠 내외에게 맡기고 남편을 찾아 일본까지 건너갔다가 허탕을 치고 돌아온다. 이후 결혼상담소 소장(박정자)과 손잡고 재일교포 미망인 행세로 사기행각을 벌이게 된다. 한편 그녀의 오빠 홍찬일은 청소부로서 아들 동식, 동생 말숙의 딸 수진을 키우며 단란하게 살고 있다. 그러나 말숙은 사기행각을 벌이다 옥살이를 하게 되고 찬일은 어느 날 교통사고로 죽는다.

과부가 된 동식이 엄마, 그러니까 말숙의 올케(박원숙)는 빌딩 청소부로 취직한다. 말숙은 신흥개척교회의 광신도가 되지만 교회의 비리가 드러나면서 모든 것은 아수라장이 된다. 말숙과 그녀의 올케, 두 과부는 가망 없는 앞날을 헤쳐나갈 궁리를 하면서 영화는 쓸쓸하게 끝난다.

● 이장호, 이보희 콤비의 작품. 이동철의 소설 『오과부』를 원작으로 하고 있다. 그러나 제목부터가 부정적 또는 외설적이라는 이유로 '과부춤'으로 바뀌었다. 시나리오는 한국 마당극의 창시자인 임진택이 썼다. 임진택은 서울대 재학시절부터 시인 김지하의 영향으로 탈춤과 연극을 통해 문화운동을 펼친 판소리꾼이다. 영화 '과부춤'은 세 사람의 과부 이야기를 마당극처럼 자유롭게 펼쳐나가는 옴니버스 스타일로 이보희가 사기극을 벌이는 과부, 박원숙이 교통사고로 남편을 잃은 과부, 박정자가 사기극을 벌이는 결혼 상담소 소장으로 나오고 김명곤이 명창 박송희의 아들로 출연하여 박원숙을 넘보는 건달 역을 연기했다.

이 영화에는 전작인 '바보선언'과 마찬가지로 대사를 많이 생략한 채 빠른 화면으로 의미를 부여하여 보여줄 부분만 보여주는 선진적인 기법이 시도됐다.(이장호 《씨네21》 2000. 2. 29) '과부춤'이 개봉된 1984년은 한국영화가 관객들에게 외면 받던 암흑기로 이장호는 배창호와 함께 관객을 극장으로 불러 모을 수 있는 영향력 있는 감독 중 한 사람이었으나 구정 대한극장 개봉임에도 관객을 끌어들이는 데 실패했다.

(화천공사) 108분 극영화 연소자불가/사회물

감독 : 이장호
제작 : 박종찬
각본 : 임진택, 이장호(원작 이동철)
개봉 : 1984년 2월 2일 대한극장 (서울)
관람인원 : 1만 5207명(서울)
출연 : 박원숙, 이보희, 박정자, 박송희, 현석, 권성덕, 김명곤, 서영환, 이희성, 김동수, 김정, 남수정, 정지희, 추석양, 박용팔, 박부양, 김수천 외
기획 : 김재웅, 이춘연, 이동철
촬영 : 서정민
음악 : 김영동
조명 : 김강일
편집 : 김희수
미술 : 김유준
소품 : 김호길, 정민영
스틸 : 백영호
사운드 : 김병수, 김경일
조감독 : 장영일, 장민승, 조민희

여인 잔혹사 女人殘酷史 물레야 물레야

Spinning the Tales of Cruelty Towards Women(1983)

(한림영화주식회사) 100분 극영화 연소자불가/시대사극

감독: 이두용
제작: 정웅기
각본: 임충
개봉: 1984년 2월 25일 명보극장 (서울)
관람인원: 3만 5715명(서울)
수출현황: 홍콩(87, 88) 대만(88)
출연: 원미경, 신일룡, 문정숙, 최성관, 박민호, 최성호, 문미봉, 양춘, 현길수, 최정원, 태일 외
기획: 김갑의
촬영: 이성춘
음악: 정윤주
조명: 차정남
편집: 이경자
소품: 이태우, 배영준
의상: 이해윤, 김영란
분장: 홍동운
동시녹음: 이재웅
사운드: 김경일
스틸: 노기홀
현상: 영진공
수상: 제22회 대종상영화제 최우수작품상(한림영화) · 감독상(이두용) · 각본상(임충) · 조명상(차정남) · 녹음상(이재웅) · 편집상(이경자), 제20회 백상예술대상 여자최우수연기상(원미경), 제4회 영평상 여우주연상(원미경), 제37회 칸국제영화제 UN CERTAIN REGARD (주목할 만한 시선) 부문, 베니스국제영화제 비경쟁 부문 '주목할 만한 시선' 선정, 제20회 시카고영화제 최우수 촬영상(이성춘), 브라질 상파울로영화제 동상, 런던영화제 입상, 아카데미영화제 참가

가난한 양반의 딸 길례(원미경)는 세도가인 김 진사의 죽은 아들과 혼례식을 올린다. 김 진사의 부인(문정숙)은 길례가 딴 생각을 하지 못하도록 집안일로 혹사시키지만 길례는 차츰 성에 눈뜨고 김 진사 집안의 한 서생과도 여러 차례 성관계를 갖는다. 이를 안 김 진사는 길례는 쫓아내면서 채 진사집 머슴인 윤보(신일룡)와 새 삶을 시작할 수 있도록 길을 터준다. 그러나 윤보를 따라 채 진사집 종으로 들어간 길례를 이번에는 채 진사에게 번번이 당한다. 윤보는 채 진사를 죽이고 길례와 도망친다.

이후 윤보의 집안이 복권되어 길례는 하루아침에 세도가 집안의 며느리가 되지만 3년이 넘도록 아이를 갖지 못하자 윤보는 첩실을 두기로 한다. 그러나 불임의 원인이 윤보에게 있음이 밝혀지면서 길례는 씨내림을 강요받는다. 길례는 가문의 대를 이을 아들을 낳기 위해 원치 않는 성관계를 갖고 그렇게 해서 낳은 아들이 윤씨댁 선산에 바쳐지던 날, 그녀는 남편에게 받은 은장도로 자결한다.

● 조선조의 잔혹한 가부장제 아래서 양반집 가문의 대를 잇기 위한 씨내림 제도를 비판적으로 그리고 있다. 이를 다각도로 조명하기 위해 여주인공은 가난한 양반가의 딸, 청상과부, 양반가의 하녀, 권세가의 며느리 등 네 번에 걸친 변신을 보여준다. 어떤 지위에 있는 그에게 가해지는 압박은 그녀의 육체이며 이러한 통제에서 벗어났을 때 주인공은 죽음의 위협과 맞닥뜨린다. 이 영화는 반전에 반전을 거듭하면서 유교 가부장제 사회의 폐습과 모순을 고발하고 있다. 이는 1970년대까지의 문예영화의 흐름을 이으면서 대중문화에서 더욱 심화된 성의 상품화 경향과 사극의 스펙터클을 결합하여 1980년대 이두용식 사극으로 발전시키고 있다.

이 작품은 그해 대종상에서 작품상 · 감독상을 비롯한 각 부문 상을 석권했고 영평상과 백상예술대상에서 원미경이 여우주연상을 받았다. 1980년 '피막'으로 베니스국제영화제 특별상을 받은 바 있는 이두용은 이 영화로 한국영화 최초로 칸국제영화제 '주목할 만한 시선' 부문에 초청되어 한국적인 것이 가장 세계적이라는 신념을 확인시켰다.

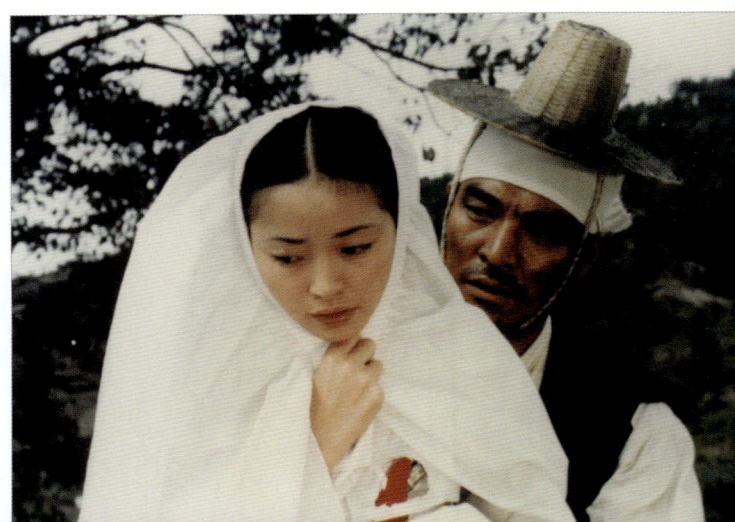

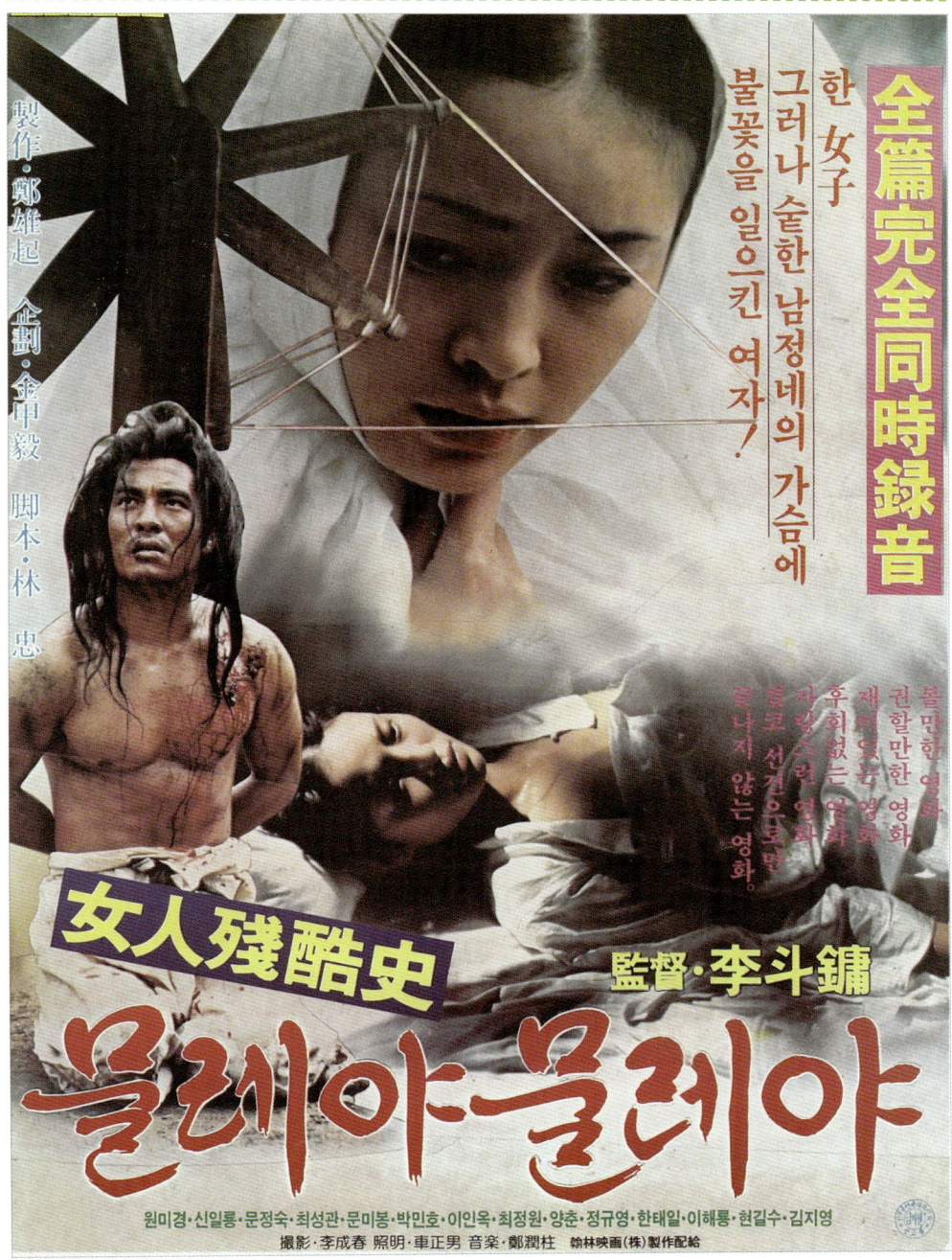

製作・鄭雄起
企劃・金甲毅
脚本・林 忠

全篇完全同時錄音

한 女子
그러나 숱한 남정네의 가슴에
불꽃을 일으킨 여자!

볼만한 영화
권할만한 영화
재미있는 영화
자랑스러운 영화
후회없는 영화
로크 선결으로만

끝나지 않는 영화.

女人殘酷史

監督・李斗鏞

물레야 물레야

원미경・신일룡・문정숙・최성관・문미봉・박민호・이인옥・최정원・양춘・정규영・한태일・이해룡・현길수・김지영
撮影・李成春 照明・車正男 音樂・鄭潤柱 翰林映画(株)製作配給

425

바보선언 Declaration of Idiot(1983)

(화천공사) 97분 극영화 연소자불가/
사회물

감독 : 이장호
제작 : 박종찬
각본 : 윤시몬(원작 이동철)
개봉 : 1984년 3월 1일 단성사(서울)
관람인원 : 10만 6423명(서울)
출연 : 이보희, 김명곤, 이희성, 김양
희, 이샘물, 전숙, 김지영, 이석
구, 강희주, 남포동, 김수경, 길
달호, 최석, 양성원, 정영국, 이
재형, 최병철, 유영국, 이장호
외
기획 : 김재웅
촬영 : 서정민
음악 : 이종구
조명 : 김강일
편집 : 김희수
소품 : 김호길
스틸 : 백영호
사운드 : 김병수, 김경일
조감독 : 장영일
수상 : 제22회 대종상영화제 음악상
(이종구) · 특별상(음향효과: 김
경일), 제20회 백상예술 신인
연기상(이보희), 제4회 영평상
신인상(이보희), 한국영화인협
회 촬영분과위원회 발전상(서
정민), 한국영화작품상 · 작가
상 · 최우수작가상(이장호), 제
29회 아시아 태평양영화제 특
별상, 제38회 베를린국제영화
제 인터내셔널 포럼 영시네마
상(ZITTY), 제19회 시카고영화
제 본선 진출 우수상

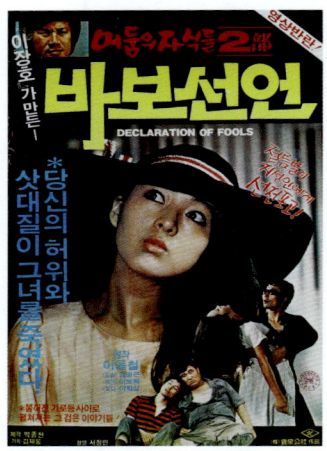

소매치기, 구걸, 펨프, 넝마주이를 해온 동철(김명곤)은 자살한 영화감독(이장호)이 남긴 옷가지며 시계를 주워 차고 서울 시내를 돌아다니다 여대생 혜영(이보희)을 발견한다. 동철은 자동차 정비공인 육덕(이희성)과 짜고 혜영을 납치하지만 알고 보니 혜영은 여대생이 아니라 창녀였다. 육덕이 정비공장에서 몰래 끌고나온 택시를 도둑맞은 후 그들은 혜영이 몸담고 있는 창녀촌에 들어가 심부름을 해주며 끼니를 해결한다. 그러나 여기서도 시골 처녀를 탈출시키려 들어서 쫓겨나고 혜영도 이들을 따라나선다. 바닷가에 도착한 그들은 자유로움과 행복감을 만끽하며 즐거운 시간을 보내다가 가진 돈이 다 떨어지자 혜영과 헤어진다. 시간이 흘러 서울의 요정에서 웨이터로 일하던 동철과 육덕은 손님과 함께 그곳에 온 혜영과 마주친다. 이날 연회에서 혜영은 남자들의 술 세례에 못이겨 목숨을 잃는다. 동철과 육덕은 그녀를 곱게 단장시켜 어깨에 메고 묻으러 가는데 어디선가 슬픈 음악이 흐른다.

● 이장호 연출의 사회물. 1980년대 영화계가 불황을 맞자 이장호는 거의 자포자기하는 심정으로 이 영화를 만들었다고 한다. 그러나 가야할 길이 막힌 세 청춘의 모습을 그린 '바보선언'은 확고한 주제의식과 실험적인 연출방식으로 국내외에서 호평을 받았다.(「국제영화제 초청 봇물」, 국민 93. 2. 13) 시사회에서는 제작자와 지방의 배급업자, 극장주들로부터 실망을 사는 바람에 창고 속에 방치될 수밖에 없었다. 그러다가 1년이 지난 후 서울 단성사 개봉 예정작이 펑크가 나는 바람에 일주일 시한부로 상영할 기회를 얻었고 개봉 첫날 전회 매진이 되는 이변이 일었다. 영화는 대학생 관객을 중심으로 커다란 반향을 불러일으켰으며 상영기간은 일주일에서 한 달로 연장되었다.

영화 오프닝은 이장호 자신이 영화감독으로 직접 출연하여 대낮의 도심지 빌딩 위에서 '활동사진 멸종위기'를 비판하며 투신자살하는 것으로 시작된다. 그의 육체가 땅에 떨어지는 순간, 스포츠 경기장의 함성소리가 "왜"하고 터져 나온다. 이는 스포츠를 통해 대중을 길들이려는 군사정권의 의도, 그 속에서 설 곳을 잃어버린 영화, 그리고 이에 대한 영화 감독의 저항과 탄식이 동시에 느껴지는 시퀀스다. 그는 "모든 국민이 스포츠에 눈이 멀어 영화를 보러오지 않는다"는 것을 영화 속 영화감독의 자살 이유로 들고 있다. 이장호가 옥상에서 떨어질 때 발을 헛디뎌 전치 3주의 부상을 입은 것은 당시 큰 화제였다. 영화감독이 떨어져 죽자 그 옆을 지나가던 절름발이가 죽은 시체에서 시계를 풀어 차고 시시덕거린다. 그가 바로 김명곤이다. 김명곤은 이장호의 전작 '일송정 푸른 솔은'에서 단역으로 데뷔한 후 이 영화에서는 누추한 차림에 선글라스를 걸친 채 다리를 절뚝거리는 부랑자 바보 연기로 눈길을 끌었다. 그의 연기는 정말 바보인지, 아니면 집 없는 행려인지, 아니면 삶에 대해 희망을 잃어버린 그 시대 젊은이의 상징인지 모를 모호한 캐릭터를 살리고 있다.

사랑 그리고 이별 Love and Farewell(1983)

어느 날 윤희는 대만에서 걸려온 이상한 전화를 받는다. 남편을 빨리 데려가라는 것이다. 대만지사에 근무하던 남편 영민이 행방을 감춘 때라 윤희는 불안하기만 하다. 영민에게는 월남 군복무 시절 결혼을 약속한 레뚜이라는 여성이 있었다. 사이공 패망과 함께 두 사람은 연락이 두절됐고 레뚜이가 죽었다고 생각한 영민은 윤희와 결혼했다. 그런데 7년이 지나 두 사람은 우연히 대만에서 만났다. 더구나 그녀는 영민의 아들을 키우고 있었다.

윤희는 레뚜이의 출현에 처음엔 갈등을 느끼고 방황하지만 막상 레뚜이를 만나보니 레뚜이의 생각은 전혀 달랐다. 그녀는 영민과 윤희가 결혼한 사실을 알고 그들의 행복을 깨뜨릴 수 없다는 생각에서 떠나려 했던 것이다. 윤희는 순수하고 착한 그녀에게, 그들의 아들을 위해서라도 영민을 양보하고 싶었다. 그러나 레뚜이는 인간적인 윤희에게 감동한 나머지 하얀 아오자이로 단장한 후 먼 조국을 향해 자살을 기도한다.

● 이희우, 김강윤 시나리오. 영화 광고카피에 "보트피플이 된 베트남 여대생이 한국 장교의 아기를 안고 태국과 대만 그리고 부산을 헤매지만 한국 장교는 이미 한국 여성과 결혼한 상태라는 전형적인 최루성 드라마"임을 밝혔다. 한국 최초로 한·중·태국 현지에서 촬영되었고 동남아 5개국에서 동시 개봉됐다. 아시아 스타 후인멍(胡茵夢)과 장미희의 연기 대결이 볼만하다. 제20회 백상예술대상에서 변장호 감독상, 후인멍 특별상 수상.

(동아흥행) 118분 극영화 중학생가/멜로

감독 : 변장호
제작 : 김진관
각본 : 이희우, 김강윤
개봉 : 1984년 3월 10일 명화, 국제극장(서울)
관람인원 : 5만 5145명(서울)
출연 : 장미희, 후인멍, 신영일, 리산, 남궁원, 쯔오겐, 김희라, 루비웬, 이순재, 긴시, 문정숙, 강밍 외
기획 : 최상균
촬영 : 이석기
음악 : 정민섭
조명 : 마용천
편집 : 이경자
사운드 : 이재웅, 김경일
스틸 : 노기홀, 시에둥진
조감독 : 주요철, 곽은혜
수상 : 제20회 백상예술대상 감독상(변장호)·특별상(후인멍)

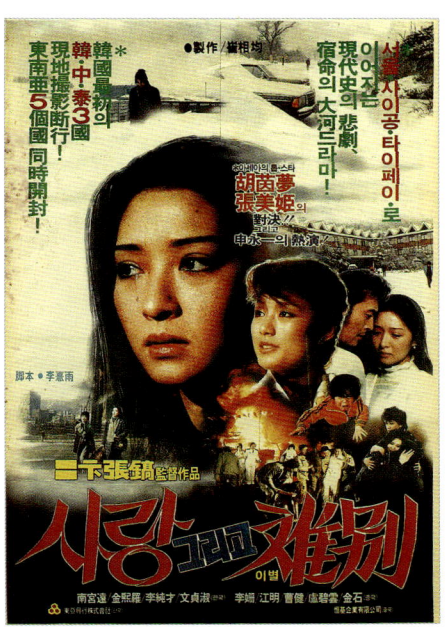

고래사냥 Whale Hunting(1984)

(삼영필름) 112분 극영화 중학생가/청춘

감독 : 배창호
제작 : 강대진
각본 : 최인호(원작 최인호)
개봉 : 1984년 3월 31일 피카디리극
장(서울)
관람인원 : 42만 6221명(서울)
출연 : 김수철, 이미숙, 안성기, 이대
근, 황건, 남포동, 이해룡, 지계
순, 김은선, 최재호 외
기획 : 문현숙, 황기성
촬영 : 정광석
음악 : 김수철
조명 : 손한수
편집 : 김현
사운드 : 김병수, 김경일
스틸 : 박석재
현상 : 영진공
조감독 : 이명세, 오덕제, 김상범, 윤대
일
수상 : 제20회 백상예술대상 작품상
(삼영필름) · 남자연기상(안성
기) · 신인상(김수철), 제4회 영
평상 최우수작품상(삼영필름)
· 감독상(배창호)

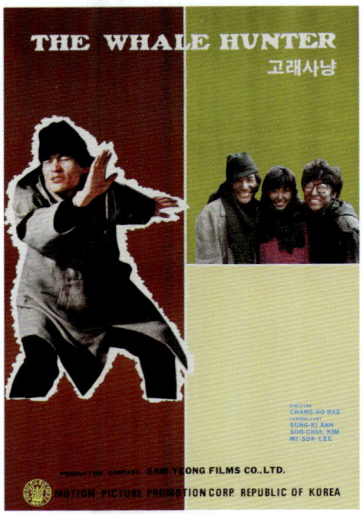

짝사랑에 실패한 병태(김수철)는 고래사냥에 나서기로 한다. 실의에 빠져 거리를 헤매던 그는 여유로운 거지 민우(안성기)를 만나고 민우는 상심한 병태를 윤락가로 데려가서 벙어리 처녀 춘자(이미숙)를 소개시켜 준다. 춘자가 사창가생활의 충격에서 말을 잃어버린 것을 알게 된 그들은 춘자를 구출해서 고향에 데려다 주기로 한다. 그러나 돈은 없고 포주가 고용한 폭력배들이 그들의 뒤를 쫓는다. 괴롭고 힘든 여행길에서 춘자는 말을 되찾고 마침내 셋은 춘자의 고향에 도착한다. 그리운 어머니 품에 안긴 춘자를 바라보며 민우와 병태는 언젠가 다시 놀러오겠다는 말을 남기고 그곳을 떠난다. 병태는 그때 비로소 고래는 먼 바다에 있는 것이 아니라 사랑을 느끼고 실천하는 자신의 마음속에 있음을 깨닫는다.

● 배창호 연출작. 1983년에 출판된 최인호의 동명 소설(동화출판사)을 원작으로 한 로드 무비. 신군부 정권에 맞서는 민주화 운동이 한창이던 1980년대, 이 영화는 어디론가 탈출하고 싶은 젊은이들의 심정을 속시원하게 대변해주고 있다. 도시의 악취와 구역질나는 타성과 기성의 굴레에서 벗어나 주인공들은 먼 바다로 고래사냥을 떠난다. 김수철 작곡 송창식이 부른 주제가 '고래사냥'은 당시 대학가가 안고 있던 절망과 희망을 도도하게 포착하면서 특히 청년지식인들을 끊임없이 선동했다.

"술 마시고 노래하고 춤을 춰봐도/ 가슴에는 하나 가득 슬픔뿐이네/ 무엇을 할 것인가 둘러보아도/ 보이는 건 모두가 돌아앉았네/ 자 떠나자 동해 바다로/ 삼등삼등 완행열차 기차를 타고…"

이 노래는 데모 시위의 운동가로 불리워졌고 곧바로 "퇴폐와 자학"이라는 낙인이 찍힌 채 금지곡이 돼버렸다.('영화는 가도 음악은 남는다」, 세계 92. 3. 22)

자유로운 영혼을 가진 거지 역에 안성기, 어딘지 보호 의식이 느껴지는 왜소한 병태 역에 작곡가로서 이 영화의 음악을 담당했던 김수철이 직접 출연했고 이미숙의 풋풋한 벙어리 연기가 관객의 호감을 샀다. 소외 계층에 대한 감독의 따뜻하고 인간적인 시선은 당시 한국영화를 불신하던 관객들을 극장으로 불러 모았고 서울 관객 43만 명을 동원하는 돌풍을 일으켰다. 1985년도 한국영화 흥행 순위 1위. 제20회 백상예술대상 작품상과 안성기가 남자연기상, 김수철이 신인상, 제4회 영평상에서 배창호가 감독상을 수상했다. 배창호는 2년 후 청소년층을 겨냥한 '고래사냥 2'(1985)를 내놓았다.

'고래사냥 2'는 전작의 리메이크로 강수연, 안성기, 손창민 출연, 1985년 12월 21일 피카디리극장(서울)에서 개봉되었으나 작품성과 흥행성에서 최고의 평가를 받았던 1편과는 달리 흥행면에서 저조했다.

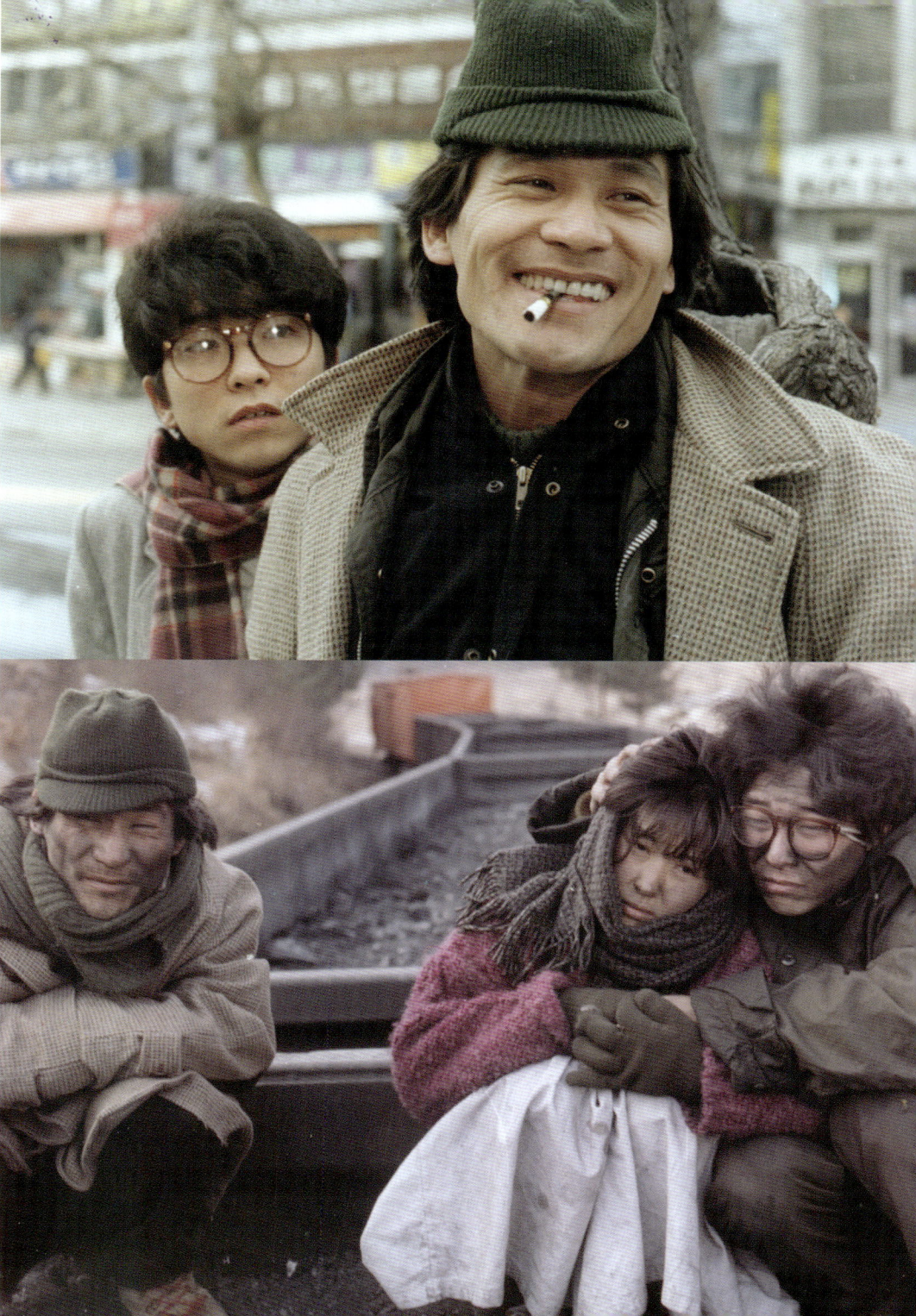

초대받은 성웅들 Invited Saints(1984)

(연방영화) 135분 극영화 연소가가/종교

감독 · 각본 : 최하원
제작 : 최춘지
개봉 : 1984년 4월 28일 국도극장 (서울)
관람인원 : 1만 8609명(서울)
출연 : 유인촌, 김성수, 윤양하, 김민경, 곽은경, 오영화, 김애경, 문미봉, 윤일주, 이향, 최성호, 파리외방전교 한국지부 배 마르첼로, 라알 멜, 한 안토니오 신부 외
기획 : 양봉석　　**촬영** : 양영길
음악 : 최창권　　**조명** : 손영철
편집 : 박덕열　　**미술** : 조경환
소품 : 이예호, 이상구
의상 : 이해윤
분장 : 홍동은, 이동섭
사운드 : 김병수, 김경일
스틸 : 김병옥
조감독 : 박태창
수상 : 1984년도 우수영화 선정(공윤 자료)

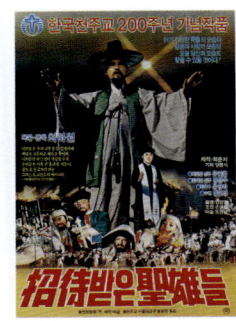

헌종 2년(1836), 15세의 김대건, 최양업, 최방제는 영세를 받고 마카오로 건너가 신학 공부를 하고 있었다. 전도 길에 나선 최양업은 모든 재산을 잃고도 신앙심을 잃지 않고 있는 한 신도의 신앙심에 감명을 받는다. 그로부터 10년 후 가톨릭에 대한 온갖 박해가 가해지자 은둔생활을 하던 최양업은 힘없이 죽어가는 신자들을 보고 그들 속으로 뛰어든다. 한편 김대건은 각국을 돌며 전도하던 중 관원에게 붙잡혀 죽음을 눈앞에 둔 누님을 발견하지만 다음날 길을 떠난다. 그 후 최양업도 장티푸스에 걸려 죽는다.

● 최하원의 종교영화. '샘터터의 북소리'(1972년), '초대받은 사람들'(1981년)에 이은 세 번째 가톨릭 영화. 그가 만든 영화들은 계몽과 선교적 차원에 앞서 신자들의 삶을 통해 빚어지는 교회와 신앙의 의미를 추구하는 휴먼드라마 성격을 띠고 있다. 유인촌이 최양업 신부로 열연했으며 파리외방전교 한국지부 배 마르첼로, 라알 멜, 한 안토니오 신부 등이 특별 출연했다. 최석우 신부가 감수를 맡았다.

깊고 깊은 그곳에 The Deep, Deep Place(1984)

(동아흥행) 105분 극영화 연소자불가/드라마

감독 : 설태호
제작 : 최상균
각본 : 유열
개봉 : 1984년 5월 25일 허리우드, 명화극장(서울)
관람인원 : 3만 992명(서울)
출연 : 안성기, 최민희, 김무생, 이성웅, 오미연, 전운, 장혁, 이해룡, 김수경, 나갑성 외
기획 : 전왕규　　**촬영** : 이석기
음악 : 정민섭　　**조명** : 김강일
편집 : 박순덕　　**미술** : 송백규
소품 : 이원우　　**스틸** : 이태성
사운드 : 이재웅, 김경일
현상 : 영진공
수상 : 제23회 대종상영화제 남우조연상(김무생), 1984년도 우수영화 선정

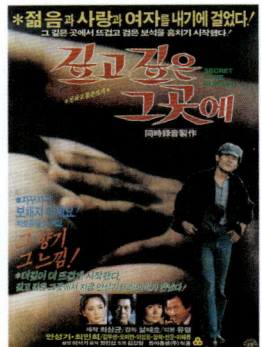

담당형사 이주임은 주식에게 새로운 삶을 살라고 충고하지만 주식은 이를 냉소적으로 받아들인다. 며칠 후 한 보석상이 털리자 이주임은 당연히 주식을 용의자로 떠올린다. 그러나 결혼해서 착실하게 살고 있는 그에게는 확실한 범행 동기가 보이지 않는다. 한편 주식은 아내의 수술비를 마련하려고 노상강도를 하려다가 실패한다. 때마침 그를 몰래 뒤따르던 이주임은 그가 보석상을 턴 범인이 아님을 알고 기뻐한다. 이주임이 수술비를 마련해서 병원을 찾았을 때 주식의 아내는 숨져 있고 주식의 옆에는 보석상 장물이 놓여 있었다.

● 형사와 전과자 사이의 집요한 추적과 우정을 담아낸 설태호의 범죄영화. 등장인물의 성격 묘사가 부실해선지 관객과의 공감을 이루어내지 못했다. 김무생이 제23회 대종상 남우조연상 수상. 치안본부에서 제작 지원했다.

아가다 Agada(1984)

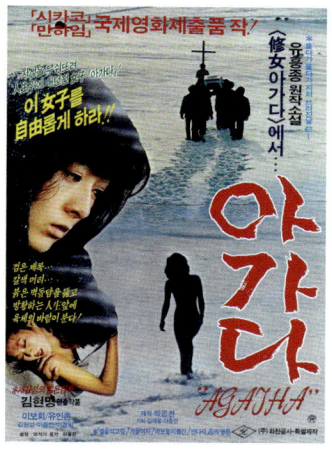

수녀 아가다에게 아버지가 위독하다는 전갈이 날아든다. 고민하던 아가다는 아버지의 간병을 위해 파계한 후 고향으로 내려간다. 그러나 아버지는 아가다의 간호에도 불구하고 운명한다.

한편 그녀 아버지를 위해 이곳에 와 있던 다두 신부를 사모하게 된 아가다는 아버지의 죽음과 이루어질 수 없는 사랑 사이에서 좌절을 느낀다. 환속의 죄책감으로 방황하던 아가다에게 대학시절에 만났던 현욱이 나타나고 그와 동거하면서 아이까지 낳게 되지만 현욱에겐 이미 약혼녀가 있었다. 그러는 동안 다두 신부는 프랑스 수도회에 입회를 서두르고 현욱은 이민을 준비하고 있다. 현욱의 배신으로 기억상실증에 걸린 아가다는 다두 신부의 보살핌으로 차츰 기억을 되찾게 된다.

● 김현명 감독 데뷔작. 이보희, 유인촌 주연. 자신의 의지보다 환경에 의해 왜곡되어 가는 한 여인의 각박한 삶을 그리고 있다. 제21회 백상예술대상에서 김현명이 신인감독상 수상.

(화천공사) 97분 극영화 중학생가/멜로

감독 : 김현명
제작 : 박종찬
각본 : 지상학(원작 유흥종)
개봉 : 1984년 5월 30일 국도극장 (서울)
관람인원 : 8371명(서울)
출연 : 이보희, 유인촌, 김원섭, 이경희, 이종만, 문미봉, 현지애 외
기획 : 김재웅, 이춘연
촬영 : 이석기
음악 : 이필원
조명 : 강광호
편집 : 현동춘
소품 : 배영춘
사운드 : 김병수, 김경일
스틸 : 백영호
조감독 : 류재무, 유진영
수상 : 제21회 백상예술대상 신인 감독상(김현명), 낭트영화제 초청작

형 兄, Brother(1984)

형 현우(신영균)는 택시운전을 해서 동생 민우(이순재)의 의과대학 학비를 대고 있다. 민우의 마지막 학기 등록금을 마련하지 못해 초조해진 현우는 그날 사람을 치게 되고 그 사람의 주머니에서 쏟아져나온 돈다발을 챙겨 달아나다가 경찰에 체포되어 7년형을 받는다. 그런 사실을 모르는 민우는 부잣집 딸 수미와 사귀면서 유학을 떠난다.

형수는 남편 대신 택시를 몰다가 시동생 민우가 병원을 개업한 사실을 알게 되지만 민우는 형의 은혜를 모르는 체한다. 어느 날 승객들에게 폭행당한 형수는 그 자리에서 숨지고 출감한 현우는 이 소식을 듣고 울분을 터뜨린다. 동생 민우는 비로소 자신의 잘못을 뉘우치지만 현우는 이를 외면하고 떠난다.

● 이상언 감독 데뷔작. 원작 안종화. '형'(1969)은 당시 국제극장에서 개봉되어 10만 1246명을 동원 이상언의 '형'(1969), 이두용의 '형(속)'(1972)에 이어 세 번째 리메이크한 작품으로, 이는 흥행에서 참패했다.

(동아흥행) 100분 극영화 중학생가/가족

감독 : 이상언
제작 : 최상균
각본 : 윤석주
각색 : 송길한
개봉 : 1984년 9월 29일 국제극장 (서울)
관람인원 : 4688명(서울)
출연 : 임동진, 유동근, 연규진, 오미연, 민복기, 김국현, 김을동, 김혁, 김애경, 이나성, 추석양 외
기획 : 전왕규   촬영 : 정운교
음악 : 이철혁   조명 : 김강일
편집 : 이경자   미술 : 송백규
소품 : 이원우   스틸 : 이태성
사운드 : 영진공
조감독 : 석도원

소명 召命, Holy Mission(1984)

(대양필름) 102분 극영화 연소자가/종교전기

감독 : 최인현
제작 : 박종구
각본 : 안진원
개봉 : 1984년 6월 16일 대한극장
       (서울)
관람인원 : 3만 596명
출연 : 신성일, 박지훈, 최일, 안진수,
       이상석, 신영일, 이혜숙, 이순
       재, 박암, 김재운 외
기획 : 한상훈
촬영 : 박승배
음악 : 정윤주
조명 : 김진도
편집 : 이도원
미술 : 송백규
소품 : 차순하
의상 : 이해윤
분장 : 송일근
사운드 : 김병수, 김경일
스틸 : 황태성
현상 : 영진공

조선왕조 후기 영조 30년, 이부만 장군의 둘째 아들 이벽(신성일)은 천주학 서적들을 섭렵 탐독한 후 교리를 깨우친다.

이때 함께 공부한 이승훈은 북경으로 가서 선교사의 도움없이 교리 공부를 한 데 대해 서양신부들의 칭찬을 받는다. 이승훈이 영세를 받고 돌아오자 천주교 신앙공동체는 날로 활력을 더하고 이는 지식인 사회에 비상한 관심을 불러일으키게 된다.

이벽은 북경에서 돌아온 이승훈에게 영세를 받은 후 교리 전파에 주력한다. 1779년 섣달, 대학자 권철신(최일)이 개최한 천진암 강학회에서 천주교 교리를 강론한 이벽은 모두를 감동시켰고 이벽의 교리 강론은 명강론으로 회자된다.

그러나 유교제일주의자들로 인해 천주교에 대한 박해가 시작되고 신자들의 집은 수색당한다. 이벽의 아버지 이부만은 목매어 자살하고 이벽은 문중으로부터 참혹하게 절연된다. 끝까지 배교하지 않고 버티다가 1786년 6월, 순교한 그는 한국 천주교의 성조로 받들어진다.

● 종교영화에 많은 관심을 보였던 최인현은 불교영화 '관세음보살'(1978)과 가톨릭 영화 '자주댕기'(1968), '소명'(1984)을 연출, 그중에서 '소명'은 최하원의 '초대받은 성웅들'(1984년)과 함께 순교사화 영화이자 동시에 전기영화의 성격을 지닌다. 한국 천주교 200주년기념사업위원회 공인추천작품. 성조 이벽, 성현 이승훈과 신유사옥(辛酉邪獄)으로 순교한 권철신의 실화를 바탕으로 천주교 박해사를 다루고 있다.

영화 '소명'은 초기 천주교신앙공동체 형성 과정에서 이벽(1754~1786)이 끼친 공헌에 대해 주목하고 있다. 그러나 '소명'에서 중요한 비중을 차지하는 제2의 인물은 이동길(신영일)이다. 이동길은 이벽의 일가로서 출중한 인물이지만, 서자 출신으로 신분상 뜻을 펼 수 없는 한계 때문에 고통스러운 삶을 살게 된다.

그는 절름발이 양반의 한계를 극복하기 위해 무과에 응시했다가 급제를 눈앞에 두고 신분이 들통나면서 오히려 곤장 형을 받는다. 신분상승이 좌절되어 낙심하고 있던 그에게 또 한 가지 고통은 이벽(신성일)과 정혼을 앞둔 규수(이혜숙)에게 정(情)을 품게 된 것이다. 어릴 때부터 그에게 유일한 희망이었던 규수의 혼인 소식은 그를 절망의 나락으로 떨어뜨리고 동시에 이벽에게 적의를 품게 한다.

이벽에 대한 동길의 적의는 영화의 갈등구조와 갈등의 해결을 통한 클라이맥스 제시에서도 중요한 장치가 된다. 하지만 규수가 동길에게 연민의 정을 지녀왔다는 어떤 단서도 없기 때문에 이는 충분한 설득력을 지니지 못한 채 영화가 끝난다. '소명'에는 한국 천주교회 창립사 연구소의 변기영 신부가 고증 작업에 참여했다.

그해 겨울은 따뜻했네

The Winter That Year Was Warm(1984)

한국전쟁으로 부모를 잃은 수지(유지인)는 오빠 수철(송재호)과 함께 외 갓집에서 자란다. 전쟁 때 일곱 살이던 수지는 피난길에서 다섯 살짜리 동생 오목(이미숙)의 손목을 은근히 놓치면서 동생을 잃어버린 일이 있다.

세월이 흘러 수지는 오빠 수철의 출세로 상류사회에 편입되어 행복 하게 살고 있다. 그러나 마음 한구석에서는 오목을 버린 죄의식 때문에 한 순간도 마음 편할 날이 없다. 수지는 사방으로 수소문해서 오목을 찾기로 하고 막상 고아원에 있는 오목과 마주치자 증거가 없다면서 또 한번 오목을 외면해버린다. 후에 오목은 고아원에서 함께 자란 일환(안 성기)과 가정을 꾸미고 수지는 상류층 자제인 기욱(한진희)과 결혼하면 서 두 자매의 삶은 더욱 계층이 벌어진다.

그로부터 10년 후 몸과 마음이 병든 오목의 임종을 앞두고 두 자매는 재회하게 된다. 수지는 비로소 오목이 자신의 동생임을 인정하여 오목 의 아이들을 맡아 키우기로 한다. 그러나 삶의 거친 파도에 지칠 대로 지친 오목은 죽어가는 마지막 순간에도 수지와 친자매임을 단호하게 거부하며 숨을 거둔다.

● 배창호와 안성기가 호흡을 맞춘 전쟁 멜로물. 1982년 한국일보에 연재했던 박완서의 장편소 설을 영화화한 작품. 당시 에로물의 홍수 속에서 전쟁으로 이산가족이 된 자매의 이야기는 관 객들에게 신선한 감동을 주었다. 특히 안성기는 배창호의 감독 데뷔작품인 '꼬방동네 사람들' (1982)을 필두로 그가 연출한 다섯 편의 영화에 꼬박이 출연하고 있다. 유지인은 계산적이고 이 기적인 수지, 이미숙은 부당하게 짓밟히면서도 꿋꿋하게 살아가는 오목, 안성기는 두 자매의 갈 등을 무난하게 해결하고 싶어하는 일환 등 안성기와 이미숙, 유지인과 한진희의 연기의 조화가 이루어지면서 좋은 작품으로 탄생했다.

감독은 멜로드라마의 속성으로 인식됐던 표피적인 인물 성향과 사건 위주의 드라마 전개방식 에서 탈피하여 삶의 내면을 진지하게 그려냈고 영화는 전쟁고아의 아픔과 물질 만능주의, 신분 차이로 인한 두 자매의 심적 갈등을 섬세하게 표현하면서 용서와 화해라는 메시지를 던졌 다.(「멜로드라마(문화지도:28)」중앙 96. 9. 30) 그해 서울 관객 13만 명을 동원, 한국영화 흥행 순위 4위를 기록했다. 영화 오프닝과 엔딩에 "뜸북 뜸북 뜸북새" 노래가 구슬프게 깔린다.

(세경흥업) 120분 극영화 중학생가/전 쟁멜로

감독 : 배창호
제작 : 김화식
각본 : 이문웅(원작 박완서)
개봉 : 1984년 9월 29일 명보극장 (서울)
관람인원 : 12만 8450명(서울)
출연 : 유지인, 이미숙, 안성기, 한진 희, 송재호, 김진애, 최문선(아 역), 김다혜, 양진영 외
기획 : 김여진, 김동진
촬영 : 정광석
음악 : 정민섭
조명 : 김강일
편집 : 김희수
미술 : 김유준
소품 : 김호길
의상 : 이해윤
분장 : 홍동은
사운드 : 김병수, 김경일
특수효과 : 김철석
스틸 : 전창준
수상 : 제23회 대종상영화제 여우주연 상(이미숙)·편집상(김희수), 제 21회 백상예술 대상 연기상(이 미숙), 제5회 영평상 여자연기 상(이미숙), 제6회 낭트 제3대 륙영화제 심사위원 특별상

무릎과 무릎 사이 Between the Knees(1984)

(태흥영화) 97분 극영화 연소자불가/
드라마

감독·각본 : 이장호
제작 : 이태원
개봉 : 1984년 9월 30일 단성사
(서울)
관람인원 : 26만 3334명(서울)
수출현황 : 미국(1986)
출연 : 안성기, 이보희, 임성민, 이혜
영, 나한일, 강재일, 김인문, 태
현실, 최승희, 김득수 외
기획 : 이태원
촬영 : 서정민
음악 : 정민섭
조명 : 김강일
의상 : 오리지널 리
분장 : 박준
사운드 : 이재웅, 김경일
조감독 : 신승수, 조민희, 김대경
수상 : 프랑스 낭트영화제 초청

남편의 외도로 상처 받은 자영의 어머니는 혼자서 딸 자영을 키우면서 성을 죄악시 여기도록 가르친다. 이처럼 성적 억압을 받고 자란 데다가 자영은 어릴 때 플루트 선생에게 성추행을 당한 경험이 있다. 이러한 옛 기억과 일련의 상처들로 인해 그녀는 어른이 된 후에도 파행적인 성 관계에 빠져들곤 한다. 어느 날 밤, 알 수 없는 전화에 의해 자영의 잠자던 성충동이 깨어나고 제과점에서 만난 변태적인 남자의 시선이 무릎에 닿는 순간 참을 수 없는 쾌감을 느낀다. 그런 성적자극에 부딪칠 때마다 자영은 어떤 범죄적 성행위에 대한 호기심과 충동에 들뜬다. 자영의 애인 조빈은 그런 자영에게 분노를 느끼지만 충동적 유혹에 빠지곤 하는 그녀를 차츰 이해하게 된다.

● 이장호 각본·연출작. 마지막 장면에서 감독이 직접 의사로 출연해서 영화에 대한 주제를 설명한다. "이런 여성의 피해는 서양문명을 무조건 좋다고 따라가려는 잘못된 현상에서 오는 것이며 우리는 그녀의 정신적 순결을 인정해줘야 할 의무가 있습니다."

이보희는 순결을 지나치게 강요하는 어머니에 대한 반발로 무분별한 성적 탐욕에 나서고 강간, 윤간 등 추악한 성범죄와 성적 충동을 억제하지 못하는 '이상성욕자이자 과잉성욕자'를 연기해낸다.

애인 조빈 역에는 안성기, 이보희는 '일송정 푸른 솔은'(1983)에 출연하면서 이장호와 콤비를 이루어 같은 해 연출한 '과부춤', '바보선언'에도 주연으로 출연하고 있다. 관객 약 26만 명을 동원, 그해 한국영화 흥행 순위 2위에 오르면서 이보희는 곧바로 스타덤에 올랐다.

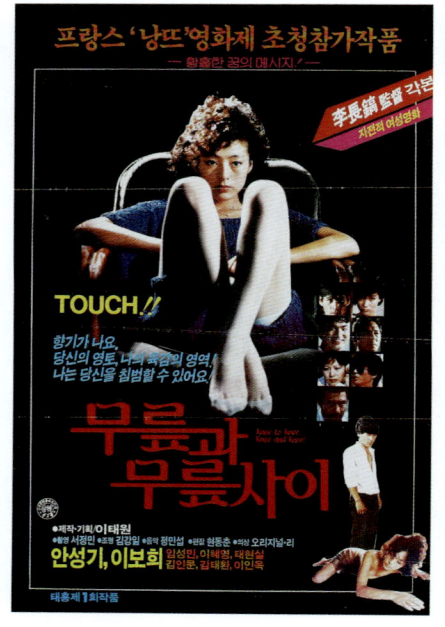

수렁에서 건진 내딸

My Daughter Rescued from the Swamp(1984)

불량 청소년 서클의 친구들과 어울리기 시작한 유리는 비행을 일삼으며 밤거리를 방황한다. 겉으로는 유복한 가정에서 잘 자란 듯이 보이지만 유리에게는 가족에 대한 불만이 있다. 그것은 아버지의 이중생활과 그런 아버지에 대한 어머니의 우유부단한 태도다. 유리는 이에 대한 반항으로 등교거부와 가출을 반복하고 여행 중 한 소년에게 순결을 잃기도 한다. 더욱 거친 성격으로 변해가는 유리를 감당할 수 없게 된 부모는 자식을 시경 청소년 문제 담당자인 유 경사에게 맡긴다. 그리고 청소년 비행과 관련된 과제를 통해 자녀를 동등한 인격체로서 바라보는 의지력을 키우면서 부모 자식 간의 믿음을 회복하게 된다.

● 이미례 감독 데뷔작. 일본의 소설을 각색해서 만든 영화. 이 영화로 이미례는 충무로의 여성 감독으로 떠올랐으나 영화가 "일본영화 '쯔미키 구즈시'를 베꼈다"(이연, 『일본 대중문화 베끼기』, 나무와 숲, 1999년)는 구설수에 휘말려 영화 자체는 더 이상 주목받지 못했다.
　우리나라에서는 처음으로 폭주족이 대거 등장하고 동국대, 한양대, 서울예대 연영과 학생들이 찬조출연했다. 12만 관객 동원으로 그해 한국영화 흥행 순위 5위를 기록.

(현진필름) 105분 극영화 중학생가/하이틴가족
감독: 이미례
제작: 김원두, 강대수
각본: 임유순
개봉: 1984년 10월 27일 국도극장
　　　(서울)
관람인원: 11만 8920명(서울)
출연: 김진아, 남궁원, 김보애, 정욱, 김윤경, 변선이, 김호, 김장섭, 문태선, 조주미, 김지영 외
기획: 현진기획실
촬영: 손현채
음악: 신병하
조명: 강상룡
편집: 현동춘
사운드: 김경일
조감독: 권혁기, 최영찬

사약 死藥, The King's Poison(1984)

단종 1년, 계유(1453) 7월, 사관이 쓰는 승정원 일지에서 이야기의 발단을 풀어나간다. 수양대군(민지환) 일파는 계유정난(癸酉靖亂)의 막을 열고 황보인, 김종서 등 여러 대신을 없애고 정권을 잡은 후 이에 연루된 안평대군(임혁)도 강화도에 안치한다. 무삼(김동현)은 지방 현감에 제수되지만 그가 모시던 안평이 내란에 휩쓸려 사약을 받자 자신도 사약을 마시고 죽음을 선택한다. 이러한 피비린내를 딛고 일어선 수양에게 훗날 세조라는 묘호(廟號)가 내려진다.

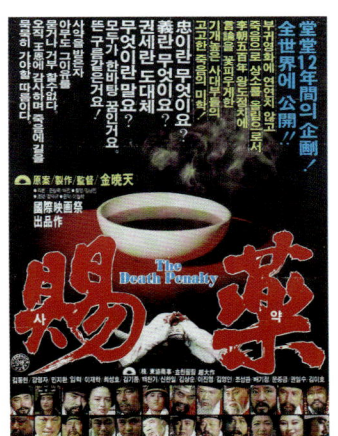

● 김효천의 사극 드라마. 단종을 상왕으로 삼고 왕위를 빼앗은 수양대군은 만년에 왕위찬탈로 인한 인간적 고뇌로 난치병에 시달린다. 선비, 궁녀, 무사를 제외하고 모든 등장인물이 역사 속 실제인물들의 역할을 맡고 있다. 김효천이 직접 시나리오 각색 작업에 참여한 이 작품에는 황보인 역에 김기종, 김종서 역에 최성호, 일찍이 홍콩영화계에 진출하여 성룡, 홍금보, 주윤발 등과 함께 영화에 출연했던 문종금이 양수 역을 맡아 출연했다. 그는 후에 동해영화제작소를 창립하여 '무(無)'(1990)를 제작 연출했다.

(동협상사) 113분 극영화 중학생가/사극
감독: 김효천
제작: 김치한　　각본: 윤삼육
각색: 허진, 김효천(원작 김효천)
개봉: 1984년 11월 16일
출연: 김동현, 강영자, 임혁, 민지환, 이진영, 백찬기, 신찬일 외
기획: 서림, 최현민, 이영우
촬영: 김남진　　음악: 이철혁
조명: 정덕규　　편집: 현동춘
미술: 김유준　　소품: 우종원
의상: 이해윤
분장: 이경려 안준호
동시녹음: 김병수
사운드: 영진공, 김경일
특수효과: 김철석
스틸: 정기성
조감독: 김기현
수상: 제23회 대종상영화제 미술상(김유준), 제21회 백상예술대상 기술상(음악 이철혁), 제5회 영평상 각본상(윤삼육, 허진), 제7회 시나리오 대상 및 제6회 시나리오창작상 대상(윤삼육, 허진, 이일목)

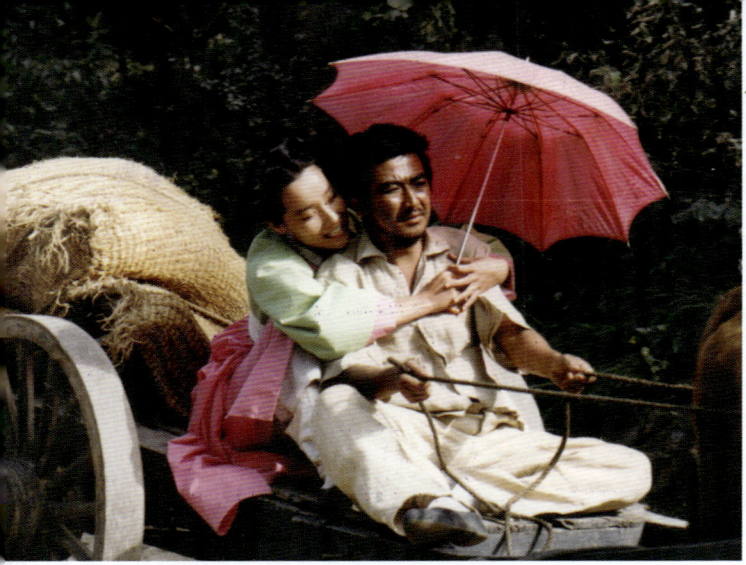

땡볕 Scorching Sun(1984)

고향에서 농사를 짓던 춘호(하명중)와 순이(조용원) 부부는 일본인에게 땅을 빼앗기고 금을 찾아 광산촌에 정착한다. 그러나 광산이 폐광된 것에 실망한 춘호는 술집 작부 향심(이혜영)과 놀아난다. 그때 향심은 자기 삼촌이 서울에서 일본인과 사업을 한다면서 돈만 있으면 큰 건을 하나 건질 수 있다고 유혹한다. 향심의 꼬임에 넘어간 춘호는 향심의 삼촌을 소개받기 위해 큰돈이 필요하다면서 아내 순이에게 돈을 구해오라고 닦달한다. 순이는 사채업자 이주사(주상호)에게 몸을 맡겨 돈을 구하고 돈을 구한 춘호는 향심을 따라 서울로 올라간다. 한데 사업을 한다던 향심의 삼촌은 바로 폐병환자인 그녀의 남편이었다. 갈 곳 없는 춘호는 다시 아내를 찾아오지만 순이는 아기가 뱃속에서 죽은 채 방치되어 생명이 위태로운 상태다. 춘호는 몸을 가누지 못하는 순이를 지게에 진 채 어디론가 떠난다.

(화천공사) 90분 극영화 연소자불가/
시대극
감독 : 하명중
제작 : 박종찬
각색 : 이영일, 나한봉(원작 김유정)
개봉 : 1984년 11월 5일
수출현황 : 서독(1986)
출연 : 하명중, 조용원, 이혜영, 박종설, 최주봉, 김종구, 주상호, 원유제(아역), 양일민 외
기획 : 김재웅, 이춘연
촬영 : 정광석
음악 : 김영동
조명 : 강광호
편집 : 현동춘
미술 : 김영훈
소품 : 차순하
의상 : 이해윤
분장 : 채훈
스틸 : 백영호
현상 : 영진공
조감독 : 진광민, 남희섭
수상 : 제23회 대종상영화제 촬영상(정광석)·음악상(김영동)·조명상(강광호)·특별상(각색: 이영일, 나한봉)·특별상(신인 부문: 조용원), 제21회 백상예술대상 신인연기상(조용원), 제5회 영평상 남자연기상(하명중)·신인상(조용원), 제30회 아시아 태평양영화제 특별상(조용원), 베를린영화제 본선, 제21회 시카고국제영화제 최우수 촬영상(정광석)

● 1937년 《여성(女性)》 2월호에 발표했던 김유정의 단편소설을 원작으로 하고 있다. 그러나 단편소설을 영화화하기엔 극적 전환이 부족해서인지 「소낙비」(1935년 조선일보 신춘문예 당선 소설)와 「솥」(1935년 발표) 등 김유정의 다른 단편소설들을 조합해서 스토리를 엮은 흔적이 난다. 예를 들어 영화상에서 주인공 춘호와 이주사, 향심 등의 캐릭터는 「소낙비」의 원형이고 마지막 부분은 「솥」과 「땡볕」의 줄거리를 결합시켜 일제시대 서민들의 곤궁했던 생활상을 영상으로 그려낸다. 1930년 후반, 일제식민지의 착취로 한국의 농촌은 피폐화되고 궁핍화가 극에 달했다. 농민은 땅을 빼앗겨 소작농이 되거나 이농민이 될 수밖에 없었고 '땡볕'은 바로 이농민 부부가 살길을 찾아 헤매는 절망적인 모습을 보여준다.

이 영화는 민족의 수난사를 지배자와 피지배자로 나누어 해석하기보다 철저하게 피해자의 입장에서 이를 전개한 것이 특징이다. 즉 무능한 남편을 위해 품을 팔거나 돈 때문에 남에게 몸을 맡기는 여주인공 순이와 독립운동을 하다 폐병에 걸린 남편을 수발하기 위해 술집 작부가 된 향심 등 '가난 때문에 몸으로 생계를 유지해야하는 여성들의 삶'(한국영상자료원 편 유지나 외 『한국영화사 공부』, 이채, 2005년, p.63)을 도덕의식이나 윤리의식 없이 일상적인 것으로 받아들인다. 그러한 시대적 절망감이 비극적인 정조를 울리는 가운데 '땡볕'을 연출한 하명중은 "때로는 어둡고 때로는 거칠고 때로는 치열하기까지 한 삶의 현장을 통해 당시의 민족사회상과 오늘날의 민족 사회상을 비교전달하고 싶었다"(하명중)고 설명한다. '땡볕'에서 특히 관객에게 재미를 준 것은 도박에 미친 춘호와 작부 향심이 벌인 대낮 '달구지 정사'(김종원, 『한국영화사와 비평의 접점』, 현대미학사, 2007년, p.325)를 들 수 있다.

감독·주연을 맡은 하명중은 1970년대를 대표하는 배우의 한 사람으로 연기자로 활동하다 영화 'X(엑스)'(1983)로 감독데뷔했다. 1979년 타계한 하길종의 친동생. 이 영화는 베를린 영화제 본선에 진출하고 시카고국제영화제에 출품되어 촬영상을 수상했다.

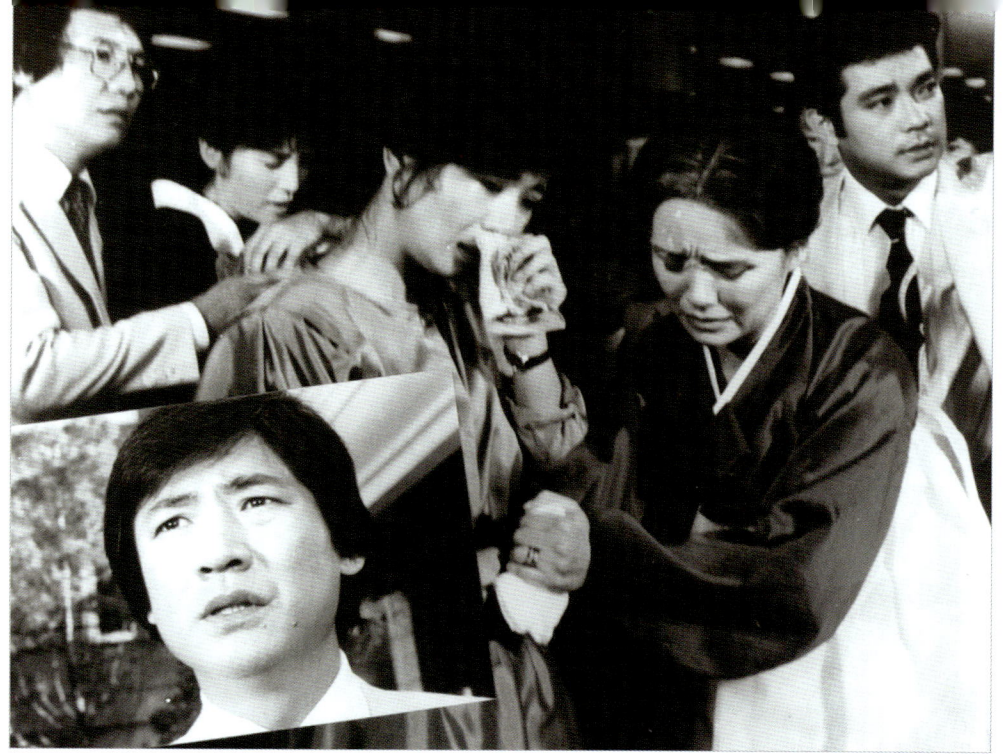

가고파 | I Want To Go(1984)

북한군 의무장교인 인규는 가족을 남하시키고 국군에게 쫓기다가 행방불명이 된다. 33년 후 그의 가족은 인규의 생사를 몰라 애태우다가 KBS가 벌인 이산가족 찾기에 출연, 이산가족 찾기 전파가 중국에까지 흘러가면서 중국에 있던 인규와 남한의 가족이 상봉하게 된다. 이 소식을 듣고 그의 동생 성규가 미국에서 귀국하다가 KAL기 사고로 죽고 그 충격에 노모 최씨가 절명한다. 인규는 자신 때문에 생긴 비극에 고통스러워 하면서 중국에 두고 온 처자식에게 다시 돌아가야 하는 현실을 개탄한다.

● 제작자 출신 감독인 곽정환 연출작. 각본은 강욱, 김동현, 홍파, 하휘룡, 이황림이 공동 집필하고 작곡에 최창권, 김성태, 박춘석, 남국인, 임종수, 작사는 박목월, 한운사, 박건호, 조운파 등이 참여했다. '가고파'는 개인 가족사에 '반공'이라는 이슈를 개입시키면서 한국 반공영화의 진화를 보여준다. 개봉 1년 전인 1983년 KBS 이산가족찾기 생방송과 사할린 KAL기 격추사건, 버마 아웅산 묘지 폭파사건 등 일련의 사건들이 픽션 속 인물들의 삶 속에 인용되면서 50년이 넘는 거대한 서사를 시각적 구조물들을 통해 스펙터클하게 완성했다. 사실성을 강조하기 위해 동시녹음이 사용됐고 도입부의 카메라는 인물들과 거리를 두고자 애쓴 흔적이 보인다. 강대진의 '가고파'(1967)는 가곡 「가고파」와 관련된 영화.

(합동영화주식회사) 110분 극영화 연소자가/반공

감독·제작 : 곽정환
각본 : 강욱, 김동현, 홍파, 하휘룡, 이황림
개봉 : 1984년 11월 16일
출연 : 윤일봉, 정영숙, 이순재, 박근형, 황정순, 김진규, 이영하, 김미숙, 박혜숙, 김애경 외
촬영 : 전조명
음악 : 최창권
조명 : 김기수
편집 : 김희수
미술 : 원기주
소품 : 배정업
사운드 : 이영길
특수효과 : 이문걸, 박광남
스틸 : 박희재
조감독 : 조성구, 유우용, 정연원, 남상복
수상 : 제23회 대종상영화제 남우주연상(윤일봉)·녹음상(이수길), 1984년도 우수영화 선정(한국공연윤리위원회)

푸른 하늘 은하수 Milky Way in Blue Sky(1984)

(국제영화흥업) 115분 극영화 연소자
가/아동

감독 : 변장호
제작 : 유옥촌
각본 : 윤삼육
각색 : 이희우, 김경일
개봉 : 1984년 11월 16일
출연 : 김인문, 김지숙, 최명길, 강민
경(아역), 장혁, 송미남, 강계식,
김기범, 김성원, 김길호 외
기획 : 황명석   **촬영** : 안태완
음악 : 정민섭   **조명** : 마용천
편집 : 박순덕   **소품** : 김태욱
분장 : 송일근   **스틸** : 홍기영
사운드 : 이재웅, 양대호
수상 : 제23회 대종상영화제 최우수작
품상·계몽 부문 작품상(국제
영화흥업 유옥추)·특별상·신
인 부문(김지숙), 제21회 백상
예술대상 아역상(강민경), 제9
회 촬영기술상 새얼굴상(강민
경), 1984년도 우수영화 선정

초등학교 3학년인 수행은 마음씨 착하고 공부도 잘하는 모범생이다. 그런데 어느 날 학교에서 돌아와 동생 춘호와 감자밭에서 감자를 캐다가 힘없이 쓰러진다. 진찰 결과 선천성 심장병으로 수술을 받아야 한다는 진단이 나온다. 그러나 1000만 원이 넘는 수술비 때문에 가난한 수행의 부모는 어쩔 줄을 모른다. 이 사실을 알게 된 학교에서는 급우들과 담임선생이 심장병 돕기 모금운동을 벌이고 방송국에서는 이를 취재 보도한다. 이로 인해 수행은 새 세대 심장재단의 협조로 무료 수술을 받고 극적으로 회생된다. 그것은 어린이들의 우정 어린 승리였다.

● 변장호 연출의 아동영화. 윤삼육의 오리지널 시나리오. 안태환 촬영감독이 데뷔한 작품이며, 서울대학병원 흉부외과 과장 서경필 교수가 의료자문을 맡고 있다. 완도군 노화읍 김재경 읍장과 서울대학병원 소아과 최정언 박사가 특별 출연했다.
  안현철의 '푸른 하늘 은하수'(1960)와는 근본적으로 다른 작품이다. 안현철의 '푸른 하늘 은하수'는 윤극영 원작으로 북만주로 돈벌러 갔던 부부가 아이를 찾으러 오지만 아이는 자신을 길러준 양부모와 살게 된다는 이야기로 1960년 9월 1일, 당시 명보극장에서 개봉되어 10만 관객을 동원했다.

자녀목 恣女木, Hanging Tree(1984)

(우진필름) 125분 극영화 연소자불가/
사극

감독·제작 : 정진우
각본 : 지상학
개봉 : 1985년 3월 1일 피카디리극장
(서울)
관람인원 : 2만 7761명(서울)
수출현황 : 일본(1986)
출연 : 원미경, 김용선, 박정자, 김희
라, 전무송, 최병근, 홍성민, 임
해림, 최재호 외
촬영 : 이성춘   **음악** : 한상기
조명 : 최입춘   **편집** : 현동춘
수상 : 제23회 대종상영화제 일반 부
문작품상(우진필름)·감독상(정
진우)·여우조연상(박정자), 제5
회 영평상 감독상(정진우), 부산
영화평론가협회 선정 최우수영
화 및 영화인 최우수여우조연
상(박정자), 제23회 시카고국제
영화제 촬영상(이성춘)

당골 춘당댁은 나라에서 두 차례나 정문(旌門)을 내린 열녀 가문이다. 연지는 이집 맏며느리로 시집와서 종사를 잇기 위해 온갖 노력을 기울이지만 아직 아이를 갖지 못해 괴로운 날을 보내고 있다. 거기에다 노마님의 독선과 아집에 인간의 기본 권리와 본능마저 억누르며 살아가야 한다. 백방으로 노력해도 아이가 생기지 않자 노마님은 씨받이 사월이를 맞아들이지만 사월이는 머슴과 정을 통한 사실이 알려지면서 쫓겨나고 만다. 연지는 아이를 얻고 싶은 마음에 다른 사내에게 몸을 맡기게 되고 이에 분노한 노마님은 연지에게 자결을 요구한다. 자신의 운명에 저항할 수 없음을 깨달은 연지는 부정한 여자가 목을 맨다는 자녀목에 스스로 목을 맨다.

● 정진우는 1969년 우진필름을 설립, 영화 제작 사업에 힘쓰면서 시각적인 특수효과나 동시녹음 등 영화 기술적인 측면에서도 기여한 공로가 크다.
  이 영화는 1980년대 청춘극장 선정 10대 영화 중 하나로 선정됐다. 참고로 청춘극장 선정 10대 영화는 1. 배용균의 '달마가 동쪽으로 간 까닭은'(1989) 2. 임권택의 '만다라'(1981) 3. 이장호의 '바보선언'(1983) 4. 이장호의 '나그네는 길에서도 쉬지 않는다'(1987) 5. 이두용의 '피막'(1981) 6. 임권택의 '길소뜸'(1985) 7. 정진우의 '자녀목'(1984) 8. 배창호의 '깊고 푸른밤'(1985) 9. 이두용의 '물레야 물레야'(1983) 10. 임권택의 '티켓'(1986) 등, 임권택 연출작 세편, 이장호와 이두용이 각 두 편씩 선정되었다.

바보사냥 Hunting for Idiots(1984)

대학졸업 후 진로에 대해 고민하던 남자와 자동차 사고 이후 기술문명에 시달리던 남자가 정신병원을 탈출한다. 두 사람은 바깥 세상에 나가 빈 섬에 가서 벌을 키워 꿀을 먹으며 산다는 계획을 세운다. 우선 돈을 마련하기 위해 포장마차에 가서 병아리를 참새고기로 팔기도 하고, 차력 시범으로 골병이 들기도 한다. 또한 가짜 청심환을 팔거나 소 도축 과정에서 물 먹인 소를 만들기도 한다. 그러는 동안 세상의 협잡과 사기, 타락한 현실을 고루 경험한다. 웃지 못할 갖가지 부조리를 겪다가 그들은 강원도 광산으로 흘러들어온 바보 처녀 석호를 만나고 3인조가 되어 무인도로 향한다.

● 김기영 각본·연출작. 세 명의 남녀가 낙원을 찾아 떠나는 로드 무비. 1970년대 '화녀'(1971) '충녀'(1972) 연작의 히트 행진으로 최고 전성기에 올랐던 김기영이 1980년대에 들어서면서 하락세를 겪으며 만든 영화. 감독은 직접 시나리오를 쓰고 캐스팅에서 촬영, 편집까지 25일 만에 이 영화를 만들었다고 한다. 여기에는 스타급 배우 대신 B급 배우들과 신인배우들이 주연을 맡았고 특히 여주인공을 맡았던 미모의 엄심정은 뛰어난 연기력과 놀라운 카리스마를 보여주었다.
　작가적 자의식에서 벗어나 감독이 마음껏 만들고 싶었던 영화를 만들었기 때문인지 "영화사상 가장 독창적인 로드무비", 또는 "김기영 특유의 고집스러운 개성과 색채가 영화 속에 스며든 완성도 높은 작품"(평론가 이효인)으로 평가되었다. 김기영은 생전에 이 영화에 대해 "나 자신을 놀리는 마음으로 만든 자조적 작품"(한겨레 98. 2. 6)이라는 말을 남기고 있다.

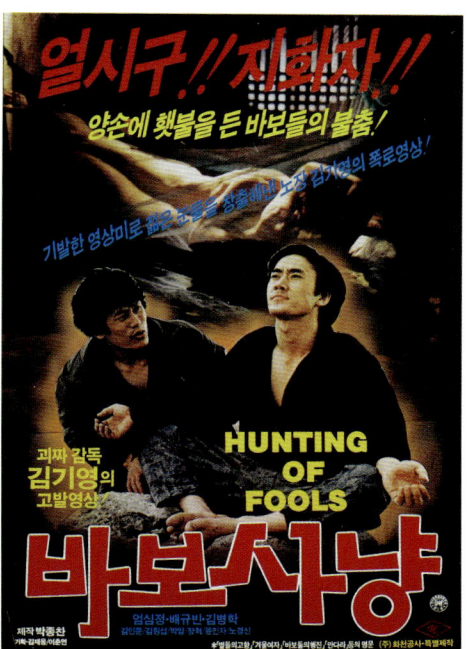

(화천공사) 100분 극영화 연소자불가/청춘

감독·각본 : 김기영
제작 : 박종찬
개봉 : 1984년 12월 1일 스카라극장 (서울)
관람인원 : 8990명(서울)
출연 : 엄심정, 김병학, 배규빈, 김인문, 김원섭, 윤인자, 노경신, 박암, 김성겸 외
기획 : 김재웅, 이춘연
촬영 : 서정민
음악 : 김정길
조명 : 강광호
편집 : 현동춘
사운드 : 김병수, 김경일
스틸 : 백영호
현상 : 영진공
조감독 : 강철웅, 정홍순, 최병권, 설춘완
수상 : 우수영화 선정(공윤)

육식동물 肉食動物, Carnivorous Animal(1984)

(신한영화) 105분 극영화 연소자불가/
드라마
감독·각본 : 김기영
제작 : 정도환
개봉 : 1985년 3월 23일 국도극장
　　　(서울)
관람인원 : 7136명
출연 : 김성겸, 노경신, 정재순, 김병
　　　학, 한우리, 양희란, 엄심정, 배
　　　규빈, 최일, 여재하 외
기획 : 김정조　　촬영 : 주홍식
음악 : 한상기　　조명 : 최재훈
편집 : 현동춘　　미술 : 이명수
소품 : 신풍균　　스틸 : 황태성
사운드 : 김성찬, 이재희
현상 : 세방현상소
수상 : 1984년도 우수영화 선정(한국
　　　공윤), 제21회 시카고국제영화
　　　제, 제29회 아태영화제 출품.

출판사 사장 동식(김성겸)은 아내(정재순)의 부동산 사업이 번창하자 가장으로서의 입지가 좁아진다.

아내는 물론 아들딸들까지 그를 무시하는 등 정신적으로 방황하게 된 그는 어느 날 호스티스와 딴 살림을 차린다. 이를 눈치챈 그의 아내가 그를 집안에 가두자 호스티스가 찾아와서 자신에게도 동식을 차지할 권리가 있음을 주장한다. 즉 낮 동안은 호스티스와 지내고 밤에는 아내가 있는 집으로 돌려보낸다는 것이다. 냉정한 아내는 가정을 지키고 남편과의 관계도 유지하기 위해 호스티스의 제안을 받아들인다. 동식을 공유하게 된 아내와 호스티스는 법적 계약이란 이름 아래 이를 철저히 실천시켜 나간다. 시간이 갈수록 동식은 호스티스와의 관계가 짜증스러워진다. 그러자 실망한 호스티스는 밤에도 동식을 집에 보내지 않는다. 집으로 돌아가야 한다는 강박관념에 쫓기는 동식을 보고 그녀는 더 이상 참지 못하고 가위로 동식을 찌른다. 현실을 외면하고 도피하려던 동식은 죽음의 구덩이를 스스로 파서 자멸하게 된 것이다.

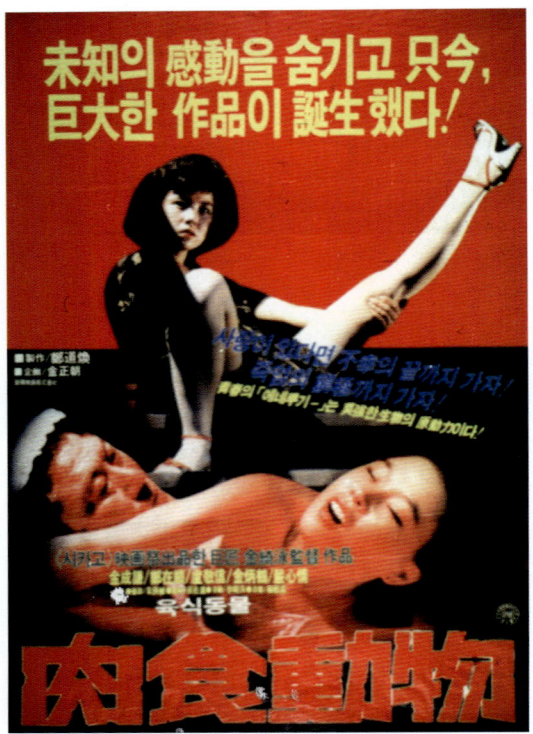

● 김기영 제작·연출의 에로틱 스릴러물. '화녀 82'가 '하녀' (1960) '화녀'(1971)의 리메이크작이라면 '육식동물'은 '충녀' (1972)의 리메이크라고 할 수 있다. 두 집 살림을 하는 남자를 사육하는 아내와 정부를 등장시킨 '육식동물'은 1960년대 흥행감독이던 김기영이 1990년대 초 컬트 감독으로 급부상하는 계기가 된 작품이다. 1984년에 만들어진 작품임에도 인간의 본능적인 심리를 파고드는 연출력은 보는 이들에게 새로운 충격과 함께 경악을 금치 못하게 한다.

아내와 호스티스가 한 남자를 공유한다는 계약을 맺거나 성인 남자가 기저귀를 찬 채 젖병을 빠는 괴이한 이미지, 유리판에 모은 색색의 사탕 위에서 정사를 나누는 장면, 지하실의 쥐를 이용한 살인극의 장면이 그 한 예이다. 또한 적극적으로 욕망을 추구하는 여성들과는 달리 김기영의 남성들은 대체로 우유부단하고 무능하게 표현된다. 그들은 여성들의 욕망을 실현하는 매개물이자 성적 욕망의 대상이 될 뿐 문제 해결을 위해 어떤 선택도 해결책도 마련하지 못한다. 그러한 남성성 부재의 문제를 극단으로 밀어붙인 영화가 바로 '육식동물'(1984)이다.(이효인, 『영화로 읽는 한국사회문화사』, 개마고원, 2003년, p.259)

감독은 '자유처녀'(1982), '바보사냥', '육식동물'로 현장을 떠나기 전까지 작가주의적 개성과 파격적 표현주의를 지향하면서 작가주의가 도입되기 어려웠던 주문 제작 시절에도 언제나 작가감독으로서 사회에 대한 주관적인 시각과 자신의 스타일을 지켰다.(우리에게 김기영 감독이 있었네」『작가주의 40년』, 국민 97. 9. 26) '육식동물'은 겉으로 드러난 사람의 심리를 리얼하게 보여주는 것이 아니라 사랑에 대해 한마디도 하지 않으면서 치정극 한 편을 완성한 케이스다. 이 영화는 김기영의 마지막 작품이기도 하다.

추억(追憶)의 빛 The Light of Recollection(1984)

요섭(김만), 현우(조재홍), 소연(이보희)은 삼각관계다. 요섭은 사회의 모순과 부조리를 인간의 미래에서 해결할 수 있다고 믿고 있고 현우는 인간의 과거에 대한 추적으로 이를 극복하려든다. 의견이 상반된 이들 사이에서 소연은 사랑만이 인간의 구원임을 실천하고 싶어한다. 그런 어느 날 요섭이 한라산에서 행글라이더 비행중 실종된다. 이와 함께 세 사람의 관계도 무너진다. 이제 현우와 소연은 요섭과 소연사이에서 태어난, 다린을 키우며 새로운 가정을 이루기로 한다. 그러나 4년이 지난 후, 제주도에 요섭이 살아 있을지도 모른다는 소식이 전해진다. 현우와 소연은 다린을 데리고 제주도로 가본다. 그리고 요섭에 대한 추억에 잠긴다. 요섭과 현우의 우정, 요섭의 소연에 대한 사랑 등, 이처럼 요섭의 흔적을 되새기지만 요섭은 어디에도 없었다. 현우와 소연은 요섭의 무덤가에서 그가 즐겨 부르던 노래의 환청을 들으며 이상의 섬으로 여기던 무인도로 향한다.

● '안개는 여자처럼 속삭인다' (1982)에 이은 정지영 연출작. 각본 이황림. 세 젊은이의 꿈과 이상, 그리고 사랑의 종말을 추적한 영화. 조재홍은 이 영화의 주역인 현우 역으로 스크린 데뷔했다. 몬트리올영화제에서 각본상(이황림) 수상.

(동아수출공사) 103분 극영화 중학생가/멜로 로맨스

감독 : 정지영
제작 : 이우석
각본 : 이황림
개봉 : 1985년 4월 5일
출연 : 김만, 이보희, 조재홍 외
기획 : 이권석
촬영 : 유영길
음악 : 신병하
조명 : 마용천
편집 : 김희수　　미술 : 이명수
소품 : 김태욱, 장석범
분장 : 장인한
특수효과 : 김철석
스틸 : 서흥익
조감독 : 배광헌, 이건호
수상 : 제9회 촬영기술상 최우수 촬영상(유영길)·특별상(정지영, 곽점석, 마용천, 유영길), 몬트리올국제영화제 각본상(이황림), 1984년도 우수영화 선정(공윤)

장남 長男, The Oldest Son(1984)

컴퓨터 회사 간부로 있는 장남(신성일)은 고향이 수몰지구로 선정되자 노부모(김일해, 황정순)를 모시게 된다. 그러나 시골에서만 살아온 부모는 비좁은 연립주택 생활이 답답하고 불편하기만 하다. 그래서 장남은 부모님을 모실 집을 새로 짓기로 하고 준비해둔 대지에 단독 주택 건립을 서두른다. 그 무렵 장남은 제주도로 출장 가고 집짓기 현장책임자는 차남(김희라)이 맡고 있었다. 매일같이 현장에 나와 집짓기가 완성되기를 기다리는 노부부. 이윽고 온 가족이 모여 살 수 있는 주택의 완성을 눈앞에 두고 어느 날 노모가 홀연히 눈을 감는다. 제주도에서 달려온 장남은 "효도할 때까지 부모는 기다려 주시지 않는다"며 애통함을 금치 못한다.

● 이두용 각본·연출작. 부모를 모셔야 하는 자식들 간의 갈등이라는 소재는 자칫 진부할 수 있지만 당대 한국사회가 당면한 가족해체의 위기를 섬세하게 묘사하여 공감을 얻었다. 영화 '장남' 은 한국사회의 물질적 변화를 한 가족의 일상을 통해 무리 없이 추적해낸다. 후반부, 고층 아파트의 벽에 부딪히며 둔중하게 내려오는 아버지의 관을 바라보며 처절하게 울부짖는 장남의 몸부림 등 등장인물들의 삶의 궤적에서 감독은 관객의 눈물을 끌어내는 데 성공했다. 그러나 관객 동원에서는 실패했다. 한국영상자료원 '한국영화 100선' 에 선정.

(태흥영화) 115분 극영화 연소자가/가족드라마

감독 : 이두용　　제작 : 이태원
각본 : 이두용, 안진원
개봉 : 1985년 6월 22일 단성사(서울)
관람인원 : 2066명(서울)
출연 : 신성일, 태현실, 김일해, 황정순, 김희라, 송희연, 문정숙, 남궁원, 오영화, 태일 외
기획 : 이태원　　촬영 : 정일성
음악 : 이철혁　　조명 : 차정남
편집 : 이경자　　미술 : 도용우
소품 : 김호길, 정민영
동시녹음 : 이성근
사운드 : 이성우, 이재웅, 김경일
조감독 : 임병석, 신경남
수상 : 제23회 대종상영화제 특별상(음향효과 부문: 김경일), 제21회 한국연극영화예술상 특별상(김일해), 1984년도 우수영화 선정(공윤), 제36회 칸국제영화제 초청작품

이별 없는 아침 Morning Without Parting(1985)

(연방영화) 95분 극영화 연소자불가/
멜로

감독 : 이경태
제작 : 최춘지
각본 : 홍파(원작 한수산)
개봉 : 1985년 1월 1일
출연 : 이상숙, 강재일, 양일민, 김지
영, 곽건, 최석, 박혜숙, 박광
진, 현석 외
기획 : 양봉석
촬영 : 유영길
음악 : 강근식
조명 : 손영철
편집 : 박순덕
소품 : 박창영
사운드 : 김병수, 김경일
조감독 : 이서진, 유우용

제대 후 복학을 앞둔 예서와 시한부의 진단을 받고 절망에 빠진 수니는 우연히 지하철에서 만나 철지난 해수욕장으로 여행을 떠난다. 자신의 죽음을 보이기 싫은 수니는 예서에게 돌아가라고 말한다. 예서는 수니의 가방에서 수면제와 의사에게 쓴 편지를 보고 수니의 악성병을 알게 된다. 통증으로 괴로워하는 수니에게 예서는 결혼을 제의한다. 너무나 외로운 수니는 예서의 결혼 신청을 수락한다. 그들은 새로운 보금자리인 방갈로 안에서 마지막 왈츠를 춘다.

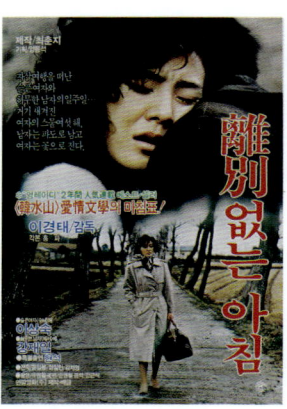

● 한수산의 동명 장편소설을 원작으로 한 영화. 시한부 환자와 정신적으로 황폐한 두 남녀가 만나 진정한 사랑과 삶의 소중함을 깨닫는 내용으로 극한 상황에 처한 인물의 심리묘사를 정교하게 그려내고 있다. 이경태의 섬세한 터치가 돋보이는 여성영화로 이상숙, 강재일 등 신인들이 참신한 분위기를 끌어낸다.

어미 Mother(1985)

(황기성사단) 100분 극영화 연소자불
가/가족드라마

감독 : 박철수
제작 : 황기성   각본 : 김수현
개봉 : 1985년 11월 1일 명보극장
(서울)
관람인원 : 4만 1507명(서울)
출연 : 윤여정, 전혜성, 신성일, 김인
태, 홍성민, 국정환, 양택조, 송
옥숙, 최민경 외
기획 : 배선환   촬영 : 정일성
음악 : 이종구   조명 : 강광희
편집 : 김현   분장 : 장인한
사운드 : 김병수, 양대호
조감독 : 이동진, 이민용, 박희두, 권영
섭
수상 : 제24회 대종상영화제 우수작품
상(황기성 사단)·편집상(김
현)·특별상(신인 연기 : 전혜
성), 제6회 영평상 특별상(황기
성)

홍 여사의 하나밖에 없는 소중한 딸 나미가 실종된다. 수소문 끝에 찾아낸 나미는 인신매매단에게 납치된 후 만신창이가 되어 사창가에 버려져 있었다. 홍 여사는 경악하면서도 딸을 감싸지만 나미는 충격에서 벗어나지 못한 채 자살하고 만다. 자책과 분노에 떨던 홍 여사는 자신의 딸을 범한 사내들을 찾아내어 복수를 시작한다. 그리고 모든 복수가 끝난 후 그녀는 법 앞에서 심판을 받는다.

● '골목대장'(1979) 연출 후 MBC PD로 복귀했던 박철수의 영화계 컴백작. 김수현의 동명 소설을 원작으로 하고 있다. 딸을 잃은 어머니가 세상을 향해 던지는 분노에 찬 복수극으로 1980년대 중반, 심각한 사회문제로 떠오른 가정파괴 범죄를 정면에서 고발하고 있다.
절제된 대사와 감각적인 화면. 치밀한 구성이 돋보이는 연출은 긴박한 상황과 특히 심리묘사를 정교하게 묘사하여 높은 평가를 받았다.(유지나 외, 『한국 영화사공부 1980~1997』, 이채, 2005년, p.69) 김기영의 '충녀'(1972) 출연 이후 13년 만에 스크린에 컴백한 윤여정이 어머니 역을 맡아 인신 매매단의 보스까지 살해한 다음 경찰을 기다리며 담배 한 대를 피어 무는 라스트신이 인상적이다. 박철수는 이 영화 연출로 제24회 대종상 최우수작품상을 받았다.

돌아이 Imbecile(1985)

불의를 보면 참지 못하는 석은 밤무대를 전전하는 여성 5인조 보컬 팀 '드릴러'를 돌보고 있다. 그러나 드릴러 멤버들은 강한 개성과 각자 추구하는 삶이 다르기 때문인지 단합이 쉽게 이루어지지 않는다. 돈만 생각하다 오히려 몸을 빼앗기거나 자살소동을 빚기도 한다. 그러자 석은 이 같은 일을 저지르고 다니는 일당을 찾아내 혼내주고 해산 직전에 처한 보컬 팀을 위기에서 구해낸다.

● 당대 신세대 인기가수 전영록 주연의 코믹 액션. 전영록은 영화배우 황해와 가수 백설희의 아들이다. 이 영화는 8만 6000명 관객 동원으로 1985년도 한국영화 흥행 순위 5위를 기록하면서 이두용을 흥행감독의 위치에 올려놓았다. 야간업소를 전전하는 5인조 보컬그룹의 이야기를 다루면서 전영록은 차돌같이 강한 파워로 이들을 보호하는 가수매니저 역할을 맡고 있다. 선악 대립 구도와 권선징악의 결말은 상식적인 내용이긴 하지만 화려한 액션 연출과 함께 전영록은 그 시대 인기 코드였던 이소룡, 성룡식 무술을 무난하게 소화해 선보였다. 또한 간첩을 일망타진하는 내용을 넣었다는 점에서 '반공영화'로 분류되는데 당시 정부는 반공영화, 계몽영화 제작을 적극 지원했다. 여성보컬 팀 5인조는 당시 모델 출신이다.

'돌아이' 시리즈 총 4편 중 3편까지는 전영록이 출연. 이중 두 번째 시리즈 이두용의 '돌아이 2'(1986)는 1986년 7월 17일 중앙극장(서울)에서 개봉되어 관객 10만(9만 8600명)을 동원, 이혁수의 '돌아이 3'(1987)는 방규식 각본·기획으로 1987년 7월 17일 중앙극장(서울)에서 개봉되어 흥행 저조(관객 2만 3306명), 방규식 제작·감독 데뷔작이면서 최재성이 주연한 '돌아이 4-둔버기'(1988)는 한국 최초의 돌비스테레오(녹음: 이재웅)를 갖추고 1988년 8월 6일 중앙극장(서울)에서 개봉되었으나 역시 흥행저조(관객 1만 4546명)로 막을 내렸다.

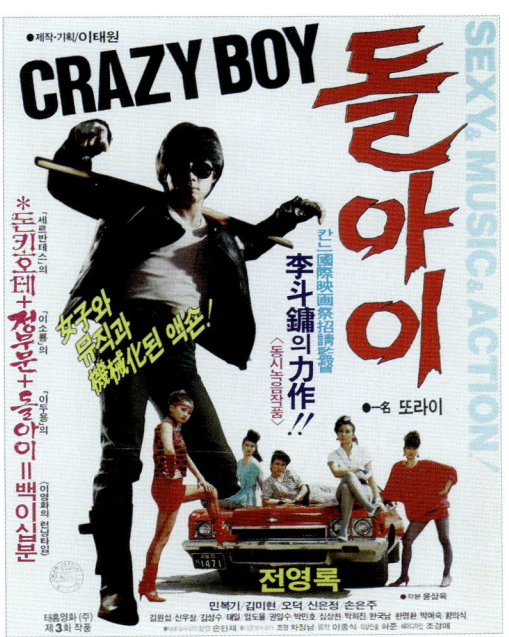

(태흥영화주식회사) 110분 극영화 중학생가/액션

감독 : 이두용
제작 : 이태원
각본 : 윤삼육
개봉 : 1985년 1월 1일 중앙극장 (서울)
관람인원 : 8만 6000명(서울)
수출현황 : 미국(1986)
출연 : 전영록, 손은주, 신은정, 민복기, 김미현, 오덕, 김원섭, 신우철, 태일 외
기획 : 이태원
촬영 : 손현채
음악 : 이종식
조명 : 차정남
편집 : 이경자
미술 : 도용우
소품 : 김호길, 정민영
의상 : 허준부띠끄
분장 : 홍동은
사운드 : 김경일, 양대호
스틸 : 양기주
조감독 : 임병석, 김혁, 김지훈

여왕벌 Queen Bee(1985)

(국제영화흥업) 85분 극영화 연소자불
가/멜로

감독 : 이원세
제작 : 유옥주
각본 : 이희우, 여수중(원작 유재순)
개봉 : 1985년 2월 21일
출연 : 이혜영, 조용원, 이주성, 황석
　　　연, 이진선, 유은영, 한송희, 태
　　　일, 김지영 외
기획 : 황병석
촬영 : 이성춘
음악 : 정성조
조명 : 손달호
편집 : 현동춘
사운드 : 김병수(녹음), 김경일(효과)
스틸 : 양기주
현상 : 세방현상소
조감독 : 오덕제, 장현수, 여경보
수상 : 제22회 백상예술대상 신인연기
　　　상(이혜영)

미국인과의 사랑이 실패로 끝나자 여왕벌 미희는 이태원에서 불우한 여자들을 돌보며 살고 있다. 그런 미희 앞에 동생 정희가 외국인 스티브와 함께 나타난다. 스티브의 정체를 알고 있는 미희는 동생 정희를 말리려 들지만 정희는 오히려 미희를 의심한다. 동생을 지키려는 일념과 외국인에 대한 허황된 꿈을 가진 여성들에게 경종을 울려주기 위해 미희는 흑인 병사 스티브를 유혹하여 살해한다.

● 이원세 연출의 사회물. 프리랜서 유재순이 1984년에 발표한 동명 장편 르포소설을 영화화한 것이다. 자신에게 상처를 준 미국인이 동생에게 접근하자 그를 유혹해서 살해한다는 내용. 서울의 이방 지대인 이태원에서 청년들이 상여를 메고 외국인들의 횡포에 항의하는 장례식 장면이 나온다. 이런 반미 감정을 선동하는 듯한 장면이 연출되자 이원세는 정보기관으로 불려 다니는 등 '여왕벌'은 여러 차례에 걸쳐 검열을 통과하지 못했다. 여주인공이 미군의 성기를 자르는 충격적인 장면 등 1시간 이상이 잘려 나갔고 전면 개작 과정에서 영화는 만신창이가 되었다.(제10회 부천판타스틱영화제 팜플렛 중에서) 영화 '난장이가 쏘아올린 작은 공'(1981)으로 인한 시련과 후유증을 극복하지 못했던 감독은 이 사건을 계기로 메가폰을 던지고 미국으로 떠났다.
　이 작품은 이원세의 서울에서의 마지막 작품이기도 하다. 여주인공 '여왕벌' 역은 이만희 감독의 딸인 이혜영이 맡고 있다.

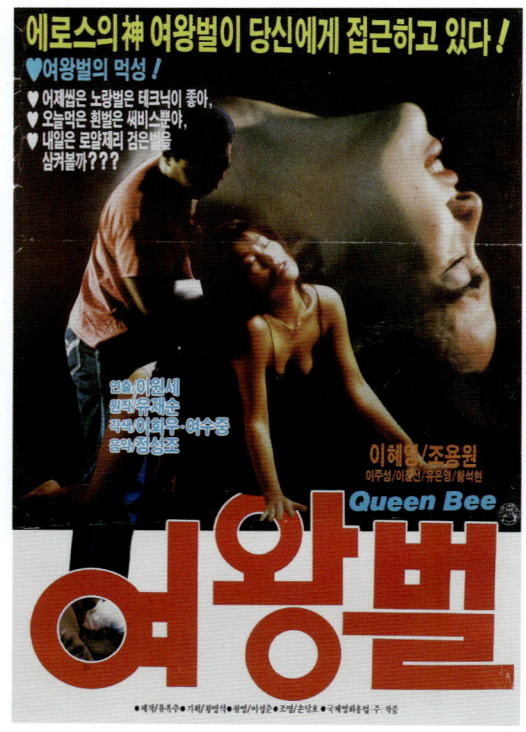

444

오싱 Ohsing(1985)

일곱 살짜리 신이 쌀 한가마에 남의 집 더부살이로 팔려간다. 그러나 그 집에서 50전을 훔쳤다는 누명을 쓰고 갖은 학대를 받다가 쫓겨난다. 산속에서 실신한 신은 학도병에서 탈영한 진호에게 구출되어 산속 생활을 하면서 진호에게 글도 배우고 따뜻한 형제애도 느끼게 된다. 그러나 한 겨울을 나고 하산하던 중 헌병에게 발각되어 진호는 죽고 신은 혼자서 집으로 돌아온다. 그러나 아버지가 또 더부살이로 보내려 하자 신은 엄마를 찾아 나선다. 기생이 된 엄마를 만나지만 엄마는 신을 돌볼 능력이 없었다. 더부살이 생활을 하다가 신은 할머니 임종 소식을 듣고 집으로 돌아온다. 그리고 할머니 시신 앞에서 어떤 어려움도 이기겠노라고 다짐한다.

● 일본의 하시다 스가코의 원작 소설(김균 번역)을 영화화한 작품. '오싱'은 소설 속 주인공 이름이다.

소설은 1984년 초에 출간되어 독자들의 사랑을 받으며 베스트셀러가 되었다. 초판 책 표지에 보면 「로마 교황도, 일본 천황도 『오싱』을 보고 눈물을 흘렸다. 일본 나카소네 수상도 미국 레이건 대통령도 울게 만든 『오싱』, 전 세계 여성이 눈물로 감격한 일본판 여자의 일생」이라는 선전 문구가 나열돼 있다. 가난과 시련과 수모를 극복하며 살아온 오싱이라는 한 여인의 기구한 삶을 통해 독자들은 자신들이 겪었던 어려운 시대를 상기하여 폭넓은 공감대를 형성했고 특히 젊은 세대들에게 "가난이 얼마나 무섭고 혹독한 것인가"에 대한 교훈을 주었다.

쌀 한 가마에 일본 가정의 더부살이로 팔려간 조선 어린이 '신' 역할에는 똑순이 김민희가 출연하고 있다. 그러나 감독이 시대적 배경보다 '화면발'을 살리는 작업에 치중하여 두툼한 옷의 태가 살지 않는다면서 옷의 솜을 다 빼버리는 바람에 한 겨울에 덜덜 떨면서 촬영하느라고 고생이 막심했다고 한다.(의상 이해윤 증언) 관객 5만여 명을 동원했다.

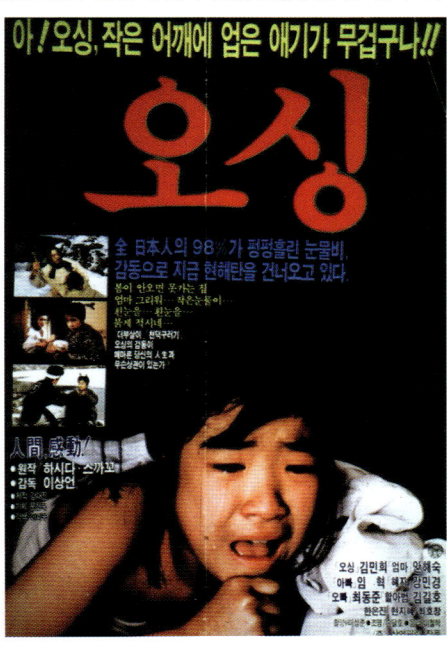

(삼영필름) 105분 극영화 연소자가/멜로

감독 : 이상언
제작 : 강대진, 정준교
각본 : 이희우(원작 하시다 스가코)
개봉 : 1985년 4월 5일 국도극장 (서울)
관람인원 : 4만 9945명(서울)
출연 : 김민희, 안해숙, 임혁, 한은진, 김길호, 진봉진, 유하연, 이정애, 최호창 외
기획 : 문현욱
촬영 : 이성춘
음악 : 이철혁
조명 : 손달호
편집 : 이경자
미술 : 도용우
소품 : 우종원, 김석훈
의상 : 이해윤
분장 : 장인한
사운드 : 이재희, 김철석
스틸 : 양기주
조감독 : 이진, 이명호
수상 : 제24회 대종상영화제 여우조연상(한은진)·녹음상(손인호)

깊고 푸른 밤 Deep Blue Night(1985)

(동아수출공사) 93분 극영화 연소자불
가/멜로

감독 : 배창호
제작 : 이우석
각본 : 최인호(원작 최인호)
개봉 : 1985년 3월 1일 명보극장
(서울)
관람인원 : 49만 5673명(서울)
수출현황 : 홍콩(1985)
출연 : 안성기, 장미희, 최민희, 진유
영, 장소현, Eddie London,
Sanicka Cummings, Ange-
lina Estrada 외
기획 : 이권석
촬영 : 정광석
음악 : 정성조
조명 : 김강일, 김동호
편집 : 김희수
사운드 : 김병수, 김경일
스틸 : 서홍익
특수효과 : Art Piatt
조감독 : 곽지균
수상 : 제24회 대종상영화제 우수작품
상(동아수출공사) · 감독상(배창
호) · 남우주연상(안성기) · 각본
상(최인호) · 촬영상(정광석) ·
조명상(김강일, 김동호), 제21회
백상예술대상 대상 작품상(이
우석) · 감독상(배창호) · 연기상
(안성기) · 시나리오상(최인호),
제5회 영평상 최우수작품상(동
아수출공사) · 촬영상(정광석),
제30회 아태영화제 최우수작
품상 · 각본상, 부산영화평론가
협회선정, 최우수영화 및 영화
인 최우수감독상(배창호) · 최우
수남우주연상(안성기) · 최우수
여우주연상(장미희)

미국에서 아메리칸 드림을 꿈꾸며 불법 체류자로 전전하던 백호빈(안성
기)은 시민권을 얻기 위해 한국계 미국인 이혼녀인 제인(장미희)과 계약
결혼을 한다. 고단한 삶에 지쳐 있던 제인은 호빈에게서 마지막 희망의
빛처럼 사랑을 느낀다. 호빈은 이민국의 까다로운 인터뷰 절차를 거쳐
미국 시민권을 얻는다. 호빈은 이 사실을 제일 먼저 한국에 있는 아내
에게 알리지만 아내에겐 이미 다른 남자가 있었다. 제인과의 계약 기간
이 끝나갈 무렵 제인은 호빈과 계약 결혼이 아닌 진짜 결혼을 원한다.
하지만 호빈은 제인의 사랑을 거절하며 약속대로 이혼해줄 것을 요구
한다. 둘은 욕망과 사랑이란 갈림길에서 갈등하게 되고, 급기야는 서로
의 이성이 충돌하면서 호빈은 난폭자로 돌변한다. 호빈의 비인간적인
냉혹성이 백일하에 드러나고 제인의 몸과 마음은 호빈으로 인해 지울
수 없는 상처를 입는다. 그들은 제인의 제안대로 이혼 여행길에 오르고
황량한 사막 한 복판에서 처참한 최후를 맞는다.

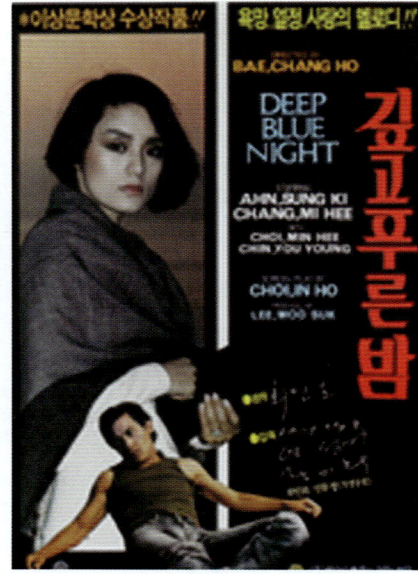

● 최인호의 시나리오로 부제
는 '영화와 소설' 이다. 10 · 26
사건 이후 가치관의 혼란을 느
낀 작가 최인호는 1982년, 미
국에서 6개월간 체류하면서
중편 『깊고 푸른 밤』을 집필,
이 소설은 이상문학상을 받았
다. 그러나 시나리오는 이 소
설과는 무관하다. 작가는 자신
이 쓴 원작에서 제목과 미국이
라는 배경만 차용하고 있을 뿐
영화는 당시 미국 사회에 팽배
했던 불법 이민과 관련하여 아
메리칸 드림의 허상을 드러낸
내용이다.

영화는 미국에 건너가 한국
의 가족을 불러들이려 했던 한
남자가 아내의 배신과 함께 그
곳에서 겪게 되는 갈등, 파탄,
비극적 종말을 사회성 짙은 드
라마로 그려낸다. 이 영화는
개봉과 함께 서울에서만 50만
명에 육박하는 관객을 동원,
1986년 한국영화 흥행 순위 1
위를 기록하는 등 평단과 흥행에서 모두 성공했다.

이 작품의 성공 요인은 다양하다. 가장 특기할 만한 것은 최인호, 배창호, 안성기 트리오가
빚어낸 명작 탄생이라는 점, 불법 이민이라는 진지한 주제에 미국 서부의 공허하고 삭막한 분
위기를 담은 세련된 영상미, 이미지 단절이 없는 간결한 커팅 처리 등이 손꼽힌다. 당시 영화
평은 "모든 화면이 매우 감각적이며 이는 마치 허리우드 제품 같다"('외화 홍수속 한국영화', 한
겨레 94. 11. 8)고 할 만큼 극적인 뉘앙스가 전체 화면을 차지하고 있다. 특히 데스밸리(Death
Valley) 사막에서 벌어지는 오프닝과 엔딩 장면의 롱 숏은 화려한 도시로 희망과 꿈을 찾아오

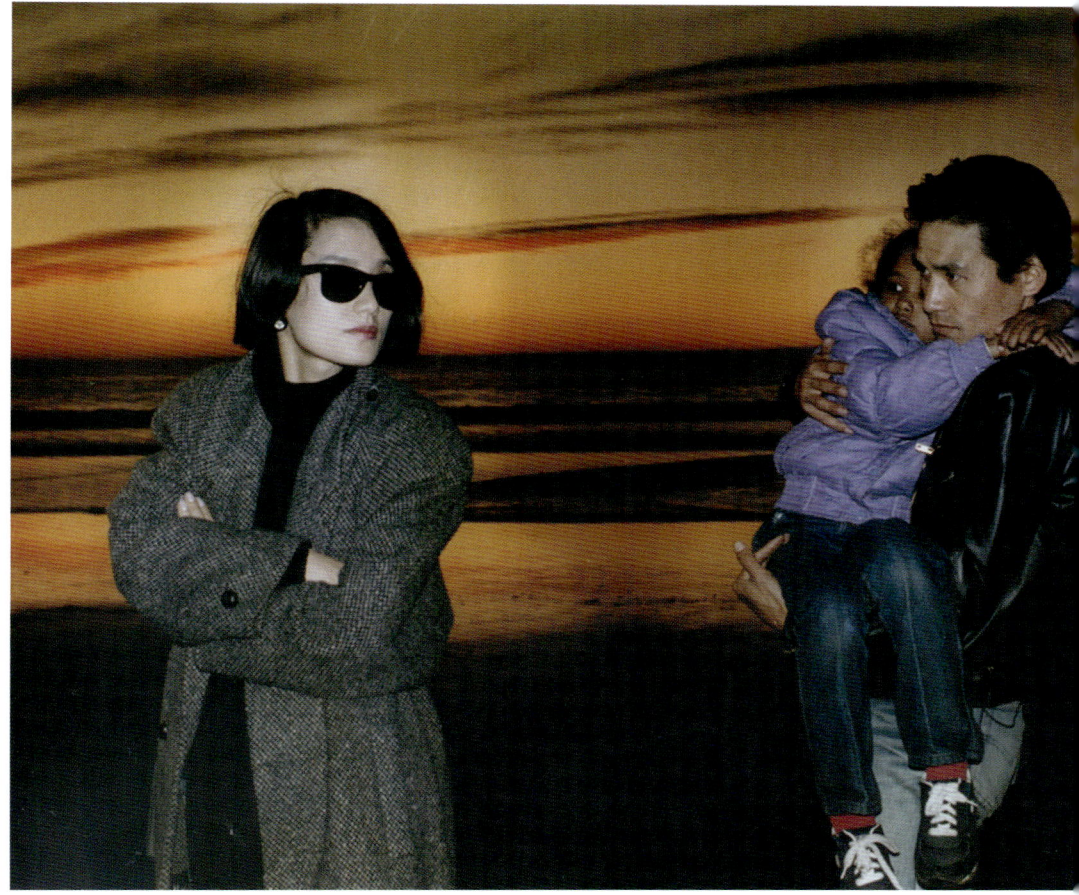

지만 아메리카 드림은 한낱 모래성에 지나지 않는다는 상징성을 로스앤젤레스 야경에 대조시켜 보여준다. 인적 없는 살벌한 바위의 벼랑 위에서 남자 주인공(안성기)이 여자의 옷을 벗기고 욕망을 채우는 배덕적 성의 비리는 처형 의식을 연상케 하는 엄숙미마저 풍긴다. 국민배우 안성기의 젊은 시절 남성적 매력이 물씬 배어나는 장면으로 안성기는 여기서 건달 이미지의 연기 변신을 시도하여 눈길을 끌었다.

또한 정성조가 주도하는 실험적인 음악이 영화의 긴장감과 갈등을 표현하는 조력자로서의 역할을 해내고 있다. 하모니카의 음색이 매력적인 '제인의 테마'는 영화 '깊고 푸른 밤'에 투영된 주인공들의 굴절된 인생과 아이러니를 암시하는 포인트가 된다. 이 영화로 배창호는 1985년 대종상과 백상예술대상에서 감독상, 안성기는 최우수남우주연상, 장미희는 부산영화평론가협회 선정 최우수여우주연상을 받았다.

창밖에 잠수교가 보인다
Jamsu Bridge Outside The Window(1985)

(현진) 96분 극영화 연소자불가/멜로

감독 : 송영수
제작 : 김원두
각본 : 손정은
개봉 : 1985년 6월 21일 피카디리극
　　　장(서울)
관람인원 : 10만 134명(서울)
출연 : 정승호, 김진아, 김진, 김인문
　　　외
기획 : 윤복희
촬영 : 유영길
음악 : 오준영
조명 : 손한수
편집 : 김희수
미술 : 도용우
사운드 : 김경일
수상 : 제22회 백상예술대상 기술상
　　　(촬영: 유영길)

윤희(김진아)는 사업으로 성공한 남자(김인문)의 정부로 살고 있다. 남자는 사업차 외국에 나갈 때마다 하수인을 통해 윤희를 감시하고 있다. 이 사실을 안 윤희는 남자를 괴롭히기 위해 우연히 만난 전과자이며 떠돌이 가수인 미스터A(정승호)를 이용하기로 한다. 그러나 하수인의 감시가 활발해지는 속에서 윤희와 미스터A는 사랑을 느낀다. 사랑과 안정된 생활 사이에서 갈등하던 윤희는 진실한 사랑을 선택하여 자신을 감시하던 남자를 죽인다. 윤희는 자수하기에 앞서 미스터A와 잠수교를 함께 걸으며 영원한 재회를 약속한다.

● '나비소녀'(1977)로 감독데뷔한 송영수의 멜로물. 각본 손정은, 기획 윤복희. 촬영을 담당했던 유영길이 백상예술대상에서 촬영상을 수상했다. 오준영 작곡, 김정률 작사, 김정택 편곡의 주제가 "창밖에 잠수교가 보인다"는 가수 박영민이 부른다.
　"너를 보면 나는 잠이 왜(이상하다 그치?)/
　잠이 오면 나는 잠을 재(이상하다 그치?)/
　자면서 너에게 편지를 써(정말 이상하지)/
　자면서 나는 사랑을 해(참 이상하다 그치)…" 로 진행되는 이 노래는 나른한 현대의식 감각이 멜로디에 흐르면서 젊은이들 사이에서 즐겨 불렸다. 김진아가 성공한 남자의 정부로 나오고 정승호가 떠돌이 가수로 나온다. 관객 동원 10만으로 1986년도 한국영화 흥행 순위 4위. 송영수는 이후 그의 대표작이 된 '우리는 지금 제네바로 간다'(1987)를 발표하게 된다.

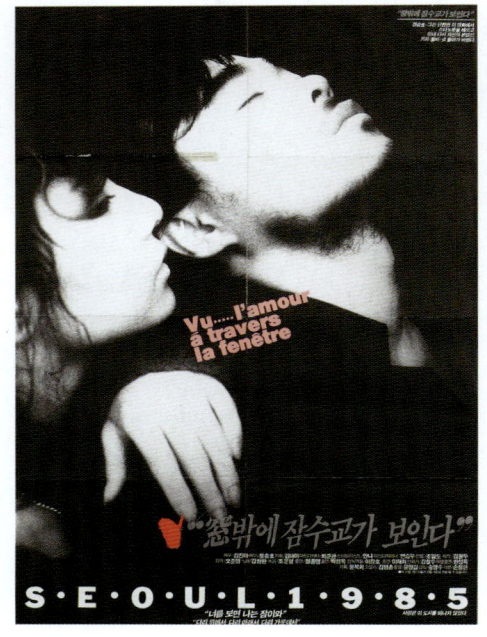

밤의 열기 속으로 Into the Heat of the Night(1985)

민기(길용우)는 이태원 일대에서 마약 밀매로 살아간다. 거친 성격의 그는 사랑조차도 강제로 얻을 수 있다고 여긴다. 어느 날 술에 취해 난동을 부리는 사건이 일어나고 이를 계기로 인희(김진아)를 만난다. 민기는 그녀를 강제로 폭행하려다 실패한 후 진실한 사랑에 빠진다. 인희도 겉으로 드러나는 민기의 폭력성 속에 숨은 연약함을 보고 그를 사랑하게 된다. 민기는 새 생활을 위해 그가 지금까지 거래해왔던 미카엘 일당과도 손을 끊는다. 그러자 일당은 민기를 잡아두기 위해 인희를 납치한다. 민기는 이들의 아지트로 찾아가 격렬한 격투를 벌인 끝에 인희를 구해낸다.

(우성사) 95분 극영화 연소자가/청춘

감독·각본 : 장길수
제작 : 김용덕
개봉 : 1985년 8월 31일 국도극장 (서울)
관람인원 : 3만 3650명(서울)
출연 : 길용우, 김진아, 김만, 김성찬, 심재진, 김애경, 허먼, 베이, 이가희, 정형기, 최성, 신찬일 외
촬영 : 전조명
음악 : 록그룹 무당
조명 : 강광희
편집 : 김희수
소품 : 김태욱
스틸 : 이태성
사운드 : 김성찬, 이재희
조감독 : 임종재, 윤대일, 정병각
수상 : 제24회 대종상영화제 신인감독상(장길수)·녹음상(손인호)·특별상(음향효과: 손효신), 제6회 영평상(한국영화평론가협회) 촬영상(전조명)

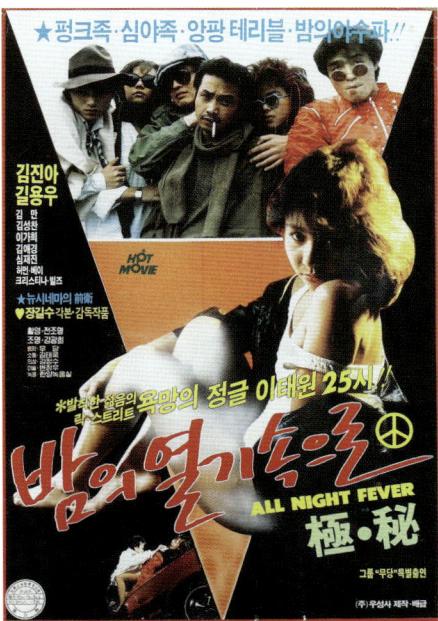

● 장길수 감독 데뷔작. 감독이 직접 각본을 썼다. 이 영화는 이태원을 무대로 젊은이들의 일탈과 좌절을 소재로 하면서 1980년대를 풍미했던 반미적 성향을 거친 터치로 그리고 있다.(「새영상미도전」 경향 85. 8. 13) 미군부대 기지촌 주변의 어두운 이야기들은 검열에 걸려 시나리오 내용을 대폭 손질한 것으로 알려져 있다. 이 과정에서 미군들과 양공주들의 등장을 줄이고 미국인 악당두목을 등장시켰다. 그러나 동두천과 이태원 등 미군부대 주변과 기지촌 촬영은 상상하지 못할 때여서 배우와 스태프들은 사전 리허설을 철저히 해낸 후 기습적으로 현장에 나가 도둑 촬영 식으로 작업을 진행시켰다고 한다.(「장길수 인터뷰-나의 감독 데뷔기」 조선 03. 3. 12)

영화 속에는 당시 젊은 재미동포로 구성된 4인조 록그룹 '무당'의 콘서트 장면이 삽입되어 있다. 장길수는 이 영화로 대종상 신인 감독상을 수상, 이후 첫 작품에서 하고 싶었던 이야기들을 마음껏 하지 못한 아쉬움 때문인지 미군부대 기지촌 주변과 양공주들을 소재로 한 영화들을 여러 편 연출했고 그중 '아메리카 아메리카'(1988)는 그의 반미감정을 노골적으로 드러낸 작품의 하나로 손꼽힌다. 반항적인 이미지의 주역에는 길용우, 상대역에 김진아, 김성찬이 맛깔진 조역을 해냈다.

어우동 於于同, Eoh Wu-dong(1985)

(태흥영화) 110분 극영화 연소자불가/
시대극

감독 : 이장호
제작 : 이태원
각본 : 이현화(원작 방기환)
개봉 : 1985년 9월 28일 단성사
　　　(서울)
관람인원 : 47만 9225명(서울)
수출현황 : 미국(1986), 일본, 대만
　　　(1987), 동남아(1988)
출연 : 이보희, 안성기, 김명곤, 박원
　　숙, 신충식, 김기주, 문태선, 김
　　성찬, 김하림, 윤순홍 외
촬영 : 박승배　음악 : 이종구
조명 : 김강일　편집 : 현동춘
미술 : 도용우　소품 : 이예호
의상 : 이해윤　분장 : 홍동은
사운드 : 이재웅, 김경일
스틸 : 윤진호
조감독 : 조민희, 김대경, 조재흥
수상 : 제22회 백상예술대상 연기상
　　　(이보희), 제58회 아카데미상
　　　외국어 영화 부문 출품

여인들에게 칠거지악과 남존여비 사상을 요구하던 조선왕조 성종 때, 사대부집 규수 어우동(이보희)은 미천한 신분의 사내와 사랑을 나누다가 부모에게 들켜 좌절하고 사내는 매를 맞고 쫓겨난다. 그녀는 집안의 강요로 왕실 종친 태산군에게 시집을 가지만 아이를 낳지 못한다는 이유로 구박이 심해지자 시집을 뛰쳐나온다. 강물에 뛰어들어 몸을 던지는 어우동을 기생 향지(박원숙)가 구해주고 이것이 인연이 되어 어우동은 기생 수업을 받게 된다.

그때부터 어우동은 자신의 육체를 미끼삼아 양반들을 성의 노예로 만들며 가부장적 사회에 반항하기 시작한다. 그녀의 명성은 날로 높아가고 시집과 친정에서는 더 이상 가문의 체통과 명예를 실추시키지 않으려고 남편 태산군은 자객 갈매(안성기)를 시켜 어우동을 없애기로 한다. 갈매는 어우동의 과거를 알게 되면서 봉건제 때문에 고통받는 자신을 돌아보고 그녀에게 오히려 동병상련의 감정과 사랑을 느낀다. 둘은 서로 사랑하지만 철통같은 제도 안에서 피할 곳이 없게 되자 영원한 사랑을 지키기 위해 목숨을 끊는다.

● 이장호의 13번째 연출작. 원작 방기환. 1979년 동아일보에 연재된 이 소설은 장안의 화제였다. 영화는 사대부 집 여인이 봉건사회의 비인간적인 계급 제도와 남성 위주의 윤리에 정면으로 맞서 대결한다는 내용으로 이는 관객의 열광적인 반응을 끌어냈다. 그녀의 문란한 음행은 관에서는 체포령이 내려지고 전 남편 태산군은 자객을 고용한다. 그녀는 자신을 납치해 강간하

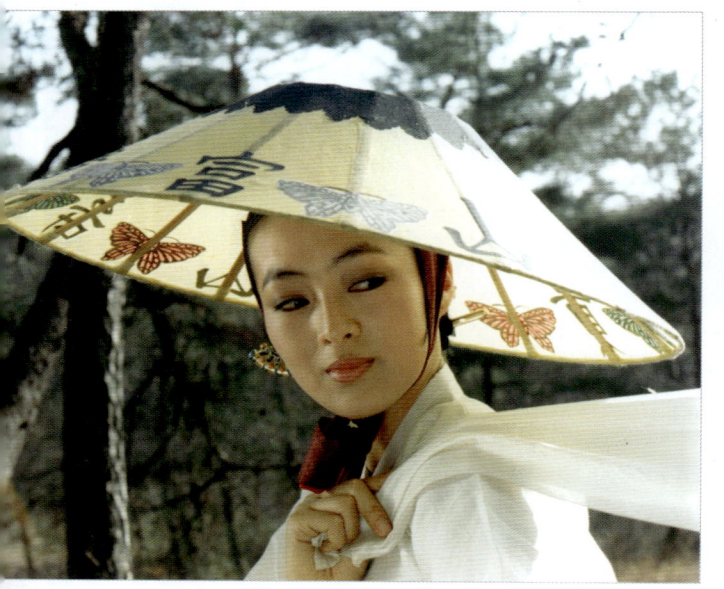

려는 자들을 오히려 성적으로 압도하여 무릎을 꿇게 만들었다. 또한 퇴폐적인 임금 성종(윤순홍)과 천하의 요기 어우동이 야외에서 주연을 벌이던 중 기생의 가슴에 술을 부어 왕을 굴복시키는 장면은 외설적이라는 지적과 함께 당시 공윤위원장이 교체되는 사태를 빚기도 했다.(「개운치 않은 뒷맛 남긴 벗기기 경쟁」 경향 85. 1. 26) 어우동은 1480년 교형(絞刑, 목매달아 죽이는 형벌)에 처해졌다.

감독은 조선조 섹스 스캔들로 사회제도의 모순과 권력의 부조리를 다루려 했으나 영화에서의 노골적인 성 표현에 눌려 소기의 목적을 달성하지 못한 것으로 알려지고 있다. 그러나 당시 고전 에로물이 판치던 한국영화계에서 '어우동'은 거의 독보적인 인지도를 가진 영화로 평가되었다.(유지나 외, 『한국영화사 공부 1980-1997』, 한국영상자료원편, p.63) 이장호, 이보희 콤비의 '무릎과 무릎사이'에 이어 1년 만에 연속 히트를 기록한 작품. 현대적인 감각으로 재단된 의상이 눈요기 거리다.

백상예술대상에서 이보희가 연기상을 수상, 서울에서만 관객 50만여 명을 동원, 배창호의 '깊고 푸른 밤'(49만 5673명)에 이어 1985년 한국영화 흥행 순위 2위를 기록했다.

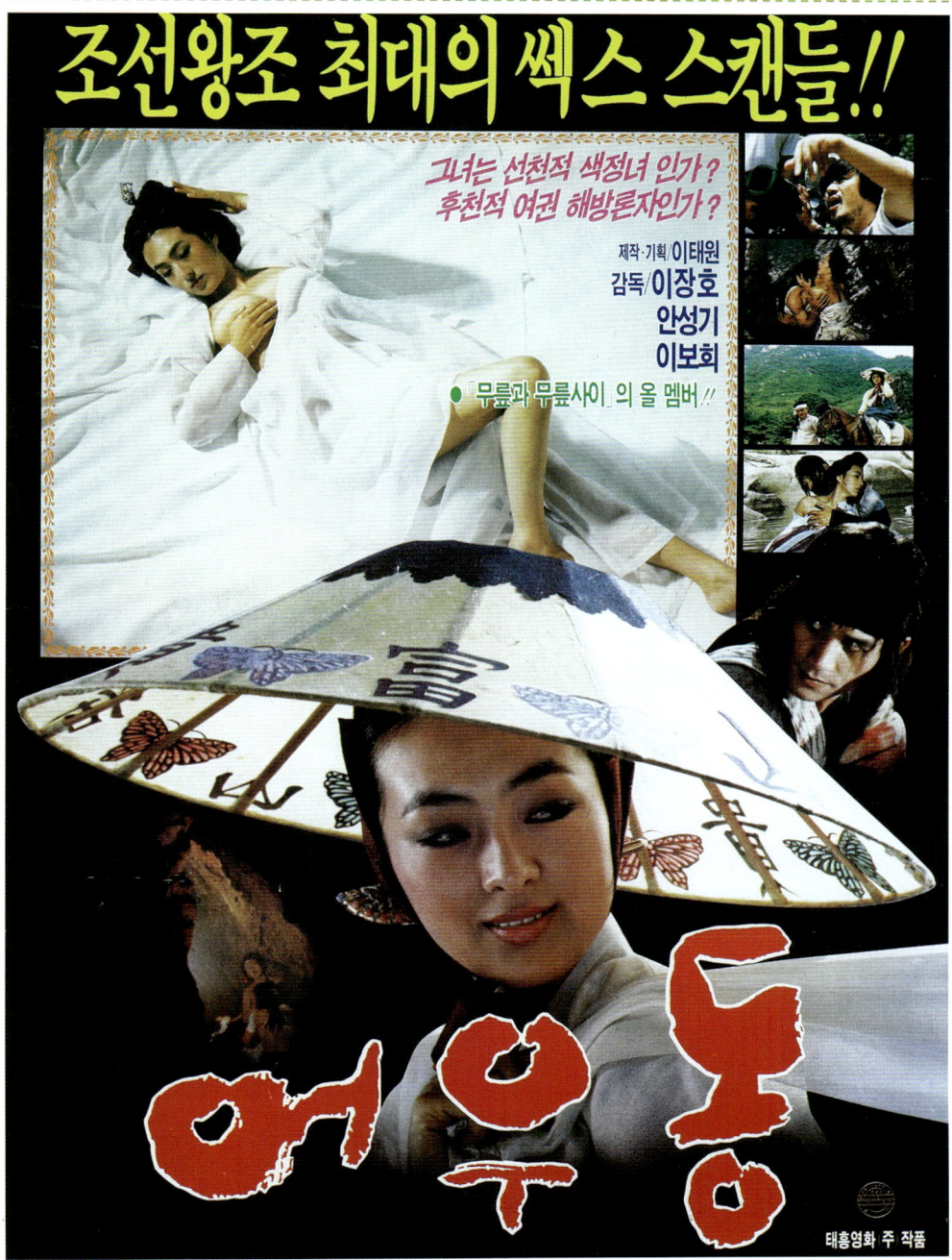

장사(壯士)의 꿈 Dreams of the Strong(1985)

(동아수출공사) 100분 극영화 연소자 불가/멜로

감독 : 신승수
제작 : 이우석, 황용갑
각본 : 신승수(원작 황석영)
개봉 : 1985년 10월 8일 코리아, 동
      아극장(서울)
관람인원 : 1만 2601명(서울)
수출현황 : 일본(88)
출연 : 임성민, 금보라, 정진, 김영애,
      김동수, 송경철, 김인문, 김애
      경, 백송, 추석양, 남포동 외
기획 : 이권석
촬영 : 정광석
음악 : 이필원
조명 : 박영룡
편집 : 현동춘
미술 : 이명수
소품 : 김태욱
스틸 : 서홍익
사운드 : 김경일
조감독 : 진광민, 최영학, 심승보
수상 : 제22회 백상예술대상 신인감독
      상(신승수) · 신인연기상(임성
      민)

바닷가에서 태어난 일봉(임성민)은 힘이 장사. 씨름선수나 레슬링 선수가 되기 위해 서울에 올라왔으나 레슬링만으로는 살기가 어렵다는 것을 알게 된다.

일봉은 목욕탕에서 때밀이로 일하며 차츰 꿈을 잃어간다. 그때 목욕탕에 왔던 영화감독이 일봉에게 "영화배우가 되고 싶으면 자기를 찾아오라"며 명함을 준다. 꿈에 부푼 일봉은 감독이 일러준 곳으로 찾아가고, 그곳에서 애자와 함께 불법으로 유통되는 성인영화를 찍게 된다. 영화 촬영이 반복되면서 일봉은 늘 누군가가 자신을 지켜보는 듯한 느낌에 괴로워진다. 일봉은 영화배우 노릇을 그만두고 임신한 애자와 살림을 차리면서 새 인생을 설계하기로 한다. 그러나 차력 쇼 도중 애자가 몰고 가던 봉고차가 전봇대를 들이박는 바람에 그만 아기가 유산된다. 애자가 아이를 유산하자 가난과 자신의 무능함을 저주하던 일봉은 사는 게 너무 힘들다면서 애자와 1년만 떨어져 살기로 한다. 그리고 남창 일로 많은 돈을 번 일봉은 1년이 지나 약속장소로 나갔으나 애자는 나타나지 않는다. 그는 비정한 도시를 향해 자신도 알 수 없는 저주의 외마디 소리를 지른다.

● 신승수 감독 데뷔작. 1974년에 발표한 황석영의 동명 소설을 영화화한 작품. 남창인 주인공이 성적 불능이 되면서 일어나는 일들을 현실적으로 표현한 작품. 경제 성장의 이면에서 일어나는 어두운 삶을 다룬 내용으로 전직 에로배우인 두 남녀를 통해 자존심을 지키며 살아가는 것이 얼마나 불가능가를 비극적으로 보여준다.

당시 톱스타였던 임성민, 금보라가 주연을 맡았다. 신승수는 백상예술대상 신인감독상을 수상, 이후 '달빛 사냥꾼'(1987), '성야'(1988), '빨간 여배우'(1989)를 잇달아 발표하고 그의 대표작 중 하나가 된 '수탉'(1990)연출로 문제 작가의 대열에 들어선다. 그는 1980년대 초기에는 사회물과 미스터리 드라마를 주로 다루다가 1990년대에 들어서면서 로맨틱 코미디로 눈을 돌린다.

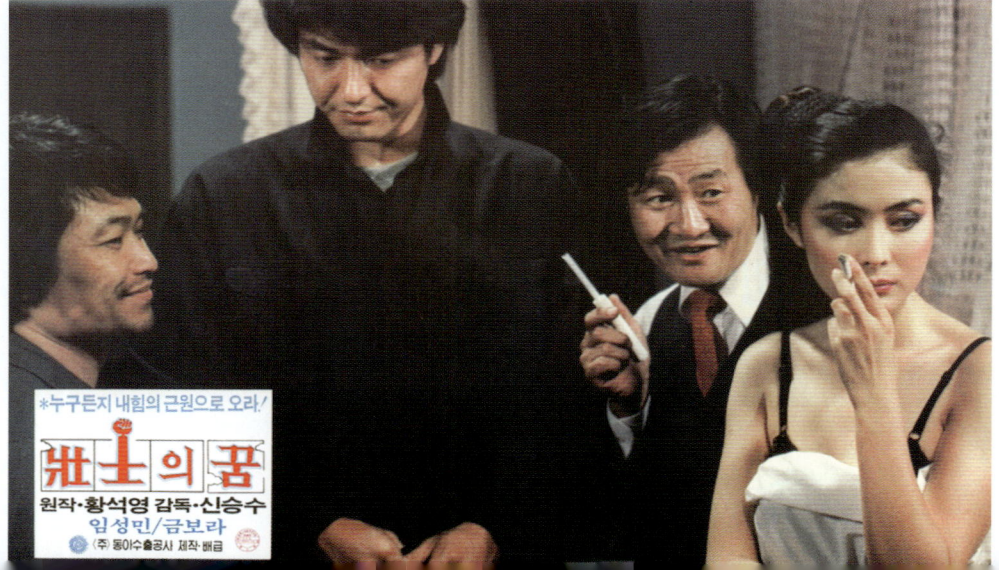

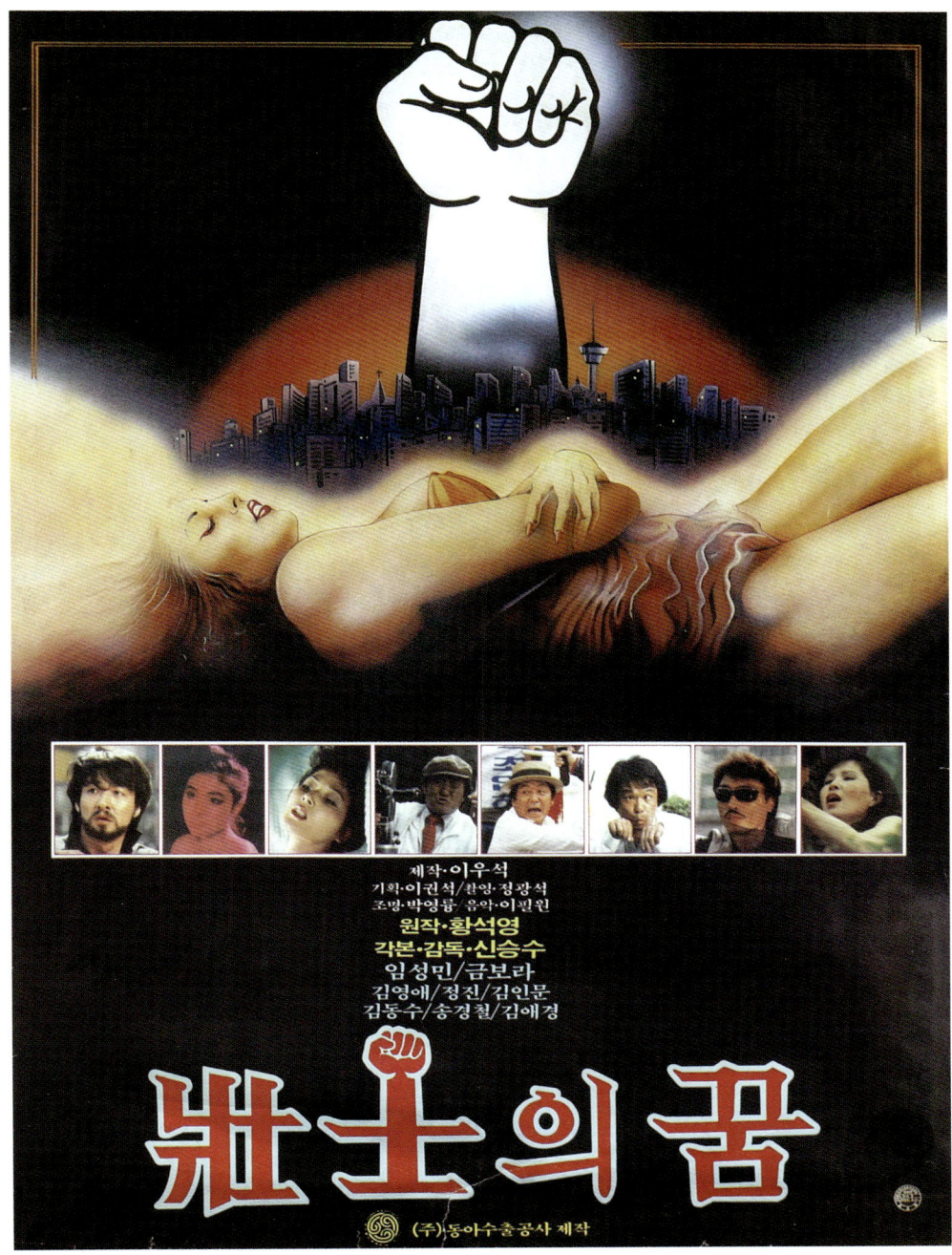

뽕 Mulberry(1985)

(태흥영화)114분 극영화 연소자불가/멜로

감독 : 이두용
제작 : 이태원
각본 : 윤삼육(원작 나도향)
개봉 : 1986년 2월 8일 단성사(서울)
관람인원 : 13만 7331명(서울)
수출현황 : 미국(86), 일본(87), 대만(88)
출연 : 이미숙, 이대근, 이무정, 라정옥, 태일, 김정하, 양택조, 한명환, 정규영, 황건, 서평석 외
기획 : 이태원
촬영 : 손현채
음악 : 최창권
조명 : 차정남
편집 : 이경자
미술 : 박효진
소품 : 김호길
분장 : 홍동순
동시녹음 : 이재웅
사운드 : 이재웅, 김경일
조감독 : 김혁, 김지훈, 양동우
수상 : 제24회 대종상 특별상(각색: 윤삼육), 제22회 백상예술대상 감독상(이두용), 제6회 영평상 작품상(이태원) · 여자연기상(이미숙) · 남자연기상(이대근), 제31회 아태영화제 여우주연상(이미숙) · 음악상(최창권), 부산영화평론가협회선정 최우수영화 및 영화인 최우수 여우주연(이미숙)

1920년대 중반 일제 치하의 산간벽지. 고의적삼 안으로 비치는 까무잡잡한 살결의 안협(이미숙)은 용담골 사내들의 마음을 설레게 하는 요염한 여인이다. 떠돌이 남편을 둔 그녀는 남편이 집안을 돌보지 않고 전국 노름판을 찾아 떠도는 동안 먹고살기 위해 동네 남자들에게 몸을 바치고 곡식을 얻어 구차한 삶을 연명한다. 이러한 안협의 화냥끼 때문에 동네에선 뒷소리가 분분하지만 남자들이 거의 다 한 번씩은 그녀를 거친 터라 아무도 안협을 쫓아내지는 못한다. 그러나 뽕지기, 폐병쟁이에게까지 몸을 내돌리면서도 왠지 안협은 주인의 머슴 삼돌이에게만은 죽어도 몸을 허락하지 않는다. 앙심을 품고 있던 삼돌이 모처럼 집에 들른 안협의 남편 삼보에게 안협의 방종한 행실을 고자질한다. 그러나 삼보는 도리어 일러바치는 삼돌을 녑치가 되도록 두들겨 패준다. 그리곤 안협이 내어준 새 옷을 갈아입고 어디론가 표연히 떠난다. 그는 노름꾼을 가장하여 전국을 잠행하는 항일투사였다. 마을을 빠져나가는 삼보의 뒷모습을 바라보던 안협의 눈에선 하염없이 눈물이 흐르고 용담골 전경엔 어둠이 짙게 깔린다.

■ 1925년 나도향이 발표한 단편소설 「뽕」을 윤삼육이 각색하고 이태원이 제작, 기획했다. '피막'(1980), '여인잔혹사 물레야 물레야'(1983) 등으로 폭넓은 평가를 받고 있는 이두용은 아름다운 한국적 풍광 속에 전개되는 서민들의 성을 원색적으로 그려낸다. 가난한 농촌에서 남편과 자식을 먹여 살리기 위해 마을 사내들에게 몸을 파는 아내의 이야기는 토속적인 에로티시즘과 서정감이 돋보이면서도 해학적인 페이소스를 드러낸다. 이미숙은 농염한 성적 연기로 1986년 아태영화제와 제6회 영평상에서 여우주연상을 수상, 이 작품은 흥행에서도 성공을 거두어 약 13만 7000명의 관객을 모으며 1986년도 한국영화 흥행 순위 4위에 올랐다.

이두용의 '뽕 2'(1988)는 윤삼육 오리지널 각본, 강문영, 김동수, 이무정 출연으로 1989년 9월 24일 국도극장에서 개봉되어 6만여 관객을 동원, 이두용 제작 · 연출의 '뽕 3'(1992)는 1편의 리메이크 작으로 유연실, 이무정, 한태일 출연, 1992년 10월 3일 서울극장과 롯데(서울)에서 개봉되어 관객 1만 384명, 김동명의 '96 뽕'(1996)은 1편과 3편의 리메이크로 이유정, 조형기, 최종원이 출연했다. 1996년 3월 23일 국도, 씨네월드, 영보극장(서울)에서 개봉되어 1만 4971명 관객을 동원하는 흥행 저조를 보인 후 시리즈는 막을 내렸다.

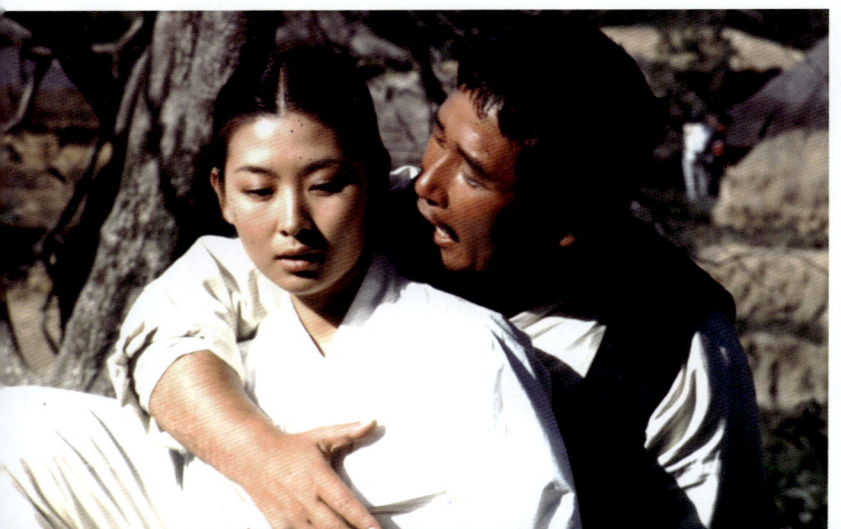

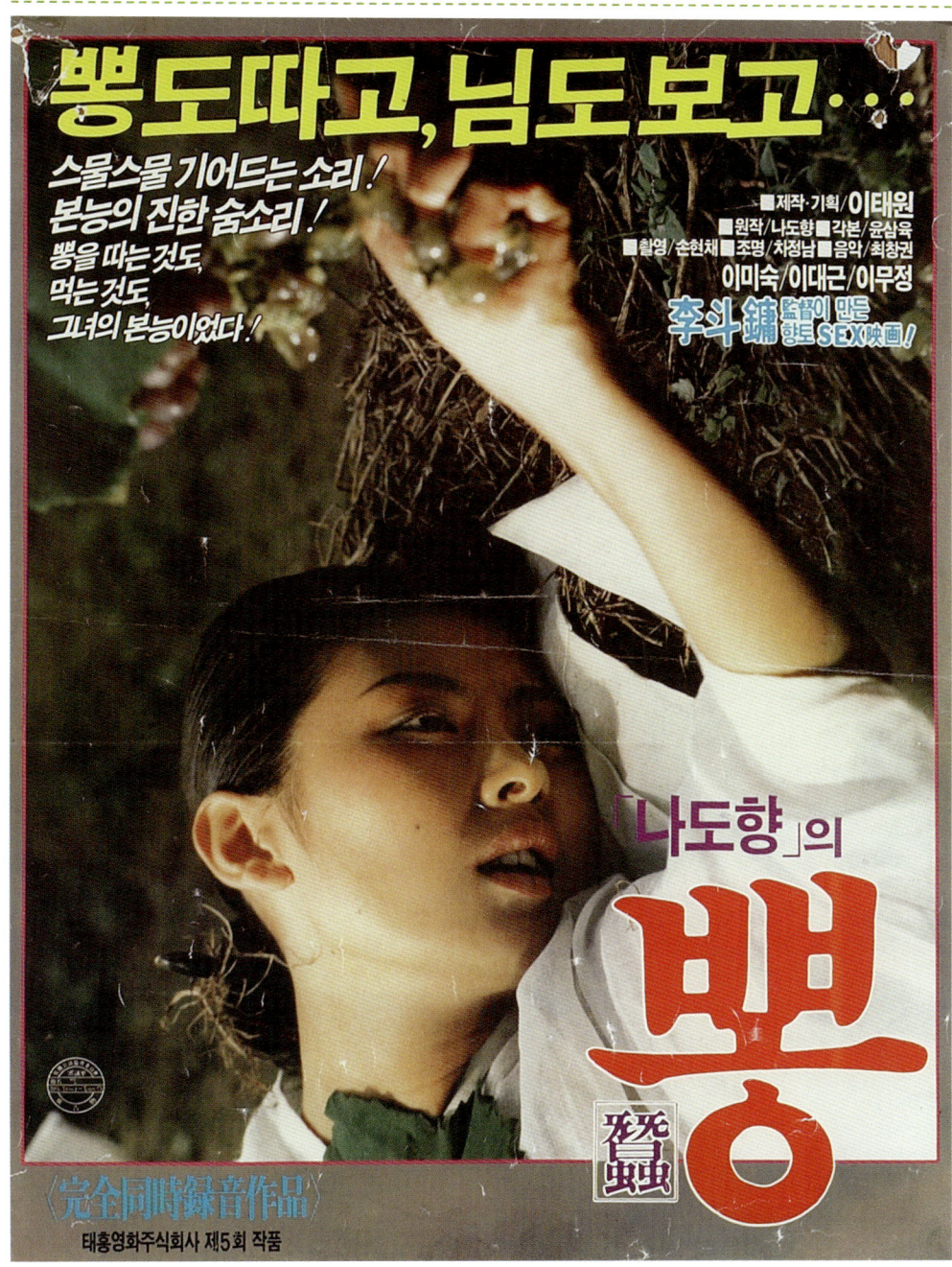

길소뜸 Kilsodeum(1985)

(화천공사) 105분 극영화 중학생가/반공

감독 : 임권택
제작 : 박종찬
각본 : 송길한
개봉 : 1986년 4월 5일 대한극장
　　　(서울)
관람인원 : 10만 4796명(서울)
수출현황 : 서독(86), 미국(87)
출연 : 김지미, 신성일, 한지일, 김지
　　　영, 이상아, 김정석, 오미연, 김
　　　기수, 김복희, 허기호, 전숙, 권
　　　일정, 최불암, 전무송 외
기획 : 김재웅
촬영 : 정일성
음악 : 김정길
조명 : 강광호
편집 : 박순덕
미술 : 김유준
소품 : 이태우
의상 : 권유진
분장 : 정준호
특수효과 : 이문걸
스틸 : 백영호
현상 : 이종형
사운드 : 김병수, 김경일
조감독 : 유영진, 김상범, 김일원, 이원
　　　재
수상 : 제24회 대종상영화제 우수작품
　　　상(반공: 화천공사) · 여우주연
　　　상(김지미) · 음악상(김정길) ·
　　　미술상(김유준), 제22회 백상예
　　　술대상(화천공사 박종찬) · 작품
　　　상(박종찬) · 감독상(임권택) ·
　　　시나리오상(송길한), 제6회 영
　　　평상 감독상(임권택) · 각본상
　　　(송길한) · 음악상(김정길), 제6
　　　회 베를린영화제 경쟁 부문 본
　　　선, 제22회 시카고영화제에서
　　　게츠세계평화메달상

해방 후 부모를 잃고 고아가 된 화영(김지미)은 황해도 길소뜸이라는 마을에서 아버지의 친구 집에 얹혀살다가 그 집 아들 동진(신성일)과 사랑에 빠져 아들 석철을 낳게 된다. 그러나 동진네 집에서 쫓겨난 화영은 전쟁통에 석철을 잃고 다른 남자와 결혼해서 지금은 세 아이의 엄마가 되었다. 동진도 다른 여자와 결혼했다.

이산가족 찾기가 한창이던 1983년 여름, 화영은 남편의 권유로 아들을 찾으러 나갔다가 우연히 만난 동진과 함께 아들을 찾기로 한다. 두 사람은 잃었던 아들 석철을 만나지만 화영은 왠지 밑바닥 인생을 살아온 듯한 석철의 언동이 마음에 들지 않아 선뜻 다가가지 못한다. 유전자 친자확인으로 석철이 자신의 아들이 틀림없다는 것을 알면서도 화영은 완전한 확증이 아니라면서 이를 거부하려 든다. 30년 이상을 떨어져 살아온 상대방이 자신의 혈육이라는 사실을 쉽게 인정하기가 싫었던 것이다. 그러나 차를 타고 돌아오는 길에 화영은 자신도 모르게 눈물을 흘린다. 동진 역시 법의학의 애매한 진단결과와 화영의 회의에 망설이다가 석철에게 "자주 만나자"는 말만 남기고 돌아서버린다.

● KBS 이산가족찾기 방송을 소재로 한 임권택 연출작. 그러나 감독은 이산가족 찾기 감정에 침몰되지 않고 비정할 정도로 현실을 직시하는 냉정성을 지킨다. 즉 "그들은 만나서 정말 행복했을까"(한국영상자료원편, 유지나 외, 『한국 영화사 공부 1980-1997』, 이채, 2005년, p.49)라는 질문을 던지는 이 영화는 30년이라는 세월의 간극은 그들을 하루아침에 한 가족으로 묶을 수 없으며 그들은 그들이 살아온 삶과 생활이 더 중요하다는 인식을 심어준다. 큰 주제를 살리기 위해 모든 군더더기를 제거했다는 감독의 말대로 감정을 절제하면서도 현실을 솔직하게 인정하는, 일종의 리얼리즘 영화로 이끌어나간다

카메라는 가정으로 돌아가는 화영의 모습에서 결국 석철이 자신의 자식임을 알고 있는 모성의 진한 눈물을 보여주기도 한다. 또한 화영과 동진이 옛날을 회상하는 장면과 현재 자신들이 서있는 시점을 플래시백 교차로 잡으면서 그들이 어떻게 엇갈리고 어떻게 서로 다른 삶을 살게 되었는지, 그리고 추억은 아름답지만 이미 지나간 일이며 두 사람은 맞닿을 수 없는 평행선으로 너무 멀리 달려왔다는 사실을 클로즈업시킨다. 실제 KBS의 이산가족찾기 생방송 촬영분을 섞어서 편집해선지 생동감이 더 하다.

신성일과 김지미는 자신들의 목소리로 연기했으며 김지미는 대종상 여우주연상, 임권택은 백상예술대상과 영평상에서 감독상을 수상했다. 영화는 개봉 당시 호평을 받았고 10만 4796명 관객동원으로 흥행에서도 어느 정도 성공을 거두었다. 제36회 베를린국제영화제 본선 진출, 제22회 시카고 영화제에서 게츠세계영화상을 받았다.

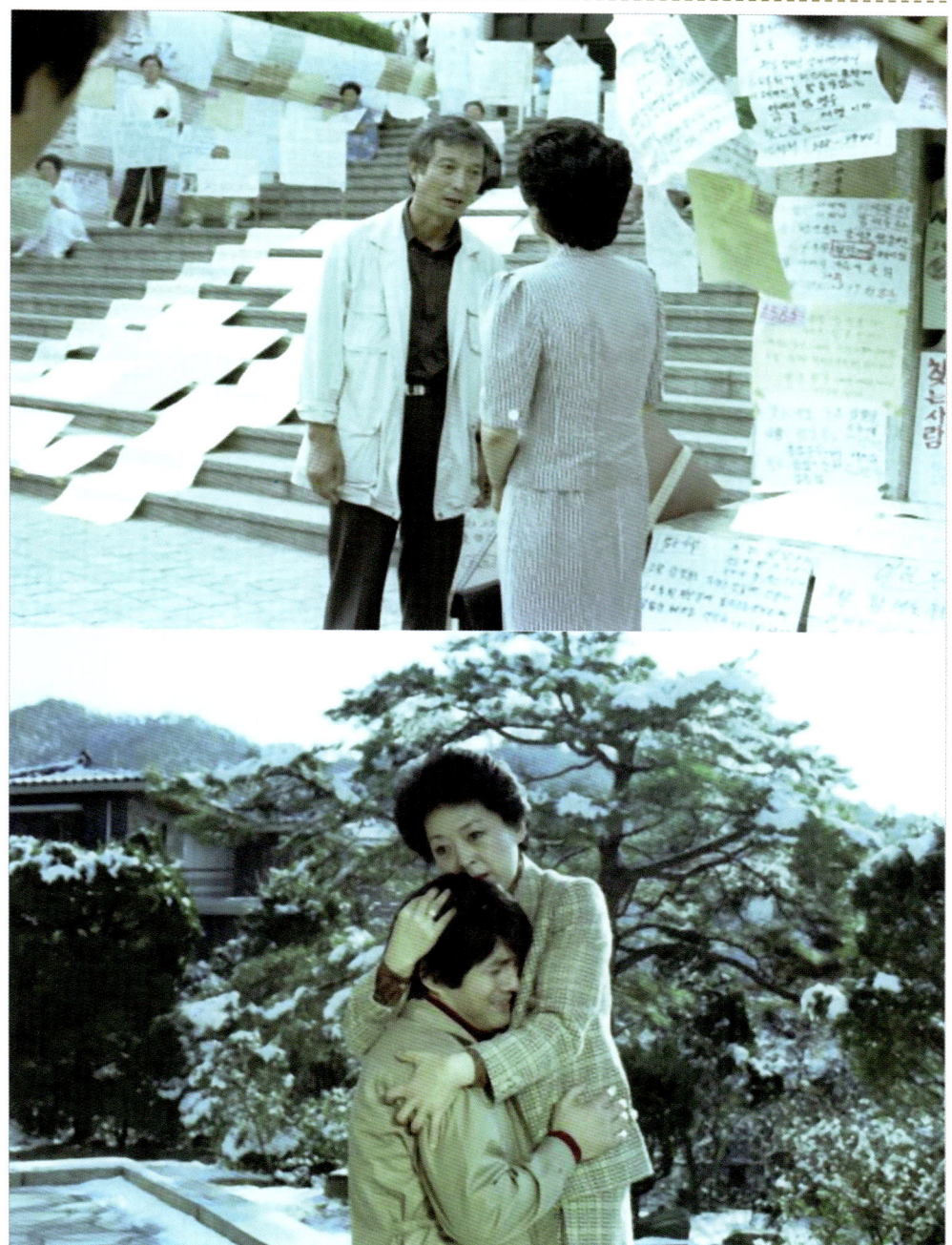

깜보 Kam-bo(1986)

(합동영화) 100분 극영화 연소자불가/
액션

감독 · 각본 : 이황림
제작 : 곽정환
개봉 : 1986년 3월 15일 서울극장
　　　(서울)
관람인원 : 1만 6224명(서울)
출연 : 장두이, 박중훈, 김혜수, 김희
　　　갑, 이대근, 트위스트 김 외
기획 : 이지룡
촬영 : 강대용
음악 : 신병하
조명 : 김기수
편집 : 현동춘
소품 : 심승보
스틸 : 오승환
사운드 : 김경일, 양대호
현상 : 세방현상소
조감독 : 김재수, 심승보, 조종우, 김상
　　　기
수상 : 제23회 백상예술대상 신인연기
　　　상(박중훈, 김혜수)

밀수혐의로 복역 5년 만에 출감한 깜보(장두이)는 과거를 청산하고 새롭게 출발한다는 각오를 다진다. 시간을 보내기 위해 경마장에 온 그는 소매치기 제비(박중훈)의 순발력에 반해서 금방 친해진다. 그러나 제비에게 받은 시계 때문에 살인혐의로 쫓기게 되고 가수 지망생인 여학생(김혜수)까지 가세하여 이들은 곤경에 빠진다. 그러나 죽을 고비를 수없이 넘긴 끝에 장물의 출처를 캐내고 살인사건의 누명을 벗는다.

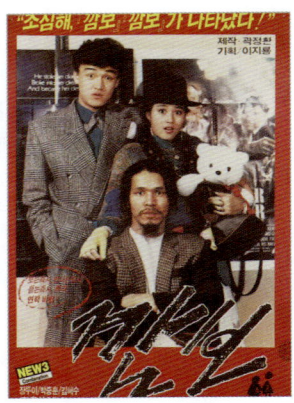

● '꼭지꼭지'(1980)로 감독 데뷔한 후 '달빛 멜로디'(1984)로 유명해진 이황림이 각본을 쓰고 연출한 작품이다. 박중훈, 김혜수의 스크린 데뷔작. 도시의 건달을 통해 밑바닥 인생을 따뜻한 시선으로 그린 로드 무비. 조용필의 음악 그룹 '위대한 탄생'이 우정 출연했다. '깜보'는 현대의 방랑자, 이방인, 로맨티스트를 뜻한다.

영웅연가 英雄戀歌, Hero's Love Song(1986)

(대진엔터프라이즈) 94분 극영화 연소
자불가/미스터리

감독 : 김유진
제작 : 김정환, 김병휘
각본 : 김지일
각색 : 이성수
개봉 : 1986년 10월 9일 명보극장
　　　(서울)
관람인원 : 2만 8349명(서울)
출연 : 길용우, 송옥숙, 나영희, 김진
　　　해, 임home흥식, 안명길, 나갑성, 신
　　　동욱, 이중걸, 제이 토니 외
기획 : 이춘연, 김덕남
촬영 : 신옥현
음악 : 박재천
조명 : 강상용
편집 : 현대원
미술 : 이남희
사운드 : 김경일, 양대호
조감독 : 김경식, 최영찬, 이재진
수상 : 제11회 영진공 선정 좋은 영화,
　　　한국영화촬영기술상 우수상(신
　　　옥현)

사자수 예식장에서 결혼한 신랑 신부가 24시간을 넘기지 못하고 사고를 당하는 일이 연이어 발생한다. 주병우 회장은 예식장 사업을 정상궤도로 올려놓기 위해 상금을 걸고 신혼부부를 모집한다. 여기에 건달 출신의 신랑 후보 강근달과 기지촌을 전전하던 신부 후보 권영자가 나타나 결혼식을 올리기로 한다. 이들이 결혼 24시간을 넘기자 각처에서 출연교섭이 쇄도하는 등 스타로 급부상하지만 자신들의 행동이 덧없음을 한낱 거짓임 평범한 일상으로 돌아간다.

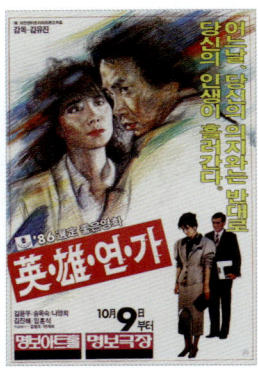

● 김유진 감독 데뷔작. 원제는 '영웅만들기'. 연극 연출을 하던 김유진의 블랙코미디 형식의 풍자 영화. 검열 쪽에서 '영웅', '재벌'이란 단어에 민감하게 반응하는 바람에 '영웅연가'로 개제했다. 김유진은 데뷔작과 두 번째 작품인 '시로의 섬'(1988) 이후 성폭력 사건을 다룬 '단지 그대가 여자라는 이유만으로'(1990) '참견은 노! 사랑은 오예', '금홍아 금홍아'(1993), '약속'(1998) 등 문제작을 잇달아 발표하면서 평단의 주목을 샀다.

태 胎, The Placenta(1986)

외부와의 교류가 단절된 섬 낙월도에는 최 부자(최일) 등 몇몇 지주가 섬의 경제권을 독점하고 있다. 그들은 바다에서 잡은 고기를 빼돌린 후 명바위를 다스리는 수신 때문에 흉어가 들기 시작했다고 소문을 낸다. 뿐만 아니라 섬 주민들에게 이자 돈을 꾸어주고 이를 미끼삼아 섬을 장악한다. 종천(마흥식)과 귀덕(이혜숙)은 섬을 되살리려고 노력하고 그 사이 최 부자에게 빚진 주민들은 섬을 떠나거나 죽임을 당한다. 이에 분노한 종천은 최 부자 일당을 처치하고 무당 청백이(채희아)의 손에 죽게 되면서도 섬의 자유를 갈구한다. 그러나 청백이는 무아지경에서 춤을 추다 벼랑에서 떨어져 죽고 귀덕이 종천의 아이를 낳으면서 낙월도에는 다시 평화가 깃든다.

● 하명중의 세 번째 연출작. 1972년에 발표한 천승세의 중편소설 「낙월도」를 원작으로 하고 있다. 한국적 정서와 배경을 소재로 한 이 영화는 살인장면과 여체노출, 섬을 지배하는 카리스마적 존재인 최 부자에게 대항하는 마을사람들이 부정적인 민의로 비쳤다는 지적을 받았을 뿐 큰 말썽은 없었다.(주간조선 86. 5. 4)

무아지경으로 춤추다 벼랑에서 떨어져 죽는 무당 역은 국제무당인 채희아가 맡고 있다. 채희아는 서울대 음대에서 국악을 전공하고 미국 UCLA에서 세계 무속을 전공한 후 당시 민속학자 조자용(에밀레박물관 대표)에게 발탁되어 1980년에 일시 귀국, 만수무당 김금화에게 내림굿을 받고 무당이 된 인물이다. 내림굿을 받는 장면이 KBS-TV 특집 프로그램으로 방영되면서 무속에 대한 인식이 많이 새로워졌으며 이 영화는 평단의 주목을 받았다.

1974년 국립극장 무대에 올린 오태석의 연극 「태」와는 근본적으로 다른 내용이다. 오태석의 연극은 조선 왕조의 역사 중 단종과 세조의 왕위찬탈에 얽힌 비극적 이야기를 다루고 있다.

(하명중영화제작소) 105분 극영화 연소자불가/사회물

감독 : 하명중
제작 : 하명중, 나한봉
각본 : 천승세(원작 천승세)
개봉 : 1986년 1월 10일
수출현황 : 홍콩(86), 인도(87)
출연 : 이혜숙, 마흥식, 채희아, 백황기, 원미원, 조정수, 조은영, 조학자, 최일, 송일근 외
촬영 : 정일성
음악 : 김영동
조명 : 김진도
편집 : 현동춘
미술 : 정차석
사운드 : 김경일
수상 : 부산영화평론가협회선정 최우수영화 및 영화인 최우수촬영상(정일성)

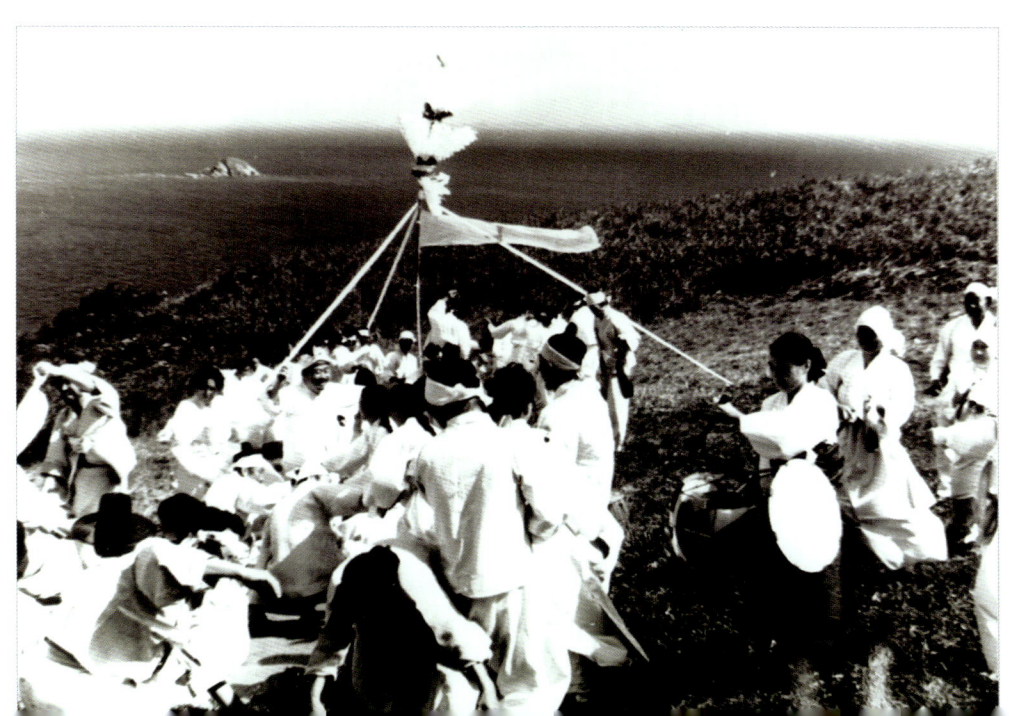

달빛 사냥꾼 Moonlight Hunter(1986)

(세원필름) 105분 극영화 연소자불가/
사회물

감독·각본 : 신승수
제작 : 김천배, 이상운
개봉 : 1987년 3월 14일 단성사(서울)
관람인원 : 7만 3943명(서울)
출연 : 안성기, 이보희, 신성일, 오희
    찬, 박암, 장혁, 김기주, 박원
    숙, 문철재, 조주미 외
기획 : 김계성
촬영 : 박승배
음악 : 오준영
조명 : 김강일
편집 : 현동춘
소품 : 김태욱
분장 : 안근호
스틸 : 윤진호
사운드 : 김경일, 양대호
조감독 : 신동우
수상 : 제25회 대종상영화제 신인감독
    상(신승수)·남우조연상(신성
    일), 제23회 백상예술대상 작품
    상(세원필름)·시나리오상(신승
    수)·인기상(안성기), 제42회
    칸국제영화제 출품, 제11회 영
    진공 선정 좋은 영화, 한국영화
    촬영기술상 우수상

사건담당 기자인 정호(안성기)와 인옥(이보희)은 부부 사이다. 그러나 어느 날 그의 아내 인옥이 강도들에게 강간 당하는 사건이 생기면서 두 사람의 사랑은 수렁에 빠진다. 남편도 아내에게서 멀어지는 자신을 어쩔 수 없었고 인옥은 인옥대로 절망감에 시달린다. 인옥의 괴로움을 보다 못한 정호는 신문사에 휴직계를 내고 범인을 찾아 나선다. 미궁 속에서 범인을 추적하던 그는 전직형사인 서씨(신성일)의 도움으로 범인들이 단순한 강도가 아닌 거대한 범죄 조직에 속해 있으며 바로 자신이 쓴 신문기사에 대한 보복이라는 사실을 알아낸다. 신문보도 때문에 체포된 사기범의 아내가 그 배후에 있었고 그녀는 기사로 인해 자신의 가정이 파괴되었다고 믿고 이 일을 꾸민 것이다. 아무것도 모르고 희생된 아내에 대한 죄책감과 사회에 대한 분노에 치를 떨며 그는 조직의 배후를 파헤쳐 전모를 밝혀낸다. 그리고 아내 인옥의 사랑을 되찾는다.

● '장사의 꿈'(1985)으로 감독 데뷔한 신승수의 연출작. 감독이 직접 시나리오를 썼다. 신문기자인 남편이 쓴 기사 때문에 아내가 강간을 당하자 아내를 대신해서 남편이 처절한 복수를 감행한다는 이야기. 도시의 불안과 공포, 폭력이 난무하는 현실과 가정파괴범, 신문보도의 공정성, 사회적 책임을 되묻고 있다. 영상표현에서 당시의 퇴폐적이고 향락적인 사회분위기와 사회 이면의 어둠과 밝은 모습이 교차된다. 세원필름 제작. 안성기, 이보희 주연. 1980년대 영화는 사회물이 많았던 시기로 대중적인 오락성을 염두에 두면서도 확실한 메시지를 가지고 있는 점이 다른 시기의 영화와 차별성을 갖는다. 7만 3943명 관객 동원으로 흥행은 보통.

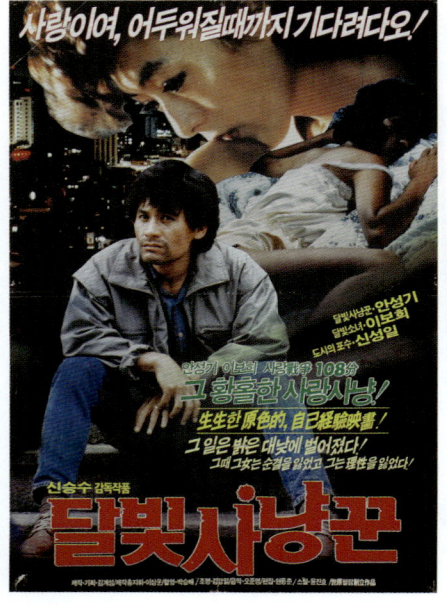

겨울나그네 Winter Wanderer(1986)

다혜(이미숙)와 사랑에 빠진 민우(강석우)에게 불행이 닥친다. 사업 실패로 아버지가 쓰러진 후 민우 혼자서 채권자들과 맞서야 했기 때문이다. 그 사이 아버지는 죽고 계모는 배다른 형제들을 데리고 이민을 가버렸다. 혼자 남은 민우는 기지촌에 있다는 이모(김영애)를 찾아갔다가 그곳에서 윤락녀 은영(이혜영)을 만난다.

한편 민우를 찾아 헤매던 다혜는 민우의 선배 현태(안성기)에게 의지하고 다혜에게 애정을 느낀 현태는 민우의 소식을 전해주지 않는다. 다혜는 결국 현태와 결혼하고 민우는 기지촌에서 은영과 살고 있다. 그 후 우발적인 사고로 민우가 살인을 저지르고 자살하자 현태와 다혜 앞에 은영이 나타나서 민우의 죽음을 전하며 그의 아이를 그들 부부에게 맡긴다.

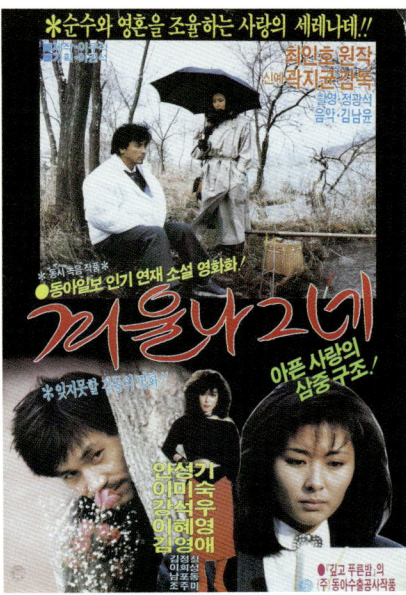

(동아수출공사) 120분 극영화 연소자 불가/멜로

감독 : 곽지균
제작 : 이우석
각본 : 최인호(원작 최인호)
개봉 : 1986년 4월 12일 명보, 동아극장(서울)
관람인원 : 22만 809명(서울)
수출현황 : 일본(88), 홍콩(88)
출연 : 안성기, 강석우, 이미숙, 이혜영, 김영애, 김정철, 양택조, 이희성, 조주미, 상일환 외
기획 : 이권석
촬영 : 정광석
음악 : 김남윤
조명 : 박영룡
편집 : 김희수
미술 : 이명수
소품 : 김태욱
의상 : 하용수
분장 : 노일실
동시녹음 : 이성근
사운드 : 김병수, 김경일
특수효과 : 김철석
조감독 : 김상범, 최영학, 최경식, 김계현
수상 : 제25회 대종상영화제 신인감독상(곽지균) · 여우조연상(이혜영), 제6회 영평상 신인감독상(곽지균)

● 곽지균 감독 데뷔작이자 대표작 중 하나. 1984년 동아일보에 연재되었던 최인호의 동명 소설을 영화화한 작품. 이 영화는 원작의 탄탄한 줄거리를 발판 삼아 소설 속에서 표현되었던 장면들을 영화에서도 효과적으로 녹여내고 있다.

22만 809명 관객 동원으로 1986년도 흥행 순위 2위. 이 작품은 1997년 예술의 전당 창립 10주년 기념 공연으로 오페라 극장에서 뮤지컬로 무대화하는데도 성공하여 5만 명의 관객을 동원했다.

변강쇠 Byun Kang-swoi(1986)

(합동영화) 105분 극영화 연소자불가/
시대극에로

감독 : 엄종선
제작 : 곽정환
각본 : 박수일
개봉 : 1986년 5월 3일 서울극장
　　　　(서울)
관람인원 : 10만 7982(서울)명
출연 : 원미경, 이대근, 장혁, 김신명,
　　　　국정환, 김기주, 윤희, 박종설,
　　　　김종칠, 권일정 외
기획 : 이지룡
촬영 : 정정원
음악 : 최창권
조명 : 김진도
편집 : 현동춘
소품 : 우종원
의상 : 이혜윤
사운드 : 김경일
스틸 : 박희재
조감독 : 조성구, 조경호

삼남지방에서 힘이 세기로 이름 난 변강쇠(이대근)는 넘치는 정력 때문에 여자들이 첫날밤을 견디기 힘들 정도다. 한편 평안도 월경촌의 옹녀(원미경)는 그녀와 하룻밤을 지낸 남자들이 저승길로 가버리자 동네 여자들이 마을에서 쫓아낸다. 우여곡절 끝에 만난 옹녀와 변강쇠는 백년해로 할 것을 굳게 약속한다. 그때부터 옹녀는 계속 여자를 탐하는 변강쇠를 대신해서 나름대로 지조를 지키며 살림을 꾸려나간다. 그러다가 변강쇠가 양반댁 과부를 범해 목숨이 위태로워지자 함께 산으로 들어가 숨는다. 겨우 마음을 잡고 정착한 변강쇠 부부. 그러나 어느 겨울 날, 변강쇠가 땔감으로 장승을 뽑아 불을 때는 바람에 장승 통증으로 죽게 된다. 옹녀는 슬픔에 겨워 눈밭을 헤맨다.

● '밤을 기다리는 해바라기'(1980)로 감독 데뷔한 엄종선의 '변강쇠' 시리즈 제1탄. 각본 박수일. '변강쇠'는 판소리 '가루지기타령'과 '변강쇠타령' 등으로 전해져 내려온 성해학극으로 변강쇠와 옹녀 사이의 애정행각을 허풍스러운 과장법으로 그리고 있다. 예를 들어 두 남녀의 성적 능력을 목탁을 깨트리거나 천둥소리와 바위가 흔들리는 소리에 비유하고 변강쇠의 오줌줄기를 고무호스로 묘사하고 있다. 2편(속)에서는 서로를 찾아 헤매던 변강쇠와 옹녀가 산중에서 만나 정사를 벌이자 땅이 흔들리고 폭포수가 거꾸로 흐르고 전 세계에 지진 아닌 지진이 일어난다. 3편에서는 배꼽을 확인하는 과정에서 포졸의 손가락이 부

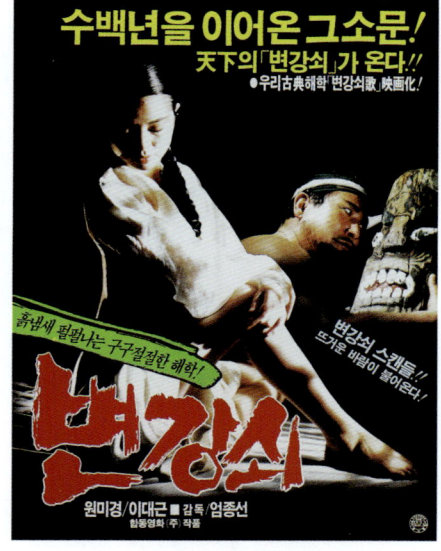

러지는 장면과 요강이 런던 교외로 날아가는 장면이 연출되기도 한다. 또 돈을 벌기 위해 주막에 나간 옹녀는 동네 남자들을 모두 저승길로 보내어 마을을 과부촌으로 만든다. 드디어 산속에서 상봉한 옹녀와 변강쇠는 둘의 궁합이 일본열도까지 흔들리는 대소동을 일으킨다.('몸으로 말하는 뜨거운 영화」, 김종원, 서울 89. 4. 1)

서울극장에서 개봉된 첫 번째 시리즈는 10만 7982명 관객을 동원, 1987년도 한국영화 흥행 순위 5위를 기록했다. '변강쇠(속)'(1987)은 김진태, 원미경을 앞세워 13만 1611명 관객 동원으로 1988년도 한국영화 흥행 순위 3위, '변강쇠 3'(1988)는 김진태와 하유미 주연으로 7만 3850명을 동원, 특히 원미경 시대를 마감시키고 등장한 하유미는 첫 영화부터 이국적인 외모와 탄탄한 연기력을 바탕으로 단숨에 남성 관객을 매료시켰다.

엄종선은 서민층의 여과되지 않은 성을 생생히 묘사한 '변강쇠' 시리즈에 이어 1990년대 초부터 외설시비로 소란스러웠던 배금택의 성인 만화를 원작으로 한 '변금련'(1991), '변금련 2'(1992)를 연출하면서 한국적 에로티시즘을 영상에서 성공시키고 있다.

이장호의 외인구단 Lee Jang-ho's Baseball Team(1986)

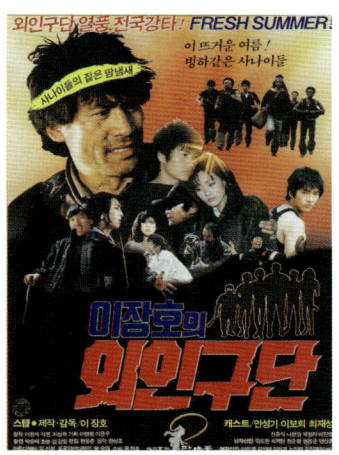

야구에 천부적인 재능을 타고난 오혜성은 불우한 환경에서도 언제나 그를 감싸주던 엄지를 사랑하고 있다. 엄지의 전학으로 이들은 헤어지고 몇 년 후 야구장에서 다시 만난 엄지는 고교 천재 타자 마동탁의 애인이 되어 있었다. 그때부터 동탁과 혜성은 엄지를 사이에 두고 각각 다른 프로야구단에서 맞서게 된다. 그러나 어깨의 부상으로 혜성이 야구를 포기하려 할 때 손병호 감독은 도태된 선수들을 모아 외인구단을 만들고 지옥훈련에 들어간다. 다시 야구계로 돌아온 혜성은 엄지를 차지하고 있는 동탁과 불꽃 튀는 대결을 시작한다.

● 1986년 이장호의 판필름 설립 기념작. 이현세의 베스트셀러 만화 「공포의 외인구단」(1983)을 영화화한 작품. '공포'라는 단어가 현정권에 부정적인 이미지를 부각시킨다는 이유로 '공포'를 빼고 '이장호의 외인구단'으로 제목을 고쳤다. 엄지를 사랑하는 혜성이 "난 네가 원하는 것은 무엇이든지 할 수 있어"라는 대사가 젊은 연인들 사이에서 크게 유행했다. 주제가는 가수 정수라가 불렀다. '가요톱10' 5주 연속 1위. 젊은 관객을 사로잡으며 관객 28만 7712명을 동원. 주인공 까치 역은 최재성, 여주인공 엄지는 이보희, 손병호 코치는 안성기가 맡고 있다. 이장호의 연출 조감독으로 박광수, 오병철이 눈에 띄고 야구 해설자 하일성이 특별 출연하고 있다.
　조민희의 '이장호의 외인구단 2'(1988)는 최재성과 이응경이 출연. 한쪽 눈의 부상으로 실의에 빠진 오혜성은 괴승(김기주)을 만나 고향에 가까운 초인적 훈련을 마친 후 산에서 내려와 일본팀과 승부를 겨룬 후 극적 승리를 얻어낸다.

(판필름) 125분 극영화 중학생가/스포츠

감독 · 제작 : 이장호
각본 : 지상학(원작 이현세)
개봉 : 1986년 8월 2일 피카디리극장 (서울)
관람인원 : 28만 7712명(서울)
수출현황 : 일본(88)
출연 : 안성기, 이보희, 박암, 신충식, 박정자, 최재성, 맹상훈, 이진영, 나한일, 최재현, 권순철, 권용운, 임도완, 이은영, 김선애, 김진경, 노인령, 임귀련, 김현철, 김대환, 하일성(특별 출연) 외
기획 : 이명원, 이은수
촬영 : 박승배
음악 : 정성조
조명 : 김강일
편집 : 현동춘
미술 : 김신희, 왕숙영
소품 : 김호길
스틸 : 윤진호
사운드 : 김경일, 양대호
조감독 : 박광수, 오병철
수상 : 제25회 대종상영화제 편집(현동춘) · 음악(정성조) · 각색(지상학) · 신인연기상(최재성), 제6회 우리들의 스타상 영화신인연기상(최재성), 제11회 영진공 선정 좋은 영화.

티켓 Ticket(1986)

(지미필름) 100분 극영화 연소자불가/
사회물

감독 : 임권택
제작 : 진성만, 이원부
각본 : 송길한
개봉 : 1986년 8월 23일 명화 서울극
　　　장(서울)
관람인원 : 8만 1236명(서울)
수출현황 : 서독(86), 일본(87), 인도
　　　　　(90)
출연 : 김지미, 안소영, 명희, 이혜영,
　　　전세영, 박근형, 최동준, 윤양
　　　하, 김인문, 장혁, 이석구, 김기
　　　주, 주상호, 김운하, 오희찬, 박
　　　종설, 김애라, 손전, 채령(특별
　　　출연) 외
기획 : 김지미, 신경식
촬영 : 구중모
음악 : 신병하
조명 : 최의정
편집 : 박순덕
미술 : 원기주
분장 : 노일실
스틸 : 이태직
사운드 : 김병수, 김경일
현상 : 영진공
수상 : 제25회 대종상영화제 감독상
　　　(임권택)·각본상(송길한)·기
　　　획상(신경식)·신인연기상(전세
　　　영), 제23회 백상예술대상 연기
　　　상(김지미), 제7회 영평상 최우
　　　수작품상 감독상(임권택)·여자
　　　연기상(김지미), 영진공 선정 좋
　　　은 영화

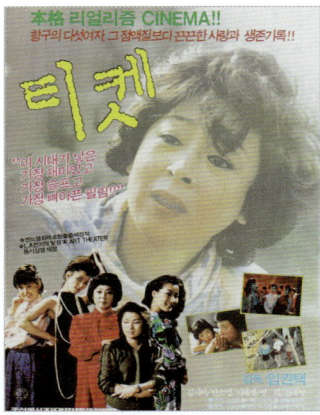

강원도 속초에서 티켓 다방을 운영하는 민 마담(김지미)은 직업소개소에서 미스 양(안소영), 미스 홍(이혜영), 세영(전세영)을 데려온다. 세파에 시달려 닳고 닳은 미스 양과 미쓰 홍은 손님들의 유혹을 익숙하게 받아들이지만 대학생 민수(박근형)를 애인으로 둔 세영은 손님들의 매춘 요구를 완강히 거절한다. 미스 홍은 늙은 부모의 약값을 위해 몸을 사리지 않고 일하고 미스 양은 영화배우를 꿈꾸며 건달에게 몸과 돈을 바치지만 그때마다 사기만 당한다. 세영은 민수의 학비를 마련해주면서 민수만을 바라보고 살았으나 속초에서 세영의 사는 모습을 본 민수는 그녀의 도덕성을 비난하면서 절교를 선언한다.

투옥된 남편의 뒷바라지를 위해 티켓 다방을 연 민 마담은 세영이 민수에게 버림받은 것이 자신의 탓만 같아서 민수를 만나보기로 한다. 세영을 이해하고 버리지 말라는 그녀의 말에 민수가 코웃음치자 민 마담은 격분해서 민수를 바다에 밀어 넣으려다 실성해버린다. 민 마담은 정신병원에 감금되고 티켓 다방 아가씨들은 민 마담의 인간성에 감동하여 각각 올바른 인생길을 찾아 나선다.

● 임권택의 85번째 연출작. 김지미가 설립한 지미필름 첫 작품. 김지미는 '길소뜸'(1985) 촬영 때 원주여관에서 다방에 커피를 시켰으나 배달이 되지 않아 알아보니 "티켓을 끊어야 한다"는 데서 이 작품을 발상했다고 한다.(김지미 증언) 각본 송길한. 매춘행위로 부초같이 살아가는 어촌 변두리 다방의 마담과 종업원들의 비루한 삶을 통해 어두운 현대사회의 단면을 고발하고 있다. 즉 민 마담은 포주지만 민 마담과 여종업원 간의 관계는 단순한 착취, 피착취의 관계가 아닌, 인물들 간의 공감과 결속을 드러내면서 가진 자에 대한 분노를 표출하고 있다. 그러나 다방 연합회는 이 영화가 다방 주인들을 포주로, 여종업원들을 창녀로 잘못 묘사하고 있다면서 검찰에 고발하기도 했다.('다방 여종업원 명예훼손/티켓 개봉 즈음에 논란' 동아 86. 8. 23)

또한 티켓 한 장으로 인권이 흥정되는 현장을 폭로하려 한 제작 의도와는 달리 공윤은 '티켓'이라는 단어에 포함된 매춘의 이미지에 제동을 걸고 나섰다. 이 과정에서 대사 삭제 일곱 군데, 화면 삭제 다섯 군데 등 무려 열두 군데가 삭제되는 곤욕을 치렀다. 대사는 "인생은 한 장의 티켓", "티켓 꼭 끊어야하우?", "티켓 끊은 사람도 없고…" 등 생존을 걱정하는 푸념들이 현실부정과 자학조인 면을 보인다는 지적과 함께 잘려나갔다. 이 검열로 112분의 원판이 100분으로 줄었다.(김종원, 『한국영화사와 비평의 접점』, 현대미학사, 2007년, p.310~311, p.336, 작가 송길한 인터뷰-김영진 명지대 교수)

이 영화는 김지미가 아끼는 영화 중 하나로 그의 연기 인생을 통틀어 가장 뛰어난 연기를 선보였다는 평을 듣기도 했다. 백상예술대상과 영평상에서 김지미 여자연기상, 영평상에서 임권택이 감독상을 수상, 관객 8만 1236명 동원으로 흥행에서도 비교적 성공한 편이다.

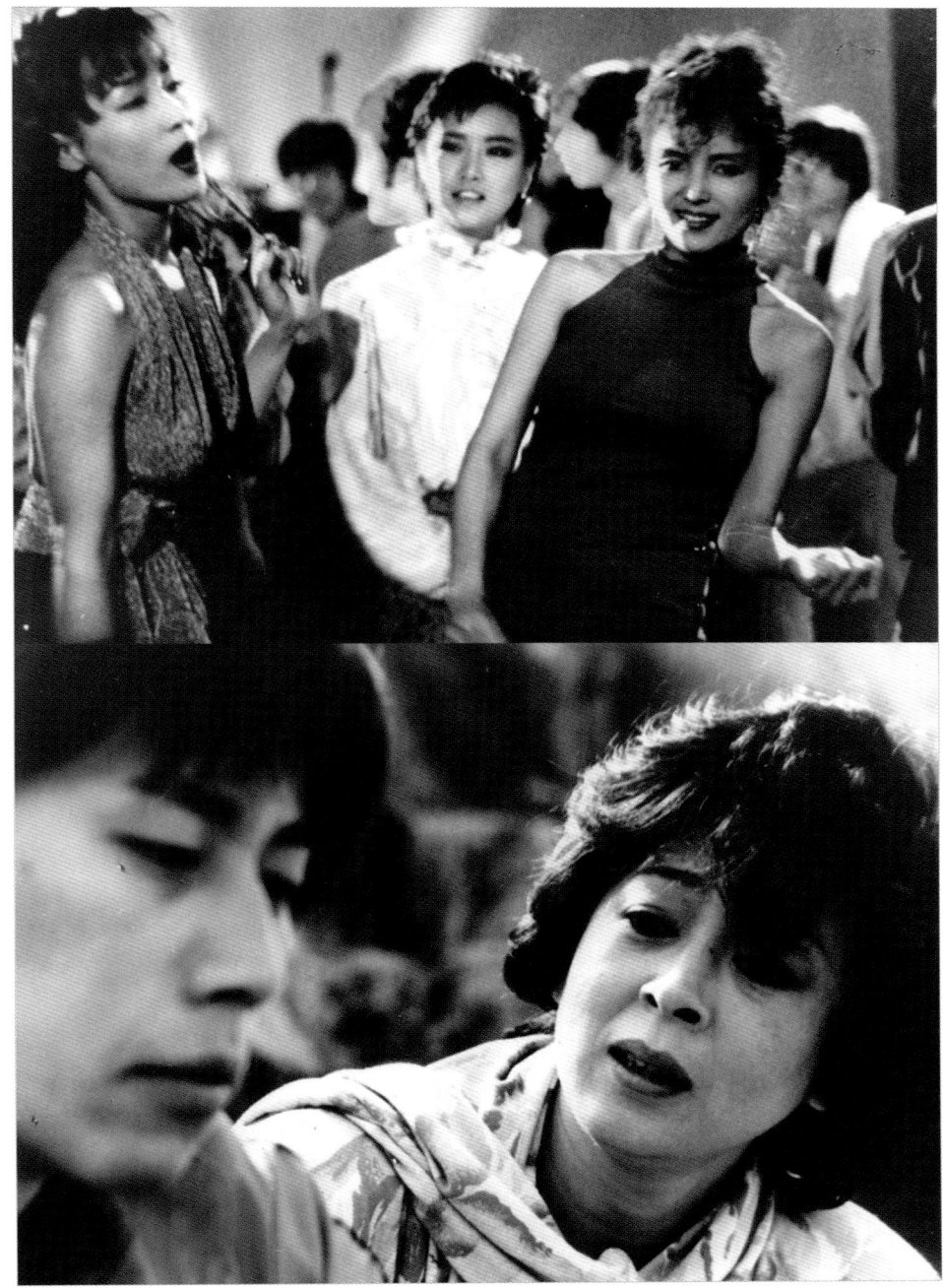

황진이 黃眞伊, Hwang Jin-ie(1986)

(동아수출공사) 125분 극영화 고등학
생가/시대극

감독: 배창호
제작: 이우석
각본: 최인호
개봉: 1986년 9월 18일 명보, 동아,
　　　연흥, 코리아극장(서울)
관람인원: 8만 9193명(서울)
수출현황: 일본(88)
출연: 장미희, 안성기, 신일룡, 전무
　　　송, 김윤경, 조주미, 윤양하, 박
　　　암, 주호성, 김하림 양일민 외
기획: 이권석
촬영: 정일성
음악: 이성재
조명: 김동호
편집: 김현
미술: 이명수
소품: 이예호, 김태욱
스틸: 서홍익
의상: 이리자, 이해윤
분장: 송일근, 안건호, 조경애
사운드: 이영길, 김병수
특수효과: 김철석
조감독: 이명세
수상: 제25회 대종상영화제 미술상
　　　(이명수)

황진이(장미희)는 황 진사의 딸로 재색을 겸비한 인물이다. 이런 그녀를 오랫동안 남몰래 연모해온 갖바치(안성기)가 상사병으로 자살을 하게 되고 그가 자살한 날이 때마침 진이의 혼례 전날이어서 진이는 일방적으로 파혼을 당한다. 갖바치의 비극적 삶에 충격을 받은 진이는 그날로 집을 나와 기녀가 된다. 기녀로 명성을 떨칠 때 벽계수(신일룡)를 만나 사랑하게 되지만 벽계수는 명나라 사신으로 발탁되어 진이의 곁을 떠나

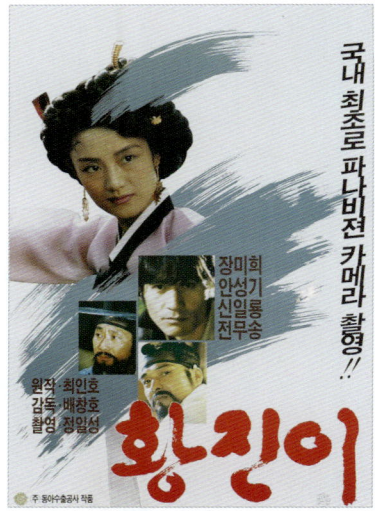

국내 최초로 파나비전 카메라 촬영!!

장미희
안성기
신일룡
전무송

원작·최인호
감독·배창호
촬영·정일성

황진이

주 동아수출공사 작품

면서 다른 여자의 품에 안긴다. 배신감에 사로잡힌 진이는 유랑 길에 올라 연약한 선비 이생(전무송)을 만나게 된다. 그러나 경제적으로 무능력한 이생을 보필하기 위해 진이는 몸을 팔아 돈을 벌어야 했고 이생은 이에 대한 모멸감 때문에 비굴한 인간으로 전락한다. 이생이 사당패들에게 진이를 팔아넘기려 하자 이를 알고 있던 진이는 스스로 사당패를 따라나선다.

● 배창호 연출작. 이태준의 소설 『황진이』는 1936년 우리 민족이 일제 강점하에서 말과 글을 박탈당하고 이름마저 버려야 했던 시기에 발간되어 '민족의 아름다움'을 보여주었다. 박종화, 안수길, 유주현, 정비석이 황진이를 명기(名妓)와 요부로 그려냈다면 최인호의 『황진이』는 1971년 유신 독재의 삼엄함 속에서 선택과 결정에서 자유로운 예인으로 그려지고 있다.

　이 영화는 우선 국내 최초로 파나비전 카메라로 촬영된 수려한 구도의 와이드 영상이 일품이다. "탈고전적인 스타일 실험을 본격화한 영화로서 롱테이크, 고정된 카메라, 탈중심화된 구도, 심도 깊은 화면, 그리고 치밀하게 계산된 미장센 등 예술적인 형식의 조화는 진정한 볼거리이며 영화 언어에 대한 자의식을 뛰어넘었다"(강소원 동아대 교수)는 평을 받았다. 보편적으로 알려진 황진이의 삶을 갖바치와 벽계수, 이생으로 이어지는 이야기로 나누어 한 남자를 측은히 여기면서 다른 한 남자를 사랑했으며 또 한 남자를 어머니처럼 보살폈던 이상화된 여성상으로 재현해 내고 있다. 감독 자신도 '황진이'는 자신의 연출 활동뿐 아니라 개인적 삶의 태도에서도 큰 변화를 갖게 한 "새로운 데뷔작"이라고 말한 바 있다.

　원래 배창호의 '황진이'에는 시각적으로 화려하고 자극적인 장면들이 많았다. 지족선사가 황진이의 유혹에 넘어가서 파계하고 자기 눈을 찔러서 장님이 되는 장면, 꿈 속에서 상사뱀이 황진이의 몸에 밤마다 휘어 감기는 장면 등이 있었으나 감독은 촬영 과정에서 이런 모든 것을 지워나갔다. '황진이'를 대중적 흥미의 대상이 아닌, 요부와 기녀의 틀에서 벗어난 자유혼으로 접근하기 위해서. 그러나 이 영화는 남성을 압도하는 도도함과 요염한 황진이를 기대했던 관객들에게 실망을 주었다. 모 원로 평론가는 "배창호가 황진이의 삶을 너무 모르는 것이 아니냐?"는 우려를 나타냈다는 후일담도 있다.(『역사속의 실존 인물인 황진이와는 사실상 관련이

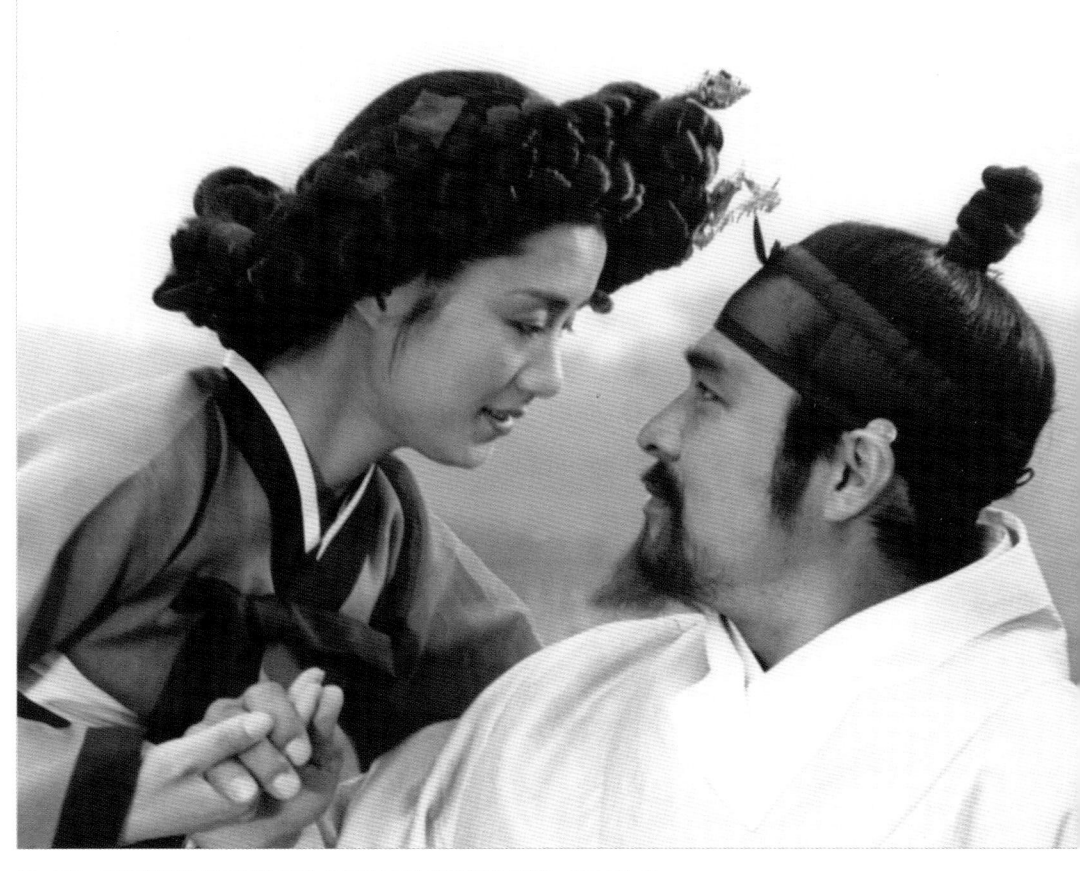

없는 영화』, 이기형(경희대 언론정보학 교수), 『영상텍스트와 역사재현의 정치학』, 한국 방송 영상 산업 진흥원, 2006년) 다만 영화평론가 정영일은 조선일보에 "한국영화의 쿠데타"로 평했고 "배창호의 실험적이고 예술적인 도전"(평론가 김종원), "배창호의 미학적 탐색"(평론가 호현찬) 등의 평이 이어졌다.

흥행에 실패했다는 기록과는 달리 1986년 9월 서울명보극장과 동아극장에서 개봉된 이 영화는 두 극장에 4일 동안 관객 4만 명을 동원. 동아극장의 경우 동아극장 역사상 한국영화가 전회 매진된 것은 그때가 처음이었다고 한다.(국민 94. 12. 17 평론가 이효인) 서울 개봉에서만 9만 명 동원으로 흥행 면에서도 평균치를 넘어섰다.

영화 '황진이'는 도금봉을 앞세운 조긍하의 '황진이'(1957), 윤봉춘의 강숙희를 앞세운 '황진이의 일생'(1961), 정진우의 김지미를 앞세운 '황진이의 첫사랑'(1969)과 배창호의 장미희 주역의 '황진이'(1986)가 있다. 배창호에 앞서 1982년, MBC 드라마 '여인열전'에서는 이미숙, 2006년 KBS 드라마 '황진이'에서는 하지원이 입체적으로 다듬어진 현대적인 황진이를 그려냈고 2007년 장윤현의 영화 '황진이'(송혜교) 등이 있다.

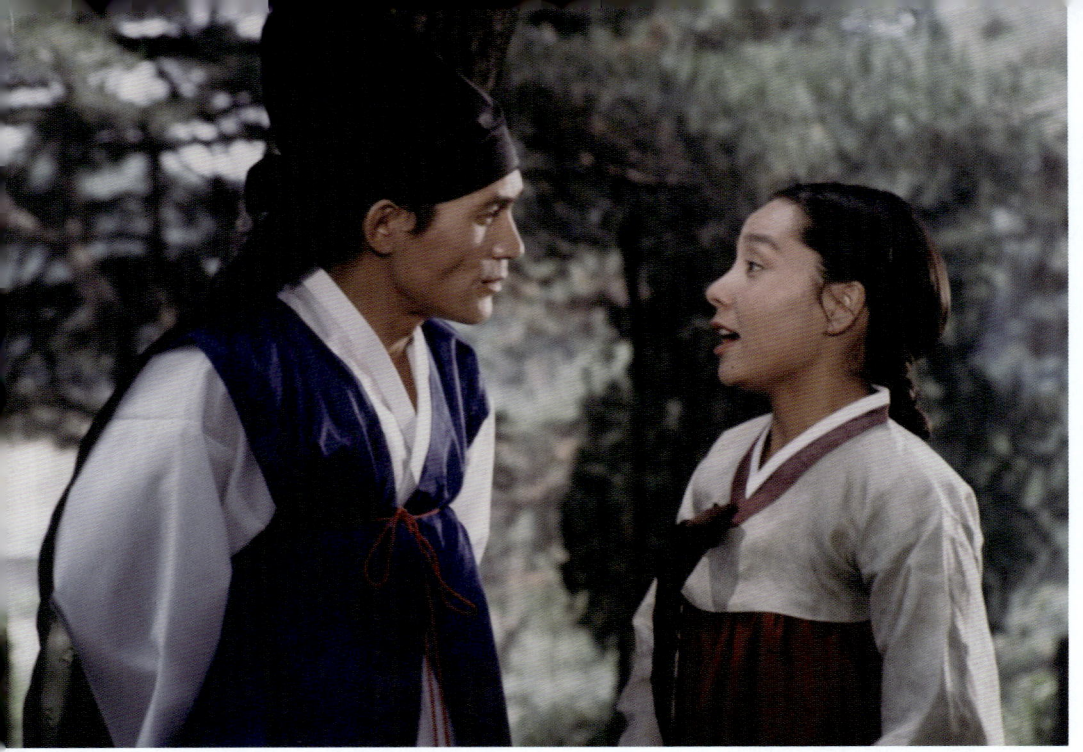

내시 內侍, Eunuch(1986)

(두성영화) 110분 극영화 연소자불가/
사극

감독 · 제작 : 이두용
각본 : 곽일로
각색 : 윤삼육
개봉 : 1986년 9월 18일 국도극장
(서울)
관람인원 : 15만 2558명(서울)
수출현황 : 대만(88), 동남아(88), 스
페인(90)
출연 : 안성기, 이미숙, 남궁원, 김진
아, 길용우, 변희봉, 도금봉, 태
현실, 양택조, 주상호 외
기획 : 이순용 **촬영 :** 손현채
음악 : 정윤주 **조명 :** 차정남
편집 : 이경자 **미술 :** 박효진
스틸 : 양기주 **의상 :** 이해윤
분장 : 홍동원
소품 : 김호길, 이예우, 김한상, 남영모
동시녹음 : 김경일
사운드 : 영진공
조감독 : 김혁, 김지훈, 박종원, 양동
우, 문흥룡

김 참판의 딸 자옥(이미숙)과 교리의 아들 정호(안성기)는 사랑하는 사이
다. 그러나 김 참판의 야심 때문에 둘은 헤어지게 된다. 김 참판은 자신
의 세력을 키우기 위해 딸 자옥을 궁녀로 만들고 정호가 자옥의 근처에
얼씬할 수 없도록 거세시킨다. 그의 계획대로 미모가 뛰어난 자옥은 왕
에게 간택되어 왕의 침소에 들게 된다. 내시가 된 정호는 그 사이 궁 안
에 들어와 있다가 자옥이 왕의 침소에 들던 날 두 사람을 살해한다.

● 이두용 제작 · 연출작. 곽일로 각본의 신상옥의 '내시'(1968)를 리메이크한 영화. 안성기와 이
미숙을 주연으로 내세운 이두용의 '내시'는 처음부터 재미를 노린 궁중사극으로 남성이 제거된
내시의 한을 탄력성 있게 표출해 보인다. 특히 내시감의 반란과 죽음의 엑스터시에 이른 왕의
침소를 대비시키면서 반전의 클라이맥스를 낳은 연출의 마무리가 돋보인다. 남궁원이 안성기를
도와주는 내시 광진 역을 맡고 있다. 관객 15만 명 동원.
1960년대 신상옥의 '내시'(1968)는 신성일, 윤정희 주연으로 당시 서울 국도극장에서 개봉되
어 관객 32만 명을 동원하는 대히트를 기록, 이어 '내시(속)'(1969)는 6만 5000여 명 관객
동원으로 1편에는 미치지 못했으나 당시로서는 괜찮은 흥행 성적을 올린 바 있다.

허튼 소리 Jung-kwang's Nonsense(1986)

홀어머니와 단 둘이 살고 있는 고창율은 그림에 소질이 있는 개구쟁이 소년이었다. 그는 청년 시절에 억울한 누명을 쓰고 형을 치른 후 통도사 구하스님 앞에서 삭발수계하고 중광(정동환)이라는 법명을 받는다. 동물들과 동자상을 주로 그리면서 참선을 게을리 하지 않던 그는 통도사를 떠나 미대생 손정후를 만난다. 그녀는 중광에게 매력을 느껴 구애하지만 두 사람은 이루어지지 않는다. 그 즈음 한국에 온 불교미술의 권위자 랭커스터 박사 일행이 중광의 그림을 보고 미국에서 그의 선화집을 출간, 센세이셔널한 화제를 불러일으킨다. 그를 흠모하던 손정후는 미국으로 떠나고 인간의 근원적 고독에 이른 중광은 허튼 소리를 하며 지평선 너머로 사라진다.

(화풍흥업) 105분 극영화 연소자불가/전기

감독 : 김수용
제작 : 정창화
각본 : 최금동(원작 고창율)
개봉 : 1986년 10월 9일 아세아극장(서울)
관람인원 : 1만 7524명(서울)
출연 : 정동환, 이혜숙, 허진, 전혜성, 정미경, 국정환, 최준, 강희, 최삼, 이석환, 박혜숙, 최불암, 정진, 공옥진 외
촬영 : 정광석
음악 : 김수철
조명 : 손한수, 이억만
편집 : 김희수
미술 : 조경환
의상 : 이해윤
분장 : 채훈
사운드 : 김병수, 영진공
스틸 : 최승화
현상 : 영진공
수상 : 제7회 영평상 각본상(최금동), 제31회 아태영화제 출품

● 김수용의 107번째 연출작. 걸레스님 중광의 일대기를 그린 영화로 그의 자서전 「허튼 소리」를 원작으로 하고 있다. 고창율(高昌律)은 중광의 세속명. 시사회에서 조계종 측은 "수행을 통해 무애의 자유를 얻은 주인공이 환속한 후 선화를 개척한 예술가로 재탄생하는 과정에서 예술가로서의 고뇌와 기행을 강력한 영상 언어로 표현하고 있다"는 긍정적인 반응을 보였다. 이와는 달리 공윤 심의에서는 12장면이나 잘려나갔다.(「김수용 감독 공윤 가위질 반발」 동아 87. 7. 31)

예를 들어 "왜 제목이 허튼 소리라는 부정적인 이미지냐"는 것에서부터 중광이 전사한 군인의 유골을 묻는 대목, 분뇨를 뒤집어쓰고 분신을 시도하는 장면, 김구 선생 동상 앞에서 중광이 "뵐 낯이 없습니다"라고 말하는 장면 등은 군사독재의 사회상을 우회적으로 힐난하려 했다는 이유로 삭제되었다. 한 영화에서 12장면이 잘렸다는 것은 영화가 만신창이가 된 것이나 다름없다. 이 일로 김수용은 당시 문단의 원로 구상시인을 대동하고 공윤에 찾아가 항의했으나 공윤 측은 "관객은 감독보다 수준이 낮기 때문에 사전에 말썽이 생길 곳을 제거하는 것이 영화 검열"이라고 답변했다고 한다.(「김수용인터뷰」 경향 03. 7. 28)

이로 인해 한해 5편에서 10편 등 왕성한 연출활동을 보이던 김수용은 "영화의 생명인 창의성 말살행위"라는 거센 항의와 함께 "이런 풍토에서 영화를 창조한다는 것은 무의미하고 불가능하다"(이세기, 「예술을 뚫고 들어간 사람들」, 푸른사상, 2004년, p.140)는 요지의 은퇴성명서를 발표한 후 청주대학교 영화과 교수로 자리를 옮겼다. 이후 10여 년간 긴 묵고 끝에 '사랑의 묵시록'(1995)과 '침향'(1999)을 발표하면서 영화계에 컴백했고 그의 작품이 가위질 당했던 바로 그 영상물등급위(전 공연예술윤리위) 위원장이 되었다. 영등위는 공윤 같은 검열 기관이 아닌, 영화 내용에 따라 연령별로 등급을 분류하는 기관이다.

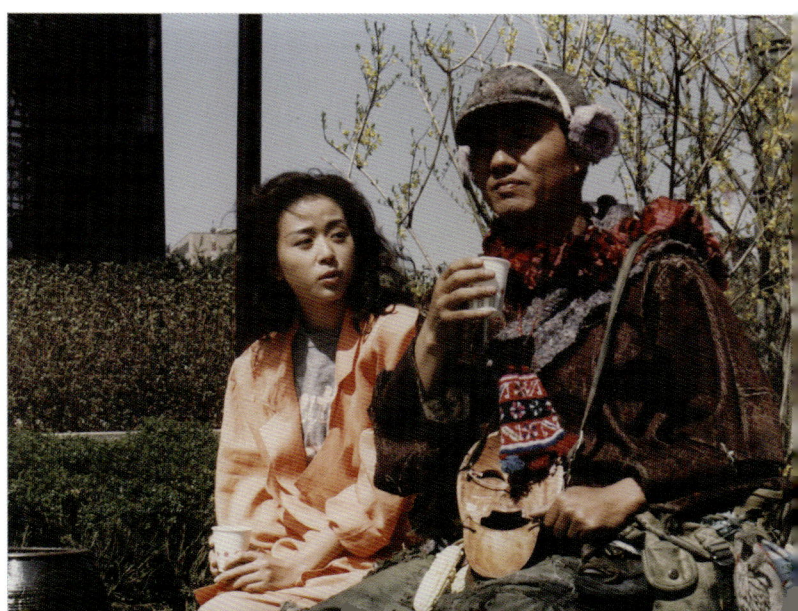

안개기둥 A Pillar of Mist(1986)

(황기성사단) 115분 극영화 연소자불가/사회물

감독 : 박철수
제작 : 황기성, 장현호
각본 : 김상수
개봉 : 1987년 2월 28일 피카디리극장(서울)
관람인원 : 6만 4892명(서울)
출연 : 최명길, 이영하, 박정자, 서갑숙, 오승명, 임영희, 이정미, 심재원, 최형선, 한창호 외
기획 : 황기성
촬영 : 정일성
음악 : 이종구
조명 : 김동호
편집 : 김현
소품 : 김호길
분장 : 송일근
스틸 : 윤진호
사운드 : 김병수, 양대호
특수효과 : 김철석
조감독 : 이동진
수상 : 제25회 대종상영화제 최우수작품상(황기성사단)·남우주연상(이영하)·여우주연상(최명길), 영진공 선정 좋은 영화, 제6회 우리들의 스타상 영화연기상(이영하, 최명길)·감독상(박철수), 제9회 시나리오대상 및 제3회 시나리오창작상 장려상

나(최명길)와 그(이영하)는 대학 졸업 후 결혼해서 한 아이의 부모가 되었다. 남편은 유능한 사회의 일원으로서 성공한 축에 속하며 가정을 윤택하게 꾸려나갈 실력을 갖추고 있다. 아이와 남편, 그 풍족함 속에서 나는 겉으로는 행복한 삶을 누리는 것처럼 보인다. 그러나 날이 갈수록 남편은 집안일에 무관심하고 집에 들어오지 않는 날이 잦아진다. 그래서 나는 나 자신의 존재의 의미를 되찾기 위해 나의 일을 하기로 한다.

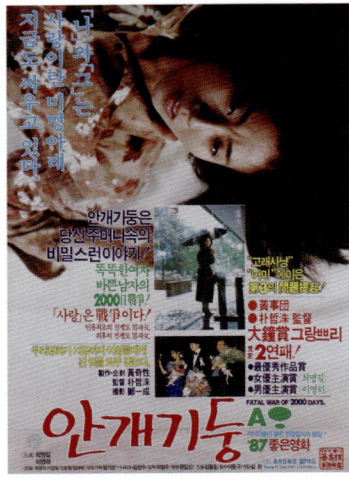

결혼 전에 일하던 출판사로 찾아가서 번역 일을 맡아오고 업무 능력이 향상되자 일거리는 점점 더 늘어났다. 그러자 남편은 자기가 충분히 생활비를 내놓고 있는데 왜 다른 일을 하느냐면서 나의 사회생활을 반대하고 나선다. 다른 일에 신경 쓰지 말고 아이 양육과 살림에 열중하라는 것이다. 주부가 직업을 갖는 문제로 다투는 일이 빈번해지자 나는 결국 가사에 몰두하기 위해 일을 그만두게 된다. 한데 나와는 반대로 그는 사회적 지위가 상승되면서 나로부터 멀어지고 심지어 젊은 여자와 불륜 관계를 풍기는 낌새까지 보인다.

내가 반발하자 그는 참회하며 다시는 그런 일이 없을 거라고 용서를 빈다. 나는 그때마다 용서하고 그를 받아들인다. 하지만 세 번째 아이를 낙태하자 그는 졸지에 비인간적인 모습을 드러내더니 아이들을 데리고 집을 나가버린다. 비로소 나는 나 자신을 돌아보며 그를 떠나기로 하고, 이제부터는 나의 일만 하겠다고 결심한다. 그러나 나 자신의 삶을 찾기 위해 내딛는 첫 걸음에서 어딘지 허전한 기분이 드는 것을 숨길 수 없다.

● 박철수의 대표작 중 하나. 모성의 전능을 과시한 '어미'(1985)에서 여성의 적극적인 현실참여를 유도했던 감독은 영화 '안개기둥'에서 이기적인 남편으로부터 벗어난 여성이 자신의 정체성을 찾고 주체적 삶을 주도하게 되는 여성영화를 만들었다. 이 영화는 권태로운 부부의 일상을 배경으로 자아에 눈뜨는 여성의 내면 심리를 희열과 승리감으로 풀고 있다. 이른바 현대 여성에게 결혼이 가지는 의미를 되짚어 보고 남성중심의 가정과 사회 속에서 여성은 어떤 존재인가를 세련된 영상을 통해 담담하게 제시해 보인다. 즉 가부장적 남편과 가정이라는 울타리에서 해방되려는 아내의 심리를 치밀하게 묘사하여 타성적 일상을 살고 있는 여성들에게 경각심을 불러일으킨다. 관객 6만 5000명 선. 최명길, 이영하가 현대 부부의 모습을 소화해내고 있다. 감독은 1985년 '어미'에 이어 이 영화로 대종상 작품상을 연속 수상했다.

씨받이 Surrogate Mother(1986)

대가집 종손 신상규(이구순)와 윤씨(방희) 사이에 손이 끊기자 시어머니(한은진)와 상규의 숙부 신치호(윤양하)는 씨받이 여인을 들이기로 결정한다. 신치호는 직접 씨받이 마을로 찾아가서 씨받이 여인이었던 필녀(김형자)의 딸 옥녀(강수연)를 간택하여 집안으로 들인다. 그러나 옥녀에게 태기가 보이기 시작하면서 옥녀는 잠시 자신의 처지를 망각하고 상규를 진실로 사랑하게 된다. 옥녀의 어머니 필녀는 자신의 과거를 돌아보며 옥녀를 타이르지만 옥녀는 이를 받아들이지 못한다. 그러나 아들을 낳자마자 아기는 곧장 윤씨의 품에 안기고 옥녀는 아기 얼굴도 보지 못한 채 그 집에서 쫓겨난다. 1년 후 옥녀는 자신이 아기를 낳은 신씨 집 근방에서 목을 매어 당대의 비인간적인 전통에 항거한다.

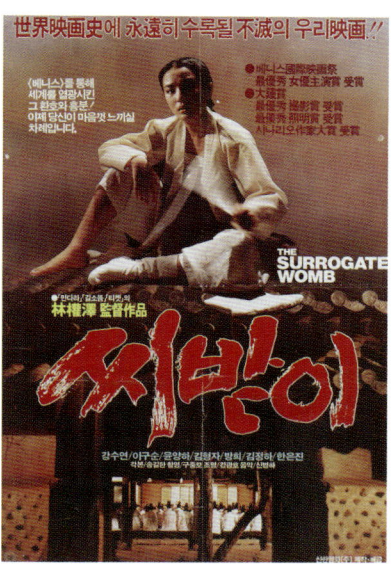

● 임권택의 대표작 중 하나. 양반집안에 씨받이라는 이름으로 아기를 낳아주러 들어간 여인의 고통을 그린 영화. 대갓집의 대를 잇기 위한 갖가지 풍속들을 보여주면서 그 과정에서 한 여인의 운명이 어떻게 유린되고 희생되는가를 설득력 있게 형상화하고 있다.

주인공이 종가댁 종손과 육체관계를 맺는 동안 씨받이로서 금기사항인 사랑에 빠지게 되고 본능적인 모성애에 못 이겨 한 번만 아기를 보게 해달라고 애원하는 장면에서 어머니 필녀가 옥녀에게 "사람이면 다 사람이냐, 사람대접을 받아야 사람이지"라는 대사는 주제를 강조하는 중요한 내용이었으나 당시 정치상황과 맞물려 검열에서 삭제되었다.

임권택은 주로 역사적 사실을 소재로 선택하면서 개인적인 삶과 집단적 삶의 관계를 인물에 중점을 두고 표현해왔다. 그의 화면은

여백의 활용과 절제의 미덕을 발휘하여 한국의 아름다운 산천과 고유의 풍속도를 동양화적인 미감으로 탁월하게 보여준다는 평을 받고 있다. 주역을 맡은 강수연은 제44회 베니스국제영화제에서 최우수여우주연상을 수상했고 이 영화는 임권택을 세계적으로 알렸다.

영화에서 필녀와 옥녀가 살던 씨받이 마을은 실제로 울산광역시 울주군 삼동면에 위치한 보쌈마을로 일명 씨받이촌으로 불리고 있다. 정족산 중턱 500m 지점에 위치한 깊은 산골로 최근까지 10여 가구가 살고 있었으며 '씨받이' 외에 '뽕', '사방지', '감자' 등이 촬영되었다.

(신한영화) 95분 극영화 연소자불가/사극

감독: 임권택
제작: 정도환
각본: 송길한
개봉: 1987년 3월 21일 명보극장(서울)
관람인원: 1만 7745명(서울)
수출현황: 유럽, 남미, 아프리카, 대만(87), 일본, 인도, 동남아(88), 서독(89), 일본(90)
출연: 강수연, 이구순, 한은진, 윤양하, 김형자, 방희, 유명순, 김정하, 황건, 이석구, 주상호 외
기획: 정도환
촬영: 구중모
음악: 신병하
조명: 강광호
편집: 박순덕
미술: 원기주
소품: 이태우
의상: 이해윤
분장: 정준호
사운드: 김병수, 양대호
스틸: 황태성
조감독: 김일원, 최성식, 김영빈, 홍두완
수상: 제25회 대종상영화제 촬영상(구중모) · 조명상(강광호), 부산영화평론가협회선정 최우수 영화 및 영화인 · 최우수한국영화 · 최우수감독상(임택) · 최우수여우주연상(강수연) · 최우수여우조연상(방희) · 최우수촬영상(구중모), 제9회 시나리오대상 및 제3회 시나리오창작상 대상, 제7회 영평상 촬영상(구중모) · 특별상, 제44회 베니스국제영화제 최우수여우상(강수연), 제31회 아태영화제 작품상 · 감독상(임권택) · 여우조연상(김형자)

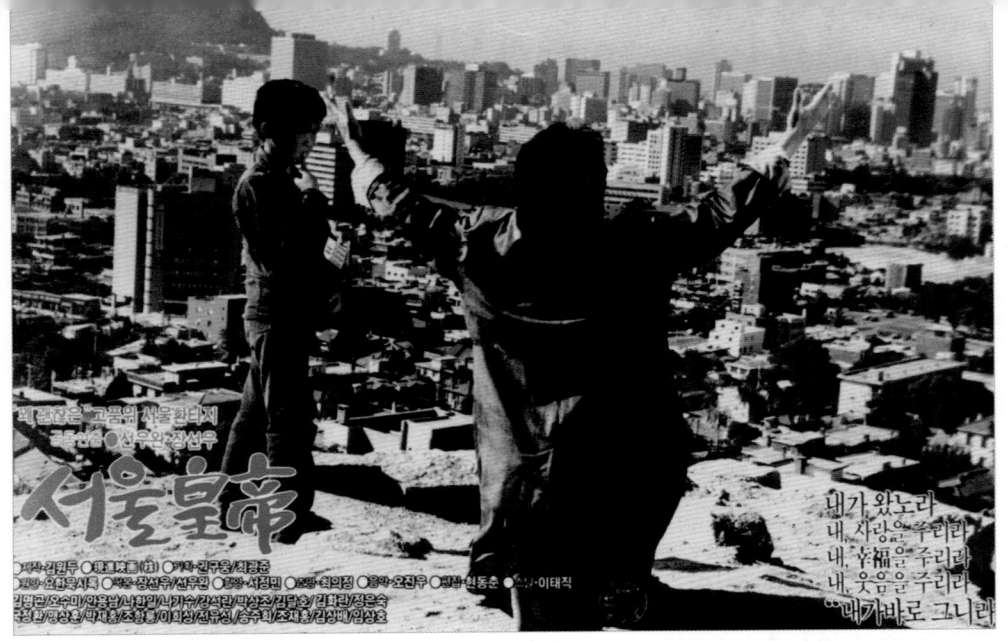

서울황제 皇帝, Seoul Emperor(1986)

(현진필름) 110분 극영화 고등학생가/
사회물

감독 : 선우완, 장선우
제작 : 김원두
각본 : 선우완, 장선우
개봉 : 1988년 6월 17일
수출현황 : 일본(1989)
출연 : 김명곤, 오수미, 안용남, 나한
　　　일, 강석란, 박상조, 김길호, 나
　　　기수, 국정환, 박재홍 외
기획 : 최광준, 권구웅
촬영 : 서정민
음악 : 오진우
조명 : 최의정
편집 : 현동춘
사운드 : 김성찬, 이재희
스틸 : 이태직

1980년대 서울역 광장 앞. 자칭 예수라는 자(김명곤)가 꾀죄죄한 행색으로 나타난다. 형형한 눈빛을 지닌 이 사내는 서울에 심판의 날이 왔음을 알리기 위해 정신병원에서 탈출해 나왔다. 그는 서울역 앞에서 껌을 팔면서 엄마를 만나고 싶다는 소년(안용남)의 소원을 들어주기로 약속한다. 소년과 함께 소년의 엄마를 찾아 나선 예수는 구원의 여성만이 죄로 물든 서울을 구해낼 수 있다면서 마침내 허영과 환락의 서울에서 한 여자(오수미)를 발견한다. 예수는 그녀를 "세상에서 가장 아름다운 여자"로 명명한다. 예수로부터 회개하라는 설득을 받은 그녀는 마음을 열고 그를 사랑하게 된다. 여자는 진실하게 살 것을 약속하고 껌팔이 소년을 아들로 맞아들인다. 자칭 예수는 비로소 서울이 구원되었다고 믿고 정신병원으로 돌아간다.

● 원제는 '서울 예수'. 장선우의 데뷔작이자 선우완의 두 번째 작품. 이 영화에 나오는 "세상에서 가장 아름다운 여자"가 오수미다. 그녀는 눈빛 하나로 스크린 속 시간을 정지시키는 나른한 이미지가 인상적인 배우다. 제작·기획·감독까지 선우완과 장선우가 공동으로 진행했으며 연출부원은 모두 서울대와 고려대 출신의 영화아카데미 동기들이 참여하고 있다. 이 작품은 기성 상업영화 자본의 도움을 받지 않고 찍은 한국 최초의 독립영화로 1980년에 작품이 완성되어 "정신질환자를 내세운 블랙코미디로 참신하다"(대한매일 93. 6. 9)는 평가를 받았다. 그러나 정치적 폭압인 검열의 피해로 현실 풍자 장면이 가위질되고 노골적인 사회비판을 담았다고 해서 개봉 불가 판정을 받는 등 제대로 빛을 보지 못했다.(「사회고발영화 설자리 없다」, 동아 87. 3. 26)비디오로 출시될 때 종교계의 반발로 제목을 '서울 예수'가 아닌, '서울 황제'로 바꾸었다.
　개그맨 전유성이 꽃 파는 아르바이트 청년으로 나오고, 나한일은 정신병원 의사로 카메오 출연하고 있다.

이브의 건넌방 Eve's Second Bedroom(1987)

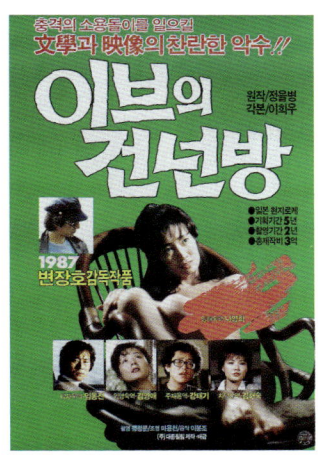

대학 방송반에서 활동하는 재숙(나영희)은 취재차 의사인 재우(임동진)를 만난다. 두 사람이 급속도로 가까워지면서 재숙은 언니 영숙(김영애)에게 재우를 소개시킨다. 그런데 영숙과 재우가 첫눈에 반해 결혼하게 되자 재숙은 큰 상처를 받는다. 재우를 사랑하는 재숙은 틈만 나면 형부에게 구애를 펼치고 재우는 이를 애써 외면하며 가정을 지키려한다. 그러나 영숙이 집을 비운 틈을 타서 재숙과 재우는 불륜 관계를 맺는다. 죄책감에 시달리던 재우는 처제에게 유학을 권하고 재숙은 미국으로 유학을 떠난다. 그 후 재숙은 도쿄에서 열린 의학세미나에 참석한 재우 앞에 다시 나타난다. 집으로 돌아온 동생과 남편의 정사를 목격한 언니 영숙은 충격에 못 이겨 자살해버린다. 영숙의 자살로 주변의 지탄을 받게 된 재숙과 재우는 외딴섬으로 잠적한다.

(대종필름) 105분 극영화 연소자불가/멜로

감독 · 제작 : 변장호
각본 : 이희우(원작 정을병)
개봉 : 1987년 3월 28일 서울극장 (서울)
관람인원 : 5만 7334명(서울)
수출현황 : 일본(1988)
출연 : 나영희, 임동진, 김영애, 강태기, 김해숙, 장혁, 추봉 외
기획 : 임원식
촬영 : 팽정문
음악 : 이봉조
조명 : 마용천
편집 : 박순덕
사운드 : 이재웅, 양대호
조감독 : 곽은혜
수상 : 제23회 백상예술대상 감독상 (변장호) · 기술상(음악 : 이봉조), 영진공 선정 좋은 영화

● 변장호 제작 · 연출작. 1979년에 발표한 정을병의 베스트셀러 소설을 영화화한 것으로 '인간 심층에 자리 잡은 어두운 욕망과 에로의 원색지대'를 생생하게 파헤치고 있다. 처제와 형부의 불륜을 다룬 이 영화는 도덕적으로 절대로 넘어서는 안 될 선을 넘는다는, 관객들에게 호기심을 자극하기에 충분한 소재로 개봉될 당시 많은 장면이 삭제된 후 어렵게 심의를 통과했다.(「영화 '이브의 건넌방' 찬반 논란」 경향 87. 3. 26) 그러나 "영상적으로 어색하거나 추한 분위기가 전혀없이 잘 만들어진 수작"(영화평론가 정용탁-같은 신문)이라는 평도 있다.

기획 기간 5년, 화려한 영상을 화면 속에 담기 위해 2년간의 촬영기간이 소요됐고 일본 5개 도시 순회 로케이션, 한국무용수 50여 명 출연 등 당시 한국영화로는 거액인 제작비 3억 원을 들였다. 당시 단역 등 엑스트라들은 하루에 3만 원, 영화 전단을 돌리면 하루에 5000원으로 아르바이트 대학생들이 참여하고 있다. 제23회 백상예술대상에서 변장호 감독상 수상.

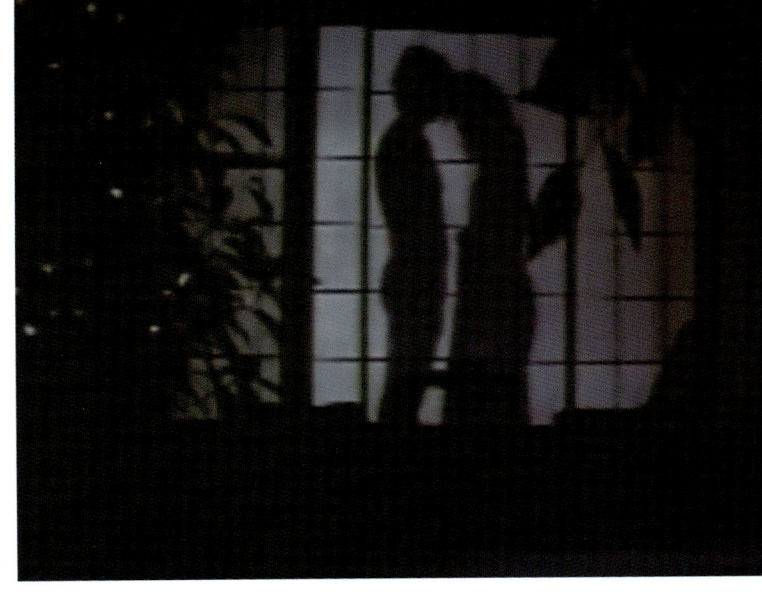

레테의 연가 戀歌, Lethe's Love Song(1987)

(인창영화) 90분 극영화 연소자불가/
멜로

감독 : 장길수
제작 : 정준교
각본 : 장길수(원작 이문열)
개봉 : 1987년 4월 11일 대한극장
(서울)
관람인원 : 2만 335명(서울)
출연 : 윤석화, 신성일, 길용우, 박영
규, 서갑숙, 김성찬, 김애경, 전
숙, 김길호 외
기획 : 정준교
촬영 : 전조명
음악 : 정성조
조명 : 이억만
분장 : 홍동은
스틸 : 양기주
사운드 : 이재웅, 양대호
조감독 : 임종재, 민병관, 양승욱
수상 : 제23회 백상예술대상 연기상
(신성일), 제7회 영평상 남자연
기상(신성일)·음악상(정성조),
영진공 선정 좋은 영화

여성잡지 기자 희원은 화가 승우를 만나
면서 순수함을 잃지 않은 중년남자의 매
력에 끌린다. 그녀는 송윤식의 청혼을 무
시한 채 온통 승우에게만 몰두한다. 그러
나 승우는 희원의 행복과 자신의 가정을
지키기 위해 프랑스행을 결심한다. 출발
직전 송별회장에서 만난 승우와 희원은
마지막 둘만의 시간을 갖기로 한다. 그러
나 승우는 그녀집에 전화를 걸어 희원이
술취해 있음을 알리고 혼자서 비행장으
로 향한다. 얼마 후 희원은 한 평범한 남
자와 결혼식을 올린다.

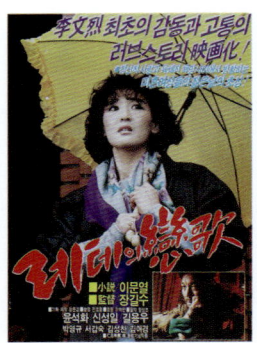

● '밤의 열기 속으로'(1985)로 감독 데뷔한 장길수 연출작. 1983년에 발표한 이문열의 베스트
셀러 소설을 원작으로 하고 있다. 경쟁적으로 여배우들을 벗기는 에로물이 난무하던 시절에
한국영화계에서 청량제가 되었던 영화. 화가 역을 맡았던 신성일이 제23회 백상예술대상과
제7회 영평상에서 남자연기상을 수상. 강현 교회 담임목사인 유화선, 장옥기 목사가 특별 출연
했다.

거리의 악사 樂士, A Street Musician(1987)

(고려영화) 122분 극영화 연소자불가/
멜로

감독 : 정지영
제작 : 박태환
각본 : 정지영(원작 한수산)
개봉 : 1987년 5월 16일 피카디리극
장(서울)
관람인원 : 5만 6790명
출연 : 이미숙, 정동환, 이덕화, 이혜
영, 이경희, 김경락, 전숙, 신동
욱, 박부양 외
기획 : 박태환
촬영 : 서정민
음악 : 신병하
조명 : 김진도
편집 : 김현
의상 : BASIC(하용수)
사운드 : 김병수, 양대호
수상 : 제24회 백상예술대상 인기상
(이혜영)

대학생이 된 재희(이미숙)와 지방 소도시의 회사원이 된 서하(이혜영)는
여고동창생이다. 서하는 사장 아들인 윤수(정동환)를 사랑하지만 윤수
는 재희와 약혼한 후 미국으로 유학을 떠난다. 사랑의 상처를 딛고 지
방의 약학대학에 진학한 서하는 정태(이덕화)를 만나 사귀지만 정태는
입대한 후 월남전에 참가한다.

뒤늦게 대학을 졸업한 서하는 윤수의 도움으로 큰 제약회사에 입사
한다. 그동안 재희와 가정 불화를 겪고 있던 윤수는 서하와 다시 만나
기를 원하지만, 서하는 이를 거절하고 돌아선다. 그 후 월남에서 돌아
온 정태와 결혼한 서하는 아들 영진을 낳다가 죽는다. 이혼을 결심했던
윤수 부부는 서하의 죽음 앞에서 새로운 각오를 다진다.

● '안개는 여자처럼 속삭인다'(1982)로 감독 데뷔한 정지영은 같은 해 '거리의 악사'와 '위기
의 여자'(1987)를 연출, 두 편이 다 흥행 베스트 10에 오를 만큼 대중적인 인기를 끌었다. 원작
은 1986년에 발표한 한수산의 동명 장편소설. 이 영화는 사회비판적인 시각이 가미된 멜로드라
마로 "정확하면서도 속도감 넘치는 전개로 순정적인 사랑을 낭만적으로, 그러나 냉정하게 마무
리 짓고 있다."(동아 87. 5. 28)는 평을 들었다. 제24회 백상예술대상 이혜영 인기상.

미미와 철수의 청춘스케치

Springtime of Mimi and Cheol-su(1987)

신문방송학과에 다니는 철수(박중훈)는 영문과의 당돌한 여학생 미미(강수연)와 즐거운 대학생활을 보내고 있다. 그들은 어느 날 보물섬(김세준)이라 불리는 법대생을 만나 함께 어울리게 되고 동안 그는 그때마다 기상천외한 행동으로 주위 사람들을 즐겁게 해준다. 한편, 자신의 장래를 위해 의대생(정선일)과 약혼을 결심한 미미는 철수에게 "우리는 친구일 뿐"이라고 통고한다. 그날 밤 철수가 홧술을 마시는데 자리를 함께 했던 보물섬이 병원에 입원하면서 그의 신상이 드러난다. 그는 뇌종양에 걸린 시한부 인생으로 그동안 뇌성마비 장애자들을 가르치며 살고 있었다. 바다가 보고 싶다는 보물섬의 청에 따라 미미와 철수는 여행을 떠난다. 얼마 후 보물섬은 스물 한 살의, 짧으나 열정적이었던 생을 마친다.

● '청(블루스케치)'(1986)으로 감독 데뷔한 이규형 연출작. 당시 스포츠 서울에 연재되어 인기를 끌었던 이규형의 원작 소설을 영화화한 작품으로 배창호의 '고래사냥'(1984), 하길종의 '병태와 영자'(1979) 아류를 연상케 한다. 이 영화는 서울 개봉에서 26만 관객을 동원하여 1987년도 한국영화 흥행순위 1위의 기록을 세웠다. 제26회 대종상 영화제에서 이규형이 신인 감독상 수상. 가수 손현희가 영화의 주제가인 '오늘은 어떤 일이'를 불렀다.

(단성영화사) 105분 극영화 중학생가/로맨스 청춘

감독 · 각본 : 이규형
제작 : 이성호
개봉 : 1987년 7월 4일 서울극장 (서울)
관람인원 : 26만 916명(서울)
수출현황 : 일본(88)
출연 : 강수연, 박중훈, 김세준, 최양락, 정선일, 이해룡, 문미봉, 송희연, 노형석, 배유진 외
촬영 : 이석기
음악 : 김명곤
조명 : 최의정
편집 : 김희수
소품 : 김호길, 윤명옥
사운드 : 김경일
스틸 : 양기주
현상 : 세방현상소
조감독 : 김영남, 김종우
수상 : 제26회 대종상 신인감독상(이규형) · 신인연기상(김세준), 제8회 영평상 특별상(제작 : 이태원) · 특별상(신인 : 이규형), 영진공 선정 좋은 영화

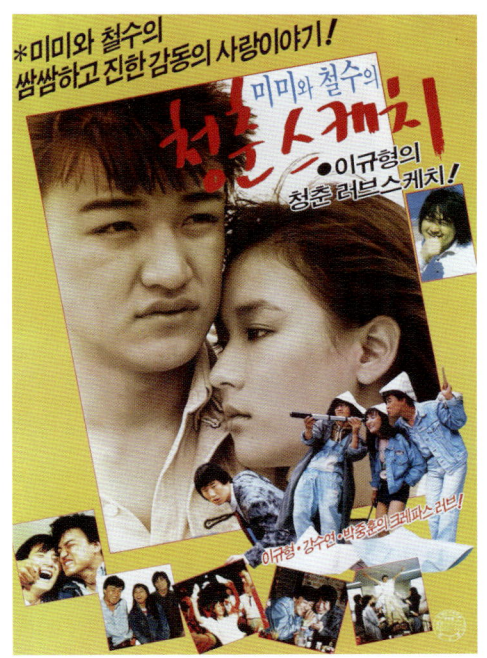

475

나그네는 길에서도 쉬지 않는다
A Wanderer Never Stops on the Road(1987)

(판매화) 104분 극영화 연소자불가/
문예물

감독·제작 : 이장호
각본 : 이장호(원작 이제하)
개봉 : 1987년 4월 22일
수출현황 : 일본(88)
출연 : 이보희, 김명곤, 고설봉, 추석
양, 유순, 권순철, 김대환, 우옥
주(특별 출연) 외
기획 : 이명세, 이은수
촬영 : 박승배
음악 : 이종구
조명 : 김강일
편집 : 현동춘
미술 : 신철, 왕숙영
사운드 : 김병수, 양대호
스틸 : 윤진호
현상 : 세방현상소
조감독 : 유혁주, 신영희
수상 : 제24회 백상예술대상 특별상
(이장호), 제8회 영평상 촬영상
(박승배), 제2회 도쿄국제영화
제 본선진출 국제비평가협회
상, 제38회 베를린국제영화제
칼리가리상

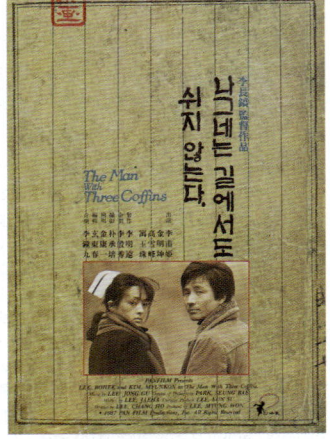

계해년이 저물어가는 날, 사내(김명곤)는 벽장 구석진 곳에서 3년 전에 죽은 아내의 유골을 꺼낸다. 그는 유골 뿌릴 장소를 물색하기 위해 막연히 동해의 '물치'라는 곳을 찾아나선다. 그리고 그날 밤 여관에서 병든 노인과 그를 돌보는 간호사(이보희)를 만난다. 이북이 고향이라는 노인은 가능한 북쪽 가까이에 가서 죽는 것이 소원이라고 했다. 그날 노인의 아들이 노인을 데려간 후 여관에 남겨진 간호사와 사내는 서로 신세 한탄을 하다가 의기투합하게 된다. 둘은 결혼을 약속한 후 사내가 먼저 서울에 올라가서 준비를 하기로 한다. 서울로 떠나기 전 둘이서 바닷가에서 벌어진 굿판을 구경하고 있는데 간호사가 갑자기 신의 부름을 받은 듯 숨을 거두고 만다. 사내는 이 장면을 물끄러미 지켜본다. 여행하면서 만난 사람들과의 대화, 그리고 흐르는 듯한 풍경들이 사내의 머릿속에 각인되면서 지나간 기억들이 겹쳐 떠오른다. 사내는 사흘 동안 죽은 아내의 환영을 따라 낯선 고장을 마치 운명의 여로를 밟듯 떠돌아다닌 것이다.

● 1985년 제9회 이상문학상을 수상한 이제하의 소설을 영화화한 작품. 아내를 잃은 한 남자와 병든 노인을 돌보던 간호사와의 만남은 어쩌면 숙명적인 것인지도 모른다. 영화는 죽음, 섹스, 실향, 샤머니즘 등 모호하면서도 관념적인 모티프를 통해 윤회와 죽음, 운명이라는 주제를 다루고 있다. 이장호 특유의 전위적이고 실험적인 영상미학이 돋보이는 영화로 평론가 강한섭은 "이 영화는 이장호의 새로운 변신이며 도약의 계기가 된다. 그의 시각은 끊임없이 상업적으로 재생산되는 멜로드라마의 세계에서 벗어나 우리 민족의 이야기 장르들이 공통적으로 뿌리를 두고 있는 과거 시제로서의 샤머니즘의 세계, 현재 상태로서의 분단과 소외의 세계, 그리고 미래의 기대로서의 통일의 세계를 꿰뚫고 있다"(강한섭, 『어떤 영화를 옹호할 것인가』, 부키, 1997년, p.94)고 평한다.
상상과 회상을 현재와 과거의 경계 없이 섞어놓은 편집, 암갈색 필터를 활용한 영화 전체에 흐르는 황토빛, 꿈처럼 이어지는 에코사운드와 플래시백, 사운드트랙으로 사용된 판소리 등은 그동안 한국영화에서 볼 수 없었던 영상언어로 그는 새로운 실험과 새로운 리듬을 들려주고 보여주었다. 특히 첫 장면과 마지막 장면에 반복되는 이보희와 김명곤의 보이스오버 위로 길게 늘어선 길의 이미지를 롱테이크로 잡은 장면은 어느 곳에서도 정착하지 못하고 길에서 길로의 삶을 살 수밖에 없는, 고향 없는 이산민(離散民)의 슬픔을 아름답게 그려내고 있다. 이보희는 여기서 죽은 부인과 작부, 간호사 등 1인 3역을 맡고 있다. 이 영화는 일본에서도 개봉되었다.
제2회 도쿄영화제 금상 수상작. 일본의 영화평론가 사토 다다오(佐藤忠男)는 "분단된 나라에 사는 사람들의 슬픔을 통절하게 그린 영화, 그리고 인간 존재 본연의 슬픔이라고 할 만한 깊은 감정을 표현한 영화"라는 시각으로 정리하고 있다.

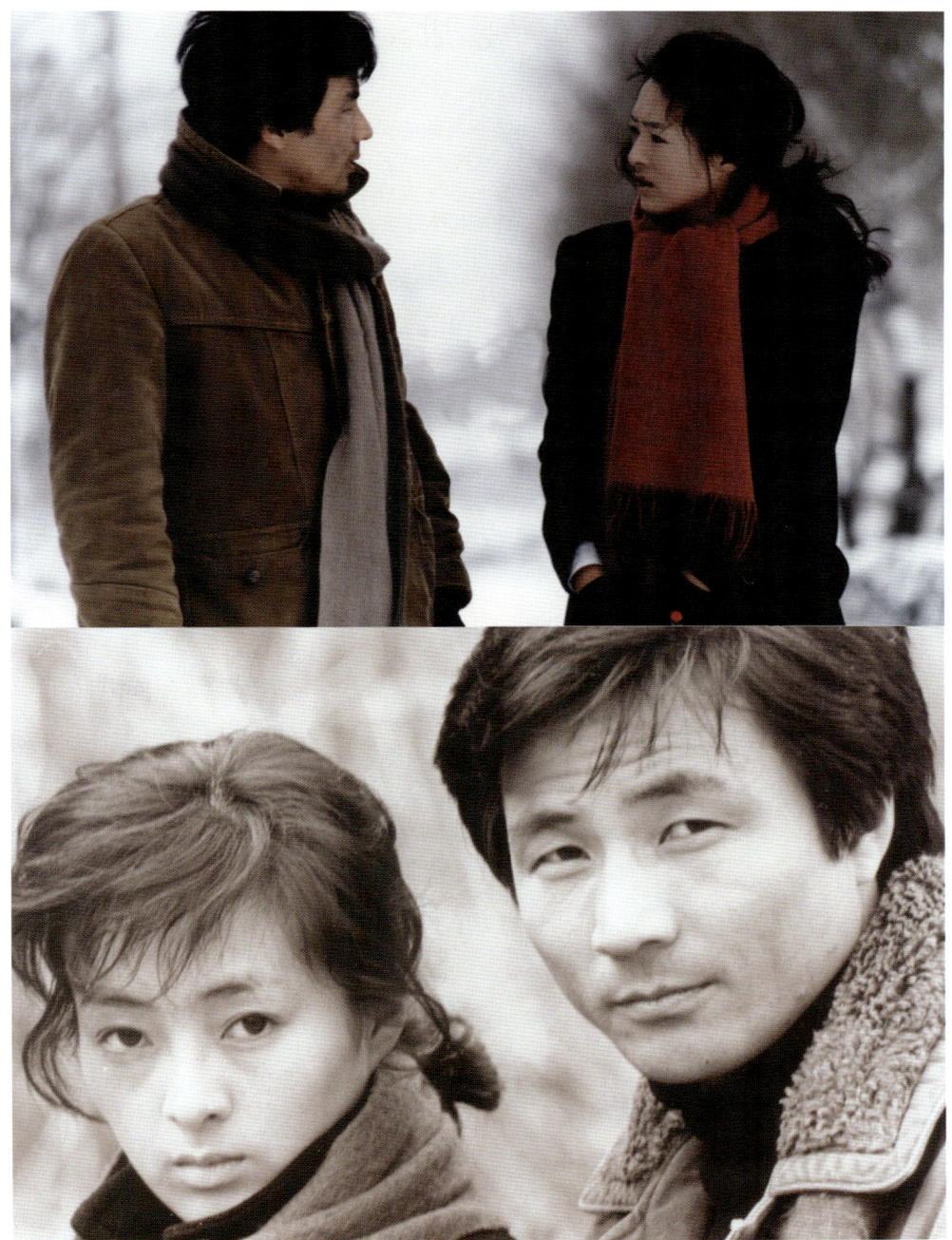

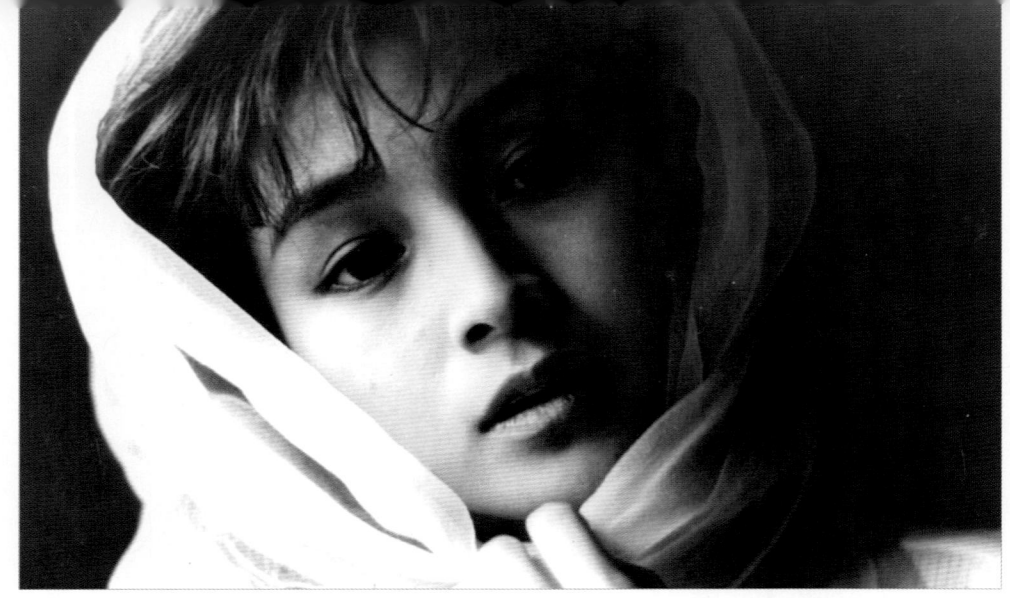

기쁜 우리 젊은 날 Our Joyful Young Days(1987)

(태흥영화) 130분 극영화 중학생가/멜로

감독 : 배창호
제작 : 이태원
각본 : 배창호, 이명세
개봉 : 1987년 5월 2일 단성사(서울)
관람인원 : 19만 2247명
출연 : 안성기, 황신혜, 최불암, 전무
    송, 백송, 김기범, 양일민, 박용
    팔, 조주미, 박예숙, 주호성, 조
    선묵, 김지영, 허기호, 문미봉,
    추봉, 나갑성, 최성관 외
기획 : 이태원   촬영 : 유영길
음악 : 정성조   조명 : 김동호
편집 : 김현   소품 : 김호길
사운드 : 이영길
현상 : 영진공
조감독 : 이명세
수상 : 제26회 대종상영화제 녹음상
    (이영길) · 음향효과상(이재희),
    제8회 영평상 각본상(배창
    호) · 특별상(제작: 이태원), 제6
    회 한국영화작품상 최우수영화
    상(배창호) · 최우수작가상, 부
    산영화평론가협회선정 최우수
    영화 및 영화인 최우수남우주
    연상(안성기), 제32회 아태영화
    제 최우수남우상(안성기), 영진
    공 선정 좋은 영화

대학 연극 무대에서 본 혜린(황신혜)을 잊지 못하는 영민(안성기)은 그녀가 연극을 공연할 때마다 익명으로 꽃과 과일을 보낸다. 그러나 혜린은 산부인과 전문의와 결혼해서 뉴욕으로 떠난다. 한 번도 꽃피워보지 못한 사랑이 가슴에 응어리로 남지만 그는 변함없이 그녀에 대한 열정을 간직하고 있다. 몇 년 후 회사원이 된 영민은 지하철에서 추억의 여인인 혜린을 발견하고 그녀가 이혼했음을 알게 된다. 혜린의 상처와 슬픔이 클수록 영민의 사랑은 배가 되고 그의 마음을 받아들인 혜린은 마침내 결혼을 승낙한다. 하지만 임신 중독 증세를 보이던 혜린은 의사의 경고에도 불구하고 사랑하는 영민의 아이를 낳고 숨을 거둔다.

● 배창호, 이명세 각본에 안성기, 황신혜 출연. 영혼이 맑고 순수한 한 청년의 첫사랑에 관한 고백서이다. 남자주인공의 성격은 수줍고 소극적이며 만사에 서툴지만 군더더기가 없는 진실한 모습에 관객이 경도된다. 특히 첫사랑이자 마지막 사랑인 혜린에게 구애하는 과정이 인상적이다. 극적인 반전도 없다. 혜린의 사무실 앞에서 비에 흠뻑 젖은 채 꽃바구니를 내미는 퍼포먼스와 비를 맞고 서있는 영민에게 혜린이 우산을 씌워주는 장면에서 토셸리의 세레나데가 잔잔히 흐른다. 첫 데이트를 하던 날, 영민이 혜린에게 담뱃불을 붙여주는 장면, 영민과 어린 딸이 공원 벤치에 앉아 공기처럼 떠도는 엄마와 아내를 느끼는 라스트 신은 연민과 애처로움과 함께 가슴 뭉클한 감동을 준다.

안성기의 소심 연기, 황신혜의 빛나는 아름다움, 치밀한 극 구성과 영화언어의 미적 혁신 등 "사랑을 하려거든 생명으로 하지 말고 영혼으로 하라는 것, 생명은 꺼지면 그만이지만 영혼은 영원하니까" 라는 혜린의 마지막 대사가 "진실한 사랑이 무엇인가"를 가르친다. 웃음 속에 진한 슬픔을 담고 있는 이 영화는 관객 20만 동원으로 '미미와 철수의 청춘스케치'(26만 명)에 이어 1987년도 한국영화 흥행순위 2위를 기록, '기쁜 우리 젊은 날' 흥행 성공에 자극받아 영화계는 풍자희극 제작으로 돌파구를 모색하기에 이른다.(매일경제 87. 5. 20)

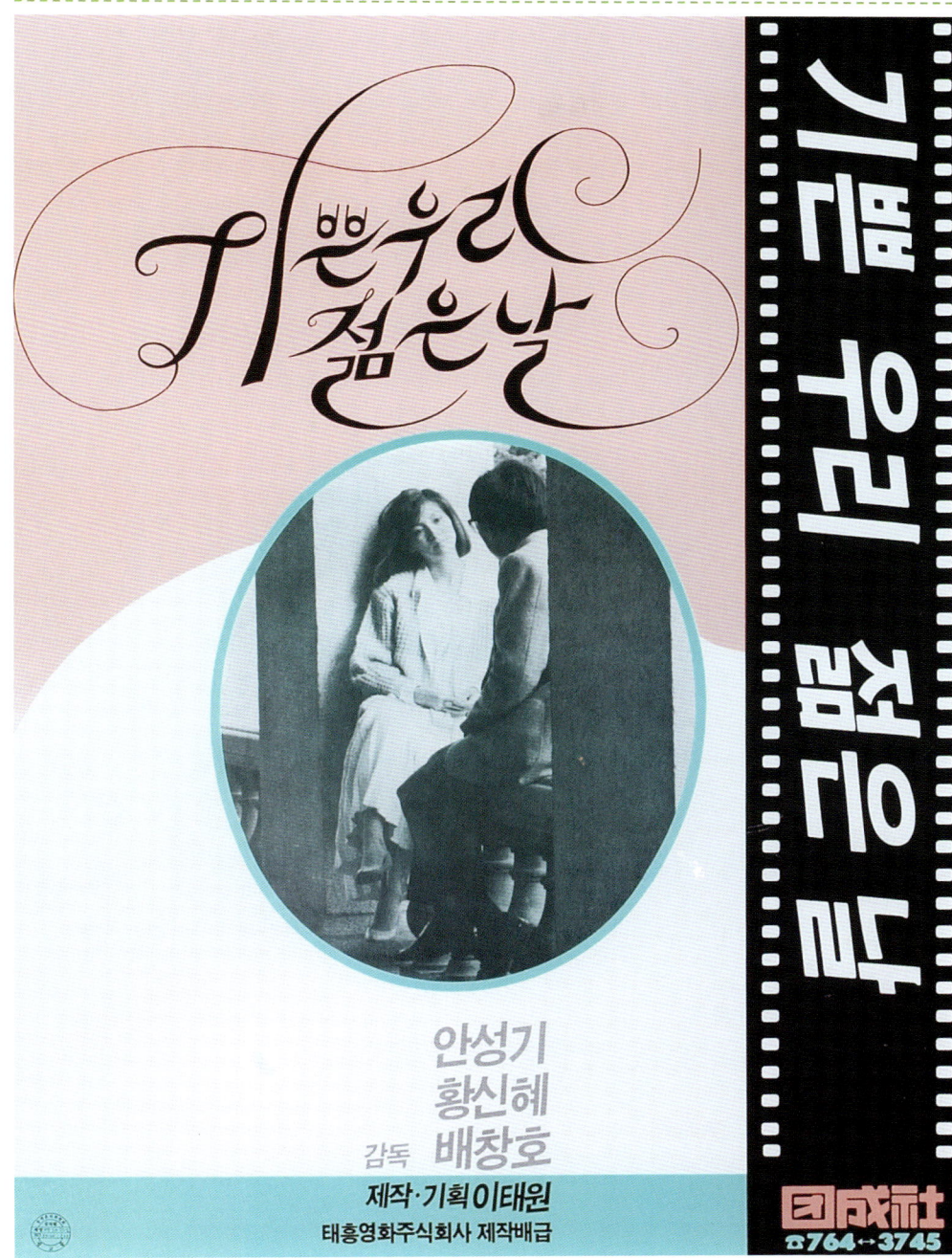

기쁜 우리 젊은날

안성기
황신혜
감독 배창호
제작·기획 이태원
태흥영화주식회사 제작배급

479

0.917-영점구일칠 Subconsciousness(1987)

(태창흥업) 85분 극영화 연소자불가/
멜로

감독 : 이동희
제작 : 최재호
각색 : 이현화(원작 이현화)
개봉 : 1987년 7월 10일 연흥극장
　　　(서울)
관람인원 : 3455명(서울)
출연 : 유인촌, 나영희, 이순재, 유민,
　　　김주연, 장정국, 길달호, 마도
　　　식, 이재용 외
기획 : 장주식
촬영 : 양영길
음악 : 임택수
조명 : 손달호
편집 : 현동춘
사운드 : 손인호, 이재희
스틸 : 양기주
제작총지휘 : 홍면유
조감독 : 오형진, 김기석

운송회사 지방관리소에 근무하는 중년 남자(유인촌)는 매일 밤 악몽에 시달린다. 미모의 부인(나영희)은 그런 남편을 돕기 위해 적극적으로 사랑을 표현해 본다. 꿈 속에서 남자는 제3자의 시각을 통해 자신의 생활을 관찰하고 자신의 죄의식은 결국 아내를 부정하려는 데서 비롯된 것임을 자각한다. 더구나 마음속 깊은 곳에서 자신의 다른 모습인 남자아이와 여자아이가 인생의 한계를 토로하고 있을 때, 그때마다 아내가 나타나는 것이 못마땅하기만 하다. 극도의 혼란 속에서 깨어난 남자는 현실에 쉽게 적응하지 못한 채 그의 혼돈을 발작적으로 표현한다.

● 이동희 감독 데뷔작. 태창흥업 창립 작품으로 1984년 대한민국문학상을 수상한 이현화의 동명 희곡을 영화화한 작품. '0.917'은 얼음이 물에 잠기는 비중을 수치로 표시한 숫자로 인간의 무의식 세계를 암시하고 있다. 밤마다 악몽에 시달리는 남자는 꿈 속에서 자신의 모습을 보고 혼란에 빠지며 그의 아내는 성적 죄의식에 사로잡힌 남편을 치유하기 위해 노력한다는 내용의 심리극. 연극배우 유인촌과 나영희가 열연을 보였다. 원작자 이현화는 이 희곡을 영화에 맞게 전면 수정하여 연극과는 다른, 영화만의 세계를 살리고 있다. 흥행은 실패.
　　이 작품은 쎄실극장 무대에서 연극으로 올린 후 488회의 공연을 기록했다. 당시 신세대 연극연출가였던 채윤일은 은유와 상징을 통한 충격적인 무대표현과 사실주의와 반사실주의, 시적인 감성과 실험성이 공존하는 대담한 연출로 끊임없는 논란과 화제를 불러일으켰다.

위기(危機)의 여자 A Woman on the Verge(1987)

(한국영화배급) 115분 극영화 연소자
불가/멜로

감독 : 정지영
제작 : 권석구
각본 : 임하(원작 시몬 드 보부아르,
　　　오증자 번역)
각색 : 고은정
개봉 : 1987년 9월 5일 대한극장
　　　(서울)
관람인원 : 9만 8381명(서울)
출연 : 윤정희, 신성일, 김영애, 한인
　　　수, 김애경, 고은정, 정지영, 천
　　　현주, 이슬이 외
기획 : 박재홍
촬영 : 서정민
음악 : 신병하
조명 : 김기수
편집 : 김희수
사운드 : 이영길, 이재희
스틸 : 송윤미

백혈병을 연구하는 내과 의사 하국진(신성일)은 아내 수명(윤정희)과 함께 주말을 즐기기 위해 스키장에 온다. 그곳에서 애리(김영애) 일행을 만난 국진은 스키장에서의 인연으로 애리가 진행하는 라디오 프로그램에 출연하게 된다. 애리가 딸과 함께 사는 개방적인 이혼녀임을 알게 된 국진은 자신도 모르게 그녀에게 빠져든다. 그리고 아내에게 애리와의 관계를 고백하고 20년간 가꿔온 결혼 생활에 이별을 고한다.

충격을 받은 수명은 정신과 의사와 상담해 보지만 아무런 도움이 되지 않는다. 유학 중이던 딸이 방학을 이용해서 귀국하자 딸과 함께 여행을 하면서 수명은 애리에 대한 남편의 애정을 확인하고 이제 자신도 홀로 서야할 때임을 자각한다.

● '거리의 악사'에 이은 정지영 연출작. 1967년 발표한 시몬 드 보부아르의 원작 소설 『위기의 여자(La Fremme Rompue)』를 바탕으로 하고 있다. 오증자 번역. 소설은 주인공 모니크를 통해 가정주부, 아내, 어머니로서의 한 여자의 인생에 대한 근본적인 성찰을 보여주고 있다. 정지영의 '위기의 여자'는 20년 동안 평범하게 살아온 중년 주부가 새 여자가 생겼다는 남편의 말에 질투와 배신감으로 방황하다 결국 자신의 삶을 찾게 되는 내용. 10만 명에 가까운 관객을 동원하여 1987년도 한국영화 흥행 순위 5위를 기록했다. 성우 고은정이 각색하고 출연도 겸하고 있다.

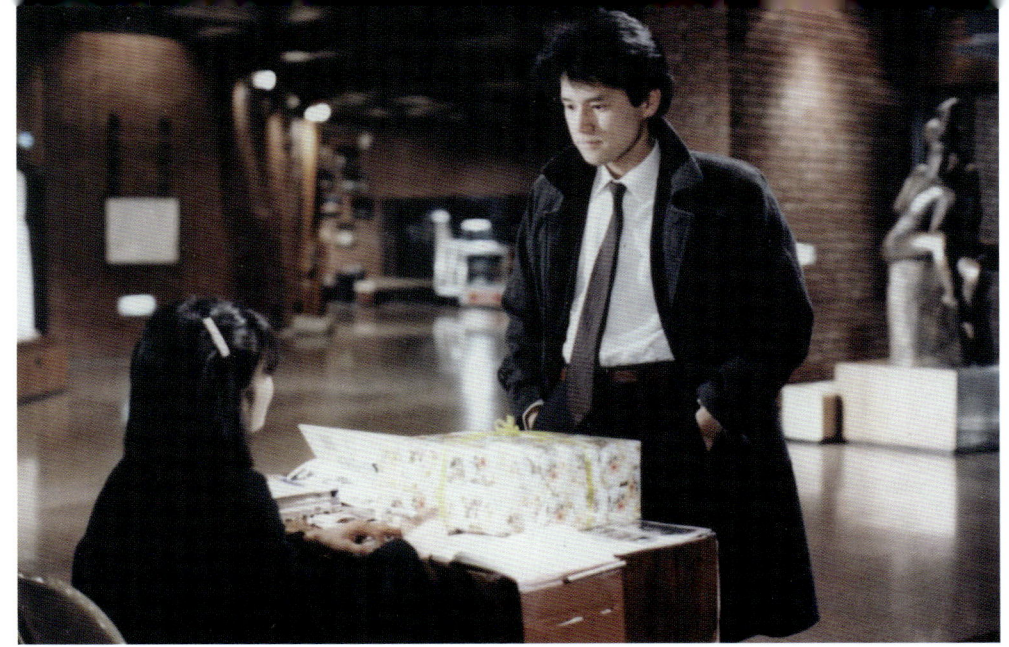

바람 부는 날에도 꽃은 피고

Flower Blooms Even on a Windy Day(1987)

조선 시대 광대들의 삶을 다룬 공연을 마친 연출자 병수는 단원들과 함께 곧바로 새로운 작품 연습에 들어간다. 연습이 진행되는 가운데 병수는 대학 연극영화과에 합격한 달수와 세화를 극단 연구 동인으로 참여시킨다. 극중 다시래기 장면의 현장인 진도 여행을 하면서 병수와 혜순의 사랑이 싹트고 동시에 연극 「이름 없는 꽃은 바람에 지고」의 막이 오른다. 연구 동인 생활을 견디지 못하고 중도 탈락한 달수는 관객이 되어 세화를 만난다. 순조롭던 공연이 끝나기 직전에 한 배우의 죽음이 전해지고 이와 관련하여 혜순과 병수는 당분간 만나지 않기로 한다.

● 김정옥의 감독 데뷔작. 극단 자유극장의 집단 창작품으로 연극 무대에서는 크게 히트했다. 김정옥은 프랑스 소르본 대학 영화연구소 과정을 거친 영화감독 지망생이지만 프랑스에서 귀국 후 줄곧 연극 활동에 전념해왔다. 1978년 극단 자유극장의 연극 「무엇이 될꼬하니」를 연출, 1979년 세실극장에서 공연된 연극이 관객의 호응을 받으면서 1987년 자신의 희곡을 직접 각색하여 영화로 만든 것이다. 광대들의 삶과 죽음을 인생의 애환이라는 틀 속에 녹여낸 이 영화는 연극이 끝나고 다음 작품을 준비하는 연기자들의 일상생활을 영상화한 것이다.

출연진도 이채롭다. 극단 자유극장 멤버가 전원 출연하는 가운데 음악 담당에 윤복희, 한국무용 국수호, 국악인 안숙선, 박윤초, 진도굿 박병천, 극단 자유극장 대표 이병복, 이병복의 부군이자 서양화가 권옥연, 춤 잡지 발행인 조동화, 현대무용 이정희, 박명숙, 영화감독 유현목, 의상 디자이너 박항치, 성우 고은정, 연극 연출 권오일, 연극 평론 김윤철, 연출자인 김정옥의 부인 조경자 등이 출연했다. 기획은 연출가 채윤일의 동생이며 극단 쎄실의 배우였던 채윤희가 맡았다. 아태영화제에서 이병복이 최우수미술상을 받았다.

(양전흥업) 114분 극영화 연소자불가/멜로

감독·각본: 김정옥
제작: 강대선
개봉: 1987년 8월 22일 허리우드극장(서울)
관람인원: 5410명(서울)
출연: 박봉서, 김지숙, 이혜영, 박웅, 박정자, 오영수, 손봉숙, 유인촌, 변우민, 이나성, 국수호, 안숙선, 박윤초, 윤복희, 장건일, 권병길, 이호성, 박병천, 이병복, 조동화, 박명숙, 고승길, 김윤철, 유현목, 권오일, 고은정, 권옥연, 김수동, 강은엽, 이재인, 손숙 외
기획: 채윤희   촬영: 정일성
음악: 윤복희   조명: 정덕규
편집: 김현
미술: 이병복(무대미술)
의상: 조영이
스틸: 양기주
동시녹음: 이성근
사운드: 김경일, 양대호
조감독: 정태원, 김대현, 이형탁
수상: 제33회 아태영화제 최우수미술상(이병복)

481

헬로 임꺽정 Hello Im Kuk-jeong(by Pak Cheol-su)(1987)

(황기성사단) 120분 극영화 고등학생
가/시대극

감독 : 박철수
제작 : 황기성
각본 : 지상학
개봉 : 1987년 8월 22일 피카디리극
장(서울)
관람인원 : 1만 9389명(서울)
출연 : 이한수, 김명곤, 한애경, 임명
성, 김기주, 조춘, 홍성민, 오승
명, 전인택, 천호진 외
기획 : 이춘연
촬영 : 손현채
조명 : 김동호
편집 : 이경자
미술 : 김유준
소품 : 이태우
의상 : 권유진
분장 : 정준호, 채훈, 오순심, 손미영
사운드 : 김병수, 양대호
특수효과 : 김철석
스틸 : 윤진호
무술감독 : 김백수
조감독 : 권칠인, 정동환

조선 중기, 새로운 세상을 꿈꾸는 산적 똘마니 봉달(김명곤)과 춘보(이한수)는 의적 임꺽정을 찾아 길을 떠난다. 혼란스런 세도정치로 백성들은 도탄에 빠지고, 지방 수령들은 백성들을 수탈하기에 여념이 없었다. 이런 어지러운 틈을 타서 가짜 임꺽정이 속출한다는 소문이 파다했다. 봉달과 춘보도 임꺽정의 부하임을 사칭하며 구월산 쪽으로 향한다. 그런 어느 날 그들은 주막에서 우연찮게도 암행어사(이영하)의 옷을 훔치게 된다. 어사의 옷에 마패가 있는 줄도 모르고 그들은 가짜 암행어사가 되어 탐관오리들의 부정부패를 가차없이 응징하기로 한다. 억울하고 힘없는 백성들을 위해 탐관오리들을 혼내주고 불쌍한 백성에게 곡식을 나누어주는 등 선행을 베푼다. 한편 진짜 암행어사와 그 일행은 이들을 추적하고 있다. 그러나 암행어사의 밀사에게 붙잡혀 처형되기 직전, 임꺽정이 나타나 그들을 구출해준다.

● '어미'(1985), '안개기둥'(1986)으로 연속 대종상 작품상을 받은 박철수의 연출작. 지상학 오리지널 시나리오. 김명곤을 주연으로 내세운 이 작품은 임꺽정의 부하임을 자처하는 산적 똘마니의 좌충우돌을 그린 코미디로 임꺽정을 새로운 관점에서 다루고 있다.

그러나 1980년대 정치 상황을 염두에 두고 만든 박철수의 '헬로 임꺽정'도 가위질 수난에서 자유로울 수 없었고 감독은 영화를 그만둘까 하는 갈등을 겪을 수밖에 없었다. 그때 태어난 것이 '서울 에비타'(1988), '오세암'(1989), '물위를 걷는 여자'(1989)와 '눈꽃'(1992) 등이다. 박철수는 1990년대 초까지 저예산으로 빨리 찍는 멜로드라마를 연출하다가 관습적 영화 찍기에 한계를 느끼고 도미, 귀국 후 독립 영화사를 설립했다.

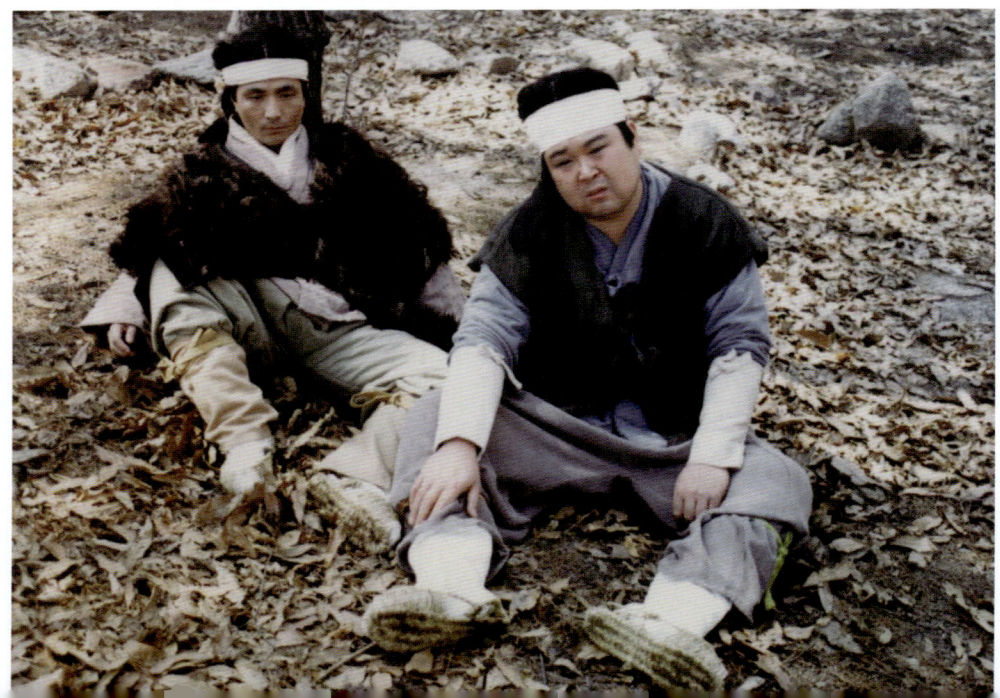

연산군 燕山君, Prince Yeon-san(1987)

폐비 윤씨가 자신의 생모임을 알게 된 연산의 가슴에는 어머니의 억울한 죽음이 깊은 상처와 한으로 남는다. 성종이 서거하고 왕위에 오르자 연산군은 폐비 윤씨의 신원을 복원하기 위해 사당을 짓고자 하지만 할머니 인수대비를 비롯한 신하들의 완강한 반대에 부딪힌다. 역적의 신주를 모시는 것은 법도에 어긋난다는 것이다. 그때부터 그의 성격은 사악할 대로 사악해지고 횡포해지기 시작한다.

더구나 외조모를 통해 윤씨의 피 묻은 적삼을 받은 연산은 왕에게 고해서 윤씨를 죽게 한 연고자들을 색출하기에 이른다. 그는 이들을 죽이거나 멀리로 귀양 보낸다. 또 윤씨를 헐뜯는 한글문서가 있다고 해서 언문교습을 금지시키고 궁중에서 기녀를 길러내는가 하면 성균관을 유흥장으로 만드는 등 행패를 일삼는다. 연산군의 폭정을 보고도 누구 하나 문제제기를 하는 사람은 없다. 어머니를 향한 그리움에 마음의 중심을 잡지 못하고 방탕생활에 빠져든 폭군 연산. 그는 자기 주변에 충실한 신하가 한 사람도 없음을 알고 크게 한탄한다.

그때 실의에 빠져 있던 그 앞에 미모의 여인 장녹수가 나타난다. 연산군은 장녹수에게 자신이 갈구하던 모성적인 사랑을 느낀다. 그러나 인간적인 연민에 시달리는 연산군과는 달리 장녹수는 연산의 총애를 발판삼아 궁궐의 권력을 장악하고자 한다. 궐안은 점차 불온한 기운이 감돌기 시작한다. 광인이 되어가는 연산군의 가슴에는 사약을 받고 죽어간 어머니의 모습만이 언제까지나 각인되어 있다.

● 원작은 1936년 매일신보에 연재했던 박종화의 장편 역사소설 『금삼의 피』. 연산군에 대한 인간적 성찰이 돋보이는 수작으로 연산군이 생모 윤씨를 복위시키고자 일으킨 갑자사화(甲子士禍)를 주제로 하고 있다.
이혁수가 연출한 영화 '연산군'은 연산군이 폭군이 될 수밖에 없었던 시대적 배경과 인간적 고뇌에 초점을 두고 있다. 이대근, 강수연 주연. 국악작곡가로서 가장 많은 창작 국악곡을 발표해온 황병기가 현대풍의 국악곡을 내놓고 공연 의상 전문가인 그레타리가 고증이 잘된 화려한 의상으로 볼거리를 제공하고 있다. 임이조 안무. 대종상에서 촬영상(이성춘)과 음악효과상(이재희)를 받았다.
'연산군' 스토리는 소설, 연극, 영화에서 끊임없이 재조명되어 신상옥의 '연산군(장한사모편)' (1961), '폭군 연산(복수 쾌거편)'(1962)이 당시 최고의 흥행 성적을 거뒀고 이혁수의 '연산군' (1987)은 관객 10만 명 동원으로 1987년 한국영화 흥행 순위 4위에 올랐다. 같은 해 임권택의 '연산일기'가 개봉됐다.

(삼영필름) 133분 극영화 연소자불가/ 사극

감독 : 이혁수
제작 : 강대진
각본 : 나한봉, 윤삼육(원작 박종화)
개봉 : 1987년 10월 1일 국도극장 (서울)
관람인원 : 10만 753명(서울)
수출현황 : 대만(88), 동남아(88), 홍콩(88)
출연 : 이대근, 강수연, 정혜선, 최무룡, 선우은숙, 남궁원, 전무송, 정애란, 조현이, 윤예령 외
기획 : 방규식
촬영 : 이성춘
음악 : 황병기, 정민섭
조명 : 차정남
미술 : 김유준
소품 : 이예호, 김호길
분장 : 송일근
의상 : 그레타리, 이해윤
사운드 : 손인호, 이영길, 이재희
특수효과 : 김철석
스틸 : 박희재
수상 : 제26회 대종상영화제 촬영(이성춘)·음악효과상(이재희)

연산일기 燕山日記, Prince Yeon-san's Life(1987)

(풍정흥업) 118분 극영화 연소자불가/
사극

감독 : 임권택
제작 : 여정호
각본 : 이상현
개봉 : 1987년 10월 16일
수출현황 : 대만(88)
출연 : 유인촌, 김진아, 권재희, 김인
문, 마흥식, 김영애, 윤양하, 한
은진, 반효정, 강계식, 김길호,
나한일, 김운하, 이예민, 이도
련, 나희찬, 장국영, 이경영, 최
성관, 윤일주 외
기획 : 김진문
촬영 : 구중모
음악 : 신병하
조명 : 강광호
편집 : 임권택
미술 : 도용우
소품 : 차순하
의상 : 이해윤
분장 : 홍동은
동시녹음 : 이성근
사운드 : 김병수, 양대호
스틸 : 황형석
조감독 : 최성식
수상 : 제26회 대종상 최우수작품상
(풍진흥업) · 감독상(임권택) · 미
술상(도용우) · 기획상(김진문),
제24회 백상예술대상 인기상
(유인촌), 제8회 영평상 남자연
기상(유인촌), 제42회 칸국제영
화제 출품작

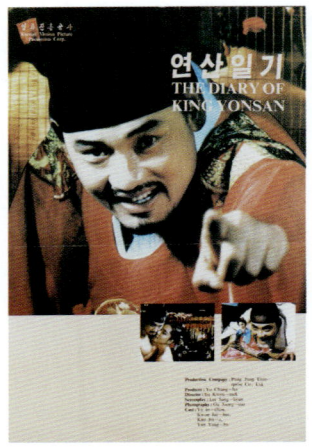

성종에 이어 등극한 조선조 10대 연산(유인촌)은 생모가 폐비가 되었다는 역사 기록을 보고 모성에 대한 본능적인 그리움에 몸부림친다. 이 사건에 대해 알고 있는 생존자들의 증언을 들어 사실을 확인한 후 연산은 생모 윤씨가 궁중 음모에 희생되었다는 심증을 굳힌다. 그리고 어머니를 모함하고 제거하는 데 가담했던 자들을 색출하여 복수의 칼을 휘두르는 과정에서 그를 따르던 내관(김인문) 마저 죽인다. 그 일에 연루된 사람들에게 복수를 하면서도 연산은 죽은 어머니를 사모하는 마음에 어머니와 용모가 닮았다는 노국공주의 화상을 수집해 오게 하는 등 기행을 일삼는다. 또한 모성에 대한 갈망은 장녹수를 비롯한 여인들에 대한 편애로 나타나기도 한다.

즉위 4년에 무오사화(戊午士禍)를 계기로 군주로서의 위상과 효 사이에서 갈등하던 연산은 즉위 10년이 되던 해 갑자사화(甲子士禍)라는 참화를 겪게 된다. 나라와 대궐 안이 극도로 황폐해지자 뜻 있는 대신들이 나서서 진성을 왕으로 세우고 연산은 2개월 후 교동에서 등창 등의 병으로 파란 많은 생을 마감한다.

● 역대의 '연산군'이 박종화의 소설을 원작으로 한데 비해 임권택의 '연산일기'는 당시 조감독이던 김영빈이 도서관에서 『조선왕조실록』 중 연산 부분을 전부 읽고 발췌한 후 이를 근거로 쓴 이상현 각본을 바탕으로 하고 있다. 부제는 '연산군과 장녹수'다.

1960년대 임권택의 사극 영화들이 주로 야사 중심으로 전개됐다면 '연산일기'는 정사(正史)에서 폭군으로 알려진 연산의 광기를 인간애적 결핍과 모성애에 대한 갈구로 보고 고증에 따른 새로운 해석을 보인다. 즉 연산을 죽은 생모의 비밀을 알게 되면서 성격이 일그러지고 포악하게 변한, 일종의 마더콤플렉스로 그리면서 불쌍하게 죽은 어머니를 그리워하는 아들로 이를 형상화한다. 따라서 권위에 얽매이기 싫어하는 연산 만년의 충동적 행동들을 정신착란 증세로 다루고 있다. 연산 시대에서 발생하기 시작한 사화와 당쟁이 에피소드로 삽입됐고 당시의 시대상을 엿볼수 있는 궁중 전통 놀이문화 장면의 가면무에도 공을 들였다.

1960년대 신상옥의 '연산군'은 신영균, 이혁수는 이대근 등 강하고 반항적인 연산과는 달리 임권택은 유인촌을 연산으로 내세우고 있다. 유인촌은 반듯한 미남에다 감성적이고 이성적인 양면성을 지닌, 가장 냉철한 연산의 광기를 보여준다. 특히 이해윤의 의상은 철저한 고증을 거쳤다. 제26회 대종상에서 작품상 · 임권택 감독상, 제8회 영평상과 제24회 백상예술대상에서 유인촌이 남우주연상과 인기상을 각각 받았다. 제42회 칸국제영화제에 출품됐다.

한 해에 임권택의 '연산일기'와 이혁수의 '연산군' 등 연산군 일대기를 다룬 두 편의 영화가 만들어질 만큼 모든 관심이 이에 집중될 수밖에 없었으나 임권택의 '연산일기'는 제작사가 개봉을 1주일을 앞두고 부도를 내는 바람에 개봉일자와 관객 동원 확인이 애매해졌다. 이경영이 '연산일기'로 스크린 데뷔했다.

안녕하세요 하나님 Hello God(1987)

병태(안성기)는 어릴 때 수학여행을 가기 전날 뇌성마비로 쓰러지는 바람에 경주에 가지 못했다. 그래선지 그는 경주에 가보는 것이 가장 큰 소원이다. 성인이 된 병태는 어느 날 혼자서 경주 여행에 나서지만 기차를 잘못 타서 엉뚱한 곳에 내린다. 어디로 가야할지 망설이는 병태를 역무원이 역무실로 데려온다. 거기서 병태는 무임승차로 잡혀온 민우(전무송)를 만난다.

민우는 부랑자처럼 보였지만 실은 예술가였다. 감시가 소홀한 틈을 타서 민우는 병태를 데리고 역무실을 탈출하고 무작정 길을 걷다가 이번엔 춘자(김보연)를 만난다. 아버지가 누군지도 모르는 아이를 임신한 그녀는 두 사람에게 자신도 동행하게 해달라고 부탁한다.

지나던 화물차를 얻어 타고 세 사람은 외딴 탄광촌으로 간다. 출산이 임박한 춘자는 어느 집 창고에서 아이를 낳고 아이의 아버지가 되어 주겠다는 민우와 예배당에서 간이 결혼식을 올린다. 셋은 함께 춘자의 고향으로 향하지만 병태는 본래 목적지였던 경주로 가기 위해 그들과 헤어진다. 병태는 결국 경주에 도착하고 유적지를 두루 돌아본 후 집으로 돌아온다.

● '기쁜 우리 젊은 날'과 같은 해 연출한 배창호의 작품. 1981년에 발표한 최인호의 장편소설 『안녕하세요 하나님』을 원작으로 한 로드 무비. 배창호의 영화 속 분신인 병태 역에 뇌성마비 장애가 있는 청년으로 나온다. 사회의 부적응자 세 사람이 경주로 떠나는 여행을 통해 서로 지치고 아픈 마음을 위로하며 결속해가는 과정을 그리고 있다. 그것은 감독이 영화에서 추구하는, 일종의 유토피아를 찾아 헤매는 몸짓이기도 하다. 아름답고 다정한 풍경, 재치 있는 대사, 주인공에 대한 사랑이 담긴 이 영화에서도 배창호의 영화적 특징인 휴머니즘이 되살아난다. 유영길의 촬영은 이들의 여정을 잡기 위해 객관적인 거리를 유지하면서 섣부른 감정의 동화를 배제한 격조 있는 화면을 창출해낸다. 또한 한국영화사상 처음으로 '촬영기사'가 아닌 '촬영감독 유영길'이 크레디트에 떠오르기도 했다.

당시만 해도 장애우가 나오는 설정은 흥행 가능성이 낮아 기획 단계에서부터 우여곡절을 겪었으며 '고래사냥'(1984), '깊고 푸른 밤'(1985), '황진이'(1986) 등 일련의 영화를 성공시킨 흥행 감독답게 이를 완성시켰다. 그러나 흥행은 되지 않았다.

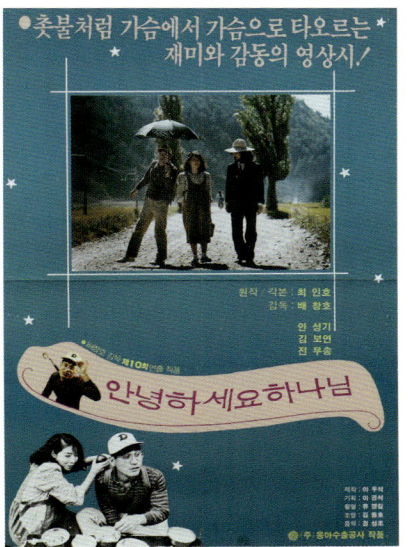

(동아수출공사) 110분 극영화 연소자 가/멜로

감독 : 배창호
제작 : 이우석
각본 : 최인호
개봉 : 1987년 12월 24일 동아, 장충 극장(서울)
관람인원 : 1만 3550명(서울)
수출현황 : 일본(88)
출연 : 안성기, 김보연, 전무송 외
기획 : 이권석
촬영 : 유영길
음악 : 정성조
조명 : 김동호
편집 : 김현
미술 : 이명수
소품 : 김태욱
분장 : 채훈
사운드 : 한양스튜디오, 이영길
특수효과 : 김철석, 천한우
스틸 : 서흥익
조감독 : 이명세
수상 : 제12회 황금촬영상 금상(유영길)·특별상(배창호, 김동호, 김명수)

두 여자의 집 The Home of Two Women(1987)

(태흥영화) 123분 극영화 연소자불가/
멜로

감독·각본 : 곽지균
제작 : 이태원
개봉 : 1987년 12월 24일 단성사
　　(서울)
관람인원 : 7만 2084명(서울)
출연 : 한혜숙, 이미숙, 강석우, 전인
　　택, 이혜영, 송인호, 양택조, 나
　　한일 외
기획 : 이태원
촬영 : 정광석
음악 : 김수철
조명 : 강상용
편집 : 김희수, 이도원, 고임표
미술 : 도용우
소품 : 김호길
분장 : 빅토리아, 조정란
동시녹음 : 김경일, 김범수
사운드 : 양대호
스틸 : 양기주
조감독 : 문종애, 유영재, 이지원, 박미
　　정
수상 : 제26회 대종상영화제 심사위원
　　장상(한혜숙, 이미숙), 제32회
　　아태영화제 여우주연상(이미
　　숙), 제42회 칸국제영화제, 제
　　16회 모스크바국제영화제, 제3
　　회 도쿄국제영화제 출품

패션모델인 유경(이미숙)은 무용가인 언니 유화(한혜숙)의 차에 사고를 당한 민준(강석우)을 보고 자살한 형부의 모습을 떠올린다. 형부 윤치호(전인택)는 언니의 이기심 속에 늘 방치되어 있었고 유경은 그런 형부를 은근히 동정해왔다. 한편 언니 유화는 자신의 집에 기거하게 된 민준에게 동생 유경이 관심을 갖는 것이 못마땅하기만 하다.

재기공연을 성공리에 마친 언니 유화에게 유경은 민준을 자신의 아파트로 데려가겠다면서 유화가 모르고 있던 형부의 죽음에 대한 진상을 들려준다. 유화는 그녀 남편이 자신의 이기심에 지쳐서 자살했다는 말에 충격을 받는다. 유화의 감정이 정리될 무렵 민준을 태우고 가던 유경의 차가 전복되는 사건이 일어난다. 식물인간이 된 민준에게 유화는 유경의 퇴원을 알린다.

● '겨울나그네'(1986)로 화려하게 감독 데뷔한 곽지균 연출작. 감독이 직접 시나리오를 썼다. 무용가인 언니와 패션모델인 동생은 언니 남편의 죽음으로 묘한 감정적 대립에 빠지고 민준의 출현으로 자매는 더욱 격렬하게 충돌한다. 동생은 형부에 대한 미련과 동정심을 민준에게 풀고자 하고 언니는 그런 동생의 행동을 용납하지 않는다. 이야기 전개보다는 인물들의 심리 묘사에 초점을 맞춘 작품이다. 여주인공을 연기한 한혜숙과 이미숙은 대종상 심사위원장상을 수상, 이미숙은 아태영화제에서 여우주연상을 받았다. 한혜숙은 이후 영화에서 모습을 보이지 않다가 20년 만인 2007년 하명중의 '어머니는 죽지 않는다'로 컴백한다. 흥행은 평균작.

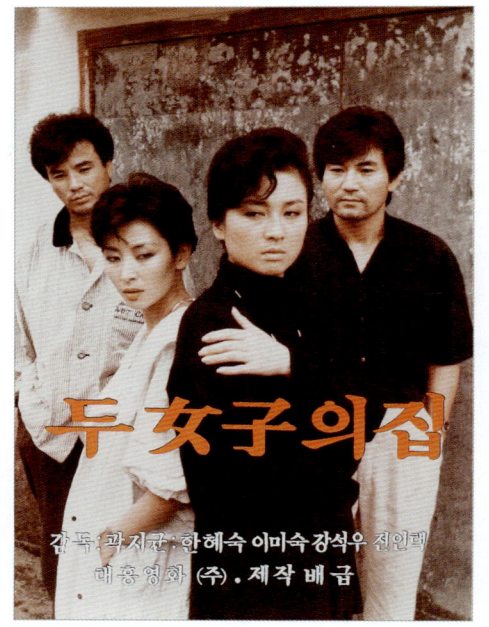

우리는 지금 제네바로 간다
We Are Going to Geneva Now(1987)

월남전 참전용사로서 무공훈장을 받고 제대한 필운(이영하)은 전쟁 후 유증 때문인지 가정과 사회로부터 잠시 도피하기 위해 완행열차에 오른다. 그날 옆자리에 앉았던 창녀 순나(강수연)는 고향집으로 내려가는 길에 지금까지 의지해온 건달 승호(정승호)가 어렵게 모은 돈 300만 원을 가지고 증발해버리자 수면제를 마신다. 필운은 위독한 순나를 업고 시골 읍내 병원으로 데려가서 치료해준다. 그리고 생의 어둠 한 가운데서 방황하던 그들은 서로에게 묘한 연민의 정을 느낀다. 필운은 순나의 돈을 훔쳐 달아났던 승호를 찾아낸 후 두 사람을 그들의 고향까지 데려다 준다. 그리고 자신의 새로운 인생을 위해 이상향 제네바의 서광을 감지하며 서울로 향한다.

● '나비소녀'(1977)로 감독 데뷔한 송영수의 대표작. 주인공이 밑바닥 인생을 사는 여자와 이별한 후 마음 속 이상향인 제네바를 향해 떠나는 내용. 베트남 전쟁 참전 용사의 사회적 소외감과 실의의 고통에 앵글을 맞추고 있다. 인물은 물론 소도구 하나도 배경을 채우기 위한 수단으로서가 아니라 필연적인 피사체로 동원됐다. 특히 기우는 석양을 역광으로 처리한 것과 새벽으로 이어지는 시간의 경과를 단 한 컷으로 처리한 재치가 돋보인다.('생각하는 영화 제작 활발」 경향 88. 5. 7)

시나리오는 연극연출가 이윤택이 썼다. 부산일보 해직기자 출신으로 그가 처음 쓴 이 각본은 본래 동아일보 신춘문예에 응모했다가 낙선한 작품이라고 한다. 그러나 이 영화가 성공하면서 이윤택은 서울로 진출하여 '문화 게릴라'라는 닉네임과 함께 대한민국 문화계의 새로운 스타로 떠올랐다.('문학 장르 넘나드는 대학로 문화게릴라」 경향 91. 1. 29) 이윤택은 이후 '오세암', '단지 그대가 여자라는 이유만으로'(1990), '장군의 아들 2', '낙타는 따로 울지 않는다'(1991) 등 많은 문제작의 각본을 썼다.

이 작품은 제26회 대종상 각본상과 제8회 영평상에서 송영수가 감독상을 받았으며 관객 12만 4259명 동원으로 1988년도 한국영화 흥행 순위 톱 10에 진입했다. 송영수는 이후 별다른 활동을 하지 않다가 1996년 1월, 54세의 나이로 타계했다. 그는 여러 동료감독의 영화에서 양아치, 도둑놈 등 하층 인간의 역할을 자청해 카메오로 자주 등장하기도 했다.

(대경필름) 98분 극영화 연소자불가/ 정쟁

감독: 송영수
제작: 이우영, 김일수
각본: 이윤택
개봉: 1988년 2월 18일 국도극장 (서울)
관람인원: 12만 4259명(서울)
출연: 이영하, 강수연, 정승호, 변희봉, 배필란, 최하나, 박용팔, 이영호, 문미봉, 박예숙, Le Van Le, Tran Minh Quang, Le Hwa, 남보원, 강정아, 홍명진 외
기획: 이우영
촬영: 박승배
음악: 오준영
조명: 김강일
편집: 김희수
미술: 도용우, 하용수
소품: 김태욱
사운드: 김성찬, 이재희
특수효과: 김철석
스틸: 양기주
조감독: 이민용, 황인용, 이래원
수상: 제26회 대종상영화제 남우주연상(이영하) · 여우주연상(강수연) · 각본상(이윤택) · 인기남우상(이영하) · 인기여우상(강수연), 제8회 영평상 작품상 · 감독상(송영수), 부산영화평론가협회선정 1988년 최우수 영화 및 영화인 최우수주연여우상(강수연), 영진공 선정 좋은 영화

487

감자 Potato(1987)

(대종필름) 112분 극영화 연소자불가/
사회물

감독·제작: 변장호
각본: 김하림, 나한봉, 이희우, 홍종
원(원작 김동인)
개봉: 1988년 3월 1일 대한극장
(서울)
관람인원: 6만 4831명(서울)
수출현황: 대만(88)
출연: 강수연, 이대근, 김인문, 김형
자, 최인숙, 조주미, 장혁, 이성
웅, 홍성민, 김경란 외
촬영: 정일성
음악: 이철혁
조명: 차정남
편집: 박순덕
미술: 이명수
소품: 이태우
의상: 권유진
분장: 송일근
동시녹음: 이재웅
사운드: 김경일, 양대호
스틸: 박희재
조감독: 김진국
수상: 제26회 대종상영화제 남녀조연
상(이대근, 김형자)·음악(이철
혁)·각색상(김하림, 이희우, 나
한봉, 홍종원), 영진공 선정 좋
은 영화, 제33회 아태영화제
심사위원특별상

몰락한 선비의 딸인 15세의 복녀(강수연)는 집안을 돕기 위해 늙은 홀아
비(김인문)에게 80원에 팔려간다.

홀아비는 원래 부자였으나 천성적으로 게을러서 재산을 다 탕진한 후
부부는 칠성문 밖으로 쫓겨난다. 복녀는 먹고살기 위해 송충이 잡이로
하루 품삯 32전을 벌고있다. 그러나 복녀가 알게 된 것은 열심히 송충이
를 잡는 자기보다 놀고 있는 여자들이 더 많은 품삯을 받는다는 사실
이다.

하루는 송충이 잡이를 나갔다가 복녀는 감독에게 이끌려 처음으로
혼외정사를 경험한다. 여기서 복녀는 삶의 비결이라도 배운 듯 터놓고
매음을 시작하고 마침내는 중국인 왕 서방(이대근)의 정부가 된다. 그때
부터 복녀의 삶은 순탄해진다. 그러나 왕 서방이 새색시를 데려오자 질
투심에 못 이긴 복녀는 그의 신방에 낫을 들고 뛰어 들어갔다가 오히려
왕 서방의 낫에 찔려 죽는다. 복녀의 시체를 두고 늙은 남편과 왕 서방
간에 모종의 거래가 이루어지고 뇌일혈로 죽었다는 진단과 함께 복녀
는 공동묘지로 실려 나간다.

● 변장호 연출작. 1925년 《조선문단》 1월호에 발표됐던 김동인의 단편소설을 영화화한 작품. 소
설에서는 복녀의 비극적인 운명을 통해 민족의 수난과 민족적 운명의 자각을 일깨운다. 영화에
서는 소설 속 인물과 상황은 그대로 두고 시대적 메시지를 현실에서도 공감할 수 있도록 비탄과
좌절 속에서 배고픔을 해결하기 위해 정조를 내던져야했던 서민 여성들의 몸부림을 비극적으로
그렸다. "양반집 딸로 태어났으
나 가난 때문에 80원에 팔린 여인이
절박한 상황 속에서 모멸감으로
몸부림치다가 죽은 후에 또다시
80원에 팔려나가는 설정을 영화
앞뒤에 두고 전개하는 것이 이색
적이다."(「김동인 소설 영상화/ 변
장호 감독 '감자'」 경향 88.3.11) 예
의 복녀의 죽음을 놓고 왕서방과
한의사, 그녀의 늙은 남편이 돈을
주고받는 흥정 묘사는 비인간성
이전에 인간의 도덕적 본질을 파
괴시키는 장면으로 비쳐진다. 아태
영화제 심사위원 특별상을 받았다.

김승옥 감독데뷔작인 '감자'
(1968)는 여주인공과 중국인간의
정사 신으로 인해 당시 118분 길
이에서 검열로 4분이나 삭제되었
다. 김승옥의 '감자'는 복녀의 억
척스러운 삶의 의지에 중점을 두
었으며 복녀와 중국인 사이를 의
심하던 남편이 중국인을 살해하려
다가 오히려 남편이 피살되는 것
으로 끝난다.

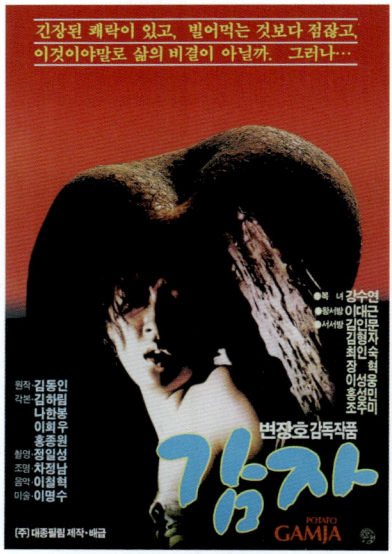

아다다 Adada(1987)

벙어리라는 이유로 눈총을 받으며 살아온 아다다는 지참금을 가지고 영환에게 시집을 온다. 그녀는 시부모와 남편을 정성껏 모시고 열심히 일해서 집안 살림을 일으켜 세운다. 그러나 날이 갈수록 남편 영환은 아다다를 귀찮아하며 술집으로 겉돌더니 급기야는 돈을 쥐고 중국으로 달아난다. 세월이 흘러 외지에서 돈을 번 영환은 신여성 미옥을 데리고 귀향한다. 미옥의 아양과 선물공세에 놀라난 시부모는 아다다가 시집올 때 가져온 지참금까지 돌려주면서 정을 끊어버린다.

친정에서도 쫓겨난 아다다는 어린 시절 오빠처럼 따르던 수룡에게 의지하게 되고 수룡은 그녀를 맞아들여 사랑과 행복을 약속한다. 그러나 그녀가 시집에서 돌려받은 지참금을 본 수룡은 돈에 욕심이 나선지 물질적 풍요를 꿈꾸게 된다. 돈 때문에 불행해졌다고 생각하는 아다다는 어렵게 얻은 행복을 지키기 위해 돈을 강물에 뿌린다. 뒤늦게 달려온 수룡은 이를 보고 미친 듯이 아다다를 끌고 강물 속으로 뛰어든다. 수룡은 아다다 때문인지, 흘러가버린 돈이 아까워서인지 주먹을 부르쥔 채 물결만 바라본다.

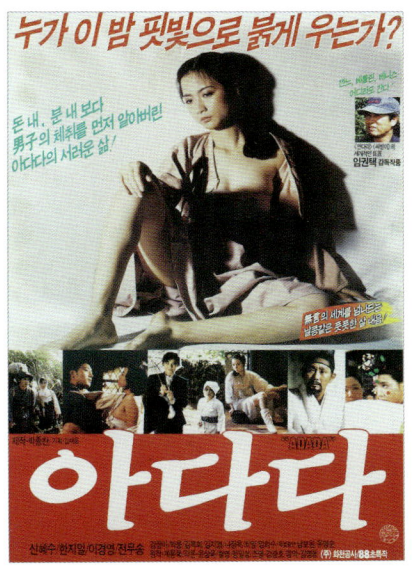

● 계용묵 원작. 돈에 눈이 먼 배금주의와 영혼의 아름다움을 대비한 향토색 짙은 작품. 1956년 나애심이 주연한 이강천의 '백치 아다다' 이후 30년 만에 리메이크 되었다. 임권택의 '아다다'는 우리 영화계 각 분야의 일류들이 모여 만든 영화답게 기술적 완성도와 작품 해설력이 조화된 작품이다. 또한 임권택의 연출은 원작의 단조로움을 엄격한 화면구성과 긴밀한 이야기 전개로 극복하고 있다. 그러나 영화선전 포스터 문구가 던지는 "이 영화는 왜 다시 만들어져야 했는가"에 대한 명쾌한 답이 제시되지 않는다는 평이 있었다. 여주인공인 신혜수가 몬트리올 영화제에서 여우주연상을 수상함으로써 1987년 '씨받이'의 강수연 베니스국제영화제 여우주연상에 이어 또 하나의 국제적인 평가를 다시 입증했다.

(화천공사) 118분 극영화 연소자불가/시대극

감독 : 임권택
제작 : 박종찬
각본 : 윤삼육(원작 계용묵)
개봉 : 1988년 3월 19일 아세아극장 (서울)
관람인원 : 2만 2709명(서울)
출연 : 신혜수, 한지일, 이경영, 전무송, 김복희, 오희찬, 박웅, 김지영, 박지훈, 나정옥 외
기획 : 김재웅
촬영 : 정일성
음악 : 김영동
조명 : 강광호
편집 : 박순덕
미술 : 김유준
소품 : 차순하
의상 : 권유진
분장 : 홍동은
사운드 : 김병수, 양대호
스틸 : 백영호
조감독 : 김영빈, 박재호, 김달선, 김미정
수상 : 제26회 대종상영화제 편집상(박순덕) · 인기감독상(임권택) · 신인연기상(신혜수), 제24회 백상예술대상 작품상(화천공사) · 기술상(촬영 : 정일성), 제12회 몬트리올 세계영화제 최우수여우주연상(신혜수), 영진공 선정 좋은 영화, 부산영화평론가협회선정 최우수영화 및 영화인 최우수신인(신혜수), 제12회 황금촬영상 특별상(신인얼굴 부문 : 신혜수)

슈퍼 홍길동 Super Hong Gil-dong(1987)

(조수철 프로덕션) 83분 극영화 연소
자가/액션 코미디

감독 : 조명화, 김청기
제작 : 조수철
각본 : 조명화
개봉 : 1988년 1월 16일 바다극장
(서울)
관람인원 : 1만 6963명(서울)
출연 : 심형래, 이주리, 국정환, 장팔,
이경규, 장팔, 조춘, 안대욱, 강
리나, 주일몽, 문미봉 외
기획 : 김춘범   **촬영** : 정운교
음악 : 김민식   **조명** : 김강일
편집 : 박순덕   **미술** : 채일병
소품 : 차순화   **의상** : 이해윤
분장 : 장인한
사운드 : 김병수, 김경일
특수효과 : 왕룡
무술감독 : 권성영
조감독 : 박혜원

좋은 가문에서 태어난 길동(심형래)은 청운의 뜻을 품고 백운도사에게 무술을 익힌다. 무술을 익히고 하산하는 길에 길동은 만복(국정환)이라는 청년을 만나 함께 길을 가다가 마을의 예쁜이(이주리)를 괴롭히는 산적두목 팽가란(이경규)을 혼내준다. 이로 인해 예쁜이는 길동을 따라나선다. 일행은 마을의 건달패들을 평정한 후 그 배후인물인 중국인 무사 왕정원(안대욱)을 물리칠 계획을 세운다. 천신만고 끝에 왕정원 일당을 일망타진한 길동 일행은 이 세상의 악이 뿌리 뽑힐 때까지 굳세게 싸워 나갈 것을 다짐하며 각자의 길을 떠난다.

● 조명화 각본 · 연출작. 코미디언 심형래, 이경규, 조춘 등이 출연하고 있다. 이 영화는 '슈퍼 홍길동' 첫 번째 시리즈로 주역인 심형래의 인기에 힘입어 김청기의 '공초도사와 슈퍼 홍길동'(1988) 등 1993년까지 7편이 제작됐다.
심형래는 '공초도사 슈퍼 홍길동' 두 번째 시리즈 이후 '영구' 시리즈에 집착하여 남기남의 '영구와 땡칠이'(1989)에 출연하면서 한국영화에서는 볼 수 없었던 270만 관객 동원이라는 전설적인 흥행 기록을 세우게 된다.
참고로 홍길동 영화는 김소봉의 '홍길동전'(1934), 이명우의 '홍길동전 후편'(1936), 신동헌의 '홍길동전'(1967), 용유수의 '홍길동 장군'(1969), 최인현의 '홍길동'(1976) 등이 있다.

업 業, Karma(1988)

(태흥영화) 105분 극영화 연소자불가/
사극

감독 : 이두용
제작 : 이태원
각본 : 윤삼육, 이두용
개봉 : 1988년 5월 20일 단성사
(서울)
관람인원 : 6만 6096명(서울)
수출현황 : 동남아(88)
출연 : 남궁원, 강수연, 김영철, 김윤
경, 민복기, 변희봉, 태일, 양택
조, 최재호 외
기획 : 이태원   **촬영** : 손현채
음악 : 최창권   **조명** : 차정남
편집 : 이경자   **미술** : 도용우
소품 : 김호길   **의상** : 이해윤
분장 : 홍동은
사운드 : 소원종, 김병수, 양대호
스틸 : 양기주
조감독 : 최성식, 서영민, 박완기
수상 : 제42회 칸국제영화제, 제12회
몬트리올국제영화제 출품

조선 팔도를 휩쓸던 문둥병(풍병) 때문에 골치를 앓던 허 사또(남궁원)는 액땜 부적을 만들어 파는 구산 부부(김영철, 강수연)를 잡아들인다. 그런데 사또는 구산댁을 보고 한눈에 반한다. 그녀는 밤마다 허 사또의 꿈속에 나타나 허 사또를 죽이려던 여자와 닮아 있었다. 그럼에도 그는 자신의 권력을 이용해 구산댁을 기어이 차지하고 만다. 그때부터 사또에게 이상한 일이 자꾸 생긴다. 계속되는 환영과 악몽에 시달리는 한편 마을에서는 사건 사고가 끊임없이 벌어진다. 사건을 해결하는 과정에서 사또는 점쟁이에게 집안의 재앙이 바로 구산 부부와 자신에게 얽힌 업보 때문인 것을 알게 된다. 구산 부부의 저주와 자신의 액을 모면하기 위해 허 사또는 당장 구산 부부를 참살한다. 그러나 전생의 업을 씻지 못한 사또는 오랫동안 문둥병을 앓다가 죽음을 맞이한다.

● 이두용의 51번째 연출작. 각본 윤삼육 이두용. 토속 에로물로 흡입력 강한 소재와 뛰어난 연출력, 시원한 화면전개와 배우들의 열띤 연기가 인상적이다. 처음에는 이미숙이 구산댁으로 캐스팅 됐으나 시나리오에 가슴 노출신이 있다고 해서 이를 거부하는 바람에 갑자기 강수연으로 교체되었다. 강수연은 당시 영화 '씨받이'(1986)로 베니스국제영화제 여우주연상을 받고 몸값이 치솟을 때였으나 흔쾌히 이를 수락하고 탁월한 연기를 보여 영화계에 감동을 준 것으로 전해진다.(제작자 이태원 증언) 남궁원이 허 사또, 김영철이 구산댁의 남편으로 나온다. 독특한 설정들과 반전이 있는 영화로 1988년에 제작된 영화임을 감안한다면 기념비적인 작품에 속한다고 할 수 있다.

접시꽃 당신 You My Rose Mellow(1988)

한 젊은 남자(이덕화)가 카페로 친구를 만나러 갔다가 그 카페를 운영하는 착한 여자와 가까워진다. 교사 발령을 받은 후 두 사람은 결혼하게 되지만 결혼 생활이 달콤한 것만은 아니다. 맏며느리로서 시부모와 시동생들, 그리고 그들의 아이를 보살펴야 하는 고된 나날의 연속이었다.

반면 시를 쓰는 남편은 자신의 문학과 교사로서의 입지를 발전시키기 위해 어려운 살림에도 대학원에 진학한다. 그런 그를 묵묵히 지지하며 아내는 자신에게 주어진 임무를 충실하게 지켜나간다. 그러던 중 아내는 병을 얻게 되고 결국은 임신 때문에 적절한 치료를 하지 못한다. 병세가 점점 악화되자 남편은 아내의 병이 심각함을 알고 큰 병원을 찾지만 이미 회복 불능 상태다. 그는 회한과 자책으로 아내를 간호하면서 결혼 생활 동안 해주지 못했던 사랑을 시를 통해 보여준다. 그녀는 이승보다 저승 쪽에 더 가까워져 있었다.

● 1985년 불치의 병으로 세상을 등진 아내를 그리며 쓴 시인 도종환의 자전적 시집 『접시꽃 당신』을 영상 언어로 표현한 작품.

"옥수수 잎에 빗방울이 나립니다./ 오늘도 또 하루를 살았습니다./ 낙엽이 지고 찬바람이 부는 때까지/ 우리에게 남아 있는 날들은/ 참으로 짧습니다./ 아침이면 머리맡에 흔적없이 빠진 머리칼이 쌓이듯/ 생명은 당신의 몸을 우수수 빠져나갑니다."

결혼 2년 만에 암으로 세상을 떠난 아내에게 바치는 절절한 망부가이자 사부가로서 1986년 11월에 출간된 이 시집은 당시 15만 부 이상이 팔려나갔고 『접시꽃 당신 2 - 내가 사랑하는 당신은』(1988), 『지금 비록 너희 곁을 떠나지만』(1989)이 연이어 출간됐다. 박철수가 영화화한 이 작품은 흥행에서도 성공하여 관객 23만 7774명을 동원, 같은 해 선보인 유진선의 '매춘'(43만 2609명)이 1위에 오른 데 이어 1988년도 한국영화 흥행 순위 2위를 기록했다.

(황기성사단) 110분 극영화 중학생가/멜로

감독 : 박철수
제작 : 황기성, 박용빈
각본 : 권현숙
개봉 : 1988년 3월 19일 명보극장 (서울)
관람인원 : 23만 7744명(서울)
출연 : 이덕화, 이보희, 정혜선, 권성덕, 문미봉, 문창길, 정혜승, 박희우, 최성관, 김기종 외
기획 : 이춘연
촬영 : 진영호
음악 : 신병하
조명 : 김진도
편집 : 이경자
미술 : 김유준
사운드 : 김병수, 양대호
수상 : 제24회 백상예술 감독상(박철수) · 연기상(이덕화, 이보희) · 시나리오상(권현숙) · 신인연기상(신혜수), 제8회 영평상 여자연기상(이보희) · 음악상(신병하), 제13회 황금촬영상 동상(진영호), 제39회 베를린국제영화제 출품

미리 마리 우리 두리 Miri Mari Wuri Duri(1988)

(현진) 102분 극영화 중학생가/가족드
라마
감독 : 고영남
제작 : 김원두
각본 : 윤삼육(오오야마 가즈에)
개봉 : 1988년 4월 2일 서울극장
(서울)
관람인원 : 3만 7286명(서울)
출연 : 유지인, 강수연, 하희라, 최민
희, 하재영, 진유영, 정재순, 남
영진, 최민경, 이경희 외
기획 : 김정률
촬영 : 정필시
음악 : 김기웅
조명 : 최입춘
편집 : 현대원
사운드 : 한양녹음실
스틸 : 황형식
조감독 : 정흥순

얌전하고 사려 깊은 큰언니 미리(최민희), 말괄량이지만 현실적인 마리
(유지인), 이기적이며 새침때기인 무용학도 우리(강수연), 순진한 신입생
두리(하희라) 등 네 자매는 교통사고로 부모를 잃고 서로에게 의지하며
밝고 건강하게 살아간다.

그중에서 인기 있는 남학생 민우(진유영)와 캠퍼스 커플이 된 셋째 우
리는 경아라는 여학생으로부터 민우와 헤어지라는 협박을 받지만 우리
가 거절하자 경아는 우리와 두리가 입양아라는 사실을 폭로한다. 한편
동생들의 학비와 생활비를 벌기 위해 호스티스 생활을 하던 마리는 과
로로 쓰러진 후 백혈병 진단을 받는다. 그 무렵 캐나다로 경영 수업을
갔던 민우가 돌아와서 집안의 반대를 무릅쓰고 우리와 결혼한다. 마리
는 담당 의사인 성환(하재영)의 청혼에도 불구하고 병이 악화되자 어릴
적 살았던 바닷가에 가서 죽는다.

● 고영남 연출작. 원작 오오야마 가즈에. 일본에서 20권에 달하는 만화로 출간되어 인기를 끌
었다. 최민희, 유지인, 강수연, 하희라 출연. 기획단계에서 참신한 아이템과 유명 여배우가 네
명이나 출연한다고 해서 영화계의 관심을 모았다. 그러나 이 영화는 1986년 제31회 아태평양영
화제에 출품했던 일본영화 '네 자매'(감독 오바야시 노부히코)의 스토리가 공개되면서 표절성
이 드러나 충격을 주었다.(경향 89. 3. 8) 이른바 우여곡절 끝에 완성되어 개봉되었으나 "교토
를 배경으로 하는 자매들의 이야기인 '네 자매'의 틀을 그대로 가져온 모방작의 한계를 뛰어넘
지 못해 실패했다"(이연, 『일본대중문화 베끼기』, 나무와 숲, 1998년, p.30 「80년대 시대정신을
저버린 표절영화의 부활」중)는 평을 받았다. 이뿐만 아니라 같은 해 연출한 영화 '제2의 성(性)'
으로 제27회 대종상 기획상(양재문), 제13회 황금촬영상에서 감독상을 수상했으나 역시 일본영
화 '춘(春)의 종(鐘)' 표절 잡음으로 후에 수상무효 발표가 있었다. (「대종상 기획상 작품 표절
판명」 동아 89. 3. 8)

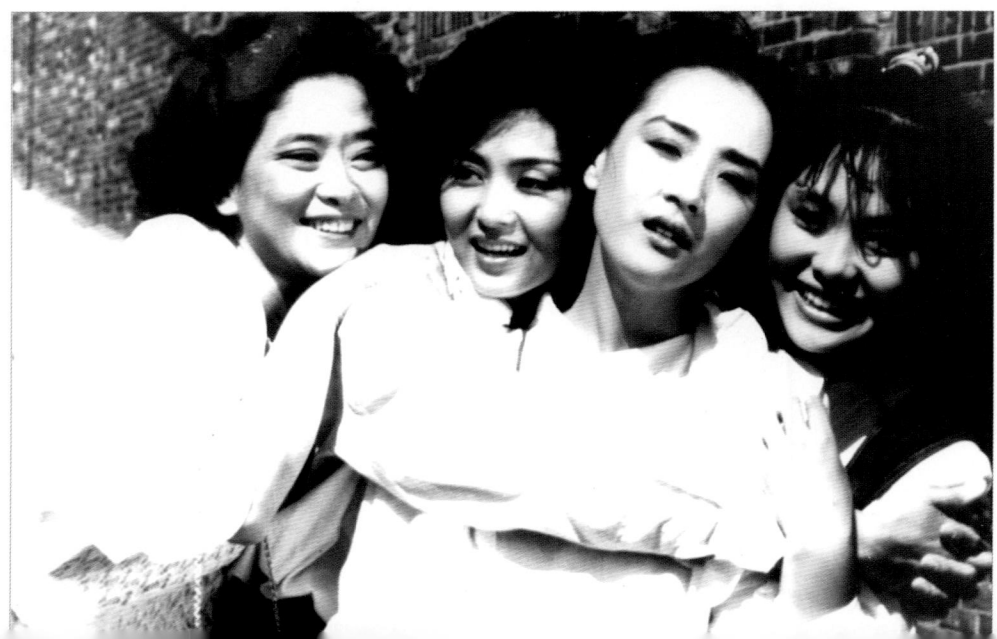

아스팔트 위의 동키호테

Don Quixote on Asphalt(1988)

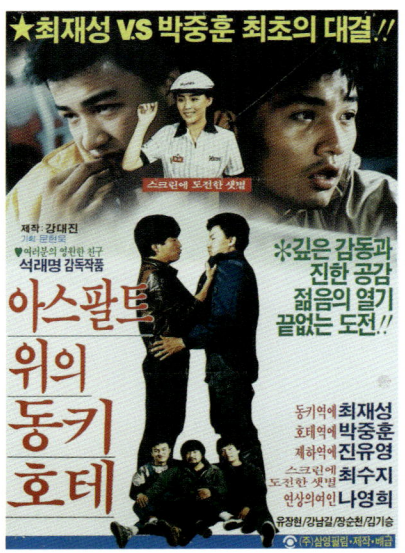

호테(박중훈)는 동기(최재성)의 미래차 개발 계획에 동참하면서 연구비 조달 문제로 고민한다. 이들의 대담한 사업기획을 인정한 경영주의 도움을 받아 미래차가 만들어지자 국내 유수의 자동차 회사들이 그들을 포섭하기 위한 작전에 나선다. 그러나 우여곡절 끝에 완성된 미래차가 사회 안녕을 해칠지도 모른다고 판단한 이들이 공개 당일 미래차를 폭파시켜 버린다. 자금을 대준 경영주의 압박과 오해로 이들이 궁지에 몰릴 때 투자자를 소개해준 제하(진유영)의 투신자살 소동이 벌어진다. 사람들의 아우성 속에서 이 소동은 화장품 선전을 위한 동기와 호테의 기발한 아이디어임이 밝혀진다.

(삼영필름) 110분 극영화 중학생가/청춘
감독: 석래명
제작: 강대진
각본: 김유진
개봉: 1988년 4월 2일 피카디리극장 (서울)
관람인원: 7만 6281명(서울)
출연: 최재성, 박중훈, 최수지, 진유영, 최수지, 김민종, 나영희, 장순천, 유장현, 김순철 외
기획: 문현욱
촬영: 이성춘
음악: 이철혁
조명: 최입춘
편집: 김현
사운드: 손인호
조감독: 장용, 서정호, 신용철, 김헌경

● 대학생층을 대상으로 한 석래명의 '동키호테' 시리즈 중 하나. 박중훈, 최재성 출연. 박중훈은 1986년 '깜보'로 데뷔해 다음해 '미미와 철수의 청춘스케치'(1987년도 한국영화 흥행 순위 1위)로 대단한 히트를 한 후 이 영화에 출연했다. 관객 약 8만 명을 동원, 당시 관객 5만 명 이상이면 히트작으로 분류하던 때로 어느 정도 흥행에 성공했다.

'아스팔트 위의 동키호테'에 이어 '동키호테' 연작인 '내 사랑 동키호테'(1989)에도 최재성, 박중훈이 출연, 대학 입시에 매달리는 사회상을 적나라하게 고발했다. 청소년들의 건강한 의식과 행동을 어른들의 시각으로 희화화하고 주제가 모호해서인지 흥행에 성공하지 못했다.

배우와 가수를 겸한 김민종은 '아스팔트 위의 동키호테'로 스크린 데뷔한 후 '내 사랑 동키호테'에도 캐스팅됐으나 박중훈, 최재성 등 당시 청춘스타들에게 밀려야 했고 강우석의 '행복은 성적순이 아니잖아요'(1989)에서는 주인공으로 캐스팅됐다가 김보성에게 넘겨주었다. 김민종은 1992년부터 가수로 성공을 거두면서 '귀천도'(1996)에 이르러 비로소 스타급 배우로 부상하기 시작한다.

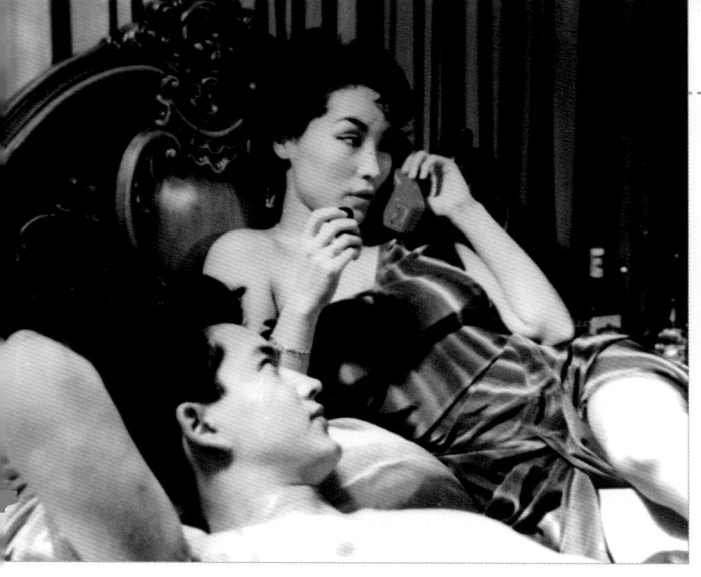

성공시대 成功時代, The Age of Success(1988)

성공만이 최고라고 생각하는 김판촉(안성기)은 면접에서 화려한 언변으로 구 이사(최봉)를 매료시키고 단번에 주목받는 신입사원이 된다. 감미료 회사인 유미사 판촉과에 배치된 김판촉은 선발업체인 감미사와의 과열 판매경쟁으로 인해 부상을 입고 병원에 입원한다. 병원에서도 쉬지 않고 구상한 획기적인 아이디어들이 이사급 회의에서 통과되어 그는 기획실 요원으로 겸임 발령을 받는다. 그는 조미료만 파는 것이 아니라 자신의 정신과 몸을 파는 것도 주저하지 않는 금전만능주의자이자 파시즘 추종자이기도 하다. 그러나 뛰는 놈 위엔 나는 놈이 있기 마련, 그리고 그 나는 놈 위에는 모든 것을 통제하는 무자비한 구조가 도사려 있음을 그는 알지 못한다. 그는 카페 마담인 성소비(이혜영)를 이용해서 경쟁사의 기밀을 빼내고 기자들을 매수하여 라이벌 회사의 이미지에 타격을 입히는 등 수단 방법을 가리지 않고 이번엔 부장 자리에 오른다. 하지만 열세에 몰린 감미사의 신상품 개발로 시장 점유율이 재역전되면서 위기에 몰리고 성소비의 복수로 파멸로 치닫는다. 좌천된 후 지방에서 얻은 아이디어가 외면당하자 흥분한 판촉은 과속으로 차를 몰다가 차가 전복되어 사망하게 된다.

(황기성사단) 110분 비스타비전
35mm 극영화 연소자불가/사회물

감독 · 각본 : 장선우
제작 : 황기성
개봉 : 1988년 6월 4일 피카디리극장
  (서울)
관람인원 : 10만 7844명(서울)
수출현황 : 일본(88)
출연 : 안성기, 이혜영, 최봉, 정부미,
  김은숙, 정진, 태일, 문창길, 임
  명성, 김기범, 나한일, 정해남,
  신충식, 문창근, 노사강, 박용
  팔, 정성모, 김진위, 전지선, 여
  균동, 박인수 외
기획 : 이춘연
촬영 : 유영길
음악 : 이종구
조명 : 김진도
편집 : 김현
미술 : 박재주
세트 : 조용삼
소품 : 이태우
의상 : 전두호
분장 : 노일실
사운드 : 김경일, 양대호
특수효과 : 김철석
스틸 : 윤진호, 윤동실
무술감독 : 김백수
제작지휘 : 박용빈
조감독 : 임종재
수상 : 제25회 백상예술대상 연기상
  (안성기, 이혜영) · 시나리오상
  (장선우), 제9회 영평상 각본상
  (장선우), 영진공 선정 좋은 영
  화

● 장선우 각본 · 연출작. 선우완과 '서울황제(서울예수)' (1986) 공동 연출로 데뷔했지만 단독으로 자신의 이름을 내걸고 나온 이 영화가 그의 실질적인 데뷔작이라 할 수 있다. 이는 "정치적 탄압을 피하는 묘사방식과 새로운 영화 양식을 일치시키려 했던 영화"(이효인, 『영화로 읽는 한국 사회 문화사』, 개마고원, 2003년, p.154)첫 자막에서부터 "성공한 자만이 자유롭다, 아니다. 리얼리즘만이 영원히 위대하다, 아니다"로 시작한다. 한 청년의 기발한 아이디어가 조미료 식품 경쟁에서 성공하지만 기업 간 암투에 휘말려 끝내 좌절한다는 내용으로 주인공의 성공과 추락을 빠르고 코믹하게, 그려낸다. 주인공들의 '판촉', '소비' 등의 이름에서 보듯 경제활동의 객체로 전락한 인간상을 노골적으로 드러내면서 물질적 가치가 우선하는 소비자본주의 사회의 성공 신화를 냉소적으로 비판하고 있다.('직장인 일상 다룬 영화」 중앙 94. 8. 26)
  안성기, 이혜영, 최봉 출연. 크레디트에 후에 '세상 밖으로' (1994)로 감독 데뷔하는 여균동의 이름이 올라 있다. 백상예술대상에서 안성기, 이혜영이 나란히 연기상, 장선우는 각본상을 받았다.

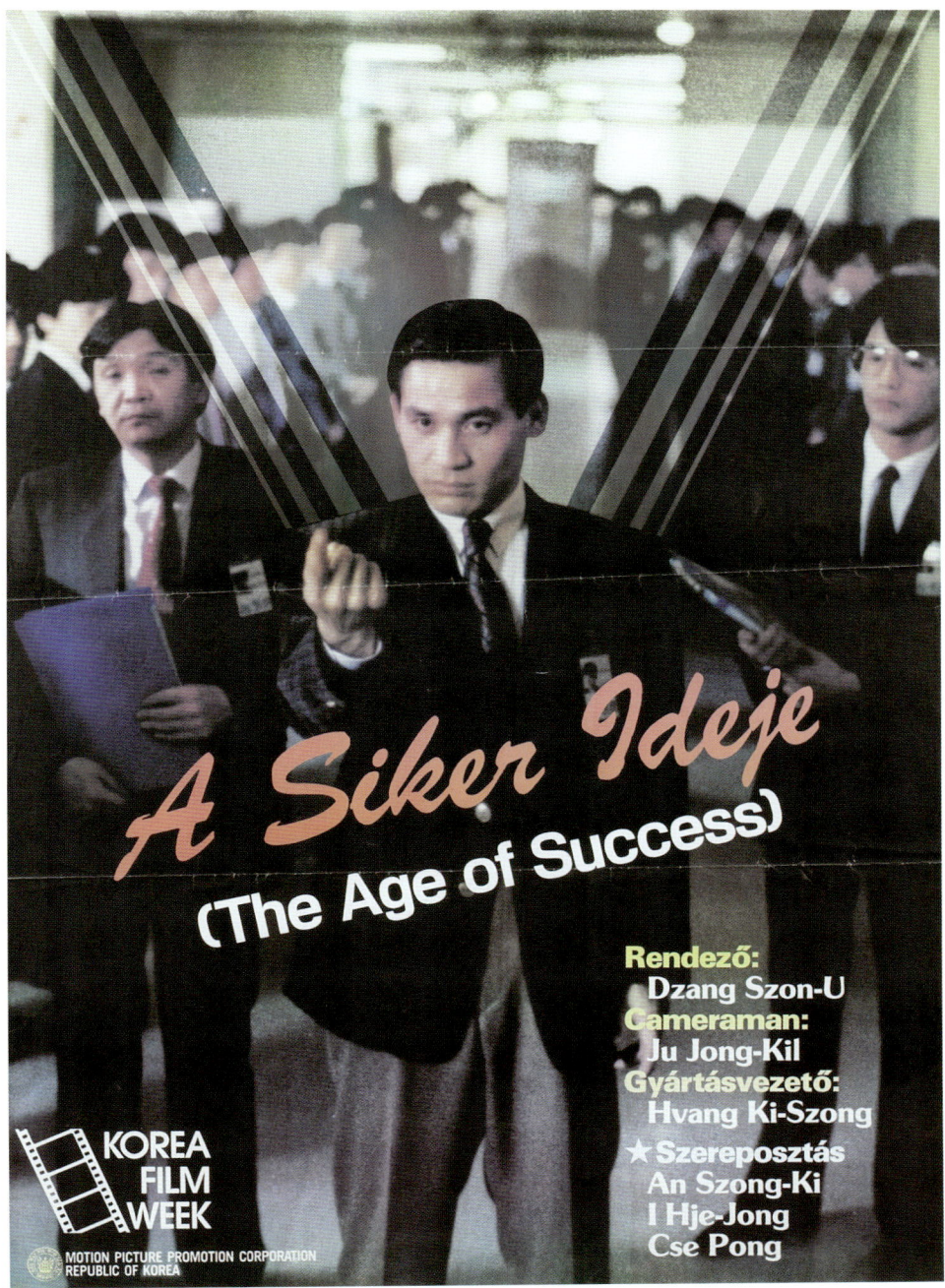

A Siker Ideje

(The Age of Success)

Rendező:
Dzang Szon-U
Cameraman:
Ju Jong-Kil
Gyártásvezető:
Hvang Ki-Szong
★Szereposztás
An Szong-Ki
I Hje-Jong
Cse Pong

KOREA FILM WEEK

MOTION PICTURE PROMOTION CORPORATION
REPUBLIC OF KOREA

여자가 숨는 숲 A Forest Where a Woman Breathes(1988)

98분 극영화 연소자불가/멜로드라마

감독 · 각본 : 정지영
제작 : 황석송
개봉 : 1988년 6월 4일 명화, 대지,
      화양극장(서울)
관람인원 : 1만 5668명(서울)
출연 : 김보연, 임성민, 신성일, 이대
      근, 한진희, 김애경, 김태정, 조
      혜수, 김기종 외
기획 : 한철수
촬영 : 양영주
음악 : 신병하
조명 : 손달호
편집 : 김현
소품 : 배정업
사운드 : 손인호, 이재희
스틸 : 박희재
제작총지휘 : 김영환

CF감독 동훈은 플레이보이다. 그동안 수없이 많은 여자들을 만나왔지만 신경정신과 의사 준석이 소개해준 수희에게 마음을 빼앗긴다. 수희와 결혼한 동훈은 어느 날 과거에 사귀던 모델 지은을 만나 하룻밤을 보낸다. 잘못 내려진 수화기를 통해 남편과 지은의 관계를 알게 된 수희는 그 길로 집을 뛰쳐나간다. 그리고 남편에 대한 복수심으로 남자들을 유혹하기 시작한다. 수영코치도 만나고 동물원 사육사도 만난다. 또 동훈과 약속한 레스토랑에서 남편의 모델인 성민을 만나기도 한다. 성민과 만나고 있는 것을 본 동훈은 두 사람을 추궁하려다 자신의 행적을 돌아보며 참고 넘어간다. 그러나 자주 집을 비우는 수희를 미행하던 동훈은 또 다른 남자를 유혹해서 정사를 벌이는 현장을 목격하기에 이른다. 동훈은 이러한 사실을 수희를 소개해준 준석에게 고백한다. 준석의 병원으로 상담하러간 수희는 준석마저 유혹한다.

● 정지영 각본 · 연출의 미스터리 멜러물. 이 영화는 한 여자가 여러 남자를 전전하는 에로영화이면서 영화적 미스터리에 속한다. 영화평론가 이정하는 「정지영론」에서 "정지영의 영화적 방식은 미스터리다. 정지영에게 미스터리는 세상을 보는 방법이자 영화의 출발이고 플롯"이라고 했다. 신문 광고 포스터에 보면 "위기의 여자보다 더 큰 위기에 처한 여자! 누가 이 여자의 불륜행각을 멈추게 할 수 있는가!"라는 도발적 문안이 눈에 띈다. 김보연, 임성민, 신성일 출연. 여주인공 역의 김보연이 대종상 후보 물망에 올랐으나 수상하지는 못했다.(「대종상 후보작 풍요 속의 빈곤」 동아 87. 11. 10) 감독은 이후 여성취향의 멜로물에서 벗어나 '남부군'(1991), '하얀전쟁'(1992) 같은 그 시대의 획을 긋는 굵직한 전쟁대작들에 손댄다.

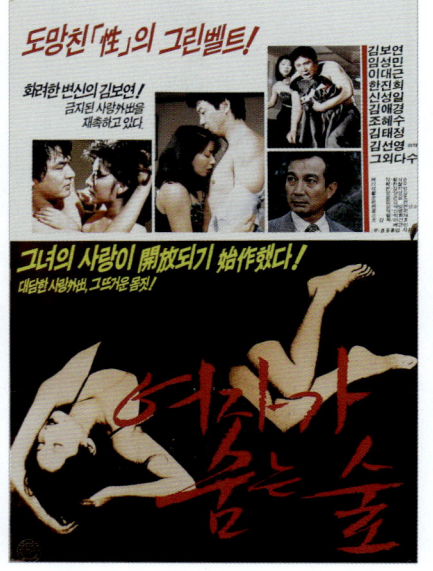

파리 애마 Paris Emma(1988)

석환(현석)과 이혼 후 섹스 컴플렉스에 시달리던 해리(유혜리)는 한 청년의 청혼을 받지만 육체적인 결합 때문에 그와 멀어지게 된다. 정신과 의사와 상담을 마친 그녀는 헤어진 남편 석환과의 사랑을 회복하기 위해 그가 살고 있는 파리로 찾아간다. 석환이 머물고 있다는 휴양지로 가는 길에 그녀는 프랑스청년 미셸(올리버 마조엘)을 만나 하룻밤 정을 나눈다. 다음 날 남편을 만났으나 남편의 곁에는 아름다운 프랑스여자 잔느(마리 쉴러)가 있었다. 절망한 해리는 다시 미셸이 사는 아비뇽으로 가서 그와 사랑을 불태운다. 그리고 성의 자유를 얻은 해리는 파리까지 그녀를 좇아온 미셸을 외면한 채 자신이 가야할 길을 향한다.

(두손필름) 111분 극영화 연소자불가/에로

감독·제작 : 정인엽
각본 : 이문웅, 임인영
개봉 : 1988년 6월 18일 스카라극장 (서울)
관람인원 : 13만 6775명(서울)
출연 : 유혜리, 현석, 민복기, 신종섭, 유영국, Oliver Mazoyer Marie Scieller, Katta Aimerton, Nicola Vailon, Vernard Angel, Albert Ginette, Mari Joel 외
기획 : 김호선, 오석조
촬영 : 이석기
음악 : 신병하
조명 : 최의정
편집 : 김희수
의상 : 이영희, 이종호
사운드 : 김경일, 양대호
스틸 : 김병옥
현상 : 프랑스 ECLAIR 현상소
조감독 : 이승수, 김형태, 임환, 송종서
수상 : 제40회 칸국제영화제, 제39회 베를린국제영화제 출품

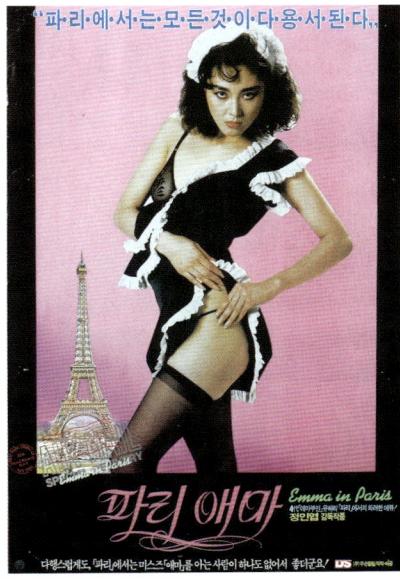

● 정인엽 제작·연출의 성인물, '영자의 전성시대'(1975) 감독인 김호선이 기획에 참여했다. 이른바 '애마' 시리즈는 1982년 1편으로 시작해 1995년 12편으로 끝날 때까지 제목만으로 흥행 보증수표였다. 이 영화는 본래의 '애마부인' 시리즈와는 궤를 달리하지만 제목에 '애마'를 앞세워선지 약 14만 명 관객을 동원하여 1988년도 한국영화 흥행순위 4위를 기록했다.

유혜리 스크린 데뷔작. 현석 출연. 유혜리는 이 영화 이후 박철수의 '오늘여자'(1989)에서 중산층 여성의 공허한 삶과 방황을, 장선우의 '우묵배미의 사랑'(1990)에서 산전수전을 다 겪은 억척스러운 하층민 여성의 역할을 완벽하게 소화하며 글래머 스타의 한계를 넘어섰다. 이 영화는 칸국제영화제와 베를린국제영화제에 출품되었으며 유혜리는 이후에도 정인엽의 '성애의 침묵'(1992)에서 영화 '엠마뉴엘'의 주인공 실비아 크리스텔과 공연하는 행운을 누렸다.

'애마부인' 시리즈는 정인엽의 안소영 임동진 주연 '애마부인 1'(1982), 석도원의 오수비, 하재영 주연 '애마부인 2'(1984), 조명화의 염해리, 이정길, 장승화 주연 '애마부인 3'(1985), 석도원의 주리혜, 이동준, 천호진 주연 '애마부인 4'(1990), 소비아, 최동준, 천호진 주연 '애마부인 5'(1991), 소비아, 주리혜, 독고영재 주연 '애마부인 6'(1991), 강승미, 이무성, 원석 주연 '애마부인 7'(1992), 루미나, 노현우, 강은아 주연 '애마부인 8'(1993), 김성수의 진주희, 노현우, 박결 주연 '애마부인 9'(1993), 석도원의 원석, 유미희 주연 '애마부인 10'(1994), 조명화의 이다연, 이주철, 전해룡 주연 '애마부인 11'(1995), 김성수의 오미경, 신성하, 황나진 주연 '애마부인 13'(1996) 등이 있고 그 외에 정인엽의 '파리애마'(1988), 이석기의 '집시애마'(1990), 허경화의 '겨울애마'(1991), 석도원의 '드라큐라 애마'(1994), 유세기의 '빨간애마'(1995) 등이 있다.

어른들은 몰라요 Grown-ups Just Don't Understand(1988)

(태흥영화주식회사) 95분 극영화 연소자가/하이틴

감독·각본: 이규형
제작: 이태원
개봉: 1988년 7월 1일 단성사(서울)
관람인원: 22만 591명(서울)
출연: 김세준, 김혜수, 최양락, 팽현숙, 이건주, 김현수, 이재은, 장정국, 전유성 외
기획: 이태원
촬영: 손현채
음악: 김명곤
조명: 차정남
편집: 김희수
소품: 김호길
분장: 홍동은
스틸: 양기주
사운드: 김경일, 양대호
조감독: 김영남, 김종우

아마추어 권투선수 준(김세준)은 간간이 복싱 코치를 하면서 고아인 민용을 돌보고 있다. 민용은 유치원에서 말썽꾸러기 달콤이, 공주, 쌍둥이 형제 등과 함께 유치원 생활을 엉망으로 만들면서 교사인 유라(김혜수)를 힘들게 한다. 민용의 일을 의논하기 위해 만난 유라와 준은 어느덧 사랑하는 사이가 된다.

준이 강훈련에 들어간 사이 민용은 미국 입양이 결정되어 임시로 아동 복지기관에 들어가게 되지만 그곳 생활을 견디지 못하고 도망쳐 나온다. 그때 태국 챔피언과 타이틀매치에서 이긴 준이 돌아와서 유라와 민용과 함께 승리의 기쁨을 나눈다. 어린 민용은 양부모에게 가기 위해 작별 인사를 나누고 공항 출구를 나선다.

● '미미와 철수의 청춘스케치'(1987)로 26만 관객을 동원했던 이규형 연출작. 각본 이규형. "우리가 무엇을 좋아하는지 우리가 무엇을 갖고 싶어하는지 어른들은 모른다"를 주제로 하여 입양아들의 현실을 그리고 있다. 고교생이었던 김혜수는 이 영화를 통해 성인 연기자가 되는 계기를 마련했고 당시 8세였던 이재은이 아역, 전유성, 최양락, 팽현숙 등 인기 개그맨들이 조연으로 출연했다. 촬영은 당시 서울 은평구 갈현동에 있던 이규형의 집과 방배동 유치원에서 촬영되었다. 관객 22만 동원으로 1988년도 한국영화 흥행 순위 3위를 기록, 이규형은 이 영화 내용을 1991년, 책으로 출간(햇빛출판사)한 후 일본으로 건너갔다.

고금소총 古今笑叢, Go-geum-so-chong(1988)

(연방영화) 102분 극영화 연소자불가/에로 사극

감독: 지영호
제작: 최춘지
각본: 홍지운(원작 홍지운)
개봉: 1988년 10월 29일 스카라극장(서울)
관람인원: 4만 5162명(서울)
출연: 이대근, 최미선, 민복기, 이일웅, 문창근, 한현배, 김지선, 한명구, 홍승현 외
기획: 양봉석
촬영: 정정원
음악: 이철혁
조명: 전명천
편집: 현대원
미술: 조경환
소품: 이태우
의상: 이해윤
분장: 안근호
사운드: 손인호, 이재희
스틸: 김병옥
조감독: 서종환

삼남지방의 장정 배지기(이대근)는 달비(최미선)의 순결을 빼앗고 도망친 후 최 과부집(민복기)에서 머슴을 살고 있다. 양가집 규수 출신인 달비는 김진사(이일웅)의 소실이 되지만 첫날밤에 처녀가 아니라는 이유로 소박을 맞고 쫓겨난다. 한편 최 과부는 점점 더 방자해지는 배지기를 내쫓기 위해 한양의 최 승지에게 돈을 빌려오라고 심부름을 보낸다. 배지기는 돈을 받아 상경하다가 투전판에서 다 잃고 특유의 지략으로 많은 돈을 따게 된다. 그러나 이번에는 사정이 딱한 어느 민가에 돈을 몽땅 털어준다. 빈털털이가 된 그는 우연히 달비와 상봉하게 되고 그들은 다시 한양의 최 승지의 집에 가서 돈 만 냥을 더 빌린 후 부부의 연을 맺고 행복하게 산다.

● '천사 늪에 잠들다'(1986)로 감독 데뷔한 지영호의 사극 멜로드라마. 조선시대에 만들어진 설화집 『고금소총』은 상스럽고 천한 음담패설과 위선적인 양반사회를 꼬집는 풍자와 익살, 해학을 모아 엮은 책으로 이는 서민들에게 많은 즐거움을 주었다. 영화 내용은 이 책에 나오는 이야기 중의 하나다. 당시 '변강쇠' 등 성애영화의 주역인 이대근이 배지기 역을 맡아 걸쭉한 각설이 타령과 춤을 보여주고 이해윤의 고증된 의상을 만들었다.

아메리카 아메리카 America, America(1988)

생활에 급급한 부모의 무관심과 미국 생활에 적응하지 못한 어려움 때문에 집을 나온 수잔 킴(이보희)은 환락가를 헤매다 우발적인 살인사건에 연루되어 수감된다. 그로부터 7년 후 출옥한 수잔은 아내를 찾고 있는 중년의 교포 강현우(신성일)를 만나 레이크타호로 간다. 가는 도중에 그들은 고속도로 상에서 허동만(길용우)을 태우고 동행하게 된다. 허동만은 외항선 갑판 청소부로 일하다가 미국에 입국한 20대의 불법체류자다. 계속되는 일련의 사건을 함께 겪으면서 레이크타호에 도착한 그들은 각자의 길을 찾아 헤어지기로 한다. 현우는 예정대로 아내 자영(김지미)을 만나러 봉제공장으로 가고 여행을 하는 동안 서로 사랑하게 된 동만과 수잔은 새로운 미래를 기약한다.

● 각본 송길한. 지미필름 작품으로 미국 생활에 적응하지 못하는 수잔과 불법체류자 동만, 아내를 찾는 중년 남자 현우 등 이들 셋이 함께 여행을 떠나는 일종의 로드 무비. 이민자들이 꿈꾸는 아메리칸 드림의 허상과 실상을 비판하고 그 실체가 무엇인가를 추적하고 있다.(「꿈을 쫓는 인간상의 허실 부각시키다」 경향 88. 10. 18) 감독은 이후에도 자신의 성장 체험을 바탕으로

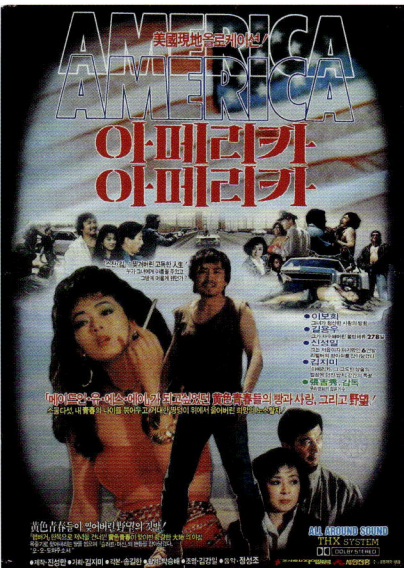

미국적인 가치관과 전통적이고 보수적인 가치관의 대립을 소재로 한 일련의 연작영화를 만들어낸다. 이러한 작업은 이제까지 한국영화가 금기시해온 정치적 소재, 특히 반미 성향이라는 민감한 소재를 택했다는 점에서 영화계의 주목을 샀다.

1980년대에는 흔치 않았던 미국 현지 올 로케이션을 단행했으며 조명과 영상에 대한 감독의 탁월한 감각은 미국이라는 이질적 문화의 충격으로부터 오는 정신적 혼란을 심리학적 측면에서 접근하여 '뉴코리아 시네마의 기수'로 불리기도 한다.(「영화감독 30대 기수들 새바람」 동아 89. 8. 22) 제작자 국정본이 미국 현장 지휘를 맡았다. 13만 관객 동원으로 1988년 한국영화 흥행 순위 5위.

(지미필름, 세한진흥) 97분 극영화 고등학생가/사회물

감독 : 장길수
제작 : 국정본, 진성만
각본 : 송길한
개봉 : 1988년 9월·24일 대한극장(서울)
관람인원 : 12만 7449명(서울)
출연 : 이보희, 길용우, 신성일, 김지미, 이동민, 양진웅, 마이클 캐시, 론 슬로안 등
기획 : 김지미
촬영 : 박승배
음악 : 정성조
조명 : 김강일
편집 : 김희수
소품 : Blis Mercantile Hollywood co.
의상 : Western Costume co.
사운드 : 김병수, 양대호
특수효과 : Paul Hickerson
스틸 : Robert Byun
제작지휘 : 이원부
조감독 : 서명수, 최영학, 김강숙
수상 : 영진공 선정 좋은 영화

매춘 賣春, Prostitution(1988)

(춘우영화) 96분 극영화 연소자불가/
멜로

감독 : 유진선
제작 : 한용수
각본 : 이희우(원작 윤일웅)
개봉 : 1988년 9월 24일 중앙극장
　　　(서울)
관람인원 : 43만 2609명(서울)
출연 : 나영희, 김문희, 마흥식, 이형
　　　준, 한영수, 김성찬, 최화정, 오
　　　희찬, 강정아 외
기획 : 김진문
촬영 : 김남진
음악 : 신병하
조명 : 최입춘
편집 : 박순덕
미술 : 도용우
소품 : 김태욱
스틸 : 정기성
사운드 : 김경일, 양대호
조감독 : 이진, 권홍진, 김승남
수상 : 제25회 백상예술대상 인기상
　　　(나영희)

나영(나영희)은 호텔문을 나서다 고객의 지갑을 훔쳤다는 혐의를 받고 곤욕을 치르는 문희를 도와준다. 문희는 나영의 어릴 적 친구다. 나영은 사랑의 실패와 가난, 건달들의 폭행에 시달려 콜걸이 되었다. 그래서 누구보다 문희의 입장을 이해하고 있다. 그러나 얼마 후 나영은 문희의 자살 소식을 듣는다. 그동안 문희는 고시 지망생인 영민의 학비를 대왔지만 고시에 합격한 영민은 문희를 버리고 고위층의 딸과 결혼한다는 것이다. 이 사실을 안 나영은 변심한 영민의 결혼식장으로 문희의 영구차를 몰고 들어간다. 신부 측과 하객들이 경악하는 가운데 영민은 문희의 시신 앞에서 무릎을 꿇는다.

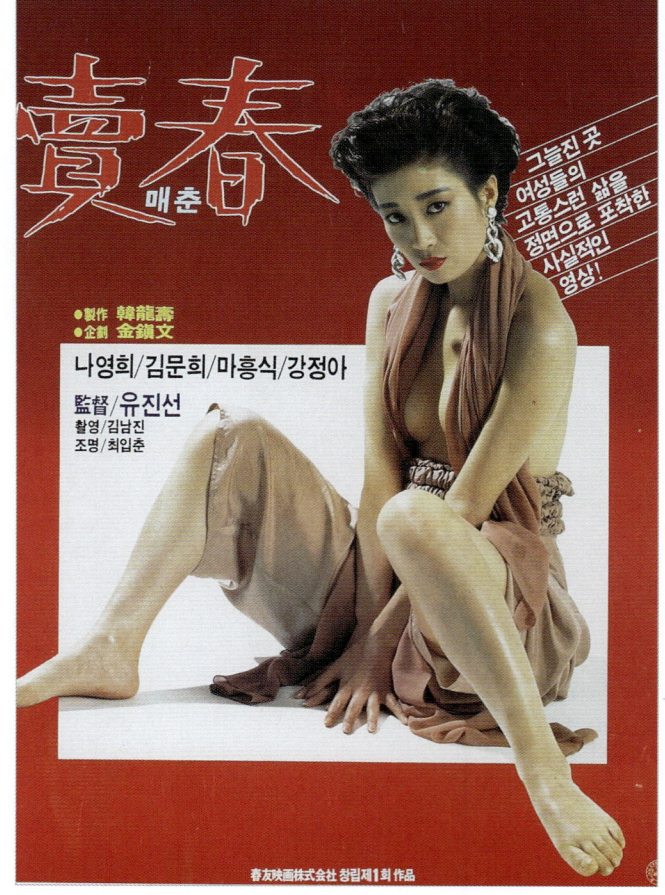

● '내 사랑 짱구'(1984)로 감독 데뷔한 유진선 연출작. 윤일웅의 원작을 이희우가 각본으로 만들었다.

영화는 "추석이 되어도 고향에 못가고 치마폭에 쌓이는 것은 돈 대신 눈물뿐이다! 어둠의 딸들아. 너희가 바로 천사 가브리엘이다"라는 구호와 함께 주어진 운명 때문에 밑바닥 인생을 살게 된 여인들을 통해 비정한 사회를 고발했다. 「매춘」은 연극공연에서도 "예술이냐 외설이냐"는 논란이 분분했다.(「매춘 영화서도 논란. 정사장면 너무 많아」 경향 88. 9. 3)

88 서울 올림픽이 개최되던 9월, 추석 특선 프로로 개봉된 이 영화는 43만 2609명 동원이라는 엄청난 기록을 세우면서 1988년 한국영화 흥행 순위 1위. 백상예술대상에서 주인공 나영희가 인기상을 받았다.

흥행 성공 이후 '매춘' 시리즈는 끝없이 이어졌다. 유진선의 '매춘'에 이은 고영남의 '매춘 2'(1989)는 나영희, 최윤석, 전혜성이 출연, 룸살롱을 경영하는 나영이 우발적인 살인 미수로 교도소에 수감되는 등 배신 음모로 점철된다. 관객 10만 명 이상 동원, 1편과는 엄청난 차이가 있지만 그 정도면 흥행에서 성공한 편이다.

고영남의 '매춘 2'에 이은 유진선의 '매춘시대(賣春時代)'(1990)는 촬영을 맡았던 구교환이 황금촬영상 신인 촬영상을 받았다. 유진선의 '매춘 3'(1993)은 관객 1만 명선(1만 785명), 김성수(金性洙)의 '매춘 4'(1994)는 1만 명 선(1만 3701명)을 유지하면서 흥행 참패, 연이어 만들어진 '매춘 5'(1994)와 '매춘 6'(1995)가 1만 명 선을 넘지 못하자 '매춘' 시리즈는 비로소 막을 내렸다. 그러나 일반 극장에서의 흥행과 작품성과는 별개로 이는 한국 비디오시장의 전성기를 여는 데 중요한 역할을 해냈다.

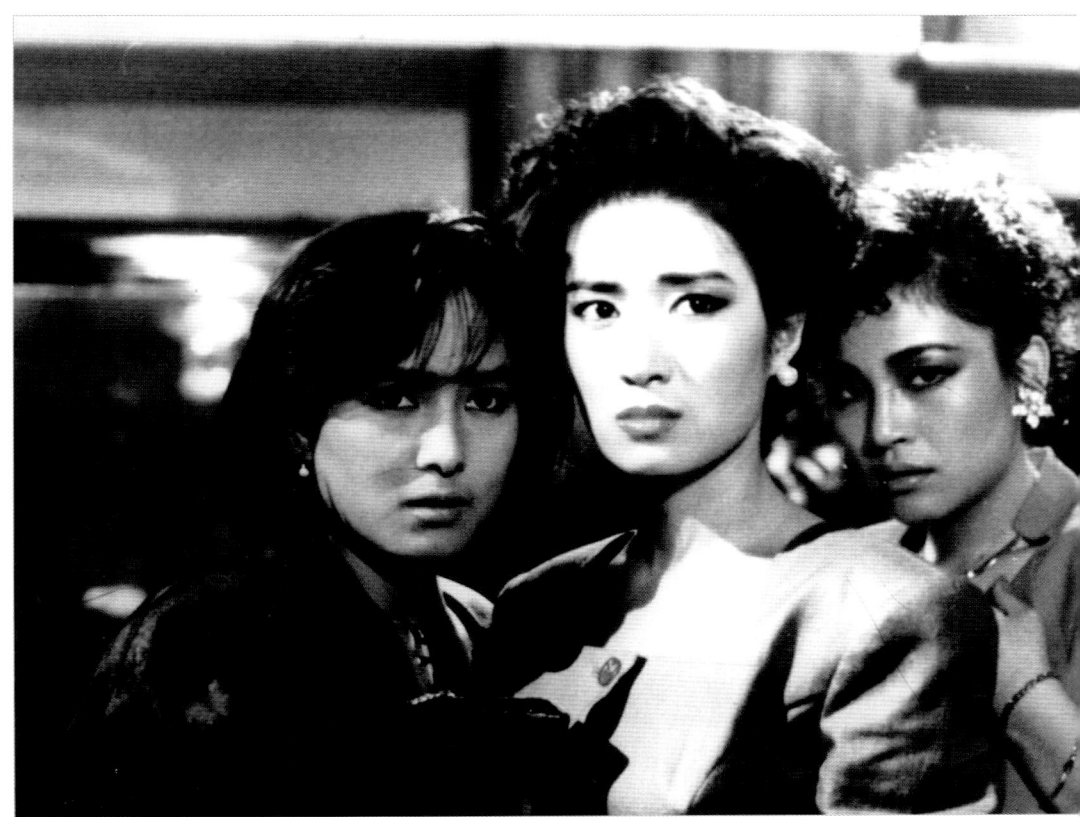

칠수와 만수 Chil-su and Man-su(1988)

(동아수출공사) 108분 극영화 고등학생가/사회물

감독: 박광수
제작: 이우석
각본: 최인석(원작 오종우)
각색: 지상학, 이상우
개봉: 1988년 11월 26일 스카라, 동아극장(서울)
관람인원: 7만 3751명(서울)
수출현황: 일본(89)
출연: 안성기, 박중훈, 배종옥, 장혁, 나한일, 김하림, 이도련, 양일민, 박용팔, 나갑성 외
기획: 이권석
촬영: 유영길
음악: 김수철
조명: 김동호
편집: 김현
미술: 이명수
소품: 김태욱
분장: 채훈
사운드: 이영길, 한양스튜디오
특수효과: 김철석
스틸: 서흥익
조감독: 황규덕
수상: 제27회 대종상영화제 신인감독상(박광수)·각색상(최인식)·녹음상(이영길), 제25회 백상예술대상 신인감독상(박광수), 제9회 영평상 신인감독상(박광수)·남자연기상(박중훈), 부산영화평론가협회선정 최우수 영화 및 영화인 최우수주연남우상(안성기)·최우수촬영상(유영길), 영진공 선정 좋은 영화, 제42회 로카르노영화제 청년심사위원 3등상 제39회 베를린 국제 영화제 초청.

동두천 출신으로 미국에 간 누나의 소식을 기다리는 보조 도공 칠수(박중훈)와 반공법 위반으로 장기 복역하고 있는 아버지 때문에 취업을 할 수 없게 된 숙련 페인트공 만수(안성기)가 벌이는 해프닝. 그들은 고층 빌딩에 매달린 곤돌라 위에서 거대한 광고판을 그리며 밑바닥 인생을 살아가는 꿈 많은 청년들이다. 익살스러운 칠수와 우울하고 조용한 만수는 성격적 차이에도 불구하고 어두운 성장과정의 공통점 때문에 가깝게 지내고 있다.

어느 날 둘은 거대한 간판 작업을 끝내고 옥외광고탑에 올라가 술잔을 나누며 따뜻한 가정과 부모에 대한 그리움, 여성에 대한 사랑, 미래의 희망, 일확천금의 공상 등을 이야기하며 신세 한탄을 하고 있었다. 칠수는 최근에 여대생 지나(배종옥)에게 실연당한 데다 미국으로 데려가겠다던 누나마저 소식이 끊기자 마음에 안정을 찾지 못하고 갈팡질팡하는 상태다. 그는 술김에 발 아래로 내려다보이는 세상을 향해 마음껏 소리치며 울분을 토한다. 그때 자칫 실수로 페인트 통이 땅에 떨어지고 그로 인해 밑에서는 일대 혼란이 일어난다. 둘은 동반 자살자로 오인되어 경찰과 기자가 출동하는 등 사태는 심각한 국면으로 접어든다. 만수는 끝내 세상 속으로 뛰어내리고 칠수는 경찰서로 끌려간다.

● 박광수 감독 데뷔작. 오종우 원작의 동명 희곡을 각색한 작품. 정치적으로 암울했던 1980년대의 사회상을 반영한 진지한 사회 풍자물. 사회의 구조적 모순으로 인해 자신의 뜻을 제대로 펼 수 없었던 두 젊은이의 고뇌와 좌절을 블랙코미디 형식으로 그리고 있다. 장기수인 아버지를 둔 만수와 동두천에서 태어나 미국으로 건너갈 날을 기다리며 살아가는 칠수가 신세 한탄 삼아 벌인 장난이 시위로 오인되면서 도시 빈민, 소외, 장기수 문제 등 1980년대의 첨예한 정치적 상황과 자본주의의 어두운 단면을 리얼리즘 기법으로 보여준다.

옥외탑이라는 한정된 공간 안에서 영화가 거의 중반을 넘어갈 때까지 칠수의 세상을 향한 응어리진 울분과 절규가 절절하게 이어진다. 그러나 이들의 저항은 무기력하고 공허할 뿐 풍자와 아이러니의 세계는 삽시간에 비극의 세계로 추락한다. 옥상에서 뛰어내리는 만수와 경찰에게 연행되는 칠수의 마지막 모습은 사회적 문제를 해결하지 못하는 당시 사회현실을 비극적으로 각인시킨다. 이에 대해 평단은 "이러한 마지막 결말의 혼란과 불균형은 충무로 제작이라는 압박에서 온 것"(강한섭,「어떤 영화를 옹호할 것인가」, 부키, 1997년, p.48)이라고 추정한 이론이 제기되기도 한다.

영화 속에는 당시 서울 대한극장에서 개봉했던 '코러스 라인' 간판, 재개봉관 이었던 은평구 도원극장, 당시 공사 중이던 CGV 강남 동아극장이 나오고 보락색 시내버스와 포니2, 스텔라가 다니는 1980년대 서울 거리가 삽입되어 있다. 박광수에 의하면 시니컬하면서도 어딘지 피해의식이 있는 만수 캐릭터는 감독 자신과 장기수를 아버지로 둔 가수 김민기를 모델로 했다고 한다.(「칠수와 만수, 시지프스 신화의 주인공들」《영화》 89. 1,《샘이 깊은물》 88. 12) 안성기와 박중훈이 처음 호흡을 맞춘 영화로 시대의 감수성이 녹아나는 우울한 젊은이들이 초상화를 열연으로 그려낸다. 배종옥 스크린 데뷔작.

이 영화는 일반 관객과 평단의 호평을 두루 받으며 대종상영화제, 백상예술대상, 영평상에서 박광수가 신인감독상을 받았고 제42회 로카르노영화제 청년비평가상 3위, 베를린국제영화제와 싱가포르영화제에 초청되었다.

연극은 1986년 신촌에 있던 연우 소극장에서 이상우 연출로 문성근, 강신일이 칠수와 만수로 초연하여 제23회 동아연극상 연출상, 백상예술대상 연극대상·작품상·연출상·관객이 뽑은 연극 1위에 선정됐다.

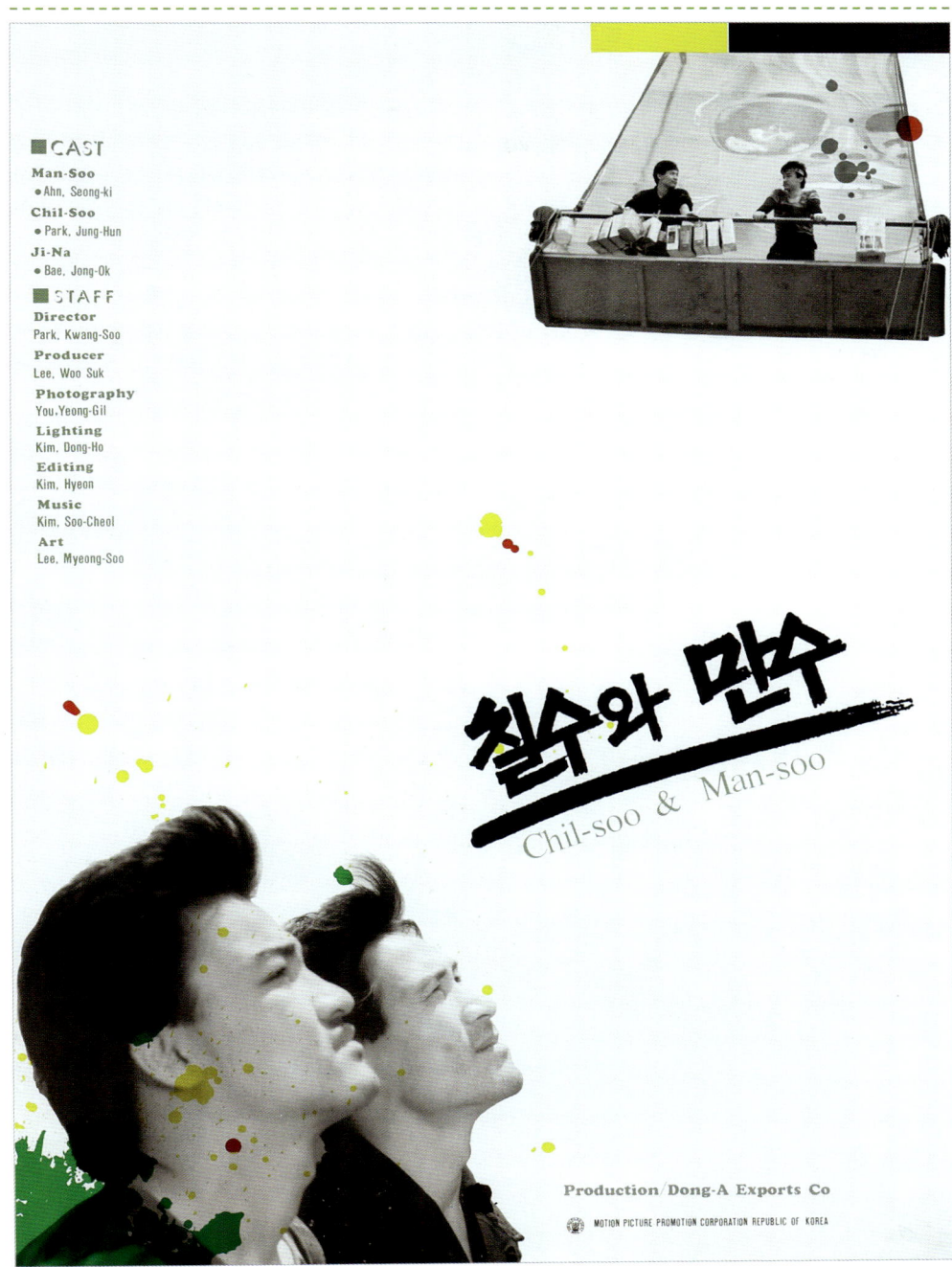

■CAST

Man-Soo
● Ahn, Seong-ki

Chil-Soo
● Park, Jung-Hun

Ji-Na
● Bae, Jong-Ok

■STAFF

Director
Park, Kwang-Soo

Producer
Lee, Woo Suk

Photography
You, Yeong-Gil

Lighting
Kim, Dong-Ho

Editing
Kim, Hyeon

Music
Kim, Soo-Cheol

Art
Lee, Myeong-Soo

칠수와 만수
Chil-soo & Man-soo

Production / Dong-A Exports Co

MOTION PICTURE PROMOTION CORPORATION REPUBLIC OF KOREA

팁 Tip(1988)

(화천공사) 100분 극영화 연소자불가/
멜로

감독 : 한영렬
제작 : 박종찬
각본 : 유지형(원작 이청)
개봉 : 1988년 12월 24일 아세아극장
(서울)
관람인원 : 1만 5407명(서울)
수출현황 : 일본(89), 인도(90)
출연 : 우연희, 박영규, 민복기, 박미
향, 송재호, 김형자, 천호진, 남
수정, 서경선 외
기획 : 김재웅, 조영길
촬영 : 이석기
음악 : 정수연
조명 : 최의정
편집 : 현동춘
사운드 : 김경일, 양대호
스틸 : 백영호
조감독 : 김미정, 김두찬

가난한 집의 가장인 영자는 부모와 형제들을 위해 콜걸로 전락한다. 영자는 일본인 가쯔오를 만나 서로 사랑하게 되고 가쯔오는 그녀와 일본으로 함께 가기를 원한다. 그러나 그녀는 가족들을 외면할 수 없다면서 가쯔오의 요구를 거절한다. 그런 어느 날, 영자는 가족들의 성화에 못 이겨 선보는 자리에 나간다. 거기서 하필 자신과 하룻밤을 보낸 장호를 만난다. 영자는 순간 당황한다. 장호 역시 중동에서 귀국한 뒤 가출한 아내 때문에 실의에 빠져 있다가 영자를 만나게 된 것이다. 그는 영자의 사정을 이해하고 그녀의 진실한 태도에 감동하여 진지하게 청혼한다. 하지만 영자는 가족에게 자신의 직업이 무엇인지 알면서도 모른 체하며 이용만 하려 드는 데 분노와 배신감을 느낀다. 영자는 가쯔오를 따라 일본으로 가버린다.

● 한영렬 감독 데뷔작. 이후 한영렬은 '팁 2'(1990), '에로스'(1992) 등 주로 성애영화를 연출했다. 그중 '새알각하'(1992)는 가상의 도시 새알에서 일어나는 시장 선거전을 둘러싼 상대방의 비방, 비리, 과거폭로 등 얼룩진 현실을 고발하는 사회물. '에로스'(1993)는 경비업무와 세입자를 관리하는 상가관리실 직원이 가방 속에 여자 누드사진첩을 가지고 다니면서 살인 사건에 연루되는 미스터리 드라마다, 이후 방순덕이 후속편 '에로스 2'(1996)를 내놨다.

달콤한 신부들 – 즐거운 신부들 Sweet Brides(1988)

(남동흥업) 95분 극영화 고등학생가/
청춘

감독 : 강우석
제작 : 임은두, 김차곤
각본 : 김성홍
개봉 : 1989년 2월 18일 중앙극장
(서울)
관람인원 : 2만 1309명(서울)
출연 : 최재성, 최수지, 정종준, 박현
숙, 김일우, 김의상, 최재훈, 권
일수, 박용식, 양일민 외
기획 : 김계성, 이상운
촬영 : 신옥현
음악 : 정수연
조명 : 박현원
편집 : 김현
미술 : 김일우
사운드 : 김경일, 양대호
스틸 : 윤진호
조감독 : 나홍균, 이래원, 윤선범

고향 친구인 재수(정종준)와 고생(최재성)은 결혼 상대를 만나기 위해 서울의 모 사회단체가 벌인 중매행사에 참가한다. 소기의 목적을 달성하지 못한 그들은 본격적으로 신부를 구하기 위해 고생은 슈퍼마켓의 배달부로, 재수는 여성 헬스클럽의 관리인으로 취직한다. 재수는 마사지걸인 추자(박현숙)를 만나지만 농촌 총각이라는 이유로 거절당하고 고생은 다방 아가씨 영주(최수지)와 순조롭게 발전하는데 대철의 방해로 사랑을 빼앗긴다. 재수를 따라 낙향하려던 고생은 대철과의 혈투로 영주를 되찾아 오토바이로 달아난다. 그때 추자도 함께 가겠다며 따라나선다.

● 강우석 감독 데뷔작. 시나리오 김성홍. 농촌 총각의 신부 구하기 해프닝을 그리고 있다. 주연 최재성, 최수지. 강우석의 첫 영화로 야심작이었으나 관객의 반응은 미온적이었다. 감독이라는 호칭을 제대로 달아준 작품은 감독 스스로 두 번째 연출 작품인 '행복은 성적순이 아니잖아요'(1989)로부터 점치고 있다. 영화평론가협회가 주는 신인감독상을 받으면서 이름이 알려지기 시작한 그는 이후 사회 문제에 관심을 갖고 많은 문제작과 흥행작을 낳았다.

개그맨 Gagman(1988)

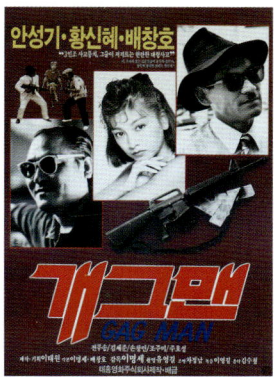

영화감독이 꿈인 삼류 카바레 개그맨 이종세(안성기)는 변두리 이발소 주인 문도석(배창호)에게 자신의 감독 데뷔작에 출연시켜 주겠다고 약속한다. 영화배우가 꿈이었던 문도석은 그 말을 듣고 이발소를 처분한 후 이종세를 따라나선다. 그들은 극장에 가서 영화를 보다가 옆자리에 앉아 있던 낯선 여자 오선영(황신혜)을 스카웃해서 데려나온다. 이렇게 해서 모이게 된 세 사람은 영화를 만들기로 의기투합한다.

어느 날 카바레 무대에서 리허설을 하던 이종세는 탈영한 군인(손창민)으로부터 총을 건네받는다. 이를 본 오선영은 제작비를 마련하려면 돈이 있어야 한다면서 그 총으로 은행을 털자고 유혹한다. 세 사람은 삼인조 강도 행각을 벌이다 경찰의 수배를 받는다. 자동차 정비공(김세준)이 자신들을 알아보자 문도석은 우발적으로 그를 쏘아 죽인다. 쫓기던 이종세는 경찰에 붙잡히기 직전에 잠에서 깨어난다. 모든 것은 문도석의 이발소 의자에서 잠들었던 이종세의 백일몽이었다.

● 이명세 감독 데뷔작. 각본 이명세 배창호. 영화감독의 포부를 가지고 사는 삼류 카바레의 개그맨과 영화배우가 꿈인 변두리 이발소 주인, 별로 하는 일 없이 빈둥거리는 한 여자 등 엉뚱한 꿈을 가진 소시민들의 소동을 그린 코미디. '기쁜 우리 젊은 날'(1987)의 감독 배창호가 각본에 참여하고 이발소 주인 문도석으로 출연했다. 영화는 개그맨 이종세가 이발소에서 면도하는 동안 꾸는 백일몽을 서사의 기본 틀로 삼고 그 꿈의 내용을 메인 플롯으로 전개시키는 구성으로 진행된다.

카메라가 이발소의 내부 풍경을 훑듯이 더듬는 롱테이크 장면으로 시작되는 이 영화는 헐리우드 장르영화의 여러 관습을 자유롭게 넘나들며 영화와 현실, 현실과 환상을 종횡으로 엮어낸다. 이발소는 연녹색 조명으로 처리해 몽환적 공간으로 꾸미고 각종 이발 기구를 클로즈업하면서 소품 하나까지도 영화의 요소로 활용하는 재치를 보인다. 이처럼 완벽하게 꿈의 세계를 설정한 다음 거슈윈의 "Summertime"이 나른하게 흐르는 가운데 이종세와 문도석 콤비가 등장한다. 그들이 영화를 만들기 위해 무장 강도로 돌변할 때까지 영화관, 만화가게, 맥주홀 등으로 이루어진 다양한 시퀀스와 함께 서민들의 욕망이 바로 이 상황과 시점에서 어떻게 이루어지고 좌절되는가를 단계적으로 보여준다. 이는 영화가 꿈인지 현실이 영화이며 꿈인지 가늠할 수 없도록 만든 감독만의 치밀한 기교의 소산이다.

몇몇 영화 전문가들은 이 영화를 보고 "충무로에서 천재가 나왔다" "이명세는 세상에 단 한 명뿐인 감독"(영화평론가 이동진)이라며 흥분했지만 막상 개봉과 함께 영화는 관객들에게 외면당하면서 1주일 만에 간판을 내리는 수모를 겪었다. 그때 영화평론가 강한섭은 '개그맨'을 1980년대 최고의 영화로 뽑았고, 더 나아가 한국영화 70년 역사에 길이 남을 걸작으로 인정했다. 시간이 지나면서 "이제 비로소 영화적 반성과 유희가 싹틀 수 있음을 선포한 영화, 그 점에서 이 영화는 확실히 새로운 공기와 같다"(평론가 김정룡)는 평과 함께 재평가 내지 재발견의 작업이 이루어지기 시작했다. '가장 독특한 데뷔작'으로 평가되는 이 영화 이후 이명세는 스타일리스트 감독으로서 '나의 사랑 나의 신부'(1990) 같은 수작을 연달아 내놓게 된다. 한국영상자료원 '한국영화 100선'에 선정됐다.

(태흥영화) 127분 극영화 고등학생가/코미디

감독: 이명세
제작: 이태원
각본: 이명세, 배창호
개봉: 1989년 6월 24일 단성사(서울)
관람인원: 3만 3944명
출연: 안성기, 황신혜, 배창호, 전무송, 조주미, 주호성, 최종원, 추봉, 조철남, 조선묵, 박부양, 정영국, 조윤진, 나갑성, 안진수, 유민석, 김세준, 손창민 외
기획: 이태원
촬영: 유영길
음악: 김수철
조명: 차정남
편집: 김현
미술: 도용우
소품: 김태욱
분장: 채훈
사운드: 이영길, 한양스튜디오
특수효과: 김철석
스틸: 양기주
조감독: 구임서, 오석근

505

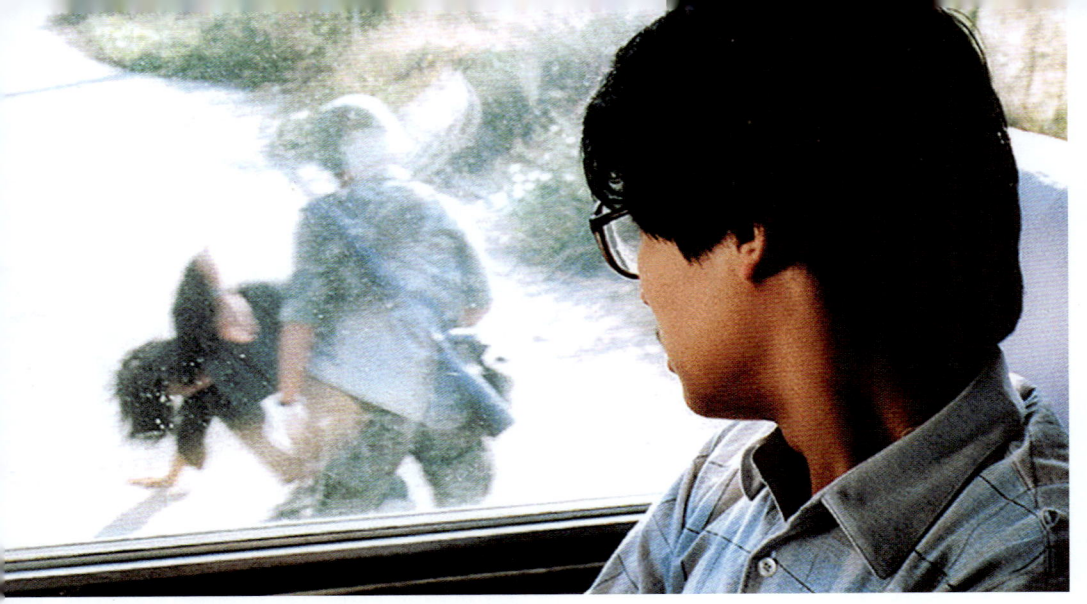

오! 꿈의 나라 O Dreamland(1989)

(한국독립영화협회) 90분 16mm 다큐
멘터리/사회물

감독 : 이은, 장동홍, 장윤현
제작 : 이재구, 낭희섭
각본 : 공수창, 홍기선
개봉 : 1989년 1월 19일 신촌예술극장 한마당(서울)
출연 : 권인찬, 김경선, 김선경, 김현주, 박충선, 오지혜, 이병수, 정진완, 홍정욱 외
촬영 : 김현철, 박대영, 오정옥
음악 : 강현, 조익환
조명 : 임태형, 장재기, 정성진
스크립터 : 정유식

광주민주화항쟁이 무력으로 진압된 후 종수는 계엄당국의 수사를 피해 고향 선배인 태호를 찾아 동두천으로 온다. 태호는 전남대 학생이자 야학교사로서 광주항쟁에서의 활동 때문에 종수처럼 쫓기는 신세다. 그러나 태호는 많이 달라졌다. 지금은 미제 물건장사다. 돈과 미국을 목표로 PX 뒷거래도 마다하지 않는 태호와 미국에 가면 새로운 삶이 열릴 것처럼 생각하는 양공주들 틈에서 종수는 동화되지 못한다. 그러나 한몫 벌어 미국으로 이민을 가겠다던 태호는 그동안 거래해오던 미군 스티브에게 배신당하고, 스티브와 함께 살 생각에 가슴 부풀어하던 제니 또한 스티브의 배신에 자살을 기도한다. 태호와 제니는 망연자실한 채 억눌린 일상으로 돌아오고 종수는 그들을 바라본다.

● 장산곶매 창설기념 작품. 16mm 다큐멘터리 영화로 이은, 장동홍, 장윤현이 공동 연출을 맡고 있다. 대학에서 단편영화 작업을 해오던 독립영화인들이 공동 작업으로 완성한 영화다. 다큐멘터리지만 일반에 공개하여 대중과의 접점을 시도하고 있으며 당시 1000만 원이라는 제작비를 자체적으로 마련했고 무엇보다 영화심의를 거부했다.(「'오 꿈의 나라' 탄압 중단하라 영화인 100인 문공부에 촉구」 동아 89. 1. 20)
영화는 동두천에 가있는 종수가 광주에서 있었던 과거를 회상하는 식으로 진행된다. 먼저 동두천은 미군 기지와 미군기지 옆에서 기생하는 기지촌 사람들을 보여주고 광주는 신군부의 폭압에 맞서 진정한 민주주의 쟁취를 위해 항쟁하는 현장을 보여준다. 이처럼 두 개의 서사 구조는 주인공 종수라는 인물을 통해 연결되고 있다. 당시로서는 '광주'와 '반미' 의식 영화에서 거론하는 것을 쉽지 않은 문제로서 광주는 한 개인의 죄의식과 실존의 차원에서만 다뤄질 뿐 메인 플롯은 미군부대가 주둔한 기지촌 공간에서의 미국에 대한 망상을 다루고 있다.
이 필름은 1989년 1월 19일 신촌예술극장 한마당 개봉을 필두로 전국 150개 상영공간에서 500회 이상 상영하여 10만 관객(계간 《영화언어》 2호, 1989년 여름호, pp.7~8)을 모았다. 한국영상자료원 '한국영화 100선' 선정.

서울 무지개 Seoul Rainbow(1989)

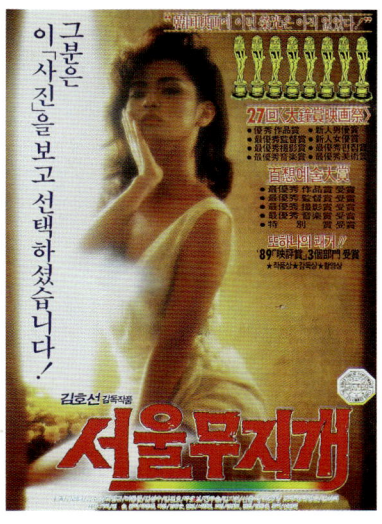

권력과 돈과 환락이 끊임없이 교차되는 도시. 준(김주승)과 유라(강리나)는 그러한 도시에 스며든 가난한 연인들이다. 유라는 돈과 명성을 동경하고 준은 다시 고향으로 돌아가고 싶어한다. 그러나 유라는 자신의 미모와 육체를 밑천 삼아 톱모델이 된다. 그리고 영화에 출연하면서 최고 권력자인 '어른'의 여자가 되는 기회를 잡는다. 준은 유라의 출세지향적인 허영이 못마땅하면서도 언제나 말없이 그녀를 도와준다. 유라의 배후에는 언제부턴가 보이지 않는 권력의 힘이 그녀를 지배하기 시작하고 그때부터 비극은 서서히 다가온다. 그녀는 비로소 그가 원했던 정상의 세계가 허위로 가득 찬 고통이라는 사실을 깨닫고 옛 애인 준을 찾는다. 유라를 둘러싼 위협적인 권력은 그녀가 빠져나오려고 들면 들수록 더욱 강하게 그녀를 조여오고 그녀는 결국 정신병원에 갇히는 신세가 된다. 유라의 실종을 알게 된 준은 유라를 찾아낸 후 정신병원을 탈출한다. 그들이 국도를 달리고 있을 때 어디선가 나타난 불도저가 그들이 탄 차를 도로변 계곡으로 밀어버린다.

● 김호선의 열 번째 작품. 유홍종의 동명 소설을 영화화한 작품. 1980년대 초반 최고 권력자의 무자비한 폭력에 희생당한 속칭 'X양 사건'을 다룬 정치 스캔들이다.(「새 봄 극장가 한국영화 봄」 경향 89. 3. 14) 이제까지 우리나라에서는 금기시돼오던 정치권의 실상을 드러낸 소재라고 해서 일반의 관심을 샀다. 겉으로 보기엔 권력에 편승해서 신분 상승을 꾀하려던 한 여배우의 헛된 야망이 어떻게 좌절되고 무너졌는가를 보여주지만 영화 내면에 깔린 진짜 주제는 인간의 존엄이 절대권력 앞에서 얼마나 속절없이, 그리고 처절하게 응징당하는가를 파헤치고 있다. 막강한 권력 앞에서 왜냐고 묻는 주인공의 초라한 행색은 문자 그대로 달걀로 바위치기를 실감케 한다. 그러나 감독은 사회고발적인 심각한 주제에도 불구하고 한 여배우가 만신창이가 되어 쓰레기처럼 폐기처분되는 과정을 멜로드라마의 전형으로 처리하여 흥미위주로 끌고 나간다.

당시 신인이었던 강리나가 열연을 펼쳐 영화속 주인공처럼 스타덤에 올랐으며 그녀가 맡은 배역 유라의 실제 모델이 누구냐를 놓고 한동안 화제가 난무하기도 했다. 강리나의 상대역으로 김주승, 그 외 박영규, 이동준, 주호성, 전무송, 신충식, 최선자와 방송작가로서 많은 작품을 영화화한 바 있는 김수현, 영화감독 정진우가 카메오로 특별 출연했다. 러닝타임 2시간 20분, 국도극장에서 84일 동안 관객 26만여 명을 동원, 1989년도 한국영화 흥행 순위 1위를 기록했다. 김호선은 그해 대종상영화제, 백상예술대상, 영평상 등 3대 영화상에서 감독상을 수상·촬영·편집·음악·미술·신인상을 모두 휩쓸었다.

(극동스크린) 142분 극영화 연소자불가/사회물

감독 : 김호선
제작 : 김승
각본 : 임유순(원작 유홍종)
개봉 : 1989년 3월 25일 국도극장(서울)
관람인원 : 26만 1220명(서울)
출연 : 강리나, 김주승, 박영규, 이동준, 김성수, 김길호, 주호성, 전무송, 김지현, 신충식, 최선자, 조학자, 쥬리 마가렛, Mr.브라운, 정진우, 김수현 외
기획 : 김승
촬영 : 서정민
음악 : 신병하
조명 : 김진도
편집 : 현동춘
미술 : 조용삼
소품 : 김한상
의상 : 하용수
분장 : 장인한
사운드 : 김경일, 양대호
특수효과 : 장용준
조감독 : 양윤모
수상 : 제27회 대종상영화제 우수작품상(극동스크린: 김승)·감독상(김호선)·촬영상(서정민)·편집상(현동춘)·음악상(신병하)·미술상(조용삼)·신인여우상(강리나)·신인남우상(이동준), 제26회 백상예술대상 대상(극동스크린)·감독상(김호선)·기술상(촬영: 서정민), 음악상(신병하)·특별상, 제9회 영평상 최우수작품상·감독상(김호선)·촬영상(서정민), 부산영화평론가협회선정 최우수영화 및 영화인 최우수신인상(강리나)

아제아제 바라아제 Aje Aje Bara Aje(1989)

(태흥영화) 134분 극영화 연소자불가/
종교
감독: 임권택
제작: 이태원
각색: 한승원(원작 한승원)
개봉: 1989년 3월 3일 단성사(서울)
관람인원: 14만 5241명(서울)
수출현황: 소련(89), 유럽(90), 일본
(90)
출연: 강수연, 진영미, 유인촌, 한지
일, 전무송, 윤인자, 윤양하, 김
세준, 안병경, 최종원, 신충식,
김애경, 김복희, 이정애, 정미
경, 조학자, 권일정, 송희연, 홍
원선, 이석구, 조주미 외
기획: 이태원
촬영: 구중모
음악: 김정길
조명: 차정남
편집: 박순덕
미술: 도용우
소품: 김호길
분장: 조경애
사운드: 김병수, 양대호
스틸: 양기주
조감독: 김영빈, 오병철, 김의석, 박광
인, 지성현
수상: 제27회 대종상영화제 최우수작
품상(태흥영화: 이태원) · 여우
주연상(강수연) · 남우조연상(한
지일) · 심사위원 특별상(연기:
윤인자), 제26회 백상예술대상
신인연기상(진영미), 제9회 영
평상 여자연기자상(강수연) · 음
악상(김정길) · 녹음상 · 신인연
기상(진영미), 부산영화평론가
협회 선정 최우수 영화 및 영
화인 최우수주연여우상(강수
연) · 최우수조연여우상(진영
미), 제16회 모스크바국제영화
제 최우수여우주연상(강수연) ·
국제비평가협회상 특별상

순녀(강수연)는 출가한 아버지 윤봉(전무송)을 찾아 덕암에 왔다가 은선스님(윤인자)의 제자가 된다. 은선의 또 다른 제자로는 진성(진영미)이 있었다.

수행 중 순녀는 자살을 기도하던 박현우(한지일)를 구출해준 일로 파계 아닌 파계를 하게 된다. 현우는 순녀의 충고대로 새출발을 결심하지만 자신의 새출발을 위해서는 순녀의 도움이 필요하다고 말한다. 순녀는 순순히 현우와의 생활을 선택한다. 그러나 현우는 막

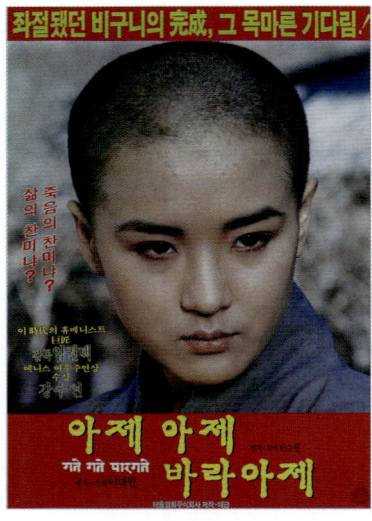

장이 붕괴되는 사고로 죽고 아이마저 사산된다. 그때 남해안에서 구도의 길을 걷던 진성을 만나 순녀는 다시 절로 돌아온다.

은선스님은 속세에 나가 인간의 아픔을 체득한 순녀를 수도자로 받아들이라고 유언하지만 주변의 시선은 냉랭하기만 하다. 다비식이 끝나자 순녀는 은선 스님의 뼈를 모아 가지고 절을 떠나면서 사람들의 빛이 될 천개의 탑을 만들고 그곳에 은선 스님의 뼈를 넣어 중생을 구하겠다고 말한다. 그런 순녀를 진성은 여전히 이해하지 못하고 순녀는 진성을 뒤로 한 채 세상 밖으로 나선다.

● 임권택의 88번째 연출작. 1985년에 발표한 한승원의 동명 소설을 영화화한 작품. 소설 「아제아제 바라아제」는 초월적인 이상세계를 좇는 진성과 파계하고 맨몸으로 세속을 떠도는 청화(순녀), 두 여승의 파란만장한 삶을 통해 참다운 자유인의 길을 일깨워 주고 있다. 임권택은 "영상에 있어서 달인의 경지에 와 있는 감독"(동아 89. 3. 7)이라는 평과 함께 이 영화에서 이상적인 신앙을 추구하는 두 젊은 비구니의 서로 다른 수행방법, 즉 진성의 소승적 수행과 순녀의 대승적 수행을 보여주면서 거듭나는 인간의 운명을 묘사하고 있다.

자신의 구도만을 중요시하는 진성과 중생을 구원함으로써 자신의 깨달음을 얻으려는 순녀는 마지막까지 서로 화해하지 못한다. 그러나 순녀는 그를 이해하지 못하는 진성까지도 자신의 품 안에 거두려든다. 즉 영화는 세속에서 중생과 부대끼며 그들을 구원하려는 순녀의 대승적 수행 방법을 강조하고 있다.

'아제아제 바라아제'는 반야심경의 마지막 구절로 "가자, 가자, 더 높은 깨달음의 세계로 나아가자"는 뜻. 강수연의 삭발로 화제가 됐다.

이미 베니스국제영화제에서 '씨받이'(1986)로 여우주연상을 받은 강수연이 제16회 모스크바영화제 본선에 진출해 최우수 여우주연상을 받고 같은 해 11월 24일부터 프랑스 낭트에서 열린 제3대륙영화제에서는 감독의 회고전으로 이 영화가 상영되었다.

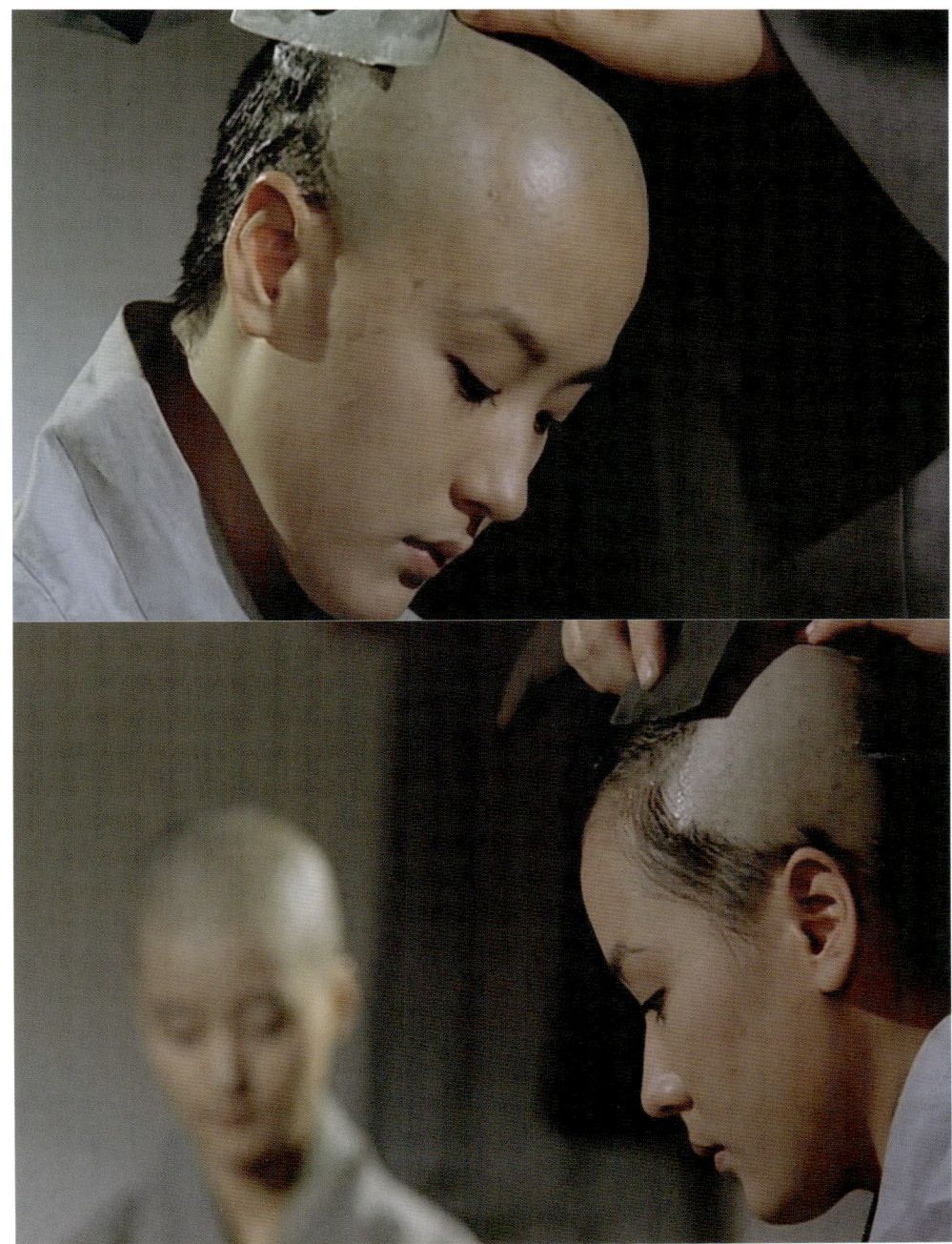

추억의 이름으로 In the Name of Memory(1989)

(세한진흥) 108분 극영화 연소자불가/
사회물

감독 : 류영진
제작 : 국정본, 진성만, 이원부
각본 : 고은정(원작 유홍종)
각색 : 고은정
개봉 : 1989년 5월 12일 대한극장
　　　　(서울)
관람인원 : 4만 7739명(서울)
출연 : 김지미, 김재이, 이덕화, 윤일
봉, 심혜진, 한지일, 최민경, 진
봉진, 신충식, 김지영, 레이 톰
슨, 아이렌 페티, 윌리엄 헤이
맨, 론 웰즈, 빌 코바트 외
기획 : 국정본
촬영 : 박승배
음악 : 정성조
조명 : 김강일
편집 : 박순덕
사운드 : 김경일, 양대호
스틸 : 이태성
특수효과 : 김철석
조감독 : 이광진, 백용욱
수상 : 제27회 대종상 남우주연상(이덕
화) · 조연여우상(김지미) · 신인
감독상(유영진) · 조명상(김강
일) · 음향효과상(양대호)

미모의 발레리나 재이(김재이)는 해외 유학을 실현하기 위해 재벌 그룹 손 회장(김지미)의 아들 강국(한지일)과 결혼한다. 그러나 이 결혼을 주선했던 장태호(이덕화)는 재이에게 애정을 느끼고 송별 파티에서 그녀를 범하고 만다. 출세욕이 강한 장태호는 자신의 목적을 위해서는 수단방법을 가리지 않는 남자다. 그는 애인을 버리는가 하면 재벌 딸과 정략 결혼한 뒤 그 집 재산을 넘보기도 한다. 한편 재이는 강국과 미국에 오지만 강국이 정신질환을 앓고 있는 성불구자로서 결혼 자체가 사기이며 이를 뒤에서 강국의 어머니인 손 회장이 조종한 것을 알게 된다. 재이는 이를 운명으로 받아들이고 강국을 치료하면서 태호의 씨앗인 호마를 낳는다. 손 회장은 손 회장대로 미국의 조직 폭력배를 동원해서 재이를 제거하려 드는 등 인생의 처절함을 맛본 재이는 손 회장과 태호에 대한 복수를 결심하기에 이른다. 고국으로 돌아온 재이에게 손 회장은 화해의 손길을 내밀지만 재이는 뜨거운 눈물을 흘리며 권총의 방아쇠를 당긴다,

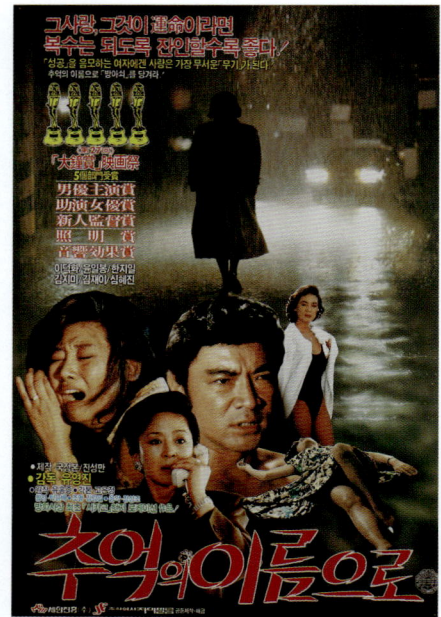

● 류영진의 기업영화로 지미필름 제작. 유홍종의 동명소설을 원작으로 하고 있다. 이 소설을 바탕으로 1960년대 이후 가장 영화 녹음을 많이 한 성우 고은정이 각본을 쓰고 각색했다. 대기업 상속을 둘러싼 남녀의 야욕을 그린 영화. 현대인의 욕망을 비판적으로 조명하면서 사회의 구조적 폭력에 희생당하는 인간상을 보여준다. 앰뷸런스의 비상 클랙슨과 장태호의 결혼을 대비시킨 몽타주와 김지미의 노련한 연기, 장태호라는 악역을 맡은 이덕화의 연기가 돋보인다. 심혜진 스크린 데뷔작. 연출을 맡은 류영진이 명동에 나갔다가 쇼윈도에 걸린 심혜진의 코카콜라 포스터 사진을 보고 그를 스카우트했다고 한다. 류영진은 대종상 신인 감독상을 받았다.

'89 인간시장 - 오! 하나님 Human Market, Oh God!(1989)

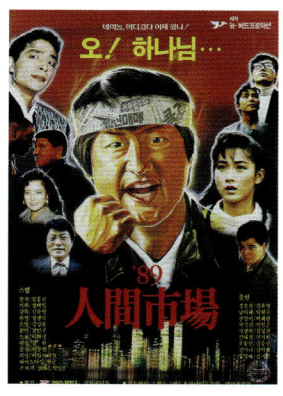

정치범으로 묶였다가 복학한 후 총학생회장이 된 동민(김종선)은 학내 밀고자와의 결투에서 총찬(진유영)의 도움을 받고 그와 급속도로 친해진다. 그러나 캠퍼스 내의 검은 마수는 동민의 애인을 강간해서 자살하게 만들고 동민도 자살한다. 총찬은 이 모든 것에 대한 복수를 숨 가쁘게 진행시켜 나간다.

● 진유영이 제작·연출·주연한 영화. 김효천의 '인간시장-작은 악마 스물두 살의 자서전'(1983)과 '인간시장 2-불타는 욕망'(1985)에 이은 세 번째 시리즈로 진유영은 1, 2편에서도 주역을 맡았다. 총학생회장 동민 역을 맡았던 김종선이 대종상특별부문 신인상을 받았고 흥행에서도 성공했다.
감독 데뷔작 '지금은 양지'(1988)는 진유영이 직접 제작한 작품으로 재산 상속에 얽힌 암투와 부모 세대의 왜곡된 성, 가족 간 애증을 다루고 있다. 파격적 스타일을 앞세운 영화로서 동민의 장례식을 섬뜩한 풍자로 보여준다. '89 인간시장 오! 하나님'이 크게 히트하면서 진유영은 재기하게 된다.

(뉴버드프로덕션) 94분 극영화 연소자가/사회물
감독·제작: 진유영
각본: 안진원(원작 김홍신)
개봉: 1989년 6월 3일 피카디리, 브로드웨이극장(서울)
관람인원: 8만 4671명(서울)
출연: 진유영, 박현숙, 김종선, 박혜란, 박일준, 김이래, 김지원, 민지환, 김성찬, 허기호 외
기획: 정태일
촬영: 정광석
음악: 강인구
조명: 강상룡
편집: 김현
의상: 이림스타일
분장: 이종란, 박준
사운드: 김병수, 이성근, 양대호
스틸: 이태성
조감독: 설춘환, 김형태, 전철, 김정호
수상: 제28회 대종상특별연기상(김종선)

빨간 여배우 Red Actress(1989)

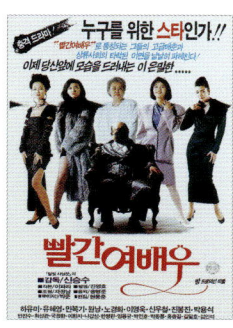

김선미(하유미)는 한국 최고의 영화배우가 되는 것이 꿈이다. 영화계에서 영향력을 행사하는 민화연(유혜영)은 자신의 뒤를 이을 신인으로 선미를 지목하여 스타로 부상시킨다. 선미는 그때부터 상류계층의 거물들을 상대로 총애를 받게 되지만 자신의 사생활에 싫증을 내면서 만사에 의욕을 잃는다. 동욱(이영욱)을 만나 삶의 위안을 얻고 결혼도 꿈꾸게 된 그녀는 동욱의 아버지가 자신과 관계했던 유명인사임을 알고 충격을 받는다. 민화연은 선미의 비극적 종말을 위해 치밀하고 조직적인 음모를 진행시켜 왔던 것이다.

● '장사의 꿈'(1985)으로 감독 데뷔한 후 '달빛 사냥꾼'(1986), '성야'(1988) 등을 잇달아 내놓은 신승수의 멜로드라마. '빨간 여배우'는 정치인에게 몸을 팔아 성공하려는 한 여배우의 몸부림을 그리고 있다. 계산 없는 사랑의 비극과 병적인 사회 구조 등 영화계 이면에 도사린 가십과 스캔들을 드러낸다.

(동보흥행) 102분 극영화 연소자불가/멜로
감독: 신승수
제작: 방규식
각본: 이파리
개봉: 1989년 6월 10일 스카라극장(서울)
관람인원: 5만 4523명(서울)
출연: 하유미, 유혜영, 민복기, 원낭, 노경희, 이영욱, 신우철, 진봉진 외
기획: 방규식
촬영: 진영호
음악: 송병준, 한경훈
조명: 차정남　**편집**: 현동춘
미술: 김유준　**소품**: 김호길
스틸: 노기홀　**의상**: 김영세
사운드: 김경일, 양대호
조감독: 이건호, 허동우
수상: 제14회 황금촬영상 동상(진영호)

구로 아리랑 Guro Arirang(1989)

(화천공사) 107분 극영화 연소자불가/
사회물

감독 · 각색 : 박종원
제작 : 박종찬
각본 : 이하영(원작 이문열)
개봉 : 1989년 7월 1일 아세아극장
(서울)
관람인원 : 2만 2912명(서울)
출연 : 옥소리, 이경영, 신은경, 최민
식, 윤예령, 이기열, 김나영, 이
민경, 이광희, 김의상 외
기획 : 김재응, 조영길
촬영 : 정광석
음악 : 김영동
조명 : 조길수
편집 : 이경자
미술 : 김유준
소품 : 이태우, 정민영
분장 : 허석도
사운드 : 김경일, 양대호, 김범수, 이병
하
스틸 : 백영호
조감독 : 박재호, 박기용, 김경빈, 임상
수
수상 : 제19회 모스크바영화제 출품

구로공단 봉제공장에서 근무하는 종미(옥소리), 미경(윤예령), 숙희(신은경) 등은 열악한 노동환경과 관리자들의 성적 희롱을 견디다 못해 인간으로 대접 받기 위한 시위를 벌인다. 한편 현식(이경영)은 시위 도중에 다쳐서 식물인간이 된 친구에 대한 죄책감으로 구로공단에 위장 취업하지만 신분이 들통나 결국 쫓겨난다. 그 와중에서 종미의 친구 미경은 노조에 가담했다는 이유로 해고당한 후 시위 과정에서 죽고, 종미를 좋아하는 진석(최민식)은 반장으로 진급한다. 월급과 보너스 지급이 지연되는 가운데 노동자들의 불만은 커져만 가고 현식은 밖에 나가서도 동료들이 회사와 싸울 것을 호소하고 설득한다. 사업주는 노동자들과 전경이 대치하고 있는 시위 현장에 공권력을 투입하여 그들을 진압한다.

● 박종원 감독 데뷔작. 이문열의 소설 『구로 아리랑』은 당시 대학 운동권 학생들 사이에서 필독서였다. 소설의 구성 방식은 처음부터 끝까지 아리랑 곡조 같은 타령조로 이어진다. 거기에는 물리적인 힘과 권력, 세력, 능력 등 '힘'을 길러야 한다는 메시지가 들어 있고 그것은 당연히 기업주에게 부당한 대우를 받는 노동자들에게 분발을 촉구하는 웅변이다.

이 영화는 당시 노동 밀집 지역이었던 구로공단에서 노동자들이 겪은 비참한 현실을 리얼하게 묘사하고 공단 부근의 노동자들과 노사 간의 갈등과 분쟁 등 사회적인 문제에 정면 도전해 주목 받았다.

감독은 이 노동운동 영화를 만들기 위해 서울 가리봉동에서 3주 동안 산업 선교회를 기웃거리며 노동운동가를 만나거나 여공들의 이야기를 듣고 상식적 관점에서 노사간 문제를 연구했다고 한다. 1980년대 구로공단을 배경으로 예민한 노사 문제를 다루고 있기 때문에 당시 공윤(위원장 곽종원) 심의에서 21곳이나 잘려나갔다.(동아 89. 8. 7, 경향 89. 8. 15) 극중 삭제된 부분은 주인공 현식(이경영)이 종미(옥소리)에게 박노해의 시를 읽어주는 장면, 마지막 부분에서 미경의 영정이 전경의 군화에 밟혀 깨지는 장면, 기업인을 '부자 놈'이라고 지칭한 부분, 남자 주인공의 위장취업 과정, 공장 반장이 가불을 미끼로 여공을 희롱하는 장면 등이 전부 삭제됐다. 삭제 이유는 "경제 발전을 저해할 우려가 있는데다 우리 경제를 일방적 시각에서 부정적으로 묘사"(「작품으로 말하는 영상미학자 영화감독 박종원」 경향 95. 10. 14) 했기 때문이라고 밝혔다. 옥소리와 신은경 스크린 데뷔작.

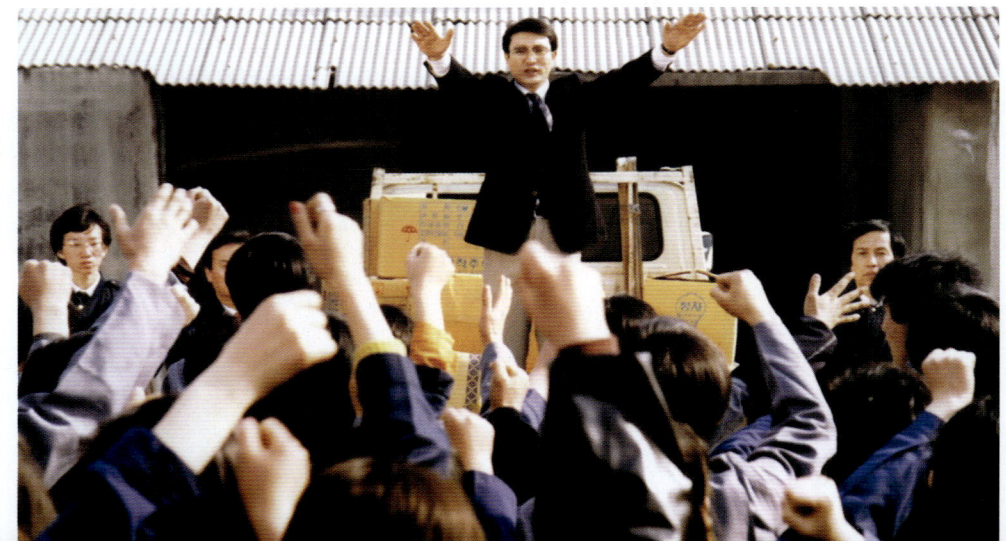

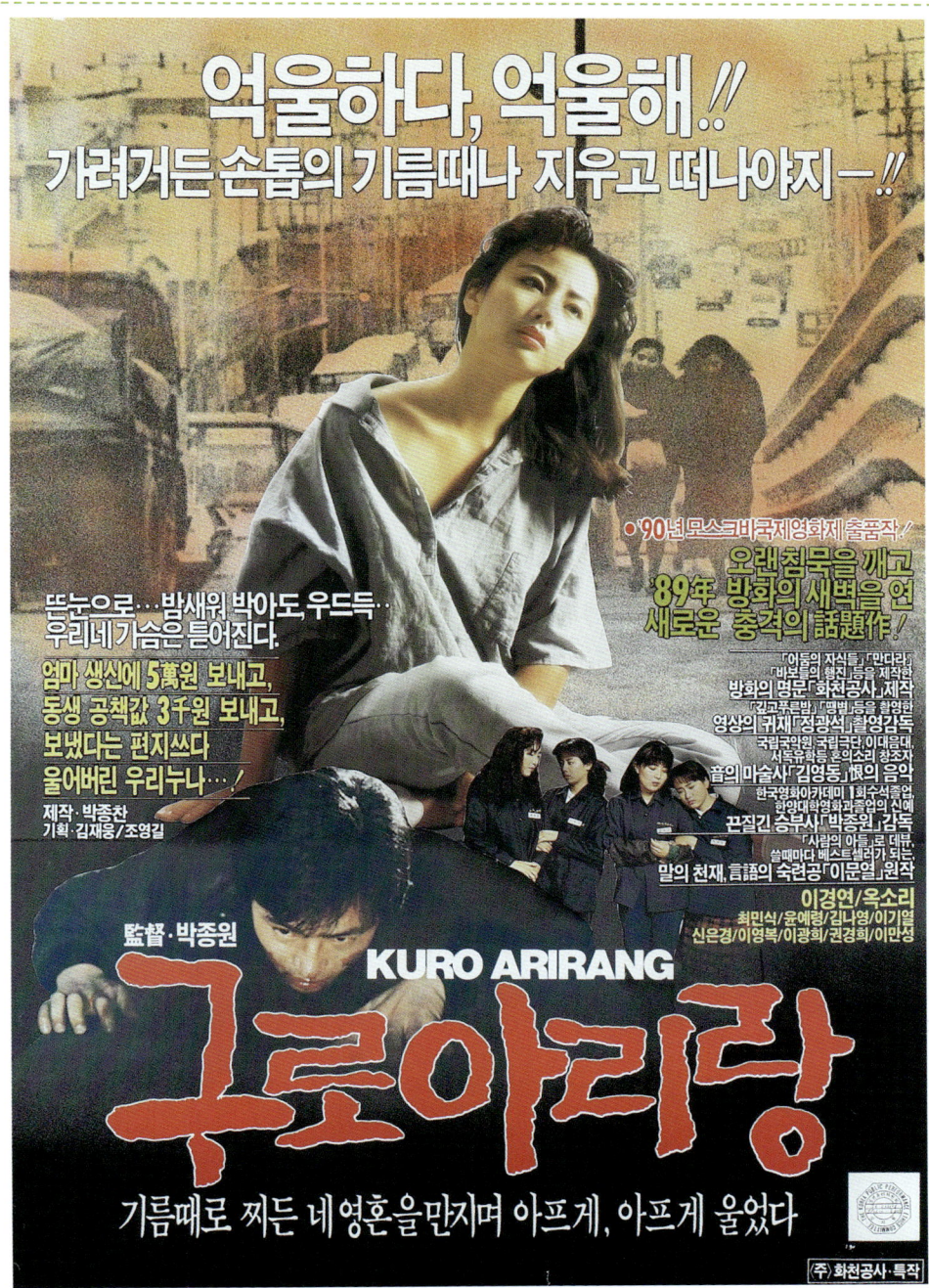

513

새앙쥐 상륙작전 Sae-ang-ji Landing Operations(1989)

(다모아필름) 90분 극영화 연소자가/
청춘

감독 · 각본 : 김정진
제작 : 박재홍
개봉 : 1989년 7월 29일 국제, 롯데1
관(서울)
관람인원 : 2만 8900명(서울)
출연 : 박남정, 하제니, 한정국, 전수
경, 신용욱, 석재혁, 송재영, 박
미선, 강인구 외
기획 : 박재규
촬영 : 유영길
음악 : 강인구
조명 : 김동호
편집 : 현대원
미술 : 씨네콤
사운드 : 이영길, 이재희
스틸 : 이태직
조감독 : 황인용, 이재건, 송호원, 유준
선

대학 연영과에 입학한 남정(박남정)은 제니(하제니)를 짝사랑하고 있다. 하지만 제니는 노래써클 귀뚜라미 리더인 선욱(신용욱)에게 더 관심을 갖고 있다. 조용하던 캠퍼스는 복학생 장호(한정국)의 등장으로 한동안 활기가 되살아나지만 선욱은 제니에게 냉담하기만 하다. 남정은 그런 제니를 대학가요제에 참가시켜 위로해주기로 한다. 그리고 자신은 심장병 어린이를 위한 기금모금 공연에 참가한다. 제니는 비로소 남정의 정성에 감동한다.

한편 캠퍼스를 활기차게 해놨던 장호는 새앙쥐 상륙작전호를 타고 어디론가 떠난다.

● 김정진 감독 데뷔작. 1987년 스포츠서울과 영진공이 주최한 시나리오 공모에서 당선된 작품이다. 김정진이 직접 쓴 이 시나리오는 판타스틱 코미디로 스필버그의 SF스타일을 한국영화에 접목시킨다는 야심찬 계획을 세우고 있었으나 한국영화의 기술적인 낙후로 그 뜻을 이루지 못한 것으로 전해진다.(《KINO》01. 5. 28) 당시 최고의 인기를 구가하던 댄스 가수 박남정이 주인공으로 나온다. 박남정 외에 강인구가 음악감독, 개그우먼 박미선이 특별 출연했다. 김정진은 이후 '복카치오 91'(1991), '데카당스'(1992) 등 성인영화를 선보이다가 '우연한 여행'(1994) 이라는 성장영화를 통해 이미지 쇄신을 시도하기에 이른다.

영구와 땡칠이 Yong-gu and Daeng chiri(1989)

(대원기획) 97분 극영화 연소자가/코
미디

감독 : 남기남
제작 : 안현식
각본 : 장덕균
개봉 : 1989년 7월 29일 뉴코아, 한
가람, 동서울, 뉴화양극장(서울)
관람인원 : 6만 4771명(서울)
출연 : 심형래, 김학래 외
촬영 : 김안홍
음악 : 강인구
조명 : 강광호
편집 : 현동춘
사운드 : 김경일
현상 : 세방현상소

폐쇄된 마을에 귀신들이 찾아들고 영구는 그 귀신들이 음모를 꾸미고 있는 폐가에 접근한다. 귀신들은 인간세계를 지배할 야심이 탄로날까 봐 걱정하지만 영구가 모자라는 아이임을 알고 경계를 늦춘다. 사람들이 하나둘씩 쓰러지자 영구는 그것이 피에 굶주린 귀신들의 소행임을 짐작한다.

귀신들의 소행을 못마땅하게 여기는 스님을 모시고 영구와 아이들은 폐가로 찾아가고 스님의 도력으로 귀신들에게 대항해 본다. 그러나 오히려 드라큘라의 공격을 받게 되고 영구가 던진 고무신에 드라큘라가 쓰러진다.

● 남기남의 코미디 영화. 심형래는 '바보 영구' 캐릭터를 이용한 '우뢰매'(1986) 시리즈와 '영구와 땡칠이'의 영구 시리즈에서 주인공으로 활약하면서 전국적인 스타가 되었다. 남기남의 '영구와 땡칠이'는 당시 최고의 흥행을 기록한 영화로 전해진다. 비공식적으로는 180만 관객 동원 대박설과 '200만 명'(김종원, 「한국영화감독사전」, 국악자료원, 2004년, p.333), 또 다른 기록은 270만 설 등이 있다. 영구 시리즈는 이후 '영구와 땡칠이 소림사 가다'(1989), 김주희의 '영구와 땡칠이 3탄 영구 람보'(1990), 남기남의 '영구와 땡칠이 4탄-홍콩 할매귀신'(1991), '영구와 황금박쥐'(1991), 그리고 심형래가 직접 메가폰을 잡은 '영구와 흡혈귀 드라큘라'(1992), '영구와 공룡 쮸쮸'(1993) 등이 연달아 터져 나왔다.

행복은 성적순이 아니잖아요
Happiness Does Not Come In Grades(1989)

고등학교 2학년인 봉구(허석)와 천재(최수훈), 창수(김민종)는 친한 친구 사이다. 성적이 하위권인 봉구는 성적이 우수한 은주(이미연)를 좋아하고 천재는 양호 선생님(최수지)을 짝사랑한다. 집이 어려운 창수는 어머니를 대신해서 청소 리어카를 끌어야 하기 때문에 그런 것에 관심을 가질 여유가 없다. 풍요로운 환경에서 자란 은주는 성적에 집착하면서도 봉구의 순수한 열정에 마음이 흔들린다. 하루는 둘이서 잠시 학교 성적에서 벗어나 야외로 나가 한가로운 시간을 보내기로 한다. 그러나 다음 시험에서 은주가 7등으로 밀려나자 은주의 부모는 차가운 시선으로 은주를 질책한다. 은주는 이를 견디지 못하고 아파트 옥상에서 투신한다. 텅 빈 은주의 책상에 꽃 한 송이가 놓이고 운동장에는 은주의 영구차가 대기하고 있다. 봉구는 비통한 눈물을 흘린다.

(황기성사단) 103분 극영화 연소자가/하이틴

감독 : 강우석
제작 : 황기성, 박용빈
각본 : 김성홍
개봉 : 1989년 7월 29일 아시아, 동아극장(서울)
관람인원 : 15만 5301명(서울)
출연 : 이미연, 허석(김보성), 최수훈, 이덕화, 최수지, 전운, 최주봉, 정혜선, 양택조, 김민종 외
기획 : 이춘연, 신철
촬영 : 정광석   **음악** : 김창완
조명 : 강상용   **편집** : 김현
분장 : 이동민
사운드 : 김경일, 양대호
스틸 : 윤진호
특수효과 : 김철석
조감독 : 나홍균, 양승욱, 정태일
수상 : 제10회 영평상 신인 감독상(강우석), 제26회 백상예술대상 시나리오(김성홍) · 신인연기상(이미연, 허석, 김보성)

● 감독 데뷔작인 '달콤한 신부들'(1988)로 주목을 끌었던 강우석의 하이틴 영화. 1986년 1월 15일 새벽, '행복은 성적순이 아니잖아요'라는 한 줄의 유서를 남기고 자살한 S사대부중 3학년생인 O양의 실화를 소재로 하고 있다.(경향 89. 9. 25) O양은 전교에서 1등을 하던 학생으로 당시 신문에 공개된 여학생의 유서는 입시 과열로 치닫던 우리 사회에 경종을 울렸다.

"난 1등 같은 건 싫은데, 난 꿈이 따로 있는데, 난 친구가 필요한데 이 모든 것은 우리 엄마가 싫어하는 것이지. …나에게 항상 수단과 방법을 가리지 말고 이기라고 하는 분, 친구와 사귀지 말라고 슬픈 말만 하시는 분, 그 분이 날 15년 동안 키워준 사랑스런 엄마라니 너무나 모순이다."

이렇게 시작되는 O양의 유서는 의식 있는 교사들에게 교육자로서의 양심을 묻는 근거가 되었고 입시 위주의 교육 풍토를 비판하면서 엄청난 사회적 파장을 불러일으켰다. 이 여학생의 유서는 1989년 전교조 결성의 배경인 참교육 운동의 모태가 되었고 임정진의 기획소설 『행복은 성적순이 아니잖아요』(1989년, 고려원)가 출간되어 당시 중고생들의 필독서가 되기도 했다. 강우석의 영화 '행복은 성적순이 아니잖아요'는 고교생을 상대로 하고 있지만 종래의 청소년물과는 근본적으로 양상이 다르다. 자칫 우울할 수 있는 소재임에도 감독 특유의 유머가 발휘되면서 관객으로 하여금 웃음 속에 눈물이라는 감동적인 메시지를 보내고 있다.

또한 한국영화산업에 '기획'이라는 개념을 처음으로 도입한 영화이기도 하다. 전문기획사 신(申)씨네(대표 신철, 기획실장 오정완 부부)가 홍보를 맡아 1년 6개월간 500명의 고교생을 상대로 설문조사를 통해 그들의 근본적인 고민이 무엇인가를 묻고 제목 선정에서도 여론조사를 거치는 치밀함을 보였다. 그러니까 여학생의 자살을 모티브로 하면서 방대한 인터뷰와 자료수집으로 시나리오가 구성되고 콘티가 짜여졌다. 하이틴 스타였던 이미연, 허석, 최수훈, 이덕화, 최수지, 김민종 등이 출연. 허석은 김보성의 본명이다. 그는 영화 데뷔 이후 1996년 '투캅스 2'가 흥행에 성공하면서 영화배우로서 주목을 받게 된다. 음악은 산울림의 김창완이 담당했고 가수 안치환이 주제가를 불렀다.

제10회 영평상에서 강우석이 신인감독상, 제26회 백상예술대상에서 김성홍이 시나리오상, 이미연과 허석(김보성)이 신인연기상을 수상했다. 관객 16만여 명으로 흥행 성공. 1989년도 한국영화 흥행 순위 3위에 올랐다.

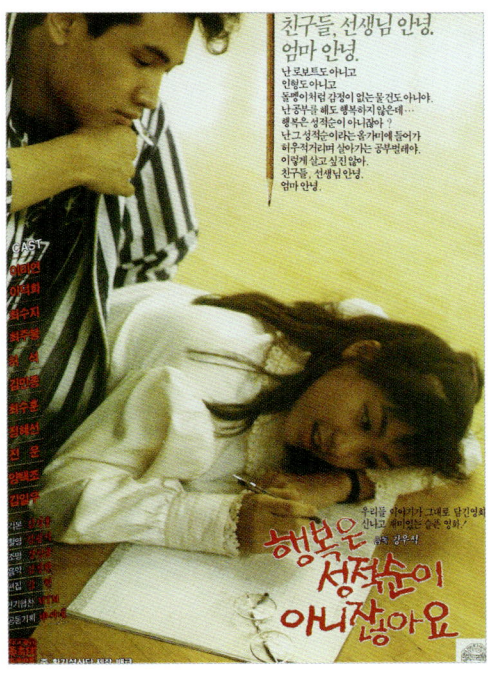

친구들, 선생님 안녕.
엄마 안녕.

난 로보트도 아니고
인형도 아니고
돈벌이하던 감정이 없는 존재가 아니야.
돈벌이하며 살아도 행복하지 않은데…
행복은 성적순이 아니잖아요?
난 그 성적순이라는 올가미에 들어가
허우적거리며 살아가듯 공부벌레야.
이렇게 살고 싶진 않아.
친구들, 선생님 안녕.
엄마 안녕.

우리를 일으키는 그대로 담긴 영화
산뜻한 영화 그러나 메마른 슬픈 영화!

행복은 성적순이 아니잖아요

미스 코뿔소 미스터 코란도

Miss Rhino and Mr. Korando(1989)

(판영화) 105분 극영화 연소자가/극영화

감독 : 이장호
제작 : 이승호
각본 : 이종학
개봉 : 1989년 7월 29일 서울극장
　　　(서울)
관람인원 : 1만 1973명(서울)
출연 : 정규수, 박영선, 임하룡, 유혜
　　　영, 주희, 상일한, 전유성, 서원
　　　섭, 김일우, 김항우, 최재훈 외
기획 : 이은수, 이장호
촬영 : 신옥현
음악 : 김도향
조명 : 강상용
편집 : 김현
미술 : 조융삼
소품 : 차순하, 송기현, 김광태
의상 : 앙드레김
사운드 : 이재웅, 김병수, 이성근, 김경
　　　일 양대호
특수효과 : 김철석, 김백진
무술감독 : 임만장

세계적인 가수를 꿈꾸는 철민(정규수)은 레코드 회사의 신인 가수 모집에 선발되어 자신의 노래를 녹음할 기회가 생긴다. 철민에게는 그가 짝사랑하는 미나(박영선)가 있지만 그녀는 철민에게 냉담하기만 하다. 한편 철민의 선배 도박사(임하룡)는 만능차인 코란도를 만들 꿈에 부풀어 있다. 그러던 어느 날 철민과 어떤 신사의 워크맨이 바뀌면서 그 신사가 시체로 발견되는 일이 생긴다. 신사는 히로뽕 인신매매 조직의 일원으로 철민은 졸지에 살인자가 되어 악당과 형사에게 쫓기는 신세가 된다. 결국 악당들에게 미나가 납치당하자 철민은 도박사와 함께 각종 장치와 무기가 장착된 코란도를 타고 미나를 구하러 간다. 악당들의 바자회에서 미나를 구출하고 뒤쫓는 악당들과 맞서 싸운다.

● 이장호 연출작. 각본 이종학. 가수를 꿈꾸던 청년이 히로뽕 인신매매 조직에 연루되면서 벌이는 일종의 모험담. 흥행과 비평에서 둘 다 성공하지 못했다. 악당이 가스총을 쏘자 임하룡이 진공청소기로 가스를 빨아들이는 장면이나 코뿔소 엉덩이 포스터 등이 반짝 유머를 선사하고 있다. 이때는 1980년대 정점에 서 있었던 이장호의 영화적 감각이 빛을 발하지 못할 때였다. 1980년대 한국영화에서 그를 앞자리에 세울 수밖에 없는 까닭은 한국영화의 새로운 물결을 주도해온 인물로서 그 시대의 사회적 아픔을 간파하여 그때마다 이를 대중에게 문제점으로 제시해주었기 때문이다. 덕수궁에서 촬영되었고 앙드레김이 영화 의상, 김도향이 음악을 맡았다.

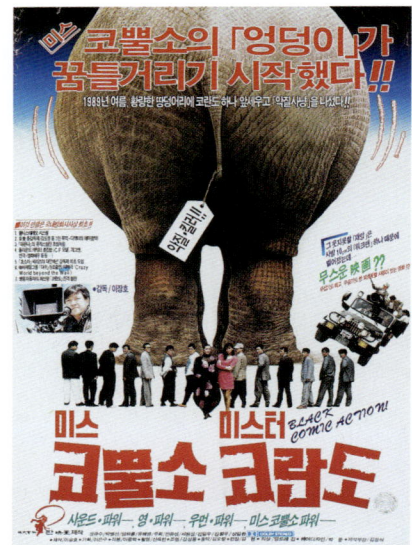

　　1980년대 들어 이장호의 흥행 성적은 '무릎과 무릎 사이'(1984) 26만 3000명, '어우동'(1985) 48만, '이장호의 외인구단'(1986) 29만 명 등으로 흥행 행진을 계속하다가 'Y의 체험'(1987), '미스 코뿔소 미스터 코란도'가 계속 흥행 참패, 특히 그가 세운 판영화사가 제작한 '깜동', '이장호의 외인구단 2'(1988)가 잇달아 실패하자 감독은 긴 휴면기로 접어든다.

불의 나라 Country of Fire(1989)

취직을 하러 서울에 온 순박한 찬규(이덕화)는 부와 권력을 위해서라면 물불을 가리지 않는 아름다운 은하(장미희)를 만난다. 그러나 향락적인 룸살롱의 마담인 은하는 첫사랑 민호(한지일)에 대한 배신감에서 헤어나지 못하고 있다. 찬규는 카세트를 팔면서 은하와 동거하게 되지만 그녀는 무능한 찬규를 싸늘하게 대한다. 찬규는 자신의 꿈이 허상임을 깨닫고 은하와 헤어지기로 하지만 사기죄에 휘말린 은하가 찬규를 찾아와 도움을 청한다. 찬규는 지친 은하를 감싸고 위로하며 새로운 삶을 살기 위해 은하와 함께 고향으로 내려온다. 그러나 은하의 가슴에는 새로운 욕망이 꿈틀거리고 시골생활에 적응하지 못한 채 서울로 되돌아간다. 은하를 찾아 헤매는 찬규의 절규는 바로 때 묻은 도시인들에게 퍼붓는 처절한 몸짓이다.

● '아메리카 아메리카'(1987)에 이은 장길수의 사회 고발극. 박범신의 동명 소설을 영화화한 작품. 배금사상이 지배하는 사회풍조 속에서 자신의 무능을 자책하는 내용으로 장길수 영화가 대부분 그렇듯이 인간의 정체성과 인간 공동체의 갈등을 다루고 있다. 장길수는 주로 문학작품을 스크린에 옮기는 작업에 앞장서면서 문학에 대한 독창적인 해석을 영상미로 살려냈다.

(세한진흥) 105분 극영화 연소자불가/
사회물
감독: 장길수
제작: 국정본, 이원부, 국수정
각본: 송길한, 최인석(원작 박범신)
개봉: 1989년 8월 19일 대한극장
　　　(서울)
관람인원: 11만 7789명(서울)
출연: 이덕화, 장미희, 한지일, 정승호, 전무송, 양택조, 이해룡, 진봉진, 신충식, 이숙희 외
기획: 국정본
촬영: 손현채
음악: 신병하
조명: 김강일
편집: 김희수
사운드: 김병수, 이성근, 양대호
스틸: 이태성
현상: 영진공, 현상실
조감독: 김강숙, 전지선, 이정욱
수상: 제26회 백상예술대상 여자연기상(장미희)

그 후로도 오랫동안 Shock Continues Long(1989)

프랑스 유학 후 프랑스어 학원 강사가 된 선우수미(강수연)는 7년 전, 치욕의 악몽을 잊지 못한다. 티 없이 해맑았던 대학 신입생 시절 수미는 진우(정보석)와 데이트 도중에 낯모르는 다섯 명으로부터 집단 성폭행을 당한 일이 있다. 경찰이 된 진우는 그녀의 정신적, 육체적 방황을 회복시키려고 노력하지만 그녀는 끝까지 진우를 거부했다. 그 무렵 수미 앞에 젊은 시절의 상처로 허무감에 빠져 있던 이현욱(김영철)이라는 사람이 나타난다. 또 프랑스어 학원 수강생 강호(김세준)도 수미를 일방적으로 사랑하고 있다. 상처뿐인 수미가 자신의 사랑을 받아들이지 않자 강호는 자살 소동을 벌이고 수미는 또 다시 충격을 받는다. 오랜 요양 생활로 과거의 응어리가 조금씩 풀려가자 수미는 진우가 아닌, 자신과 같은 상처를 지닌 현욱을 찾는다. 진우는 과거의 범인들을 찾아내 모두 살해하고 자신도 권총 자살로 생을 마감한다.

● '겨울나그네'(1986)로 감독 데뷔한 곽지균의 사회극. 곽지균의 다양한 현장 경험을 바탕으로 제작되었다. "성범죄에 희생된 여성의 외상을 그린 영화로 영화적 표현에 있어서 완성도가 뛰어나다"는 평을 받았다. 같은 해 연출한 '상처'가 관객 8만 7000명을 동원하는 데 비해 이 영화는 관객 20만 명선(19만 2061명) 동원으로 1989년 한국영화 흥행 순위 2위를 기록했다. 각본을 쓰고 조감독으로 참여했던 장현수는 후에 '걸어서 하늘까지'(1992)로 감독 데뷔한다.

(태흥영화) 112분 극영화 연소자불가/
사회물
감독: 곽지균
제작: 이태원
각본: 장현수
개봉: 1989년 9월 9일 단성사, 브로드웨이극장(서울)
관람인원: 19만 2061명(서울)
출연: 강수연, 정보석, 김영철, 김세준, 주용만, 엄도일, 김하림, 양택조, 이해룡, 한영수 외
기획: 이태원　**촬영**: 정광석
음악: 김도향　**조명**: 신학성
편집: 김현　**미술**: 도용우
소품: 김호길, 황인식
동시녹음: 소원종, 이병하
사운드: 김경일, 양대호
특수효과: 이문걸
조감독: 장현수, 배종화, 이대로
수상: 부산 영화평론가협회 선정 최우수 영화 및 영화인 최우수조연남우(김영철)

달마가 동쪽으로 간 까닭은

What is the Reason Why Bodhidharma Went to the East?(1989)

(배용균프로덕션) 135분 극영화 연소
자가/종교

감독·제작·각본: 배용균
개봉: 1989년 9월 23일 명보, 씨네
  하우스 3관(서울)
관람인원: 14만 3881명(서울)
수출현황: 스위스(89), 프랑스(90)
출연: 이판용, 신원섭, 황해진, 고수
  명, 김희룡, 윤병희, 최명덕, 이
  은영, 이선혜 외
촬영: 배용균
음악: 진규영
조명·미술·편집: 배용균
사운드: 김경일, 양대호
현상: 영진공
수상: 제42회 스위스 로카르노영화제
  그랑프리 금표범상·작품상·
  감독상(배용균)·촬영상, 청년
  비평가상 2위, 기독교평론가상
  1위, 국제기자협회상 1위, 버클
  리상 2위(배용균), 제8회 한국
  영화작가상(배용균), 부산영화
  평론가협회 선정 최우수영화
  및 영화인 최우수한국영화·최
  우수감독(배용균), 제10회 영평
  상 심사위원특별상(배용균)

노승 혜곡(이판용)과 동자승 해진(황해진)이 살고 있는 낡은 산사로 젊은 기봉(신원섭)이 찾아든다. 기봉은 자기 본성을 깨닫는 견성성불(見性成佛)로 자유의 길을 얻고자 하는 승려다. 혜곡은 낮밤을 가리지 않고 좌선을 하다 옆구리에 동상이 생겨 살을 도려내고도 파안대소를 하는 도의 경지에 이른다. 그는 세상과 인연이 끝나고 있음을 알고 있다. 그런 혜곡스님과 끊임없이 정신적 교감을 갖는 기봉은 법을 얻기 위한 고행과 수행을 하지만 아직 인륜과 혈육의 정, 세간의 욕망에서 벗어나지 못하고 번뇌에 갈등한다. 그는 혜곡이 자신에게 한 것처럼 어린 해진에게 사랑의 끈을 놓지 않는다.

혜곡은 죽을 때가 임박하자 기봉에게 아무에게도 알리지 말고 자신을 화장시켜달라고 부탁하고 기봉은 이를 수행한다.

● 배용균 감독 데뷔작. 배용균 프로덕션 작품으로 배용균이 제작·감독·각본·촬영·미술·편집·조명 등 영화에서의 전 과정을 철저히 담당하고, 감독 혼자서 모든 것을 다 해낸 1980년대 예술영화의 표본으로서 평론가 강한섭은 "이는 진정한 첫 번째 독립영화로서 독립영화의 가능성을 모두 실천한 영화"라고 평했다.

감독은 영화에서 한 동자승의 눈에 비친 인간의 생과 사, 자연과 생명의 신비함을 담담하게 그려낸다. 바위처럼 흔들림이 없는 노승 혜곡, 자기 본성을 깨닫고 해탈에 이르고자 하나 세속적 번뇌를 끊어내지 못하는 젊은 승려 기봉, 그리고 아직 세속의 때가 묻지 않은 동자승 해진, 이 세 명의 승려를 통해 삶과 죽음, 해탈과 자유라는 문제를 풀어나간다. 선적 구도에 질문만이 존재하듯이 영화는 애초부터 정답이 불가능한 형이상학적 질문만 계속 제기한다. 여기서는 자연 풍경 모두가 하나의 화두이며 선문답이다.("인간의 구도과정 그렸다" 동아 89. 9. 29)

매 순간, 그리고 바라보는 각도에 따라 달라지는 자연 풍경을 우주적 진실로 반영하기 위해 감독은 구도적 자세로 이를 형상화하는 작업에 치중하고 있다. 즉 롱테이크와 몽타주, 롱숏과 클로즈업을 오가는 영화 스타일은 예리하고 신중한 시선으로 인간과 자연을 포착한다. 따라서 영화 속에 등장하는 각 숏이 이미 '하나의 시이자 그림이며 침묵'이 된다.

이 영화는 기획 단계 8년, 제작에만 4년이 걸렸다. 어떤 장면은 한 장면을 만들기 위해 60번

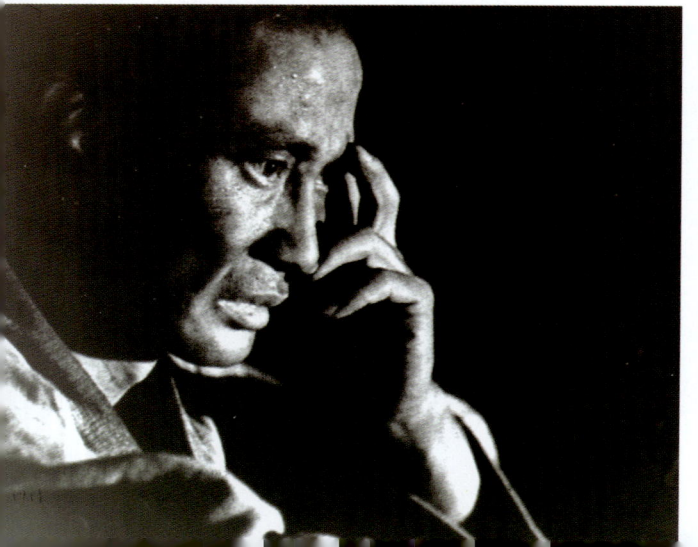

을 넘게 찍었고, 계절이 바뀌면 다음 해를 기다려 찍기도 했으며, 하루에 고작 두세 컷만 찍을 때도 있었다고 한다. 연기자도 틀에 박힌 연기의 틀을 깨기 위해 신인을 기용했다. 이때 발탁된 사람이 노승 역의 이판용과 견성성불 기봉 역의 신원섭, 그리고 동자승 황해진 등이다. 영화는 원래 2시간 45분짜리지만 극장 상영을 위해 2시간 15분으로 줄였다. 제42회 스위스 로카르노영화제에 출품되어 최우수작품상인 금표범상을 비롯해 감독상·촬영상·청년비평가상 등 한국영화사상 유례를 찾아볼 수 없는 쾌거를 이뤘고 그 외에도 기독교평론가상 1위, 국제기자협회상 1위, 버클리상, 한국영화작가상, 부산영화평론가협회 선정 최우수영화 및 영화인·최우수한국영화·최우수감독, 영평상 심사위원특별상을 받았다.

이 영화는 개봉과 함께 절제된 대사와 완벽에 가까운 영상 언어가 특히 세련됐다는 평과 함께 14만 관객을 동원했다. 프랑스에 10만 달러에 수출했다.

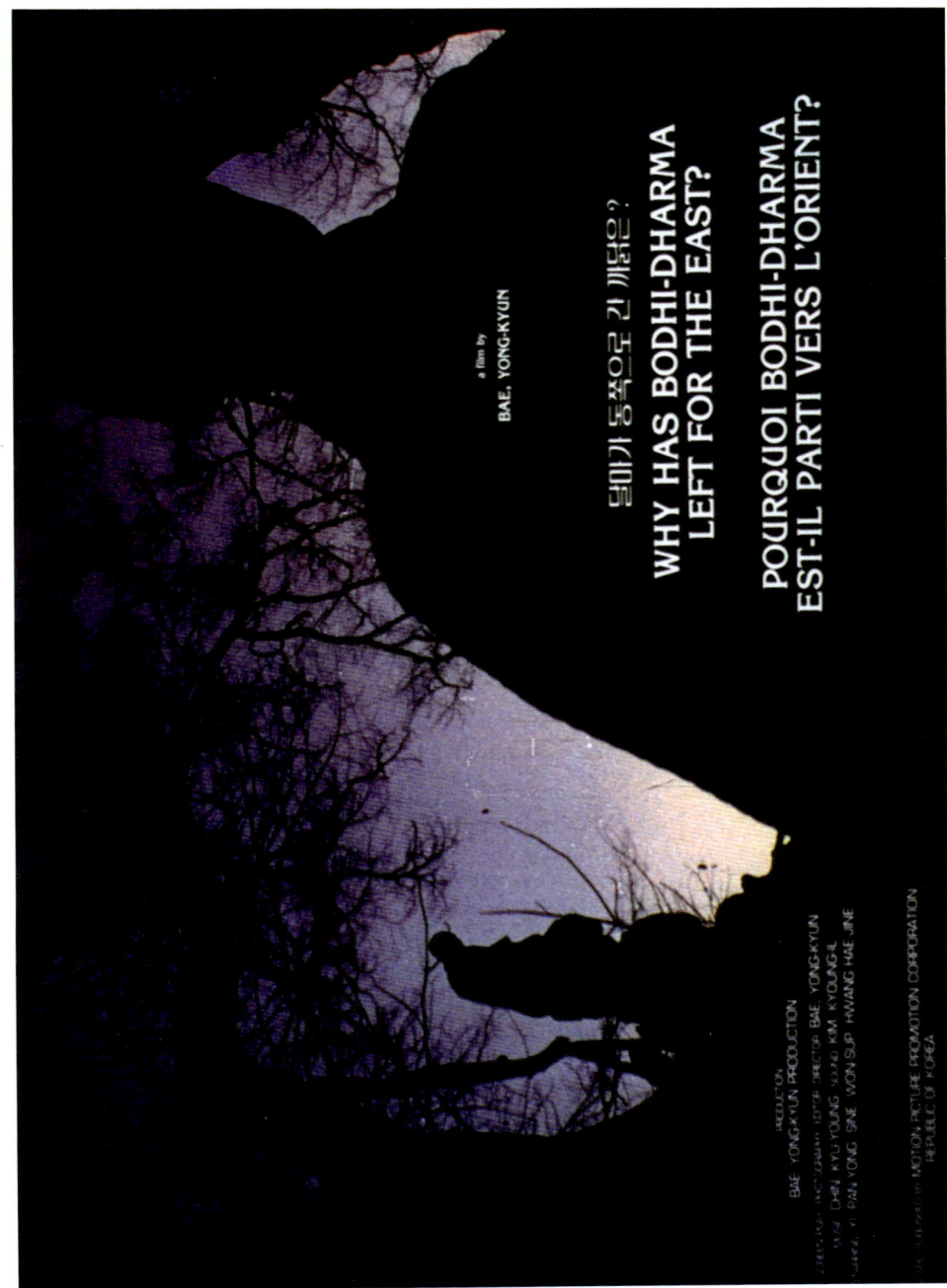

아낌없이 주련다 All For You(1989)

(지미필름) 116분 극영화 연소자불가/
멜로

감독: 노세한
제작: 진성만, 국정본, 이원부
각본: 송길한(원작 한운사)
개봉: 1989년 9월 30일 대한극장
　　　(서울)
관람인원: 14만 8339명(서울)
출연: 김지미, 이영하, 박근형, 이상
　　　아, 정인상, 진수정, 안진수, 박
　　　정자, 김인문 외
기획: 김지미
촬영: 손현채
음악: 신병하
조명: 김강일
편집: 김희수
사운드: 소원종, 김병수, 이성근, 양대
　　　호
스틸: 김규흥
조감독: 양동우, 김성환, 이순안

비가 쏟아지는 러시아워. 현우(이영하)는 택시를 잡다가 우연히 미모의 중년여성인 다영(김지미)의 승용차에 편승해 첫 출근을 한다. 면세점 관리 직책을 맡아 업무를 설명하던 현우는 뜻밖에도 다영이 매장 매니저라는 것과 대학 은사의 미망인임을 알게 된다. 업무상 자주 만나게 된 현우와 다영은 자연스럽게 가까워진다. 한편 관리부장 남도연(박근형)은 다영에게 집요하게 구애해오지만 그녀는 현우와의 순수한 사랑에 집착한다. 남도연은 걸림돌인 현우를 부산지점으로 발령을 내고, 다영의 딸 혜림(이상아)은 젊은 남자를 좋아하는 엄마에게 실망해서 미국으로 가버린다. 다영은 이러한 사회적 통념에 괴로워하면서도 부산에 있는 현우를 찾아가 꿈 같은 시간을 보낸다. 그러나 두 사람 사이에 보이지 않는 벽을 느낀 다영은 그날 새벽 현우의 곁을 떠난다.

● 1962년 한운사의 HLKA 연속방송극을 영화화한 작품. 남편의 제자와 사랑에 빠진 미망인의 이루어질 수 없는 사랑을 그린 내용. 유현목의 '아낌없이 주련다'(1962) 를 리메이크한 작품이다. 1960년대 영화는 신성일과 이민자가 출연하여 제2회 대종상 감독상과 제6회 부일영화상 작품상을 수상, 당시 서울 개봉관 기준 관객 7만 명 동원으로 흥행에 성공했다. 노세한의 '아낌없이 주련다' 는 김지미가 기획ㆍ출연하여 관객 14만 8339명 동원으로 역시 흥행에 성공했다.

달아난 말 Speeding Horse(1989)

(고려영화) 113분 극영화 연소자불가/
멜로

감독: 유진선
제작: 박태환
각본: 김승남(원작 김상열)
개봉: 1989년 10월 14일 피카디리극
　　　장(서울)
관람인원: 1만 1145명(서울)
출연: 김영철, 박순애, 길용우, 지영
　　　신, 주호성, 장정국, 문미봉, 주
　　　상호, 오희찬, 이장훈 외
기획: 박태환
촬영: 김남진
음악: 신병하
조명: 정덕규
편집: 현동춘
세트: 도용우
소품: 김태욱
의상: 권유진
분장: 정준호
특수효과: 김철석
스틸: 박희재
사운드: 김병수, 이성근, 양대호, 김범
　　　수

철학교수 김진우(김영철)는 남보다 늘 앞장서야 한다는 강박관념에 쫓기고 있다. 해직 이후 정신적 압박과 스트레스로 정신분열 증세를 보이게 된 그는 자기 자신을 경마장에서 달아난 말이라고 생각한다. 그는 어느 날 가출해버린다. 이 증세 때문에 진우는 정신과 의사 현우(길용우)를 찾아가고 현우는 진우를 위해 친구의 도리를 다한다. 하지만 진우의 불안 증세가 날이 갈수록 심해지자 현우는 진우의 거처를 진우의 아내 희영(박순애)에게 알린

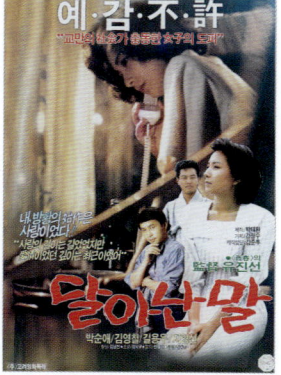

다. 희영은 진우의 고민에 빠진 모습을 보고 슬픔에 못 이겨 자살하고 현우는 희영이 죽자 진우를 원망한다.

● 1983년 《소설문학》에 집중 분재했던 김상열의 장편 「달아난 말(奔馬)」을 원작으로 하고 있다. 소설은 날로 물신화, 병들어 가는 사회병리 현상을 주인공의 개인사와 결부시켜 진단한 작품. 희영 역을 맡은 박순애가 옷을 벗고 출연해서 화제가 됐으나 흥행에서는 실패했다.

며느리 밥풀꽃에 대한 보고서
The Report of the Daughter-in-law's Rice Flower(1989)

농사를 짓던 순이는 소꿉친구 창수에게 배신당한 후 서울에 올라와 봉제 공장에 다니고 있다. 그녀는 노동력이 부당하게 착취당하는 현실을 보고 노조 결성을 결심하기에 이른다. 반장이 노조와 관련되어 있다고 해서 해고당하는가 하면 가난한 동료가 미싱 기사에게 속아 돈과 몸을 바친 후 쫓겨나기도 한다. 한편 회사 간부가 된 창수는 순이의 노조 결성을 저지하려다 이를 거부하자 인신매매 조직을 동원해서 순이를 윤락가에 넘긴다. 순이는 거기서 인신매매 일당 중 한 명을 살해하고 형을 살고 나온다. 세상사에 허무함을 느낀 순이는 명호와 결혼할 것을 결심하지만 창수는 미싱 기술자를 시켜서 순이를 끝까지 죽이려 든다. 순이는 오히려 미싱 기술자와 창수를 죽이고 차를 몰아 검문소 바리케이드를 돌파하다가 경찰이 쏜 총에 맞는다.

● 류재무 감독 데뷔작. 이현세의 동명 인기 만화를 각색한 사회비판 영화로 산아 문제와 노동 문제라는 이중의 고통을 안고 살아야 했던 한 여성 노동자의 비극적 삶을 다루고 있다.

(동방흥행) 108분 극영화 연소자불가/사회물
감독 : 류재무
제작 : 이창신
각색 : 윤삼육(원작 이현세)
개봉 : 1989년 10월 28일 허리우드극장(서울)
관람인원 : 1만 2618명(서울)
출연 : 나영희, 천호진, 강정아, 하대경, 양택조, 오희찬, 안병경, 김기주, 최민금 외
기획 : 김진관
촬영 : 서정민
음악 : 신병하
조명 : 손영철
편집 : 현동춘
소품 : 이원우, 김광태
사운드 : 김병수, 양대호
특수효과 : 이문걸
스틸 : 이태성
조감독 : 손영호, 이은

쫄병수첩 Journal of a Soldier(1989)

대학생이었던 홍주공, 자동차 정비공이었던 박말수, 건달이었던 권총찬, 나이트클럽 주방장 여진국, 한량 끼는 많으나 인자한 오칠팔, 서류 잘못으로 군대에 오게 된 난장이 박거인 등은 군대에서 같은 분대원으로 만나게 된다. 최고참 오칠팔로부터 쫄병 홍주공에 이르기까지 이들은 새로운 상황에 적응하면서 좀더 다양하고 인간답게 살기 위해 각자의 개성을 최대한 발휘해 보기로 한다. 계속되는 비상점호, 사격훈련, 보초경계 등 혹독한 훈련으로 인해 개성의 상실을 느끼며 번민하지만 따뜻한 인간미로 서로를 감싸며 자신들의 불만을 이겨낸다. 그렇게 시간이 지나는 동안 그들의 우정은 두터워진다.

● 하주택 감독 데뷔작. 군대라는 조직사회에 대한 비판적 시각 대신 신병훈련소 생활과 내부반 활동 등 군대생활을 희화적으로 그렸다. 김형자, 유영국, 김기섭 등이 특별 출연. 흥행에서 크게 실패하지 않으면서 속편인 '쫄병수첩 2'(1990)를 연출, 2편에서도 1편에 나왔던 전호진과 이상운이 출연. 이들은 힘든 신병 생활을 거쳐 상병계급장을 단 고참 사병이 되기까지의 군대생활을 소개한다. 속편은 1990년 5월 29일 서울 피카디리에서 개봉되어 관객 4만 3000여 명을 동원했다. 영화마다 제작비 투입 정도에 따라 다르지만 이때까지는 관객 5만 정도 동원은 흥행 실패로 보지 않았다. 1990년대 이후 5만 관객은 흥행 부진에 속하게 된다.

(중앙시네마) 95분 극영화 연소자불가/사회물
감독 : 하주택
제작 : 윤우식
각본 : 박광우(원작 김인성)
개봉 : 1989년 11월 18일 스카라극장, 롯데 2관(서울)
관람인원 : 4만 2412명(서울)
출연 : 전호진, 이상운, 신혜수, 임영규, 조형기, 유병한, 김홍석, 김경주, 김경란, 김진화, 오희찬, 이장훈, 박영노, 허길무, 장용휘, 김형자, 유영국, 김기섭 외
기획 : 이상운, 박한
촬영 : 강대용   음악 : 오준영
조명 : 조길수   편집 : 이경자
미술 : 김일우, 윤인자, 염홍준
소품 : 김호숙
사운드 : 김병수, 양대호
특수효과 : 김철석
스틸 : 이태성
조감독 : 조종우, 박원우, 이인송

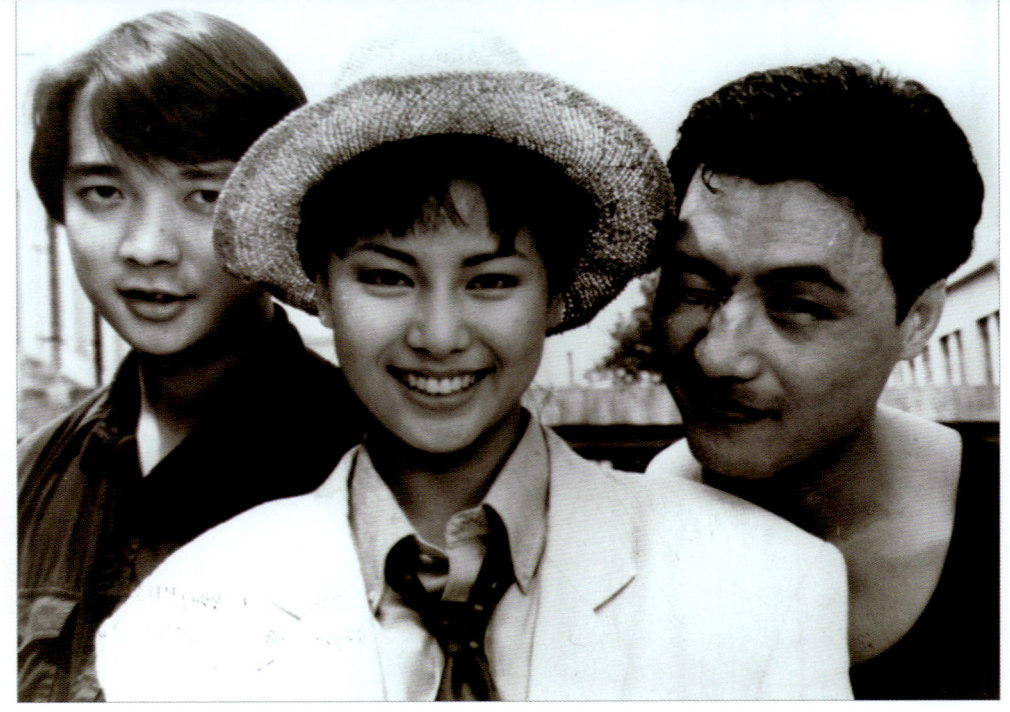

비오는 날 수채화 A sketch of a rainy day(1989)

(청기사그룹) 124분 극영화 고등학생
가/멜로

감독 · 각본 : 곽재용
제작 : 윤강혁
개봉 : 1990년 2월 17일 브로드웨이
극장(서울)
관람인원 : 6만 4538명(서울)
출연 : 강석현, 옥소리, 이경영, 신성
일, 김인문, 이기열, 방은희, 김
영옥, 추석양, 한정호 외
기획 : 강우선　**촬영 :** 양영길
음악 : 강인원　**조명 :** 박창호
편집 : 김현　**미술 :** 양재천
의상 : 박혜정　**스틸 :** 정기성
사운드 : 김병수, 이성근, 양대호
조감독 : 배상구, 신춘수, 이영식
수상 : 제26회 백상예술대상 주제가상
(강인원), 제14회 황금촬영상 ·
금상 · 감독상(곽재용) · 조명상
(박창호) · 신인얼굴상(강석현) ·
특별상촬영팀 공로 부문: 양범
식, 제10회 영평상 음악상(강인
원) · 신인연기상(이경영)

지방유지의 양자로 입양된 지수(강석현)는 새 누이동생 지혜(옥소리)와 행복한 유년기를 보낸다. 성장하면서 두 사람 사이에는 남모를 사랑이 싹튼다. 지방 미대에 입학한 지혜와 떨어져 있는 동안 두 사람의 사랑은 더욱 절실해지고 이 사실을 알게 된 양부(신성일)는 크게 분노하여 지수와 지혜 사이를 떼어놓는다. 집에서 쫓겨난 지수는 술집 종업원이 되어 술집 주인을 찌르는 일이 생기고 지혜는 이루어지지 못할 사랑의 괴로움으로 정신병원에 간다. 비를 맞으며 그리는 수채화가 제대로 그려질 수 없듯이 남매 아닌 남매의 이성적 사랑은 결국 결실을 맺을 수 없음을 보여준다.

● 곽재용 감독 데뷔작. 곽재용이 직접 각본을 쓴 작품으로 영화제작소 청기사그룹 설립 기념작품이기도 하다. 젊은 날의 방황을 감상적으로 그린 청춘 멜로드라마로 제목에서 풍기듯 수채화 같은 싱그러운 색감의 영상처리와 밝고 경쾌한 주제곡이 전체 화면에 깔린다. 비 내리는 풍경을 어둡거나 질척하지 않은, 수채화처럼 경쾌한 신선함으로 표현하고 있다.

　신성일, 강석현 부자 출연, 작은 별 가족의 강인원이 주제가를 불러 백상예술대상 주제가상을 받았다. 그 외 김현식, 권인하의 "비 오는 날의 수채화", 기타 삽입곡 "오래전에"(권인하), "그 거리 그 벤치"(김현식), "비옷을 입은 천사"(강인원) 등이 영화에서 배경음악으로 삽입된 후 히트했다. '비 오는 날 수채화' 속편인 '비 오는 날 2 - 느티나무 언덕'(1993)이 만들어졌지만 흥행에는 실패했다.

회색도시 2 灰色都市 2, The gray city 2(1989)

수산시장에서 일하는 선욱(조상구)은 옛 애인 소연(전세영)과의 사랑이 실패로 끝난 데 대한 죄책감을 가지고 있다. 소연은 불량배들에게 윤간을 당한 후 교통사고로 다리까지 잃고 미국으로 떠났다. 선욱은 그때부터 공해와 범죄로 얼룩진 도시를 오토바이를 타고 질주하면서 소연을 치고 달아난 도난차량 찾기에 몰두한다. 형 선욱을 안타깝게 여긴 동생 재욱(마석원)도 형을 돕기로 한다. 소연을 치고 달아난 도난 차량이 모종의 범죄조직임을 알아내고 그들의 범죄에 가담한다. 선욱은 위험에 처한 동생을 구하기 위해 결전장으로 뛰어나갔다가 총에 맞아 사망한다. 쓰러진 선욱의 손에는 소연에게서 선물 받은 지포라이터가 쥐어져 있었다.

● 안재석 감독 데뷔작. 한국영화아카데미가 제작한 안재석의 '회색도시 1'(1986)는 16mm 단편영화(14분)로 일반에 공개되지 않았다. 시네피아(시네마+마피아)프로덕션 첫 번째 작품이자 그가 만든 '회색도시 1'에서 내용을 딴 속편이다.
　거짓과 위선으로 얼룩진 사회에서 진실을 찾기 위해 방황하는 젊은이들의 좌절을 그린 영화로 회상 장면과 액션 장면 등을 모노크롬 톤으로 처리하여 느와르풍의 화면을 구사하고 있다(「인간성 상실 주먹세계 사실적 묘사 돋보여」 경향 90. 3. 16) 는 평을 받았다. 이 영화는 1990년 좋은 영화와 제1회 미장센영화제 개막작으로 선정되었다.

(시네피아프로덕션) 86분 극영화 연소자불가/액션

감독·제작 : 안재석
각본 : 연태완
개봉 : 1990년 3월 10일 피카디리극장(서울)
관람인원 : 1만 4033명(서울)
출연 : 조상구, 마석원, 전세영, 김춘식, 조주미, 이금주, 상일환, 현길수, 남궁원, 암도일 외
기획 : 엄용주
촬영 : 강대용
음악 : 김은규
조명 : 이승구
편집 : 박순덕
미술 : 김찬석
사운드 : 김병수, 양대호
수상 : 영진공 선정 좋은 영화, 제1회 미장센영화제 개막작 선정

물의 나라 Water World(1989)

길수(정승호)는 출세 지향을 위해 수단과 방법을 가리지 않는다. 그는 자신을 성공으로 이끌어 준 허만철 사장(신충식)을 배신하고 허만철의 내연의 처인 송미란(심혜진)까지 차지한다. 확고한 입지를 세웠다고 자만하는 그는 서지혜(김미정)라는 여대생을 만나 사랑하게 되면서 아내와도 이혼한다. 그와는 대조적으로 고향 친구 백찬규(안승훈)는 물질만능보다 정신적 평온과 노동의 가치를 중요시한다.

　한편 길수에게 배신당한 허만철 사장은 복수의 일념으로 길수의 회사를 도산시키고 길수는 3년 6개월의 형을 살고 나온다. 그때도 그의 두 눈은 특별시민이라는 도도함을 잃지 않은 채 금빛 환상을 쫓는다.

● 지미필름 작품으로 김지미가 기획에 참여하고 있다. 원작은 배금주의의 노예가 된 인간 군상을 그린 박범신의 동명 소설. 1987년에 발표된 소설로 류영진이 직접 각본을 썼다. 시골에서 올라온 젊은이가 서울에서 생존하는 이야기를 다룬 내용으로 화려한 특별시민이 되기 위해 물불을 가리지 않는 주인공과 노동의 신선한 가치를 중요시하는 두 친구의 삶의 방식을 대비시키고 있다.
　영화는 1980년대 이후 서울이 거대한 욕망의 도시로 변해가는 방식과 그 과정에서 지방 사람들이 서울시민이 되기 위해 어떻게 몸부림쳤는가를 희화적으로 보여준다. '물의 나라'의 특징은 통념적으로 주인공의 야심이 사그라지고 몰락하는 마무리와는 달리 주인공을 다시 원점으로 출발시키는, 재기의 가능성을 제시한 것이 다르다. 류영진의 '추억의 이름으로(1989)'를 통해 스크린 데뷔한 심혜진이 이 영화에서도 여주인공을 맡았다. 신인 안승훈이 대종상 신인연기상 수상.

(지미필름) 112분 극영화 연소자불가/사회물

감독 : 류영진
제작 : 진성만, 국정본, 이원부
각본 : 유영진(원작 박범신)
개봉 : 1990년 1월 20일 대한극장(서울)
관람인원 : 7만 3686명(서울)
출연 : 정승호, 심혜진, 김미정, 안승훈, 신충식, 김재이, 양택조, 조주미, 정부미, 이한수 외
기획 : 김지미
촬영 : 서정민
음악 : 정성조
조명 : 김강일
편집 : 김희수
의상 : 손정완
사운드 : 소원종, 김병수, 양대호
스틸 : 이태성
조감독 : 김호섭, 권형진, 추교진
수상 : 제28회 대종상 신인남우상(안승훈)

추락하는 것은 날개가 있다

That Which Falls Has Wings(1989)

(다남흥업) 122분 극영화 연소자불가/
청춘

감독 : 장길수
제작 : 이지룡, 이정주
각본 : 윤대성, 장길수, 이종학
　　 (원작 이문열)
개봉 : 1990년 1월 26일 국도극장
　　 (서울)
관람인원 : 31만 2684명(서울)
출연 : 강수연, 손창민, 최민식, 이효
　　 정, 안혜리, 이낙훈, 이혜영, 문
　　 미봉, 이종만, 김정림, 김주언,
　　 김지영, 박예숙, 지미리 클리
　　 프, 코오더 버디, 다니엘스 찰
　　 스 고가노 외
기획 : 이지룡
촬영 : 이석기
음악 : 신병하
조명 : 손영철
편집 : 김희수
소품 : 이원우, 김광태
분장 : 정준호
동시녹음 : 김범수, 이병하
사운드 : 김병수, 양대호
특수효과 : 이문걸
스틸 : 이태직
현상 : 영진공
조감독 : 김강숙, 정희헌, 한석환
수상 : 제28회 대종상영화제 최우수작
　　 품상(다남흥업 : 이지룡) · 감독상
　　 (장길수) · 여우주연상(강수연) ·
　　 촬영상(이석기) · 음악상(신병하)
　　 · 기획상(이지룡) · 녹음상(김병
　　 수) 등 7개 부문 수상, 제11회
　　 청룡영화상 시나리오상(윤대성,
　　 장길수, 이종학), 제26회 백상예
　　 술대상 인기상(강수연, 손창민),
　　 제10회 영평상 여자연기상(강수
　　 연), 영진공 선정 좋은 영화, 몽
　　 고 한국영화주간 출품

지방의 작은 읍에서 유일하게 법대에 합격한 임형빈(손창민)은 주변의 기대를 한 몸에 모으고 있다. 고시합격을 목표로 공부에 전념하던 그는 어느 날 영문학을 전공하는 서윤주(강수연)를 만나 그녀의 이국적인 매력에 끌리게 된다. 그런데 그녀가 새 학기에 등록을 하지 않고 이태원 외국인 전용 술집을 전전한다는 소문에 그녀를 찾아 나서고 두 사람은 동거에 들어간다. 이 사실을 알게 된 형빈의 아버지는 윤주에게 형빈과 헤어질 것을 요구하고 윤주는 미국으로 떠난다.

형빈은 고시공부 대신 대기업에 취직해서 미국지사로 파견 근무를 지원한다. 미국에서 만난 두 사람은 한동안 행복한 시간을 보내지만 윤주는 파티와 쾌락만을 추구하며 형빈을 귀찮게 여긴다. 그들은 별장에 와서 말다툼을 벌이다가 형빈은 미리 준비해온 총의 방아쇠를 당긴다. 윤주는 형빈을 사랑했다는 말을 남기고 눈을 감는다.

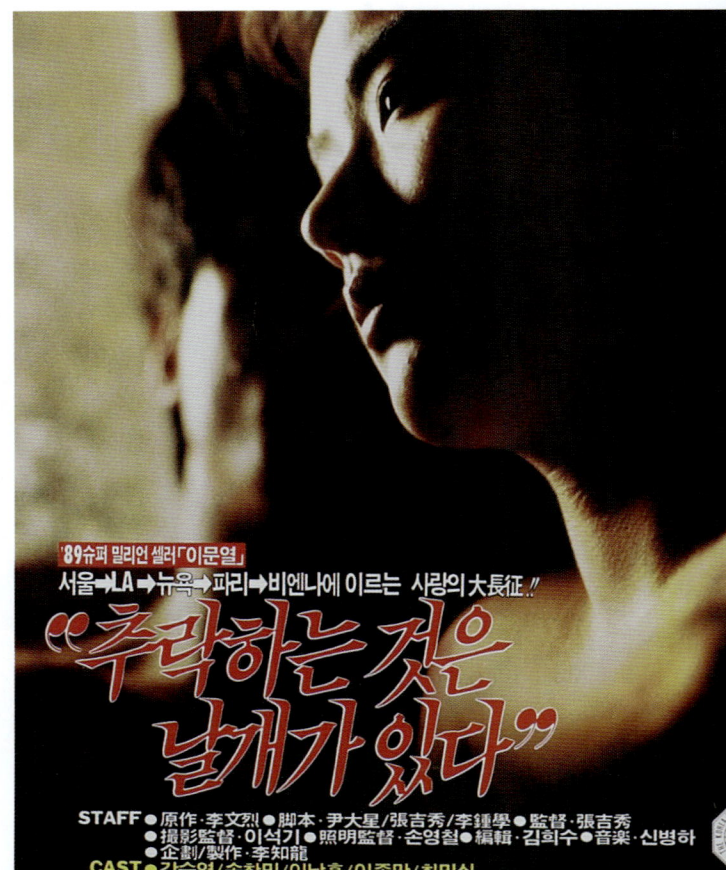

● 1988년 자유문학사가 출간한 이문열의 동명 베스트셀러 소설을 영화화한 작품. 다남흥업 제작. 윤대성, 장길수, 이종학이 각색에 참여했으며 손창민, 강수연이 주연을 맡았다.

1970년대 중반을 배경으로 젊은 날의 슬픈 초상을 보여주는 이 영화는 외골수에 감정을 억제할 줄 모르는 임형빈과 허황되며 현실을 무시하는 서윤주의 독특한 성격이 빚어낸 비극이다. 성격적 결함이 있는 두 사람은 불꽃처럼 타올랐다가 너무 쉽게 헤어지고 다시 만나 사랑하다가 서로의 삶을 불행으로 이끈다. 신기루 같은 사랑은 형빈이 윤주를 총으로 쏴버리는 것으로 끝나고 몸과 마음이 피폐해진 그들의 삶에서 살인은 아이러니컬하게도 어떤 구원의 역할을 하고 있다. 이른바 추락하는 것에 날개가 있어 다시 비상할 수 있게 한다면 그것이 바로 죽음이라는 메시지다. 이는 오스트리아 출신의 여류시인 잉게보르크 바하만(Ingeborg Bachmann)의 시구로 "날개 달린 것들은 하늘을 날지만 이 날개가 구실을 못하면 추락할 수밖에 없다"는 해석이 따라 붙는다. 미국과 유럽에서 촬영했다.

1990년 대종상에서 장길수가 감독상, 강수연 여우주연상, 신병하 음악상 등 7개 부문을 수상하고 백상예술대상에서 강수연, 손창민이 인기상, 그해 부활한 제11회 청룡영화상에서 윤대성, 장길수, 이종학 등이 시나리오상을 받았다. 제14회 몬트리올국제영화제와 제41회 베를린국제영화제에 출품되고 일본에 수출되었다. 개봉 2개월 만에 관람객 31만 명 동원으로 1990년도 한국영화 흥행 순위 3위.

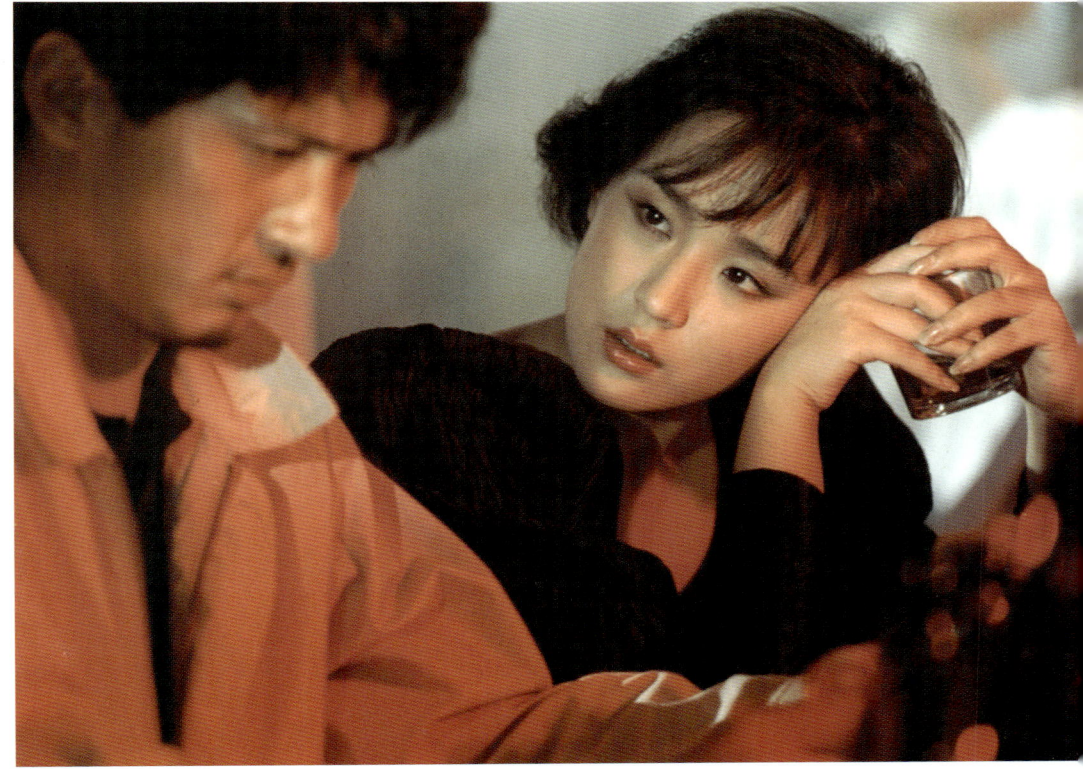

죄없는 병사들 Soldiers Without Fault(1989)

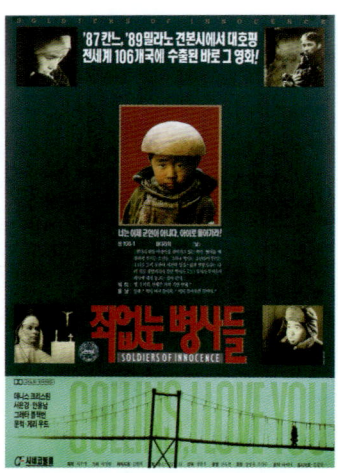

(씨네코필름) 105분 극영화 연소자가/
반공

감독 : 정한우
제작 : 서은경, 김현택
각본 : 데니스 크리스틴, 정한우
　　　(원작 데니스 크리스틴)
각색 : 김경일
개봉 : 1990년 3월 17일 아시아, 연흥
　　　극장, 롯데 2관(서울)
관람인원 : 5525명(서울)
출연 : 데니스 크리스틴, 서은경, 안용
　　　남, 문혁, 그레타 블랙번 게리
　　　우드, 우영희, 김상진 외
기획 : 서정원
촬영 : 신옥현
음악 : 바비 디
조명 : 강상용, 조길수
편집 : 박순덕
미술 : 김종문, 이상태
소품 : 김호숙, 전정호
의상 : 그레타리
수상 : 제28회 대종상영화제 신인감독
　　　상(정한우)

중대장의 후퇴 명령을 무시하고 혼자 낙오된 미군 상사 콜린스(데니스 크리스틴)는 북한군에게 쫓겨 성당으로 숨어든다. 그는 신부로 위장해서 북한군을 물리치고 수녀, 아이들에게 살아남는 방법을 가르쳐 준다. 그리고 성당을 요새화하여 진격해 오는 북한군을 막고 수녀와 아이들, 그리고 성당을 지킨다.

● 정한우 감독 데뷔작. 북한군과 대항하여 적지에서 살아남는 병사의 무용담을 영화화한 반공영화. 원작자인 데니스 크리스틴이 직접 주연으로 출연했다. 정한우는 이 영화로 대종상 신인감독상을 받았다.

코리안 커넥션 Korean Connection(1990)

(성일 씨네마트) 117분 극영화 연소자
불가/사회물

감독 : 고영남
제작 : 신성일
각본 : 윤삼육(원작 조갑제)
개봉 : 1990년 1월 27일 명보극장
　　　(서울)
관람인원 : 2만 6927명(서울)
출연 : 신성일, 이혜영, 이대근, 윤일
　　　봉, 전운, 이낙훈, 진영미, 조형
　　　기, 김주영, 박종근 외
기획 : 신성일　　**촬영** : 구중모
음악 : 강인구　　**조명** : 최입춘
편집 : 박순덕
조감독 : 김진욱, 김성균, 김용석
수상 : 제28회 대종상영화제 남우주연
　　　상(신성일)·각본상(윤삼육)·
　　　음향효과상(양대호), 영진공 선
　　　정 좋은 영화, 제35회 아태영
　　　화제 녹음상, 제10회 영평상
　　　음향효과상(양대호)

강남 테헤란로에서 포장마차를 하던 부부를 친 뺑소니 교통 사고가 일어난다. 황동수 형사(신성일)는 이를 살인 사건의 차원으로 보고 끝까지 추적할 것을 결심한다. 젊은 오 형사(이동준)와 함께 뺑소니 차량을 추적하는 과정에서 그 차가 히로뽕 밀매조직의 벤츠였음을 밝혀내지만 오 형사가 그들에게 살해된다. 이에 분노한 황동수는 마약조직 검거에 집념으로 매달린다. 경찰 당국은 황동수의 과격한 행동을 염려하여 새로 구성한 수사전담반에서 그를 제외시킨다. 그때부터 여형사 이미옥(이혜영)이 이 사건을 맡게 된다. 그럼에도 황동수는 단독 수사를 강행하고 결국 히로뽕 밀매조직의 윤곽을 알아낸다. 밀매조직 뒤에 도사린 비호세력의 횡포를 파헤치고 이미옥과 협력하여 이를 소탕한다.

● 고영남의 107번째의 연출작. 신성일이 제작·기획·주연을 맡았다. 원작은 조갑제 르포기사. 조갑제는 박정희 전 대통령의 생애를 기록한 『내 무덤에 침을 뱉어라』(5권), 10·26사건의 기록인 『有故』(2권) 등 수많은 특종을 캐낸 유능한 언론인으로 이 르포는 마약조직의 실태와 정치계의 밀착관계를 폭로하고 있다. 탄탄한 원작에 최고의 배우가 출연했으나 민감한 소재이기 때문인지 연출 기량이 충분히 발휘되지 못한 감이 있다. 흥행과 비평에서도 참패했다. 신성일이 제28회 대종상영화제에서 남우주연상 수상.

나는 날마다 일어선다 I Stand Every Day(1990)

서울에서 어렵게 대학을 나온 백수(이덕화)는 제대 후 여러 군데 이력서를 제출해 보지만 그때마다 번번이 취업에 실패한다. 그는 취직을 해서 부모에게 효도도 하고 은실(배종옥)과 결혼할 계획도 세운다. 그러던 어느 날 허황된 숙희(송옥숙)에게 얽혀들어 그녀의 비현실적인 사고방식과 자유분방한 행동에 부담을 갖게 된다. 거기다 돈과 힘으로 은실을 굴복시키려는 육 사장(박인환)의 흑심이 백수는 못마땅할 수밖에 없다. 육 사장은 폭력배까지 동원해서 은실을 차지하려 들지만 백수는 굽힐 줄 모르는 용기로 끝까지 은실을 지킨다.

● 각본 이정국 김성홍. 농촌 총각들의 결혼문제를 다룬 '달콤한 신부들'(1988), 입시위주의 교육제도를 비판한 '행복은 성적순이 아니잖아요'(1989)에 이어 이 영화는 취업 삼수생을 통해 일류대학만을 선호하는 사회풍조, 돈으로 모든 것을 할 수 있다는 가진 자의 횡포를 꼬집고 있다. 음악은 '행복은 성적순이 아니잖아요'의 김창완이 담당. 각본을 쓴 이정국은 같은 해 '부활의 노래'(1990), 김성홍은 '행복은 성적순이 아니잖아요'의 속편격인 '그래 가끔 하늘을 보자'(1990)로 각각 감독 데뷔했다. 영진공의 좋은 영화에 선정됐으나 흥행은 저조.

(황기성사단) 110분 극영화 고등학생가/사회물
감독 : 강우석
제작 : 황기성, 박용빈
각본 : 이정국, 김성홍
개봉 : 1990년 2월 17일 피카디리극장(서울)
관람인원 : 2만 9812명(서울)
출연 : 이덕화, 배종옥, 박인환, 송옥숙, 최주봉, 김석옥 외
기획 : 이춘연
촬영 : 정광석
음악 : 김창완
조명 : 강상용
편집 : 김현
사운드 : 김경일, 양대호
스틸 : 백영호
조감독 : 배종화, 권형진, 김군집
수상 : 제26회 백상예술대상 각본상(이정국, 김성홍), 영진공 선정 좋은 영화

동경 아리랑 Tokyo Arirang(1990)

대평은 선희를 끈질기게 따라다니다가 약혼한다. 그러나 결혼 준비를 위해 일본에 간 대평에게서 소식이 끊기자 선희는 일본으로 대평을 찾아 나선다. 그러나 허탕만 치다가 어느덧 비자기간이 끝난다. 그러던 중 선희는 후배 미희가 일하는 술집 마담의 눈에 띄어 위장결혼으로 일본에 머물게 된다. 어느 날 보석상에 갔다가 대평을 만나지만 부인과 함께 온 대평은 선희를 모른 체한다. 충격을 받은 선희는 돈을 벌기로 작정하고 오쿠보라는 부자 노인을 만나 호강하게 된다.

● 손창호 감독 데뷔작. 손창호는 개그맨 출신으로 1970년대 인기를 끌었던 '알개' 시리즈에서 전영록, 이승현 등과 함께 영화에서 활동했다. 김수형의 '친구사이야'(1976), '맨발의 청춘'(1979), 이강윤의 '병태와 영자(속)'(1980) 김송원의 '서울 흐림 한때 비'(1986) 등에 출연했으나 자신이 직접 각본을 쓰고 출연·연출한 이 작품이 흥행에 실패하면서 지병이 악화되어 1998년, 45세의 나이로 타계했다.

(빅씨이벤트) 80분 극영화 연소자불가/극영화
감독 : 손창호
제작 : 이종남
각본 : 손창호(원작 손창호)
각색 : 박형서
개봉 : 1990년 9월 8일 스카라극장(서울)
관람인원 : 3만 3362명(서울)
출연 : 우연희, 허윤정, 손창호, 김동현, 최인숙, 전채원, 박규채, 이대로, 김한섭, 유인촌, 장혁, 송기윤, 정한헌, 송경철, 안혜리 외
기획 : 이병연, 허준
촬영 : 성광제
음악 : 송병준
조명 : 신학성
편집 : 현동춘
사운드 : 김병수, 양대호
스틸 : 김규홍
현상 : 영진공
조감독 : 김은미, 백양기

오세암 五歲庵, Ose-am Temple(1990)

(태흥영화) 115분 극영화 연소자가/종교

감독 : 박철수
제작 : 이태원
각본 : 이윤택(원작 정채봉)
개봉 : 1990년 3월 24일 단성사
　　　(서울)
관람인원 : 1만 2433명(서울)
출연 : 김혜수, 심재림, 서예진, 조상
　　　건, 최종원, 김용림, 남포동, 조
　　　형기, 송옥숙, 천호진 외
기획 : 이태원
촬영 : 손현채
음악 : 이종구
조명 : 차정남
편집 : 김현
미술 : 도용우
소품 : 김호길
분장 : 이동민
동시녹음 : 소원종, 김범수
사운드 : 김병수, 양대호
스틸 : 양기주
수상 : 제5회 후쿠오카아시아영화제,
　　　인도 영화제 참가, 영진공 선정
　　　좋은 영화

가톨릭 재단 소속 보육원에 있던 다섯살짜리 길손(심재림)과 맹인 누나 감이(서예진)는 전날 밤 보육원을 빠져나온다. 남매는 고향으로 돌아가 겠다는 일념에 모든 역경을 딛고 가까스로 고향 부근에까지 오게 된다. 그러나 고향은 댐 건설로 주변이 온통 물바다가 되어 있었다. 낙심한 두 남매는 우연히 만난 행운스님(조상건)을 따라 절에서 지내게 된다. 그러던 어느 날 행운스님이 길손 남매를 남겨두고 탁발하러 나간 사이 암자에 오르는 길이 폭설로 막혀버린다. 그때 보육원에서 없어진 두 남매를 찾아 길손네 고향까지 오게 된 안젤라 수녀는 수몰지에서 아이들의 아버지는 댐 공사 기간 중 사망했으며, 어머니는 행방불명 상태임을 알게 된다. 안젤라 수녀가 암자에 도착했을 때 소년 길손은 앞 못보는 누나의 곁에 앉아 더 이상 움직이지 못했다. 앉은 채로 죽은 것이다. 이 암자의 이름이 오세암이다.

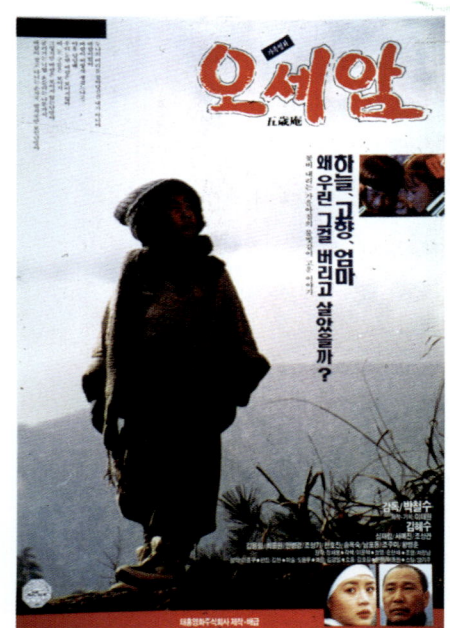

● 1980년대 중반에 출간되어 지속적인 인기를 모았던 아동문학가 정채봉의 원작 동화집을 이윤택이 시나리오로 만들었다. '오세암(五歲庵)'이라는 제목은 "다섯 살 박이 길손이 몸과 영혼을 의탁했던 암자"라는 의미를 담고 있다. 엄마를 찾아 세상으로 나선 남매와 그 남매를 돌보는 수녀와 스님의 이야기로 가톨릭과 불교라는 종교의 카테고리를 벗어난 진정한 의미의 종교영화이기도 하다. 특히 영화 마지막 장면에서 길손이를 화장시킬 때 앞을 못보는 감이가 "길손이를 잡아줘요. 누구, 저 연기 좀 붙들어줘요"라는 애절한 흐느낌과 "누나 말이 맞아. 눈 감으니까 아무것도 무섭지 않아"라는 길손의 말이 무거운 감동으로 전해진다.

　한적한 시골길과 저물어 가는 가을의 농촌, 눈 덮인 겨울 숲길과 미세하게 변하는 나무의 색감이 정감 있게 움직이고 실물을 촬영해 색을 덧입힌 산사의 단청과 탱화도 수려하다. 오세암은 후에 뮤지컬로 만들어졌고 2003년 양진철이 다시 리메이크했다.

수탉 Rooster(1990)

양계장 주인 두칠(김인문)은 억척 마누라 오씨(김애경)와 장모(윤인자), 세 딸 사이에서 기를 펴지 못하고 사는 46세의 가장이다. 그는 닭똥 냄새에 찌들어 부부 관계에서도 무능력해진 지 오래다. 그런 두칠이 어느 날 닭을 납품하러 갔다가 도계장 경리과에서 근무하는 옥자(최유라)를 만난다. 그녀는 가족과 동생의 학비 조달을 위해 퇴근 후에는 퇴폐 이발소와 여관에 드나들며 매춘을 하고 있었다. 두칠은 큰딸 일란(전혜성)과 결혼하기를 원하는 계란장사 덕배(김희라)와 술을 마시고 있는데 그때 단속경관을 피해 들어선 옥자를 다시 만난다. 그 후 옥자에게서 동질의 연민을 느낀 두칠은 이제는 적극적으로 그녀에게 접근한다. 옥자도 두칠의 선하고 진솔한 인간성에 점차 마음을 열게 된다. 도시를 떠나 동해안 새벽 바닷가에 도착한 두 사람은 수면 위로 떠오른 눈부신 일출을 보며, 자신들의 인생이 시작되고 있음을 느낀다.

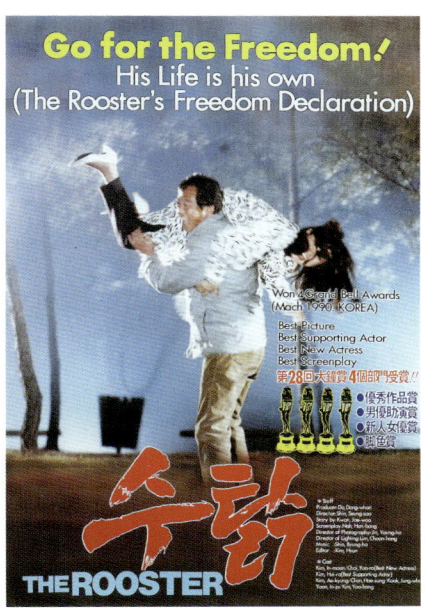

● 각본 권재우, 나한봉. '장사의 꿈'(1985)으로 감독 데뷔하면서 백상예술대상 신인감독상을 수상한 신승수의 '달빛 사냥꾼'(1986), '성야'(1988), '빨간 여배우'(1989)에 이은 새로운 사회극. 스포츠서울과 영진공이 공동 주최한 시나리오 공모 당선작이자 영진공 사전 제작지원 1위 당선작이다. 무기력한 가장을 수탉에 비유해서 세태를 풍자한 내용. 특히 오프닝에 등장하는 닭장에서 1만 마리가 넘는 닭들이 일제히 모이를 쪼아대는 장면이 인상적이다. 이 영화는 최유라에게 대종상 신인여우상을 안겨주었고 투박한 시골 아저씨의 전형인 김인문을 영화의 주인공으로 만들었다.

(대동흥업) 109분 극영화 연소자불가/사회물

감독 : 신승수
제작 : 도동환, 도용기
각본 : 권재우
각색 : 나한봉
개봉 : 1990년 3월 24일 중앙극장 (서울)
관람인원 : 6042명(서울)
출연 : 김인문, 최유라, 김희라, 김애경, 국정환, 김유행, 윤인자, 전혜성, 박은하, 양수정 외
기획 : 도동환
촬영 : 진영호
음악 : 신병하
조명 : 임준행
편집 : 김현
미술 : 도용우
소품 : 이원우
스틸 : 윤진호
사운드 : 김병수, 이성근, 양대호
조감독 : 허동우, 천계동
수상 : 제28회 대종상영화제 우수작품상(대동흥업: 도동환)·남우조연상(김희라)·각색상(나한봉)·신인여우상(최유라), 제26회 백상예술대상 특별상(윤인자), 제10회 영평상 각본상(권재우, 나한봉)

우묵배미의 사랑 A Short Love Affair(1990)

(모가드코리아) 114분 극영화 연소자
불가/멜로

감독: 장선우
제작: 서병기
각본: 장선우, 임종재(원작 박영한)
개봉: 1990년 3월 31일 명보극장
(서울)
관람인원: 2만 4156명(서울)
출연: 박중훈, 최명길, 유혜리, 이대
근, 최주봉, 김영옥, 신충식, 정
상철, 서갑숙, 양택조, 서권순,
김지영, 박인선, 임용채 외
기획: 송경훈   촬영: 유영길
음악: 이종구   조명: 김동호
편집: 김현   미술: 조용삼
소품: 김한상   분장: 손진숙
동시녹음: 이영길
사운드: 김경일(녹음)
스틸: 황형식   현상: 영진공
조감독: 임종재, 정병각, 배효룡
수상: 제28회 대종상영화제 조연여
우상(유혜리), 제26회 백상예술대
상 영화 부문 작품상(모가드 코
리아, 서병기) · 신인감독상(장선
우) · 남자연기상(박중훈), 제10
회 영평상 남자연기상(박중
훈) · 촬영상(유영길), 영진공 선
정 좋은 영화, 제14회 몬트리올
국제영화제, 제35회 아태영화
제, 제27회 체코 카를로비바리
영화제, 제45회 칸국제영화제
견본시 출품

봉제공장 재단사 배일도(박중훈)는 작부 출신의 아내(유혜리)와 서울 변두리 우묵배미로 이사를 온다. 손재주를 타고난 일도는 그곳 공장 기술자로 취직을 하게 되는데, 첫날부터 파트너로 일하게 된 미싱공 공례(최명길)에게 마음이 끌린다. 그래서 은근히 그녀에게 관심을 보이려 하지만 그녀의 반응은 늘 신통치가 않다. 그러나 공례가 아이까지 딸린 유부녀라는 사실이 드러나면서 일도는 그녀가 눈에 띄게 자신에게 다가오는 것을 느낀다. 억세고 드센 아내에게서 느낄 수 없었던 맑은 심성과 다소곳한 공례에게 일도는 급속도로 빠져들고 공례 역시 폭력만 일삼는 무능한 남편보다 일도에게서 마음의 안정을 구한다.

첫 월급을 타던 날, 그들은 밤기차를 탄다. 비밀스런 인생의 샛길이 시작된 것이다. 그날 밤 변두리 여관에서 둘만의 시간을 보낸 그들은 서로가 떨어질 수 없는 숙명적인 사이임을 확인한다. 여관비가 없으면 비닐하우스를 찾는 등 비밀스런 만남을 갖는 가운데 일도의 아내가 이를 눈치채자 아예 집을 나와 동거에 들어간다. 일도 아내는 두 사람이 살고 있는 집을 찾아내고 일도는 아내에게 멱살을 잡혀 우묵배미로 끌려온다. 공례와 헤어진 후 불안한 나날을 보내던 일도는 공례의 연락을 받고 비닐하우스로 뛰어나가지만 공례는 이제 더 이상 기다리지 말라는 말만을 남기고 어둠 속으로 사라진다.

● '서울황제'(1986)와 '성공시대'(1988)로 한국영화의 르네상스 시대를 열었던 장선우의 멜로드라마. 1989년에 발표한 박영한의 연작소설을 영화화한 작품으로 서울에서 소일하다 예전에 살던 우묵배미로 돌아간 주인공이 그곳에서 만난 미싱사와 벌이는 사랑이야기. 우묵배미는 "서울 시청 건너편 삼성 본관 앞에서 999번 입석 버스를 타고 신촌 수색을 거쳐 50여분 달려 들어간 낭곡 종점 근처에 있는 변두리 마을 이름"으로 영화는 이 변두리 공간에서 벌어지는 소외계층의 삶을 그리고 있다.

장선우에 따르면 "우묵배미는 도시와 농촌, 변혁과 전통, 움직임과 고요함, 어둠과 밝음, 희망과 좌절이 교차하는 상징의 장소로 이를 배경으로 눈물과 웃음, 좌절과 분노, 그리고 가난하지만 화려하고, 화려하지만 동시에 헐벗음이 썰렁하게 느껴지는 우리 이웃의 삶과 사랑의 모습을 담는다"고 연출 의도를 밝힌 바 있다. 영화평론가 유지나(동국대 교수)도 영화 속에서의 우묵배미는 "단순한 영화의 배경으로서 이야기로부터 물러서 있는 병풍적 풍경화가 아니라 캐릭터와 서사에 녹아 있는 공간으로서 두 남녀의 사랑을 통해 도시화, 산업화 과정에서 소외된 하류층의 삶이 세밀하게 재현된다"고 평했다. 장선우는 이 영화로 백상예술대상 영화 부문 작품상과 신인감독상, 박중훈은 영평상과 백상예술대상에서 각각 최우수 남자연기상을 받았다. 주제곡은 이경미가 불렀다.

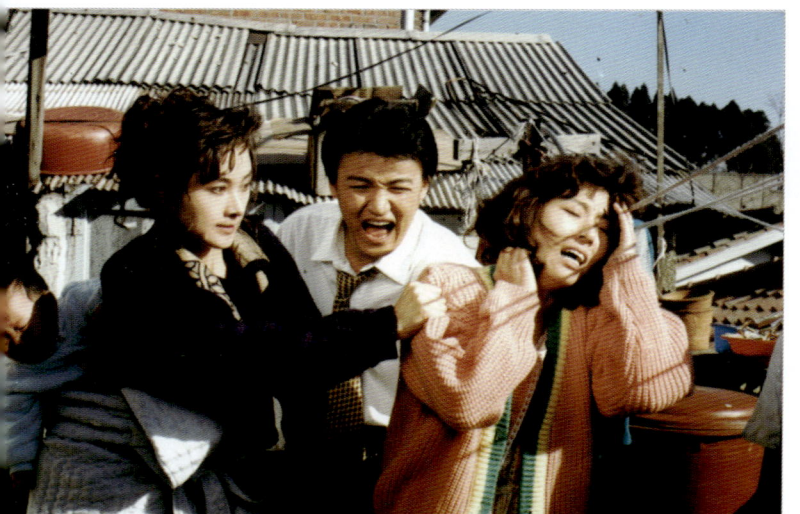

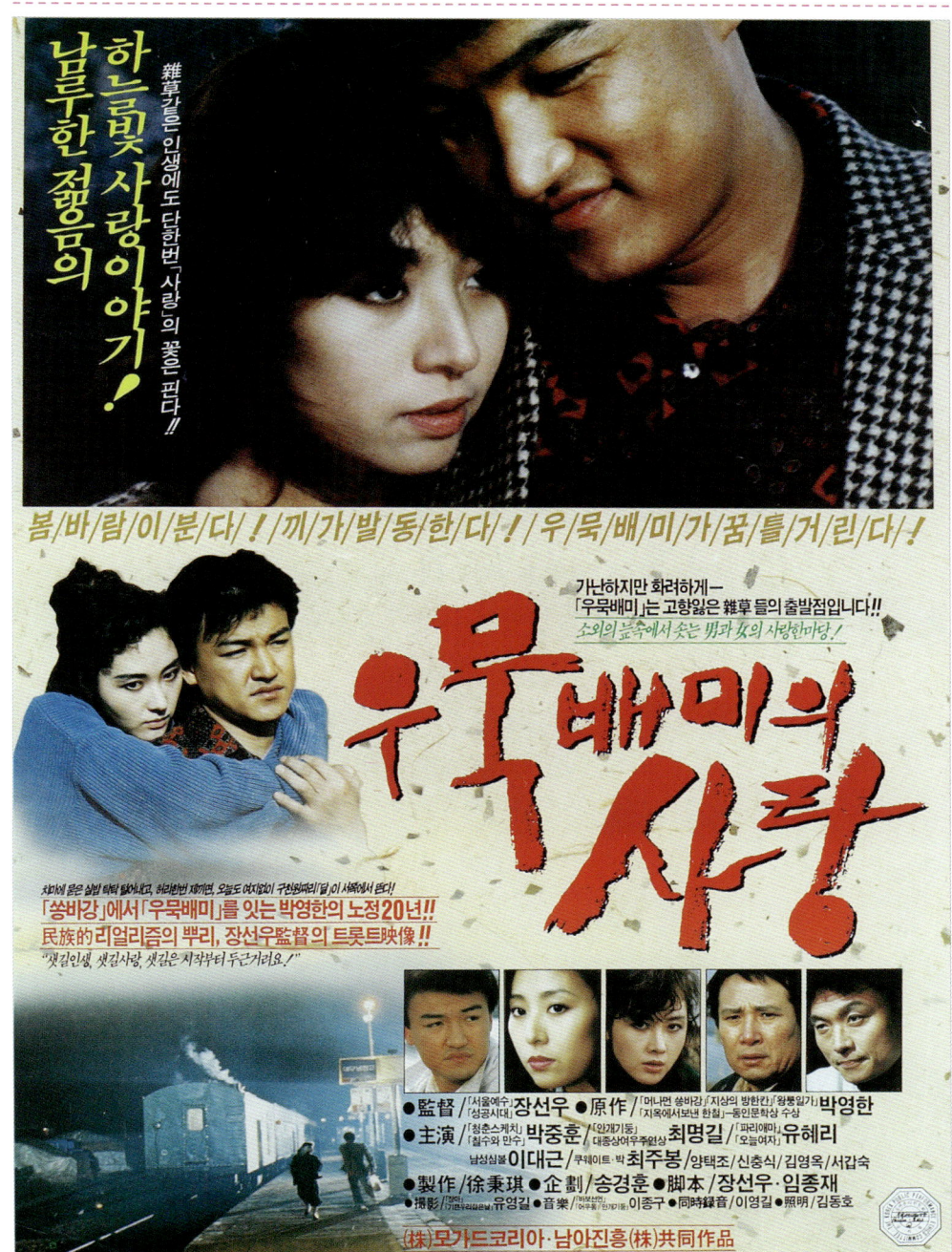

파업전야 罷業前夜, The Night Before Strike(1990)

(장산곶매) 113분 16mm 칼라 극영화
18세관람가/사회물
감독: 이은, 장동홍, 장윤현, 이재구
제작: 이용배, 이은
각본: 공수창, 김은채, 민경철
개봉: 1990년 4월 14, 15, 16일 경북
　　　대학교 대강당 등 전국 동시상
　　　영
관람인원: 30만 명
출연: 강능원, 고동업, 김동범, 박종
　　　철, 박흥규, 신종태, 엄경환, 왕
　　　태능, 이덕신, 이은희 외
기획: 신종관, 손은영, 이장길, 최호
촬영: 김재홍, 오정옥, 이창준
음악: 안치환, 조성욱
조명: 김정호, 송훈, 이윤동, 이천형,
　　　임태형
편집: 정성진, 정진완

스크린에 '1987년 2월'이라는 자막이 뜨면서 공장 구내식당에서 식사를 하던 노동자 한 명이 식탁 위에 올라서서 소리친다. "동성철강 노동자 여러분, 저는 절단반에서 일하는 김정민입니다. 이게 대한민국의 주역, 산업역군, 수출 전사가 먹는 밥입니까? 우리가 노예입니까? 기계입니까?" 처음에는 이렇게 시작된다. 그리고 그로부터 1년 후인 1988년 겨울, 열악한 노동환경과 저임금에 시달리던 금속공장의 노동자들은 소모임을 만들어 민주노조 결성을 위한 서막을 알린다. 노동자들이 노조결성에 박차를 가하자 회사는 폭력배를 동원해서 이들을 저지하고 점거농성에 들어간 노동자들은 폭력배들에게 능멸당한다. 이를 지켜보던 다른 노동자들이 동료들을 구하기 위해 스패너를 들고 뛰어든다. 그러나 이런 궐기는 실패로 돌아가고 동성철강에서는 노동자에 대한 부당한 대우가 이어질 뿐이다.

　이런 와중에서 원기와 석구를 중심으로 한 노조결성은 치밀하게 진행된다. 그러나 다른 한편에서는 공장주임이 단조반원인 한수를 포섭하고 있다. 한수는 혐오스러운 가난에서 벗어나 부자가 되는 것이 꿈이다. 그의 고향 선배인 공장주임은 그런 그를 회사 편에 서는 구사대로 이용한다. 그때부터 한수의 고발로 위장 취업자였던 완익이 잡혀가고 노조 결성을 주도했던 동엽과 재필, 숙희와 재만이 회사에서 해고당한다. 이들은 회사 앞에서 노조 결성을 위한 투쟁을 계속하고 한수는 구사대로서 이들과 대치해야만 했다. 그러던 중 한수의 여자친구 미자가 다니는 공장도 파업에 들어가고 미자는 그 파업의 선봉에 선다. 더욱 괴로워진 한수는 노조 측의 원기를 만나지만 원기는 사측이 고용한 청부업자에게 구타당한 뒤 병원에 입원해 있다. 이에 격분한 석구와 동엽들은 한밤중에 공장에 침입해서 농성을 계속하고 결국 깡패들에게 죽도록 두들겨 맞고 끌려 나온다. 그리고 그 동안 자신이 이용당했음을 알게 된 한수를 선봉으로 노동자들은 공장을 뛰쳐나온다. 여기서 화면이 디졸브되면서 스패너를 든 손을 서서히 들어 올려 결의하

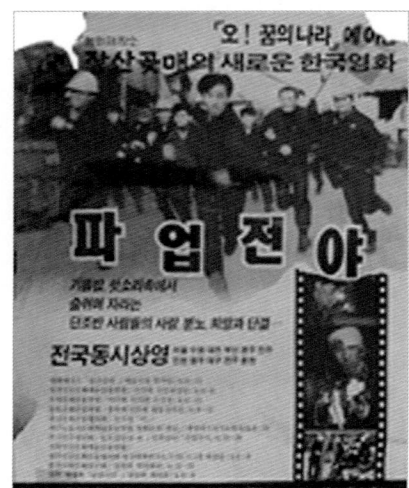

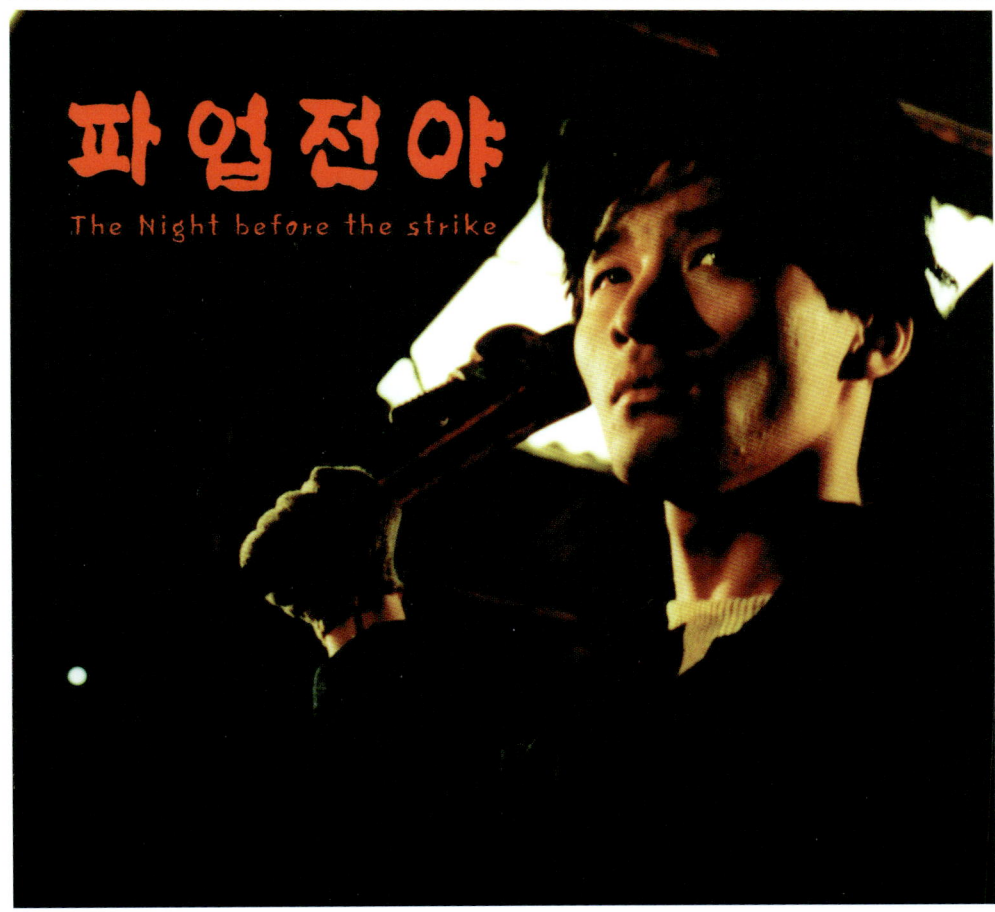

는 한수를 보여주며 영화가 끝난다.

● 이은, 이재구, 장동홍, 장윤현이 공동 작업한 노동 영화. 광주 민주화 운동을 그린 '오! 꿈의 나라'(1989)에 이은 장산곶매의 두 번째 작품. '파업전야'는 1987년 인천 남동공단을 배경으로 노동조합 결성을 둘러싼 노동자와 회사 간 대결 양상을 그리고 있다. 1990년 세계 노동절 101주년 기념으로 제작된 이 영화는 실제 공장과 파업 현장에서 노동자들과 함께 촬영하여 노동운동의 전형을 보여주었다. 영화에는 안치환이 부른 "철의 노동자", "아무 일 없었다는 듯", "노동자의 길" 등 노래 세 곡이 나온다. 그중 "철의 노동자"는 집회에서 수없이 불리며 "허나 주눅 들지 마라 서러워도 마라 눈물 따윈 보이지 말자" 등의 노랫말은 대단한 생명력을 자랑한다.
　　국내 최초의 노동영화로서 정부로부터 상영 금지 처분을 당한 후 대학가를 중심으로 순회상영되는 동안 상영 현장인 대학 캠퍼스에 최루탄이 터지고 전경이 투입되는 등의 우여곡절을 겪으면서 대학생들은 전투조를 만들어 영화의 상영을 지켜냈다. 이렇게 전국 30만 관객을 동원, 이로 인해 이 영화가 몰고 온 파장은 독립영화계의 중요한 획을 그은 사건이 되었다. 또한 주류 상업영화는 아니지만 1980년대 후반과 1990년대 초 한국영화 운동이 한국사회와 어떤 영향관계를 주고받았는가를 짐작하게 하는 중요한 작품의 하나이기도 하다.

청송으로 가는 길 Road to Cheongsong Prison(1990)

(두성영화) 100분 극영화 고등학생가/
사회물

감독 · 제작 : 이두용
각본 : 고영식
개봉 : 1990년 5월 5일 서울극장
(서울)
관람인원 : 6402명(서울)
출연 : 중광, 조형기, 태일, 양택조, 길
달호, 문창근, 정규영, 강유일,
이덕랄, 김춘식, 이형기 외
기획 : 이순용
촬영 : 이성춘
음악 : 최창권
조명 : 최입춘
편집 : 이경자
미술 : 도용우
소품 : 우종원
의상 : 이해윤
분장 : 홍동은
동시녹음 : 소원종
사운드 : 영진공, 양대호
스틸 : 이태직
조감독 : 김혁, 김형태, 박완기
수상 : 제28회 대종상영화제 조명상
(최입춘) · 편집상(이경자) · 특
별부문상(영화현상 : 전창준), 제
26회 백상예술대상 감독상(이
두용) · 기술상(촬영 : 이성춘),
제10회 영평상 최우수작품상
(이두용) · 감독상(이두용), 제
45회 칸국제영화제 경쟁 부문
초청, 영진공 선정 좋은 영화

'호주끼'는 빠르기로 소문난 호주 비행기란 뜻으로, 교도소에서 석방되기가 무섭게 교도소로 되돌아오는 이형철 노인(중광)의 별명이기도 하다. 그는 본성은 착하지만 끼니를 때우기 위한 생계범죄로 전과 38범에 이른다. 이번에도 출감한 지 며칠 만에 염소 한 마리를 훔친 죄로 보호 감호 10년의 구형을 받는다. 청송보호감호소로 가는 길목에서 군산교도소소

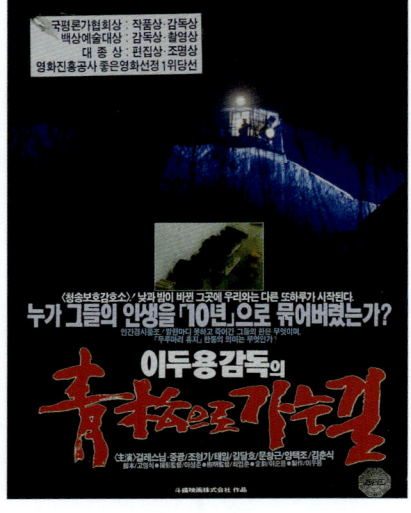

장은 그런 호주끼를 호의로 대한다. 그는 의정부교도소 시절, 교도소 밖에서 깜빡 잠이 든 것이 탈출로 오인되었지만 제 발로 걸어서 돌아왔던 호주끼를 기억하고 있다. 호주끼를 다시 만난 소장은 만성 축농증환자인 그를 정성껏 치료해주고 환갑잔치까지 벌여 준다. 그러나 호주끼는 청송보호감호소가 싫다면서 결국 군산교도소로 가서 한 많은 이 세상을 떠난다.

● 사극 · 추리극 · 액션 · 멜로 · 향토에로 청춘물과 문예물을 망라하여 연출해온 노장 이두용이 제작 · 연출한 사회물. 실제 교도소에서 일생을 보내다 외롭게 죽어간 전과 38범 이형철 노인의 실화를 영화화한 것으로 주인공 노인 역에 걸레스님 중광을 캐스팅하여 화제를 뿌렸다.(경향 90. 3. 13) 청송보호감호소는 1980년, 5공 신군부가 "상습범의 즉각적 사회 복귀를 막아야 한다"며 상습적으로 범죄를 저지른 이들이 형기가 끝나도 사회에 복귀할 수 없도록 만든 보호감호소였다. 주인공은 이 영화에서 "무서운 청송보호감호소에는 가기 싫다"고 버티다가 결국 다른 교도소로 가서 숨진다. 경북 청송군민들은 당시 "지역 이미지에 먹칠한다"는 이유로 영화 제목을 바꿔달라고 요청했으나 받아들여지지 않았고 1990년 5월 재경 청송향우회에 의해 상영이 중단되기도 했다.
　　백상예술대상과 영평상에서 이두용이 감독상을 수상, 칸국제영화제 경쟁 부문에 초청되었고 1990년 좋은 영화로 선정되었다.

미친 사랑의 노래 The Song of Crazy Love(1990)

37세의 국문과 교수 이수(김구미자)는 15년 전 월남전에 참전했다가 행방불명된 첫사랑 준호(김성수)를 잊지 못한다. 어느 날 준호와 용모가 비슷한 대학생 현우(박진성)를 보고 그녀는 그에게서 준호의 모습을 찾으며 과거와 현재를 혼동한다. 이수에게 연민을 느낀 현우는 학생의 신분임에도 이수에게 사랑을 고백하지만 이수에게는 준호밖에 없음을 다시 한번 확인한다.

그 무렵 준호와 함께 월남에 파병됐다가 돌아온 민철(박찬환)은 준호의 유품을 이수에게 고가로 팔아넘기면서 준호가 전쟁터에서 처절하게 불에 타서 숨졌음을 알려준다. 이 일로 두 사람은 격렬하게 싸우게 되고 결국 이수는 대학풀장에서 익사체로 발견된다.

● 김호선의 11번째 작품. 각본 임유순. 이황림의 '애란'(1989)에 출연했던 재일동포 여배우 김구미자가 주연으로 나온다. 일종의 베트남전 후일담으로 베트남전에서 실종된 옛 애인을 그리워하던 여주인공이 풀장의 익사체로 떠오르는 라스트신이 긴 여운을 남긴다. 감독이 자신의 작품의 귀착점은 휴머니즘이라고 했듯이 이 영화에서도 '영화 미학과 사회적 기능을 추구하면서 성을 통한 사회읽기'를 계속해서 보여주고 있다.(매일경제 90. 6. 19, 경향 90. 6. 22) 아태영화제에서 김호선이 감독상, 김구미자가 여우주연상을 받았다.

(극동스크린) 100분 극영화 연소자불가/멜로

감독 : 김호선
제작 : 김승, 안경무
각색 : 임유순(원작 신종국)
개봉 : 1990년 6월 23일 서울극장 1관(서울)
관람인원 : 4만 6581명(서울)
수출현황 : 동남아(90)
출연 : 김구미자, 박진성, 박찬환, 김성수, 이응경, 김기종, 이해룡, 윤일주, 조학자, 우종완, 안진수, 최민금, 최연수, 유일문, 손전, 박신영, 이영욱, 조주미 외
기획 : 김철호, 심재명
촬영 : 서정민   음악 : 신병하
조명 : 김진도   편집 : 현동춘
소품 : 차순하   의상 : 하용수
수상 : 제35회 아태영화제 작품상 · 감독상(김호선) · 여우주연상(김구미자) · 편집상(현동춘) · 녹음상(김경일)

그래, 가끔 하늘을 보자
Let's Look At the Sky Sometimes(1990)

여고 2년생인 혜주(이미연)와 은경(전미선)은 반에서 1, 2등을 다투는 사이다. 성적에 대한 부모님의 과도한 기대에 시달리는 태호(최진영)는 공부 잘하는 혜주를 좋아한다. 기말고사가 닥치자 혜주와 은경은 서로 1등을 하기 위해 각축을 벌인다. 한편 태호는 밤늦게 시험지 등사실로 숨어든다. 그리고 시험지를 손에 넣는 순간, 선생에게 들키자 얼떨결에 창밖으로 몸을 날린다. 태호가 입원했다는 말에 혜주는 병원으로 달려가지만 태호는 숨진 뒤였다. 화해한 혜주와 은경은 때마침 현관에 나붙어 있는 전교 성적표를 동시에 찢어버린다.

● 김성홍 감독 데뷔작. 강우석의 '달콤한 신부들'(1988), '행복은 성적순이 아니잖아요'(1989), '나는 날마다 일어선다'(1990) 등의 각본을 쓴 김성홍 연출작으로 강우석의 '행복은 성적순이 아니잖아요'의 속편에 속한다. 산울림의 김창완이 음악 감독을 맡아 "무감각"을 작곡, 이미연, 전미선, 최진실의 동생 최진영과 공형진, 이범수 등 출연.

(황기성사단) 100분 극영화 중학생가/사회물

감독 : 김성홍
제작 : 황기성, 박용빈
각본 : 김성홍, 강제규
개봉 : 1990년 7월 13일 국도극장 (서울)
관람인원 : 5만 3292명(서울)
출연 : 이미연, 전미선, 허석, 최진영, 김보라나, 공형진, 이범수, 어정웅, 이정훈, 정승언 외
기획 : 이춘연
촬영 : 서정민
음악 : 김창완
조명 : 김진도
편집 : 김현
사운드 : 김경일, 양대호
스틸 : 윤진호
조감독 : 김경형, 김의석, 김문식, 박재현
수상 : 영진공 선정 좋은 영화

남부군 南部軍, North Korean Partisan in South Korea(1990)

(남프로덕션) 157분 극영화 중학생가
(15세이상)/반공 분단

감독 · 제작 : 정지영
각본 : 장선우
개봉 : 1990년 6월 2일 대한극장
　　　　(서울)
관람인원 : 32만 4169명
출연 : 안성기, 최진실, 최민수, 이혜영,
　　　　강태기, 트위스트 김, 조형기,
　　　　독고영재, 허기호, 신윤정 외
기획 : 박건섭
촬영 : 유영길
음악 : 신병하
조명 : 김동호
편집 : 김현
미술 : 조융삼
소품 : 김한상, 박종국
의상 : 신경심
분장 : 정준호
동시녹음 : 이영길
사운드 : 양대호
특수효과 : 이정일, 이원구
수상 : 제11회 청룡영화상 감독상(정지
　　　　영) · 남우주연상(안성기) · 남우
　　　　조연상(최민수), 제6회 도쿄영
　　　　화제 출품

1950년 9월. 조선중앙통신사 종군기자 이태(안성기)는 낙동강까지 밀려 내려온 인민군의 패전으로 조선노동당 유격대에 합류한다. 전세의 변화에 따라 남부군은 부대를 개편하고 이태는 신문 편집과 전사 기록의 책임을 맡아 빨치산의 전투 활동을 기록하기 시작한다. 얼마 후 전투 회담 소식과 함께 빨치산은 이제 북으로의 귀환과 열렬한 환영을 기대하며 가슴 부푼 나날을 보내게 된다. 그러나 그것은 남한 토벌대에게 쫓기고 북쪽으로부터도 버림받게 되는 남부군 최후의 서곡이었다. 토벌대에 추격당하면서 부상당한 이태는 자신을 간호해 주던 박민자(최진실)와 사랑에 빠지지만 본대 복귀 명령을 받는다.

겨울이 깊어가면서 이태의 소대는 악담봉 전투에 참여한다. 그곳에서 시인 김영(최민수)을 만나 그들은 동족 간 전쟁의 허무함을 토로한다. 계속되는 전투에 쫓긴 남부군은 지리산 속으로 밀려와 이때부터 이태는 정치부 소속의 정식당원이 된다. 휴전 소식이 들리는 가운데 대원들의 분위기는 어수선해지고, 남부군은 추위와 굶주림, 쇠진해진 사기로 궁지에 몰린다. 마침내 최후의 발악 같은 전투가 벌어지고 대열에서 낙오된 이태는 토벌군의 포로가 되면서 기나긴 빨치산 생활을 마감한다.

● '거리의 악사', '위기의 여자'(1987)를 연출한 정지영의 대표작의 하나. 1988년에 펴낸 이태의 자전적 소설 『남부군』을 영화화한 작품으로 그동안 금시기 돼왔던 빨치산을 역사 평가의 대상으로 삼은 첫 작품이기도 하다.

6 · 25 당시 합동통신 기자였던 이태(李泰, 1922~1997)는 서울에서 인민군에게 체포되어 북한 조선통신 기자가 되었으며 1950년 9월, 순창 엽운산에 빨치산으로 입산, 남부군에 가담하여 실제 빨치산(Partizan)으로 활동하다가 1952년 3월에 토벌대에 체포되었다. 영화는 그가 직접 경험한 지리산 빨치산 활동과 왜 남과 북이 갈라서고 왜 동족끼리 죽이고 죽어가야 하는지에 대한 근원적 사유를 보여준다. 이는 지리산에 갇힌 남부군이 남한의 토벌대에 쫓기면서 결국 북한에서도 버림받는다는 비극적인 운명으로 결론짓는다.

1949년에서 1954년까지 소백 지리 지구 유격전에서 사망한 군경 및 빨치산 수는 2만여 명. 또한 3년여에 걸친 한국전쟁 기간 동안 남북 양쪽의 총 희생자 수는 사망 130만 명, 행방불명 111만여 명으로 이 작품은 그들의 영전에 바쳐졌다. 작가는 당시의 처절함과 참혹상을 다음과 같이 쓰고 있다.

"남과 북 어느 쪽에도 승리는 없다. 우리는 외세의 힘으로 해방되었고, 외세로 인해 분단되었으며, 외세가 개입한 전쟁을 하고 있다. 어디가 이기든 그것은 남도 북도 아니라, 미국이나 소련의 승리일 따름이다."

이 영화는 한국전쟁 당시 공산주의인 빨치산의 활동상과 처지를 객관적이면서도 긍정적인 시각으로 그린 최초의 영화라는 평가를 받았다. 지식인의 관점에서 그려졌고 빨치산이 지나치게 개인적으로 재현되었으며 민중들을 비주체적으로 형상화하고 있다는 비판을 받기도 했다.(「남부군 빨치산 미화 역사의식 혼돈우려(글 정영창)」 동아 90. 7. 14)

제작기간 3년에 엑스트라가 3만 명, 항공기까지 지원받은 당시로서는 보기 드문 초대형 블록버스터로 흥행에서도 대성공을 거두었다. CF스타였던 최진실, 가수 임창정 스크린 데뷔작.

관객 33만여 명 동원, 1990년에 제작된 영화 111편 중 한국영화 흥행 순위 2위.

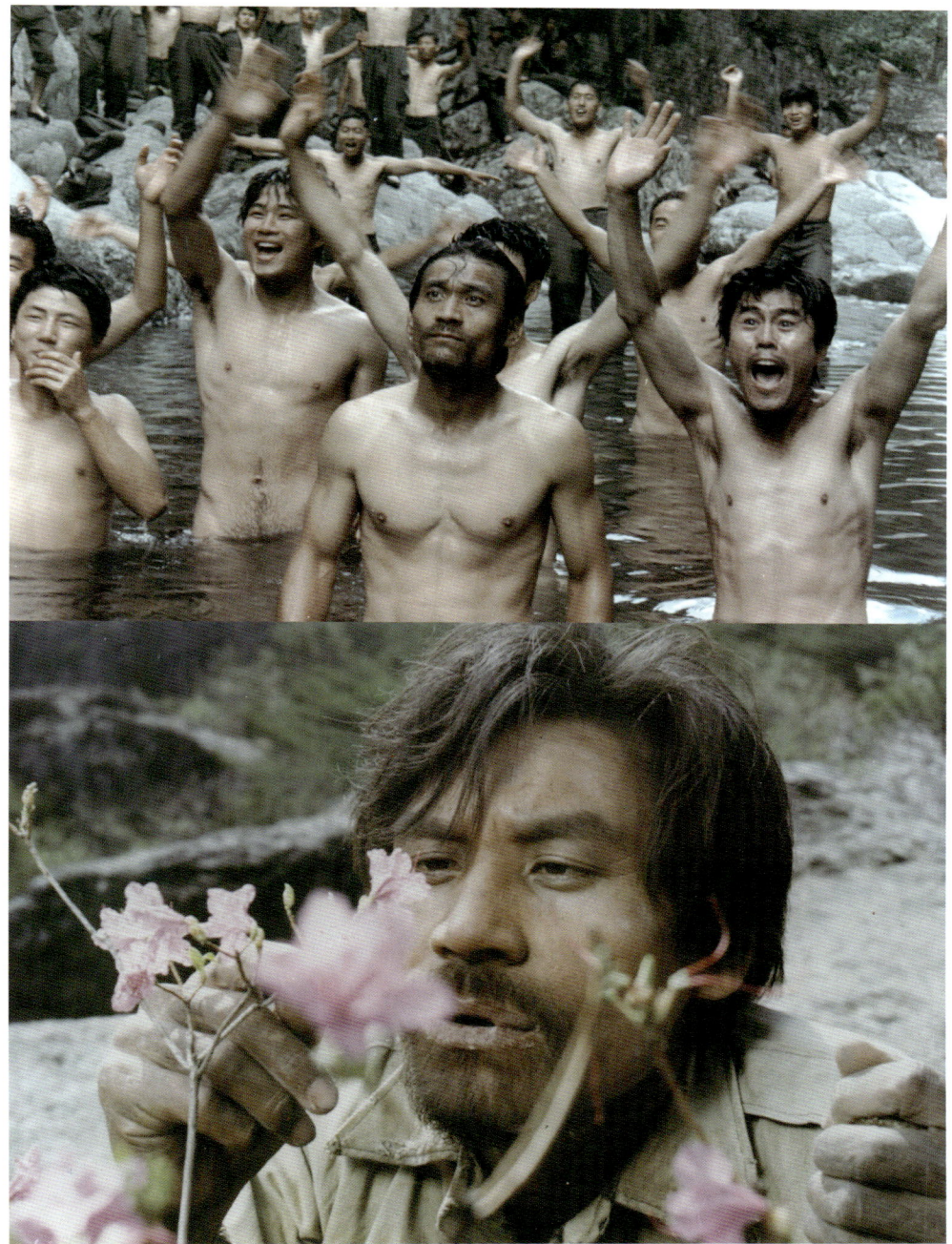

장군(將軍)의 아들 The General's Son(1990)

(태흥영화) 108분 극영화 고등학생가/
전기 액션

감독: 임권택
제작: 이태원
각색: 윤삼육(원작 홍성유)
개봉: 1990년 6월 9일 단성사(서울)
관람인원: 67만 8946명(서울)
출연: 박상민, 신현준, 이일재, 방은
희, 김형일, 민응식, 김승우, 손
호균, 김해곤, 신현배, 전범수,
김성룡, 박영철, 신이현, 이해
룡, 주상호, 노평철, 김미란, 김
선경, 김윤희 외
기획: 이태원
촬영: 정일성
음악: 신병하
조명: 차정남
편집: 박순덕
미술: 도용우
소품: 김호길
분장: 홍동은
사운드: 이성근, 양대호
스틸: 양기주
무술감독: 양진방
수상: 제29회 대종상영화제 신인남우
상(박상민), 제11회 청룡영화상
남자신인상(박상민) · 최다흥행
상(이태원), 제28회 백상예술대
상 신인연기상(이일재), 제11회
영평상 미술상(도용우), 좋은
영화 선정

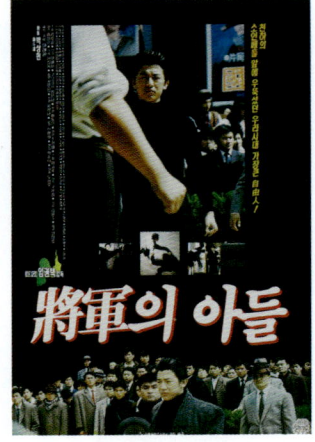

여덟 살 때 어머니를 잃고 각설이 생활을 하던 김두한(박상민)은 타고난 주먹 실력으로 종로에 있는 극장 우미관에 취직한다. 당시 우미관을 중심으로 한 종로의 주먹계는 학생 주먹패의 대장 신마적(김형일)이 있었지만 김두한은 종로 주먹계에 소속되어 실력을 인정받는다. 학생주먹패의 신마적은 그가 김좌진 장군의 아들임을 알고 막후에서 언제나 알게 모르게 도와준다. 한편 본정통 일대의 일본인 야쿠자들이 세력을 확장하여 종로통으로 진출하자 김두한은 종로의 한국인 상점들을 철저히 보호하여 상인들의 신임을 얻는다. 그러나 우미관의 우두머리 기기한이 일경에게 잡혀간 후 신마적의 설득에 따라 김두한은 종로통 주먹계의 우두머리가 된다. 그러던 어느 날 종로의 상권을 둘러싸고 일본 야쿠자 하야시(신현준)와 결전을 벌이는 과정에서 신마적은 일본 야쿠자의 칼에 맞아 중상을 입게 되고 김두한은 하야시의 근거지에 뛰어들어 그들을 일시에 잠재워버린다. 마침내 김두한은 '장군의 아들'로서 우뚝 서게 된다.

● 1957년 한국일보 장편소설 공모 당선작 『비극은 없다』로 등단한 백파 홍성유가 1987년 『인생극장』이란 제목으로 일간지에 연재했던 소설을 원작으로 하고 있다. 1930년대 종로 우미관(優美館) 일대에서 있었던 실화.

우미관 재현과 의상, 소품을 위해 7개월 이상이 소요될 만큼 엄청난 시간과 제작비를 들였다. 또한 김두한은 단순히 주먹으로 암흑가를 평정한 일개 깡패가 아니라 식민지하에 있는 조선인의 울분과 저항을 표출하는 '민족 깡패'로 재현되었다.(강소원 동서대 교수) 특히 종로통 단성사 앞 모래판에서 벌어지는 김두한과 하야시의 한판 승부 장면은 부감 숏으로 촬영해 긴장 속에서 미세한 움직임을 보여주는 임권택 특유의 미장센이 잘 드러나고 있다. (김상현, 채백 엮음, 『대중매체의 이해와 활용』, 한나래, 1993년, p.257) 출연배우들은 대부분 오디션을 거쳐 선발된 신인들로 박상민, 신현준 등이 스타로 자리 잡았고 그밖에 방은희, 김승우, 김형일, 이일재, 손호균, 김해곤이 이 영화를 통해 데뷔했다. 황정민은 단역을 맡고 있다.

1990년도 한국영화 흥행 순위 1위. 서울 단성사에서만 68만여 명을 동원하여(극장 기록은 75만 명 이상) 화제를 모았고 김호선의 '겨울여자'(1977)가 기록한 58만 6000명을 13년 만에 갱신했다. 이후 그 여세를 몰아 3탄까지 제작, '장군의 아들 2'(1991)는 관객 36만으로 1991년 한국영화 흥행 순위 1위, '장군의 아들 3'(1992)은 관객 16만 동원으로 1992년 흥행 순위 5위를 기록했다.

제29회 대종상과 1990년 스포츠조선 창간 기념으로 다시 부활된 제11회 청룡영화상에서 주인공 박상민이 남자 신인상 · 최다관객상을 받는 등 "한국영화가 외화 못지않다"는 인식의 역전을 이루어냈다. 이 영화는 1974년 '별들의 고향'에서 2004년 '태극기 휘날리며'까지 영진공이 정리한 30년간 역대 한국영화 흥행 순위 62위에 올랐다.

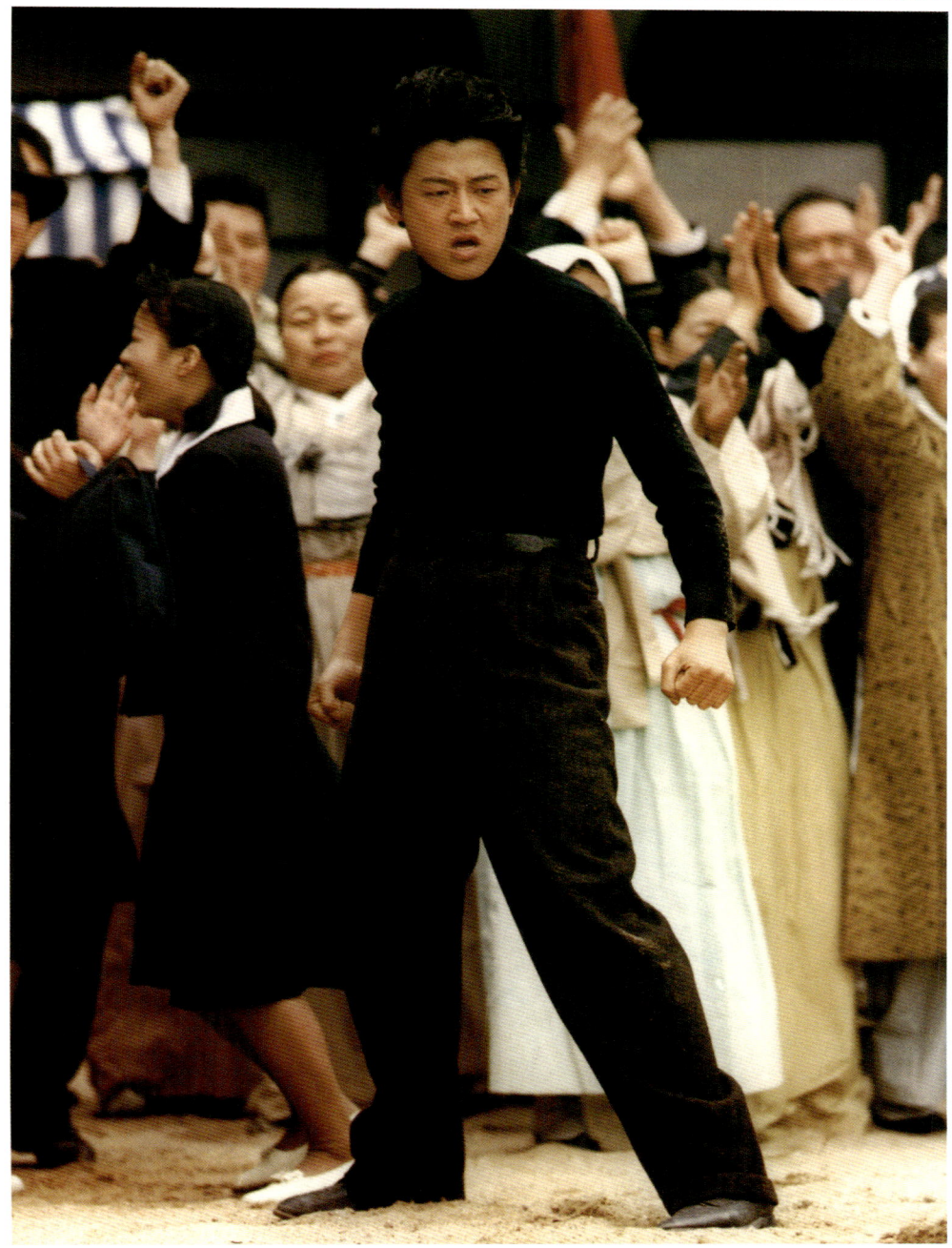

마유미 Ma Yumi(1990)

(길영화사) 110분 극영화 연소자불가/
사회물

감독 : 신상옥
제작 : 신명길
각본 : 신봉승
개봉 : 1990년 6월 9일 피카디리극장
(서울)
관람인원 : 5만 919명(서울)
출연 : 김서라, 이학재, 신성일, Ge-
orge Kennedy, Ohsita Re-
iko, 윤일봉, 윤양하, 최종원,
이호성, 최윤석, 장정국, 심우
창, 신찬일, 석금성, 추봉, 조학
자, 석인수, 양일민, 박부양, 전
영주, 임해림, Riaz Moha-
mmad, Charles Jackson 등
외국인 100여 명 외
기획 : 정태일
촬영 : John Coats, Michael La-
wler, 구종모
음악 : 강인구
조명 : 김강일
편집 : 김현
소품 : 조진희
의상 : 이용기
분장 : 이숙정
동시녹음 : 김범수, 황성기
사운드 : 김병수, 이성근, 양대호,
이병하
특수효과 : 김철석
스틸 : 윤진호, Bill Mesa(Creative
Director), Tim Donahue(Ex
ecutive Producer)
조감독 : 진유영, Bruce Franklin,
Andy Keeter, Sarah Ad-
dington
수상 : 제36회 아카데미상 외국어 영
화상 부문 후보에 출품, 영진공
선정 좋은 영화

김승일(이학재), 김현희(김서라)는 1987년 11월 28일, 바그다드발 서울행 대한항공 858기를 폭파하기 위해 일본인 여권으로 베오그라드에 도착, 폭탄을 전달받는다. 폭파용 라디오와 액체폭약이 든 청색쇼핑백을 선반에 얹어놓고 두 사람은 경유지인 아부다비에 내린다. 통과비자로 출국하려다 거절당한 이들은 하는 수없이 바레인으로 떠난다. 한편 858기는 암다만 해상에서 산산이 폭파되고, 한국 정부는 승객 명단에서 신이치와 마유미라는 이름을 발견한다. 이들은 로마로 가기 위해 출국 수속을 하던 중 가짜 여권이 발각되어 감시를 받자 미리 준비했던 자살용 앰플을 깨문다. 신이치는 즉사했지만 마유미는 응급처치를 받고 한국 수사관에게 신병이 인도된다. 폭파사건의 재판이 이루어지고, 재판정에서의 비통한 유가족들을 보고서야 자신의 죄를 깨달은 마유미는 차라리 죽음으로 속죄할 수 있게 해달라며 단말마로 절규한다.

● 1978년 납북됐다가 1986년 3월, 8년 만에 탈출한 후 신상옥이 북한 탈출 귀국 보고서로 만든 영화다. 각본 신봉승. 1987년 11월 28일 버마(미얀마) 안다만 해상에서 중동 근로자 등 탑승객 115명을 태운 KAL 858기를 폭파한 김현희(하치야 마유미)와 김승일(하치야 신이치)이 국가보안법으로 불구속 기소되기까지의 이야기를 그린 반공영화.

배우와 기술진 100여 명이 참여하고 한국영화 제작사상 초유의 13억 원 이상의 제작비가 투입되는가 하면 미국 폭발 전문 용역회사 인트로비전 사(社)에 100만 달러를 제공하여 KAL 858기 폭파 장면을 재현했다. 그러나 영화 '마유미'는 KAL 858 희생자 유족회의 상영 반대 성명과 반발에 부딪혀 한동안 상영하지 못했다.

상영 반대 이유는 김현희의 사건 진상의 진실성 여부가 투명하게 가려지지 못했다는 점, 유품 하나도 못 찾은 실종자 가족들의 피맺힌 절규를 외면한 채 성급하게 영화를 제작함으로써 사건을 제대로 알지 못하는 많은 국민을 호도하고 KAL 858 실종 사건을 흥미 위주의 상업적 돈벌이로 악용했다는 점 등이다. 115명의 인명을 죽인 폭파범 김현희는 수기 『이제 여자가 되고 싶어요』를 출간하는가 하면 영화를 통해 '미모의 테러리스트' 이미지를 갖기도 했다.

반공영화 '마유미'는 이런 경로를 거쳐 1990년 6월 9일, 전국에 동시개봉했으나 서울에서는 성공하지 못했다. 'Virgin Terrorist'라는 영어 제목으로 미국의 세계적인 배급회사 퍼시픽 아티스트(톰파커배급사)를 통해 250만 달러, 일본 123만 달러, 홍콩 35만 달러에 수출돼 한국영화 해외 판로를 처음으로 개척하기도 했다. 할리우드에서 성공한 국내 첫 감독이라는 기록과 함께 이 영화는 한국 최초로 아카데미상 외국어 영화상 부문 후보에 출품됐고 영진공의 '좋은 영화'에 선정됐다.

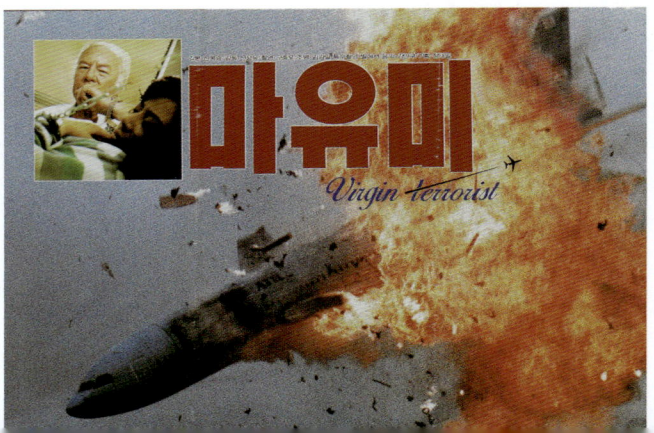

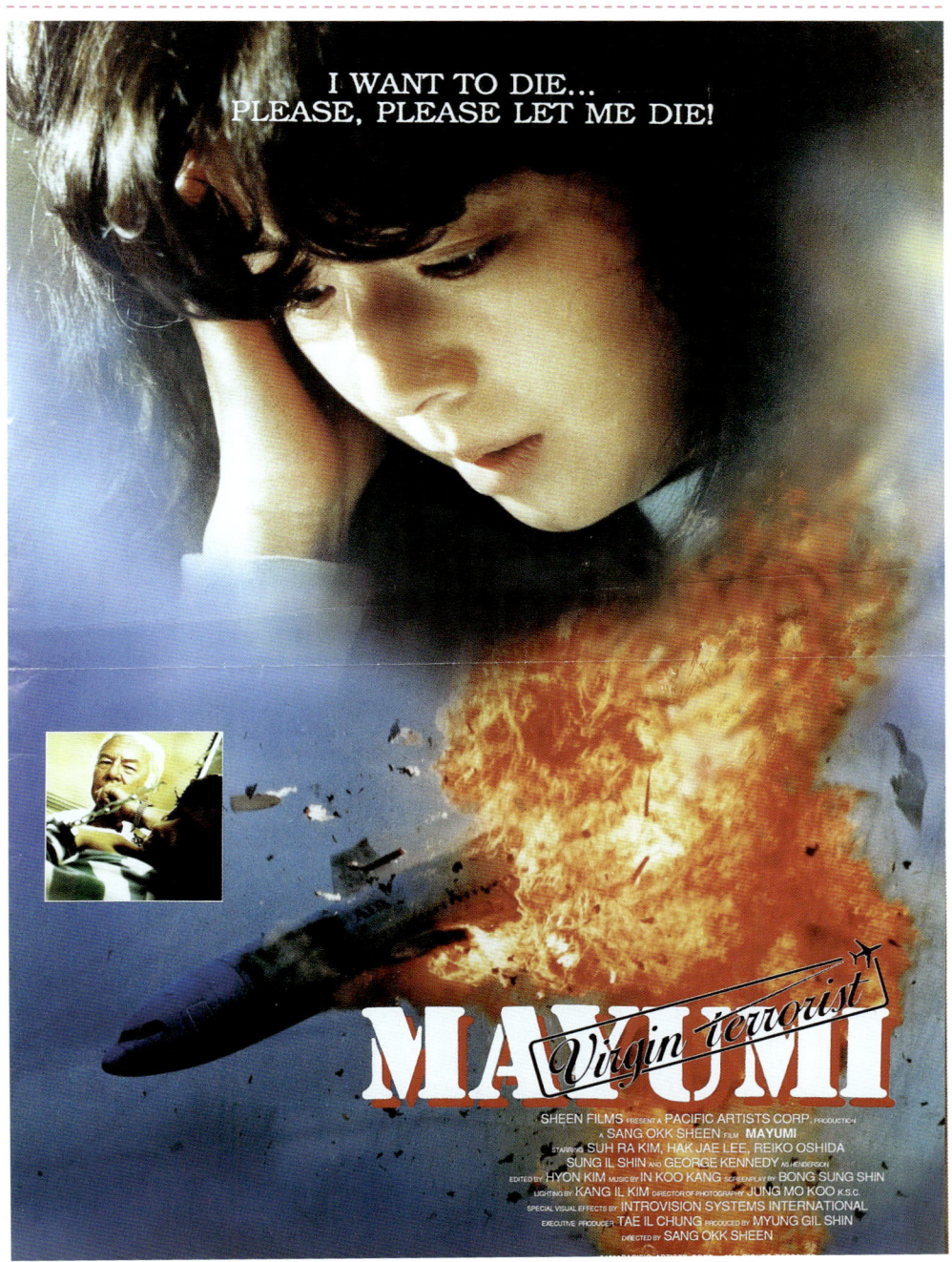

I WANT TO DIE...
PLEASE, PLEASE LET ME DIE!

MAYUMI *Virgin terrorist*

SHEEN FILM'S PRESENT A PACIFIC ARTISTS CORP., PRODUCTION
A SANG OKK SHEEN FILM MAYUMI
STARRING SUH RA KIM, HAK JAE LEE, REIKO OSHIDA
SUNG IL SHIN AND GEORGE KENNEDY AS HENDERSON
EDITED BY HYON KIM MUSIC BY IN KOO KANG SCREENPLAY BY BONG SUNG SHIN
LIGHTING BY KANG IL KIM DIRECTOR OF PHOTOGRAPHY BY JUNG MO KOO K.S.C.
SPECIAL VISUAL EFFECTS BY INTROVISION SYSTEMS INTERNATIONAL
EXECUTIVE PRODUCER TAE IL CHUNG PRODUCED BY MYUNG GIL SHIN
DIRECTED BY SANG OKK SHEEN

단지 그대가 여자라는 이유만으로
Only Because You Are a Woman(1990)

(예필름) 105분 극영화 연소자불가/
사회물

감독 : 김유진
제작 : 고규섭
각본 : 이성수, 노효정, 이윤택
개봉 : 1990년 9월 29일 피카디리극
　　　장(서울)
관람인원 : 4만 9844명(서울)
출연 : 원미경, 이영하, 손숙, 이경영,
　　　진희진, 김민종, 황병훈, 심재
　　　림, 나기수, 한영숙, 강능원, 독
　　　고영재, 강병진, 최재호, 장정
　　　국, 최명수, 문미봉 외
기획 : 신철
촬영 : 유영길
음악 : 이승희
조명 : 김동호
편집 : 김현
미술 : 조용삼
소품 : 김호길
분장 : 손진숙
동시녹음 : 이영길
사운드 : 김경일, 양대호
포스터 : 노효만
스틸 : 윤진호
조감독 : 이성수, 정병각, 정성진, 홍성
　　　실, 김관수
수상 : 제29회 대종상영화제 우수작품
　　　상(예필름 고규섭) · 여우주연상
　　　(원미경) · 남우주연상(이영하)
　　　· 각본상(이성수, 오효정, 이윤택)
　　　· 특별부문상(스틸 : 백영호)
　　　· 특별연기상(재호), 제11회 청
　　　룡영화상 여우주연상(원미경) ·
　　　여우조연상(손숙), 제11회 영평
　　　상 연기상(이영하), 제15회 황
　　　금촬영상 감독상(김유진), 영진
　　　공 선정 좋은 영화, 제41회 베
　　　를린국제영화제, 제17회 모스
　　　크바국제영화제, 제15회 몬트
　　　리올국제영화제, 제36회 아태
　　　영화제 출품

어린 아들을 둔 주부(원미경)가 밤늦게 귀가하다가 두 청년에게 성폭행을 당한다. 여자는 방어본능으로 그중 한 청년(김민종)의 혀를 깨문다.
　혀를 잘린 청년이 적반하장격으로 그녀를 상해죄로 고발하고 억울한 그녀는 치한들을 강간죄로 맞고소한다. 그녀는 정조를 지키기 위한 정당방위라고 주장하지만 상대편 변호사(이경영)는 성적, 인격적 모욕과 독설로 여자를 궁지로 몰아가고 그녀는 결국 유죄판결을 받는다. 집행유예로 풀려난 후 주위사람들의 따가운 시선과 포악한 소문, 무엇보다 남편(이영하)과 가족의 불신이 그녀를 참혹하게 만든다. 이런 상황에서 모든 여성의 인격 회복을 위해서라도 항소하라고 설득한 한 여변호사(손숙)의 권유로 그녀는 항소를 결심하게 되고 변호를 자청한 여변호사와 함께 끈질긴 법정투쟁을 벌인 끝에 무죄판결을 받는다.

● 원작 이윤택, 원미경, 이영하, 손숙, 이경영 출연. 성폭행당한 여성이 오히려 상해죄로 고발당하자 치한들을 강간죄로 맞고소하면서 가부장적 법정에서 이중의 피해자가 되는 현실을 법정드라마 시퀀스를 통해 보여준다.
　1988년 9월 10일, 주부 변월수가 한밤의 귀가 길에서 강간범의 혀를 잘라 자신을 방어한 사건이 발생한다. 그러나 변월수는 피해자임에도 불구하고 가해 남성의 혀를 손상시켰다는 이유로 구속, 기소됐고 과잉방어라는 이유로 징역 1년을 구형받는다.
　여기서 사법부는 성폭력 사건의 처리 과정에서 '여성의 인권보다 남성의 혀'를 중시하는 성차별성을 여실히 보여준다. 즉 가해자 측 변호사는 사건과는 상관이 없는 변월수가 사건 당일 먹은 술의 양, 동서와의 불화 등을 계속 거론하면서 그녀를 부도덕한 여자로 몰아세우는 등 '피해자를 죄인 취급'하는 졸렬한 재판과정을 보여주었다. 이로 인해 한때 여성계는 "그렇다면 성폭력 위기에 처한 여성이 취할 수 있는 '정당'한 자기방어는 무엇인가"에 대한 논쟁이 일기도 했다.(「시민 토론 여성인권 침해부각」동아 90. 10. 5, 90. 10. 17)
　영화 '단지 그대가 여자라는 이유만으로'는 다수 페미니스트들의 지지를 받았고 이 한 작품으로 김유진은 '주목할 만한 감독'의 반열에 올랐다. 대종상과 영평상에서 이영하가 남우주연상, 대종상 영평상 청룡영화상에서 원미경이 여우주연상, 황금촬영상에서 김유진이 감독상을 받았고 베를린, 모스크바, 몬트리올국제영화제와 아태영화제에 출품됐다.

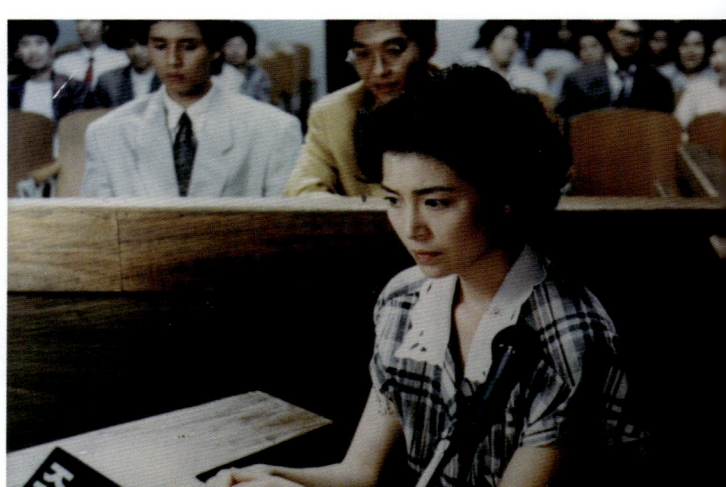

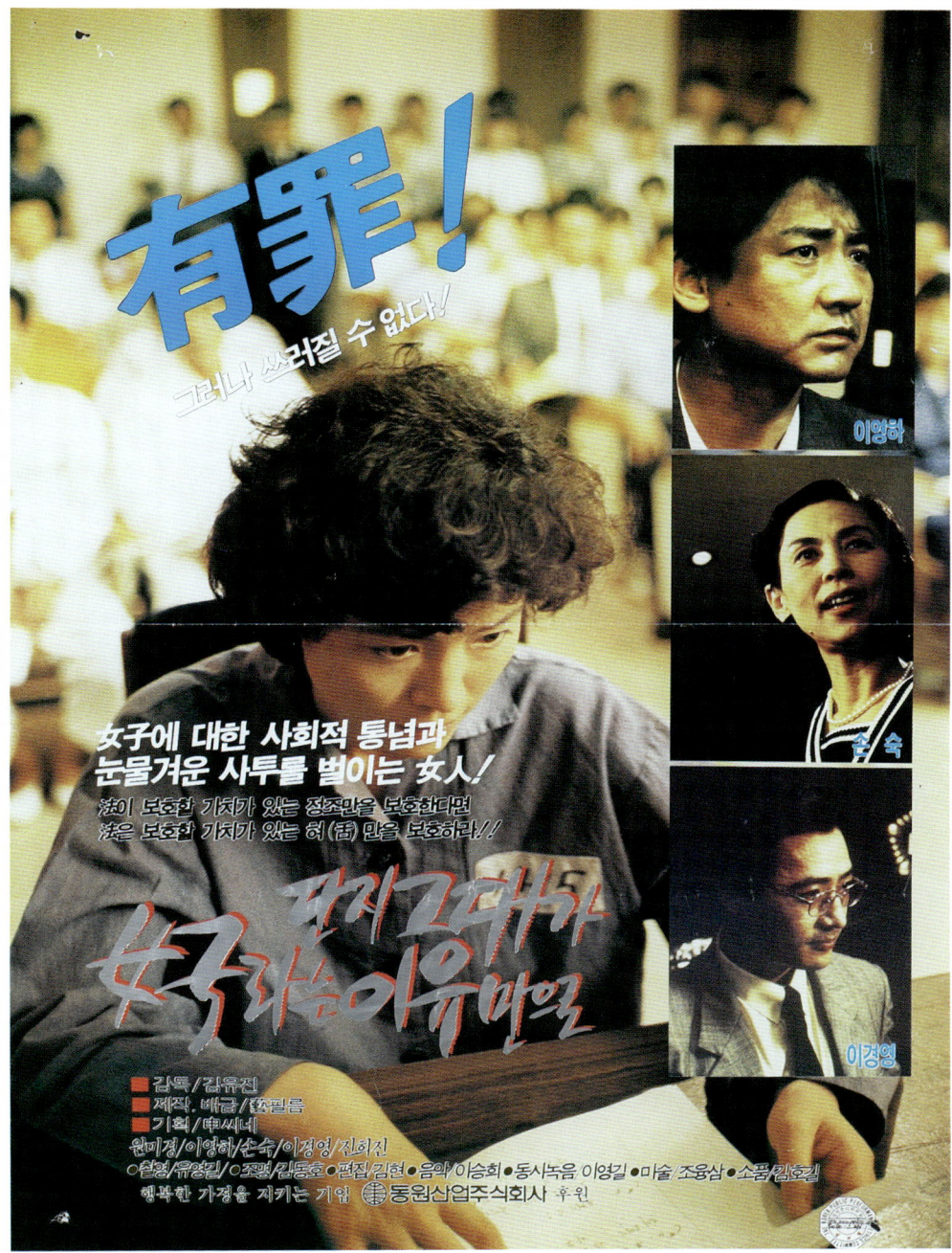

有罪!
그러나 쓰러질 수 없다!

女子에 대한 사회적 통념과
눈물겨운 사투를 벌이는 女人!
法이 보호할 가치가 있는 정조만을 보호한다면
法은 보호할 가치가 있는 혀(舌) 만을 보호하라!!

이양하
손숙
이경영

■감독/김유진
■제작·배급/쪽필름
■기획/빠씨네
원미경/이양하/손숙/이경영/진희진
●촬영/유영길 ●조명/김동호 ●편집/김현 ●음악/이승희 ●동시녹음/이영길 ●미술/조융삼 ●소품/김호길
행복한 가정을 지키는 기업 ● 동원산업주식회사 후원

543

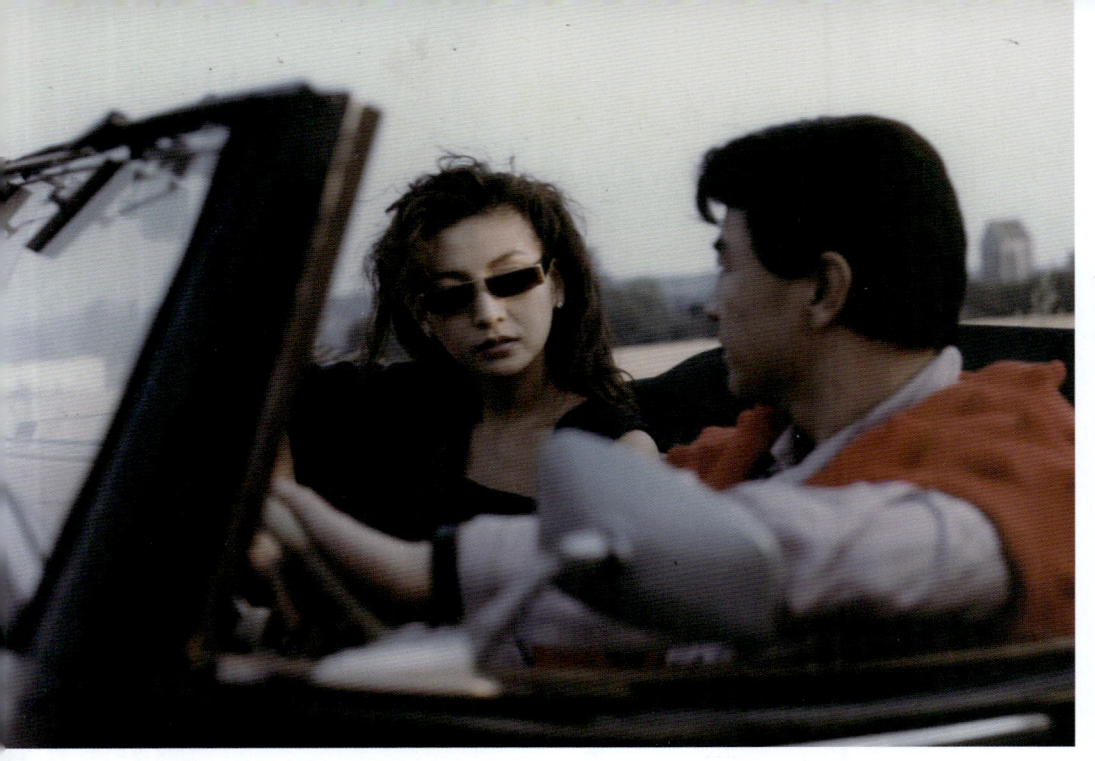

물위를 걷는 여자 The Woman Who Walks on Water(1990)

(성일시네마트) 112분 극영화 연소자 불가/멜로

감독 : 박철수
제작 : 강신영, 이종운
각본 : 이홍구(원작 신달자)
개봉 : 1990년 9월 29일 명보, 명보 아트홀, 롯데월드 1관(서울)
관람인원 : 13만 7089명(서울)
출연 : 황신혜, 강문영, 이덕화, 정혜선, Sophie Diretzouian, Caron Jean Luc, Sophie Meluick, 오승명, 박희우, 차재홍, 김보현, 김경란, 심양홍, 김한나, 천우용, 이정민 외
기획 : 엄앵란, 안동규
촬영 : 손현채   **음악** : 신병하
조명 : 박창호   **편집** : 김현
미술 : 조용삼, 이정훈
소품 : 김태욱   **의상** : 정규태
분장 : 신임순, 신지숙, 구시연
사운드 : 김경일, 양대호
스틸 : 김규흥

난희와 민희는 절친한 친구다. 난희는 가난하게 성장했고 민희는 부유한 환경에서 부족함을 모르고 살아왔다. 그럼에도 둘의 우정은 탄탄하기만 하다. 대학 졸업 후 난희는 패션업계 진출을 목표로 파리로 유학을 떠나고 민희는 한때 난희와 중매설이 있었던 재민과 결혼한다. 난희가 파리에서 열심히 디자인 공부를 하고 있을 때 민희의 남편 재민이 사업차 파리에 들른다. 그리고 만나는 횟수가 잦아지면서 두 사람은 사랑하는 사이가 된다. 파리에서 공부를 끝내고 귀국한 난희의 활동은 재민의 뒷바라지로 더욱 번창한다. 뒤늦게 재민과 난희의 밀회를 알게 된 민희는 충격을 받고 남편과 이혼을 서두른다. 친구의 가정파탄을 본 난희는 사업을 버리고 화가와 결혼해서 평범한 주부가 되고 반면 민희는 난희의 패션사업을 인수한다.

● 1989년 자유문학사에서 펴낸 후 1990년대 초까지 100만 부 이상 팔려나간 신달자의 동명 수필을 원작으로 하고 있다. 친구의 남편을 두고 불륜 등 삼각관계를 이루다가 자신의 정체를 되찾게 되는 내용이다. 특히 주인공 민희는 새롭게 거듭나는 순간 "죽으려고 찾아갔던 강물에, 이제는 그 물위를 걷는 여자가 될 것"이라는 다짐으로 영화가 끝난다. 서울에서만 14만 관객(13만 7089명) 동원, 1990년도 한국영화 흥행 순위 4위.

꿈 The Dream(1990)

통일신라의 전성기. 조신(안성기)은 십 년째 수행하고 있는 스님이다. 천성이 착하고 순한 그는 어느 날 나들이 나온 태수의 딸 달례(황신혜)의 자태를 보고 끓어오르는 욕정을 견디지 못한다. 달례는 화랑 모례아손(정보석)과 정혼한 몸이다. 그럼에도 조신은 달례를 데리고 마을을 떠나 화전민 생활을 하게 되고 모례의 집요한 추적을 받는다. 한 곳에 정착할 수 없는 그들은 모례에게 쫓기는 과정에서 어린 자식을 잃고 달례는 창녀, 조신은 아편중독의 폐인으로 전락한다.

한편 자신이 문둥병에 걸렸음을 안 달례는 환각 상태에서 헤어나지 못하는 조신을 뒤로 한 채 하나 남은 딸을 데리고 어디론가 사라진다. 수십 년이 지난 후, 걸인이 되어 떠돌아다니던 조신은 달례는 이미 죽고 딸은 여승이 되었다는 소문을 듣는다. 바닷가에 초가집을 짓고 달례의 목상을 깎으며 속죄의 나날을 보내는 조신, 이런 그의 앞에 칼을 찬 모례가 나타나지만 백발의 조신은 불전에서 쓰러진다. 그것은 한바탕 꿈이었다.

● 배창호의 열 번째 연출작. 원작은 춘원 이광수가 『삼국유사』에 실린 조신 설화를 바탕으로 1947년에 발표한 소설 신상옥의 '꿈'은 황남과 최은희(1955), 신영균, 김혜정(1967) 출연으로 남녀의 애틋한 사랑에 포커스를 맞추고 있다. 배창호의 '꿈'은 남녀의 사랑 이전에 인간의 세속적 욕망을 허무한 꿈에 비유하여 해탈의 어려움을 일깨우면서 탐미주의적 영상 문체를 화면에서 끌어내고 있다. 특히 눈에 띄는 것은 자연광을 이용한 시간 흐름의 표현이다. 등장인물들이 같은 자리에 머물러 있어도 빛에 의한 얼굴의 음영만으로 관객들은 영화상의 시간이 얼마나 흘렀는지를 짐작하게 된다. 그리고 봄꽃의 향연과 짙푸른 녹음, 낙엽이 지고 폭설에 설해목이 부러지는 등 계절의 변화가 섬세하게 포착된다.(「꿈·신상옥 작품과는 달리 해석」, 영화평론가 김종원, 동아 90. 10. 19)

영진공의 1990년 좋은 영화로 선정됐고 '2008 시네마테크의 친구들 영화제'(서울 종로구 낙원동 서울아트시네마)에서 영화평론가 김영진이 '올해의 영화'로 추천했다.

(태흥영화) 93분 연소자불가/사극

감독 : 배창호
제작 : 이태원
각본 : 이명세, 배창호
개봉 : 1990년 9월 29일 서울극장 (서울)
관람인원 : 2만 8498명
출연 : 안성기, 황신혜, 정보석, 최종원, 윤문식, 이대로, 문미봉, 태일, 안종환, 추봉 외

기획 : 이태원	촬영 : 정광석
음악 : 이성재	조명 : 강상용
편집 : 김현	미술 : 김유준
소품 : 이예호	분장 : 홍동은
의상 : 이해윤, 그레타 리	

동시녹음 : 이병하
사운드 : 김경일, 양대호
특수효과 : 김철석, 김태흥
스틸 : 양기주
조감독 : 최영학, 김국형, 김병균, 엄현수
수상 : 영진공 선정 좋은 영화

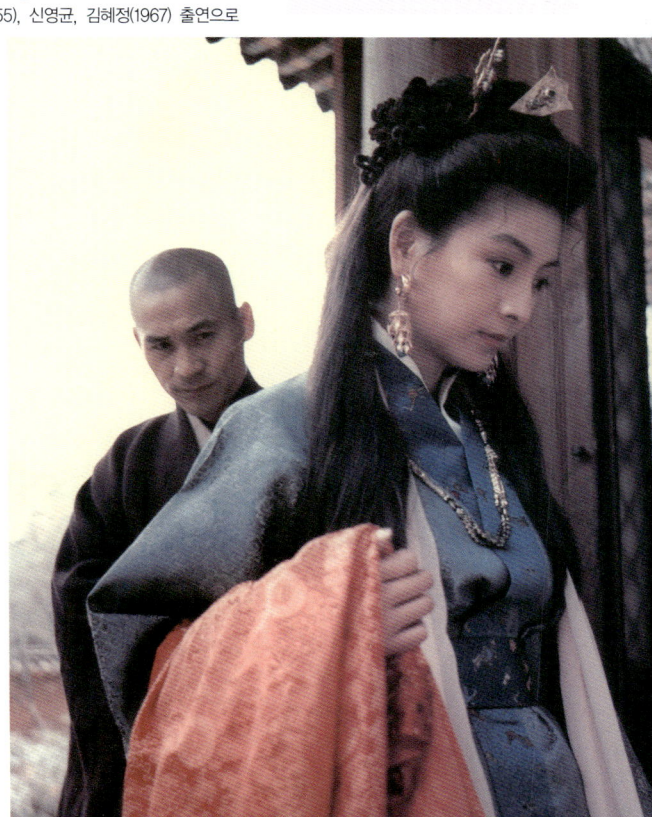

꼴찌에서 일등까지 우리반을 찾습니다
Our Class Accepts Anyone Regardless of Grade(1990)

(한국영화독립제작소 물결) 104분 극영화 중학생가/하이틴

감독 · 제작 · 각본 : 황규덕
각색 : 송능한
개봉 : 1990년 9월 29일 아세아극장 (서울)
관람인원 : 15만 8060명
출연 : 문성근, 이도련, 이대로, 홍성민, 주호성, 김석옥, 정재순, 이성룡, 박용수, 나갑성, 이수일, 서희경, 문성기, 맹지열, 전성식, 이영화, 구종배, 이상덕, 나한일 외
기획 : 황규덕
촬영 : 정일성
음악 : 박수진, 김해식
조명 : 차정남
편집 : 김희수
분장 : 노일실
스틸 : 최동수
사운드 : 이성근, 양대호
조감독 : 백용욱, 구성주, 윤태용, 최용욱
수상 : 제11회 영평상 신인감독상(황규덕), 제1회 춘사영화예술제 신인감독상(황규덕), 영진공제정 좋은 영화, 제19회 밴쿠버영화제, 제43회 로카르노영화제 출품

고교 2학년 4반 학생들에게 담임선생은 대학입시만이 인생 최대의 과제임을 역설한다. 그러나 반장 현섭은 학교공부보다 여자친구 지연에게 더 관심을 갖고 있다. 지연은 어릴 때부터 피아노를 쳤지만 음악보다는 국문학과에 진학해서 문학을 전공하고 싶어 한다. 2학기에 접어들어 담임선생이 장기 입원하게 되어 새로운 담임이 부임해 온다. 새로운 담임은 성적과는 상관없이 학생들끼리 서로 관심을 갖도록 단합을 유도한다. 그러는 동안 인문계를 포기하거나 성적이 떨어지는 학생들이 늘어나는 등 반 전체가 잠시 혼란에 빠진다. 특히 현섭의 여자친구 지연은 진학문제를 놓고 고민하다가 신경쇠약에 걸려 쓰러진다. 이러한 학생들의 갈등을 바라보면서 담임선생은 앞으로 1년간을 잘 넘겨달라고 부탁한다. 그들은 눈 쌓인 교정을 바라보면서 바로 코앞에 입시경쟁의 정점인 고3이 다가왔음을 실감한다.

● 황규덕 감독데뷔작. 감독이 제작 · 각본 · 기획까지 맡았다. 인문계고등학교 2학년 4반 학생들이 한 학년 동안에 겪는 각자의 고민과 방황 좌절을 그리고 있다. 청소년 영화. 1980년 이후 두발 및 교복자율화, 통금해제 등 주체할 수 없는 자율 속에서 청소년들이 방황하고 있을 때 어른들은 대학입시만을 최고의 가치로 강요하여 그들의 진정한 고민을 외면하고 있었다. 그때 이 영화는 청소년들의 당면과제인 입시문제에 대한 혼란과 청소년들의 고민이 무엇인가를 제기했다는 점이 주목을 받았다.('청소년영화 '꼴찌에서─' 남고생 30명 집단 주연─ 동아 90. 1. 23) 문성근이 교육현실을 걱정하는 담임선생 역을 맡고 있다. 당시 제작비 1억 원을 투입, 15만 8060명 관객동원으로 흥행에서 성공했고 춘사영화예술영화제와 영평상에서 황규덕이 신인감독상을 받았다.

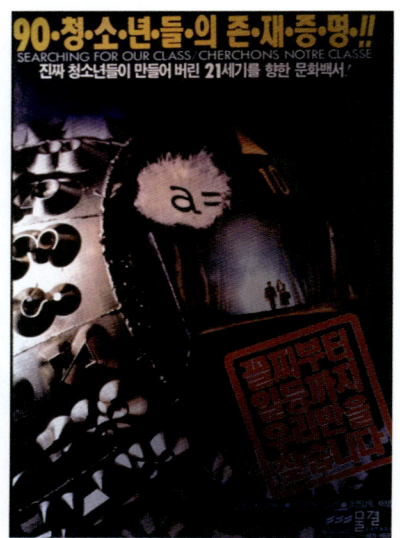

1990년 자유부인 自由夫人, Liberated Madame 1990(1990)

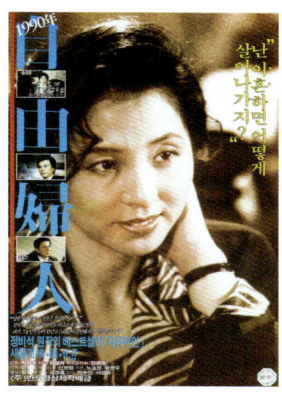

유부녀 선영(고두심)은 권태로운 일상에서 탈출하기 위해 출판사를 경영하는 친구 윤주(김형자)의 부탁을 받고 취재 여행을 떠난다.

사진작가 춘호(강석우)와 동행하게 된 선영은 충동적인 행동을 일삼는 춘호를 통해 그동안 자신을 억누르고 있던 틀로부터 벗어나는 듯한 자유를 느낀다. 그러다가 남편 태연(김흥기)에게 여자가 있음을 알게 된 그녀는 결혼에 대한 꿈이 무너지는 대신에 춘호와 사랑에 빠지게 된 자신을 발견한다. 그러나 객원기자 일이 끝나자 출판사 창립 1주년 기념 파티에서 선영은 춘호에게 이별을 고하고 남편과 딸이 있는 가정으로 돌아간다.

● 박재호 감독 데뷔작. 고두심, 강석우가 불륜 관계로 출연하고 있으나 큰 관심을 받지 못했다. 이 작품은 정비석 원작에서 모티브와 제목을 따왔고 지금까지 선보인 '자유부인' 시리즈와도 스토리 골격이 비슷하다.

'자유부인' 영화는 한형모의 '자유부인'(1956-당시 서울에서만 14만 관객 동원), 김화랑의 '자유부인 속'(1957-6만), 강대진의 '자유부인'(1969-2만 3000명), 박호태의 '자유부인' (1981-30만 관객), '자유부인 2'(1986) 등이 있다.

(반도영상) 97분 극영화 연소자불가/멜로

감독 : 박재호
제작 : 정경희, 강광희
각본 : 노효정, 박광우(원작 정비석)
개봉 : 1990년 11월 23일 브로드웨이극장(서울)
관람인원 : 1만 6925명(서울)
출연 : 고두심, 강석우, 김흥기, 김형자, 박규식, 진여진, 구명옥, 박인나, 임미향, 유명순 외
기획 : 신경숙
촬영 : 정필시
음악 : 박수진, 허성욱
조명 : 강광호
편집 : 김희수
사운드 : 김경일, 양대호
스틸 : 서흥익
수상 : 영진공 선정 좋은 영화

천국의 땅 The Land of Paradise(1990)

언니(나경희)의 성공한 모습을 머릿속에 떠올리며 성희(진영미)는 미국에 온다. 그러나 언니는 돈 버는 일에만 시간을 보내고 있었다. 작업복 차림에 트럭을 몰고 다니고 부부생활도 계약에 의한 것이라고 했다. 성희도 합법적인 영주권을 얻기 위해서는 위장결혼을 할 수밖에 없다는 것이다. 그녀는 긴 생각 끝에 언니의 말대로 위장결혼을 결심하기에 이른다. 상대는 언니와 살고 있는 존(제임스 롭)이었다. 당장이라도 이민국 감시망에 걸릴지 모르는 가파른 상황에서 성희는 차츰 삶에 눈떠간다.

● 아메리카 드림을 꿈꾸며 미국 유학길에 오른 한 여성이 영주권을 얻기 위해 위장 결혼을 해야 하는 등 이방인으로 살아가야 하는 생존의 아픔을 다뤘다. 미국 기술진과 배우들이 다수 출연, 촬영은 미국의 아서 후퍼가 맡고 조감독 김혁과 양동우가 연기자로 출연했다. 대종상 영화제에서 방규식이 신인 감독상 수상, 1990년도 좋은 영화에 선정되었다.

(방프로) 85분 극영화 연소자불가/사회물

감독 · 제작 : 방규식
각본 : 원작 방규식
개봉 : 1990월 12월 4일
출연 : 나경희, 진영미, 김재이, 김기석, James Robb, Gene Weeler, 김황국, Kenny Jones, Max Toldman, Jay Strong, 최영, 양동우, 김혁, David 정, 손영철 외
사운드 : 한양스튜디오
촬영팀 : 이기태, Arthor Hooper
조명팀 : 이주생, Charles Pinkstaff
현상 : 세방현상소 Foto Kem 1nd
조감독 : 김혁, 양동우
수상 : 제29회 대종상영화제 신인감독상(방규식), 영진공 선정 좋은 영화

그들도 우리처럼 Black Republic(1990)

(동아수출공사) 100분 극영화 연소자
불가/사회물

감독 : 박광수
제작 : 이우석
각본 : 윤대성, 김성수, 박광수(원작
　　　최인석)
개봉 : 1990년 11월 10일 서울극장
　　　(서울)
관람인원 : 4만 8851명(서울)
출연 : 문성근, 박중훈, 심혜진, 황해,
　　　박규채, 이일웅, 양진영, 김민
　　　희, 김경란, 조주미 외
기획 : 이권석
촬영 : 유영길
음악 : 김수철
조명 : 김동호
편집 : 김현
미술 : 도용우
소품 : 김태욱
의상 : 서금희
분장 : 채훈
동시녹음 : 김범수
사운드 : 김경일, 양대호
스틸 : 서흥익
조감독 : 이현승
수상 : 제11회 청룡영화상 최우수작품
　　　상(동아수출공사: 이우석)·영
　　　화기술상(촬영: 유영길), 제27
　　　회 백상예술대상 신인연기상
　　　(문성근), 제12회 낭트3대륙영
　　　화제 심사위원특별상·최우수
　　　여우주연상(심혜진), 제11회 춘
　　　사영화예술제 최우수작품상(동
　　　아수출공사)·여우주연상(심혜
　　　진)·신인연기상(문성근)·각본
　　　상(윤대성), 부산영화평론가협
　　　회 선정 최우수영화 및 영화인
　　　최우수감독(박광수)·최우수신
　　　인(문성근), 제11회 영평상 최우
　　　수작품상(이우석)·감독상(박광
　　　수)·촬영상(유영길)·음악상
　　　(김수철), 제5회 싱가포르영화
　　　제 최우수 아시아 극영화 부문,
　　　영진공 선정 좋은 영화

사방이 온통 검기만 한 탄광촌의 겨울. 시위 주동혐의로 도피 중인 대학생 김기영(문성근)이 폐광 위기에 놓인 탄광촌으로 들어온다. 광부들이 더 나은 직업을 찾아 다른 도시로 떠나고 일손이 모자란 마당에도 이들은 신원미상의 불순세력에 대한 경계심을 늦추지 않는다. 그러나 연탄 공장 노동자들의 열악한 현실은 기영이 도피하고 싶은 것이 아니라 해결하고 싶은 것이었다. 기영은 여기에 잡역부로 취직한다. 그런데 이 잡역부를 쥐고 흔드는 것은 연탄공장 사장(박규채)의 아들인 성철(박중훈)이다. 성철은 잡역부들뿐 아니라 다방과 술집에서도 폭군으로 군림한다. 기영은 탄광촌 다방에서 자신의 몸을 티켓으로 팔아 살아가는 영숙(심혜진)을 만나면서 자신의 운명이 달라질 것을 예감한다.

영숙도 기영을 사랑하게 되면서 티켓 파는 일을 그만둔다. 광산 노동자들의 파업 조짐이 깊어가는 가운데 이들의 사랑도 무르익는다. 그 무렵 생모의 죽음을 전해들은 성철이 다방에서 행패를 부리고 티켓 팔기를 거부하는 영숙에게도 폭행을 가한다. 이를 말리던 기영이 싸움에 말려들어 형사에게 잡혀가 고문을 당하지만 무혐의로 풀려난다. 그러나 위장 취업한 사실이 드러나자 또 다른 도피처로 떠날 수밖에 없게 된다. 영숙도 그를 따라 떠나기로 한다. 그러나 짐을 가지러 다방에 갔다가 그녀를 못살게 굴던 성철과 마주친다. 막무가내로 그녀를 붙잡아 두려는 성철을 순간적으로 찌른 영숙은 역에서 그녀를 기다리는 기영을 뒤로한 채 경찰서로 끌려간다.

● 감독 데뷔작인 '칠수와 만수'(1988)로 성공 파장을 불러일으켰던 박광수의 두 번째 작품. '칠수와 만수'의 원작자인 최인석의 소설 『새떼』(1988)를 원작으로 하고 있다. 박광수는 1982년 대학 영화아리 알라성 출신들과 서울영화집단을 결성, 그룹 활동을 할 때 '그들도 우리처럼'과 똑같은 제목(공동창작)으로 영화를 만든 일이 있다고 한다. 그러나 그때는 소매치기를 주인공으로 한 18분짜리 단편 극영화로 이 영화와는 내용이 다르다.

이 작품은 당시 우리 사회를 무겁게 짓누르고 있던 1980년대 노동문제를 집약적으로 표출하고 있다는 점에서 평단의 주목을 샀다. '민중'과 '지식인'의 관계는 박광수가 오랫동안 천착해왔던 주제로 영화 속에서 운동권 지식

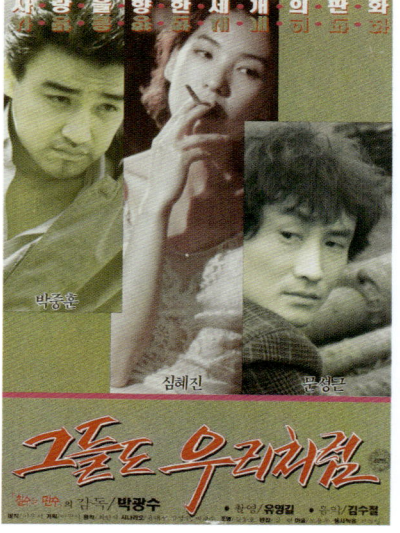

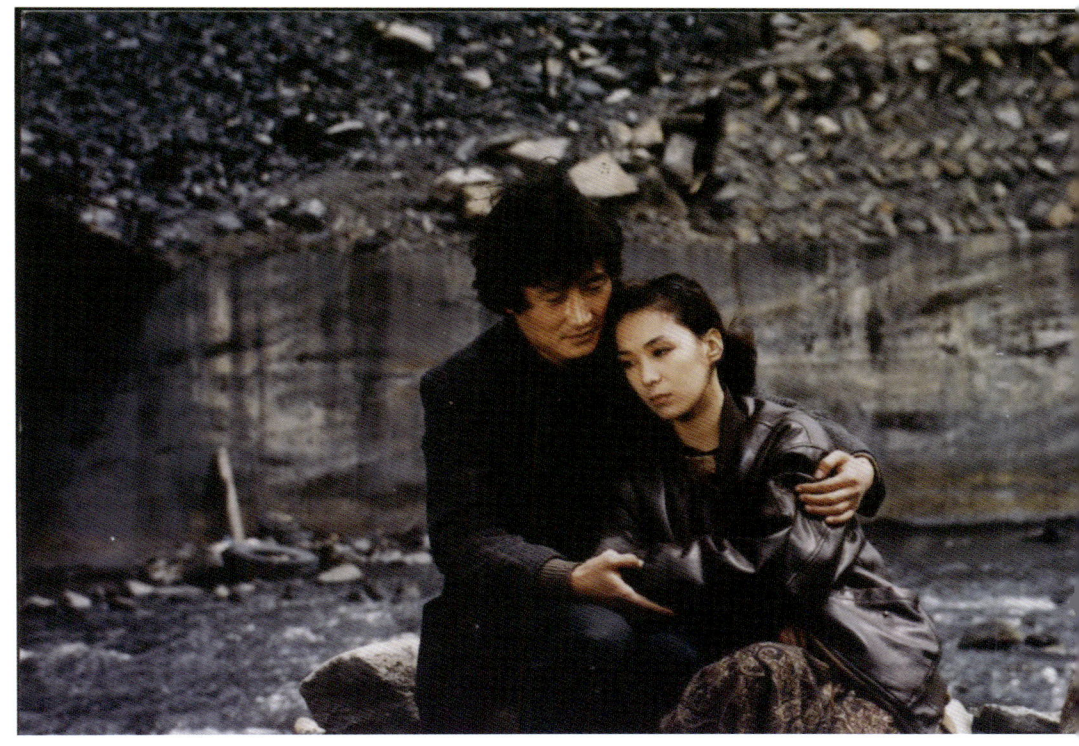

인의 고뇌가 담백한 회화적 구도로 그려진다. 그리고 지식인 중심의 관념적 운동이 실패하자 지식인 운동가들이 이리저리 새떼처럼 흩어져버리는 상황을 대표적 캐릭터인 기영을 통해 드러낸다.

영화 속 '기영'은 문학평론가 김사인이 모델이다. 김사인은 서슬이 시퍼렇던 군사정권시대, 월간문학지 《노동해방문학》을 펴내며 반체제의 최전선에서 싸운 전사(戰士)로 알려진 인물. 그러나 학살의 피를 묻힌 손으로 권력을 잡은 독재자들은 그를 지명 수배자로 지목했고 공안당국은 잠행하는 그를 잡으려고 혈안이 되어 있었다.

이 영화에 대해서는 호평과 비판이 엇갈렸다. 당시 영화 리뷰는 "뛰어난 주제의식을 리얼리즘으로 풀어낸 수작"(평론가 강영희)으로 평하고 한 일간지 영화평(조선 90. 12. 20)은 "여전히 행동하지 못하는 지식인에서 벗어나지 못했다"고 꼬집었다. 그러나 쓰러져가는 광산촌을 영상이 돋보이는 안정된 연출로 전개하여 미학적으로 성공한 것과 영숙이가 연행되어가는 마지막 장면에서 탄광촌 사람들의 얼굴을 트래킹으로 훑는 장면은 암울한 상황 속에서 미래가 보이지 않는 민중, 기층 여성의 현실을 상징적으로 보여주었다고 호평이 따랐다. 박광수는 현장 민중들의 삶과 경험을 최대한 담아내기 위해 네 차례의 현장 미팅을 통해 광부, 진폐증 간호사, 광업사 사장 등을 인터뷰했고 열네 번 이상이나 시나리오 추고 작업을 거쳤다고 한다.

청룡영화상 작품상 · 영화기술상(촬영)에 이어 박광수가 영평상 감독상, 심혜진이 낭트3대륙영화제 최우수여배우연기상, 신인 문성근이 백상예술대상, 춘사영화제, 부산영화평론가협회 선정 최우수영화 및 영화인에서 최우수신인으로 선정됐다. 해외영화제에서는 제5회 싱가포르영화제에서 최우수 극영화상을 받았다.

나의 사랑 나의 신부 My Bride My Love(1990)

(삼호필림) 111분 극영화 고등학생가/
로맨틱 코미디

감독·각본: 이명세
제작: 박효성
개봉: 1990년 12월 29일 피카디리극
　　　장(서울)
관람인원: 18만 7000명(서울)
출연: 박중훈, 최진실, 김보연, 전무
　　　송, 송영창, 윤문식, 도용구, 김
　　　영배, 조주미, 최종원 외
기획: 채윤희　　촬영: 유영길
음악: 정성조　　조명: 김동호
편집: 김현　　　소품: 김태욱
의상: 홍혜숙　　분장: 강은영
동시녹음: 이영길
사운드: 김경일, 양대호
스틸: 윤진호
현상: 영진공
조감독: 구임서, 오석근, 엄현수
수상: 제29회 대종상영화제 신인감독
　　　상(이명세)·신인여우상(최진
　　　실), 제12회 청룡영화상 신인감
　　　독상(이명세), 제11회 영평상 각
　　　본상(이명세)·신인연기상(최진
　　　실), 제15회 황금촬영상 금상
　　　(유영길)·신인연기상(최진실),
　　　부산영화평론가협회 최우수 영
　　　화 및 영화인 최우수신인상(이
　　　명세, 최진실), 제36회 아태영
　　　화제 남우주연상(박중훈)·신인
　　　감독상(이명세)·편집상(김현),
　　　영진공 선정 좋은 영화

출판사에 근무하고 있는 작가지망생 영민(박중훈)은 대학 동창인 미영(최진실)과 결혼한다. 신혼 초에는 미영이 영민의 도시락밥 위에 콩자반으로 "I LOVE YOU"를 새겨넣는 등 달콤한 신혼을 즐기기도 했다. 그런 어느 날 영화를 보러 가기로 하고 약속한 장소에 나갔다가 미영이 옛 직장 상사(송영창)와 만나는 것을 보고 영민은 그가 아내의 옛 애인인 줄로 오해하게 된다.

질투를 느낀 영민은 그때부터 선배인 최 작가(김보연)를 유혹하는 등 걸핏하면 다투고 토라지는 일이 자주 생긴다. 그러자 미영도 지난날의 추억에 사로잡혀 낯선 도시로 탈출을 감행한다. 두 사람은 각자의 굴레에 빠져들어 야릇한 감정의 벽을 쌓고 치열하게 싸우면서 결혼 생활을 꾸려나간다. 영민은 영민대로 결혼 생활이 주는 속박감에서 자유를 꿈꾸고 미영은 작가로서의 영민의 위치가 확고해 질수록 열등감과 소외감을 느낀다.

영민의 신춘문예 소설 당선 축하파티가 열리던 날도 두 사람은 악을 쓰며 싸웠다. 그러나 미영이 급성 맹장염으로 입원하자 혼자서 집을 지키던 영민은 미영의 빈자리를 새삼스럽게 발견하고 문득 병원으로 달려간다. 그리고 세월이 흐른 뒤 영민은 그들의 젊은 날을 회고한다. 오랜 시간이 흐르고 나서야 그들은 사랑이 무엇인지를 깨닫게 된 것이다.

● 이명세 각본·연출작. 보통 남자와 여자라면 누구나 한 번쯤은 겪게 될 사랑과 결혼에 관한 평범한 이야기를 세월마다 구두점을 찍으며 경쾌하게 짚고 넘어간다. 연인 관계에서 부부가 된 남녀가 서로 자존심을 내건 갈등을 딛고 행복한 가정을 이루기까지의 과정을 "달콤한 신혼여행", "한 남자와 한 여자가 만날 때", "환상의 세레나데", "아내의 과거에 대한 오해", "남편의 바람과 성공" 등 여덟 개의 에피소드로 나누어 모자이크처럼 엮고 있다.

일상적 사건이 만들어내는 미세한 감정의 결들을 잡아내면서 만화처럼 자막에다 대사를 삽입하거나 영상에 그림을 집어넣는 애니메이션 기법으로 영화의 재미에 빠져들 수 있게 해준다. 김이 모락모락 나는 맨홀, 비가 떨어지는 처마, 가로등이 켜진 골목길 등 소품과 배경이 한낱 풍경에 그치는 것이 아니라 영화적 정서를 조성하여 몽환적인 분위기를 자아낸다.(동아 91. 1. 11)

개봉 당시 신세대 스타로 급부상한 최진실의 매력이 돋보인다. 부산 해운대, 파라다이스 호텔, 스위스그랜드 호텔 등에서 촬영됐다. 이명세는 대종상과 아태영화제에서 신인감독상을 수상, 서울 관객 18만 7000명 동원(전국 30만 명 이상)으로 흥행에 성공했다. 한국영상자료원 '한국영화 100선' 선정. 이명세가 미영이 카페에서 다른 남자와 이야기하는 것을 보고 영민이 화가 나 나갈 때 부딪친 사람으로 카메오 출연했다.

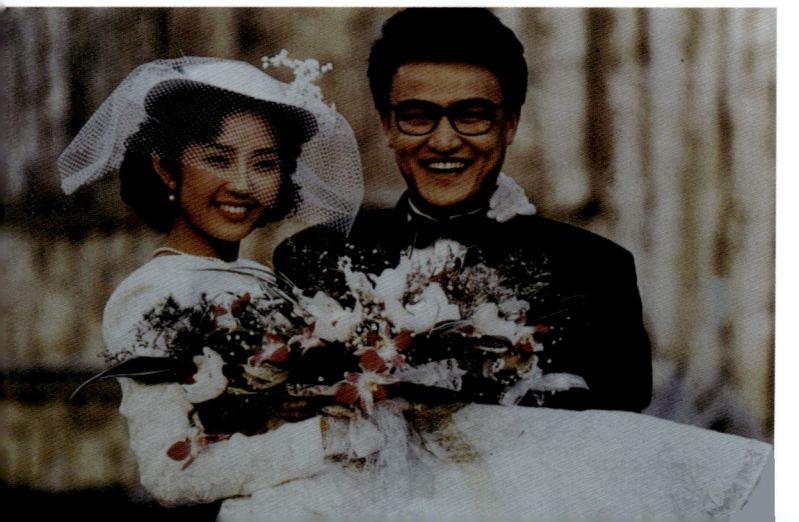

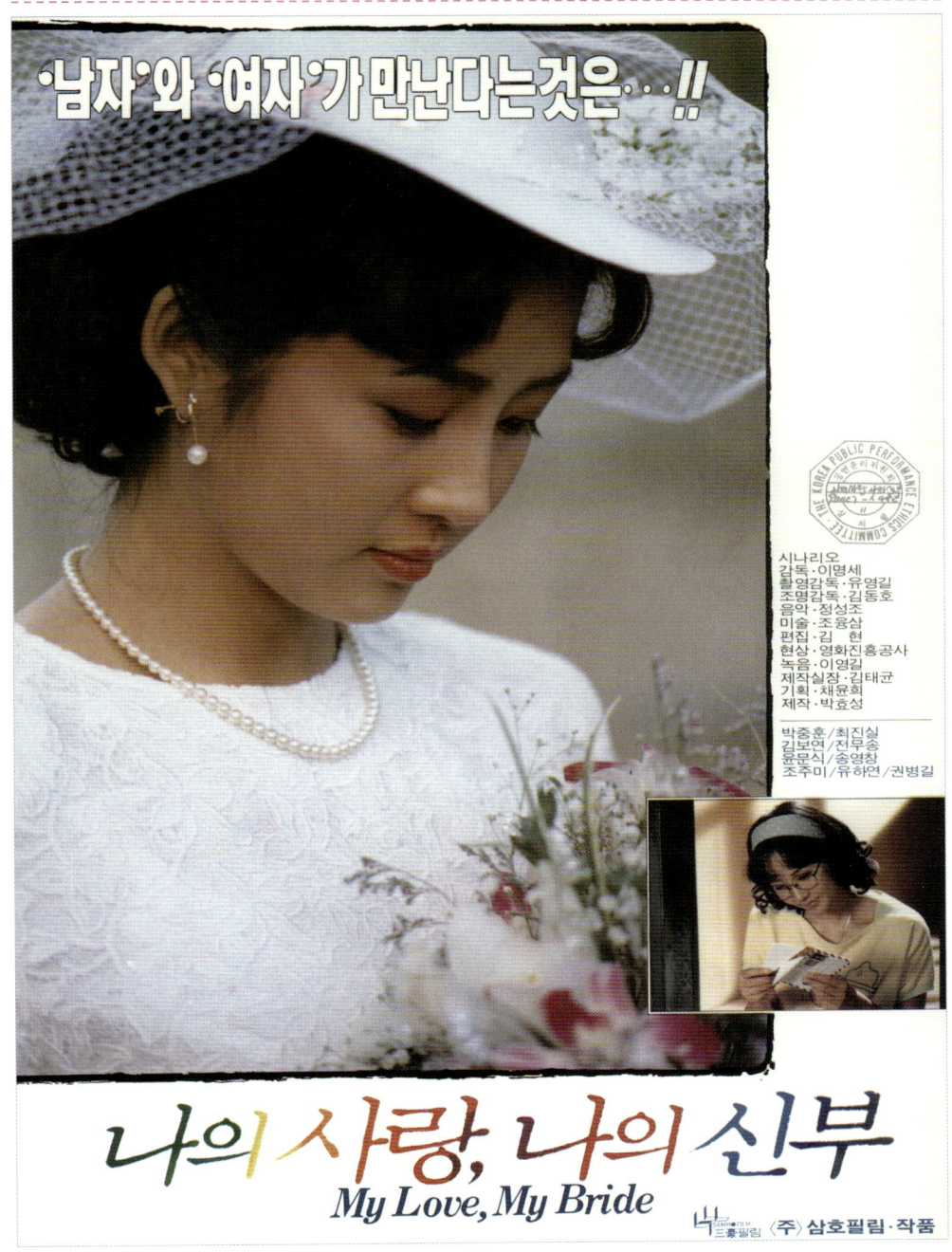

'남자'와 '여자'가 만난다는것은…!!

시나리오
감독·이명세
촬영감독·유영길
조명감독·김동호
음악·정성조
미술·조융삼
편집·김 현
현상·영화진흥공사
녹음·이영길
제작실장·김태균
기획·채윤희
제작·박효성

박중훈·최진실
김보연·전무송
문용식·송영창
조주미/유하연/권병길

나의 사랑, 나의 신부
My Love, My Bride

삼흥필림 〈주〉 삼호필림·작품

장미여관 Rose Motel(1990)

(현진필름) 89분 극영화 연소자불가/
멜로

감독: 서영수
제작: 김형준
각본: 김원두
개봉: 1991년 1월 12일 명보극장, 명
 보아트홀(서울)
관람인원: 7598명(서울)
출연: 설도윤, 김혜란, 이동준, 선우
 일란, 김경진, 임창정, 이성미,
 신영진, 송금식, 주호성 외
기획: 이석우
촬영: 최찬규
음악: 강인구
조명: 이승구
편집: 현대원
미술: 조용삼
의상: 김선진, 강은영, 송혜림
사운드: 손인호, 이재희, 손규식
제작지휘: 최광준
조감독: 류숙현, 김태규, 김재민

어느 여름날 젊은 시인(설도윤)은 도시에서 멀리 떨어진 야산에서 한 여인(김혜란)을 발견한다. 시인은 의식불명의 그녀에게 매혹되어 숲 속의 정사를 벌인 후 그녀를 아파트로 데려온다. 시간이 갈수록 그녀에게 빠져든 시인은 그녀를 소재로 성과 성의 자유에 대한 시를 짓는다. "그녀는 장미여왕/ 나는 그녀에게 정열과 사랑을 바치는 시인/ 그녀는 아무 것도 가릴 것 없고 거칠 것 없는, 죄도 없고 질투도 없는/ 멀고 먼 장미의 나라에서 왔다/ 장미의 나라는 아름다운 여왕이 모든 것을 다스리는데/ 그녀가 공주를 낳으면서부터 죄가 생긴다/ 여왕의 남편들은 서로가 서로를 죽였고/ 마침내 여왕이 살해되자 폭군은 아름다운 공주를 아내로 취한다."

시인은 공주와 상상으로나 가능한 성의 판타지를 이루며 행복한 나날을 보내는데 어느 날 깨어보니 여자도, 옷도, 원고도 그에게 남은 것은 아무것도 없었다.

● 마광수의 시 「가자, 장미여관으로」를 영화화한 것으로 제목과 판권문제로 1년여 동안 법정투쟁을 벌이던 제목을 개명하여 개봉했지만 "값싼 에로영화"("개명 장미여관 드디어 개봉" 경향 91. 1. 11 김종원, 『한국영화 감독사전』, 국학자료원, 2004년, p.207) 라는 비판을 면치 못했다.
참고로 마광수의 시집 『가자, 장미여관으로』는 1989년에 출간되어 충격과 파문을 던졌다. 총 120편의 시가 수록된 이 시집은 한국 최초의 에로티시즘 시집으로 기록되고 있으며 이후 마광수의 소설들은 이 시집의 테마를 기조로 이루어졌다고 볼 수 있다. 시는 자조적인 내용으로 전개된다.

"만나서 이빨만 까기는 싫어 점잖은 척 뜸들이며 썰풀기는 더욱 싫어 러브 이즈 터치 러브 이즈 휠링 가자, 장미여관으로/ 화사한 레스토랑에서 어색하게 쌍칼 놀리긴 싫어 없는 돈에 콜택시, 의젓한 드라이브는 싫어 사랑은 순간으로 와서 영원이 되는 것 난 말 없는 것 보다 랭귀지가 제일 좋아 가자, 장미여관으로/ 철학, 인생, 종교 어쩌구저쩌구 세계의 운명이 자기 운명인 양 걱정하는 체 주절주절 커피는 초이스 심포니는 카라얀 나는 뽀뽀하고 싶어 죽겠는데, 오 그녀는 토론만 하자고 하네 가자, 장미여관으로!…"

1990년, 마광수가 각본을 쓴 영화 '가자, 장미여관으로'는 외설시비("가자 장미여관은 외설적 시비」 동아 89. 8. 31) 끝에 촬영이 중단됐다.

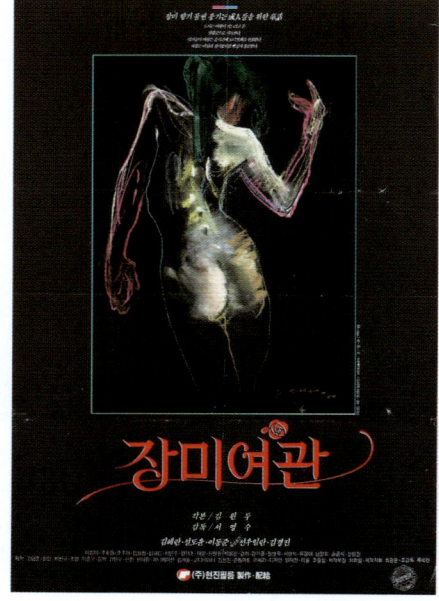

혼자 도는 바람개비 The Pinwheel that Spins Alone(1990)

강원도 산골 마을. 부모를 잃은 남도(정유석), 남식(고정일)은 할머니(여운계)와 셋이서 어렵게 살고 있다. 형 남도는 공장에 다니고, 남식은 그 형을 끔찍이 따른다. 가정형편 때문에 야간학교에 다니던 남도는 공군기술학교 진학을 꿈꾸지만 고된 공장 일에 지쳐 시험에서 떨어진다. 낙심한 남도는 무작정 서울로 상경하고 형의 상경 소식을 들은 남식은 실의에 빠진다. 그러나 주위의 도움을 얻어 비닐하우스를 만들고 할머니마저 쓰러지자 가사 일까지 도맡는다. 눈보라에 비닐하우스가 쓸려나가는 고통을 겪지만 남식이 세운 비닐하우스에는 푸른 싹이 싱싱하게 돋아나기 시작한다.

● 하명중 각본·연출·출연작. 감독은 이 영화 이후 연출은 하지 않고 영화 수입과 제작, 극장 경영을 하다가 16년 만인 2007년 영화 '어머니는 죽지 않는다'(가제)로 복귀, 새 영화에선 하명중의 장남인 하상원이 주인공, 차남 하준원이 프로듀서, 그리고 부인 박경애가 제작을 맡는 등 영화 가족의 면모를 보여주었다.

(하명중영화제작소) 113분 극영화 연소자가/사회물

감독 : 하명중
제작 : 박경애, 김상익
각본 : 이문웅, 하명중
개봉 : 1991년 2월 14일 국도극장 (서울)
관람인원 : 6만 1892명(서울)
출연 : 고정일, 여운계, 정유석, 안연홍, 하명중, 이진주, 김윤, 김상순, 김수진, 조선묵, 김일우, 정직한, 임해림, 김미아 외
기획 : 양재문   촬영 : 이승언
음악 : 김수철   조명 : 강상용
동시녹음 : 양후보
사운드 : 양대호, 이병하
스틸 : 박희재
현장총지휘 : 김종성
조감독 : 최진식, 김만태, 이경훈, 하경홍
수상 : 제29회 대종상영화제 각색상 (하명중, 이문웅)·아역상(고정일), 영진공 선정 좋은 영화

영심이 Young-Shim(1990)

경태는 여고 1년생인 영심을 따라다니며 영심의 환심을 사기에 급급하다. 그러나 영심은 75점이라는 평균점을 극복하기 위해 아버지의 충고대로 열심히 공부 중이다. 그리고 경태보다는 교생선생에게 관심을 갖고 있다. 교생도 영심에게 관심이 있는지 묘한 눈길을 보내곤 한다. 교생은 난시였다.

영심은 아버지의 월급이 적다고 해서 걸핏하면 엄마와 싸우는 것을 보고 아르바이트를 찾기로 한다. 그러던 어느 날 집에 돌아오는 길에 불량배를 만나 곤경에 빠진다. 그때 경태가 나타나서 그들을 물리치고 경태는 부상당해 병원에 입원한다. 영심은 그의 진실한 우정에 감복해서 경태를 새삼스러운 눈길로 바라본다. 그리고 영심은 왠지 그를 떠날 수 없다는 생각이 든다.

● 배금택의 만화를 원작으로 하고 있다. 스포츠 신문에 연재된 만화 「영심이」는 청소년들에게 많은 인기를 끌고 있었고 영화가 만들어 지던 해 광고·소설·TV드라마·뮤지컬로 만들어졌다. 배금택은 2부 속편을 만들었고 성인 만화에까지 영심을 캐릭터를 등장시켰다. 주인공 오영심 역은 이혜근, 경택 역은 가수 전영석, 그 외 가수 박남정을 비롯 이재은, 김민종, 이경영, 노사연 등이 출연했다. 마지막 장면에서 박남정의 백댄서들이 출연, 808드럼머신 비트에 맞춰 브레이크 댄스를 보여준다. 1990년 '한국영화 베스트10'에 선정되었다.

(고려영화) 100분 극영화 연소자가/하이틴

감독 : 이미례
제작 : 박태환
각본 : 현남섭(원작 배금택)
각색 : 강정수
개봉 : 1991년 7월 29일 중앙극장 (서울)
관람인원 : 1만 3435명(서울)
출연 : 이혜근, 전영석, 김나운, 박남정, 박인환, 김을동, 이재은, 김민종, 노사연, 이경영, 남궁원, 김일주, 이은하, 나갑성, 최수훈, 최재훈, 문정원 외
기획 : 강정수   촬영 : 신옥현
음악 : 강인구   조명 : 박현원
편집 : 박순덕   소품 : 이운수
사운드 : 김경일
스틸 : 윤진호
특수효과 : 이정일
조감독 : 김진용, 김태규, 손상현

부활(復活)의 노래 The Song of Resurrection(1990)

(새빛영화제작소) 92분 35mm 극영화
연소자불가/사회물

감독 · 각본 : 이정국
제작 : 주경중, 차성기
개봉 : 1991년 3월 1일 중앙극장
　　　(서울)
관람인원 : 1만 1583명(서울)
출연 : 김영건, 박지수, 이경영, 김수
　　　경, 이상철, 박건희, 박종철, 김
　　　해연, 김재강, 최우용 외
기획 : 유병선, 주필호, 김해숙
촬영 : 유용옥
음악 : 강인구
조명 : 김석진
편집 : 현동춘
소품 : 김한상, 이용승, 김종국
분장 : 이태실
사운드 : 청맥녹음실
특수효과 : 이정일
조감독 : 최우용, 박종호

광주 전남대에 재학 중인 철기(김영건)는 야학에 참여하면서 정치의 모순과 민중의 현실 참여에 대한 필요성을 절감한다. 야학 선배 태일(이경영)과 민숙(김수경), 노동자 야학생 현실(박지수), 봉준(이상철) 등과 공장 실태를 조사하던 그는 유신과 긴급조치의 부당성을 새삼스럽게 깨닫는다. 그는 총학생회장에 당선되자 대중집회를 주도하는 등 적극적으로 민주화를 향한 행보를 시작한다. 그는 이로 인해 도피생활로 들어가게 되고 도피 과정에서 봉준으로부터 광주에서의 태일과 민숙의 장렬한 최후를 듣게 된다. 그는 자책에 빠진다. 선배들은 몸을 사리지 않고 민주화를 위한 투쟁에 정면으로 앞장선 데 비해 자신은 비겁하게 도피하고 있지 않은가. 더구나 항쟁 당시 입은 부상의 후유증으로 신경이 날카로워진 봉준은 철기를 향해 죽음을 두려워하는 비겁자라고 비난을 퍼부었다. 새로운 출발을 준비할 무렵, 체포된 철기는 교도소 내에서의 민주화를 꾀하기 위해 단식투쟁에 들어간다.

● 이정국 감독 데뷔작. 직접 각본을 써서 연출한 이 작품은 광주 항쟁을 다룬 최초의 극영화로 1979년 10 · 26 사태를 기점으로 광주 시민 항쟁에 이르기까지 격변기의 민주화 운동을 주제로 삼고 있다. 어느 누구도 자유롭지 못했던 억압의 시기에 들불야학을 주도했던 전남대 총학생회장으로 옥중 단식 끝에 절명한 박관현, 시민군으로 도청 진압 때 사망한 윤상원과 영혼 결혼식을 올린 박기순 등 3인의 삶을 다큐멘터리 기법으로 그린 것이다.

이들의 삶과 사랑은 '살얼음 위의 사랑', '폭풍전야', '겨울로의 긴 잠행', '아! 오월 그날', '죄의식', '부활의 노래' 등 여섯 개의 소제목으로 전개된다. 이정국은 후배들과 힘들게 모은 2000만 원으로 촬영을 시작했고, 비디오 판권을 미리 팔아 최저 예산인 1억 원으로 영화를 완성했다. 제작 과정도 악전고투였지만 검열 과정에서의 삭제 때문에 개봉까지의 길은 더욱 고되고 힘들었다고 한다.(「2000년대를 여는 차세대 영화감독 이정국」 세계 94. 7. 22)

삭제 이유는 첫째 광주의 아픔을 마무리하고 있는 시점에서 이런 영화의 개봉은 시기적으로 적절하지 않다는 것, 둘째 역사적 고증에 문제가 있다는 것, 셋째 민중의 무장봉기를 무조건 정당하게 그렸다는 것 등이다. 그중에서도 '아! 오월 그날' 시퀀스의 4분에 걸친 총격전 장면 등 전체의 1/4인 25분 분량이 모조리 잘려 나갔다. 따라서 삭제판 '부활의 노래'로는 "1980년 5월 광주에서 무슨 일이 일어났는가"에 대해 느끼기 힘들었고 운동권 영화로 인식되어 관객들에게도 외면당했다. 결국 군데군데 잘린 채로 지방 극장까지 직접 필름을 들고 뛰어다니며 1991년 3월에야 겨우 개봉했지만 결과는 참담했다. 당시 데모 한 번 해본 적이 없었던 이정국은 이 영화로 인해 운동권 감독으로 낙인찍혔고 2년 가까이 가족과도 연락을 끊은 채 경기도 광명시 후배의 집 골방에서 다음 작품의 시나리오를 준비했다.

그래서 3년 만에 만든 것이 '두 여자 이야기'(1994)다. 1994년 영진공 시나리오 공모 당선작인 이 영화로 다시 데뷔한 그는 그해 대종상에서 최우수 작품상과 신인 감독상, 각본상 등 여섯 개 부문을 석권하면서 진짜 감독이 됐음을 실감했다. 그러나 이후 '채널69'(1996)에 이어 영화계에 멜로 붐을 일으킨 '편지'(1997)로 200만 관객을 동원하면서 그는 영화계의 기린아로 우뚝 서게 된다.

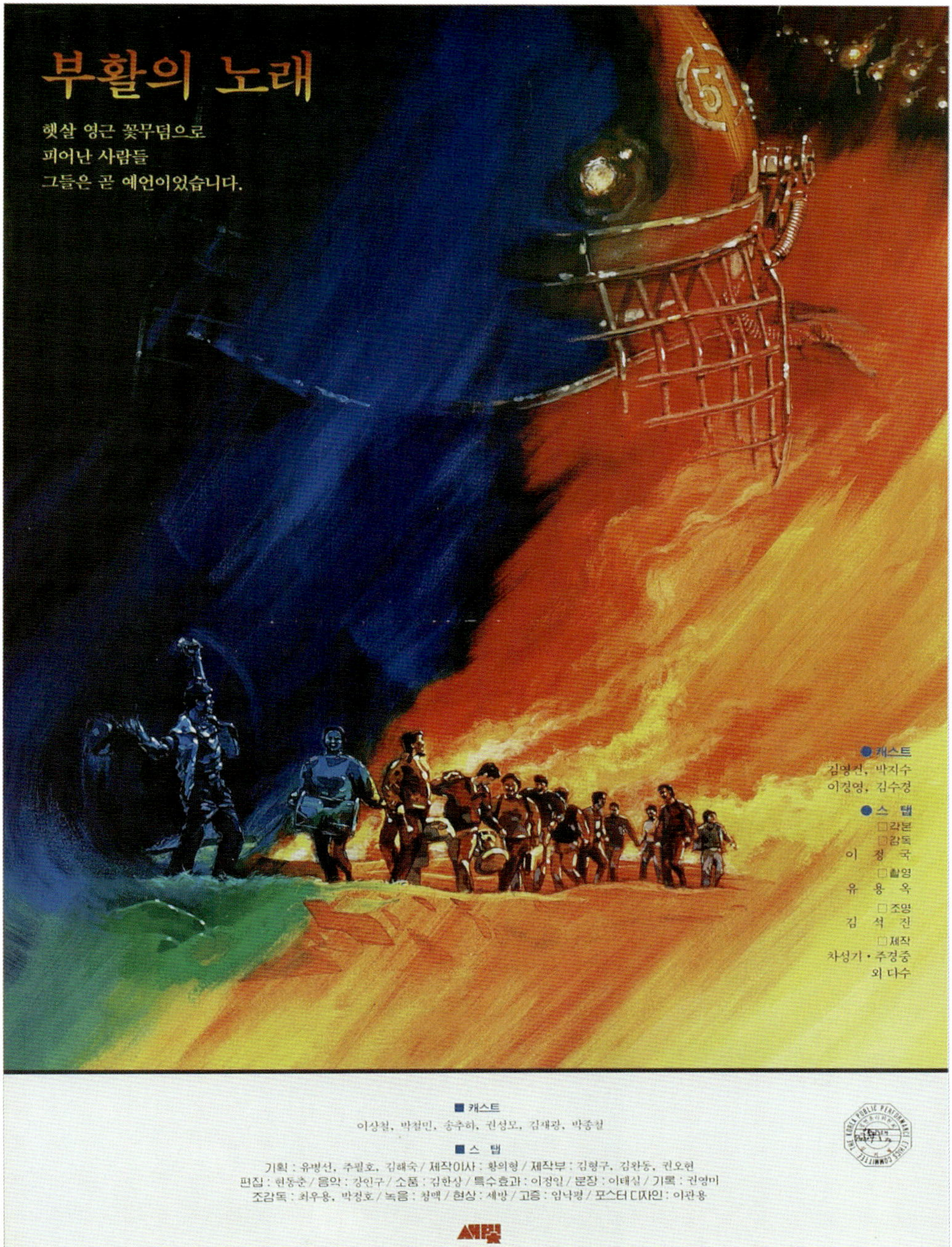

부활의 노래

햇살 영근 꽃무덤으로
피어난 사람들
그들은 곧 예언이었습니다.

●캐스트
김영진, 박지수
이경영, 김수경
●스탭
□각본
□감독
이   정   국
□촬영
유   용   옥
□조명
김   석   진
□제작
차성기 · 주경중
외 다수

■ 캐스트
이상철, 박철민, 송추하, 권성모, 김재광, 박종철

■ 스탭
기획 : 유병선, 주필호, 김해숙 / 제작이사 : 황의형 / 제작부 : 김형구, 김찬동, 권오현
편집 : 현동춘 / 음악 : 강인구 / 소품 : 김한상 / 특수효과 : 이경일 / 분장 : 이태실 / 기록 : 권영미
조감독 : 최우용, 박정호 / 녹음 : 찰색 / 현상 : 세방 / 고증 : 임낙평 / 포스터 디자인 : 이관용

새빛

젊은 날의 초상(肖像) Portrait of the Days of Youth(1990)

(태흥영화) 148분 극영화 연소자불가/
청춘 영화

감독 : 곽지균
제작 : 이태원
각색 : 장현수(원작 이문열)
개봉 : 1991년 3월 16일 단성사(서울)
관람인원 : 43만 6997명(서울)
출연 : 정보석, 이혜숙, 배종옥, 옥소
   리, 전인택, 이희도, 조재현, 유
   영, 오승명, 국정환, 문미봉, 안
   진수, 박용팔, 박예숙, 이일재,
   방은희, 김선경, 김윤희, 신현
   준, 김승우, 박민희 외
기획 : 이태원
촬영 : 정일성
음악 : 김영동
조명 : 차정남
편집 : 김현
미술 : 조용삼
소품 : 김호길
분장 : 이동민
동시녹음 : 이병하, 이승철
사운드 : 김경일, 양대호
특수효과 : 김철석
스틸 : 양기주
조감독 : 장현수, 배종화, 최만호
수상 : 제29회 대종상영화제 최우수
   작품상(태흥영화 이태원) · 감독
   상(곽지균) · 촬영상(정일성) ·
   조명상(차정남) · 음악상(김영
   동) · 녹음상(김경일) · 여우조연
   상(배종옥) · 특별연기상(문미
   봉), 부산영화평론가협회 선정
   최우수영화 및 영화인 최우수
   조연여우(배종옥), 영진공 선정
   좋은 영화

영훈(정보석)은 첫사랑인 정님누나(이혜숙)가 자신의 담임선생과 불륜
관계임을 알고 크게 실망한다. 대학에서는 상반된 이념 갈등과 친구들
의 죽음으로 뼈저린 고통을 맛본다. 부잣집 딸인 혜연(옥소리)을 사랑하
지만 너무나 동떨어진 환경 때문에 그녀에게도 이별을 고한다. 우정과
사랑을 남기고 방랑길에 나선 영훈은 길에서 만난 윤양(배종옥)의 순정
을 통해 비로소 인간애를 느낀다. 윤양과 비운의 지식인 칼갈이(전인택)
와 함께 길을 떠난다. 그렇게 계속 떠나고, 떠나는 동안 절망으로 고민
하던 영훈은 삶의 모습 속에서 새로운 의미를 깨닫게 되고, 그래서 웃
는 얼굴로 그들과 헤어진다.

● 1982년에 발표한 이문열의 동명 자전적 소설을 영화화한 멜로물. 첫사랑과 친구의 죽음, 신
념의 혼돈으로 방황하는 청춘상과 정신적 성숙의 과정을 형상화하고 있다.
　이 영화는 대종상 최우수작품상 등 8개 부문을 수상. 특히 모든 영화에서 단역 조역으로 출
연했던 문미봉이 특별연기상을 받았다. 정보석, 옥소리, 이혜숙, 배종옥, 전인택, 이희도, 조재현
출연. 1991년 3월, 단성사에서 개봉되어 서울 관객 44만여 명을 동원, 1991년도 한국영화 흥행
순위 5위에 올랐다.

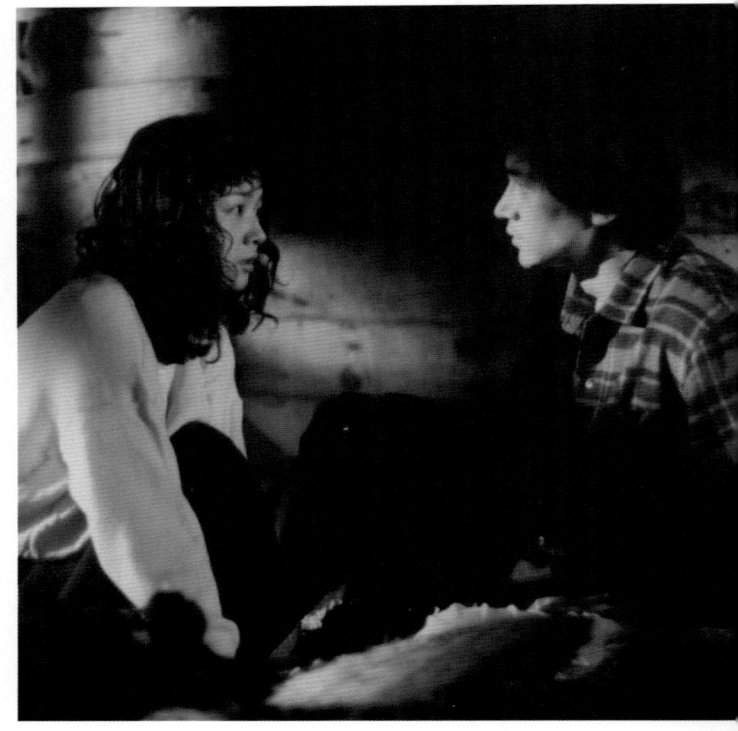

가을여행 Autumn Journey(1991)

스승이 남겨준 디스켓을 간직한 천호(이경영), 아버지를 악당들에게 잃은 소연(이미연), 집 나간 동생을 찾는 국영(최학락), 부모와 학교의 무관심으로 가출한 채영(강문희), 입대하기 전 스무 살의 마지막 꿈을 태우는 종수(김민종), 이들은 함께 여행을 떠나게 된다. 그리고 악당들은 컴퓨터 디스켓에 담긴 비밀을 캐내기 위해 찰거머리처럼 이들을 뒤쫓는다. 조금만 틈을 보여도 악당들은 소연을 인질로 삼는 등 위협을 가하고, 그로 인해 다른 일행도 위험한 고비를 몇 번이나 넘긴다. 드디어 기발한 아이디어로 악당들을 물리치고 디스켓의 비밀을 풀어낸 이들은 그 사이 서로를 너무나 사랑하게 됐음을 깨닫는다.

● '비오는 날 수채화'(1989)로 감독 데뷔한 곽재용 연출작. 범죄액션 장르의 분위기를 풍기면서 로드 무비로서의 가을 풍경과 스펙터클을 드러낸다. 최초로 컴퓨터를 소재로 사용했다는 점과 오락게임과 애니메이션을 적극 활용한 점이 눈에 띈다. 주제가 "푸른 계절"을 이미연이 직접 불렀다.

(한씨엔터) 119분 극영화 고등학생가/청춘

감독·각본 : 곽재용
제작 : 우종식, 윤강혁
개봉 : 1991년 2월 9일 아카데미극장 (서울)
관람인원 : 2만 4848명(서울)
출연 : 이미연, 이경영, 김민종, 강문희, 최학락, 이기열, 추석양, 김현정, 변혜진, 장혁 외
기획 : 김학용, 조성민
촬영 : 양영길 **음악** : 엄인호
조명 : 박현원 **편집** : 김현
미술 : 송윤회
분장 : 벨파숑
스틸 : 정선식, 강성욱
사운드 : 김경일, 양대호
특수효과 : 김철석
시각효과 : 권동숙, 김형권, 표찬용
조감독 : 양승욱, 오상진, 이종환, 임준호, 송강준

열일곱 살의 쿠데타 Teenage Coup d′Gras(1991)

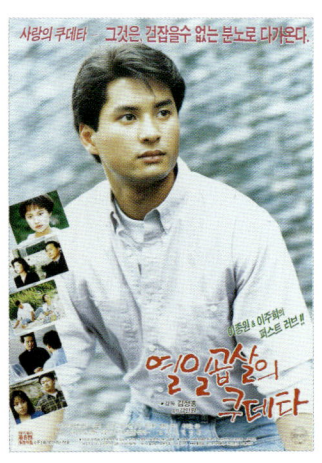

여고생 상미(이주희)는 완벽주의자인 아버지의 참견에 못 이겨 집을 뛰쳐나온다.

거리를 배회하다가 불량배들에게 봉변을 당하기 직전, 자동차 정비공인 민구(이종원)의 도움으로 위기를 모면한다. 민구에게 호감을 느낀 상미는 민구의 개조한 버스에서 하룻밤 신세를 진다. 그러나 상미는 거처를 알아낸 아버지에게 끌려간 후 미국 유학을 떠난다. 공항에 나온 민구를 보고 상미가 달려오지만 민구는 상미의 진심만을 확인하고 가족들에게 돌려보낸다.

● 이종원 스크린 데뷔작. 김성홍은 강우석의 '달콤한 신부들'(1988), '행복은 성적순이 아니잖아요'(1989) 등 시나리오 작가로 유명하다. 그는 이후 스릴러물 '손톱'(1994)으로 감독으로서의 기량과 연출력을 크게 평가받게 된다.

(황기성사단) 103분 극영화 중학생가/하이틴

감독 : 김성홍
제작 : 황기성
각본 : 윤대성, 최경식
개봉 : 1991년 8월 3일 명보, 씨네하우스(서울)
관람인원 : 3622명(서울)
출연 : 이종원, 이주희, 노주현, 윤현수, 김상우, 윤다훈, 김정훈, 신동욱, 문미봉, 이범수 외
기획 : 이춘연
촬영 : 서정민
음악 : 강인원
조명 : 김진도
편집 : 김현
분장 : 정명화, 유희정
스틸 : 윤진호
사운드 : 강대성, 양대호
제작지휘 : 박용빈
조감독 : 김의석, 김문식, 박제현

천국의 계단 天國의 階段, Stairways of Heaven(1991)

(동아수출공사) 127분 극영화 고등학
생가/멜로

감독 : 배창호
제작 : 이우석
각본 : 최인호(원작 최인호)
개봉 : 1991년 2월 15일 대한극장
　　　(서울)
관람인원 : 7만 761명(서울)
출연 : 이아로, 안성기, 박찬환, 정보
　　　석, 송영창, 엄유신, 전무송, 김
　　　혜영, 윤예희, 강리나, 허기호,
　　　최종원, 박예숙, 유경애, 백송,
　　　추봉, 권일정, 신성일 외
기획 : 이권석　　촬영 : 정광석
음악 : 정성조　　조명 : 마용천
편집 : 김현　　　미술 : 조용삼
의상 : 이현　　　분장 : 한미리
특수분장 : 진정하
사운드 : 김경일, 양대호
스틸 : 서흥익
조감독 : 최영학, 김국형, 김병균
수상 : 제30회 대종상영화제 특별부문
　　　상 · 신인여우상(이아로), 제28
　　　회 백상예술대상 작품상(동아수
　　　출공사 이우석) · 감독상(배창호)
　　　· 신인연기상(이아로), 제12회
　　　영평상 신인연기상(이아로) · 특
　　　별공로상(이권석), 제16회 황금
　　　촬영상 신인연기상(이아로), 영
　　　진공 선정 좋은 영화

귀여운 소녀 유미(이아로)와 성가대를 지휘하는 대학생 명길(박찬환)은 성당에서 만나 사랑에 빠진다. 명길이 입대한 후 유미는 딸 서영(김혜영)을 낳고 명길은 월남에 파병되어 실종된다. 시간이 지나 유미는 배우 트레이너 마카오 김(안성기)에게 발탁되어 모델과 배우로 성공한다. 그러나 자신의 의지와는 상관없이 스케줄에 얽매인 생활과 딸 서영을 조카로 속여야 하는 거짓된 삶이 고달프기만 하다. 게다가 신문사 정 차장(전무송)은 어떻게 알았는지 서영이 유미의 딸이라는 소문을 듣고 이를 집요하게 추궁하려 든다.

고민하던 유미는 자신이 출연한 영화 '첫사랑' 개봉을 앞두고 기자회견을 자청해서 자신의 신상에 대해 숨김없이 털어놓는다. 그녀의 자백으로 흥행에 참패할 줄 알았던 영화 '첫사랑'은 오히려 큰 성공을 거두고, 회견장에는 그동안 실종됐던 명길이 휠체어에 앉아 감동과 회한의 눈물로 그녀를 바라보고 있었다. 영화가 끝난 후 명길이 보낸 장미 꽃 다발을 받은 유미는 스타로서의 영광과 부를 버리고 그와 함께 시골로 내려간다.

● 연출 배창호, 원작 최인호, 제작 이우석 트리오가 이뤄낸 작품. 1986년 최인호가 발표한 동명 장편소설을 바탕으로 한 여성영화. 미혼모 여배우의 순정을 담아 가부장적 문화 속에 갇힌 여성의 본질적 비극과 사회에 의해 억압된 욕망의 그늘을 풀어내고 있다. 신인 이아로가 각종 영화제에서 신인연기상을 수상하며 돌풍을 일으켰으나 이후 그의 행적은 찾아볼 수 없다. 배창호는 백상예술대상 감독상을 받았다.
　배창호는 이 영화를 계기로 연출의 일차적 목표를 대중성보다 한국영화의 전통과 예술적 성취에 눈을 돌리기 시작했고 이후 '젊은 남자'(1994), '러브스토리'(1996), '정'(1999), '흑수선'(2001) 등으로 장르와 규모를 넓혀나간다.

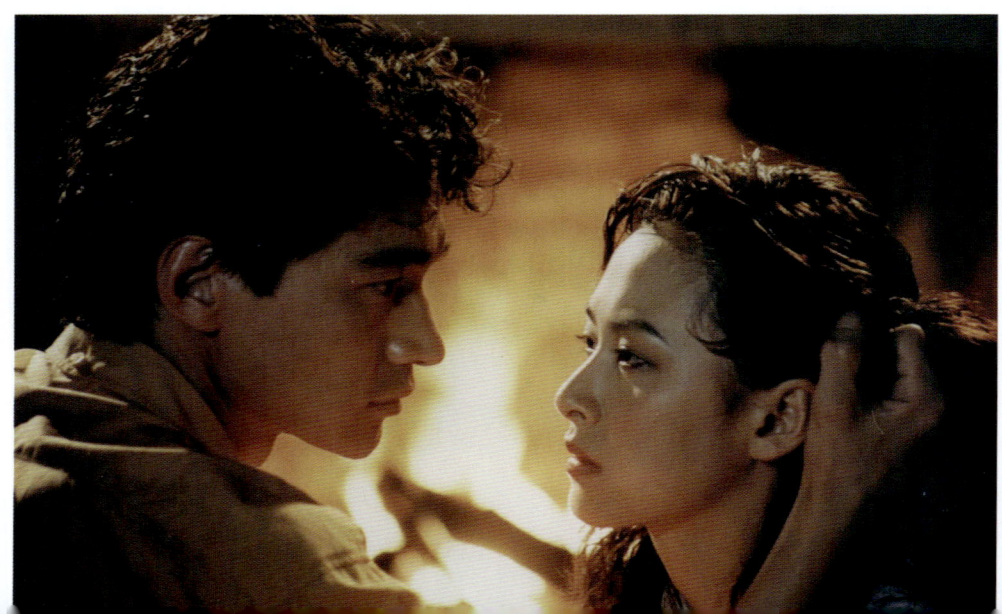

산산이 부서진 이름이여 Beyond the mountain(1991)

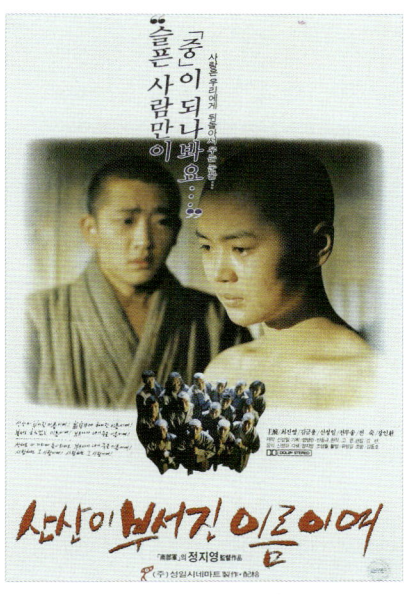

사미승 심해(최진영)는 주지의 심부름을 다녀오는 길에 멀리서 얼핏 본 비구니 묘흔(김금용)을 보고 마음이 흔들린다. 어느 날 새벽 소원당의 월명대에서 첫 대면을 하게 된 이들은 서로에 대한 사랑과 뜨거운 그리움을 간직하게 된다. 수행으로도 감정을 잠재울 수 없었던 묘흔은 손가락을 자르고 심해 역시 법연(장인한)의 질책에 괴로움만 쌓여간다. 법연은 평생 수행에 정진해온 노승으로 승려들에게 존경을 받는 인물이다. 반면, 무불(전무송)은 떠돌이 수행의 길에 나선 인물로 '산천을 구들 삼고, 이슬을 이불 삼아' 속세에서 깨달음을 구하고자 한다.

법연은 묘흔에게 "꿈속의 허망한 꽃을 어이 잡으려 하느냐. 일시에 놔 버리라"면서 심해에 대한 집착을 버릴 것을 독려한다. 그러나 무불은 "떠나고 싶으냐. 부딪쳐라. 무엇이든 부딪치라"며 번뇌를 피할 것이 아니라 온몸으로 맞으라고 가르친다. 한편 심해는 속세로 내려갈 것을 결심하고 홀로 산사를 나와 멀리 산 아래 마을을 한없이 바라본다. 멀리 기적소리가 들린다.

● 정지영 연출작. 1977년에 발표한 시인 고은의 소설을 영상으로 옮긴 작품. 20세 미만의 어린 사미승 심해와 비구니 묘흔의 이야기로 수도의 길을 가는 과정에서 겪는 인간적 번민의 문제를 심도 있게 다뤘다.

심해는 어릴 때부터 산사에서 생활해왔기에 세속의 삶에 대한 어떠한 이해도 없는 인물이다. 묘흔은 세속의 삶에서 아픔을 겪고 수행자의 세계를 찾아온 인물이다. 여기서 법연과 무불, 두 승려가 제시하는 깨달음의 화두를 통해 그들이 가야 할 길 찾기와 감독의 의도가 드러난다. 산 등성이에 서 있는 심해의 모습을 끝으로 영화가 끝나는 마지막 장면이 기차 소리를 배경으로 했다는 점에서 관객은 심해가 가고자 하는 길이 세속의 세계임을 알게 된다.

심해 역의 최진영과 묘흔 역의 김금용이 청룡영화상에서 남녀 신인 연기상을 받고 제4회 도쿄국제영화제에 출품됐다. 출연진 전원이 삭발식을 해 화제가 되기도 했다. 영화 '하녀'(1960)를 연출한 김기영이 고은 원작의 동명 소설을 '파계'(1974)라는 제목으로 영화화한 바 있다.

(성일시네마트) 108분 극영화 중학생가/종교

감독 : 정지영
제작 : 신성일, 이종운
각본 : 정지영, 조영철(원작 고은)
각색 : 정지영, 조영철
개봉 : 1991년 5월 25일 국도, 씨네하우스(서울)
관람인원 : 1만 440명(서울)
출연 : 최진영, 김금용, 전무송, 신성일, 장인한, 전숙, 조주미, 황우연, 노석래, 박동현 외
기획 : 엄앵란, 안동규
촬영 : 유영길
음악 : 신병하
조명 : 김동호
편집 : 김현
미술 : 조융삼, 오상만, 김복일, 김종부
소품 : 김태욱, 송기현, 신제왕
분장 : 허석도, 강은영, 신지숙
사운드 : 양대호
스틸 : 전승열
동시녹음 : 이영길, 김원용, 김탄영, 박인식
조감독 : 심승보, 유승규, 박정우
수상 : 제12회 청룡영화상 남자신인상(최진영) · 여자신인상(김금용), 제2회 춘사영화예술제 신인연기상(최진영, 김금용), 제4회 도쿄국제영화제 본선 진출, 영진공 선정 좋은 영화

서울, 에비타 Seoul Evita(1991)

(황기성사단) 113분 극영화 연소자불가/음악영화

감독 : 박철수
제작 : 황기성, 박용빈
각본 : 김성홍, 이윤택(원작 이경애)
개봉 : 1991년 5월 25일 명보극장(서울)
관람인원 : 3만 8538명(서울)
출연 : 황신혜, 박상원, 조영남, 김은숙, 정혜선, 오승명, 김석옥, 이호성, 정운봉, 김덕남 외
기획 : 이춘연
촬영 : 서정민
음악 : 조영남
조명 : 김진도
편집 : 김현
세트 : 조용삼
의상 : 김영자
분장 : 김영자
사운드 : 영진공, 양대호
스틸 : 윤진호

이선영(황신혜)은 E대 성악과를 졸업하고, 벨기에 초청 케이스 유학을 준비 중이다. 그러던 어느 날, 고등학교 시절의 가정교사의 소개로 김민수(박상원)라는 청년이 선영의 집 다락방에 입주하게 된다. 민수는 시국 사범으로 수배된 인물이다. 가정교사로부터 이런 사실을 전해 들은 선영은 민수에게 관심을 갖게 되고 대화를 나누는 동안 두 사람은 연인 사이로 발전한다. 둘은 가족 몰래 결혼식을 올리고 가난한 신혼 생활을 꾸린다. 이미 유학은 포기한 상태다. 선영의 임신, 그리고 민수는 체포당하고 때맞춰 선영의 집안은 몰락한다. 남편의 옥바라지와 출산으로 최악의 기로에 선 선영 앞에 록 오페라 「에비타」 공연 제의가 들어온다.

돈을 벌기 위해 뛰어든 공개 오디션에서 선영은 주인공으로 발탁된다. 그리고 연습이 본격적으로 진행되자 그동안 잠자고 있던 예술혼이 불타오르면서 선영은 뮤지컬 배우로 새롭게 탄생한다. 그러나 당시 정치적 상황과 비슷한 내용이라고 해서 「에비타」는 공연이 금지되고 선영과 옥중의 민수는 다시 한 번 좌절의 벽에 부딪친다. 이때 선배 가수 조영남의 주선으로 선영은 야간 업소에 나가게 되고 사랑하는 남편과 아기를 위해서 그녀는 생활전선에 뛰어든 강한 여인으로 변신한다. 밤무대에서 유명해진 선영은 심신이 지칠 대로 지친 어느 날 오페라 하우스가 아닌, 밤무대 취객들 앞에서 열창하고 있을 때 출감한 민수가 나타난다.

● 영화 '물위를 걷는 여자'(1990)의 박철수 연출작. 록 오페라 「에비타」의 주인공 이경애의 실화를 필름에 옮긴 작품. 1980년대 군부통치 시절의 암울한 사회를 배경으로 한 성악가의 고난에 찬 삶을 담고 있다. 1980년, 이화여대 성악과 4학년이던 이경애(당시 25세)는 프리마돈나가 되는 것 외엔 어떤 일도 상상해보지 않았다고 한다. 그러나 당시 '김대중 내란 음모사건'에 연루돼 지명수배를 받던 배기선(17대 국회의원)이 고시생으로 위장해 그의 집 다락방에 하숙을 하게 되면서 그는 생각지도 못했던 가시밭길을 걷게 된다. 이 작품은 송영수의 '우리는 지금 제네바로 간다'(1987), 김유민의 '단지 그대가 여자라는 이유만으로'(1990), 박철수의 '오세암'(1990) 시나리오를 쓴 이윤택이 「금지(Prohibition)」라는 희곡으로 쓴 것을 박철수가 영화 '서울, 에비타'로 만든 것이다.

이경애는 영화 내용대로 「에비타」, 「올리버」, 「사운드 오브 뮤직」 등 수많은 뮤지컬 무대의 디바였고 백수인 남편을 대신해 10년 넘게 밤무대 가수로 노래를 불렀다. 그는 열린 우리당 배기선 의원의 부인으로 1990년대 초까지 강단에서 학생들을 가르치고 찬양 성가를 불렀다. 조영남이 실명으로 출연했으며 음악감독을 맡았다.

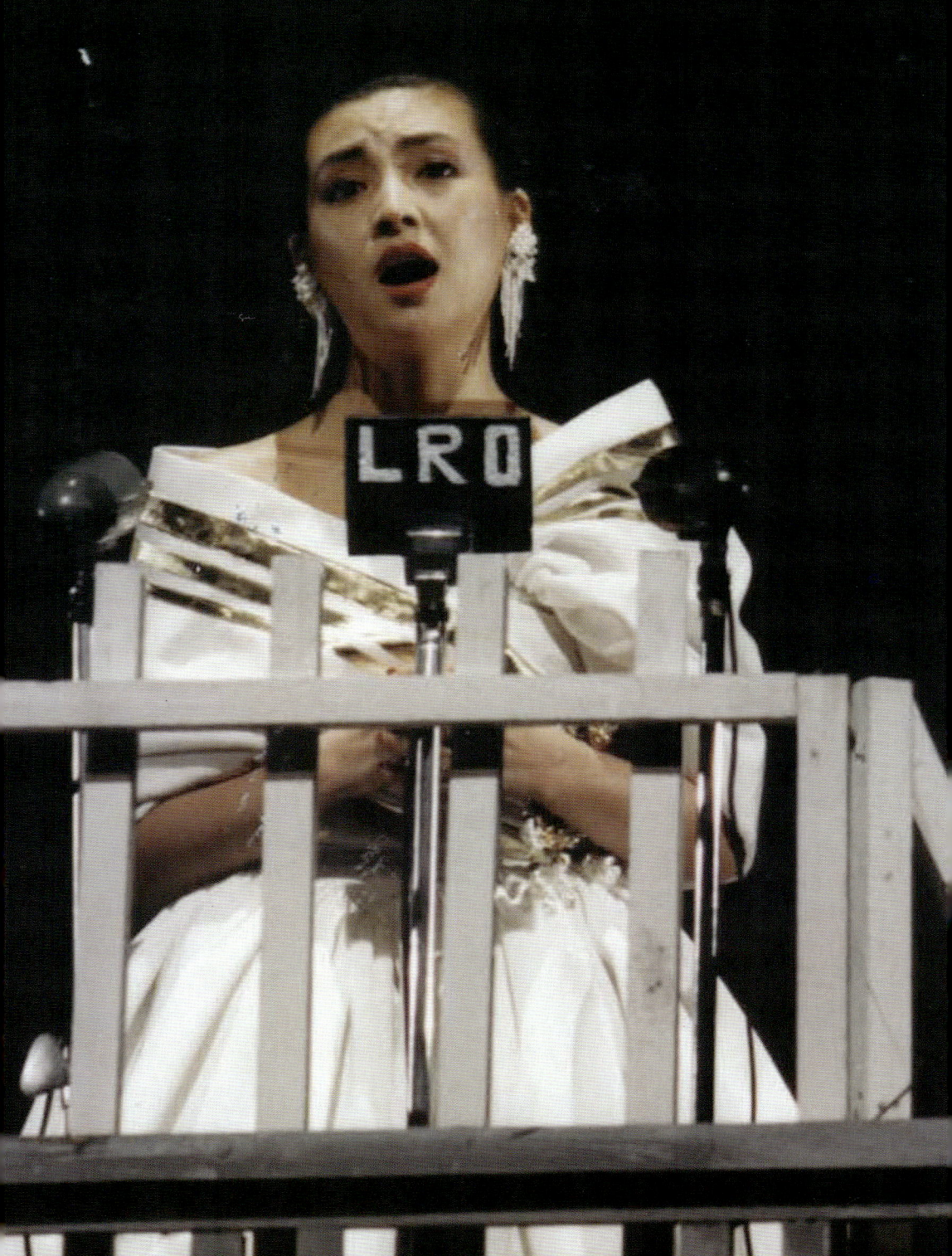

베를린 리포트 Berlin Report(1991)

(모가드코리아) 100분 극영화 연소자 불가/사회물

감독 : 박광수
제작 : 서병기, 박건섭
각본 : 박광수
각색 : 여균동, 주인석, 김성수
개봉 : 1991년 6월 8일 국도극장
　　　(서울)
관람인원 : 8만 435명(서울)
출연 : 안성기, 강수연, 문성근, 쟈꼬 세일라, 마리엘렌, 쟝마리 퐁본 느 외
기획 : 신씨네, 신철, 이문형, 오정완, 정승혜
촬영 : 정광석
음악 : 김수철
조명 : 신학성
편집 : 김현
소품 : 김성수
분장 : 김승희
동시녹음 : 김범수
의상 : 마리엘렌 최, 구본선, 윤경진, 이현주, 전수일, 이승현, 임혜경, 이재영, 스테판, 강승원
사운드 : 강대성, 양대호
스틸 : 레오나르 드 셀바
현상 : Laboratoires Neyrac Films
조감독 : 이현승, 여균동, 김성수, 박병권, 김인식, 김대현, 성지혜, 띠에리 쁘띠(프랑스 조감독)
수상 : 제12회 영평상 각본상(박광수), 제37회 아태영화제 촬영상(정광석), 영진공 선정 좋은 영화, 체코 카를로비바리영화제 본선 진출

파리 특파원 성민(안성기)은 한국계 프랑스 여인인 마리엘렌(강수연)의 기사를 읽고 그녀에게 관심을 갖는다. 한국 이름으로 영희인 그녀는 양부살해 사건에 연루되어 조사를 받던 중 충격으로 실어증에 걸려 지금은 수사가 중단된 상태다. 그녀에게는 프랑스로 입양되면서 헤어진 오빠 영철(문성근)이 있었고 양부 살해범은 바로 그 오빠였다. 오빠 영철은 영희의 양부가 영희를 폐쇄적으로 양육하고 성적 대상으로 삼은데 분개하여 그를 살해한 것

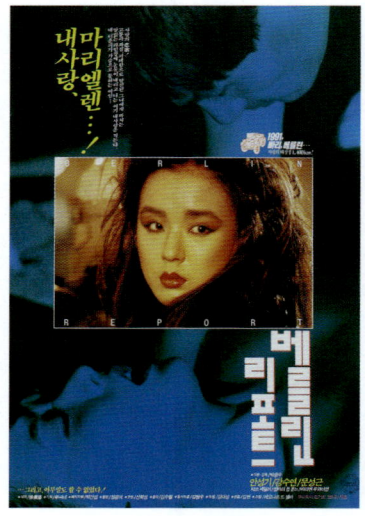

이다. 성민은 영희에게서 인간의 정에 대한 갈증을 느끼고 그녀를 한 여인으로서 사랑하게 된다. 그리고 그녀의 불행을 해결하기 위해 그녀의 오빠를 찾지만 영철은 사회주의자가 되어 통일 전 동독으로 망명한 지 오래였다. 그녀와 함께 베를린에 온 성민은 결국 영철을 찾아내고 영희와 극적인 만남을 주선하지만 경찰의 추적으로 남매는 또다시 헤어지는 아픔을 겪는다.

● 박광수 각본 · 연출작. 박광수가 쓴 각본을 조감독인 여균동과 김성수가 새로운 반극 영화기법으로 각색했다. 안성기, 강수연 주연. 강수연이 처음으로 출연료 1억 원을 받았다.(경향 92. 8. 13)

1990년대는 박광수 영화가 절정을 맞았던 시기다. 이후 만들어지는 '그 섬에 가고 싶다'(1993), '아름다운 청년 전태일'(1995)에 이르기까지 그의 작품들은 그의 필모그래피에서 빼놓을 수 없는 수작이자 주옥편들이다. 박광수는 독립영화적인 제작방식으로 작가주의적인 실천을 보여주면서 한국의 정치사회적 변모와 현실적 문제를 끈질기게 담아내는 작업에 주력했다. 그러나 메시지에만 치중한 것이 아니라 정교한 화면구도와 소품들의 미학적 배치로 완성도 높은 미장센을 추구한다. 이 영화에서는 베를린의 레닌 광장과 프랑스의 아름다운 전원 풍경 등 자연과 인간을 절묘하게 조화시키면서 전 영상을 절제와 암시의 미학으로 승화시키고 있다.(「절제된 감정, 풍부한 영상언어」, 평론가 김종원, 동아 91. 6. 21)

폴란드 태생의 이스라엘 가수 Chava Alberstein이 부르는 "Hagan Habiladi(The Secret Garden)", 핑크플로이드의 "Wish you were here"가 삽입되어 있다. 동베를린 알렉산드리아 거리, 베를린 장벽, 파리 노트르담 사원, 몽마르트르 언덕에서 촬영됐다.

잃어버린 너 Lost love(1991)

유복한 환경에서 자란 윤희(김혜수)는 대학 1학년인 20세 되던 해, 충식 (강석우)을 만나 운명적인 사랑을 하고 약혼식을 올린다. 그러나 충식이 미국 유학을 떠난 지 얼마 되지 않아 사망했다는 소식이 날아든다. 윤 희는 좌절한 채 생의 의미를 잃는다. 충식의 친구 종환(이경영)은 애절 한 윤희를 더 이상 지켜볼 수가 없어 충식은 죽지 않았으며 서울에 와 있음을 알려준다.

다시 충식을 만나게 됐지만, 그는 전신불수의 처참한 몰골이었다. 윤 희는 집안의 강요에 못 이겨 다른 남자와 결혼하지만 결국 충식의 곁으 로 돌아온다. 자신의 병이 점점 악화되어 가망이 없음을 안 충식은 윤 희의 무조건적인 사랑과 종환의 헌신적인 우정을 외면한 채 자살로 삶 을 마감한다.

● 영화 '앗싸 호랑나비' (1989)로 감독 데뷔한 원정수의 두 번째 연출작. 원작 김윤희. 윤희라는 여인의 순애보적인 사랑을 서정적인 터치로 그리고 있다. 아무리 절박한 불행도 사랑의 노력과 인내로 행복을 이끌어낸다는 공식에 충실하면서 인기 스타 김혜수, 강석우, 이경영 등 배우들의 최루성 연기에 힘입어 서울 관객 18만 명을 동원, 1991년도 한국영화 흥행 순위 3위를 기록했 다. 특히 대만에 16만 2000달러에 수출됐다.

(동보흥행) 103분 극영화 중학생가/ 멜로

감독 : 원정수   제작 : 최상균
각본 : 김상범(원작 김윤희)
개봉 : 1991년 7월 13일 스카라극장, 롯데월드시네마(서울)
관람인원 : 17만 9859명(서울)
출연 : 김혜수, 강석우, 이경영, 김성 일, 이정화, 오승명, 김윤경, 김 성원, 태현실, 각건 외
기획 : 최상균   촬영 : 전조명
음악 : 정성조   조명 : 박현원
편집 : 김희수   미술 : 조용삼
의상 : 이성희   스틸 : 박희재
분장 : 이화진, 윤경화
특수분장 : 허석도
동시녹음 : 김범수
사운드 : 김경일, 양대호
조감독 : 오명진, 오덕환, 권영철
수상 : 제2회 춘사영화예술제 신인 감 독상(원정수), 영진공 선정 좋 은 영화

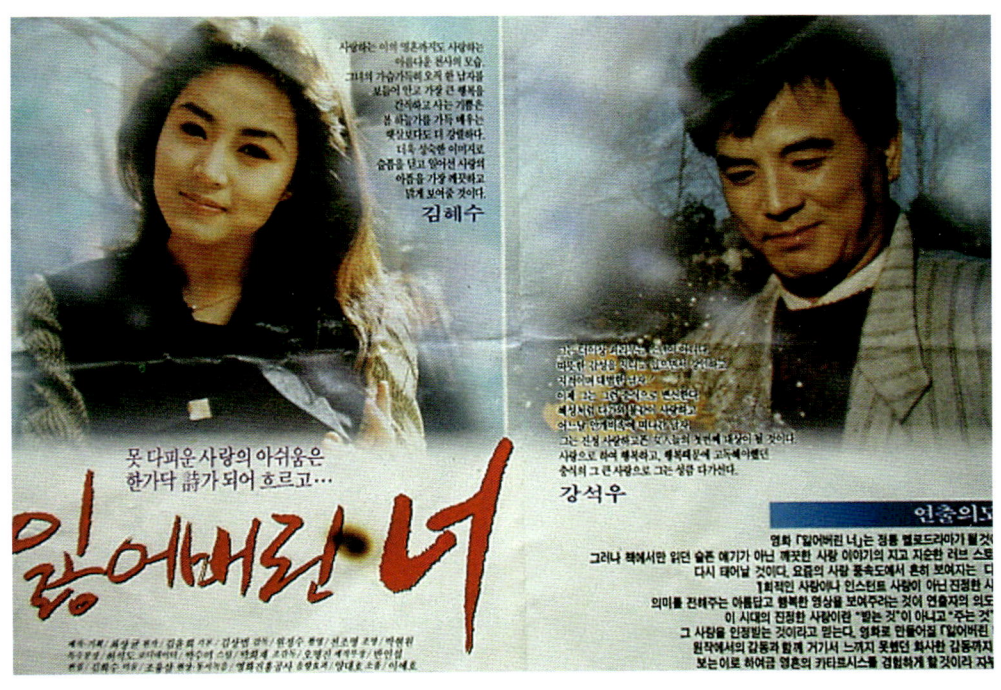

563

열아홉 절망 끝에 부르는
하나의 사랑 노래 Teenage love song(1991)

(성일씨네마트) 95분 극영화 중학생가
/하이틴

감독 : 강우석
제작 : 신성일
각색 : 강우석, 김상진(원작 정도상)
개봉 : 1991년 7월 27일 코리아, 신영
　　　극장(서울)
관람인원 : 6792명(서울)
출연 : 안성기, 강수지, 허석(김보성),
　　　최진영, 강성진, 김만진, 정수
　　　영, 구성희, 김성미 외
기획 : 엄앵란, 안동규
촬영 : 유영길
음악 : 강인구
조명 : 김동호
편집 : 김현
소품 : 장석범
분장 : 허석도, 강은영
스틸 : 김규홍
사운드 : 강대성, 양대호
제작지휘 : 이종운
조감독 : 양해석, 김동주, 김상진, 안연호

준석(허석), 정남(김만진), 종수(강성진)는 불량 청소년들이다. 준석은 채옥(강수지)을 사랑하게 되면서 심한 정신적 갈등을 느끼고 자신의 잘못을 돌아보지만 그를 둘러싼 환경은 그의 변화를 용납하려 들지 않는다.

　그는 사회의 추악함을 너무 빨리 알았고, 학교는 그에게 든든한 울타리가 되어주지 않았다. 섹스, 마약, 찰나적 쾌락이라는 그물이 너무 촘촘해서 그는 쉽게 빠져나올 수가 없다. 마침내 친구 종수는 부탄가스를 마시다 폭발사고로 죽고, 정남은 마약을 먹은 환각 상태에서 체포된다. 준석은 쏟아지는 비를 뚫고 무작정 채옥을 향해 달려간다.

● 강우석 연출작. 원작 정도상. 원제는 『열아홉 살의 절망 끝에 부르는 하나의 사랑 노래』(녹두 1990). 정도상은 1987년 『십오방 이야기』로 등단한 운동권 출신의 경향파 작가로 작가의 어둡고 고뇌에 찬 10대의 방황이 영화에서는 감독의 손길에 의해 즐거운 고민으로 변하고 있다. 즉 소설은 채옥과 준석, 그리고 종수 사이의 삼각관계가 펼치는 사랑 이야기와 준석이 속한 깡패세계의 이야기로 구성되어 비극적인 결말을 맺는 데 비해 영화에서의 깡패세계는 준석의 사랑 이야기를 아름답게 조성하기 위한 들러리 기능일 뿐이다. 당시 십대의 우상이었던 가수 강수지를 비롯해 최진영의 동생 최진영, 허석(김보성) 등 출연, 제작 신성일, 기획 엄앵란, 강우석이 각본에 참여했고 강성진이 스크린데뷔했다.

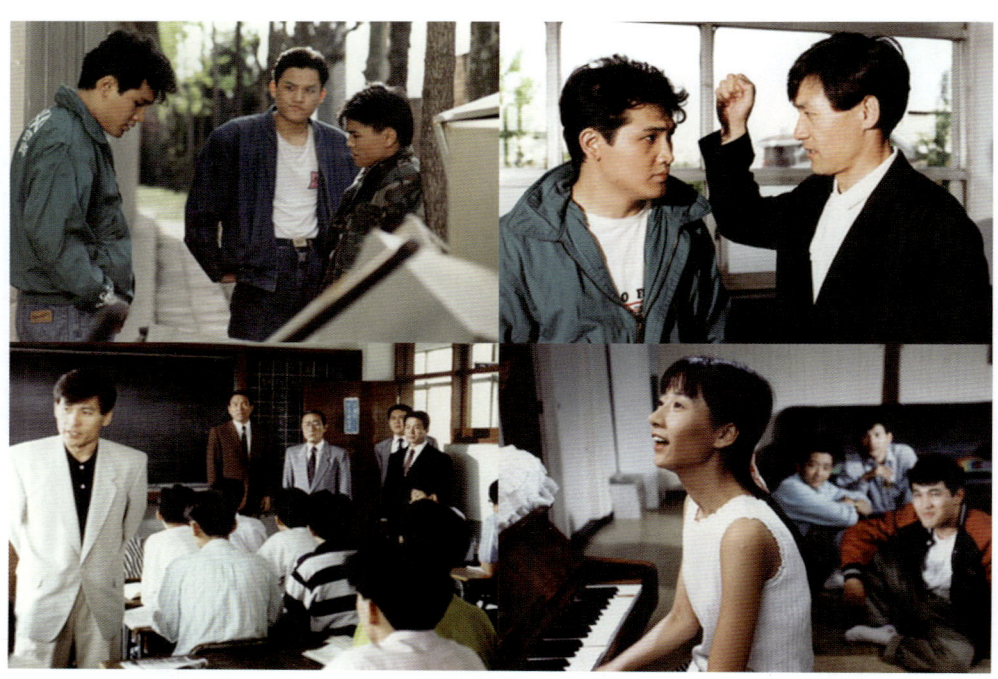

564

낙타는 따로 울지 않는다

Camels don't cry alone(1991)

전직 고위층의 자제 박준(손창민)은 샌프란시스코의 카지노에서 마약과 도박으로 인생을 소비한다. 클럽 아방궁의 여종업원 우희(이혜숙)는 준의 정부 애나루가 총격으로 살해된 후 준이 정보기관의 감시대상이 된 것에 연민을 느낀다. 준은 자신과 애나루가 진 빚을 갚기 위해 라스베이거스 카지노로 갈 것을 결심하고 우희는 그를 따라 나선다.

라스베이거스에 도착한 준은 냉정한 승부의 세계에서 가진 돈을 다 잃고 마지막으로 우희가 준 돈으로 큰돈을 따지만 그녀의 노력에도 불구하고 준은 자신을 주체하지 못한 채 죽음에 이른다.

● 이석기 연출작. 한국사회의 구조적 모순과 미국의 허상이 빚어낸 재미동포의 꿈과 좌절을 그리고 있다. 1988년에 발표한 이 소설 제목에 대해 작가 김한길(정치인)은 "사막을 걷는 내내 낙타의 눈은 늘 젖어 있었다"고 말한다. 자본주의 사회에서 살아가는 모든 인간은 낙타의 젖은 눈처럼 각자 문제의식과 슬픔을 안고 살아간다는 의미다. "난 말이야, 가끔씩 낙타를 생각해. 아무것도 없는 사막을 향해 걸어 들어가는 낙타 말이야. 아무 소리도 내지 않고 울지도 웃지도 않고 곁눈질도 하지 않고 그냥 타박타박 걸어가는 거야. 오아시스가 나타나도 낙타는 열광하지 않아. 물이 있으면 마시고 없으면 안 마시고 그리고 또 가는 거야. 뛰지도 않고 쉬지도 않고 무조건 가는 거야." 이것이 소설의 주제다.

미국 올 로케이션 작품으로 샌프란시스코 금문교, LA의 거대한 바위산과 모하비 사막, 산타모니카 해변, 영화의 주 배경이 된 라스베이거스의 카지노 등 서부 풍경이 화려하게 펼쳐진다. 관객 15만여 명 이상 동원.

(화진영화) 116분 극영화 연소자불가/사회물

감독 : 이석기　　제작 : 한기은

각색 : 이윤택, 김미정, 지상학(원작 김한길)

개봉 : 1991년 8월 10일 대한극장(서울)

관람인원 : 15만 1126명(서울)

수출현황 : 미국(91)

출연 : 이혜숙, 손창민, 유동근, 박찬환, 최성, 최성호, 최석호, 조희진, 이근찬, 김호근 Corbin Timbrook, Marina Ben venga, Arlene Hughes-Martinez, Tyrone Tan 외

기획 : 박철민, 한국영화기획정보센터

촬영 : 구중모　　음악 : 정성조

조명 : 임재영　　편집 : 박순덕

동시녹음 : 이성근, 오기삼

사운드 : 강대성, 양대호

의상 : Giam Vico, Dolien Han, 유니온 콜렉션, 박소영

스틸 : 이익태, 이태성, 임중권, 쏘나홍

제작 · 총지휘 : 한상운

L.A현지제작지휘 : 지미 리, 이명식, Timothy, 임학명

조감독 : 나흥균, 김은주

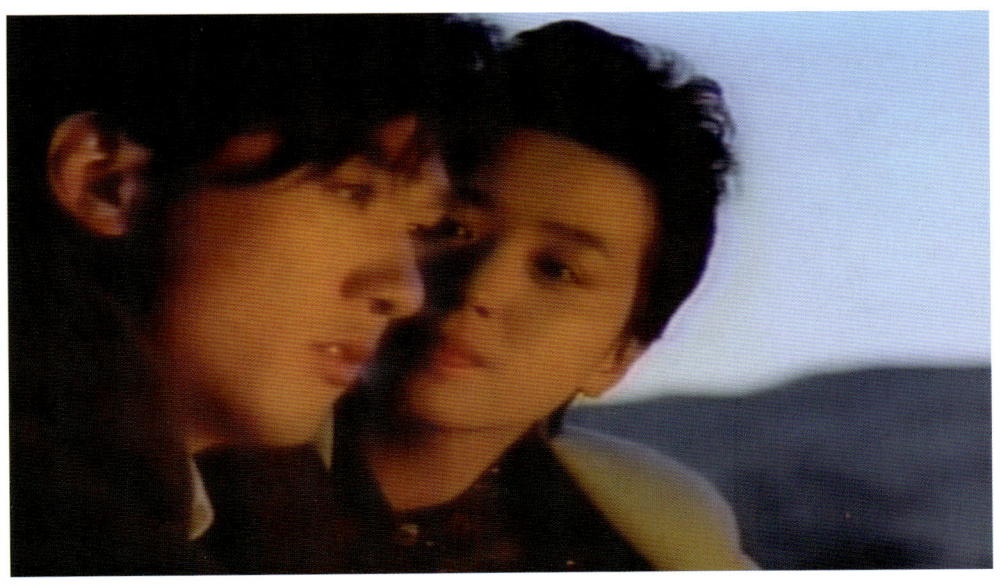

푸른 옷소매 Green Sleeves(1991)

(푸른영화제작소) 111분 극영화 고등학생가/전쟁

감독 · 각본: 김유민
제작: 김윤성
개봉: 1991년 8월 31일 중앙극장 (서울)
관람인원: 4984명(서울)
출연: 이종원, 하유미, 허준호, 안종환, 이종래, 권용운, 김의상, 김석훈, 이환지, 김정식, 김상균, 장such, 김선영, Pusadee Suksom, Suciiai Tikrisnalert, Somkit Nakorntum 외
기획: 최성호
촬영: 진영호
음악: 임준철
조명: 조영철
편집: 박순덕
미술: 김영래
소품: 김호숙
스틸: 유영수
사운드: 양대호
특수효과: 이정일, 이원구
조감독: 이운수, 이인송, 진영우

빨치산이었던 아버지의 과거를 보상하기 위해 종원은 대학 재학 중 월남 파병 복무를 지원한다.

베트콩들이 준동하는 푸른 옷소매 계곡으로 수색 정찰을 나간 종원과 부대원들은 적의 그림자를 쫓다가 부비트랩에 걸려 동료들이 하나둘씩 죽어가는 일이 발생한다. 예기치 못한 동료의 죽음을 목격한 종원과 소대원들은 비로소 전쟁을 피부로 느끼기 시작한다. 생사를 건 전쟁터에서 얻어진 동료애인 만큼 적군 베트콩에 대한 적개심은 더욱 높아가고, 동료들의 죽음에 보복하듯 전쟁은 점점 치열한 양상을 띠게 된다. 하지만 베트콩에게 잡혀 포로가 된 종원은 인텔리 출신의 베트콩인 민과 그의 여동생 레이를 알게 되고 적군인 이들에게서 약소국민으로서의 미묘한 동질성을 경험한다. 그리고 목적 없는 살상을 해야 했던 자신을 돌아보며 그가 구해준 레이와 사랑에 빠진다.

● 김유민 감독 데뷔작. 월남전 '푸른 옷소매 계곡'에서 벌어진 전투를 소재로 한 영화. 당시 베트남 전쟁에는 8년간에 걸쳐 약 30만 명의 한국군이 파병됐고 약 3000명의 사상자를 냈다. 이러한 전쟁을 배경으로 이 영화에서는 한국이 베트남전에 참여하게 된 시대적, 사회적 배경과 동년배 젊은이들이 보여주는 고뇌와 갈등이 그려진다. 푸른영화사에서 총제작비 7억 원을 투입, 1990년 영진공 우수 시나리오 사전 제작 지원 당선작이기도 하다. 시나리오 작가 출신인 김유민이 메가폰을 잡았고 영화 '열 아홉 살의 쿠데타'로 스크린 데뷔한 이종원 주연, 허준호가 베트콩 병사로 출연. 태국 파티야, 사나브리, 방사리 바닷가 등지에서 한국 군부대 진지, 베트남 민간 마을 등에서 정글 수색, 정찰, 전투신 등의 촬영을 5개월에 걸쳐서 로케이션으로 진행했다.

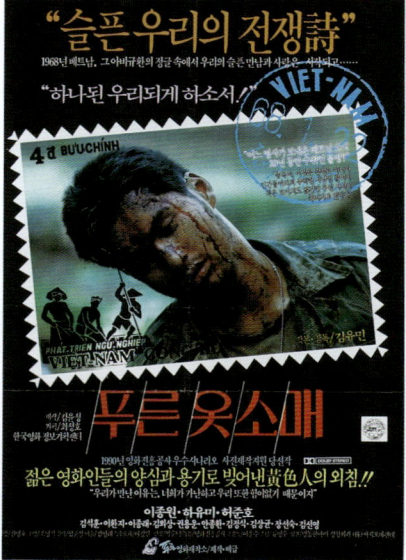

수잔 브링크의 아리랑 Susan Brink's Arirang(1991)

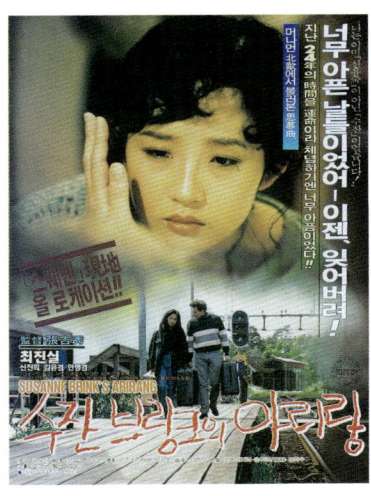

수잔 브링크의 본명은 신유숙. 1963년 12월 20일 생. 그녀는 1남 4녀 중 막내로 아버지가 일찍 돌아가시자 생활고에 시달린 어머니는 1966년 가을, 네 살짜리 유숙을 스웨덴의 한 가정에 입양시킨다. 이유도 모른 채 스웨덴의 항구도시 느르쉐핑에 도착한 유숙은 수잔 브링크라는 새로운 이름으로 험난하고 힘겨운 삶을 살게 된다.

양모의 가혹한 매질과 차별을 못 이긴 수잔은 열세 살에 첫 번째 자살을 시도, 결국 열여덟 살 되던 해 자립해서 친모를 찾아 나서지만 노력은 절망에 부딪히고 남자친구와 동거하다가 임신까지 하게 된다. 그에게 마저 버림받고 미혼모가 된 그녀는 자살 기도를 거듭하다가 종교를 통해 삶에 대한 의지를 키워나간다.

그러다가 1989년 스웨덴 선교사의 도움으로 한국 방송국 MBC-TV 3부작 특집극 '우리는 지금 – 해외입양아' 편에 그의 사연이 소개되면서 수잔 브링크의 불행한 삶은 국내 시청자들의 심금을 울린다. 방송이 나간 후 한국에 친모가 살아 있다는 소식을 듣고 딸과 함께 한국에 온 수잔은 친모와 해후하고 기나긴 외로움의 방황을 끝낸다.

● 장길수 연출작. 원작 유우제. 한국전쟁 이후 해외 입양이 시작된 지 당시 40년이 넘은 시점에서 그때까지 방치돼 오던 해외 입양아 문제를 깊이 있게 다루고 입양아를 수출하고 있는 한국사회의 모순을 설득력 있게 꼬집었다고 해서 화제가 되었다.(「수잔 브링크의 아리랑-이 땅의 부모에 보내는 절규」, 동아 91. 9. 27) 장길수의 특기를 가장 잘 살린 작품 중 하나로 대부분이 스웨덴 현지 로케이션으로 이루어지고 배역도 현지에서 캐스팅되었다. 최진실은 스웨덴에 가서 외국어 대사로 연기를 했고 표정 연기와 뛰어난 감정 묘사로 백상예술대상에서 인기상을 받았다.

이 영화는 MBC-TV 특집극이 방영된 지 1년 만에 완성되었다. 시청자들의 수잔 브링크에 대한 동정의 마음과 추석에 맞춰 개봉되어 관객 동원(16만 3000명)에서 비교적 성공했다. 그 뒤 수잔 브링크의 행보에 대해 궁금해 하는 사람들이 많아지자 MBC-TV는 1990년대 중반에도 수잔 브링크의 삶을 다시 한 번 담아 방송했다.

(세원필름) 118분 극영화 고등학생가/사회물

감독: 장길수
제작: 김계성
각본: 유우제, 장길수(원작 유우제)
개봉: 1991년 9월 21일 국도, 롯데월드시네마(서울)
관람인원: 16만 3991명(서울)
수출현황: 미국(91)
출연: 최진실, 이옥수, 브링크씨 부부, 라쉬 그렌, 안병경, 김지영, 최경옥, 박용수, 박예숙, 멀린 베리하겐, 니클라스 발그렌, 피에르 부트루스, 헬레나 린드블룸 외
기획: 이상운
촬영: 손현채
음악: 신병하
조명: 박창호
편집: 김희수
소품: 김태욱
의상: 송규리
분장: 김선진
동시녹음: 양후보
사운드: 영진공
스틸: 윤진호
조감독: 정희헌, 유철용, 배중식
수상: 제12회 청룡영화상 각본상(장길수, 유우제), 제28회 백상예술대상 인기상(최진실)

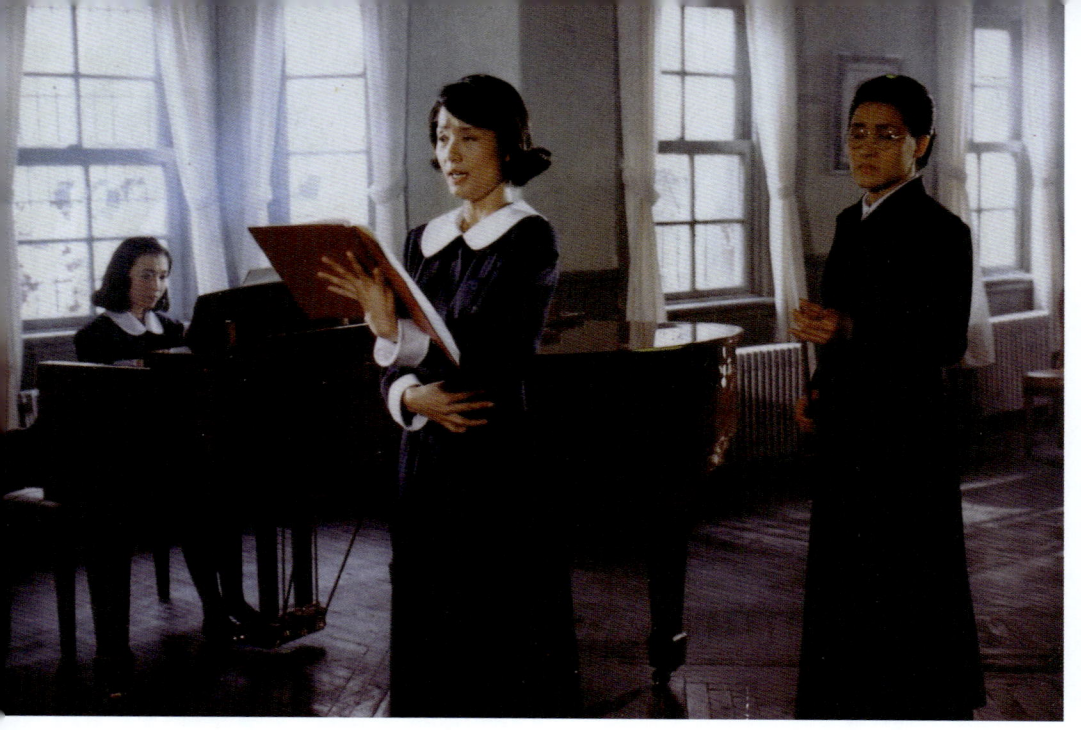

사(死)의 찬미 Death song(1991)

(극동스크린) 160분 극영화 고등학생
가/멜로

감독 : 김호선
제작 : 김승
각본 : 임유순
개봉 : 1991년 9월 21일 서울, 롯데월
드시네마, 명동극장(서울)
관람인원 : 18만 3760명(서울)
출연 : 장미희, 임성민, 이경영, 김혜
리, 김성수, 조선묵, 김지현, 조
민기, 강계식, 김진화, 신충식,
박진경, 주호성, 이금석, 신탁,
허택진, 박동우, 유효진, 김영
기, 허기호, 김동만, 권재용 외
기획 : 김철호, 심재명
촬영 : 이성춘   **음악** : 신병하
조명 : 임재영   **편집** : 현동춘
미술 : 조용삼   **소품** : 이태우
분장 : 송일근
의상 : 김영주, 하용수, 이해윤
사운드 : 김경일, 양대호
특수효과 : 김철석
스틸 : 최승희
조감독 : 권칠인, 이정욱, 남승환

1926년 여름 경성. 윤심덕의 자살을 알리는 호외가 뿌려지자 윤심덕과
김우진의 측근 중 한 사람이었던 홍난파는 비참한 심경으로 지나온 나
날들을 돌아본다.

　1920년 봄, 우리나라 최초의 관비 유학생으로 일본에 건너간 윤심덕
(장미희)은 동경음대에 적을 두고 야망을 불태운다. 타고난 미모와 자유
분방함, 넘치는 매력으로 그녀는 언제나 그녀를 연모하는 남학생들 틈
에 둘러싸여 있었다. 3·1만세운동이 일어난 후 독립 운동의 열기가 어
느 정도 거세될 즈음, 뜻 있는 동경 유학생들은 여름방학을 이용해 독
립운동 자금 마련을 위한 조선 순회공연을 계획한다. 이 계획을 적극적
으로 추진한 사람 중엔 와세다 대학 영문과에 적을 둔 김우진(임성민)이
있었다. 연주를 담당했던 홍난파(이경영)의 소개로 윤심덕은 이 공연의
유일한 여성 참가자가 됐고 김우진과 윤심덕의 운명적인 조우는 이렇
게 이루어진다. 그러나 김우진은 고향에 아내와 딸을 둔 유부남이다.
불같이 거침없는 윤심덕과 나약하고 섬세한 김우진은 걷잡을 수 없는
사랑에 빠져들고 윤심덕을 사랑해 왔던 홍난파는 진솔한 우정으로 두
사람을 바라 볼 뿐이다.

　성악가로서 명성을 떨치게 된 윤심덕은 조선에 돌아오지만 일본인

파티 초청을 거절한 뒤부터 무대를 잃고 대중 가수로 전락한다. 한편 경성에서 연극 활동을 하던 김우진은 연극에 대한 사회의 이해 부족과 종가 자손으로서의 책임에 부담을 느끼고 도피하듯 일본으로 떠난다. 그리고 그는 북해도의 여관에서 윤심덕을 만난다. 서로 사랑을 확인한 두 사람은 현해탄 선상에서 마침내 동반 자살로 생을 마감한다. 윤심덕의 '사의 찬미'가 그들의 죽음을 에워싼다.

● 영화 '영자의 전성시대'(1975), '겨울여자'(1977)을 연출한 김호선의 또 하나의 흥행작. 임유순 오리지널 시나리오. 한국 최초의 여성 성악가였던 윤심덕과 그의 애인 김우진의 실화를 영화화한 작품. 감독이 여기서 제기한 문제는 "복고주의적 사랑의 찬미"이다. 이해타산이 심한 오늘의 현대적인 사랑을 우회적으로 비판한 이 영화는 환상적인 파스텔톤의 화면만큼이나 화려하고 아름답게 전개된다.

"광막한 황야를 달리는 인생아 너는 무엇을 찾으려 왔느냐? 이래도 한 세상 저래도 한 세상… 돈도 명예도 사랑도 다 싫다"로 시작되는 노래 "사의 찬미"는 윤심덕이 이바노비치의 왈츠 "다뉴브 강의 잔물결"에 노랫말을 붙인 것이다.

김호선이 대종상 우수작품상과 감독상, 윤심덕으로 열연한 장미희가 대종상, 청룡영화상, 춘사영화예술제와 아태영화제에서 최우수여우주연상, 김우진 역의 임성민이 청룡영화상 남우주연상, 홍난파 역의 이경영이 대종상, 청룡영화상, 춘사영화예술제에서 남우조연상을 받았다. 서울 관객 18만 3760명 동원으로 1991년도 한국영화 흥행 순위 3위를 기록.

수상 : 제30회 대종상영화제 우수작품상(극동스크린 김승)·감독상(김호선)·여우주연상(장미희)·조연남우상(이경영)·각본상(임유순)·촬영상(이성춘)·녹음상(김경일)·의상상(김영주, 하용수)·특별부문상(김철석), 제12회 청룡영화상 최우수작품상(김승)·남녀우주연상(장미희, 임성민)·남우조연상(이경영), 제2회 춘사영화예술제 최우수작품상(극동스크린 김승)·여우주연상(장미희)·남우조연상(이경영)·창작각본상(임유순)·촬영상(이성춘)·조명상(임재영)·편집상(연동춘)·미술상(조용삼)·기술상(음향: 양대호)·의상상(김영주, 하용수, 이해윤), 제12회 영평상 기술상(편집: 현동춘), 제16회 황금촬영상 조명상(임재영), 제37회 아태영화제 최우수여우주연상(장미희), 영진공 선정 좋은 영화

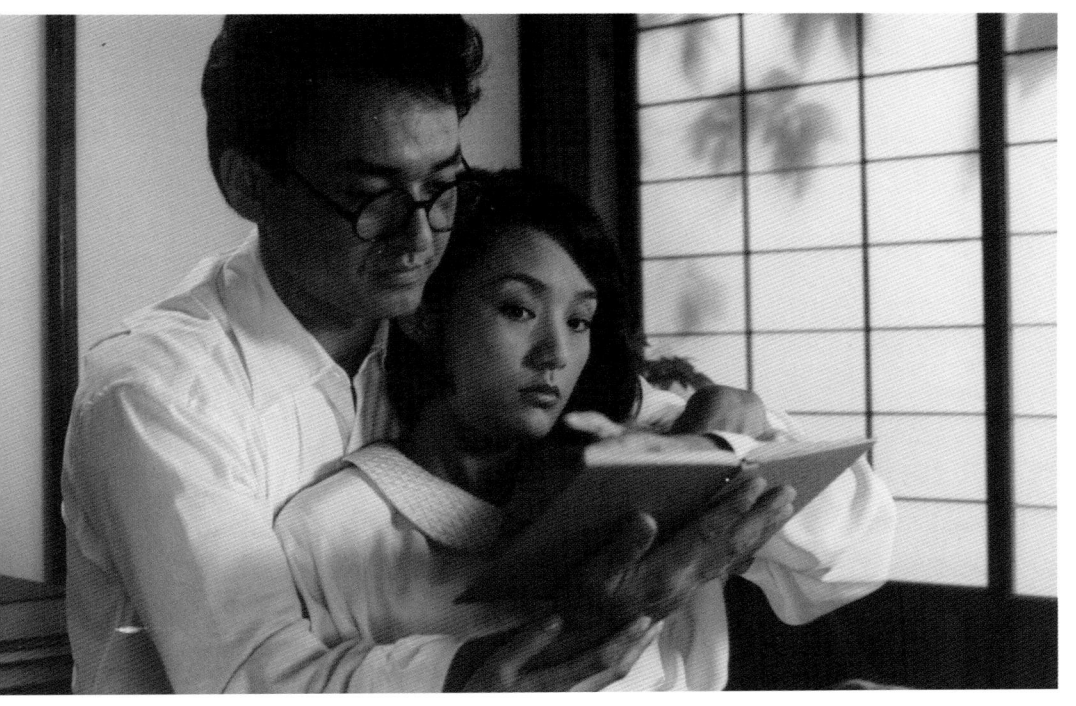

개벽

開闢, Fly High Run Far-Kae Byok(1991)

(천우필름) 146분 전기영화 연소자가/종교

감독 : 임권택
제작 : 한용수
각본 : 김용옥
개봉 : 1991년 9월 21일 대한극장 (서울)
관람인원 : 4만 5566명(서울)
출연 : 이덕화, 이혜영, 김명곤, 박지훈, 이석구, 최동준, 김길호, 김기주 외
기획 : 김진문
촬영 : 정일성
음악 : 신병하
조명 : 차정남
편집 : 박순덕
분장 : 홍동은, 투영미용실
특수분장 : 허석도
사운드 : 김경일, 양대호
시각효과 : 영진공
조감독 : 박광인, 임상수, 진계동, 윤태용
수상 : 제30회 대종상영화제 최우수작품상(천우필름)·남우주연상(이덕화)·조명상(차정남)·미술(도용우)·특별연기상(주상호), 제12회 청룡영화제 감독상(임권택)·촬영상(정일성), 제28회 백상예술대상 인기상(이덕화), 제2회 춘사영화예술제 감독상(임권택)·남우주연상(이덕화)·음악상(신병하), 제12회 영평상 촬영상(정일성), 제36회 타이페이 아태영화제 미술상(도용우), 영진공 선정 좋은 영화

동학의 2대 교주 해월(이덕화)은 한국 근대사의 인본주의자이자 민중들의 정신적 근거를 제공해준 종교가이다. 동학을 널리 알려야 했던 그의 삶은 쫓고 쫓김의 연속이면서 떠남과 만남의 연속이었다. 민중의 지지를 받던 동학이 계속 탄압을 당하자 해월은 혼자 태백산으로 숨어들고 부인 손씨(이혜영)와 네 딸들은 전국에 조리돌림을 당하는 수모를 겪는다. 이 소식을 들은 해월은 부인이 죽었으리라 생각하고 그를 돌봐주던 노인의 과부 며느리인 안동 김씨와 결혼한다. 그리고 다시 도주하여 동학의 경전을 출판한다.

시간이 지난 후 그는 죽은 줄 알았던 부인 손씨와 재회하지만 그에겐 안동 김씨가 있었고 두 여인 사이에서 고민에 빠진다. 극심한 가난과 괴질로 인한 민심 불안, 그리고 삼정의 문란은 날이 갈수록 심화되어 민중의 분노는 1894년(갑오년) 동학혁명으로 이어지고 1898년, 해월은 수많은 군중이 지켜보는 가운데 참수당한다.

● 임권택의 90번째 작품. 각본 도올 김용옥. 이덕화, 이혜영 주연. 전형적인 역사극으로 1864년 동학 1대 교조인 수운 최제우(김길호)의 참형과 이후 도통을 이어받은 동학 2대 교주인 해월(海月) 최시형(1827~1898)의 일대기를 그린 작품이다. 영화에서는 해월이 고종의 탄압으로부터 끊임없이 쫓겨 다니는 삶이 이야기의 중심축을 이룬다. 영화 속 해월은 수운의 뒤를 잇되 수운과는 다른 새로운 소명을 지닌 것으로 묘사되고 평화를 추구하는 미래지향적 인물로 그려진다. 따라서 해월의 이러한 사상은 '혁명'이 아닌 '개벽'에 대한 지향으로 구현된다. 너무 큰 스케일을 처리하기 위한 설명조의 진행이 흠이지만, 역사적인 사실과 한국적 정서 표현에 치중한 임권택만의 연출 솜씨와 정일성의 영상이 빼어나다.

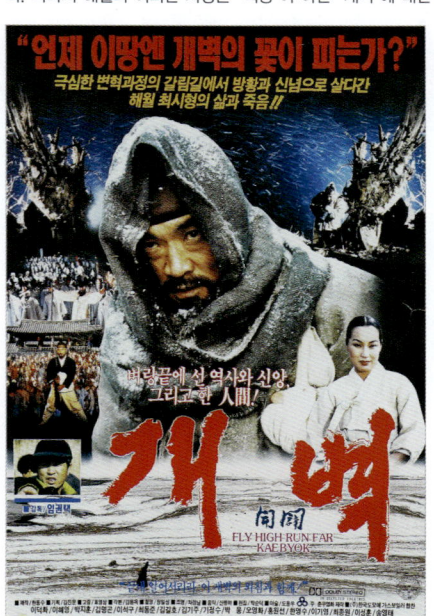

당시 88 라이트 담배 포장지 뒷면에 보면 "언제 이 땅엔 개벽의 꽃이 피는가"란 문구와 함께 대한극장 상영 예정인 '개벽' 광고가 실려 있다. 대종상 청룡영화상 춘사영화예술제에서 임권택이 감독상, 대종상과 춘사영화예술제에서 이덕화가 남우주연상, 청룡영화상과 영평상에서 정일성이 촬영상을 받는 등 수많은 상을 석권했다.

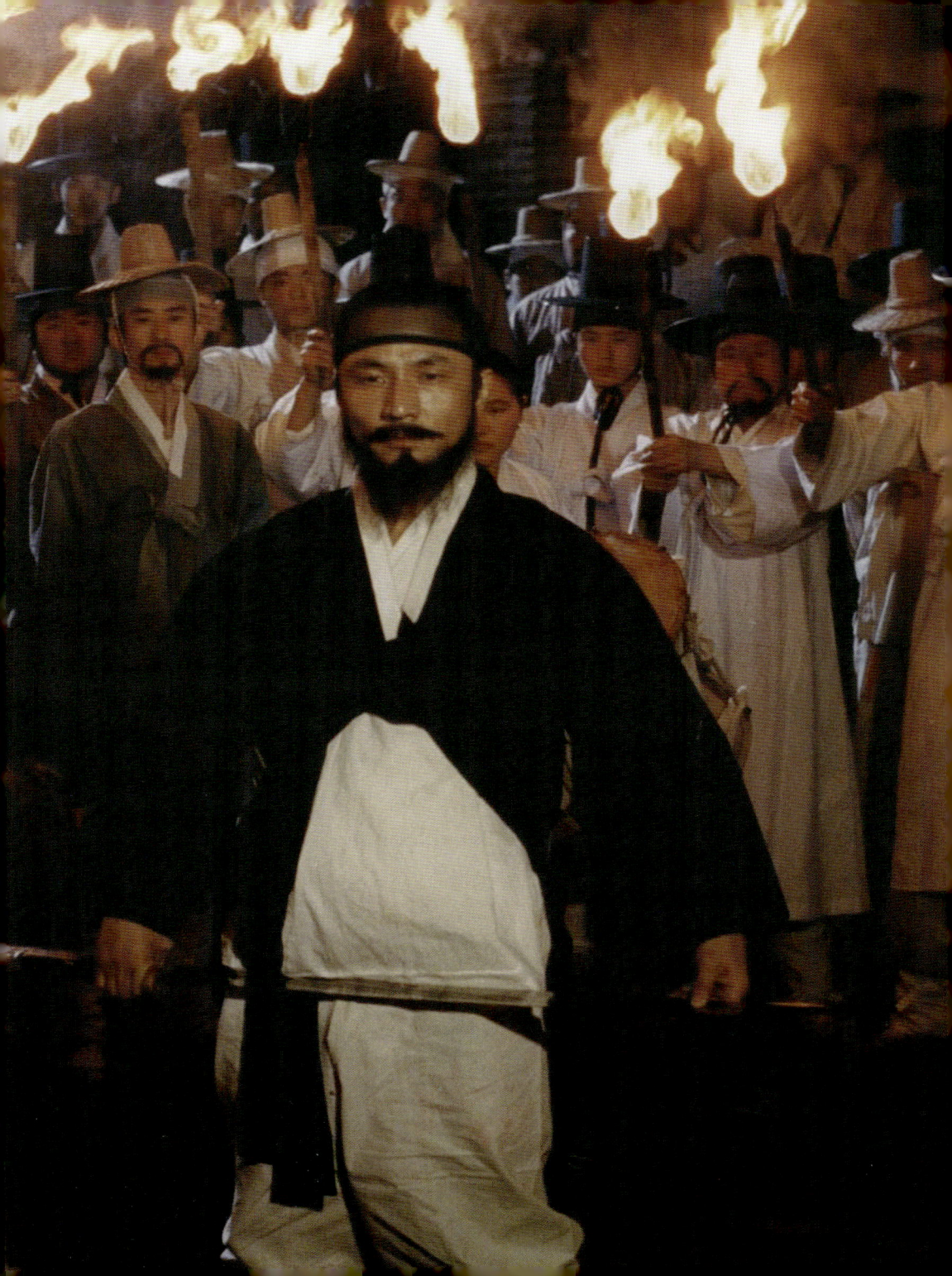

은마(銀馬)는 오지 않는다

The Silver Stallion Will Never Come(1991)

(한진흥업) 123분 극영화 연소자불가/
사회물

감독: 장길수
제작: 한갑진
각본: 장길수, 조재홍(원작 안정효)
개봉: 1991년 10월 3일 서울, 연흥,
　　　씨네하우스, 롯데월드시네마(서
　　　울)
관람인원: 17만 922명(서울)
출연: 이혜숙, 김보연, 방은희, 심재
　　　림, 전무송, 손창민, 양택조, 이
　　　대로, 김형자, 주호성, 추석양,
　　　권일정, 팀 마이너, 마이클 벨
　　　렌저, 릭 이든, 마이크 맥페렌
　　　외
기획: 손병희, 박건섭
촬영: 이석기
음악: 김수철
조명: 임재영
편집: 김희수
미술: 조용삼
소품: 이태우
의상: 이해윤
분장: 채훈, 정준호
동시녹음: 김범수
사운드: 김경일, 양대호
특수효과: 이문걸
스틸: 이태성
조감독: 김강숙, 정희헌, 이형주, 민병진
수상: 제29회 대종상영화제 특별부문
　　　상(의상), 제12회 청룡영화상
　　　여우조연상(김보연)·각본상(장
　　　길수), 제27회 백상예술대상 작
　　　품상(한진흥업 한갑진)·감독상
　　　(장길수)·연기상(이혜숙)·미
　　　술상(조용삼)·아역상(심재림),
　　　제2회 춘사영화예술제 여우조
　　　연상(김보연)·각색상(장길수),
　　　제11회 영평상 연기상(이혜숙),
　　　제15회 몬트리올국제영화제 최
　　　우수여우주연상(이혜숙)·최우
　　　수각본상(장길수)

한국전쟁이 한창일 때 강원도 춘천 부근 금산 마을에 유엔군들이 들어와 언례(이혜숙)를 폭행한다. 이 사건을 보고 마을 사람들은 언례를 동정하기보다 자신을 지키지 못한 여자라고 해서 차가운 멸시의 눈길을 보낸다. 남의 집일을 해주며 근근이 살고 있던 20대 후반의 과부 언례는 폭행당한 데 대한 수치와 주위의 따돌림에 당장이라도 죽고 싶지만 어린 자식들과 먹고 살아가기 위해 마음대로 죽지도 못한다.

때마침 강 건너편에 미군 부대가 주둔하게 되고 그들을 따라온 양색시들이 부대 주변에 텍사스촌을 형성하고 머문다. 살기가 막막해진 언례는 텍사스촌의 용녀(김보연)와 순덕(방은희)을 찾아가 클럽 일을 도와주며 생계를 연명한다. 황 훈장(전무송)을 비롯한 마을 사람들은 언례가 양색시가 됐다는 사실에 더욱 불쾌감을 감추지 못한다.

미군부대로 들어서면서 마을은 기존의 평화로운 질서가 무너지기 시작하고 마을 사람들과 언례의 대립도 첨예해진다. 아이들 사이에서도 파괴적인 놀이가 빈번해지고 언례가 일하는 클럽 안을 엿보는 것이 큰 재미로 등장한다. 이를 본 언례의 아들 만식은 아이들을 쫓기 위해 수제 파이프 권총을 쏘아대고 총소리에 놀라 도망치는 아이들의 등에 대고 미군들이 총을 쏘는 등 마을은 아수라장으로 변한다. 그러나 전쟁은 중공군의 개입으로 유엔군이 불리해지면서 미군 부대가 철수하고 언례와 만식도 쓸쓸히 마을을 떠난다.

● 장길수 각본·연출작. 1987년에 발표한 안정효의 영문 소설 『Silver Stallion(銀馬)』를 원작으로 한 영화. 이 소설은 작가 자신의 유년시절과 피난살이를 담아 완성한 것이다. 이 책이 출간됐을 때 미국 현지 언론은 "민족사적 비극의 필연적 결과가 아닌, 페미니즘의 시선"으로 이를 조명했다.(「영문 소설을 영상으로 옮긴 영화」, 경향 91. 8. 24)

백상예술대상에서 장길수 감독상, 대종상과 영평상, 몬트리올국제영화제에서 이혜숙이 연기상, 청룡영화상과 춘사영화예술제에서 김보연이 여우조연상을 받았고 17만 관객 동원으로 흥행에서도 성공했다.

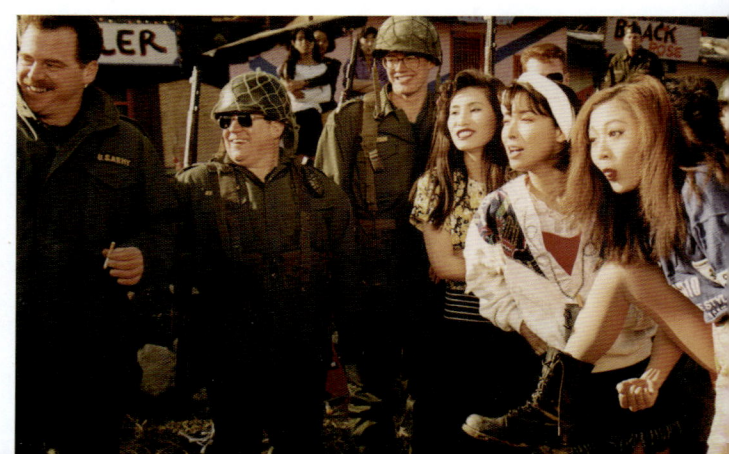

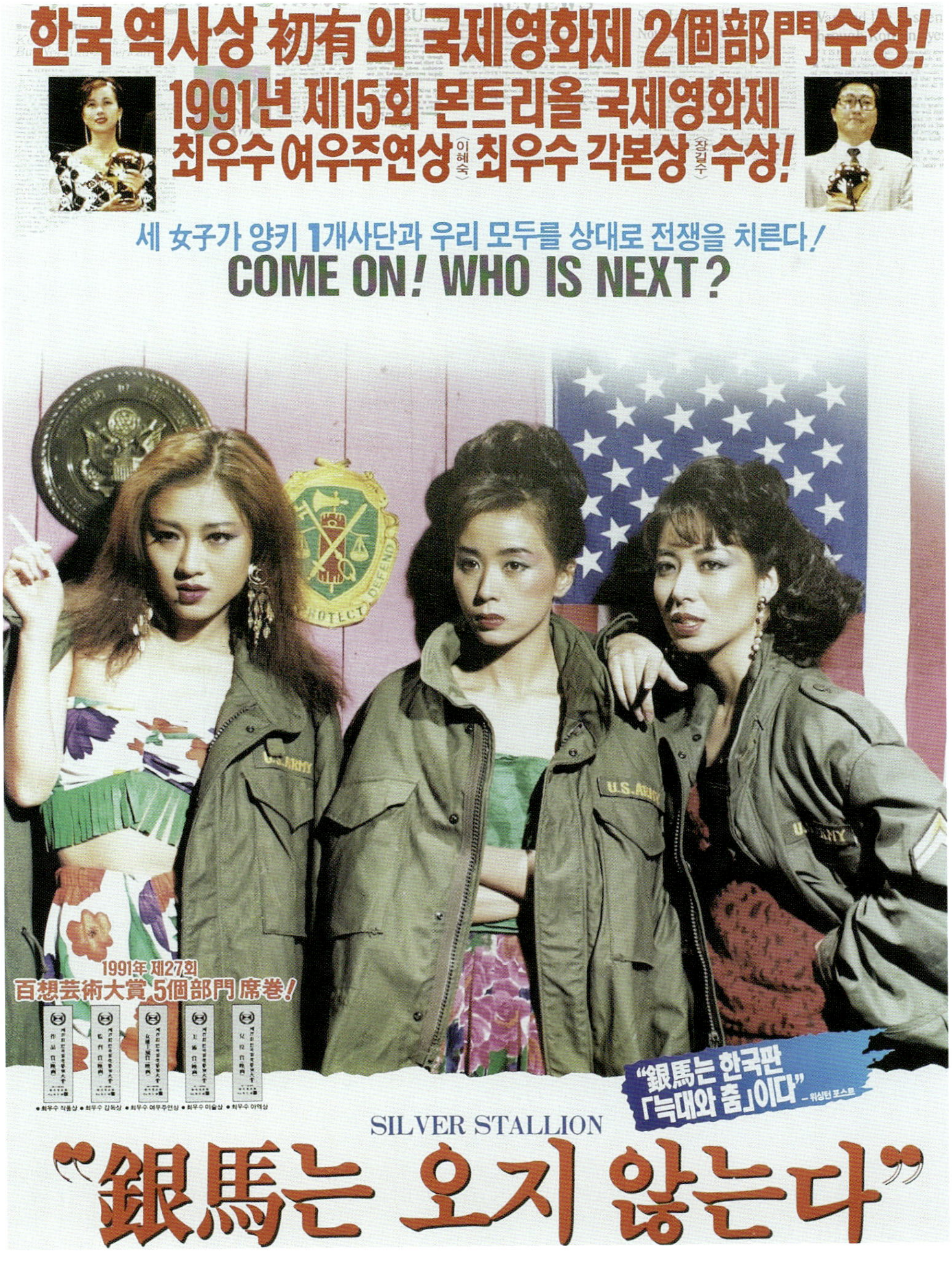

한국 역사상 初有의 국제영화제 2個部門 수상!

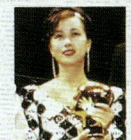

1991년 제15회 몬트리올 국제영화제
최우수 여우주연상 (이혜숙) 최우수 각본상 (장길수) 수상!

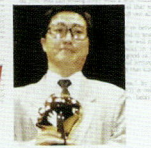

세 女子가 양키 1개사단과 우리 모두를 상대로 전쟁을 치른다!
COME ON! WHO IS NEXT?

1991年 제27회
百想芸術大賞 5個部門 席卷!

● 최우수 작품상 ● 최우수 감독상 ● 최우수 여우주연상 ● 최우수 미술상 ● 최우수 아역상

"銀馬는 한국판
「늑대와 춤」이다" — 워싱턴 포스트

SILVER STALLION

"銀馬는 오지 않는다"

에미이름은 조센 삐였다

Mommy's name was Josenpi(1991)

(문태선프로덕션) 115분 극영화 연소
자불가/사회물

감독 : 지영호　　제작 : 문태선
각본 : 김진혁(원작 윤정모)
개봉 : 1991년 10월 5일 중앙, 경원극
장(서울)
관람인원 : 1만 5387명(서울)
출연 : 강혜지, 강현숙, 안혜리, 이민
숙, 이은비, 문태선, 독고영재,
이사도라, 핑키로세스, 사라란
판, 마이린, 몬테 베르데, 스탄
리오롱 외
기획 : 문태선
촬영 : 신명의
음악 : 이종식
편집 : 김희수
미술 : 이리용 G 라이레즈
소품 : 데디 지 라이레즈
의상 : 몬침 에스코바
분장 : 안근호
사운드 : 손인호, 이재희, 손규식

1944년 말, 제국주의 일본은 전쟁에서 참담한 패배를 하고 있었고 그
들은 전세를 역전시키려고 수단과 방법을 가리지 않았다. 학병과 징용
이라는 이름으로 젊은이들을 강제징집했던 일본은 군복 세탁을 위해
조선 아녀자들을 근로보국정신대로 끌어갔다. 영화는 "내가 2년여 정
신대 생활을 하는 동안 상대한 남자는 몇 명인지도 모른다. 나는 여학
교 1학년 때 이웃학교에 다니던 영수 오빠를 짝사랑했다. 그 오빠와 결
혼해서 1남 2녀 자식을 낳아 훌륭한 어머니가 되는 것이 꿈이었다. 그
런 꿈을 누가 빼앗아 갔는가?"라는 피맺힌 독백으로 시작된다. 전라도
와 경상도 접경의 한 읍에서 무장한 일본군에게 끌려간 소녀는 필리핀
전선에 배치되어 인간으로서는 물론 여자로서 감당할 수 없는 처참한
아픔을 겪는다.

● '고금소총'(1988) 시리즈를 발표한 지영호 연출의 시대물. 1982년에 발표한 윤정모의 동명
소설을 영화화한 작품이다. 정신대로 끌려간 한 여인의 인생역경을 그린 내용으로 필리핀 현지
에서 연기자들을 기용했고 기술진도 필리핀의 지원을 받았다.

서울의 눈물 Tears of Seoul(1991)

(시네마휄밀리) 105분 극영화 연소자
불가/사회물

감독 · 제작 : 김현명
각본 : 유동훈(원작 백시종)
개봉 : 1991년 11월 2일 단성사(서울)
관람인원 : 9046명(서울)
출연 : 이영하, 정보석, 김덕경, 남궁
원, 김성겸, 김영인, 김남일, 신
우철, 박동현, 조태봉 외
기획 : ㈜시네마휄밀리
촬영 : 진영호
음악 : 배영길
조명 : 이승구
편집 : 박순덕
분장 : 이경자, 김명선, 김영자
스틸 : 이태성
사운드 : 양대호
특수효과 : 한용, 김종길
조감독 : 문희융, 박성철, 백양기, 유흥
삼
수상 : 제16회 황금촬영상 금상(진영
호)

불행했던 어린 시절의 상처 때문에
한승국(이영하)은 정의와 힘의 상징
인 군인이 된다. 어릴 적부터 갈구
했던 '힘'을 갖기 위해서라면 그는
수단 방법을 가릴 필요가 없었다.
과연 그는 군사 쿠데타의 주체세력
이 되는 등 자신이 원하던 길을 가
고 있지만 어딘지 아쉬움을 금치
못한다. 그것은 그가 태어나서 처
음으로 사랑하게 된 운동권 여대생
문혜련(김덕경), 그가 군인이라고
해서 절대로 마음을 열지 않는 그
녀를 위해 그는 군대에서의 모든
공적을 포기하고 과감히 사랑을 택한다.

● 시네마휄밀리 창립작품이자 김현명의 일곱 번째 연출작. 원작 백시종. 직접적인 것은 아니
지만 군사 쿠데타와 관련된 소재라고 해서 주목을 받았다. 엘리트 청년 장교가 운동권과 관련된
여대생을 사랑하다가 파국을 맞게 되는 내용이다. 인물 설정이나 갈등 구조는 전형적인 멜로드
라마 형식을 띠고 있다. 촬영감독 진영호가 제16회 황금촬영상 금상을 받았다.

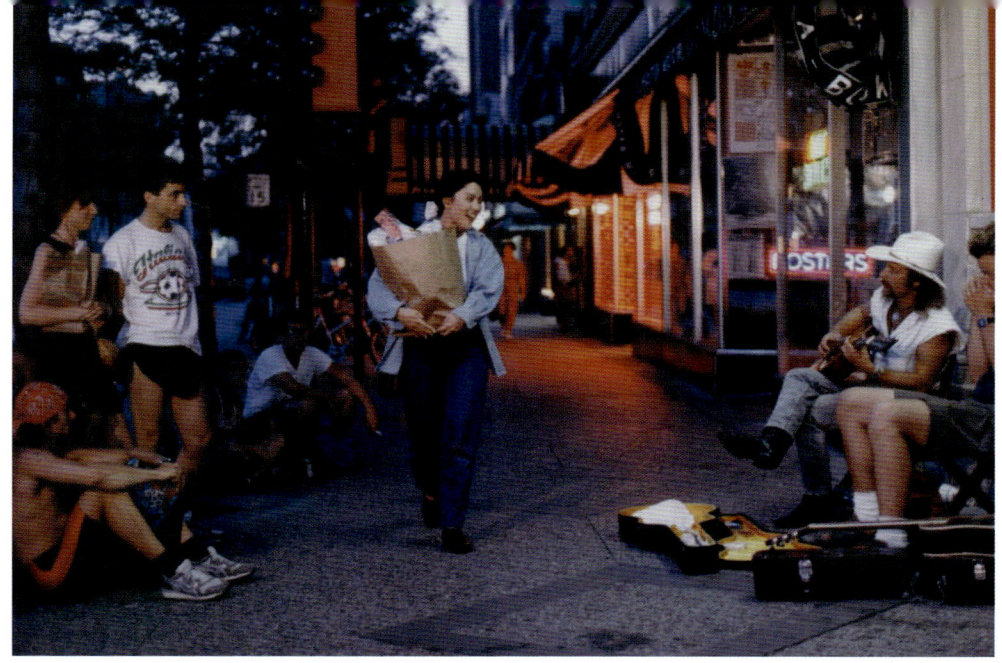

아그네스를 위하여 For Agnes(1991)

유학생 여진(최수지)은 남편 미호(최민수)를 살해한 혐의로 한국 수사기관에 이송된다. 그녀의 변호사 승호(정보석)는 여진이 변론을 포기하고 사형선고를 받자 깊은 회의에 빠진다. 고민하던 승호는 뉴욕경찰이 밝힌 미호의 폭력과 타락에 반감을 느끼며 사건해결을 위해 미국행을 결심한다.

　여진과 미호는 미국에서 학업과 돈벌이라는 어려운 환경에서도 서로 아끼고 사랑하던 부부였다. 그러나 여진이 건달들에게 무차별 강간, 폭행당하는 사건을 겪고 나서 미호는 처음에는 그녀를 지키지 못한 죄책감에 시달리고 점점 술과 마약에 취해 그녀를 괴롭히다가 여진의 칼에 최후를 맞았던 것이다. 승호는 여진의 정당방위를 입증할 수 있었지만 여진은 사랑을 지킨 남편 미호에게 가기 위해 형장의 이슬로 사라지기를 원한다.

● 류영진 연출작. 원작 이유미. 원제 『그에게로 이르는 먼 길』. 살인 사건을 맡은 변호사가 사건을 추적하면서 진실을 밝혀내는 미스터리 구조를 갖춘 멜로물. 플래시백 기법으로 극적 긴장감을 유지하면서 인간의 무의식 속에 자리잡고 있는 욕망의 본능을 자조적인 내레이션과 교차편집 등 다양한 연출 스타일로 표현했다.(칼럼「아그네스를 위하여 인물 구성 대담·신선한 영상」, 평론가 유지나, 동아 91. 11. 8) 관객 약 13만 명 동원.

(세한진흥) 극영화 연소자불가/멜로

감독 : 류영진
제작 : 국정본, 신경식, 이원부
각본 : 이유미(원작 이유미)
각색 : 김호섭, 최남일
개봉 : 1991년 10월 19일 대한극장
　　　(서울)
관람인원 : 12만 6392명(서울)
출연 : 최수지, 최민수, 정보석, 전부송, 지경원, Brenda. M, 박태서, 양택조, 박현숙, 김기종, Frank Neal, Britton, Vladyslav, Thomas, Micha el, Andre. K, Peyton, Lisa, Silvana, Adam 외
기획 : 신경식　　촬영 : 박승배
음악 : 정성조　　조명 : 김강일
편집 : 박순덕　　스틸 : 이태직
소품 : 이태우　　분장 : 이동민
미술 : 도용우, Dan. H
사운드 : 강대성, 양대호
동시녹음 : 김범수, William
조감독 : 김호섭, 최도마
수상 : 영진공 선정 좋은 영화

뻘 Mud flat(Chaos)(1991)

(이만 모션픽쳐) 120분 극영화 연소자 불가/드라마

감독·제작 : 이만
각본 : 이만(원작 이만)
개봉 : 1991년 10월 26일 명보, 명보 아트홀(서울)
관람인원 : 2만 1805명(서울)
출연 : 이영하, 민복기, 이정은, 김옥경, 무세중, 윤일봉, 진봉진, 허진, 김형자, 김길호, 데이비드 포트, 니키 헤리디드, 센 디그레디, 라파엘 카스틸, 스코트 살톤, 윌리엄 휴 외
촬영 : 박현구
음악 : 임택수
조명 : 이민구
편집 : 현동춘
미술 : 이만
동시녹음 : 영진공
스틸 : 전승열
현상 : 영진공
수상 : 제30회 대종상영화제 신인감독상(이만)·신인기술상(박현구), 제28회 백상예술대상 특별상(이만)

지나의 소개로 만난 남자가 에이즈 환자였다면서 질은 지나에게 복수를 부탁하고 죽는다. 역시 에이즈에 걸린 지나는 동반자살식의 복수를 결심하고 광고 사진작가 박무중을 첫 대상으로 삼는다. 무중은 나이 어린 애인 주희와 결혼을 미루다가 크게 다툰 후 이별을 선언한 상태다. 지나는 허탈감에 빠져 있는 무중에게 술을 마시게 하고 무중과 관계를 갖는다. 에이즈에 걸린 무중은 에이즈에 관한 자료를 모으기 시작하지만 죽음은 어쩔 수 없는 현실로 다가오고 지나는 그런 무중에게 연민의 정을 느낀다. 무중은 지나를 모델로 마지막 작품사진을 찍고 뻘 위에서 마지막 정사를 나눈다. 지나는 결국 "나는 내가 살아 있음을 증오한다"는 유서를 남기고 자살한다.

한편 무중을 떠났던 주희는 무중이 에이즈에 감염됐다는 소식을 듣고 그들이 처음 만났던 서해안 염전으로 찾아온다. 무중은 소금이 만병통치약이라고 외치면서 온 몸에 소금을 바르고 먹으며 삶의 집착을 강하게 보인다. 주희는 염전 위에 쓰러져 죽어가는 그의 몸을 붙잡고 한없이 흐느낀다. "문명의 발달이 인류의 고통 해방에 얼마나 공헌했는가"라는 내레이션이 흐르면서 영화는 끝난다.

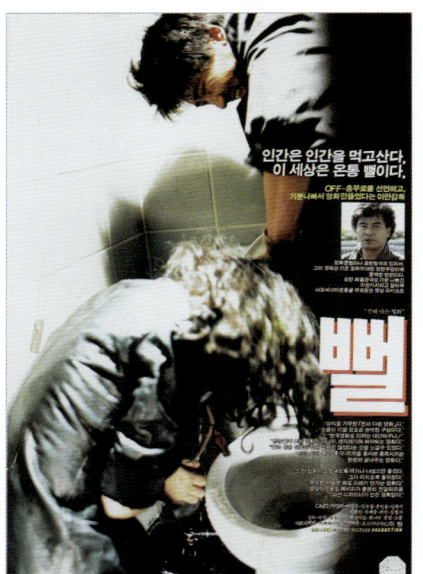

● 이만 감독 데뷔작. 이만은 자신만의 독특한 작품을 만들기 위해 이만 모션픽쳐를 설립, 이 영화에서 제작·감독·원작·각본·각색·편집·소품(미술) 1인 7역을 해냈다. 신인다운 패기와 차별화의 노력이 눈에 띄는 작품. 다양한 소재들을 사용한 실험적이고 전위적인 영상들이 인상적이다. 영화 내용이 진행되는 동안 국립보건원 검사과정과 미국 샌프란시스코 에이즈 상담센터, 샌프란시스코 시립병원, 미국 에이즈 재단 등을 소개함으로써 관람객들에게 에이즈에 대한 지식과 함께 경각심을 준다. 또 감독이 화면에 직접 등장해서 작품내용과 장면을 설명, 관객의 이해를 돕는 특이한 방법을 구사하고 있다.(「'뻘' 흥행성공여부 촉각」경향 91. 10. 26) 현대사회에서의 성 문란과 퇴폐와 향락 등 뚜렷한 주제를 앞세우면서 이런 현실에서 도망치려고 발버둥치면 칠수록 더욱 더 뻘 속으로 빨려들어가는 실상을 주지시키고 있다. 대종상 신인감독상 수상.

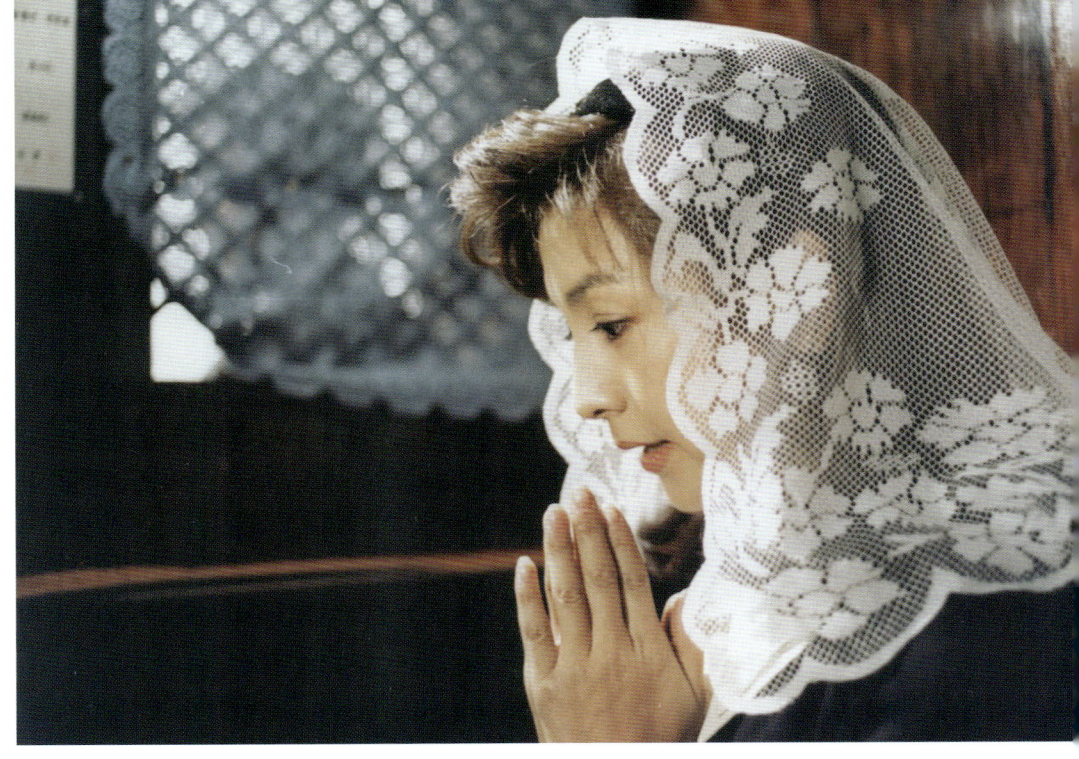

테레사의 연인 Theresa's lover(1991)

라디오 음악프로그램 PD인 김병덕(이영하)은 TV 뉴스 캐스터로 활동 중인 테레사(황신혜)를 DJ로 기용한다. 그때부터 두 사람은 클래식 선율이 흐르는 스튜디오의 차단된 유리창을 사이에 두고 사랑을 꽃피운다. 술과 음악, 그리고 가정 밖에 모르던 김병덕의 외도에 충격을 받은 아내(김혜옥)는 가출하고, 이에 가책을 느낀 테레사는 방송국에 사직서를 제출하고 나온다. 그러나 김병덕과 테레사의 사랑은 멈출 수가 없었다. 그 후 음주운전으로 교통사고를 당한 김병덕은 끝내 한쪽 다리를 절단한 채 미국으로 이민을 떠난다. 시간이 지나 아내와 헤어진 그는 다시 서울에 오지만 테레사는 이미 수녀의 길을 가고 있었다.

● 김병덕이 직접 쓴 동명의 실화 소설을 바탕으로 하고 있다. MBC 음악 PD였던 김병덕과 미모의 신인 아나운서 테레사와의 실제 사랑 이야기를 소재로 한 영화. 아름답고 화려한 불꽃 축제도 축제가 끝나면 부질없고 초라해지듯이 사랑이 끝난 자리에는 무언의 질문만이 남는다는 메시지가 담겨진다.

황신혜, 이영하 출연. '테레사의 연인' 중에 나오는 '사랑의 테마', '랭그리 파크의 회상', '고독', '우리를 슬프게 하는 것들', '이런 사랑의 노래' 등 OST는 지금도 많은 사랑을 받고 있다. 영화음악은 신병하가 담당. 소설은 30만 부 이상 팔려나갔다.

(황기성사단) 110분 극영화 고등학생가/멜로

감독 : 박철수
제작 : 황기성, 박용빈
각본 : 박철수(원작 김병덕)
개봉 : 1991년 11월 16일
출연 : 이영하, 황신혜, 김혜옥, 정운봉, 김덕남, 전미선, 천영덕, 유영휘, 김은숙, 노영화 외
기획 : 이춘연
촬영 : 서정민
음악 : 신병하
조명 : 김진도
편집 : 김현
미술 : 김호길, 조융삼
스틸 : 윤진호
의상 : 김영주, 오리지날 리
분장 : 김영자
사운드 : 김경일, 양대호

맨발에서 벤츠까지 From barefoot to Bentz(1991)

(예필름) 100분 극영화 고등학생가/청춘

감독 : 이성수
제작 : 고규섭
각본 : 심산 이성수(원작 김홍신)
개봉 : 1991년 12월 14일 대한극장
(서울)
관람인원 : 9877명(서울)
출연 : 홍학표, 박은영, 유통, 장세진,
방은희, 이창세, 심양홍, 박웅,
독고영재, 이기열, 권병길, 김
현택, 김범수, 허석도, 황서식,
이기동, 서정호, 정성진, 니꼴
라이 레오니드, 두루시코 예브
게니아신, 아르또르 외
기획 : 양재운
촬영 : 신옥현
음악 : 김수철
조명 : 임재영
편집 : 김현
소품 : 김태욱
분장 : 강은영, 김덕남
스틸 : 백영호
동시녹음 : 김범수, 이병하
사운드 : 강대성, 양대호
특수효과 : 백진
조감독 : 오명진

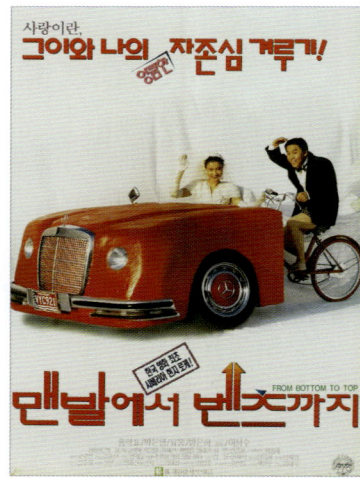

대한그룹의 신입사원 박석 (홍학표)은 열심히 일해서 회장이 되겠다는 야심찬 목표를 세우고 있다. 그는 같은 기획실에서 근무하는 매력적인 아름(박은영)에게 호감을 갖지만 아름은 석에게 아무런 관심도 보이지 않는다. 아름의 쌀쌀한 반응에 실망한 석은 산간오지 현장근무를 지원해서 본사를 빠져나간다. 석이 떠나자 아름은 새삼 그를 사랑하고 있음을 깨닫는다.

건설현장에서 근무하게 된 석은 그곳에 엄청난 비리가 숨어 있고 그것이 회사의 심층부와도 맞닿아 있음을 알아낸다. 석은 그곳에서 파헤친 비리의 결과를 회사에 알리지만 그런 사실이 문제되는 것을 원치 않는 회사측은 이를 은폐하기 위해 석을 멀리 시베리아 지사로 좌천시킨다.

석이 현지 노동자들의 파업으로 부상을 당했다는 소식을 듣고 아름이 한달음에 시베리아로 달려온다. 두 사람은 뜨겁게 해후하며 사랑을 확인한다. 그리고 한국에 천연가스를 수송하기 위한 구상을 끝내고 도보탐사에 나선다. 그들이 보낸 결과를 본 회사에서는 가스관 공사를 긍정적으로 검토하게 되고 석은 다시 기획실로 발령을 받게 된다. 이 과정에서 석은 아름이 회장의 딸임을 알고 모멸감에 빠진다. 그러나 그는 아름의 순수한 사랑을, 순수하게 받아들이기로 마음먹는다.

● 영화 '단지 그대가 여자라는 이유만으로' 등 시나리오 작가로 알려진 이성수 감독 데뷔작. 소설 『인간시장』의 작가 김홍신의 「야심」을 원작으로 한 작품. 야심만만한 한 청년의 사랑과 성공을 다룬 내용. 탤런트 홍학표가 주연을 맡고 있다. 패기 있고 열정적인 남성과 돈 많은 회장 딸의 결합이라는 꿈같은 사랑 이야기와 사하라와 지중해, 시베리아의 모습을 담은 해외 로케이션의 역동적인 화면과 안정된 연출은 긍정적인 평을 받았다.(동아 91. 12. 14)

피와 불 Fire and Blood(1991)

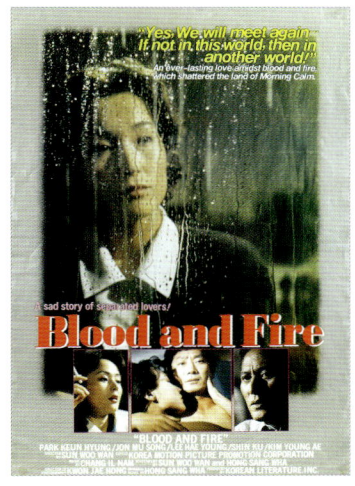

학생의 신분으로 좌익운동을 하던 정사용(전무송)은 6·25 때 의용군으로 자원입대한다. 유엔군의 반격으로 휴전이 되자 그는 혼자서 이북에 남는다. 이남 출신들은 숙청대상이 되지만 정사용은 바보 행세로 탄광이나 외지로의 전출을 면한다. 그리고 평양대극장 소도구 구실에서 일하다가 인민 배우 최영실(이혜영)을 만나 사랑에 빠진다. 영웅 호칭을 받는 여배우 최영실과 노동자 정사용의 사랑은 결실을 맺기가 쉽지 않았다. 그러나 인민배우 이정선(김영애)의 도움으로 그들은 결혼도 하고 딸까지 낳는다.

북한 안전기획부는 정사용이 남한 출신이며 현재 정사용의 숙부인 정희성(김길호)이 국회의원으로서 막강한 권력자임을 알아내고 정사용을 남파시킨다. 그러나 남파된 정사용은 오히려 숙부에게 설득되어 남한에서 새로운 삶을 살게 된다. 숙부의 도움으로 사업을 하며 서서히 자본주의 사회에 적응해 가는 동안 그는 차츰 세인들의 기억 속에서 잊혀 갔다. 그리고 외국 출장 중 자살한다.

한편 중앙정보부 요원 김경철(박근형)은 정사용의 의문의 자살에 대해 수사하게 된다. 수사 과정에서 김경철은 정사용이 외국 출장 중 이북의 인민배우 이정선을 만났으며 옛 아내 최영실과도 은밀히 서신 왕래를 해온 사실을 알아낸다. 정사용은 실제로 죽은 것이 아니라 사랑하는 아내와 딸의 안전을 위해 위장 자살을 했던 것이다. 김경철은 끝까지 그를 추적한다.

● 장선우와 함께 영화 '서울황제(서울 예수)'(1989)를 공동연출했던 선우완의 네 번째 작품. 원작 홍상화. 북한 인민배우 홍영희의 실화를 다룬 소설로 일부 지식인들의 반미 움직임과 주체사상에 대한 무비판적인 수용이 위험수위를 넘어섰다고 비판한 내용. "우리 민족을 갈라놓은 이데올로기가 '불'이라면 그 불을 끌수 있는 '피'가 주제"다. 1989년 소설이 발표되었을 때도 많은 논란을 불러일으켰다.(매일경제 92. 1. 1) 타이페이 아태영화제에서 최우수 각본상을 수상했다.

(한국문학) 115분 극영화 중학생가/시대극

감독 : 선우완
제작 : (주)한국문학
각색 : 선우완, 홍국태(원작 홍상화)
개봉 : 1991년 12월 21일 풍전극장(서울)
관람인원 : 460명(서울)
출연 : 박근형, 전무송, 이혜영, 김영애, 김길호, 김남일, 양택조, 신구, 민재희, 김기주, 서우림, 장인한, 김성겸, 오승명, 유병운, 김기종, 노사강, 양일민, 박부양 외
기획 : 한국문학㈜
촬영 : 권재홍
음악 : 장일남, 서울 아카데미, 심포니 오케스트라
조명 : 김연
편집 : 박순덕
미술 : 조융삼, 오상만, 김복일
소품 : 이원우, 송기연
의상 : 이혜윤
분장 : 이승남
동시녹음 : 이영길
사운드 : 양대호
특수효과 : 한룡
스틸 : 윤동식
조감독 : 김희철
수상 : 제28회 백상예술대상 기술상(음악: 장일남), 제12회 영평상 음악상(장일남), 제37회 타이페이 아태영화제 최우수각본상(선우완), 제17회 모스크바국제영화제출품, 영진공 선정 좋은 영화

경마장 가는 길 The road to race track(1991)

(태흥영화) 138분 극영화 연소자불가/
드라마
감독 : 장선우
제작 : 이태원
각색 : 하일지(원작 하일지)
개봉 : 1991년 12월 21일 단성사
(서울)
관람인원 : 17만 9802명(서울)
출연 : 강수연, 문성근, 김보연, 임은
경, 윤일주, 권일정, 이인옥, 나
갑성, 신지원, 서평석, 홍석연,
문미봉, 김경란, 이은정, 김태
희, 김선경, 임정미 외
기획 : 이태원
촬영 : 유영길
음악 : 김수철
조명 : 김동호
편집 : 김현
미술 : 김유준
소품 : 김호길
의상 : 미스지콜렉션
분장 : 홍동은
사운드 : 이영길, 김경일, 양대호
스틸 : 양기주
현상 : 영진공
수상 : 제13회 청룡영화상 남녀주연상
(문성근, 강수연), 제28회 백상
예술대상 여자최우수연기상(강
수연), 제3회 춘사영화예술제
남녀주연상(문성근, 강수연) ·
우수연기상(김보연), 제12회 영
평상 최우수작품상(이태원) · 감
독상(장선우) · 남우주연상(문성
근), 부산영화평론가협회선정,
최우수영화 및 영화인 최우수
주연여우상(강수연) · 최우수조
연여우상(김보연) · 최우수촬영
(유영길), 영진공 선정 좋은 영화

프랑스 유학을 마치고 돌아온 R(문성근)은 파리에서 동거하던 J(강수연)를 서울에서 만난다. R은 당연히 J를 상대로 섹스를 원하지만 J가 섹스를 거부하자 화가 난 그는 고향인 대구로 내려간다. R은 오랜만에 만난 아내(김보연)와 자식들이 반갑지도 않았고 오히려 가족이 환멸스럽기만 하다. 시간강사가 되면서 서울과 대구를 오가게 된 R은 출강차 서울에 오면 여전히 J를 찾는다. 그러나 J는 여기는 프랑스가 아니라면서 오히려 헤어질 것을 요구한다. J를 만나려고 여관을 전전하는 동안 R은 정신적, 육체적으로 점점 지쳐간다.

그러던 중 R은 자신이 써준 글로 J가 신춘문예의 문학평론에 당선된 것을 알게 된다. 더구나 다른 남자를 만나 결혼한다는 사실에 절망한 R은 아내에게 이혼을 통보하고 J에게 한국을 떠나자고 조른다. 물론 J는 R의 제안을 묵살한다.

J의 마음이 돌아서지 않는 한 돈으로라도 보상을 받겠다면서 R은 J에게 글 써준 대가로 삼천만 원을 요구한다. 돈을 받아낸 R은 착잡해진 마음으로 짐을 싸들고 어느 외진 곳으로 떠나는 버스에 몸을 싣는다. 그리고 탈출구를 찾기 위해 「경마장 가는 길」이란 제목으로 글을 쓰기 시작한다.

● 1990년 1월에 출간되어 포스트모더니즘 논쟁을 불러일으켰던 하일지의 첫 장편소설 『경마장 가는 길』을 영화화한 작품. 이 소설은 그의 등단작이면서 한국소설에 새로운 현대성의 지평을 여는 시금석이 되었다.(이효인, 『영화로 읽는 한국 사회 문화사』, 개마고원, 2003년, p.167) 한 여자에서 떠나 또 다른 한 여자에게로 다가가려 무너지는 주인공의 몇 달간의 행보를 그리고 있다.

전작인 '우묵배미의 사랑'(1990)을 사실주의적 기법으로 다룬 것과는 달리 이 영화는 장선우 특유의 새로운 형식 기법으로 우리 사회의 속물근성을 비판하고 있다. 즉 처음부터 끝까지 두 남녀의 끊임없는 대화와 섹스 행위가 롱테이크 화면으로 이어지면서 섹슈얼리티 묘사에서도 성적 표현이 적나라하게 확대된다.

영화 '경마장 가는 길'은 개봉과 함께 이 영화를 옹호하는 쪽과 반대하는 쪽으로 나뉘어 찬반양론을 벌이기도 했다.(「예술이냐 '경마장 가는 길' 외설이냐」 경향 91. 12. 27) 이를 옹호하는 쪽은 한국사회의 총체적 도덕의 파괴를 그린 새로운 형식의 영화임을 내세웠고 반대쪽은 아무런 메시지나 스타일을 찾을 수 없는 단순한 포르노에 불과하다는 비난을 멈추지 않았다.(『소설구경 영화읽기』 – 장철희, 한국문학을 새로 규정하게 만든 문제작 – 숙명여대 불문과 교수 임혜경) 그러나 이 영화는 수많은 영화상에서 중요 상을 휩쓸면서 모든 논란을 잠재웠다. 백상예술대상 청룡영화상 춘사영화예술제에서 강수연이 여자최우수연기상, 백상예술대상과 춘사영화예술제, 영평상에서 문성근이 남우주연상, 영평상에서 장선우가 감독상을 받았고 2006년 제20회 밴쿠버국제영화제에서 경쟁부문 용호상 제정 10주년 기념으로 '경마장 가는 길'이 회고작품으로 선정됐다. 관객 17만 9802명 동원으로 흥행 성공.

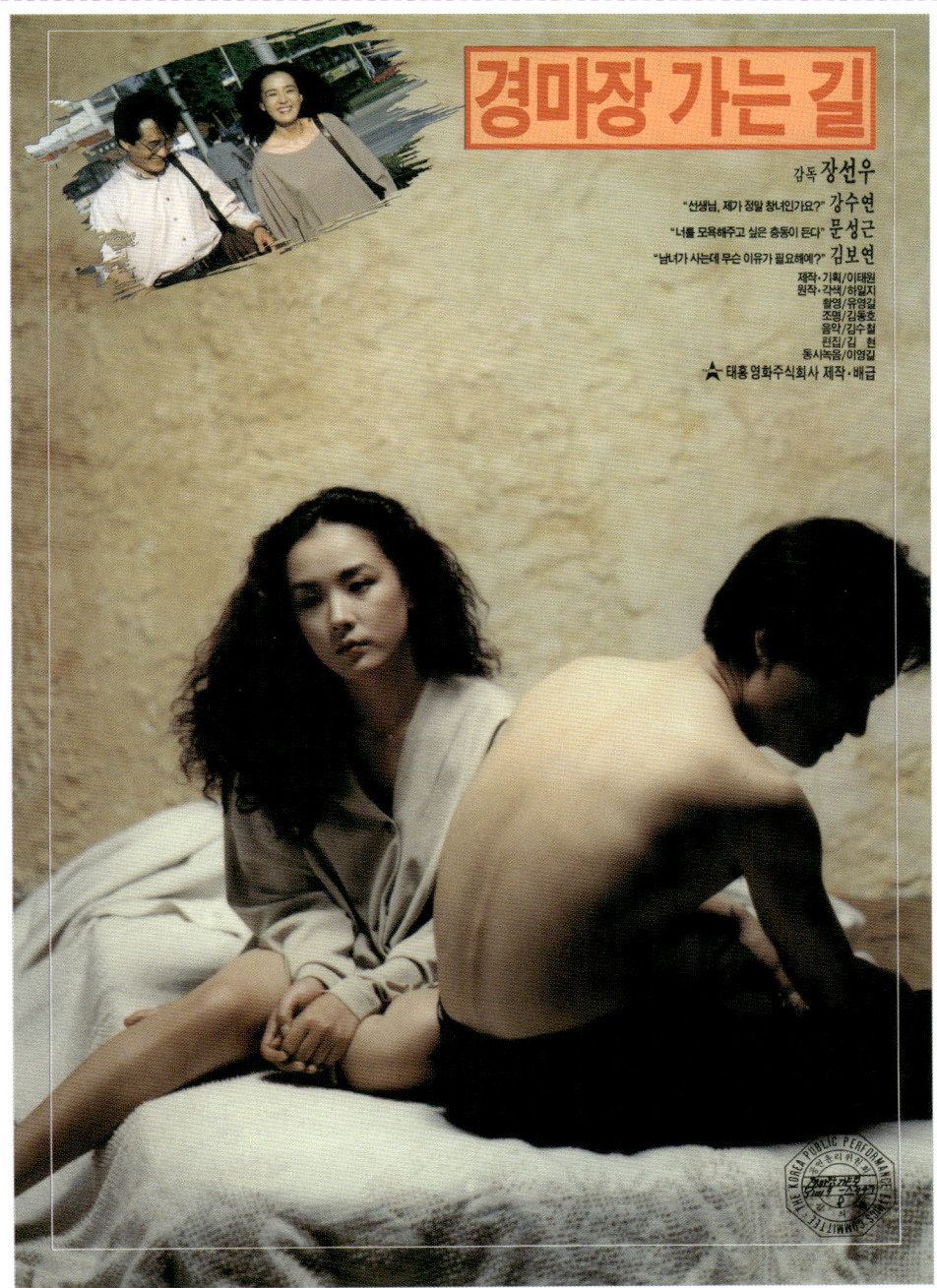

경마장 가는 길

감독 장선우

"선생님, 제가 정말 창녀인가요?" 강수연
"너를 모욕해주고 싶은 충동이 든다" 문성근
"남녀가 사는데 무슨 이유가 필요해요?" 김보연

제작·기획/이태원
원작·각색/하일지
촬영/유영길
조명/김동호
음악/김수철
편집/김현
동시녹음/이영길

★ 태흥영화주식회사 제작·배급

네 멋대로 해라 As you please(1991)

(영화공장서울) 90분 극영화 고등학생
가/청춘

감독 : 오석근
제작 : 김태균
각본 : 오석근, 현남섭
개봉 : 1992년 1월 18일 명보극장
(서울)
관람인원 : 1848명(서울)
출연 : 박준규, 이혜진, 주원성, 박노
식, 독고성, 장혁, 강진희, 여정
수, 김재성 외
기획 : 현남섭, 방혜경
촬영 : 조동관
음악 : 송병준
조명 : 박현원
편집 : 현동춘
미술 : 송은미, 김세훈
의상 : 그리끼, 게이꼬
분장 : 신지숙, 강은영
사운드 : 영진공
스틸 : 윤지태, 박성준
현상 : 도에이현상소
무술지도 : 김춘식

고아인 준영은 이태원을 무대로 한 조직의 일원이다. 그러나 친구인 민우와 보내는 시간을 더 좋아한다. 그런 어느 날, 준영은 맑고 청순한 일본 유학생 아사코를 만난다. 그녀에게서 엄마의 이미지를 떠올린 그는 그녀의 호감을 사기 위해 갖은 노력을 다한다. 처음에는 당황하던 아사코도 차츰 그에게 애정을 느끼고 엄마의 귀국 독촉 전화에 갈등한다.

그런 한편 준영은 조직의 음모로 위기에 빠진다. 그때 자신을 구해주고 대신 죽은 민우의 복수를 한 뒤 조직에 쫓기는 몸이 된다. 아무것도 모른 채 여행의 즐거움에 들떠 있던 아사코는 부산에 도착해서야 그가 쫓기고 있음을 알고 이별을 고한다. 혼자 남은 준영은 조직에서 보낸 폭력배들과 싸우다 머리를 맞고 차츰 의식을 잃어간다.

● 오석근 감독 데뷔작. 1989년 당시 젊은 영화학도들이 결성한 독립프로덕션 영화공장 서울에서 기획 · 제작되었다. 장 뤽 고다르 감독 · 장폴 벨몽드 주연의 프랑스 누벨바그 영화 '네 멋대로 해라(A Bout de Souffle)'(1959)를 한국적 시각에서 리메이크한 작품. 실사와 애니메이션의 합성을 통한 참신한 내용 전개와 16mm로 촬영된 것을 35mm로 확대하는 등 실험적인 영상을 보여주었다. 박노식, 박준규 부자 출연.

숲속의 방 The Room in the Forest(1991)

(판영화) 90분 극영화 중학생가/사회물

감독 : 오병철
제작 : 박문식
각본 : 공지영(원작 강석경)
개봉 : 1992년 1월 18일 스카라, 롯데
1관(서울)
관람인원 : 2만 5578명(서울)
출연 : 최진실, 김성령, 김수안, 김명
수, 유선애, 김진희, 김병철, 김
재성, 윤양하, 한상미 외
기획 : 유인택
촬영 : 박승배
음악 : 정원영
조명 : 김강일
편집 : 박순덕
미술 : 임근백
소품 : 차순하
분장 : 김선진, 송혜림
사운드 : 이성근, 양대호
스틸 : 윤진호, 권순미
제작총지휘 : 최상균, 이장호
조감독 : 김성균

소양(최진실)의 휴학으로 집안에 불화가 생기자 맏딸인 미양(김성령)은 소양의 생활을 추적해 보기로 한다. 소양은 대학 생활의 낭만을 느끼기도 전에 첫 시위를 목격하고 고교 동창인 명주(김진희)의 소개로 운동권 서클에 가입해 있었다. 그러나 첫 가투에 참가한 후 자신의 나약함을 확인한 소양은 갈등하기 시작한다. 운동권 내에서 은근히 존경해왔던 선배는 수배 대상이 되고 지루하게 유지되던 남자친구 희중(김수안)과도 결별해 버린다. 또한 만사에 명쾌한 답안을 제시할 것 같았던 명주의 주관 없는 논리에도 환멸을 느낀다. 시위를 멀리서 바라보며 자신의 몸을 무방비로 방치하던 소양은 미양의 결혼 준비 기간 동안 잠시 가정에 안주하지만 첫눈이 내리는 새벽, 그녀가 사랑했으나 떠나야 했던 교정에서 차가운 시체로 발견된다.

● 오병철 감독 데뷔작. 1985년에 발표한 강석경의 동명 소설을 원작으로 한 영화. 1986년 녹원문학상과 제10회 오늘의 작가상을 받았다. 젊음의 빛과 어둠을 선연하게 그려낸 1980년대 청년문학의 대표작 중 하나다. 진정한 자기 방을 갖지 못한 한 여대생의 방황을 통해 한 시대의 젊은 풍속도를 보여준다. 소설가 공지영이 여성적인 관점에서 각본을 구성, 최진실이 1980년대 당시 혼란스러운 정치 상황이라는 시대적 배경에서 이념과 현실 사이에서 갈등하는 대학생 역을 맡았다.

스물일곱 송이의 장미 Twenty Seven Roses(1991)

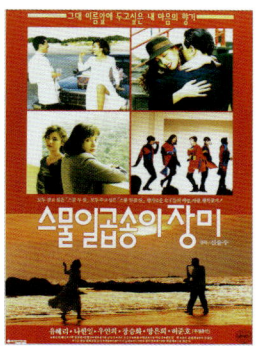

27세의 직장 여성 경자(조경자)와 배우 지망생인 명자(우연희)는 친자매간이다. 경자는 회사에 스카우트된 김 실장(장승화)에게 관심을 갖게 되고 외국 바이어 접대를 계기로 둘의 사이는 가까워진다. 명자는 뮤지컬에서 조역을 맡게 되지만 재벌 3세인 승진(허준호)과의 만남으로 연기를 포기하고 승진의 아내가 될 것을 결심한다.

김 실장과 결혼까지 결심한 경자는 그의 정체가 남창이라는 사실에 충격을 받고 사표를 낸다. 경자를 짝사랑하던 노상서(나한일)는 이런 경자에게 의류사업 동업을 제의하고 정부가 주관하는 공개 입찰 경찰복 콘테스트에서 교활한 김 실장을 누르고 입찰을 따낸다. 경자와 노상서는 행복한 웨딩마치를 올린다.

● 신승수 각본·연출작. 자매의 서로 다른 결혼에 대한 이야기를 다루고 있다. 동생 명자는 재벌 3세와 결혼함으로써 신분 상승이 이뤄지지만 자신의 꿈을 포기하게 되고, 언니는 결혼함으로써 부부 사이에 은근한 거래가 이루어지고 있음을 풍자적인 시각으로 그려내고 있다.

(연흥아시아) 107분 극영화 연소자불가/멜로

감독·각본: 신승수
제작: 연제민
개봉: 1992년 3월 29일 아시아, 씨네하우스 6관, 경원 2관(서울)
관람인원: 2056명(서울)
출연: 유혜리, 나한일, 우연희, 장승화, 허준호, 방은희, 김일우, 이기봉, 전무송, 문미봉, 신찬일, 안진수, 서울예술전문대학 영화과(찬조출연) 외
기획: 강천희, 양형균
촬영: 진영호
음악: 김정택
조명: 이승구
편집: 김현
미술: 장덕진
의상: 정승현 브띠끄
사운드: 이성근, 소원종, 양대호
제작·총지휘: 김일우
조감독: 허동우, 최용배, 김철열

섬강(蟾江)에서 하늘까지
From Seom River to the Sky(1992)

운동권 학생이던 재인(이경영)은 제대 후 학보사 기자로 근무하면서 불문과 여학생 영애(김미현)를 만난다. 풍족한 집에서 부족함 없이 자란 영애는 사랑으로 재인의 외로움을 감싸주고 결국 두 사람은 학생 부부가 된다.

대학 졸업 후 재인은 고등학교 교사가 되고 영애도 강원도 지방 학교로 발령이 난다. 이때부터 두 사람은 서울과 홍천을 오가는 주말 부부가 되어 헤어져 살게 된다. 그럼에도 만날 때마다 깊어지는 사랑으로 행복해 하던 어느 날 전국에 집중호우 경보가 내려지고 영애와 아들 호(강준규)를 태운 버스가 섬강 다리를 받고 추락한다. 하루아침에 아내와 아들을 잃은 재인은 장례식을 치르고 나서 모든 것을 뒤로 한 채 처자식이 있는 섬강으로 발길을 옮긴다.

● 교통사고로 아내와 아들을 잃은 뒤 자살한 교사의 실화를 극화한 영화. 유진선은 '내 사랑 짱구(삘구)'(1984)에서 배용준을 발탁한 데 이어 '섬강에서 하늘까지'에서는 가수 출신인 임창정이 조연 명단에 이름을 올리고 있다. 황금촬영상에 정필시가 동상 수상.

(주 충무로) 95분 극영화 고등학생가/멜로

감독: 유진선
제작: 한영수
각본: 김승남
개봉: 1992년 2월 22일 서울, 브로드웨이극장(서울)
관람인원: 6815명(서울)
출연: 이경영, 김미현, 강준규, 김인문, 여운계, 신충식, 남정희, 윤덕용, 임창정, 유성 외
기획: 정종모   촬영: 정필시
음악: 강인구   조명: 이억만
편집: 박순덕   미술: 조용삼
소품: 김태욱   스틸: 박희재
분장: 마선지, 김재욱, 윤혜숙
사운드: 이성근, 양대호
특수효과: 백진
조감독: 김정애
수상: 제16회 황금촬영상 동상(정필시)

명자 아끼꼬 쏘냐 Myong-Ja Akiko Sonia(1992)

(지미필름) 138분 극영화 고등학생가/멜로

감독: 이장호
제작: 진성만, 이상언
각본: 송길한
개봉: 1992년 2월 1일 명보, 롯데 1관(서울)
출연: 김지미, 이영하, 김명곤, 이혜영, 정규수, 김동수, 기주봉, 이봉규, 박광정, 권해효, 이반 니콜라이, 이반 세스비자, 수베트라나 아루로와, 티나리야 와베로와 외
기획: 김지미
촬영: 구중모
음악: 김정길
조명: 박현원
편집: 박순덕
미술: 이명수, 박동선, 김종철
소품: 차준하
의상: 도쿄의상주식회사
분장: 이혜경
특수분장: 후지와라 미호
특수효과: 이문걸, 장용준
사운드: 김병수, 강대성, 유와키 후사오, 쯔루마키 히토시, 하베 히로히데, 양대호
스틸: 윤진호, 이원석, 고마츠키 마사하루, 이즈카 카츠미, 하마 케이지(제작 진행)
수상: 제30회 대종상영화제 조연여우상(이혜영)·음악상(김정길)·기획상(김지미), 제13회 청룡영화상 여우조연상(이혜영), 영진공 선정 좋은 영화

동진(이영하)은 연상의 여인 명자(김지미)를 통해 이성에 눈뜨지만 그녀가 도쿄 유학생과 깊은 관계임을 알고 고향을 떠난다. 1943년, 일본 공산당에 가입해 테러리스트로 활약하던 동진은 카페 마담이 되어 있는 명자와 재회한다. 그러나 동진은 명자를 카페로 팔아넘긴 매춘업자를 살해하게 되고 명자는 동진의 파트너인 야마모토와 사랑에 빠지지만 그와의 결혼이 파탄나자 어디론가 사라진다.

그 후 사할린에 온 동진은 사방으로 명자를 수소문하던 끝에 가까스로 그녀를 찾아낸다. 그들의 해후는 실로 45년 만이다. 그러나 명자는 북한 국적자로서 한국에 돌아올 수 없는 몸이었다. 두 사람은 조국 하늘을 응시한 채 사무치는 통한을 금치 못한다.

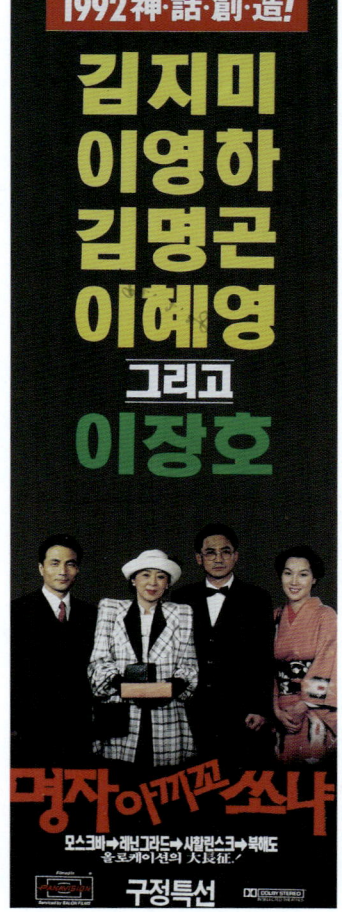

● '미스 코뿔소 미스터 코란도'(1989) 이후 이장호의 3년 만의 재기작. "명자, 아끼꼬, 쏘냐"라는 세 나라 국적의 세 가지 이름을 가져야만 했던 한 기구한 여인의 삶을 통해 반세기 동안 소외당해 왔던 사할린 억류 동포들의 애환을 그리고 있다. 18억 원이라는 큰 제작비를 들인 영화로 한국, 일본, 소련, 홍콩의 4개국 스태프진의 참여, 동시 돌비 녹음 시도, 사할린 현지 촬영 등으로 화제가 됐다. 김지미는 기획과 주인공인 명자 역을 맡고 연하인 이영하와의 정사 장면도 대역 없이 찍었다.

이만희 감독의 딸인 연기파 배우 이혜영이 대종상과 청룡영화상에서 여우조연상, 김지미는 대종상에서 기획상, 영진공의 '좋은 영화'에 선정됐다. 사할린, 일본 북해도 등지에서 촬영됐다.

비처럼 음악처럼 Like Music, Like Rain(1992)

사랑의 아픔과 이별, 절망과 외로움을 노래로 부르는 김현식(김형철)은 레코드와 라이브 무대에서만 팬들과 만나는 언더그라운드 가수다. 일본에서 온 프리랜서 사진작가 인경(심혜진)이 무대에서 열창하는 현식을 카메라에 담게 되면서 두 사람은 사랑에 빠진다. 인경을 알게 된 후 현식은 가수로서의 고독감과 무대에서의 외로움을 잊게 되지만, 인경은 현식의 지나친 집착에 혼란을 느끼고 일본으로 가버린다. 현식은 그때부터 실연의 상처를 술과 마약으로 달래며 성격이 거칠게 변한다. 인경을 잊기 위해 다른 여자(정낙희)와 결혼하지만 마약복용 혐의로 구속되어 부인과도 헤어진다.

출감 후 재기 콘서트의 성공으로 정상의 자리에 올랐으나 절망적인 폭음은 계속되고 현식은 여전히 타락의 구렁텅이에서 헤어나지 못한다. 죽음을 예감한 현식은 마이크 앞에 서서 혼신의 힘으로 노래를 부르다 결국 무대에서 숨을 거둔다. 그의 나이 34세였다.

● 가수 김현식(1958~1990)의 일대기를 담은 김현식 추모영화. 김현식과 신촌블루스에서 함께 활동했던 김형철이 김현식 역을 맡아 연기와 노래 실력을 선보였다.

김현식의 음악 세계를 생생하게 표현하기 위해 동시녹음은 물론 신촌블루스 라이브콘서트 장면을 로케이션 촬영했다. 한 음악가의 음악을 향한 집념 이전에 애인 인경과의 관계에 초점을 맞춘 것이 아쉽다. 박곡지 편집 데뷔작.

김형철(1961~2007)은 이후 김유민의 영화 '노랑머리'(1999)에 출연, 대구에서 음악스쿨을 운영하다 만성간암 선고를 받고 2007년 4월, 42세의 나이로 친구 김현식을 따라 타계했다.

(삼영필름) 128분 극영화 고등학생가/전기

감독 : 안재석
제작 : 강대진
각본 : 정정희
개봉 : 1992년 2월 1일
출연 : 김형철, 심혜진, 정낙희, 독고영재, 조상구, 맹지열, 이기쁨, 최우석, 김일태, 정현철 외
기획 : 강승완
촬영 : 서정민
음악 : 김영
조명 : 김진도
소품 : 정민영, 윤지호
의상 : 정은님
분장 : 송혜림, 김경진, 이승현, 이경미
동시녹음 : 이병하, 김범수, 한철희, 오세진
사운드 : 김경일, 양대호
스틸 : 이승우, 나준기
조감독 : 이정향, 일우, 전상윤, 권오봉
수상 : 좋은 영화

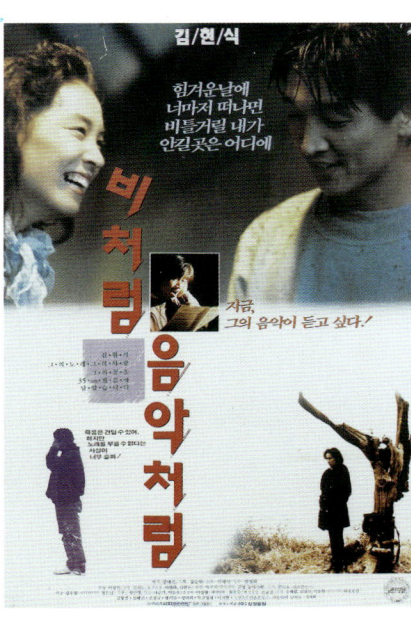

달은… 해가 꾸는 꿈

The Moon is What the Sun Dreams of(1992)

(M.N.R) 103분 극영화 고등학생가/청춘

감독: 박찬욱(朴贊郁)
제작: 고순종, 임진규
각본: 김용태, 박찬욱
개봉: 1992년 2월 29일 명보, 옴니,
　　　　명보아트(서울)
관람인원: 6649명(서울)
출연: 이승철, 나현희, 송승환, 김동
　　　수, 방은희, 이기열, 박준영, 임
　　　윤규, 박종설, 김예령 외
기획: 최무훈
촬영: 박승배
음악: 신재홍, 박광현
조명: 김강일
편집: 김희수
미술: 도용우, 박찬경
소품: 김한상
분장: 박혜정
사운드: 손인호, 이재희
스틸: 전병문
포스터: 손기철
무술감독: 김영모
조감독: 윤태용

하영(송승환)과 무훈(이승철)은 이복형제다. 하영은 사진작가이고 무훈은 부산의 건달패다. 무훈은 조직 보스의 애인인 은주(나현희)와의 은밀한 관계가 발각나자 조직의 자금을 훔쳐서 달아난다. 그러나 무훈은 돈만 가지고 겨우 탈출하고 은주는 그들에게 잡혀 얼굴에 큰 상처를 입고 사창가로 팔려간다. 그로부터 1년 동안 은주를 찾아 헤매던 무훈은 하영의 스튜디오에 걸린 사창가의 은주 사진을 보고 그곳에 가서 은주를 구해낸다. 한편 하영은 재능과 미모를 갖춘 그녀에게 모델 일을 주선해주고 뺨의 상처도 수술해준다.

무훈은 끝내 동료 만수(김동수)의 배신으로 경찰에 잡히고 여기서 도주하다 호송 경관의 총격을 받는다. 무훈은 죽어가면서도 은주를 찾으며 숨을 거둔다. 그리고 1년, 무훈과 은주를 잊지 못하는 하영은 은주가 주연으로 출연한 영화를 보며 회한에 잠긴다.

● 박찬욱 감독 데뷔작. 인기절정의 가수 이승철을 주연으로 한 액션스릴러. 당시 약물복용 문제로 방송 출연을 못하고 있던 가수 이승철을 캐스팅한 것은 그를 둘러싼 10대 소녀 팬의 열렬한 호응과 함께 흥행을 기대할 수 있다는 계산에서였다. 당시 신문광고를 보면 "이마쥬 느와르영화"라는 소개와 함께 "이승철 특별 팬 사인회", "소설 동시출간", "영화, 음악, 음반, 절찬 판매 중" 등 관객의 관심을 끄는 선동적 문구가 나열돼 있다.

초저예산 인디영화로 감독의 영화 감각이 영화팬들에게 크게 어필했으나 상업적으로는 관심을 끌지 못했다. 박찬욱은 영화평론가로 활동하면서 1997년에 두 번째 작품 '삼인조'를 만들었고 이후 작품 기획이 취소되는 등의 불운을 겪다가 영화사 명필름이 준비한 '공동경비구역 JSA'(2000)의 감독으로 발탁되면서 그의 입지는 하루아침에 신데렐라로 바뀐다.

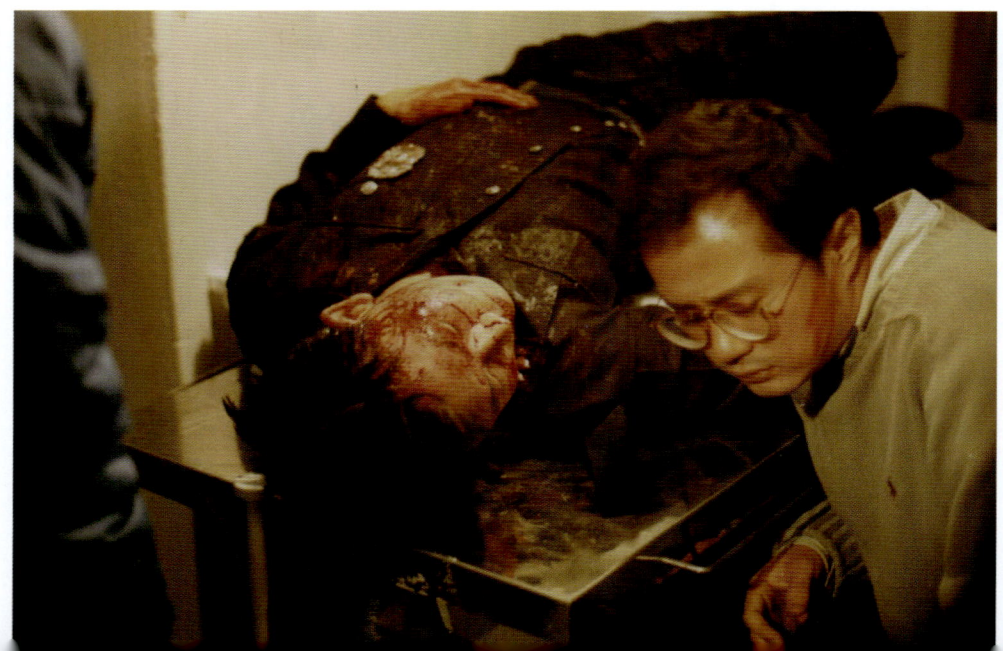

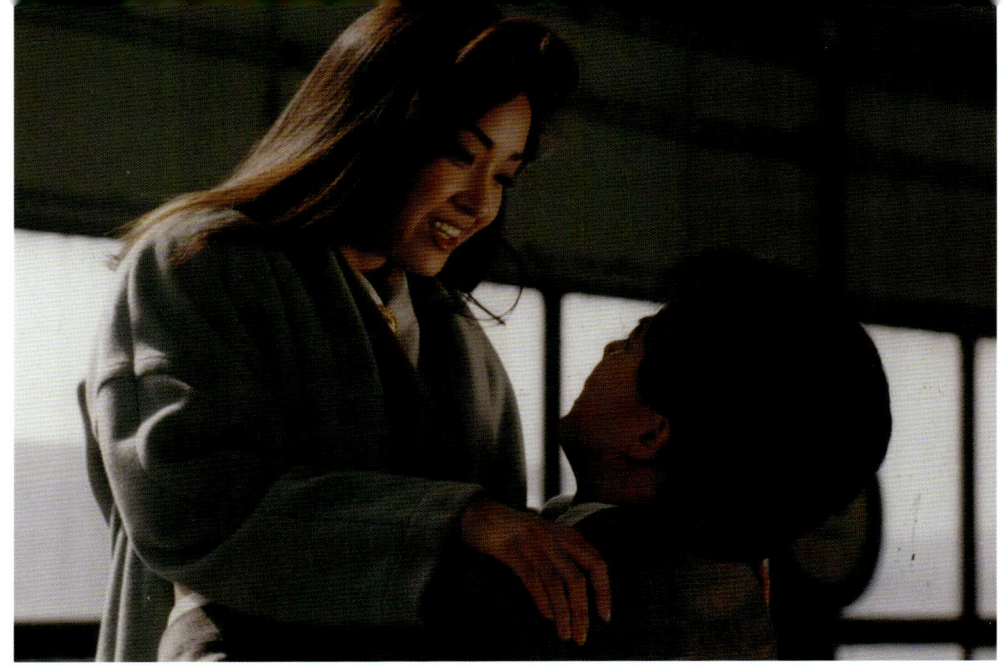

아래층 여자와 위층 남자
Man Upstairs, Woman Downstairs(1992)

철수(최수종)와 영희(오연수)는 3년간의 교제 끝에 화려한 결혼식을 올리고 신혼의 단꿈에 젖는다. 그러나 둘이 함께 하는 하루하루가 생각했던 것과 다르기만 하다. 결국 사소한 일로 티격태격하던 이들은 결혼에 회의를 느끼게 되고 때마침 아직 신혼의 때도 벗지 않은 철수가 다른 여자에게 한눈 파는 일까지 생긴다. 영희는 당연한 대응으로 이혼을 요구하고, 이들은 주저 없이 단숨에 갈라선다.

그러나 친구 부부의 계획으로 그들은 같은 연립주택의 아래층과 위층에 살게 된다. 철수는 자신이 모든 속박에서 벗어난 자유인이라며 만족한다. 한편 영희는 연하의 동료 노진국(신민철)의 프러포즈를 받지만 자신을 관념적으로만 사랑하는 노진국을 거절한다. 그러던 어느 날, 영희의 임신 사실이 알려지자 영희와 철수는 생명의 신비와 소중함, 결혼의 진정한 의미를 깨닫고 서로를 바라본다.

● 한 건물의 위층과 아래층에 살고 있는 이혼한 남녀의 이야기. 김의석의 '결혼이야기'(1992)보다 두 달 앞서 개봉한 로맨틱 코미디. '결혼이야기'와 비슷한 구도이면서 짜임새가 탄탄하고 더 재미 있는 내용을 갖추고 있다. 그러나 '결혼이야기'가 봇물처럼 히트하는 바람에 아깝게 묻힌 케이스다. 당시 신문평들은 '결혼이야기'의 심혜진, 최민수 라인이 이 영화의 오연수, 최수종 라인보다 더 영화적인 느낌으로 다가온 것이 사실이고 신승수의 신작보다 김의석의 데뷔작을 내세우는 것이 선전효과가 더 컸기 때문이라고 쓰고 있다. 오연수 스크린 데뷔작으로 청룡영화상, 춘사영화예술제, 백상예술대상에서 신인상을 받았다.

(미도영화사) 102분 극영화 고등학생가/청춘

감독 : 신승수
제작 : 이상언
각본 : 양승균
개봉 : 1992년 5월 2일 스카라, 연흥, 롯데 2관(서울)
관람인원 : 7만 2787명(서울)
출연 : 최수종, 오연수, 신민철, 김대환, 최윤정, 강민경, 진봉진, 유명순, 허기호, 강계식, 김대식, 오지영, 손경근 외
기획 : 조영길   촬영 : 서정민
음악 : 강인구   조명 : 김진도
편집 : 이경자   소품 : 차순하
스틸 : 백영호
사운드 : 소원종, 양대호
분장 : 장지희, 이은주, 박준
조감독 : 허동우, 김철열, 이상영
수상 : 제13회 청룡영화상 신인여우상(오연수), 제3회 춘사영화예술제 새얼굴연기상(오연수), 제29회 백상예술대상 여자 신인연기상(오연수), 영진공 선정 좋은 영화

김의 전쟁 金의 戰爭, Kim's War(1992)

(한진흥업) 117분 극영화 고등학생가/
액션 실화

감독 : 김영빈
제작 : 한갑진
각본 : 유상욱, 김영빈
개봉 : 1992년 2월 29일 국도, 롯데
시네마(서울)
관람인원 : 1만 6979명(서울)
출연 : 유인촌, 이혜숙, 김복희, 김형
일, 김형진, 박은석, 신우철, 김
형영, 심우창, 주호성 외
기획 : 손대자행
촬영 : 전조명
음악 : 강인구
조명 : 최입춘
편집 : 박순덕
미술 : 조융삼
소품 : 이태우
의상 : 신정희
분장 : 홍동은
사운드 : 강대성, 양대호
특수효과 : 김철석
스틸 : 이태성
무술감독 : 황춘수(무술연기 : 김이호
홍성찬, 송복철, 정두홍, 황
재석, 한봉구, 한경선)
조감독 : 임상수, 민병진, 장길훈
수상 : 제13회 청룡영화상 신인감독상
(김영빈), 제28회 백상예술대상
연기상(유인촌)·신인감독상(김
영빈)·시나리오(김영빈, 유상
욱)·촬영상(전조명)·기술상
(조명 : 최입춘), 제12회 영평상
신인감독상(김영빈), 부산영화
평론가협회선정 최우수영화 및
영화인 최우수신인감독(김영
빈), 영진공 선정 좋은 영화, 제
16회 몬트리올영화제 최우수여
우주연상(이혜숙)

일본 시미즈시의 밍크스 빠에 나타난 한 사나이가 그 지역 야쿠자 보스인 소가 유키오(김형일)와 그 부하를 엽총으로 쏜다. 그리고 그 길로 차를 몰아 첩첩산중의 온천 마을 스마다교에 도착하여 후지미야 여관을 점거한 후 투숙객들을 깨워 인질극을 벌인다.

재일조선인 김희로(유인촌)는 전과 6범으로 15년이 넘는 옥살이를 겪은 불운의 사나이다. 1967년, 40세 되던 해 여섯 번째 출옥한 그는 밍크스 빠의 가수 후사코(이혜숙)와 사랑에 빠지면서 식품 운송업을 하며 성실하게 살고 있었다. 그러나 후사코와 김희로의 관계를 못마땅하게 여긴 소가의 미움을 받게 되고 시미즈 서의 고이즈미 형사(김형진) 역시 조선인에 대한 편견 때문에 김희로에게 감시의 눈을 떼지 않는다.

그는 후사코를 소가의 손아귀에서 빼내려 하지만 막강한 조직력을 갖고 있는 소가에 대항하기에는 역부족임을 깨닫고 후사코와 함께 아오모리의 눈 덮인 산속으로 도망치기로 한다. 그러나 소가의 손길이 어머니 가게까지 위협하자 김희로는 소가와 그 부하를 엽총으로 쏘고 스마다교로 도주하게 된 것이다.

김희로는 그를 연행하려는 수사진에게 죽은 소가가 범죄를 일삼는 야쿠자임을 밝힐 것과 고이즈미 형사의 조선인 차별에 대해 텔레비전을 통해 사과할 것을 요구한다. 일본 경찰당국은 김희로의 요구 조건 앞에서 무력해진 모습으로 사과를 하게 되고 이 사건으로 재일조선인 차별문제의 본질이 만천하에 드러난다.

● 김영빈 감독 데뷔작. 1968년 일본 야쿠자 두 명을 살해하고 경찰과 폭력배들의 추적을 피해 달아나가 시즈오카의 한 여관에서 일본인 13명을 사로잡아 88시간 동안 인질극을 벌인 김희로 사건을 바탕으로 하고 있다.

주인공 유인촌은 한인 차별철폐를 주장하며 인질극을 벌이는 장면에서 특유의 카리스마와 꼿꼿한 기질의 개성 있는 연기를 보여주었다. 유인촌은 한국방송사상 최장수 농촌드라마 '전원일기'에서 김 회장댁 둘째 아들로 고정 출연한 것을 필두로 KBS2 TV '야망의 세월(1989)에서 이명박 역을 맡아 호평 받았고 자신의 극단인 유시어터가 무대에 올린 연극 '홀스또메르」에서 인생의 다채로운 순간순간을 열정으로 빚어낸 철학적 연기로 관객을 매료시켰다. 백상예술대상 남자연기상, 그 애인 후사코 역의 이혜숙이 몬트리올영화제 최우수여우주연상, 김영빈이 청룡영화상, 백상예술대상, 영평상 등에서 신인감독상 수상.

김영빈은 한국 액션영화의 새 장을 연 임권택의 '장군의 아들'(1990), '장군의 아들 2'(1991)의 조감독 출신으로 이 사건을 개인의 울분이나 범죄가 아닌, 민족 감정과 한인 차별문제로 접근하고 있다. 그의 영화는 전체적으로 남성적이고 역동적인 무게가 실려 있기 때문에 보는 이들에게 부담을 주지 않는다. 80일간 일본의 아오모리에서 나고야까지 올 로케이션으로 촬영이 진행됐다.

1999년 9월 7일, 31년 만에 출감 후 귀국한 김희로는 일본 최대 장기 복역수로 기록됐고, 한국인 친부의 성을 따서 '권희로'로 귀화했다. 그 외 이 영화에는 후에 '처녀들의 저녁식사'(1998)로 감독 데뷔하게 되는 임상수가 조감독을 맡고 있다.

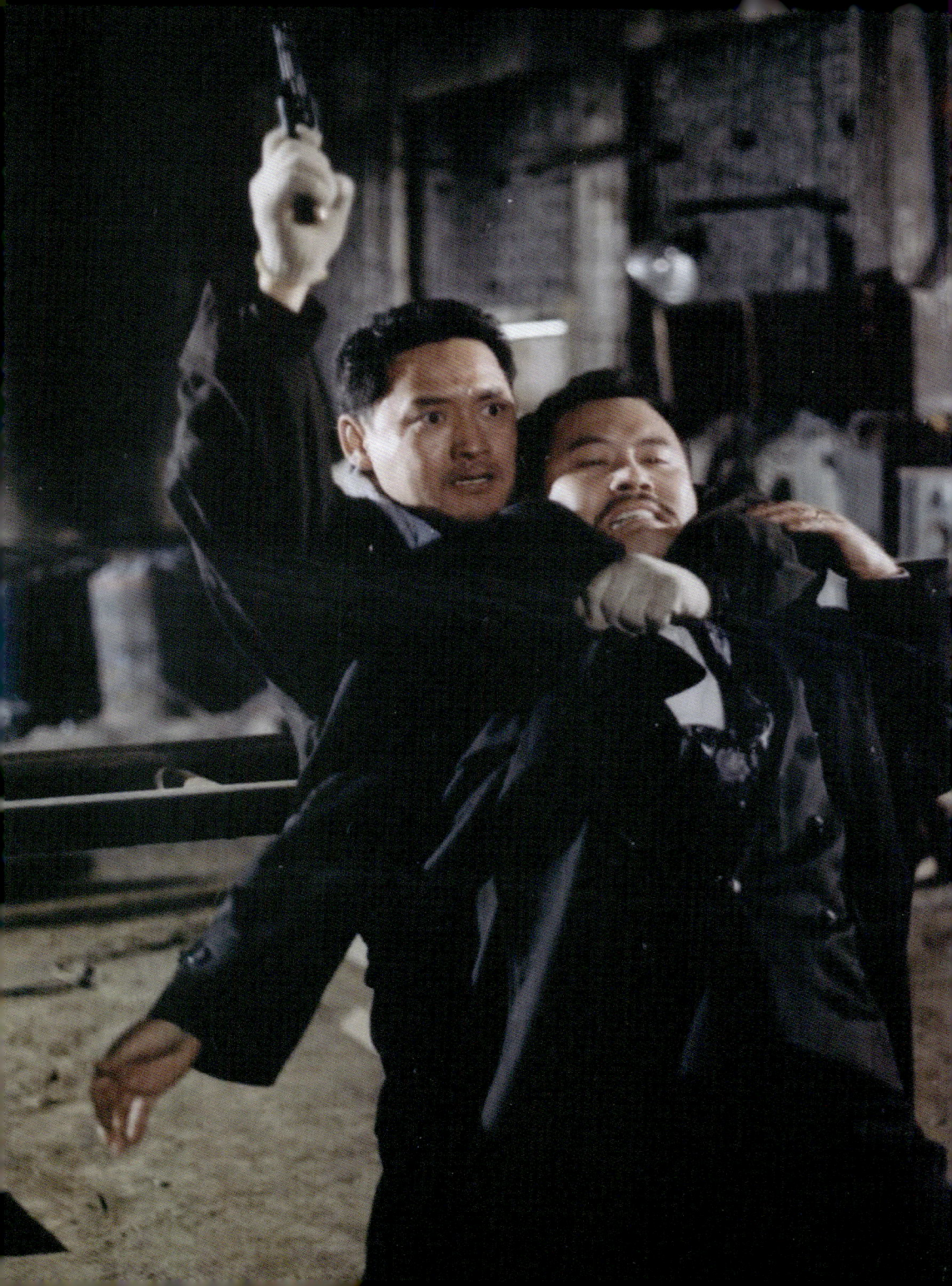

눈꽃 Flower in Snow(1992)

(서울연예) 113분 극영화 고등학생가/
드라마

감독 : 박철수
제작 : 전직하, 전창선
각색 : 여혜영, 박철수(원작 김수현)
개봉 : 1992년 5월 22일 국도극장
(서울)
관람인원 : 1만 4994명(서울)
출연 : 윤정희, 이미연, 송유경, 신귀
식, 신성일, 조상건, 김성녀, 고
창옥, 이상벽, 김경원 외
기획 : 전직하
촬영 : 손현채
음악 : 조영남
조명 : 신학성
편집 : 김현
미술 : 조용삼
소품 : 전창선
사운드 : 강대성, 양대호
분장 : 강은영
스틸 : 김규흥
조감독 : 김동주, 김원범, 송예섭, 어정
웅
수상 : 제31회 대종상영화제 조연여우
상(이미연), 제12회 영평상 여
자연기상(윤정희), 영진공 선정
좋은 영화

인기절정의 방송드라마 작가 이강애(윤정희)는 남편(신귀식)과 이혼 후 딸 다미(이미연)를 혼자서 키웠다. 그녀는 귀하게 자란 딸이 대학에도 가고 좋은 신랑감을 만나 편안하게 살기를 원한다. 그러나 딸의 눈에는 그런 엄마가 자신만의 성공을 생각하는 이기적인 여자로 보일 뿐이다. 다미는 대학진학 대신 연극배우가 되면서 엄마로부터 독립할 것을 선언한다. 딸에 대한 기대가 무너지자 강애는 배신감을 느낀다. 다미 역시 이율배반적인 엄마가 못마땅하기만 하다.

그런 어느 날 강애가 쓴 드라마 오디션에 참가했던 다미가 여주인공으로 발탁되면서 모녀 사이의 갈등은 더욱 심화된다. 한편 췌장암 선고를 받은 강애의 건강은 날이 갈수록 악화되고 다미는 엄마의 고통을 모른 채 촬영일정에 쫓기는 바쁜 나날을 보내게 된다. 딸과의 이해의 폭을 좁히지 못한 강애는 별장에서 딸에게 한통의 편지를 남기고 눈을 감는다.

● 박철수 연출작. 각본 김수현. 1980년대 말에 발표한 김수현의 동명 소설을 영화화한 작품. 딸의 방황에 가슴 아파하는 엄마와 엄마에게 반항하면서도 마음 편치 않았던 딸, 그리고 서로

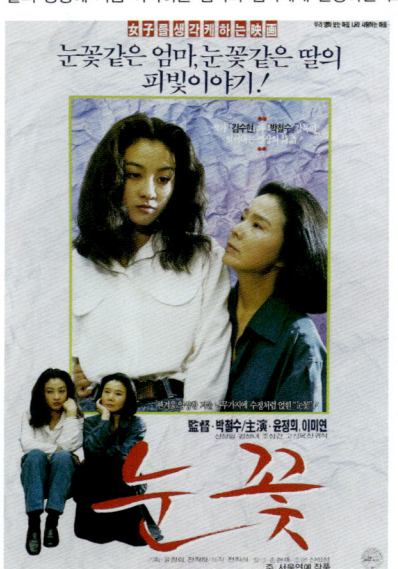

를 미워하면서도 사랑하는 마음을 그리고 있다.(「'눈꽃' 이혼모와 외동딸의 갈등 그려」 경향 92. 5. 21)

영화에는 윤정희, 이미연 출연. 이 영화 개봉 당시 관객의 관심은 엄마 이강애 역의 윤정희보다 딸 다미 역의 청춘스타 이미연 쪽에 쏠려 있었다. 당시 21세에 불과했지만 이미연은 이미 '행복은 성적 순이 아니잖아요'(1989), '그래 가끔 하늘을 보자'(1990), '비 개인 오후를 좋아하세요?'(1991) 등 1980년대 후반부터 봇물처럼 쏟아져 나온 하이틴 영화의 주역이었기 때문이다. 이미연은 대종상 여우조연상을 수상하며 청춘스타에서 본격적인 성인 연기자로 발돋움하기 시작했다. 신성일이 교수, 당시 TV에서 명사회자로 날리던 이상벽이 MC, 극단 민예극장의 연극배우 김성녀 등이 출연하고 있다.

걸어서 하늘까지 Walking all the way to heaven(1992)

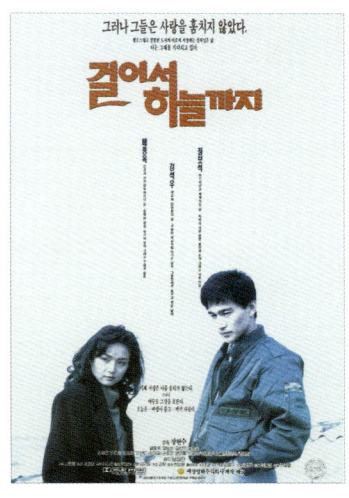

교도소에서 출감한 물새(정보석)는 자신의 구역에서 소매치기를 하던 지숙(배종옥)을 자기 패로 끌어들인다. 가난 때문에 대학에 가지 못한 지숙은 소매치기 기술로 가족을 부양하고 있었다.

버스에서 대학생 정만(강석우)의 지갑을 훔친 지숙은 지갑 속에 등록금 고지서가 들어 있는 것을 보고 그에게 지갑을 돌려주게 되고 정만은 그녀에게 묘한 연민의 감정을 느낀다. 그리고 두 사람은 깊은 사랑에 빠진다. 지숙은 자신의 신분을 속인 채 그와 결혼하려 하지만 그때마다 물새가 나타나서 그들의 결혼을 방해한다. 그런가 하면 물새는 죽음 직전에 있던 지숙의 오빠를 구해주고 수술비를 마련하기 위해 우발적인 살인을 저지르기도 한다. 지숙의 과거를 알게 된 정만이 흔들리자 지숙은 정만의 곁을 떠나기로 결심하지만 물새는 시시각각 조여 오는 경찰의 포위망 속에서 정만에게 지숙을 당부한다. 지숙은 교도소로 향하는 물새를 바라보며 오열한다.

● 장현수 감독 데뷔작. 문순태의 동명 소설을 영화화한 작품. 1979년 일간스포츠에 연재됐던 이 소설은 1980년 창작과 비평사에서 단행본으로 출간되어 젊은이들 사이에서 인기를 끌었다. 정보석, 배종옥, 강석우 출연. 장현수(1959년생)는 사회에서 소외된 계층의 인물들을 통해 냉혹하고 비인간적인 현실을 사실적으로 그리면서 사랑을 위해 자신을 희생하는 남 주인공의 순정을 내세움으로써 관객의 동정심을 자극했다.(「'걸어서 하늘까지' 세 젊은이의 암울한 사랑」 경향 92. 5. 30)가장 인상적인 것은 손태재 작사, 최규성 작곡의 주제가 '걸어서 하늘까지'다. 이 노래는 무명 가수 장현철이 불러 '가요 톱10' 5주 연속 1위의 영광을 안았다. 기타 녹음은 작곡가 최규성, 시나위의 신대철은 다른 삽입곡인 '나에게 조금 더'를 작곡했다. 장현수는 대종상과 백상예술대상, 아태영화제에서 신인감독상을 받으면서 성공적인 데뷔전을 장식했다.

(세경흥업) 116분 극영화 연소자불가/사회물

감독 : 장현수(張賢洙)
제작 : 남상진
각색 : 곽지균(원작 문순태)
개봉 : 1992년 5월 23일 피카디리극장(서울)
관람인원 : 3만 38명(서울)
출연 : 배종옥, 정보석, 강석우, 송옥숙, 김용건, 조준형, 임창정, 윤선빈, 심재림, 유식, 장순천, 김선경, 김윤희, 최학락, 박철구, 임종수, 정흥채, 박응순 외
기획 : 나한봉
촬영 : 박승배
음악 : 변성용
조명 : 김강일
편집 : 김현
미술 : 조융삼
소품 : 김태욱
분장 : 김영자
동시녹음 : 김범수
사운드 : 강대성, 양대호
스틸 : 전승열
조감독 : 지혜숙
수상 : 제30회 대종상영화제 신인감독상(장현수)·각색상(곽지균)·편집상(김현), 제29회 백상예술대상 연기상(배종옥)·신인감독상(장현수), 제3회 춘사영화예술제 각색상(장현수)·촬영상(박승배)·조명상(김강일)·편집상(조융삼), 제37회 아태영화제 신인감독상(장현수)

결혼이야기 The Marriage Life(1992)

(익영영화사) 95분 극영화 연소자불가
/청춘

감독: 김의석
제작: 박상인, 오정완
각본: 박헌수
개봉: 1992년 7월 4일 피카디리, 씨
　　　네하우스, 피카소극장(서울)
관람인원: 52만 6052명(서울)
수출현황: 홍콩(92)
출연: 최민수, 심혜진, 이희도, 김희
　　　령, 김성수, 독고영재, 양택조,
　　　주호성, 윤문식, 김기현, 방은
　　　희, 김선경, 엄정화, 김기종, 엄
　　　춘배, 권호웅, 유승환, 이왕근,
　　　김중신, 강효실 外
기획: 신씨네
촬영: 구중모
음악: 송병준
조명: 손달호
미술: 김철웅
세트: 데콤
소품: 임근백
분장: 김선진
의상: 이경희, 심윤주
편집: 박순덕, 박곡지
동시녹음: 김범수, 이병하
사운드: 강대성, 양대호
스틸: 윤진호
조감독: 정병각, 김태규, 김경한
수상: 제31회 대종상영화제 여우주연
　　　상(심혜진)·신인감독상(김의
　　　석), 제13회 청룡영화상 각본상
　　　(박헌수)·최다관객상, 제3회
　　　춘사영화예술제 희극영화 부문
　　　신인감독상(김의석)·창작각본
　　　상(박헌수)·의상상(이경희, 심
　　　윤주)·특별작품상(익영영화),
　　　부산영화평론가 협회 선정 최
　　　우수영화 및 영화인 최우수신
　　　인감독(김의석), 제13회 영평상
　　　여우주연상(심혜진), 제22회 포
　　　르투갈 피구에이라다포즈국제
　　　영화제 Honour Mention상,
　　　영진공 선정 좋은 영화

방송국 PD김태규(최민수)와 성우 최지혜(심혜진)은 서로 사랑해서 결혼한 사이다. 두 사람의 결혼생활은 남 보기에도 매우 성공적인 것으로 보인다. 그들은 거의 대등하게 부부관계를 유지하고 있다. 그러나 언제부턴가 그들의 대화는 채 1분이 못되어 삐걱대기 시작한다. 페미니스트처럼 굴던 태규는 결혼 후 남성 우월주의적인 태도로 변하고 지혜의 일을 방해하거나 무시하는 등 사사건건 맞서기 일쑤다. 결국 둘은 극도의 갈등 끝에 이혼하기에 이른다.

시간이 흐르자 태규는 단 한 번도 지혜를 사랑하지 않은 적이 없음을 깨닫는다. 지혜에게 다시 시작해보자고 화해를 청하지만 지혜는 두 번 다시 악몽을 겪고 싶지 않다면서 단호히 거절한다.

태규는 지혜가 진행하는 라디오 프로에다 자신의 마음을 담은 엽서를 보낸 뒤 지방으로 전근한다. 지혜와 태규는 둘의 추억이 담긴 그 언덕의 나무 아래서 마주친다.

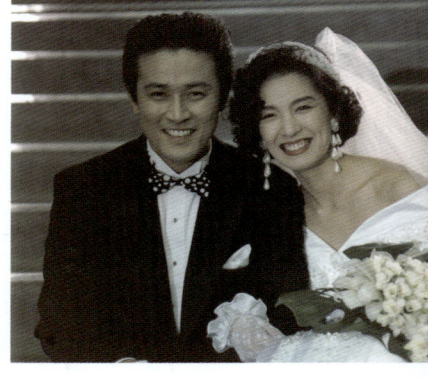

● 김의석 감독 데뷔작. 당시 인기 절정의 최민수, 심혜진 출연. 이 영화는 한국영화계에 일대 파란을 몰고 왔다. 신세대 부부의 결혼 생활과 성을 솔직하게 다루면서 기존 한국 멜로영화들이 비판받았던 신파성과 진부함에서 벗어나 새로운 양식의 로맨틱 코미디로 성공했기 때문이다. 또한 제작사인 신씨네(신철, 오정완)와 기획, 시나리오, 연출, 후반작업, 홍보 등 영화작업 전반에 걸쳐 뛰어난 팀워크를 보여주었다.

코카콜라 광고를 통해 스타가 된 심혜진은 당찬 커리어 우먼의 이미지로 관객에게 어필했다. 이전의 여성 연기가 남성에 대한 순종, 복종, 희생적이거나 섹슈얼 무드로 일관했다면 심혜진은 남성 우월주의인 최민수에게 당당히 맞서 자기 주장을 펴며 과감하게 애정표현을 할 줄 아는 현대적인 캐릭터를 살려냈다. 이는 당시 부상하고 있던 신세대론과 여성 권리 신장론을 관객의 기대치에 맞게 계산된 것으로 1990년대 한국 대중영화의 지형도를 바꾼 계기가 된 작품이 됐다.(이효인, 『영화로 읽는 한국 사회 문화사』, 개마고원, 2003년, p.63~64)

중요한 것은 이 영화가 흥행에 성공했다는 점이다. 과반수가 여성 관객인데다 로맨틱 코미디 장르라는 영화 스타일도 한몫을 해냈다. 빠른 편집, 송병준이 작곡한 그 당시 한참 인기 있던 재즈풍의 가벼운 멜로디, "젖꼭지에 난 두개의 털이 나를 자극한다"는 것 등의 광고 카피 같은 대사, 그리고 배우들의 자연스러운 연기 등으로 서울에서만 3개월간 관객 52만 6052명을 동원해 1992년 한국영화 흥행순위 1위를 기록했다. 이는 같은 해 2위를 기록한 강우석의 '미스터 맘마'의 23만 명과 월등한 차이를 보였고 이 기록은 이후 연이어 만들어진 수많은 로맨틱 코미디들이 한동안 깨지 못했다. 전국적으로 본 사람은 100만 명이 넘은 것으로 추산되며 역대 한국영화 흥행 순위 3위에 올라 있다.

'결혼이야기'에 이어 '그 여자 그 남자'(1993)와 '총잡이'(1995)로 계속해서 성공을 거두면서 김의석은 강우석과 더불어 1990년대를 평정할 '새로운 흥행사'로 떠올랐다. 김강노의 '결혼이야기 2'(1994)는 흥행에서 실패했다.

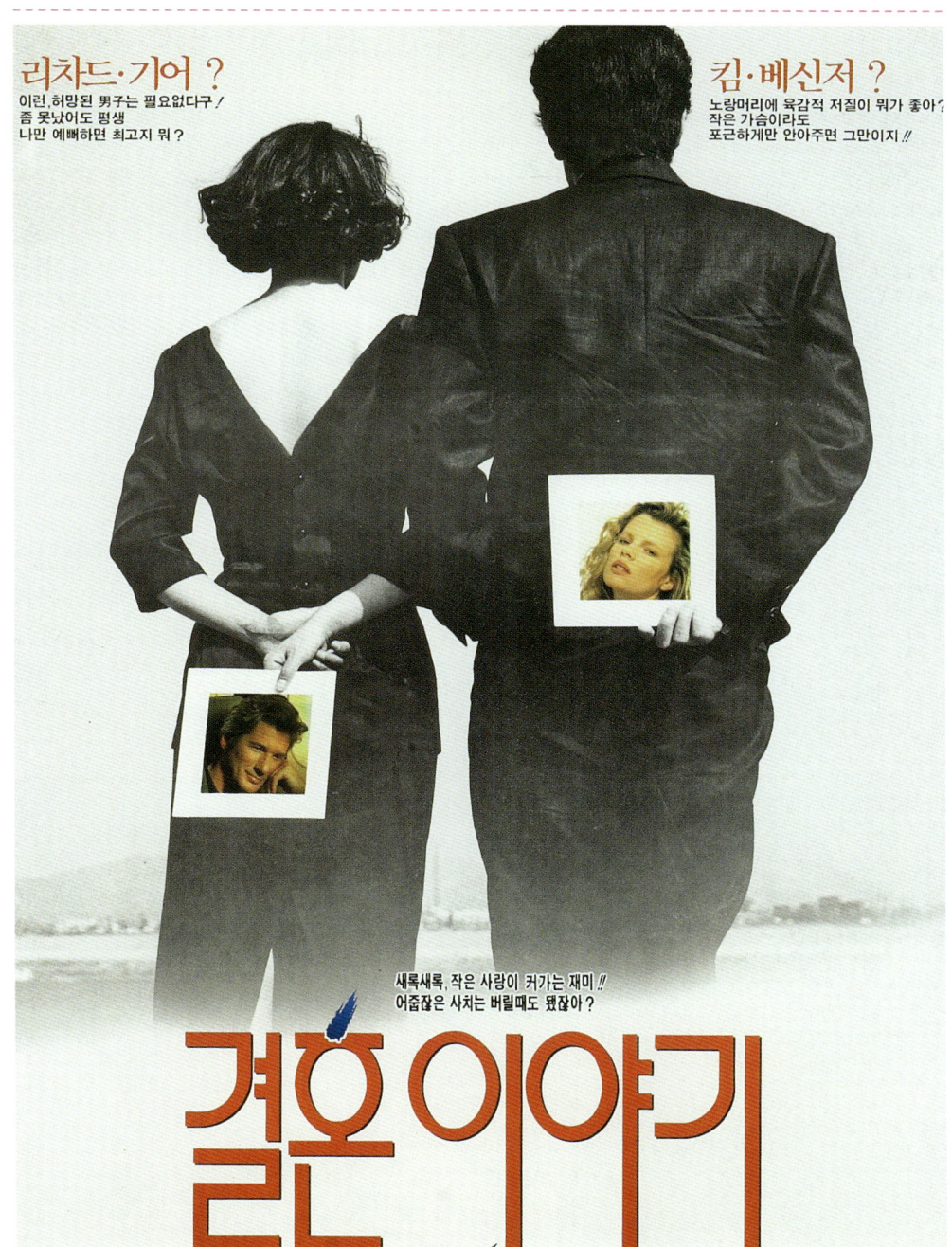

리챠드·기어 ?
이런,허망된 男子는 필요없다구 !
좀 못났어도 평생
나만 예뻐하면 최고지 뭐 ?

킴·베신저 ?
노랑머리에 육감적 저질이 뭐가 좋아?
작은 가슴이라도
포근하게만 안아주면 그만이지 !!

새록새록, 작은 사랑이 커가는 재미 !!
어줍잖은 사처는 버릴때도 됐잖아 ?

결혼이야기

미스터 맘마 Mister Mama(1992)

(신씨네) 102분 극영화 중학생가/코미디

감독 : 강우석
제작 : 강우석, 신철, 유인택
각본 : 김형준   각색 : 오연주
개봉 : 1992년 10월 2일 국도, 롯데시
  네마(서울)
관람인원 : 22만 7294명(서울)
수출현황 : 미국(92)
출연 : 최민수, 최진실, 김민형, 김세
  준, 박혜란, 이인철, 김일우, 신
  민철, 이종국, 윤종석, 박예숙,
  김현주, 나갑성, 홍충길, 이숙,
  구본임, 마지아, 이지연, 강성
  진, 허석(우정출연) 외
기획 : 신씨네   촬영 : 신옥현
음악 : 송병준   조명 : 임재영
편집 : 김현   미술 : 조용삼
스틸 : 김승엽, 손기철
소품 : 임윤호, 서정혁, 홍숙경, 한선성
의상 : 이경희, 백영주
분장 : 장윤주
동시녹음 : 김범수, 최재호
사운드 : 강대성, 양대호
조감독 : 김상진, 권규오, 송영철, 강성
  진
수상 : 제13회 청룡영화상 특별상(김
  민형), 제17회 황금촬영상 은상
  (신옥현) · 감독상(강우석), 영진
  공 선정 좋은 영화

매일 술과 여자에 빠져 있던 형준(최민수)은 갑자기 아내가 가출한 바람에 졸지에 아기를 업고 출근하게 된다. 기저귀는커녕 우유 한 번 먹여 본 적이 없는 형준의 사정은 딱하기만 하다. 동료와 상사의 눈총도 눈총이지만 여성 동료인 은주(최진실)의 놀림과 빈정거림이 더 참을 수가 없다. 더구나 그녀는 아이라면 질색을 하는 이기적인 현대 여성이다. 어느 날 바이어 접대 일로 형준은 상아(김민형 아기)를 은주에게 떠맡기다시피 하고 나간다. 그런데 이게 웬걸, 아기혐오증의 은주가 어느새 상아에게 폭 빠져버리고 형준은 은근히 상아의 새엄마로 은주를 점찍게 된다. 그러나 은주의 콧대는 만만치 않다. 상아를 사이에 둔 두 사람의 신경전이 불꽃 튀기는 가운데 가출한 아내가 형준의 곁으로 돌아오고 은주는 돈 많은 이상형의 남자와 결혼식을 올리려 든다.

● 오락영화의 전문화를 선언하고 나선 강우석 연출작. 각본 김형준. '신씨네'라는 젊은 기획 집단이 직접 영화사를 설립하고 만든 창립 작품이자 대기업의 제작 지원 작품. 대우그룹이 당시 제작비 6억 4000만 원을 지원했다.(『한국영화사 공부 1980~1997』, 이채, 2005년, p.186)

똑똑하고 야무진 여주인공이 아이를 매개로 한 남자의 구혼 작전을 모성애로 수용하게 되는 내용. 시사회에서는 상업영화에 지나지 않다는 혹평이 있었으나 관객의 지지 속에 장기상영에 들어가자 "대중영화의 가능성을 새롭게 타진할 수 있는 작품"(「한국영화에 관객몰린다」, 한겨레 92. 7. 18)으로 재평가되었다.

서울 관객 23만(22만 7294명) 동원으로 1992년도 한국영화 흥행 순위 2위, 1위는 김의석의 '결혼이야기'(53만). 강우석은 이를 계기로 강우석 프로덕션을 설립한 후 흥행의 마술사임을 확인시키는 영화 '투캅스'(1993)를 선보이게 된다.

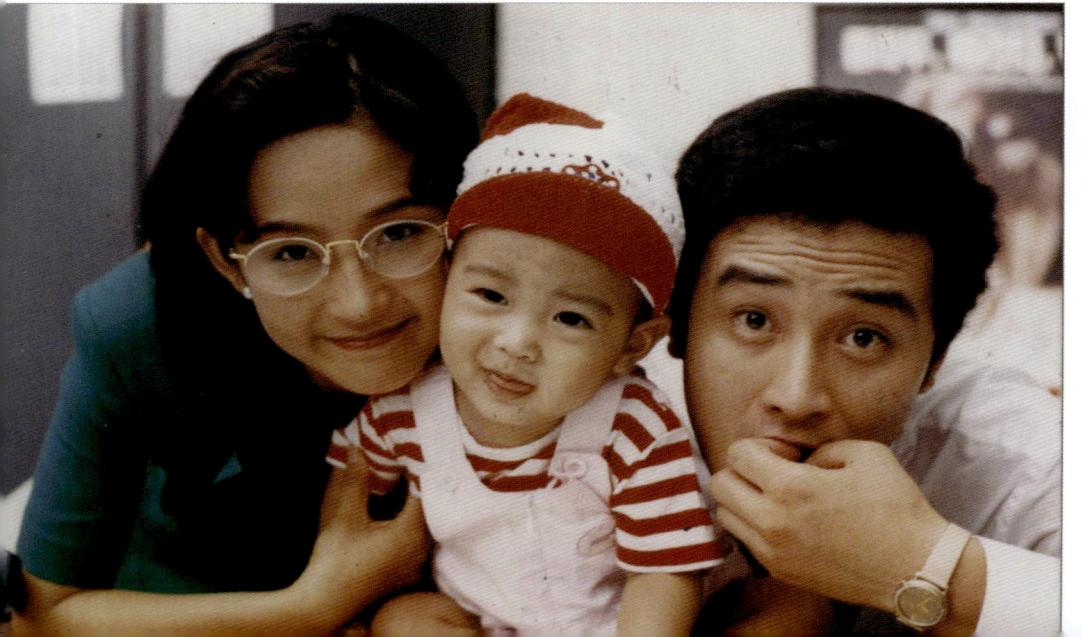

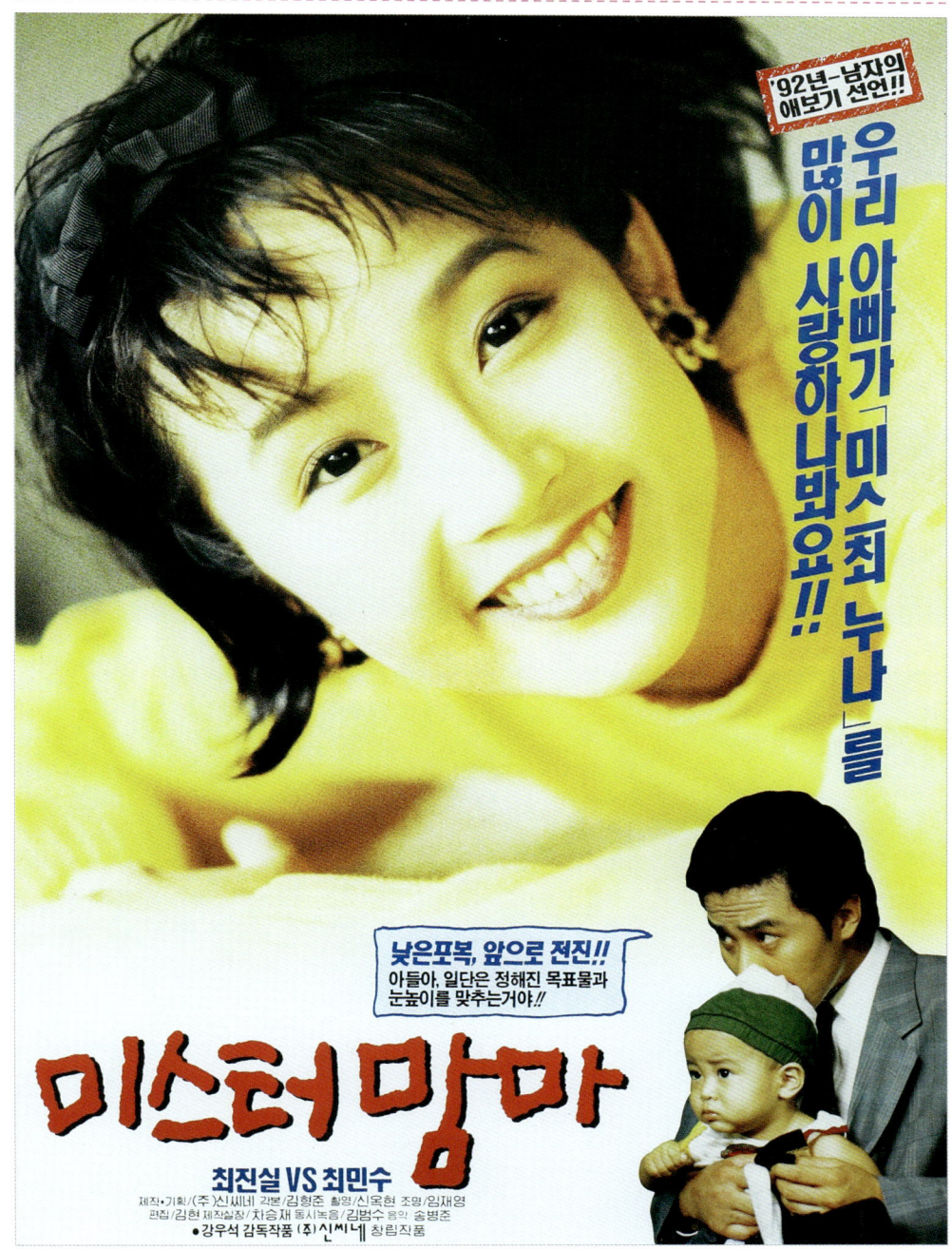

'92년 – 남자의 애보기 선언!!

우리 아빠가 「미스 최 누나」를 많이 사랑하나봐요!!

낮은포복, 앞으로 전진!!
아들아, 일단은 정해진 목표물과 눈높이를 맞추는거야!!

미스터 맘마

최진실 VS 최민수

제작·기획/(주)신씨네 각본/김형준 촬영/신옥현 조명/임재영
편집/김현 제작실장/차승재 동시녹음/김범수 음악/송병준
● 강우석 감독작품 (주)신씨네 창림진품

우리 사랑 이대로 May Our Love Stay This Way(1992)

(세한진흥) 95분 극영화 연소자불가/
멜로

감독 : 강정수
제작 : 국정본, 국수정
각본 : 강정수, 이남희
각색 : 김종서
개봉 : 1992년 9월 19일 대한극장
(서울)
관람인원 : 11만 9983명(서울)
출연 : 강문영, 최민식, 정낙희, 설도
윤, Emma Dingwal, Frank
Delubag, 방선우 외
기획 : 국정본
촬영 : 신옥현
음악 : 정성조
조명 : 임재영
편집 : 박곡지
미술 : 조용삼
분장 : 이화진
사운드 : 이성근, 양대호, 이현주(파리
진행)
조감독 : 홍금례

재즈발레 댄서 신우(강문영)와 사진작가 준혁(최민식)이 만난다. 신우는
준혁의 돌출 행동을 경멸하면서도 묘하게도 준혁에게 이끌린다.

　파리 유학길에 오른 신우는 파리 무용단에 입단하여 어렵게 자신의
입지를 구축하지만 외로움만은 어쩔 수가 없다. 그때 준혁이 나타나 둘
은 서로의 사랑을 받아들이고 행복한 시간을 갖는다. 그러나 단장이 주
선해준 모델 아르바이트가 실은 준혁의 도움이었음을 알게 된 신우는
심한 모멸감을 느끼고 준혁에게 이별을 선언한다. 준혁은 신우에게 사
랑의 소중함을 일깨우려 하지만 신우의 마음은 이미 멀리 떠나 있었다.

● '하얀 비요일'(1991)로 감독 데뷔한 강정수의 멜로물. 감독이 직접 쓴 시나리오를 영화로 만
들었다. 철저히 계산된 기획과 잘 받쳐진 스토리 라인, 사람 사이의 관계를 마치 섬세한 붓으로
그려내듯이 부드럽고 정확하게 그려낸 것이 이 영화의 특징이다.
　서울 관객 11만 9983명 동원으로 흥행에서 비교적 성공한 편. 아사히 삼바 재즈팀과 설도윤
무용재즈팀이 특별 출연했다.

마음의 파수꾼 A Watchman of Heart(1992)

(대산흥행) 83분 극영화 고등학생가/
로맨스 멜로

감독 : 서웅
제작 : 황규하
각색 : 조재홍(원작 F. 사강)
개봉 : 1992년 11월 21일 명보, 명보
아트(서울)
관람인원 : 1831명(서울)
출연 : 김구미자, 김민종, 이승철, 신
미아, 최종원, 김문희, 최성 외
기획 : 박건섭
촬영 : 한덕전　　**음악** : 이문희
조명 : 신학성　　**편집** : 박순덕
미술 : 남기성　　**의상** : 김청경
특수효과 : 김철석
사운드 : 강대성, 양대호
스틸 : 김규홍
조감독 : 오명진, 장덕근, 윤병귀, 이순
인, 권영철
수상 : 제17회 황금촬영상 신인촬영상
(한덕전)

시나리오 작가 혜련(김구미자)은 자신의 자동차에 치인 재우(김민종)를
그의 다리가 완치될 때까지 그녀 집에 머물게 한다. 재우가 차츰 완쾌
되자 혜련은 그에게 영화배우의 길을 주선해주고 재우는 곧 스타덤에
오른다. 그러는 동안 두 사람 사이에는 미묘하고 복잡한 사랑의 감정이
꽃핀다. 그러나 혜련에게는 애인과의 갈등, 전 남편의 자살, 전 남편을
빼앗은 후배의 교통사고 등이 잇달아 발생한다. 혜련에 대한 사랑이 삶
의 목적이 돼버린 재우는 자신의 병적인 애정이 혜련을 더욱 힘들게 한
다는 것을 깨닫고 그녀 곁을 떠난다. 재우가 떠난 후에야 혜련은 재우
의 사랑을 느끼며 그를 완전히 받아들인다.

● '휴거'(1990) 등을 촬영했던 서웅 감독 데뷔작. 소설 『슬픔이여 안녕』으로 일약 세계적인 작
가로 떠오른 프랑스 작가 프랑수아즈 사강의 『La garde du coeur』를 윤색한 작품. 1968년
미 줄리어드 출판사에서 출간된 소설을 1969년 번역 문학가 오증자가 번역, 창조사에서 출간되
었다. 인간의 고독과 사랑의 본질을 도덕에 얽매이지 않는 자유로운 감성으로 그리고 있다. 원
작에서는 남자주인공이 살인의 광기와 연상의 여인에게 집착하는 편집증을 보이는 인물로 묘사
된 영화에서는 사랑의 기대와 그로 인한 고통, 그 이율배반의 아이러니를 살리고 있다.
　신예 한덕진이 황금촬영상 신인촬영상을 수상, 일본에서 활약하는 재일동포 배우 김구미자와
청소년 영화에 출연했던 김민종이 성인 연기 변신을 보여줬다. 양천구 신월동, 목동 중장비기기
집하장에서 촬영됐다.

바람 부는 날이면 압구정동에 가야한다

WeMust Go to Apgujung-dong on Windy Days(1992)

1990년대 초, 외제차와 명품 의상, 인스턴트식 사랑이 난무하는 압구정동에 장래 우디 알렌을 꿈꾸는 영훈(홍학표)이 입성한다. 8mm 카메라만이 유일한 밥줄인 그는 빨간 오픈카를 탄 혜진(엄정화)을 보고 한눈에 반한다. 그는 혜진이 자기 영화의 주인공이 되어 주길 바라지만 그녀의 목표는 상류사회로의 도약이다.

　영훈은 모델 오디션에서 떨어진 혜진을 선배 CF 감독인 박우삼(이광수)에게 소개하고 혜진은 곧 CF 스타로 부상한다. 그로 인해 혜진과 박우삼의 관계는 연인 사이로 발전하고 박우삼은 영훈의 아이디어까지 도용해서 혜진을 주인공으로 한 영화를 기획하기에 이른다. 그제야 혜진과 박우삼의 관계를 눈치챈 영훈은 인간의 배신에 환멸을 느끼고 8mm 영화 필름을 찢어버린 채 고향 하나대로 발길을 돌린다.

● 유하 감독 데뷔작. 각본 유하, 진이정. 유하는 1988년 《문예중앙》을 통해 문단에 데뷔한 시인 출신으로 영화 제명은 1990년에 출간한 자신의 시집 제목에서 빌려온 것이다. 압구정동의 세태를 경쾌한 시어로 거침없이 풍자해온 시인이 자신의 시집을 토대로 각본을 쓰고 연출한 작품. 신해철의 OST 작업이 새롭다. 당시 강남의 초입으로 지칭되는 압구정동의 왜색, 명품 일색의 문화를 CF적 영상으로 담아내고 있다. 유하는 이후 10년 동안 긴 침묵으로 일관하다가 두 번째 영화 '결혼은 미친 짓이다'(2002)를 통해 도발적인 시선과 연출력으로 흥행 면에서 주목을 받게 된다.

(합동영화) 110분 극영화 고등학생가/청춘

감독 : 유하
제작 : 곽정환
각본 : 유하, 진이정
개봉 : 1993년 1월 22일 서울, 브로드웨이극장(서울)
관람인원 : 2만 4692명(서울)
출연 : 최민수, 엄정화, 홍학표, 채해지, 최주봉, 이광수, 허준호, 최경진, 박상희, 이남정 외
기획 : 김현명
촬영 : 진영호
음악 : 신해철
조명 : 이승구
편집 : 김현
의상 : 김서령
분장 : 민정, 민유경
스틸 : 박희재
사운드 : 김경일, 양대호
조감독 : 권형진, 윤태희, 박영재
수상 : 제17회 황금촬영상 신인연기상 (엄정화)

하얀 전쟁(戰爭) White Badge(1992)

(베트남 자이퐁 프로덕션) 124분 극영화 고등학생가/전쟁

감독: 정지영
제작: 국종남
각색: 공수영, 조영철, 심승보, 정지영(원작 안정효)
개봉: 1992년 7월 4일 호암아트홀, 연흥극장(서울)
관람인원: 17만 6851명(서울)
출연: 안성기, 이경영, 심혜진, 독고영재, 김세준, 박홍근, 허준호, 김보성, 노석래, 홍석연 외
기획: 김학훈, 안동규
촬영: 유영길
음악: 신병하
조명: 김동호
편집: 박순덕
소품: 이태우, 정민영
분장: 허석도, 윤경화
의상: 이해윤, 오승권, 늑티엔 고뎁
동시녹음: 이영길, 안도구니오
특수효과: 타이반 하우
사운드: 영진공, 양대호
스틸: 손기철
조감독: 심승보, 안병기, 트란고핑 르후이룽
수상: 제31회 대종상영화제 심사위원특별상(대일필름 국종남)·남우조연상(이경영)·각색상(정지영, 공수영, 조영철, 신승보), 제13회 청룡영화상 남우조연상(독고영재)·촬영상(유영길), 제29회 백상예술대상 연기상(이경영)·인기상(이경영), 제3회 춘사영화예술제 감독상(정지영)·우수연기상(이경영)·음악상(신병하), 제5회 도쿄국제영화제 최우수작품상·최우수감독상·도쿄시장상, 제38회 아태영화제 최우수남우주연상(안성기)

월남전 참전 후 원인 모를 무력감에 빠진 소설가 한기주(안성기)는 아내와도 별거할 정도로 전쟁에 대한 상처가 가시지 않은 상태다. 그가 한 시사 잡지에 월남전을 소재로 한 소설을 연재하기 시작했을 때 전우였던 변진수(이경영)로부터 전화가 걸려온다. 진수가 입원해 있는 병원으로 간 한기주에게 변진수는 권총 한 자루를 내주면서 자신을 죽여 달라고 부탁한다. 그는 소대의 마지막 전투에서 살아남은 일곱 명 중 한 명이었다.

월남에서 한기주와 변진수는 처음 몇 달간은 편안한 시간을 즐기는 가운데 변진수 일병은 부대에서 친하게 된 김문기 하사(독고영재)의 여동생 영옥(심혜진)과 펜팔로 사귀게 된다. 그 후 전쟁과 맞닥뜨리면서 희생자가 나오기 시작하고 전쟁의 광기는 무르익어 갔다. 여기서 민간인을 베트콩인 줄 잘못 알고 죽인 김 하사는 송 상병(박홍근)과 변 일병에게 정말 민간인을 죽이도록 강요하고, 정신이상이 된 송 상병이 김 하사를 죽이는 사건이 발생한다. 한기주와 그의 동료들은 최악의 밤을 보낸 후 단 일곱 명만이 살아남는다.

변 일병은 귀국해서 양공주 생활을 하고 있던 영옥을 만나지만 월남전의 충격으로 더욱 정신이 이상해지고 영옥이 그의 곁을 떠나자 심한 정신적 공황에 시달린다. 변진수는 이제 그 자신의 전쟁을 끝내고 싶어 병원에 온 한기주에게 자신을 죽여 달라고 부탁한 것이다. 한기주는 그를 향해 방아쇠를 당긴다.

● 정지영의 대표작의 하나. 작가 안정효가 월남전에 참전한 경험을 살린 자전적 소설을 영화화한 작품. 1983년 『실천문학』에 『전쟁과 도시』란 제목으로 소설을 발표한 후 안정효는 『White Badge』라는 제목으로 이를 직접 영문으로 번역, 미국 소호에서 출판되어 100만 부 이상 팔려나갔다. 소설은 두 가지 시간대에 이루어지는 사건들로 하나는 주인공 한기주가 1960년대 중반 백마부대원으로 월남전에 종군하면서 약 1년 동안 겪게 되는 전쟁 경험과 1980년대 중반 이 기간의 경험을 회상하며 참전 동료인 변진수를 만나고 그를 살해하게 되는 사건으로 교직된다.(「하얀전쟁 쏘려 월남전 자원, 소설가 안정효」, 경향 93. 1. 21)

감독은 이 영화에서 실존적 시각에 초점을 맞춘 원작을 사회적 맥락에서 재구성하면서 집단화된 폭력이 어떻게 개인의 인간성을 말살하는가를 조

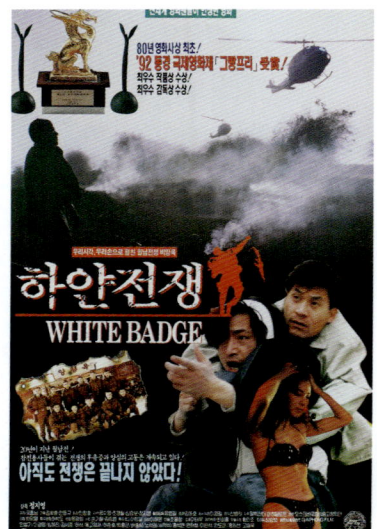

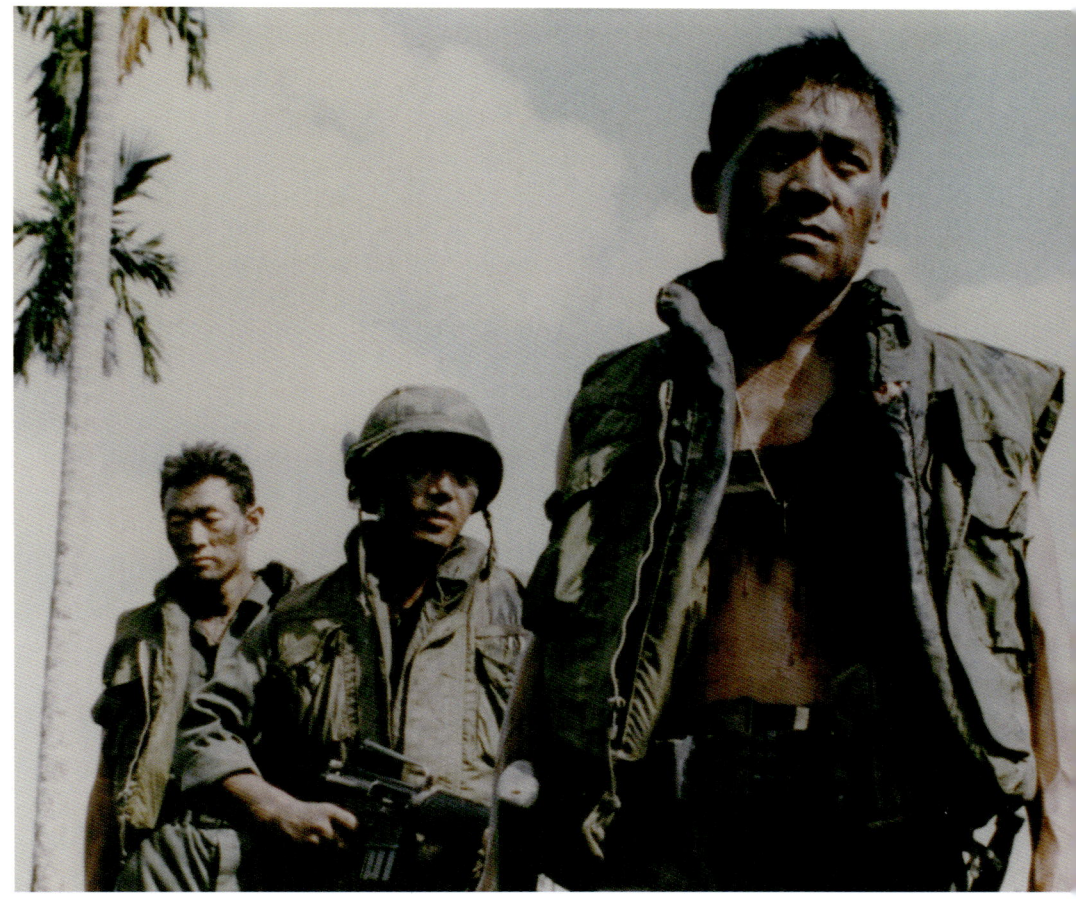

망하고 있다. 모든 폭력을 무기력하게 견뎌 낼 수밖에 없었던 지식인 한기주의 자의식을 부각하고, 극도의 공포 속에서 정신이 분열된 변진수가 죽음으로 고통스러운 전쟁의 기억으로부터 탈출하고자 하는 모습을 보여준다. '하얀 전쟁'이 뛰어난 점은 베트남이라는 한국현대사의 주요 사건을 반성적으로 바라보는 데 그치지 않고 처참하게 파괴된 두 참전 용사의 전후의 삶과 내면 풍경을 통해 죽는 자의 생명뿐 아니라 죽이는 자의 정신까지도 파괴하는 전쟁의 폐해를 속속들이 파헤쳤다는 데 있다.(「화제작 '하얀전쟁' 정지영 감독 혼(魂) 담긴 영화만들기, 온몸으로 뛴다」, 동아논단, 정지영, 동아 92. 7. 25)

베트남에서 촬영한 최초의 한국영화로 당시 비둘기 부대 전술책임 지역이던 사이공을 중심으로 다낭, 나트랑, 투이호아, 푸케트 등에서 촬영되었다. 다낭은 청룡부대, 나트랑은 청룡·백마 30연대 등 파월 한국 군대가 머물렀던 곳이고 투이호아는 베트남전 당시 가장 격렬한 전적지로 기록된 곳이다. 당시로서는 한국영화사상 최고액인 20억 원 이상의 제작비가 투입되고 전투 장면 등 어둠 속에서 촬영이 가능한 BL4S 등 최첨단 장비가 사용됐다.

관객 17만 6852명 동원, 1992년도 한국영화 흥행 순위 3위. 안성기가 아태영화제 최우수남우주연상, 이경영이 백상예술대상과 대종상, 춘사영화예술제에서 우수연기상, 정지영이 춘사영화예술제과 도쿄국제영화제에서 최우수감독상, 한국의 엔니오 모리꼬네로 불리는 신병하가 춘사영화예술제 음악상을 받았다.

우리들의 일그러진 영웅(英雄)

Our Twisted Hero(1992)

(대동흥업) 119분 극영화 연소자가/사회물

감독: 박종원
제작: 도동환
각본: 장현수, 박종원(원작 이문열)
각색: 노효정
개봉: 1992년 8월 15일 명보, 명보아트, 씨네마천국(서울)
관람인원: 3만 2359명(서울)
출연: 홍경인, 고정일, 태민영, 최민식, 신구, 이진선, 우상전, 김혜옥, 정은붕, 박광진, 박용팔, 이명희, 김경란, 최정상, 김진홍, 장영철 외 50여 명
기획: 도동환
촬영: 정광석
음악: 송병준
조명: 조길수
편집: 이경자
미술: 도용우
소품: 이태우, 윤명옥
의상: 이해윤
분장: 강은자, 전혜영
특수분장: 허석도
동시녹음: 유대현
사운드: 김경일, 양대호
특수효과: 정도안
스틸: 황형식
조감독: 김성균
수상: 제31회 대종상영화제 심사위원 특별상(도동환)·조명상(조길수)·편집상(이경자), 제13회 청룡영화제 최우수작품상(대동흥업 도동환)·감독상(박종원)·특별상(홍경인, 고정일, 정진강, 문혁), 제29회 백상예술대상 대상(대동흥업)·작품상·감독상(박종원), 제3회 춘사영화예술제 최우수작품상(대동흥업)·우수연기상(홍경인·고정일)·각색상(박종원)·기술상(현상: 김승호), 제16회 몬트리올국제영화제 최우수 제작자상(도동환), 제38회 아태영화제 남우조연상(최민식), 하와이국제영화제 동서문화상(작품상), 제8회 스위스 프리부르그국제영화제 국제영화클럽연맹 동키호테상, 제9회 샌디에이고국제영화제 최우수여영제상, 영진공 선정 좋은 영화

자유당 정권 시절, 아버지를 따라 서울에서 시골로 전학해 온 병태(소년 병태 고정일)는 그 학교 5학년 2반 아이들의 절대적인 지지를 받고 있는 엄석대(홍경인)를 만난다. 만년 반장 엄석대를 추종하는 반 아이들에게 집단 따돌림을 받게 된 병태는 석대를 이겨야만 모든 상황이 극복될 것을 알고 서울에서 온 모범생답게 석대에게 맞선다. 그러나 석대에게 모든 것을 믿고 맡기는 담임선생(신구) 때문에 그의 저항은 무기력해질 뿐 석대의 그늘에서 벗어나지 못한다. 병태는 결국 석대에게 굴복하고 그의 총애를 받는 2인자의 자리에 오른다. 그러나 해가 바뀌고 새로운 담임인 김정원 선생(최민식)이 부임하면서 모든 상황은 달라지기 시작한다. 김 선생은 아이들에게 정직, 진실, 용기에 대한 신념을 심어주기 위해 노력하고 석대의 위치도 눈치채게 된다. 석대도 김 선생이 자신을 의심하는 것을 느끼지만 자신의 입지를 고수할 수밖에 없는 딜레마에 빠진다.

한편 선생은 수년간 전교 1등을 해온 석대의 성적이 다른 아이들이 시험을 대신 치러준 결과라는 사실을 알아내고 석대를 비롯한 아이들을 처벌하기에 이른다. 이 과정에서 아이들은 선생님에게 그동안의 석대의 비행을 늘어놓지만 병태는 끝내 입을 다문다. 아이들의 행동에 배신감을 느낀 석대는 그 길로 학교를 뛰쳐나간 후 돌아오지 않는다. 병태도 다시 서울로 전학한다. 세월이 흘러 대학을 졸업하고 영어 학원 강사가 된 병태(어른 병태 태민영)는 어디선가 틀림없이 또 다른 세계를 움직이고 있을 석대를 머릿속에 그려본다.

● '구로아리랑'(1989) 연출로 감독 데뷔한 박종원의 두 번째 작품. 원작 이문열. 1987년 제 11회 이상문학상 수상 작품. 영화는 서울에서 학원 강사를 하고 있는 한병태가 시골학교의 옛 은사(신구)가 돌아가셨다는 소식을 듣고 내려가는 기차 안에서 초등학교 시절을 회상하는 것으로 시작된다.

원작 소설에서 엄석대는 훗날 암흑가의 불량배가 되어 끝내는 경찰에 잡혀가는 모습을 한병태가 목격하는 것으로 끝나는 데 비해 영화에서의 엄석대는 직접 모습을 드러내지 않고 은사의 장례식에 대형 화환을 보내온 것으로 그가 어디선가 여전히 무서운 힘을 발휘하고 있음을 암시해 보인다. 치밀한 연출과 사실적인 묘사로 감독은 원작을 훼손하지 않고 거의 완벽하게 재현해냈으며 초등학교의 한 반을 지정하여 그 안에서 한국사회와 역사, 권력의 속성, 지배하는 자와 지배당하는 자의 교묘 관계를 미시

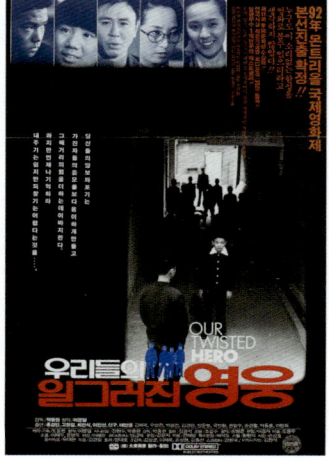

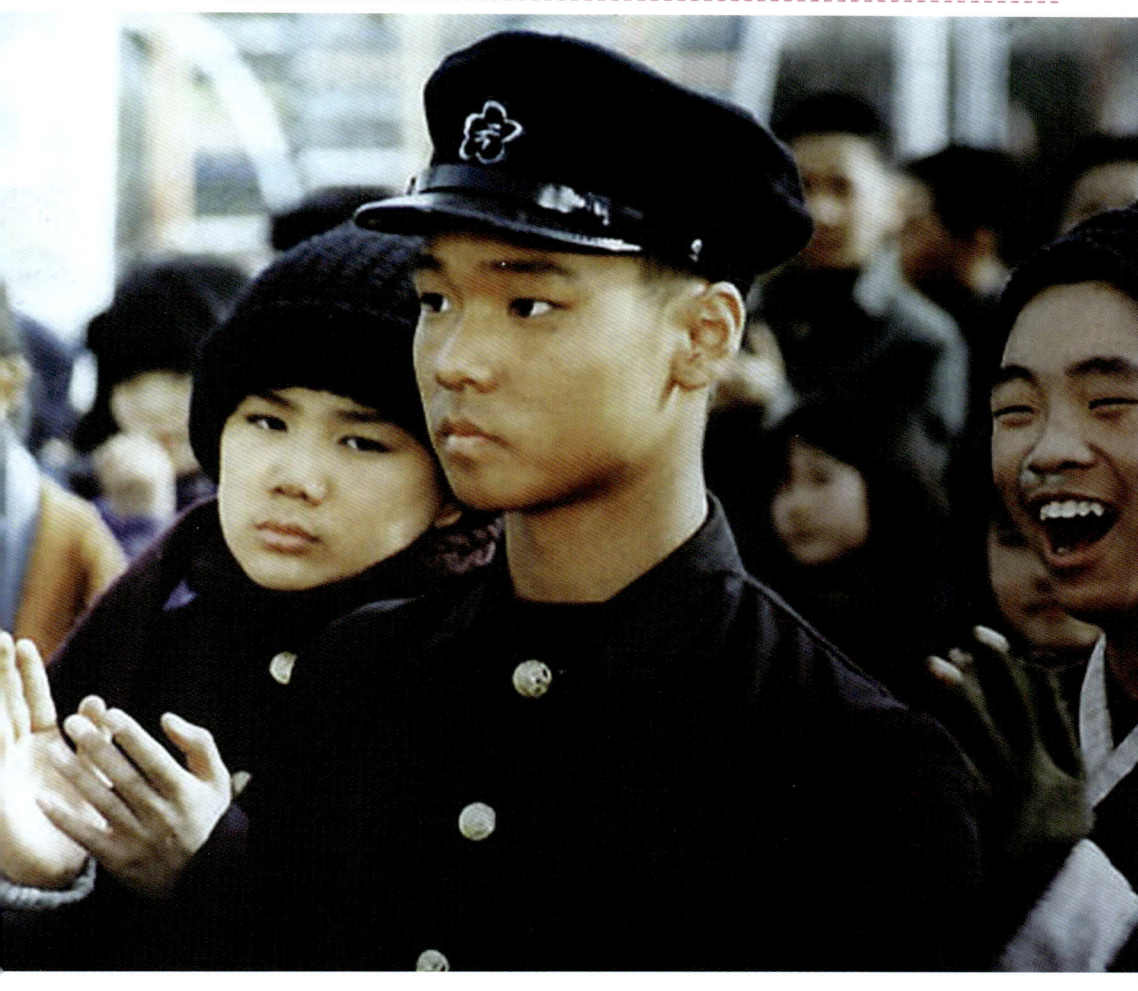

적으로 그려낸 것이 기발하다.(「'우리들의 일그러진 영웅' 권력 형성 몰락 그려 진한 감동」, 동아 92. 8. 15)

2006년 10월부터 11월 9일까지 약 한 달간 한국영상자료원이 인터넷을 통해 "한국인이 뽑은 한국영화 10선" 설문조사 결과 박종원의 '우리들의 일그러진 영웅' 이 1위를 차지, 1936년부터 1996년까지 제작된 한국영화 중 2만 4575명이 참가한 가운데 총 1만 6061명의 지지를 받았다. 2위는 임권택의 '서편제' (1993), 3위 신상옥의 '사랑방 손님과 어머니' (1961), 4위 박광수의 '아름다운 청년 전태일' (1995), 5위 신성일, 엄앵란 주연의 '맨발의 청춘' (1964), 6위 신영균, 문희 주연의 '미워도 다시 한번' (1968), 7위 황순원의 소설을 원작으로 한 고영남의 '소나기' (1978), 8위 '난쟁이가 쏘아올린 작은 공' (1981), 9위 '고래사냥' (1984), 10위 '돼지가 우물에 빠진 날' (1996) 등이다.

복수혈전 復讐血戰, A Bloody Battle For Revenge(1992)

(이화예술) 88분 극영화 중학생가/액션

감독 · 각본 : 이경규
제작 : 임상돈, 옥광식
개봉 : 1992년 10월 10일 스카라, 씨네하우스(서울)
관람인원 : 2만 637명(서울)
출연 : 이경규, 김보성, 김혜선, 남포동, 현길수, 박동현, 정명현, 김정렬, 김찬우, 손지창, 임백천, 신경숙, 이대윤, 김기종, 윤일주, 오희찬, 홍성찬 외
기획 : 이경규
촬영 : 허문영
음악 : 이창규
조명 : 정덕규
편집 : 조기형, 현준호
소품 : 송기태
스틸 : 김병옥
사운드 : 영진공, 양대호
무술감독 : 류성훈
조감독 : 임춘택

태영(이경규)은 디스코텍을 운영하면서 살아가는 건실한 젊은이다. 그의 곁에는 항상 그를 도와주는 준석(김보성)이 있다. 어느 날 태영의 디스코텍에 거물급 마약조직이 손길을 뻗쳐오고 그들은 마약을 거래할 수 있는 장소로 디스코텍을 사용하게 해달라고 요구한다. 태영과 준석은 단호히 이를 거절한다. 이에 조직의 보스 마건수는 그의 아들 마태호를 시켜 준석을 납치한다. 그러나 심한 매질과 고문에도 불구하고 준석은 그들을 응징한다. 아들이 참패했다는 소식을 들은 마건수는 태영을 마약 투약자라는 누명을 씌워 경찰에 밀고한다. 태영은 구속되고 디스코텍은 문을 닫는다.

모범수로 출소한 태영은 준석과 함께 마건수에게 복수할 것을 다짐한다. 드디어 태영과 준석은 마건수 마태호 일당이 일본인들과 마약을 거래하는 현장을 덮친다. 여기서 마건수에게 잡힌 준석은 무자비한 폭행을 당한 끝에 목숨을 잃고 태영은 모든 것을 빼앗긴다. 태영은 적절한 시간에 경찰의 출동을 부탁하고 마건수 부자를 맞아 목숨을 건 한판 혈전을 벌인다.

● 이경규의 감독 데뷔작. MBC 코미디 쇼 '일요일 일요일 밤에'의 '몰래 카메라' 등으로 정상의 자리에 오른 이경규는 동국대 연극영화과 시절부터 꿈꿔왔던 영화를 만들기 위해 방송은 물론 광고, 밤무대 출연, 심지어 살고 있는 집까지 줄이면서 제작비 4억 원을 들여 이 영화를 만들었다고 한다. 이경규와 김보성 주연에 개그맨 김정렬, 임백천, 신경숙과 탤런트 손지창, 김찬우 등이 특별 출연했다.

이경규가 기획 · 제작 · 각본 · 주연 · 연출의 1인 5역을 맡아 의욕적으로 도전한 이 영화는 그가 방송프로에서 주장해온 대로 가족이 함께 즐길 수 있는 재미있고 시원한 액션을 지향하면서 불의에 대항하는 한 남자의 정의로운 활약상을 그리고 있다. 이경규는 실제로 쿵푸 4단의 유단자로서 고난도의 액션을 대역 없이 리얼한 액션으로 보여주었고 액션감 있는 그의 동작은 '한국판 이소룡'이라는 별명과 함께 영화를 본 사람들은 "재미있다"고 이를 평가했다.(「이경규가 액션 영화 제작」, 경향 92. 12. 12) 그러나 영화의 주인공(태영)이 개그맨 출신이라는 이유 때문에 이경규가 화면에 등장하면 관객이 웃음을 터뜨리는 상황이 유발되어 흥행에서 크게 성공하지 못했다.

이후 15년의 오랜 침묵과 묵고 끝에 제작자로 변신한 이경규는 2007년 영화 '복면달호'를 제작, 170만 명의 관객을 동원해 성공적으로 영화계에 컴백했다.

그대 안의 블루 Blue in You(1992)

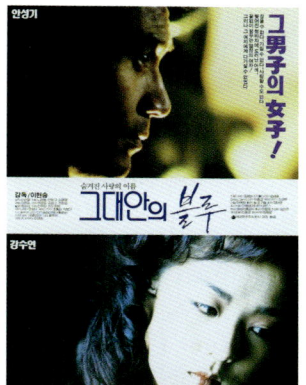

유림(강수연)과 호석(안성기)은 가치관이 다르다는 이유로 자주 충돌하지만 호석은 유림이 유능한 커리어 우먼으로 성장하기를 기대한다. 그러나 유림은 다른 남자를 만나 결혼하고, 호석은 호석대로 이탈리아로 유학을 떠난다. 결혼 생활에 안주하고 있던 유림에게 어느 날 호석으로부터 유림의 일하던 시절의 모습이 담긴 비디오 테이프가 우송된다. 이 일로 유림은 호석을 찾아 이탈리아로 간다. 서로를 그리워하던 두 사람은 다시 만난다. 그러나 유림은 호석과 남편, 그들 모두를 뒤로한 채 스스로 일어선다.

● 이현승 감독 데뷔작. 각본 이현승. 안성기, 강수연 주연. 전문직을 가진 여성이 일과 결혼을 양립하기 어렵다는 오늘의 여성관을 다룬 페미니즘 영화다.(「여성의 일과 사랑의 역학 관계에 대해 새로운 시각 제시」 경향 92. 12. 26), (「한 여자의 일과 사랑의 자아 찾기 과정」 서울 YMCA 간사 이승정) 우선 이 영화는 양식미가 두드러진다. 제목에서부터 블루라는 차가운 색으로 시작해서 인물들의 심리변화에 따라 따뜻한 붉은 색조로 변하는 색깔의 이미지로 서사를 풀어나간다. "파격적인 영화, 또 하나의 변형된 충무로 영화", "영화적 완성도는 합격점", "평단을 논쟁에 빠트릴 정도로 작가의 흔적을 찾을 수 있는 영화" 등의 평이 있었다. (김영혜, 「한국영화의 새로운 흐름: 신세대의 결혼과 일」, 《창작과 비평》 봄호, 1993년, 유지나, 「 '그대안의 블루' 를 둘러싼 텍스트 오독」, 《사회평론》 4월호, 1993년)

첫 영화인데도 이현승은 청룡영화상, 춘사영화예술제, 부산 영평협에서 신인감독상, 안성기는 부산영평협 최우수 남우주연상, 강수연은 황금촬영상 여우인기상을 수상했고 박영기, 조용삼이 세트 제작으로 미술상, 안상수가 청룡영화상 미술상을 수상, PD BOX 1999년 한국영화 베스트 100(1961~1996)에서 43명의 선정 위원이 각각 30편씩 선정하여 순위 빈도를 측정하는 100위에 선정됐다. 서울 관객 15만 3184명.

(세경영화) 115분 극영화 고등학생가/멜로

감독·각본 : 이현승
제작 : 이순열
각색 : 여균동, 김성수, 정정희
개봉 : 1992년 12월 25일 피카디리, 그랑프리극장(서울)
관람인원 : 15만 3184명(서울)
출연 : 강수연, 안성기, 최유라, 김형일, 강능원, 남영진, 나혜영, 박용팔, 안종환, 이주희 외
기획 : 나한봉, 심재명, 안동규
촬영 : 정광석
음악 : 김현철
조명 : 신학성
편집 : 김현
미술 : 안상수
세트 : 박영기
소품 : 김태욱
의상 : 지춘희
분장 : 조경애
스틸 : 이태성
동시녹음 : 이병하
사운드 : 강대성, 양대호
시각효과 : 이종은
포스터 : 손기철
조감독 : 김은주, 신철승, 김근철, 김진한, 신보경, 홍종오
수상 : 제31회 대종상영화제 미술상(박영기, 조용삼) · 의상상(지춘희, 이경희), 제14회 청룡영화상 신인감독상(이현승) · 기술상(안상수), 제4회 춘사영화예술제 신인감독상(이현승), 제17회 황금촬영상 금상(정광석) · 여우인기상(강수연) · 특별상(김윤수), 부산영화평론가 협회 선정 최우수영화 및 영화인 최우수 주연남우상(안성기) · 최우수 신인감독상(이현승), 영진공 선정 좋은 영화

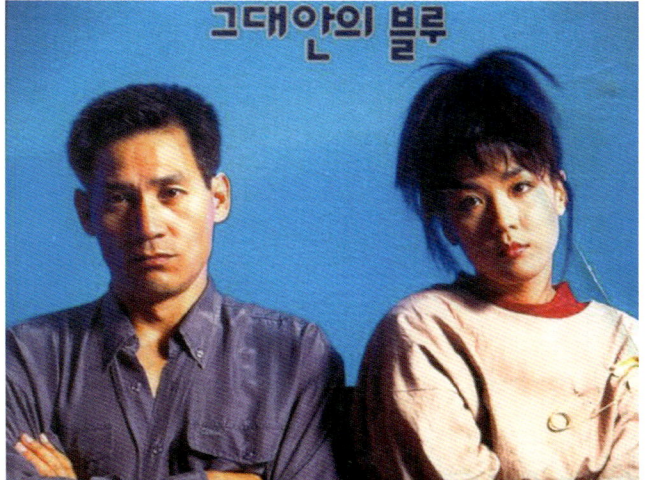

가슴에 돋는 칼로 슬픔을 자르고

Cutting the Sorrow With a Knife Stuck in the Chest(1992)

(영필름) 98분 극영화 연소자불가/사회물

감독: 홍기선
제작: 홍기선, 박건섭
각본: 이정희, 홍기선(원작 원명희)
개봉: 1992년 11월 7일 코아아트홀, 뤼미에르극장(서울)
관람인원: 2530명(서울)
출연: 조재현, 김진녕, 박종철, 최동준, 이희성, 홍석연, 장민성, 이용상, 박부양 외
기획: 최강혁
촬영: 박희주
음악: 홍성규
조명: 강상용
편집: 박순덕
미술: 임근백, 김은조
분장: 박선지
사운드: 소원종, 양대호
특수효과: 김철석
스틸: 서성원
수상: 제31회 대종상영화제 신인기술상(박희주), 제13회 청룡영화상 남자신인상(조재현), 제29회 백상예술대상 시나리오상(이정희, 홍기선)·신인연기상(조재현), 제13회 영평상 각본상(홍기선, 이정희)·신인감독상(홍기선)

배 일자리를 구하기 위해 목포에 온 재호(조재현)는 악덕 소개업자의 마수에 걸려 현대판 노예선인 새우잡이배를 타게 된다. 그 배에는 15세 가출 소년, 나이든 천씨, 원양어선인줄 알고 왔다가 속아서 온 길재(홍석연), 그리고 전과자 수배를 받고 있는 정복춘(최동준) 등이 타고 있었다. 망망대해에서의 고된 생활에 지칠대로 지친 길재가 탈출을 시도하려다 실패하고, 이때 배에는 푼수 청년 달수(이희성)가 끌려온다.

이번에는 재호가 동력선을 빼앗아 탈출을 시도하지만 정복춘의 배신으로 사공이 먼저 눈치를 채는 바람에 실패하고 만다. 이후 재호는 선주의 신임을 얻기 위해 고분고분해지고 소년과 달수는 그런 재호를 경멸하게 된다. 어느 날 선주와 선장은 재호에게 새로운 사공이 되어줄 것을 제의하고 사공이 된 재호는 비로소 작업하는 틈틈이 치밀한 탈출계획을 세운다. 드디어 재호는 선원들을 모아 놓고 탈출계획을 제안하는데 예상치 못했던 어두운 그림자가 다가온다. 소년을 빼고는 배와 함께 모두 바다에 목숨을 묻는다.

● 홍기선 감독 데뷔작. 독립제작사인 영필름 설립 기념작. 제작·연출·각본 등 3역을 맡았다. 서울대 시절 영화동아리 '얄라셩'에서 소형영화를 주로 찍다가 영화제작소 장산곶매의 대표가 되어 광주항쟁을 그린 '오 꿈의 나라'(1989)를 제작했던 홍기선이 상업영화권에 들어와서 처음 만든 영화. 1991년 《창작과 비평》가을호에 실린 원명희의 중편소설 「먹이사슬」이 원작. 현대판 노예선인 멍텅구리 무동력선에 억류된 청년을 내세워 그 당시 사회문제로 떠올랐던 인신매매를 다루고 있다. 조재현 출연.

영진공의 지원을 받기로 했으나 '오 꿈의 나라'로 인해 지원에서 제외되었다. (「영화 '가슴에 돋는 칼…' 탄압시비 속 반년 늦게 레디고」동아 91. 11. 1) 한국영화로는 드물게 70% 이상을 선상에서 촬영, 지극히 제한된 공간인 새우잡이배를 무대로 언제 목숨을 잃을지 모르는 사람들의 질기고 절망적인 삶을 담았다.(매일경제 92. 1. 28) 제작비 2억 원. 뭍에서 뱃길로 1시간 반 걸리는 낙월도와 강화, 소래에서 촬영.

서울 코아아트홀과 뤼미에르에서 개봉됐으나 관객수는 5000명을 넘지 못했고 7000만 원의 빛을 남겼다. 홍기선은 백상예술대상과 영평상에서 시나리오상, 신인감독상을 수상했고 주연을 맡은 조재현은 청룡영화상과 백상예술대상에서 영화부문 남자신인 연기상을 받았으며 근성 있는 배우로 충무로에 이름을 알리기 시작했다.

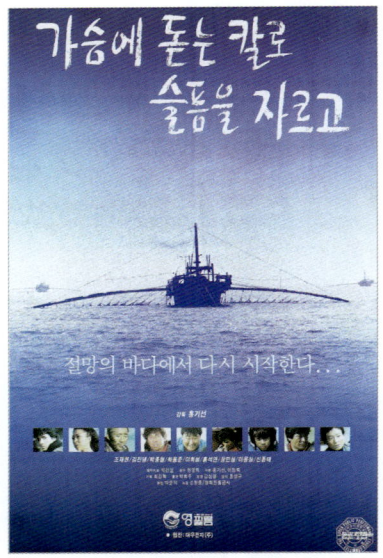

첫사랑 First Love(1993)

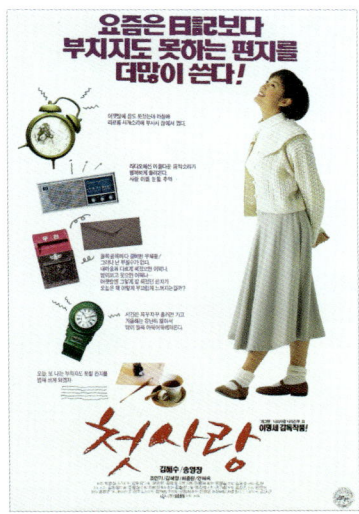

지방대학 미대에 갓 입학한 영신(김혜수)은 뭔가 새로운 일이 생길 것 같은 호기심에 부푼다. 그런 어느 날 영신이 속한 연극반에 연출자 창욱(송영창)이 초빙된다. 영신의 눈에 비친 창욱은 연신 담배만 피워대는 지저분한 골초에 술꾼일 뿐이다. 그럼에도 창욱의 모습은 영신의 머릿속에서 지워지지 않는다. 창욱의 몸짓 하나도 예사롭지 않았고 창욱의 모든 말은 노래가 되고 시가 되었다. 창욱을 사랑하고 있음을 깨달은 영신은 용기를 내어 창욱에게 데이트를 청한다. 그러나 창욱은 약속 장소에 나타나지 않는다. 절망한 영신은 이번엔 창욱의 하숙집 앞에서 그를 기다린다. 그리고 그날 밤 창욱의 키스를 받는다. 그 순간 영신은 물이 변하여 포도주가 되는 것처럼 창욱을 더욱 사랑하게 된다.

그러나 창욱은 영신과의 첫 키스만 남긴 채 어머니 칠순잔치를 핑계로 서울로 올라간다. 그 사이를 참지 못하고 영신도 뒤미처 창욱을 찾아간다. 그러나 창욱의 집 대문을 연 영신은 아내와 어린 딸과 함께 있는 창욱을 보고 너무나 놀란다. 그 후 학교에 돌아와서 연극 연습을 마저 계속하던 창욱은 연극 공연이 끝나자 이제는 아주 떠나버린다.

● 영화 '개그맨'(1988) '나의 사랑 나의 신부'(1990)에 이은 이명세의 세 번째 연출작. 각본 이명세, 양선희. 기획 채윤희, 김순호. 이 영화는 여주인공 영신의 상상과 기억 속에서 재구성된 첫사랑에 관한 보고서이다. 중요한 것은 영신과 그녀가 사랑한 창욱과의 관계가 아니라 창욱에 대한 영신의 감정과 상상의 추억이다. 감독은 애니메이션, 말, 풍선, 스크린 프로세스, 화면 합성 등 다양한 기법들을 활용하여 아기자기한 판타지 영화를 만들어냈다.

벚꽃이 활짝 핀 가로수 길, 첫 키스를 나눈 안개 낀 공원 벤치, 목련이 흐드러지게 핀 그 집 앞 등 그녀를 둘러싼 풍경들은 장면마다 아름다운 한 폭의 그림으로 묘사된다. 그러니까 이명세가 표현하고자 한 것은 사랑에 빠진 여주인공의 주관적인 감정과 거기에서 비롯된 공상의 세계로서 이명세 특유의 몽환적인 스타일이 잘 발휘된 작품이다. 평론가 강한섭은 "작은 보석과 같은 작품", "한마디로 이명세의 모든 장점들이 하나의 교향악을 이룬 영화"임을 전제, "첫사랑이라고 하는, 어찌 보면 구태의연한 소재로 갈망과 꿈, 노스탤지어가 하나의 영화적 신화로 승화되는 작품으로 완성시켰다"고 평한다.(강한섭. 《씨네21》 99. 12. 28 p.942 「강한섭이 말하는 이명세와의 17년 인터뷰」 강한섭(서울예대 영화과 교수) 《FIRM2.0》 05. 9. 13) 아태영화제 특별상, 백상예술대상과 영평상에서 미술상, 청룡영화상에서 김혜수가 여주연상, 이명세가 각본상을 받았다.

(삼호필름) 108분 극영화 중학생가/극영화

감독: 이명세
제작: 박효성, 강휘영
각본: 이명세, 양선희
개봉: 1993년 1월 22일 명보, 명보아트, 씨네마천국(서울)
관람인원: 5856명(서울)
출연: 김혜수, 송영창, 조민기, 안해숙, 최종원, 김혜영, 박예숙, 김기범, 도용구, 박용팔, 채훈, 권병길, 최성관, 문미봉, 김신명, 윤일주, 정영국, 주슬기, 유남희 외
기획: 채윤희, 김순호
촬영: 유영길
음악: 송병준
조명: 김동호
편집: 김현
미술: 조용삼
소품: 차순하
의상: 안성순
분장: 김선진
사운드: 김원용(녹음), 한양스튜디오, 이재희(효과)
특수효과: 김철석
스틸: 윤진호
현상: 영진공
조감독: 구임서, 오석근, 엄현수, 김헌겸
수상: 제14회 청룡영화상 여우주연상(김혜수)·각본상(이명세), 제29회 백상예술대상 기술상(미술: 조용삼), 제13회 영평상 미술상(조용삼), 제38회 아태영화제 특별상(이명세), 제6회 도쿄영화제 출품, 영진공 선정 좋은 영화

웨스턴 애비뉴 Western Avenue(1993)

(이화예술 필름) 118분 극영화 연소자
불가/사회물

감독 : 장길수
제작 : 임상돈
각본 : 오현미, 고직만, 장길수
개봉 : 1993년 4월 3일 국도, 롯데,
경원극장(서울)
관람인원 : 2만 9681명(서울)
출연 : 강수연, 정보석, 박정자, 박찬
환, 김병세, 최윤식, 이지혜, 김
연수, 이종만, 주정만, C. J.리
슬리, 클라크 워드, 켈리 쿤스,
자니 윤 외
기획 : 이용주, 이상운
촬영 : 구중모
음악 : 김수철
조명 : 손달호
편집 : 김현
세트 : 김재권
분장 : 허석도, 워크 스페이스
동시녹음 : 양후보
사운드 : 강대성, 양대호
특수효과 : 스티븐 킹 컴퍼니
스틸 : 이익태, 프레드릭 헤스(현지제
작진행), 지미리(현지제작지휘)
조감독 : 정희헌, 한석환, 임석민
수상 : 제31회 대종상영화제 기획상
(이용주, 이상운), 영진공 선정
좋은 영화

미국 이민 2세 지수(강수연)는 LA 웨스턴 애비뉴에서 킴스 마켓을 운영하는 부모와 오빠들과 살고 있다. 아버지는 전형적인 한국인의 가치관과 교육열을 가지고 있으며 큰오빠는 이기심이 강한 편이다. 그러나 작은 오빠는 자신만의 방식으로 삶과 사랑을 실현시키고자 호텔 운전수로 일하고 있다.

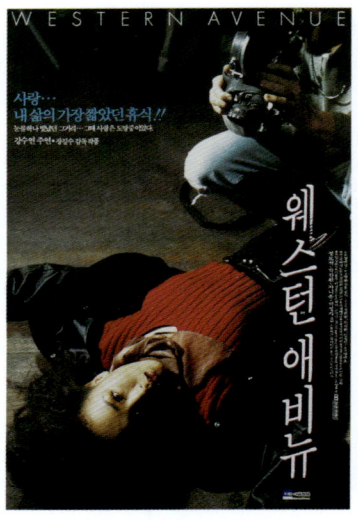

지수는 전공인 의대를 그만두고 평소 꿈꾸던 연기자의 길을 걷기 위해 뉴욕으로 떠난다. 뉴욕의 드라마 스쿨에 입학한 지수는 백인 남자친구 스티븐과 동거하면서 연기 공부에 열중하지만 가족들이 그리워진다. 그러던 중, 뉴욕의 허름한 창고 안에서 지수의 작품 발표회가 있던 날 그녀는 스티븐의 조롱을 받고 절망한 나머지 코카인과 프리섹스, 바디 페인팅 등 이색 문화를 무분별하게 받아들이면서 자신을 학대한다. 결국 지수는 가족이 있는 웨스턴 애비뉴로 돌아오고 때마침 로드니킹 사건이 일어난다. 그리고 지수의 어릴 적 친구이며 킴스마켓의 종업원인 루이스의 아들 노만이 사건에 연루된다. 재판 결과로 인해 흑인 폭동은 심화되고 이 폭동은 웨스턴 애비뉴를 잿더미로 만들면서 킴스마켓은 폭풍의 중심부에 놓이게 된다.

● 장길수 연출작. 1991년에 일어난 LA 흑인 폭동(일명 로드니 킹 사건)을 소재로 미국 문화에 젖은 이민 2세들의 갈등과 사랑, 소수민족의 아픔을 그렸다. 당시 15억 원이란 거액의 제작비를 투입한 야심작으로 '아메리카 아메리카'(1988), '은마는 오지 않는다'(1991)에 이어 "한국인에 있어 아메리칸 드림이란 과연 무엇인가"라는 문제를 제기한 작품이다. 자니윤이 지수의 아버지로 나온다. 우리의 삶과 역사 속에서 미국이라는 존재를 진지하게 다뤄온 장길수의 미국 연작 완결판. LA폭동이라는 큰 이슈가 작품 속에 제대로 반영되지 못했고 배우들의 어색한 영어 연기, 작품 전체의 통일성 부족 등이 지적되기도 했다.("폭동 장면 묘사가 부족, 희극인 이미지가 굳어진 자니윤의 아버지역 적절치 못해", 매일경제 93. 4. 5) 대종상 기획상 수상.

비상구(非常口)가 없다 No Emergency Exit(1993)

게이의 유혹에 서서히 다가가는 그림자(문성근). 장시간의 격렬한 몸짓이 있은 후 그 그림자는 싸늘한 웃음을 날리며 사라진다. 곧이어 얼마 떨어지지 않은 곳에서 노파의 시체가 발견된다. 거리는 갑자기 공포에 휩싸이고, 은지(전미선)라는 여대생이 죽는다.

한편 이런 살인 사건에는 아랑곳없이 압구정동의 화려한 네온사인 아래선 젊은이들의 사랑이 불붙고 있다. 삼류모델 출신인 영숙(심혜진)은 돈 때문에 몸을 팔다가 큰손 '가죽치마'(유연실)에게 픽업되어 락카페 지배인이 된다.

종업원 준표(박상민)는 멋있는 외제차에 모델 같은 여자를 태우고 압구정동 거리를 마음껏 누비고 싶지만 영숙을 순수하고 진지하게 사랑한다. 잠시 잠잠하던 네온의 거리에 또다시 처참한 살인 사건이 발생한다. 이번 피살자는 영숙을 키워준 가죽치마. 시시각각 죽음의 그림자가 목을 조르는 가운데 연쇄살인 사건은 미궁으로 빠져들고 테러리스트에 대한 호기심은 커져만 간다.

● '김의 전쟁'(1992)으로 감독 데뷔한 김영빈 연출작. 이순원의 장편소설 「압구정동에는 비상구가 없다」를 각색한 작품. 과거 호스트바에서 일하던 주인공(문성근)은 자본주의 사회에 염증을 느끼고 살인이라는 방법으로 사회를 응징해나간다. 그는 변태 성욕자, 동성애자, 오렌지족, 돈만 아는 유한마담을 죽이지만 점점 목적을 잃어가면서 살인 자체에 탐닉하게 된다.

세속화된 갱과 소비의 공간을 파노라마식으로 그려낸 영화로 당시 허황된 오렌지족에 대한 경각심을 불러일으켰다.

(스타맥스) 108분 극영화 연소자불가/사회물

감독 : 김영빈
제작 : 김용찬, 서병기
각색 : 이유미, 공수창, 김영빈
　　　(원작 이순원)
개봉 : 1993년 6월 12일
출연 : 문성근, 심혜진, 박상민, 전미선, 유연실, 안병경, 최종환, 이얼, 유정렬, 신은경 외
기획 : 김준종, 전명순
촬영 : 전조명
음악 : 장호일
조명 : 최입춘
편집 : 박순덕, 박곡지
미술 : 신보경, 조용삼
소품 : 김태욱
의상 : 권정현, 김인희
분장 : 최정애, 장미옥
동시녹음 : 이병하
사운드 : 강대성, 양대호
특수효과 : 김철석
스틸 : 한미진
제작지휘 : 안동규
조감독 : 민병진, 윤종찬, 이장서, 민경철

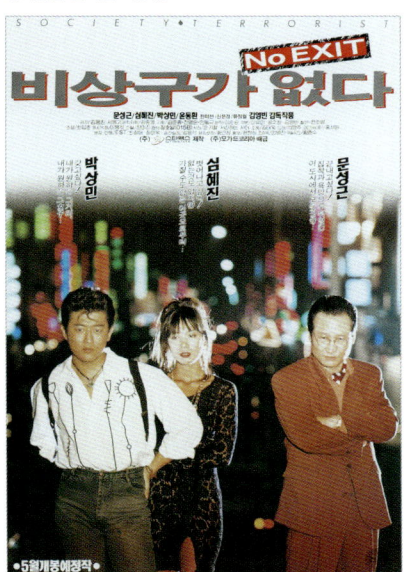

607

서편제 西便制, Sopyonje(1993)

(태흥영화사) 112분 극영화 중학생가/
시대극

감독 : 임권택
제작 : 이태원
각색 : 김명곤(원작 이청준)
개봉 : 1993년 4월 10일 단성사, 코리
아극장(서울) 등 9개 관
관람인원 : 103만 5741명(서울)
수출현황 : 유럽 지역(독일 94), 일본
(95)
출연 : 김명곤, 오정해, 김규철, 신새
길, 안병경, 최동준, 최종원, 강
선숙, 주상호, 이인옥 외
기획 : 이태원
촬영 : 정일성
음악 : 김수철
조명 : 차정남
편집 : 박순덕, 박곡지
미술 : 김유준
소품 : 김호길, 이예호
의상 : 이해윤
분장 : 홍동은, 이동춘
동시녹음 : 김범수
사운드 : 강대성, 양대호
스틸 : 양기주
현상 : 영진공
조감독 : 김홍준
수상 : 제31회 대종상영화제 최우수작
품상(태흥영화사) · 감독상(임권
택) · 촬영상(정일성) · 녹음상
(김범수, 강대성) · 신인여우상
(오정해) · 신인남우상(김규철),
제14회 청룡영화상 대상(임권
택) · 작품상(태흥영화사 이태
원) · 남우주연상(김명곤) · 남우
조연상(안병경) · 여자신인상(오
정해) · 촬영감독상(정일성) · 한
국영화 최다관객상(태흥영화사:
112만 명), 제30회 백상예술대
상 작품상, 제13회 영평상 작품
상(이태원) · 감독상(임권택) ·
남우주연상(김명곤) · 촬영상(정
일성) · 음악상(김수철) · 신인상
(오정해), 제4회 춘사영화예술
제 최우수작품상(태흥영화) · 감
독상(임권택) · 여우주연상(오정
해) · 새얼굴 남자연기상(김규
철), 기술상(미술: 김유준), 제1
회 상하이국제영화제 최우수감
독상(임권택) · 최우수여우주연
상(오정해), 제9회 샌디에이고
국제영화제 영화제 개인업적상
(오정해)

1960년대 초, 완도의 산골주막으로 30대 남자가 들어선다. 그는 주막 여인의 판소리를 들으며 먼 회상에 잠긴다.

그 옛날 이 동네로 떠돌이 소리꾼 유봉(김명곤)이 흘러들고 동네아낙이던 동호(김규철)의 어머니는 유봉의 소리에 반해 어린 동호를 데리고 유봉을 따라 마을을 떠난다. 동호 모자와 유봉, 유봉의 딸 송화(오정해)는 한 가족이 되어 살다가 동호 어머니가 죽자 유봉은 송화, 동호를 맡게 된다. 유봉은 송화에게는 소리를 가르치고 동호에게는 북치는 법을 가르친다. 전쟁으로 생활이 궁핍해진 중에도 끊임없이 소리를 가르치려는 유봉을 견디다 못해 동호는 집을 나가버린다. 동호가 집을 나가자 송화는 식음을 전폐하고 소리도 포기한 채 동호만을 기다린다. 그런 송화를 보고 유봉은 "한이 맺혀야 진정한 소리를 낼 수 있다"면서 송화의 두 눈을 멀게 만든다.

집을 나간 동호는 낙산거사(안병경)를 만나 송화의 소식을 듣고 수소문 끝에 대폿집에서 송화와 재회한다. 둘은 말없이 시간을 끌다가 한 사람은 소리를, 또 한 사람은 북을 치는 것으로 그동안의 한과 그리움을 달랜다. 날이 밝자 동호는 제 갈 길을 서두르고 송화도 길잡이 소녀를 앞세운 채 길을 떠난다.

● '아제아제 바라아제'(1989), '개벽'(1991)에 이은 임권택의 대표작의 하나. 1976년 《뿌리 깊은 나무》 4월호에 발표한 이청준의 소설 「남도사람」 연작 중 하나인 「서편제」를 영화화한 것이다. 이 작품은 "사는 것은 한을 쌓는 것이고, 한을 쌓는 것이 살아가는 것"이라는 소설의 한 대목처럼 한 많은 인생을 살아가는 소리꾼을 등장시켜, 현실과 예술 사이에 내재된 비극성의 정서를 한으로 드러내고 있다. 그러나 이는 체념으로서의 한이 아니라 화해와 사랑을 지향하는 예술혼으로 승화시킨 것이 특징이다.

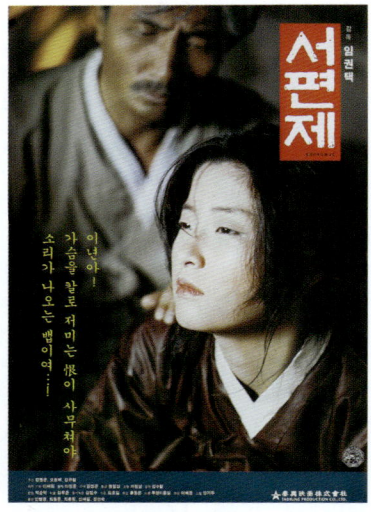

이 영화의 하이라이트는 유봉(김명곤), 송화(오정해), 동호(김규철) 세 식구가 시골 황톳길을 걸어내려 오면서 진도 아리랑을 부르는 대목이다. 멀리서 조금씩 들리던 소리는 차츰 흥겨워지면서 세 사람의 소리가 하나가 되어 서로에 대한 원망이나 미움없이 노래 속에 자신을 녹이며 덩실덩실 춤춘다. 이 장면은 무려 5분 40초 동안이나 한 컷으로 이루어지는 롱테이크로 처리되어 "전통예술을 한(恨)의 영상미로 구현해냈다"는 평을 들었다. 이는 소설로는 표현할 수 없는 영상미로 한국영화사에 길이 남을 명장면으로 꼽힌다. 또한 이 작품은 여로형 구조로 되어 있다. 등장인물들이 한 곳에 머물지 않고 여기저기 방랑하는 여행의 성격을 띤 유랑 공연 성격과 로드 무비 형식을 취하고 있다. 이 장면이 촬영된 곳은 전라남도 완도군

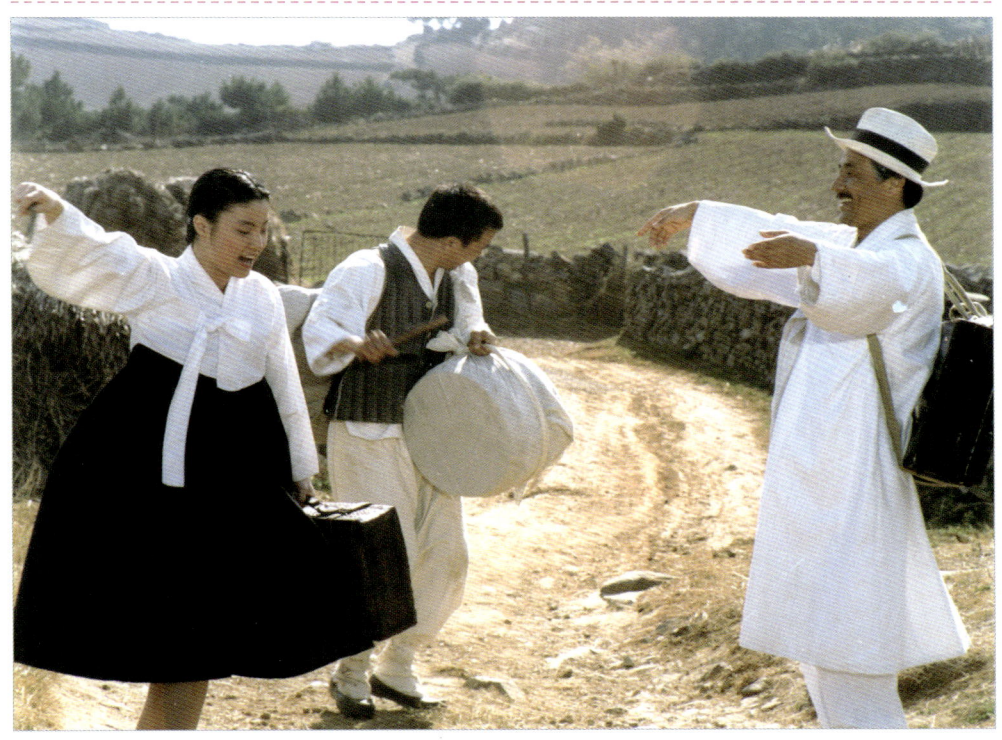

청산면 당리마을로 당시까지만 해도 전형적인 농촌 마을의 모습이 그대로 간직됐던 곳이다.

　여주인공 송화 역에는 1992년 남도명창대회에서 1등을 한 후 만정(晚汀) 김소희 문하에서 사사한 오정해를 캐스팅하여 '칼로 저미는 한이 사무쳐야 난다'는 맛깔스러운 서편제 소리를 일반 대중에게 알렸으며 판소리를 전문으로 익힌 김명곤이 아버지 유봉 역을 맡아 '춘향가' 중의 사랑가, 어사출또, 쑥대머리, 십장가, 옥중가, 이별가와 '흥보가' 중 돈타령, 박타령, '심청가' 중 구걸 대목에서부터 팔려가는 대목, 뱃노래, 부녀상봉 대목과 이산저산 사철가를 불렀다. 그동안 임권택의 '신궁'(1979)을 필두로 총 15편의 영화를 찍은 정일성이 살아 있는 화면을 보여주고 '고래사냥'의 음악감독이던 가수 김수철이 음악을 담당하여 신선감을 살리고 있다.

　'서편제'의 첫 주 흥행 성적은 객석의 반도 채우지 못했다. 그러나 입소문이 퍼지면서 남녀노소를 가리지 않고 관객을 불러 모았고 정치인들까지 줄지어 관람을 하는 사례를 빚었다.(「김영삼 대통령 등 정치인 '서편제' 관람격려」, 경향 93. 5. 3) 6개월 상영기간 동안 서울에서만 103만 5741명 관객 동원, 청룡영화상 한국영화 최다관객상에는 112만 명으로 기록되어 있다. 이 영화는 우리영화 사상 최초로 100만 명(「서울 개봉관 1백만(전국 2백 20만)」, 동아 93. 12. 15)이라는 경이로운 흥행 기록을 세웠으며 '서편제' 열풍은 영화뿐만 아니라 판소리 강좌 및 국악 공연에까지 이어져 한국전통예술에 대한 새로운 관심을 불러일으켰다. 1993년도 한국영화 흥행순위 1위. 2위 '투캅스'(86만 명)와는 큰 차이를 보인다.

　임권택은 '장군의 아들'(1990)이 흥행에 크게 성공한 후 '서편제'가 다시 한국영화 흥행 기록을 경신하면서 국민적 인기 감독으로 자리잡게 되었다. 대종상, 청룡영화상, 영평상, 춘사영화예술제에서 4개의 감독상을 받았고 김명곤은 청룡영화상, 백상예술대상에서 남우주연상, 오정해는 대종상, 청룡영화상, 영평상, 춘사영화예술제에서 여자신인상 및 여우주연상, 김규철이 대종상, 춘사영화예술제에서 남자신인상, 정일성이 청룡영화상과 백상예술대상에서 촬영상을 수상, 제1회 상하이국제영화제에서 임권택이 최우수감독상, 오정해가 최우수여우주연상을 받았다.

아담이 눈뜰 때 When Adam opens his eyes(1993)

(화진영화) 111분 극영화 연소자불가/
청춘 영화

감독 : 김호선   제작 : 한기은
각색 : 임유순, 강현(원작 장정일)
개봉 : 1993년 5월 8일 피카디리, 롯
데월드시네마(서울)
관람인원 : 3만 1267명(서울)
출연 : 최재성, 이윤성, 이재경, 박인
환, 유혜리, 문미봉, 주용만, 박
정수, 박광진, 이지산 외
기획 : 박철민, 강성준
촬영 : 이성춘   음악 : 신병하
조명 : 임재영   편집 : 현동춘
미술 : 조용삼   분장 : 오대식
소품 : 임근백, 홍숙경
의상 : 김현지, 김현미
스틸 : 최승화
사운드 : 김경일, 양대호
특수효과 : 김철석
제작총지휘 : 한상운
조감독 : 이정욱, 안병규, 김정호, 양윤
호
수상 : 제4회 춘사영화예술제 우수연
기상(문미봉) · 새얼굴여자연기
상(이윤성)

"내 나이 열아홉 살, 그때 내가 가장 가지고 싶었던 것은 타자기와 뭉크 화집, 카세트 라디오에 연결하여 레코드를 들을 수 있는 턴테이블이었다. 그것들만이 내가 이 세상으로부터 얻고자 하는 전부였다."

대학입시를 끝내고 발표를 기다리는 동안 아담은 고등학교 때 사귄 여자친구 은선과 여관방에 들어가 수험표를 거울에 붙여놓고 성인식을 치른다. 아담은 대학에서 떨어지고 은선은 합격하면서 둘은 서로 다른 길을 걷게 된다. 일상생활에서 다른 의미를 발견할 수 없었던 아담은 도서관과 락카페에서 그곳에 드나드는 군상을 구경하는 것이 취미다. 그곳에서 아담은 수험생인 현재를 만난다. 그녀는 아담이 좋아하는 뭉크의 '사춘기'처럼 가냘프고 연약하지만 도발적인 데가 있었다. 사는 게 지긋지긋하다는 아담은 현재의 제의를 받아들여 둘은 함께 여행을 떠난다.

별장에서 지내던 그들은 아담 엄마의 출현으로 각자 다시 제자리로 돌아간다. 아담은 그 후 화가들의 누드모델이 되어 모델료로 뭉크 화집을 받고 남색가인 오디오 가게 주인의 성적 상대가 되어 턴테이블을 얻는다. 그리고 락카페 빌딩 유리창을 깨고 자살한 현재가 남기고 간 타자기, 이렇게 그의 소망은 모두 이루어진다. 아담은 지금 현재의 타자기로 글을 쓰고 있다.

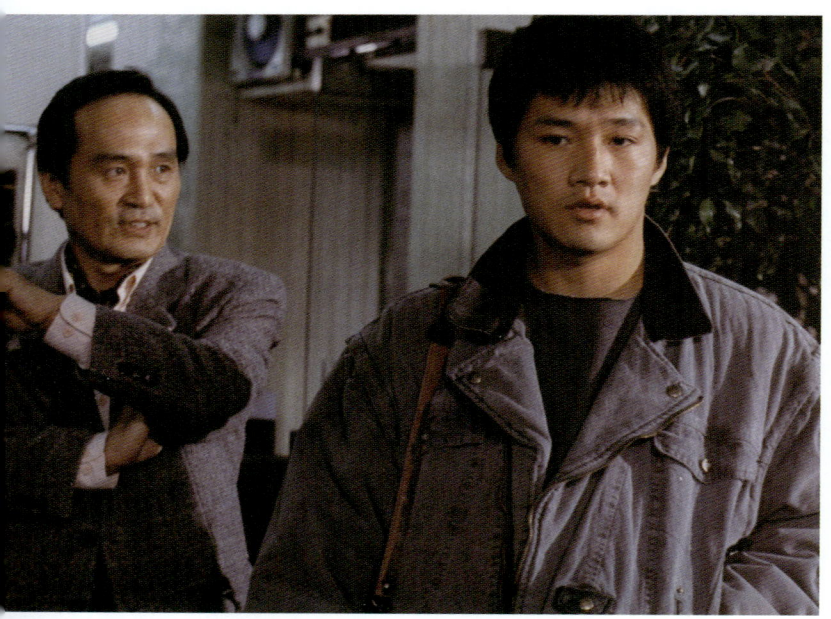

● 김호선 연출작. 1990년에 발표한 장정일의 첫 번째 장편소설 『아담이 눈뜰 때』(미학사)를 영화화한 작품. 작가 장정일은 이 소설을 책으로 출간한 직후 음란소설로 이 세상을 더럽힌다는 여론의 재판을 받았다. 그러나 해외 평은 달랐다. 일본 문예지 《新潮(신조)》 11월호에 이 소설이 번역돼 실리자 일본 요미우리 신문 사설은 "소비 사회의 인간적 삶을 독창적으로 형상화한 작가이자 포스트 모더니즘 소설을 대표하는 작가"로 평가했다.("요미우리 신문 등 아사이 신문 사설에 까지 인용된 사실 지적」, 동아 92. 3. 16)

춘사영화예술제에서 문미봉 우수연기상 · 신인 이윤성이 새얼굴여자연기상 수상.

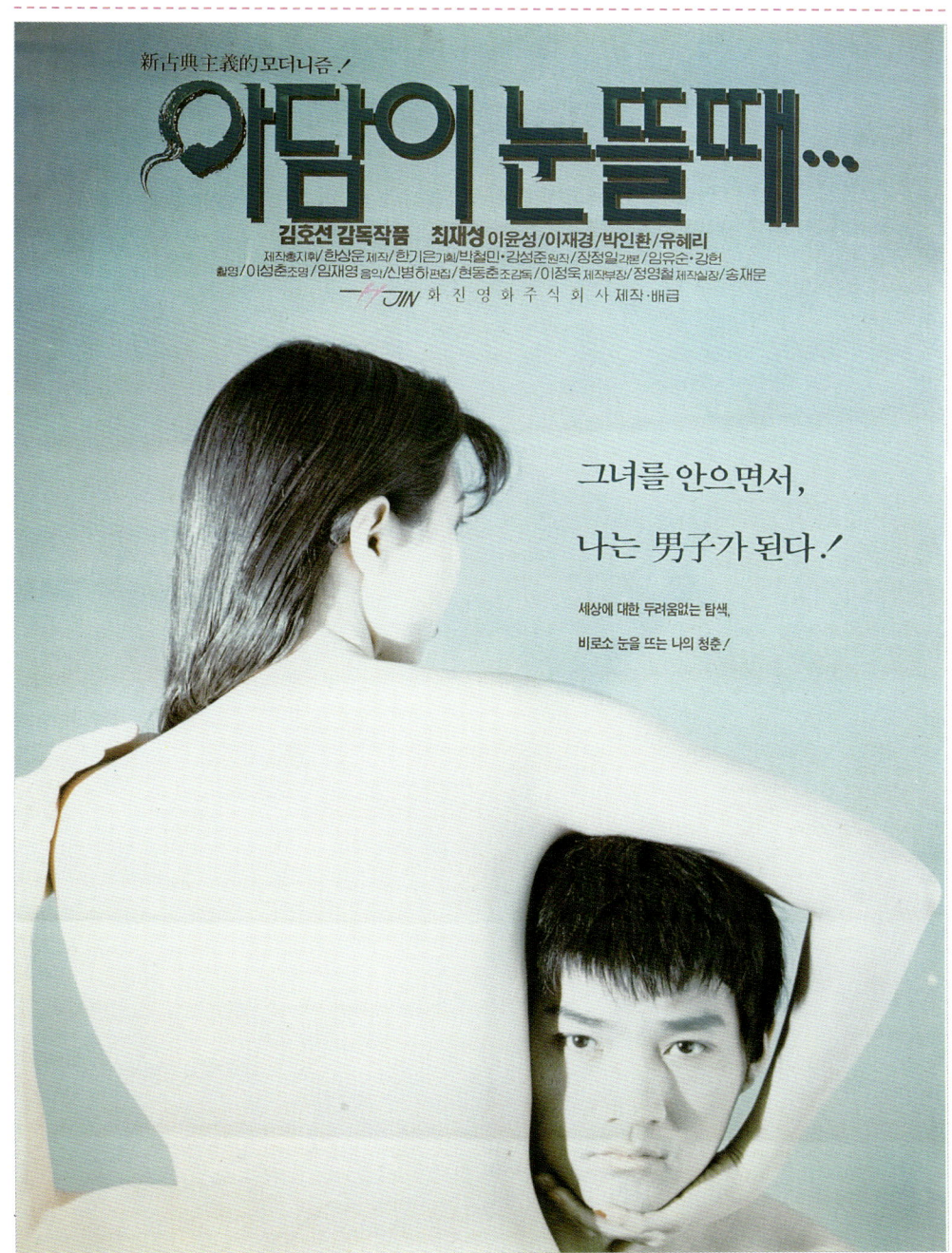

新古典主義的 모더니즘!

아담이 눈뜰때…

김호선 감독작품 최재성 이윤성/이재경/박인환/유혜리

제작홍지휘·한상운 제작/한기은기획·박철민·김성준원작/장정일각편·임유순·강헌
촬영·이성춘조명/임재영 음악/신병하편집/현동춘조감독/이정욱 제작부장/정영철 제작실장/송재문

JIN 화 진 영 화 주 식 회 사 제작·배급

그녀를 안으면서,

나는 男子가 된다!

세상에 대한 두려움없는 탐색,
비로소 눈을 뜨는 나의 청춘!

611

101번째 프로포즈 The 101st Proposition(1993)

(신씨네) 112분 극영화 고등학생가/로맨틱 코미디

감독 : 오석근
제작 : 신철
각색 : 노효정, 현남섭, 김무령, 오연주, 오정완
개봉 : 1993년 6월 19일 중앙, 롯데월드시네마, 롯데, 경원극장(서울)
관람인원 : 1만 5071명(서울)
출연 : 문성근, 김희애, 김금용, 김승우, 정철야, 어수경, 김선재, 양택조, 박용팔, 김경란 외
기획 : 차승재, 오정완
촬영 : 유영길
음악 : 송병준
조명 : 김동호
편집 : 박순덕, 박곡지
미술 : 조용삼, 김철웅
분장 : 김경진
소품 : 김정훈, 전선주, 한선성
의상 : 이수진
동시녹음 : 김원용
특수효과 : 김철석
사운드 : 강대성, 양대호, 김경일
스틸 : 윤진호, 한미진, 진희문
포스터 : 서미카엘, 이준용
프로듀서 : 차승재
조감독 : 이동원

39세의 만년 대리 구영섭(문성근)은 백 번째 맞선에서 교통사고로 약혼자를 잃었다는 첼리스트 지원(김희애)을 만난다. 자신에게 과분한 상대라고 여기지만 지원의 따뜻한 표정에 용기를 얻은 영섭은 구애 작전에 들어간다. 죽은 연인에 대한 슬픔에 젖어 있던 지원은 솔직하고 순진한 영섭에게 차츰 마음이 끌린다. 그러나 어느 날 세상을 떠난 약혼자와 너무도 닮아 있는 영섭의 상사를 보고 그녀는 마음이 흔들린다. 영섭은 지원을 잃을 것 같은 불안감에 휩싸이고 그가 걱정한 대로 지원의 마음은 상사에게 돌아선다.

새로운 자신의 모습을 찾기 위해 도전한 사법시험에서 실패하자 영섭은 지원에게 주려던 결혼반지를 강물에 던져버린다. 그때 죽은 약혼자보다 영섭의 순수한 사랑이 소중하다는 것을 깨달은 정원이 야간 작업장으로 그를 찾아온다.

● 영화 '네멋대로 해라'(1991)로 감독 데뷔한 오석근 연출작. '101번째 프로포즈'는 일본 후지TV의 동명 인기시리즈를 리메이크한 것이다. 각본 노지마 신지(野島伸司), 연출 미치노 미치오(光野道夫)로 일본에서는 1991년 7월에 방영되어 최고 시청률 36.6%를 올렸다.(Drama.tv.co.kr)
한국에서는 신씨네 신철 제작, 오정완 기획으로 관객의 반응과 캐스팅에 이르기까지 설문조사를 통해 일본 원작을 한국에서 영화화하는 데 따르는 각 상황을 재점검했다.(유지나 외, 『한국영화사 공부 1980~1997』, 한국영상자료원(KOFA)편, 이채, 2005년, p.201)
그러나 어리숙한 남자 역의 문성근은 기존의 날카로운 이미지에서 벗어나지 못했고 김희애도 영화보다 브라운관이 더 어울린다는 평을 받았다.

키드 캅 Kid-Cops(1993)

(시네월드) 75분 극영화 연소자가/아동

감독 : 이준익   제작 : 원정수
각본 : 허경진
개봉 : 1993년 7월 17일 동숭아트, 옴니, 힐탑, 여의도극장(서울)
관람인원 : 2만 1454명(서울)
출연 : 이재석, 김민정, 장영철, 정태우, 고규필, 독고영재, 장세진, 송သ 소영, 김동호, 김상익, 이춘연, 잼 외
기획 : ㈜씨네월드
촬영 : 신옥현   음악 : 강인구
조명 : 임재명   편집 : 박순덕
미술 : 오상만, 정승혜
의상 : ㈜워크 스페이스
사운드 : 영진공, 양대호
특수효과 : 김철석
스틸 : 박희재   사진 : 손기철

준호(이재석)는 은수(김민정)의 생일 선물을 준비하지만 형태(장영철)에게 선수를 빼앗긴다. 하는 수 없이 은수가 좋아하는 가수의 사인을 받아주기 위해 준호는 사인 행사가 열리고 있는 백화점으로 달려간다. 폐장 시간이 가까워진 백화점에 스케이트 보드를 타고 이곳 저곳을 누비던 준호는 우연히 경보 장치를 고장내고 있는 도둑들을 발견한다. 그들은 출구 경보장치를 고장 낸 후 경비들을 처치하고 중앙조정실과 통신실을 장악한다. 경찰에 신고하려 하지만 전화선이 끊겨 여의치 않게 되자 준호, 은수, 형태는 도둑 일당을 소탕하기 위해 힘을 합친다.

● 이준익 감독 데뷔작. 각본 허경진. 여름방학 시즌을 겨냥한 오락영화로 이재석, 김민정, 정태우 등이 발랄한 아역연기를 선보였다. 이준익은 이후 '황산벌'(2003)에 이어 '왕의 남자'(2005)로 한국영화의 흥행 판도를 뒤흔들어 놓는 이변을 낳는다.

참견은 노, 사랑은 오예 Love is Oh Yeah!(1993)

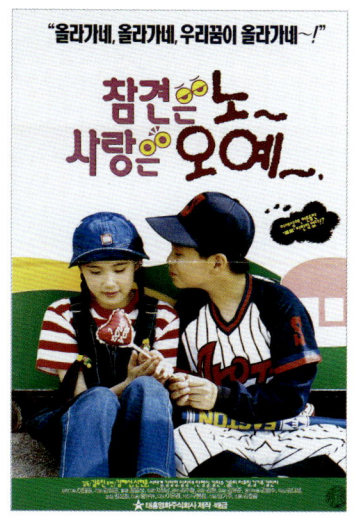

새 학년을 맞은 나래초등학교에 사랑의 봄이 찾아온다. 13세의 봄을 맞은 개구쟁이 기호(서재경)는 같은 반의 상희(김은미)에게 첫사랑의 감정을 느끼지만 상희는 병수(김철형)와 친할 뿐 눈길 한번 주지 않는다. 또한 체육교사 김 선생(신현준)은 기호의 담임인 최 선생(김혜선)을 짝사랑하지만 최 선생은 아이들을 돌보는 데만 최선을 다한다. 그러나 이러한 사랑의 설렘과 기쁨은 오래 가지 못한다. 기호와 병수는 자주 다투고 상희를 비롯한 여자아이들과도 사이가 틀어진다. 게다가 어른들의 간섭과 잔소리, 학원과 시험 때문에 한시도 마음 놓고 놀 수가 없다.

그러던 중, 기호의 제안으로 아이들은 돈과 시간을 모아 야구부 결성을 추진하기로 한다. 그러나 교장과 부모들의 반대로 이 계획은 무산되고 아이들은 실의에 빠진다. 이때 최 선생의 애정 어린 관심이 아이들에게 스스로 야구부를 만들 수 있다는 신념을 심어준다. 결국 아이들은 어른들의 간섭과 몰이해, 시험과 학원이라는 두터운 벽을 극복하고 야구부를 만든다. 상희는 야구 연습에 최선을 다하는 기호의 모습을 지켜본다.

● '단지 그대가 여자라는 이유만으로'(1990)라는 문제작을 만든 김유진 연출작. 연출자의 영화적 재능이 번뜩이는 작품으로 13세의 봄을 맞는 아이들의 사랑과 우정을 그린, 아동 영화. 영화 속에 나오는 소재와 에피소드도 특정 환경에 놓인 어린이의 가정사나 개인사가 아닌, 주변에서 볼 수 있는 평범한 아이들의 이야기에 초점을 맞추고 있다. 김유진이 청룡영화상 감독상, 참된 교육자의 모습을 연기한 김혜선이 여우조연상을 받았다.

(태흥영화사) 98분 극영화 연소자가/하이틴

감독 : 김유진
제작 : 이태원
각본 : 강희연
개봉 : 1993년 7월 17일 국도, 힐탑, 경원, 미도파극장(서울)
관람인원 : 8271명(서울)
출연 : 신현준, 김혜선, 서재경, 김철형, 김은미, 이대로, 서갑숙, 최동준, 김혜옥, 이지산 외
기획 : 이태원
촬영 : 정일성
음악 : 김수철
조명 : 차정남
편집 : 김현
미술 : 김유준
소품 : 김호길
의상 : 이은경
분장 : 최성희
동시녹음 : 김범수
사운드 : 강대성, 영진공, 양대호
스틸 : 양기주
조감독 : 금보상
수상 : 제14회 청룡영화상 감독상(김유진)·여우조연상(김혜선), 영진공 선정 좋은 영화

화엄경 華嚴經, The Avatamska Sutra(1993)

(태흥영화사) 126분 극영화 연소자불
가/종교

감독 : 장선우
제작 : 이태원
각본 : 장선우(원작 고은)
개봉 : 1993년 6월 26일 대한극장
(서울)
관람인원 : 6만 5403명(서울)
출연 : 오태경, 원미경, 이호재, 이혜
영, 김혜선, 독고영재, 신현준,
정수영, 이대로, 엄춘배, 박종
설, 박예숙, 박남희, 나갑성, 허
병섭, 윤구병, 김석만, 이은세,
임명구 외
기획 : 이태원
촬영 : 유영길
음악 : 이종구
조명 : 김동호
편집 : 김현
미술 : 김유준
소품 : 김호길
의상 : 이은경
분장 : 허석도
동시녹음 : 김원용
사운드 : 강대성, 양대호
특수효과 : 김철석
스틸 : 양기주
수상 : 제32회 대종상영화제 감독상
(장선우) · 심사위원특별상(태흥
영화 이태원) · 각색상(장선우)
· 음악상(이종구), 제30회 백상
예술대상 기술상(촬영: 유영길),
제4회 춘사영화예술제 촬영상
(유영길) · 조명상(김동호) · 음
악상(이종구) · 심사위원 특별아
역상(오태경), 제14회 영평상
최우수감독상(장선우) · 촬영상
(유영길), 영진공 선정 좋은 영
화, 제44회 베를린국제영화제
알프레드바우어상(영화예술창
안상)

어린 선재(오태경)는 전과자 문수의 보살핌 아래서 자라다가 문수가 사고로 죽자 어머니를 찾아 길을 나선다. 길에서 떠도는 동안 선재는 많은 사람들을 만난다. 피리를 준 법운(이호재), 바람둥이 지호(신현준), 어촌 의사 해운(독고영재), 장님 가수 이나(정수영), 꿈속의 요녀 마니(이혜영), 옥살이를 하고 있는 장기수 등을 만나 인간사의 희로애락을 배우고 체험한다. 그리고 어릴 때부터 선재를 사랑해온 이련(김혜선)을 다시 만난다. 이련과 동행하는 동안 이련과의 사이에 아기가 태어나고 선재는 또다시 천문대로 향한다. 거기서 박사에게 별의 생성과 소멸에 대한 얘기를 듣고 이련에게 돌아오지만 이련은 아기가 죽자 어디론가 떠나버린 뒤였다. 그가 만난 사람들, 그가 던진 질문들은 그를 성장하게하고 노동과도 같은 힘든 삶은 그에게 깨달음을 주었다. 그의 길 찾기와 방황은 진리에 도달하기 위한 도정이었다.

오랜 여행으로 지쳐 쓰러진 선재는 꿈속에서 어머니처럼 자애로운 연꽃 여인(원미경)을 만나고 꿈에서 깨어나자 이미 다른 사람의 아내가 된 이련을 만난다. 선재는 자신이 찾던 어머니가 이 세상이었음을 깨닫는다.

● 시인 고은의 동명 소설을 원작으로 하고 있다. 소설의 배경은 기원전 1~2세기의 인도와 서역 일대. 이 소설은 「화엄경」의 해설서가 아니라 「화엄경」 39품 가운데 마지막 장인 입법 계품, 즉 「선재동자의 구도 이야기」를 화엄의 무애사상과 결합시켜 일반 독자들이 읽을 수 있도록 구도소설로 각색한 것이다. 1969년부터 장장 22년 동안 독서신문, 「대중불교」 등에 연재되다가 1991년 민음사에서 출간되자 발매 2주 만에 3만 부(6판)가 팔려나갔다. 이는 후에 스웨덴에서 번역돼 평론가들로부터 "고은의 오디세이"라는 호평과 함께 "노벨문학상에서 한국의 고은이 유력하다"(스테판 라르센(스톡홀름대학 비교문학교수))고 내다보게 된 이유가 되기도 했다.(조선 07. 10. 11)

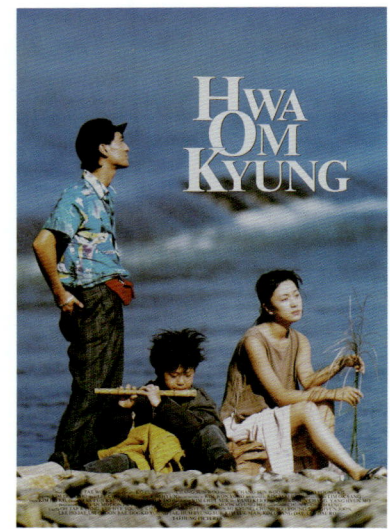

영화는 시공간을 현대의 한국으로 가져와 자신을 버린 '어머니 찾기'라는 과정을 통해 삶의 진리와 세상을 바라보는 시선을 명상적으로 그리고 있다.(「불교의 구도행각을 영상화」, 경향 93. 6. 9) 소년 선재가 어머니(보현)를 찾아 헤매는 과정, 그리고 종국에 가서 선재가 세상의 이치를 깨닫고 득도하게 되는 과정을 그리고 있다. 이를 위해 감독은 '화엄경'의 전체 이야기를 "진리의 큰 바다는 믿음으로써 들어가고 지혜로써 건넌다", "모든 것은 낮아서 바다가 되고 하늘은 거기에 내려와 있나니", "허무처럼 큰 공간은 없다", "애욕을 비웃지 마라, 보살의 시작이다"

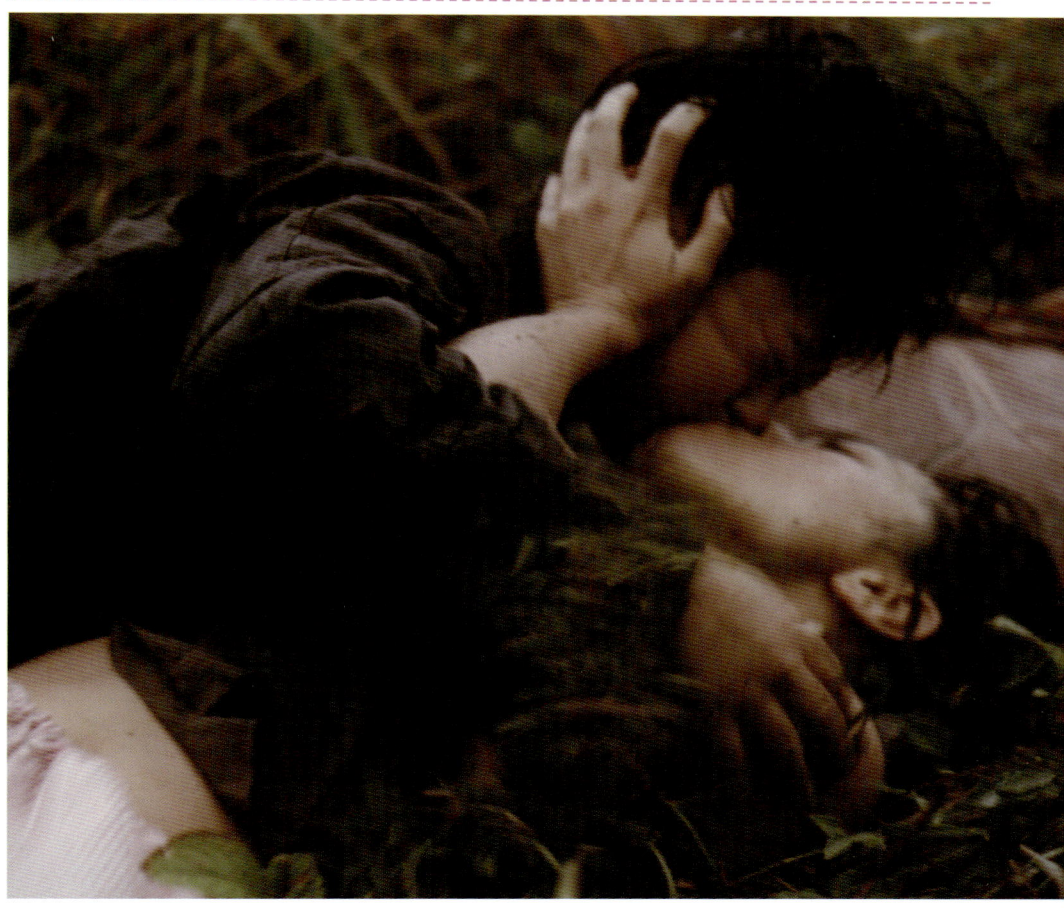

등의 화두와 분절된 모티브로 삶의 진리와 세상을 바라보는 시선을 명상적으로 처리했다.

　베를린국제영화제에서 8대 본상 중 하나인 알프레드바우어상을 수상, 이 상은 새로운 조망을 제시한 작품에 수여되는 영화예술창안상이다. 대종상과 영평상에서 장선우 감독상, 백상예술대상과 춘사영화예술제, 영평상에서 빼어난 화면을 구사한 유영길이 촬영상을 휩쓸었다. 서울 관객 6만 5430명으로 1993년도 한국영화 흥행 순위 8위에 올라 있다.

그 여자 그 남자 The Woman and The Man(1993)

(익영영화) 109분 극영화 연소자불가/
코미디

감독 : 김의석
제작 : 박상인
각본 : 박헌수
개봉 : 1993년 7월 24일 피카디리, 그
랑프리극장(서울)
관람인원 : 21만 7605명(서울)
수출현황 : 미국(93)
출연 : 강수연, 이경영, 김성수, 하유
미, 양택조, 양희경, 양형욱, 조
선묵, 최천심, 노주연 외
기획 : 심재명
촬영 : 구중모
음악 : 015B
조명 : 차정남
편집 : 박순덕, 박곡지
미술 : 조융삼, 유진상
소품 : 이경
의상 : 김서령
분장 : 김선진
동시녹음 : 이병하
사운드 : 강대성, 양대호
스틸 : 장미훈
조감독 : 김태규, 윤영순, 박상준
수상 : 영진공 선정 좋은 영화

27세의 은(강수연)의 직업은 신생아실 간호사. 수많은 생명의 탄생을 지켜보고 이를 돌보는 것이 그녀의 임무다. 그녀는 남자 알기를 우습게 보고 사랑이나 결혼보다 독신의 자유를 즐기며 살아간다.

29세의 독신남 석(김성수)은 방송국의 부고 담당 PD다. 누군가 죽기만을 기다리는 것이 그의 일이며 그의 삶의 척도는 자유와 행복이다. 구속하기도 구속받기도 싫고 누가 자신을 위해 희생하는 것도, 남을 위해 희생하는 것도 원치 않는다. 외로울 때 달려와 줄 애인(하유미)이 있는 그로서는 아무것도 부러울 것이 없다.

그 여자와 그 남자가 만났다. 고독과 외로움의 끝에서 서로의 감정이 잘 맞아 잠자리도 함께 했다. 그러나 개성이 뚜렷한 두 남녀가, 그것도 현대를 사는 이기적인 여자와 남자가 사랑이란 이름으로 의기투합하기 위해선 넘어야 할 벽들이 너무나 많았다.

● '결혼이야기'(1992)로 서울에서만 관객 53만 명을 동원하며 흥행 감독으로 떠오른 김의석의 남녀의 사랑과 성을 다룬 로맨틱 코미디. 익영영화사는 1992년 영화시장을 분석한 결과를 토대

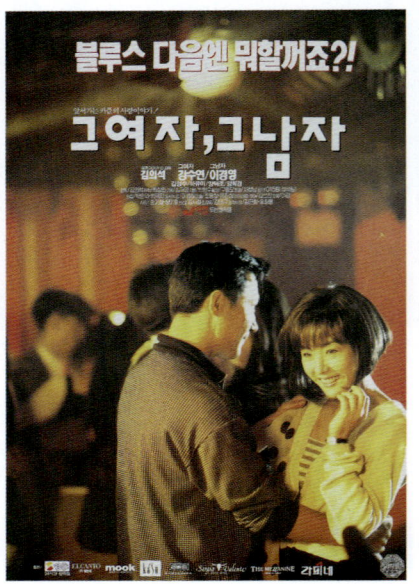

로 작가·감독·기획팀이 모여 현대 남녀의 사랑에 대한 고민과 의식을 경쾌한 코믹멜로로 만든다는 컨셉트를 정한 후 관객층을 염두에 둔 패키지 상품을 시도, '그 여자 그 남자'는 그 일환으로 만들어졌다.(유지나 외, 「한국영화사 공부 1980∼1997」, 이채, p.200∼201)

현대를 살아가는 젊은 남녀의 새로운 애정 풍속도를 그린 이 영화는 서울 관객 22만 명(21만 7605명)을 동원하면서 1993년도 한국영화 흥행순위 3위를 차지하는 기록을 세웠다. 1993년도 한국영화 제작 편수는 64편, 관객 10만을 넘긴 영화는 1위 '서편제'(104만 명)와 2위 '투캅스'(86만 명)를 제외하고는 '그 남자 그 여자', '그 섬에 가고 싶다'(14만 7310명), '가슴 달린 남자'(12만 8334명) 등이다.

살어리랏다 I will survive(1993)

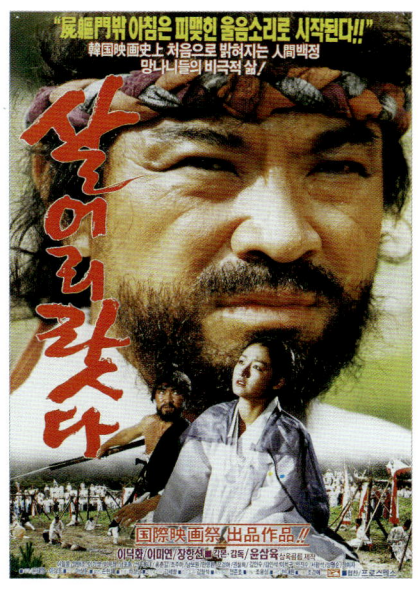

수문 밖 백정촌에 살고 있는 망나니 만석(이덕화)은 나라에 정변이 있을 때는 죄수의 목을 치기도 한다. 어느 날 대갓집 하인으로부터 내일 처형될 자기네 상전을 칼등으로만 쳐서 깨끗한 시신을 만들어 달라는 부탁을 받는다. 바로 그날 밤, 또 다른 여인이 돈을 들고 찾아온다. 그녀는 다름 아닌 내일 처형될 양반의 딸 숙영(이미연)이다. 양반들에게 사무친 원한을 갖고 있던 만석은 숙영을 유린한 후 약속대로 숙영의 부친을 칼등으로만 쳐서 곱게 죽게 해준다. 아버지의 시신을 찾으러간 숙영은 나졸들에게 붙잡혀 인신매매 거간꾼인 김 대감에게 끌려간다.

만석은 숙영의 소식을 듣고 그녀를 구출해준다. 숙영과 만석 사이엔 사랑이 싹트고, 옥동자까지 생긴 만석은 난생처음 행복한 나날을 보낸다. 만석은 숙영의 백부가 다시 세도를 잡을 수 있도록 도와주고 신분 상승을 꿈꾸지만 야비한 양반들에게 이용만 당하고 무참하게 버려진다.

● 각본 · 연출을 한 윤삼육은 '그늘진 삼남매'(1963)로 시나리오 작가로 데뷔한 후 이두용의 '피막'(1980), '뽕'(1985), '내시'(1986), 임권택의 '장군의 아들'(1990) 등 200여 편의 시나리오를 쓴 충무로 작가의 대명사로 알려져 있다.

'참새와 허수아비'(1983)로 감독 데뷔, '이태원 밤하늘엔 미국달이 뜨는가'(1991)에 이은 이 작품은 조선시대 인간 이하의 멸시와 차별을 받으며 살던 천민들의 삶과 인간의 기본적인 인권마저 무시하고 억압하는 사회제도로 인한 비극을 리얼하게 그리고 있다.(「모스크바국제영화제/이덕화 최우수남우상」, 한국 93. 7. 13) 삽입곡으로 "사당놀이", "친구의 목을 자른 만석의 슬픔", "생과 사의 갈림길", "천사여 영원하라" 등이 들어 있다.

이덕화는 이 작품으로 춘사영화예술제와 제18회 모스크바국제영화제에서 최우수남우주연상, 윤삼육은 대종상과 영평상 시나리오상을 받았다. 윤삼육은 거장 윤봉춘 감독의 아들로 연극배우 윤소정은 그의 여동생이다.

(삼육필름) 108분 극영화 연소자불가/사극

감독 · 각본 : 윤삼육
제작 : 윤태영, 이상운, 김세창
개봉 : 1993년 8월 21일 대한, 씨네하우스(서울)
관람인원 : 4만 229명(서울)
출연 : 이덕화, 이미연, 장항선, 이일웅, 남보원, 양택조, 이기영, 이무정, 남포동, 선우용녀 외
기획 : 이상운
촬영 : 손현채
음악 : 이종식
조명 : 차정남
편집 : 현대원
미술 : 조융삼
소품 : 이원우
의상 : 이해윤
분장 : 정준호
사운드 : 강대성, 양대호
특수효과 : 김철석
스틸 : 황태성
무술감독 : 황춘수
수상 : 제31회 대종상영화제 남우주연상(이덕화) · 각본상(윤삼육) · 음악상(이종식), 제4회 춘사영화예술제 남우주연상(이덕화) · 우수연기상(이일웅), 제14회 영평상 각본상(윤삼육), 제18회 모스크바국제영화제 최우수남우주연상(이덕화), 영진공 선정 좋은 영화

가슴 달린 남자 The Man with Breasts(1993)

(현진필름) 110분 극영화 고등학생가/
로맨틱 코미디

감독 : 신승수
제작 · 각본 : 김형준
개봉 : 1993년 9월 25일 서울, 롯데,
　　　씨네마천국(서울)
관람인원 : 12만 8334명(서울)
수출현황 : 중국(93)
출연 : 박선영, 최민수, 임경옥, 윤희
　　　정, 김미영, 정연주, 남궁원, 양
　　　택조, 윤동현, 김일우, 신귀식,
　　　한태일, 국정환, Tom Jenson,
　　　John Dryden, Bob Stewart,
　　　Lou Harris 외
기획 : 이석우, 이성자
촬영 : 진영호
음악 : 박광현
조명 : 이승구
편집 : 박순덕, 박곡지
미술 : 디자인그룹
소품 : 핸드멤버스
의상 : 하용수
분장 : 박준
동시녹음 : 이영길
사운드 : 소원종, 양대호
스틸 : 이태직, Michael Harrison, 김
　　　한진(미국 촬영), Eeic Dueker
　　　Lisa Harper, Robert Mack
　　　(미국 조명)
조감독 : 전수일, 임준호, 어윤혁
수상 : 제30회 백상예술대상 시나리
　　　오상(김형준), 제4회 춘사영화
　　　예술제 새얼굴여자연기상(박선
　　　영), 영진공 선정 좋은 영화

김혜선(박선영)은 직장에서의 남녀차별과 사회 구조상 여성의 지위 향상에 한계가 있음을 깨닫고 남자가 되기로 결심한다. 남자 변신에 성공한 김은 초일류 기업의 특수 프로젝트까지 따내면서 여직원들의 우상이자 동료들의 부러움을 사게 된다.

어느 날 그 앞에 최형준(최민수)이 나타난다. 회장의 특명으로 특수 프로젝트에 임하게 된 두 사람은 묘한 감정의 교란을 겪기 시작한다. 더구나 형준의 매력적인 약혼녀 미란(임경옥)이 김에게 관심을 보이자 김과 형준 사이는 더욱이나 어색해진다. 김도 언제부턴가 형준에게 특별한 감정을 갖게 된다. 아무것도 모르는 형준은 분명 남자인 김에게 끌려드는 자신을 발견하고 매우 당황한다. 그는 자신에게 동성애 소지가 있는 것으로 판단하고 김의 곁을 떠나기 위해 사표를 제출한다.

이 사실을 알게 된 김은 자신이 여자임을 밝히고 형준에게 사랑을 고백한다. 혼란스러워진 형준은 어디론가 사라지고 김은 프로젝트를 성공적으로 끝낸 후 남성이 아닌 여성 혜선으로 모습을 드러낸다.

● 신승수 연출작. 시나리오 김형준. 남장여자의 소재를 깊이 있고 신랄하게 파고든 이 영화는 영화적인 맛과 멋, 영화적 재미를 대중적인 수준에서 부드럽게 풀어내고 있다.
　백상예술대상에서 김형준이 시나리오상, 남장으로 연기한 박선영이 춘사영화예술제에서 새얼굴여자연기상을 받았으며 영진공 선정 좋은 영화에 선정되었다. 서울 관객 13만 명 동원으로 1993년 한국영화 흥행 순위 4위. 이 영화로 신승수는 흥행 감독의 반열에 올랐다.

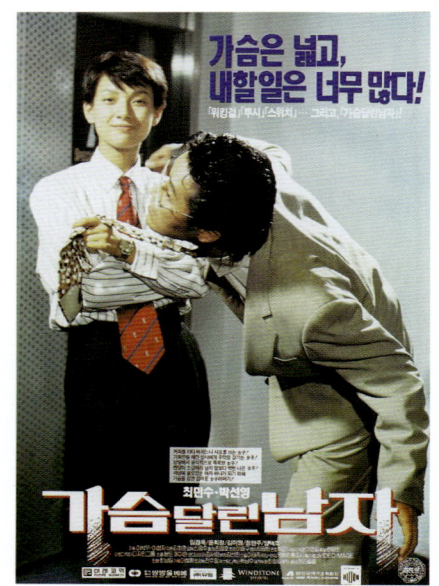

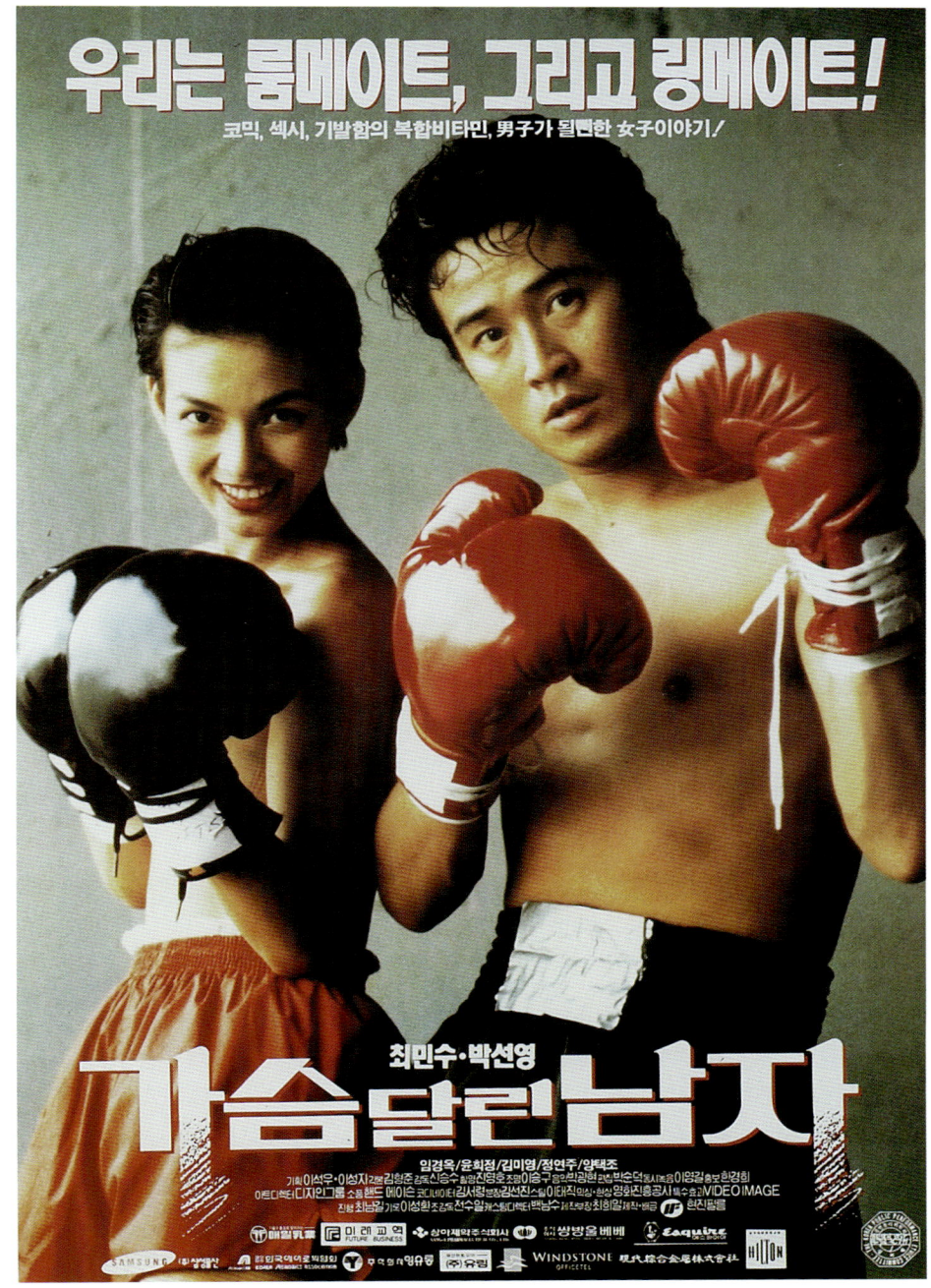

사랑하고 싶은 여자 &
결혼하고 싶은 여자
The Girl for Love and The One for Marriage(1993)

(합동영화) 115분 극영화 연소자불가/
코미디

감독 : 김호선　　**제작** : 곽정환
각본 : 유동훈, 육정원, 김대우
각색 : 임유순
개봉 : 1993년 9월 30일 서울, 브로
　　드웨이극장(서울)
관람인원 : 6만 9743명(서울)
출연 : 손창민, 심혜진, 최진실, 조선
　　묵, 조민기, 심양홍, 안병경, 임
　　미애, 박신양 외
기획 : 김현명, 이상준
촬영 : 서정민　　**음악** : 배영일
조명 : 최입춘　　**편집** : 현동춘
미술 : 조용삼, 오상만
의상 : 김현지, 김현미
동시녹음 : 양하보, 이충환
사운드 : 김경일, 양대호
스틸 : 최승화
조감독 : 이정욱, 박영훈, 양윤호, 김문수
수상 : 영진공 선정 좋은 영화

미국에서 돌아온 수줍고 얌전한 유라(최진실)는 활발하고 도전적인 진희(심혜진)의 집에 얹혀살게 된다. 이들은 친구 사이지만 친구라기 보다 자매처럼 다정하다. 방송국에서 일하는 진희 앞에 플레이보이 PD 현우(손창민)가 나타나면서 사태는 미묘하게 반전된다. 그는 두 여자를 동시에 유혹하고, 둘의 우정은 질투로 바뀐다. 그들은 각자 사랑의 힘겨루기에서 팽팽하게 맞서지만 결국 현우와 유라의 결혼으로 끝난다.

● 김호선의 15번째 연출작. 시나리오를 쓴 작가 유동훈이 총감독을 맡고 김호선이 현장 연출, 정인엽이 후반작업을 책임지는 분야별 제작방식을 도입해 눈길을 끌었다.(매일경제 93. 7. 30) 총감독을 맡은 유동훈은 1967년 뒤마 피스의 고전을 우리 실정에 맞게 번안해서 쓴 '춘희'(정진우 연출)로 시나리오작가 데뷔, 영화 '야생마'(1983) 연출로 감독데뷔했다. 정인엽은 영화 '애마부인'(1982)로 널리 알려진 멜로의 거장이다. 이 영화는 여자 다루기에 능란한 방송국 PD와 그 부하직원 진희, 그리고 그녀의 친구 유라가 펼치는 삼각관계를 밝고 경쾌하게 그린 라이트 코미디다. 서울 관객 7만여 명 동원.

선유락 船遊樂, Boating Dance(1993)

(키스톤프로덕션) 93분 극영화 고등학
생가/미스터리

감독 : 송영수
제작 : 권해만
각본 : 이호성
개봉 : 1994년 2월 21일 르네상스시
　　네마, 씨네하우스(서울)
관람인원 : 485명(서울)
출연 : 윤동환, 오혜연, 이일재, 최지
　　영, 김연, 남영진, 엄정배, 상일
　　환, 김윤형, 장정국 외
기획 : 서윤석, 권오현
촬영 : 정순상
음악 : 전상윤
조명 : 신준하
편집 : 현대원
미술 : 전찬훈
분장 : 충무로분장
스틸 : 백영호
사운드 : 이성근, 양대호
제작총지휘 : 김형구
조감독 : 김덕호, 이호성, 강성오, 이승
　　재, 이형윤

신문기자 민경모(윤동환)는 국장으로부터 지방에서 일어난 살인사건의 취재 지시를 받고 현장으로 내려간다. 마을은 살인사건과는 상관없이 온천개발 붐으로 들떠 있었다. 그때 장우규(이일재)라는 사람이 나타나 민 기자에게 건설회사의 온천시추 지점은 풍수와 역학의 논리로 볼 때 절대로 온천이 나올 수 없다는 것과 온천 개발에 따른 부동산 투기와 관련하여 살인사건이 발생할 것을 예고한다. 그러나 민 기자는 이를 일축해 버린다.

며칠 후 민 기자는 마을에서 벌어진 내림굿을 구경하게 되고 굿을 주도하는 무당이 이곳에 내려올 때 같은 버스에 동승했던 혜연(오혜연)임을 알게 된다. 장우규의 경고대로 또 하나의 살인사건이 발생하고 혜연과 사랑하는 사이가 된 민 기자는 풍수지리에 미친 장우규에게 혐의를 둔다. 그러나 장우규가 의학용 시약이 묻은 칼에 찔려 죽음으로써 혜연이 범인임이 드러난다.

● '우리는 지금 제네바로 간다'(1987)를 연출한 송영수의 마지막 작품. '선유락'은 한반도가 배의 형상을 하고 있다는 풍수지리설에 근거해서 땅을 둘러싼 인간들의 싸움을 미스터리 수법으로 그려낸 영화. 평화롭던 마을이 온천을 개발하려는 대기업의 이권에 연루되어 난장판이 되고 살인 사건까지 일어난다. 그동안 동료감독들이 연출한 영화에서 양아치, 강간범, 최수 등 하층민의 역할로 카메오 출연을 자청했던 송영수는 이 영화를 끝으로 1996년 54세의 나이로 타계했다.

한줌의 시간 속에서 In a Handful of Time(1993)

1930년대, 충남의 한적한 해안가. 독일의 유명대학 고고학과 이 교수 (전무송)가 늙고 병든 몸을 이끌고 고향인 이곳을 찾는다. 예전에 융성했던 집안은 이제 폐허로 변했다. 이 교수에게는 언제나 그리움으로 다가서는 어머니(양금석)와 아버지(상일환), 여자친구인 영애(이가영), 그리고 어릴 적 자신의 모습이 지금의 노추를 감싸는 유일한 희망이다. 이 마을의 꽃다운 무녀는 절망을 안겨주고 마을에 떠도는 문둥이들은 죽어가는 자신의 투영으로 보여진다. 과거와 현재, 삶과 죽음, 아름다움과 추함 인생의 애잔함과 막연한 그리움을 밀도 있게 묘사했다.

● 백일성 감독 데뷔작. 이탈리아에서 4년 동안 연출 공부를 했고 귀국 후 자신의 시나리오를 갖고 예술지상주의를 배격한다는 취지 아래 이 영화를 제작·감독했다. 전무송 주연. 제작비 10억 원을 들여 만든 이 영화는 외국에서 대부분의 세월을 보낸 한 고고학자가 죽음을 앞두고 고향에 돌아와 지난 세월을 돌아보며 인간의 태생을 반추한다는 줄거리. 스윗 클라스 오케스트라가 연주하고 테너 유태왕이 피날레 송을 불렀다. 이탈리아 살제리노시(市)가 주최한 살제리노 국제영화제(1996년 10월 6일 부터 11일까지)에 출품되어 작품상을 받았다.

(구월당기획) 116분 극영화 연소자불가/드라마

감독·제작·각본 : 백일성

개봉 : 1994년 5월 14일 코아아트홀 (서울)

관람인원 : 5226명(서울)

출연 : 전무송, 이미경, 양금석, 상일환, 이가영, 탁정은, 김규민, 최성관, 손전, 추석양, 김애라 외

기획 : 김호한

촬영 : 최찬규

음악 : 최재봉

조명 : 김강일

편집 : 김희수

미술 : 김유준

소품 : 김호길

의상 : 이해윤

분장 : 정기운

사운드 : 김경일, 미리암스튜디오, 양대호

특수효과 : 이정일

조감독 : 문성제

수상 : 제4회 춘사영화예술제 심사위원 특별작품상(구월당 기획), 제46회 이탈리아 살제르노국제영화제 최우수작품상

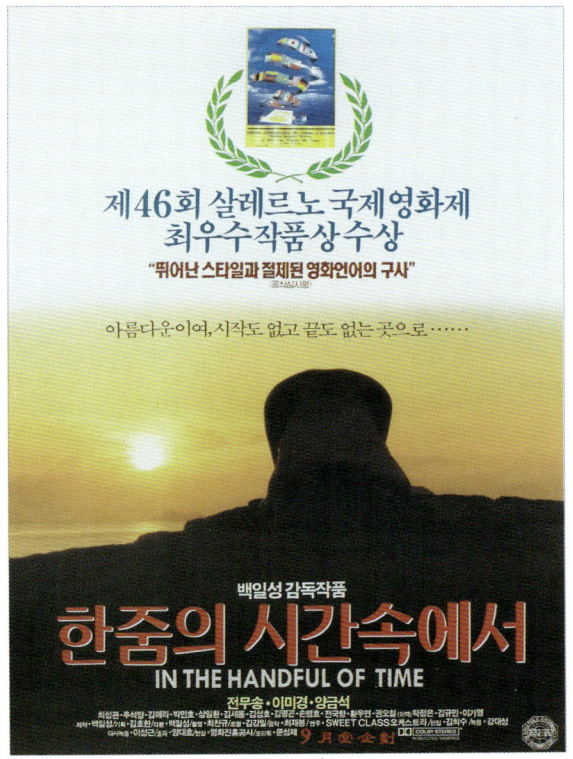

투캅스 Two Cops(1993)

(강우석프로덕션) 110분 고등학생가/
코미디

감독 · 제작 : 강우석
각본 : 김성홍
개봉 : 1993년 12월 18일 피카디리,
　　　그랑프리극장(서울)
관람인원 : 86만 433명(서울)
수출현황 : 중국(94)
출연 : 안성기, 박중훈, 김보성, 지수
　　원, 김혜옥, 심양홍, 양택조, 윤
　　문식, 최종원, 주호성 외
기획 : 권영락, 전양준
촬영 : 정광석
음악 : 최경식
조명 : 신학성
편집 : 김현
미술 : 조용삼, 오상만, 김복일, 김규혁
소품 : 김태옥, 장석범
의상 : 김서령, 임정은, 이경희
분장 : 김선진, 박지윤, 최정
동시녹음 : 김범수
사운드 : 양대호
특수효과 : 김철석, 천동환
스틸 : 윤진호, 진희문
조감독 : 김상진, 권규오, 유흥삼, 이장
　　욱
수상 : 제32회 대종상영화제 남우주연
　　상(안성기, 박중훈) · 최고인기
　　남자배우상(안성기, 박중훈), 제
　　15회 청룡영화상 남우주연상
　　(박중훈) · 최다관객상, 제30회
　　백상예술대상 대상(안성기) · 작
　　품상(강우석 프로덕션) · 감독상
　　(강우석) · 남우주연상(안성기)
　　· 신인연기상(지수원), 제14회
　　영평상 남우주연상(안성기), 영
　　진공 선정 좋은 영화

환락가를 누비고 다니던 조 형사(안성기)와 그의 파트너 김 형사(주호성)는 불법 영업 중인 가라오케를 봐주다가 시경 검찰반의 급습으로 적발당한다. 눈에 띄게 부를 축적해 둔 김 형사는 파면당하고 서민 아파트에서 가난하게 살고 있는 조 형사는 경고 처분만 받는다. 이 사건으로 조 형사는 경찰학교를 수석으로 졸업한 신참 강 형사(박중훈)를 새로운 파트너로 맞게 된다. 그러나 매사에 정석대로 일을 처리하는 강 형사 때문에 능청스럽게 세 상사를 살아가던 조 형사로서는 곤혹스럽지 않을 수 없다. 그래서 조 형사는 원리원칙을 내세우며 반발하는 강 형사를 자기편으로 만들기 위해 갖은 노력을 다한다. 그러던 어느 날 강 형사 앞에 수원(지수원)이라는 여자가 찾아와 정체불명의 괴한들에게 협박을 받고 있다면서 도움을 청한다. 결국 강 형사는 영문도 모른 채 사건의 내막에 다가서기 위해 수원의 집을 방문하고 협박전화에 시달리는 그녀의 모습을 확인하게 된다. 두 형사 사이에 등장한 미모의 여성으로 인해 사건은 갑자기 엉뚱한 방향으로 전개되어 나간다.

● 강우석 제작 · 연출작. 강우석 프로덕션의 첫 작품. 각본 김성홍. 안성기, 박중훈 투톱이 출연한 최초의 영화이기도 하다. 부패하고 능글맞은 조 형사와 강직한 강 형사가 파트너로 만나 서로 좌충우돌하면서 콤비를 이루어나가는 블랙코미디. 그동안 금기시되어 오던 경찰 공권력에 대한 이례적인 소재에다 경찰의 모습을 부정적이고 위선적으로 다루고 있다고 해서 감독이 경찰청에 불려 다니는 등 영화 크랭크인 때부터 외압에 시달려야 했다.('문민시대의 경찰상과 영화 내용이 다르다'는 취지의 자막을 넣도록 강요., 동아 94. 1. 14 사설) 그러나 감독은 '투캅스'가 반드시 흥행에 성공하리라는 믿음 때문에 배우들의 NG장면 하나도 버리지 않고 남겨두었다고 한다.

그 당시는 지금처럼 개봉관을 20~30개씩 잡을 수 있는 여건이 아니어서 서울에서만 5개 관에서 86만 명에 이르는 폭발적인 관객 수와 전국 관객 284만을 동원, '서편제'(104만 명) 1위에 이어 1993년도 한국영화 흥행 순위 2위, 역대 한국영화 흥행 순위 37위(1974~2004년까지 30년간 제작된 영화) 등으로 1990년대 초반 한국영화 흥행 판도를 바꿔 놓았다.

프랑스 영화 '마이 뉴 파트너(My New Parter)'(1984)의 원형을 그대로 옮겨다 놓았다는 비난을 받기도 했으나 재미와 메시지 면에서는 '마이 뉴 파트너'를 능가한다('흥행 성공 '투캅스' 불(佛)영화 모방에 실망, 동아 94. 4. 16, 조선 94. 4. 15)는 평을 들었다. 어쨌든 이 영화의 대박 흥행으로 강우석은 블랙코미디 장르 개척과 함께 영화 사업가로 성공하는 계기를 마련했다.

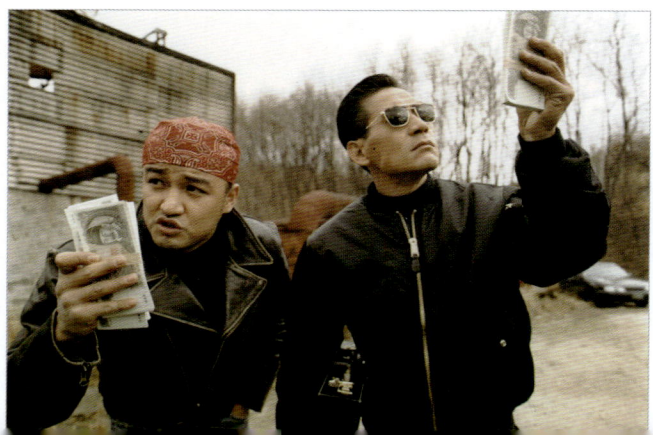

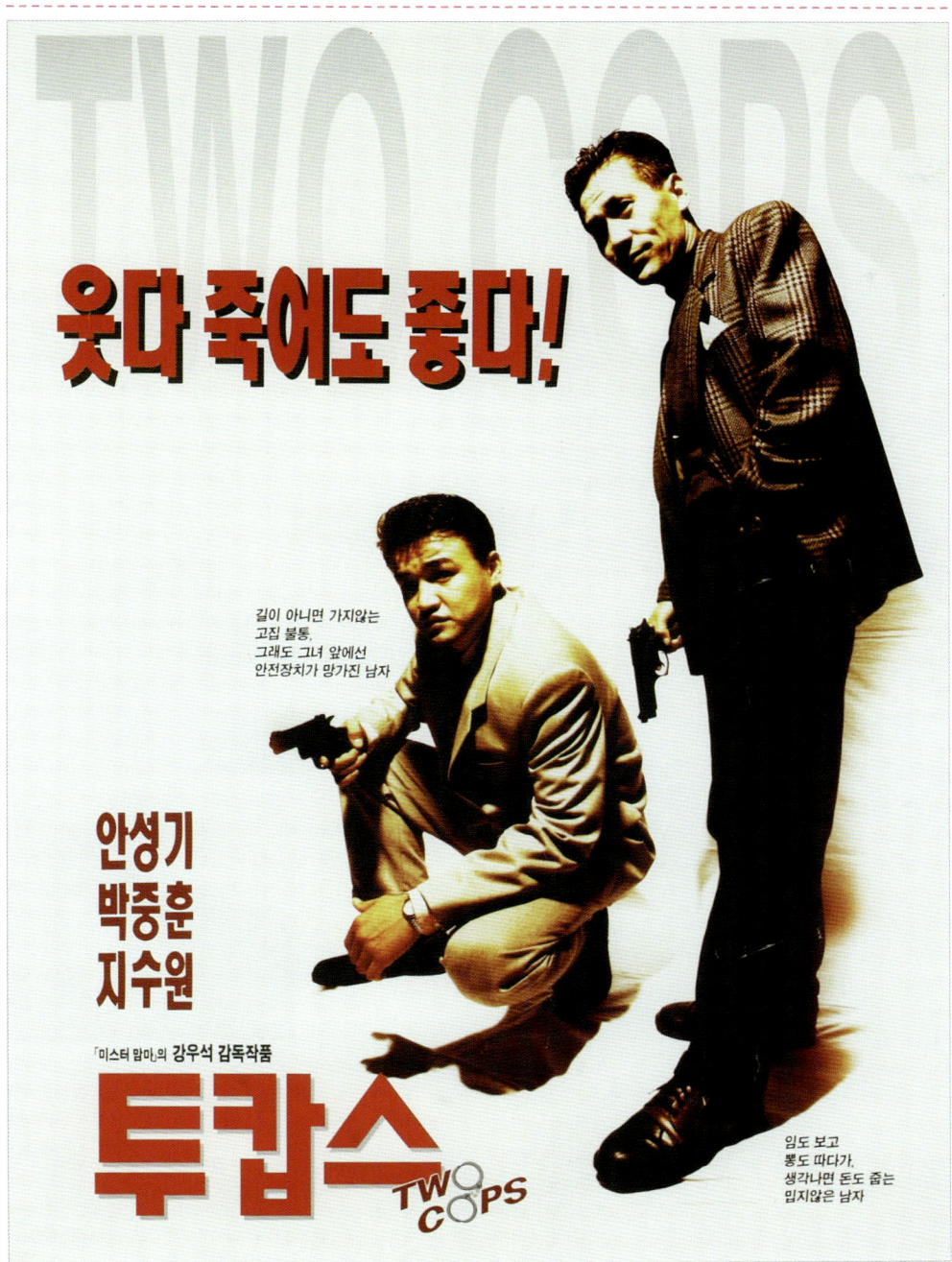

웃다 죽어도 좋다!

길이 아니면 가지않는
고집 불통,
그래도 그녀 앞에선
안전장치가 망가진 남자

안성기
박중훈
지수원

「미스터 맘마」의 강우석 감독작품

투캅스
TWO COPS

임도 보고
뽕도 따가,
생각나면 돈도 줍는
입지않은 남자

그 섬에 가고 싶다 To the Starry Island(1993)

(박광수 필름) 101분 극영화 고등학생
가/사회물

감독 · 제작 : 박광수
각본 : 이창동, 임철우, 박광수(원작
　　　임철우)
개봉 : 1993년 12월 25일 호암아트
　　　홀, 코아아트홀, 신촌아트홀,
　　　뤼미에르극장(서울)
관람인원 : 14만 7310명(서울)
수출현황 : 영국(94)
출연 : 안성기, 문성근, 심혜진, 안소
　　　영, 이용이, 김용만, 허준호, 최
　　　형인, 이경영, 명계남 외
기획 : 박기용
촬영 : 유영길
음악 : 송흥섭
조명 : 김동호
편집 : 김현
미술 : 조융삼
소품 : 김태욱
의상 : 권유진
분장 : 허석도
동시녹음 : 이병하
사운드 : 강대성, 양대호
특수효과 : 김철석, 정한호
스틸 : 레오나르드셀바
조감독 : 이창동, 박병권, 박홍식, 오승
　　　욱, 허진호, 김석태, 장문일
수상 : 제32회 대종상영화제 의상상
　　　(권유진), 제46회 스위스 로카
　　　르노영화제 본선, 제15회 낭트
　　　3대륙영화제 관객상

문재구(문성근)는 아버지 문덕배의 유언에 따라 꽃상여를 배에 싣고 친구이자 시인인 김철(안성기)과 함께 고향인 섬으로 온다. 그러나 섬사람들은 배를 섬에 대지 못하도록 완강히 저지하고 나선다. 가까스로 혼자 섬에 도착한 김철은 너무도 슬프고 아름다웠던 네 여인에 대한 추억과 그 해 여름날의 사건을 떠올린다.

1950년 한국전쟁이 일어나던 해, 엄마가 없는 철은 동네 아낙들의 품에서 자랐다. 남편에게 버림받은 재구의 어머니 넙도댁과 타고난 색기로 동네 남자들의 관심을 한 몸에 받았던 벌떡녀, 그리고 남편에게 얻어맞고 살다가 무당이 된 업순네, 그리고 어린 철에게 젖을 물려주며 꿈과 사랑을 알게 해준 바보 옥님(심혜진) 등이 그들이다.

그 평화롭던 마을에 어느 날, 무장한 인민군들이 들이닥치더니 반동분자를 색출해내기 시작했다. 그것은 자기 한 목숨을 부지하기 위해 이웃을 고발한 문덕배의 짓이었다. 그로 인해 섬사람들은 가족을 눈앞에서 잃고 가슴속에 한을 안고 살아왔던 것이다. 전쟁이 끝나자 배신자 문덕배는 섬에서 쫓겨났다. 섬사람들은 문덕배의 상여가 들어오지 못하게 배에다 불을 지르고 철과 재구는 불타는 상여를 물끄러미 바라 볼 뿐이다.

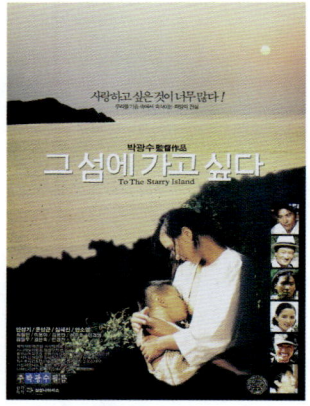

● 1993년 박광수는 영화사 박광수필름을 설립. 그 첫 작품으로 '그 섬에 가고 싶다'를 제작 · 각본 · 연출했다. 1991년에 발표한 임철우의 소설 『그 섬에 가고 싶다』(살림)에 등장하는 섬은 낙일도라는 가상의 공간을 통해 섬사람들의 삶이 때로는 동화처럼, 때로는 풍랑 같은 격정으로 그려진다.(경향 91. 5. 12 임철우 인터뷰) 무대는 보길도 예송리. 이창동, 임철우, 박광수가 이 소설을 공동 각색하는 데만 1년여가 걸렸다고 한다. 영화는 순수했던 시절로 "가고 싶다"는 간절한 소망을 담아 사람들이 잃어가고 있는 것들을 서정적인 영상으로 담아내고 있다. 특히 죽은 사람들이 별이 되어 춤추는 마지막 장면이 인상적이다.

박광수의 영화 작업은 "형식미와 사물에 대한 깊은 통찰을 지닌 영화"라는 평을 받아 왔으며, 여기서도 아버지의 시신을 고향 섬에 묻기 위해 찾아왔으나 결국 아버지의 꽃상여를 실은 배는 섬에 오르지 못한 채 바다에서 불태워진다는 분단의 의미를 함축시키고 있다. 소설 제목에서 보듯이 '섬'은 사람 사이에 결코 다가갈 수 없는 불통의 상징이면서 타인과의 소통을 꿈꾸는 "가고 싶다"를 갈망한다는 점에서 의미 부여가 같다고 할 수 있다.

문성근이 문재구와 그 아버지 문덕배 등 1인 2역을 맡고 시인 황지우, 김형철, 문학평론가 김사인 진홍준(홍익대교수) 등이 마을 사람과 선원으로 출연하고 있다.(경향 93. 8. 14) 대중상에서 의상상, 로카르노영화제 본선에 진출했다. 이창동은 이 영화의 각본과 조감독을 맡으면서 영화계에 진출, 프랑스 27개도시 극장에서 상영됐다. 관객 15만으로 1994년도 한국영화 흥행 순위 7위. 한국영상자료원(1936년부터 1996년까지)의 한국영화 100선에 선정됐다.

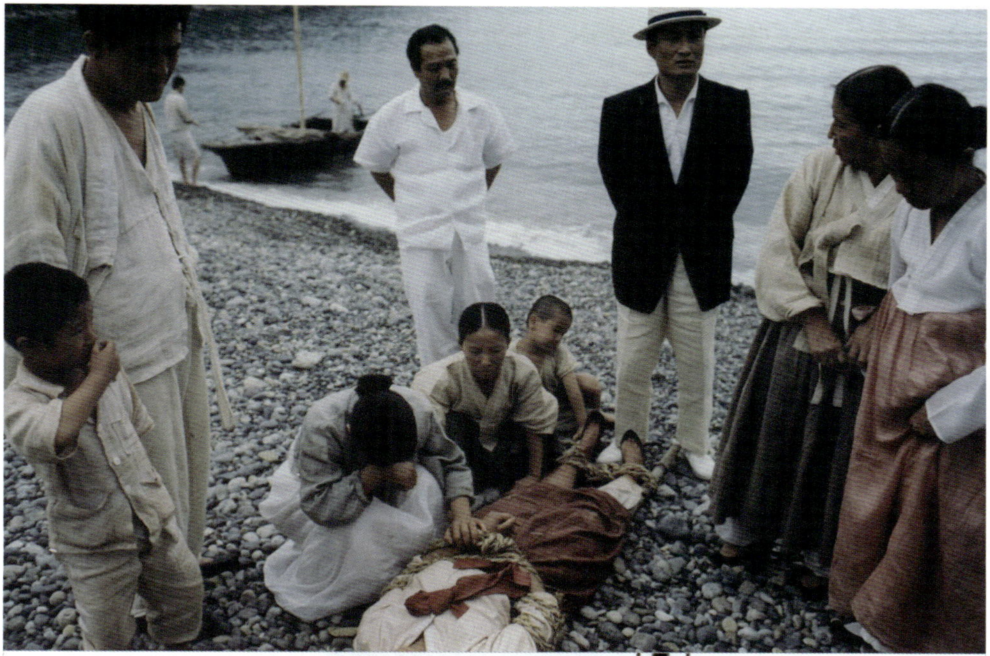

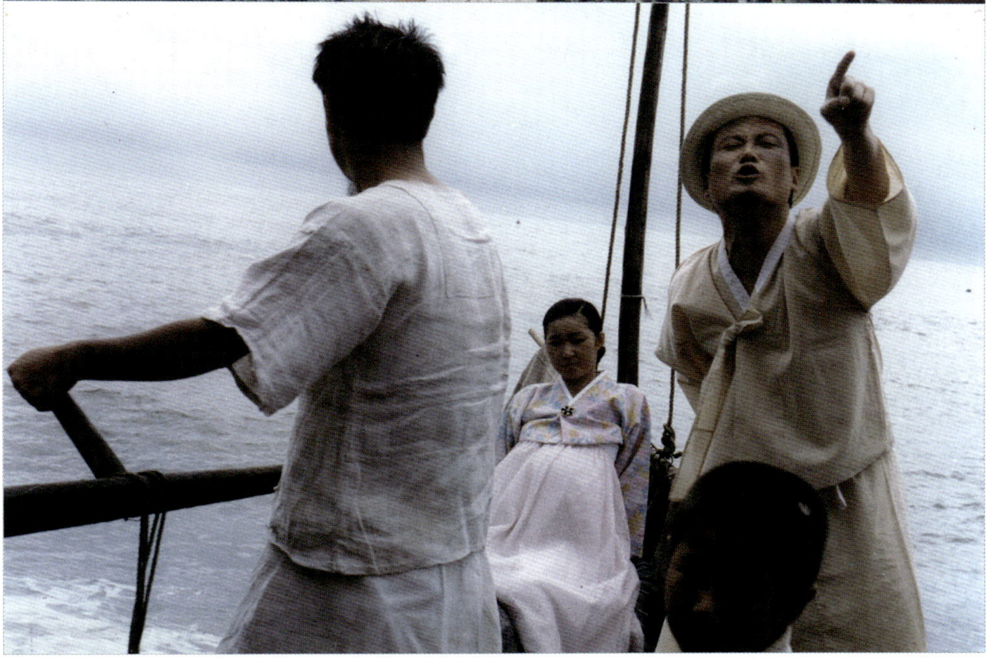

영원한 제국 永遠한 帝國, Eternal Empire(1994)

(대림영상) 126분 극영화 연소자가/사
극미스터리

감독 : 박종원
제작 : 서경석, 박건섭
각본 : 임상수, 박성조, 박종원
　　　　(원작 이인화)
개봉 : 1994년 1월 28일 명보, 씨네하
　　　　우스(서울)
관람인원 : 4만 6767명(서울)
수출현황 : 일본(95)
출연 : 안성기, 조재현, 김혜수, 김명
　　　곤, 최종원, 권일수, 손전, 박종
　　　철, 서효승, 김희라, 이승철, 김
　　　일우, 임일찬, 현길수, 유순철,
　　　장인한, 장정국, 박광진, 주상
　　　호, 나갑성, 조은주 외
기획 : 박건섭
촬영 : 전조명
음악 : 황병기
조명 : 박현원
편집 : 이경자
미술 : 주병도
세트 : 정대용
소품 : 장수남
의상 : 김기철
분장 : 김석중, 홍대건
특수분장 : 홍기천
동시녹음 : 이승철
스틸 : 윤동실
사운드 : 강대성, 오기삼
특수효과 : 정도안, 원정웅
조감독 : 박은형, 김광중, 서병채, 박상
　　　　　준
수상 : 제33회 대종상영화제 최우수작
　　　품상(대림영상)·감독상(박종
　　　원)·조연남우상(최종원)·촬영
　　　상(전조명)·조명상(박현원)·
　　　편집상(이경자)·미술상(미술
　　　팀)·음향효과상(이승철 강대
　　　성), 제31회 백상예술대상 기술
　　　상(촬영: 전조명)·음악상(황병
　　　기)·인기상(김혜수), 제15회
　　　영평상 대상·남자연기상(안성
　　　기)·음악상(황병기)·촬영상
　　　(전조명), 영진공 선정 좋은 영
　　　화

조선왕조 제21대 영조와 22대 정조시절, 신권(臣權) 중심의 사상을 지닌 노론과 왕권(王權) 중심의 사상을 지닌 남인이 대립하게 된다. 특히 집권 세력인 노론에 의해 왕위에 오른 영조는 정책 수행에 어려움을 겪을 수밖에 없다. 영조의 아들 사도세자는 개혁을 추진하여 왕권을 강화시키려다 광인으로 몰려 뒤주에 갇혀 죽는다. 한편 영조의 뒤를 이어 왕좌에 오른 정조는 노론의 끊임없는 반대 속에서 부왕인 사도세자의 의 유지를 따라 재야 남인 세력과 함께 왕권 강화 정책을 추진해 나간다.

새벽, 정조 24년. 절대적 왕권 정치를 추구하는 정조(안성기)와 귀족주의적 신권 정치를 주장하는 노론의 이념 대립이 극에 달해 있던 어느 날, 정조의 명을 받아 선대왕인 영조의 서책을 정리하던 장종오(서효승)가 알 수 없는 이유로 숨진다. 장종오의 죽음을 가장 처음 알게 된 사람은 규장각 대교인 이인몽(조재현), 그는 정조가 노론 세력을 견제하고자 암암리에 지원하고 있던 남인 세력의 일원으로 왕의 총애를 받고 있는 인물이다.

아침, 인몽의 보고를 받은 정조는 어찌된 일인지 정적이자 노론의 총수인 심환지(최종원)에게 이 사건의 수사를 명한다. 그리고 이인몽에게 『시경천견록고』라는 책을 찾아오라고 하자 이인몽은 추리에 능한 형조 참의 정약용(김명곤)에게 도움을 청한다. 정약용의 추리로 장종오의 사인은 석탄에 의한 질식사로 판명되고, 바로 그 『시경천견록고』라는 책과 관련되어 타살되었음이 밝혀진다.

그런 와중에 남인의 거두이자 정조의 스승이었던 채제공(박종철)의 아들 채이숙(박종철)이 노론 측의 고문으로 숨진다. 또한 노론의 하수인 내시감 서인성(권일수)은 아침에 규장각 앞을 서성이던 내시 이경출(신종태)을 뚜렷하지 않은 이유로 처형한다.

낮, 이 세 명의 죽음이 하나로 모아지는 것이 바로 『금등지사』라는 책이다. 그런데 과연 이 책은 『시경천견록고』와 같은 책인가, 아닌가? 모든 것은 베일에 가려져 있고 다만 책이 공개되면 커다란 소용돌이가 휘몰아칠 것이라는 예상만이 떠돌고 있었다. 그런 가운데 그것이 자신들이 모함해서 죽게 만든 사도세자에 관한 영조의 비밀스러운 언급이라는 사실을 알게 된 노론 측은 채이숙이 죽기 전 그에게서 『금등지사』를 전해 받은 인몽의 전처 상아(김혜수)의 뒤를 추적한다.

늦은 오후, 장종오의 사인을 전해들은 정조는 내시감 서인성을 추궁하고 과정에서 이 사건은 정조가 노론세력을 제거할 빌미를 만들기 위해 의도적으로 파놓은 함정이었음이 밝혀진다. 이러한 정조의 계략을 모른 채 장종오를 죽인 서인성은 궁지에 몰리자 왕에게 칼을 겨눈다.

밤, 해는 떨어지고 주위가 어두워지자 채이숙의 아버지인 채제공의

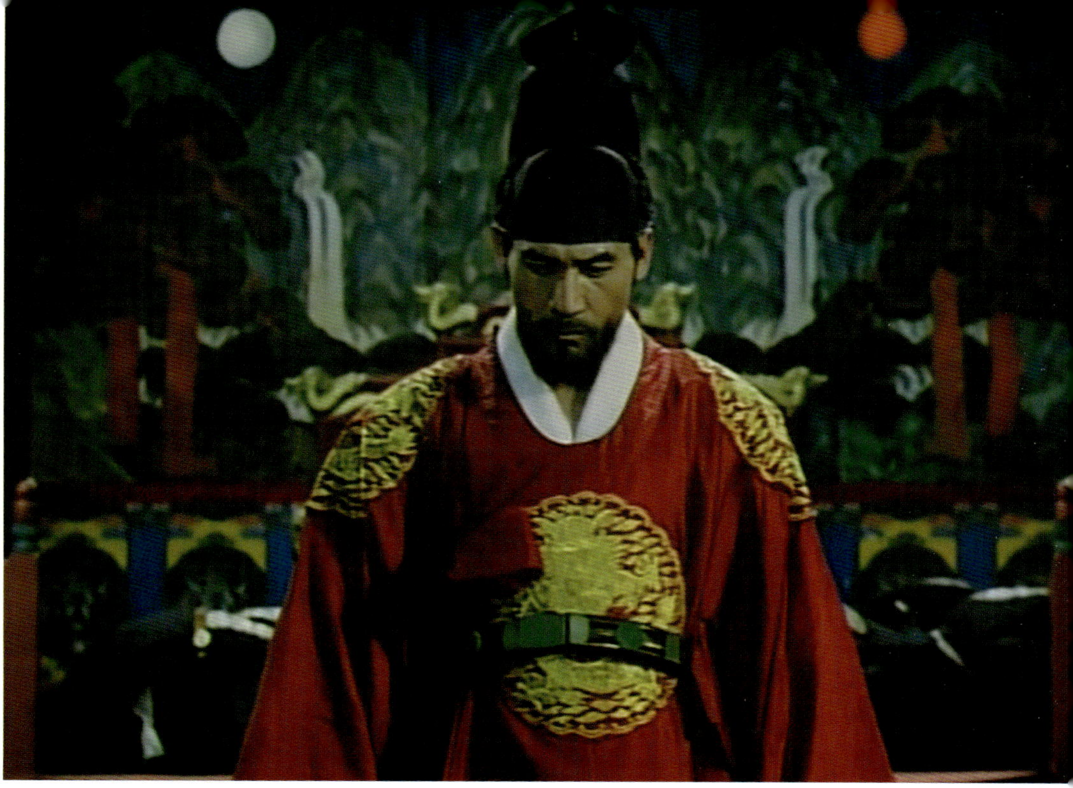

초상집으로 『금등지사』를 빼앗으려는 자, 지키려는 자, 모든 사람들이 그림자를 끌며 하나둘씩 모여든다.

● '우리들의 영웅'(1992)에 이은 박종원의 대표작. 각본 임상수. 1993년 세계사가 출간한 이인화의 원작소설을 영화화한 작품. 작가는 이 소설의 형식을 움베르토 에코의 추리소설 『장미의 이름』에서 힌트를 얻었다고 한다. 영화는 조선 정조 시대에 있었던 의문의 살인 사건을 둘러싸고 하루 동안 벌어지는 내용으로 하루라는 시간의 한계에도 불구하고 끊임없는 긴장과 서스펜스를 창출해냈다.

정조 때 왕권을 수호하려는 남인 정약용, 이일몽 일파와 신권 주장을 둘러싼 사생결단의 과정을 파격적인 사극미스터리 형식으로 담아낸 수작. 기존의 사극이 고증을 살리는 데 급급했다면 이 영화는 주제 의식과 드라마 내용에 맞게 복색과 캐릭터에 현대 감각을 도입하고 있다. 배경에 흐르는 황병기의 가야금 음악은 관객으로 하여금 가슴을 조이는 듯, 푸는 듯, 모호한 감정을 이끌어내고 칼과 칼, 창과 창이 맞부딪치는 긴박한 상황을 연출하기도 한다. 가장 중요한 것은 배우들의 열연이다. 당시 연극 '에쿠스'의 주연 알렌 역을 마치고 이 영화에 나온 조재현의 역할은 정조의 총애를 받는 이인몽이란 인물. 그는 브라운관과 스크린, 연극무대를 넘나들며 변화무쌍한 연기력을 보여주었다. 그 외 정조에 안성기, 정약용에 김명곤, 김혜수가 이인몽의 처로 등장하고 최종원이 심환지 역을 맡았다.

도쿄국제영화제 경쟁 부분에 초청되어 좋은 반응을 얻었으며, 1997년에는 NHK 주최로 박종원의 전 작품 특별상영회가 열리기도 했다. 대종상 최우수작품상과 영평상 대상, 안성기가 영평상 남자연기상, 박종원이 대종상 감독상, 황병기가 대종상과 영평상 음악상, 전조명이 대종상과 백상예술대상, 영평상에서 촬영상을 수상, 일본으로 4만 5000달러에 수출됐다.

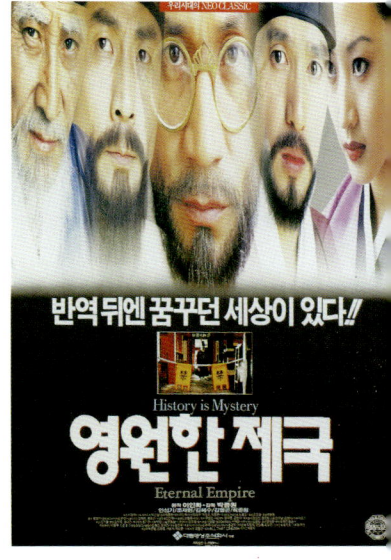

반역 뒤엔 꿈꾸던 세상이 있다!!

History is Mystery

영원한 제국

Eternal Empire

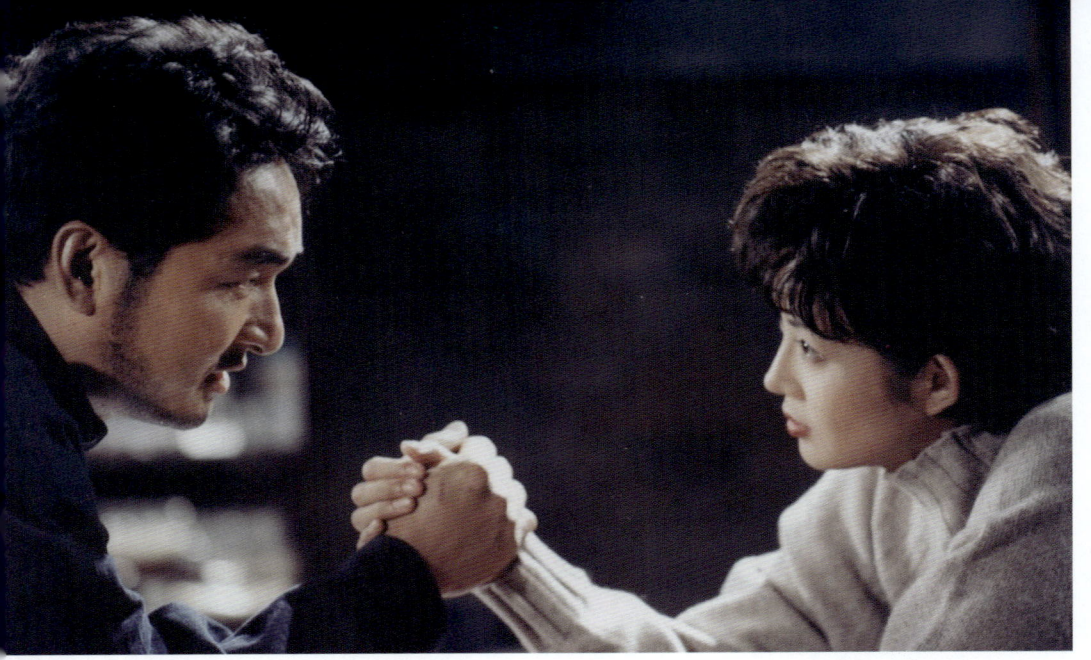

나는 소망한다, 내게 금지된 것을
I wish for what is forbidden to me(1994)

(영화세상) 115분 극영화 고등학생가/
사회물

감독: 장길수
제작: 안동규
각색: 천명관, 박정우, 이시명, 이연수, 장길수(원작 양귀자)
개봉: 1994년 2월 9일 대한극장(서울)
관람인원: 3만 5746명(서울)
출연: 최진실, 임성민, 유오성, 김병세, 백성현, 선우용녀, 이종만, 정미경, 황지현, 진희진, 이덕화, 김혜수, 최민수, 김금용, 정지영, 윤수진 외
기획: 유인택, 차승재, 김준종, 안동규
촬영: 유영길 **음악**: 최경식
조명: 김동호 **편집**: 김현
미술: 조융삼
소품: 김정훈, 전선주, 최광훈
의상: 김진경, 정영미
분장: 이경자, 원운경
동시녹음: 김원용
사진: 손기철
조감독: 한석환, 박정우, 이시명
수상: 제30회 백상예술대상 여우주연상(최진실), 제18회 황금촬영상 인기상(최진실)

대학원에서 심리학을 전공하고 여성문제 상담소에서 일하는 27세의 강민주(최진실). 그녀는 어린 시절 아버지가 어머니를 상습적으로 폭행하고 결국 두 모녀를 버린 깊은 상처를 갖고 있다. 더구나 상담소에서 일하는 동안 폭력에 시달리는 수많은 여성들의 피해를 알게 된 그녀는 남성을 향한 가장 야만적인 복수를 결심하기에 이른다.

뒷골목에서 잔뼈가 굵은 황남기(유오성)는 강민주의 말이라면 죽을 수도 있는 심복이다. 강민주는 그 황남기를 이용해서 여성들의 우상이자 이 시대 최고의 스타인 백공하(임성민)을 납치한다. 그의 죄목은 매력적인 외모로 여성들이 현실을 직시하지 못하도록 환상에 빠져들게 했다는 것이다. 그녀는 그때부터 외부와 차단된 그녀의 아파트에 그를 감금한 채 사육하는 일을 실행에 옮긴다. 거듭되는 린치와 토론, 그러나 점차 조여드는 수사망 속에서 강민주의 대책 없는 남성 복수극은 끝내 벽에 부딪치고 만다.

● 1992년에 발표한 양귀자의 동명 소설을 바탕으로 만든 영화다. 당시 이 소설은 페미니즘 논쟁을 불러일으켰다.(한겨레 94. 2. 9)
이 작품은 멜로물이지만 부분적으로는 스릴러 영화다. 섬뜩한 첫 장면을 무섭도록 담담하게 그리면서 서둘러 결론을 내리는 것이 특징이다. 최진실, 임성민, 유오성, 김병세 출연, 이덕화, 김혜수, 최민수와 정지영 감독이 특별 출연했다. 최진실이 백상예술대상 여우주연상과 황금촬영상 인기상을 받았다.

장미(薔薇)의 나날 Rosy Days(1994)

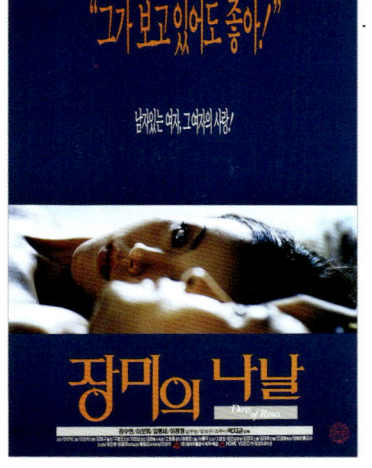

지현(이보희)은 애인 명호(이경영)를 두고 동규(김병세)와 정략결혼을 하게 된다. 그러나 상대방이 원치 않는 결혼을 했다는 열등감으로 동규는 아내를 학대하기 시작하고 지현은 학대를 견디다 못해 옛 애인이자 동규의 부하인 명호를 만나 하소연한다.

그러던 어느 날 호주에서 미모의 재력가 재희(강수연)가 동규 앞에 나타난다. 첫눈에 재희에게 반한 동규는 아내를 버리고 그녀와 해외 이민을 결심한다. 회사를 정리하고 결혼식도 올린다.

지현은 임신 소식을 알리며 남편의 마음을 돌려보려 하지만 동규는 지현이 스스로 가정을 포기할 수 있도록 음모를 꾸민다. 비바람 치는 어느 날 밤, 복면강도에게 성폭행당한 지현은 자살을 기도하지만 미수에 그친다. 그녀는 유산을 했다면서 동규에게 이혼을 허락해준다.

모든 것이 자신의 뜻대로 된 동규는 아내가 떠난 대저택에서 재희와 한국에서의 마지막 밤을 보낸다. 그러나 이튿날 재희는 공항에 나타나지 않고 비행기 표 예약도 이미 누군가가 취소한 상태다. 재희의 말을 믿고 호주에 머물고 있던 명호를 시켜 찾은 600만 달러의 행방도 묘연하다. 하루아침에 무일푼이 된 동규와는 달리 같은 시간, 시드니에서는 지현과 명호가 결혼식을 올린다.

● 곽지균이 강수연을 캐스팅하여 만든 에로틱 스릴러를 표방한 영화. 이중의 삼각관계 등 복잡한 구조와 음산한 남녀 심리를 드러낸 평작으로 강수연과 이보희의 연기대결이 화제를 모았다.
젊은 나이에 성공한 한 남자가 우연히 미모의 여성을 만나 그녀에게 빠지면서 하염없이 추락하는 내용. 마지막 장면에서 모든 것은 아내가 꾸민 계략이며 제3의 여성인 재희는 그의 아내가 돈을 주고 산 하수인에 불과하다는 반전이 이루어진다. 그동안 섬세하고 밀도 있는 감성영화를 찍었던 곽지균의 이 스릴러물은 "감독의 잠시의 외도"라는 평을 들었다.(「에로티시즘과 미스터리 결합시킨 상업영화」, 경향 94. 1. 4, 《FIRM2.0》 00. 8. 26) 김병세가 대종상과 백상예술대상에서 신인상을 받으면서 후에 돋보이는 코믹 연기자로 부상한다. 관객은 7만 정도로 1994년도 한국영화 흥행 순위 10위에 들어 있다.

(동아수출공사) 105분 극영화 연소자 불가/미스터리멜로

감독 : 곽지균
제작 : 이우석
각본 : 강제규
개봉 : 1994년 4월 2일 허리우드, 연흥, 동아극장(서울)
관람인원 : 6만 8033명(서울)
출연 : 이보희, 강수연, 이경영, 김병세, 장보규, 조주미, 김우란, 김선경, 박종상, 홍성수, 윤일주, 노사강, 안진수, 신동욱, 정미경, 권일정, Wayne Moran, Sarah Kirkwood 외
기획 : 이권석
촬영 : 구중모
음악 : 송병준
조명 : 차정남
편집 : 김현
미술 : 조용삼
소품 : 김태욱, 김석범
스틸 : 서흥익
분장 : 김영자, 김지현, 조동신
동시녹음 : 소원종
사운드 : 강대성, 양대호
조감독 : 문종애, 최만호, 이재건, 계문성
수상 : 제32회 대종상영화제 신인남우상(김병세), 제30회 백상예술대상 신인연기상(김병세) · 인기상(이경영, 강수연)

두 여자 이야기 The Story of Two Women(1994)

(고려영화) 103분 극영화 중학생가/드라마

감독 : 이정국
제작 : 박태환
각본 : 유상욱
각색 : 이정국, 시네마 영상
개봉 : 1994년 4월 22일 단성사, 씨네하우스(서울)
관람인원 : 1만 9880명(서울)
출연 : 김서라, 윤유선, 정동환, 김희라, 남수정, 김복희, 김재성 외
기획 : 시네마 영상
촬영 : 최찬규
음악 : 강인구
조명 : 이승구
편집 : 김현
미술 : 김유준
소품 : 이용승, 문영춘
의상 : 신경심
분장 : 성미자, 김미영, 김순향, 최윤정 **동시녹음** : 유대현
연출부 : 김문수, 박세영, 민윤주
조감독 : 황원제
수상 : 제32회 대종상영화제 최우수작품상(고려영화 박태환) · 신인감독상(이정국) · 여우조연상(남수정) · 각본(유상욱, 이정국) · 촬영(최찬규) · 신인여우상(윤유선), 제14회 영평상 여자연기상(김서라) · 신인감독상(이정국), 영진공 선정 좋은 영화

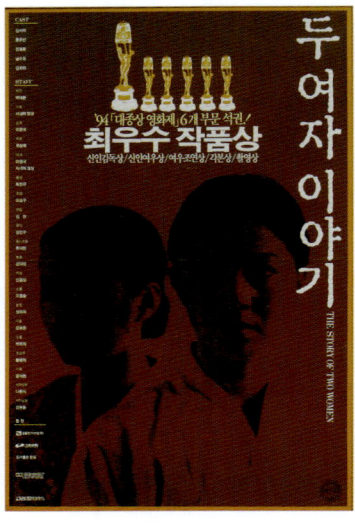

전쟁이 휩쓸고 간 1953년 전남 보성. 아이를 갖지 못하는 영순(김서라)과 후처로 들어온 경자(윤유선)는 한 남편(정동환)을 두고 함께 사는 동안 서로를 감싸주는 친구가 되었다. 그러다가 남편이 죽자 남자 없는 집안을 둘이서 꾸려 나간다. 그러던 어느 날 남편의 일기장을 본 영순은 남편이 경자를 지극히 사랑한 것을 알고 이를 혼자만의 비밀로 간직한다. 이런 사실을 모른 채 경자는 동네 남자를 따라 야반도주하고 영순은 경자가 남기고 간 아들 상민을 키우면서 힘겨운 나날을 보낸다.

세월이 흘러 선창가를 전전한다는 경자의 소문을 듣고 영순이 경자를 데려오지만 아들 상민은 자기를 버린 친엄마를 받아들이지 않는다. 또다시 집을 떠나려다 아들과 화해한 경자를 보면서 영순은 비로소 남편의 일기장을 전해준다.

들판 언덕에서 지나온 삶을 돌아보는 두 여자, 주름진 그들의 얼굴에서 얼룩진 삶과 인생의 여운을 읽을 수 있다.

● 영화 '부활의 노래'(1990)로 감독 데뷔한 이정국의 두 번째 연출작. 1992년도 영진공 시나리오 공모 당선작인 유상욱의 「두 여자의 제비뽑기」를 감독이 각본으로 만들었다. 한국전쟁 직후부터 1970년대까지 어려운 현대사를 살아온 여인들의 삶을 통해 이 땅에서 살아가는 어머니들의 한과 관용의 정신을 그리고 있다. 우유부단한 한 남자와 아이를 갖지 못하는 부인, 또 아이를 낳기 위해 후처로 들어온 여자라는 설정은 상투적인 삼각관계에 지나지 않지만 전남 보성군 조성평야, 승주군 낙안마을의 투박하고 시적인 풍광이 정감과 리얼리티가 되살아나는 감동을 준다.

이정국은 이를 자신의 경험에 비추어 대중적인 장르의 이야기 구조로 풀어가면서 생생한 리얼리즘을 묘사하기 위해 우리 영화사상 최장 롱테이크(7분 10초) 장면을 기록하는 등 신선한 화면을 이끌어냈다.(「한 남자 섬긴 두 여인의 애증」, 동아 94. 4. 23) 이 장면은 영화 '서편제'(1993) 같은 시원하고 툭 터진 들판이 아니라 한국 전통 가옥의 방안이다. 본처(김서라), 후처(윤유선), 시누이(남수정)가 방에서 술을 마시며 남성에 대한 모든 원망과 비판과 욕을 쏟아놓는다. 윤유선이 처음에는 빠른 템포의 "밀양아리랑"을 부르다가 서로 간의 넋두리로 가락이 느리고 처량한 "정선아리랑"으로 바뀐다.

김서라가 영평상 여자연기상, 윤유선이 대종상에서 신인연기상을 받았고 이정국이 대종상에서 심사위원 11인의 만장일치로 신인감독상, 유상욱이 시나리오상, 최찬규가 촬영상을 받았다.

증발 蒸發, Vanished(1994)

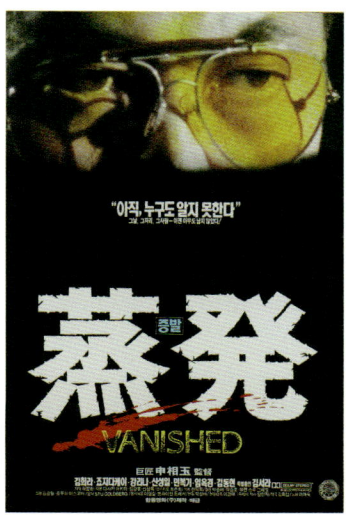

"아직, 누구도 알지 못한다"

蒸發 증발
VANISHED

(합동영화) 115분 극영화 연소자불가/
범죄미스터리

감독 : 신상옥
제작 : 곽정환
각본 : 다사카 아키라, 김강윤, 신상옥
개봉 : 1994년 4월 23일 서울, 롯데,
　　　녹색, 브로드웨이극장(서울)
관람인원 : 2만 2953명(서울)
출연 : 김희라, 신성일, 조지 다케이,
　　　강리나, 민복기, 임옥경, 김명,
　　　김동현, 이일웅, 민욱, 선우용
　　　녀, 이낙훈, 남석훈, 허기호,
　　　Erica Sakai, Peter A.
　　　Yackley, Darrk Harris 외
기획 : 한탁희
촬영 : 박승배, 박승호, Eugene D.
　　　Shlugleit
음악 : Stu Goldberg
조명 : 김강일, Louie Escbar
소품 : 김태욱, Jared Fleury
편집 : 박성배, Scott Gamzon, Elliot
　　　Jacobson
분장 : 이종란
동시녹음 : 이영길, Brian Tracy
사운드 : Marian Wallace, Eric
　　　Behrend, Roger Fearing
특수효과 : Don Power
조감독 : 박성배
수상 : 제32회 대종상영화제 조연남우
　　　상(신성일)

한밤중, 국제공항에 육중한 화물기가 컨테이너를 싣고 도착한다. 컨테이너 안에는 미국에서 반국가행위 및 회고록 집필 사건으로 납치된 전국가보안부 장관 박진욱(김희라)이 실려 있다. 이 상황을 알게 된 국가보안부장관 이상규(신성일)는 대통령 한성태(죠지 다케이)에게 납치 작전의 성공을 보고하고 대통령은 박진욱을 48시간 안에 회유시킬 것을 지시한다. 한편, 남부 항구도시에는 "독재정권 타도"를 외치는 대규모 시위가 벌어지고 군대 및 탱크가 출동하는 위수령이 선포되는 등 정국은 한치 앞도 내다볼 수 없는 위기 상황에 처한다. 이때 이상규는 특수 감방으로 연행된 박진욱에게 회고록 집필을 중단할 것을 요청하지만 박진욱은 이를 완강히 거절한다. 사방 벽이 온통 백색인 특수 감방, 진욱은 회고록을 쓰기 위해 18년 전을 돌아본다.

부패한 정치를 쇄신시키겠다는 명분으로 혁명을 일으킨 한성태, 주위 사람들은 그에 대한 충성을 맹세하면서 한성태를 대통령으로 취임시킨다. 그러나 이를 반대하는 대규모 시위가 연이어 일어나자 대통령은 배후 조직 색출을 지시한다. 이에 뒤따른 고문과 변칙적인 개혁안 통과, 그리고 암살 등을 회고하며 박진욱은 잘못된 역사를 만든 장본인으로서 민족과 국가에 대한 사죄의 의미로 책을 발간할 것을 결심한다.

● 1970년대 박정희 정권 말기에 있었던 정치적 음모를 소재로 한 영화. 신상옥은 1986년 탈북 후 '마유미'(1990)에 이어 정보부장의 실종 사건을 그린 '증발' 등 우파 보수주의적 영화를 발표, "한국 현대사의 암울한 부분에 조명을 맞춘 작품으로 박정희 정권의 성립부터 종말까지의 내막을 픽션을 가미하여 역사의 한 페이지를 역동성있게 표출했다."(김수남, 「한국영화작가연구」, 예서, 1998년, p.218)는 평을 드렸다. 기술진은 주로 미국인들이고 최은희가 연기지도를 맡았다.

　그 외 1994년 신상옥의 신필름이 제작한 '닌자키드(2 Ninjas)', '닌자키드 3'(1995)을 제작, '닌자키드 3'는 신상옥이 직접 연출한 것이다.

세상 밖으로 Out to the world(1994)

(익영영화) 100분 극영화 연소자불가/
사회물

감독 · 각본 : 여균동
제작 : 박상인, 김현택
각색 : 이상우, 김성수, 정윤수
개봉 : 1994년 5월 28일 피카디리,
롯데, 그랑프리, 한일시네마,
경원극장(서울)
관람인원 : 25만 2609명(서울)
출연 : 문성근, 이경영, 심혜진, 이동
진, 양희경, 명계남, 김하림, 권
해효, 이두일, 박광정, 이정학,
박길수, 권승연, 박용범, 김애
라, 박용팔, Richard Breen
외
촬영 : 유영길
음악 : 김종서
조명 : 김동호
편집 : 김현
미술 : 신보경, 김현석, 정수경
세트 : 조용삼
소품 : 김태욱
의상 : 김유선, 경우미
분장 : 허석도, 김선영
동시녹음 : 이병하
조감독 : 정윤수, 임순례, 최진호, 어윤
혁, 김정, 박경희
수상 : 제33회 대종상영화제 신인감독
상(여균동), 제5회 춘사영화예
술제 여우주연상(심혜진) · 우수
연기상(이경영) · 기술상(믹싱녹
음: 강대성, 효과: 양대호), 영
진공 선정 좋은 영화

주먹 세계에서 이름을 날리던 양마동(문성근)은 수감생활을 하면서 조용한 평화주의자가 되었다. '좀도둑' 으로 불리는 지찬식(이경영)은 자신의 돈을 떼어먹은 자는 지옥에라도 가서 받아내는 끈질긴 근성의 소유자다. 여혜영(심혜진)은 가난한 집에서 태어나 그동안 자신의 몸을 팔아 먹고살면서 남자들에게 구박만 받아왔다. 의도하지 않은 탈옥을 하게 된 양마동과 지찬식, 밑바닥 인생을 전전하며 살아온 아름답고 섹시한 인질 혜영, 이들 세 사람은 경찰의 추적을 피해 휴전선까지 가지만 마동과 찬식은 공비로 오인 받아 경비병에게 사살당한다.

● 여균동 감독 데뷔작. 감독이 직접 시나리오를 썼다. 두 명의 탈옥수와 그들에게 인질로 잡힌 한 여자가 경찰을 피해 다니면서 겪는 일들을 그린 본격 로드 무비.(경향 94. 11. 4) 리얼리즘과 모더니즘, 예측불허의 패러디가 뒤엉킨 이 영화는 스토리에서 연출 기법에 이르기까지 모든 것이 "신선하고 매력적"이어서 영화를 본 사람들은 누구나 호평했다. 감독은 이를 서부극 '내일을 향해 쏴라(Butch Cassidy And The Sundance Kid)'(1969)에서 모티프를 얻었다고 하지만 이는 대중적인 장르에 의존하거나 몇몇 고전영화의 명장면을 흉내 냈다고 하기보다 명장면과 스타일을 혼재시킨 것이 눈에 띈다. 또 한국영화에서는 드물게 각종 비속어, 욕설, 사투리가 노골적으로 남발된다. 록 가수 김종서가 음악감독, '세 친구'(1996)로 감독 데뷔하게 되는 임순례가 조감독으로 참여했다.
　여균동은 그해 대종상 신인감독상을 받았고 심혜진과 이경영이 춘사예술영화제에서 여우주연상과 연기상을 각각 받았다. 관객 25만 2000명을 동원한 히트작으로 흥행성공.

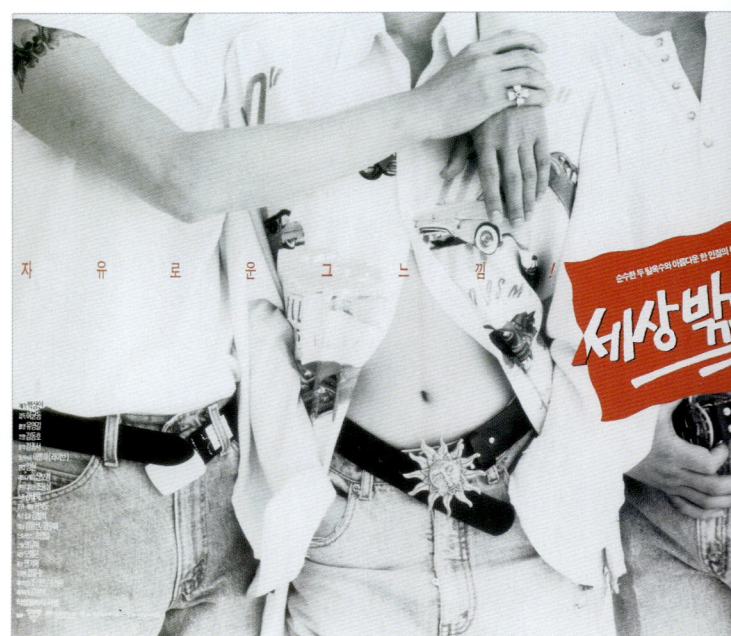

632

절대 사랑 Absolute Love(1994)

안경훈은 아내 현숙과 특허 법률사무소에서 일하고 있다. 상관인 박재민 부장은 출세 지향 주의자로 최근에도 미국 대기업을 위한 특허사건에서 승소했다. 여성 편력이 심한 박 부장이 현숙을 희롱하자 화가 난 현숙은 회사를 그만둔다. 그 후임으로 성은주라는 여성이 입사한다. 같은 기획팀에서 일하게 된 경훈은 은주에게서 묘한 위협을 느낀다. 은주를 유혹하려던 박 부장은 의문의 죽음을 당하고 그 사건을 추적하던 박 부장의 여자친구도 죽는다. 박 부장의 살해 혐의를 받게 된 경훈은 궁리 끝에 은주의 남편을 찾아간다. 은주의 남편은 컴퓨터 프로그램 개발에 그의 삶을 바쳤으나 미국 보험회사가 제기한 특허 심판에서 패소하자 폐인이 되었다. 은주는 남편의 복수를 한 것이다. 경훈은 그녀를 상대로 피비린내 나는 싸움을 시작한다.

● 유상욱 감독 데뷔작. 유상욱은 고영남의 '나의 아내를 슬프게 하는 것들'(1991), 김영빈의 '김의 전쟁'(1992), 이정국의 '두 여자이야기'(1994) 등 시나리오를 집필한 작가 출신으로 이 영화의 각본도 직접 썼다. 황신혜, 변우민 주연의 미스터리 스릴러. 부당한 재판 결과로 가정파탄이 난 아내가 남편의 복수를 한다는 내용이다. 서정민이 황금촬영상 금상을 수상.

(황기성사단) 117분 극영화 연소자불가/미스터리스릴러
감독 · 각본 : 유상욱
제작 : 황기성
개봉 : 1994년 6월 11일 중앙, 롯데1관, 브로드웨이 1. 2관(서울)
관람인원 : 3968명(서울)
출연 : 황신혜, 변우민, 김예령, 박철호, 김동주, 설종두, 최성관, David A. Crawford 외
기획 : 황기성
촬영 : 서정민
음악 : 남택상
조명 : 손병진, 손달호
편집 : 현동춘
분장 : 이명희, 예효정
동시녹음 : 양후보
사운드 : 이충환, 양대호
제작지휘 : 박용빈
조감독 : 김정식
수상 : 제18회 황금촬영상 금상(서정민) · 준회원특별상

휘모리 Hwimori(1994)

소리 선생 이병기는 소리씨를 찾으려고 진도 국악원으로 온다. 이병기는 그곳에서 16세의 이임례와 운명처럼 만난다. 부모의 반대를 무릅쓰고 국악원 담 밖에서 소리 도둑질을 하던 이임례의 재능을 알아본 이병기는 그녀를 후계자 삼아 대가로 만들 것을 결심한다. 이때부터 그녀에게는 피나는 훈련과 고행의 날들이 시작된다. 어느덧 서로 사랑하게 된 그들 사이에서 태백이 태어나고 쇠잔해진 이병기는 세상을 떠난다. 이임례는 소리를 그만두기로 마음먹지만 아들 태백의 정성과 관심으로 소리를 계속하게 된다. 그녀는 37년 만에 전주 대사습놀이에서 수상하면서 명창 반열에 오른다.

● 이일목 연출작. 1993년 전주 대사습놀이 판소리 부문 대통령상을 받은 명창 이임례의 파란만장한 삶을 영화화한 작품. 여성 국악인 김정민 스크린 데뷔작으로 김정민은 2500대 1의 경쟁률을 뚫고 주인공으로 발탁되어 이임례 역을 맡았다. 이임례 명창의 친아들이며 아쟁과 북, 장고의 명인 이태백(1965년생 당시 국립창극단 악장)이 아버지 이병기와 실제 자신을 연기하는 1인 2역을 해냈다.
김정민은 이 영화로 대종상 신인여우상, 아태영화제에서 전조명이 촬영감독상, 김영동이 음악상을 받았다. 조통달, 박병천, 채향순 특별 출연. '휘모리' 주제곡 '떠나지 마오'는 김성녀가 불렀다. 이일목은 국악가 집안에서 성장했다.

(대일필름) 122분 극영화 중학생가/전기
감독 : 이일목
제작 : 국종남, 국소남
각본 : 박철민, 이일목
개봉 : 1994년 6월 25일 대한극장(서울)
관람인원 : 1만 843명(서울)
출연 : 김정민, 이태백, 강상규, 김지호, 김재곤, 남영진, 강성옥 외
미술 : 조융삼, 오상만, 김복일
소품 : 이태우, 정미영
의상 : 이해윤, 신선화
분장 : 성미자, 안미양, 문은경, 조은주
특수효과 : 김성한, 이원구, 최선영
연출부 : 이정일, 이명훈
조감독 : 임춘택
수상 : 제32회 대종상영화제 심사위원특별상(대일필름 국종남) · 신인여우상(김정민), 제39회 아태영화제 최우수촬영상(전조명) · 최우수음악상(김영동)

구미호 九尾狐, The fox with nine tails(1994)

(신씨네) 115분 극영화 고등학생가/공포(호러)

감독·각본: 박헌수
제작: 신철, 하광휘, 유혁주
개봉: 1994년 7월 23일 중앙, 씨네하우스(서울)
관람인원: 17만 4797명(서울)
출연: 고소영, 정우성, 독고영재, 방은희, 이기영, 이근희, 서기웅, 권해효, 안석환, 소일섭, 권호웅, 민경진, 원근희, 권태원, 엄춘배, 이봉규, 지춘성, 정인기, 김필국, 박길수, 강남기 외
기획: 이문형, 오정완
촬영: 구중모
음악: 이동준
조명: 차정남
편집: 박순덕
미술: 김유준, 이석연
세트: 최신희, 이혜련
소품: 장석훈, 김영대
의상: 장선희
분장: 이상근
특수분장: 김성문
스틸: 손기철, 전석현
동시녹음: 요시테루 타카하시
사운드: 영진공, 양대호
특수효과: 정도안
무술감독: 남진모
조감독: 금보상, 박기형, 김양규, 심희장
수상: 제5회 춘사영화예술제 심사위원 특별상(신철)

염라대왕의 명을 받은 저승사자(독고영재)가 꼬리 아홉이 달린 구미호를 잡아들이기 위해 이승으로 내려온다. 반인간 반여우의 모습으로 살아가는 구미호(고소영)는 남은 일 년 안에 한 남자의 사랑과 정기를 받아야만 완전한 인간으로 다시 태어날 수가 있다. 그러나 이 세상에 믿을만한 남자가 어디 있겠는가! 통탄과 비통의 나날을 보내던 어느 날 구미호는 꿈에 그리던 혁(정우성)을 만난다.

이제 택시기사 일도 그만두고 구미호와 함께 살게 된 혁. 구미호는 밤마다 여의주를 주고받으며 남자의 정기를 흡수하지만 결코 몸만은 허락하지 않는다. 욕망이 아닌 사랑을 통해 아름다운 여인으로 태어나고 싶기 때문이다. 혁도 풍요한 삶과 행복에 취해 그녀를 의심하지 않고 사랑하기 시작한다. 구미호의 은신처를 알아낸 저승사자는 혁에게 그녀가 구미호라는 사실을 알리지만 혁은 도무지 믿지 않는다. 처음엔 인간이 되기 위한 도구로 혁을 선택했으나 이제 진심으로 혁을 사랑하게 된 그녀는 인간이 되기를 포기한 채 저승사자의 공격을 받고 죽게 된다.

● 박헌수 감독 데뷔작. 구전민담 구미호 이야기를 감독이 직접 현대적으로 각색했다. 당시 구미호를 기획한 제작사 신씨네와 감독은 한국영화 최초로 컴퓨터그래픽 몰핑기법 시도로 거의 결점이 보이지 않는 뛰어난 화면을 만들었다.(「신씨네 제작 '구미호' KIST에서 첨단특수효과 지원」, 동아 94. 1. 14, 조선 94. 11. 25) 또한 지나치게 괴기적인 무드가 아닌, 보다 신선한 미술 감각과 코믹한 저승사자, 신세대 무당 등으로 자칫 고루해지기 쉬운 스토리라인에 생명력을 불어넣었다. 정우성 스크린 데뷔작. 제작비 16억 원. 관객 18만 명 동원으로 흥행에 성공했다.

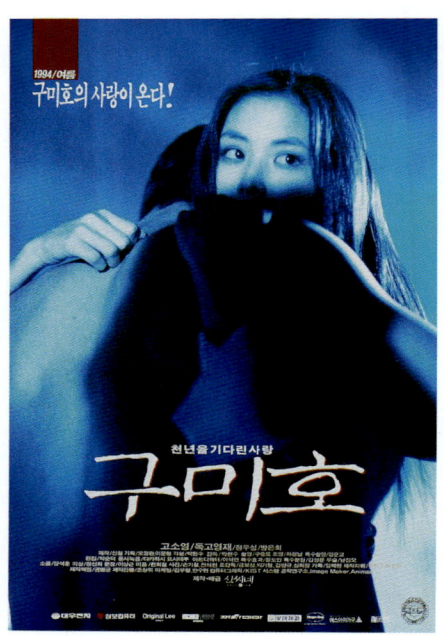

장미빛 인생 Rosy Life(1994)

깡패 동팔(최재성)과 노동운동가 기영(차광수), 자신이 쓴 무협지 내용이 공안기관의 비위를 건드려서 경찰을 피해 다니는 유진(이지형). 이 세 사람은 서로 다른 이유로 도망자가 되어 우연히 심야영업을 하는 가리봉동의 한 만화방에 모인다. 이 만화방 주인은 가난한 뒷골목에서 벗어나고 싶어하는 기영의 누나(최명길)가 있다. 동팔은 사고를 치고 사라진 짝코와 연락을 시도하지만 오히려 곤경에 빠지고 유진은 만화방에서 만난 다방 레지 미스 오에게 관심을 갖고 동팔은 가게 주인의 미모에 끌린다. 이들 세 사람은 아무런 공통점이 없어 보이지만 이제는 같은 운명이다.

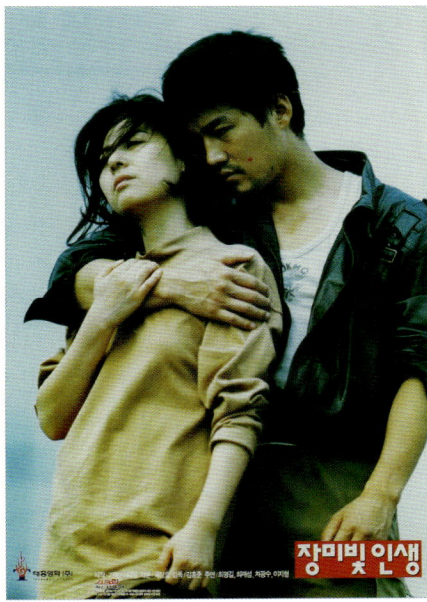

● 김홍준 감독 데뷔작. 각본 육상효. 구로공단 가리봉동역 주변의 허름한 만화방이란 공간을 축으로 만화방 여주인과 그곳에 드나드는 여러 유형의 인간들, 예를 들어 사고를 친 깡패, 경찰의 눈을 피해 다니는 지식인, 시국 사건에 연루된 노동운동가 등의 굴절된 삶을 통해 1980년대의 슬픔을 간접적으로 전하고 있다.(김용민 연세대 교수, 경향 94. 8. 19) 산동네 하늘 위로 얼기설기 십자가를 긋는 전선 줄과 그 위로 쉴 새 없이 지나가는 비행기의 모습은 당시 민주화를 갈망하던 이 땅을 하나의 공동묘지로 묘사하면서 만화방에 드나드는 인물들을 현실 도피자로 비쳐지게 한다. 좁은 만화방의 TV는 당국의 선전 도구가 되어 88올림픽을 성공적으로 유치하려면 사회청소를 해야

한다고 떠들고 프레임 안의 사람들은 뉴스에 무신경한 채 단지 만화책을 볼 뿐이다. 이때 카메라는 우량만화, 무협만화, 명랑만화, 순정만화가 가득한 이 만화방을 조용히 응시한다.

최명길과 최재성의 명연기가 기억할 만하다. 김홍준이 청룡영화상, 백상예술대상, 춘사영화예술제에서 신인 감독상, 여주인공 최명길이 청룡영화상, 백상예술대상, 영평상과 낭트3대륙 국제영화제에서 여우주연상과 최우수여우연상, 각본을 쓴 육상효가 대종상, 청룡영화상, 영평상에서 각본상을 받는 등 많은 상을 거머쥐었다. "영화를 깊이, 그리고 너무 많이 아는 감독"으로 손꼽히는 김홍준은 이 작품으로 새로운 영화의 가능성을 열어주었고 후에 록음악 영화 '정글스토리'(1996)로 음악인에 대해 진지하게 접근했다.

(태흥영화) 93분 극영화 연소자불가/사회물

감독: 김홍준
제작: 이태원
각본: 육상효
개봉: 1994년 8월 6일 단성사, 씨네하우스(서울)
관람인원: 3만 7979명(서울)
수출현황: 싱가포르(96)
출연: 최명길, 최재성, 차광수, 이지형, 황미선, 명계남, 최종원, 최동준, 추봉, 박용팔, 유일문 외
기획: 이태원
촬영: 박승배
음악: 조동익
조명: 김강일
편집: 박순덕
미술: 김유준
소품: 김태욱
의상: 김윤숙
분장: 이동춘
동시녹음: 소원종
사운드: 강대성, 양대호
특수효과: 이문걸, 박광남
스틸: 황형식
무술감독: 김영모
조감독: 장지우
수상: 제33회 대종상영화제 각본상(육상효), 제15회 청룡영화상 여우주연상(최명길) · 신인감독상(김홍준) · 각본상(육상효), 제31회 백상예술대상 연기상(최명길) · 신인감독상(김홍준), 시나리오상(육상효), 제5회 춘사영화예술제 심사위원 특별상(공로: 최명길) · 신인감독상(김홍준), 제15회 영평상 여자연기상(최명길) · 각본상(육상효), 제16회 낭트3대륙국제영화제 최우수여우주연상(최명길), 프랑스 Prix Georges & Ruta Sadoul상, 영진공 선정 좋은 영화

헐리우드 키드의 생애 Life of Hollywood Kid(1994)

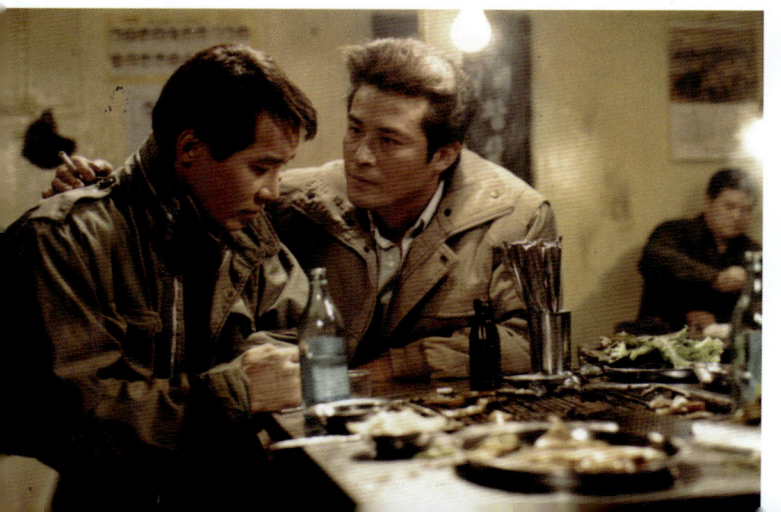

(영화세상) 120분 극영화 고등학생가/
사회물

감독 : 정지영
제작 : 안동규, 유인택
각색 : 유지형, 심승보, 이원근, 정지영
　　　 (원작 안정효)
개봉 : 1994년 7월 30일 대한극장
관람인원 : 3만 7063명(서울)
출연 : 최민수, 독고영재, 신혜수, 황
　　　 동섭, 전정로, 김교준, 윤수진,
　　　 김일우, 김정헌, 홍경인, 이덕
　　　 화, 이경영, 김혜수, 허준호, 김
　　　 미미 외
기획 : 김준중, 안동규
촬영 : 신옥현　　 음악 : 신병하
조명 : 임재영　　 편집 : 박순덕
미술 : 조용삼　　 소품 : 이태우
의상 : 권유진, 라용국
분장 : 허석도, 김선영, 전흥주, 강희
　　　 진, 김지연,
동시녹음 : 김원용
고증 : 정종화
포스터 : 박재동, 백성원, 손기철
조감독 : 심승보, 안병기
수상 : 제33회 대종상영화제 기획상
　　　 (안동규), 제15회 청룡영화상
　　　 대상(정지영) · 작품상(안동규)
　　　 · 촬영상(신옥현) · 제31회 백상
　　　 예술대상 작품상(영화세상: 안
　　　 동규) · 감독상(정지용) · 인기상
　　　 (독고영재), 제42회 산세바스티
　　　 안국제영화제 국제영화비평가
　　　 연맹상

초등학교 시절, 명길(독고영재)은 벼랑 꼭대기에서 새처럼 날아서 다이빙하던 병석(최민수)의 모습을 잊지 못한다. 뿐만 아니라 병석은 쉬는 시간 10분 동안 946명에 달하는 배우의 이름과 인적사항을 외우고 영화 제목과 영화 내용을 줄줄이 엮어내는 섭렵한 영화 통이기도 했다. 중학교에 진학한 명길은 병석과 한 반이 되고 병석으로 인해 영화에 눈뜬다. 그때부터 명길은 집안의 비단을 내다 팔아 영화 비용을 조달하거나 병석이 수집해 놓은 영화 자료를 훔치기도 한다. 고교시절엔 영화를 좋아하는 친구들과 영화서클을 조직해서 영화순례에 나선다. 그때 명길은 극장에서 만나 사귀게 된 여고생 현숙(신혜수)이 영화지식이 해박한 병석을 더 좋아하자 병석과 절교하기에 이른다. 영화를 함께 보러갔던 한 친구가 단속반을 피해 추락사한 후 그들은 다시 화해하지만 병석에 대한 열등감을 떨치지 못한 채 명길은 고교 시절을 마감한다.

　군대 제대 후 명길은 충무로에 뛰어들고 병석은 술집여자에게 얹혀 살고 있었다. 그러던 어느 날, 병석의 집에 불이 나고, 병석이 실어증에 걸려 정신병원에 입원해 있다는 소식을 듣는다. 문병 간 명길에게 병석이 건네준 시나리오는 문자 그대로 영화의 조건을 고루 갖춘 완전한 원고였다. 영화사의 만장일치로 병석의 시나리오가 영화화되고 세인들의 관심 속에 대성공을 거둔다. 그러나 명길은 왠지 알 수 없는 의혹에 빠져든다. 그 영화는 온갖 할리우드 영화의 짜깁기였던 것이다.

● 1992년에 발표한 안정효의 원작 소설을 영화화한 작품. 할리우드 영화의 환상에 빠져 비극적인 삶을 살게 된 남자와 그를 지켜보는 한 친구의 성장 과정을 그리고 있다. 이 영화의 반전은 주인공 임병석의 시나리오가 할리우드 영화의 조합이라는 사실 이전에 작가인 병석은 그 시나리오가 자신의 창작물이라 믿으며 그 내용들이 표절이었음을 까맣게 모르고 있다는 데 있다. 문제점은 주인공 병석이 어떻게 "할리우드 방식의 삶과 키드의 상태를 벗어나느냐"하는 것이다. 말하자면, 어른이 되어서도 환상과 실제를 구분하지 못하여 현실의 삶을 책임지지 않으려는 주인공을 어떻게 어두컴컴한 극장에서 해방시켜 현실로 끌어내는가를 보여주려는 것이 이 작품의 제작의도이다. 그러나 유감스럽게도 그는 실어증에 걸리고 정신병자로 처리된다. 끝까지 현실을 모르는 환상주의 속에 가두어두는 것이다.(「영화광 두 친구의 영화 같은 인생」, 동아 94. 7. 29)

　독고영재, 최민수, 김정헌, 홍경인, 신혜수 출연. 정지영이 청룡영화상과 백상예술대상에서 감독상, 독고영재가 백상예술대상 인기상을 받았고 산세바스티안국제영화제 국제영화비평가연맹상을 받았다. 정지영의 연출이 돋보인 영화로 영화전문가 정종화, 제작사 영화세상 제작부장 이덕신, 촬영감독 서정민, 조명기사 신병하, 조감독 심승보 등 영화 스태프들이 단역 또는 조역 등으로 출연했다.

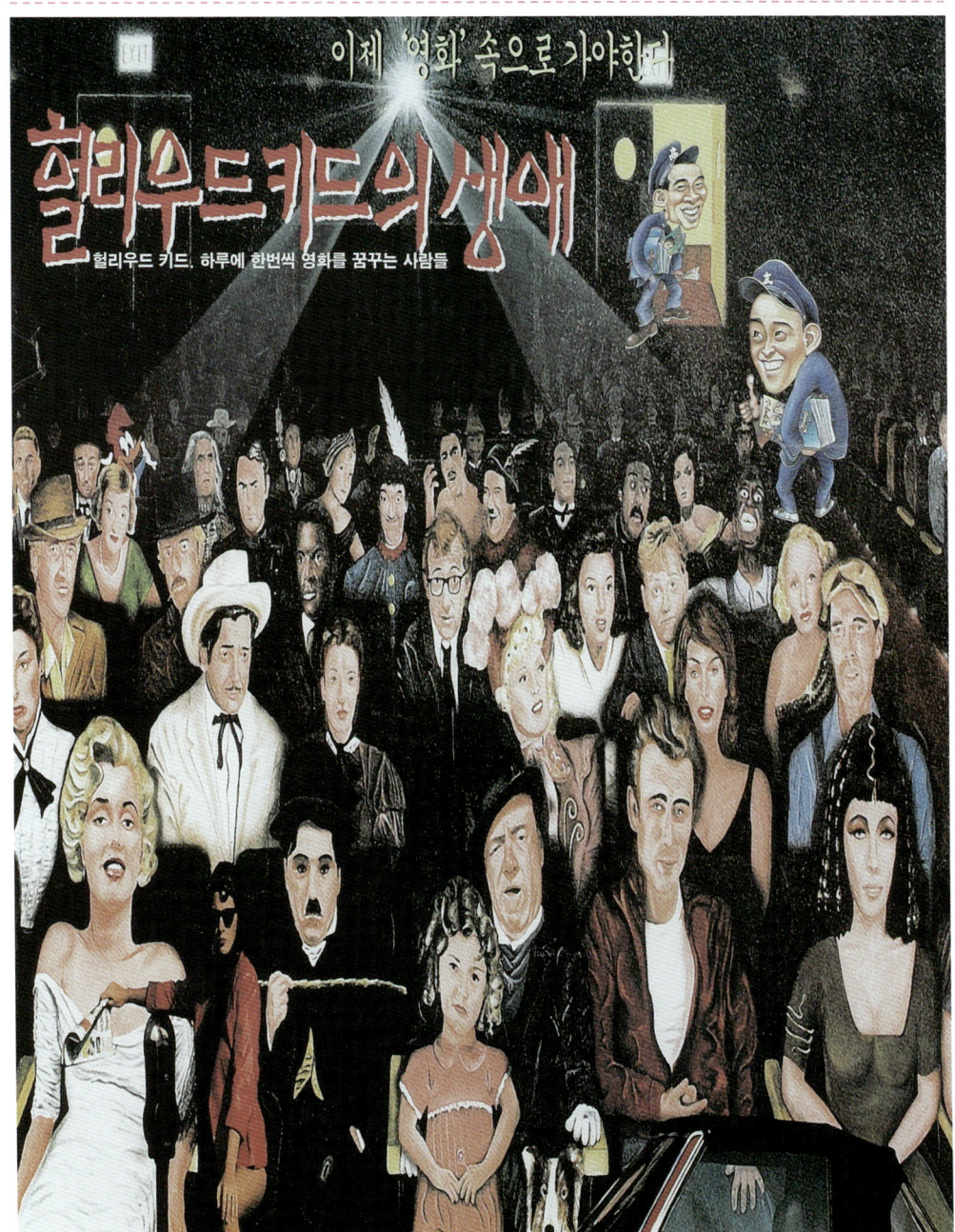

이제 '영화' 속으로 가야한다

헐리우드키드의생애

헐리우드 키드, 하루에 한번씩 영화를 꿈꾸는 사람들

우리시대의 사랑 Sado Sade Impotence(1994)

(세원필름) 93분 극영화 연소자불가/
멜로

감독: 박철수
제작: 김계성, 박길석
각본: 김수경(원작 조성기)
개봉: 1994년 8월 20일 서울, 녹색,
브로드웨이극장(서울)
관람인원: 1만 2799명(서울)
출연: 이영하, 조수혜, 전미선, 김미
영, 이율리, 권태훈 외
기획: 김계성   촬영: 박승배
음악: 변성용   조명: 김강일
편집: 김현   소품: 김태욱
스틸: 윤진호, 진희문
조감독: 양지은, 박희두, 고영준, 채승
훈
수상: 제32회 대종상영화제 조명상
(김강일), 제18회 황금촬영상
은상(박승배)·감독상(박철수)
·남우주연상(이영하)·신인여
우상(김미영, 조수혜, 전미선)·
조명상(김동호), 영진공 선정
좋은 영화

나(이영하)는 연극 연출가이며 아내(이율리)와의 사이는 그다지 좋지 못한 편이다. 나는 사도세자를 주인공으로 내세운 연극을 하기 위해 수혜(조수혜), 영미(전미선), 옥림(김미영) 등 세 여자를 만난다. 영미는 그녀의 약혼자의 바람기 문제로 나에게 고민을 토로한다. 수혜는 그녀가 육체적인 관계를 맺고 싶어하는 세 남자의 이야기를 하고 나에게도 섹스를 원한다. 나는 준비했던 연극의 막을 올린다.

● 조성기의 소설 『우리시대의 사랑』을 영화화한 작품이다. 4부작으로 이루어진 연작 소설로 문학잡지 『작가세계』(통권 제6호, 1990. 8)에 4회에 걸쳐 분재하여 인기를 끌었다. 이상문학상 수상 작품. 작가는 "심리학과 철학이 쌓아놓은 기초 위에서 한국에서도 깊이 있는 연재소설 내지는 성(性)소설이 나와야 하지 않을까"라는 생각에서 이 소설을 썼다고 한다.
영화는 연극연출가인 한 남자와 세 명의 여성 간에 벌어지는 연애 해프닝을 그린 내용으로 성과 사랑의 경계에 대한 질문을 던지면서 화제를 낳았다. 박철수의 실험정신이 표출된 영화로 그의 작품이 페미니즘 쪽으로 방향을 잡았다는 확신을 주는 작품이다.(「파격적 영상으로 인간 내면 분석」, 동아 94. 8. 19)
영화 속 연극은 연극연출가 오태석이 이끄는 극단 목화 레퍼터리 컴퍼니의 공연을 인용 삽입한 것이다. 소설가 조성기가 의사, 감독 박철수가 사진작가, 연극배우 한명구가 연극 속의 사도세자로 카메오 출연하고 있다.

커피 카피 코피 Coffee, Copy and a Bloody Nose(1994)

(대우전자·거원영역) 106분 극영화
고등학생가/코미디

감독·각본: 김유민
제작: 최우현, 신동우, 최용배
개봉: 1994년 10월 22일 서울, 녹색,
롯데, 힐탑시네마(서울)
관람인원: 1만 6910명(서울)
출연: 진희경, 김병세, 하유미, 홍서
범, 임현식, 박영교, 이환지, 유
식, 서춘화, 이혜란 외 특별 출
연-김민종, 허준호, 이종원, 박
진성, 이덕진, 윤다훈, 오솔미,
남궁연 외
기획: 김지헌   촬영: 조동관
음악: 남궁연   조명: 이주생
편집: 조기형   미술: 김영래
의상: 김선화, 윤미옥, 김문희
분장: 조혜진, 김은정, 김주아, 김정한
동시녹음: 유대현
사운드: 영진공, 양대호
스틸: 윤진호, 한미진
조감독: 손상현

광고대행사 직원 강지수(진희경)는 어느 날, 상사의 성희롱과 인사 처리에 불만을 품고 사표를 내던진다. 한편 광고계의 실력 있는 PD 오기찬(김병세) 역시 광고주의 횡포에 맞서 회사를 그만두고 가라오케용 비디오를 찍으며 소일하다 강지수를 만난다. 이들은 카피라이터 박미란(하유미), 프랑스 유학파 디자이너 차동석(홍서범), 마케팅의 베테랑 맹영태(박영교)와 함께 맨손기획이라는 광고회사를 차리고, 광고계에 새바람을 일으키기로 의기투합한다. 처음엔 귀티나 화장품 광고를 맡게 되는데, 광고주 허 이사(이환지)는 자신의 아버지에게 반감을 품고 회사를 망하게 하려는 목적을 가지고 있다. 그래서 화장품 광고는 "엄청난 부작용을 주의하세요"라는 카피와 함께 미스 강(서춘화)이 돼지 떼를 몰고 가는 것으로 결정된다. 그러나 파격적인 광고 카피로 엄청난 성과를 올린다.

● '푸른 옷소매'(1991)로 감독 데뷔한 김유민 연출작. 카피라이터라는 이색적인 직업을 내세워 여성들의 삶을 그린 새로운 감각의 코믹영화. 광고대행사를 배경으로 그 속에서 맡은 일을 완벽하게 해내기 위해 무수히 커피를 마시면서 좋은 카피를 쓰기 위해 코피를 쏟으며 일하는 사람들의 치열하고 숨가쁜 삶의 모습을 보여준다. 진희경 스크린 데뷔작. 김병세, 하유미 출연.

너에게 나를 보낸다 To you from me(1994)

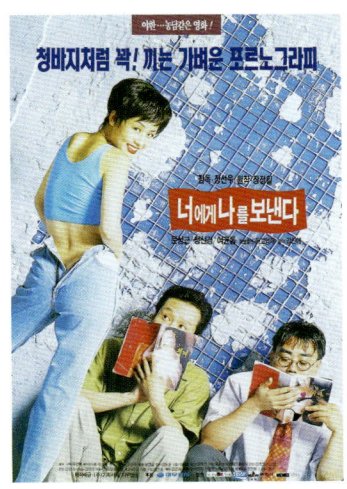

어느 날 멋진 엉덩이를 갖고 있는 '바지 입은 여자'(정선경)가 '나'(문성근)와 똑같은 꿈을 꾸었다는 이유만으로 나를 찾아와 동거를 시작한다. '바지 입은 여자'는 섹스할 때도 그녀의 세계적인 엉덩이를 무기로 '나'를 철저히 지배하며 리드한다. 그럴수록 '나'는 그녀를 사랑할 수밖에 없다. 한편 '나'의 친구 '은행원'(여균동)은 봉급을 타면 한 달에 한 번, 보너스를 타면 두 번가량 사창가에 가는데, 그 이유는 수입과 산출의 원리를 지켜야 한다는 그만의 독특한 철학 때문이다. 그러나 그는 가족을 부양해야 한다는 중압감으로 성적 기능이 마비된 인물이다. 그런데도 '나'와 '은행원'은 항상 쥬스라는 카페에서 성에 관한 얘기만 한다. '바지 입은 여자'는 정신병적인 편집증을 갖고 있는 반면 자신의 세계적인 엉덩이를 헤프게 휘두른다. 어느 날 '나'의 이모(전숙)가 죽자 모든 사람의 삶이 뒤바뀐다.

● 1992년(미학사)에 발표한 장정일의 동명 문제작을 영화화한 작품. 각본 장선우, 구성주, 장선우의 실험정신을 엿볼 수 있는 영화로 당시 외설적인 면이 입방아에 오르기도 했으나 1980년대를 겪은 감독의 혼돈과 은유를 담고 있다는 평을 받았다.

문성근의 전라 연기와 정선경의 신인답지 않은 적극적이며 공격적인 성 표현, 여기에 여균동의 연기가 가세하여 이제까지의 사회통념과 도덕률을 가차 없이 파괴하는 작업을 펼친다.(「정선경 당찬 연기 찬사ㆍ비판 한 몸에」, 경향 94. 12. 30) 이 세 연기자의 전폭적인 연기협조에 힘입어 장선우는 포르노그래피 영상을 형식의 틀로 마음껏 사용하면서 그 속에 감추어진 비인간화 현상을 관객들에게 어필시키고 있다. 이에 대해 영화평론가 이효인(전 영상자료원 원장)은 "이 영화는 성적 욕망이 사회적 욕망을 장악하는 내용으로 이루어져 있지만 그것은 단순히 두 욕망 간의 쟁투를 다룬 것이 아니라 성적 욕망으로 대두된 욕망이 사실은 사회적 욕망을 재점검하는 기제일 수 있다"(이효인, 「영화로 읽는 한국 사회문화」, 개마고원, 2003년, p.58)고 지적한다.

정선경 스크린 데뷔작. '너에게 나를 보낸다' 오디션에 뽑힌 그녀는 노출 연기와 섹스어필로 스타덤에 오르면서 상당기간 "엉덩이가 예쁜 여자"로 통했다. 영화감독이면서 연기에 능한 여균동이 발기불능의 은행원으로 등장해 세간의 주목을 받았고 청룡영화상 신인남우상을 수상했다. 장선우가 청룡영화상 감독상, 문성근이 남우주연상. 관객 40만 명 동원으로 1994년도 한국영화 흥행 순위 1위를 기록.

(기획시대ㆍ이우영상) 109분 극영화
연소자불가/문예물

감독 : 장선우
제작 : 유인택
각본 : 장선우, 구성주(원작 장정일)
개봉 : 1994년 10월 1일 서울, 롯데, 애경시네마, 녹색, 브로드웨이, 씨네하우스(서울)
관람인원 : 38만 1578명(서울)
출연 : 문성근, 정선경, 여균동, 전숙, 김부선, 최재영, 공효석, 안진형, 최선중, 명계남, 독고영재 외
기획 : 유인택
촬영 : 유영길
음악 : 강산에
조명 : 김동호
편집 : 김현
미술 : 조용삼, 김철웅
소품 : 이용승
의상 : 김유선, 이경희
분장 : 김경진, 이소영
특수분장 : 허석도, 박경준
동시녹음 : 김원용
특수효과 : 박광남, 이정일, 손기철,
조감독 : 구성주, 장문일, 심광진, 김수현, 박정우
수상 : 제33회 대종상영화제 각색상(장선우, 구성주)ㆍ신인여우상(정선경), 제15회 청룡영화상 감독상(장선우)ㆍ남우주연상(문성근)ㆍ남자신인상(여균동)ㆍ여자신인상(정선경), 제31회 백상예술대상 여자신인상(정선경), 제5회 춘사영화예술제 새얼굴 여자연기상(정선경)

태백산맥 太白山脈, The Tae Baek Mountains(1994)

(태흥영화사) 168분 극영화 연소자불
가/분단 사회물

감독 : 임권택
제작 : 이태원
각색 : 송능한(원작 조정래)
개봉 : 1994년 9월 17일 국도, 단성
사, 씨네하우스(서울)
관람인원 : 22만 7813명(서울)
수출현황 : 유럽 지역(95)
출연 : 안성기, 김명곤, 김갑수, 오정
해, 신현준, 최동준, 정경순, 방
은진, 이호재, 정진권, 국정환,
신동호, 윤주상, 김길호, 최종
원, 나갑성, 양택조, 추봉, 조학
자, 서평석, 이창세, 김병재, 배
장수, 송용덕 외
기획 : 이태원
촬영 : 정일성
음악 : 김수철
조명 : 이민부
편집 : 박순덕
미술 : 김유준
소품 : 김호길, 이예호
의상 : 권유진
분장 : 홍동은
동시녹음 : 양후보
특수효과 : 이문걸, 박광남, 안정균
사진 : 구본창, 양현모
조감독 : 남승환
수상 : 제33회 대종상영화제 심사위원
특별상(임권택) · 남우주연상(김
갑수) · 조연여우상(정경순) · 음
악상(김수철), 제15회 청룡영화
상 작품상(태흥영화) · 남녀조연
상(김갑수, 정경순), 제31회 백
상예술대상 남자연기상(김갑
수) · 기술상(음악: 김수철), 제5
회 춘사영화예술제 최우수작품
상(태흥영화) · 우수연기상(정경
순) · 촬영상(정일성) · 조명상(이
민부) · 새얼굴남자연기상(김갑
수), 제6회 춘사영화예술제 춘
사영화예술상(임권택), 영진공
선정 좋은 영화

해방 후 좌우익의 대결이 팽팽한 가운데 1948년 10월 19일, 여순 반란
사건이 일어난다. 전라남도 보성군 당 위원장인 염상진(김명곤)을 중심
으로 한 좌익세력은 벌교를 장악한 후 인민재판을 열어 반동분자를 숙
청한다. 그러나 반란군이 패퇴하면서 좌익세력은 다시 조계산으로 후
퇴하고 이번엔 벌교로 돌아온 우익세력이 좌익 연루자와 그 가족들을
연행하여 조사한다. 이때 대동 청년단 감찰부장 염상구(김갑수)는 형 염
상진에 대한 증오심으로 빨치산의 아내를 겁탈하는 등 좌익 가족에 대
한 보복 테러를 가한다.

순천중학 교사이며 민족주의자인 김범우(안성기)는 벌교 내에서 벌어
진 좌익의 잔인한 반동숙청과 우익의 과도한 보복 등 양쪽을 비판하고
막아보려다 오히려 빨갱이로 몰려 고초를 겪게 된다. 한편 빨치산을 토
벌하기 위해 심재모(최동준)가 이끄는 계엄군이 벌교에 들어서고 염상
진은 염상진대로 해방구가 된 율어면에서 무상분배에 의한 토지개혁을
실시한다. 이는 주민들의 높은 호응을 얻지만 심재모의 기습작전으로
빨치산들은 다시 산으로 쫓긴다. 산자락 마을을 가운데 두고 벌이는 심
재모와 염상진의 싸움은 점점 그들의 이성을 마비시키고 김범우는 이
데올로기의 광기에 희생되는 사람들의 모습을 보면서 문득 전쟁을 예
감한다.

1949년 겨울부터 시작된 군경이 합세한 동계 대토벌 작전으로 빨치
산은 많은 군사를 잃게 되고 그들이 혹독한 굶주림과 절망 속에 허덕이
고 있을 때 6 · 25 전쟁이 터진다. 남아 있던 빨치산들이 모두 전투에 나
간 후 염상진은 자폭하여 죽는다.

● '아제아제 바라아제'(1989), '서편
제'(1993) 등 탄탄한 대작을 연출해온
임권택의 또 하나의 대표작. 500만 부
이상 팔려나간 조정래의 대하소설 『태
백산맥』을 영화화한 작품. 분단으로 비
롯된 냉전 상황이 극한에 달했던 시기
에 분단이라는 예민한 문제를 정면으
로 다룬 이 소설은 1983년 9월부터
1989년까지 《현대문학》에 연재되면서
첫 연재 때부터 문단의 화제를 불러
일으켰다. 1948년 '여수 · 순천 10 · 19
사건'에서 한국전쟁을 거쳐 1953년 휴
전까지 좌우익의 첨예한 대립을 다룬
이 소설은 작가의 고향인 벌교를 무대
로 삼고 있다. 또한 지식인 김범우가
세습무당 소화에게 남긴 말 "이 굿은
죽은 자가 아니라 살아남은 자를 위한
것"이라는 대사가 소설의 한 주제로써
이성보다 감성이 지배하는 적대와 수

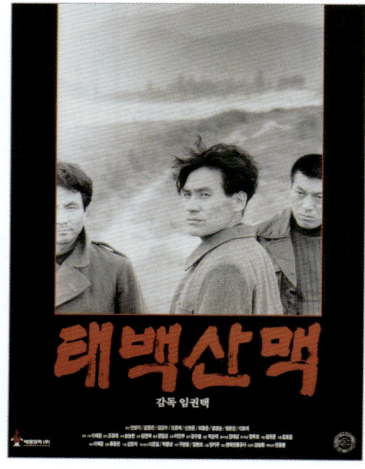

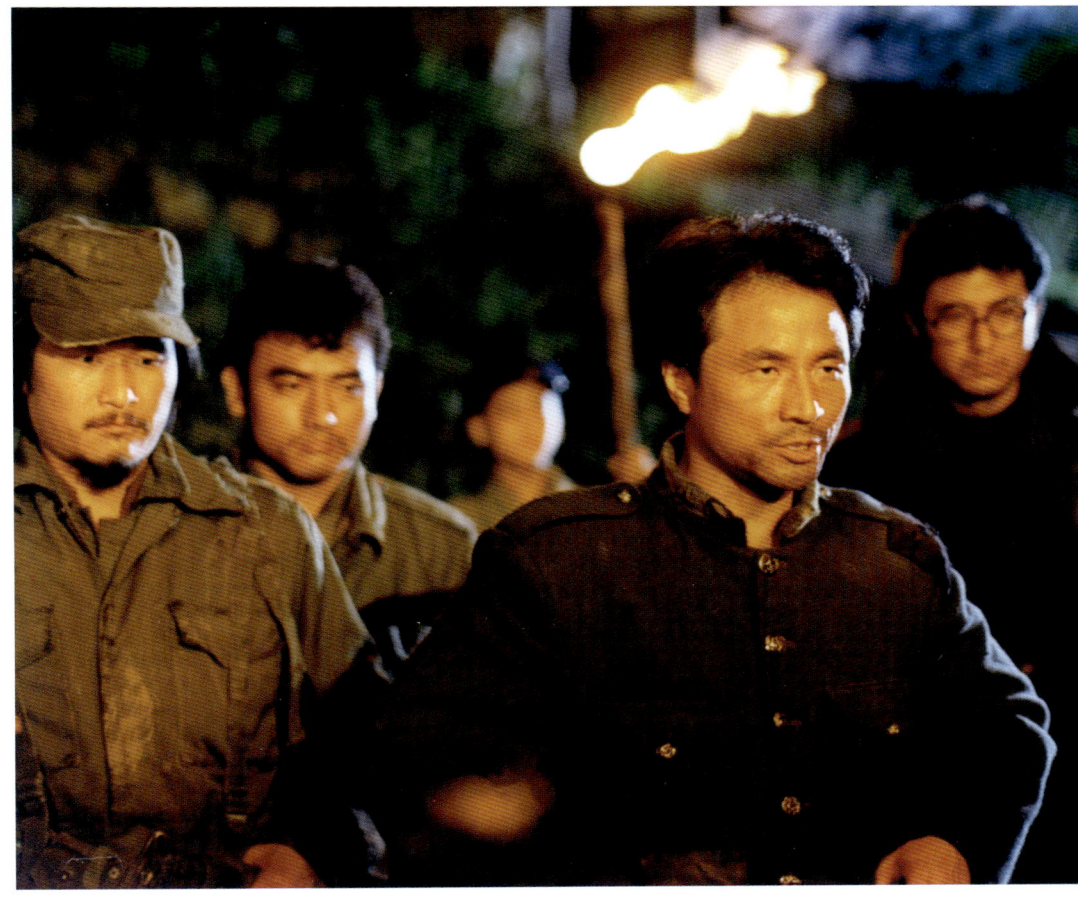

모의 혼돈 속에서 살아남은 자의 고통이 무엇인가를 대변해준다.

　임권택의 '태백산맥'은 이데올로기가 인간에 우선했던 격동기에 좌·우익의 극심한 대립과 그 속에서 상처받고 신음해온 사람들의 이야기를 정일성의 완벽한 영상과 김수철의 음악을 통해 보여주고 있다. 특히 김수철의 대금, 피리, 태평소, 오고북, 대북을 사용한 완성도 높은 국악곡은 민족 비극에 대한 묘사를 장엄하고 비장하게 살렸다.(「특히 김수철의 음악 돋보인다고 찬사」, 동아 95. 2. 15)

　격동의 시대상, 이념의 혼란, 그리고 인간 본연의 휴머니즘 등 거대한 역사의 흐름을 168분 시간 속에 섬세하게 영상화하여 청룡 영화상과 대종상에서 염상구 역 김갑수가 남우주연상, 백상예술대상과 대종상 영화제에서 김수철 음악상, 춘사영화예술제에서 임권택 감독상, 정일성이 촬영상을 수상하고 1995년 독일에 3만 5000＄에 수출됐다. 배역 배우만 100여 명, 30억 원의 제작비와 7천여 명의 엑스트라가 동원된 대작으로 43개 극장에서 개봉되어 서울 관객 23만 명 동원, 1994년도 한국영화 흥행 순위 4위에 올랐다.

　현재 벌교에는 작품 속의 사건이 벌어졌던 홍교와 철다리, 좌우익 싸움으로 시체를 산처럼 쌓아놓았던 소화다리, 중도방죽, 야학을 하던 회정리 교회, 정하섭(신현준)과 소화(오정해)가 사랑하던 현부자네 고가, 양조장, 남도여관, 자애병원, 그리고 지식인 김범우의 집과 벌교읍 북단의 낙안읍성 등이 그대로 남아 있어 교보문고가 주도하는 남도문학 기행의 한 코스로 소개되고 있다.

만무방 Manmubang(1994)

(대종필름) 101분 극영화 고등학생가/분단

감독 : 엄종선
제작 : 변장호
각본 : 홍지운(원작 오유권)
개봉 : 1994년 10월 22일 반포시네마, 명보, 르네상스, 시네마천국(서울)
관람인원 : 1만 4502명(서울)
수출현황 : 홍콩(1995)
출연 : 장동휘, 윤정희, 김형일, 신영진 외
기획 : 천상용, 임종락
촬영 : 이성섭
음악 : 이철혁
조명 : 조길수
편집 : 이경자
미술 : 이명수
소품 : 김한상
의상 : 신경심
사운드 : 강대성, 이재용
분장 : 남도진
조감독 : 유우용, 성일석
수상 : 제32회 대종상영화제 여우주연상(윤정희)·기획상(임종락 천상용)·편집상(이경자)·미술상(이명수)·녹음상(강대성, 이재용)·영예로운 배우상(장동휘), 제5회 춘사영화예술제 감독상(엄종선)·남우주연상(장동휘), 제33회 대종상영화제 특별감독상(엄종선), 제40회 아태영화제 최우수남우주연상(장동휘), 제9회 포트 로더데일영화제 최우수외국영화상(Best Int'l Film Award), 마이애미 폴라델영화제 그랑프리, 휴스턴영화제 감독상(엄종선)·작품상, 시카고 트리뷴지가 뽑은 '올해의 영화 베스트 10'에 107위 선정, 제18회 몬트리올영화제, 중국 장춘국제영화제 본선 진출

당시의 전황은 전쟁의 주도권이 밀고 밀리는 공방전이 되풀이되고 있었다. 산등성이 눈 속에 자리 잡고 있는 초가집 한 채, 그 초가에는 전쟁으로 남편과 아들을 잃은 40대 여인(윤정희)이 낮에는 태극기, 밤에는 인공기를 내걸고 살기 위한 위태로운 줄타기를 하고 있다. 어느 날 두 명의 남자가 차례로 초가로 쫓겨 들어오고 여인은 그들에게 피난처를 제공해준다. 그러나 이 고립무원의 초가도 전쟁의 소용돌이에서 결코 자유로울 수 없었다. 여인을 사이에 둔 두 남자의 또 다른 전쟁이 시작되었기 때문이다. 그것은 초가의 주인이자 욕망의 대상인 여인을 차지하는 자가 승리자가 되는 싸움이다. 처음에는 노인(장동휘)이 여인과 안방을 차지함으로써 승자로 군림하지만 청년(김형일)이 땔감을 구해오자 여인은 청년의 품에 안긴다. 패자로 전락한 노인은 차가운 사랑채로 밀려나지만 건장한 청년의 힘은 당해낼 수가 없다. 그때 길 잃은 젊은 아낙(신영진)이 이 집으로 찾아들면서 그들의 관계는 예측불허로 변화된다.

● 엄종선 연출작. 1961년 현대문학상 수상 작품인 오유권의 중편소설 『이역(異域)의 산장(山莊)』을 '만무방'이란 제목으로 개제하여 영화화한 것이다. 만무방은 예의나 염치가 없는 뻔뻔한 사람을 이르는 말. 전쟁으로 황폐화된 땅에서 살아남으려는 인간의 본능과 약육강식의 논리를 한 여인을 둘러싼 두 남자의 이야기로 그리고 있다. '변강쇠'(1986), '변금련'(1991) 시리즈 등 성인 취향의 에로영화를 만들던 엄종선은 이 영화에서 지금까지와는 다른 예술적 감각을 펼쳐 보이면서 호평을 받았다.
영상의 리얼리티를 살리기 위해 실제로 사람이 거주했던 대관령 횡계의 한 오두막을 그대로 세트장으로 옮겨서 촬영, 당시 12년 만에 카메라 앞에 선 장동휘와 프랑스에서 온 윤정희의 열연이 빛을 발하고 있다. 장동휘가 대종상, 춘사영화예술제, 아태영화제에서 영예로운 배우상을 비롯해 최우수남우상, 윤정희가 대종상 여우주연상, 엄종선이 대종상 특별감독상, 춘사영화예술제와 휴스턴영화제에서 감독상 수상. 뿐만 아니라 1994년 연말, 시카고 트리뷴지가 '포레스트 검프' '쇼생크 라덴션' '그린 파파야 향기' 등과 함께 '올해의 영화 베스트 10'에 이 영화를 선정했다.(「우리영화 국제영화제 진출러시」, 경향 94. 7. 1, 동아 94. 11. 30)

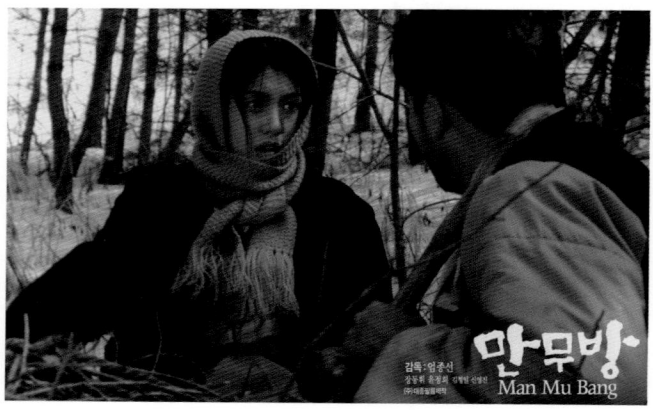

감독 : 엄종선
장동휘 윤정희 김형일 신영진
(주)대종필름제작
만무방
Man Mu Bang

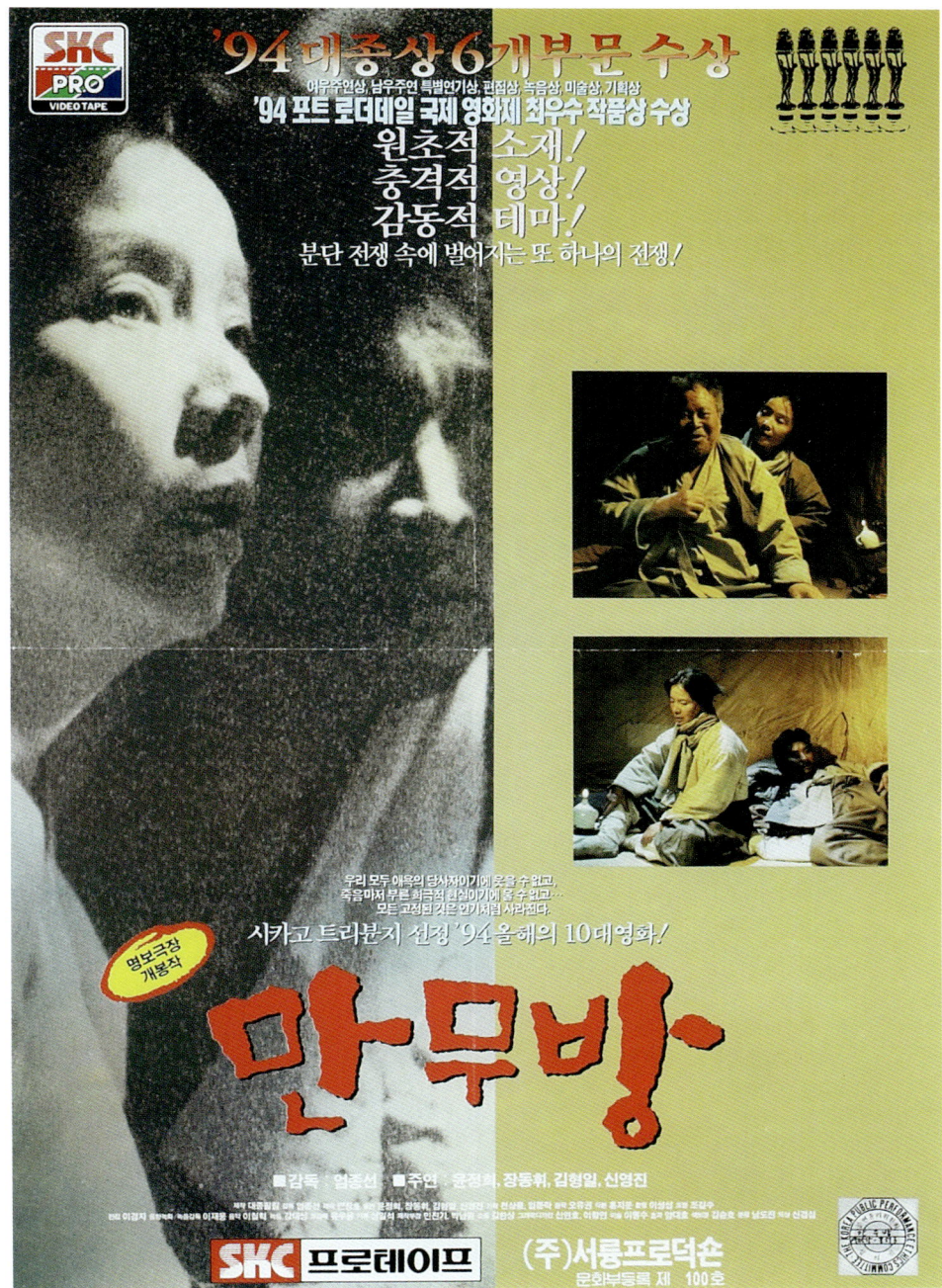

게임의 법칙 The rules of the game(1994)

(세양필름) 109분 극영화 연소자불가/
사회물

감독 : 장현수
제작 : 조창학
각본 : 강제규, 장현수
개봉 : 1994년 9월 17일 명보, 피카
    소, 영화나라, 동아, 롯데예술
    극장(서울)
관람인원 : 13만 3872명(서울)
출연 : 박중훈, 이경영, 오연수, 이일
    재, 최학락, 김부선, 권해효, 양
    택조, 임창정, 하용수 외
촬영 : 박승배
음악 : 변성용
조명 : 김강일
편집 : 김현
미술 : 조용삼
소품 : 정민영, 전정호, 우남희
의상 : 진윤정
분장 : 김선진, 박지윤, 조현경
특수분장 : 빌드업, 문경선, 이애경
사운드 : 강대성, 양대호
특수효과 : 천동완, 정도안
무술감독 : 정두홍
조감독 : 송해성, 이원일, 최기용,
    황재홍
수상 : 제15회 청룡영화상 남우주연상
    (박중훈), 제30회 백상예술대상
    각본상(강제규), 제5회 춘사영
    화예술제 창작각본상(강제규,
    장현수) · 기술상(편집 : 김현, 분
    장 : 김선진), 제15회 영평상 기
    술상(편집 부문 : 김현)

용대(박중훈)와 태숙(오연수)은 그들의 멋진 인생을 꿈꾸며 주먹 세계의 대부인 유광천(하용수)을 찾아 서울로 온다. 그러나 서울에 가는 기차에서 사기꾼 만수(이경영)에게 가진 돈을 몽땅 털리자, 용대는 태숙을 포주에게 팔아넘긴다. 유광천의 똘마니가 된 용대는 태숙을 다시 만나게 되고, 호스티스가 된 태숙은 자신을 팔아넘긴 용대를 변함없이 사랑한다.

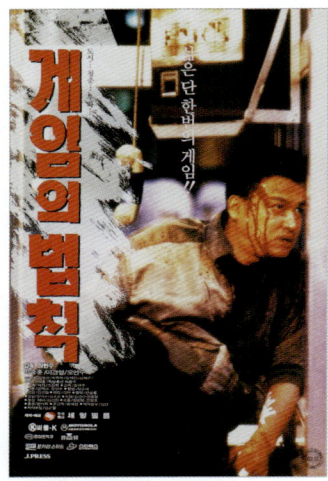

한편 유광천이 용대에게 내린 첫 임무는 돈을 떼어먹고 달아난 사기꾼 만수를 잡아들이라는 것이다. 용대에게 붙잡혀 다리병신이 된 만수는 용대와 태숙의 주위를 맴돌며 용대에게 빌붙는다. 유광천은 이번에는 조직을 위협하는 김 검사를 암살하라는 임무를 내린다. 용대는 마지막으로 김 검사를 죽이기로 하고 암살 대가로 받은 돈을 만수에게 주어 도박을 시킨다. 용대는 임무를 완수하고 만수도 도박판에서 거액의 돈을 딴다. 용대가 태숙에게 사이판으로 떠나자는 통화를 하고 있을 때 용대는 그가 평소에 구박했던 똘마니의 총에 맞아 죽는다.

● 영화 '걸어서 하늘까지'(1992)에 이은 장현수 연출작. 각본 강제규, 장현수. 폭력과 어둠의 세계에서 방황하는 젊은이의 삶을 그린 액션 느와르. 폭력 장면이 잔인하고 세밀하게 묘사된다. 즉 포크가 반대파들의 손가락과 입으로 들어가 볼을 찢고 얼굴을 관통해 나오는 장면, 얼굴에 세로로 길게 그어진 칼자국 장면 등이 있다. 영화 브로슈어에 보면 "폭력적이다", "거칠다", "액티브하다" 등 강한 느낌을 주는 단어들이 나열된 가운데 선혈이 낭자한 채 쓰러진 박중훈의 공허한 눈빛과 허공에 매달린 전화 수화기가 이 영화가 지닌 폭력성의 정도를 대변해준다.

특수 분장을 맡은 팀은 미국 버몬 특수분장 학교에서 수학하고 돌아온 해외유학파 출신의 '빌드업' 팀(문경선, 이애경), 폼(Form)은 사람의 얼굴을 석고로 직접 떠서 나이든 모습이나 주름살을 재현해내거나 신체 중 일부분만을 변형시키는 기술로 이들의 주 전공이다.

코믹연기를 탈피해 진지한 열연을 펼친 박중훈, '장군의 아들'(1990)에서 모습을 보였던 이일재를 비롯해 '별들의 고향'(1974)에 출연 후 패션디자이너가 된 하용수, 폭력영화 전문 배우 장세진, 후에 장현수 영화에 단골 출연하게 되는 김해곤, '애마부인 3'(1985) 시리즈로 유명한 김부선, 가수 임창정 등이 출연하고 있다.

이 영화로 박중훈은 청룡영화상에서 남우주연상, 강제규는 백상예술대상과 춘사영화예술제에서 각본상을 수상. 후에 '파이란'(2001), '역도산'(2004)을 만들게 되는 송해성이 조감독을 맡았다. 서울 관객 13만 3872명 동원으로 1994년도 한국영화 흥행 순위 8위.

마누라 죽이기 How to top my wife(1994)

봉수(박중훈)와 소영(최진실)은 같은 영화사에서 사장과 기획자로 일하고 있다. 서로 사랑해서 결혼했지만 봉수는 소영의 까다로운 성격 때문에 지칠 대로 지쳐 있다. 봉수의 의견에는 아랑곳없이 매사에 꼼꼼하고 당차게 자신의 의사를 관철시키는 소영이 숨막힐 지경이다. 일과 가정에서 주도권을 쥐고 있는 아내에게 질린 봉수는 자신이 제작하는 영화에 출연하고 있는 여배우 혜리(엄정화)를 만나는 것으로 위안을 삼는다. 그런 봉수에게 혜리는 소영과의 이혼을 요구한다. 봉수도 소영에게서 벗어나고 싶지만 호락호락 이혼해줄 소영이 아니다. 고민 끝에 봉수는 소영을 없애기로 결심한다. 온갖 수단 방법을 동원해서 사고사를 위장하려 해도 그때마다 실패를 거듭한다. 봉수는 완전범죄를 위해 전문 킬러까지 동원하여 마누라 죽이기에 박차를 가한다. 그러나 아내의 임신 소식을 듣고 감격의 눈물을 흘린다.

● 강우석 연출작. 원작 김성홍. 박중훈, 최진실 주연. 마누라를 없애기 위해 갖은 아이디어를 동원하지만 오히려 마누라의 위대성을 재확인하게 될 뿐만 아니라 가족의 소중함을 깨우치는 가정영화다. 마누라가 죽이고 싶도록 밉고 싶은 봉수가 지푸라기 인형을 쿡쿡 찌르는 장면에서 알라딘의 '아라비안나이트' 음악이 배경에 깔리는 등 반전이 거듭되면서 재미를 고조시킨다.
　　최진실이 대종상에서 여우주연상과 백상예술대상 여자인기상, 서울에서만 2개 관에서 7만 관객을 동원했으나 1994년에는 9위(1994년 12월 17일~31일), 1995(1995년 1월 1일부터 3월 3일까지)에 이월 상영되어 서울 관객 35만 명으로 '닥터봉'(1995)이 1위(37만 6443명)를 차지한 데 이어 1994년도 한국영화 흥행 순위 3위를 차지했다. 전국 관객 약 112만 명 동원.

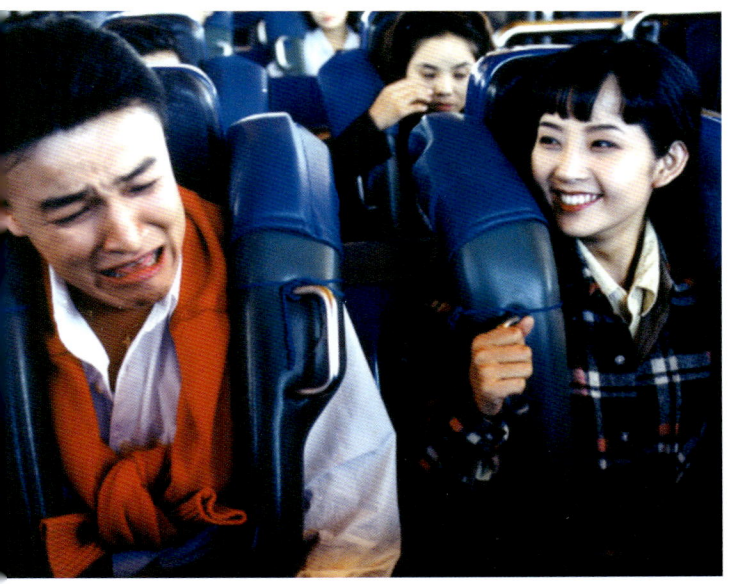

(강우석 프로덕션) 101분 극영화 연소자불가/코미디

감독: 강우석
제작: 강우석, 김세창
각본: 김상진, 오시욱 (원작 김성홍)
개봉: 1994년 12월 17일 중앙극장 (서울)
관람인원: 7만 78명(서울), 전국 관객 112만 명
수출현황: 미국(95)
출연: 박중훈, 최진실, 엄정화, 최종원, 조형기, 권용운, 양택조, 조선묵, 김성겸, 강성진 외
기획: 김미희
촬영: 정광석
음악: 최경식
조명: 신학성
편집: 김현
미술: 오상만, 조용삼, 김보일, 김보관
소품: 김태욱, 이종국, 이종대
의상: 김유선, 이종원
스틸: 윤진호, 진희문
분장: 김선진, 박지윤, 백지은, 김혜원, 김명진
동시녹음: 소원종, 인상현
특수효과: 김철석
사운드: 양대호, 오기삼, 박준호, 장광수
조감독: 김상진, 권규오, 이장욱, 이시명, 유흥삼
수상: 제33회 대종상영화제 여우주연상(최진실), 제31회 백상예술대상 인기상(최진실), 영진공 선정 좋은 영화

645

블루시걸 The BlueSeagull(1994)

(용성시네콤) 81분 애니메이션 연소자
불가/성인물

감독 : 엄태평, 오중일
제작 : 김종성, 김영호
각본 : 김경우
각색 : 남정욱
개봉 : 1994년 11월 5일 명보, 시티시
네마, 명보아트홀, 영화나라,
롯데극장(서울) 등 11개 관
관람인원 : 20만 2751명(서울)
출연 : 최민수(하일), 김혜수(채린), 엄
정화(죠슈아), 조형기(조이), 노
영국(알폰소) 외
기획 : 김종성, 김영호
음악 : 최경식
편집 : 현동춘
미술 : 민종선
애니메이션 촬영감독 : 조복동
사운드 : 윤봉운, 양경희, 강대성, 이용
문, 고승욱, 양대호
특수효과 : 이대진
시각효과 : 조민철
총감독 : 오중일
조감독 : 이명호

도쿄, 일본 최대의 폭력조직인 '오오미카미'의 보스가 마피아의 히트
맨들에게 무자비하게 살해되고 비검 한 자루가 마피아들에게 탈취당한
다. 검을 찾아 일본에 갔던 하일(최민수)은 그 사실을 알고 뉴욕으로 떠
난다.

한국, 하일의 여인 채린(김혜수)은 자동차 디자이너로 뉴욕에서 개최
될 모터쇼 준비로 바쁜 나날을 보내고 있다.

뉴욕, 하일은 미국 유학시절 연인이었던 미모의 여성 죠슈아(엄정화)
에게 도움을 청한다. 그러나 죠슈아는 마피아들에게 납치되어 참혹한
고문을 당하고 분노한 하일은 죠슈아의 오빠 조이(조형기)와 함께 마피
아의 본거지인 선샤인 빌딩으로 쳐들어 갈 계획을 세운다. 선샤인 빌딩
은 채린의 모터쇼가 개최되는 장소다.

결전의 날, 선샤인 빌딩. 헬리콥터까지 동원한 하일과 조이는 빌딩이
반파될 정도의 혈전을 벌인 끝에 비검을 되찾지만 마지막 순간에 등장
한 닌자는 하일을 위기로 몰아넣고 이 상황을 알게 된 채린은 모터쇼를
포기한 채 하일을 찾아 계단을 오른다.

● 오중일 연출의 한국 최초의 성인 애니메이션.(「국내 첫 성인 만화」, 동아 93. 11. 3) 제작 용
성시네콤(김종성, 김영호). 각본 김경우. 최민수와 김혜수가 각각 남녀 주인공의 목소리 연기를
맡았다. 만화 인생 20년을 걸어온 오중일의 야심작으로 만화 멀티미디어 시대의 개막을 알리는
신호탄이 되었다. 특히 이 작품은 전체 러닝타임 90분 중 20여 분이 컴퓨터 그래픽으로 처리
되었다. 서울 개봉에서만 20만 관객 동원으로 1994년도 한국영화 흥행 순위 5위를 기록, 서울
정도 600년 기념 타임캡슐에 현재의 '서울 모습 담기' 사업 수장 품목으로 선정되었다.

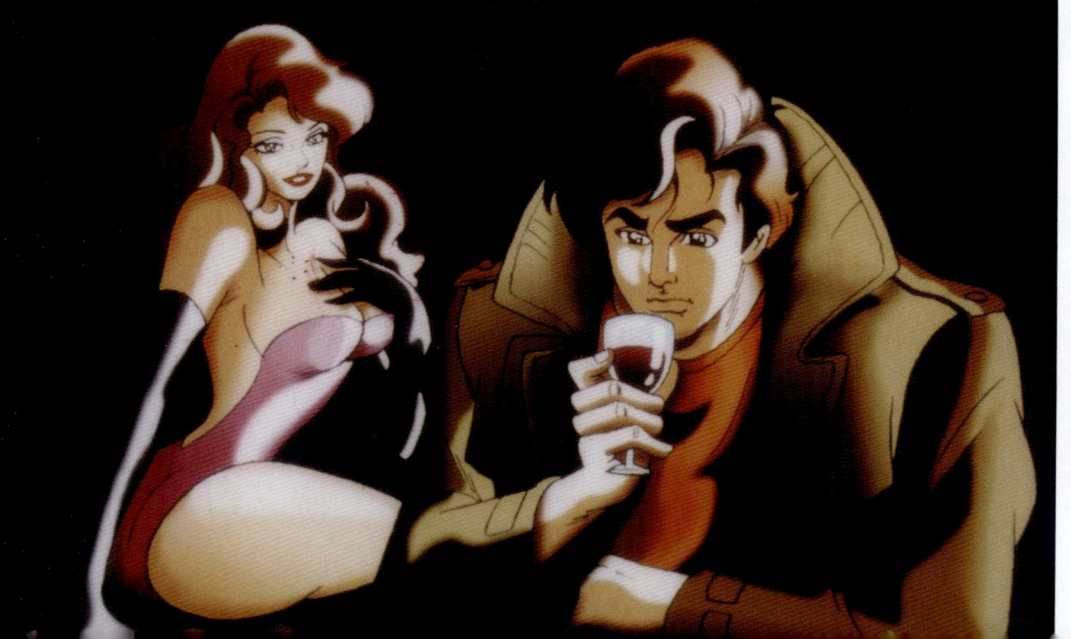

해적 海敵, Pirate(1994)

삶의 터전인 바다를 외지 양식업자에게 빼앗긴 갈머리 사람들은 머구리배 한 척에 목숨을 걸고 생계를 이어간다. 그러나 그나마도 양식업자들이 고용한 조직폭력배들의 이권다툼 때문에 생활은 더욱 황폐해진다. 이 마을 출신 우만(이일재)은 다니던 대학을 그만두고 여수에 내려와 고향 선배 홍백(허준호)과 함께 시민파의 일원이 된다. 보스 돌고래(최승원)로부터 남항파 전월 양식장을 죽이라는 명령을 받고 이를 수행한 후 부산으로 도피한다.

하지만 우만은 바로 남항파 보스의 사주를 받은 부산 강운파의 습격을 받는다. 겨우 위기를 모면한 우만은 여수로 돌아와서 남항파 관리선과 격투를 벌이다가 바다에 버려진다. 어민 부부에게 구출된 우만은 섬마을의 한 기인을 만나 혹독한 수련을 거치면서 세상을 바라보는 눈을 뜨게 된다. 다시 마을로 돌아온 우만은 남항파가 아버지마저 살해하자 마을의 적인 폭력조직에 맞서기로 결심한다.

● 박성배 감독 데뷔작. 제작 임상수. 각본 김대우. 어촌을 둘러싼 폭력배들의 세력싸움에서 허준호와 이일재의 사실적인 액션이 돋보인 영화. 그러나 잔인한 폭력 장면이 많다는 이유로 도끼로 손가락을 자르는 장면 등 9개 신(100여 장면)이 가위질을 당해(「영화 '해적' 무차별 삭제 물의」, 경향 94. 11. 5) 스토리가 이어지지 않아 개봉과 함께 바로 비디오로 출시됐다. 평론가 김수남에 따르면 공윤 심의에서 자그마치 93컷이나 삭제되었다는 것이다. (김수남, 「한국영화의 쟁점의 사유」, 문예마당, 1997년, p.212) 왕년의 명배우 허장강의 장남 허기호와 그 동생 허준호 형제가 나란히 출연하고 있다. 박성배는 신상옥 감독이 미국에서 귀국 후 '마유미'(1990)의 연출부를 거쳐 '증발'(1994)의 조감독으로 활동하면서 주위의 기대를 한 몸에 받았으나 이후 활동이 보이지 않는 것으로 알려진다. 제작에 참여했던 임상수는 '처녀들의 저녁식사'(1998)로 감독 데뷔한다.

(한국영화기획정보센타) 103분 극영화
연소자불가/액션

감독: 박성배
제작: 임상수
각본: 김대우(원작 김중태)
개봉: 1994년 11월 5일 국도, 경원극장(서울)
관람인원: 1만 6640명(서울)
출연: 이일재, 허준호, 독고영재, 최승원, 김동년, 방은희, 오동영, 이성훈, 이해룡, 김하림, 최길호, 허기호, 김중태 외
기획: 김수진
촬영: 박승호
음악: 최경식
조명: 이승구
편집: 박순덕
소품: 정민영
특수분장: 허석도
스틸: 전석현
의상: Work Space, 강희진, 김지연, 전홍주, 정은
동시녹음: 소원종
사운드: 이성근, 양대호
광고사진: 손기철
무술감독: 이성훈
제작총지휘: 이상열
조감독: 조진희

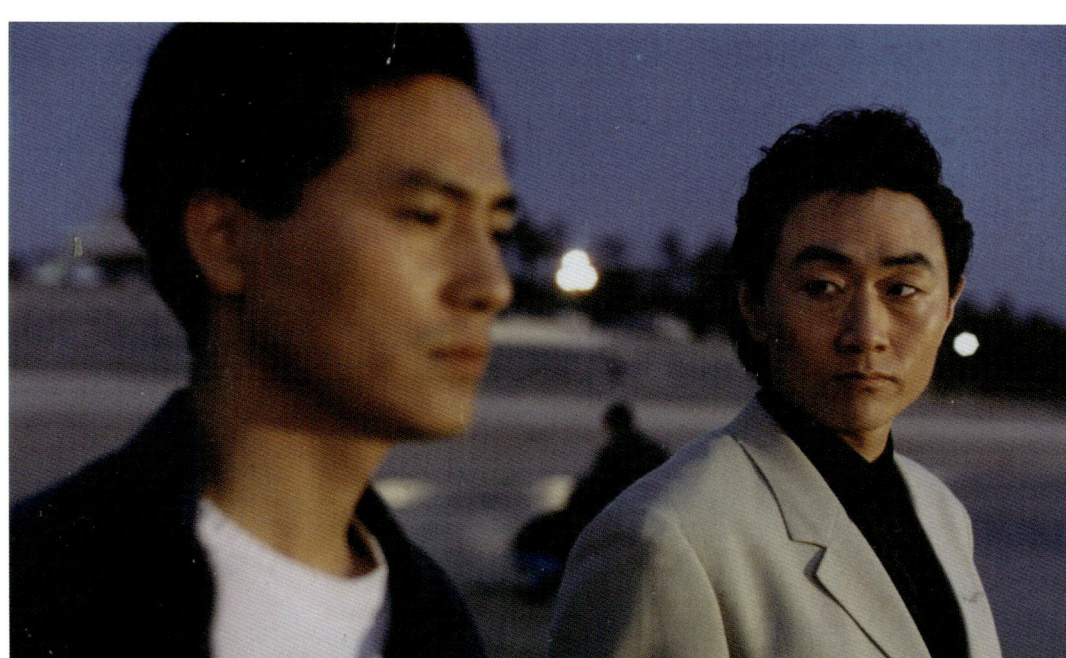

젊은 남자 The Young man(1994)

(배창호프로덕션) 116분 극영화 연소
자불가/사회물 청춘

감독 : 배창호
제작 : 배창호, 권영락
각본 : 배병호, 배창호
개봉 : 1994년 12월 17일 명보, 동아,
씨네하우스, 미도파시네마, 명
보아트홀(서울)
관람인원 : 4만 3701명(서울)
출연 : 이정재, 신은경, 이응경, 김보
연, 전미선, 권오중, 강성진, 박
중훈 외
기획 : 권영락   촬영 : 정광석
스틸 : 서흥익
조감독 : 김국형, 황원제, 박진우,
박찬원
수상 : 제33회 대종상영화제 신인남우
상(이정재), 제16회 청룡영화상
남자신인상(이정재), 제31회 백
상예술대상 신인연기상(이정재),
제15회 영평상 신인연기상(이정
재), 영진공 선정 좋은 영화

젊은 남자 이한(이정재)은 부유 계층의 여성들과 순간적인 사랑을 즐기는 삼류 패션모델이다. 한은 재이(신은경)와 사랑에 빠지고, 어느 날 로데오 거리에서 만난 연상의 승혜(이응경)에게 반한다.

그런가 하면 자신이 속해 있는 에이전시의 매니저 손 실장(김보연)의 쾌락의 대상이 되기도 한다. 한은 이 세 명의 여인에게 둘러싸여 각각 아름답고 애틋한, 그러나 위험한 관계를 유지하고 있다. 한은 승혜의 도움으로 톱모델의 길을 달릴 수 있는 절호의 기회를 잡았지만 한에게 손 실장과의 모델 출연 전속 계약이란 올가미가 그의 앞길을 가로막는다. 결국 한은 손 실장을 살해 유기한 후 갈등에 시달리면서도 완전 범죄라는 환상에 사로 잡힌다. 그러나 걷잡을 수 없는 불안에 쫓기면서 그는 서서히 죽음을 향해 돌진해간다.

● 배창호 프로덕션 첫 작품. 모델로 성공하고 싶어하는 젊은 남자가 부와 여자, 쾌락에 물들어가며 점차 타락해가는 과정을 보여준다. 이는 "성공을 꿈꾸는 신세대의 낡은 동화(영화 관람석)"(한겨레 94. 12. 23)라는 평을 들었다. 당시 한창 주가를 올리던 이정재, 신은경 주연. 이정재 스크린 데뷔작으로 이정재는 대종상, 청룡상, 백상예술대상, 영평상 등 국내 4대 영화상에서 신인상을 모두 휩쓸었다. 박중훈이 특별 출연.

라이따이한 Lai Daihan(1994)

(대신영화) 91분 극영화 연소자가/로
맨스

감독 : 서윤모
제작 : 김태성
각본 : 이경수
개봉 : 1994년 12월 17일 명보 1·
2·3·4관(서울)
관람인원 : 1만 9020명(서울)
출연 : 린당팜, 이창훈, 민지환, 킴슈
앙, 최민, 전herb랑, 송일동, 신진
경, 광하이, 링뜩 외
기획 : 이경화
촬영 : 최정원
음악 : 이철혁
조명 : 박만창
편집 : 현동춘
소품 : 뉘엔 꽁
분장 : 심정아
사운드 : 손인호, 이재희
특수효과 : 팜반간
스틸 : 박희재
조감독 : 차윤영

베트남 격전지를 관광 코스로 개발하기 위해 베트남에 온 상우(이창훈)는 봉제사 출신 수잔(린당팜)의 가이드를 소개받는다. 그녀의 아버지는 월남전에 파병되었던 한국인으로 그녀는 아버지의 나라인 한국에 가는 것이 소원이라고 했다. 수잔의 밝은 미소를 보면서 상우는 애틋한 사랑의 감정을 키운다. 마침내 두 사람은 다른 '라이따이한' 들의 축복을 받으며 한국으로 떠날 것을 약속한다. 하지만 그들 앞에는 운명의 장난이 기다리고 있었다. 떠나기 전 수잔 어머니를 만난 자리에서 수잔 아버지의 사진을 본 상우는 사진 속의 인물이 바로 자신의 아버지임을 알게 된다. 상우와 수잔은 이복 남매였다.

아들 상우의 충격을 모르는 아버지 홍재국(민지환)은 지난 날의 사랑을 찾아 베트남으로 온다. 젊은 날의 아내를 찾게 되고 자신이 낳은 사랑스런 딸 수잔을 만나지만 딸 수잔과 아버지 홍재국은 남보다 더 멀다는 슬픈 현실에 얽힌다. 그들의 만남은 서로의 가슴속에 다시 한 번 큰 상처를 남길 뿐이다.

● 서윤모 연출작. 한국과 베트남 청소년 문화 교류 후원으로 기획된 영화. '라이따이한'은 베트남에서 살고 있는 한국계 혼혈아를 일컫는 말이다. 영화 '인도차이나(Indochina)'(1992)로 잘 알려진 린당팜이 주연을 맡아 화제가 됐으며 베트남 현지 촬영으로 아름다운 자연경관을 화면 가득히 담았다.

손톱 Deep Scratch(1994)

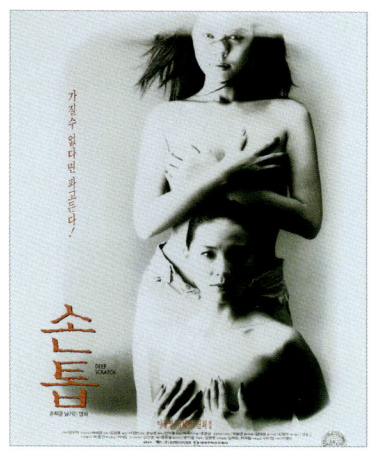

소영(심혜진)은 실력 있는 커리어 우먼으로서 아직 아이가 없다는 것 외에는 결혼 생활도 원만한 편이다. 이에 비해 소영의 친구 혜란(진희경)은 소영을 흉내 내기에만 급급하다. 여고 때는 미술에 소질이 있는 소영을 따라서 그림을 그렸지만 그림에 소질이 없음은 그녀 자신이 더 잘 알고 있다. 소영에 대한 콤플렉스로 똘똘 뭉친 혜란은 소영이 행복하면 행복할수록 질투심에 불타서 소영의 행복을 망쳐 놓고 말겠다는 무서운 계획을 세운다. 소영의 남편 정민(이경영)은 아내를 사랑하며 아내가 하는 일은 무조건 존중해주는 남자다. 하지만 정민은 혜란의 소영이 괴롭히기 작전에 교묘하게 걸려들고 혜란의 성적 유혹에 맥없이 넘어간다. 이 사실을 알게 된 소영은 남편과 헤어질 결심을 하지만 때마침 그렇게도 바라던 임신을 하게 된다. 혜란은 화가 치민 나머지 그녀를 죽일 의도로 소영의 집에 불을 지르고 만다. 정민의 도움으로 소영은 구사일생으로 살아나고 혜란은 불에 타 죽는다.

● '그래 가끔 하늘을 보자'(1990) 연출 후 4년 만에 선보인 김성홍의 공포 스릴러물. 기획 강우석. 중산층 부부 사이에 벌어지는 욕망과 질투를 그린 이 영화는 인간의 욕망이 부를 수 있는 끔찍한 결과를 화면에 표현하고 있다.(「여성의 질투심을 소재로 섬뜩한 공포심 그려」, 동아 95. 1. 6) 수영장에서의 소영과 혜련의 내기, 물밑에서 둘 간의 실랑이는 생명을 위협할 만큼의 적의가 표출된 행위임을 알 수 있게 한다. 더구나 손톱을 세운 혜란의 저주는 이 영화가 어떤 참담한 결과를 가져올 것인지 관객들에게 예측하게 해준다.

"내가 때마침 아주 잘 왔구나. 애까지 뱄네? 이제 남아 있는 건 내 손에 죽어주는 것 뿐이야. 니가 뻐기고 자랑하던 이 모든 것들을 싸그리 태워줄 거야. 넌 그걸 끝까지 지켜보면서 죽어줘야 해. 넌 날 끝까지 무시하고 모욕했어. 니가 조금만 양보하고 겸손했어도 이렇게 망가지지 않았을 거야. 세상은 너무 불공평해…"

친구에게 증오심을 가진 혜란 역을 해낸 진희경이 대종상에서 여자신인상, 박곡지는 편집으로 신인 기술상을 받았다. 서울 관객 수 13만 2000명으로 1995년도 한국영화 흥행 순위 6위. 롯데호텔, 남양주군 종합촬영소에서 촬영했다.

(성연엔터테인먼트) 101분 극영화 연소자불가/스릴러

감독 : 김성홍
제작 : 이춘연
각본 : 여혜영
개봉 : 1995년 1월 28일 서울, 힐탑시네마, 반포시네마, 애경시네마, 녹색, 롯데극장(서울)
관람인원 : 13만 1969명(서울)
수출현황 : 미국(95)
출연 : 심혜진, 이경영, 진희경, 정성모, 서우림, 조선묵, 이송욱 외
기획 : 강우석
촬영 : 서정민
음악 : 안지홍
조명 : 손달호
편집 : 박곡지
미술 : 오상만, 최병근
분장 : 허석도
의상 : 김선영, 김현지, 이은주
동시녹음 : 김범수
사운드 : 강대성, 양대호
특수효과 : 정도안
스틸 : 윤동실
조감독 : 김명균
수상 : 제33회 대종상영화제 신인여우상(진희경) · 신인기술상(박곡지)

남자는 괴로워 Affliction of Man(1994)

(익영영화) 110분 극영화 고등학생가/
코미디

감독·각본 : 이명세
제작 : 박상인
개봉 : 1995년 2월 11일 피카디리, 그
랑프리, 한일시네마 1.2관, 경
원 1.2관(서울) 등 8개 관
관람인원 : 5만 3168명(서울)
출연 : 안성기, 박상민, 송영창, 김혜
수, 최종원, 윤주상, 조선묵, 황
미선, John K. Luch, 문성근,
이경영, 박진성 외
촬영 : 유영길
음악 : 최준성
조명 : 김동호
편집 : 김현
미술 : 오상만, 조용삼
소품 : 장석범
의상 : 최형란
분장 : 정혜지, 송종희, 최정
동시녹음 : 김원용
사운드 : 소원종, 양대호
특수효과 : 김철석
포스터 : 손기철
제작지휘 : 김태균
조감독 : 엄현수, 김헌겸, 신유경,
하원준
수상 : 제31회 백상예술대상 인기상
(박상민)

오성전자 제품개발부 안 과장(안성기)의 일상은 그가 술만 마시면 부르
는 "아빠의 청춘"처럼 비애스럽기만 하다. 컴맹인 그는 승진 후 5년 동
안 단 한 번도 아이디어를 내보지 못했다. 그는 직장 후배들에게 스트
레스를 풀고 있는 윤 부장(윤주상)과는 달리 끊임없이 치고 올라오는 후
배들이 두렵기만 하다.

신입사원 미스터 박(박상민)은 키스하는 것조차 '엄마에게 물어봐야'
하는 지독한 마마보이. 그는 깐깐한 여자 선배 현주(김혜수)를 좋아하지
만 이를 내색하진 못한다. 학벌 좋고 능력 있는 송 차장(송영창)은 지나
친 의처증에 시달리고, 만년 최 대리(최종원)는 밤마다 부인에게 남자의
능력을 의심받고 있으며, 조 대리(조선묵)는 부인 아닌 다른 여자와 사
랑에 빠져 있다. 그러나 어느 날 이들을 들볶는 재미로 살던 윤 부장이
이유 없이 권고사직을 당하자 안 과장은 그동안 수없이 써왔던 사표를
내 던지고 회사 문을 나선다.

● 이명세 각본·연출의 블랙코미디. 젊은 시절, 찬란하던 꿈을 월급봉투 속에 가둔 채 직장과
가정을 오가며 지친 삶을 살고 있는 샐러리맨의 애환을 그린 블랙코미디. 안성기가 역할을 맡
은 안 과장을 비롯한 다섯 명(박상민, 송영창, 최종원, 윤주상, 조선묵)의 남자들이 각자 나름대
로의 개성을 보여주면서 영화 시작에서 끝까지 폭소가 끊이지 않는다.
영화의 중요한 공간인 신제품 개발부 사무실을 배경으로 한 미장센과 뮤지컬 요소를 도입한
색다른 시도, 그리고 각각의 등장인물을 적시에 충돌시키는 감독의 센스와 치밀한 계산이 돋보
이는 영화다.("샐러리맨의 애환 그린 희비극」, 경향 95. 2. 3) 예를 들어 끊임없이 잠을 자면서
붕붕 날아다니거나 저승에 가서도 롤러스케이트를 타는 몽유병 환자 안성기, 그리고 안성기가
가로등을 파트너 삼아 춤을 추는 클라이맥스 장면은 웃음 속에서 눈물이 핑 돌게 하는 명장면으
로 뇌리에 남는다. 이 영화의 메시지는 "아! 웃고 있어도 눈물이 난다!"라는 태그라인에 있다.
문성근, 이경영, 박진성이 특별 출연.

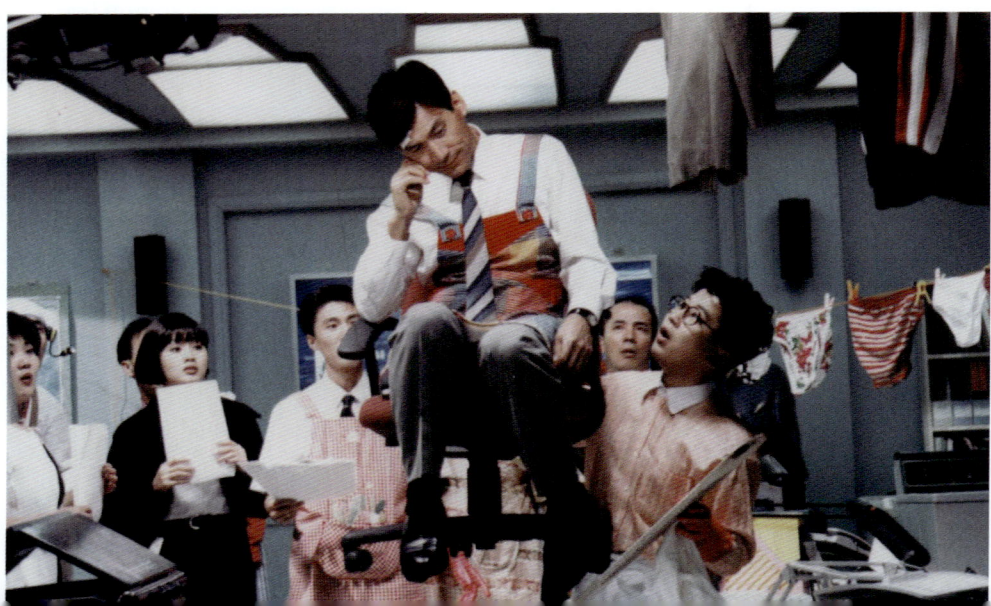

말미잘 – 엄마와 별과 말미잘
Mom, the Star and the Sea Anemone(1994)

어린 수영(천영덕)은 해녀 일을 하는 엄마(나영희)와 둘이서 살고 있다. 어느 날 도시에서 독고아저씨(이영하)란 사람이 수영의 집에 하숙을 들어오고 수영은 독고아저씨에게 엄마를 뺏길 것 같은 위기감을 느낀다.

어느 날, 반체제적인 글을 쓰고 있던 아저씨는 경찰에 붙잡혀 가고, 수영은 방학이 되자 고모네(방은진) 집으로 놀러간다. 그러나 방학을 보내고 돌아온 수영은 엄마가 독고아저씨를 따라가고 가끔 친구가 되어 주던 최 선장 아저씨(안성기)도 하늘나라로 간 것을 알고 슬퍼한다. 아홉 살이 된 수영은 조금씩 엄마를 이해하기 시작하면서 엄마가 돌아오기만을 언제까지나 기다린다.

● 유현목의 43번째 작품이자 마지막 연출작. '상한 갈대'(1984) 이후 만 10년 만에 선보인 작품으로 감독의 나이 70세에 만들어졌다. '말미잘'은 1993년 영진공 시나리오 공모 당선작인 권재우의 「엄마와 별과 말미잘」을 각색한 작품으로 완벽한 구성미와 함께 유현목의 인생 관조를 엿볼 수 있는 작품으로 평가됐다.(「사춘기 소년의 성장영화」, 동아 95. 3. 30) 전 생애를 영화와 영화발전을 위해 헌신해온 그만이 다룰 수 있는 독특한 소재로써 아홉 살 섬 소년이 엄마의 재혼을 통해 성의식에 눈떠가는 모습을 낭만적 사운드와 밝은 카메라 앵글로 잡아낸다. 유현목은 동국대 명예교수로서 이일웅, 강석우, 최민식, 한석규, 채시라 등 동국대 제자들이 영화에 한 컷씩 출연했다.

(경죽영화) 113분 극영화 연소자불가/가족
감독 : 유현목
제작 : 나한일, 김승래, 박영대
각본 : 권재우
개봉 : 1995년 3월 31일 반포시네마, 명보, 동아, 롯데예술, 영타운극장(서울)
관람인원 : 1만 8235명(서울)
출연 : 천영덕, 안성기, 나영희, 이영하, 방은진, 장동휘, 김희라, 박정자, 강계식, 추석양 외
기획 : 박예랑, 안상훈
촬영 : 진영호
음악 : 송병준
조명 : 차정남
편집 : 박순덕
미술 : 조융삼
소품 : 정민영
동시녹음 : 손규식
분장 : 이상근, 한희철
의상 : 권상천, 배은경, 배성중
특수효과 : 박광남, 장진석, 이주형
조감독 : 양윤호, 진민국, 백영기, 조석현, 은남기, 김지현
수상 : 제33회 대종상영화제 영예로운 감독상(유현목), 제15회 영평상 감독상(유현목)

마스카라 Mascara(1994)

조 사장(장두이)이 경영하는 살롱 Buzz. 단골손님인 사진작가 오기혁(기세여)은 살롱 호스티스 해주(하지나)에게 마음을 빼앗긴다. 한편 암흑가의 두목으로부터 노름빚 독촉을 받아오던 조 사장은 해주를 이용해서 청부살인을 감행, 이 와중에서 해주가 트랜스젠더임이 밝혀지자 오기혁은 환멸을 느끼고 떠난다. 청부살인의 대가로 성전환수술과 새롭게 성형수술을 받은 해주는 유정(장송미)이란 이름으로 다시 오기혁 앞에 나타난다. 그리고 그 옛날 자신에게 치욕스런 폭행을 했던 폭력배 일당에 대한 복수를 시작한다.

● 이훈 감독 데뷔작이자 유작. 1993년 16mm 비디오 '달콤한 포로'를 촬영·각본·연출을 맡아 주목을 받았고 트랜스젠더를 소재로 한 이 영화에서도 각본·촬영·연출을 맡았다. 실제 트랜스젠더인 하지나가 주인공으로 출연해 극적 실감을 더해주었다. 연극배우 장두이 출연, 영화감독 곽재용이 카메오 출연, 많은 사람들의 기대를 모았으나 이훈은 1996년 불의의 사고로 유명을 달리했다.

(서강기획) 91분 극영화 연소자불가/액션멜로
감독·각본 : 이훈
제작 : 손영호
개봉 : 1995년 4월 1일 명화, 화양, 대지, 뤼미에르극장(서울)
관람인원 : 2803명(서울)
출연 : 장두이, 하지나, 곽재용, 전성기, 허종수, 이해인, 이재순, 김명수, 장송미, 기세여 외
기획 : G.I.T
촬영 : 최찬규, 이훈
음악 : 전상윤   **조명** : 신준하
편집 : 김희수   **세트** : 윤태호
분장 : 한정아, 윤경희
스틸 : 성순용
사운드 : 손인호, 이재희
조감독 : 김영석

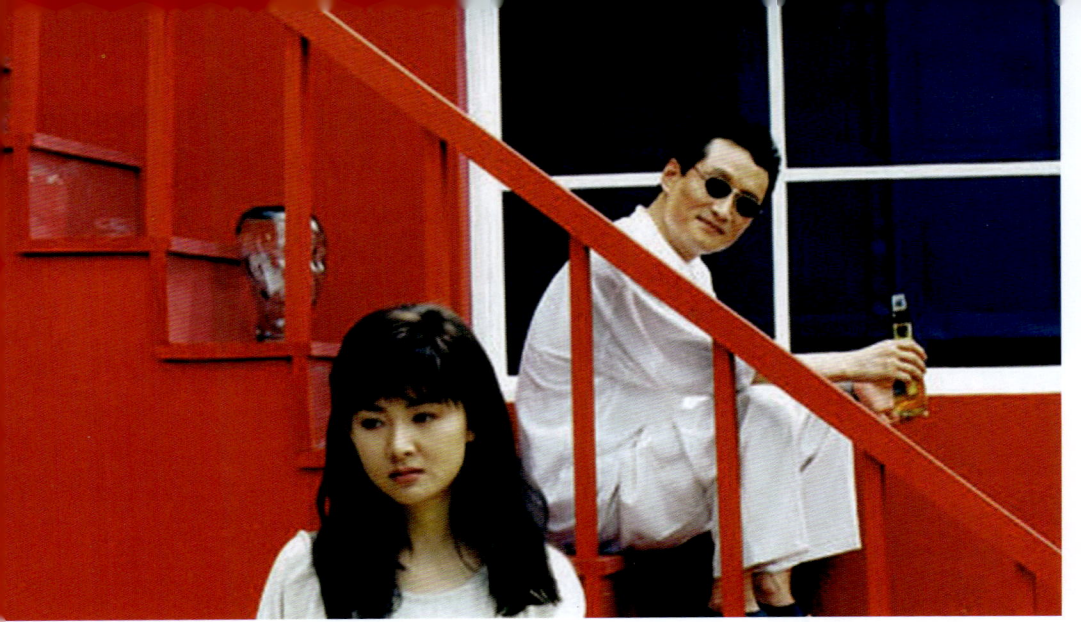

네온 속으로 노을지다 Sunset into the neon lights(1995)

(우림영화) 108분 극영화 연소자불가/
사회물

감독·각본 : 이현승
제작 : 김용석, 이은수
각색 : 한지승, 김성수, 이상우
개봉 : 1995년 2월 25일 단성사, 신
영, 롯데, 그랑프리, 동아극장
(서울)
관람인원 : 4만 2285명(서울)
출연 : 문성근, 채시라, 양금석, 김의
성, 김남일, 류태호, 이종길, 방
영, 이소라, 이기린, 이성진, 이
병헌, 김원준 외
기획 : 김용석, 신영희
촬영 : 유영길   음악 : 김현철
조명 : 김동호   편집 : 박순덕
미술 : 이경, 홍종오
세트 : 김현자, 조용삼
소품 : 강경미, 신현주, 신승기
의상 : 박정원
분장 : 이선희, 김경원, 허경숙, 이경자
동시녹음 : 이병하
특수효과 : 한룡
시각효과 : 장선일
포스터 : 손기철
조감독 : 한지승, 성지혜, 홍종오, 배형
준

대학 선배 김원(김의성)이 운영하는 출판사에 다니는 상민(채시라)은 김원을 사랑하고 있다. 그러나 출판사가 재정난에 허덕이자 김원은 말없이 사라지고 상민은 하루아침에 직장과 사랑을 잃어버린다. 광고회사 카피라이터로 입사한 상민은 그곳에서 서지훤 부장(양금석)과 CF 감독 김규환(문성근)을 만나게 된다. 규환과 지속적인 만남을 갖는 동안 상민은 일에 대한 투지가 생기고 그런 그녀에게 중요한 프로젝트가 맡겨진다. 그리고 규환의 협조로 상민의 첫 광고가 성공을 거둔다.

그러던 어느 날 상민 앞에 김원이 불쑥 나타났다가 역시 말없이 사라진다. 나중에서야 임신 사실을 알게 된 그녀는 옛사랑에서 벗어나기 위해 아이를 지울 결심으로 아프리카로 휴가를 떠난다.

● 이현승 각본·연출작. 1980년대를 추억하는 광고감독을 주인공으로 내세운 페미니즘 영화. 감독은 남녀평등 문제를 유색인종 차별 문제와 연관시킬 정도로 심각하다는 것을 일깨우면서 여성의 성공에 대한 긍정적 시각을 보이고 있다. CF 감독(문성근)의 지적인 연기 외에 당시 아이돌 스타였던 이소라, 이성진, 이병헌, 김원준 등이 특별 출연했다. 채시라 스크린 데뷔작.
이 영화는 극렬한 붉은색 세트(계단)와 노란색(전화박스)의 대비, 옥상 시퀀스에서의 네온불빛이 돌아가면서 바뀌는 조명의 색채 등 원색적인 화면을 구사한 것이 돋보인다. 시각적인 면에 치중한 영화로서 한국영화치고는 화질이 선명하고 세트 데코레이션이나 비주얼 코디네이션도 세련된 편이다. 김현철의 영화음악이 영화의 맛을 한껏 살렸다. 아프리카 케냐에서 촬영됐다.

652

301 302 Three-Oh-One, Three-Oh-Two(1995)

새 희망 바이오 아파트 301호에 대식증의 여자 송희(방은진)가 이사해 오면서 302호 거식증의 여자 윤희(황신혜)와의 갈등이 시작된다. 301호의 송희는 결혼 후 남편을 위해 끊임없이 음식을 만들고 거기서 삶의 보람을 얻으려다 남편이 이를 외면하자 음식에 집착하는 대식증 환자가 되었다. 그녀는 남편의 애완견을 요리로 만들고 그로 인해 이혼당한 과거를 가지고 있다. 302호의 윤희는 어릴 적 정육점을 하던 의붓아버지의 성폭행을 피해 냉동고에 숨곤 했다. 그런 어느 날 자신을 흉내내다 얼어 죽은 동네 아이를 보고 음식과 섹스를 거부하는 거식증에 걸렸다. 한데 아이러니컬하게도 그녀는 여성 잡지에 성에 관한 글을 쓰고 있다. 송희는 윤희에게 끊임없이 음식을 만들어 나르고 윤희는 이를 거부하면서 둘의 대결은 극에 달하지만 서로의 과거를 이해하게 되면서 정신적 교감을 얻게 된다. 윤희는 자신을 음식재료로 써줄 것을 제안하고 송희는 이를 허락한다.

● 박철수 제작·연출작. 각본 이서군. 장정일의 시를 영화로 시도해본 본격적 컬트 영화.(동아 95. 5. 24) 미인의 대명사로 불리는 황신혜와 탄탄한 연기력을 인정받고 있는 방은진의 열연이 볼 만하다. 아파트라는 한정된 공간의 폐쇄성과 인물들의 기이한 분위기로 긴장감을 주면서 일상적 이야기 중심에서 벗어나 조명, 특수효과 등 이미지 중심의 독특한 내러티브로 여성의 문제적 현실이라는 화두를 엽기적으로 드러낸다. 본격적인 컬트 기법을 도입한 것도 처음이며 여성을 인간이라는 선상에서 해부하는 것도 거의 처음이다. 또 배우와 제작진은 영진공 세트장에서 작품 해석이 끝날 때까지 무기한 동거하면서 반복 리허설을 실시했다고 한다.

방은진은 군더더기가 없는 빼어난 연기로 청룡영화상, 춘사영화예술제, 영평상에서 여우주연상을 수상했고 박철수는 이 영화로 작가주의 감독의 반열에 올라서게 되었다. 방은진은 이로부터 10년 후 '오로라 공주'(2005)로 감독 데뷔하면서 연기 못지않게 앙칼진 연출 실력을 보여줬다.

(박철수필름) 99분 극영화 연소자불가 /컬트

감독·제작 : 박철수
각본 : 이서군
개봉 : 1995년 4월 21일 명보, 동아, 롯데예술, 반포시네마, 옴니시네마, 영타운극장(서울)
관람인원 : 3만 423명(서울)
출연 : 방은진, 황신혜, 김추련, 박철호, 최재영, 장영주 외
기획 : 박철수
촬영 : 이은길
음악 : 변성룡
조명 : 신준하
편집 : 박곡지
미술 : 최정화
세트 : 조용삼, 오상만, 김복일
의상 : 원지애
분장 : 안희준, 김수우
특수분장 : 김성문
조감독 : 박영훈, 송영철, 방상훈
수상 : 제16회 청룡영화상 여우주연상(방은진)·각본상(이서군), 제6회 춘사영화예술제 여우주연상(방은진)·기술상(특수분장 김성문), 제19회 황금촬영상 신인촬영상(이은길), 제16회 영평상 여자연기상(방은진)

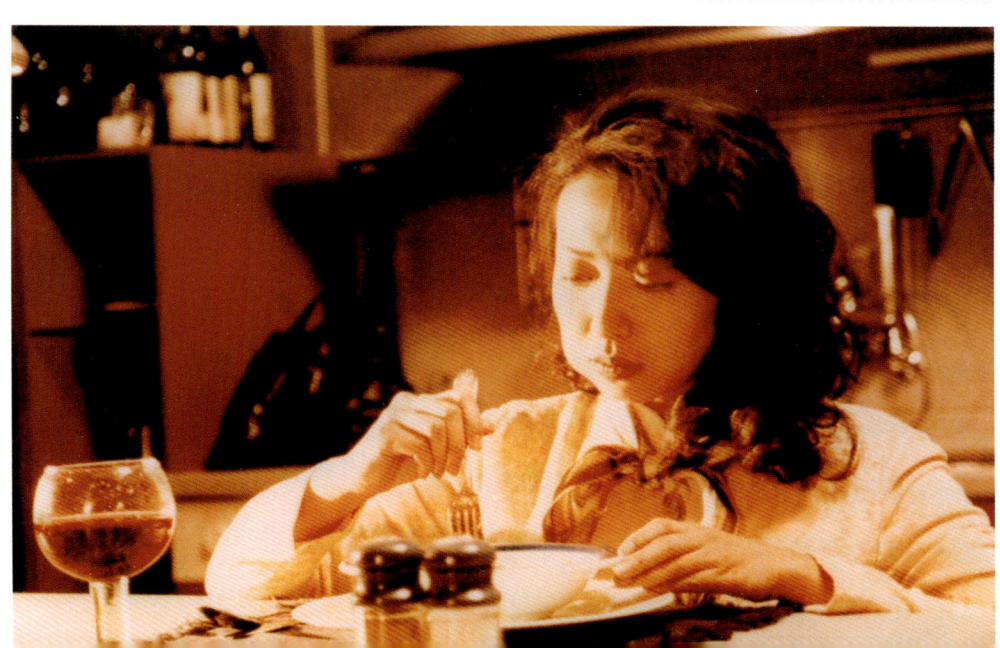

금흥아 금흥아 My dear KeumHong(1995)

(태흥영화) 96분 극영화 연소자불가/
전기 96분 연소자불가/시대극

감독 : 김유진
제작 : 이태원
각본 : 유지형
각색 : 육상효
개봉 : 1995년 4월 22일 단성사(서울)
관람인원 : 2만 1071명(서울)
출연 : 김갑수, 김수철, 이지은, 박지
일, 고인배, 하덕성, 주호성, 고
동업, 윤정빈, 김우란, 김흥준,
송능한, 육상효 외
기획 : 이태원
촬영 : 박승배
음악 : 김수철
조명 : 김강일
편집 : 김현
미술 : 김유준
소품 : 김호길, 이예호
의상 : 이해윤, 허영
분장 : 홍동은
동시녹음 : 양후보
사운드 : 강대성, 양대호
사진 : 구본창
조감독 : 채승훈
수상 : 제34회 대종상영화제 미술(김
유준) · 의상상(이해윤, 허영) ·
신인여우상(이지은), 제16회 청
룡영화상 여자신인상(이지은),
제6회 춘사영화예술제 새얼굴
여자연기상(이지은) · 음악상(김
수철) · 미술상(김유준) · 의상상
(이해윤, 허영), 제15회 영평상
신인 연기상(이지은)

1932년 일본 유학을 마치고 귀국한 야수파 구본웅(김수철)은 성공리에 열린 귀국전시회에서 청년시인 이상(김갑수)을 만난다. 이후 두 사람은 거의 매일같이 붙어 다니며 온갖 기행을 즐기게 된다. 이상의 요양을 핑계 삼아 황해도 백천온천에 온 그들은 그곳에서 만난 금흥(이지은)과 천박하고도 음란한, 그러나 가슴 아픈 삼각관계에 빠진다. 본웅은 마음 속으로 금흥을 사랑하면서도 이상의 집착에 금흥을 멀리서 지켜볼 뿐이다. 경성에 와서도 이상은 금흥에게 다방을 차려주고 다정한 시간을 보낸다. 그 후 이상은 신문에 발표한 시 「오감도」로 인해 독자들의 빗발치는 비난을 받아 문학적인 위기를 맞게 된다. 금흥은 다방을 살리려고 애쓰다 이상의 곁을 떠나고 금흥이 떠난 후 이상의 기벽은 극에 달한다. 중년이 된 본웅은 금흥에게 이상이 오래전 도쿄에서 죽었음을 알리고 그의 유품을 전해준다.

● 김유진 연출의 전기 영화. 천재 시인 이상(李箱)의 연애 기행을 담은 수작으로 시인 이상과 화가 구본웅, 그리고 기생 금흥의 이야기로 압축되어 있다. 1934년 조선중앙일보에 실린 이상의 시 「오감도(烏瞰圖)」는 암울한 현실에 대한 지식인의 절망과 공포의 자의식을 담은 13인의 '아해(어린이)'가 질주하는 형식의 난해시로 "이게 무슨 시냐?"는 독자들의 항의가 있었다. 그 외 영화 속에서 당대 문단의 막강한 이태준(주호성), 정지용(고인배), 박태원(고동엽), 김기림(박지일), 김유정(하덕성) 등 면모를 엿볼 수 있다.
　'장미빛 인생'(1994)으로 감독 데뷔한 김흥준과 시나리오 작가 송능한, 육상효 등이 우정출연하고 있다.

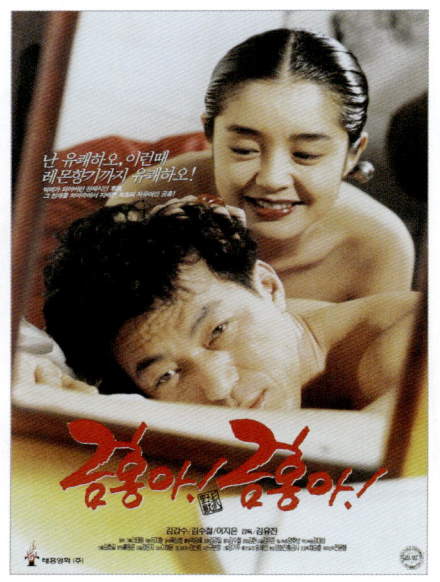

낮은 목소리 –아시아에서 여성으로 산다는 것(1995)

'나눔의 집'에서 살고 있는 여섯 할머니들은 찌는 듯한 더위에도 한글과 그림을 배우고 채소를 심고 가꾸며 쓰라린 과거를 극복하기 위해 고군분투한다. 그들의 일상사는 세상의 여느 할머니들과 다를 것이 없다. 그러나 그들의 기억 속에는 잊을 수 없는, 그리고 잊어서는 안 될 잔혹한 역사의 흔적이 남아 있다. 그것은 일제의 무자비한 발길에 채여 정신대로 끌려갈 수밖에 없었던 고통의 세월이다. 전쟁이 끝나 고향에 돌아와서도 상처받은 마음은 치유되지 않았다. 다른 할머니의 아들 딸 손주들을 볼 때마다 가슴이 아프고, 민간자금으로 정신대 문제를 덮어버리려는 일본정부의 무책임한 행태에 분노가 치솟는다. 할머니들은 이제 그 슬픔과 격렬함을 거둔 대신 매주 수요일마다 병든 몸을 이끌고 일본대사관 앞에 나가 낮은 목소리로 시위를 벌인다. 그러나 어디에도 이에 대한 대답은 들리지 않는다.

(기록영화제작소 '보임') 93분 다큐멘터리 연소자가/여성

감독 · 제작 · 각본 : 변영주
개봉 : 1995년 4월 29일 피카소, 동숭씨네마텍 2관, 뤼미에르 2 · 3관(서울)
관람인원 : 6784명(서울)
기획 : 신혜은
촬영 : 김용택
음악 : 오윤석, 조병희
편집 : 박곡지
동시녹음 : 장호준
포스터 : 김준수
프로듀서 : 신명화
조감독 : 장호준, 남원근
수상 : 야마가타 다큐멘터리 영화제 오가와 신스케상 수상

● 변영주 연출작. 제주도의 매춘 여성의 이야기를 그린 59분짜리 기록물 '아시아에서 여성으로 산다는 것'(1993)에 이은 연작. 일제 치하에서 정신대로 끌려갔던 할머니들의 아픈 기억에 대한 진술과 현재 그들의 삶을 사실적으로 담아 사회적 관심을 높이는 데 기여했다.
　다큐멘터리 영화로는 최초로 일반극장에서 개봉되었고 일본 야마가타 다큐멘터리 영화제에서 오가와 신스케상을 수상. 감독은 이후 연작으로 '낮은 목소리 2'(1997), '낮은 목소리 3–숨결'(1999)을 계속해서 내놓았다. 제7회 광주인권영화제에서 상영된 '낮은 목소리 2'(1997)는 경기도 광주로 보금자리를 옮긴 후 상처를 딛고 담담하게 살아나가는 할머니들의 삶을 통해 여성으로 이 세상을 살아간다는 것은 어떤 의미인지, 그리고 여성은 과연 세상의 모든 폭력으로부터 자유로운지를 다시 한 번 묻고 있다.(『영상여걸 변영주 인터뷰 중에서』, 경향 95. 9. 18) '낮은 목소리 3–숨결'(1999)은 61년 만에 고향을 찾은 할머니가 위안소에서 매독에 걸려 청각장애자 딸을 낳아야 했던 과거를 돌아보면서 가혹한 역사 속에 뭉개진 그들의 목소리를 나지막하게 되살려낸다.

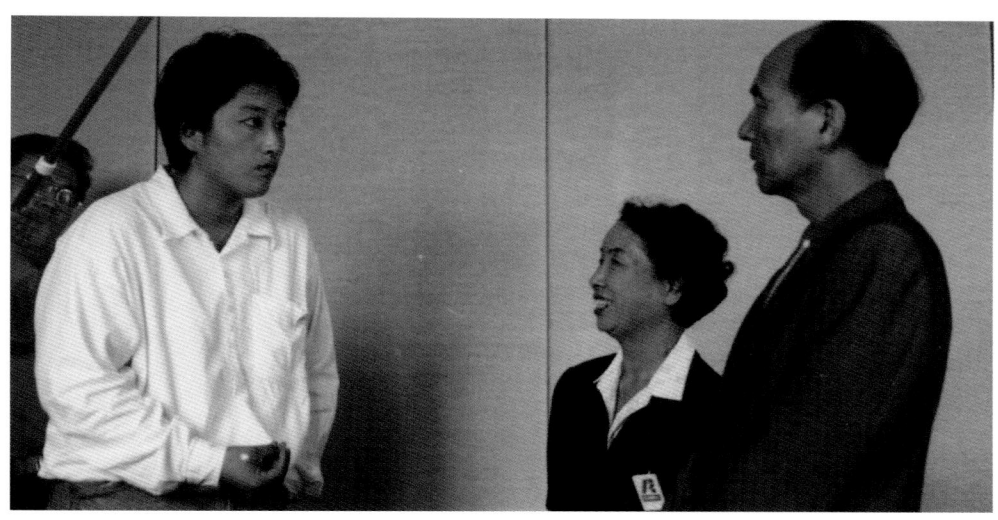

닥터봉 Doctor Bong(1995)

(황기성사단) 92분 극영화 연소자불가
/코미디

감독 : 이광훈　　제작 : 황기성
각본 : 육정원　　각색 : 이광훈
개봉 : 1995년 4월 29일 서울, 롯데, 애경시네마, 녹색, 브로드웨이 극장(서울)
관람인원 : 37만 6443명(서울)
출연 : 한석규, 김혜수, 최정, 이나리, 류태호, 유오성 외
기획 : 송경춘　　촬영 : 김형구
음악 : 안지홍　　조명 : 손달호
편집 : 김현　　미술 : 김효선
사운드 : 김범수, 이성근, 양대호
조감독 : 한석환, 김세겸, 표영수
수상 : 제16회 청룡영화상 여우주연상(김혜수) · 최고흥행상(황기성), 제32회 백상예술대상 신인연기상(한석규), 제6회 춘사영화예술제 새얼굴남자연기상(한석규), 제15회 황금촬영상 신인감독상(이광훈), 영진공 선정 좋은 영화

치과의사 봉준수(한석규)는 아내와 사별하고 초등학교 1학년인 아들 훈(최정)과 둘이서 살고 있다. 그러던 어느 날 빌라주차장에서 여진(김혜수)의 고물차가 준수의 차에 흠집을 내는 일이 생긴다.

첫 만남부터 감정이 좋을 리 없었다. 그러나 여진은 만화 가게에서 우연히 만난 준수의 아들 훈과 친해진다. 나란히 앉아서 만화책을 보는 동안 훈은 상냥하고 따뜻한 여진이 엄마가 됐으면 하고 바란다. 훈을 통해 여진의 이야기를 듣게 된 준수는 그녀가 자기 차에 흠집을 낸 여진이라는 사실은 모른 채, 여진에 대한 기대를 갖게 된다. 그러면서도 다른 여자들과 데이트를 계속하는데 아들 훈의 중매 작전이 시작된다.

● 이광훈 감독 데뷔작. 각본 육정원. 한석규 스크린 데뷔작. 성격차이로 두 남녀가 옥신각신 하는 로맨틱 코미디. 당시 로맨틱 코미디는 영화적 참신함에서나 한물 벗어나고 있었으나 '닥터봉'은 깔끔한 구성과 유려한 영상, 경쾌한 전개가 돋보인다는 평(한국 95. 6. 5)을 받았다.

김혜수가 청룡영화상 여우주연상, 한석규가 백상예술대상과 춘사영화예술제에서 신인연기상과 새얼굴남자연기상, 이광훈이 황금촬영상 신인감독상을 받았다. 관객 38만 명 동원으로 1995년도 한국영화 흥행 순위 1위.

총잡이 Gun and Gun(1995)

(김의석 필름, 삼성나이세스) 99분 극영화 연소자불가/코미디

감독 : 김의석
제작 : 김인수
각본 : 천명관, 홍장호
개봉 : 1995년 7월 22일 경원, 시티, 이화예술, 단성사, 시네마천국(서울)
관람인원 : 11만 743명(서울)
수출현황 : 미국(95)
출연 : 박중훈, 이화란, 김보성, 최종원, 손보영, 엄종배, 안진형, 이숙 외
기획 : 심재명, 전희영
촬영 : 구중모　　조명 : 김강일
편집 : 박순덕　　미술 : 이경
소품 : 강승희, 신승기
의상 : 강라영
분장 : 김현지, 장정희
동시녹음 : 김범수
홍보사진 : 손기철
조감독 : 김태규, 김건, 오상훈

박대서(박중훈)는 제약회사 홍보실에 근무하는 소심한 남자다. 그는 각종 살벌한 범죄가 연일 신문의 톱기사를 장식하는 현재의 한국사회에 대해 강박관념에 가까운 피해의식과 불안감을 가지고 있다. 그러던 어느 날 우연히 손에 들어온 한 자루의 권총 때문에 그는 혼란스러운 중에도 묘한 자신감을 갖게 된다. 같은 직장에서 일하는 동료를 바래다주던 중 깡패를 만났을 때나, 아내가 직장상사에게 폭행당할 위험에 처해 있을 때, 그는 주저 없이 용기를 내어 위기를 해결한다. 그것은 말할 것도 없이 그의 품속에 감춰둔 권총 때문에 생기는 용기다. 결국 권총을 신고하기로 마음 먹고 경찰서에 간 그에게 전혀 예상치 못했던 사건이 발생하고 총기 자수는 더욱 어려워진다.

● 김의석 필름 창립 제1회 작품. 우연히 손에 넣은 권총 한 자루 때문에 소심한 한 남자가 영웅심을 갖게 된다는 내용. 복잡한 사회 속에서 진정한 자아 찾기에 도전하는 한 남자의 일탈을 그린 코믹 드라마로 서울 관객 11만 명 동원으로 1995년도 한국영화 흥행 순위 8위.

테러리스트 Terrorists(1995)

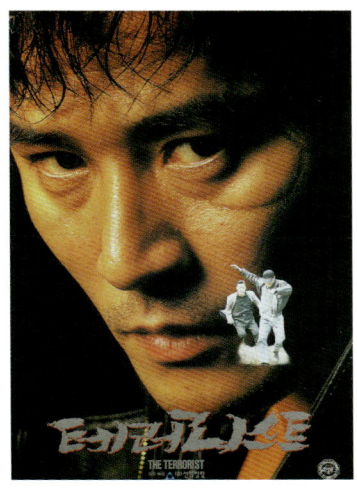

고아인 사현·수현 형제는 경찰이 되겠다는 꿈을 키우며 성장한다. 명석한 두뇌에 완벽한 실행력으로 서울 경찰청에서 출세 가도를 달리고 있는 형 사현(이경영)과 이제 경찰대학을 수석 졸업한 동생 수현(최민수). 그러나 이들 형제의 앞길은 동생 수현이 초임지에서 과잉방어란 명목으로 징역형을 선고받으면서 흔들리기 시작한다. 3년형을 마치고 나온 수현은 친구 상철(허준호)이 범죄 조직의 하수인에게 끌려가 초죽음을 당하자 새 생활을 시작하려던 그의 결심은 무너지게 된다. 평생의 꿈과 친구마저 잃은 수현은 직접적인 원인 제공자인 암흑가의 보스 임태호(독고영재)를 제거하기 위해, 그리고 젊은이의 건전한 이상을 막다른 골목으로 내몬 뒤틀린 세상을 부수기 위해 무법의 테러리스트로 변신한다. 한편 사현은 사회에서 일대 혼란을 일으키는 장본인이 바로 동생 수현이란 사실을 알고 동생 수현을 뒤쫓다가 수현이 임태호에게 살해 당하자 임태호를 향해 총을 겨눈다.

(선익필름) 108분 극영화 연소자불가/액션

감독 : 김영빈
제작 : 임충렬
각본 : 김영빈(원작 이현세 만화)
개봉 : 1995년 5월 13일 피카디리, 롯데, 그랑프리, 씨네시네마, 이화예술극장(서울) 등 6개 관
관람인원 : 32만 919명(서울)
수출현황 : 미국(95), 중국(95)
출연 : 최민수, 이경영, 허준호, 독고영재, 염정아, 박봉서, 윤문식, 이기영, 유오성, 명계남, 원신현, 조상현 등 30여 명
기획 : 임충렬
촬영 : 신옥현
음악 : 최경식
조명 : 임재명
편집 : 박순덕
미술 : 강승용
세트 : 조용삼
소품 : 정민영
의상 : 추미리
분장 : 김찬주, 서아영
특수분장 : 허석도
특수효과 : 김철석, 김태용
사운드 : 이병하, 영진공, 양대호, 이승철, 오기삼
포스터 : 오형근
무술감독 : 황춘수
조감독 : 민병진, 이종신, 최진호, 소현
수상 : 제34회 대종상영화제 남우주연상(최민수) · 촬영상(신옥현) · 조명상(임재명) · 편집상(박순덕), 제16회 청룡영화상 남우주연상(최민수) · 남우조연상(허준호), 제19회 황금촬영상 은상(신옥현) · 조명상(임재명), 영진공 선정 좋은 영화

● 이현세의 만화 「카론의 새벽」을 김영빈이 각색·연출한 작품. 이 영화는 경찰과 범죄자로 쫓고 쫓기는 형제의 엇갈린 운명과 공권력의 무능력을 꼬집으면서 당시 사회에 큰 반향을 불러일으켰다.

대학시절 태권도장 관장을 지냈을 정도로 무술에 조예가 깊었던 김영빈과 당대 한국 액션을 대표하는 정두홍이 지도한 강렬한 액션이 압권이다. 정두홍은 '꼭지딴'(1990), '장군의 아들 2'(1991) 등에서 대역 연기자로 활약했고, 이일목의 '시라소니'(1992), 장현수의 '게임의 법칙'(1994) 등에서 무술 지도를 맡았던 무술의 달인으로 '테러리스트'에서는 최민수의 대역을 맡아 폭발적인 액션을 선보였다. 단순한 무술 실력뿐 아니라 액션 연출에도 탁월한 능력을 지닌 그는 카메라를 어떤 방향에서 들이대도 몸에서 에너지가 느껴지는 동작을 펼쳤고 상당 부분의 액션 장면을 만들어내기도 했다. 개 농장에서 펼쳐지는 야수적인 액션과 좁다란 골목길을 스테디캠으로 훑어가는 추격전, 사회로부터 버림받은 잉여 인생들의 치열한 싸움이 전개된 폐공장 액션, 패션 쇼 무대를 난장판으로 뒤집어놓는 최후의 액션 장면 등이 그 예이다.

따라서 이 영화는 액션이 펼쳐지는 실시간을 유지하는 롱테이크와 클로즈업 등 급격한 카메라 이동을 배제한 채 인물을 따라가는 트래킹 숏으로 눈앞에서 그 사건이 일어나고 있는 듯한 리얼리티를 살리고 있다.(「격조 높은 한국형 액션 보일터」, 동아 95. 1. 25)

대종상과 청룡영화상에서 최민수가 남우주연상, 허준호가 청룡영화상 남우조연상을 수상, 관객 32만 명 동원으로 1996년도 한국영화 흥행 순위 3위를 기록했으며 4만 달러에 중국으로 수출됐다. 이후 후속작인 '테러리스트 2'(1997)는 조명화가 연출했으나 서울 관객 556명을 기록하는 참패를 낳았다.

무궁화 꽃이 피었습니다

'Mugunghwa'–Korean National Flower(1995)

(우진필름) 152분 극영화 고등학생가/사회물

감독 · 제작 : 정진우
각본 : 양곡, 최경식, 현남섭, 강충구, 주용철(원작 김진명)
개봉 : 1995년 5월 20일 스카라, 중앙, 씨네하우스, 경원극장(서울)
관람인원 : 7만 735명(서울)
출연 : 정보석, 송금식, 김영인, 이해룡, 김성원, 황신혜, 박근형, 전복연, 정진수, 이성웅, 이낙훈, 전무송, 이일웅, 국정환, 남포동, 임해룡, 허기호, 김기주, 이균식, 최재문, 김범식 Jan Leighton, Perry Zannet, Hugh E Drummond, 이덕화, 장동휘 외
기획 : 한현숙
촬영 : 이석기
음악 : 이동준
조명 : 조길수
편집 : 현동춘
미술 : 정양곡
동시녹음 : 주용규, 김민균
분장 : 홍수경, 김부성, 정부경, Sylvie Lorthios
사운드 : 이재웅, 양대호
특수효과 : 함주명, Oliver Zenesui
조감독 : 설än환
수상 : 제6회 춘사영화예술제 우수연기상(이해룡) · 심사위원 특별작품상(우진 필름), 영진공 선정 좋은 영화

재미 핵물리학자 이용후(정진수) 박사는 노벨물리학상이라는 영예도 물리치고, 핵무기 개발과 관련된 핵심정보를 숨겨 한국에 들어온다. 그리고 비밀리에 대통령(이균식)의 핵개발을 돕다가 미 CIA의 음모로 1978년 의문의 교통사고를 당해 국립묘지에 묻힌다. 대통령도 지하 핵실험 예정일인 1980년 8월 15일을 눈앞에 두고 죽음을 당한다. 이후 서울 한복판에서 조직폭력배 잔나비파의 두목인 전만호(김영인)가 살해되는 사건이 발생하고 그의 피살사건이 연일 보도되는 가운데, 반도일보 사회부 기자 권순범(정보석)은 익명의 인물로부터 한통의 전화를 받는다.

"1978년 발생한 북악 스카이웨이에서의 교통사고에 대해 아느냐"고 묻는 그는 바로 전만호의 살해범으로 지목받고 있는 오창수(송금식)였다. 그는 전만호의 피살사건은 단순한 조직폭력배 간의 세력 다툼이 아니라 정체불명의 조직이 자행한 일임을 암시해준다. 오창수의 이야기에 흥미를 느낀 권순범은 그를 만나기로 한다. 그러나 약속 장소에서 권순범을 기다리던 오창수는 권순범이 도착하기 직전 괴한들의 피습을 받아 숨진다. 결국 권순범의 끈질긴 추적으로 10여 년 만에 모든 전모가 밝혀지고, 그때 들어온 플루토늄으로 남북 핵합작이 추진된다.

● 정진우 대표작 중 하나. 원작 김진명. 1993년에 발표한 지 1년 만에 300만 부가 팔린 베스트셀러 동명 소설을 영화화한 작품. 우진필름 제작. 소설은 서술자를 통해 사건의 전모가 상세하게 묘사되는 데 비해 영화는 원작소설의 내용에 충실하게 접근하면서도 영상의 선명성과 정확성에 역점을 두었다.

처음부터 "침략자는 예고가 없는 법이다"라는 박 대통령의 친필 경구와 함께 핵폭발 장면으로 시작해서 핵 투하 후 폭발 장면으로 끝맺는 이 영화는 안익태의 코리아 판타지를 주제음악으로 쓰고 있다. 제작비 40억 원. 춘사영화예술제 심사위원 특별작품상과 영진공 선정 좋은 영화로 선정됐을 뿐 흥행에서는 성공하지 못했다.

정보석, 황신혜, 박근형, 이낙훈, 전무송, 이일웅 출연, '간다' 박사 역에 Jan Leighton, 키신저 역에 Perry Zannet, 미국 대통령 역에 Hugh E Drummond, 그리고 바이올리니스트 김남윤이 바이올린 특별 연주를 했다.

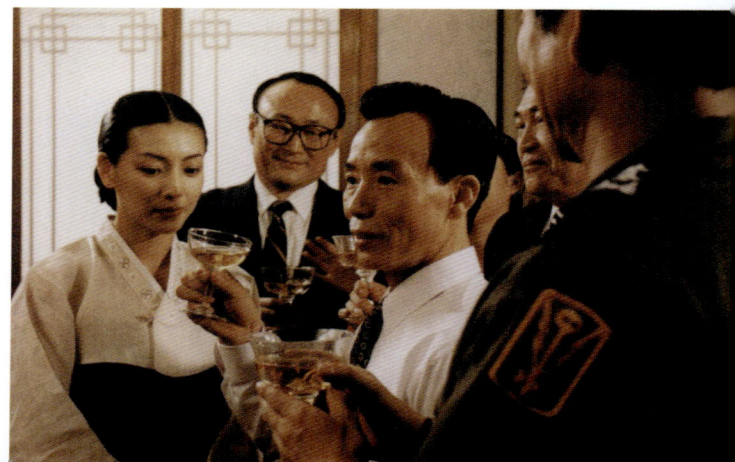

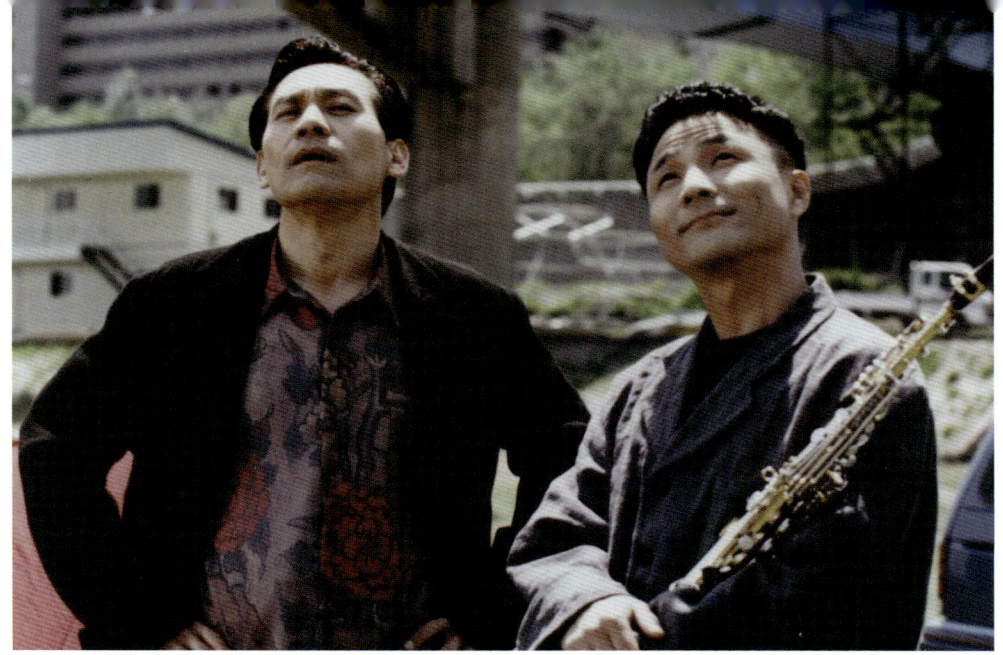

천재선언 天才宣言 Declaration of Genius(1995)

어느 날 파고다 공원에 나타난 예사롭지 않은 인물, 그의 이름은 영성(안성기)이다. 이때 공원 한 귀퉁이에서는 자칭 영화감독 안상기(김명곤)가 그의 행동을 주시하며 비디오카메라에 그를 담고 있다. 그는 영성의 머리 뒤에 나타난 후광을 보고 그의 뒤를 쫓고 있고 영성은 우연히 발견한 한 여고생을 넋을 놓고 바라보고 있다.

그녀 이름은 진경(홍진경)이다. 이렇게 세 사람은 락카페에서 만나 친해지기 시작한다. 한편 영성은 요정마담인 설희(김보연)의 소개로 고위층 인사들의 점을 쳐주게 된다. 갖가지 비리가 있는 영웅호걸에서부터 소인배에 이르기까지 영성은 그들의 미래를 점쳐주고 안상기는 복채를 받아 챙긴다. 그러는 가운데 안상기는 돈과 권력이 자기 가까이 다가왔음을 예감하며 영화 제작에의 꿈을 키워나가고 이와는 대조적으로 영성의 기력은 점점 떨어진다.

● 이장호 각본 · 연출작. '바보선언'(1983)에 이은 이 작품은 부패와 비리, 퇴폐와 불신으로 점철된 1990년대 한국사회를 비판한 풍자극이다. 1974년 '별들의 고향'으로 45만 관객을 동원하며 화려하게 데뷔한 이장호는 '천재선언'을 끝으로 메가폰을 놓을 때까지 21편의 영화를 연출, 한국 사회의 암흑기에서 영화를 통해 인간의 자유를 노래해왔다.

이 영화에는 '바람 불어 좋은 날'(1980)부터 이장호 영화에 출연했던 정통 연기파 안성기와 '바보선언'(1983)에서 사회 비판적인 역할을 보여준 김명곤이 출연했다. '바보선언'은 당시 10만 명 이상의 관객을 동원했으나 이 영화는 그에 5분의 1에도 미치지 못했다.

(영화세상) 93분 극영화 연소자불가/풍자, 블랙코미디

감독 · 각본 : 이장호
제작 : 안동규
개봉 : 1995년 7월 1일 피카디리, 그랑프리, 씨티시네마, 이화예술, 경원극장(서울)
관람인원 : 2만 557명(서울)
출연 : 안성기, 김명곤, 홍진경, 김보연, 이정인, 신충식, 김성찬, 조경한, 이준연, 김이경, 이창세, 신삼호, 고직만 외
기획 : 최은환, 안동규
촬영 : 박현철
음악 : 이종구
조명 : 김동호
편집 : 박곡지
미술 : 이소선, 손우식, 정희정
의상 : 권정현
분장 : 최영
동시녹음 : 김원용, 김경란, 주광동
조감독 : 이정향, 김명화, 박기흠

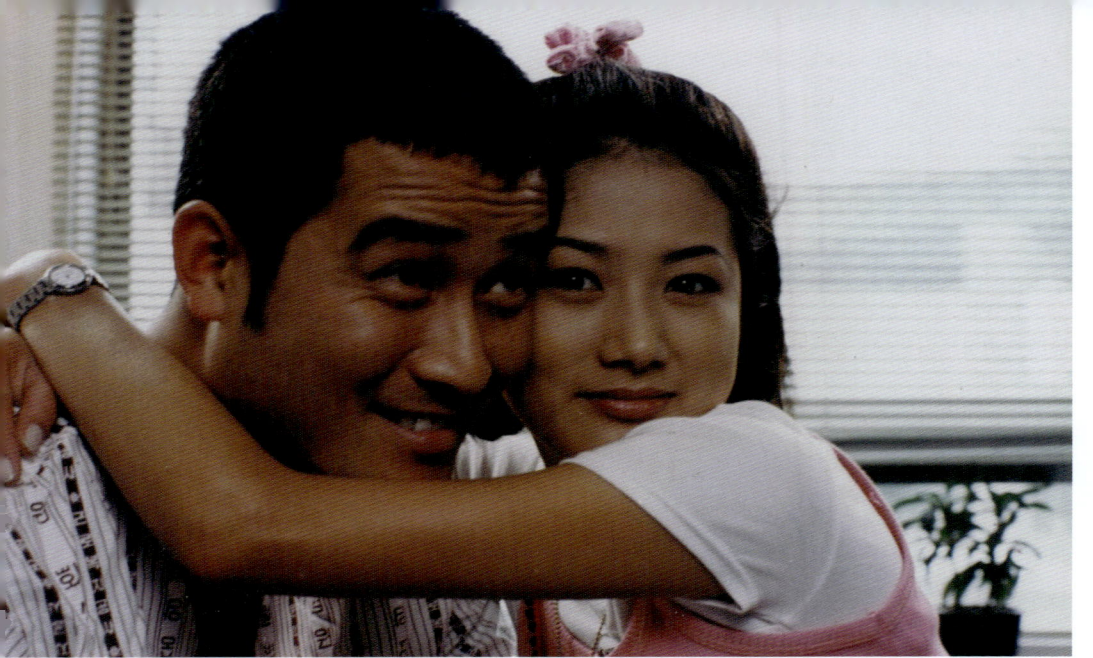

아찌 아빠 My old sweetheart(1995)

(합동영화) 101분 극영화 고등학생가/
멜로

감독 : 신승수
제작 : 곽정환
각본 : 박예랑
개봉 : 1995년 9월 8일 서울 2·3관,
롯데 2관, 브로드웨이 1·2관(서
울)
관람인원 : 6만 777명(서울)
출연 : 최민수, 심은하, 박재훈, 김경
진, 강신범, 김일우, 신성일 외
기획 : 곽정환
촬영 : 진영호
음악 : 손무현
조명 : 박현원
편집 : 박순덕
미술 : 정용관
소품 : 정민영
의상 : 이경희
분장 : 김선진
동시녹음 : 손규식
사운드 : 손인호, 이재희
무술감독 : 김춘식
조감독 : 임준호, 문광석, 홍성우
수상 : 제34회 대종상영화제 신인여
우상(심은하)

열아홉 살의 남유리(심은하)는 낮에는 편의점 아르바이트생, 밤에는 아스팔트를 질주하는 폭주족으로 살아간다. 겉으로는 점잖은체 하지만 컴퓨터 모니터 속 에로틱한 게임을 즐기는 36세의 노총각 형사 곽영수(최민수).

어느 날, 가죽 치마를 훔치다가 경찰서로 연행된 유리는 경찰서 안에서도 반항적이고 당돌한 모습을 보인다. 영수는 그런 유리가 밉지가 않다. 철없는 그녀를 훈방시키지만 유리는 형사의 지갑을 훔치는 과감함을 보인다. 며칠 후, 유리는 또 사고를 치고 다른 파출소로 연행된 후 영수를 불러내어 신분 보증을 서게 한다. 그날 이후 갈 곳 없는 유리는 영수의 아파트로 쳐들어오고 그들 사이엔 어느덧 특별한 정이 생긴다. 그러나 군 장성인 유리의 아버지가 유리를 미국으로 보낸 후 영수는 그날 미스터 Q에게 테러를 당한 채 뇌에 손상을 입고 반신불수가 된다.

그로부터 6년 후, 학위를 따고 돌아온 유리. 그러나 그녀는 '아찌' 영수를 잊지 못한다. 드디어 요양소에 입원해 있는 영수를 찾아낸 유리는 그를 이끌고 교회로 간다. 그리고 십자가 앞에서 영수의 영원한 동반자가 될 것을 서약한다.

● 신승수 연출작. 각본 박예랑. 노총각 형사와 반항적인 십대 소녀의 순애보를 그린 멜로물. 심은하 스크린 데뷔작. 자유분방한 19세의 유학생으로 나와 자신감 넘치는 발랄한 연기를 펼쳤다. 심은하는 이 영화로 대중상 신인여우상을 수상했다.

헤어드레서 The Hair dresser(1995)

프랑스 유학파로 알려진 헤어드레서 앙리 박(안성기)은 개업 첫날부터 '야수파'로 명명된 새로운 헤어스타일을 선보인다. 그러나 앙리 박은 프랑스 유학파가 아닌, 강아지 털을 자르던 애견 미용실의 조수 출신이다. 그럼에도 앙리 박은 자신의 헤어쇼와 유행을 야수파 신드롬이라는 사회적 현상으로 과대포장하고 방송국은 그의 헤어쇼와 유행의 경향들을 대대적으로 보도한다.

미용계의 터줏대감 이춘기(조형기)는 앙리 박 때문에 손님이 떨어지고 공공연히 무시당하는 데 분노를 느끼고 앙리 박의 약점을 찾아내기로 한다. 그리고 앙리 박이 애완견 미용사였다는 사실을 알아내자 한몫 잡을 기회를 노린다.

한편 앙리 박은 정말 프랑스 유학을 다녀온 방송국 분장사(조은숙)의 머리를 자르다가 당황한 나머지 그녀의 귀를 자르고 그의 실상이 폭로된다. 이때부터 앙리 박을 포장하려는 사람과 그 포장을 벗기려는 사람 사이에 치열한 경쟁이 벌어진다.

● CF 감독 출신 최진수 영화감독 데뷔작. 각본 최진수. 앙리 박은 자신의 실체가 드러나면서 몰락하지만 그를 포장해준 사람들의 힘으로 다시 재기한다는 내용을 그리고 있다. 안성기의 화려한 연기 변신과 '투캅스'(1993)로 화려하게 등장한 지수원의 연기가 볼 만하다. 안무를 담당한 현대무용가 안은미가 특별 출연했다. 10만 5863명 동원, 1995년도 한국영화 흥행 순위 9위.

(한국비전센터) 101분 극영화 연소자 불가/사회물

감독 · 각본 : 최진수
제작 : 김명하   **각색** : 정윤수
개봉 : 1995년 9월 8일 단성사, 씨네하우스, 씨티, 경원극장(서울)
관람인원 : 10만 5863명(서울)
수출현황 : 미국(95)
출연 : 안성기, 조형기, 명계남, 김기현, 조은숙, 지수원, 이혜영, 최종원, 양희경, 이기열, 안은미, 전용성 외
기획 : 강성준, 조현구, 이경학
촬영 : 신옥현   **음악** : 김광민
조명 : 임재영   **편집** : 박순덕
미술 : 윤정섭   **세트** : 김준섭
소품 : 장석훈
의상 : 이진희, 조수미, 배강희
분장 : 이화진, 나종화, 김주연
제작지휘 : 하금선, 권순구, 정봉기
조감독 : 정윤수, 어윤혁, 구현모, 김영준, 이혜련
수상 : 제16회 청룡영화상 기술상(윤정섭)

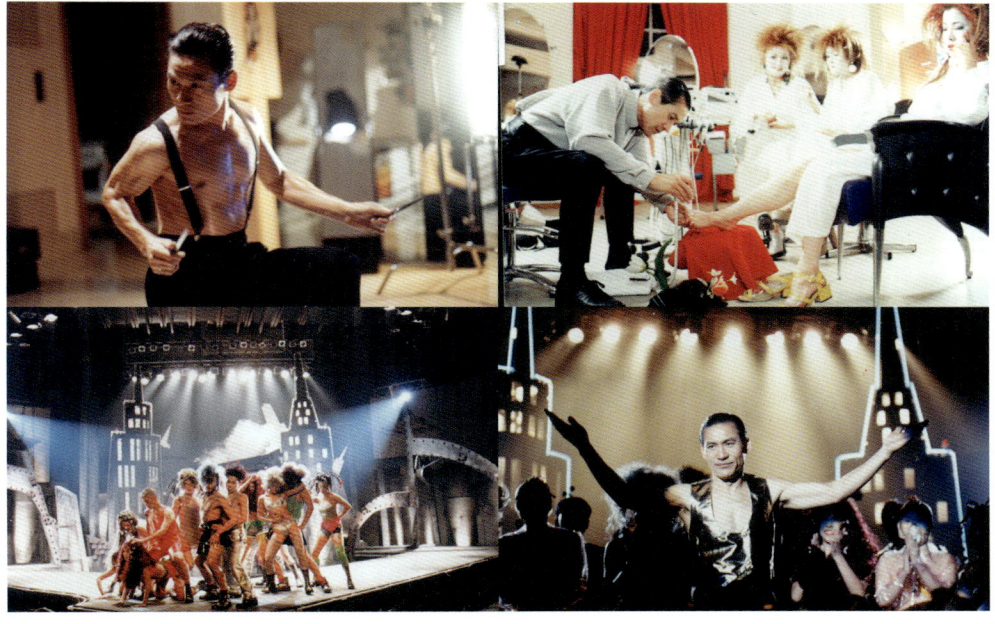

개 같은 날의 오후 A hot roof(1995)

(순필름 · 제일기획) 108분 극영화 연소자불가/사회풍자

감독 : 이민용　제작 : 이순열
각본 : 이경식, 조민호, 장진, 이민용
　　　(원작 송재희)
개봉 : 1995년 9월 8일 명보, 대지, 화양, 브로드웨이, 동숭, 롯데 등 12개 극장(서울)
관람인원 : 27만 4568명(서울)
출연 : 하유미, 이제락, 정선경, 손숙, 김보연, 송옥숙, 임희숙, 정보석, 김승우, 이호성, 전해룡, 조선묵, 윤문식, 김일우, 조형기, 김애라, 이경영, 김민종, 이진선, 김알음 외
기획 : 장현수, 김은주, 이병헌
촬영 : 서정민　음악 : 이영훈
조명 : 최입춘　편집 : 박곡지
미술 : 조용삼　소품 : 김태욱
의상 · 분장 : 서효정, 박초원
동시녹음 : 최재호
조감독 : 조민호, 서병채, 서창민, 김우철
수상 : 제34회 대종상영화제 신인감독상(이민용), 제16회 청룡영화상 여우주연상(송옥숙) · 신인감독상(이민용), 제32회 백상예술대상 신인감독상(이민용) · 인기상(정선경), 제6회 춘사영화예술제 창작각본상(이경식) · 우수연기상(김보연) · 신인감독상(이민용), 제16회 하와이국제영화제 대상, 제46회 베를린국제영화제 출품(파노라마 부문), 영진공 선정 좋은 영화

무더운 여름날 변두리 서민아파트. 40도를 육박하는 살인적인 더위를 피해 주민들이 아파트 광장으로 쏟아져 나온다. 그 광장으로 남편 성구(이제락)의 상습적 구타에 못이긴 정희(하유미)가 도망쳐 나오고 뒤쫓아온 성구가 계속해서 정희를 때리는 사건이 발생한다. 그것을 보고 분노한 아파트 여자들은 성구를 집단구타하게 되고, 남자들은 처음에는 안식구들을 뜯어말리다가 급기야는 남성 대 여성의 집단싸움으로 발전한다. 경찰차가 도착한 가운데 성구는 구급차에 실려가고 남편들과 합세해 여자들을 몰아붙이던 경찰들은 성구가 이송 도중 사망했다는 무전연락을 받고 여자들을 현장 살인범으로 연행하려 든다.

졸지에 살인범으로 몰린 그들은 무작정 아파트 옥상으로 피신한다. 아파트 옥상에는 소설가 지망생 경숙(손숙), 영희 아빠(이호성)와 정을 통한 독신녀 기순(이진선), 그런 기순을 원수처럼 미워하는 영희 엄마(송옥숙), 부녀회장 은주 엄마(김보연), 석이 엄마(황미선), 포항댁(임희숙), 호스티스 윤희(정선경), 정희를 부축하고 올라온 밤무대 가수 유미(김알음) 등 모두 열 명의 여자들이 모인다. 이들을 강제 연행하기 위해 기동타격대(대장 정보석)까지 출동하자 처음엔 불안에 떨다가 곧 강경하게 대응하기로 결의한다. 이때 아들에게 구박받던 한 할머니(김애라)의 죽음이 방송을 타면서 여성단체의 지지를 받는 등 이는 전국적인 사건으로 확대된다.

● 이민용 감독 데뷔작. 각본 이경식, 조민호, 장진, 이민용. 이경영과 김민종이 빈 아파트를 털러 들어온 2인조 도둑으로 나온다. 여성들이 억압받는 현실에 맞선 연대 투쟁이라는 페미니즘적 소재로 개봉 당시 논란을 불러일으켰다.(「개 같은 날의 오후」 보통여자들 남성 중심사회 반기」, 동아 95. 8. 24) '매 맞는 아내'라는 사회적 이슈에서 이야기의 발단을 끌어내고 상처받은 여성들의 억압이 터져나오는 지점을 사회 풍자 코미디로 풀어간다.(유지나 외, 『한국영화사공부 1980∼1997』, 한국영상자료원 편, 이채, p.126) 집단 살인의 혐의를 받게 된 열명의 여성들은 이러한 연대감으로 서로의 차이를 극복하고 이해하면서 그들의 연대를 사회 차원으로 확대한다.

호스티스 윤희 역의 정선경부터 부녀회장 은주 엄마 역의 김보연, 그리고 기동대장 역의 정보석 등이 시원스럽고 즐거운 연기를 보여준다. 이민용은 대종상, 청룡영화상, 백상예술대상과 춘사영화예술제에서 네 개의 신인 감독상, 송옥숙은 청룡영화상 여우주연상, 김보연은 춘사영화예술제에서 우수연기상을 수상하고 이 영화는 하와이국제영화제 대상과 베를린국제영화제 파노라마 부문에 출품되었다. 한국영상자료원 '한국영화 100선' 선정. 관객 27만 4568명 동원으로 1995년도 한국영화 흥행 순위 4위.

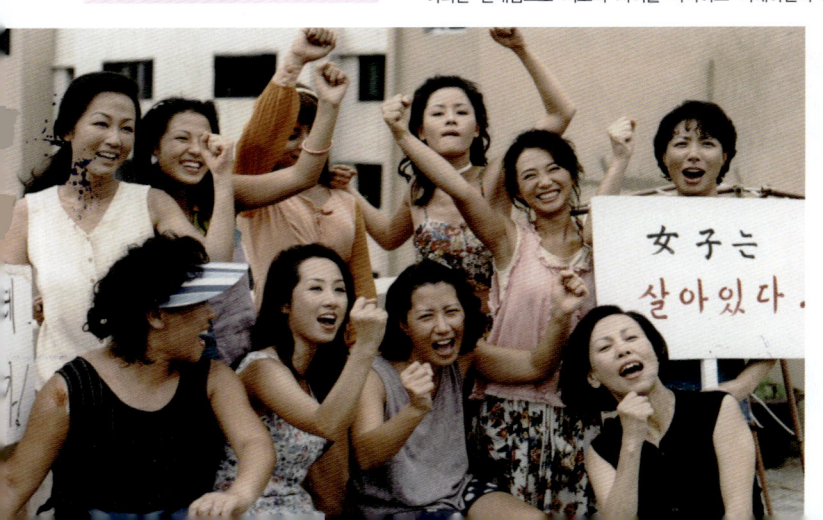

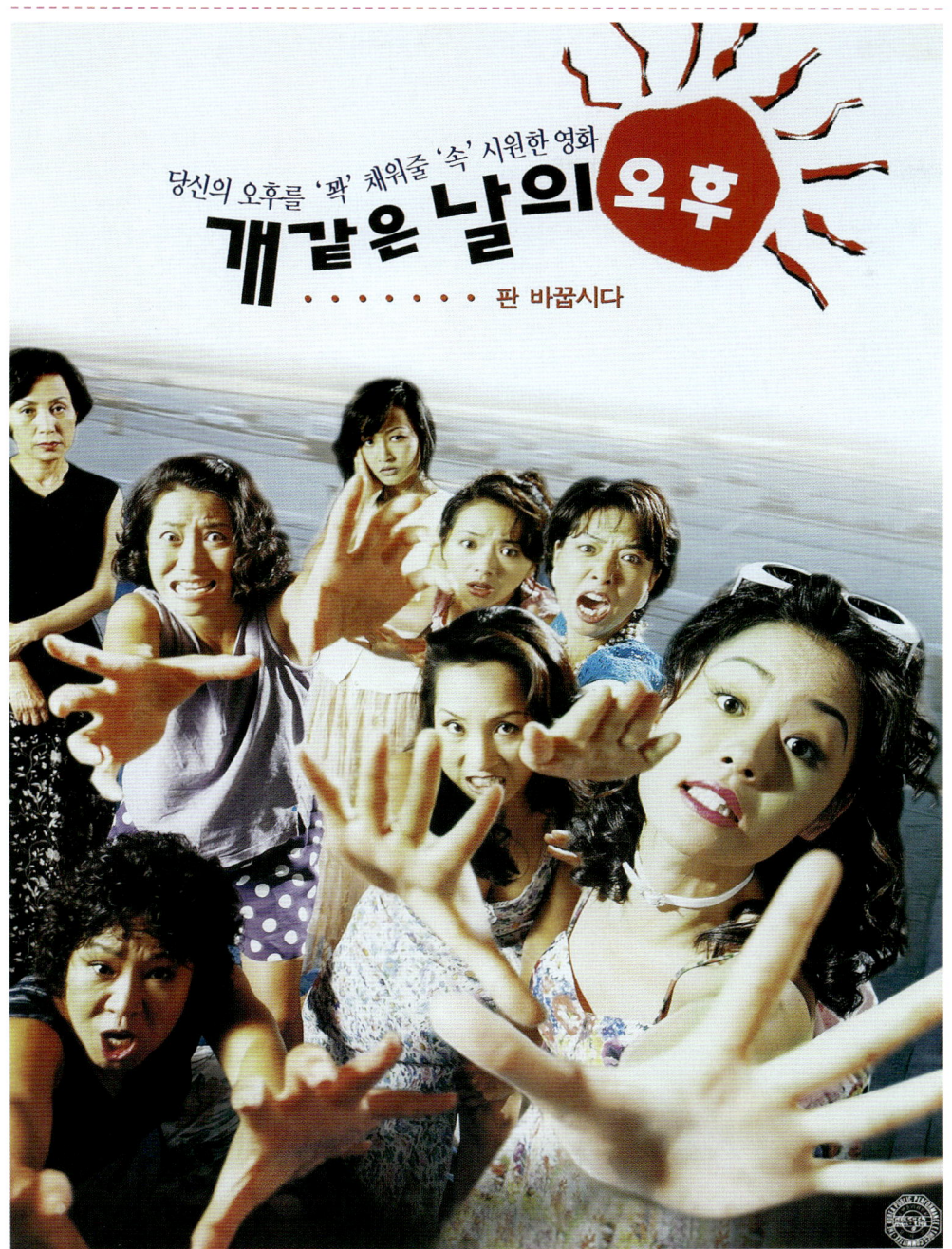

당신의 오후를 '꽉' 채워줄 '속' 시원한 영화

개같은 날의 오후

· · · · · · · · 판 바꿉시다

누가 나를 미치게 하는가
Who Makes Me Crazy(1995)

(예영프로덕션) 99분 극영화 연소자불가/코미디

감독 : 구임서
제작 : 박창훈, 이영수, 권영락
각본 : 현남섭, 구임서
개봉 : 1995년 9월 30일 명보, 연흥, 동아, 반포시네마, 동일, 그랜드시네마(서울) 외
관람인원 : 9만 6927명(서울)
출연 : 이병헌, 최진실, 최종원, 김일우, 권영길, 조석묵, 최학락, 김예령, 조주미 외
기획 : 권영락 **촬영** : 정광석
음악 : 송재일, Michael Staudacher
분장 : 송혜리, 국희정, 박예리
동시녹음 : 이병하
사운드 : Steve Burgess, Australia Soundfirmstudio
특수효과 : 김철석
조감독 : 엄현수
수상 : 제6회 춘사영화예술제 새얼굴남자연기상(이병헌)

세일즈맨 이종두는 인생에서 기회는 이미 흘러갔고 위기만 남았다고 생각하며 20대 후반을 보내고 있다. 그는 수차례 도전했던 신춘문예 소설 응모를 포기하고 애인 주영의 권유대로 직장을 선택한다. 그는 주영과의 결혼만이 인생의 목표인 듯, 주영을 차지하기 위해 안간힘을 쓰지만 그럴수록 궁지에 몰린다. 더구나 주영이 종두가 근무하는 지점의 팀장으로 승진발령이 나면서 종두의 스트레스는 극에 달한다. 주영의 뛰어난 능력은 회사에서 크게 인정받는 반면, 종두는 무능력한 세일즈맨으로 낙인찍혀 사랑, 돈, 명예를 모두 잃기 직전이다.

마침내 종두는 우연히 예비군 훈련장에서 얻은 총 한 자루를 들고 한 호프집으로 진격해 들어간다. 그곳에서는 주영의 실적을 축하하는 파티가 벌어지고 있었다. 결국 종두의 오해는 풀리고 사람들을 단죄하려던 총은 두 사람의 미래를 위한 축포로 울려진다.

● 구임서 감독 데뷔작. 자작 시나리오. 억세게 일이 풀리지 않는 한 남자의 이야기를 비극적이면서도 유머러스하게 다룬 블랙코미디. 이병헌, 최진실이 주연한 영화로 10만 명 관객을 동원, 흥행에서 무난한 성공을 거두었다.

48+1 (1995)

(준준시네마) 106분 극영화 연소자불가/사회물

감독 : 원성진 **제작** : 김철준
각본 : 원성진, 임낙규 (만화 원작 허영만)
개봉 : 1995년 11월 4일 대한, 연흥, 동아, 한일시네마(서울)
관람인원 : 1만 3524명(서울)
출연 : 김명곤, 전무송, 진주희, 박상민, 김성찬, 홍성민, 김인문, 장인한, 주호성, 전유성 외
기획 : 승정호 **촬영** : 박현철
편집 : 현동춘 **소품** : 이원우
음악 : 김현규 **특수효과** : 이문걸
의상 : 홍은주, 김정원
조명 : 신학성, 김일준
분장 : 장인한, 장진, 전용수
무술감독 : 권일수, 황춘수
조감독 : 이동수
수상 : 제6회 춘사영화예술제 신인감독상(원성진)·기술상(편집: 현동춘, 분장: 장인환)·기획상(준준시네마)

타짜꾼 정수(김명곤)는 전주시내 도박판에서 심부름을 하던 재향(진주희)을 만나 서울로 올라온다. 재향은 정수가 큰돈이라도 있는 줄 알고 따라왔지만 그가 빈털터리인 것을 알고 크게 실망한다. 그때 사기도박단을 조직하고 있던 옛 친구 홍석(전무송)이 찾아와서 정수를 유혹한다. 재향에게 돈 투정을 듣던 정수는 마음은 내키지 않지만 홍석의 사기도박단에 들어간다. 한편 저질 폭력배인 강토(박상민)는 홍석의 아지트에서 도박을 하다 정수의 놀라운 도박솜씨에 매료된다. 그러나 더 이상 정수가 필요 없어진 홍석은 부하들을 시켜 정수와 강토를 처치하라고 명령하고 정수의 여자인 재향을 사채업자 황 사장에게 팔아넘긴다. 정수는 홍석에 대한 복수를 결심하게 되고 도박 기술을 배우고 싶어하는 강토를 수제자 삼아 자신의 기술을 전수한다. 2년 후 정수와 강토는 홍석의 사기도박에 잠입하여 홍석을 알거지로 만드는 데 성공한다.

● 영화 '메리제인'(1991)으로 감독 데뷔한 원성진의 두 번째 연출작. 허영만의 만화를 원작으로 하고 있다. 도박판을 소재로 우리 사회에 만연된 황금 만능주의와 한탕주의, 사행심을 비판하고 있다. 제목의 48은 화투장의 수를 나타내고 1은 인간의 마음속에 있는 또 하나의 요행수를 의미한다. 노력 없이 한탕주의를 꿈꾸는 인간의 어리석음을 꼬집은 작품으로 춘사영화예술제에서 원성진이 신인감독상을 받았다.

664

무소의 뿔처럼 혼자서 가라

Go alone like Musso's horn(1995)

혜완(강수연), 경혜(심혜진), 영선(이미연)은 대학시절부터 항상 붙어 다니던 단짝 친구들이다. 저마다 똑똑하고 강인한 여성임을 자부하고 있는 그들은 졸업 후에도 일과 결혼에서 성공하기를 바란다. 그러나 그들은 자신들이 선택한 길에서 자립의 의지가 무너지기 시작한다.

작가인 혜완은 남편의 반대를 무릅쓰고 글을 쓰다가 불의의 사고로 아들을 잃고 아이를 죽게 했다는 죄책감에 시달리다 남편과 이혼한다. 방송국 아나운서인 경혜는 겉으로는 능력 있는 커리어 우먼에다 행복한 가정생활을 누리고 있는 것 같지만 의사인 남편이 바람을 피우고 있다. 영선은 처음부터 자신의 꿈을 접고 남편이 훌륭한 영화감독이 되도록 헌신적으로 뒷바라지해왔다. 그러나 성공한 남편은 걸핏하면 주위의 다른 여성들과 영선을 비교하면서 남편에게만 집착하는 영선을 수치스럽게 여길 뿐이다. 절망한 영선은 자살하기에 이른다.

영선의 죽음은 혜완과 경혜에게 자신의 정체성을 찾게 해주는 계기가 된다. 가정과 직업을 양립하려는 과정에서 결국 영선은 희생양이 된 셈이며 혜완과 경혜는 새롭게 삶을 시작할 수 있는 의지가 생긴 것이다.

● 1993년에 발표한 공지영의 베스트셀러 소설을 공지영이 각색, 당시 작가의 남편이던 오병철이 제작·연출했다.(「'무소의 뿔' 오·공 합작, 잘 빚은 멜로」, 동아 95. 10. 12, 칼럼 강한섭(서울예대 교수)) 영화는 "당신들에게도 스무 살이던 시절이 있었던가"라는 내레이션으로 시작된

상처받을수록 찬란했던 우리들의 20대!

무소의 뿔처럼 혼자서 가라

다. 성격이 다른 세 여자가 각자 나름대로 살아가고 있는 동안 남성 중심의 사회에서 돌이킬 수 없는 상처를 입고 자포자기의 길을 가다가 결국 자기 정체성을 찾게 된다는 내용. 여성문제가 단지 한 개인의 문제가 아니라 모든 여성이 안고 있는 보편적 문제임을 일깨우고 결혼과 가정의 의미가 무엇인지를 되돌아보게 한다.(「얽히고 꼬인 사랑, 감동의 멜로풍」, 경향 95. 10. 1)

제목 '무소의 뿔처럼 혼자서 가라'는 원시불교의 경전인 숫타니파타(Suttanipata)에 나오는 시구(詩句)로서 "어떤 유혹이나 말에 흔들리지 말고 자기 주관대로 행하라"는 의미가 담겨 있다. 백상예술대상에서 심혜진이 여자연기상을 수상, 관객 9만명 이상을 동원했다.

(오병철 프로덕션) 105분 극영화 연소자불가/여성

감독·제작 : 오병철
각본 : 공지영(원작 공지영)
개봉 : 1995년 10월 7일 피카디리, 그랑프리, 씨티시네마, 한일시네마, 이화예술극장서울)
관람인원 : 9만 902명(서울)
수출현황 : 미국
출연 : 강수연, 심혜진, 이미연 외
기획 : 최은화, 박순성
촬영 : 유영길
음악 : 정원영
조명 : 김동호
편집 : 김현
미술 : 장선희, 김현수
세트 : 조융삼, 고상만
소품 : 김대규, 김찬규, 이준연
의상 : 장선희, 김현수
분장 : 정혜지, 송종희, 고민영
동시녹음 : 이영길
프로듀서 : 김근철
조감독 : 정성진, 유흥삼, 천수업, 김성진, 정영준
수상 : 제32회 백상예술대상 여자연기상(심혜진)

아름다운 청년 전태일 靑年 全泰壹 A Single Spark(1995)

(씨네 2000) 96분 극영화 고등학생가/전기 사회물

감독 : 박광수
제작 : 유인택
각본 : 이창동, 김정환, 이효인, 허진호, 박광수
개봉 : 1995년 11월 13일 서울, 동아, 씨네하우스, 시네마천국, 롯데극장(서울)
관람인원 : 23만 5935명(서울)
출연 : 홍경인, 문성근, 이주실, 명계남, 독고영재, 김선재, 유순철, 김용남, 안소영 외
기획 : 이수정, 류진옥
촬영 : 유영길
음악 : 송흥섭
조명 : 김동호
편집 : 김양일
의상 : 장기옥
분장 : 주효진
미술 : 주병도, MBC 미술센터
소품 : 김지선, 김광재
동시녹음 : 이영길
사운드 : Ian Mcloughlin
분신특수효과 : Grant Page
조감독 : 김석태, 허진호, 이종혁, 박홍식, 김기엽
수상 : 제34회 대종상영화제 기획상(유인택), 제16회 청룡영화상 최우수작품상·감독상(박광수)·촬영상(유영길), 제32회 백상예술대상 시나리오상(이창동 외 4인)·기술상(MBC미술센터)·신인연기상(김선재), 제6회 춘사영화예술제 최우수작품상(기획시대)·감독상(박광수)·남우주연상(홍경인)·촬영상(유영길)·조명상(김동호), 제46회 베를린국제영화제 경쟁 부문 출품

김영수(문성근)는 법대시절 학생운동을 한 경력 때문에 경찰의 수배를 받고 있다. 그는 도피하는 동안 1970년 분신자살한 전태일의 일기장을 읽고 이를 바탕으로 전태일의 짧은 삶을 평전으로 되살려내고자 한다.

전태일(홍경인)은 1948년 대구에서 가난한 노동자의 아들로 태어났다. 어릴 때부터 아버지(명계남)에게 재봉기술을 배운 그는 17세 되던 해 서울 청계천 평화시장에 있는 피복공장 보조로 들어간다. 일당은 하루 14시간 일하고 차 한 잔 값인 50원을 받았다. 재봉사가 된 그는 어린 여공들이 적은 월급과 열악한 환경, 과중한 노동에 시달리는 것을 보고 노동운동에 관심을 갖게 된다. 더구나 직업병에 걸린 여공이 강제해고 되는 일이 생기자 그는 여공의 편을 들어 항의하다가 공장에서 쫓겨난다.

그때부터 근로기준법에 대해 공부하면서 그는 1969년 6월, 평화시장 안에 노동조직인 바보회를 만들고 여공과 동료노동자들에게 근로기준법과 근로조건의 부당성을 역설하기 시작한다. 그러나 노조활동을 하고 있다는 사실을 알아차린 사장은 전태일을 해고한다. 다시 한 번 쫓겨난 그는 가족을 보살피기 위해 한동안 공사장에서 막노동으로 생계를 잇는다.

비가 쏟아지던 어느 날, 그는 땅을 파고 구덩이 속에 눕는다. 그리고는 더 이상 나아질 것이 없는 자신의 삶을 이대로 끝낼 것인가, 다시 일어서서 가족들에게 돌아가 그들을 보살필 것인가의 갈등에 빠진다.

1970년 9월, 다시 평화시장으로 돌아온 그는 이번에는 바보회를 한 단계 발전시킨 삼동친목회를 조직, 평화시장 내 열악한 환경과 근로구조 실태조사에 나선 후 90여 명의 서명을 받아 이를 노동청에 제출한다. 이 내용이 경향신문(1970년 10월 7일자 「청계천 평화피복공장의 열악한 근로조건」) 사회면에 특종 보도되면서 전태일과 삼동회 회원들은 본격적으로 사업주와 협의하기에 이른다. 그 즈음 정부의 태도도 회유를 통해 일을 무마하려는 쪽으로 돌아서지만 번번이 지켜지지 않는 약속 위반으로 이는 무위로 끝난다.

이에 따라 전태일과 삼동회 회원들은 같은 해 11월 13일, 평화시장 앞에서 근로기준법 화형식을 거행하고 지옥 같은 근로환경 개선을 요구하는 시위를 벌인다. 그리고 청년 전태일은 온몸에 휘발유를 뿌리고 불을 붙이며 "근로기준법을 지켜라!" "우리는 기계가 아니라"고 외친다. 그는 몸에 불이 붙은 채로 경찰(공권력)을 향해 돌진하면서 "내 죽음을 헛되이 하지 말라"는 마지막 말을 남기고 그 자리에 쓰러진다. 그의 나이 22살이었다.

평전이 출판된 후 김영수는 거리에서 우연히 전태일 평전을 들고 가는 한 청년을 본다. 청년이 뒤돌아본다. 김영수의 눈에는 그렇게 제2, 제3의 전태일이 보였다.

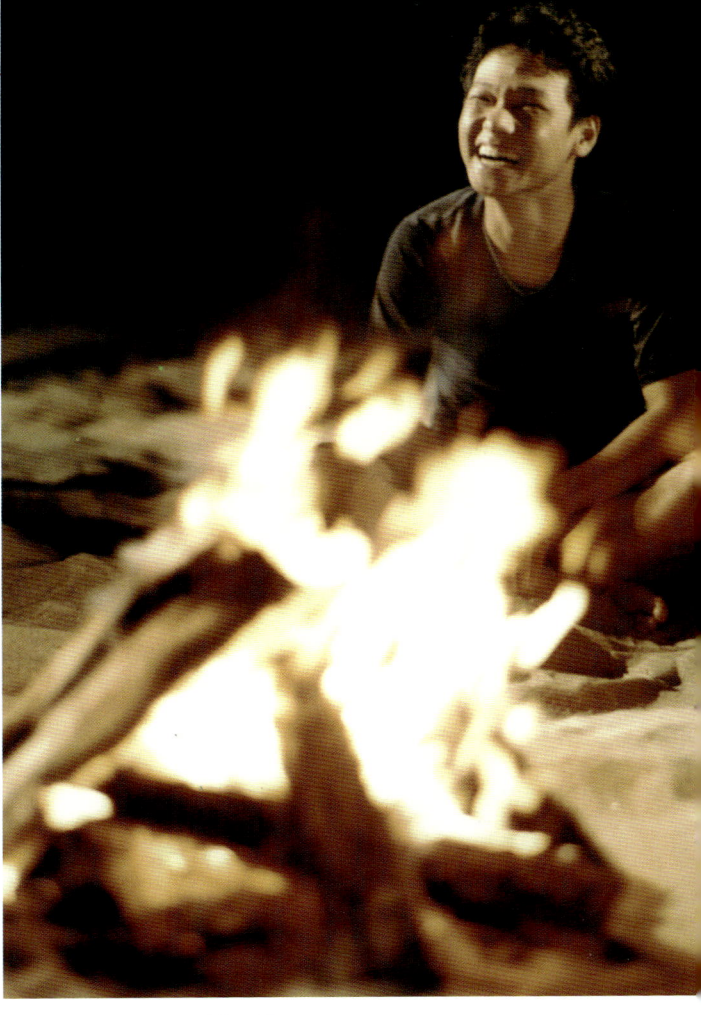

● 박광수의 대표작. 각본 이창동, 김정환, 이효인, 허진호, 박광수. 1970년 11월13일, 평화시장 앞 길거리에서 분신자살한 22세의 청년 재단사 전태일의 삶을 소재로 한 영화. 원작인 『전태일 평전: 어느 청년 노동자의 삶과 죽음』(1983)은 인권변호사 조영래(1947년생)가 썼다. 조영래는 서울대 법대 재학시절, 한일회담 반대, 3선 개헌 반대 등 학생운동을 이끌었고 1969년 법대 졸업 후 사법연수원 재직 중에는 서울대생 내란음모 사건으로 구속됐으며 1년 6개월의 실형을 선고받았던 인물. 이 평전은 그가 1973년 4월, 만기출소 후 민청학련사건 관련자로 수배되어 6년간 쫓기는 생활을 할 때 쓴 것이다. 조영래는 1990년, 폐암으로 타계했다.

영화는 한국 노동운동의 상징인 전태일의 생애를 그리면서도 영웅적 투쟁이나 정치적 선동에 초점을 맞추기보다 당시 열악했던 노동 현장과 노동계 현실을 성실하고 똑똑한 청년이 겪었던 절망으로 이를 고발하고 있다. 먼지가 자욱했던 다락방 공장은 소녀 노동자들이 6개월 만에 폐결핵에 걸릴 만큼 탁하고 협소한 환경이었고 감독은 그곳을 사실적인 세트와 폐쇄적인 영상구도로 그려냈다.

한국 최초로 디지털 사운드를 도입, 전태일의 죽음에 충격을 받은 지식인 김영수가 전태일의 일기와 그가 남긴 흔적을 추적하는 과정은 의식의 흐름과 플래시백으로 재구성된 다큐멘터리 형식을 빌리고 있다.(매일경제 95. 11. 15, 경향 95. 12. 30) 전태일의 이야기는 흑백으로, 김영수의 이야기는 컬러 화면으로 구분하고 카메라워크와 컷을 절제하는 등 국내 기술로는 한계가 있어 특수효과 등은 호주에서 작업한 것으로 전해진다. 마지막 장면은 1995년 한 청년 노동자가 전태일 평전을 손에 든 채 그 거리에 나타나고 평전을 쓴 김영수가 그를 바라보는 것으로 제2, 제3의 전태일이 여전히 존재하고 있음을 암시해 보인다.

당시 전태일을 연기한 19세의 홍경인은 "놀라운 재능을 보였다"(조선 95. 11. 30)는 평을 받았다. 홍경인은 근로기준법 책을 태우는 장면, 몸에 불이 붙은 채 구호를 외치는 장면 등 여섯 차례에 걸친 분신장면에서 화염 방지복을 입지 않고 특수효과와 젤만 바르고 연기하여 화제가 됐다.(「주연 홍경인 "연기 할수록 공감-애정느껴"」 동아 95. 11. 24) (「영화배우 홍경인 '일그러진 영웅'서 '아름다운 열사'로」 경향 95. 11. 4) 전태일의 분신은 대한민국 노동운동 발전에 영향을 미치면서 이후 수천 개의 노동조합이 결성되는 계기가 됐다.

한국 자본주의의 두려운 적이었던 전태일은 그가 죽은 지 만 25년만인 1995년 11월 13일 종로 3가 단성사에서 아름다운 청년으로 되살아났다. 심의에서 '무삭제'와 '고교생 관람가' 판정을 받았고 개봉 후에는 "숭고와 환희가 하나로 느껴지는 걸작. 사실적 허구가 아니라 허구적 진실을 성공적으로 담지해낸 기념비적 작품"(이용관 부산국제영화제 집행위원장) 등의 찬사와 함께 노조원들의 자발적인 단체 관람으로 흥행 성과를 기록했다. 서울 관객 23만 5935명 동원으로 1995년도 한국영화 흥행 순위 5위.

기획시대와 전태일 기념사업회 공동제작. 총 제작비 15억 중 일반 대중의 모금액 2억 5000만 원이 투입됐다. 문성근, 홍경인 등 연기자들도 출연료를 받지 않은 것으로 알려져 있으며 백상예술대상에서 이창동, 김정환, 이효인, 허진호, 박광수 등이 시나리오상, 청룡영화상과 춘사영화예술제에서 최우수작품상, 홍경인 남우주연상, 청룡영화상과 춘사영화예술제에서 박광수 감독상, 유영길이 촬영상을 받았고 베를린국제영화제 경쟁 부문에 출품됐다.

검으나 땅에 희나 백성 The people in white(1995)

(배용균 프로덕션) 111분 극영화 연소
자가/미스터리

감독·제작·각본 : 배용균
개봉 : 1995년 12월 6일 동숭시네마
텍(서울)
관람인원 : 6668명
출연 : 전규수, 김미진, 민병인, 고인
배, 송의헌, 김해남, 박상근, 하
보경 외
촬영 : 배용균
음악 : 박동욱, 반인호, 이건용, 이경
화, 장병영, 황성호, 스테판 미
쿠스
조명·편집 : 배용균
미술·소품 : 배용균
동시녹음 : 배용균
사운드 : 강대성, 양대호
조감독 : 김동현, 김홍완, 고정호
수상 : 제10회 스위스프라브르그국제
영화제 특별상, 베니스국제영
화제 출품

어쩌면 존재하지 않았을 시간과 공간 속에서 'ㅎ'은 몽유병자처럼 환상과 실재, 꿈과 현실 사이를 방황하며 과거를 찾아 떠난다. 그리고 가상의 공간으로 여겨지는 해천에 나타난다. 폐쇄공간인 해천은 현재와 과거가 혼재하는 곳이다. 그곳에 출몰하는 인물들은 과거의 미아들이며 과거를 찾아 헤매는 'ㅎ' 역시 유배된 인물이다.

'ㅎ'은 한국전쟁 때 고아가 되어 미군에 입양되었다. 그는 40년 만에 찾아온 이곳에서 여관 주인, 자전거 타는 아저씨, 눈먼 할아버지, 탈주범 같은 사람들을 만나서 서툰 한국어로 대화를 나눌 뿐이다. 대화 역시 일관성이 없다. "지금 몇 시예요?"라고 물으면 상대방은 "밤이 다가오고 있다"고 대답한다. 40년이라는 시간의 퇴적층 아래 방치해 두었던 인생의 실타래, 그 얽힌 매듭을 풀어 원점을 찾아내려는 'ㅎ'의 퇴행적 여정은 구원을 향한 성지순례기도 하다. 그러나 그가 당도한 성단에는 낙원과 지옥이 함께 자리하고 있음을 목도하게 된다.

● '달마가 동쪽으로 간 까닭은?'(1989)에서 제작·각본·연출·촬영·조명·미술·편집 등 영화 제작의 전 과정을 혼자서 했던 배용균의 두 번째 작품. 이 영화는 독특한 시각을 가진 초현실적 예술작품(아트무비)으로 그는 여기서도 감독·제작·각본·촬영·조명·편집·미술과 소품·동시녹음에 이르기까지 9역을 감당했다. 철저한 작가주의적 작품(《KINO》 05. 9. 2)으로 배용균만의 영화라고 할 수 있다.

이 영화에는 분명한 줄거리가 없다. 대략 알렉스 카우프먼이라는 남자가 그의 고향으로 추정

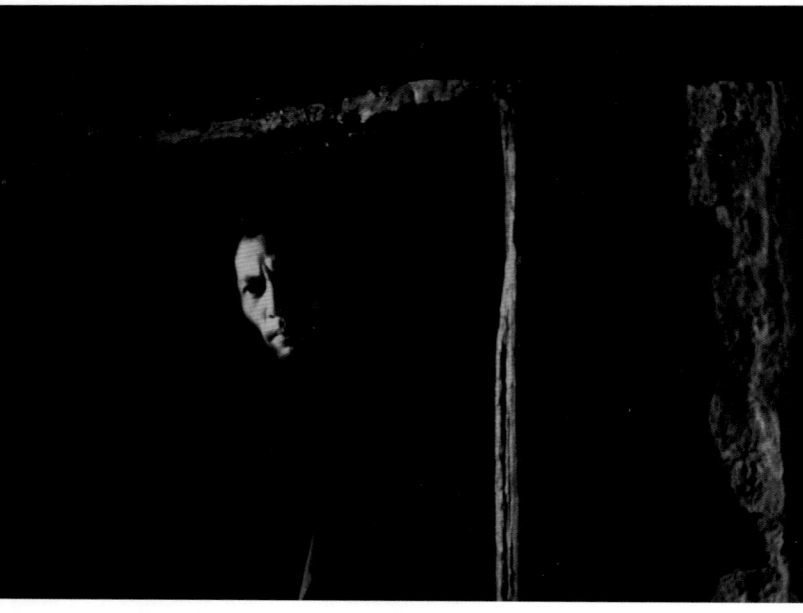

되는 해천에 찾아오면서 하룻밤 동안 겪은 사건들로 이루어진, 일종의 '잃어버린 시간을 찾아서' 같은 영화다. 이 영화 역시 집중력 높은 이미지들로 구성되어 있다. 장황한 독백들의 연속체임에도 불구하고 관객들은 최면에라도 걸린 듯 영화가 끝날 때까지 지루함을 느끼지 못한다. 재미있고 아름다운 영화지만 분명한 의미와 줄거리 전달이 분명했던 '달마가 동쪽…'과는 달리 지나치리만큼 감독만의 자의식에 빠져 있어서인지 전작의 명성을 넘어서지 못했다.(한겨레 98. 2. 10) 배역표에서 밝힌 'ㅎ'은 카우프먼. 3년 동안 촬영했으며 '학춤'의 인간문화재 하보경 옹이 특별 출연했다. 제10회 스위스 프라브르그국제영화제 특별상을 받았고 베니스국제영화제에 출품되었다.

668

런어웨이 Run away(1995)

거대도시 서울의 8월, 자신이 몸담고 있는 분야에서 일인자가 되기를 원하는 게임프로듀서 이동호(이병헌)와 작품을 통해 인정받기를 원하는 프리랜서 일러스트레이터 최미란(김은정)은 어느 날 우연히 만나 하룻밤의 짧고 격렬한 사랑을 나눈다. 일상으로 돌아가려는 순간 두 사람은 충격적인 살인 사건의 목격자가 되고, 이후 두 사람의 삶을 무너트리는 의문의 사건이 발생하게 된다. 형사(이경영)가 납치범으로 돌변하는가 하면 대낮의 가정집으로 범죄조직의 킬러들이 침입한다. 자신들의 눈 앞에서 소중한 사람들이 처참하게 죽어가는 현실을 보고 두 사람은 서울 도심의 구석구석이 악몽 같은 미로로, 또는 도심을 가득 메운 사람들이 그저 익명의 타인으로 느껴질 뿐이다. 그들이 가는 곳에는 어김없이 범죄조직이 쫓아오고 결국 그들이 맞닥뜨린 마지막 상황에서 두 사람은 범인의 진짜 얼굴과 마주치게 된다.

● 김성수(1961년생) 감독 데뷔작. 이병헌, 이경영 출연, 1993년 35mm 단편영화 '비명도시'로 주목받았던 김성수는 '비명도시'를 개작한 장편 '런어웨이'로 본격적인 감독이 되었다. 이 영화는 "나에겐 꿈이 없다"는 대사로 시작한다. 과거 액션영화의 경계를 넘어서는 세련되고 빠른 영상표현으로 청년 세대의 존재감을 비관적으로 펼쳐 보인다.("신세대 액션신 등 볼만 '런어웨이'」 매일경제 95. 12. 30) 추격신이 이 영화의 멋진 장면 중 하나다.
　　그동안 '김의 전쟁', '시라소니'(1992) '게임의 법칙'(1994), '리허설', '테러리스트'(1995)에서 무술 지도를 해온 정두홍이 직접 박진감 넘치는 액션연기를 선보인다. 압구정동 재즈카페 '버클리'와 잠실 서울중앙병원에서 촬영됐다.

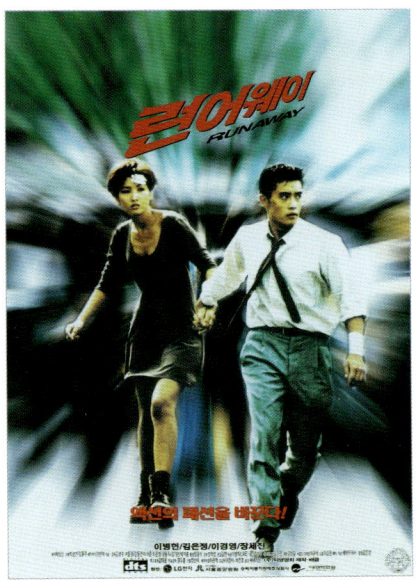

(익영영화사) 106분 극영화 연소자불가/액션스릴러

감독 : 김성수(金成洙)
제작 : 박상인, 김현택
각본 : 김성수
개봉 : 1995년 12월 30일 피카디리, 씨티, 씨네월드, 이화예술, 브로드웨이극장(서울)
관람인원 : 7만 2274명(서울)
출연 : 이병헌, 이경영, 김은정, 장세진, 장동직, 이철웅, 김기현, 이석준, 김동건, 이은영, 이정학, 박상운 외
기획 : 박상인, 김동주
촬영 : 정광석
음악 : 조성우
조명 : 신학성
편집 : 김현
미술 : 김진한
소품 : 이승권
세트 : 박현하, 박일현, 임은진
의상 : 정선, 박소연, 김주경
분장 : 강은영, 김명진, 장미영
동시녹음 : 이병하
특수효과 : 김태용
시각효과 : I.N.I
무술감독 : 정두홍
포스터 : 김재영
조감독 : 이장서, 최진호, 김석우, 최낙용, 김태은
수상 : 제34회 대종상영화제 신인남우상(이병헌), 제32회 백상예술대상 남자연기상(이경영), 제19회 황금촬영상 금상(정광석) · 준회원특별상(김윤수) · 신인여우상(김은정) · 신인남우상(이병헌)

돈을 갖고 튀어라 Millions in My Account(1995)

(서우영화사) 101분 극영화 고등학생
가/코미디

감독 : 김상진
제작 : 차승재
각본 : 원동연, 계윤식, 김만곤
각색 : 박계옥
개봉 : 1995년 12월 16일 명보, 대지,
동아, 롯데, 그랑프리, 경원, 새
서울, 영타운극장(서울)
관람인원 : 16만 7108명(서울)
출연 : 박중훈, 정선경, 명계남, 김승
우, 박인환, 박예숙, 최종원, 권
병길, 서준영, 안진수 외
기획 : 지미향
촬영 : 진영호
음악 : 최만식
조명 : 박현원
편집 : 김현
소품 : 김태욱, 이종국
의상 : 김유선, 이승현
분장 : 정혜지, 고민영, 최현정
사운드 : Bluecap, 김석원
특수효과 : 김철석
무술감독 : 박주일
포스터 : 조진만
프로듀서 : 김선아
조감독 : 서민영, 장규성
수상 : 제32회 백상예술대상 인기상
(박중훈)

천달수(박중훈)는 예비군 훈련을 대신 해주고 돈을 받는 인물이다. 여느 때와 같이 송금된 5만 원을 찾기 위해 은행으로 가는 길에 카페종업원 은지(정선경)에게 잡혀 외상값 독촉을 받는다. 은행에 도착한 두 사람은 달수의 통장에 100억 원이 입금된 것을 보고 입을 다물지 못한다. 컴퓨터 기계고장이려니 여기지만 혹시 하는 마음에서 3억 원을 인출해본다. 한편 전직 최고 권력자는 가명계좌 1000억 원의 처리방안을 놓고 고민하다가 한양은행의 도움으로 100억 원씩을 1년 이상 휴면계좌에 나눠 넣었다가 다시 빼내는 방법을 쓰기로 한다. 그런 검은 돈의 일부가 달수의 통장에 입금된 것이다. 생각지도 않았던 거금이 생기자 달수는 호텔과 백화점에 드나들며 돈을 물 쓰듯 하는데 연동계좌 이체 중 3억 원 인출로 권력자 측은 나머지 돈마저 찾을 수 없게 된다. 권력자는 전설적인 킬러 장 하사(명계남)와 뱁새(김승우)를 고용하여 달수의 뒤를 추적하게 한다.

● 김상진 감독 데뷔작. 우디 앨런의 우스꽝스러운 은행털이 행각을 그린 동명의 영화 'Take The Money And Run'(1969)를 차용한 내용. 졸지에 100억 원이라는 돈벼락을 맞게 된 건달이 그 돈으로 우여곡절을 겪게 되는 코믹물로 영화 제작 당시 전직 대통령들의 비자금 문제가 떠들썩했던 것과 맞물려 서울 관객 17만 명을 동원(96년 이월 상영), 1995년도 한국영화 흥행 순위 7위에서 1996년도에도 6위에 올랐다.

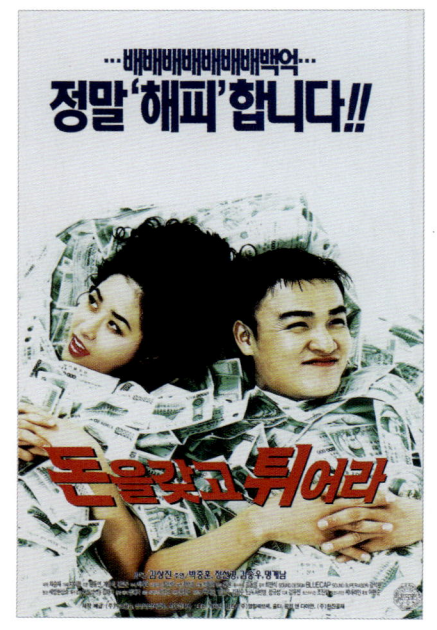

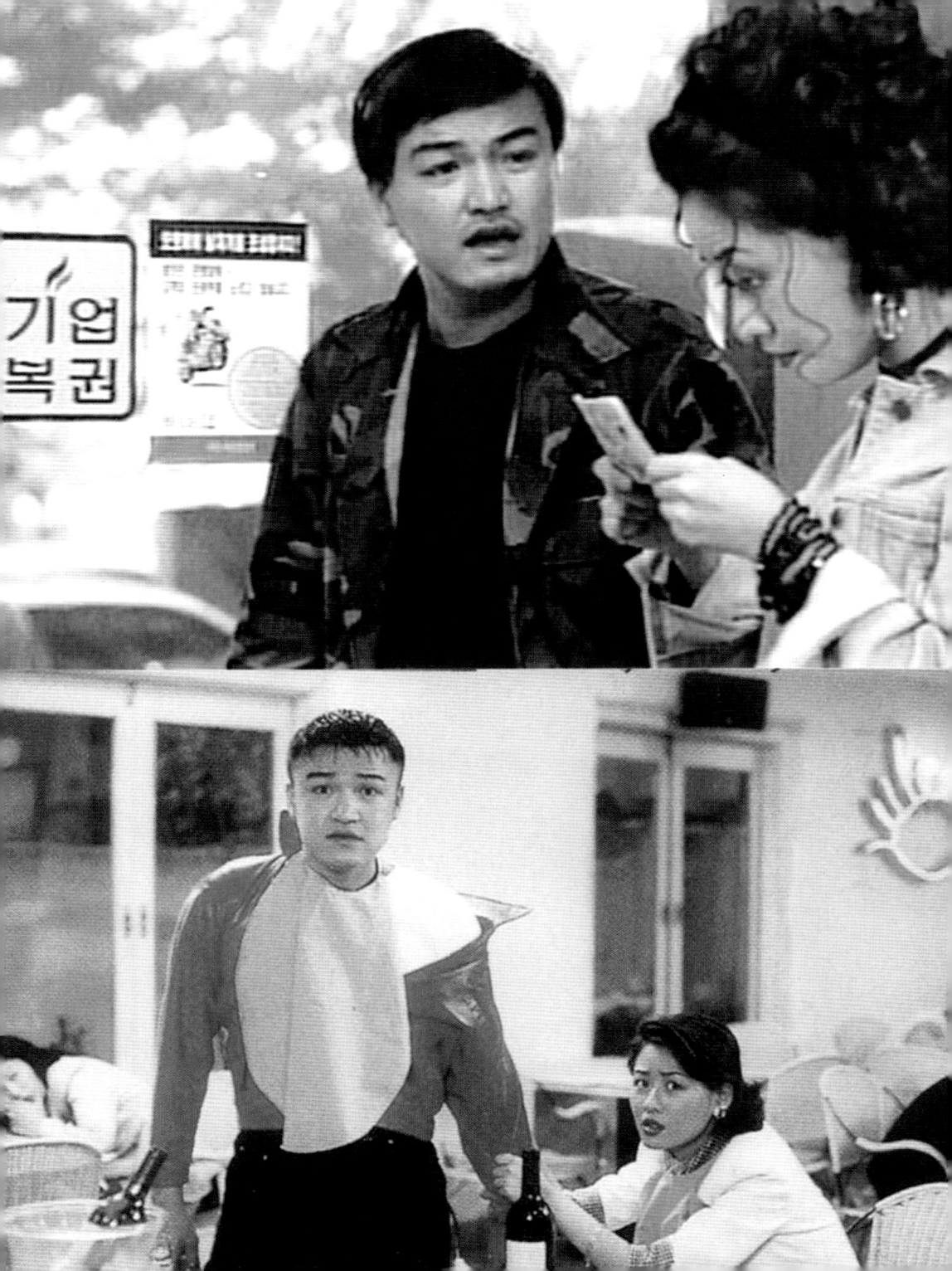

은행나무 침대 The Ginko Bed(1995)

(신씨네) 87분 극영화 연소자불가/사극판타지

감독 · 각본 : 강제규
제작 : 신철, 오정완
개봉 : 1996년 2월 17일 명보, 동아, 롯데월드, 씨네하우스, 동숭홀, 동숭, 미도파극장(서울)
관람인원 : 45만 2580명(서울)
수출현황 : 홍콩(97)
출연 : 한석규, 심혜진, 진희경, 신현준, 김학철, 김명국, 류순철, 지춘성, 최학락, 홍성덕 외
기획 : 영화발전소
촬영 : 박희주
음악 : 이동준
조명 : 이강산
편집 : 박곡지
미술 : 조용삼, 오상만
세트 : 백남진
의상 : 박윤정
분장 : 윤지민
특수분장 : 윤예령
특수효과 : 민치순
시각효과 : 박관우
포스터 : 조세현
무술감독 : 최영래
조감독 : 박광춘
수상 : 제34회 대종상영화제 신인감독상(강제규) · 여우주연상(심혜진), 제17회 청룡영화상 신인감독상(강제규) · 촬영상(박희주), 기술상(음악: 이동준), 제32회 백상예술대상 기술상(촬영: 박희주), 제16회 영평상 촬영상(박희주)

대학 강사 수현(한석규)과 외과의사 선영(심혜진)은 결혼을 앞두고 있다. 수현의 일상은 안정되고 평범했으나 우연히 노천시장에서 은행나무 침대를 만나면서 걷잡을 수 없는 혼란에 빠져든다. 그에게는 전생의 사랑이 있었다. 1000년 전 수현은 궁중악사로서 미단공주(진희경)의 연인이었는데, 그들은 신분 차이로 인해 슬픈 이별을 한 사연이 있다. 이룰 수 없는 사랑으로 악사는 들판의 은행나무가 되고, 또다시 은행나무 침대의 영혼이 되면서 천년의 시간 속에서 수현으로 다시 태어난 것이다. 궁중 악사를 잊지 못하는 미단공주는 그를 찾아 나타난다.

한편 미단공주를 짝사랑해온 황 장군(신현준)도 공주의 뒤를 따라나선다. 황 장군은 미단공주와 수현의 재회를 질투한 나머지 수현을 해치려 하지만 미단공주는 온힘을 다해 이를 막아낸다.

● 강제규 감독 데뷔작. 강우석의 '누가 용의 발톱을 보았는가'(1991), 곽지균의 '장미의 나날', 장현수의 '게임의 법칙'(1994) 등 각본을 쓴 시나리오 작가 출신으로 이 영화의 각본을 직접 썼다. 시공간을 초월한 사랑 이야기를 통해 전생의 인연과 악연이 현재에도 반복되고 있음을 보여주는 판타지 영화. 이동준 작곡, 김영동 대금 연주의 아름다운 음악과 컴퓨터 그래픽 특수효과가 완성도 높은 화면을 펼친다. 한석규를 비롯한 연기자들의 열띤 열연, 특히 미단의 마음이 열리기를 기다리는 황 장군이 눈과 비바람 속에 앉아서 얼어붙는 장면과 미단공주가 가야금을 띄워 보내는 장면, 궁중 악사가 황 장군의 칼에 목숨을 잃는 장면 등이 인상적이다. 경남 거제시 남부면 다포리 여차몽돌 해변에서 촬영됐다.

대종상과 청룡영화상에서 강제규 신인 감독상 수상, 서울에서만 관객45만을 동원하는 성공을 거두었고 이러한 성공은 여타의 창투사(창업투자회사)들이 한국 영화 산업에 진출하는 발판이 되었다.(유지나 외, 『한국영화사 공부 1980~1997』, 이채, p.191) 1996년도 한국영화 흥행순위 2위. 전국적으로 150만 관객을 동원했다.

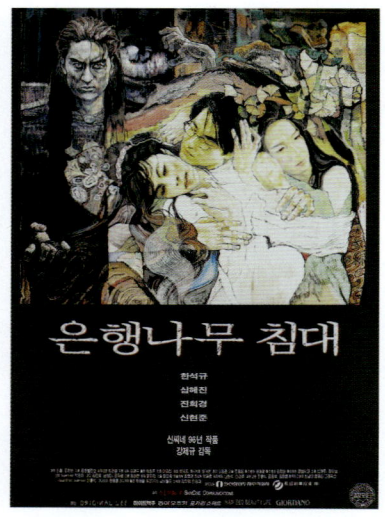

내일로 흐르는 강 The River Flows to Tomorrow(1995)

첫째 이야기 '아버지' – 한섭(명계남)에게는 셋째 부인인 종기 엄마(양희경)가 있지만 아이를 낳지 못하자 한국전쟁 때 남편을 잃은 명희 엄마(안혜숙)를 후처로 들인다. 그러나 한섭의 외아들 정구와 딸들은 명희 엄마에게 아들이라도 생길까봐 두려운 나머지 종기 엄마와 한패가 되어 그녀를 괴롭히는 등 애증의 관계로 얽힌다.

둘째 이야기 '희망' – 경제성장과 더불어 자라난 정민(이대연)과 미란(박소연)은 수준미달인 정치, 사회, 그리고 삐뚤어진 가족사에 상처를 입고 미란은 학생운동, 정민은 동성연애에 빠진다.

셋째 이야기 '가족' – 가족의 역사는 정민에게 외로움을 남겨주었다. 그는 아버지 없이 자랐기 때문에 아버지 정을 그리워한다. 그래서 자연스럽게 선택한 동성연애지만 사회적인 문제가 뒤따른다.

● 박재호의 퀴어영화. '자유부인'(1990)으로 감독 데뷔한 후 5년 만에 내놓은 두 번째 연출작. 한국 최초의 동성애 영화(《영화 평론》 제9호(한국영화평론가협회 1997), p.35)로 세 개의 이야기로 이루어져 있다. 한국전쟁 이후 시대적 혼란을 배경으로 가족 문제와 동성애를 연관시켜 성 정체성을 전면화하는 등 "감독의 작가정신이 돋보인다"는 평을 들었다. 3억 5000만 원의 저예산으로 제작되어 개봉 당시에는 외면당했으나 해외영화제에서 호평을 받으면서 뒤늦게 주목받았다.

(삼우미디어센터) 96분 극영화 연소자불가/분단
감독 · 제작 · 각본 : 박재호
개봉 : 1996년 1월 20일 코아아트홀 (서울)
관람인원 : 8489명(서울)
출연 : 이대연, 김예령, 안혜숙, 명계남, 양희경, 박소연, 김세동, 이인철, 이흥성, 안진수 외
기획 : 김상범
촬영 : 박승호
음악 : 조상현
조명 : 이주생
편집 : 박곡지
소품 : 운곡프로비전
의상 : 한국의장
분장 : 노일실, 강희진
동시녹음 : 윤영호
사운드 : 소원종
특수효과 : 이희경
조감독 : 천경열, 조은성

러브 스토리 Love Story(1995)

늦여름 오후, 인테리어 코디네이터인 수인(김유미)은 사람들이 북적대는 벼룩시장에서 영화감독 하성우(배창호)를 만난다. 완벽주의자인 수인에 비해 하성우는 무신경할 정도로 털털한 성격이다. 첫 만남에서부터 호감을 느낀 두 사람은 하루도 빠짐없이 데이트를 하면서 즐거운 추억을 만들어 나간다. 가을이 깊어갈 무렵, 수인과 성우는 지리산 등반에 나선다.

여기서 수인은 성우와의 사랑에 너그러워지는 자신을 발견하고 그날 밤, 편안한 마음으로 잠자리에 든다. 하지만 격식을 갖추지 않은 성우의 구혼이 수인의 자존심을 건드린다. 서울에 도착한 이들은 감정의 앙금을 풀지 못한 채 결별을 고한다. 시간이 흐르고 나서 홀로 서 있는 자신의 모습을 확인하면서 수인과 성우는 서로를 못내 그리워하지만 재회는 쉽지가 않다.

● 배창호 제작 · 각본 · 연출작. 배창호, 김유미 부부가 주연으로 출연하여 실제 연애담을 담은 자전적 영화. 일상 속에 녹아 있는 사랑의 모습을 과장이나 비약이 없는 담담한 전개로 보여준다. 영화를 기획한 남영조도 출연했다. 독립제작 방식으로 만들어진 이 영화는 영평상에서 각본상(배창호)을 받았다.

(배창호프로덕션) 112분 극영화 고등학생가/멜로
감독 : 배창호
제작 : 배창호, 강충구
각본 : 배창호(원작 김유미)
개봉 : 1996년 5월 11일 명보프라자, 연흥, 동아, 씨네하우스(서울) 등 6개 극장
관람인원 : 5769명(서울)
출연 : 배창호, 김유미, 전무송, 전운, 사미자, 설경구, 신충식, 장인한, 최종원, 이문식 외
기획 : 남영조   **촬영** : 송행기
음악 : 이성재   **조명** : 이승구
편집 : 김현
미술 : 조융삼
소품 : 한승림
의상 : 이한
분장 : 황현규
사운드 : 손인호, 이재희, 김옥봉
조감독 : 강충구, 박은형, 서병채, 이한, 한승림
수상 : 제16회 영평상 각본상(배창호)

맥주가 애인보다 좋은 일곱 가지 이유

Seven Reasons Beer is Better Than Love(1996)

(시네마 서비스 · 박철수 필름) 109분
극영화 연소자불가/멜로

감독 : 김유진, 장현수, 정지영, 박철
　　　수, 박종원, 장길수, 강우석
제작 : 박철수
각본 : 김유민
각색 : 변원미, 봉준호
개봉 : 1996년 2월 17일 서울 1 · 2관,
　　　계몽아트홀, 녹색 1 · 2관, 롯데
　　　월드시네마 3관 등 9개 관
관람인원 : 8만 6597명(서울)
출연 : 한재석, 방은진, 신희조, 이선
　　　미, 김예린, 박은정, 임상효, 김
　　　길호, 양일민, 최종원, 한지일,
　　　김일우, 이춘연, 주호성, 진도
　　　희, 박수일 외
촬영 : 정한철, 김효진, 이석현, 최정
　　　우, 진영환, 곽명훈, 이은길
음악 : 변성룡
조명 : 신준하
편집 : 박곡지
미술 : 조윤삼, 김명경
소품 : 이태우
사진 : 손기철
분장 : 이명희, 이은경, 강은주
동시녹음 : 강대성
사운드 : 영진공 양대호, 이상돈
특수효과 : 김철석
조감독 : 박영훈, 문광석
수상 : 제14회 황금촬영상 신인촬영상

제1화 : 맥주는 내가 다른 맥주를 마셔도 질투하지 않는다. 음반회사 여 사장의 눈에 든 조나단. 그녀에게 조나단은 갖고 놀기 좋은 장난감, 그런데 조나단은 멍청해 보이는 신인에게 빠진다.

제2화 : 언제나 맥주는 내가 처음 오픈한다. 우연히 마주친 가수 지망생. 그녀에게 매료당한 조나단은 그녀와의 행복한 미래를 꿈꾸며 즐거워한다. 그녀는 진짜로 순수하고 순결한 여자인가?

제3화 : 맥주는 친구와 나눠

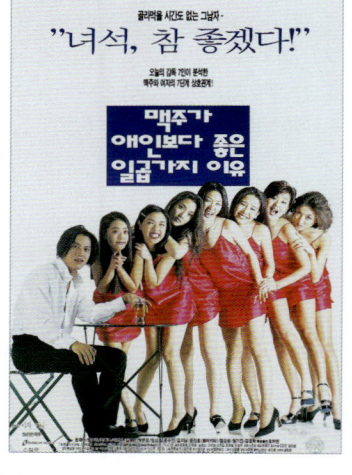

마실수록 맛있다. 첫 만남에서 팬티를 벗어 줄 정도로 대담한 여자 리포터, 도발적인 그녀를 만나면서부터 조나단은 연일 호흡곤란 상태다.

제4화 : 맥주는 누구라도 함께 나눠 마실 수 있다. 이젠 여자에게서 벗어나고 싶은 조나단, 유일하게 자신을 달래주는 음악에 자신의 몸을 내던진다. 그러나 환상 속에서도 그를 유혹하는 여인이 있었다.

제5화 : 맥주는 어디서나 망설임 없이 따먹을 수 있다. 미운 정도 쌓이면 무서운 법, 언제나 깐깐하게 찬바람이 도는 시나리오 작가 송지현은 조나단 앞에서는 더욱 그 냉기를 더한다. 그러나 어느 순간 조나단과의 사이에 이상 전류가 흐른다.

제6화 : 맥주는 겉만 봐도 그 내용물을 알 수 있다. 백만 불짜리 각선미를 지닌 지상 최고의 여성이 드디어 조나단 앞에 나타났다. 그녀를 위해 살고 그녀만을 위해 죽고 싶은 조나단. 그러나 결정적인 순간 조나단은 "으악!" 소리를 지르며 달아나야만 했다.

제7화 : 맥주를 평생 마실 의무는 없다. "소주는 나의 적!" 소주를 마시고 일생일대의 실수를 저지른 조나단, 급기야 가발 디자이너에게 쫓기는 몸이 된다. 세월이 흘러 가수 지망생을 지도하고 있는 녹음실로 조나단의 아내가 된 옆집 여자가 아들 하나를 데리고 들어온다.

● 강우석 시네마서비스 창립 작품. 각본 김유민. 제작 박철수. 애인보다 맥주가 좋은 일곱 가지 에피소드를 일곱 명의 엘리트 감독이 맡아 연출한 옴니버스 영화, 맥주와 음악만 아는 조나단이 음반회사 여 사장, 신인가수, 방송 리포터, 광고포스터 모델, 시나리오 작가, 바의 여주인, 가발 디자이너 등을 만나 다양한 섹스 경험을 하게 되는 내용. 한재석 스크린 데뷔작.

학생부군신위 學生府君神位, Farewell my darling(1996)

아버지 박 노인(최성)의 부음을 전해 듣고 영화감독인 장남 찬우(박철수)가 고향으로 내려온다. 그동안 부모님을 모셔온 차남 찬길(주진모)과 금단(방은진) 부부는 슬픔에 젖어 있고 카페를 경영하는 막내 딸 미선(추귀정), 미국에 사는 3남 찬석(박재황), 큰 고모(유명순), 작은 고모(홍윤정) 등 일가친척들이 번잡스럽게 모여든다.

소주와 맥주 박스가 산처럼 쌓이고 죽음처럼 적막했던 시골집 마당은 5일장이 서는 장터처럼 활기를 띤다. 돼지 멱따는 소리에 곡소리, 초상집은 이 사람, 저 사람들이 모이는 만남의 장에다 먹고 마시며 떠드는 삶의 연속일 뿐 이 집 가장의 죽음에는 도통 관심이 없다. 평소 부모의 속을 썩이던 미선만이 울음을 그치지 않는 가운데 영화감독 찬우는 이런 상가의 부산한 움직임을 영화로 바라보기 시작한다. 상가는 죽은 자와 산자가 어우러진 한판 굿판으로 점차 죽은 자가 아닌 산 자의 몫으로 남는다.

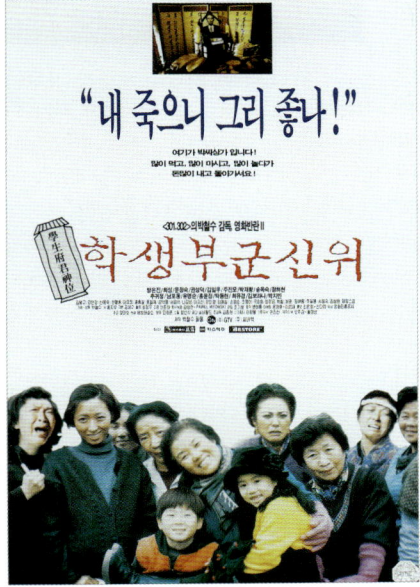

● 박철수필름 제작. 극작가 김상수의 시나리오를 모태로 하고 있다. 박철수가 장남인 영화감독으로 직접 출연하고 방은진, 주진모, 박재황, 최성, 문정숙, 권성덕, 송옥숙 등이 나온다.

'학생부군신위(學生府君神位)'란 벼슬을 하지 못하고 죽은 사람의 명정에 쓰이는 말로 5일장으로 치러진 장례절차를 "죽음은 모든 것의 끝이자 새로운 시작을 알리는 의미"임을 다큐멘터리식으로 이끌고 있다. 또한 장례식을 "죽음을 다루는 의식"일 뿐 아니라 살아남은 자들을 위한 화해의 장으로 확장시킨 것이 특징이다. 단 10일 만에 영화를 완성했다. 백상예술대상과 영평상에서 박철수 감독상, 몬트리올국제영화제에서 예술공헌상, 타슈켄트국제영화제 그랑프리를 차지했다.

(박철수필름) 118분 극영화 고등학생가/풍자

감독 : 박철수
제작 : 오주경, 황경성
각본 : 김상수, 박철수, 창작시대
개봉 : 1996년 3월 1일 명보, 옴니, 브로드웨이, 한일극장(서울)
관람인원 : 3894명(서울)
출연 : 방은진, 주진모, 박재황, 최성, 문정숙, 권성덕, 송옥숙, 김일우, 정하현, 추귀정, 박동현, 유명순, 홍윤정, 박지민, 김봉규, 박철, 임해림, 박철수 외
촬영 : 최정우, 이석현
음악 : 변성룡
조명 : 신준하
편집 : 조기형
분장 : 안희준, 배효님, 박영원, 임지현
동시녹음 : 김상현, Pawel Wyowski, Ivan Kacer
사운드 : 강대성, 양대호, 이상돈
프로듀서 : 윤진선
조감독 : 김종현
수상 : 제34회 대종상영화제 각본상(김상수)·조연남우상(김일우), 제32회 백상예술대상 작품상(박철수 필름)·감독상(박철수)·특별상(문정숙), 제16회 영평상 감독상(박철수), 제20회 몬트리올국제영화제 예술공헌상((Best Artistic Contribution), 제12회 타슈켄트국제영화제 그랑프리

나에게 오라 Come to Me(1996)

(선익필름) 114분 극영화 연소자불가/
액션

감독 : 김영빈
제작 : 임충열
각색 : 이경식(원작 송기원)
개봉 : 1996년 3월 23일 명보, 대지,
　　　 씨네하우스, 롯데월드(서울) 등
　　　 8개 관
관람인원 : 5만 1688명(서울)
수출현황 : 홍콩(98), 미국(98)
출연 : 박상민, 김정현, 최민수, 민응
　　　 식, 윤수진, 지종은, 한성식, 김
　　　 복희, 전원주 외
기획 : 김윤종, 선효경, 이화주
촬영 : 이동삼
음악 : 신대철
조명 : 박현원
편집 : 박순덕
미술 : 김석중
세트 : 윤기찬
소품 : 장석훈
의상 : 한윤희
분장 : 김제연, 장지영
사운드 : 이병하, 이성진
무술감독 : 정두홍
조감독 : 이종신, 최보근, 소현, 안홍
　　　　민, 문상훈
수상 : 제34회 대종상영화제 각색상
　　　 (이경식)

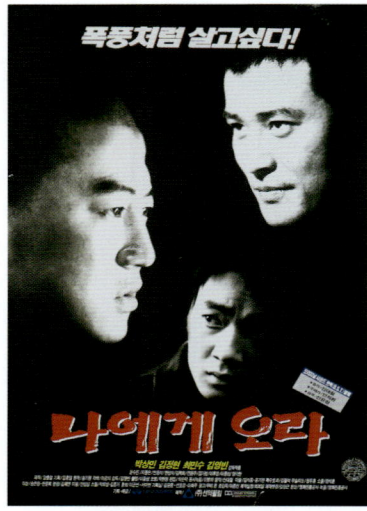

2년 만에 출감한 건달 춘근 (박상민)이 고향 장터에 나타 난다. 그는 초등학교 시절부 터 공부와는 담을 쌓고 줄곧 장돌뱅이로만 살아왔다. 또 래 중 가장 먼저 감옥에 다 녀온 그는 이젠 정말 뭔가 큰일을 해낼 수 있을 것 같 은 자신감에 우쭐해 있다. 그날 윤호(김정현)도 목표 없 는 모자에 명찰 없는 교복차 림으로 장터에 도착한다. 그 는 읍내에서 가장 잘나가던 모범생으로 예비 판검사 기 대주였다. 그런 그가 사생아 라는 굴레를 벗어나지 못하 고 결국 고향친구 춘근의 똘마니가 된 것이다. 이들을 지켜보고 있는 사람은 건달들의 우상인 정석(최민수)이다.

그때 권력의 배경을 등에 업고 정치가로 나서려는 갑수(민응식)가 들 어선다. 그러나 그의 추악한 과거를 알고 있는 정석은 그의 귀향을 인 정하지 않는다. 오히려 그 가면을 벗기기 위해 갑수와의 결전을 준비한 다. 갑수도 반격 채비를 갖춘다.

정월 대보름날 밤, 들판을 가득 메운 인파와 횃불이 일렁거리는 가운 데 갑수와 정석은 한판 대결에 들어가고 갑수 패거리에게 밀리는 정석 을 위해 춘근과 윤호가 끼어든다. 극적인 반전 속에 판이 역전되려는 순간, 격렬한 싸움 끝에 춘근이 숨을 거둔다.

● 김영빈 연출작. 제작 선익필름. 1994년에 발표한 작가 송기원의 자전 소설 『너에게 가마, 나 에게 오라』를 원작으로 하고 있다. 1970년대 전남 함평 시골 장터를 배경으로 건달로 살아가는 열아홉 살 두 젊은이의 고뇌와 사랑, 좌절을 그렸다. 걸쭉한 육두문자와 진한 사투리 등이 사실 감을 더해 한국 리얼리즘 영화의 계보를 잇는 작품이라는 평을 받았다.

'장군의 아들'(1990) 이후 별다른 활동을 보이지 않던 박상민이 이 영화를 통해 진정한 배우 대열에 올라섰음을 증명했으며(정용화, 『영화에 미친 남자』, 맑은 소리, 2006년, p.219) 조연이 지만 최민수의 연기가 빛을 발했다. 록 그룹 시나위의 리더 신대철이 영화음악을 담당했고 가 수 안치환이 주제가를 불렀다. 스턴트맨 등 100여 명이 출연. 무술감독 정두홍은 동네 싸움 같 은 느낌을 원한 감독의 의도를 살리기 위해 배우들에게 감정을 담아 액션을 연기하는 법을 가 르쳤다고 한다. 서울 관객 5만 명 동원.

본 투 킬 Born to kill(1996)

폭우가 쏟아지는 밤. 사람들이 지켜보는 도심 한복판에서 폭력조직의 보스가 끔찍한 테러를 당한다. 그에게 린치를 가한 장본인은 킬러 길(정우성). 어릴 때 집에서 도망쳐 나온 뒤 킬러가 된 길은 테러의 대가로 받은 돈은 냉장고에 넣어둔 채 자신에게 주어진 킬러의 임무만을 묵묵히 수행한다. 길이 관심을 갖는 사람은 건너편 아파트에 사는 가수지망생인 호스티스 수하(심은하)뿐이다. 술에 취한 그녀를 바래다주면서 두 사람은 서로 사랑하게 되지만 가수의 꿈을 포기하지 못한 수하는 길의 돈을 훔쳐서 어디론가 사라진다. 그리고 어느 날 초라해진 모습으로 다시 길에게 돌아온다. 수하는 순수한 영혼의 소유자인 길에게 마음을 열기 시작하고 수하를 사랑하게 된 길도 킬러로서의 삶에 회의를 느낀다. 길의 갈등을 눈치 챈 염 사장(김학철)은 마지막으로 그를 킬러로 키워준 두목(조경환)을 제거하라고 명령한다. 비로소 길이 킬러였음을 알게 된 수하는 길과 함께 도망치려 하지만 곧바로 조직원에게 붙들린다. 길은 수하를 위해 염 사장의 명령을 따를 수밖에 없었고 두목이 숨을 거두는 순간 길도 포위되어 염 사장의 칼에 쓰러진다. 수하는 기차역에서 길을 기다린다.

● 장현수 각본 · 연출작. 킬러의 비극적인 사랑 이야기를 그린 내용으로 국내 최초로 파나비전 카메라로 영화 전체를 촬영했고 일본에서의 후반 작업으로 생생한 사운드 효과를 살렸으며 과격한 폭력 장면이 화제가 됐다. 잔혹한 킬러의 가슴 아픈 사랑이야기로 전작 '게임의 법칙'(1994)에서 보인 신체 절단 장면이 이 영화에서도 충격적으로 재현되어 국내 액션영화의 테두리를 넘는 현란한 잔혹미를 과시했다.('냉혹한 성격의 킬러 길」, 동아 95. 11. 28)

서울 관객 13만 명으로 1996년도 한국영화 흥행 순위 8위. 두목 역을 맡았던 김학철이 청룡영화상 남우조연상을 받았다.

(일신창업 · 한일창업투자) 109분 극영화 연소자불가/액션

감독 : 장현수
제작 : 이순열
각본 : 장현수, 이무영, 송해성
개봉 : 1996년 4월 20일 명보, 연흥, 롯데월드, 그랑프리극장(서울) 등 8개 관
관람인원 : 13만 2261명(서울)
출연 : 정우성, 심은하, 김학철, 이기열, 명계남, 조경환, 이미숙, 이정학, 김광일, 김시아 외
기획 : 이병헌
촬영 : 정일성
음악 : 변성용
조명 : 차정남
편집 : 박곡지, 윤자원
미술 : 오상만
소품 : 강승희, 최찬희
의상 : 채지연, 황채경
분장 : 김현진, 박민서
특수분장 : 김성문, 허정임
동시녹음 : 최재호
사운드 : 한양녹음실, Hokari Yukyo, Okase Akihiko, Jin Bo Koshiro
특수효과 : 정도안
무술감독 : 정두홍
조감독 : 송해성, 오상훈, 공정식
수상 : 제17회 청룡영화상 남우조연상(김학철)

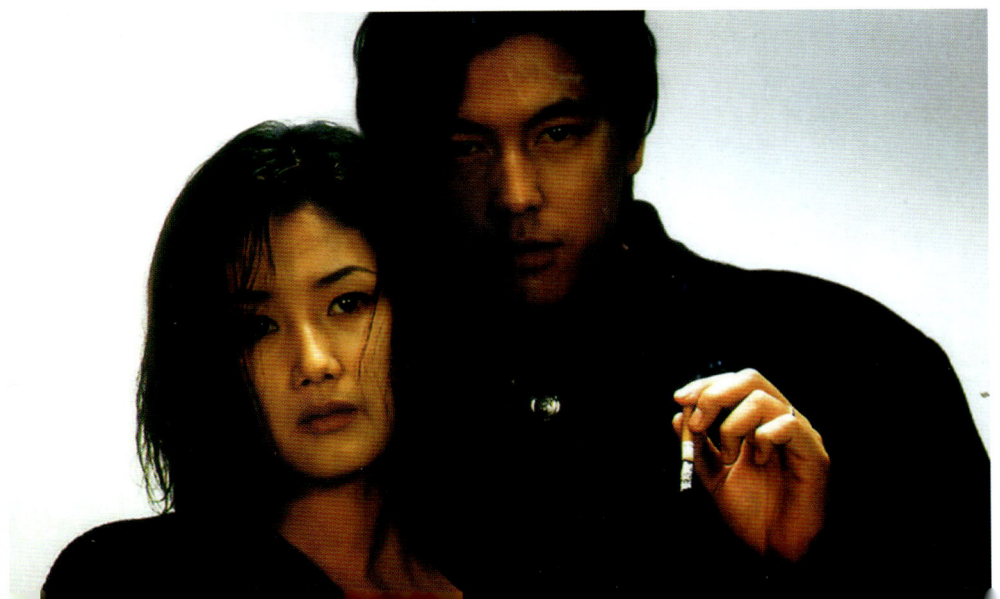

꽃잎 A Petal(1996)

(미라신코리아) 101분 극영화 연소자 불가/사회물

감독 : 장선우
제작 : 박건섭
각본 : 장문일, 장선우(원작 최윤)
개봉 : 1996년 4월 5일 단성사, 롯데월드, 씨네하우스, 시티시네마(서울) 등 8개 관
관람인원 : 21만 3979명(서울)
수출현황 : 미국(연도)
출연 : 이정현, 문성근, 이영란, 설경구, 박철민, 추상미, 나창진, 박광정, 구재연, 박충선, 허준호, 명계남, 민경진, 안석환, 박우섭, 정진우, 심광진 외
기획 : 대우시네마, 김수진 영화센터
촬영 : 유영길
음악 : 원일
조명 : 김동호
편집 : 김양일
미술 : MBC미술센터 박시종, 오형석
세트 : 양성대
의상 : 김진묵, 이지혜
분장 : 장소진, 주호진
동시녹음 : 이영길
사운드 : 강봉성, 변희철, 조남길, 이호원, Sydney Christain, BassTim Jordan, Gerry Long
특수효과 : 김철석, 김래용
포스터 : 오형근
조감독 : 장문일, 심광진, 김수현, 이혜영, 임재홍, 한관택
수상 : 제34회 대종상영화제 심사위원 특별상(미라신코리아 박건섭)·음악상(원일)·신인여우상(이정현), 제17회 청룡영화상 남우주연상(문성근)·여자신인상(이정현), 제33회 백상예술대상 기술상촬영: 유영길, 제26회 영평상 촬영상(유영길)·신인연기상(이정현), 제41회 아태영화제 최우수작품상(장선우)·남우주연상(문성근)·여우조연상(이영란), 제26회 로테르담국제영화제 KNF 특별 언급상(장선우)

우리들(설경구, 추상미, 박철민)은 의문사한 친구의 기일을 맞아 광주로 갔다. 그러나 그 어머니는 이미 돌아가시고 하나 남은 여동생(이정현)은 어디론가 사라져 버렸다고 한다. 우리는 방방곡곡 소녀를 찾아 헤매지만 그녀의 모습은 어디에도 없었다. 그녀는 김추자의 "꽃잎"을 잘 부르는 15세 소녀였다.

강변을 지나던 인부 장(문성근)은 뙤약볕 속에서 강 건너편을 바라보고 있는 이상한 소녀와 만난다. 그녀는 장을 오빠라고 부르며 졸졸 따라다니더니, 어느 날 장이 살고 있는 창고로 와서 그들은 함께 살게 되었다. 그러나 긴 침묵과 초점 잃은 시선, 무엇인가 무서운 일을 겪은 것처럼 경계심을 잃지 않는 소녀를 보면 장은 분노가 느껴지곤 한다. 소녀의 악몽에서 도망치고 싶은 장은 강박관념으로 소녀를 학대하지만 무중력 상태에 빠져 있는 그녀는 그를 떠날 줄 모른다. 그녀의 아픔을 이해하게 된 장은 어느 날 소녀의 지난 이야기를 듣게 된다.

무더웠던 1980년 5월, 소녀는 총성 속에서 죽어가는 엄마의 손을 뿌리친 채 도망쳐 나왔다고 했다. 그러나 엄마를 버리고 나온 죄책감에 시달렸고 그 충격은 소녀의 모든 것을 망쳐놓았다. 장은 비로소 소녀를 가족에게 보내야겠다고 마음먹지만 소녀는 어디론가 가버린 후였다.

한편 광주에서 의문사한 친구와 그 가족을 찾아 헤매던 우리들은 이 모든 아픔을 치유하기 위해 무덤가에서 씻김굿을 펼치기로 한다.

● 장선우의 일곱 번째 작품. 1992년에 발표한 최윤의 소설 『저기 소리 없이 한 점 꽃잎이 지고』를 영화화한 작품. 소설은 1980년 광주 민주화운동을 배경으로 하고 있으나 사건의 리얼리티보다는 서정성이 두드러진다. 광주항쟁을 직접 묘사하고 있진 않아도 영화는 한 순간에 모든 것이 달라진 15세 소녀의 삶을 통해 뼈아픈 과거사가 남기고 간 것이 무엇인지에 대한 성찰과 왜 한 소녀가 어떤 이유로 황폐해지고 망가져야 했는지를 설명하고 있다.

이 영화는 광주항쟁을 배경으로 한 최초의 영화라는 점에서 관객의 관심을 끌었다. 소녀의 자폐적 심리, 그런 소녀를 성적으로 학대하는 장의 분노가 중심에 있고 정치적 폭력에 희생당한 소녀의 슬픔이 표현되면서 감독은 흑백 화면과 컬러 화면의 교차, 당시 다큐멘터리 필름 등을 통해 소녀의 개인사를 접목시키고 마지막 장면에서 광주가 가진 응어리를 씻김굿으로 풀어낸다.

"꽃잎이 지고 또 질 때면 그날이 또다시 생각나 못 견디겠네…"로 시작되는 김추자의 "꽃잎"을 빨간 원피스를 입고 머리에 꽃을 단 이정현이 부른다. 3000대 1의 오디션을 통해 발탁된 당시 17세의 이정현은 15세 소녀 역을 하면서 알몸 연기와 기차에서 발작하는 사실적 연기로 일약 스타로 떠올랐고(「신데렐라 꿈 이룬 '꽃잎' 같은 소녀」, 경향 95. 11. 15) 이후 가수로 활동 중이다. 서울 관객 22만 명 동원으로 1996년도 한국영화 흥행 순위 3위. 대종상, 청룡영화상, 영평상에서 이정현이 신인연기상, 청룡영화상과 영평상, 아태영화제에서 문성근이 남우주연상, 백상예술대상과 영평상에서 유영길이 촬영상 등을 받았다.

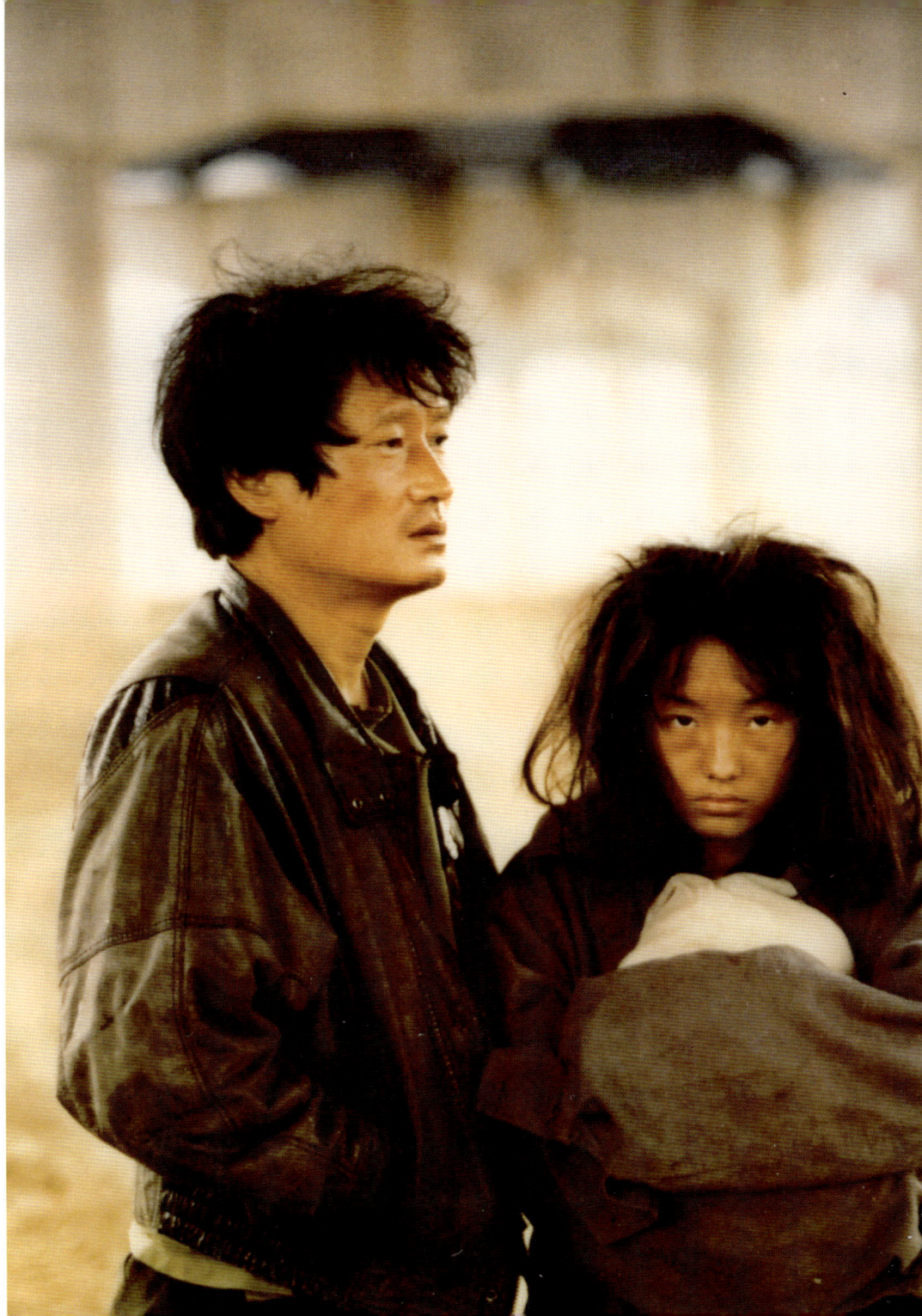

투캅스 2 Two Cops 2(1996)

(시네마서비스) 117분 극영화 연소자 불가/코미디

감독 : 강우석
제작 : 강우석, 김세창
각본 : 김성홍
개봉 : 1996년 4월 27일 서울, 롯데월드, 시네마천국, 계몽아트홀 등 8개 관(서울)
관람인원 : 63만 6047명(서울)
출연 : 박중훈, 김보성, 지수원, 김예린, 조형기, 양택조, 김일우, 윤문식, 권용운, 강성진, 한성식, 이해룡, 나갑성, 국정환, 남포동, 노사강, 서평석, 김상중 외
기획 : 김성홍, 김의석
촬영 : 신옥현
음악 : 최경식
조명 : 임재영
편집 : 김현
미술 : 조융삼
소품 : 김태욱, 이종국
의상 : 김서령, 권영화, 박경희
분장 : 김선진, 이재인, 최현정
무술감독 : 김춘식
프로듀서 : 김미희
조감독 : 권규오, 이시명, 강지운, 이상학
수상 : 제17회 청룡영화상 한국영화 최고흥행상

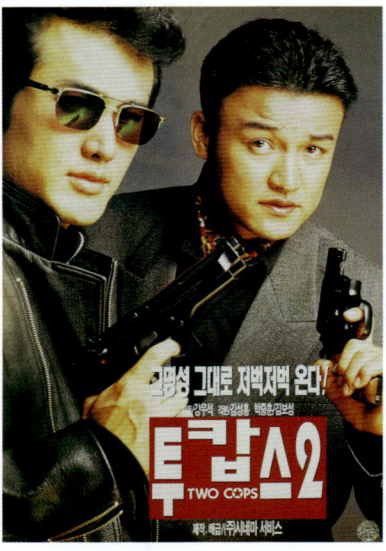

새로 부임한 이 형사(김보성)는 강 형사(박중훈)의 비리와 타락한 행동을 보고 역겨움을 금치 못한다. 이런 부류는 경찰에서 영원히 추방해야 한다고 생각하고 강 형사에게도 더 이상 버티지 말고 경찰을 그만둘 것을 종용한다. 다급해진 강 형사는 이 형사에게 지금까지 해결하지 못한 미제 사건을 넘겨주며 반격을 가하지만 이 형사는 그 많은 어려운 사건을 명쾌하게 해결하고 만다. 그러던 중 대도가 걸려들고 이를 수사하는 과정에서 강 형사는 또 한 번 다이아몬드 한 개를 실례하는 우를 범한다. 강 형사의 이런 어이없는 행동은 곧 이 형사에게 발각된다. 이를 계기로 이 형사는 미제 사건 하나를 해결하면 눈감아주겠다고 하지만 이 형사가 제시한 이번 사건은 어떤 방법으로도 해결할 수 없는 난제였다.

● 강우석 제작·연출작. '투캅스'(1993)에 이은 속편. 각본 김성홍. 안성기와 박중훈 콤비에서 박중훈과 김보성으로 세대교체됐고 전편에서 경찰의 비리를 경멸하던 박중훈이 신참에게 당하는 입장이 된다.(「김보성도 끝내는 박중훈에게 물들어」, 경향 95. 12. 6, 12. 28) '투캅스' 전작은 서울에서만 86만 명, 전국 관객 284만 명의 폭발적인 관객 동원으로 흥행에 성공, 두 번째 시리즈도 서울 관객 63만 6천 동원으로 1996년도 흥행 순위 1위를 기록했다. 당시 영진위가 집계한 (1974~2004년) 역대 한국영화 흥행 순위 2위, 청룡영화상 한국영화 최고흥행상을 받았다.
속편 역시 전편 못지 않은 인기를 누리게 되자 강우석은 자신의 능력을 살려 이때부터 제작자로 나서고 강우석 프로덕션에 이어 (주)시네마서비스를 설립, 첫 작품으로 일곱 명의 감독이 연출한 '맥주가 애인보다 좋은 일곱 가지 이유'(1996)를 냈다.
김상진의 '투캅스 3'(1998)는 1편과 2편의 내용이 비슷한 코믹영화로 김보성과 여형사 권민중이 출연, 서울 관객 12만 명 동원으로 1, 2편에 비해 흥행은 저조한 편.

돼지가 우물에 빠진 날

The day a pig fell into a well(1996)

효섭(김의성)은 소설가이지만 지금까지 변변한 작품집 하나 출간하지 못했다. 출판사에 보낸 원고가 먼지만 쌓여가는 것을 본 효섭은 저녁 술자리에서 평론가와 한바탕 싸운다. 그러나 삼류 소설가로 취급받는 것과는 달리 그는 유부녀인 보경(이응경)과 열정적인 사랑에 빠져 있다. 한편 극장매표원 민재(조은숙)는 효섭의 원고 교정을 보면서 언젠가 소설가의 아내가 될 것을 꿈꾼다.

효섭의 생일날, 그의 집에서 보경과 민재가 마주친다. 보경이 돌아가자 민재는 효섭에게 "선생님에게 어울리는 여자가 되려고 노력한 나는 대체 뭐냐?"고 따진다. 그러나 효섭은 자신은 보경만 사랑한다면서 끝까지 민재를 외면한다. 이 광경을 지켜보던 극장 직원(손민석)은 민재를 위로하고, 민재는 자포자기하는 심정으로 그에게 매달린다.

그 날 밤, 보경과 효섭은 탈출하기로 했다. 그러나 약속한 시간에 효섭이 나타나지 않는다. 효섭의 옥탑방에 올라가 봐도 문이 잠긴 채 인기척이 들리지 않는다. 전화는 자동응답기만 걸려 있다. 그런데 쓸쓸히 돌아서는 보경의 등 뒤로 관객은 방안에 죽어 있는 효섭과 민재, 그리고 그 두 사람을 살해한 극장 직원이 문을 나서는 것을 보게 된다. 아침에 신문을 펼쳐든 보경은 아파트 창을 통해 들어온 햇살을 따라 걷는다.

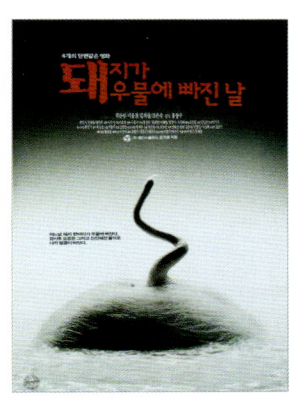

● 홍상수 감독 데뷔작. 1994년에 출판된 구효서의 소설 「낯선 여름」을 원작으로 한 블랙코미디. 각색 작업에 홍상수, 정대성, 여혜영, 김알아, 서신혜 등 무려 다섯 명이 참가하고 있다. 소설이 삼각관계를 형성하는 소설가와 유부녀, 소설가를 사랑하는 극장 매표원 등 세 명의 인물에 초점을 맞추고 있다면 영화는 '극장 직원'이라는 새로운 인물을 첨가하여 원작의 플롯을 변형시키고 있다. 또한 가면 속의 자신을 발견하지 못하고 끝없이 어긋나는 인간관계 속에서 허우적거리다 삶으로부터 도피하게 되는 인간의 모습이 바로 우물에 빠진 돼지의 형상과 다를 바 없다는 메시지가 담겨 있다.(영화평론가 정성일)

영화가 개봉되자 평단은 1996년도 수확을 단연 '돼지가 우물에 빠진 날'로 꼽았다. 영화에는 신파와 과잉된 정서, 틀에 박힌 이야기는 찾아볼 수 없으며 특히 마지막 장면에서 보경이 효섭의 방안을 들여다보는 컷은 욕망과의 끔찍한 대면이 냉소적으로 드러나는 장면이다.

1997년 1월, 제작사인 동아수출공사는 영진공이 선정한 '1996년 좋은 영화 6편'에 선정되지 못하자 베를린국제영화제 등 국제영화제 초청을 전면 거부하기도 했다.(문학사연구회, 「소설구경 영화읽기」, 청동거울, 1998년, p.20) 홍상수는 청룡영화상, 영평상, 황금촬영상, 아태영화제에서 신인감독상, 이응경이 청룡영화상 여우조연상, 옥길성이 영평상 음악상을 받고 밴쿠버영화제 뉴아시안 디렉터 부문 최우수상인 용호상, 로테르담국제영화제 최고영예의 타이거상, 베를린국제영화제 포럼 부문에 참여했다. 한국영상자료원 '한국영화 100선' 선정.

(동아수출공사) 113분 극영화 연소자 불가/사회물

감독 : 홍상수
제작 : 이우석
각색 : 홍상수, 정대성, 여혜영, 김알아, 서신혜(원작 구효서)
개봉 : 1996년 5월 15일 명보 5관, 동아 1·2관, 롯데월드예술, 코아아트홀 1·2·3관(서울)
관람인원 : 3만 7103명(서울)
수출현황 : 일본(97)
출연 : 김의성, 박진성, 조은숙, 이응경, 손민석, 전해룡, 방은희, 박경호, 박충선, 송강호 외
기획 : 이호성
촬영 : 조동관
음악 : 옥길성
조명 : 김일준
편집 : 박곡지
미술 : 조용삼
소품 : 차순하, 최승영
의상 : 권정현
분장 : 박지윤, 박현정, 고민선
동시녹음 : 황성기, 최상원, 정진욱, 김영곤
사운드 : 이영길, 이재희
사진 : 이창주, 박신우
조감독 : 김문수, 김충국, 신창길, 서신혜
수상 : 제17회 청룡영화상 신인감독상(홍상수)·여우조연상(조은숙), 제16회 영평상 음악상(옥길성)·신인감독상(홍상수), 제20회 황금촬영상 신인감독상(홍상수)·신인배우상(김의성, 조은숙)·제작공로상(이우석), 제42회 아태영화제 신인감독상(홍상수), 제15회 밴쿠버영화제 뉴아시안 디렉터 부문 최우수상인 용호상(홍상수), 제26회 로테르담국제영화제 최고영예의 타이거상(홍상수), 베를린국제영화제 포럼 부문 초청

피아노맨 Piano Man(1996)

(한맥엔터테인먼트) 119분 극영화 연소자불가/미스터리액션

감독 : 유상욱
제작 : 김형준, 김혜선
각본 : 유상욱, 허재호
개봉 : 1996년 5월 24일 서울, 명화, 동아, 롯데월드시네마(서울) 등 9개 관
관람인원 : 8만 9744명(서울)
출연 : 최민수, 이승연, 신성호, 홍경인, 박철, 김정숙, 서학, 손현주, 이승환, 김태영, 서혜운, 강신범, 김현석, 남택상, 황창선 외
촬영 : 서정민
음악 : 남택상
조명 : 임재영
편집 : 박순덕
미술 : 정민영
세트 : 오상만
소품 : 강경미
의상 : 김보경, 조동신
분장 : 김선진, 이재인, 박순영
특수분장 : 빌드업
포스터 : 장미훈
사운드 : 김석원, 김동의
특수효과 : 김철석, 김태용
무술감독 : 원신연
조감독 : 홍성호, 허재호, 황창선, 김형진, 박승만
수상 : 제35회 대종상영화제 촬영상(서정민), 제20회 황금촬영상 금상(서정민)

송미란(이승연)은 범인과의 심리전에 능한 28세의 촉망받는 수사관이다. 어느 날 PM(피아노맨-최민수)이라는 이니셜을 쓰는 범인이 그녀에게 심장이 담긴 소포를 보내온다. 과학 기술 연구소에서는 이 사건이 사이코 살인마의 짓이라고 조언하고 미란은 그 살인마가 바로 피아노맨임을 직감한다.

백전노장인 양세영 형사(신성호)와 그녀의 경찰대학 동기생인 변 형사(박철)가 수사를 돕고 양 형사의 아들인 컴퓨터광 진우(홍경인)는 경찰과는 별도로 컴퓨터를 통해 범인을 추적한다. 그리고 피아노맨이 나타났다는 진우의 전화가 걸려온다. 서둘러 달려간 재즈클럽 옥상에서 변 형사가 쏜 총에 가짜 피아노맨이 사살되고, 진우는 옥상에서 추락한 뒤 혼수상태에 빠진다. 세상의 관심은 온통 연쇄 살인마를 잡는 데 쏠린 채 사건은 점점 미궁 속에 빠져든다. 이후 미란은 여가수 K가 피아노맨에게 납치되었음을 알아내고 K를 구출하려다 도리어 피아노맨에게 붙잡힌다. 피아노맨은 폭력만 일삼던 자신의 아버지를 죽인 섬뜩한 기억을 고백하는 등 미란과 피아노맨의 목숨을 건 혈투가 시작된다. 결국 흥건한 피범벅 속에서 아버지를 목 놓아 외치며 숨져가는 피아노맨. 그 순간 혼수상태에 빠져 있던 진우가 아버지 양 형사를 부르며 깨어난다.

● 유상욱 각본 · 연출작. '피아노맨'은 컴퓨터 통신에서 인기를 모았던 유상욱의 연재소설을 영화화한 작품이다. 타락한 여인들의 영혼을 구하기 위해 그녀들을 살해한 뒤 심장을 꺼내어 뮤직 박스에 집어넣는 엽기적인 피아노맨을 쫓는 여형사의 활약상을 그린 사이코 스릴러물.

홍경인이 심하게 다쳐서 병원에 실려 가는 동안에 흘러나오던 여성재즈 보컬 Nina Simone이 부른 "I Put a Spell on You" 등 아름다운 재즈 선율이 공포물 마니아들의 공감을 샀다. 미스코리아 출신 이승연의 스크린 데뷔작. 첫 작품의 개런티가 무려 1억 5000만 원이라고 해서 화제를 모았다.(「여의도서 충무로-안방스타들 은막 나들이 러시」, 경향 95. 11. 13) 홍경인과 박철이 여기에 가세하여 당시 주연급 출연료만 5억 원에 육박한 것으로 알려진다. 총제작비 17억 원. 촬영감독 서정민이 대종상과 제20회 황금촬영상에서 촬영상과 금상을 받았다.

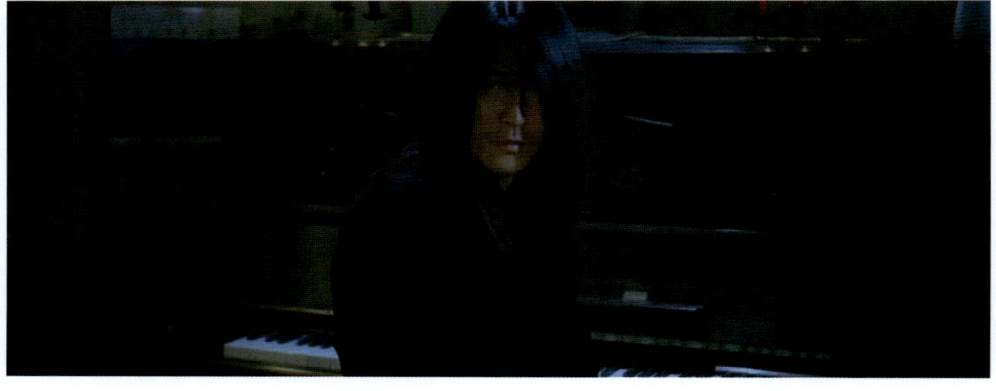

유리 Yuri(1996)

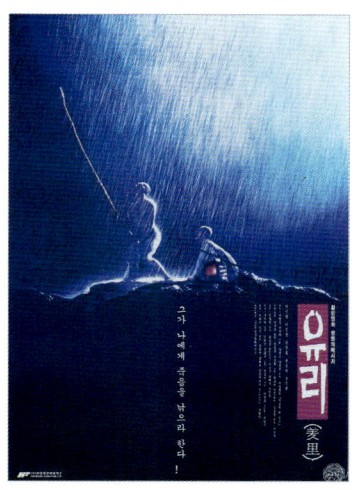

유리(박신양)는 뱃사공과 창녀 사이에서 태어났다. 어머니(이인영)가 창녀이기 때문에 유리는 세상 모든 남자의 아들이자 어느 누구의 아들도 아니다. 그는 어머니를 빼앗아간 남자들에 대해 질투와 증오를 삼키며 성장한다. 그리고 33세 되던 해 죽음의 의미를 깨닫기 위해 구도의 길에 나선다. 그곳은 메마른 늪이 펼쳐진 불모의 땅이면서 사회적 관습과 잡념을 떨쳐 버리고 알몸으로 들어가야 하는 고난의 땅이다.

유리는 이곳으로 들어가자 자만심과 우월감에 사로잡힌 존자승(형유서)을 돌로 찍어 죽이고 편견에 사로잡힌 애꾸승(정진각)을 종교적 신념에서 살해한다. 이처럼 극한 상황을 경험하며 구도의 길을 찾으려는 것이다. 그는 오조촌장(장인한)을 만나 자신이 행한 살인을 고하고, 마른 늪에서 물고기를 낚으면 촌장이 될 수 있다는 이야기를 듣는다. 그리고 "색이 즉 공이다. 공으로 공을 누른다고 해서 그것이 어찌 살육일 것인가"라고 하며 스승을 살해한다. 그는 오조촌장의 해골을 물려받아 육조촌장이 된다.

(하명중영화사) 114분 극영화 연소자 불가/종교
감독 : 양윤호
제작 : 하명중, 박경애
각본 : 양윤호(원작 박상륭)
개봉 : 1996년 6월 6일 명보, 씨네맥스, 동숭씨네마텍, 뤼미에르, 신촌아트홀(서울)
관람인원 : 9525명(서울)
출연 : 박신양, 정진각, 형유서, 이인영, 김동혁, 이은정, 문영동, 장송미, 조은경, 장인한 외
기획 : 양재문, 양윤호
촬영 : 정정훈, 조성환
음악 : 임동창
조명 : 최성원
편집 : 이경자
미술 : 강승용
소품 : 강경미
의상 : 추미리
분장 : 강희진, 전흥주, 박지인
사운드 : 이상돈, 이성진
조감독 : 은남기, 안영홍, 신민경
수상 : 제17회 청룡영화상 남자신인상(박신양), 제33회 백상예술대상 신인연기상(박신양, 이은정), 제49회 칸국제영화제 국제비평가주간 초청

● 양윤호 감독 데뷔작. 제작 하명중영화사. 1975년에 발표한 박상륭의 소설 「죽음의 한 연구」를 원작으로 하고 있다. '유리'는 기존의 종교영화가 화해나 사랑 혹은 선의 방법으로 종교적 메시지를 전한 데 비해 정면대결의 수행으로 삶의 번민을 극복하는 데 초점을 맞추고 있다.

'유리'라는 가공의 무대를 배경으로 주인공이 온몸으로 치러내는 처절하고 아름다운 삶과 인간의 고통을 압축해서 보여준다. 유리는 주인공의 이름이자, 수도승들이 깨달음을 얻는 장소로 불가의 법도를 지키지 않은 파계승들이 보내지는 곳이다. 여기서 유리로 분한 박신양은 알몸 연기를 선보였다. 또한 눈알을 뽑거나 신체를 가해하고 편파적 논리에 반발하여 상대방을 돌로 찍어 죽이거나 정사, 강간 등 자기파괴적 행각을 노골적으로 드러낸다. 이처럼 이 영화는 기존의 영화 담론을 단호히 거부한다. 따라서 신인 감독으로는 드물게 독특한 소재와 스타일로 구도자의 내적세계에 파고드는 영상을 추구함으로써 예술영화 감독으로서의 입지를 세우고 있다. 그러나 살인, 정사, 강간 등 잔혹장면으로 인해 각 종교단체들의 반발을 사는 바람에 국내 개봉에서는 몇 군데가 잘려나간 상태로 상영됐다.(한국 95. 9. 29) 칸국제영화제 국제비평가 주간에 최초로 초청됐고 주연을 맡은 박신양은 청룡상과 백상예술대상 신인남우상을 받았다.

축제 祝祭, Festival(1996)

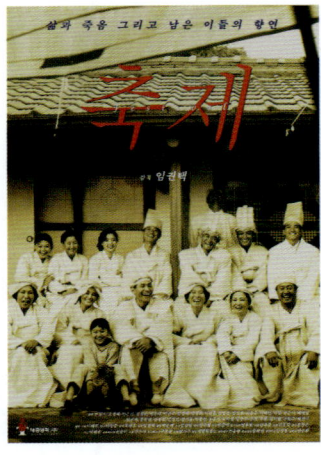

(태흥영화) 107분 극영화 중학생가/
가족드라마

감독 : 임권택
제작 : 이태원
각색 : 육상효(원작 이청준)
개봉 : 1996년 6월 6일 단성사, 시티
　　　시네마(서울)
관람인원 : 5만 561명(서울)
출연 : 안성기, 오정해, 한은진, 정경
　　　순, 박승태, 안병경, 이해룡, 임
　　　진택, 방은미, 신성일, 김병재,
　　　배장수, 김석중, 김재찬, 임금
　　　택, 위용환 외
기획 : 이태원
촬영 : 박승배
음악 : 김수철
조명 : 김강일
편집 : 박순덕
미술 : 김유준
소품 : 김호길
의상 : 권유진
분장 : 홍동은, 이동춘, 이주영
사운드 : 강대성, 양대호
조감독 : 남승환
수상 : 제17회 청룡영화상 최우수작품
　　　상(태흥영화 이태원)·감독상
　　　(임권택), 제33회 백상예술대상
　　　감독상(임권택), 제16회 영평상
　　　최우수작품상(이태원)·남우주
　　　연상(안성기)

40대의 유명 작가 이준섭(안성기)은 5년이 넘게 치매를 앓아온 노모(한은진)가 돌아가셨다는 연락을 받고 서둘러 고향으로 내려간다. 향년 87세 노인의 죽음을 둘러싸고 많은 사람들이 각각 다른 감정으로 다가간다. 특히 시집와서 지금까지 치매에 걸린 시어머니를 모셔온 형수는 홀가분함과 애석함이 교차되면서 그동안의 감정이 복받쳐 오른다. 그러나 가출했던 이복조카 용순(오정해)의 등장으로 잠재돼 있던 가족 간의 갈등이 표면화된다. 요란한 복장으로 나타난 용순은 마구잡이 행동으로 상가를 시끄럽게 만든다.

준섭의 모친상을 통해 그의 문학 세계를 재조명하려고 따라온 기자 장혜림(정경순)은 용순의 행동이 할머니에 대한 깊은 애정과 할머니를 모시지 않은 삼촌 준섭에 대한 반발에서 비롯된 것임을 알게 된다. 장례가 시작되자 노모의 죽음을 가운데 두고 애증의 골은 깊어만 간다. 그러나 갖가지 해프닝을 겪으면서 장례식이 진행되는 동안 가족 간 불화는 서서히 풀리고, 용순은 장혜림이 건네준 준섭의 동화를 읽으며 비로소 뜨거운 눈물을 흘린다. 장례가 끝나자 가족들은 노모가 남겨준 사랑과 삶의 지혜를 각자의 가슴 속에 소중히 한다.

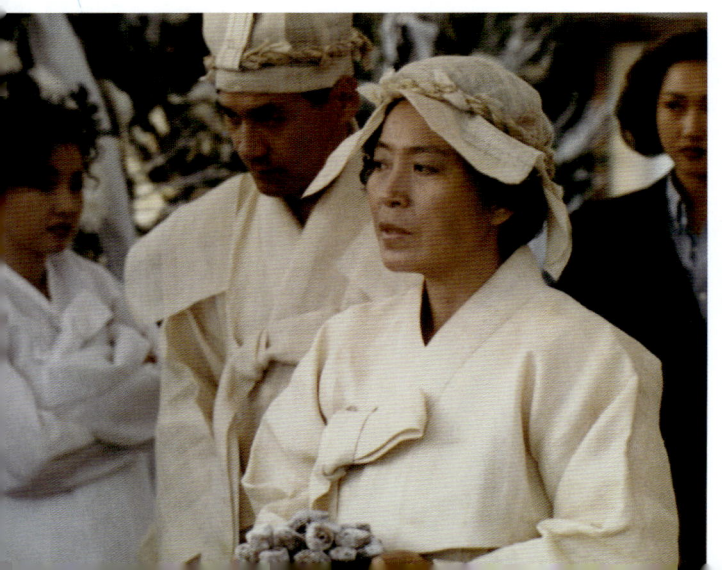

● '서편제'(1993)로 한국영화 100만 관객을 돌파하는 돌풍을 일으킨 임권택의 연출작. 원작 이청준. 노모의 장례식을 계기로 그동안 쌓였던 갈등을 풀고 화해에 이르는 가족 구성원의 이야기를 그렸다. '축제'는 실제 원작자 이청준의 어머니의 삶과 말년의 치매증, 그리고 죽음과 장례에 이르기까지의 과정을 다룬 자전적 이야기로 작가는 그가 쓴 시나리오를 영화촬영과 함께 소설로 전환하면서 "어머니의 장례를 다시 한 번 더 치르는 것처럼 힘들었다"고 밝힌 바 있다.

영화는 한국 전통문화인 효에 대한 감독의 관점을 펼쳐보이면서 아기자기한 실험이 다양하게 진행된다. 예를 들어 이야기 속의 이야기와 현실과 동화의 세계를 대비시키면서 주제를 강화시킨다. 청룡영화상과 백상예술대상에서 임권택 감독상, 영평상에서 안성기가 남우주연상을 받았고 한국영상자료원 '한국영화 100선'에 선정됐다.

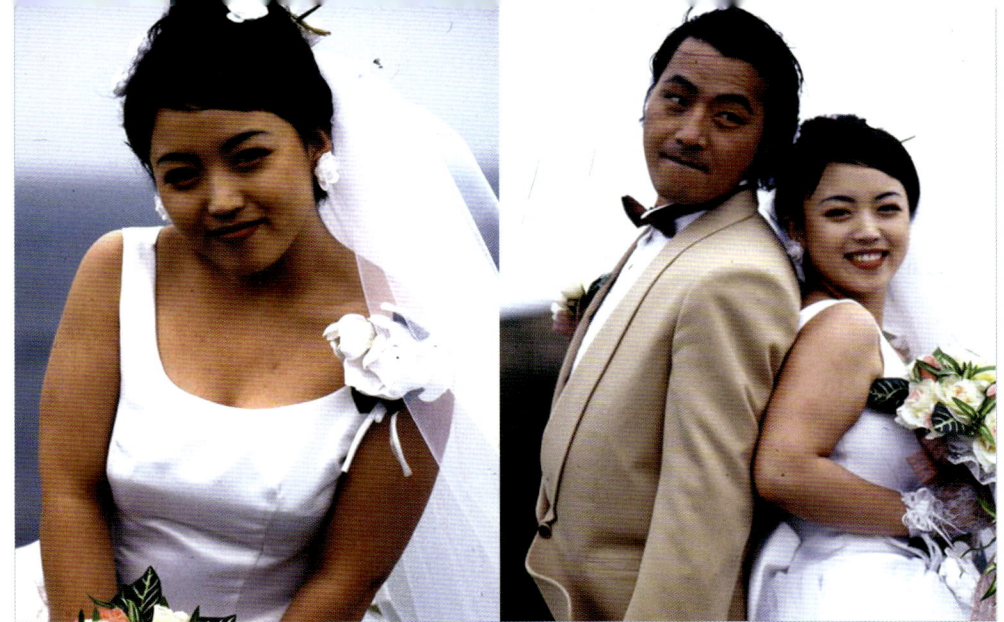

코르셋 Corset (1996)

29세의 속옷 디자이너 공선주(이혜은)는 이제 곧 수석 디자이너가 될 꿈에 부풀어 있다. 그런 그녀에게 친절을 베풀며 다가온 인물은 영업기획부 과장 강이환(김승우)이다. 평소 그를 짝사랑하고 있던 선주는 회사동료 미숙(서혜린)에게 횟집에서 이를 자랑하다가 속옷 디자인 샘플을 두고 나오는 바람에 횟집주인 한상우(이경영)를 만난다.

어느 날 선주는 강이환의 유혹으로 그와 달콤한 하룻밤을 보낸다. 하지만 늘씬하고 매혹적인 장수인(문수진)이 입사하자 강이한의 태도는 하루 아침에 돌변한다. 더구나 뚱뚱한 여자와의 섹스에 대한 호기심 때문에 선주를 유혹했다는 말에 선주는 모욕감을 느낀다. 절망한 선주는 다이어트만이 살길이라고 생각하지만 횟집 주인 상우와 만나는 동안 육체로부터의 자유를 경험하게 되고 결혼에도 골인한다.

● 정병각 감독 데뷔작. 각본 최문희. 이 영화는 여성이 남성들에게 의존하는 존재로서가 아닌, 주체적인 시각으로 여성 자신의 삶을 바라보게 되는 과정을 그려낸다. 이혜은은 여주인공으로 캐스팅되기 위해 몸무게를 15Kg이나 불리는 모험을 강행했다고 한다. 뚱뚱한 몸매의 노처녀의 사랑을 연기하여 청룡영화상과 영평상에서 신인여우상을 받았다. 서울 관객 12만 명 동원으로 1996년도 한국영화 흥행 순위 9위.

(명필름) 99분 극영화 연소자불가/코미디

감독 : 정병각
제작 : 이은   **각본** : 최문희
개봉 : 1996년 6월 8일 피카디리, 동아, 롯데월드예술, 씨네월드, 경원극장(서울) 등 7개 관
관람인원 : 11만 4777명(서울)
수출현황 : 중국(96)
출연 : 이혜은, 이경영, 김승우, 서혜린, 문수진, 명계남, 양희경, 박광정, 주종휘 외
기획 : 심재명, 김주희
촬영 : 오정욱   **음악** : 윤명운
조명 : 이강산   **편집** : 박곡지
미술 : 최정화   **세트** : 오상만
소품 : 박혜성, 안정현
의상 : 김사령, 이희경, 김윤
분장 : 윤예령, 이은아, 곽미화, 박지연
동시녹음 : 이승철, 서재영, 김경현
사운드 : 소원종, 양대호, 오기삼
조감독 : 강예훈, 유철원, 신동일, 김혜숙
수상 : 제17회 청룡영화상 여자신인연기상(이혜은) · 각본상(최문희), 제33회 대종상영화제 신인각본상(최문희), 제17회 영평상 여자신인상(이혜은)

지독한 사랑 Their last love affair(1996)

(씨네 2000) 106분 극영화 연소자불
가/멜로

감독·각본 : 이명세
제작 : 이춘연, 유인택
개봉 : 1996년 6월 15일 대한, 명화,
동아, 씨네하우스, 롯데월드시
네마(서울) 등 8개 관
관람인원 : 9만 4971명(서울)
출연 : 강수연, 김갑수, 김학철, 이화
영, 조주미, 김종구, 길다로, 김
효기, 김세진, 유병석 외
촬영 : 정광석
음악 : 송병준
조명 : 신학성
편집 : 김현
미술 : 오상만
소품 : 이용승
의상 : 이진희, 조수미
분장 : 이지원, 심수지, 김경숙
사운드 : 영진공, 이상돈
특수효과 : 김태용
수상 : 제33회 백상예술대상 기술상
(음악: 송병준), 제1회 부산국제
영화제 공식초청, 제21회 몬트
리올국제영화제, 제22회 토론
토국제영화제, 카이로국제영화
제 초청

대학교수이자 시를 쓰는 영민(김갑수)은 여기자 영희(강수연)를 만나는 순간 강렬한 사랑을 느낀다. 그때부터 그들은 아무도 막을 수 없는 열병에 빠진다. 너무나 사랑해서 헤어질 수 없게 된 두 사람은 부산 다대포 근처에 셋방을 얻어 동거에 들어간다.

　문을 열면 하얀 백사장과 짙푸른 바다가 펼쳐지는 두 사람만의 공간, 매일 아침 사랑하는 사람과 함께 눈뜨고 실오라기 하나 걸치지 않은 채 커피를 즐기기도 한다. 그러나 현실은 꿈이 아니다. 영희와 같이 있고 싶다는 생각에 집을 나왔지만 마음 한 구석엔 언제나 아내의 존재가 압박을 가해온다. 이들의 사랑은 영원할 수 없다. 영민은 두 아들의 아버지이자 다른 여자의 남편이다. 헤어질 시간이 다가오자 아쉬움 섞인 체념이 서로를 더욱 안타깝게 한다. 그러나 지독한 사랑과 그 뒤에 닥쳐오는 냉엄한 현실을 그들은 함께 치러내야 한다.

●이명세 각본·연출작. 중증 노이로제 환자처럼 사랑에 눈먼 남자와 여자의 심리를 집요하게 그려낸다. 사랑의 포로가 돼버린 유부남과 노처녀의 출구 없는, 거의 엽기적인 사랑을 그린 이 영화는 대담한 러브신과 파격적인 노출로 화제를 모았다.(「최정상의 배우 강수연, 작품으로 말하는 '정열의 여인'」, 경향 95. 12. 28)
　촬영의 70%가 부산을 중심으로 이루어졌으며 양수리 세트장 내부에 바닷가 재현을 위해서 15t 트럭 4대 분량의 물과 모래, 금가루, 은가루 등이 운반되어 금모래 바람과 초록색 창틀에 반사된 석양의 바다장면을 촬영하기도 했다.(이휘현, 『상상력과의 전쟁』, 인물과 사상사, 2002, p.72) 또한 바다에 비치는 다양한 하늘빛을 표현하기 위해 맑은 하늘, 흐린 하늘, 밤하늘의 배경을 만들었다. 주제가는 백설희의 히트곡 "봄날은 간다"를 편곡해서 재즈가수 한영애가 불렀다.
　백상예술대상에서 송병준이 음악상, 제1회 부산국제영화제에 공식 초청됐고 몬트리올국제영화제, 카이로국제영화제, 토론토국제영화제 초청과 함께 《TIME》지가 뽑은 아시아 우수영화로 선정됐다.

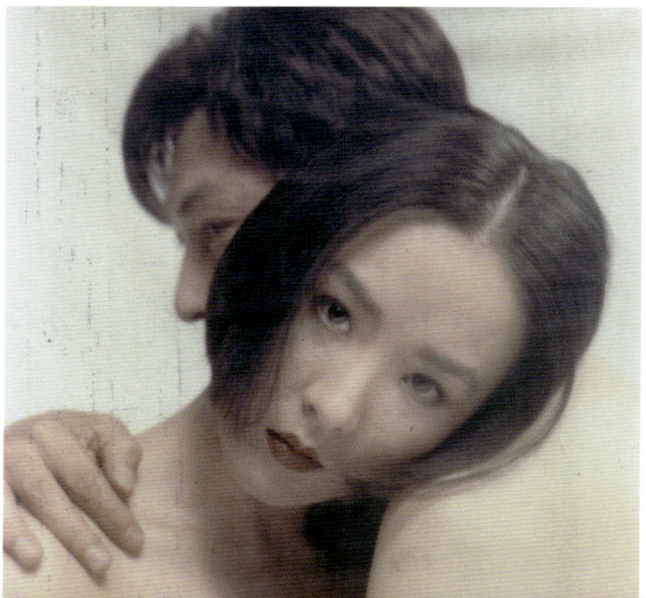

큐 Cue(1996)

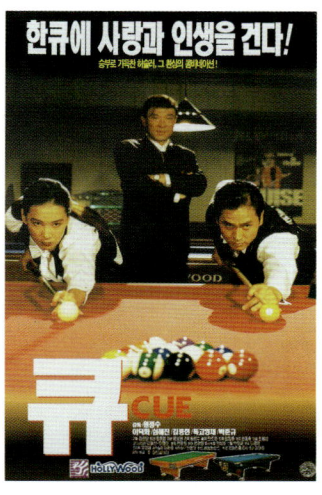

유명한 당구 도박사였던 민욱(이덕화)은 당구에서 손 뗀 후 지금은 혜수(심혜진)의 극진한 보살핌 속에 살고 있다. 이들 사이에 민욱에게 당구를 배워 도박판을 휩쓸어보겠다는 야심을 지닌 동수(김종헌)가 끼어든다. 그런 일이 부질없음을 알고 있는 민욱은 동수를 말리지만 동수는 끝내 고집을 꺾지 않는다. 결국 민욱은 동수를 훈련시키고, 혹독한 수련을 거친 동수는 실력이 향상되자 전국의 내기 당구판을 섭렵하며 서울로 향한다. 하지만 결정적인 순간에 동수의 치기와 오만이 게임을 망치고 혜수마저 위기에 빠트린다. 민욱은 자신의 한 손을 희생해서 혜수를 구해내고 혜수는 당구를 배워 동수에게 복수할 것을 결심한다.

● 원정수 연출작. 각본 유동훈 · 윤보현. 이덕화, 독고영재, 허기호, 박준규 등 영화인 2세들이 대거 출연한 당구영화. 과거 당구 도박사였으나 지금은 실의에 빠진 삶을 살고 있는 한 남자와 그를 보살피는 여인, 그리고 당구로 성공하려는 한 젊은이의 허황된 꿈을 그리고 있다.

(아트시네마)107분 극영화 연소자불가 /드라마

감독 : 원정수
제작 : 박동일
각본 : 유동훈, 윤보현
(원작 원안 최준영)
개봉 : 1996년 6월 21일 서울, 롯데월드시네마, 그랑프리, 애경시네마, 영화나라(서울)
관람인원 : 1867명(서울)
출연 : 이덕화, 심혜진, 김종헌, 독고영재, 박준규, 허기호, 이석구, 오명근, 조경남 외
기획 : 김진문
촬영 : 전조명
음악 : 박광현
미술 : 조용삼
편집 : 현동춘, 김현섭, 김동우
분장 : 정경임, 전윤희
동시녹음 : 안상호, 김완동, 오진환
당구지도 : 박태호, 김철민, 김석윤
무술감독 : 이근호, 김민수
조감독 : 유영재, 최인혁

어른들은 청어를 굽는다 Roasted Herrings(1996)

결혼 10년을 맞는 공엽(허준호)과 운영(이응경) 부부, 어느 날 밤 사소한 말다툼 끝에 남편 공엽이 집에서 쫓겨난다. 바람둥이 공엽은 애인 희봉(이하얀)과 데이트를 즐기고 이를 안 운영은 이혼을 요구한다. 이들 부부의 아홉 살 난 아들 현동(박치순)은 엄마가 미워하는 희봉 누나가 그리 밉지만은 않다. 한편 공엽은 운영의 마음을 돌리고자 가족 동반 스키여행을 계획하고 모처럼 운영과 핑크빛 분위기를 만들지만 희봉과의 데이트 또한 멈출 수가 없다. 그래서 공엽은 운영과 이혼하고 희봉과 결혼식을 올린다. 이들을 지켜보는 조숙한 어린이 현동은 어른들의 사랑 놀음이 알쏭달쏭하기만 하다.

● 류숙현 감독 데뷔작. 제작 · 각본 · 각색 · 연출 등 4역을 맡고 있다. 결혼 10년을 맞는 부부의 어긋남과 파국을 아홉 살 어린이의 시선으로 담아낸 로맨틱 코미디. 허준호, 이하얀 커플은 이 영화에서 만나 1997년에 결혼했다.

(삼환영화사) 92분 극영화 연소자불가 /드라마

감독 · 제작 : 류숙현
각본 · 각색 : 김정호, 이용포, 류숙현
개봉 : 1996년 6월 22일 국도, 화양, 뤼미에르극장(서울)
관람인원 : 2743명(서울)
출연 : 허준호, 이응경, 박치순, 이하얀, 김상중, 한범희, 김경진, 최준용, 이희구, 안현희 외
촬영 : 이종관, 정순상
음악 : 강인구　　　조명 : 이승구
편집 : 현준호　　　미술 : 디자인 B&S
분장 : 김선영　　　동시녹음 : 강신규
기획 : 홍성태　　　조감독 : 노권식
세트 : 동서울 아트
사운드 : 강대성, 씨디에스, 양대호

보스 Boss(1996)

(세경진흥) 105분 극영화 연소자불가/
액션 전기

감독 : 류영진
제작 : 김선용
각본 : 송능한(원작 감수 조양은)
개봉 : 1996년 7월 6일 단성사, 씨네
월드 3관, 이화예술 2관, 브로
드웨이 1관(서울) 등
관람인원 : 10만 1078명(서울)
출연 : 조양은, 독고영재, 김소영, 박
근형, 김수미, 김형일, 황정리,
박준규, 송금식, 최동준, 박상
면, 오지연, 양택조, 현길수, 신
충식, 남영진, 이석구, 장정국,
태현실, 조용기 목사, 세경씨름
단 외
기획 : 이상열
촬영 : 구중모
음악 : 김영동
조명 : 김강일
편집 : 박순덕
미술 : 조용삼
소품 : 정민영, 송기현, 김인종
의상 : 김문희, 이선명, 방주미
분장 : 이상근, 한미영, 조영아, 유휘인
사운드 : 영진공, 강대성, 이성근, 소원
종, 양대호
무술감독 : 황정리
조감독 : 김범유, 한기중, 이정원, 주재
현, 김두헌

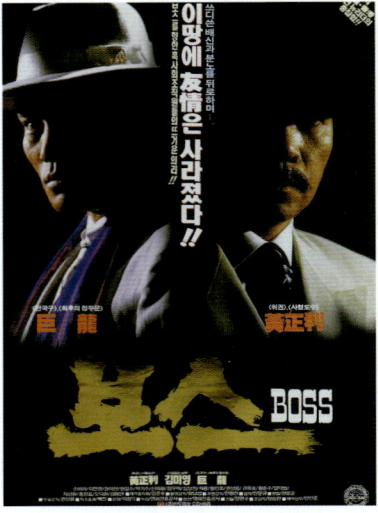

어릴 때부터 보스로서의 남다른 기질을 보인 조양은은 1960년대 나이 18세에 '화신 8인조'라는 조직을 결성하면서 독자적인 기반을 구축한다. 이후 무대를 서울로 옮긴 그는 명동 일대를 중심으로 세력을 더욱 키우고 그의 조직의 뒤를 봐주던 선배가 왕상사파에게 모욕을 당하자 1975년, 유명한 사보이 호텔 사건을 일으킨다. 이를 계기로 그는 건달 세계를 장악하고 있던 신상사파를 무너뜨릴 결심을 하게 된다. 맨주먹 싸움이 주를 이루던 당시 생선회칼과 야구방망이가 동원된 '신상사파 급습 사건'은 충격적인 사건의 하나이다. 이 싸움은 신상사파는 물론 그 수하의 호남세력들을 무너뜨린 세대교체의 서막이 된다.

그러나 10월 유신과 함께 조직들에 대한 일제 단속이 시작되자 특별수사망을 피해 다니던 조양은은 폭력조직의 대부로서 1980년 범죄단체결성 등 혐의로 구속된다. 1995년 만기 출소할 때까지 15년 동안의 감옥 생활에도 불구하고 그는 누구도 넘볼 수 없는 막강한 영향력을 행사한 것으로 알려진다. 출소 후 개과천선한 모습으로 순복음교회 조용기 목사의 주례로 결혼식을 올리는가 하면 TV출연 등으로 언론의 집중 조명을 받는다.

● 류영진 연출작. 실제인물인 조양은의 자서전 『어둠 속에 솟구치는 불빛』을 원작으로 한 영화. 조양은은 목포를 근거지로 했던 '서방파'의 김태촌, 광주를 근거지로 했던 '광주 OB파'의 이동재와 더불어 3대 폭력 조직의 하나인 '양은이파'의 보스다. 당시 수감중이던 그는 이 영화에 부인 김소영과 직접 주연으로 출연했고 그를 신앙의 길로 인도한 순복음교회 조용기 목사도 특별 출연했다. 특히 그의 부인 김소영은 남편보다 17세 연하의 미모에다 미 USC대학 출신으로 4개 국어를 구사하는 엘리트 여성으로 소개되어 화제가 되었다.(「조폭 대부 조양은 · 이제는 말할 수 있다」, 일간스포츠 03. 3. 7)

영화는 암흑세계를 지배했던 보스가 아닌, 인권이 말살된 계엄하의 재판을 통해 당시 암울했던 시대상을 재조명하고, 15년간의 교도소 생활에서 신앙인이 된 인간의 변화하는 과정을 그리고 있다. 실제 폭력조직의 보스 조양은 일생을 다루고 있다는 점에서 언론의 뜨거운 관심 속에 10만 관객을 동원, 1996년도 한국영화 흥행 순위 10위.

너희가 재즈를 믿느냐 Do You Believe in Jazz(1996)

한 여자를 보고 사랑에 빠진 그(김승우)는 사랑하는 그녀(임상효)의 곁에
있고 싶어서 그 언니(방은진)와 결혼한다. 그러나 그에게 순수한 첫사랑
인 처제는 사실 아무 남자하고나 호텔에 드나들며 쾌락을 추구하는 영
악한 요즘 여자일 뿐이다. 오로지 용돈을 타기 위해 형부 앞에 나타나
지만 처제는 그의 영원한 사랑의 표상이다.

　　어느 날 아내가 임신 사실을 알리자 그는 갈등하기 시작한다. 그는 결
혼 전, 처제에 대한 사랑의 순결을 지키기 위해 아이를 갖지 않겠다고
맹세했기 때문이다. 한편 처제는 혼전 여러 남자의 아이를 중절했던 언
니가 출산할 경우 생명이 위험해진다는 것을 알고 언니와 형부를 만나
유산을 설득한다. 그러나 두 사람은 그녀의 말을 듣지 않는다. 오히려
호텔 엘리베이터걸이 된 처제를 보고 그는 엘리베이터에서 처제를 끌
어 내린 후 사랑을 고백한다. 그리고 처제에 대한 자신의 사랑을 아내
에게 알리기 위해 새벽 거리를 달려간다. 그 시간에 만삭의 아내는 죽
음을 무릅쓰고 그의 아이를 낳으려고 앰뷸런스에 실려간다.

● 오일환 감독 데뷔작. 장정일 원작의 재즈 포르노그래피 『너희가 재즈를 믿느냐』는 1994년(미
학사) 발간 당시 고도 자본주의 사회에서의 욕망과 해체된 가족, 개인주의, 소외의 불안 등을
다룬 내용의 대담함과 '예술과 외설'에 대한 논란이 있었다.(강준만, 『시사인물 사전』, 인물과
사상사, 2000, p.31) 카메라는 시공간을 뛰어넘듯 자유자재로 움직임을 구사하고 재즈 기타리
스트 한상원, 피아니스트 김광민의 연주는 영화가 지향하는 재즈 분위기를 살리는 데 일조했다.
이 영화는 대중성 결여로 개봉과 함께 간판을 내렸다.

(동양미디어) 93분 극영화 연소자불가
/멜로

감독 : 오일환
제작 : 최승혁
각색 : 장진, 오일환(원작 장정일)
개봉 : 1996년 9월 21일 명보, 브로드
　　　웨이, 한일시네마, 그랜드시네
　　　마(서울)
관람인원 : 4만 1257명(서울)
출연 : 김승우, 방은진, 임상효, 명계
　　　남, 한혜선, 이미옥, 조한희, 최
　　　재영 외
기획 : 안상훈, 이승재
촬영 : 황철현
음악 : 박호준
조명 : 이승구
편집 : 박순덕
미술 : 윤기찬
소품 : 장석훈
의상 : 문장은
분장 : 서효정
동시녹음 : 손규식
특수효과 : 정도안, 김태희
프로듀서 : 안상훈
조감독 : 김문수

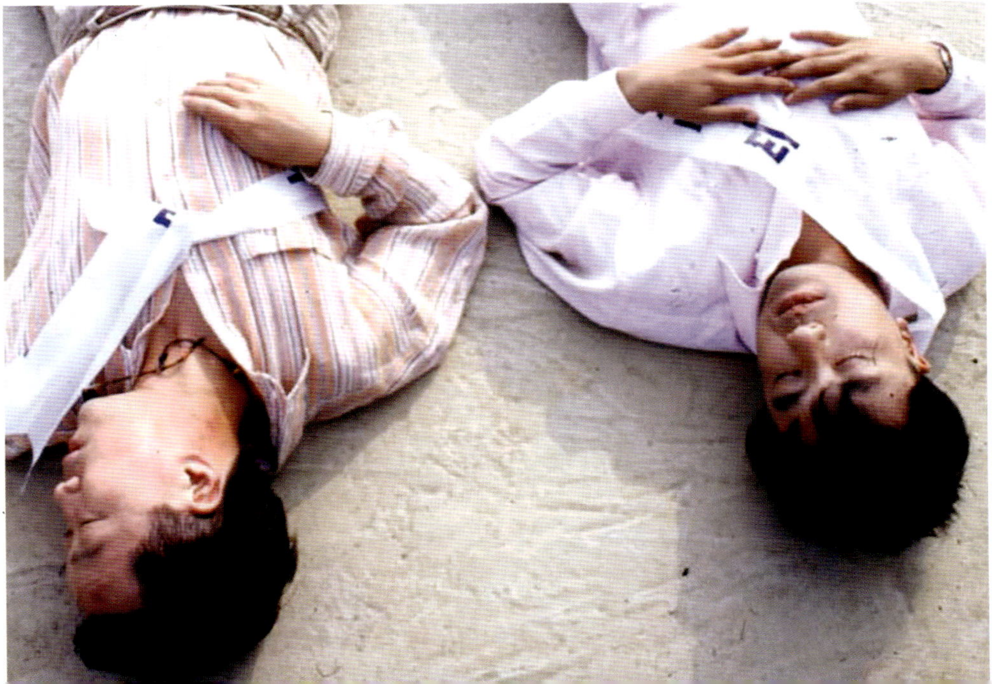

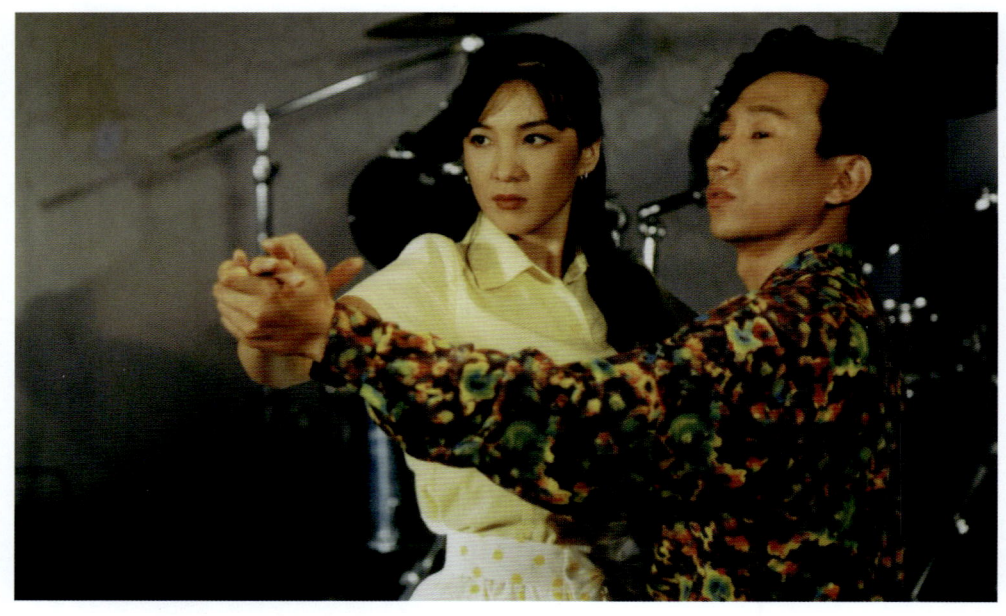

박봉곤 가출사건 The adventure of Mrs. Park(1996)

(영화세상) 104분 극영화 고등학생가/
코미디

감독 : 김태균
제작 : 안동규   **각본** : 장항준
개봉 : 1996년 9월 21일 피카디리, 롯
데월드 1관, 성남, 그랜드시네
마 2관 등 12개 관
관람인원 : 17만 328명(서울)
수출현황 : 미국(99)
출연 : 안성기, 심혜진, 여균동, 권병
길, 최지우, 권용운, 신충식, 명
계남, 배장수, 신철진, 최종원,
차영옥, 한상준, 이희용 외
기획 : 김준종, 최귀덕
촬영 : 김형구   **음악** : 김대종
조명 : 박현원   **편집** : 박곡지
미술 : 김명경   **동시녹음** : 이승철
의상 : 권지원, 김근아
분장 : 안희준, 박영원, 최희진
사운드 : 서울종합촬영소, 양대호, 이
상돈
제작지휘 : 최강혁
조감독 : 장성수
수상 : 제17회 청룡영화상 여우주연상
(심혜진)

사춘기 소녀의 감수성을 간직한 귀여운 푼수 주부 박봉곤(심혜진)은 남편 희재(여균동)의 괴팍함과 무관심에 질려 어느 날 가출을 결심한다.

봉곤은 가수가 되고 싶었던 어릴 적 꿈을 실현시키기 위해 클럽 아라비안나이트에서 탱고를 추며 화려한 가수로 변신한다. 한편 아내의 가출로 분을 삭이지 못하고 있던 남편 희재는 가출 주부만을 전문으로 찾아주는 X(안성기)에게 봉곤을 찾아줄 것을 의뢰한다.

그러나 봉곤을 추적하던 X는 봉곤의 일기장에 담겨진 글들을 보면서 그녀의 천진난만함에 매료되어 그녀를 사랑하게 된다.

● 김태균 감독 데뷔작. 각본 장항준. 안성기와 심혜진 외에 '세상밖으로' (1994)의 감독 여균동이 못된 남편 역으로 출연하여 개성 강한 연기를 보여줬다. 주인공 박봉곤을 맡아 '물새우는 언덕', '나는 열일곱 살이에요' 등 직접 노래까지 불러 보이며 물오른 연기를 선보인 심혜진은 청룡상 여우주연상을 수상, 관객 17만 명 동원으로 1996년도 한국영화 흥행 순위 5위를 기록했다.

귀천도 歸天圖, The Ggate of Destiny(1996)

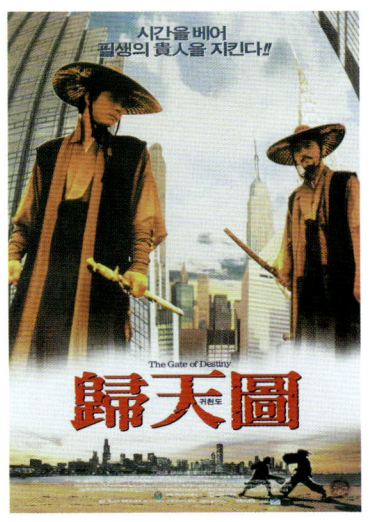

1800년 정조 재위 마지막 해. 정조(이기열)는 사랑하는 여인 청연(김성림)과의 사이에서 장차 아시아를 지배할 아이가 탄생할 것과 그 아이를 제거하기 위해 일본에서 대규모의 자객단이 파견될 것을 예감한다.

재위가 얼마 남지 않았음을 인식한 정조는 왕가비전에 나타나 있는 시간의 문을 통해 청연과 장차 태어날 아이를 다른 시대로 도피시키기로 결정한다. 그리고 자신의 호위무사인 좌운검(이경영)과 우운검(김민종)에게 왕가의

보물인 귀천도를 하사하며 청연의 호위를 명한다. 그러나 아시아를 지배할 귀인이 조선에서 태어날 것이라는 정보를 입수한 일본의 쇼군 무사 다다가쓰(독고영재)는 수제자 간죠(장동직)와 문사 하큐슈(조선묵)에게 조선의 청연을 제거할 것을 명한다. 그러나 일본의 자객단을 피해 귀천대에 도착한 청연 일행은 귀천도를 이용해 시간의 문을 여는 데 성공하고 우운검은 다른 시대로 좌운검과 청연을 먼저 보낸 후 간죠의 무리를 막는다.

1975년, 청연과 좌운검은 175년이라는 세월을 뛰어 넘어 월곶의 염전밭에 도착한다. 청연은 이듬해 딸 도연을 낳은 후 세상을 떠나고, 좌운검은 도연이 정조의 후예라는 사실을 숨기기 위해 남자아이 빈을 데려다 양자로 삼는다. 1980년 5월, 서울에 온 하큐슈 일당은 6세 된 남자아이들을 닥치는 대로 살해하다가 경찰에 의해 전원 사살되고 1996년 뒤늦게 시간의 문을 넘어온 우운검과 간죠 무리는 서울에 떨어진다. 결국 좌운검은 양아들 빈과 함께 간죠 무리에게 죽음을 당하고 좌운검은 죽어가면서 우운검에게 도연이 정조의 후손임을 알린다.

● 이경영 각본 · 연출 · 출연작. 임권택의 '아다다'(1987)로 스크린에 데뷔한 이경영이 직접 쓴 오리지널 시나리오를 영화화한 시공간을 초월한 판타지 영화. 석래명의 '아스팔트 위의 동키호테'(1988)로 데뷔한 후 가수로 활동하고 있던 김민종이 공동 주연을 맡았다.

서울 관객 20만 명 동원으로 1996년도 한국영화 흥행 순위 4위. 그러나 대박예감이 강했던 이 영화는 김민종이 직접 부른 주제곡 "귀천도애" 표절시비 때문인지 흥행에 큰 영향을 미쳤다.

(아브라삭스) 94분 극영화 고등학생가/판타지 시대극

감독 · 각본 : 이경영
제작 : 김현택
개봉 : 1996년 10월 12일 서울, 명화, 롯데월드, 씨네하우스, 그랑프리극장(서울) 등 9개 관
관람인원 : 20만 570명(서울)
출연 : 김민종, 이경영, 김성림, 이기열, 이성용, 장동직, 조선묵, 독고영재, 이기영, 장지연 외
기획 : 김현택
촬영 : 김성복
음악 : 서영진
조명 : 김동호
편집 : 박순덕
미술 : 청솔아트
세트 : 김준섭
소품 : 정민영
의상 : 이다연
분장 : 윤예령
특수분장 : 윤예령
동시녹음 : 김원용
무술감독 : 원진
프로듀서 : 정초신
조감독 : 최진호, 성희경, 이동석, 김선민, 조성원

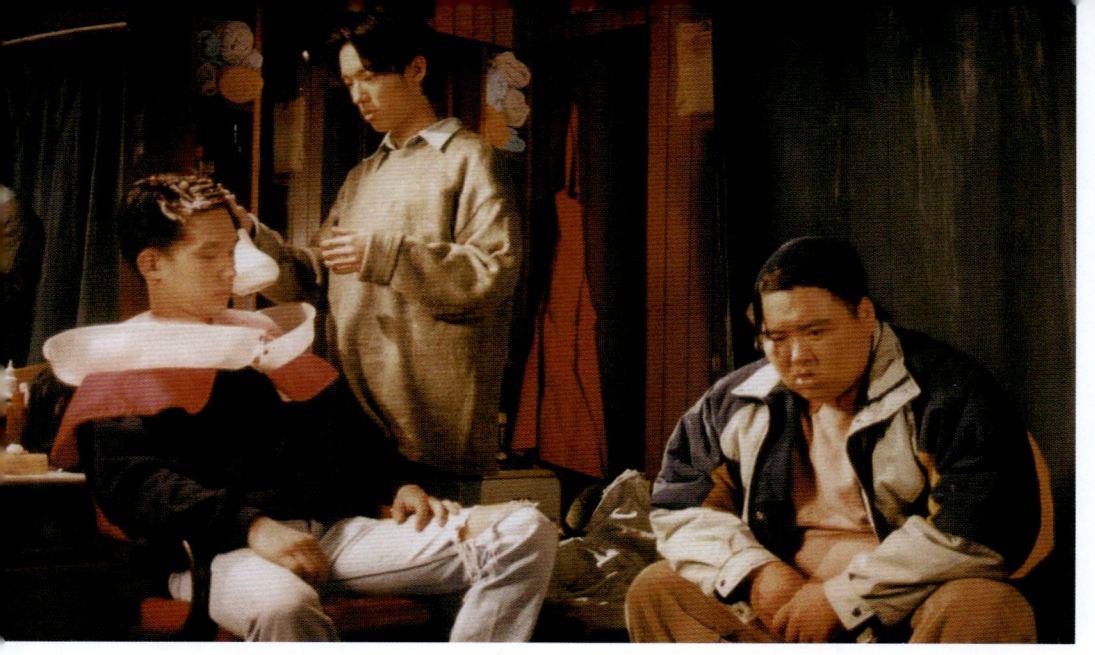

세 친구 Three Friends(1996)

(오스카픽쳐스) 92분 극영화 고등학생
가/사회물

감독 · 제작 · 각본 : 임순례
각색 : 박경희
개봉 : 1996년 11월 2일 시티시네마,
동숭, 코아아트홀, 롯데월드,
씨네하우스(서울)
관람인원 : 2만 4758명(서울)
수출현황 : 중국(99)
출연 : 김현성, 이장원, 정희석, 김화
영, 김영수, 정현, 최상규, 진수
현, 한상순, 임상수 외
기획 : 임순례, 박경희
촬영 : Peter Gray   음악 : 이병우
조명 : 조성각   미술 : 강승용
소품 : 강경미   의상 : 박정원
분장 : 강희진, 전흥주
동시녹음 : 한철희
사운드 : 이규석
포스터 : 김의수
조감독 : 박경희
수상 : 제1회 부산국제영화제 '새로운
흐름(New Cuments)' 부문,
NETPAC상, 제15회 밴쿠버영
화제 경쟁부문공식선정, 스위
스 프리부르그영화제 페스탈로
찌상

고등학교를 졸업하고 대학 진학을 못한 세 친구 무소속(김현성), 삼겹(이장원), 섬세(정희석). 무소속은 만화가를 꿈꾸고 삼겹은 먹고 놀면서 비디오나 보는 게 인생 최대의 소원이다. 여성스럽고 심약한 섬세는 미용사가 되기를 원한다. 그런 어느 날 세 친구에게 입영 통지서가 날아든다. 무소속은 여러 가지 비법들과 자해를 통해, 삼겹은 한계체중을 넘는 것으로 군대를 면제받고 싶어한다. 그러나 섬세는 자신의 성격을 교정해 보겠다는 희망으로 입대하려 든다. 끊임없이 먹어대던 삼겹은 몸무게 초과로 군대를 면제를 받고, 어깨를 자해한 무소속은 귀에 이상이 있다는 판정을 받지만 군대에 가야 하고, 동네 건달들에게 폭행을 당한 후 정신과 치료를 받던 섬세는 오히려 군 입대 불합격 판정을 받는다.

● 임순례 감독 데뷔작. 제작 · 각본 · 기획까지 1인 4역을 맡았다. 무능하고 소심한 세 명의 청소년을 통해 한국 사회가 지닌 모순과 부조리를 드러낸다. 군대를 면제받기 위해 수단 방법을 가리지 않는 이들의 서툴고 어눌하고 어리석은 노력은 웃어넘길 수 없는 묘한 아이러니로 펼쳐진다. 임순례는 이후 '와이키키 브라더스'(2001) 등 화제작을 내놓으면서 코리안 뉴웨이브의 영향을 받은 여성 감독의 한 사람으로 떠오른다. 부산국제영화제 넷팩(NETPAC, 아시아 영화 진흥기구)상 수상. 넷팩상은 아시아 지역 초청작 가운데 가장 후원하고 싶은 영화에 주는 상이다.

악어 鰐魚 Crocodile(1996)

과거를 알 수 없는 부랑자 악어(조재현)는 거칠고 악랄한 인간이다. 그는 한강다리 밑에서 살면서 자살한 시체들을 숨겨 두었다가 유족들로부터 돈을 뜯어내고 있다. 어느 날 자살하려는 한 여자를 미모 때문에 살려낸 후 그는 그녀를 자신의 성적 대상으로 삼는다. 악어와 함께 다리 밑에 살고 있는 고아소년 앵벌이는 그런 악어를 경멸하며 악어의 여자에게 엄마 같은 정을 느낀다. 그날도 그녀를 범하던 악어는 앵벌이의 농간으로 목숨을 잃게 될 위기에 처하고 그녀의 도움으로 간신히 목숨을 건진다. 악어는 처음으로 그녀에게 인간적인 관심을 보이기 시작한다.

● 김기덕(金基德 1960년생) 감독 데뷔작. 김기덕이 각본·미술·연출을 맡았다. 1990년대 중반 혜성처럼 나타난 이 신예 감독은 충무로 시스템을 거치지 않고 자력으로 이 영화를 만들었다. 영화는 개성 있는 미술적 화면에 자폐적인 폭력성을 폭발시키면서(KOFA, 「한국영화사공부 1980~1987」, p.93) 세련된 인공미가 아닌, 투박한 자연미와 진정성의 한 전형을 보여줬다. 그는 데뷔작 이후 거의 해마다 한 편씩 영화를 만들었고 자작 시나리오에 미술과 편집, 연출을 겸해 완전 자신의 작품으로 영화를 선보이고 있다. 제작비는 최저 예산인 3억 5000만 원.

(조영필름) 102분 극영화 연소자불가/
사회물

감독·각본 : 김기덕(金基德)
제작 : 김병수
개봉 : 1996년 11월 16일 명보, 동아, 브로드웨이, 영화마당, 오픈시네마(서울)
관람인원 : 3284명(서울)
출연 : 조재현, 전무송, 안재홍, 우운경, 양동재, 조원영, 최태은, 이홍수, 송금식, 박세범 외
기획 : 프로덕션 전인방
촬영 : 이동삼
음악 : 이문희
조명 : 김성구
편집 : 박곡지
미술 : 김기덕
분장 : 성미자
동시녹음 : 이무섭
사운드 : 이성근, 영진공, 양대호
제작·총지휘 : 김순영
조감독 : 기운석, 이영국

카리스마 Charisma(1996)

촉망 받는 운동선수였던 지훈(한국일)은 조직 폭력배 싸움에 말려들어 친구 동진(이동준) 대신 살인죄를 뒤집어 쓴다. 출감 후 그런 과거를 잊은 채 마구간의 잡부로 칩거생활을 하고 있는 그에게 동진이 함께 조직을 이끌어 나가자고 제안한다. 지훈은 이를 거절하자 동진은 평소 지훈에게 연민의 감정을 갖고 있던 여동생 수아(이승신)를 이용해서 지훈을 포섭하려고 든다. 수아는 지훈의 착한 성품과 오빠 대신 복역한 사실을 알고 그에게 더욱 사랑을 느낀다.

한편 자신의 능력에 대해 열등감을 가지고 있던 동진의 남동생 동식(최태은)은 형의 부하들을 이끌고 반대조직인 정 회장(진봉진)의 나이트클럽을 공격하고 평소 동진을 노리고 있던 정 회장은 이를 빌미로 동진과의 전쟁을 선포한다. 지훈의 도움이 절실해진 동진은 지훈을 만나러 가던 도중 정 회장에게 죽임을 당한다.

● 김두영 감독 데뷔작. 김두영이 각본·제작·연출을 맡은 액션영화. 주인공을 맡은 한국일이 직접 무술지도를 했다.

(영화그룹) 77분 극영화 연소자불가/
액션 범죄

감독·각본 : 김두영
제작 : 정완호
각색 : 한국일
개봉 : 1996년 12월 21일 중앙극장(서울)
출연 : 한국일, 이승신, 이동준, 최태은, 이하얀, 고명안, 현길수, 진봉진, 오일환, 김일중 외
기획 : 길성달
촬영 : 정순상
음악 : 이원찬
조명 : 정덕규
편집 : 강명완
의상 : 염유미, 송진숙
특수효과 : 한용
분장 : 김미애, 정수영, 우재숙
무술감독 : 한국일
조감독 : 김병삼, 최연길, 김태균, 채철우

애니깽 Anniquin(1996)

(합동영화) 148분 극영화 연소자불가/
사회물

감독 : 김호선
제작 : 곽정환, 노진섭
각본 : 임유순, 김호선
개봉 : 1996년 12월 13일 서울(서울)
관람인원 : 127명(서울)
출연 : 장미희, 임성민, 김성수, 노영
국, 이종만, 김청, 한태일, 주호
성, 박광진, 박예숙, 이한위, 진
봉진, 노진섭, Roger Cutney
Manuel Benitez Guillermo
Lagunes Roberto Munguia
외
기획 : 김진문, 김호선
촬영 : 이성춘
음악 : 김정희, Michael Staudacher
조명 : 임재영
편집 : 현동준
미술 : 조융삼, Luis Lopez
소품 : 이태우, 유명욱, 장석범,
Dougla s Canul
의상 : 이해윤, Myrna Castillo, De
Ocampo
분장 : 송일균, 박수진
동시녹음 : 이성근, 인상현
사운드 : 고종진, 양대호
조감독 : 이권근, 김주영, 이정욱, 최철
환, 양윤호, 손상현, 공석인,
김종석, 홍석우, 강영만
수상 : 제34회 대종상영화제 최우수
작품상(합동영화 곽정환) · 감독
상(김호선) · 조연여우상(김청)
· 특별공로상(임성민)

1905년 멕시코만 메리다 항구, 새벽안개를 뚫고 범선이 닻을 내리자 한 무리의 조선인이 짐짝처럼 하역된다. 옥토와 신천지 등 지상낙원을 꿈꿔온 그들 앞에는 황색 모래 바람이 날리는 불모지와 찔리면 살이 썩어 들어가는 가시 돋힌 애니깽만이 기다리고 있었다. 그들 무리 중에는 백정 출신의 천동(임성민)과 몰락한 양반 출신의 어봉헌 노인(이종만), 그의 자녀 동주(김성수)와 국희(장미희), 그리고 역관으로서 후에 농장주의 앞잡이가 될 무칠(노영국) 등

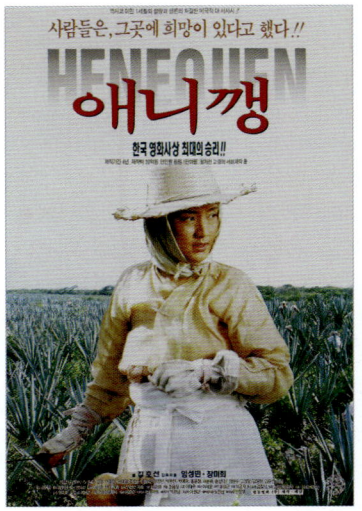

이 끼어 있다. 사탕수수 농장에 노예로 팔려온 이들은 농장 관리인들의 무자비한 학대 속에서 애니깽 잎을 수확하는 처참한 생활을 시작한다. 고된 노동을 견디다 못해 탈출하면 그 자리에서 총에 맞아 죽거나 혹독한 고문을 당한다. 감시인에게 희롱당하거나 멕시코인에게 몸을 주면서 생계를 잇는 부류도 생긴다.

그러던 어느 날 국희는 멕시코인에게 겁탈당하기 직전 천동의 도움으로 구출된다. 그 사건 이후 두 사람은 사랑하게 되고 결혼하기로 약속한다. 그러나 더 이상 고통을 참을 수 없었던 조선인들은 이러한 진상을 알리기 위해 천동을 조선으로 보내고 그는 국희에게 반드시 돌아오겠다는 약속을 남긴 채 농장을 떠난다.

● 김호선 연출작. 각본 임유순, 김호선. 애니깽은 1900년대 초 멕시코의 사탕수수 농장에 팔려간 조선인 노동자들을 일컫는 말로 부문 희망을 품고 떠났으나 노예처럼 취급받던 멕시코 이민 1세들의 처참한 삶을 그리고 있다. 포스터 카피에 따르면 '애니깽'은 "제작기간 4년, 제작비 30억, 출연진 연 인원 1만여 명이 동원"된 대작이다. 멕시코 로케이션. 이 작품을 마지막으로 당시 39세의 젊은 미남 배우 임성민이 병으로 타계했다.

개봉은 물론 시사회도 한 번 하지 않은 상태에서 이 영화는 대종상 4개 부문을 수상(최우수작품상 · 감독상 · 조연여우상 · 특별공로상)을 받으면서 심사의 공정성 시비에 휘말리는 곤욕을 치렀다.(「수상파문」, 연합뉴스 96. 4. 27, 강병진, 《씨네21》 09. 10. 26)대종상영화제는 1958년부터 문교부가 실시하던 '우수 국산영화상'을 1961년 대종상으로 명칭을 바꾸고 1962년 제1회 시상식을 가졌다. 1992년 삼성그룹이 후원에 참여하기 시작했으나 대종상 비리에 대한 파문 이후 삼성 그룹은 이 상에서 손을 뗐다. 대종상의 정식 명칭은 '대종상영화제'이며 청룡상은 '청룡영화상'으로 두 상은 다같이 '영화제(Film Festival)'가 아닌, '수상(Awards)'의 임무를 띠고 있다.

고스트 맘마 <small>Ghost Mamma(1996)</small>

지석(김승우)과 인주(최진실)는 사랑하는 부부 사이다. 거기에 아들 다빈까지 태어나 그들은 더없이 행복하기만 하다. 하지만 불의의 교통사고로 인주가 세상을 떠나자 지석은 충격을 받고 자포자기한다. 그러던 어느 날 죽은 후 남편과 아들의 곁을 떠나지 못하고 있던 인주의 유령이 지석을 찾아온다. 그녀의 모습과 말은 오직 지석의 눈에만 보일 뿐이다. 그러나 행복한 생활은 잠시, 인간과 유령이라는 차이 때문에 그들은 다시 한 번 갈등을 느낀다. 그때 지석의 회사 동료로서 오랫동안 그를 사랑해왔던 은숙(박상아)이 나타난다. 인주의 유령은 지석과 은숙이 가까워지도록 도와주고는 그제서야 천천히 하늘로 올라간다.

● 한지승 감독 데뷔작. 각본 한지승. 패트릭 스웨이즈와 데미 무어가 나온 미국영화 '사랑과 영혼(Ghost)'(1990)을 패러디한 영화로 감독은 한편의 감동드라마를 만들어내는 데 성공했다. 아기와 남편을 두고 죽은 아내가 모성애 가득한 고스트 맘마가 되어 아기를 돌보고 남편을 위로해주다가 남편에게는 새로운 부인이자 아기에게는 새엄마를 갖게 해준다는 내용이다. 동화적이면서도 코믹하고 사실적인 영상으로 꾸며지는데 촬영 정광석, 조명 신학성 콤비가 한몫을 했다.
　진재주를 부리지 않는 한지승의 연출은 감정이 고양되는 장면에서는 어김없이 카메라로 연기자의 얼굴을 클로즈업하여 배우들의 표정에서 읽히는 세세한 감정의 파고를 관객에게 보고하듯이 보여준다. 한편 이 영화의 교통사고 장면은 여느 한국영화의 교통사고 장면을 능가할 정도로 사실감을 살렸다. 이를 위해 카메라 3대가 동원되어 이틀간 촬영했다고 한다. 제작비 15억 원.
　서울 관객 약 26만 동원으로 1996년도 한국영화 흥행 순위 7위. 그러나 1997년으로 이월되어 38만 동원으로 1997년도 흥행 순위 4위를 기록했다.

(황기성사단, 한컴) 105분 극영화 연소자불가/멜로

감독 · 각본 : 한지승
제작 : 박용빈
개봉 : 1996년 12월 21일 피카디리, 키네마, 브로드웨이, 경원극장(서울)등 6개 관
관람인원 : 25만 7688명(서울)
출연 : 최진실, 김승우, 이택근, 박지성, 박상아, 권해효, 조상건, 이범수, 김보성 외
기획 : 황경성
촬영 : 정광석
음악 : 안지홍
조명 : 신학성
편집 : 김현
미술 : 오상만
소품 : 이용승, 윤일랑
의상 : 장선희
분장 : 이명회, 이수희, 이명희
동시녹음 : 오세진
포스터 : 김재성
사운드 : 영진공, 양대호
특수효과 : 김태용, 최순열
조감독 : 배형준, 변준석, 변재은
수상 : 제33회 백상예술대상 여자인기상(최진실)

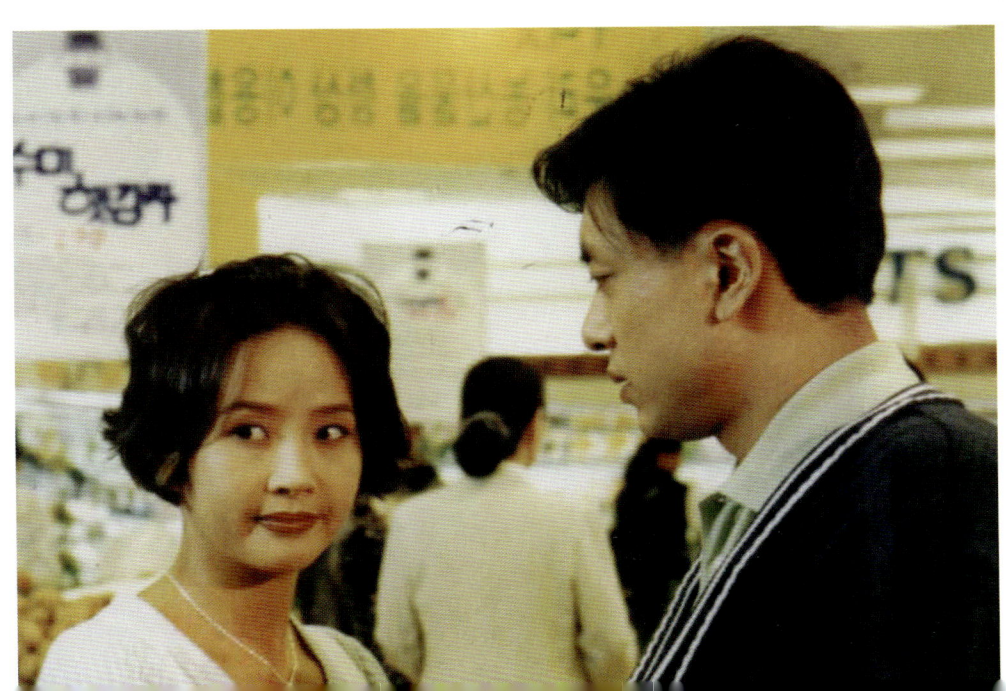

깡패수업 Final Blow(1996)

(우노필름) 108분 극영화 연소자불가/
액션 범죄

감독 : 김상진　　제작 : 차승재
각본 : 박계옥, 김만곤
각색 : 김대우
개봉 : 1996년 12월 21일 명보 2·
　　　4·5관, 동아 2·3관, 씨네월
　　　드 2관(서울) 등 12개 관
관람인원 : 17만 6757명(서울)
출연 : 박중훈, 박상민, 조은숙, 백룡,
　　　태수길, 강성진, 명계남, 이천
　　　익, 이종호, 강일자 외
기획 : 지미향
촬영 : 김윤수, 하야시 쥰이치로
음악 : 손무현
조명 : 이강산, 토미야마 메이
편집 : 기구치 쥰이치
미술 : 오상만, 마루오 토모유키
소품 : 김태욱
의상 : 박형준, 코토 히로시, 에바시
　　　이야코
분장 : 이경자, 사코 다히꼬
동시녹음 : 이영길, 김동의, 이카 마키
　　　오
사진 : 손기철
무술감독 : 박주일
프로듀서 : 김선아
조감독 : 장규성, 김동욱, 이상국, 이따
　　　비사시 타이코, 이찌하라 다
　　　히찌, 김응수

깡패조직의 중간 보스 박성철(박중훈)은 위계를 무시하고 자신을 밟고 올라서려는 부하를 칼로 찌른 후 일이 수습될 때까지 잠시 일본으로 피신한다. 비행기 안에서 성철은 돈을 벌러 일본에 가는 손해구(박상민)를 만난다. 성철은 자신이 지명수배 인물임을 알고 있는 해구를 경계하지만 해구는 성철에게 호감을 갖는다.

일본에 도착한 해구는 자신을 초청한 브로커에게 사기를 당하고 오갈 데가 없어지자 비행기에서 만난 성철을 찾아온다. 성철은 해구를 일본 야쿠자 조직에 소개한다. 깡패 일에 매력을 느끼는 해구에게 성철은 깡패 인생이 그처럼 만만한 것이 아니라고 충고하지만 해구를 오야붕으로 모시겠다는 겐지(강성진)가 나타나자 더욱 깡패 세계에 빠져든다.

한편, 숙소 건너편 꽃집 아가씨에게 반한 성철은 모든 것을 접고 한 여자만을 위해 소박하게 살고 싶은 꿈을 꾼다. 성철은 자신이 깡패라는 사실을 숨기면서 그녀에게 다가가고 다른 삶으로 방향을 바꾸면 바꿀수록 그의 꿈은 빗나가기 시작한다.

● '돈을 갖고 튀어라'(1995)에 이은 김상진 연출작. 박중훈과 박상민을 투톱으로 내세운 범죄 액션물. 박중훈의 무게와 박상민의 천진무구한 성격이 스토리와 어울려 흥미를 끌었다. 일본의 제작 협력으로 이뤄진 이 작품은 일본 배우를 출연시키는 등 치밀한 기획 덕분에 서울 관객 18만 명 동원으로 1997년도 이월되어 1997년도 한국영화 흥행 순위 8위에 올랐다. 김상진은 이후 '투캅스'(1998) 3편에 이어 '주유소 습격사건'(1999)이라는 대흥행작을 내놓게 된다. 수원 파라오 나이트클럽, 신주쿠 다도회관 등에서 촬영됐다. 이후 조성구의 '깡패수업 2'(1999)와 '깡패수업 3'(2000)이 이어졌으나 국내 흥행에서는 참패했다.

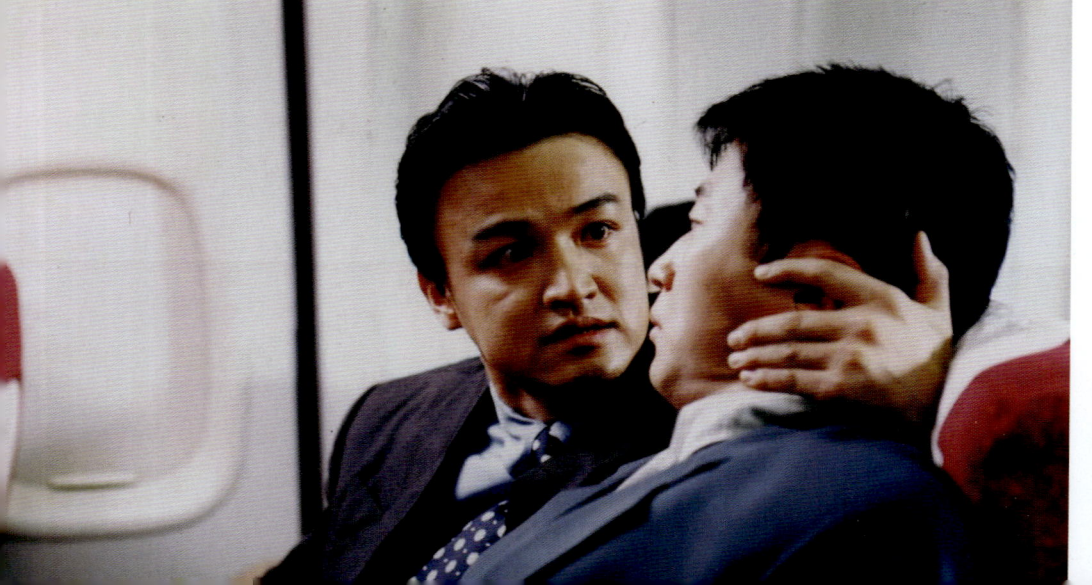

체인지 Change(1996)

형편없는 성적 때문에 매 맞는 데 이력이 난 말썽꾸러기 강대호(정준)와 새침데기 모범생 고은비(김소연). 둘은 폭우가 치는 날 정체불명의 번개로 정신을 잃고 두 사람의 몸이 바뀌는 사건이 일어난다. 이 사실을 모르는 그들은 바뀐 몸 그대로 각자의 집에서 살게 된다. 그러나 중간고사에서 대호가 전교 5등을 하는가 하면 은비의 성적은 뚝뚝 떨어져만 간다. 그러자 은비 부모는 너무나 변한 은비를 걱정한 나머지 이민을 준비한다.

부모가 이민을 준비한다는 사실을 알게 된 은비는 학생주임 몰래 록 콘서트를 열기로 한다. 축제 분위기가 무르익어가는 가운데 오해와 갈등은 해소되며 화합의 장이 이루어진다. 그리고 그날처럼 심상치 않은 번개가 내려치면서 폭우가 쏟아진다. 두 사람은 제자리를 찾는다.

● 이진석 감독 데뷔작. 일본에서 히트한 야마나카 히사시의 TV 드라마를 원작으로 한 내용. 사춘기 소년 소녀가 번개를 맞아 몸이 바뀌면서 벌어지는 기상천외한 해프닝을 그린 하이틴 코미디다.
17만 관객 동원으로 1997년도 한국영화 흥행 순위 7위. 정준, 김소연 등 잘 나가는 하이틴 스타 캐스팅과 치밀한 마케팅이 영화를 성공시킨 요인이다.

(드림써치) 105분 극영화 중학생가/코미디
- **감독** : 이진석
- **제작** : 고석만, 황정욱
- **각본** : 이선미(원작 Hisashi Yamanaka)
- **개봉** : 1997년 1월 18일 명보, 피카소, 연흥, 동아, 롯데월드, 그랑프리극장(서울) 등 13개 관
- **관람인원** : 16만 7235명(서울)
- **출연** : 정준, 김소연, 이경영, 이승연, 권해효, 임현식, 박원숙, 유인촌, 박정수, 김민종 외
- **기획** : 고석만, 황정욱
- **촬영** : 김성복
- **음악** : 오진우, 원종현
- **조명** : 김동호
- **편집** : 조인형
- **음악·미술** : 주병도
- **세트** : 영진공
- **소품** : 대은아트
- **의상** : 곽은, 이지영, 배수정

불새 Fire Bird(1996)

마카오에서 희망 없이 살고 있던 영후(이정재)는 사업차 그곳에 온 재벌 2세 민섭(손창민)을 알게 된다. 카지노에서 만난 여자와 정사를 나누다가 여자가 죽자 당황한 민섭을 위해 영후는 시체를 대신 유기한다. 이렇게 민섭의 발목을 잡은 영후는 1년 후 귀국하여 민섭의 충실한 그림자가 되기를 자청한다. 이 과정에서 민섭은 배다른 동생 미란(오연수)이 유산 상속 때문에 미국에서 돌아오자 영후에게 그녀의 감시를 맡긴다. 하지만 영후는 민섭이 인수하려는 회사에 허위 정보를 흘려 인수 건을 실패하게 만들고 민섭의 약혼자 현주(김지연)마저 빼앗는다. 그러나 현주를 진심으로 사랑하게 되면서 그가 동경하던 그 세계가 자신의 것이 될 수 없음을 깨닫는다. 이기적이고 잔인한 민섭의 성품을 알게 된 현주는 영후에게 마음을 열고 민섭을 멀리하게 된다. 민섭은 영후가 자신의 것을 침범하자 잔인한 복수를 꾸민다.

● 김영빈 연출작. 1987년 TV 미니시리즈로도 만들어졌던 최인호의 소설을 다시 영화화한 것으로 이경태의 '불새'(1980)를 리메이크한 작품. 이 영화는 사랑과 야망이라는 이름의 날개를 달고 태양을 향해 날아오르고자 했던 한 남자의 운명과 그가 단 날개에 대한 1990년대식 이카로스(Icaros) 전설이라고 할 수 있다. 액션장면은 많지 않지만 감정과 갈등의 진폭에 따라 카메라는 일종의 스펙터클을 제공한다. 정원영의 감각적인 배경 음악과 손창민, 이정재의 열연이 돋보인다. 제작비 17억 원.

(선익필름) 극영화 연소자불가/멜로
- **감독** : 김영빈
- **제작** : 임충렬
- **각색** : 영화발전소, 김영빈(원작 최인호)
- **개봉** : 1997년 2월 1일 명보, 롯데월드, 씨네하우스(서울) 등 11개 관
- **관람인원** : 2만 2970명(서울)
- **수출현황** : 미국(97)
- **출연** : 이정재, 손창민, 오연수, 김지연, 유인촌, 최동준, 강혜종, 송금식, 권남희, 문미봉 외
- **기획** : 여한구, 최용배
- **촬영** : 전조명　**음악** : 정원영
- **조명** : 임재영　**편집** : 박순덕
- **사진** : 보선희　**무술감독** : 정두홍
- **프로듀서** : Lip Chi Wha, Ma Man Ming
- **조감독** : 이종신, 안홍민, 문상훈, 김현진
- **수상** : 제33회 백상예술대상 남자인기상(이정재), 제20회 황금촬영상 동상(전조명)·준회원상

697

초록물고기 Green Fish(1996)

(이스트필름) 114분 극영화 연소자불가/사회물

감독 : 이창동
제작 : 명계남, 여균동
각본 : 이창동, 오승욱
개봉 : 1997년 2월 7일 서울, 동아, 롯데월드, 그랑프리, 한일, 애경극장(서울) 등 9개 관
관람인원 : 16만 3655명(서울)
수출현황 : 미국(97)
출연 : 한석규, 심혜진, 문성근, 명계남, 이호성, 한선규, 정진영, 김용만, 송강호, 박남현 외
기획 : 명계남, 여균동
촬영 : 유영길
음악 : 이동준
조명 : 김동호
편집 : 김현
미술 : 주병도
세트 : 한솔아트
소품 : 김찬규, 엄현희
의상 : 김현경
분장 : 정세환, 홍석후
동시녹음 : 이승철
사운드 : 영진공
특수효과 : 김태용
무술감독 : 박남현
조감독 : 오승욱, 김기엽, 이현하, 정진영, 단기범, 양성ў
수상 : 제35회 대종상영화제 심사위원특별상(이스트필름)·여우주연상(심혜진)·남우주연상(한석규)·음악상(이동준)·신인남우상(송강호), 제18회 청룡영화상 최우수작품상·감독상(이창동)·남우주연상(한석규)·기술상(이동준), 제33회 백상예술대상 영화작품상(이스트필름)·최우수남자연기상(한석규)·최우수여자연기상(심혜진)·신인감독상(이창동)·시나리오상(이창동), 제17회 영평상 최우수작품상, 신인감독상(이창동)·남자연기상(한석규)·각본상(이창동), 제20회 황금촬영상 은상(유영길)·인기남우상(한석규)·인기여우상(심혜진), 제3회 씨네21 영화상 신인감독상(이창동), 제16회 밴쿠버국제영화제 용호상, 제27회 로테르담국제영화제 Netpac 특별 언급상(이창동)

칼로 세상을 다스리려는 남자 배태곤(문성근), 세상을 사랑으로 느끼려는 여자 미애(심혜진), 그리고 세상을 절망으로 살아가는 남자 막동(한석규).

군대를 막 제대하고 고향행 열차에 오른 막동은 기차 안에서 만난 미애의 장미빛 스카프를 줍는다. 집에 돌아온 막동은 아버지가 죽은 후 뿔뿔이 흩어진 형제들을 생각하며 작은 식당이라도 차려서 온 가족이 함께 살 궁리를 한다. 일자리를 구하러 다니던 막동은 우연히 한 나이트클럽에서 노래를 부르던 미애를 다시 만나고 미애는 그의 정부이며 조직 폭력배 보스인 배태곤을 통해 막동에게 일자리를 구해준다. 그런 과정에서 막동과 미애 사이에는 조금씩 애틋한 감정이 싹트고 결국 막동은 그녀와의 사랑을 거부할 수 없게 된다. 막동이가 배태곤의 신임을 받게 된 무렵, 한때 배태곤이 형님으로 모시던 김양길(명계남)이 출소하면서 배태곤의 구역을 침범하기 시작한다.

막동은 김양길에게 굴욕당한 배태곤을 위해 김양길을 칼로 찔러 살해하고, 집에 전화를 걸어 뇌성마비인 큰형(이효성)에게 초록물고기를 잡던 어린 시절을 이야기하며 오열한다. 그러나 배태곤은 자기를 위해 김양길을 죽인 막동을 복합상가 재개발 공사장에서 죽이고 미애는 막동의 죽음을 목격한다. 배태곤은 미애와 막동의 밀애를 알고 있었던 것이다. 그 후 일산 아파트 단지가 보이는 조그만 식당 '큰나무집'에 배태곤과 함께 임신한 모습의 미애가 들른다. 식사 후 미애는 마당의 큰 버드나무 아래서 막동의 사진을 찾아내자 울음을 터뜨린다.

● 이창동 감독 데뷔작. 각본 이창동, 오승욱. 명계남, 여균동, 문성근이 뜻을 모아 설립한 이스트 필름 창립 작품. 암흑가의 부조리하고 허무한 삶과 죽음을 초월한 로맨틱한 사랑을 그리고 있다. 제목 '초록물고기'는 어린 시절의 순수한 마음을 의미한다. 영화평론가들은 이창동 영화에 대해 '이창동 리얼리즘'으로 지칭하며 찬사를 보냈다. 당시 포스터에 보면 영화평론가 임준형이 "이 영화보다 더 리얼리즘적이거나, 혹은 이 영화보다 더 뛰어난 리얼리즘 갱스터 영화는 본 적이 없다. 이러한 점에서 이 영화는 세계 최고의 영화 중 하나"라고 극찬한 문구가 있다. 영화가 개봉되던 1997년은 한국영화가 우리 이야기를 우리 방식대로 그리기 시작한 시기로 영화 '초록물고기'는 "최소한 권력의 본질에 대해 질문하는 성격을 가지고"(이효인, 『영화로 읽는 한국 사회 문화사』, 개마고원, 2003, p.72)시대의 전환을 알리는 작품 중 하나가 되었다. 명계남, 문성근, 이창동이 처음으로 만난 영화이며 송강호의 두 번째 영화 출연작. 송강호는 이보다 앞서 홍상수의 '돼지가 우물에 빠진 날'(1996)로 스크린에 데뷔했고 이 영화를 통해 1년 만에 스타가 된 셈이다.

이창동은 청룡영화상, 백상예술대상, 영평상, 씨네21 영화상 등에서 신인감독상과 감독상, 밴쿠버국제영화제에서 감독상 중 하나인 용호상을 수상하고 그 외에도 남녀 주연상, 각본, 기술, 심사위원 특별상 등 그해 영화제에서 각 부문 상을 석권했다. 서울 관객 16만 명 동원으로 1997년도 한국영화 흥행 순위 10위, 이후 한석규와 송강호를 내세운 '넘버 3'(1997)가 만들어졌고 이창동은 2003년 2월부터 2004년 6월까지 제40대 문화부장관을 지냈다.

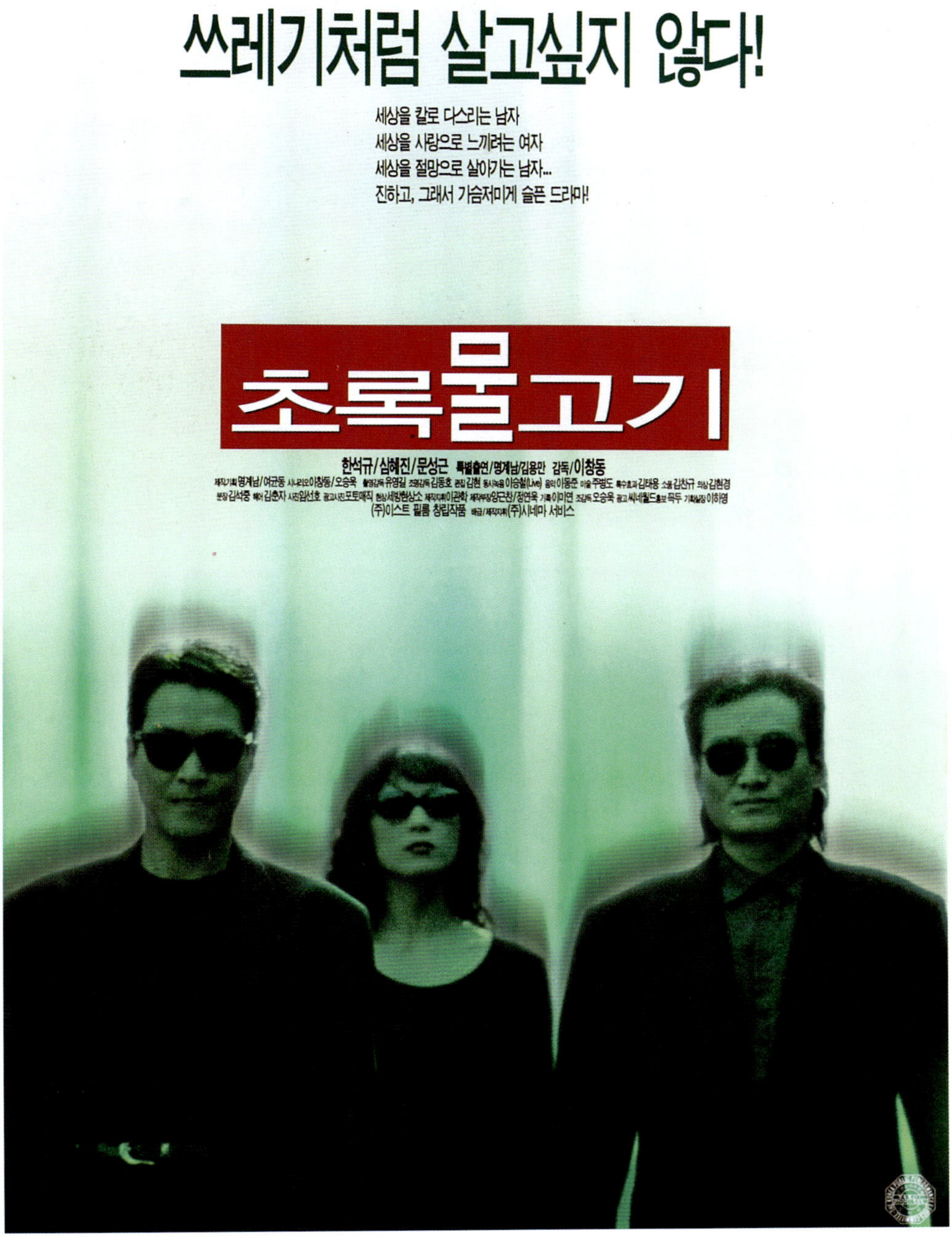

쓰레기처럼 살고싶지 않다!

세상을 칼로 다스리는 남자
세상을 사랑으로 느끼려는 여자
세상을 절망으로 살아가는 남자...
진하고, 그래서 가슴저미게 슬픈 드라마!

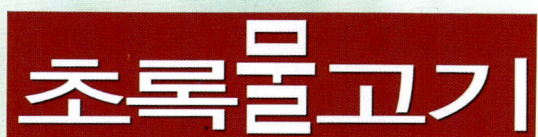

한석규 / 심혜진 / 문성근 특별출연/명계남 / 김용만 감독/이창동

제작기획 명계남 / 여균동 시나리오 이창동 / 오승욱 촬영감독 유영길 조명감독 김동호 편집 김현 동시녹음 이승철(Live) 음악 이동준 미술 주병도 특수효과 김태웅 소품 김찬규 의상 김현경
분장 김석중 배우 김춘자 시나리오 임선호 광고사진 포토제작 현상 서울현상소 제작진행 이관학 제작부장 양근진 / 정연욱 기획 이미연 제작PD 오승욱 광고 씨네월드 프로 뮤투 기획실장 이하영
(주)이스트 필름 창립작품 배급 / 제작대행 (주)시네마 서비스

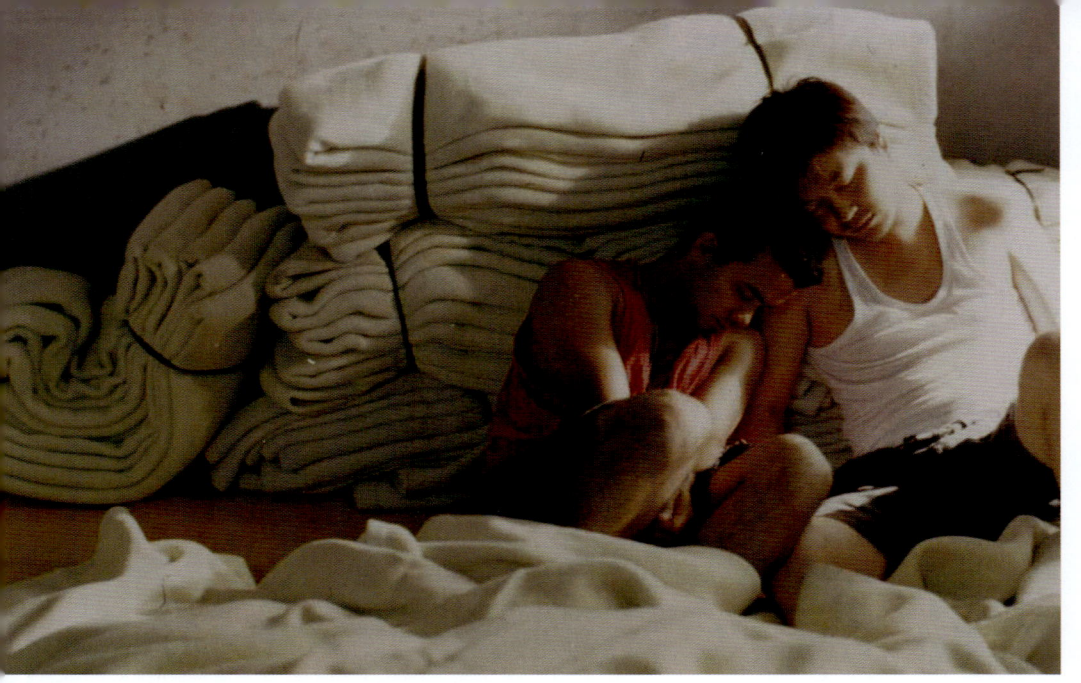

바리케이드 Barricade(1997)

(JCOM) 97분 극영화 연소자불가/
사회물

감독 : 윤인호
제작 : 김종학
각본 : 조근묵, 윤인호(원작 서지한)
개봉 : 1997년 1월 1일
수출현황 : 미국, 홍콩, 싱가포르(98)
출연 : 김의성, 김정균, 박은정, 칸, 쟈
키, 명순미, 유순철, 이용이, 김
일우 외
기획 : 박건섭
촬영 : 한덕전
조명 : 이강산
편집 : 이경자
미술 : 오상만
소품 : 정민영
의상 : 김경희
분장 : 박선지
음악 : 강인구, 윤덕원
동시녹음 : 김수현
사운드 : Green Studio
프로듀서 : 박성근, 이관수
조감독 : 김호준

한식(김의성)이 일하는 세탁공장에는 외국인 노동자 칸(칸)과 쟈키(쟈키), 부토(명순미)가 있다. 그들은 방글라데시에서 온 불법체류자들이다. 그들은 고향에 두고 온 가족과 자신의 꿈을 위해 돈을 벌겠다는 일념으로 일하고 있다. 한국인 동료 중에는 한식 외에 용승(김정균), 금희(박은정)가 있다. 국적만 다를 뿐 외국인 노동자들과 입장이 같으면서도 한국인들은 외국인을 무조건 무시하고 학대하려고 든다.

이처럼 미래에 대한 꿈은 열기가 들끓는 세탁공장 안에서 서서히 지쳐간다. 결국 칸은 폭행당한 부토를 데리고 한국을 떠나고 쟈키는 하루하루 술에 찌들어간다. 용승은 애인의 배신에 상처받는다. 한식은 미국에 대한 꿈을 버리지 못하는 아버지로 인해 고통받는다. 한식의 아버지는 칸이나 쟈키처럼 미국에서 노동자 생활을 하던 외국인 불법체류자였다.

● 윤인호 감독 데뷔작. 1994년 경향신문 신춘문예 당선작인 서지한의 동명 소설을 영화화한 작품. 각본 조근묵, 윤인호. 1990년대 빨래 공장에서 일하는 한국인 노동자와 방글라데시의 불법체류자 사이에서 벌어지는 폭력과 차별을 그리고 있다. 실제 불법체류 노동자들이 출연. 특히 비에 젖은 세탁물을 모든 노동자들이 하나가 되어 빨래하는 장면이 인상적이다. 또한 한식과 아버지, 한식과 용승, 외국인 노동자와 한국 노동자 사이에 놓여 있던 바리케이드를 치워버리는 가슴 따뜻한 장면 등을 카메라의 힘으로 밀도 있게 잡아낸다. 이는 단순한 영상의 재구성에 그친 것이 아니라 소설로서 표현할 수 없는 부분을 영화 매체만의 특성으로 생생하게 그려낸 예이다.

햇빛 자르는 아이(1997)

맞벌이 부부는 아이들을 방 안에 둔 채 문을 잠그고 나간다. 방 안에 갇힌 여섯 살짜리 소녀에게는 창문 틈으로 새어든 작은 햇살만이 유일한 친구다. 소녀는 어린 남동생을 등에 업은 채 혼자서 할 수 있는 놀이를 시작한다. 구슬 속 세상을 들여다 보기도 하고 나비를 그려서 가위로 오린 다음 두 날개를 펄럭거려보기도 한다. 구슬로 방안을 비춰보며 햇빛을 쫓지만 시간이 지나자 햇빛은 서서히 꼬리를 감춘다. 소녀는 사라지는 햇빛을 잡고 싶어서 팔을 뻗쳐본다. 그러나 창에 닿기에는 작은 키와 팔 다리가 턱없이 모자란다.

소녀는 문득 햇빛이 들어오는 작은 창 바깥의 세계가 궁금해진다. 아이들이 뛰어노는 소리도 들린다. 바깥을 내다보기 위해 밥상 위에 올라가서 창문 가까이 가보려 한다. 그러다가 부실한 밥상다리가 부러지는 바람에 중심을 잃고 바닥에 나뒹군다. 불행히도 소녀의 등에 업혔던 동생이 방바닥에 머리를 부딪쳐 죽는다. 일터에서 돌아온 아버지는 소녀의 잘못을 심하게 나무란다. 소녀는 손에 닿지 않는 햇빛을 원망하며 가위로 햇빛을 자른다.

아무 소리도 들리지 않는 한밤중, 물방울 소리에 잠이 깬다. 덜 잠긴 수도꼭지에서 나는 소리다. 소녀는 부모가 그에게 그랬듯이 자물쇠로 문을 굳게 잠그고 나비를 등잔불에 태워버린다.

● 김진한 제작 · 각본 · 연출작. 아이들을 맡아 돌봐줄 사람이 없어서 단칸방에 아이들을 둔 채 문을 잠그고 나와야 하는 가난한 맞벌이 부부의 이야기다. 가족과 세상으로부터 소외된 한 소녀의 외로움을 빛의 미묘한 움직임에 대비해 본 작품. 어린 남매의 암울한 현실을 시간 따라 달라지는 햇빛의 변화로 그리고 있다. 문 틈으로 보이는 소녀의 모습과 소녀가 문 밖에서 문 안을 보는 모습이 절묘한 대조를 이룬다.

영화의 컷도 잘 짜인 이미지 퍼즐처럼 정교하다. 한 컷 한 컷이 마치 회화작품을 연상시키듯 감독은 시나리오를 그림으로 구성하는 등 세심한 장면연출에 심혈을 기울이고 있다. 특히 영화 속 장면 중 동생을 죽게 한 햇빛을 자른다는 발상이 기발하다. 햇빛을 자르는 행위는 어두운 그늘을 제대로 밝혀주지 못하는 햇빛에 대한 저항이자 갖지 못한 것에 대한 욕구의 분출이기도 하다. 결국 소녀는 문을 잠금으로써 호기심과 욕망을 잠그고, 불을 지름으로써 자기가 당했던 고립을 다시 되돌려놓는다. 이 영화는 1999년 9월부터 2001년 7월까지 EBS가 방영한 단편영화극장 176편 중 좋은영화 상위권에 올랐다.

제7회 대산 청소년 문학상을 수상한 동명여고 고은해의 「햇빛 자르는 아이」 (민음사, 1999)와는 전혀 다르다. 1998년 제20회 클레르몽—페랑 국제단편영화제 심사위원 특별상, 샌프란시스코국제영화제 은상, 1999년 11월 제10회 EBS 단편영화극장에서 방영된 후 영화 관객자 100인과 시청자 인터넷 설문조사를 통해 '다시 보고 싶은 단편영화' 1위로 뽑히기도 했다.

(천지인) 17분 단편극영화 연소자가/사회물

감독 · 제작 · 각본 : 김진한
개봉 : 1997년 1월 1일
출연 : 임예진, 허은아, 권남희, 김근식, 조준형, 최재완 외
기획 : 김진한
촬영 : 김윤수
음악 : 어어부 프로젝트밴드
조명 : 최성원, 조성각
편집 : 경민호
미술 : 박관우, 박현하
세트 : 천지인
분장 : 김효정
사운드 : 박재현, 오영훈, 강희원, 김수철, 김지훈
조감독 : 양재철
수상 : 제36회 대종상영화제 단편영화상, 제20회 클레르몽—페랑 국제단편화제 최우수 창작상, 제41회 샌프란시스코국제영화제 은상, EBS 제10회 단편영화극장 '다시 보고 싶은 영화' 1위 선정

미스터 콘돔 Mister Condom(1997)

(영화제작소 1927) 98분 극영화 연소
자불가/코미디

감독 : 양윤호
제작 : 김명길
각본 : 박계옥
개봉 : 1997년 3월 1일 서울극장
　　　(서울)
관람인원 : 15만 7032명
수출현황 : 미국
출연 : 김혜수, 김호진, 이경영, 유통,
　　　김학철, 정초신, 이기영, 문영
　　　동, 정진우, 최석호, 배장수 조
　　　원익 외
기획 : 여한구, 신유영, 김명길
음악 : 이찬우, 아일랜드
촬영 : 김윤수　　소품 : 씨네피아
조명 : 최성원　　편집 : 박곡지
미술 : 강승용　　세트 : 아트플러스
동시녹음 : 김원용
의상 : 채지연, 이연주
분장 : 전흥주, 강희진, 윤현주
사운드 : 이성근, 양대호, 소원종,
　　　오기삼

같은 항공사 사내커플인 성희(김혜수)와 성호(김호진)는 전형적인 신세대 딩크족 부부. 결혼 생활 3년째에 접어들면서 빨리 아이를 갖고 싶어하는 성호와 아직 부모가 되기에는 이르다고 생각하는 성희는 신경전을 벌이고 계속된 신경전 끝에 결국 아이를 갖기로 합의한다. 그러나 쉽게 생길 줄 알았던 아이는 온갖 민간요법과 첨단의 현대의학, 식이요법까지 동원해도 생기지 않고 성희는 급기야 상상 임신 해프닝까지 벌이게 된다.

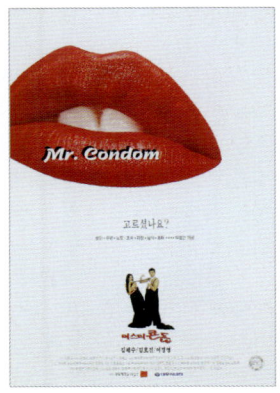

● 양윤호 연출작. 각본 박계옥. 젊은 부부의 사랑과 임신, 육아를 다룬 로맨틱 코미디. 감독 데뷔작인 '유리'(1996)는 제49회 칸국제영화제 국제비평가주간에 초청되어 주목을 받았으나 이후 작품들은 범상한 주류영화의 틀을 크게 벗어나지 못했다. 서울 관객 16만 명 동원, 강남에 있는 산부인과와 양수리 종합촬영소에서 촬영되었다.

아버지 Father(1997)

(서울 광연) 113분 극영화 중학생가/
사회물

감독 : 장길수
제작 : 고동훈
각색 : 김정현, 지상학, 우병길
　　　(원작 김정현)
개봉 : 1997년 5월 10일 서울 1,2,3
　　　관, 롯데월드시네마 1관, 이화
　　　예술 2관(서울) 등 10개 관
관람인원 : 3만 3860명(서울)
출연 : 박근형, 장미희, 최정윤, 이호
　　　재, 홍리나, 정준오, 최종원, 이
　　　인철, 황미선, 최용재 외
기획 : 고동훈　　촬영 : 정일성
음악 : 최경식　　조명 : 이승구
편집 : 김현
미술 : 오상만, 김기철
소품 : 이태우　　의상 : 장선희
분장 : 이경자　　동시녹음 : 김성찬
제작총지휘 : 이인학
조감독 : 정성진
수상 : 제35회 대종상영화제 기획상
　　　(고동훈)

정수(박근형)는 무능한 남편이자 자녀들에게도 무관심한 아버지다. 어느 날 정수는 친구인 남 박사(이호재)로부터 자신의 생명이 5개월밖에 남지 않았다는 시한부 선고를 받는다. 그는 이 사실을 가족들에게 숨기고 혼자서 자신의 삶을 정리하기로 한다. 그러나 죽음을 눈앞에 두고 있다는 사실이 견디기 힘든 그는 매일 술로 괴로움을 달래게 되고 귀가 시간은 점점 늦어진다. 이 사실을 까맣게 모르는 가족은 아버지에 대한 불만이 커져만 간다. 특히 아내 영신(장미희)의 생일을 잊어버리고 늦게 들어왔다고 해서 가족들은 용서 없이 비난을 해온다. 다음날 "아버지는 차라리 남이었다"는 딸의 편지를 읽은 정수는 쓸쓸히 집을 나선다.

● 장길수 연출작. 1996년에 발표한 김정현의 동명 소설로 출간 5개월 만에 100만 부가 팔려나갔다. 암 선고를 받고도 가족들에게 자신의 죽음을 숨긴 채 서서히 허물어져 가는 가장의 모습에서 단절된 가족관계의 비극이 극명하게 드러난다.
　박근형, 장미희, 최정윤, 이호재가 출연했다. 눈앞에 닥친 아버지의 죽음 앞에서 뒤늦게나마 되찾은 가족 간 눈물겨운 사랑과 화해의 모습이 뭉클한 감동을 던져준다. 서울 10개 관에서 개봉했으나 경이적인 베스트셀러인 원작과는 달리 관객 동원은 저조했다. 대종상 기획상 수상. 제주도 중문관광단지, 제주 신라호텔, 성산포 유람선 등에서 촬영되었다.

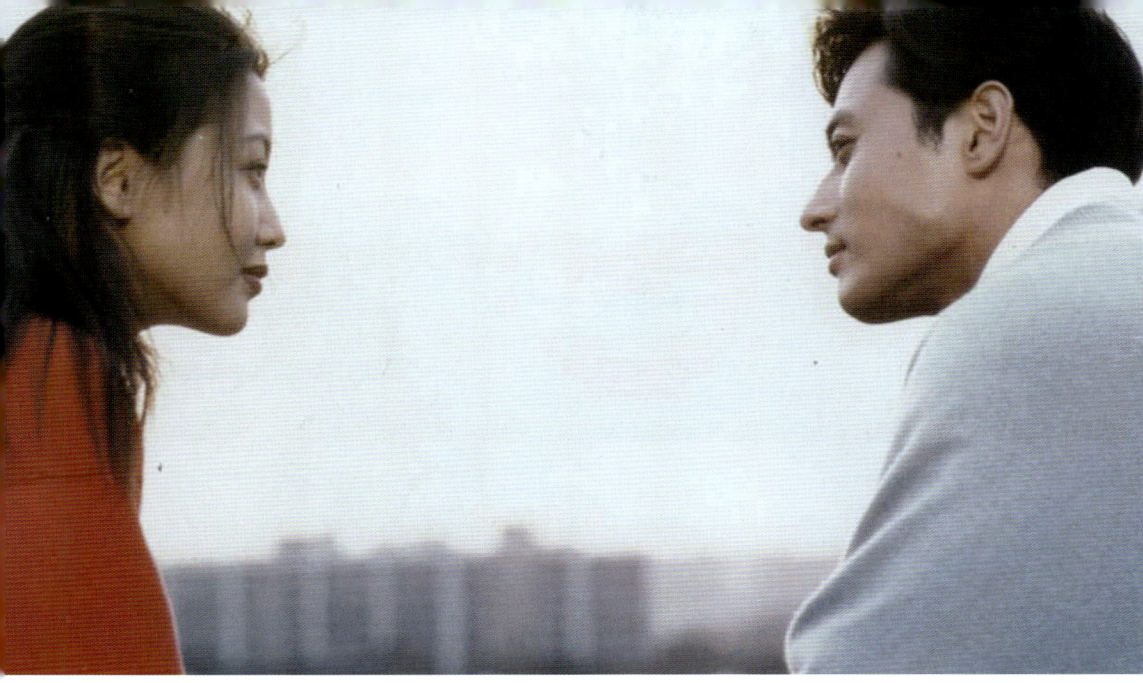

패자부활전 覇者復活戰 Repechage(1997)

동물원 수의사 민규(장동건)는 명랑한 성격의 소유자다. 그러나 동물들의 잦은 사고와 돌발적인 질병으로 하루도 마음 편할 날이 없다. 민규의 불규칙한 생활에 짜증을 느낀 애인 화영(김시원)은 그에게 결별을 선언하고 새로운 남자를 만난다. 한편 사진작가 은혜(김희선)는 오랫동안 사귀던 화가 진우(이진우)가 화랑의 큐레이터인 화영과 만나는 것을 보고 자존심이 상한다. 해결 방법을 모색하던 그녀는 화영의 애인이었던 민규를 찾아가 두 사람에게 복수할 것을 제안한다. 그러나 민규는 오히려 은혜의 당돌한 행동이 화영에게 화가 미치지나 않을까 걱정한다. 그래서 은혜를 만나 달래보지만 은혜의 분노는 과격해져만 간다.

그녀가 진우의 전시회가 열리는 부산으로 간다는 소식을 들은 민규는 은혜와 동행하게 되고 부산에서의 크고 작은 사건을 겪는 동안 두 사람 사이에는 새로운 사랑이 싹튼다.

● '닥터봉'(1995)으로 감독 데뷔한 이광훈의 두 번째 연출작. 각본 주찬옥. 각각 애인에게 버림받은 두 남녀가 그들의 주변을 맴돌며 복수를 꾀하려다 서로 사랑하게 되는 과정을 그린 로맨틱 코미디. 장동건은 1993년 MBC 청소년 드라마 '우리들의 천국'으로 데뷔, 1994년 '마지막 승부'로 큰 인기를 끈 후 3년의 연기 공백을 깨고 이 영화에 출연, 청룡영화상 남자신인상을 수상하며 스크린 데뷔에 성공했다.

(리앤리필름) 100분 극영화 고등학생가/코미디

감독 : 이광훈
제작 : 이진영
각본 : 주찬옥
개봉 : 1997년 3월 15일 피카디리, 롯데월드, 브로드웨이, 키네마, 녹색극장(서울) 등 9개 관
관람인원 : 9만 8544명(서울)
출연 : 장동건, 김희선, 이진우, 김시원, 박소현, 이기상, 박주희, 하도성, 길영준, 추수진 외
음악 : 김창완, 김우진, 신재홍, 천성일, 라인음향
미술 : 오상만, 김기철
촬영 : 박현철   조명 : 손달호
편집 : 이현미   소품 : 이용승
의상 : 김민희
분장 : 장진, 김은심
동시녹음 : 이병하
사운드 : 이규석, 김용수
특수효과 : 정도안, 손기철
조감독 : 한석환, 김호정, 오기환, 김영준
수상 : 제18회 청룡영화상 남자신인상 (장동건)

비트 Beat(1997)

(우노 필름) 113분 극영화 연소자불가/
액션

감독: 김성수
제작: 차승재
각본: 심산(원작 허영만, 박하)
개봉: 1997년 5월 3일 서울, 코리아, 동아, 롯데월드, 씨네하우스(서울) 등 15개 관
관람인원: 34만 9781명(서울)
수출현황: 미국(97)
출연: 정우성, 고소영, 유오성, 임창정, 사현진, 송금식, 장동직, 신범식, 김부선, 이인옥 외
기획: 차승재
촬영: 김형구
음악: 김재원
조명: 이강산
편집: 김현
미술: 김기철
세트: 강창길
소품: 최승영, 조훈이
의상: 이승현, 이정화, 곽유미, 김지선
분장: 이경자, 김유정, 김경원
사운드: 김범수, 이병하
특수효과: 정도안
무술감독: 정두홍
프로듀서: 조민환
조감독: 이장서, 김석우, 이병양
수상: 제34회 대종상영화제 조연남우상(임창정), 제34회 백상예술대상 기술상(편집: 김현)·신인연기상(임창정), 제17회 영평상 남자신인상(정우성)·촬영상(김형구)

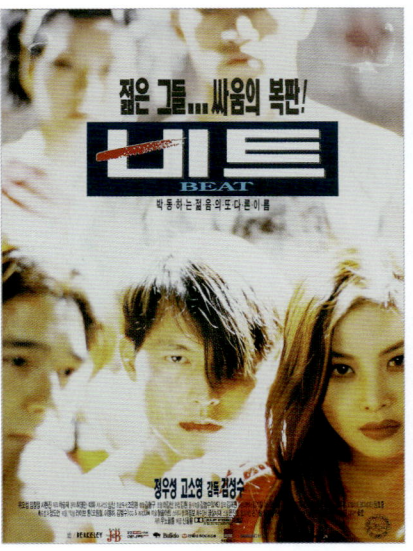

타고난 파이터인 민(정우성), 폭력 조직에서 성공하기를 꿈꾸는 태수(유오성), 미래에 대한 소박한 꿈을 버리지 않는 환규(임창정)는 무차별적 싸움과 혼돈 속에서 10대를 보낸다. 그 중 민은 환규를 따라 나간 노옛팅에서 로미(고소영)를 만나 운명적 사랑을 느끼고 로미의 노예가 된다. 그때부터 방황하던 마음을 바로 잡고 환규와 함께 분식집을 차린 뒤 열심히 살려고 애쓰게 되고 감옥에서 나온 태수는 그가 바란 대로 전갈 조직의 중간 보스로 자리잡는다. 그러나 개점한 분식집이 철거당할 위기에 처하자 환규는 우발적으로 철거반원을 칼로 찌른다. 환규를 석방시킬 돈을 마련하기 위해 태수를 찾아간 민은 이 일을 계기로 태수와 함께 일하게 된다. 그 때쯤 연락이 끊겼던 로미가 찾아오고 민과 로미는 동거에 들어간다. 한편 전갈이 자신을 제거하려는 것을 눈치챈 태수는 선제공격을 위해 민을 찾아갔다가 로미와 행복한 시간을 보내는 민을 보고 돌아서 나온다. 뒤늦게 태수의 위험을 알게 된 민은 태수에게 달려가지만 홀로 전갈 일파와 격전을 벌이던 그는 사경을 헤매고 있었다.

● '런어웨이'(1995)의 김성수 연출작. 허영만의 만화 원작에서 도입부와 캐릭터를 차용한 외엔 많은 부분이 김성수와 심산에 의해 재창조되었다. 여리고 순수한 영혼을 가진 남자주인공이 의리 때문에 부조리한 자멸로 생을 마감하게 되는 액션 느와르.
　처음부터 격렬한 롱테이크 액션(Never 홍성진 해설위원)으로 포문을 연다. 밤거리에서의 집단 패싸움과 나이트클럽, 건물 복도, 주차장에서 벌어지는 대결에 이르기까지 영화는 스피디하게 전개되면서 액션묘사뿐 아니라 싸움의 복판에 서 있는 주인공들의 일상과 심리까지도 생동감 있게 그려낸다.(KOFA, 「한국영화사공부 1980~1997」, 이채, 2005년 p.116~117) 정우성의 몸을 사리지 않는 열연이 돋보이고 조연으로 출연한 임창정, 유오성을 단번에 스타로 올려놓았다. 서울 관객 35만 명 동원으로 1997년도 한국영화 흥행 순위 4위.

그는 나에게 지타를 아느냐고 물었다

He Asked Me If I Knew Zither(1997)

공학박사 수(김갑수)는 미국에서 어머니 장례를 치르러왔다가 지병 때문에 장례식장에서 쓰러진다. 이를 본 수의 형수 혜숙(이응경)은 그를 제주도로 요양보내면서 자신의 아들이자 수의 조카인 동준(김정현)을 딸려 보낸다. 수와 혜숙은 지금은 시동생과 형수 관계지만 과거 연인 사이이었고 혜숙은 실리를 택해 수의 형과 결혼한 것이다. 그때부터 일이 뒤틀리기 시작한다. 조카인 동준이 좋아하는 호텔 종업원 난희(양정지)를 수가 사랑하게 된 것이다. 이에 충격을 받은 동준이 러시아로 떠나려 들자 혜숙은 수를 찾아와서 동준이 바로 수의 아들임을 밝힌다. 그러나 엉망으로 꼬인 복잡한 관계 속에서 수는 더욱 난희에게 집착한다. 수와 혜숙, 혜숙과 동준, 동준과 난희, 난희와 수 등 주인공들은 모두 엇갈린 운명 속에서 비극적인 사랑을 나눈다.

● 구성주 감독 데뷔작. 각본 구성주. '경마장 가는 길'(1992)의 원작자 하일지의 동명 장편소설 『세계사』(1994)를 영화화한 작품. 병에 걸린 중년남자가 죽음으로부터 탈출구를 찾기 위해 광적인 일탈의 삶을 산다. 호텔 여종업원과의 파격적인 사랑, 달리는 버스 안에서의 정사 등 삶을 외부적 환경이 아닌 내면의 모습 속에서 찾고자 한 저자의 관점을 감독은 치밀하게 묘사하면서 복잡한 사랑과 운명의 실타래를 능란한 이야기꾼의 솜씨로 풀어나간다. 특히 화면을 건너뛰며 서술의 밀도를 높이는 연출과 의식의 흐름을 좇는 세련된 화법이 눈길을 끈다. "얘 아버지는 김영삼이라고 하는 사람인데…" 등 문제대사 자진삭제 후 공윤 심의에 통과됐다.(연합뉴스 97. 4. 30) '지타'는 릴케의 소설에 나오는 여인의 이름으로 영화에서는 심오한 뜻을 가지고 있지 않다.

(한씨네마텍) 102분 극영화 연소자불가/멜로

감독 : 구성주
제작 : 한상찬
각본 : 구성주(원작 하일지)
개봉 : 1997년 5월 10일 대한, 시네마천국, 뤼미에르극장(서울)
관람인원 : 1만 1813명(서울)
출연 : 김갑수, 양정지, 이응경, 김정현, 이호재, 이영욱, 김정석, 서희승, 하재영 외
기획 : 박순배
촬영 : 최찬규
음악 : 옥길성
조명 : 김인규
편집 : 김현
미술 : 장석훈
소품 : 장석훈
의상 : 김보경, 이화주
분장 : 조동신
특수분장 : 황현규
동시녹음 : 안상호
프로듀서 : 이경륜
조감독 : 심광진

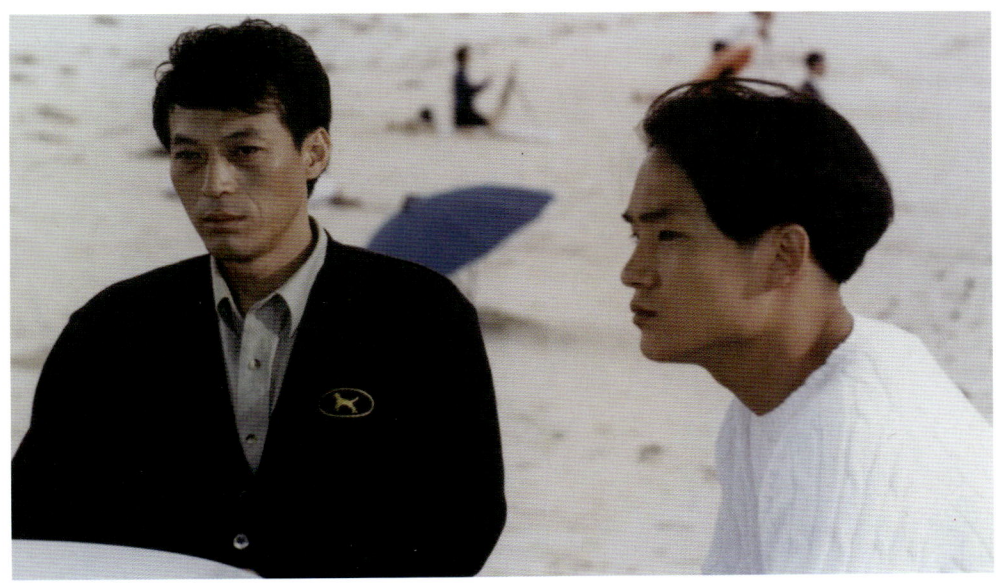

3인조 Threesome(1997)

(씨네 2000) 100분 극영화 연소자불
가/코미디
감독 : 박찬욱
제작 : 이춘연
각본 : 이무영, 박찬욱, 박리다매
개봉 : 1997년 5월 24일 명보프라자,
　　　명화, 씨네하우스, 씨네월드(서
　　　울) 등 9개 관
관람인원 : 36만 594명(서울)
출연 : 이경영, 김민종, 정선경, 도금
　　　봉, 장용, 김부선, '유퉁, 엄춘
　　　배, 안길강, 류승완, 임진택,
　　　이춘연, 서경석, 이윤석 외
촬영 : 이은길　　음악 : 전상윤
조명 : 신준하　　편집 : 박곡지
세트 : 오상만, 김보관
의상 : 이승현, 곽유미, 이지선
분장 : 허정임, 김용관, 신민정
특수분장 : 김성문
동시녹음 : 강신규
사운드 : 김석원, 블루캡
특수효과 : 정도안
프로듀서 : 이미영
조감독 : 유흥삼

삼류 나이트클럽에서 색소폰을 불며 생계를 이어가던 악사 안(이경영)은 생활고에 못이겨 색소폰을 저당 잡힌다. 집에 돌아온 안은 아내가 어린 딸에게 수면제를 먹여 재운 후 외간남자와 정사를 벌이는 것을 보고 격분해서 집에 불을 지른다.

아이를 장모에게 맡기고 호텔방에서 자살을 기도하려던 안은 그때 단순무식한 강도인 문(김민종)의 호출을 받는다. 카페에서 만난 문은 안과 자신은 환상의 짝이라고 부추기지만 안이 소극적으로 굴자 갑자기 총을 난사하면서 안을 공범으로 만든다. 카페 종업원 마리아(정선경)는 자신이 낳은 아이를 잃어버린 미혼모다. 그녀는 카페에 난입한 안과 문을 보고 이들과 뜻을 함께 하기로 한다. 그리고 기상천외한 강도행각을 위해 세상을 향해 총구를 겨눈다.

● '달은 해가 꾸는 꿈'(1992)으로 감독 데뷔한 박찬욱의 두 번째 연출작. 각본 이무영, 박찬욱. 아내의 부정으로 정상적인 가정을 이끄는 데 실패한 안과 고아 출신의 문, 그리고 누가 아빠인지 모르는 아이까지 낳은 마리아 등 3인조는 강도행각으로 대체가족을 이루려 하지만 그마저 실패한다. 영화는 얼핏보기엔 사회풍자 성격이 두드러진 로드 무비를 표방하면서 웃음과 슬픔, 현실비판이 접목된 독특한 코미디 형식을 취하고 있다. 정식 감독 데뷔하게 되는 류승완이 악기점 점원, 제작자 이춘연이 사진사로 카메오 출연하고 있다. 1000여 명의 엑스트라와 수십 대의 차량이 동원되고 문이 타고 떠나는 헬리콥터 장면에는 컴퓨터 그래픽이 사용되기도 했다. 제작비 14억 5000만.

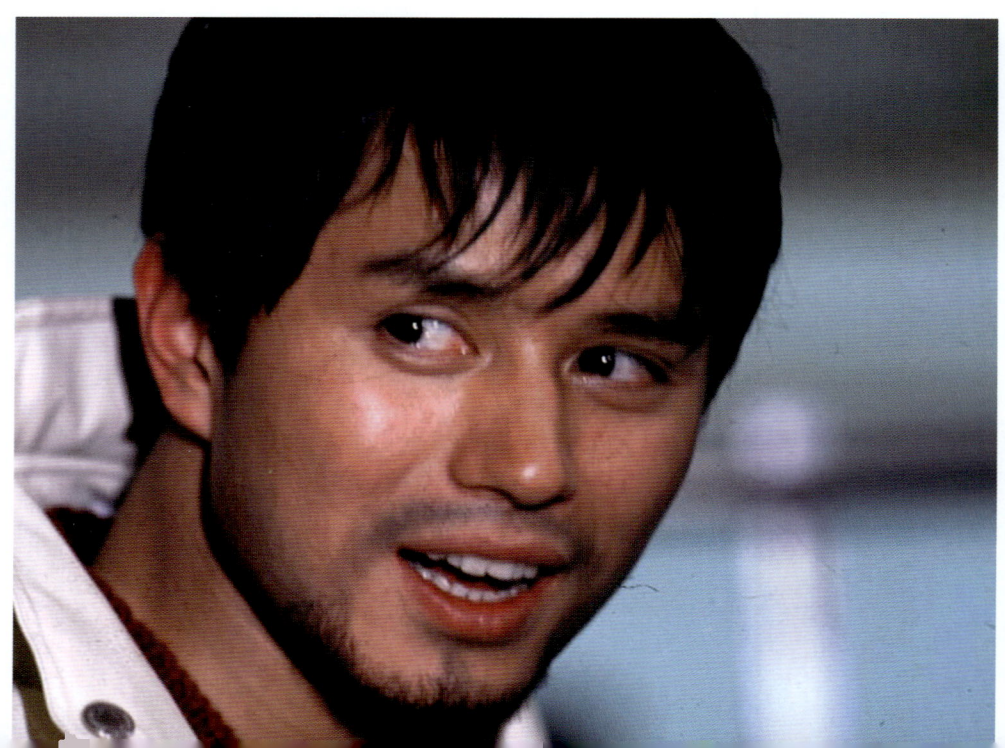

산부인과 Push! Push!(1997)

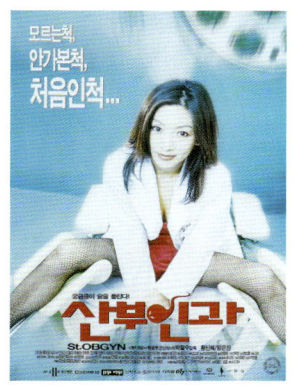

밤낮으로 아기 받는 일과 지우는 일에 이력이 난 산부인과 의사 정연(황신혜)과 여성만이 갖는 갖가지 질환들을 치료하는 혜석(방은진) 등 산부인과에는 다양한 사연을 지닌 사람들이 드나들고 있다. 이쁜이 수술로 남편의 바람기를 잡고 싶어하는 40대 아줌마, 잇따르는 딸 출산으로 망연자실해 하는 엄마, 시험관 수정을 위해 갖은 방법을 동원하는 남편들, 애인에게 주는 마지막 선물로 낙태수술과 처녀막 재생수술까지 선사하는 한량 등 병원에서 벌어지는 웃지 못할 사연들이 공개된다.

● 박철수의 20번째 작품. 카메라는 산부인과 내부에서 벌어지는 천태만상에 초점을 맞추고 임신과 출산을 둘러싼 갖가지 이야기를 빠른 장면전환으로 전개한다.
촬영 전 황신혜, 방은진, 신신애 등 주연 배우들은 실제 천안에서 운영되고 있는 혜성병원에서 가운을 입고 환자들을 돌보는 실습기간을 거쳤다. 심의 결과에 대한 우려가 제기됐던 출산 장면과 제왕절개수술 장면은 무삭제 통과됐다.(한겨레 97. 6. 3)

(제이콤) 95분 극영화 연소자불가/코미디

감독 : 박철수
제작 : 김종학, 황경성
각본 : 지상학, 변원미
개봉 : 1997년 5월 31일 명보프라자, 롯데월드시네마, 씨네하우스(서울) 등 12개 관
관람인원 : 11만 640명(서울)
출연 : 황신혜, 방은진, 신신애, 서갑숙, 홍윤정, 조상건, 정진각, 유명순, 박철, 황정민, 김진선, 이춘연, 손흥주, 배장수, 홍진경, 박인철 외
기획 : 박철수
촬영 : 성광제
음악 : 변성용
조명 : 신학성
편집 : 김현
분장 : 이명희, 정남경, 이수희
동시녹음 : 김수현
사운드 : 영진공, 이성근, 소원종
프로듀서 : 백종학
조감독 : 박영훈

베이비 세일 Baby Sale(1997)

광고회사 카피라이터 최상준(이경영)과 이벤트 기획자 강지현(최진실)은 고장난 엘리베이터에서 처음 만난 후 곧장 결혼에 골인한다. 결혼 후 임신을 한 지현은 위세를 부리며 모든 가사를 상준에게 맡긴다. 달콤한 신혼 생활은 첫 아들 누리(기민혁)가 생기면서 막을 내리고, 지현은 아기 키우기에 매달려 서서히 지쳐간다. 아침 7시 기상, 밥은 먹는 둥 마는 둥, 누구에게 아이를 맡기고 출근할 것인지 남편과 티격태격 하다 잠이 덜 깬 아이를 들쳐 업고 집을 나오지만 유아원은 휴무, 하는 수 없이 친정으로 뛰어가지만 그날따라 집을 비운 엄마, 야속한 심정에 발을 동동 구르다 급기야 아이를 데리고 출근한다. 눈이 휘둥그레진 직장 동료들, 지현은 다시 직장에 복귀하기 위해 '악모 자처하기'에 돌진한다.

● 김본 감독 데뷔작. 장편 '베이비 세일'은 아이 때문에 인생을 포기할 수 없다는 아기 엄마의 의지를 그린 일종의 여성영화로 맞벌이 부부에게 있어 육아의 책임은 누구에게 있는가를 묻고 있다. 또한 남자도 가사를 분담하는 등 신세대들의 생활상은 변화하고 있지만 아기 양육은 모성본능을 앞세워 여전히 여성에게 전가하는 풍토가 개선되지 못함을 문제로 제기하고 있다.

(영화세상) 87분 극영화 고등학생가/코미디

감독 : 김본   제작 : 안동규
각본 : 박규태(원작 최정현, 변재란)
개봉 : 1997년 6월 21일 단성사, 롯데월드시네마 1·2관, 씨네하우스 등 21개 관(서울)
관람인원 : 5만 2763명(서울)
출연 : 최진실, 이경영, 기민혁(아기), 강성진, 박인환, 양택조, 이정학, 김일우, 이인철, 신충식, 박은정, 홍진경, Robert D. Hersche, Amy Doner, 이지은 외
기획 : 김준종, 최귀덕
촬영 : 신옥현   음악 : 김대종
조명 : 김동호   편집 : 박곡지
사진 : 조남용   동시녹음 : 서재영
분장 : 최영, 유중현
사운드 : 이성근, 소원종, 양대호
제작지휘 : 김중종
조감독 : 김종현

나쁜 영화 Timeless, Bottomless(1997)

(미라신코리아) 125분 극영화 연소자 불가/사회물

감독/ 장선우
제작/ 안병주, 류진옥
각본/ 장선우, 김수현
개봉/ 1997년 8월 2일 대한, 스카라, 허리우드, 동숭시네마(서울) 등 15개 관
관람인원/ 13만 8604명(서울)
출연/ 한슬기, 박경원, 이재경, 장남경, 변상규, 권혁신, 김덕기, 이현욱, 최미선, 김꽃지, 주진주, 최미선, 안내상, 기주봉, 신종태, 송강호, 이문식, 조기형 외
기획/ 김수진
촬영/ 최정우, 조용규, 김우형, 염정석, 이혜영
음악/ 달파란
조명/ 이석환
편집/ 김용수
미술/ 최정화
소품/ 이종필, 김다라
의상/ 박정원
분장/ 박윤아
동시녹음/ 이병하, 한철희, 나기용
특수효과/ 정도안, 정선일
사운드/ LIVE TONE, 이병하, 오원철, 김범수, 박준오
조감독/ 김수현
수상/ 제2회 부산국제영화제 한국영화넷팩상(NETPAC), 제10회 도쿄영화제 아시아영화상

가족과 함께 살기 싫은 청소년들이 밤거리를 헤맨다. 그들은 단란주점에서 일하거나 돈을 훔치기도 한다. 돈이 없을 때는 굶을 수 있어도 노는 것을 포기할 순 없다. 그들 중에는 친구들의 패싸움에 말려들어 벽돌로 사람을 죽인 새(장남경), 팬티 한 장만 입고 가출한 이쁜이(권혁신), 감옥에 간 애인을 기다리는 공주(최미선), 댄서로 성공하는 게 꿈인 아임떡(김덕기)과 프린스(박경원), 춤추면서 도둑질을 하는 레드변(변상규) 등이 있다. 그들은 공짜로 볼링을 치고 창문으로 도망치거나 락카페에서 춤을 추기도 한다. 집도 털고 집단강간도 하고 본드도 불고 몸을 팔아 용돈도 벌고 아리랑 치기 등 안 해본 일이라곤 없다. 해서는 안 될 일들을 닥치는 대로 해본다. 그래서 그들은 사회 속에서 불량 청소년으로 낙인찍힌다.

한편 거리를 떠돌지만 그들과 어울리지 못하는 일군의 아이들은 행려 생활을 하며 오늘도 앵벌이를 한다. 앵벌이의 삶의 규칙은 하루에 번 만큼 하루를 사는 것이다.

● 장선우 각본·연출의 문제작. 이 영화는 가출, 절도, 본드나 가스흡입 등 비행을 저지르는, 혹은 저질렀던 실제 비행청소년 10명과 서울역, 영등포 지하도 등지에서 마주치는 행려들을 다뤘다. 일종의 가짜 다큐멘터리로 실제 상황처럼 보이지만 사실은 교묘하게 연출된 페이크 시네마(Fake Cinema), 혹은 모큐멘터리(mockumentary)로 구분된다. 그러나 포스터와 브로셔에 보면 "맛있는 불량식품", "이 영화는 실제 상황에 근거한 작품이므로 어린이는 절대 보시오"라고 쓰여 있다. 그만큼 영화 수법에서 새롭고 획기적이며 포스트모던하다.(이효인, 『영화로 읽는 한국 문화사』, 개마고원, 2003년, p.172~175)

전체적인 이야기 흐름은 두 가지다. 하나는 현실에 적응하지 못하고 현실로부터 거부된 청소년들의 방황하는 모습이고 다른 하나는 기본적인 생존권을 보장받지 못한 채 사회로부터 축출당한 행려병자들의 이야기다. 따라서 영화는 스토리를 정하지 않고 카메라가 사건을 따라다니듯이 행려들 사이를 비집고 들어가 보이는 대로 촬영하면서 삶을 그대로 보여준다. 전문 연기자들이 아니기 때문에 컷으로 나누어 찍기가 무리수였고 다양한 시각에서 그들의 삶을 표현하기 위해 필름도 3배, 인건비도 3배, 35mm, 16mm, 디지털과 하이 8 캠코더 등이 동원됐다. 이러한 제작과정이 알려지면서 '나쁜 영화'는 화제와 우려와 지지에 둘러싸였다.(호현찬, 『한국영화 100년』, 문학사상사, 2003년, p.318) 제목을 '나쁜 영화'로 붙인 것은 기존의 '좋은 영화'에 대한 대립적 개념 때문이라고 할 수 있다.

작품을 반영하는 배역짜기도 특별하다. 배역에 보면 프린스 감자, 클레드변, 아임떡 뺀 알뿐, 똥자루공주, 진짜행려, 폭주진압짭새, 빽차마이크 짭새, 벽돌짱 벽돌맞는아이, 아리랑떡아저씨, 뽀룩난중년부인, 내숭간미식족, 갈아만든사과DJ, 젓가락쇼DJ, 불쬐기행려, 춤춰봐 선도위원, 쇠파이프 선도위원, 기차무덤 은주, 단란 타짜, 배신때린 여자아이, 그 아이에 그 엄마, 얼어붙은 아줌마 등등으로 기발하게 이어진다. 연기자 이름도 만수, 하마, 할렐루야, 깜상, 찌라시, 알리 등이고 조연배우 중에는 이문식, 송강호의 얼굴도 보인다.

미성년자 절대불가 작품인 이 영화는 윤간 등의 묘사로 1996년 7월, 한 번의 등급보류 판정을 받고 심의 통과 후 극장에 올려 질때 미라신코리아의 자진 삭제(강준만, 『부드러운 파시즘』, 인물과 사상사, 2000, p.61~62등 10분 정도가 잘려나갔다. 각본은 감독 장선우와 조감독 김수현 외 19명이 참여한 것으로 되어 있다. 관람 인원은 서울에서만 13만 8000명. 부산국제영화제 한국영화 넷팩상 수상, NETPAC은 아시아영화진흥기구의 약자로 넷팩상은 아시아 지역 초청작 가운데 가장 주목도가 높고 후원하고 싶은 영화에게 주는 상이다.

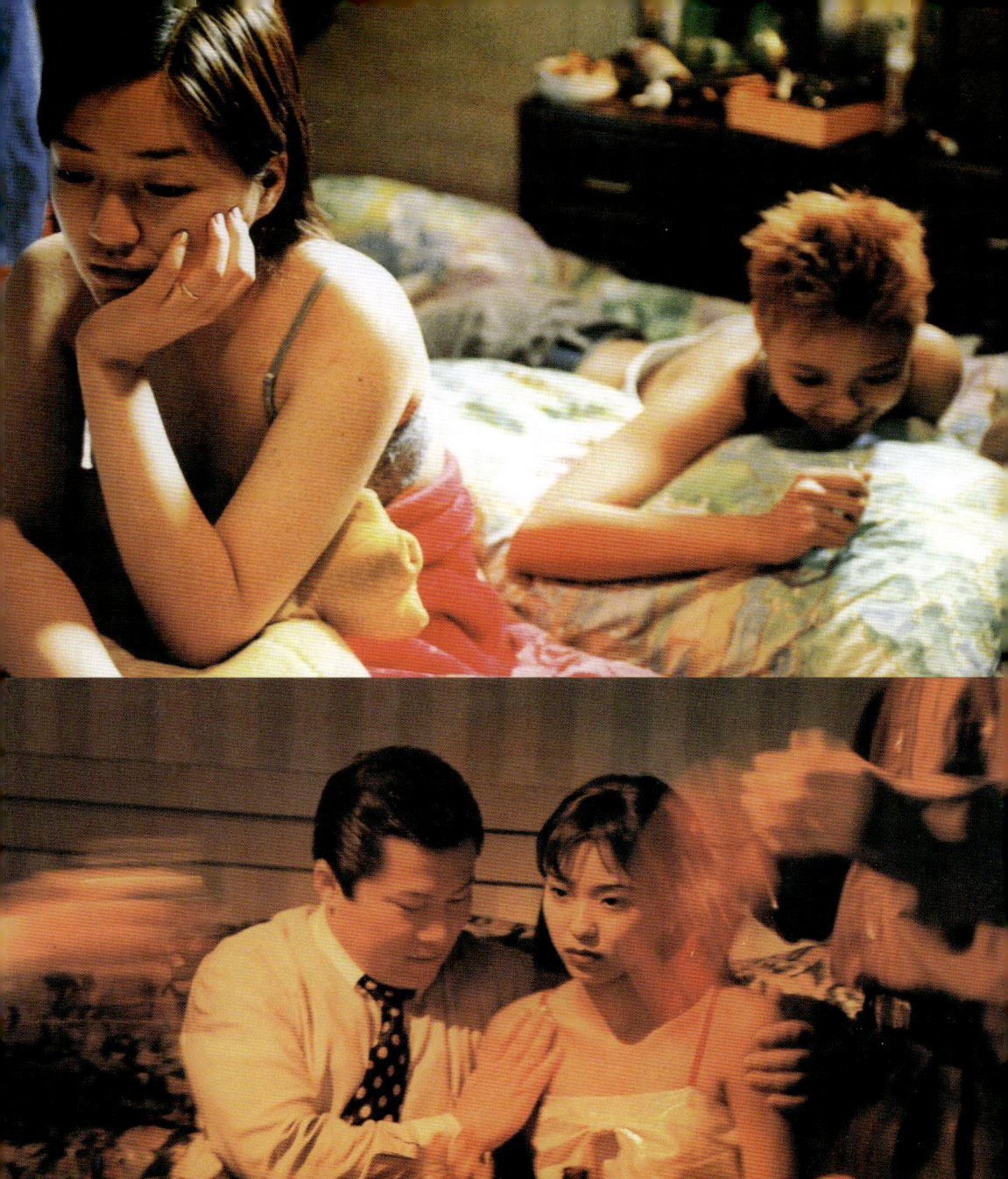

넘버 3 NO. 3(1997)

(프리시네마) 104분 극영화 연소자불가/코미디

감독 · 각본 : 송능한
제작 : 김인수
개봉 : 1997년 8월 2일 서울, 명화, 시네마천국, 반포시네마, 시티시네마(서울) 등 11개 관
관람인원 : 29만 7617명(서울)
수출현황 : 미국(98)
출연 : 한석규, 이미연, 최민식, 안석환, 박광정, 송강호, 방은희, 박상면, 이종상, 김호진 외
기획 : 김인수   **촬영** : 박승배
음악 : 조동익   **조명** : 김강일
편집 : 박곡지   **미술** : 오상만
소품 : 장석훈   **의상** : 김현지
동시녹음 : 김범수
사운드 : 이성근, 소원종
특수효과 : 정도안, 유영일
무술감독 : 권성영
프로듀서 : 서우식
조감독 : 김문수
수상 : 제35회 대종상 신인남우상(송강호), 제18회 청룡영화상 신인감독상(송능한) · 남우조연상(송강호) · 각본상(송능한), 제34회 백상예술대상 시나리오상(송능한), 제18회 영평상 남자연기상(송강호, 각본상(송능한), 제21회 황금촬영상 은상(박승배)

도강파의 뜨내기 깡패였던 서태주(한석규)는 하극상 쿠데타에서 보스(안석환)를 피신시킨 대가로 조직의 넘버 3가 된다. 그때부터 재떨이 무기를 사용하는 재철(박상면)과 라이벌 관계로 발전한다.

한편 도강파 보스 제거에 실패한 후 불사파를 조직한 조필(송강호)은 도강파에 대한 복수의 칼을 갈고 있다. 이들 틈에는 태주와 같은 아파트에 살면서 사사건건 시비를 걸어오는 검사 마동팔(최민식)이 끼어 있다. 그는 폭력으로 깡패들을 제압하기로 악명 높은 검사로 깡패들에게는 공포의 대상이다.

일본 야쿠자가 도강파를 찾아오고, 넘버 2 재철은 보스의 정부와 삼류 시인 랭보(박광정)의 불륜을 보고 이를 제거하려 일본 야쿠자와 한판을 벌인다. 도강파를 노리는 조필은 매춘 조직에 고용되어 결전의 장에 나타나고 태주는 보스로부터 마동팔과 조필을 제거하라는 명령을 받는다.

● 송능한 감독 데뷔작. 시나리오 작가 출신으로 자신이 직접 쓴 작품을 영화화했다. 삼류 깡패 서태주와 조필, 삼류검사 마동팔이 벌이는 신 조폭영화. 주옥 같은 대사, 신랄한 해학, 가차 없는 풍자와 함께 깡패 같은 검사 최민식과 깡패 이미지와는 거리가 먼 한석규의 냉랭하고 메마른 연기, 뚝심의 송강호, 재떨이 박상면의 막무가내 연기대결이 영화를 시종 긴장감 있게 끌고 나간다. 동시에 우리 사회의 삼류 문화를 통렬하게 비판 풍자하고 한국 사회의 속물주의를 뛰어나게 희화하고 있다.(KOFA편, 유지나 외, 『한국영화사공부 1980~1997』, 이채, 2005년, p.113~114) 관객몰이에 성공하여 서울 관객 30만 명 동원으로 1997년도 한국영화 흥행 순위 6위. 평촌 신도시 외곽 고가도로와 평촌 아파트 단지에서 촬영됐다.

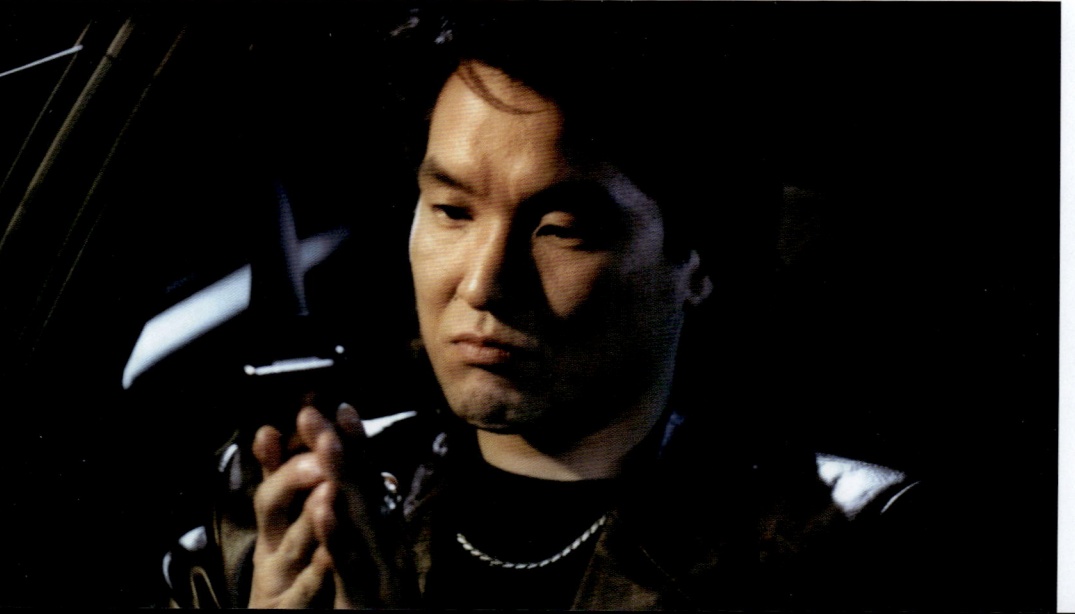

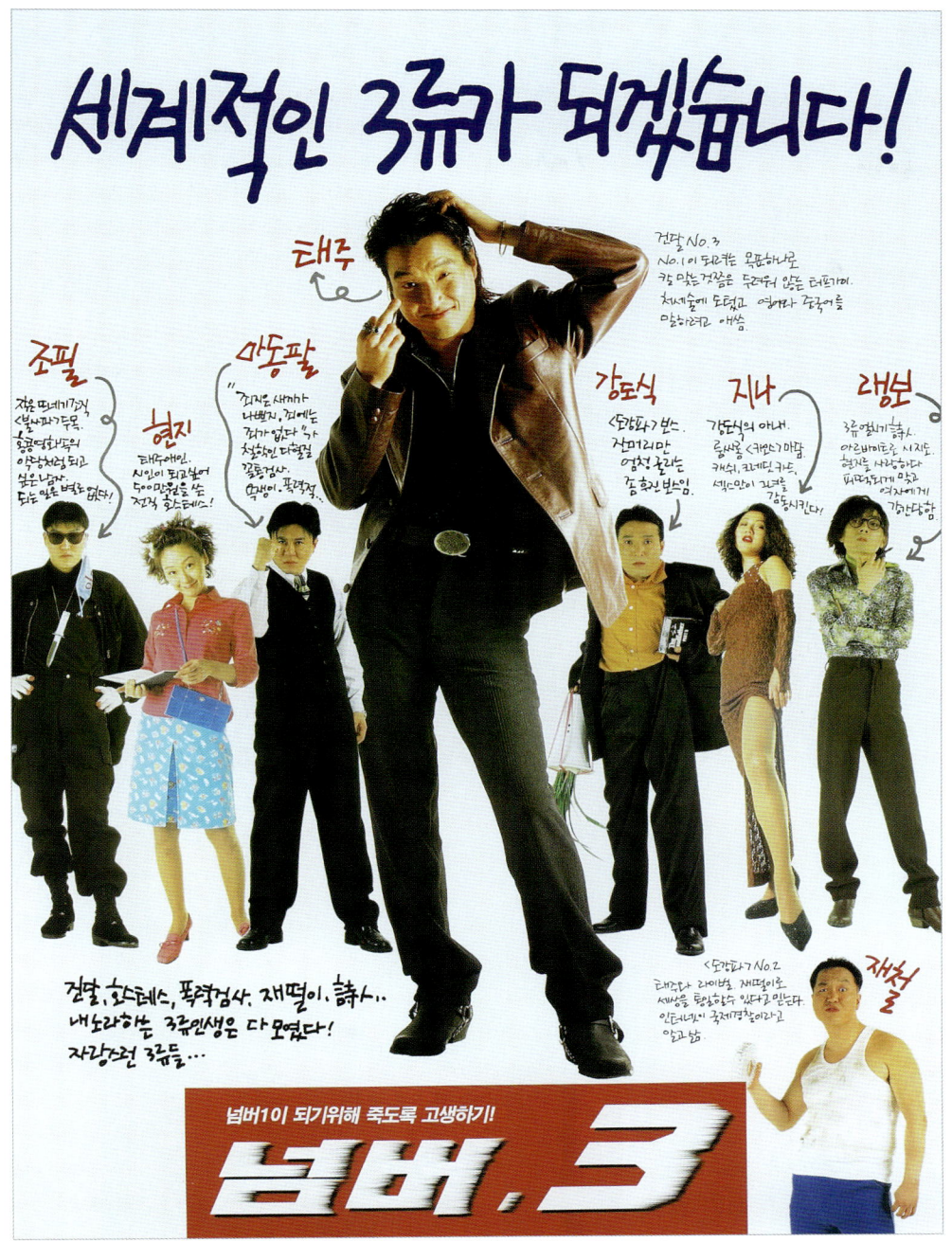

711

할렐루야 Hallelujah(1997)

(태원엔터테인먼트) 98분 극영화 15세
관람가/코미디

감독 : 신승수
제작 : 정태원
각본 : 김영찬
개봉 : 1997년 8월 9일 피카디리, 중앙, 코리아, 동아, 반포, 새서울극장(서울) 등 19개 관
관람인원 : 31만 920명(서울)
출연 : 박중훈, 이경영, 성현아, 이제니, 최종원, 국정환, 양택조, 차태현, 고소영, 김동수, 도지원, 박철, 윤정수, 이재룡, 이재포, 이혜영, 이휘재, 조춘, 최지우, 이창훈, 권남희, 박규채 외
기획 : 정태원
촬영 : 황철현
음악 : 김형석, 이승호
조명 : 박만창
편집 : 박순덕
미술 : 조화성
소품 : 조화성
의상 : 김서령
분장 : 김선진
동시녹음 : 손규식, 박정아
사운드 : 소원종, 이성근
무술감독 : 정두홍
프로듀서 : 정초신
조감독 : 이창호
수상 : 제34회 백상예술대상 남자주연상(박중훈)

전과 3범의 별을 달고 막 출소한 양덕건(박중훈)은 교통사고 피해자인 목사의 지갑에서 흥미로운 편지를 발견한다. 편지를 갖고 오면 개척 교회 지원금 1억 원을 주겠다는 내용. 덕건은 지갑의 주인인 목사가 병원에서 의식불명 상태라는 정보를 입수하고 그를 대신해 교회를 찾아가 목사 행세를 한다. 그러나 공돈 1억 원은 좀처럼 쉽게 굴러 들어오지 않는다.

교회에서는 오히려 당회장 목사가 미국으로 출장간 2주 동안 목회 일을 도와줄 것을 요구하고 덕건은 돈을 받기 위해 좌충우돌 가짜 목사 행세를 하며 진면목을 발휘한다.

● '계약 커플'(1994), '아찌 아빠'(1995) 등 초기 작품과는 다른 스타일을 모색하던 신승수의 신작. 평생 사기만 치던 주인공이 교회 지원금을 노리고 가짜 목사 행세를 하다가 개과천선한다는 내용. 박중훈의 코믹연기가 돋보였던 영화. 제작비의 90%가 인건비로 지불될 정도로 예배 장면 등에서 엑스트라가 많이 동원됐다. 박중훈이 백상예술대상에서 남자주연상 수상. 서울 관객 31만 명 동원으로 1997년도 한국영화 흥행 순위 5위.

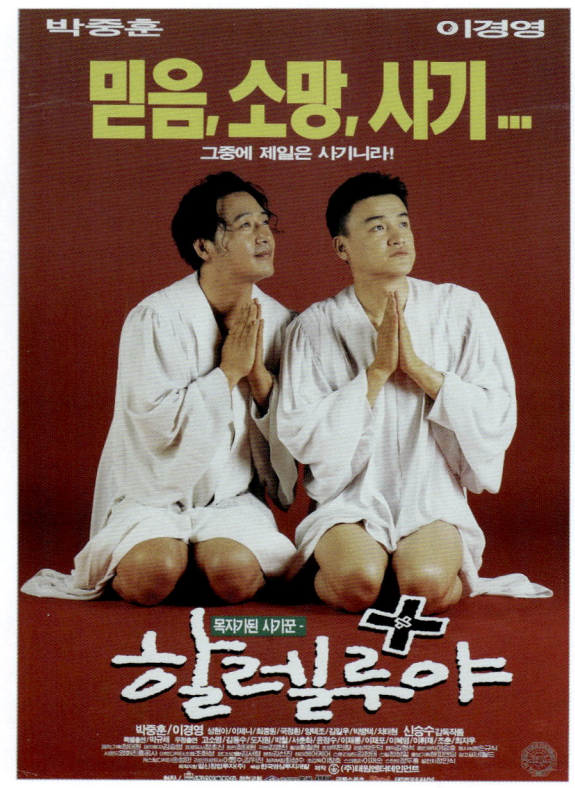

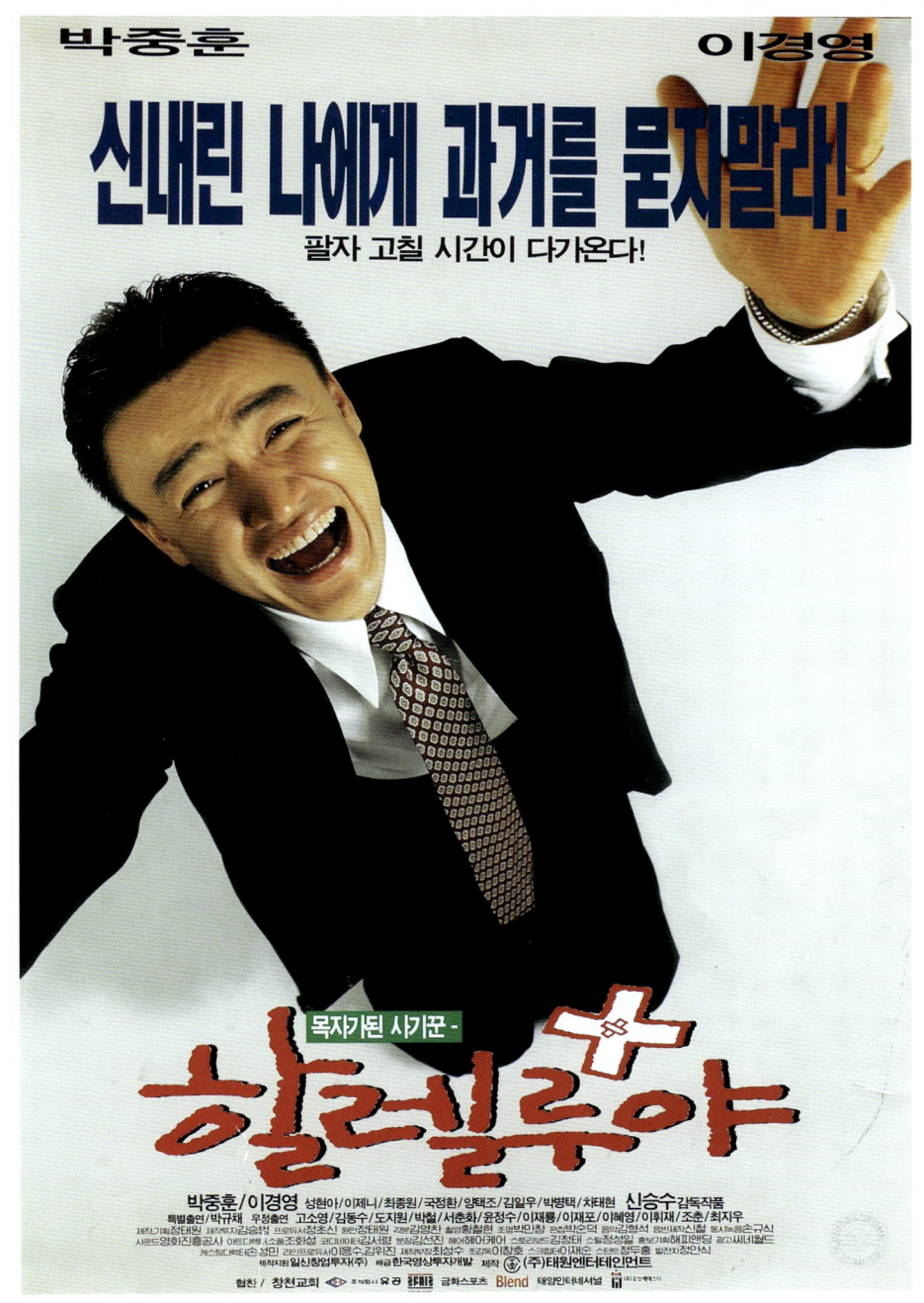

표류일기 漂流日記, Robinson Crusoe '97(1997)

(비손텍) 96분 극영화 연소자가/아동

감독 : 원성진   제작 : 서석태
각본 : 임웅순   각색 : 김태형
개봉 : 1997년 8월 9일 국도극장
   (서울)
관람인원 : 1만 984명(서울)
출연 : 이나리, 전무송, 김영하, 선우
   은숙, 박승호 외
음악 : Sound Image, 박홍신,
   도윤선
조명 : 정덕규   편집 : 현동춘
소품 : 계익희   의상 : 황인자
분장 : 성미자, 서미연
사운드 : 강대성, 김윤겸
특수효과 : 이정일, 전건익
조감독 : 한기중, 이정원, 김규진
수상 : 제6회 춘사영화예술제 신인감
   독상(원성진) · 기획상, 제2회
   서울국제가족영화제 우수영화
   상 · 특별감독상(원성진)

단란한 가정에서 행복한 나날을 보내던 소연(이나리)은 엄마 아빠의 이혼으로 하루아침에 외로운 소녀가 된다. 아빠를 따라 서태평양으로 낚시 여행을 갔던 소연은 우연한 사고로 배에 홀로 남게 되고 이름 모를 섬에서 식인종의 무시무시한 제례를 목격하게 된다. 그리고 원주민 소년 지타코의 도움으로 섬 생활에 조금씩 적응해간다.

어느 날 동굴에 사는 한 노인을 알게 되는데, 그는 놀랍게도 일제시대 때 끌려온 한국 사람이었다. 노인과 지타코를 든든한 일행으로 거느린 소연은 뗏목을 타고 섬을 누비던 중 바다에 격추된 일본 군용기에서 금궤를 발견한다. 식인종들의 갑작스런 습격을 받고 그들과 맞서 싸우던 노인은 숨지고 지타코와 소연은 궁지에 몰린다. 이때 소연을 애타게 찾던 아빠가 경찰과 함께 나타나 위기에서 이들을 구한다.

● '48+1'(1995)에 이은 원성진 연출작. 10세 소녀가 아빠와 함께 남태평양에 여행을 갔다가 외딴 섬에 표류하게 되면서 겪는 모험담. 어린이의 눈높이에 맞춰 순수하고 아름다운 동심의 세계를 그리고 있다. 남태평양 팔라우에서 올로케이션을 감행, 서울국제가족영화제에서 우수작품상과 특별감독상, 춘사영화예술제에서 원성진 신인 감독상을 받았다.

블랙잭 Blackjack(1997)

(정룡사) 120분 극영화 연소자불가/
미스터리 범죄

감독 : 정지영
제작 : 박건섭
각본 : 한현근, 박일서
개봉 : 1997년 9월 13일 중앙, 단성
   사, 유토아, 씨네월드(서울) 등
   9개 관
관람인원 : 3만 9065명(서울)
출연 : 최민수, 강수연, 전진해, 유해
   진, 정형기, 김일우 외
기획 : 애드시네마   촬영 : 이석현
음악 : 신병하   조명 : 김동호
편집 : 박순덕   미술 : 오상만
무술감독 : 류창국
프로듀서 : 이광민
조감독 : 안병기, 이재희, 단기범
수상 : 제35회 대종상영화제 감독상
   (정지영) · 신인기술상(이석현),
   제34회 백상예술대상 감독상
   (정지영), 제21회 황금촬영상
   신인촬영상(이석현) · 조명상(김
   동호)

오세근(최민수)은 유능하지만 범죄와 유착관계를 갖고 있는 타락한 형사다. 그는 이혼한 아내가 키우고 있는 아들 민석(전진해)을 데려오고 싶어한다. 그런 어느 날 오세근 앞에 매력적인 미모의 여성 장은영(강수연)이 나타난다. 그러나 은영의 마음을 사로잡았다고 생각하는 순간부터 그의 삶은 빗나가기 시작한다. 그는 은영을 보호하는 데 비해 은영은 권투 프로모터인 남편을 없애는 데 오세근을 이용하려 든다. 더구나 부도를 막아주면 아들을 데려가도 좋다는 전처의 제안에 오세근은 목돈이 필요한 상황이다. 하지만 경찰 감찰반의 감시가 강화되어 모든 것이 여의치가 않다. 설상가상으로 누군가가 그의 목숨을 노리고 있다. 어쨌든 돈을 마련하고 자기 목숨을 부지하기 위해서라도 오세근은 은영의 남편을 살해하기로 마음먹는다. 처음부터 치밀하게 쳐놓은 음모의 덫에 그는 걸려들고 만 것이다.

● 정지영 연출의 액션 스릴러. '블랙잭'이라는 제목이 암시하듯 주인공들이 벌이는 힘과 지능게임이 시종 긴장감을 늦추게 하지 않는다. 타락한 형사가 유부녀의 의도된 불륜에 빠져 그녀의 남편을 죽이고 결국 파멸해가는 과정을 그리고 있다. 오랜만에 자기 역할을 찾은 최민수의 연기가 돋보이고 그를 남편 제거의 은밀한 계획에 이용하는 강수연의 요염한 연기도 압권이다. 유해진 스크린 데뷔작. 정지영은 대종상과 백상예술대상에서 감독상 수상.

마리아와 여인숙 Maria and the Inn(1997)

서해안 안면도 끝자락에 위치한 파도 여인숙. 어린 시절 머리를 다쳐 정신 성장이 멈춘 형 기태(김상중)와 어머니의 불륜 현장을 목격한 후 대인기피증에 걸린 동생 기욱(신현준)이 이 여인숙을 경영하고 있다.

벙어리 딸 마리아(서지희)를 데리고 장기간 이곳에 머물고 있는 손님 명자(심혜진)가 숙박료를 지불하지 못하자 동생 기욱은 명자에게 여관비 대신 형 기태와 결혼하라고 제안한다. 명자는 실은 기욱을 마음에 두고 있지만 기태와 결혼한 후 기욱과도 은밀히 정사를 나누곤 한다. 그러던 어느 날 명자의 전남편 태수(이경영)가 찾아오고 주객이 전도된 여인숙은 명자와 태수에 의해 매음굴로 전락한다. 기태는 넋이 나간 상태로 여인숙 앞을 서성거리고 기욱은 형에 대한 죄책감에 못 이겨 자살한다. 명자는 두 형제를 교묘하게 희롱하며 자신의 욕망을 채우는 데 성공하지만 딸 마리아(성장한 마리아-이정현)에 의해 파국을 맞게 된다.

● 선우완 연출작. 각본 이금주. 1991년 영진공 시나리오 공모 당선작. 시국에 대한 은유와 인간성 상실이라는 주제를 스릴러적 수법과 에로틱한 분위기로 꾸민 이색 작품.(연합뉴스 97. 6. 19) 인적이 드문 바닷가, 출구 없는 미로인 듯 작은 여인숙에 갇힌 사람들의 불신과 타락과 음흉한 음모를 그리고 있다. 상업영화의 틀 속에서 이 영화가 내세우는 주제는 음모라기보다 '성(Sex)'이다. 팸플릿에 "그곳에선 언제나 밤꽃 향기가 가득했다"라고 썼듯이 엿보기의 시선에 따라 섹스 장면이 뭔가에 쫓기면서 수시로 드러난다. 특히 형수와 시동생 관계라는 근친상간의 자극적 모티브가 이 영화의 정체성을 교란시킨다.(한겨레 97. 9. 23)

그러나 황량한 바닷가 이미지와 사계절의 변화를 잡아낸 유려한 화면은 세련된 영상으로 호평받았다. 이찬우가 영화음악을 맡았고 영화 '꽃잎'(1996)의 이정현이 성장한 마리아 역을 해냈다. 안면도 끝자락 장산도 해수욕장에서 촬영되었다.

(선익필름) 97분 연소자불가/드라마

감독 : 선우완
제작 : 임충렬
각본 : 이금주
각색 : 작가시대, 양진성, 정대성, 박경덕, 문상훈
개봉 : 1997년 9월 17일 서울극장, 영화마당, 롯데월드시네마, 시네마천국(서울)
관람인원 : 3만 1828명(서울)
수출현황 : 미국(99)
출연 : 심혜진, 신현준, 김상중, 서지희, 박신영, 한상배, 이경영, 박상민, 이정현 외
기획 : 임충렬
촬영 : 신옥현
음악 : 이찬우
조명 : 이강산
편집 : 박곡지
미술 : 강창길
소품 : 김대규, 장흥래, 박현
의상 : 권유진
분장 : 김용관
동시녹음 : 김원용, 선훈, 김철진, 이승재
조감독 : 임춘택, 김성한, 김상용, 이승민

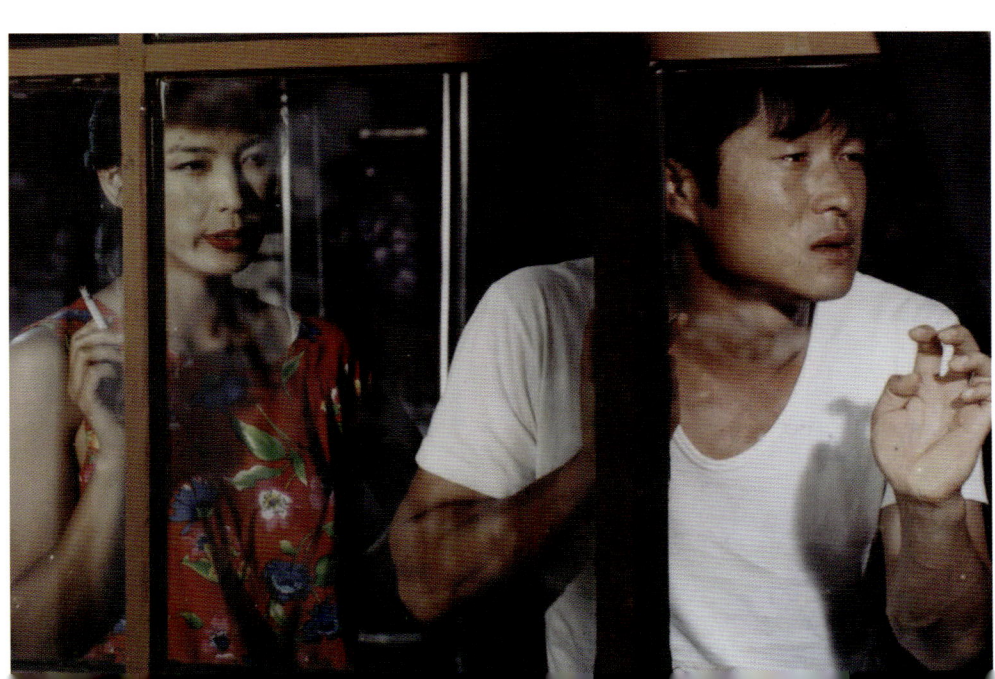

창-노는 계집 娼, Downfall(1997)

(태흥영화사) 105분 극영화 연소자불가/사회물

감독 : 임권택
제작 : 이태원
각본 : 임권택, 김대승
개봉 : 1997년 9월 13일 명보프라자, 허리우드, 코리아극장(서울) 등 20개 관
관람인원 : 41만 1591명(서울)
출연 : 신은경, 한정현, 최동준, 정경순, 안병경, 방은미, 오지혜, 김동수, 박상면, 김성룡, 박우철(아역), 임금택, 김재찬, 방충식, 김병재, 김명환, 김창종, 김재영, 서범세 외
기획 : 이태원
촬영 : 전조명
음악 : 김수철
조명 : 이민부
편집 : 박순덕
미술 : 김유준
소품 : 김호길
의상 : 권유진
분장 : 홍동은, 이주영, 정현정
동시녹음 : 김범수
사진 : 구본창
사운드 : 이성근, 소원종, 양대호, 이상돈
특수시각효과 : 이광일, 문병용, 강종익, 김형우
조감독 : 김대승
수상 : 제35회 대종상영화제 여우조연상(정경순)·미술상(김유준)·음향기술상(김범수)·의상상(권유진), 제18회 청룡영화상 여우주연상(신은경)·여우조연상(정경순)·촬영상(전조명), 제34회 백상예술대상 인기상(신은경)

폭력과 착취가 난무하는 1970년대의 사창가. 17세의 영은(신은경)이 이 사창가 골목으로 흘러든다. 사내들의 무자비한 길들이기를 통해 영은은 사창가 생활에 적응한다. 이런 그녀에게 착한 남자 길룡(한정현)이 가끔씩 나타나 따스한 온기를 남겨놓곤 한다.

그는 백마 탄 왕자는 아니지만 지친 영은의 영혼을 위로하는 한줄기 청량한 바람 같은 존재다.

광주의 어느 술집에서 영은은 여전히 술과 몸을 팔고 있다. 이런 난장판 속에서 영은은 길룡과 재회하게 되고 그들의 사랑은 깊어간다. 그러나 빚지고 팔려가고 쫓겨 다니는 세월을 사는 동안 영은은 다른 남자와 동거도 하고 노름빚에 사기까지 당해 이번엔 텍사스촌으로 팔려간다.

그렇게 십 몇 년 동안 바다 생활을 전전하며 심신이 지칠 대로 지친 영은은 다시 사창가로 돌아오고 길룡과의 재회에서 고향의 느낌이 서로에게 녹아 있는 것을 느낀다. 그저 무심하게 만남과 헤어짐을 거듭하던 두 사람은 세파에 찌든 서로의 모습을 바라보며 부둥켜안고 한바탕 서럽게 운다.

● '티켓'(1986)에 이어 두 번째로 창녀들의 삶을 그린 임권택 연출작. 사창가 생활을 적나라하게 그려낸 슬픈 영화다. 이 영화에 등장하는 남자들은 "여주인공의 비극성을 관객이 더욱 강하게 느끼도록 부추기는 분위기용 보조자"에 불과하다.(유지나, 『멜로드라마란 무엇인가』, 민음사, 1999년, p.251) 현실의 디테일을 정확하게 잡아내는 데 능한 임권택은 사창가 곳곳의 풍경을 세트의 삼면 벽에 현미경을 들이대듯이 관찰하면서 밑바닥 삶을 사는 인간들의 처연한 풍경을 조각조각 짚어낸다. 1970년대에서 1990년대까지를 통과하면서 수많은 에피소드를 집적시킨 이 영화에 대해 임권택을 사숙한 김홍준은 "임권택 감독 영화의 총결산"이라고 결론 짓고 있다.

신은경이 청룡영화상 여우주연상, 백상예술대상 인기상 수상. 서울 관객 41만 명 동원으로 1997년도 한국영화 흥행 순위 3위를 기록.

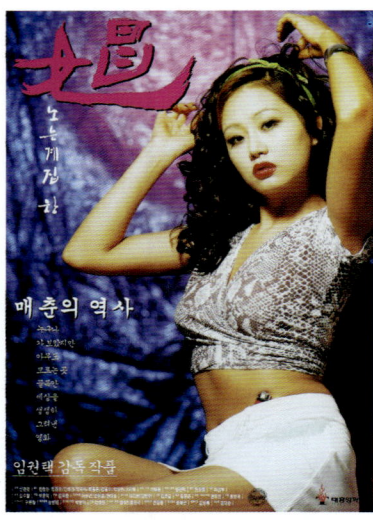

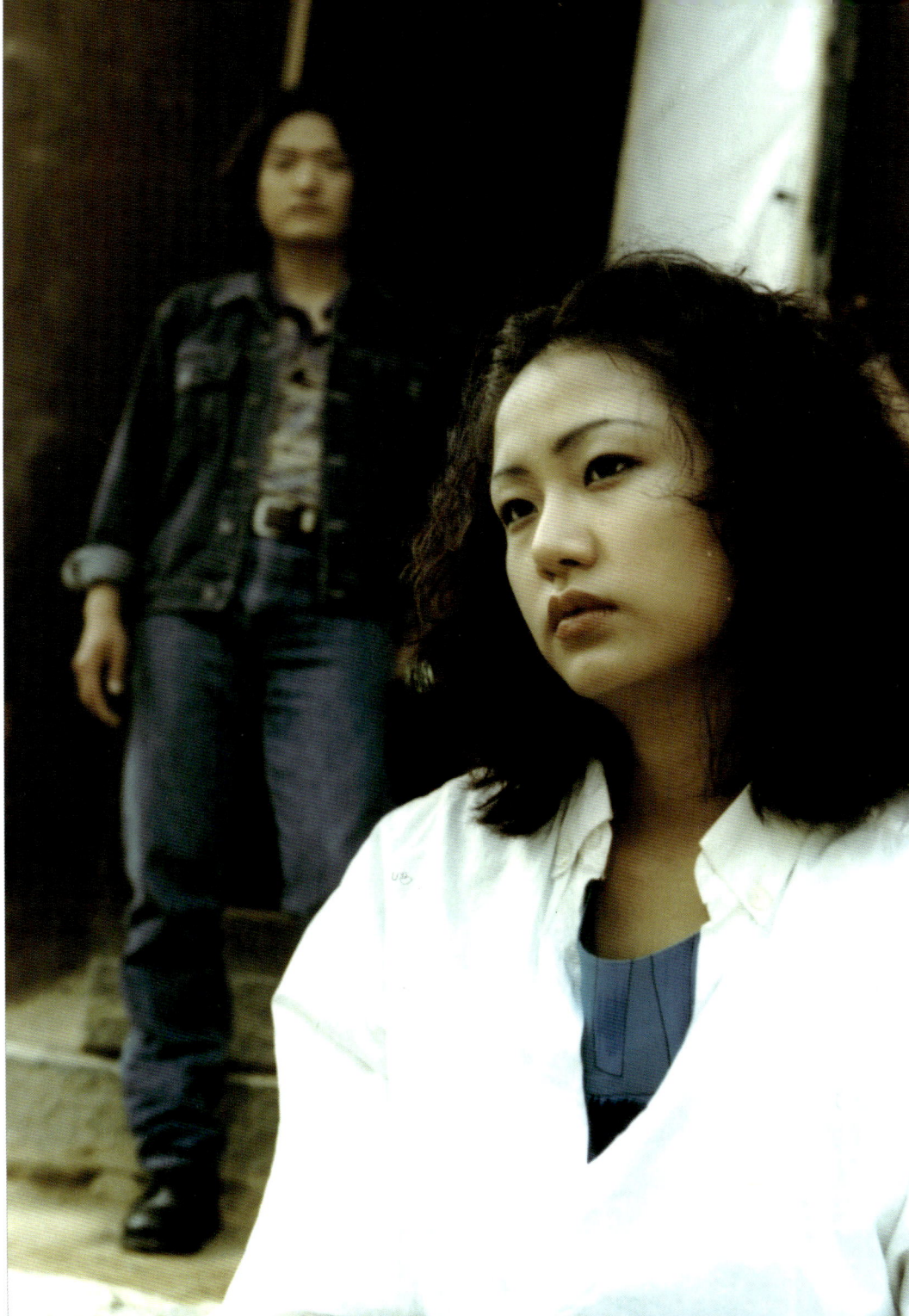

접속 接續, The Contact(1997)

(명필름) 104분 극영화 고등학생가/멜로

감독 : 장윤현
제작 : 이은, 심보경
각본 : 조명주, 장윤현, 김은정
개봉 : 1997년 9월 13일 피카디리, 중앙, 연흥, 동아, 새서울극장 2관(서울) 등 35개 관
관람인원 : 67만 4933명(서울)
수출현황 : 필리핀(98), 중국(98), 대만(98), 독일(99), 일본(99)
출연 : 한석규, 전도연, 김태우, 강민아, 추상미, 박용수, 박수영, 이장욱, 강정식, 손민석, 이범수, Michael Fitzgeraid(호주대사관 직원) 외
촬영 : 김성복   **음악** : 최만식
조명 : 임재영   **편집** : 박곡지
미술 : 신보경   **세트** : 오상만
소품 : 이우갑, 서명혜
의상 : 김문희   **분장** : 송종희
동시녹음 : 이승철
사운드 : 김석원, 김창섭
특수효과 : 정도안
조감독 : 박대영, 이영은, 임우석, 채기웅
수상 : 제35회 대종상영화제 최우수작품상(명필름) · 신인감독상(장윤현) · 조명상(임재영) · 편집(박곡지) · 각색상(김은정) · 남자인기상(한석규) · 신인여우상(전도연), 제18회 청룡영화상 한국영화 최고흥행상 · 여자신인상(전도연), 제34회 백상예술대상 인기상(전도연), 제18회 영평상 신인여우상(전도연) · 음악상(최만식) · 조명기술상(임재영), 제2회 부산국제영화제 한국영화 넷팩상(장윤현), 영진공 선정 좋은 영화

라디오 음악 프로그램 PD인 동현(한석규)은 어느 날, 옛 애인이던 영혜(박수영)로부터 벨벳 언더그라운드의 음반을 전달받는다. 한편 케이블 TV의 쇼핑 가이드 수현(전도연)은 드라이브를 하다가 라디오에서 흘러나온 음악에 매료되어 그 음악을 신청한다. 수현이 음악을 신청하자 동현은 그녀가 영혜일지도 모른다는 생각에 컴퓨터 통신을 통해 신청자에게 접속해본다. 다른 사람임을 알고 실망하지만 왠지 자신처럼 외로운 사람일 거라고 느끼며 서로의 아픔을 이야기하기 시작한다.

동현은 아직도 영혜를 사랑하면서 자신의 프로그램 작가인 은희(추상미)의 유혹을 받고 있고 수현은 친구 애인인 기철(김태우)을 사랑하고 있다. 이들은 서로의 충고에 힘입어 자신들의 짝사랑을 정리하기로 한다.

수현은 기철에게 작별을 고하고 동현은 영혜의 사망 소식을 듣는다. 그리고 동현과 수현은 처음으로 만난다.

● 장윤현 감독 데뷔작. 각본 조명주, 장윤현, 김은정. 한석규, 전도연 출연. 독립영화집단 장산곶매의 단편영화 '오 꿈의 나라'(1989), '파업전야'(1990) 공동 연출로 영화인들 사이에 잘 알려진 장윤현의 본격 장편영화. 인터넷의 전신인 PC 통신을 통해 젊은이들의 방황과 실연의 아픔을 치유하는 내용으로 독창적인 감각과 신세대형 멜로 스타일로 흥행과 비평에서 모두 성공했다. 전도연은 이 작품으로 한국영화 차세대 주자로 발돋움했고 한석규는 전도연과 호흡을 맞춰 신세대 사랑의 방식을 훌륭한 멜로연기로 펼쳐보였다.

또 한국영화에는 한국 노래가 들어가야만 한다는 고정관념을 깨고 삽입곡(Non Original Music) 영화음악 시스템을 본격적으로 적용한 최초의 한국영화이기도 하다. 이미 외화에서 여러 차례 주제곡으로 사용되었던 사라 본의 "A Lover's Concerto"는 한국영화에서는 보기 드물게 OST 앨범이 70만 장이나 팔려나가는 히트를 기록했다. 그 외에도 벨벳 언더그라운드의 "Pale Blue Eyes", "The Look of Love" 같은 팝송의 선곡도 고급스러운 분위기를 연출하는 데 절묘한 효과를 거두었다.

장윤현은 대종상 최우수 작품상과 신인감독상을 수상, 한석규는 대종상 인기남우상, 전도연은 백상예술대상과 영평상에서 신인 여우상, 청룡영화상에서 한국영화 최고흥행상, 부산국제영화상에서 넷팩상을 받았다. 그해 박스오피스 1위, 서울에서만 68만 관객을 동원하면서 1997년도 한국영화 흥행 순위 2위, 전국적으로 150만 명을 기록하는 등 이 영화는 한국의 영화 음악을 부흥시키고 새로운 트렌드를 만들어낸 작품으로 한국 영화산업에 새로운 활력을 불어넣었다. 장윤현은 이후 '텔미썸딩'(1999)을 연출하면서 쿠앤씨필름에서 독립하여 씨앤필름을 설립, 영화 제작에도 참여했다.

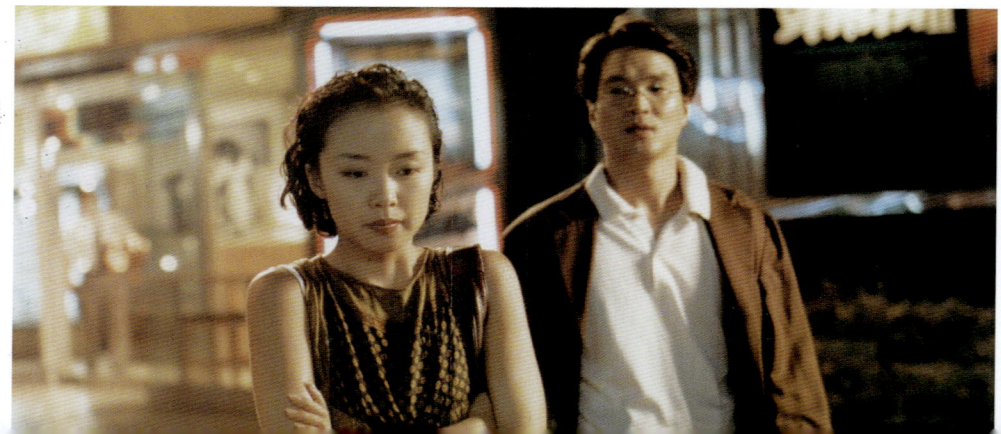

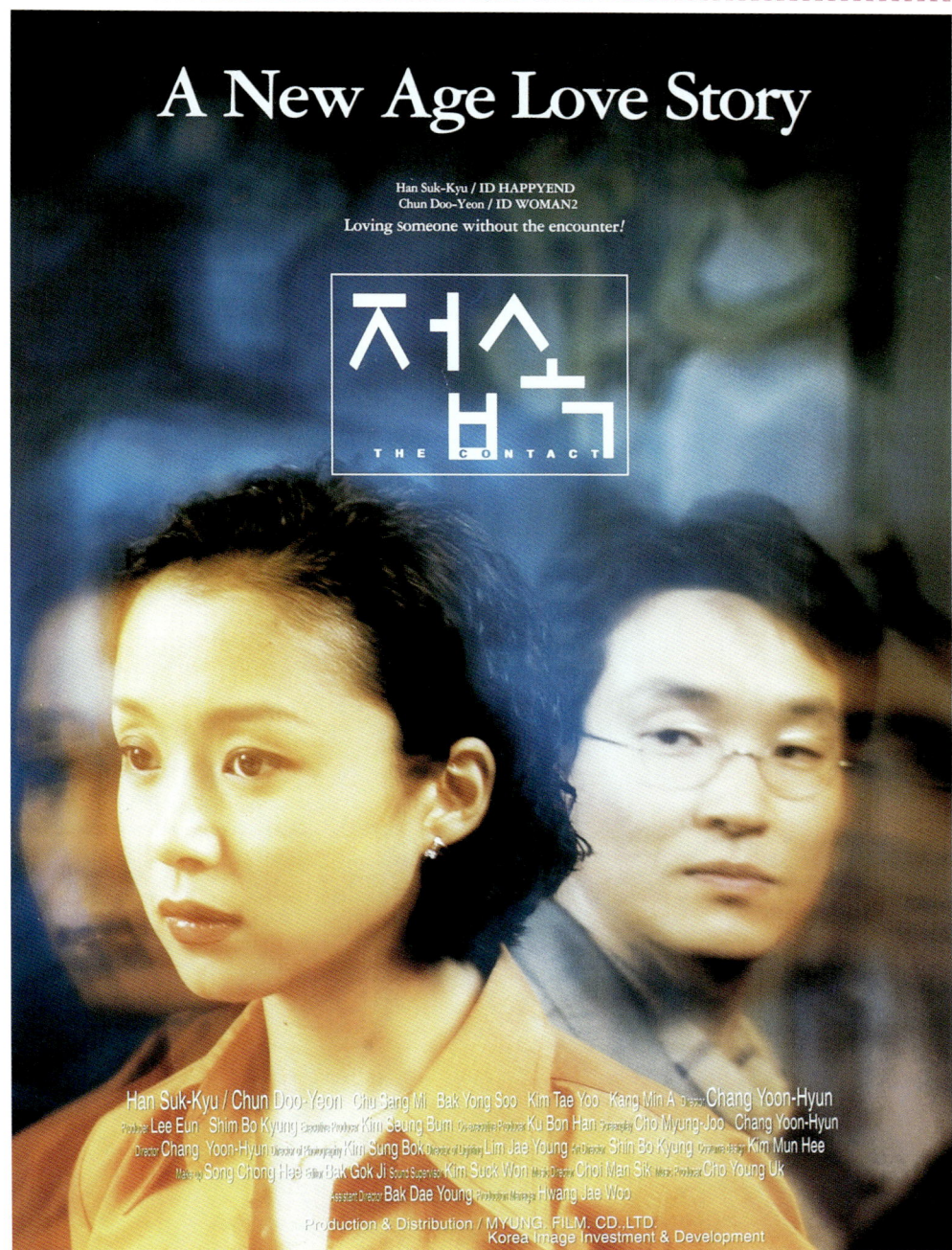

현상수배 懸賞手配 Wanted(1997)

(씨네 2000) 90분 극영화 고등학생
가/코미디

감독 : 정흥순
제작 : 유인택
각본 : 최석원, 정흥순, 고영준, Ant
hony Esan, Arthur Tana
ka(원작 박중훈)
각색 : 토니 이건, 아서 다나카
개봉 : 1997년 9월 27일 대한, 스카
라, 서울극장(서울) 등 9개 관
관람인원 : 6만 1574명(서울)
출연 : 박중훈, 레베카 린, 벤 옥슨볼
드, 스티브 베스토니 외
촬영 : 제프 버튼
음악 : 신대철, Tony King
편집 : 고임표, Jane Masuire
미술 : 숀 캘린넌
소품 : Chris Darvali
의상 : 테리 키블러
분장 : 티나 고든, 니콜 스피로
사운드 : 이병하, 오원철, LIVE TONE
프로듀서 : 허창경
조감독 : 고영준

할리우드 스타를 꿈꾸는 연기 지망생 제이(박중훈), 탁월한 재치로 호주판 '경찰청 사람들'에 갱 두목 써니 역으로 출연하게 된다. 자신의 꿈에 한 발짝 다가선 그는 써니와 흡사한 용모 탓에 번번이 경찰에 붙잡히는 곤욕을 치르지만 모든 것이 흐뭇하기만 하다. 그러던 중 진짜 갱 두목 써니는 자신을 제거하려는 음모를 파헤치기 위해 제이를 이용하기로 한다.

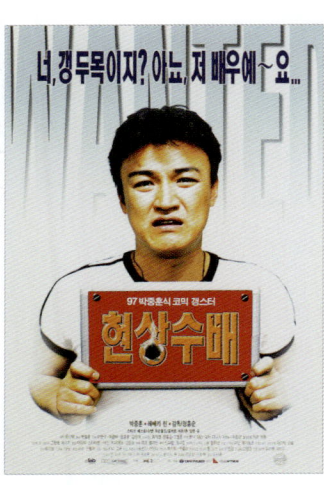

● 정흥순 감독 데뷔작. 이 영화는 박중훈 원작으로 박중훈이 배우 지망생 제이와 갱 두목 써니 등 1인 2역을 해냈다. 캐스팅 보조에서 촬영조명, 기술진, 제작진, 스턴트맨에 이르기까지 뒷 스태프가 모두 미국인 기술진이다. 정흥순은 후에 '가문의 영광'(2002) 연출로 엄청난 흥행 성적을 거둔다.

올가미 The Hole(1997)

(시네마서비스) 100분 극영화 연소자
불가/스릴러

감독 : 김성홍
제작 : 강우석, 김세창
각본 : 여혜영
개봉 : 1997년 11월 1일 스카라, 서울,
롯데월드(서울) 등 15개 관
관람인원 : 14만 1717명(서울)
수출현황 : 미국(97)
출연 : 윤소정, 박용우, 최지우, 문수
진, 이승우 외
기획 : 김의석   촬영 : 이동삼
음악 : 김동성   조명 : 이석환
의상 : 김서령, 이선녀, 김향희
분장 : 김선진, 최현정, 박지은
동시녹음 : 강신규
사운드 : 강대성, 유재광, 박덕수
조감독 : 김세겸, 강창석, 허남종
수상 : 제34회 백상예술대상 신인연
기상(최지우), 제21회 황금촬영
상 금상(이동삼)·신인배우상
(최지우)

30년간 혼자서 아들 동우(박용우)를 키워온 어머니 진숙(윤소정)은 아들에 대한 집착에서 벗어나지 못한다. 동우에게 수진(최지우)이라는 사랑하는 여자가 생기자 며느리로 맞아들이지만 아들에 관한 모든 것은 자기 중심의 영역에 두고 있다. 심지어 아들의 속옷 세탁을 놓고 며느리와 옥신각신 다투는가 하면 아들의 사랑이 며느리에게 향할까봐 수단방법을 가리지 않고 이를 막아낸다. 결국 못살게 구는 시어머니와 우유부단한 남편을 포기한 며느리가 집을 나가자 아들은 뒤늦게 어머니의 집착에 환멸을 느낀다. 그리고 그 일그러진 욕망의 분출은 비극적인 파국을 몰고 온다.

● 감독 데뷔작인 '손톱'(1994)의 성공을 기반으로 만든 김성홍 연출작. 아들에게 집착하는 어머니의 잘못된 사랑으로 끔찍한 비극을 맞게 되는 일종의 스릴러물이다. 영화 '올가미'에서 시어머니 진숙은 아들을 성적인 대상으로까지 상상한다. 이런 영화 내용은 가부장제 사회의 치명적인 위협으로 지적되고 가정과 가족파괴를 암시하여 화제가 되기도 했다.(「영화 '올가미' 한국적 스릴러의 가능성과 한계」, 연합뉴스 97. 10. 27) 서울 관객 14만 명 동원. 며느리 역을 해낸 최지우가 백상예술대상과 황금촬영상에서 신인연기상을 받았다.

모텔 선인장 Motel Cactus(1997)

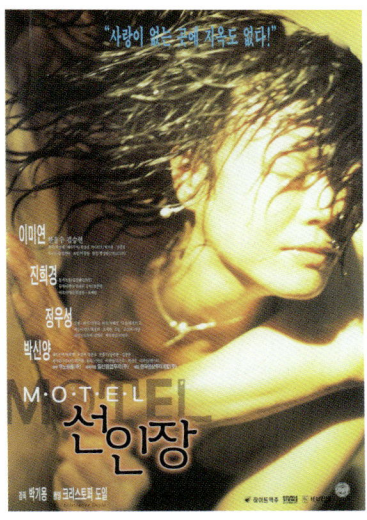

이민구(정우성)는 애인 최현주(진희경)의 생일날 그녀와 함께 여관을 찾는다. 두 사람은 욕실에서, 혹은 방 안에서 격렬한 섹스를 한다. 현주는 민구에게, 그리고 그의 사랑에 집착하지만 민구는 그런 그녀의 집착이 부담스럽기만 하다.

성준기(한웅수)와 윤서경(김승현)은 영화과 학생이다. 두 사람은 실습 작품을 완성하기 위해 연출자와 배우의 입장에서 모텔 선인장으로 찾아온다. 촬영할 친구가 오기를 기다리는 동안 둘 사이엔 설렘과 어색함이 더해간다. 사랑은 그렇게 시작된다.

최현주와 김석태(박신양)는 각자 애인에게 버림받은 상처와 외로움을 달래며 술집에서 술을 마시다 만난다. 두 사람은 만취상태에서 여관에 투숙한다. 석태는 여관방 벽에 옛 애인의 이름을 쓰다 지우고, 현주는 이젠 떠나버린 애인이 남기고 간 액자 앞에서 슬픔을 되새긴다. 하룻밤의 메마른 섹스는 사랑에 이르지 못하고 상처 역시 치유되지 않는다.

김석태와 민희수(이미연)는 대학시절의 연인이다. 두 사람은 선배의 장례식에 참석했다가 다시 만난다. 희수는 가버린 옛사랑을 되살리려 애쓰고, 석태는 감정의 흔들림을 억제하려 애쓴다. 두 사람의 화해는 그들이 사랑의 아픈 기억을 지운 것처럼 보인다. 하지만 말없이 성냥불만 태우는 석태를 바라보는 희수의 눈에는 이미 복원될 수 없는 사랑의 슬픔이 얼룩져 있다.

● 박기용 감독 데뷔작. 각본 박기용 봉준호. 일정한 공간에서 이루어지는 서로 다른 만남과 헤어짐에 관한 영화다. 떠나려는 남자와 잡으려는 여자, 성적 호기심에 이끌린 젊은 남녀, 과거를 추억하며 낯선 사람과 어울리는 남녀, 오랜 시간이 흐른 뒤 다시 만난 옛 연인은 '다툼, 만남, 이별, 그리움과 외로움'의 상징이며 왕가위 감독의 촬영 파트너인 크리스토퍼 도일이 이를 감각적이고 현란한 영상으로 구사했다.

박기용은 제2회 부산국제영화제 뉴커런츠 부문에서 최우수 아시아신인작가상을 수상. 이 영화는 부산국제영화제 기간 중 아시아 영화들을 배급하는 Fortissimo Film Sales와 계약을 체결해 전 세계 배급에 나서고 일찍 개막한 밴쿠버국제영화제, 샌프란시스코국제영화제, 베를린국제영화제, 로테르담국제영화제에 초청되어 호평 및 화제를 모았다. 각본에 참여하고 있는 봉준호는 '플란다스의 개'(2000)로 감독 데뷔한 후 '괴물'(2006)의 흥행 성공으로 한국영화계를 발칵 뒤집어놓은 바로 그 봉준호다.

(우노필름) 90분 연소자불가/멜로

감독 : 박기용
제작 : 차승재, 김승범
각본 : 박기용, 봉준호
개봉 : 1997년 10월 25일 대한, 서울, 씨네하우스, 그랜드시네마(서울) 등 12개 관
관람인원 : 2만 3147명(서울)
출연 : 이미연, 진희경, 정우성, 박신양, 김승현, 한웅수, 김애라, 신동환, 이수남 외
촬영 : 크리스토퍼 도일
음악 : 조준형
조명 : 박종환
편집 : 함성원
미술 : 최정화, 오재원
세트 : 오상만
의상 : 박혜성
분장 : 이경자, 박진숙
동시녹음 : 김경태
사운드 : 임동석, 송철기, 이상준, 오원철, 최태영
프로듀서 : 김선아
조감독 : 봉준호, 장준환, 김종훈
수상 : 제2회 부산국제영화제 뉴커런츠(New Currents) 부문 최우수 아시아신인감독상(박기용), 제12회 스위스 프리보그영화제 심사위원상, 제16회 밴쿠버영화제, 샌프란시스코국제영화제, 베를린국제영화제 및 로테르담국제영화제 초청

내 안에 우는 바람 Wind echoing in my being(1997)

(동녘필름) 110분 극영화 고등학생가/
옴니버스 드라마

감독·제작 : 전수일
각본 : 전수일, 이정애
개봉 : 1997년 10월 25일 허리우드극
　　　장 2관(서울)
관람인원 : 468명(서울)
출연 : 이충인, 박철, 김옥자, 조재현,
　　　김명조, 김명곤, 최정운, 유순
　　　철, 조학자 외
기획 : 이효인
촬영 : 황철현
조명 : 이승구, 임재국
편집 : 박곡지
미술 : 이정애
분장 : 김유임, 이형자
동시녹음 : 손규식, 박혁곤
사운드 : 양대호, 영진공
제작지휘 : 김상오, 박찬형
조감독 : 이정애, 이주호, 남지웅
수상 : 제2회 부산국제영화제 단편영
　　　화 부문 와일드앵글 부문 최우
　　　수작품상, 제50회 칸국제영화
　　　제 '주목할 만한 시선' 경쟁 부
　　　문, 인도 국제영화제, 스위스
　　　프리부르그국제영화제, 제22회
　　　몬트리올국제영화제 초청

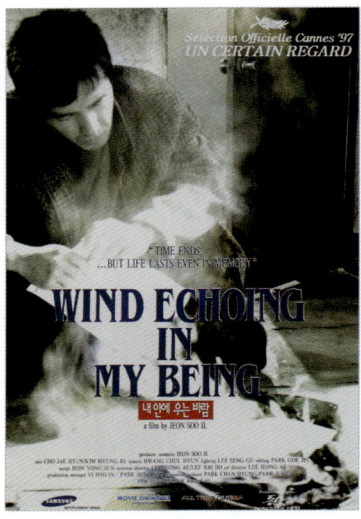

시간을 알기 위해 집을 나온 아이(이충인)가 자신의 놀이에 열중하다 그만 시간을 놓쳐버린다. 갑작스런 천둥과 번개로 전깃불이 꺼지고 집 안의 모든 시계가 정지된다. 다음날 아침, 할머니는 아이를 깨워 마을 시계방에 가서 시간을 알아오라고 한다. 아이는 시계방 노인으로부터 아침 10시라는 것을 안 후, 집으로 돌아오다가 친구들을 만나 즐겁게 논다. 영화는 한 어린 아이를 통해 정지된 시간에 대한 사고를 표현한다.

자신이 꾸는 꿈을 책으로 내려는 청년(조재현)이 비몽사몽 간에 꾸는 꿈들을 소형녹음기에 녹음한 뒤 의식이 들면 노트에 옮겨 적는다. 그 꿈은 주로 어린 시절의 기억과 낯선 곳에 있는 자신의 모습들이다. 그에겐 그와 함께 떠나길 원하는 여자친구가 있으며, 그녀는 그가 책을 완성하기를 기다린다. 청년은 여자와 함께 자신의 고향인 속초로 가고 고향 속초가 이제는 이질적인 공간임을 느낀다. 여행 후 청년은 노트에 자신의 꿈을 완성시킨다. 그러나 책 출간은 부질없다는 생각에 노트들을 불태우고 집을 나선다.

부인(조학자)과 함께 일상을 보내고 있는 칠순 노인(유순철)이 닥쳐올 죽음에 대해 막연한 불안감을 갖게 된다. 그 불안감을 쫓기 위해 노인은 사진을 찍고 초상화를 그리기도 한다. 하지만 죽음의 그림자는 떠나지 않는다. 수의를 맞추고 죽음에 대한 준비를 하기 시작하자 그때부터 치매 증세가 찾아온다.

● 전수일 제작의 옴니버스 영화. 영화평론가 이효인이 기획을 맡았다. 3부작으로 이어지는 세 영화는 각각 유년기, 청년기, 노년기를 통해 삶을 말하면서 자신이 꾸는 꿈을 노트에 기록하려는 시도와 유년의 기억을 되살려 예술을 형성하려는 한 청년의 입장을 그리고 있다. 국제적인 평가에 힘입어 독립영화로서는 어렵게 극장에서 개봉했으나 관객 동원에 실패했다.

야생동물 보호구역 Wildlife Reservation Zone(1997)

미술 공부를 하러 파리에 온 청해(조재현)는 북한 특수부대 출신인 홍산(장동직)을 만난다. 홍산은 프랑스 외인부대로 망명하려는 인물이다.

그들은 의기투합해서 홍산의 무술 솜씨로 돈을 벌다가 마피아 보스(리차드 보링거)의 눈에 들어 스카우트된다. 그들은 먼저 보스의 눈 밖에 난 마약밀매업자 에밀(드니 라방)을 제거해주기로 약속한다. 그런데 에밀은 언젠가 열차 안 검문에서 청해를 도와준 일이 있는 로라(장륜)의 애인이다.

그러나 청해는 자신의 보금자리인 폐선을 지키기 위해 에밀을 살해하고 에밀의 로렉스 시계를 벗겨 홍산에게 준다.

아무것도 모르는 홍산은 로라를 찾아가고 홍산의 손목에 찬 에밀의 시계를 본 로라의 얼굴은 창백하게 변한다. 결국 마피아 내의 세력 다툼 속에서 홍산과 청해는 강물에 던져지고 잔잔한 강물 위로 홍산의 얼굴이 떠오르는 순간 로라는 홍산을 향해 방아쇠를 당긴다. 홍산이 에밀을 죽였다고 생각한 것이다.

(드림시네마) 103분 극영화 연소자불가/느와르

감독 : 김기덕
제작 : 권기영
각본 : 김기덕
개봉 : 1997년 10월 25일 명보프라자, 연흥, 새서울, 롯데월드시네마(서울) 등 7개 관
관람인원 : 5413명(서울)
출연 : 조재현, 장동직, 장륜, 샤샤 뤼카비나, 드니 라방, 리처드 보링제, 나길주, 구자흥 외
기획 : Sung Won 아시아네트워크㈜
촬영 : 서정민
음악 : 강인구
조명 : 김진도
편집 : 박순덕
소품 : Vachon, Regiligs Film, Forum des Arts
분장 : 주은정, 임승희
동시녹음 : 안상호
사운드 : 영진공, 양대호
특수효과 : A.TV
프로듀서 : 박광수
제작지휘 : 최희일
조감독 : 문혜연, 배정민

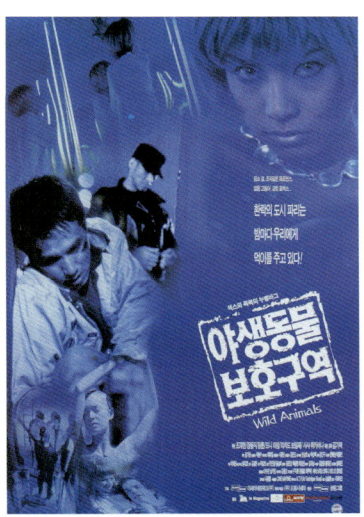

● 김기덕 각본 · 연출작. 프랑스 파리를 무대로 남한 청년과 북한 특수 부대 출신의 탈영병과의 우정과 비극적 결말을 그린 내용. 야생동물이란 파리의 뒷골목을 누비는 불법 체류자들을 가리키는 말로 소외된 인간들의 절박한 삶을 사실적으로 묘사하고 있다. 파리에서 올 로케이션으로 촬영했으며 현지 배우를 캐스팅했다. 그중 '퐁네프의 연인(The Lovers On The Bridge)' (1991)으로 유명한 드니 라방이 로라(장륜)의 애인 에밀 역으로 나온다.

이 영화와 관련하여 감독은 다음과 같은 의견을 편 바 있다.

"이 영화는 6억 5000만 원으로 완성한 해외로케 저예산 영화다. (중략) 나는 스스로 수준을 낮춘 관객들에게 새로운 가능성을 제시하고 싶어 감독이 되었고, 이미지 영화, 새로운 미장센, 풍부한 시퀀스로 박진감 넘치는 장면변화, 자칫 어설퍼 보일지도 모르는 생략과 강조, 새로운 소재와 장르 개척 등, 새로운 영화를 만들기 위해 부단히 노력했다. '야생동물 보호구역'의 관객이 10만 명을 넘지 않으면, 어쩌면 나는 더 이상 영화감독을 하지 않을 것이다. 왜냐하면 첫째는 관객이 없는 영화는 존재할 필요가 없다고 생각하기 때문이고, 두 번째는 제작자에게 제작비 회수를 책임지지 못하기 때문이며, 세 번째는 이런 영화들을 무시하고, 유명배우가 나오는 코미디나 멜로에 박수를 치는 관객들을 위해 내가 계속 창작을 할 이유가 없기 때문이다."(《스크린》, 12월호, 1997년, p.153)

영화는 전국 관객 10만을 넘지 못했다. 그러나 김기덕의 초기 영화로서 감독 특유의 눈부신 색깔을 뿜어내면서 그는 즉시 세 번째 작품인 '파란 대문' (1998)으로 국내는 물론 국제적으로 주목받게 된다.

억수탕 3PM Paradise Bath House(1997)

(제이콤) 84분 극영화 연소자불가/
코미디

감독·각본 : 곽경택
제작 : 김종학
각색 : 송지나, 김광식
개봉 : 1997년 10월 25일 명보프라자
　　　2·4·5관, 서울 6관, 씨네하
　　　우스 1·3관(서울) 등 16개 관
관람인원 : 2만 3147명(서울)
수출현황 : 홍콩(98), 싱가포르(98),
　　　　　대만(98)
출연 : 김의성, 방은희, 서태화, 이정
　　　욱, 양중경, 문희원, 석삼희, 장
　　　기백, 장인한, 나타샤 비올레타
　　　외
기획 : 제이콤, 소베픽쳐스
음악 : 박원탁, 한정림
촬영 : 황기석
편집 : 조인형
분장 : 이명희
동시녹음 : 서장원
사운드 : 박원탁
특수효과 : 민치순
프로듀서 : 백종학, 박성근
조감독 : 소병준, 김태균
수상 : 제2회 부산국제영화제 출품

부산 변두리의 한 공중목욕탕. 한가한 오후 3시쯤이면 나름대로의 사연을 안고 있는 각양각색의 사람들이 억수탕으로 모여든다. 남탕에는 일이 꼬이기만 하는 영화감독 지망생 완기(김의성)와 그에게 제작비를 댈 테니 '풋고추가 좋아' 라는 저질영화를 찍자고 제안하는 영화제작자(문희원), 비뇨기과 의사(양중경), 성병 걸린 스님(이정욱), 동네 건달(서태화) 등이 있다. 여탕은 이상적인 몸매의 모델을 찾고 있는 누드 사진작가 정미(방은희), 다섯 살배기 아들과 시어머니를 데리고 온 철수 엄마(석삼희), 술집 처녀 등으로 시끌벅적하다.

한 아줌마가 남편 선거운동을 위해 엄마들의 등을 밀어주며 선거운동을 벌이자 목욕탕 때밀이 여자는 일거리를 빼앗는 선거 운동원에게 항의하다 싸움이 붙는다. 누드사진 작가는 벗은 몸매가 멋진 사람을 은근히 탐색하고 여장을 한 게이는 여탕에 들어 왔다가 곤란을 겪는다.

● 곽경택 감독 데뷔작. 각본 곽경택. 부산 변두리 대중목욕탕에서 벌어지는 다양한 인간 군상에 초점을 맞추고 있다. 정치 풍자 코미디에 지역정서를 결합시킨 이 영화는 영화 전반이 억센 경사도 사투리로 이야기가 전개되고 목욕탕이 배경인 만큼 한국영화사상 유례없이 많은 누드신이 등장한다. 그러나 음모와 성기가 살짝 보이는 장면은 공윤으로부터 지적되어 뿌옇게 처리됐다.(「지역주민과 함께하는 곽경택 감독의 영화이야기」 2009년 10월 9일 부산 지방 검찰청 동부지청에서, 부산일보 09. 10. 10)

이 영화는 부산국제영화제에 출품돼 호평 받았다. 곽경택은 이후 '닥터K'(1998)에 이어 2년여 간의 공백 기간을 가진 후 영화 '친구'(2001)로 한국영화계를 뒤흔들어 놓는 이변을 낳는다.

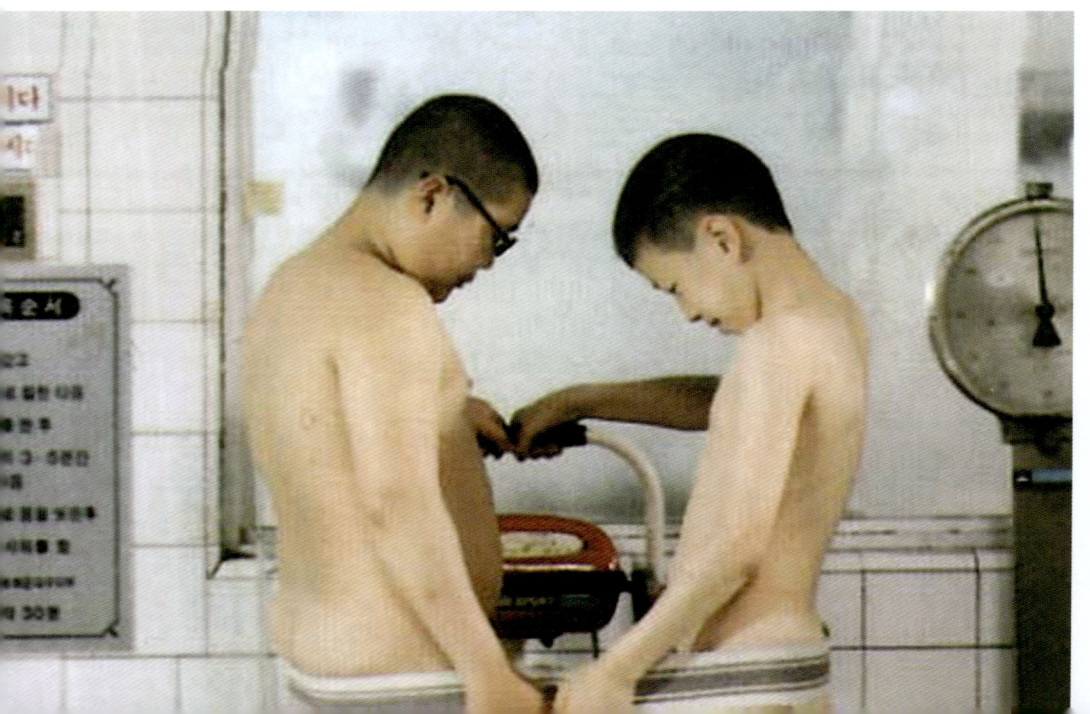

죽이는 이야기 Film-making(1997)

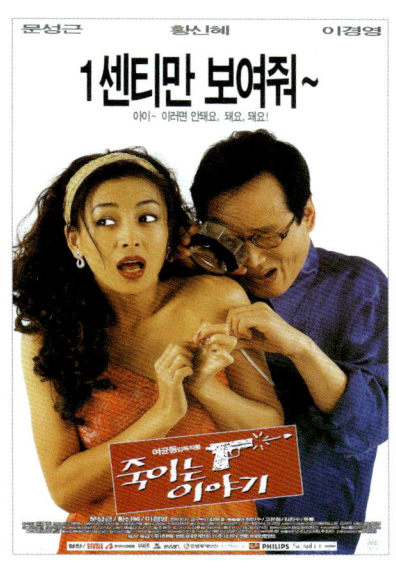

영화감독 구이도(문성근)는 여관방에 몰래카메라를 설치해놓고 여관종업원이 손님들의 정사 장면을 훔쳐보는 이야기를 영화로 만든다는 계획을 세운다. 손질만 잘하면 흥행도 되고 감독으로서의 입지도 세울 수 있다. 영화사 사장(최용민)의 오케이 사인도 받아 났다. 사장은 자신의 정부인 삼류 여배우 말희(황신혜)를 주인공으로 써야 한다는 조건을 내걸지만 그 정도쯤이야 타협할 수 있다. 하지만 삼류 에로물만 전전하던 말희는 연기 변신의 기회라며 벗을 수 없다고 버티고 상대역인 남자 배우 하비(이경영)도 영화에서 액션이 빠질 수 없다며 감독을 부추긴다.

그 과정에서 동네 라이브 카페에서 노래하던 춘자(전이다)를 말희의 대역으로 정하고 구이도는 춘자의 때 묻지 않은 순수함에 자신도 모르게 빠져든다. 슬프고 아름다운 사랑이야기는 음란한 세상의 음란한 이야기가 되어가면서 구이도는 자신이 만들고자 했던 영화로부터 멀어져 가는 것을 느낀다. 마침내 구이도는 말희와 하비를 불러들여 비디오로 찍어 영화로 만든다는 음모를 꾸민다. 그때 여관 종업원이 여관에 묵고 있는 손님들을 녹화해서 구이도에게 넘겨준다. 거기엔 그가 가장 청순하다고 믿었던 춘자가 찍혀 있었다. 구이도는 모든 누명을 쓴 채 몰래카메라 제작범으로 경찰에 구속된다.

● '세상밖으로'(1994)의 여균동 연출작. 각본 이상우, 여균동. 출연 문성근, 황신혜, 이경영. 영화를 만드는 일이 얼마나 힘겹고 치사하며 자존심이 상해야 하는가를 영화 속 영화에 담았다. 영화 제작 과정을 영화화한 페데리코 펠리니의 '8과 ½'(1963)에서 주인공인 영화감독 로이드라는 인물을 차용하여 영화를 만들어야 하는 감독, 작품을 창조해야 하는 예술가, 여자를 상대해야 하는 남자, 또한 삶과 죽음 앞에 서야 하는 사람들의 고뇌에 관한 이야기를 다루고 있다. 영화 속 상상은 흑백으로 촬영됐다. 최민수와 개그맨 김진수가 특별 출연, 조단역들의 열연 등 "완성도가 높다"(한겨레 98. 1. 10)는 평을 들었다. 청평 러브호텔에서 찍었다.

(한맥엔터테인먼트) 98분 극영화 연소자불가/코미디

감독 : 여균동
제작 : 김형준
각본 : 이상우, 여균동
개봉 : 1999년 1월 1일 국도, 명보프라자 2·3관, 피카디리 2관, 영화나라 2관(서울) 등 12개 관
관람인원 : 4만 380명(서울)
출연 : 문성근, 황신혜, 이경영, 정원중, 이인철, 전이다, 고구마, 김옥만, 최용민, 김병호, 최민수, 고은정, 김진수, 유퉁 외
기획 : 김형준
촬영 : 김성복
음악 : 최만식, 고구마
조명 : 임재영
편집 : 이은수
미술 : 오상만, 이경
소품 : 이종필, 김다라
의상 : 박정원
분장 : 장진, 김은심, 류은웅
포스터 : 김훈광
동시녹음 : 김동의
사운드 : 김석원
특수효과 : 정도안
조감독 : 박준현

편지 便紙, The letter(1997)

(아트시네마) 102분 극영화 15세미만
불가/멜로

감독: 이정국
제작: 김진문
각본: 조환유, 이정국, 김무령
(원작 원안 신씨네)
각색: 신철, 한진, 김수영
개봉: 1997년 11월 22일 서울, 씨네
하우스, 시네마천국, 시티시네
마(서울) 등 30개 관
관람인원: 72만 4747명(서울)
수출현황: 미국(99)
출연: 최진실, 박신양, 최용민, 이준
섭, 송광수, 남상미, 박종철, 이
상우 외
기획: 신씨네, 오정완, 김무령
촬영: 박경원
음악: 강민
조명: 조길수
편집: 박순덕
미술: 조용삼
소품: 이태우
의상: 유혜선, 이부희, 윤희
분장: 정경임, 유주현, 고은실
동시녹음: 안상호
사운드: 영진공, 이성근, 소원종, 양대
호
특수효과: 영진공, 씨네올21(CINE
ALL21), 미라클
제작총지휘: 김진문
조감독: 김호준
수상: 제19회 청룡영화상 한국영화최
고흥행상 · 인기스타상(박신양,
최진실), 제34회 백상예술대상
인기상(박신양), 제18회 영평상
남자신인연기상(박신양), 제21
회 황금촬영상 동상(박경원),
최고인기배우상(박신양), 제22
회 몬트리올영화제 초청

서울 근교에서 기차로 통학하는 대학원생 정인(최진실)은 기차를 타다가 남자와 부딪히는 바람에 기차표가 든 지갑을 떨어트린다. 지갑을 전해주러 택시를 타고 쫓아온 남자는 수목원 연구실에 소속되어 유학을 준비하던 환유(박신양)였다. 이렇게 만난 이들은 결국, 결혼해서 수목원 관사에 신혼살림을 차린 후 행복한 나날을 보낸다. 그러나 어느 날 수채화 같은 이들의 삶에 어두운 그림자가 드리운다.

환유가 악성뇌종양을 앓게 된 것이다. 환유는 정인을 위해 수술을 받지만 이미 아무런 가망도 없는 상태다. 환유는 시집을 읽어주는 정인의 목소리를 들으면서 끝내 눈을 감는다.

환유가 죽고 홀로 남게 된 정인은 하루하루 죽은 것 같은 삶 속에 의욕을 잃어간다. 그런 정인에게 남편 환유의 편지가 날아든다. 그때부터 정인은 환유의 편지를 기다리는 기쁨에 살게 된다. 그리고 자신이 환유의 아기를 가졌다는 사실을 깨닫는다. 편지는 남편이 정인을 위해 써놓은 것을 옆집 아저씨가 붙여주는 것이다. 편지는 계속되고 정인은 집을 청소하며 새로운 삶을 살아갈 준비를 시작한다.

● 이정국의 네 번째 연출작이자 히트작. 제작 아트 시네마. 월간여성지 《주부생활》에 한 주부가 기고한 글을 바탕으로 한 멜로드라마. 뇌종양으로 죽기 전 홀로 남게 될 아내를 위해 편지를 쓴 남자의 진실한 사랑이야기를 신세대적 감수성으로 표현한 영화. 최진실, 박신양이 주연을 맡았다. 여주인공 정인(최진실)이 환유(박신양)에게 읽어주는 시는 시인 황동규의 시 「즐거운 편지」다.

경기도 가평의 고요한 아침과 낭만열차는 옛 추억의 향수를 자극하고 수목원의 싱그러운 환경과 두 연인이 오솔길로 자전거를 타고 가는 장면은 방해할 수 없는 그들만의 행복한 순간을 보여준다. 이 영화는 상업적 성공과 함께 폭력 액션, 코믹물 일색이던 당시 한국영화의 흐름을 순수한 사랑의 멜로드라마로 복원시키는 계기를 마련해주었다.

1997년에는 서울 관객 60만 명 이상으로 2위, 1998년으로 이월 상영되어 73만 관객 동원으로 1998년도 한국영화 흥행 순위 1위, 전국적으로 200만 관객을 동원했다. 작품성과 흥행 모두에서 최고의 검증을 받은 이정국은 관객의 마음을 자연스럽게 빨아들이는 "감각 연출의 달인"으로 평가되면서 청룡영화상 한국영화 최고흥행상을 수상, 주인공 박신양이 청룡영화상, 영평상에서 신인남우상과 인기상을 받았고 영화는 몬트리올영화제에 초청됐다.

핫통의 편지로 이어진 영원한 사랑
최진실 & 박신양
편지
the letter

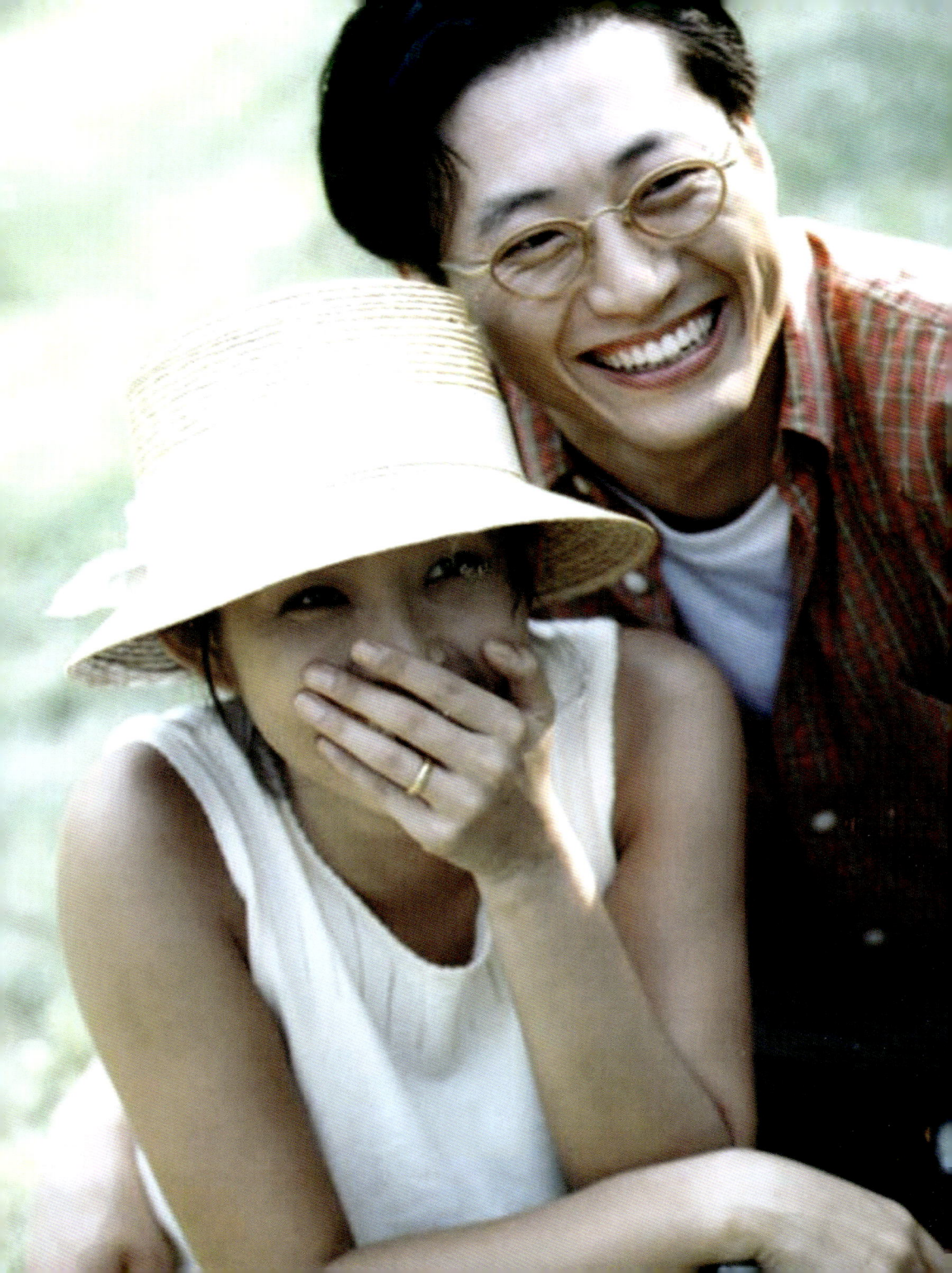

8월의 크리스마스 Christmas in August(1998)

(우노필름) 97분 극영화 15세미만불가
/멜로

감독 : 허진호
제작 : 차승재
각본 : 허진호, 신동환, 오승욱
개봉 : 1998년 1월 24일 피카디리,
코리아, 옴니시네마 2관(서울)
등 47개 관
관람인원 : 42만 2930명(서울)
수출현황 : 일본(98), 슬로베니아(98),
태국(98)
출연 : 한석규, 심은하, 신구, 오지혜,
이한위, 전미선, 권혜원 외
기획 : 조민환
촬영 : 유영길
음악 : 조성우
조명 : 김동호
편집 : 함성원
미술 : 김진한
세트 : 청솔아트
소품 : 최승영
의상 : 박상훈, 안경주, 권영민
분장 : 이경자, 김진숙, 김민선
포스터 : 윤형모
동시녹음 : 김범수
사운드 : LIVE TONE
특수효과 : 방성철
조감독 : 박흥식, 류장하, 신동환,
김일종
수상 : 제36회 대종상영화제 심사위
원특별상(차승재) · 신인감독상
(허진호) · 각본상(오승욱), 제19
회 청룡영화상 최우수작품상
(우노필름) · 여우주연상(심은
하) · 신인감독상(허진호) · 촬영
상(유영길) · 인기스타상(심은
하), 제34회 백상예술대상 작
품상(우노필름) · 여자연기상(심은
하) · 신인감독상(허진호), 제
16회 영평상 최우수작품상(차
승재) · 최우수감독상(허진호) ·
여자연기상(심은하) · 촬영상(유
영길), 제22회 황금촬영상 제작
공로상(차승재) · 신인감독상(허
진호), 제52회 칸국제영화제 비
평가주간, 시카고 · 토론토 · 밴
쿠버국제영화제 초청

서울 변두리에서 작은 사진관을 운영하고 있는 삼십대 중반의 정원(한석규). 시한부 인생을 선고받은 상태지만 그의 일상은 전과 다름없이 담담하고 조용하다. 여학생 사진을 확대해 달라고 아우성치는 남학생들과 젊은 시절의 사진을 복원해 달라는 아주머니, 혼자 와서 영정사진을 찍는 할머니 등 소박한 이웃들과 어울리다 보면 죽음에 대한 공포를 생각할 겨를이 없다. 그러나 생기발랄한 주차 단속원 다림(심은하)을 만난 후 그는 미묘한 마음의 동요를 느낀다. 그녀는 매일 비슷한 시간에 사진관 앞에 와서 주차위반 차량의 사진을 촬영하고 현상을 맡긴다. 단속 중에 일어난 일들을 털어놓기도 하는 다림이 정원은 마냥 예쁘고 사랑스럽기만 하다. 하지만 하루하루 죽음에 다가서는 그로서는 스무 살 초반의 그녀에게 자신의 감정을 털어놓기가 부담스럽기만 하다. 그 후 건강이 악화된 그는 병원으로 실려 가고 정원의 상태를 모르는 다림은 문 닫힌 사진관 앞을 서성인다.

크리스마스 이브. 다림이 초조한 얼굴로 사진관을 찾아온다. 그리고 문 닫힌 사진관 안을 들여다 보던 다림의 얼굴에 환한 웃음 꽃이 번진다. 사진관 진열장엔 이 세상에서 가장 밝게 웃고 있는 그녀의 사진이 액자에 넣어져 걸려 있었다.

● 허진호 감독 데뷔작. 각본 허진호 신동환 오승욱. 제목 '8월의 크리스마스'는 여름처럼 성장해야 할 젊은 주인공이 크리스마스가 있는 겨울에 죽음을 앞두고 있음을 뜻한다. 감독은 남녀 주인공의 미세한 감정의 변화를 놓치지 않는 섬세한 연출로 주제에 차분하고 담담하게 접근했다. 그러나 전체적으로 밝고 선명도가 뛰어난 조명의 눈부심 뒤에는 아릿한 슬픔이 내재되어 죽음과 맞닿아 있음이 드러난다.

"내 그대를 생각함은/ 항상 그대가 앉아 있는 배경에서/ 해가 지고 바람이 부는 일처럼 사소한 일일 것이나/ 언젠가 그대가 한없이 괴로움 속을 헤매일 때에/ 오랫동안 전해오던 그 사소함으로/ 그대를 불러보리라."

이 영화 역시 황동규의 시 「즐거운 편지」에서 모티브를 얻었다고 한다. 1958년 《현대문학》지에 발표된 이 시는 황 시인의 문단 데뷔작으로 영화 '기쁜 우리 젊은 날'(1987)과 '편지'(1997)에서도 낭송되어 뜨거운 사랑을 받았다.

1998년 설날 프로로 개봉되어 "삶에서 가장 눈부시고 아름다웠던 한 시기를 청아한 한 장의 사진으로 뽑아놓은 것 같은 영화", "눈물을 강요하지 않는 품격 높은 멜로드라마"라는 평과 함께 흥행과 비평에서 모두 성공했다. 여성 관객이 뽑은 '올해 최고의 영화'에서 최고의 배우상에 한석규, 최고의 영화감독에 허진호가 선정됐고 허진호는 대종상과 백상예술대상, 영평상에서 신인감독상, 여주인공 심은하는 청룡영화상과 백상예술대상, 영평상에서 여우주연상, 유영길은 청룡영화상 촬영상을 받았다. 서울 관객 42만 명을 동원하여 1998년도 한국영화 흥행 순위 3위를 기록. "오랜 시간이 흐른 뒤에도 보는 이의 마음을 사로잡는 진실된 화면"을 만들어낸 촬영감독 유영길은 이 영화를 끝낸 후 1998년 1월 16일, 개봉을 보지 못한 채 영면했다.

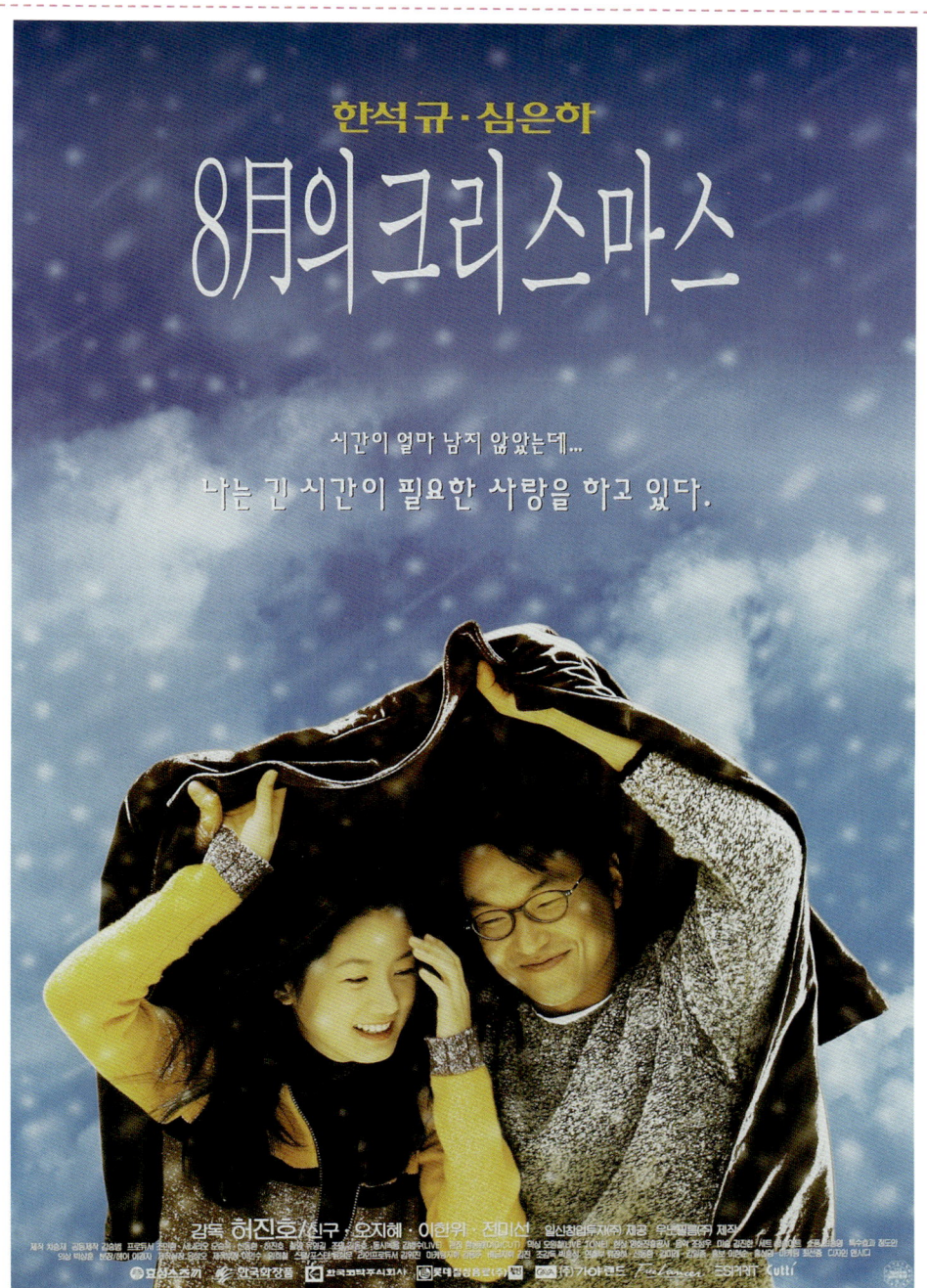

쉬리 Swiri(1998)

(강제규필름) 120분 극영화 15세미만
불가/액션분단

감독 · 제작 · 각본 : 강제규
각색 : 박제현, 백운학, 전윤수
개봉 : 1999년 2월 13일 서울, 명보,
허리우드극장(서울) 등 7개 관
관람인원 : 244만 8399명(서울)
수출현황 : 미국 교민, 호주 교민, 일
본, 홍콩, 대만(99), 그리
스, 노르웨이, 독일, 러시
아, 베네룩스 3국, 스페인,
아이슬란드, 유고슬라비아,
이탈리아, 인도, 인도네시
아, 태국, 터키, 포르투갈,
폴란드, 프랑스, 헝가리
(00)
출연 : 한석규, 최민식, 송강호, 김윤
진, 윤주상, 박은숙, 김수로, 박
용우, 조덕현, 박종문 외
기획 : 강제규, 변무림
촬영 : 김성복
음악 : 이동준
조명 : 원명준
편집 : 박곡지
미술 : 오상만, 박일현
소품 : 최승영
분장 : 신용진, Xeo-Hair
특수분장 : 윤예령, 유영
동시녹음 : 이병하, LIVE TONE
사운드 : 김석원, 블루캡
특수효과 : 정도안, 데몰리션
시각효과 : 조성배
무술감독 : 정두홍
포스터 : 오형근
애니메이션촬영 : 주광
프로듀서 : 이관학, 변무림
조감독 : 백운학, 전윤수
수상 : 제34회 대종상영화제 남우주
연상(최민식) · 조명상(원명준)
· 편집상(박곡지) · 음향기술상
(이병하, 김석원) · 기획상(강제
규, 변무림) · 신인여우상(김윤
진), 제20회 청룡영화상 감독
상(강제규) · 한국영화 최고흥행
상, 제35회 백상예술대상 작품
상(강제규 필름) · 감독상(강제
규) · 최우수연기상(최민식), 제
19회 영평상 각본상(강제규) ·
신인여우상(김윤진) · 기술상(박
곡지) · 특별상(강제규, 변무림),
제22회 황금촬영상 은상 · 신인
연기상(김윤진) · 촬영보조상(윤
홍식) · 최민식 인기배우상, 제

국가 비밀정보기관 O.P의 특수비밀요원 유중원(한석규)과 동료 이장길
(송강호)은 그들에게 중요한 제보를 자청했던 무기밀매상이 저격당하자
그 범인이 특수8군단 소속의 저격수 이방희(박은숙)임을 짐작한다. 그
리고 무기밀매상의 배후를 조사하다가 이방희가 국방과학기술연구소
에서 개발한 신소재 액체폭탄 CTX를 확보하려 했던 사실을 알아낸다.
한편 북에서 침투한 박무영(최민식)과 특수8군단 요원은 군단사령부로
이송 중이던 CTX를 탈취한다. 유중원과 이장길이 뒤쫓지만 이들의 움
직임에 한발 앞서 나타나는 것은 언제나 이방희이며 이로 인해 그들은
서로를 의심하는 상황이 된다. 마침내 유중원은 고 국장(윤주상)과 이장
길에게까지 거짓 정보를 흘리고 독자적인 작전을 개시하기로 한다.
도무지 종잡을 수 없는 상황 속에서 한 달 앞으로 다가온 명현(김윤진)
과의 결혼은 중원에게 또 다른 불행을 예고한다. 그동안 중원은 자신의
특별한 신분 때문에 단 한 번도 명현에게 사랑한다는 말을 전하지 못했
다. 이번 일이 끝나면 함께 여행을 떠나자는 약속만을 남긴 채 중원은
이방희의 행적을 뒤쫓는다. 그의 뜨거운 사랑에 눈물을 흘리는, 전혀
예상치 못한 순간에 명현의 신분이 드러난다.

● 강제규 제작 · 감독 · 각본 · 기획의 1
인 4역 작품. '쉬리'는 한반도의 맑은
물에서만 서식하는 토종 민물고기로서
영화 속에서의 작전명이다. '은행나무
침대'(1995)로 서울에서 45만, 전국
150만 관객을 동원했던 강제규가 3년
만에 만든 두 번째 영화로 다시 한 번
영화계에 새로운 돌풍을 몰고 왔다. 1
년 8개월에 걸친 시나리오 작업, 엑스
트라 등 연 인원 3000명을 동원, 약
31억 원의 엄청난 제작비를 들여 4년
만에 완성됐다. 한국형 블록버스터를
겨냥한 이 영화는 인물과 인물을 둘러
싼 첩보 미스터리에 하드액션과 스릴
러, 감성적 멜로를 조합하여 화려한 볼
거리와 힘이 넘치는 스펙터클을 보여
준다. 예를 들어 북한의 간첩훈련, 특
수군단과 정보기관이 벌이는 실제 무
기를 사용한 시가전 총격전, 터널에서
의 액체폭탄 탈취 장면과 수족관 파괴,
컴퓨터 파일에 이방희의 신상명세서가
뜨는 화면처리 등은 한국영화에서는
볼 수 없었던 새로운 장면들이다. 특히
수족관 파괴와 함께 바닥에서 팔딱거
리던 금붕어의 몸부림은 영화 '쉬리'
가 던지는 주인공의 복잡한, 그러면서
절박한 심리를 반영하고 있다.

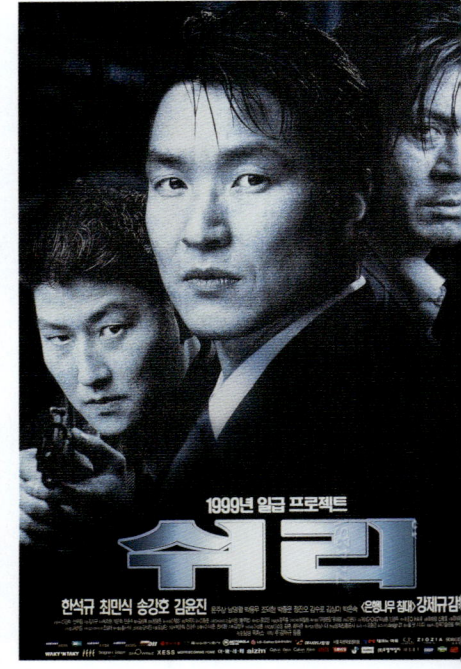

1999년 일급 프로젝트
쉬리
한석규 최민식 송강호 김윤진 은행나무 침대 강제규 감독

주인공 최민식이 대종상과 백상예술대상, 황금촬영상에서 최우수 남우주연상, 김윤진이 대종상 영평상 황금촬영상에서 신인여우상, 영화를 연출한 강제규가 청룡영화상 백상예술대상에서 감독상, 대종상 기획상, 청룡영화상 한국영화 최고 흥행상, 영평상 특별상과 아태영화제에서 심사위원특별상과 편집상을 받았다.

대작영화의 본격적인 탄생을 알리면서 '쉬리'는 서울에서만 244만 8399명, 전국 620만 관객 동원으로 1999년도 한국영화 흥행 순위 1위의 신기록을 달성했을 뿐 아니라 일본을 비롯한 아시아에서 '쉬리 신드롬'을 불러일으키며 세계 영화시장에서 한국영화 진출의 가능성을 제시해 주었다.(이세기 칼럼 「'쉬리'성공과 한국영화산업」, 서울 99. 5. 7)일본에 130만 달러로 수출되어 일본 개봉 3주째 흥행 랭킹 2위를 기록, 2001년 12월 19일에는 프랑스 전국 극장 30개소에서 개봉되었다.

평론가 정성일은 "올 한 해 동안 한국영화는 내내 강제규 감독에 관해서 이야기해야 할 것 같다. 매일 새로운 기록이 세워지고 있으며 이미 이 영화는 이제까지 한국영화에 관한 모든 흥행 기록을 새롭게 만들었다. 찬반양론의 논쟁은 여전히 지속되고 있고 이제는 국방부에서 지정한 전군 정신교육용 영화로 선정되어 '병역의무에 이상이 없는 신체 건강한 병역미필 대한민국 남성'은 누구나 의무적으로 보아야 하는 작품이 되었다."(영화평론가 정성일, 《문화예술》 4월호, 1999년)고 쓰고 있다. 그때까지 100만 관객 동원을 넘긴 영화는 서편제(1993)의 104만 명이 유일했고 이제 100만이 아닌, 200만 이상의 관객 동원을 성취한 '쉬리'로 인해 한국영화 흥행 순위 판도는 큰 변화의 조짐을 예고하게 되었다.

44회 아태영화제 심사위원특별상·편집상

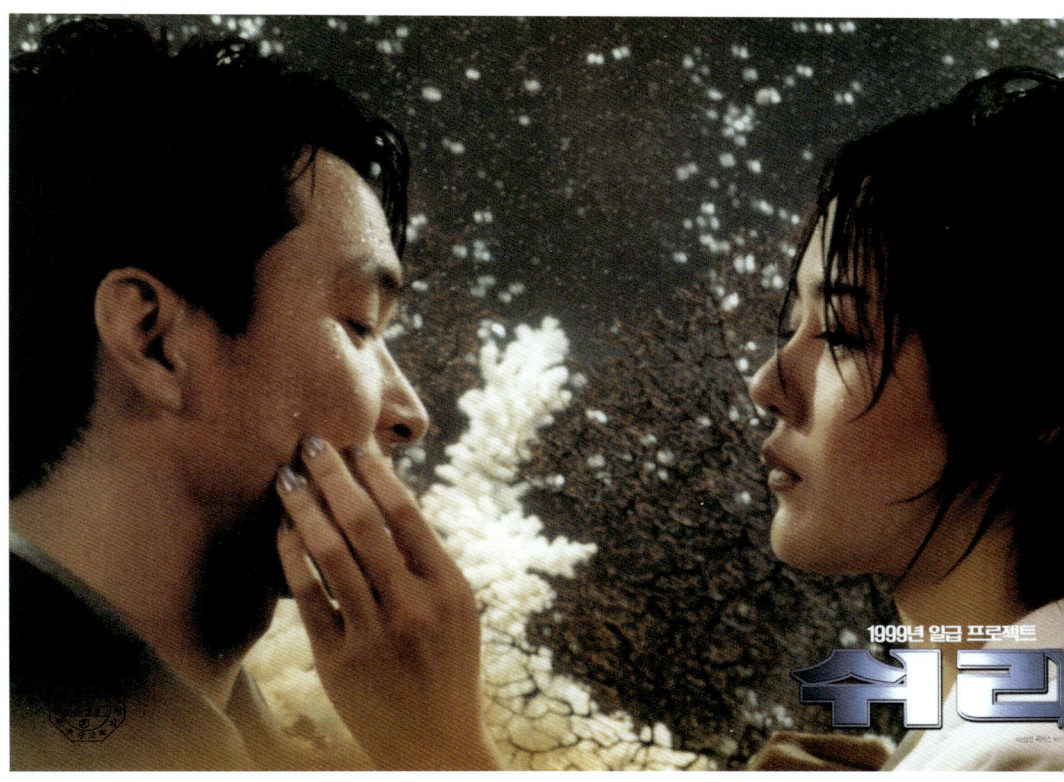

1999년 일급 프로젝트
쉬리

강원도의 힘 The Power of Kangwon Province(1998)

(미라신코리아) 108분 극영화 18세미
만불가/멜로

감독·각본 : 홍상수
제작 : 안병주
개봉 : 1998년 4월 4일 스카라, 동숭
　　시네마텍, CGV강변 11-4·5·
　　6.·7·8관(서울) 등 13개 관
관람인원 : 1만 5967명(서울)
출연 : 백종학, 오윤홍, 김유석, 전재
　　현, 박현영, 임선영 외
기획 : 미라신코리아㈜기획실
촬영 : 김영철
음악 : 원일, 김정희
조명 : 최석재
편집 : 함석원
의상 : 박은영
동시녹음 : 오세진
분장 : 채경화, 김진
사운드 : 최태영, 이인규
특수효과 : 김철석
수상 : 제36회 대종상영화제 신인기
　　술상(촬영: 김영철), 제19회 청
　　룡영화상 감독상(홍상수)·각본
　　상(홍상수)

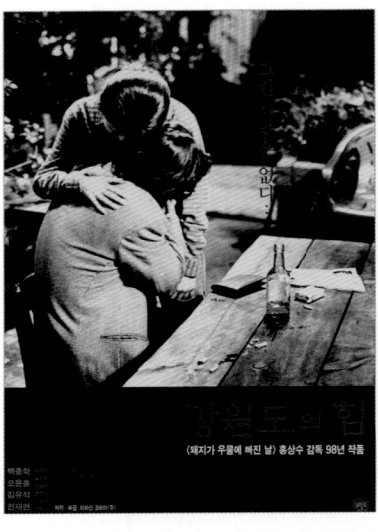

(돼지가 우물에 빠진 날) 홍상수 감독 98년 작품

대학 강사이자 유부남인 상권(백종학)은 자신의 강의를 듣는 학생 지숙(오윤홍)과 사랑에 빠져 있다. 그러나 현실을 극복하지 못한 그들은 헤어지기로 한다. 이별의 상처를 안고 지숙과 상권은 같은 시간, 각자 다른 일행과 강원도를 찾는다.

지숙은 친구들과 함께 강릉행 야간열차에 오른다. 강릉역, 오색약수터, 낙산 바닷가, 낙산사의 그들. 설악산 언저리에서 지숙은 눈이 예쁜 여자와 마주친다. 산기슭에서 발견한 금붕어를 묻어주고 그날 밤, 민박을 안내해준 낯선 경찰관과 술을 마신다. "어떤 사람이 산 정상에서 추락했대. 본 사람은 없고 비명 소리만 들렸대." 경찰관이 조난인지 살인인지 알 수 없는 사건을 들려준다.

교수 임용 청탁을 위해 교수의 집에 찾아간 상권은 조니워커 블루를 내밀고 돌아선다. 그리고 후배의 제안으로 둘은 야간 침대열차를 타고 강릉으로 향한다. 비룡폭포, 케이블카, 대포항, 낙산사를 여행하는 두 사람. "그 친구랑 여기도 왔었다." 지숙과 함께 했던 강원도 여행을 회상하는데 상권은 비룡폭포 어귀에서 길을 묻는 눈이 예쁜 여자를 만난다. 그날 낯선 나이트클럽에서 의무처럼 여자를 사고 무미건조한 섹스를 한다.

서울 늦은 밤 인사동, 드디어 교수에 임용된 상권은 늦은 밤 지숙을 불러낸다. 오랜 이별 끝에 재회한 둘은 여관에 있다.

이른 아침, 자신이 한때 다니던 출판사를 찾아가는 상권. 지하실에서 그동안 잊고 있었던 금붕어를 발견하고 오랫동안 들여다본다.

● 홍상수 각본·연출작. 서로 불륜관계에 있던 남녀가 각각 강원도로 여행을 가지만 같은 시간, 같은 공간에 있으면서도 한 번도 만나지 못한다는 내용이다. 즉 강원도는 우리들 자의식이 빚어내는 시공간의 은유로서 같은 시간, 동일 공간에 있는 두 남녀의 여행은 묘한 대칭을 이루며 그것은 역행과 역설임을 암시한다.(정중헌, 『우리 영화 살리기』, 늘봄, 1999, p.122)
한국영화의 형식미에 새로운 가능성을 제시한 영화로 홍상수는 청룡영화상 감독상과 각본상을 받았다.

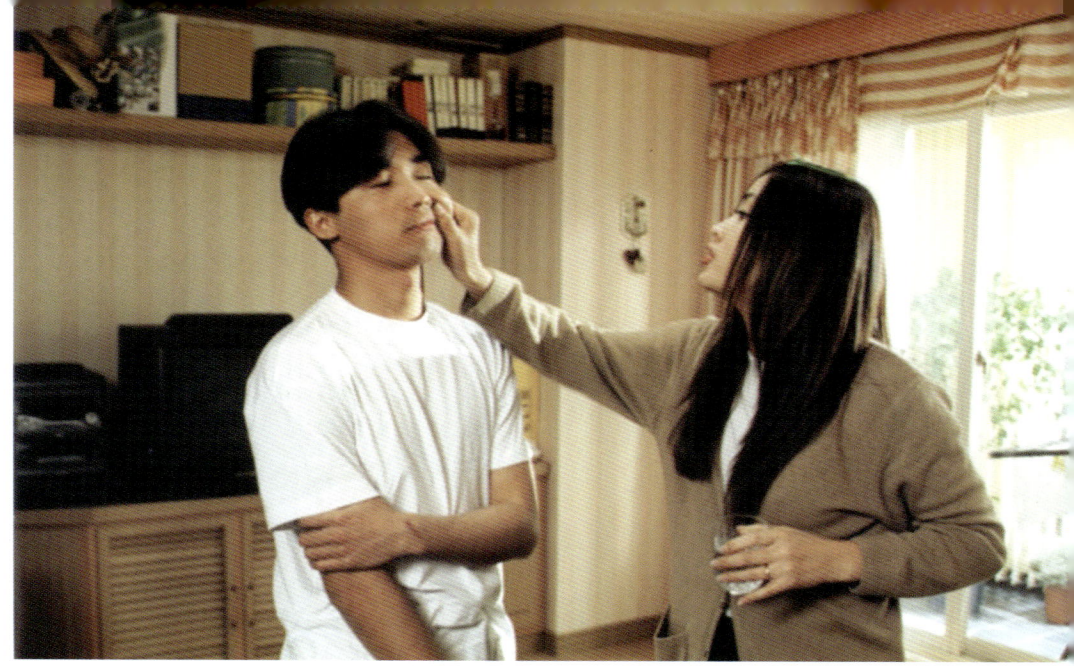

찜 Tie a Yellow Ribbon(1998)

방송국 어린이 프로 AD인 준혁(안재욱)은 중학생 때부터 친구의 누나 채영(김혜수)만을 사랑하는 순정파 청년이다. 향수 연구원 채영은 운명적인 사랑을 꿈꾸다 나이 삼십을 훌쩍 넘긴 노처녀, 마지막 남은 친구마저 결혼 날짜를 정하자 불안해진 그녀는 여기저기 선을 보러 다닌다. 이런 채영에게 조바심이 난 준혁은 술의 힘을 빌어 사랑을 고백하지만 그녀는 냉정하게 거절한다. 실의에 빠진 준혁에게 분장사인 선배가 기발한 아이디어를 제공한다. 여자로 변신해서 채영에게 접근하라는 것이다. 이렇게 해서 준혁의 여장 변신작전이 시작되고 온갖 해프닝이 이어진다.

● '고스트 맘마'(1996)로 감독 데뷔한 한지승의 두 번째 연출작. 김영찬의 각본을 한지승이 각색했다. 첫 작품 '고스트 맘마'의 주요 색채는 이승과 저승을 가르는 건조함과 순백의 사랑을 뜻하는 화이트가 주류를 이룬 데 비해 영화 '찜'은 거의 모든 장면에서 따뜻한 봄 느낌을 강조하는 아이보리를 사용하고 있다. 섬세한 심리묘사와 깔끔한 연출력이 돋보이는 영화다.
　관객은 17만 명 선으로 1998년도 한국영화 흥행 순위 10위. '찜'은 미국 로스앤젤레스에서 동시 개봉됐고 여장으로 출연한 안재욱은 청룡영화상 남자신인상을 받았다.

(황기성사단) 101분 극영화 15세미만
불가/코미디

감독 : 한지승
제작 : 황기성, 박용빈
각본 : 김영찬　　각색 : 한지승
개봉 : 1998년 5월 16일 명보프라자
　　　2관, CGV강변 11·1·3·4·
　　　6·8·9·10·11관(서울) 등
　　　30개 관
관람인원 : 16만 8813명(서울)
출연 : 김혜수, 안재욱, 김희라, 주호
　　　성, 이두일, 강성진, 홍석천, 박
　　　철, 김호진, 김승우, 권해효, 이
　　　상인, 조선묵, 김중배 외
기획 : 황경성　　촬영 : 김성복
음악 : 이동준　　조명 : 원명준
편집 : 경민호　　미술 : 신보경
세트 : 오상만
소품 : 김민오, 강승원, 서명혜
의상 : 권지원, 전영아, 최윤희
분장 : 김청경, 김수영
특수분장 : 김성문, 유태영
동시녹음 : 김원용, 김동의
사운드 : 이병하, 오원철
조감독 : 배형준
수상 : 제19회 청룡영화상 남자신인상
　　　(안재욱)

조용한 가족 The Quiet Family(1998)

(명필름) 103분 극영화 18세미만불가/
코미디
감독 · 각본 : 김지운
제작 : 이은, 이미연
개봉 : 1998년 4월 25일 CGV강변
  1 · 2 · 3 · 4 · 5 · 6 · 7 · 8 ·
  9 · 10 · 11관, 피카디리 2관(서
  울) 등 42개 관
관람인원 : 34만 3946명(서울)
수출현황 : 필리핀, 중국, 대만, 호주,
  북미/캐나다, 스칸디나비
  아(99)
출연 : 박인환, 나문희, 최민식, 송강
  호, 이윤성, 고호경, 지수원, 이
  기영, 기주봉, 정지현 외
촬영 : 정광석
음악 : 조영욱, 전상윤
조명 : 박현원
편집 : 고임표
미술 : 오상만
세트 : 오상만
소품 : 이준현
의상 : 최영기
분장 : 김구옥, 손삼주
특수분장 : 신재호
포스터 : 오형근
동시녹음 : 한철희
사운드 : 김석원, 이성진
특수효과 : 정도안
조감독 : 박대영, 김상우, 이소영, 이안
  규
수상 : 제18회 영평상 미술기술상(윤
  응원), 포르투갈 판타스포르토
  영화제 베스트 필름상, 제29회
  베를린국제영화제 포럼 부문,
  스페인 시체스영화제, 브뤼셀
  판타스틱 영화제 출품

IMF 시대를 맞아 아버지(박인환), 어머니(나문희), 삼촌(최민식), 영민(송강호), 아들 미수(이윤성), 딸 미나(고호경) 등 6인 가족은 산장을 운영하기로 한다. 이정표를 박고 간판을 달고 산장 개업 준비를 끝낸 그들은 손님맞이에 들어간다. 손님이라곤 코빼기도 보이지 않다가 문을 연 지 2주 만에야 첫 손님이 등장한다. 그런데 다음날 아침 그 손님은 싸늘한 시체가 되어 있다. 신분을 알아낼 수 있는 지갑도 없었다. 부모는 전과 기록이 있는 아들을 의심하지만 가족 이기주의로 이 사건은 무마된다. 아들은 가족들로부터 보이지 않는 불신과 보호를 동시에 받고 있는 것이다. 가뜩이나 장사가 되지 않아 걱정하던 터라 그들은 시체를 암매장한다.

다음에 온 손님은 이곳을 동반자살 장소로 선택한 남녀다. 다음날 이들 남녀도 시신이 되어 방안에 누워 있다. 그때 동반자살했던 남자가 살아나자 가족 중 하나가 얼떨결에 그 남자를 살해한다. 산장 가족은 경악하지만 일을 크게 만들고 싶지 않아서 두 번째 매장 역시 조용히 치른다. 이들은 어느새 살인과 매장에 이력이 붙는다. 어머니는 가족들이 매장을 하고 돌아오면 수고했다면서 맛있는 음식을 만들어 제공하고 매장 솜씨가 빠른 아들은 매장 손놀림이 서툰 삼촌을 비웃으며 방법을 가르친다. 이후 손님마다 몰래 매장해야 하는 사태가 벌어지고 산속의 시체는 쌓여만 간다. 설상가상으로 비바람이 몰아치면서 얇게 매장했던 시체가 드러나자 이들 가족은 창고 속으로 시체를 옮겨놓는다. 그들도 산장의 운명을 모르는 듯하다.

● 김지운 감독 데뷔작. 1997년 영화주간지 《씨네21》에 당선한 자작 시나리오를 영화화한 작품. 1인칭 내레이션으로 시작되는 이 영화는 가족들로부터 한 발자국 비켜서서 산장 내부를 조망하는 가족의 막내딸인 미나(고호경)의 객관적 시선으로 진행된다. 딸의 시선을 통해 문을 열고 닫으며 외부의 방문객보다는 산장 내부를 공개하는 영화적 전략으로 가족의 인물 묘사에 치중하고 있다. 그리고 누가 누구를 왜 죽였느냐가 아닌, 어떻게 살인이 일어나고 그 살인이 어떤 모습으로 현실을 일그러뜨렸는가에 역점을 둔다.

감독은 시나리오 당선 인터뷰에서 "권태와 죽음, 산장 이미지와 할머니가 들려주던 옛날이야기를 함께 묶어 만든 영화"(「명필름 '조용한 가족' 크랭크인」, 연합 97. 11. 7, 《씨네21》 98. 6. 2)로 이를 소개한 바 있다. 연극 연출가 출신답게 감독은 코미디와 연쇄살인극의 결합이라는 벽을 경쾌하게 돌파하면서 특정 장르에 국한되지 않으려는 자유로움을 특징으로 내세웠다. 코미디 영화 치고는 음산하고, 공포영화 치고는 죄의식 없는 연쇄살인이 자행되는 이른바 냉혹 블랙코미디로 볼 수 있다.

이 영화는 개봉되자 평단의 찬사와 마니아들의 열렬한 지지를 받으며 흥행에서도 성공했다. 서울 관객 34만 3946명 동원으로 1998년도 한국영화 흥행 순위 6위, 포르투갈 판타스포르토영화제 베스트 필름상을 수상, 스페인 시체스영화제, 브뤼셀판타스틱영화제, 베를린국제영화제 포럼 부문 등에 출품됐다.

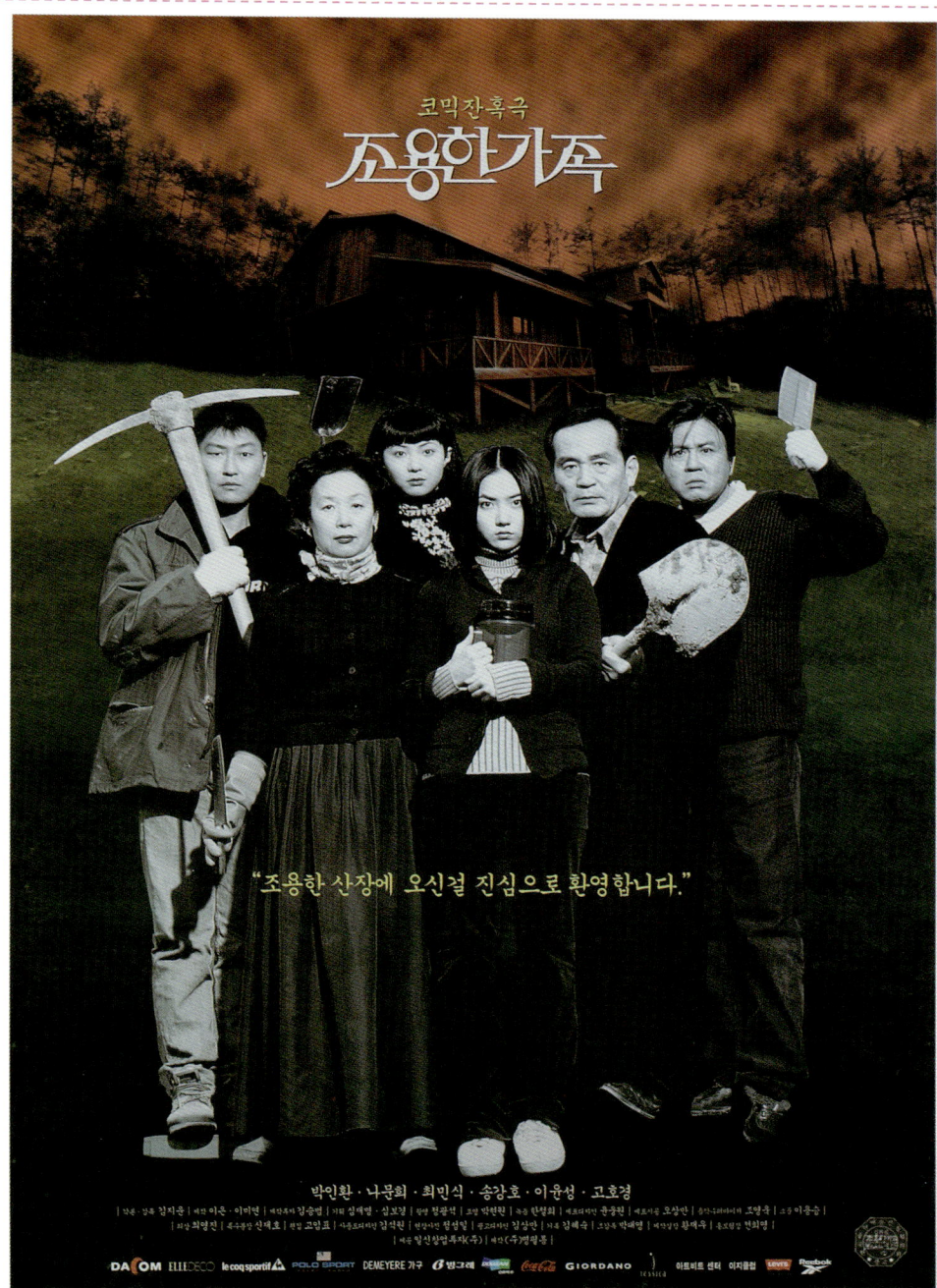

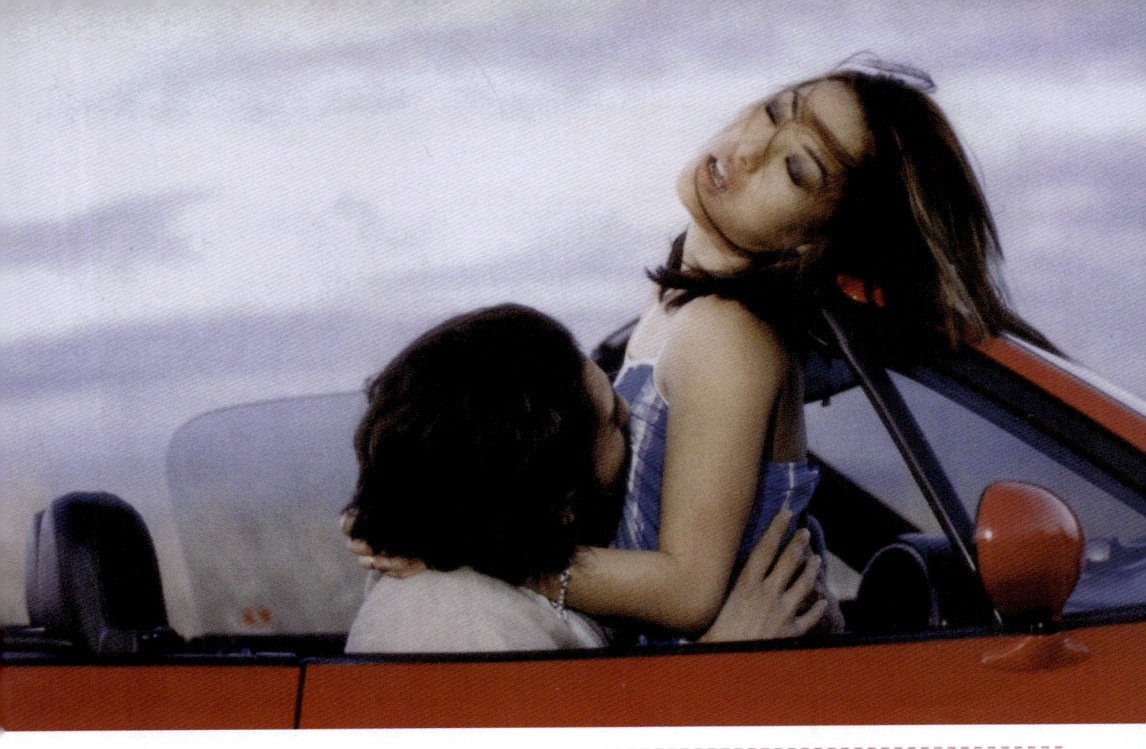

물위의 하룻밤 A night on the water(1998)

(우림영화) 100분 극영화 18세미만불가/멜로

감독 : 강정수　제작 : 김용석
각본 : 강정수(원작 김재식)
개봉 : 1998년 5월 30일 단성사, 서울 3, 7관, 코리아 1관, 국도극장(서울) 등 28개 관
관람인원 : 9만 854명(서울)
출연 : 이승희, 유지하, 윤희정, 조디 톰슨, 제프 앤더슨 등 캐나다 연기진 외
기획 : 이은수, 강정수
촬영 : 신옥현　음악 : 구훈
조명 : 김강일　편집 : 박순덕
미술 : 강창섭, 강성숙
세트 : 삼양스튜디오
소품 : 이정호, 양경희
의상 : 김다희, 한윤희
분장 : 장지영, 장명숙
동시녹음 : 김원용
사운드 : ㈜Lead Sound, 강대성, 김윤겸, 유재광
제작ㆍ총지휘 : 조민희

캐나다 투자회사에 입사한 백성하(유지하). 유색인종에 대한 보이지 않는 편견과 질시에도 불구하고 회사에서 가장 인정받는 딜러로 성장한다. 하지만 자신의 감각만을 믿고 무리한 투자를 감행한 탓에 성하는 회사를 파산으로 몰아가고 드디어 해고 통지를 받는다.

　술과 도박 등 방황의 길에 들어선 성하는 우연히 피비(이승희)라는 여자를 만나 하룻밤을 보낸다. 어린 시절 양아버지에게 성적학대를 당한 후 치유할 수 없는 상처를 안고 살아가는 피비에게는 데킬라와 섹스, 마약만이 삶을 지탱해주는 수단이자 탈출구다. 타국에서 살면서 이방인으로서의 고독을 느끼며 방황하던 피비와 성하는 각자의 상처를 서로 감싸며 어려운 곡예 같은 사랑을 시작한다. 그러나 그것도 잠시, 피비는 성하와의 과분한 행복이 자기 때문에 깨질 것이라는 강박관념에 시달리다 또다시 거리로 나선다.

● 강정수 각본ㆍ기획ㆍ연출작. 《플레이보이》지에서 '노랑나비'라는 별명으로 알려진 한국의 누드모델 이승희를 기용한 성인 취향의 멜로물. 이승희는 이후 '온라인 섹시 100명의 여성'에 뽑히고 미국 ABC-TV의 인기시리즈 '로스트' 시즌 3에 캐스팅되기도 했다. 이승희의 팬들이 벌떼처럼 몰려들리라는 예상(유지나, 『멜로드라마란 무엇인가』, 민음사, 1999년, p.236)과는 달리 흥행실패. 이 영화는 캐나다 올로케이션, 캐나다 기술진이 대거 동원되었다.

세븐틴 Seventeen(1998)

유복한 가정에서 자란 예진(김지혜)은 우등생이지만 남몰래 백댄서를 꿈꾸는 여고 2년생. 그를 좋아하는 같은 학교 방송반의 상록(강성훈)은 반장에 모범생이지만 만사에 소극적이다. 부모의 반대로 백댄서를 포기한 예진은 상록과 키스하고 캐나다행 비행기에 오른다. 또 다른 주인공 준태(은지원)는 성격이 급한 편이지만 마음이 여리다. 전교 수석이며 냉혹한 합리주의자 대곤(고지용)과 한바탕 싸움을 벌인 끝에 준태는 학교를 그만두고 거리로 나선다.

'삐끼'로 일하게 된 준태는 남자처럼 덜렁대면서도 속 깊고 정 많은 여자 삐끼 지지(김은미)에게 애정을 느낀다. 첩의 자식 종수(김재덕)는 오토바이 폭주로 자신의 상처를 위로하면서 주유소에서 일하는 티티(이혜련)와 사귄다. 그들은 오토바이를 타고 동해 바다로 가서 자유를 즐기지만 종수 아버지가 보낸 사람들의 추격을 받는다.

● 정병각 각본·연출작. 한국영화사상 최초로 소액주주 270명을 모아 '국민주 공모'라는 특이한 방식으로 제작되었다. 당시 천정부지로 인기가 치솟던 10대 댄스 그룹 젝스키스를 내세운

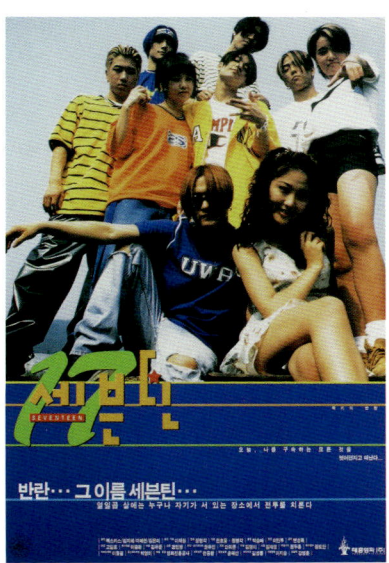

이 영화는 젝스키스 멤버의 리더 은지원을 비롯해 이재진, 고지용, 강성훈, 김재덕, 장수원 등이 출연, 10대들의 고민과 갈등, 좌절과 방황을 그리고 있다. 은지원은 박정희 대통령의 친누나인 박귀희 여사의 외손자다. '티티' 역의 이혜련은 이후 가수 유니로 활동했으나 2007년에 자살했다.

젝스키스가 영화에 출연한다는 소식이 알려지자 촬영장소인 오산고등학교에는 연일 새벽부터 10대 팬들이 장사진을 이루어 3~4시간씩 촬영이 지연됐다고 한다. '젝스키스(Sechskies)'는 독일어로 '여섯 개의 수정'이란 뜻. 1997년 4월, '학원별곡'이라는 곡으로 가요계에 데뷔한 후 만 3년 만인 2000년 5월 18일에 해체되었고 은지원은 KBS-TV '1박 2일' 등 다양한 예능 프로그램에 출연 중이다.

(태흥영화) 98분 극영화 15세미만불가 /하이틴

감독 : 정병각
제작 : 이태원
각본 : 권호웅, 정병각
개봉 : 1998년 7월 17일 대한, 동아 2.3관, 씨네하우스 4관, 영화마당 2관(서울) 등 16개 관
관람인원 : 5만 2389명(서울)
출연 : 은지원, 강성훈, 이재진, 장수원, 김재덕, 고지용, 김지혜, 이혜련, 김은미, 고동업 외
기획 : 이태원
촬영 : 박승배
음악 : 변성복, 이종필
조명 : 이민부
편집 : 고임표
미술 : 김유준
소품 : 정민영
의상 : 권유진
포스터 : 박영미
분장 : 안희주, 황정원
동시녹음 : 이충환
사운드 : 광화문 레코딩 스튜디오, 이상돈, 서재영
특수효과 : 정도안
무술감독 : 정두홍
조감독 : 강영훈, 장영권, 정희성, 문동식, 박세용

여고괴담 女高怪談, Whispering Corridors(1998)

(씨네 2000) 107분 극영화 15세미만
불가/스릴러

감독 / 박기형
제작 / 이춘연
각본 / 인정옥, 박기형
개봉 / 1998년 5월 30일 스카라,
CGV강변11-1·2·3·5·8·
9·10·11관(서울) 등 45개 관
관람인원 / 62만 1032명(서울)
수출현황 / 일본, 필리핀, 중국, 대만
(98), 홍콩(99), 영국(00)
출연 / 이미연, 김규리, 박용수, 최세
연, 윤지혜, 박진희, 이용녀, 김
유석, 유연수, 김뢰하 외
촬영 / 서정민
음악 / 문승현, 유재광, 박정호
조명 / 신준하
편집 / 함성원
미술 / 강창길
세트 / 김희정
소품 / 정찬경, 류승완, 박정
의상 / 이진희, 박미, 권현란
분장 / 박지현, 조인숙, 신자영
특수분장 / 박선지
동시녹음 / 이태규
포스터 / 오형근
사운드 / 강대성, 김윤겸, 박덕수
특수효과 / 정도안
시각효과 / 유동욱
프로듀서 / 오기민
조감독 / 최익환
수상 / 제36회 대종상영화제 조연여
우상(이미연), 제7회 춘사영화
예술제 새얼굴 여자연기상(김
규리), 제22회 황금촬영상 신인
연기상(김규리)

겉으로 보기에는 생기발랄하기만한 여고 교정, 그곳에서 의문의 사건이 벌어지고 있다. 먼저 10년 전에 진주라는 여학생이 죽었다. 그녀의 친구 은영(이미연)은 10년 후 모교 교사로 부임해온다. 교사 두 명이 차례로 의문의 죽음을 당한다.

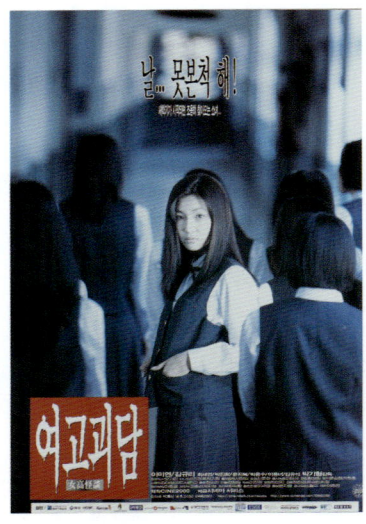

비 내리는 오후, 교무실에서 여교사 박기숙(이용녀)이 혼자 남아 교무수첩을 뒤적이고 있다. 다음날 날이 밝자 가장 먼저 등교한 지오(김규리)와 제이(최세연)가 고목에 매달린 박기숙 선생의 시체를 발견한다. 한편 새로 담임이 된 미친개 오광구(박용수)는 집안 배경이 좋은 소영(박진희)만 총애하고 만년 2등인 정숙(윤지혜)에게는 집안 환경까지 들먹거리며 모멸감을 준다. 털털한 성격에 성적과 담을 쌓고 지내는 지오 역시 미친개 담임의 구타 대상 1호다.

은영은 여고 시절 자신의 담임이기도 했던 박기숙 선생이 죽기 전날 밤 "진주가 여기 있다. 계속 학교에 다니고 있다"라는 자신의 전화기에 남긴 메시지를 되새기며 옛 친구 진주의 죽음을 떠올린다. 흉흉한 소문이 떠도는 가운데 만년 2등 정숙은 담임의 모욕을 참지 못해 비관 자살하고, 미친개 담임은 숙직 중 실종된다. 은영은 집요한 추적 끝에 학교 내의 모든 죽음이 진주와 관련되어 있음을 알아낸다.

● 박기형 감독 데뷔작이자 대표작. 각본 인정옥, 박기형. 이미연, 김규리 주연. 한을 품고 죽은 여학생의 원혼이 10년 동안 그 학급에 머물러 떠돌고 있다는 섬뜩한 설정을 내세운 공포영화.
선생과 학생의 관계가 오로지 성적이나 가정형편으로 평가되는 학교현실을 '공포'라는 매개를 통해 폭로하고 있다. 이로 인해 교육계의 보수적인 인사들로부터 거센 항의를 받았고 교총은 영화의 상영 중단 의견을 내놓기도 했다.(「'여고괴담' 명예 훼손 논란」, 현대 불교 98. 7. 8, 정중헌, 『우리 영화 살리기』, 늘봄, 1999, p.129) 그러나 "교육현실에 대한 비판적 메시지를 올바르게 지적하고 요령 있게 연출했다"는 평단의 지지를 받아 개봉과 함께 흥행에서도 성공했다. 서울 지역 개봉관에서 62만, 전국 150만 명 동원으로 1998년도 한국영화 흥행 순위 2위. 이어서 "여고괴담 두 번째 이야기"(1999) "여고괴담 세 번째 이야기-여우계단"(2003) "여고괴담 4-목소리"(2005) "여고괴담 다섯번째 이야기"(2009)가 만들어졌다.

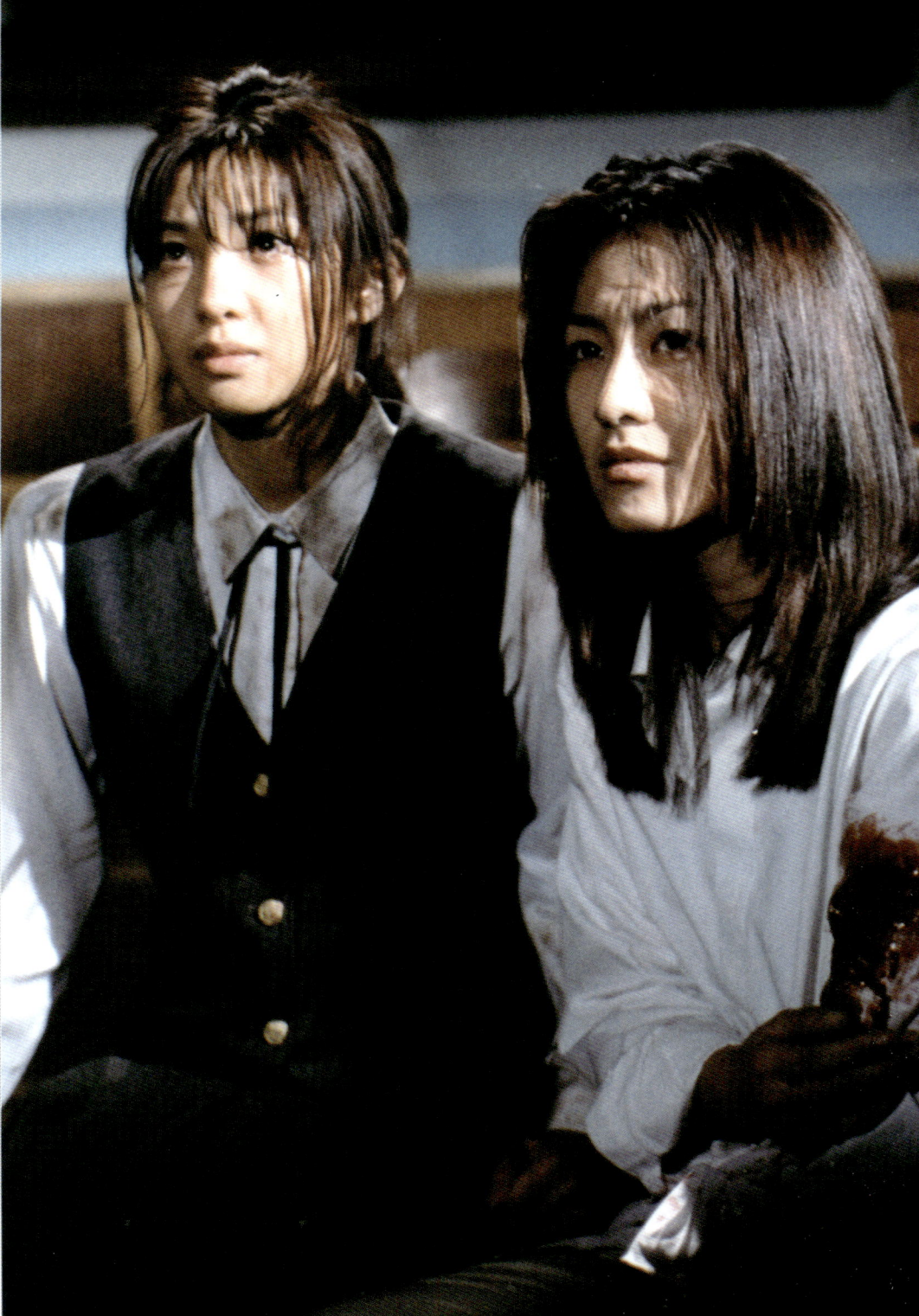

생과부 위자료 청구소송

Bedroom and Courtroom(1998)

(시네마서비스) 116분 극영화 18세미
만불가/사회물

감독·제작 : 강우석
각본 : 오시욱(원작 엄인희)
개봉 : 1998년 8월 1일 서울 1,2,6관,
　　　　CGV강변11-1·3·5·6·8관
　　　　(서울)등 23개 관
관람인원 : 14만 7037명(서울)
출연 : 안성기, 문성근, 황신혜, 심혜
　　　진, 명계남, 독고영재, 배장수,
　　　오동진, 안영준 외
촬영 : 정광석
음악 : 김동성
조명 : 김동호
편집 : 김현
미술 : 조용삼
소품 : 김태욱
의상 : 김서령
분장 : 김선진
동시녹음 : 강신규
법률자문 : 오세훈
광고사진 : 손기철
사운드 : ㈜리드 사운드, 강대성, 김윤
　　　겸, 유재광
제작총지휘 : 김세창
프로듀서 : 김미희
조감독 : 허승준, 유진일

대기업 과장 추형도(문성근)는 어느 날 지방으로 대기 발령을 받는다. 그는 모든 정열을 바쳐 노예처럼 일했으나 폐기처분되는 자신이 후회스럽기만 하다. 이때 아내 이경자(황신혜)는 회사가 남편에게 과도한 노동을 시키는 동안 자신도 생과부로 지내왔다며 일산그룹을 상대로 2억 원의 위자료를 청구한다. 변호사를 구하는 등 적극적으로 나서자 추형도는 이를 말리지만 경자는 물러서지 않고 변호사 이기자(심혜진)와 의기투합하여 소송을 준비한다. 회사법인 변호사는 바로 이기자의 남편 명성기(안성기), 이들 부부는 워낙 사이가 나쁜 데다 '생과부 소송' 건으로 더욱 적대 관계가 된다.

　그런데 대기발령 중에도 신소재 섬유개발을 위해 동분서주하던 남편 추형도가 법정에서 자신의 사생활, 성생활을 만인 앞에 밝히자 경자는 남편에 대한 배신감과 수치심 때문에 의기소침해진다. 그러나 이기자 변호사는 자신의 처지도 경자와 다르지 않다면서 끝까지 포기하지 말자고 격려한다. 한편 이기자의 남편 명성기는 경자가 속옷만 걸친 채 남편 앞에서 추었던 야한 춤, 야한 음담패설이 적힌 편지 등을 폭로하며 경자를 성욕이 지나치게 많은 여자로 몰아간다. 이에 맞선 이기자는 일산그룹의 방만한 기업 운영 때문에 소모품으로 전락한 추형도가 회사에서 살아남기 위해 발버둥치는 동안 아내 경자는 심한 "애정 결핍"을 겪어 왔음을 강조한다. 피고와 원고 간의 설전이 심화되면서 네 사람은 공방전으로 치닫는다.

● 강우석의 법정영화. 원작 엄인희의 희곡. 영화가 상영된 1998년은 IMF 한파가 휩쓸아친 시기로 어려운 국가경제와 맞물려 구조조정, 실업 등의 시대상을 영화에 적절하게 반영했다. 종국에는 아내 이경자와 이기자 변호사가 승소하게 되는데 재판부의 판결은 다음과 같다.

　"원고 이경자가 남편에게 성적 요구를 하는 것은 여자로서 아내로서 정당한 권리이며 성적인 욕망과다로는 볼 수 없다. 피고 주식회사 일산은 고의, 과실로 타인에게 손해를 끼쳤을 때 손해배상을 해야 한다는 민법 제750조에 의거하여 이에 상당한 금액 2억을 원고 이경자에게 지급하라."

　법률 자문에 오세훈, 이장호, 우윤근, 최재천, 김봉석, 김상곤 등 변호사와 영화감독이 참여했고 배장수, 안영준, 오동진 기자 등이 보조 출연했다.

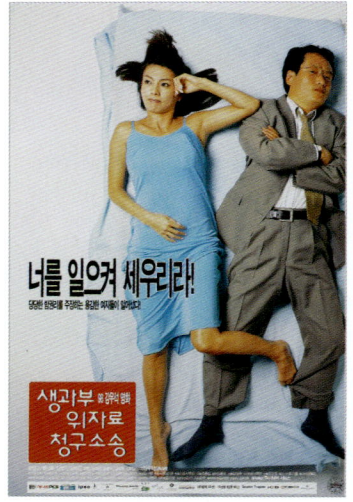

너를 일으켜 세우라!

생과부 위자료 청구소송

엑스트라 Extra(1998)

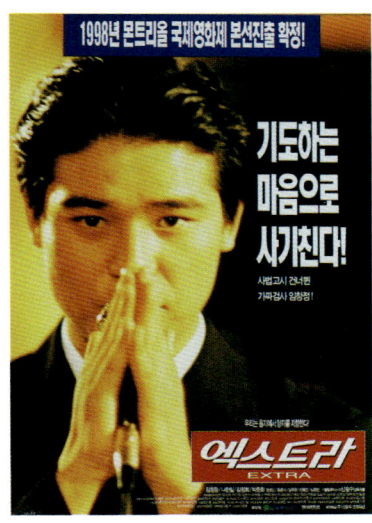

엑스트라 박봉수(임창정)와 김왕기(나한일). 어처구니 없는 실수로 NG를 내는 바람에 감독에게 퇴짜 맞고 소금창고에서 새우잠을 자기 일쑤지만 주역의 꿈을 버리지 않고 있다. 그러나 현실은 냉정한 법, 촬영이 있는 곳이면 지구 끝까지라도 달려갈 준비가 되어 있건만 이들은 일이 생길 때마다 번번이 촬영공포증에 시달린다. 그러던 중 조감독의 도움으로 단역 검사와 수사관 역을 맡게 된 봉수와 왕기는 룸살롱에서 특유의 호기를 발동해 진짜 검사와 수사관 행세를 하게 된다.

악의 없는 이들의 장난에 모두 보기 좋게 속아 넘어가자 두 사람은 목돈 만지는 재미에 가짜 행보를 계속한다. 자신들을 주연으로 한 영화 한 편을 찍어보겠다는 욕심으로 시작한 사기 행각은 주변에 넘쳐나는 부정과 비리로 한층 가속도가 붙는다. 그러나 어설픈 2인조 사기단은 열심히 회수한 사회의 검은 돈을 정직하게 살아가는 어려운 이웃들에게 돌려준다. 신나는 모험의 결말로 어마어마한 비자금을 가로채려는 계획을 세운 봉수와 왕기. 봉고차에 가득 실린 사과상자를 손에 넣으려는 순간, 이들 앞에는 또 다른 변수가 기다리고 있다.

● '할렐루야'(1997)로 흥행에 성공한 신승수의 10번째 연출작. 각본 지상학. 제작 신승수. 영화 속에는 이야기를 이끌어가는 주인공을 필두로 그 이야기의 색채를 뚜렷하게 칠해주는 조연들이 있으며 수많은 엑스트라들이 화면에서 명멸한다. 영화에서 엑스트라로서 머리수를 채울 뿐인 박봉수(임창정)와 김왕기(나한일). 현실에서 도피하고 싶은 주변인들의 활약을 다룬 이 영화는 코미디 장르의 장점들이 고스란히 담겨져 있다는 평을 들었다.(장석용, 《영화평론》, 한국영화평론가협회, 1998, p.88)

영화감독 정지영과 장현수, TV사회자 임성훈과 이상벽, 시나리오 작가 김하림 등이 카메오 출연하고 있다.

(신승수프로덕션) 110분 극영화 15세 미만불가/코미디

감독 : 신승수
제작 : 신승수, 양재혁
각본 : 지상학
개봉 : 1998년 8월 8일 명보프라자, 단성사, 신촌아트홀(서울) 등 18개 관
관람인원 : 8만 2114명(서울)
출연 : 임창정, 나한일, 박준희, 김원희, 정초신, 임주완, 정지영, 장현수, 이병헌, 최선규, 김인문, 김하림, 윤문식, 임성훈, 이상벽 외
촬영 : 최찬규
음악 : 신병하
조명 : 이승구
편집 : 고임표
소품 : 정민영
의상 : 김서령
분장 : 김연주, 강윤숙, 진순북
특수분장 : 장진
동시녹음 : 손규식
사운드 : Lead Sound, 강대성, 김윤겸, 유재광
프로듀서 : 정초신
조감독 : 이창호

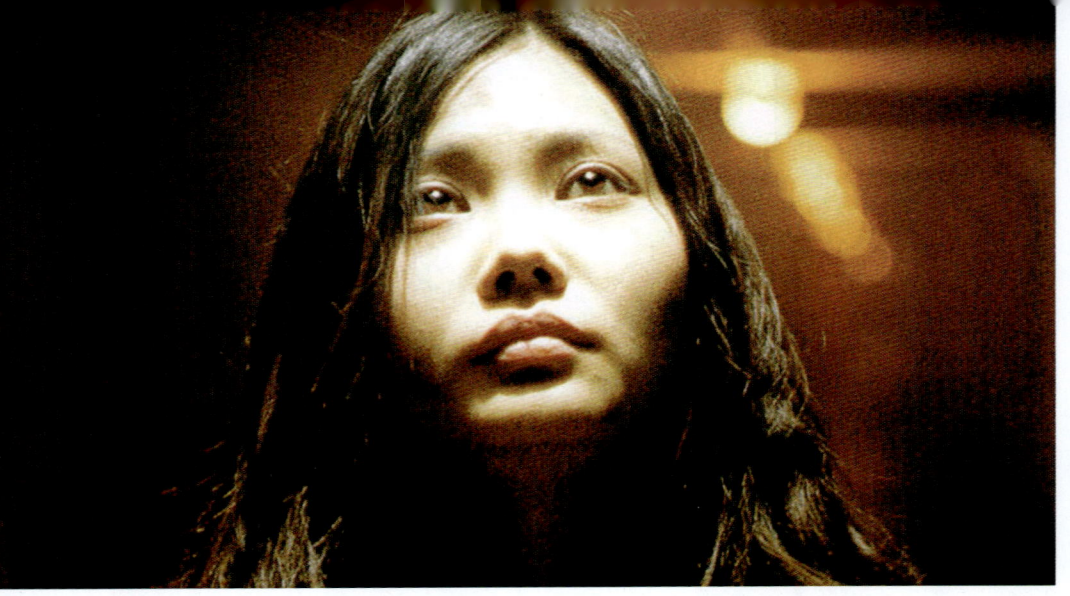

퇴마록 退魔錄, The Soul Guardians(1998)

(폴리비전 픽처스) 98분 극영화 18세
미만불가/SF 호러

감독 : 박광춘
제작 : 장혁린
각본 : 박광춘(원작 이우혁)
개봉 : 1998년 8월 15일 명보, 허리우
　　　드, 서울, 미도파극장(서울) 등
　　　26개 관
관람인원 : 41만 9201명(서울)
수출현황 : 대만(99)
출연 : 신현준, 추상미, 안성기, 오현
　　　철, 이범수, 오영수, 서바이벌
　　　동호회 회원들
기획 : ㈜폴리비전 픽처스
촬영 : 박현철　　**음악** : 이동준
조명 : 최성원　　**편집** : 이현미
소품 : 최승영　　**의상** : 김유선
분장 : 이은아　　**세트** : 무대마당
미술 : 조화성, 심상욱
특수분장 : 윤예령
포스터 : 손기철
동시녹음 : 유대현
사운드 : 이규석
특수효과 : 정도안
무술감독 : 정두홍
조감독 : 안진우
수상 : 제19회 청룡영화상 기술상(특
　　　수효과팀 정도완 외)

소낙비가 퍼붓는 어느 날 저녁. 사교집단의 집회 현장을 급습한 경찰
기동대원들은 집단 자살한 광신도들의 시체더미 속에서 아직 숨이 붙
어 있는 만삭의 여인을 발견한다. 병원으로 옮겨진 여인은 결국 숨을
거두고, 죽은 여인의 몸에서 핏덩이의 여자아이가 태어난다.

　그로부터 20년 후, 죽은 여인의 몸에서 태어난 승희(추상미)는 카센터
에서 자동차 정비 일을 하는 평범한 여자로 성장한다. 하지만 악령은
20년 전 피의 제의를 완성하기 위해 집단 자살 사건에서 살아남은 생
존자 다섯 명을 차례로 살해한 뒤 악령의 씨앗을 잉태할 수 있는 완전
한 여인이 된 승희에게 접근한다. 악의 실체에 관한 모든 전말을 전해
들은 승희는 자신만 희생하면 모든 재앙이 끝날 것이라고 생각하고 스
스로 제물이 되기 위해 사교집단 건물로 찾아간다. 한편 악령의 음모를
감지한 퇴마사 현암(신현준)과 박 신부(안성기), 준후(오현철)는 악령의 부
활을 저지하고 승희를 구하기 위해 사교 건물로 향한다.

●박광춘 감독 데뷔작. 이우혁의 판타지 소설로 처음에는 하이텔 공포/SF 란에 연재를 시작해
통신동호인들 사이에 인기를 끌면서 1994년 들녘출판사에서 단행본으로 출간했다. 악의 제물
이 될 위기에 처한 한 여자를 보호하기 위해 사악한 세력과 맞서 싸우는 퇴마사들의 활약을 그
린 내용으로 신현준, 안성기, 오현철, 추상미가 출연하고 있다.
　2년 여의 제작 기간과 제작비 24억 원 투입, 한국형 블록버스터를 표방하고 최첨단의 특수효
과와 컴퓨터그래픽을 동원,(김정호, 「영화 따라잡기」, 평민사, 2004년, p.107) 대사 없이 펼쳐지
는 4분 20초의 도입부 장면의 특수효과, 음향효과 등은 관객의 눈높이를 충족시킬 만한 것이었
다. 원작 소설의 인기와 영화의 인기는 반비례한다는 관례를 깨고 전국 70여 개 극장에서 동시
개봉, 서울에서만 42만 관객을 모은 흥행작으로 1998년도 한국영화 흥행 순위 5위. 특수효과
팀이 청룡영화상 기술상을 받았다.

정사 情事 An Affair(1998)

건축가 남편과 열 살짜리 아들을 둔 평범한 주부 서현(이미숙)은 미국에서 약혼한 동생 지현(김민)의 결혼 준비를 대신 맡게 된다. 동생 지현은 일 때문에 아직 귀국하지 못하고 서현은 동생의 약혼자인 우인(이정재)을 먼저 만난다. 처음 두 눈이 마주친 순간부터 서현과 우인은 주체할 수 없는 감정의 소용돌이에 말려든다. 결혼 준비를 위한 만남을 거듭할수록 두 사람은 가까워지고 애써 숨기던 감정을 거부할 수 없게 된다. 이들은 장소를 가리지 않고 은밀한 정사를 벌이면서 상대를 끝없이 갈구한다. 하지만 동생 지현이 돌아오면서 혼란은 가중되고 우인과 서현은 이루어질 수 없는 사랑인 줄 알면서도 파멸을 향해 치닫는다. 결국 모든 사실을 알게 된 지현과 서현의 남편은 이들을 용서하지 못한다. 그러나 우인이 탄 브라질행 비행기 속에 서현이 타고 있다.

● 이재용 감독 데뷔작. 각본 김대우. 동생의 약혼자와 금지된 사랑에 빠진 30대 기혼녀의 숨겨진 욕망을 섬세한 터치로 그려낸 멜로물. 서현과 우인의 운명적인 만남을 부각시키면서 남녀의 격정을 조용한 카메라 워크로 자제시킨다. 불륜을 다루면서도 음란성 이전에 수준 높은 영상미와 품위로 영화의 격을 지키고 있다.

　서울 관객 30만 명 동원으로 1998년도 한국영화 흥행 순위 7위. 1999년 일본 후쿠오카 아시아영화제에서 심사위원들로부터 "여성의 삶과 사랑을 정교하면서도 유려하게 연출했다"는 평을 받았다. 이미숙이 백상예술대상, 춘사영화제에서 인기상과 여자연기상, 이재용이 신인감독상을 받았다.

(나인 필름) 106분 극영화 18세미만불가/ 멜로

감독 : 이재용
제작 : 이세호
각본 : 김대우
개봉 : 1998년 10월 3일 단성사, 서울 1·2·5·8관(서울) 등 41개 관
관람인원 : 30만 4666명(서울)
수출현황 : 프랑스, 싱가포르, 대만(99), 홍콩(00), 독일, 프랑스, 일본, 중국(01)
출연 : 이미숙, 이정재, 김민, 송영창, 이우현, 최명수, 곽주은, 김동호, 이영란, 정경순 외
촬영 : 김영철
음악 : 조성우
조명 : 임재영
편집 : 함성원
미술 : 정구호
세트 : 오상만
의상 : 정구호
동시녹음 : 이승철
사진 : 윤형문
제작지휘 : 오정완
소품 : 이종현, 김진철
분장 : 장윤정, 윤달님, 김현욱
사운드 : Martin Oswin, 김봉수, 송병준
특수효과 : 김철석, 김태용
수상 : 제35회 백상예술대상 인기상(이미숙), 제7회 춘사영화예술제 여자연기상(이미숙), 제22회 황금촬영상 신인감독상(이재용), 제4회 뉴포트비치국제영화제 아시아시네마 컬라이도프상, 베로나국제영화제 최우수 예술공헌상수상·비평가상수상, 제14회 일본 후쿠오카아시아영화제 경쟁 부문 그랑프리(대상)

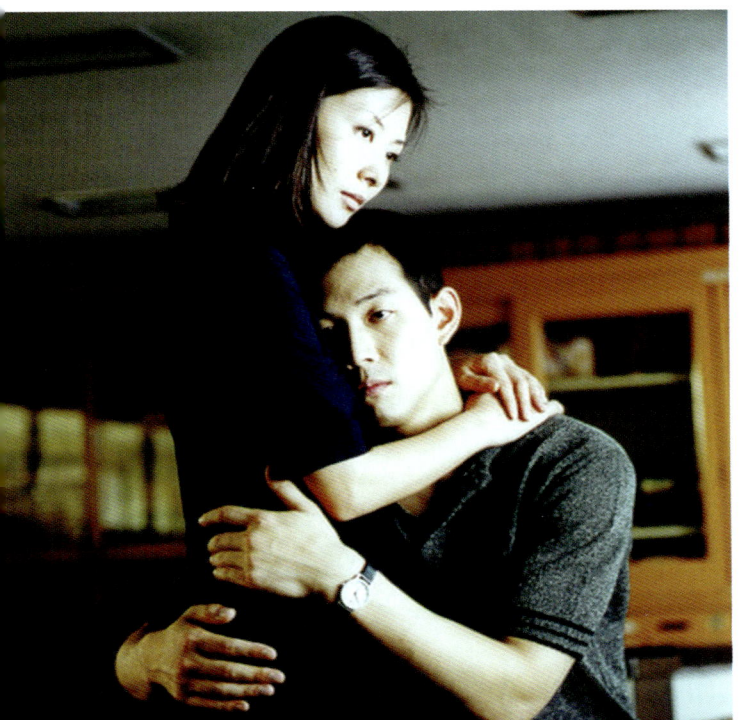

처녀들의 저녁식사 Girls' Night Out(1998)

(우노필름) 100분 극영화 18세미만불
가/여성

감독 · 각본 : 임상수
제작 : 차승재
개봉 : 1998년 10월 3일 명보프라자
1 · 3 · 4 · 5관, 서울 1 · 3 · 5 ·
7 · 8관(서울) 등 40개 관
관람인원 : 29만 502명(서울)
수출현황 : 그리스, 인도네시아, 인도
(00)
출연 : 강수연, 진희경, 김여진, 조재
현, 남명렬, 설경구, 조상건 외
촬영 : 홍경표   **음악** : 문준호
조명 : 김계중   **편집** : 경민호
의상 : 박정원   **분장** : 이경자
미술 : 오재원, 정은영
포스터 : 원지현, 김영호
동시녹음 : 이영길
사운드 : 오원철
프로듀서 : 김재원
조감독 : 김광중
수상 : 제19회 청룡영화상 신인감독상
(임상수) · 여자신인상(김여진),
제7회 춘사영화제 새얼굴여자
연기상(김여진)

29세 동갑내기인 호정(강수연), 연(진희경), 순(김여진)은 성격은 다르지만 사생활을 터놓고 지내는 절친한 친구 사이다. 인테리어 디자이너인 호정은 처음 본 남자들과 거리낌 없이 섹스를 즐길 만큼 적극적이며 솔직하다. 그녀에게는 부모에게 물려받은 집과 사업체가 있다. 이것이 그녀의 남자친구가 그녀에게 매력을 느끼는 부분이다.

그에 비해 연은 호텔에서 서빙을 하면서 호정의 집에 얹혀산다. 남자친구 영작(조재현)과 잠자리를 같이 하지만 불투명한 미래 때문에 불안하기만 하다. 순은 남자 경험이 없는 대학원생. 경제적으로 독립해서 혼자 아이를 낳아 키우겠다는 옹골찬 꿈을 갖고 있다.

그러나 섹스에 대해 자유롭던 이들에게 예기치 않은 변화가 다가온다. 호정은 유부남과의 잠자리 한 대가로 간통죄에 걸리고 연은 낯선 남자와 하룻밤을 보낸 후 실직당한다. 순은 연의 남자친구 영작과 첫 경험을 하고 잉태한 아이를 유산한다. 이렇게 세 여자는 섹스의 덫에 걸려 인생의 길이 바뀌게 된다.

● 임상수 감독 데뷔작. 각본 임상수. 출연 강수연, 진희경, 김여진. 영화 '처녀들의 저녁식사'에는 세 명의 미혼 여성이 등장하여 그들이 생각하는 섹스와 남자에 대한 성 담론을 정면으로 펼쳐 보인다. 이른바 여성의 성에 대한 표현은 언제나 소극적이고 수동적이라는 통념을 깨고 변화된 시대 상황에서 이제 여성들은 스스로 성을 즐기거나 성의 대상을 선택하고 있음을 암시하고 있다.(이효인, 『영화로 읽는 한국사회 문화사』, 개마고원, 2003, p.275) 29만 관객 동원으로 1998년도 한국영화 흥행 순위 8위.

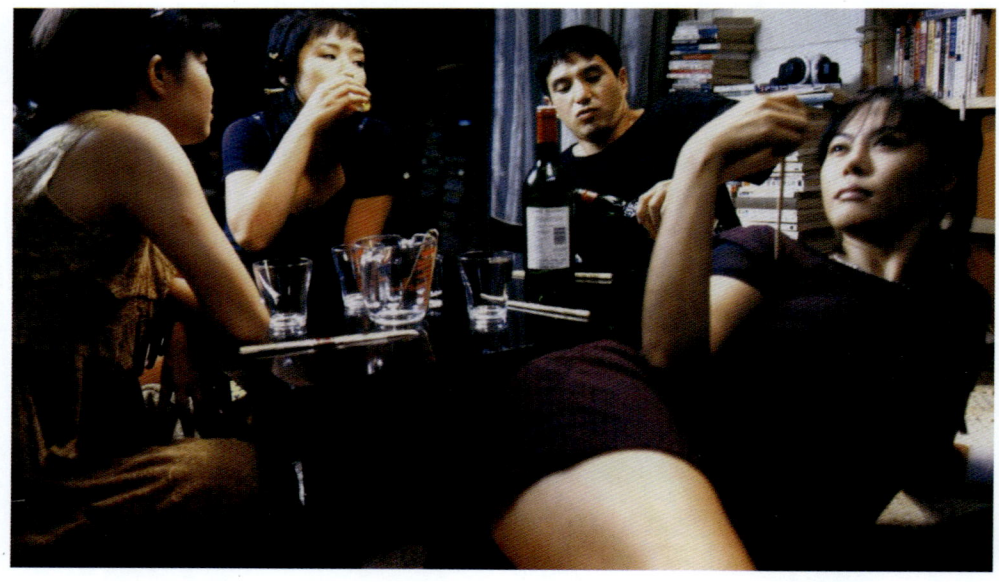

파란 대문 Birdcage Inn(1998)

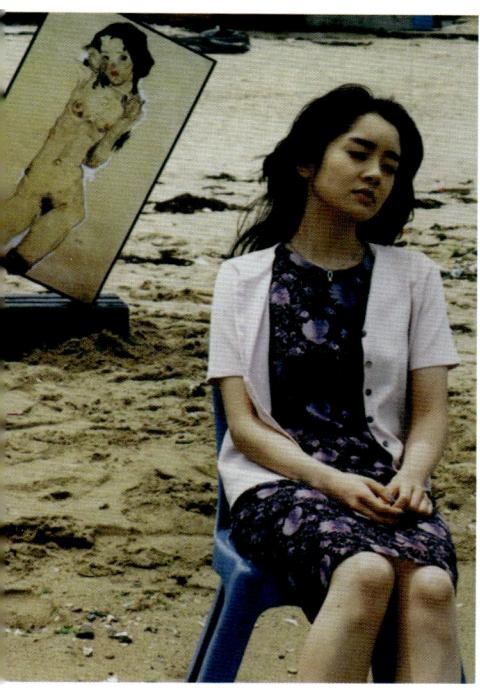

서울의 창녀촌이 철거되자 진아(이지은)는 포항의 새장 여인숙으로 오게 된다. 여인숙은 포주와 그의 가족들이 거주하는 일반 가정집이면서 동시에 가족들의 생계유지를 위해 매춘을 알선하는 매음굴이기도 하다. 포주의 가족 구성은 포주 부부(장항선, 이인옥)와 대학에 다니는 그의 딸 혜미(이혜은), 고교생인 아들 현우(안재모) 등 4인 가족이다.

겉으로는 한 가족으로 살아가지만 진아는 밤마다 손님방에 불려들어가야 하는 데 비해 그 집 딸 혜미는 여대생으로 살고 있다. 혜미는 진아가 몸을 판 돈으로 학교에 다니면서 창녀인 진아를 더없이 경멸한다. 그러나 진아는 성에 대해 솔직하지 못한 혜미가 못마땅하기만 하다.

진아는 혜미의 남자친구 진호(손민석)와 관계를 가져야 할 상황에 놓이고 포주인 아버지와 그 아들 현우도 진아를 넘보는 등 파란대문 안의 갈등은 고조된다. 성을 팔면서 성으로부터 자유로운 진아와 닫히고 위선적인 혜미, 진아의 누드사진 파문과 자살기도 등으로 상황은 갈수록 악화된다. 그러나 진아와 혜미가 화해하게 되면서 그날, 혜미는 자살기도로 손목을 그은 진아를 대신해서 손님방으로 향한다.

● 김기덕 각본 · 연출작. 섹슈얼리티를 전면에 세워 내러티브로 풀어낸 이 영화는 '여대생과 창녀의 역할 바꾸기'라는 소재가 논란의 대상이 되기도 했으나 "신선한 영화적 체험을 안겨준 독창적 영화"(영화평론가 김종원)라는 평과 함께 평단의 주목을 샀다.

영화의 첫 장면은 물이 없어 헐떡거리는 금붕어 옆으로 새끼 거북이 한 마리가 기어 나와 도로를 누비는 것으로 시작된다. 인파와 차바퀴 사이로 위태롭게 기어가는 거북은 세상이라는 사막을 건너는 진아의 삶을 상징한 시퀀스다. 또한 새장 여인숙의 파란대문은 누구나 드나들 수 있는 단순한 출구가 아니라 사회에 소외되고 천대받는 사람들을 가두어 놓는 수단으로 설정된다. 자유롭게 살려고 몸부림치면 칠수록 무참히 짓밟히고 문은 닫혀버린다.

(부귀영화) 100분 극영화 18세미만불가/사회물

감독 · 각본: 김기덕
제작: 이광민, 유희숙
개봉: 1998년 10월 31일 명보프라자 3 · 4관, 스카라, 서울1 · 5관, 동아2관(서울) 등 11개 관
관람인원: 5827명(서울)
수출현황: 홍콩, 스리랑카, 싱가포르(99)
출연: 이지은, 이혜은, 장항선, 이인옥, 안재모, 손민석, 정형기, 장동직, 황주호, 방은진 외
기획: 유희숙
촬영: 서정민
조명: 신준하
편집: 고임표
포스터: 장현우
동시녹음: 김완동
음악: 이문희, 이동준
미술: 강창길, 김희정
소품: 최승영, 김봉오
의상: 주은정, 손은주, 이부남
사운드: 김성훈, 황태건, 양대호, 소원종

특수효과: 정도안
프로듀서: 이승재
조감독: 남상국, 조창호, 최원태
수상: 호주 누사(Noosa)국제영화제 경쟁 부문 월드시네마상, 제29회 베를린국제영화제 스페셜 파노라마 부문 개막작 선정(넷팩상), 몬트리올국제영화제 비경쟁 월드시네마 부문, 체코 카를로비바리영화제 또 하나의 시선 부문, 러시아모스크바영화제 스페셜 파노라마 부문, 이탈리아 타오르미나(Taormina) 영화제 경쟁 부문, 미국AFI (American Film Institute-미국영화제작소) 국제영화제 경쟁 부문, 스웨덴스톡홀름영화제 경쟁 부문 초청

약속 約束, A Promise(1998)

(신씨네) 109분 극영화 18세미만불가/
멜로

감독 : 김유진
제작 : 신철, 김형준
각본 : 이만희
개봉 : 1998년 11월 14일 명보프라자
        1 · 2 · 4 · 5관, 서울 2 · 3 ·
        5 · 7관(서울)등 56개 관
관람인원 : 70만 4600명(서울)
출연 : 박신양, 전도연, 정진영, 김세
        영, 유순철, 조선묵, 서혜린, 박
        상욱, 조경훈 외
기획 : 김무령
촬영 : 전조명
음악 : 조성우
조명 : 이주생
편집 : 고임표
의상 : 이진희
분장 : 국회정, 박예리
동시녹음 : 안상호
사운드 : 사운드&캄퍼니, 송병준
포스터 : 윤형문
특수효과 : 김철석
무술감독 : 최영래
제작총지휘 : 박건섭
조감독 : 신근호, 이승렬, 정기훈, 이찬
        직, 최성철
수상 : 제36회 대종상영화제 조연남
        우상(정진영), 제19회 청룡영화
        상 남우주연상(박신양) · 남우조
        연상(정진영) · 인기스타상(박신
        양), 제35회 백상예술대상 최
        우수연기상(전도연), 제7회 춘
        사영화제 남자연기상(박신양) ·
        촬영상(전조명) · 조명상(이주
        생), 제22회 황금촬영상금상 ·
        인기배우상(전도연)

조직폭력배 두목 공상두(박신양)가 피범벅이 되어 병원으로 실려 온다.

담당 의사 채희주(전도연)는 붕대를 풀면서 공상두의 맑은 두 눈을 보는 순간 묘한 설렘을 느낀다.

퇴원한 상두 역시 희주를 잊지 못해 끈질기게 구애하고 그때부터 어울릴 것 같지 않은 두 사람은 상대방의 세계를 무너뜨리며 조금씩 사랑을 확인해 나간다. 그러나 상두는 그를 공격하려는 반대파에게 희주가 노출될 것을 염려하여 먼저 이별을 고한다.

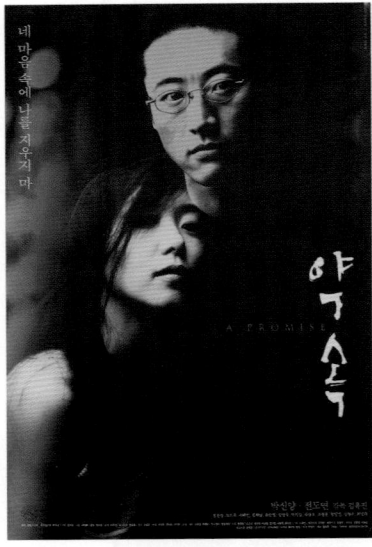

유일한 가족이었던 아버지(유순철)가 세상을 떠난 후 상두와도 헤어진 희주는 망연자실한 채 삶에 대한 의욕마저 잃어간다. 주변에서 말없이 희주를 지켜보던 동료 의사 이세연(김세영)은 그녀에게 미국에 함께 갈 것을 권하지만 그녀는 상두를 찾아가고 두 사람은 재회한다. 하지만 상두의 심복이 반대파에 살해당하자 분노한 상두는 이성을 잃고 상대편 보스를 죽이게 된다. 그는 잠적하고 그녀는 또 그를 기다린다. 그녀와의 약속을 위해 돌아온 공상두는 성당에서 결혼식을 올린 후 이번에는 자수하기 위해 희주 곁을 떠난다.

● '금홍아 금홍아'(1995)에 이은 김유진의 대표작. 희곡작가 이만희의 희곡 「돌아서서 떠나라」를 원작으로 하고 있다. 박신양, 전도연 주연. 여의사와 조폭 두목의 이루기 어려운 사랑을 그린 멜로물.
서울에서만 70만, 전국 200만 관객을 동원하여 흥행 대박을 터뜨리며 1999년도 한국영화 흥행 순위 1위를 기록했다. 청룡영화상과 춘사영화제에서 박신양 남우주연상, 공상두의 심복인 엄기탁 역을 해낸 정진영이 대종상과 청룡영화상에서 남우조연상, 전도연이 백상예술대상 최우수연기상과 황금촬영상에서 인기배우상을 받았다.

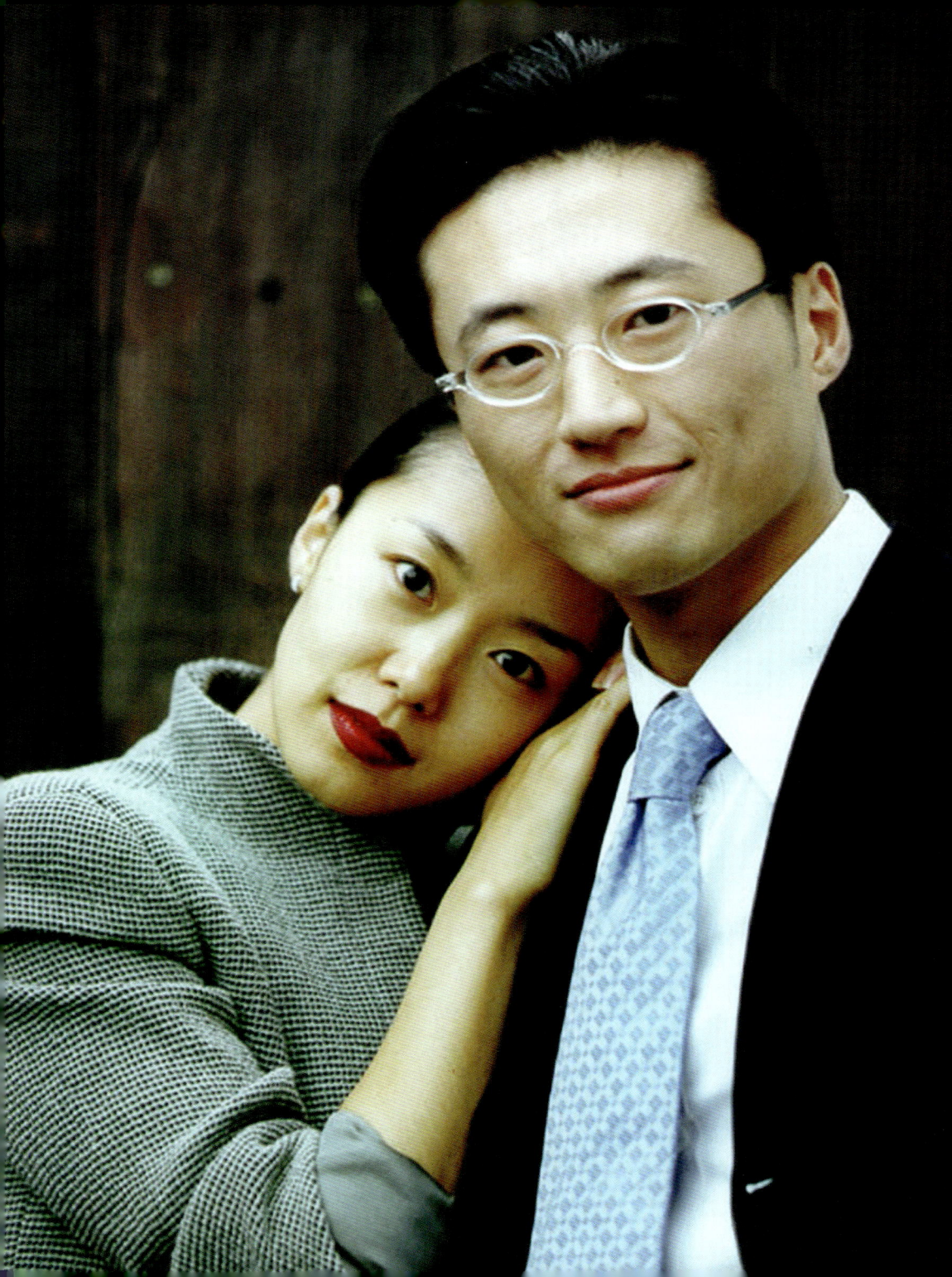

까 Naked Being(1998)

(정지영필름) 102분 극영화 18세미만
불가/사회물

감독·제작 : 정지영
각본 : 김유민
개봉 : 1998년 11월 21일 명보프라자
5관, 서울 1·5·8관, 신촌아
트홀(서울) 등 18개 관
관람인원 : 1만 6448명(서울)
출연 : 조은숙, 박용우, 강만홍, 김병
세, 김보경, 독고영재, 김소연,
명계남, 김영애, 전유성 외
기획 : 정지영
촬영 : 이석현
음악 : 신병하
조명 : 김동호
편집 : 함성원
미술 : 이익태
의상 : 김민아, 정문정, 윤정민
분장 : 장희정, 김성희, 박성희
동시녹음 : 김동의
스틸 : 김석종
사운드 : 소원정, 인상현, 이상돈, 김학
준,
조감독 : 안병기, 박성균, 정근섭, 박철
관, 정상협

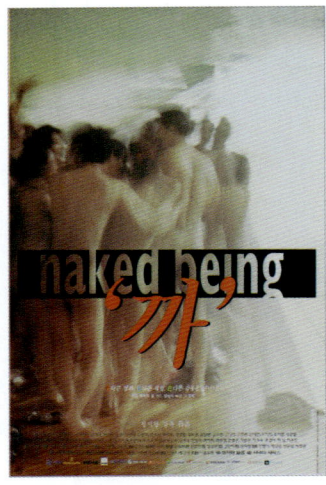

탤런트 공모에서 최종합격을 앞
둔 30명의 연수생들이 괴팍한 강
교수(강만홍)에게 연기 지도를 받
는다. 연기 지도는 연기자와 연
기자가 연결되는 '캐릭터 릴레
이' 식으로 진행된다.

은숙(조은숙)은 용우(박용우)와
다툰 뒤 방송가에 연줄이 있어
보이는 유부남 유석(김병세)과 하
룻밤을 보낸다. 유석은 은숙의
연락을 기다리지만 그를 찾아온
여자는 그와 헤어진 애인인 유리
(김보경)다. 백화점 직원인 유리
는 직장에서 잠이 들었다가 밤늦
게 숨어든 도둑 '모자'(독고영재)

에게 발견되고 다음날 아침 모자는 아쉬워하는 유리를 남겨놓고 버스
에 올라탄다. 모자가 올라탄 버스에는 미용사 동석(김준석)이 타고 있
다. 건달들이 물건을 팔려다 조직폭력배 행세를 하는 동석에게 겁을 먹
고 도망친다. 동석은 알고 지내던 연예매니저 강 실장(명계남)에게 용우
를 소개시키고 강 실장은 그가 데리고 있는 스타 최수진(김소연)의 스캔
들을 덮기 위해 용우를 내세워 로맨스를 조작한다. 용우는 시간이 지난
후 예정대로 버림을 받는다. 용우와 은숙은 다시 만나 사랑을 확인한
다. 강 교수의 마지막 수업에서 두 사람을 포함한 모든 연수생들이 껍
질 벗기 의식을 감행한다.

● 정지영 연출작. 본래 제목은 '벗어버리기'였다. 영화 소재는 세간의 화제를 불러일으켰던 강
만홍 교수(당시 서울예대 무용과)의 실화를 바탕으로 하고 있다. 1992년 KBS 신인탤런트 연수
를 담당했던 강만홍은 연수생들에게 알몸 연기를 시킨 사실이 언론에 보도되면서 학교와 방송
사에 사표를 냈다. 정지영은 "사회적 통념의 껍데기를 벗지 않으면 진정한 예술이 나올 수 없
다"는 '알몸연기론'에 대해 공감하면서 이를 영화로 만들었다고 한다.

이 영화에서 사용하고 있는 '캐릭터 릴레이'는 로버트 알트먼식의 '그랜드호텔' 스타일에
TV의 테마게임식 기법을 응용한 것이다. 그랜드호텔 스타일은 여러 명의 주인공이 갖가지 다
른 에피소드를 보여주지만, 모든 에피소드는 연관되어 있으며 결국 하나의 결말에 이른다는 점
에서 옴니버스 형식과는 구별된다. 즉 첫 번째 에피소드에 출연한 연수생은 다음 에피소드에서
지나가는 사람으로 등장하고 세 번째 에피소드에서는 버스 승객이 된다. 마지막 장면에서 모든
출연자는 다 벗어버린다. 이 장면을 촬영할 때는 벗기를 거부한 일부를 빼고는 감독과 출연자
및 스태프 60여 명이 올 누드로 촬영에 임했다고 한다. 영화 '까'는 감독에게 도전이고 실험이
라는 점에서 영화사에 남을만한 영화다.

이 영화에는 1세대 악역스타로 이름이 높았던 원로배우 독고성(본명 전원윤)과 장남 독고영
재(본명 전영재), 손자 전성우 등 3대가 출연했으나 이 영화를 마지막으로 독고성은 2004년 4
월에 타계했다.

가족시네마 Kazoku Cinema(1998)

이벤트 회사 직원 모토미(유애리)는 퇴근길에 집 앞에 모여 있는 사람들을 발견하고 놀란다.

동생 요코(마쓰다 이치호)가 에로 배우 생활을 청산하면서 가족사에 관한 영화를 제안했던 것이다. 모토미는 영화 촬영이 달갑지 않지만 요코와 어머니(이사야마 히로코)의 설득으로 어쩔 수 없이 촬영에 참여하기로 한다. 어머니와 별거 중인 아버지(양석일)도 전에 없이 열의를 보이고 부모의 별거로 자폐증상을 보이는 아들 가즈키(나카지마 시노부)마저도 영화 촬영에 대해 관심을 보인다. 갈등과 공백 때문에 오랫동안 대화를 잊고 살아온 이들 가족이 갑자기 웅성대며 움직이는 모습이 카메라에 담겨진다.

그러나 촬영이 진행되자 감정의 조절이 안 되는 부모는 욕지거리를 남발하며 싸우는 추태를 연출하고 감독(김수진)과 촬영 스태프들은 이를 놓치지 않으려는 열의를 보인다. 그 모습을 무심하게 바라보는 모토미, 영화 촬영이 종반으로 접어들고 가족이 화해하는 신을 찍기 위해 모토미의 가족은 노천탕으로 가족 캠프를 떠난다. 그곳에서도 부모의 대립이 계속되면서 급기야 엄마가 쓰러진다.

● 각본 우병길. 재일교포 작가 유미리(柳美里)의 동명 소설로 1997년, 일본의 노벨상이라 불리는 아쿠타가와상을 받은 작품. 부모의 이혼으로 뿔뿔이 흩어져 살던 가족이 영화 촬영을 계기로 20년 만에 재회하면서 벌어지는 일들을 그린 내용. 제작 박철수 필름. 한일합작으로 일본의 저명출판사인 주식회사 고단샤(講談社)의 제작지원을 받아 일본에서는 일본어로 찍었다.

제작비는 12억 원. 재일교포 희곡작가 양석일(梁石日)과 유미리의 동생 유애리(柳愛里)가 출연, 한국영화 최초로 일본 현역배우들을 출연시켜 나라, 오사카 등지에서 현지촬영으로 제작됐다. 작품성이나 촬영기법, 배우들의 연기 면에서 완성도가 높은 작품과 영화와 현실의 벽을 교묘히 허물어가는 듯한 구조와 현대 가족에 대한 진지한 시각이 돋보인다는 평을 받았다.

제35회 시카고영화제 경쟁 부문 진출, 박철수가 춘사영화제 감독상, 각본을 쓴 우병길이 대종상과 청룡영화상 각색상을 받았다.

(박철수필름) 114분 극영화 18세미만 불가/코미디

감독 · 제작 : 박철수
각본 : 우병길(원작 유미리)
개봉 : 1998년 11월 28일 명보프라자 1 · 2 · 4관, CGV강변 11-4 · 5관(서울) 등 14개 관
관람인원 : 7367명(서울)
출연 : 양석일, 이사야마 히로코, 유애리, 나카지마 시노부, 마츠다 이치호, 김수진 외
기획 : 박철수
촬영 : 이은길, 최정우
음악 : 변성룡
조명 : 박종환
편집 : 박곡지
분장 : 안희준, 양승연
동시녹음 : 이태규
사운드 : 리드사운드, 김윤경, 유재광
조감독 : 정연원, 김지태, 김태식
수상 : 제36회 대종상영화제 각색상(우병길), 제20회 청룡영화상 각색상(우병길), 제7회 춘사영화예술제 감독상(박철수), 제35회 시카고영화제 경쟁 부문 진출

아름다운 시절 Spring in my Hometown(1998)

(영화사 백두대간) 113분 극영화 12세
관람가/분단 드라마

감독·각본: 이광모
제작: 유선희
개봉: 1998년 11월 21일 명보프라자,
　　단성사, 시네코아 CGV강변(서
　　울) 등 15개 관
관람인원: 9만 8753명(서울)
수출현황: 일본(99)
출연: 안성기, 송옥숙, 이인, 명순이,
　　배유정, Damil Hayden, 김정
　　우, 유오성, 고동업, 명계남, 김
　　경재, 신상훈, 배현우, Brian
　　Kiers 외
기획: 이광모
촬영: 김형구
음악: 원일
조명: 이강산
편집: 함성원
세트: 정대용, 최현규
소품: 진경현, 선석
의상: 김기철, 윤준식, 봉현숙
분장: 윤예령
동시녹음: 이승철
사운드: 이승철, 양대호
특수효과: 정도안
프로듀서: 정대성, 강성규, 정태성
조감독: 유영식, 최낙용, 문성진, 소재
　　영, 이정수, 정찬경
수상: 제36회 대종상영화제 최우수
　　작품상(백두대간)·감독상(이광
　　모)·촬영상(김형구)·음악상
　　(원일)·미술상(MBC미술센
　　터)·의상상(MBC미술센터), 제
　　35회 백상예술대상 신인감독상
　　(이광모), 제7회 춘사영화예술
　　제 최우수작품상(백두대간)·음
　　악상(원일)·기획상(이광모), 제
　　19회 영평상 최우수작품상·감
　　독상(이광모)·음악상(원일)·
　　촬영상(김형구), 제11회 도쿄국
　　제영화제 금상·도쿄도지사상,
　　제13회 스위스 프리부르그국제
　　영화제 국제영화연맹상(이광
　　모), 제7회 하틀리-메릴 국제시
　　나리오 콘테스트 그랑프리(대
　　상), 테살로니카국제영화제 최
　　우수상, 제51회 칸국제영화제
　　감독주간 초청, 제20회 벨포르
　　국제영화제 출품

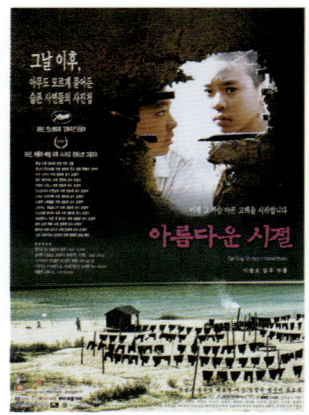

성민(이인)네 집은 미군 장교와 사귀는 큰누나 영숙(명순이)과 누나의 주선으로 미군부대에 다니는 아버지 최씨(안성기) 덕분에 집안 형편이 괜찮은 편이다. 반면 성민네 아래채에 세들어 살고 있는 창희(김정우)네 집은 2년 전에 창희 아버지(고동업)가 의용군에 끌려간 후 어머니 안성댁(배유정) 혼자서 어린 두 자녀를 힘겹게 돌보고 있다. 가난에 찌든 안성댁과 그 가족을 위해 최씨는 미군의 속옷을 빨래해주는 세탁 일을 알선해준다. 어느 날 빨래들을 모조리 도둑맞고 빨래를 변상해줄 방법을 찾지 못해 애태우는 안성댁에게 미군 하사(Damil Hayden)가 동구 밖 방앗간에서 섹스로 이를 갚을 것을 요구한다.

한편 놀이거리를 찾아 온 동네를 누비고 다니던 성민과 창희는 동구 밖 방앗간이 미군과 양공주들의 정사 장소임을 알아낸다. 아이들과 함께 방앗간 뒤에서 정사 장면을 훔쳐보곤 하던 성민과 창희는 우연찮게도 안성댁과 미군 하사가 정사를 나누고 있는 장면을 목격하게 된다. 방앗간은 원인모를 불길에 휩싸이고 창희는 그날 밤 말없이 마을에서 사라진다. 휴전이 되자 죽은 줄 알았던 창희 아버지가 살아서 돌아오고 성민의 누나는 미군의 아이를 임신한 채 버림받는다. 부모와 함께 마을을 떠나게 된 성민은 먼저 마을을 떠난 창희가 어디엔가 살아 있으리라는 희망을 품는다.

● 이광모 감독 데뷔작. 이광모 각본·기획. 한국전쟁 당시 어려운 시절을 살아가는 사람들의 이야기를 12세 소년의 시선을 통해 진술하게 그리고 있다.

영화의 시작은 어둠 속에서 우물 덮개를 여는 것으로 시작된다. 이는 영화가 회상과 응시라는 관점에서 전개된다는 것과 어둠과 열림은 기억의 장막이 걷혀지는 것을 의미한다. 그래선지 전체적으로 숏의 지속시간이 길고 클로즈업 없이 절제된 롱 숏과 롱테이크로 처리된 신이 많다. 주인공들의 대사는 절제되고 생략되어 반드시 필요한 설명만이 자막으로 처리된 것도 한 특징이다. 영화 크레디트와 함께 영화 말미에 "고난과 절망의 시대에도 늘 희망의 불씨를 간직하고 사셨던 할아버님과 어머님께 이 영화를 바칩니다"로 보아 감독의 가족과 영화의 관련성을 짐작할 수 있다.

일반 대중이 선뜻 다가갈 수 없는 작가주의 영화를 표방하고 있음에도 개봉 한 달 만에 서울 관객 9만 8753명, 전국 20만 명을 동원, 보통의 기준으로 보면 상업적으로는 실패한 편이지만 흥행에 관계없이 찬사와 박수갈채를 가장 많이 받은 작품이다. 도쿄영화제 금상 1억 원 수상. 영진공에서 올해의 실험·예술영화로 선정되었으며 제7회 미국 하틀리-메릴 국제시나리오 콘테스트 그랑프리, 칸국제영화제 감독 주간에 초청되어 상영되었다.

우물은 경북 김천에 있는 백년 묵은 우물에서 찍었다고 한다.

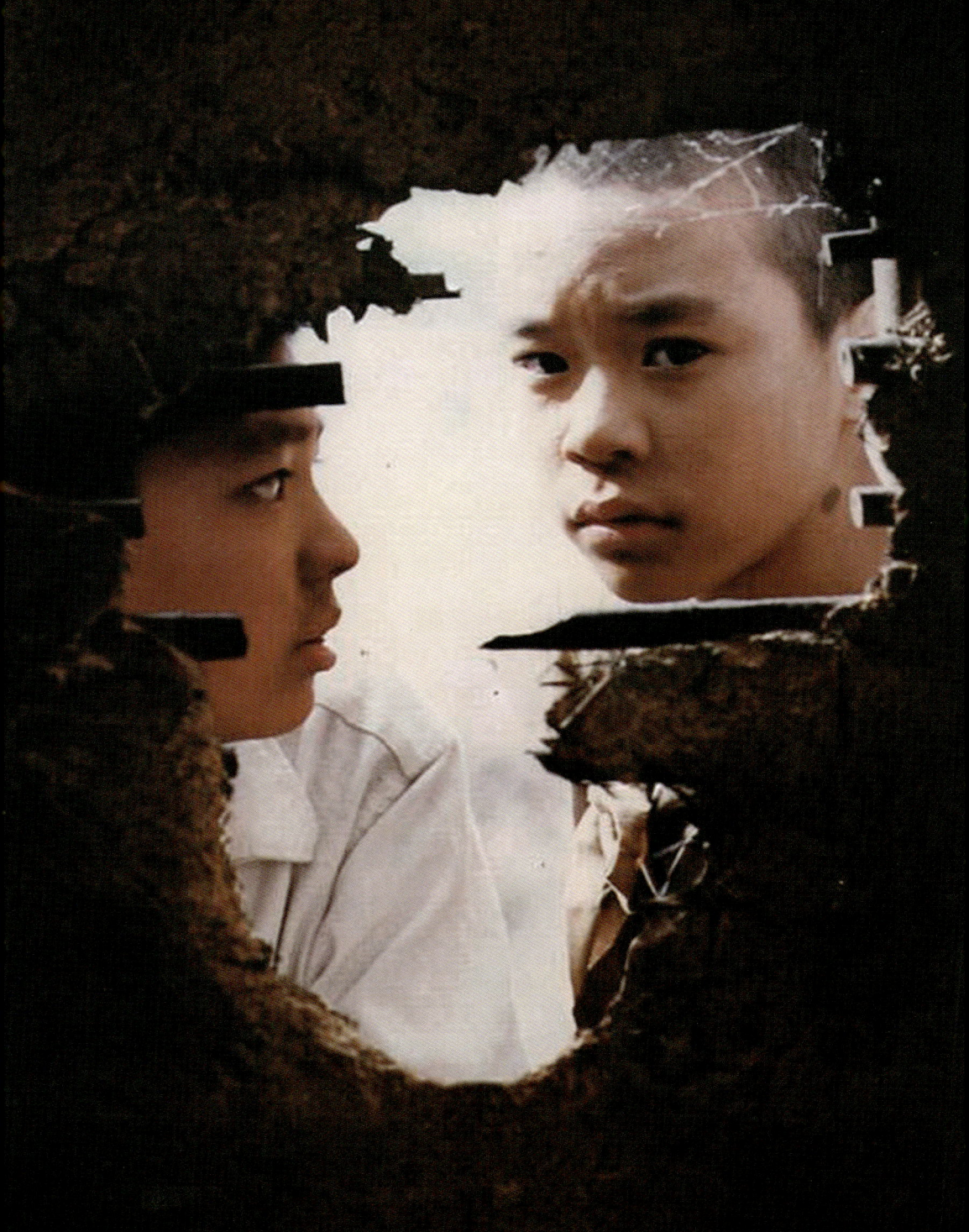

미술관 옆 동물원 Art museum by the zoo(1998)

(씨네 2000) 108분 극영화 15세미만
불가/멜로

감독 · 각본 : 이정향
제작 : 이춘연
각색 : 김진, 이택용
개봉 : 1998년 11월 28일 중앙시네마
　1 · 3관, 서울1 · 5 · 6관(서울)
　등 28개 관
관람인원 : 24만 2242명(서울)
수출현황 : 일본(00), 베트남(01)
출연 : 심은하, 안성기, 이성재, 송선
　미, 김광일, 김선화 외
촬영 : 조용규
음악 : 김양희
조명 : 김동호
편집 : 김상범
미술 : 오상만
소품 : 서명혜, 김남형
의상 : 천은정, 이선주
분장 : 최영, 이유경, 박성희
동시녹음 : 윤해진
포스터 : 전석현
사운드 : 리드사운드, 강대성, 유재광
특수효과 : 정도안
시각효과 : 한동일, 김대희
프로듀서 : 이미영
조감독 : 이택용
수상 : 제36회 대종상영화제 여우주연
　상(심은하) · 신인감독상(이정
　향) · 신인남우상(이성재), 제20
　회 청룡영화상 각본상(이정
　향) · 남자신인상(이성재), 제35
　회 백상예술대상 신인남자연기
　상(이성재), 제7회 춘사영화예
　술제 신인감독상(이정향) · 새얼
　굴남자연기상(이성재) · 기술상
　(미술: 오상만), 제19회 영평상
　신인감독상(이정향) · 신인남우
　상(이성재)

결혼식 비디오 촬영기사 춘희(심은하)는 식장에서 자주 마주치는 반듯하고 세련된 국회위원 보좌관 인공(안성기)을 짝사랑하고 있다. 변변히 말도 못 건네고 가끔 마주치는 눈길 한 번에 웃고 우는, 그야말로 사춘기 소녀 같은 사랑이다. 그런 어느 날 춘희의 보금자리에 말년휴가를 나온 군인 철수(이성재)가 무단침입한다. 그는 애인 다혜(송선미)가 이사가버린 줄도 모르고 여느 때처럼 다혜와 휴가를 즐기러 찾아온 것이

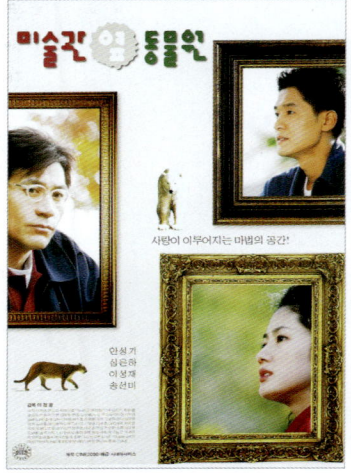

사랑이 이루어지는 마법의 공간!

안성기
심은하
이성재
송선미

다. 다혜가 곧 다른 남자와 결혼하리라는 것을 알게 된 철수는 다혜의 마음을 돌려보겠다며 춘희의 집에서 막무가내로 버틴다. 춘희는 이 낯선 남자의 뻔뻔함에 당황스럽기도 하지만 왠지 측은한 마음에 당분간 집을 나눠 쓰기로 한다.

짝사랑 중인 춘희와 실연당한 철수는 사사건건 부딪히면서 서로의 상처를 한껏 헤집어놓다가도 서로가 안쓰러워하면서 다독거리기도 한다.

춘희가 틈틈이 쓰고 있는 시나리오에 철수가 끼어들고, 두 사람은 인공과 다혜를 분신으로 내세워 현실에서 못다 한 사랑을 시나리오에서 풀어나간다.

● 이정향 감독 데뷔작. 1997년 청룡영화제 시나리오 공모 당선작으로 이정향이 직접 시나리오를 썼다. 심은하, 안성기, 이성재 주연. 제목 '미술관 옆 동물원'은 주인공 춘희가 영화 속에서 쓰는 시나리오의 제목이다. 이정향은 이를 과천 미술관과 동물원 이정표에서 아이디어를 얻었다고 한다. 그 길은 Y자 길이기 때문에 한곳에서 왔다가 둘로 갈라지고 또 양쪽에서 왔다가도 한 길로 간다는 상징성이 있다는 것이다.

서로 다른 두 사람의 사랑과 삶의 방식을 여성의 눈으로 풀어간 이 영화는 자칫 진부해지기 십상인 멜로드라마를 섬세한 액자형식의 이중 구조라는 독특한 형식을 도입하여 여성관객의 압도적이고 강력한 지지를 받았다. 여성문화예술기획이 조사한 "여성관객 1000명이 뽑은 최고의 영화", "1999년 최고의 페미니즘 영화"로 선정됐다.

여주인공 역인 심은하가 대종상 여우주연상, 남주인공 역의 이성재가 대종상, 청룡영화상, 춘사영화제와 영평상에서 신인남우상, 이정향이 대종상과 춘사영화예술제, 영평상에서 신인감독상을 받았다. 서울 관객 24만 2000여 명(1999년으로 이월 상영), 전국 41만 2000명 동원, 흥행성과 작품성에서 모두 적당한 평가를 받았다. 당시 주인공들이 심경을 반영한 시인 김용택의 시 '사랑'은 다음과 같다.

"지금은 당신의 입장으로 돌아가/ 생각해 보고 있습니다./ 받아들일 건 받아들이고/ 잊을 것은 잊어야겠지요…."

태양은 없다 City of the Rising Sun(1998)

한때 챔피언 후보로 주목받았던 권투 선수 도철(정우성)은 후배 성훈(박지훈)에게 KO패 당한 후 권투를 그만둔다. 펀치드링크 증상이 있는 그는 관장의 소개로 흥신소에서 일하게 되고 그곳에서 홍기(이정재)를 만난다. 홍기는 30억짜리 빌딩을 갖는 것이 꿈이라고 큰 소리 치지만 동네 깡패 병국(이범수)에게 빚에 시달리고 있는 양아치일 뿐이다. 홍기의 단칸방에서 함께 지내게 된 도철은 홍기가 매니저 일을 봐주고 있는 배우 지망생 미미(한고은)에게 사랑을 느낀다. 그러나 스타가 꿈인 미미는 도철의 사랑을 받아들이지 않는다.

그때 병국에게 쫓기던 홍기가 흥신소 돈과 도철의 돈을 갖고 도망치자 도철은 다시 권투를 하게 된다.

주인공으로 발탁된 미미는 촬영 직전 다른 신인에게 여주인공 역을 내주게 되고 도철은 펀치드링크 증상에도 불구하고 성훈과의 마지막 경기를 치른다.

● 김성수 각본 · 연출작. 정우성, 이정재, 이범수 출연. 남녀의 사랑을 그린 청춘 영화로 촬영 김형구, 조명 이강산과 함께 화려한 카메라, 세련된 영상을 구사하고 있다. 이 영화의 주된 색채는 블루그레이. 도철(정우성)의 섀도우 복싱을 지켜보던 홍기(이정재)가 어설픈 포즈로 도철을 따라하는 때도 이러한 일상성을 그대로 보여주기 위해 감독은 이를 포토몽타주로 처리하고 있다. 서울 관객 33만여 명으로 1999년도 한국영화 흥행 순위 10위. 임상수, 이현승, 박헌수, 박기형 감독 등이 헤어숍 손님으로 특별 출연했다.

(우노필름) 108분 극영화 18세미만불가/액션 청춘

감독 : 김성수
제작 : 차승재
각본 : 심산, 김성수
개봉 : 1999년 1월 1일 키네마, CGV 강변11, 동아, 서울, 허리우드극장(서울)
관람인원 : 32만 9778명(서울)
수출현황 : 홍콩(00)
출연 : 정우성, 이정재, 이범수, 한고은, 박지훈, 이기열, 한상미, 한반도, 이봉규, 김태환 외
기획 : 차승재
촬영 : 김형구
편집 : 김현
미술 : 김기철
세트 : 강창길
동시녹음 : 오세진
음악 : 박영, 김재원
조명 : 이강산, 정영민
의상 : 김성, 나한길
분장 : 이경자, 김유정, 김민선
사운드 : 오원철, 최태영
특수효과 : 정도안
무술감독 : 정두홍
프로듀서 : 조민환
조감독 : 김석우, 서창민, 조동오, 황병국, 홍성훈
수상 : 제20회 청룡영화상 남우주연상(이정재), 제25회 백상예술대상 시나리오상(심산, 김성수) · 인기상(이정재), 제7회 춘사영화제 기술상(편집: 김현), 제19회 영평상 남자연기상(이정재), 제22회 황금촬영상 동상 · 특별분장상(이경자)

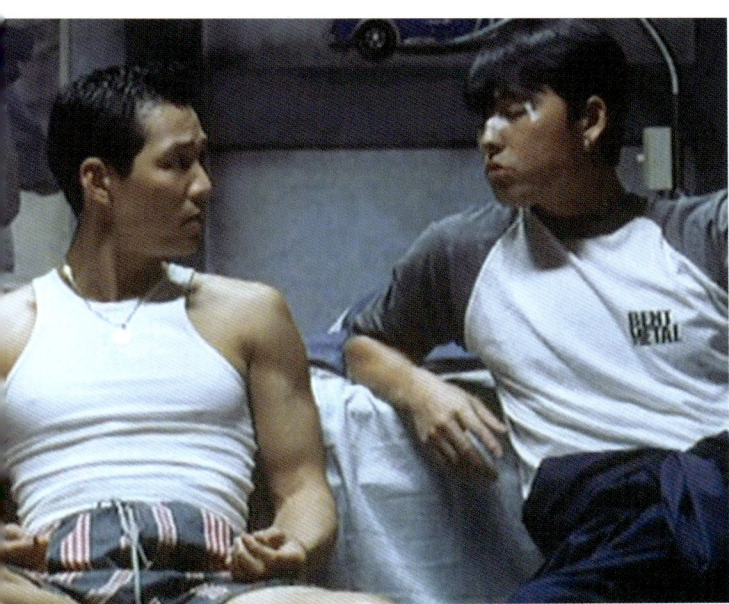

내 마음의 풍금 The Harmonium in My Memory(1998)

(아트힐) 132분 극영화 전체관람가/멜로

감독 : 이영재
제작 : 서현석
각본 : 이영재(원작 하근찬)
각색 : 오은희, 서병채, 방장호, 제윤신
개봉 : 1999년 3월 27일 서울, 명보,
　　　중앙, CGV강변 11, 브로드웨
　　　이극장(서울) 등 10개 관
관람인원 : 14만 8494명(서울)
출연 : 이병헌, 전도연, 이미연, 전무
　　　송, 최주봉, 이인철, 송옥숙 외
촬영 : 전조명
음악 : 조동익
조명 : 신준하
편집 : 경민호
세트 : 전인수
소품 : 김재형
분장 : 서효정
기획 : 김진
의상 : 강현주, 박근성, 이계순
미술 : MBC미술센터, 민연옥, 이수근
동시녹음 : 이승철
사운드 : 오원철, 최태영
특수효과 : 정도안
포스터 : 손기철
시각효과 : 장성호, 김경련, 서창호, 원
　　　　일권, 이주석, 박경태, 홍석
　　　　찬
프로듀서 : 유영식
조감독 : 서병채
수상 : 제37회 대종상영화제 여우주연
　　　상(전도연) · 각색상(이영재),
　　　제20회 청룡영화상 여우주연
　　　상(전도연) · 여우조연상(이미
　　　연) · 신인감독상(이영재), 제19
　　　회 영평상 베스트10 선정, 영
　　　국 리즈국제영화제 심사위원
　　　특별상, 이탈리아 베로나국제
　　　영화제 대상 및 관객상, 제14회
　　　일본 후쿠오카아시아영화제
　　　'Special Mention' 상, 미국
　　　시카고영화제 'World cinema'
　　　부문 초청

1960년대 강원도 산속 마을 산리. 그곳에 사는 17세 소녀 홍연(전도연)은 늦깎이 초등학생이다. 어느 날 길모퉁이에서 사범학교를 갓 졸업하고 산리초등학교로 부임해온 21세의 총각교사 강수하(이병헌)와 마주친다. 수하를 사랑하게 된 홍연은 수하를 보기 위해 수업이 끝나도 교실 주변을 맴돌고 그에게 제출되는 일기장에는 사랑의 고백을 써 보내기도 한다. 그러나 수하는 홍연의 마음을 대수롭지 않게 넘겨버린다.

오히려 수하는 동료 교사 양은희(이미연)에게 호감을 갖고 홍연의 간절한 바람과는 달리 그녀와 가까워진다. 다정한 모습으로 함께 걸어가는 두 사람을 보던 날, 홍연은 밤새 비를 맞고 걸었다. 그러나 얼마 뒤 양은희는 서울의 약혼자를 따라 유학길에 오르고 수하는 실연의 아픔으로 괴로워하지만 홍연의 가슴은 기쁨으로 설렌다. 어느 새 일 년이 지나 학예회 연습을 하던 날, 아이들의 장난으로 강당에 화재가 발생한다. 강당에 갇힌 아이들을 구하기 위해 수하는 불길 속으로 뛰어들고 홍연도 그의 뒤를 따른다.

● 이영재 감독 데뷔작. 1981년에 발표한 하근찬의 『여제자』를 제명을 바꾸어 각색한 작품. 1960년대 시골 초등학교에 부임한 젊은 교사와 17세 늦깎이 여제자의 어긋난 짝사랑을 그린 내용으로 영화는 홍연과 수하의 결혼과 함께 해피엔딩으로 끝난다. 감정의 기복이나 번거로운 사건 전개 없이 잔잔한 감동을 주는 이 작품에서 홍연으로 분한 전도연의 연기는 "시대의 정감과 순수한 정서를 읽을 수 있게 한다"는 평을 들었다. 전도연은 이 영화로 대종상 여우주연상을 처음으로 받았다. 이미연이 청룡영화상 여우조연상, 이영재가 청룡영화상 감독상을 받았고 영국 리즈국제영화제 심사위원 특별상, 이탈리아 베로나국제영화제 대상, 일본 후쿠오카아시아영화제 'Special Mention' 상 등 해외영화제에서도 크게 호평받았다. 서울 관객은 14만 8494명. 전북 고창군 조산면의 폐교된 조산분교를 보수하여 촬영했다.

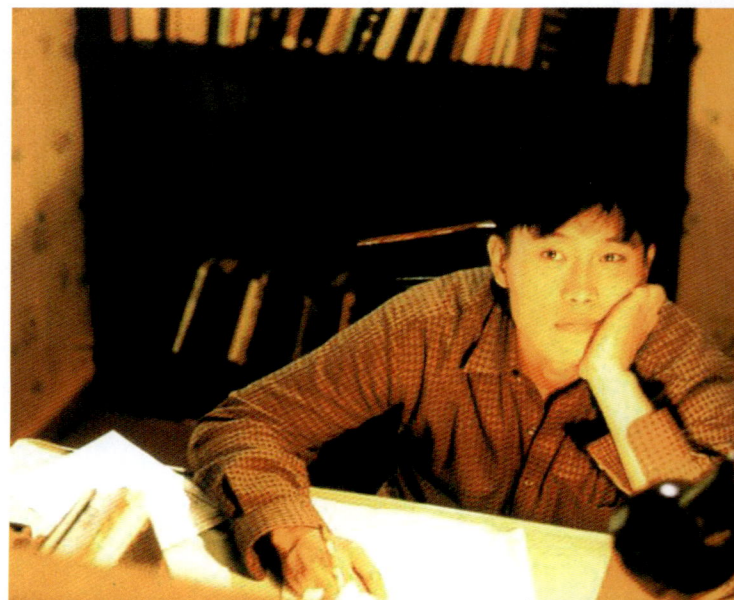

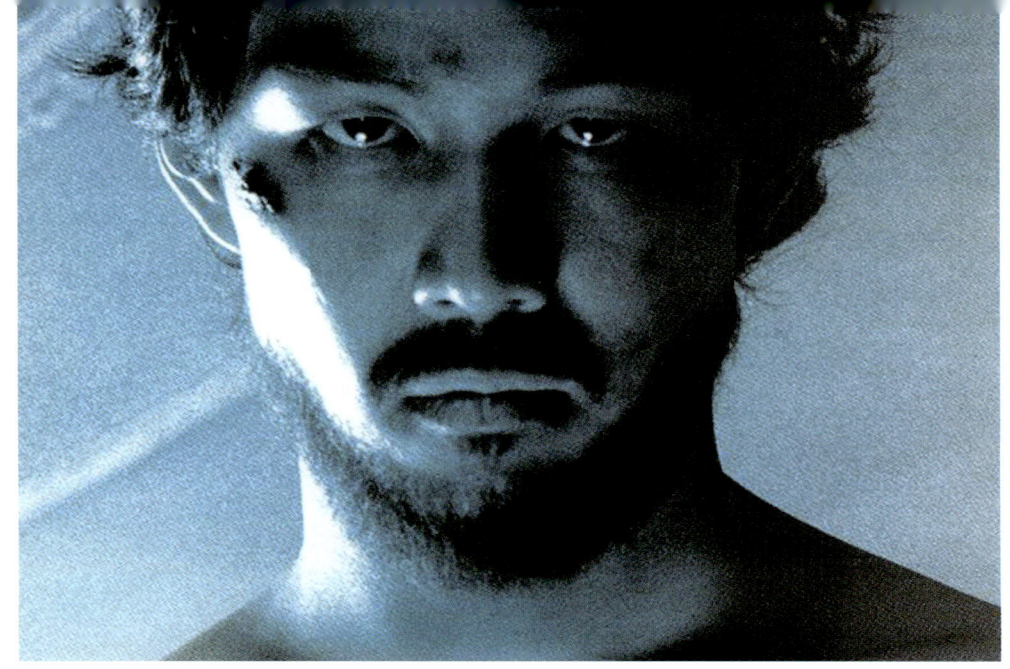

이재수의 난 The Uprising(1998)

1901년 천주교인들은 고종황제의 칙서를 들고 와 활발한 포교활동을 벌이고, 이를 빌미로 타락한 교인들이 부패한 봉세관(封稅官 여균동)의 앞잡이로 활동한다. 이에 분노한 제주민들은 어차피 굶어 죽을 바에 차라리 싸우다 죽겠노라며 결전을 각오한다. 두려움을 느낀 천주교인들이 기습공격을 가해오자 이재수(이정재)는 사랑하는 숙화(심은하)를 남겨둔 채 평민의 신분으로 민란의 장두에 선다. 이재수는 신부와 교인들이 숨어 있는 제주성을 포위하고 악질 교인들과 교폐를 시정해줄 것을 요구한다.

마침내 이재수는 제주성을 함락하고 조선 정부로부터 세폐와 교폐를 시정하겠다는 약속을 받아낸다. 그러나 프랑스 함대는 이미 제주도를 향하고 있었다. 이제 그 핏빛 겨울이 지나고 보리이삭이 필 무렵, 그를 따랐던 수많은 백성과 연인 숙화를 남겨둔 채 이재수는 스스로 목숨을 바친다.

● '아름다운 청년 전태일'(1995)로 일반에게 의식영화의 개념을 심어준 박광수 연출작. 1981년 《마당》지에 연재되었던 현기영의 『변방에 우짖는 새』를 '이재수의 난'으로 제명을 바꾸어 영화화한 작품이다. 1901년 제주도에서 실제로 일어난 천주교인과 주민들 간의 충돌사건을 다룬 영화로 기획시대와 프랑스의 롭세르바토와르(Les Firm Del ' Observatoire)가 공동 제작했으며 시나리오 단계에서 프랑스국립영화센터 CNC(Centre Nationale de la Cinematographie)로부터 100만 프랑의 제작비를 지원받는 등 당시 35억 원의 제작비를 들여 제주도에서 찍었다.

(기획시대) 100분 극영화 12세미만불가/시대극

감독: 박광수
제작: 유인택, Philippe Avril
각색: 박광수, 오승욱, 도성희, 심재현(원작 현기영)
개봉: 1999년 6월 26일 서울, CGV 강변11, 시티, 씨네하우스(서울) 등 7개 관
관람인원: 5만 6913명(서울)
수출현황: 홍콩(02)
출연: 이정재, 심은하, 명계남, Frederic Andrau, Sebastien Tavel, 윤소정, 방은진, 여균동, 정원중, 오윤홍, 문무병 외
동시녹음: 이영길
광고사진: 한미진
사운드: Stephane Thiebaut
특수효과: 정도안
프로듀서: 이창준
조감독: 심재현
수상: 제37회 대종상영화제 음악상(원일) · 의상상(봉현숙) · 영상기술상(유동렬), 제52회 스위스 로카르노국제영화제 청년비평가상

소풍 消風, The Picnic(1999)

18분 단편영화/사회

감독·제작·각본 : 송일곤
개봉 : 1999년 1월 1일 동숭 시네마
텍, 코아 아트홀
출연 : 손병호, 최지연 외
촬영 : 박선욱   **음악 :** 박칼린
편집 : 고영재   **미술 :** 정은영
분장 : 이유경, 박성희
사운드 : 김동의
프로듀서 : 조수진
수상 : 제37회 대종상영화제 단편영화
상, 제52회 칸국제영화제 단편
경쟁 부문 심사위원대상, 제48
회 호주 멜버른국제영화제 단
편경쟁 부문 최우수단편영화
상, 제6회 바르셀로나국제독립
영화제 단편경쟁 부문 최우수
단편영화상, 제7회 미국 AS-
PEN 국제영화제 심사위원특별
상, 제44회 아일랜드 MUR-
PHYS CORK 국제영화제 단
편경쟁 부문 심사위원특별언
급, 제58회 베니스국제영화제
경쟁 부문 출품

초겨울 오후, 한 가족이 한적한 시골의 국도를 달리는 아름다운 정경. 아이가 엄마에게 어디로 가는지를 묻는다. 엄마는 소풍 간다고 대답한다. 빚더미에 올라 앉게 된 젊은 사업가는 가족과 함께 동반자살을 하기 위해 바닷가 근처 인적이 드문 숲에 도착한다. 남자는 엄마와 아이에게 우유에 약을 타 마시라고 준다. 엄마는 아이를 살리고 싶어 하지만 아무것도 모르는 아들은 엄마를 따라 소풍 길에 나선 것이다. 아이의 엄마는 남자가 보지 않는 틈을 타서 우유를 마신다. 수면제 기운을 못이긴 엄마는 아들을 안은 채 해변에 쓰러진다.

　엄마는 아이에게 파도를 보여주고 싶어서 바닷가로 나가려 하지만 약 기운에 그만 잠들어버린다. 남자는 차안에 호스로 배기가스를 넣고 아내와 아이를 차로 데리고 와서 미리 준비한 대로 자신도 수면제를 복용한다. 그리고 시동을 걸고 죽음을 맞이한다. 다음날 아침, 이 가족의 차가 발견되고 아이만 살아남는다.

● 송일곤의 단편영화. 이는 IMF 당시 어려운 현실에서 죽음을 택해야만 했던 한 단란한 가족의 동반자살을 소재로 한 내용이다. 화려한 기교보다는 적절한 구성력과 은유를 가지고 화면에서 보이는 것만이 아니라 영화가 끝나면서 인생을 깊이 음미할 수 있게 해준다. 손병호 출연. 수많은 상을 받았으며 그중에서도 칸국제영화제 단편 부문에서 한국영화 사상 첫 수상을 기록했다. '소풍' 이후 송일곤은 장편 '꽃섬'(2001)으로 정식 감독 데뷔하게 된다.

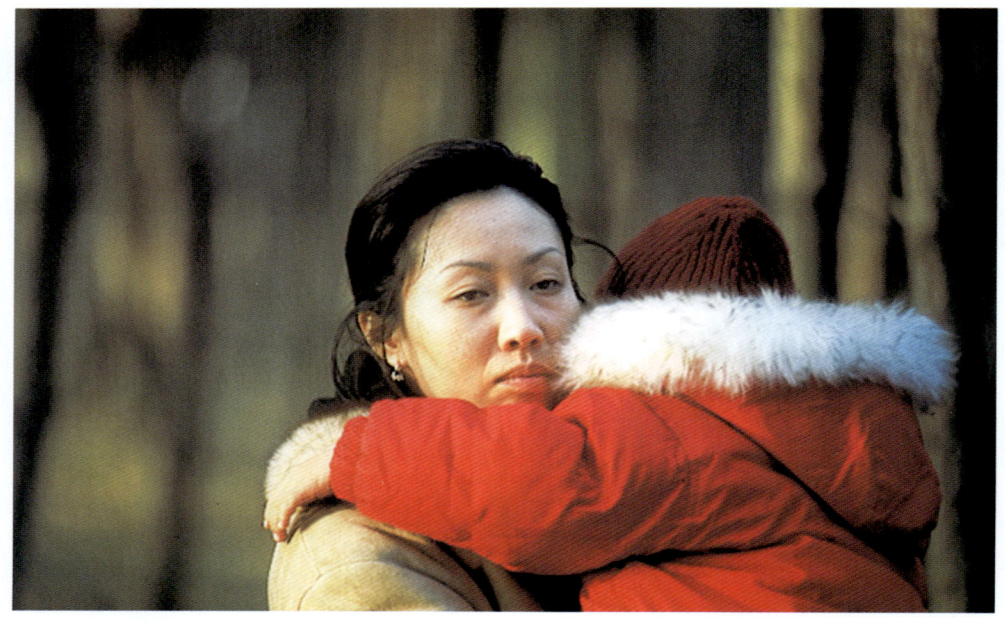

마요네즈 Mayonnaise(1999)

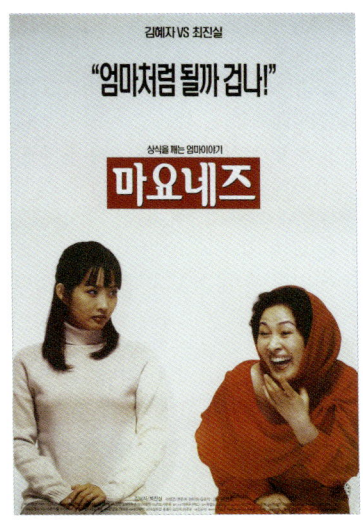

김혜자 VS 최진실

"엄마처럼 될까 겁나!"

상식을 깨는 엄마이야기

마요네즈

남편(김영철)이 출장으로 집을 비운 데다 곧 태어날 아이와 여섯 살 난 아들을 돌보면서 보험왕 자서전을 대필하고 있는 아정(최진실)은 하루가 바쁘기만 하다. 경황없는 나날을 보내고 있는데 친정 엄마(김혜자)가 불쑥 찾아든다. 약국을 하던 아버지 덕에 편안한 생활을 하면서도 평생 철들지 못한 채 자기 생각만 하는 엄마가 아정은 반가울 리 없다.

아정이 쓰고 있는 자서전의 주인공은 그야말로 자녀를 위해 희생을 마다하지 않는 모성애의 상징 같은 인물이다. 아정은 그 주인공과 엄마를 비교해보면서 "오래된 스웨터처럼 낡았지만 어딘지 따사롭고 포근한 그런 엄마"가 있었으면 해본다.

아버지의 병수발을 들면서도 엄마는 머릿결이 고와지려고 마요네즈를 바르고 아버지가 죽는 순간에도 자신의 겉치레에만 신경을 쓰는 엄마다. 마요네즈의 역겨운 냄새와 함께 엄마에 대한 이해와 동정은 환멸로 바뀌고 자신이 엄마가 된 지금도 엄마에 대해 진실한 정을 느끼지 못한다.

심지어 엄마의 머리맡에 놓인 약봉지를 보면서도 "어디가 아프냐"고 묻지 않는다. 다른 엄마들처럼 자식을 챙겨주지는 못할 망정 칭얼대기만 하는 엄마의 존재를 지우고 싶은 딸, 노상 바쁘다면서 따뜻한 말 한마디도 건네주지 않는 딸이 원망스러운 엄마. 서로 남처럼 겉돌면서 두껍게 쌓인 모녀의 갈등은 쉽게 풀릴 것 같지가 않다. 그러나 엄마가 목욕탕에서 마요네즈를 바르다가 구급차에 실려서 가자 모녀는 세상의 모든 어머니와 딸의 모습이 되어 서로를 감싸고 이해하게 된다.

● 영화 '바리케이드'(1997)로 감독데뷔한 윤인호 연출작. 원작 · 각본 전혜성. 1997년 문학동네 신인작가상을 받은 동명 소설로 먼저 연극으로 성공했다. 가족과 모성애라는 두 가지 가치에 대해 근원적 질문을 던지고 있는 이 작품은 딸이 엄마의 속물근성을 경멸하면서 실망이 증오로 변하는 과정을 부각시킨다.

김수용의 '만추'(1982) 이후 17년 만에 스크린에 컴백한 김혜자 연기를 보고 함께 출연했던 최진실은 "김혜자의 재발견"으로 표현하는 등 "눈을 떼지 못하게 한다"(《스크린》 1999년 2월호 p.42)는 평을 들었다. 백상예술대상에서 최진실 인기상 수상, 서울관객 9만 5875명 동원.

(씨네 2000) 114분 극영화 15세미만 불가/멜로

감독 : 윤인호
제작 : 이춘연
각본 : 전혜성(원작 전혜성)
개봉 : 1999년 2월 13일 서울, 허리우드, 중앙, 남산자동차극장(서울) 등 15개 관
관람인원 : 9만 5875명(서울)
수출현황 : 일본(99)
출연 : 김혜자, 최진실, 김성겸, 원미연, 권은아 외
기획 : 전정국
촬영 : 서정민
음악 : 옥길성
조명 : 이주생
편집 : 이경자
미술 : 오상만
세트 : 오상만
소품 : 종합촬영소
의상 : 이신우, 이진희, 박미
분장 : 박예리, 국희정
사진 : 손기철
동시녹음 : 이태규
사운드 : ㈜리드사운드, 강대성, 김윤겸, 유재광
특수효과 : 정도안, 이희경, 유영일
프로듀서 : 김복근
조감독 : 성희경, 홍용수, 김정식, 이주호
수상 : 제35회 백상예술대상 인기상(최진실), 제5회 인도 케라라국제영화제 그랑프리 수상

화이트 발렌타인 White Valentine(1999)

(태창흥업) 101분 극영화 전체관람가/
멜로

감독 : 양윤호   제작 : 김용국
각본 : 이은경, 이병률
개봉 : 1999년 2월 13일 단성사, 명
   보, CGV강변11, 정동아트홀,
   그랑프리극장(서울)
관람인원 : 2만 6343명(서울)
출연 : 박신양, 전지현, 전무송, 김영
   옥, 양동근, 김세준, 강진우, 장
   명철 외
기획 : 김용국   촬영 : 이석기
음악 : 박기영   조명 : 이민부
소품 : 차순하   의상 : 차선영
편집 : 경민호   조감독 : 이종인
미술 : 조윤삼, 강승용
분장 : 전흥주, 이은희
동시녹음 : 안상호
특수효과 : 김철석
수상 : 제35회 백상예술대상 신인여자
   연기상(전지현)

어린 소녀 정민(전지현)은 자신을 여교사라고 속여서 군인 아저씨 현준(박신양)에게 편지를 보낸다. 현준은 휴가 길에 여교사 정민을 만나러 오지만 서로 알지 못하기 때문에 그냥 지나쳐 버린다.

스무 살이 다 되도록 그림에만 묻혀 사는 정민, 그녀가 살고 있는 마을로 어느 날, 애인이 죽었다는 30대의 남자가 찾아든다. 그는 새 장사를 하면서 죽은 애인에게 밤마다 비둘기로 편지를 날려보낸다. 한편 정민은 비둘기가 전해준 편지를 읽고 누구의 편지인지도 모른 채 답장을 쓴다. 주인공을 알아내기 위해 비둘기에 털실을 묶어 날려보낸 정민은 그가 얼마 전 이사온 새 장사라는 것과 어린 시절 편지를 주고받았던 군인 아저씨라는 사실을 알아낸다.

● '미스터 콘돔'(1997) 등에 이은 양윤호의 네 번째 연출작. 전지현 스크린 데뷔작. 작은 서점에서 할아버지와 함께 살던 철부지 소녀가 여교사인 체하며 위문편지를 보냈던 군인 아저씨와 사랑을 이뤄가는 과정을 그린 내용. 전지현이 백상예술대상에서 신인여자연기상 수상, 전주 전동성당과 교동 한옥마을에서 촬영되었다.

러브 Love(1999)

(동아수출공사) 99분 극영화 12세관람
가/멜로

감독 : 이장수
제작 : 이우석
각본 : 송지나
개봉 : 1999년 9월 18일 피카디리, 동
   아극장(서울)
관람인원 : 17만 4000명(서울)
출연 : 정우성, 고소영, 박철, 이범수,
   Garry Lionay, Travis Hud-
   son, Daniel Rogerson 외
기획 : 이호성   촬영 : 함광기
음악 : 켄송   조명 : 허명회
편집 : 김혜진   미술 : 한유정
세트 : 조셉 피도
소품 : Lorri Jakubuv
의상 : Angel Lee
분장 : Hillary Park
사운드 : Dean Andre
프로듀서 : 제임스 강
조감독 : Chris Chanowski, Daniell
   e Na, 김성훈
수상 : 제36회 백상예술대상 인기상
   (고소영)

잘하는 거라곤 달리기밖에 없는 속 깊고 순수한 남자 명수(정우성), 국제대회 수상 경력이 있는 그는 마라톤 선수로서 항상 매스컴의 스포트라이트를 받는다. 그러나 얼마 전 출전했던 아시안게임에서 중도탈락하면서 그는 왠지 더 이상 완주할 수 없음을 알게 된다. LA에서 열리는 국제마라톤 경기에 대표선수로 나갔으나 그는 깊은 갈등 끝에 선수단을 뛰쳐나와 육촌형인 브레드(박철)의 집으로 간다. 그곳에서 만난 제니(고소영)는 열 살 때 미국에 입양된 처지로 브레드와는 친남매 같은 사이다. 명수의 눈에 비친 제니는 타인을 사랑할 수 있는 능력을 상실한 사람처럼 보인다. 그녀에겐 한국과 엄마에 대한 그리움만이 삶의 이유다. 그런 제니에게 명수는 조금씩 다가서고 제니도 어렵게 마음을 열기 시작한다. 그리고 제니와의 사랑을 통해 명수는 자신감을 얻게 된다. 제니의 적극적인 격려로 경기에 참가한 명수는 3위에 입상한다.

● 이장수 감독 데뷔작. 슬럼프에 빠진 마라토너와 입양아와의 사랑을 그린 내용. 감독은 TV 드라마 연출 출신으로 각본은 드라마 '모래시계'의 작가 송지나가 썼다. 미국 올로케이션으로 애리조나의 황막한 사막과 푸른 태평양이 내다보이는 샌페드로 공원 등의 아름다운 풍광을 담아냈다. 후반 작업까지 완벽하게 할리우드에서 마쳤기 때문에 편집, 믹싱, 사운드, CG 완성도가 높고, 대사에 의존하기보다 깊이 있는 화면과 음악을 통한 젊은 감성을 표현했다. 영화의 주제가는 Glenn Miller Band가 연주하고 가수 심수봉이 작사 작곡했다. 서울 관객 17만 4000명으로 흥행은 무난한 편.

북경반점 北京飯店 The Great Chef(1999)

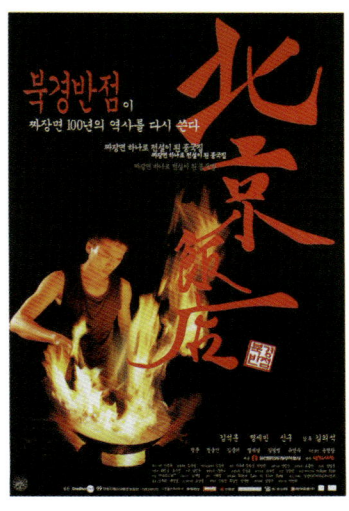

쇠락해 가는 북경반점으로 어느 날, 한 청년이 찾아온다. 중국에서 왔다는 그의 이름은 양한국(김석훈). 북경반점의 한 사장(신구)이 어릴 적 중국에 가서 춘장 제조 비법을 배워와서 언젠가 함께 최고의 중국집을 차리자고 약속했던 친구의 아들이다. 그런데 친구 대신 그 아들이 주방용 칼과 춘장 단지를 들고 온 것이다. 북경반점에 머물게 된 한국은 요리에 대한 한 사장의 신념을 배우며 북경반점 식구들과도 잘 어울린다.

그러나 주방장(명계남)이 캐러멜과 화학조미료를 쓴 춘장으로 자장면을 만든다는 사실에 충격을 받은 한 사장은 몸져눕게 되고 북경반점은 문을 닫는다. 양식당 매니저로 일하는 한 사장의 딸 미래(명세빈)도 실의에 빠진다. 그러자 북경반점에 혼자 남아 있던 한국은 뿔뿔이 떠난 종업원들을 다시 불러모은다. 그리고 한국과 종업원들이 정통 춘장으로 최고의 맛을 내는 자장면과 요리를 만들어내자 가게는 손님들로 북적이게 된다.

● 김의석의 다섯 번째 연출작. 각본 박규태, 장항준, 천명관. 중국집 자장면을 소재로 구세대와 신세대 간의 갈등과 화합을 다루고 있다. 손님들의 입맛에 맞춰 화학조미료가 든 춘장으로 자장면을 만들다가 풍비박산이 난 중국집을 한 젊은이가 재건한다는 내용으로 원칙을 지키면서 사는 것이 얼마나 중요한가를 역설한 휴먼 코미디다.

음식을 소재로 한 훈훈한 이야기를 담아내기 위해 감독은 중국 요리 관련 서적을 독파하는 열의를 보였고 출연 배우들도 직접 요리를 배우는가 하면 호텔 중식당에서 일하는 요리사를 스태프로 기용했다. 대종상영화제에서 싱싱한 음식 색깔을 살려낸 촬영으로 문용식이 신인기술상을 받았다. 4인조 음악 그룹 god가 영화 '북경반점'의 상영관인 서울극장에서 첫 회와 5회 상영에 앞서 히트곡 "어머님께"를 부르는 미니 콘서트를 열기도 했다. 총제작비 13억 원. 인천시 중구 선린동 인천 차이나타운 오픈세트에서 촬영했다.

(영화세상) 95분 극영화 12세미만불가 /드라마

감독 : 김의석
제작 : 안동규, 김승범
각본 : 박규태, 장항준, 천명관
개봉 : 1999년 4월 24일 서울극장 (서울)
관람인원 : 1만 5847명(서울)
출연 : 김석훈, 신구, 명세빈, 명계남, 정준, 김중기, 정웅인, 김경범, 유연수, 송영창, 기주봉 외
기획 : 안동규
촬영 : 문용식
음악 : 신대철
조명 : 김동호
편집 : 김상범
미술 : 이소선
의상 : 박현영, 윤현진, 남혜림
분장 : 김은희, 김명희
수상 : 제37회 대종상영화제 신인기술상(촬영: 문용식)

신장개업 新裝開業, The Opening(1999)

(황기성사단) 100분 극영화 18세관람가/코미디
감독 : 김성홍
제작 : 황기성
각본 : 남궁균(원작 원안 김성홍)
개봉 : 1999년 5월 1일 단성사, 명보, CGV강변11(서울) 6개 관
관람인원 : 10만 915명(서울)
출연 : 김승우, 진희경, 한반도, 김선경, 박상면, 이범수, 송승현, 김세준, 정진각 외
기획 : 황경성
촬영 : 성광제
음악 : 이욱현, 추은희
조명 : 신학성
편집 : 경민호
미술 : 조융삼, 이치우, 이동은, 최병근
세트 : 이윤경, 김혜란, 한경진
소품 : 이용승
의상 : 한주연
포스터 : 이재혁, 최태용
분장 : 안희준
동시녹음 : 손규식
사운드 : LIVE TONE, 오원철, 최태원
조감독 : 유진일

평화로운 소읍. 이곳에는 모든 것이 하나씩이다. 미장원, 약국, 수퍼마켓, 중국집도 하나밖에 없다. 인구의 규모로 보아 하나면 충분하기 때문이다. 그런데 중국집 중화루 앞에 난데없이 또하나의 중국집 아방궁이 들어서면서 마을은 수런거리기 시작한다. 간판만 아니면 영락없이 창고나 다름없는, 배달도 안 되고 메뉴도 자장과 고기 만두가 전부인 아방궁은 도대체 장사에는 뜻이 없어 보인다. 그러나 아방궁의 기막힌 자장 맛이 소문 나면서 토박이 중국집 중화루는 파리만 날리게 된다.

열 받은 중화루 왕 사장(김승우)은 소문난 아방궁 자장을 시식하러 갔다가 자장면에서 사람 손가락을 발견하고 기절초풍한다. 왕 사장은 아방궁에서 자장에 인육을 쓴다고 확신하지만 아무도 왕 사장의 말을 믿지 않고 오히려 아방궁은 날이 갈수록 번창한다. 아방궁 홍 사장(한반도)의 밤 외출은 못내 수상하기만 한데 마을 주변의 여기저기에서 토막 시체들이 발견된다. 경찰은 이에 대한 연쇄 살인범 추적에 나선다.

● 스릴러 '올가미'(1997)에 이은 김성홍의 블랙코미디. 각본 남궁균. 경쟁관계에 있는 두 중국집의 비밀을 파헤치는 내용이지만 감독은 '투캅스'(1993) 시나리오 작가다운 코미디 감각과 스릴러 역량을 발휘해 보인다. 컬트무비를 표방한 이 영화는 인육만두 소동을 소재로 새롭고 독특한 형식과 기발한 상상력을 영상으로 펼쳐냈다. 그러나 계속되는 긴장과 공포 속에서도 인물들의 충돌을 통해 관객의 허를 찌르는 웃음을 유발하기도 한다. 예를 들어 아방궁에 첫 손님이 와서 자장면 맛을 보려는 순간, 베토벤의 '운명' 교향곡이 배경음악으로 깔린다. 배우들의 연기도 좋다. 그동안 드라마와 영화에서 부드럽고 젠틀한 모습을 보여 왔던 김승우가 욕심 많고 비열한 중국집 왕 사장으로 파격 변신했고 진희경은 천박한 중화루 안주인 역할을 천연덕스럽게 해냈다. 서울에서 10만 관객 동원.

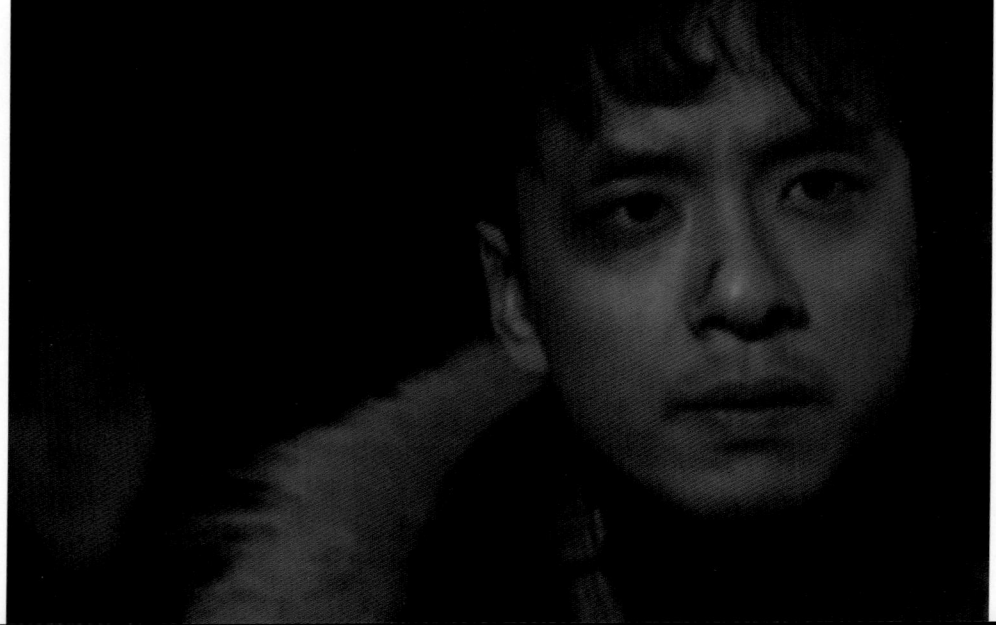

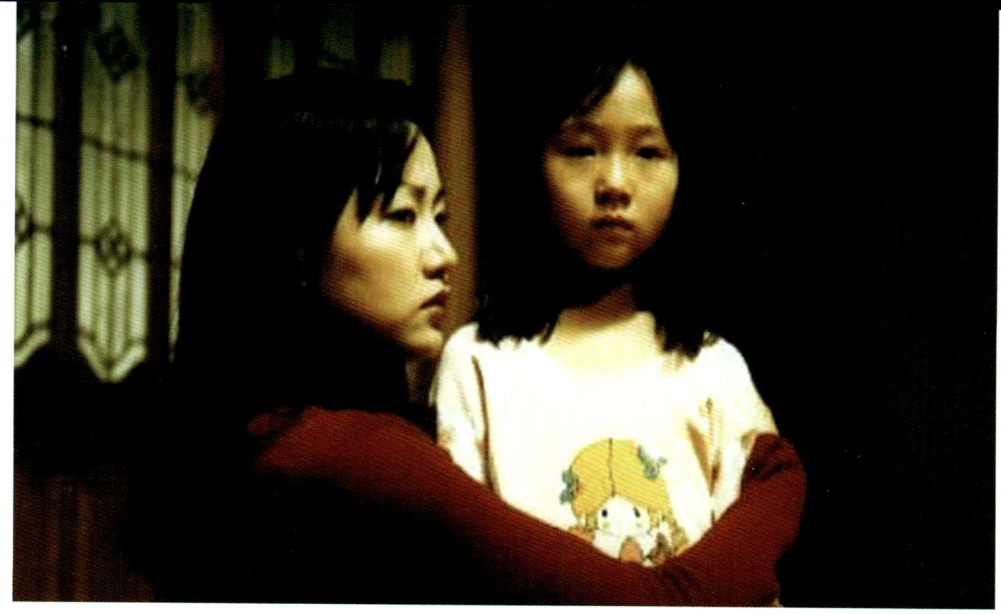

링 – 링바이러스 The Ring Virus(1999)

신문기자 홍선주(신은경)는 조카의 갑작스런 죽음에 충격을 받는다. 함께 여행을 떠났던 조카의 세 친구도 같은 시간에 죽었다는 것이다. 사인은 모두 심장마비. 홍선주는 기자의 직감으로 이 죽음에 뭔가 불길한 요소가 개입돼 있음을 느낀다. 이들의 의문사가 "초현실적인 힘에 의한 것"이라고 주장한 의사 최열(정진영)을 찾아가지만, 최열은 냉소적으로 대한다. 선주는 사망자의 행적을 쫓다가 조카와 그 친구들이 묵었던 콘도에서 기괴한 영상이 담긴 비디오테이프를 발견한다.

　"너희는 일주일 뒤 이 시간에 죽을 것이다. 살고 싶으면 이것을 실행하라"는 자막이 뜨고 테이프는 거기서 끝나 있었다. 죽음의 공포에 빠진 선주는 다시 최열을 찾아간다. 테이프를 복사한 뒤 자세히 검토한 최열은 이 초능력이 불행한 삶을 살다간 한 여인의 혼령에서 나온 것임을 밝힌다. 그러나 선주와 최열이 그녀의 시신을 찾아 묻어주는 과정에서 선주의 딸이 테이프를 보게 되고 최열은 갑작스런 죽음을 맞는다. 선주는 이제 어린 딸을 살리기 위해 그녀가 한 일과 최열이 하지 않은 일들을 다시 한 번 찬찬히 돌아본다.

● 김동빈 연출작. 일본에서 인기 있었던 스즈키 코지의 SF 공포소설 『링 바이러스』를 우리 식으로 리메이크한 것이다. 원작에서는 호기심 많은 남자 신문기자가 주인공인 데 비해 한국영화 '링'은 남편을 잃은 여기자의 눈을 통해 내용을 전개한다. 여성적 시각과 남성적 시각이라는 차이 때문인지 원작의 주인공은 왕성한 호기심으로 적극적으로 사건에 뛰어든 반면 한국의 '링'은 매우 조심스럽게 사건에 접근한다. 일본의 오리지널판보다 서울에서 먼저 영화가 개봉되었고 신은경의 강인한 이미지와 정진영의 반항적인 이미지가 관객의 호감을 샀다는 평을 들었다. 서울 관객 33만 명 동원으로 1999년도 한국영화 흥행 순위 9위를 기록했다.

(한맥영화) 110분 극영화 18세미만불가/호러 미스터리

감독 : 김동빈
제작 : 전태섭, 김형준
각본 : 공수창, 심혜원
　　　(원작 스즈키 코지)
개봉 : 1999년 6월 12일 서울극장
　　　(서울)
관람인원 : 33만 2354명(서울)
출연 : 신은경, 정진영, 배두나, 김창완, 윤주상, 김진만, 조민경 외
기획 : 전태섭, 김형준
음악 : 원일, 장영규
촬영 : 황철현
조명 : 임재국
편집 : 경민호
미술 : 심상욱
세트 : 윤기찬
소품 : 김봉오
의상 : 이승현
분장 : 유영, 신은진, 서정희, 조서진
특수분장 : 유예령
포스터 : 최원진, 전석현
동시녹음 : 최재호
사운드 : 김용훈, 영진위, 인상현
특수효과 : 한국영상
프로듀서 : 전태섭, 김형준
조감독 : 정성진, 황주연, 윤병기, 심산, 박안, 이하선, 홍준환

건축무한육면각체의 비밀

A mystery of the cube(1999)

(지맥필름) 110분 극영화 15세관람가/
SF 미스터리

감독 : 유상욱
제작 : 강휘영
각본 : 장용민
각색 : 박중구, 이찬, 허균, 최창원
개봉 : 1999년 5월 1일 서울극장, 시
네코아, 명보, 녹색, 씨네플러
스, 동아극장(서울)
관람인원 : 17만 7729명(서울)
출연 : 김태우, 신은경, 이민우, 고구
마, 박정환, 신성호, 김재권, 김
명중, 전해룡, 김주섭 외
기획 : 강휘영, 박선진
촬영 : 곽명훈
음악 : D&J Orchestro
조명 : 신학성
편집 : 함성원
미술 : 신경식
세트 : 오상만
소품 : 장석훈
의상·분장 : Work Space
특수분장 : 문경선, 이애경, 김정호, 이
형기
동시녹음 : 김범수
사운드 : 김범수, 최태영, 오원철
특수효과 : 이용우, 문승욱
그래픽디자인 : 최언영
통신기술 : 김영진, 권순진, 최은주, 박
준하
제작총지휘 : 이종명
조감독 : 박종구
수상 : 제14회 후쿠오카아시아국제영
화제, 일본 유바리국제판타스
틱영화제 관객상, 영진위 시나
리오 공모 최우수 당선작

이상의 시를 주제로 졸업논문을 준비하던 용민(김태우)은 우연히 PC통신에서 'mad 이상 동호회'를 발견하고 모임에 나간다. 핑크 플로이드의 음악을 능가하기 위해 이상을 연구하고 싶다는 뮤지션 카피캣(박정환), 그림을 완성하기 위해 이상의 자화상이 필요하다는 캔버스(권병준), 이상과 포스트모더니즘 시에 대한 비교 기사를 써야 하는 태경(신은경), 그리고 자신의 계보를 찾기 위해 이상에게 경도된 모임의 리더 덕희(이민우) 등을 만난 용민은 그 자리에서 이상에 관한 새로운 사실을 듣게 된다.

이들은 먼저 1931년과 1933년 사이, 김해경이라는 이름으로 총독부 건축가로 일하던 이상이 사라진 시기에 대해 의문을 던지고 이상의 시는 세상을 향한 경고일지 모른다는 주장을 편다. 특히 덕희의 상상력에 매료당한 멤버들은 『건축무한육면각체의 비밀』이라는 제목의 소설을 PC통신에 릴레이 연재할 것을 정하고 조사에 나선다. 그러나 감춰진 이상의 비밀이 하나씩 드러날 때마다, 그 프로젝트에 가담했던 멤버들은 차례로 의문의 죽음을 맞는다. 카피캣, 캔버스에 이어 안기부를 해킹한 덕희가 사건의 실마리를 남긴 채 어디론가 사라진다. 그리고 살아남은 자들에게 거대한 음모가 다가온다.

● '피아노 맨'(1996)의 유상욱 연출작. 각본 장용민. 1996년 영진공(현 영진위) 시나리오 공모 최우수작으로 당선된 미스터리 어드벤처. 이상(李箱) 김해경은 천재 시인이지만 시인 이전에 1929년부터 조선총독부 내무국 건축과에서 건축설계사로 일한 경력이 있다는 것으로 도입부를 풀어간다. 그러나 그는 1931년 갑자기 종적을 감추고 1933년에 느닷없이 나타나「건축무한육면각체(建築無限六面角體)」라는 암호 같은 시를 발표하기에 이른다. 이 영화는 그의 시 속에 담긴 비밀을 풀기 위해 모인 다섯 명의 젊은이들이 결국 70여 년 동안 가려져 있던 역사적 음모를 밝혀내는 과정을 그리고 있다. 그 음모는 다름 아닌 일본이 한반도의 기를 차단하기 위해 조선총독부 지하에 철 기둥을 박았으며 이상의 시는 이를 암시하고 있다는 것이다.

"사각형의내부의사각형의내부의사각형의내부의사각형의내부의사각형. 사각이난원운동의사각이난원운동의사각이난원. 비누가통과하는혈관의비눗내를투시하는사람. 지구를모형으로만들어진지구의를모형으로만들어진지구. 거세된 양말(그여인의이름은워어즈였다). 빈혈면포,당신의얼굴빛갈도참새다리같네요. 평행사변형대각선방향을추진하는막대한 중략…"

즉 그들은 국립중앙박물관(전 조선총독부)을 허물 때 지하에서 모습을 드러냈던 철심을 비롯해 박물관 건물이 일본의 일(日)자 형태이며 현 서울시청 건물은 본(本)자의 형태를 따라 지은 것으로 한민족의 정기말살이라는 군국주의적 풍수지리사관설을 단초로 하고 있다고 주장한다. 첩보 스릴러와 미스터리 심리극 성격을 띤 이 영화는 현재의 시점에서 과거로 들어가는 플래시백 구조를 취하면서 당시 한국영화에서는 보기 드문 비주얼한 화면과 편집, 훌륭한 음악이 돋보인다.

컴퓨터그래픽 대작으로 제작비 20억 원, 서울에서 18만여 관객 동원(12위). 후쿠오카영화제, 일본 유바리국제판타스틱영화제에서 관객상 수상.

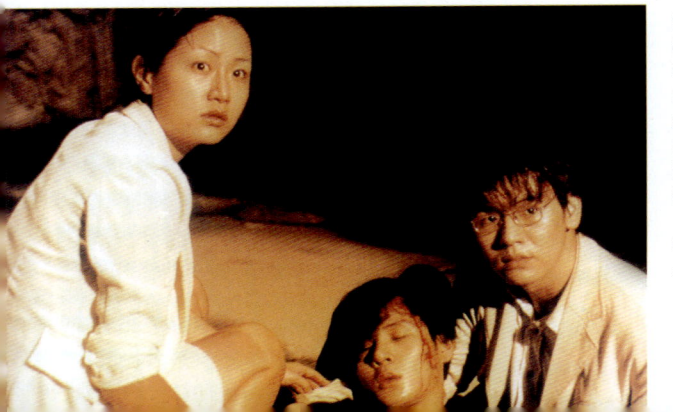

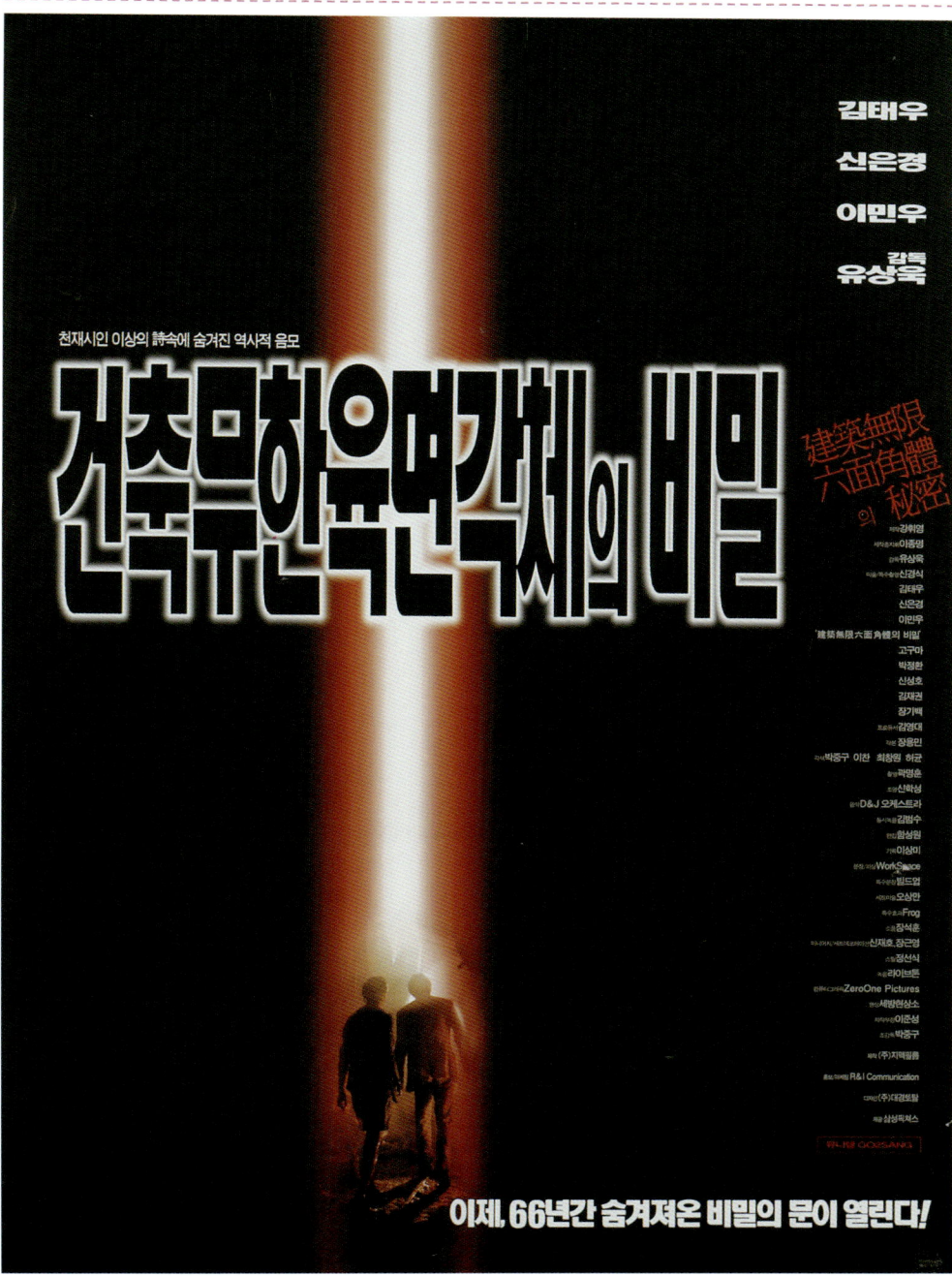

763

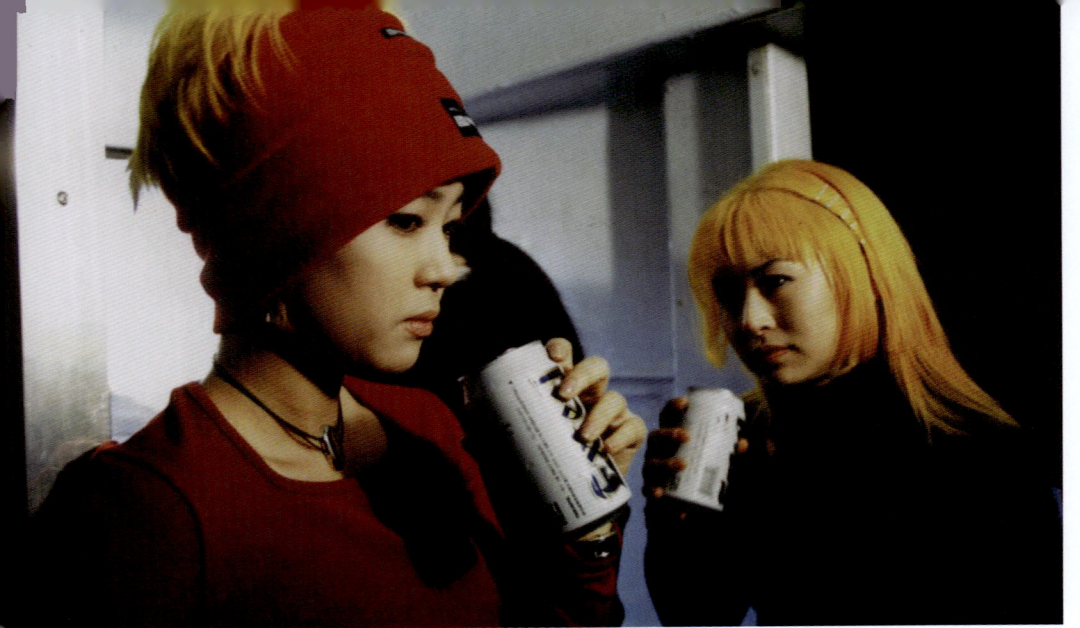

노랑머리 Yellow Hair(1999)

(픽션뱅크) 82분 극영화 18세미만불가
/사회물

감독 : 김유민
제작 : 여한구
각본 : 손정섭
각색 : 김유민
개봉 : 1999년 6월 26일 강변CGV11,
　　　단성사, 동아, 아카데미21, 한
　　　일극장(서울) 9개 관
관람인원 : 11만 7941명(서울)
수출현황 : 싱가포르(00), 인도네시아
　　　(00)
출연 : 이재은, 김기연, 김형철, 김희
　　　옥 외
기획 : 이광민, 유희숙, 김병세
촬영 : 이은길　　음악 : 안지홍
조명 : 조길수　　편집 : 김상범
미술 : 씨네라인, 이훈민, 한일봉
의상 : 손은주　　분장 : 주은정
포스터 : 장현우
사운드 : ㈜리드사운드, 강대성, 김윤
　　　겸, 유재광
프로듀서 : 최기용
조감독 : 김종석
수상 : 제37회 대종상영화제 신인여우
　　　상(이재은), 제20회 청룡영화상
　　　여자신인상(이재은)

머리를 노랗게 염색한 두 여자, 유나(이재은)와 상희(김기연)는 테크노 카페에서 실직당한 남자 영규(김형철)를 만난다. 유나와 상희는 술 취한 영규를 그들이 살고 있는 비닐하우스로 데려간다. 유나는 영규와 섹스를 하고 유나가 샤워하는 동안 영규는 상희와 섹스를 한다. 영규와 상희가 섹스하는 모습을 보고도 유나는 아무렇지도 않다. 오히려 셋이 함께하는 쪽을 택한다. 하지만 영규에겐 샐러리맨 시절, 직장 동료 은미(김희옥)를 사랑했던 과거가 있다. 임신한 유나가 산부인과에 간 사이 영규는 은미를 찾아가고 버림받았다고 생각한 유나와 상희는 은미를 찾아간다. 그리고 은미를 추적하여 잔인하게 살해한다.

● '커피 카피 코피'(1994) 이후 5년 만에 내논 김유민 연출작. 영진공(현 영진위) 우수 시나리오 공모에 당선된 손정섭 각본. 탈선한 10대 소녀 두 명과 한 남자가 비닐하우스에 거주하면서 벌이는 문란한 섹스 행각과 남자에 대한 집착에 따른 비극적 종말을 그리고 있다. 한국영화사상 유례가 없는 트리플 섹스 장면과 당시 말로만 나돌던 원조교제를 다룬 내용 때문에 이 영화는 1999년 3월, 영상물등급위(전 공윤) 영화심의에서 등급보류 판정을 받기도 했다.(김형찬, 『오래된 꿈』, 생각의 나무, 2001년, p.79) 문제시됐던 트리플 섹스 장면은 영화의 주제상 꼭 필요하다고 해서 삭제하지 않고 어둡게 처리하는 등 몇 차례의 가위질과 재편집의 우여곡절을 겪고 나서 성인영화 등급인 18세 등급을 받고 개봉되었다.(「'노랑머리' 영상물등급위 심의 통과」, 연합뉴스 99. 6. 21) KBS 드라마 '토지'의 서희 아역으로 연기를 시작한 이재은과 그룹 신촌 블루스에서 활동하면서 가수 김현식을 추모하는 영화 '비처럼 음악처럼'(1992)에서 주연을 맡았던 김형철 출연. 그는 나신 연기 때문에 비난이 쏟아지자 그 충격에서 벗어나기 위해 1999년 7월, 대구로 내려간 후 별다른 활동을 보이지 않다가 2007년 3월, 46세에 간암으로 세상을 떠났다. 관객 12만여 명 동원. 이후 트랜스젠더 하리수를 주인공으로 내세운 '노랑머리 2'를 내놨으나 서울 관객 2만 5747명으로 흥행에서 실패했다.

하우등 夏雨燈, Fly Low(1999)

· 제1장 여름(夏)– 장마가 끝난 어느 여름날, 경찰에 쫓기고 있는 병림(강태영)과 창도(정재욱), 한수(이종우)가 시골의 한 폐교로 숨어든다. 교실에 들어온 세 사람은 어린 시절로 돌아간 듯 이리저리 뛰어다니며 장난을 치지만 세 사람 사이에는 경찰을 의식하는 긴장감이 팽팽히 흐른다. 이들은 시간을 끌다가 병림과 한수는 도시로 가버리고 창도 홀로 남는다.

· 제2장 비(雨)– 장마가 시작되기 전, 이 폐교의 졸업생인 주경(임지은), 다정(이아영), 송연(장가현)이 한 동창생의 죽음을 맞아 예림분교를 찾는다. 이들은 한때 가수를 꿈꾸거나 멋진 남자를 만나 아름다운 사랑을 하고 싶어했다. 그러나 세월이 지나 모든 것은 물거품이 돼버렸다. 그들은 기약 없이 학교를 등지고 돌아선다.

· 제3장 등(燈)– 일 년 후 주경이 다시 예림분교를 찾아온다. 그리고 혼자 남아있던 창도를 만나 병림이 만들었다는 등 하나를 선물로 받는다.

1장과 2장은 서로 다른 이야기이지만 3장에서 1장의 스토리와 2장의 스토리가 만나는 식으로 구성되었다.

(미로비전) 95분 16mm 극영화 전체관람가/휴먼드라마

감독 · 제작 · 각본 : 김시언
개봉 : 1999년 7월 3일 코아아트홀(서울)
출연 : 강태영, 정재욱, 이종우, 임지은, 이아영, 장가현, 최재평 외
촬영 : 홍경표
음악 : 김세찬
조명 : 김계중
편집 : 강명완
미술 : 이진호, 오신정
분장 : 이경자, 김진숙
동시녹음 : 이충환
사운드 : 인상현
포스터 : 김은정
프로듀서 : 채희승
조감독 : 김영근, 한영식, 곽동현, 정대은, 이성연
수상 : 제1회 부에노스아이레스국제독립영화제 경쟁 부문 초청 상영

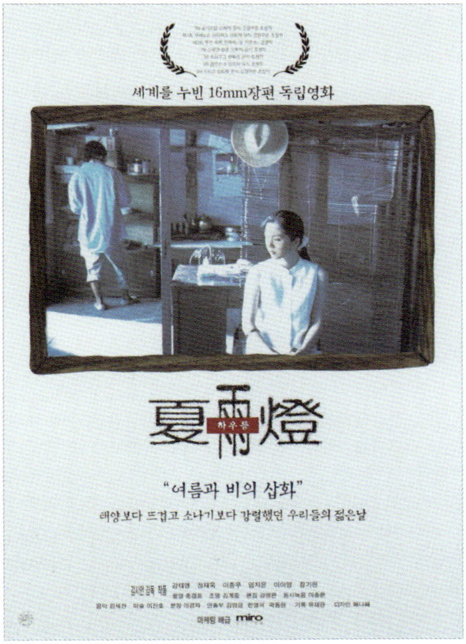
세계를 누빈 16mm장편 독립영화
夏雨燈
하우등
“여름과 비의 삽화”
태양보다 뜨겁고 소나기보다 강렬했던 우리들의 젊은날
miro

● 김시언 감독 데뷔작. 각본과 제작을 겸한 김시언은 저예산 때문에 신인급 배우들을 기용했으나 상처를 안고 살아가는 사람들의 모습을 뛰어난 영상미로 묘사했다.

세 남자의 이야기를 다룬 '하', 세 여자의 이야기를 다룬 '우'가 전체 줄거리를 끌고 나가면서 폐교에 남게 된 창도와 일 년 후 이 학교를 찾아오는 주경이 만나는 '등'이 에필로그의 역할을 한다. 그러나 기존의 옴니버스식 이야기 구조와는 다르다. '하'는 조명을 이용해서 장마가 지난 후의 뜨거움을 옐로우 톤으로, '우'는 비 내리는 정경을 블루 톤으로 처리했다. 창도가 건네주는 등을 가지고 돌아가는 차 안의 주경을 한 프레임에 담아낸 롱테이크는 주제를 응축해 놓은 라스트신이 된다.

이 영화는 장선우의 '나쁜 영화', 홍상수의 '강원도의 힘'과 함께 제1회 부에노스아이레스국제독립영화제 경쟁 부문에 초청 상영되었고 현지 언론과 관객의 좋은 평가를 받는 등(김동호 부산국제영화제 집행위원장, 《씨네21》 제198호 99. 4. 27) 남미 대륙에 한국영화를 처음 소개하는 계기로 작용했다.

용가리 Yonggary(1999)

(심형래 필름) 90분 극영화 전체관람
가/SF액션 판타지
감독 · 제작 · 각본 : 심형래
개봉 : 1999년 7월 17일
관람인원 : 52만 명
출연 : Harrison Young, Donna
Phillpaon, Richard B,
Livingstone, Brad Sergi 외
촬영 : 김안홍
음악 : 조성우
조명 : 조길수
편집 : 고임표
미술 : 오선교, 이훈상
세트 : 전정호
분장 : 박미정, 경우미, 민지영, 김진아
특수분장 : 김종식
동시녹음 : Paul Marshal
사운드 : LIVE TONE
시각효과 : 유희정
연출부 : 이장욱, 김성배
프로듀서 : 심형래, 이용호, David A.
Smitas, P. J. Leone
조감독 : 조진만
수상 : 방정환 재단 소파상 예술 부문
수상

우랄산맥 북부 지방의 폐쇄된 광산, 화석을 이용해서 한 몫 잡겠다는 야심에 찬 켐벨(Richard B) 박사는 티라노사우루스의 50배에 가까운 거대한 공룡화석이 이 지점에 있다는 것을 알고 그의 조수 홀리(Donna Phillpaon)와 함께 발굴에 나선다. 발굴 작업이 막바지에 이르렀을 때 하늘에서 천둥 번개가 내려치고 거대한 녹색광선이 날아와 용가리에게 명중하자 화석이던 용가리는 살아 움직이기 시작한다.

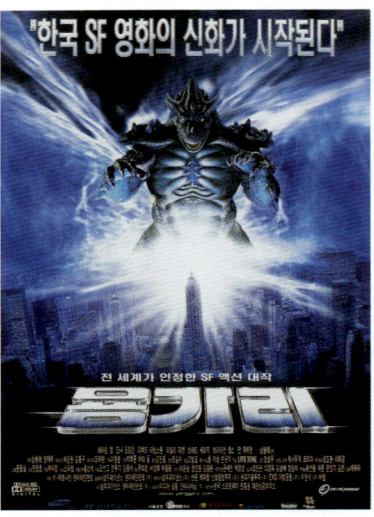

거대한 괴수가 된 용가리는 미국 LA로 날아가 닥치는 대로 건물을 파괴하고 도시는 많은 피해를 입는다. 한편 휴즈(Harrison Young) 박사는 용가리의 비밀이 적혀 있는 예언서를 발견, 켐벨 박사의 조교 홀리와 함께 예언서를 해독하고 외계 생명체가 용가리를 조종하고 있다는 사실을 알게 된다. 용가리의 괴력에 밀리고 있는 가운데 해독문서의 비밀을 이용해서 용가리 공격에 성공하자 용가리는 본성을 되찾고 시민들을 보호한다. 그러자 용가리를 조종하던 외계인은 용가리 몸집의 두 배인 싸이커라는 새로운 괴물로 다시 공격을 감행한다.

● '영구와 아기 공룡 쭈쭈'(1993)를 비롯 꾸준히 '영구' 시리즈를 연출해 온 심형래 제작 · 각본 · 연출작. 심형래의 '용가리'는 일본의 '고질라' 시리즈에서 영향을 받은 김기덕(金基惠, 1930년생) 감독의 '대괴수 용가리'(1967)에서 발전된 캐릭터로 화석에서 생명체로 부활된 키 150m, 몸무게 170t짜리 괴물로 설정됐다. 미니어처와 CG, 여기에 배경으로 찍은 실사 장면과 함께 빌딩숲을 누비며 불을 뿜는 괴수로 재현됐다. 폭파 붕괴되는 건물 미니어처만도 124개, 초당 400프레임 이상 촬영 가능한 고속카메라가 미니어처 폭발 장면을 재생해냈다. 이 필름은 1998년 칸국제영화제 필름마켓에서 272만 사전판매에 성공했고 정부의 '심형래 신지식인 선정'이 영화홍보에 이용되면서 용가리 신드롬을 일으키기도 했다.
국내에서는 서울에서만 52만, 전국 관객 150만 관객 동원으로 1999년도 한국영화 흥행 순위 5위, 2001년 초에 재개봉된 '2001 용가리'는 35억 원을 들여 영화의 80% 분량을 다시 찍은 업그레이드편이다.

자귀모 Ghost in Love(1999)

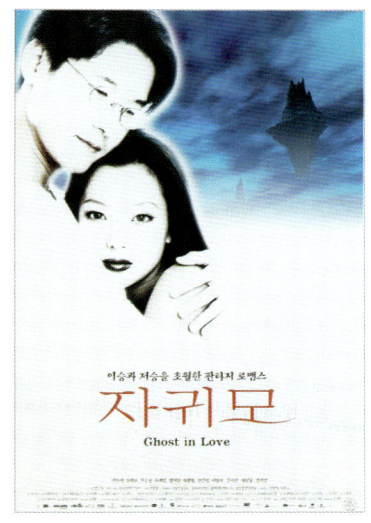

증권 브로커 나한수(차승원)와 진채별(김희선)은 사랑하는 사이이다. 그러나 한수는 출세를 위해 증권사 사장의 딸 차현주(김시원)와 결혼을 약속하고 채별에게 일방적으로 결별을 선언한다. 지하철 승강장에 서 있던 채별은 자귀모의 영업 귀신들이 달려오는 전철 속으로 떠미는 바람에 엉겁결에 죽게 된다. '자살한 귀신들의 모임'인 자귀모에 가입한 그녀는 한수에게 복수할 것을 결심한다.

이곳에서 성폭행 때문에 자살한 백지장(유혜정)과 함께 한수의 결혼식을 방해하지만 저승사자인 칸토라테스(이성재)는 인간과 귀신이 사는 세계는 다르다며 채별의 복수를 적극 만류하고 채별은 그에게 사랑을 느낀다.

한편 채별은 어머니가 사고를 당해 실려간 병원에서 칸토라테스와 영은(장진영)이 만나는 장면을 목격한다. 영은은 의사이자 칸토라테스의 옛 연인으로 바로 칸토라테스를 수술하다 죽게 한 죄책감에 시달리고 있다. 그러나 칸토라테스는 영은이 수술을 잘할 수 있도록 도와준다. 이제 칸토라테스는 저승사자로 돌아가 채별을 심판해야 하지만 영은을 만나면서 새로운 국면을 맞는다.

● '패자 부활전'(1997)에 이은 이광훈 연출작. 1997년 삼성영상사업단 주최 시나리오 공모전 당선작. 자귀모는 '자살한 귀신들의 모임'이란 뜻이다. 저승에 못간 귀신들이 이승에서 복수를 꾀한다는 내용. 판타지 로맨스를 표방한 이 작품은 어둡고 무거운 소재이지만 코미디와 멜로의 틀을 유지하면서 공포스러운 분위기로 스토리를 이끌어 나간다.

제작비 25억 원. 영혼을 데려가기 위해 서울 종로 거리에 레일이 깔린 뒤 죽음의 열차가 허공에서 달려오는 도입부 3D 애니메이션 특수효과 장면과 몰핑 기법으로 만든 물귀신 모습, 몽환적 색채를 통해 허공에 떠 있는 듯한 저승세계 등 컴퓨터 그래픽을 이용한 특수효과가 볼거리다. 차승원이 주연급의 악역으로 주목을 받았고 장진영이 이 영화로 스크린 데뷔했다.

서울 관객 42만 명 동원으로 1999년도 한국영화 흥행 순위 7위.

(시네마서비스) 91분 극영화 18세관람가/호러코미디

감독 : 이광훈
제작 : 강우석
각본 : 홍주리
개봉 : 1999년 8월 14일 서울, 명보, 허리우드, 중앙, 씨티 씨네플러스(서울) 등 7개 관
관람인원 : 42만 명(서울)
수출현황 : 독일(00), 싱가포르, 인도네시아, 홍콩(02)
출연 : 김희선, 이성재, 차승원, 김시원, 유혜정, 이영자, 장진영, 정원중, 장세진, 명계남 외
기획 : 강우석
촬영 : 박현철
음악 : 오진우
조명 : 이석환
편집 : 이현미
미술 : 조융삼, 이치우, 노상억, 이전형
소품 : 김태욱, 김효진
의상 : 박정원
분장 : 이선미, 박지선, 조성우, 구선희, 김선영, 최민선, 김은아, 박민정, 이은아, 황재광
특수분장 : 윤예령
동시녹음 : 강신규
사운드 : 이규석, 김성아, 송윤재, 이규석
특수효과 : 정도안, 이희경, 김태의, 유영일
시각효과 : 박관우
광고사진 : 임현채
프로듀서 : 정정의
조감독 : 오기환

유령 幽靈, Phantom, the Submarine(1999)

해군 장교 찬석(정우성)은 상관을 살해한 혐의로 사형언도를 받고 총살형을 당한다. 하지만 기록상으로만 죽은 걸로 돼 있을 뿐 살아남은 찬석은 핵잠수함 '유령'에 승선한다. 유령은 구소련의 차관 대신 받아들인 시에라급 핵잠수함으로 일본의 핵잠수함 개발에 대응하기 위한 것이다.

마침내 비밀 작전을 부여받고 출항하는 유령. 유령은 찬석처럼 번호만 남겨진 승무원들을 태운 채 항해를 시작한다. 그들의 모든 기록은 말소당했으며 이름 대신 번호만으로 불린다. 한데 부함장 202(최민수)를 경계하던 함장(윤주상)이 핵미사일 열쇠를 찬석에게 맡긴 뒤 202에게 살해된다.

쓰시마 해협을 지나던 유령은 일본 잠수함과 마주치게 되고 광기에 휩싸인 202는 찬석에게 핵미사일 발사기 열쇠를 내놓을 것을 요구한다. 찬석은 이미 열쇠를 숨겨둔 상태. 일본 잠수함들이 공격해오자 202는 일본 잠수함들을 차례로 격파하고 찬석은 그 틈을 타서 핵 잠수함을 폐기해 버린다.

● 민병천 감독 데뷔작. 원안은 제작자 차승재가 제공. 최민수와 정우성이 주연을 맡았다. 제명 '유령'은 영화 속에 등장하는 핵 잠수함의 이름이다. 러시아로부터 경제차관의 대가로 핵잠수함을 받았으나 강대국들의 압력에 밀려 그것을 폐기처분하는 과정에서 생긴 승무원들의 갈등과 대결을 그렸다.

순수 제작비 23억. 영화의 무대가 되는 잠수함 내부는 7개월의 제작 기간과 2억 5000만 원의 비용을 들여 세트로 제작됐다. 심해 장면 재현에서는 미니어처를 이용하여 촬영하는 '드라이 포 웨트'(Dry For Wet) 기법이 동원되었다.(「색체설계로 또 다른 드라마 추구 민병천 감독 '유령' 제작 과정」, 연합뉴스 99. 6. 21)

부함장 역 최민수가 대종상 남우주연상, 민병천이 신인감독상 등 총 여섯 개 부문을 수상하고, 청룡영화상과 영평상에서 세트의 정용훈과 시각효과의 유동렬이 기술상을 받았다. CG와 아날로그 특수효과 수준을 한 단계 업그레이드시켰다는 평과 함께 서울 관객 36만 5000명 동원으로 1999년도 한국영화 흥행 순위 8위에 올랐다.

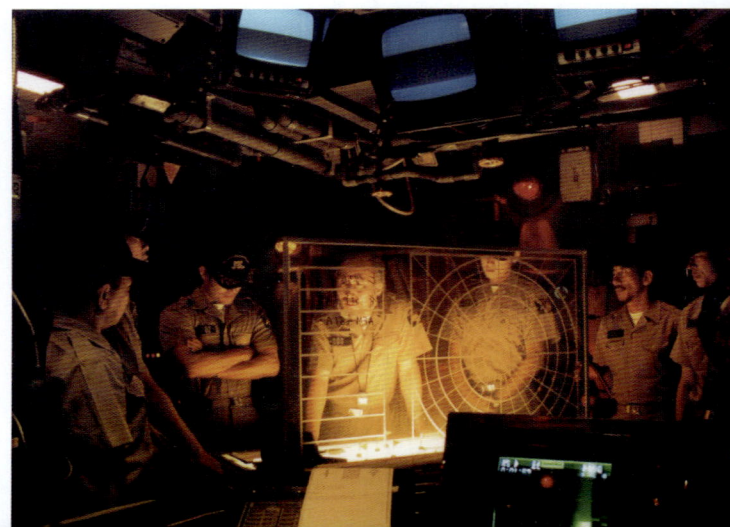

(우노필름) 103분 극영화 12세관람가/ 액션 전쟁

- 감독 : 민병천
- 제작 : 차승재
- 각본 : 장준현, 봉준호, 김종훈 (원작 원안 차승재)
- 각색 : 구성주, 민병천
- 개봉 : 1999년 7월 31일 피카디리극장(서울)
- 관람인원 : 36만 5000명(서울)
- 수출현황 : 일본(00)
- 출연 : 최민수, 정우성, 윤주상, 손병호, 고동업, 한반도, 박길수, 설경구, 정은표, 우승엽 외
- 촬영 : 홍경표
- 음악 : 이동준
- 조명 : 서정달
- 편집 : 고임표
- 미술 : 황인준
- 세트 : 정용훈
- 의상 : 박정원, 최새미, 윤자영
- 분장 : 이경자, 김유정, 장혜진, 이진숙
- 동시녹음 : 김경태
- 사운드 : 김석원, 김창섭, 유재광, 이석민, 홍윤성
- 특수효과 : 정도안
- 시각효과 : 유동렬
- 무술감독 : 정두홍, 이용준
- 프로듀서 : 김선아
- 조감독 : 조동오, 윤순용, 윤정신, 박상준, 조수경, 고석진, 은지희
- 수상 : 제37회 대종상영화제 남우주연상(최민수)·신인감독상(민병천)·조명상(서정달)·편집상(고임표)·음향기술상(김석원)·영상기술상(유동렬), 제20회 청룡영화상 기술상(세트: 정용훈), 제20회 영평상 기술상(유동렬)

768

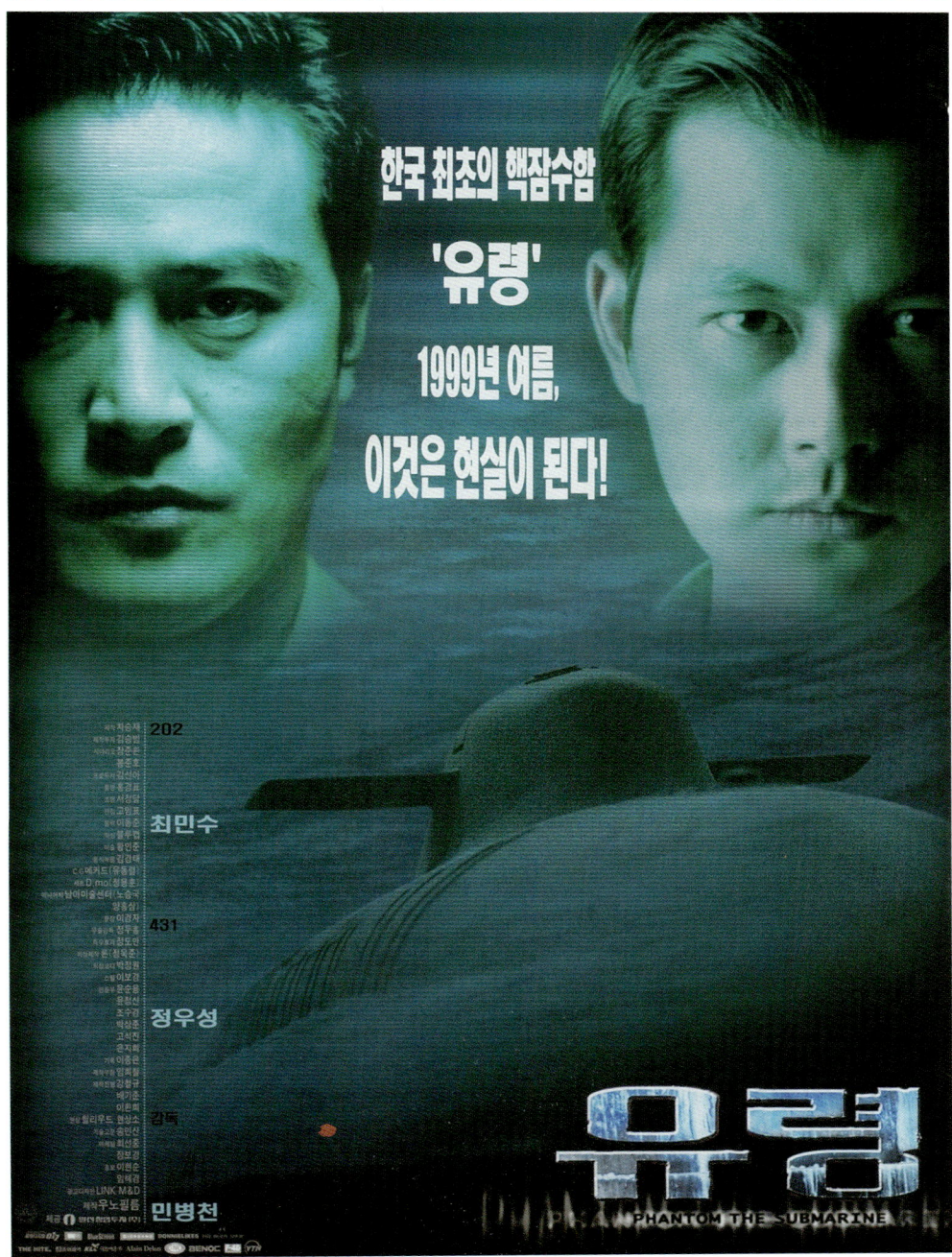

한국 최초의 핵잠수함

'유령'

1999년 여름,

이것은 현실이 된다!

인정사정 볼 것 없다 Nowhere To Hide(1999)

(태원엔터테인먼트) 112분 극영화 12 세미만불가/액션

감독 · 각본 : 이명세
제작 : 정태원
개봉 : 1999년 7월 31일 서울, 명보, 허리우드, 중앙, 강변CGV11(서울)
관람인원 : 68만 7000명(서울)
수출현황 : 미국, 일본, 홍콩, 중국(00)
출연 : 박중훈, 장동건, 안성기, 최지우, 박상면, 안재모, 심철종, 이원종, 도용구, 박승호, 송영창, 이호성, 이혜은, 기주봉 외
기획 : 유정호
촬영 : 정광석, 송행기
음악 : 조성우, 김대홍
조명 : 김일준
편집 : 고임표
미술 : 오상만
소품 : 정상혁
의상 : 이수정, 김향희
분장 : 황지연, 우석운
특수분장 : 황현규
포스터 : 염승호
동시녹음 : 유대현
사운드 : 오원철, 최태영
특수효과 : 김철석
시각효과 : 조성배
무술감독 : 전문식
조감독 : 엄현수
수상 : 제37회 대종상영화제 촬영상(정광석, 송행기) 제20회 청룡영화상 최우수작품상(이명세 감독, 태원엔터테인먼트) · 남우조연상(장동건) · 촬영상, 제36회 백상예술대상 최우수연기상(박중훈), 제8회 춘사영화예술제 기술상(특수효과 : 김철석), 제4회 부산국제영화제출품, 제23회 황금촬영상(송행기) · 준회원상(김동천) · 인기남우상(박중훈), 제14회 후쿠오카국제영화제 최우수작품상, 선댄스영화제 출품

난폭하기로 유명한 서부경찰서 강력반 우 형사(박중훈)에게 도심 한복판에서 벌어졌던 잔인한 살인 사건이 맡겨진다. 우 형사와 그의 파트너 김 형사(장동건)를 비롯한 강력반 여섯 명 전원이 사건에 투입되지만 그곳에 몰아친 소나기 때문에 단서는 비에 씻긴 지 오래다. 그러나 우 형사와 김 형사는 사건에 가담한 짱구(박상면)와 영배(안재모)로부터 이 사건의 주범이 장성민(안성기)임을 밝혀낸다.

사건 발생 15일, 장성민의 여자 김주연(최지우)의 집에서 장성민과 마주치지만 장성민은 무능한 경찰을 비웃기라도 하듯 경찰의 수사망을 빠져나간다. 사건 발생 42일, 장성민이 기차에서 마약거래를 한다는 정보를 입수한 형사들은 비밀리에 기차에 잠입, 길고 긴 추적 끝에 우 형사는 장성민과 최후의 일전을 벌이게 된다.

● 이명세 연출의 형사 스토리. 각본 이명세. 시나리오를 쓰기 위해 감독은 3개월 이상 경찰서에서 살다시피 했고 형사와 악당의 대결이란 전형적인 이야기 구조에 영화적 테크닉을 가미하여 "강한 리얼리즘과 영화에서의 작품성을 성취했다"는 평을 들었다.(이휘현, 『상상력과의 전쟁』, 인물과 사상사 2002년, p.72)

이 영화는 남성 중심의 액션영화지만 살인 사건이 중심이 되어 사건을 전개하는 데 그치지 않고 영화의 한 장면마다 아름다운 화집을 보는 듯한 즐거움을 주는 것이 기존 액션영화와 다르다. 감독은 눈발과 빗발, 조명과 음악 하나에도 치밀한 계산과 구성으로 완벽한 화면을 추구하여 영화만이 할 수 있는 다양한 미장센을 영화 속에 만들어 내고 있다. 특히 영화가 시작되는 장면은 흑백 모노크롬으로 처리되다가 싸움이 시작되면 우울했던 화면에 빨간 신호등, 빨간 깃발, 빨간 샤쓰로 생기를 불어넣는 센스를 보였다. 특히 탄광촌 추격 장면과 빗속의 결투에서 주인공들이 목숨을 걸고 대결하는 가운데 비지스의 나른하고 몽환적인 '홀리데이'가 흘러나온다. 그들이 치고 받고 쓰러지고 지치는 동안 빗발은 사정없이 화면을 때리고 조명에 반사된 빗

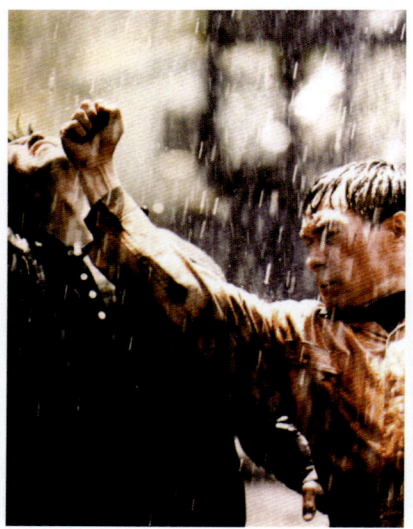

방울들은 보석처럼 반짝이며 사방에서 쏟아져 내린다. 평자들은 이를 "문학이 하지 못하는 영상 미학", 또한 "폭력을 아름다운 미학으로 승화시켰다" 표현하고 있다.(이휘현, 『상상력과의 전쟁』, 인물과 사상사, 2002년, p.72)

이 영화는 선댄스영화제(Sundance Film Festival)에 출품되어 박중훈이 할리우드로 가는 교두보를 확보하게 했고, 이명세도 미국 영화계로 진출할 수 있는 계기가 됐다. 서울 관객 69만 명 동원으로 1999년도 한국영화 흥행 순위 4위. 개봉 8년 만인 2007년 4월, 무비위크가 실시한 '역대 최고의 한국영화 순위'에서 당당히 1위로 뽑혔다. 살인 장면이 나오는 30계단은 부산 중구에 위치한 계단으로 6·25 때 판자촌에 살던 피난민들의 관문이었다고 한다.

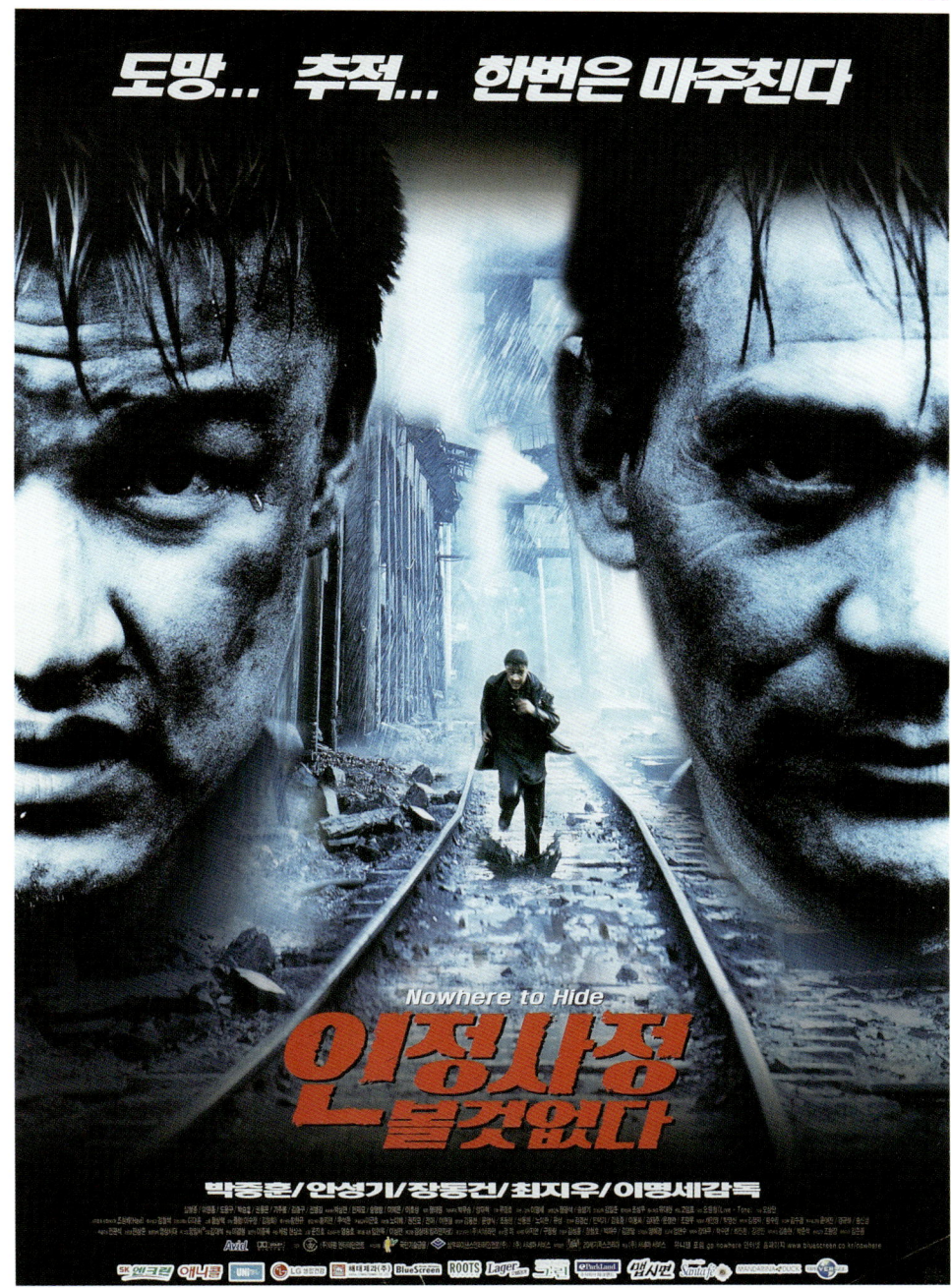

주유소 습격사건 At the Gas Station(1999)

(좋은영화) 113분 극영화 18세관람가/
코미디

감독: 김상진
제작: 김미희
각본: 박정우(원작 원안 고수복)
개봉: 1999년 10월 2일 서울, 명보,
  허리우드, 씨티, CGV강변11,
  반포극장(서울) 등 12개 관
관람인원: 96만 명(서울)
수출현황: 대만(99), 러시아(01), 일본
  (01), 홍콩(01)
출연: 이성재, 강성진, 유지태, 유오
  성, 박영규, 정준, 이정호, 이요
  원, 차승원, 김수로, 정소영 외
기획: 이관수
촬영: 최정우
음악: 손무현
조명: 이석환
편집: 고임표
미술: 오상만
소품: 김효진, 홍예리
의상: 이승현, 김은숙
분장: 윤예령, 배미남, 오수진, 김연희
광고사진: 손기철
동시녹음: 강신규
사운드: 강대성, 김창섭, 유재광, 이석
  민, 김태하
특수효과: 정도안
시각효과: 박관우
무술감독: 김영규
프로듀서: 이관수
조감독: 김동욱, 김성욱, 이원형
수상: 제37회 대종상영화제 기획상
  (이관수), 제20회 청룡영화상
  신인남우상(이성재), 제36회 백
  상예술대상 인기상(이성재), 제
  23회 황금촬영상 은상(최정우),
  제5회 몬트리올판타지아국제영
  화제 최우수관객상(코미디 부
  문), 이탈리아 우디네극동영화
  제, 브리즈번영화제 홍콩 국제영
  화제, 밴쿠버영화제, 베를린영화
  제, 런던영화제 초청

야구선수 출신의 '노마크'(이성재), 가수 지망생 '딴따라'(강성진), 누드 그리기가 취미인 '뻬인트'(유지태), 무식하고 과격한 '무대포'(유오성), 그들 네 명은 밤늦게 편의점에서 컵라면을 먹다말고 주유소를 습격한다. 이유는 없다. 그냥 주유소가 거기 있었기 때문이다. 주유소에는 돈만 아는 사장(박영규)과 '건빵'(정준), '샌님'(이정호), '깔치'(이요원) 등 세 명의 주유원이 있었다.

돈 통에는 돈이 없었고 그 대신 기름 레버에는 기름이 꽉 차 있다.

그래서 기름을 돈으로 바꾸기 시작한다. 천 원어치도, 5만 원어치도 판다. 그러다가 손님들이 반항하면 트렁크에 쑤셔 넣고 예쁜 여자는 가게 안으로 데려다가 끝말잇기 내기로 옷을 벗기기도 한다. 그 와중에서 그들은 주유로 돈을 뜯으러 온 불량배들을 두들겨 패고 그들을 구하러 온 동네 깡패들의 습격을 받기도 한다. 철가방 조직들, 삼거리 고삐리들, 사거리 양아치들, 소문 듣고 달려오는 쌩양아치 조직원들이 그날 밤 차례로 주유소 주변을 얼쩡대고 주유소 습격자들은 길길이 날뛰기 시작한다.

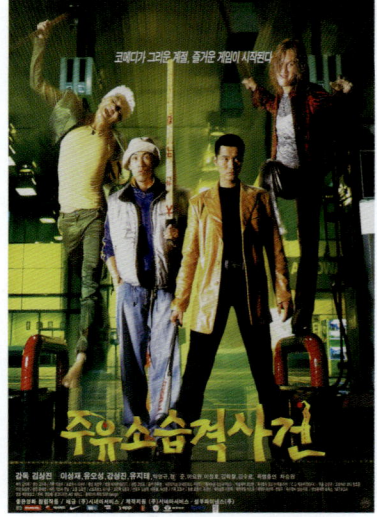

● 김상진의 네 번째 연출작이자 좋은 영화 창립작. 이성재, 유오성, 강성진, 유지태 등 4인방이 주유소를 습격해서 하룻밤 동안에 벌이는 소동을 그린 코미디. 촬영기사 고수복의 아이디어를 바탕으로 박정우가 각본을 썼다. 어느 날 갑자기 주유소를 습격하면 어떤 일이 벌어질 것인가를 단순한 상황에 맞는 코믹 액션으로 짜나간 컨셉트가 맞아떨어지면서 영화는 흥행 돌풍을 몰고 왔다. 주연 조연, 엑스트라 하나에 이르기까지 배역마다 분명한 캐릭터를 부여하고 특히 주유소 사장 박영규는 특유의 코믹 연기로 제2의 전성기를 맞는 계기가 됐다. 영화의 무대가 주유소 공간에 제한되어 있다는 단조로움을 피하기 위해 1400여 컷의 매우 빠른 편집을 시도한 것도 성공 요인 중 하나다.

순제작비 13억 원, 서울 관객 최종집계 96만 명, 전국 관객 250만 명으로 1999년도 한국영화 흥행 순위 2위. 당시까지의 역대 한국영화 순위를 통틀어 '쉬리'(서울 245만 명)와 '서편제'(서울 103만 명)에 이어 3위에 올랐다. 청룡영화상과 백상예술대상에서 이성재가 신인 남우상 및 인기상, 몬트리올판타지아국제영화제에서 코미디 부문 관객상, 이탈리아의 우디네극동영화제, 호주 브리즈번영화제, 홍콩 국제영화제와 2000년 하반기에는 캐나다 밴쿠버영화제, 독일영화제, 런던영화제에 초청되었다.

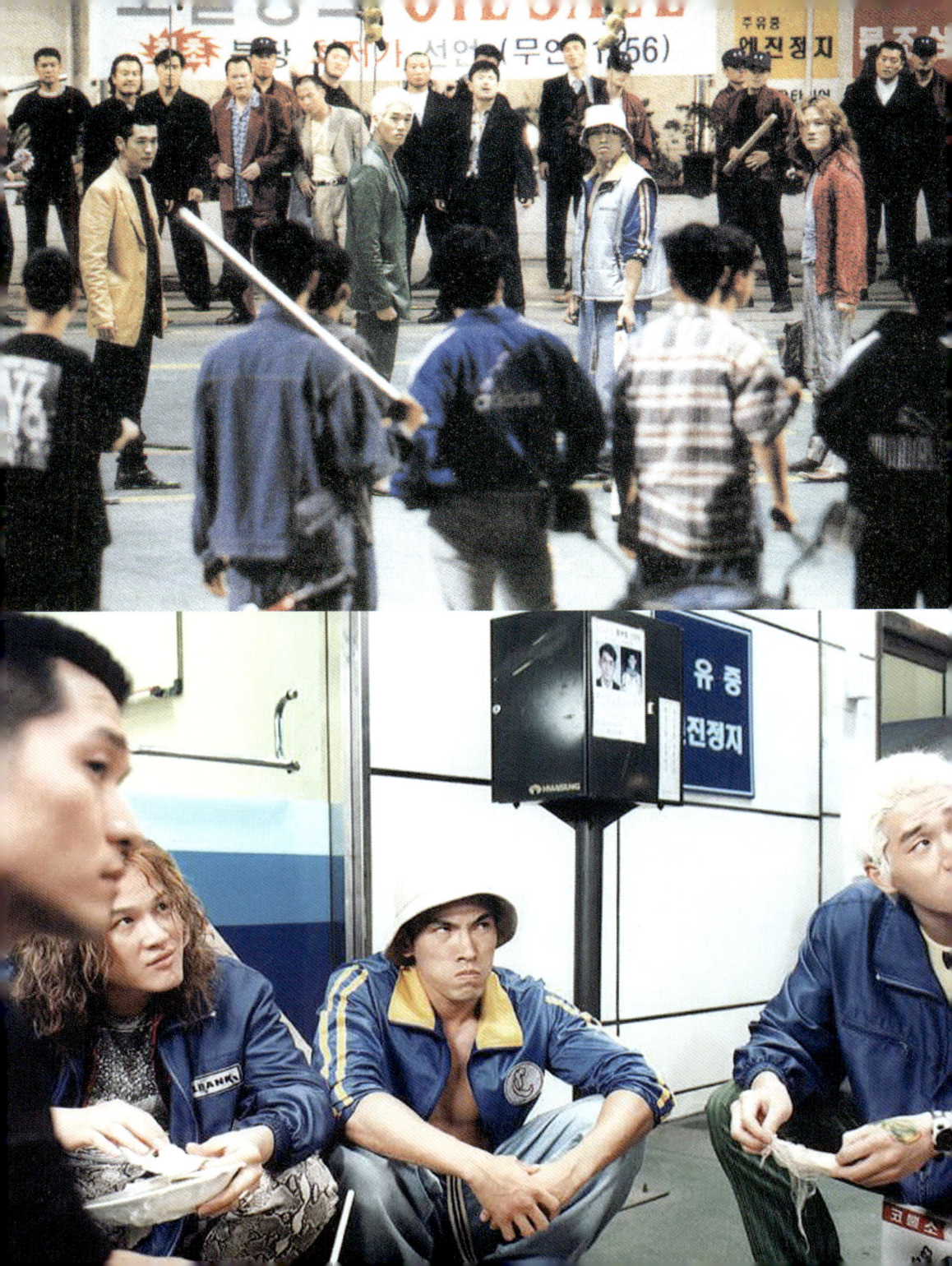

송어 Rainbow Trout(1999)

(송어프로덕션) 98분 극영화 12세관람
가/스릴러

감독·제작 : 박종원
각본 : 김대우, 박종원
개봉 : 1999년 11월 6일 단성사, 서울,
　　　CGV강변11(서울) 등 6개 관
관람인원 : 8578명(서울)
출연 : 강수연, 설경구, 김세동, 이항
　　　나, 황인성, 이은주, 김인권, 권
　　　태원, 김뢰하, 이경실 외
기획 : 박건섭
촬영 : 진영환
음악 : 김성현
조명 : 박현원
편집 : 이경자
소품 : 이일균
의상 : 최윤희
미술 : 윤기찬, 조우영
분장 : 장진, 박미희, 윤선미
동시녹음 : 이충환
사운드 : 소원종, 박춘오, 영진위, 웨이
　　　브랩
특수효과 : 한국영상티엔씨
조감독 : 이종혁, 문성일, 김병철, 이환
　　　경, 윤종섭, 김은휘, 성수영
수상 : 제36회 백상예술대상 최우수
　　　연기상(강수연), 제12회 도쿄국
　　　제영화제 심사위원 특별상

양어장을 하며 혼자 사는 창현(황인성)의 집으로 옛 친구들이 찾아온다. 은행원 민수(설경구), 그의 아내 정화(강수연), 정화의 여동생 세화(이은주), 갈빗집 사장 병관(김세동)과 그의 아내 영숙(이항나) 이 다섯 명은 창현의 집에서 2박 3일간의 휴가를 즐기기로 한다. 도착한 날 밤은 오랜만에 도시를 벗어난 상쾌함과 다시 만난 반가움에 모닥불을 피워놓고 노래를 부르기도 하지만 다음날부터 일이 꼬이기 시작한다.

전날 주차를 똑바로 안 했다고 시비를 걸던 사냥꾼들이 지프로 민수와 병관이 타고 있는 승합차를 들이받은 것이다. 총을 든 사냥꾼들에게 꼼짝도 못하고 양어장으로 돌아온 민수는 과거 창현의 애인이었던 아내 정화가 창현과의 옛 감정에 사로잡혀 눈물짓는 것을 보고 무슨 일이 있었느냐고 다그친다. 갑작스런 물음에 당황한 정화는 남편의 관심을 돌리기 위해 양어장 근처에 사는 소년 태주(김인권)가 자신의 여동생 세화를 훔쳐본 것이 불쾌하다고 둘러댄다. 그 말을 들은 민수는 사냥꾼들에게 당한 화풀이를 소년 태주에게 퍼붓기 시작한다. 창현의 만류에도 불구하고 민수는 태주를 폭행하여 양어장에 빠져 죽게 만들고 정화와 영숙도 돌이킬 수 없게 된 상황을 모두 창현에게 떠넘긴다. 그러나 도망치듯 그곳을 떠나려던 일행에게 창현이 달려와 태주의 시체가 없어졌다는 사실을 알린다. 죽은 줄 알았던 소년 태주는 도망가는 무리를 향해 총질을 해대고, 그들은 서로 살기 위해 버리고 배신하면서 산으로부터 탈출한다.

● '구로 아리랑'(1989)으로 감독 데뷔한 후 '우리들의 일그러진 영웅'(1992), '영원한 제국'(1995)을 연출한 박종원의 네 번째 연출작. 인간관계가 무자비하게 파탄 나는 과정을 잔혹하게 그린 일종의 스릴러물. 산속 양어장이란 제한된 공간과 위기의식 앞에서 어쩔 수 없이 나약하고 비열해지는 인간 본능에 대한 진지한 성찰을 보여준다. 그동안 유명작가의 화제작을 각색하는 데 치중해 왔던 감독이 직접 쓴 시나리오로 자신만의 목소리를 내는 데 성공했다.
　이은주 스크린 데뷔작. 삼척시 노곡면 상마읍 옷바골에서 촬영됐다.

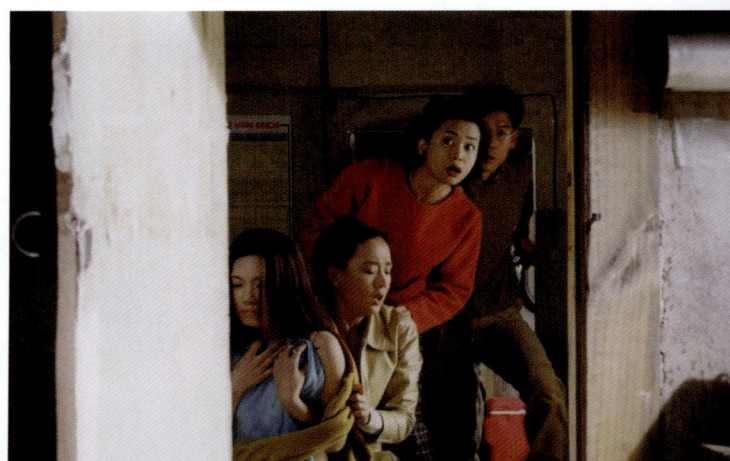

해피엔드 Happy End(1999)

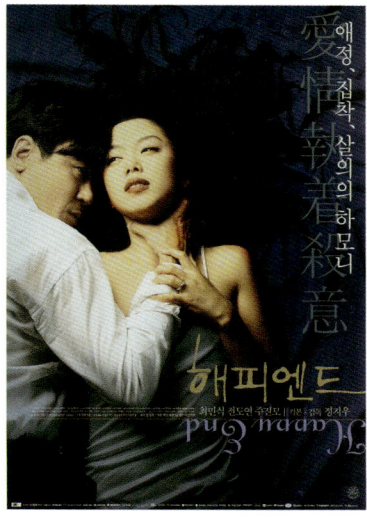

은행에서 근무하다 실직한 서민기(최민식)는 실직의 불안감을 떨치지 못하면서도 일상의 한가로움을 즐기고 있다. 그런 생활이 가능한 것은 성공한 커리어 우먼인 아내 최보라(전도연)가 있기 때문이다. 바쁜 아내 대신 5개월 된 딸을 돌보면서 공원에서 소설도 읽고 요리책을 펴놓고 음식도 만든다.

한편 그의 아내 최보라는 대학시절 애인이었으나 군입대로 헤어졌던 김일범(주진모)과 만나 남편 몰래 밀회를 거듭하고 있다. 그녀는 딸과 남편을 소중하게 여기지만 김일범의 한결같은 사랑과 그와의 만남에서 빛나는 젊음을 떠올리는 것에도 행복을 느낀다. 그러던 어느 날 서민기가 아내의 불륜을 눈치채고 그들의 밀회 장소인 김일범의 오피스텔로 찾아온다. 그때부터 그들 세 사람 사이에 팽팽한 긴장이 흐른다.

그러나 자신에게 김일범의 집착이 점점 강해져오는 것을 느낀 최보라는 마침내 김일범과의 관계를 정리하려고 결심한다. 서로 다른 해피엔딩을 꿈꾸는 그들의 애정, 집착, 살의의 삼각관계는 예상치 못한 엔딩을 향해 치닫는다.

● 정지우 감독 데뷔작. 각본 정지우. 아내의 불륜을 그린 치정극. 불륜에 빠진 여자와 실직한 남편, 그녀를 사랑하는 옛 애인이 엮어내는 불안한 삼각관계를 통해 가부장제 가치관의 붕괴에 따른 부부 역할의 변화된 모습을 보여준다.

'쉬리'(1998)로 정상급 스타덤에 오른 최민식과 스크린 스타 전도연, 신인 주진모가 출연, 특히 전도연의 올 누드와 과감한 베드신이 화제가 됐다. 정지우는 영평상 신인감독상, 전도연이 영평상과 부산평론가협회상, 춘사영화예술제 여우주연상, 주진모가 대종상 남우조연상 등 주연급들이 모두 수상하고 최민식은 아태영화제 남우주연상을 받았다. 서울 관객 46만 4592명, 전국 54만 5000명 동원으로 1999년도 한국영화 흥행 순위 6위.

(명필름, 서울무비) 99분 극영화 18세 관람가/멜로

감독 · 각본: 정지우
제작: 이은, 전창록
개봉: 1999년 12월 11일 서울극장, 허리우드, 명보시네마(서울)
관람인원: 46만 4592명(서울)
수출현황: 미국, 싱가포르, 인도, 인도네시아, 일본, 홍콩, 포르투갈
출연: 최민식, 전도연, 주진모, 허예인, 황미선, 주현, 김병춘, 유연수, 우승림, 유태균 외
기획: 청년필름
촬영: 김우형
음악: 조영욱, 김규양
조명: 박현원
편집: 김현, 김용수
미술: 김상만
세트: 오상만
소품: 장석훈, 이종국, 장석호
의상: 김현경
분장: 송종희, 이희
특수분장: 신재호, 메이지
사운드: 김석원, 김창섭, 유재광, 이석민, 강대성, 김용겸, 블루캡
특수효과: 김태용, 시리우스 아카데미 Effekt
시각효과: 장성호
포스터: 오형근
조감독: 김상우, 서용호, 남기진
수상: 제37회 대종상영화제 남우조연상(주진모), 제8회 춘사영화예술제 여우주연상(전도연), 제20회 영평상 여우주연상(전도연) · 신인감독상(정지우), 제1회 한국영화축제 여자연기상(전도연) · 음악상(조영욱), 제1회 부산영평상 여우주연상(전도연), 제45회 아태영화제 남우주연상(최민식), 제53회 칸국제영화제 비평가주간 초청

텔미썸딩 Tell Me Something(1999)

(쿠엔씨 필름) 116분 극영화 18세미만
불가/미스터리 스릴러
감독 : 장윤현
제작 : 구본한, 장윤현
각본 : 공수창, 인은아, 심혜원, 김은
정, 장윤현(원작 구본한)
개봉 : 1999년 11월 13일 서울극장
(서울)
관람인원 : 68만 6935명(서울)
수출현황 : 대만, 홍콩(99), 독일, 일
본, 프랑스(01), 싱가포르,
태국, 미국, 인도네시아, 프
랑스(02)
출연 : 한석규, 심은하, 염정아, 유준
상, 장항선, 안석환, 박철호, 이
환준, 김정학, 권태원 외
기획 : 최귀덕
촬영 : 김성복
음악 : 조영욱
조명 : 임재영
편집 : 김상범
미술 : 정구호
분장 : 김선진
특수분장 : 신재호, 비행선, 미술공방
동시녹음 : 김동의
사운드 : 김석원, 강대성, 블루캡, 김창
섭, 유재광, 이성민
특수효과 : 김태용
시각효과 : 강종익, 손승현
광고사진 : 오형근
조감독 : 이영은
수상 : 제37회 대종상영화제 여우주연
상(심은하) · 여우주연상(염정
아) · 촬영상(김성목)인기상(한
석규, 심은하), 제23회 황금촬
영상 인기여우상(심은하), 제1
회 한국영화축제 관객들이 뽑
은 여자연기상(심은하) · 영화인
이 뽑은 특수효과상(김태용) ·
조명상(임재영), 제2회 서울 충
무로국제영화제 아시아 영화의
재발견: 작가와 장르(장윤현)초
청

서울의 대형 할인 매장 엘
리베이터 안에서 토막난 시
체가 비닐에 쌓인 채 발견
된다. 뒤이어 일어난 두 건
의 살인 사건에서도 시체들
은 각각 몸의 한 부분이 잘
려나간 상태다.

조 형사(한석규)는 이 사건
을 맡게 되지만 실마리가
좀처럼 풀리지 않는다. 그
러던 중, 세 번째 희생자가
혈우병 환자인 것을 근거로
하여 죽은 세 명의 신원과
그들과 관련된 여자가 밝혀
진다. 그녀는 프랑스 유학
을 다녀온 채수연(심은하)으

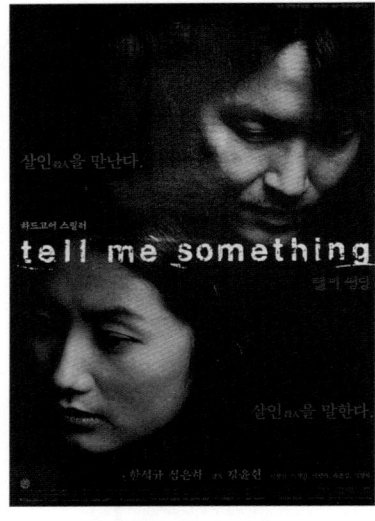

로 현재는 박물관의 유물 복원실에서 일하고 있다. 희생자들은 그녀의
과거 혹은 현재의 연인들이었다. 그녀를 짝사랑하고 있는 박물관 동료
가 수사선상에 오르지만, 그 역시 희생된 채 발견된다. 수연은 자신을
둘러싸고 벌어지는 사건 앞에서 두려움에 휩싸인다. 수연과의 거듭되
는 만남 속에서 조 형사는 조금씩 수연에 대한 연민이 싹터 가는 것을
느낀다. 그 무렵 범인은 조 형사를 다섯 번째 희생자로 예고하고, 이제
조 형사는 유일한 단서인 그녀의 기억들을 끌어내기 위한 잔혹한 대화
를 시작한다. "tell me something."

● 장윤현 제작 · 각본 · 연출작. 사지 절단의 엽기 연쇄살인 사건과 이를 수사하는 형사의 이야
기. 작가주의에 입각한 치밀한 시나리오와 배우들이 무르녹는 연기를 펼친 덕분에 빛을 발할
수 있었던 수작. 국내에서는 보기 드문 '하드고어(Hard-Gore) 스릴러'라는 장르를 내세우고
있다. 하드 고어는 사지 절단 등을 그대로 보여주는 자극성이 강한 호러영화의 단계를 말한다.
살인자가 절단된 머리를 비닐봉지에 넣는 장면은 삭제되었다.(「'텔미썸딩' 잔혹장면 삭제 후 심
의 통과」, 스포츠조선 99. 11. 4) 그러나 밤 장면의 흑백 대비, 감각적이고 자극적인 색 사용 등
으로 모던하면서도 그로테스크한 영상을 연출했다. 조영욱의 클래식과 펑크록을 오가는 음악도
인상적이다.

제작비 22억 원. 아시아 전역과 미주 프랑스 등지에서도 상영됐으며 2003년 미국의 폭스
2000 픽처스와 계약금 30만 달러와 세계 흥행 수익의 5%를 보너스로 받는 조건으로 리메이
크 계약을 맺었다. 리메이크 작품은 '맨 오브 오너(Men of Honor, 2000)'의 조지 틸만 주니
어가 연출을 맡았다.

서울 관객 68만 6935명, 전국 73만 명으로 1999년도 한국영화 흥행 순위 3위.

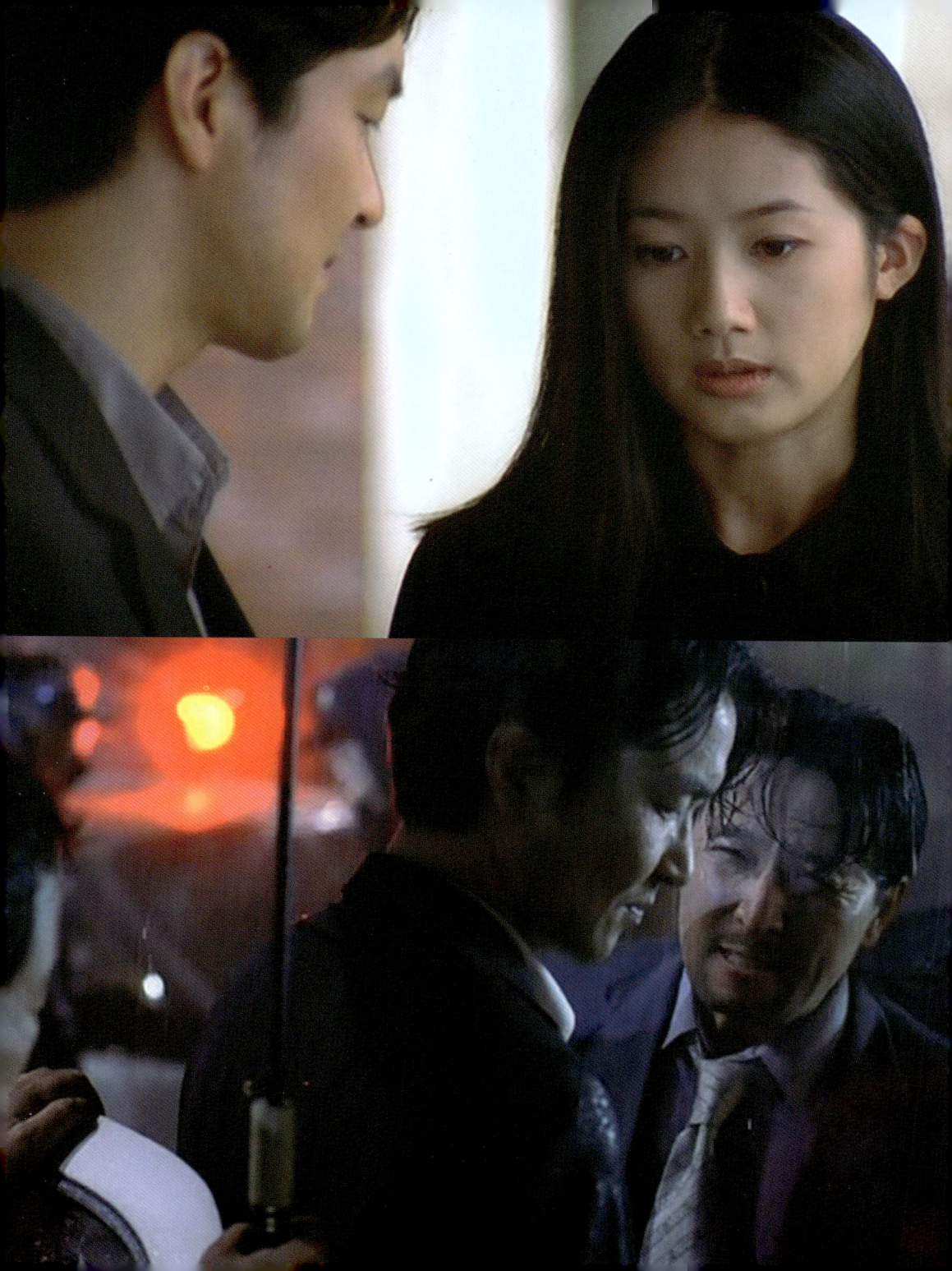

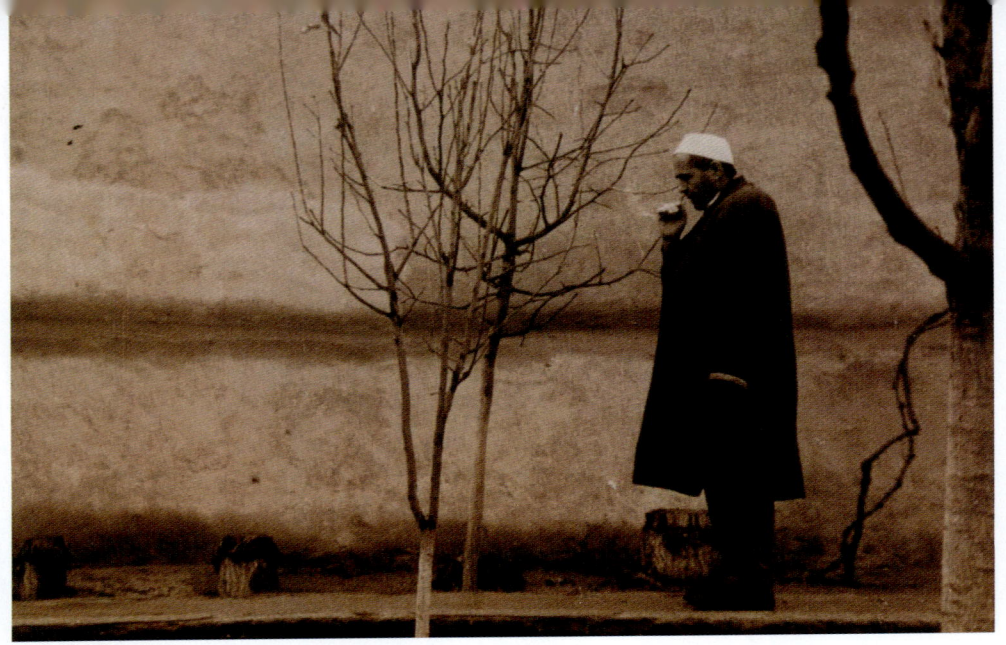

벌이 날다 Parvaz-e zanbur, Flight of the Bee(1999)

(잠셋우즈만 필름) 90분 극영화 전체
관람가/세대풍자

감독 : 민병훈, 잠셋 우즈마노프
제작 : 푸캇 부리
각본 : 민병훈
(원작 원안 잠셋 우즈마노프)
개봉 : 1999년 12월 24일
동숭씨네마텍
관람인원 : 603명
출연 : 무하마드 존 쇼디, 마스투라 오
르틱, 파크리딘 파크히딘, 타고
이 무로드로직 외.
기획 : 김태훈
촬영 : 민병훈
음악 : 샤티아지트 레이
편집 : 민병훈, 잠셋 우즈마노프, 이로
그 보스크, 자파르 하카도프
수상 : 토리노영화제 대상·비평가상·
관객상, 그리스 테살로니키영화
제 은상, 러시아 아나파영화제
최우수감독상(민병훈), 독일 코
트부스영화제 예술공헌상·관
객상

시골마을 타지키스탄의 아쉬트에는 초등학교 교사인 40대의 아노르(무
하마드 존쇼디)가 살고 있다. 이 마을은 8년간의 내전으로 전기도 끊기
고 물도 부족하다. 그는 이곳에서 「벌이 날다」라는 동화를 쓰면서 학교
아이들과 평범하고 소박한 생활을 하고 있다. 그러나 어느 날 옆집으로
이사 온 부자 때문에 골치를 앓게 된다. 마을의 실권을 쥐고 있는 부자
가 아르노 집 담장 아래쪽에 화장실을 만들고 그의 아내(마스투라 오르
틱)를 매일 훔쳐보기 때문이다. 아노르는 동네 검사에게 부자의 행패를
하소연해 보지만 검사는 오히려 부자의 편을 든다.

이에 화가 난 아노르는 학교도 그만두고 전 재산을 털어 검사의 집 앞
에 땅을 사고 거기에다 화장실을 파기 시작한다. 우직하게 구멍을 파는
아노르를 보고 마을 사람들은 비웃기 시작하고 아노르도 하는 수 없이
모든 것을 포기하기에 이른다. 그러나 구덩이를 메우려고 돌아왔을 때
그는 기적을 본다. 거기에선 200년 만에 처음 우물이 샘솟고 있었다.

● 민병훈 감독 데뷔작. 각본·촬영·편집·연출 등 1인 4역을 해냈다. 1999년 러시아 국립영화
학교 졸업 작품. 타지키스탄 출신 잠셋 우즈마노프의 고향에서 그곳 배우들을 데리고 찍은 이
영화는 이탈리아 토리노영화제 대상과 비평가상, 그리스 테살로니키영화제 은상, 러시아 아나
파영화제에서 최우수감독상과 독일 코트부스영화제에서 예술공헌상을 받았다. 흑백필름으로 찍
은 '벌이 날다'는 군데군데 비가 내리는 화면, 같은 리듬을 반복하는 음악, 거칠게 들리는 잡음
등 불모지 같은 타지키스탄의 풍광을 아름답게 담아냈다는 평을 들었다.(「가난하고 간결하며 착
한영화 '벌이 날다'」《씨네21》99. 11. 21) 일상의 잔잔함과 믿음 속에서 피어나는 기적을 통해
인간의 진심을 들려주는 우화와 같은 이 영화는 많은 사람들의 다양한 호평을 받았다.

새는 폐곡선을 그린다

The Bird Who Stops in the Air(1999)

지방대학에서 영화를 강의하고 있는 김(설경구)은 학생들에게 "영화는 자신의 이상을 펼쳐 보일 수 있는 무대"라고 가르친다. 그러나 첫 번째 영화 실패 후 그는 현실에 정착하지 못한 채 어디론가 훌쩍 여행을 떠나거나 제자 또래의 여학생과 여관에 드나들기도 한다.

그런 그에게 영희(김소희)는 휴식처 같은 존재다. 중학교 교사인 그녀는 "교사는 이래야 한다"는 규정에 얽매이지 않고 유부남인 김과 자유로운 만남을 즐기고 있다. 그러나 시간이 지나자 그녀는 김의 정부가 아닌, 좀더 구체적인 관계로 발전되기를 원한다. 서로가 구속하지 않는 관계를 바라던 김은 영희의 집착이 부담스럽기만 하다.

어느 날 영희의 고향집으로 영희의 가족을 만나러 가는 길에 두 사람은 끊임없이 싸우다가 결국 김은 영희를 여관방에 혼자 남겨두고 서울로 올라온다. 그리고 영화도 사랑도 자신을 구원하지 못하는 현실을 자탄한다. 현실을 벗어날 수 있는 유일한 수단은 새처럼 어디론가 훨훨 날아가는 것뿐. 어릴 적 자신을 사로잡았던 '새'의 이미지를 그리며 주남저수지를 찾았으나 새는 어디에도 보이지 않고 낡은 건물들만 삭막하게 서 있다. "새들도 자신이 그린 지도에 따라 움직이는 거야." 쓸쓸히 발길을 돌리면서 김은 다시 영희에게 전화를 건다.

● 단편영화 '내안에 우는 바람'(1997)을 선보인 데뷔한 전수일의 본격 감독 데뷔작. 제작·각본·연출의 3역을 맡았다. 영화 '새는 폐곡선을 그린다'는 꿈과 현실을 서로 아우르며 현실과 꿈의 경계를 허문다. 그리고 관객을 객관적인 타인의 시각으로 묶어둔다. 그러한 긴장감은 영화에 대한 집중력을 반감시키기도 하지만 영화는 '읽는 영화'라는 새로운 매력으로 다가온다. 분명한 허구임에도 영화 속에 우리의 삶이 생생하게 살아있다. 비상을 꿈꾸는 설경구의 연기가 호평을 받았다.

부산국제영화제 넷팩상(NETPAC), 스위스 프리부르그국제영화제 대상, 베니스국제영화제의 새로운 부분에 초청 등 주로 해외영화제에서 평가와 주목을 받아왔다. 1999년에 완성됐으나 예술영화를 걸만한 상영관이 나서지 않아 2002년 3월에 개봉, 3년 만에 빛을 보았다.

RainySun의 1.5집 '유감'의 거의 끝 곡인 "Ocean"이 악몽을 꾸는 듯한 느낌으로 흐른다. 음악감독을 맡은 RainySun이 찬조출연했다.

(동녘필름) 106분 극영화 15세관람가/로맨스

감독·제작 : 전수일
각본 : 전수일, 이정애
개봉 : 2002년 3월 1일 시네마테크, 씨네큐브(서울)
출연 : 설경구, 김소희, 이충인, 안권태, 김태욱, 김세진, 안윤희, 이현주 외
촬영 : 김대선, 황철현
음악 : Rainy Sun
조명 : 김계중
편집 : 박순덕
미술 : 이정애
세트 : 하재형, 김범기
의상 : 김현진, 전용선
분장 : 이지원, 김선정
동시녹음 : 박혁곤, 손규식
사운드 : 영진위
프로듀서 : 조인숙
조감독 : 김현주, 박찬형, 박창현, 이정애, 양정화, 장성진, 전용선
수상 : 제4회 부산국제영화제 넷팩상(아시아영화진흥기구상), 제14회 스위스 프리부르그국제영화제 대상, 제56회 베니스국제영화제 새로운 부분에 초청

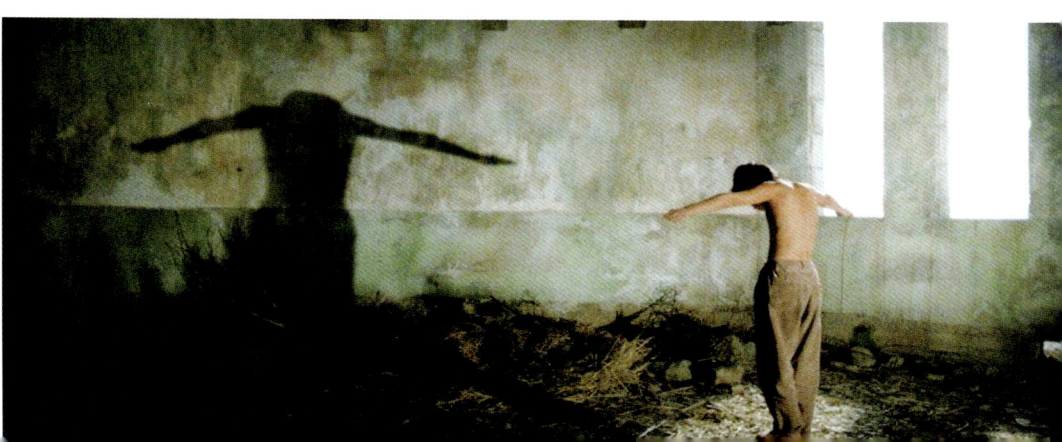

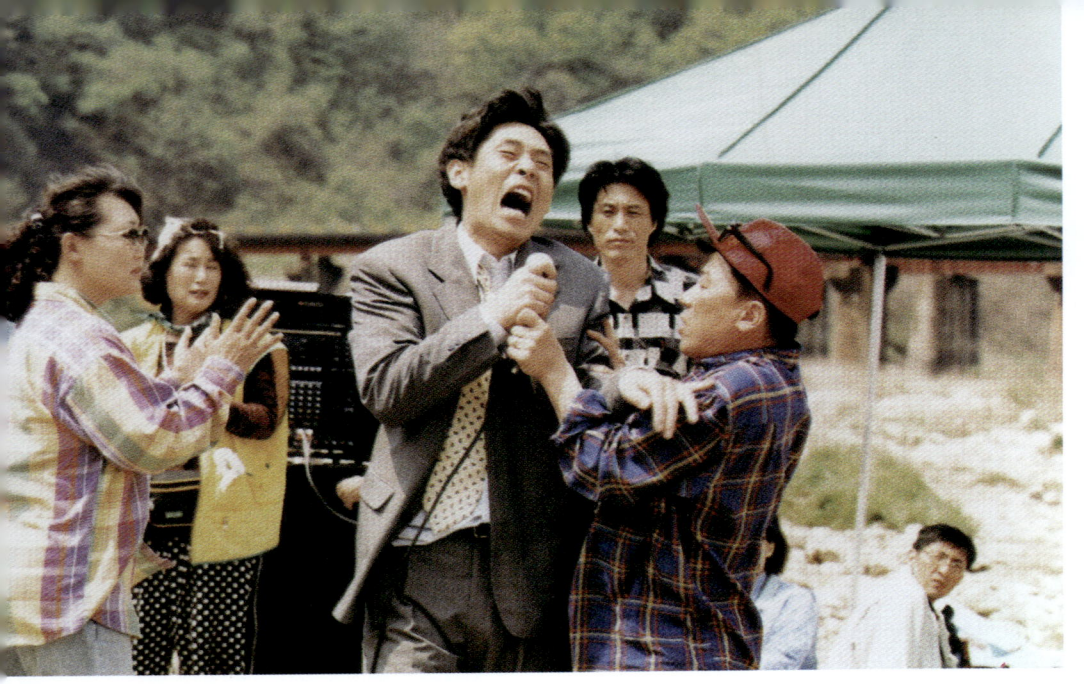

박하사탕 A Peppermint Candy(1999)

(이스트필름, NHK공동제작) 129분 극
영화 18세관람가/사회물

감독 · 각본 : 이창동
제작 : 명계남, 마코토 우에다
개봉 : 2000년 1월 1일 피카디리, 동
아, CGV강변11, 코아아트홀(서
울)
관람인원 : 31만 1000명(서울)
수출현황 : 일본(99), 그리스, 프랑스
(00), 노르웨이, 홍콩(02)
출연 : 설경구, 문소리, 김여진, 박세
범, 서정, 고서희, 박지영, 이대
연, 김영익, 정우혁 외
촬영 : 김형구
음악 : 이재진
조명 : 이강산
편집 : 김현
미술 : 박일현
세트 : 오상만
소품 : 최승영
의상 : 차선영
분장 : 황현규
동시녹음 : 이승철
광고사진 : 김우영
사운드 : LIVE TONE, 영진위, 소원
종, 인상현, 김경현, 정지영

1999년 봄 야유회 — 중년의 김영호(설경구), 그는 친구들을 따라 20년 전에 왔던 야유회 장소에 찾아오지만 세월은 모든 것을 앗아가 버리고 그에게 남은 것은 없다. 마이크를 손에 들고 노래를 부르다 갑자기 기찻길로 뛰어올라 "나 돌아갈래!"라고 외치는 영호의 절규, 그 소리는 기적소리를 뚫고, 오늘에서 과거로의 여행이 시작된다.

1999년 봄 사흘 전 — 동업자에게 사기당하고 마누라(김여진)에게 이혼당한 마흔 살의 영호, 어렵게 구한 권총 한 자루로 자살을 시도하려는데 그때 느닷없이 찾아온 사내가 순임(문소리)이 입원해 있는 병원으로 끌고 간다. 죽음의 문 앞에서 그토록 자신을 만나고 싶어했다는 순임, 그 앞에서 박하사탕 한 병을 내놓고 그는 울음을 터뜨린다. 그 울음은 자신을 잊지 않고 찾아준 순임에 대한 고마움 때문인지, 아니면 죽음을 앞에 둔 그녀에 대한 연민 때문인지도 모른다. 그는 다리를 절면서 걷는다.

1994년 여름 삶은 아름답다 — 35세의 가구점 사장 영호, 마누라 홍자는 운전교습 강사와 바람이 나고 그는 가구점 직원 미스 리(서정)를 만난다. 과거 형사시절 자신이 고문했던 사람과 마주치는 영호.

1987년 4월 고백 — 권태로운 삶에 지친 형사 영호, 홍자는 출산일이 얼마 남지 않은 만삭의 몸이다. 그러나 군산의 허름한 여인숙에서 첫사랑 순임을 목 놓아 부르며 울음을 터뜨린다. 다음날 눈부신 아침에 그는 또 다리를 건다.

1984년 가을 기도 – 신참내기 형사 영호에게 순임이 찾아온다. 그러나 선배 형사들의 과격한 모습과 자신의 내면에 내재된 폭력성으로 인해 그는 변하기 시작했다. 광주 민주화운동 때 진압군으로 참여하여 어린 여고생을 총으로 죽인 자책감에 못 이긴 그는 순수한 순임을 거부하고 그를 짝사랑해온 홍자를 택한다.

1980년 5월 면회 – 영호는 전방부대의 신병. 그는 자신을 면회하러 왔다가 헛걸음치고 돌아서가는 순임의 모습을 본다. 그녀를 소리쳐 부르고 싶지만 다른 장병들의 휘파람 소리와 요란한 트럭 소리에 묻혀 그녀를 떠나보내고 긴급출동하는 트럭에 올라탄다.

1979년 가을 소풍 – 오프닝신과 동일한 장소. 다만 시간만이 플래시백 되어 20년 전의 가을로 바뀌고 오프닝 신에서 40대이던 가리봉동 동호회원들은 20대로 돌아가 야유회를 떠난다. 갓 스무 살의 영호와 순임, 그들은 난생처음 순수한 사랑의 행복감에 젖어 있다. 순임이 건네준 박하사탕의 맛은 세상에서 최고였다. 그때는 젊음과 인생이 온통 아름답기만 했었다.

● 감독 데뷔작인 '초록물고기'(1996)에 이은 이창동의 두 번째 연출작. 각본 이창동. 시간을 거슬러 올라가는 플래시백이 특징으로 한국현대사의 비극과 맞물린 개인의 불행을 첫사랑의 기억, 박하사탕의 맛, 광주 민주항쟁에서의 오발사고, 타락해 가는 자신의 모습을 시간적 역순으로 배치하여 독특한 플롯으로 짜고 있다. 영화는 김영호란 한 인물의 삶을 통해 우리의 지난 1980년대의 삭막함과 공포스러움을 녹여내고 있다. 주인공이 이성을 잃고 개천 속을 헤집고 다니는 장면과, 철로에서 자살하는 마지막 장면이 명장면으로 손꼽힌다.

이창동은 대종상과 영평상, 한국영화인 축제 등에서 감독상, 대종상 백상예술대상과 영평상에서 각본상 등 국내 굴지의 상을 고루 섭렵하고 2000년 1월, 일본 도쿄에서 열리는 NHK아시안 필름 페스티벌과 체코에서 열린 체코 카를로비바리영화제 경쟁 부문에 출품하여 심사위원 특별상과 국제영화클럽연맹상, 넷팩상을 수상했다.

영화 '꽃잎'(1996), '유령'(1999)에서 단역으로 출연했던 설경구가 이 영화로 일약 스타덤에 오른다. 충북선 삼탄역과 공전역 사이에 있는 제천 백운면 애련리 진소마을에서 촬영되었다.

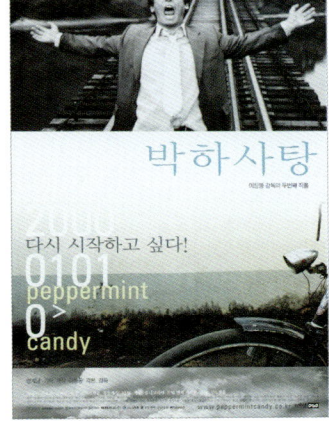

특수효과 : 정도안, 방성철, 김태의, 김병기, 하승남
프로듀서 : 전재영, 전양준, 케이코 이노
조감독 : 김현진, 김영, 홍현기, 변승욱, 박재영
수상 : 제37회 대종상영화제 최우수작품상 · 감독상(이창동) · 각본상(이창동) · 조연여우상(김여진) · 신인남우상(설경구), 제21회 청룡영화상 남우주연상(설경구) · 각본상(이창동), 제36회 백상예술대상 각본상(이창동) · 신인연기상(설경구), 제8회 춘사영화예술제 남우주연상(설경구) · 창작각본상(이창동), 제29회 영평상 최우수작품상 · 감독상(이창동) · 각본상(이창동) · 신인남우상(설경구), 제23회 황금촬영상 신인남우상(설경구) · 조명상(이강산), 제1회 한국영화인축제 관객들이 뽑은 상 작품상 · 감독상(이창동) · 남자연기상(설경구) · 영화인이 뽑은 상 감독상 · 각본상 · 남자연기상 · 편집상(김현), 제35회 체코 카를로비바리영화제 공식경쟁 부문 심사위원특별상, 국제영화클럽연맹상(FICC Jury Prize), 넷팩상, 제2회 스로바키아 브라티슬라바국제영화제 최우수감독상(이창동) · 최우수남우주연상(설경구), 제4회 부산국제영화제 개막작

거짓말 Lies(1999)

(신씨네) 95분 극영화 18세관람가/멜로

감독 : 장선우
제작 : 신철, 김형준
각본 : 장선우(원작 장정일)
개봉 : 2000년 1월 8일 단성사, 명보,
       CGV강변11, 씨네플러스, 키네
       마극장(서울) 등 6개 관
관람인원 : 32만 명(서울)
수출현황 : 네덜란드, 싱가포르, 홍콩,
          대만, 멕시코, 브라질, 남
          미, 호주, 일본, 러시아
출연 : 이상현, 김태연, 전혜진, 최현
       주, 한관택, 권혁풍, 정영금, 신
       민수, 조영선, 안미경 외
기획 : 김무령, 장순성
촬영 : 김우형
음악 : 달파란
조명 : 최성원
편집 : 박곡지
미술 : 김명경
소품 : 김민오
의상 : 박신연
분장 : 장진, 송미숙
동시녹음 : 이영길
사운드 : 김석원, 김창섭, 이석민
기획·제작총지휘 : 박건섭
조감독 : 인진미, 신동환, 조근식, 김우
         재, 박경목
수상 : 제4회 부산국제영화제, 제52회
       칸국제영화제, 제56회 베니스
       국제영화제 경쟁 부문 출품(본
       선 진출)

38세의 J(이상현)는 한때 잘 나가던 조각가였지만 지금은 무위도식하고 있다. 조각과는 상관없는 18세의 여고생 Y(김태연)가 J를 알게 된 것은 친구인 우리(전혜진) 때문이다. Y는 J의 조각 작품집을 들고 다니는 우리를 위해 J에게 전화를 걸게 되었고 J의 전화 목소리에 반해서 J를 만나게 된 것이다.

그날로부터 두 사람은 서로의 몸을 탐닉하게 된다. Y의 엉덩이를 때리는 것으로 시작된 J의 매질은 이젠

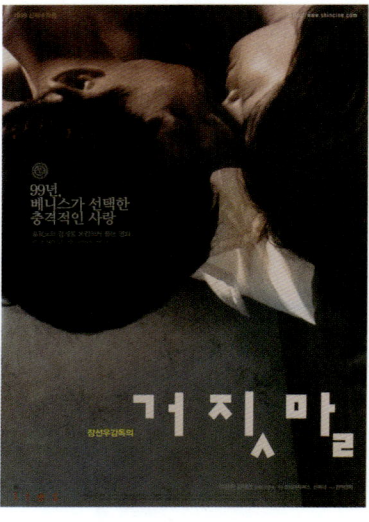

J가 맞고 Y가 때리게 되었다. 그러던 어느 날, Y의 오빠(한관택)가 둘의 관계를 알게 되자 한바탕 소란을 겪고 두 사람은 헤어진다.

J는 모든 것을 정리하고 파리에 있는 아내(최현주)에게 돌아가고 어느 날 Y는 파리로 J를 찾아온다. 그리고 다음날 아침, Y는 브라질로 향한다. J의 아내는 그의 허벅지에 쓰인 "내 님"이라는 글씨를 보고 "내 님이 누구냐?"고 묻지만 J는 거짓말을 한다.

● 장선우 각본·연출작. 1996년 10월에 출판된 장정일의 소설 『내게 거짓말을 해봐』를 영화화한 작품이다. 소설은 간행물심의위원회와 사법부, 시민단체에 의해 사회적 통념에 어긋난다는 이유로 1997년 1월, 문학작품 음란문서제조 혐의로 기소되었고 영화는 등급외전용관의 활성화를 노리고 제작된 실험작으로 모든 과정이 극비리에 촬영되었다고 한다. 그러나 영상물등급위원회(영등위)에서도 두 차례나 등급보류를 받고 음란폭력성조장매체대책시민단체협의회(음대협)에 의해 관련자가 고발되는 등 사회적 파장을 불러일으켰다.(유지나, 『여성영화산책』, 생각의 나무, 2002년, p.52) 등급보류 원인으로 지적된 사항은 다음과 같다.

첫째, 성의 노골적이고 파격적인 묘사, 육체의 표현뿐 아니라 대사나 장면, 기본설정 등도 포함된다. 둘째, 변태적 행위. 주인공들은 서로 몸을 탐닉하는 것 외에 가학과 피가학을 넘나드는 S&M(Sadomasochism)으로 쾌락을 즐긴다. 셋째, 주인공들의 관계가 38세와 18세라는 원조교제 방식에다 남자는 유부남, 여자는 여고생으로 설정되어 있다. 넷째, 이 영화가 과연 예술인가, 외설인가의 문제 등이다.

조각가 J역은 실제로 파리에서 활동 중인 설치미술가 이상현(40)이 맡았고 'Y'는 인기 모델 김태연이 맡았다. 제작사 신씨네는 이를 해외에서 개봉하기 위해 칸국제영화제, 베니스국제영화제 경쟁 부문에 출품했으며 개봉시 검열에 걸리는 소동을 빚기도 했지만 비평가들과 언론의 지원, 그리고 제작자의 타협에 의해 무난한 흥행 성적을 거두었다.(이효인, 『영화로 읽는 한국사회문화사』, 개마고원, 2003년, p.180)영화 '거짓말'은 모자이크 처리와 17분간의 삭제 후 2000년 1월 8일에 개봉되어 32만 관객(서울)을 동원, 2000년도 한국영화 흥행 순위 8위에 올랐다.

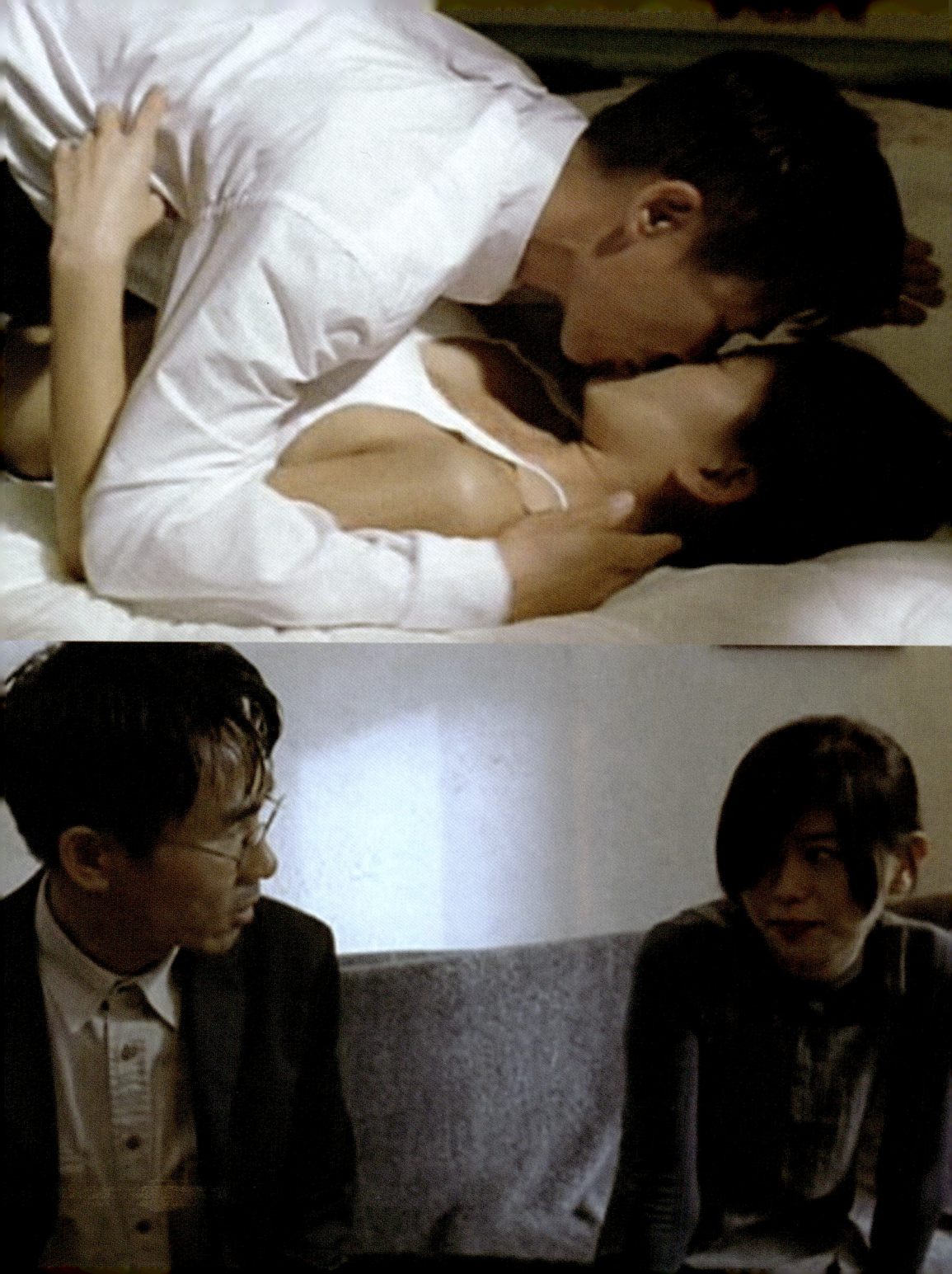

침향 沈香, Scent of Love(1999)

(K.J.K필름) 94분 극영화 18세관람가/
로맨스

감독·제작: 김수용
각본: 김지현(원작 구효서)
각색: 이규철
개봉: 2000년 6월 10일 서울극장
출연: 이세창, 이정현, 김호정, 곽명
화, 이승철, 박승태, 추봉, 박예
숙, 이창구, 김명준, 박노식, 김
광식, 박병택, 이상우, 박철, 이
욱현, 배태수 외
촬영: 정일성
음악: 신병하
조명: 이승구
편집: 박순덕
미술: 오상만
소품: 김호길, 장주철
의상: 박미정
분장: 이동민
동시녹음: 김성찬
사운드: 영진위

문학청년이자 카레이서인 찬우(이세창)는 군에서 제대하자 오랜 친구인 유라(곽명화)를 찾아온다. 그날 유라는 그에게 편지 한통을 내어준다. 그것은 선희(이정현)에게서 온 편지였다.

찬우가 선희를 처음 만난 것은 입대 전 호남선 열차 안에서다. 선희는 자신을 대학생이라 했고 그들은 그때부터 카레이스 경기장이며 대흥사 등지를 여행하며 데이트를 즐겼다. 하지만 입대 전날 그녀가 대학생이 아닌 창녀라는 사실을 알게 된 찬우는 한동안 그녀에 대해 갈등을 느낀다. 그러나 군 생활 중 그는 자신이 진심으로 선희를 사랑했음을 깨닫고 제대하면 선희를 찾아가리라 마음먹는다. 한데 자책감에 못이긴 선희가 이미 자살한 후였다. 유서는 바로 찬우가 입대하기 전날 쓴 것이었다. 선희는 찬우를 만난 것이 "이 세상에 태어나 가장 큰 행복"이었으며 자신이 죽으면 그 유골을 고향 땅에 뿌려달라고 했다.

찬우는 편지 내용대로 새벽 기차를 타고 선희의 고향으로 내려간다. 그리고 천도제를 위해 대흥사 부근을 서성이던 그는 문득 시간이 정지해버린 듯한 아득한 분위기에 빠져든다. 그는 그곳에서 선희를 닮은 진경(김호정)을 만나고 절 근처 산장에 머물면서 그녀가 자신의 운명을 자학하며 살고 있음을 알게 된다.

● 검열파동에 휘말린 '허튼소리'(1984)와 한일 합작 영화 '사랑의 묵시록'(1995)에 이은 김수용의 109번째 연출작. 오랜 파트너인 정일성 촬영감독, '만추'(1981)의 시나리오 작가 김지현 등 원로 3인방이 뭉친 영화다.("14년만에 '침향' 찍은 김수용 감독—시네마 조선 2000. 6. 8) 원작은 1995년에 발표한 구효서의 중편소설 「나무남자의 아내」.

침향(沈香)은 천년동안 맑고 깊은 수저(水底)에 담가두었던 참나무를 바람과 햇빛에 말리면 고목의 그윽한 향을 얻게 되고 그것이 바로 침향이며 감독은 바로 이 향기를 영상으로 표현하고자 했다. 따라서 '침향'의 신비한 화면은 오랜 영화적 체험과 경륜에서 우러나온 직관과 장인의 역량으로서만 가능한 것이며 "연출자 김수용과 촬영의 정일성이 도달할 수 있는 이미지의 깊이는 당대 최고"라는 평을 들었다.("노장은 살아있다」조선 99. 10. 21)

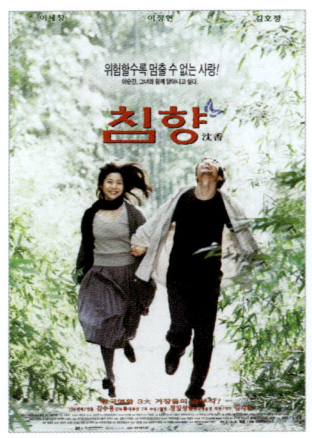

영화 '꽃잎'의 소녀 이정현이 가장 어두운 곳에서 가장 아름다운 향기를 풍기며 진정으로 따뜻한 사람냄새를 그리워하는 순수한 여인으로 출연, 대흥사 자락의 우거진 대나무 숲과 호수의 영상, 속리산, 영취산 통도사, 해남 구륜산 등의 아름다운 자연 풍광이 한 폭의 풍경화처럼 스크린에 펼쳐진다.

'침향'은 1999년 10월, 제4회 부산국제영화제에서 특별 상영된 후 개봉을 서둘렀으나 극장 대관이 끝난 뒤여서 2000년 6월에 개봉되었을 때는 제작과 영화완성의 열기가 다 식은 후였다.("김수용 감독 109번째 영화 '침향'」경향 2000. 6. 9) 이 영화에 대한 관객의 관심과 기대는 영화계에 아쉬움으로 남아있다.

플란다스의 개 Barking Dogs Never Bite(2000)

대학 시간강사인 고윤주(이성재)는 이번에도 교수 임용에서 탈락했다.
돈 잘 버는 아내에게 사람대접을 받지 못하는 그는 개 짖는 소리 하나
에도 예민해져 있다. 밖에 나갔다 들어오는 길에 옆집 강아지가 문 앞
에 서 있는 것을 보고 그는 그 개를 납치해서 지하실에 가둬버린다.
　아파트 관리사무소에서 경리를 보는 현남(배두나)은 맨손으로 강도를
잡았다는 새마을금고 직원을 부러워하고 있다. 실종된 강아지 포스터
를 본 현남은 강아지가 유일한 가족인 할머니를 위해 강아지를 찾아주
기로 마음먹는다. 이 상황에서 윤주의 아내가 키우는 강아지 순자가 사
라지자 윤주도 현남과 함께 강아지 찾기에 나선다.
　점점 늘어가는 강아지 실종 사건, 그런 어느 날, 친구의 집에 들른 현
남은 망원경을 들고 옥상에 올라갔다가 건너편 옥상에서 한 사내가 개
를 죽이는 장면을 목격한다. 용감한 시민상을 타서 텔레비전에 출연하
는 것이 꿈인 현남은 친구의 만류에도 불구하고 정체를 알 수 없는 괴
사내를 쫓기 시작한다.

(우노필름) 106분 극영화 12세관람가/
코미디

감독 : 봉준호
제작 : 차승재
각본 : 봉준호, 손태웅, 송지호
　　　(원작 봉준호)
개봉 : 2000년 2월 19일 서울, 명보,
　　　허리우드극장(서울)
관람인원 : 5만 7469명(서울)
수출현황 : 노르웨이, 독일, 벨기에, 홍
　　　　콩, 싱가포르, 호주, 일본
출연 : 이성재, 배두나, 김호정, 변희
　　　봉, 김뢰하, 김진구, 임상수, 성
　　　정선, 흰구름 외
촬영 : 조용규
음악 : 조성우
조명 : 박종환
편집 : 이은수, 비트원 편집실
미술 : KBS아트비젼, 이영, 이진영
소품 : 이석호
의상 : 최윤정
분장 : 이경자, 장혜진
동시녹음 : 이승철
사운드 : LIVE TONE, 오원철, 최태영
특수효과 : 정도안
시각효과 : 박관우
포스터 : 임선호
프로듀서 : 조민환
조감독 : 송지호
수상 : 제21회 청룡영화상 여자신인상
　　　(배두나), 제21회 영평상 여우
　　　조연상(김호정), 제25회 홍콩
　　　국제영화제 아시안비젼(Asian
　　　Vision) 초청 국제영화비평가
　　　연맹상(FIPRESCI Award), 제
　　　3회 부에노스아이레스국제영화
　　　제 특별상(음악: 조성우), 제19
　　　회 뮌헨국제영화제하이홉스 어
　　　워드(High Hopes Award 재
　　　능있는 신인감독상: 봉준호),
　　　제7회 슬램댄스영화제 편집상
　　　(이은수), 로테르담국제영화제,
　　　판타지아 영화제, 브리즈번영
　　　화제, 밴쿠버국제영화제 경쟁
　　　부문, 산세바스티안국제영화제,
　　　런던영화제, 도쿄영화제, 제15
　　　회 후쿠오카국제영화제, 토리
　　　노영화제, 시애틀영화제, 더블
　　　린영화제, 팜스프링스영화제
　　　초청

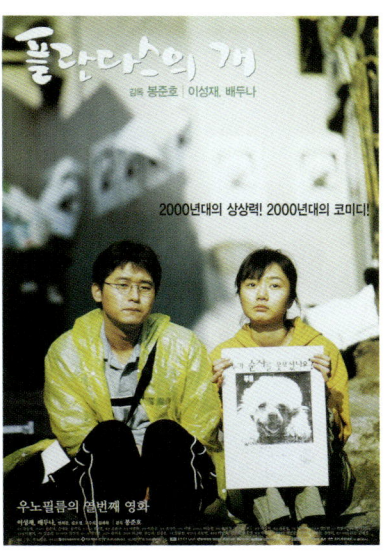

● 봉준호 감독 데뷔작. 원작 봉준
호. 지식인의 자의식과 도덕성 불감
증을 비판한 코미디. 아파트 단지의
연쇄 강아지 실종 사건을 내세워
중산층의 위선적인 삶을 풍자적으
로 그려내고 있다. 특히 강아지를
찾기 위해 동분서주하는 배두나의
개성에 맞춘, 만화 같은 캐릭터를
비롯해 모든 배우를 영화 내부에
흡입시키는 연출의 힘이 돋보인다.
　배두나가 청룡영화상 신인 연기
상, 봉준호가 뮌헨국제영화제의 신
인감독상인 하이홉스 어워드(High
Hopes Award), 산세바스티안국제
영화제, 토리노영화제, 시애틀영화
제, 더블린영화제, 로테르담영화제,
팜스프링스영화제, 부에노스아이레
스영화제 등의 국제영화제에 초청
되고 2001년 제7회 슬램댄스 영화
제 편집상과 홍콩 국제영화제의 아
시안 비젼(Asian Vision)에 초청되
어 국제영화비평가연맹상을 받았다.

춘향뎐 Chunhyang(2000)

(태흥영화) 136분 극영화 12세관람가/
사극

감독: 임권택
제작: 이태원
각색: 김명곤, 강혜연(원작 원안 조상
현 창본 춘향가)
개봉: 2000년 1월 29일 씨네플러스,
동아, 시네코아, 씨네하우스, 허
리우드극장(서울)
관람인원: 11만 358명(서울)
수출현황: 프랑스, 일본, 미국(00)
출연: 이효정, 조승우, 이정헌, 김성
녀, 김학용, 이혜은, 최진영, 홍
경연, 윤일주, 이해룡 외
기획: 이태원
촬영: 정일성
음악: 김정길
조명: 이민부
편집: 박순덕
미술: 민언옥
의상: 봉필구, 최태영, 봉현숙
분장: 홍동은, 이동섭, 이주영, 김연희
특수분장: 신재호
동시녹음: 이병하
사운드: 양대호, 김용훈, 서울종합촬
영소영상관
포스터: 구본창, 김재영
특수효과: 정도안, 방성철, 유영일, 유
인상
시각효과: 강종익, 손승현, 김용수
무술감독: 정두홍
조감독: 김대승
수상: 제37회 대종상영화제 심사위원
특별상·미술상(민언옥), 제35
회 백상예술대상 감독상(임권
택), 제8회 춘사영화제 기획상
(이태원)·여우조연상(김성녀)
·촬영상(정일성)·조명상(이민
부), 제20회 하와이국제영화제
최우수작품상, 제45회 아태영
화제 심사위원특별상, 제20회
영평상 촬영상(정일성), 제5회
부산국제영화제 넷팩상, 제1회
한국영화축제 미술상(MBC미
술센터), 제14회 싱가포르국제
영화제 감독상(임권택), 제27회
텔루라이드영화제 실버메달(공
로상: 임권택), 제1회 한국영화
문화상(이태원), 제53회 칸국제
영화제 경쟁 부문 진출

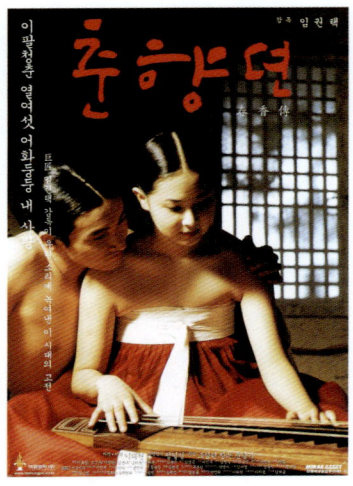

조선조 숙종 시대 단오 날, 남
원부사 자제 이몽룡(조승우)은
방자(김학용)를 앞세우고 광한
루에 나갔다가 여러 무리 속에
서 춘향(이효정)을 발견한다.
춘향의 집을 방문한 몽룡은 춘
향 어미 월매(김성녀)에게 춘향
과의 백년가약을 원한다는 뜻
을 밝히고 불망기를 써서 자신
의 마음을 전한다.

하지만 몽룡의 아버지 남원
부사가 한양으로 가게 되면서
몽룡도 부모를 따라 한양으로
떠난다. 이때 새로 부임한 변
학도(이정헌)는 남원골의 절색

춘향에게 수청 들기를 강요한다. 춘향이 이부종사를 할 수 없다고 버티
자 화가 난 변학도는 춘향에게 모진 고문을 가한다. 한편, 장원급제한
몽룡은 암행어사로 임명받아 전라도로 내려오는 길에 변학도의 폭정과
춘향의 절개에 대한 소문을 듣고 크게 감탄한다. 다음날 광한루, 변학
도의 생일잔치에 출두한 암행어사 이몽룡은 변학도를 응징하고 춘향과
재회한다.

● 임권택의 97번째 작품. 판소리 완창 공연과 뮤지컬을 혼합한 야심찬 시도로 한국영화사상 최
초로 제53회 칸국제영화제 경쟁 부문에 진출했다. 1995년 정동극장에서 열린 조상현의 판소리
완창 '춘향전' 공연을 담은 기록 필름을 바탕으로 한 '춘향뎐'은 조상현의 판소리가 음악과 내
레이션 역할을 겸하는 1시간 동안은 뮤직비디오 형식이고, 월매가 어사출두 직후 직접 판소리
를 부르는 대목은 뮤지컬 스타일을 띠고 있다. 제작비 30억 원, 남원시 어현동에 춘향뎐 세트
장을 세우고 철저한 고증을 거쳐 동헌, 관아, 내아, 월매의 집, 부용당, 옥사정을 비롯해 조선
중기 서민들의 삶이 깃든 고건물을 조성, 당대의 생활상을 재현해냈다. 특히 임권택과 정일성의
오랜 파트너십이 한국적 산수의 아름다움을 빚어냄으로써 "그의 수많은 영화 중에서도 최상급
이며 임권택 감독은 마침내 한국적 영화미학이라는 미지의 영토를 발견하고 새 출발한 것처럼
보인다"(영화평론가 허문영, 《씨네21》, 00. 1. 25)는 최대의 찬사를 받았다.
임권택은 백상예술대상과 싱가포르 국제영화제에서 감독상, 대종상 심사위원 특별상, 하와이
국제영화제 최우수작품상, 텔루라이드영화제에서 실버 메달을 받았고 정일성은 춘사영화제와
영평상에서 촬영상을 수상했다. 공개 오디션을 통해 선발된 이효정, 조승우 두 주인공은 실제로
춘향과 몽룡의 나이와 비슷한 10대로 '춘향전' 영화사상 가장 연하의 나이에 에로틱한 정사 장
면을 연기한 연기자가 되었다. 그중 조승우는 후에 '말아톤'(2005), '타짜'(2006)의 주인공으
로 발탁되어 이 두 영화도 대성공을 거두는 등 스타덤에 오른다.

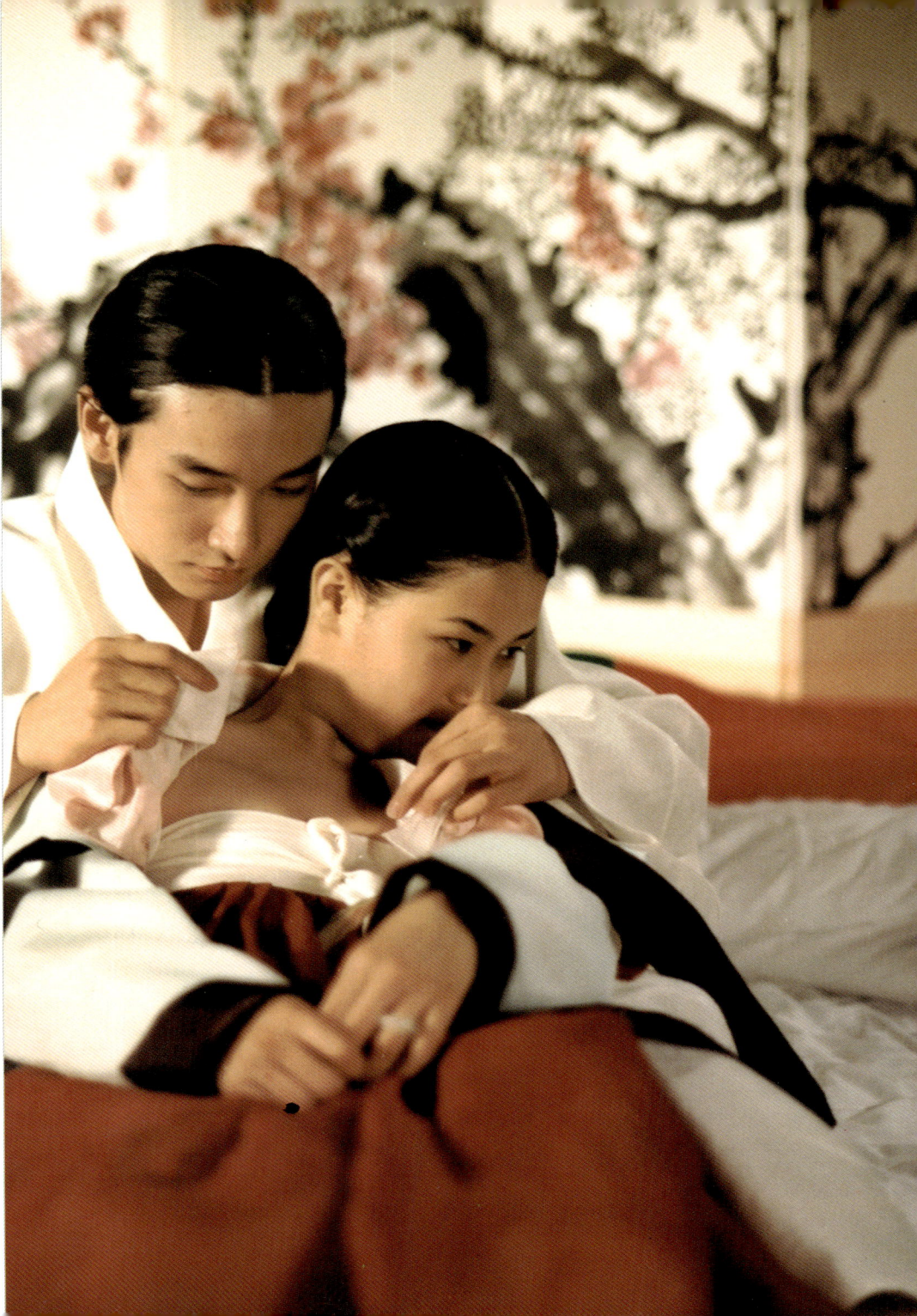

산책 散策, Promenade(2000)

(지오엔터테인먼트) 100분 극영화 12세관람가/가족 · 우정

감독 : 이정국
제작 : 최현묵
각본 : 박정우, 이정국
개봉 : 2000년 3월 4일 서울극장
　　　　(서울)
관람인원 : 7077명(서울)
출연 : 김상중, 박진희, 박근형, 정호근, 양진석, 이명호 외
촬영 : 최찬규　　**음악** : 조동진
조명 : 이승구　　**편집** : 박곡지
미술 : 한용, 김효진, 신영철, 강찰길
의상 : 이수정, 이화숙, 배윤정
동시녹음 : 안상호
사운드 : 이승철, 박준오, Wave Lab
특수효과 : 김병기, 하승남, 황윤세
프로듀서 : 김준종
조감독 : 김호준
수상 : 제23회 황금촬영상 신인여우상
　　　　(박진희)

레코드 가게를 운영하고 있는 영훈(김상중)은 어머니 타계 후 아버지(박근형)와의 사이가 멀어진다. 영훈은 사랑하던 여자가 좋아하던 모차르트를 들으며 멀어진 친구들과 콘서트 연습하는 시간만을 보람으로 여긴다. 콘서트 날짜가 다가오자 영훈은 연화(박진희)를 가게 '종업원'으로 맞는다. 그리고 자신과 모든 것이 다른 그녀에게 호감을 느끼지만 연화는 그녀의 어두운 과거가 밝혀지자 가게를 떠난다. 그런데 콘서트 장소로 예약된 소극장 공사를 앞두고 영훈의 아버지가 갑자기 쓰러진다. 좌절에 빠진 영훈 앞에 연화가 다시 돌아오고 그녀는 영훈 아버지가 간직했던 사진첩을 보여준다. 어머니가 가고 싶어했던 '산책로' 사진들이 가득 담긴 사진첩을 보고 영훈은 불현듯 아버지에 대한 사랑과 함께 콘서트의 아이디어가 떠오른다. 그는 자연과 사람, 사람과 사람 간의 진정한 화해와 어울림이 있는 특별한 콘서트를 마련한다.

● 이정국의 다섯 번째 연출작. 김상중, 박진희 주연으로 박진희가 황금촬영상 신인 여우상 수상. 푸른 숲속을 산책하는 듯한 휴식 같은 영화로 영훈이 주도하는 콘서트에 김광석 프로젝트 밴드가 출연, 이 밴드는 고 김광석을 추모하기 위해 윤도현, 이정열, 엄태환, 서우영이 모여 한시적으로 조직한 그룹이다.

진실게임 Truth Game(2000)

(무비메이커) 106분 극영화 18세관람가/미스터리

감독 : 김기영(金基永)
제작 : 이명현
각본 : 이필혁
개봉 : 2000년 3월 18일 MMC 등
　　　　10개 관(서울)
관람인원 : 6993명(서울)
출연 : 안성기, 하지원, 조하록, 권용운, 김민조, 이무정, 양미경, 외
조명 : 최입춘
편집 : 고임표
미술 : 윤기찬
세트 : 조화성
소품 : 장석훈, 태일
의상 : 김나정, 문상임, 권지혜
분장 : 윤정희, 한진성
사운드 : 양대호, 소원종, 김경현
조감독 : 배수용, 류경완, 김도형
수상 : 제37회 대종상영화제 신인여우상(하지원), 제8회 춘사영화예술제 신인감독상(김기영) · 특별연기상(이무정), 제24회 황금촬영상 인기여우상(하지원)

열기에 휩싸인 콘서트 장에서 인기 가수 조하록의 팬클럽 회원들이 그의 이름을 연호하고 있을 때, 조하록은 주사기로 가슴을 찔린 채 싸늘한 시체가 되어 발견된다. 사인은 약물과다로 인한 쇼크사. 사건 직후 조하록의 팬클럽 회장직을 맡고 있는 한다혜(하지원)가 자신이 범인임을 자처하며 자수하는 등 강간에 대한 보복 살인으로 판명이 나면서 사건은 쉽게 종결될 듯이 보인다.

그러나 검찰 내부의 파워게임에서 밀려난 조 검사(안성기)가 이 사건을 계기로 재기의 발판을 마련하고자 민 형사(권용운)와 함께 수사에 나선다. 그리고 사건 발생 직전, 조하록에게 강간당했음을 주장하는 다혜의 진술이 석연치 않음을 느낀 조 검사는 현장검증을 통해 팬클럽과 가수 사이에 '촛불파티'라는 파행적인 마약, 섹스 행각이 벌어졌음을 밝혀낸다.

● '아빠는 보디가드'(1994)의 김기영(1954년생) 연출작. 중견배우 안성기와 신인 하지원의 연기 대결이 볼만하다. 1995년 11월 20일 발생한 인기 듀오 듀스의 김성재 변사 사건을 소재로 한 미스터리 스릴러. 당시 범인으로 지목된 애인이 증거 불충분으로 풀려나고 의혹을 남긴 채 종결된 사건으로 감독은 인기 가수를 둘러싼 극성 팬클럽의 일부 비뚤어진 행동, 약물 복용 내용 등을 사실적으로 묘사하고 있다. 수사를 해가는 과정에서 시간의 연속성보다 사건의 뒤를 쫓는 편집으로 스릴 넘치는 구성을 만들어냈다.

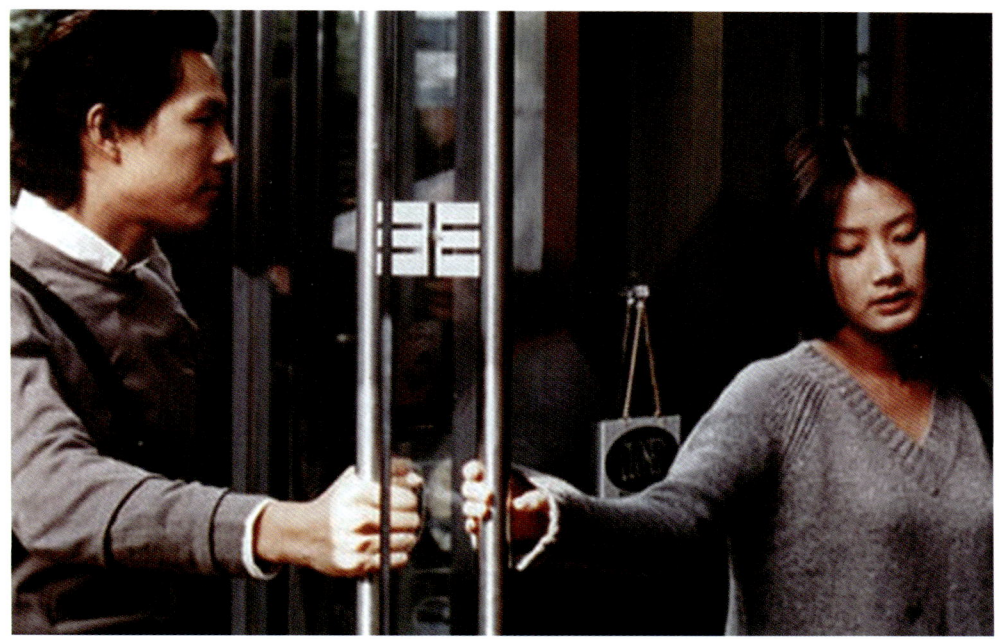

인터뷰 Interview(2000)

영화감독 최은석(이정재)은 "사는 이야기와 사랑 이야기"를 소재로 한 '인터뷰'라는 다큐멘터리를 촬영하고 있다. 이 과정에서 그는 모니터 화면 속의 영희(심은하)의 모습을 보면서 자신의 객관적 관심이 주관적 사랑으로 변해가는 것을 느낀다. 영희 역시 카메라 앞에서 거짓말을 하게 되지만, 인터뷰를 계속하는 동안 자신의 실제 모습을 내비치기 시작하고, 결국엔 거짓 인터뷰를 중단하기로 결심한다. 카메라 속에서 대화하고 카메라를 사이에 두고 만나던 두 사람. 그러나 카메라를 거두자 그들은 서로 사랑을 인정하며 진실을 털어놓는다.

● 변혁 감독 데뷔작. 사랑에 관한 다큐멘터리로 시작해서 차츰 극영화에 가까워진 기획이다. 영화의 주인공이 영화감독이고 극중 감독이 찍는 것은 다큐멘터리이기 때문에 영화 속에서 다큐멘터리를 찍는 장면을 다시 영화화한다는 내용이다. 그리고 이러한 이중적 구성으로 카메라를 사이에 둔 한 남자와 여자가 서로를 어떻게 변화시키는가를 보여준다. 당시 이 영화는 흥미로운 논쟁거리가 되었고 "변혁의 장-뤽-고다르식 연출과 미장센의 세심함, 짜임새 있는 촬영, 새롭고 자연스런 편집으로 일단 영상 자체를 보는 것엔 매력이 있다"는 평을 받았다.(조선 99. 5. 20) 극중 무용 안무는 현대 무용가 안은미가 맡고 있다. 제작비 15억 원. 그로부터 4년 후 변혁은 두 번째 장편 '주홍글씨'(2004)로 모든 시선을 한 몸에 받게 된다.

(씨네2000) 108분 극영화 12세관람가/멜로

감독 : 변혁　제작 : 이춘연
각본 : 권용국, 오현리, 정진완, 변혁
개봉 : 2000년 4월 1일 서울극장, 씨네플러스, 씨네하우스(서울)
관람인원 : 15만 7431명(서울)
수출현황 : 일본, 홍콩, 인도네시아(00)
출연 : 이정재, 심은하, 조재현, 김정현, 장호일, 이덕진, 추상미 외
기획 : 이미영　촬영 : 김형구
음악 : 박호준　조명 : 이강산
편집 : 김상범　미술 : 김희정
세트 : 오상만　안무 : 안은미
의상 : 안지현, 이경미
분장 : 장윤정, 홍기원
사진 : 강영호, 구본창
동시녹음 : 손규식
사운드 : 블루캠, 김창섭,
프로듀서 : 이승재
조감독 : 조창호
수상 : 제38회 대종상영화제 기획상 (이미영)

섬 The Isle(2000)

(명필름) 90분 극영화 18세관람가/사이코

감독·각본: 김기덕
제작: 이은
개봉: 2000년 4월 22일 녹색, 씨네하우스, 코리아, 아카데미21(서울) 등 6개 관
관람인원: 3만 2137명(서울)
수출현황: 러시아, 스웨덴, 스페인, 싱가포르, 영국, 인도, 인도네시아, 일본, 프랑스, 홍콩(00), 독일, 베네룩스, 스칸디나비아, 이탈리아, 포르투갈(02)
출연: 김유석, 서정, 박성희, 손민석, 조재현, 장항선, 한지선 외
촬영: 황서식
음악: 전상윤
조명: 신준하
편집: 경민호
미술: 김기덕
세트: 오상만
의상·분장: 주은정
동시녹음: 한철희
사운드: 이승철, 박준오
포스터: 한세준
특수효과: 데몰리션
시각효과: 장성호, 원일권
조감독: 김현석, 심상운, 조희진, 위준석
수상: 제37회 백상예술대상 여자신인연기상(서정), 제24회 황금촬영상 신인촬영상(황서식)·신인여우상(서정), 제21회 판타스포르토국제영화제 심사위원 특별상·최우수여우연상(서정), 제20회 브뤼셀국제판타지영화제 대상·여우주연상(서정), 모스크바 'Faces of Love(사랑의 얼굴)' 국제영화제 심사위원 특별상, 제3회 시네마닐라국제영화제 최우수여우주연상(서정), 제58회 베니스국제영화제 본선 경쟁 부문 진출 넷팩상, 선댄스국제영화제 월드시네마 부문, 토론토국제영화제 월드시네마 부문, 시체스국제영화제, 멜버른국제영화제, 로테르담국제영화제, 스톡홀름국제영화제 외 15여 개 국제영화제 초청

외진 섬 낚시터에서 희진(서정)은 낚시꾼들에게 안주나 음식을 팔고 밤에는 몸을 팔며 살고 있다. 그런 어느 날 그 섬으로 변심한 애인을 죽인 현식(김유석)이 숨어든다. 희진은 한눈에 그가 삶을 포기하고 자살하게 될 것을 알아본다. 그날 밤 그녀의 예감대로 현식은 권총자살을 시도하고 희진은 그의 자살을 막는다.

그러나 얼마 후 낚시터에 은둔 중이던 한 범죄자가 경찰의 추적으로 총상을 입는 사건이 일어나자 불안에 떨던 현식은

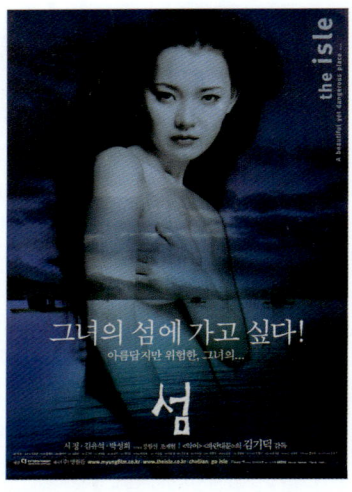

또다시 낚시 바늘을 삼키고 그를 구한 희진은 섹스로 그의 고통을 덜어준다. 그날부터 두 사람은 급속도로 가까워진다.

시간이 갈수록 희진의 사랑은 집착이 심해지고 이에 멀미를 느낀 현식은 섬을 떠나기로 결심한다. 그러자 이번엔 희진이 자궁에 낚시 바늘을 넣고 자해를 시도한다. 현식은 희진을 구하면서 그녀 곁에서 벗어날 수 없음을 깨닫는다. 그들은 서로의 미끼에 걸려든 물고기 같은 존재로써 아무도 서로에게서 벗어나지 못할 것을 알고 있다.

● 각본·미술·편집·녹음을 직접 담당한 김기덕 연출작. '악어'(1996)로 데뷔한 후 해마다 한 편씩 영화를 만들어온 김기덕은 2000년도 한 해에만 '섬', '수취인불명', '실제상황'을 연출, 2000년 3월, 프랑스에서 먼저 개봉된 이 영화는 "황폐해진 인간성에 대한 한편의 잔인한 우화"(뗄레라마), 또는 "두 연인의 침묵의 몸짓, 에로틱과 폭력을 섞은 한편의 시"(르몽드) 등 김기덕 영화를 국내뿐 아니라 해외에 알리고 그 가능성을 인정받기 시작한 영화이기도 하다.

미술에 뛰어난 안목을 지닌 감독은 작품마다 독특한 미장센, 비약과 강조의 미학, 새로운 소재와 장르 개척을 시도하며 그만의 작품을 만들어내는 '개성 있는 존재'로서 이 영화에서는 낚시터를 배경으로 인간 내면에 존재하는 원초적 본능과 폭력과 살의, 섬뜩한 자해를 극명하게 대조시키며 아름답고 충격적인 영상미학을 실천해 보였다.('한국영화잔혹사-2000년 김기덕 감독 '섬'으로 촉발', 한국 10. 8. 28) 그러나 일반의 고정관념을 깨는 그의 기상천외하고 잔인한 상상력은 해외 영화제에서 남자 주인공이 목구멍에 낚시 바늘을 넣거나 여주인공이 성기에 낚시 바늘을 넣어 자해하는 장면에서 여성 비하 논란과 함께 여성 관객이 들것에 실려나간 일이 있다는 일화를 남기고 있다.

이 영화는 모스크바국제영화제와 판타스포르토국제영화제 심사위원 특별상, 브뤼셀 국제판타지영화제 대상, 여주인공 서정이 백상예술대상과 황금촬영상, 판타스포르토국제영화제, 마닐라국제영화제등에서 여자신인연기상 및 최우수여우주연상을 수상, 같은 해 8월 2일 뉴욕 앤솔로지 필름 아카이브에서 상영되는 등 김기덕 영화의 국제 인지도는 베니스국제영화제를 통해 한층 높아지기 시작했다. 촬영지는 경기도 안성시 고삼면의 고삼 저수지. 이 저수지는 육지 속의 바다라고 할 만큼 드넓은 저수지로 감독은 이곳에서 영감을 얻어 '섬'을 구상하고 영화를 촬영했다고 한다.

아나키스트 The Anarchist(2000)

1924년 상하이 대학살로 가족을 잃은 소년 상구(김인권)는 일본에 대항하는 비밀결사단체인 '의열단'에 입단한다. 그곳에서 모스크바 대학 출신의 세르게이(장동건), 냉철한 이성의 한명곤(김상중), 황족 출신의 이근(정준호), 과격한 행동주의자 돌석(이범수)은 상구에게 그들의 신념인 아나키스트로 살아가는 법을 가르친다. 상구의 눈에 비친 의열단 단원들의 모습은 "죽음을 깃털처럼 가볍게 여기며 거칠 것 없이 살아가는 풍운아"들이다.

어느 날 상구는 일제의 고문 후유증으로 아편에 의존하게 된 세르게이와 함께 독립 자금을 되찾기 위해 러시아로 떠난다. 그러나 세르게이가 의문의 죽음을 당하자 아나키스트들은 일본 고관들을 표적삼아 마지막 거사를 결행하다 선상에서 장렬한 최후를 맞는다.

● 유영식 감독 데뷔작. 제작 이준익, 각본 박찬욱, 이무영, 박리다매. 장동건, 정준호 등이 출연했다. 아나키스트는 무정부주의자를 가리키는 말. 약산 김원봉이 1919년 중국에서 조직한 항일 독립단체 '의열단'의 실화를 바탕으로 하고 있다. 한중 합작 형식으로 만들어진 이 영화는 상하이 인근 60만 평 부지에 건립된 상하이 스튜디오와 인근 도시에 3개월에 걸쳐 올로케이션으로 촬영됐다. 1920년대 상하이 거리 풍경을 생생하게 보여주고 국내 제작여건으로는 촬영하기 힘든 대규모 군중 장면에서도 중국인 엑스트라를 동원했다.

제작비 20억 원. 홍콩 배우 여명이 개런티 없이 영화 주제가를 불렀으며 상하이 촬영지였던 '화평반점'(가르시아 홀)과 마지막 거사 현장인 '오리아나호'는 후에 관광지로 개발됐다고 한다. 서울 관객 24만 명 동원으로 2000년도 한국영화 흥행 순위 11위.

(씨네월드) 108분 극영화 18세관람가/시대극

감독 : 유영식
제작 : 이준익
각본 : 박찬욱, 이무영, 박리다매
각색 : 유영식
개봉 : 2000년 4월 29일 서울, 명보, 허리우드극장(서울)
관람인원 : 23만 6990명(서울)
수출현황 : 그리스, 인도네시아, 미국
출연 : 장동건, 정준호, 김인권, 예지원, Zhu Ying, 김상중, 이범수, 이찬영, 서진원 외
기획 : 조철현
촬영 : 김응택
음악 : 최만식, 최순식, 임주희, 김영관, 오혜원
조명 : 김응택
편집 : 경민호
미술 : Zheng Changfu, Liu Ancheng, Xu Feng, Chen Shouchao
소품 : Liu Peide, Pan Weida, Zhang Hongxing, Zhang Fuhan 외
의상 : Cao Yingping, Liu Xiangmei, Xiao Yingjuan, Wang Haidi 외
분장 : 이서진, 유현복, Zhang Guoxiang, Chen Haiying
동시녹음 : 안상호
사운드 : 오원철, LIVE TONE, 최태영
특수효과 : Qian Afa, Zhu Weiyuan, Lu Lihua
시각효과 : 강종익
프로듀서 : 이창준
조감독 : 박철관, 이성호, Chang Dec shung(중국)
수상 : 제11회 산호세 시네퀘스트영화제 관객상

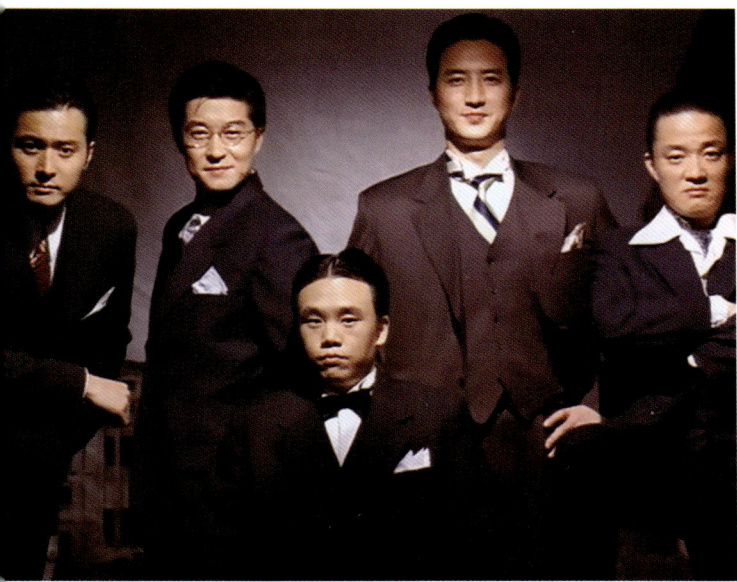

동감 同感, Ditto(2000)

(한맥영화) 111분 극영화 12세관람가/
멜로

감독 : 김정권
제작 : 이동권, 김형준, 임동문
각본 : 장진, 허인아(원작 신동엽)
각색 : 장진, 김정권
개봉 : 2000년 5월 27일 단성사,
    CGV강변11, 씨네하우스, 허리
    우드극장(서울) 등 5개 관
관람인원 : 34만 6279명(서울)
수출현황 : 일본(00)
출연 : 김하늘, 하지원, 유지태, 박용
    우, 김민주, 신철진, 유태균 외
기획 : 이동권, 임태균
촬영 : 정광석
음악 : 이욱현, 송재원, 김잠원
조명 : 신학성
편집 : 정민호
미술 : 김정태
세트 : 김정태, 강창길, 이미경, 김도
    연, 정성옥
소품 : 정민영, 오유진
의상 : 권유진
분장 : 허석도, 박은정
동시녹음 : 한철희
사운드 : 오원철, 최태영
포스터 : 윤형문
특수효과 : 김태웅
시각효과 : ㈜메커드, 조이석
조감독 : 이주헌, 박재형, 배상철
수상 : 제21회 청룡영화상 여우조연상
    (하지원), 제8회 춘사영화예술
    제 신인감독상(김정권)ㆍ새얼굴
    남자연기상(유지태), 제1회 한
    국영화축제 촬영상(정광석)

1979년의 여자 소은(김하늘)은 맑고 티 없는 79학번 영문과 학생. 그녀는 우연히 갖게 된 고물 무선기를 통해 같은 대학에 다니는 인(유지태)이라는 남학생과 만나기로 약속한다.

2000년의 남자 광고창작과 2학년 인. 여자친구 현지(하지원)에 대한 관심은 뒤로 한 채 교신에만 열중하다 어느 날 낯선 여자로부터 만나자는 약속을 받는다. 같은 학교 영문과에 다니는 소은이 바로 그녀. 소은은 아직 공사 중인 시계탑 앞에서 인을 기다리고, 인은 학교 시계탑 앞에서 장대비를 맞으며 소은을 기다리지만 각각 나타나지 않는다.

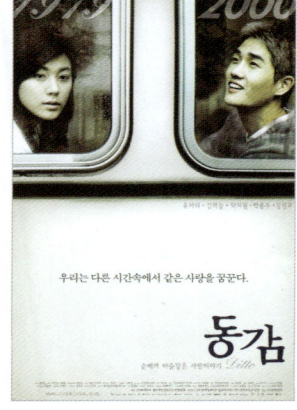

어긋난 약속으로 화가 난 두 사람. 그러나 그들은 21년의 시간을 뛰어넘어 교신을 주고받았던 것이다. 그로부터 마술처럼 무선통신을 통한 신비한 만남이 이어진다. 그리고 서서히 움트는 그리움, 그러나 그들을 만날 수 없게 하는 비극적인 인연이 있었다. 1979년의 여자가 짝사랑한 남자는 바로 2000년의 남자인 인의 아버지였던 것이다. 결국 둘은 스치듯이 지나간다.

● 김정권 감독 데뷔작. 시간적 공백을 낭만적인 멜로드라마의 감수성으로 담아낸 수작. 영화가 흥행과 비평에서 성공하면서 김정권은 춘사영화예술제에서 신인감독상, 하지원이 청룡영화상 여우조연상을 받았다. 음악이 특히 좋았다. '슬픈 향기'와 '홀로선 이에게'의 경우는 이 영화의 중요한 시간 변화를 대표하는 두 파트(1979년과 2000년)를 각각 재즈 피아니스트 김광민과 세계적인 첼리스트 신상원의 연주로 들려준다. 서울 관객 34만 6279명(전국 136만) 동원, 2000년도 한국영화 흥행 순위 6위.

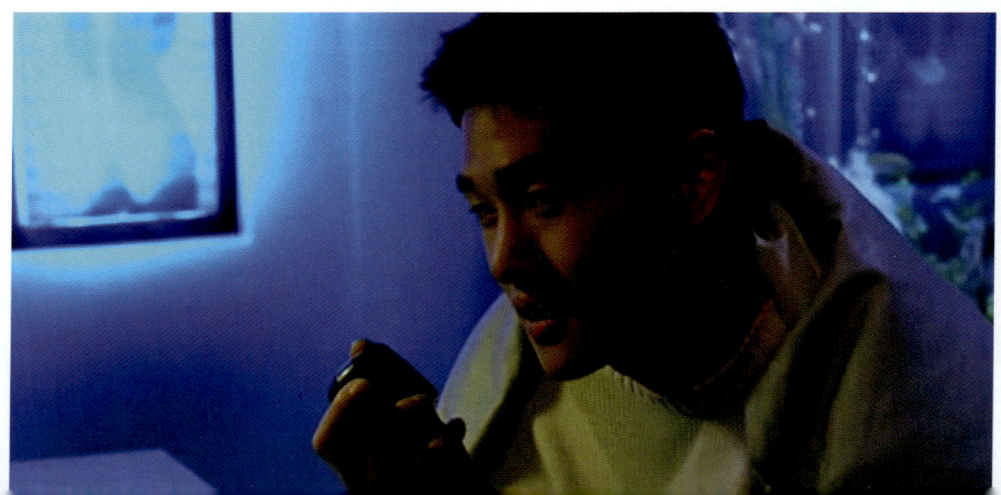

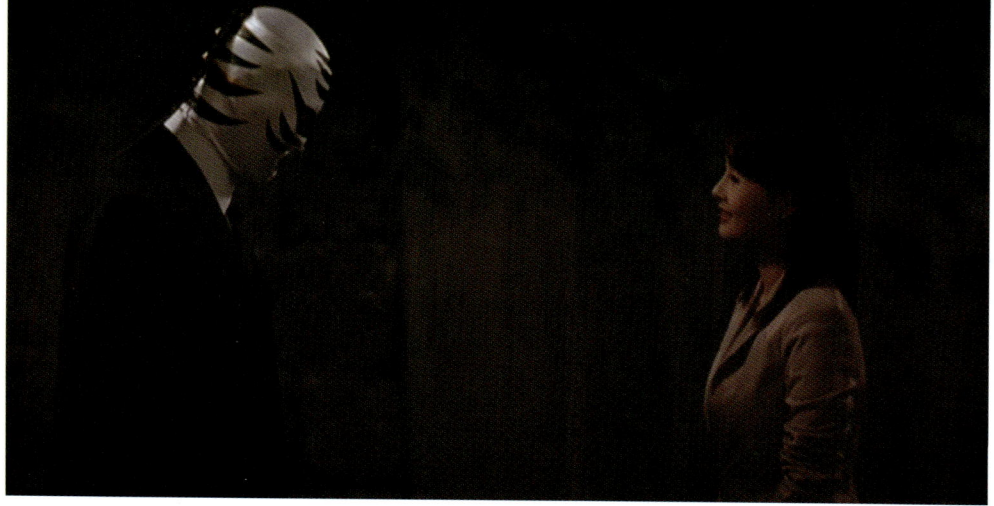

반칙왕 反則王, The Foul King(2000)

임대호(송강호)는 은행창구를 지키는 일상이 지겹기만 하다. 그때마다 부지점장(송영창)은 그를 괴롭히고 그로 인해 일에 대한 의욕은 점점 더 떨어져간다. 노력해봤자 상사가 알아주지 않을뿐더러 무시당한다는 자조감만 늘어갈 뿐이다. 그럴수록 부지점장은 그를 더욱 못살게 군다. 걸핏하면 지각이 잦다, 실적도 없다면서 남들 앞에서 모욕을 주거나 헤드록(목조이기)을 건다.

그러던 어느 날 그는 체육관 앞을 지나가다 그곳에 걸린 '반칙왕' 울트라 타이거마스크 사진을 보게 된다. 어릴 때부터 우상으로 여기던 대상이다. 그는 부지점장의 기습 헤드록을 막아내기 위해 문득 레슬링을 배우자는 생각을 먹게 된다. 즉흥적으로 체육관에 들어가서 레슬링을 배우겠다고 선언하고 그때부터 인정사정없는 고된 훈련이 시작된다. 그에게 맹연습을 시키게 된 교관은 바로 장관장(장항선)의 아름다운 딸 민영(장진영)이다.

모진 훈련은 그에겐 자신과의 싸움이다. 연습에 임할수록 가슴속에 감추어졌던 열정이 되살아났다. 한편, 부지점장의 횡포는 나날이 심해지고 친구 두식(정웅인)마저 퇴출당하는 일이 생긴다. 그런 와중에서 링 위에서만큼은 최고가 되고 싶다는 일념에 대호는 더욱 레슬링 연습에 매진한다. 밤이 되면 반칙 레슬러로 변신하게 된 대호는 그날도 최고의 레슬링 테크니션 유비호(김수로)와의 혈전을 위해 감연히 링 위에 오른다.

● 김지운 각본·연출작. 기존의 코미디와는 차별성을 갖는 하이 코미디로 한국 코미디 영화의 새 장을 열었다는 평을 받았다. 송강호 첫 주연작, '자귀모'(1999)로 스크린 데뷔한 장진영이 이 영화로 이름을 알리기 시작, 만능 배우 김수로가 레슬러 노지심이 특별 출연했다. 서울 81만 7423명, 전국 187만으로 2000년도 한국영화 흥행 순위 2위, 역대 한국영화 흥행 순위 79위.(08. 1. 15 기준) 성남 실내체육관에서 촬영됐다.

(영화사봄) 112분 극영화 12세관람가/코미디

감독: 김지운
제작: 오정완
각본: 김지운(원작 김대우)
개봉: 2000년 2월 4일 서울극장(서울)
관람인원: 81만 7423명(서울)
수출현황: 인도네시아, 호주, 중국
출연: 송강호, 장진영, 장항선, 송영창, 정웅인, 김수로, 박상면, 이원종, 신구, 김승욱 외
촬영: 홍경표   음악: 장영규
조명: 정영민   편집: 고임표
미술: 황인준   세트: 오상만
동시녹음: 김경태
사운드: LIVE TONE, 오원철, 최태영
무술감독: 정두홍
프로듀서: 이미연
조감독: 홍종오
수상: 제1회 한국영화축제 녹음상(LIVE TONE), 제25회 홍콩 국제영화제, 뉴욕뉴디렉터스뉴필름스영화제, 토론토국제영화제, 밴쿠버국제영화제, 런던국제영화제, 타이페이국제영화제, 도쿄필름엑스국제영화제, 베를린국제영화제 포럼 부문, 판타스포르토국제영화제, 도빌판아시안국제영화제, 멜버른국제영화제 출품

실제상황 實際狀況, Real Fiction(2000)

(새롬엔터테인먼트, ㈜신승수프로덕션)
89분 극영화 18세관람가/실험영화

감독 : 김기덕, 강철우, 권기환, 마대
윤, 모경화, 손원일, 송정옥, 안
상현, 윤용훈, 정준호, 조인호,
허성욱, 홍미숙
제작 : 이정수, 신승수
각본 : 김기덕
개봉 : 2000년 6월 24일 서울극장
(서울)
관람인원 : 2285명(서울)
출연 : 주진모, 김진아, 이재락, 손민
석, 김기연, 영순미, 손종훈, 권
남희, 배중식, 양승병 외
촬영 : 황철현
음악 : 전상윤
조명 : 박민
편집 : 경민호
소품 : 최승영, 김봉오
의상 · 분장 : 이명호
동시녹음 : 손규식
사운드 : 김봉수
특수효과 : 이원구, 황석규
조감독 : 김성훈
수상 : 제23회 모스크바국제영화제 경
쟁 부문 진출, 제54회 칸국제
영화제, 로카르노국제영화제,
베니스국제영화제, 토론토국제
영화제, 몬트리올국제영화제
참가

대학로 마로니에 공원에서 초상화를 그리며 살아가는 한 젊은이(주진모). 그는 늘 공원 한 귀퉁이를 묵묵히 지키고 있다. 그러나 그의 마음속에 이글거리는 분노는 한 마리 배고픈 늑대와도 같다. 그의 주변에는 자릿세를 뜯으러 다니는 공원의 3인조 깡패를 비롯해 그의 그림을 이용해 돈을 버는 사진사, 또 자신의 옛날 여자를 가로챈 뻔뻔스런 뱀 장사, 해병대에서 말년까지 그를 못살게 굴던 군대 상사, 그리고 언젠가 자신

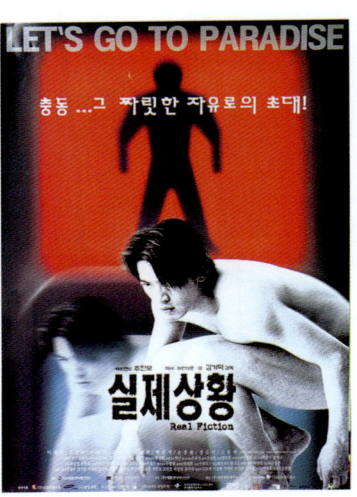

에게 잔인한 폭력을 행사했던 경찰도 있다. 그는 언제나 그들을 물어뜯어 죽이고 싶은 충동을 느낀다.

어느 날 6mm 카메라를 들고 다니며 주인공의 주변을 맴돌던 한 소녀(김진아)가 그를 낯선 연극 무대로 이끈다. 그리고 그는 처음 본 남자에게 영문도 모른 채 죽도록 얻어맞는다. 그 남자는 폭력을 휘두르면서 "왜 참느냐? 화를 내라"고 계속 소리를 지른다. 남자로부터 얻어맞은 후 거리로 쫓겨 나온 그는 마침내 저승사자로 돌변한다. 그리고 사람들을 찾아다니며 닥치는 대로 살인을 저지른다.

● 김기덕 각본 · 연출작. 러닝타임 100분짜리의 저예산 영화로 총 촬영시간은 200분. 2000년 4월 25일, 서울 대학로 마로니에 공원 주변에서 촬영됐다. 왕성한 창작력으로 그때마다 새로운 스타일의 작품을 선보이면서 주목을 받아온 김기덕은 신작 '섬' 개봉 3일이 지난 상황에서 하루 만에 이 영화를 찍었다.("3시간 만에 다 찍은 김기덕 감독의 영화 "실제상황"」, 오동진 동아 00. 5. 29)

이를 위해 감독을 비롯한 스태프와 배우들은 촬영에 들어가기 전 한 달 넘게 동선을 체크하는 등 사전 리허설을 거쳤다고 한다. 이날 촬영에 나선 카메라는 35mm 10대와 6mm 2대, 감독도 직접 디지털 카메라를 드는 등 한국영화 사상 가장 많은 카메라가 동원됐다.

이 영화는 거리의 화가가 한 소녀의 이끌림에 따라 억눌러왔던 충동을 폭발시키는 내용으로 12개의 단편을 하나로 묶은 구조를 띠고 있다. 같은 해 6월 24일 서울극장에서 개봉, 주진모는 2주 리허설에 단 하루 촬영으로 당시 5000만 원의 개런티를 받는 진기록을 세우기도 했다.

이로 인해 각 신문과 영화 전문 잡지들은 "200분 만에 영화 한 편 찍었다."(FIRM2.0) 00. 4. 26), "200분 만에 영화 한 편을 찍어?"(조선 00. 4. 27), "하루 만에 다 찍었다."(《씨네21》 00. 5. 9) 등을 다투어 다루었고 《칸》 소식지의 존 홈웰 기자는 "최고의 예술가는 시간적 제한을 즐긴다"면서 '실제상황'의 제작 과정을 소식지에 소개했다. '실제상황'은 칸국제영화제 마켓을 통해 첫 선을 보인 후 모스크바국제영화제 경쟁 부문 진출에 이어 로카르노국제영화제, 베니스국제영화제, 토론토국제영화제, 몬트리올국제영화제 등에 참가했다.

오! 수정 Virgin Stripped Bare by Her Bachelors(2000)

케이블 TV 구성작가 수정(이은주)은 담당 PD 영수(문성근)와 가까운 사이이다. 영수는 독립영화제작 방식으로 영화를 제작하기 위해 도움을 받고자 부자인 후배 재훈(정보석)의 미술전을 찾아간다. 재훈은 영수보다 영수를 따라온 수정에게 관심을 보이며 진지하게 사귀고 싶다고 고백한다.

한심하고 무능력한 영수의 모습에 실망한 수정은 재훈에게로 마음을 돌렸는지 재훈과 점점 가까워진다. 둘의 첫 관계는 수정에 의해 미뤄지고, 재훈은 다시 호텔에서 만날 것을 제안한다. 드디어 약속한 날, 재훈은 호텔에서 수정을 애타게 기다리고, 수정은 거리를 배회하며 호텔로 가야 할지 말아야 할지 힘겨운 고민을 하게 된다.

● 홍상수 각본 · 연출작. 이 영화의 일차적인 서사는 부자이자 화가인 재훈과 구성작가 수정, 그리고 유부남 PD인 영수의 삼각관계를 축으로 하면서 이를 재훈과 수정의 기억을 통해 재구성하는 독특한 형식을 보인다. 특히 같은 사건을 서로 다르게 기억하는 것으로 표현한 연출이 인상적이며 드라마틱한 사건이나 천편일률적인 기승전결의 구조를 취하지 않고도 일상에 관한 세밀한 관찰과 인물들의 심리묘사를 탁월하게 그려낸다. 흑백영화를 시도한 것과 시퀀스마다 소제목을 붙인 것도 다른 영화들과 차별성을 갖는다.

제54회 칸국제영화제 '주목할 만한 시선' 부문과 토론토국제영화제월드 컨템퍼러리섹션(World Contemporary Section)에 초청됐고 도쿄영화제에 출품된 457편 중 16편에 엄선된 후 심사위원 특별상과 특별언급상을 받았다. 국내에서는 제1회 전주국제영화제 개막작으로 선정되었고 신인 이은주가 대종상 신인여우상을 받았다.

(미라신코리아, 유니코리아) 126분 극영화 18세관람가/멜로

감독 · 각본 : 홍상수
제작 : 안병주
개봉 : 2000년 5월 27일 시네코아 극장(서울)
관람인원 : 9만 257명(서울)
수출현황 : 포르투갈(00)
출연 : 이은주, 정보석, 문성근, 이황의, 김영대, 박미현, 조원희, 정호봉 외
기획 : 안병주
촬영 : 최영택
음악 : 옥길성
조명 : 최석재
편집 : 함성원
소품 : 전혜영
의상 : 김유선, 강지향
분장 : 이명희, 김명진, 이연아
동시녹음 : 임동석
사운드 : 오원철, 최태영, 오원철
특수효과 : 데몰리션
프로듀서 : 이유진
조감독 : 장기수, 김재한, 박찬옥
수상 : 제38회 대종상영화제 신인여우상(이은주), 제3회 도쿄국제영화제 심사위원 특별상, 아시아영화위원회 특별언급상, 제45회 아태영화제 최우수 각본상(홍상수), 제1회 전주국제영화제 개막작, 제54회 칸국제영화제 '주목할 만한 시선' 부문, 제51회 베를린국제영화제, 제25회 토론토국제영화제 월드 컨템퍼러리 섹션(World Contemporary Section) 초청, 제1회 전주국제영화제 개막작 선정

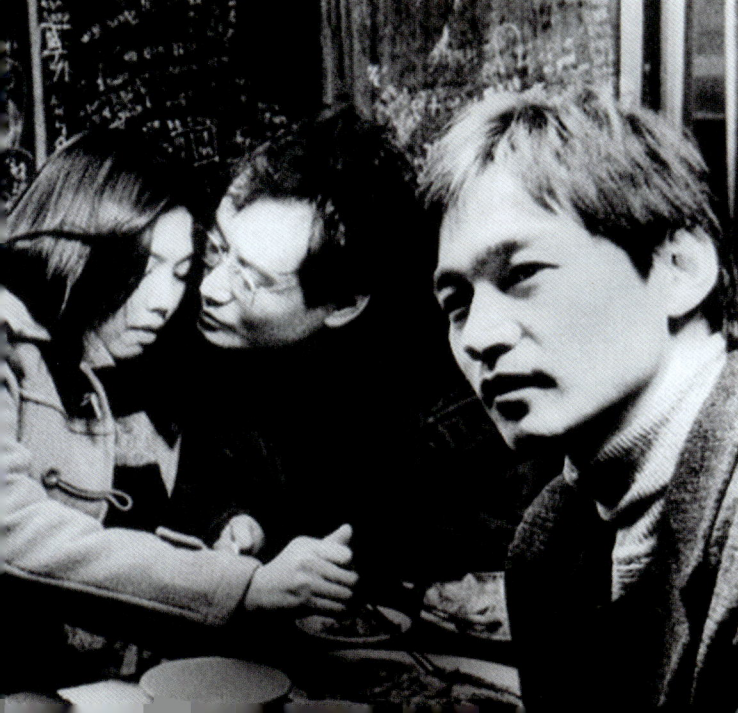

비천무 飛天舞, Bichunmoo(2000)

(태원엔터테인먼트) 126분 극영화 12
세관람가/무협

감독 : 김영준
제작 : 정태원
각본 : 정용기, 김영준(원작 김혜린)
개봉 : 2000년 7월 1일 서울극장
    (서울)
관람인원 : 71만 7659명(서울)
수출현황 : 구소련, 남미, 아르헨티나,
    남아공, 멕시코, 포르투갈,
    스페인, 베트남(01)
출연 : 신현준, 김희선, 정진영, 장동
    직, 김학철, 기주봉, 서태화, 최
    유정, 오승명, 한상혁 외
기획 : 유정호
촬영 : 변허성, 김태환
음악 : 오상만
조명 : 임재국
편집 : 이현미
미술 : 오상만
소품 : 종위
분장 : 우석운, 이정
의상 : 김민희
특수분장 : 황현규
동시녹음 : 김범수, 이상준, 정진욱
포스터 : 염승호
사운드 : 이규석
특수효과 : 종위
시각효과 : 조한진
무술감독 : 마옥성
프로듀서 : 박성근
조감독 : 이정철, 정용기, 오정민, 장경
    일, 권수경, 임영성
수상 : 제38회 대종상영화제 의상상
    (김민희), 제24회 황금촬영상
    동상(변허성), 제9회 브뤼셀국
    제판타스틱영화제 초청

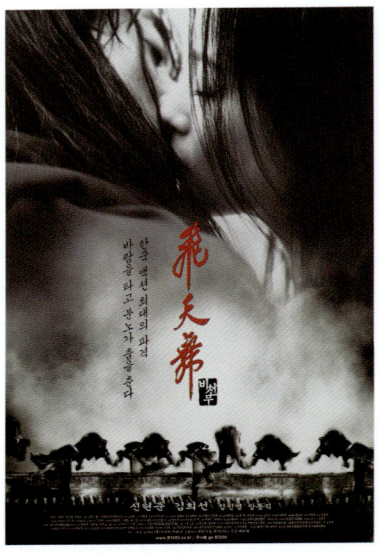

진하(신현준)와 설리(김희선)는 사랑하는 사이다. 그러나 설리는 아버지 타루가(김학철)를 따라 소흥으로 떠나면서 진하에게 매달 보름마다 소흥의 정자 우화정에서 기다리겠노라고 말한다. 진하는 삼촌으로부터 비천무를 배우며 하루 빨리 설리를 만날 날만을 기다리고 있다.

보름달이 뜨던 날, 진하는 설리와의 약속을 지키기 위해 우화정으로 가지만 설리는 집안의 강요로 다른 남자와 정혼한 처지다. 그 남자는 바로 원나라 황실의 총애를 받는 재력가의 아들 남궁준광(정진영). 우화정에서 어렵게 만난 설리와 진하가 둘만의 사랑을 위한 도피처로 향하던 중 진하는 설리의 아버지 타루가의 화살을 맞고 절벽으로 떨어진다.

겨우 목숨을 건진 진하는 반원세력을 제거하는 '자하랑'이라는 청부자객으로 다시 태어난다. 그는 분노의 칼을 휘두르며 타루가와 준광의 집안을 아수라장으로 만들고 설리와 재회하지만 그들 사이엔 건널 수 없는 깊은 세월의 강물이 가로 놓여 있었다. 설리는 자객이 쏜 화살을 진하 대신 맞고 쓰러지고 진하는 그녀가 맞은 화살을 끌어당겨 함께 죽음을 맞는다.

● 김영준 감독 데뷔작. 1988년에 출간된 김혜린의 무협 만화를 원작으로 한 작품. 중국 원나라의 폭정에 맞선 소수 민족의 저항과 시대적 배경 속에 선 두 연인의 곡절 많은 삶과 사랑을 그리고 있다. 방대한 만화 내용을 짧은 영화로 줄이다보니 내용이 이어지는 데 무리가 따랐다.
중국 올로케이션으로 시원시원한 풍광과 특히 홍콩에서 초빙한 마옥성 무술팀이 세계적으로 자랑하는 '와이어 액션'으로 지붕 위를 나는 무사들의 모습을 연출하여 화제를 모았다. 제작비 40억. 상해에서 600km 남쪽에 위치한 청명상하도(淸明上下圖) 세트장에서 4개월간 촬영되었다. OST에 참여한 톱 가수 이승철이 부른 록발라드 "말리꽃"이 대박을 터트렸다. 서울 관객 73만 명, 전국 관객 210만 명 동원. 2001년도 한국영화 흥행순위 3위.

죽거나 혹은 나쁘거나 Die Bad(2000)

· 패싸움 – 공고 졸업생인 석환(류승완)과 성빈(박성빈)은 당구장에서 예고생들과 마주친다. 가뜩이나 열등감에 억눌린 석환은 "공돌이"라고 비웃는 그들에게 발끈한다. 성빈은 그런 석환을 말리지만 당장 패싸움이 벌어지고 싸움을 말리던 성빈의 실수로 예고생을 살해하게 된다. 철모르고 벌인 싸움 때문에 두 친구의 운명이 엇갈린다.

· 악몽 – 성빈은 살인죄로 7년간 소년원과 감옥을 전전하다 출소한다. 새 출발을 설계해 보지만 돌아오는 건 가족과 사회의 냉대뿐이다. 경찰이 된 석환도 성빈을 피한다. 성빈은 폭력조직의 중간보스 태훈(배중식)이 상대 패거리에게 몰매를 맞는 것을 보고 그를 구해준 것이 계기가되어 주먹으로 살아가게 된다.

· 현대인 – 성빈이 구해준 태훈은 잠복 중이던 경찰 석환과 마주친다. 지하 주차장에서 깡패를 잡으려는 형사와 형사에게 잡히지 않으려는 깡패들이 목숨을 걸고 싸운다.

· 죽거나 혹은 나쁘거나 – 석환의 동생 상환(류승범)은 담임선생에게 찍힌 문제아다. 학교는 갑갑하고 미래에 대한 꿈도 없다. 어느 날 그는 형의 친구인 성빈을 찾아가 폭력단에 가입시켜 달라고 간청한다. 석환에게 묘한 감정을 품고 있던 성빈은 상환을 자신의 휘하에 두기로 한다. 폭력배들과 싸움이 벌어지던 날, 성빈은 상환과 애송이들을 희생양으로 동원한다. 이를 눈치챈 석환이 달려오고 폭력배들의 칼날 앞에 상환이 서 있다.

● 류승완 감독 데뷔작. 각본 · 주연 등 1인 3역을 맡았다. 동생 류승범도 이 영화로 데뷔하여 형제가 나란히 스크린 데뷔한 예다. 하드보일드 액션 릴레이 영화를 표방한 저예산 독립영화. 총

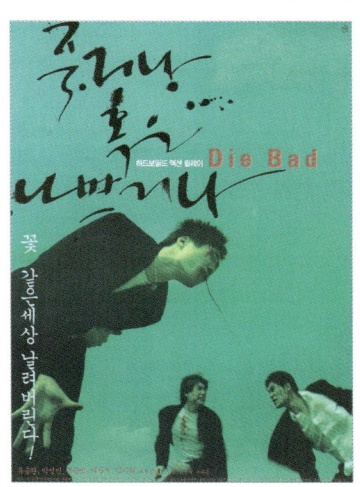

제작비 6500만 원이 들었다. 류승완은 장선우, 박찬욱 감독의 조감독 시절 자비 400만 원을 들여 액션극 '패싸움'(1998), 호러영화 '악몽', 액션이 가미된 세미다큐멘터리 '현대인'(1999), 그리고 갱스터 '죽거나 혹은 나쁘거나' 등 네 편의 단편을 연출, 이는 그 네 편을 한데 묶어 96분 분량의 장편영화로 완성한 것이다.

흑백 컷으로 거칠게 처리된 화면은 패싸움 현장에 와 있는 듯한 착각에 빠져들게 하면서 각 신들은 류승완 특유의 치열한 액션을 연출해 보인다. 류승범이 칼에 찔려 죽어갈 때 이시영(모비딕)의 "It is The End" 음악이 잔잔히 퍼지는 엔딩 장면이 인상적이다. 영화감독 이장호가 특별 출연했다.

(외유내강, 콘텐츠그룹) 96분 극영화
18세관람가/액션

감독 · 각본 : 류승완
제작 : 김순국, 승흥찬
개봉 : 2000년 7월 15일 녹색, 코아
　　　아트홀(서울)
관람인원 : 6만 978명(서울)
수출현황 : 태국
출연 : 류승완, 박성빈, 류승범, 배중
　　　식, 김수현, 이장호, 기주봉, 고
　　　인배, 정지현, 임원희, 안길강,
　　　정정훈 외
기획 : 강혜정
촬영 : 조용규, 최영환
음악 : 김동규, 김성현, 송창덕
조명 : 김성관, 이경선, 박연일
편집 : 안병근, 강명환
의상 : 박미
분장 : 박선지
동시녹음 : 윤해진, 이태규
사운드 : 김수덕, 김동규
특수효과 : 정도안, 유영일, 감태의, 김
　　　광수, 유인상
포스터 : 강영호
무술감독 : 신재명
프로듀서 : 김성제
조감독 : 박정, 김경수, 김원석
수상 : 제38회 대종상영화제 신인남우
　　　상(류승범), 제21회 청룡영화상
　　　신인감독상(류승완), 제8회 춘
　　　사영화예술제 심사위원 특별상
　　　(씨엔피엔터테인), 제21회 영평
　　　상 편집상(안병근), 제25회 서
　　　울독립영화제 최우수작품상 ·
　　　관객상, 제5회 부산국제영화제
　　　관객이 뽑은 PSB영화상, 제2
　　　회 전주국제영화제 최고 관객
　　　상

가위 A Nightmare(2000)

(뮈토스) 97분 극영화 18세관람가/미스터리

감독: 안병기
제작: 김익상, 고형욱
각본: 안병기, 원종훈
각색: 박성균
개봉: 2000년 7월 29일
관람인원: 33만 4364명(서울)
수출현황: 대만, 독일, 인도네시아, 태국, 호주, 홍콩(01)
출연: 김규리, 최정윤, 하지원, 유준상, 유지태, 정준, 조혜영, 송병준 외
기획: 이정학
촬영: 이석현
음악: 이태범
조명: 최성원
편집: 박순덕
세트: 오상만
의상: 김유빈
미술: 강소영, 조성원
특수분장: 허석도
수중촬영: 이동삼, 박경훈
동시녹음: 오세진
사운드: Sound & Company, 조성원, 송병준
특수효과: 김태용
시각효과: 장성호
프로듀서: 이민호
조감독: 이재희, 이종윤, 안은경, 이택경, 김효석
수상: 제20회 벨기에 브뤼셀국제판타스틱영화제 초청

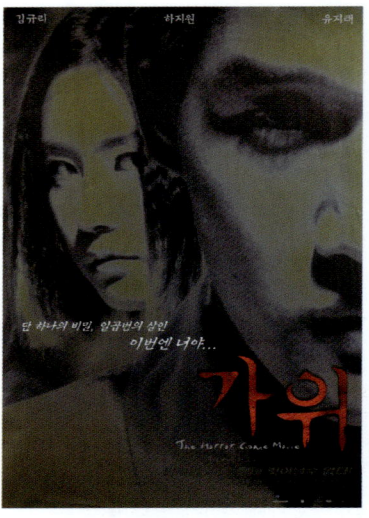

지적인 혜진(김규리), 소극적인 선애(최정윤), 대학 야구 최고의 타자 현준(유지태), 천부적인 두뇌의 소유자인 정욱(유준상), 교내 최고의 미녀 미령(조혜영), 영화감독을 꿈꾸는 세훈(정준) 등은 대학동아리 '어퓨굿맨'의 멤버들이다. 그러나 1년 후 배인 은주(하지원)가 새 멤버로 들어오면서 '어퓨굿맨'은 흔들리기 시작한다. 선애가 사랑하고 있는 현준이 청순한 은주에게 관심을 보이는가 하면 실은 혜진의 아버지도 은주 때문에 강물에 빠져 돌아가셨다. 혜진은 은주가 바로 어린 시절 친구인 경아라는 사실에 충격을 받고 뛰쳐나갔다가 건물 옥상에서 뛰어내리는 은주를 목격하게 된다.

2년 뒤, 미국으로 떠났던 선애가 혜진을 찾아온다. 오랜만에 만난 선애는 죽은 은주가 자기 주변을 배회하고 있다고 말한다. 혜진은 자신이 모르는 어떤 비밀이 감춰져 있음을 느끼지만 사건은 종잡을 수가 없다. 곧이어 세훈이 눈알이 뽑힌 시체로 발견되고 미령과 현준도 처참하게 살해된다. '어퓨굿맨'의 멤버들은 불안과 공포에 휩싸인다. 도대체 누가? 왜? 그들에게 죽음의 손길을 뻗치고 있는가. 잔인한 살인게임이 계속된다.

● 안병기 감독 데뷔작. 각본 안병기, 원종훈. 저주받은 아이의 복수라는 고전적 소재를 추리식으로 풀어나간 본격 호러장르를 표방한 작품. 연쇄 살인극 '가위'는 2000년 여름을 강타하면서 공포영화의 붐이 형성되는 발판을 만들었다. 김규리를 비롯해 한창 주가를 높이던 하지원, 유지태가 출연했다. 총제작비 11억 원.

서울 관객 34만 명, 전국 관객 150만 명으로 2000년도 한국영화 흥행 순위 7위. 영화 2004년 7월, 뒤늦게 일본에서 개봉되어 주말 박스오피스 10위에 올랐다. 감독은 이후 매혹적인 공포영화 '폰'(2002), '분신사바'(2004) 등을 선보였다.

미인 美人, La Belle(2000)

작가인 남자(오지호)는 누드모델인 여자(이지현)를 인터뷰하는 동안 그녀가 실연당한 경험이 있음을 짐작한다. 남자는 여자를 사랑하게 되고 두 사람은 동거에 들어간다. 그러나 여자는 옛 남자를 잊지 못하고 남자를 떠났다가 다시 돌아오곤 한다. 남자는 여자가 돌아오면 그녀를 증오하면서도 사랑할 수밖에 없다. 여자는 한동안 남자의 일상에 자리잡고 있다가도 핸드폰이 울리면 어김없이 달려나간다.

그러던 어느 날 여자는 옛 남자에게 구타당한 채 돌아오고 이에 격분한 남자는 여자의 옛 남자를 죽여버린다. 오랫만에 그녀와 해변에서 행복한 시간을 보내던 남자는 이번엔 여자의 목을 조른다. 그녀를 영원히 소유하려는 것이다.

● 여균동 연출작, 1999년에 발표한 감독 자신의 중편소설 『몸』을 원작으로 하고 있다. 남녀 배우의 몸을 통해 '사랑'을 표현한 실험영화로 감독은 영화적 재미를 제공하기보다 관객에게 격렬한 사랑 끝에 오는 파멸을 지켜볼 것을 권하고 있다.(스포츠조선 00. 7. 27) 원거리로 잡은 섹스신과 남자의 내레이션, 백색으로 일관된 영화 세트 등이 색다른 화면을 구성해 보인다. 몸의 미학을 위해 특별 초청된 현대 무용가 안은미가 대담한 전라 안무를 시도했으며 노영심의 피아노 연주가 영화 전반을 잔잔하게 이끌어간다. 오지호, 이지현, 조경한 출연. 신인 이지현이 춘사영화예술제에서 새얼굴여자연기자상을 받았다.

(기획시대) 91분 극영화 18세관람가/멜로

감독 : 여균동
제작 : 유인택
각색 : 이상우, 여균동(원작 여균동)
개봉 : 2000년 8월 12일 서울극장 (서울)
관람인원 : 19만 7015명(서울)
수출현황 : 싱가포르, 태국, 인도네시아, 인도, 일본, 홍콩(00)
출연 : 오지호, 이지현, 조경한, 조종욱
촬영 : 김재호   **음악** : 노영심
조명 : 박종환   **편집** : 이은수
미술 : 김명경   **소품** : 김민오
의상 : 김정원
분장 : 장진, 윤선미
동시녹음 : 이영길
사운드 : 양대호, 소원종, 박상균
프로듀서 : 이수남
조감독 : 송창수
수상 : 제8회 춘사영화예술제 새얼굴여자연기상(이지현)

시월애 時越愛, Il mare(2000)

단역 전문 성우 은주(전지현)는 바닷가의 집 '일마레(Il Mare)'를 떠나면서 우편함에다 다음에 와서 살게 될 주인에게 편지를 남긴다. 그런데 공교롭게도 이 편지를 받아본 사람은 은주보다 먼저 그 집에 살았던 건축가 성현(이정재)이다. 시간이 얽힌 것이다. 그렇게 편지가 오가는 사이 둘은 점차 서로에게 빠져든다. 그러나 헤어진 애인을 잊지 못하는 은주는 성현에게 자신과 그녀 애인이 헤어지지 않도록 도와 달라고 부탁한다.

2년 후 은주는 성현과 만나기로 한 바닷가로 가지만 성현은 나오지 않는다. 은주는 성현이 자신의 부탁 때문에 사고를 당하게 될 것을 알고 사고를 막기 위해 "그곳에 가지 말라"고 편지를 보낸다.

● 이현승 연출작. 각본 여지나. 영화 '시월애(時越愛)'는 2년의 시간 차이를 초월해 사랑을 이룬다는 내용. 이 영화는 시간의 왜곡과 이중 이미지를 사용하여 한국 멜로영화의 지평을 넓히는 데 일조했다. 「아름다운 곳이 아니면 사랑이 이루어질 수 없다고 믿는 사람들이 만든 영화」, 《씨네21》 2000. 9. 19)로 비현실적인 내용의 전개가 다소 어색하지만, 영화에 비친 서정적인 풍광은 아름답다. 전지현, 이정재 주연. 서울 관객 25만 명 동원, 제주의 우도와 멋진 바닷가 집은 석모도에서 촬영됐다.

(싸이더스, 블루시네마) 91분 극영화 12세관람가/멜로

감독 : 이현승
제작 : 차승재   **각본** : 여지나
각색 : 김은정, 김미영
개봉 : 2000년 9월 8일 명보, 서울, 중아, 대영, 녹색, 신촌그랜드(서울) 등 14개 관
관람인원 : 24만 8597명(서울)
수출현황 : 호주, 인도네시아, 일본, 싱가포르, 대만(02), 호주, 중국, 말레이시아(03)
출연 : 이정재, 전지현, 김무생, 조승연, 민윤재, 김지무, 최윤영 외
시각효과 : EON DIGITAL FILMS
프로듀서 : 윤상오, 조민환
무술감독 : 정두홍
조감독 : 서창민, 양재호, 이철하, 김민오
수상 : 제8회 춘사영화예술제 신인촬영상(홍경표), 제5회 베로나국제영화제 심사위원특별상, 제20회 브뤼셀국제판타지영화제 초청

공동경비구역 JSA

共同警備區域, JSA' J. S. A Joint Security Area(2000)

(명필름) 110분 극영화 15세관람가/
미스터리 분단

감독: 박찬욱
제작: 이은, 심재명
각본: 김현석, 이무영, 정성산, 박찬욱, 박리다매(원작 박상연)
개봉: 2000년 9월 9일 CGV강변11, 서울, MMC, 중앙시네마, 허리우드극장(서울) 등 7개 관
관람인원: 244만 7133명(서울)
수출현황: 일본(00), 러시아, 미국, 스칸디나비아, 인도네시아, 캐나다, 폴란드(01), 이스라엘, 이란, 태국, 독일, 말레이지아(02)
출연: 김명수, 이영애, 이병헌, 송강호, 김태우, 신하균, Herbert Ulrich, Christoph Hofricihter, 이한위, 고인배, 이대연, 기주봉, 원근희 외
세트: 이기석, 윤일랑, 김보관(세트시공: 오상만 미술센터)
특수효과: 정도안
시각효과: 장성호
조감독: 유흥삼, 이종용, 강창석, 박진우, 방혜원, 안영수
수상: 제38회 대종상영화제 최우수작품상·남우주연상(송강호)·미술상(김상만)·김원용, 김석원). 제21회 청룡영화상 작품상(명필름)·감독상(박찬욱)·남우조연상(신하균)·촬영상(김성복)·한국영화 최고흥행상. 제37회 백상예술대상 감독상(박찬욱)·제8회 춘사영화예술제 최우수작품상(명필름)·감독상(박찬욱)·남자조연상(신하균)·조명상(임재영)·음악상(조영욱)·기술상(김상만, 오상만), 2000년 부산 영평상 남우주연상(이병헌)·촬영상(김성복), 제24회 황금촬영상 신인남우상(김태우)·인기남우상(이병헌), 제44회 일본 블루리본상 외국어영화상, 제3회 도빌 아시아영화제 황금연꽃상(박찬욱)·최우수남우연상(송강호)·인기상(송강호), 시애틀영화제 심사위원 특별상, 제51회 베를린국제영화제 경쟁 부문, 제23회 모스크바국제영화제 '내셔널 히트(National Hits)' 부문(6월 21~30일) 초청

판문점 공동경비구역 내 돌아오지 않는 다리, 북측 초소에서 격렬한 총성이 울려 퍼진다. 살인 사건이다. 어린 북한 초소병 정우진(신하균) 전사가 처참하게 살해되고 그 옆엔 중년의 북한 상위(김명수)가 쓰러져 있다. 그리고 남북 군사분계선 한가운데 이 살인 사건의 용의자인 젊은 남한 병사 이수혁(이병헌) 병장이 총상을 입은 채 발견된다. 사건 이후 북한은 남한의 기습 테러공격으로, 남한은 북한의 납치설로 각각 엇갈린 주장을 한다.

중립국감독위원회에서는 책임 수사관으로 한국계 스위스인 소피(이영애)를 파견, 사건의 정황을 수사한다. 사건 당사자인 남한의 이수혁 병장과 북한의 오경필 중사(송강호)를 만나 사건의 전말을 듣게 되지만, 그들은 서로 상반된 진술만을 반복해 수사는 점차 미궁으로 빠져든다. 그러던 중 사건 최초의 목격자인 남성식 일병(김태우)이 돌연 투신자살을 시도한다. 남한의 이수혁 병장은 왜 북한 초소병을 쏘았는지, 최초 목격자인 남성식 일병은 왜 돌연 자살했는지, 그리고 북한의 오경필 중사는 무엇을 숨기고 있는지, 그들은 왜 진실 앞에서 침묵하는지 소피 소령은 이제 그 진실을 향해 조금씩 다가간다.

● 박찬욱의 대표작 중 하나. 1996년 《세계의 문학》 겨울호에 실렸던 박상연의 소설 『DMZ』를 원작으로 하고 있다. 판문점 북쪽에서 남한 병사가 일으킨 북한 병사 총기난사 사건을 수사하는 과정을 그린 미스터리 휴먼드라마. 시나리오 작업에는 박찬욱, 이무영, 정성산, 김현석, 박리다매 등이 참가했다.

남북한 대립을 앞세워 북한을 적대관계 내지 무찔러야 할 적이기 이전에 같은 민족으로서 우정을 나눌 수도 있다는 시각으로 접근한 점이 기존의 반공영화와 근본적으로 다르다. 북한 초소병의 의문사를 중심으로 체제와 분단의 논리에 의해 사건의 진실이 어떻게 다른 식으로 이용되고 이해되는가를 보여주기 위해 미스터리 구조를 차용하고 있다. 역사의 무게를 이기지 못하고 쓰러진 네 청년의 우정과 한 장의 사진으로 남겨진 현재의 분단된 상황이 김광석의 노래 '이등병의 편지'와 함께 관객의 가슴에 파고든다.

서울종합 촬영소에 완공된 '공동경비구역 JSA'의 오픈세트장은 8000평 부지에 제작비 9억 원이 투입된 국내 최대의 세트 시설로 이곳에는 판문각, 팔각정, 회담장을 비롯해 충남 아산에 설립된 돌아오지 않는 다리와 살인 사건의 핵심 장소인 남북한 초소, 도끼만행 사건으로 유명한 미루나무까지도 각종 자료와 고증을 거쳐 재현되었다. 전국 120개 스크린에서 개봉하여 10일 만에 서울에서만 100만 명, 47일 만에 200만 명 등 총 244만 7133명(전국 584만 명)을 동원, 2001년도 한국영화 흥행 순위 1위, 역대 한국영화 흥행 순위 11위(08. 1. 25 기준)에 올라 있다. 일본에 200만 달러에 수출.

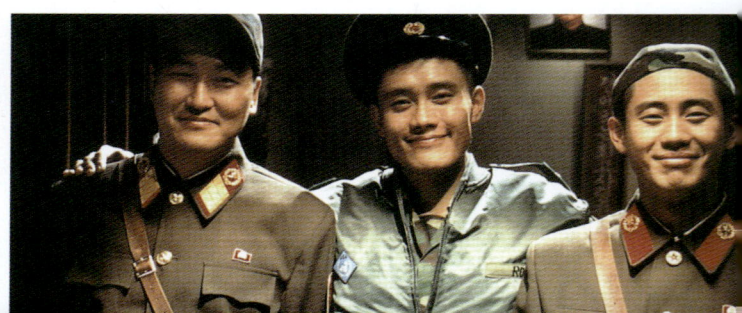

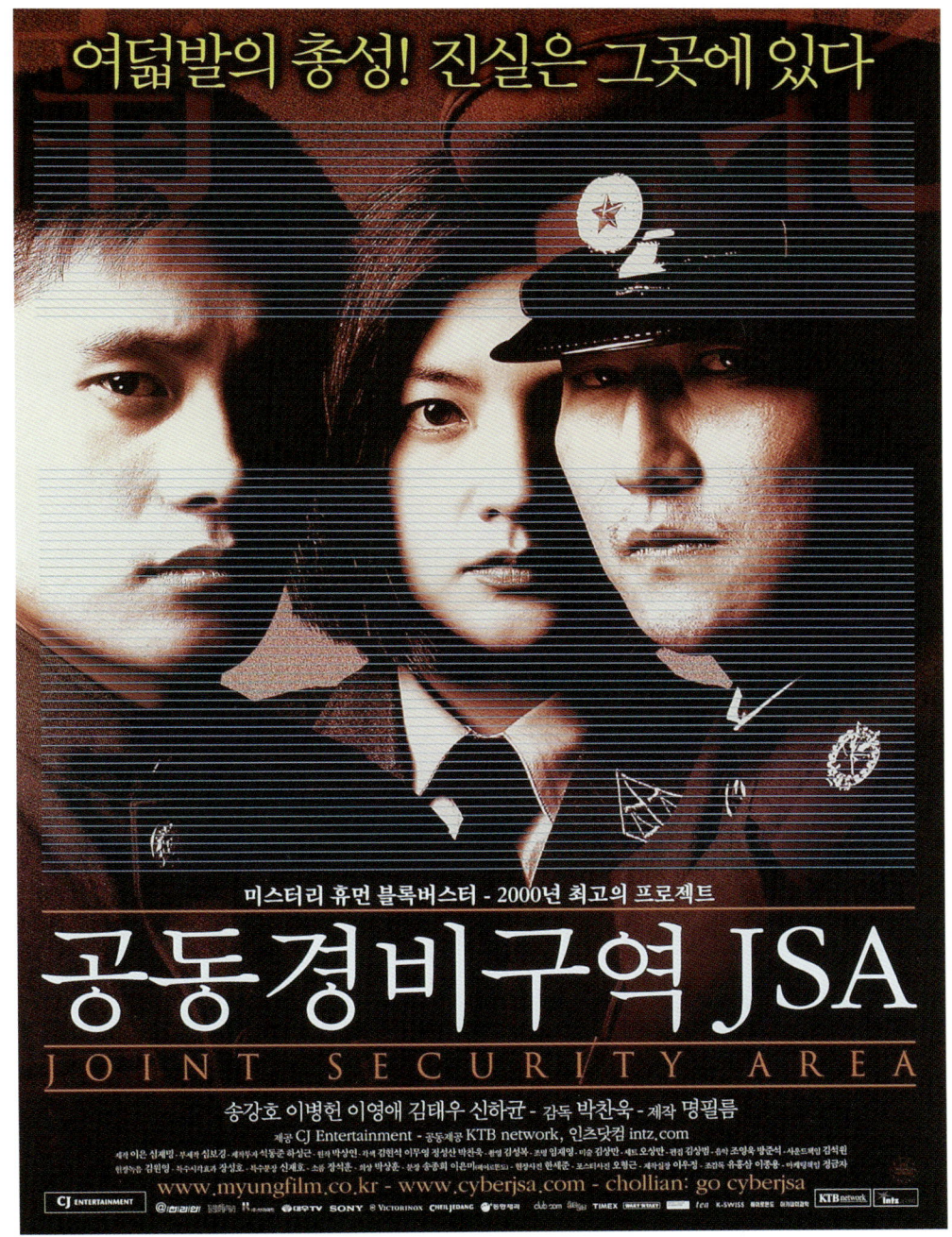

청춘 靑春, Plum Blossom(2000)

(원필름) 113분 극영화 18세관람가/
멜로

감독 · 각본 : 곽지균
제작 : 이원기
개봉 : 2000년 10월 14일 녹색, 뤼미
      에르, CGV강변11(서울)
관람인원 : 8만 9604명(서울)
수출현황 : 홍콩(00), 싱가포르, 일본
         (01), 인도, 인도네시아(02)
출연 : 김래원, 배두나, 윤지혜, 김정
       현, 진희경 외
촬영 : 함순호
음악 : 송시현, 김성준
조명 : 염효상   편집 : 김현
미술 : 김유정   세트 : 무대마당
소품 : 씨네피아   의상 : 차선영
분장 : 황현규   광고사진 : 이재용
사운드 : 정진위, 정지영
시각효과 : 이광일
프로듀서 : 오은실
조감독 : 이재건
수상 : 제21회 청룡영화상 남자신인상
       (김래원)

내신 성적 때문에 도시에서 하동으로 전학 온 자효(김래원)와 그의 단짝 친구 수인(김정현)은 대학 입시를 앞둔 평범한 고3생들이다. 그러나 두 사람은 예기치 못한 일로 엉뚱한 인생의 길을 걷게 된다. 자효는 같은 반 여학생 하라(윤지혜)와 성관계를 맺은 후 하라를 피하자 하라는 자효의 냉담해진 태도에 자살해 버린다. 내성적인 수인은 새로 부임한 국어 교사 정혜(진희경)를 사랑하지만 마음의 문을 열지 않는 그녀 때문에 괴로워한다.

상처받은 두 사람이 이를 풀어가는 방식은 서로 다르다. 자효는 한동안 하라의 자살 충격에서 벗어나지 못하다가 대학생이 된 뒤 순수한 남옥(배두나)을 만나게 되고 선생을 사랑해온 수인은 자살로써 그의 짝사랑을 끝낸다.

● 곽지균 각본 · 연출작. 부제는 '지균이의 꿈'. 여성 심리묘사에 뛰어난 것으로 정평이 나 있는 곽지균은 상처받은 젊은이들의 성적 방황과 좌절을 적극적인 형과 소극적인 형으로 나누어 그리고 있다. 배두나의 첫 베드신이 화제를 모았지만 노출신이 많아서 일부는 대역을 썼다고 한다. 영화 속에 나오는 시는 미당 서정주의 「내리는 눈밭에서」이다. 김래원이 청룡상 남자신인상을 수상, 이 영화는 고교생 신분으로 같은 학생끼리 성관계를 맺거나 제자가 선생을 사랑한다는 설정 등이 관객의 공감을 얻어내지 못했다.

눈물 Tears(2000)

(영화사 봄) 105분 극영화 18세관람가
/하이틴 사회물

감독 · 각본 : 임상수   제작 : 오정완
개봉 : 2001년 1월 20일 피카디리,
      시네코아, 허리우드, 롯데월드
      시네마(서울) 11개 관
관람인원 : 2만 4720명(서울)
수출현황 : 프랑스(03), 홍콩(03)
출연 : 한준, 봉태규, 박근영, 조은지,
       성지루, 이봉규, 권남희, 김기
       천, 조은영, 김응수, 조상건 외
촬영 : 이두만   음악 : 문준호
편집 : 류주현   미술 : 이진호
동시녹음 : 김탄영
특수효과 : 시리우스 아카데미
시각효과 : 서상화
프로듀서 : 강봉래
조감독 : 김진민, 이기철, 최동훈
수상 : 제38회 대종상영화제 신인감독
       상(임상수), 제5회 부산국제영
       화제 스페셜멘션, 제51회 베를
       린국제영화제 초청, 멜버른국
       제영화제 출품

가출한 한(한준)은 거친 친구 창(봉태규)을 만난다. 창과 어울려 다니던 한은 우연히 술집에서 일하는 새리(박근영)를 도와준다. 단란주점에서 접대부로 일하는 란(조은지)은 기둥서방인 창에게 모든 것을 준다.

한은 삐끼로 일하면서 자기가 도와준 새리를 좋아하게 된다. 새리 또한 한에게 조금씩 마음을 열기 시작한다. 그러나 유흥가 밑바닥 삶을 사는 이들에게 사회는 차갑고 냉혹하기만 하다. 술집 지배인 용호(성지루)의 맘에 든 새리는 용호의 마수에 걸려들고 한과 창은 집단 강간 혐의로 경찰에 쫓기게 된다.

● 임상수 각본 · 연출작. 10대들의 이야기이면서 10대는 볼 수 없는 등급의 영화다. 임상수는 이 영화를 찍기 위해 가리봉동에서 노점상을 하며 거리 아이들의 생활을 철저하게 관찰하고 취재하여 시나리오로 옮기는 작업을 거쳤다고 한다. "가정에 문제가 있어 거리로 나온 청소년들"이라는 우리 사회의 치부를 고발하면서 그들만의 아름다운 꿈과 사랑을 진솔하게 담아냈다. 그러나 이 영화는 잡지 신문의 호평에도 불구하고 연기 경력이 없는 신인 배우들을 썼기 때문인지 관객의 외면을 당했다. 감독이 직접 원조교제를 하는 의사 역할로 등장한다. 이후 임상수는 '바람난 가족'(2003), '그때 그 사람들'(2005) 등 문제작을 잇달아 내놓는다.

단적비연수 The Legend of Gingko(2000)

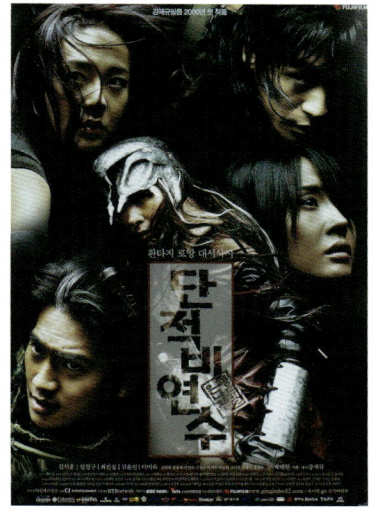

매족은 화산족을 몰아내고 천하를 차지하려다 화산족이 숭배하는 신산의 저주를 받아 황야를 떠돌게 된다. 이에 매족의 여족장 수(이미숙)는 화산족을 멸망시키기 위해 화산족의 남자 한(조원희)을 받아들여 비(최진실)를 낳는다.

검은 달이 뜨는 날, 비의 피를 천검에 바르면 매족은 잃어버린 땅을 되찾을 수 있다. 그러나 한이 비를 빼앗아 달아나면서 수의 꿈은 물거품이 되고 비는 화산족 땅에서 단(김석훈)과 적(설경구), 연(김윤진)과 함께 친구로 자라난다.

세월이 흘러 다시 한 번 검은 달이 뜨는 날이 다가오자 수는 비를 데려오기 위해 무사들을 파견한다. 그러자 단은 부족의 운명을 위해 사랑하는 비를 죽이려 하지만 남몰래 비를 사랑해 온 적이 그 앞을 가로막는다. 족장이 될 적은 약혼녀 연과 부족 전체를 저버리고 비를 살리기 위해 매족의 땅으로 향한다. 비의 피로 천검을 완성하여 신산의 맥을 끊으면 비는 다시 살아날 수 있기 때문이다. 친구로 혹은 연인으로 함께 자란 단, 적, 비, 연은 이제 적으로 맞선다.

● 박제현 감독 데뷔작. 강제규의 '은행나무 침대' 속편이라는 부제를 달고 있지만 완전히 독립된 다른 영화다. 제목은 단(김석훈)-적(설경구)-비(최진실)-연(김윤진)과 매족의 족장 '수'(이미숙) 등 등장인물의 배역 이름을 모은 것이다. 연출은 '쉬리'의 시나리오 공동 작업에 참여했던 신인 박제현이 강제규 감독의 전폭적인 지원 아래 이를 완성했다. 제작비 40억 원. 전국 140개(서울 15개 관) 극장에서 동시 개봉되어 서울에서만 62만 관객 동원으로 2000년도 한국영화 흥행 순위 4위. 경남 산청군 차황면 법평리 황매산 아래 화산마을 세트를 짓고 촬영했다.

(강제규필름) 115분 극영화 15세관람가/시대극

감독: 박제현
제작: 강제규
각본: 김선미, 박제현
개봉: 2000년 11월 11일 서울, 중앙시네마, 명보, CGV강변11, 키노극장(서울) 등 15개 관
관람인원: 61만 6349명(서울)
수출현황: 일본(00), 네덜란드(베네룩스), 미국, 인도네시아, 폴란드(01)
출연: 김석훈, 설경구, 최진실, 김윤진, 이미숙, 조원희, 유시영, 전성훈, 정다빈, 도지영, 최일출 외
기획: 강제규
촬영: 김영철
음악: 황상준
조명: 김계중
편집: 박곡지
미술: MBC미술센터, 진병식
소품: 김창모
의상: 박윤정
분장: 윤예령
특수분장: 윤예령
동시녹음: 이태규
포스터: 강영호
사운드: 김석원, 김용훈, 김창섭, 김태하, 황진수, 정지영, Sound Rec Bule Cap, 영진위
특수효과: 정도안
무술감독: 정두홍
프로듀서: 변무림
조감독: 이석준
수상: 제38회 대종상영화제 음악상(황상준), 제14회 도쿄국제영화제 상영작

리베라 메 Libera Me(2000)

(드림써치) 120분 극영화 15세관람가/
액션

감독 : 양윤호
제작 : 황정욱
각본 : 현충렬, 여지나
개봉 : 2000년 11월 10일 서울, 중앙
시네마(서울)
관람인원 : 53만 768명(서울)
수출현황 : 프랑스, 인도네시아, 태국,
베트남(01), 싱가포르, 대
만, 베트남, 독일(03)
출연 : 최민수, 차승원, 유지태, 김수
로, 허준호, 박상면, 정준, 김규
리, 이호재, 정애리 외
기획 : 드림써치
촬영 : 서정민
음악 : 이동준
조명 : 신준하
편집 : 박순덕
미술 : 강승용
세트 : 오상만
소품 : 정인영
의상 : 전홍주
분장 : 전홍주
특수분장 : 신재호
동시녹음 : 안성호
사운드 : Sound & Company, 송병
준
특수효과 : 정도안
무술감독 : 정두홍
프로듀서 : 현충렬
조감독 : 허민석
수상 : 제38회 대종상영화제 촬영상
(서정민) · 조명상(신준하) · 편
집상(박순덕) · 특수효과상(정도
안), 제21회 청룡영화상 기술상
(정도안), 제37회 백상예술대상
작품상(드림써치), 제8회 춘사
영화예술제 올해의 촬영상(서
정민) · 올해의 기술상(특수효
과: 정도안), 제24회 황금촬영
상 조명상(신준하) · 준회원상
(백동현) · 촬영금상(서정민), 대
한민국영상대전(MBC Film
Award) 특별상

소년범으로 수감됐던 희수(차승원)가 12년의 형기를 마치고 출감한 순간, 마치 예정된 각본처럼 교도소의 보일러실이 폭발한다. 이를 시작으로 원인 모를 거대한 화재가 시내 전역을 휩쓴다. 시내 한복판에 있는 약국에서 원인 모를 화재가 발생하는가 하면 소방 작업 도중 대원 인수(허준호)가 희생된다. 인수의 파트너 상우(최민수)는 자신을 위험에 끌어들이지 않기 위해 플래시를 끈 채 죽은 인수를 보고 더욱 가책을 느낀다.

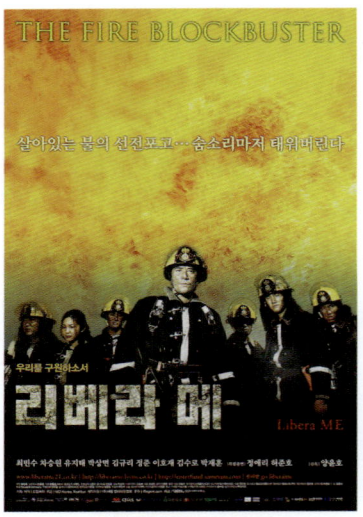

며칠 후 주유소 폭파사건에서 상우는 새로운 파트너인 현태(유지태)마저 잃는다. 죽은 인수의 애인이자 화재 조사관인 민성(김규리)은 이 화재들을 누가 왜 일으켰는지에 대한 심증을 굳힌다.

한편 가석방으로 출소한 희수는 어린 시절 끔찍한 폭력을 휘두르던 아버지에게 받은 정신적 상처를 안고 살아간다. 그는 자신이 치료받던 정신병동에서 아이들을 돌보고 있지만 의사 정명진(정애리)은 그를 조금도 의심하지 않는다. 크리스마스 이브, 희수는 아동학대 경험을 극복하지 못한 채 병원에 불을 지른다.

● '유리'(1996)에 이은 양윤호 연출작. 제목 '리베라 메'는 라틴어로 "우리를 구원하소서"라는 뜻이다. 도시를 위협하는 연쇄 방화범과 그를 쫓는 소방대원들의 액션 대결. 실제 고층 아파트와 병원 등을 활활 불태우는 스펙터클 장면을 제공하면서 소방대원들 간의 우정을 휴머니즘으로 내세운다. 스크린을 가득 메운 실감나는 불의 영상은 컴퓨터그래픽과 특수효과를 동원해 최고의 테크닉을 발휘했다. 순수 제작비 35억 원. 최민수, 차승원, 유지태, 김규리, 김수로, 허준호, 박상면, 정준, 이호재, 정애리 등 출연. 대종상과 춘사영화제, 황금촬영상에서 서정민이 촬영상, 대종상, 청룡영화상, 백상예술대상, 춘사영화예술제에서 정도안이 특수효과상을 수상. 서울 관객 53만 명으로 2000년도 한국영화 흥행 순위 5위를 기록했다.

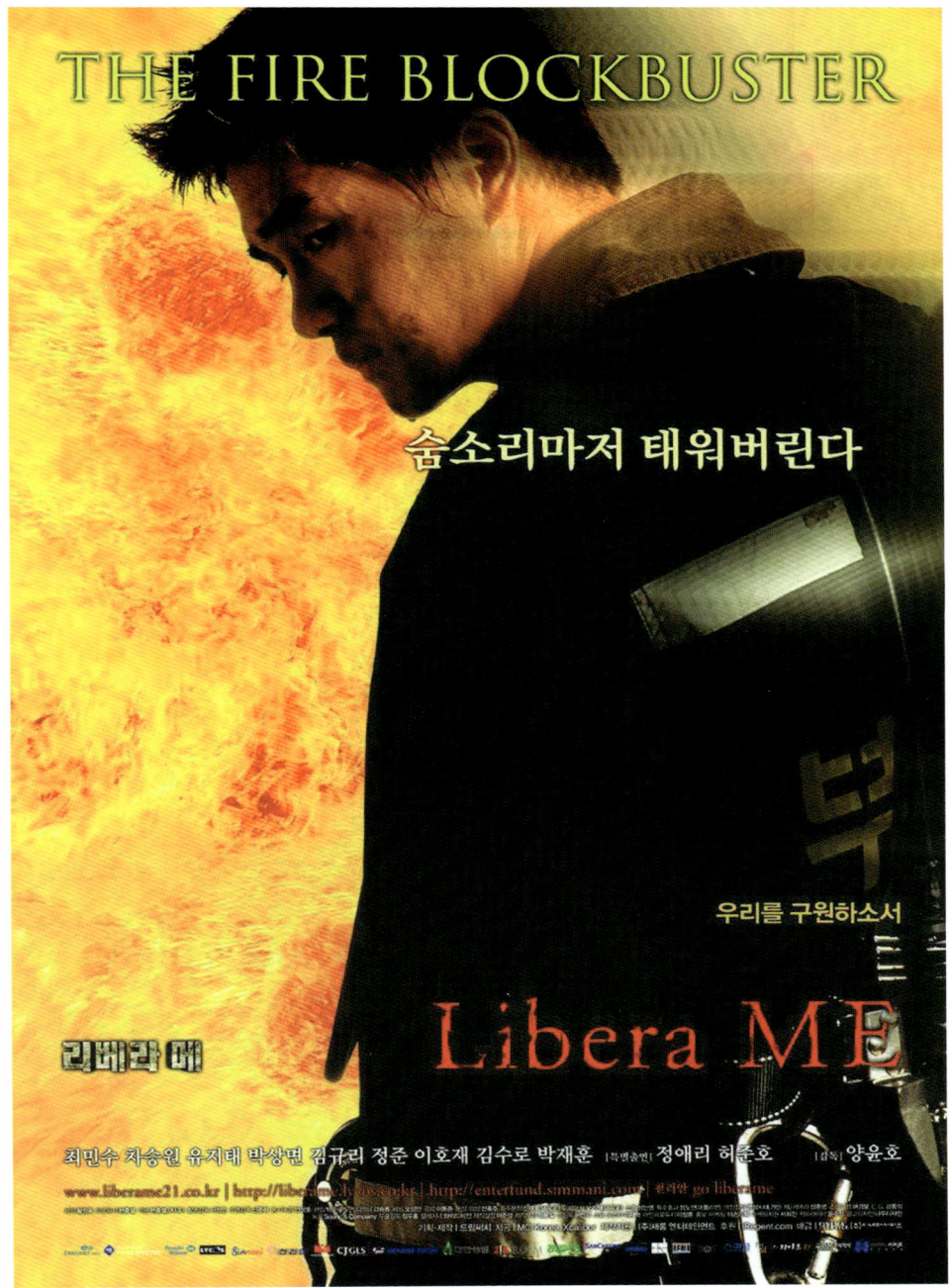

〈화롯가의 아이들〉 60분 극영화 18세
관람가/호러판타지

감독·각본 : 남기웅
제작 : 윤기진
개봉 : 2000년 12월 30일 동숭하이
퍼텍 나다(서울)
관람인원 : 1940명(서울)
수출현황 : 일본(02)
출연 : 이소윤, 김대통, 유준자, 정은
경, 김아람, 황필수, 배수백, 김
호경, 양혁준 외
기획 : 화롯가의 아이들
촬영 : 남기웅
음악 : 박인식
조명 : 박민
편집 : 이창만, 남기웅
의상 : 김효은
분장 : 이명욱, 류범석
특수분장 : 이창만
사운드 : CINEMIX
특수효과 : 정선일
시각효과 : 이창만
조감독 : 박준호
수상 : 제26회 한국독립단편영화제 우
수상, 제51회 멜버른국제영화
'경계를 가로질러(Crossing
Borders)' 부문, 제19회 밴쿠
버영화제 용호 부문, 호주 브리
즈번영화제, 서울독립영화제
출품

대학로에서 매춘하다가 토막 살해당한 여고생 아직 대학로에 있다

Teenage Hooker Became Killing Machine(2000)

여고생 소녀(이소윤). 대학로 밤거리에서 그녀는 남성들의 성적 욕망을 엿볼 수 있는 선글라스를 끼고 손님들을 찾아다니다 담임선생(김대통)에게 들킨다. 소녀는 폐허가 된 정미소 침대에서 놀아주는 대가로 담임선생과 합의를 본다. 담임선생의 아이를 임신하게 된 여고생은 그와의 행복한 미래를 꿈꾼다. 그러나 담임선생은 점박이 삼형제(배수백, 김호경, 양혁준)를 사주해 그녀를 토막 살해한다. 몰래 이 광경을 지켜보던 정체모를 남자는 토막난 시신을 자루에 담아서 어디론가 가져간다. 토막 난 시체는 재봉사 노파(유준자)에 의해 다시 부활하지만 이제 그녀는 인간이 아닌 암살용 기계 인간일 뿐이다.

킬링머신으로 현장에 투입된 여고생, 살해지시를 수행하다가 총격 중 가슴에 관통상을 입고 비로소 자신이 기계 인간임을 자각한다. 그리고 조금씩 기억이 되살아난다. 점박이들을 찾아내어 피의 복수를 감행한 여고생은 이번엔 담임선생을 찾아간다. 섹스와 살해의 공간, 정미소에서 마주친 그들, 그러나 담임선생이 자신을 프로그래밍했다는 충격적인 사실에 그녀는 경악한다.

● 남기웅 감독 데뷔작. 1000만 원 미만의 제작비를 들인 디지털 영화. 제목 자체에서 느껴지듯이 영화는 전체적으로 잔인하고 가혹하다. 하지만 영화가 전하는 메시지는 분명하다. 혼탁한 세상에 내버려진 여고생과 그들을 선도해야 할 지식층 및 기성사회의 위선과 기만, 폭력적 권력이 패러디와 판타지 기법으로 풍자되어 있다.

또 우리나라에서 이제까지 발표된 어느 영화보다 가장 긴 제목(27자)을 달고 있다. 이후 강석범의 '어디선가 누군가에 무슨 일이 생기면 틀림없이 나타난다 홍반장'(2004)은 26자로 이 영화가 지금까지 가장 긴 제목이다. 뜬금없이 노래와 춤을 선보이고, 토막 살해 장면에서 어울리지 않는 뽕짝 스타일의 노래가 흘러나오기도 한다. 이 영화는 전작인 '강철(2000)'의 연작으로 인디포럼2000 최다 매진 기록, 제4회 부천국제영화제 제한구역 부문 인터넷 접속률 1위를 기록했다.

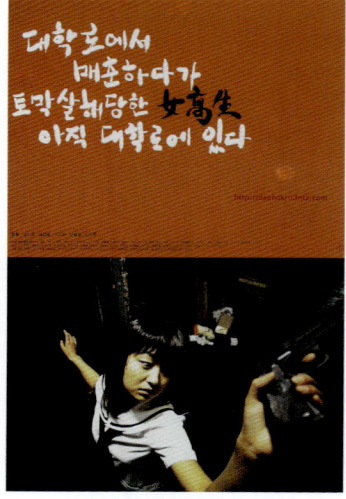

디지털 장편영화로는 최초로 극장에서 개봉됐으며 호주 멜버른국제영화제 '경계를 가로질러' 부문과 호주 브리즈번영화제 등에 초청되었다.

각 배역도 독특하게 소개된다. 예를 들어 이소윤-학교를 밝히지 않는 여고생, 김대통-역시 학교 밝히기를 꺼리는 선생님, 황필수-촛불 없이는 밤이 혼란스러운 이 영화 제작자의 엄마, 라익범 노익현-괜히 뒤에서 폼 잡고 있다가 애한테 총 맞은 남자 등이다.

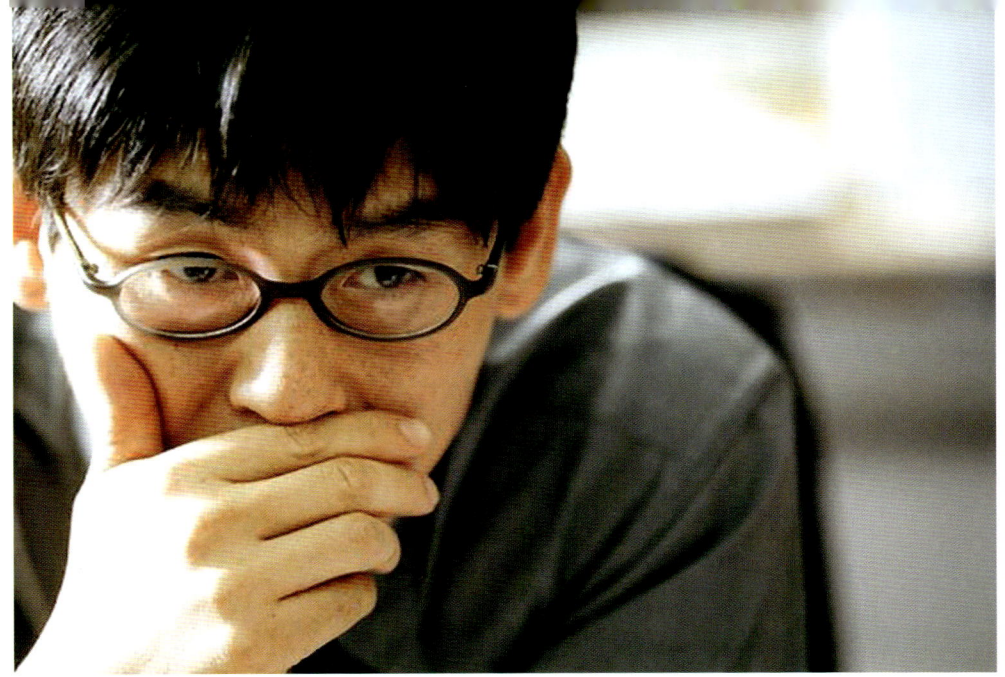

나도 아내가 있었으면 좋겠다

I Wish I Had a Wife(2000)

아파트 단지 내 은행에서 일하는 김봉수(설경구) 대리. 직장생활 23년 동안 지각 한 번 하지 않던 그가 어느 날 무단결근을 한다. 이유는 간단하다. 출근길에 갑자기 멈춰버린 지하철 안, 모두들 핸드폰을 들고 가족들에게 전화를 하는데 그에겐 그럴 사람이 없었다. 그러나 실은 봉수가 근무하는 은행과 마주 보이는 보습학원 건물에서 그를 내다보며 작은 사랑을 키워가는 스물일곱의 여자 정원주(전도연)가 있다는 사실을 그는 모른다. 봉수와 원주는 라면집에서, 은행에서, 버스 정류장에서 매일 마주친다. 어디선가 마주치고 여러 가지 사건을 함께 겪기도 하지만 봉수는 원주의 존재자체를 인식하지 못한다.

어느 날, 은행 CCTV 녹화 화면을 되돌려 보던 봉수는 비좁은 폐쇄회로 카메라에 대고 자신의 이름을 안타깝게 부르는 누군가의 모습을 발견한다.

● 박흥식 감독 데뷔작. 짝사랑에 애태우는 한 여자가 먼 길을 돌고 돌아 사랑에 성공하게 되는 내용. 멜로물에서 흔히 볼 수 있는 운명의 장난이나 드라마틱한 반전, 누선을 자극하는 강렬한 클라이맥스는 찾아볼 수 없지만 무미건조하고 담담한 일상을 있는 그대로 포착하여 사랑에 빠지게 되는 남녀의 심리를 섬세하게 잡아낸다.

백상예술대상에서 전도연 최우수여자연기상, 박흥식이 신인감독상을 수상, 관객 28만 명(서울) 동원.

(싸이더스) 106분 극영화 15세관람가/
멜로

감독 : 박흥식
제작 : 차승재
각본 : 박흥식, 최은영, 장학교
각색 : 신현정, 김유진, 장명숙
개봉 : 2001년 1월 13일 중앙씨네마,
　　　씨네플러스, 씨네하우스, 동숭,
　　　씨티(서울)
관람인원 : 28만 852명(서울)
수출현황 : 홍콩(01), 중국(02)
출연 : 설경구, 전도연, 진희경, 서태
　　　화, 허장근, 민경진 외
촬영 : 조용규　　**음악** : 조성우
조명 : 박종환　　**편집** : 김현
미술 : 박일현　　**세트** : 강창길
의상 : 최윤정　　**분장** : 송종희
동시녹음 : 유대현
사운드 : 오원철, 최태영
특수효과 : 김병기
프로듀서 : 김선아
조감독 : 박성범
수상 : 제37회 백상예술대상 여자최우
　　　수연기상(전도연) · 신인감독상
　　　(박흥식)

무사 武士, The Warriors(2000)

(사이더스) 155분 극영화 15세관람가/
시대극

감독: 김성수
제작: 석동준, 하성근, 차승재, 최재
원, 김정영
각본: 김성수
개봉: 2001년 9월 7일 중앙시네마,
씨넥스, 스카라, 허리우드, 씨
네월드, 씨네오즈극장(서울)
관람인원: 87만 3600명(서울)
수출현황: 독일, 러시아, 스칸디나비
아, 싱가포르, 유고슬라비
아, 태국, 프랑스(01), 싱가
포르, 베트남, 이스라엘, 이
란, 체코, 그리스(02)
출연: 안성기, 정우성, 주진모, 장쯔
이, 송재호, 우영광, 박정학, 이
두일, 박용우, 유해진, 허기호,
정석용, 한영목, 장옥배 외
기획: 차승재
촬영: 김형구
음악: Shiro Sagisu
조명: 이강산
편집: 김현
미술: 곽정소
세트: 조성립, 장전, 이예, 송만상
의상: 황바오룽
분장: 이경자, 백계준
특수분장: 신재호
동시녹음: 이병하, 이지수
포스터: 이재용
사운드: Tony Vaccher&John
Dennison
특수효과: 정도안, 김태의
무술감독: 정두홍
프로듀서: 조민환, 장하
조감독: 조동오, 장금정
수상: 제39회 대종상영화제 편집상
(김현) · 의상상(황바오룽), 제
22회 청룡영화상 남우조연상
(안성기) · 촬영상(김형구), 제9
회 춘사영화예술제 올해의 기
술상(편집: 김현), 제25회 황금
촬영상 금상(김형구)

명나라 사신으로 갔다가 몽고군의 습격을 받고 사막에 고립된 고려의 무사들. 더 이상 사신단의 임무를 수행할 수 없게 된 이들은 고려로 돌아가서 명나라의 입장을 알려야 한다는 최정(주진모) 장군과 명군을 기다려야 한다는 이지헌(송재호) 부사 등 의견이 둘로 나뉜다. 그러나 이지헌 부사가 고된 여정을 견뎌내지 못하고 숨지자 최정은 독단적 행동을 하려 들고 이지헌의 호위무사 여솔(정우성)은 이에 반발한다. 그럼에도 최정은 고려로 돌아갈 것을 결정하고 강행군을 시작한다. 고려 무사들이 뜨거운 사막을 지나 객잔에 도착했을 때 그들은 그곳에서 원 기병에게 납치당한 명나라의 부용공주(장쯔이)와 마주친다.

부용공주만 구할 수 있다면 명나라에 명분도 세우고, 고려로 돌아가는 구실도 생긴다고 판단한 최정은 부용공주 구출 작전을 세우려 하지만 이번에는 주진군의 대정 진립(안성기)이 이에 반대한다. 그러나 진립의 첫 화살로 부용을 구출한 이들은 천신만고 끝에 해안토성에 도착하고 부용을 뒤쫓는 원 기병의 추적은 토성에까지 이른다. 원 기병은 부용공주를 내준다면 목숨만은 살려주겠다고 말한다. 고려 무사들은 이를 거부하고 원 기병과 최후의 결전을 벌인다.

● 김성수 각본 · 연출작. 명나라 사신단의 일원으로 파견된 아홉 명의 무사들이 위기에 몰리면서 겪는 영웅서사시. 역사적 사실을 모티브로 하고 있으나 이민족간의 대립양상, 고려무사 내부의 갈등과 화해를 중심으로 스토리를 전개시켜 나간다. 전투신에서는 적의 팔다리를 가차 없이 자르고 이미 죽은 시체를 확인사살하는 행위가 여과 없이 나온다. 화려한 비주얼과 피튀기는 스펙터클을 보여주는 영화 '무사'는 가장 컷이 많은 영화로도 유명하다. 애초 4시간 분량의 촬영 분은 모두 4000컷이 넘었으나 편집을 거치면서 러닝타임은 155분으로 줄었고 컷 수는 2500개 정도가 되었다.

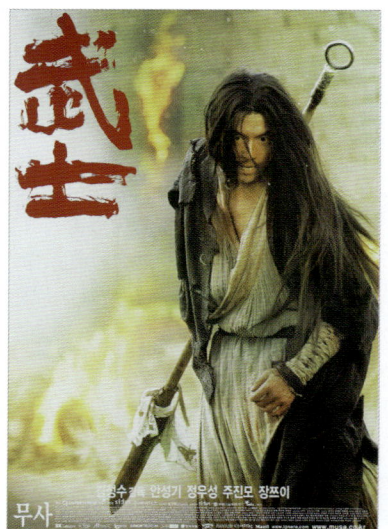

또한 이 영화에는 '와호장룡(臥虎藏龍)'(2000)에 주인공이던 장쯔이가 여주인공으로 출연, 그 외 노예, 용호군, 주진군, 객잔 종업원, 색목인들, 몽고 기병들, 한족 난민들, 한족 고아들이 등장하고 중국 랴오닝성의 신청(興城)에서 촬영되었다.

서울 관객 87만 3600명, 전국 201만 관객을 동원, 2001년도 한국영화 흥행 순위 8위, 역대 한국영화 흥행 순위(08. 1. 25 기준) 73위. 제작비 80억 원 정도.

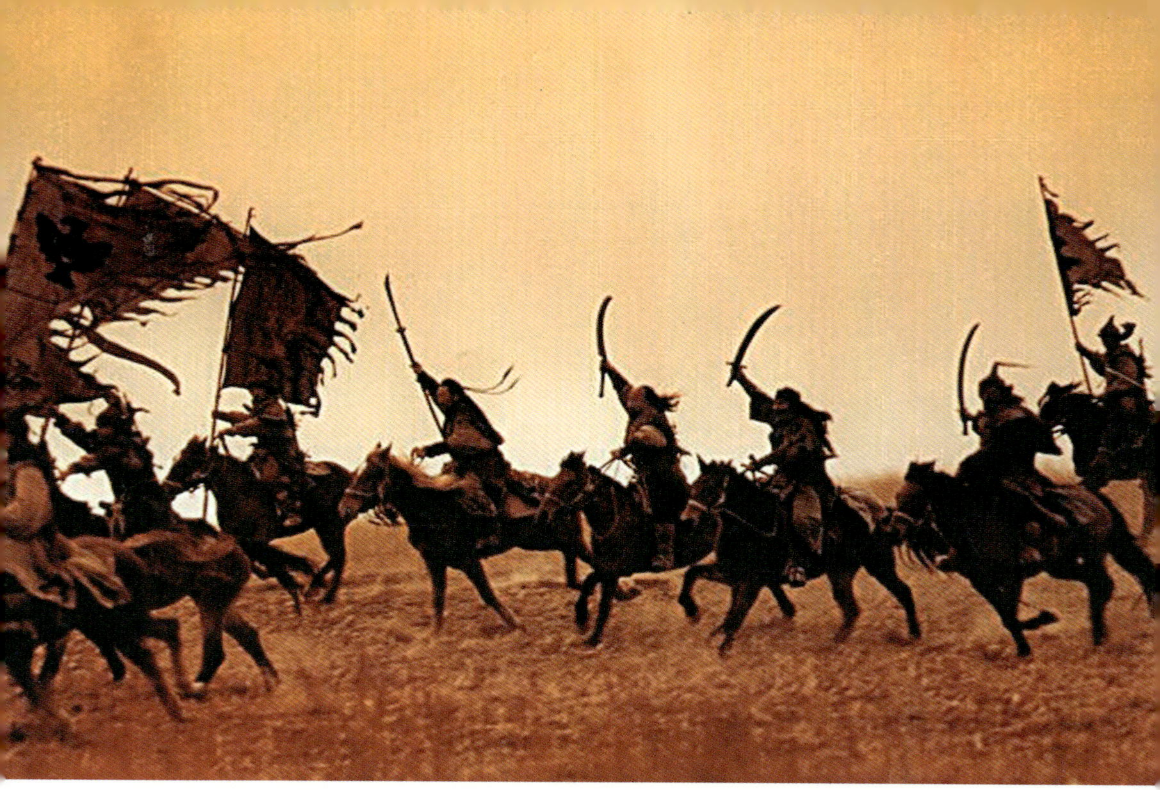

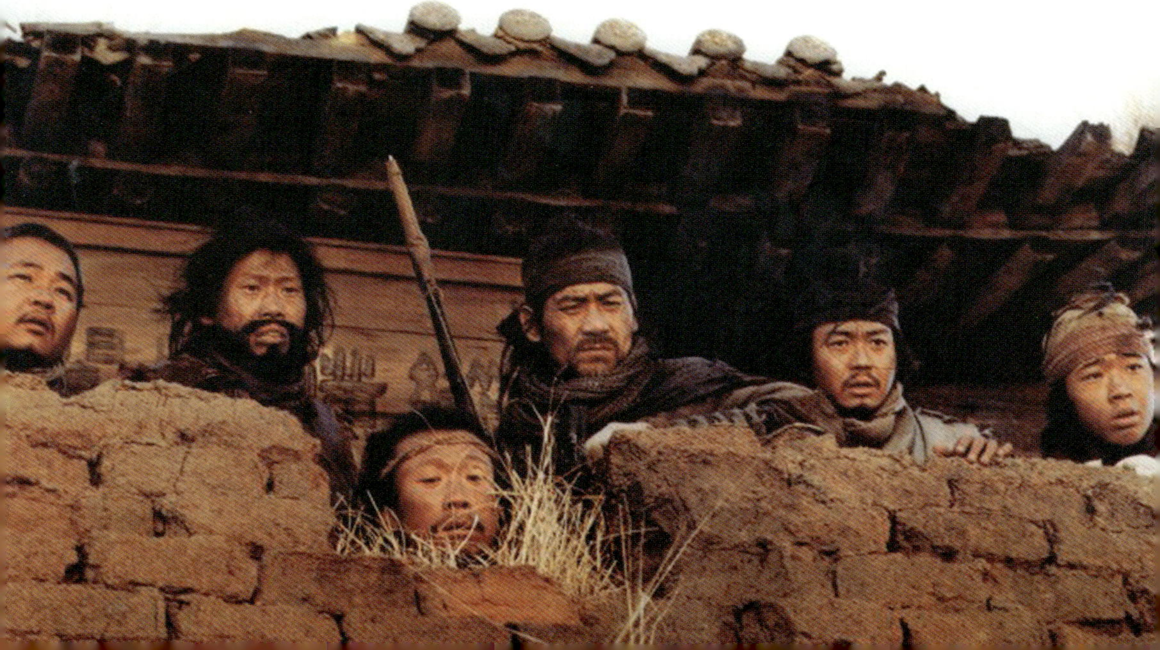

라이방 Ray-Ban(2000)

(신한필름) 91분 극영화 18세관람가/
사회물

감독 : 장현수
제작 : 김방남
각본 : 송민호, 장현수
개봉 : 2001년 11월 2일 명보, 씨네플
러스, MMC, 메가박스(서울) 등
7개 관
관람인원 : 2432명(서울)
수출현황 : 홍콩(02)
출연 : 김해곤, 조준형, 최학락, 임현
주, 이승진, 홍소영, 최정우, 송
옥숙, 이정미, 김진구 외
기획 : 김방남　　**촬영** : 노효만
음악 : 변성룡　　**조명** : 박효훈
사운드 : 이성진, 김국현
특수효과 : 씨리우스, 아카데미
조감독 : 백정철, 이진욱, 이택경,
김진호
수상 : 제38회 백상예술대상 시나리
오상(송민호, 장현수), 제2회 전
주국제영화제, 제5회 부천판타
스틱영화제 초청

연변 처녀를 짝사랑하는 해곤(김해곤), 베트남 참전용사인 삼촌 자랑으로 주변을 피곤하게 만드는 학락(최학락), 유일한 대졸 출신인 준형(조준형)은 현재 30대 후반으로 영업용 택시기사들이다. 그들은 답답한 현실 속에서 되는 일이라곤 없이 매일 사납금 해넣기에 빠듯한 하루하루가 지겹기만 하다. 인생전환의 유일한 해결책은 돈이라는 결론을 내리고 그들은 그날 밤, 혼자 사는 알부자 할머니의 집을 털기로 공모한다.

● '남자의 향기'(1998)의 장현수 연출작. 각본 송민호, 장현수. 삶의 바닥을 치고 나가는 해학적인 이야기 구조와 대사의 생생함이 살아나는 본격 휴먼드라마. 삼류 인생들의 남루한 일상을 유쾌하게 그려낸 우화다.(「새 영화 '라이방' 구차한 현실 그러나 넉넉하게 바라보자」, 한국경제 01. 11. 1) 제목인 '라이방'은 선글라스의 대명사인 레이밴(Ray-Ban)을 베트남식으로 발음한 것이다. 이 영화는 10년 이상의 연기 경력을 지닌 배우들이 실명으로 출연했고 그들의 인생을 반영한 만큼 다큐멘터리 스타일이 원용됐다. 제작비는 개인 투자자로부터 모은 4억 원과 영진위로부터 지원받은 5억 원이 전부다. 촬영, 조명도 이 영화로 데뷔하는 사람들이며 스타도, 극적인 요소도 없다. 그러나 흥행이 안됐다고 해서 작품성이 떨어진다고 생각하는 것은 엄청난 착각임을 깨닫게 해주는 영화다. '라이방'은 영화로 만들어지기 전에 부산에서 연극으로 공연되어 좋은 평을 받은 바 있다.

나비 The Butterfly(2001)

(디프로덕션) 114분 극영화 15세관람
가/SF 드라마

감독 : 문승욱　　**제작** : 박지영
각본 : 문승욱, Wojcech Ziminski,
정혜련
개봉 : 2001년 10월 12일 서울, 주공
공이, 녹색, 캣츠21, MMC, 명
보(서울) 등 12개 관
관람인원 : 4878명(서울)
수출현황 : 태국(02)
출연 : 김호정, 강혜정, 장현성, 변신
홍, 김병수, 배진만, 김가영,
Mako Tanaka, 윤종훈 외
동시녹음 : 정진욱, 이승현, 김원기
사운드 : 김영현, 영화진흥위, 박상권,
황진수, 정지영
수상 : 제5회 부천판타스틱영화제 여
우주연상(강혜정), 제54회 로카
르노국제영화제 최우수여우주
연상(김호정)·젊은 비평가상,
제16회 와인컨트리영화제 촬영
상(권혁준)·사운드디자인 가이
아환경공헌상

어두운 기억을 지닌 안나(김호정), 바이러스 가이드 유키(강혜정), 고아 출신의 여행사 기사 K(장현성)는 잊고 싶은 기억을 지워주는 망각의 바이러스가 존재한다는 소문을 듣고 그곳으로 찾아간다. 여행하는 동안 임신 7개월째인 유키는 납 중독에 걸려 납 중독환자 격리소로 끌려가고 이제 K와 안나만이 남는다. 특히 고아인 K는 기억을 지워버리고 싶은 안나와는 달리 자신을 기억해줄 누군가를 만나기 위해 여행을 중단할 수가 없다. 이 과정에서 안나는 격리소에 억류되어 있던 유키를 빼내고 유키는 바다 속에서 아기를 낳는 기적을 보여주고 죽는다. 유키의 유품을 정리하기 위해 유키의 집에 찾아간 K와 안나는 그곳에서 또 다른 무엇인가를 발견한다.

● '이방인'(1998)으로 감독 데뷔한 문승욱의 디지털 장편영화. 산성비로 오염된 미래를 배경으로 한 새로운 소재, 새로운 스타일의 SF영화. 부천판타스틱영화제에서 강혜정이 여우주연상, 로카르노국제영화제에서 김호정이 최우수여우주연상, 문승욱이 젊은 비평가상을 받는 등 국제적으로 인정받았다.

하루 A Day(2001)

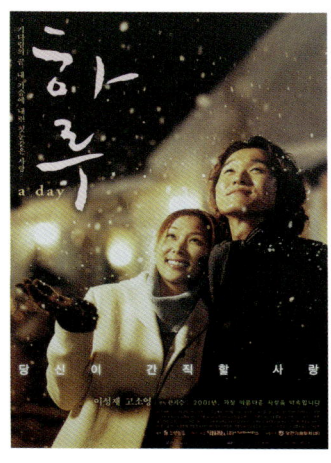

석윤(이성재)과 진원(고소영)은 캠퍼스 커플로 만나 결혼한 사이다. 학생 부부로 출발해서 이제 석윤은 아이들의 레고 장난감 디자이너로, 진원은 섬유 디자이너로 자리를 잡았다. 아이가 없는 것이 유일한 불만이지만 불임치료 시술로 두 사람은 임신에 성공한다. 너무나 간절히 원했던 아기이기에 그 기쁨은 무엇에도 비교할 수가 없다. 그런데 아기에 대한 기대와 사랑으로 출산을 준비하는 이들 부부에게 불운이 닥친다. 출산을 하더라도 아기가 하루밖에 살지 못한다는 것이다. 석윤과 진원은 아기가 비록 하루밖에 살지 못하지만 다른 아기들의 생명을 구해줄 수 있다는 것을 알고 아기를 낳기로 결심한다.

● '찜'(1998)에 이은 한지승 연출작. 젊은 부부의 간절한 소원으로 아이를 얻게 되지만 그 아이가 단 하루밖에 살지 못한다는 사실을 알게 되면서 겪게 되는 슬픔과 안타까움을 그렸다. 기존의 한국 멜로영화와는 달리 남녀의 사랑이나 불륜이 아닌, 아이를 기다리는 부부의 부푼 기대와 그 아이를 잃어야 하는 갈등과 혼란, 그후에 찾아오는 감동을 담아냈다.

　기획 단계에서 제명을 '무뇌아'로 정했다가 제작 마무리 단계에서 '하루'로 바꿨다. 이성재가 아내를 위해서라면 무엇이든지 해내는 이상적인 남편 연기를 능숙하게 소화해냈고 고소영도 평소의 밝은 이미지와는 달리 비극적 주인공의 모습으로 변신을 보여주었다. 대종상에서 한지승 감독상, 고소영과 윤소정이 여우주연상과 조연상을 받았다. 서울 관객 30만여 명 동원. 한지승은 이후 제작자로 변신하여 영화사 '시선'을 설립했다.

(쿠엔필름) 112분 극영화 15세관람가/멜로

감독 : 한지승
제작 : 구본한
각본 : 심혜원, 박미영
　　　 (원작 원안 구본한)
개봉 : 2001년 1월 19일 피카디리, MMC, 메가박스, 서울극장(서울) 등 6개 관
관람인원 : 29만 3530명(서울)
수출현황 : 인도네시아, 일본, 싱가포르, 베트남(01), 중국, 말레이시아(02)
출연 : 이성재, 고소영, 윤소정, 김창완, 권해효 외
촬영 : 김성복
음악 : 조영욱, 이현양
조명 : 신학성　편집 : 김상범
미술 : 이미지　세트 : 오상만
소품 : 정민영　의상 : 정구호
분장 : 김선진
동시녹음 : 김원
사운드 : 김석원, 예성스튜디오
특수효과 : 정도안, 유영일
시각효과 : 서석균, 박상준, 안수현, 임진우, 조영균, 하옥임
프로듀서 : 박민희
조감독 : 변준석, 박지원, 최창원, 이상국
수상 : 제38회 대종상영화제 심사위원 특별상(쿠엔필름) · 감독상(한지승) · 여우주연상(고소영) · 조연여우상(윤소정)

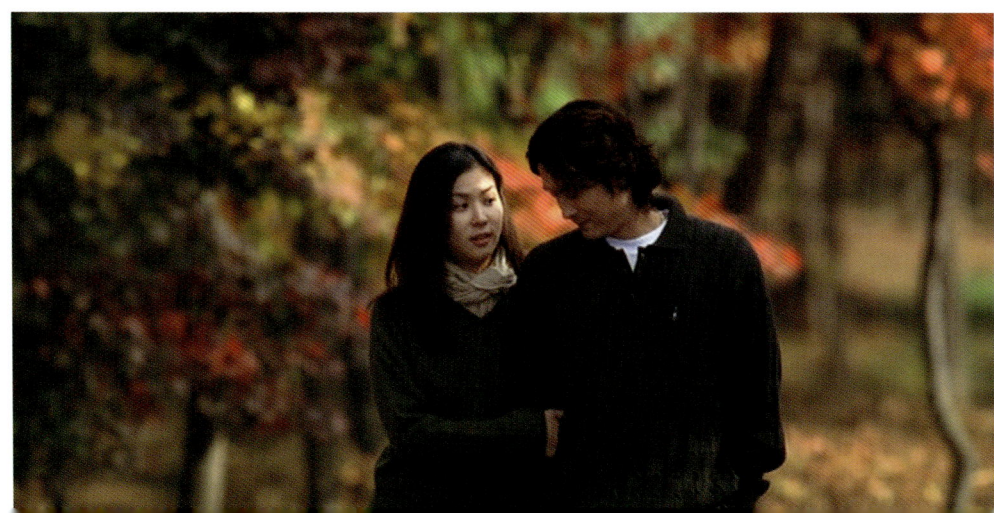

번지점프를 하다 Bungee jumping of their own(2001)

(눈엔터테인먼트) 101분 극영화 15세
관람가/멜로

감독 : 김대승
제작 : 최낙권
각본 : 고은님
개봉 : 2001년 2월 2일 CGV강변11,
　　　 MMC, 메가박스, 명보프라자
　　　 (서울) 등 7개 관
관람인원 : 50만 6529명(서울)
수출현황 : 싱가포르, 인도네시아, 일
　　　 본, 한국(미국교포), 홍콩,
　　　 태국(01), 중국(02)
출연 : 이병헌, 이은주, 여현수, 홍수
　　　 현, 전미선, 김갑수, 이대근, 이
　　　 범수 외
기획 : 최낙권
촬영 : 이후곤
음악 : 박호준
조명 : 원명준
편집 : 박유경
미술 : 장춘섭, 정영순, 박재형, 정현철
세트 : 윤기찬
소품 : 장석훈, 장석호, 김민수
의상 : 박현준, 김문영, 이은진, 정혜성
분장 : 장윤정, 홍기원
동시녹음 : 이태규
사운드 : 김석원, 김창섭
포스터 : 윤형문
조감독 : 강영민
수상 : 제38회 대종상영화제 각본상
　　　 (고은님)·신인기술상(촬영: 이
　　　 후곤), 제22회 청룡영화상 신인
　　　 감독상(김대승)·각본상(고은
　　　 님), 제37회 백상예술대상 시나
　　　 리오상(고은님)·신인연기상(여
　　　 현수), 제24회 황금촬영상 신인
　　　 감독상(김대승), 독일함부르크
　　　 영화제 장편 데뷔작 경쟁 부문
　　　 관객상(골든테사필름상)

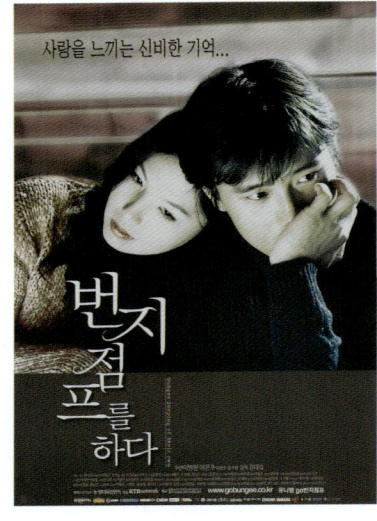

1983년 소나기가 쏟아지던 여름 날, 국문학과 82학번 서인우(이병헌)는 자신의 우산 속으로 뛰어든 사랑스런 여자 인태희(이은주)를 만난다. 비에 젖은 검은 머리, 아침 햇살 같은 미소, 당돌한 말투에 이르기까지 인우는 첫눈에 그녀에게 반한다. 그녀를 생각하면 가슴이 설레고 그녀의 손길이 닿은 물건은 모든 것이 소중해진다. 그렇게 사랑이 무르익어 갈 무렵 인우는 입대한다. 그리고 짧은 이별일줄 알았던 그 순간이 영원으로 이어진다. 제대 후 그녀를 찾았으나 어디에도 태희는 없었다.

17년이 지나 이제 인우는 어엿한 가장에다 고교 국어교사가 되었다. 그럼에도 그는 아직도 태희를 잊지 못하고 있다. 한데 그날, 그 옛날 여름날처럼 비가 내렸고 자신의 우산 속으로 뛰어든 태희처럼 그의 인생을 송두리째 뒤흔드는 현빈(여현수)을 만난다. 현빈은 새끼손가락을 펼치는 버릇에다 태희가 했던 이야기를 그대로 하고 있다. 그러나 그는 태희가 아니라 남자 고교생이다. 인우는 그가 태희임을 당장 알아볼 수 있었지만 현빈은 인우를 모르고 있었다. 인우는 그런 태희가 너무나 안타까운 나머지 자신의 생활을 모두 던져버린다. 그제야 비로소 현빈, 아니 태희는 인우를 알아본다.

● 김대승 감독 데뷔작. 각본 고은님. 이 영화가 내포하는 사랑의 정의는 지금까지 한국영화가 다뤄 왔던 공식을 완전히 뒤집어놓는 설정이다. 일부에서는 퀴어영화설이 돌기도 했으나 한 남자와 한 여자에서 인간 대 인간의 사랑이라는 의미로 해석이 확대될 수 있는 영화. 이병헌, 이은주라는 두 커플의 완벽한 조화가 돋보이는 작품. 김대승은 청룡영화상, 황금촬영상에서 신인 감독상, 고은님은 대종상, 청룡영화상과 백상예술대상에서 각본상을 수상했고 독일 함부르크영화제 장편 데뷔작 경쟁 부문에 출품되어 관객상인 골든테사필름상을 받았다. 서울 관객 50만 6529명 동원으로 2001년도 한국영화 흥행 순위 10위.

선물 膳物, Last Present(2001)

개그맨 정용기(이정재)는 올해로 무명 생활 5년째를 맞는다. 결혼 3년째인 아내 정연(이영애)은 불치병을 앓으면서도 돈 못 버는 남편 대신 아동복 가게를 운영하며 생활고를 해결하고 있다. 그리고 정연은 황 PD(맹상훈)에게 간청하여 남편 용기와 그의 친구 철수(공형진)에게 개그천왕 콘테스트에 참가할 기회를 만들어준다. 뒤늦게 아내가 불치병임을 알게 된 용기는 정연이 평생 동안 그리워해온 첫사랑이 있음을 알고 학수(권해효), 학철(이무현)들에게 아내의 첫사랑을 찾아줄 것을 부탁한다.

용기와 철수는 재치 있는 개그 실력으로 결승에 오르고 전국을 돌며 정연의 첫사랑을 찾던 학수, 학철은 정연이 사랑했던 사람이 다름 아닌 초등학교 3학년 때 전학 온 그녀의 남편 용기임을 알아낸다. 마침내 개그천왕 결승전, 정연은 남편을 보기 위해 방청석에 앉아 남편의 눈물 섞인 개그 연기를 보며 눈을 감는다.

● 오기환 감독 데뷔작. 땅을 치며 통곡을 해야할 마당에 세상에서 가장 즐거운 표정으로 사람들을 웃겨야 하는 개그맨과 시한부 인생을 사는 그의 아내가 그리는 웃음과 눈물의 멜로드라마. 제작비 22억.

이영애와 이정재 출연. 시나리오는 '마지막 방위'(1997), '키스할까요'(1998), '주유소 습격사건'(1999)를 통해 이미 즐거운 웃음을 선사해온 작가 박정우가 당시 암투병 중인 어머니를 모델로 자신의 실제 이야기를 쓴 것이다. 당시 14편의 동시 개봉작을 물리치고 개봉 6주 만에 서울 48만, 전국 120만 관객을 동원.

극중에 등장하는 '개그천왕'은 당시 실제 있었던 방송 프로그램으로 개그맨 백제현, 김성수, 윤성호, 김병만 등이 출연했다. 이들은 철저한 개그 워크숍을 거쳐 촬영에 임했다.

(좋은 영화) 113분 극영화 15세관람가/멜로

감독 : 오기환
제작 : 김미희, 김상진
각본 : 박정우
각색 : 오기환
개봉 : 2001년 3월 24일 서울, 명보, 허리우드, 중앙, CGV강변11(서울) 등 16개 관
관람인원 : 47만 9679명(서울)
수출현황 : 일본, 싱가포르, 베트남(01), 호주, 중국, 홍콩(02)
출연 : 이정재, 이영애, 권해효, 이무현, 공형진, 맹상훈, 추귀정, 김수로 외
기획 : 강우석   **촬영** : 이석현
음악 : 조성우   **조명** : 박현원
편집 : 이현미   **미술** : 이대훈
포스터 : 강영호   **동시녹음** : 이상준
세트 : 오상만, 아이엠프로덕션
소품 : 김효진, 김윤영, 안영선
의상 : 이유경, 박근여
분장 : 최영, 권희정
사운드 : 이규석, 송윤재, 이규석
프로듀서 : 김상오
조감독 : 박진우, 단기범, 임영성, 정현두, 최한기
수상 : 제25회 황금촬영상 은상(이석현) · 인기여우상(이영애)

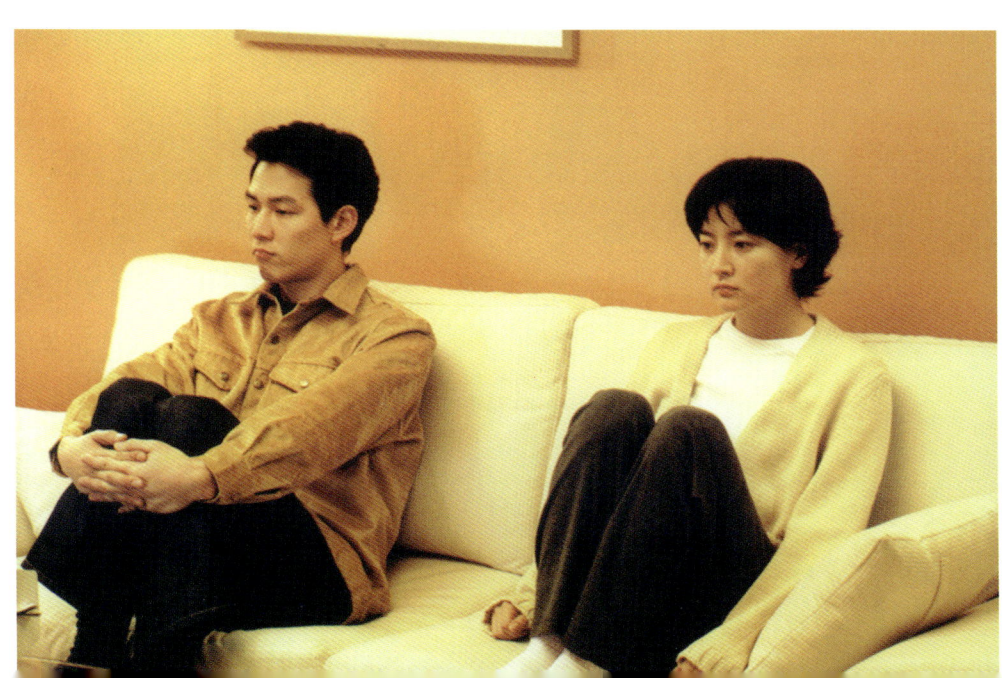

친구 親舊, Friend(2001)

(시네라인 2) 115분 극영화 18세관람
가/액션

감독·각본: 곽경택
제작: 석명홍, 안창국
개봉: 2001년 3월 31일 서울, MMC,
강변CGV11, 롯데, 중앙극장
(서울)
관람인원: 267만 8846명(서울)
수출현황: 그리스, 대만, 라틴 아메리
카, 스칸디나비아, 룩셈부
르크, 스페인, 싱가포르, 인
도네시아, 일본, 태국
출연: 유오성, 장동건, 서태화, 정운
택, 김보경, 주현, 기주봉, 전영
운, 이재용, 김현지, 유성일, 정
희롱, 김준범, 김성복, 강신일,
권남희 외
촬영: 황기석
음악: 최만식, 최순식, 임주희, 오혜
원, 최승연, HIDRA Music
productions
조명: 신경만
편집: 박곡지
미술: 오상만
소품: 김태욱
의상: 옥수경
분장: 정남경
특수분장: 서주연, 김낙윤
동시녹음: 강봉성, 이영길, 김동의
사운드: LIVE TONE, 오원철
특수효과: 김재민, 김창희
시각효과: Insight Visual, 강종익,
염свах호, 곽태만, 홍성희
무술감독: 신재명
프로듀서: 현경림, 조원장
조감독: 우재이, 김창래, 안권태,
김창우
수상: 제22회 청룡영화상 한국영화최
고흥행상(시네라인2), 제38회
백상예술대상 인기상(유오성)·
신인연기상(정운택), 제9회 춘
사영화예술제 대상(씨네라인
2)·올해의 감독상(곽경택)·올
해의 남자연기상(유오성), 제21
회 영평상 특별공로상, 제46회
아태영화제 남우주연상(유오
성)·남우조연상(장동건)

세상이 온통 푸르게만 보이는 18세. 언제나 큰형처럼 친구들을 다독거리는 준석(유오성), 가난한 장의사의 아들 동수(장동건), 그리고 화목한 가정에서 티 없이 자란 상택(서태화), 귀여운 감초 중호(정운택)는 둘도 없는 친구 사이다. 어디를 가든 함께 가고 함께 행동한다. 어느 날, 근처 여고의 그룹사운드 공연을 보러 갔다가 그곳에서 상택과 준석은 싱어 진숙(김보경)에게 반하게 되지만 상택의 마음을 안 준석은 진숙을 상택에게 양보한다.

그러나 그들의 20대는 좀더 달라진다. 준석은 폭력 조직의 두목이던 아버지가 돌아가시자 조직 내 행동대장이 되고 동수는 준석을 배신하고 다른 조직의 행동대장이 된다. 상택은 대학 졸업 후 미국 유학을 앞두고 있고 중호는 결혼하여 횟집 주인이 된다. 상택은 유학길에 앞서 친구들이 보고 싶지만 준석과 동수는 끝내 공항에 나타나지 않는다. 친구들을 부산 땅에 남기고 떠나는 상택의 마음은 왠지 불안하기만 하다.

● 곽경택의 세 번째 연출작. 실화를 바탕으로 곽경택이 직접 시나리오를 썼다. 1976년부터 20여 년의 세월을 함께 헤치고 살아온 네 친구가 결국 서로 다른 운명의 길을 걷게 되는 이야기. 친구 중 준석(유오성)과 동수(장동건)는 폭력조직에 가입하면서 갈등을 일으키다가 한 친구가 다른 한 친구를 죽이게 되는 비극으로 연결된다. 이 영화는 1970~1980년대 풍경이 충실하게 묘사돼 향수를 불러일으켰고 "친구 아이가", "내가 니 시다바리가" 등 많은 유행어를 남겼다. 영화 속 삽입곡 중 특히 Robert Palmer의 'Bad case of loving You' 등이 젊은이들에게 인기를 끌었다.

'친구'의 성공 요인은 무엇보다 탄탄한 극적 구성에 있다. 시나리오 작업 기간만 1년 2개월. 또한 할리우드의 전유물로 여겨졌던 특수효과, 컴퓨터 그래픽이 영화 속에서 적극 활용되었다. 부산국제영화제로 영화에 대한 일반의 관심이 집중된 가운데 부산에 '친구' 전용 세트장을 만든 것도 주효했다.

곽경택은 춘사영화예술제에서 감독상, 유오성이 백상예술대상과 춘사영화예술제에서 인기상과 남자연기상, 아태영화제에서 유오성과 장동건이 각각 남우주연상과 남우조연상을 받았고 청룡영화상 한국영화최고흥행상(시네라인2), 영평상 특별공로상 수상. 개봉 이틀 만에 전국관객 58만, 열흘 만에 관객 200만을 돌파, 전국 관객 267만, 전국 818만으로 2001년도 한국영화 흥행 순위 1위, 역대 한국영화 흥행 순위 5위. 이는 '쉬리'(1998)의 전국 620만 명(9위)과 '공동경비구역 JSA'(2000)의 583만 명(11위)의 기록을 갈아치운 기록이다. '친구'의 열풍으로 자갈치 시장 등 부산이 국제적인 관광 명소로 더욱 부상되기 시작했다.

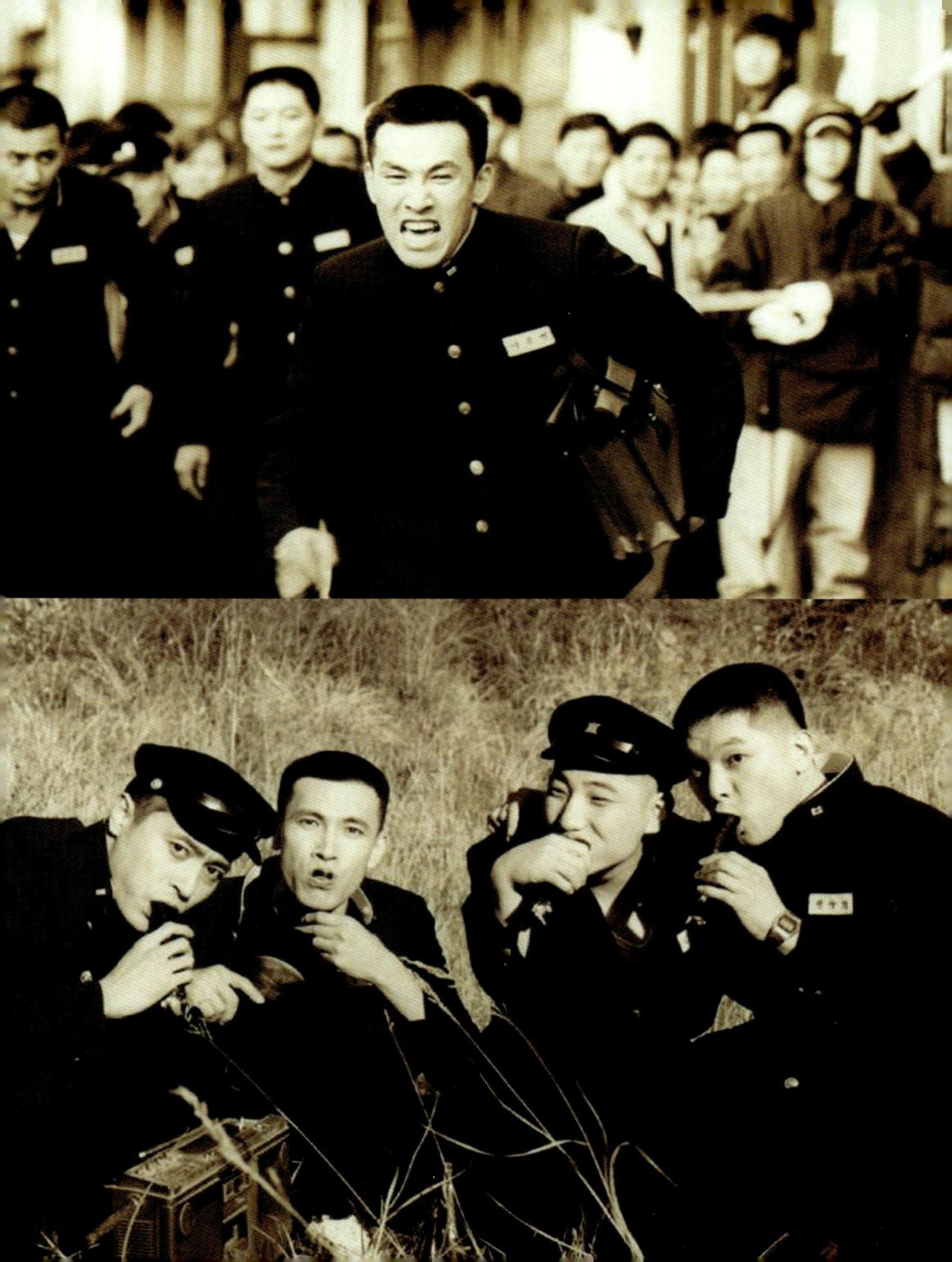

파이란 白蘭, Failan(2001)

(튜브픽처스) 116분 극영화 15세관람
가/멜로

감독: 송해성
제작: 황우현, 황재우
각본: 안상훈, 송해성, 김해곤(원작
아사다 지로)
개봉: 2001년 4월 28일 명보, CGV
강변11, 허리우드, 씨네플러스
극장(서울) 등 8개 관
관람인원: 22만 2711명(서울)
수출현황: 미국 교민, 중국 교민, 홍
콩, 인도네시아, 프랑스, 일
본(02)
출연: 최민식, 장백지, 손병호, 김지
영, 공형진, 민경진, 장유상, 지
대한 외
촬영: 김영철
음악: 이재진
편집: 박곡지
미술: 이종필
세트: 오상만
소품: 장석훈
의상: 김민희
분장: 김유정
포스터: 강영호
동시녹음: 한철희
사운드: LIVE TONE, 오원철, 최태영
시각효과: 조성배, HAVI
제작총괄책임: 황우현
프로듀서: 안상훈
조감독: 이덕희
수상: 제39회 대종상영화제 심사위원
특별상(튜브픽처스) · 감독상(송
해성), 제22회 청룡영화상 감독
상(송해성) · 남우주연상(최민
식), 제21회 영평상 남자주연상
(최민식), 제4회 도빌 아시아영
화제 최우수작품상 · 최우수감
독상(송해성) · 남우주연상(최민
식) · 관객인기상(송해성), 제15
회 영국 리즈영화제 신인감독
상(송해성)

"세상은 나를 삼류라 하고, 이 여자는 나를 사랑이라 한다."

동네 오락실 한 구석에서 담배나 피우며 하릴없이 공갈만 일삼는 강재(최민식), 그의 눈이 반짝이는 건 정신없이 돌아가는 오락기 앞에 앉아 있을 때 뿐이다. 뒷골목 동기인 친구는 어엿한 조직의 보스가 되어 있지만 그에게 떨어진 건 작은 비디오 가게 하나다. 마음이 약해선지 삐끼들을 상대로 하는 포르노 사업에도 적극적으로 나서지 못한다. 그래서 그는 삼류 건달이다.

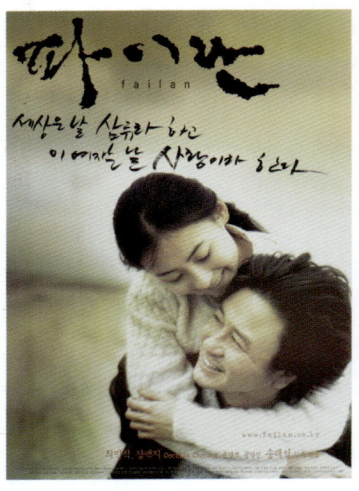

그런 그에게 어느 날 편지 한 통이 날아든다.

"강재 씨. 고맙습니다. 강재 씨 덕분에 한국에서 계속 일할 수 있게 됐습니다. 여기 사람들 모두 친절합니다. 그렇지만 가장 친절한 건 당신입니다. 나와 결혼해 주셨으니까요. 아내 파이란."

결혼, 아내, 파이란? 인간 이강재에게도 아내(장백지)가 있었다. 돈 몇 푼에 위장결혼을 해준 기억이 떠오른 강재는 한 장의 편지에서 전해지는 따스함과 함께 낯선 인연의 자락과 마주하게 된다.

● '카라' (1999)로 감독 데뷔한 송해성의 두번 째 연출작. 원작은 일본 작가 아사다 지로의 단편소설 『러브레터』를 각색한 작품. "세상은 나를 삼류라 하고 이 여자는 나를 사랑이라고 한다"는 멘트는 영화 포스터의 카피다. 위장결혼으로 맺어진 삼류 건달인 강재와 중국 처녀 파이란의 엇갈린 사랑을 그린 수작. 원작은 서사를 위해 편지를 중심으로 한데 비해 영화는 강재가 단 한 번도 제대로 만나지 못했던 '파이란'의 흔적을 더듬어가는 시간의 과정에 중심이 모아진다. 물빛 종이 위에 써내려간 파이란의 편지 내용은 다음과 같다.

"나는 곧 죽습니다. 죽는 거 무섭지만 드리는 거 아무것도 없어서 미안합니다. 비 옵니다. 아주 캄캄합니다. 강재 씨가 정말 좋습니다. 내가 죽으면 만나러 와 줍니까." 강재는 편지를 읽으며 방파제에서 오열한다. 편지는 상대와 같은 시간에 존재할 수 없기 때문이다.

'파이란'의 주인공은 조폭이지만 카리스마 넘치는 보스가 아니라 자신을 삼류 인생으로 치부할 만큼 어수룩하고 소박한 소시민이다. 멜로물 또한 극적인 상황을 연출하여 감동을 강요하지 않으며 이미 죽은 파이란의 삶을 강재가 뒤따라가는 로드 무비 형식으로 담담하게 슬픔을 묘사하고 있다.(김경주 시인, 《대산문화》 겨울호, 2007년, p.132)

송해성은 대종상 청룡영화상과 도빌 아시아영화제, 영국 리즈영화제에서 감독상, 신인감독상, 최우수감독상 등 4개의 감독상, 최민식은 청룡영화상과 영평상, 도빌 아시아영화제에서 최우수남우주연상을 받았다.

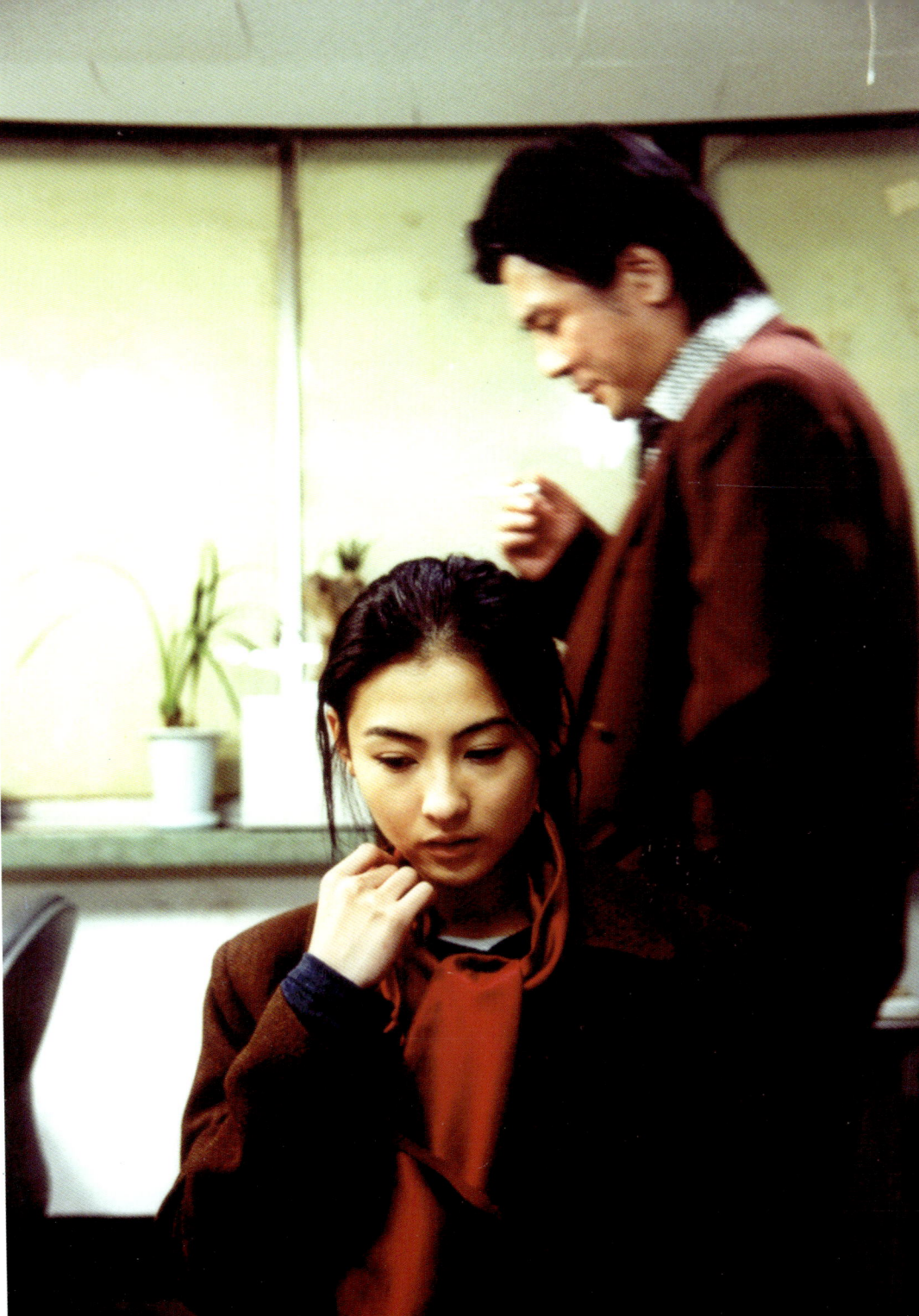

인디안 썸머 Indian Summer(2001)

(싸이더스) 104분 극영화 15세관람가/
멜로

감독 : 노효정
제작 : 차승재
각본 : 노효정, 김지혜, 임상수
개봉 : 2001년 5월 5일
관람인원 : 38만 8865명(서울)
수출현황 : 싱가포르(01), 중국, 홍콩
        (02)
출연 : 박신양, 이미연, 장용, 한명구,
      최정우, 손병호, 유태균 외
촬영 : 김윤수
음악 : Michael Staudacher
조명 : 김동호
편집 : 김상범
미술 : 이근아
세트 : 오상만
의상 : 류수진
분장 : 이은아
동시녹음 : 이승철, 이상준
사운드 : 이승철, 박준모
특수효과 : 김철석
프로듀서 : 김무령
조감독 : 김명화, 한승림, 정종훈
수상 : 제39회 대종상영화제 음악상
      (미하엘 슈타우다허)

전도유망한 엘리트 변호사 서준하(박신양)는 남편 살해 혐의로 1심에서 사형을 선고받은 이신영(이미연)의 국선 변호인이 된다. 이신영이 변호를 거부하는 바람에 그녀의 얼굴도 보지 못한 채 항소심 재판에 참석한 준하는 신영과의 첫 만남에서 운명처럼 그녀에게 이끌린다. 그는 해외 연수까지 포기하고 백방으로 애쓴 끝에 결정적인 증거를 찾아내서 신영의 무죄판결을 얻어낸다. 신영이 풀려나고 얼마 후 거리에서 만난 두 사람은 짧은 시간 동안 둘만의 여행에서 사랑이란 감정을 느낀다. 그러나 항소심 파기가 결정되고 준하는 갖은 방법으로 신영을 살리려고 하지만 신영은 국선변호인을 교체해서 사형을 선고받는다.

● '단지 그대가 여자라는 이유만으로'(1990), '영원한 제국'(1994) 등의 각본을 쓴 시나리오 작가 노효정의 감독 데뷔작. '인디안 썸머(indian summer)'는 늦가을에 잠시 나타나는 화창한 날씨라는 뜻. 박신양, 이미연 주연. 인생의 막바지에서 뜨겁게 타올랐다가 스러지는 짧은 사랑을 그리고 있다.
　이 영화는 두 가지 면에서 새롭다는 평을 들었다. 하나는 법정 드라마의 가능성을 보여주었다는 것이고, 다른 하나는 '인디안 썸머'라는 색다른 컨셉트를 사랑 이야기에 연루시켰다는 점이다.(영화평론가 김소희) 또한 제한된 공간인 법정, 교도소, 면회실의 답답함과 단조로움을 카메라 워크와 잦은 숏 분할로 극복하고 있다. 그러나 박신양이라는 걸출한 배우를 내세우고도 바로 전달인 3월 말에 개봉하여 경이적인 스코어를 기록한 '친구'와 6월에 개봉된 '신라의 달밤'의 관객 열기에 치어 흥행에서 크게 성공하지 못했다.

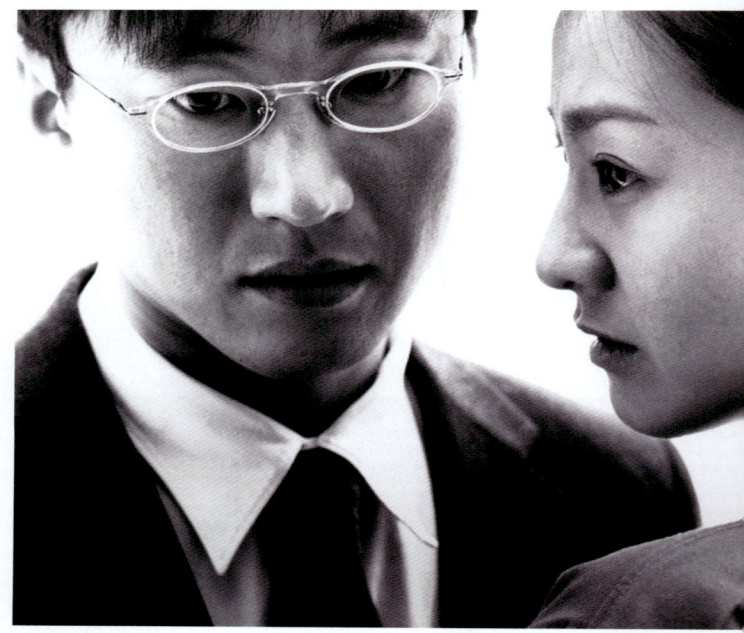

수취인불명 受取人不明 Address Unknown(2000)

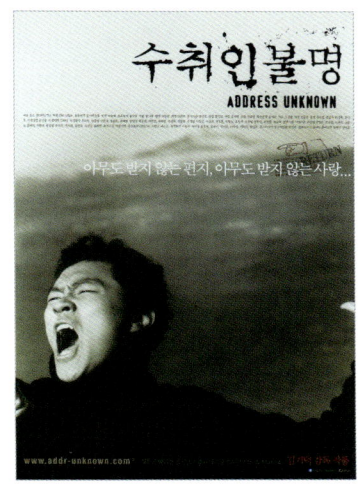

1970년대 말, 미군 부대가 주둔해 있는 마을 입구에 서 있는 빨간 버스 한 대. 양공주였던 창국 엄마(방은진)는 혼혈아인 아들 창국(양동근)과 그 버스에 살면서 미국에 간 흑인 남편에게 끊임없이 편지를 보내고 있다. 그러나 편지는 늘 "address unknown"이 찍혀서 돌아온다. 창국은 혼혈아라는 이유로 사람들에게 따돌림을 받아 개눈(조재현) 밑에서 개를 잡으며 생활하고 있다.

한편 어렸을 때 눈을 다친 후 폐쇄적인 성격이 된 은옥(반민정)은 화방에서 일하는 지흠(김영민)의 사랑을 받아들이지 못하고 눈을 고쳐주겠다는 미군 제임스(Mitch Mahlum)와 가까워진다. 창국 엄마를 사랑하는 개눈은 창국에게 세상 사람들이 얕잡아 보기 전에 먼저 겁을 주라고 가르치지만 창국은 자신을 혼혈아로 낳은 엄마가 원망스럽기만 하다. 도저히 행복해질 수 없는 창국의 삶, 은옥의 삶. 지흠의 삶은 끊임없이 돌아오는 수취인불명 편지 같을 뿐이다.

● 각본·감독·미술을 직접 담당한 김기덕 작품. 영화는 흑인 혼혈아인 창국, 창국이와 친구이며 은옥이를 좋아하는 지흠 등 아이들의 이야기면서 엄마와 아들의 이야기다. 마지막 장면에서 죽은 창국을 끌어안고 우는 창국 엄마에게 배달된 편지는 더 이상 "수취인불명"이 아니다. 미군이 읽는 편지 내용은 "이제야 정착했다. 곧 데리러 가겠다"는 창국 아빠에게서 온 편지였다. 그러나 창국은 없다. 각종 엽기적인 장면들과 절제된 말의 표현, 치밀한 심리 묘사 등 김기덕의 영화가 아니라면 볼 수 없는 장면들이 많다.

영진위 출범 뒤 처음 시행된 극영화 제작지원 사업에 따라 3억 원을 지원받아 감독은 영화를 30일 만에 찍었다. 2000년도에 완성되었으나 극장 개봉이 불투명한 상태로 2001년 6월에서야 개봉됐고 국내에서는 여전히 관객들에게 외면당했다. 그러나 '섬'이 베니스국제영화제 경쟁 부문에 진출하여 충격과 화제를 불러일으킨 이후 김기덕 영화에 대해 갖는 해외에서의 관심은 각별한 것이 되었다. 베니스국제영화제 선정위원단은 '수취인불명'을 전통적인 경쟁 부문인 '베니스 58'에 초청했고 2002년에는 아르헨티나 부에노스아이레스에서 열린(2002년 3월 7~16일) 마르델플라타국제영화제의 비경쟁 부문인 '시점(Point of View)'에 초청됐다. 국내에서는 흥행이 저조했으나 칸국제영화제 마켓을 통해 30개국에 수출됐다.

(LJ필름) 116분 극영화 18세관람가/사회물

감독·각본: 김기덕
제작: 이승재
개봉: 2001년 6월 2일 명보, 시네코아(서울)
관람인원: 9855명(서울)
수출현황: 이탈리아(01), 호주, 프랑스(02) 외
출연: 양동근, 반민정, 김영민, 조재현, 방은진, Mitch Mahlum, 명계남, 조명연, 김상원 외
기획: 김소희
촬영: 서정민
음악: 박준준
조명: 신준하
편집: 함성원
미술: 김기덕
세트: 오상만
소품: 정민영
의상: 전흥주
분장: 신은진
특수분장: 윤예령
포스터: 강영호
동시녹음: 안상호
사운드: 이승철, 박준오
프로듀서: 김상근
조감독: 허성욱, 조인호
수상: 제39회 대종상영화제 조연여우상(방은진), 제21회 영평상 각본상(김기덕)·신인남우상(양동근), 제20회 시네마노보 영화제 아마쿠루상(Amakourou prijs), 제59회 베니스국제영화제 '베니스 58' 부문, 제30회 로테르담영화제, 제17회 마르델플라타국제영화제 비경쟁 부문 시점(Point of View), 시카고국제영화제

신라의 달밤 Kick the Moon(2001)

(좋은영화) 119분 극영화 15세관람가/
코미디

감독 : 김상진
제작 : 김미희
각본 : 박정우(원작 김영호, 이해준,
이해영)
개봉 : 2001년 6월 23일 CGV강변
11, 명보, 메가박스, 서울극장
(서울) 등 6개 관
관람인원 : 160만 8211명(서울)
수출현황 : 싱가포르, 태국, 베트남
(01), 일본(02)
출연 : 차승원, 이성재, 김혜수, 이종
수, 이원종, 성지루, 조상건, 유
해진, 허기호, 김성겸 외
기획 : 강우석
촬영 : 정광석
음악 : 손무현
조명 : 신학성
편집 : 고임표
미술 : 조성원
세트 : 오상만, 노상억, 윤일랑
소품 : 김윤영, 진권호, 권유경
의상 : 이승현
분장 : 윤예령
동시녹음 : 강신규
사운드 : 강대성, 박덕수
특수효과 : 이정수, 김재민
시각효과 : 조이석
무술감독 : 김영규
프로듀서 : 이민호
조감독 : 김동욱, 백상열, 김성욱,
고경아
수상 : 제39회 대종상영화제 신인남
우상(이종수), 제25회 황금촬영
상 인기남우상(차승원)

10년 전, 전설적인 고교 짱 최기동(차승원)과 소심한 모범생 박영준(이성재)은 경주로 수학여행을 떠난다. 달 밝은 그날 밤, 두 친구는 평생 잊을 수 없는 사건을 겪게 된다.

10년 후, 경주에서 다시 만난 기동과 영준은 서로의 입장이 바뀌어 있었다. 고교짱이던 기동은 체육교사가 되고 모범생이던 영준은 유명한 깡패가 되었다. 그 옛날의 추억을 되새기며 두 사람은 반갑게 악수를 나눈다.

그때 민주란(김혜수)이 그들 앞에 나타난다. 기동과 영준은 그날 밤의 그녀를 잊지 못하고 있다. 한데 민주란이 사랑하는 그녀의 남동생 민주섭(이종수)은 기동이가 교사로 있는 학교의 학생이자 깡패인 영준의 후계자가 되는 것이 꿈이다. 주란에게 접근하기 위해 두 남자는 각각 주섭을 이용하기로 한다.

● 김상진의 다섯 번째 연출작. '주유소 습격사건'(1999)의 작가 박정우와 감독 김상진, 제작자 김미희가 만들어낸 야심 합작. 고교 짱과 왕따 모범생이 10년 후 깡패 보스와 고교 교사가 되어 재회한다는 내용으로 시나리오 각색 작업에만 1여 년이 걸렸다고 한다. 경주 시내 한가운데 서 있는 왕릉, 불국사를 비롯한 첨성대, 다보탑, 석가탑을 배경으로 사건이 전개된다. 원래 문화재 지역은 전통적으로 촬영 팀에게 공개하지 않는 것이 원칙이지만 경주시와 불국사 측의 적극적인 도움을 받아 촬영이 진행됐다.

장르영화로서 코미디의 진가를 유감없이 발휘하면서 서울 관객 160만, 전국 관객 440만 동원으로 흥행성공. 한국영화 흥행 순위 3위, 역대 한국영화 흥행 순위 19위(08. 1. 25 기준)를 기록했다.

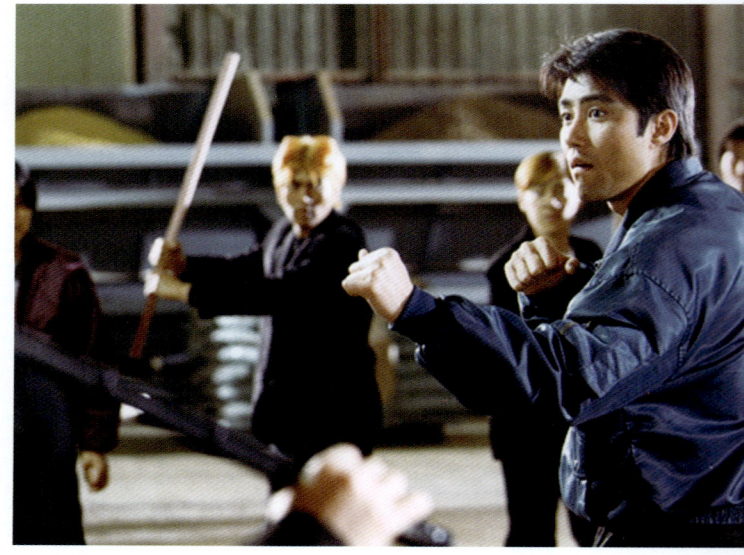

소름 Gooseflesh(Sorum)(2001)

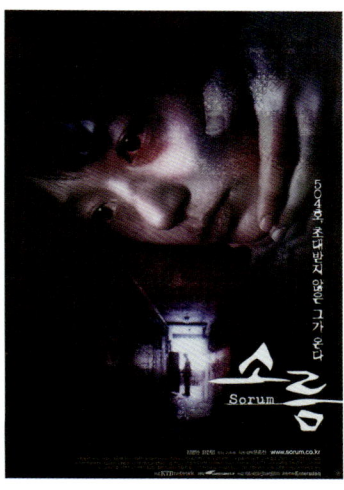

용현(김명민)은 얼마 전 화재로 죽은 소설가 광태(김탄현)가 살던 미금아파트 504호에 입주해 왔다. 아직도 천정과 바닥엔 불에 그을린 흔적이 남아 있었다. 그러나 처음 보는 공간인데도 왠지 낯설지가 않다. 택시기사로 일하는 그는 새벽 근무를 마치고 아파트로 돌아오는 길에 집 부근의 편의점에 들르고, 그곳에서 점원으로 일하는 선영(장진영)과 마주친다. 용현은 어딘지 깊은 상처를 지닌 듯한 그녀를 여러 번 목격한다.

비가 내리던 날, 트럭이 튀긴 흙탕물을 뒤집어 쓴 선영을 차에 태우고 돌아오면서 그들 사이엔 묘한 친근감과 사랑의 감정이 싹튼다. 한편, 광태의 사고 현장에서 그의 습작노트를 챙긴 이 작가(기주봉)는 그 노트를 토대로 30년 전, 미금아파트에서 실제 있었던 치정 사건을 미스터리 소설로 쓰고 있다. 내용은 옆집 여자와 눈이 맞은 사내가 부인을 죽이고, 갓난 아들을 버려둔 채 정부와 함께 도망쳤다는 이야기. 그런데 그 아파트에 또 화재가 일어난다.

● 윤종찬 감독 데뷔작. 윤종찬이 미국에서 영화를 공부하는 동안 찍은 연작 단편 3부작 '플레이 백'(1995), '메멘토'(1997), '풍경'(1998) 중 40분짜리 '메멘토'의 모티브를 원작으로 하고 있다. 2001년, 서울 서대문 로터리 산비탈에 서 있던 철거 직전의 미금아파트를 무대로 삼고 있다.

윤종찬의 '소름'에는 공포영화가 갖는 전형적인 묘사틀은 찾아볼 수 없다. 하지만 거기엔 스크린을 타고 흘러내리는 한 덩어리의 슬픈 공포가 도사린다. 그리고 영화를 보는 동안 몸에 치솟는 소름은 무지에 대한 소름이며 손쉽게 사라지지 않는 전율과도 같은 소름이다. 감독은 "어두운 이야기를 어둡게 보여주기 위해" 촬영에 실사 조명을 선택하고 실사 조명 아래서 극중 미금아파트 복도는 눈앞에서 코를 베어도 모를 만큼 명암이 극단적으로 대비되고 모든 윤곽이 확대되어 더욱 공포를 불러일으키도록 했다.

윤종찬은 백상예술대상 신인감독상과 포르투갈 판타스포르토국제영화제에서 감독상, 장진영이 청룡영화상과 포르투갈 판타스포르토국제영화제, 스페인 국제판타스틱영화제에서 여우주연상을 차지했다. 또한 스페인에서 열리는 시체스판타스틱영화제에 출품됐고 부천판타스틱영화제의 폐막작으로 관객들에게 선보였다.

(드림맥스) 112분 극영화 18세관람가/미스터리

감독 · 각본 : 윤종찬
제작 : 황필선
개봉 : 2001년 8월 4일 MMC, 시네마우즈, 메가박스, 명동 캣츠21 극장(서울)
관람인원 : 7만 8545명(서울)
수출현황 : 싱가포르, 인도네시아, 태국, 홍콩(01), 포르투갈(02)
출연 : 김명민, 장진영, 기주봉, 김탄현 외
기획 : 황필선
촬영 : 황서식
음악 : 박정호, 윤민화
조명 : 최석재
편집 : 경민호
미술 : 정은영
세트 : 오상만
소품 : 이봉환
의상 : 강지향
분장 · 특수분장 : 김희숙
포스터 : 김지양
동시녹음 : 오세진
사운드 : 이성진, Moon Studio, The Vibe Studio
무술감독 : 고명안
특수효과 : 정도안, 이희경, 방성철, 유인상, 천래훈
프로듀서 : 백종학
조감독 : 장영권
수상 : 제22회 청룡영화상 여우주연상(장진영), 제38회 백상예술대상 신인감독상(윤종찬), 제5회 부천판타스틱영화제 폐막작 선정, 제22회 판타스포르토국제영화제 감독상(윤종찬) · 여우주연상(장진영) · 심사위원특별상, 제34회 스페인 국제판타스틱영화제 여우주연상(장진영), 국제비평가상(FIPRESCI Jury Award)과 서덜랜드 상(Sutherland Jury Award), 제45회 런던영화제, 제14회 부산국제영화제 초청

엽기적인 그녀 My Sassy Girl(2001)

(신씨네) 122분 극영화 15세관람가/
코미디
감독 : 곽재용   제작 : 박건섭, 신철
각본 : 곽재용(원작 김호식)
개봉 : 2001년 7월 21일 씨넥스, 메가
박스, 씨네월드, 씨네하우스(서
울) 등 6개 관
관람인원 : 173만 5692명(서울)
수출현황 : 홍콩, 싱가포르, 태국, 베트
남(01), 말레이시아(02)
출연 : 차태현, 전지현, 김인문, 송옥
숙, 한진희, 양금석, 임호, 이기
문 외
기획 : 최수영, 서효승
촬영 : 김성복   음악 : 김형석
조명 : 박현원   편집 : 김상범
미술 : 오상만, 송윤희
소품 : 장석훈   의상 : ㈜코디라인
분장 : 노은영   특수분장 : 이영미
동시녹음 : 김원용
사운드 : 김창섭
특수효과 : 정도안
시각효과 : 강중익
무술감독 : 설치국
조감독 : 최성철
수상 : 제39회 대종상영화제 여우주
연상(전지현) · 각색상(곽재용)
· 남자인기상(차태현) · 여자인
기상(전지현), 제22회 청룡영화
상 남자신인상(차태현), 제25회
황금촬영상 신인남우상(차태
현), 제22회 홍콩 금상장영화제
최우수 아시아영화상, 일본 유
바리국제판타스틱영화제 그랑
프리(대상)

그녀(전지현)는 술에 취해 비틀거리지만 정말 매력적이고 괜찮은 아가
씨다. 술에 취해서 배를 기대고 서 있는 모습이 귀여워서 그(차태현)는
그녀를 계속 힐끔거리며 지켜본다. 그런데 미세하게 몸을 부르르 떨던
그녀가 더는 참지 못하고 앞에 앉아있던 대머리 아저씨 머리 위에 순식
간에 구토를 하는 게 아닌가? 그리고는 게슴츠레한 눈빛으로 그를 바
라보더니 자기야! 라고 불렀다. 그는 왠지 이 여자가 좋았다. 공연히 보
호해주고 싶어서 이 여자의 아픔이 무엇이든지 간에 정성껏 치료해보
자는 생각이 들었다.

그는 그녀가 무엇을 해도 무엇을 요구해도 싫지 않았다. 그녀는 제멋
대로다. 그녀가 헤어지자면 헤어지고 만나자면 만나야 한다. 해맑게 웃
는 모습만 봐도 그는 한없이 행복하기만 했다. 그러나 그는 어느덧
그녀 곁을 떠날 때가 가까워진 것을 느낀다. 그리고 2년 후 그녀를 다
시 만났지만 그녀는 또 헤어지자는 것이다. 오늘 헤어지고 내일 만나는
것처럼 지금은 헤어지지만 분명코 다시 만나게 될 것이라고 그는 굳게
믿고 있다.

● '가을여행'(1991) 연출 후 10년간의 공백 기간을 거친 곽재용의 네 번째 연출작. 인터넷 사이
트에 올린 김호식 자신의 실화를 감독이 시나리오로 만든 것이다. 매사에 거침이 없는 제멋대
로의 그녀와 순진무구한 청년이 벌이는 로맨틱 코미디. 당시 한창 주가를 높이고 있던 전지현
의 생기발랄함을 내세워 '엽기녀'라는 캐릭터를 창출하는 데 성공했다. 전지현의 꾸미지 않은
모습과 연기가 매력을 풍기면서 대종상에서 여우주연상과 인기상, 청룡영화상과 황금촬영상에
서 차태현이 남자신인상을 받았고 홍콩 금장상영화제에서 최우수 아시아영화상, 일본 유바리국
제판타스틱영화제에서 그랑프리를 받았다.

서울 관객 173만에 전국 관객 488만 동원으로 2001년도 한국영화 흥행 순위 2위, 역대 한
국영화 흥행 순위 18위(08년 1월 25일 기준)를 기록하고 있다. 이 영화는 국내에서 대히트했을
뿐 아니라 일본과 중국, 동남아에서 화제가 되었고 심지어 유럽에서도 신기하고 재미있는 영화
라는 평을 받았다는 보도가 있었다.(김성곤, 『영화 속의 문화』, 서울대출판부, 2004년, p.260)

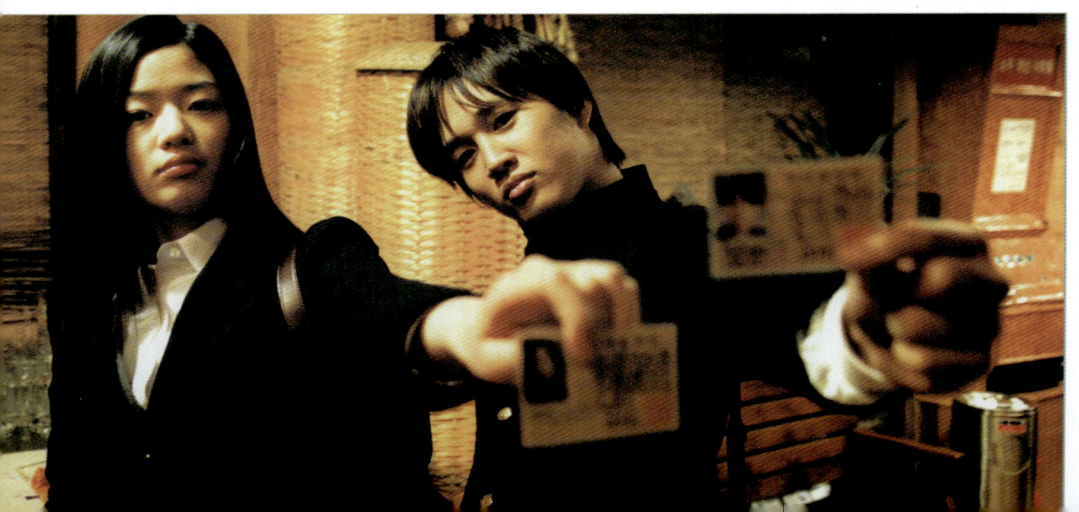

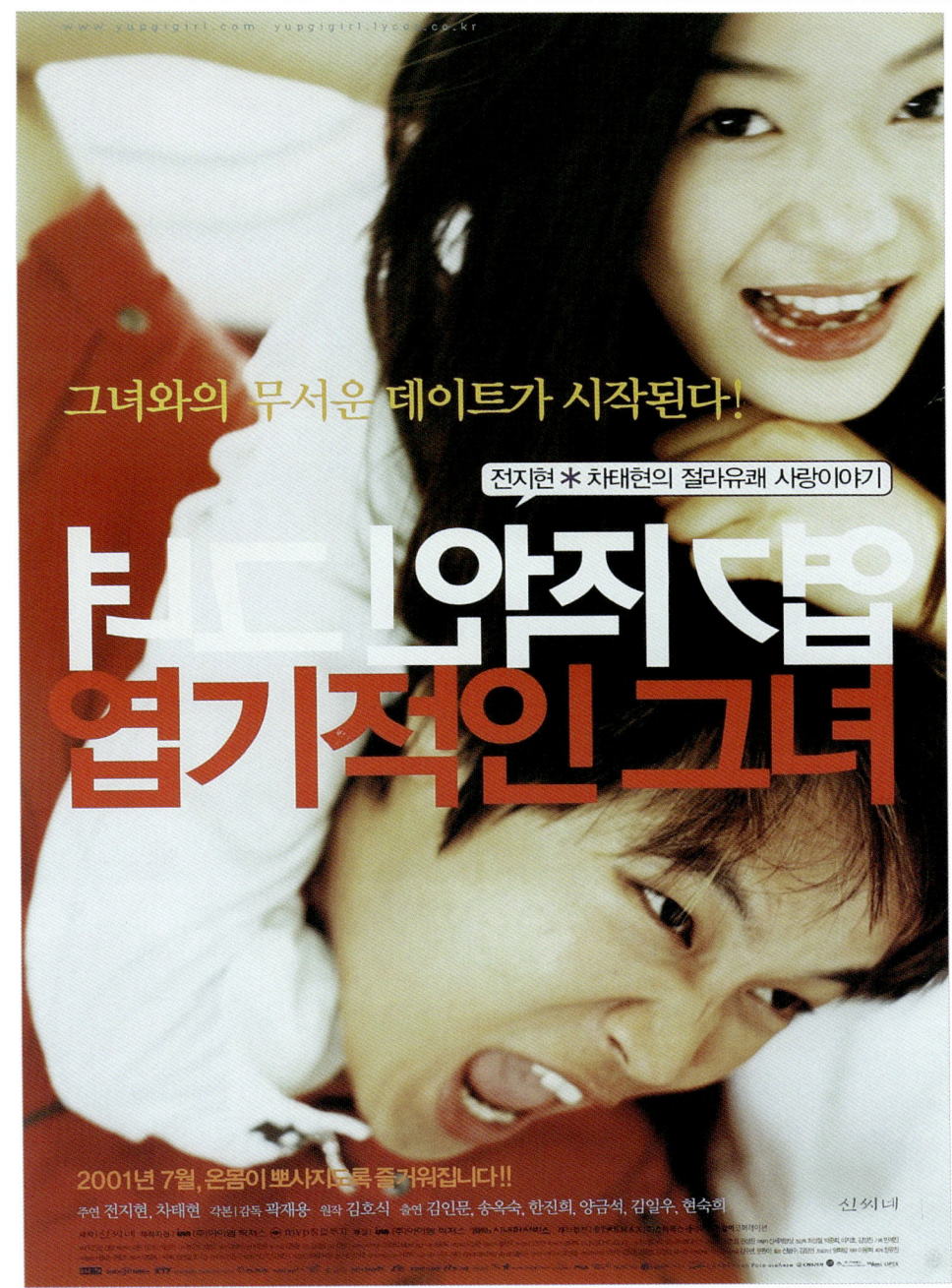

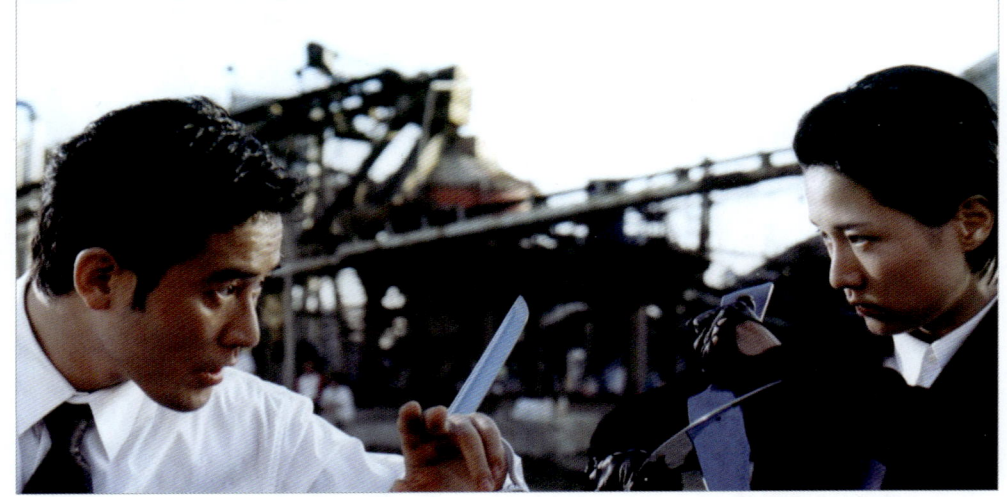

조폭 마누라 The Wife is the Gang Leader(2001)

(현진씨네마) 105분 극영화 15세관람
가/액션

감독 : 조진규
제작 : 서세원, 이순열
각본 : 강효진, 김문성
개봉 : 2001년 9월 27일 시네코아,
CGV강변11, MMC, 주공공이,
허리우드극장(서울) 등 8개 관
관람인원 : 141만 9972명(서울)
수출현황 : 구소련, 그리스, 미국, 스칸
디나비아, 인도네시아, 일
본, 태국, 터키, 헝가리, 홍
콩(01), 영국, 이탈리아, 러
시아, 홍콩, 중국(02)
출연 : 신은경, 박상면, 안재모, 김인
권, 심원철, 장세진, 연정훈, 최
은주, 명계남, 김인문, 최민수,
이응경, 안석환 외
기획 : 이순열, 최배석, 정재호
촬영 : 전조명, 양희만
음악 : 장대성, 이상용, 이종조
조명 : 신경애, 김태인
세트 : 조용삼, 김종문
의상 : 박현정, 홍미정
편집 : 박곡지 미술 : 김효신
소품 : 이일균 분장 : 유지효
포스터 : 노효만 동시녹음 : 정욱장
사운드 : LIVE TONE
특수효과 : 데몰리션
시각효과 : EON
무술감독 : 원진
프로듀서 : 박미정
조감독 : 박정훈

가위 하나로 주먹계를 평정한 조폭 두목 차은진(신은경), 고아원에서 헤어진 후 가까스로 찾아낸 언니가 위암 말기 환자란 소식을 듣고 언니의 소원을 들어주기 위해 동사무소 말단직원인 수일(박상면)과 결혼식을 올린다. 수일은 신부가 조폭인 줄도 모르고 신혼의 단꿈에 젖어 있지만 은진은 결혼보다 신축 중인 빌딩을 합법적으로 운영해서 자신과 부하들의 기반을 마련하는 일이 급하다. 그러나 백상어(장세진)파가 이 빌딩에 눈독을 들이면서 위기가 닥친다.

● 조진규 감독 데뷔작. 코미디언 서세원이 제작비 34억 원을 들여 만들었다. 평범한 남자가 조폭 두목인 여자를 아내로 맞으면서 벌이는 유쾌한 코미디 해프닝. 신은경, 박상면 외엔 톱스타도 없고 유명 감독이 메가폰을 잡은 것도 아닌데 한국영화 사상 최단기간인 5일 만에 전국 관객 100만 명을 돌파하는 기록을 세웠다. 서울 관객 141만, 전국 525만 관객 동원으로 한국영화 흥행 순위 4위, 역대 한국영화 흥행 순위 14위(08. 1. 25), 대략 50억 원을 벌어들인 것으로 기록됐다.(연합뉴스 01. 10. 5) 이 영화의 흥행에 힘입어 정흥순의 '조폭마누라 2 - 돌아온 전설」 (2003), 조진규의 '조폭 마누라 3' (2006)가 만들어졌으나 1편의 흥행에 미치지 못했다.

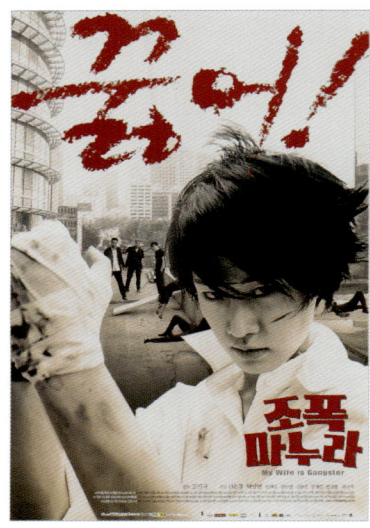

킬러들의 수다 Guns and Talk(2001)

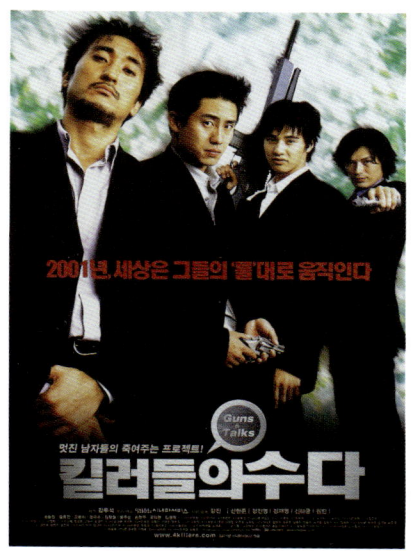

서울 한복판에서 원인 모를 폭발사고와 살인 사건이 발생한다. 사건 현장에서 유유히 빠져 나오는 상연(신현준), 정우(신하균), 재영(정재영), 하연(원빈) 네 사람은 형제처럼 함께 움직이는 전문 킬러들이다. 이들은 의뢰받은 일을 흔적 하나 남기지 않고 처리하는 완벽한 팀이다. 의뢰인들은 갖가지 사연을 가지고 킬러들을 찾아온다. 사랑하는 사람에게 배반당한 여인, 때론 자신의 이익을 위해 누군가를 죽여야 하는 사람들, 킬러들은 의뢰인들이 원하는 날짜, 원하는 시간에 원하는 방법으로 사건을 처리해 준다.

어느 날, 킬러로서의 존재가 위태로워질 절체절명의 사건이 의뢰되고 킬러들은 이 사건을 처리하기 위해 긴급 작전을 도모한다. 이후 건물이 폭파당하고 범인을 알 수 없는 사건사고가 발생하면서 검찰에는 초비상이 걸린다. 사건을 맡게 된 조 검사(정진영)는 사건의 배후에 킬러들이 개입하고 있음을 간파하고 이들을 추적하기 시작한다. 고도의 두뇌 싸움과 긴장감 넘치는 추격으로 이들의 관계는 더욱 치열해 진다. 사건에 대한 물증을 확보한 조 검사는 상연과 정면으로 맞닥뜨리지만 그들의 인간적인 면모를 보고 차츰 동질감을 느끼는 자신을 발견한다.

● 장진 각본·연출작. 4명의 킬러들과 의뢰인, 그들을 쫓는 경찰의 이야기를 세련되게 풀어낸 코믹 액션이지만 웃음 속에서 현실 사회를 비웃는 일종의 블랙코미디 형식을 취하고 있다. 영화가 시작되는 대목에서 "죽이고 싶은 사람이 많은 세상", "킬러들이 필요한 세상"이라는 킬러 집단의 막내인 하연(원빈)의 독백에서 현대 사회가 얼마나 각박한지, 사람들이 얼마나 많은 모순된 관계를 만들어 가는가를 알게 해준다. '비천무'(2000) 이후 저조했던 신현준이 최고의 연기를 보여주었고 원빈, 신하균, 정재영이 각자 자신들만의 독특한 개성을 발휘해 보였다. 장진과 촬영 담당인 홍경표가 살인 의뢰자로 카메오 출연하고 있다.

서울 관객 87만, 전국 관객 223만 동원으로 2001년도 한국영화 흥행 순위 7위, 역대 한국영화 흥행 순위 36위(07. 8. 24 기준), 2008년 1월 25일 조사에선 61위(08. 1. 25 기준)가 됐다.

(시네마서비스)120분 극영화 15세관람가/코미디
감독·각본 : 장진
제작 : 강우석
개봉 : 2001년 10월 12일 서울, 메가박스, CGV강변11, 중앙, 허리우드극장(서울) 등 11개 관
관람인원 : 87만 1125명(서울)
수출현황 : 홍콩, 싱가포르, 태국(01), 중국, 인도네시아, 일본, 영국, 베트남(02)
출연 : 신현준, 신하균, 정재영, 원빈, 정진영, 오승현, 공효진, 고은미, 허기호, 정규수 외
기획 : Film it Suda
촬영 : 홍경표
음악 : 한재권
조명 : 송재석
편집 : 김상범
미술 : 이미지
세트 : 오상만
의상 : 양민혜, 함현주, 성정옥
분장 : 오누리, 박선, 이나연
특수분장 : 서주연, 곽은영
포스터 : 손기철
동시녹음 : 이충환
사운드 : 오원철, LIVE TONE, 최태영
특수효과 : 민치순, 정상성, 김진호, 민창기, 전건익
시각효과 : EON Digital Films
프로듀서 : 지미향
조감독 : 조장호
수상 : 제39회 대종상영화제 신인기술상(송재석)

고양이를 부탁해 Take Care of My Cat(2001)

(마술피리) 112분 극영화 12세관람가/
청춘드라마

감독 : 정재은
제작 : 오기민
각본 : 정재은, 박지성
각색 : 김현정, 이언희
개봉 : 2001년 10월 12일 서울, 명보,
메가박스, 녹색, 스타식스 정동
극장(서울) 등 7개 관
관람인원 : 2만 4182명(서울)
수출현황 : 홍콩, 이스라엘, 일본, 스칸
디나비아, 싱가포르, 영국,
미국, 캐나다
출연 : 배두나, 이요원, 옥지영, 이은
실, 이은주, 오태경 외
기획 : 오기민
촬영 : 최영환
음악 : M&F, 조성우, 김상현, 김준석,
박기현
조명 : 박종환
편집 : 이현미
미술 : 김진철
세트 : 장지연, 김진철, 이미혜, 청솔아
트, 신상수, 이미경
의상 : 김미지, 이지영
분장 : 김현희, 정유진
포스터 : 이재용
동시녹음 : 임동석
사운드 : 이규석
시각효과 : 장성호
조감독 : 박지성
수상 : 제22회 청룡영화상 신인여우상
(이요원), 제38회 백상예술대상
최우수 연기상(배두나)·신인연
기상(이요원), 제9회 춘사영화
예술제 올해의 기획상(오기민)
·올해의 여자연기상(배두나,
이요원, 옥지영)·심사위원 특
별상(정재은), 제21회 영평상
여자주연상(배두나), 제6회 부
산국제영화제 스페셜멘션(정재
은)·(NETPAC)넷팩상(정재
은), 제1회 MBC 영화대상 신
인감독상(정재은)·여성영화인
모임 '올해영화인상', 제31회
로테르담국제영화제 경쟁 부문
타이거어워드 특별언급상(S-
pecial Mention), 제51회 베를
린국제영화제 비경쟁 부문 '영
포럼' 출품, 제22회 하와이국
제영화제 개막작 선정

태희(배두나), 혜주(이요원), 지영(옥지영)과 화교 쌍둥이 비류(이은실), 온조(이은주)는 인천에서 여상을 졸업하고 사회에 나온 단짝 친구들이다. 태희는 집안일을 돕고 있고 혜주는 서울 증권회사에 다니면서 장래 성공한 커리어 우먼을 꿈꾼다. 지영은 텍스타일 디자이너가 되고 싶지만 가난 때문에 보류하고 쌍둥이 자매는 액세서리 노점상을 차렸다. 이들은 모두 스무 살이라는 인생의 과도기를 통과한다.

혜주의 생일날, 지영은 길거리를 헤매는 새끼 고양이 '티티'를 주워 선물하지만 고양이를 맡아 키울 처지가 못 되는 혜주는 지영에게 티티를 되돌려준다. 그러나 지영의 집이 무너지면서 고양이는 다시 태희에게, 그리고 쌍둥이 자매에게로 오게 된다.

● 정재은 감독 데뷔작. 각본 정재은. 소녀도 어른도 아닌 어중간한 스무 살의 시점에서 살기가 힘들어진 주인공들은 정말 고양이를 맡기듯 자신을 누군가에게 맡기고 싶어 한다. 영화는 스무 살의 웃음과 아픔, 그리고 가장 보편적인 스무 살의 고민을 세심하게 드러낸다.

'고양이를 부탁해'는 이제까지 여성을 주인공으로 내세운 다른 영화들과는 달리 여성을 성적인 대상으로서가 아니라 삶의 주체로 재현했다는 이유로 여성 영화인 모임으로부터 "올해 최고의 한국영화"에 선정되기도 했다. 영화를 연출한 정재은은 그해 처음 신설된 MBC 영화대상에서 신인감독상과 춘사영화예술제 심사위원 특별상, 부산국제영화제 넷팩상을 수상, 배두나는 백상예술대상 최우수 연기상, 춘사영화예술제 올해의 여자연기상, 영평상 여자주연상을 받았고 이요원은 청룡상, 백상예술대상, 춘사영화예술제 신인연기상을 차지했다. 베를린국제영화제는 유럽 최초로 공개 영화만을 대상으로 상영하는 관례를 깨고 '고양이를 부탁해'를 공식 초청하기도 했다.

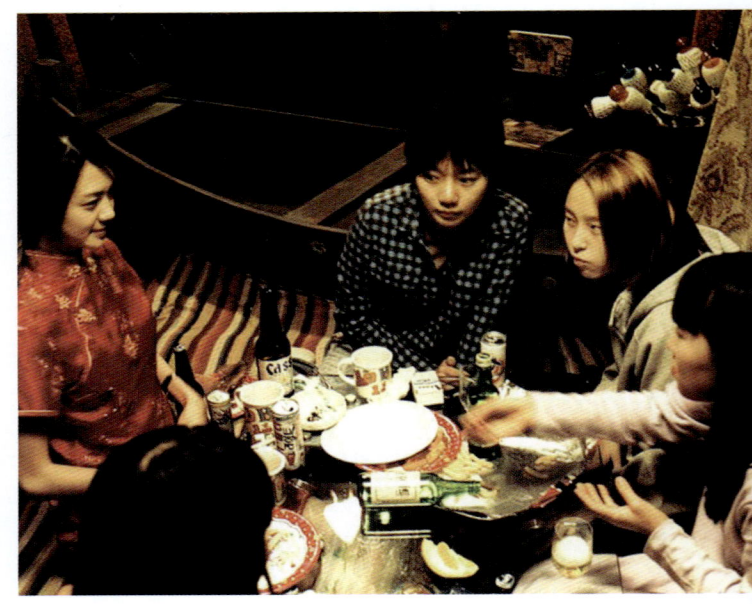

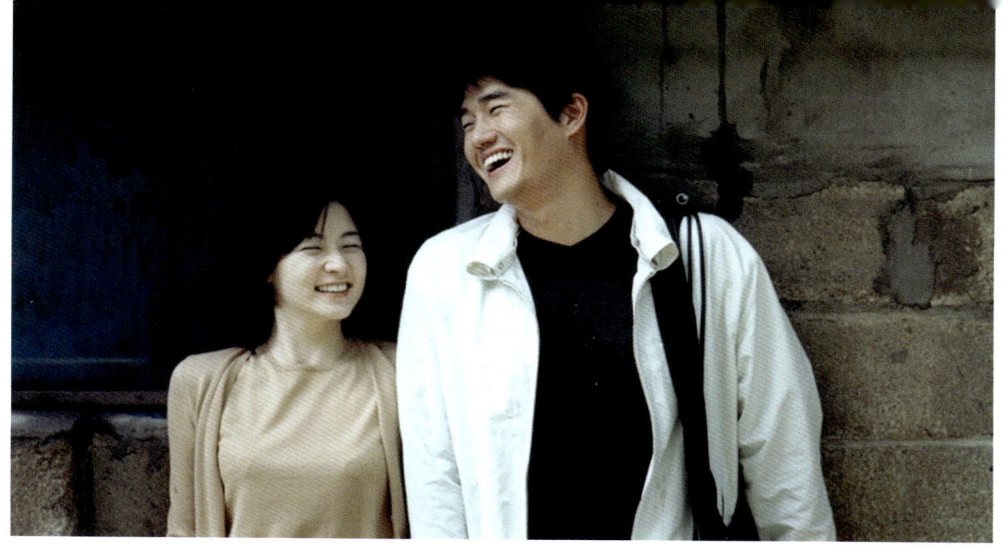

봄날은 간다 One Fine Spring Day(2001)

지방 방송국 프로듀서인 은수(이영애)와 사운드 엔지니어 상우(유지태)는 소리채집 여행을 시작하면서 급속도로 가까워진다. 그날 은수의 아파트에 머물게 된 상우는 정신없이 그녀에게 빠져든다. 상우는 사랑이 영원하다고 믿지만 이혼의 경험이 있는 은수는 사랑이 변한다는 것을 알고 있다. 그런 어느 날, 상우의 지나친 집착에 지친 은수는 헤어지자고 말한다. 언제부턴가 어긋나기 시작한 둘의 관계 속에서 상우는 지독한 상처로 고통스러워 한다. 그리고 은수와 헤어진 후에도 은수에 대한 미련에서 벗어나지 못한다. 그때 은수에게서 연락이 온다. 그녀는 상우에게 다시 시작하자고 말한다. 다시 시작한다 해도 사랑이 끝날 것을 알기에 상우는 그녀의 제안을 거절하고 은수를 떠나보낸다. 보리밭 한 가운데로 가서 소리를 따는 상우, 이제 봄날은 가고 멀리서 여름이 오는 소리가 들린다.

● 허진호 연출작. 각본 류장하, 이숙연, 신준호, 허진호. 제목에서 보듯 겨울에 시작해서 여름과 가을 그리고 다시 봄이 되면서 끝나는 이야기다. 남녀의 사랑을 따뜻한 봄에 빗대어 풀어나가면서 사랑의 덧없음과 인생무상을 "봄날은 간다"고 사유하고 있다.
    영화가 전개되는 내내 감독은 깔끔하고 간결한 카메라 기법으로 일상에 던져진 사랑의 상처와 치유에 대한 담론을 끄집어낸다. 거기엔 그들의 만남과 헤어짐, 변해버린 사랑의 과정이 수놓아진다. 영화는 청룡영화상과 영평상 최우수작품상을 받았고 허진호는 백상예술대상 감독상, 도쿄국제영화제 최우수예술공헌상을 받는 등 국제영화제에서도 호평을 받았다. 은수의 아파트는 동해 묵호시 삼본 아파트에서 촬영됐고 정선실업고교 밴드부와 강릉 문성고 2학년 3반 학생들이 참가했다.

(싸이더스) 113분 극영화 15세관람가/멜로

감독 : 허진호   제작 : 차승재
각본 : 류장하, 이숙연, 신준호, 허진호
개봉 : 2001년 10월 12일 메가박스, MMC, 허리우드, 중앙, 명보극장(서울) 등 8개 관
관람인원 : 37만 6642명(서울)
출연 : 유지태, 이영애, 백성희, 박인환, 신신애, 백종학, 손영순 외
기획 : Kawai Shinya(기획협력)
촬영 : 김형구   음악 : 조성우
조명 : 이강산   편집 : 김현
미술 : 박일현   동시녹음 : 이병하
소품 : 정현교   의상 : 최윤정
분장 : 송종희   포스터 : 이재용
세트 : 강창길, 이미경
사운드 : Gotou Nobuchika, SHOCHIKU SOUND STUDIO
특수효과 : 정도안, 이희경, 김태희, 유인상, 방성철, 유영일
프로듀서 : 김선아
조감독 : 신준호, 이덕희, 정연경, 안영석
수상 : 제22회 청룡영화상 최우수작품상(싸이더스), 제38회 백상예술대상 감독상(허진호), 제21회 영평상 최우수작품상·촬영상(김형구), 제6회 부산국제영화제 국제영화평론가협회상(FIPRESCI), 제14회 도쿄국제영화제 최우수예술공헌상

와이키키 브라더스 Waikiki Brothers(2001)

(명필름) 109분 극영화 18세관람가/
사회물

감독·각본 : 임순례
제작 : 이은, 심재명
개봉 : 2001년 10월 26일 서울, 허리
우드, 중앙, 씨티, MMC, 명보
극장(서울) 등 10개 관
관람인원 : 8만 2814명(서울)
출연 : 이얼, 오광록, 한기중, 신현종,
이상직, 오지혜, 박원상, 류승
범, 황정민, 박해일, 김영수, 너
훈아, 나윤아, 송재희 외
촬영 : 최지열
음악 : 최순식
조명 : 임재영
편집 : 김상범
미술·세트 : 오상만
소품 : 이종국
의상 : 한혜숙, 홍정희
분장 : 이부남
포스터 : 오형근
동시녹음 : 한철희
사운드 : 김석원, 김용훈, 김창섭, Blu
e Cap, 영진위
특수효과 : 정도안
조감독 : 조승희, 심상운, 오세경, 이인
성, 장수영
수상 : 제22회 청룡영화상 여우조연상
(오지혜)·기술상(임재영), 제
38회 백상예술대상 작품상(명
필름), 제9회 춘사영화예술제
올해의 각본상(임순례), 제21회
영평상 감독상(임순례), 제6회
부산국제영화제 넷팩상, 제1회
MBC영화대상 남우조연상(황
정민)·여우조연상(오지혜), 제
2회 전주국제영화제 개막작 선
정, 밴쿠버영화제, 런던국제영
화제 출품

남성 4인조 밴드 '와이키키 브라더스'는 불경기로 인해 나이트클럽 연주를 그만두고 출장밴드로 전전하게 된다. 팀의 리더 성우(이얼)는 고향 수안보에 있는 와이키키 호텔에 일자리를 얻어 팀원들과 함께 내려가는 도중 색소폰 주자 현구(오광록)가 빠지자 3인조 밴드로 일하기로 한다. 고향에 온 성우는 멤버를 보강하기 위해 고교시절 밴드부에서 연습했던 옛 친구들을 만나본다. 그러나 건반 주자로 활동하던 민수(한기중)

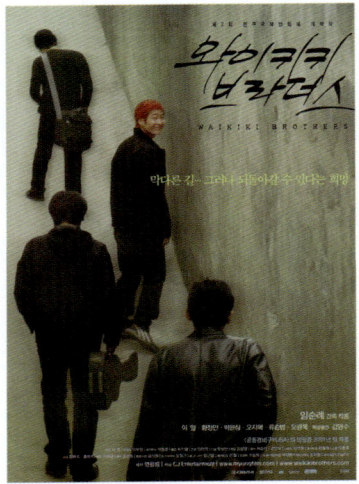

는 아버지의 가업을 이어받아 약사가 되고, 드럼 주자였던 수철(신현종)은 시청의 말단 공무원, 베이스 주자였던 인기(이상직)는 환경운동가로 활약하고 있다. 오랜만에 만난 친구들은 옛날에 그리던 자신들의 장래를 잊은 지 오래였다. 성우는 어린 시절의 꿈과 사랑을 되새기며 이들의 변화에 서글픔을 느낀다.

● 임순례 각본·연출작. 어린 시절 가졌던 꿈이 이제는 더 이상 꿈이 아닌 고단한 현실이 되었음을 되돌아보는 드라마. 감독 데뷔작인 '세친구(1996)'에서도 그랬지만 밤무대를 전전하는 퇴물밴드의 이야기인 '와이키키 브라더스'에서도 등장인물들은 좌절로 몸부림치거나 자신들의 패배를 과시하지 않는다. 주인공은 친구의 죽음을 경험하고, 단란주점에서 벌거벗은 채 기타를 연주하는 수모를 겪지만 자신이 하고 싶은 일을 포기하지 않는다. 영화는 치열한 생존 경쟁 속에서 이미 도태된 인물들의 남루한 현실과 꿈 많던 어린 시절을 대비시켜 이야기를 이끌어나가면서 꿈과 희망을 잊고 사는 관객들에게 한번쯤 그 옛날을 되돌아보지 않겠느냐고 묻고 있다.
　명필름의 여덟 번째 작품. 이 영화의 실제 모델인 기타리스트 최훈과 그의 '와이키키 브라더스' 밴드가 연주를 맡았다. 최훈은 밤무대를 전전하는 삼류 연주자가 아니라 미8군과 템페스트, 들국화, 믿음소망사랑 등에서 활동했으며 우리나라에서 다섯 손가락 안에 꼽히는 기타리스트 중 한 사람이다. 그 외 그룹사운드 옥슨의 '불놀이야'를 비롯해 '세상만사', '내게도 사랑이', '라밤바', 'I Love Rock'n Roll', 신촌블루스의 '골목길', 김현식의 '사랑사랑사랑', 심수봉의 '사랑밖엔 난 몰라' 등 추억의 명곡들이 연주된다.
　전주국제영화제에 개막작으로 선정된 것을 비롯해 밴쿠버영화제, 런던국제영화제 등에 초청되어 해외영화계의 관심을 샀다. 전국 18개 스크린을 통해 상영되었고 관객 8만 4000명을 동원, 임순례는 영평상에서 감독상, 춘사영화예술제에서 각본상을 받았다.

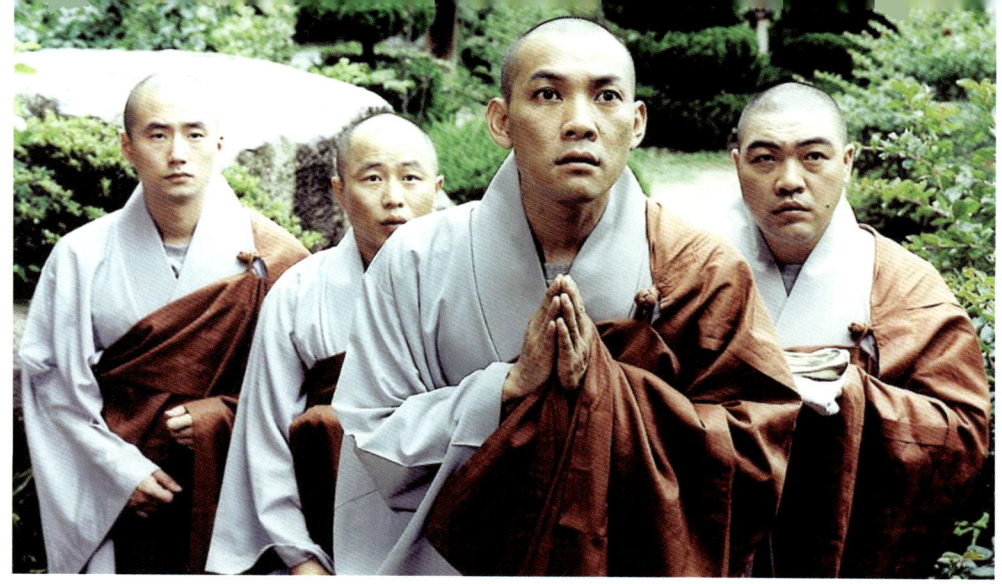

달마야 놀자 Hi, Dharma!(2001)

궁지에 몰린 조직폭력배 재규(박신양) 일당은 검찰의 추격을 피해 깊은 산중에 있는 사찰로 숨어든다. 스님들은 이 갑작스런 불청객들이 당황스럽기만 하다. 무예에 능한 상좌승 청명(정진영)을 비롯한 스님들은 조폭들을 내쫓으려 하지만 노스님은 오히려 이들을 감싼다. 더이상 갈 곳 없이 무작정 사찰에 눌러앉은 채 사태를 주시하던 재규는 문득 조직 내부에 배신자가 있다는 사실을 알아낸다. 사찰 부근에 현상수배 전단이 붙으면서 재규 일당은 다시 한 번 위기에 빠진다.

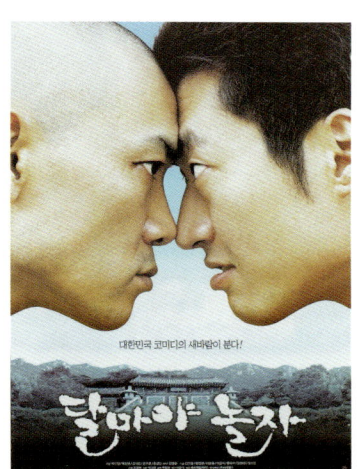

● 박철관 감독 데뷔작. 각본 박규태. 암자로 숨어들어 간 조직 폭력배와 스님들의 대결을 그린 휴먼 코미디. 박신양, 정진영, 박상면, 강성진, 김수로, 홍경인 출연. 정진영은 스님 수업을 받는 한편 액션신을 위해 선무도를 익혔다고 한다.(한국경제 01. 11. 8)
　최다 스크린(212관) 확보 기록을 세우면서 서울 관객 125만, 전국 377만 관객 동원으로 2001년도 한국영화 흥행 순위 5위, 역대 한국영화 흥행 순위 25위(08. 1. 25 기준)를 차지하고 있다. 영화 배경이 되는 사찰은 경남 김해 신어산에 있는 은하사다.

(씨네월드) 95분 극영화 12세관람가/코미디

감독 : 박철관
제작 : 이준익, 오재홍, 박도준, 김영돈, 김수경, 신형철, 김광수
각본 : 박규태(원작 원안 이명석)
개봉 : 2001년 11월 8일 중앙시네마, 명동캣츠21, 허리우드, 씨네하우스(서울) 등 5개 관
관람인원 : 125만 875명(서울)
수출현황 : 홍콩(01), 싱가포르, 이탈리아, 미국, 인도네시아, 태국(02)
출연 : 박신양, 박상면, 강성진, 김수로, 홍경인, 김인문, 정진영, 이원종, 이문식 외
기획 : 조철현　**촬영** : 박희주
조명 : 임재국　**소품** : 김태욱
음악 : 박진석, 신호섭
편집 : 김상범, 김재범
미술 : 오상만, 이치우, 노상익
의상 : 이화숙, 김수희, 신진명
분장 : 안희준, 공미라, 신지혜
동시녹음 : 김탄영
사운드 : 오원철, LIVE TONE, 손기철
시각효과 : 김태훈, 이전형, 박경열, 정성진, 한영우, 최재천
무술감독 : 신재명
프로듀서 : 오승현
조감독 : 정근섭, 신동선, 이성호

흑수선 黑水仙, The Last Witness(2001)

(태원엔터테인먼트) 104분 극영화 12세관람가/액션드라마

감독 : 배창호
제작 : 정태원
각본 : 배창호(원작 김성종)
개봉 : 2001년 11월 15일 씨넥스, 스타식스 정동(서울)
관람인원 : 40만 9399명(서울)
수출현황 : 홍콩, 인도네시아, 싱가포르, 태국, 독일, 일본(02)
출연 : 이정재, 이미연, 안성기, 정준호, 이기영, 김동수, 정진각, 정상철, 이대연, 김수로 외
기획 : 유정호
촬영 : 김윤수
음악 : 최경식
조명 : 이승구
편집 : 김현
미술 : 강승용, 구진오, 이정우
세트 : 한화성, 조성민
소품 : 이태우
의상 : 박영아
분장 : 손삼주
특수분장 : 신재호, 곽태용, 장수림, 홍현섭, 강경애
포스터 : 강영호
동시녹음 : 강봉성
사운드 : 김창섭, 김태하, 박주강
특수효과 : 장병민, 황윤세, 채호근, 김판규, 안상현, 이현우, 이동휘, 이호행, 도광일
시각효과 : 게릴라, 이종학
무술감독 : 정두홍
프로듀서 : 김송현
조감독 : 김윤재, 김한상, 김명주, 황동궁
수상 : 제39회 대종상영화제 촬영상(김윤수)·조명상(이승구)·미술상(오상만), 제9회 춘사영화예술제 올해의 조명상(이승구), 제21회 영평상 음악상(최경식), 제6회 부산국제영화제 개막작, 한국 예술평론가협회 영화 부문 최우수 예술인 선정(배창호)

한강에서 떠오른 양달수(이기영)의 시신. 오 형사(이정재)는 현장에서 특수 제작된 일제 금테안경과 양달수의 방에서 두 장의 사진을 발견한다. 오 형사는 사진의 장소인 거제로 가서 손지혜(이미연)의 일기장을 보고 거제 포로수용소를 둘러싼 엄청난 비밀을 알게 된다.

한국전쟁 당시 탈출포로 검거 일을 했던 양달수는 포로 손지혜를 데리고 어디론가 사라져버렸으며 손지혜를 사랑했던 황석(안성기)이 50여 년간 비전향 장기수로 형을 살다가 최근에 출감했다는 사실 등이다. 금테 안경의 주인은 손지혜와 함께 탈출하다 총살당한 것으로 기록된 한동주(정준호)였다. 양달수가 살해당하던 무렵 일본에서 한동주가 한국을 방문했다는 사실을 확인한 오 형사는 그를 가장 유력한 용의자로 주목하게 된다.

● 배창호 각본·연출작. 1974년 한국일보 창간 20주년 기념 200만 원 현상 장편소설 공모 당선작인 김성종의 『최후의 증인』을 원작으로 하고 있다. 제목 '흑수선'은 극중 손지혜의 암호명이다. 현대에서 벌어진 연쇄살인극의 뿌리를 한국전쟁의 비극에서 찾는 액션 스릴러. 제작비 40억 원, 이미연, 이정재, 안성기, 정준호 등 최고의 스타들을 동원, 거제도 포로수용소의 폭동과 탈출을 둘러싼 비밀을 파헤치는 내용이다. 이두용의 '최후의 증인(1980)' 리메이크작.

서울 관객 41만 동원. 대종상에서 김윤수 촬영상, 대종상과 춘사영화예술제에서 이승구 조명상, 영평상에서 최경식이 음악상을 받았고 제6회 부산국제영화제 개막작, 배창호는 2001' 한국예술평론가협회가 수여하는 영화 부문 최우수예술인으로 선정되었다. 이 영화에 나오는 일본의 관광 도시 미야자키현으로부터 5억여 원을 지원받았다.

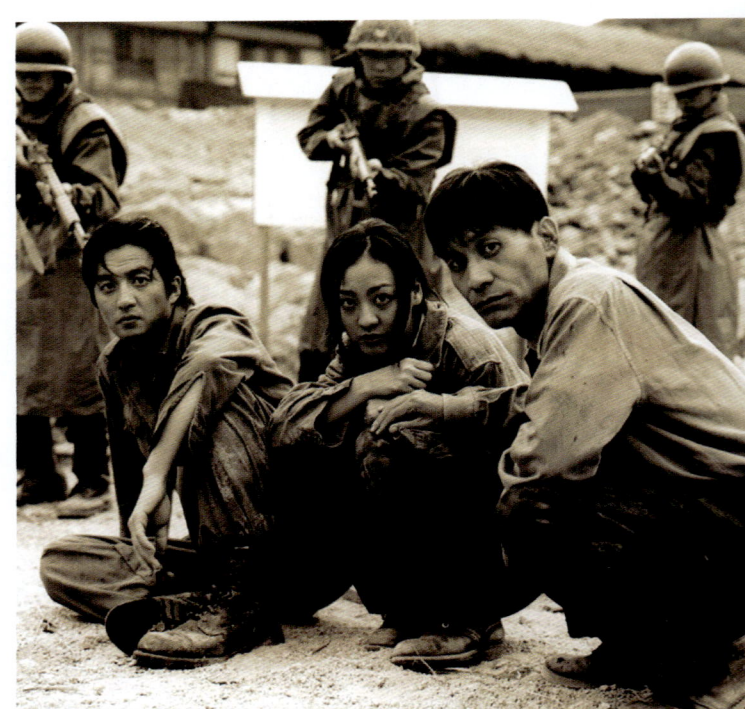

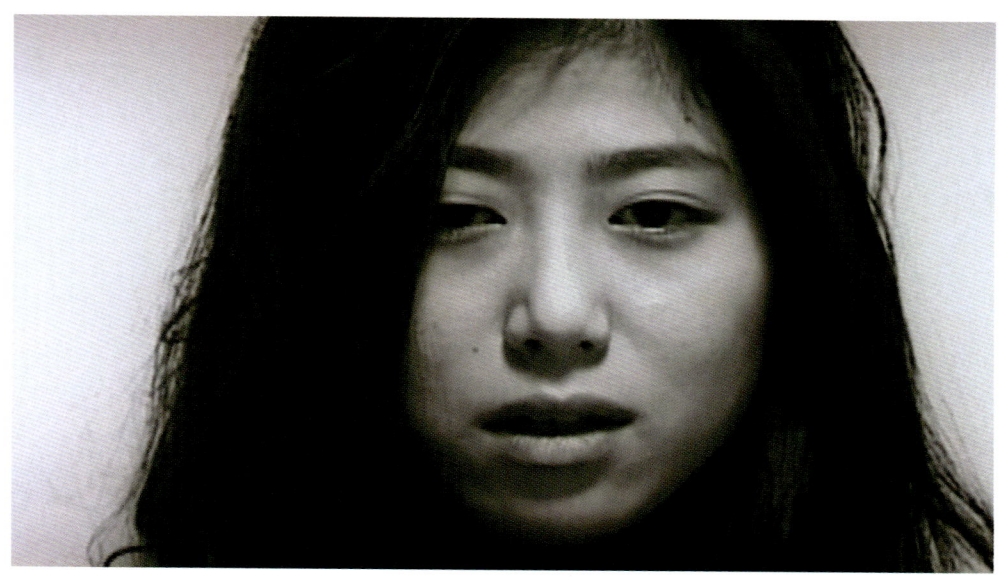

꽃섬 Flower Island(2001)

16세 소녀 혜나(김혜나)에게 도시는 숨 막히는 곳이다. 아기를 화장실에 버린 혜나는 시외버스 터미널에서 만난 30대 중반의 여자 옥남(서주희)과 남해행 막차에 오른다. 쪽빛 바다를 기대한 옥남과 혜나를 기다리는 것은 사방이 온통 하얀 눈밭 뿐, 눈길을 헤매다 그곳에 쓰러진 뮤지컬 가수 유진(임유진)을 살려내고, 운명처럼 만난 세 여자는 모든 슬픔을 잊게 해준다는 꽃섬으로 향한다. 소풍을 가듯 모험을 하듯 하염없이 휘날리는 눈보라를 헤치고 꽃섬으로 가는 그들의 표정은 밝고 진지하기만 하다. 운명에 떠밀려 도시를 벗어날 수밖에 없었던 옥남, 유진, 혜나. 그들은 그들이 찾아가는 꽃섬이 마음의 안식처이자 향기 그윽한 낙원이 되기를 바란다.

● 송일곤 장편영화 감독 데뷔작. 각본 송일곤. 一花, 二花, 三花 등 3장으로 구성된 이 영화는 실제로 존재하는 남해의 작은 섬 '꽃섬'을 향해 가는 세 여자의 이야기를 그린 시퀀스 드라마. 세 여자가 '꽃섬'을 찾아 떠나는 여정을 실감나는 로드 무비로 진행하기 위해 감독은 디지털카메라 3대를 동원하여 세 여자의 동선을 역동적으로 따라가는 방법으로 현장감을 살렸다. 제6회 부산국제영화제에서 송일곤이 최우수 아시아 신인작가상(뉴커런츠), PSB 관객상, 영평상을 수상하고, 2002년 베니스국제영화제 경쟁 부문에 출품되어 '관객들이 뽑은 신인감독상'을 받았다. 또한 이 영화제 시사회에서는 "여성을 다룬 영화 중 가장 파워풀하고 스트롱한 영화"라는 찬사를 받으며 5분간에 걸쳐 기립박수를 받은 것으로 전해진다.(「'꽃섬' 베니스를 사로잡은 감동의 시사회」 CINESEOUL 영화뉴스 01. 9. 7) 김혜나 스크린 데뷔작. 여수 하화도에서 촬영되었다. 송일곤은 단편영화 '소풍'(1999)으로 한국영화사상 최초로 제5회 칸국제영화제에서 단편영화 경쟁 부문 심사위원 대상을 받은 바 있다.

(씨앤필름) 114분 극영화 18세관람가/로드무비

감독 · 각본 : 송일곤
제작 : 장윤현
개봉 : 2001년 11월 23일 메가박스, 코아아트홀(서울)
관람인원 : 7716명(서울)
출연 : 서주희, 임유진, 김혜나 외
음악 : 노영심, 이재준, 정재일
촬영 : 김명준   **편집** : 문인대
미술 : 유성희   **의상** : 이서진
특수분장 : 김정환, 최혜경
조감독 : 한기현   **동시녹음** : 김완동
사운드 : 이성진, 인상현
포스터 : 이재혁   **프로듀서** : 안훈찬
수상 : 제21회 영평상 신인감독상(송일곤) · 신인여우상(서주희), 제6회 부산국제영화제 최우수아시아 신인작가상(뉴커런츠상) · PSB관객상, 제3회 부산 영평상 신인여우상(김혜나), 제59회 베니스국제영화제 경쟁 부문 '관객들이 뽑은 신인감독상'(송일곤), 제16회 스위스 프리부르 국제영화제 그랑프리 특별 언급(Fipr esci)

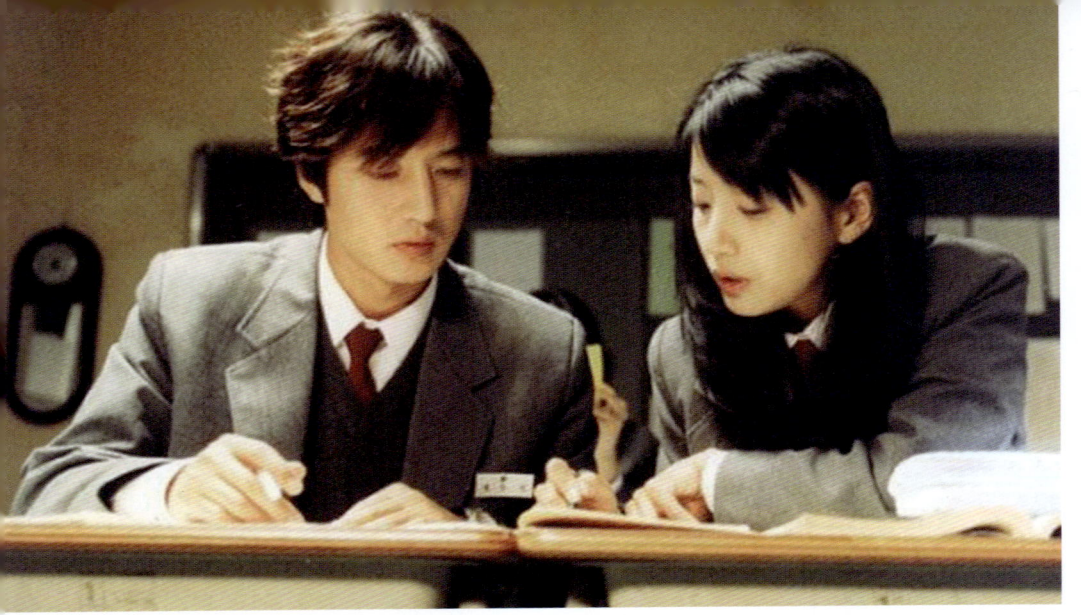

두사부일체

頭師父一體, My Boss My Hero(2001)

(제니스엔터테인먼트) 98분 극영화 18
세관람가/코미디

감독 · 각본 : 윤제균
제작 : 김두찬, 이효승, 조윤호
각색 : 하원준
개봉 : 2001년 12월 8일 CGV강변11,
　　　메가박스, 서울, 옴니씨네마(서
　　　울)
관람인원 : 75만 3733명(서울)
출연 : 정준호, 정웅인, 정운택, 오승
　　　은, 송선미, 박준규, 강성필, 김
　　　상중, 임창정 외
기획 : 김두찬　　촬영 : 황철현
음악 : 이욱현　　조명 : 원명준
편집 : 김선민　　미술 : 정용관
의상 : 임은미, 이하영, 김세미
분장 : 김영숙, 장수은, 황진자, 유윤경
특수분장 : 김지영, 원영요
포스터 : 이욱현, 지윤미
동시녹음 : 최재호
사운드 : 리드사운드, 박덕수, 김필수
특수효과 : 김태용
시각효과 : 조성배, 백정아, 이동혁, 이
　　　　　영래, 전호일, 조흥제
무술감독 : 권성환
프로듀서 : 김위진
조감독 : 이덕희
수상 : 제25회 황금촬영상 네티즌이
　　　뽑은 인기남우상(박준규)

조폭사회에서 급부상하고 있는 영동파 두목 계두식(정준호). 그날 명동 파를 접수하고 조직 수뇌부들과 회의하는 자리에서 그는 조리 있게 말할 줄도 모르고 남의 말을 알아듣지도 못하는 자신의 무식함을 답답하게 여기게 된다. 엎친 데 덮친 격으로 "윤동주를 모른다"고 했다가 부하 대가리로부터 "무식하다"는 소리까지 들었다.

이런 연유에서 부두목 상두(정웅인)는 구역 내 단란주점을 처분해서 두식을 사립고교에 기부금 입학시키기에 이른다. 두식은 교복 바지의 각을 잡고 머리를 올백으로 넘기는 등 소년처럼 들뜬 채 학교생활에 적응해간다. 그러는 동안 두식은 짝꿍인 윤주(오승은)를 좋아하게 된다. 그러나 어느 날 윤주의 괴로움과 학교의 횡포를 알게 된 두식은 참았던 분노를 터뜨린다.

● 윤제균 감독 데뷔작. 윤제균이 직접 각본을 쓴 액션 코미디. 정준호, 정웅인, 정운택 출연. '두사부일체(頭師父一體)'가 표방하는 것은 양심적인 조폭과 부패한 학교의 비리를 내세워 지금까지의 잔혹한 조폭의 고정관념에서 벗어나 불의를 보면 참지 못하는 조폭의 이미지로 관객을 웃기는데 있다. 결국 폭력 조직이 학교의 비리를 해결하게 되고 조폭 두목은 한 여자를 사랑하는 인간적인 고뇌에 빠지게 된다.

서울 75만 3733명, 전국 350만 관객 동원으로 2001년도 한국영화 흥행 순위 6위, 역대 한국영화 흥행 순위 28위(08. 1. 25 기준)를 기록하고 있다. 이후 김동원의 '투사부일체(두사부일체 2)' (2005), 심승보의 '상사부일체' (2007)가 만들어졌다.

화산고 火山高, Volcano High School(2001)

과거도 미래도 현재도 아닌 모호한 경계선에 신비하게 떠 있는 화산고(火山高). 교실에선 분필이 총알처럼 날아다니고 운동장에선 학생과 선생이 허공 중에 뜬 채로 무술을 겨룬다. 찻잎이 용의 형상을 그리며 움직이거나 손가락 하나 대지 않아도 복도의 유리창이 가루처럼 깨지기도 한다. 이런 일은 화산고에선 일상적인 일이다. 108년의 역사와 무공의 고수들 사이에서 전설처럼 전해지는 화산고에 어느 날, 학생 하나가 전학을 온다. 타고난 공력을 주체하지 못해 여덟 번이나 퇴학을 맞은 김경수(장혁)가 그 주인공. 이 학교에서만은 반드시 졸업을 하겠다고 각오하지만 전교생이 고수인 화산고에서 경수의 내공은 이미 들통이 난 상태다. 전학 온 첫날부터 경수의 무공을 알아본 각 서클의 주장들은 그를 스카우트하려고 기회를 엿보고 본색을 억제하려는 경수의 힘겨운 침묵은 이제 한계를 넘어선 단계다.

● 김태균 각본·연출작. 원작 서동헌. 정안철, 박헌수, 허균 등이 각색 작업에 참여했다. '짱'(1998)의 청춘스타 장혁과 '주유소 습격사건'(1999)의 철가방 김수로 주연, '넘버 1'을 노리는 고교생들의 이야기로 학원의 개념을 무림개념으로 바꾸는 발상의 전환이 참신하다는 평을 들었다.
제작비 63억 원. 특수효과와 와이어 액션에 많은 비중을 둔 학교무협물로 한국영화의 컴퓨터 그래픽 수준을 한층 업그레이드시키고 있다. 국내영화 최초로 100% 디지털 작업을 거치고 최다 조명 비용(5억 원)이 들었으며 전남 도양에 화산고 세트장 등 30개의 세트를 세워 촬영했다. 그러나 공들인 데 비해 흥행에서 대박을 터뜨리진 못했다. 서울 57만 관객 동원으로 2001년도 한국영화 흥행 순위 9위. 제1회 MBC영화상 시각효과상·미술상·음향상을 수상, 이 상은 후에 대한민국영화대상으로 상 명칭을 고쳤다.

(싸이더스) 121분 극영화 12세관람가/코미디

감독 : 김태균
제작 : 차승재
각본 : 서동헌, 정안철, 김태균
각색 : 박헌수, 허균
개봉 : 2001년 12월 8일 서울, 씨네코아, 씨티, 메가박스(서울)
관람인원 : 57만 726명(서울)
수출현황 : 태국(01), 호주, 뉴질랜드, 독립국가연합, 유고, 프랑스어권, 홍콩, 인도네시아, 일본, 네덜란드, 싱가포르, 미국, 남아프리카, 대만, 베트남, 중동, 독일, 스위스, 룩셈부르크, 그리스, 시프러스, 영국(02)
출연 : 장혁, 신민아, 허준호, 변희봉, 김수로, 권상우, 공효진, 정상훈 외
촬영 : 최영택
음악 : 박영
조명 : 정영민
편집 : 고임표
세트 : 강창길
의상 : 최새미
분장 : 권현숙
동시녹음 : 김경태
사운드 : LIVE TONE, 오원철
소품 : 장재권, 김병준
미술 : 장근영, 김경희
포스터 : 염승호, 곽태만, 이관용, 이종혁
특수효과 : 정도안
시각효과 : 장성호
무술감독 : 이응준
프로듀서 : 김재원
조감독 : 박중구
수상 : 제1회 MBC영화대상 시각효과상(장성호) · 미술상(장근영) · 음향상(LIVE TONE)

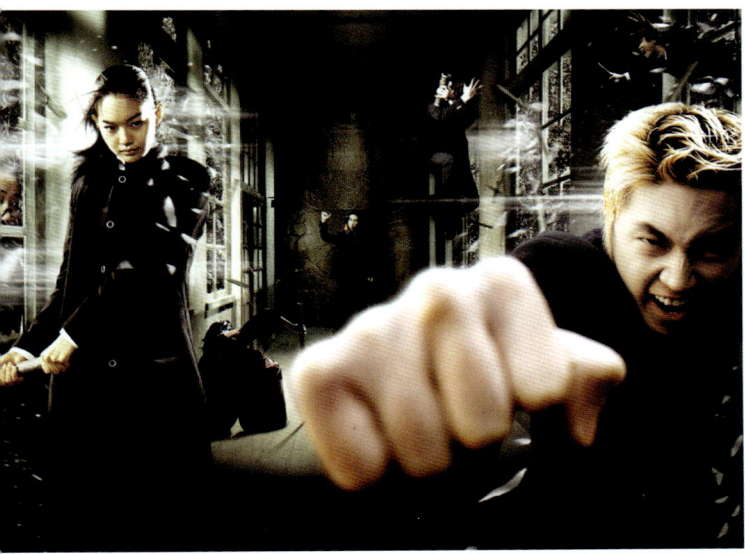

나쁜 남자 Bad Guy(2001)

(LJ필름) 100분 극영화 18세관람가/
폭력

감독 · 각본 : 김기덕
제작 : 이승재
개봉 : 2002년 1월 11일 서울, 대한,
명보, 중앙극장(서울)111개 관/부
산, 대영극장(부산) 2개 관
관람인원 : 29만 5600명(서울)
수출현황 : 이스라엘, 홍콩, 한국(미주
교포), 대만, 영국, 그리스,
스칸디나비아, 소련, 베네
룩스, 태국, 프랑스(02)
출연 : 조재현, 서원, 김윤태, 최덕문,
이한위, 김정영, 최윤영, 신유
진, 남궁민, 권혁호 외
기획 : 김소희
촬영 : 황철현
음악 : 박호준
조명 : 박민
편집 : 함성원
미술 : 김선주
세트 : 오상만
소품 : 정민영
의상 : 전홍주
분장 : 전홍주
동시녹음 : 최대성
포스터 : Studio Noon, 이준용
사운드 : Wave Lab, 이승철
시각효과 : 조성배
프로듀서 : 안상훈
조감독 : 조창호
수상 : 제39회 대종상영화제 신인여
우상(서원), 제38회 백상예술대
상 최우수연기상(조재현), 제10
회 춘사영화예술제 여자신인상
(서원), 제25회 황금촬영상 신
인여우상(서원), 제6회 부산국
제영화제 넷팩상, 제16회 후쿠
오카아시아영화제 대상, 제52
회 베를린국제영화제 초청

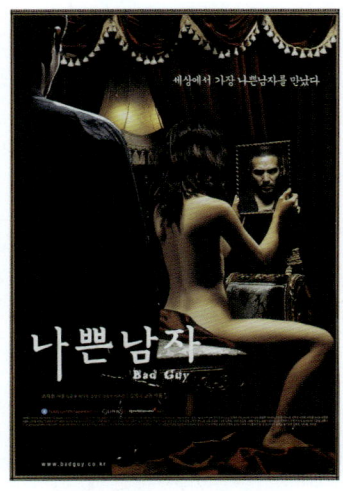

사창가 깡패 두목인 한기(조재현)는 여대생 선화(서원)에게 첫눈에 반하지만 그녀가 그를 경멸하는 행동을 보이자 강제 키스로 대응한다. 그러고도 모욕감과 복수심에 못 이긴 그는 선화를 창녀로 만들 계획을 세운다. 한기의 계략에 말려들어 창녀가 된 선화는 매일 밤 치욕과 공포에 찌들어가고 한기는 그런 선화를 바라보면서 묘한 자괴감에 사로잡힌다.

창녀촌의 일상에 젖은 선화가 자신의 주위를 맴도는 한기를 밀어내지도 받아들이지도 못하고 있을 때 한기는 숙적인 달수파(이한위)의 공격을 받는다. 이에 한기 부하 정태(김윤태)가 한기를 위해 달수를 죽이지만 한기는 정태를 대신해서 사형선고를 받는다. 이때 뜻밖에도 선화는 한기에게 죽어서는 안 된다고 절규하고 이것을 본 정태가 자수하면서 한기는 감옥에서 풀려난다. 한기와 선화는 바닷가에서 재회한다. 트럭을 타고 다니며 한기는 선화를 다른 남자에게 판다. 두 사람이 탄 빨간 트럭은 바닷가 마을을 벗어나 또 다른 운명의 공간을 찾는다.

● 김기덕의 일곱 번째 영화. 각본 김기덕. 첫눈에 반한 여대생을 창녀로 만들어버린 나쁜 남자의 이야기를 담은 파격적인 드라마. 당시 여성계로부터 "남근중심주의적 영화"라는 공격을 받은 작품으로 밑바닥 인생을 사는 남성이 협박, 구타, 강간, 매춘에 이르기까지 다양한 폭력과 과도한 권력을 행사함으로써 여성을 지배하고 그것을 통해 자신의 의지를 이뤄가지만 상대적으로 여성은 절망적 무력감에 빠지게 만든다는 비판이 거세게 일었다.("「나쁜 남자」에 대한 부정적 시선」 문화일보 06. 9. 22) 이는 페데리코 펠리니 감독의 이탈리아 영화 '길(La Strada)'(1954)에서 조수와 곡예사간의 극적 분위기를 연상케 하는 등 큰 테두리가 닮았다.

영화평론가 주유신은 "한국 사회에서 이런 영화가 존재하고 소통된다는 사실 자체가 여성에 대한 위협이고 어떤 이유에서든 이 영화를 지지하는 행위는 여성들에 대한 모욕"이라고 못 박은 데 비해 평론가 김시무는 "여주인공을 창녀로 설정했다는 것 자체가 비판의 표적이 되어선 안되며 문제는 소재 자체가 아니라 그 소재를 어떻게 형상화할 것인가가 중요하다"(동아 02. 1. 10)는 반대 의견을 내놓았다.

부산국제영화제(2001)에서 첫 선을 보인 이 영화는 주로 해외영화제 관계자들로부터 뜨거운 반응을 얻었다. 서원이 대종상과 춘사영화예술제, 황금촬영상에서 신인여우상, 상대역인 조재현이 백상예술대상 최우수연기상, 부산국제영화제 넷팩상과 후쿠오카아시아영화제에서 대상을 받고 한국영화 최초로 3년 연속 베를린국제영화제에 초청되는 기록을 세웠다. "내 애인 창녀 만들기"라는 도발적이고 파격적인 광고카피를 앞세운 '나쁜 남자'는 서울 관객 29만 5600명, 전국 70만 명 이상의 관객을 동원, 이는 김기덕의 국내 첫 흥행작이 되었다.

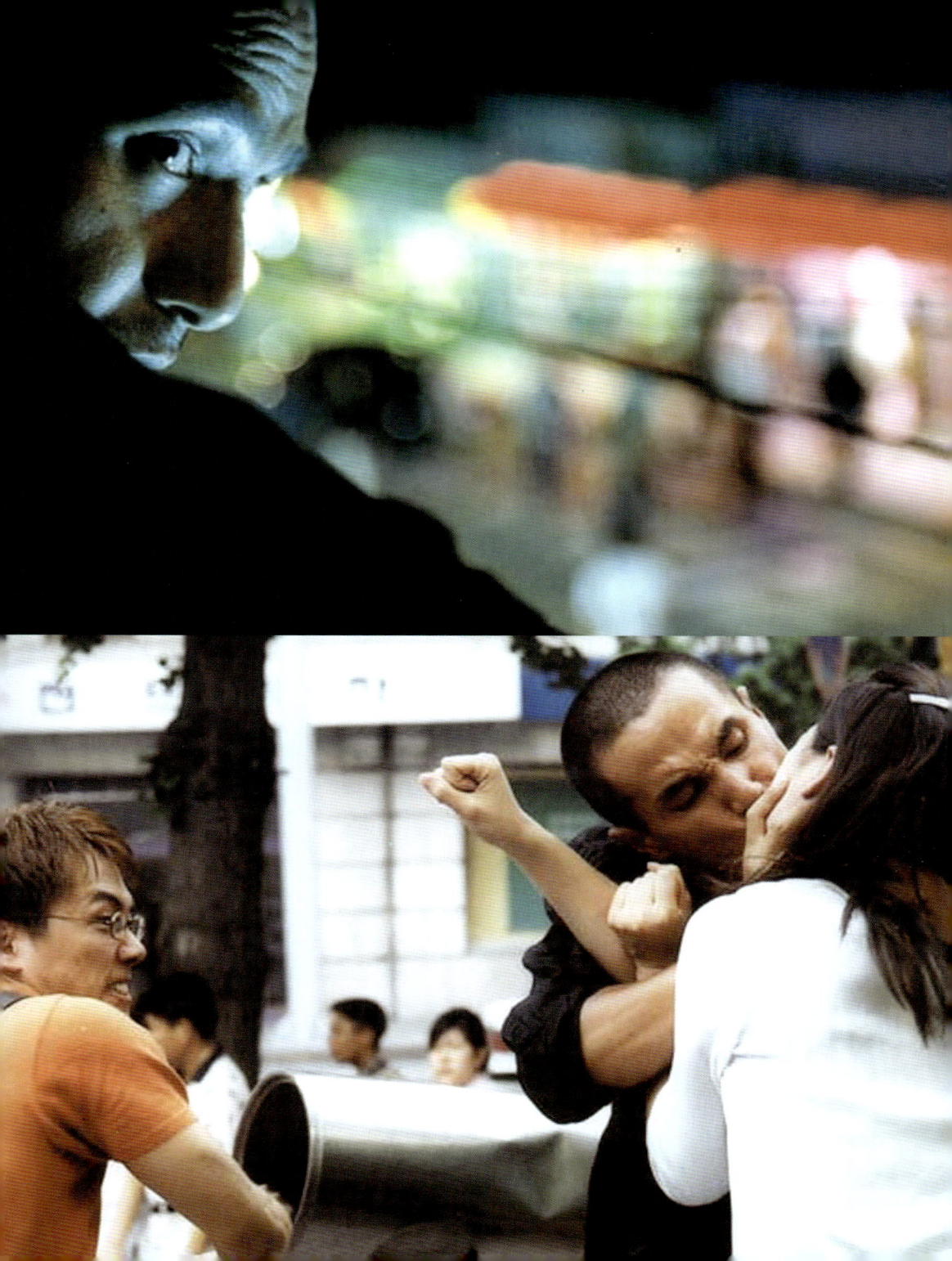

아프리카 A.f.r.i.k.a(2001)

(신승수프로덕션) 112분 극영화 15세
관람가/청춘드라마

감독·제작: 신승수
각본: 송민호(원작 하성란)
각색: 김성실, 고현창
개봉: 2002년 1월 11일 MMC, 메가
　　　박스, 주공공이, 센트럴6 시네
　　　마(서울)
수출현황: 싱가포르, 홍콩(02)
출연: 이요원, 김민선, 이영진, 조은
　　　지, 이제락, 성지루 외
기획: 김민기, 허창
촬영: 장준영
음악: 안성준
조명: 박효훈
편집: 고임표
소품: 정민영
의상: 이진희, 김정현, 김혜원
분장: 이명희, 이연아, 권정민
특수분장: 김희숙, 정일진
포스터: 이난
동시녹음: 손규식
사운드: 양대호, 소원종, 서영춘, 영진
　　　　위
특수효과: Cine F.X, 민치순, 민창기
시각효과: 조이석
무술감독: 김영규
프로듀서: 우종원
조감독: 고현창

아르바이트에서 잘린 지원(이요원)과 배우지망생 소현(김민선)은 강릉 여행을 위해 빌린 승용차 안에서 권총 두 자루를 발견한다. 바로 강력계 형사 김 반장(성지루)과 조직의 중간 보스 날치(이제락)가 도박판에서 판돈 대신 잃은 문제의 권총이다. 장난감 권총인 줄 알고 방아쇠를 당겼다가 차 유리창이 박살나는 등 권총 때문에 그들은 계속 괴상한 일에 휘말리게 된다.

그 와중에서 시골 다방 종업원이던 영미(조은지)와 과거 자신을 농락한 남자에게 복수를 꿈꾸는 진아(이영진)도 여기에 합류한다. 권총에 매혹된 이들이 뭉치면서 사건은 걷잡을 수 없이 커져가고 총을 이용해 강도 행각까지 벌이자 차츰 젊은이들의 우상으로 추앙받게 된다. 전국적으로 유명해진 이들을 추종하는 아이들이 인터넷에 팬클럽 '아프리카'를 만들면서 그들은 그들만의 문화를 공유하게 된다.

● '얼굴'(1999)에 이은 신승수 연출작. 하성란 원작의 『여름방학』과 미국에서 일어난 실화를 토대로 감독이 직접 시나리오를 썼다. "여고생 넷이서 돈도 없이 총만 들고 다니며 여행한 일화가 미국을 발칵 뒤집어 놨다. 거침없고 노련한 그들의 범죄 행각이 CCTV에 잡혀 보도되자 마피아도 경악할 수법"(『스크린 장악한 여성영화』 경향 01. 10. 12)이라는 보도가 있었다. 이런 소재를 감독이 영화로 만든 것이다.

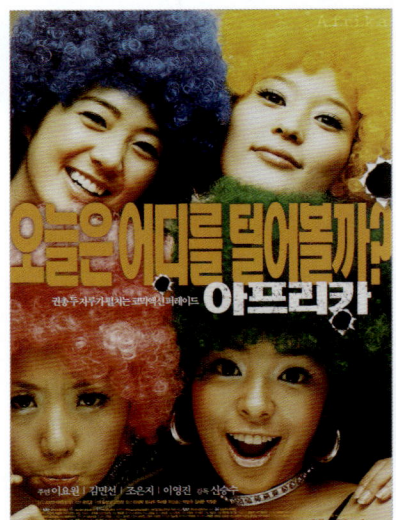

제목 '아프리카'는 'AFRICA'가 아닌, 'A.F.R.I.K.A'다. 바로 "Adoring Four Revolutionary Idols with Korean Association: 네 명의 혁명적인 우상을 지지하는 모임"의 약자로 이들의 행각을 통해 대리만족을 느끼는 네티즌이 조직한 팬클럽의 이름이다. 권총 두 자루가 제공한 '권력과 자유'를 발판삼아 일상에서 꿈꾸지 못했던 '신비의 대륙'에 가닿는다는 뜻이기도 하다. 또한 '펑키 코믹 액션쇼'라는 부제에서도 알 수 있듯이 당시 N세대 관객들을 공략하려는 의도를 보여준다.

마리이야기 My Beautiful Girl, Ma-ri(2001)

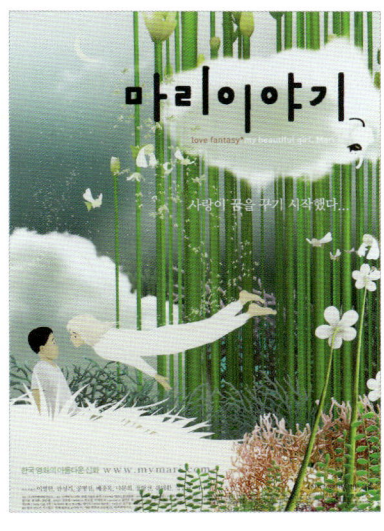

열두 살 소년 남우(류덕환)는 폭풍 속에 아버지를 잃고 바닷가 외딴 마을에서 엄마, 할머니와 살고 있다. 남우에겐 동갑내기 준호(성인규)와 고양이 요(이명선)만이 친구다.

그런 어느 날 폐쇄된 등대 주변에서 놀다가 고양이 요를 찾아 등대 안으로 들어간 남우는 전날 학교 앞 문방구에서 본 신비한 구슬을 발견한다. 그리고 구슬 속으로 아름다운 빛이 통과하는 순간, 등대 안이 갑자기 환해지면서 환상의 세계로 변한다. 남우는 여기서 구름처럼 생긴 큰 개와 몸이 흰털로 뒤덮인 소녀 마리를 만난다. 바닷속과 허공이 뒤섞인 듯한 공간에서 큰 개와 마리는 부유하듯 헤엄치고 있었다.

다음날, 남우는 등대에서 있었던 일을 준호에게 말하지만 준호는 믿지 않는다. 결국, 둘은 등대로 가서 소녀 마리를 만나고 이 일을 둘만의 비밀로 간직하기로 한다. 두 소년이 마리와 아름다운 만남을 계속하는 동안 남우의 할머니가 병으로 쓰러지고, 마을엔 폭풍이 밀려오면서 준호 아버지마저 위험에 처한다. 그때 마리가 나타나 폭풍을 잠재우고 마을을 구한 후 바다 저편으로 사라진다.

● 이성강 각본 · 감독작. 신비로운 미지의 소녀 마리와 바닷가 소년 남우의 만남과 사랑을 서정적으로 그려낸 동화 같은 이야기.

'마리이야기'는 각계의 찬사를 받아낸 수작((씨네21) 04. 4. 17, 《FIRM2.0》 01. 11. 2 등)으로 우선 기획과 시나리오 작업, 스태프 구성, 캐릭터 디자인을 마치는 데만 장장 1년 4개월이 걸렸다. 색깔도 자극적 원색을 배제하고 감독이 스스로 색상표에서 꼼꼼하게 조합해낸 파스텔조로 영상을 채색하여 "환상적인 색의 향연"이라는 평을 들었다.((씨네21) 01. 11. 22 국민 02. 9. 3) 또한 실사영화에서 조명을 설치하듯 입체적인 조명을 구현하여 주인공의 감정 상태에 따라 달빛의 느낌을 삽입하거나 물속에 투과되는 빛을 청자색으로 표현해내는 등 색감과 정도, 깊이에서 마법같은 느낌을 주고 있다.

이성강의 섬세한 연출 외에도 기타리스트 이병우의 음악과 성시경이 부르는 삽입곡 '마리이야기', 그리고 류덕환(어린 남우), 이병헌(어른 남우), 안성기, 배종옥, 장항선, 나문희 등 한국 최고 배우들의 목소리 캐스팅으로 화제를 모았다. 서울 국제만화 애니메이션 페스티벌(SICAF) 장편 부문 그랑프리, 대한민국 애니메이션 대상, 제26회 프랑스 안시 국제애니메이션 페스티벌 장편경쟁 부문에서 대상을 받았다.

(씨즈엔터테인먼트) 86분 애니메이션
전체관람가/판타지

감독 : 이성강
제작 : 조성원
각본 : 강수정, 서미애, 이성강
개봉 : 2002년 1월 11일 CGV강변11,
MMC, 대한, 메가박스(서울) 등
5개 관
수출현황 : 프랑스(불어권), 홍콩, 대만
(02)
목소리 출연 : 이병헌(남우), 류덕환(어
린 남우), 이명선(남우
의 고양이 요), 성인규
(준호), 안성기, 이나리,
배종옥, 나문희, 장항선,
공형진 외
촬영 : 권근욱
음악 : 이병우
편집 : 박곡지
대사 · 녹음 · 연출 : 이서경
작화감독 : 김문희
자문 : 곽대원
사운드 : 김석원, 김창섭, 김태하, 박주
강, 송윤재, 김성아, 최성록
프로듀서 : 정태성
조감독 : 김기표, 홍지흔, 김민혜
수상 : 서울 국제만화 애니메이션 페
스티벌(SICAF) 장편 부문 그랑
프리, 대한민국 애니메이션 대
상, 제1회 MBC영화대상 음악
상(이병우), 제26회 프랑스 안
시 국제애니메이션페스티벌 장
편경쟁 부문 그랑프리

공공의 적 公共의 敵, Public Enemy(2001)

(시네마 서비스) 138분 극영화 18세관 람가/범죄 액션

감독·제작: 강우석
각본: 백승재, 정윤섭, 김현정, 채윤석(원작 원안 구본한)
개봉: 2002년 1월 25일 서울, 명보, 대한, 메가박스, 신촌그랜드극장(서울) 등 67개 관
관람인원: 116만 1500명(서울)
출연: 설경구, 이성재, 강신일, 김정학, 도용구, 이문식, 성지루, 유해진, 기주봉, 강신일 외
촬영: 김성복　**조명:** 신학성
편집: 고임표　**소품:** 정민영
의상: 윤영경　**분장:** 배미남
특수효과: 정도안
시각효과: EON digital films
무술감독: 정두홍
프로듀서: 지미향, 이민호
조감독: 강지은, 백상열, 명승호, 심혁, 서원태
수상: 제39회 대종상영화제 남우주연상(설경구), 제23회 청룡영화상 남우주연상(설경구), 제38회 백상예술대상 대상(설경구), 제10회 춘사영화예술제 조연연기상(강신일), 제26회 황금촬영상 인기배우상(설경구)

비 오는 한밤중 잠복근무 중이던 철중(설경구)은 전봇대 뒤에서 수상한 검은 그림자와 맞부딪친다. 철중은 가차 없이 사내의 뒤통수를 후려치고 휘청거리는 사내에게 다시 한 번 주먹을 날리려는 순간 번뜩이는 물체가 눈 밑을 스치고 튕겨나간다. 철중은 바닥에 떨어진 그 칼을 집어 든다.

일주일 후, 칼로 난자당한 노부부의 시체가 발견된다. 시체를 무심코 살펴보던 철중은 문득 빗속에서 마주쳤던 수상한 그림자를 떠올린다. 특히 그날 철중이 길바닥에서 주워서 보관했던 칼과 시체에 새겨진 칼자국이 일치한다.

철중은 망설임 없이 펀드매니저 규환(이성재)을 만난다. 그리고 그가 살인자임을 직감한다. 단서는 없다. 철중은 단지 그가 범인이라는 심증을 가지고 미행, 취조, 구타 등 갖은 방법을 동원해 증거를 잡으려 한다. 물론 규환도 만만치 않다. 그에게는 돈과 권력이 있었고 그래서 걸림돌인 철중을 보직에서 박탈시킨다. 그러던 중 또다시 살인 사건이 발생하고 둘의 싸움은 물러설 수 없는 한판 대결로 치닫게 된다.

● '생과부위자료 청구소송'(1998) 이후 3년 만에 선보인 강우석의 13번째 영화. '투캅스(1993)'를 통해 웃음과 공권력 비판이라는 두 마리 토끼를 동시에 잡는 데 성공한 강우석은 이 영화에서 복서 출신의 악질 경찰과 그보다 더 악랄하고 지능적인 살인범과의 대결을 긴장감과 서스펜스로 펼쳐 보인다.

설경구와 이성재 주연, 설경구는 그동안의 지적이고 소박한 이미지에서 벗어나 단순지만 타고난 본능과 집요함으로 한번 잡은 사건은 절대 포기하는 법이 없는 형사 '강철중' 역을 맡

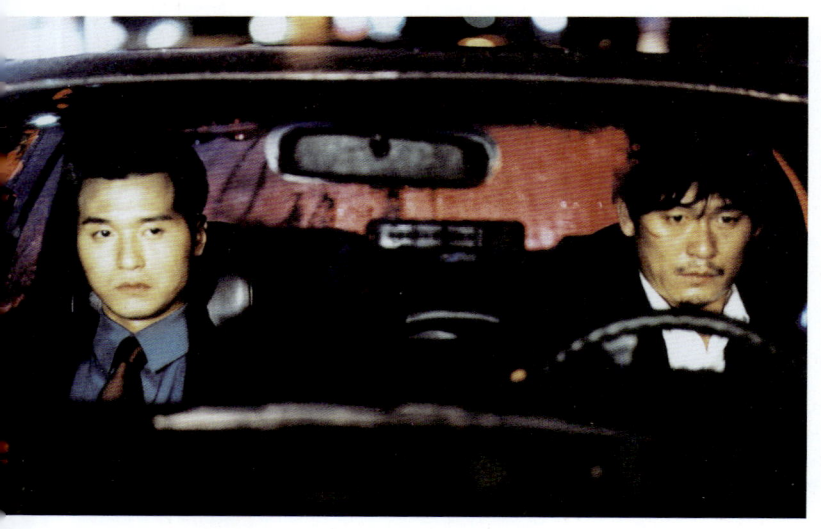

았고 이성재는 성공 가도를 달리는 명석한 두뇌의 펀드 매니저이자 냉혹한 살인마로 등장, 이제까지 보여주었던 부드럽고 자상한 이미지와는 달리 잔인하고 살벌한 냉혈한을 연기해냈다.

대종상 청룡영화상 백상예술대상 등 국내 3대 메이저 상에서 설경구가 남우주연상 및 대상을 받았다. 서울 67개 스크린에서 서울 관객 116만 명, 전국 관객 303만 명 동원으로 2002년도 한국영화 흥행 순위 3위, 역대 한국영화 흥행 순위 40위(08. 1. 25 기준).

'공공의 적 2'(2004)는 이성재 대신 정준호가 출연하여 서울중앙지검 강력부 강철중 검사(설경구)와 맞선다. 개봉 첫 주에 100만 관객 돌파, 서울 관객 126만에 전국 391만 관객 동원으로 역대 한국영화 흥행 순위 23위(08. 1. 25 기준)를 세웠다.

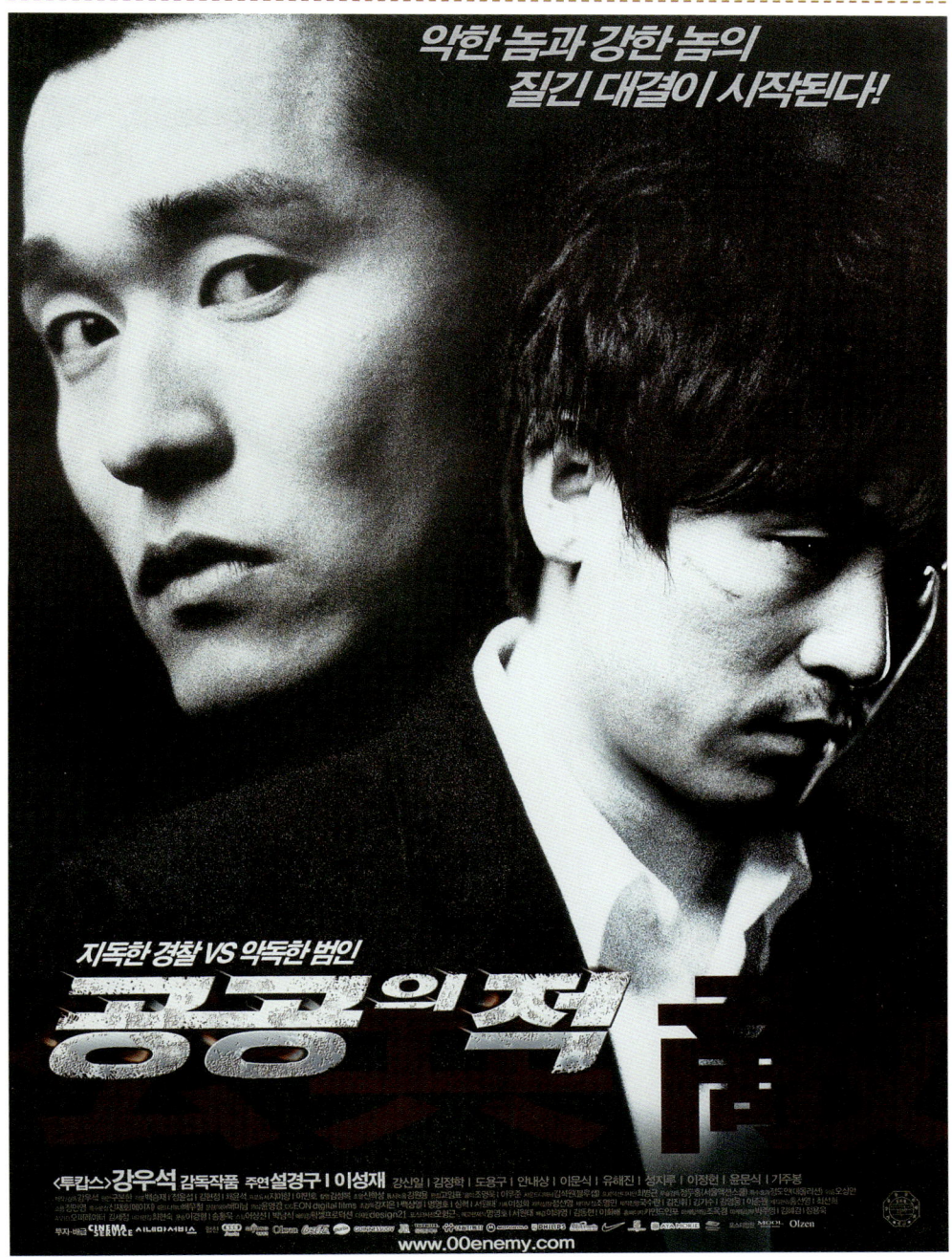

2009 로스트 메모리즈 2009 Lost Memories(2001)

(인디컴) 136분 극영화 12세관람가/
SF 액션

감독 : 이시명
제작 : 김태영
각본 : 이시명, 이상학
각색 : 현남섭
개봉 : 2002년 2월 1일
출연 : 장동건, 나카무라 토오루, 서진
　　　호, 신구, 천호진, 안계범, 이마
　　　무라 쇼헤이, 조상건 외
기획 : 김익상, 고형욱
촬영 : 박현철
음악 : 이동준
조명 : 남진아
편집 : 경민호
미술 : 김가철, 타케우
세트 : 강창길
소품 : 키와이 요사
의상 : 김진우
프로듀서 : 김윤영, 서준원, 양시영
수상 : 제39회 대종상영화제 신인감독
　　　상(이시명) · 조연남우상(나카무
　　　라 토오루) · 시각효과(장성호)
　　　· 음향기술상(이규석 안상호),
　　　제23회 청룡영화상 기술상(장
　　　성호)

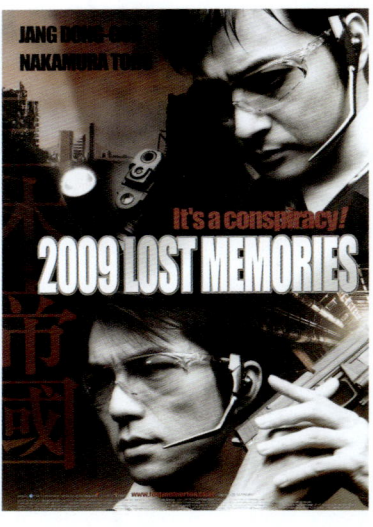

제1도시 도쿄, 제2도시 오사카, 동아시아 일대는 일본 제국이라는 이름 아래 대동아 공영권으로 재통합된 지 이미 100년의 시간이 흘렀으며 조선이라는 이름은 지구상 어디에서도 그 자취를 찾아볼 수 없다. 그러나 정체를 알 수 없는 반정부 레지스탕스 '후레이센진(不令鮮人)'들과 모든 음모의 원흉인 이노우에 재단 사이의 싸움은 아직 끝나지 않은 상태다.

제3도시 서울, 반정부 레지스탕스 후레이센진들이 정계의 거물급 인사 이노우에(안계범)가 주최하는 유물 전시장에 침투, 파티장을 순식간에 아수라장으로 만든다. 이 테러를 진압하기 위해 JBI 특수수사 요원 사카모토 마사유키(장동건)와 그의 절친한 친구 사이고 쇼지로(나카무라 토오루)가 투입된다.

이 테러 사건의 면밀한 재조사 끝에 사카모토는 배후에 거물급 정계 인사 이노우에의 음모가 숨어 있음을 알아낸다. 그러나 JBI 수뇌부들은 이런 사카모토의 주장을 묵살, 정직 처분을 내리고, 그의 친구 사이고마저 사카모토에게 수사 중단을 강권한다. 동료경찰 살해라는 누명을 쓰고 거리를 헤매던 사카모토는 자신도 모르게 후레이센진들의 아지트로 흘러 들어가고 마침내 후레이센진과 이노우에 재단을 둘러싼 거대한 음모를 파헤쳐나간다.

● 이시명 감독 데뷔작. 장동건과 일본의 나카무라 토오루가 주연을 맡은 한일 합작 SF액션. 칸 국제영화제 수상작인 '우나기'(1997)로 유명한 감독 이마무라 쇼헤이가 늙은 사학자 역으로 출연하여 장동건에게 월령의 유래를 설명한다. 2년에 걸친 시나리오 작업과 거대 세트, 미니어처 특수효과 등 순수 제작비 66억 원과 마케팅 비용까지 총제작비 80억 원이 들었다. 한국과 일본 그리고 중국에서 로케이션 촬영된 이 영화는 2009년을 배경으로 조선이 일본의 식민지로 남아 있다는 가상현실을 배경으로 하면서 빗나간 총알 한방이 한국과 일본의 역사를 통째로 비튼다는 내용을 담고 있다.

국내 팬들에게 친숙한 나카무라 토오루(仲村ㅏオル)는 스크린 데뷔작인 '비밥 하이스쿨(BE-BOP Highschool)'(1985)로 그해 일본 내 영화 관련 모든 신인상을 휩쓸면서 데뷔와 동시에 스타덤에 오른 배우다.

서울 개봉관 58개 관에서 서울 관객 85만 6000명, 전국 관객 230만을 동원. 2002년도 한국영화 흥행 순위 5위(08. 1. 25 기준) 역대 한국영화 흥행 순위 57위.

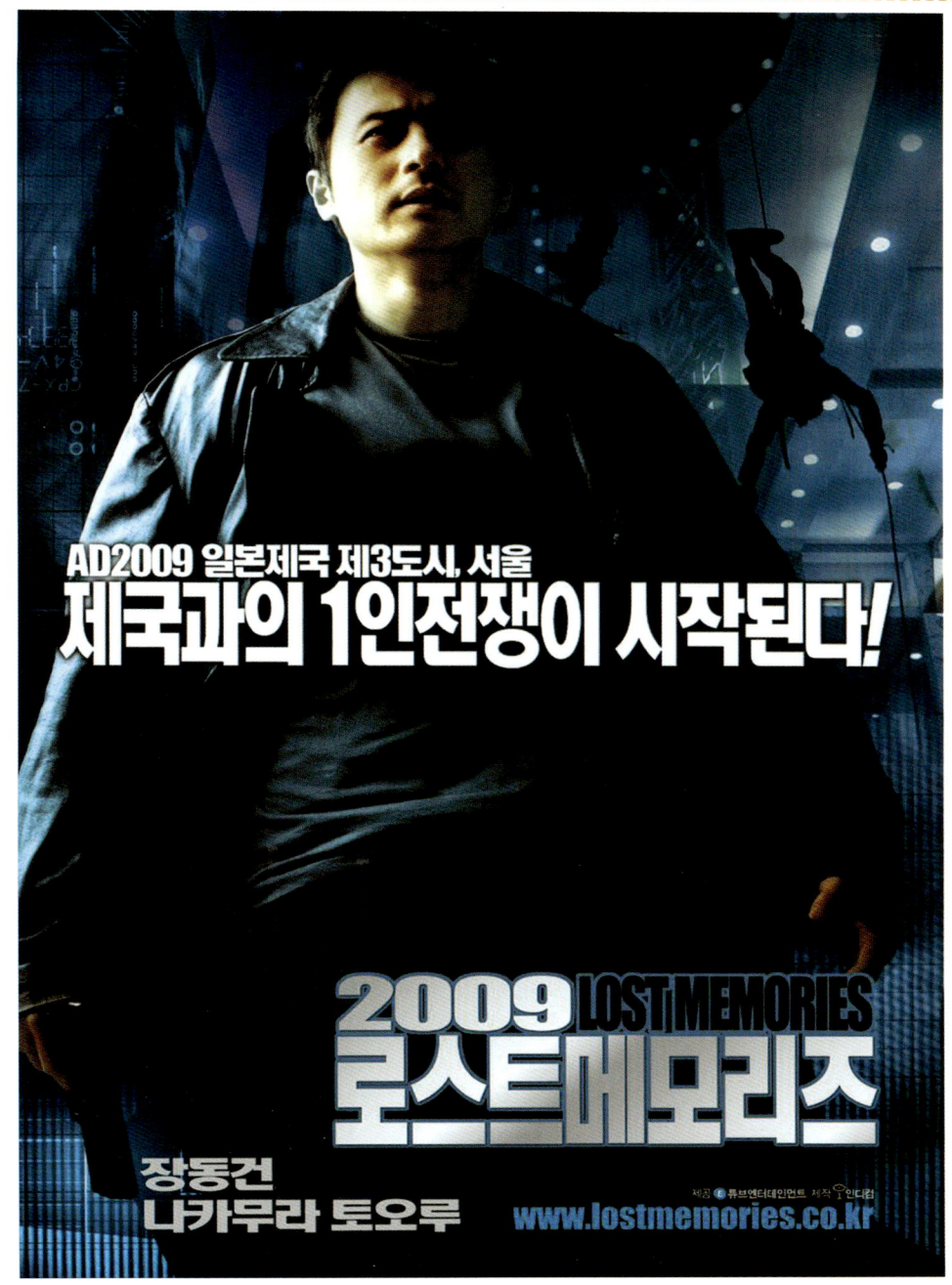

취화선 醉畵仙, Chihwaseon(2001)

(태흥영화) 120분 극영화 18세관람가/
시대극 전기

감독 : 임권택
제작 : 이태원
각본 : 김용옥, 임권택(원작 민병삼)
각색 : 강혜연
개봉 : 2002년 5월 10일서울, 명보,
메가박스, CGV강변11, 센트럴
6, 아카데미21(서울)
관람인원 : 44만 3294명(서울)
수출현황 : 프랑스(프랑스어권), 벨기
에, 스위스, 대만, 베트남
(02)
출연 : 최민식, 안성기, 유호정, 한명
구, 손예진, 김여진, 정태우, 최
종성, 기정수, 박지일, 임금택,
김재찬, 홍승기, 배장수, 허문
영, 이정헌, 목조 스님 외
기획 : 이태원
촬영 : 정일성
음악 : 김영동
조명 : 김동호
편집 : 박순덕
미술 : 주병도
세트 : 정지섭
소품 : 정창호
의상 : 이혜란
분장 : 이은영
포스터 : 김재영
역사자문 : 조병로
작화 : 오명균 정영기
동시녹음 : 이충환, 안대환, 김명현
사운드 : 영진위, 서울종합촬영소, 양
대로
특수효과 : 김태용, 정도안
조감독 : 정경진
수상 : 제23회 청룡영화상 작품상(태
흥영화사) · 감독상(임권택) · 촬
영상(정일성), 제39회 백상예술
대상 특별상(이태원), 제10회
춘사영화제 춘사탄생 100주년
기념 공로상(이태원, 임권택,
정일성), 제22회 영평상 촬영상
(정일성), 제3회 부산 영평상
촬영상(정일성) · 여우조연상(김
여진), 제55회 칸국제영화제 최
우수감독상(임권택), 제51회 베
를린국제영화제 명예황금곰상
(임권택)

1850년대, 지조 있는 선비인 김병문(안성기)은 어느 날 청계천 부근을 지나다가 거지패들에게 얻어맞고 있는 어린 승업(정태우)을 구해준다.
　승업은 이 자리에서 김 선비에게 그림을 그려 보이고 김 선비는 승업의 비범한 재주를 보고 속으로 크게 놀란다. 그 후 5년 만에 다시 만난 김선비는 승업(최민식)을 역관 이응헌(한명구)에게 소개하고 선대 명화가들처럼 되라는 뜻에서 '오원(五園)'이라는 아호를 내린다. 이후 이응헌의 집에 기거하게 된 승업은 그림에 대한 안목을 키워가는 동안 이응헌의 여동생 소운(손예진)에게 사랑을 느끼지만 소운의 결혼으로 그의 첫사랑은 실패로 끝난다.
　화가로서 화명을 떨치게 된 오원은 그후 독실한 천주교 신자이자 몰락한 양반 가문의 딸인 기생 매향(유호정)을 만나게 된다. 매향은 승업의 세계에 공감하는 유일한 조력자이자 승업의 예술을 지켜주는 수호 여신 같은 존재다. 예술가로서 오원의 분방한 행적은 술에 취해야만 그림을 그렸고, 그리고 싶을 때만 신필을 휘둘렀다. 화명이 높아갈수록 변환점을 찾아야 한다는 강박관념에 시달리던 그는 어느 날 드디어 온몸의 기가 붓을 타고 흐르는 것을 느낀다. 매향과의 마지막 만남에서 승업은 자신이 그토록 도달하려던 경지에 오르지만 천애 예술가의 운명인 듯, 홀연히 세상을 등지고 떠난다.

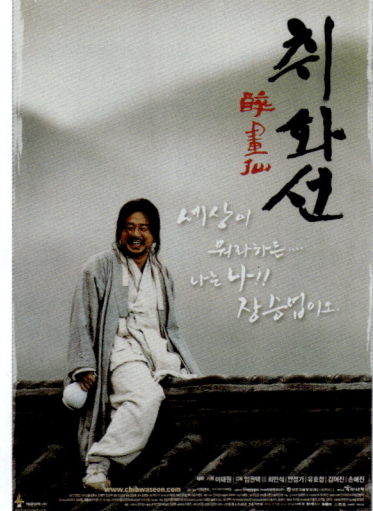

● '춘향뎐'(1999)에 이은 임권택의 또 하나의 대표작. 1997년(아시아미디어)에 출판된 민병삼의 장편소설 『오원(五園) 장승업(張承業)』을 원안으로 하고 있다.
　장승업(1843~1897)은 우리 근대 회화의 토대를 이룬 조선 왕조 마지막 천재 화가로 호방한 필묵법과 정교한 묘사력으로 생기 넘치는 작품을 남겼다. 영화는 이러한 천재 화가가 역사의 냉혹한 현실과 타협하지 못하고 끝내 타오르지 못하는 '불씨'로 사라지고 마는 안타까운 일화를 다루었다. 한 사람의 일대기인 만큼 자연 장승업이라는 인물을 조명하는 스토리로 전개되지만 이는 특정 인물의 일대기 이전에 한 예술가의 생애를 통해 바라본 한 편의 역사 대하 드라마라고 할 수 있다. 실제로 작품에서는 청 · 일 · 로로 이어지는 끊임없는 외세의 침략 속에서 민초들이 겪는 핍박과 고통의 흔적들이 가감 없이 그려지고 있다.(인터뷰 「그림 영화 만드는 임권택 감독」 국민 01. 2. 9)
　취화선의 빼어난 점은 한국화의 독특한 미학을 적극적으로 영화에 끌어들이고 촬영과 조명,

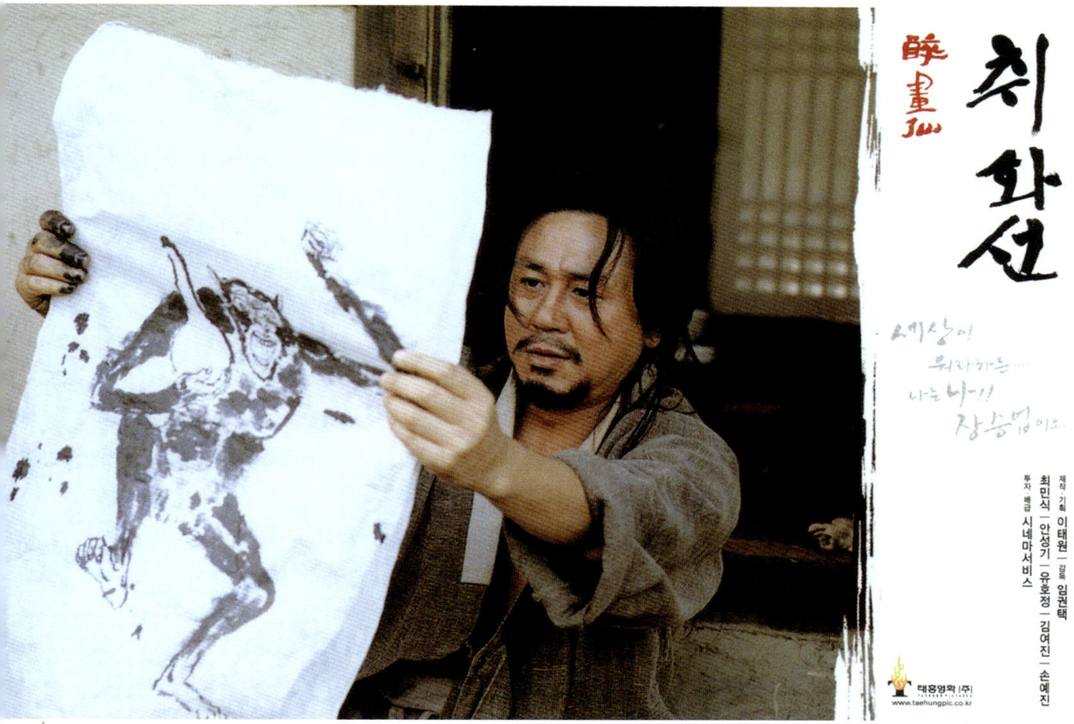

세트 등 비주얼적인 측면의 다각적인 노력으로 한국 고유의 정취를 아름답게 담아낸 뛰어난 영상미에 있다. 장승업의 초기 그림부터 절정에 이를 때까지의 다양한 그림을 비롯해 조선시대의 대표화가인 김정희, 신윤복, 김홍도, 정선, 안견의 그림과 민화, 중국화, 동양화 등 수백 점이 선보인다. 여기에 등장하는 조선시대의 문방사우와 조선시대 화첩은 현존 작가인 小山 박대성이 소장하고 있는 명품들이다. 이를 위해 서울대 박물관장인-浪 이종상과 서예가 何石 박원규 등의 자문을 받고 주인공 역을 맡은 최민식은 장승업의 현완직필(懸腕直筆)을 연기하기 위해 중앙대교수 김선두에게 먹 갈기부터 운필법과 자세, 한국화 수업을 받았다고 한다.(연세대 미디어아트 연구소 엮음 영화와 시선5 『취화선』 삼인 2004년 참조) 이처럼 임권택의 장점은 그동안 수많은 영화를 만들면서도 끊임없이 새로움을 추구하고 최선을 다한 결과를 보여주는 데 있다. 이는 '만다라'(1981), '서편제'(1993), '춘향뎐'(2000)에 이어 자연의 아름다움을 눈부시게 잡아낸 정일성의 촬영도 빼놓을 수 없다.

이 영화는 작품성과 예술성이 뛰어난 작품으로 평가되어 임권택은 청룡영화상 감독상, 정일성이 청룡영화상과 영평상에서 촬영상, 제작자 이태원이 청룡영화상과 백상예술대상에서 특별상과 작품상, 춘사영화예술제에서 이태원, 임권택, 정일성이 춘사 탄생 100주년 기념 공로상, 칸국제영화제와 베를린국제영화제에서 임권택이 최우수감독상, 명예황금곰상 등을 수상했다.

19세기말 서울 종로 거리를 재현해내기 위해 철저한 시대 고증 작업을 거쳐 양수리 서울종합촬영소에 총 2700평 규모의 오픈 세트를 설립, 그외 경주 양동마을, 제천 갈대숲, 석모도, 충남 아산시 외암리, 이상의 고저택, 전남 순천시 선암사, 전북 남원시 산내면 뱀사골 계곡, 인천시 강화군 삼산면 민머루 해수욕장, 영종도, 하동 새미골 등에서 촬영됐다.

낙타(들) Camel(s)(2001)

(화인커뮤니케이션) 91분 극영화 18세
관람가/로드무비

감독·각본 : 박기용
제작 : 고충길
개봉 : 2002년 9월 27일 코아아트홀
　　　　(서울)
수출현황 : 미국(01)
출연 : 이대연, 박명신 외
촬영 : 최찬민　　**음악** : 박진석
조명 : 남성일, 김안훈
편집 : 박기용, 김성수
분장 : 김방균　**동시녹음** : 정진욱
사운드 : 영진위, 인상현, 정지영
조감독 : 신수현
수상 : 제16회 스위스 프리부르그국제
　　　　영화제 그랑프리(대상)·최우수
　　　　각본상(박기용), 제1회 '날밤' 영
　　　　화제(감금영화제), 제6회 부산
　　　　국제영화제, 제52회 베를린국
　　　　제영화제, 제31회 로테르담영
　　　　화제, 부에노스아이레스, 시애
　　　　틀, 토론토 영화제 초청

각자 가정을 가지고 있는 40대 초반의 남자와 30대 후반의 여자가 월 곳이라는 작은 포구로 여행을 떠난다. 서로 이름도 모르는 이들이 함께 여행을 가게 된 것은 어딘지 비슷한 점이 많다는 느낌 때문이다. 오래 전에 와본 적이 있는 월곳은 모텔, 횟집, 노래방 천국으로 변해 있었다. 식당에 들어간 두 남녀는 상대방에 대한 여러가지 질문을 해본다. 그리 곤 노래방으로 가서 노래를 부르다 입을 맞추고 모텔로 가서 관계를 맺 는다. 잠시 후 남자에게 등을 돌린 채 누워 있는 여자에게 남자가 야식 을 먹으며 묻는다. "우리 그 전에 만났으면 어떻게 됐을까요?" 여자는 아무 말도 하지 않는다.

● '모텔선인장'(1997)으로 감독 데뷔한 박기용 각본·연출작. 처음에는 제목이 '사막'이었다. 낯선 40대 남성과 30대 여자가 여행을 통해 일탈을 시도한다는 내용으로 남녀가 만나면서 벌 이는 정규 코스를 덤덤하게 그리고 있다. 9800만 원의 초 저예산과 12일간의 초급급 촬영으로 화제를 모은 흑백 디지털 장편. 박재호의 '내일로 흐르는 강'(1995)에서 호연한 연극배우 출신 이대연이 주인공을 맡았다.

스위스 프리부르그국제영화제 대상과 최우수 시나리오상을 수상, 부산영화제를 비롯해 로테 르담, 베를린, 부에노스아이레스, 시애틀, 토론토 등의 영화제에서 호평을 받았으나 대중적 흥 행과는 거리가 멀었다.

생활의 발견 Turning Gate(2002)

(미라신코리아) 115분 극영화 18세관
람가/드라마

감독·각본 : 홍상수
제작 : 안병주
개봉 : 2002년 3월 22일 CGV강변
　　　　11, 대한, 시네코아, 서울, 명보,
　　　　중앙극장(서울) 등 8개 관
관람인원 : 12만 7484명(서울)
수출현황 : 일본, 태국(02)
출연 : 김상경, 추상미, 예지원, 김학
　　　　선, 전국향, 신현종, 최희라 외
촬영 : 최영택　　**조명** : 최석재
편집 : 함성원　　**의상** : 조윤미
분장 : 조윤주　**동시녹음** : 안상호
사운드 : 오원철, LIVE TONE
특수효과 : 퓨처비전
연출부 : 김윤성, 남현미, 박은영
프로듀서 : 이한나
조감독 : 김재한, 장기수
수상 : 제10회 춘사영화예술제 여자조
　　　　연상(예지원), 올해의 신인연기
　　　　상(김상경), 제47회 아태영화제
　　　　홍상수(감독상)

연극계에서 제법 알려진 배우 경수(김상경). 감독만 믿고 영화에 출연했 지만 흥행이 시원치 않아 차기작 캐스팅은 날아가버렸고 개런티도 겨 우 100만 원을 받았다. 하는 수 없이 글 쓰는 선배를 찾아 춘천으로 내 려가는 길에 그는 그의 팬이라는 명숙(예지원)이라는 여자를 만난다. 함 께 술을 마시다가 그녀가 경수에게 호감을 표시하는 바람에 둘 사이는 급진전한다. 실은 그녀는 글쓰는 선배가 좋아하던 여인이다. 춘천의 기 억을 뒤로한 채 이번엔 충동적으로 경주행 기차에 오른다. 그리고 옆자 리에 앉은 선영(추상미)에게 왠지 강하게 이끌린다. 선영을 무작정 쫓아 나서지만 그녀는 유부녀일 뿐이다.

● 홍상수 각본·연출작. 제작 미라신코리아. 춘천과 경주를 무대로 가을날 7일 동안 한 남자와 두 여자의 연애담을 그린 내용. 지식인인 체 하는 모든 위선적 행동에 대해 냉소를 금치 못하면 서 감독은 무질서하게 나열된 듯한 이야기 구조 속에 정교한 질서를 세운다. TV 드라마를 통해 스타덤에 오른 탤런트 김상경과 추상미, 예지원이 출연하고 있다. 제작비는 마케팅 비용을 포함해서 15억 원, 서울 개봉과 함께 프랑스와 일본에서도 동시 개봉됐다. 아태영화제에서 홍상 수 감독상 수상.

피도 눈물도 없이 No Blood No Tears(2002)

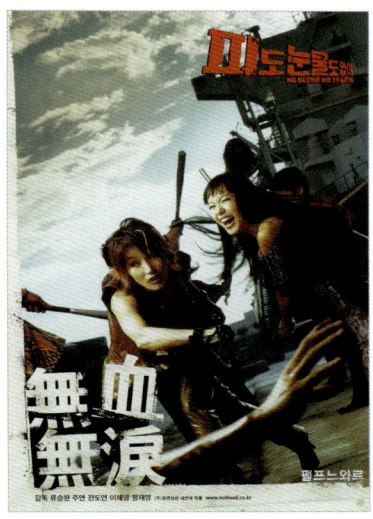

택시 운전으로 근근이 살아가는 가죽 잠바 경선(이혜영)은 어린 딸을 데려다 함께 사는 것만이 유일한 희망이다. 피곤에 지친 삶을 참아낼 수는 있지만 그녀는 아직도 칠성파 일당의 빚 독촉에 시달리고 있다.

어느 날 경선은 그녀의 삶을 그대로 닮아 있는 선글라스 수진(전도연)을 만난다. 전직 라운드 걸 출신이자 가수지망생인 수진은 투견장을 관리하는 독불(정재영)에게 매일같이 두들겨 맞으면서 그로부터 벗어나고자 발버둥치고 있다.

경선과의 필연적인 만남으로 그들은 의기투합하고 인생의 반전을 위해 투견장에 모이는 거액을 빼돌릴 계획을 세운다. 한편 그 돈을 노리는 것은 수진과 경선만이 아니다. 투견장의 비정한 세계는 투견장 주위의 돌고 도는 돈과 그 돈을 관리하는 사람, 관리당하는 사람, 일확천금을 노리는 얼치기들이 그들이 기르는 투견처럼 악에 받쳐 물고 뜯고 사정없이 날뛴다. 그곳에 경선과 수진이 나타나면서 사건은 꼬리를 물고 엉켜들기 시작한다.

● 감독 데뷔작인 '죽거나 혹은 나쁘거나'(2000)로 단시간에 "충무로의 신화"(김종원, 「한국영화 감독사전」, 국학자료원 2004년, p.200)로 떠오른 류승완의 두 번째 작품. 제목 그대로 피도 눈물도 없는 투견판의 사내들과 잡초처럼 질긴 두 여자 간의 우정, 인정, 사랑, 배신, 음모를 그렸다.

한국영화사상 처음으로 여성 버디 액션 형식인 '펄프 느와르(Pulp Noir)'를 표방한 영화로 기존의 장르영화와는 차별성을 갖는다. 펄프라는 단어는 사전 그대로 대중 통속소설처럼 경쾌하다, 가볍다는 뜻. 느와르의 어둠과 펄프의 가벼움을 연결해 보면 이해가 가능해진다. 여주인공들의 옷차림도 파격적이다. 당시 아직 유행하기 전 배꼽과 어깨, 가슴을 드러낸 상의에 몸에 밀착하는 골반 진바지를 입은 전도연과 이혜영의 차림은 닮아진 여자 강패의 모습을 그대로 연출하고 있다. 젊은 감독의 패기 넘치면서도 멋을 부리는 영상미, 특히 슬로모션과 화면분할을 자유자재로 사용한 액션 신들이 관객의 시선을 끌었다.

서울 관객 21만, 전국 관객 54만 정도. 1960년대 김강윤의 '피도 눈물도 없다'(1969)와는 전혀 상관없는 작품이다.

(좋은영화) 116분 극영화 18세관람가/
액션느와르

감독: 류승완
제작: 김미희
각본: 정진완, 류승완
개봉: 2002년 3월 1일 서울극장, 씨네플러스, 메가박스, 명동CGV (서울) 등 8개 관
수출현황: 태국, 독일(02)
출연: 전도연, 이혜영, 정재영, 류승범, 신구, 정두홍, 백일섭 외
기획: 강우석
촬영: 최영환
음악: 한재권
조명: 김성관
편집: 김상범, 김재범
미술: 양흥삼
세트: 오규택
소품: 김효진
의상: 조상경, 최차남
분장: 박선지(특수분장)
동시녹음: 윤해진
사운드: LIVE TONE, 오원철
특수효과: 정도안
시각효과: 인사이트비주얼, 강종익
무술감독: 정두홍
프로듀서: 김성제
조감독: 박경목, 김경수, 정소연, 이지호, 최이석

복수는 나의 것 Sympathy for Mr. Vengeance(2002)

(스튜디오박스) 120분 극영화 18세관
람가/범죄

감독 : 박찬욱
제작 : 임진규
각본 : 박찬욱, 이무영, 박리다매, 이
　　　종용, 이재순
개봉 : 2002년 3월 29일 강변CGV11,
　　　대한, 명보, 시네코아, MMC,
　　　옴니시네마(서울) 등 16개 관
관람인원 : 16만 4100명(서울)
수출현황 : 이스라엘, 스칸디나비아,
　　　독일, 영국, 홍콩, 프랑스
　　　(02)
출연 : 송강호, 신하균, 배두나, 한보
　　　배, 임지은, 이대연, 기주봉, 김
　　　세동, 이윤미, 류승범 외
촬영 : 김병일
음악 : 어어부 프로젝트, 백현진,
　　　장영규
조명 : 박현원
편집 : 김상범
미술 : 오재원
세트 : 오상만
소품 : 장석호
의상 : 신승희
분장 : 송종희
특수분장 : 신재호
포스터 : 이재용
동시녹음 : 이승철
사운드 : 김석원, 김창섭, 박주강,
　　　최성록
시각효과 : 장성호, 이재선
프로듀서 : 이재순, 손세훈
조감독 : 이소영
수상 : 제10회 춘사영화예술제 편집상
　　　(김상범)·음악상(어어부밴드),
　　　제22회 영평상 감독상(박찬
　　　욱)·각본상(박찬욱), 제3회 부
　　　산영평상 최우수작품상(박찬
　　　욱)·감독상(박찬욱), 제1회
　　　MBC영화대상 촬영상(김병일)
　　　·조명상(박현원)·편집상(김상
　　　범), 제12회 이탈리아 필름 느
　　　와르 페스티벌 심사위원특별
　　　상, 제5회 이탈리아 우디네극
　　　동영화제 관객상

선천성 청각장애인인 류(신하균)에게는 신장을 이식해야만 살 수 있는 누나(임지은)가 있다. 신장을 구하려다 장기밀매 사기단에게 연루된 류는 오히려 자신의 신장을 빼앗긴다. 그때 병원으로부터 누나에게 적합한 신장을 찾아냈다는 전화가 걸려온다. 그러자 류의 연인이자 운동권 학생인 영미(배두나)는 수술비 마련을 위해 돈 많은 사람의 아이를 유괴하자고 제안한다. "아이를 잘 데리고 있다가 돌려주는 거야. 수술비는 부자들에겐 껌값이야." 이렇게 해서 동진(송강호)의 딸 유선(한보배)을 납치하지만 이 사실을 알게 된 누나가 자살하고 동진의 딸 유선 역시 강물에 빠져 죽는다. 딸의 시체를 안고 류에 대한 복수를 다짐하는 동진, 누나를 잃은 류 역시 장기 밀매단을 응징할 준비를 한다.

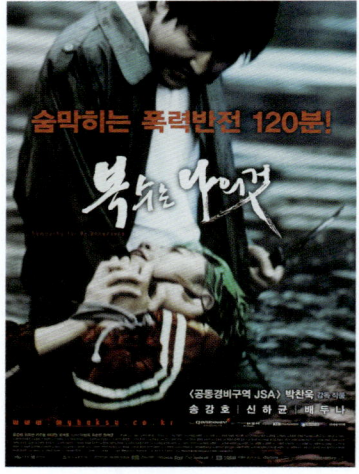

● 박찬욱의 네 번째 영화이자 복수 시리즈 제1탄. 누나의 신장 이식 수술비를 마련하기 위해 중소기업 사장의 딸을 유괴하면서 벌어지는 범죄 스릴러물. 아이가 죽으면서 일파만파로 번지는 상황과 변해가는 인간의 심리와 악의 본성에 초점을 맞추고 있다. 영화는 대사 없이 소름끼치게 건조한 정적만으로 상황을 이어간다. 영화를 채우는 것은 무시무시한 굉음과 불길이 들끓는 듯한 침묵이다. 정지된 프레임의 롱테이크와 감정이 배제된 하드보일드의 건조함도 마찬가지다. 관객은 불쾌하지만 도취되고, 현실로부터는 멀어지지만 벗어날 수 없는 무의식의 바닥으로 떨어져 내린다.

송강호는 이 영화에서 아이를 유괴당하고 유괴범을 찾아다니는 아버지 역할, 신하균과 배두나가 유괴범. '피도 눈물도 없이'(2002)의 류승완 감독이 자장면을 배달하는 중국집 종업원, 그 동생 류승범이 뇌성마비 장애인, 정재영은 송강호 전처의 남편, 아나운서 이금희가 중요한 단서를 제공하는 라디오 DJ로 출연했다.

제12회 필름느와르 페스티벌에서 심사위원특별상 수상. 선정 이유는 "인간적인 연민, 영상미학, 사실적인 폭력성을 균형감 있게 스크린에 펼쳐 보인점"(연합뉴스 00. 12. 26) 때문이다. 이 영화에 이어서 '올드보이'(2003), '친절한 금자씨'(2005)와 함께 복수 3부작이 완결된다.

결혼은 미친 짓이다 Marriage Is a Crazy Thing(2002)

매너 좋은 대학 강사인 준영(감우성)은 연애지상주의자이기도 하다. 어느 날 소개팅에 나간 그 앞에 섹시하고 당돌한 연희(엄정화)가 셀레민트 겸 향기를 풍기며 나타난다. 3차로 술집까지 가게 된 두 사람은 총알택시 비용보다 여관비가 더 쌀 것 같다는 대화를 나누다 어느새 여관으로 직행하고, 그들의 대화만큼 솔직한 섹스가 포르노처럼 이어진다. 서로 다른 꿍꿍이를 갖고 연애를 시작한 두 사람. 하지만 결혼은 조건 좋은 남자와 하고, 연애는 준영과 하고 싶었던 그녀는 다른 남자와 결혼하고 나서도 준영과의 관계를 계속한다.

● 감독 데뷔작인 '바람 부는 날이면 압구정동에 가야한다'(1992) 발표 후 10년 만에 내놓은 유하의 두 번째 연출작. 2000년에 발표한 이만교의 소설『결혼은 미친 짓이다』는 제24회 오늘의 작가상 수상작으로 정보화 사회를 살아가고 있는 젊은이들에게 새로운 결혼관을 제시했다.
　이 영화는 서로 다른 가치관을 가진 두 남녀가 결혼을 통해 사랑이란 의미를 깨달아간다는 내용의 멜로물로 남녀의 연애와 결혼 문제에 초점을 맞추면서 "불신화된 결혼관과 유난히 탁월한 연애 실력의 조화로운 운영이 묘사"(이효인,『영화로 읽는 한국사회문화사』, 개마고원, 2003년, p.244)되고 있다. 유하의 '바람 부는 날이면…'에서 스크린 데뷔한 가수 엄정화가 '연희' 역에 캐스팅됐고 연기에서의 기교의 절제를 적절하게 구사하는 탤런트 감우성이 노총각 강사 역을 맡고 있다. 감우성 스크린 데뷔작. 제작비 20억 원.

(사이더스) 105분 극영화 18세관람가/멜로
감독 : 유하
제작 : 차승재
각본 : 유하(원작 이만교)
개봉 : 2002년 4월 26일 대한, 허리우드, 중앙시네마, 서울, 씨네시티(서울) 등 11개 관
수출현황 : 홍콩, 중국, 인도네시아, 태국, 싱가포르(02)
출연 : 감우성, 엄정화, 박원상, 강소정, 윤서정 외
조명 : 정영민　편집 : 박곡지
미술 : 박일현　세트 : 오상만
분장 : 김서영, 박수영
포스터 : 강영호　동시녹음 : 김경태
시각효과 : 김태훈, 이전형, 한영우, 박경열, 정성진
프로듀서 : 윤상오
조감독 : 조록환
수상 : 제39회 백상예술대상 최우수연기상(엄정화), 제1회 MBC영화대상 신인남우상(감우성)

아유 레디? RU Ready(2002)

아무런 상관관계가 없는 여섯 명의 남녀노소가 우연히 테마파크에서 만난다. 고교시절 짝사랑하던 여학생에게 모욕을 당한 뒤 밤마다 악몽에 시달리는 유강재(김정학), 바람 피운 아버지 때문에 어머니가 자살하자 남자를 경멸하게 된 단주희(김보경), 전쟁 중 자신의 소대원을 모두 잃고 혼자 살아남은 죗값을 짊어지게 된 황 노인(안석환), 보육원에서 단체 여행을 왔다가 길 잃은 고아 찬희(박준하), 견원지간처럼 서로 으르렁대는 고교생 현우(이종수)와 준구(천정명) 등이 그들이다.
　그들은 사파리에서 때 아닌 동물들의 습격을 피해 도망치다가 수상한 '아유 레디관'에 도착, 그곳에서 롤러코스터처럼 곤두박질치는 예측불허의 사건을 함께 경험하게 된다.

● 윤상호 감독 데뷔작. 제작 눈엔터테인먼트, 각본 고은님. 순제작비 60억 원 중 25%에 달하는 예산이 대규모 전쟁신과 환상적인 모험 장면을 연출하기 위해 태국의 오지 상크라부리에 세운 오픈세트 제작에 투입됐다. 하지만 거대한 폭발 장면이 촬영되는 과정에서 세트는 1시간 여 만에 날아가 버렸다고 한다. 그 외에도 빠르게 전개되는 장면들 속에 삽입된 최첨단 컴퓨터 특수효과 등 CG 기술이 스펙터클한 영상을 만들어냈다.((FIRM2.0) 01. 8. 9) 신현중이 황금촬영상 신인촬영상 수상.

(눈엔터테인먼트) 108분 극영화 12세관람가/판타지 어드벤처
감독 : 윤상호
제작 : 최낙권
각본 : 고은님
개봉 : 2002년 7월 12일 CGV강변11, 서울, 메가박스, 명보, MMC(서울)
수출현황 : 인도네시아, 그리스, 태국(02)
출연 : 김정학, 김보경, 안석환, 이종수, 천정명, 박준하, 이호성, 윤원석, 고수희, 정승원 외
기획 : 최낙권　촬영 : 신현중
음악 : 박호준, 김현보, 박진우, 이근호
조명 : 박민　편집 : 경민호
미술 : 이민복　세트 : 윤기찬
소품 : 장성훈　의상 : 이승현
분장 : 장윤정　포스터 : 이재용
프로듀서 : 김윤오, 박희곤
조감독 : 김호석
수상 : 제26회 황금촬영상 신인촬영상(신현중)

집으로 The Way Home(2002)

(튜브픽처스) 87분 극영화 전체관람가
/가족드라마

감독 · 각본: 이정향
제작: 황우현, 황재우
개봉: 2002년 4월 5일 서울, CGV
강변11, 대한, 시네코아, MMC,
정동극장(서울) 외
관람인원: 159만 6521명(서울)
수출현황: 이란, 인도네시아, 멕시코,
싱가포르, 중국, 일본, 그리
스, 이스라엘, 러시아, 베네
룩스, 태국, 대만, 스페인,
홍콩, 미국, 캐나다, 영국,
호주, 남아프리카(02)
출연: 김을분, 유승호, 동효희, 민경
훈, 임은경, 이춘희 외
촬영: 윤흥식
음악: 김대흥, 김양희
편집: 김상범, 김재범
세트: 유주호, 김현희
소품: 유길원, 송상우
의상 · 분장: 송은경
포스터: 강영호
동시녹음: 은희수
사운드: 이승철, 박준오
특수효과: 김태용
연출부: 임동익, 김광훈, 구상범
프로듀서: 허재철
조감독: 김은석
수상: 제40회 대종상영화제 최우수
작품상(튜브픽처스) · 각본상(이
정향) · 기획상(황우현, 황재우),
제39회 백상예술대상 대상(이
정향), 제10회 춘사영화예술제
심사위원특별상(이정향), 제22
회 영평상 음악상(김대흥, 김양
희) · 미술상(강승용, 오상만),
제3회 부산 영평상 심사위원특
별상(이정향), 제50회 산세바스
티안국제영화제 신인감독특별
언급상(이정향), 제1회 블라디
보스토크국제영화제 최우수작
품상(이정향), 제5회 이탈리아
우디네극동영화제 관객상, 세
계가톨릭언론연맹(SIG NIS)
Future Talent상, 토론토국제
영화제 National Cine ma
Program 부문 초청, 2002년
올해의 여성영화인상

기차를 타고 버스를 갈아타고, 시골길을 한참 걸어서 엄마(동효희)와 일곱 살 상우(유승호)는 외할머니(김을분) 댁으로 가고 있다. 형편이 어려워진 상우 엄마가 상우를 잠시 할머니에게 맡기기 위해서다. 상우는 말도 못하고 글도 못 읽는 외할머니가 사는 시골 외딴집에 남겨진다. 전자오락기와 롤러블레이드의 세상에서 살아온 이 아이는 배터리도 팔지 않는 시골 가게와 사방이 돌투성이인 시골집 마당에서 생애 최초의 시련을 겪는다. 하지만 영악한 도시 아이답게 상우는 자신의 불만을 할머니에게 모두 드러내고 할머니는 세상의 모든 외할머니가 그렇듯 짓궂은 손자의 투정을 포근히 감싸준다. 상우는 배터리를 사기 위해 할머니의 은비녀를 훔치거나 구들장이 꺼지도록 롤러블레이드를 즐긴다. 프라이드 치킨이 먹고 싶은 상우에게 할머니는 "물에 빠진 닭(백숙)"을 해주기도 한다. 시골에서 부쩍 성장한 상우는 할머니의 정을 뒤로 한 채 엄마를 따라 다시 도시로 돌아온다.

● '미술관 옆 동물원'(1998)으로 감독 데뷔한 이정향 각본 · 연출작. '미술관 옆 동물원'으로 흥행성과 작품성을 동시에 주목받았던 이정향은 영화 '집으로'에서 시골 외할머니와 도시 손자의 세대 차이와 갈등을 극복해 가는 과정을 보여줌으로써 당시 폭력성이 난무하던 한국영화에 각성을 불러일으켰다. 일반인을 연기자로 기용해서 만든 이 영화는 꾸미지 않은 소박한 진행과 클라이맥스를 배제한 잔잔한 감동이 특징이다. 평단은 감독의 작가적 역량을 인정했고 흥행에서도 성공했으며 어린이와 중장년층 관객 확대 면에서도 어느 정도 기여했다.

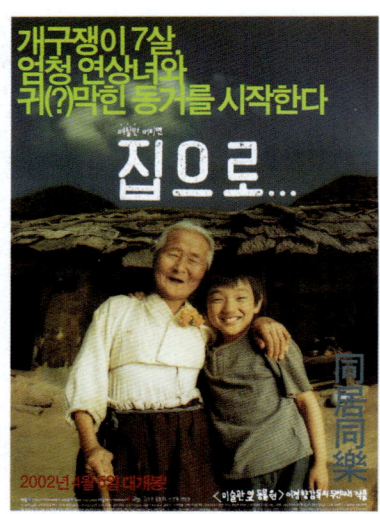

이정향은 스페인 산세바스티안제영화제 신인 감독 부문(Zabaltegi)에 초청되어 심사위원 특별상을 수상, 산세바스티안국제영화제 공식 소식지가 실시한 관객 인기투표에서 총 33편의 신인 감독 영화 중 2위, 세계가톨릭언론연맹(SIGNIS)이 수여하는 퓨처 탤런트(Future Talent)상, 북미에서 열린 토론토국제화제에서는 National Cinema Program 부문에 초청되어 관객과 평단에서 좋은 반응을 얻었다. 홍콩에서는 할리우드 영화의 틈새에서 개봉되어 첫 주 3위라는 놀라운 성적을 거뒀고 싱가포르에서는 좌석 점유율 2위를 기록, 대만에서는 박스 오피스 2위, 일본에서는 2003년 3월, 도쿄 이와나미 홀에서 3개월 이상의 장기 상영 등 배급사인 파라마운트 클래식 담당자는 이 영화가 당시 "아카데미 외국어 영화상에 노미네이트될 가능성이 높은 것"(《영화뉴스》 02. 10. 9)으로 점치기도 했다. 후에 스타가 된 유승호가 아역 스크린 데뷔.

서울 관객 159만 6521명, 전국 420만 관객 동원으로 2002년도 한국영화 흥행 순위 2위, 역대 한국영화 흥행 순위 20위(08. 1. 25 기준)이다. 충북 영동군 산촌면에서 촬영됐다.

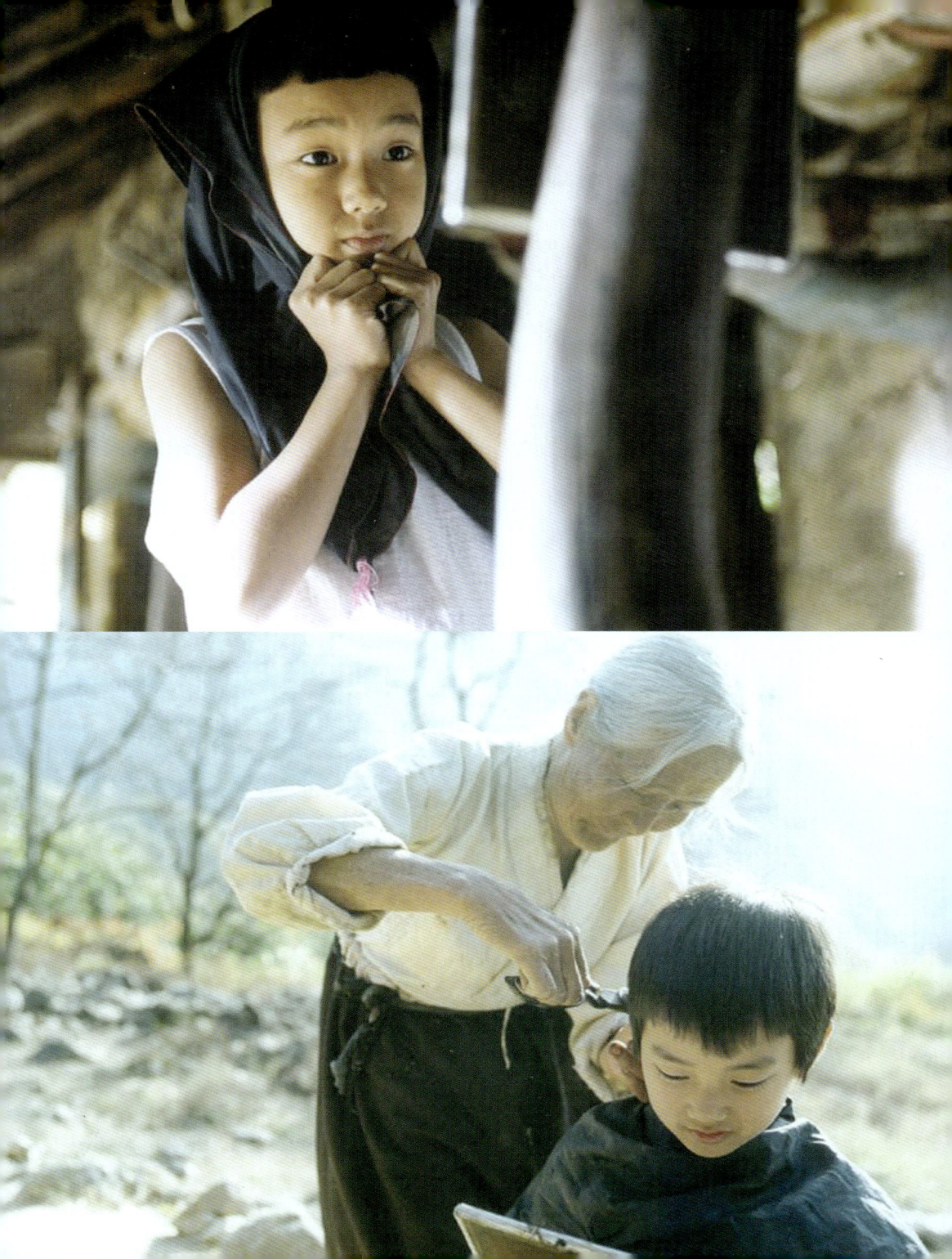

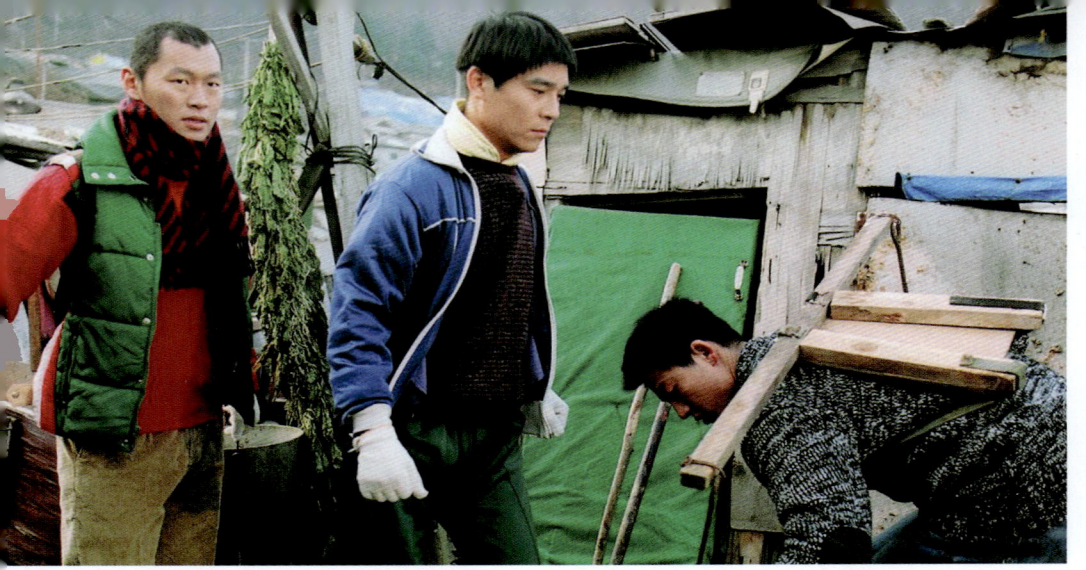

해적, 디스코왕되다 Bet on My Disco(2002)

(기획시대) 106분 극영화 15세관람가/
코미디
감독 : 김동원   제작 : 유인택
각본 : 김은화(원작 김동원)
각색 : 김동원, 노진수, 연미정
개봉 : 2002년 6월 6일 서울, 메가박
　　　스, CGV, 시네코아, MMC, 중
　　　앙극장(서울) 외
관람인원 : 41만 1513명(서울)
수출현황 : 홍콩, 미국, 호주, 태국, 싱
　　　　　가포르(02)
출연 : 이정진, 양동근, 임창정, 한채
　　　영, 이대근, 김인문, 김영애 외
기획 : 강한섭   포스터 : 류수진
조명 : 이주생   편집 : 고임표
세트 : 윤기찬   소품 : 장석훈
의상 : 양민혜   분장 : 최민선
촬영 : 전조명, 양희만
음악 : M&F, 조성우
미술 : 김희정, 장춘섭
특수분장 : 윤예령
동시녹음 : 최대성
사운드 : 씨네믹스코리아, 김봉수
특수효과 : 김태용
시각효과 : Mofac, 장성호, 김경헌
무술감독 : 신재명
조감독 : 임진순
수상 : 제6회 부천판타스틱영화제 관
　　　객상·부천 초이스 부문 감독상
　　　(김동원), 제14회 일본 유바리
　　　국제판타스틱영화제 비평가상

1980년대 초 싸움질로 청춘을 불사르는 해적(이정진), 성기(양동근), 봉팔(임창정)은 후줄근한 달동네에 사는 삼총사다. 해적은 주먹엔 소질이 있지만 심장이 멎을 만큼 예쁜 소녀 봉자(한채영)를 만나면 말 한마디 하지 못한다. 어느 날 해적과 성기는 며칠째 결석 중인 봉팔을 찾아 나선다. 그리고 달동네 꼭대기 봉팔네 집 가족사진에서 해적은 꿈에도 그리던 그녀를 발견한다. 봉자는 바로 봉팔의 여동생이었다.

하지만 그녀는 야시 룸살롱에서 이미 황제 디스코텍에 넘겨진 상태, 어깨들과의 대격돌은 패배로 끝나고, 무릎을 꿇고 앉은 그들에게 디스코텍의 큰 형님은 디스코왕 선발대회에서 우승하면 봉자를 내주겠다고 제안한다. 남은 시간은 단 일주일! 춤이라면 완전 초짜지만 한 춤 한다는 성기를 앞세워 삼총사는 비밀 댄스 교습소에서 본격적인 디스코 연습에 돌입한다. 그때부터 한겨울 빙판을 가르는 엄청난 초강력 훈련이 시작된다.

● 김동원 감독 데뷔작. 김동원의 26분짜리 단편 '81 해적 디스코왕이 되다'(1999)가 각종 독립영화제 등에서 상영되어 인기를 끌면서 영화평론가 강한섭(서울예대 교수)의 권유로 이를 106분 길이의 장편으로 제작하게 되었다. 기획 강한섭. 원작 김동원. 이정진, 양동근, 임창정 출연. 1980년대 달동네를 배경으로 혈기 넘치는 청춘의 순수한 사랑과 우정을 그린 코믹디스코 액션. 서울 관객 41만 명 동원. 부천국제판타스틱영화제 초이스 부문 감독상 수상. 디스코는 순수와 열정을 뜻한다.

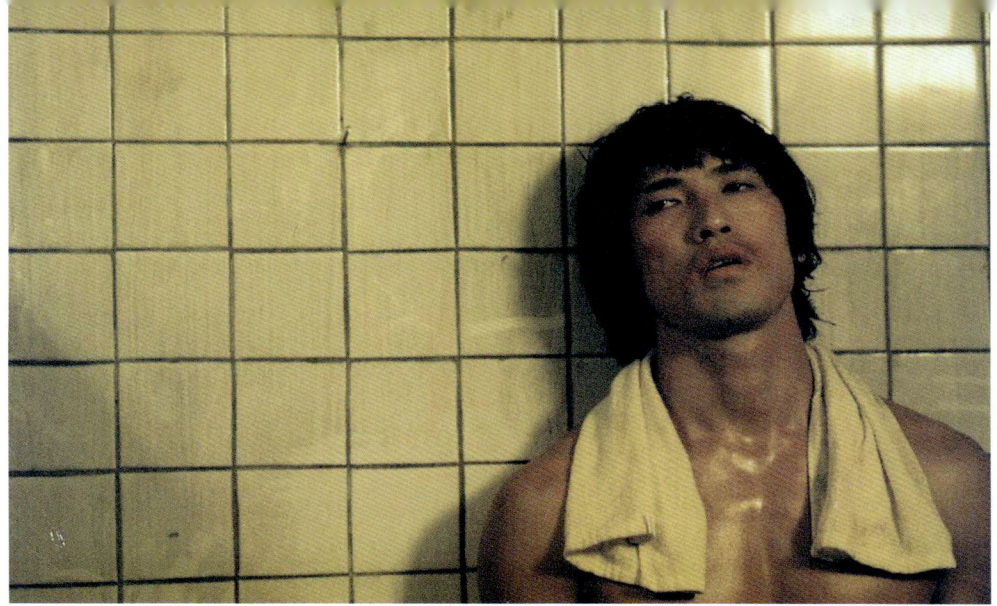

챔피언 Champion(2002)

소년 득구(유오성)는 챔피언을 목표로 서울에 올라와 동아 체육관에 입단하고 여기서 성격 좋은 박종팔(김병서), 믿음직스러운 이상봉(정두홍) 등을 만나 친형제처럼 지낸다. 최선을 다한 만큼 답을 해주는 권투의 매력에 빠진 득구는 크고 작은 경기를 열정적으로 치러내며 진정한 복서로 거듭 태어났다. 그런 어느 날, 옆 사무실에 이사 온 경미(채민서)를 보고 첫눈에 반한 그는 온 세상을 얻은 듯 부러울 것이 없었다. 이제 꿈과 사랑을 위해 세계 챔피언에 오르는 일뿐. 그는 세계 챔피언 타이틀을 얻기 위해 라스베이거스행 비행기에 몸을 싣는다.

● 곽경택 각본 · 연출작. 곽경택이 설립한 진인사필름 창립 작품이기도 하다. 1982년 미국 라스베이거스에서 열린 WBA 라이트급 챔피언에 도전했다가 링 위에서 사망한 비운의 권투선수 김득구(1955~1982)의 일대기를 그린 전기영화. '친구(2001)'의 차기작에다 '친구'의 스태프와 감독, 배우가 다시 한 번 손잡은 영화이기 때문에 세인들의 관심을 끌었다. 실화를 소재로 한 영화들은 관객들이 이미 결말을 알고 있기 쉽지만 '챔피언'은 '친구'에서 이미 검증받은 감각적인 영상과 과거 복원 능력은 물론 완벽한 김득구로 거듭난 유오성의 혼신을 다한 연기가 성공을 끌어냈다.(『실존인물 영화 징크스깰까』 서울 04. 12. 10)
　전국 극장주들의 적극적인 참여로 전국 200여 개 스크린에서 개봉되어 서울 57만, 전국 180만 관객 동원. 무술 감독 정두홍이 이상봉 역을 맡았다.

(진인사필름) 116분 극영화 12세관람가/스포츠 전기

감독 · 각본 : 곽경택
제작 : 양중경
개봉 : 2002년 6월 28일 대한, 메가박스, 서울, 허리우드, 뤼미에르, 씨티(서울) 외
관람인원 : 56만 7000명(서울)
수출현황 : 홍콩, 영국, 일본, 태국, 중국, 미국(02)
출연 : 유오성, 채민서, 정두홍, 김병서 외

촬영 : 홍경표　　　음악 : 윤민화
조명 : 유영종　　　편집 : 박곡지
소품 : 김태욱　　　의상 : 이자영
분장 : 정남경　　　특수분장 : 신재호
미술 : 강창길, 전인환
세트 : ㈜청솔아트
포스터 : 염승호, 강영호
동시녹음 : 안상호
사운드 : LIVE TONE, 오원철
특수효과 : 김병기
시각효과 : 강종익
무술감독 : 정두홍
프로듀서 : 조원장, 남종우
조감독 : 김창래, 크리스 찬호스키, 크리스토퍼 오(US 조감독)
수상 : 제40회 대종상영화제 편집상(박곡지)

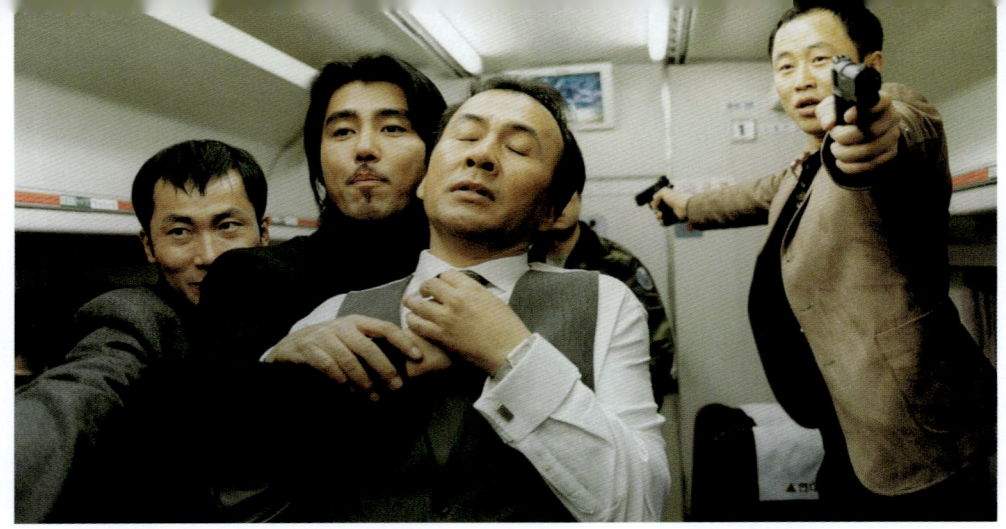

라이터를 켜라 Break out(2002)

(에이스타스엔터테인먼트) 101분 극영화 15세관람가/코미디

감독 : 장항준
각본 : 박정우
제작 : 백남수, 이관수
개봉 : 2002년 7월 17일 서울극장, 메가박스 외
관람인원 : 47만 1000명(서울)
수출현황 : 베트남, 태국(02)
출연 : 김승우, 차승원, 박영규, 장현성, 이문식, 배중식, 강성진, 유해진, 김채연, 박재현 외
기획 : 이관수
촬영 : 김성복
음악 : 윤종신
조명 : 신학성
편집 : 고임표
미술 : 김민오
의상 : 정수연
분장 : 배미남
세트 : 아트시네마
사운드 : 김석원, 김창섭, 김태하, 박주강
특수효과 : 김병기, 황윤세
시각효과 : Dream Up
무술감독 : 김광수
프로듀서 : 이준택
조감독 : 손희창, 김진선, 양혜경, 서동진
수상 : 제39회 백상예술대상 시나리오상(박정우)

오늘은 허봉구(김승우) 생애 최악의 날이다. 예비군훈련으로 녹초가 된 그에게 남은 건 단돈 300원, 전 재산으로 일회용 라이터를 산 봉구는 서울역까지 걸어왔다가 라이터를 화장실에 두고 나온다. 담배를 피우려다 라이터가 없어진 사실을 알게 된 봉구는 화장실로 라이터를 찾으러 갔다가 때마침 그곳에 들른 건달 보스 양철곤(차승원)이 그의 라이터를 줍는 것을 보게 된다. 내 라이터라고 우겨보지만 철곤은 들은 체도 하지 않는다.

하긴 철곤은 지금 그가 선거를 도와준 국회의원 박용갑(박영규)이 그를 피해 부산으로 간다는 소식을 듣고 신경이 잔뜩 곤두선 상태다. 더구나 박용갑은 대가는커녕 자신의 선거에 깡패들이 동원된 사실이 들통날까 봐 오리발을 내미는 것이 아닌가. 머리끝까지 화가 난 철곤은 박용갑을 따라 기차에 오르고 오로지 라이터를 찾겠다는 일념으로 봉구도 덩달아 기차에 오른다. 박용갑과 철곤은 엎치락뒤치락 서로 양보 없이 맞선 채 강경하기만 하다. 그러자 철곤은 박용갑과 자폭을 결심하고 기차를 점령하는가 하면 졸지에 인질이 된 승객들로 인해 기차 안은 아수라장이 된다. 역마다 경찰 병력이 배치되자 철곤 일당은 기차를 논스톱으로 폭주한다. 이 와중에서 철곤과 박용갑 사이를 뚫고 봉구가 나타나서 "내 라이터 돌려달라"고 겁 없이 외친다.

● '박봉곤 가출사건'(1996), '북경반점'(1999)의 시나리오 작가 출신인 장항준의 감독 데뷔작. 이 영화의 외관은 미국 영화 '스피드(Speed)'(1994)를 연상시킨다. 영화의 무대가 되고 있는 새마을 열차는 철도청의 적극적인 협조로 제작비 2억 5000만 원을 투자해 만들었다. 가수 김장훈과 유희열, 롤러코스터 등이 승차하여 극중 캐릭터마다 어울리는 색깔의 음악을 꾸미고 015B 객원 싱어로 활동하던 윤종신이 영화 음악을 담당했다. 영화 '신라의 달밤'(2001)에서 흥행 배우로 입지를 굳힌 차승원이 주인공으로 출연.

폰 The Phone(2002)

발신자 번호가 추적되지 않는 정체불명의 번호. 핸드폰이 울리고 그 전화를 받으면 전화를 받은 사람이 심장발작을 일으키며 죽어간다.

잡지사 기자인 지원(하지원)은 그녀가 쓴 원조교제 기사 때문에 그와 관련된 차진우(정성환)로부터 협박전화를 받고 있다. 협박전화에 시달리던 그녀는 불안을 느끼고 핸드폰 번호를 바꾸기로 한다.

지원은 친구 호정(김유미)에게 새 전화로 전화를 걸고 지원에게 걸려온 전화를 호정의 다섯 살짜리 딸 영주(은시우)가 대신 받게 되는 상황이 발생한다. 전화를 받은 영주는 점점 이상한 행동을 저지르는 등 호정의 가족은 갈등을 겪게 된다. 또 지원의 핸드폰을 추적해서 새 번호를 알아낸 차진우도 지원의 핸드폰이 울리는 순간 창백한 소녀의 허상을 보며 심장발작을 일으킨다.

이런 일련의 의문의 죽음과 사건이 핸드폰 번호와 관련이 있다고 감지한 지원은 새로운 핸드폰 번호의 소유자를 추적한 끝에 이전 소유자 중 두 명이 의문의 죽음을 당했으며 여고생 한 명이 실종상태임을 알아낸다. 실종된 여고생 주변을 캐기 시작하면서 지원은 이 사건에 뜻밖에도 호정의 가족이 연루되어 있음을 밝혀낸다.

(토일렛 픽처스) 103분 극영화 15세관람가/호러미스터리

감독·제작 : 안병기
각본 : 안병기, 이유진
개봉 : 2002년 7월 26일 서울, CGV, 대한 메가박스, 중앙, 명보, 씨티(서울), 대영, 롯데, 메가박스(부산), 중앙, 아카데미, 메가박스(대구) 외
수출현황 : 일본(02), 전 세계(리메이크 판권 02)
출연 : 하지원, 김유미, 최우제, 은시우, 정성환 외
기획 : 정옥화
촬영 : 문용식
음악 : 이상호
조명 : 최성원
편집 : 박순덕
미술 : 홍승진, 이요한
세트 : 오상만
의상 : 안지현
분장·특수분장 : 김희숙
포스터 : 김재성
동시녹음 : 오세진
사운드 : 오원철, 최태영
특수효과 : 김병기, 황윤세, 이현우
시각효과 : ㈜매커드 조이석
무술감독 : 권성환
프로듀서 : 김용대
조감독 : 임정욱, 정종훈, 김정환, 오형진
수상 : 제26회 황금촬영상 촬영금상(문용식)·조명상(최성원)

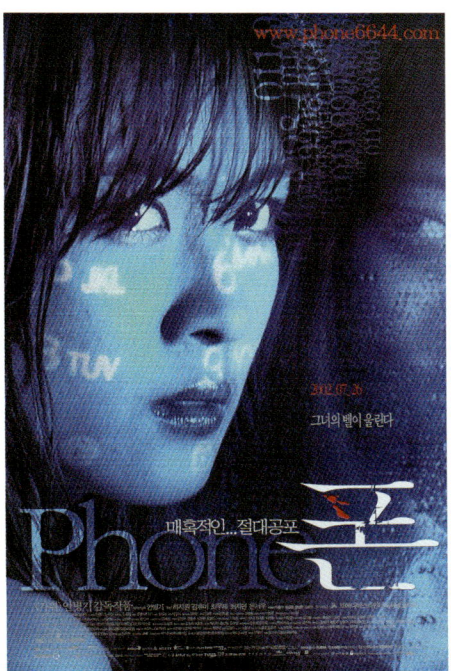

● 감독 데뷔작인 '가위'(2000)에 이은 안병기 연출작. 영화 '폰'의 경우는 호러영화라는 장르의 특성상 풍부한 사운드 연출이 가능했다. 당시 사용이 급격히 늘기 시작한 핸드폰을 소재로 한 영화 '폰'은 주변에 흔히 있는 일상용품을 공포의 대상으로 표현했다는 점에서 대중에게 쉽게 다가갔다. 거기에 개성이 강한 하지원을 내세워 공포 분위기를 배가시켰다. 서울 관객 75만 5000명 동원으로 2002년도 한국영화 흥행 순위 7위.

또한 할리우드 영화가 강세인 이탈리아에서 한국영화가 이탈리아 박스오피스 2위를 기록한 것은 그때가 처음이다. '폰'으로 흥행 감독이 된 안병기는 세 번째 영화 '분신사바'(2004)로 다시 한 번 열풍에 휩싸이게 된다.

좋은 사람 있으면 소개시켜줘

A Perfect Match(2002)

(영화세상) 106분 극영화 15세관람가/
코미디

감독 : 모지은
제작 : 안동규   각본 : 인은아
개봉 : 2002년 8월 8일 서울,
      CGV(서울)
수출현황 : 싱가포르, 태국(02)
출연 : 신은경, 정준호, 공형진, 김여
      진, 박상면, 박진택, 홍지민, 조
      여정 외
기획 : 김민기, 이순규, 이원태
촬영 : 황철현   음악 : 김형석
조명 : 김태인   편집 : 경민호
미술 : 이소선   세트 : 오상만
포스터 : 조선희
동시녹음 : 정진욱
사운드 : 소원종, 황진수
특수효과 : 김병기
시각효과 : 장성호
프로듀서 : 최정민
조감독 : 최민성, 최진영, 유정현
수상 : 제3회 부산 영평상 남우조연상
      (공형진)

아직 미혼인 효진(신은경)은 결혼정보회사 커플 매니저다. 타고난 감각과 머릿속에 축적된 대한민국 솔로들의 데이터베이스로 결혼 성공률 100%를 자랑하고 있다. 그런 그녀 앞에 맞선 매너가 엉망인 꽃미남 현수(정준호)가 나타난다. 컴퓨터 프로그래머인 현수는 어머니의 등쌀에 못 이겨 결혼정보회사에 등록은 했지만 본인은 정작 결혼 같은 것엔 무관심하다. 그는 초강력 커플 매니저 효진을 만나 새로운 결혼 작전에 휘말리게 되지만 결과는 늘 엉뚱한 방향으로 튀어버린다. 현수는 오히려 덤벙대는 효진에게 호기심 이상의 관심을 갖게 된다. 우연히, 또 자주 그들은 마주친다.

● 모지은 감독 데뷔작. 당시 26세라는 감독의 나이만큼이나 싱싱한 감각이 묻어나는 로맨틱 코미디. 모지은의 장점은 한눈팔지 않고, 잔재주 부리지 않고, 정공법으로 섬세하게 등장인물의 심리변화를 손에 잡힐 듯 관객들에게 전달하는 데 있다. 공형진이 효진의 친구 정준 역을 맡아 영평상 남우조연상을 받았다. 강변역 테크노마트 옥상과 양수리 세트장 등에서 촬영.

초승달과 밤배 Crescent and an Evening Boat(2002)

(신씨네) 104분 극영화 전체관람가/멜로

감독 : 장길수
제작 : 박건섭, 장길수
각색 : 조은아, 유지형, 장길수
      (원작 정채봉)
개봉 : 2005년 8월 25일 CGV강변,
      상암(서울), 서면, 프리머스(부
      산), 둔산(대전), 롯데시네마(일
      산) 외
출연 : 이요섭, 한예린, 강부자, 장서
      희, 기주봉, 양미경 외
기획 : 박건섭   촬영 : 이기태
음악 : 이상호, 유재창
조명 : 이민부   편집 : 경민호
세트 : 조우영   소품 : 김한상
의상 : 고윤미   분장 : 이영미
동시녹음 : 노천길
사운드 : ㈜웨이브 엔터테인먼트
시각효과 : 박관우
프로듀서 : 한남규
조감독 : 서효승
수상 : 제27회 몬트리올국제영화제 경
      쟁 부문 진출

'난나' (이요섭)는 할머니(강부자) 손에서 자랐다. 그러나 난나가 네 살 되던 해 동생 옥이(한예린)가 태어나면서 할머니의 관심은 온통 옥이에게만 향해 있다. 할머니의 무서운 호령 때문에 옥이를 업어주게 되고 그래서 마음껏 놀지도 못한다. 더구나 옥이가 영양실조로 등이 굽기 시작하자 창피해진 난나는 옥이를 학교 근처에 얼씬도 하지 못하게 하는 등 어린 옥이를 구박하기 시작한다. 그러나 억척스럽게 집안을 꾸려가던 할머니가 허리를 다치는 바람에 더 이상 생계유지가 어려워진 난나네는 삼촌을 따라 이사를 가게 되고 옥이는 당분간 이모 할머니댁에 맡겨진다. 어릴 때부터 혹이라 생각했던 옥이와 헤어진 난나는 날이 갈수록 동생을 그리워하는 자신을 발견한다.

● '실낙원' (1998) 이후 4년 만에 만든 장길수 연출작. 2001년 타계한 동화 작가 정채봉의 동명 소설을 영상으로 옮긴 작품. 맑은 사상과 깊은 울림이 있는 내용이 어른들의 심금을 울리며 '성인동화' 라는 문학 용어를 만들어냈다.(권영민, 「한국 현대 문학 대사전」, 서울대학교 출판부, 2004년, p.868)
  영화 역시 1970년대 서해안 마을, 억척스러운 할머니 밑에서 사는 바닷가 소년과 네 살짜리 여동생의 험한 세상 극복기를 슬프고 아름답게 그려냈다. 장서희 스크린 데뷔작. 청주 주성초등학교 학생들과 청주 현양원 아이들, 진돗개 대철이 등이 출연했다.

성냥팔이 소녀의 재림
Resurrection of the Little Match Girl(2002)

중국집 배달부 주(김현성)는 오락실에서 게임을 하는 것만이 세상사는 재미다. 어느 때처럼 게임방에서 게임을 하던 주는 '성냥팔이 소녀의 재림'이라는 게임에 접속할 것을 권유받는다. 게임의 목적은 성냥팔이 소녀(임은경)를 구하고 그녀의 사랑을 얻는 것이다. 주는 어느새 성냥팔이 소녀가 있는 가상공간으로 들어가게 되고 거기엔 동화 속에 등장하는 성냥팔이 소녀가 재현되고 있었다. 그곳엔 성냥팔이 소녀를 납치하고 이용하려는 양아치와 조폭, 그리고 시스템에 고용된 정예 요원들과 특수부대가 기다리고 있었다. 주는 한 팀이 된 여전사 라라(진싱)와 함께 이들 패거리들에 맞서 한바탕 액션 활극을 펼친다. 주는 성냥팔이 소녀의 사랑을 얻기 위해 성냥팔이 소녀가 갇힌 시스템을 향해 무모하고도 불가능한 마지막 싸움을 펼친다.

● 장선우의 액션 신비극을 표방한 사이버 퓨전 액션, 혹은 현실과 컴퓨터 게임을 오가는 SF액션 모험물. 안데르센의 동화 『성냥팔이 소녀』와 시인 김정구의 시 『성냥팔이 소녀의 재림 2』에서 영감을 얻었다고 한다. 동화 속에서 추위와 배고픔에 지쳤던 성냥팔이 소녀가 따뜻한 가족을 만나게 되는 결말로 10대 취향에 맞게 게임 속에 옮겨놓고 있다.

이 영화는 연 동원 엑스트라 1만여 명, 헬기 장갑차, 대전차 등 특수차량 40여 대, 특수 제작 의상 400여 벌, 화기, 총포, 등 실제 무기가 동원되었고, 컴퓨터그래픽과 20여 명의 홍콩의 무술팀까지 영입, 70%를 차지하는 화려한 액션신 탓에 "액션의 종합 선물세트"로 소개되기도 했다.(「'성냥팔이 소녀의 재림' 흥행실패 진단(2) 장선우 감독의 반응」《씨네21》 02. 9. 30) 서울 관객 5만 2000명선, 전국 관객 13만 8000명선.

출연자는 이동통신 TTL CF의 신비로운 모델이었던 임은경과 영화 '세친구'(1996)로 스크린 데뷔한 김현성, 가수 김진표, 그룹 HOT의 멤버였으며, 이후 솔로 앨범을 낸 강타가 사이버 가수 가준오 역으로 나왔다. 특히 중국 상하이에서 활동한 중국 최고의 현대 무용가 진싱(梁星)이 '라라'로 출연, 진싱은 부산 출신 어머니와 함흥 출신 아버지 사이에 태어난 중국 국적의 조선족으로 중국 최초로 성전환 수술을 받은 트랜스젠더다. 그의 인생역정을 담은 다큐멘터리 '진싱 파일'(2000)을 가지고 장위엔 감독과 전주국제영화제에 참가한 바 있다.

(기획시대) 125분 극영화 15세관람가/ SF 액션

감독: 장선우
제작: 유인택
각본: 장선우, 인진미
개봉: 2002년 9월 12일 서울, CGV 강변, 메가박스(서울) 외
관람인원: 5만 2317명(서울)
수출현황: 이스라엘, 체코, 싱가포르, 그리스, 인도네시아, 태국 (02)
출연: 임은경, 김현성, 김진표, 진싱, 명계남, 정두홍, 김정호, 백원길, 신범식, 박정기, 강타, 피에르 루시엥, 장두이 외
촬영: 김우형
조명: 고영광
음악: 달파란, 복숭아, Presents
편집: 김현, 한승룡
미술: 이철호, 최정화
세트: 박금명, 강성전, 박상호, 김상규, 강기배
소품: 유청, 황운석, 정일웅
의상: 채경화, 임선옥
분장: 황현규
동시녹음: 이영길
사운드: 이성진
특수효과: Arthur Lau Wai Kit, 김병기
시각효과: 차수민
포스터: 권영호, 강영호
무술감독: Tsui Po Wah, Hung Cheung Tak, Lau Chi Hao
프로듀서: 허창경
조감독: 인진미
수상: 제40회 대종상영화제 미술상 (이철호, 최정화)·영상기술상 (차수민, 황현규, 김병기)·의상상(임선옥)

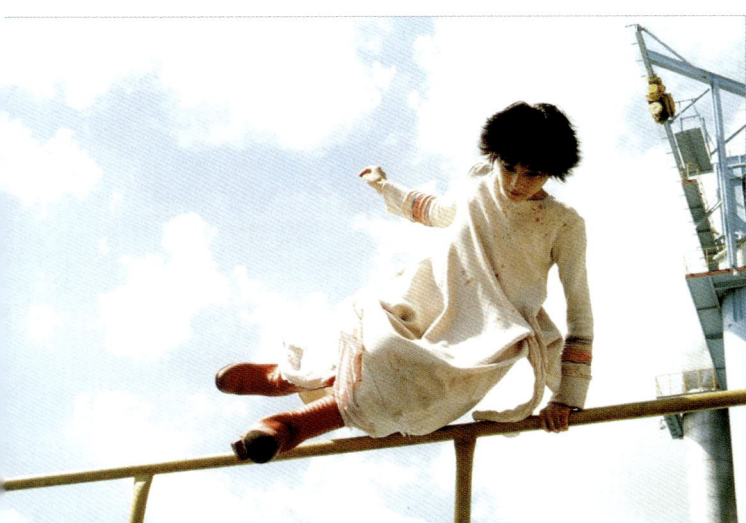

855

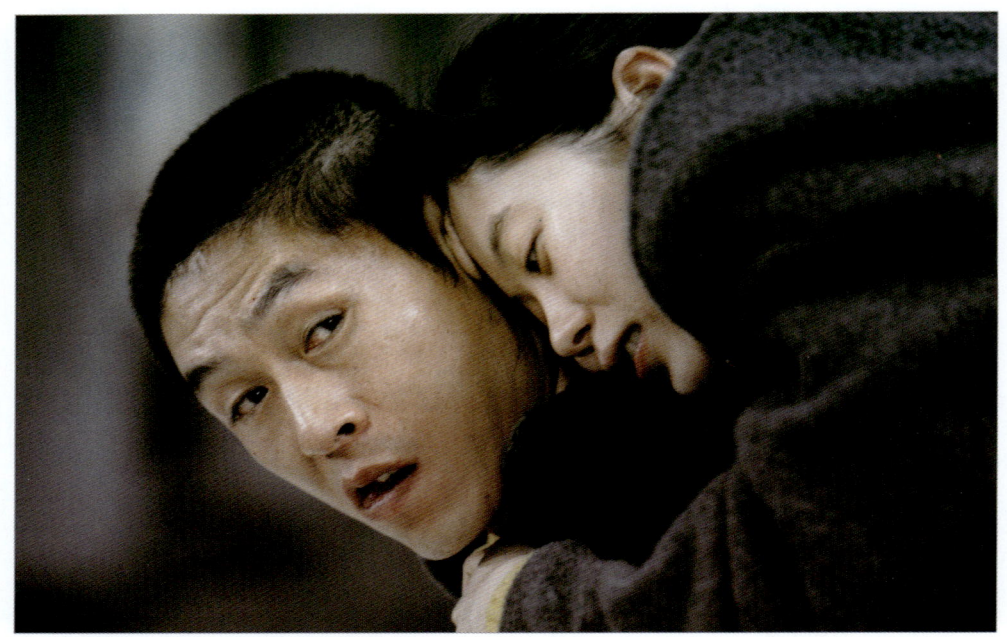

오아시스 Oasis(2002)

(이스트필름) 132분 극영화 18세관람
가/사회물

감독 · 각본 : 이창동
제작 : 명계남
개봉 : 2002년 8월 15일 CGV, 시네
코아(서울) 외
관람인원 : 55만 8046명(서울)
수출현황 : 일본, 이탈리아, 프랑스, 이
스라엘, 태국(03)
출연 : 설경구, 문소리, 안내상, 추귀
정, 류승완 외
기획 : 명계남
촬영 : 최영택
음악 : 이재진
편집 : 김현
미술 : 신점희
세트 : 오상만
소품 : 정민영
의상 : 차선영
분장 : 황현규
동시녹음 : 이승철
사운드 : 오원철, 최태영
특수효과 : 김태용

종두(설경구)가 뺑소니 교통사고로 형을 살다가 교도소에서 출소하자
가족들은 귀찮은 내색을 숨기지 않는다. 어느 날, 별 생각 없이 피해자
가족을 찾아간 종두는 모두가 이사가고 난 낡은 아파트 거실에 정물처
럼 혼자 남겨진 뇌성마비 여자 공주(문소리)와 마주친다. 그녀가 견디기
힘든 것은 창밖의 나무가 바람에 흔들릴 때마다 방안 벽에 걸린 오아시
스 그림에 그 나무 그림자가 비쳐서 흔들리는 모습이다. 행동이 부자연
스러운 그녀는 그림의 위치를 바꿔 걸지도 못한다.

오아시스 그림과 혼자라는 사실이 무서워진 공주는 밤마다 종두에게
전화를 걸게 되고 그때부터 서울 변두리, 오아시스 태피스트리가 걸린
낡은 아파트에서 둘의 사랑이 시작된다. 밤에는 전화로 긴 대화를 나누
고 낮이면 데이트에 나선다. 그러나 식당에서도 거절당하기 일쑤여서
가장 멋진 외식은 중국집에서 시켜먹는 자장면이 고작이다. 다른 연인
들은 자유롭게 노래하고 스스럼없이 장난치지만 공주는 상상만 할 뿐
종두에게 표현할 길이 없다. 그럼에도 둘의 사랑은 점점 깊어가고 마침
내 둘은 오아시스 그림 앞에서 사랑을 나눈다. 그러나 우연히 방문한
공주의 오빠가 이들을 목격하면서 그들의 순수한 사랑은 부서지기 시
작한다.

● '초록물고기'(1996), '박하사탕'(1999)에 이은 이창동의 세 번째 연출작. 소설가 출신인 이창동이 직접 시나리오를 썼다. 영화 '오아시스'는 사회의 아웃사이더인 전과자와 뇌성마비 여성을 사회적 타자로 설정해 놓고 현실과 환상을 넘나드는 자유로운 영화적 상상력으로 비뚤어진 현실을 날카롭게 포착하고 있다.(프랑스 영화 전문지《Cahiers du Cinema(영화수첩)》2003년 11월호-연합뉴스 03. 11. 3)

오아시스 그림은 메마른 사막 한가운데서 목마름으로 죽음을 바라보고 있는 사람들에게 생명을 의미하는 것이며 사는 방식이 다르다고 해서 외면당하는 두 남녀가 서로에게 내미는 구원의 손길이기도 하다. 설경구는 '박하사탕'의 영호에서 탈피한 변신의 모습을 보여주었고 문소리도 중증 뇌성마비 장애인 공주 역을 훌륭하게 소화해냈다.

이창동은 이 영화로 백상예술대상, 춘사영화예술제, 영평상, 대한민국영화대상(MBC영화대상)과 제59회 베니스국제영화제에서 감독상, 설경구는 영평상, 부산 영평상, 춘사영화제, 대한민국영화대상에서 남우주연상, 문소리는 청룡영화상과 대한민국영화대상, 춘사영화예술제, 영평상에서 여우주연상과 신인여우상, 그 외 가톨릭비평가협회상, 이탈리아 젊은 비평가상, 브리즈번국제영화제에서 넷팩상을 수상. 서울에서 56만 관객 동원.

시각효과 : 제로원픽처스
프로듀서 : 조민철, 전양준
조감독 : 홍현기, 박정우, 문일, 박정호, 김광식, 정상민
수상 : 제23회 청룡영화상 신인여우상(문소리), 제39회 백상예술대상 작품상·감독상(이창동), 제10회 춘사영화예술제 대상·감독상(이창동)·각본상(이창동)·남자연기상(설경구)·여자연기상(문소리), 제22회 영평상 대상(이창동)·남우주연상(설경구)·여우주연상(문소리), 제3회 부산영평상 각본상(이창동)·남우주연상(설경구), 제21회 밴쿠버국제영화제 치프댄 조지 인도주의상(Chief Dan George Humanitarian Award), 제59회 베니스국제영화제 '베니스 초청 감독상(이창동)·젊은 연기자상(문소리), 가톨릭비평가협회상, 이탈리아 젊은 비평가상, 제12회 브리즈번국제영화제 넷팩상, 제3회 대한민국영화대상(전MBC영화대상) 감독상(이창동)·각본 각색상(이창동)·남우주연상(설경구)·여우주연상(문소리), 국제영화비평가연맹(FIPRESCI)상

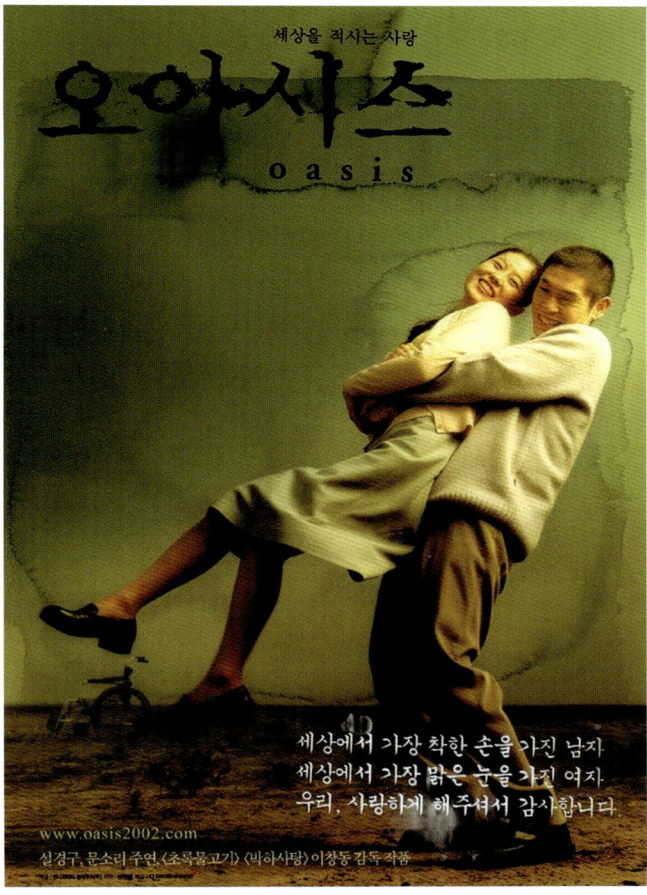

세상을 적시는 사랑

오아시스
oasis

세상에서 가장 착한 손을 가진 남자
세상에서 가장 맑은 눈을 가진 여자
우리, 사랑하게 해주셔서 감사합니다.

www.oasis2002.com

설경구, 문소리 주연〈초록물고기〉〈박하사탕〉이창동 감독 작품

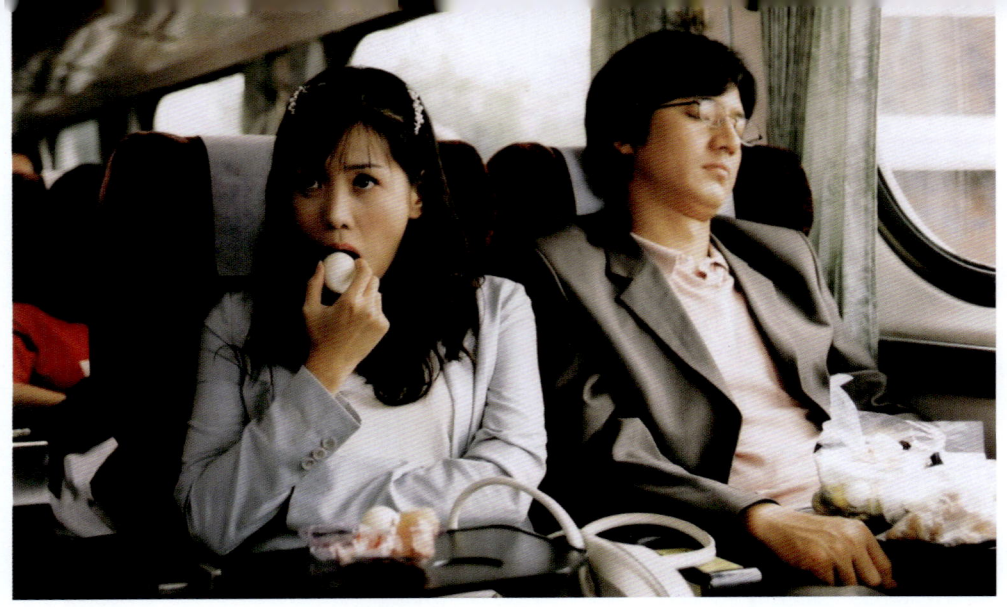

가문의 영광 Marrying the Mafia(2002)

(태원엔터테인먼트) 115분 극영화 15
세관람가/코미디

감독 : 정흥순
제작 : 정태원   각색 : 김영찬
각본 : 정흥순, 최해철
개봉 : 2002년 9월 12일 서울, 대한,
      명보, 센트럴6, CGV강변11(서
      울) 등
관람인원 : 160만 5775명(서울)
수출현황 : 홍콩, 태국, 전 세계−리메
      이크 판권(02)
출연 : 정흥호, 김정은, 유동근, 성지
      루, 박상욱, 박근형, 이서연, 외
기획 : 유정호   촬영 : 김윤수
음악 : 박정현   조명 : 이승구
편집 : 고임표   소품 : 고명수
의상 : 여현정   분장 : 김건식
포스터 : 이난   동시녹음 : 강신규
미술 : 오상만, 김효진, 김정영
사운드 : 정상진   특수효과 : 김병기
시각효과 : 유희정
무술감독 : 전문식
프로듀서 : 김송현
조감독 : 이채승
수상 : 제23회 청룡영화상 한국영화
      최고흥행상·남우주연상(유동근)
      ·인기스타상(김정은, 정흥호),
      제39회 백상예술대상 특별상
      (이태원)·인기상(김정은)

서울 법대를 졸업한 엘리트 사업가 박대서(정흥호). 어느 날 생판 모르는 여자 장진경(김정은)과 같은 침대에서 잠이 깬다. 너무나 놀라서 자초지종을 알아보니 이 여자는 바로 전남 여수에서 한 가닥 하는 집안의 고명딸로 자신도 왜 이곳에 있는지 모른다는 것이다. 어쨌거나 대서는 이제 코너에 몰린 생쥐나 다름없다. 진경의 아버지와 세 오빠가 둘을 결혼시키기 위해 물불을 가리지 않고 덤벼들기 때문이다. 모든 걸 다 갖췄지만 무식이 뚝뚝 흐르는 이 집안 사람들은 학벌 좋고 인물 좋은 대서를 사위로 맞아 '가문의 영광'을 되살리려 한다.

● 정흥순의 각본·연출작. 주먹계 집안의 고명딸과 법대 출신 CEO의 좌충우돌 결혼 작전을 담은 캐릭터 코미디. 정흥호, 김정은 주연. 유동근, 성지루, 박상욱이 여동생의 신랑감을 찾는 공갈 협박 브라더스로 나온다. 유동근의 첫 영화 출연작. 유동근은 구수한 전라도 사투리와 화려한 의상. 그리고 몸을 날리는 액션까지 소화하면서 단순 무식하면서도 인간적인 조폭 캐릭터를 능란하게 소화해냈다. 서울 관객 160만, 전국 520만 동원으로 2002년도 한국영화 흥행 순위 1위, 역대 한국영화 흥행 순위 15위(08. 1. 25 기준)를 기록, 청룡영화상 한국영화 최고흥행상을 수상했고 유동근이 남우주연상, 정흥호와 김정은이 인기스타상을 수상했다.
  '가문의 영광' 시리즈는 이후 정용기의 '가문의 위기−가문의 영광2'(2005)와 '가문의 부활−가문의 영광 3'(2006)로 이어졌다. 3년 만에 만들어진 속편 '가문의 위기−가문의 영광 2'는 신현준, 김원희, 김수미, 정준하가 출연, 이 영화는 "속편은 망한다"는 영화계의 징크스를 깨고 전국 563만 7000명(서울 145만 1000명) 동원으로 역대 한국영화 흥행 순위 12위(08. 1. 25 기준), 3탄 격인 '가문의 부활−가문의 영광 3'(2006)은 전국 관객 347만 동원으로 역대 한국영화 흥행 순위 29위(08.1.25 기준)로 3편이 모두 역대 한국영화 흥행 순위 100위 안에 들었다.

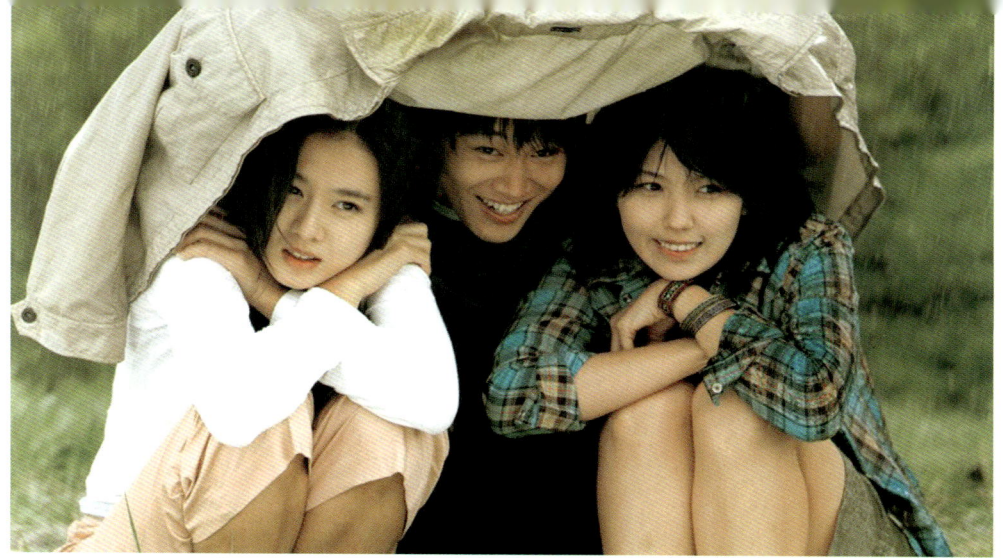

연애소설 Lovers' Concerto(2002)

어느 날, 지환(차태현)의 카메라 렌즈 안으로 수인(손예진)과 경희(이은주)가 들어온다. 닮은 듯 다른 두 사람, 첫눈에 수인에게 반한 지환은 용기를 내서 마음을 고백하지만 수인은 이를 정중하게 거절한다. 그러나 지환은 그녀들과의 인연을 지속하기 위해 친구가 되자고 제안하고, 그들 셋은 스무 살 나이에 걸맞게 풋풋한 우정을 쌓아나간다.

좋은 친구 사이로 생애 최고의 날들을 보내던 언젠가부터 우정이 있어야 할 자리에 낯선 감정이 끼어들면서 세 사람은 각자 사랑과 우정 사이에서 갈등하게 된다. 혼란스러운 감정은 그들 자신도 알 수 없는 거리를 만들고, 경희와 수인은 지환이 불편해졌다면서 그를 떠나버린다. 연락처도 주소도, 아무런 흔적도 남기지 않고 가버린 수인과 경희. 지환은 그들이 떠난 사실을 받아들이지 못한다.

그로부터 5년 후, 두 사람을 애써 잊었다고 생각하는 지환에게 발신인을 알 수 없는 사진 한 장이 배달된다. 발신인은 없지만 지환은 그 사진에서 경희와 수인을 느낀다. 오랜 설렘으로 그녀들을 찾아나서는 지환. 그때부터 세 사람의 우정과 엇갈린 사랑 이야기가 다시 시작된다.

● 이한 감독 데뷔작. 감독이 직접 각본을 쓰고 각색했다. 친구와 연인 사이에 놓인 한 남자와 두 여자, 그들이 엮어가는 미묘하고 짜릿한 첫사랑을 멜로영화로 구성했다. '연애소설'은 이한이 배창호 프로덕션 연출부에서 일할 때부터 퇴고를 거듭한 끝에 완성한 각본이다. 감독은 모든 이들이 공감할 수 있는 사랑의 모습을 꾸밈없이 진솔하게 그려내는 한편, 이는 젊은 감각, 색다른 감성의 영화로 관객들에게 어필했다. 주변에서는 영화 '연애소설'을 놓고 한국판 '러브레터'에 비교했지만 감독은 어릴 적 읽은 황순원의 「소나기」를 모티브로 이 영화를 만들었다고 한다.(문화 01. 12. 13) 서울 58만 4000명, 전국 162만 5000명 관객을 동원하면서 2002년도 한국영화 흥행 순위 10위에 올랐다. 이한은 이후 '청춘만화'(2006), '내 사랑'(2007)으로 사랑 3부작을 완결하게 된다.

(팝콘필름) 106분 극영화 12세관람가/멜로

감독 · 각본 : 이한
제작 : 한성구, 정영민
각색 : 이한, 문현석, 문성호, 오현리
개봉 : 2002년 9월 13일 서울극장, 메가박스, CGV(서울) 등
관람인원 : 58만 4070명(서울)
출연 : 차태현, 이은주, 손예진, 문근영, 신승환, 김남진, 사강, 박용우, 이문식, 전수환 외
기획 : 최승혁
촬영 : 진영환
음악 : 김상헌
조명 : 남진아
편집 : 김현
미술 : 양홍삼
세트 : 김문영, 남아트센터
의상 : 엄호정
분장 : 장진
동시녹음 : 김경태
프로듀서 : 최성식, 양현찬

YMCA 야구단 YMCA Baseball Team(2002)

(명필름) 104분 극영화 전체관람가/
시대극 스포츠

감독·각본 : 김현석
제작 : 심재명, 이우정
개봉 : 2002년 10월 2일 메가박스,
　대한극장, 서울극장, 씨네씨티
　(서울) 등
관람인원 : 56만 명(서울)
수출현황 : 태국, 싱가포르, 미국(02)
출연 : 송강호, 김혜수, 김주혁, 황정
　민, 이대연, 김일웅, 신구, 임현
　식, 카즈마 스즈키 외
촬영 : 박현철
음악 : 방준석
조명 : 임재영
편집 : 김상범, 김재범
미술 : 강승용, 오상만
세트 : 김영수
소품 : 이태우
의상 : 정경희
분장 : 송종희
포스터 : 오형근
사운드 : 김석원, 한철희, 방준석, 이용
　석, 김창섭, 박주강
특수효과 : 정도안, 이희경, 방성철
시각효과 : 장성호
무술감독 : 정두홍
조감독 : 조원동, 안재석, 위준석
수상 : 제39회 백상예술대상 신인감
　독상(김현석), 제10회 춘사영화
　예술제 기획제작상(심재명, 이
　우정)·신인감독상(김현석)·
　촬영상(박현철)·미술상(강승
　용)·기술상(임재영), 제17회 후
　쿠오카 아시아영화제 최우수작
　품상, 제22회 하와이국제영화
　제 '스포트라이트 온 코리아'
　섹션 초청

과거제도가 폐지되자 호창(송강호)은 무료한 나날을 보내게 되고 그 아버지도 개화 세력에 밀려 관직을 떠난 후 서당을 운영하고 있다. 이때 호창은 YMCA회관에서 야구를 하는 신여성 정림(김혜수)과 선교사들의 모습을 보고 야구라는 신문물에 매료된다. 그래서 정림을 중심으로 호창, 광태(황정민), 대현(김주혁)은 'YMCA야구단'을 결성하고 이 야구단은 연전연승하면서 조선 최초이자 최강의 야구단으로 자리잡게 된다.

일본군 팀인 성남구락부와 1차 대결을 갖기로 했으나 경기 전날 친일파에 테러를 가하다 부상을 입은 투수 대현이 부진을 면치 못하고, 호창 역시 시합을 관전하러 온 아버지의 눈을 피하느라고 실력 발휘를 하지 못한다. 대현은 일본팀의 주장에게 재대결을 신청하지만, 테러 사건의 전모가 발각되면서 대현과 테러에 연루되었던 정림은 일본군에게 쫓기는 신세가 되고, YMCA야구단은 해체된다. 낙심한 호창은 고향으로 내려가 아버지의 서당 일을 돕기로 한다.

● '해가 서쪽에서 뜬다면'(1998)의 시나리오 작가 김현석의 감독 데뷔작. 1999년 발간된 『한국야구사』(유홍락, 천일평, 이종남 공저 한국야구위원회 1999년)에 따르면 1905년 을사조약이 체결되던 해, 기독교청년회 간사였던 필립 질레트의 지도 아래 황성 YMCA야구단이 결성되었고 이 팀은 13년간의 활동 후 해체될 때까지 눈부신 최강의 팀으로 군림했다고 한다. 1900년대 초, 암울했던 일제치하에서 결성된 조선 최초의 야구단 이야기를 따뜻하게 그린 실화를 바탕으로 하고 있다는 점에서 단순 코미디라기 보다 역사에 관한 영화이자 개인의 성찰에 관한 영화라고 할 수 있다.

구한말 개화기의 종로거리와 초가집이 있는 시골 풍경, 야구장비 등이 비교적 성의 있게 재현되었고 김혜수를 비롯해 조폭 연기로 인기를 얻기 시작한 송강호, 탤런트 김무생의 아들 김주혁과 조승우가 카메오 급으로 출연했다. 김현석도 일본 순사로 나온다. 서울 56만, 전국 148만 3000명 관객 동원으로 2002년도 한국영화 흥행 순위 9위. 전북 전주시 완산구 교동 전주향교, 낙안읍성, 안동 하회마을 등에서 촬영됐다.

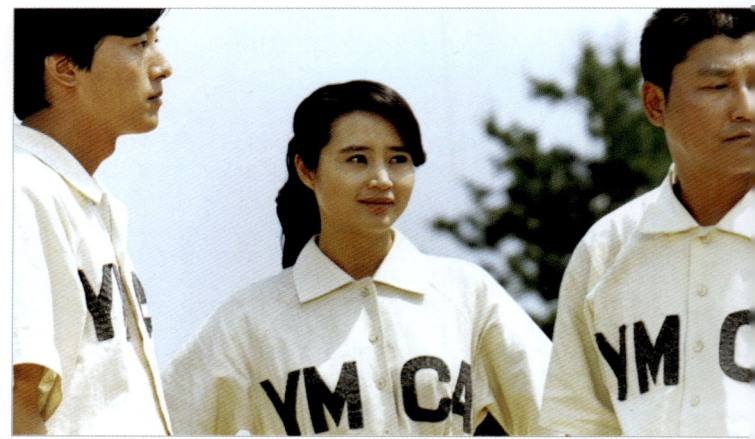

로드 무비 Road movie(2002)

대식(황정민)은 가족과 집을 두고도 거리에서 살고 있다. 그는 어느 날 술 취해 길에 쓰러진 한 남자를 본다. 그는 증권회사의 유능한 펀드매니저에서 주가폭락으로 거리로 나앉게 된 석원(정찬)이었다. 대식은 만신창이가 된 석원을 돌봐주고 석원은 하루하루 대식에게 익숙해져 간다.

바닷가 변두리 마을로 흘러든 그들 앞에 도발적인 여자 일주(서진)가 나타난다. 일주는 대식을 사랑하게 되고, 한사코 뿌리치는 대식을 따라 그들의 여행에 합류한다. 이런 과정에서 석원은 대식이 자신을 사랑하고 있음을 어렴풋이 눈치챈다. 그리고 석원은 자신을 사랑한다는 이유로 대식을 경멸하게 된다. 그런 석원에게 일주는 대식을 떠나달라고 다그치고 대식은 석원이 떠날까봐 불안해진다. 엇갈린 시선으로 서로를 바라보며 세 사람은 불편한 여행을 계속한다.

● 김인식 감독 데뷔작. 각본 김인식. 영화가 시작되면서 남자와 남자의 격렬한 섹스신이 적나라하게 펼쳐진다. 단란주점 테이블위에서 여자 세 사람이 벌이는 나체쇼, 소금창고에서 남자 주인공들이 알몸으로 누워 있는 신 등도 충격적인 장면들이다. 그러나 이는 동성애자에 대한 일반의 선입견을 불식시키면서 동성애자들의 사랑도 이성애자 간의 그것과 다를 바 없다는 인식을 심어준다. 아내와 가족을 두고 거리로 나설 수밖에 없는 대식의 삶과 석원을 향한 그의 변치 않는 사랑은 그에겐 선택이 아니라 타고난 운명이며 이 같은 관계 설정은 이제까지의 퀴어영화와는 다른 점으로 평가된다.((경향 뉴스메이커) 494호, 2002년 9월) 이 영화를 보는 또 다른 즐거움은 언제나 크레디트 하단에 이름을 올렸던 황정민이 상단에 이름을 올리고 노숙자 대식을 능란하게 연기한 점이다. 김인식은 당시 대학로에서 뮤지컬 '지하철 1호선'에 출연한 황정민의 순발력과 연기력을 보고 그를 캐스팅했다고 한다.

총제작비 14억 원. 영화 초반은 흑백 톤과 거친 조명으로 음울한 분위기를 자아내다가 길을 떠나는 중반부 이후엔 자연의 색채를 과장해 몽환적인 분위기를 연출한 것이 인상적이다. 이 영화는 이안 감독의 '브로크백 마운틴(Brokeback Mountain)'(2005)이 개봉되기 훨씬 전에 만들어진 동성애 영화로 김인식은 청룡영화상과 영평상, 부산영평상에서 신인감독상, 황정민은 청룡영화상 남자신인상을 차지했다.

(사이더스) 111분 극영화 18세관람가/드라마

감독 · 각본 김인식
제작 차승재
각색 김대우
개봉 2002년 10월 17일 대한, 코아아트홀, 서울, 씨네큐브, 캣츠21(서울) 등
관람인원 1만 6039명(서울)
출연 황정민, 정찬, 서린, 정형기, 방은진, 김기천, 이재웅, 장유정, 이형주 외
촬영 김재호 **음악** 이한나
조명 송택준 **편집** 이재웅
미술 최기호 **세트** 강창길
의상 김향희 **분장** 박지윤
포스터 이보경
동시녹음 정광호
사운드 Harry Nah
특수효과 퓨처비전
프로듀서 김재원
조감독 김종현
수상 제40회 대종상영화제 심사위원 특별상 · 음악상(이한나), 제23회 청룡영화상 신인감독상(김인식) · 남자신인상(황정민), 제22회 영평상 신인감독상(김인식) · 신인남우상(황정민), 제7회 부산국제영화제 넷팩상(김인식), 제3회 부산 영평상 신인감독상(김인식) · 신인남우상(황정민)

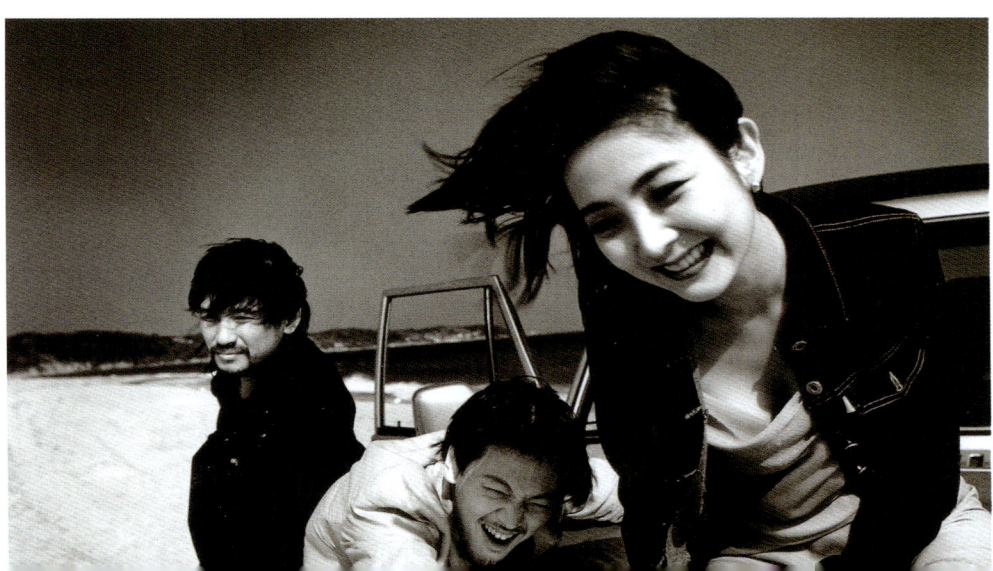

몽정기 Wet Dreams(2002)

(강제규필름) 97분 극영화 15세관람가/코미디

감독 : 정초신
제작 : 최진화   각본 : 박채운
개봉 : 2002년 11월 6일 주공공이, 대한, 서울극장(서울) 외
관람인원 : 76만 3190명(서울)
출연 : 이범수, 김선아, 노형욱, 전재형, 정대훈, 안재흥, 박용식, 김애경, 김종민, 신현탁, 이홍렬, 공형진, 싸이, 배칠수, 하늘 외
기획 : 맹보름, 조현길
촬영 : 서정민
음악 : 이영호, 이소윤
조명 : 신준하
편집 : 남나영   미술 : 서명혜
세트 : 윤일랑, 김광섭
의상 : 이자영   분장 : 이선미
포스터 : 강영호
동시녹음 : 이태규, 김진영
사운드 : 영진위, 소원종
특수효과 : 퓨처비젼, 김병기
시각효과 : HAVI, 조성배
프로듀서 : 맹보름, 이성훈
조감독 : 김윤재, 김유성

중학생 동현(노형욱)은 요즘 고민에 빠져 있다. 잡지에서 여자 속옷 선전만 봐도 가슴이 뛰기 때문이다.

몽정을 거듭하던 동현은 친구인 석구(전재형), 상민(정대훈), 영재(안재흥), 천수(신현탁)도 자신과 같은 기현상을 겪고 있다는 사실을 알게 된다. 그러던 어느 날, 동현의 학교로 섹시하고 아름다운 교생 유리(김선아)가 교생으로 오자 동현과 친구들은 그 교생을 몽정의 대상으로 삼는다. 기상천외한 방법으로 교생을 공략하려는 계획을 세운 그들은 교생과 하룻밤을 함께 보낸 친구에게 모든 것을 다 해주기로 약속한다. 담임선생인 병철(이범수)이 바로 유리의 사춘기 시절 첫사랑이자 지금도 유리는 담임선생만을 사랑하고 있음을 알고 크게 실망한다. 그럼에도 몽정기의 중학생들과 고지식한 담임 병철, 섹시한 교생 유리의 무모한 삼각관계가 시작된다.

● 영화 '자카르타'(2000)에 이는 정초신 연출작. 1980년대 후반을 배경으로 중학생들의 성적 호기심을 다룬 일종의 성장 영화로 10대에서부터 30대에 이르기까지 많은 관객이 영화를 관람했다. 영화 '몽정기'는 성이라는 소재를 관객에게 거부감 없이 전달하기 위해 '섹스코미디'라는 장르를 선택했다. 정초신이 노점상으로 카메오 출연, 서울 관객 76만 동원으로 2002년도 한국영화 흥행 순위 8위. '몽정기 2'(2004)는 흥행에서 실패했다.

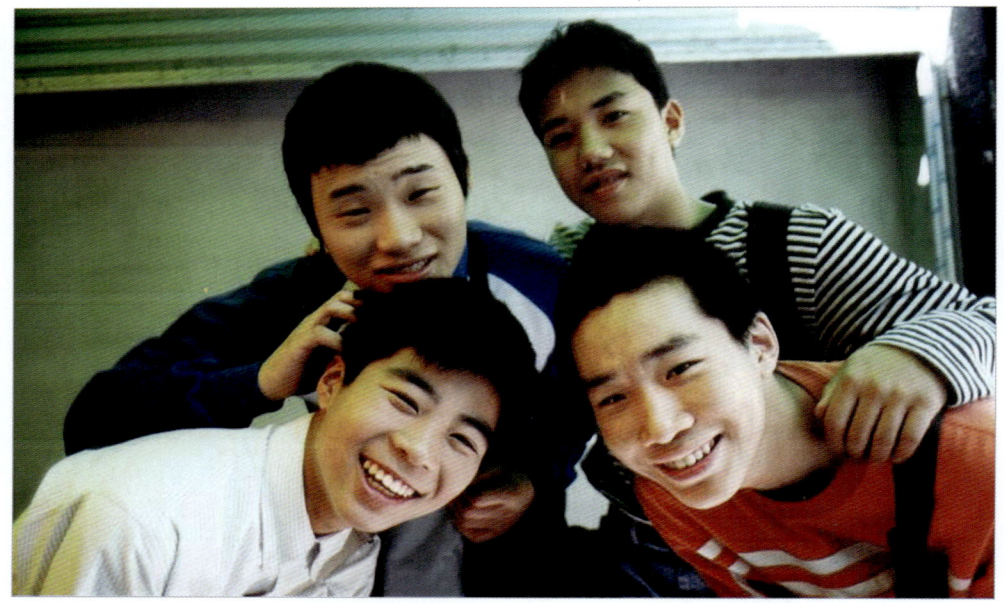

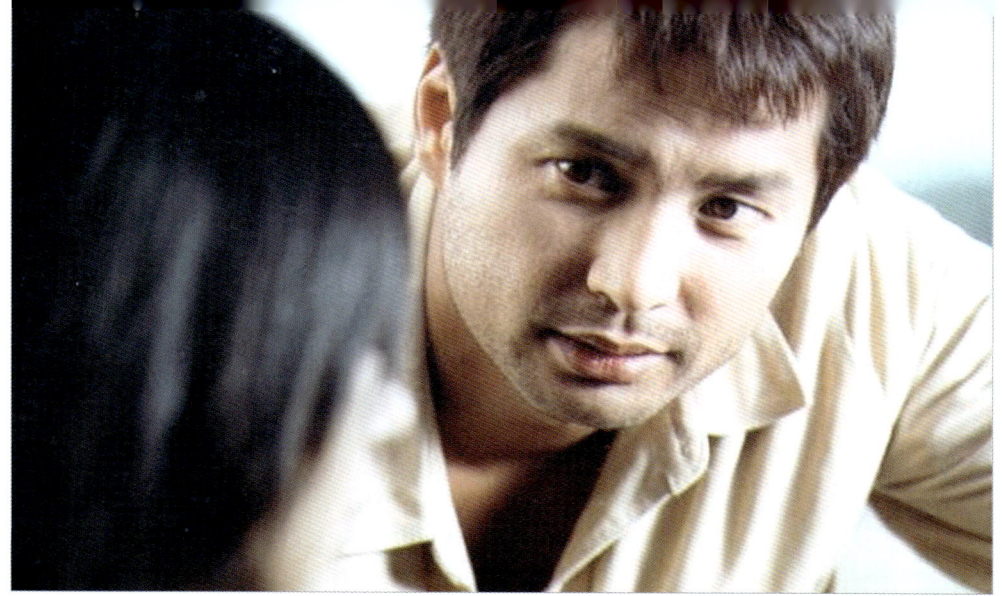

밀애 密愛, Ardor(2002)

나이 서른의 전업주부 미흔(김윤진)은 언제부턴가 원인모를 두통에 시달린다. 그런 어느 날 한적하고 평화로운 이 마을에서 자기 방식대로 삶을 즐기고 있는 의사 인규(이종원)를 만난다. 미흔은 온몸으로 그를 거부하지만, 동시에 온몸으로 그를 받아들인다. 그리고 인규가 제안한 대로 섹스는 하되 절대로 사랑을 해서는 안 되는 위험한 게임에 빠져든다.

한편 미흔의 남편 효경(계성용)은 마당에 연못을 만들고 물고기를 기르며 미흔과 함께 단란하게 살고 싶어 한다. 그러나 그 자리에 있어야 할 아내는 어디에서도 찾아볼 수 없다. 아내는 그 시간에 여관이 있는 숲길을 빠져나온다. 미흔을 기다리는 남편과 돌아올 수 없는 길을 선택한 두 사람, 그들의 욕망은 끝이 보이지 않는다.

● 위안부 할머니들의 고단하고 슬픈 삶을 조명한 '낮은 목소리'(1995) 다큐멘터리 시리즈로 주목을 받았던 변영주의 장편 극영화. 1999년에 발표한 전경린 원작 「내 생에 꼭 하루뿐인 특별한 날」을 감독의 의지대로 재해석했다. 무료한 시골 생활에 지친 가정주부가 어느 날 그 마을에 찾아든 시골 병원 의사와 불륜에 빠지는 내용으로 노골적인 섹스신이 연출된다.

김윤진이 청룡영화상 여우주연상을 수상, 도쿄국제영화제 와이드아시아 부문과 베를린국제영화제에 출품되었다.

(좋은영화) 112분 극영화 18세관람가/멜로

감독 : 변영주　　**제작** : 김미희
각본 : 변영주, 김재연(원작 전경린)
개봉 : 2002년 11월 8일 서울, 메가박스, CGV강변11, 허리우드, 중앙, 명보, 대한극장(서울) 외
관람인원 : 14만 4603명(서울)
수출현황 : 싱가포르, 일본(03)
출연 : 김윤진, 이종원, 계성용, 김민경, 윤다경, 김민채 외
기획 : 강우석　　**동시녹음** : 이영길
촬영 : 권혁준　　**음악** : 조영욱
편집 : 박곡지, 정진희
미술 : 이근아, 이인옥
세트 : 노상억, 이광옥, 이치우
의상 : 함현주　　**분장** : 양연영
사운드 : 김석원, 김창섭
특수효과 : 정도안, 이희경, 방성철
시각효과 : H studio+101VFX
무술감독 : 이홍표
프로듀서 : 신혜은
조감독 : 신명화, 조규삼, 선동현, 최양현
수상 : 제23회 청룡영화상 여우주연상(김윤진), 제7회 부산국제영화제 뉴커런츠 부문, 제15회 도쿄국제영화제 와이드아시아 부문 공식초청, 베를린국제영화제 출품

해안선 海岸線, The Coast Guard(2002)

(LJ 필름) 95분 극영화 18세관람가/
드라마

감독·각본: 김기덕
제작: 이승재
개봉: 2002년 11월 21일 대한, 명보, 시네코아, 허리우드, 중앙, 서울극장(서울) 외
관람인원: 12만 3633명(서울)
수출현황: 싱가포르
출연: 장동건, 박지아, 최영희, 김정학, 유해진, 정진, 김구택, 김강우, 박윤재, 김태우, 김영재 외
기획: 김소희
촬영: 백동현
음악: 장영규
조명: 한기업
편집: 김선민
미술: 윤주훈
세트: 오상만, 하판두
소품: 김찬규
의상·분장: 김민희
특수분장: 장이, 김정환, 박선, 강동재, 최혜경
포스터: 조선희
동시녹음: 구본승
사운드: 박준오, 이승철
특수효과: 정도안, 이희경, 유인상
시각효과: H Studio+101VFX, 박경렬, 조동욱, 김태훈
무술감독: 양길영
프로듀서: 김상근
조감독: 강재훈
수상: 제38회 체코 카를로비바리영화제 국제영화평론가협회상(FIPRESCI)·넷팩상·카를로비바리상, 제7회 부산국제영화제 개막작

평온해 보이는 동해안. 철책이 둘러쳐진 해안선 경고판에는 "밤 7시 이후 이곳에 접근하는 자는 간첩으로 오인되어 사살될 수 있다"고 쓰여 있다. 해안경비대 소속의 강 상병(장동건)은 한밤중에 침투한 무장공비를 박살내어 일계급 특진과 함께 조기 전역하는 것이 꿈이다. 그날 밤, 그는 군사경계지역 안에서 정사를 벌이고 있던 두 남녀를 발견하자 무차별 총격을 가하고 수류탄까지 던지게 된다. 남자의 몸은 탄발과 수류탄에 맞아 사지

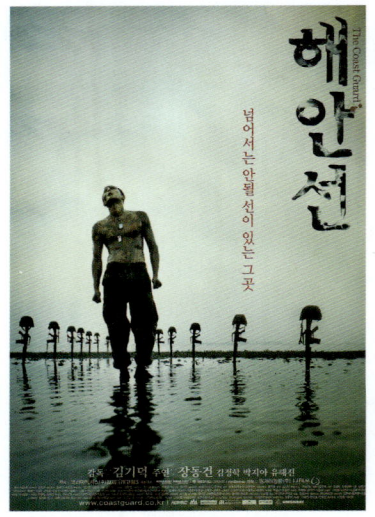

가 찢겨 흩어지고 여자는 살아난다. 시체를 보고 나서야 그것이 민간인임을 알게 된 강 상병은 하얗게 질리지만 그는 간첩 잡은 해병으로 표창을 받고 포상 휴가도 받는다.

그날 이후 애인을 잃은 민간인 여자(박지아)는 미쳐서 부대 주변을 돌아다니다 군인들에게 능욕의 대상이 되기도 한다. 강 상병 역시 점점 난폭한 행동을 하다가 정신 장애로 의가사 제대를 한 후에도 부대 주변을 떠나지 못한다. 그는 자신이 보초를 서야 한다며 초소를 맴돌더니 급기야는 총을 훔치고, 군기를 빼앗는 등 옛 전우들을 상대로 서바이벌 게임을 벌인다.

● 김기덕의 여덟 번째 영화. 감독은 해병대에서 5년간 복무했던 구체적인 경험을 바탕으로 직접 시나리오를 썼다고 한다. 군사경계지역에서 정사를 벌인 민간인을 간첩으로 오인하고 사살한 강 상병이 집단적 광기 속에서 처절하게 희생되어 가는 과정을 냉정하게 응시하고 통렬하게 비판한다.

김기덕의 신작에 배우 장동건이 출연한다는 사실만으로 '해안선'은 화제가 됐다. 이를 두고 당시 언론은 "비주류 저예산 감독과 톱스타의 색다른 결합"(「장동건, 저예산 감독 김기덕의 '해안선' 출연」 동아 02. 4. 18) 또는 "마이너리그의 작가주의 감독과 메이저리그의 톱스타가 만났다"(「스타 배우와 인디 영화감독의 어울릴 것 같지 않는 만남」 《씨네21》 02. 6. 18)는 말로 표현하기도 했다. 강 상병 역의 장동건은 한 인간이 확실하게 미쳐가는 과정을 섬뜩하리만큼 표현하여 "용모만을 앞세우는 배우가 아니라 대단한 연기력을 지닌 배우"라는 인식을 일반에게 심어주었다. 순제작비 9억 원. 이 영화는 제7회 부산국제영화제 개막작으로 선정되어 당시 부산시민회관 좌석분이 예매 시작 2분 4초 만에 매진된 기록을 세웠다.

죽어도 좋아 Too Young to Die(2002)

박치규 할아버지는 어느 날 공원에 나갔다가 자신의 이상형인 이순예 할머니를 만난다. 첫눈에 반한 두 노인은 구차한 절차 필요 없이 할머니가 장구 한 채와 옷 보따리를 들고 할아버지 집으로 들어온다. 냉수 한 그릇을 떠놓고 결혼식을 올린 그들은 신혼부부가 된다. 한글을 모르는 할머니에게 한글을 가르쳐주고 할머니는 장구 장단으로 할아버지에게 판소리 한 대목을 불러주거나 서로 등을 씻겨주기도 한다. 나이 들면 더 이상 뜨거운 밤이 없을꺼라고 생각하기 쉽지만 달력에 표시되는 그들의 열정은 온통 사랑으로 가득하다. 그들의 사랑은 무엇으로도 막을 수 없다.

(메이필름) 67분 극영화 18세관람가/멜로

감독 : 박진표
제작 : 이미경
각본 : 이수미
개봉 : 2002년 12월 5일 시네코아, 메가박스, 씨네큐브, 대한극장 (서울) 외
관람인원 : 3만 187명(서울)
수출현황 : 싱가포르(03)
출연 : 박치규, 이순예
기획 : 박제현, 김민기, 박진표
촬영 : 정용우
음악 : 박기헌
조명 : 전병호
편집 : 문인대
사운드 : 영진위, 양대호
특수효과 : 조성배, 차현정, 박시환
포스터 : 구본창
제작책임 : 이미숙
프로듀서 : 김흥백, 임정향
조감독 : 박철우, 이상현
수상 : 제7회 부산국제영화제 스페셜 멘션 국제영화평론가협회상 · PSB관객상 · 뉴커런츠 부문 아시아 작가상, 제3회 전주국제영화제, 제55회 칸국제영화제 비평가 주간, 런던국제영화제 초청, 제32회 로테르담국제영화제 상영, 도쿄필름엑스영화제 특별 언급, 제21회 밴쿠버국제영화제 아시아 태평양 지역의 신인 감독대상 특별상 용호상 '특별 언급(Special Citations)' 선정

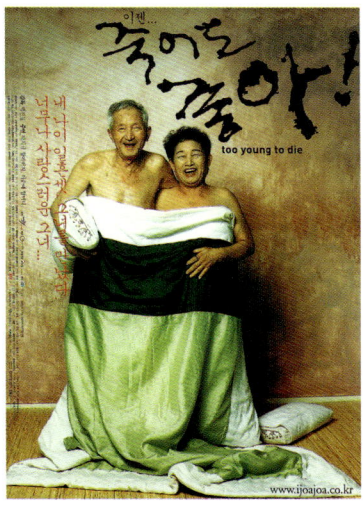

● 박진표 감독 데뷔작. 영진위의 사전지원 작품으로 선정된 후 2002년 전주영화제에서 선보인 이 영화는 그동안 관심 밖이었던 노인의 성과 사랑을 솔직하게 그리고 있다.

영화가 시작되기 전 화면에는 영화에 대한 설명이 뜬다. "이 영화의 이야기는 실화를 바탕으로 극화한 것이며 실존 인물들이 직접 연기한 것입니다. 출연해 주신 박치규(73), 이순예(72)님의 사랑에 진심으로 감사드립니다."

외롭게 노년을 보내다가 만난 두 노인이 칠십이 넘은 나이에 사랑에 빠지고 아기자기하게 사랑을 나누는 내용에는 별 문제가 없지만 실존 인물의 실화를 소재로 하면서 노부부의 실제 성행위 장면을 묘사한 것이 문제였다. 영상물등급위원회(영등위)는 당시 우리 사회정서를 고려하여 오럴섹스 및 성기 노출이 담긴 7분간의 롱테이크 신을 지적하고 제한상영가 판정을 내렸고 영화계는 '제한상영가' 등급 철회를 촉구하는 성명을 발표했다.(강한섭, 『한국의 영화학을 만들어라』, 삼우반 2004년 p.35, 동아 02. 7. 24) 이 영화는 우여곡절 끝에 '18세 이상 관람가(청불)'로 등급을 조정한 후 같은 해 12월에 개봉됐다.

칸국제영화제 비평주간, 런던국제영화제, 로테르담국제영화제에 초청 상영되었고 도쿄필름엑스영화제에서 특별 언급, 부산국제영화제 뉴커런츠 부문에서 아시아 작가상, 제21회 밴쿠버국제영화제에서 아시아 태평양 지역의 신인감독을 대상으로 수여하는 특별상인 용호상의 '특별 언급'에 선정되는 등 수많은 상과 화제에 둘러싸이면서 박진표는 영화계가 주목하는 감독이 되었다.

광복절 특사 光復節特赦, No. 815(2002)

(감독의 집) 120분 극영화 15세관람가
/코미디

감독·제작: 김상진
각본: 박정우(원작 김형준)
개봉: 2002년 11월 21일 서울, CGV
강변11, 중앙, 시네코아, 명보극
장(서울) 외
관람인원: 91만 1315명(서울)
출연: 설경구, 차승원, 송윤아, 강성
진, 강신일, 유해진, 이희도, 박
정학, 장태성, 권태원 외
기획: 강우석
촬영: 김동천
음악: 손무현
조명: 박민
편집: 고임표
동시녹음: 오세진
미술: 오상만, 조성원, 장연선
소품: 김효진, 김윤영
의상: 신승희
분장: 배미남
사운드: LIVE TONE, 오원철, 김영록
특수효과: 정도안
시각효과: 메커드
무술감독: 김광수
프로듀서: 이민호
조감독: 백상열
수상: 제40회 대종상영화제 여우조
연상(송윤아)·촬영상(정광석),
제23회 청룡영화상 여우조연상
(송윤아)·각본상(박정우), 제
39회 백상예술대상 최우수연
기상(차승원), 제11회 춘사영화
예술제 여우조연상(송윤아)

광복절 특사로 석방되기 위해 교도소 생활을 성실하게 수행하고 있는 모범수 재필(설경구). 어느 날 면회 온 애인 경순(송윤아)으로부터 결혼한 다는 날벼락 같은 소식을 듣고 변심한 애인의 마음을 되돌리기 위해 탈옥을 결심한다.

빵 하나를 훔쳐 먹고 신원이 확실하지 않다는 이유로 감옥에 갇힌 무석(차승원), '억울함'에 이를 갈며 탈옥을 시도하다 형량만 늘어난 그는 숟가락 하나로 땅굴파기에 성공, 재필과 함께 탈옥한다. 그러나 아침신문을 펼쳐든 순간 자신들이 광복절 특사 명단에 끼어 있음을 알게 된다. 다시 교도소로 돌아가려는 재필과 예정대로 새로 만난 남자와 결혼하겠다 우기는 경순. 옥신각신 끝에 오늘 안으로 교도소로 돌아가야 하는 두 사람은 경순을 들쳐 업고 교도소로 향한다.

● 김상진의 제작·연출작. 제작 김상진, 기획 강우석, 작가 박정우와 콤비를 이루고 있는 이 작품은 차승원의 연기와 기발한 상황설정 등이 좋은 평가를 받았다. 특히 교도소 담을 넘기 위해 ET의 자전거처럼 자동차가 나는 장면 등이 인상적이다. 서울 관객 91만 명, 전국 310만 명 동원으로 한국영화 2003년도 흥행 순위 2위, 역대 한국영화 흥행 순위 37위(08. 1. 25 기준)를 기록했다.

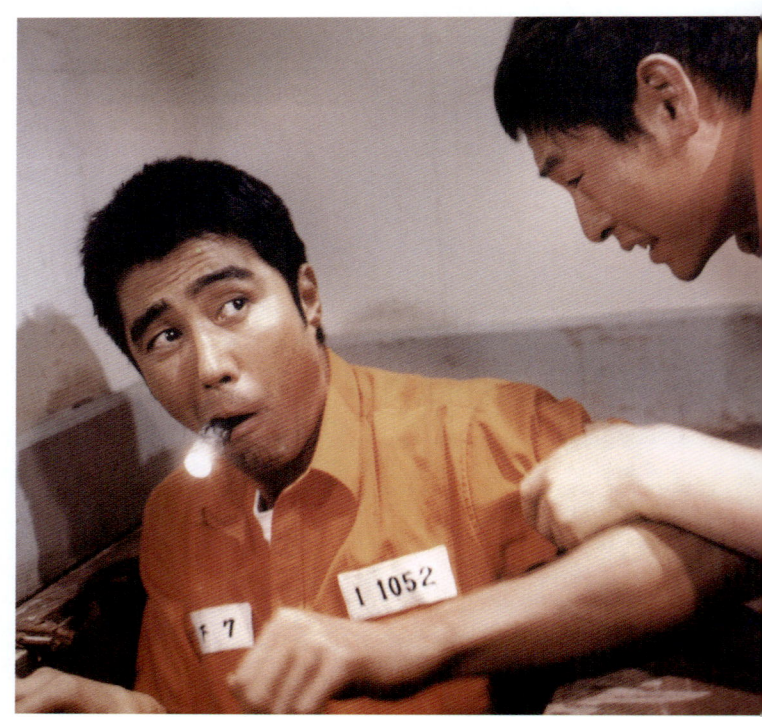

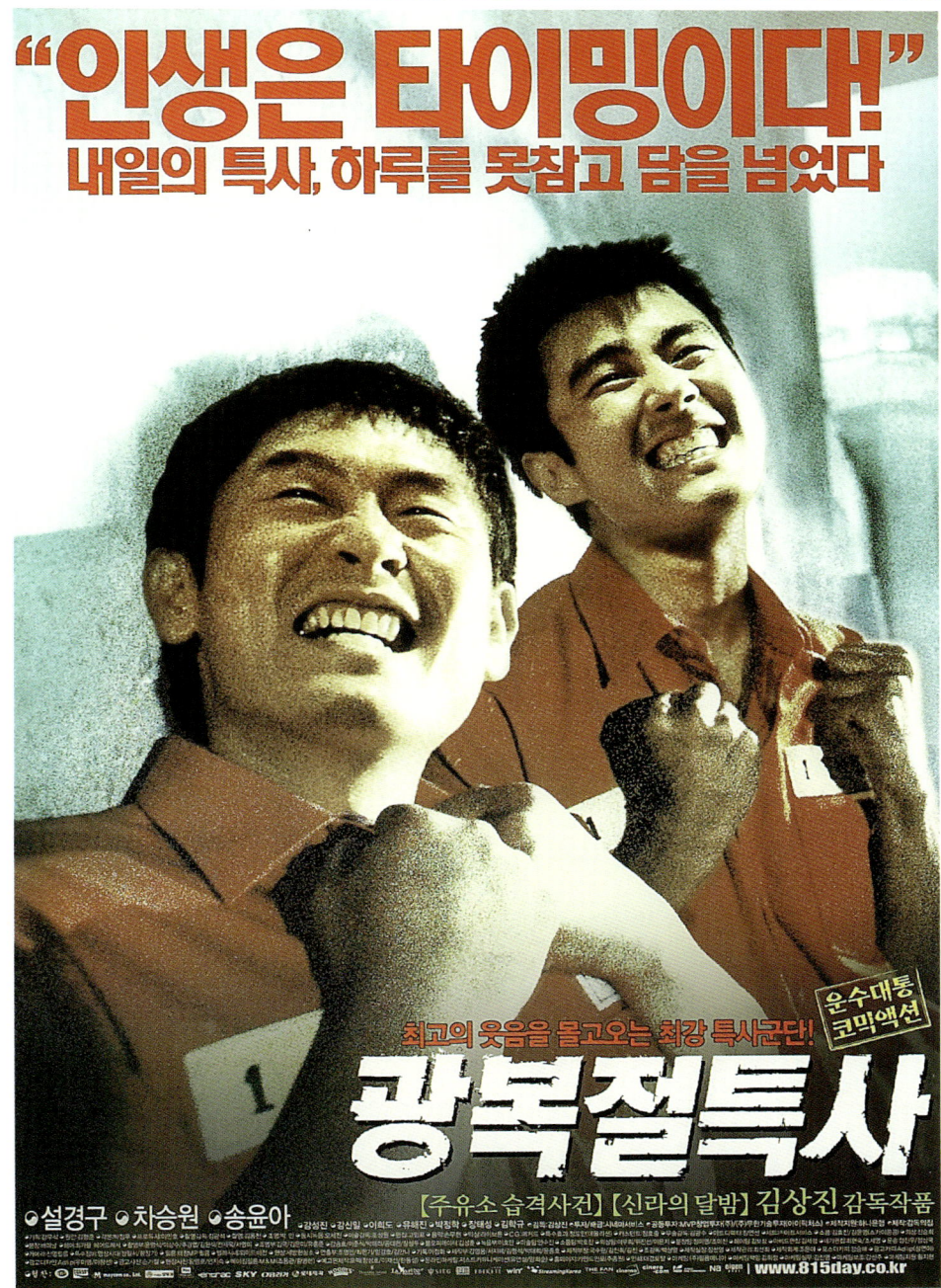

"인생은 타이밍이다!"
내일의 특사, 하루를 못참고 담을 넘었다

운수대통
코믹액션

최고의 웃음을 몰고오는 최강 특사군단!

광복절특사

●설경구 ●차승원 ●송윤아   [주유소 습격사건] [신라의 달밤] 김상진 감독작품

www.815day.co.kr

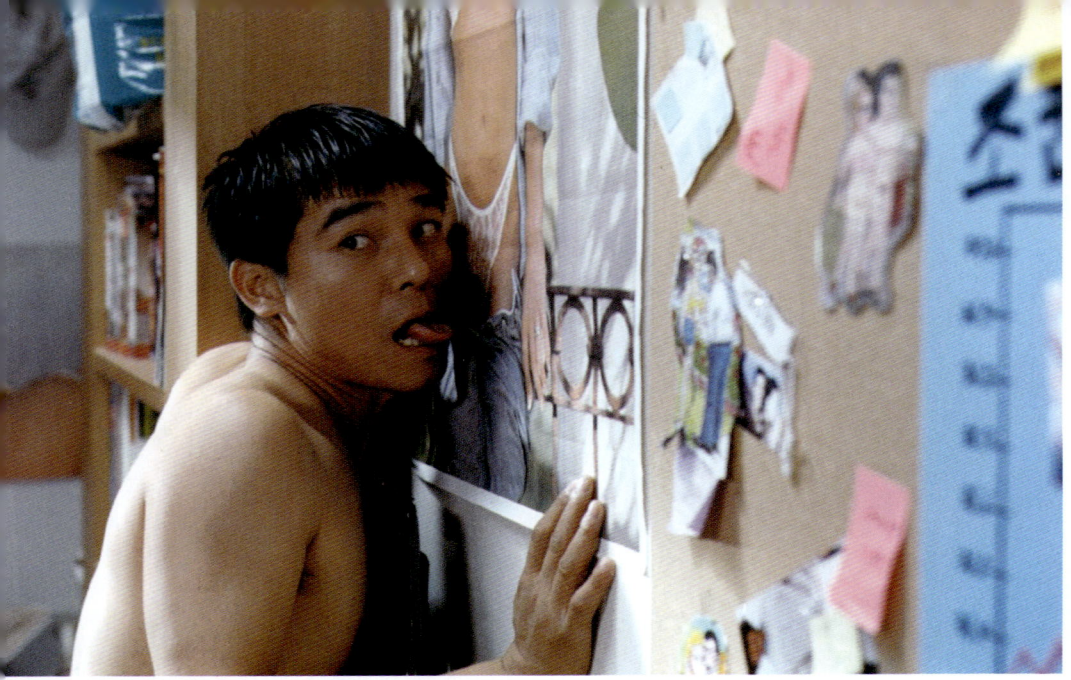

색즉시공 色卽是空, Sex is Zero(2002)

(두사부필름) 96분 극영화 18세관람가
/코미디

감독 · 각본 : 윤제균
제작 : 이효승, 조윤호, 윤제균
개봉 : 2002년 12월 12일 서울,
　　　CGV, 메가박스, MMC, 대한극
　　　장(서울)
관람인원 : 131만 3570명(서울)
출연 : 임창정, 하지원, 최성국, 정민,
　　　한채영, 신이, 윤시후, 함소원,
　　　남창희, 허기호, 박준규, 선우은
　　　숙, 기주봉, 김미선 외
기획 : 윤제균, 제정훈
음악 : 박영철, 김형중
촬영 : 김용철　　포스터 : 조연진
조명 : 송재석　　편집 : 김선민
미술 : 구진오　　소품 : 권진모
의상 : 차선영　　분장 : 유윤경
사운드 : 소원종　　특수효과 : 김병기
동시녹음 : 이충환
시각효과 : 김두진, 조민수
무술감독 : 권성환
프로듀서 : 이지승
조감독 : 윤태윤
수상 : 제39회 백상예술대상 남녀인기
　　　상(임창정, 하지원)

군 제대 후 늦깎이 신입생이 된 은식(임창정)은 해병대 고참이자 선배인
성국(최성국)의 꾐에 빠져 차력 동아리에 가입한다. 은식은 고시 합격만
이 인생의 목표지만 그의 눈앞에는 불가에서의 무상함을 역설하고 있
는 고난이도의 '색(色)' 이라는 시험이 주어진다. 즉 은식은 교내 퀸카
은효(하지원)에게 온 정신을 빼앗겨 버린 것이다.

하지만 은식의 애절한 마음은 모른 채 은효에게 변태로 몰리는 등 한
심한 남자로 오해받는 사건만 일어난다.

차력부가 에어로빅 연습실을 사용하게 되면서 은식은 절호의 찬스를
맞게 되는데 은식이 다가가기도 전에 은효는 교내 킹카 상욱(정민)과 사
랑에 빠지고 만다. 게다가 은식 주변의 열혈 청춘들이 좌충우돌 섹스
어드벤처를 벌이는 바람에 은식은 괴롭고 혼란스러울 뿐이다.

● 윤제균 각본 · 연출작. 20대 후반 늦깎이 대학생이 발칙하고 대담한 여대생을 만나면서 벌어
지는 황당무계한 섹시 코미디로 개성이 돋보이는 하지원과 임창정이 주연으로 캐스팅됐다.
　서울 131만 3570명, 전국 408만 관객 동원으로 2003년도 한국영화 흥행 순위 1위, 한국영
화 역대 흥행 순위 22위(08. 1. 25 기준), 흥행메이커로 떠오른 윤제균은 무협사극에 코미디를
접목시킨 퓨전코믹 무협사극 '낭만자객'(2003)으로 다시 한 번 흥행에 성공하게 된다.

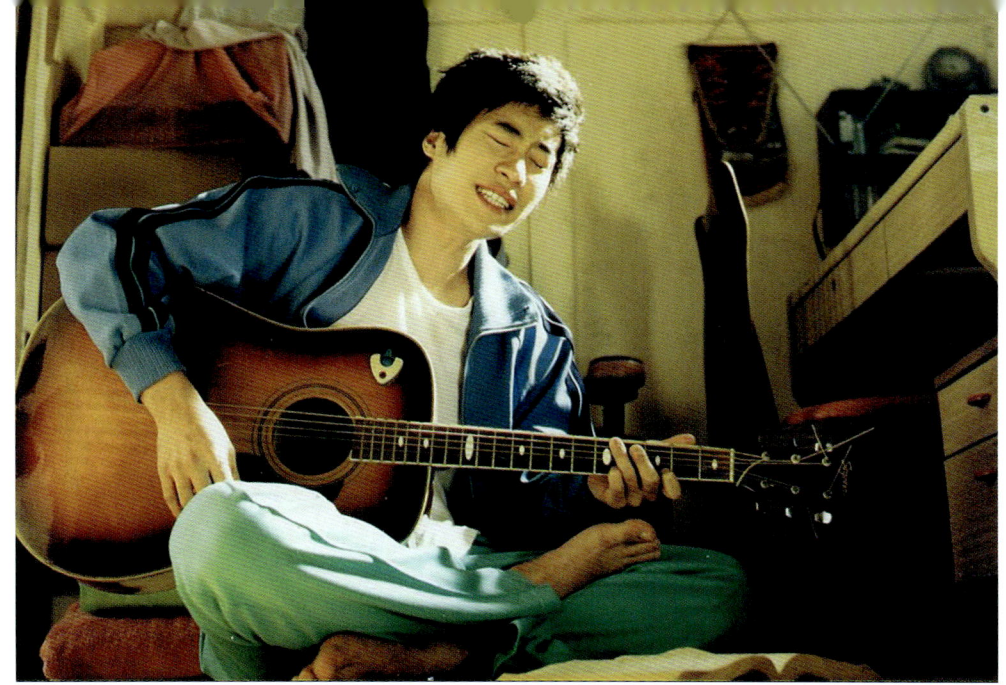

품행제로 No Manners(2002)

문덕고의 캡짱인 박중필(류승범)의 하루는 번거롭고 다양하다. 우선 그의 자리를 노리고 있는 무리들과 겨뤄 후배들에게 얘깃거리를 제공해 줘야 하고, 디스코텍이나 로라장 관리에서 춘화사업을 이용한 삥뜯기에 이르기까지 그의 손길이 닿지 않는 곳이 없다.

  그러나 세상 거칠 것 없던 중필의 가슴에도 예기치 못한 큐피드의 화살이 날아와 박힌다. 바로 이웃 여학교의 퀸카 민희(임은경)가 그 주인공이다. 하지만 핑크빛 풋사랑이 제대로 피어날 겨를도 없이 그의 안락했던 일상사가 깨져버릴 기미가 보이기 시작한다.

● 조근식 감독 데뷔작. 1980년대 고등학생들의 모습과 생활을 소재로 한 코믹물. 감독이 직접 각본을 썼다. 순제작비 25억 원. 류승범을 위한 1인극이라고 할 만큼 그의 개성과 특유의 표정 연기가 완벽하게 살아난다. 당시 청소년들이 향유할 수 있었던 닭장(디스코장), 로라장(롤러 스케이트장)의 생동감 넘치는 장면이 그대로 재현되는 등 스태프진과 가진 스터디 시간을 포함, 시나리오 작업에만 1년 반이 걸렸다고 한다. 그 해 12월 27일에 개봉되어 구정까지 서울 관객 70만 명 이상, 전국 관객 170만 명을 동원하는 좋은 성적을 거두었다. 2003년도 한국영화 흥행순위 3위.

(KM컬처스) 99분 극영화 15세관람가
/코미디

감독 : 조근식
제작 : 박무승, 김채영, 이주한, 박기태, 이주상
각본 : 이해준, 이해영, 이시형, 정진완 (원작 조근식, 이시형), 이지영
개봉 : 2002년 12월 27일 서울, 대한, 메가박스, CGV, 씨네시티(서울) 외
관람인원 : 70만 1624명(서울)
수출현황 : 태국(2002)
출연 : 류승범, 임은경, 공효진, 김광일, 봉태규, 이창환, 금보라, 안현준 외
기획 : 방주성　　　**촬영** : 조용규
동시녹음 : 최대성　　**사운드** : 김창섭
특수효과 : 하승남　　**분장** : 김진
세트 : 한화성, 김용중
음악 : 이도사, 이제이, 노영래, illson
조명 : 이주생, 남지현
편집 : 김상범, 김재범
미술 : SBS아트텍, 이철호
시각효과 : 디지털드림스튜디오, 윤재훈
무술감독 : 신재명
프로듀서 : 박성훈
조감독 : 정영준, 전인환, 윤상윤, 강정엽, 이하선

비디오를 보는 남자 A Man Watching Video(2002)

(BK시네마) 99분 극영화 15세관람가/
멜로

감독 : 김학순
제작 : 이석기
각본 : 김학순, 임영태(원작 임영태)
각색 : 이공희, 정대성, 조은경, 박경덕
개봉 : 2003년 11월 28일 코아아트홀
　　　(서울), 부산극장(부산), 시네아
　　　시아(대구), 엔터시네마(광주) 4
　　　개 도시 동시 개봉
출연 : 장현성, 방은진, 오윤홍, 사현
　　　진, 정은미, 김영임 외
기획 : 김학순
촬영 : 팽의덕
음악 : 정훈영
조명 : 정문협
편집 : 이은수
의상 : 박은정
분장 : 안찬국
포스터 : 최광호
동시녹음 : 손석현
사운드 : 이성진
특수효과 : 김병기
시각효과 : 노경애
조감독 : 이정수, 유주현
수상 : 제12회 춘사영화예술제 신인감
　　　독상(김학순), 광주국제영화제
　　　공식 초청, 휴스턴국제영화제
　　　골드 심사위원특별상·최우수
　　　신인감독상(김학순), 레드뱅크
　　　국제영화제, 하와이국제영화제
　　　넷팩상, 제27회 몬트리올영화
　　　제경쟁 부문 진출, 제10회 캘
　　　커타 영화제(Kolkata Film
　　　Festival), 제7회 상하이국제영
　　　화제 아시아신인상 부문, 홍콩
　　　아시안영화제, 에든버러국제영
　　　화제, 아시안아메리칸 국제영
　　　화제, 씨네퀘스트 산호세 영화
　　　제, 싱가포르국제영화제, 퀘벡
　　　국제영화제, 케랄라국제영화제

남자(장현성)는 아내(오윤홍)에게 이혼당한 후 잘 나가던 직장을 그만두고 비디오 가게를 연다. 그는 더 이상 누구와도 새로운 관계를 원치 않는다. 그런 어느 날 한 여자(방은진)의 행복하고도 은밀한 사생활이 담긴 홈비디오 테이프가 잘못 반납되는 사건이 생긴다. 그녀가 비디오를 찾으러 왔을 때, 남자는 본의 아니게 거짓말을 해버리고 그 후 돌려주려고 관심을 보이기 시작하면서 그는 한 존재에 대한 갈증을 느끼게 된다. 그들 사이에는 어느덧 친근감이 싹트고, 그녀의 비디오에서 자신이 갖지 못한 행복한 일상을 엿본 남자는 그녀를 좋아하는 감정을 숨기지 않는다.

● 김학순 감독 데뷔작. 1995년에 발표한 임영태의 소설을 원작으로 한 멜로드라마. 이 영화는 8년 만에 완성되어 공개되었다. 이혼 후 비디오 가게를 운영하고 있는 한 남자의 일상과 그에게 찾아온 로맨스를 차분하고 따뜻한 시선으로 그리고 있다.
　영화는 "슬픔은 인간이 가질 수 있는 가장 순수한 것"이라는 전제로 출발하면서 감독은 호러, 러브스토리, 신파 등의 상상력들을 실감나게 뒤섞는다. 매혹적인 순간을 잡아낸 유려한 카메라와 안정된 연출, 배우들의 호연이 흠잡을 데 없는 면밀한 구성을 보이고 있는 영화(경향 03. 11. 28)로 서울에서는 코아아트홀 단관개봉이라는 불운을 겪었다.
　김학순은 춘사영화제와 휴스턴국제영화제에서 신인 감독상과 골드 심사위원특별상, 하와이국제영화제에서 넷팩상을 받았고 몬트리올영화제 경쟁 부문 진출 등 수많은 국제영화제에 초청되어 관심을 받았다.

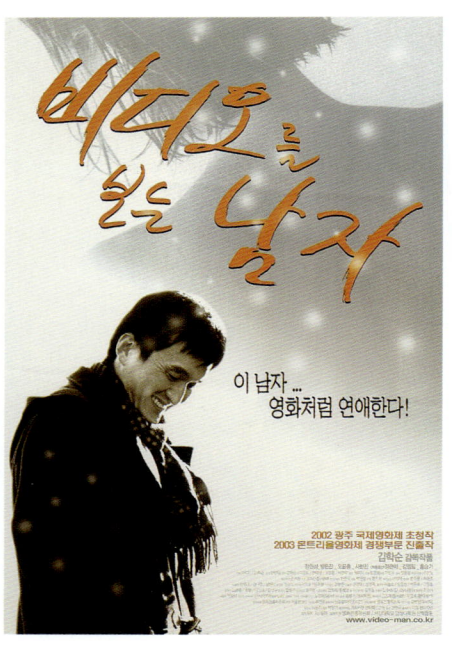

클래식 Classic(2002)

지혜(손예진)와 수경(이상인)은 둘 다 대학 선배인 상민(조인성)을 좋아하고 있다. 하지만 수경이 상민에게 보낼 편지 대필을 부탁하는 바람에 지혜는 수경의 이름으로 상민을 향한 자신의 감정을 고백할 수밖에 없었다. 어느 날 지혜는 해외여행 중인 엄마의 빈자리를 털기 위해 다락방을 청소하다가 엄마의 비밀 상자를 발견하고 엄마도 자신과 똑같은 사랑을 했음을 알게 된다.

1968년 여름, 방학을 맞아 시골에 내려온 준하(조승우)는 그곳에서 성주희(손예진)를 만나 서로 사랑하는 사이가 되었으나 방학이 끝나고 학교로 돌아와서 가장 친한 친구인 태수(이기우)의 연애편지의 대필을 부탁받는다. 그런데 그 상대가 바로 그가 사랑하는 주희였다. 태수에게 이를 말하지 못한 준하는 태수의 이름으로 자신의 마음을 담아 주희에게 편지를 쓰게 된 것이다.

엄마와 자신의 묘하게도 닮은 첫사랑. 이 우연의 일치에 지혜는 더욱 상민에 대한 그리움이 간절해진다.

● 곽재용 각본·연출작. 각본 곽재용. 과거와 현재가 교차되는 가운데 우연이 필연으로 바뀌어 가는 과정을 담담하게 담아낸 수작. 1960년대식 사랑의 감정을 미묘하게 묘사하여 사랑의 감정을 관객과 공유하는 데 성공하고 있다. 예를 들어 준하(조인성)는 바로 태수(조승우)의 아들이며 결말은 성주희(손예진)와 태수(조승우)가 못다한 사랑을 딸과 아들(손예진과 조인성)이 대를 이어 완성한다는 내용.

손예진은 과거 속의 인물인 '주희'와 현재의 인물인 '지혜' 역을 동시에 맡아 1인 2역을 선보였고 과거 속 인물인 조승우의 연기는 " '클래식'에서 얻은 가장 큰 수확(「불꽃나비 조승우, 멜로 영화의 달인인 이유」, 아시아 경제 09. 9. 24)"이라는 평을 받았다. 같은 해 영화 '마들렌'(2002)으로 스크린데뷔한 조인성 출연. 손예진이 대종상과 백상예술대상에서 신인연기상, 춘사영화예술제와 제2회 대한민국영화대상(MBC Film Award)에서 조영욱 음악상 수상.

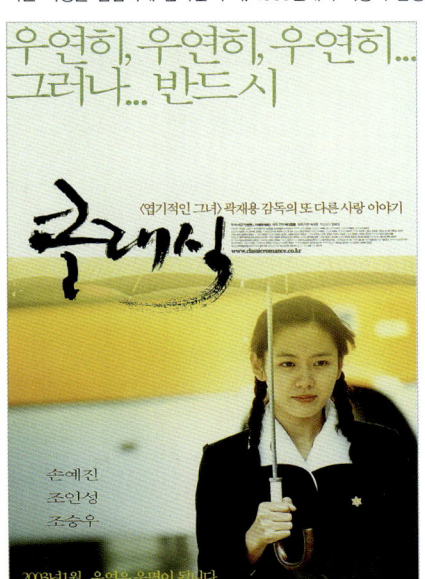

우연히, 우연히, 우연히...
그러나... 반드시

《엽기적인 그녀》 곽재용 감독의 또다른 사랑 이야기

클래식

www.classicromance.co.kr

손예진
조인성
조승우

2003년1월, 우연은 운명이 됩니다

(에그필름) 132분 극영화 12세관람가/멜로

감독·각본 : 곽재용
제작 : 지영준
개봉 : 2003년 1월 30일 서울, CGV, MMC, 중앙, 씨티, 대한, 명보극장(서울) 등 18개 관
관람인원 : 56만 4348명(서울)
수출현황 : 일본, 홍콩, 말레이시아, 중국, 태국, 대만, 싱가포르(03)
출연 : 손예진, 조승우, 조인성, 이상인, 이기우, 서영희, 김병옥, 이승철, 현숙희, 임예진 외
기획 : 지영준
촬영 : 이준규
음악 : 조영욱
조명 : 박현원
편집 : 김상범, 김재범
미술 : 송윤회
세트 : 윤일랑
소품 : 김영복
의상 : 양민혜
동시녹음 : 안상호
사운드 : Blue Cap
특수효과 : 이현우, 김병기
시각효과 : 강종익, 인싸이트비쥬얼
무술감독 : 주영민
프로듀서 : 이재순
조감독 : 박중희
수상 : 제40회 대종상영화제 신인여우상(손예진), 제39회 백상예술대상 신인연기상(손예진), 제11회 춘사영화예술제 조명상(박현원)·음악상(조영욱), 제2회 대한민국영화대상(MBC Film Award) 음악상(조영욱), 제14회 일본 유바리국제판타스틱영화제 최고인기상

질투는 나의 힘 Jealousy Is My Middle Name(2002)

(청년필름) 125분 극영화 15세관람가/
멜로

감독·각본 : 박찬옥
제작 : 김광수
개봉 : 2003년 4월 18일 서울, 대한,
　　　　CGV, 메가박스, 명보, 씨네씨
　　　　티(서울) 외
출연 : 박해일, 문성근, 배종옥, 서영희
　　　　외
촬영 : 박용수
음악 : 정훈영
조명 : 박태호
편집 : 권기숙
미술 : 어경준
의상 : 김희주
분장 : 황현규, 황지연
포스터 : 한세준
동시녹음 : 한철희
사운드 : 이규석, 최성록(믹싱)
특수효과 : 김철석, 전찬영
프로듀서 : 신창길
조감독 : 정동열, 김용덕, 최승기,
　　　　서준혁
수상 : 제40회 대종상영화제 신인여
　　　　우상(손예진), 제24회 청룡영화
　　　　상 각본상(박찬옥), 제39회 백
　　　　상예술대상 신인연기상(손예
　　　　진), 제11회 춘사영화예술제 신
　　　　인남우상(박해일)·조명상(박현
　　　　원)·음악상(조영욱), 제23회
　　　　영평상 남자신인배우상(박해
　　　　일), 제회 부산국제영화제 뉴
　　　　커런츠 부문 최우수 아시아작
　　　　가상·남자신인배우상(박해일),
　　　　제2회 대한민국영화대상(MBC
　　　　Film Award) 음악상(조영욱),
　　　　제14회 일본 유바리국제판타스
　　　　틱영화제 최고인기상·신인남
　　　　우상(박해일), 제32회 로테르담
　　　　영화제 최우수 작품상 타이거
　　　　상(VPRO Tiger Award), 제5
　　　　회 부에노스아이레스 국제독립
　　　　영화제, 트리베카영화제 경쟁
　　　　부문 초청

착실한 대학원생 이원상(박해일)은 여자친구로부터 유부남을 사랑하게
됐다는 고백을 듣는다. 우연찮게도 그 문제의 유부남 한윤식(문성근)을
만나게 된 이원상은 묘한 호기심과 충동으로 한윤식이 편집장으로 있는
잡지사에 입사해서 그의 주변을 맴돌게 된다. 그러는 동안 잡지사 사진
기자인 박성연(배종옥)에게 호감을 갖게 된 이원상, 그러나 그와 동시에
그녀 또한 한윤식의 유혹의 대상으로 또다시 난처한 삼각관계가 된다.

● 박찬옥(여) 감독 데뷔작. 기형도 시인의 유고시집 『입속의 검은 잎』(문학과지성사, 1989년)에
실린 시 「질투는 나의 힘」을 바탕으로 감독이 직접 시나리오를 썼다. 박찬옥은 그 시에서 "20
대 후반, 자신을 인정할 수도, 아직 자기 자신을 사랑하지도 못하는, 질풍노도의 상태에 있는
한 젊은 남자의 인상"을 보았으며 이 영화는 한 남자에게 두 번이나 애인을 빼앗긴 남자의 질
투심을 그렸다.(「'질투는 나의 힘' 박찬옥 감독 인터뷰」, 동아 03. 4. 14)
　박찬옥(1968년생)은 단편 '있다'(1996)로 제1회 서울여성영화제 우수작품상과 관객상, 단편
'느린 여름'(1998)으로 부산국제영화제 선재상을 받은 여성 감독으로 그는 장편 데뷔작에서 불
안하고 부조리한 청춘의 내면을 인물들의 관계를 통해 섬세하고 깊이 있게 그려냈다. 이 영화
는 평단의 호평에도 불구하고 조기 종영됐으나 관객들의 요청으로 같은 해 5월 3일부터 하이
퍼텍 나다에서 재상영됐다.

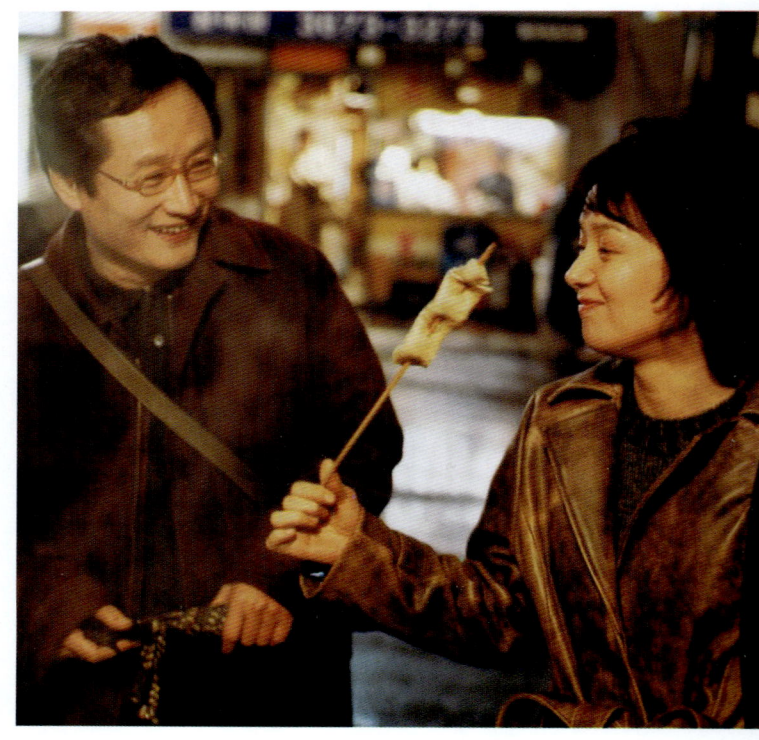

마들렌 Madeleine(2002)

소설가를 꿈꾸는 국문학도 지석(조인성). 머리를 자르기 위해 찾아간 헤어샵에서 수석 헤어디자이너가 된 희진(신민아)을 만난다. 지석은 당당하고 아름다운 그녀에게 호감을 느끼게 되고 몇 차례의 우연한 만남이 이어지자 희진은 '한 달간의 연애'를 제안한다.

"한 달 전에는 누구도 먼저 헤어지자고 말하지 않기"를 전제로 그들은 한 달간 서로를 알아가기로 한다. 그러던 어느 날 지석의 첫사랑 성혜(박정아)가 그들 앞에 나타난다. 그러자 희진은 밴드의 싱어가 된 성혜에게 심한 질투심을 느끼고 지석과 다투게 되면서 지석은 선택의 순간을 맞게 된다.

● 영화 '퇴마록'(1998) 이후 4년 만에 내놓은 박광춘 연출작. 제목 '마들렌'은 마르셀 프루스트의 소설 『잃어버린 시간을 찾아서』에서 주인공에게 유년시절의 추억을 떠올리게 해줬다는 빵의 이름이다. 조인성 스크린 데뷔작, 젊은 남자 배우 캐스팅 0순위였던 조인성과 M세대를 대표하는 신민아, 그리고 그룹 주얼리의 멤버인 신예 박정아가 노래에 이어 연기를 선보였다. 박정아의 역할은 영화를 전공하는 락 밴드의 리드보컬로 지석(조인성)의 중학 시절 첫사랑 역이다.

'마들렌'은 우리 젊은이들의 사랑과 꿈, 상처와 성장을 솔직 담백하게 담아낸 멜로물(「순수 100% 솔직한 사랑 만들기」, 오마이뉴스 03. 1. 29)로 서울 관객 14만 6000명에 전국 36만 명 동원. 순제작비 21억 원.

(프리시네마) 117분 극영화 15세관람가/멜로

감독 : 박광춘
제작 : 서우식   각본 : 설준석
각색 : 박광춘, 김은정, 설준석
개봉 : 2003년 1월 10일 서울, 명보, 대한, 메가박스, CGV구로, 강변, 목동극장(서울) 외
관람인원 : 14만 6482명(서울)
출연 : 조인성, 신민아, 박정아, 김수로, 강래연, 최규환, 김성훈 외
기획 : 서우식   촬영 : 김영철
음악 : Michael Staudacher
편집 : 박곡지, 정진희
미술 : 이미지   세트 : 오상만
소품 : 장석훈   의상 : 김유빈
분장 : 오누리   무술감독 : 전문식
포스터 : 강영호   동시녹음 : 정광호
사운드 : 이규석   특수효과 : 김병기
시각효과 : 인사이트 비주얼, 강종익, 손승현
조감독 : 단기범, 최중원, 차준호, 임창훈

국화꽃 향기 The Scent of Love(2003)

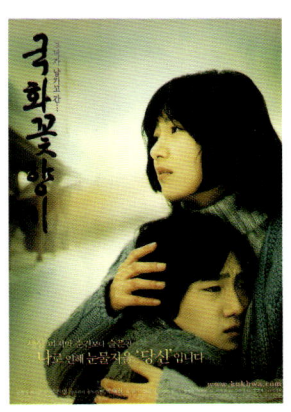

따뜻한 눈으로 세상을 바라보는 라디오 PD 인하(박해일)는 국화꽃 향기를 지닌 희재(장진영)를 사랑하고 있다.

희재는 사고로 약혼자와 부모를 잃고 슬픔에서 헤어나지 못하다가 7년간이나 기다려온 인하를 받아들여 결혼하지만 행복도 잠시, 시한부 삶을 살던 희재는 아기를 낳다가 죽는다.

희재는 오랫동안 인하의 라디오 프로그램에 투병기를 보내왔던 그 주인공이었다. 가장 행복한 순간, 사랑하는 사람을 떠나고, 떠나보내는 슬픔이 화면에 넘친다.

● 이정욱 감독 데뷔작. 김하인의 베스트셀러 소설 『국화꽃 향기』를 원작으로 하고 있다. 사랑하는 가족을 남겨놓고 먼저 세상을 뜨는 인물의 설정 등이 애절한 서사구조를 띠고 있다. 특히 파나비전 렌즈로 공들여 찍은 화면이 아름답다. 이정욱이 황금촬영상 신인 감독상 수상.

(태원엔터테인먼트) 105분 극영화 전체관람가/멜로

감독 · 각색 : 이정욱
제작 : 정태원
각본 : 김희재(원작 김하인)
개봉 : 2003년 2월 28일 서울, 메가박스, CGV, MMC, 중앙, 대한, 시네코아(서울) 외
관람인원 : 27만 8464명(서울)
출연 : 장진영, 박해일, 송선미, 김유석, 정은아 외
촬영 : 이후곤   음악 : 문대현
조명 : 원명준   편집 : 박곡지
미술 : 하상호, ㈜ART SERVICE
소품 : 김태욱   의상 : 김문영
분장 : 김서영   특수분장 : 유영
사운드 : 김용훈, 양대호
조감독 : 한정욱   특수효과 : 김태용
시각효과 : 이종학
프로듀서 : 김송현
수상 : 제26회 황금촬영상 신인감독상(이정욱) · 신인배우상(박해일)

블루 Blue(2003)

(강제규필름) 105분 극영화 15세관람
가/액션

감독 : 이정국
제작 : 최현묵, 최진화
각본 : 김해곤, 강제규
각색 : 조중훈
개봉 : 2003년 2월 7일 서울, CGV
      강변11, 중앙, 명보, 허리우드,
      대한극장(서울) 외
관람인원 : 6만 1223명(서울)
수출현황 : 일본(03)
출연 : 신은경, 신현준, 김영호, 공형
      진, 류수영, 이일재, 김해곤 외
기획 : 최현묵, 최성수
촬영 : 최지열, 서근희
음악 : 최태환
조명 : 조성각
편집 : 박곡지
미술 : 정용룡, 김나영
세트 : 윤일랑, 김일국, 최범근, 조성
      식, 문용군, 황인선
소품 : 김종석
의상 : 박상훈
분장 : 윤예령
동시녹음 : 김완동
사운드 : 김영호
특수효과 : 정도안, 유영일
시각효과 : 유동렬, 매커드
포스터 : 조선희
무술감독 : 이재상
프로듀서 : 최성수, 이성훈, 안상률
조감독 : 유순일
수상 : 제26회 황금촬영상 신인촬영상
      (최지열)

최고의 실력을 인정받는 SSU(해난구조대)의 두 잠수사 김준(신현준)과 이태현(김영호)은 둘도 없는 친구이자 라이벌 관계다. 어느 날 이들 앞에 나타난 SSU의 훈련대장 강수진 소령(신은경). 유학을 마치고 3년 만에 돌아온 그녀는 준과 태현의 동기로서 준의 옛 연인이기도 하다. 이들은 우정을 소중히 여기면서도 서로 내비칠 수 없는 감정으로 혼란스러워한다. 드디어 SSU부대 최대의 작전인 해군 합동훈련 밍크작전이 시작된다. 그러나 작전 도중 한반도함이 심해에 불시착하는 대형사고가 발생하고, 생존자 구조에 나섰던 수진은 침몰한 잠수정에 갇히게 된다. 준과 태현은 수진을 구하기 위해 그 누구도 시도해 보지 못한 187m 심해로 뛰어든다.

● 영화 '편지'(1997)로 전국 180만 관객을 동원하면서 "멜로의 달인", "감각연출의 귀재"로 불리게 된 이정국 연출작. 각본 김해곤, 강제규. 신은경, 신현준을 내세운 본격 해양 블록버스터. 영화 '블루'는 세계 최강의 잠수부대 SSU(Ship Salvage Unit: 해난구조대)의 활약상을 그린 '해양액션'으로 스케일이 거대한 영화이면서 새로운 장르적 시도를 노린 영화이기도 하다.(「해양액션영화 '블루'」, 한국경제 03. 2. 6)
  순제작비 38억 원. 수심 5m의 수영장 안에 배우들과 스태프들이 산소 호흡기를 달고 수중촬영을 했으며 해군의 전폭적인 지원 아래 함정이나 헬기 신 촬영을 해냈다. 김해곤의 짜임새 있는 각본만큼이나 최태완의 음악 역시 '블루'의 웅장함과 극적 감동을 표현해냈다. 마지막 엔딩곡 "One More Time"은 수많은 경쟁자를 물리치고 매력적인 허스키 보이스를 지닌 가수 백현수가 불러 히트시켰다.

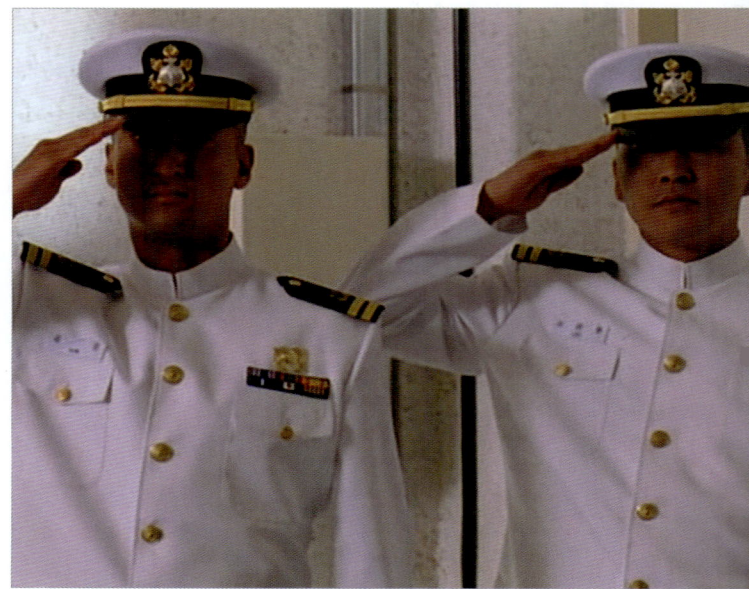

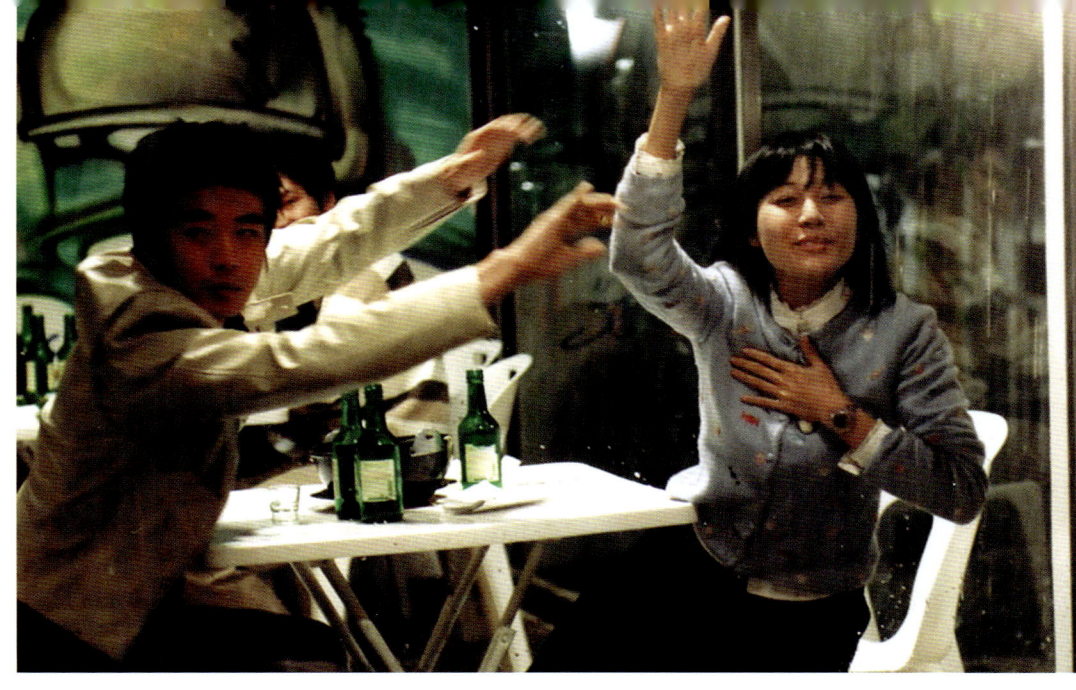

동갑내기 과외하기 My Tutor Friend(2003)

아버지의 실직으로 치킨집을 열게 된 수완(김하늘)이네 집, 대학 2학년인 그녀는 등록금을 벌기 위해 고액과외 지도에 나선다. 그러나 입시의 강풍에도 불구하고 당구장에서 단란한 밤 생활을 즐기는 고교생들과의 대결은 험난하기만 하다. 과외를 포기하고 싶을 때마다 "과외가 없으면 등록금도 없다!"는 엄마의 살벌한 외침에 다시 한 번 용기를 내본다. 그러다 만난 게 최고의 난적인 지훈(권상우)이다. 고등학교를 2년 꿇은 동갑내기 지훈은 골초에, 싸움꾼에 한 시간 이내에 과외선생들을 도망치게 만드는 만만찮은 이력을 가지고 있다. 수완 역시 첫날부터 쏟아지는 모욕과 공포에 질려 포기 일보 직전까지 몰리지만 이를 악물고 대결에 임한다.

● TV 드라마 작가 출신인 김경형의 감독 데뷔작. 원안은 98학번 최수완이 대학 2학년 때 인터넷에 연재한 소설. 만화가 심혜진이 만화 잡지 《이슈》에 『그 녀석과 나』라는 제목의 만화로 연재한 후 2001년 단행본(대원C.I)으로 출간된 것을 영화화한 것이다. 청순가련의 대명사를 불리던 김하늘의 연기 변신과 첫 주연 영화로 신고식을 치른 터브가이 이미지의 권상우의 액션과 연기가 돋보인다는 평을 받았다.(이동진, 『이동진의 부메랑인터뷰 그 영화의 비밀』, 위즈덤하우스, 2009년, p.539) 김자옥, 오승근 부부와 가수 박지윤도 출연했다. 서울 관객 163만 명, 전국 493만 7000명 동원으로 2004년도 한국영화 흥행 순위 3위, 역대 한국영화 흥행 순위 20위(08. 1. 25 기준)를 기록했다.

(코리아엔터테인먼트) 112분 극영화 12세관람가/코미디

감독 : 김경형
제작 : 이서열, 허대영
각본 : 박연선(원작 최수완)
각색 : 김경형, 김광열
개봉 : 2003년 2월 7일 서울, 메가박스, 시네코아, 목동, 구로, MMC(서울) 외
관람인원 : 163만 937명(서울)
수출현황 : 태국(02)
출연 : 김하늘, 권상우, 공유, 김지우, 백일섭, 김혜옥, 김자옥, 오승근 외
편집 : 고임표　　**미술** : 김현옥
세트 : 오상만　　**분장** : 이서진
의상 : 김진우, 이윤희
동시녹음 : 정욱창, 김창훈
조감독 : 문동식
프로듀서 : 장영권
수상 : 제40회 대종상영화제 신인남우상(권상우), 제39회 백상예술대상 남우신인연기상(권상우)·인기상(김하늘), 제26회 황금촬영상 신인감독상(김경형)

선생 김봉두 Teacher Kim Bong-du(2003)

(좋은 영화) 115분 극영화 12세관람가
/코미디

감독 : 장규성
제작 : 김미희
각본 : 장규성, 이원형
개봉 : 2003년 3월 28일 서울, CGV,
대한, 명보, 중앙, 주공공이, 동
숭극장(서울) 외
관람인원 : 85만 6680명(서울)
수출현황 : 미국(03), 전 세계－리메이
크 판권(03)
출연 : 차승원, 변희봉, 성지루, 이재
응, 최민주 외
기획 : 강우석
촬영 : 김윤수
음악 : 조성우
조명 : 이승구
편집 : 고임표
미술 : 강승용, 정은정
세트 : 이남영, 나병진
소품 : 이태우
의상 : 류수진
분장 : 김기선
동시녹음 : 강신규
사운드 : ㈜디지포스트 강대성
특수효과 : 정도안
시각효과 : 장성호
프로듀서 : 손세훈
조감독 : 김성욱, 김덕수, 이충일
수상 : 제40회 대종상영화제 각본(장
규성, 이원형) · 기획상(김미희)

서울의 초등학교 교사 김봉두(차승원)는 돈 봉투 사건에 연루되어 오지의 시골 분교로 좌천 해온다. 그런데 여전히 학생들을 제대로 가르칠 생각은 하지 않고 돈 봉투에만 눈독을 들인다. 그러나 전교생이라고는 달랑 다섯 명, 순진한 동네 사람들은 채소와 김치, 과일을 나누어 줄 뿐이다.

하루라도 빨리 서울로 돌아가고 싶은 그는 전교생을 뿔뿔이 전학보내고 학교를 폐교시킬 계획을 세운다. 그러다가 유일한 혈육이던 아버지가 돌아가시자 그를 위로해주고 같이 슬퍼해주는 아이들과 주민들을 보고 이웃이 얼마나 소중한가를 깨닫게 된다. 뿐만 아니라 그에게 한글을 배운 최 노인(변희봉)이 혼자서 편지를 읽는 것을 보고 교사로서의 보람을 처음으로 느낀다. 그는 비로소 '교사' 김봉두로 거듭나게 된다.

● 장규성 각본 · 연출작. 시골 아이들과 촌지 교사와의 대립적인 모습을 보여주며 상황에 따른 동상이몽의 재미를 준다. 이 영화의 실제 모델이 되는 강원도 청림초등학교 산내분교는 1969년 설립되어 2003년 3월 1일에 폐교, 그러나 실제 촬영은 이미 폐교가 된 강원도 정선군 신동읍 덕천리 연포분교에서 진행됐다. 영화 주인공의 이름 '봉두'는 돈 봉투의 '봉투'를 빗댄 뜻이다.

차승원은 간사하고 투박하면서도 따뜻한, 특유의 과장된 연기를 마음껏 펼쳐 보였다. 순 제작비 20억 원, 서울 관객 85만 7000명, 전국 관객 247만 명으로 흥행에서 어느 정도 성공했다. 역대 한국영화 흥행 순위 50위(08. 1. 25 기준)에 들어 있다.

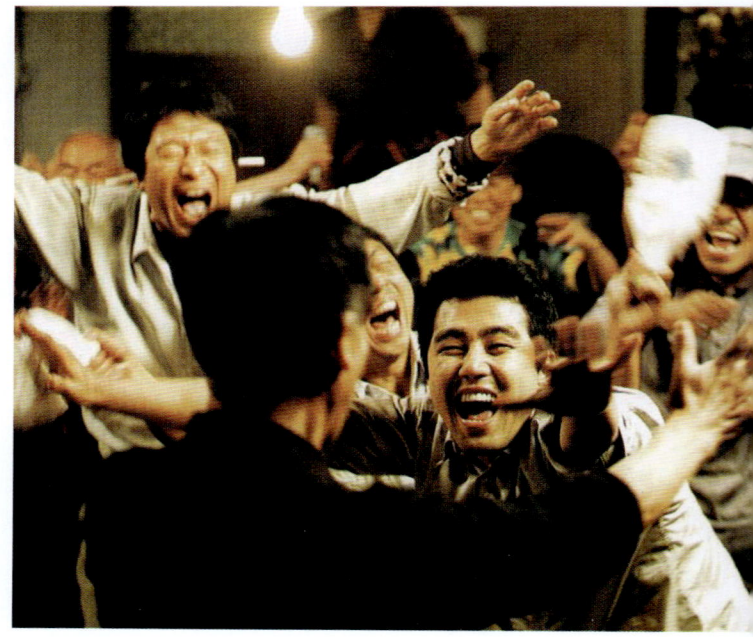

나비 Mr. Butterfly(2003)

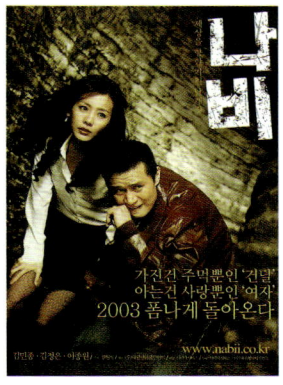

1980년대 초, 가슴팍의 나비 문신을 보여주며 1년 후 만나자고 약속한 민재(김민종)와 혜미(김정은)는 5년 후 룸살롱의 제비가 된 민재와 군 고위 간부 허 대령(독고영재)의 여인이 된 혜미로 다시 만난다. 두 사람이 여행을 떠나기로 한 바로 전 날 민재는 군인들에 의해 삼청교육대로 끌려가고 혜미는 또다시 오지 않는 그를 기차역에서 기다린다. 두 번은 잃고 싶지 않다는 생각에 혜미는 민재를 찾아 삼청교육대로 가지만 권력에 대한 욕망에 사로잡힌 황 대위(이종원)는 민재와 혜미 사이를 갈라놓으려 한다.

● 김현성 감독 데뷔작. 1980년대 삼청교육대를 배경으로 뒷골목 건달 출신과 요정 출신 여자의 비극적인 사랑 이야기를 그린 액션 멜로. 이종원이 강한 군인의 모습을 보여줬다.
  같은 해 김현성은 영화 '이중간첩'(2003)을 연출, 위장 귀순한 림병호를 중심으로 분단의 비극과 폭력의 현대사를 그려낸다.

(태원엔터테인먼트) 124분 극영화 15세관람가/액션 드라마
감독 : 김현성   제작 : 정태원
각본 : 권재우   각색 : 송민호
개봉 : 2003년 4월 30일 대한, 명보, 시네코아, 중앙, 허리우드, 정동극장(서울) 외
관람인원 : 17만 3613명(서울)
출연 : 김민종, 김정은, 이종원, 이문식, 김승욱, 독고영재, 엄춘배 외
기획 : 강우석
촬영 : 최지열, 서근희
편집 : 남나영
미술 : 유기정, 김효진
세트 : 오상만, 이치우
특수효과 : 박광남, 김병기
시각효과 : 이종학
무술감독 : 전문식
프로듀서 : 한용
조감독 : 임춘택
수상 : 제60회 베니스국제영화제 비경쟁 부문 비평가주간 초청

와일드카드 Wild Card(2003)

강력반 형사들이 가장 증오하는 퍽치기 살인의 희생자가 지하철역에서 발견된다. 신고를 받은 강남서 강력반 형사 오영달(정진영)과 방제수(양동근)는 즉시 수사에 착수한다. 잠복과 순찰을 하는 사이, 동일범의 소행이 분명한 살해 사건이 또다시 일어나고 분노를 참지 못한 두 형사는 조직 폭력배의 조직망을 수사에 동원한다. 피말리는 잠복 끝에 범인들이 모이는 현장에 강력반이 총출동하지만 경찰의 낌새를 눈치 챈 범인은 무방비 상태의 방제수를 덮치고, 몸을 날린 형사 하나가 대신 칼을 맞는다. 범인의 뒤를 좇는 방제수의 손이 총집을 향해 내려가는 순간 오영달의 눈빛이 착잡하게 빛난다.

● '약속'(1998)으로 흥행 대박을 터뜨린 김유진 연출작. 작가 이만희 각본에 양동근, 정진영 투톱을 내세워 도전한 액션물. 양동근의 꾸미지 않은 야성적인 캐릭터와 말이 필요 없는 정진영의 담백한 개성이 호평받았다. 서울 55만, 전국 151만 관객 동원.

(씨앤필름) 114분 극영화 18세관람가/범죄 액션
감독 : 김유진
제작 : 김유진, 장윤현
각본 : 이만희   각색 : 신근호
개봉 : 2003년 5월 16일 서울, 메가박스, 강변CGV, 대한, 중앙, MMC(서울) 외
관람인원 : 55만 174명(서울)
출연 : 정진영, 양동근, 한채영, 기주봉, 김명국, 황준영, 유하복 외
기획 : 김유진   촬영 : 변희성
음악 : 조성우   조명 : 임재영
편집 : 김현   세트 : 윤기찬
소품 : 박문환   의상 : 김시진
분장 : 조현숙   특수분장 : 정세환
동시녹음 : 오세진, 김성훈, 문재홍
특수효과 : 김태웅
포스터 : 권영호   무술감독 : 이홍표
조감독 : 정기훈, 김희찬, 이윤미, 이상원
수상 : 제11회 춘사영화예술제 심사위원 특별상(김유진)

지구를 지켜라 Save the Green Planet(2003)

(싸이더스) 117분 극영화 18세관람가/
SF 코미디
감독·각본 : 장준환
제작 : 차승재, 노종윤
개봉 : 2003년 4월 4일 서울, CGV,
　　　대한극장(서울) 외
관람인원 : 3만 2683명(서울)
출연 : 신하균, 백윤식, 황정민, 이재
　　　용, 이주현, 기주봉 외
촬영 : 홍경표
음악 : 이동준
조명 : 유영동
편집 : 박곡지
미술 : 장근영
세트 : 강창길, 강보길, 오재영
의상 : 김경희
분장 : 이경자
특수분장 : 신재호
동시녹음 : 이지수, 유현, 정인호,
　　　　　이승우
사운드 : LIVE TONE, 이인규
특수효과 : 정도안
시각효과 : 장성호
포스터 : 오형근
무술감독 : 김민수, 유상섭
프로듀서 : 김선아
조감독 : 김종훈
수상 : 제40회 대종상영화제 남우조연
　　　상(백윤식)·신인감독상(장준
　　　환)·음향기술상(이지수, 최태
　　　영), 제24회 청룡영화상 남우조
　　　연상(백윤식)·신인감독상(장준
　　　환), 제11회 춘사영화예술제 신
　　　인감독상(장준환)·신인여우상
　　　(황정민), 제23회 영평상 신인
　　　감독상(장준환)·기술상(미술 :
　　　장근영, 의상 : 김경희), 제7회
　　　부천국제판타스틱영화제 장편
　　　부문대상·남우주연상(백윤식)
　　　·관객상, 제4회 부산영평상 최
　　　우수작품상 신인감독상(장준
　　　환)·남우주연상(신하균), 제2회
　　　대한민국영화대상 신인감독상
　　　(장준환)·남우조연상(백윤식),
　　　제25회 모스크바국제영화제 감
　　　독상(장준환), 제22회 벨기에
　　　브뤼셀판타스틱국제영화제 대
　　　상 '금까마귀(Golden Raven)'상
　　　(장준환), 제6회 부에노스아이
　　　레스국제독립영화제 여우주연
　　　상(황정민)·촬영상(홍경표)

병구(신하균)는 지구가 곧 위험에 처할 것을 믿고 있다. 이번 개기월식까지 안드로메다 왕자를 만나지 못하면 지구에는 엄청난 재앙이 찾아온다. 병구는 유제화학 사장 강만식(백윤식)이 외계인임을 확신하고 그를 납치해 왕자와 만나게 해줄 것을 요구한다. 경찰청장의 사위이기도 한 강만식의 납치 사건은 경찰 내부에 팽팽한 긴장감이 감돌게 한다. 모함으로 현직에서 물러난 추 형사(이재용)는 비밀리에 조사에 착수, 병구의 집까지 추적해 온다. 영문도 모르고 끌려온 강 사장은 고문을 견디다 못해 병구의 외계인 자료를 훔쳐보고 그럴듯한 이야기를 꾸며 병구를 혼란스럽게 만든다. 외계인의 음모를 밝혀 지구를 지키려는 병구와 그로부터 탈출하여 위기를 넘기려는 강 사장의 두뇌싸움이 시작된다.

● 장준환 감독 데뷔작. 각본 장준환. 영화 '지구를 지켜라'는 자신이 겪고 있는 고통과 불행이 지구를 정복하려는 못된 외계인 때문이라고 믿는 병구가 외계인으로 확신되는 강 사장을 납치한 후 상상을 초월하는 고문과 심문을 통해 진실이 밝혀지는 과정을 그리고 있다. 병구 역을 맡은 신하균의 코믹스러운 연기와 강 사장 역의 백윤식이라는 중견 배우를 재발견한 영화다.

　장준환은 대종상 청룡영화상, 춘사영화예술제, 영평상, 부산영평상, 대한민국영화대상과 모스크바영화제에서 작품상과 신인감독상, 백윤식은 대종상 청룡영화상, 부천판타스틱영화제, 대한민국영화대상에서 남우조연상을 수상, 백윤식은 후에 최동훈의 '타짜'(2006)에서 관객을 사로잡는 명연기를 펼쳐 보이게 된다. 신인 감독의 데뷔작답게 기발한 상상력과 에너지가 충만한 이 영화는 영화팬들의 열렬한 지지를 받았다. 순제작비 33억 원.

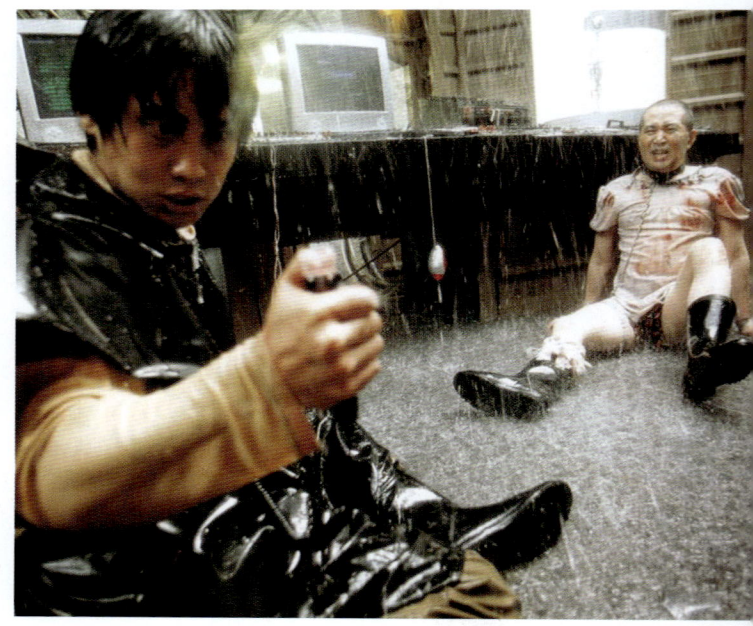

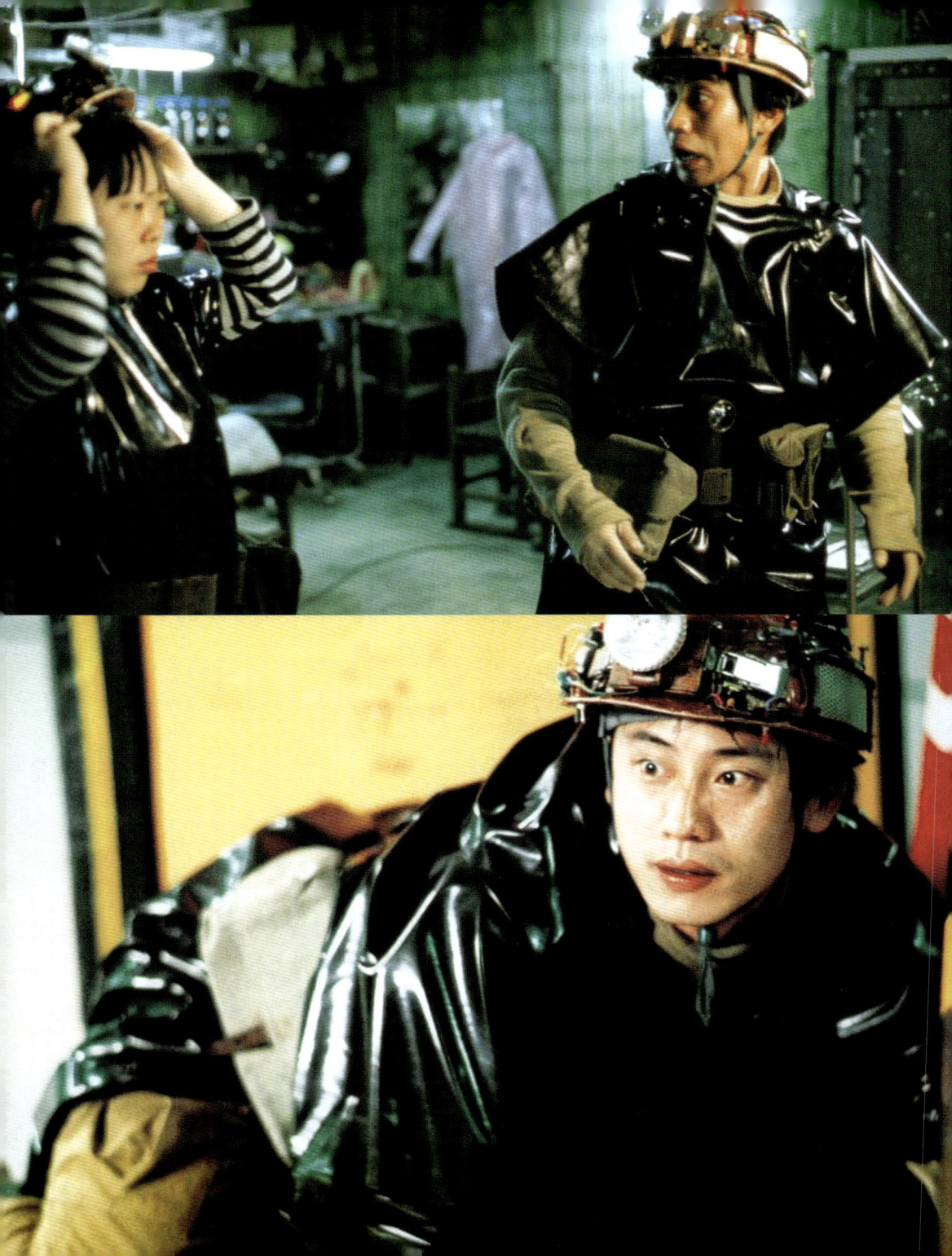

살인의 추억 殺人의 追憶, Memories of Murder(2003)

(싸이더스) 131분 극영화 15세관람가/
범죄 드라마

감독 : 봉준호
제작 : 차승재, 노종윤
각본 : 봉준호, 심성보(원작 김광림)
개봉 : 2003년 4월 25일 서울, CGV,
　　　명보, 중앙, 허리우드, 대한극장
　　　(서울) 외
관람인원 : 191만 2729명(서울)
수출현황 : 일본, 홍콩, 싱가포르, 프랑
　　　스, 독일(03)
출연 : 송강호, 김상경, 송재호, 변희
　　　봉, 김뢰하, 류태호, 박노식, 박
　　　해일, 권병길, 김하경 외
촬영 : 김형구
음악 : Taro Iwashiro
조명 : 이강산　　편집 : 김선민
세트 : 양홍삼　　소품 : 유청
의상 : 김유선　　분장 : 황현규
사운드 : LIVE TONE, 최태영
특수효과 : 정도안, 김병기
시각효과 : 인사이드비쥬얼, 강종익
무술감독 : 이용준, 정창현
프로듀서 : 김무령
조감독 : 한성근
수상 : 제40회 대종상영화제 최우수
　　　작품상(싸이더스) · 감독상(봉준
　　　호) · 남우주연상(송강호) · 조명
　　　상(이강산), 제24회 청룡영화상
　　　촬영상(김형구) · 한국영화 최고
　　　흥행상, 제11회 춘사영화예술제
　　　대상(싸이더스) · 감독상(봉준
　　　호) · 남우연기상(송강호) · 남우
　　　조연상(박노식) · 촬영상(김형
　　　구) · 편집상(김선민) · 각본상
　　　(봉준호, 심성보), 제51회 칸국
　　　제영화제 국제비평가협회상, 제
　　　23회 영평상 작품상 · 감독상
　　　(봉준호) · 남우주연상(송강호),
　　　제4회 부산 영평상 감독상(봉
　　　준호) · 각본상(봉준호, 심성보),
　　　제2회 대한민국영화대상 최우
　　　수작품상 · 감독상(봉준호) · 남
　　　우주연상(송강호) · 각본각색상
　　　(봉준호, 심성보) · 편집상(김선
　　　민) · 촬영상(김형구), 제51회
　　　산세바스티안국제영화제 은조
　　　개상(봉준호) · 신인감독상(봉준
　　　호), 제16회 도쿄국제영화제 아
　　　시아영화상, 제21회 토리노영
　　　화제 각본상(봉준호)

1986년 경기도. 젊은 여인이 무참히 강간, 살해당한 사건이 연이어 발생하면서 사건 발생 지역에 특별수사본부가 설치된다. 수사본부 멤버는 구 반장(변희봉)을 필두로 지역 토박이 형사 박두만(송강호)과 조용구(김뢰하), 그리고 서울 시경에서 자원해 온 서태윤(김상경) 등이다.

육감 취조에 능한 박두만은 동네 양아치들을 족치며 자백을 강요하고, 서태윤은 사건 서류를 꼼꼼하게 검토하여 사건의 실마리를 찾아가는 등 처음부터 신경전이 팽팽하다. 용의자가 검거됐으나 범행 사실이 드러나지 않아 구 반장은 파면되고 후임 반장(송재호)이 새로 부임하면서 수사는 다시 활기를 띠기 시작한다.

박두만은 범인이 현장에 털 한 오라기도 남기지 않는다는 점에 착안, 근처의 절과 목욕탕을 뒤지며 무모증인 사람을 찾아 나서고, 사건 파일을 검토하던 서태윤은 비오는 날, 빨간 옷을 입은 여자가 범행 대상이라는 공통점을 밝혀낸다. 선제공격에 나선 형사들은 여경에게 빨간 옷을 입히고 함정 수사를 벌이지만 다음날 아침 돌아온 것은 음부에 우산이 꽂힌 또 다른 여인의 사체, 사건 해결의 실마리는 오리무중이 되고 냄비처럼 들끓는 언론은 형사들의 무능을 지적하는 등 특별수사본부는 강박증에 시달린다.

● 영화 '플란다스의 개'로 감독데뷔한 봉준호의 두 번째 연출작. 원작은 화성연쇄살인사건을 소재로 한 김광림의 희곡 「날보러와요」(1996)를 바탕으로 하고 있다. 화성연쇄살인사건은 1986년부터 1991년까지 10차례에 걸쳐 화성에서 발생했던 사건으로 범인이 밝혀지지 않은 채 영화가 만들어진 3년 후인 2006년 4월 2일, 공소시효가 만료됐다.(「화성연쇄살인 오늘 공소시효 만료」 매일경제 06. 4. 2)

화성연쇄살인사건을 모티브 삼아 범인을 잡으려는 형사들의 경쟁갈등을 그린 이야기. 감독은 미스터리라는 장르에 한국적인 코믹요소를 접목시킴으로써 자칫 무거워질 수 있는 주제를 적당히 여과시키는 등 잘 짜인 시나리오, 치밀한 연출력, 배우들의 능란한 연기와 구성에서도 빈틈을 찾아볼 수가 없다. 박두만(송강호) 형사와 서태윤(김상경) 형사의 대립과 갈등 위에 박현규(박해일)라는 용의자를 통해 긴장을 증폭시키는 형식을 취하고 범행현장과 범행장면을 보여주면서 관객을 영화의 한 흐름 속에 동승시킨다. 또 하나의 용의자인 '광호' 역의 신인 박노식이 형사들과 자장면을 먹으면서 "향숙이!" 하는 장면은 한동안 개그맨들의 개그 소재가 되었고 박노식을 하루아침에 유명 배우로 만들어 놓기도 했다. 영화평론가 이동진은 '살인의 추억' 연출에 대해 "사실감을 극대화하는 디테일 묘사능력에 정교한 마름질 기술로 수제(手製) 명품을 보는 듯한 느낌을 안긴다."(이동진, 「이동진의 부메랑인터뷰 그 영화의 비밀」, 위즈덤하우스, 2009년, p.227)고 평한 바 있다. 조명 감독을 맡았던 이강산이 '보일러 김씨'로 카메오 출연. 유재하의 '우울한 편지'가 살인의 서막을 알리는 곡으로 전면에 깔린다.

봉준호는 이 영화로 대종상, 춘사영화예술제, 영평상, 대한민국영화대상에서 감독상, 산세바스티안국제영화제에서 신인감독상인 은조개상, 도쿄국제영화제에서 아시아영화상을 수상, 송강호는 대종상과 춘사영화예술제, 대한민국 영화대상에서 남우주연상을 수상, 일본, 홍콩, 싱가포르, 프랑스, 독일 등에 수출되어 해외수출 총액에서도 300만 달러를 넘어섰다.(문화 03. 9. 29)

전국 526만 관객동원으로 2004년도 한국영화 흥행순위 1위. 역대한국영화흥행순위 13위(08. 1. 25)에 올랐다. 영화 '살인의 추억'이 흥행에 성공하면서 연극 「날보러 와요」에도 관객이 집중된 것으로 전해진다.

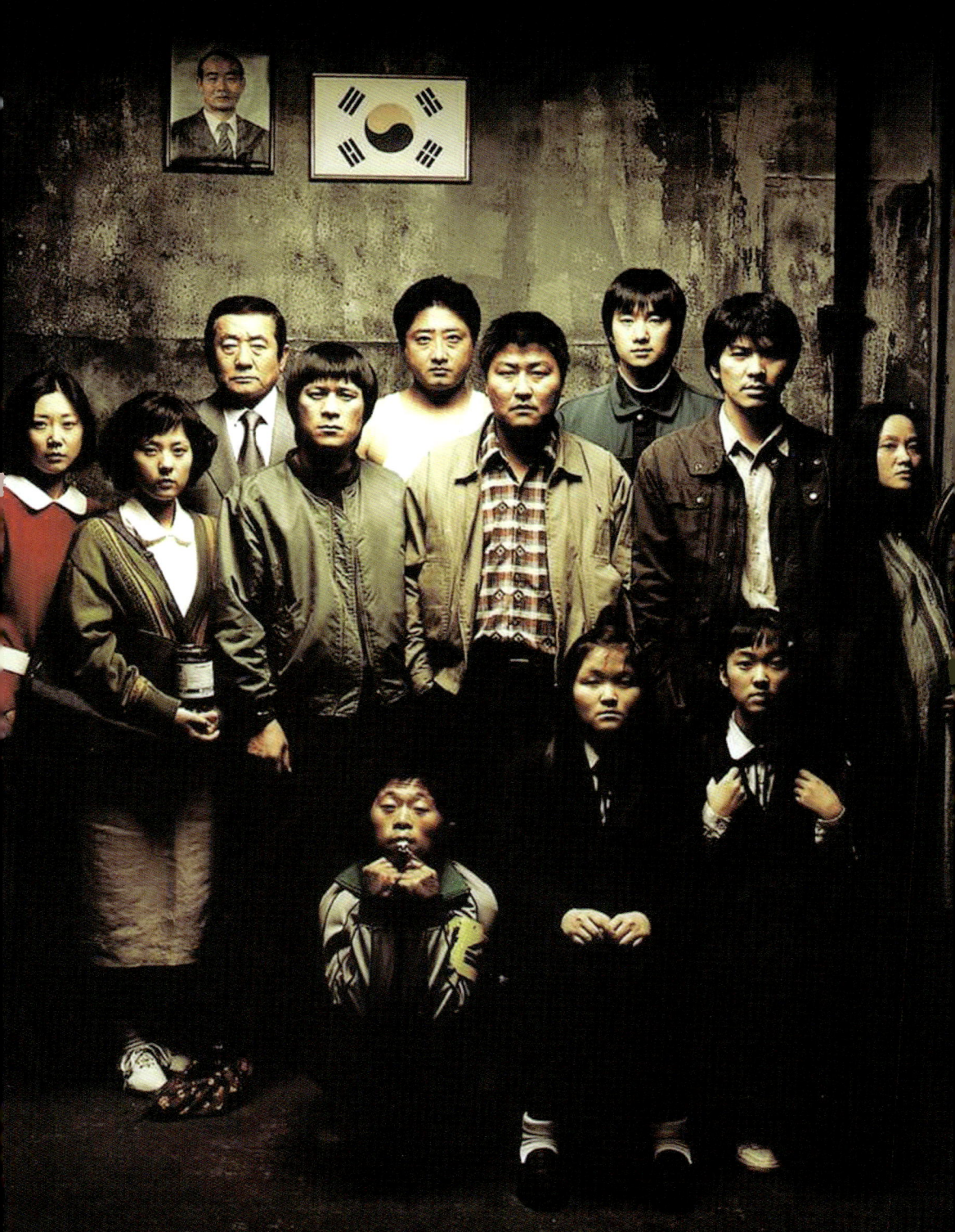

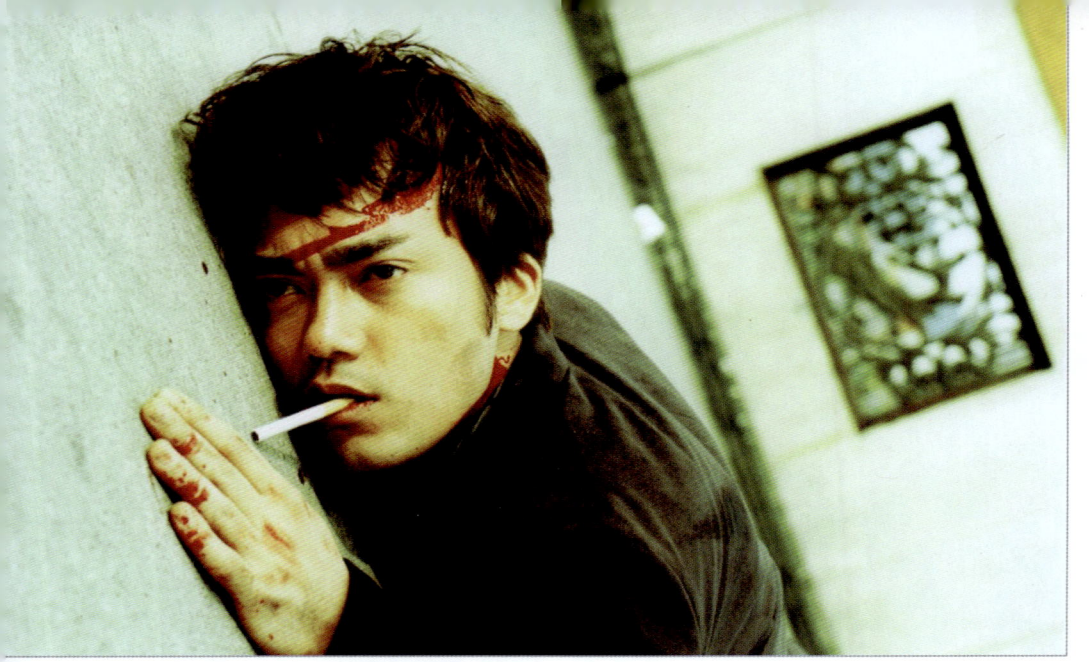

런투유 RUN 2 U(2003)

(나라디지컴) 86분 극영화 15세관람가
/액션

감독 : 강정수
제작 : 황인선, 이창석
각본 : 강정수, 츠토무 시라토
개봉 : 2003년 5월 30일 시네코아(서울)
출연 : 채정안, 타카하시 카즈야, 야마
시타 테츠오, 오자와 마쥬, 이
호재, 최란, 박형선 외
기획 : 이창석, 요시히로 야마모토
촬영 : 박승배, 이동국, 강대용
음악 : 임형순   조명 : 조성각
편집 : 박순덕   미술 : 정은영
세트 : 윤기찬   의상 : 김혜진
분장 : 카마다 마유미, 모리 카오리
동시녹음 : 김탄영
사운드 : 김수현
특수효과 : 이정일, 히로시 모리모토
시각효과 : 한동호
무술감독 : 최강호, 사토루 후카사쿠
프로듀서 : 황인선, 이창석, 요시히로
야마모토, 쥬니시로 미즈노
조감독 : 홍용수, 요시후미 오가사와라
수상 : 제7회 부산국제영화제 인더스
트리얼 부문 출품, 제15회 일본
유바리국제판타스틱영화제 공
식 초청

도쿄의 한 클럽에서 노래를 부르는 재일교포 히로시(타카하시 카즈야)와 야쿠자 조직의 일원인 츠요시(야마시타 테츠오)는 친형제 같은 사이다. 소극적인 히로시와는 달리 성격이 불 같은 츠요시는 자신의 감정을 숨긴 채 히로시에 대한 사랑을 간직한다. 히로시가 재일교포라는 이유로 야쿠자들에게 천대받는 모습을 보고 분을 참지 못한 츠요시는 마약 밀매 현장에서 거래된 돈 가방을 훔치고, 살인까지 저지른다. 그리고 히로시가 위험에 빠지자 두 사람은 도망자의 신세가 되어 서울로 피신해 온다.

한편, 서울의 밑바닥에서 웃음을 팔면서 성공만을 꿈꾸던 경아(채정안)는 성공의 길은 보이지 않고 외로움이 커질 때 히로시를 만나 그의 노래를 들으면서 히로시에 대한 사랑의 감정을 키운다. 숨어서 지내던 츠요시는 경아와 사랑에 빠진 히로시에게 애정과 애증의 감정이 혼합되어 묘한 질투를 느끼게 되고 일본에서는 야쿠자의 돈과 마약을 찾기 위해 한국으로 야쿠자를 보낸다.

● '물위의 하룻밤'(1998)을 연출한 강정수의 한일 합작영화. 인기 가수 채정안과 일본의 다카하시 카즈야를 캐스팅하여 화제를 낳았던 작품이다. 화려한 액션과 젊은이들의 사랑과 우정을 담아내면서 오사카, 고베, 교토 등 일본과 한국을 오가며 촬영됐다. 일본 유바리국제판타스틱영화제에 공식 초청 상영되었고 제7회 부산국제영화제에도 출품된 바 있다.

이발소 이씨(異氏) Uncle 'BAR' at Barbershop(2003)

1980년대 초, 서울 변두리의 한 작은 이발소의 이씨. 그는 손님이 없는 한가한 시간에는 이발소를 청소하거나 슬픈 사연을 낭독하는 라디오를 즐겨 듣는다. 그런 그에게 동네 사람들이 찾아와서 살아가는 이야기를 털어놓기도 하고 동네 3인방(구씨, 전씨, 박씨)에게 여자 같다는 놀림을 받기도 한다. 그러던 어느 날 구멍가게 구씨와 말다툼을 하던 끝에 구씨가 내뱉은 '계집애'라는 말에 이씨는 발칵 화를 내며 주먹다짐까지 한다.

아침이 되자 이발사 이씨는 여느 때와 똑같이 볼록한 가슴을 붕대로 감아 맨다. 그리고 아무렇지도 않게 자전거를 타고 이발소로 향한다.

● 첫 작인 '1979년 10월 28일 일요일, 맑음'(1999)에 이은 권종관의 두 번째 단편영화. '이발소 異氏'는 퀴어영화로 분류하기보다 가슴 한편에 아픔을 간직하고 살아가는 소시민의 삶의 단면을 그린 영화다. 카메라의 절제라는 단편영화의 임팩트를 제대로 살린 작품으로 국제영화제에서 수많은 상과 호평을 받았다.

21분 단편영화 15세관람가/드라마

감독 · 각본 : 권종관
개봉 : 2003년 5월 30일 중앙시네마 (서울)
출연 : 이윤미, 최성웅, 김건호, 반진수, 이성애, 조한희, 이애라, 이호협, 배성민, 안병찬 외
촬영 : 이기원   음악 : 최의경
조명 : 김성관   편집 : 문인대
미술 : 서명혜   세트 : 오상만
수상 : 제38회 대종상영화제 단편영화상, 제2회 대한민국영상대전 우수상, 제11회 워싱턴 국제 G&L (게이 앤 레즈비언) 영화제, 시애틀 L&G 영화제, 제14회 뉴욕 L&G 영화제, 제3회 전주국제영화제 비평가 주간, 제17회 튜린 국제 G&L 영화제 파노라마 부문(이탈리아) 등 다수 초청.

튜브 Tube(2003)

포기할 줄 모르는 끈질긴 근성의 장도준(김석훈) 형사는 테러범 강기택(박상민)을 추적 중이다. 강기택은 전직 국가정보부의 최정예 비밀요원 출신으로 정부로부터 축출당한 후 요인암살혐의를 받고 있다. 신임 시장단의 지하철 시찰이 있던 날, 강기택은 지하철을 점거한 후 대형 테러를 꾸민다. 이를 눈치챈 소매치기 인경(배두나)의 연락을 받은 장 형사는 문제의 지하철에 탑승을 시도한다. 목숨 걸고 통제불능의 지하철을 세우려는 장 형사, 그리고 끝까지 그의 옆을 지키는 인경과 지하철 승객들. 장 형사는 끝내 지하철을 세우고 인질들을 구해낸다.

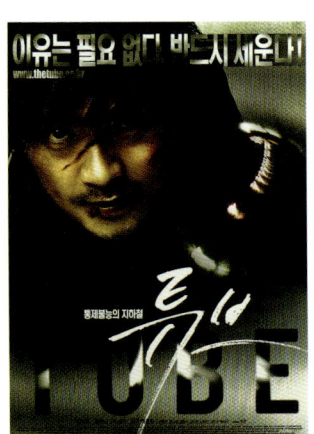

● 백운학 감독 데뷔작. 감독이 직접 시나리오를 썼다. 지하철 소재의 스피드 액션물. 지하철의 대참사를 막으려는 형사와 지하철 탈취범 간의 손에 땀을 쥐게 하는 액션 대결이 볼만하다. 또한 목숨을 건 사랑의 드라마가 긴장감 넘치는 초고속 지하철 속에서 은은하게 펼쳐진다.

영화를 위해 지하철 설계도와 도시철도공사 감수하에 실제 지하철 소재인 금속으로 지하철 두 대를 제작, 크기 구조 도료 내부 인테리어에 이르기까지 10억 원을 들여 만들었다.

(미르필름) 116분 극영화 15세관람가/액션

감독 : 백운학
제작 : 서경석, 이창우
각본 : 백운학(원작 원안 김형완)
각색 : 변원미, 김민주, 김정민
개봉 : 2003년 6월 5일 CGV, 메가박스, 대한, 명보 등 16개 관
관람인원 : 12만 3020명(서울)
수출현황 : 일본(2003)
출연 : 김석훈, 박상민, 배두나, 손병호, 임현식, 권오중 외
기획 : 서경석, 이창우, 손주연, 장혁린
촬영 : 윤홍식   음악 : 황상준
편집 : 박곡지, 김미영
세트 : 강창길, 전인한
의상 : 강국희, 김효성
특수분장 : 김정환, 박선
동시녹음 : 이병하
특수효과 : 정도안
시각효과 : 인 사이트 비쥬얼, 강종익
무술감독 : 정두홍
프로듀서 : 이관학, 양근찬
조감독 : 김정민
수상 : 제23회 테헤란 파지르 국제영화제 특별 프로그램 특별상영 부문 초청

장화, 홍련 A Tale of Two Sisters(2003)

(마술피리, 영화사봄) 115분 극영화 12
세관람가/호러미스터리

감독 · 각본 : 김지운
제작 : 오기민, 오정환
개봉 : 2003년 6월 13일 메가박스,
　　　 CGV, 서울, 대한, 시네코아,
　　　 명보극장(서울) 외
관람인원 : 101만 7027명(서울)
수출현황 : 프랑스, 일본, 이탈리아, 스
　　　　 칸디나비아 제국, 태국, 홍
　　　　 콩(03)
출연 : 임수정, 문근영, 염정아, 김갑수
　　　 외
기획 : 오기민
촬영 : 이모개
음악 : 이병우
조명 : 오승철
편집 : 고임표
미술 : 박희정
세트 : 강창길
소품 : 전로빈
의상 : 옥수경
분장 · 특수분장 : 김도희
동시녹음 : 김경태
사운드 : LIVE TONE, 최태영
특수효과 : 김재민
시각효과 : Digital TETRA, 김욱
포스터 : 오형근
프로듀서 : 김영
조감독 : 이소영
수상 : 제24회 청룡영화상 여자신인상
　　　 (임수정), 제23회 영평상 여자
　　　 신인배우상(임수정) · 촬영상(이
　　　 모개), 제4회 부산 영평상 여자
　　　 신인배우상(임수정) · 촬영상(이
　　　 모개) · 심사위원특별상, 제2회
　　　 대한민국영화대상 신인여우상
　　　 (임수정) · 음향상(최태영 강경
　　　 한) · 미술상(조근현) · 조명상
　　　 (오승철), 제24회 포르투갈 판
　　　 타스포르토 영화제 판타지 시
　　　 네마 부문 감독상(김지운) · 여
　　　 우주연상(임수정) · 오리엔트 익
　　　 스프레스 부문 심사위원 특별
　　　 상, 제11회 제라르메 국제판타
　　　 지영화제 경쟁 부문 심사위원
　　　 대상, 제23회 벨기에 브뤼셀국
　　　 제판타스틱영화제 은까마귀상
　　　 (은상), 제36회 스페인 시체스
　　　 영화제 초청.

수미(임수정)와 수연(문근영) 자매가 서울에서 오랜 요양을 마치고 돌아오던 날, 새엄마 은주(염정아)는 아이들을 반기지만 아이들은 그녀가 달갑지 않다. 이들이 함께 살게 된 뒤부터 기이한 분위기가 집안에 감돌자 수미는 죽은 엄마를 대신해 아버지 무현(김갑수)과 늘 겁에 질려 있는 동생 수연을 손수 챙기려든다. 이 때문에 신경이 예민해진 은주는 그런 두 자매와 번번이 부딪치게 되고 아버지 무현은 그들의 불화를 무기력하게 바라볼 뿐이다. 결국 정서불안 증세를 보이기 시작한 은주는 집안을 공포 분위기로 몰아가고 수미는 동생 수연을 지키기 위해 이에 맞선다. 집안 곳곳에서 괴상한 일들이 잇달아 일어나고 감춰졌던 가족의 비밀이 그 진상을 드러내기 시작한다.

● 김지운 각본 · 연출작. 고전 「장화홍련전」과는 연관성이 없다. 계모와 두 자매라는 설정만 같을 뿐 모든 장면의 연출과 컨셉트, 소품 하나에 이르기까지 영화의 시대 배경은 현대에 두고 있다.
　고전이 비극적인 가족사와 권선징악의 내러티브로 전개된 데 비해 영화 「장화, 홍련」은 선악이 모호한 비극적 가족사를 현대에 맞춰 복원시키고 있다. 대부분의 호러영화들이 외부적인 두려움, 즉 타자를 공포의 근원으로 삼는다면 영화 「장화, 홍련」은 자신의 죄의식에서 비롯된 공포를 그리고 있는 것이 다르다. 임수정과 문근영이 각각 수미(장화), 수연(홍련)으로 등장하여 괴기스런 집안 분위기를 조성해낸다. 가장 잔혹한 장면은 새엄마가 피가 줄줄 흐르는 자루(자매의 시체가 담긴)를 몽둥이로 쳐대는 장면이다. 그것은 자신이 지켜주지 못해서 동생이 죽었다고 생각하는 언니의 죄책감이 빚은 상상력이지만 반전에 반전이 거듭되는 긴장감 속에서 「장화, 홍련」은 정통 공포영화의 진수를 보여준다.(「「장화 홍련」 '살인의 추억' 시험대에 오르다」, 《씨네21》 04. 8. 24)
　당시 미국에서 'A Tale of Two Sisters'란 제목으로 개봉된 후 미국의 유명 영화 칼럼니스트 존 파(John Farr)가 "2000년 이후 개봉한 해외영화 중 최고의 영화(Best Interna-tional Films of the Decade So Farr)"(나우뉴스 08. 1. 30)로 선정했다. 또한 한국영화 중 가장 비싼 가격에 할리우드에 리메이크 판권이 팔렸다. 해외 마케팅과 배급을 담당하는 시네클릭 아시아는 미국의 드림웍스와 계약금 100만 달러와 제작 시점에서 추가로 100만 달러를 지급받아 총 200만 달러에 판권 계약을 체결했다.
　프랑스, 스칸디나비아, 이탈리아, 일본, 홍콩, 중국 등에 판매되어 100만 달러 이상의 수출 수입을 올렸고 국내 흥행에서도 큰 성과를 거두었다. 전국 314만 6000명 관객 동원으로 2004년도 한국영화 흥행 순위 5위, 역대 한국영화 흥행 순위 34위(08년 1월 25일 기준)에 올라 있다.

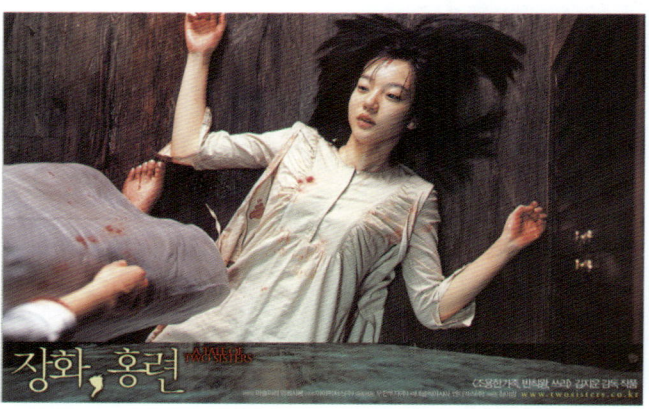

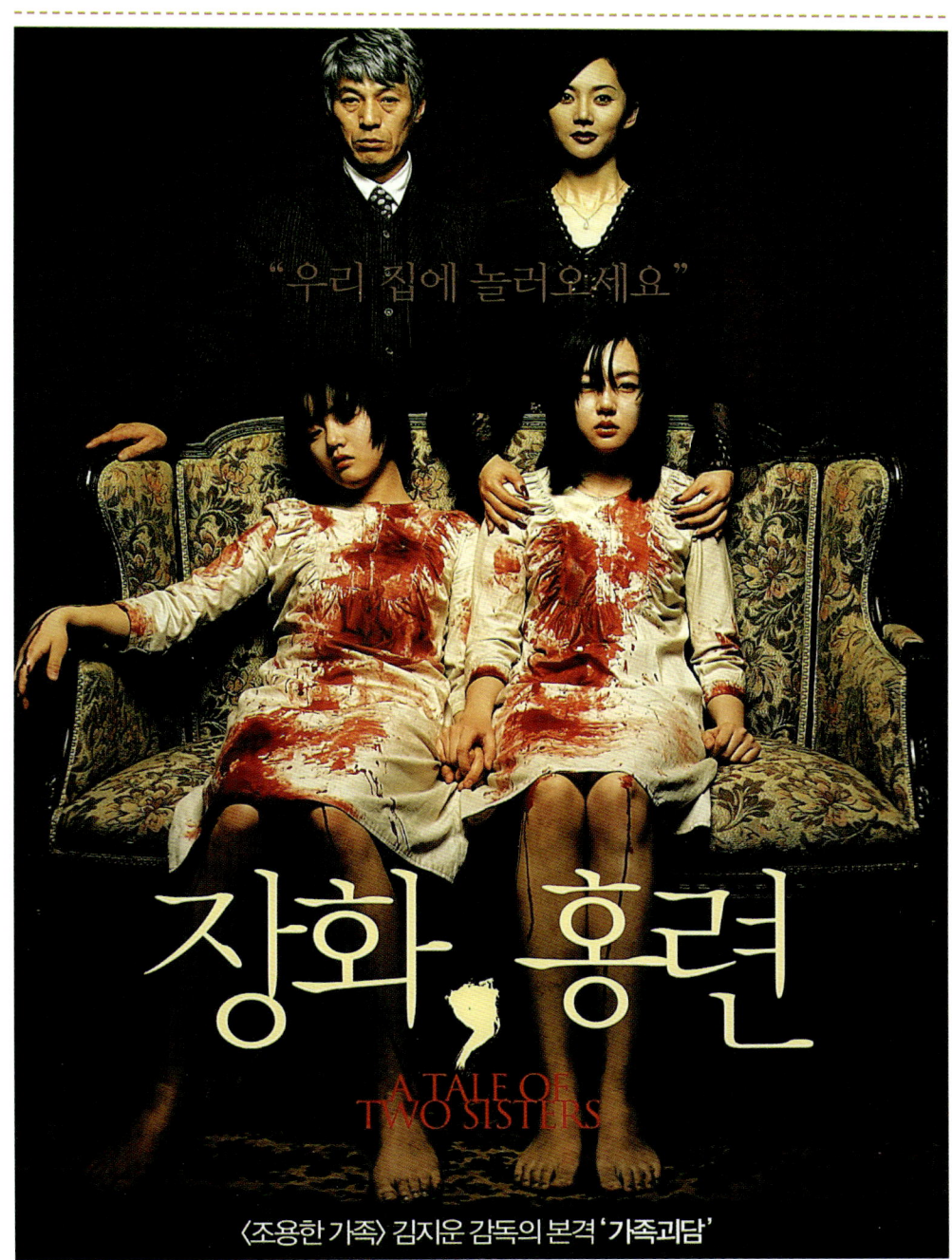

"우리 집에 놀러오세요"

장화, 홍련

A TALE OF
TWO SISTERS

〈조용한 가족〉 김지운 감독의 본격 '가족괴담'

싱글즈 Singles(2003)

(싸이더스) 110분 극영화 15세관람가/
로맨스

감독 : 권칠인
제작 : 차승재, 노종윤, 임충렬
각본 : 박헌수, 노혜영, 성기영(원작
　　　카마타 토시오)
각색 : 이은경, 제윤신, 조효민
개봉 : 2003년 7월 11일 메가박스,
　　　CGV강변, 명동, 대한, 서울,
　　　명보극장(서울) 외
관람인원 : 85만 9347명(서울)
출연 : 장진영, 이범수, 엄정화, 김주
　　　혁, 오지혜, 송재호, 이휘재, 김
　　　광일, 한지혜 외
촬영 : 김재호, 장성백
조명 : 이만규, 김영돈
편집 : 신민경　　미술 : 이진호
세트 : 윤기찬　　소품 : 문수향
음악 : 김준석　　의상 : 김재아
분장 : 김서영, 박수영
동시녹음 : 이상준
수상 : 제24회 청룡영화상 여우주연상
　　　(장진영)

애인과 이별 후 나난(장진영)은 임신이 걱정되어 동미(엄정화)와 정준(이범수)에게 이를 의논한다. 동미는 잘나가는 워킹우먼에다 자유연애주의자이고, 정준은 정직한 샐러리맨으로 두 사람은 잘 어울리는 룸메이트다. 임신이 아닌 것이 확인되자 그들은 모두 환호하고 그날 밤은 나난의 눈물겨운 하소연으로 밤을 밝힌다. 그러나 불행은 한꺼번에 몰려오는 법. 엎친 데 덮친 격으로 디자이너 나난은 직장에서 엉뚱한 부서인 레스토랑 매니저로 발령이 난다. 친구들의 열띤 응원으로 나난은 폭풍 같은 불행을 딛고 낯선 부서에 적응하기로 한다. 이때 언젠가 엘리베이터에서 마주친 증권맨(김주혁)이 나타나 그녀 주변을 맴돌고 동미와 정준도 사랑에 빠진다.

● '사랑하기 좋은 날'(1995)로 감독 데뷔한 권칠인이 8년 만에 내놓은 두 번째 연출작. 일본 작가 카마타 토시오의 소설 『29세의 크리스마스』를 원작으로 하고 있다. 커리어 우먼 나난, 워킹우먼 동미, 정직한 정준, 매력남 주혁을 등장시켜 신세대 젊은이들의 사랑과 연애 담론을 감각적인 터치로 펼쳐나간다. 출중한 마스크와 깊이 있는 연기력을 앞세운 장진영, '몽정기'(2002) 이후 최고의 주가를 올리던 코믹배우 이범수, 엄정화와 김주혁 등 네 명의 배우들이 각 싱글의 캐릭터를 현실적으로 표현하여 관객의 시선을 모았다.(서울영상위원회, 『서울은 지금 촬영중』, 북인, 2006년, p.61) 서울 관객 86만, 전국 220만 동원으로 2004년도 한국영화 흥행 순위 8위, 역대 한국영화 흥행 순위 100위 중 62위(08. 1. 25 기준)에 올랐다.

원더풀 데이즈 Wonderful Days(2003)

(틴하우스) 87분 SF 애니메이션 전체
관람가/SF

감독 : 김문생　　제작 : 김성용
각본 : 박돈용, 김문생, 송창수(원작
　　　송창수)
개봉 : 2003년 7월 17일 서울, 대한,
　　　명보, 중앙시네마, 허리우드극
　　　장(서울) 외
관람인원 : 14만 80명(서울)
수출현황 : 프랑스, 일본(03)
출연 : 오인성, 최지훈, 은영선, 유인
　　　촌, 기주봉 외
사운드 : 블루캡, 김창섭, 영진위, 청음
　　　스튜디오, 코아스튜디오
조감독 : 한제성
수상 : 제3회 광주국제영화제기술상,
　　　제2회 대한민국영화대상 시각
　　　효과상(인디펜던스), 제7회 부
　　　천국제판타스틱영화제 개막작,
　　　프랑스 로랑제라르메국제판타
　　　스틱영화제 애니메이션 경쟁
　　　부문 최우수작품상

마르를 파괴시켜 에코반을 유지하려는 음모가 극비리에 진행되는 가운데 에코반의 핵심부에 침입자가 나타난다. 순찰 대원 제이(은영선)는 그가 어린 시절의 친구인 수하(최지훈)임을 직감한다. 10년 전, 제이에게 오염된 구름 너머에 푸른 하늘이 있다고 말했던 바로 그 소년이다. 제이는 첫사랑을 다시 만난 설렘에 사로잡히고 제이를 사랑하는 에코반의 경비대장 시몬(오인성)은 그런 제이에게 분노한다. 한편 에코반 수뇌부들이 마르 전체를 불태워버리는 '마르프로젝트'를 실행하는 가운데 세 젊은이의 운명이 엇갈린다.

● 김문생의 장편 애니메이션. 에너지 전쟁으로 폐허가 된 서기 2142년 시실 섬을 배경으로 전쟁과 사랑을 그린 SF 애니메이션 대작. 제작 기간 7년에 제작비 126억 원. 참여 스태프만도 350명에 달하는 등 '원더풀데이즈'는 한국 애니메이션 역사에 남을 만한 기념비적 작품으로 평가된다.(「연합 인터뷰 '원더풀…'의 김문생 감독」, 연합뉴스 03. 7. 2)광주국제영화제기술상과 대한민국영화대상 시각효과상(인디펜던스)에 이어 프랑스 로랑제라르메국제판타스틱영화제 애니메이션 경쟁 부문 최우수작품상 수상.

2003년 5월에 열린 칸국제영화제에서 프랑스 지역에 50만 달러(약 6억 원), 스페인, 그리스 등과 계약을 완료했고 칸과 캐나다에서 상영되어 "아름다운 스토리"라는 현지 언론의 호평이 있었다.

바람난 가족 A Good Lawyer's Wife(2003)

30대 변호사 영작(황정민)은 아내 호정(문소리)과 입양한 일곱 살짜리 아들과 살고 있다. 겉으로 보기엔 단란한 가족 구성의 형태를 띠고 있으나 이들은 모두 제각각이다.

부부는 아들을 사랑하지만 아들은 자신이 입양아라는 사실 때문에 혼란을 겪고 있다. 영작은 자신보다 한참 나이 어린 애인(백정림)에게 정신이 팔려 있고 호정은 머리에 피도 안 마른 열일곱 살 고삐리(봉태규)에게 성에 대해 한 수 가르쳐 주기로 한다. 나이 예순이 된 호정의 시어머니(윤여정)는 초등학교 동창(김인문)과 결혼하겠다고 서두른다. 시어머니의 솔직한 고백에 며느리 호정은 응원을 보내고 아들 영작은 콧방귀를 뀐다. 한편 영작은 출장간다는 핑계로 어린 애인과 함께 여행길에 나섰다가 술 취한 채 오토바이를 몰던 우편배달부(성지루)와 부딪치는 교통사고를 낸다. 일은 꼬이고 우편배달부로 인해 아들까지 잃게 된다. 아들의 죽음에 충격을 받은 호정과 영작은 심하게 다투다가 호정이 다쳐서 병원으로 실려 가고, 퇴원하자 각자의 길을 가기 위해 서로 다른 방향의 택시를 세운다.

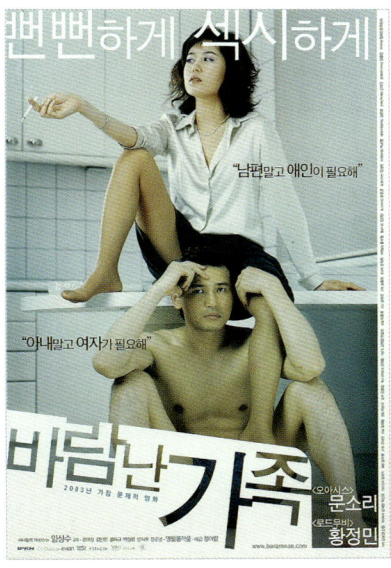

● 임상수 각본·연출작. '바람난 가족'은 세월 따라 변해가는 가족의 모습을 현실적인 시점에서 그리고 있다. 바람난 시어머니는 남편과의 관계에서 얻지 못했던 자아를 초등학교 동창을 통해 얻게 되고, 아들과 며느리도 서로에게서 찾지 못했던 자아를 제3자를 만나 찾게 된다. 이른바 현대적 가족해체 현상을 개인과 개인의 배반과 섹스라는 욕망의 키워드로 풀어나간다. 이 작품은 한국 사회의 위선적 가족 형태를 독특한 스타일로 그리면서 현대성과 풍속의 자유화 사이에서 새로운 기준을 모색했다는 평을 들었다.("임상수 '바람난 가족' 프랑스 개봉", 연합뉴스 05. 3. 31) 감독 임상수가 알리 사건 판사로 카메오 출연하고 있다. 서울 관객 63만 7000명, 전국 174만 관객 동원으로 역대 한국영화 흥행 순위 100위 중 87위(08. 1. 25 기준) 기록.

(명필름) 105분 극영화 18세관람가/코미디

감독·각본 : 임상수
제작 : 심보경, 신철
개봉 : 2003년 8월 14일 대한, 명보, 중앙, 서울, 옴니, 녹색, 메가박스(서울) 외
관람인원 : 63만 6721명(서울)
출연 : 황정민, 문소리, 윤여정, 김인문, 봉태규, 백정림, 성지루, 김여진, 조광희, 임상수 외
촬영 : 김우형
음악 : 김홍집
편집 : 이은수
미술 : 오재원
소품 : 이종국
의상 : 김유진
분장 : 송종희
특수분장 : 장종규, 황효균
동시녹음 : 한철희
사운드 : 김석원, 김창섭, 박주강, 김태하
특수효과 : 이희경, 김태의
시각효과 : 김희동, 문영우, 김선구, 이경민
포스터 : 오형근
무술감독 : 김민수
조감독 : 권국희, 최한철, 김우성
수상 : 제41회 대종상영화제 여우주연상(문소리), 제11회 춘사영화예술제 여우연기상(문소리), 제23회 영평상 각본상(임상수), 제4회 부산 영평상 최우수작품상·여우주연상(문소리)·여우조연상(윤여정), 제2회 대한민국영화대상 여우주연상(문소리)·여우조연상(윤여정), 제30회 벨기에 플랑드르국제영화제 최우수 감독상(임상수), 노르웨이 베르겐국제영화제 비평가상, 제6회 프랑스 도빌 아시아영화제 황금연꽃상, 제14회 스웨덴 스톡홀름국제영화제 여우주연상(문소리)·촬영상(김우형), 제60회 베니스국제영화제 신인여우상(문소리), 선댄스영화제, 타이페이 국제영화제 경쟁 부문 초청

4인용 식탁 The Uninvited(2003)

(영화사 봄) 125분 극영화 15세관람가
/호러 미스터리

감독·각본: 이수연
제작: 오정완, 정훈탁
개봉: 2003년 8월 8일 서울, CGV,
메가박스(서울) 외
관람인원: 18만 644명(서울)
출연: 박신양, 전지현, 유선, 김여진,
정욱, 박원상, 강기화, 이석준,
이주실 외
촬영: 조용규　**음악**: 장영규
조명: 박건우　**편집**: 경민호
미술: 정은영　**세트**: 윤기찬
의상: 김현경, 유재덕
특수효과: 김병기
시각효과: 윤재훈
포스터: 오형근　**무술감독**: 전문식
프로듀서: 안수현, 이유진
조감독: 정용주
수상: 제40회 백상예술대상 신인감
독상(이수연), 제36회 스페인
시체스영화제 시민 케인상(이
수연)

정원(박신양)은 지하철에서 어린 아이들의 죽음을 목격한 뒤 식탁에서 자꾸만 아이들의 귀신을 보게 된다. 그로 인해 정원의 일상은 공포로 변해버린다. 그러던 어느 날, 기면증으로 대로변에서 갑자기 잠들어버린 여자 연(전지현)을 만난다. 연이 자신처럼 귀신을 볼 수 있다는 사실을 알게 된 정원은 연에게 자신의 공포의 비밀을 털어놓고 그 비밀을 그녀와 공유하게 된다. 그러나 연을 통해 자신의 과거에 얽힌 무서운 비밀을 알게 되자 더 큰 혼란에 빠지고, 베일에 싸였던 연의 사연이 드러나면서 그녀에 대해 의문을 갖게 된다.

● 이수연 감독 데뷔작. 감독이 직접 시나리오를 쓴 감성 미스터리. 박신양, 전지현 주연. 피가 난무하는 기존 공포영화들과는 달리 원귀가 보이는 한 남자와 타인의 과거가 보이는 한 여자의 끔찍한 관계를 통해 핵가족의 어둡고 추악한 이면을 차분하게 들춰낸다. 행복한 가족이야기 밑에 깔려 있는 개인의 공포와 무의식이 공개되면서 단란한 가족 이미지 뒤에 숨겨진 억압과 파괴가 폭로된다.
　이 영화는 바르셀로나에서 열린 시체스영화제에서 이수연이 신인감독에게 수여하는 시민 케인상(Citizen Kane Award)을 수상, 이는 오손 웰즈의 영화 'Citizen Kane'을 기리기 위해 제정된 상으로 한국 감독이 수상한 것은 그때가 처음이다.

거울속으로 Into the Mirror(2003)

(키플러스 픽처스) 113분 극영화 15세
관람가/공포 미스터리

감독·각본: 김성호
제작: 김은영
개봉: 2003년 8월 14일 서울, 메가
박스, 대한, 중앙시네마, MMC
(서울) 외
관람인원: 24만 2958명(서울)
출연: 유지태, 김명민, 김혜나, 기주
봉, 김명수, 이영진 외
기획: 강우석　**촬영**: 정한철
음악: 문대현　**조명**: 염효상
편집: 김선민　**미술**: 최현진
특수분장: 김희숙
사운드: 최태영, LIVE TONE, 이승엽
특수효과: 김병기
시각효과: BBOX
포스터: 김지양
프로듀서: 김은영
조감독: 남성식
수상: 제라르메 국제판타스틱영화제
경쟁 부문 섹션 이네디 비디오
(Inedits Video) 초청

의문의 화재사건이 일어난 지 1년 만에 재개장을 준비하던 드림피아 백화점에서 기괴한 연쇄 살인 사건이 발생한다. 늦은 밤, 불 꺼진 백화점 화장실 거울 앞에서 스스로 목을 그은 듯한 기획실 최미정(이영진), 뒤이어 총무부장도 깊은 밤 엘리베이터 안에서 볼펜으로 목을 관통당해 죽는다. 공통점은 피해자들이 거울 앞에 혼자 있을 때 사건이 일어났으며, 극도의 공포에 질린 표정으로 죽어 있다는 사실이다. 이 사건을 직접 해결하게 된 드림피아 백화점 보안 책임자 우영민(유지태)은 자신의 실수로 동료가 죽은 옛 기억을 되살리며 괴로워한다. 의도와는 달리 우영민은 사건에 자꾸 휘말리고 사건은 미궁에 빠져든다.

● 김성호 감독 데뷔작이자 '키플러스 픽처스'(대표 김은영) 창립작. 기괴한 연쇄살인 속에 숨겨진 거울의 비밀을 섬뜩하게 그려낸 이 작품은 스릴러 영화의 기본기를 탄탄하게 갖춘 완성품(「새영화 거울은 죽음의 문 '거울속으로'」, 문화 03. 8. 8)이라는 평가를 받았으나 흥행에서는 성공하지 못했다. 그 대신 할리우드에 '미러(Mirrors)'(2008)란 제목으로 리메이크되어 '엑스텐션(Switchblade Romance)'(2003)으로 주목받던 알렉산더 아자 감독이 연출, 한국판에서 유지태가 연기한 백화점 보안실장 역에는 키퍼 서덜랜드, 폴라 패튼, 에이미 스마트 등이 출연, 한국에서는 2008년 7월에 개봉되었다.

오! 브라더스 Oh! Brothers(2003)

불륜사진 전문가 오상우(이정재)는 어릴 적 집을 나간 아버지의 사망과 함께 그의 빚이 자신에게 떠넘겨졌다는 반갑지 않은 소식을 듣는다. 상우는 그 빚을 함께 감당하기 위해 또 다른 상속인인 이복동생 봉구(이범수)를 찾아 나선다. 수소문 끝에 봉구를 찾았으나 어린 봉구는 실제 나이보다 네 배 이상 빨리 늙는 신체 조로증(早老症)에 걸려 있었다. 상우는 형뻘로 보이는 동생의 모습에 당황하지만 악성채무자들의 돈을 척척 받아내는 동생의 능력이 든든하기만 하다. 서로를 알게 되면서 의지하는 사이가 된 두 형제 앞에 악질 경찰인 정 반장(이문식)이 나타나 상우를 괴롭히고 동생 봉구는 위험에 처한 형을 돕고자 나선다.

● 김용화의 본격적인 장편 감독 데뷔작. 이정재, 이범수 투톱을 앞세워 훼손된 가족애를 복원시킨다는 주제를 담고 있다. 특히 각 영화에서 새로운 개성을 발굴해 보여주는 이범수가 이번에도 능청스럽고 순수한 연기로 관객을 사로잡았다. 김조한이 주제가 "오 브라더스"를 불렀다. 전국 310만 관객으로 2004년도 한국영화 흥행 순위 7위, 역대 한국영화 흥행 순위 32위(08. 1. 25 기준)를 기록했다.

(KM컬처) 110분 극영화 15세관람가/코미디
감독 · 각본 : 김용화
제작 : 박무승
개봉 : 2003년 9월 5일 서울, CGV, 대한극장(서울) 외
출연 : 이정재, 이범수, 이문식, 류승수, 김준희, 권태원, 맹봉학 외
관람인원 : 95만 2000명(서울)
촬영 : 박현철
음악 : 김덕윤, 방준석
조명 : 이석환   편집 : 박곡지
미술 : 박일현   세트 : 윤기찬
의상 : 이다연   분장 : 김선진
특수분장 : 손삼주
동시녹음 : 정광호
사운드 : 이승철, 박준오
특수효과 : 윤여진
시각효과 : 제로원픽쳐스
포스터 : 류수진
프로듀서 : 유재형
조감독 : 최민성

내츄럴시티 Natural City(2003)

사이보그를 처단해야 할 임무를 맡고 있는 미래 경찰 R(유지태)은 사이보그 리아(서린)와 사랑에 빠진다. 리아는 유효기간이 얼마 남지 않은 시한부 로봇으로 이들이 사랑을 나눌 수 있는 시간은 단 열흘뿐이다. R은 리아의 생명(활동 기간)을 연장시키기 위해 불법 사이보그 밀매업자인 닥터 지로(정은표)를 만나고 지로는 리아를 살리고 싶으면 DNA가 일치하는 여자 시온(이재은)을 데려오라고 한다. 그러나 시온과 살인을 목적으로 제조된 전투용 사이보그 사이에는 거대한 음모가 숨어 있었다.

● 민병천 각본 · 연출작. 서기 2080년, 미래세계에서 영혼이 깃들게 된 합성 인간과 자연 인간이 나누는 사랑 이야기.
영화 서두에서 수명이 다된 사이보그를 폐기처분하는 장면이 나온다. 사람은 아니지만 사람 행세를 하던 사이보그가 수명이 다되어 가전제품 폐기되듯이 부서지는 장면은 전율이 느껴지리만큼 잔혹하다. 이용할 대로 이용하고 나서 쓸모없는 것들을 버리는 현실과 이루어질 수 없는 사랑이 시작되는 공간이 스타일리시한 영상과 음악으로 표현된다. 제작비 80억 원. 흥행은 실패했다.

(조우엔터테인먼트) 113분 극영화 15세관람가/SF 판타지
감독 · 각본 : 민병천
제작 : 이동준
각색 : 이종은, 양휘영, 고석진, 한재림
개봉 : 2003년 9월 26일 서울, CGV, 메가박스, 대한극장(서울) 외
관람인원 : 8만 6531명(서울)
출연 : 유지태, 서린, 이재은, 정은표, 정두홍, 윤찬, 고주희, 신구, 윤주상, 엄춘배, 김을동, 문선희, 김지혜 임채헌 외
기획 : 서광옥, 박선영
촬영 : 이준규   음악 : 이재진
미술 : 조화성   세트 : 오인호
포스터 : 오형근
무술감독 : 정두홍
프로듀서 : 안상률, 윤효석
조감독 : 고석진
수상 : 제41회 대종상영화제 영상기술상(메커드, 문병용, 신재호, 정도안), 제25회 포르투갈 판타스포르토영화제 시각효과상

봄 여름 가을 겨울 그리고 봄
Spring Summer Fall Winter and Spring(2003)

(LJ필름) 105분 극영화 15세관람가/
휴먼드라마

감독 · 각본 : 김기덕
제작 : 이승재
개봉 : 2003년 9월 19일 서울극장
(서울)
관람인원 : 2만 8094명(서울)
출연 : 오영수, 김기덕, 김영민, 서재
경, 김종호, 하여진, 박지아, 송
민영, 김정영, 최민 외
촬영 : 백동현
음악 : 박지웅
조명 : 한기업
편집 : 김기덕
세트 : 대한불교예술원, 오상만
소품 : 이신호
의상 · 분장 : 김민희
특수분장 : 김성문
동시녹음 : 씨네마
사운드 : 구본승, 김봉수
특수효과 : 이희경
시각효과 : Roland Nethe
포스터 : 김태환, 이종혁
프로듀서 : 김상근, 김소희, Karl Bau-
mgartner, Raimond
Goebel
조감독 : 장철수
수상 : 제41회 대종상영화제 최우수작
품상, 제24회 청룡영화상 작품
상(LJ 필름) · 기술상(오상만),
제11회 춘사영화예술제 미술상
(오상만) · 기획제작상(이승재),
제56회 로카르노국제영화제
청년비평가상 · 동키호테상 · 국
제예술영화관연맹상 · 아시아영
화진흥기구상, 제51회 산세바
스티안국제영화제 관객상, 제
63회 아르헨티나 영화평론가
협회 은콘돌(외국어영화상), 제
3회 광주국제영화제 개막작,
제13회 러시아 황금양상 최우
수 외국어영화상, 도쿄필름엑
스영화제 개막작, 선댄스영화
제, 그리스 테살로니키영화제
초청.

호수 위 주산암에 버려졌던 아기는 노스님(오영수)이 거두어 동자승(김종호)이 되고 소년으로 자라난다. 그러나 소년은 요양 차 주산암에 찾아온 소녀(하여진)와 사랑에 빠지고 사랑이 낳은 집착은 소년승(서재경)을 속세의 소용돌이 속으로 몰아넣는다.

세월이 흘러 중년에 접어든 사내(청년승 김영민)는 사랑에 배반당한 분노를 이기지 못해 살인을 저지른 뒤, 암자로 숨어들지만 그의 뒤를 추적해온 형사들에게 잡혀 다시 속세로 나가 죗값을 치른다. 오랜 세월이 지나 감옥에서 나온 사내는 노스님마저 입적한 주산암에 찾아와서 피나는 구도의 삶을 시작한다.

이제 수도승(김기덕)이 된 사내는 주산암에 버려진 아기를 데려다 키우게 되고, 자신과 똑같은 운명에 처한 그 아이를 통해 저 유전하는 사계절처럼 모든 것이 언제나 다시 시작되고 영원한 죽음도 순간적인 삶도 모두가 하나임을 깨닫는다.

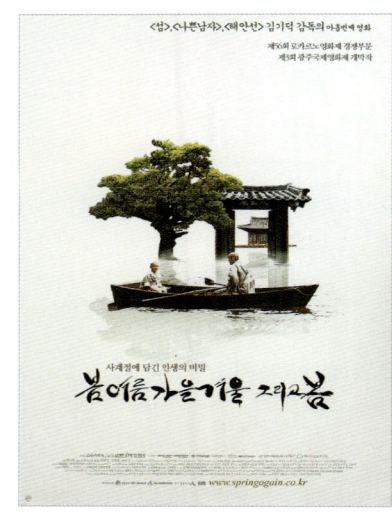

● 김기덕 각본 · 출연 · 편집 · 연출 등 1인 4역을 해냈다. 동자승이 성장할 때까지의 구도 과정을 담은 이 영화는 감독이 그동안 탐구해 왔던 인간의 근본적인 욕망과 애증을 불교적인 시각으로 그리고 있다. 인간이 어디선가 왔다가 다시 알 수 없는 곳으로 돌아가듯이 얼굴도 모르는 부모로부터 버림받은 한 아이가 절과 속세를 넘나들며 겪게 되는 삶의 여정을 설화적인 틀을 통해 표현하고 있다.

동자가 커가면서 겪는 일들을 보여주면서 그 동자가 노승이 되고 그 노승 밑에 동자가 들어오고 하는 순환식의 인생이 진행된다. 즉 천진한 동자승이 소년기, 청년기, 중년기를 거쳐 장년기에 이르는 파란 많은 인생사가 신비로운 호수 위 암자의 사계(四季)에 담긴 인생의 사계절에 비유된다. 속세와 연결되기 위해선 배를 저어 호수를 건너야 한다. 그래선지 사계절을 인생에 비유한 '구도(求道)'의 의미는 또 다른 욕망의 배설일 수 있다는 암시를 준다.

영화 '봄 여름 가을 겨울 그리고 봄'에는 몇 가지 특징이 돋보인다. 우선 김기덕의 전작들에 비해 영화의 무드가 시적(詩的)으로 변화되고 있다. 적막한 산야 속에 새소리와 바람소리 물소리와 나뭇가지 흔들리는 풍경 속에서 아이와 노승의 평화로운 일상은 보이는 것마다 한 폭의 명화이자 명시다. 어딘지 저항적이며 흘긴 눈으로 세상을 바라보는 듯한 전작들에 비해 감독의 시각에 부드러운 여유와 은유가 깃들어 있다. 영화를 연출한 감독이 수도승에 오르는 주인공으로 직접 출연하고 있는 것도 한 특징으로 꼽을 수 있다. 주인공이 맷돌을 매달고 산자락을 오르

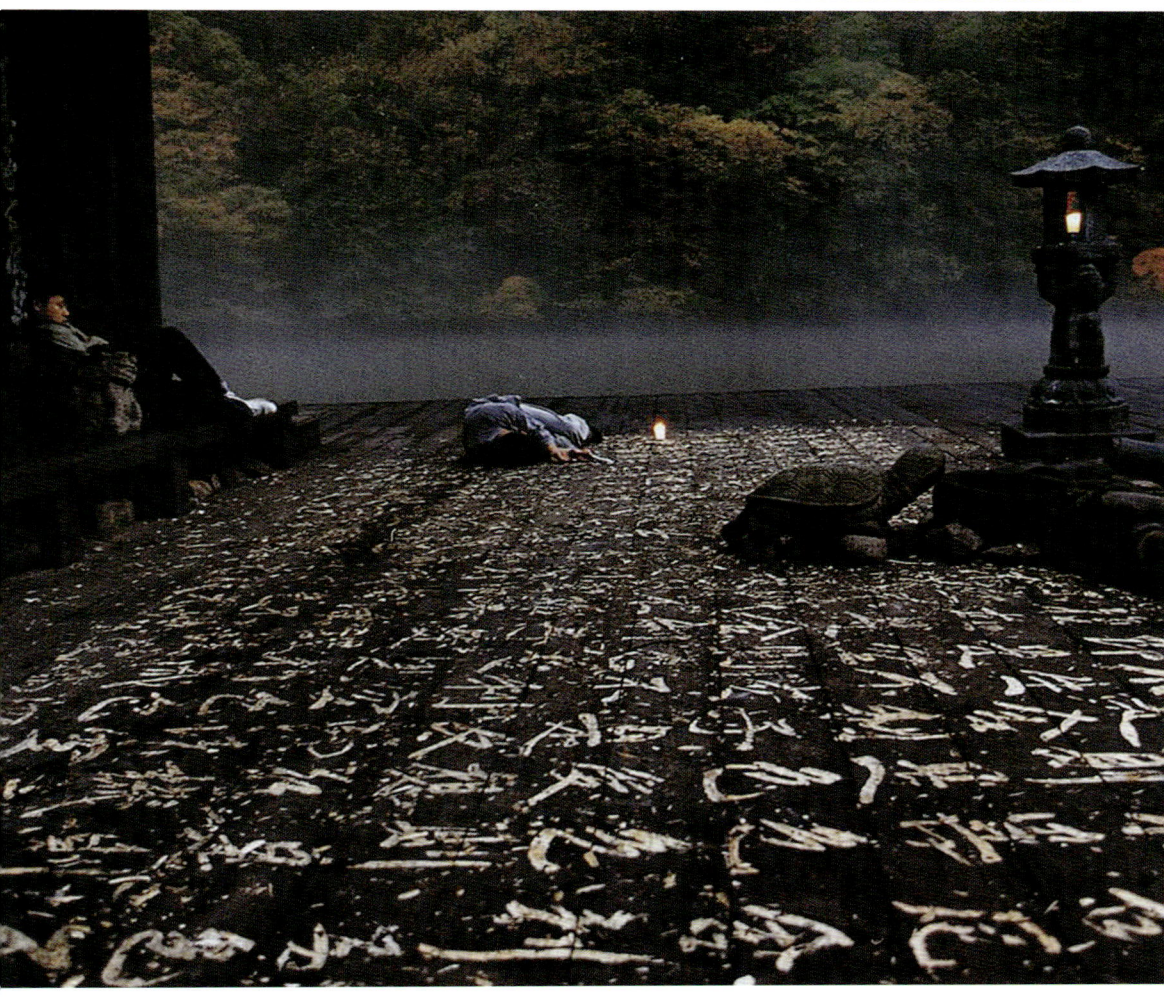

는 모습과 마룻바닥에 반야심경을 칼로 새기는 장면은 뼈를 깎는 수행이자 끈질긴 인고와 극기다. 음악은 줄리아드와 버클리 음대를 졸업, 할리우드 영화음악가들의 등용문인 제리 골드스미스상을 받은 천재 뮤지션 지박(박지웅)이 맡았다.

　이 영화는 산들이 겹겹이 둘러싸인 경북 청송군 주왕산국립공원 안 연못에 바지선을 띄워 제작되었다. 호수 위에 고립된 듯이 떠 있는 암자(30아)의 제작비는 약 3억 5000만 원. 대종상 청룡영화상에서 작품상, 로카르노영화제에서 청년 비평가상을 포함한 4개 부문을 석권하고 세바스찬국제영화제 관객상, 아르헨티나 영화평론가협회가 주는 은콘돌상, 광주국제영화제와 도쿄필름엑스포영화제 오프닝작으로 선정되었다. 특히 영화 제작에 독일 이스트하우스 판도라필름이 참여하고, 유럽 영화시장의 허브 바바리아 필름이 배급에 참여해 화제를 낳았으며 북미 지역 배급권은 '와호장룡(臥虎藏龍)'(2000)의 배급을 맡았던 미국 소니픽처스 클래식에 팔렸다. 2003년 김문영이 영화스토리를 각색해서 소설로 펴냈다.

스캔들 – 조선남녀 상열지사 Untold Scandal(2003)

(영화사 봄) 123분 극영화 18세관람가
/사극

감독 : 이재용
제작 : 오정완
각본 : 이재용, 김대우, 김현정
각색 : 이재용, 심광현
개봉 : 2003년 10월 2일 서울, CGV,
       대한, 중앙극장(서울) 외
출연 : 배용준, 이미숙, 전도연, 조현
       재, 이소연, 전영자, 나한일 외
관람인원 : 129만 3000명(서울)
촬영 : 김병일
음악 : 이병우
조명 : 임재영
편집 : 김양일, 한승룡
미술 : 정구호, 박상훈
세트 : 윤기찬
소품 : 박재현
의상 : 정구호, 김희주
분장 : 김이숙
특수분장 : 한필남
동시녹음 : 이승철
사운드 : Wave Lab
특수효과 : 김병기
시각효과 : 이전형
포스터 : 오형근, 허태준
무술감독 : 권승구
프로듀서 : 이유진
조감독 : 김준수
수상 : 제41회 대종상영화제 의상상
       (정구호, 김희주), 제24회 청룡
       영화상 남자신인상(배용준), 제
       40회 백상예술대상 신인연기
       상(배용준), 제23회 영평상 여
       우주연상(이미숙)·음악상(이병
       우), 제11회 상하이국제영화제
       경쟁 부문 '아시아 뉴 탤런트
       어워드' 감독상(이재용)·음악
       상(이병우), 뉴욕 '새감독·새
       영화' 페스티벌(2004. 3.24~
       4.4) 상영

어려서부터 남달리 총명하여 어깨너머로 사서삼경을 깨친 조씨 부인(이미숙)은 겉으론 사대부 현모양처의 삶을 살지만, 조선에서 여자로 태어난 것이 한이자 불만이다. 한편 그의 사촌 동생 조원(배용준)은 시서화 삼절(三絕)에다 무술에 도통한 미장부다. 그는 권위적이고 가부장적인 가치관을 비웃듯 고위 관직을 마다하고 뭇 여인을 탐닉하는 바람둥이로 살고 있다. 어느 날 조씨 부인은 조원에게 남편의 새 소실인 처녀를 범해 달라고 청하지만 조원의 마음은 온통 숙부인(전도연)에게만 쏠려 있다. 숙부인은 9년간 수절하여 열녀문까지 하사받은 데다 나라에서 금한 천주학에 몰두하는 등 고고한 학 같은 여인이다. 조원은 갈고 닦은 실력과 술수를 총동원해서 숙부인 유혹 작업에 나서지만 그녀의 신념과 저항은 완강하기만 하다. 그럴수록 조원의 전의는 더욱 불타오르지만 천하의 조원도 열녀문을 무너뜨리기가 영 녹록지가 않다.

● 이재용 각본·연출작. 프랑스의 쇼데를로 드 라클로의 원작소설 '위험한 관계(Les Liaisons Dangereuses)'(1782)를 후기 조선으로 옮겨 각색한 양반 사회를 풍자한 블랙코미디. 이미로제 바딤의 '위험한 관계(Les Liaisons Dangereuses)'(1959), 스티븐 프리어스의 '위험한 관계'(1988), 밀로스 포만의 '발몽'(1989) 등으로 여러 차례 영화화된 바 있다.

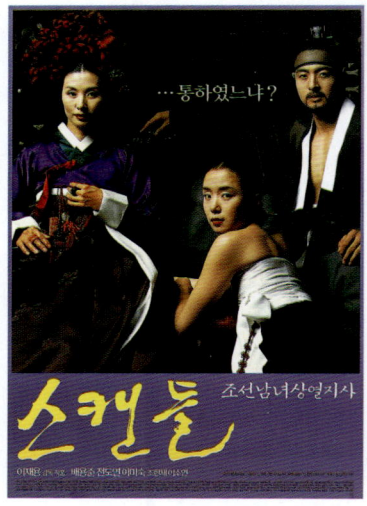

희대의 바람둥이 조원(배용준)을 비롯해 조씨 부인(이미숙)과 숙부인(전도연) 등 세 사람의 삼각관계와 대조적인 삶이 영화의 중심축이 된다. 이들 세 캐릭터의 성격 대결과 불꽃 튀기는 연기 대결이 볼만하다. 배용준은 아시아 스타로서의 명성에 걸맞게 조선 선비와 한량의 연기를 품위 있게 펼쳤고 전도연은 억제된 캐릭터에 부응하는 호연, 이미숙은 압도적인 카리스마를 뿜어낸다. TV드라마 '호텔리어'(2001), '겨울연가'(2002) 등에서 좋은 연기를 보인 배용준의 첫 사극영화로 한류 스타로서의 본격적인 영화 진출작이기도 하다. 조선시대 상류 사회를 재현한 의상과 그 시대 여인들의 화장법과 소품 등 강렬한 색감과 에로틱함을 표현해주는 은은한 색채의 대비가 눈부신 화면을 연출한다.

서울 관객 129만 3000명, 전국 352만 3000명 동원으로 2004년도 한국영화 흥행 순위 4위, 역대 한국영화 흥행 순위 27위(08. 1. 25 기준) 제작비 65억 원, 안동의 옥연정사와 조선 특유의 정원 양식이 배어 있는 진도의 운림산방에서 촬영됐다.

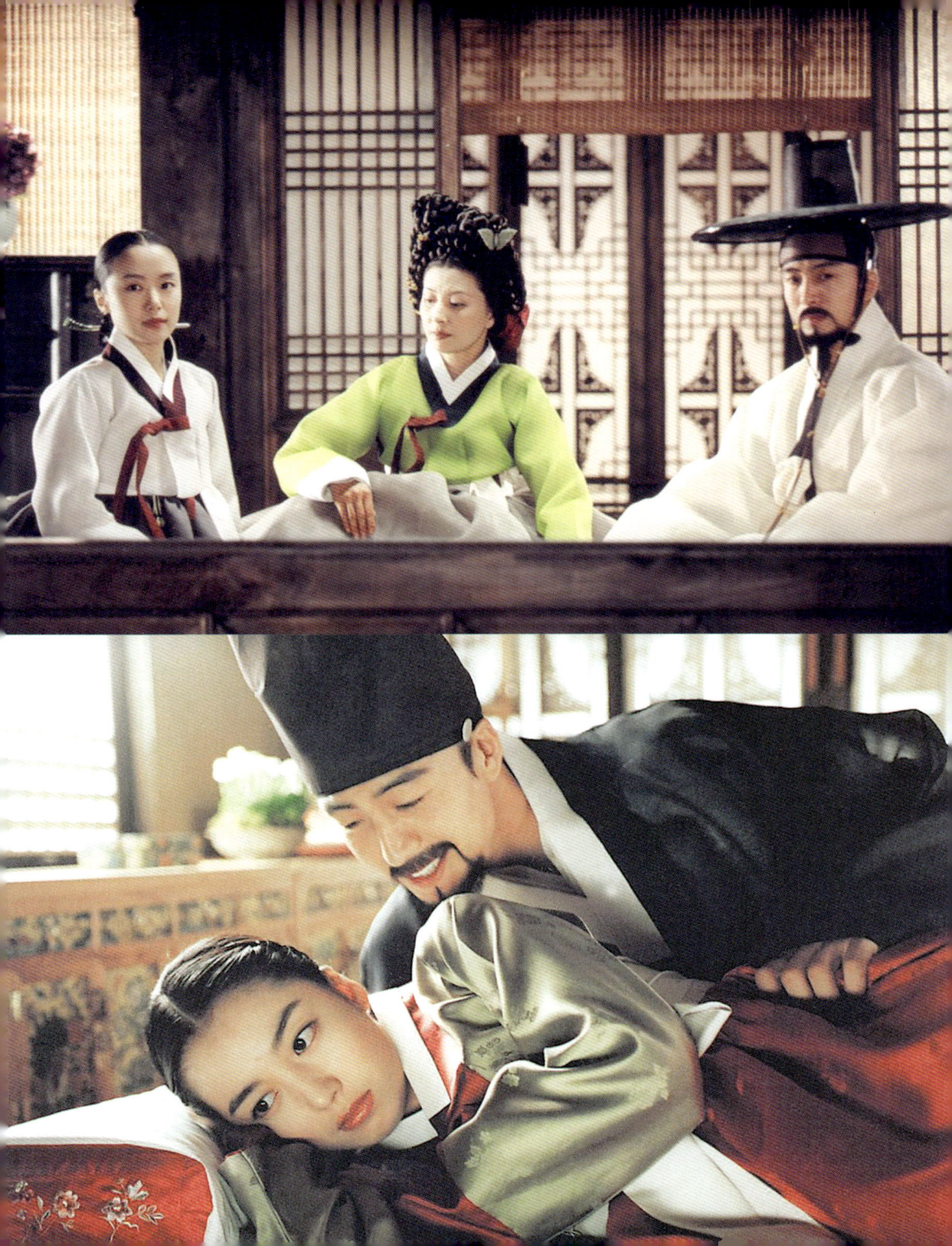

황산벌 黃山벌, Once upon a Time in a Battlefield(2003)

(씨네월드) 101분 극영화 15세관람가/
사극 코미디

감독: 이준익
제작: 이준익, 조철현
각본: 최석환, 조철현
개봉: 2003년 10월 17일 서울, CGV,
　　　메가박스, 명보, 중앙, 허리우드
　　　극장(서울) 외
관람인원: 96만 394명(서울)
출연: 박중훈, 김병서, 정진영, 김윤
　　　태, 이문식, 김선아, 오지명, 신
　　　현준, 이원종, 김승우, 전원주,
　　　김훈규, 김찬희, 김요한 외
기획: 조철현
촬영: 지길웅
음악: 오석준
조명: 한기업
편집: 김재범
미술: 강승용
세트: ㈜ART SERVICE, 이치우
소품: 권진모
의상: 차선영
분장: 김혜련
동시녹음: 강봉성
사운드: 최태영
특수효과: 김재민
시각효과: 김태훈, 박경열, Joshua
　　　　　Pritzker, 김정호
포스터: 손기철
무술감독: 주영민
프로듀서: 오승현
조감독: 이성호
수상: 제11회 춘사영화예술제 기술상
　　　(최태영)

고구려, 신라, 백제 3국이 첨예하게 대립하던 A.D. 660년. 백제 의자왕(오지명)에게 딸을 잃은 신라의 김춘추(김윤태)는 당과 연합하여 백제에 원수를 갚고자 한다. 그러나 당은 오히려 조공을 바치라고 호통친다. 당나라에 필요한 군수물품을 운반하기 위해서 김유신(정진영)은 숙적인 계백(박중훈)이 버티고 있는 황산벌을 지나치지 않으면 안 된다. 한편 의자왕으로부터 황산벌 사수를 명령받은 계백은 '거시기' 작전을 세운 끝에 전투는 오히려 백제군에게 유리하게 돌아가고 신라는 당나라에 조공을 바치기로 한 날짜가 하루 앞으로 다가온다. 김유신은 병사들의 독기를 진작시키기 위해 '화랑 희생시키기' 작전을 마지막 승부수로 던진다.

● 감독 데뷔작 '키드캅'(1993) 이후 10년 만에 내놓은 이준익의 두 번째 연출작. 제작 이준익, 조철현. 각본 최석환, 조철현. 고구려, 신라, 백제 3국이 지금과 같은 사투리를 사용했다는 가정 아래 신라와 백제의 결전인 황산벌 전투를 코믹하게 그리고 있다. 그동안 역사물에서는 표준어를 써온 데 비해 이 영화에서는 당시 황산벌, 지금의 충남 연산(連山) 벌판 싸움에서 충청도, 전라도 사투리를 사용하고 있다.(김성곤, 『영화속의 문화』, 서울대출판부, 2004년, p.264)

예를 들어 '거시기'라는 단어가 빈번하게 쓰인다. 거시기라는 배역도 있고 '거시기' 작전도 있다. "아쌀하게 붙어 부러! 아쌀하게 거시기 해불 것입니다!" 등등의 생소한 대사 때문에 '거시기'가 표준어인가 방언인가의 논란도 있었다.(「거시기 논란」, 경향 03. 11.

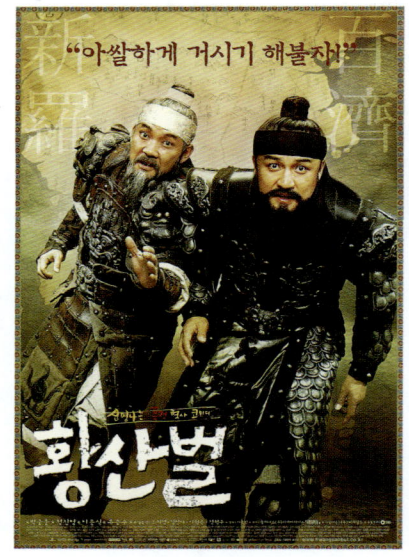

6) 또 하나 인상적인 장면은 김유신과 계백이 장기를 두며 신경전을 벌이는 대목이다. 놀이를 민중의 것과 지배자의 것으로 양분하여 민중의 손에서는 놀이가 신명나는 한판으로 이어지는 데 비해 지배자의 놀이는 파국의 원인이 된다고 풍자한다.

서울 관객 96만, 전국 277만 1000명 동원으로 2003년도 한국영화 흥행 순위 6위, 이후 이준익은 영화 '왕의 남자'(2005)로 관객 1000만 명 시대를 가져오는 이변을 낳는다.

아카시아 Acacia(2003)

직물 공예가 미숙(심혜진)은 산부인과 의사인 남편 도일(김진근)과 함께 시아버지(박웅)를 모시고 살고 있다. 결혼한 지 10년이 지나도 아이가 생기지 않아 보육원에서 여섯 살 난 진성(문우빈)을 데려온다. 내성적인 진성은 가족들과 어울리기보다 혼자서 나무 그림을 그리거나 정원에 있는 아카시아나무 그늘에서만 맴돈다. 미숙과 도일은 그런 진성을 친자식처럼 사랑해준다. 그러나 미숙이 아기를 낳자 진성은 어디론가 사라진다. 진성이 집을 나간 후 메말랐던 아카시아 나무에 꽃이 피면서 단란했던 가정은 걷잡을 수 없는 파멸로 치닫는다.

● 박기형이 제작·각본에 참여한 세 번째 연출작. 지극히 평온해 보이던 가족에게 덮친 아카시아 나무의 저주를 충격적이고 섬뜩하게 그려냈다. 남편의 꿈에 등장하는 얼굴 없는 산모와 아름답고 숭고하게 묘사되어야 할 출산이 일상 속에 스며드는 비극적 공포로 그려진다.
심혜진의 5년 만의 컴백 작품. 당시 6세의 문우빈(1997년생)은 '아카시아'를 통해 영화계에 데뷔, 부산국제영화제 폐막작, 스페인 바르셀로나에서 열리는 시체스영화제 판타스틱 부문에 초청됐다.

(다다필름& 아름다운영화사) 103분 극영화 15세관람가/공포
감독 : 박기형
제작 : 강성규, 유영식, 박기형
각본 : 성기영, 박기형
개봉 : 2003년 10월 17일 CGV, 대한, 녹색, 명보, 서울, 센트럴6(서울) 외
관람인원 : 3만 5660명(서울)
출연 : 심혜진, 김진근, 문우빈, 박웅 외
조명 : 이철오   편집 : 함성원
미술 : 강소영   세트 : 윤일랑
소품 : 차주상   의상 : 이유미
분장 : 김진숙   특수분장 : 김희숙
시각효과 : ㈜BIG FILM
포스터 : 강영호
프로듀서 : 유영식
조감독 : 박현진, 이서, 황순용
수상 : 제8회 부산영화제 폐막작 선정, 제36회 스페인 시체스영화제 판타스틱 부문, 제23회 포르투칼 판타스포르토영화제 초청

위대한 유산 The Greatest Expectation(2003)

같은 동네에 사는 백수 창식(임창정)과 비디오가게 집 딸 미영(김선아), 이들은 한눈을 팔며 길을 걷다가 정면충돌하고 그 바람에 창식이 주먹 속에 쥐고 있던 동전들을 길바닥에 떨어뜨린다. 소중한 동전들을 하나하나 주워보지만 딱 100원이 모자란다. 창식은 미영에게 모자란 100원을 물어내라고 눈을 부라리고 미영은 돈은커녕 어째서 "내탓이냐?"고 아등바등 덤빈다. 이렇게 불구대천 원수가 된 그들은 우연히 동네 황노인의 뺑소니 교통사고를 함께 목격하게 된다. 그리고 다음 날 황노인의 교통사고 목격자에게 사례금 500만 원을 지급한다는 플래카드를 보자 두 남녀는 서로가 목격자라고 설친다. 그때 그들에게 가공할 태클이 걸려온다.

● 오상훈 감독 데뷔작. '청년 실업자 100만 명 시대'라는 당시 한국의 상황을 반영하듯 영화 '위대한 유산'은 사회에 편입되지 못한, 혹은 편입되기를 거부하는 낙오자들의 현실을 시트콤 형식으로 그리고 있다. 서울에서 69만 1839명 관객 동원이라는 적잖은 기록을 세웠다. 텔레비전의 명 사회자인 임성훈이 특별 출연했다.

(CJ엔터테인먼트) 116분 극영화 15세관람가/코미디
감독 : 오상훈   제작 : 이강복
각본 : 이현철, 이원형, 이원재, 고윤경
개봉 : 2003년 10월 24일 서울, CGV, 메가박스, 대한극장(서울)
관람인원 : 69만 1839명(서울)
출연 : 임창정, 김선아, 김수미, 공형진, 이상훈, 신이, 조미령, 엄춘배, 심경민, 사현진, 임성훈 외
기획 : 송창용   촬영 : 이석현
음악 : 조성우   조명 : 고영광
편집 : 경민호   미술 : 황창록
의상 : 김영희, 정경미
분장 : 현경선
동시녹음 : 김범수
사운드 : 박덕수
특수효과 : 김태용
시각효과 : 김랑진
포스터 : 윤형문
프로듀서 : 송창용
조감독 : 김종진, 권명중, 이정학, 박정대, 팽제국

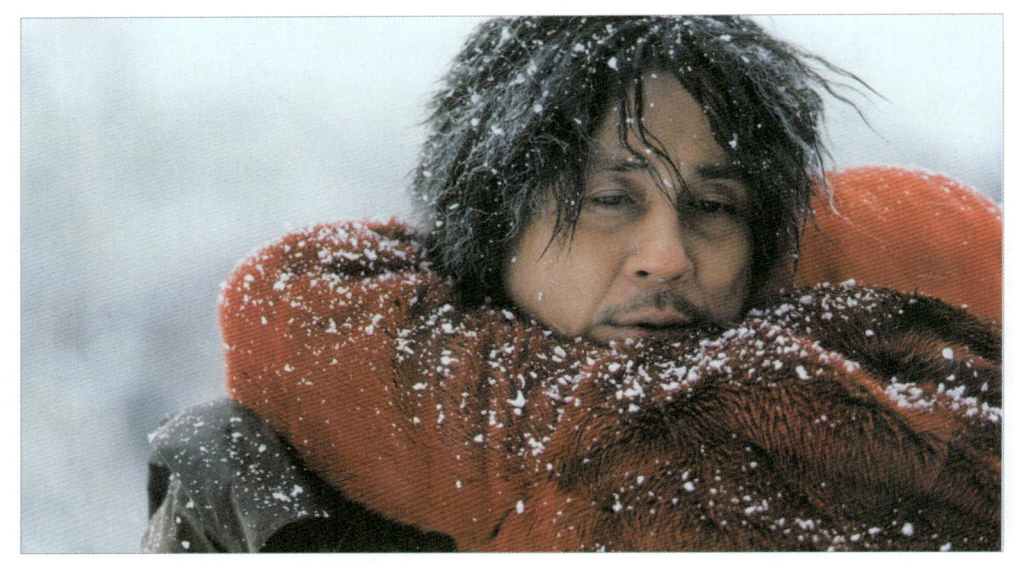

올드보이 Old Boy(2003)

(쇼이스트, 에그필름) 120분 극영화
18세관람가/미스터리 액션

감독 : 박찬욱
제작 : 김동주, 지영준
각본 : 황조윤, 임준형, 박찬욱
개봉 : 2003년 11월 21일
수출현황 : 일본(03)
출연 : 최민식, 유지태, 강혜정, 윤진서, 김병옥, 수아 외
기획 : 임승용, 김장욱
촬영 : 정정훈
음악 : 조영욱
조명 : 박현원
편집 : 김상범, 김재범
미술 : 류성희
세트 : 양홍삼
소품 : 전로빈
의상 : 조상경
분장 : 송종희
특수분장 : 신재호
동시녹음 : 이상욱
사운드 : 이승철, 송윤재
특수효과 : 이경수
시각효과 : 이전형
포스터 : 이진호
무술감독 : 양길영

오대수(최민식)는 아내와 어린 딸아이와 사는 평범한 샐러리맨이다. 어느 날 술 취해 집으로 돌아가는 길에 그는 정체불명의 사내들에게 납치당한다. 정신을 차리고 보니 허름한 낯선 공간에 갇혀 있었다. 식사 때마다 배식구로 중국 음식이 들어올 뿐 사람의 그림자라곤 찾아볼 수 없다. 여기가 어딘지, 왜, 누가 자신을 가뒀는지 영문을 모른 채 오대수는 자포자기 상태로 시간을 보내야 했다.

그렇게 1년이 지났을 때, TV뉴스를 통해 아내의 살해 소식과 아내의 살인범으로 자신이 지목되고 있음을 듣는다. 분노와 억울함으로 절규하던 그는 자신의 삶과 가정을 파괴한 그 누군가를 찾아 반드시 복수할 것을 결심한다. 그때부터 감금방 한쪽 구석을 파기 시작해서 그는 15년 만에 탈출구를 뚫었지만 허무하게도 탈출 직전 납치범들의 손에 풀려난다. 일식집에서 정신을 차린 그는 거기서 만난 보조 요리사 미도(강혜정)를 사랑하게 된다.

감금방에서 본 '청룡'이란 음식전표로 감금방의 정체를 알아낸 대수는 마침내 그를 가둔 이우진(유지태)을 찾아낸다. 그러나 이우진은 오히려 그가 대수를 가둔 이유를 5일 안에 밝혀내면 자신이 스스로 죽어주겠다고 말한다. 대수는 이 지독한 비밀을 풀기 위해, 사랑하는 연인 미도를 잃지 않기 위해 긴박한 수수께끼를 풀지 않으면 안된다. 이우진과 오대수는 우진의 누나와 대수, 대수와 미도 등 복잡한 과거가 뒤얽혀 있었다.

● 박찬욱의 복수 3부작 중 '복수는 나의 것'(2002)에 이은 두 번째 시리즈. 1997년 일본 후타바샤 출판사가 발간한 스토리 작가 츠치아 가론(Tsuchiya Garon), 만화가 미네기시 노부야키(Minegishi Nobuaki)의 동명 만화를 원작으로 하고 있다. 무미건조하고 낯선 느낌의 전작 '복수는 나의 것'에 비하면 '올드보이'는 열정적인 대결을 펼치는 인물들에게 빠져들 수 있는 뜨거운 영화라고 할 수 있다. 이른바 정체불명의 누군가가 그를 사설 감금방에 가두고, 그를 가둔 남자는 전에 우연히 목격한 여자의 남동생이며 그를 동정해서 도와준 미도는 바로 대수의 딸이라는 식으로 얽혀 있다. 즉 자신을 가둔 남자를 찾아가면서 벌이는 숨 막히는 추적과 대결을 그린 이 영화는 복수의 기조가 전편에 흐르는 가운데 근친상간이란 터부를 복수의 모티프이자 해결책으로 삼고 있다. 제목 '올드보이'는 오대수의 딸인 미도(강혜정)가 오대수(최민식)를 부르는 호칭이다.

범인을 찾아가는 기존의 스릴러들과는 달리 '왜'를 의문의 핵심으로 가져가면서 마지막에 충격적인 반전을 주는 것이 이 영화의 매력이다. 결국 오대수가 15년간 사설 감방에서 만두만 먹으면서 지내야 했던 이유도, 15년 후 오대수를 갑자기 풀어준 이유도 근친상간을 완성시키기 위한 이우진의 계략에서 비롯된다. 최민식이 갇힌 남자 '오대수'를 맡아 15년 세월을 송두리째 빼앗긴 사람의 인생을 드라마틱하게 그려냈고 그를 대상으로 변태적 복수를 꾀하는 우진 역의 유지태도 끈끈하고 묵직하게 이를 소화해내고 있다.(「인터뷰/ '올드보이'서 카리스마연기 최민식」, 문화 03. 11. 14)

'공동경비구역 JSA'(2000)으로 한국 관객의 폭발적인 반응을 불러일으킨 박찬욱은 이 영화로 제57회 칸국제영화제에서 심사위원 대상(Grand Prix)을 수상, 이는 이제까지 한국영화가 세계영화제에서 받은 여러 상 가운데 가장 권위 있는 성과다.

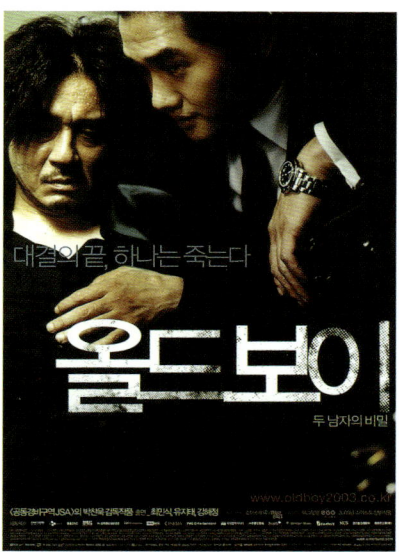

대결의 끝, 하나는 죽는다

올드보이

두 남자의 비밀

www.oldboy2003.co.kr

심사위원장 쿠엔틴 타란티노 감독에 따르면 심사기준은 "미학적 기준을 중시하고 있으며, 이 영화를 영화적 표현이 빛나는 영화로서 주인공의 심리적 변화를 극대화하는, 고감도의 미학적 장치들이 섬세하게 작동하고 있다."(《FIRM 2.0》04. 1. 4)고 평했다. 이 영화는 국내외적으로 중요한 모든 상을 휩쓸었다.

제작비 30억 원. 국내 개봉 첫 주 전국 170개의 스크린에서 53만(서울 20만 명, 전국 53만 명)을 동원, 박스오피스 1위에 오르면서 최종 서울 관객 118만 8000명, 전국 327만 관객 동원으로 2003년도 한국영화 흥행 순위 4위, 역대 한국영화 흥행 순위 30위(08. 1. 25 기준)를 기록하고 있다.

프로듀서 : 임승용

수상 : 제41회 대종상영화제 감독상(박찬욱) · 남우주연상(최민식) · 조명상(박현원) · 편집상(김상범) · 음악상(조영욱), 제24회 청룡영화상 감독상(박찬욱) · 남우주연상(최민식) · 여우조연상(강혜정), 제40회 백상예술대상 영화감독상(박찬욱) · 남자최우수연기상(최민식) · 여자신인연기상(윤진서), 제12회 춘사영화예술제 심사위원특별상(박찬욱) · 올해의 남우주연상(최민식) · 올해의 편집상(김상범) · 올해의 촬영상(정정훈), 제5회 부산 영평상 감독상(박찬욱) · 최우수 여우주연상(강혜정) · 촬영상(정정훈), 제3회 대한민국 영화대상 최우수작품상(쇼이스트 에그필름) · 감독상(박찬욱) · 남우주연상(최민식) · 조명상(박현원) · 음악상(조영욱, 심현정, 최승현, 이지수), 제7회 영국 인디펜던트 필름어워드독립영화상 최우수 외국영화상, 제15회 스톡홀름국제영화제 관객상, 제37회 스페인 시체스영화제 최우수 작품상(박찬욱), 제57회 칸국제영화제 심사위원대상(박찬욱), 제24회 홍콩 '금장상' 영화제 최우수 아시아 영화상, 제25회 포르투갈 판타스포르토국제영화제 최우수작품상(박찬욱) · 각본상, 제10회 홍콩 금자형장영화제 10대외국어영화상(박찬욱), 제49회 아태영화제 남우주연상(최민식) · 감독상(박찬욱), 제3회 방콕영화제 감독상(박찬욱)

실미도 Silmido(2003)

(한맥영화) 135분 극영화 15세관람가/
군사드라마

감독 : 강우석
제작 : 김형준
각본 : 김희재(원작 백동호)
개봉 : 2003년 12월 24일 CGV,
　　　MMC, 대한, 명보, 서울, 중앙
　　　극장(서울)등 외
관람인원 : 326만 4000명(서울)
수출현황 : 일본(03)
출연 : 설경구, 안성기, 허준호, 임원
　　　희, 정재영, 강성진, 강신일, 이
　　　정헌, 엄태웅, 이종문 외
기획 : 김형준, 이종선
촬영 : 김성복
음악 : 조영욱
조명 : 신학성
편집 : 고임표
미술 : 정은정
소품 : 오선교, 이태우, 김태욱
의상 : 신승희
분장 : 김유정
특수분장 : 신재호
동시녹음 : 김원용
사운드 : 김석원, 블루캡
특수효과 : 이희경, 정도안
시각효과 : 문병용
포스터 : 정승혜
무술감독 : 정두홍, 유상섭
프로듀서 : 이민
조감독 : 심혁, 강지은, 백상열
수상 : 제41회 대종상영화제 심사위원
　　　특별상 · 남우조연상(허준호) ·
　　　기획상(김형준) · 각색상(김희
　　　재), 제25회 청룡영화상 작품
　　　상 · 감독상(강우석) · 남우조연
　　　상(정재영), 제40회 백상예술대
　　　상 대상(강우석감독), 제12회
　　　춘사영화예술제 심사위원 특별
　　　상(강우석)

월북한 아버지 때문에 연좌제에 걸려 사회 어디에서도 발붙일 수 없었던 강인찬(설경구)은 어느 날 살인미수로 수감된다. 그런 그에게 한 군인이 다가와서 "나라를 위해 목숨을 바칠 수 있겠느냐"고 묻고는 살인미수인 그에게 사형을 언도한다. 그리고 인천의 외딴 부둣가로 끌려간다. 1968년 대한민국 서부 외딴 섬 '실미도'에는 상필(정재영), 찬석(강성진), 원희(임원희), 근재(강신일) 등 기관원에 의해 강제차출된 31명이 모인다.

갑자기 머리를 깎고 군인이 된 이들 31명 앞에 나타난 군인은 바로 김재현 준위(안성기). '684 주석궁 폭파부대'로 불리게 된 이들에겐 "낙오자는 죽인다, 체포되면 자폭하라!"는 구호와 함께 "김일성 모가지 따기"라는 목적만이 주어져 있었다. 그때부터 냉철한 조중사(허준호)의 인솔 하에 혹독한 지옥훈련이 시작된다. 그들은 인민군 말투에 인민군가, 인민군 제식훈련 등 철저하게 인민군식 훈련을 받는다. 실제사격과 단체구타, 인간의 한계에 도전하는 지옥훈련을 통해 단 3개월 만에 북파 가능한 인간병기가 되었다.

하지만 섬 밖 육지의 상황은 실미도 부대를 창설할 때와는 전혀 다르게 돌아가고 있었다. 중정부장이 교체되면서 어느덧 '구시대의 유물'이자 '유령부대'가 돼버린 실미도 684부를 제거하라는 상부의 명령이 떨어진 것이다. 그러나 단 10여 분만에 실미도를 접수한 훈련병들은 인천으로 상륙, 송도 외곽에서 버스를 탈취, 서울로 향한다. 전군 비상경계령이 발동된 가운데 이들은 대방동 유한양행 앞에서 전원 자폭이라는 최후를 선택한다.

● 1999년에 발간된 소설가 백동호의 동명 소설과 1968년 "청와대 침투를 목적으로 서울에 진입한" 북의 124군부대에 대한 보복으로 중앙정보부가 북파를 목적으로 결성한 684부대의 실화를 토대로 하고 있다.

당시 실미도에서 훈련 중이던 특공대원 31명은 살인 병기가 되지만 한반도의 정세변화로 3년여 만에 용도 폐기되자 끝까지 살아남은 24명이 1971년 8월 23일, 억울함을 호소하기 위해 탈취한 시내버스로 청와대로 향하다가 서울 대방동 유한양행 앞에서 군경 합동진압군과 총격전을 벌인 끝에 최후를 맞게 된다. 처음 당국은 '무장공비'라고 했다가 다음날 '군 특수범들의 난동사건'으로 정정, 당시 언론은 건국 이래 최대의 파란을 몰고 올 '북파부대' 사건에 대해 단 한 줄도 진실을 보도하지 못했다. 단지 사건 발생 사흘 만에 당시 정래혁 국방장관, 김두만 공군참모총장 등 정부와 군 고위간부들이 줄줄이 옷을 벗고 살아남은 네 명의 훈련병들도 바로 사형되어 이 사건의 심각성을 반영해주고 있다.

이렇게 '실미도 사건'은 역사 속으로 사라지는 듯 했으나 사건 발생 32년 만인 2003년 12월, 그 목격자이자 희생자였던 684부대 31인의 훈련병들이 겪은 3년간의 극비 실화를 쫓는 영화 '실미도'가 개봉되면서 우리 현대사의 가장 냉혹한 사건이면서 역사 속에 지워져야 했던 '실미도 사건'의 실체가 드러나게 되었다. 실제 사건인 만큼 영화는 사실적 재현에 중점을 두었으나 철저히 은폐되고 가려진 부분이 많아선지 그 사실성의 진위가 어디까지 인지에 대해서는 의견이 분분했다. 다만 개봉에 앞서 이 영화를 연출한 강우석은 "전체 맥락은 논픽션이고 부분적으로 픽션이 가미됐다"고 전제, 『실미도』의 원작자 백동호의 증언과 MBC 다큐멘터리 「이제는 말할 수 있다」, 684부대 창설멤버로 부대 창설부터 마지막까지 지켜본 한 초급 지휘관이 1993년 《신동아》 4월호에 기고한 내용, 당시 김방일 소대장의 증언 등을 참고(조선 04. 1. 27)

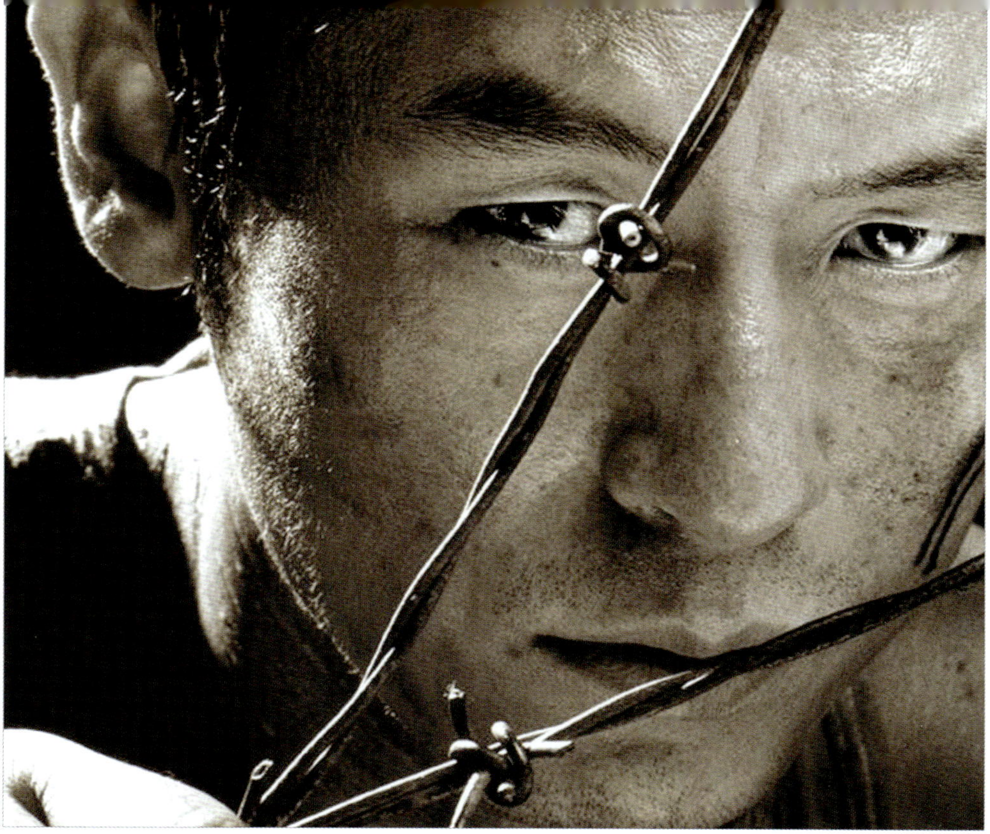

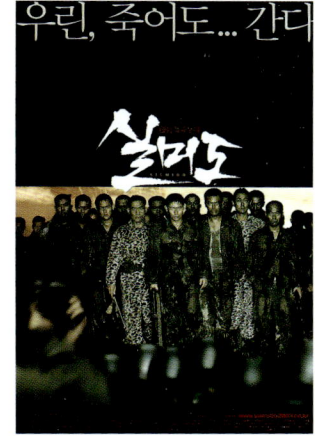

로 한 것이 이 영화의 바탕이 되었다고 밝힌 바 있다.

할리우드 메이저영화사 콜럼비아 트라이스타로부터 1000만 달러 전액을 투자 받아 제작,(「영화 '실미도' 실제훈련장소인 실미도에서 촬영」 스포츠 조선 03. 3. 7) 최고의 수중 침투 장면을 위해 지중해 몰타 MFS 스튜디오 로케이션과 겨울훈련 장면을 위한 뉴질랜드 로케이션에만 각각 7억 원과 5억여 원이 소요됐고 부산 법정 세트, 전라북도 부안의 대방동 세트, 실미도 훈련장 세트 등에 총 30여 억 원이 들었다. 실미도는 인천 중구 무의동에 실재 존재하는 섬으로 이웃 섬인 무의도와 개펄로 연결되어 하루 두 시간 물이 빠질 때만 건너다닐 수 있기 때문에 촬영에 많은 어려움을 겪은 것으로 기록된다.

영화 '공공의 적'(2001) 이후 당시 최고의 연기력을 선보인 설경구가 감독과 다시 한 번 호흡을 맞추고 국민배우 안성기를 비롯해 허준호, 정재영, 강신일, 강성진, 임원희 등이 출연, 한국영화 최정예부대다운 비범한 파워를 보여주었다. 고정 캐스트만 70여 명, 엑스트라 1000여 명이 동원됐고 훈련병 모집 오디션에만 총 5000여 명이 지원하여 그중 31명을 엄선해서 특수 훈련을 시켰다고 한다.

성탄절 연휴(12월 24일)에 개봉된 이 영화는 개봉 당일 하루 동안 전국 30만 1000명이 관람했으며, 개봉 첫 주 한국영화 사상 최대인 159만 명의 흥행을 기록하고, 개봉 15일 만에 400만, 19일 만에 500만 명을 돌파했다.(제작사 자체 집계) 30일 만에 관객 동원 1000만 명이라는 엄청난 기록을 달성하며 흥행에 대성공을 거두었다.(「영화 '실미도'에 1000만 명 불러들이나」, 문화 04. 1. 27, "반지의 제왕을 능가한 세계에 유례 없는 관객 동원기록"(김성곤, 『영화속의 문화』, 서울대출판부, 2004년, p.237)

서울 관객 326만 4000명, 전국 1108만 1000명으로 2004년도 한국영화 흥행 순위 1위, 역대 한국영화 흥행 순위 4위(08. 1. 25 기준)를 기록, 이 영화로 강우석은 청룡영화상 작품상과 감독상, 백상예술대상에서 대상, 대종상과 춘사영화예술제 심사위원 특별상, 허준호가 대종상 남우조연상, 정재영이 청룡영화상 남우조연상을 받았다.

낭만자객 浪漫刺客, Crazy Assassins(2003)

(두사부 필름) 98분 극영화 18세관람
가/사극 코미디

감독·각본 : 윤제균
제작 : 허태구, 윤제균
개봉 : 2003년 12월 5일
출연 : 김민종, 최성국, 진재영, 신이,
채성진, 황신정, 강성필, 이매
리, 주명철, 허기호, 진구 외
기획 : 제정훈
촬영 : 김용철
음악 : 황상준
조명 : 송재석
편집 : 김선민
미술 : 최기호
세트 : 윤일랑
소품 : 정민영
의상 : 권유진
분장 : 안희준
특수분장 : 김희숙, 김주미, 오유경
동시녹음 : 이충환
사운드 : 황진수, 김용훈, 황진수
특수효과 : 김태용
시각효과 : 김욱
무술감독 : 원진
프로듀서 : 이지승
조감독 : 윤태윤

조선시대(인조 14년) 병자호란 직후, 청나라는 조선에 군대를 주둔시키
며 내정 간섭을 시작했고, 백성들은 정치적, 경제적 혼란 속에서 억압
과 고통의 날을 보내야만 했다. 이런 혼란 시기에 가는 곳마다 피바람
을 일으키고 천둥 벌거숭이처럼 날뛰는 파렴치한들이 있었으니 저잣거
리에선 이들을 '낭만자객' 이라 불렀다. 인정사정 가리지 않고 살생을
자행한다는 소문과는 달리 이들은 무공의 '武' 자도 모르는 엉터리 자
객단 용이(김민종)와 예랑(최성국)이다.

어느 날 모처럼 큰 건으로 인질을 끌고 가던 이들은 숲속에서 길을 잃
고 한 맺힌 처녀 귀신들이 사는 흉가에 들게 된다. 흉가에서 귀신들의
한이 담긴 999방울의 눈물 병을 술병으로 잘못 알고 마시는 바람에 천
도를 못하게 된 귀신들이 복수를 하려들자 용이와 예랑은 대신 귀신들
의 한풀이에 나서게 된다. 복수의 대상은 다름 아닌 막강한 권세를 가
지고 있는 청나라 최고의 자객 사룡(채성신). 일단 무작정 달려들긴 했
지만 무술을 할 줄 모르는 이들의 결과는 불을 보듯 뻔한 일, 답답해진
귀신들은 오히려 이 어수룩한 자객들에게 영혼 권법을 전수하기에 이
른다.

● '두사부일체' (2001), '색즉시공'
(2002)으로 연이은 대박을 낸 윤
제균 연출작. 멍청한 자객들이 목
숨을 걸고 처녀 귀신들의 한풀이
에 나서는 코믹 무협영웅담. '패밀
리' (2002), '나비' (2003) 등의 흥
행 실패로 '배우 은퇴'를 선언했던
김민종이 이 영화로 그만의 캐릭
터를 살린다. 김민종이 맡은 '용
이'는 자객단을 위해 빨래하기, 밥
짓기를 하는 등 이름뿐인 자객으
로 그가 그동안 연기해 왔던 남성
적 캐릭터와는 거리가 멀다.

2003년 12월 5일, 개봉 첫 주
말엔 전국 기준 34만 관객을 동원
하는 성과를 거뒀다. 그러나 개봉
2주차부터는 '반지의 제왕 3', '실
미도' (2003) 등 대작 영화들에 밀
려 12월 21일까지 전국 관객 수는
90만 4000여 명 정도로 집계됐
다. 용인 민속촌을 비롯해 경북 문
경 세트장, 강원도 철원, 전남 보
성 등에서 로케이션 촬영됐다.

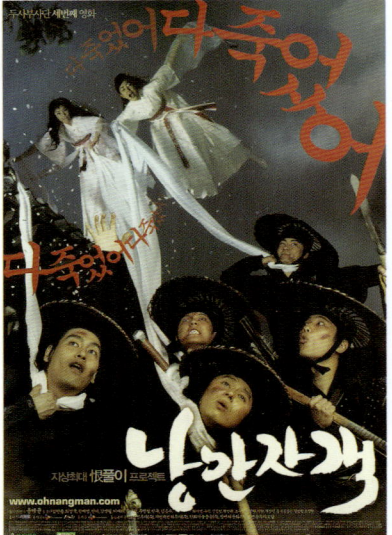

영어완전정복 Please Teach Me English(2003)

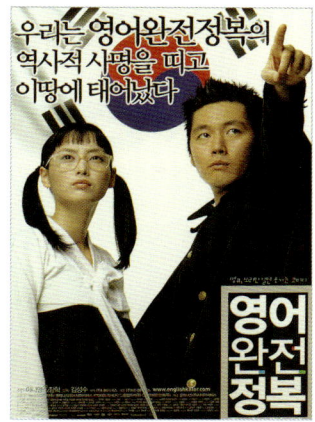

동사무소 말단 자리를 지키며 스포츠 신문을 열독하는 나영주(이나영). 특별한 구석이라곤 없지만 자신의 매력을 세상이 몰라줄 뿐이라고 생각한다. 그러던 어느 날 동사무소에 외국인이 찾아오면서 그녀가 동료들을 대표하여 영어완전정복 주자에 당첨된다. 영어학원에 나가면서 바람기 다분한 문수(장혁)를 만나고 "사랑하는 여자가 생기면 영어로 프러포즈하겠다"는 문수의 마음을 사로잡기 위해 영어 공부에 매진한다.

● '무사'(2000)에 이은 김성수 연출작. 주로 스타일리시한 영상과 굵고 남성적인 이야기에만 몰두해 왔던 김성수가 처음으로 코미디 장르에 도전한 작품이다. 감독 특유의 감성과 유머 감각이 반영되어 새로운 스타일과 유쾌한 웃음이 유감없이 발휘됐다. '나비픽쳐스' 창립 첫 작품, 개봉 후 한 달 만에 서울 관객 33만, 전국 약 90만 명 동원.

(나비픽쳐스) 118분 극영화 12세관람가/코미디

감독 : 김성수
제작 : 조민환, 김성수
각본 : 노혜영, 최희대, 김성수
    (원작 원안 김지영)
개봉 : 2003년 11월 5일 서울, CGV 강변, 메가박스, MMC, 대한극장(서울) 외
관람인원 : 33만 121명(서울)
출연 : 이나영, 장혁, Angela Kelly, 나문희, 김용건, 이영애 외
기획 : 김민기　촬영 : 김형구
음악 : 조성우　조명 : 이강산
편집 : 남나영
미술 : 김기철, 김효정
세트 : 강창길, 전인한
의상 : 김진우　분장 : 이경자
동시녹음 : 이병하, 임동석
사운드 : 최태영
특수효과 : 정도안, 유영일 외
시각효과 : 윤재훈, 이성철
포스터 : 이재용

목포는 항구다 Mokpo, Gangster's Pradise(2004)

서울의 아마추어 형사 이수철(조재현)은 목포의 성기파 마약 루트를 알아내기 위해 살얼음판 같은 조직 체험을 하게 된다. 가오리파(박철민) 일당이 성기파를 급습하게 되리라는 사전기밀을 흘리면서 그는 조직의 보스인 백성기(차인표)의 신임을 얻어 말단 조직원이 된다. 아무도 그를 의심할 사람은 없었다. 오히려 조직의 명령에 일사불란하게 움직이는 동안 자신이 백성기를 잡으러 온 형사인지 목포의 건달인지조차 헷갈릴 정도다. 그의 임무는 어디까지나 마약 밀매 증거를 입수하고 서울로 금의환향하는 것. 따라서 이수철은 진정한 강력반 형사로 거듭나기 위해 모종의 모의를 꾀한다.

● 김지훈 감독 데뷔작. 마약 수사를 위해 목포의 폭력조직에 잠입한 서울 형사의 이야기. 감독이 직접 시나리오를 썼다. 차인표가 호남 사투리를 쓰는 조폭 두목으로 이미지 변신을 시도했고 조재현이 그의 조직에 잠입하는 형사로 출연한다. 전국 179만 관객 동원, 일본 유바리국제판타스틱영화제에서 그랑프리를 수상했다.

(기획시대) 110분 극영화 15세관람가/코미디

감독 : 김지훈
각본 : 김지훈, 한기현, 나현
    (원작 이수남, 이재익)
개봉 : 2004년 2월 20일
출연 : 조재현, 차인표, 박철민, 송선미, 손병호, 김일우, 김애경, 기주봉, 이한위 외
기획 : 이수남, 신미혜
촬영 : 최진웅　음악 : 김성현
조명 : 박건우　편집 : 함성원
미술 : 장지연
세트 : 윤일랑, 정수균
소품 : 유청　의상 : 최새미
분장 : 윤예령　동시녹음 : 임동석
사운드 : A.T.O.M, 이성진, 황진수
특수효과 : 김병기 시각효과 : 박용정
포스터 : 류수진
수상 : 제16회 일본 유바리국제판타스틱영화제 영(Young) 판타스틱 컴피티션 부문 대상

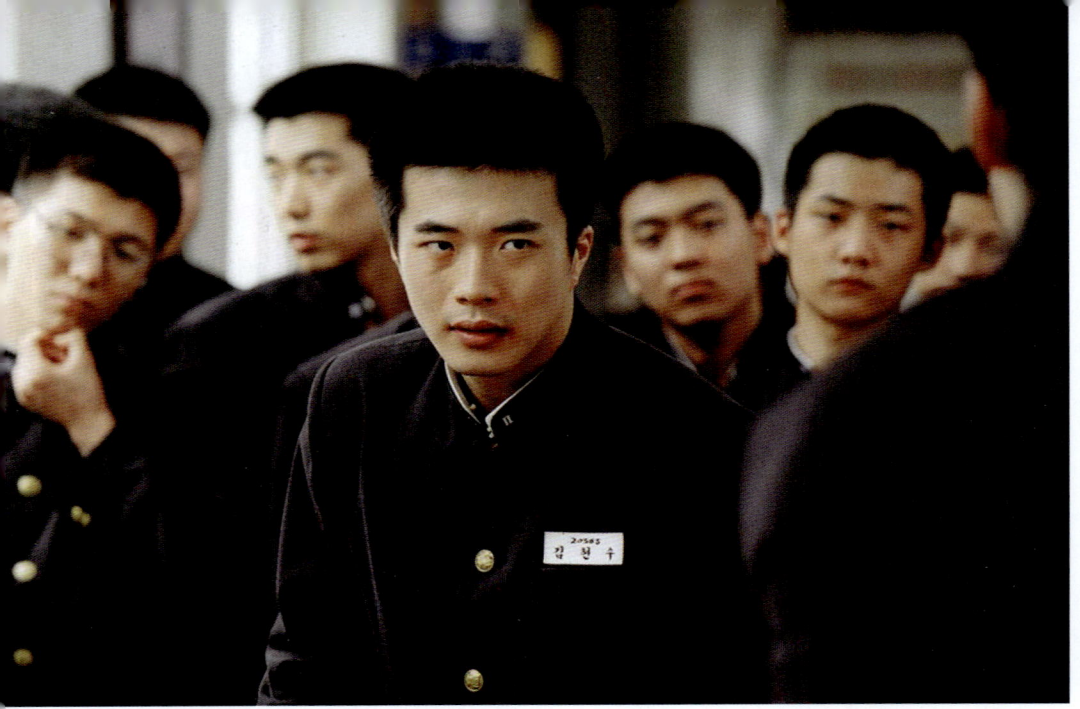

말죽거리 잔혹사(殘酷史)

Once upon a Time in High School(2004)

(싸이더스) 116분 극영화 15세관람가/
액션

감독 : 유하
제작 : 차승재, 노종윤
각본 : 유하(원작 유하)
개봉 : 2004년 1월 16일
출연 : 권상우, 이정진, 한가인, 박효
　　　준, 김인권, 이종혁, 서동원, 백
　　　봉기, 천호진 외
촬영 : 최현기　　음악 : 김준석
조명 : 양우상　　편집 : 박곡지
미술 : 김기철, 김효정
소품 : 마승연　　의상 : 여현정
분장 · 특수분장 : 김서영
동시녹음 : 김경태
사운드 : LIVE TONE
특수효과 : 김병기
시각효과 : 장성호
무술감독 : 신재명
프로듀서 : 최선중
조감독 : 임보람
수상 : 제41회 대종상영화제 남자인기
　　　상(권상우), 제25회 청룡영화상
　　　미술상(김기철), 제40회 백상예
　　　술대상 시나리오상(유하)

1978년 말죽거리의 봄, 모범생 현수(권상우)는 교사의 폭력과 학생간의 세력다툼으로 하루도 조용할 날이 없는 정문고로 전학온다. 그는 학교 짱인 우식(이정진)과 친구가 되지만 버스 안에서 만난 은주(한가인)에게 관심을 갖게 되고 은주는 다감한 현수보다 남자다운 우식을 택한다. 한편 학교 짱 자리를 놓고 우식과 선도부장이 한판 붙는 자리에서 선도부장이 이기자 우식은 학교를 떠나고 우식과 단짝 친구였다는 이유만으로 현수는 패거리들에게 괴롭힘을 당한다. 더 이상 참을 수 없게 된 그는 밤새 연습한 쌍절곤을 들고 학교 옥상으로 가서 모든 폭력을 잠재우고 더 이상 범생이 아닌, 강한 자의 모습을 보인다.

● 유하 각본 · 연출작. 유신 말기, 개발 붐에 들어간 강남의 한 고등학교를 배경으로 감독 자신의 자서전적 이야기를 바탕으로 삼고 있다. 원래 제목은 '절권도(截拳道)의 길'. 군사독재 사회에서 학교는 성적과 배경만으로 학생을 판단, 가혹한 폭력을 일상적으로 행사했다는 것이다. '말죽거리 잔혹사'는 그동안 외면해 왔던 학교의 진실, 그 안에 갇힌 십대들의 일상과 일탈을 사실적으로 그려냈다는 평을 받았다.(「권상우주연 '말죽거리-' 10일 만에 관객 200만 돌파」, 스포츠조선 04. 1. 27) 서울 관객 102만 3000명으로 2005년도 한국영화 흥행 순위 3위, 전국 관객 311만 5000명 동원으로 역대 한국영화 흥행 순위 36위(08. 1. 25 기준)로 기록됐다.

사마리아 Samaria(2004)

유럽으로 여행갈 돈을 모으기 위해 채팅에서 만난 남자들과 원조교제를 하는 여고생 여진(곽지민)과 재영(한여름). 여진이 전화를 걸어 약속을 잡으면 재영이 모텔에서 남자를 만난다.

    그리고 낯모르는 남자들과 섹스를 하면서도 재영은 항상 웃음을 잃지 않는다. 그러던 어느 날, 남자와 만나던 재영은 갑자기 모텔로 들이닥친 경찰들을 피해 창문에서 뛰어 내리다가 목숨을 잃는다.

    그러자 여진은 재영의 죽음을 위로하기 위해 재영이 만났던 남자들을 차례로 다시 만나 원조교제를 하고 그동안 재영이 받았던 돈을 고스란히 되돌려준다. 남자들과의 잠자리 이후 독실한 불교 신자로 이끌었던 인도의 바수밀다처럼 여진 또한 관계를 맺은 남자들을 정화해 나가는 것이다. 사건 현장에 나갔다가 모텔에서 남자와 나오는 여진을 본 여진의 아버지 영기(이얼)는 딸의 매춘행위에 엄청난 충격을 받는다. 아내 없이 딸 하나만 바라보고 살아온 그는 그때부터 여진을 미행하고 여진과 만나는 남자들에게 접근하기 시작한다.

(김기덕 필름) 95분 극영화 18세관람가/드라마

감독 · 제작 · 각본 : 김기덕
개봉 : 2004년 3월 5일
출연 : 이얼, 곽지민, 한여름 외
촬영 : 선상재
음악 : 박지웅
조명 : 이성환
편집 : 김기덕
의상 : 전영선
분장 : 정지혜
동시녹음 : 송예진
시각효과 : 김태훈
프로듀서 : 배정민
조감독 : 장철수
수상 : 제54회 베를린국제영화제 경쟁 부문 감독상(김기덕)

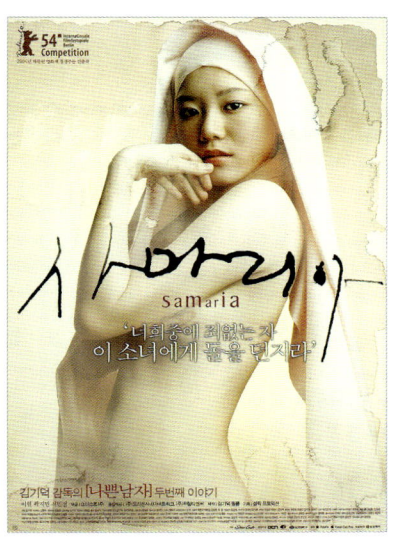

● 김기덕의 열 번째 연출작이자 '나쁜 남자'(2001)를 주제로 한 두 번째 이야기. 김기덕 제작 · 감독 · 각본 · 편집. 원조교제를 하는 여고생과 자신의 딸이 원조교제를 하는 사실을 알게 된 아버지의 복수와 화해를 그리고 있다. 제목 '사마리아'는 버림받은 사람이라는 뜻과 기독교적 의미는 '선한 사마리아인'에서 나온 것으로 희생과 노고가 따르지 않는 사랑은 참 사랑이 아니라는 뜻을 함축한다. 줄리아드와 버클리 음대를 졸업, 할리우드 영화음악상 양대 산맥인 제리 골드스미스상과 ASCAP영화 음악상을 받은 지박(JiBark, 박지웅)이 음악 부분에 참여했다.

지박은 김기덕의 '봄 여름 가을 겨울 그리고 봄'(2003)에서도 음악 감독을 맡았었다.

제작비 5억 원의 저예산 영화로 11일 만에 영화를 찍었다. 제54회 베를린국제영화제에서 "깨끗한 삶은 환상, 현실은 추악한 것"(중앙 04. 2. 12)평과 함께 은곰상인 감독상 수상.

태극기 휘날리며 Taegukgi(2004)

(강제규필름) 145분 극영화 15세관람
가/전쟁 드라마

감독 · 제작: 강제규
각본: 강제규, 한지훈, 김상돈
개봉: 2004년 2월 5일
출연: 장동건, 원빈, 이은주, 이영란,
장민호, 최민식, 김수로, 정두
홍, 조윤희, 공형진 외
기획: 강제규, 이하나
촬영: 홍경표
음악: 이동준　　**조명:** 유영종
편집: 박곡지, 정진희
미술: 신보경, 이미경, 이대훈
세트: 강창길, 강보길, 전인한
소품: 정상혁, 오선교
의상: 이자영(군복), 김정원(민복)
분장: 이서진, 제니, 정명심
특수분장: 신재호
동시녹음: 이태규, 윤성기
사운드: 김석원
특수효과: 정도안
시각효과: 강종익
포스터: 오형근, 김태건
무술감독: 정두홍, 김민수
프로듀서: 성춘
조감독: 송민규
수상: 제41회 대종상영화제 촬영상
(홍경표) · 미술상(신보경, 강창
길, 강보길) · 음향기술상(이태
규, 김석원), 제25회 청룡영화
상 남우주연상(장동건) · 기술상
(정도안) · 촬영상(홍경표) · 한국
영화 최고흥행상, 제40회 백상
예술대상 작품상, 제12회 춘사
영화예술제 심사위원 특별상
(강제규) · 신인남우상(원빈) ·
기술상(강종익), 제50회 아태영
화제 최우수작품상 · 감독상(강
제규)

서울 종로통. 가족의 생계를 책임지고 있는 진태(장동건)는 영신(이은주)과의 결혼, 세상에서 가장 소중한 동생 진석(원빈)의 대학 진학을 위해 열심히 일하고 있다. 1950년 6월 어느 날, 한반도에 전쟁이 일어났다는 호외와 함께 평화롭기만 하던 서울은 삽시간에 아수라장이 된다. 가족들을 데리고 피난 행렬에 끼어 피난 열차를 탄 이들 가족은 대구 역사에 도착하자 만 18세로 징집 대상이었던 진석이 강제로 군인에 끌려가게 된다. 또 동생 진석을 찾으려던 진태마저 징집 대상이 되어 형제는 같은 군용열차에 몸을 싣는다.

평온한 일상에서 피비린기는 전쟁터로 내몰린 진태와 진석은 그 길로 국군 최후의 보루인 낙동강 방어선 실전에 투입되고 낙동강 방어선을 지키는 데 성공한 국군은 숨 돌릴 틈도 없이 북진을 계속하게 된다. 철저한 애국 애족의 이념도 없이 오로지 동생의 생존을 보호해야 한다는 일념 하나로 전쟁 영웅이 되어가는 진태와 전쟁을 통해 스스로 강해져야만 살아남을 수 있음을 깨달은 진석은 수많은 전투에서 승리를 거두며 승승장구 평양으로 향한다. 그런데 그곳에서 생각지 못했던 운명의 덫이 그들 형제를 기다리고 있었다.

● '쉬리'(1998)발표 후 6년 만에 내놓은 강제규 제작 · 각본 · 기획 · 연출작. 6 · 25전쟁 발발 50주년을 기념해 만든 전쟁영화다. 제작비 170억 원. 한류열풍의 주역인 장동건과 원빈을 내세워 크랭크인 전부터 화제를 모았던 작품이다. 그 외 이은주가 장동건의 약혼자, 최민식이 인민군 대좌, 김수로가 청년단장, 무술감독 정두홍이 대좌참모 등으로 특별 출연했다.

영화 속 평양 시가지 전투 장면은 한 동료의 죽음으로 인해 진태, 진석 두 형제의 갈등이 본격적으로 점화되는 계기가 되며 동생을 지키겠다는 일념으로 전쟁광이 되어가는 형과 눈빛이 달라진 형이 원망스러워진 동생은 이때부터 비극적인 운명의 길을 걷게 된다.

경남 합천 용주면의 평양시가지 세트장은 10억여 원의 제작비가 투입되었으며 2만여 평의 부지 위에 극장, 병원, 미용실, 선술집 등 50여 채가 재현됐다. 엑스트라만도 연인원 2만 5000명 동원. 한국전쟁 속에 휘말린 형제의 엇갈린 비극을 그린 이 영화는 흥행과 비평에서 모두 큰 성공을 거두면서 당시 한국영화사상 가장 규모가 큰 블록버스터 영화로 기록되었다.("2만 5천명 전투신 "쉬리는 잊어라" 다음은 '태극기' 차례」, 스포츠조선 04. 1. 27)

서울 관객 350만 9000명, 전국관객 1174만 6000명으로 2005년도 한국영화 흥행 순위 1위, 역대 한국영화 흥행 순위 3위(08. 1. 25 기준). 1000만 관객 동원이라는 신화로 한국영화사에 새로운 이정표를 세웠다.

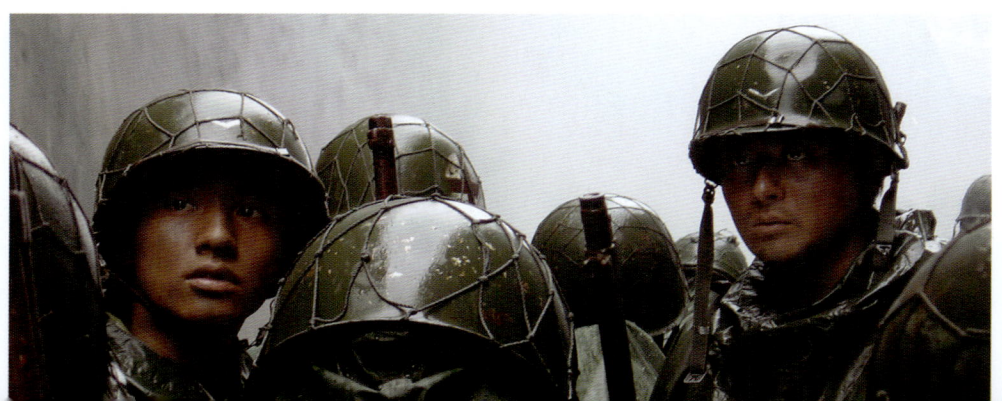

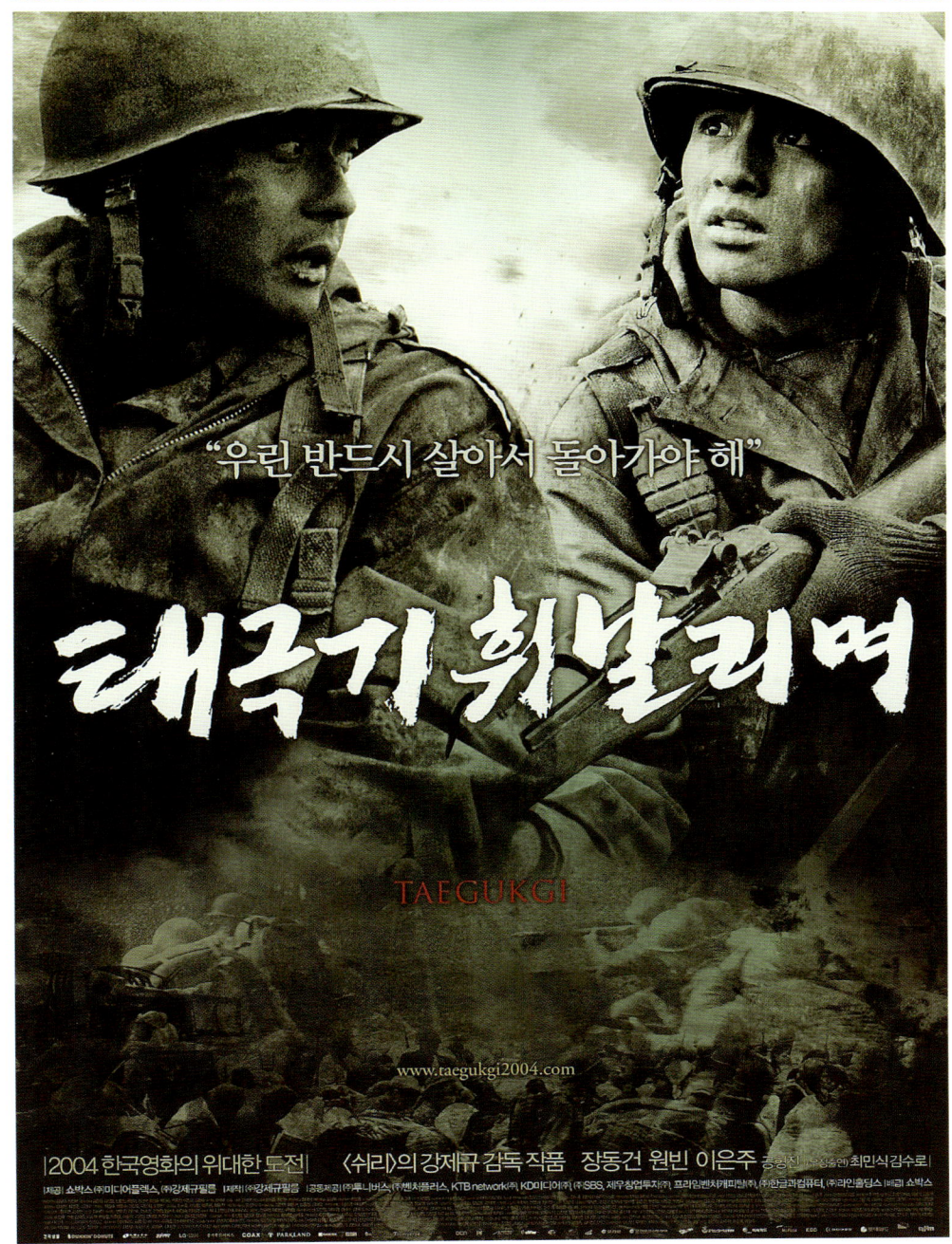

"우린 반드시 살아서 돌아가야 해"

태극기 휘날리며

TAEGUKGI

www.taegukgi2004.com

|2004 한국영화의 위대한 도전| 〈쉬리〉의 강제규 감독 작품 장동건 원빈 이은주 공형진 특별출연 최민식김수로|

송환 送還, Repatriation(2004)

(푸른영상) 149분 다큐멘터리 전체관람가/분단

감독 : 김동원
각본 · 구성 : 류미례
출연 : 진태윤, 김선명, 김영식, 류한욱, 조창손, 김석형, 신인영, 함세환, 안학섭 외
개봉 : 2004년 3월 19일
촬영 : 김동원, 김태일, 변영주, 문정현, 장영길, 공은주, 정창영
조연출 : 정창영, 공은주
수상 : 서울독립영화제 대상 · 관객상, 올해의 독립영화선정, 선댄스영화제 표현의 자유상, 제19회 프리부국제영화제 다큐멘터리 부문 작품상, 세계 최대의 인권영화제 뉴욕 휴먼라이트와치국제영화제, 홍콩 국제영화제 주관 원 월드 홍콩영화제 초청

1992년 봄부터 2000년 9월 2일 장기수들이 송환되기까지 다큐멘터리 감독 김동원은 봉천동에 정착한 비전향 장기수들의 일상을 카메라에 담게 된다. 촬영하는 동안 처음에 느꼈던 이질감은 사라지고 그들의 고충과 고민을 이해하게 되면서 감독은 그들을 돕기 위한 장기수 송환 운동에 나선다. 1999년부터 본격적인 송환 운동이 시작되고 2000년 6 · 15 남북공동선언과 함께 송환이 현실이 되자 장기수 중 조창손은 30년 전 그가 체포되었던 울산에 가서 죽은 동료의 넋을 달랜 후 그의 가족들에게 전해줄 흙 한 줌을 퍼온다. 이런 내용들을 촬영했다는 이유로 감독은 한때 국가보안법 위반 혐의를 받기도 했으나 이제 장기수들의 생존과 고충은 이 자료 화면을 통해서만 만날 수 있게 되었다. 감독은 화면을 통해 "오랜 고문으로 쇠하고 연로해진 그들을 과연 다시 만날 수 있을까?"라는 그리움의 메시지를 담아 이를 다큐멘터리로 진행해 나간다.

● '상계동올림픽'(1987)으로 큰 반향을 불러일으켰던 김동원의 두 번째 다큐멘터리. 비전향 장기수를 12년 동안 촬영한 이 다큐멘터리필름은 제20회 선댄스영화제에서 본상을 받으면서 세계적으로 주목을 받았다.(한국경제 04. 1. 27) 다큐멘터리로서는 드물게 개봉 26일간 관객 1만 8000명을 동원, 입소문을 타고 흥행에 불을 지피면서 서울의 코아아트홀을 비롯해 아트플러스 체인인 목포 제일극장, 안산 시네마이즈극장과 각 대학 강당에서 확대 상영되기도 했다.

아홉살 인생 When I Turned Nine(2004)

(황기성사단) 105분 극영화 전체관람가/ 코미디

감독 : 윤인호
제작 : 황기성, 황경성
각본 : 이만희(원작 위기철)
개봉 : 2004년 3월 26일 대한극장(서울) 외
출연 : 김석, 이세영, 나아현, 김명재, 정선경, 안내상 외
기획 : 서현석, 황지용
촬영 : 전조명   음악 : 노영심
조명 : 이주생   편집 : 김현
미술 : 신점희   세트 : 오상만
소품 : 강민수   의상 : 정경희
분장 : 이명희   동시녹음 : 손석현
무술감독 : 주영민
제작총지휘 : 황경성
프로듀서 : 정종헌
조감독 : 임재ён
수상 : 제12회 춘사영화예술제 작품상(황기성) · 올해의 감독상(윤인호) · 아역상(김석, 이세영, 나아현, 김명재) · 각본상(이만희)

1970년대, 산동네 초등학교 3학년인 여민(김석)은 착한 아들이자 학교에선 주먹도 세고 공부도 잘하는 모범생이다. 친구들을 괴롭히는 쌈짱(박백리)을 제압하여 동네의 평화를 지키는가 하면, 외로운 기종(김명재)과 도시락을 나누어 먹고, 눈을 다친 어머니(정선경)의 색안경을 사기 위해 아이스케키 장사도 한다. 그러던 어느 날, 서울에서 새침도도한 소녀 우림(이세영)이 전학을 오면서 아홉 살 여민의 마음을 흔들어 놓는다. 고민 끝에 우림에게 편지를 쓰지만 이 편지는 담임선생(안내상)의 손에 들어가 만천하에 공개되고, 급기야는 여민이 우림의 돈을 훔쳤다는 누명까지 쓰게 된다. 여민은 아홉수 시련을 꿋꿋하게 이겨내고 아침햇살 같은 새로운 나날을 맞는다.

● '마요네즈'(1999)에 이어 5년 만에 내는 윤인호 연출작. 각본 이만희. 1991년에 출간된 후 2002년 연간 베스트셀러 종합 1위, 100만 부 이상 판매된 위기철의 동명 소설을 원작으로 하고 있다. 초등학교 3학년 아이들의 삶을 그린 영화로서 영화 곳곳에서 보이는 아이들의 어른스러운 행동과 말투는 어른들의 무분별한 모습을 그대로 모방하고 있음을 보여준다. 주인공 김석과 이세영을 제외하곤 강원도 출신 아역 12명이 발탁되었다. 춘사영화예술제에서 윤인호가 감독상, 주역급 아역 배우들이 아역상을 수상했다.

어린 신부 My Little Bride(2004)

할아버지의 거역할 수 없는 명령에 따라 24세의 상민(김래원)과 16세의 보은(문근영)이 결혼을 하게 된다. 어쩔 수 없이 결혼을 했지만 여고를 졸업할 때까지 보은은 학교에 결혼 사실이 알려지면 안된다. 하지만 보은은 평소 마음에 두고 있던 야구부 주장과 데이트를 하는 등, 두 사람의 결혼 생활은 아슬아슬하기만 하다. 그러나 상민이 보은의 학교로 교생 실습을 나오면서 두 사람은 서로가 아껴야 할 상대임을 확인해 나간다.

● 김호준 감독 데뷔작, 같은 해 '제니, 주노'(2004)를 연출했으나 이는 2005년 2월에 개봉된 만큼 먼저 개봉된 '어린 신부'(2004)가 김호준의 첫 번째 작품으로 기록된다. 문근영의 스크린 데뷔작. 노래방에서 춤추며 노래하는 문근영의 깜찍 발랄하고 톡톡 튀는 연기가 화면을 싱그럽게 수놓는다. 홍콩 완세생 감독의 영화 '아저씨 우리 결혼할까요?(My Wife is 18)'(2002)의 표절 시비(브레이크뉴스 04. 9. 25 백승광)에도 불구하고 서울 관객 87만 6000명, 전국 314만 9500명으로 2005년도 한국영화 흥행 순위 2위, 역대 한국영화 흥행 순위 32위를 기록. 이 영화의 음악 감독이기도 한 최순식이 영화를 제작했다.

(컬처캡미디어) 115분 극영화 12세관람가/코미디

감독 : 김호준
제작 : 최순식
각본 : 유순일
각색 : 조중훈, 김요석
개봉 : 2004년 4월 2일
출연 : 김래원, 문근영, 김인문, 한진희, 김혜옥, 송기윤 외
촬영 : 서정민
음악 : 최순식, 최만식
조명 : 김계중   편집 : 박순덕
미술 : 윤도환, 김효진
세트 : 윤일랑   의상 : 모현숙
분장 : 이서진   동시녹음 : 김완동
사운드 : 이성진   특수효과 : 윤여진
시각효과 : 모팩, 장성호
프로듀서 : 유순일, 박준석
조감독 : 김진성
수상 : 제41회 대종상영화제 신인여우상(문근영) · 신인남우상(김래원), 제12회 춘사영화예술제 올해의 신인여우상(문근영)

페이스 Face(2004)

저수지에서 온몸의 형체가 녹아 뼈만 남은 유골이 네 번째 발견된다. 이런 경우엔 두개골로 얼굴을 유추하여 복안하는 방법 외엔 신원을 알아낼 수가 없다. 한데 복안 전문가 이현민(신현준)은 사체 유골을 맡으면서부터 끔찍한 악몽에 시달리고 의문의 사체 사건을 조사하던 경찰은 피해자들이 심장이식과 관련되어 살해되었을 가능성이 있음을 밝혀낸다. 현민도 딸의 심장병과 심장이식이 연쇄살인과 연관되었음을 직감하고 죽은 자의 저주로부터 벗어나기 위해 사체 복안 작업에 나선다. 사체의 신원이 밝혀져 가는데도 불구하고 현민은 저주에서 벗어나지 못한 채 점점 더 괴기스런 공포에 휩싸인다.

● 유상곤 감독 데뷔작. 신원불명의 사체를 복원하는 복안 전문가가 의문의 사체 복안 의뢰를 받으면서 벌어지는 공포 호러물. '복안(facial reconstruction)'은 피부나 혈흔이 없이 사체가 유골로만 발견될 경우, 유골 위에 인공 피부조직을 씌워 생전의 모습을 재현해 내는 첨단 신원 조회 방식 중 하나다. 감독은 짜임새 있는 구성과 이야기로 얼굴 없는 원혼의 저주와 한을 그리고 있다.(세계 04. 7. 1) 순제작비 27억 원.
    이 영화는 2004년 아메리칸 필름 마켓(AFM)에서 태국을 비롯한 동아시아 국가에 총 20만 달러의 해외 수출 성과를 거두는 등 해외 수출시장에서 활발한 거래가 이루어졌다.

(태원엔터테인먼트) 92분 극영화 15세관람가/미스터리

감독 : 유상곤
제작 : 정태원
각본 : 박희희(원작 박철희)
각색 : 김희재, 유상곤, 박성민
개봉 : 2004년 6월 11일
출연 : 신현준, 송윤아, 김승욱, 안석환, 조원희, 송재호, 한예린, 이주란 외
촬영 : 최지열   음악 : 이한나
조명 : 김순화
편집 : 박곡지, 서용덕, 정진희
미술 : 김나영, 김효진, 유기정
세트 : ㈜아트서비스, 오상만, 이치우
의상 : 김문영
특수분장 : 윤예령
사운드 : 유대현
특수효과 : 김병기
시각효과 : 이종학
무술감독 : 전상준
프로듀서 : 한용
조감독 : 임춘택

범죄의 재구성 犯罪의 再構成, The Big Swindle(2004)

(싸이더스) 116분 극영화 18세관람가/
범죄 드라마

감독 · 각본 : 최동훈
제작 : 차승재, 노종윤
개봉 : 2004년 4월 15일
출연 : 박신양, 백윤식, 염정아, 이문
식, 박원상, 김상호, 천호진, 임
하룡, 윤다경, 김윤석 외
촬영 : 최영환   음악 : 한재권
조명 : 김성관   편집 : 신민경
세트 : 윤기찬   의상 : 조상경
미술 : 이민복, 김유정
소품 : 이중희, 박진주
분장 : 조현숙   특수분장 : 이창만
포스터 : 김중만   프로듀서 : 이석원
동시녹음 : 홍정호   조감독 : 정종훈
특수효과 : 김병기
시각효과 : 김태훈
무술감독 : 전문식, 전상준
수상 : 제41회 대종상영화제 신인감독
상(최동훈) · 각본상(최동훈), 제
25회 청룡영화상 여우조연상
(염정아) · 신인감독상(최동운)
· 각본상(최동훈), 영평상 신인
감독상(최동훈), 제5회 부산 영
평상 신인감독상(최동훈) · 남우
조연상, 제3회 대한민국 영화
대상 신인감독상(최동훈) · 남우
조연상(이문식) · 편집상(신민
경) · 각본각색상(최동훈)

사기 전과로 출소한 지 한 달 만에 최창혁(박신양)은 사기꾼들의 대부 김 선생(백윤식), 떠벌이 얼매(이문식)와 여자 킬러 제비(박원상), 환상적인 위조기술자 휘발류(김상호)와 한 팀을 이루어 한국은행 50억 원 인출이라는 사상 최대 규모의 프로젝트를 모의한다. 목표는 하나지만 그들은 각자 서로 다른 속셈을 가지고 있다. 인출에 성공하지만 결과물은 아무것도 없다.

모두가 뿔뿔이 흩어지고 돈은 사라졌다. 완벽한 계획이었는데 무엇이 문제일까? 수사망이 좁혀지는 가운데 얼매와 휘발류가 체포되고 제비는 싸늘한 시체로 발견된다. 사건을 추적하던 차 반장(천호진)은 한국은행 사기극의 덜미를 잡게 된 결정적 동기가 한 여자의 제보 전화였다는 사실에 주목한다. 그녀는 팜므 파탈 사기꾼 서인경(염정아)으로 바로 김 선생의 동거녀다. 그렇다면 이 모든 것은 아직 행방이 묘연한 김 선생의 속임수인가? 아니면 사기극을 계획했던 최창혁의 계획인가? 그들의 두뇌 게임은 1인 2역에서 해답을 찾을 수 있다.

● 최동훈 감독 데뷔작. 다섯 명의 전문 사기꾼들이 한국은행을 터는 과정을 그린 코믹 범죄물. 1996년 한국은행 구미사무소 직원으로 가장한 사기범들이 구미지점 금고에 보관 중이던 9억 원을 인출한 사건을 감독이 2년 여에 걸쳐 직접 발로 뛰면서 범죄자들을 인터뷰하고 취재해서 시나리오를 완성했다고 한다.(「한은, 영화 '범죄의 재구성' 모방범죄 예방나서」, 동아 04. 4. 13) 영화는 현재와 과거를 오가는 현란한 편집과 다중 분할 화면, 리얼한 대사와 연기를 통해 그들간의 음모와 배신, 막판 반전 등이 펼쳐진다.

한국영화에서 보기 드문 도심에서의 자동차 추격신이 연출됐고 박신양이 죽은 형 최창호와 동생 최창혁의 1인 2역을 맡았다. 최동훈은 대종상 청룡영화상 영평상 부산 영평상, 대한민국영화대상에서 신인감독상, 백윤식이 부산 영평상 남우조연상을 수상.

서울 77만 8000명, 전국 212만 9000명 동원으로 2005년도 한국영화 흥행 순위 6위, 역대 한국영화 흥행 순위 67위(08. 1. 25 기준)를 기록했다. 최동훈은 이후 영화 '타짜'(2006)로 한국영화사를 다시 쓰게 만드는 흥행 대박을 터뜨리게 된다.

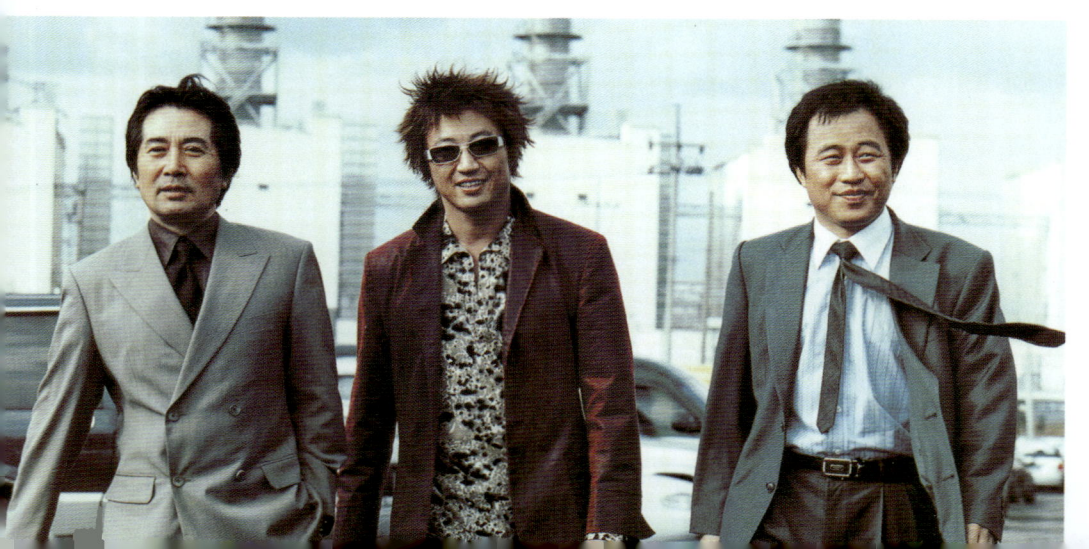

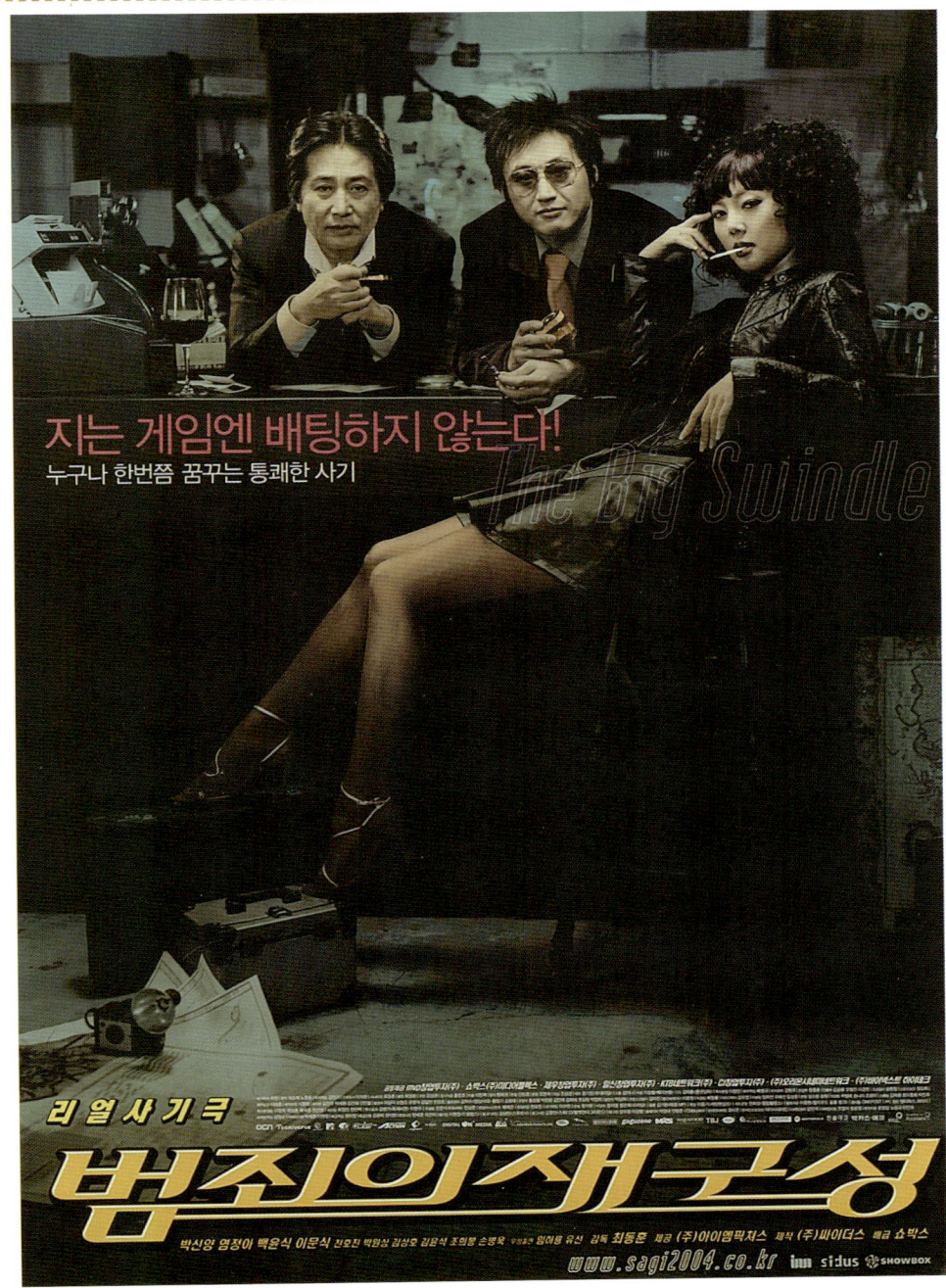

지는 게임엔 배팅하지 않는다!

누구나 한번쯤 꿈꾸는 통쾌한 사기

The Big Swindle

리얼사기극

범죄의 재구성

박신양 염정아 백윤식 이문식 진오진 박양선 김상호 김윤식 조의봉 손병옥 각본 임이룡 유신 감독 최동훈 제공 (주)아이엠픽처스 제작 (주)싸이더스 배급 쇼박스

www.sagi2004.co.kr

아라한(阿羅漢) 장풍대작전 Arahan(2004)

(좋은영화) 114분 극영화 12세관람가/
코미디

감독 : 류승완
제작 : 김미희
각본 : 류승완, 은지희, 유선동
각색 : 이해준, 이해영
개봉 : 2004년 4월 30일
출연 : 류승범, 윤소이, 안성기, 윤주
　　　상, 김지영, 김영인, 백찬기, 정
　　　두홍 외
기획 : 강우석
촬영 : 이준규
음악 : 한재권
조명 : 서정달
편집 : 남나영
소품 : 정재민
미술 : 장근영, 김경희
세트 : 김기철, 민정기
의상 : 장근영, 김경희
분장 : 김선진
특수분장 : 신재호
동시녹음 : 정군
사운드 : 김석원
특수효과 : 정도안, 김태의
시각효과 : 손승현
포스터 : 한혜연
무술감독 : 정두홍, 권승구
프로듀서 : 이춘연
조감독 : 박용집
수상 : 제8회 부천국제판타스틱영화제
　　　작품상(장편: 류승완), 제28회
　　　황금촬영상 심사위원 특별상
　　　(정두홍) · 촬영상(은상: 이준
　　　규), 제7회 도빌 아시아영화제
　　　액션 아시아 부문 연꽃상

상환(류승범)은 사회질서를 바로잡는 훌륭한 순경이 되고 싶었지만 조
직폭력배의 발 아래 비굴하게 무릎을 꿇어야 하는 것이 현실이다. 어느
날, 좌절한 그에게 칠선들이 "마루치가 될 재목"이라면서 공중부양과
장풍을 가르치는 등 그 과정에서 '아라치' 의진(윤소이)과도 만나게 된
다. 이상한 사람들의 말은 믿을 수 없지만 예쁜 소녀 의진의 권유로 상
환은 '마루치' 가 되기로 결심한다. 그러나 가르쳐 주겠다던 장풍과 공
중부양은 뒤로 한 채 상환은 부항 뜨고 청소하기로 하루하루를 보내게
된다. 그러다가 칠선들이 봉인한 '흑운' (정두홍)이 봉인에서 풀려나면
서 청년 상환은 '아라치' 와 힘을 합쳐 세상을 다스리는 마루치가 된다.

● 류승완 연출작. 도시 속을 질주
하는 영웅 이야기를 그리고 있다.
아라한은 본래 소승불교에서 모
든 번뇌를 끊고 열반의 경지에 이
른 '나한(羅漢)'을 일컫는 말이다.
탄탄한 시나리오에 고난도 와이
어 액션과 6개월 이상의 CG작업
을 통해 완성된 작품.

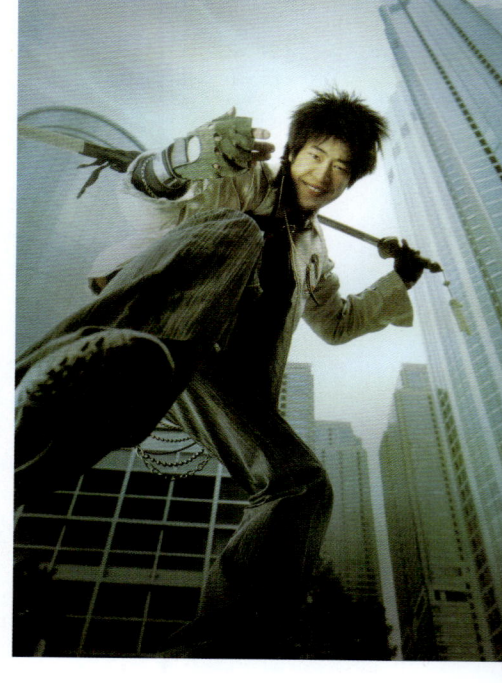

류승완, 류승범 형제의 특기가
십분 발휘된 영화로 류승범은 빌
딩을 타고 질주하는 장면과 건물
과 건물의 옥상을 넘나드는 초스
피드의 추격신, 윤소이와의 수중
장풍 대결신을 선보이기 위해 촬
영 3개월 전부터 액션 스쿨에서
매일 6시간 이상 고된 무술연습
과 와이어 액션 연습을 소화해 냈
다고 한다.(세계 04. 4. 30) 가장
놀라운 변신을 보여주는 배우는
'자운' 역을 맡은 안성기. 작품마
다 냉철한 분석과 철저한 준비로
끊임없는 변신을 거듭하던 그는
이 영화에서 검술 및 와이어 액션
연습을 독하게 치렀다. 그 외 무
술감독 정두홍이 절대악인 흑운
으로 분장했고 가수 윤도현이 운
전기사, 봉태규가 순경, 작가 이외
수가 백풍, 제작자 이춘연이 국회
의원으로 카메오 출연하고 있다.

총제작비가 63억 6000만 원(순제작비 46억 5000만 원). 테헤란로와 명동, 용산, 전쟁기념
관, 서울 지하철, 종합 운동장 등 서울을 대변할 수 있는 모든 지명과 공공시설이 촬영지로 활
용됐다. 또한 그 동안 역사적인 위치에 비해 소홀히 대해졌던 용산(龍山-용의 기운이 흐르는
땅)의 지명을 새롭게 해석, 그 의미 찾기에도 일조하고 있다. 서울 관객 75만 6000명, 전국 관
객 206만 8000명으로 역대 한국영화 흥행 순위 71위.

여자는 남자의 미래다

Woman Is the Future of Man(2004)

선화(성현아)에게 소원해진 헌준(김태우)은 미국으로 유학을 떠나고 헌준이 떠나자 그동안 선화를 짝사랑해온 문호(유지태)가 그녀의 연인이 된다. 그러나 문호도 선화와 헤어져 세 남녀는 연락이 끊긴 채 7년의 세월이 흐른다. 미국에서 예비 영화감독이 되어 돌아온 헌준과 처자식을 둔 대학 강사 문호가 오랜만에 만난다. 두 남자는 선화의 안부를 서로 묻고 선화를 만나기 위해 부천으로 향한다. 그리고 선화를 만나자 7년 전의 선화를 되찾고 싶다는 욕망에 서로 선화와 단둘이 있을 기회를 노린다.

● 홍상수 각본 · 연출작. 선후배 간의 삼각관계를 그린 영화. 두 남자가 각자 꿈꾸는 선화와의 미래는 과연 어떤 것이며 7년 만에 다시 만난 선화는 과연 두 남자의 미래가 될 수 있을까를 그리고 있다.

감독은 이 영화에 대해 "꿈과 현실의 관계에 관한 영화이며, 사랑의 환상에 대한 영화"라고 연출 의도를 밝혔다. 여성을 너무 성적 대상으로 그렸다(「칸이 한국영화를 주목한다」, 문화 04. 4. 22)는 평이 있었으나 제60회 칸국제영화제 경쟁 부문에 진출한 후 프랑스에서 개봉(5월 19일)되어 한 달여 간 5만 명의 관객을 동원했다.

임상수는 감독 데뷔작인 '돼지가 우물에 빠진 날' (1996)만 구효서의 「낯선 여름」을 원작으로 하고 있을 뿐 '강원도의 힘' (1998), '오! 수정' (2000), '생활의 발견' (2002)과 이 영화의 시나리오를 모두 직접 썼다. 국내 개봉에서는 흥행에 성공하지 못했다.

(미라신코리아) 87분 극영화 18세관람가/코미디

감독 · 각본: 홍상수
제작: 안병주, 최성민
개봉: 2004년 5월 5일
출연: 유지태, 성현아, 김태우, 김호정, 오유진, 엄수정 외
촬영: 김형구 **음악**: 정용진
조명: 이강산 **편집**: 함성원
의상: 김문영, 이은진, 김영미
분장 · 특수분장: 최정아
동시녹음: 안상호, 김완동
사운드: 박기영, LIVE TONE
특수효과: 김병기
시각효과: 김재식, 장성호
포스터: 윤형문, 임훈, 최용호
프로듀서: 이한나, 신다영
조감독: 김재한, 김윤성, 남현미
수상: 제57회 베를린국제영화제 경쟁 부문, 제60회 칸국제영화제 공식 경쟁 부문, 제3세계 시네마 노보 영화제 경쟁 부문 진출

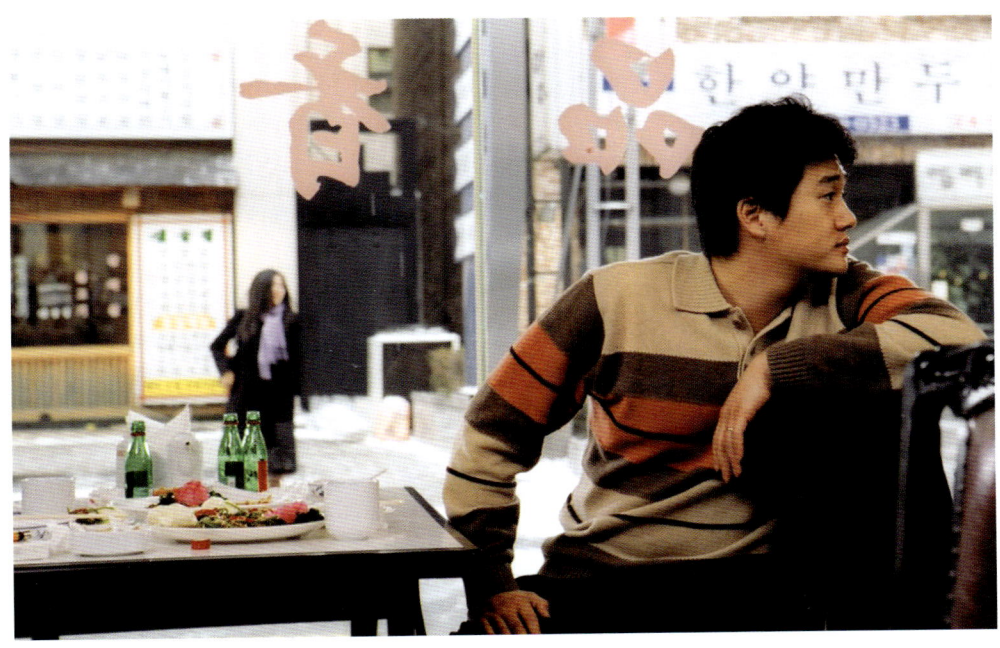

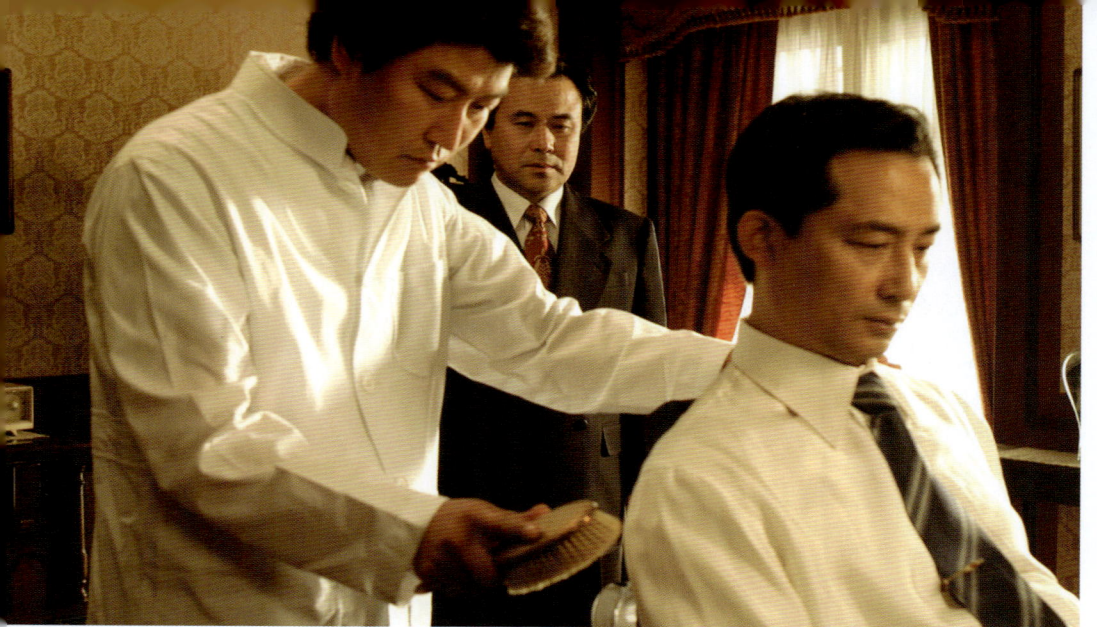

효자동 이발사 The President's Barber(2004)

(청어람) 116분 극영화 15세관람가/
코미디

감독 · 각본: 임찬상
제작: 최용배
각색: 장민석
개봉: 2004년 5월 5일
출연: 송강호, 이재응, 문소리, 노형
욱, 조영진, 손병호, 박용수, 류
승수, 윤주상, 정규수 외
촬영: 조용규
음악: 박기현
조명: 임재영
편집: 김현
미술: 강승용
소품: 차봉은
의상: 심현섭
분장: 권수경
세트: ㈜아트서비스
동시녹음: 한철희
사운드: 김석원
특수효과: 김병기
시각효과: 윤재훈
포스터: 윤형문
무술감독: 전문식
프로듀서: 신유영, 김홍백, 박성호
조감독: 한승림
수상: 제17회 도쿄국제영화제 최우수
감독상(임찬상) · 관객상

경무대 시절부터 문을 열고 있던 효자이발관, 순박한 주인 성한모(송강호)는 3·15 부정선거와 그와 관련된 비극적 종말, 4·19와 세상이 뒤바뀐 5·16 군사 쿠데타에 이르기까지 역사의 소용돌이를 모두 이 자리에서 겪었다.

그리고 4·19 혁명의 현장에서 태어난 아들 낙안(이재응-노형욱)이 초등학생이 되었을 때 그는 청와대에 불려가 대통령(조영진) 각하의 머리를 깎는 청와대 이발사가 된다. 동네 사람들은 그를 부러워하지만 경호실장 장혁수(손병호)가 지켜보는 가운데 대통령의 얼굴에 가위와 면도날을 대야 하는 그의 나날은 불안하기만 하다. 이번에도 청와대 내 권력의 2인자 자리를 두고 경호실장 장혁수와 중앙정보부장 박종만(박용수)이 팽팽한 대립을 벌이는 가운데 또 한 번 세상이 뒤바뀌는 역사의 현장을 지켜보게 된다.

● 임찬상 감독 데뷔작이자 청어람 첫 제작 작품. 각본 임찬상. 소박한 '효자동 이발사'가 우연히 대통령의 이발사가 되면서 벌어지는 일들을 그린 휴먼 코미디. 1960, 1970년대에 일어난 사사오입 개헌, 4·19, 5·16, 10·26 사태 등 한국 현대사의 격변기를 재구성하였지만 주인공을 둘러싼 영화 스토리는 실제 있었던 일을 바탕으로 한 것은 아니다. 영화는 이발사로 살아온 한 소시민 아버지와 그 아들이 어떻게 그 시기를 극복했는지에 대한 과정을 보여준다. 감독은 국가 권력이 남용되어서는 안 되며 어떤 경우에도 개인의 인권이 존중돼야 한다는 메시지를 담아낸다. 이발사 역에 송강호, 그 상대역인 면도사 민자 역은 문소리가 맡고 있다.

순제작비 34억 원. 서울 66만 2000명, 전국 197만 2000명 동원으로 2005년도 한국영화 흥행 순위 10위, 역대 한국영화 흥행 순위 75위(08. 1. 25 기준)를 기록. 전라북도 완주군에 위치한 영화 '효자동 이발소'의 오픈 세트장에서 촬영됐다.

하류인생 下流人生, Low Life(2004)

자유당 정권말기, 고교 3년생인 태웅(조승우)은 상대편 고교생들과 패싸움을 하다가 승문(유하준)의 가족과 만나면서 승문의 누나 혜옥(김민선)을 사랑하게 된다. 그때부터 태웅은 야당정치인인 승문과 혜옥의 아버지 박일원(기정수)을 위해 유세장에 난입한 정치깡패들을 제압하는 등 적극적으로 선거운동을 돕는다. 그 덕으로 그는 나이트클럽에 취직하고 혜옥과 결혼도 하게 된다.

이후 5·16 군사정권의 폭력조직 일소에 따라 태웅은 건달인생을 청산하고 영화제작업자로 나선다. 그러나 악전고투 끝에 완성한 첫 영화가 참담한 실패로 끝나자 이번엔 미군의 시설물을 짓는 군납업자가 된다. 여기서도 오래 버티지 못한다. "너 죽고 나 살자"식의 비정한 군납업자의 생리에 환멸을 느낀 그는 다시 정보부에 아부하는 건설업자로 둔갑한다. 4·19과 5·16, 10월 유신으로 이어지는 현대사의 소용돌이 속에서 앞만 보고 달려온 태웅의 인생은 점점 더 황폐해지고 파국으로 치닫는 듯이 보인다. 하지만 다시 전업하면서 그의 인생은 새로운 출발을 기약하게 된다.

(태흥영화) 105분 극영화 15세관람가/
액션드라마

감독 : 임권택
제작 : 이태원
각본 : 임권택(원작 임권택)
각색 : 김미영
개봉 : 2004년 5월 21일
출연 : 조승우, 김민선, 유하준, 기정수, 김학준, 마두영, 남우성, 김봉수, 김도윤, 구성환 외
기획 : 이태원
촬영 : 정일성
음악 : 신중현
조명 : 김동호
편집 : 박순덕
미술 : 주병도
소품 : 김호길
의상 : 홍승완
분장 : 우영재
동시녹음 : 최대림
특수효과 : 정도안
시각효과 : 인사이트비쥬얼
무술감독 : 임세호
조감독 : 허원
수상 : 제61회 베니스국제영화제 경쟁부문 '베니스 61(Ven ezia 61)' 초청

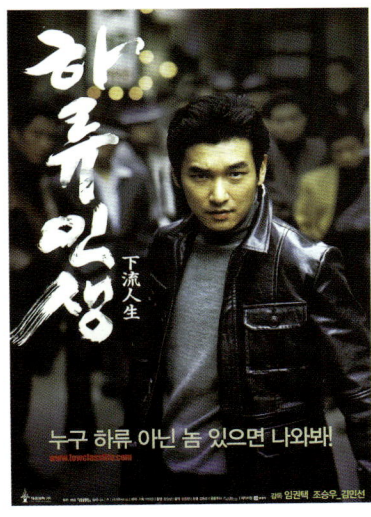

● 임권택의 99번째 작품. 제작자인 태흥영화사 이태원사장의 실제경험담을 듣고 감독이 직접 시나리오를 썼다.("내 영화 중 가장 재미있는 영화가 될 것이다" 동아 04. 2. 9) 영화 '하류인생'은 1950년대 후반 자유당 말기부터 1970년대 초반 군사정권의 유신체재 시기까지 굴곡진 한국 현대사를 살아온 한 남자의 욕망과 좌절, 그리고 사랑과 희망을 다루고 있다. 임권택의 '춘향전'(2000)으로 스크린 데뷔한 조승우와 김태용의 '여고괴담 2'(1999)에 나온 김민선 출연.

당시 조폭사회의 실상을 액션을 곁들여 사실적으로 그리고 영화판, 정치판, 주먹세계와 건설현장을 오가면서 당시 엔터테인먼트업계가 그 조직 밑에서 운영되던 풍경도 삽입하고 있다. 예를 들어 열악하고 검열이 많던 그 시기에 감독은 1970년대까지 왜 자신이 반공영화 따위나 만들 수밖에 없

었는지 제작자들과 줄다리기를 했던 자신의 삶을 회한으로 돌아보기도 한다. 영화평론가 심영섭은 이 영화에 대해 "탁류의 역사를 휘감으며 그 물에 발을 담가 찌들어간 1960년대와 1970년대의 군상을 관통하는 거대한 모자이크와 같은 영화"(심영섭의 영화읽기 '하류인생' 헤럴드경제 04. 5. 21)라고 표현했다. 주제는 "조폭과 권력은 차이가 없다"지만 영화계가 이를 주목하는 까닭은 바로 자신의 이야기를 가감 없이 담은 감독과 제작자의 자조적인 솔직함이 그대로 반영됐기 때문이라고 할 수 있다. 1960, 1970년대 명동을 완벽하게 재현한 '하류인생'의 세트장은 부산 판타스틱 스튜디오에 있다.

아는 여자 Someone Special(2004)

(필름있수다) 107분 극영화 15세관람가/코미디

감독·제작·각본 : 장진
개봉 : 2004년 6월 25일
출연 : 이나영, 정재영, 장영남, 오승현, 정규수, 임하룡 외
기획 : 필름있수다   촬영 : 박용수
음악 : 박근태   조명 : 박세문
편집 : 김상범, 김재범
미술 : 신영진, 김효신
세트 : 아트서비스   소품 : 장석훈
의상 : 이소영   분장 : 한혜숙
동시녹음 : 이충환
사운드 : 최태영
조감독 : 조장호, 서장석
수상 : 제25회 청룡영화상 여우주연상(이나영), 제12회 춘사영화예술제 여우주연상(이나영), 제9회 부산국제영화제 남우주연상(정재영)·여우주연상(이나영)·각본상(장진), 제7회 이탈리아 우디네극동영화제 러너업프라이즈(Runnerup prize)

프로야구 2군에 소속된 외야수 동치성(정재영), 애인에게 이별을 통고받던 날, 그는 설상가상으로 3개월 시한부 인생 판정까지 받는다. 절망적인 마음으로 단골 바를 찾아가 엉망진창으로 취하자 바텐더 한이연(이나영)이 그를 여관으로 옮긴 후 잠든 그를 한동안 지켜보다 나온다. 실은 10여 년 전부터 그와 같은 이웃에 살면서 그녀는 그를 남몰래 사랑하고 있었다.

아침에 여관으로 가보니 치성이 눈을 뜨고 한이연을 바라보며 "어? 바텐더?"하며 아는 체를 한다. 난생처음 그 남자와 눈이 마주쳤다는 기쁨에 전화번호도 입수하고 데이트 신청에도 성공한다. 그녀는 그에게 좀 '아는 여자'가 아닌, 특별한 여자이고 싶은 것이다.

● 장진 각본·제작·연출작. 시한부 인생 판정을 받은 2군 야구선수와 그를 짝사랑하는 엉뚱한 여자의 로맨스를 그린 로맨틱 코미디. 아이러니한 상황 전개로 관객의 예상을 빗나가게 만드는 이야기 구성이 특징이다. 제7회 이탈리아 우디네극동영화제에서 2등상에 해당하는 러너업 프라이즈(runner-up prize)를 수상. 서울 관객 36만 2000명, 전국 85만 관객을 동원했다. 장진이 '안경 긴 형사'로 카메오 출연.

인어공주 My Mother, the Mermaid(2004)

(나우필름) 110분 극영화 전체관람가/멜로

감독 : 박흥식   제작 : 이준동
각본 : 박흥식, 송혜진
(원작 원안 권혜원)
각색 : 장명숙, 강병화
개봉 : 2004년 6월 30일
출연 : 전도연, 박해일, 고두심, 김봉근, 이선균, 강동우 외
기획 : 이준동   촬영 : 최영택
음악 : 조성우   조명 : 김형철
편집 : 김양일   미술 : 조근현
세트 : 윤일랑   소품 : 현창조
의상 : 함윤주   분장 : 송종희
포스터 : 윤형문
프로듀서 : 진희문
조감독 : 김일종
수상 : 제41회 백상예술대상 감독상(박흥식), 제16회 일본 유바리국제판타스틱영화제 영 판타스틱 부문 대상, 제25회 포르투갈 판타스포르토국제영화제 최우수 작품상

엄마(고두심)와 너무 착해서 답답한 아빠(김봉근)와 살고 있는 나영(전도연). 어느 날 집나간 아빠를 찾으러 그녀는 엄마 아빠의 고향인 섬마을로 오게 된다. 섬에 도착한 순간, 엄마의 젊은 시절인 수십 년 전의 시공간에 빠져들고 그곳에서 그녀는 스무 살 시절의 엄마 연순(전도연)과 젊은 시절의 아빠인 우체부 진국(박해일)을 만나게 된다. 그곳의 엄마 연순은 현재의 엄마와는 비교 할 수도 없이 맑고 순수한 모습으로 자전거를 타고 다니는 우체부 진국을 짝사랑하고 있었다. 두 사람 사이에는 애틋한 사랑의 감정이 싹트지만 수줍기만 한 그들은 쉽게 자신의 마음을 고백하지 못한다.

● '나도 아내가 있었으면 좋겠다'(2000)라는 멜로영화로 감독 데뷔한 박흥식의 두 번째 영화. 각본 박흥식, 송혜진. 감독은 자신의 어머니를 생각하며 이 영화를 만들었다고 한다. 따라서 이는 '어머니'를 발견하는 영화. 심지어 영화는 "나의 어머니께…"라는 자막으로 문을 연다. 전도연이 1인 2역, 20대의 엄마와 딸을 연기했고 현재의 엄마는 고두심이 맡았다. 박흥식이 백상예술대상 감독상, 일본 유바리국제판타스틱영화제 영 판타스틱 부문 대상, 포르투갈 판타스포르토영화제 최우수작품상을 받았고, 제주도 우도와 필리핀 세부섬에서 촬영했다.

달마야 서울가자 Hi, Dharma 2 - Showdown in Seoul(2004)

큰스님의 유품을 전하러 서울 무심사에 간 청명(정진영), 현각(이원종), 대봉(이문식) 등 세 스님은 법당에 붙어 있는 법원의 차압 딱지를 보고 무심사를 구하기로 마음먹는다. 그러나 절은 이미 대륙개발에 넘어간 상태로 범식(신현준) 일당이 들이닥쳐 불전함마저 빼앗아간다. 마침 그 불전함 속에는 대봉스님이 구입해서 당첨된 300억짜리 로또 복권이 들어 있었다. 불전함을 되찾으려는 스님들과 그 속에 당첨된 로또 복권이 들어 있는 줄 모르는 범식 일당은 불전함을 걸고 게임을 벌이게 되고 결국 엎치락뒤치락 끝에 불전함도 찾고 무심사도 위기에서 구해 낸다.

● '아이언 팜'(2002)으로 감독 데뷔한 육상효 연출작. 2001년에 개봉되어 전국 380만 관객을 동원한 '달마야 놀자'(감독 박철관)의 흥행성공을 잇기 위한 속편이다. 전편에서는 건달들이 스님들과 밀고 버티는 맞짱 한판을 벌였던 것에 비해 이번 작품은 노스님의 유언에 따라 서울에 온 스님들이 빚더미에 올라앉은 절을 구하게 되는 휴먼 코미디다.
　전편의 스님 3인방인 정진영, 이문식, 이원종이 그대로 출연하고 전편의 박신양 대신 신현준이 건달 두목, 박신양은 후반부에 특별 출연한다.
　부산 영상위원회의 지원을 받아 부산 남포동에 있는 대각사에서 촬영됐다.

(타이거픽쳐스) 101분 극영화 15세관람가/코미디

감독 : 육상효
제작 : 조철현, 정승혜
각본 : 최석환, 육상효
개봉 : 2004년 7월 9일
출연 : 신현준, 정진영, 이원종, 이문식, 유해진 외
기획 : 이준익
촬영 : 박희주
음악 : 방준석, 장민승
조명 : 김순화
편집 : 김상범, 김재범
미술 : 하상호　　세트 : 윤기찬
소품 : 오영두　　의상 : 김효은
분장 : 김진영
동시녹음 : 김탄영, 임형근
사운드 : 이승철　특수효과 : 홍장표
포스터 : 손기철　무술감독 : 임세호
프로듀서 : 오승현
조감독 : 성일석

늑대의 유혹 Romance of Their Own(2004)

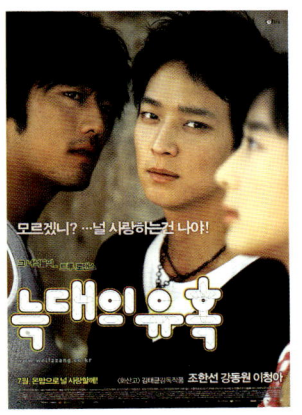

서울 강신고에 전학 온 한경(이청아). 여학생들을 구름처럼 몰고 다니는 원조 킹카 반해원(조한선)과 성권고의 짱 정태성(강동원)은 동시에 한경에게 관심을 갖는다. 자존심과 사랑을 건 둘의 대결은 한 치의 양보없는 싸움으로 번지지만 태성에겐 한경을 사랑할 수 없는 운명적인 비밀이 있다. 결국 태성은 한경 곁을 떠나고 뒤늦게 태성의 비밀을 알게 된 한경과 해원은 태성의 비밀을 알고 눈물짓는다.

● '화산고'(2001)에 이은 김태균 각본 · 연출작. 2001년 귀여니(이윤세)가 인터넷 소설 『그놈은 멋있었다』로 폭발적인 인기를 끈 데 이어 2002년에 발표한 두 번째 인터넷 소설을 스크린에 옮긴 것이다. 한경과 태성은 이복남매 사이다. 배형준의 '그녀를 믿지마세요'(2003)로 스크린 데뷔한 강동원 출연, 강동원, 조한선, 이청아의 삼각관계를 중심으로 풋풋한 10대의 사랑 이야기가 전개된다. 서울 관객 61만 1000명, 전국 관객 218만 9500명으로 역대 한국영화 흥행 순위 66위. (08. 1. 25 기준)

(싸이더스) 113분 극영화 12세관람가/멜로

감독 · 각본 : 김태균
제작 : 차승재, 노종윤, 임충렬
각색 : 이인성, 강건향, 김정곤, 강유선(원작 귀여니)
개봉 : 2004년 7월 22일
출연 : 조한선, 강동원, 이청아, 정다혜, 권오민, 이천희, 이지희 외
촬영 : 진영환　　음악 : 이훈석
조명 : 박건우　　편집 : 고임표
시각효과 : Mofac, 장성호
무술감독 : 이응준
프로듀서 : 이정학
조감독 : 강건향, 김정곤, 이인성, 박재묵, 성홍주
수상 : 제42회 대종상영화제 신인여우상(이청아), 제24회 영평상 신인남우상(강동원), 제3회 대한민국영화대상 신인남우상(강동원), 제28회 황금촬영상 신인남우상(강동원) · 신인여우상(이청아)

인형사 人形史, The Doll Master(2004)

(필마픽쳐스) 89분 극영화 15세관람가
/미스터리 공포

감독 · 각본 : 정용기
제작 : 한만택, 임경택
개봉 : 2004년 7월 30일
출연 : 임은경, 옥지영, 김유미, 심형
　　　탁, 천호진, 남명렬, 김보영, 형
　　　준, 이가영 외
기획 : 고형욱
촬영 : 조철호
음악 : 김우철
조명 : 김승규
편집 : 남나영
미술 : 전수아
세트 : 김광섭
소품 : 유용주
의상 : 김시진
분장 : 김정자, 황수정
특수분장 : 황현규
동시녹음 : 안상호
특수효과 : 김철석
시각효과 : 이종학
포스터 : 권영호
프로듀서 : 신우성
조감독 : 김익로
수상 : 제8회 부천판타스틱영화제 초
　　　청 상영

한 여자를 목숨처럼 사랑해온 남자가 그여자에게 사랑을 고백하지 못하고 대신 여자를 닮은 인형을 만들어 그 인형에게 사랑을 쏟는다. 그러나 그 후 남자와 여자가 사랑하게 되자 여자는 살해당하고 남자는 범인으로 몰려 죽는다. 그때 죽어가는 남자를 바라보는 것은 바로 그 남자 만든 인형의 싸늘한 눈초리다.

수십 년이 지난 후 외딴 숲 인형미술관에 구체관절인형 데미안을 자신의 분신처럼 여기는 영하(옥지영)를 비롯 조각가, 사진작가 등 다섯 명이 머물러 자신들을 닮은 구체관절인형의 모델로 선다. 그러던 어느 날 영하의 인형이 목이 잘리고 눈알이 뽑힌 처참한 모습으로 발견된다. 일행은 그것이 몇십년 전부터 전해 내려오는 인형 살해 방법임을 알고 저마다 공포에 질린다. 며칠 후 이번엔 영하마저 목 매단 시체로 발견된다. 숲 속은 비명으로 가득차고 미술관 곳곳에 배치된 인형들의 기묘한 분위기 속에서 죽음이 차례로 이어진다. 인형들은 공포의 증인이 되어 차가운 시선을 그들에게 보낸다.

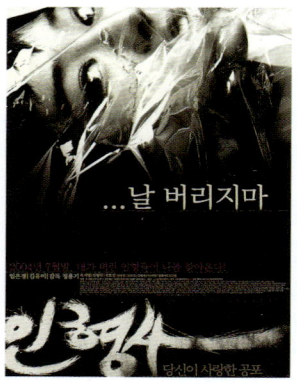

● 정용기 감독 데뷔작. 각본 정용기. 한 인형 제작자가 사람을 모델로 구체관절인형을 만들기 위해 인형 마니아들을 외딴 숲 작은 미술관으로 초대하면서 벌어지는 미스터리 공포물. 미술관 곳곳에 위치한 인형들의 기묘한 분위기 속에서 일어나는 끊이지 않는 죽음이 그려진다. 특히 인형 같은 외모를 지닌 임은경은 그녀를 그대로 복제한 인간 같은 인형 '세인트 미나'로 출현한다. 이 인형은 인형을 어린아이처럼 아끼며 애정을 쏟다가도 버릴 때는 가차 없이 버리는 인간의 속성에 상처받는 인형의 슬픔까지도 표현하고 있다.

감독은 국내에서도 하나의 문화 현상으로 자리 잡은 상품인 구체관절인형을 인터넷에서 처음 본 후 아름다움 속에 들어있는 섬뜩함에 매료되어 영화의 모티프를 떠올렸다고 한다.(영화평론가 · Neue 영화 해설위원 홍성진) 영화 '인형사'에는 총 100여 점이 넘는 구체관절인형이 출연한다. 대부분은 출연배우들을 비롯한 실제 인물들을 모델로 제작되었으며 제작에 소요된 비용만 2억 원이 넘는다. 베스트 신은 인형 미술관 안의 모든 인형들과 살아남은 인간들과의 마지막 사투가 펼쳐지는 라스트 신으로 벽면 가득 전시된 인형들과 국내 최정상급 마임 배우들의 열연이 어우러져 환상적이면서도 생생한 공포의 대미를 장식한다.

키에슬로프스키의 '베로니카의 이중생활(La Double Vie De Veronique)'(1991), 리들리 스콧의 '블랙호크다운(Black Hawk Down)'(2002), 로만 폴란스키의 '피아니스트(The Pianist)'(2002)에 참여했던 폴란드의 일류급 조명과 촬영 스태프들이 영상을 책임지고 음악은 김우철 외 김기덕 감독의 '봄 여름 가을 겨울 그리고 봄'(2003), '사마리아'(2004)에서 음악을 맡았던 지박이 공포의 선율을 책임지고 있다.

일본에 110만 달러, 프랑스 칸 필름마켓을 통해 스칸디나비아, 태국 등에 20만 달러에 판매되는 등 130만 달러의 해외 판매수입을 올렸다.(한국경제 04. 6. 10) 감독은 이후 '가문의 위기'(2005), '가문의 부활 - 가문의 영광 3'(2006)을 연이어 내놓는다.

분신사바 Bunsinsaba - Ouija Board(2004)

서울에서 전학 와서 아이들에게 왕따를 당해온 유진(이세은)은 그들에게 저주를 내리고 싶은 마음에 영혼을 부르는 죽음의 주문 '분신사바'를 외운다. 마음속으로나마 "죽이고 싶을 만큼" 미운 친구들. 그러나 분신사바 주문은 현실이 되고 같은 반 친구들이 한 명씩 죽어나간다. 이 학교의 미술 교사 은주(김규리)는 학교에서 벌어지는 일련의 사건들을 접하면서 특히 유진을 의심의 눈초리로 바라본다. 언제부턴가 은주의 눈에는 존재하지 않는 29번 학생 '인숙'(이유리)이 보이기 시작하고 의문의 원혼 인숙의 등장으로 은주는 점점 공포감에 사로잡힌다. 엄청난 저주와 숨겨진 진실, 은주는 그 저주의 실체와 맞닥뜨린다.

● '가위'(2000), '폰'(2002)에 이은 안병기의 공포영화. 이종호 원작 『모녀귀』를 각색한 것으로 학원가를 당시 한동안 강타했던 분신사바 주술을 소재로 삼고 있다. 김규리가 1인 2역으로 출연. 영화 '분신사바'는 학창 시절 누구나 한번쯤 경험 했음직한 소재를 이용해 관객들에게 자극을 주고 있으나 컴퓨터 그래픽 기술이 미흡하고 영화 완성도 면에서 관객의 기대에 미치지 못했다. 그 대신 '폰'(2002)의 일본열도 성공을 계기로 일본영화사 해피넷에 개런티 300만 달러와 흥행 수익의 일부를 받는 조건으로 선 판매 되는 등 데이비스 필름과 리메이크 계약을 맺었다. 경기도 파주 아트서비스 세트장에서 촬영됐다.

(A POST 픽쳐스) 92분 극영화 15세관람가/미스터리 호러

감독 · 제작 : 안병기
각본 : 안병기(원작 이종호)
개봉 : 2004년 8월 5일
출연 : 김규리, 이세은, 이유리, 최정윤, 최성민, 진국환, 은서우, 이병욱, 이응경 외
기획 : 김정수, 정옥화
촬영 : 김동천
음악 : 이상호
조명 : 김계중
편집 : 박순덕
미술 : 조성원, 이요한
세트 : 오상만
의상 : 이자영
분장 · 특수분장 : 김희숙
동시녹음 : 강봉성
특수효과 : 황윤세, 김병기
시각효과 : 조이석
무술감독 : 양길영
프로듀서 : 김용대
조감독 : 김인태, 엄재훈, 나준오

시실리 2km 時失里 2km, To Catch a Virgin Ghost(2004)

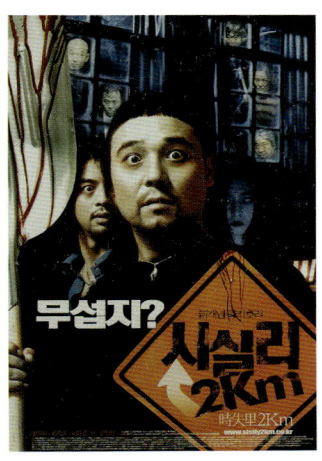

무섭지?
시실리
2Km
時失里2Km
www.sisilly2km.co.kr

'시실리'로 흘러들어온 두 남자가 평화롭게 보이는 시실리에서 쫓고 쫓기는 가운데 마을사람들은 석태(권오중)를 숨겨주고 양이(임창정)는 석태를 찾기 위해 수단 방법을 가리지 않는다. 이런 소란통에서 석태가 훔친 다이아몬드를 갖고 있음을 알게 된 마을 사람들은 석태를 더욱 숨겨주려 든다. 이 과정에서 마을 사람들에게 엄청난 과거가 있음을 알게 된 양이는 귀신보다 더 무서운 그들과 한 판 전쟁을 벌인다.

● 신정원 감독 데뷔작. 다이아몬드를 훔치고 조직을 배신한 석태가 한 시골 마을에서 교통사고를 당하면서 벌어지는 이야기. 웃으면서 보는 코믹펑키 호러물이다. 서울 관객 55만 2000명, 전국 198만 7000명 동원.

(한맥영화) 109분 극영화 15세관람가/호러

감독 : 신정원
제작 : 김형준
원작 · 각본 : 이창시, 황인호
개봉 : 2004년 8월 13일
출연 : 임창정, 권오중, 임은경, 변희봉, 안내상, 우현, 박혁권 외
기획 : 김형준   촬영 : 오현제
음악 : 강재혁   조명 : 김유신
편집 : 김두진
미술 : 이형주
세트 : 오상만
소품 : 이재성
의상 : 송선이
분장 : 오창열
동시녹음 : 이영길
특수효과 : 김병기
포스터 : 최효선
무술감독 : 홍상석, 배재일
프로듀서 : 이창시
조감독 : 김미선

얼굴없는 미녀 Faceless Beauty(2004)

(아이필름) 104분 극영화 18세관람가/
미스터리

감독 : 김인식
제작 : 정훈탁
각본 : 김인식(원작 유열)
개봉 : 2004년 8월 6일
출연 : 김혜수, 김태우, 윤찬, 한정수,
　　　김난휘, 김영애 외
기획 : 최수영
촬영 : 김우형
음악 : 장민승
조명 : 임재영
편집 : 이은수
미술 : 윤주훈
세트 : 윤일랑
소품 : 이신혜
의상 : 조상경
분장 : 송종희
특수분장 : 윤예령, 김동완, 임미숙
동시녹음 : 이승철
사운드 : 영진위
특수효과 : 윤여진, 이상형
시각효과 : 정덕영
포스터 : 김용호
조감독 : 김준수
수상 : 제42회 대종상영화제 여우주연
　　　상(김혜수)·조명상(임재영), 제
　　　41회 백상예술대상 최우수여자
　　　연기상(김혜수), 제25회 청룡영
　　　화상 대상, 제12회 춘사영화예
　　　술제 올해의 여우주연상(김혜
　　　수)·올해의 미술상(윤주훈)·
　　　올해의 음악상(장영규), 제5회
　　　밀라노국제영화제 촬영상(김우
　　　형), 제22회 이탈리아 토리노
　　　국제영화제 관객상

지수(김혜수)는 지적이고 매혹적이지만 천국과 지옥을 오가는 경계성 성격장애로 정신과 전문의 석원(김태우)의 상담을 받고 있다. 석원과 지수는 환자와 의사가 아닌 친구 사이로 가까워지고, 지수는 그동안 아무에게도 말하지 못했던 가슴 속 사랑의 상처를 석원에게 고백한다. 최면을 통해 그녀의 몸은 가질 수 있었지만 마음은 가질 수 없는 현실 때문에 괴로워 하는 석원에게 지수는 남편(윤찬)과의 새출발을 위해 마지막 작별인사를 고한다. 그러나 석원은 다시는 지수를 볼 수 없다는 불안감에 사로잡히고 최면이라는 극단적인 방법으로 그녀를 소유하려는 집착을 보인다. 그날 석원의 전화를 받고 지수는 홀린 듯 진료실로 향하다 교통사고를 당한다. 그것은 시신의 일부가 수습되지 못할 만큼 참혹한 죽음이었다. 그때 공황상태에 빠진 석원 앞에 온통 망가진 모습의 지수가 나타난다. 공포감에 떨던 석원은 25층에서 추락사한다.

● 김인식 각본·연출작. 영화 '얼굴없는 미녀'는 TBC-TV '형사'(1980) 시리즈 중 장미희, 이순재가 열연한 '얼굴없는 미녀'에서 모티프를 딴 것이다. 경계성 성격 장애를 가진 지수(김혜수)와 그녀를 치유하는 정신과 전문의(김태우)의 치명적이고 위험한 사랑을 그린 에로틱 심리드라마. '경계인격장애'란 대인관계 및 자아상에서의 불안정성과 충동성으로 인해 상대방을 지지자로 대하다가도 순식간에 잔인한 처벌자로 오해하는 극단적인 대인관계를 보이는 병증이다.

2004년, 연기 생활 19년째를 맞이했던 김혜수는 이 영화를 자신의 대표작으로 삼겠다는 각오로 영화에 임했으며 김태우 역시 사랑하는 여자에 대한 한 남자의 집착을 열연했다. 대종상 백상예술대상 춘사영화제에서 김혜수 여우주연상, 이탈리아에서 열린 제22회 토리노국제영화제 경쟁 부문에 초청되어 관객상을 받았다.

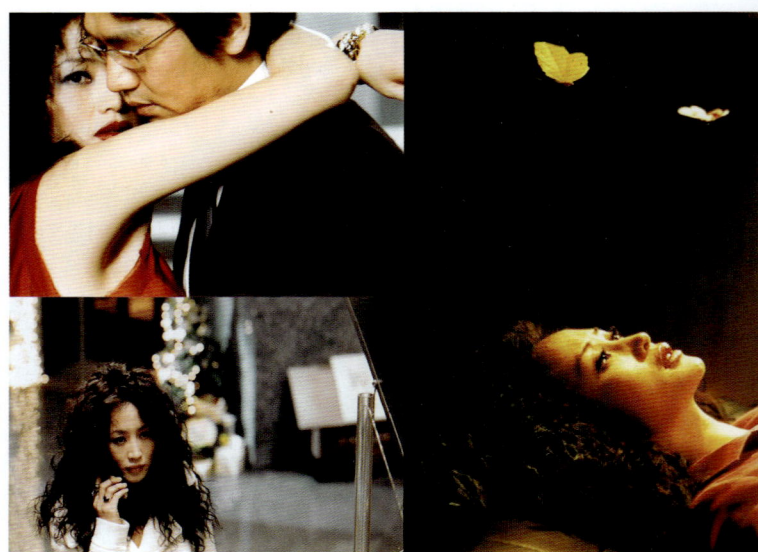

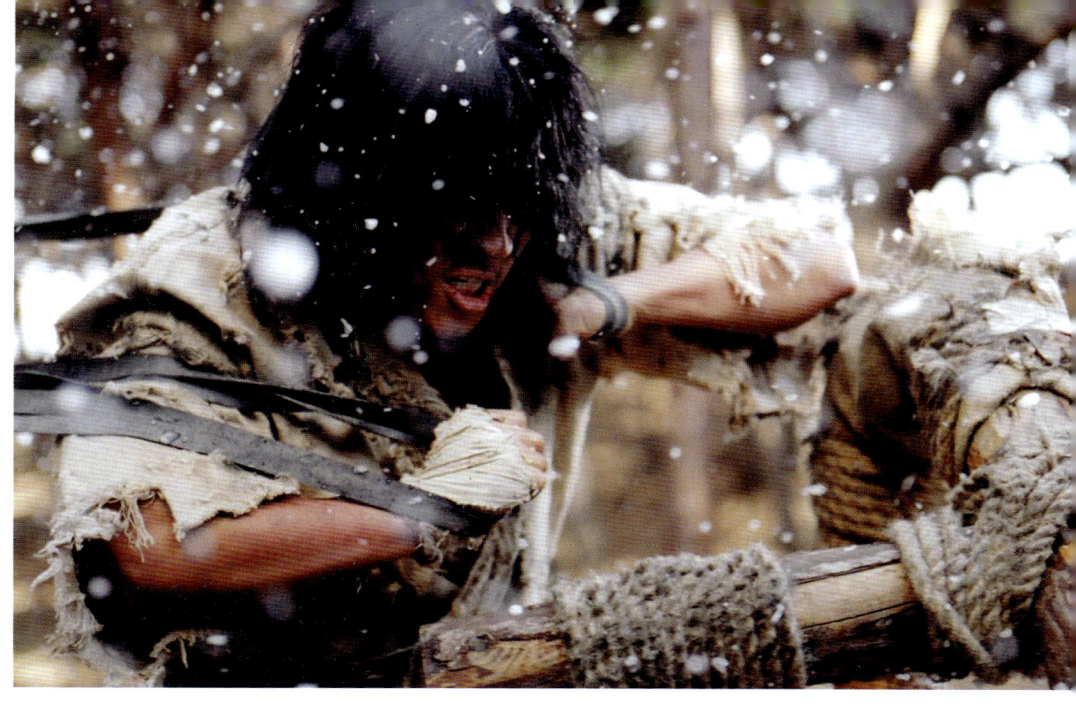

바람의 파이터 Fighter in the Wind(2004)

어릴 때부터 한국인이라는 이유로 일본 아이들에게 괴롭힘을 당하던 최배달(양동근)은 열네 살 되던해 일본으로 밀항한다. 항공학교에서 사귄 친구 춘배(정태우)와 자신에게 처음으로 택견을 가르쳐준 머슴 범수(정두홍)와 함께 조선인 학교 건립의 꿈을 키우지만 야쿠자들의 칼날에 모든 것을 빼앗기고 범수마저 목숨을 잃는다. 척박한 삶 속에서 그에게 용기를 준 여인은 그가 미군으로부터 구해준 아름다운 게이샤 요우코(히라야마 아야)뿐. 배달은 범수가 품에 안고 다니던 미야모토 무사시의 『오륜서』를 들고 산으로 들어가 살인적인 훈련을 마친 후 전일본 가라데 선수권 대회 우승을 필두로 일본의 고수들과 맞대응한 결과 단 한 차례도 패하지 않았다.

● 양윤호 각본 · 제작 · 기획 · 연출작. 방학기의 동명 만화를 원작으로 하고있다. 최배달(최영의 1922~1994)은 전북 김제 출신으로 맨손으로 황소를 때려눕히고 일본 무도계를 평정했는가 하면 1950년대 자신만의 가라데인 '극진가라데'를 창시해 이를 세계적 무술로 끌어올린 전설적인 무도인이다. 영화는 전 세계 무술의 고수들과 100여 차례 사투를 벌여 승리를 일궈낸 최배달의 시련과 도전, 그리고 성공을 그리고 있다.
　당초 가수 비가 최배달 역에 캐스팅됐으나 도중하차하고 양윤호의 영화 '찡'(1998)에 출연했던 양동근으로 교체됐다. 아역 배우 출신인 정태우가 최배달의 친구 춘배로 나오고 무술감독인 정두홍이 최배달의 머슴이자 그를 무도인으로 이끈 범수 역, 일본의 인기배우인 히라야마 아야는 최배달과 슬픈 사랑을 나누는 게이샤로 출연했다. 서울 관객 63만 5000명, 전국 관객 234만 6400명으로 역대 한국영화 흥행 순위 54위.(08. 1. 25 기준)

(아이비전엔터인먼트) 120분 극영화
12세관람가/액션 시대극

감독 : 양윤호
제작 : 전호진, 양윤호
각본 : 양윤호(원작 방학기)
각색 : 이상기, 성종훈, 김형주, 이경원
개봉 : 2004년 8월 12일
출연 : 양동근, Aya Hirayama, 정태우, 정두홍, 박성민, Masaya Kato, Sachiko Kokubu 외
기획 : 양윤호　음악 : 최민식
조명 : 지길수　편집 : 박순덕
미술 : 강승용　소품 : 이태우
촬영 : 정동진, 신옥현
의상 · 분장 : 전호주
동시녹음 : 이지수
사운드 : 박준오
특수효과 : 종도안, 김태의, 문병용
시각효과 : 문병용
무술감독 : 양길영, 이홍표, 정창현
프로듀서 : 정용일, 김문환
조감독 : 이상기
수상 : 제12회 춘사영화예술제 남우조연상(정두홍), 제17회 도쿄국제영화제 경쟁부분 진출

쓰리 몬스터 Three Extremes(2004)

(영화사봉) 126분 극영화 18세관람가/
옴니버스 공포물

- **감독** : 박찬욱, 미이케 다카시, 프루트 챈
- **제작** : 오정완, 이유진, 진가신, 사토 나오키
- **각본** : 박찬욱, Lilian Lee
- **개봉** : 2004년 8월 20일
- **출연** : 하세가와 교코, 와타베 아츠로, 스즈키 마이, 스즈키 유우, 링 바이, 양가휘, 양천화, 이병헌, 강혜정, 임원희, 염정아, 이준 구 외
- **촬영** : 정정훈, 크리스토퍼 도일
- **음악** : 복숭아 프레젠트, 이병훈, Chan Kwong-Wing
- **조명** : 박현원
- **편집** : 김상범, 김재범
- **미술** : 류성희, 이정만, 정성균
- **세트** : 대신영상
- **의상** : 조상경, 오리로
- **분장** : 김현정
- **특수분장** : CELL
- **동시녹음** : 한철희
- **사운드** : 김석원, Kinson Tsang
- **특수효과** : 프리비쥬얼
- **시각효과** : EON
- **포스터** : 보리
- **무술감독** : BEST STUNT, 김형준
- **조감독** : 정식, 최문석, 석민우, 엄태화
- **수상** : 제24회 홍콩 금상장영화제 여우조연상(링바이), 제10회 홍콩 금자형장영화제 여우조연상(링바이), 제41회 대만 금마장영화제 여우조연상(링바이)

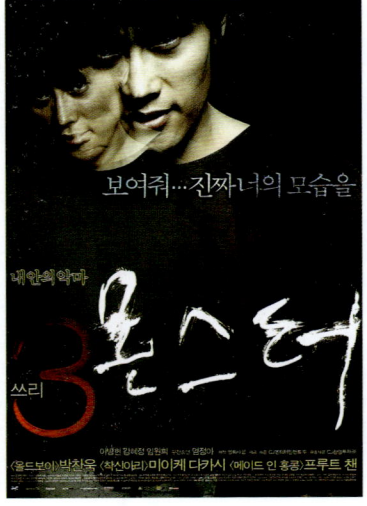

Segment 1. '상자(Box)'(일본)- Red. 과거의 무서운 비밀이 숨겨져 있는 서커스 무대. 의붓 아버지 히키타(와타베 아츠로)의 사랑을 독차지하기 위해 쌍둥이 자매(교코-스즈키 마이, 쇼코-스즈키 유우)는 수단 방법을 가리지 않는다. 어느 날 쇼코는 화재로 숨지고 어른이 된 교코는 쇼코의 이름으로 배달된 장미꽃과 초대장을 받는다.

Segment 2. '만두(餃子: Dum-plings)'(홍콩)- Green. 영원한 젊음을 빚어내는 만두 가게. 오직 하나의 식탁, 한 가지 식단만이 있는 이상한 식당. 남편(양가휘)이 어린 여자(링바이)를 만나자 좀더 젊어지고 싶은 칭(양천화)은 먹으면 젊어진다는 메이의 만두 가게 만두를 먹고 젊음을 되찾는다. 그리고 어느 날, 신비의 만두가 낙태한 태아로 만들어졌다는 엄청난 비밀을 알게 된다.

Segment 3. '컷(Cut)'(한국)- Blue. 행복이 가득한 집, 그러나 알고 보면 소름 끼치는 집. 자신의 집과 똑같이 만든 촬영 세트장에 갇히게 된 영화감독(이병헌)은 괴한으로부터 길에서 데려온 아이를 죽이지 않으면 그 아내의 손가락을 자르겠다는 협박을 받는다. 아내의 손가락이냐, 아이의 목숨이냐의 문제로 감독은 끔찍한 딜레마에 빠져든다.

● 한·중·일 아시아 3국의 합작 영화. 한국판은 '올드보이'(2003)의 박찬욱, 일본판은 '착신아리(着信アリ)'(2003)의 미이케 다카시, 중국판은 제59회 베니스국제영화제 공식경쟁 부문 '업스트림(Upstream)' 특별언급상(Special Mention Award)을 받은 '화장실 어디에요?'(2002)의 프루트 챈이 맡았다.
  김지운의 '쓰리(메모리스, 휠, 고잉홈)'(2002)의 속편으로 전작은 한국, 태국, 홍콩 3개국이 공포라는 틀에 각각의 이야기를 자유스럽게 담아냈다면 이 영화는 손에 땀을 쥐게 하는 긴장감이 있는 공포 영화다. 또한 하나의 주제를 가지고 3국이 각각 제작과 배급을 담당, 프로젝트를 완성시키고 공동으로 해외 세일즈까지 진행한 진정한 의미의 합작 영화라 할 수 있다. 한국 부분은 박찬욱 각본, 정정훈 촬영, '올드보이'의 류성희 미술, 그리고 '복수는 나의 것'(2002)의 복숭아 프레젠트가 음악을 맡고 있다. 이 영화는 세계 50대 호러 영화 42위에 선정되었다.

알포인트 R-Point(2004)

1972년 베트남 전쟁 막바지. 200명의 부대원 중 혼자 살아남은 혼바우 전투의 생존자 최태인 중위(감우성)는 전쟁의 악몽에 시달리다 못해 본대 복귀를 요청하지만 CID 부대장(기주봉)은 그에게 비밀 수색 명령을 내린다. 사단본부 통신부대 무전기에 "당나귀 삼공"을 외치는 비명은 6개월 전 '로미오 포인트'에서 사망한 것으로 추정되는 수색대원들의 구조요청으로 짐작된다고 했다. 부대장은 최 중위에게 병사들의 생사를 확인할 수 있는 증거물을 확보해 오라는 것이다. 어둠이 밀려오는 로미오 포인트 입구에서 나뭇잎으로 가려졌던 낡은 비문이 드러나고 첫 야영지엔 10명의 병사가 보이는 듯하다.

● '텔미썸딩', '링바이러스'(1999) 등의 시나리오 작가 공수창의 감독 데뷔작. 각본 공수창. 월남전을 배경으로 시도된 공포물. 실종된 전우를 찾아 나선 '알포인트'는 베트남전 당시 실재했던 군사 지역명이자 저주받은 지역으로 통한다. '알포인트'는 공간이 주는 미스터리와 단단한 플롯, 공수창만의 독특한 연출로 관객과 평단의 호평을 받으며 장르영화의 흥행이라는 성과를 남겼다. 서울 관객 44만, 전국 관객 170만 명을 동원했다. 2005년도 한국영화 흥행 순위 8위. (08. 1. 25 기준)

(씨앤필름) 106분 극영화 15세관람가/ 액션드라마

감독·각본 : 공수창
제작 : 장윤현
각색 : 필영우, 최강혁, 공수창
개봉 : 2004년 8월 20일
출연 : 감우성, 기주봉, 손병호, 박원상, 오태경, 이선균 외
기획 : 장윤현　　촬영 : 석형징
음악 : 복숭아 Present's, 달파란, 이병훈, 장영규, 방준석
조명 : 이주생, 윤동우
편집 : 남나영　　미술 : 하수민
의상 : 최차남, 황중현
사운드 : 리드사운드, 박덕수
특수효과 : 윤여진, 이희경
시각효과 : 윤재훈, 정창익
무술감독 : 주영민
프로듀서 : 최강혁
조감독 : 김진우, 방정호
수상 : 제42회 대종상영화제 음향기술상(강주석, 박덕수), 제7회 이탈리아 우디네극동영화제 초청

가족 家族, Family(2004)

정은(수애)의 가족은 전직 경찰이었던 힘없는 아버지(주현)와 올해 열 살된 남동생 정환(박지빈)이 전부다. 정은은 조직의 보스인 창원이(박희순) 패의 도움으로 교도소에서 출옥했으나 아버지가 마음에 걸려서 집에 가지 못한다. 그러나 며칠 되지 않아 창원의 협박이 시작되고 정은은 아버지와 어린 동생에게 상처줄 것을 걱정해서 그들에게 끌려다닌다. 아버지는 아버지대로 창원이 패에게서 딸을 구해내지 못하는 자신의 무능이 부끄러울 뿐이다. 딸을 위해 무릎까지 꿇었지만 창원은 길길이 날뛰며 어린 정환까지 건들일 기세다. 세상에서 가장 소중한 가족인 아버지와 어린 동생을 지키기 위해 정은은 감연히 일어선다. 아버지도 더이상 보고 있을 수만은 없다.

● 이정철 감독 데뷔작. 무능한 아버지와 전과로 점철된 삶을 살아가는 딸의 슬픈 화해를 다룬 내용. 오해로부터 생긴 아버지에 대한 미움이 서서히 사그라지면서 아버지에 대한 사랑과 아버지가 가족들에게 어떤 존재인가를 일깨워주는 영화. 마지막 장면에서 아버지가 딸을 대신해 죽는다. 감독은 "그동안 잊고 있었던 가족의 소중함을 깨우치기 위해" 이 영화를 만들었다고 말한다.('「가족」 그래도… 가족이니까」, 한겨레 04. 8. 3) 수애 스크린 데뷔작. 서울 54만 6000명, 전국 193만 2000명으로 역대 한국영화 흥행 순위 76위.(08. 1. 25 기준)

(튜브픽쳐스) 95분 극영화 15세관람가 /가족 드라마

감독·각본 : 이정철
제작 : 황우현, 황재우, 김승범
개봉 : 2004년 9월 3일
출연 : 수애, 주현, 박지빈, 박희순 외
촬영 : 최상묵　　음악 : 이동준
조명 : 이성재　　편집 : 남나영
미술 : 강소영　　소품 : 차주상
의상·분장 : 이서진
특수분장 : 신재호
특수효과 : 정도안
포스터 : 이진호
무술감독 : 유상섭
프로듀서 : 류수철
조감독 : 어정일, 최한기, 이도윤
수상 : 제25회 청룡영화상 여자신인상(수애), 제50회 아태영화제 남우주연상(주현), 제24회 테헤란 파지르국제영화제의 국제경쟁 부문에 초청

귀신이 산다 Ghost House(2004)

(시네마서비스) 123분 극영화 12세관람가/코미디

감독 : 김상진
제작 : 강우석
각본 : 장재영
각색 : 장항준
개봉 : 2004년 9월 17일
출연 : 차승원, 장서희, 손태영, 장항선, 진유영, 윤문식, 장현성 외
기획 : 강우석   촬영 : 이기원
음악 : 손무현   조명 : 최성원
세트 : 오상만   소품 : 오선교
의상 : 장효정   분장 : 김진숙
편집 : 고임표   특수분장 : 신재호
미술 : 조성원, 홍승진
동시녹음 : 오세진
특수효과 : 정도안, 유영일
시각효과 : 투엘필름(주)
포스터 : 손기철
무술감독 : 유상섭
프로듀서 : 이민호
조감독 : 김안나

"네 집을 가지라"는 아버지의 유언대로 박필기(차승원)는 낮에는 조선소 기사, 밤에는 대리운전을 하면서 사회생활 10년 만에 융자까지 받아 거제도 바닷가에 이층집을 사게 된다. 그리고 이사 오던 첫날 문패를 달면서 "아버지 나 집 샀어요"를 동네가 떠나가도록 외친다. 그런데 이게 웬 말인가. 부엌에 꽂혀 있던 식칼이 공중 부양해 날아오고 멀쩡하던 소파가 공격하는 등 집안에 귀신이 출몰해 필기를 괴롭힌다. 첫날 여관방 신세를 진 필기는 경찰서와, 이웃집에 이 집에 얽힌 사연에 대해 알아본 결과 집에 귀신이 살고 있다는 것이다. 집을 급매로 내놓지만 흥정은커녕 돈을 얹어줘도 집을 사려는 사람은 나서지 않는다. 내 집을 가졌다는 기쁨을 누리기도 전에 귀신에게 시달리던 필기는 마침내 귀신과의 전면전을 선포하기에 이른다.

● '신라의 달밤'(2001), '광복절 특사'(2002)에 이은 김상진 연출작. 김상진 특유의 요절복통 캐릭터와 배꼽 잡는 대사로 '인간 대 귀신'이라는 새로운 대결구도를 만들어냈다. 겉으로는 코믹, 호러, 멜로물을 표방하고 있지만 밤낮을 가리지 않고 일한 노력의 결과로 산 집을 귀신에게 점령당한다는 설정은 코믹 호러물이 아니라 사회 고발물이라는 인상을 준다.

주인공이 산 집은 거제도 바닷가에 바다가 보이도록 하기 위해 앞뒤 창문을 모두 트고 5톤 트럭 80대분의 흙을 부어 지대를 높여서 지었다고 한다. '불어라 봄바람'(2003)의 장항준 감독이 카메오로 출연, 차승원과 이색적인 연기 대결을 벌였다.

서울 관객 75만 1000명, 전국 289만 관객으로 2005년도 한국영화 흥행 순위 8위, 역대 한국영화 흥행 순위 41위를 기록했다.(08. 1. 21 기준)

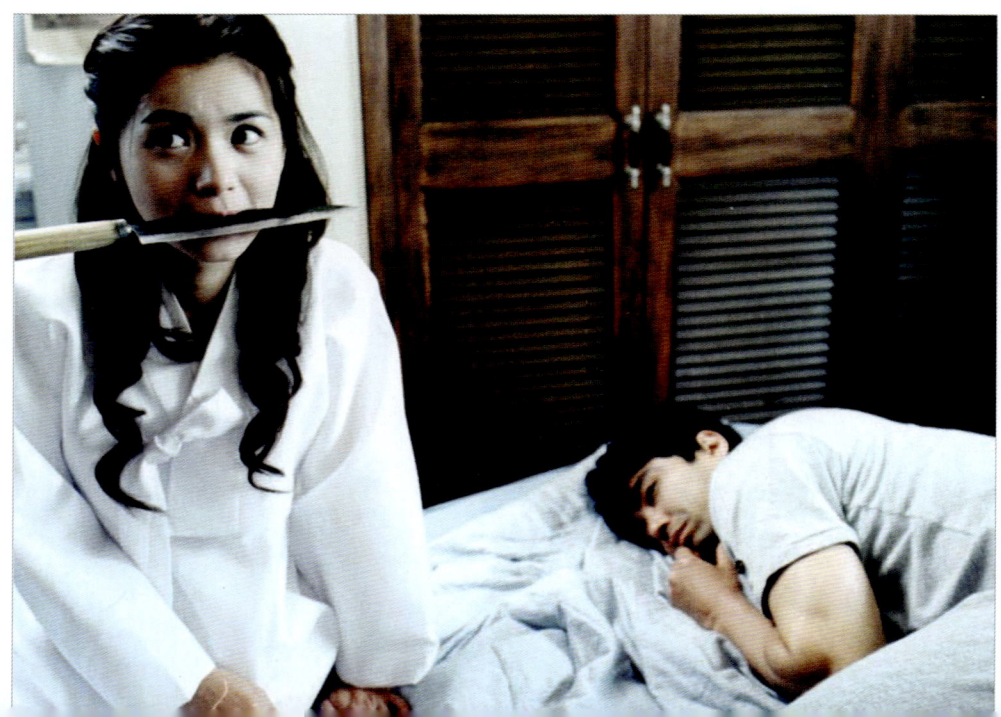

꽃피는 봄이 오면 When Spring Comes(2004)

현우(최민식)의 꿈은 오케스트라의 트럼펫 주자가 되는 것이다. 그러나 모든 일은 뜻대로 되지 않는다. 게다가 옛 여자 친구까지 결혼한다는 소식에 그는 강원도 도계중학교의 관악부 임시교사가 되어 서울을 떠난다. 시골 중학교 관악부가 신통할리 없다. 악기는 녹슬고 제대로 된 악보도 없다. 더구나 올해 경연대회에서 우승을 하지 못하면 학교에선 관악부를 해체하겠다고 한다. 그런 최악의 상태에서 그는 관악부를 지도하고 아이들은 음악이 좋아서 마냥 음악에 빠져든다. 그는 예전의 자기 모습을 보는 것 같아 왠지 흐뭇해진다. 앙상한 가지에 새싹이 돋듯 봄이 멀지 않은 것 같다.

● 류장하 감독 데뷔작. 상처를 지닌 트럼펫 연주자가 탄광촌 관악부 아이들을 가르치면서 삶의 희망을 되찾는 휴먼드라마. '취화선'(2001), '올드보이'(2003)에서 선이 굵은 진중한 연기를 펼쳐 보인 최민식이 트럼펫연주자라는 색다른 역할을 맡아 소탈하고 구수한 연기를 선보였다. 여기에 '장화, 홍련'(2003)의 이모개 촬영기사와 '정사', '8월의 크리스마스'(1998) 등의 조성우가 음악을 담당. 청룡영화상 음악상(조성우) 수상.

(씨즈엔터테인먼트) 128분 극영화 12세관람가/멜로

감독 : 류장하
제작 : 조성원
각본 : 윤재균, 이은경, 정허덕재, 류장하
개봉 : 2004년 9월 23일
출연 : 최민식, 김호정, 장신영, 윤여정, 김영옥, 장현성, 김강우, 최일화, 김동영 외
촬영 : 이모개　　**음악** : 조성우
조명 : 오승철　　**편집** : 김현
미술 : 이근아　　**소품** : 김찬규
의상 : 김문영　　**분장** : 권수경
동시녹음 : 이병하
특수효과 : 김재민
시각효과 : 윤재훈
포스터 : 강영호
프로듀서 : 최은화
조감독 : 김두헌
수상 : 제25회 청룡영화상 음악상(조성우)

우리형 My Brother(2004)

'내신 1등급'인 형 성현(신하균)과 '싸움만 1등급'인 동생 종현(원빈)은 어머니의 뜻대로 초등학교에서 고등학교까지 내내 같은 학교에 함께 다녔다. 그러나 형에 대한 어머니의 편애 때문에 연년생 형제는 영원한 숙적처럼 돼버렸다. 심지어 인근 지역 최고의 퀸카 미령(이보영)을 두고 형제가 동시에 사랑하게 되지만 그녀는 동생 종현을 사랑하고 있다. 갈등이 해결되지 않은 채 형제는 고등학교 졸업 후 형은 의대생이 되고 동생은 고향에 남아 재수를 하게 되면서 또다른 사건과 부딪친다.

● 안권태 감독 데뷔작. 각본 안권태. "열두 살에는 원수였고 스무 살에는 나의 전부가 돼 버린 우리 형"이란 광고 카피처럼 바람 잘 날 없는 연년생 형제의 경쟁과 화해의 과정을 뭉클하게 그린 감성 드라마. 미소년의 이미지를 벗고 걸쭉한 사투리에 거친 말을 구사하는 원빈의 연기가 돋보인다. 전국 247개 스크린에서 서울 관객 69만 9000명, 전국 관객 248만 동원으로 2005년도 한국영화 흥행 순위 9위, 역대 한국영화 흥행 순위 57위(08. 1. 25 기준)에 올랐다.

(진인사 필름) 112분 극영화 15세관람가/가족 드라마

감독 : 안권태
제작 : 양중경, 박성근, 이성찬
각본 : 안권태(원작 임영순)
개봉 : 2004년 10월 8일
출연 : 신하균, 원빈, 이보영, 심옥분, 김태욱, 정호빈 외
기획 : 이성찬　　**촬영** : 황기석
음악 : 김형석　　**조명** : 신경만
편집 : 경민호　　**미술** : 전인한
소품 : 이용승　　**의상** : 양민혜
분장 : 이서진
특수분장 : 황효균, 곽태용, 이희은
동시녹음 : 이태규
시각효과 : 유희정
무술감독 : 신재명
프로듀서 : 정희석
조감독 : 양홍혁, 박준오, 임성순, 박범규, 변진호
수상 : 영상물등급위원회 선정 좋은 영화상

빈집 3-Iron(2004)

(김기덕 필름) 88분 극영화 15세관람가/드라마

감독 · 제작 : 김기덕
각본 : 김기덕(원작 김기덕)
개봉 : 2004년 10월 15일
출연 : 이승연, 재희, 권혁호, 최정호 외
촬영 : 장성백
음악 : 슬비안 마이클니만, 이승우, 이용범
편집 : 김기덕
미술 : 청솔아트, 김현주
의상 : 구제현   분장 : 정지호
시각효과 : 문병용   포스터 : 이전호
무술감독 : 강성훈, 최문환
프로듀서 : 강영구, 서영주
조감독 : 옥진곤
수상 : 제25회 청룡영화상 남자신인상(재희), 제9회 부산국제영화제 넷팩상(김기덕), 제3회 대한민국영화대상 감독상(김기덕) · 각본/각색상(김기덕) · 최우수작품상, 제61회 베니스국제영화제 경쟁부문 '베니스 61' 감독상 · 비공식부문 미래 비평가상 · 국제영화평론가연맹상 · 세계 가톨릭 협회상 등 4개상, 제53회 산세바스티안국제영화제 개막식초청, 작은 황금 사자상 · 국제 비평가협회 대상, 이탈리아 대통령이 수여한 도나첼로상 등 수상

아무도 없는 빈집을 전전하며 유령같이 살아가는 태석(재희)은 어느 날 몰래 숨어든 집에서 선화(이승연)를 만난다. 남편(권혁호)에게 매를 맞고 온몸이 멍투성이가 된 채로 집안에 갇혀 있는 선화를 데려나온 후 두 사람은 여전히 빈집을 전전하면서 은은한 사랑을 키워나간다. 태석은 무단가택 침입죄로 경찰서에 연행되고 선화는 다시 남편에게 끌려 들어간다. 감옥에서 유령 연습으로 남의 눈에 띄지 않는 법을 터득한 태석은 출옥 후 선화의 집에 들어와서 선화와 그의 남편과 특별한 동거를 시작한다.

● 원작 · 각본 · 제작 · 편집 · 감독 등 1인 5역을 담당한 김기덕의 영화. 1990년대 이후 영화계에 등장한 한국 신인 감독들은 기본적으로 자신이 직접 오리지널 시나리오를 집필하는 능력을 갖고 있다. 김기덕의 경우 감독 데뷔작인 '악어'(1996) 이후 연출한 11편의 영화가 모두 자신이 직접 쓴 오리지널 시나리오를 영화화한 것이다.

영화 '빈집'의 주인공은 오토바이를 타고 집집을 돌며 열쇠 구멍에 전단지를 붙이고 오랫동안 전단지를 치우지 않은 빈집에 들어가 얼마간 살다나오곤 한다. 마치 자기 집에 온 것처럼 샤워하고 밥먹고 편안하게 휴식을 취하는 주인공에게 어떤 죄의식이나 반감이 느껴지기 전에 그 무엇에도 구속되거나 속박당하지 않는 자유를 본다. 영화계의 이단아로 불리며 언제나 독특한 소재와 발상, 섬세한 기법으로 화제를 불러일으킨 김기덕의 작품은 초기에는 일부 마니아층의 전유물이었으나 '봄 여름 가을 겨울 그리고 봄'(2003) 이후 그의 작품은 대중에게 가까이 다가가려는 친근성과 성의를 보이기 시작한다.

이 영화는 베니스국제영화제에서 감독상인 은곰상등 4개 부문 상을 수상한 데 이어 1999년부터 국제비평가협회가 세계 비평가 회원들의 투표로 뽑는 '2005년도 최고의 영화(그랑프리)'로 선정됐다. '빈집'의 해외 배급을 대행한 씨네클릭 아시아에 따르면 이 상은 2004년 8월에서 2005년 7월 사이에 개봉된 영화를 대상으로 전 세계 비평가협회 회원 300여 명이 참여해 뽑은 것이다. 2005년 9월과 10월에는 '봄 여름 가을 겨울 그리고 봄', '활'(2005) 등과 함께 덴마크, 그리스, 스페인, 카자흐스탄, 터키 등지에서 열린 각종 영화제에서 회고전 형식으로 상영됐고 미국, 프랑스, 독일 등에서도 개봉되어 좋은 반응을 얻었다.

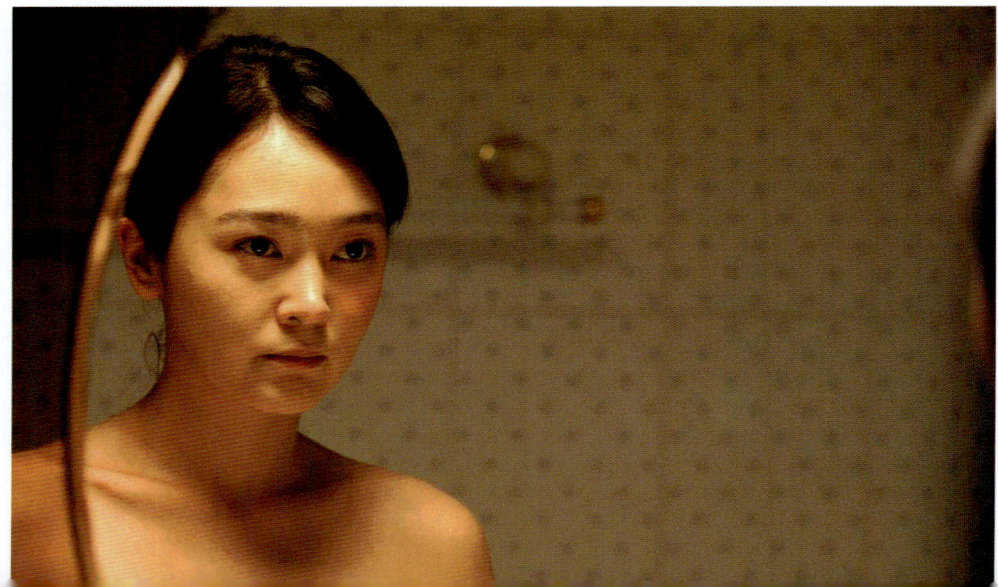

썸 Some(2004)

사건 증거물인 100억대의 마약이 경찰 호송 중 탈취되는 사건이 벌어진다. 경찰은 호송 담당자인 강력계 오 반장(강신일)을 의심하지만 오 반장이 진범이 아니라고 믿는 후배 형사 강성주(고수)는 범인의 입에서 나온 '권정민'이라는 이름 한마디를 단서로 수사에 착수한다. 그러나 권정민은 '피어싱'의 핵심 멤버인 권철우(박철호), 정찬(권민), 민재일(이동규) 등 세 명의 앞 글자를 따서 만든 가상의 인물이었고 권정민 세 명 중 권철우와 정찬은 차례로 살해당한다. 마지막 남은 민재일의 뒤를 쫓던 강성주는 민재일의 친구인 서유진(송지효)과 만나고 그녀는 데자뷔를 통해 24시간 후로 예정된 강성주의 죽음을 목격하게 된다. 경찰은 강성주가 민재일이라는 증거 사진을 입수하고 비밀리에 강성주 체포 작전에 들어간다. 예정된 시간인 24시간 후 모든 것이 뒤바뀐다.

(씨앤필름) 118분 극영화 15세관람가/스릴러

감독 : 장윤현
제작 : 장윤현, 장윤형
각본 : 김은정, 김은실(원작 김은정)
개봉 : 2004년 10월 22일
출연 : 고수, 송지효, 박철호, 권민, 이동규, 강성진, 조경훈, 강신일 외
촬영 : 김성복
음악 : 조영욱
조명 : 신학성
편집 : 남나영
미술 : 김진철
세트 : 오상만
소품 : 전진원
의상 : 류수진
분장 : 김선진
동시녹음 : 김원용
사운드 : 김석원
특수효과 : 정도안, 이경실
시각효과 : DTI
포스터 : 윤형문
무술감독 : 김광수
프로듀서 : 김혜숙, 이창준, 김용한
조감독 : 임우석
수상 : 제42회 대종상영화제 신인남우상(고수)

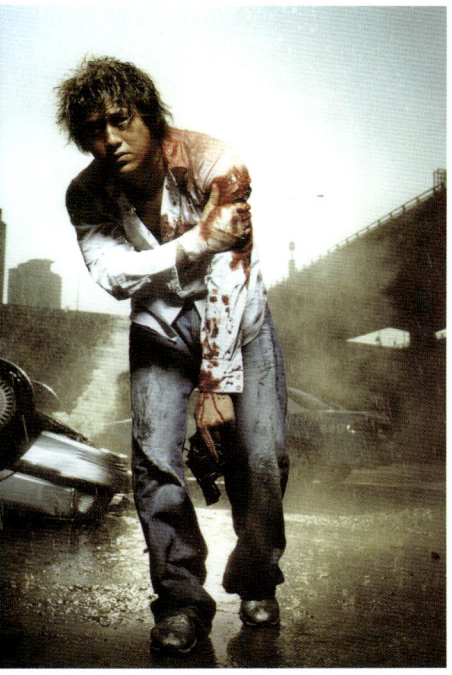

● '접속'(1997)과 '텔미썸딩'(1999) 이후 영화 제작에 참여하고 있던 장윤현의 세 번째 연출작. 시나리오 작가 김은실의 원작 시나리오 「그녀의 아침」을 각색한 것으로 영화 '썸'은 '데자뷔(deja vu)'라는 소재를 중심으로 24시간 동안 벌어지는 100억 원대의 마약 수사 사건을 다루고 있다. '데자뷔'는 이미 본 적이 있거나 경험한 적이 있다는 느낌이나 환상을 뜻한다.

고수의 스크린 도전작으로 그는 여기서 다량의 마약 분실사건을 파헤치는 강력계 형사, 고수의 죽음을 예견하며 영화의 핵심 키워드인 '데자뷔'를 쥐고 있는 여주인공 역은 '여고괴담 세 번째 이야기 – 여우계단'(2003)의 신인 송지효가 맡았다.

전작 '접속'에서는 PC통신이라는 소재가 영화 전체에 녹아 있듯이 '썸'에서도 테크닉한 시퀀스가 여전히 녹아 있으며 멜로가 갈등 해소의 귀결점으로 작용하고 있다. 그러나 "화려한 자동차 액션 신, 세련된 영상미 등 볼거리가 풍부한데 비해 스토리가 밋밋하다"(「24시간 뒤 죽음이 예고된 강력계 형사의 추격전」조선 04. 10. 20)는 지적이 있었다. 전국 29만 관객 동원.

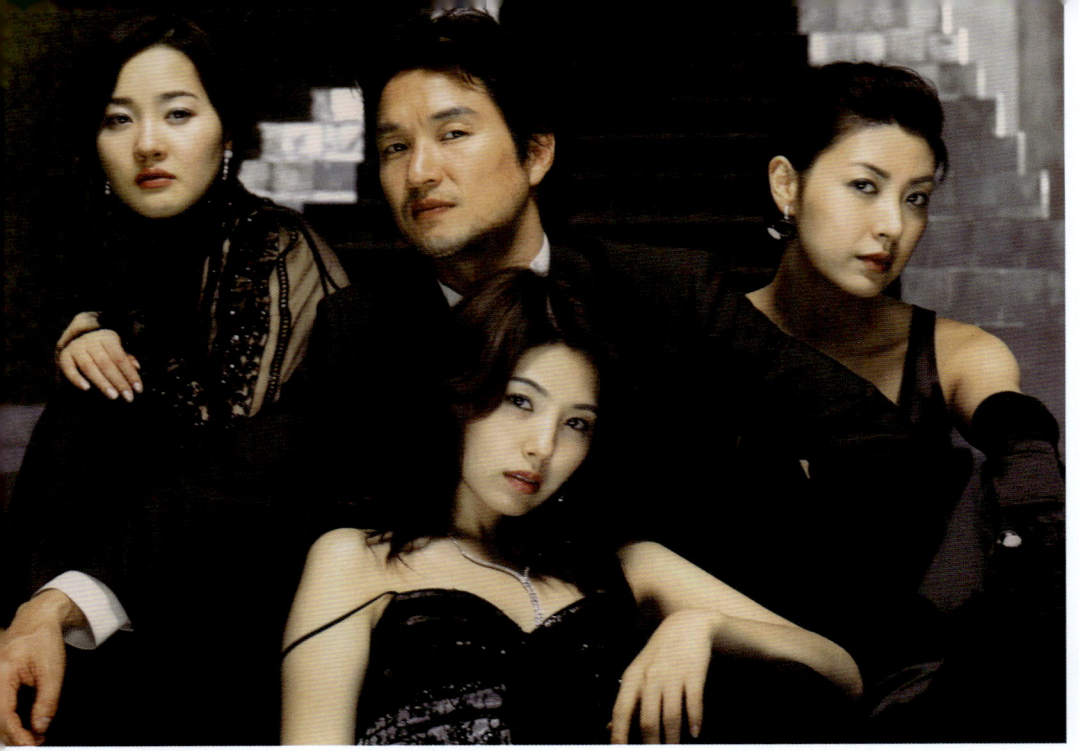

주홍글씨 The Scarlet Letter(2004)

(LJ필름) 118분 극영화 18세관람가/
멜로

감독 : 변혁   제작 : 이승재
각본 : 변혁, 강현주(원작 김영하)
개봉 : 2004년 10월 29일
출연 : 한석규, 이은주, 성현아, 엄지
      원, 김진근, 도용구 외
촬영 : 최현기   음악 : 이재진
조명 : 강대희   편집 : 함성원
미술 : 김지수   세트 : 윤기찬
소품 : 이종국   의상 : 조윤미
분장·특수분장 : 허정임
동시녹음 : 송진혁
사운드 : 리드사운드, 박덕수
특수효과 : 이정수
시각효과 : 박용정
포스터 : 오형근
무술감독 : 원진
프로듀서 : 강민규
조감독 : 배광수
수상 : 제9회 부산국제영화제 폐막작
      선정

강력계 형사 기훈(한석규)에겐 단아하고 순종적인 아내 수현(엄지원)과 도발적이고 매혹적인 정부 가희(이은주)가 있다. 그리고 탄탄한 성공 가도가 보장되어 있는 그에게 어느 날 살인 사건이 맡겨진다. 그는 남편이 살해된 미망인 경희(성현아)를 용의자로 지목하고 그녀에게 접근하지만 사건은 미궁으로 빠져든다.

사건 수사 과정에서 아내 수현의 임신 사실을 알게 된 그는 가희와의 관계를 정리하려 하지만 오히려 그 자신이 가희에게 중독되어 있음을 확인하게 될 뿐이다. 고독한 내면을 지닌 가희는 삶의 유일한 이유인 기훈의 사랑이 흔들리기 시작하자 절망과 고통을 느낀다. 기훈의 아내 수현은 그 모든 사실을 아는지 모르는지 폭풍 속 고요 같은 시간을 이어간다. 긴장과 불안의 시간이 흐르는 가운데 남편이 살해된 경희, 아내 수현, 정부 가희 등 세 여자의 충격적 비밀이 하나 둘씩 실체를 드러내고 반전의 소용돌이에 휩싸이는 치정 살인 사건과 함께 치정 로맨스도 파국을 맞는다.

926

● '인터뷰'(2000)로 감독 데뷔한 변혁의 두 번째 연출작이자 배우 이은주의 유작. 원작은 김영하의 소설 「사진관 살인 사건」, 「거울에 대한 명상」, 「호출」 등 단편 세 편에서 모티브를 따서 시나리오로 만든 것이다. 너세니얼 호손의 소설 「주홍글씨」와는 내용이 다르다. 미묘한 사랑의 감정을 탁월하게 묘사했다고 해서 화제를 모았던 이 작품은 엇갈린 사랑과 그 연인들의 이야기를 시종 긴장을 늦추지 않는 스릴러풍과 에로틱한 멜로로 이끌어나간다. 탐욕스러운 남녀의 성애를 적나라하게 표현하는가 하면 여주인공인 가희(이은주)와 수현(엄지원)이 여고 시절 동성애인이었다는 사실이 밝혀지기도 한다. 또는 기훈과 가희의 강렬한 섹슈얼 영상으로 인해 이는 "문예영화인가, 아니면 에로영화인가?"라는 찬반양론의 논쟁에 둘러싸이기도 했다. 이를 연출한 변혁은 이와 관련한 인터뷰에서 "주홍글씨는 욕망의 대가에 관한 영화이며 영화의 제목은 '주홍글씨'보다 '죄와 벌'에 가깝다"고 부연한 바 있다.

톱스타 한석규의 영화 데뷔 10년차의 10번째 출연작. 이은주와 주연을 맡았다. 특히 차가움과 따뜻함, 청순함과 당당함이라는 상반된 느낌을 주는 이은주는 에로틱한 불륜 관계에 빠진 매혹적인 여인으로 파격 변신을 보였고 피아노 실력과 노래 솜씨를 유감없이 발휘했다. 그녀가 직접 부른 'Only when I sleep'는 열띤 반응을 얻었고 뮤직비디오로 제작되기도 했다.

그러나 영화 촬영 후 알 수 없는 우울 증세를 보이던 이은주는 영화가 개봉된 지 3개월 만인 2005년 2월 22일, 당시 26세의 나이로 자살했다. 박종원의 '송어'(1999)로 스크린 데뷔하고 강제규의 '태극기 휘날리며'(2004)에서 장동건의 약혼녀로 출연하는 등 영화계의 기대를 한 몸에 모았던 이은주의 갑작스런 죽음은 한동안 영화계를 충격에 빠트렸다. 제9회 부산국제영화제 폐막작으로 선정됐으며 흥행에서는 서울 관객 48만 9000명, 전국적으로 143만 8000명, 관객을 동원. 전주시 덕진동 덕진공원, 진안 용담댐 등에서 촬영됐다.

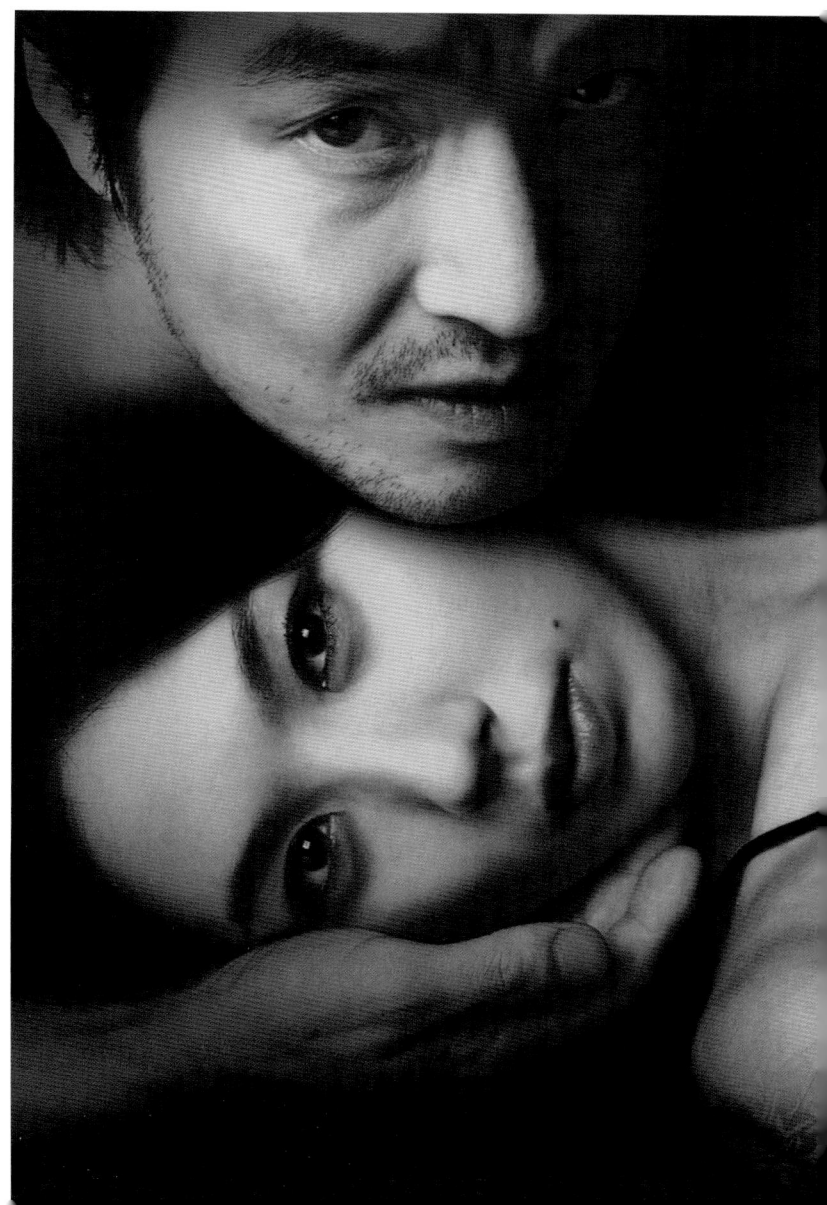

내 머릿속의 지우개 A Moment to remember(2004)

(싸이더스) 117분 극영화 12세관람가/
멜로

감독·각본 : 이재한
제작 : 차승재, 노종윤
각색 : 김영하, 박경진
개봉 : 2004년 11월 5일
출연 : 정우성, 손예진, 현영, 백종학,
이선진, 박상규, 김희령 외
촬영 : 이준규   **조명** : 이은수
음악 : 박경진, 김태원
편집 : 함성원, 최민영
미술 : 최기호   **세트** : 윤일랑
소품 : 정민영   **의상** : 김성일
분장 : 키야리   **특수분장** : 장진
동시녹음 : 홍정호
특수효과 : 김병기, 이현우, 김만성, 박
신배
시각효과 : 프레임웍스
포스터 : 이전호
프로듀서 : 김상민
조감독 : 신영운
수상 : 제42회 대종상영화제 각색상
(김영하), 제5회 중국 금계백화
(金鷄百花)영화제 여우주연상
(손예진)

건망증이 심한 수진(손예진)은 편의점에 두고 나온 콜라와 지갑을 찾으러 갔다가 한 남자와 마주친다. 그 남자의 손에 콜라가 들려 있는 걸 보고 자신의 콜라라고 생각한 그녀는 콜라를 빼앗아 단숨에 들이킨다. 이렇게 시작된 수진과 철수(정우성)의 운명적인 만남은 결혼까지 하게 되지만 수진의 건망증은 점점 심해진다. 병원에서는 수진의 뇌가 점점 죽어간다고 알려준다. "내 머리 속엔 지우개가 있대…" 결국 기억이 사라진 수진은 철수를 난생처음 보는 사람처럼 대하고 철수는 그런 수진을 안타깝게 지켜본다. 수진은 자신의 기억을 완전히 잃기 전에 남편을 사랑했다는 메모를 적어놓고 철수는 그런 수진의 기억을 되찾아 주기 위해 일을 그만두고 함께 여행을 떠난다.

● 이재한 각본·연출작. 불치병으로 기억을 잃어가는 여자와 그런 그녀에게 아무런 도움을 주지 못하고 말없이 지켜볼 수밖에 없는 남자의 러브스토리. 감독은 "말초적으로 눈물샘을 자극하는 영화가 아닌 오랫동안 눈물이 메아리치는 영화를 만들고 싶었다"(조선 04. 12. 15)고 한다.

감독의 말처럼 이 영화는 일순간의 감정에 치우치지 않도록 느긋하고 여유롭게 감동을 전한다. 일본 박스오피스에서 1위를 기록, 영화 전문 《흥행통신》 집계에 따르면 당시까지 일본 박스오피스 1위를 차지한 한국영화는 '쉬리'(1998) 뿐이었으며 '공동경비구역 JSA'(2000)는 2위에 올라 있다.

일본에서 전국 308개 스크린에서 상영하여 30억 엔(약 275억 원)의 흥행 수입을 올렸다. 서울에서는 관객 79만 8000명, 전국 256만 5000명 동원으로 2005년도 한국영화 흥행 순위 5위. 역대 한국영화 흥행 순위 45위(08. 1. 25 기준)를 기록했다.

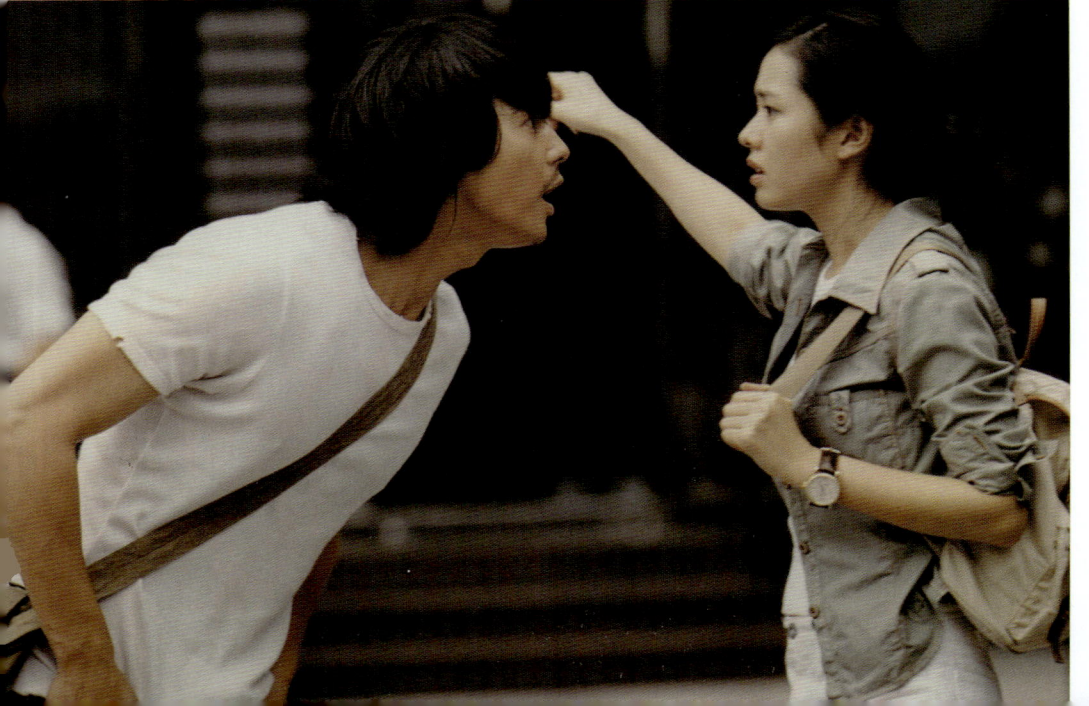

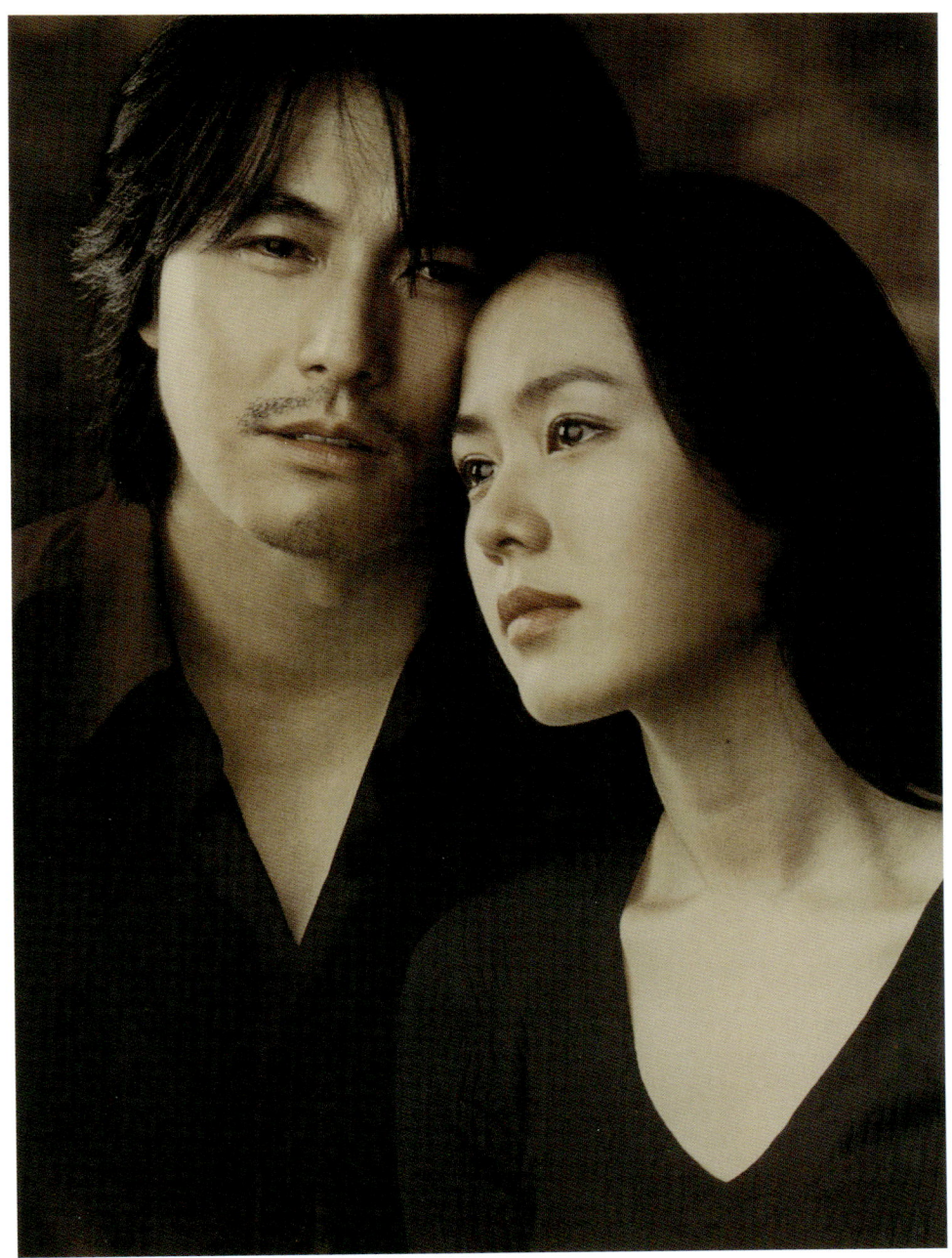

귀여워 So Cute(2004)

(튜브픽쳐스) 117분 극영화 18세관람
가/코미디

감독 · 각본 : 김수현
제작 : 황우현, 황재우
각색 : 김봉훈, 김소정
개봉 : 2004년 11월 26일
출연 : 김석훈, 선우, 정재영, 장선우, 예지원 외
기획 : 청년필름, 김광수
촬영 : 김철주
음악 : 복숭아 프레젠트, 이병훈
조명 : 양우상   **편집** : 김현
미술 : 박혜성   **세트** : 윤일랑
시각효과 : 김정태, 이규원
무술감독 : 김광수
프로듀서 : 이선미
조감독 : 김소정, 김승식, 장성진, 김정욱, 권혁신
수상 : 제41회 백상예술대상 신인감독상(김수현), 제16회 일본 유바리국제판타스틱영화제 경쟁 부문 영 컴피티션, 모스크바영화제 경쟁 부문 초청

박수무당 아버지(장선우)와 배다른 3형제(김석훈, 선우, 정재영)는 저마다 자신만의 일과 생각으로 세상을 살아간다. 이들이 사는 집에 '순이'(예지원)라는 여자가 들어온다. 어머니가 다른 이들 형제는 각자 순이를 좋아한다. 마리아 같은 순이는 네 부자의 과거사를 들어주고 현재를 이해해주며 미래를 밝은 빛으로 인도해주는 역할을 해낸다. 그녀를 통하면 어떤 나쁜 짓도 다 용서가 될 뿐 아니라 새로운 세상을 향한 희망이 생긴다. 순이를 두고 아버지와 아들 셋이 서로 흑심을 품는 등 영화는 뒤죽박죽 이어진다.

● 김수현 감독 데뷔작. 각본 김수현. 황학동 철거촌에서 벌어지는 리얼 판타지로 밑바닥 인생을 사는 네 부자의 꿈과 욕망을 순이라는 인물을 통해 경쾌하게 풀어냈다. 곧 무너질 것 같은 차가운 아파트 공간에 순이라는 엉뚱한 캐릭터가 등장하면서 현실과 판타지가 오가는 독특한 색깔을 뿜어낸다. 또 각 캐릭터의 성격이 각각의 에피소드와 자연스럽게 연결되어 그들의 심리변화를 내레이션과 효과음으로 표현한 것도 돋보인다. 실험성이 강하면서도 정상궤도에서 크게 벗어나지 않은 이 영화는 2004년도에 선보인 신인 감독 작품 중 "가장 눈에 띄는 작품"이라는 평을 받았다. '가족'(2004)을 제작한 튜브픽쳐스의 두 번째 작품. 장선우 감독이 아버지 장수로 역을 맡고 있다.

발레교습소 Flying Boys(2004)

(좋은영화) 119분 극영화 15세관람가/
청춘 영화

감독 : 변영주   **제작** : 김미희
각본 : 신혜은(원작 신혜은)
각색 : 박미령, 서은호
개봉 : 2004년 12월 3일
출연 : 윤계상, 온주완, 이준기, 김민정, 도지원, 서울시 주부합창단 외
촬영 : 성승택   **음악** : 조영욱
조명 : 고낙선   **편집** : 박곡지
미술 : 송혜진, 이인옥
세트 : 노상억   **소품** : 김영대
의상 : 함현주   **분장** : 김현희
동시녹음 : 정욱창
특수효과 : 윤여진
시각효과 : DTI
포스터 : 한혜연, 이선희
프로듀서 : 신혜은
조감독 : 선동현
수상 : 제41회 백상예술대상 신인연기상(윤계상)

수줍은 성격의 민재(윤계상), 댄싱 킹카 창섭(온주완), 분위기 메이커 동완(이준기)은 수능을 치른 후 발레교습소에 등록한다. 제주대 수의학과 지망생인 수진(김민정)은 선머슴 같은 그녀의 성격을 바꾸어보려는 엄마의 권유로 발레교습소에 등록하고 민재 일행과 만나게 된다. 그 겨울 발레교습소에는 발레 강사 양정숙(도지원)을 중심으로 민재, 창섭, 동완 삼총사와 수진이 서로 마음의 문을 열고 황금동 발레발표회를 위해 본격적으로 연습에 돌입한다.

● '낮은 목소리─아시아에서 여성으로 산다는 것 2'(1995) 등을 연출한 변영주의 10번째 작품. 수능을 끝낸 고3 수험생들이 구민회관 발레교습소에 모여 발레를 배우면서 일어나는 성장 드라마. 20세 청춘의 방황과 고민, 사랑, 우정을 그렸다. 당시 인기를 누리던 god의 윤계상이 연기자 변신을 선언한 뒤 선택한 첫 작품이라는 점과 아역 출신 연기자 김민정의 성인 연기 도전작. 1980년대 알개영화에 출연하고 '인간시장 3'(1991)을 감독한 진유영이 아버지, 탤런트 도지원이 발레 강사, 전국 관객 10만 정도. 여기서 미미한 역할로 데뷔한 이준기는 이후 영화 '왕의 남자'(2005)로 인기 절정의 스타가 된다.

여고생 시집가기 Marring High School Girl(2004)

고구려 25대 평원왕의 딸인 평강공주의 16번째 생일, 평강공주는 어릴 때부터 자신이 울 때마다 아버지가 시집을 보내겠다고 했던 온달과 결혼할 뜻을 내비친다.

시간이 흘러 2000년대인 현대, 걸핏하면 울기 잘하는 평강(임은경) 때문에 무당을 찾아간 어머니(이칸희)에게 무당은 그 딸에게 평강공주의 귀신이 씌었으며 이승에서 반드시 온달을 만나서 만 16세 되는 해 정식 혼인을 해야만 장수할 수 있다고 말한다.

비 내리는 등굣길. 학교 옥상에서 쇠막대기를 들고 번개에 감전돼 죽으려는 평강을 보면서도 별 관심 없이 지나쳐버리는 고구려 고등학교의 얼짱 온달(은지원). 친구 혜숙(임성언)으로부터 자신이 찾던 온달이 자기 반으로 전학온다는 사실을 알게 된 평강은 담임과 함께 교실로 들어서는 꽃미남 온달을 보고 한눈에 반한다.

● 오덕환 감독 데뷔작. 고구려 평원왕의 딸 울보 평강공주와 온달장군의 관해 삼국사기 온달조 편의 기록을 바탕으로 하고 있다. 더존필름 창립작품. 젝스키스의 리더였던 은지원을 내세운 로맨스 드라마. 은지원은 현재 TV 오락프로그램인 '1박 2일'에서 활약하는 등 시청자의 인기를 끌고 있는 예능인으로 성장했다.

(더존필름) 103분 극영화 15세관람가/로맨스

감독 : 오덕환
제작 : 더존필름
각본 : 민백두
개봉 : 2004년 12월 23일
출연 : 은지원, 임은경, 임성언, 김진아, 박노식, 원상연, 이칸희, 이호성, 김청, 윤희주 외

여자, 정혜 This Charming Girl(2004)

우체국 여직원 정혜(김지수)는 자신의 일만큼이나 단조로운 일상을 보내고 있다. 그녀의 작은 집엔 어린 고양이 한 마리와 TV 홈쇼핑으로 사들인 물건 뿐, 찾아올 이도 찾아갈 사람도 없다. 엄마의 갑작스런 죽음 이후 그녀는 혼자서 조용히 살고 있다. 그런 정혜에게 어느 날 사랑이 찾아온다. 정혜는 마침내 그(황정민)에게 용기 내어 말을 걸어본다. "오늘 저녁, 저희 집에 오셔서 같이 식사하실래요?" 마음을 흔드는 설렘과 함께 비로소 그녀의 행복이 시작되고 있다.

● 이윤기의 첫 장편 데뷔작. 우애령의 단편 소설 「정혜」를 감독이 직접 각색한 작품. "상처 입은 그 여자가 스스로를 가둔 방안에서 문을 열고 밖으로 나오게 해주고 싶었다"고 감독이 전제했듯이 영화는 어떤 기교도, 장치도 없으며, 반전과 복선도 없다. 처음부터 보여주는 숨 막힐 듯한 침묵이 영화가 끝날 때까지 계속된다. 영화에 묘사된 정혜의 여러 에피소드는 대부분 원작에 있는 것이다. 영진위의 사전제작 지원 작품이자 김지수 스크린 데뷔작. 이 영화로 청룡영화상과 싱가포르 국제영화제에서 여자신인상과 여우주연상을 수상, 이윤기는 싱가포르 국제영화제 감독상을 비롯 부산국제영화제 뉴커런츠상, 도빌 아시아영화제에서 심사위원 연꽃상, 베를린국제영화제 비경쟁 부문에 출품되어 아시아 지역 초청작 가운데 가장 주목하는 작품에 주는 넷팩상을 받았다.

(엘제이필름) 98분 극영화 15세관람가/드라마

감독 : 이윤기   제작 : 이승재
각본 : 이윤기(원작 우애령)
각색 : 정소현
개봉 : 2005년 3월 10일
출연 : 김지수, 황정민, 김혜옥, 이대연, 이금주, 육상효, 이원종 외
기획 : 김경용   촬영 : 최진웅
음악 : 이영호, 이소윤
조명 : 이철오
편집 : 함성원, 김형주
동시녹음 : 조성태
사운드 : 김용훈
프로듀서 : 윤일중   조감독 : 박대희
수상 : 제26회 청룡영화상 여자신인상(김지수), 제9회 부산국제영화제 경쟁 부문 '뉴커런츠상, 제7회 도빌 아시아영화제 심사위원 연꽃상, 제18회 싱가포르 국제영화제 감독상(이윤기)・여우주연상(김지수), 제55회 베를린국제영화제 비경쟁부문 넷팩상

역도산 力道山, a Hero extraordinary(2004)

(싸이더스) 137분 극영화 12세관람가/
스포츠 드라마

감독 · 각본: 송해성
제작: 차승재, 노종윤, 카와이 신야
각색: 오승욱, 구동회, 송해성, Koto
ne Takahiro
개봉: 2004년 12월 15일
출연: 설경구, 나카타니 미키, 후지
타츠야, 하기와라 미사토, 스즈
치 사와 외
촬영: 김형구   음악: 이재진
편집: 박곡지   동시녹음: 한철희
조명: 이강산, 정영민
미술: 신점희, 이나가키 히사오
세트: 이치우, 이광봉, 최홍섭, 이진우
소품: 강민수, 류주호
의상: 카츠마타 준코, 정욱준
분장: 미야우치 미치오, 이진영
사운드: 최태영, 사이토 마사토시
특수효과: 홍장표, 이재홍, 채호근, 신
규식, 지츠하라 야스시, 사
가오 케이이치
시각효과: 장성호
포스터: 김중만, 손익청
무술감독: 정두홍, 유상섭
프로듀서: 김선아, 우메카와 하루오
조감독: 김효석, 이상국
수상: 제42회 대종상영화제 감독상
(송해성) · 촬영상(김형구), 제28
회 황금촬영상 준회원상(강승
기) · 조명상(이강산) · 촬영상(금
상: 김형구), 제9회 부산국제영
화제 초청 상영

1950년 역도산(설경구)은 순수 일본인이 아니면 최고의 자리에 오를 수 없는 현실에 스모를 포기한다. 그 대신 미국에서 온 프로레슬러에게 기습 제압 당한 역도산은 '레슬링'이라는 새로운 스포츠 세계에 눈뜨면서 운명처럼 만난 레슬링 훈련을 쌓기 위해 미련 없이 태평양을 건넌다. 2년 후 프로레슬러가 되어 돌아온 역도산의 역사적인 첫 경기가 열리던 날, 미국 레슬러를 때려눕히며 국제적인 챔피언이 되자 제2차 세계대전의 패망으로 실의와 상실감에 빠져 있던 일본인들은 그를 국민 영웅으로 떠받든다. '정의의 상징', '불사신의 영웅'으로 떠오르면서 세상을 다 가졌다고 생각한 순간 그의 삶은 점차 어긋나기 시작하고 결국 비극으로 막을 내린다. 1963년 12월 8일 자정, 그는 도쿄의 한 클럽에서 술을 마시다가 누군가의 칼에 맞아 숨진다.

● 송해성 각본 · 연출작. 한국영화사 싸이더스와 일본 제작자 가와이 신야(河井信哉)가 제작비 110억 원을 들여 만든 전설적인 레슬러 역도산(본명 김신락 1925~1963)의 파란만장한 일대기. 역도산은 함경남도 태생으로 17세에 일본에 건너가 스모 3위까지 오르지만 순수 일본인이 아닌 이상 최고의 자리에 오를 수 없다는 데 좌절을 느끼고 스모계를 떠나 프로레슬러로 전향한다. 일본 최초의 프로레슬러이자 프로레슬링을 흥행 스포츠로 만든 대부와 같은 인물로 일본의 안토니오 이노키, 자이언트 바바와 한국의 김일이 그의 지도를 받았다.

영화는 개봉 전부터 많은 관심을 끌었다. 주인공인 역도산을 맡은 설경구는 '역도산'을 재현하기 위해 평소 몸무게 74kg에서 20kg이나 불려 94kg의 거구로 만들었다. 또한 95%가 넘는 일본어 대사를 위해 일본어를 배우는가 하면 3분 이상의 롱테이크로 촬영된 레슬링 경기 장면을 대역 없이 찍었다. 이러한 설경구의 비중에 가려져 역도산의 후원자 칸노 회장 역을 맡은 후지 타츠야, 역도산의 연인 '아야'를 맡은 일본의 여배우 나카타니 미키는 보이지 않는다(영화평론가 심영섭)는 평을 받았다.

이 영화에는 볼거리가 많다. 레슬링 훈련 과정과 제1회 월드리그 결승에서 제스 올데가를 깨고 우승하는 장면, LA에서 프래트 블라시를 깨고 WWA 세계 헤비급 왕좌를 획득하는 등 무패 행진과 역도산의 연인 아야의 그림자 내조, 두 남녀가 절을 찾았을 때 등 뒤로 활짝 펼쳐진 눈부신 벚꽃 배경 이 영화의 화려함과 품위를 살린다.

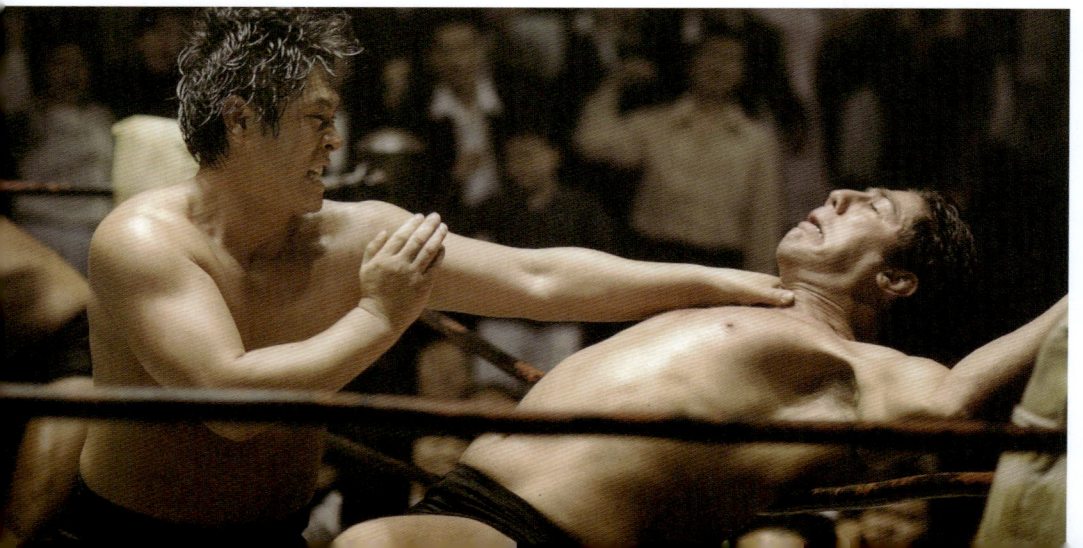

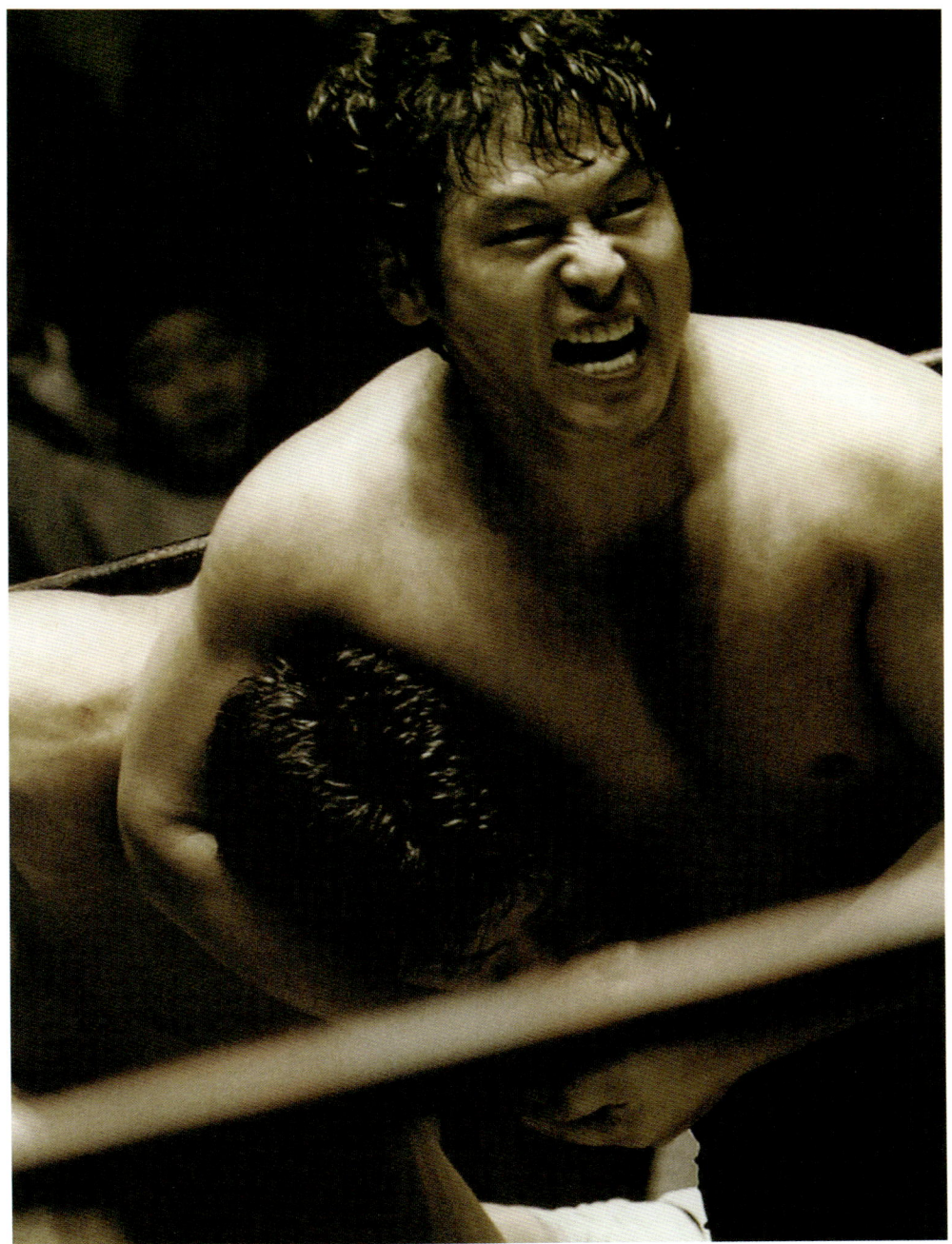

남극일기 南極日記, Antarctic Journal(2004)

(싸이더스 픽쳐스) 114분 극영화 15세
관람가/공포 호러

감독 : 임필성
제작 : 차승재, 노종윤, 채희승
각본 : 임필성, 봉준호, 이해준
개봉 : 2005년 5월 19일
출연 : 송강호, 유지태, 김경익, 박희
　　　순, 윤제문, 최덕문, 양근찬, 김
　　　경익, 김성훈, 서재경 외
촬영 : 정정훈
조명 : 박현원
편집 : 김선민
세트 : 민정기
미술 : 황인준, 장현철
음악 : 카와이 켄지, 사쿠마 마사
의상·분장 : 이서진
프로듀서 : 브리짓 보크, 임희철
수상 : 제38회 시체스국제영화제 오
　　　리엔트 익스프레스까사 아시아
　　　부문 최고작품상, 제24회 벨기
　　　에 브뤼셀판타스틱영화제 국제
　　　경쟁 부문 초청, 전주국제영화
　　　제 폐막작

낮과 밤이 6개월씩 계속되는 남극에서 탐험대장 최도형(송강호)과 6명의 탐험대원은 도달불능점(Pole of Inaccessiblity) 도전에 나선다. '도달불능점'이란 남극대륙 해안에서 가장 먼 지점으로 1958년 소련 탐험대에 의해 단 한 차례 정복된 후 아직까지 아무도 그곳에 도달하지 못했다.

한데 팀의 막내인 민재(유지태)가 낡은 깃발 아래서 80년 전 영국탐험대의 「남극일기」를 발견하면서 그들 사이선 불가사의한 일들이 일어나기 시작한다. 시시각각 전해지는 미지의 공포, 예를 들어 바이러스가 살 수 없는 영하 80도의 혹한임에도 대원들이 감기증상을 보이며 쓰러지는가 하면 캠코더 속에 유령이 잡히고 탐험대장 최도형은 무선 송신기의 칩을 와작와작 씹어먹으며 중간에 되돌아갈 길을 차단해버린다. 또한 매섭게 휘몰아치는 돌풍과 함께 베이스캠프의 유진(강혜정)과 교신이 끊어지고 민재는 미친 듯이 옷의 상표를 잡아 뜯으면서 손바닥의 굳은살을 칼로 도려낸다. 눈앞에 보이는 것은 하얀 눈밖에 없는 공포의 순간에 대원들이 하나둘씩 사라지는 일이 계속된다.

이제 남은 시간도 식량도 바닥이 난 상황에서 남은 대원들은 두려움에 떨면서 해가 지기 전 이곳에서 탈출 할 수 있기만을 바랄 뿐이다. 그러나 엄청난 희생을 치른 끝에 남극점에 도달한 순간 탐험대장 최도형은 난폭하게 '도달불능점' 깃발을 뽑아버린다.

● 임필성 장편 감독 데뷔작. 각본 임필성, 봉준호, 이해준. 혹한의 남극을 무대로 '도달불능점(POI: Pole of Inaccessibility)'으로 향하던 여섯 명의 탐험대원이 영국 탐험대가 남긴 일기장을 발견하면서 하나둘씩 광기에 빠져드는 미스터리 공포물. 송강호, 유지태를 비롯 박희순, 김경익, 윤제문, 최덕문 등이 각기 다른 과거와 성격을 지닌 인물로 등장해 극의 긴장감을 살려냈다.

감독은 영화에서 잔재미도 웃음거리도 제공하지 않는다. 그 대신 눈이 부시도록 새하얀 눈 위를 끝도 없이 전진하는 대원들, 그 사이 그들 하나하나를 삼켜버리는 남극의 마수는 눈 위에 신체의 일부가 내동댕이쳐지거나 선혈이 흩뿌려지는 것으로 미지의 공포를 조성한다. 대원이 찍은 캠코더 속에 잡힌 유령, 탐험대장이 비몽사몽간에 보게 되는 귀신의 그림자, 귀를 찢는 공포스러운 사운드 등 극한 상황 속에서 겪게 되는 긴장과 불안은 남극을 극단적인 공포의 알레고리 속에 가두면서 대원들에게 절대 고독을 제시한다. 이 영화는 평단에서 좋은 평가를 받았다.(문화 04. 8. 10) 제작비 85억 원. 뉴질랜드 올로케이션. 첫 주 박스 오피스 1위에 올랐으나 결과적으로 관객은 100만. 시체스국제영화제 오리엔트 익스프레스까사 아시아 부문 최고 작품상을 받았다.

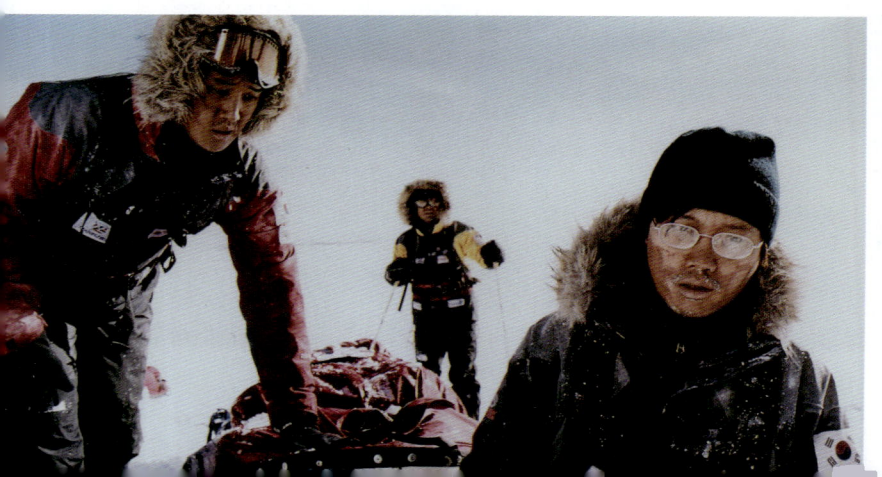

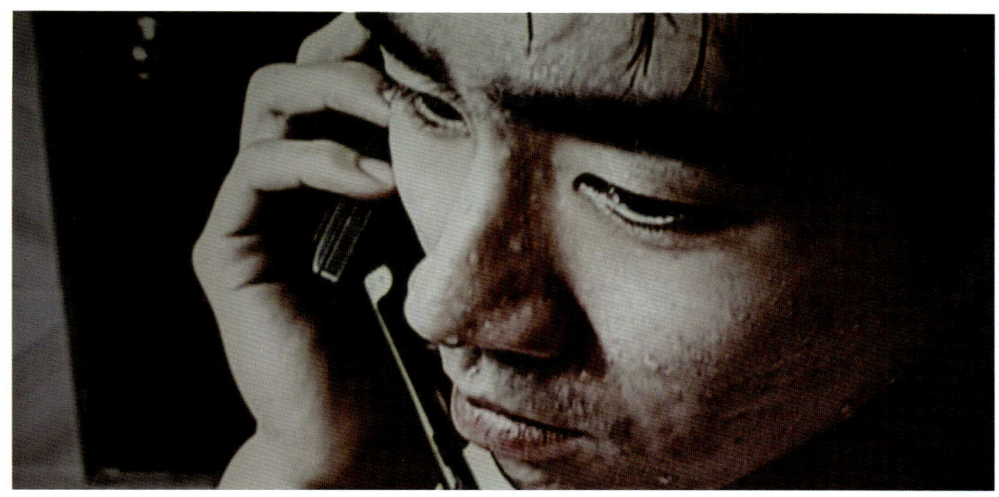

프락치 Spying Cam(2004)

변두리의 허름한 여관방에 두 남자가 장기투숙하고 있다. 그들 중 20 대 중반의 청년 K(추현엽)는 정체가 드러난 프락치로서 현재 최후통첩을 기다리는 상태이고 30대 중반의 권씨(양영조)는 K의 일거수일투족을 감시하는 기관원이다.

그들은 외부출입을 삼간 채 식사도 배달에 의지하며 하루 종일 답답한 시간을 보내고 있다. 그러다가 무료를 달래기 위해 방안에 뒹굴어다니던 도스토예프스키의 소설 『죄와 벌』을 가지고 연극놀이를 해보기로 한다.

그때 우연히 옆방에 투숙 중이던 한 소녀가 이 놀이에 합류하고 연극이 무르익으면서 이 놀이로 인해 그동안 억제되고 유지되던 두 사람의 정서적 균형이 차츰 무너져 내린다.

K는 소설 속 주인공인 도끼살인범의 불행한 처지에 몰입되더니 마치그것이 자신의 현실인양 감정을 폭발시켜 버린다.

● '퍽 햄릿(Fuck Hamlet)'(1996)으로 감독 데뷔한 황철민의 다섯 번째 영화. 제작·각본·각색·기획·촬영·연출·편집 등 7역을 맡고 있다. 영화 '프락치'는 정체가 드러난 프락치와 그를 감시하는 기관원이 세상의 눈을 피해 여관방에 장기투숙하면서 벌어지는 일들을 묘사한 작품. 권위주의 정권 시절 한국사회의 오만한 권력이 개인에게 행하는 협박, 고문과 냉전, 간첩조작 등 비열한 통치행위와 감시당하는 자의 비극을 '인간성 상실'로 담아낸 인권에 관한 영화다.(《씨네21》05. 5. 6) 이는 1993년 김삼석씨 남매를 간첩 혐의로 조작하고 독일로 망명한 백홍용을 실제 모델로했으며, 특별히 다큐스타일 영화를 만들었다기보다 영화를 통해 최소한의인간의 조건은 무엇인가를 제시하고 있다. 제34회 로테르담 국제비평가상 수상 후 네덜란드 전지역에서 순회상영됐고 국가보안법 폐지에 대한 논란(국가 보안법 폐지를 위한 영화 프락치 상영 추진 위원회)의 물꼬를 트기도 했다.

(씨네굿) 100분 극영화 15세관람가/
첩보드라마

감독·각본 : 황철민
제작 : 김현경
각색 : 황철민, 김경석, 김현경, 송준
개봉 : 2005년 5월 20일
출연 : 추헌엽, 양영조, 김왕근, 이현화, 백학기, 홍성춘, 김현주 외
기획·촬영·편집 : 황철민
음악 : 김동우
조명 : 김경선
사운드 : 김수덕, 김은산
조감독 : 박나나
수상 : 제14회 호주 브리즈번국제영화제 넷팩상, 제34회 로테르담국제영화제 국제비평가상(The FIPRESCI Award), 제7회 부에노스아이레스 국제독립영화제 특별언급, 제3회 시라큐스국제영화제 최우수배우상(추헌엽), 제2회 서강영화제 알바트로스상, 제23회 밴쿠버국제영화제, 인디포럼 2004, 제49회 런던국제영화제, 제27회 모스크바국제영화제, 멕시코 멕시코시티 FICCO 2006 영화제 한국영화특별전, 원주인권영화제, 제10회 인천인권영화제 초청

길 Road(2004)

(이산프로덕션) 95분 극영화 12세관람
가/사극

감독 · 각본: 배창호
제작: 강충구
개봉: 2006년 11월 2일 아트플러스
(예술영화전용관), 동성아트홀
(대구)
출연: 배창호, 권범택, 설원정, 강기화
외
촬영: 이규민　**음악**: 이성재
조명: 강인철　**편집**: 이은수
미술: 조남혁　**세트**: 윤기찬
소품: 이태우　**의상**: 정경희
분장: 한지현
동시녹음: 이영길, 영진위
조감독: 임경인
수상: 제14회 필라델피아영화제 경쟁
부문 최우수 작품상, 제1회 CJ
아시아 인디영화제 개막작 선
정

전라도 시골 마을의 태석(배창호)은 죽마고우 득수(권범택)와 함께 이곳 저곳을 떠돌며 대장장이 노릇으로 가정을 꾸려나간다. 얌전한 아내(설원정)와 어린 아들과 함께 행복하게 살던 그는 빚에 시달리는 득수를 위해 집문서를 맡기고 돈을 빌리는 과정에서 사람을 해치고 감옥에 가게 된다. 출소한 날 아내와 득수의 불륜을 목격한 태석은 그 길로 먼 곳으로 떠나버리고 십여 년의 세월이 흐른 뒤, 득수의 딸 신영(강기화)을 만나서 득수가 죽었다는 사실과 출소하던 날 그가 본 광경은 그의 아내가 아님을 알게 된다. 태석은 지난 세월을 돌아보며 오랜 친구인 득수의 장례식을 치러준다.

● '흑수선'(2001)에 이은 배창호 연출작. 감독 자신이 각본을 쓰고 스스로 장돌뱅이 태석으로 분하는 등 1인 3역을 맡았다. 인생길에서 멈추어 서는 것은 죽음뿐이라는 사실을 반증하듯 감독은 태석을 끊임없이 길 위에 던져놓고 1950년대와 1970년대를 플래시백으로 오가며 옛 시골 장터의 순수한 미장센과 한국적 정서의 흥취가 물씬 풍기는 남도 풍경을 고스란히 살려내고 있다. 영화의 끝 부분에서 주인공은 친구의 장례식을 계기로 20여 년간의 오해를 풀고 자신을 기다려온 가족들에게 돌아가지만 그는 다시 길을 떠난다. 제14회 필라델피아영화제에서 최우수 작품상을 수상. 만경평야, 변산반도, 구례, 강원도 삼척, 임계 등에서 촬영됐다.

겨울이야기 A Winter Story(2004)

84분 극영화 전체관람가/가족드라마

감독 · 제작: 신상옥
각본: 이형표
출연: 신구, 김지숙, 김선동, 문혁 외
미개봉 영화

아내의 죽음으로 인한 충격으로 치매에 걸린 노인(신구)은 혼자서 거리로 뛰쳐나가곤 한다. 한시도 눈을 뗄 수 없이 시아버지를 돌봐야 하는 며느리(김지숙)는 그에 대한 애증이 쌓일 수밖에 없다. 며느리를 통해 가족의 고통을 그리고 노인이 죽은 후 남겨진 가족의 회환을 담았다.

● 신상옥의 75번째 작품이자 유작. 인생의 겨울을 담담하게 그려낸 거장의 노작이다. 치매에 걸린 시아버지와 며느리 사이의 갈등과 애증을 그린 내용. 각본 이형표. 이형표(1922년생)는 신상옥의 '젊은 그들'(1955) '무영탑'(1957)을 각색하고 '동심초'(1957) '성춘향'(1961)의 촬영감독으로 호흡을 맞추다가 1961년 '서울의 지붕 밑'으로 감독 데뷔한 원로 감독이다. 이 영화는 우리 주변에서 흔히 일어나고 있는 일상사이면서 자칫 아무도 관심을 갖지 않을 수 있는 문제이기도 하다. 감독은 자신이 그만큼 인생을 살아왔다고 생각하면서 이 영화에서 그 인생을 돌아보고 있다. 그러나 이 작품은 일반에 공개되지 않는 미개봉작으로 남아있다가 2010년 4월 11일 신상옥 감독 3주기를 맞아 한국영상자료원에서 추모행사와 특별상영전으로 상영됐다.
　신상옥(1926년생)은 1952년 신상옥프로덕션을 설립, 1961년 신필름으로 개칭하고 무려 224편의 영화를 제작했다. 1978년 홍콩에서 북한에 납치된 후 1986년 탈출할 때까지 북한에서 '돌아오지 않는 밀사'(1984), '소금', '심청전', '방파제', '사랑사랑 내 사랑', '불가사리'(1985) 등 영화를 만들었고 그중 '불가사리'는 2000년 7월 국내 극장에서 상영되어 국내에 개봉된 북한영화 1호로 기록됐다. 북한 탈출 후엔 할리우드에 진출해서 '닌자 키드'(1992)를 제작, 흥행에 큰 성공을 거두었다.
　그는 한국에 돌아와 '마유미'(1990)를 연출, 이 작품은 미국의 톰파커 배급사에 250만 달러, 일본 123만 달러, 홍콩 35만 달러에 수출되어 한국영화 해외 판로를 처음으로 개척하기도 했다. 1994년 칸국제영화제 심사위원을 역임, 2003년 안양 신필름 영화아카데미를 설립하고 동아방송대 석좌교수로서 후진 양성에 힘써왔다. 2006년 4월 타계.

투사부일체 – 두사부일체 2 My Boss, My Teacher(2005)

조폭 신분으로 고등학교에 입학했던 계두식(정준호)이 이번에는 윤리를 담당하는 교생으로 돌아온다. 여기에 라스베이거스를 주름잡던 카사노바 김상두(정웅인)는 두식에게 소개받은 여선생(최나영)으로 인해 사생활까지 포기하는 상태에 이르고 무식의 상징인 대가리(정운택)는 운동선수 출신인 마누라 춘자(가수 춘자)에게 발목이 잡혀 하루하루를 고달프게 살아간다. 아직도 "두목과 스승과 아버지는 하나다"라고 외치지만 상두 형님을 내조하랴, 나름대로 연애하랴, 과연 모든 난관을 헤치고 두식이 안전하게 교생 실습 기간을 마무리 지을 수 있을지는 아무도 모른다.

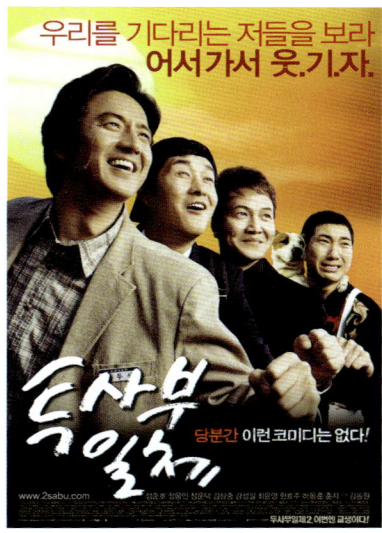

● 김동원 감독 데뷔작. 340만 관객을 동원했던 윤제균의 '두사부일체'(2001) 이후 4년 만에 내는 속편. 전편의 제작사였던 시네마제니스가 제작했고 전편에서 활약한 정준호, 정웅인, 김상중 3인방이 출연했다.

이 영화에는 볼거리가 많다. 두식(정준호)이 교생으로서 첫 출근하는 장면을 찍기 위해 당시시가 1억 8000만 원 상당의 재규어 승용차 2대, 이를 호위하는 고급 승용차 4대 및 BMW오토바이 2대가 동원됐다. 첫 등교하는 두식의 비장한 모습은 지미 집카메라를 이용해 촬영됐고 하남시 도로 8차선을 마치 세트처럼 사용했다. 교통사고 장면에서는 파주출판단지에 3톤 짜리 살수차 8대, 크레인 4대, 지미집 카메라, 고속 카메라, 디지털 고속 카메라가 동원되었다.

경희대 수원캠퍼스에서 이루어진 장례식 장면에는 두식파와 신강남파 엑스트라 200여 명이 특수 제작된 국화꽃 9000여 송이(1250만 원)를 4대의 강풍기로 날려 하늘에서 꽃비가 내리는 화려한 영상을 연출했다.

웃음을 유도하기 위한 억지스런 설정과 과장 일색의 이야기임에도 이 영화는 611만 관객 동원으로 2007년도 한국영화 흥행순위 3위, 역대 한국영화 흥행 순위 11위(08. 1. 25 기준)를 기록했다. 이는 코미디 영화로는 사상 최고의 관객 수이다. 역대 한국영화 흥행순위 9위인 '쉬리'(1999년 621만 명)에 바짝 다가섰다.

(시네마제니스) 124분 극영화 15세관람가/코미디액션

감독 : 김동원
제작 : 김두찬
각본 : 강석범, 김동원, 이윤진
각색 : 강철우, 곽병관, 송자훈
개봉 : 2006년 1월 19일
출연 : 정준호, 김상중, 정웅인, 정운택, 강성필, 최윤영, 한효주, 박용기, 입세호, 춘자, 박용식 외
기획 : 서정
촬영 : 이후곤
음악 : 김시환
조명 : 김유신
편집 : 최재근, 엄진화, 정광진
미술 : 민정기
세트 : 임영일
의상 : 권유진
분장 : 김종현, 김보람
동시녹음 : 최재home
사운드 : 김석원
특수효과 : 김태용
시각효과 : 서경훈
포스터 : 윤형문
무술감독 : 임세호
프로듀서 : 최주섭
조감독 : 강철우
수상 : 제29회 황금촬영상 심사위원 특별상(김상중)

말아톤 Running Boy(2005)

(시네라인II) 115분 극영화 전체관람
가/실화

감독 : 정윤철
제작 : 석혁홍, 이승엽
각본 : 정윤철, 윤진호, 송예진
개봉 : 2005년 1월 27일
출연 : 조승우, 김미숙, 이기영, 백성
현, 안내상, 조영관, 김선재 외
촬영 : 권혁준   음악 : 김준성
조명 : 이재혁   미술 : 이근아
세트 : 윤기찬   소품 : 김찬규
의상 : 함현주   분장 : 양연영
편집 : 함성원, 남인주
동시녹음 : 정진욱
사운드 : 이성진
특수효과 : 방성철, 김광수
시각효과 : 박용정
포스터 : 윤형문
마라톤 트레이너 : 차한식
프로듀서 : 신창환
조감독 : 이서
수상 : 제42회 대종상영화제 최우수작
품상(시네라인II) · 남우주연상
(조승우) · 신인감독상(정윤철)
· 각본상(정윤철, 윤진호, 송예
진) · 음악상(김준성) · 기획상
(석혁홍) · 남자인기상(조승우),
제26회 청룡영화상 신인감독상
(정윤철) · 음악상(김준성), 제41
회 백상예술대상 대상(시네라
인II) · 최우수 남우연기상(조승
우) · 시나리오상(정윤철), 제28
회 황금촬영상 신인감독상(정
윤철) · 최우수 인기남우상(조승
우), 제25회 영평상 10대영화
상(정윤철), 제13회 춘사영화예
술제 올해의 신인감독상(정윤
철), 제6회 부산 영평상 남우주
연상(조승우)

자폐증인 초원(조승우)은 하는 짓이나 말투는 다섯 살 어린애에 머물러 있지만 어린 시절부터 꾸준히 해온 달리기만큼은 누구에게도 뒤지지 않는다. 엄마 경숙(김미숙)은 자신의 목표를 아들 초원의 '마라톤 서브 쓰리 달성'으로 정하고 아들의 훈련에 매달린다. 전직 유명 마라토너 정욱(이기영)이 음주운전으로 사회봉사 명령을 받고 초원의 학교로 오자 애원하다시피 그에게 아들의 코치 역할을 떠맡긴다. 정욱은 지구력이 남다른 초원에게서 마라톤 서브쓰리의 가능성을 발견하고 본격적으로 훈련에 들어간다. 좌절, 포기, 실망, 절망을 거쳐 마라톤 완주에 성공한다.

● 정윤철 감독 데뷔작. 각본 정윤철, 윤진호, 송예진. 엉뚱하고 순수한 20세 자폐증 청년이 세상과 좌충우돌하며 마라톤을 완주해내기까지의 과정을 그린 감동 드라마. 이 영화는 실제인물 배형진과 그 어머니(박미경)의 이야기를 바탕으로 한 것이다. 배형진은 2001년 19세로 조선일보 춘천마라톤대회에서 마라토너들의 꿈인 42.195km를 2시간 57분 7초에 완주하며 서브쓰리(sub3)를 달성했고 2002년 8월 25일 강원도 속초에서 개최된 철인 3종 경기(아이언맨코리아 트라이애슬론 대회)에 도전하여 수영 3.8km, 사이클 180.2km, 마라톤 42.195km를 15시간 6분 32초에 결승점을 통과, 국내 최연소 장애인 최초 철인으로 올랐다.

형진의 어머니는 이러한 체험을 바탕으로 하여 2002년 수기 『달려라! 형진아』를 출간했으며 정윤철은 이 책에서 영화의 영감을 얻었다. 자폐증이란 자기 세계에 갇혀서 다른 사람들에게 무관심함을 나타내는 증상으로 영화 제목은 다섯 살 지능 수준의 주인공이 자신의 그림일기에서 '마라톤'을 '내일의 할일 – 말아톤'이라고 잘못 쓴 것을 그대로 빌린 것이다. 조승우는 마치 초원의 역할을 자신이 마치 실제 인물인양 소화하여 관객에게 감동을 주었고 고통을 인내하며 자식 사랑에 온몸을 바치는 김미숙의 모성 연기 역시 관객의 공감을 샀다.(이화여대 언어교육원 저, 『유학생을 위한 대학 한국어』, 이화여대출판부, 2008년, p.183) 특히 영화 후반 마라톤이 펼쳐지는 호반의 도시 춘천의 풍경은 헬기를 동원한 고공 촬영으로 그 절정을 보여준다.

정윤철은 대종상과 청룡영화상, 황금촬영상과 영평상, 춘사영화예술제에서 신인감독상, 대종상과 백상예술대상에서 각본상을 받고 주인공 조승우는 대종상과 백상예술대상에서 남우주연상과 황금촬영상 최우수인기남우상을 받았다. 국내 유수의 영화제 수상을 휩쓴 감독은 이후 '좋지 아니한家'(2006)로 따뜻한 감성과 재기 발랄하고도 세심한 연출력을 다시 한 번 인정받았다.

서울 155만 2000명, 전국 514만 8000명 동원으로 2006년도 한국영화 흥행 순위 4위, 역대 한국영화 흥행 순위 16위(08. 1. 25 기준). 2008년 5월 영화 전문 예매 사이트 예스 24에서 조사한 '한국영화 속 최고의 캐릭터'는 '공공의 적'의 강철중 캐릭터가 34%의 지지를 받으며 1위, 2위는 '올드보이'의 오대수(30%), 3위는 '친절한 금자씨'의 금자(16%), 4위는 '말아톤'의 초원(10%), 5위는 '살인의 추억'의 박두만(6%), 6위는 '범죄의 재구성'의 김 선생(4%) 등으로 나타났다.

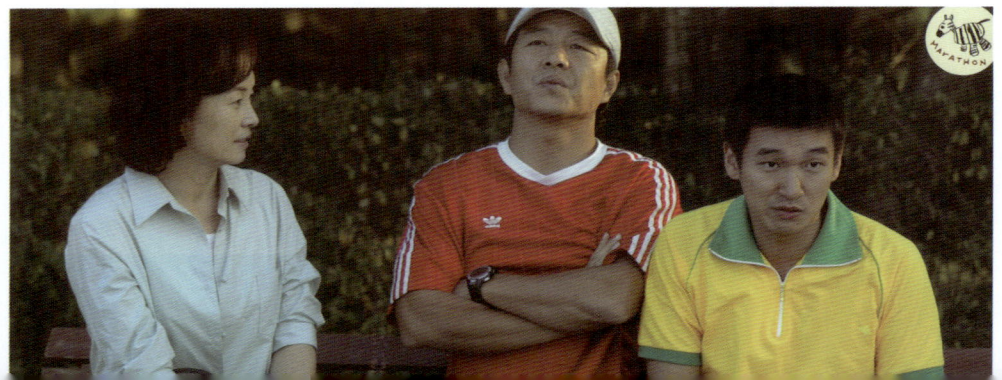

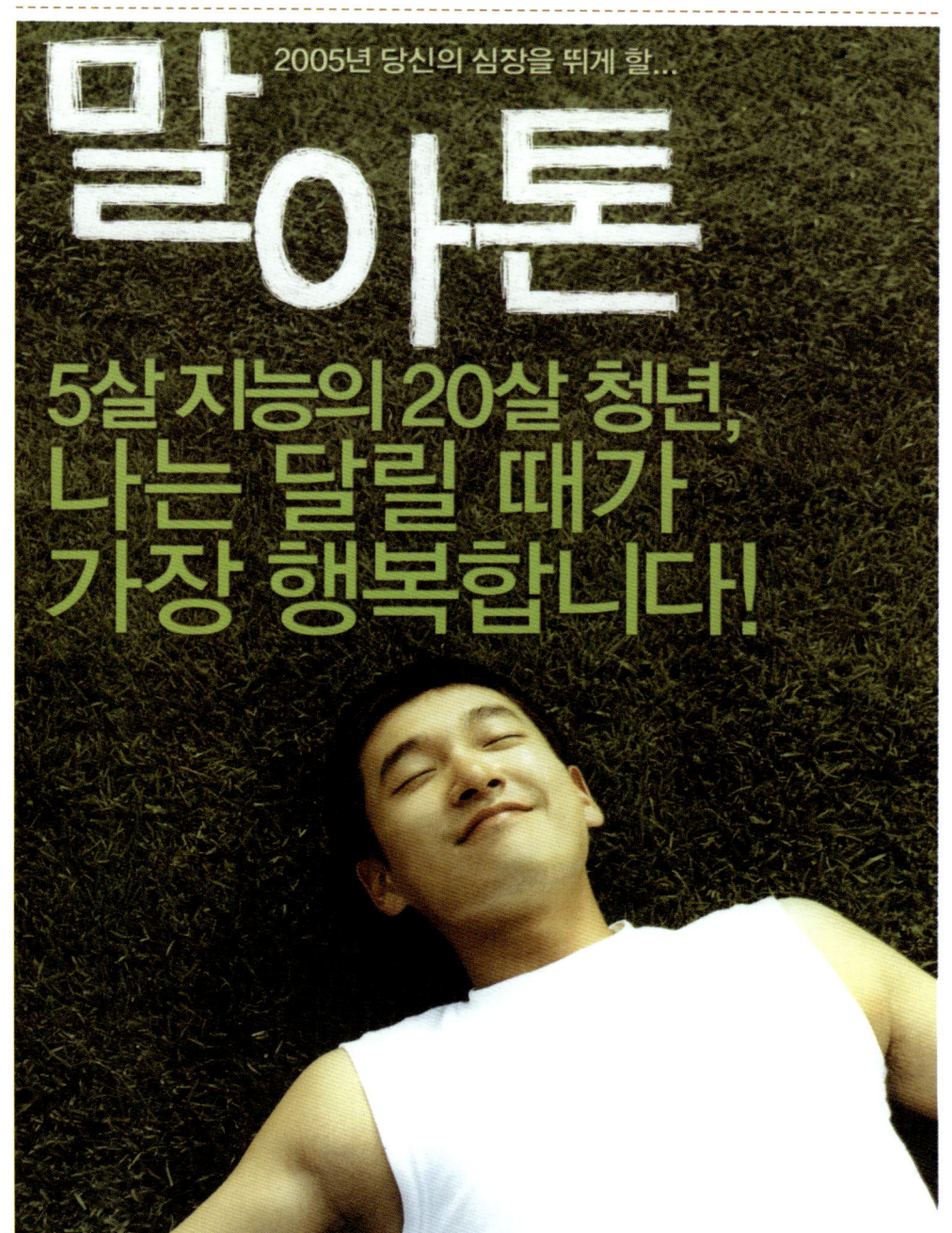

2005년 당신의 심장을 뛰게 할...

말아톤

**5살 지능의 20살 청년,
나는 달릴 때가
가장 행복합니다!**

그때 그 사람들 The President's Last Bang(2005)

(MK픽쳐스) 102분 극영화 15세관람
가/정치 미스터리

감독 · 각본 : 임상수
제작 : 심재명, 신철
개봉 : 2005년 2월 3일
출연 : 한석규, 백윤식, 송재호, 김응
　　　수, 조상건, 권병길, 정원중, 조
　　　은지, 김윤아, 정종준, 이재구,
　　　김상호, 김성옥, 김태한, 정인
　　　기, 정우, 김영인, 서희승, 심우
　　　창, 김병옥, 조덕제 외
촬영 : 김우형
음악 : 김홍집
조명 : 고낙선
편집 : 이은수
미술 : 이민복
세트 : 윤일랑, 김광섭
소품 : 이민복
의상 : 김도희
분장 : 조현숙
특수분장 : 신재호
사운드 : 김석원, 한철희
특수효과 : 이희경
시각효과 : 장성호
포스터 : 오형근
무술감독 : 김민수
조감독 : 정상민, 박상현, 서정훈
수상 : 제25회 영평상 10대영화상(임
　　　상수), 제41회 백상예술대상 작
　　　품상, 제7회 필리핀 시네마닐
　　　라영화제 최우수작품상(Lino
　　　Brocka Award), 제58회 칸국
　　　제영화제 감독주간(The Di-
　　　rectors' Fortnight)' 초청

중앙정보부 김 부장(백윤식)은 집무실에서 부황을 뜨던 중 대통령(송재호)의 만찬 소식을 전해듣고 수행비서 민 대령(김응수)과 오른팔 주 과장(한석규)을 대동하고 궁정동으로 향한다. 만찬이 시작되면서 그날따라 경호실장(정원중)의 태도가 안하무인격으로 변한다. 그런 경호실장이 비위에 거슬린 김 부장은 심각한 표정으로 한동안 앉아 있다가 갑자기 밖으로 뛰쳐나와 주 과장과 민 대령을 호출하여 경호실장에 대한 살해 계획을 밝힌다. 행동하면 지원하라는 부장의 명령에 따라 두 사람은 발빠르게 움직인다. 주 과장은 경비실로 돌아와 명령이라면 무조건 복종하는 충직한 영조(이재구)와 순박한 준형(김태한), 비번임에도 끌려나온 경비원 원태(김상호), 그리고 운전수 상욱(김성옥)에게 무장을 시키고 이들은 영문도 모른 채 주 과장이 시키는 대로 각자 위치에서 대기한다. 그리고 만찬장에 있는 김 부장의 총성을 신호로 그 주변을 피바다로 진압한다.

● '바람난 가족'(2003)에 이은 임상수 연출작. 각본 임상수. 제목은 10.26 사태 당시 연회장에서 가수 심수봉이 불렀던 히트곡 '그때 그 사람'에서 따왔다. 1979년 10월 26일, 박정희 대통령이 궁정동 안가에서 암살된 하루 동안의 일을 그린 정치풍자 블랙코미디. 역사적 사건을 새롭게 창작한 영화로 그날, 영문도 모른 채 대통령 살해사건에 가담하거나 휘말리면서 결국 비극적 최후를 맞게 된 사람들의 아이러니한 상황을 담고 있다.

대통령 역에는 송재호, 대통령을 저격하는 김재규 전 중앙정보부장을 떠올리게 하는 김 부장 역은 백윤식, 김 부장의 오른팔인 중앙정보 주 과장 역은 한석규, 심수봉을 떠올리게 하는 가수 송금자 역은 자우림의 김윤아, 그 외 정종준(참모총장), 정원중(경호실장), 김영인(최총리), 심우창(국방부장관)과 감독 임상수가 김 부장 주치의인 육본 헌병, 봉태규, 홍록기 등이 육본 초병으로 카메오 출연, 윤여정이 내레이션을 맡았다. 제작비 60억 원.

영화는 시작과 함께 자막을 통해 "세부사항과 심리묘사는 모두 픽션입니다"라고 밝히고 있으나 논픽션 다큐멘터리를 세 장면이나 넣은 것이 문제가 되었다. 정치적으로 민감한 소재이다 보니 고 박정희 대통령의 아들 박지만이 명예훼손을 이유로 상영금지 가처분 신청을 했고 법원이 "영화의 몇 장면으로 인해 고인의 명예를 훼손한 점"을 인정하여 실제 다큐멘터리 장면(3분 50초)은 무지 화면으로 처리된 채 개봉됐다. 또 실명의 배역명이 모두 수정되기도 했다. 법원의 가처분 결정에 의해 영화 장면이 삭제된 것은 그때가 처음이다.(스포츠한국 05. 1. 25)

이에 대한 논란은 쉽게 가라앉지 않았고 각 신문들은 2005년 2월 5일자에 「영화 '그때 그 사람들'과 창작 표현의 자유」(조선일보), 「블랙코미디와 다큐는 구분해야」(동아일보), 「창작, 표현의 자유와 명예훼손」(중앙일보), 「'그때 그 사람들'과 표현의 자유」(한국일보) 등 제하로 예술 표현의 자유와 연관시킨 사설을 다뤘다. 논설 요지는 대략 다음과 같이 정리된다.

실제 사건을 다루면서도 극적 효과를 위해 사실을 비틀어 사건을 변화시킨 "의사(擬似) 역사(pseudo‐history)" 영화는 할리우드에도 흔하게 등장하고 있다. 그러나 블랙코미디의 내용이 일부 다큐멘터리 장면으로 인해 역사적 사실인 것처럼 비친다면 예술의 진실성 측면에 문제가 되므로 역사적 사실을 모르는 관객에게 혼동을 주지 않기 위해서라도 블랙코미디는 블랙코미디로 끝나야 한다. 또한 영화가 작품의 소재가 개인이나 집단의 반발에 부딪힐 때마다 소송에 부쳐지고, 법률적 판단을 따라야 한다면 창작과 표현의 자유는 위축될 수밖에 없다는 점 등을 우려하는 내용 등이다. 이 영화는 흥행에서 성공하지 못했다.

마파도 Mapado(2005)

160억이라는 거액을 들고 잠적한 여자를 찾아 재철(이정진)과 비리형사 충수(이문식)는 '마파도'라는 작은 섬으로 오게 된다. 한데 그들은 뜻밖의 강적들과 마주친다. 이른바 지난 30년간 남자구경이라곤 해본 적이 없다는 할머니 5명, 이 섬의 주인이나 다름없는 이들은 마치 한 집안 식구처럼 모든 것이 공동재산이다. 함께 심어서 함께 거두어 함께 나누어 먹으면서 똘똘 뭉쳐서 살고 있는 것이다. 두 남자를 보자 하늘이 내려주신 특별한 선물이라 생각하는 엽기노인들 앞에서 그들은 돈을 찾기는커녕 오도 가도 못하게 해프닝에 말린다.

● 추창민 감독 데뷔작. 남의 복권 당첨권을 갖고 도망친 여자를 잡기 위해 외딴 섬에 들어간 두 남자의 섬 생활기를 그린 코미디. 이정진, 이문식을 필두로 여운계, 김수미, 김을동, 김형자, 길해연 등 출연. 배우들의 각 캐릭터를 살린 개성 있는 연기와 감독의 잔잔한 연출은 자연스러운 상황에서 오는 웃음으로 관객을 유도하여 흥행에 성공했다.
　서울 관객 92만 2000명, 전국 관객 310만으로 2005년도 한국영화 흥행 순위 9위, 역대 한국영화 흥행 순위 38위(08. 1. 25 기준). 전남 영광 독백 마을에서 촬영됐다. 1편에 이어 만들어진 이상훈의 '마파도 2'(2006)도 100만 관객을 돌파했다.

(코리아엔터테인먼트) 105분 극영화 15세관람가/코미디

감독 : 추창민　제작 : 이서열
각본 : 조중훈(원작 조중훈)
각색 : 추창민, 베네딕투스, 허인석
개봉 : 2005년 3월 10일
출연 : 이정진, 이문식, 여운계, 김수미, 김을동, 김형자, 길해연, 이정학, 정은표, 유해진, 김상호 외
기획 : 이서열　　촬영 : 백동현
음악 : 김준석　　조명 : 박건우
편집 : 장시연
미술 : 윤주훈, 김효진
세트 : 윤기찬　　의상 : 한혜숙
분장 : 박선　　동시녹음 : 이상준
사운드 : 이승철
특수효과 : 김흥진
시각효과 : 장시연프로덕션
포스터 : 윤형문
무술감독 : 이응준
제작지휘 : 정근현
프로듀서 : 김성진
조감독 : 허인석

안녕, 형아 Little Brother(2005)

아홉 살 장한이(박지빈)는 아픈 형(서대한)의 시중을 들기 위해 학원에 안 가도 되는 것이 행복하기만 하다. 엄마(배종옥) 아빠(박원상)에게도 전보다 덜 혼나고 입원한 형 때문에 병원은 한이에게 또 다른 놀이터가 되기도 한다. 한이는 형아도 학원에 가기가 싫어서 아픈 줄 안다. 그러던 어느 날 형아 옆에 입원해 있던 욱이(최우혁)와도 친구가 된 한이는 형아 머릿속에 난 나쁜 혹을 없애기 위해 욱이네 시골에 있다는 신비한 물을 길어오고 싶어 한다.

● 임태형 감독 데뷔작. 시나리오 작가 김은정의 친조카 홍설휘, 홍창휘 형제의 실제 이야기를 바탕으로 한 것이다. 2001년 뇌종양이 발견된 설휘는 2005년 1월 네 번째 수술을 받은 후 당시까지는 캐나다에서 살고 있었던 것으로 전해지고 있다. 출연했던 아역 배우 박지빈(1995년생)은 이 영화로 제1회 뉴몬트리올영화제에서 남우주연상과 루카스어린이영화제 최고상을 수상, 깜찍하고 귀여운 연기로 최연소 한류 배우로 부상했다.

(강제규&명필름) 95분 극영화 전체관람가/가족 드라마

감독 : 임태형　제작 : 심보경
각본 : 김은정(원작 김혜정)
개봉 : 2005년 5월 27일
출연 : 박지빈, 배종옥, 박원상, 서대한, 최우혁, 오지혜, 이승훈, 손영순, 조영관, 이항 외
촬영 : 김영호
음악 : 이지수, 나석주
조명 : 양우상　편집 : 이현미
미술 : 김선호
세트 : 오상만, 이치우
소품 : 안예니　의상 : 김문영
분장 : 송종희　특수분장 : 신재호
동시녹음 : 임동석
수상 : 제1회 뉴몬트리올영화제 남우주연상(Silver Irisfor Best Actor: 박지빈), 제29회 루카스어린이영화제 최고상, 토론토국제영화제 산하 제10회 스프라켓 토론토국제어린이영화제 경쟁 부문 초청

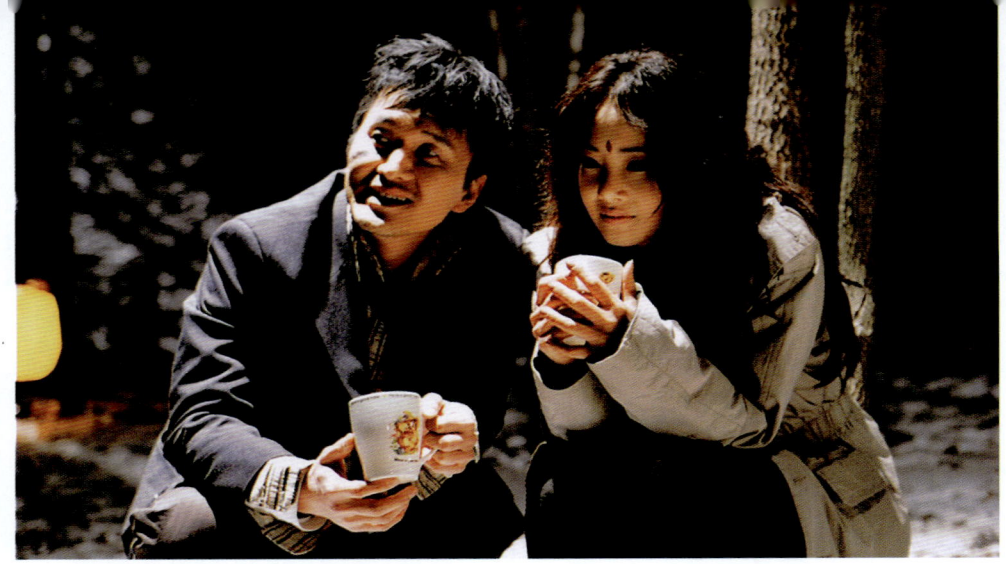

마법사들 The Magicians(2005)

(드림컴스) 96분 극영화 15세관람가/
판타지

감독 · 각본 : 송일곤
제작 : 안병근
개봉 : 2006년 3월 30일
출연 : 정웅인, 장현성, 이승비, 강경헌, 김학선 외
촬영 : 박영준
편집 : 최재근, 한경훈
미술 : 홍지
의상 : 정혜성
분장 : 김진아
동시녹음 : 박종근
사운드 : 김봉수, KinoPost, 공태원, 양윤선
프로듀서 : 이용주, 김정호
조감독 : 노홍진, 이재신, 김현욱
수상 : 제6회 전주국제영화제 디지털 3인3색 지원작 · 개막작, 제58회 로카르노국제영화제 공식경쟁 부문, 제6회 Tokyo FiLMeX 공식경쟁 부문, 제10회 부산국제영화제 뉴커런츠 10년 부문, 이탈리아 피렌체 제4회 한국영화제 초청

혼성 밴드였던 '마법사들'의 멤버들은 한해를 마감하는 12월 31일 밤, 기타리스트였던 지은(이승비)을 추모하기 위해 재성(정웅인)의 카페에서 모인다. '마법사들'이 해체한 지 3년만의 재회다. 드러머였던 재성은 강원도 숲속의 카페 주인이 되었고, 베이시스트 명수(장현성)는 음악과 사랑에 실패한 후 아르헨티나 이민을 계획하고 있다. 그들은 옛 기억을 더듬으며 아직 도착하지 않은 밴드 보컬 하영(강경헌)을 기다리는 중이다. 재성과 명수가 대화를 나누는 동안 지은의 영혼이 나비처럼 그들 사이를 날아다니고 카페는 과거와 현재가 공존하는 마법 같은 공간이 된다. 그러는 동안 카페에는 전직 스노보드 선수로 승려가 됐다가 다시 하산하는 손님(김학선)이 나타난다. 그들은 산장에서 하룻밤을 보내며, 지은의 추모식과 마법사 밴드의 새로운 출발을 시도하게 된다.

● 송일곤 각본 · 연출작. 전주영화제 '디지털 3인3색 2005'에 실린 30분짜리 옴니버스 연작을 장편으로 확대한 것으로 젊은 날의 꿈과 거기에 얽힌 죽음과 사랑을 현재로 재현해 내는 이야기다. 단편에서 기타리스트 지은의 자살에 초점을 맞추었다면 장편에서는 밴드의 멤버들이 그녀의 죽음을 극복하고 새로운 출발을 다짐한다. 또한 '마법사들'에서 빼놓을 수 없는 것은 카페를 둘러싼 숲과 음악이다. 일명 '실비아'로 이름 붙여진 숲은 마치 신화극 무대처럼 환상적인 분위기를 자아낸다. 남자 주인공 재성에게는 과거로 가는 통로이고 죽은 지은과의 추억이 살아 숨 쉬는 곳이며 음악은 상처를 딛고 새로운 현재를 시작하기 위한 모티브가 된다. 따라서 음악은 추억이자 사랑이며 미래다. 이는 송일곤이 이미 그가 연출한 영화 '꽃섬'(2001)과 '깃'(2004)에서도 시도한 바 있다.
　영화 전체가 96분 롱테이크로 진행된 것이 이 영화의 특징이다. 소위 '원 테이크, 원 컷(One Take One Cut)'의 형식적 실험을 과감하게 실현했다. 이를 성공시키기 위해서는 배우가 NG를 내서도 안 되고 감독은 감독대로, 카메라는 카메라대로, 모든 스태프들이 일체가 되어 편집 없이 영화를 한 숏으로 촬영해야 한다. 이 영화가 이를 해냈다.(「한 컷에 담은 96분의 실험」 문화일보 06. 3. 23) 이 영화는 일반 상업영화의 10분의 1에 해당하는 저예산으로 만들어졌다.

달콤한 인생 <small>(la dolce vita)</small> A Bittersweet Life(2005)

선우(이병헌)는 명령과 복종만이 존재하는 조직 세계에서 절대 권력을 가진 보스 강 사장(김영철)의 오른팔이다. 그는 강 사장의 젊은 애인 희수(신민아)와 희수의 남자(문정혁)를 처단하라는 명령을 받았으나 알 수 없는 망설임 끝에 그들을 놓아준다. 그것은 일순간의 달콤한 감상이 빚어낸 돌이킬 수 없는 실수였다. 그 감정의 정체를 깨닫기도 전에 괴한들이 들이닥치고 그는 죽음의 문턱에 무참하게 버려진다. 강 사장이 희수를 놓아준 진짜 이유를 묻지만 그는 막상 대답할 말이 없다. 그가 강 사장 앞으로 다가서는 순간 강 사장의 왼팔인 백 사장(황정민)의 총에 최후를 맞는다.

● 김지운 각본 · 연출작. 제목은 달콤했던 한 순간, 정점에서 추락하기 시작하는 한 남자의 인생을 역설적으로 비튼 것이다. 조직 간의 암투와 배신을 그린 기존의 느와르와는 달리 '달콤한 인생'은 보스의 애인을 감시하던 조직원이 젊은 남녀의 사랑을 동경하고 이해하다가 목숨을 건 엄청난 불행을 초래하게 되는 내용이다. 김지운의 느와르 액션은 어둡고 침울한 느와르가 아니라 유머와 감성이 균형있게 배치되는 것이 특징이다. 인간이 가장 소중하게 여기는 사랑과 믿음을 주제로, 영화는 빼어난 영상과 깔끔한 연출력, 흥미진진한 이야기와 다양한 캐릭터를 통해 작품성과 오락성까지 고루 갖추고 있다.(평론가 홍성진) 이병헌과 김영철의 무게감 있는 연기와 황정민의 악역 연기가 볼만하다. 인기그룹 신화의 에릭(문정혁)이 '킬러'로 데뷔, 대사 한마디 없이 그 자체만으로 강렬한 인상을 남긴다.

이 영화는 한국영화사상 최고가(330만 달러)로 일본에 판매되어 화제를 낳았고 제58회 칸국제영화제 공식 섹션 중 비경쟁 부문에 진출했으며 2005년 4월 23일, 일본에서도 개봉되어 첫 주 흥행 순위 9위에 올랐다.(스포츠서울 05. 1. 3) 코미디, 공포, 드라마 등 다양한 장르를 선보인 감독이 느와르 액션폭력물에도 뛰어난 능력을 입증한 예이다.

(영화사 봄) 120분 극영화 18세관람가/액션느와르

감독 : 김지운
제작 : 오정완, 이유진
각본 : 김지운(원작 김지운)
개봉 : 2005년 4월 1일
출연 : 이병헌, 김영철, 신민아, 황정민, 문정혁, 김뢰하, 이기영, 오달수, 김해곤 외
촬영 : 김지용
조명 : 신상열
편집 : 최재근
세트 : 조민수
소품 : 정민영
의상 : 조상경
분장 : 김도희
동시녹음 : 김경태
미술 : 류성희, 이청미
음악 : 달파란, 장영규
특수분장 : CELL, 곽태용
사운드 : LIVE TONE, 최태영
특수효과 : 정도안, 이희경
시각효과 : DTI
포스터 : 김중만
무술감독 : 정두홍
조감독 : 이소영, 오세경
수상 : 제42회 대종상영화제 남우조연상(황정민), 제26회 청룡영화상 촬영상(김지용), 제42회 백상예술대상 최우수연기상(이병헌), 제13회 춘사영화예술제 올해의 남우주연상(이병헌), 제4회 대한민국영화대상 남우조연상(황정민), 제25회 한국영화평론가협회상 남자연기상(이병헌) · 10대영화상(김지운) · 음악상(달파란, 장영규), 제6회 부산 영평상 촬영상(김지용), 제38회 스페인 시체스영화제 음악상(달파란, 장영규), 제8회 도빌 아시아영화제 '액션 아시아' 경쟁작, 제58회 칸국제영화제 공식섹션(Official Sele ction) 비경쟁 부문(Out of competition) 진출

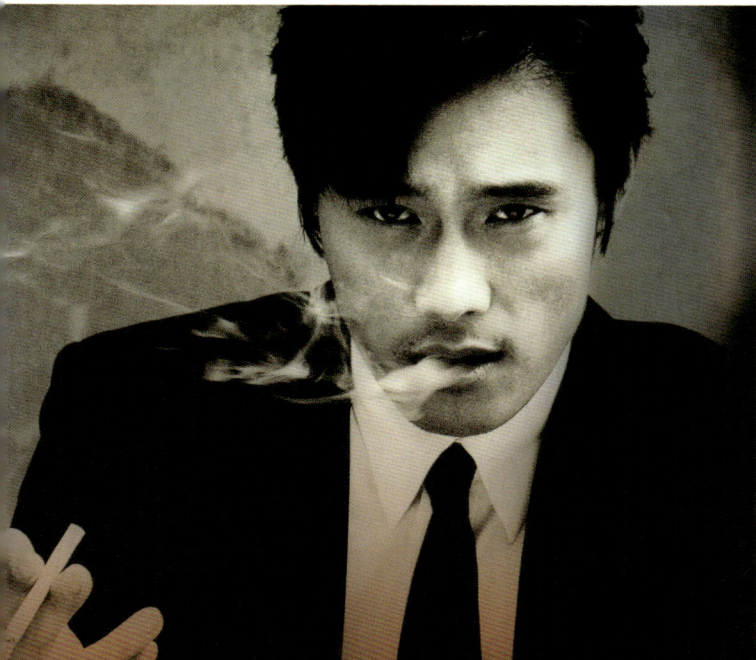

주먹이 운다 Crying Fist(2005)

(시오필름) 134분 극영화 15세관람가/
드라마

감독 : 류승완
제작 : 임승용, 박재형
각본 : 류승완, 전철홍
      (원작 류승완, 전철홍)
개봉 : 2005년 4월 1일
출연 : 최민식, 류승범, 나문희, 기주
      봉, 이준구, 임원희, 변희봉, 천
      호진, 안길강, 김수현 외
기획 : 김유경
촬영 : 조용규
음악 : 방준석
조명 : 정성철
편집 : 남나영
미술 : 박일현
세트 : ㈜무대마당
소품 : 이목원
의상 · 분장 : 이서진
특수분장 : 신재호
동시녹음 : 정군
사운드 : 김창섭
특수효과 : 정도안
시각효과 : 이전형
포스터 : 이전호
무술감독 : 정두홍
프로듀서 : 한재덕
조감독 : 이정훈, 유선우, 한동욱,
      송종훈
수상 : 제42회 대종상영화제 심사위원
      특별상 · 여우조연상(나문희) ·
      편집상(남나영), 제13회 춘사영
      화예술제 음악상(방준석), 제25
      회 영평상 10대영화상(류승완),
      제6회 부산 영평상 감독상(류
      승완), 뉴욕 아시아영화제 관객
      상, 제32회 벨기에 플랑드르
      영화제 관객대상, 제58회 칸국
      제영화제 국제비평가협회상
      (FIPRESCI)

한때 잘 나가던 복서 강태식(최민식)은 생계를 위해 거리에서 돈 받고 매 맞는 복서가 되었다. 그러나 아내와 아들(이준구)에게 실추된 자존심과 복서로서의 명예를 되찾기 위해서는 신인왕 타이틀이 꼭 필요한 상황이다. 한편 소년원 출신 상환(류승범)도 신인왕전 출전에 모든 것을 걸고 있다. 그는 죽은 아버지(기주봉)에 대한 참회와 병마와 싸우는 할머니(나문희)에 대한 뒤늦은 효도, 그리고 자신이 인간쓰레기가 아니라는 것을 증명해 보이기 위해서다.

막상막하의 실력과 운명을 가진 두 남자, 더 이상 물러 설 곳 없는 인생 막장의 늙은 복서 태식과 태어나서 처음으로 누군가를 위해 싸우는 소년원 복서의 인생을 건 한판 대결에서 어느 누구도 그 한쪽 편만을 들 수가 없다.

● '아라한장풍대작전'(2004)에 이은 류승완 연출작. 류승완은 영화 '주먹이 운다'에서 액션의 쾌감보다 살과 주먹이 부딪히면서 느껴지는 순박한 인간애에 초점을 두고 있다. 이는 다큐멘터리 실화 붐을 타고 기획된 것으로 MBC '생방송 화제집중 6시'에서 방송된 일본 신주쿠의 명물 하레루야 아키라의 사연과 SBS '휴먼 TV 아름다운 세상'을 통해 알려진 소년원 출신 복서로서 이종격투기 선수로 뛰고 있는 서철의 이야기를 토대로 꾸며진 것이다.

최민식, 류승범 주연. 처음에는 강태식과 상환의 이야기를 옴니버스식으로 이끌다가 복싱신인왕 타이틀전에 이르러 둘의 현란한 대결로 이어진다. "이기고 지는 것이 중요하지 않는 순간이 있다"고 하면서도 분명 두 사람 중 한 명은 이기고 다른 한 명은 패배해야 하지만 이 영화는 두 캐릭터에게 똑같은 희망을 부여한다. 최선을 다했다면 패자에게도 희망이 있다는 것이 영화가 주는 메시지다.

거리 복싱은 분당 서현역 광장, 신인왕전은 인천체육대학 실내체육관에서 촬영됐다. 류승완은 영평상 10대영화상과 부산 영평상 감독상, 뉴욕 아시아영화제 관객상, 벨기에 플랑드르영화제 관객 대상과 칸국제영화제 국제비평가협회상을 받았다. 서울 관객 51만 9000명, 전국 172만 2000명으로 흥행에서도 성공한 편이다.

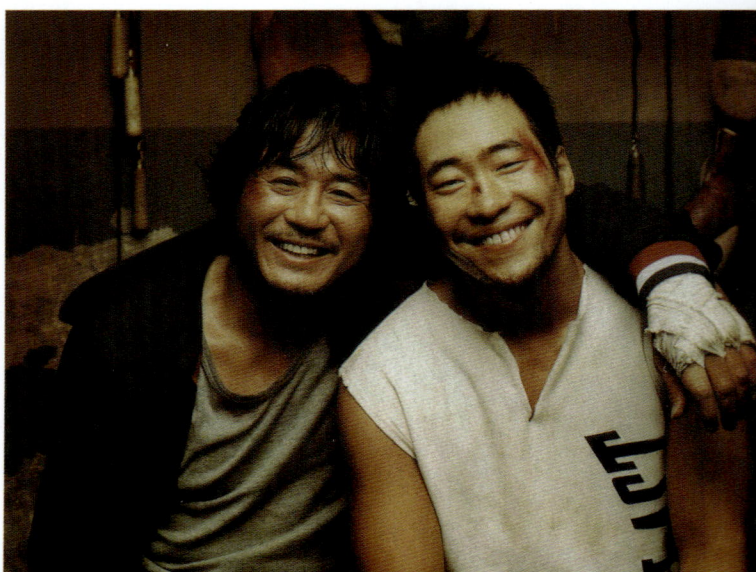

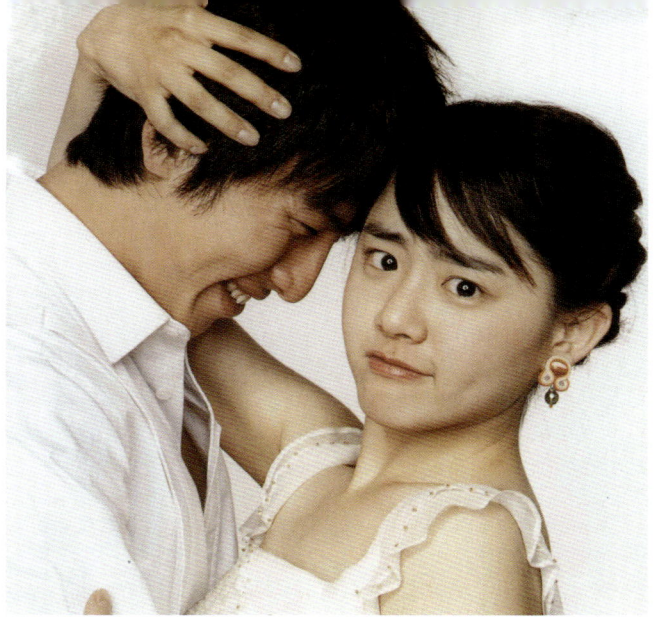

(컬처캡미디어) 110분 극영화 12세관
람가/멜로
감독 : 박영훈
제작 : 최순식, 허재철, 이재혁, 신재현
각본 : 박계옥(원작 박계옥)
각색 : 박영훈, 박현규
개봉 : 2005년 4월 28일
출연 : 문근영, 박건형, 박원상, 윤찬,
　　　김기수, 정유미, 이대연 외
기획 : 허재철, 최순식
촬영 : 김종윤
음악 : 최만식
조명 : 이강산
편집 : 신민경
미술 : 신점희
소품 : 강민수
의상 : 이지영
분장 : 이진영
세트 : 유주호, 문성진
동시녹음 : 강신규
사운드 : 이성진
특수효과 : E&I
시각효과 : 정만표
포스터 : 구본창
무술감독 : 정은실
무용감독 : 이건국
프로듀서 : 이필훈
조감독 : 박현규
수상 : 제42회 대종상영화제 여우주연
　　　상(문근영) · 신인남우상(박건
　　　형) · 의상상(이지영), 제29회
　　　황금촬영상 최우수 인기여우상
　　　(문근영), 제4회 대한민국영화
　　　대상 신인남우상(박건형)

댄서의 순정 Dancing Princess(2005)

춤을 추는 영새(박건형)는 상두(박원상)의 소개로 연변 조선족 장채린(문근영)을 만나 댄스 스포츠 경연 대회에 참가하기로 한다. 채린은 언니 대신 한국에서 위장 결혼을 하려는 것이 목적이다. 그런 줄도 모르고 영새는 채린과 결혼 신고를 하고 나서야 그녀의 진짜 신분을 알게 된다. 그는 배신감을 느끼면서도 술집에 넘겨진 채린을 구해주고 춤도 가르친다. 그러나 대회를 며칠 앞두고 영새가 다리를 다치는 바람에 채린은 영새의 후배인 현수(윤찬)와 대회에 나가 우승을 거머쥔다. 이제는 주민등록증이 나와서 채린은 고향인 중국으로 돌아가야 하지만 영새를 사랑하는 채린은 다시 영새에게 돌아와 다리가 아픈 영새를 이끌고 행복하게 춤춘다.

● '중독'(2002)을 연출한 박영훈의 신작. 연변 조선족 소녀 채린이 서울에 와서 원하던 춤도 배우고 사랑도 하게 된다는 내용의 로맨틱 코미디. 영화 '댄서의 순정'은 춤을 매개로 한 사랑 이야기로 화려한 몸놀림과 경쾌한 음악, 눈길 가는 의상 등이 볼거리다. 문근영이 순진무구한 연변 소녀 역을 맡아 한국 생활에 적응하면서 사랑을 이루는 과정을 연기했고 영화 'DMZ 비무장지대'(2004)로 데뷔한 박건형이 상대역을 맡았다.

문근영은 '댄서의 순정'에 출연하기 전까지 춤과는 거리가 멀었으나 무용감독 이건국과 무술 감독 정은실에게 하루 최대 10시간씩 룸바, 차차차, 자이브, 삼바 등을 익혔다고 한다.('문근영 여인의 향기 "물씬"' 일간스포츠 05. 2. 24) '댄서의 순정'에 삽입됐던 OST는 Jessica Jay의 'Chilly Cha Cha', 외국 그룹 Sunday의 '1000 years'를 신인 가수 강은수가 리메이크하여 부르고 문근영이 중국영화 '첨밀밀(甛蜜蜜)'(1996)의 주제곡 '야래향'을 직접 불렀다.

문근영이 대종상 여우주연상과 황금촬영상 최우수 인기여우상, 박건형이 대종상과 대한민국 영화대상에서 신인남우상을 수상, 서울 63만 7000명, 전국 220만여 명(219만 7500명)을 동원. 이 영화는 2006년에 뮤지컬로 제작됐다.

혈의 누 血의 涙, Blood Tears(2005)

(좋은영화) 119분 극영화 18세관람가/
미스터리 범죄

감독 · 각색 : 김대승
제작 : 김미희
각본 : 김성제, 이원재
개봉 : 2005년 5월 4일
출연 : 차승원, 박용우, 천호진, 지성,
윤세아, 최종원, 오현경, 박철
민, 유해진, 정규수, 박충선 외
기획 : 강우석
촬영 : 최영환
음악 : 조영욱
조명 : 김성관
의상 : 정경희
분장 : 한필남
편집 : 김상범, 김재범
미술 : 민언옥, 양홍삼
소품 : 유청, 강정훈
특수분장 : 신재호, 이종한
동시녹음 : 이태규
사운드 : 김석원, 김창섭
특수효과 : 정도안, 김태의
시각효과 : 강종익, 한태정
무술감독 : 정두홍, 정창현
프로듀서 : 김성제
조감독 : 김영진
수상 : 제42회 대종상영화제 미술상
(민언옥) · 의상상(정경희), 제
26회 청룡영화상 기술상(특수
분장 : 신재호), 제42회 백상예
술대상 작품상, 제13회 춘사영
화예술제 작품상(좋은영화) · 올
해의 감독상(김대승) · 올해의
남우조연상(박용우) · 촬영상(최
영환) · 조명상(김성관) · 기술상
(특수효과 : 신재호) · 편집상(김
상범, 김재범), 제25회 영평상
10대영화상(김대승) · 기술상(신
재호) · 각본상(이원재), 제4회
대한민국영화대상 음향상(김석
원, 김창섭) · 시각효과상(특수
분장 : 신재호) · 미술상(민언
옥) · 의상상(정경희), 제17회 일
본 유바리국제판타스틱영화제
영 판타스틱 대상(김대승)

제지업으로 성장한 외딴 섬 동화도. 조정에 바쳐야 할 제지가 수송선과 함께 불타는 사고가 벌어지자 사건 해결을 위해 수사관 이원규(차승원) 일행이 섬으로 파견된다. 섬에 도착한 첫날, 화재사건의 실마리를 풀기도 전에 참혹한 연쇄살인이 일어난다. 이 살인 사건은 7년 전, 역모를 이끈 천주교도와 한패로 낙인찍힌 후 온가족이 참형당한 강객주(천호진)의 원혼이 일으킨 저주로 추측되면서 마을은 한층 광기에 휩싸인다. 제지소 주인의 아들 인권(박용우)은 흉흉한 마을 분위기를 선동하며 수사관 원규와 대립하려 들고 여기에 강객주에게 은혜를 입었던 두호(지성)까지 가세하자 수사는 더욱 혼란에 빠진다.

● '번지 점프를 하다'(2000)로 감독 데뷔한 김대승 연출작. 이인직의 소설 『血의 涙』와는 무관하다. 1808년 조선시대를 배경으로 동화도라는 외딴섬의 제지소를 둘러싸고 벌어지는 방화와 연쇄살인 사건을 다룬 미스터리 사극. 개봉 첫 주에 전국 90만여 명이 관람하는 등 인터넷 게시판에 '깨달음을 얻게 해준 수작'이라는 긍정적 반응과 '잔인하고 허무하다'(경향 05. 5. 9)는 상반된 의견이 엇갈리기도 했다. 한 맺힌 복수의 화신이 상대방을 끓는 물에 집어넣거나 젖은 종이로 얼굴을 덮고 죽는 순간을 지켜보는 장면, 능지처참 장면 등은 영화 속에서 필요한 인과관계의 수단으로 표현된다. 김대승이 춘사영화제, 한국영화평론가 협회상에서 올해의 감독상과 10대 영화상, 일본 유바리국제판타스틱영화제 영 판타스틱 대상을 거머쥐었다.
순제작비 56억 원. 서울 관객 68만 8000명, 전국 227만 4000명 동원으로 2005년도 한국영화 흥행 순위 13위, 역대 한국영화 흥행 순위 59위(08. 1. 25 기준). 제목은 한자 뜻 그대로 피(血)와 눈물(涙)을 뜻한다. 전남 여수 일대와 보성, 경북 경주 등을 주 배경으로 하여, 섬에 포구 마을, 제지소 등의 대규모 세트를 제작해서 촬영했다.

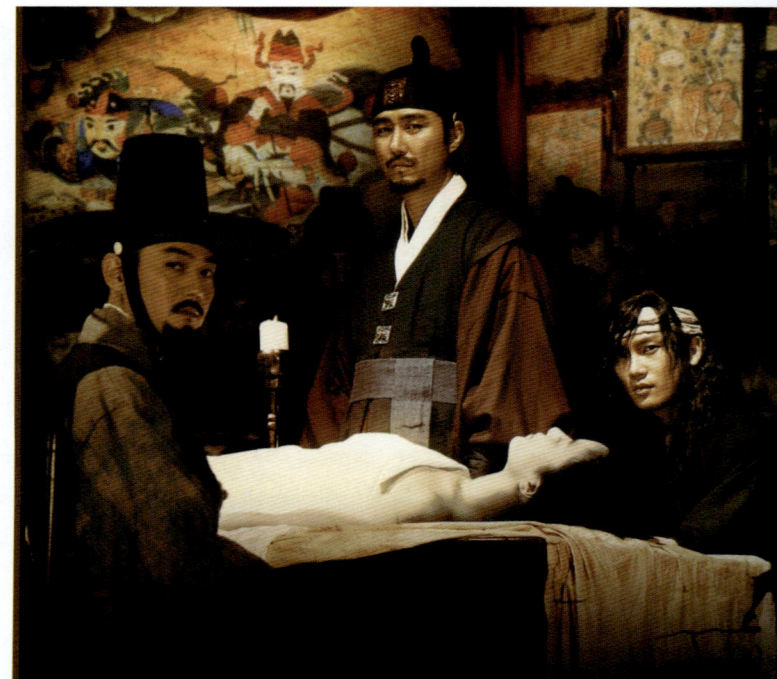

활 The Bow(2005)

인적 없는 망망한 바다 한가운데 떠 있는 배 한 척. 세상으로부터 완전히 고립된 이 배에는 60세 노인(전성환)과 16세 소녀(한여름) 둘이서 살고 있다. 낡고 오래된 큰 배는 그들의 거처이고 그 옆에 달려 있는 작은 거룻배로 뭍을 오가며 낚시꾼들을 실어 나르는 것이 노인의 직업이다. 10년 전 노인은 항구에서 길을 잃고 헤매는 소녀를 데려다 정성껏 키웠고 이제 그녀가 17세가 되면 혼례를 치를 계획이다. 그러나 뭍으로 오가는 작은 배가 섬으로 들어오면서 노인의 꿈에 금이 가기 시작한다. 소녀는 배보다 더 넓은 세상이 있음을 알게 되었고 세상에 대한 동경이 커질수록 노인에 대한 사랑도 식어가게 된다.

소녀가 17세 되던 날, 전통 혼례가 치러지지만 마침 그 섬에 왔다가 소녀를 보고 사랑하게 된 대학생(서지석)에게 노인은 소녀를 딸려 보내기로 하고 모든 욕심을 떨쳐버린 채 서서히 바다 속으로 가라앉는다. 욕망이 사그라지듯 노인이 사라지는 순간, 소녀는 대학생과 함께 새로운 세상을 향해 떠난다.

● 김기덕의 12번째 연출작. 언제나 독특한 소재를 영상에 담고 있는 김기덕의 제작·감독·각본(원작)·편집 작품으로 김기덕 필름이 배급을 맡고 있다. 김기덕은 '빈집'(2004)에서처럼 이 영화에서도 정신적 변화, 성장을 경험하는 주체로 여성을 등장시킨다. 그리고 그 여성은 '상처 입은 자'이며 '활'에서는 배에 갇힌 소녀로 설정된다. 노인과 소녀의 기이한 사랑을 그린 이 영화는 김기덕의 전작 '사마리아'에 출연했던 한여름(서민정)이 소녀 역, 연극배우 전성환이 노인 역으로 출연, 대사가 거의 없이 추상적이고 상징적인 묘사로 전개된다. 달빛에 흔들리는 바다 물결과 그 위에 뜬 달, 그리고 어슴푸레한 노인의 모습은 동양적 선(禪)의 화면을 보여줬던 김기덕의 전 영화들 보다 한층 더 발전해 있다. 이는 피아노 연주에 곁들인 여류 해금연주자 강은일의 '비에 젖은 해금'을 통해 한층 극대화된다. 특히 망망대해에서 노인이 소녀의 가랑이를 향해 활시위를 당기는 장면은 혼례를 치루는 첫날밤, 주변으로부터 소녀를 지키려는 방패로 비유되지만 굳이 의미를 부여하지 않더라도 가랑이를 과녁으로 삼았다는 묘사 자체가 섬뜩한 충격을 준다. 이 영화는 평단의 극찬과 외국영화계에서 큰 호평을 받았다.(「김기덕 신작 '활' 칸에서 환대」《FIRM2.0》05. 5. 13, 「칸 명 중시킨 김기덕 '활'」 한겨레 05. 5. 17)

단관 개봉 방식을 택한 '활'은 홍보 없이 2005년 5월 12일 서울 씨너스G와 부산극장을 필두로 씨너스 대전, 대구 한일, 광주 무등극장 등 전국을 순회하며 상영됐고 2008년 뉴욕한국문화원(원장 송수근)과 뉴욕 현대 미술관(MoMA)이 공동 주최하는 회고전에 초대되었다. 영화는 완성되기 이전에 이미 세계 15개국에 수출되었다.

(김기덕필름) 88분 극영화 15세관람가 /드라마

감독·제작 : 김기덕
각본 : 김기덕(원작 김기덕)
개봉 : 2005년 5월 12일 씨너스G(서울), 부산극장(부산)
출연 : 전성환, 한여름, 서지석, 전국환, 김익태, 장대성 외
촬영 : 장성백
음악 : 강은일, 한만주
편집 : 김기덕
미술 : 김현주, 정병국
의상 : 김경미
분장 : 김진영
동시녹음·사운드 : 정현수
특수효과 : 김재민
시각효과 : 문병용
프로듀서 : 강영구
조감독 : 장훈
수상 : 제60회 칸국제영화제 '주목할 만한 시선' 부문 개막작 선정, 제62회 베를린국제영화제, 제26회 포르투갈 판타스포르토 영화제 초청, 제10회 부산국제영화제 개막식 상영

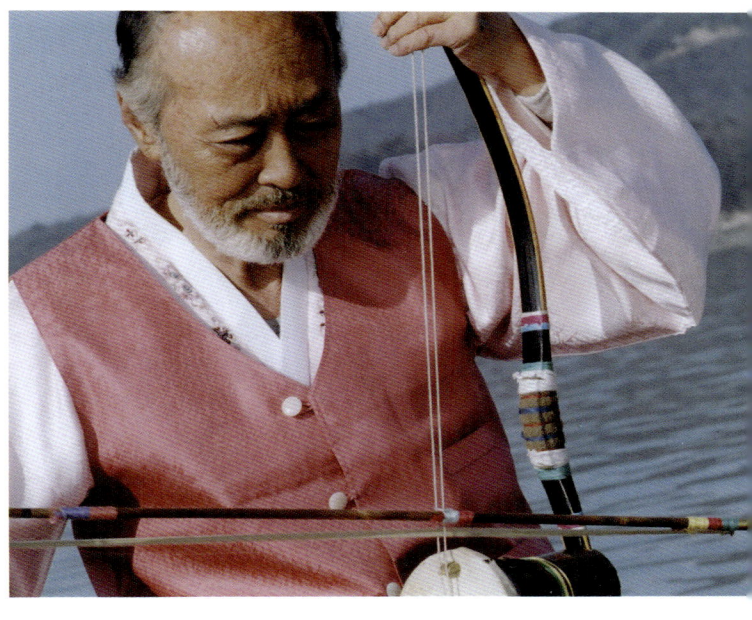

간 큰 가족 A Bold Family(2005)

(두사부필름) 102분 극영화 12세관람
가/코미디

감독 · 각본 : 조명남
제작 : 윤제균, 허태구
각색 : 유성협, 김영탁
개봉 : 2005년 6월 9일
출연 : 신구, 감우성, 김수로, 김수미,
　　　　성지루, 신이 외
기획 : 제정훈　　**촬영** : 김윤수
음악 : 황상준　　**조명** : 이승구
편집 : 고임표　　**미술** : 최기호
세트 : 윤일랑　　**소품** : 정민영
의상 : 해인, 엔터테인먼트
분장 : 김유정, 최가을
동시녹음 : 이충환
사운드 : 황진수
특수효과 : KMF
시각효과 : 조이석, 서성길
프로듀서 : 나용국
조감독 : 이세영

아버지 김 노인(신구)의 50억 재산은 "통일이 되었을 때만 상속받을 수 있다"는 조항이 붙어 있다. 통일이 되지 않을 경우 통일부로 전액 기부될 50억을 사수하기 위해 가족들은 "통일이 됐다"는 가짜 뉴스 프로그램을 만들어 임종 직전의 아버지에게 보여주고 통일 상황을 믿게 하는 데 성공한다. 그러나 오늘내일하던 아버지가 통일이 됐다는 말에 기적처럼 건강을 회복하자 가족들은 통일 연극을 지켜내기 위해 눈물겨운 사투를 벌인다. 결국 합리적이고 현명한 김 노인의 결정으로 가족들은 긴 죄의식과 조바심에서 벗어나 가족애로 뭉친다.

● 조명남 감독 데뷔작. 조명남의 1997년 영진위 시나리오 공모전 당선작. 독특한 제목이 보여주듯이 간 큰 가족들이 벌이는 황당하고 상상을 초월하는 내용. 통일 분위기를 위해 '남북 단일팀 탁구대회'와 '평양 교예단 서울공연'을 설정하는 등 모든 방법을 다 동원 하다가 결국 실향의 슬픔으로 통일 문제를 풀어가는 새로운 스타일의 코미디 영화. 아버지 김 노인 역의 신구 연기가 돋보이고 감우성과 김수로가 형제로 나온다. 전국 관객 159만 3000명으로 역대 한국영화 흥행 순위 97위(08. 1. 25 기준).

연애의 목적 Purpose Of Love(2005)

(싸이더스) 121분 극영화 18세관람가/
로맨스코미디

감독 · 각색 : 한재림
제작 : 차승재
각본 : 고윤희, 한재림
개봉 : 2005년 6월 10일
출연 : 박해일, 강혜정, 이대연, 박그
　　　　리나, 박준면, 서영화 외
촬영 : 박용수
음악 : 이병우
미술 : 전수아
세트 : 노상억
소품 : 유용주
의상 : 김재아
프로듀서 : 최선중
조감독 : 정지연, 김태연
수상 : 제43회 대종상영화제 신인감
　　　　독상(한재림), 제26회 청룡영화
　　　　상 각본상(고윤희, 한재림), 제
　　　　42회 백상예술대상 시나리오상
　　　　(한재림, 고윤희), 제25회 영평
　　　　상 10대영화상(한재림), 제6회
　　　　부산 영평상 최우수작품상(한
　　　　재림) · 여우주연상(강혜정) · 각
　　　　본상(고윤희)

고교 영어교사 유림(박해일)은 새로 온 미술 교생 홍(강혜정)에게 "우리 연애하자"고 하더니 단둘이 갖게 된 술자리에서 이번엔 "같이 자고 싶다"고 말한다. 그런 유림을 대하는 홍도 만만치 않다. "나랑 자려면 50만 원 내요." 서로 밀고 당기는 줄다리기가 반복되면서 그들은 어느덧 '연애'에 돌입한다. 그리고 목적없이 시작한 연애에 목적이 생기면서 그들의 연애

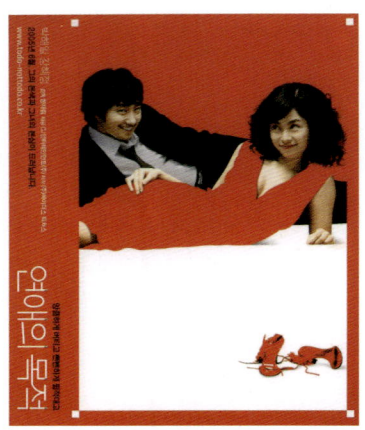

는 골치가 아파진다. 연애의 목적은 결국 사랑이기 때문이다.

● 한재림 감독 데뷔작, 각본 고윤희. 2003년 영진위 시나리오 공모전 당선작. 싸이더스가 내놓은 '처녀들의 저녁식사'(1998), '결혼은 미친 짓이다'(2002) '싱글즈'(2003)에 이어 남과 여의 숨겨진 심리를 "연애의 목적은 사랑"이라는 선문답으로 풀어낸 로맨스 코미디. 한재림 대중상 영화제 신인감독상, 부산 영평상 최우수 작품상 수상.

분홍신 The Red Shoes(2005)

지하철에서 주워온 분홍신을 신고 욕실 거울에 비친 자신의 모습에 도취된 선재(김혜수), 문밖에선 그녀의 딸 태수(박연아)가 엄마의 분홍신을 탐내듯 바라본다. 그리고 두 모녀가 욕실을 떠나자 욕실 거울에 피 묻은 분홍신을 움켜쥔 한 소녀의 영상이 남는다. 선재와 태수 모녀가 서로 분홍신을 차지하려고 신경전을 벌이는 사이 그 집에 왔던 선재의 후배가 분홍신을 훔친다. 그리고 그녀가 분홍신을 신자 주변에서 보내는 선망의 시선에 못 이겨 자신도 모르게 춤추다가 쇼윈도에 발목이 잘린 채 죽는다. 분홍신이 죽음을 부른다는 사실을 알게 된 선재는 분홍신을 버리려고 하지만 분홍신은 매번 그녀에게로 되돌아온다.

● 김용균 각본 · 연출작. 잔혹 동화를 표방한 영화 '분홍신'은 신으면 끝없이 춤을 춰야 하는 안데르센의 동화에서 모티브를 따고 있다. 분홍신에 담긴 원혼이 분홍신을 탐내는 자들에게 저주를 내리는 내용이다. 김혜수가 분홍신 때문에 공포와 저주에 휩싸이는 히스테릭한 캐릭터를 맡았다.
　순제작비 26억 원. 개봉 첫 주말 전국 관객 46만을 동원한 '분홍신'은 주말 예매율 국내 영화 1위, 전체 영화 중 3위를 차지하는 기염을 토했다.(「주말영화 기상도 '미스터&미세스스미스', '수퍼맨 비긴즈'에 이어 전체 3위」 문화일보 05. 7. 1)

(청년필름)103분 극영화 15세관람가/공포 호러

감독 : 김용균　　제작 : 김광수
각본 : 마상렬, 김용균(원작 마상렬 김용균)
개봉 : 2005년 6월 30일
출연 : 김혜수, 박연아, 이얼, 김성수, 고수희, 김지은, 사현진, 서하림, 김지은 외
촬영 : 김태경　　음악 : 이병우
조명 : 박건우　　편집 : 신민경
미술 : 임형태, 장박하
세트 : 윤기찬　　소품 : 이종국
의상 : 김유선　　분장 : 박선지
특수분장 : 유태영
동시녹음 : 정군
사운드 : 이성진
특수효과 : 정도안, 유영일, 김재민, 김동원
시각효과 : 김태훈
프로듀서 : 신창길, 김도혜
조감독 : 권경업

박수칠 때 떠나라 The Big Scene(2005)

강남 최고급 호텔에서 칼에 찔려 발견된 카피라이터의 사체. 휘발유 통을 들고 현장에서 검거된 의문의 용의자 김영훈(신하균).
　이 사건의 수사 생중계를 통해 최대한의 시청률을 뽑아내려는 모 방송국 측은 동물적 감각을 지닌 검사 최연기(차승원)와 내성적인 용의자 김영훈을 내세워 1박 2일간의 '버라이어티한 수사극'을 진행시킨다. 증언자들이 늘어나면서 애초 범인으로 지목된 김영훈에 대한 수사는 미궁으로 빠져들고 50%에 육박하던 시청률이 곤두박질치기 시작한다. 그러자 다급해진 방송국 측은 극약 처방을 내놓는다.

● '아는 여자'(2004)에 이은 장진 각본 · 연출작. 좋은세상만들기 운동본부 주최 '범죄 없는 사회 만들기 캠페인'의 일환으로 미모의 카피라이터 살인 사건의 수사 과정을 48시간 동안 생중계한다는 기발한 아이디어에서 영화가 출발하고 있다.(리뷰 「박수칠 때 떠나라」 살인사건 생중계쇼」 한국 05. 8. 11) 유머러스와 수사극의 긴장감이 잘 어우러진 버라이어티 리얼 수사극. 차승원, 신하균 외에 차승원에게 살인 사건의 중요한 단서를 주는 미모의 증인으로 김지수 출연.
　서울 관객 81만 5000명, 전국 최종 248만(247만 5300명) 동원으로 2005년도 한국영화 흥행 순위 12위, 역대 한국영화 흥행 순위 49위(08. 1. 25 기준)를 기록했다.

(어나더썬데이) 115분 극영화 15세관람가/드라마

감독 · 각본 : 장진(원작 장진)
제작 : 이택동
개봉 : 2005년 8월 11일
출연 : 차승원, 신하균, 신구, 정동환, 김진태, 공호석, 정규수, 김지수, 정재영 외
기획 : 필름있수다　　촬영 : 김준영
음악 : 한재권　　조명 : 정영민
편집 : 김상범, 김재범
미술 : 김효신
세트 : 오상만, 김보관
소품 : 신성선
의상 : 한혜숙
분장 : 오창렬
동시녹음 : 임형근
사운드 : 최태영
특수효과 : 김태용
시각효과 : 유희정
포스터 : 윤형문
프로듀서 : 김운호
조감독 : 라희찬

친절한 금자씨 Sympathy For Lady Vengeance(2005)

(모호필름) 112분 극영화 18세관람가/
스릴러

감독 : 박찬욱
제작 : 이태헌, 조영욱
각본 : 정서경, 박찬욱
개봉 : 2005년 7월 29일
출연 : 이영애, 최민식, 권예영, 김시
후, 남일우, 김병옥, 오달수, 이
승신, 오광록, 이대연, 임수경,
한재덕, 류승완, 유지태, 강혜
정, 윤진서, 송강호, 신하균 외
촬영 : 정정훈   음악 : 조영욱
조명 : 박현원   세트 : 오인호
의상 : 조상경   분장 : 송종희
편집 : 김상범, 김재범
미술 : 조화성, 최현석, 한지형
수상 : 제43회 대종상영화제 해외인기
상(이영애), 제26회 청룡영화상
최우수작품상(모호필름) · 여우
주연상(이영애), 제42회 백상예
술대상 최우수연기상(이영애),
제25회 영평상 10대영화상(박
찬욱), 제38회 스페인 시체스영
화제 여우주연상(이영애), 제62
회 베니스국제영화제 젊은 사자
상(Young Lion Award) · 가장
혁신적인 영화(Best Inno
vated Film Award) · 미래영화
상(Cinema Of The Future),
제4회 방콕국제영화제 감독상
(박찬욱), 제11회 홍콩 금자형장
영화제 10대 외국어 영화상

사람들의 시선을 한눈에 사로잡을 만큼 뛰어난 미모의 이금자(이영애). 스무 살의 그녀는 백 선생(최민식)의 사주로 모종의 범죄를 저지른 후 모든 죄를 혼자서 뒤집어쓴 채 감옥에 가게 된다. 죄목은 어린이 유괴 혐의다. 교도소에 수감되어 있는 동안 그녀는 '친절한 금자씨'라는 별명이 붙을 만큼 주변 사람들을 도와주며 누구보다 성실하고 모범적으로 13년간의 복역 생활을 마친다. 그리고 출소 후 치밀하게 준비해온 자신의 복수 계획을 펼치기 시작한다. 그녀의 복수 대상은 바로 자신에게 아이 유괴 혐의를 뒤집어씌운 살인마 백 선생, 교도소에서 그녀에게 도움을 받았던 동료들은 이제 다양한 방법으로 금자의 복수에 동참하고 금자는 잔인하고 처절하게 이를 응징한다.

● '복수는 나의 것'(2002), '올드보이'(2003)에 이은 박찬욱의 복수 3부작 완결편. 유아 납치와 살인 누명을 쓰고 13년 만에 출감한 여자가 벌이는 치밀한 복수극. 박찬욱의 '공동경비구역 JSA'(2000)의 주연 이영애가 여주인공 금자, 역시 박찬욱의 '올드보이'의 주연 최민식이 악역인 백 선생역을 맡았다. 그 외 신하균, 오광록, 송강호, 유지태, 강혜정, 윤진서 등 출연.

차갑고 건조했던 '복수는 나의 것', 활화산 같았던 '올드보이'에 비하면 '친절한 금자씨'는 "미모의 착한 여자가 친절한 복수를 시작한다"는 카피를 앞세워 화사하고 서정적인 복수로 대단원의 막을 내린다. 스타일과 이야기 양면에서 복수라는 테마에 대한 최종 정리는 "자신이 추락해가는 것을 의식하고 거기서 벗어나려고 애쓰는 이의 아름다움"이라고 할 수 있다. 제목 그대로 '친절한 금자씨'답게 모성애와 자매애가 모티브로 작용하면서 극단적인 복수의 인과율에 따스로운 포옹의 여지를 보여줬다. 극중 이영애의 대사 "너나 잘 하세요"가 유행어가 되어 지금까지도 패러디로 인용된다.

프랑스에서 9개 관에서 개봉되어 개봉 첫 주에 약 1500명의 관객 수를 기록, 베니스국제영화제에 출품되어 젊은 사자상, 가장 혁신적인 영화상, 미래영화상을 수상, 영화평론가들의 평점 평가에서도 좋은 평을 받았다. 결과적으로 서울 137만 5000명, 전국 365만 9000명으로 2006년도 한국영화 흥행 순위 7위, 역대 한국영화 흥행 순위 26위(08. 1. 25 기준). 이는 18세 등급의 한국영화로는 '친구'에 이은 역대 2위의 성적이다.

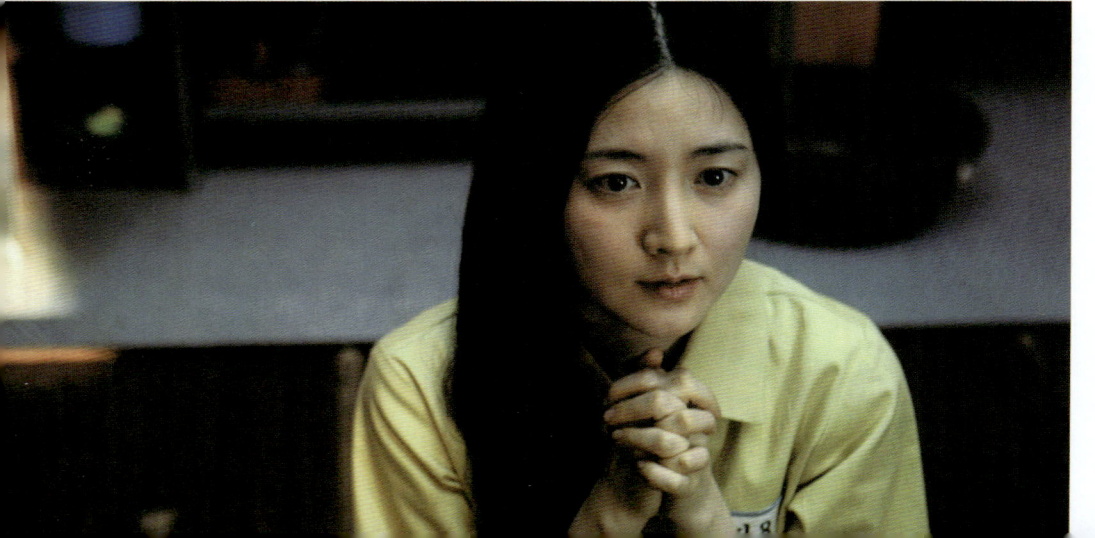

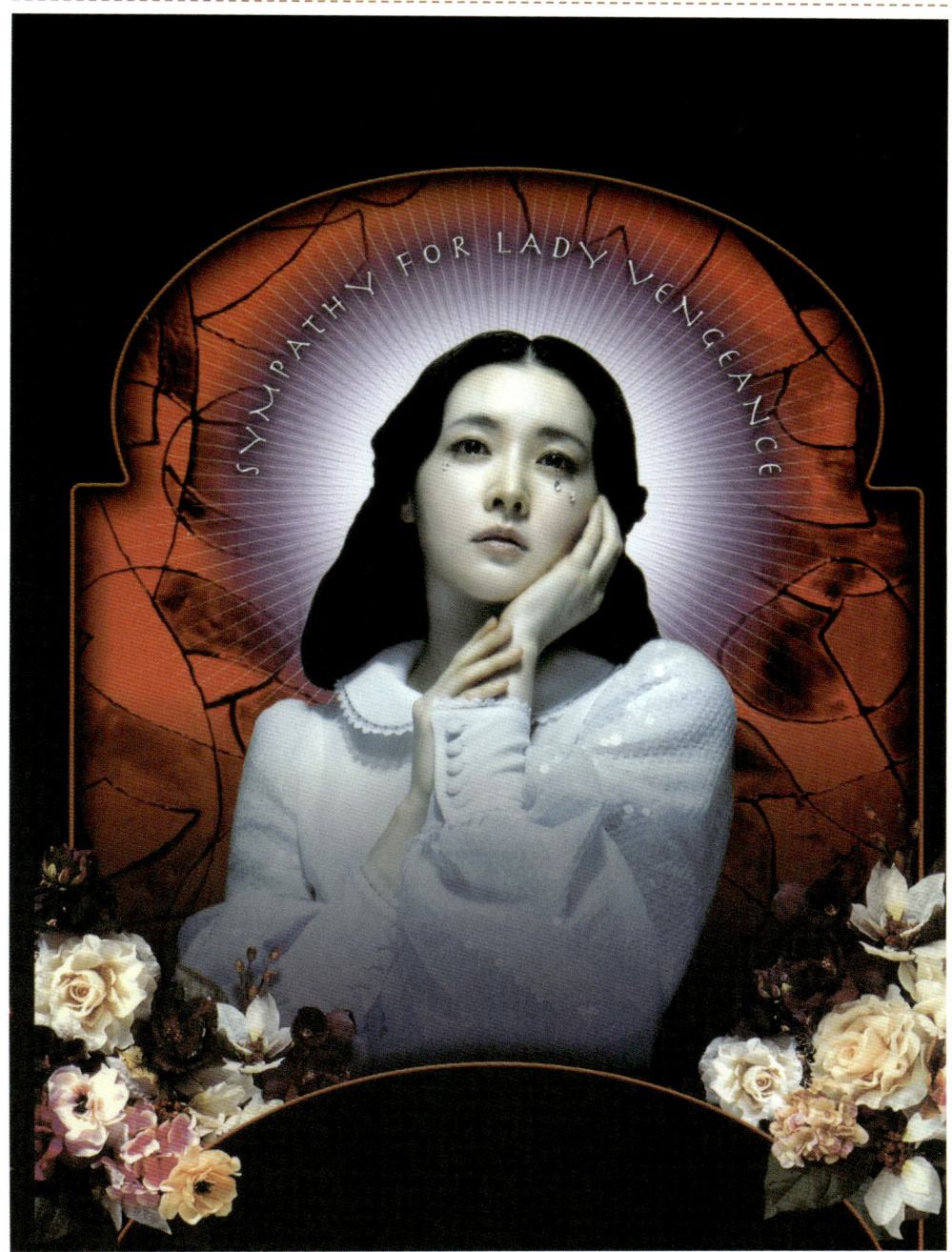

웰컴 투 동막골 Welcome to Dongmakgol(2005)

(필름있수다) 133분 극영화 12세관람
가/전쟁드라마

감독 : 박광현
제작 : 장진
각본 : 장진, 박광현, 김중(원작 장진)
개봉 : 2005년 8월 4일
출연 : 정재영, 신하균, 임하룡, Steve
   Taschler, 정재진, 강혜정, 서
   재경 외
기획 : 필름있수다
촬영 : 최상호
음악 : 히사이시 조
조명 : 이만규
편집 : 최민영
미술 : 이준승
세트 : 조재우
소품 : 김영대
의상 : 권유진
분장·특수분장 : 김용관
동시녹음 : 이충환
사운드 : 김석원
특수효과 : 민치순
시각효과 : 김중, 조이석
포스터 : 오형근
무술감독 : 류창국, 김탁호
프로듀서 : 이은하
조감독 : 조가현, 박경돈, 이상진
수상 : 제43회 대종상영화제 여우조연
   상(강혜정), 제26회 청룡영화상
   남우조연상(임하룡)·여우조연
   상(강혜정)·한국영화최다관객
   상, 제25회 영평상 10대영화상
   (박광현), 제29회 황금촬영상
   신인 감독상(박광현)·조명상
   (이만규)·신인촬영상(최상호),
   제4회 대한민국영화대상 최우
   수작품상(필름있수다)·감독상
   (박광현)·각본각색상(장진, 박
   광현, 김중)·여우조연상(강혜
   정)·음악상(히사이시 조), 제8
   회 이탈리아 우디네극동영화제
   관객상

태백산맥 줄기 함백산 절벽 속에 자리 잡은 평화로운 마을 동막골. 이곳에 추락한 연합군 병사 스미스(스티브 태슐러), 인민군 리수화(정재영), 길을 잃은 국군 표현철(신하균) 등이 동막골 촌장(정재진) 집에 찾아들면서 국군, 인민군, 연합군이 동막골에 모이게 된다. 동막골 사람들에게는 그들이 가지고 있는 수류탄이나 총, 철모와 무전기 등 특수 장비들이 처음 보는 신기한 물건에 불과하다. 전쟁의 긴장은 동막골까지 덮치고 동막골에 추락한 미군기가 적군에게 폭격됐다고 오인한 국군이 마을을 집중 공격하기에 이른다. 이 사실을 알게 된 동막골의 국군, 인민군, 연합군은 한국전쟁사상 유례 없는 연합 공동 작전을 펼치면서 동막골을 지켜낸다.

● 옴니버스 영화 '묻지마 패밀리'(2002)에서 '내 나이키' 부분을 연출한 박광현의 장편 데뷔작. 각본 장진, 박광현, 김중. 강원도 두메산골 동막골은 3년 여에 걸친 전쟁의 포화에서 비켜나 기적적으로 평화를 지켰던 마을 중 하나. 6·25의 숨겨진 이야기를 들려주는 '웰컴 투 동막골'은 치열했던 전쟁 대신 인간의 순수하고 따뜻한 인정미를 그리고 있다.

한국영화사상 CG가 많이 사용된 영화 중 하나이며 마을 한가운데 서 있는 정자나무는 3200만 원을 들여 만든 인조나무다. 음악은 일본의 히사이시 조(久石讓)가 담당.

영화 '웰컴투 동막골'은 대종상과 청룡영화상에서 강혜정이 여우조연상, 임하룡이 남우조연상, 박광현이 영평상에서 10대 영화상, 황금촬영상과 대한민국영화대상에서 신인 감독상, 제8회 이탈리아 우디네극동영화제에서 관객상을 받았다. 순제작비 77억 원. 서울 관객 242만 4000명 전국 800만 7000명 동원으로 2006년도 한국영화 흥행 순위 2위, 역대 한국영화 흥행 순위 6위(08. 1. 25. 기준). 강원도 평창군 미탄면 율치리에서 촬영됐다.

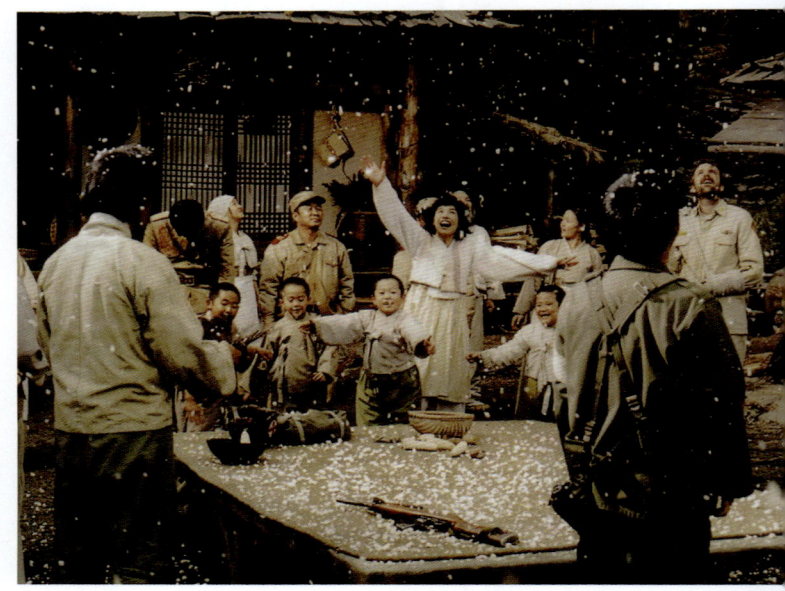

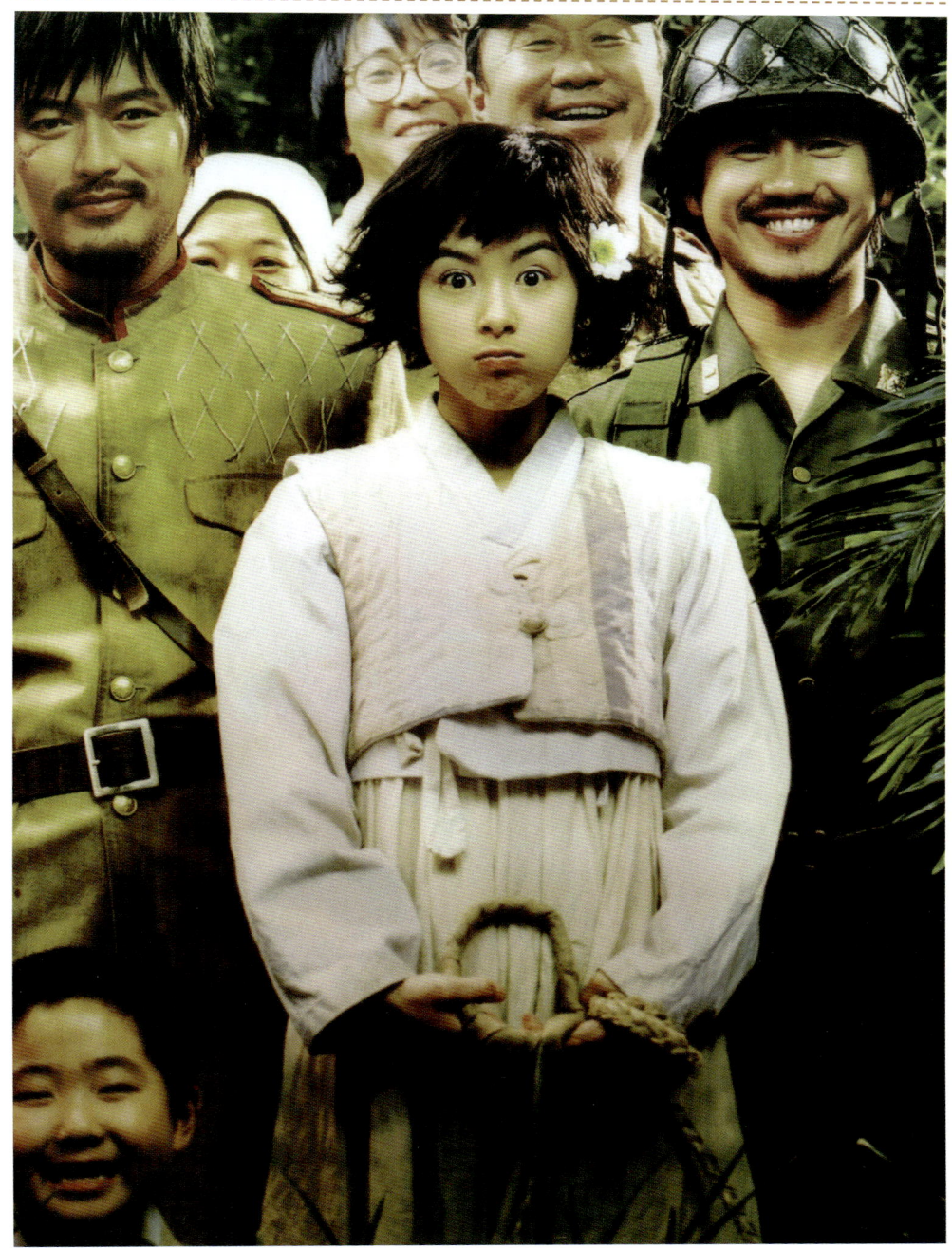

외출 外出, April Snow(2005)

(블루스톰) 105분 극영화 18세관람가/
멜로

감독 : 허진호
제작 : 배용국
각본 : 신준호, 이원식, 서유민, 이일,
　　　 허진호
각색 : 이숙연, 김효관
개봉 : 2005년 9월 7일
출연 : 배용준, 손예진, 임상효, 류승
　　　 수 외
촬영 : 이모개
음악 : 조성우
조명 : 오승철
편집 : 이은수
미술 : 박상훈
세트 : 윤기찬
의상 : 김희주
분장 : 손삼주
동시녹음 : 이병하
특수효과 : 홍장표
시각효과 : DTI
포스터 : 김중만
프로듀서 : 강봉래, 장상필
조감독 : 신준호
수상 : 제50회 아태영화제 여우주연
　　　 상(손예진)

인수(배용준)는 아내 수진(임상효)의 교통사고 소식을 듣고 강원도 삼척의 한 병원에 갔다가 수술실 복도에서 서영(손예진)을 만난다. 서영은 바로 인수의 아내 수진과 자동차에 함께 타고 있다가 사고를 당한 남자(류승수)의 아내다. 두 사람은 각각 아내와 남편의 불륜 사실에 배신감을 느끼면서도 그들이 무사히 깨어나기를 기다리게 된다. 계속 스치고 같이 시간을 보내는 동안 두 사람은 조금씩 서로의 존재를 느낀다. 서로의 아내와 남편이 그랬듯이 그들도 같은 상황에서 똑같은 고통을 겪게 될 것이다. 그때 인수의 아내 수진이 의식을 회복한다. 인수는 눈물을 흘리는 아내를 외면하지 못한다. 그런 인수를 지켜보면서 서영은 다시 각자의 자리로 돌아가야 할 시간임을 깨닫는다. 그리고 마지막일지도 모르는 두 사람만의 외출을 준비한다.

● '8월의 크리스마스'(1998)로 관객의 공감을 샀던 허진호의 세 번째 작품. 교통사고를 계기로 만난 두 남녀가 그들의 배우자들이 불륜 관계라는 참담한 현실에 직면하면서 점차 서로에게 빠져든다는 내용의 멜로물. 인수와 헤어지게 되자 서영이 길바닥에 주저앉아 자신도 모를 깊은 슬픔을 풀어내듯 길게 통곡하는 장면이 인상적이다.

추석 연휴 시즌에 개봉된 '외출'은 배용준이라는 최고의 한류 스타와 손예진이 출연하여 화제를 모았으나 엄청난 홍보에도 불구하고 평론가와 관객의 반응이 엇갈리는 등 같은 시기에 개봉된 '가문의 위기-가문의 영광 2', '형사 Duelist'에 밀려 75만 관객을 동원하는데 그쳤다. 그러나 배용준의 한류 열기를 타고 2005년 9월, 일본 전국 434개 스크린에서 300만에 가까운 관객 동원으로 24억 엔(약 220억 원) 이상 흥행 수익을 올리며 일본에서의 역대 한국영화 최고 흥행작이 됐다. 그 전까지는 18억 2000만 엔의 수입을 올린 '내 여자친구를 소개합니다'(2004)가 1위에 올라 있었다.

이 영화는 1999년 12월, 국내에서도 개봉된 바 있는 시드니 폴락 감독, 해리슨 포드 주연의 '랜덤하트(Random Hearts)'가 원작이라는 설이 있었으나 모티브가 유사할 뿐 원작은 아니라는 사실이 밝혀졌다. 참고로 1984년에 발표된 워렌 애들러(Warren Adler)의 소설 『랜덤하트』는 비행기 사고 사망으로 두 남녀의 불륜 관계를 알게 된 그들의 남편과 부인이 동병상련식으로 사랑에 빠지는 내용.

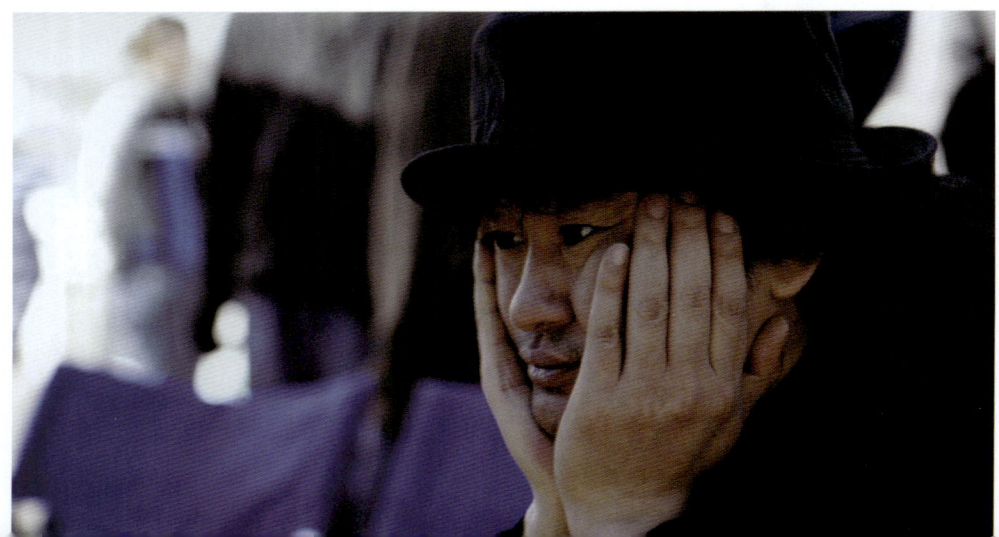

너는 내 운명 You Are My Sunshine(2005)

석중(황정민)의 나이 서른여섯. 천사 같은 그녀가 스쿠터를 타고 눈앞을 지나치는 순간 석중은 그녀 은하(전도연)가 그의 운명임을 느낀다. 틈만 나면 그녀가 일하는 다방에 가고 그녀와 함께 있고 싶어서 티켓도 끊는다. 그리고 세상에서 제일 행복하게 해주겠다는 약속과 함께 둘은 결혼식을 올린다. 그러나 행복은 잠시, 에이즈에 감염된 그녀는 그 누구도 자신을 찾지 말라는 편지 한 통을 남긴 채 어디론가 사라진다. 석중은 그녀가 혼자서 아플 것이 걱정된다. 그녀 곁에는 그가 있어줘야 한다. 그녀 없이는 한시도 살 수가 없다. 죽을 때까지, 아니 죽어서도 그녀를 지켜야 한다. 왜냐하면 그녀는 그의 운명이기 때문에.

● 영화 '죽어도 좋아'(2002)의 박진표 각본·연출작. 목장 경영이 꿈인 순진한 노총각과 한 시골 다방 여종업원의 애절한 사랑 이야기로 실화에 바탕을 두고 있다.(『대중 서사 장르의 모든 것』, 이론과 실천, 2007년, p.334) '죽어도 좋아'에서는 인생의 황혼기에서 청춘 같은 사랑을 누리는 70대의 열정을, 이번에는 사랑받는 것이 미안한 여자와 단 한 번의 사랑에 자신의 모든 것을 바치는 지고지순한 남자의 사랑을 그렸다. 농촌 총각을 열연한 황정민과 시골 다방 아가씨로 나오는 전도연의 연기가 일품이다.

박진표는 청룡영화상 감독상과 영평상 10대영화상, 전도연은 대종상영화제, 춘사영화예술제, 대한민국영화대상에서 여우주연상, 황정민은 청룡영화상, 대한민국영화대상 남우주연상을 수상. 개봉 2주 연속 1위를 고수하며 개봉 23일 만에 영화 '내 머리 속의 지우개'가 보유하고 있던 전국 관객 260만의 기록을 갱신, 125개 스크린에서 서울 관객 106만 3000명, 전국 350만 명 이상의 흥행 성적을 올렸다. 2006년도 한국영화 흥행 순위 8위. 전남 함평 나산면에서 촬영을 시작하여 동쪽 끝 묵호항, 서쪽 끝 왜목마을, 남쪽 끝 땅끝마을에서 촬영되었다.

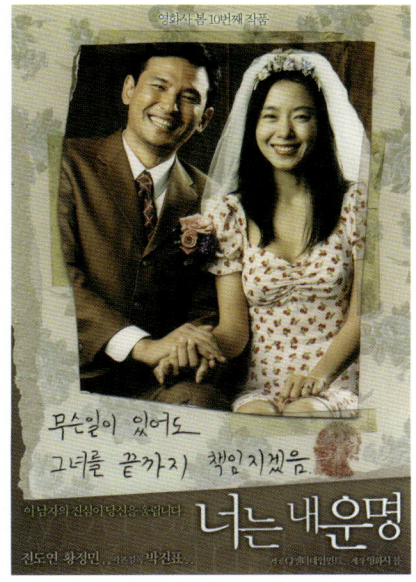

(영화사봄) 121분 극영화 18세관람가/멜로

감독·각본: 박진표
제작: 오정완, 이유진
개봉: 2005년 9월 23일
출연: 전도연, 황정민, 나문희 외
촬영: 성승택
음악: 방준석
조명: 김은미
편집: 문인대
미술: 이인옥
세트: 노상억
소품: 전재욱, 오유진
의상: 신승희, 김누리
분장: 김이숙
동시녹음: 최대성
사운드: 김석원, 김창섭
특수효과: 김병기
시각효과: 한영우
포스터: 윤형문
무술감독: 김형준
프로듀서: 안수현
조감독: 국동석
수상: 제43회 대종상영화제 여우주연상(전도연)·기획상(오정완, 이유진), 제26회 청룡영화상 감독상(박진표)·남우주연상(황정민), 제13회 춘사영화예술제 올해의 여우주연상(전도연)·기획 제작상(오정완, 이유진), 제29회 황금촬영상 최우수 인기 남우상(황정민), 제25회 영평상 10대영화상·여자연기자상(전도연), 제6회 부산 영평상 여우조연상(나문희), 제4회 대한민국영화대상 여우주연상(전도연)·남우주연상(황정민)

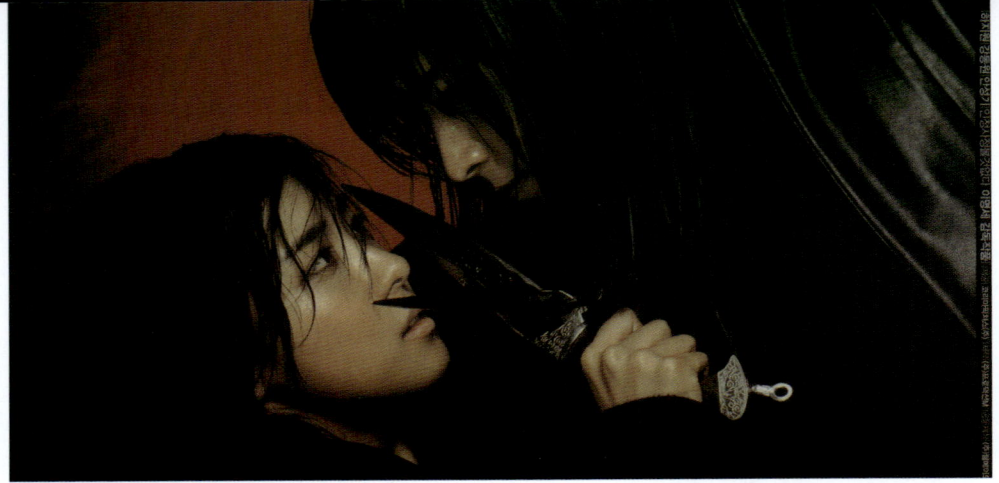

형사 Duelist' The Duelist(2005)

(프로덕션 에무) 11분 극영화 12세관람가/멜로

감독 : 이명세
제작 : 유정희, 이명세
각본 : 이명세, 이해경(원작 방학기)
개봉 : 2005년 9월 8일
출연 : 하지원, 강동원, 안성기, 송영창, 윤주상, 도용구, 심철종, 박승호, 서동수, 김보연, 이한위, 김태욱 외
촬영 : 황기석   음악 : 조성우
조명 : 신경만   편집 : 고임표
소품 : 권진모   의상 : 정경희
분장 : 황현라   동시녹음 : 이상욱
사운드 : 박준오   특수효과 : 김병기
미술 : 이형주, 조근현
세트 : 윤일랑, 김광섭
시각효과 : 장성호, 오선교
포스터 : 이전호
무술감독 : 전문식
프로듀서 : 오은실, 오수미
조감독 : 김정곤, 구상범, 이세련
수상 : 제43회 대종상영화제 미술상(이형주, 조근현), 제26회 청룡영화상 미술상(조근현, 이형주)·조명상(신경민), 제42회 백상예술대상 영화감독상(이명세), 제25회 영평상 최우수 작품상(이명세)·감독상(이명세)·10대영화상(이명세)·촬영상(황기석), 제4회 대한민국영화대상 촬영상(황기석)·조명상(신경만), 제31회 토론토국제영화제 '디스커버리' 부문 초청

조정의 어지러움을 틈타 가짜 돈이 유통되자 좌포청의 노련한 안 포교(안성기)와 의욕적인 신참 남순(하지원)은 범인 색출에 물불을 가리지 않는다. 사건의 진실에 다가가면서 '슬픈 눈'(강동원)이라 불리는 자객이 수면 위로 떠오르고 그때부터 서서히 남순과 '슬픈 눈'의 대결이 시작된다. 쫓는 자와 쫓기는 자의 돌이킬 수 없는 대결, 그러나 두 사람은 알 수 없는 감정에 흔들린다. 특히 '슬픈 눈'의 눈빛과 마주치는 순간 남순은 걷잡을 수 없는 혼란을 느낀다. 하지만 두 사람의 갈 길은 서로 다르다. 상대를 죽이지 않으면 내가 죽을 수밖에 없는 극단적인 상황에서 그들의 사랑은 애절하기만 하다.

● '인정사정 볼 것 없다'(1999) 이후 6년 만에 메가폰을 잡은 이명세의 일곱 번째 작품. 방학기 만화를 바탕으로 조선시대 여형사 '남순'과 신비로운 자객 '슬픈 눈'의 비극적인 사랑을 그리고 있다. 이명세 제작·각본·연출. '조선 느와르'를 표방한 이 영화는 액션영화이면서 의상과 조명, 미술과 건축 등 조선시대를 배경 삼아 새로운 액션 미학을 현란하게 펼쳐나간다. MBC 드라마 '다모'에서 이미 조선시대 여형사를 연기했던 하지원이 여형사, 신비스러운 자객 역에 강동원, 이명세의 전작 '인정사정 볼 것 없다'에 출연했던 안성기가 좌포청 포교 역을 맡았다.

영화에서의 눈부신 기교와 황홀감은 전작 '인정사정 볼 것 없다'에 못지않은 새로운 경이감을 안겨준다. 컴퓨터그래픽 효과는 수준급이며 대사 한 마디 없이도 영화의 사운드는 폭발적이다. 특히 남순과 슬픈 눈의 대결신은 긴장과 이완의 반복으로 숨 막히게 화면을 채운다. 칼날과 칼날이 부딪히는 격렬한 전투신은 육체의 액션이 아닌, 서로를 향한 간절한 몸짓이 되어 마치 무대위에서 춤추는 무희처럼 묘사된다. 궁궐에서 이뤄진 전투 장면 역시 빛과 어둠의 극명한 대조 속에서 색다른 장엄미와 영상미를 탄생시키고 있다. 이 영화는 "완성도 높은 예술작품"(서울 05. 12. 14)으로 평가되면서 칸국제영화제 마켓에서 큰 호응을 얻었으며 한국영화사에 새로운 지평을 연 것으로 기대를 모았다.

양수리 세트장에 지은 돌계단 장터 돌담 길 등 20여 개의 세트는 우아한 한국의 모습을 담고 있으면서 건축 미학을 최대한 반영하여 관객의 눈길을 끌었다. 순 제작비 78억 원, 전국 120만 관객을 동원했고 일본에 500만 달러(약 50억 원)로 판매됐다.

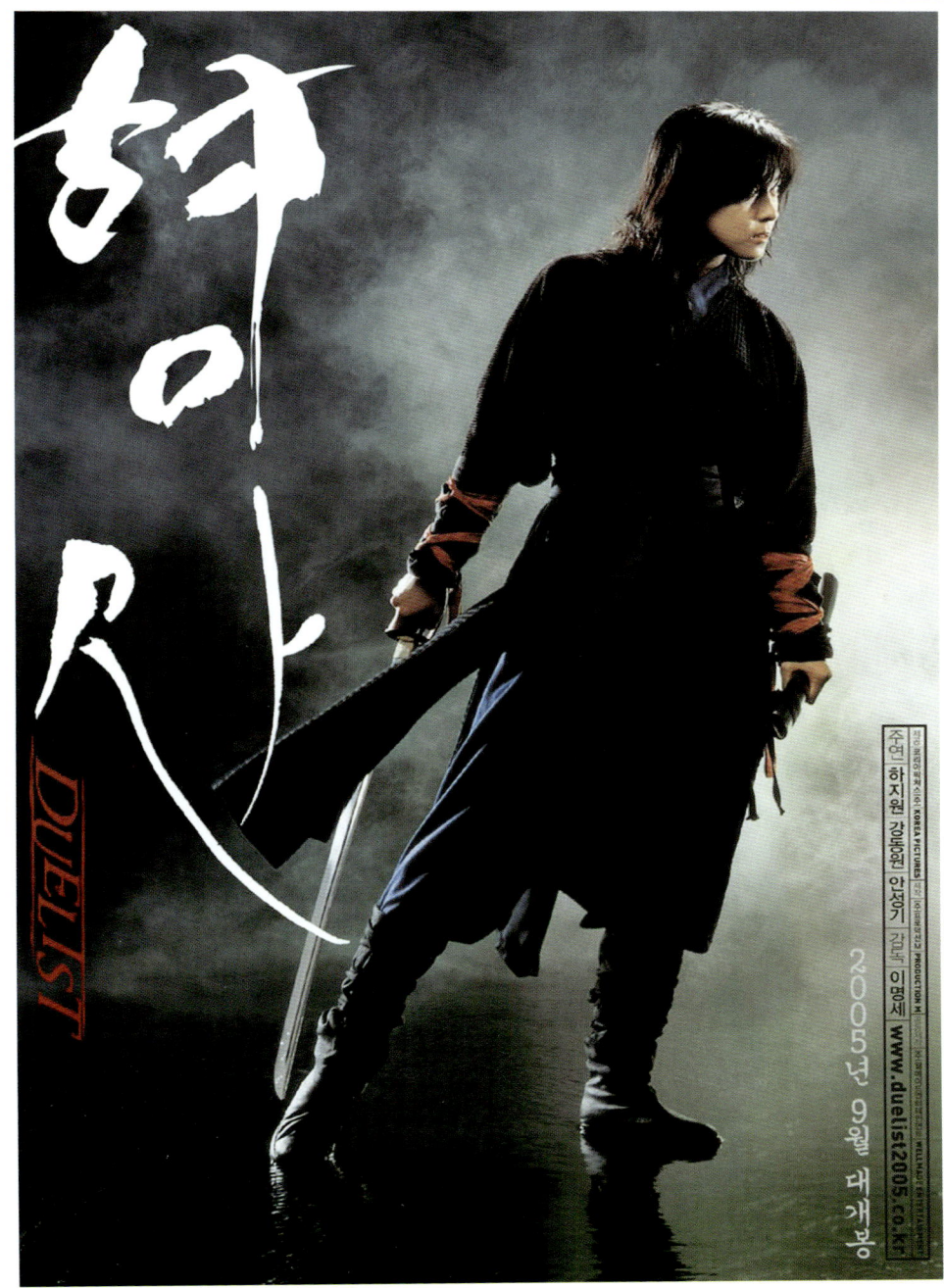

DUELIST

내 생애 가장 아름다운 일주일

All for Love(2005)

(두사부필름) 138분 극영화 15세관람
가/드라마

감독 : 민규동
제작 : 윤제균, 허태구, 민진수
각본 : 유성협, 민규동
개봉 : 2005년 10월 7일
출연 : 주현, 오미희, 천호진, 김태현,
　　　 엄정화, 황정민, 김수로, 전혜
　　　 진, 임창정, 서영희, 윤진서, 정
　　　 경호, 이병준, 김유정 외
기획 : 제정훈
촬영 : 오승환
음악 : 이병우
조명 : 김기문
편집 : 문인대
미술 : 정은정
의상 : 김윤우
동시녹음 : 류현
세트 : History Design
소품 : 신성선, 문성해
분장 : 강경화, 김혜련
사운드 : 문인대
특수효과 : 김병기
시각효과 : 윤재호
포스터 : 강경호
무술감독 : 이응준
프로듀서 : 김홍백
조감독 : 김두헌
수상 : 제13회 춘사영화예술제 올해의
　　　 심사위원특별상(두사부필름) ·
　　　 여우조연상(오미희) · 신인남우
　　　 상(김태현) · 신인여우상(서영
　　　 희) · 각본상(유성협, 민규동),
　　　 제4회 대한민국영화대상 편집
　　　 상(문인대)

정신과 의사 유정(엄정화)과 티격태격하다가 오히려 그녀에게 사랑의 감정을 느끼게 된 형사 두철(황정민), 행복하지만 빚과 임신 문제 때문에 고생하는 창후(임창정)와 선애(서영희), 빚 독촉 일을 하다가 연인이라고 주장하는 아이(김유정)의 부탁을 받고 다시금 농구공을 잡게 된 성원(김수로), 극장 주인 곽 사장(주현)과 그의 극장에서 커피숍을 하고 있는 여주인(오미희), 한때 아이돌 스타였으나 기획사의 버림을 받고 방황하는 정훈(정경호)과 그를 멀리서 지켜보며 짝사랑 하는 수녀 수경(윤진서) 등, 이들의 이야기가 씨줄과 날줄처럼, 때론 서로 연결되고 스치면서 스토리가 전개된다.

● '여고괴담 두 번째 이야기'(1999)이후 6년 만에 선보인 민규동 연출작. 각본 유성협, 민규동. 영화는 각기 다른 여섯 커플의 사랑을 일주일이라는 한정된 시간 안에서 다중스토리 구조라는 형식을 통해 보여주고 있다.

영화 후반 어렵게 생활하는 젊은 남편 역을 맡은 임창정이 지하철에서 물건을 팔며 승객들에게 호소하는 대목은 작가의 창작이 아니라 인터넷에 알려진 실재 에피소드를 영화에 용용한 것이다. 엄정화는 깐깐하고 도도한 정신과 의사, 황정민은 순진한 노총각 형사, 주현은 구두쇠 극장주, 김수로는 전직 농구 선수로 나온다. 이 영화는 평단에서도 좋은 평가를 받았다.(영화읽기 「하필이면 가장 기묘한 일주일, '내 생애 가장 아름다운 일주일'」 영화평론가 정성일 《씨네21》 05. 11. 2) 농구 시합 장면을 위해 SK 와이번스, 전북대와 목포대 농구부 선수들과 감독, 코치, SBS 농구 해설자와 아나운서가 직접 영화에 참여했고 여배우 하지원, 개그맨 이윤석이 카메오 출연했다.

서울 38개 스크린에서 91만 8000명, 전국 195개 스크린에서 253만 3000명 동원으로 2006년도 한국영화 흥행 순위 10위, 역대 한국영화 흥행 순위 47위(08. 1. 25 기준)에 올랐다.

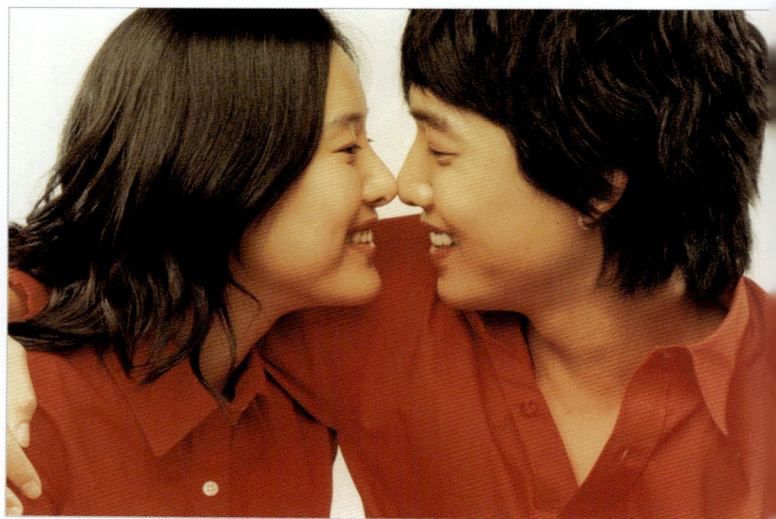

오로라 공주 Princess Aurora(2005)

그녀의 살인은 마치 일상적인 것처럼 눈 깜빡할새 이루어진다. 그리고 살인을 한 뒤에는 시신 곁에 오로라 공주 스티커를 붙여놓는다. 범행을 은폐할 생각이 없다는 표시다. 사건을 담당한 오형사(문성근)는 CCTV를 통해 '날 찾아봐'라는 메시지를 남긴 정순정(엄정화)이 범인임을 직감하지만 그녀를 잡을 만한 단서를 찾아내지 못한다. 그런 와중에서도 순정의 살인은 계속된다. 그러다가 어느 날, 그녀는 도심 외곽 쓰레기 매립장으로 군과 경찰, 언론의 시선을 집중시킨 가운데 자신의 살인동기를 절절하게 밝힌다. 그녀의 범행은 딸아이의 죽음 때문이며 아이를 유괴했거나 학대한 사람들을 처단했다는 것이다. 순정도 자살로 마감한다.

● 방은진 감독 데뷔작. 원작 서민희. 기획 강우석. 박철수의 '301, 302'(1995), 김기덕의 '파란 대문'(1998), '수취인불명'(2000) 등 실험성 강한 영화에 출연해왔던 방은진이 배우에서 감독으로 전환, 1년 여에 걸친 각본 작업 끝에 탄탄한 내러티브를 만들어냈고 신인 감독답지 않은 스케일로 연출의 역량을 발휘했다. 살인을 끝낼 때마다 등장하는 '오로라 공주' 스티커는 일본 마츠모토 레이지 원작의 '오로라 공주와 손오공(별나라 손오공)'(1980)에 나오는 '오로라 공주' 이미지에서 따온 것이다. 이 스티커는 살인의 중요 단서이며 그녀의 살인 동기는 강간당한 채 변사체로 발견된 딸에 대한 복수다.

영화 '오로라 공주'는 범인의 정체를 전면에 드러낸 채 사건을 진행시키는 것이 다르다. 또 살인 수법의 수위가 높다. 즉 범인 정순정은 불의를 보는 순간 그 자리에서 범인을 처단하는 식으로 죽인다. 어린 아이의 따귀를 때렸다고 해서 그 새엄마를 백화점 화장실까지 따라가 긴 쇠꼬챙이로 무차별 난도질해서 죽이고 압구정동 로데오 거리 옷가게 여주인이 돈 많은 유부남과 사랑을 즐긴다고 해서 피부 마사지를 받는 동안 얼굴에 석고 팩을 부어 죽인다. 딸아이를 길에다 버린 택시기사는 온 몸을 테이프로 감고 얼굴에 비닐 팩을 씌워 죽이고 숯불갈비집 사장의 외아들은 고기 자르는 가위로 성기를 절단해서 죽인다. 모든 살인은 이처럼 예정된 듯이 조용하고도 쉽게 진행된다.

영화의 클라이맥스인 연쇄살인범 검거 장면은 충북 청원군에 위치한 4만 6000평 규모의 청주시 쓰레기 매립장에서 진행됐다. 딸아이의 사체가 발견된 쓰레기장에서 변호사(장현성)를 인질 삼아 경찰과 기자들이 지켜보는 가운데 30m 높이의 대형 크레인에서 탄 정순정의 처절한 분노의 외침이 이어진다.

범인 정순정(엄정화)을 쫓던 형사는 실은 정순정의 이혼한 전 남편(문성근)으로 법정 재판에서 무기징역과 정신 치료를 선고받은 정순정을 찾아와 성경책을 건네는데 성경책 속에서 오로라 스티커와 작은 칼이 나온다. 결국 이 칼로 엄정화는 정신병원에 숨어있던 자기 딸을 죽인 범인의 목을 찌르고 자신도 목을 그어 죽는다.

'결혼은 미친 짓이다'(2002), '싱글즈'(2003) 등에서 발랄한 도시 여성을 연기했던 엄정화가 연쇄살인범 정순정 역으로 변신해 보였고 문성근이 '질투는 나의 힘'(2002) 이후 스크린에 컴백하여 살인범을 쫓는 강력계 형사, 이혼한 남편, 딸을 잃은 아버지 모습을 선보였다. 매력적인 목소리의 현영 출연. 이 복수극은 관객들에게 우리 모두가 가해자이며 피해자가 될 수 있다는 교훈을 남겨주었다.

(이스트필름) 106분 극영화 18세관람가/범죄

감독 : 방은진
제작 : 명계남
각본 : 서민희, 방은진
각색 : 김창래
개봉 : 2005년 10월 27일
출연 : 엄정화, 문성근, 권오중, 현영, 최종원, 김용건, 장현성, 김익태, 박효준, 이지수, 박광정, 정은표, 김연재, 유혜정, 김선화, 현영 외
기획 : 강우석
촬영 : 최영환
음악 : 정재형
조명 : 김성관
편집 : 김현
미술 : 전수아
세트 : 아트서비스
소품 : 김태강
의상 : 조윤미
분장 : 김선진
특수분장 : 이창만
동시녹음 : 강봉성
사운드 : 최태영
특수효과 : 김동원
시각효과 : DTI
포스터 : 이전호
무술감독 : 채수암
프로듀서 : 남종우
조감독 : 정용주, 한승일, 김경나, 한승훈
수상 : 제29회 황금촬영상 신인감독상(방은진), 제25회 영평상 신인감독상(방은진), 제7회 부산 영평상 여우주연상(엄정화)

용서받지 못한 자 The Unforgiven(2005)

(에이앤디 픽쳐스) 121분 극영화 15세
관람가/드라마

감독 · 제작: 윤종빈
각본: 윤종빈, 김병철, 손상범, 장선희
개봉: 2005년 11월 18일
출연: 하정우, 서장원, 윤종빈, 임현
성, 한성천, 손상범, 김성미 외
촬영: 김병철
조명: 신민재
편집: 김우일
미술: 윤종빈, 손상범
세트: 서인석
소품 · 의상: 장선희
분장: 동상엽, 안미현
동시녹음: 김광빈, 신중렬
사운드: 성지영
프로듀서: 이동준, 이영기, 이현승, 민
환기
조감독: 손상범
수상: 제10회 부산국제영화제 뉴커런
츠 부문 초청 PSB관객상 · 국
제영화평론가협회상(윤종빈) ·
넷팩상, 제25회 영평상 남자신
인상(하정우), 제60회 칸국제영
화제 주목할만한 시선 초청, 영
진위 '다양성을 위한 마케팅
지원사업' 선정

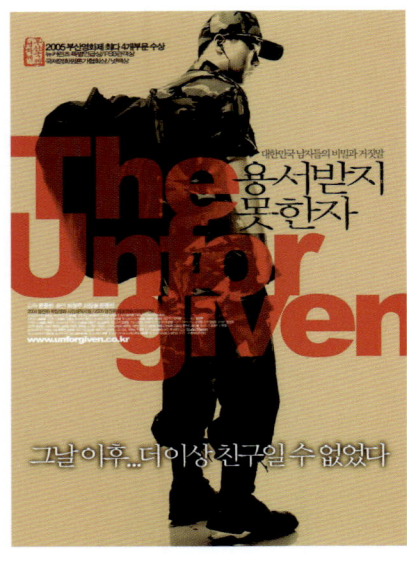

군기반장으로서 모범적인 군 생활을 했다고 자부하는 병장 태정(하정우)은 사사건건 문제를 일으키는 승영(서장원)을 감싸주지만 승영은 여전히 군대 폭행은 고쳐져야 한다고 큰소리친다. 태정은 그런 승영이 답답하기만 하다. 자신이 제대하고 난 후 홀로 남겨질 승영을 생각하면 그의 앞날이 걱정될 뿐이다. 그 후 태정은 제대하고 승영은 후임으로 온 지훈(윤종빈)을 잘 대해주지만 그 때문에 부대 내 따돌림이 심해지고 인간적으로 대해준 지훈은 제멋대로가 된다. 태정이라는 보호막이 없어진 승영은 서서히 변해가고 흔들리기 시작한다.

1년 후, 군대의 기억을 까맣게 잊고 있던 태정에게 어느 날 승영으로부터 만나자는 전화가 걸려온다. 선뜻 승영을 만나고 싶지 않은 태정은 여자친구를 불러내어 승영을 견제하고 승영은 불안한 모습으로 태정을 잡고 늘어진다.

● 윤종빈 감독 데뷔작. 당시 27세의 중앙대 영화과 학생의 졸업 작품이라는 점이 특기할 만하다. "폭력의 가해자이자 피해자인 남성들만의 군대 이야기"를 통해 망각과 죄의식을 그린 저예산 디지털 독립영화. 이 작품을 완성하기 위해 감독은 영진위에서 독립영화 제작 지원금 1000만 원, 단편영화 '남성의 증명(희극지왕)'(2004)으로 미장센 단편영화제에서 받은 상금 500만 원, 사재 500만 원 등 총 2000만 원을 들여 120분짜리 장편을 만들었다.(「올해의 독립영화, '용서받지 못한 자' 두 시간짜리 장편 졸업 작품을 현실로 만들기까지」《씨네21》 05. 11. 15 김현정) 더구나 자신이 연출 · 제작, 각본을 쓰고 미술을 담당했으며 직접 지훈 역으로 출연했다.
제10회 부산국제영화제 뉴커런츠 부문에 초청되어 PSB관객상, 국제영화평론가협회상, 넷팩상을 받고 칸국제영화제 주목할만한 시선에 초청되었다.

나의 결혼원정기 My Wedding Campaign(2005)

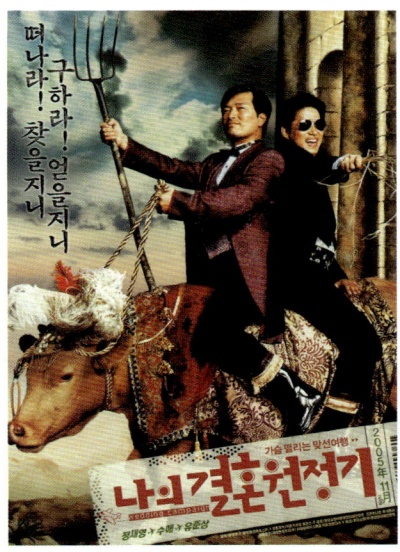

만택(정재영)과 만택의 죽마고우 희철(유준상)은 혼기를 놓친 시골 노총각들이다. 이들은 지구상 어딘가에 있을지도 모르는 배필을 찾아 우즈베키스탄으로 맞선 여행을 떠난다. 설렘과 기대로 시작된 우즈베키스탄 맞선 여행에서 숫기 좋은 희철은 잘 돌아가는 데 비해 답답할 정도로 순진한 만택은 맞선이 잘 이루어지지 않는다. 이런 상황에서 통역관이자 커플 매니저인 라라(수애)는 만택의 맞선을 반드시 성사시키려 하지만 그때마다 번번이 틀어지곤 한다. 하는 수 없이 라라는 만택의 특별 개인 교습에 나서고 우즈베키스탄 예절과 인사말을 배우는 동안 만택은 라라에게 특별한 감정을 느낀다. 맞선 여행에서 실패하고 돌아온 후 라라를 잊지 못하는 만택 앞에 그녀가 나타난다.

● 황병국 감독 데뷔작. 우즈베키스탄을 배경으로 농촌 노총각과 탈북자 출신의 커플매니저 사이의 사랑을 그린 멜로드라마. 2002년 2월에 방영된 KBS-TV '인간극장-노총각 우즈벡 가다'에서 영감을 얻어 감독이 직접 우즈베키스탄을 오가며 시나리오를 집필, 농촌 노총각 만택과 결혼상담원 라라라는 캐릭터를 내세워 만들었다.
  2005년 2월, 우즈벡 필름과 계약 후 현지 스태프 46명, 한국 스태프 72명의 '우즈베키스탄 촬영 원정대'를 결성하고 현지로 가서 푸른 돔의 이슬람 사원과 실크로드, 동서양의 문화가 공존하는 우즈베키스탄의 이국적인 풍광을 화면에 담았다. 수애, 정재영 주연. 특히 현지 통역관 라라를 헌신적으로 돕는 만택의 순박한 사랑과 그가 고향에 돌아온 후 햇살 속에서 라라를 맞아들이는 장면이 아름답다. 부산국제영화제 폐막작으로 선정됐고 타이페이영화제 '국제 청년감독 경쟁 부문'에 초청되었다.

(튜브픽쳐스) 120분 극영화 12세관람가/멜로코미디

감독 : 황병국
제작 : 황우현
각본 : 윤순용, 최종현, 황병국, 김은채, 이정은
각색 : 김은채, 이정은
개봉 : 2005년 11월 23일
출연 : 정재영, 수애, 유준상, 김성겸, 김지영, Aliyeva Olga 외
기획 : 최기섭
촬영 : 이두만
음악 : 김흥집
조명 : 강성훈
편집 : 김현
미술 : 이대훈, 오흥석
의상 : 최차남
분장 : 김현정
동시녹음 : 김영문
사운드 : 이성진
특수효과 : 홍장표
시각효과 : 김태호
포스터 : 이전호
무술감독 : 유상섭
조감독 : 김용덕, 최종현
수상 : 제43회 대종상영화제 신인감독상(황병국), 제10회 부산국제영화제 폐막작 선정, 제8회 타이페이영화제 '국제 청년감독 경쟁 부문' 초청

태풍 颱風, Typhoon(2005)

(씨제이엔터테인먼트) 124분 극영화
15세관람가/스릴러 액션

감독 · 각본 : 곽경택
제작 : 이미경
개봉 : 2005년 12월 14일
출연 : 장동건, 이정재, 이미연, 김갑
　　　수, 데이비드 맥기니스, 선호진
　　　외
촬영 : 홍경표
음악 : 김형석
조명 : 유영종
편집 : 박광일
미술 : 김창길, 전인한, 박영찬
세트 : 강보길
소품 : 이용승
의상 : 양민혜
분장 : 김서영
특수분장 : 신재호
동시녹음 : 정광호
사운드 : 최태영
특수효과 : 정도안
시각효과 : 강종익
포스터 : 이전호
무술감독 : 신재명, 박정율
제작총지휘 : 박성근, 양중경
프로듀서 : 손세훈
조감독 : 정영희
수상 : 제43회 대종상영화제 조명상
　　　(유영종) · 영상기술상(강종익,
　　　신재호, 정도안), 제29회 황금
　　　촬영상 연기대상(이정재) · 심사
　　　위원특별상(이미연)

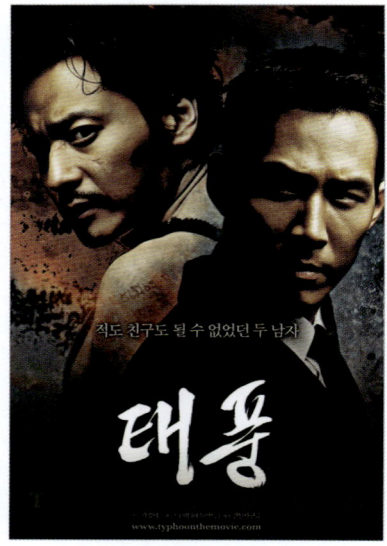

타이완 해상에서 해적에게 탈취당한 배에는 위성 유도장치인 리시버키트가 실려 있다. 그 선박을 탈취한 해적은 북한 출신 '씬' (장동건)이다. 그가 한반도에 핵 폐기물을 뿌리려 한다는 정보를 듣고 해군대위 강세종(이정재)은 씬 체포를 위해 비밀요원으로 파견된다. 한데 해적 씬에겐 20여 년 전, 온 가족이 남한으로 귀순하는 과정에서 한국 정부의 외면으로 가족이 몰살당한 사연이 있다. 그는 원한 때문에 복수의 일념을 키워왔으며 그에겐 어릴 때 헤어진 누나 최명주(이미연)를 찾고 있다.

암시장에서 매춘부로 살아가는 최명주에게 그들의 기구한 가족사를 들은 강세종은 추격을 거듭하는 동안 씬에게 애틋한 연민을 느낀다. 마음은 통하지만 친구가 될 수 없는 그들은 말보다 먼저 총구를 겨눠야 한다. 결국 그 무엇에도 복수할 수 없었던 씬은 스스로 가슴에 단검을 꽂으며 강세종에게 "다음 세상에선 친구로 만나자"는 말을 남긴다. 강세종은 씬의 진심을 가슴에 담고 자신의 삶으로 돌아온다.

● '친구'(2001)를 연출한 곽경택의 여섯 번째 영화. 남북한으로부터 버림받은 탈북자가 복수를 위해 해적이 되고 태풍을 이용해서 한반도에 핵폐기물을 뿌리려 그곳에 파견된 남한 장교에게 진한 동족애를 느낀 나머지 계획을 포기하게 된다는 내용. 탈북자(장동건)와 남한 장교(이정재)의 맞대결은 피할 수 없는 남북 간 대립구도를 보여주지만 한민족, 한 핏줄로서 결국은 화해하고 서로 이해해야 한다는 뜻이 담겨 있다. 즉 한반도를 향해 분노를 키우던 해적 '씬'과 적이지만 그에게 연민과 우정을 느끼는 강세종의 관계는 바로 우리의 현실이기도 하다. "스케일과 시나리오 면에서는 최고 수준"이지만 "작품의 완성도 면에서 다소 떨어진다"(서울 04. 12. 16)는 평이 있었다.

제작비 150억. 대종상에서 조명상과 영상기술상 등 기술적인 면에서 인정을 받았다.

513개 스크린에서 개봉되어 서울 관객 119만 3000명, 전국 관객 410만 2000명으로 2006년도 한국영화 흥행 순위 5위, 역대 한국영화 흥행 순위 21위(08. 1. 25 기준). 손익분기점은 300만 명. 태국 팡아만 해양 국립공원에서 촬영되었다.

싸움의 기술 The Art of Fighting(2005)

평범한 고교생인 병태(재희)는 친구들에게 괴롭힘을 당하곤 한다. 그들의 괴롭힘은 병태에게 단순한 폭력이 아니라 견디기 힘든 삶의 무게이고 좌절이자 절망이다. 그들 때문에 학교 공부도 싫어지고 사는 즐거움도 느끼지 못한다. 아버지와 단둘이 살고 있는 병태는 자신의 그런 고민을 털어놓을 상대가 없다. 그런 어느 날, 병태는 멕시코만의 푸른 바다로 떠날 날을 기다리며 그 동네에 은둔 중이던 오판수(백윤식)를 만난다. 오판수는 전설적인 싸움 실력으로 전국을 제패했던 고수 중의 고수. 모든 일에 무심하게 굴면서도 왠지 그는 병태의 고민을 은근히 이해하고 동정한다. 물론 맞고만 살아온 자의 두려움을 깨기란 쉽지 않다. 응용력 부족, 경험 부족 속에 '살아가는 것' 자체가 싸움의 연속인 세상에서 병태는 판수의 지도 덕분에 진정한 고수로 거듭난다.

〈코리아엔터테인먼트〉 95분 극영화 15
세관람가/액션코미디

감독 : 신한솔
제작 : 이서열
각본 : 신한솔, 민동현
각색 : 변승현, 허인석, 사무엘
개봉 : 2006년 1월 5일
출연 : 백윤식, 재희, 김응수, 최여진, 박원상, 홍승진, 박기웅, 이문식, 윤현숙 외
기획 : 이서열
촬영 : 임재수
음악 : 윤민화
조명 : 박건우
편집 : 문인대
미술 : 박일현
세트 : 윤기찬
소품 : 이재성, 김정환
의상 : 김경미
분장 : 박선
동시녹음 : 이상준
사운드 : 이승철
특수효과 : 김태의
시각효과 : 김태훈
포스터 : 윤형문
무술감독 : 이응준
제작지휘 : 정근현
프로듀서 : 김성진
조감독 : 허인석

● 신한솔 감독 데뷔작. 나약한 고교생이 전설적인 싸움의 고수를 만나 좌충우돌 끝에 싸움의 비기를 전수받는다는 내용의 실용 액션무비. 김기덕의 영화 '빈집'(2004)에서 주목을 받은 재희가 싸움기술을 전수받는 고교생 병태 역, '지구를 지켜라'(2003), '범죄의 재구성'(2004) 등에서 특유의 개성 있는 연기로 관객의 관심을 한 몸에 받았던 백윤식이 고수 오판수 역을 맡았다. 백윤식은 진정한 싸움의 달인이자 도인처럼 유유자적하는 판수라는 캐릭터를 연기하여 감독은 "백윤식의 초절정 고감도 연기가 없었다면 이 영화의 성취는 반감됐을 것"이라고 말할 정

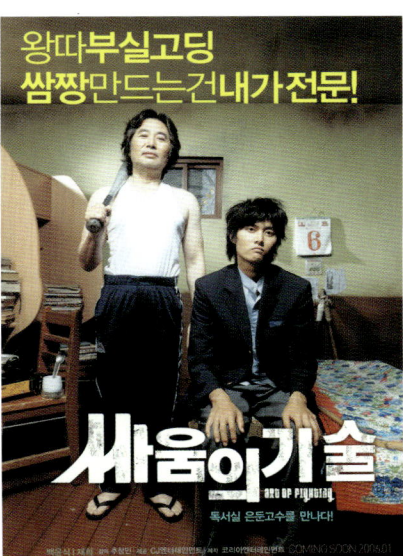

도다.('영화 '싸움의 기술' 백윤식씨 연기 압권', 제주일보 06.1. 7) 도피 중인 범법자에게 고교생이 싸움 방법을 구체적으로 배운다는 자체가 논란을 불러일으킬 소지가 있었으나 억울하게 당하는 쪽에서 보면 폭력은 무작정 기피하고 두려워할 것이 아니라 적절히 대응할 줄도 알아야 한다는 메시지가 영화 내용 속에 함축되어 있다. 그래서인지 싸움의 방법과 싸움을 정면으로 다루지 않고 청소년들에게 경각심과 위기에 처한 대비 부분을 강조했다.

전주, 군산, 장항을 돌며 진행된 장장 6개월의 촬영 기간 동안 빠르고 리얼한 싸움 장면을 연출하기 위해 배우들의 치료비만 1700만 원이 들었다고 한다.('칸이 만난 스타 '싸움의 기술' 재희' 경향 05. 10 .21)

청연 青燕, Blue Swallow(2005)

(코리안픽쳐스) 133분 극영화 12세관
람가/전기드라마

감독 : 윤종찬
제작 : 김재영
각본 : 윤종찬, 이인화
개봉 : 2005년 12월 29일
출연 : 장진영, 김주혁, 유민, 한지민,
　　　나카무라 토오루, 김태현, 나카
　　　하라 타케오, 시바타 요시유키,
　　　이찬영, 김응수, 이승호 외
기획 : 시네라인II, 양국석
촬영 : 윤홍식, Vern Nobles sr(항공
　　　촬영)
음악 : Michael Staudacher, 이승
　　　철, 윤명선, 이현승
조명 : 최석재
편집 : 함성원, 김형주
미술 : 타케우치 코이치, 아이다 토시
　　　하루, 오선교, 서명희, 마츠모
　　　토 치히로
소품 : 장석훈
세트 : 노상억, 노상주, 우주일, 이남
　　　영, 정용현, 김삼수
의상 : 권유진, 쿠보타 카오루
분장 : 이서진
특수분장 : 곽태용, 황효균, 강은진
동시녹음 : 은희수
사운드 : 영진위
특수효과 : 정도안
시각효과 : 강종익, 한태정
포스터 : 오형근, 김상만
무술감독 : 전문식
비행감독 : Kevin La Rosa, 이주학
　　　　　(비행자문)
제작총지휘 : 김주희
프로듀서 : 최성수
조감독 : 이진구, 박성진, 김아론, 박정
　　　배, 현종욱, 손상준, 김인호
수상 : 제43회 대종상영화제 음악상
　　　(Michael Staudacher)·음향
　　　기술상(영진위: 은희수), 제26
　　　회 영평상 여자연기상(장진
　　　영)·촬영상(윤홍식), 제14회
　　　춘사영화예술제 촬영상(윤홍
　　　식)·의상상(권유진)

1925년, 최초의 민간 여류 비행사 박경원(장진영). 어릴 때부터 비행사가 꿈이었던 경원은 일본 비행학교에서 한국인 유학생 한지혁(김주혁)을 만난다. 지혁은 경원에게 이끌리지만 아버지의 명령으로 군에 입대한다. 몇 년 후 2등 비행사가 된 경원과 제대 후 비행학교 장교로 지원해온 지혁은 다시 만나 서로에 대한 사랑을 확인한다. 그때 일본 최고의 모델이자 외무대신의 든든한 배경을 지닌 기베(유민)가 경원의 꿈을 이루어주기 위해 적극적인 후원자로 나선다. 드디어 고도 상승 경기대회에서 우승한 경원은 한 남자의 여자로 남기보다 꿈을 향한 소망을 이루기 위해 지혁의 청혼을 거절한다. 결국 사랑, 친구, 동료를 모두 버리고 그는 자신의 비행기 청연(青燕)에 올라 푸른 하늘을 향해 힘찬 날갯짓을 시작한다.

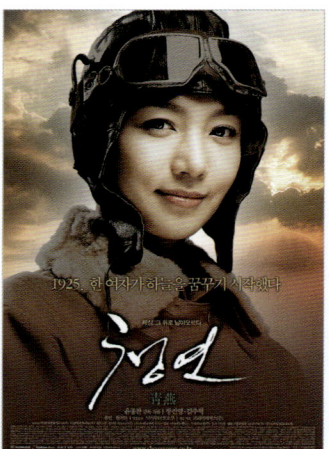

● '소름'(2001)에 이어 내놓은 윤종찬 연출작. 소설 『영원한 제국』의 작가 이인화와 윤종찬이 자신의 꿈을 좇아 하늘을 날았던 여류 비행사 박경원(1901~1933)의 삶을 조명하는 각본을 만들었다. '청연(푸른 제비)'은 박경원과 함께 신화한 비행기 이름이다.

박경원은 1928년 고등 비행사 자격증을 따고 1933년 8월 7일 조선을 거쳐 만주로 가는 장거리 비행에 나섰다가 이륙한 지 50분 만에 시즈오카현 겐가쿠산(玄嶽山)에서 짙은 안개에 갇혀 추락사했다. 영화 '소름'에서 압도적 미장센과 치밀한 연출력을 선보였던 윤종찬이 3년의 제작 기간을 거쳐 완성한 이 작품은 공중촬영 등의 스펙터클과 배우들의 노련한 연기로 "근래 보기 드문 수작" 평가를 받았다.

'소름'에서 여주인공을 맡았던 장진영이 박경원, '싱글즈'(2003)에서 장진영과 함께 출연한 김주혁이 한지혁, 한국에서 활동하면서 관객들에게 친숙한 일본 배우 유민이 일본의 모델이자 여류 조종사 기베 마사코, 영화 '도쿄공략(東京攻略)'(2000)의 배우 나카무라 토오루가 도쿠다 교관 역을 맡았다. 음악을 담당한 독일 태생의 미하엘 슈타우다허(Michael Staudacher)는 김호선의 '애니깽'(1996), 구임서의 '누가 나를 미치게 하는가'(1995), 노효정의 '인디안 썸머'(2001), 박광춘의 '러브'(2002) 등에서 영화음악을 만든 바 있다. 제작비는 총 97억 원, 한·중·일·미 4개국 로케이션으로 진행된 이 영화는 촬영 기간 1년에, CG 후반 작업만 7개월이 걸렸다고 한다.(「영화 '청연' 1년 촬영종료」 연합뉴스 05. 3. 24) 이 같은 대작 규모와 함께 "조선인 최초 여류 비행사"의 불꽃같은 삶을 소재로 했다는 점에서 제작 초기부터 화제를 모았으나 제작 과정에서의 뜻하지 않은 난항이 개봉을 1년이나 지연시켰고 개봉 시기에 언론에 불거진 여주인공의 친일 논란으로 서울 단성사 개봉 첫 주 박스오피스 6위에 머무는 고전을 면치 못했다. 당시 오마이뉴스(05. 12. 19)는 "영화 '청연' 개봉을 앞두고 주인공 박경원의 '최초 여류 비행사' 문제와 친일 행적에 대한 시비가 불거지고 있다"고 전제, "이 문제는 독립유공자로서 우리나라 최초의 여자 비행사인 권기옥씨의 유족들에 의해 제기되었다"(스포츠조선 05. 10. 14)고 밝혔다. 이로 인해 영화는 흥행참패의 늪에 빠지고 말았다. '최초의 여류 비행사' 또는 '친일' 단서를 제외한다면 실화를 근거로 한 이 영화는 여전히 잘 만들어진 수작 중 하나로 남는다.

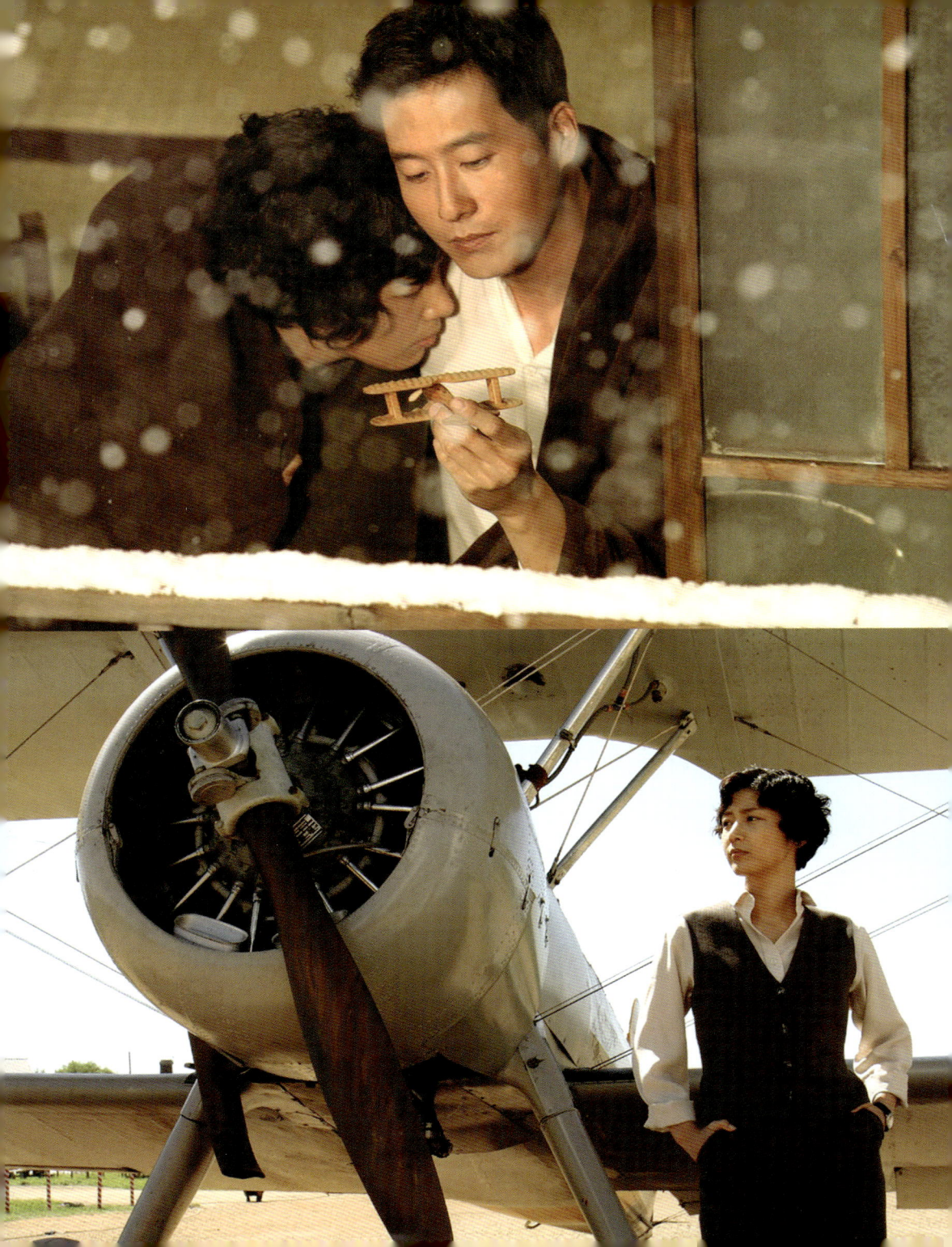

왕의 남자 王의 男子, King and the Clown(2005)

(이글픽처스) 119분 극영화 15세관람
가/사극풍자

감독 : 이준익
제작 : 정진완, 이준익
각본 : 최석환(원작 김태웅)
개봉 : 2005년 12월 29일
출연 : 감우성, 이준기, 장항선, 유해
진, 정진영, 강성연, 정석용, 이
승훈, 윤주상 외
촬영 : 지길웅
음악 : 이병우
조명 : 한기업
편집 : 김상범, 김재범
미술 : 강승용
세트 : (주)아트서비스
의상 : 심현섭
분장 : 강대영, 박미정
동시녹음 : 김탄영
사운드 : 최태영
특수효과 : 홍정표
시각효과 : 이윤석
무술감독 : 오세영
풍물지도 : 안성시립, 바우덕이풍물단
프로듀서 : 정진완
조감독 : 안태진
수상 : 제43회 대종상영화제 최우수작
품상(이글픽처스) · 감독상(이준
익) · 남우주연상(감우성) · 남우
조연상(유해진) · 신인남우상(이
준기) · 시나리오상(최석환) · 촬
영상(지길웅) · 국내인기상(이준
기, 강성연) · 해외인기상(이준
기), 제27회 청룡영화상 음악상
(이병우) · 인기상(이준기) · 베
스트커플상(감우성, 이준기), 제
42회 백상예술대상 영화 부문
대상(이준익) · 신인연기상(이준
기) · 패셔니스타상(이준기), 제
14회 춘사영화예술제 올해의
남우주연상(감우성) · 남우조연
상(장항선), 제29회 황금촬영상
촬영감독이 뽑은 작품대상(이
글픽처스) · 촬영상 금상(지길
웅) · 신인남우상(이준기), 제5
회 대한민국영상대상 신인남우
상(이준기), 제9회 도빌 아시아
영화제 심사위원상(이준익)

조선시대 연산조. 남사당패의 광대 장생(감우성)과 공길(이준기)은 한양에 올라와서 연산(정진영)과 그의 애첩인 녹수(강성연)를 풍자하는 놀이판을 벌인 것이 계기가 되어 궁내 희락원(喜樂園)에 들어간다. 왕 앞에서 연희하는 궁중 광대가 된 그들은 주로 탐관오리의 비리를 풍자하는 해학극을 벌이고 여인들의 암투로 왕이 후궁에게 사약을 내리는 경극을 선보이기도 한다. 이 연극을 본 연산은 문득 그의 생모 폐비 윤씨가 사약을 받은 옛일을 상기하여 그 자리에서 선왕의 여자들을 칼로 베어 죽인다.

공연할 때마다 궁이 피바다로 변하자 장생은 궁을 떠나기로 하지만 왕의 사랑을 받는 공길은 왕에 대한 연민 때문에 차마 궁을 떠나지 못한다. 그 사이 왕의 횡포에 반발한 중신들이 광대를 내쫓기 위한 음모를 꾸미고 왕의 관심을 광대에게 빼앗긴 녹수 역시 질투심에 불타 나머지 공길을 없애기 위한 은밀한 계략을 꾸민다. 공길은 뒤늦게 그의 하나밖에 없는 동료이자 리더인 장생을 따라나선다.

● '황산벌'(2003)에 이은 이준익의 세 번째 연출작. 궁궐을 배경으로 펼쳐진 궁중 광대들의 한판 놀이를 그린 풍자사극. 김태웅 작 · 연출의 연극 「이(爾)」(2000년 초연)를 원작으로 하고 있다. 원작과는 달리 무소불위의 절대 권력자 연산도 가지지 못한 광대들의 자유와 신명, 그로 인해 이용당하고 음모에 빠지는 광대들의 피할 수 없는 슬픈 운명을 주 내용으로 하고 있다.

이 작품에서 허구적으로 만들어진 유일한 캐릭터가 바로 감우성이 맡은 '장생' 역이다. 타고난 광대 장생은 오랜 동료이자 가족 같은 공길과 함께 신명난 놀이판을 벌이는 것 외엔 다른 것엔 관심이 없는 자유인이다. 이지적이지만 유약하지 않고 부드럽지만 강렬한 연기를 보인 감우성은 '왕의 남자'를 통해 "광대로 다시 태어났다"는 평과 함께 드라마 전체에 원동력을 불어넣었다.(「사극영화 '왕의 남자' 광대역 감우성」, 중앙 05. 12. 19) 장생을 따르는 미모의 젊은 광대 공길 역은 신예 이준기가 맡았다. 이준기는 '왕의 남자'에 앞서 변영주의 '발레교습소'(2004)에서 주인공(윤계상)의 친구로 출연했으나 역할이 미미하여 관객에게 어필하지 못했다. 그러나 '왕의 남자'에서 이준기가 연기한 광대 '공길'은 여성성을 강조한 이미지를 각인시켰다.

이 역할은 공길이라는 광대가 왕에게 "임금은 임금다워야 하고, 신하는 신하다워야 하고 아비는 아비다워야 하고, 자식은 자식다워야 한다. 임금이 임금답지 않고, 신하가 신하답지 않으니 비록 곡식이 있은들 먹을 수가 있으랴는 말을 했다가 참형을 당했다"(「연산군 일기」 60권 22장)는 기록에 의해 되살려진 캐릭터다. 미천한 신분인 광대가 왕을 꾸짖는 발언을 했다는 것은 믿을 수 없는 일이지만, 최고와 최하 신분의 두 인물이 만날 수 있는 기회를 가졌다고 짐작하게 만드는 이 문헌은 영화적 상상력을 자극하기에 충분한 소재가 아닐 수 없다. 폭군 연산 역은 극단 자유극장의 연극배우 정진영, 질투심에 불타는 장녹수에 강성연, 항상 왕을 보필하는 처선 역에 장항선, 유해진, 정석용, 이승훈 등이 광대 역을 연기했다.

완벽한 광대놀이를 재현하기 위해 감우성과 이준기를 비롯한 광대 역할의 배우들은 2개월간 안성 남사당 바우덕이 풍물패에게 직접 광대 놀이판에 필요한 기예와 신명을 익혔다고 한다.(경기일보 06. 4. 25) 특히 감우성은 무형문화재 제3호이자 세계줄타기대회 최고 기록 보유자인 권원태 명인에게 직접 사사하고 실제 촬영에서 5m 상공에 매달린 외줄 위에서 능숙하게 걷는 수준급의 실력을 보여주었다.

왕이 정사를 논하던 수조지조(受朝之所)와 왕의 처소 내부까지 다양한 장소를 담아내기 위해 부안 영상테마파크와의 제휴를 통해 200여 평의 별도 소품 창고에서 광대들이 놀이판에서 사용하는 '버나', 궁중에서 왕이 타고 다니는 '난가(輦)', 녹수의 처소에 배치된 '화각장' 등 개개의 소품을 형상화했다.

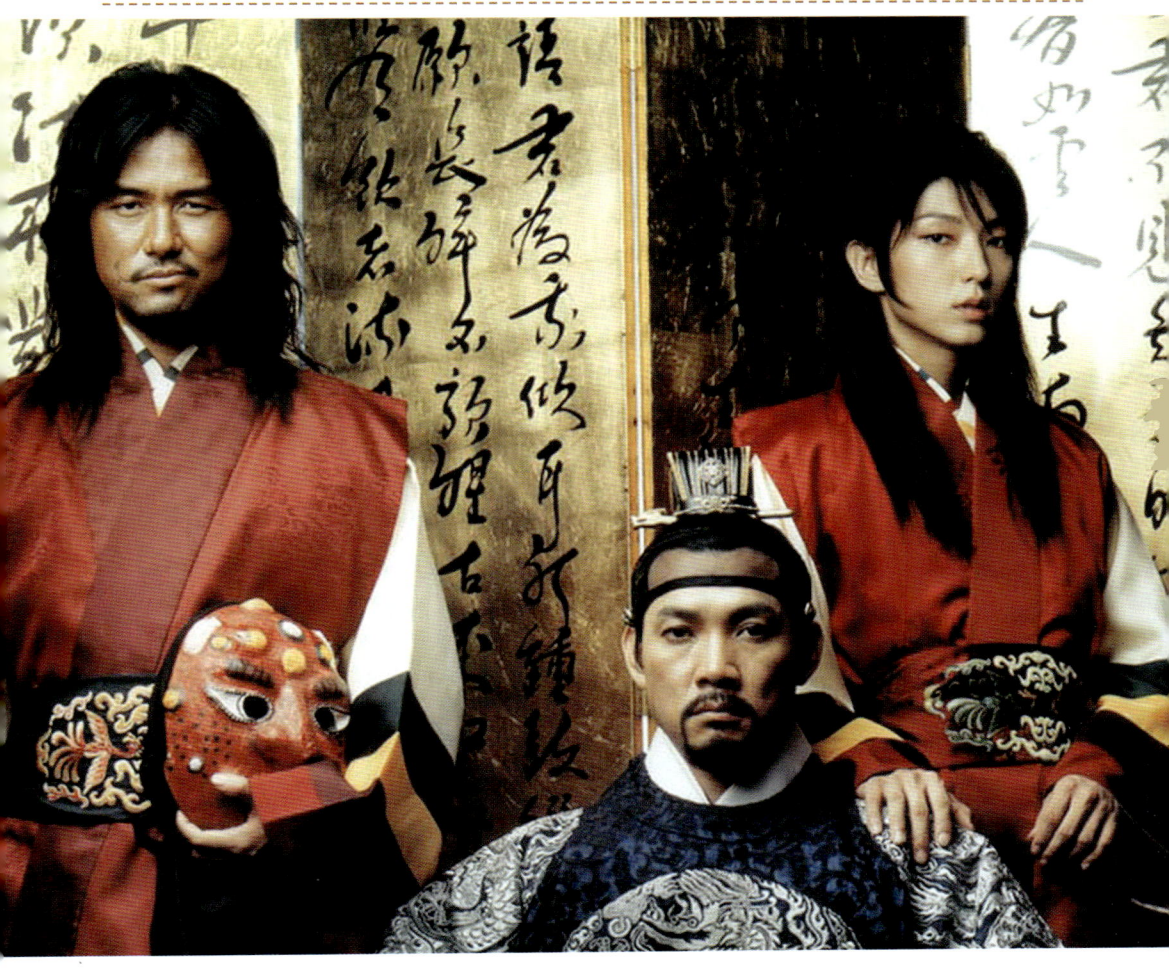

    이 영화로 연출자 이준익은 대종상 감독상, 백상예술대상 영화 부문 대상, 황금촬영상 대상을 받았고 주인공 감우성은 대종상과 춘사영화제 남우주연상, 공길 역의 이준기는 대종상과 백상 예술대상, 황금촬영상에서 신인남우상과 국내·해외인기상을 수상했다.

    개봉 첫주 전국 115만(서울 21만, 전국 84만)을 동원하며 박스오피스 1위, 개봉 두 달 만인 2006년 3월 5일, 1175만 명을 돌파함으로써 '태극기 휘날리며'(2004년 1174만 6000명)가 기록했던 역대 흥행 기록을 경신하는 신기록을 세웠다. "메마른 우리 영화계에 단비 같은 영화. 작품성과 대중성을 모두 거머쥔" 이 영화는 결과적으로 전국 1230만(서울 343만 명을 기록하면서 2006년도 한국영화 흥행 순위 1위, 역대 한국영화 흥행 순위(07. 1. 14 기준) 1위에 올랐다. 그리고 불과 7개월 후 봉준호의 '괴물'(2006)에게 1위를 내주었다.(08. 1. 25 기준 2위) 그러나 조선일보에 따르면 "한국영화 흥행 순위는 관객 숫자가 아니라 미국이나 다른 나라처럼 '티켓(입장권)'을 팔아 얻은 수입이라는 다른 관점으로 집계한 결과 1302만 관객의 사랑을 받은 '괴물'(2006)은 극장 수입(부가세 포함)이 791억으로 2위이고 1230만의 관객을 동원한 '왕의 남자'는 극장수입 805억으로 단연 1위로 봐야한다"(조선 07. 6. 8)는 기사를 싣고 있다.

데이지 Daisy(2005)

(아이필름) 110분 극영화 15세관람가/멜로

감독 : 유위강
제작 : 정훈탁
각본 : 곽재용
각색 : 진가상, 잠문강
개봉 : 2006년 3월 6일
출연 : 전지현, 정우성, 이성재, 천호진, 강대위, 유순철, Mihai Marian, Marinus Smit 외
촬영 : Andrew Lau, NG Man Chuen
음악 : Shigeru Umebayashi, Chan Kwong Wing
편집 : Chan Ki Hop, Wong Hoi, 김상범, 김재범
미술 : Bill Lui
의상 : Silver Cheung
분장 : Marianne Wong, Rachel Kong
동시녹음 : 이태규
사운드 : Kinson Tsang
특수효과 : Harry Wiessenhaan, Rick Wiessenhaan, Edward Wiessenhaan
무술감독 : Dion Lam(임적안), Yick Tin Hung
제작지휘 : 정훈탁, 빌콩, 유위강, Pawadee Chantanom, John Galvin
프로듀서 : 정훈탁
조감독 : Ask Lee
수상 : 제43회 대종상영화제 여우주연상 노미네이트(전지현) · 음향기술상(Kinson Tsang) · 음악상(Shigeru Umebayashi)

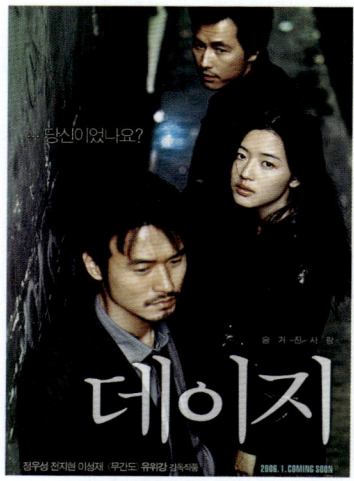

개인전 준비를 하며 광장에서 초상화를 그리는 화가 혜영(전지현). 낯선 도시 암스테르담에서 그녀를 지탱해주는 것은 얼굴도 보지 못한 첫사랑의 추억뿐이다. 혜영은 그에게 데이지 꽃 그림을 선사했고 그에게선 매일같이 화분이 배달됐다. 그러던 중 그녀는 임무 수행을 위해 그곳에 온 국제 경찰 정우(이성재)와 가까워진다. 그녀는 그가 화분을 보내오는 남자인 줄 알고 있다. 정우는 그녀가 기다리는 사람은 아니라는 것을 알면서도 그녀를 잃을지도 모른다는 두려움 때문에 사실을 말하지 못한다. 이런 혜영과 정우의 사랑을 고통스럽게 지켜보는 남자는 킬러라는 신분 때문에 자신을 드러내지 못하는 박의(정우성), 그가 바로 혜영이 기다리는 그 남자다. 한 여자 앞에서 엇갈리는 두 남자의 운명, 그러나 가장 놀라운 파국은 박의에게 암살 타겟으로 정우의 사진이 배달되면서부터 시작된다.

● 중화권 영화사상 최고의 걸작인 '무간도(無間道)'(2002) 시리즈를 내놓은 아시아 대표감독 유위강(劉偉强) 연출작. 한 여자를 동시에 사랑하게 된 킬러와 형사의 피할 수 없는 대결을 그린 액션 멜로물. 킬러 박의(정우성), 박의를 쫓는 국제경찰 정우(이성재)는 거리의 화가 혜영(전지현)을 두고 서로 엇갈린 사랑을 펼치게 된다. 곽재용의 각본을 영화 '화피(畫皮)'(2008)를 연출한 진가상(陳嘉上)이 각색했다.

'엽기적인 그녀'(2001), '내 여자친구를 소개합니다'(2004)로 아시아 대표 배우로 우뚝 선 전지현, '내 머리 속의 지우개'(2004)로 일본에서 새로운 한류 스타로 떠오른 정우성, 연기파 배우 이성재가 주축이 되고 있다. 여기에 '스파이더맨 2'(2004)의 무술 감독 Dion Lam(임적안), '연인(十面埋伏)'(2004)의 음악을 만든 일본의 우메바야시 시게루, '태극기 휘날리며'(2004)의 이태규가 동시녹음, '오션스 트웰브(Ocean's Twelve)'(2004)를 진행한 네덜란드의 바킹도그 필름(Barking Dog Films)이 제작에 참여하는 등 고급 인력이 팀을 이루고 있다. 영화의 끝을 장식하는 곳은 네덜란드와 벨기에의 국경에 걸쳐 있는 에펜(Epen)으로 여기엔 박의가 혜영을 위해 만든 그림같이 걸린 다리, 들판에 드넓게 펼쳐진 데이지 꽃의 백색 풍광, 암스테르담 광장의 자유로운 분위기 등 운하, 풍차, 튤립의 향기가 어우러진 네덜란드 전역을 배경으로 전하기 위해 100%의 자연광 촬영이 이루어졌다. 특히 킬러 조직의 보스의 사무실인 펠릭스 메리티스는 18세기 건물로 벽돌 하나도 박물관의 유적 급으로 인정받는 곳이다. 그곳에 1000여 명의 엑스트라가 동원되어 킬러 박의와 잠복 중인 국제 경찰의 대결이 탄환이 난무하는 격렬한 액션신으로 탄생되었다. 총알이 빗발치는 할리우드식 액션영화는 아니지만 문을 잠근 채 남녀를 총으로 사살하는가 하면 총기로 상대방을 난사한 후 확인 사살하는 장면, 총을 맞고 입에서 피를 토하고 총을 머리에 정통으로 맞는 등의 사실적이고 잔인한 묘사가 등장하기도 한다.

968

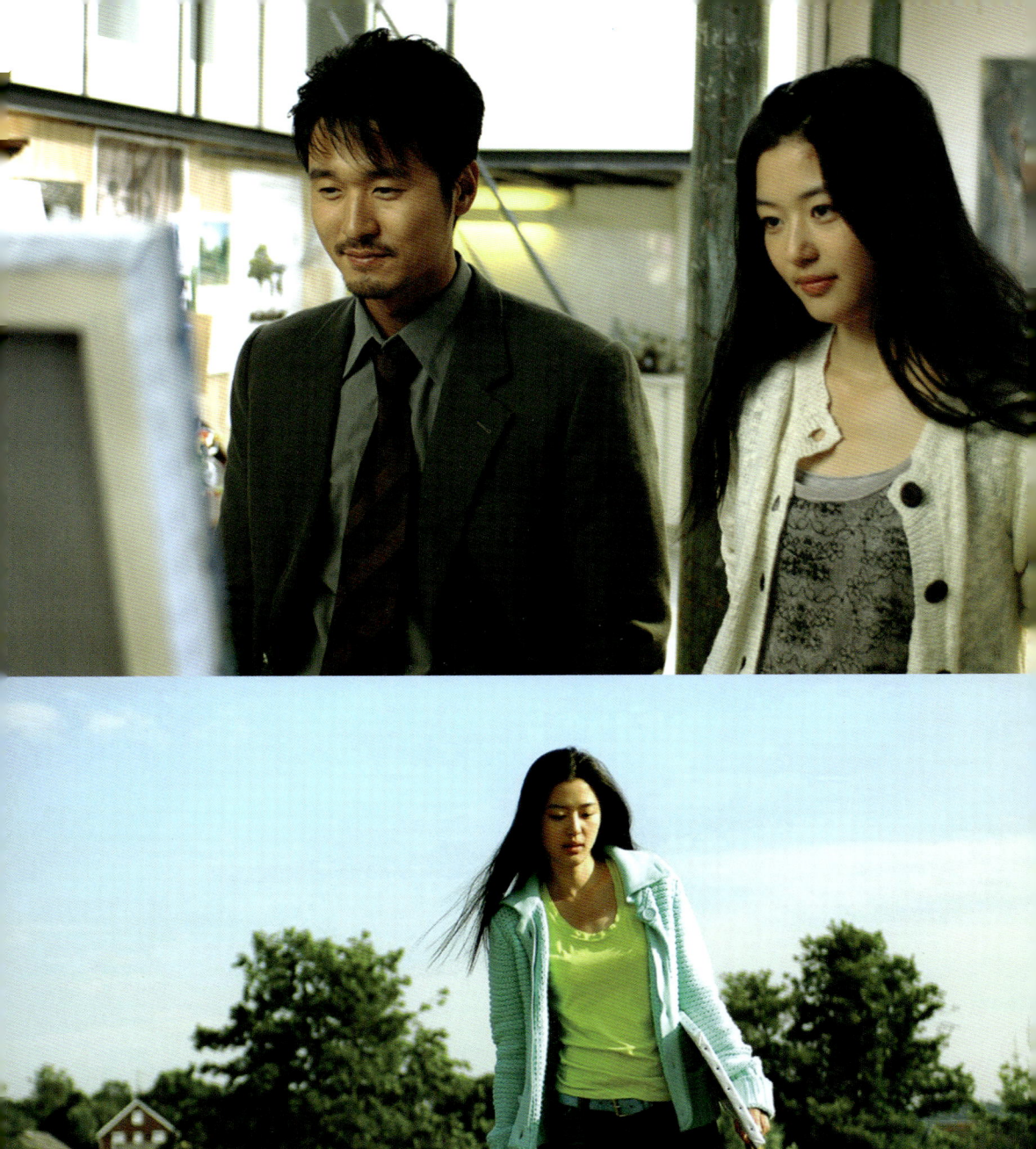

그놈 목소리 Voice of a Murderer(2006)

(영화사 집) 122분 드라마 12세관람가
/범죄 미스터리

감독·각본: 박진표
제작: 이유진
각색: 박경진, 안수현, 국동석, 정영
현, 김은호, 최영림
개봉: 2007년 2월 1일
출연: 설경구, 김남주, 강동원, 이형
철, 김영철, 송영창, 고수희, 김
광규, 나문희, 최정윤, 윤제문
외
촬영: 김우형
음악: 이병우
조명: 고낙선
편집: 김미주
미술: 이인옥
세트: 노상억
소품: 전재욱
의상: 신승희
분장: 김이숙
동시녹음: 이태규
사운드: 김석원, 김창섭
특수효과: 김병기
시각효과: 한영우
포스터: 오형근
프로듀서: 안수현, 국동석
수상: 제6회 대한민국 영화대상 음향
상(김석원, 김창섭)

강력 범죄가 끊이지 않던 1990년대. 뉴스 앵커 한경배(설경구)의 아홉 살짜리 아들 상우(이형철)가 어느 날 쥐도 새도 모르게 사라지고 나서 1억 원을 요구하는 유괴범(강동원)의 협박 전화가 걸려온다. 아내 오지선(김남주)의 신고로 이 사건엔 전담 형사(김영철)가 붙고 비밀수사본부가 설치된다. 과학수사까지 동원되지만 지능적인 범인은 그때마다 수사망을 빠져나가며 한경배 부부에게 전화로 새로운 접선 방법을 지시한다. 범인의 정체는 쉽게 드러나지 않는다. 유괴범의 유일한 단서는 오로지 협박 전화 목소리 뿐. 사건 발생 40여 일이 지나도록 상우의 생사조차 모른 채 협박 전화에 매달려있던 한경배는 '그놈'에게 직접 접선 방법을 알리며 스스로 아들찾기에 나선다.

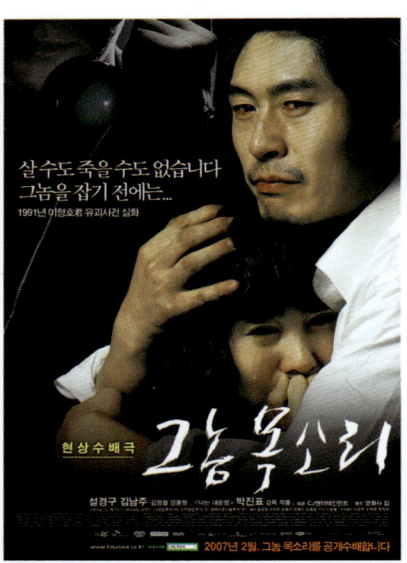

● ''너는 내 운명'(2005)에 이은 박진표 각본·연출작. 전작들이 모두 실화를 근거로 한 것처럼 이 영화도 1991년 1월, 세상을 떠들썩하게 했던 '압구정동 이형호 어린이 유괴살인 사건'을 모티브로 한 것이다.(「이형호 어린이 유괴」 경향 91. 3. 15. 1면, 「이형호군 유괴 살해 1년, 범인 윤곽도 모른 채 계속 미궁」 동아 92. 1. 29일자 참조)

이 사건은 범인이 끊임없는 협박 전화로 비정하게 부모를 농락했다는 점, 그 범죄 수법이 경찰의 추적을 유유히 따돌릴 정도로 치밀하고 지능적이었던 점이 시민들의 빈축을 사면서 세간에 화제가 되었다. '개구리 소년 실종사건', '화성연쇄살인 사건'과 더불어 3대 미제사건으로 불렸던 이 사건은 사건 발생 이후 15년 동안 10만 명의 경찰 병력 투입과 과학수사로 진행되

었으나 범인의 윤곽조차 파악하지 못한 채 2006년 1월 29일로 공소시효가 만료되었다.

1992년 SBS 다큐프로 '그것이 알고 싶다'의 조연출로 이 사건을 직접 취재했던 감독은 우리사회가 이런 비극적인 사건을 쉽게 용인하지 않도록 이를 재조명하는 과정에서 다른 캐릭터들과 에피소드는 영화적으로 재구성했지만 범인에 관해서는 실제 사건에 근거한 객관성을 고수했다. 즉 실제 범인의 단서인 '협박전화 목소리'를 중요하게 설정하고 있다. 범인인 '그놈'은 스타 배우 강동원이 캐스팅됐지만 몇몇 장면에서 실루엣을 노출시키는 것 외엔 범인은 철저하게 전화 목소리로만 등장하는 것이 특징이다.

이 영화는 범인의 협박 지시에 따라 압구정동, 충무로, 삼성동, 잠실, 김포공항, 동호대교, 여의도 등 피해 부모가 이동했던 실제 경로를 따라 4개월간 촬영을 감행했다. '그놈 목소리'는 "피 말리는 가족애를 그린 휴먼드라마"라는 호평과 함께 서울 관객 83만, 전국 325만 관객 동원으로 역대 한국영화 흥행 순위 31위(08. 1. 25 기준)를 기록했다.

음란서생 淫亂書生, Forbidden Quest(2006)

저잣거리에서 평생 처음 난잡한 책을 접한 당대 최고의 문장가 윤서(한석규)는 자신이 몸소 음란소설을 써 보기로 한다. 추월색이라는 필명으로 음란소설을 발표하던 윤서는 일인자가 되고 싶은 욕심에 가문의 숙적이던 광헌(이범수)을 부추겨 소설 삽화를 그리게 하고 광헌 역시 음란소설 그림그리기에 빠져든다.

아름답고 격조 높은 문체에 박력 넘치는 그림은 당장 장안의 화제가 되고 추월색의 『흑곡비사』에 대한 반응이 극에 달해 있을 때 왕의 총애를 받는 정빈(김민정)에게도 이 책이 흘러 들어간다. 장안 최고의 문제작을 쓴 윤서, 광헌의 심장은 힘차게 뛰고 피는 뜨겁게 돌기 시작한다.

● '정사'(1998)와 '스캔들'(2003)의 각본을 쓴 시나리오 작가 김대우의 감독 데뷔작. 시나리오 작업에만 4년이 걸렸다고 한다. 모든 것이 '법도와 윤리'라는 이름으로 닫혀있던 조선시대, 음란소설 창작에 빠지게 된 명문가 사대부라는 설정, 한석규 이범수 투톱스타 출연에 특히 한석규의 첫 사극이라는 점이 일반의 관심을 끌었다. 감독은 "한석규는 나에게 꿈같은 존재였으며 '음란서생'의 윤서는 한석규 외엔 다른 대안을 찾을 수 없는 캐릭터"라고 말한다. 한석규 역시 "내 연기 인생에서 쉽게 만날 수 없는 최고의 배역"((FIRM2.0) 06. 3. 15)임을 피력한 바 있다. 그와 함께 호흡을 펼친 이범수 또한 새로운 캐릭터의 악역으로 시선을 모았다.

윤서와 광헌의 역작 '흑곡비사'를 위해 정보연, 권정선 등 10인의 서화가와 2인의 서예가가 투입됐고 영화 속 그림들은 모두 박재동 화백의 감수를 거쳤다. 또한 소설이 제작되고 배급되는 유기전의 유기들은 2003년 전국공예품 경진대회에서 대통령상을 수상한 80년 전통의 '거창 유기공방'에서 특별 제작한 것이다.(「영화 '음란서생' 유기제품 거창산」 연합뉴스 06. 3. 18) 200여 벌에 달하는 의상은 코스튬 디자이너 정경희가 직접 손으로 염색해서 만들었다. 이중 정빈(김민정)의 의상은 젊은 호사바치들이 입는 속살이 비치는 사(紗)붙이 깨끼옷으로 지금까지 사극에서 볼 수 없었던 고혹적인 분위기를 자아냈다.

깊이 있는 영상을 추구하기 위해 전체 제작비의 30%에 달하는 예산을 미술 분야에 투입하고 '장화 홍련'(2000), '형사 Duelist'(2005)로 미술 감독의 입지를 굳힌 조근현이 철저한 고증을 통해 영화 속 주요 공간 10여 곳을 세트로 재현해냈다.

이 영화는 평단과 관객의 호평을 받으면서 김대우는 백상예술대상과 영평상 신인 감독상, 과감한 색상의 의상을 만든 정경희는 대종상 의상상, 영화전체에 아름다운 배경을 만든 조근현은 청룡상과 대한민국 영화대상, 영평상에서 미술상 수상.

개봉 5일 만에 100만 명의 관객이 드는 등 전국 258만 관객을 동원하면서 2007년도 한국영화 흥행 순위 8위, 역대 한국영화 흥행 순위 44위(08. 1. 25 기준).

(영화사 비단길) 139분 극영화 18세관람가/사극 멜로

감독 · 각본 : 김대우
제작 : 김수진, 윤인범
개봉 : 2006년 2월 23일
출연 : 한석규, 이범수, 김민정, 오달수, 김뢰하, 이순재, 안내상 외
촬영 : 김지용   미술 : 조근현
음악 : 목영진   조명 : 신상열
소품 : 유청   의상 : 정경희
분장 : 김도희   동시녹음 : 윤성기
사운드 : 이성진   특수효과 : 홍장표
편집 : 최민영, 김창주
세트 : 윤일랑, 김광섭
시각효과 : 장성호
무술감독 : 신재명
프로듀서 : 임정하
조감독 : 이찬
수상 : 제43회 대종상영화제 의상상(정경희), 제27회 청룡영화상 미술상(조근현), 제43회 백상예술대상 신인감독상(김대우), 제5회 대한민국영화대상 미술상(조근현), 제26회 영평상 신인감독상(김대우) · 각본상(김대우) · 미술상(조근현)

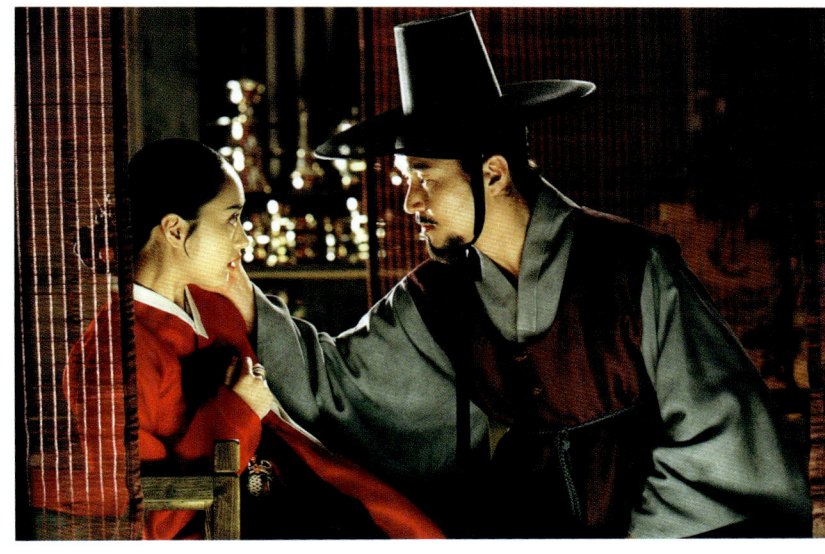

청춘만화 Almost Love(2006)

(팝콘필름) 116분 극영화 12세관람가/
멜로 청춘 영화

감독 · 각본 : 이한
제작 : ㈜케이원필름, ㈜여리인터내셔
널, 한성구, 최석민
개봉 : 2006년 3월 23일
출연 : 권상우, 김하늘, 이상우, 장미
인애, 정규수, 이경진, 박지빈,
정민아, 최종률, 조덕제 외
기획 : 이천희
촬영 : 이준규
음악 : 김민규
조명 : 송재완
편집 : 신민경
미술 : 강소영
세트 : 우제형
의상 : 오상진, 정윤기, 황정원
프로듀서 : 이지승

지환(권상우)과 달래(김하늘)는 어릴 때부터 같은 동네에서 자라고 지금
도 같은 대학에 다니는 친구 사이다. 지환은 액션 배우를 꿈꾸고 달래
역시 배우 지망생으로 이들은 만나기만 하면 싸우지만 보이지 않는 곳
에서는 서로를 감싸고 위한다. 그러던 어느 날, 달래에게는 만능 스포
츠맨인 영훈(이상우)이라는 남자친구가 생기고 지환에게는 늘씬하고 아
름다운 지민(장미인애)이라는 여자친구가 생긴다. 아무런 문제가 없을
것 같던 두 사람의 우정에 서로의 애인이 생기면서 이상한 기류가 흐르
기 시작한다. 지환과 달래의 묘한 감정은 우정 이상이었던 것이다. 그
러나 13년 동안이나 친구로 지낸 그들은 사랑이란 감정을 쉽게 받아들
이지 못한다.

● '연애소설'(2002)에 이은 이한 각본 · 연출작. 어릴 때부터 같은 동네에서 자란 두 청춘남녀
의 우정과 사랑을 그린 멜로드라마. 팝콘필름 일곱 번째 작품. 권상우, 김하늘 주연. 이상우 스
크린 데뷔작. 이상우는 2010년 SBS-TV 인기드라마 '인생은 아름다워'에서 송창의와 함께 동
성애자로 출연. 전국 206만 7000명 관객 동원으로 2007년도 한국영화 흥행 순위 12위, 역대
한국영화 흥행 순위 70위(08. 1. 25 기준)

달콤, 살벌한 연인 My Scary Girl(2006)

(싸이더스 FNH) 110분 극영화 18세관
람가/멜로 스릴러

감독 · 각본 : 손재곤
제작 : 차승재, 김미희, 김정호
개봉 : 2006년 4월 6일
출연 : 박용우, 최강희, 조은지, 정경
호, 이희도, 조영규, 선우선 외
기획 : 김남원, 김정호
촬영 : 하재영   **음악** : 나하나
조명 : 김근수   **편집** : 신민경
미술 : 원혜정   **소품** : 김대규
의상 : 김아정   **분장** : 김유임
동시녹음 : 오세진
사운드 : 정영하
특수효과 : 구연모
시각효과 : 박순미
무술감독 : 함철훈
제작총괄 : 임충렬, 윤상오
프로듀서 : 윤석준
조감독 : 박준오
수상 : 제7회 부산 영평상 각본상(손
재곤), 제5회 대한민국 영화대
상 각본각색상(손재곤)

똑똑하고 지적인 대학 강사 황대우(박용우)는 연애 따위에는 관심이 없
다. 그런 그가 취미는 독서에다 미술을 전공하고 있다는 미나(최강희)를
만난다. 연애에 대한 모든 것을 그녀에게 배우기 시작하면서 대우는 사
랑에 빠지지만 날이 갈수록 미나의 정체가 수상하기만 하다. 그녀는 도
스토옙스키의 『죄와 벌』도 모르고 미술학도이면서 몬드리안도 모른다.
더구나 어느 날 그녀 앞에 나타난 옛 남자 친구는 지적인 미나와는 너
무나 거리가 먼 딴 부류다. 또 무거운 짐 가방을 들고 외출하는 날이면
미나는 어김없이 온몸에 흙을 묻히고 들어오기도 한다. 사랑이 깊어지
면서 그녀에 대한 의심도 깊어가고 대우의 사랑은 위기에 처한 채 엉뚱
한 방향으로 흘러간다.

● 손재곤 감독 데뷔작. 각본 손재곤. 미술학도를 가장한 살인녀와 연애 한 번 못해본 대학 강사
가 만들어가는 로맨스 영화. 두 남녀의 연애담을 그린 영화지만 '달콤, 살벌'이란 제목에서 보
듯 유머와 멜로, 스릴러를 조합했다. 특히 조금도 죄의식을 갖지 않고 살인을 자행하는 여인이
시체를 짐처럼 끌고 산에 올라가서 암매장하고 제3국에서 공소시일이 지나기를 기다리는 등
범죄 행위를 흔히 있을 수 있는 일처럼 합리화시킨다. 이를 위해 감독은 긴 호흡으로 기대감을
증폭시키는 아슬아슬한 서스펜스보다 짧은 호흡으로 예상을 격파하는 코미디로 드라마를 이끌
어나간다.((씨네21) 06. 5. 3) 순제작비는 20억 원이 채 안 들었다.
　　MBC 프로덕션과 싸이더스FNH가 공동제작한 HD드라마로 개봉 2주 만에 전국 108만 명의
관객을 동원, '18세 이상 관람가' 등급을 받은 점을 감안하면 이례적으로 성공한 케이스다.
2006년도 한국영화 흥행 순위 10위, 역대 한국영화 흥행 순위 58위(08. 1. 25 기준)가 되었다.

사생결단 死生決斷, Bloody Tie(2006)

마약계의 거물 장철(이도경)을 잡기 위해 혈안이 된 형사 도경장(황정민)으로 인해 잘나가던 마약 중간 판매상 상도(류승범)의 인생에 브레이크가 걸린다. 상도는 하는 수 없이 도경장의 함정 수사에 협조하기로 하고 도경장이 장철을 덮치러 들어간 사이 천문학적 액수에 달하는 장철의 마약을 빼돌린다. 장철과 마약제조 교수가 만나는 현장에서 도경장은 뜻밖의 존재를 만나게 되고 장철의 몰락을 딛고 전국을 장악하려던 상도의 야망에도 예상 밖의 장애가 막아선다. 각자의 먹이를 향해 이빨을 드러내고 달려들던 두 남자의 '사생결단'은 결국 최후를 향해 극단적으로 치닫는다.

(엠케이픽쳐스) 115분 극영화 18세관람가/액션느와르

감독 : 최호
제작 : 심보경, 이종호
각본 : 최호, 윤덕원
개봉 : 2006년 4월 27일
출연 : 류승범, 황정민, 추자현, 이도경, 김희라, 온주완 외
촬영 : 오현제
소품 : 김배영
음악 : 김상만
조명 : 임재영
편집 : 김상범, 김재범
미술 : 김상만, 라현경
세트 : 윤일랑, 김광섭
의상 : 이희경
분장 : 김이숙
특수분장 : 신재호
동시녹음 : 윤해진
사운드 : 김석원, 김창섭
특수효과 : 이희경
시각효과 : 정성진
포스터 : 윤형문
조감독 : 박상현
무술감독 : 신재명, 박정률
수상 : 제43회 대종상영화제 편집상(김상범, 김재범) · 신인여우상(추자현), 제43회 백상예술대상 남자최우수연기상(류승범), 제7회 부산 영평상 남우조연상(황정민) · 여우조연상(추자연), 제5회 대한민국영화대상 여우조연상(추자연) · 신인여우상(추자연), 제30회 황금촬영상 인기남우상(류승범) · 촬영상(은상: 오현제) · 조명상(임재영)

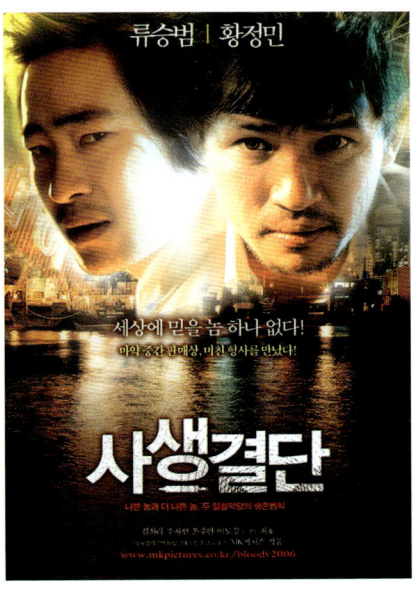

● '후아유'(2002)에 이은 최호 연출작. IMF의 환란에 빠진 1990년대 말 부산을 배경으로 독종 마약 판매상과 담당 형사 간의 의리 없는 공생관계를 리얼하게 그린 범죄 액션물. '사생결단'은 영화 소재로는 금기시되던 '마약특별구역'과 그 안의 인간 군상들에게 본격적으로 현미경을 들이댄 영화로 선악의 대비가 극명하게 드러난다. 자신의 이익을 위해 수단 방법을 가리지 않거나 서로를 이용하는 약육강식의 법칙, 권선징악의 획일화된 법칙에서 벗어나 누구나 공감할 수밖에 없는 시대적, 사회적 현실을 고발하고 있다. 촬영에서는 다양한 앵글로 배우들의 리얼한 감정을 살릴 수 있는 핸드헬드 촬영과 적극적인 줌(zooming)이 자주 사용되기도 한다.

가장 볼거리는 악질 형사(황정민)와 악질 마약상(류승범) 등 두 독종의 실감나는 대결 구도다. 이들은 총으로 사람의 머리를 쏜다던지 아킬레스건을 칼로 끊고 차에 탄 사람을 야구방망이로 무차별 공격하거나 불량배들이 주먹다짐과 구둣발로 한 사람을 집단 구타하는 등 폭력과 파괴, 충격과 난투로 한 치의 양보 없이 목숨을 건 승부에 매달린다. 이 잔혹 장면들은 대역 없이 촬영되었다. 그 외 왕년의 액션 스타 김희라가 오랜만에 얼굴을 내밀고 가수 리쌍(길, 개리)이 직접 작사 작곡한 주제가 '누구를 위한 삶인가'를 부른다.

이 영화는 1998년의 부산의 모습과 분위기를 완벽하게 보여준다. 지금의 화려한 광안대교가 아닌 부산대교, 유명한 광안리와 태종대, 해운대가 아닌 연산동과 초량 텍사스, 온천장 등 부산 밤거리와 남천동 달동네, 대동수문 앞 해변도로, 용호동에 위치한 폐공장을 볼 수 있고 감천항이 영화 속에 등장하기도 한다.

당시 대부분의 한국영화가 흥행 저조를 보였던 가운데 전국 관객 210만 관객 동원으로 2007년도 한국영화 흥행 순위 11위, 역대 한국영화 흥행 순위 68위(08. 1. 25 기준)를 기록했다.

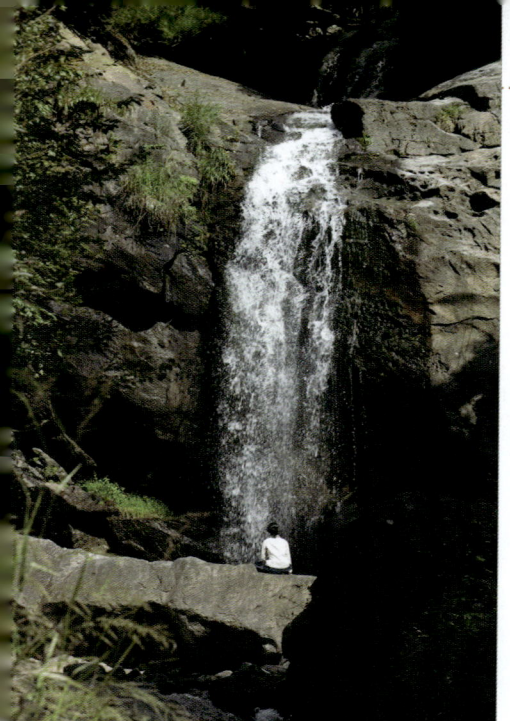

천년학 千年鶴, Beyond the Years(2006)

소리꾼 양아버지 밑에서 서로의 소리와 북장단을 맞추며 자라난 동호(조재현)와 송화(오정해)는 남남이지만 남매로 살아야 했고 서로에게 애틋한 정을 느끼면서도 송화를 누나라고 불러야 하는 괴로움 때문에 동호는 집을 떠난다. 몇 년 후, 양아버지가 죽고 나서 눈이 먼 송화가 어디론가 사라졌다는 소식을 듣고 동호는 송화의 자취를 찾아 나선다. 그러나 엇갈린 운명은 잠깐의 만남과 긴 이별로 이어진다. 그러던 중 동호는 유랑극단 여배우 단심(오승은)의 유혹에 흔들리고 동호의 변심을 알게 된 송화는 선학동 선술집 주인 용택(류승룡)의 외사랑을 뿌리친 채 다시 한 번 어디론가 모습을 감춘다. 이후 용택의 선술집을 찾아 온 동호는 자신이 미처 몰랐던 송화의 이야기를 용택에게 듣게 된다.

● 임권택의 100번째 영화. 100만 관객 동원으로 화제를 모았던 '서편제'(1993)처럼 이 영화도 이청준의 소설 『선학동 나그네』를 모태로 하고 있다. '서편제'가 전라남도 해안가 선학동을 배경으로 소리꾼 아버지와 눈먼 딸, 이복동생의 이야기를 통해 소리로 승화된 정(情)과 한(恨)을 그렸다면 '서편제' 후속편인 '천년학'은 소리를 타고 한없이 날아오르는 남녀의 애절한 사랑과 그리움을 서정적으로 펼쳐 보인다. 송화 역에 오정해, 전편에서 김규철이 맡았던 동호 역에 조재현, 김명곤이 연기했던 소리꾼 유봉 역은 연극배우 임진택이 맡았다.

이 영화는 2005년 10월 크랭크 인할 예정이었으나 투자사가 투자를 철회하는 등 좌초 위기에 처해 있다가 신생영화사 KINO2에 의해 전남 광양과 장흥 등을 중심으로 촬영이 시작됐다.

'천년학'에서의 영상은 '서편제'에 못지않다. 특히 관객의 시선을 사로잡는 정일성 촬영감독의 카메라 워크는 동호와 송화의 사랑을 리드미컬하게 담아냈고 김동호 조명감독의 빛과 그림자는 슬픈 이별과 가슴 벅찬 재회를 사랑의 정한으로 비추어냈다.

눈먼 소리꾼 송화를 연기한 오정해는 이 영화로 낭트국제영화제에서 여우주연상을 수상, 제11회 부산영화제 아시안 필름마켓을 통해 프랑스의 와일드번치 사와 전 세계 판권 계약을 맺기도 했다. 국내에서는 2007년 《씨네21》 올해의 영화 1위인 이창동의 '밀양'에 이어 2위에 선정되었다. 선정 이유는 한국영화를 대표하는 감독의 100번째 영화라는 기념비적 사건에 대한 예우 차원이 아니라 "임권택 영화의 우아함이 이룬 절경"을 꼽고 있다.(《씨네21》 08. 1. 1 남동철)

그러나 '서편제'에서 다뤘던 이야기가 되풀이 되는 감이 있어선지 국내 개봉에서는 호응을 얻지 못했다. 개봉 3주 만에 전국 관객 14만 2000명 동원.

(영화사 KINO2㈜) 106분 극영화 12세 관람가/드라마

감독 : 임권택
제작 : 김종원
각색 : 김미영(원작 이청준)
개봉 : 2007년 4월 12일
출연 : 조재현, 오정해, 류승룡, 오승은, 임진택, 권태원, 방은미 외
촬영 : 정일성
음악 : 양방언
조명 : 김동호
미술 : 주병도
특수효과 : 정도안
시각효과 : ㈜인사이트비주얼, 강종익, 손승현
포스터 : 이전호
수상 : 제27회 영평상 음악상(양방언), 제64회 베니스국제영화제 공식 초청, 제29회 낭트국제영화제 여우주연상(오정해), 제29회 대만 금마장상영화제 여우주연상(오정해), 씨네21 2007 올해의 영화 2위 선정

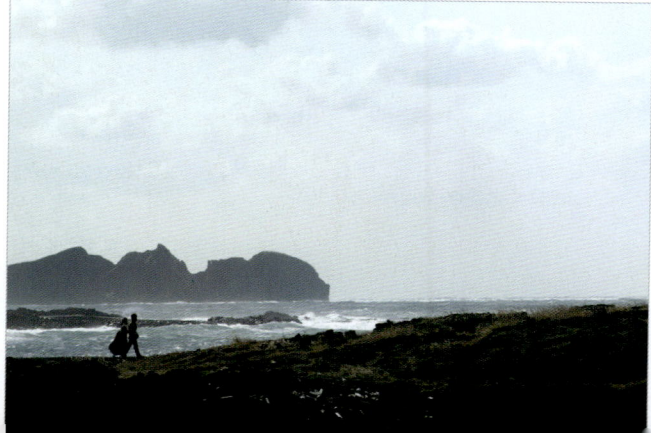

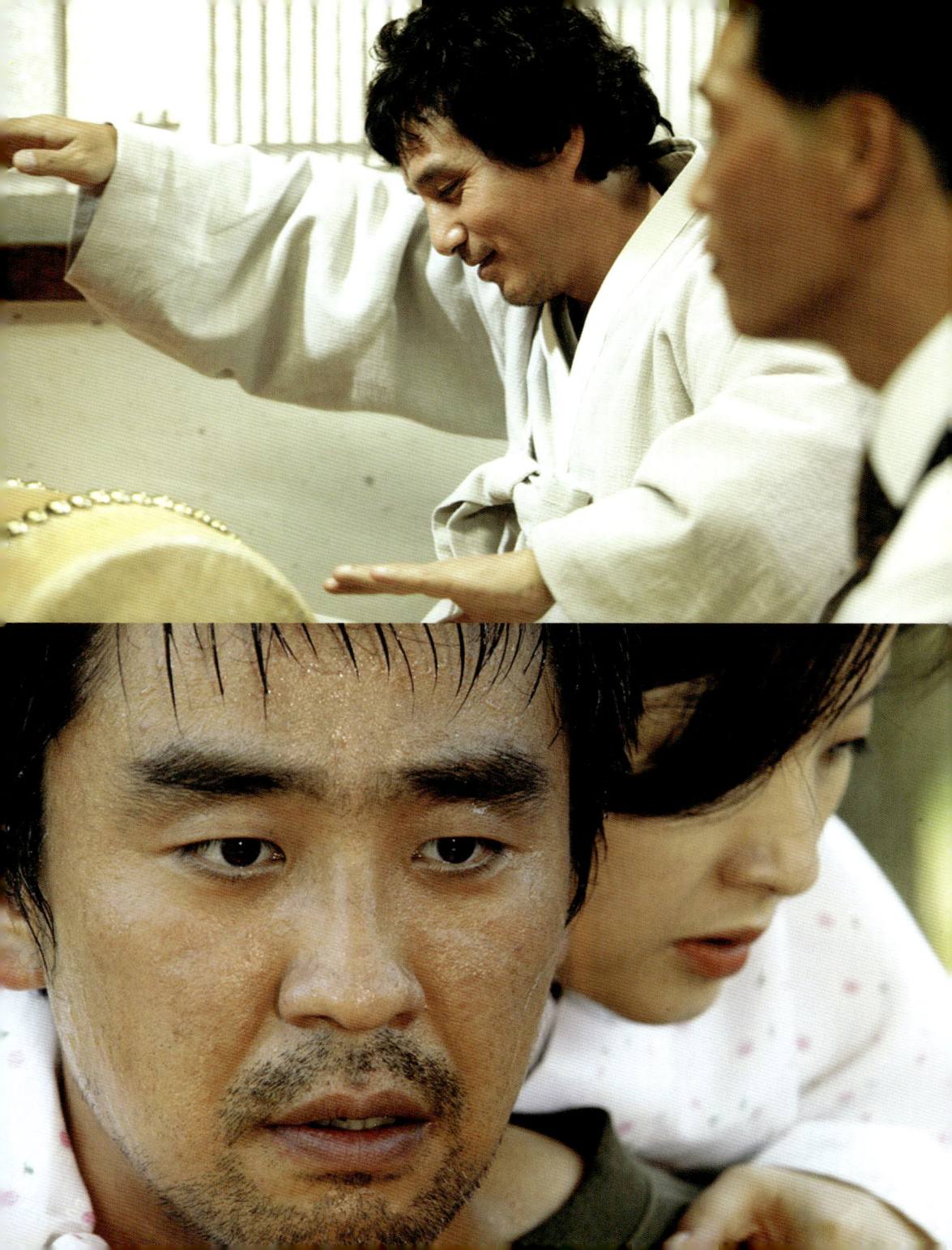

국경의 남쪽 South Of The Border(2006)

(싸이더스FNH) 109분 극영화 12세관
람가/드라마

감독 : 안판석
제작 : 차승재, 김미희
각본 : 정유경
각색 : 안판석
개봉 : 2006년 5월 4일
출연 : 차승원, 조이진, 심혜진, 송재
　　　호, 원미원, 유해진, 이아현, 김
　　　철용, 김상호, 이태곤, 손범수,
　　　진양혜 외
촬영 : 박용수
음악 : 한재권
조명 : 송택준
편집 : 신민경
소품 : 유청
분장 : 김서영
동시녹음 : 이호원
사운드 : 최태영
시각효과 : 주작
포스터 : 김중만
무술감독 : 정창현
제작책임 : 오진섭, 김미진
프로듀서 : 이석원
조감독 : 임보람
수상 : 제44회 대종상영화제 여우조
　　　연상(심혜진)·신인여우상(조이
　　　진)

선호(차승원)는 평양 만수예술단 호른 연주자이다. 그에게는 결혼을 약속한 연인 연화(조이진)가 있다. 성격도 시원하고 얼굴도 아름다운 연화를 선호는 진심으로 사랑한다. 한데 어느 날 남조선에 살고 있는 할아버지와 아버지의 비밀 편지 왕래가 발각되면서 선호 가족은 갑자기 탈북하게 되고 그들은 그렇게 헤어진다. 남한에 온 선호는 연화의 탈출 자금을 마련하기 위해 온갖 고생을 다하지만 이곳 생활에 익숙지 못해 선지 그때마다 사기를 당하고 시행착오가 생긴다. 시간이 흐를수록 이제 다신 연화를 만날 수 없게 된다는 생각에 선호는 초조해지고 막막해진다. 그때 그의 곁으로 다가온 경주(심혜진)가 선호의 멍든 마음을 따뜻하게 어루만져 준다. 모든 것을 잊고 경주와 새 출발을 하려는 순간 연화가 홀로 국경을 넘어 찾아온다.

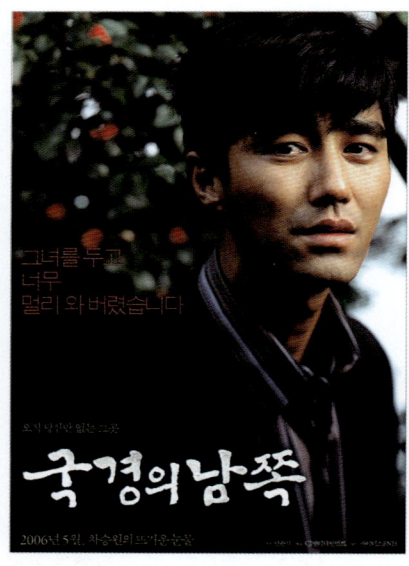

그녀를 두고
너무
멀리 와 버렸습니다

오직 당신만을 위한 그곳

국경의 남쪽

2006년 5월. 차승원의 따뜻한 눈물

● 안판석 감독 데뷔작. 각본 정유경, 각색 안판석. 사랑하는 연인을 두고 국경을 넘어온 북한 청년이 남한에 정착하면서 겪게 되는 갈등과 사랑을 그린 순애보. 흥행 배우 차승원이 순수한 북한 청년 '선호' 역을 맡아 4개월간 호른 연주를 익혔으며 평양 사투리를 소화해내는 노력을 보였다. 그가 북에 두고 온 애인 연화 역에는 '태풍태양'(2005)의 조이진, 남쪽에서 만난 경주 역에는 공포물 '아카시아'(2003)에 출연했던 심혜진이 맡고 있다.

싸이더스FNH 49번째 작품. 제작비 70억 원(순제작비 46억 원)이 들었다. 본래 계획이었던 북한 현지 촬영이 좌절되어 '국경의 남쪽'은 북한의 모든 상황을 남한에서 촬영하게 되었고 철저한 고증과 준비 과정을 거쳐 2000년대 평양 시가지 장면과 평양 대극장에서의 북한 5대 혁명가극 '당의 참된 딸' 공연을 완벽하게 재현해 내기도 했다. 이는 평양 만수예술단 호른 연주자인 선호가 탈북 직전에 가진 마지막 연주 장면으로 4분짜리 한 신에 1500여 명의 엑스트라와 제작비 5억 원이 들었다고 한다.(《FIRM2.0》 06. 4. 28, 5. 4, 5. 10) 선호와 연화가 처음 만나는 4·15 태양절 축제는 대전 정부청사 앞 광장에서 전개되었다. 생화 장미 5만송이로 세팅한 무대와 중국에서 공수한 의상 80박스, 500여 명의 엑스트라가 사흘 동안 안무 교육을 받으며 컴퓨터그래픽의 도움을 받아 화려하고 이국적인 대규모 경축무도회 장면을 만들어냈다. 그 외 대성산 놀이공원(경남 김해), 평양랭면으로 유명한 옥류관, 평양의 보통강 유원지를 한강 고수부지 반포 서래섬에서 원형을 그대로 살려냈다.

'국경의 남쪽'은 성실하게 잘 만들어진 우수한 영화지만 대중성이 크지 않은 탈북자 소재에다 TV 드라마에 어울릴 로맨스물이라는 인식의 한계를 벗어나지 못한 채 아쉽게도 흥행에서 실패했다. 전국 관객 26만 정도.

가족의 탄생 家族의 誕生, Family Ties(2006)

다정한 남매로 소문난 미라(문소리)와 형철(엄태웅). 인생이 자유로운 형철은 집을 나간 지 5년 만에 20세 연상의 여자 무신(고두심)을 데리고 누나 미라네 집으로 들이닥친다. 똑 부러지는 인생을 꿈꾸던 미라는 동생 형철과 무신의 출연으로 나날이 괴롭기만 하다.

한편 끊임없이 사랑에 빠지는 엄마 매자(김혜옥)와 이런 엄마가 지겨워서 가출한 딸 선경(공효진)은 남자친구 준호(류승범)와의 애정 전선에 먹구름이 낀지 오래다. 역시 사랑 때문에 인생이 편할 날 없는 경석(봉태규)과 채현(정유미)도 마찬가지다. 얼굴도 예쁘고 마음씨도 고운 채현은 넘치는 사랑을 주위 사람들에게 나누어주다 보니 정작 그녀의 남자친구는 애정결핍증에 걸려 있다. 바람 잘 날 없는 이들의 인생사에서 꿈에도 생각지 못했던 비밀이 얽혀든다.

● '여고괴담 두 번째 이야기'(1999)로 백상예술대상 신인감독상을 차지한 김태용 연출작. 5년 전에 집을 나간 남동생이 연상의 여인을 집에 데리고 들어오면서 벌어지는 이야기와 애인과 결별 후 엄마와도 사별하게 되는 내용, 그리고 인정이 넘치는 여자친구 때문에 스트레스를 받는 청년 등 개성 넘치는 등장인물들의 범상치 않은 사랑이 또 다른 스캔들에 얽히면서 맺어지는 '가족'의 의미를 그리고 있다.

상업성을 염두에 두지 않고 감독이 소신껏 만든 이 작품은 대종상영화제와 청룡상, 한국 영평상, 부산 영평상에서 김태용이 최우수 작품상과 감독상 등 각종 상을 수상. 그러나 전국 관객 40만여 동원으로 흥행 저조.

(블루스톰) 113분 극영화 15세관람가/ 가족드라마

감독 : 김태용
제작 : 배용국
각본 : 성기영, 김태용
개봉 : 2006년 5월 18일
출연 : 문소리, 엄태웅, 고두심, 공효진, 김혜옥, 봉태규, 정유미, 주진모, 류승범, 정흥채, 이현순, 조희봉, 박미현, 정왜스님 외
기획 : 남영미
촬영 : 조용규
음악 : 조성우
조명 : 추인식
편집 : 성수아
미술 : 김준
의상 : 강윤심
분장 : 최정아
세트 : ㈜아트서비스
동시녹음 : 김영문
사운드 : 웨이브랩
포스터 : 이전호, 강영호
프로듀서 : 백연자
조감독 : 백마강
수상 : 제44회 대종상영화제 최우수작품상(김태용)·감독상(김태용)·시나리오상(김태용, 성기영)·여우조연상(김혜옥), 제27회 청룡영화상 감독상(김태용)·여우조연상(정유미), 제15회 이천춘사대상 올해의 신인배우상(엄태웅), 제26회 영평상 최우수 작품상(김태용), 제7회 부산영평상 최우수작품상·감독상(김태용), 제47회 그리스 테살로니키영화제 골든 알렉산더상·각본상(김태용, 성기영)·공동여우주연상(문소리, 고두심, 공효진, 김혜옥)·관객상·각본상(김태용, 성기영), 제31회 토론토국제영화제 초청

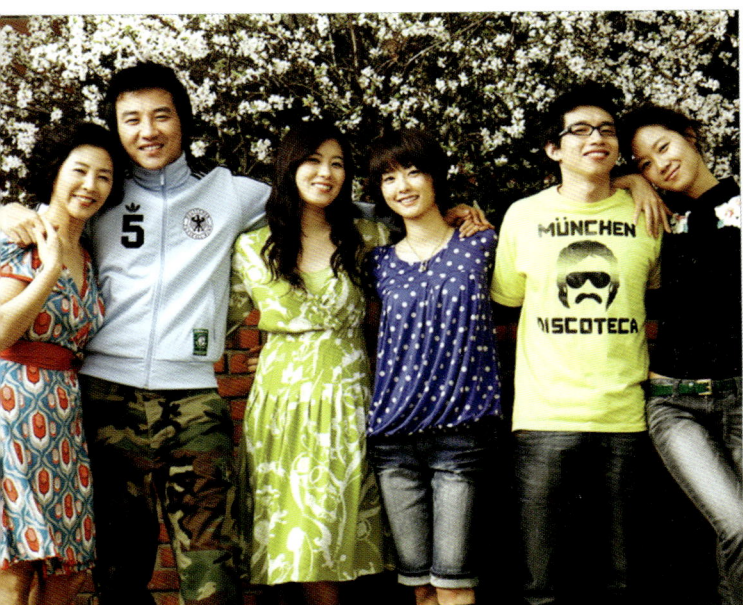

짝패 The City of Violence(2006)

(외유내강) 92분 극영화 18세관람가/
액션 드라마

감독 : 류승완
제작 : 강혜정, 류승완, 정두홍
각본 : 이원재, 류승완, 김정민
개봉 : 2006년 5월 25일
출연 : 정두홍, 류승완, 이범수, 정석
　　　용, 안길강, 김서형, 온주완, 정
　　　우, 김시후, 김수현, 한재덕, 박
　　　대희, 최태영 외
촬영 : 김영철
음악 : 방준석
편집 : 남나영
미술 : 조화성
의상 : 조상경
분장 : 김선진, 이순열
특수분장 : 황효균
동시녹음 : 조민호
사운드 : 서영준
특수효과 : 정도안
시각효과 : 문병용
무술감독 : 정두홍, 정장현
프로듀서 : 김정민
조감독 : 김효석
수상 : 제44회 대종상영화제 감독상
　　　(류승완), 제14회 이천춘사대상
　　　영화제 올해의 남우조연상(이
　　　범수), 제5회 대한민국영화대상
　　　남우조연상(이범수), 제7회 부
　　　산 영평상 촬영상(김영철), 제
　　　63회 베니스국제영화제 '미드
　　　나잇섹션' 개막작, 제40회 스
　　　페인 시체스영화제 경쟁 부문,
　　　제9회 도빌 아시아영화제 경쟁
　　　부문 '액션 아시아' 공식 초청

서울에서 형사생활을 하던 태수(정두홍)는 왕재(안길강)의 사망소식을 들고 고향 온성으로 내려온다. 그는 장례식장에서 10여 년 만에 어릴 때의 친구인 필호(이범수), 석환(류승완), 동환(정석용)을 만난다. 형사 특유의 육감 때문인지 태수는 처음부터 왕재의 죽음이 단순하지 않다는 걸 느낀다. 그는 왕재 주변을 은밀히 조사해 보는 과정에서 낯선 패거리들에게 기습공격을 당하고 석환의 도움으로 겨우 위기를 모면한다. 이날의 사건을 계기로 그는 왕재의 죽음에 더욱 의혹을 품게 된다.

본격수사에 나선 태수는 왕재의 죽음의 배후를 파고들수록 '관광지 개발'이라는 미명 아래 고향이 병들어 가고 있으며 그것이 왕재의 사인과 맞닿아 있음을 간파한다. 친구가 죽고 고향이 사라져가는 비정한 현실 앞에서 태수, 석환 두 친구는 짝패가 되어 보이지 않는 적들을 향해 전쟁을 선포한다. 거기엔 온성의 개발특구 사업을 위해 서울에서 내려온 조사장(조덕현)과 마을 사람들, 그리고 어린 시절의 친구인 필호가 깊숙이 연루되어 있었다.

● 류승완이 제작·감독·각본·출연 등 1인 4역을 해낸 작품. 죽마고우의 갑작스런 죽음을 계기로 벌어지는 친구 사이의 의리와 복수를 그린 남성 취향의 오락 액션물. 류승완과 무술감독 정두홍이 주인공으로 직접 출연했고 특히 이범수의 독특한 악센트의 대사와 맛깔스런 악역이 관객의 관심을 끌었다. '짝패'의 액션은 눈부신 카메라 앵글과 빠른 편집이 주가 되는 스타일리시한 액션과는 달리 심플해서 오히려 화려하다는 평을 들었다.(「류승완 감독액션 활극 '짝패'」 부산일보 06. 5. 11) 특히 서울액션스쿨 출신 무술 연기자들이 대거 등장하여 펼치는 "와이어 없는 생짜 액션"은 들끓는 분노가 아닌, 몸을 사리지 않는 육체의 스펙터클을 보여주었다.

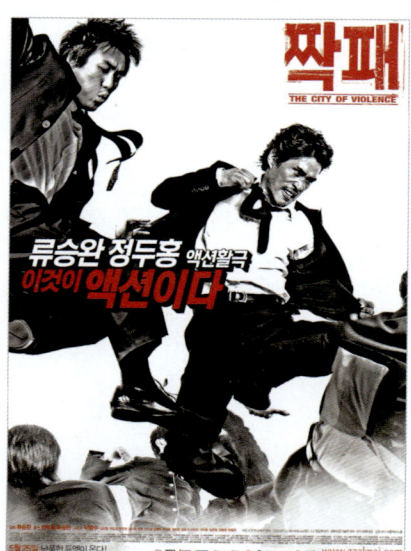

극중 두 짝패가 마지막 적을 물리치기 위해 맨 몸에 죽도를 들고 뛰어든 '운당정'이란 요정은 비원 건너편에 있던 '운당여관'으로 가야금 병창의 박귀희 명창이 운영하던 여관이다. 영화에서는 양수리 서울종합촬영소에다 한옥을 개조해서 만들었다. 음악은 영화음악집단 '복숭아 프레젠트'의 방준석이 맡았고 주제곡은 나미의 오리지널 곡인 '영원한 친구'가 사용됐다. 제작비는 저예산인 25억 원.

서울 33만, 전국 120만의 관객 동원에서는 큰 성공을 거두지 못했으나 이 영화는 류승완의 필모그래피에 방점을 찍은 작품 중 하나가 됐다.

호로비츠를 위하여 For Horowitz (For Horowitz(2006)

동네 피아노 학원 선생 지수(엄정화)는 어느 날, 절대 음감을 지닌 천재 소년 경민(신의재)을 데려다 집중적으로 피아노 레슨을 시킨다. 지수에게 있어 경민은 자신의 꿈을 이뤄줄 수 있는 '작은 호로비츠' 같은 존재다. 그러나 콩쿠르에서 경민이 실력을 발휘하지 못하자 지수는 자신이 천재 소년을 가르치기에 역부족임을 느끼고 경민을 떠나보낸다.

세월이 흘러 남편과 함께 외국에서 초청된 오케스트라 연주회에 온 지수는 무대에서 유명 지휘자와 피아노 협연을 하는 경민을 보게 되고 경민도 불우했던 어린 시절 열성적으로 그를 가르쳤던 스승이 객석에 있음을 알아본다.

(싸이더스 FNH) 108분 극영화 전체관람가/음악드라마

감독 : 권형진
제작 : 차승재, 김미희
각본 : 김민숙
각색 : 권형진, 이정원
개봉 : 2006년 5월 25일
출연 : 엄정화, 신의재, 최선자, 김정원, 박용우, 푸가치, 야로슬라브 외
촬영 : 황동국
음악 : 이병우
조명 : 이만규
편집 : 최민영, 김창주
미술 : 김지수
세트 : 전성호
소품 : 유청
의상 : 조윤미
분장 : 김현정
동시녹음 : 류현
특수효과 : 정상성
제작총괄 : 임충열, 윤상오
프로듀서 : 민진기
조감독 : 이정원
수상 : 제44회 대종상영화제 신인감독상(권형진), 제5회 대한민국영화대상 음악상(이병우)

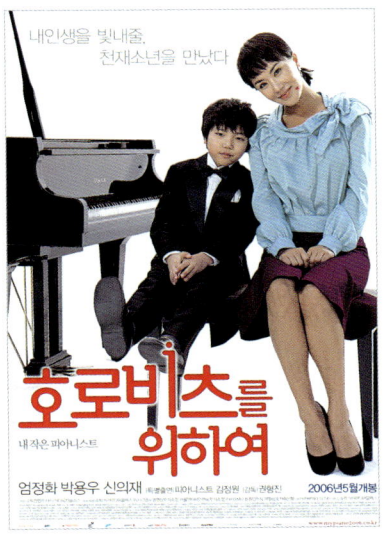

● 인터넷 영화 'MOB 2025'(2001)를 연출한 권형진의 감독 데뷔작. 싸이더스FNH가 '선생 김봉두'(2003), '말아톤'(2005)에 이어 내놓은 온가족을 위한 휴먼드라마. '오로라 공주'(2005)로 물오른 연기력과 흥행파워를 입증해보인 엄정화가 주인공으로 출연하고 있다.

엄정화의 상대역인 피아노 천재소년 윤경민 역에는 실제 피아노 신동인 당시 9세의 신의재가 발탁됐다. 제작진이 1년 여 이상 전국의 피아노 학원을 돌며 찾아냈다는 신군은 7세 때부터 피아노를 배우기 시작해서 9개월 만에 콩쿠르에 나가 1등을 차지했으며 지휘자 정명훈과도 협연한 적이 있다.

경민의 성인 역은 피아니스트 김정원이 출연하여 라흐마니노프 협주곡 2번을 연주, 감동적인 연주로 관객을 사로잡았다. 이 밖에도 쇼팽의 '강아지 왈츠', 드뷔시의 '아라베스크', 모차르트의 '쾨헬 op.20', 바흐의 '인벤션' 등 주옥같은 명곡들이 연주되고 이병우가 작곡한 '숲 속 이야기' 등이 영화에 생기를 불어넣었다.

제목은 극중 여주인공이 존경하는 러시아 출신의 천재 피아니스트 블라디미르 호로비츠(1904~1989)로 호로비츠는 오랫동안 미국에서 살다가 죽기 3년 전인 1986년, 꿈에 그리던 고향 모스크바로 돌아가서 "61년 만의 귀향 연주회"를 가진 것으로 전해진다. 권형진이 대종상 신인감독상, 음악을 담당한 이병우가 대한민국영화대상 음악상을 차지했다.

비열한 거리 Dirty Carnival(2006)

(싸이더스FNH) 141분 극영화 18세관람가/범죄 액션 느와르

감독 · 각본 : 유하
제작 : 차승재, 김미희, 최선중
개봉 : 2006년 6월 15일
출연 : 조인성, 남궁민, 천호진, 이보영, 윤제문, 선우은숙, 이종혁, 조진웅, 허이제, 권태원 외
촬영 : 최현기
음악 : 조영욱
조명 : 강대희
편집 : 박곡지, 정진희
미술 : 김기철, 이승한
세트 : 임영일
의상 : 김시진
분장 : 이서진
특수분장 : 신재호
동시녹음 : 김동의
사운드 : 최태영
특수효과 : 정도안, 박경수
시각효과 : 문병용
포스터 : 이재용
무술감독 : 신재명
제작총괄 : 임충렬, 윤상오
제작책임 : 오진섭, 김미진
프로듀서 : 최선중
조감독 : 이진욱
수상 : 제5회 대한민국영화대상 남우주연상(조인성) · 편집상(박곡지, 정진희), 제14회 이천춘사대상영화제 올해의 신인상(여자: 이보영), 제26회 영평상 감독상(유하)

삼류 조폭 조직의 2인자 병두(조인성)는 조직의 뒤를 봐주는 황 회장(천호진)의 제안으로 황 회장을 괴롭히는 부장 검사(권태원)를 처리해 준 후 그 대가로 생활의 기반을 잡게 된다.

첫사랑 현주(이보영)와 새로운 삶에 대한 꿈을 키워나가던 어느 날, 영화감독이 되어 자신을 찾아온 동창 민호(남궁민)에게 마음속 깊이 담아두었던 모든 속내를 털어놓은 것이 그의 인생을 돌이킬 수 없는 나락으로 곤두박질치게 한다.

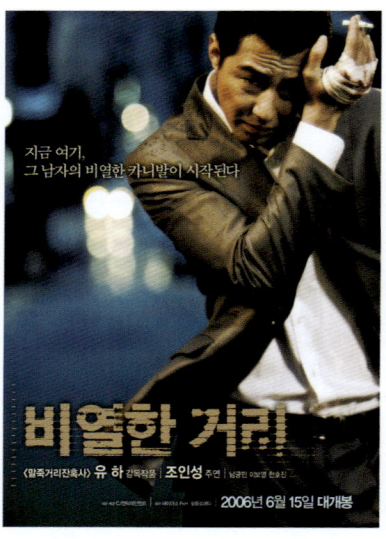

● 유하 각본 · 연출작. 친구를 이용해서 성공하려는 한 영화감독과 그로 인해 몰락과 죽음의 길을 걷게 된 한 건달의 비극을 통해 감독은 "지성을 가장한 인간의 교활성이 인간의 순수성을 어떻게 짓밟고 파괴하는가"를 영화적인 은유로 밝혀내고 있다. 성공과 비상을 향한 욕망은 인간 누구에게나 최종 목표이며 그로 인해 인간은 서로를 배신하고 배신당하면서 한쪽은 파멸, 다른 한쪽은 성공가도를 걷게 된다. 감독은 이를 인간 내면에 감추어진 비열감과 위선성으로 짚어낸다.(「비열한 거리의 유하 감독」한겨레 06. 6. 20 이종도)

주인공 병두 역은 청춘스타 조인성, 그동안 TV드라마를 통해 철없는 귀공자 이미지로 여성 관객의 사랑을 받아온 조인성은 조폭 연기로 한 단계 변신과 성장을 보여주었다. 영화감독 민호 역할의 남궁민은 겉으론 고상한 체하고 돌아서면 냉혹한 이중적 위선성을 보이는 지식인 역할, 종수 역의 진구는 이 영화를 통해 "진구의 발견"으로 표현되는 섬뜩한 연기력을 과시해 보였다. 그 외 천호진, 윤제문, 이종혁, 박효준 등 출연.

스태프진은 '말죽거리 잔혹사'(2004)에서 감독과 함께 작업했던 프로듀서 최선중, 촬영감독 최현기, 미술감독 김기철, 무술감독 신재명이 뭉쳤다. 영화 속에서 4차례 정도 등장하는 대규모 액션신은 실제 촬영 중 배우들의 부상이 속출할 정도로 주먹과 방망이가 오가고 비명과 고함소리가 들려오는 가운데 손에 잡히는 모든 것이 무기가 되어 실감나는 육탄전을 벌인다.

전국 204만 5000명 동원으로 비교적 흥행 성공.

한반도 韓半島, Hanbando(2006)

남과 북이 통일을 약속하고 경의선 완전 개통을 추진한다. 그러자 일본은 경의선 운영권을 영구 양도한다는 1907년 대한제국의 조약을 앞세워 개통식을 무산시키고 한반도로 유입된 자본과 기술을 철수시키겠다며 대한민국 정부를 압박한다. 이에 맞서 그동안 "고종의 숨겨진 국새가 있다"고 주장해온 사학자 최민재 박사(조재현)는 조약에 찍힌 국새는 가짜라면서 진짜 국새를 찾는다면 일본의 억지 주장을 뒤엎을 수 있다고 확신한다. 그의 주장을 믿게 된 대통령(안성기)은 일본 자위대의 동해상 출현에 대한 비상 계엄령을 공포하고 최민재에게 '국새발굴진상규명위원회'를 구성하여 국새를 찾도록 지시한다.

통일보다는 국가 안보와 원만한 대일 관계에 앞장서온 총리(문성근)는 국정원 서기관 이상현(차인표)에게 국새 발굴을 방해하고 국새를 찾을 경우 그것을 없앨 것과 필요하다면 최민재를 제거해도 좋다는 극단의 조치를 취한다. 그 사이 동해상에 자위대가 출현하고 한반도에는 또다시 100년 전의 위기가 엄습해 온다.

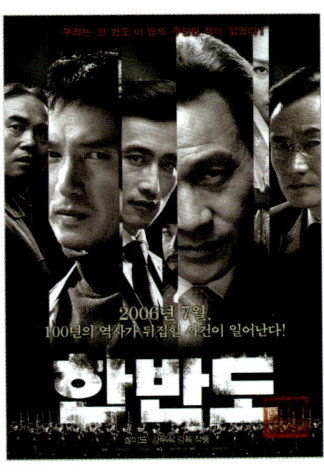

● '흥행의 승부사'로 불리는 강우석의 15번째 영화. '실미도'(2003)로 1000만 관객 동원의 신화를 이룩한 감독은 경의선 철도 복원 문제를 두고 잃어버린 국새를 찾는 대통령, 애국주의자 최민재, 현실주의 정치인인 총리, 냉철한 국정원 서기관 등 각기 서로 다른 입장에 선 인물 간의 날카로운 대립을 그려냈다. 안성기, 문성근, 차인표, 조재현이 주인공으로 출연했고 역사 속 을미사변 재현 장면에서 명성황후를 연기한 강수연과 일본 해군을 상대하는 해군작전사령관 역의 독고영재, 그 외 강신일, 이환위, 김상중, 백일섭 등이 대거 출연하고 있다. 배우만 148명에 엑스트라 1만 명.

1000여 년 전에 만들어진 대한제국의 국새를 둘러싸고 벌어지는 긴박한 이야기를 일본인들이 명성황후를 시해하는 장면, 일본도로 사람을 베어 찔러 죽인 후 피가 뚝뚝 떨어지는 그 칼로 왕을 협박하거나 고종황제가 약을 마신 후 다량의 피를 토하면서 눈이 뒤집혀서 경련을 일으키고 죽는 장면 등이 잔혹하게 묘사되기도 한다. 또한 국방부 지원 아래서의 군 작전 상황과 해상전 및 공중전도 실전을 방불케 한다. 이를 위해 고종황제의 장안당, 명성황후의 옥호루 등을 복원했고 정부종합청사 폭파 장면은 6:1 비율로 미니어처를 재현하여 광화문 12차선을 통제한 후 촬영했다. C.G 20억, 미술 20억 등 총제작비 96억 원.

이 영화는 개봉 첫 주 서울 121개, 전국 520개 스크린에서 개봉하여 전작 '실미도'의 159만을 넘는 전국 관객 163만 명을 기록하기도 했으나 2주일 뒤 개봉된 '괴물'(같은 해 7월 27일 개봉)의 위력 앞에 주춤하면서 최종 관객 동원은 388만 명에 그쳤다. 2007년도 한국영화 흥행 순위 4위, 역대 한국영화 흥행 순위 24위(08. 1. 25 기준). 봉준호의 '괴물'은 1300만 명을 훌쩍 넘기면서 역대 한국영화 흥행 순위 1위(08. 8. 21 기준) 고지를 차지했다.

(KNJ 엔터테인먼트) 147분 극영화 15세관람가/액션 스릴러

감독: 강우석
제작: 이상엽
각본: 김희재, 이효철
개봉: 2006년 7월 13일
출연: 조재현, 차인표, 안성기, 문성근, 강신일, 김상중, 강수연, 독고영재, 백일섭, 최일화, 박용수, 이한위, 최종원, Ronald Joseph Kluber 외
촬영: 최영택
음악: 한재권
편집: 고임표
미술: 조성원, 이태훈
세트: 오상만, 이기석
소품: 유청
의상: 오경아
분장: 김유정
특수분장: 신재호
동시녹음: 김원용
사운드: 블루캡
특수효과: 정도안, 이희경
시각효과: DTI
포스터: 오형근
무술감독: 정두홍, 유상섭
프로듀서: 정선영
조감독: 심혁, 백성기, 김희찬
수상: 제14회 이천춘사대상영화제 작품상(강우석) · 올해의 감독상(강우석) · 음향기술상(김석원)

괴물 怪物, The Host(2006)

(영화사 청어람) 119분 극영화 12세관
람가/스릴러

감독 : 봉준호
제작 : 최용배, 김우택
각본 : 봉준호, 하준원, 백철현
각색 : 주별
개봉 : 2006년 7월 27일
출연 : 송강호, 변희봉, 박해일, 배두
　　　나, 고아성, 이재응, 이동호, 윤
　　　제문, 임필성, 김뢰하, Scott
　　　Wilson, David Josep Anse
　　　lmo, 오달수(괴물 목소리) 외
촬영 : 김형구
음악 : 이병우
조명 : 이강산, 정영민
편집 : 김선민
미술 : 류성희, 장희철(괴물디자인)
소품 : 장석호
의상 : 조상경
분장 : 송종희
특수분장 : 곽태용, 황효균
동시녹음 : 이승철
사운드 : 최태영
특수효과 : Kevin Rafferty, 김병기
시각효과 : John Cox, Marc Sade-
　　　ghi, Luke O'Byme, Arin
　　　Finger, Paul Hettler,
　　　The Orp hanage Inc(미
　　　국), Eon Digital Films(한
　　　국), Weta Workshop
　　　Ltd(뉴질랜드)
무술감독 : 양길영
프로듀서 : 조능연
조감독 : 김준수
수상 : 제44회 대종상영화제 최고의
　　　감독상(봉준호) · 편집상(김선
　　　민), 제27회 청룡영화상 최우수
　　　작품상(봉준호) · 남우조연상(변
　　　희봉) · 신인여우상(고아성) · 조
　　　명상(이강산, 정영민) · 기술상
　　　(The Orphanage Inc, Eon
　　　Digital Films), 제43회 백상예
　　　술대상 영화작품상(봉준호), 제
　　　30회 황금촬영상 연기대상(송
　　　강호), 제14회 이천춘사대상영
　　　화제 기획제작상(최용배) · 영상
　　　기술상(장희철) · 조명상(이강
　　　산), 제5회 대한민국영화대상
　　　최우수작품상(영화사청어람) ·
　　　감독상(봉준호) · 촬영상(김형
　　　구) · 조명상(이강산, 정영민) ·
　　　시각효과상(The Orphanage
　　　Inc) · 음향상(최태영), 제7회 부

한강 둔치로 오징어 배달을 나갔던 강두(송강호)는 그곳에 나타난 괴물이 딸 현서(고아성)를 납치해 가는 광경을 목격하게 된다. 갑작스런 괴물의 출현으로 한강주변은 아수라장이 되고 도시 전체는 마비된다. 하루아침에 집과 생계, 그리고 가장 소중한 딸까지 잃게 된 강두, 돈도 없고 빽도 없는 그들은 위험구역으로 선포된 한강 어딘가에 있을 현서를 찾아 할아버지(변희봉), 삼촌(박해일), 고모(배두나) 등 온 가족이 합심해서 나선다.

● '살인의 추억'(2003)으로 흥행성을 인정받은 봉준호 연출작. 감독 자신이 3년간 한강 둔치 및 다리 밑을 직접 발로 뛰어다니며 시나리오를 완성했다. 한강에 출몰한 '거대 돌연변이 괴물'에게 딸이 납치되면서 일가족의 목숨을 건 추격과 사투를 벌이게 되는 모험담. 송강호를 비롯해 변희봉, 박해일, 배두나, 그리고 괴물에게 납치된 현서 역에 아역 배우 출신인 고아성이 스크린 데뷔했다. 그외 뉴스에 나오는 기자, 앵커, 아나운서들은 모두 실제 인물이다.
　제작보고회에서 '양서류와 파충류의 돌연변이'라고 설명된 괴물 캐릭터는 장희철이 '괴물' 디자인을 하고 '반지의 제왕(The Lord Of The Rings: The Fellowship Of The Ring)'(2001) 시리즈와 '킹콩'(2005)의 시각효과를 담당했던 뉴질랜드 Weta Workshop과 아카데미상을 자처한 호주의 John Cox 기술팀이 모델링 작업, '해리포터와 불의 잔(Harry Potter And The Goblet Of Fire)'(2005), '슈퍼맨 리턴즈(Superman Returns)'(2006)의 The Orphanage Inc가 CG작업을 진행했다. 시각효과 작업의 총팔은 '쥬라기 공원(Jurassic Park)'(1993), '맨인블랙 2(Men In Black II)'(2002) 등에서 실력을 인정받은 Kevin Rafferty가 담당하는 등 최대 규모의 특수효과가 화제를 집중시켰다.(김영석 외, 「시네마 공장의 희망」, 한길사, 2007년, p.548 참조) 총 제작비 110억 원.

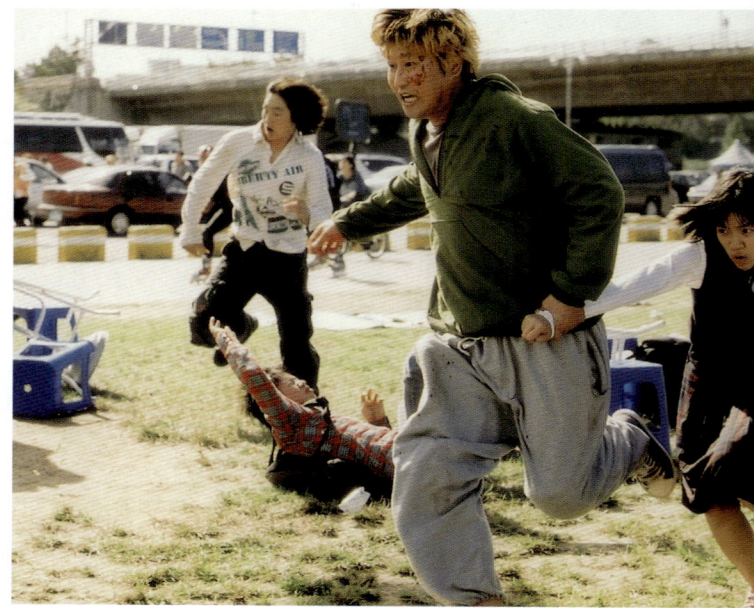

982

이 영화에 대한 북미 메이저 언론들의 반응은 찬사로 일관되어 있다. 미네아폴리스 스타 트리뷴의 콜린 로버트는 "괴물은 다양한 레벨에서 모두 성공적인 작품으로 당신은 반드시, 반드시 이 영화를 봐야 한다(You must, must, must see this movie)"고 했고, 애틀랜타 저널-컨스티튜션의 엘리뉴어 링겔 길레스피는 "최상급의 황홀한 괴물 영화(ecstatic monster movie)", 뉴욕 데일리뉴스의 엘리자베스 와이츠먼은 "이 괴물영화는 순식간에 '컬트영화'의 대열에 오를 것"(미국 평론가들의 평가분석 장재일)이라고 예측하기도 했다.

2006년 5월 칸국제영화제 비경쟁 부문 감독주간에 공식 초청된 '괴물'은 전 세계 10여 개국과 수출 계약을 끝내고 홍콩 개봉을 시작으로 일본, 대만, 태국, 싱가포르, 프랑스에서 개봉됐고 미국, 영국, 멕시코, 호주 등 북미 지역에서 연이어 개봉되어 미국에서 200만$, 캐나다에서 201만$(2007년 4월 22일 기준)의 흥행 수입을 올렸다. 국내에서는 2006년 7월 여름방학 시즌을 겨냥해서 620개라는 스크린에서 일제히 개봉하면서 기존의 각종 흥행 기록을 경신하기 시작했다.(《FIRM 2.0》 07. 4. 24) 수상 부문만 봐도 다양하다.

대종상 최우수작품상과 봉준호 감독상을 비롯한 청룡영화상 5개 부문, 백상예술대상 영화작품상, 이천춘사대상 영화제 3개 부문, 대한민국영화대상 6개 부문 등 유서 깊은 굵은 상들을 석권하고 제51회 아태영화제에서 변희봉 남우조연상 등 3개 부문, 제1회 아시아영화상 최우수작품상을 비롯해 송강호가 남우주연상을 차지했고 촬영상·시각효과상·편집상·음향효과상 등 6개 부문을 수상했다.

또한 개봉과 함께 개봉 당일(06년 7월 27일) 최다 관객 동원(45만 3000명), 전야제 최다 관객 동원(전국 477개 스크린에서 15만 1486명), 개봉 2일 만에 100만 돌파(기존 기록은 '태극기 휘날리며'의 3일), 개봉 9일 만에 전국 500만 돌파(기존 기록은 '태극기 휘날리며'의 13일), 개봉 21일 만에 1000만 관객 돌파(기존 기록은 '태극기 휘날리며'의 39일), 개봉 38일 만에 '왕의 남자'가 기록한 1174만을 넘어섰다. 이를 감안하면 '괴물'은 '왕의 남자' 112일보다 74일이나 빠른 개봉 38일 만에 1230만 관객을 동원한 만큼 '왕의 남자' 보다 더욱 높은 경제적 효과를 발생시킨 것으로 볼 수 있다.

'괴물'은 명실공이 2007년도 한국영화 흥행순위 1위는 물론 2008년 8월 21일 현재 역대 한국영화 흥행 순위 1위에 올라 있다. 참고로 조선일보는 "한국영화 흥행 순위를 관객숫자가 아니라 미국 등 대부분의 나라들처럼 '입장권'을 팔아 얻은 수입이라는 다른 관점에서 집계한 결과 1302만 관객의 사랑을 받은 '괴물'(2006)은 극장수입(부가세 포함)이 791억으로 2위이고 1230만의 관객을 동원한 '왕의 남자'는 극장수입 805억으로 1위로 봐야한다."(조선 07. 6. 8)고 밝힌 바 있다.

산 영평상 심사위원 특별상(봉준호), 제51회 아태영화제 남우조연상(변희봉)·편집상(김선민)·음향효과상(최태영), 제3회 뮌헨 아시아영화제 인기상 영작, 제1회 아시아 영화상 최우수작품상(봉준호)·남우주연상(송강호)·촬영상(김형구)·시각효과상(The Orpha-nage Inc), 제59회 칸국제영화제 비경쟁 부문 감독주간 공식초청, 제30회 토론토국제영화제를 비롯, 에든버러영화제, 밴쿠버영화제, 시체스영화제 경쟁 부문 초청

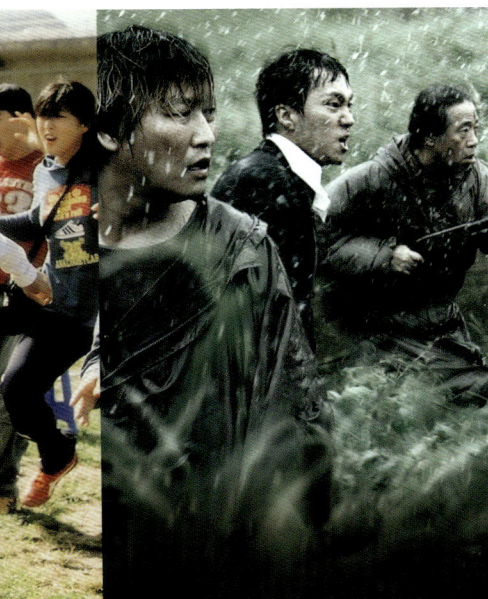

각설탕 Lump Sugar(2006)

(싸이더스FNH) 124분 극영화 전체관람가/가족

감독 : 이환경
제작 : 차승재, 김미희, 이정학
각본 : 이환경, 김영석, 이훈민(원작 이정학)
각색 : 이정학, 이귀용
개봉 : 2006년 8월 10일
출연 : 임수정, 김유정, 박은수, 김기천, 권병길, 최학락, 김광규, 박길수, 유오성, 백일섭 외
기획 : 이정학
촬영 : 백동현
음악 : 이동준
조명 : 유영종
편집 : 최재근, 엄진화
미술 : 이요한
세트 : 오상만
분장 : 윤예령
동시녹음 : 정광호
사운드 : LIVE TONE, 최태영
특수효과 : 김병기
시각효과 : 김태훈, 풍년상회
제작총괄 : 임충렬, 윤상오
프로듀서 : 이정학
조감독 : 이배식
경주기술감독 : 김효섭
마필관리감독 : 황경도
수상 : 제44회 대종상영화제 기획상(이정학)·음향기술상(정광호), 제14회 이천춘사대상영화제 심사위원특별상(차승재)·올해의 신인감독상(이환경)·음악상(이동준)

어릴 때부터 말을 좋아해온 시은(임수정)은 태어나자마자 엄마 말을 잃은 천둥이를 유난히 사랑한다. 시은도 엄마 없이 자랐기 때문에 둘은 서로를 아끼고 따른다. 천둥이는 시은에게 분신과 같은 존재다. 그러던 어느 날, 천둥이가 다른 곳으로 팔려가면서 둘은 원치 않는 이별을 하게 된다. 2년이 흘러 과천에서 여자 기수의 꿈을 키워오던 시은은 우연한 장소에서 운명적으로 천둥이와 다시 만난다. 그때부터 시은의 정성스러운 지도로 천둥이는 경주마로서 실력을 되찾게 되고 둘은 '경마대회'에 출전하여 수만 관중이 지켜보는 가운데 기적을 만들어낸다.

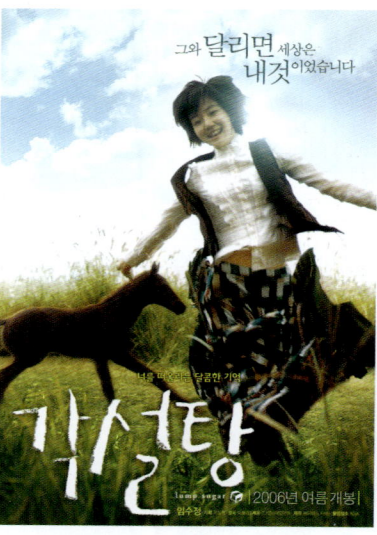

그와 달리면 세상은 내것이었습니다

너를 마음으로 담았던 기억

각설탕
lump sugar | 2006년 여름개봉

임수정

● '그놈은 멋있었다'(2004)로 감독 데뷔한 이환경의 두 번째 영화. 동물과 인간과의 교감을 그린 감동 드라마. '각설탕'은 말이 좋아하는 간식으로 이를 제목으로 삼았다. 천둥은 1000:1의 경쟁률을 뚫고 찾아낸 동작이 경쾌하고 속력이 빠른 서러브레드(Thorough-bred) 종으로 당시 나이는 2년 6개월. 윤기나는 밤색 털과 이마의 흰색 다이아몬드 문양이 매력적으로 빛나는 명마다. 캐스팅 이후 본격적으로 진행된 천둥의 연기 지도에는 KRA(한국마사회)의 마필 관리감독 황경도 반장이 투입됐으며 경주 장면에 관해서는 김효섭 기수가 레이싱 디렉터로 참여했다. 한국마사회의 적극적인 지원을 받아 과천에 위치한 35만 평의 경마 공원에서 펼쳐진 경주 장면이 명장면으로 꼽힌다. 천둥은 CG없이 섬세한 표정 연기를 선보였다.

'장화홍련'(2003), '새드 무비'(2005)에 출연했던 임수정이 주인공 시은, 중견 연기자 박은수가 시은의 아버지, 유오성과 백일섭이 조교사와 마주 역할로 우정 출연 및 특별 출연하고 있다. 그 외 근명여자정보고등학교 고적대와 경기장 관중들로 참여한 엑스트라 1만 명, 실제 경마대회가 있던 날 촬영에 참여한 6만 여 관중의 함성 소리가 고스란히 영화 속에 담겨 나온다.

전국 관객 145만 동원, 역대 한국영화 흥행 순위 100위 안에는 들지 못했지만 손익분기점에 가까이 갔다. 2007년 현재 한국영화는 제작비 30억 원에 마케팅 비용 20억 원을 쓰면 전국 관객 147만을 동원해야만 손익분기점을 넘길 수 있었다.

시간 Time(2006)

세희(박지연)는 지우(하정우)의 사랑이 변했음을 느끼자 모든 흔적을 지우고 떠난다. 그리고 과감한 성형수술로 새로운 사람으로 다시 태어나고자 한다.

어느 날, 지우는 세희와 즐겨가던 단골 카페에서 자신을 '새희'(성현아)라고 소개하는 한 웨이트리스를 만난다. 새로운 새희와 사랑에 빠지게 된 지우. 새희는 그가 세희를 잊지 못하고 있음을 알고 세희의 사진으로 만든 가면을 쓰고 나타나자 지우는 놀라서 자리를 박차고 일어난다. 홀로 남겨진 새희, 아니 세희는 지우도 새로운 모습으로 다시 나타날 것을 믿고 있다.

● 김기덕 제작 · 각본 · 편집 · 연출작. 반복되는 일상 속에서 인간이 가지는 새로움에 대한 본능적 욕망과 영원한 사랑에 대한 열망을 그린 작품. 한때 열정적으로 사랑했으나 시간이 지날수록 서로에게 무뎌지고 설레는 마음이 소멸되는 것을 지켜볼 수밖에 없었던 남녀가 성형수술이라는 극단적인 방법으로 서로의 마음을 사로잡기 위해 노력하는 내용이다. 가장 필요한 소수의 인물만을 등장시켰던 근래 작품들과는 달리 주인공 커플의 주변에 여러 배우들을 기용, 그들을 시간의 미로 속에 던져둔 채 스스로의 운명에 대해 질문하게 하는 방식으로 시간과 인간 존재의 문제를 다루고 있다.(「시간이라는 뫼비우스의 띠」 씨네서울(영화전문웹진) 06. 8. 24)

성형수술 후 '새희'라는 이름으로 등장하는 '두 번째 세희(새희)' 역을 성현아가 맡아 열연했고 하정우가 조재현에 이어 김기덕의 페르소나로 거듭났다. "그대의 어디를 움켜쥐어 잠시 멈추어 있게 할 수 있을까"라는 광고 카피는 설렘이 사라져가는 사랑에 대해, 멈출 줄 모르고 흐르는 시간에 대해 주인공이 절규하는 슬픈 탄식이다. 한글 로고도 감독이 스스로 영화 속 오프닝 타이틀을 오려서 제작한 것이라고 한다. 인천 영종도 삼목(선착장)항에서 배로 10분 거리인 배미꾸미 조각 공원 해변에 전시된 조각가 이일호의 작품이 영화의 격을 높였다.

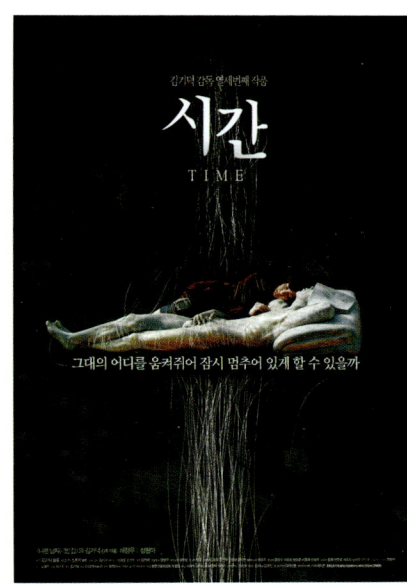

체코 카를로비바리영화제 개막작 초청에 이어 시체스영화제 경쟁 부문과 토론토영화제 컨템퍼러리 월드 시네마 비전 부문에 초청되었다. 비전 부문은 2002년에 신설된 섹션으로 주류 영화의 고정관념에 도전장을 던지며 형식의 파괴와 참신한 이야기 구조, 새로운 기술 등으로 영화의 신 영역을 개척하는 데 기여한 실험성 강한 작품을 선정해 초청하는 분야다.

해외 30여 개국에 판권이 팔린 화제작. 한때 국내 상영은 불투명했으나 뒤늦게 총 12개관에서 개봉되어 평론가와 관객들의 호평을 받았다. 흥행에서는 성공하지 못했다.

(김기덕필름) 98분 극영화 18세관람가/드라마

감독 · 제작 · 각본 : 김기덕
개봉 : 2006년 8월 24일
출연 : 성현아, 하정우, 박지연, 김성민 외
촬영 : 성종무
음악 : 노형우
조명 : 남한호
편집 : 김기덕
미술 : 최근우
의상 : 이다연
분장 : 장진
사운드 : 정현수
시각효과 : 윤재훈
프로듀서 : 강영구
조감독 : 장훈
수상 : 제30회 황금촬영상 신인촬영상(성종무), 제38회 토론토국제영화제 컨템퍼러리 월드 시네마 비전 부문, 제40회 스페인 시체스영화제 경쟁 부문 초청, 제41회 체코 카를로비바리영화제 Vision 부문 공식 초청 개막작 선정

아이스케키 Ice Bar(2006)

(MK픽처스) 107분 극영화 전체관람가
/드라마

감독 : 여인광
제작 : 심재명, 이은실
각본 : 연미정
개봉 : 2006년 8월 24일
출연 : 박지빈, 신애라, 장준영, 진구,
김선영, 이병헌, 권병길, 이재
룡, 엄현경 외
촬영 : 황기석
음악 : 이병훈
조명 : 박종찬
편집 : 문인대
미술 : 신점희
세트 : 윤기찬
소품 : 장석훈
의상 : 양민혜
분장 : 이진영
특수분장 : 이창만
동시녹음 : 임동석
사운드 : 김석원, 김창섭
특수효과 : 홍장표
시각효과 : 원유신
포스터 : 윤형문
무술감독 : 강풍
조감독 : 김명주
수상 : 제44회 대종상영화제 신인여
우상(신애라), 제22회 후쿠오카
아시아영화제(Fukuoka Asian
Film Festival) 최우수작품상,
제57회 베를린국제영화제 제네
레이션 부문 공식 초청, 제10
회 스프라켓 토론토 국제어린
이영화제 경쟁 부문 초청

열 살짜리 소년 영래(박지빈)는 밀수 화장품 장사를 하는 엄마(신애라)와 단둘이 살고 있다. 어느 날 엄마의 친구인 춘자 아줌마(김선영)에게 죽은 줄 알았던 아버지가 서울에 있다는 소리를 듣고 영래는 서울 가는 차비를 마련하기 위해 아이스케키 장사를 시작한다. 한데, 주인집 아들 석구(이병헌) 때문에 엄마에게 아이스케키 장사를 들키지만 서울 가는 것은 포기하지 못한다. 엄마는 아들이 아이스케키 장사하게 된 이유를 알게 되자 더욱 불안해하며 아들을 좇아다니며 극구 말린다. 영래는 하는 수 없이 서울로 밀수 화장품을 받으러 떠나는 인백 아저씨(진구)에게 아버지를 찾아 달라고 부탁하고 며칠 후 인백 아저씨가 돌아오기로 한 날, 예상치 못했던 일이 벌어진다.

● 여인광 감독 데뷔작. 1960년대 말 전라도 여수 지역을 배경으로 아이스케키 장사로 돈을 벌어 얼굴도 모르는 아빠를 찾아가려는 소년 영래의 이야기. MK픽처스가 '안녕, 형아'(2005)에 이어 두 번째로 선보인 가족영화. 주인공은 '안녕, 형아'(2005)의 아역 배우 박지빈을 선두로 데뷔 17년 만에 영화에 첫 데뷔한 신애라가 영래 엄마 역, 이재룡이 영래의 아빠 역할로 나왔다. MK픽처스는 2년 여에 걸친 아역 배우 선발 오디션에서 지역 어린이 총 2000여 명 중 영래 친구 김진아, 양주호를 캐스팅했고 학교 장면에 등장하는 아역 배우들도 모두 전라남도 출신을 뽑았다.

1960년대 말 기차역 광장 번화가 거리를 재현하기 위해 전남 곡성군의 지원을 받아 2000여 평 규모에다 오픈 세트를 건설. 이는 영화 촬영이 끝난 후 곡성군 지자체에 이양되어 기차마을 특수사업의 일환으로 활용되고 있다. 이 영화는 후쿠오카아시아영화제 최우수작품상, 베니스국제영화제 제너레이션 부문에 공식초청 되는 등 좋은 평가를 받았으나 '안녕, 형아'에 비해 흥행 부진을 면치 못했다.

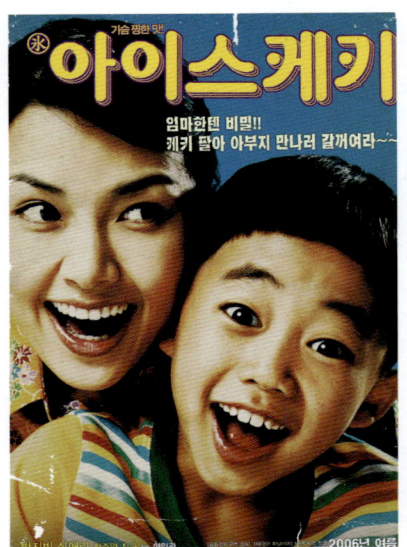

천하장사 마돈나 Like a Virgin(2006)

뚱보 소년 오동구(류덕환)의 장래희망은 "마돈나처럼 완벽한 여자"가 되어 그가 짝사랑하고 있는 일본어 선생님(쿠사나기 츠요시) 앞에 당당히 서는 것이다. 먼저 수술비를 마련하기 위해 동구는 상금이 걸린 '인천시장 배 고등부 씨름대회'에 참가, 뒤집기 한판이면 마침내 여자가 될 수 있는 길이 열린다. 그러나 자신을 여자라고 생각하는 동구에게는 남학생들과 웃통을 벗고 맨살로 부대껴야 하는 씨름이 쉬운 일만은 아니다. 마돈나가 되기 위해서 천하장사부터 되어야 하는 오동구의 '여자가 되는 길'은 멀고 험난하기만 하다.

● 이해영, 이해준 감독 데뷔작. 각본 이해영, 이해준. 여자가 되고 싶은 뚱보 소년이 성전환수술을 위해 상금이 걸린 씨름 대회에 출전하는 이야기로 공동 감독 데뷔는 우리나라에서는 처음 있는 일이다. 이해영, 이해준은 형제가 아닌 친구 사이로 김지운의 '커밍아웃'(2000), 조근식의 '품행제로'(2002), 류승완의 '아라한장풍대작전'(2004) 등을 쓴 시나리오 작가. 한 사람이 연기 지도를 하면 다른 한 사람은 카메라 동선을 체크하는 식으로 호흡을 맞추면서 둘만의 공동 작업으로 영화를 완성했다고 한다.(김영석 외, 『시네마 공장의 희망』, 한길사, 2007년, p.173, 179)

주인공 오동구 역의 류덕환은 캐스팅 당시 체중이 50kg에 불과했으나 두 달만에 27kg을 불리는 데 성공했다. 동구가 짝사랑하는 일어 선생 역은 일본의 쿠사나기 츠요시, 우리나라에서는 초난강(草なぎ剛)이라는 이름으로 알려진 가수겸 배우다. 씨름부 감독은 '지구를 지켜라!'(2003), '그때 그사람들'(2004), '싸움의 기술'(2005) 등에서 유자적한 연기를 보인 백윤식이 맡았다. 영화 마지막 부분에서 오동구가 부른 노래는 마돈나의 'Like a Virgin'.

제57회 베를린국제영화제 제너레이션 섹션에 초청되어 첫 상영에서 전석 매진된 가운데 "가장 놀라운 한국영화"(조선 06. 12. 15)라는 찬사를 들었으나 전국 관객 66만 7000명 동원으로 흥행에는 성공하지 못했다.

(싸이더스FNH) 116분 극영화 15세관람가/코미디

감독: 이해준, 이해영
제작: 차승재, 김미희, 김무령
각본: 이해영, 이해준
개봉: 2006년 8월 31일
출연: 류덕환, 김윤석, 문세윤, 이언, 박영서, 윤원석, 김용훈, 오윤홍, 김경익, 쿠사나기 츠요시(초난강), 백윤식, 이상아, 최정우, 성균관대 댄스동아리 외
촬영: 조용규
음악: 김홍집
조명: 추인식
편집: 남나영
미술: 고우석
의상: 황현주
분장: 송종희
특수분장: 황효균
동시녹음: 김영문
사운드: 이승철
시각효과: 문병용
포스터: 윤형문
제작총괄: 임충렬, 윤상오
프로듀서: 김무령
조감독: 김승용
수상: 제44회 대종상영화제 기획상(김무령)·신인남우상(류덕환), 제27회 청룡영화상 신인감독상(이해영, 이해준)·남자신인상(류덕환)·각본상(이해영, 이해준), 제43회 백상예술대상 시나리오상(이해영, 이해준), 제7회 부산 영평상 신인감독상(이해영, 이해준)·신인남우상(류덕환), 제5회 대한민국영화대상 신인감독상(이해영, 이해준), 제57회 베를린국제영화제 제너레이션 섹션 초청

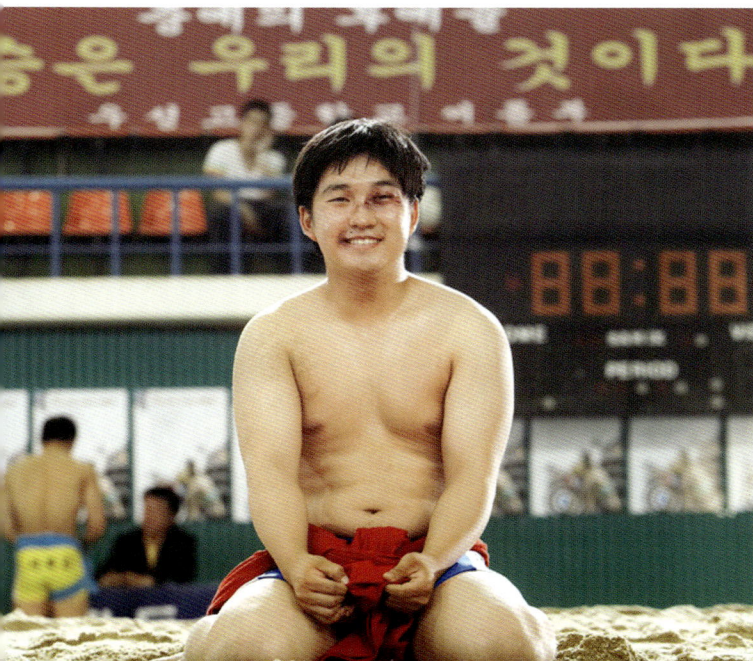

해변의 여인 Woman on the Beach(2006)

(영화사 봄) 127분 극영화 15세관람가
/멜로로맨스

감독·각본 : 홍상수
제작 : 오정완
개봉 : 2006년 8월 31일
출연 : 김승우, 고현정, 송선미, 김태
　　　우, 문성근, 정찬, 이기우 외
촬영 : 김형구　　음악 : 정용진
조명 : 정영민　　편집 : 함성원
포스터 : 윤형문
프로듀서 : 조진아
조감독 : 이광국, 박정선
수상 : 제7회 부산 영평상 남우조연상
　　　(김태우)·신인여우상(고현정),
　　　'디렉터스 컷'이 선정한 올해
　　　의 감독상·신인여우상(고현
　　　정), 제22회 아르헨티나 마르델
　　　플라타국제영화제 감독상(홍상
　　　수), 제20회 도쿄국제영화제,
　　　제31회 토론토국제영화제 공식
　　　부문 스페셜 프리젠테이션 부
　　　문, 제44회 뉴욕국제영화제 공
　　　식 초청

영화감독 중래(김승우)는 시나리오 작업을 위해 그의 애인 문숙(고현정)과 후배인 창욱(김태우)과 함께 해변으로 오게 된다. 여기서 중래와 문숙은 그날 밤을 함께 보내게 되지만 중래는 개인적인 내면의 상처를 핑계 삼아 문숙을 멀리한다.

그리고 1년 후 다시 시나리오 작업을 이유로 해변을 찾아온 중래는 그곳에서 우연히 만난 유부녀 선희(송선미)와 관계를 갖게 된다. 이때 두 사람의 관계를 목격한 문숙이 잠자리로 쳐들어오고 중래는 선희를 발코니를 통해 빠져나가게 한다. 당기고 조이는 둘의 관계가 더 이상 발전할 수 없다는 것을 깨달은 문숙은 비로소 해변을 떠난다.

● 홍상수 각본·연출작. 하룻밤 로맨스를 위해 해변에서 벌어지는 한 남자와 두 여자의 속고 속이는 좌충우돌 애정 행각을 그리고 있다. 고현정 스크린 데뷔작. 김태우, 김승우, 송선미 외에 이기우, 문성근, 정찬이 특별 출연했다. 국내보다 해외영화제 등에서 적극적인 호응을 받고 있는 홍상수의 작품은 남미권 최대 규모의 국제영화제 마르델 플라타국제영화제에 초청된 후 감독상을 받았고, 뉴욕국제영화제, 도쿄국제영화제에도 공식 초청되어 호평받았다. 관객 7만 6000명, 서해안 신두리 해수욕장에서 촬영됐다.

가을로 Traces of Love(2006)

(영화세상) 117분 극영화 15세관람가/
멜로

감독 : 김대승
제작 : 안동규　　각본 : 장민석
개봉 : 2006년 10월 26일
출연 : 유지태, 김지수, 엄지원, 최종
　　　원, 박승태, 박철민 외
기획 : 김현정, 조석영, 윤현정
촬영 : 이모개
음악 : 조영욱　　조명 : 최석재
편집 : 김상범, 김재범
미술 : 하상호
세트 : 전성호　　소품 : 오근석
의상 : 이진숙, 성영심
분장 : 장윤정
동시녹음 : 이태규
사운드 : 이승철
특수효과 : 정도안, 김태의
시각효과 : 강종익
무술감독 : 정창현
프로듀서 : 최정민
조감독 : 박수영
수상 : 제11회 부산국제영화제 개막작

결혼 준비를 위해 백화점에 간 민주(김지수)를 만나기 위해 길을 건너려는 순간 현우(유지태)는 눈앞에서 백화점 건물이 붕괴되는 것을 본다.

10년 후, 그는 냉정한 검사가 되어 있다. 그가 맡고 있던 사건이 여론의 도마에 오르자 검찰청에서는 그에게 단기간의 휴직 처분을 내린다. 그때 한 권의 노트가 현우에게 배달된다. 겉표지엔 '민주와 현우의 신혼여행'이라고 쓰여 있다. 그것은 민주가 현우에게 남긴 선물이었다. 현우는 민주를 향한 지울 수 없는 그리움을 안고 그녀를 위한 사랑의 여행을 떠나기로 한다. 그런데 그가 가는 곳마다 마주치는 한 여인(엄지원), 자주 마주치는 우연 때문에 그들은 이제 서로가 누구인지를 알게 된다.

● '혈의 누'(2005)에 이은 김대승 연출작. 각본 장민석. 영화 '가을로'는 불의의 사고로 연인을 잃은 남자의 지워지지 않는 사랑 이야기를 그린 작품. 유지태, 엄지원, 김지수 출연.

1995년 6월 29일, 삼풍백화점 붕괴로 502명이 사망하고 6명이 실종됐으며 937명의 부상자를 낸 비극적 참사를 모티브로 하고 있다. 실화를 배경에 두되 사건에 대한 다큐멘터리나 실화를 재현한 영화는 아니다. 다만 사랑을 주제로 한 영화들이 만남과 시작의 순간에 비중을 두었다면 '가을로'는 재난이 얼마나 참혹할 수 있으며, 비극은 갑작스럽게 찾아올 수 있다는 경고 속에서 사랑을 잃고 상처 입은 사람들이 그 상처를 극복해 가는 과정을 그리고 있다.

우리들의 행복한 시간 Maundy Thursday(2006)

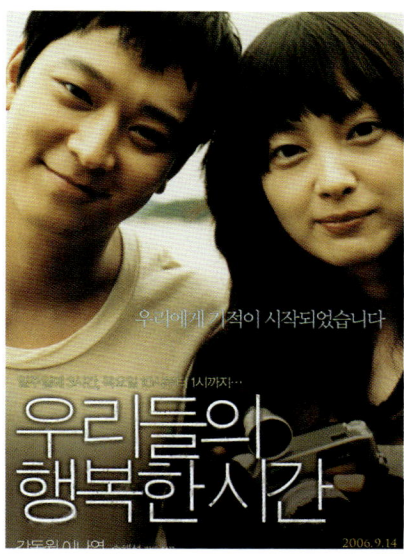

(엘제이필름) 120분 극영화 15세 관람
가/로맨스

감독 : 송해성
제작 : 이승재, 안상훈
각색 : 장민석, 박은영(원작 공지영)
개봉 : 2006년 9월 14일
출연 : 강동원, 이나영, 윤여정, 강신
　　　일, 정영숙, 김지영, 오광록, 김
　　　부선 외
촬영 : 강승기
조명 : 황순욱
편집 : 박곡지, 정진희
미술 : 이진호
세트 : 윤기찬
소품 : 장석훈
의상 : 김민희
분장 : 허정임
동시녹음 : 한철희
사운드 : 최태영
특수효과 : 홍장표
시각효과 : 장성호
포스터 : 윤형문
제작지휘 : 엄용훈
프로듀서 : 김상근
조감독 : 이정복
수상 : 제14회 이천춘사대상영화제 각
　　　본상(장민석, 박은영), 제5회 대
　　　한민국영화대상 네티즌 관객상
　　　(강동원, 이나영)

더 이상 살아갈 이유도 없이 세 번째 자살 기도에서 실패한 유정(이나영)은 정신과 치료를 받아야 할 상황에서 고모인 모니카 수녀(윤여정)에게 한 가지 제안을 받는다. 지루한 치료 대신 한 달간만 사형수를 만나 봉사 활동을 해보라는 것.

유정이 교도소에서 만난 윤수(강동원)는 무려 세 명의 여자를 살해한 죄로 사형선고를 받은 인물이다. 쉽지 않은 첫 만남이지만 어색하고 고통스러운 만남이 거듭되면서 윤수가 쌓아올린 증오의 벽과 유정이 막아버린 화해의 통로가 서서히 열리기 시작한다. 그들은 비로소 이제까지 아무에게도 하지 못했던 '진짜 이야기'를 나누게 된다. 유정의 고백을 들은 윤수의 진심어린 눈물은 유정의 상처를 아물게 하고, 윤수의 불행했던 과거와 꼬여버린 운명은 유정의 마음을 울린다. 상처로 상처를 위로하고 다독이면서 그들의 절망은 찬란한 행복감으로 바뀌지만 이제 그들에게 허락된 시간은 얼마 남지 않았다.

● '역도산'(2004)을 감독한 송해성 연출작. 2005년에 발표한 공지영의 동명 베스트셀러 소설을 원작으로 하고 있다. 세상에 대한 원망과 증오로 가득 찬 두 남녀가 일주일에 한 번씩 교도소 면회를 통해 만나게 되면서 서로의 상처를 치유하고 삶을 새롭게 받아들이게 되는 내용. 청춘 스타 강동원이 사형수 역을 맡아 연기 변신을 시도했고 이나영도 과거의 상처에 시달리는 반항적인 여주인공 역을 무난하게 연기했다. 이 영화에서의 사랑은 '죽음의 목전'에 선 한 남자와 한 여자가 상처를 딛고 서로를 구원하게 된다는, 삶의 가치에 의미를 둔 것이 특징이며 원작의 매력과 감동을 적절히 살리고 있다.

흥행 호조를 보이며 개봉 11일 만에 전국 200만 관객을 돌파, 250개 스크린에서 전국 314만 관객을 동원하면서 흥행에 성공했다. 2007년도 한국영화 흥행 순위 7위, 역대한국영화 흥행 순위 35위(08. 1. 25 기준).

라디오 스타 Radio Star(2006)

(영화사 아침) 115분 극영화 12세관람
가/코미디

감독 : 이준익
제작 : 정승혜, 이준익
각본 : 최석환
개봉 : 2006년 9월 28일
출연 : 박중훈, 안성기, 최정윤, 정규
　　　수, 정석용, 노브레인, 한여운,
　　　윤주상, 김장훈, 임백천, 이영
　　　석, 신정근, 전기광, 조경훈, 전
　　　대병 외
기획 : 최석환
촬영 : 나승용
음악 : 방준석
조명 : 강광원
편집 : 김상범, 김재범
미술 : 황인준
세트 : 조성원
의상 : 유재원
분장 : 박미정
동시녹음 : 강봉성
특수효과 : 홍장표
시각효과 : 김태훈
포스터 : 김진원
프로듀서 : 정승혜
조감독 : 정용기
수상 : 제44회 대종상영화제 남우주연
　　　상(안성기), 제27회 청룡영화상
　　　남우주연상(안성기, 박중훈), 제
　　　26회 영평상 남자연기자상(안
　　　성기) · 음악상(방준석), 제30회
　　　황금촬영상 심사위원 특별상
　　　(박중훈, 안성기), 제14회 이천
　　　춘사대상영화제 심사위원특별
　　　상(박중훈), 제6회 대한민국영
　　　화대상 음악상(방준석), 제4회
　　　'최고의 영화상'의 최고의 작
　　　품상, 제10회 상하이국제영화
　　　제 경쟁 부문 후보작

히트곡 '비와 당신' 으로 가수왕을 차지했던 최곤(박중훈)은 대마초 사건 이후 미사리 카페촌에서 기타 연주를 하고 있다. 아직도 자신이 스타라고 믿고 있는 그는 만사가 못마땅해선지 카페 손님과 시비가 붙는 바람에 유치장 신세까지 지게 된다. 합의금을 마련하기 위해 방송국에 찾아간 매니저 박민수(안성기)에게 국장은 최곤이 영월에 가서 라디오 DJ를 제대로 진행 하면 합의금을 내주겠다고 한다.

방송국의 제안을 받아들인 최곤은 영월로 내려가지만 DJ 일을 하찮게 여긴 나머지 엉터리로 방송에 임한다. 심지어 부스 안으로 커피까지 배달시켜 마시는 등 제멋대로 굴자 PD와 지국장은 더 이상 최곤에 대해 기대하지 않게 된다. 어느 날 최곤은 커피를 배달하러온 청록다방 종업원을 게스트로 즉석 등장시키고 그녀의 눈물겨운 사연이 방송을 타면서 청취자의 심금을 울리고 호응을 얻는다.

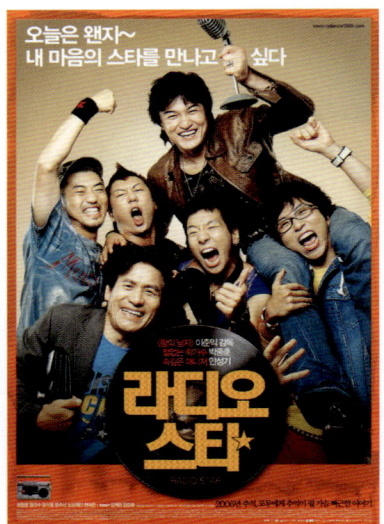

● '왕의 남자' (2005)에 이은 이준익 연출작. '칠수와 만수' (1988), '투캅스' (1993), '인정사정 볼 것 없다' (1999)로 환상적 파트너십을 보인 안성기와 박중훈이 다시 한 번 콤비 파워를 과시해 보인 작품. 제목은 텔레비전과 비디오 등 영상매체의 등장으로 라디오 스타가 종말을 맞게 될 것을 예고한 그룹 버글스의 히트팝 'Video Kills The Radio Star'에서 따온 것이다.

'라디오 스타' 는 퇴물가수 최곤과 그런 최곤을 끝까지 따라다니며 돌봐주는 매니저 박민수의 서로에 대한 따스하고 질긴 정을 그린 드라마다. 안성기와 박중훈은 한국영화의 중심부를 지탱하고 있는 배우들답게 긴 세월 다져진 연기력과 우정의 깊이를 영화 속에서 발산하고 있다.

실제 록 밴드인 노브레인이 극중 록 가수 지망생인 이스트리버(영월 동강)로 등장한다. 이스트리버는 라디오 진행자인 최곤의 눈에 띄기 위해 유명 록밴드 지미 핸드릭스, 엘비스 프레슬리, 비틀즈, 키스 등을 코스프레 하는 등 특이한 복장과 헤어스타일로 괴짜스럽고 엉뚱한 모습을 연출하기도 한다. 영화 속 신청곡 중에는 김추자의 '빗속의 여인', 들국화의 '돌고 돌고 돌고', 김장훈의 '세상이 그대를 속일지라도', 노브레인의 '넌 내게 반했어'와 음악감독 방준석이 몸담고 있던 그룹 유&미 블루의 명곡들이 들어 있다.

영화는 평자들로부터 작품성과 배우들의 연기력을 인정받았으나 추석 시즌에 맞춰 함께 개봉된 '타짜' 에 밀려 흥행에서 많이 뒤졌다. 전국 188만 동원.

미녀는 괴로워 200 Pounds Beauty(2006)

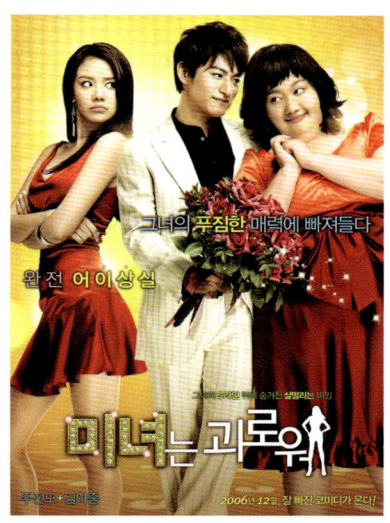

한나(김아중)는 천상의 목소리를 지닌 가수지만 거대한 체격을 지닌 외모 때문에 섹시 미녀가수 아미(서윤)의 목소리를 대신해주는 신세다. 아미의 음반 프로듀서이자 자신의 음악성을 인정해준 한상준(주진모)을 남몰래 사랑해온 그녀는 어느 날 드디어 그림 같은 S라인 몸매를 지닌 제니가 되어 다시 나타난다.

한나 대신 아미의 목소리를 대신하게 될 황홀한 미모에 노래실력까지도 한나에 버금가는 게 아닌가. 새롭게 나타난 제니의 모든 상황을 의혹과 질투의 시선으로 바라보던 라이벌 아미는 제니의 뒷조사를 감행한다.

● 김용화 각본 · 연출작. 뛰어난 가창력에도 불구하고 뚱보라는 이유로 주위의 멸시를 받던 여성이 최고의 성형미인으로 거듭나면서 벌어지는 소동과 외모지상주의를 풍자한 코믹드라마.

1999년 국내에서 번역되어 30여 만 권이 판매된 일본의 스즈키 유미코의 베스트셀러 만화를 원작으로 하고 있다. 영화화 판권 경쟁에서 굴지의 영화사들이 경합을 벌일 만큼 대박이 준비됐던 작품이다.

여주인공은 영화 '광식이 동생 광태'(2005)로 스크린 데뷔한 신인 김아중. 영화 속에서 훌륭한 가창력의 소유자인 '한나'와 '제니'로 분하여 블론디(Blondie)가 부른 'Maria' 등 팝, 발라드, 모던 록과 같은 다양한 장르의 곡을 직접 불렀다. 김아중은 이를 위해 가수 유미의 보이스 트레이닝을 받았다고 한다. 김아중의 상대역인 미남 배우 주진모는 뚱녀가 미녀로 변신하는 데 결정적인 역할을 하게 되는 '상준' 역을 맡았다. 특히 영화 촬영 사상 올림픽 체조경기장에서 열린 3억 원 규모의 대형 콘서트 장면은 전지현의 테크노댄스와 박기웅의 맷돌 춤 등을 만들어낸 안무가 곽윤근 등 전문 콘서트 기획자, 연출가들이 진행하여 실제 콘서트장의 규모를 방불케 했다.

김아중이 대종상과 황금촬영상, 경북영상위원회가 주관하는 제1회 대한민국영화연기대상에서 신인연기상과 김아중, 주진모 베스트 커플상, 이범수가 특별연기상, 김용화가 황금촬영상 신인감독상을 차지했다.

전국 473개 스크린에서 개봉하여 주말 첫 주 92만 명 동원으로 흥행 1위에 올랐으며 전국 356만 관객 동원으로 2007년도 한국영화 흥행 순위 3위, 최종 660만 관객을 동원하여 '쉬리'(621만 명)를 밀어내고 역대 한국영화 흥행 순위 10위(08. 1. 25 기준)에 올라 있다.

(리얼라이즈 픽처스) 120분 극영화 12세관람가/코믹멜로

감독 : 김용화
제작 : 박무승, 원동연
각본 : 김용화(원작 스즈키 유미코)
각색 : 노혜영
개봉 : 2006년 12월 14일
출연 : 주진모, 김아중, 서윤, 성동일, 김현숙, 임현식, 이한위, 김용건, 이범수, 이원종, 류승수, 김지석, 이수연 외
기획 : 정태성
촬영 : 박현철
음악 : 이재학
조명 : 이석환
편집 : 박곡지, 정진희
미술 : 장근영
세트 : 오제관
의상 : 조상경
분장 : 송종희
특수분장 : Christopher Edward Burgoyne, Kristian Robert Kobzina
동시녹음 : 전상준
사운드 : 이승철
특수효과 : 김병기
시각효과 : 정성진
무술감독 : 권승구
제작총지휘 : 방추성
프로듀서 : 노은희, 유재형
조감독 : 문주리
수상 : 제44회 대종상영화제 여우주연상(김아중) · 촬영상(박현철) · 음악상(이재학), 제30회 황금촬영상 신인감독상(김용화) · 신인여우상(김아중) · 촬영상(금상: 박현철), 제1회 대한민국영화연기대상 베스트 커플상(김아중, 주진모) · 특별연기상(이범수) · 여자신인상(김아중)

타짜 Tazza: The High Rollers(2006)

(싸이더스FNH) 139분 극화 18세관
람가/도박 범죄

감독: 최동훈
제작: 차승재, 김미희, 김세훈
각색: 최동훈(원작 허영만, 김세영)
개봉: 2006년 9월 28일
출연: 조승우, 김혜수, 백윤식, 유해
진, 김상석, 주진모, 김응수, 김
상호, 김정익, 이수경, 조상건,
백도빈, 서동수 외
촬영: 최영환
음악: 장영규
조명: 김성관
편집: 신민경
미술: 양홍삼
세트: 김성규
소품: 유청
의상: 조상경
분장: 김서영
특수분장: 신재호
동시녹음: 김동의
사운드: 김석원, 김창섭
특수효과: 정도안
시각효과: ZUZAK
무술감독: 전문식, 전상준
제작총괄: 임충렬, 윤상오
프로듀서: 이석원
조감독: 김광희
수상: 제44회 대종상영화제 남우주
연상(김윤석) · 의상상(조상경),
제27회 청룡영화상 여우주연상
(김혜수) · 촬영상(최영환), 제43
회 백상예술대상 영화 부문 대
상 · 감독상(최동훈), 제14회 이
천춘사대상영화제 올해의 여우
주연상(김혜수) · 편집상(신민
경), 제8회 부산 영평상 남우조
연상(김윤석) · 각본상(최동훈),
제6회 대한민국영화대상 각본
각색상(최동훈) · 편집상(신민
경), 제1회 대한민국 영화연기
대상 남우주연상(조승우) · 여우
주연상(김혜수) · 남우조연상(김
윤석)

전문 도박꾼들에게 속아 돈을 잃은 고니(조승우)는 전설의 타짜 평경장(백윤식)에게 섰다와 도리짓고땡 등 화투 기술을 익힌 후 본격적인 타짜의 길로 들어선다. 평경장을 통해 도박판의 꽃으로 알려진 정 마담(김혜수)을 만나고 화려한 삶을 택해 부귀영화를 누리지만 고니의 욕망은 도박으로 자신을 좀더 확대시키는 것이다. 결국 고니는 평경장에 이어 정 마담과도 헤어진 후 인간적인 타짜 고광렬(유해진)을 만나 전국의 화투판을 휩쓸면서 자신을 도박의 세계로 이끈 장본인을 찾아 복수에 성공, 고니에 대한 소문을 들은 죽음의 타짜 아귀(김윤석)는 정 마담을 미끼삼아 고니를 죽음의 한판으로 불러들인다.

● 최동훈 각본 · 연출작. 1999년부터 7월부터 4년간 스포츠조선에 연재되어 인기를 끌었던 허영만 그림, 김세영 글의 동명 만화를 원작으로 한 도박영화. '타짜'는 최고의 경지에 오른 전문 도박사를 일컫는 은어로 도박판에 모든 것을 건 전문 도박꾼들의 화려한 기술과 끝없는 욕망, 짜릿한 승부의 세계가 그려진다.

총 4부작 중 최동훈은 광대한 이야기의 시작이자 주인공 고니의 욕망에 초점을 맞춘「1부 지리산 작두」를 선택해 영화로 만들었다. 각색 작업 속에서 감독은 배경을 1990년대로 옮기고 '타짜가 되어가는 고니의 여정과 그가 만나는 인간 군상들'이란 줄기로 이야기를 묶고 있다.

막상 촬영에 들어가자 영화 배경이 원작에서처럼 1960년대와 다르고 1990년대인 현재의 도박판 풍경과도 달라서 고증에 많은 어려움을 겪었다고 한다.(「올가을 '타짜'의 유혹에 빠지다」세계 06. 9. 15) 결국 1년 여에 걸친 각색 작업 속에 제작팀의 꼼꼼한 시대 조사와 영화적인 상상력이 결합되어 비닐하우스, 창고, 밀실, 선박 등 각양각색의 도박판이 탄생하기에 이른다. 고니가 타짜가 된 후 전국 각지를 돌며 화투판을 휩쓰는 생생한 도박 여정도 서울 주변 경기도에서 군산, 익산, 전주, 부산, 진해, 그리고 필리핀의 수빅과 마카오까지 무려 15군데를 따라 다니며 4개월간 촬영했다.

시나리오를 쓸 때부터 감독은 타짜들의 도박 세계에 빠져드는 주인공 고니 역에 조승우를 염두에 뒀다면서 "조승우란 배우를 만난 것은 이 영화의 행운"(《씨네21》 06. 11. 20)이라고 했다. 과연 조승우는 부드러움 속에 감춰진 아무진 매력으로 조승우만의 새로운 고니를 만들어냈다. 김혜수가 정 마담 역을 맡아 '타짜들을 조정하는 팜므 파탈'이란 색다른 캐릭터로 매혹적인 열연을 펼쳤고 전설적인 도박꾼 평경장 역의 백윤식도 자신의 역할에 밀착되어 평경장과 백윤식을 혼동할 정도의 열연을 보였다. 고광렬 역의 유해진은 이 영화에서 가장 인간적인 면모를 보인 캐릭터로 그의 능란한 연기가 없었다면 조승우가 빛이 났을까 하는 주변 의견이 있었다. 이들 4명의 주요 캐릭터를 중심으로 죽음의 타짜 아귀 역에 뮤지컬 '지하철 1호선'의 배우 김윤석, 고니의 애인 역에 이수경, 고니를 화투판으로 이끈 사기도박의 권력 김상호와 김응수, 김경익, 주진모, 김정란, 백도빈 등의 조연들이 이 영화의 기틀을 탄탄하게 받쳐주었다.(「'타짜' 베일 벗다. 김혜수 전라열연 등」스포츠서울 06. 9. 19) 만화의 원작자 허영만과 그의 친구인 산악인 박영석도 정 마담의 밀실에서 화투를 치는 도박꾼으로 카메오 출연했고 이 영화를 연출한 감독도 후반부에 경찰 역으로 나왔다. 영화에서의 압권은 정 마담이 경찰에게 잡혀 구치소에 들어가면서 말한 "나 이대 나온 여자야!"란 한마디다. 이 대사는 한동안 시중에 유행어가 되기도 했다.

국내에서 주는 수많은 상을 휩쓸었다. 최동훈은 백상예술대상 감독상, 부산 영평상과 대한민국영화대상 각본상, 김혜수는 청룡영화상과 이천춘사대상영화제, 대한민국영화대상 여우주연상, 조승우는 대한민국영화연기대상 남우주연상, 아귀 역의 김윤석이 대종상과 부산영평상, 대한민국 영화연기대상에서 남우조연상을 받았다. 추석 시즌을 통해 개봉된 '타짜'는 총 11주간의 상영 기간동안 서울 관객 260만, 전국 관객 685만(684만 7777명)을 기록하면서 2007년도 한국화 흥행 순위 2위, 역대 한국영화 흥행 순위 7위(08년 1월 25일 기준)에 올랐다. 제작비 51억에 순이익은 80억으로 기록됐다. 2007년도 1위는 '괴물'(1302만)

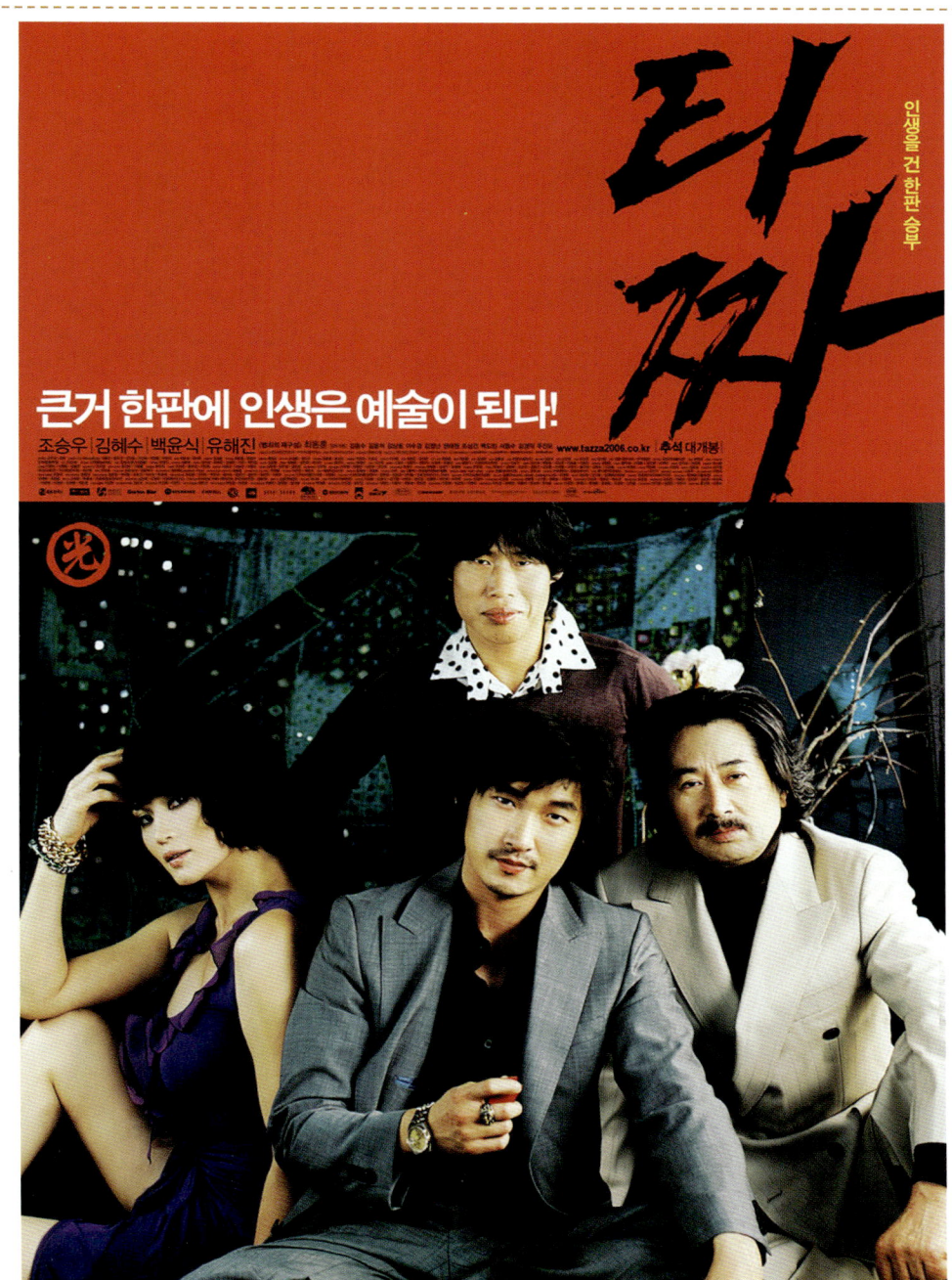

싸이보그지만 괜찮아
I'm a Cyborg, but that's Ok(2006)

(모호필름) 105분 극영화 12세관람가/
멜로 코미디

감독: 박찬욱
제작: 이태헌
각본: 정서경, 박찬욱
개봉: 2006년 12월 7일
출연: 임수정, 정지훈, 오달수, 이영
미, 김춘기, 박준면, 김주희, 천
성훈, 김병옥 외
촬영: 정정훈
음악: 조영욱
조명: 박현원
편집: 김상범, 김재범
미술: 류성희
세트: 오제관
의상: 조상경
분장: 김현정
특수분장: 황효균, 곽태용
동시녹음: 정진욱
사운드: 김석원, 김창섭
특수효과: 정도안
시각효과: 이전형
포스터: 오형근, 윤형문
무술감독: 권승구
프로듀서: 이춘연
조감독: 석민우
수상: 제44회 대종상영화제 영상기술
상(이전형)·신인남우상(정지
훈), 제43회 백상예술대상 남자
신인연기상(정지훈), 제57회 베
를린국제영화제 알프레드바우
어상(본상의 하나: 박찬욱), 제1
회 대한민국영화연기대상 남자
신인상(정지훈)

어느 날 자신을 싸이보그라고 믿는 소녀 영군(임수정)이 신세계 정신병원에 들어온다. 영군은 형광등을 야단치고 자판기를 걱정하며 자신은 싸이보그이기 때문에 밥을 먹을 수 없다고 생각한다. 하루하루 야위어가는 영군을 바라보면서 남의 특징을 훔칠 수 있는 능력을 가진 일순(정지훈)은 자신의 능력을 살려 영군을 자유롭게 이동할 수 있게 해주고 요들송 실력을 훔쳐서 노래도 불러주기도 한다. 그래도 영군이 먹기를 거부하자 다급해진 일순은 "내가 널 사랑하니까, 싸이보그지만 괜찮아!"라고 그녀를 위한 최후의 방법을 말해준다.

● 박찬욱의 로맨틱 코미디. 가수 비가 정지훈이라는 이름으로 스크린 데뷔했다. 상대역엔 임수정. 임수정은 자신이 싸이보그라고 착각하는 '영군' 역, 아시아 전역에서 절정의 인기를 누리던

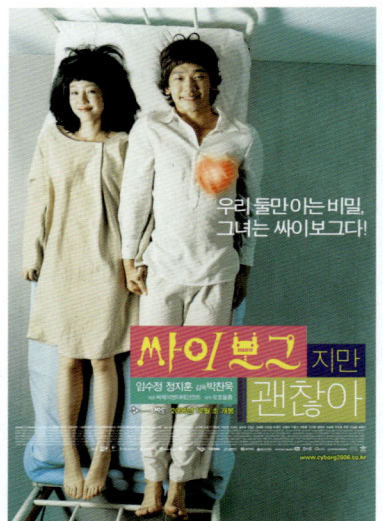

가수 비는 근육질 몸매를 헐렁한 환자복 속에 감춘 채 남의 특징을 훔칠 수 있다고 생각하는 '일순' 역으로 나온다.

이들이 입원해 있는 신세계 정신병원은 부산 수영만 요트경기장에 세워졌다. 이는 정신병원의 폐쇄적인 공간이 아닌, "자신만의 세계를 갖고 있는 인물들이 공존하는 열린 공간"으로 화이트 컬러에 파스텔톤의 독특한 패턴을 배치하여 동화적인 공간으로 만들었다.

감독은 이 영화로 베를린국제영화제에서 특별상인 알프레드바우어상을 수상, 그러나 "인간의 메마른 감정을 싸이보그에 빗댄 독특한 설정과 이것을 표현한 세심한 세트와 미술이 돋보이지만 상상과 현실을 오가는 난해한 이야기"(《씨네21》 07. 1. 4, 2. 12)는 관객들의 호응을 얻지 못했다. 국내 흥행성적은 기대에 못 미치는 73만 관객 기록.

중천 中天, The Restless(2006)

퇴마무사 이곽(정우성)은 자신을 대신해서 죽은 연인을 잊지 못해 죽음의 세계인 중천으로 들어온다. 중천은 죽은 영혼들이 49일간 머물며 환생을 기다리는 곳이다. 그는 여기서 꿈에 그리던 연인과 만나지만 그녀는 더 이상 그를 알아보지 못한 채 중천을 지키는 천인 소화(김태희)가 되어 있었다. 그런 와중에서 원귀들의 반란으로 중천은 위기에 처하고 영체 목걸이를 지닌 소화는 그들의 표적이 된다. 반란을 일으킨 원귀들은 바로 이곽과 함께 이승에서 형제처럼 지내던 퇴마무사들이지만 그는 소화를 지키기 위해 동료들을 대상으로 피할 수 없는 운명적 한판을 벌인다.

(나비픽처스) 102분 극영화 12세관람가/액션판타지

감독 : 조동오
제작 : 조민환, 김성수
각본 : 최희대, 조동오
각색 : 최동훈, 방애경, 한귀숙
개봉 : 2006년 12월 21일
출연 : 김태희, 정우성, 허준호, 소이현, 박상욱, 김광일, 유하준, 박정학, 정석용, 정욱 외
촬영 : 김영호
음악 : Shiro SAGISU
조명 : 양우상
특수분장 : 신재호
동시녹음 : 김경태
사운드 : 최태영
프로듀서 : 최정화
수상 : 제28회 청룡영화상 기술상(DTI, ETRI), 제44회 대종상영화제 미술상(김기철)·영상기술상(DTI), 제30회 황금촬영상 촬영상(동상: 김영호)

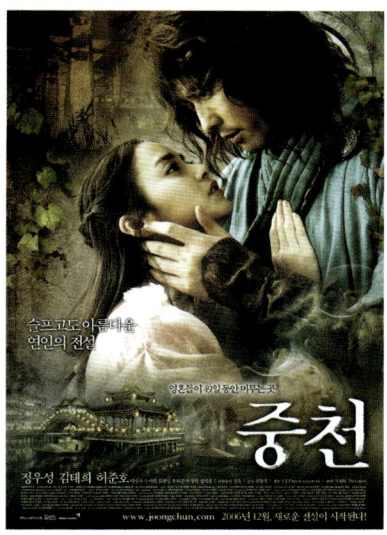

● 조동오 감독 데뷔작. 죽은 영혼들이 49일간 머물며 환생을 준비하는 지상과 천상 사이의 중천(中天)을 넘나들며 펼치는 한 퇴마무사와 옛 기억을 잃어버린 그 연인의 운명적 사랑을 그린 판타지 로맨스. 퇴마무사로 변신한 정우성이 특유의 애틋한 멜로 연기와 고난도 액션을 선보였고 이 영화로 스크린 데뷔한 김태희가 천상의 아름다움을 지닌 여신으로 분했다.

제작비 90억 원(총제작비 130억), 중국에서 올 로케이션으로 촬영됐다. 영화 '무사'(2000)로 아시아 합작의 노하우를 쌓았던 조민환이 제작을 맡고 역시 '무사'에 참여했던 프로듀서 최정화, 촬영 김영호, 조명 양우상, 동시녹음 김경태 등이 새롭게 뭉쳤다. 기술은 한·중·일 합작품으로 장이모우의 '연인(十面埋伏)'(2004)과 구로사와 아키라의 '란(亂)'(1985)으로 아

카데미 의상상을 받은 에미 와다가 의상 디자인, 첸 카이커의 '패왕별희(覇王別姬)'(1993), 리안의 '와호장룡(臥虎藏龍)'(2000)에서 소품을 담당했던 리명산, '무사'의 음악감독이던 일본의 사기스 시로가 음악을 만들었다.

다양한 컨셉의 액션과 주요 판타지 장면을 위한 컴퓨터 그래픽은 '장화, 홍련'(2003), '달콤한 인생'(2005) 등에서 새로운 기술적 도전과 성과를 이루었던 C.G.업체 D.T.I.가 나섰다. 특히 정보통신부 산하 기관인 한국전자통신원(ETRI)이 약 300억 원 규모의 예산을 투입, 3년 여에 걸쳐 개발한 디지털 액터 액션이 '중천'에서 처음 공개됐다. 이로 인해 청룡영화상 시상식에서 '중천'의 CG를 담당한 DTI, ETRI가 '디워'(2007)를 누르고 기술상을 차지했다.

흥행은 서울 관객 40만 2000명, 전국 관객 153만 1000명 동원으로 역대 한국영화 흥행 순위 100위 중 100위(08. 1. 25 기준)를 기록했다.

밀양 密陽, Secret Sunshine(2007)

(파인하우스필름) 141분 드라마 15세
관라가/멜로

감독 · 제작 : 이창동
각본 : 이창동(원작 이청준)
개봉 : 2007년 5월 24일
출연 : 전도연, 송강호, 조영진, 김영
재, 선정엽, 송미림, 김미향, 이
윤희, 김종수, 오만석, 김영삼,
김미경, 백정임, 장혜진, 박규
웅, 임광영, 이성민 외
촬영 : 조용규
음악 : Chrisian Basso
조명 : 추인식
편집 : 김현
미술 : 신점희
세트 : 장석훈, 박지훈
의상 : 차선영, 김누리
분장 : 송종희
특수분장 : 신재호
동시녹음 : 윤해진
사운드 : 서영준
특수효과 : 홍장표
포스터 : 조정환, 이전호
프로듀서 : 이한나
조감독 : 정승구
수상 : 제44회 대종상영화제 특별상
(전도연), 제28회 청룡영화상
여우주연상(전도연), 제44회 백
상예술대상 영화감독상(이창
동), 제52회 아태영화제 최우수
작품상(이창동) · 여우주연상(전
도연), 제27회 영평상 여자연기
자상(전도연), 제2회 아시안필
름어워즈 최우수작품상(이창
동) · 감독상(이창동) · 여우주연상
(전도연), 제6회 대한민국영
화대상 최우수작품상(이창동) ·
감독상(이창동) · 여우주연상(전
도연) · 남우주연상(송강호), 제
60회 칸국제영화제 여우주연
상(전도연), 《씨네21》 2007 올
해의 영화 1위 선정

신애(전도연)는 아들 준(선정엽)과 밀양으로 가다가 차가 고장 나는 바람에 카센터 주인 종찬(송강호)의 차를 얻어 타게 된다. 밀양은 죽은 남편의 고향이다. 종찬은 그녀가 낯선 밀양에서 정착할 수 있도록 살집과 피아노 학원 자리도 알아봐 주는 등 호의를 베푼다. 지금 신애에겐 피아니스트의 꿈이나 남편에 대한 그리움 이전에 피아노 학원을 운영하면서 아들 준과 살아가는 일만이 희망이자 낙이다. 한데 그 아들 준이 유괴되어 시체로 발견된다. 신애의 긴 통곡은 한없이 이어진다. 종찬은 그런 신애의 곁을 맴돌지만 신애는 야멸치게 그를 밀어낸다. 그럼에도 종찬은 한번쯤 신애가 그의 진심을 알아봐주길 기다린다. 신애는 교회에 나가면서 차츰 안정을 되찾는다. 그리고 아들을 유괴한 범인을 만나러 교도소로 찾아간다.

● 이창동 제작 · 각본 · 연출작. 2003년부터 2004년까지 문화관광부 장관직 수행 후 3년 만에 돌아와서 만든 작품이다. 1985년에 발표한 이청준의 단편 「벌레이야기」를 원작으로 하고 있다. 죽은 남편의 고향인 밀양에 내려와서 피아노 교습으로 새 삶을 시작한 여주인공이 하나뿐인 아들을 잃고 방황하는 이야기. 평범했던 한 영혼의 존엄이 짓밟히는 과정, 절대자와 대면하는 과정, 아이의 죽음을 신의 뜻으로 받아들이는 과정, 범인을 용서하고자 하지만 용서할 권리마저 절대자에게 박탈당하자 배신감에 치를 떠는 과정을 통해 "당신이라면 이래도 살겠느냐"고 항의하는 등 주인공의 영혼의 궤적을 그리고 있다.

　제목 '밀양(密陽)'은 슬픔 속에서도 그 안에 따뜻한 인정과 햇빛 같은 웃음이 숨어 있다는 뜻이다. 감독은 '밀양' 속에 숨어 있는 햇빛을 찾아내기 위해 인공 조명 대신 가장 태양이 강렬하게 쏟아지는 오후 1시에서 2시 사이라는 한정된 시간 속에서 'secret sunshine'으로 지칭되는 명장면을 만들어냈다.

　전도연, 송강호 주연. 그 지역 연극배우인 이윤희, 김종수, 오만석, 김영삼, 김미향, 장혜진 등이 약국, 양장점, 교회 장로, 목사, 찬양대, 부흥회 신도로 출연하고 있다. 음악담당은 부에노스아이레스 출신의 작곡가 크리스티안 바소. 자신의 오리지널곡인 '크리오요(Criollo)' 등 총 3편의 음악을 내놓았다.

　이 영화는 2007년 4월, 제60회 칸국제영화제 경쟁 부문에 공식 초청돼 전도연이 여우주연상을 차지하는 쾌거를 이루면서 온 국민의 화제를 모았다. 전도연은 그 외에도 대종상영화제 특별상, 청룡영화상, 영평상, 대한민국 영화대상에서 여우주연상, 감독은 백상예술대상, 아시안필름어워즈, 대한민국영화대상에서 감독상 및 최우수 감독상, 송강호는 대한민국영화대상 남우주연상을 받았다. 전국 관객 171만 동원.

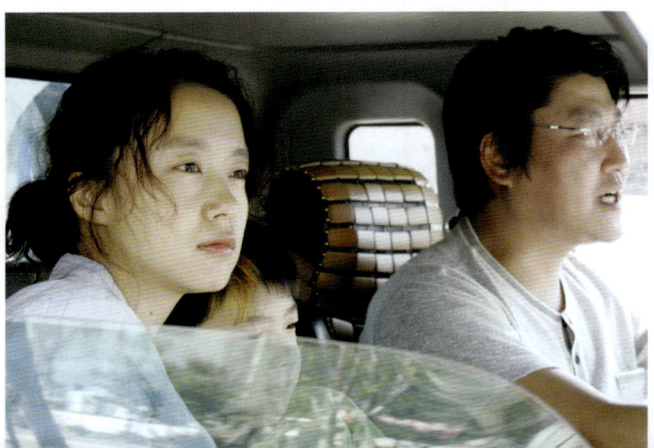

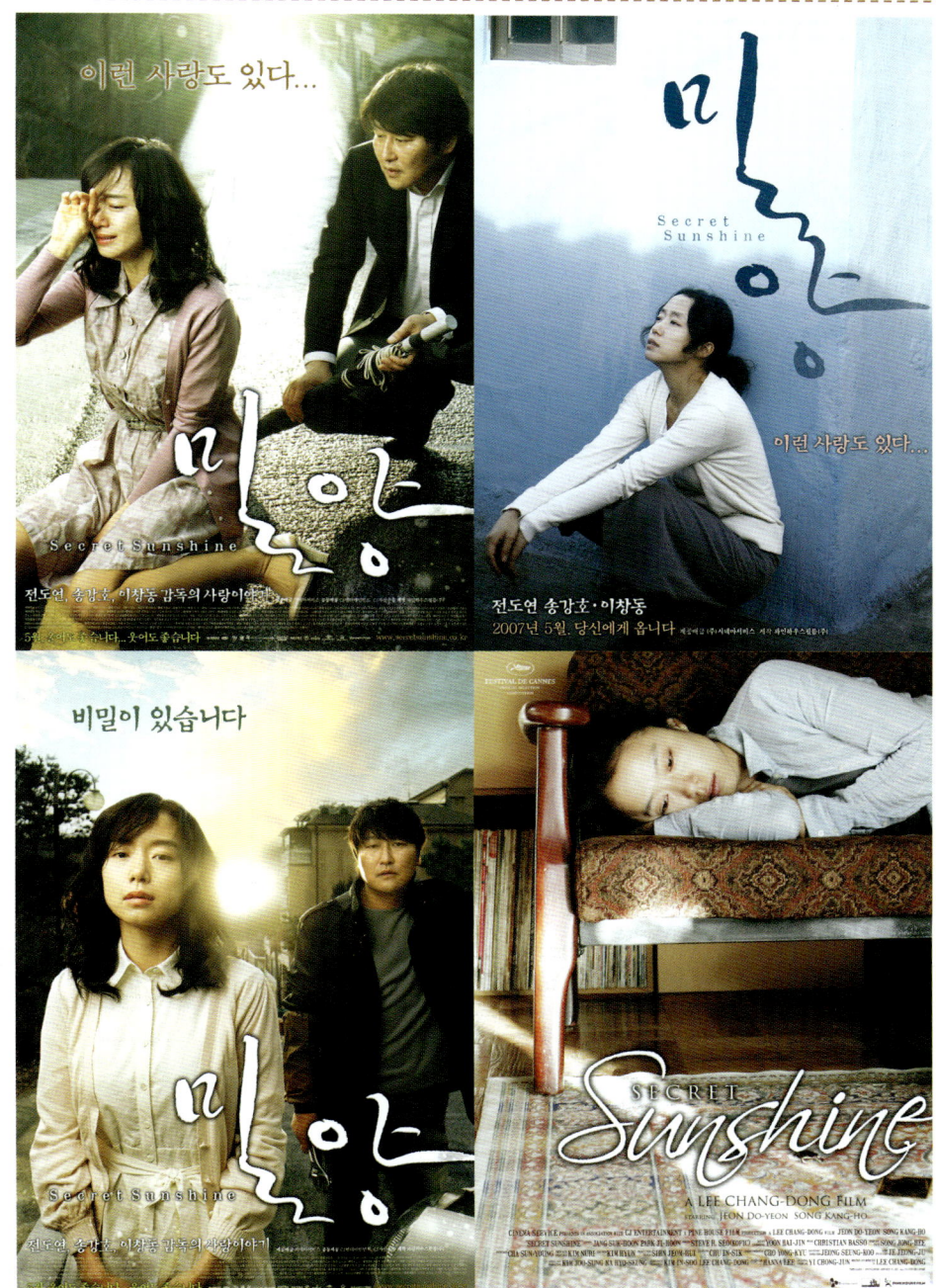

디워 The Dragon Wars(2007)

(영구아트) 90분 극영화 12세관람가/ 코미디 SF판타지

감독·각본 : 심형래
제작 : 제임스강, 최성호, 정태성
개봉 : 2007년 8월 1일
출연 : Jason Behr, Amanda Brooks, Robert Forster, Craig Robinson, Aimee Garcia, Chris Mulkey, John Ales, Elizabeth Pena, Billy Gardell, Holmes Osborne 외
촬영 : Hubert Taczanowski
음악 : Steve Jablonsky
편집 : Tim Alverson, Chris Mulkey, Jon Ales Billy Gardell
미술 : 심종남, 김용숙, 남동원, Pamela Warner
세트 : Donald Elmblad
수상 : 제45회 대종상영화제 영상기술상(영구아트), 제6회 대한민국 영화대상 시각효과상(영구아트)

"천계에는 이무기라는 용이 인간아기를 데려다 키우고 아기는 자라나서 소녀가 된다."

LA도심 한복판에서 벌어진 의문의 대형 참사, 이 사건의 유일한 단서는 현장에서 발견된 정체불명의 비늘 하나뿐이다. 사건을 취재하던 방송기자 이든(Jason Behr)은 어린 시절 골동품상 잭(Robert Forster)에게 들은 이무기 전설을 떠올리고, 여의주를 지닌 신비의 여인 세라(Amanda Brooks)와 만나면서 먼 옛날 동양의 전설이 현실로 다가오고 있음을 직감한다. 전설의 재현을 꿈꾸는 악한 '부라퀴' 무리들이 LA 시가지를 어둠으로 뒤덮는 가운데 이든과 세라는 거대한 전쟁 앞에 운명을 맡긴다.

● 심형래 각본·연출의 SF 판타지. 제작 기간 6년 만에 개봉된 '디워'는 미국을 무대로 한 '이무기'와 '용'이라는 한국적 소재에다 할리우드 유명 스태프들의 기술 참여로 제작 전부터 관객의 기대를 모았다.

출연진도 '그루지(The Grudge)'(2005), 제이슨 베어를 중심으로 '플라이트플랜(Flightplan)'(2005)의 아만다 브룩스, 쿠엔틴 타란티노의 '재키 브라운(Jackie Brown)'(2006)으로 재기한 로버트 포스터, TV시리즈 '조지 로페즈'의 에이미 가르시아, TV시리즈 '오피스'의 크레이그 로빈슨 등이 캐스팅되었다.

우선 '디워'의 컴퓨터그래픽 기술은 할리우드 수준에 버금간다는 중평이 있었다. 특히 '부라퀴'로 불리는 이무기(Imoogi)와 샤콘(Shacoone), 불코(Bulco), 더들러(Dawdler) 등 정교하게 제작된 용들이 등장했다.

2007년 9월 14일 북미 전역에서 개봉된 '디워'는 그동안 알려졌던 1500개 스크린보다 훨씬 많은 2275개 극장에서 상영됐다. 그러나 개봉 첫 주 3일 동안 504만＄의 초라한 수입을 벌어들이며 주말 박스오피스 5위에 랭크됐고 둘째 주에 10위, 셋째 주에 18위(90만 1956＄)를 차지하며 내리막길을 걸었다.(「LA한복판 승천은 꿈이었던가」, 《씨네21》 07. 10. 3) 결과적으로 미국 개봉에서는 1097만＄(약 100억 원)의 저조한 흥행 수익을 올려 마케팅 비용도 충당하지 못했다.

미국 언론들의 반응도 신통치 않았다. "불합리한 액션 판타지"(보스턴 글로브), "폭력신들은 수많은 판타지 졸작들에서 따온 듯하다"(LA 타임스) 등으로 혹평했고 뉴욕 타임스만이 별 세 개 반을 주며 양호하다는 판정을 내렸다.(장재일 분석)

서울에서는 달랐다. "스토리가 허술하고 배우들의 연기도 어색하다."(07. 8. 9 MBC '100분 토론'에서 문학평론가 진중권)는 혹평이 있었으나 영화팬들은 이를 받아들이지 않았다. 코미디언 출신으로서 영화에서 성공하고 있는 심형래에 대한 기대감을 버리지 않았고 그때까지 아무도 시도하지 못했던 미국 영화시장을 겨냥한 과감한 도전에 박수를 보냈다.

국내에서는 2007년 8월, 여름방학 시즌에 개봉되어 첫날 43만 명의 관객을 동원하면서 "2007년 한국영화 개봉작 중 최고의 오프닝 스코어"가 되었고 개봉 11일 만에 전국 관객 500만 돌파, 한 달 만에 800만을 넘기면서 2001년의 영화 '친구'(818만)를 제치고 역대 한국영화 흥행 순위 5위에 올랐다. 총 관객 수는 2007년 9월 10일 현재 863만으로 집계됐다.

제작비는 처음엔 150억 원 규모로 발표됐으나 순위를 매기는 IMDB(인터넷무비 데이터베이스)에 따르면 미화 1억 4500만＄, 한화 1500억 원으로 나와 있다. 2008년 4월 28일 SBS 토크쇼 '더 스타쇼'에 출연한 심형래는 '디워'의 수입에 대해 "미국 20000여 개 극장에서 개봉해 1100만＄, 2차 판권 수입 4000만＄, 거기에 국내 상영 수입 등을 합쳐 모두 1억＄(한화 약 966억 원)의 수입을 올렸다"고 확인한 바 있다. 2008년도 한국영화 흥행순위 1위.

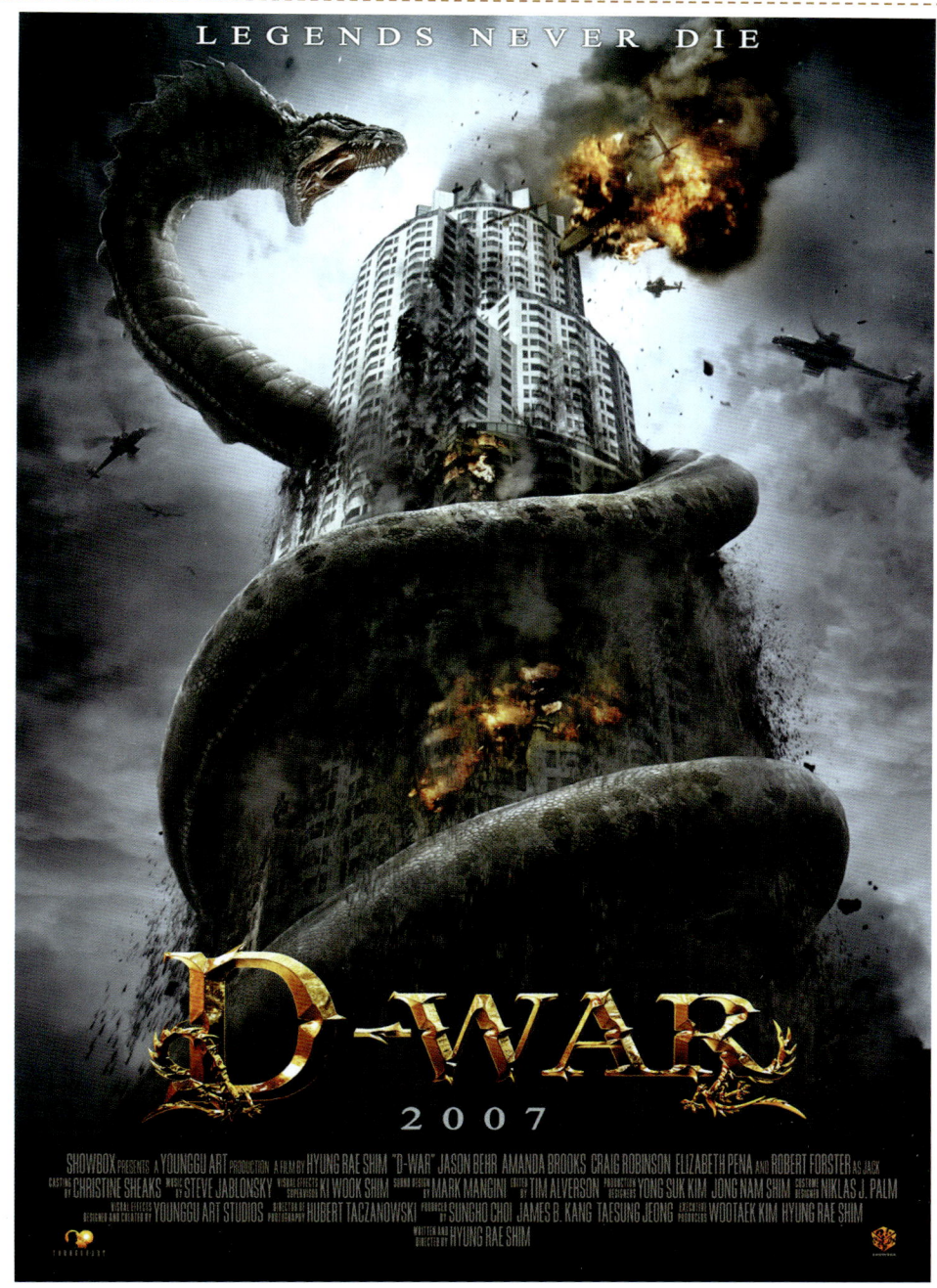

추격자 追擊者, The Chaser(2007)

((주)영화사비단길) 123분 극영화 18세
이상관람가(청불)/액션 범죄스릴러

감독 · 각본: 나홍진
제작: 김수진, 윤인범
각색: 이신호, 홍원찬
개봉: 2008년 2월 14일 전국 427개
　　　관
출연: 김윤석, 하정우, 서영희, 박효
　　　주, 정인기, 민경진, 구본웅, 최
　　　정우, 김유정, 구태진 외
기획: 김수진, 윤인범
촬영: 이성제
음악: 김준석, 최용락
조명: 이철오
편집: 김선민
미술: 이민복
소품: 우경희
의상: 채경화
분장: 신연정
특수분장: 황효균
특수효과: 전건익
시각효과: 김태훈
포스터: 오형근
무술감독: 유상섭
프로듀서: 최문수
조감독: 김권태
수상: 제45회 대종상영화제 최우수작
　　　품상(나홍진) · 감독상(나홍진)
　　　· 남우주연상(김윤석) · 기획상
　　　(김수진 외) · 촬영상(이성제) ·
　　　남자인기상(김윤석), 제44회 백
　　　상예술대상 대상(나홍진) · 신인
　　　감독상(나홍진), 제16회 이천춘
　　　사대상영화제 올해의 신인감독
　　　상(나홍진) · 올해의 남우주연상
　　　(하정우, 김윤석) · 올해의 각본
　　　상(홍원찬, 이신호, 나홍진) · 올
　　　해의 기술상(최태영), 제9회 부
　　　산 영평상 각본상(나홍진) · 남
　　　우주연상(김윤석), 제12회 부천
　　　국제판타스틱영화제와 유럽 판
　　　타스틱영화제 연합아시아 영화
　　　상(나홍진) · 여우주연상(서영
　　　희) · 작품상(장편: 나홍진), 제
　　　17회 부일영화상 최우수감독
　　　상 · 부일독자심사단상, 제61회
　　　칸국제영화제 미드나잇 섹션
　　　공식초청, 제41회 시체스(스페
　　　인)국제영화제 오리엔탈익스프
　　　레스상, 제44회 시카고국제영
　　　화제, 제31회 토론토영화제, 하
　　　와이영화제 초청

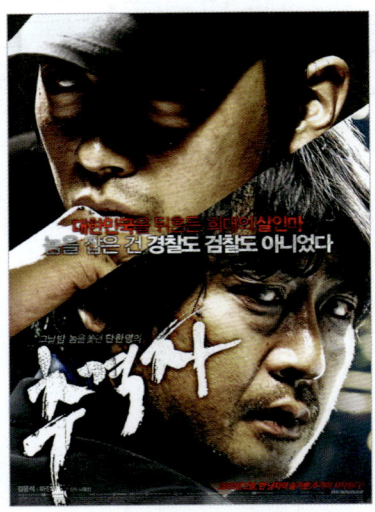

안마소를 운영하는 전직 경찰 엄중호(김윤석). 출장 마사지사로 생계를 이어가던 여자들이 최근 잇달아 사라지는 일이 발생하고, 조금 전 손님이 불러내서 나간 미진(서영희)마저 소식이 끊긴다. 그제야 중호는 미진이 전화를 받고 나간 전화번호가 그동안 사라진 여자들이 마지막으로 통화한 번호와 일치함을 알아낸다. 미진을 찾아 헤매던 그는 우연히 영민(하정우)과 마주치고, 영민의 옷에 묻은 피를 보고 그를 추격하기 시작한다.

끈질긴 추격 끝에 붙잡힌 범인 영민은 그동안 실종된 여자들을 모두 죽였다고 태연하게 자백한다. 중호는 미진이 아직 살아 있을 거라고 확신 하지만 공세우기에 혈안이 된 경찰은 미진의 생사보다 범인의 증거 찾기에만 급급하다. 부패경찰로 낙인찍힌 후 경찰을 그만둔 중호만이 오히려 미진 수색에 나선다.

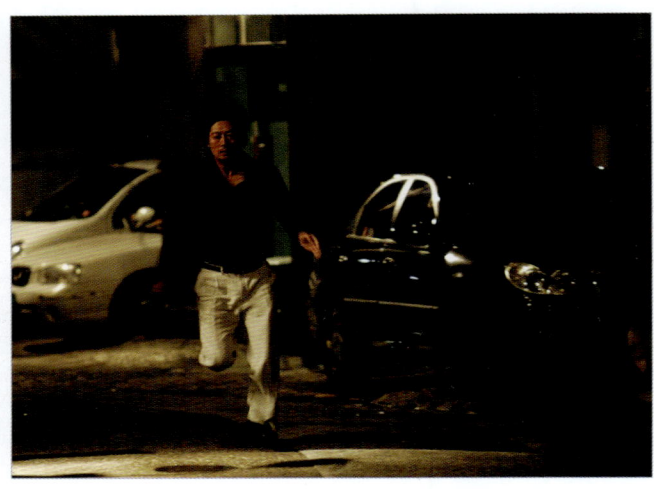

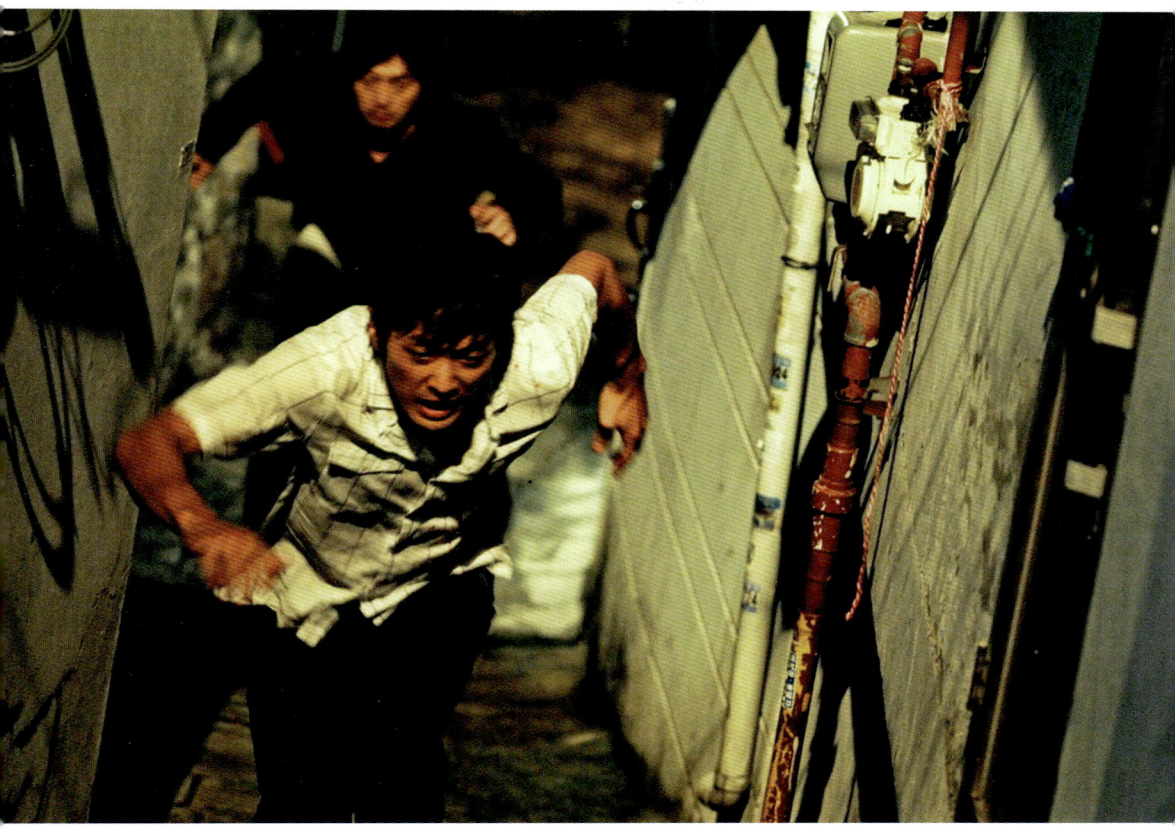

● 나홍진 감독 데뷔작. 각본 나홍진. 희대의 살인마 유영철 사건을 소재로 한 영화로 하룻밤 사이에 벌어지는 연쇄살인범과의 쫓고 쫓기는 과정을 그린 범죄스릴러물. 영화의 모티브가 되는 유영철 사건은 2003년 9월부터 2004년 7월까지 서울 각지에서 노교수 부부와 출장마사지사 여성 등 총 21명을 살해한 사건이다. 2시간이 넘는 상영시간 동안 감독은 살인의 배경과 원인을 과감하게 생략하고 각 캐릭터를 노련하게 살리는 솜씨를 보여준다.

주인공에는 '타짜'(2007)에서 아귀 역으로 스타가 된 김윤석이 보도방을 운영하는 전직 형사 엄중호, 김기덕 감독의 페르소나인 하정우가 선한 모습 이면에 감춰진 연쇄살인마를 연기했다.

'추격자'는 여자를 구하기 위한 한 남자의 숨가쁜 추격과 그날의 긴장감을 살리기 위해 리얼하고 스피디한 영상을 선보인다. 스타일리시한 영상을 만드는 이성제가 5개월간 하루 20시간에서 40시간 연속 야간 촬영을 감행했고 '우아한 세계'(2006)의 이민복이 미술, '여자, 정혜'(2004)에 참여한 빛의 마술사 이철오가 조명을 맡았다.

나홍진은 이 영화로 대종상영화제와 백상예술대상, 이천춘사대상영화제, 부일영화상에서 신인감독상 및 최우수감독상을 김윤석이 대종상, 이천춘사대상영화제. 부산영평상에서 남우주연상, 하정우가 이천춘사대상영화제 올해의 남우주연상, 서영희가 유럽판타스틱 영화제에서 여우주연상 등 각 분야에서도 고루 상을 받았다.

평론가와 관객들에게 좋은 평가를 받은 이 영화는 전국 427개 관에서 개봉되어 개봉 20일 만에 전국 관객 300만, 개봉 4주차까지 박스오피스 1위를 석권하고 최종 관객 수 513만을 기록했다. 또 베를린국제영화제 마켓에서 비공식 상영된 후 미 워너브라더스 엔터테인먼트와 리메이크 판권 100만 $에 계약을 맺는 등 해외 판매가 활발하게 이뤄졌다.

인덱스
Index

∥영화추천인 100

강선영(태평무 중요무형문화재)
강진호(문학평론가 · 성신여대 교수)
고　은(시인 · 서울대 초빙교수)
공일곤(건축가 · 향건축 대표)
권옥연(서양화가 · 예술원회원)
김　민(바로크합주단 음악감독 · 예술원회원)
김　원(건축가 · 서울환경영화제 조직위원장)
김경인(소나무화가 · 인하대 교수)
김기순(플루트 · 전 이화여대 음대학장)
김동호(부산국제영화제 집행위원장)
김말애(경희대 교수 · 우리춤협회 회장)
김백봉(무용가 · 예술원회원)
김수명(전 현대문학 편집장)
김순영(바이올린 · 추계예대 교수)
김영주(토지문화재단 이사장)
김장희(재독 서양화가)
김정옥(연극연출가 · 예술원회원)
김종원(영화평론가)
김학남(메조소프라노 성악가)
김형근(서양화가)
김혜식(세계무용센터 회장)
김호동(국립무용단 한국무용)
김호준(신문발전위원회)
김후란(문학의 집 서울 이사장 · 예술원회원)
김흥수(서양화가 · 예술원회원)
노계원(삼성언론재단 미디어연구실위원)
문훈숙(유니버설발레단 대표)
박동욱(한국타악인회 회장)
박명성(서울연극협회 회장)
박영애(소설가 · 한국소설가협회 부이사장)
박완서(소설가 · 예술원회원)
박인수(성악가 · 서울대 명예교수)
박인자(한국발레협회 회장 · 숙명여대 교수)
박평식(영화평론가)

백성희(연극배우 · 예술원회원)
손기상(언론인 · 전 삼성문화재단 고문)
송수남(한국화가 · 홍익대 명예교수)
송정숙(언론인 · 전 보사부 장관)
신강호(한국영화평론가협회 회장)
양승희(가야금산조 중요무형문화재)
오광수(한국문화예술진흥위원장)
오정희(소설가)
오태석(희곡작가 · 극단 목화 대표)
원정수(간삼건축 대표)
유덕형(서울예대 총장)
윤중강(음악평론가)
이건용(작곡가 · 한국예술종합학교 교수)
이경순(전 영상물등급위원장)
이동화(서울신문사 사장)
이만익(서양화가)
이매방(승무 중요무형문화재)
이병복(무대미술 · 예술원회원)
이상만(음악평론가)
이성미(사진작가)
이어령(초대문화부 장관 · 예술원회원)
이용관(부산국제영화제 공동위원장)
이원경(연극연출가 · 예술원회원)
이윤호(서울대 의대교수)
이제하(시인 · 소설가)
이종덕(예술행정 · 성남아트센터 사장)
이진배(의정부 예술의전당 관장)
이청해(소설가)
이태주(연극평론가 · ODA Watch 대표)
이현화(희곡작가)
이호철(소설가 · 예술원회원)
이효인(영화평론가 · 전 영상자료원장)
임　영(원로영화평론가)
임갑손(미주 언론인 · Koria Time's)

임영웅(연극연출가 · 예술원회원)
장윤환(언론중재위원)
장정행(법률신문 고문 · 전 서울신문 편집국장)
전무송(연극배우)
정병호(원로무용평론가)
정연희(한국소설가협회 회장)
정응탁(영화평론가 · 한양대 교수)
정종화(영화전문가)
정현기(문학평론가 · 세종대 석좌교수)
정현종(시인 · 전 연세대 교수)
정홍택(한국저작권단체연합회 이사장)
조관희(영화평론가)
조동화(원로무용평론가 · 월간 춤 대표)
조선희(전 한국영상자료원장)
조혜정(영화평론가 · 수원대 교수)
조흥동(한국무용가 · 예술원회원)
지명혁(영상물등급위원장 · 국민대 교수)
차혜영(차범석 연극재단 이사장)
최동호(시인 · 고려대 교수)
최만린(조각가)
최유찬(문학평론가 · 연세대 교수)
최진용(전 국립극장장)
최청자(현대무용 · 예술원회원)
최태지(국립발레단장)
최흥운(가톨릭생명대학원 교수)
한옥희(영화평론가)
한용외(국립중앙박물관문화재단 이사장)
한정희(소설가)
호현찬(원로영화평론가)
홍신자(현대무용가 · 웃는 돌 대표)
황동규(시인 · 예술원회원)
황병기(국악작곡 · 예술원회원)